Robert-Musil-Handbuch

Robert-Musil-Handbuch

Herausgegeben von
Birgit Nübel und Norbert Christian Wolf

De Gruyter

Redaktion: Harald Gschwandtner

ISBN 978-3-11-221606-4
e-ISBN (PDF) 978-3-11-025557-7
e-ISBN (EPUB) 978-3-11-039197-8

Library of Congress Cataloging-in-Publication Data
A CIP catalog record for this book has been applied for at the Library of Congress.

Bibliografische Information der Deutschen Nationalbibliothek
Die Deutsche Nationalbibliothek verzeichnet diese Publikation in der Deutschen Nationalbibliografie; detaillierte bibliografische Informationen sind im Internet über http://dnb.dnb.de abrufbar.

© 2025 Walter de Gruyter GmbH, Berlin/Boston
Dieser Band ist text- und seitenidentisch mit der 2016 erschienenen gebundenen Ausgabe.
Umschlagabbildung: Robert Musil/ullsteinbild
Satz: pagina GmbH, Tübingen
Druck und Bindung: Hubert & Co. GmbH & Co. KG, Göttingen

∞ Gedruckt auf säurefreiem Papier
Printed in Germany
www.degruyter.com

Inhalt

Vorwort *(Birgit Nübel/Norbert Christian Wolf)* IX

I.   Biografie *(Oliver Pfohlmann)* 1

II.   Epochale Figurationen: Voraussetzungen und Zeitkontexte . . 35
1. Moderne *(Dorothee Kimmich)* 35
2. Orte/Schauplätze *(Walter Fanta)* 48
3. Zäsuren *(Alexander Honold)* 53
4. Zeitgeschichtlicher Kontext *(Oliver Rathkolb/Norbert Christian Wolf)* 64
5. Zeitstile *(Norbert Christian Wolf)* 75
6. Zeitgenössischer Literaturbetrieb *(Walter Fanta)* 88

III.   Werk 101

1. **Selbstständig erschienene Schriften** 101
   1.1 *Die Verwirrungen des Zöglings Törleß* (1906) *(Dorothee Kimmich)* 101
   1.2 *Beitrag zur Beurteilung der Lehren Machs* (1908) *(Catrin Misselhorn)* 112
   1.3 *Vereinigungen* (1911) *(Birgit Nübel)* 120
   1.4 *Die Schwärmer* (1921) *(Norbert Christian Wolf)* 157
   1.5 *Vinzenz und die Freundin bedeutender Männer* (1923) *(Arno Rußegger)* 190
   1.6 *Drei Frauen* (1924) *(Wolfgang Müller-Funk)* 199
   1.7 *Der Mann ohne Eigenschaften* (1930/1932/postum) *(Norbert Christian Wolf)* 224
   1.8 *Nachlaß zu Lebzeiten* (1936) 320
      1.8.1 *Nachlaß zu Lebzeiten* (Abteilung I–III, 1936) *(Thomas Hake)* 320
      1.8.2 *Die Amsel* (Abteilung IV, 1928/1936) *(Elmar Locher)* . 334

2. **Unselbstständig erschienene Schriften** 341
   2.1 Essays *(Birgit Nübel)* 341
   2.2 Reden (inkl. der selbstständig publizierten) *(Klaus Amann)* . . 382
   2.3 Feuilletons und kleine Prosa *(Dominik Müller)* 396
   2.4 Literatur- und Theaterkritik *(Oliver Pfohlmann)* 414
   2.5 Technische Aufsätze *(Christoph Hoffmann)* 429
   2.6 Kriegspublizistik *(Harald Gschwandtner)* 434

3.	Nachgelassene Schriften	441
	3.1 Briefe *(Fabrizio Cambi)*	441
	3.2 Tagebücher/Arbeitshefte *(Arno Dusini)*	450
	3.3 Aphorismen *(Klaus Amann)*	460
	3.4 Nachlass *(Walter Fanta)*	470
IV.	**Systematische Aspekte: Wissen und Wissenschaft**	**499**
1.	Militärische Ausbildung, Arbeits- und Ordnungswissenschaft *(Christoph Hoffmann)*	499
2.	Naturwissenschaft, Technik/Ingenieurwissenschaften *(Michael Gamper)*	504
3.	Mathematik, Logik, Geometrie, Wahrscheinlichkeitstheorie *(Andrea Albrecht/Franziska Bomski)*	510
4.	Philosophie, Erkenntnis- und Wissenschaftstheorie *(Catrin Misselhorn)*	516
5.	Psychiatrie *(Yvonne Wübben)*	524
6.	Gestalttheorie *(Florence Vatan)*	531
7.	Psychoanalyse *(Oliver Pfohlmann)*	538
8.	Soziologie *(Helmut Kuzmics)*	546
9.	Ethnologie *(Nicola Gess)*	554
10.	Kulturtheorie *(Wolfgang Müller-Funk)*	560
11.	Biologie/Tiere *(Werner Michler)*	565
12.	Sexualwissenschaft *(Florian Kappeler)*	572
13.	Kriminologie und Rechtswissenschaft *(Mark Ludwig)*	579
V.	**Systematische Aspekte: Kultur und Gesellschaft**	**587**
1.	Stadt *(Alexander Honold)*	587
2.	Verkehr, Unfall *(Inka Mülder-Bach)*	594
3.	Kakanien *(Norbert Christian Wolf)*	598
4.	Politik und Ideologie *(Klaus Amann)*	606
5.	Ethik und Moral *(Mathias Mayer)*	611
6.	Geschlechterrelationen und -konstruktionen *(Anne Fleig)*	616
7.	Sexualität und (Geschwister-)Liebe *(Birgit Nübel)*	622
8.	Militär *(Helmut Kuzmics)*	631
9.	Krieg *(Alexander Honold)*	636
10.	Sport *(Anne Fleig)*	643
11.	Mode *(Birgit Nübel)*	648
VI.	**Systematische Aspekte: Literatur, Kunst und Neue Medien**	**657**
1.	Literatur	657
	1.1 Drama, Theater *(Monika Meister)*	657
	1.2 Novelle *(Birgit Nübel)*	663

		1.3 Roman *(Rosmarie Zeller)*	669
		1.4 Lyrik *(Arno Rußegger)*	675
	2.	Kunst	679
		2.1 Bildende Kunst *(Sabine Schneider)*	679
		2.2 Musik *(Nicola Gess)*	684
		2.3 Tanz *(Anne Fleig)*	687
		2.4 Architektur *(Hans-Georg von Arburg)*	691
	3.	Neue Medien	696
		3.1 Fotografie *(Martina Wagner-Egelhaaf)*	696
		3.2 Kino *(Arno Rußegger)*	698
VII.		Systematische Aspekte: Mentale Konstruktionen	705
1.		Mystik *(Martina Wagner-Egelhaaf)*	705
2.		Anderer Zustand *(Martina Wagner-Egelhaaf)*	710
3.		Gestaltlosigkeit *(Norbert Christian Wolf)*	712
4.		Möglichkeitssinn und Essayismus *(Birgit Nübel)*	719
5.		Utopie *(Robert Leucht)*	725
VIII.		Systematische Aspekte: Narration, Sprache, Bildlichkeit und Textbezüge	731
1.		Erzählformen *(Gunther Martens)*	731
2.		Ironie und Satire *(Irmgard Honnef-Becker)*	741
3.		Sprache/Sprachkritik *(Mathias Mayer)*	746
4.		Gleichnis *(Inka Mülder-Bach)*	751
5.		Intertextualität *(Mandy Dröscher-Teille/Birgit Nübel)* . .	760
IX.		Rezeptionen	793
1.		Rezeption zu Lebzeiten *(Stefan Kutzenberger)*	793
2.		Editionsgeschichte *(Walter Fanta)*	799
3.		Übersetzungen *(Bernhard Metz)*	810
4.		Literarische Rezeption *(Marion Schmaus)*	825
5.		Mediale Rezeption *(Andrea Gnam)*	855
6.		Schulische Rezeption *(Mandy Dröscher-Teille)*	866
X.		Anhang	877
1.		Siglen	877
2.		Bibliografie	878
3.		Personenregister	1033
4.		Beiträgerinnen und Beiträger	1053

Vorwort

Birgit Nübel / Norbert Christian Wolf

Der österreichische Autor Robert Musil (1880–1942) war nicht nur Schriftsteller, sondern auch Militär, Ingenieur und promovierter Philosoph. Er zählt international zu den Klassikern der literarischen Moderne und hat neben seinem fragmentarischen Roman *Der Mann ohne Eigenschaften* (1930/1932/postum) Dramen, Erzählungen, Essays, Rezensionen sowie eine umfangreiche Sammlung von Entwürfen und Notizen hinterlassen. Das Handbuch bietet Interessierten aus Wissenschaft, Studium, Schule und anderen Kulturbereichen eine Übersicht zu Leben, Werk und Wirkung Musils. Zugleich werden neue Perspektiven auf eines der bedeutendsten Werke der deutschsprachigen Literatur eröffnet, das einen diskursiven Querschnitt durch zeitgenössische Kultur- und Wissensgeschichte, Philosophie, Psychologie, Ästhetik, Naturwissenschaft und Technik präsentiert.

Bei dem Anliegen, eine möglichst umfassende Darstellung des Œuvres eines der wichtigsten deutschsprachigen Autoren der sogenannten ‚klassischen' bzw. ‚reflexiven' Moderne im ersten Drittel des 20. Jahrhunderts vorzulegen, wurde statt einer Konzentration auf das im engeren Sinn ‚literarische Werk' Musils eine kultur- und wissensgeschichtlich ausgerichtete Herangehensweise gewählt. Diese entspricht zum einen der Vielseitigkeit des Autors, zum anderen erscheint das Verständnis der literarischen Texte nur vor dem Hintergrund der (zeit)geschichtlichen Diskurse möglich und sinnvoll. Neben der Bündelung und Zusammenführung vorhandenen Wissens und neuer Erkenntnisse zu Autor, Werk und Kontexten resümiert das vorliegende Handbuch nicht nur den aktuellen Forschungsstand, sondern benennt darüber hinaus Zusammenhänge und Desiderate, die bislang bei der Erforschung dieses vielschichtigen Schriftstellers bzw. seiner als ‚schwierig' und komplex geltenden Texte übersehen oder nur beiläufig betrachtet wurden. In diesem Sinne soll das *Robert-Musil-Handbuch* einerseits einen Überblick über die kaum noch überschaubare Sekundärliteratur bieten, andererseits neue Forschungsperspektiven generieren.

Das vorliegende Handbuch folgt der Struktur Leben – Werk – Systematische Aspekte – Wirkung, bietet aber darüber hinaus neue Auswahl- und Darstellungsformen an. So wird die Biografie (Teil I) ergänzt um epochale Figurationen (Teil II), welche die zeithistorischen, soziologischen und institutionellen Kontexte des Schriftstellerlebens erfassen. Bei der Darstellung des Werkzusammenhangs (Teil III) wird die gängige, eher normative Unterteilung in literarisches und essayistisches bzw. sonstiges Werk in eine deskriptive Differenzierung zwischen selbstständig bzw. unselbstständig erschienenen und nachgelassenen Schriften überführt. Das Hauptwerk Musils, *Der Mann ohne Eigenschaften*, ist gegenüber den zahlreichen heterogenen Nebentexten, dem Nachlass sowie kulturwissenschaftlichen, diskursanalytischen und wissensgeschichtlichen Kontexten aus dem Zentrum gerückt und wird von den Rändern her gelesen. Die systematischen Aspekte nehmen einen vergleichbar großen Raum ein und werden in die Bereiche Wissen und Wissenschaft (Teil IV), Kultur und Gesellschaft (Teil V), Literatur und Kunst (Teil VI), mentale Konstruktionen (Teil VII) sowie Narration, Sprache, Bildlichkeit und (literarisch-philosophische) Textbezüge (Teil VIII) unterteilt. Nicht zuletzt die Beleuchtung der Rezeptionen des für die Literatur und Kultur der Moderne zentralen und wirkmächtigen Musil'schen Œuvres (Teil IX) führt diverse neue Aspekte zusammen. Ein Anhang (Teil X) mit einer umfangreichen Bibliografie dokumentiert die gesamte Musil-Forschung; Darstellungen des jeweiligen Forschungsstandes zu Texten, Themen und Fragestellungen und die Entwicklung neuer Ansätze sind den einzelnen Beiträgen vorbehalten.

Ein derart umfassender und multiperspektivischer Zugriff auf den Lebenskontext und Werkzusammenhang Musils ist nicht auf einen theoretischen oder methodischen Nenner zu bringen. Die Heterogenität, die unterschiedlichen Blickwinkel, Herangehens- und Darstellungsweisen, die in den Beiträgen offenkundig werden, sind daher nicht nur billigend in Kauf genommen worden, sondern waren ausdrücklich erwünscht. Diese Vielseitigkeit verdankt sich insgesamt 44 internationalen Expertinnen und Experten aus verschiedensten Wissensgebieten und Disziplinen. So findet sich die Musil-Philologie im herkömmlichen Sinn durch textgenetische, philosophische, historische, soziologische, kulturwissenschaftliche, wissensgeschichtliche, gendertheoretische, medien- und theaterwissenschaftliche Expertisen erweitert.

Die Entstehung dieses Handbuchs wäre nicht möglich gewesen ohne die Unterstützung zahlreicher Menschen. Wir danken den Beiträgerinnen und Beiträgern für die konstruktive gemeinsame Arbeit an diesem langjährigen Projekt. Stellvertretend für alle diejenigen, die sich um die redaktionelle Bearbeitung verdient gemacht haben, sei Bettina Schüßler genannt, die das Handbuch von Anfang an aufmerksam betreut hat. Ohne die Ausdauer, Kompetenz und Sorgfalt von Harald Gschwandtner in der Endphase wäre es wohl nie druckfertig geworden. Die Idee, den Autor Musil mit einem Handbuch zu würdigen, ist Heiko Hartmann zu verdanken. Bei der Umsetzung und Realisation standen uns Susanne Rade und Manuela Gerlof ebenso hilfreich wie zuversichtlich und unterstützend zur Seite.

Hannover und Salzburg im März 2016
Birgit Nübel und Norbert Christian Wolf

I. Biografie
Oliver Pfohlmann

1. Familie, Kindheit, Jugend 1
   1.1 Klagenfurt, Komotau, Steyr (1880–1891) 1
   1.2 Brünn (1891/92) 4
2. Der Militär: Ausbildung und Militärzeit 5
   2.1 Eisenstadt (1892–1894) 5
   2.2 Mährisch-Weißkirchen (1894–1897) 5
   2.3 Wien (1897) 6
3. Der Techniker und Wissenschaftler: Studium und Promotion 6
   3.1 Der Ingenieur: Brünn und Stuttgart (1898–1903) 6
   3.2 Der Experimentalpsychologe: Berlin (1903–1908) 7
4. Der Literat: Dichtung und Essayismus 9
   4.1 Als Dandy und Literat in Brünn (1898–1902) 9
   4.2 Zwischen Valerie und Herma (1900–1906) 11
   4.3 *Die Verwirrungen des Zöglings Törleß* (1906) 13
   4.4 Herma, Hertha, Anna, Alice, Martha (1907/08) 15
   4.5 *Vereinigungen* (1911) 16
   4.6 Bibliothekar in Wien, Redakteur in Berlin (1910–1914) 18
   4.7 Soldat im Ersten Weltkrieg (1914–1918) 19
   4.8 Nachkriegszeit in Wien (1919–1923) 22
   4.9 *Die Schwärmer* (1921), *Vinzenz und die Freundin bedeutender Männer* (1923) und *Drei Frauen* (1924) 23
   4.10 Kritik und Essayismus (1921–1931) 25
   4.11 Die Arbeit am *Mann ohne Eigenschaften* (1919–1930) 26
   4.12 Fortsetzung des Romans in Berlin (1931–1933) 28
   4.13 Druckfahnen-Kapitel, *Nachlaß zu Lebzeiten*: Wien (bis 1938) . . 29
   4.14 Die Jahre im Schweizer Exil (1938–1942) 30
5. Literatur 32

1. Familie, Kindheit, Jugend

1.1 Klagenfurt, Komotau, Steyr (1880–1891)

Der behüteten Kindheit in gutsituierten bürgerlichen Verhältnissen stand beim jungen Robert Musil eine schon früh einsetzende Suche nach anderen Existenzmöglichkeiten gegenüber: „Nie im Schoße der Familie wohlgefühlt. Eher sie geringgeschätzt. [...] / Ein Anfang der von der Wirklichkeit abbiegenden Linie." (Tb I, 959) Dieser ‚Familienschoß' war eine Mischung aus deutsch-böhmischen und tschechisch-mährischen Vorfahren. Unter ihnen fällt die Vielzahl an militärischen, technischen und wissenschaftlichen Karrieren in dem habsburgischen Vielvölkerreich auf. Das betrifft die Familie des Vaters Alfred Musil, geboren 1846, ebenso wie die Familie der 1853 geborenen Mutter Hermine, die Bergauers. Der Großvater väterlicherseits etwa, Mathias Musil (1806–1889) aus Rychtářov in Mähren, reüssierte bis 1849 als Regimentsarzt, ehe er beschloss, nahe Graz Landwirt zu werden. Der Großvater mütterlicherseits, Franz Xaver Bergauer (1805–1886), wurde als Bauleiter der ehemaligen

Pferdebahn Linz-Budweis ein Pionier der europäischen Eisenbahngeschichte. Und der Vater Alfred Musil bestimmte mit seinem Berufsweg als Ingenieur und Professor für Maschinenbau die frühen Lebensjahre des Dichters. Daneben wies Robert Musils „Aszendenz aber allerlei Belastendes" auf: Es gab einen epileptischen Onkel mit einem „inselartigen Zahlengedächtnis" (Tb I, 935) und bei vielen Familienmitgliedern, wie etwa bei Musils Cousin, dem zu seinen Lebzeiten ungleich berühmteren Orientalisten Alois Musil (1868–1944), einen an Pedanterie grenzenden Hang zu exakten technischen Angaben.

Im „Zeitalter der Versetzungen, Geschäftsaufenthalte udgl. werden viele anderswo geboren als sie auf die Welt kommen" (Tb I, 316), heißt es später in den Arbeitsheften. In diesem Sinne wurde Robert Musil am 6. November 1880 in St. Ruprecht bei Klagenfurt geboren; zur Welt kam er jedoch erst zwei Jahre später, als der Vater nach einer Zwischenstation in Komotau im oberösterreichischen Steyr Direktor der staatlichen Fachschule und Versuchsanstalt für Stahl- und Eisenindustrie wurde. Das alpenländische „Land der Mostschädel" (GW II, 1668) sollte das Einzelkind bis zum zehnten Lebensjahr prägen. Aus dieser Steyrer Zeit stammt sein „ältestes Wissen", Reminiszenzen an Geruchsfaszinationen – an den trockenen „Schweißgeruch" seiner Kinderfrau Berta, und „an [das] Chinchillapelzwerk meiner Mutter. Ein Geruch wie Schneeluft und etwas Kampfer. Ich glaube, daß in diese Erinnerung etwas Geschlechtliches gemischt ist" (Tb I, 314). Nicht der nachgiebige, wohlwollende Vater, der beim Einweichen der Rute fast weint, ehe er die von seiner Gattin angeordnete Strafe an dem Knaben exekutiert (vgl. Tb I, 962), ist die dominierende Figur in Musils Kindheit, sondern die Mutter:

> Große nervöse Reizbarkeit; Heftigkeit u. Weiterbohren eines Reizes bis zum Ausbruch. Heftigkeit übergehend in Weinkrampf. [...] Der Zusammenhang mit ihrer Ehe unklar. Sie hat meinen Vater geschätzt, aber er hat nicht ihren Neigungen entsprochen, die anscheinend in der Richtung des männlichen Mannes gegangen sind. (Tb I, 935)

Zum begehrten und umkämpften Zentrum im Seelenleben des Sohnes wird Hermine Musil – nicht allein aufgrund ihrer hysterischen Ausbrüche und Stimmungsschwankungen, sondern auch, weil es an ihrer Seite noch einen zweiten Mann gibt, Heinrich Reiter (1856–1940) – „einer jener Onkel, welche die Kinder vorfinden, wenn sie die Augen aufschlagen" (GW II, 282), wie es in der Novelle *Tonka* vielsagend heißt. Reiter, zehn Jahre jünger als Alfred und passionierter Jäger, lernt die junge Familie bereits in Komotau kennen. Er begleitet die Musils oft in die Sommerferien und zieht 1900, sozusagen auf Tuchfühlung, mit nach Brünn (Brno). Ihrem Sohn wird Hermine Musil einmal gestehen, Reiter sei „zu dem einzigen Inhalt ihres Lebens" (Tb I, 96) geworden. Eine ungewöhnliche ‚ödipale' Konstellation für ein bürgerliches, wenn auch liberal-aufgeklärtes Elternhaus in der Provinz, „in dem man nichts glaubt und nichts als Ersatz dafür gibt" (Tb I, 316). Es ist nichts darüber bekannt, dass Alfred Musil unter diesem Arrangement gelitten hätte; seinem duldsamen Naturell entsprechend, scheint er es eher als Entlastung empfunden zu haben. „Mein Vater war sehr klar, meine Mutter war eigentümlich verwirrt. Wie verschlafenes Haar auf einem hübschen Gesicht." (Tb I, 914)

Dagegen muss die undurchsichtige familiäre Situation für anhaltende Irritationen beim Sohn gesorgt haben. Zeitgenossen wie Hermann Hesse oder Stefan Zweig haben eindringlich beschrieben, wie im Bürgertum des späten 19. Jahrhunderts die Sprösslinge in einer Welt mit zwei Gesichtern aufwuchsen: mit dem freundlich-hellen des Elternhauses, das für Sicherheit und Langeweile stand, und einem dunklen, drohend und lockend zugleich, das alles Ausgeschlossene und Tabuisierte verbarg. Der junge Robert Musil, der diese Spaltung und die mit ihr verbundenen Verwirrungen in der Psyche des Heranwachsenden im *Törleß* beschreiben wird, erlebt sie auf eine ungleich intensivere Weise. Eine Aufnahme zeigt die erweiterte Kleinfamilie auf einem Ausflug an den Achensee 1887: Während der Vater etwas verloren im Hintergrund steht, sitzt der Hausfreund selbstbewusst in der Mitte neben Hermine; sein rechtes Knie scheint unmissverständlich in Richtung ihres Schoßes zu drängen. Und an seiner, nicht des Vaters, Linken der kleine Robert, die eine Hand trotzig in der Hosentasche, die andere einen mächtigen Wanderstab haltend, gleich einem die paternalistische Ordnung einklagenden Phallussymbol (vgl. Corino 1988, S. 35).

Die moralischen Normen und Konventionen des Bürgertums erfährt Robert Musil durch diese Ménage à quatre von Beginn an als unsicher, relativ und brüchig; sie zeigt ihm, „wie wenig Eindeutiges es auf moralischem Gebiete gibt und wie sehr Alles von der Zuteilung eines Standpunktes abhängt und von der Perspektive, unter der man angesehen wird." (Tb I, 97) Der Gegensatz zwischen dem ‚männlichen Mann' Heinrich Reiter und dem „tierhaft guten", bemitleideten Vater (GW II, 283) bereitet die Grundlage für eine anhaltende Irritation seiner Geschlechtsidentität. Wie seine späteren Protagonisten Törleß, Vinzenz und Ulrich erlebt auch der kleine Robert „eine ganz unaussprechliche Sehnsucht [...], ein Mäderl zu sein" (GW II, 86). Ebenso bezeugen seine Texte eine Obsession für das Motiv von Eifersucht und Untreue, für Dreiecksbeziehungen und ausgeschlossene Dritte, hilflose oder voyeuristische Beobachter. „*Nachtscene*: Die durch das ungenaue Sehen hervorgerufene Qual" (Tb I, 98), heißt es im frühen Arbeitsheft: Sollten Hermine Musil und Heinrich Reiter tatsächlich „ihr Verhältnis sorgfältig und auch vor sich als geistige Freundschaft" (GW II, 283) maskiert haben, so folgt die angestrengt platonische Beziehung zwischen Arnheim und Diotima in *Der Mann ohne Eigenschaften* (MoE) ihrem Vorbild – mit Ulrich als mal eifersüchtigem, mal spöttisch-verächtlichem Beobachter in Sohnesposition (vgl. MoE, 176). Nicht nur die späteren literarischen Folgen der familiären Ungewissheiten sind vielfältig, auch die unmittelbaren psychischen und physischen Folgen sind es: Die stets nur ausnahmsweise glückliche Kindheit ist vom Erlebnis der Einsamkeit bestimmt. Im stundenlangen „Brüten in der Melancholie des Zimmers" (Tb I, 943) erkennt der Dichter später eine Wurzel des von ihm so genannten ‚anderen Zustandes': „Die versenkte Phantasie des stillen Kindes, durchkreuzt von einer gewissen Anlage zum Geschichtenausdenken, ist meine gewesen." (Tb I, 942) Zum Signum der Isolation wird der Blick des Einzelkindes aus dem Fenster, den fast alle seine Protagonisten wiederholen – als Metapher für ein zweites, eigentliches Ich hinter der bürgerlichen Person, das auf seine Erweckung wartet. Später wird Musil den Dichter als den Menschen beschreiben, „dem die rettungslose Einsamkeit des Ich in der Welt und zwischen den Menschen am stärksten zu Bewußtsein kommt." (GW II, 1026) Das Motiv der Vereinigung, der Vermittlung des Getrennten, wird sein literarisches Schaffen bestimmen.

Nur scheinbar im Widerspruch zu dieser Isolation stehen die für das vorpubertäre Alter erstaunlich reichhaltigen erotischen Erfahrungen. Als „sex bewegt – romantisch" beschreibt eine Liste Musils mit autobiografischen Stichworten die Jahre zwischen 1884 und 1890 (GW II, 938); sie waren sexuell besitzergreifend und vom

Wunsch beherrscht, „eine Frau zu haben'" (Tb I, 1006) – so entführt der Knabe ein Mädchen aus dem Kindergarten, eine lebenslang gehütete Erinnerung. Mit einem Nachbarsmädchen versteckt er sich im Garten und drängt es, ihm – „während es in seinen Augen riß und zitterte" (Tb I, 40) – jene Körperpartien zu enthüllen, die zuvor von ihrem Vater gezüchtigt worden waren. Solche ‚Doktorspiele' sind motiviert von einer aggressiven Suche nach Erlebnissen, die das „Leere, Unglückliche des Kindseins" (ebd.) vertreiben, indem sie Erregung und Erkenntnis verheißen. 1890 gastiert in Steyr ein Zirkus mit der Reiterin Miss Blanche, deren Auftritte den Zehnjährigen das Ideal der Fernliebe entdecken lassen: Statt die Artistin in ihrer Garderobe aufzusuchen, zieht sich der Knabe im Gedenken an die ‚Geliebte' in die Einsamkeit einer Höhle im Stadtwald zurück, denn „wenn ich mich [...] am tiefsten nach einer Geliebten sehnte, wollte ich keine wirkliche." (GW II, 712) Nicht nur Frauen, auch Tiere wie ein ihm angeblich versprochenes Pferd oder die Abbildung von Raubtieren in der Manege auf einem Plakat vermitteln ihm das Erlebnis einer quasi-mystischen Verschmelzung mit dem begehrten Objekt. Ein solches war für ihn auch Elsa, die 1876, noch vor Ende ihres ersten Lebensjahres und vier Jahre vor seiner eigenen Geburt, verstorbene ältere Schwester, „mit der ich einen gewissen Kultus trieb. [...] Dachte ich manchmal: wie, wenn sie noch am Leben wäre; ihr stünde ich am nächsten? Setzte ich mich an ihre Stelle? Es bestand kein Anlaß dazu. Ich erinnere mich allerdings aus der ‚Kittelzeit', daß ich manchmal auch ein Mädchen sein wollte." (Tb I, 952f.) 1889 ließ eine rätselhafte Nervenkrankheit, womöglich Meningitis, den damals Neunjährigen mehrere Wochen den Unterricht versäumen. Steyr besaß kein Gymnasium, weshalb Musil trotz ausgezeichneter Leistungen die Realschule besuchte.

1.2 Brünn (1891/92)

Diese besuchte Musil auch nach dem Umzug der Familie im Januar 1891 nach Brünn. Dort, im ‚mährischen Manchester', avancierte der Vater Alfred Musil mit 46 Jahren zum Professor für Maschinenbau – Höhepunkt und zugleich frühe Endstation seiner Ingenieurskarriere. Gegenüber Roberts in Brünn neu gewonnenem Freund, dem zwei Jahre älteren Gustav „Gustl" Donath (1878–1965), der aufs humanistische Gymnasium ging, führte der Bildungsunterschied zu Eifersuchts- und Unterlegenheitsgefühlen, die sich 1904, zu Beginn seines Studiums in Berlin, wiederholten, als Musil erst mühsam die Matura nachholen musste. Anders als Hofmannsthal oder Rilke kam Musil als ein Außenseiter zur Literatur, die ihm wohl auch deshalb stets begründungsbedürftig war. Ein frühes autobiografisches Fragment von 1904 mit dem Titel „Vorarbeit zum Roman", die erste, noch unfruchtbar bleibende Keimzelle zum *MoE*, beschreibt, wie die beiden pubertierenden Jungen Robert und Gustl auf dem Dachboden dem „Laster" der Onanie nachgehen: „Robert wußte nur um ein dunkles Brennen, ohne Phantasie[,] das ihn zur Erde nötigte und bis in die Erschöpfung hineintrieb." Wieder werden die vom erwachenden Trieb entfachten Erregungszustände vor dem Hintergrund „ganz tote[r] Stunden" beschrieben. Gemeinsam erkunden die Jungen die ‚dunkle' Seite: Heimliche Expeditionen führen in die nächtlichen Vorstädte Brünns, um vermeintlich „unfehlbare Zeichen" an Arbeiterinnen und Prostituierten zu erproben (Tb I, 43f.). Mehrmals finden sich in Musils Jugenderinnerungen bittere Bemerkungen zu dem vor allem von der Mutter ausgesprochenen Onanieverbot (vgl. Tb I, 314f.). Da er später einmal den Unterschied zwischen Leben und Schreiben mit dem zwischen Koitus und Onanie verglich (vgl. GW II, 1339f.), könnte man sein sich einer bürgerlichen Existenz entziehendes, am Ende nur noch dem Schreiben gewidmetes Leben auch als nachgeholte Rebellion gegen dieses Verbot verstehen. „Ich bin kein angenehmer Sohn gewesen" (Tb I, 922), gestand sich Musil später ein. Bis zu seinem 12. Lebensjahr steigerten sich seine Auseinandersetzungen mit der Mutter vor den Augen des Vaters so sehr, „daß ich im Einvernehmen aller drei in ein Institut gegeben worden bin. / Bei meinem Vater haben wohl auch die Aussichten auf die Laufbahn mitgesprochen." (Tb I, 935f.)

2. Der Militär: Ausbildung und Militärzeit

2.1 Eisenstadt (1892–1894)

Am 29. August 1892 trat Robert Musil in die Militär-Unterrealschule Eisenstadt ein. Wie die anderen Militärinstitute Österreich-Ungarns bereitete sie auf den Offiziersberuf vor. Der Kontrast zum bisherigen Leben des Knaben als verwöhntes Einzelkind war größer kaum denkbar und führte prompt zu einem Anfall von „leidenschaftliche[m] Heimweh" (Tb I, 961) – vom frühen Aufstehen über das tägliche Räderwerk aus Demütigung und Drill, Überwachung und Strafe durch die als Klassenfeldwebel fungierenden Unteroffiziere bis zu den elenden hygienischen Bedingungen:

> Die Monturen u. das Schuhwerk. Die bloß nicht passende Paradeuniform u. die aller Beschreibung spottenden Schulmonturen. Ärger als Sträflinge. Die Waschgelegenheiten u. „Globusterbeeren" [Klabusterbeeren, d. s. Kotreste am After; O. P.]. Die Abtritte. […] / Meine Reinlichkeit heute noch eine Überkompensation? / Warum haben meine Eltern nicht protestiert? Heute noch unverständlich. Mensch! (Tb I, 936)

Letzteres dürfte daran gelegen haben, dass Musils Eltern offenbar ein verklärtes Bild von den Zuständen in den Militärinstituten der Donaumonarchie hatten. Ein erhalten gebliebener Brief Hermines aus dieser Zeit ist von rührender Ahnungslosigkeit (vgl. Hermine Musil an Robert Musil, 30.11.1895, KA). Zumindest diesbezüglich also dürfte die Schilderung des Konviktlebens im 1906 erschienenen Debütroman ihres Sohnes den elterlichen Vorstellungen entsprochen haben. Im *Törleß* entfalten sich die sich steigernden Grausamkeiten der Zöglinge untereinander vor dem Hintergrund eines behaglichen, wenn auch langweiligen Institutsalltags mit „koffertragenden Diener[n]" (GW II, 95) und skurrilen Lehrertypen. (→ III.1.1 *Törleß*) Musils ironische Stilisierung spart wesentliche Aspekte aus, etwa die ethnischen Rivalitäten unter den Schülern oder das von den älteren Jahrgangsstufen errichtete „Terrorregime" gegenüber den jüngeren, den „Benjamins" (Edmund Glaise von Horstenau, zit. nach Corino 2010, S. 28f.). (→ IV.1 *Militärische Ausbildung*)

2.2 Mährisch-Weißkirchen (1894–1897)

Am 1. September 1894 trat der Dreizehnjährige in die Militär-Oberrealschule Mährisch-Weißkirchen (Hranice) ein, die er später mit für ihn ungewöhnlicher Drastik als „A-loch des Teufels" (Tb I, 953) bezeichnete. Die Vorgänge, von denen sein Debüt erzählen wird – Erpressung, Mobbing und schließlich Folter und Vergewaltigung eines des Diebstahls überführten Zöglings durch Kameraden – gehen auf Ereignisse zurück, die sich zwischen Herbst 1895 und Frühjahr 1896 in Mährisch-Weißkirchen zugetragen haben müssen. Die Vorbilder der Romanfiguren konnten aufgrund der Namensähnlichkeiten in den erhalten gebliebenen Klassenbüchern identifiziert werden (vgl. Corino 2003, S. 109–120): zunächst – als Vorbilder für Beineberg und Reiting – Richard von Boyneburg-Lengsfeld (1878–1905) und Jarto Reising (1878–1899), die Klassendiktatoren, zu denen auch der Zögling Musil eingestandenermaßen ‚peripher‘, also wohl als Mitläufer, gehörte. Ende der 1930er Jahre erkannte Musil in ihnen „die heutigen Diktatoren in nucleo" (Tb I, 914) und sprach von der „Wichtigkeit des Zöglings für die spätere Politik" (Tb I, 936). Nach NS-Zeit und Holocaust mutete Musils hellsichtiger Erstling an wie eine „Vorgeschichte der Diktaturen des 20. Jahrhunderts" (Berghahn 2004, S. 28). Als Vorbilder für die Figur des Opfers Basini dienten die Zöglinge Hugo Hoinkes, der im Februar 1896 wegen Diebstahls aus dem Institut entlassen wurde, und Franz Fabini, ein auffällig feminin wirkender Junge, der im April 1896 nach Hermannstadt versetzt wurde. Zwar heißt es später in einem autobiografischen Fragment: Das „Ganze, das ich mit angesehen[,] […] war in entscheidenden Dingen anders, als ich es später darstellte" (GW II, 954). Doch dürfte dies zumindest teilweise eine Schutzbehauptung des Dichters sein. Musils intime Liste autobiografischer Stichworte von 1922 enthält für jene Zeit die Angaben: „Mast.[urbation]" sowie „Sex – roh – romant. – sentimental schwankend" (GW II, 938). Forciert männlich-rohes Verhalten wechselte sich demnach ab mit als unmännlich geltendem, ‚zartem‘, worunter wohl auch homoerotische Erfahrungen fielen.

Anders als Rilke überstand Musil seine Institutsjahre offenbar ohne lebenslanges Trauma. Doch von dem sozusagen ‚privaten Unterricht‘ mit Lektionen über Macht, Sexualität und Gruppendynamik sollte Musil sein Leben lang profitieren. Der offizielle Lehrplan enthielt dagegen Fächer wie Deutsch, Geografie, Geschichte, Physik und Geometrie sowie militärische Fächer wie Exerzieren, Schießen und Fechten (vgl. Kümmel 2001, S. 49f.).

2.3 Wien (1897)

Am 1. September 1897 erfolgte der Übertritt als Offiziersanwärter auf die Technische Militärakademie in Wien. Doch aus der vorgesehenen militärischen Laufbahn sollte nichts werden, denn das Studium der Ballistik ließ ihn „seine technischen Fähigkeiten" (GW II, 949) entdecken, wie er sich später erinnerte. Nach nur vier Monaten wechselte Musil erstmals die Pferde – und „das neue Pferd hatte Stahlglieder und lief zehnmal so schnell." (MoE, 36)

3. Der Techniker und Wissenschaftler: Studium und Promotion

3.1 Der Ingenieur: Brünn und Stuttgart (1898–1903)

Am 29. Januar 1898 begann Musil an der Deutschen Technischen Hochschule in Brünn ein Ingenieursstudium – eine mit Blick auf seine technisch-naturwissenschaftlich orientierte Schulbildung und die vielen Techniker in der Familie naheliegende Berufswahl. Doch ging es dem 17-Jährigen um weit mehr als nur darum, in die Fußstapfen des Vaters zu treten. Die Offizierslaufbahn hätte Musil gesellschaftliches Renommee versprochen, der Ingenieursberuf verhieß darüber hinaus Zukunft, denn die

3. Der Techniker und Wissenschaftler: Studium und Promotion

Zeit von 1890 bis 1910 – jene für die intellektuelle Prägung des Dichters entscheidenden zwei Jahrzehnte – waren auf eine heute schwer vorstellbare Weise vom Glauben an Fortschritt und modernen Maschinengeist bestimmt. Der Typus des Technokraten war angetreten, mit der verstaubten Welt der Väter aufzuräumen und die Menschheit in die Moderne zu führen. Einer dieser Technokraten wollte der junge Robert Musil sein, der am 10. November 1899 die erste und am 18. Juli 1901 die zweite Ingenieur-Prüfung erfolgreich absolvierte. Wie der Protagonist seiner Novelle *Tonka* war auch er „ein fanatischer Jünger des kühlen, trocken phantastischen, Bogen spannenden neuen Ingenieurgeistes" (GW II, 283). Was Musil aber von Ingenieuren wie seinem Vater unterschied, war seine Überzeugung, mit dem Wissen aus Mathematik, Physik und Mechanik ließe sich nicht nur die äußere Natur beherrschen, sondern endlich auch jene im Innern des Menschen, deren Unsicherheiten ihm seit Kindheitstagen vertraut waren: die Welt der Gefühle, Leidenschaften und Moral. Natürlich war für jenen „Methodentransfer" (Corino 2003, S. 205), von dem der Maschinenbaustudent träumte, in der Werkstattpraxis kein Platz. Musil machte in jenen Jahren erstmals eine für seine spätere Kritik der Moderne zentrale Beobachtung: Die Moderne hatte Schlagseite, der Fortschritt war nur einseitig, der Aufbruch betraf allein die nüchterne Welt von Verstand und Wissenschaft; in den Angelegenheiten der ‚Seele' herrschte weiterhin Stillstand – mit Verantwortlichen auf beiden Seiten: Die Ingenieure empfanden „den Vorschlag, die Kühnheit ihrer Gedanken statt auf ihre Maschinen auf sich selbst anzuwenden, […] ähnlich […] wie die Zumutung, von einem Hammer den widernatürlichen Gebrauch eines Mörders zu machen." (MoE, 38) Später spottete er über die „Existenz gewaltiger Spezialgehirne in Kinderseelen." (GW II, 1012) Im Gegenzug begnügten sich die Künstler und Literaten damit, einen Chor von „Klagen über unsre Seelenlosigkeit […], über unsre Mechanisierung, Rechenhaftigkeit, Religionslosigkeit" (GW II, 1381) anzustimmen, suchten also den Ausweg nur regressiv, in der Vergangenheit. Der Versuch einer der Moderne angemessenen Vereinigung von „Genauigkeit und Seele" (MoE, 583) sollte das literarische Schaffen Musils bestimmen: „Ich muß zuerst zeigen, warum ich anders denke", schreibt er 1923. „Es kommt davon, daß ich Ingenieur bin." (Tb I, 644)

Unter diesen Vorzeichen erwies sich der neue Berufsweg rasch als Sackgasse, praktische Orientierung und Alltagsroutine langweilten ihn. Nach seinem Einjährig-Freiwilligenjahr beim k. u. k. Infanterie-Regiment Freiherr von Hess Nr. 49 in Brünn von Oktober 1901 bis Ende September 1902 und seiner Ernennung zum Leutnant der Reserve trat Musil zwar noch als Volontärassistent in die Materialprüfungsanstalt von Carl Bach in Stuttgart ein, wo man sich mit der Elastizität und Festigkeit von Werkstoffen beschäftigte. Doch endete dieses Intermezzo bereits im April 1903 mit einem erneuten Richtungswechsel.

3.2 Der Experimentalpsychologe: Berlin (1903–1908)

Die Jahre 1902/03 wurden für Musil zu einer Zeit der Krise und Neuorientierung, in ihm wuchs das Bedürfnis nach Ergänzung, Synthese und Genauigkeit. Zum Wintersemester 1903 begann der 22-Jährige ein Studium der Philosophie und Psychologie (mit den Nebenfächern Mathematik und Physik) an der Friedrich-Wilhelms-Universität in Berlin. In der literarischen Moderne ein singulärer Bildungsweg: Kein anderer Autor seiner Generation, außer vielleicht Hermann Broch, verfügte über ein so breites

Wissen, kein anderes Werk beharrt so nachdrücklich auf der Einheit der in der Moderne auseinanderdriftenden ‚zwei Kulturen' (C. P. Snow) Geistes- und Naturwissenschaften wie das Musils. Entscheidend für den Wechsel zur Psychologie war vermutlich seine Lektüre der Schriften Ernst Machs (1838–1916). Musil entdeckte den österreichischen Physiker und Wissenschaftstheoretiker im Mai 1902. Nach Mach, einem Wegbereiter Albert Einsteins, gehörten Physik und Psychologie zusammen. Für den Empiristen bestanden Welt und Ich aus denselben Elementen, die stets nur relativ beständige Komplexe bildeten und zwischen denen rein funktionale Abhängigkeiten herrschten. Für die Dichter des Jungen Wien wurde Machs *Analyse der Empfindungen* (1886) mit der Parole vom ‚unrettbaren Ich' zu einem Kultbuch. Aber auch für Musils Poetologie avancierte Mach neben Nietzsche zum wichtigsten Ideengeber, etwa mit seiner Vorstellung von ‚Gedankenexperimenten' oder der Verabschiedung traditioneller Kausalitäts- und Substanzvorstellungen. Mach gehörte zu den Vorläufern der Gestaltpsychologie, für die das Ganze stets vor seinen Teilen kam, die Perzeption der Gestalt vor isolierten Sinneseindrücken: „Das Leben tritt uns in Gestalten entgegen" (Mach 1910, S. 488). Die Geburtsstätte der Gestaltpsychologie war das erst im Jahr 1900 gegründete Psychologische Institut von Carl Stumpf (1848–1936) in Berlin, zu dem es den jungen Musil mit bemerkenswertem Instinkt zog. Mit seiner vermittelnden Position in den philosophischen Diskussionen und seiner interdisziplinären Orientierung wurde Stumpf zum idealen Lehrer für ihn. In Berlin, dem damaligen Mekka der Künste wie der Wissenschaften, untersuchte man mit experimenteller Methodik und phänomenologischer Introspektion Gestaltprinzipien wie die Übertragbarkeit von Melodien in andere Tonarten oder das Verhältnis von Figur und Grund. (→ IV.6 *Gestalttheorie*) Musils besonderes Interesse galt dem Phänomen der optischen oder räumlichen Inversion (Umkehrung). Klassische Beispiele dafür sind Vexier- oder Kippbilder wie der Necker-Würfel, das Mach'sche Buch (eigentlich eine geknickte Visitenkarte) oder der später durch Ludwig Wittgenstein berühmt gewordene Entenhase. Als ‚unmögliche', ambivalente Figuren scheinen solche optischen Täuschungen die Regeln der klassischen Logik außer Kraft zu setzen. Die Inversion wurde zur Grundlage seiner Konzeption des ‚anderen Zustandes' als Gegenstück des alltäglichen Weltverhältnisses und begegnet seinen Figuren immer wieder (vgl. MoE, 687).

In experimentellen Übungen mussten sich Stumpfs Studierende Apparaten wie etwa dem Schumann'schen Rotationstachistoskop aussetzen, mit dem der Umfang der Aufmerksamkeit gemessen werden konnte. Für seinen Studienfreund Johannes von Allesch konstruierte Musil sogar selbst einen Apparat, den „Musil'schen Farbkreisel" (GW II, 949), mit dem Probanden beliebige Mischfarben vorgeführt werden konnten. Im Rückblick bekannte der Dichter aber, dass er „wenig [...] Freude am psychol. Experiment hatte; schon in Berlin dem Betrieb ferngeblieben war." (Tb I, 918) Wie das Arbeitsheft jener Jahre belegt, beschäftigten ihn mehr als Experimente theoretische Fragen wie das Leib-Seele-Problem oder das Ich-Bewusstsein. Dennoch erinnerte sich Musil später voller Respekt an die „nüchterne u. wissensch. Atmosphäre" in den Laboratorien von Carl Stumpf, „ein Verdienst dieses Lehrers, der wohl nicht bloß durch Zufall die bedeutendsten Schüler hatte." (Tb I, 925) Tatsächlich studierten und forschten in Berlin mehr oder weniger zeitgleich mit Musil Wolfgang Köhler, Erich Moritz von Hornbostel, Kurt Koffka, Kurt Lewin oder Max Wertheimer. Musil blieb der Gestalttheorie ein Leben lang verbunden. Wie nachhaltig diese

Theorie Musils Denken prägte, zeigt sich daran, dass er Kunstwerke und Gesellschaftssysteme ebenso wie Gedanken, Gefühle oder Moral als dynamisch veränderbare „Gestalten" beschrieb (vgl. Bonacchi 1998). (→ IV.6 *Gestalttheorie*)

Am Ende des Studiums stand als akademische Pflichtarbeit die Dissertation an. Die am 31. Januar 1908 unter dem Titel *Beitrag zur Beurteilung der Lehren Machs* eingereichte Zweitfassung – eine erste hatte ihm sein Doktorvater Carl Stumpf zurückgegeben, vermutlich, weil sie ihm zu wenig Mach-kritisch gewesen war – erhielt „laudabile" (vgl. Corino 2003, S. 310, sowie zur Einschätzung dieser keineswegs schlechten Bewertung Bonacchi 2008, S. 60). Musils Doktorarbeit bietet eine differenziert-konstruktive immanente Bewertung Ernst Machs, die radikale Erkenntnisskepsis des Physikers wird zugunsten der vermittelnden Position Stumpfs zurückgenommen. Es folgte das Rigorosum am 27. Februar 1908, bei dem Musil, obwohl er sich zeitweilig „auf Aufreißen von Augen und Ohren" beschränkte (Br I, 52), mit der Endnote „cum laude" bestand. (→ III.1.2 *Beitrag zur Beurteilung der Lehren Machs*) Das von seinem strengen Doktorvater selten vergebene Prädikat öffnet ihm die Türen für eine Hochschullaufbahn: Der Grazer Experimentalpsychologe Alexius Meinong (1853–1920) bot seinem Landsmann eine Assistentenstelle an, verbunden mit der Möglichkeit zur Habilitation. Musil bedankte sich, bat sich Bedenkzeit aus – und lehnte am 18. Januar 1909, vermutlich zum Entsetzen seiner Eltern, ab:

[I]ch hätte es nicht nur als Auszeichnung[,] sondern auch für meine wissenschaftliche Weiterbildung als den denkbar größten Gewinn betrachtet, an Ihre [i. e. Meinongs] Seite zu gelangen, allein meine Liebe zu künstlerischer Literatur ist nicht geringer als die zur Wissenschaft und durch sie wurde die scheinbar leichte Entscheidung zu einer Lebensfrage für mich. (Br I, 63)

4. Der Literat: Dichtung und Essayismus

4.1 Als Dandy und Literat in Brünn (1898–1902)

Die Gedichte, die Musil als Heranwachsender schrieb, haben sich nicht erhalten; vielleicht fiel die wohl alterstypische Pubertätslyrik ebenso einem Autodafé zum Opfer wie jene des Zöglings Törleß. Dagegen wurden erst in jüngster Zeit Musils erste Publikationen wiederentdeckt: Buchtipps und kurze Prosastücke wie *Eine spiritistische Séance* oder *In der Dämmerung* eines „Robert" bzw. „R. O. Bert", die zwischen 1898 und 1902 in Brünner Zeitungen erschienen. Außer offensichtlichen Einflüssen des Fin-de-Siècle-Ästhetizismus finden sich darin bereits Musil-charakteristische Züge wie das Geschwistermotiv (vgl. dazu Hayasaka 2011, S. 164–175). Der junge Musil folgte also nicht nur dem neuen Ingenieursgeist, sondern ebenso literarischen Ambitionen. 1899 wäre dem Maschinenbaustudenten beinahe die Theaterkritik der sozialdemokratischen Zeitung *Volksfreund* übertragen worden; am 29. März 1900 trug er im Brünner deutsch-akademischen Leseverein seinen Text *Variété* vor. Technische Interessen stehen neben literarisch-künstlerischen: Schon in dieser frühen Phase manifestierte sich somit sein lebenslanger Konflikt zwischen zwei Neigungen, den Musil Jahrzehnte später mit dem Begriffspaar „Gewalt und Liebe" (MoE, 591) apostrophierte. Es war zugleich der Konflikt einer ganzen, zwischen Verstand und Gefühl zerrissenen Epoche.

Um sein 20. Lebensjahr gerierte sich Musil als feinsinniger Dandy, der nur die edelste Kleidung tragen wollte und den Lokaldichter Richard Schaukal bewunderte. Mit dem *Törleß*-Stoff wusste er allerdings noch nichts anzufangen, sonst hätte er ihn in dieser Zeit nicht an zwei örtliche Vertreter des Naturalismus, Eugen Schick und Franz Schamann, zur eigenen Verwertung „verschenkt'" (GW II, 954). Das mährische Brünn war zwar eine Provinzstadt, doch kulturell längst in der Moderne angekommen. Hier begegnete der junge Dichter der Aufbruchs- und Reformbewegung der Jahrhundertwende, „der letzten geistigen Bewegung in Deutschland von großer lebendiger Kraft" (GW II, 1353), wie er 1923 urteilte. Impressionismus und Jugendstil, Vitalismus und Lebensreform, die Suche nach einer neuen Kunst, neuen Moral und einem neuen Menschen: In jener widersprüchlichen Gärungszeit um 1900 lag für den späten Musil der Schlüssel für das, was in der ersten Jahrhunderthälfte an Krieg und Umsturz folgen sollte.

Der junge Musil verehrte den Kaffeehauspoeten Peter Altenberg und die Lyrik Rainer Maria Rilkes, er las Novalis' wiederentdeckte Fragmente, Oscar Wilde und D'Annunzio, die Dekadenzliteratur eines Charles Baudelaire oder Joris-Karl Huysmans und natürlich die ‚Nervenkunst' des Jungen Wien, darunter die programmatischen Essays Hermann Bahrs. Kennzeichnend für seine Begegnung mit der Literatur seiner Zeit war ein Gefühl des Ungenügens, selbst bei Autoren, die er schätzte, wie Dostojewski: „Er kam mir geistig zu ungenau vor! Ich hatte den Eindruck, seine Problembehandlung sei nicht eindeutig genug! Es kam mir zu wenig heraus!" (GW II, 956) Wie rasch er sich, nicht zuletzt durch die Lektüre von Kulturzeitschriften wie der *Wiener Rundschau*, mit den wichtigsten Themen jener Zeit vertraut machte, zeigen seine frühen Arbeitshefte mit Reflexionen zu Epochenthemen wie Ethik und Ästhetik, Katharsis, Dekadenz, Psychologie, Stilisierung oder Sprachskepsis. Nicht zufällig sind im ‚nervösen Zeitalter' (wie Franz Kafka am 30. Juni 1912 in seinem Tagebuch seine Epoche tituliert) mit den Modekrankheiten Hysterie und Neurasthenie die ‚Nerven' ein Schlüsselterminus dieser frühen Aufzeichnungen. Die Erinnerung an ein Gastspiel des polnischen Pianisten Ignacy Jan Paderewski (1860–1941) in Brünn inspirierte Musil im März 1902 erstmals zur Utopie eines Lebens nur in Bedeutung (vgl. Tb I, 17). Musil führte seine Arbeitshefte spätestens seit 1898, oftmals mehrere parallel, jedoch nicht im Sinne eines regelmäßig geführten Diariums (vgl. Tb I, 137). Bereits seine frühen Hefte waren ihm ebenso ein Reflexionsraum wie eine literarische Versuchsstätte. Lebensumstände, Befindlichkeiten oder Alltägliches wurden nur in Ausnahmefällen festgehalten oder gleich in Material, in Rohstoff für Dichtung verwandelt, in Motive, Ideen und Stoffe. Auf seiner Suche nach dem anderen Menschen behandelte Musil sein soziales Umfeld zeitlebens als Ansammlung von Versuchspersonen in einem „Ideenlaboratorium" (GW II, 995).

Sein wichtigster Proband aber war er selbst. In einer einsamen Januarnacht des Schwellenjahres 1900 stilisierte sich der 20-jährige Maschinenbaustudent im Arbeitsheft zu „monsieur le vivisecteur", ein Beispiel für den „Typus des kommenden Gehirnmenschen", der sich selbst seziert und dabei den Schauder vollkommener Isolation genießt. „Mein Leben: – Die Abenteuer und Irrfahrten eines seelischen Vivisectors zu Beginn des zwanzigsten Jahrhunderts!" (Tb I, 2) Eine pathetisch zelebrierte psychologische Selbstbeobachtung und -spaltung, die ohne den Einfluss Nietzsches undenkbar gewesen wäre. Wie für Thomas Mann, Hermann Hesse, Gottfried Benn oder Stefan George wurde auch für den jungen Musil die Nietzsche-Lektüre zum entscheidenden Bildungserlebnis: „Schicksal", notierte er am 15. Mai 1902: „Daß ich Nietzsche gerade mit achtzehn Jahren [also 1898; O. P.] zum ersten Male in die Hand bekam. Gerade nach meinem Austritt vom Militär. Gerade im so und so vielten Entwicklungsjahr." (Tb I, 19) Es war vor allem der Psychologe und Moralkritiker Nietzsche, der den Dichter lebenslang faszinierte, der aphoristische Denker des Möglichen und des Perspektivismus mit seiner schöpferisch-vitalistischen Moral des Steigens und Sinkens.

Neben Nietzsche zählte Musil später noch zwei weitere Essayisten zu seinen „stärksten Denkeinflüsse[n]" (GW II, 923): den amerikanischen Philosophen Ralph Waldo Emerson und den belgischen Dramatiker Maurice Maeterlinck. Beide waren auch im deutschen Sprachraum populäre Vertreter der um 1900 florierenden gottlosen, sprachskeptischen Neomystik (vgl. dazu Spörl 1997) und verhießen ihren Lesern, sie in die Geheimnisse der im Alltag meist verborgenen „Seele" einzuweihen. Während aber Musil sein Leben lang Emerson schätzte, führte die „gebatikte[ ] Metaphysik" (MoE, 103) Maeterlincks schon früh zu ironischen Distanzierungen. Beider Einfluss auf Musils literarisches Schaffen war, bis in die Wahl seiner Bilder und Vergleiche, beachtlich. (→ VIII.5 *Intertextualität*) Maeterlinck etwa lehrte in dem Essayband *Der Schatz der Armen* (dt. 1898), die Seele (bzw. das ‚transzendentale Selbst') eines Menschen warte auf jene seltenen Momente im Leben, an denen sie in Erscheinung treten könne. Sämtliche äußeren Taten, auch Verbrechen, ließen sie unberührt – eine ‚Moral des Mystikers', der auch Musils Figuren folgen werden.

4.2 Zwischen Valerie und Herma (1900–1906)

Dass die Frau dem Mann bei der Erweckung seiner Seele als Führerin dienen könne, war ein weiterer, durchaus epochentypischer Gedanke Maeterlincks. Von Musils Führerin zur Neomystik war lange nur der Vorname, Valerie, bekannt. Die jahrzehntelangen Spekulationen über ihre Identität endeten erst 1993, als dem Münchner Stadtmuseum von der Tochter das Poesiealbum Valerie Hilperts (1872–1949) übergeben wurde, in dem sich auch der junge Robert Musil mit einem Nietzsche-Zitat verewigt hatte (vgl. Fanelli 1993/94; Corino 2003, S. 155–174; Hayasaka 2011, S. 177–192). Die lebensfrohe Münchner Pianistin war als leidenschaftliche Bergsteigerin eine für ihre Zeit ungewöhnliche Erscheinung. Der angehende Techniker und Dichter begegnete ihr und ihrem Verehrerkreis im August/September 1900 in Schladming. Der 19-Jährige verliebte sich – und ergriff, wie schon bei der Zirkusreiterin Miss Blanche, die Flucht. Im nahen Wallfahrtsort Filzmoos, umgeben vom Dachsteingebirge, erlebte Musil dann das Wunder der Fernliebe wie eine profane Bekehrung. In der selbstgewählten Einsamkeit führten die aufgestauten Gefühle zu einem mystischen Erlebnis, das Musil zeitlebens als Vorbild für den ‚anderen Zustand' galt. Zwei Jahre später schrieb er selbstbewusst über „die großen Liebenden – Christus, Buddha, Göthe – ich, in jenen Herbsttagen, da ich Valerie liebte. / Die suchen gar keine Wahrheit, aber sie fühlen, daß sich etwas in ihnen zu etwas Ganzem zusammenschließt." (Tb I, 12)

Musils Sehnsucht nach sinnstiftenden emotionalen oder ästhetischen Epiphanien, die Gleichgültigkeit und Langeweile eines vorherbestimmten bürgerlichen Lebenslaufs ersetzen sollten, fand in Filzmoos neue Nahrung. Zugleich erfuhr er dort, von welch kurzer Dauer solche seelischen Aufschwünge sind. Zurück in Brünn entstand sein erstes Buchprojekt, „Paraphrasen", eine Sammlung lyrisch-stimmungsvoller Skizzen nach dem Vorbild Peter Altenbergs, von denen sich nur wenige erhalten haben und für die Musil 1901 vergeblich einen Verlag suchte. Diesen Prosastücken, die Musil später als „Gedankenpoesie" (GW II, 967) charakterisierte, lag eine „'Auflehnung gegen den Mann'" (Tb I, 86) zugrunde – offenbar hatte das Valerie-Erlebnis Musils männliches Selbstverständnis nachhaltig irritiert.

Der junge Robert Musil ist ein Beispiel für die Verunsicherung des Fin-de-Siècle-Mannes. Eine sich modernisierende Welt mit selbstbewussten Frauen ließ das ‚starke' Geschlecht zwischen forciertem Männlichkeitskult und neurasthenischer Schwäche schwanken (vgl. dazu Blom 2008, S. 180–216). Musil war einerseits (zeitlebens) ein begeisterter Sportler (u. a. Ringen, Schwimmen, Fechten), der mit militärischer Disziplin seinen Bizeps mit den neuen Federhanteln des Bodybuilding-Erfinders Eugen Sandow aufbaute. (→ V.10 *Sport*) Andererseits starrte er Nachmittage lang wie gelähmt aus dem Fenster: „[I]st das einfach Schwäche u. eine Art männlicher Hysterie?" (Br I, 6) Gegensätzlich gestalteten sich auch seine Erfahrungen mit dem gesellschaftlichen „Liebesbetrieb[ ]" (MoE, 22): Begegnungen mit behüteten Bürgerstöchtern wechselten mit Abenden im Varieté oder bei einer Prostituierten namens Joszá, die in ihm „eine große Freude mit ihr zu experimentieren" (Tb I, 50) auslöste, vielleicht nach dem Vorbild von Schnitzlers *Anatol*. Freuds Epochendiagnose von der Spaltung des weiblichen Liebesobjekts in Hure und Heilige, Mutter und Prostituierte, die im (männlichen) Unbewussten zusammenfallen, spiegelt sich auch in Musils Arbeitsheften: Eben noch ‚großer Liebender', bewunderte Musil schon im folgenden Eintrag einen Bekannten, der im Garten eines Varietés mit einer Chansonnette „eine Nummer" machte: „Genie!" (Tb I, 13)

Musils Besuche bei Prostituierten hatten jedoch Folgen. Am 2. März 1902 notierte er: „Heute unsagbares, dumpfes Elend. [...] / Es ist mir[,] als ob ich mit einem Schlage so gräßlich krank geworden wäre. Heute erst." (Tb I, 15f.) Dass er sich in seinem Einjährig-Freiwilligenjahr mit Syphilis infiziert hatte, verriet der Nachwelt erst ein ‚Kopfzettel' des Reservespitals Innsbruck vom März 1916. Demnach musste sich der junge Musil nach der Infektion anderthalb Jahre lang mit giftiger Quecksilbersalbe eincremen – offenbar erfolgreich, da spätere Tests negativ ausfielen. Letzte Sicherheit, nicht doch eines Tages an Spätfolgen wie progressiver Paralyse zu erkranken, gaben sie freilich nicht. Außerdem informiert der Kopfzettel über eine syphilitische Fehlgeburt im Jahr 1906. Der Musil-Biograf Karl Corino vermutet deshalb, Musil habe 1902 seine damalige Freundin Herma Dietz, Vorbild für die Geliebte in der Novelle *Tonka* (1923), infiziert, was die Ursache für den Abortus vier Jahre später und Hermas mutmaßlichen Tod im November 1907 gewesen sei (vgl. Corino 2003, S. 280–286). Hat der Dichter also ein Menschenleben auf dem Gewissen? Und ist *Tonka* das ästhetisch-ethisch fragwürdige Ergebnis verdrängter Schuldgefühle, sein „Blaubart-Zimmer" (Corino 2003, S. 707; vgl. auch Henninger 1981)? Fakt ist: Über Musils Beziehung zu Herma Dietz gibt es kaum gesicherte Kenntnisse. Für die Forschung blieb die aus proletarischen Verhältnissen stammende Geliebte bislang, anders als Valerie, eine „gespenstische Un-Person" (Corino 2003, S. 18). Offenbar lernte Musil sie Ende 1901, in seinem Einjährig-Freiwilligenjahr, kennen, als er „nicht wählerisch war" (Tb I, 109). Vermutlich war sie Ladenverkäuferin in einem der vielen Brünner Tuchgeschäfte – für den jungen Mann aus bürgerlichem Elternhaus somit eine Mesalliance, bei der er sich „nie in ästhetisch gleichwertiger Gesellschaft fühlt" (Tb I,

106). Was als Zeitvertreib mit einem ‚süßen Mädel' aus der Vorstadt begann, entwickelte sich zu einer langjährigen, tragisch endenden Beziehung: Herma Dietz folgte ihm 1902 nach Stuttgart, dann 1903 nach Berlin, wo sie vier Jahre später starb. Dass Musil auch nach ihrer Schwangerschaft an ihr festhielt, scheint zu einem Konflikt mit seiner Mutter geführt zu haben, die ihrem Sohn die Chance auf eine Ehe in bürgerlichen Kreisen bewahren wollte. Und dass es zumindest einige Ärzte für ausgeschlossen hielten, Musil habe seine Freundin infiziert, führte bei ihm zum Verdacht, Herma sei ihm untreu gewesen. Konfliktmuster aus der Kindheit wurden aktualisiert: „Er bringt sie durch Eifersucht u[nd] Quälsucht u[nd] Verlassen in die Klinik." (KA, M IV/2/442) Dies alles weiß man aber allein aus den zum *Tonka*-Komplex gehörenden Notizen und Reflexionen aus den Jahren 1903 bis 1908 (vgl. v.a. KA, M IV/2/411–489 und verstreut in KA, H 3). Alle Beteiligten sind schon in den Tagebuchheften sich allmählich kristallisierende Figuren eines noch ungeschriebenen Romans, heißen „R.", „Robert", „Hugo", „Monrad" oder „Unold", die proletarische Geliebte „H.", „Herma", „Hanka" oder „Tonka": „H.[erma] war für kurze Wochen fast glücklich. Sie fühlte, daß sie Hugo nie so ganz besessen hatte wie damals." (Tb I, 111) Rückschlüsse von diesen Einträgen auf die Realität müssen daher spekulativ bleiben.

4.3 *Die Verwirrungen des Zöglings Törleß* (1906)

Die Eintragungen zum *Tonka*-Komplex gehörten lange Zeit zum Stoff der ersten Romanprojekte Musils („Geschichte dreier Personen", „Rabe"). Während diese unvollendet blieben, erschien 1906 im Wiener Verlag Musils Debütroman *Die Verwirrungen des Zöglings Törleß*. Begonnen wurde er bereits Ende 1902 in Stuttgart. Nach dem Fehlstart mit seinem „Paraphrasen"-Projekt wagte Musil einen Neuanfang. Glaubt man seinem Rückblick, stand das Empfinden von Langeweile am Beginn des Schreibens.

> Ich war 22 Jahre alt, trotz meiner Jugend schon Ingenieur und fühlte mich in meinem Beruf unzufrieden. Jeden Abend um ½ 9 Uhr besuchte mich eine Freundin [i. e. Herma Dietz], aus dem Büro kam ich aber schon um 6 Uhr nach Hause, Stuttgart, wo sich das abspielte, war mir fremd und unfreundlich, ich wollte meinen Beruf aufgeben und Philosophie studieren (was ich bald auch tat), drückte mich von meiner Arbeit, trieb philosophische Studien in meiner Arbeitszeit u[nd] am späten Nachmittag, wenn ich mich nicht mehr aufnahmefähig fühlte, langweilte ich mich. So geschah es, daß ich etwas zu schreiben begann, u. der Stoff, der gleichsam fertig dalag, war eben der der V.[erwirrungen] d.[es] Z.[öglings] T.[örleß]. (GW II, 954)

Nicht nur der Autor, auch seine Figur wird zunächst von Langeweile heimgesucht, fühlt sich gekettet an eine bürgerliche Lebensschiene und ersehnt „etwas Überraschendes, noch nie Gesehenes" (GW II, 17). Musils Protagonisten verfügen zwar über einen ‚Möglichkeitssinn', im Verhältnis zur Realität sind sie jedoch Depressions- oder gar, wie später Ulrich, Suizidkandidaten. Die Sinnangebote der Gesellschaft, darunter auch die Macht, lassen sie kalt. Umso erregender für den Zögling – von dem es anfangs scheint, „daß er überhaupt keinen Charakter habe" (GW II, 13) – sind dagegen die Begegnungen mit dem Irrationalen: vor allem der ‚Sturz' Basinis (nach seiner Überführung als Dieb durch Reiting) von einem gleichrangigen Mitzögling zu einem vogelfreien (Sex-)Sklaven. Zu den Leitmotiven des Romans gehört die vitalistische Unterscheidung von „tote[n] und lebendige[n]" Gedanken (GW II, 136). In diesem Sinne lebendig für den Leser wollen auch Musils Dichtungen sein, die sich dazu auffallend oft der Darstellung sexueller oder moralischer Transgressionen bedienen. (→ V.7 *Sexualität*) Deutlich wird bereits an Musils Erstling die lebenslange Suche des Dichters nach einer Ausnahmeethik des Einzelnen als Alternative zur überkommenen Moral mit ihren starren Normen und Konventionen.

Bereits im März 1905 bot Musil das Manuskript einem Verlag an als „einen Roman von abweichender Art; […] aber einer neuen Weise zu schreiben zustrebend." (Br I, 14) Allerdings versteckte der Dichter seinen avantgardistischen Anspruch so erfolgreich, dass sich das Buch nicht nur relativ gut verkaufte (im April 1907 wurde bereits die 5. Auflage angekündigt, allerdings könnte es sich bei den Ankündigungen des 3., 4. und 5. Tausends auch um „Reklametricks des dem Bankrott nahen Verlags" gehandelt haben, Corino 2011/12, S. 281), sondern dass von den meisten Lesern, teilweise bis heute, nur das allgemein Bekannte wahrgenommen wurde – der Realismus und die Psychologie einer Pubertäts- und Internatsgeschichte. Das Genre des Schulromans hatte in diesen Jahren Hochkonjunktur, und reformpädagogisch bewegte Leser verstanden Törleß' autodidaktische Erkenntnissuche als Kritik am traditionellen Schulwesen (vgl. GW II, 966f.). Dass sich hinter der Maske der mit Skandalthemen wie Sadismus und Homosexualität gewürzten Kadettengeschichten ein kühner philosophischer Roman verbirgt, erkannten nur wenige. Schon in Musils Erstling sind Plot und Form nur Transportvehikel für geistige Gehalte. Im *Törleß* spiegelt sich der von Nietzsche präludierte Epochenumbruch in Erkenntnistheorie und Humanwissenschaften der Jahrhundertwende wider; in dem vergleichsweise schmalen Roman, ein frühes Beispiel für mehrfachcodierte Literatur, lassen sich erstaunlich viele der wichtigen Themen und Motive der intellektuellen Debatten um 1900 finden, darunter die Grundlagenkrise der Mathematik und die unmöglichen Räume der modernen Geometrie, Sprachskepsis, der Tod Gottes, das neu entdeckte Unbewusste und der boomende Spiritualismus – „ein Genuß für Menschen mit intellektuellen Neigungen (und andere zählen ja doch nicht)" (Br I, 13), wie Musil am 22. März 1905 nach Fertigstellung seines Romans selbstbewusst schreibt.

Der *Törleß* bescherte dem Dichter aber nicht nur beim Publikum einen Traumstart, sondern auch bei der Kritik. Am 12. Dezember 1906 erschien im Berliner *Tag* eine Eloge auf Musils Erstling von Alfred Kerr. Der Starkritiker hatte dem Studenten in Berlin bei der Endfassung des *Törleß* geholfen und dabei mit ihm „jede Zeile dieses Buches […] zusammen durchgearbeitet" (Kerr 2009, S. 316); jetzt lobte er den Debütanten dafür, „neue Stufungen im Seelischen" zu zeigen (ebd., S. 150). Und Franz Blei, einer der bedeutendsten Literaturvermittler der Moderne, kürte Musil zu einer Art Erben des Jungen Wien. Mit Kerr und Blei hatte Musil gleich zwei literarische Schwergewichte als Fürsprecher gewonnen. Vor allem die Freundschaft mit dem vielfach vernetzten Blei verschaffte dem Dichter in den folgenden Jahrzehnten immer wieder Kontakte zu Verlagen und Zeitschriften (vgl. dazu Mitterbauer 2003, S. 74–78). So viel Bestätigung dürfte mit dafür gesorgt haben, dass Musils Schwanken zwischen einer akademischen Karriere und einer Existenz als freier Schriftsteller zu einem Ende kam und er das schon erwähnte Angebot einer Habilitationsstelle in Graz ausschlug. Es war ein folgenreicher Schritt, den Musil in späteren Jahren immer wieder in Frage stellte. Ende der 1930er Jahre notierte er:

Es sieht aus, als hätte mein natürlicher Werdegang so [...] aussehen müssen: Annahme der Dozentur in Graz. Geduldiges Tragen der langweiligen Assistententätigkeit. Geistiges Miterleben der Wendung in der Psychologie u. Philosophie. Dann, nach Sättigung, ein natürlicher Abfall u. Versuch zur Literatur überzugehen. / Warum ist es so nicht gekommen? [...] Entscheidend war, daß ich naive Hoffnungen in den weiteren Verlauf meiner Schriftstellerkarriere gesetzt habe. Daß ich durchaus nicht wußte, wie gefährlich es im Leben ist, nicht seine Chancen auszunützen. (Provinziell großartig, verträumt großartig, Folge gesicherter Jugend) [...] Der Phantast hatte dem Denker ein Bein gestellt. (Tb I, 918f.)

Musils Entscheidung für eine ungesicherte Autorenexistenz bedeutete den Bruch mit der Generation seiner Eltern, für die Sicherheit alles war. Dagegen fasste Musil aus der Perspektive Ulrichs die Aufbruchsstimmung der Moderne später in die Worte: „[K]ein Ding, kein Ich, keine Form, kein Grundsatz sind sicher, alles ist in einer unsichtbaren, aber niemals ruhenden Wandlung begriffen, im Unfesten liegt mehr von der Zukunft als im Festen, und die Gegenwart ist nichts als eine Hypothese, über die man noch nicht hinausgekommen ist." (MoE, 250) Was ein Jahrhundert später Normalität geworden ist – Brüche im Lebenslauf, provisorische Lebensführung, Patchworkbiografien –, war im frühen 20. Jahrhundert ein neues Phänomen. Zugleich bedeutete Musils dritter Richtungswechsel innerhalb von sechs Jahren, bis auf Weiteres auf die Zuwendungen seiner Eltern angewiesen zu sein. Wie trügerisch sein Vertrauen auf das elterliche Vermögen (bald auch auf das seiner Frau) war, musste er bitter erfahren.

4.4 Herma, Hertha, Anna, Alice, Martha (1907/08)

Die Jahre 1907/08 waren für Musil nicht nur beruflich, sondern auch privat Schicksalsjahre, in denen entscheidende Weichen gestellt wurden. Die Arbeit an der Dissertation wurde begleitet von Tragik, Selbstzweifeln und der Suche nach einer Lebensgefährtin. Das Erzählfragment „Grauauges nebligster Herbst" über einen beziehungslosen Einzelgänger, dem der „jahrealte Glaube an seine Sendung" abhanden gekommen ist, einen neuen Menschen „mit vollständig umgeordneten Gefühlsvoraussetzungen zu begründen", dokumentiert die Krise Musils in jenen Monaten. Bei seinem Protagonisten führt die Krise zu einem diffusen „Verlangen nach einer Geliebten; sie hätte es ihm erleichtert." (GW II, 722f.) In jenen Monaten, in denen sich die Erkrankung seiner proletarischen Freundin Herma Dietz so sehr verschlimmerte, dass sie im November 1907 starb, knüpfte Musil neue Beziehungen. So flirtete er mit der jungen Sängerin Hertha Stolzenberg (1889–1960) und verlobte sich, zum Wohlgefallen seiner Eltern, mit einer offenbar standesgemäßen jungen Frau, von der nur der Vorname überliefert ist. Musils Briefe an „Anna" mit der in ihnen formulierten Erotik der Fernliebe sind es „wert, in den Kanon der Liebesbriefliteratur einzugehen" (Willemsen 1985, S. 30). Seine eigenwilligen Werbungen (vgl. etwa Br I, 31), in denen Bindungsangst als erotischer Möglichkeitssinn ausgegeben wird, dürften mit dazu geführt haben, dass die Verlobung bald wieder aufgelöst wurde – für Musils Eltern nach dem Zeugnis Gustav Donaths eine „Art Katastrophe" (zit. nach Corino 2010, S. 57). Ob Donath wusste, dass sein Freund auch mit seiner jungen Frau Alice (die 1910 an Schizophrenie erkrankte und zum Vorbild für die Clarisse-Figur im *MoE* wurde) intim korrespondierte? Wie in den Briefen an Anna wird auch in dem im Juni 1908 entstandenen Brief an sein „Schwesterlein" „Liesl" eine Utopie offener intimer

Beziehungsformen jenseits bürgerlicher Konventionen beschreiben: „Wozu also, frag ich, wenn sich zwei ins Gras legen wollen, immer gleich ein Haus darum bauen, das ‚wie ein Bollwerk Jahrhunderten trotzen' soll? Ich finde diese Art von Erotik selbstmörderlich." (Br I, 58)

Die Frau, für die der Dichter dennoch ein solches Bollwerk bauen würde, kannte er da schon: Im Sommer 1906 hatte er auf einer Reise an die Ostsee die sechs Jahre ältere Martha Marcovaldi (1874–1949) kennengelernt. Zur Verkörperung der ersehnten Schwester wurde die Mutter zweier Kinder aber erst in den Monaten nach dem Tod von Herma Dietz 1907. Martha Marcovaldi, geborene Heimann, verwitwete Alexander, war eine herbe Schönheit „hart an der Grenze des passiv-sinnlichen Typus" (GW II, 896) und entstammte dem jüdischen Großbürgertum Berlins. Seit der Trennung von ihrem zweiten Mann, dem Römer Enrico Marcovaldi, lebte die Malerin mit ihren Kindern, Gaetano (1899 geboren) und Anna (genannt Annina; 1903 geboren), in Berlin, wo sie Schülerin bei Lovis Corinth war. Eine moderne, kunst- und literaturkundige, eigensinnig-gefühlsbetonte Frau also, mit, wie sich zeigen sollte, inspirierender Vergangenheit (vgl. Corino 2003, S. 319–363; Mauthner 2004). „In der Tat haben wir beide eine starke nach innen gewendete Sex.[,] die sich aber auch ‚kopflos' (d. h. ohne Seele) nach außen wenden kann." (Tb I, 923) Musil rekonstruierte Marthas vielfältiges Intim- und Eheleben zunächst in einem „Biographie des Raben" betitelten Erzählprojekt und legte ihre Erlebnisse dann seinem zweiten Buch, dem Novellenband *Vereinigungen*, zugrunde. (→ III.1.3 *Vereinigungen*)

4.5 *Vereinigungen* (1911)

1908 erscheint in Franz Bleis Zeitschrift *Hyperion* Musils Erzählung *Das verzauberte Haus*. Für den Dichter ist der rasch entstandene Text nur eine „Gelenkprobe" (GW II, 969), mit der er sich beim Publikum in Erinnerung halten will. Eine zweite, ähnlich realistisch gehaltene Erzählung soll umgehend folgen. Doch es kommt anders. Jahrzehnte später konstatiert Musil, dass es

> wohl kaum einen unverständlicheren Gegensatz als den geben [wird], der zwischen dieser Absicht u. ihrer Ausführung bestand. Er ist ungefähr ebenso groß wie der zwischen dem Vorsatz, schnell eine kleine Geschichte zu schreiben, u. dem Ergebnis, daß ich an 2 Novellen 2½ Jahre, u[nd] man kann sagen: beinahe Tag und Nacht, gearbeitet habe. Ich habe mich seelisch beinahe für sie zugrunde gerichtet, denn es streift an Monomanie, solche Energie an eine schließlich doch wenig fruchtbare Aufgabe zu wenden [...]. Hier liegt also entweder eine persönliche Narretei vor oder eine Episode von mehr als persönlicher Wichtigkeit. (GW II, 956f.)

Die *Vereinigungen*, 1911 im Verlag Georg Müller erschienen, gehören zu den hermetischsten Werken der Weltliteratur. Selbst nach mehrmaliger Lektüre ist man sich nicht sicher, was genau in den zwei Novellen, einer Art literarischen Diptychons, geschieht. Und hat man es endlich herausgefunden, mutet ihr Inhalt reichlich bizarr an: Da begeht eine anscheinend glücklich verheiratete Frau wie unter Zwang einen Seitensprung und erlebt ihn als die *Vollendung der Liebe* zu ihrem Mann. Da erinnert sich in *Die Versuchung der stillen Veronika* (zu der *Das verzauberte Haus* die Vorstufe darstellt) eine offenbar traumatisierte Frau, die gerade ihren Freund abgewiesen hat und sich von dem Wissen, er werde sich nun das Leben nehmen, beseelen lässt, an ein sexuelles Kindheitserlebnis mit einem Bernhardiner und erfährt danach eine *unio mystica*. Die zeitgenössische Kritik fand das, von einigen Avantgardisten abgesehen, reichlich befremdend, bekundete „Ekel" und Langeweile oder sah sich bei der Lektüre „in dicken Nebelschwaden" stehen. Die *Neue Rundschau* spottete gar, man brauche „gar keine Sinne zu haben, um ihn [i. e. Musil] zu lesen; Blindgeborene sind das geborene Publikum für ihn." (zit. nach Corino 2003, S. 397f.) Selbst seine beiden Mentoren Kerr und Blei zogen es vor zu schweigen. Die 3.000 Exemplare der Erstauflage waren noch 1938 nicht komplett verkauft (vgl. ebd., S. 395).

Musil empfand das Debakel seines Erzählbandes zeitlebens als schmerzvolle Niederlage, nie wieder würde er so radikal avantgardistisch schreiben. Dabei sollte sein zweites Buch nicht nur seine freie Autorenexistenz begründen, es sollte auch gleich die Literatur neu erfinden. Alles äußere Geschehen wird in den beiden Novellen auf ein Minimum reduziert; in den Vordergrund treten die psychischen Prozesse seiner weiblichen Hauptfiguren Claudine und Veronika. Für sie erfand Musil eine neue Erzählweise, die auf den Vergleich setzt: eine aus ganzen Ketten von immer waghalsigeren Gleichnissen bestehende Poetik „reine[r] Aktualität und Erregung" (GW II, 1154). Was der innere Monolog, elf Jahre zuvor von Arthur Schnitzler im *Lieutnant Gustl* in die deutschsprachige Literatur eingeführt, versprach, aber nicht halten konnte, wird durch das Medium der Bilder möglich: die Vereinigung des Lesers mit der Figur. Heute wird vermutet, dass Musils Lektüre der novellenähnlichen *Studien über Hysterie* (1895) von Sigmund Freud und Josef Breuer den sich radikalisierenden Schreibprozess ausgelöst hat (vgl. Corino 2003; Pfohlmann 2008). Hatte Musil die Literatur seiner Zeit schon zuvor als unbefriedigend empfunden, entwickelte sich in ihm jetzt, angesichts der neuen Konkurrenz vonseiten der Humanwissenschaften, ein „Ekel am Erzählen" (GW II, 1315). Wie es in den die *Vereinigungen* begleitenden poetologischen Reflexionen heißt, müsse eine Literatur, die in der Moderne eingedenk der „gefesteten Lebensaufschlüsse[ ]" (GW II, 1323) durch die psychologische Wissenschaft ihr Existenzrecht behalten will, weiter gehen als bisher. Während in der Psychoanalyse die Sprache nach dem berühmten Motto ‚Erinnern, Wiederholen, Durcharbeiten' dazu dient, traumatische Erinnerungen nachträglich katharisch ‚abzureagieren', sollte sie in der postfreudianischen Dichtung Musils das Vehikel sein, „sich an Gefühlserkenntnisse und Denkerschütterungen heran[zu]schleich[en]" (GW II, 997). (→ IV.7 *Psychoanalyse*) Flüchtete sich das Bürgertum vor den Rationalisierungsprozessen der Moderne in die Kunst, verlangte Musil dagegen eine Literatur auf der Höhe der Zeit: „Aller seelische Wagemut liegt heute in den exakten Wissenschaften. Nicht von Göthe [!], Hebbel, Hölderlin werden wir lernen, sondern von Mach, Lorentz, Einstein, Minkowski, von Couturat, Russel[l], Peano . . . ." (GW II, 1318) Es ist eine „[m]oralische Experimentallandschaft" (Tb I, 840), die die Texte dieses Gratwanderers zwischen Literatur und Wissenschaft inszenieren und erkunden, das Reich der ethischen Einzelfälle, „das Grenzgebiet der Ahnung, Mehrdeutigkeit, der Singularitäten" (GW II, 1327) – jenseits der erstarrten Normen der gesellschaftlichen Moral wie auch der abstrahierenden Gesetze der Wissenschaft.

4.6 Bibliothekar in Wien, Redakteur in Berlin (1910–1914)

Ein solcher Wagemut hätte aber vor allem eines bedurft: finanzieller Unabhängigkeit. Musil dagegen wurde bis 1910, also bis in sein dreißigstes Lebensjahr, von seinen Eltern alimentiert. Jetzt, wo er heiraten wollte, sollte er endlich auf eigenen Füßen stehen, entschied Vater Alfred in Brünn – und verschaffte seinem Sohn eine Stelle als Bibliothekar an der Technischen Hochschule in Wien. Die „[b]riefliche Ermahnung" (MoE, 77) von Ulrichs Vater in Kapitel I/19 des *MoE* ist ein spätes Echo der demütigenden Erfahrung, mit 30 Jahren und voller ehrgeiziger Pläne aus dem vor Aufbruch, gerade auch in der Kunst, schier berstenden Berlin zurück ins heimatliche Österreich zitiert zu werden. Am 8. September 1910 notierte Musil deprimiert:

> Ich glaube das – Lustrum heißt es wohl – 1905–1910 schließt mit einem Defizit an erreichten Zielen ab. 1905 noch der Törless, 1910 nichts, Wien, Beamtenkarriere. Welche Hoffnungen haben sich mir als nicht realisierbar erwiesen! (Martha gehört nicht in diese Rechnung, sie ist nichts, das ich gewonnen, erreicht habe, sie ist etwas[,] das ich geworden bin und das ich geworden ist .. davon spreche ich nicht) (Tb I, 226)

Nach einem Scheidungskrieg mit Marthas zweitem Mann in Rom, bei dem es um ihr Vermögen und die Kinder ging und Reisen nach Rom und Budapest nötig waren, heirateten Robert und Martha am 15. April 1911 in Wien. Der Wechsel in das bürgerliche Korsett aus Beruf und Familie stürzte Musil in eine schwere Krise: „Ich gehe ungefähr seit 3 Wochen in die Bibliothek. Unerträglich, mörderisch (allzu erträglich, solange man dort ist)[,] ich werde wieder austreten u. ins Ungewisse hineinsteuern." (Tb I, 236) Auch das Zusammenleben mit der Ehefrau und der achtjährigen Stieftochter Annina (Marthas Sohn Gaetano zog zum Vater nach Italien) empfand der Dichter bald als beengend und flüchtete sich zwei Jahre später, im Juni 1913, in eine Affäre mit der Schauspielerin Ida Roland (1881–1951) (vgl. Corino 2003, S. 441f.). Im selben Jahr wurde Musil zumindest vom Bibliotheksdienst erlöst: Eine „schwere Herzneurose" (zit. nach ebd., S. 1889) und diverse psychosomatische Symptome, die der Psychiater Otto Pötzl (1877–1962) diagnostizierte, bescherten ihm ab April 1913 einen monatelangen Erholungsurlaub. Musil nutzte ihn für eine Reise über Trient und Rom nach Porto d'Anzio sowie dazu, sich mit essayistischen Arbeiten für höhere Aufgaben zu empfehlen – und hatte Glück. Ihm bot sich die Chance, sein ästhetisches Programm an einer zentralen Schaltstelle des Literaturbetriebs einzuspeisen. Nicht im eher gemächlich erscheinenden Wien, sondern wieder in Berlin, am Quellpunkt der Entwicklung, wo sich die ‚Ultrajugend', wie sie damals genannt wurde, zu Wort meldete. Anfang 1914 nahm Musil das Angebot Samuel Fischers an, als Redakteur bei der von ihm seit Jugendtagen gelesenen *Neuen Rundschau* anzuheuern. Fischer, der (selbst der Donaumonarchie entstammende) ‚Verleger der Moderne', brauchte jemanden, der seinem Verlag die junge Autorengeneration zurückgewinnen konnte; Musil schien ihm für die Rolle eines kritischen Förderers und Impulsgebers prädestiniert zu sein: Den Frühexpressionisten war Musil seit dem *Törleß* ein Vorbild, und als Österreicher konnte er die Kontinuität zu Fischers Stammautoren wie Schnitzler, Rilke oder Hofmannsthal wahren.

Am 1. Februar 1914 trat Musil in die Redaktion der *Neuen Rundschau* ein. Das Gehalt stimmte, die Arbeitsbedingungen waren außergewöhnlich gut. Der Dichter musste im Verlagsgebäude in der Bülowstraße 90 im Berliner Westen nur zweimal wöchentlich Sprechstunde halten; alle zwei bis drei Monate hatte er eine Folge seiner unter dem Titel *Literarische Chronik* erscheinenden Sammelrezensionen abzuliefern. Für Musil war die fast schon triumphale Rückkehr nach Berlin eine Genugtuung gegenüber seinen Eltern, mehr noch: ein Befreiungsschlag. Wie vernetzt der Dichter mit der frühexpressionistischen Szene war, zeigen die Namen der von ihm in seinen wenigen Monaten bei der *Neuen Rundschau* geförderten, rezensierten oder der mit ihm bekannten Autoren, darunter Reinhard Johannes Sorge, Carl Einstein, Leonhard Frank, Franz Jung, Alfred Wolfenstein, Max Brod und Franz Kafka. Mit Mitgliedern des *Aktions*-Kreises von Franz Pfemfert war er ebenso bekannt wie mit Else Lasker-Schüler oder mit Kurt Hiller, dem Kopf des „Neopathetischen Cabarets".

Hätte Musil bei der *Neuen Rundschau* die Entwicklung des Expressionismus tatsächlich beeinflussen können? Wäre die ‚Ultrajugend' der von Musil gewiesenen Richtung hin zu einer von intellektueller Schärfe, Nüchternheit und der Suche nach neuen ethischen Werten geprägten Dichtung gefolgt? Der Kriegsausbruch im August 1914 sorgte dafür, dass der Ausgang dieses Experiments offenblieb. Im Schweizer Exil erinnerte sich der Dichter:

> Ich war 1914 in einer Krise. Die Fortsetzung durch Jugend, die ich bei der N[euen] R.[undschau] sogar fördern sollte, gefiel mir nicht. Die Vereinigungen, die Mühe u. der Mißerfolg, lagen mir noch in den Gliedern. [...]. / Der Krieg kam wie eine Krankheit, besser wie das begleitende Fieber, über mich. (Tb I, 956)

Dokument dieses Fiebers ist Musils Essay *Europäertum, Krieg, Deutschtum*, erschienen in der September-Ausgabe der *Neuen Rundschau*, in dem ein neues, beglückend-rauschhaftes Zusammengehörigkeitsgefühl den letzten Rest an rationaler Skepsis fortspült und in todesverachtendem Erlebnishunger kulminiert. (→ III.2.1 *Essays*)

4.7 Soldat im Ersten Weltkrieg (1914–1918)

Anders als die meisten ‚Geisteskrieger' der *Neuen Rundschau* zog Musil nicht nur rhetorisch in den Krieg. Ein Jahr zuvor noch wegen Herzrasens und Neurasthenie unfähig, als Bibliothekar zu arbeiten, rückte er am 20. August 1914 zum Landsturm in Linz ein. Hätte er gewollt, vermutlich hätte er sich ähnlich wie Hofmannsthal oder Rilke einen Posten in der Etappe sichern können. Kurz nach Kriegsausbruch bot sich ihm sogar eine Gelegenheit, „vom Kriegsdienst enthoben" zu werden; er ließ sie „freiwillig" (Br I, 1228) verstreichen – und genoss die Erlösung von allen bürgerlichen Verpflichtungen. „Vielleicht stören Dich die Briefe in Deiner Einsamkeit – sag es mir ruhig, dann halte ich sie zurück", beschied ihm seine Frau, gekränkt von den zurückhaltenden Antworten ihres Mannes, und unterschrieb trotzig mit: „Meine Martha" (Martha Musil an Robert Musil, 2.11.1914, KA). Dass Musil, der erst Ende 1913 nach zehnjähriger Dienstzeit als Reserveoffizier entlassen worden war, anfangs durchaus Gefallen am Krieg finden konnte, lag allerdings auch daran, dass er die Donaumonarchie nicht wie das Gros des k. u. k. Heeres auf den Schlachtfeldern Galiziens gegen die Soldaten des Zaren verteidigen musste, sondern zur Grenzsicherung nach Südtirol abkommandiert wurde. Dort bot sich den spärlichen österreichischen Kräften zunächst eine Art alpiner Abenteuerurlaub. Das trügerische „Pfadfinderspiel" (Corino 2003, S. 520) endete erst im Mai 1915 mit dem Kriegseintritt Italiens: Allein bei den zwölf Schlachten am Fluss Isonzo verloren auf beiden Seiten Hunderttausende ihr Leben.

Wie sich Musils private Beziehungen in dieser Zeit gestalteten, darüber ist man kurioserweise besser informiert als bei den meisten anderen Epochen seines Lebens. Grund dafür ist ein 1980 in einem Bozener Keller entdeckter Briefwechsel, den Musil vermutlich 1917 dort zurückgelassen hat. Er enthält zahlreiche Briefe und Postkarten Marthas, aber auch seiner Eltern. Sie zeigen, wie verzweifelt beide Parteien um die Aufmerksamkeit ihres Gatten bzw. Sohnes kämpften. Dazu scheint auch das Mittel der emotionalen Erpressung recht gewesen zu sein. So unterrichtete die damals beinahe 41-jährige Martha im Oktober/November 1914 noch von Berlin aus ihren Mann mehrmals täglich mit Depeschen und Expressbriefen über das Auf und Ab einer vermeintlichen Schwangerschaft. Mal erklärte sie, das Kind auch gegen seinen Willen bekommen zu wollen, mal verkündete sie, alles zu tun, damit es zu einer Fehlgeburt komme. Ob diese Versuche am Ende Erfolg hatten oder ob es sich nur um eine Scheinschwangerschaft handelte, ist aus den Dokumenten nicht restlos zu klären. Derweil hatten Musils Eltern gar kein Verständnis, dass ihr „Robschi" (vgl. z.B. Hermine Musil an Robert Musil, Ende Oktober 1914, KA) trotz eines Stromes an Liebesgaben wie Wollsocken oder Schokolade keinerlei Anstalten machte, ihnen regelmäßig Bericht zu erstatten. Für Musils Vater hielt die militärische Karriere seines Sohnes noch eine besondere Schmach bereit. Ende Januar 1915 wurde der Landsturm-Oberleutnant aufgrund eines Streites mit einem Vorgesetzten seines Postens als Kompagnie-Kommandant in Trafoi enthoben. Alfred Musil forderte umgehend Rechenschaft: „Solltest *Du* in der Monarchie der einzige sein, der sich für den ihm anvertrauten Posten unfähig erwies?" (Alfred Musil an Robert Musil, 4.2.1915, KA) Der Vater schrieb, womöglich zu Recht, das Desaster dem wenig konzilianten Wesen seines Sohnes zu; Musil selbst erklärte sich die Ablösung später so: „Ein Mensch, der alles richtig, nach Grundsätzen u[nd] moralisch in Ordnung bringen will, verwirrt alles. Konsternierende Wirkung, die ich auf meine Kompanie hatte! Ich selbst, nicht irgend ein Pedant." (Tb I, 857)

Den Kriegseintritt Italiens erlebte Musil als Bataillonsadjutant im Bergdorf Palai im abgelegenen Fersental (Valle dei Mòcheni) bei Trient, das zum Schauplatz seiner Novelle *Grigia* werden sollte. (→ III.1.6 *Drei Frauen*) Vor einer märchenhaften Naturkulisse sowie in der Etappe in Bozen kam es zu intensiven Wiederbegegnungen mit seiner Frau. In ihrer Korrespondenz führte das von Eheleuten wieder zu Liebenden gewordene Paar ein eindrucksvolles erotisch-lyrisches Duett auf. Musil, der nie ein Lyriker war, gelang in dieser Zeit sein eindrucksvollstes Gedicht, *Das Namenlose* (vgl. GW II, 466). Trennung, Wiedersehen und ständige Todesgefahr erwiesen sich als hervorragende Treibmittel für neue mystische Erfahrungen. Im Arbeitsheft notierte Musil am 9. Juni 1915:

> Dachte – immerhin – daß ich da, zwischen Anemonen, Vergißmeinnicht, Orchideen, Enzian und (herrlichem grünbraune[m]) Sauerampfer bald liegen werde. Wie dich hinübernehmen? Glauben können, daß hier es nicht zu Ende. Fange überhaupt an, mystisch zu werden. [...] Mit der Hoffnung auf die Ewigkeit eines Verhältnisses ist die Liebe [...] unerschütterlich. Wer wird sich zur Untreue verleiten lassen und [...] die Ewigkeit für eine Viertelstunde opfern. (Tb I, 305)

Solche Offenbarungen schienen ihn allerdings nicht daran gehindert zu haben, im Fersental ein Verhältnis mit einer Bäuerin anzufangen. Wenige Einträge später heißt es: „Er liebt eine Frau und kann nicht widerstehn, eine andre zu probieren. [...] Die

4. Der Literat: Dichtung und Essayismus

Forderung der Treue ist, die erste hors de concours zu rücken." (Tb I, 307) Solche Beziehungen waren, zumal für Offiziere, keine Seltenheit, oft wussten die fernen Ehefrauen Bescheid, auch Martha schien etwas geahnt zu haben und schrieb ihrem Mann provokant: „Fühlst du dich ganz frei? Wo bin ich? Irgendwo weit weg? Eine liebe Stelle in einem Buch? Ist Erdgeruch nah? Und Jauche? Und starkes Buntes mit übersonntem Gesicht? Ich werde ein Tagebuch schreiben. Du auch!" (Martha Musil an Robert Musil, 5.6.1915, KA) Falls Musil nicht nur einem erotischen Tagtraum nachhing, dürfte es sich bei seiner Geliebten um die Bäuerin Magdalena Maria Lenzi (1880–1954) gehandelt haben (vgl. Corino 2003, S. 528); nach dem Krieg machte er sie zur Hauptfigur seiner Novelle *Grigia* (1921). Nicht nur in *Grigia* gingen viele der im Tagebuchheft notierten Details und Begebenheiten ein; einzelne Erlebnisse wurden nach dem Krieg zum Ausgangspunkt von Kurzprosatexten wie *Die Maus* oder *Slowenisches Dorfbegräbnis*. Erotisch konnotierte Beobachtungen der in Dienst genommenen weiblichen Landbevölkerung stehen neben seltsam unwirklich anmutenden Kriegserlebnissen. Mancher Eintrag Musils erinnert in seiner Faszination für grausige oder bizarre Details, seiner moralischen Indifferenz und Kälte an die Kriegstagebücher Ernst Jüngers: „Die Gefechte, Toten usw., die sich vor den Stellungen abspielten[,] haben mir bisher keinen Eindruck gemacht." (Tb I, 312) Doch anders als bei Jünger stilisiert sich hier kein sich panzerndes Subjekt, sondern es schreibt jemand, der sich danach sehnte, das Gefühl von Unwirklichkeit zu verlieren und endlich erweckt zu werden. Am 22. September 1915 wurde Musil ‚erhört', ein Fliegerpfeil (oder ein Schrapnellstück, vgl. Tb I, 312) fehlte ihn nur knapp: „Nachher sehr angenehmes Gefühl. Befriedigung, es erlebt zu haben. Beinahe Stolz; aufgenommen in eine Gemeinschaft, Taufe." (ebd.) In der Nachkriegsnovelle *Die Amsel* (1928) erhöhte der Dichter dieses Erlebnis zu einer profanen Epiphanie (vgl. GW II, 557). Musil, der es im Verlauf des Kriegs bis zum Landsturm-Hauptmann brachte und der mit der Bronzenen Militärverdienstmedaille am Bande des Militärverdienstkreuzes mit Schwertern sowie dem Ritterkreuz des Franz-Josephs-Ordens ausgezeichnet wurde, geriet in der Folge noch mehrmals in Todesgefahr, etwa bei seiner Teilnahme an der vierten Isonzo-Schlacht Ende 1915 oder beim Rettungseinsatz nach einer Lawinenkatastrophe Anfang 1916. „Das persönliche Auserwähltsein trotz der Statistik. Der Tod holt täglich ein paar Opfer, aber persönlich ausgewählt" (GW II, 754). Neben dem „Sommererlebnis" (GW II, 1060) 1914 war es das dem ‚anderen Zustand' offenbar ebenfalls nahe verwandte Erlebnis des Todes, der „Todesfreude" (Tb I, 947), das Musil den Krieg später auf erschreckend unbekümmerte Weise verteidigen ließ, wie in den frühen 1920er Jahren, als er gegenüber Soma Morgenstern vom „großen Erlebnis des Todes" (zit. nach Corino 2010, S. 113) schwärmte.

Nach einer schweren Erkrankung im März 1916 war Musil dem Tod offenbar oft genug begegnet; wenige Monate später übernahm er die Redaktion der *(Tiroler) Soldaten-Zeitung*. Das Kriegsende erlebte Musil im Kriegspressequartier in Wien, wo er seit März 1918 für die neue Propaganda-Zeitung *Heimat* zuständig war. (→ III.2.6 *Kriegspublizistik*) Zu seinen Untergebenen gehörten neben seinem Freund und Mentor Franz Blei der Maler und Schriftsteller Albert Paris Gütersloh sowie die Prager Journalisten Egon Erwin Kisch, Otto Pick und Arne Laurin; ein Netzwerk wertvoller Kontakte, von dem Musil in den Nachkriegsjahren profitieren sollte. Den Zerfall des Habsburgerreiches beobachtete der leidenschaftliche Kaffeehausgänger und Raucher mit seinen Mitstreitern vom Café Central oder Café Herrenhof aus, wo er ‚Mokka-Symposien' abhielt, zu denen gelegentlich auch Robert Müller, Alfred Polgar, Gina Kaus, Oskar Maurus Fontana sowie Ea von Allesch stießen. Anfang November kommentierte Musil spöttisch den eher kläglichen Versuch seiner Autorenkollegen Egon Erwin Kisch und Franz Werfel, sich der Revolution als Führer anzudienen. Davon war Musil selbst denkbar weit entfernt: Er marschierte auch nach dem Ende von Krieg und Monarchie noch bis Dezember 1918 in Uniform ins Kriegsministerium, wo er mit der Liquidierung des Kriegspressequartiers beauftragt war.

4.8 Nachkriegszeit in Wien (1919–1923)

Die unmittelbare Nachkriegszeit ist in Musils Werk eine Phase der ideologischen und ästhetischen Neuorientierung sowie des Neubeginns. „Kehraus!" ist eine Sammlung von Reflexionen und Materialien programmatisch überschrieben, mit der der Dichter 1919 seine Biografie mit den gesellschaftlich-politischen Umbrüchen zu verbinden versucht, um sein Gefühl der Resignation zu überwinden: „Die fünfjährige Sklaverei des Kriegs hat inzwischen aus meinem Leben das beste Stück herausgerissen; der Anlauf ist zu lang geworden, die Gelegenheit, alle Kräfte zu spannen, zu kurz. Verzichten oder springen, wie immer es kommt, ist die einzige Wahl, welche geblieben ist." (Tb I, 527) Erschwert wurde das Wiederaufnehmen unterbrochener literarischer Projekte von den materiellen Lebensumständen im Nachkriegs-Wien. Das Vermögen seiner Eltern und das seiner Frau waren durch den Krieg entwertet. Ohne die Gemeinschaftsküchen, die die Reformpädagogin und Salonlöwin Eugenie Schwarzwald (1872–1940) für die verarmten Künstler und Intellektuellen Wiens einrichtete, hätten Musil und seine Frau die berüchtigten Hungerwinter 1918/19 und 1919/20 womöglich nicht überstanden – für einen Geistesaristokraten wie Musil, für den gute Kleidung und gutes Essen selbstverständlich waren, eine Demütigung: „Es ging wie über eine höckrige Straße im Finstern; ein paar Schritte vorwärts, und dann wieder ein Loch, aus dem man kaum heraus kann." (Br I, 364) Die Mehrfachverwertung von Kurzprosa wie *Das Fliegenpapier* oder *Die Affeninsel* in Zeitungen bescherte ihm in dieser Zeit eine wichtige Einnahmequelle. Daneben sicherte ihm offiziell eine Stelle im Archiv des Pressedienstes des Staatsamtes für Äußeres ein kleines Gehalt. In Wahrheit erhielt er es, um publizistisch für den Anschluss Österreichs an Deutschland zu werben. Den meisten Politikern Wiens erschien der neue Kleinstaat nach dem Zerfall der Donaumonarchie ökonomisch nicht überlebensfähig und der Anschluss nur selbstverständlich; dass die Siegermächte im September 1919 der neuen Republik Eigenständigkeit verordnen würden, war zunächst nicht absehbar. Musil argumentierte rein kulturpolitisch und frei von Nationalismus: Österreichs Künstler und Dichter seien mangels eines eigenen Kulturbetriebs seit jeher auf die Verlage, Zeitungen und Theater des Nachbarlandes angewiesen gewesen, und Aufgabe des Staates sei es, „ein kräftiger, williger Körper zu sein, der den Geist beherbergt." (GW II, 1042) In jenen dramatischen Nachkriegsmonaten widmete sich Musil verstärkt dem gesellschaftlichen Hintergrund, „um davor meine Unwirklichkeit zu entwickeln" (Tb I, 527). Dem Kulturpessimismus eines Oswald Spengler konnte der zeitlebens eher progressiv gesinnte Musil dabei wenig abgewinnen und formulierte sein „Theorem der menschlichen Gestaltlosigkeit" (GW II, 1371): Demnach war das durch alle Epochen „gleiche menschliche Material" bzw. „Substrat" (GW II, 1368f.) von außen, via Kultur und Gesellschaft, formbar und suchte auch nach Formen. (→ VII.3 *Gestaltlosigkeit*) Aus

Sicht dieses Theorems war die Menschheitsgeschichte bis dahin wenig mehr als ein zufallsbedingtes Formenspiel. Der Weltkrieg war Musil der Beweis dafür, dass die überkomplex gewordene moderne Gesellschaft endlich adäquate „Organisationsform[en]" (GW II, 1374) für das ‚Geistige' benötigte, um den Menschen zukunftsfähig zu machen. Die Virulenz der „Fetische der Epoche", „Nation" und „Rasse" (GW II, 1087), die im Chaos der Nachkriegsjahre Orientierung und Sinnstiftung verhießen, war Musil lange vor 1933 regressives Symptom dafür, dass sich der August 1914 jederzeit wiederholen konnte. Auch von einer nachträglichen Glorifizierung des ‚habsburgischen Mythos' (Claudio Magris), wie etwa in den Werken Joseph Roths, war Musil weit entfernt: Österreich-Ungarn hätte zwar „theoretisch mit unserer Völkerdurchdringung der vorbildliche Staat der Welt sein müssen", sei aber nur ein „europäisches Ärgernis" (GW II, 1031) gewesen, „ein anonymer Verwaltungsorganismus; eigentlich ein Gespenst" (GW II, 1039). Musils Werben für den Anschluss stand daher im Einklang mit seinen frühen Sympathien für die paneuropäische Bewegung von Graf Richard Coudenhove-Kalergi, aber auch mit seinem vorübergehenden Engagement für den ‚Aktivismus' des Berliner Pazifisten und Expressionisten Kurt Hiller. Bereits Ende 1918 hatte Musil neben Heinrich Mann, Magnus Hirschfeld, Kurt Pinthus, Annette Kolb und anderen das Programm des „Politischen Rates geistiger Arbeiter" mitunterzeichnet: Darin wurden sozialistische Forderungen nach Vergesellschaftung und Vermögenskonfiskation erhoben, aber auch nach Mitbeteiligung eines „Rates der Geistigen" an der Regierung. Kurz darauf wurde Musil zusammen mit Robert Müller (1887–1924), einem Schriftstellerkollegen und wichtigen Freund in den frühen 1920er Jahren, Mitglied der aktivistischen Geheimgesellschaft „Katakombe". Während sich der Aktivismus der „Katakombe" aber in der „Literatendisputation" (KA, M II/3/68), also im Geschwätz, verlor, war es der für ihn unverzeihliche Ausgang der Pariser Friedensverhandlungen, der seine politischen Hoffnungen auf ein vereintes, übernationales Europa zerstörte (vgl. Br I, 226–229). Solche Positionen hinderten ihn allerdings nicht, sich im September 1920 dem Staatsamt für Heereswesen als Fachbeirat anzudienen, nachdem eine Rückkehr nach Berlin zur Neuen Rundschau an ein „paar tausend Inflationsmark" (Tb I, 705) gescheitert war. Musil sollte dem Offizierskorps den Nutzen der angewandten Psychologie nahebringen, eine Aufgabe, für die ihn sein Lebenslauf geradezu prädestinierte. Mit psychotechnischen Methoden könnte man Rekruten effizientere Lade- und Schießgriffe antrainieren, ja sogar aus vermeintlich unbrauchbaren Intellektuellen gute Feldsoldaten machen, führte er in seinem Aufsatz *Psychotechnik und ihre Anwendungsmöglichkeit im Bundesheere* aus – ironisch war das offenkundig nicht gemeint. Bis Anfang 1923 sicherte ihm das Gehalt eines Obersten das Auskommen. Das Angebot, Staatsbeamter zu werden, gleichbedeutend mit einem Pensionsanspruch, lehnte Musil allerdings ab – es war die letzte Gelegenheit zu einer gesicherten bürgerlichen Existenz.

4.9 *Die Schwärmer* (1921), *Vinzenz und die Freundin bedeutender Männer* (1923) und *Drei Frauen* (1924)

Das Bedürfnis, die verlorenen Jahre aufzuholen, sowie die Menge an neu erlebtem Material entluden sich in einer Phase gesteigerter ‚Projektemacherei'. Eine ambitionierte Romanidee nach der anderen entstand als mögliche Antwort auf die historischen und gesellschaftlichen Umbrüche; zeitweilig plante der Dichter, unter dem Titel

„Die zwanzig Werke" mehrere Texte parallel voranzutreiben. Während ihm die Verknüpfung dieser Projekte mit älteren Erzählmotiven und Romanplänen aus der Vorkriegszeit zunächst nicht glücken wollte, gelang ihm dagegen die Fertigstellung seines Stückes *Die Schwärmer*. Begonnen wurde es bereits 1908; 1911 notierte der Dichter als Arbeitstitel *Die Anarchisten*. Bei Kriegsausbruch war das Stück angeblich noch „ein Nebel geistiger Materie" (Tb I, 956). Fertiggestellt wurden die *Schwärmer* erst im Frühsommer 1920, also nach zwölf Jahren. Für den langen Produktionsprozess war nicht allein die Unterbrechung durch den Krieg verantwortlich, sondern auch Musils Arbeitsweise. Sein bereits beim Schreiben der *Vereinigungen* manifest gewordener extrem strenger Kunstbegriff, sein Anspruch, die Literatur – in diesem Fall das Theater – mit jedem Werk quasi neu zu erfinden, erwies sich erneut als hemmend. Ausgehend von dem Einfall, „[e]ine gewöhnliche Handlung, aber unter bedeutenden Menschen spielen zu lassen" (KA, M II/1/144), entwickelte Musil das Thema seines Stückes: Die Tatsachen gleichen im wissenschaftlichen Zeitalter einem Vexierbild. Für Menschen mit Wirklichkeitssinn scheinen sie für sich zu sprechen („Die Tatsachen geben gern den Seelen unrecht", GW II, 327) oder nur Naturgesetze zu bestätigen – wie für den von Josef beauftragten Detektiv Stader, der als Karikatur eines Positivisten das Leben auf Zeugungs- und Sterbestatistiken reduziert. Für Menschen mit Möglichkeitssinn wie Thomas, Anselm oder Regine sind die Tatsachen nur ein Anlass für Exaltationen und Illuminationen des Gefühls – ein Aufruf, die gesellschaftliche Ordnung zu überschreiten (vgl. GW II, 330).

So groß Musils Ambitionen mit seinem Stück waren, das er selbst nach Erscheinen des *MoE* noch als sein „Hauptwerk[ ]" (GW II, 954) bezeichnete, so groß wurden Misserfolg und Enttäuschung. Schon die Verlagssuche erwies sich als ungewöhnlich schwierig; endlich erschien das Stück im August 1921 im Dresdner Sibyllen-Verlag. In 17 Jahren wurden von dem Stück keine 2.000 Exemplare verkauft (vgl. Corino 2003, S. 649). Schon vorher begann die zermürbende Suche nach Aufführungsmöglichkeiten: Die renommiertesten Theater und Regisseure zeigten sich interessiert, lehnten dann aber doch ab. Weder das unermüdliche Werben Franz Bleis half, noch, dass Musil von Alfred Döblin 1923 der Kleist-Preis und von Hugo von Hofmannsthal 1924 der Wiener Kunstpreis zuerkannt wurden, um auf das Stück aufmerksam zu machen. Auch Musils renommierte Stellung als stellvertretender Vorsitzender des Schutzverbandes deutscher Schriftsteller in Österreich (Vorsitzender war Hofmannsthal) seit November 1923 wirkte sich nicht förderlich aus. Um „den Weg für die Schwärmer freizumachen" (Br I, 326), schrieb Musil sogar ein zweites Stück, die Posse bzw. „kleine Komödientravestie" (Br I, 332) *Vinzenz und die Freundin bedeutender Männer*. Diese mit leichter Hand geschriebene und wohl deshalb von ihrem Autor unterschätzte hinreißende Satire auf den Spätexpressionismus wurde nach der Uraufführung am 4. Dezember 1923 am „Deutschen Volkstheater Berlin" unter der Regie von Berthold Viertel in 30 Vorstellungen en suite gespielt, anschließend in Teplitz-Schönau und Wien. Überhaupt waren die frühen 1920er Jahre Musils literarisch produktivste Zeit, in der auch die Texte des 1924 im Ernst Rowohlt Verlag erschienenen Novellenbandes *Drei Frauen* entstanden: *Grigia*, basierend auf den Kriegserlebnissen im Fersental, erschien zuerst 1921 als Vorabdruck im *Neuen Merkur*; *Die Portugiesin*, in der der Dichter die Erfahrungen seiner schweren Kriegserkrankung verarbeitete, 1923 als Handpressendruck bei Rowohlt; *Tonka* im selben Jahr in der Zeitschrift *Der neue Roman*. In den *Drei Frauen* sind die männlichen Protagonisten bereits durch ihre Berufe als Vertreter des ‚Ratioïden' gekennzeichnet, ein Begriff aus dem Essay *Skizze der Erkenntnis des Dichters* (1918), in dem Musil zwischen dem ‚ratioïden' (verstandesähnlichen) Gebiet der Wissenschaften und dem ‚nicht-ratioïden' der Dichtung unterscheidet.

Am Ende wurden *Die Schwärmer* erst 1929 von Jo Lherman (ein Pseudonym des Regisseurs Walter Ullmann, 1898–1949) uraufgeführt. Gegen Musils Willen brachte dieser heute vergessene Theaterfanatiker im Berliner „Theater in der Stadt" in der Kommandantenstraße eine radikal gekürzte Fassung auf die Bühne, die wenig überraschend bei der geladenen Kritikerprominenz durchfiel. Den Rezensenten der Uraufführung erschien das Stück in der politisch aufgeheizten Weimarer Zeit wie ein Anachronismus – ein Versagen der Kritik, waren *Die Schwärmer* doch gerade Ende der 1920er Jahre hochaktuell. In der Auseinandersetzung zwischen dem skeptischen Theoretiker Thomas und dem manisch-depressiven Gefühlsvampir Anselm spiegelt sich die zwischen Szientismus und Mystizismus zerrissene Epoche wider: „Rationalität u. Mystik, das sind die Pole der Zeit", notierte Musil um 1920 (Tb I, 389).

4.10 Kritik und Essayismus (1921–1931)

„Als ich die Schwärmer schrieb, bin ich absichtlich nicht ins Theater gegangen", erinnerte sich Musil später. „Ich wollte mein Theater machen. Der Erfolg des Stückes hat dem entsprochen!" (Tb I, 924) Dass der Dichter nach Erscheinen des Stückes seine Theaterabstinenz ablegte und 1921 begann, die Aufführungen der Wiener Bühnen zu rezensieren, hatte vor allem finanzielle Gründe, waren doch in den Inflationsjahren die harten tschechischen Kronen, mit denen seine Theaterkritiken zuerst für die *Prager Presse*, ab 1922 für die *Deutsche Zeitung Bohemia* (ebenfalls Prag) honoriert wurden, überlebenswichtig, zumal das Ehepaar Musil im November 1921 endlich eine dauerhafte Bleibe fand, eine Wohnung in der Rasumofskygasse 20 in Wien. Bis 1924 entstanden so über 60 Theaterkritiken, einige erschienen auch in österreichischen und deutschen Zeitungen. (→ III.2.4 *Literatur- u. Theaterkritik*) Vom Kritiker forderte Musil 1926 in dem Essay *Bücher und Literatur* nicht weniger als die sinnstiftende und fortschrittssichernde Synthese der chaotischen literarischen und geistigen Realität. Das wichtigste Werkzeug dieser geistigen Synthese sollte der Essayismus sein, im Roman eine der „Methodenutopien" Ulrichs (Willemsen 1985, S. 217). In der blühenden Weltanschauungsessayistik der 1920er Jahre, die das verbreitete Bedürfnis nach Orientierung und Sinnstiftung zu beantworten suchte, zeichnen sich Musils Essays durch eine Haltung der Selbstbescheidung aus, wie bereits die Titel mit Wörtern wie „Anmerkungen", „Skizze" oder „Randbemerkungen" signalisieren. Diese Haltung entspricht der Gattung des Versuchs und zeigt zugleich, dass sich eine programmatisch experimentelle Denkform und ein zum Maximalanspruch neigender Habitus nicht zwangsläufig gegenseitig ausschlossen. 1923 fasste Musil den Plan, seine essayistischen Arbeiten gesammelt herauszugeben, das Projekt blieb aber unrealisiert.

4.11 Die Arbeit am *Mann ohne Eigenschaften* (1919–1930)

Da wählt ein „Mensch ohne Gewissen" (KA, M VII/10/16) für sich die Lebensform des Verbrechers. Als „Sexualiker" (KA, M VII/10/40) findet er vor allem reife Frauen attraktiv, in einem bizarren Traum beißt er einer beim Küssen die Zunge ab (später unter dem Titel *Der Vorstadtgasthof* als eigenständige Erzählung veröffentlicht). In Galizien übergibt der Protagonist als Spion österreichische Staatsgeheimnisse an russische Agenten und prostituiert seine Schwester, mit der ihn ein inzestuöses Verhältnis verbindet, rücksichtslos an Offiziere. Am Ende begeht er quasi Selbstmord, indem er in den Krieg zieht. Dass aus dieser Ansammlung kruder Kolportageelemente mit dem Arbeitstitel „Der Spion" einmal ein Jahrhundertroman werden würde, eine Intellektuellenbibel, hätte außer dem Autor wohl niemand vermutet. Zentrale Motive des späteren Romans wurden in diesem frühen Projekt jedoch bereits ventiliert, darunter das der Zurechnungsfähigkeit und das einer großen Jubiläumskundgebung, für die ein Anlass aber erst noch gefunden werden muss. Der von Beginn an als Alter Ego des Autors gedachte Protagonist heißt zunächst Achilles, später Anders. „Der Spion" war nur eines von mehreren Romanprojekten Musils nach 1918, die rückblickend als Vorstufen zum *MoE* zu betrachten sind. Musils Kriegs- und Nachkriegserfahrungen bildeten die Grundlage für geplante Romane mit Titeln wie „Der Archivar", „Das Land über dem Südpol", „Panama" oder „Katakombe". Zeitweilig war sogar ein siebenteiliger Romanzyklus angedacht, in dem die europäische Katastrophe von der Vorkriegs- bis zur Nachkriegszeit erzählt werden sollte. Am Ende stellte der Dichter, ohne die Folgenschwere im Mindesten zu ahnen, seine gesamte verbleibende Schriftstellerexistenz in den Dienst eines einzigen, ihm letztlich aber unvollendbaren Romanvorhabens. Mit ihm sicherte er sich die literarische Unsterblichkeit, allerdings um den Preis, dass seine irdische Autorenkarriere von nun an bis zu seinem Tod dem Beschreiten eines Passionsweges glich. Während Musil im Roman Elemente und Motive seiner Biografie in transformierter Form als exemplarisch für seine Zeit behandelte, bestand sein Leben in seinen letzten Jahren, von der literarischen Öffentlichkeit mehr und mehr vergessen, fast nur noch im Um- und Weiterschreiben des *MoE*. Wie ein Tumor fraß dieses gigantische Romanprojekt Leben, Schaffenskraft und Gesundheit seines Autors, bis heute gesteht es seinen übrigen Werken nur ein Schattendasein zu.

Neben dem „Spion" (1919/20) haben sich noch zwei weitere Vorstufen des Romans – „Der Erlöser" (1921–1923) und „Die Zwillingsschwester" (1923–1926) – zumindest teilweise im labyrinthischen Nachlass Musils erhalten, als verstreute Notizen und Überlegungen, Skizzen und Kapitelentwürfe, in denen sich die Figuren, Themen und Motive von Musils Lebensprojekt kristallisierten. (→ III.3.4 *Nachlass*) Die Titel weisen auf die sich wandelnden Schwerpunktsetzungen des Dichters hin. Die inzwischen rekonstruierte Entstehungsgeschichte des *MoE* (vgl. Fanta 2000) beginnt jedoch nicht erst im Schwellenjahr 1918. Mit dem Vorhaben eines großen Romans beschäftigte sich Musil schon seit etwa 1903: In der zu Beginn seines Berliner Studiums entstandenen „Vorarbeit zum Roman" war es anfangs nur um seine Beziehung zu seinem Jugendfreund Gustav Donath und dessen (bald an Schizophrenie erkrankter) Frau Alice gegangen, die später für die Figuren Walter und Clarisse Pate stehen sollten (vgl. GW II, 953). Der frühe Musil kombinierte zunächst erfolglos seine autobiografischen Stoffe, darunter die Tragödie um Herma Dietz und die Erlebnisse seiner

4. Der Literat: Dichtung und Essayismus

Frau Martha, und sammelte Vorbilder für mögliche Figuren. Die Berichte über den Prozess gegen den Prostituiertenmörder Christian Voigt in Wien 1911 inspirierten ihn zur Figur des Lustmörders Moosbrugger (vgl. Corino 2003, S. 880–891), eine Begegnung mit dem AEG-Erben Walther Rathenau im Januar 1914 in Berlin bescherte ihm das „Vorbild zu meinem großen Finanzmann", Arnheim (Tb I, 295). Nach dem Krieg nahm Musil das Vorhaben wieder auf, doch lautete nun die ehrgeizige Devise: „In den Roman alle unausgeführten philosophischen u. liter. Pläne hineinarbeiten." (Tb I, 317) „Mindestens 100 Figuren" wollte er zunächst „aufstellen, die Hauptypen des heutigen Menschen" (Tb I, 356), und, vergleichbar der satirischen Arbeitsweise seines Wiener Kollegen Karl Kraus, „ganz aus Zitaten zusammensetzen" (ebd.). Statt wie bislang „schmale Probenausschnitte in die Tiefe zu gestalten", beschrieb der Dichter nun „seine Welt in universaler Breite" (GW II, 950).

Nach dem Ausscheiden aus dem Heeresministerium 1923 stellte Musil auch die Tätigkeit als Theaterkritiker nahezu ein, um sich ganz seinem Roman widmen zu können. Möglich machten dies die Vorauszahlungen seines neuen Verlegers Ernst Rowohlt (1887–1960). Der Roman hieß zu diesem Zeitpunkt noch „Die Zwillingsschwester" und sollte erst im Frühjahr, dann im Herbst 1925 erscheinen. Der Abgabetermin musste jedoch ein ums andere Mal verschoben werden. Musils Leidensweg (und der seines Verlegers) begann. (→ II.6 *Zeitgenössischer Literaturbetrieb*) Vieles kam zusammen: 1924 starben im Abstand weniger Monate erst seine Mutter Hermine, dann sein Vater Alfred. Der Verlust der Eltern führte vermutlich mit dazu, dass der Autor die aggressiv-sadistischen Tendenzen seines Protagonisten milderte und das zeitweilig am Romananfang stehende Wiedersehen der Geschwister im Trauerhaus immer weiter nach hinten schob, bis es in der Erstausgabe erst nach 1.000 Seiten stattfand (vgl. Fanta 2015, S. 279ff. u. 332ff.). Ohne diesen Aufschub wäre die breit angelegte Zeit- und Gesellschaftssatire des ersten Bandes freilich nicht möglich gewesen. Zur definitiven Gestaltung des – in den Entwürfen längst vollzogenen – Inzestes zwischen seinen Hauptfiguren Ulrich und Agathe konnte sich Musil bis an sein Lebensende nicht durchringen, obwohl der geplante Handlungsverlauf ihn bis zuletzt vorsah (vgl. Fanta 2007/08, S. 42). Schon 1928 heißt es resigniert: „Die Geschichte dieses Romans kommt darauf hinaus, daß die Geschichte, die in ihm erzählt werden sollte, nicht erzählt wird." (MoE, 1937)

Für Schreibpausen sorgten darüber hinaus die trotz (teilweise auch wegen) seines mit eiserner Disziplin absolvierten Sportprogramms zunehmenden gesundheitlichen Probleme Musils. Neben einer lebensbedrohlichen Galleoperation 1926 forderten die Strapazen der Romanentstehung ihren Tribut: Musil erlitt Herzattacken, Ohnmachtsanfälle und nervöse Zusammenbrüche nebst einer Nikotinvergiftung. Zu all dem kam eine sich mehrmals manifestierende Schreibblockade; Musils Irritabilität nahm im Lauf der Arbeit immer groteskere Formen an. Ohne therapeutische Hilfe hätte er den ersten Band seines Romans nicht abschließen können, gestand der Dichter später selbst (vgl. Corino 2010, S. 165). Er unterzog sich jedoch keiner langwierigen Psychoanalyse, sondern einer eher pragmatisch ausgerichteten Kurzzeittherapie bei Hugo Lukács (1874–1939). Die Ratschläge dieses ungarischen Individualpsychologen wie die Suche nach ‚Leitvorstellungen' verstärkten freilich ungewollt Musils Neigung zur Selbstkommentierung, die die Romanproduktion ebenso sehr förderte wie zu ersticken drohte. Musil beendete die Arbeit am ersten Band erst am 26. August 1930; im November lieferte ihn der Rowohlt Verlag aus.

4.12 Fortsetzung des Romans in Berlin (1931–1933)

Am 6. Januar 1930 notierte Musil: „Wir haben nur noch für wenige Wochen zu leben. Martha wünscht, daß ich mir das klar mache" (Tb I, 693). Es war das Jahr, in dem der erste Band des Romans endlich erscheinen sollte, in dem auch sein 50. Geburtstag anstand. Im Jahr zuvor war Musil der Hauptmann-Preis zugesprochen worden, doch bis zur Auszahlung des Preisgeldes sollten Monate vergehen. Die immer drängender werdenden Geldsorgen waren die Konsequenz der jahrelangen Konzentration auf ein einziges Projekt. Geschrieben „im Sinne der maximalen Forderung" (Tb I, 813), also ohne Zugeständnisse an die Erwartungen des breiten Publikums, konnte es finanziell gesehen nur ein Fiasko werden: Bis 1938 waren vom ersten Band des *MoE* etwa 7.000 Exemplare verkauft, die die seit 1924 vom Verlag gezahlten Vorschüsse nicht einmal annähernd deckten (vgl. Corino 2003, S. 1827). Hinzu kam, dass der Ernst Rowohlt Verlag in den Strudel der Weltwirtschaftskrise geriet und die Zahlungen an seine Autoren immer wieder aussetzen musste. 1932, mitten in der Arbeit an der Fortsetzung, war Musils Situation noch desaströser und brachte ihn „in die nächste Nähe des Suic.[ids]" (GW II, 952). Als letzte Rettung bildete sich im Sommer 1932 in Berlin um den Kunsthistoriker Curt Glaser und den Bankier Klaus Pinkus eine inoffizielle Musil-Gesellschaft, die den Lebensunterhalt des Ehepaares bis 1933 finanzieren konnte.

Musils prekäre Lebensumstände, die ihn zum Verfassen immer neuer Bittbriefe nötigten, waren nach dem Debakel der *Schwärmer*-Inszenierung 1929 ein weiterer Grund für die wachsende Verbitterung des Dichters. „Stell dir dein Problem so: daß du nicht berühmt bist, ist natürlich; daß du aber nicht genug Leser usw. zum Leben hast, ist schändlich." (Tb I, 697) Tatsächlich war Musil im Januar 1930, als dieser Satz geschrieben wurde, zumindest unter Kennern durchaus berühmt, immerhin war er mit den damals wichtigsten Literaturpreisen ausgezeichnet worden. Und als der erste Band seines Romans endlich erschien, verneigten sich vor ihm die bedeutendsten Kritiker (was jedoch keine nennenswerte Wirkung auf den Absatz hatte). Indes, Musils Hunger nach Anerkennung war unstillbar geworden. In jener Lebensphase begann die von Jugend an vorhandene Gewissheit über die eigene Bedeutung, den eigenen künstlerischen Rang ins Idiosynkratische zu kippen. Die Erfolge von aus seiner Sicht oberflächlichen Schnellschreibern wie Stefan Zweig oder Leonhard Frank verfolgte Musil mit Kommentaren, die von Neid und Eifersucht geprägt waren: „Meine Schwierigkeit: Was habe gerade ich in einer Welt zu bestellen, in der ein Werfel Ausleger findet!" (Tb I, 813) Musils bevorzugtes Hassobjekt war Thomas Mann, der „Großschriftsteller" (Tb I, 807) par excellence und Literaturnobelpreisträger von 1929: „Er ist schon was! Aber er ist nicht wer!" (KA, M VIII/5/16a) Dass sich Thomas Mann immer wieder nachdrücklich für den *MoE* einsetzte, änderte an Musils Verachtung wenig: „Ich bin undankbar." (Tb I, 928) In Erinnerungen wird Musil als eitel, spröde, kalt und verschlossen beschrieben, seine extreme Kränkbarkeit war legendär. Der geringste Anschein von mangelnder Wertschätzung genügte, um ihn mit einem Freund oder Verehrer brechen zu lassen (vgl. Canetti 1985, S. 289–294).

Bereits seit November 1931 wohnte Musil wieder in Berlin, in der Pension Stern am Kurfürstendamm, „weil dort die Spannungen und Konflikte des deutschen Geisteslebens fühlbarer sind als in Wien" (GW II, 950). Seine Gespräche mit jungen Literaten und Kritikern wie Adolf Frisé, Wolfdietrich Rasch oder Walther Petry hatten häufig das konfliktträchtige Verhältnis von Reflexion und Narration in seinem Roman zum Thema; in den Arbeitsheften warf er sich vor, zu abstrakt geworden zu sein, und begann tapfer, Alltägliches festzuhalten: „Wir hatten zuletzt warmes, geheiztes Wetter. Heute noch 1°+." (Tb I, 694) Tatsächlich fiel die nur auf Druck des Verlags fertiggestellte Teilfortsetzung des *MoE* erheblich erzählerischer aus. Sie erschien im Dezember 1932, also unmittelbar vor der Machtübernahme Hitlers 1933, die Musil in Berlin mit einer Mischung aus innerer Erstarrung und gebannter Faszination beobachtete (vgl. Amann 2007, S. 48–63). Die verbreitete Gleichgültigkeit, mit der die Abschaffung der Demokratie gerade im Bürgertum hingenommen wurde, war für Musil nur eine weitere Bestätigung für sein ‚Theorem der menschlichen Gestaltlosigkeit' (vgl. Tb I, 725). Im Mai 1933, nach der Bücherverbrennung, kehrte Musil mit seiner Frau Martha, die als Jüdin besonders gefährdet war, zurück nach Wien.

4.13 Druckfahnen-Kapitel, *Nachlaß zu Lebzeiten*: Wien (bis 1938)

Robert Musil wollte nie ein politischer Autor sein. Ein *un*politischer Autor war er allerdings auch nicht. Wogegen er sich in seiner Rede auf dem „Internationalen Schriftstellerkongreß für die Verteidigung der Kultur" im Juni 1935 ebenso wie ein Jahr zuvor in seiner Wiener Rede *Der Dichter in dieser Zeit* verzweifelt wehrte, war der immer stärker werdende Bekenntnisdruck, dem sich die Autoren von links wie rechts ausgesetzt sahen. Kommunisten, Nazis oder Austrofaschisten, sie alle versuchten in dieser Zeit, die Kunst durch Ideologie, Zensur oder Verfolgung zu unterwerfen, zu instrumentalisieren, die Autoren zu Parteiliteraten oder Heimatdichtern zu verzwergen. Daher nutzte Musil bis zum Gang ins Exil jede Möglichkeit, an die Autonomie der Dichtung zu erinnern, und plädierte (wie 1937 in seiner Wiener Rede *Über die Dummheit*) für die funktionale Trennung von Literatur und Politik, wäre doch eine instrumentalisierte Kunst ihres geistigen Potenzials beraubt und könnte nicht länger als Reservoir des Utopischen, als Experimentierstätte für neue Lebensformen und Werte dienen: „der Staat, der die Kunst verdorren läßt, zwingt, gleichschaltet, u[nd] sei es auch mit feinen Mitteln, versteinert." (KA, M VI/1/41) (→ III.2.2 *Reden*) In Musils Literaturverständnis war nicht die Dichtung von der Politik abhängig, sondern umgekehrt die Politik von der Dichtung: „Was Dichtung ist, ist etwas später Politik" (KA, M III/5/24), notierte er im „Rapial", einer in diesen Jahren entstandenen Sammlung zeitkritischer Aphorismen. (→ III.3.3 *Aphorismen*) Wie ein bitterer Beleg dieser Thesen erscheinen einige der älteren Kurzprosatexte, die Musil 1936 unter dem ironischen Titel *Nachlaß zu Lebzeiten* wiederveröffentlichte. Nun könne man sie „leicht für erfundene Umschreibungen späterer Zustände halten", heißt es im Vorwort. „In Wahrheit sind sie eher ein Vorausblick gewesen, getan in ein Fliegenpapier und in ein Zusammenleben von Affen" (GW II, 474). Die Prosasammlung erschien im Zürcher Humanitas Verlag und sollte seine letzte Buchpublikation sein – nur einige hundert Exemplare wurden von ihr verkauft. Sie zeigt Musil noch einmal als Meister der kleinen Form. Dass sie auch eine Art trotziges „Lebenszeichen der Nichtgleichgeschaltetheit" war (Br I, 587), erkannte man in Nazi-Deutschland schnell und verbot im Frühjahr 1936 das Büchlein. Für seine übrigen Werke hatte der Rowohlt Verlag unter dem Druck des Regimes längst jede Werbung im ‚Dritten Reich' eingestellt.

Für Musil repräsentierte der Dichter das im Zeitalter des Kollektivismus bedrohte Individuum – eine Haltung, für die er einen hohen Preis zahlen musste. Von dem austrofaschistischen Ständestaat, in dem Musil bis zum ‚Anschluss' Österreichs 1938 lebte, wurde er ignoriert: Dadurch konnte er zwar ungestört arbeiten, doch wurde ihm auch jedwede Förderung verweigert. Ohne die Gründung einer zweiten inoffiziellen Musil-Gesellschaft 1934 in Wien, diesmal unter der Ägide der beiden Kunsthistoriker Bruno Fürst und Otto Pächt, die den Dichter bis zum Einmarsch der Nazis unterstützte, hätte Musil seine Selbstmordabsichten wahr gemacht, wie er Fürst erklärte (vgl. Corino 2003, S. 1166). Erst ab 1937 erhielt er von seinem neuen Verleger wieder monatliche Vorschüsse: Gottfried Bermann Fischer (1897–1995) hatte für seinen Wiener Exilverlag von Rowohlt Musils Gesamtwerk übernommen und kündigte zuversichtlich einen weiteren Fortsetzungsband des *MoE* an. Er sollte nie erscheinen.

Auf die Frage, warum der Dichter seinen Roman nicht vollenden konnte, sondern von 1932 bis zu seinem Tod in den Gesprächen zwischen Ulrich und seiner Schwester stagnierte, brachte die Forschung vielerlei Gründe vor. Sie haben wohl alle dazu beigetragen, dass eines der bedeutendsten Romanprojekte der Moderne Fragment blieb. Anführen lassen sich etwa Musils Verlags- und Geldprobleme oder seine immer fragilere Gesundheit (spätestens seit einem Schlaganfall am 20. Mai 1936 beim Schwimmen im Wiener Dianabad war er ernstlich krank). Auch klagte Musil über Konstruktionsprobleme aufgrund der Zwischenfortsetzung; seine mehrere tausend Seiten an Exzerpten, Materialien, Studien- und Ideenblättern, Selbstkommentaren und immer neuen Kapitelentwürfen hatten sich ohnehin längst in ein unüberschaubares Labyrinth verwandelt. Die für die Zwischenfortsetzung vorgesehenen Kapitel 39 bis 58 wurden von Musil bis zum ‚Anschluss‘ Österreichs im März 1938 noch im Druck mit immer neuen Korrekturen versehen, ehe er sie endgültig zurückzog. Im Sommer traten Robert und Martha Musil den Gang ins Exil an. Letztlich dürfte der scheinbar unaufhaltsame Siegeszug Hitlers der Hauptgrund für Musils Schreibkrise gewesen sein, sah sich der Dichter doch von der Geschichte überholt. Während er mit seiner unzeitgemäßen Leidenschaft nach „Richtigkeit/Genauigkeit" (MoE, 1937) noch den Kriegsausbruch 1914 aufarbeitete, steuerte die Moderne ungebremst bereits auf eine Wiederholung der Katastrophe zu.

4.14 Die Jahre im Schweizer Exil (1938–1942)

Anfang September 1938 gelangten Robert und Martha Musil über Italien in die Schweiz, nahezu mittellos und von nun an dem Wohlwollen der eidgenössischen Fremdenpolizei ausgeliefert, im Gepäck den unvollendeten Roman. Von Anfang an trachtete Musil alles zu vermeiden, was für ihn negative Reaktionen der Behörden in der Schweiz, aber auch in Deutschland zur Folge gehabt hätte. Politische Äußerungen, etwa in Exilzeitschriften, hätten wohl dazu führen können, dass er und seine jüdische Frau aus der auf ihre Neutralität bedachten Schweiz ausgewiesen worden wären, ebenso wäre es wohl zu einem Verbot seines Werks im Deutschen Reich gekommen. Letztere Sorge sollte sich bald von selbst erübrigen: Am 20. Oktober 1938 wurde der *MoE* für das gesamte Deutsche Reich als unzulässig erklärt, und im April 1940 kam es zur Aufnahme sämtlicher Werke Musils in die „Jahresliste 1941 des schädlichen und unerwünschten Schrifttums im III. Reich" (Corino 2003, S. 1935).

Dass Musil es vermied, sich in den Jahren nach 1938 öffentlich zu positionieren, führte jedoch mit dazu, dass er und sein Werk in der literarischen Welt zunehmend in Vergessenheit gerieten. Ein Schicksal, gegen das er verzweifelt mit einer Flut von

4. Der Literat: Dichtung und Essayismus

Bittbriefen und Hilferufen an Freunde, Gönner, Hilfsorganisationen und potenzielle Unterstützer in aller Welt ankämpfte. „Es sieht aus, als ob ich schon so gut wie nicht da wäre" (Br I, 1244), antwortete er Robert Lejeune am 11. November 1940 lakonisch auf das einzige Gratulationsschreiben, das ihn zu seinem 60. Geburtstag erreicht hatte: „Wer sonst immer früher schrieb, hat teils nicht den Mut dazu, teils denkt er heute an anderes, und meistenteils wird er einfach durch nichts erinnert." (Br I, 1243) Musils publizistische Zurückhaltung war allerdings auch der bis zuletzt gegenüber den Behörden aufrechterhaltenen Fiktion geschuldet, gar kein Exilant zu sein: Nur zu „Studienzwecken" (Br I, 859) seien er und seine Frau in die Schweiz gereist, wo ihn dann gesundheitliche Gründe an einer Rückkehr ins Reich hinderten, schrieb Musil etwa am 17. Oktober 1938 an Theodor Hahn, den neuen ‚Kommissarischen Verwalter' des Bermann-Fischer Verlags in Wien. Nachdem Ende 1938 ihre österreichischen Pässe ihre Gültigkeit verloren hatten, erhielt das Ehepaar vom deutschen Generalkonsulat in Zürich sogar den Status von ‚Auslandsdeutschen'. Dass Martha Jüdin war, konnte also offenbar erfolgreich verheimlicht werden (vgl. Corino 2003, S. 1327). Einen zermürbenden Kampf führte das Paar freilich mit der Schweizer Fremdenpolizei, die ihre Aufenthaltsgenehmigung stets nur für wenige Monate verlängerte.

Musils Exiljahre gelten als Leidenszeit, und subjektiv waren sie das zweifellos. Vergleicht man aber das Schicksal der beiden Eheleute mit dem anderer Exilanten jener Jahre, bedenkt man ihre Mittellosigkeit und den zunehmend schlechter werdenden gesundheitlichen Zustand des Dichters, muss man sagen: Robert und Martha Musil hatten in jenen Jahren geradezu unwahrscheinliches Glück. So unsicher und gefährdet ihre Lage auch war, sie hatten stets ein Dach über dem Kopf und mussten niemals Hunger leiden, und das, obwohl beide mit ihrem großbürgerlich-geistesaristokratischen Standesbewusstsein nur schlecht für ein Leben im Exil gerüstet waren. Seinen nach Stockholm geflüchteten Verleger Bermann Fischer etwa, der für seinen Autor noch eine Zuflucht in Luxemburg besorgt hatte, verleitete Musil im September 1938 mit seinem wenig realistischen Wunsch nach zwei ruhigen Zimmern zu einem brieflichen Zornesausbruch; wenig später trennten sich die Wege von Autor und Verleger endgültig. An ihrem ersten Zufluchtsort, der Zürcher Pension Fortuna, wo die Musils monatelang über ihre finanziellen Verhältnisse lebten, beklagte sich der extrem lärmempfindliche Dichter über spielende Kinder. Ab Oktober 1939 fand das Paar eine geräumige und günstigere Unterkunft in Genf – ironischerweise allerdings in einem Mütter- und Säuglingsheim, der „Pouponnière des amis de l'enfance". Dabei mochte Musil, wie er gegenüber Erwin Hexner klagte, Kinder so wenig „wie Schnecken" (Br I, 1131). In Genf befand sich das „Comité International pour le Placement des Intellectuels Réfugiés", das dem Dichter eine bescheidene monatliche Unterstützung zukommen ließ und eine von insgesamt nur fünf Lesungen Musils in der Schweiz organisierte. Letztere waren praktisch seine einzigen öffentlichen Aktivitäten im Schweizer Literaturbetrieb, wo Musil, wie allen Ausländern, das Publizieren in eidgenössischen Zeitungen oder Zeitschriften untersagt war (vgl. Zeller 2013/14, S. 233). Musils wichtigste Helfer in dieser Zeit waren der österreichische Bildhauer Fritz Wotruba (1907–1975), selbst ein Exilant, und dessen Freund, der Schweizer Pfarrer Robert Lejeune (1891–1970). Stundenlang beobachtete Musil fasziniert Wotrubas Arbeit am Stein, und Lejeune unterstützte das Ehepaar nicht nur finanziell, sondern auch im Umgang mit den örtlichen Behörden.

Die beiden waren fast das einzige Gegengewicht zu der sich verstärkenden Einsamkeit Musils, von vereinzelten Begegnungen mit anderen Emigranten wie Efraim Frisch, Ignazio Silone oder Hans Mayer abgesehen. Von den Schweizer Intellektuellen lernte er Armin Kesser, Carl Seelig, den Förderer Robert Walsers, und den Historiker Carl J. Burckhardt kennen. Die Lähmung, die Musil erfasste, war wohl mit ein Grund, warum sich das Paar nur halbherzig um Einreisemöglichkeiten in weiter entfernte Exilländer bemühte. Mochte auch nach außen hin aufgrund seiner Selbstdisziplin, stets tadellosen Kleidung und offiziersmäßigen Haltung wenig darauf hindeuten: Musil geriet in den Exiljahren in eine Lebens- und Schaffenskrise, die alle vorangegangenen übertraf. Ende 1939 notierte er: „Oft das starke Bedürfnis, alles abzubrechen. Halte dann mein Leben für verfehlt. Habe kein Vertrauen in mich; schleppe mich aber arbeitend weiter, u. aller zwei, drei Tage scheint es mir einen Augenblick wichtig zu sein, was ich schreibe." (Tb I, 946f.) Die Krise wurde verstärkt durch die Erfolge Hitlers und den Kriegsausbruch im September 1939. Musils Tagebuchhefte belegen, wie sehr die militärischen Siege Hitlers sein Weltbild in den Grundfesten erschütterten. Seit 1938 ohne Verleger und praktisch ohne Publikum, inmitten einer vom Ungeist beherrschten Welt und bei schwindender Gesundheit, war es Musil nicht mehr möglich, seinen Roman im Exil abzuschließen. In einem wenige Tage vor seinem Tod geschriebenen Brief an seinen Gönner Henry Hall Church machte Musil deutlich, dass er an seinen alten Plänen für das Romanende festhielt. Der Schilderung des Kriegsausbruchs im Roman war Musil in den Jahren im Exil freilich um keinen Deut näher gekommen. Seine Arbeit in den Schweizer Jahren bestand im Wesentlichen darin, die Substanz von Ulrichs Tagebuch über Gefühlspsychologie in den Druckfahnen-Kapiteln in Gesprächen zwischen den Geschwistern aufzulösen, ein Unternehmen, bei dem seine Erzählkunst einen letzten Höhepunkt feiern konnte. Musils Steckenbleiben in den Garten-Kapiteln wurde gelegentlich als Flucht des Autors vor der Wirklichkeit gedeutet, dabei war sein beharrliches Weiterschreiben nichts weniger als die „Selbstbehauptung der Dichtung gegenüber den allzu heftigen Mächten der Wirklichkeit" (Br I, 1254), wie er am 23. Dezember 1940 Viktor Zuckerkandl schrieb.

Am 1. April 1941 bezog das Ehepaar sein letztes Domizil, ein kleines Gartenhaus in der Genfer Chemin des Clochettes 1. Ein Jahr lang bewohnten Robert und Martha das Häuschen noch gemeinsam. Am 15. April 1942, gegen 13 Uhr, fand Martha ihren Mann tot in der Badewanne. Sein Gesichtsausdruck soll spöttisch-heiter gewesen sein, als ihn der Gehirnschlag traf. Zur Trauerfeier zwei Tage später fanden sich ganze acht Personen ein. Musils Asche verstreute Martha später am Rande zweier verwilderter Gärten.

5. Literatur

Hinweis: Der obige biografische Abriss basiert auf meiner 2012 im Rowohlt Verlag erschienenen Musil-Monografie und wurde für das Handbuch um verschiedene Sachinformationen ergänzt. Der Abdruck erfolgt mit freundlicher Genehmigung des Rowohlt Verlags.

Amann, Klaus: Robert Musil – Literatur und Politik. Mit einer Neuedition ausgewählter politischer Schriften aus dem Nachlass. Reinbek b. Hamburg: Rowohlt 2007.
Berghahn, Wilfried: Robert Musil in Selbstzeugnissen und Bilddokumenten. [1963] Reinbek b. Hamburg: Rowohlt 2004.

5. Literatur

Blom, Philipp: Der taumelnde Kontinent. Europa 1900–1914. München: Hanser 2008.
Bonacchi, Silvia: Die Gestalt der Dichtung. Der Einfluß der Gestalttheorie auf das Werk Robert Musils. Bern u.a.: Lang 1998.
Bonacchi, Silvia: Robert Musils Berliner Lehrjahre. In: Annette Daigger, Peter Henninger (Hg.): Robert Musils Drang nach Berlin. Bern u.a.: Lang 2008, S. 37–84.
Canetti, Elias: Das Augenspiel. Lebensgeschichte 1931–1937. München, Wien: Hanser 1985.
Corino, Karl: Robert Musil. Leben und Werk in Bildern und Texten. Reinbek b. Hamburg: Rowohlt 1988.
Corino, Karl: Robert Musil. Eine Biographie. Reinbek b. Hamburg: Rowohlt 2003.
Corino, Karl (Hg.): Erinnerungen an Robert Musil. Texte von Augenzeugen. Wädenswil: Nimbus 2010.
Corino, Karl: Nochmals zu: *Törleß*-Auflage hochgejubelt? Von Widersprüchen und Dunkelziffern. In: Musil-Forum 32 (2011/12), S. 281–282.
Dinklage, Karl: Musils Herkunft und Lebensgeschichte. In: ders. (Hg.): Robert Musil. Leben – Werk – Wirkung. Reinbek b. Hamburg: Rowohlt 1960, S. 187–264.
Fanelli, Emanuela Veronica: „Als er noch Fräulein Valerie liebte". Musils Valerie-Erlebnis: eine biographisch-kritische Korrektur. In: Musil-Forum 19/20 (1993/94), S. 7–30.
Fanta, Walter: Die Entstehungsgeschichte des *Mann ohne Eigenschaften* von Robert Musil. Wien u.a.: Böhlau 2000.
Fanta, Walter: Liebe als Narrativ. Über den Ausgang der ‚letzten Liebesgeschichte' bei Robert Musil. In: Musil-Forum 30 (2007/08), S. 37–72.
Fanta, Walter: Krieg. Wahn. Sex. Liebe. Das Finale des Romans *Der Mann ohne Eigenschaften* von Robert Musil. Klagenfurt: Drava 2015.
Frizen, Werner: Robert Musil. Berlin, München: Deutscher Kunstverlag 2012.
Hayasaka, Nanao: Robert Musil und der *genius loci*. Die Lebensumstände des „Mannes ohne Eigenschaften". München: Fink 2011.
Henninger, Peter: Der Text als Kompromiß. Versuch einer psychoanalytischen Textanalyse von Musils Erzählung *Tonka* mit Rücksicht auf Jacques Lacan. In: Bernd Urban, Winfried Kudszus (Hg.): Psychoanalytische und psychopathologische Literaturinterpretation. Darmstadt: WBG 1981, S. 398–420.
Kerr, Alfred: Werke in Einzelbänden. Bd. IV: Sucher und Selige, Moralisten und Büßer. Literarische Ermittlungen. Hg. v. Margret Rühle u. Deborah Vietor-Engländer. Frankfurt a.M.: Fischer 2009.
Kümmel, Albert: Das MoE-Programm. Eine Studie über geistige Organisation. München: Fink 2001.
Mach, Ernst: Populär-wissenschaftliche Vorlesungen. 4., verm. u. durchges. Aufl. Leipzig: Barth 1910.
Mauthner, Margarete: Das verzauberte Haus. Hg. u. mit einem Nachwort v. Karl Corino. Berlin: Transit 2004.
Mitterbauer, Helga: Die Netzwerke des Franz Blei. Kulturvermittlung im frühen 20. Jahrhundert. Tübingen, Basel: Francke 2003.
Mulot, Sibylle: Der junge Musil. Seine Beziehungen zu Literatur und Kunst der Jahrhundertwende. Stuttgart: Heinz 1977.
Pfohlmann, Oliver: „Ein Mann von ungewöhnlichen Eigenschaften". Robert Musil, die *Neue Rundschau*, der Expressionismus und das „Sommererlebnis im Jahre 1914". In: Weimarer Beiträge 49 (2003), H. 3, S. 325–360.
Pfohlmann, Oliver: Von der Abreaktion zur Energieverwandlung. Musils Auseinandersetzung mit den *Studien über Hysterie* in den *Vereinigungen*. In: Peter-André Alt, Thomas Anz (Hg.): Sigmund Freud und das Wissen der Literatur. Berlin, New York: de Gruyter 2008, S. 169–192.
Pfohlmann, Oliver: Robert Musil. Reinbek b. Hamburg: Rowohlt 2012.
Radkau, Joachim: Das Zeitalter der Nervosität. Deutschland zwischen Bismarck und Hitler. München, Wien: Propyläen 1998.

Spörl, Uwe: Gottlose Mystik in der deutschen Literatur um die Jahrhundertwende. Paderborn u. a.: Schöningh 1997.
Willemsen, Roger: Robert Musil. Vom intellektuellen Eros. München, Zürich: Piper 1985.
Zeller, Rosmarie: „Musil […] ist hierzulande so gut wie unbekannt." Musil und die Schweizer Literaturszene der 1930er Jahre. In: Musil-Forum 33 (2013/14), S. 218–243.

II. Epochale Figurationen: Voraussetzungen und Zeitkontexte

1. Moderne
Dorothee Kimmich

1. Allgemeines 35
   1.1 Einleitung: Eingrenzungen 35
   1.2 Zum Begriff ‚modern'/‚Moderne' 37
   1.3 Soziale und kulturelle Kontexte 39
      1.3.1 Technische Revolutionen 39
      1.3.2 Großstadt 39
      1.3.3 Beschleunigung des Alltags 39
      1.3.4 Neue Medien 40
      1.3.5 Kulturkritik 40
      1.3.6 Ästhetik und Ethik der Verfremdung 41
2. Musil und die Moderne 41
3. Literatur 45

1. Allgemeines

1.1 Einleitung: Eingrenzungen

Die Moderne gibt es nicht. Es gibt vielmehr eine große Zahl konkurrierender Modernebegriffe. Die Entscheidung, welches Konzept man wählt, um diejenige Epoche zu beschreiben, in der wir – möglicherweise – heute noch leben, hängt mit der Einschätzung der eigenen Gegenwart zusammen. Die Moderne ist – unabhängig davon, ob und wie wir uns dazurechnen – immer die direkte Vorgeschichte der Gegenwart. Auch Musil hat die Begriffe ‚modern' und ‚Moderne' in sehr unterschiedlichen Kontexten verwendet, dabei verschiedene Aspekte der Moderne hervorgehoben und oft sogar die ständige Rede seiner Zeitgenossen von der ‚Moderne' ironisch dargestellt.

  Es handelt sich um eine Epoche, die von bestimmten, lange wirksamen „Basisprozessen" vorbereitet wird (Dipper 2010, S. 201). Diese können z.T. bis in die Industrielle Revolution des 18. Jahrhunderts und in die Aufklärung zurückverfolgt werden; das gilt etwa für das arbeitsteilige Herstellen von Waren und die philosophische Kritik. Diese sozialen, kulturellen, ökonomischen und politischen Entwicklungen, zu denen auch Prozesse der Säkularisierung, Demokratisierung, Urbanisierung, Emanzipation, Individualisierung und Medialisierung gehören, kommen gegen Ende des 19. Jahrhunderts zu einem Höhepunkt, der dann auch von den Zeitgenossen als eine im Alltag deutlich wahrnehmbare Veränderung von Lebenswirklichkeiten erkannt und entsprechend kommentiert wird. Es ist daher nicht überraschend, dass nun – in den 80er Jahren des 19. Jahrhunderts – die ersten terminologischen Versuche unternommen werden, eine neue Epoche zu beschreiben. Um 1900 häufen sich dann die Werke, die über einzelne Begriffe und Schlagworte hinaus eine differenzierte Reflexion auf die neue Zeit, deren Herkunft und Zukunft anzubieten versuchen.

Die um 1900 einsetzende kulturelle Selbstreflexion und die sich akkumulierenden und beschleunigenden Basisprozesse bewirken das, was man als *epoché*, also als einen – zumindest in Europa – umfassend und allgemein feststellbaren Bruch mit dem Vorhergegangenen bezeichnen kann. Den Beginn der Moderne i. e. S. kann man daher kurz vor der Jahrhundertwende ansetzen und eine Entwicklung in verschiedenen Etappen im 20. Jahrhundert konstatieren. Dabei wird häufig eine ‚klassische Moderne', eine ‚Wiener Moderne' oder eine ‚Münchner Moderne' unterschieden von den Modernisierungsperioden in den Kriegs- und Nachkriegsjahren, die sich allerdings in den verschiedenen europäischen Staaten sehr unterschiedlich darstellen, insbesondere was Kontinuitäten und Diskontinuitäten nach 1945 angeht (vgl. Kittsteiner 2003).

Ein ‚Ende' der Moderne lässt sich noch weniger eindeutig festlegen als der Anfang. Es gibt aber eine – unterschiedlich begründete – Übereinstimmung darin, dass sich spätestens seit den 1970er Jahren ein neuer Abschnitt der Moderne ausmachen lässt. Meist wird er als ‚zweite Moderne' (vgl. Beck 1991) oder auch als ‚Postmoderne' (vgl. Lyotard 1986; Welsch 1993; Zima 1997; Langewiesche 1998) oder als „liquid modernity" (Bauman 2000, S. 24) bezeichnet. Ob es sich dabei um ein tatsächliches Ende der Moderne bzw. den Neubeginn einer ganz anderen Epoche handelt oder ob wir doch eher eine Variante der Moderne erleben, diese Einschätzung wird man zukünftigen Forschergenerationen überlassen müssen.

Zieht man die hilfreiche englische Unterscheidung von *modernity* und *modernism* heran, so könnte man die Basisprozesse in Politik, Wirtschaft und Gesellschaft als das bezeichnen, was *modernity* ausmacht, *modernism* dagegen ist all das, was die kulturellen Formationen, Literatur, Musik, Film, Kritik, Soziologie, aber auch Architektur und Mode einschließt. Damit ist allerdings noch kein kausales Verhältnis festgelegt: Die strukturellen Veränderungen sind weder zeitlich noch kausal primär; die kulturellen Veränderungen wiederum sind nicht nur als Folgen, sondern auch als Bedingungen des Wandels zu sehen. Im Einzelnen lassen sich die beiden Bereiche daher nicht immer klar voneinander trennen (vgl. Thomé 2000; Wunberg 2001; Magerski 2004; Kiesel 2004; Schönert 2007; Gay 2009; Stöckmann 2009a). Eine heuristische Abgrenzung hat allerdings den Vorteil, dass man gesellschaftliche Modernisierung auf der einen und deren kulturelle Formationen – d. h. ihre entsprechenden Deutungen und die jeweilige Kritik in der Literatur und in den Medien – auf der anderen Seite nicht lückenlos aufeinander abbilden muss. Die oft ambivalente, ablehnende oder sogar dezidiert ‚antimoderne' Haltung der Kulturszene muss man nicht als Abweichung von der Moderne oder gar als antimodern bewerten, sondern kann dies als Beitrag zum komplexen Zusammenhang von *modernity* und *modernism* und damit als integralen Bestandteil der Moderne sehen (vgl. Décaudin 1986; Chevrel 1992 u. 1995; Braungart 1995; Bollenbeck 1999; Compagnon 2005; Lohmeier 2007; Anz 2008; Stöckmann 2009b; Fähnders 2010; IASL-Forschungsdiskussion 2010; Brandmeyer 2011). Dies gilt nicht nur für Kunst- und Kulturgeschichte ganz allgemein, sondern insbesondere auch für die Literaturgeschichte. Die Literatur der Moderne ist weder durchgängig modernekritisch noch in erster Linie affirmativ gegenüber den sozialen, politischen und medienhistorischen Wandlungsprozessen; zumal die unterschiedlichen und nicht selten unübersichtlichen Subkategorien der literarischen Moderne – wie etwa Décadence, Symbolismus, Expressionismus, Neue Sachlichkeit – nicht nur deutlich divergierende ästhetische Konzepte – etwa Expressionismus und Neue Sachlichkeit – entwickeln, sondern zudem auch inhaltlich oft weit auseinanderliegen. Die z. T. extreme Heterogenität literarischer Produktion in der Moderne lässt sich nur sinnvoll in einen Epochenbegriff integrieren, wenn man sie – in jeweils unterschiedlicher Weise – auf die Basisprozesse der Modernisierung, also auf Urbanisierung, Medialisierung, Beschleunigung etc. bezieht; ästhetische Homogenität oder auch nur relevante Ähnlichkeiten dagegen lassen sich kaum ausmachen. Aus dieser Konzeption ergibt sich zwangsläufig eine interdisziplinäre Sicht auf ‚die Moderne', die neben den Literatur- und Kulturwissenschaften auch Geschichte und Soziologie einschließt.

Zweifellos erleben wir zu Beginn des 21. Jahrhunderts eine Phase, die das Konzept der *multiple modernities* favorisiert. Nicht nur ökonomische Krisen, Globalisierung, ökologische Bewegungen und kulturelle Konflikte haben zu einem Bewusstsein der Diversität historischer Entwicklungen beigetragen. Immer deutlicher scheint zudem zu werden, dass die Moderne sich tatsächlich durch eine unüberschaubare Multiplizierung und Öffnung von individuellen, kulturellen, technischen und politischen Möglichkeiten auszeichnet. Dies geht immer einher mit der Erfahrung der Auflösung bisheriger Ordnungen, mit dem Verlust verbindlicher Werte, der Lockerung von Bindung, dem Verschwinden funktionierender Differenzierungskriterien. An eine Vorfindlichkeit von ‚Sinn' zu glauben, ist keine moderne Option. Das Gefühl der Desintegration ist daher oft stärker als das der dabei zu gewinnenden Freiheiten. Musil hat in Kapitel I/4 des *Mann ohne Eigenschaften* (*MoE*), „Wenn es Wirklichkeitssinn gibt, muß es auch Möglichkeitssinn geben", und in seinem Essay *Der deutsche Mensch als Symptom* (1923) Konzepte moderner Multiplizität entworfen. Die kritische Einschätzung der Moderne als einer fluiden ‚Möglichkeitswelt' im Sinne eines komplexen, oft ambigen und nicht selten widersprüchlichen Zusammenspiels von ‚Kulturen der Moderne' dürfte daher sicher die ‚modernste' aller möglichen Definitionen von Moderne sein. (→ VII.4 *Möglichkeitssinn u. Essayismus*)

Für den hier betrachteten Moderne-Kontext zu Lebzeiten Musils bietet es sich an, neben erstens einer begriffsgeschichtlichen Klärung dessen, was ‚modern' in unterschiedlichen Zusammenhängen meinen kann, zweitens die politischen, gesellschaftlichen und kulturellen Umwälzungen und „Errungenschaften" (Luhmann 1997, S. 609), die als spezifisch ‚modern' einzuschätzen sind, zu identifizieren und vorzustellen (vgl. Reckwitz 2007). Drittens gilt es zu fragen, wie sich die Texte von Robert Musil in diesen kulturellen Kontext einordnen lassen.

1.2 Zum Begriff ‚modern'/‚Moderne'

‚Modern' ist ein Begriff, der Kontraste braucht: Es handelt sich um ein relationales Konzept, denn dasjenige, was jeweils als modern gilt, ist abhängig von dem, was jeweils als hergebracht und konventionell angesehen wird (vgl. Gumbrecht 1978; Piepmeier 1984; Fohrmann/Voßkamp 1994; Blamberger 2000; Klinger 2002). ‚Modern' stammt aus dem Französischen (*moderne*) bzw. dem Lateinischen (*modernus, modo, modus*) und hat in Frankreich – nach einer längeren Karriere in der Antike – schon an der Wende vom 17. zum 18. Jahrhundert einer Auseinandersetzung zwischen ‚neuer' und ‚alter' Literatur gedient. Die *anciens*, die ‚Alten', und die ‚Neuen', die *modernes*, setzten sich über die angemessene Form literarischer Ästhetik auseinander: Die sogenannte *Querelle des Anciens et des Modernes* repräsentiert einen später in verschiedenen Variationen immer wiederkehrenden Typus der ästhetischen Debatte, der die Orientierung an klassischen, antiken Vorbildern gegen einen aktuellen, oft politischen Bezug der Literatur zu zeitgenössischen Ereignissen ausspielt. Die *modernes* zielen dabei auf eine Distanz zur Antike, auf eine Kritik des Klassizismus, einen Wandel der literarischen Formen und damit auf eine Historisierung des Geschmacks. Die Zeitenthobenheit klassizistischer Kunstkonzepte gilt als überholt und auf irrelevante Weise ästhetizistisch. Die *modernes* plädieren nicht nur für die einmalige Erneuerung und Veränderung der Literatur, sondern postulieren die Notwendigkeit eines fortgesetzten Wandels ästhetischer Kategorien und stehen damit für die Evolution des Geschmacks und für die Historisierung der Kunst, provozieren so aber auch eine gewisse Relativität der Werturteile, wie sie sich dann in ausführlichen Kanondebatten und einer bemerkenswerten Konjunktur der (Literatur-)Kritik niederschlagen wird (vgl. Jauß 1967).

Die Kritik an klassizistischen Positionen wird im 19. Jahrhundert durch die allgemeine Historisierung des Denkens und Wissens befördert; sie führt zur Stärkung der Position derer, die eine historische Relativität von Ästhetik und Kunst annehmen. Schon in den programmatischen Schriften der Naturalisten wird die ‚moderne‘ Position polemisch eingefordert und für die Literatur und Kunst der Jahrhundertwende scheint sie dann endgültig zur Selbstverständlichkeit geworden zu sein (vgl. Becker/Kiesel 2007; Berghahn/Stauf 2007). Hier taucht nun auch zum ersten Mal das Substantiv ‚Moderne‘ auf: „Unser höchstes Kunstideal ist nicht mehr die Antike, sondern die Moderne" (Martini 1965, S. 409), so lautet die sechste These im Programm des Berliner Literaturvereins *Durch!*, das 1887 in der ersten Ausgabe der *Allgemeinen Deutschen Universitätszeitung* erschien. ‚Die Moderne‘ wird hier nicht inhaltlich charakterisiert, sondern eher als ein spezifischer Habitus vorgestellt, der sich aus der Notwendigkeit stetiger Überprüfung der jeweiligen Positionen ergibt:

> Als ein wichtiges und unentbehrliches Kampfmittel zur Vorarbeit für eine neue Litteraturblüte erscheint die Kunstkritik. Die Säuberung derselben von unberufenen, verständnislosen und übelwollenden Elementen und die Heranbildung einer reifen Kritik gilt daher neben echt künstlerischer Produktion als Hauptaufgabe einer modernen Litteraturströmung. (Anonym 1886, zit. nach Brauneck 1978, S. 810)

Moderne Literatur ist sich ihrer jeweiligen Zeit und ihrer jeweiligen Geschichte bewusst und thematisiert dieses Wissen inhaltlich und formal. Das Prädikat ‚modern‘ lässt sich daher nicht auf einen bestimmten Inhalt oder auf einzelne formale Kriterien festlegen. Vielmehr bezeichnet es unterschiedlich realisierte Formen der Reflexion auf Geschichte und Geschichtlichkeit, oder anders und allgemeiner gesagt, ästhetische Variationen einer historisch aufgeklärten Selbstreflexion. Dass diese dann nicht immer den sozialen und gesellschaftlichen Veränderungen der Moderne affirmativ gegenüberstehen, versteht sich von selbst. Im Gegenteil: Häufig werden gerade die Irritationen etwa durch die zunehmende Verstädterung, Beschleunigung, Rationalisierung und Relativierung von Lebensverhältnissen thematisiert (vgl. Kimmich/Wilke 2006). Die wichtigsten dieser Kontexte oder modernen ‚Errungenschaften‘ werden im Folgenden kurz skizziert, wobei selbstverständlich auch zentrale Felder unberücksichtigt bleiben müssen.

1.3 Soziale und kulturelle Kontexte

1.3.1 Technische Revolutionen

Der Beginn der Moderne fällt mit der sogenannten Zweiten Industriellen Revolution zusammen. Die Erste Industrielle Revolution wird um 1800 angesetzt und brachte vor allem maschinelle Verbesserungen, so etwa die Erfindung der Dampfmaschine, und im Bereich des Transports und der maschinellen Herstellung von Waren, insbesondere von Textilien, eine deutliche Innovation. Mit der Zweiten Industriellen Revolution ab 1870 gibt die Schwerindustrie ihre Leitfunktion ab und die Entwicklungen in der Elektrotechnik und in der chemischen Industrie werden dominant. Diese haben nicht anders als die Entwicklungen der Ersten Industriellen Revolution die Lebenswelt der Menschen um 1900 merklich verwandelt. Die Erfindungen von Telegraph, Telefon, elektrischem Licht, Straßenbeleuchtung, elektrischen Straßenbahnen, Elektromotoren etc. beeinflussten das Leben besonders in den Großstädten Europas stark. Sie haben die Großstädte selbst verändert oder vielmehr dafür gesorgt, dass es solche Großstädte, wie wir sie heute kennen, überhaupt gibt.

1.3.2 Großstadt

Die Urbanisierung der Lebenswelten wiederum ist ein entscheidender Schritt zu einer neuen Form des literarischen und künstlerischen Lebens. Die Metropole und das kulturelle Leben bleiben auf Jahrzehnte institutionell, thematisch, sozial und kommerziell unauflöslich aneinander gebunden. Die Großstadt ist nicht nur ein Resultat der Modernisierung, sondern selbst wiederum ein Modernisierungsfaktor, weil sie herkömmliche Werte und Traditionen im ‚Schmelztiegel' ihrer massenhaften Einzelerscheinungen auflöst. Um 1900 entspinnt sich daher eine intensive Diskussion um den spezifischen Charakter großstädtischer – und moderner – Subjektivität. Dieser Großstadtdiskurs ist der Diskurs, in dem exemplarisch nicht nur die sogenannten Basisprozesse der Moderne identifiziert und kommentiert werden, vielmehr geht es hier in erster Linie darum, die Bedingungen für und auch die Auswirkungen auf individuelle Lebenskonzepte und soziales Zusammenleben auszuloten und zu bewerten. (→ V.1 *Stadt*)

1.3.3 Beschleunigung des Alltags

Sowohl die neuen Technologien der Elektroindustrie wie auch das großstädtische Leben sind vom Phänomen der Beschleunigung gekennzeichnet. Telefon und Telegraphen, Straßenbahnen und elektrische Busse revolutionieren den Verkehr und die Kommunikation. Die Beschleunigung des Lebenstempos ist eine Erfahrung, die die Menschen mit der Moderne verbinden, die aber auch noch für postmodernes oder zeitgenössisches Lebensgefühl aktuell ist (vgl. Rosa 2005). Gerade die moderne Beschleunigung ist ein Beispiel für die komplementären Diskurse, die sich an diesen gesellschaftlichen Prozess anlagern: Neben einer Begeisterung für neue Techniken, die die Fortbewegung erleichtern und verbessern – so etwa im Futurismus –, gibt es auch diejenigen Stimmen, die vor allzu hohem Tempo warnen und gesellschaftliche Dekadenz, soziale Übel und sogar Krankheiten – etwa die Neurasthenie, eine Überreizung der Nerven – in der Beschleunigung angelegt sehen. Die Reflexion auf die Beschleunigung erfasst auch die Ästhetik; bei dem russischen Formalisten Viktor Šklovskij etwa wird die ‚Entschleunigung' der Wahrnehmung zu einer zentralen Funktion von Kunst: In der Kunst gehe es um „die Verfremdung der Dinge und die Komplizierung der Form, um die Wahrnehmung zu erschweren und ihre Dauer zu verlängern. Denn in der Kunst ist der Wahrnehmungsprozeß ein Ziel in sich und muß verlängert werden." (Šklovskij 1966, S. 13)

1.3.4 Neue Medien

Die Veränderungen der urbanen Lebenswelt werden um 1900 freilich nicht nur erlebt, sondern zugleich beschrieben, analysiert, reflektiert und kritisiert. Insbesondere das Kino ist dabei in exemplarischer Weise an die Kultur der Großstadt gebunden. Nicht nur ökonomisch und institutionell ist das Kino auf ein großes, flexibles und neugieriges Publikum angewiesen. Die Großstadt selbst ist mit der neuen Lust an Beobachtung und Bewegung, Mobilität und neuen Lebensentwürfen nicht nur der Ort, sondern auch das Thema der nun entstehenden Filmkultur. Diese wird – wie alle anderen Errungenschaften der Moderne – mit großer Skepsis kommentiert und zugleich mit ebenso großer Begeisterung gefeiert (vgl. Kaes 1978). Während das Radio erst in den 1930er Jahren eine politisch und kulturell relevante Rolle zu spielen beginnt, gilt das Kino schon früh als *das* Freizeitvergnügen und gehört zusammen mit der neuen Begeisterung für aktiven Sport und Sportveranstaltungen zu den weitreichendsten Erfindungen der Jahrhundertwende: zur sogenannten ‚Freizeit'. Freizeit bedeutet Zerstreuung, Vergnügen, Sport, Kino, Varieté, Tanz (vgl. Gumbrecht 2003; zu Musil vgl. Fleig 2008).

1.3.5 Kulturkritik

Die Moderne wird als Herausforderung an den Wahrnehmungsapparat, an die Souveränität und Autonomie der Menschen empfunden. Der moderne Mensch, so die allgemein geteilte Beobachtung, sieht sich einer Unmenge unablässig wechselnder Stimuli und Impressionen ausgesetzt und so einem sinnlichen Belastungsdruck ungekannten Ausmaßes unterworfen. Wenngleich in der kulturtheoretischen Debatte um dieses Phänomen keineswegs Konsens in der Frage herrscht, wohin die eingetretene Entwicklung führen werde und wie sie zu bewerten sei – in der Terminologie sind sich die verschiedenen Diskussionsbeiträge einig: Die Jahrhundertwende gilt ihnen als „Zeitalter der Nervosität" (Radkau 1998, S. 185).

Bemerkenswert ist auch hier wieder die unterschiedliche Bewertung dieser Phänomene: Gelten sie den einen als pathologisches Symptom, sind sie für die anderen ein Zeichen erhöhter Sensibilität und Kreativität, denn nicht immer werden aus dem Befund einer erhöhten ‚Reizsamkeit' der Großstädter negative Schlüsse gezogen: „Neurasthenie ist so lange eine Krankheit, bis es ein Stadium einer neuen Gesundheit wird!" (Altenberg 1979, S. 255) Überblickt man das Panorama der Texte zum Thema Nervosität, zeigt sich das Verhältnis zur Moderne und ihren Anforderungen um 1900 folglich von Ambivalenz geprägt: Den Warnungen kulturkonservativer Kräfte, die sich oftmals mit biopolitischen Argumenten in den Dienst der ‚Volksgesundheit' zu stellen suchen, halten insbesondere Künstler und Schriftsteller positivere Einschätzungen des Wahrnehmungswandels entgegen. Sie entdecken gerade in der Kultivierung der Empfindsamkeit und des Nervösen einen Ansatzpunkt zur ästhetischen Innovation. Was dem Modernediskurs der Jahrhundertwende im Ganzen zugrunde liegt, ist die Überzeugung, dass subjektive Wahrnehmungsformen historisch veränderlich und stets das Produkt von kulturellen Konstruktionsprozessen sind (vgl. dazu Benjamin 1974, 2002 u. 2007; im Anschluss daran: Barthes 1966; Baudrillard 1978; Jannidis u. a. 2000; Karpenstein-Eßbach 2004). (→ IV.10 *Kulturtheorie*)

1.3.6 · Ästhetik und Ethik der Verfremdung

Wenn Wahrnehmen, Fühlen und Handeln, das ‚Ich', der Körper und die Emotionen in der Moderne zunehmend als kulturell konstruiert, als historisch und sozial variabel gelten und damit einer kritischen Überprüfung und Bewertung ausgesetzt werden können, dann geschieht dies nicht nur durch die ‚Pluralisierung von Lebenswelten' innerhalb des europäischen Raums bzw. in der europäischen Großstadt. Es sind zusätzlich die von der neu entstehenden Ethnologie formulierten Erfahrungen in der Fremde und mit dem Fremden, die der Vielzahl moderner Perspektiven noch weitere hinzufügen (vgl. Därmann 2005). Diesen ethnologischen Blick wiederum auf die eigene Welt anzuwenden, stellt eine Herausforderung an moderne Wissenschaft und Kunst dar, die sowohl Aspekte der Entfremdung als auch ästhetische Techniken der Verfremdung generiert (vgl. Grabes 2004; Jaeggi 2005). (→ IV.9 *Ethnologie*) Verfremdung wird in der Moderne zu einem Verfahren entwickelt, Staunen über das Bekannte zu erzeugen und damit aus der gewohnten, alltäglichen, prosaischen Welt hinauszutreten (vgl. Ginzburg 1999). Das kann einen eher phänomenologisch-wahrnehmungskritischen Impetus haben wie bei Maurice Merleau-Ponty, Robert Musil oder Hugo von Hofmannsthal oder auch eine politisch-kritische Stoßrichtung implizieren wie bei Bertolt Brecht. Auch psychologische und vor allem psychoanalytische Modelle verarbeiten Konzepte der Verfremdung, wenn das ‚Ich', laut Sigmund Freud, nun nicht mehr dem Bewusstsein zugänglich ist, sondern große Teile – die des Unbewussten – fremd und daher nur teilweise erfassbar bleiben. Mit der berühmten Formulierung, das Ich sei nicht „Herr im eigenen Haus" (Freud 2006, S. 11), sondern müsse diese Funktion an ein Unbewusstes abgeben, entwirft Freud eine anthropologische These der Selbstentfremdung, die auf Gesunde und Kranke gleichermaßen zutrifft. Diese vieldiagnostizierte ‚Krise' des männlichen, idealistischen, klar gegen andere abgegrenzten und mit sich identischen Subjekts nicht nur als Bedrohung zu empfinden, sondern sie als Möglichkeitsraum für innovative Erkenntnismodelle, neue Handlungskonzepte und angemessene Urteilsformen zu erfassen, bildet die Grundlage für Musils Ästhetik der Moderne.

2. Musil und die Moderne

Musil verwendet den Begriff ‚Moderne' und das Adjektiv ‚modern' in sehr verschiedenen Kontexten und mit unterschiedlicher Intention und Funktion. Wenn Musil Modeströmungen in Kunst, Lebensstil, Kleidung, Architektur oder Sport kommentiert und damit auch ‚modern' oder die ‚Moderne' erwähnt, geschieht dies nicht selten als Personenrede in seinen literarischen Texten oder auch als Zitat bzw. Paraphrase anderer Autoren. (→ V.10 *Sport*; V.11 *Mode*; VI.2.1 *Bildende Kunst*; VI.2.4 *Architek-*

tur) Häufig ist die Verwendung hier pejorativ oder ironisch (vgl. MoE, 372). Die Frage, was Musil unter ‚Moderne' verstand und vor allem, was für ihn eine angemessen ‚moderne' Kunst und Literatur zu leisten hätten, kann sich also nicht am Wortlaut der Begriffe ‚modern' oder ‚Moderne' orientieren, sondern es muss nach der für Musils Ästhetik konstitutiven Konstellation von Kunst und Wahrnehmung gefragt werden.

Diese Konstellation enthält bei Musil implizit auch Thesen zu einer modernen Anthropologie und Psychologie: Der „innere[ ] Mensch" müsse neu erfunden werden (*Skizze der Erkenntnis des Dichters*, GW II, 1029), postuliert Musil 1918 als Aufgabe einer gelingenden Moderne. Thematik und literarische Form von Musils Texten sind immer bezogen auf die zentralen Herausforderungen und Anliegen der Moderne: Die neue Zeit verlangt nicht nur neue Charaktere, eine neue Erziehung, andere Wahrnehmungsmodi, neue Theoriekonzepte, sondern sie stellt auch andere Anforderungen an moralisches Urteilen und braucht vor allem einen anderen Umgang mit Sprache.

Die Moderne fordert eine bestimmte geistige – und auch körperliche – Haltung, einen Habitus und ein Training zugleich, die Musil folgendermaßen umschreibt: Es gehe darum, „immer neue Lösungen, Zusammenhänge, Konstellationen, Variable zu entdecken, Prototypen von Geschehensabläufen hinzustellen, lockende Vorbilder, wie man Mensch sein kann, den inneren Menschen *erfinden*." (GW II, 1029) Musil gehört also zu denjenigen Theoretikern und Schriftstellern, die davon ausgehen, dass der moderne Mensch nicht nur eine neue Epoche der (Kultur-)Geschichte erlebt, sondern eine Art anthropologische Anpassung an die neuen Verhältnisse zu durchlaufen hat. Dabei wird die literarische Sprache gewissermaßen zu einem Instrument, Wissens- und Handlungsmöglichkeiten nicht nur zu beschreiben, sondern sie zu identifizieren, ja sogar zu schaffen: „Kunst ist ein Mittleres zwischen Begrifflichkeit und Konkretheit." (*Über Robert Musil's Bücher*, 1913, GW II, 998) Musil behauptet damit, dass Kunst ein Feld zwischen begrifflicher Abstraktion und kontingenter Lebenswelt zu besetzen habe: eine Aufgabe, die sich weder an die Wissenschaft noch an die individuelle Lebenserfahrung delegieren lässt (vgl. Stockhammer 2011). Es geht ihm darum, einen Wissensraum zu erschließen, in dem sich Psychologie, Wahrnehmungsphysiologie, Sprachphilosophie und Mathematik treffen; also den Bereich, den man heute – mit der Informatik zusammen – als ‚Kognitionswissenschaften' bezeichnet. Auf der anderen Seite soll dieser Komplex an die Ästhetik angeschlossen werden, wobei die moderne Konkurrenz zwischen Film und Literatur, Bild und Text so weit wie möglich ausgereizt werden soll (vgl. Drügh 2001/02). Viele Texte von Musil wirken seinem Programm entsprechend daher wie Versuchsanordnungen (vgl. Pelmter 2008; Nübel 2012), die unterschiedliche Lösungen und Konstellationen für diese Herausforderungen erproben und zugleich der immer unübersichtlicheren Wirklichkeit wie auch der immer komplexer werdenden Sprache selbst nachforschen.

Dabei spielen auch bei Musil die bereits erwähnten zentralen Felder moderner Basisprozesse eine einschlägige Rolle: die Großstadt, der Verkehr und die Beschleunigung der Kommunikation, die neuen Medien, wie Fotografie und Kino, Entfremdung und Verfremdung alltäglicher Lebenswelten und die darauf bezogene Kulturkritik. So beginnt etwa der *MoE* nicht nur mit dem Zitat einer modernen meteorologischen Wetterbeschreibung, sondern auch mit einem Verkehrsunfall und den entsprechenden statistischen Kommentaren der Zuschauer (vgl. MoE, 9–11). Von modernen Kriegstechniken, wie dem Fliegerpfeil etwa, wird in *Die Amsel* berichtet (GW II, 548–562). In dem kurzen Prosastück *Triëdere!* (GW II, 518–522) geht es u. a.

um den Blick durch ein Fernglas auf eine herannahende Straßenbahn. Das Kino bzw. der Film spielt auch ästhetisch eine bedeutsame Rolle. In seinem Essay *Ansätze zu neuer Ästhetik. Bemerkungen über eine Dramaturgie des Films* (1925, GW II, 1137–1154) entwickelt Musil anhand von Kino und Filmtheorie Leitlinien seiner eigenen Ästhetik.

Verfremdung bzw. das Fremdwerden nicht nur der Menschen, sondern vor allem auch der Gegenstandswelt, der Dinge, ist für Musil ein zentrales Merkmal der Moderne (vgl. Kimmich 2000): An den komplexen Konstellationen, die sich zwischen Menschen und Dingen in Musils Texten ergeben, lässt sich besonders gut erkennen, was Musil mit innovativen ‚Prototypen von Geschehensabläufen' meinte. Den Dingen wird im Verhältnis zum Menschen eine gewisse Autonomie verliehen, sie haben so etwas wie ein Eigenleben. Dadurch erweist sich die menschliche Autonomie als eingeschränkt. Musil greift damit ein zentrales Thema moderner Gesellschafts- und Kulturkritik auf, dessen Tradition von Karl Marx bis Sigmund Freud und Theodor W. Adorno, aber auch von Helmuth Plessner bis Bruno Latour (1996) reicht. Musil, Plessner, Latour und Freud betonen allerdings – anders als Marx und Adorno – auch die positiven, vor allem die kreativen und innovativen Aspekte, die sich aus solchen Konstellationen einer mit den Dingen geteilten und somit eingeschränkten menschlichen Autonomie ergeben.

Musil versetzt beispielsweise seine Figuren immer wieder in Situationen, wo sie zwischen Dingen und Menschen nicht mehr selbstverständlich unterscheiden können, zugleich ihre räumliche und zeitliche Orientierung verlieren und doch einen Zugewinn an Erfahrung konstatieren:

> Dann zog sich der Eindruck des Zimmers, das er hinter seinem Rücken wußte, zusammen und stülpte sich hinaus, wobei er durch ihn hindurch oder wie etwas sehr Weiches rings um ihn vorbeiströmte. „Eine sonderbare räumliche Inversion!" dachte Ulrich. Die Menschen zogen hinter ihm vorbei, er war durch sie hindurch an ein Nichts gelangt; vielleicht zogen sie aber auch vor und hinter ihm dahin, und er wurde von ihnen umspült wie ein Stein von den veränderlich-gleichen Wellen eines Baches [...]. „Kann man denn aus seinem Raum hinaus, in einen verborgenen zweiten?" dachte er, denn es war ihm geradeso zumute, als hätte ihn der Zufall durch eine geheime Verbindungstür geführt. (MoE, 632; vgl. Brandstetter 2002)

Musil hat in seinen späteren Essays und auch in seinem bekanntesten Werk *MoE* den Begriff ‚Inversion' nicht mehr verwendet (vgl. Pfohlmann 2012, S. 40f.), behält allerdings das Konzept bei und spricht dann von einem ‚anderen Zustand', der diese besondere Form von Beobachtungs-, Wahrnehmungs- und auch Beurteilungssituation markiert (vgl. MoE, 764f. u. ö.). Im Laufe seines Schaffens gewinnt dieser ‚andere Zustand' verschiedene Dimensionen. Er repräsentiert wie keine andere Haltung die moderne Überschneidung von Ethik und Ästhetik: Verfremdung mit dem Ziel eines Urteilsaufschubs, der den Raum für die Neukonstellation von Wirklichkeiten bieten soll. Dabei hat diese Formierung neuer Konstellationen kein Subjekt im engeren Sinne – jedenfalls kein menschliches. (→ VII.2 *Anderer Zustand*)

Musil beschreibt in seinen Tagebüchern aus den Berliner Studienjahren 1904/05 das Phänomen folgendermaßen:

> Wir denken überhaupt nicht discursiv sondern sprungweise. Die Täuschung ist dieselbe wie bei einem Kinematographen. Die willkürliche Aufmerksamkeit ist diskontinuierlich. Die passive scheinbar kontinuierlich. Da die Fähigkeit des Aufmerkens, des sich denken Fühlens,

> die Wurzel aller cogitor [sic] ergo sum=Erkenntnistheorie ist, so sind diese psychologischen Aufgaben von größter Wichtigkeit. (Tb I, 117)

Die passive Verwendung der cartesianischen Formel des ‚cogito' entstammt theologischen Diskussionen und findet sich auch etwa in den Schriften Franz von Baaders (vgl. von Baader 1860, Bd. XVI, S. 31, u. Bd. XII, S. 325). Musil geht es allerdings nicht wie von Baader um das göttliche ‚Gedachtwerden', sondern eher um eine hirnphysiologisch-ästhetische Variante dieser Idee, wie er sie – durchaus ironisch – in einem kurzen Text *Über Robert Musil's Bücher* (1913) ausführt, wo der Protagonist im Gehirn Musils spazieren geht und auf diese Weise die Gedanken Musils qua Vibration gewissermaßen als inkorporiertes ‚Medium' übertragen bekommt. Es gehe, so formuliert der Protagonist paradox, um „Gefühlserkenntnisse und Denkerschütterungen", die nicht in Begriffen, sondern nur im „Flimmern des Einzelfalls" zu kommunizieren seien (GW II, 997). Musil suchte in der Verbindung von Wahrnehmungsphysiologie, Psychologie und literarischer Metaphorik eine Möglichkeit zur Erschließung dieser ‚Gehirn'- bzw. ‚Wissenslandschaften'.

Es sollen dabei wirklich auch neue Erkenntnisse erzielt werden: In *Das Unanständige und Kranke in der Kunst* von 1911 heißt es: „Kunst zeigt, wo sie Wert hat, Dinge, die noch wenige gesehen haben." (GW II, 981) Das Verfahren wird als eine Art Neukontextualisierung beschrieben. Es gilt, „Beziehungen zu hundert andern Dingen dar[zu]stellen", denn

> die Bestandteile, losgelöst aus ihrem gewohnheitsstarren Zusammenhange, gewinnen plötzlich unerwartete Beziehungen zu oft ganz anderen Gegenständen, deren Zerlegung dabei unwillkürlich mit anklingt. Bahnungen werden so geschaffen und Zusammenhänge gesprengt, das Bewußtsein bohrt sich seine Zugänge. (GW II, 980)

Auch in einem späteren Essay, *Ansätze zu neuer Ästhetik* (1925), wird noch einmal ausgeführt, wie Musil sich die Kooperation von Sprache, Kognition und Kunst vorstellte. Es handelt sich um eine sehr ausführliche Rezension zu Béla Balázs' erstem Filmbuch, das 1924 unter dem sprechenden Titel *Der sichtbare Mensch* erschien. Dort wird die Leistung des Kinofilms als eine Schule des Sehens beschrieben. Die Abstraktion, wie sie notwendigerweise im Buch geschehe, könne durch das Bild auf der Leinwand aufgehoben werden – der Mensch werde wieder ‚sichtbar', so lautet die These (vgl. Gnam 2000).

Musil verlangt von Kunst eine „Sprengung des normalen Totalerlebnisses" (GW II, 1145). Es gehe darum, die im Bereich praktischer, alltäglicher Orientierung notwendige Formelhaftigkeit von Denken, Fühlen und Wahrnehmung zu überschreiten bzw. zu unterlaufen. Musil richtet sich dabei explizit und scharf gegen die Auffassung, Formelhaftigkeit sei allein ein Problem intellektueller Operationen oder begrifflichen Denkens. Vielmehr sei es gerade die Formelhaftigkeit von Sinneseindrücken und moralischen Begriffen, die es aufzulösen gelte. Es ist im Übrigen gerade Béla Balázs, der diesen Musil'schen Antidualismus besonders gut erkannt und beschrieben hat. In einer Rezension zum *Törleß* nennt er ihn einen „dämonischen Grenzensucher": „Er ist nichts weniger als ein Mystiker. Er ist ein exakt berechnender Ingenieur." (Balázs 1923, S. 345) Formelhaftes Denken, Fühlen und Urteilen kann für Musil nur durchbrochen werden durch Verfahren, die zugleich Affekte und Gedanken, willentliche und nicht willentliche Aspekte einschließen, subjektiv und objektiv sind. Solche Verfahren zu entwickeln und zu erproben, ist die Aufgabe moderner Kunst, ja das „Grundvermögen jeder Kunst" (GW II, 1145). Musils moderne Ästhetik, die eine Ästhetik für die Moderne zu sein beansprucht, formuliert die Aufgabe, nicht nur Denk-, sondern vor allem Wahrnehmungs- und insbesondere Gefühlsmuster infrage zu stellen und damit auch ästhetische und moralische Urteile so zu hinterfragen, dass sie den Herausforderungen der Moderne gewachsen sind.

3. Literatur

Altenberg, Peter: Ausgewählte Werke in zwei Bänden. Bd. 1: Aphorismen, Skizzen und Gedichte. Hg. v. Dietrich Simon. München: Hanser 1979.
Anz, Thomas: Über einige Missverständnisse und andere Fragwürdigkeiten in Anke-Marie Lohmeiers Aufsatz „Was ist eigentlich modern?" In: Internationales Archiv für Sozialgeschichte der deutschen Literatur 33 (2008), H. 1, S. 227–232.
Baader, Franz von: Gesammelte Werke. 16 Bde. Hg. v. Franz Hoffmann u. a. Leipzig: Bethmann 1851–1860.
Balázs, Béla: Grenzen. In: Österreichische Rundschau, 19.4.1923, S. 344–349.
Barthes, Roland: Die strukturalistische Tätigkeit. In: Kursbuch 5 (1966), S. 190–196.
Baudrillard, Jean: Agonie des Realen. Berlin: Merve 1978.
Bauman, Zygmunt: Liquid Modernity. Cambridge: Polity Press 2000.
Beck, Ulrich: Der Konflikt der zwei Modernen. In: Wolfgang Zapf (Hg.): Die Modernisierung moderner Gesellschaften. Frankfurt a. M., New York: Campus 1991, S. 40–53.
Becker, Sabina/Kiesel, Helmuth: Literarische Moderne. Begriff und Phänomen. In: dies. (Hg.): Literarische Moderne. Begriff und Phänomen. Berlin, New York: de Gruyter 2007, S. 9–35.
Benjamin, Walter: Das Kunstwerk im Zeitalter seiner technischen Reproduzierbarkeit. [1936] In: ders.: Gesammelte Schriften. Bd. 1.2. Hg. v. Rolf Tiedemann u. Hermann Schweppenhäuser. Frankfurt a. M.: Suhrkamp 1974, S. 471–507.
Benjamin, Walter: Medienästhetische Schriften. Hg. u. mit einem Nachwort v. Detlev Schöttker. Frankfurt a. M.: Suhrkamp 2002, S. 351–383.
Benjamin, Walter: Das Kunstwerk im Zeitalter seiner technischen Reproduzierbarkeit. [1936] Kommentar. Frankfurt a. M.: Suhrkamp 2007, S. 7–50.
Berghahn, Cord-Friedrich/Stauf, Renate (Hg.): Bausteine der Moderne. Eine Recherche. Heidelberg: Winter 2007.
Blamberger, Günter: Moderne. In: Harald Fricke u. a. (Hg.): Reallexikon der deutschen Literaturwissenschaft. Bd. II. Berlin, New York: de Gruyter 2000, S. 620–624.
Bollenbeck, Georg: Tradition, Avantgarde, Reaktion. Deutsche Kontroversen um die kulturelle Moderne 1880–1945. Frankfurt a. M.: Fischer 1999.
Brandmeyer, Rudolf: Poetiken der Lyrik. Von der Normpoetik zur Autorenpoetik. In: Dieter Lamping (Hg.): Handbuch Lyrik. Theorie, Analyse, Geschichte. Stuttgart, Weimar: Metzler 2011, S. 1–14.
Brandstetter, Gabriele: Figur und Inversion. Kartographie als Dispositiv von Bewegung. In: dies., Sibylle Peters (Hg.): De figura. Rhetorik, Bewegung, Gestalt. München: Fink 2002, S. 247–264.
Brauneck, Manfred u. a. (Hg.): Naturalismus. Manifeste und Dokumente zur deutschen Literatur 1880–1900. Stuttgart: Metzler 1987.
Braungart, Georg: Leibhafter Sinn. Der andere Diskurs der Moderne. Tübingen: Niemeyer 1995.
Chevrel, Yves: Le naturalisme peut-il être considéré comme un mouvement moderniste? In: Revue de Littérature Comparée 66 (1992), S. 387–395.
Chevrel, Yves: Naturalisme et modernité. In: Christian Berg, Frank Durieux, Geert Lernout (Hg.): The Turn of the Century. Modernism and Modernity in Literature and the Arts. Berlin, New York: de Gruyter 1995, S. 101–118.

Compagnon, Antoine: Les Antimodernes. De Joseph de Maistre à Roland Barthes. Paris: Gallimard 2005.
Das Magazin für die Litteratur des In- und Auslandes. Wochenschrift der Weltlitteratur. Jg. 55, Nr. 51, 18. Dezember 1886.
Därmann, Iris: Fremde Monde der Vernunft. Die ethnologische Provokation der Philosophie. München: Fink 2005.
Décaudin, Michel: Being Modern in 1885, or, Variations on „Modern", „Modernism", „Modernité". In: Monique Chefdor u. a. (Hg.): Modernism. Challenges and Perspectives. Urbana u.a.: Univ. of Illinois Press 1986, S. 25–32.
Dipper, Christof: Was ist eigentlich modern? Überlegungen eines Historikers zu einem interdisziplinären Gespräch. In: Internationales Archiv für Sozialgeschichte der deutschen Literatur 34 (2010), H. 2, S. 198–209.
Drügh, Heinz J.: Im Textlabor. Der deskriptive Dialog mit dem Bildmedium in Robert Musils *Fliegenpapier*. In: Musil-Forum 27 (2001/02), S. 167–188.
Fähnders, Walter: Avantgarde und Moderne 1880–1933. Stuttgart, Weimar: Metzler 2010.
Fleig, Anne: Körperkultur und Moderne. Robert Musils Ästhetik des Sports. Berlin, New York: de Gruyter 2008.
Fohrmann, Jürgen/Voßkamp, Wilhelm (Hg.): Wissenschaftsgeschichte der Germanistik im 19. Jahrhundert. Stuttgart, Weimar: Metzler 1994.
Freud, Sigmund: Eine Schwierigkeit der Psychoanalyse. [1917] In: ders.: Gesammelte Werke in 18 Bänden. Bd. XII: Werke aus den Jahren 1917–1920. Hg. v. Anna Freud u.a. 7. Aufl. Frankfurt a.M.: Fischer 2006, S. 3–12.
Gay, Peter: Die Moderne. Eine Geschichte des Aufbruchs. Frankfurt a.M.: Fischer 2009.
Ginzburg, Carlo: Verfremdung. Vorgeschichte eines literarischen Verfahrens. In: ders.: Holzaugen. Über Nähe und Distanz. Berlin: Wagenbach 1999, S. 11–41.
Gnam, Andrea: Körperverständnis im aufgehenden Medienzeitalter. Der kinematographische Blick: Robert Musils Roman *Die Verwirrungen des Zöglings Törleß*. In: Weimarer Beiträge 46 (2000), H. 3, S. 380–389.
Grabes, Herbert: Einführung in die Literatur und Kunst der Moderne und Postmoderne. Die Ästhetik des Fremden. Tübingen, Basel: Francke 2004.
Gumbrecht, Hans-Ulrich: Modern, Modernität, Moderne. In: Reinhart Koselleck, Werner Conze, Otto Brunner (Hg.): Geschichtliche Grundbegriffe. Historisches Wörterbuch zur politisch-sozialen Sprache. Bd. 4. Stuttgart: Klett-Cotta 1978, S. 93–131.
Gumbrecht, Hans-Ulrich: 1926. Ein Jahr am Rand der Zeit. Frankfurt a.M.: Suhrkamp 2003.
Hellpach, Willy: Nervosität und Kultur. Berlin: J. Räde 1902.
IASL-Forschungsdiskussion. Beiträge zur germanistischen Moderne-Forschung. In: Internationales Archiv für Sozialgeschichte der deutschen Literatur 34 (2010), H. 2, S. 176–239.
Jaeggi, Rahel: Entfremdung. Zur Aktualität eines sozialphilosophischen Problems. Frankfurt a.M.: Campus 2005.
Jannidis, Fotis u.a. (Hg.): Texte zur Theorie der Autorschaft. Stuttgart: Reclam 2000.
Jauß, Hans Robert: Schlegels und Schillers Replik auf die ‚Querelle des Anciens et des Modernes'. In: Hugo Friedrich, Fritz Schalk (Hg.): Europäische Aufklärung. Herbert Dieckmann zum 60. Geburtstag. München: Fink 1967, S. 117–140.
Kaes, Anton (Hg.): Die Kinodebatte. Texte zum Verhältnis von Literatur und Film 1909–1929. Tübingen: Niemeyer 1978.
Karpenstein-Eßbach, Christa: Einführung in die Kulturwissenschaft der Medien. München: Fink 2004.
Kiesel, Helmuth: Geschichte der literarischen Moderne. Sprache, Ästhetik, Dichtung im zwanzigsten Jahrhundert. München: Beck 2004.
Kimmich, Dorothee: Kleine Dinge in Großaufnahme. Aufmerksamkeit und Dingwahrnehmung bei Robert Musil. In: Jahrbuch der Deutschen Schillergesellschaft 44 (2000), S. 177–194.
Kimmich, Dorothee/Wilke, Tobias: Einführung in die Literatur der Jahrhundertwende. 2. Aufl. Darmstadt: WBG 2006.

Kittsteiner, Heinz Dieter: Die Stufen der Moderne. In: Johannes Rohbeck, Herta Nagl-Docekal (Hg.): Geschichtsphilosophie und Kulturkritik. Historische und systematische Studien. Darmstadt: WBG 2003, S. 91–117.
Klinger, Cornelia: Modern/Moderne/Modernismus. In: Karlheinz Barck, Martin Fontius (Hg.): Ästhetische Grundbegriffe. Bd. 4. Stuttgart, Weimar: Metzler 2002, S. 121–167.
Koopmann, Helmut: Deutsche Literaturtheorien zwischen 1880 und 1920. Eine Einführung. Darmstadt: WBG 1997.
Lamping, Dieter: Moderne Lyrik. Göttingen: Vandenhoeck & Ruprecht 2008.
Langewiesche, Dieter: „Postmoderne" als Ende der „Moderne"? Überlegungen eines Historikers in einem interdisziplinären Gespräch. In: Wolfram Pyta, Ludwig Richter (Hg.): Gestaltungskraft des Politischen. Berlin: Duncker & Humblot 1998, S. 331–374.
Latour, Bruno: Petite réflexion sur le culte moderne des dieux faitiches. Paris: Les empêcheurs de penser en rond 1996.
Lohmeier, Anke-Marie: Was ist eigentlich modern? Vorschläge zur Revision literaturwissenschaftlicher Modernebegriffe. In: Internationales Archiv für Sozialgeschichte der deutschen Literatur 32 (2007), H. 1, S. 1–15.
Luhmann, Niklas: Die Gesellschaft der Gesellschaft. Frankfurt a.M.: Suhrkamp 1997.
Lyotard, Jean-François: Unser postmodernes Wissen. Ein Bericht. Wien: Passagen 1986.
Magerski, Christine: Die Konstituierung des literarischen Feldes in Deutschland nach 1871. Berliner Moderne, Literaturkritik und die Anfänge der Literatursoziologie. Tübingen: Niemeyer 2004.
Martini, Fritz: modern, die Moderne. In: Werner Kohlschmidt, Wolfgang Mohr (Hg.): Reallexikon der deutschen Literaturgeschichte. Bd. II. Berlin: de Gruyter 1965, S. 391–415.
Middell, Eike: Die selbsternannte Moderne. In: ders.: Literatur zweier Kaiserreiche. Deutsche und österreichische Literatur der Jahrhundertwende. Berlin: Akademie 1993, S. 119–160.
Nübel, Birgit: „Eine ganz und gar offene, moralisch im Großen experimentierende und dichtende Gesinnung" – Essayismus und Experimentalismus bei Robert Musil. In: Stefanie Kreuzer (Hg.): Experimente in den Künsten. Transmediale Erkundungen in Literatur, Film, Theater, Musik und bildender Kunst. Bielefeld: transcript 2012, S. 49–87.
Pelmter, Andrea: „Experimentierfeld des Seinkönnens" – Dichtung als „Versuchsstätte". Zur Rolle des Experiments im Werk Robert Musils. Würzburg: Königshausen & Neumann 2008.
Pfohlmann, Oliver: Robert Musil. Reinbek b. Hamburg: Rowohlt 2012.
Piepmeier, Rainer: Modern, die Moderne. In: Joachim Ritter u.a. (Hg.): Historisches Wörterbuch der Philosophie. Bd. 6. Basel: Schwab 1984, Sp. 54–62.
Plessner, Helmuth: Das Problem der Öffentlichkeit und die Idee der Entfremdung. [1960] In: ders.: Gesammelte Schriften. Bd. X: Schriften zur Soziologie und Sozialphilosophie. Hg. v. Günther Dux, Odo Marquardt u. Elisabeth Ströker. Frankfurt a.M.: Suhrkamp 2003, S. 212–226.
Radkau, Joachim: Das Zeitalter der Nervosität. Deutschland zwischen Bismarck und Hitler. München: Hanser 1998.
Reckwitz, Andreas: Kulturen der Moderne. Soziologische Perspektiven der Gegenwart. Frankfurt a.M.: Campus 2007.
Rosa, Hartmut: Beschleunigung. Die Veränderung der Zeitstrukturen in der Moderne. Frankfurt a.M.: Suhrkamp 2005.
Schönert, Jörg: Zur Kategorie der Modernisierung in kultur- und literaturgeschichtlichen Rekonstruktionen. In: ders.: Perspektiven zur Sozialgeschichte der Literatur. Beiträge zu Theorie und Praxis. Tübingen: Niemeyer 2007, S. 43–62.
Šklovskij, Viktor: Theorie der Prosa. Frankfurt a.M.: Fischer 1966.
Stöckmann, Ingo: Der Wille zum Willen. Der Naturalismus und die Gründung der literarischen Moderne 1880–1900. Berlin, New York: de Gruyter 2009. (Stöckmann 2009a)
Stöckmann, Ingo: Erkenntnislogik und Narrativik der Moderne. Einige Bemerkungen zu Anke-Marie Lohmeiers Aufsatz „Was ist eigentlich modern?" und Thomas Anz' Kritik. In: Internationales Archiv für Sozialgeschichte der deutschen Literatur 34 (2009), H. 1, S. 224–231. (Stöckmann 2009b)

Stockhammer, Robert: Wahr-Falsch-Spiele und andere Sprachspiele. Übertragbarkeit des Wissens bei Musil und Wittgenstein. In: Ulrich Johannes Beil, Michael Gamper, Karl Wagner (Hg.): Medien, Technik, Wissenschaft. Wissensübertragung bei Robert Musil und in seiner Zeit. Zürich: Chronos 2011, S. 255–286.

Thomé, Horst: Modernität und Bewußtseinswandel in der Zeit des Naturalismus und des Fin de siècle. In: York-Gothart Mix (Hg.): Hansers Sozialgeschichte der deutschen Literatur vom 16. Jahrhundert bis zur Gegenwart. Bd. 7: Naturalismus, Fin de siècle, Expressionismus: 1890–1918. München u. a.: Hanser 2000, S. 15–27.

Welsch, Wolfgang: Unsere postmoderne Moderne. Berlin: Oldenbourg 1993.

Wunberg, Gotthart: Deutscher Naturalismus und Österreichische Moderne. Thesen zur Wiener Literatur um 1900. In: ders.: Jahrhundertwende. Studien zur Literatur der Moderne. Zum 70. Geburtstag des Autors. Hg. v. Stephan Dietrich. Tübingen: Narr 2001, S. 187–207.

Zima, Peter V.: Moderne/Postmoderne. Gesellschaft, Philosophie, Literatur. Stuttgart: Francke 1997.

2. Orte/Schauplätze

Walter Fanta

1. Einleitung: Verwandlung von Lebensorten 48
2. Roman-Topografie: Das ‚durchstrichene' Wien 49
3. Roman-Topografie: Die kakanische Stadt B. 51
4. Exterritorialität: Topografie der Heimatlosigkeit 52
5. Literatur 53

1. Einleitung: Verwandlung von Lebensorten

Musils Lebensorte sind rasch aufgezählt: Klagenfurt (1880–1881), Komotau (1881–1882), Steyr (1882–1890), Brünn (1890–1902), Eisenstadt (1892–1894), Mährisch-Weißkirchen (1894–1897), Wien (1897), Stuttgart (1902–1903), Berlin (1903–1910), Wien (1911–1913), Berlin (1914), Südtirol, Bozen, Fersental (1914–1916), heutiges Slowenien: Maribor, Adelsberg, Karfreit (1917), Wien (1918–1931), Berlin (von 1922 an vorübergehend, 1931–1933), Wien (1933–1938), Zürich (1938–1939), Genf (1939–1942). Dazu kommen Orte, die Musil bereiste oder als Urlaubsort besuchte, wie (in unvollständiger Aufzählung) Velden am Wörthersee (1898), Schladming, Filzmoos (1900), Pörtschach (1904, 1906), Semmering (1905, 1929, 1936, 1937), Graal/Ostsee (1906), Steinach/Brenner (1907, 1911, 1921), Venedig (1907, 1910), Lofer/Salzburg (1909), Budapest (1910), Ancona (1910), Rom (1910, 1913), Zermatt (1913), Prag (1916), Seefeld/Tirol (1919, 1927), Hinterbrühl (1920, 1921), Usedom (1922), Sylt (1923), Mariazell (1924, 1931), Karlsbad (1926, 1933), Oetz/Tirol (1927, 1928), Bad Ischl (1930), Brunshaupten (1932), Potštejn (1933), Mayrhofen/Tirol (1934), Toblach/Südtirol (1934), Paris (1935), Kirchberg/Wechsel (1935, 1936), Edolo (1938), Winterthur (1940). Diese Orte spielen eine Rolle in biografischen Zeugnissen, Lebensdokumenten, in der Korrespondenz Musils und in seinen Arbeitsheften. Die meisten der aufgelisteten Lebens- und Reiseorte hat Musil zu literarischen Schauplätzen verwandelt, die biografisch orientierte Forschung hat vielfach nachgewiesen, mit welcher Akribie und Exaktheit Musil beim Transfer des selbst erlebten *genius loci* in fiktive literarische Zusammenhänge vorging (vgl. Corino 2003; Hayasaka 2011); kein einziger nennenswerter Schauplatz erscheint in seinem Œuvre, den er nicht selbst bewohnt oder zumindest besucht hätte, abgesehen vom „Land über dem Südpol", der utopischen Experimentallandschaft. Höhepunkte der literarischen Anverwandlung biografisch-topografischer Gegebenheiten finden sich außer im *Mann ohne Eigenschaften* (*MoE*) im *Törleß* (Mährisch-Weißkirchen) und in *Drei Frauen* – das Fersental in *Grigia*, das Trentino und Südtirol in *Die Portugiesin* und Brünn in *Tonka* –, während *Vereinigungen*, *Die Schwärmer* und *Vinzenz* weitgehend ohne Lokalkolorit auskommen. In der Kleinen Prosa von Musils Feuilletonbeiträgen hingegen, welche er mehrheitlich 1935 zum *Nachlaß zu Lebzeiten* zusammenstellte, wimmelt es von Lokalbezügen; allein aus den Titeln lässt sich das halbe Lebens-Itinerar Musils ablesen: *Römischer Sommer* (= *Das Fliegenpapier*), *Die Maus auf Fodara Vedla*, *Begräbnis in A.[delsberg]* (= *Slowenisches Dorfbegräbnis*), *Fischer auf Usedom*, *Die Sturmflut auf Sylt*, *Quer durch Charlottenburg*. In einer wenig bekannten kurzen Erzählung, *Die Durstigen*, hat er zum Beispiel die Gegend von Pergine im Valsugana meisterhaft dargestellt.

2. Roman-Topografie: Das ‚durchstrichene' Wien

Wird die Topografie-Frage auf den *MoE* begrenzt, so ergibt sich zunächst die banale Feststellung, dass der Roman ja offenkundig vor den Kulissen des alten Österreich spielt. Die unmittelbare Rezeption des Ersten Buchs konnte 1930 gar nicht anders, als sich in ein halbwegs exotisches, nicht-deutsches Terrain entführt zu sehen. Die deutschlandweiten Zeitungsrezensionen, die Musil selbst sammelte und die einen Teil seines Nachlasses in der Österreichischen Nationalbibliothek in Wien bilden, liefern ein beredtes Zeugnis, wie sehr die ersten Kritiker den *MoE* als das Panoptikum des alten Österreich lasen und verstanden, als ein „wunderbares und erschöpfendes Gleichnis aller Trauer, aller Mißverständnisse, aller tragischen Schuld und aller ratlosen Anmut Österreichs" (*Neues Wiener Tagblatt*, Nr. 35, 8.2.1931, S. 30), „ein umfassendes Kulturgemälde des alten Österreich" (*Sächsische Volkszeitung*, 16.7. 1931) usw. Doch scheint da etwas nicht zu stimmen, und zwar von allem Anfang an nicht; im ersten Kapitel bereits gerät die Lektüre an eine wegweisende Stelle: „Die Überschätzung der Frage, wo man sich befinde, stammt aus der Hordenzeit, wo man sich die Futterplätze merken mußte. [...] / Es soll also auf den Namen der Stadt kein besonderer Wert gelegt werden." (*MoE*, 9f.) Beim Weiterlesen erhärtet sich der Verdacht: Das sogenannte Wiener Lokalkolorit, das etwa Schnitzler (*Der Weg ins Freie* und *Therese. Chronik eines Frauenlebens*), Canetti (*Die Blendung*) und Doderer (*Die Strudlhofstiege* und *Die Dämonen*) so unverwechselbar gestaltet haben, fehlt im *MoE* fast vollständig. Die gesamte Handlung dieses Romans spielt in zwei Städten: in einem Wien, dessen konkrete Farben und Gerüche jedoch nicht beschrieben werden, und in einer Provinzstadt, deren Name ungenannt bleibt. Dennoch suggeriert die Lektüre, dass die Romanhandlung vor der Kulisse Wiens stattfindet, obwohl nicht gesagt wird, wie diese Kulisse bemalt ist, wie die Gebäude aussehen, zwischen denen Ulrich und Agathe sich bewegen. Sind sie so bekannt, dass das Vorhandensein ihres Bilds bei den Lesern einfach vorausgesetzt werden kann? Oder verzichtet der Roman auf die Einmontage der Ansichtskarte, weil er ohne Illusion auskommen soll? Zwei Beispiele: 1) Im ersten Kapitel des Zweiten Teils macht Ulrich Graf Stallburg seine

Aufwartung in der kaiserlichen Hofburg. Statt einer Beschreibung der Silhouette der Wiener Hofburg folgt ein das Reise-Feuilleton konterkarierender Text: Ulrich fielen nur „die zahlreichen roten, blauen, weißen und gelben Röcke, Hosen und Helmbüsche sehr in die Augen, die dort steif in der Sonne standen wie Vögel auf einer Sandbank"; dann „aber strich sein Blick an hohen Mauern empor, und er sah eine Insel grau, abgeschlossen und bewaffnet daliegen, an der die Schnelligkeit der Stadt ahnungslos vorbeischoß." (MoE, 83f.) In seinen Notizen bezeichnet Musil das Wien, das er im Roman zur Sprache bringt, als ein „‚durchstrichenes' Wien": „Vorwort: Weshalb Wien statt fingierter Großstadt. Weil eine solche zu fingieren mehr Mühe gemacht hätte als ein ‚durchstrichenes' Wien." (KA, M VII/8/124) Durch den Schauplatz – repräsentiert von der Architektur der Stadt – geht ein dreifacher Riss: einmal bei den Lesern, durch den Verzicht auf Beschriftung der Kulissen (vgl. „Es soll also auf den Namen der Stadt kein besonderer Wert gelegt werden", MoE, 10). Dann innerhalb der erzählten Welt des Textes zwischen dem Alten (vgl. „eine Insel grau, abgeschlossen und bewaffnet", MoE, 84) und dem Modernen (vgl. „die Schnelligkeit der Stadt ahnungslos vorbeischoß", ebd.) – die Gegenwart der Stadt weiß von der Geschichte nichts mehr, der Identitätszusammenhang ist zerrissen. Drittens zwischen der Subjektivität der Figuren und der Architektur, in der sie sich bewegen. – 2) Das zweite Beispiel stammt aus dem am spätesten geschriebenen Text, in dem Topografisches noch auftaucht. In der letzten Fassung des Kapitels „Wandel unter Menschen" (1940) heißt es von Ulrich und Agathe: „Und noch nie war ihnen die Stadt, worin sie lebten, so schön und fremd zugleich, vorgekommen. Die Häuser boten in ihrer Gesamtheit ein großes Bild dar, auch wenn sie im einzelnen, oder einzeln, nicht schön waren" (KA, M V/6/1). Der letzte Blick zurück auf eine Stadt, so schön, so fremd, wem gilt er? Wirklich dem Stadtbild von 1914, wie es die Fiktion des Romans will, oder dem von 1938, als der Autor der Stadt für immer den Rücken kehren musste – mit einer Ahnung davon und von der drohenden Zerstörung der ausgedienten Haupt- und Residenzstadt? Die eklektische Architektur, die Anmaßung, die im Historismus steckt, ist in diesem letzten Blick auf die Stadt der Lächerlichkeit preisgegeben. Darin vollendet sich das ‚durchstrichene' Wien: in der Dekonstruktion des Reiseführers, als Absage an den historischen Roman, mitgemeint: an das Historische überhaupt.

Analog zu Wien als dem ‚durchstrichenen' Wien verhält es sich mit Kakanien als dem ‚durchstrichenen' Österreich-Ungarn. Die Vorgänge in der ‚Parallelaktion' wurden in der zeitgenössischen Rezeption (etwa auch der Berliner Kritiker) als Ironisierung, als Satire und sogar als Parodie auf österreichische Verhältnisse gelesen. Es blieb einer wesentlich späteren und dann auch nicht-deutschsprachigen Rezeption vorbehalten, sich die Frage zu stellen, ob Kakanien und die ‚Parallelaktion' nicht eigentlich über die Referenz ‚Österreich' hinausgehen. Ist Kakanien nicht Chiffre für das überall Mögliche? Nicht-österreichische Leser könnten Kakanien in der eigenen Geschichte, im eigenen Staatlichkeitsmythos, in der eigenen vergangenen imperialen Gloriole suchen. Wie anders kann dieser „fortgeschrittenste Staat [...], der sich selbst irgendwie nur noch mitmachte" (MoE, 35), in China, in Japan oder in Lateinamerika auch begriffen werden? Die Topografie im *MoE* legt in ihrer Unbestimmtheit, Abstraktheit und Verweigerung konkreten Beschreibens eine transferierende Lektüre nahe. Überlebte Majestäten hinter hohen grauen Mauern und lächerliche Bauwerke im historistischen Stil finden sich fast überall. Darin, und nicht in der Absicht zur nostalgisch-mythischen Überhöhung der untergegangenen österreichisch-ungarischen Monarchie, lässt sich die literarische Strategie erkennen, die Musil dazu führte, seine Österreich-Publizistik für den Roman umzuschreiben. Freilich wird die Formel ‚Kakanien ist überall' im Roman selbst durch eine Idee von Ermelinda Tuzzi ironisiert: „[P]lötzlich stellte sie die Behauptung auf, das wahre Österreich sei die ganze Welt." (MoE, 174)

3. Roman-Topografie: Die kakanische Stadt B.

Festgelegt sind zwei Städte als Schauplätze des Romans: die Hauptstadt Kakaniens, in der Ulrich lebt, das ‚durchstrichene' Wien – im Folgenden ‚Stadt A.' – und die kakanische Provinzstadt, in die Ulrich zum Begräbnis seines Vaters reist und wo er Agathe wiederbegegnet – im Folgenden ‚Stadt B.'. Diese zweite Stadt des Romans, ein Nebenschauplatz, wird dadurch aufgewertet, dass in ihr nicht nur die Geschwisterhandlung beginnt, sondern außerdem das, was Musil über historische Vorgänge zeigen will, zumindest in seinen Planungen dorthin projiziert wird. Es ergibt sich im Romanplan generell eine Verlagerungsbewegung vom Zentrum in die kakanische Peripherie – nach B, nach Italien, Galizien usw. Diese Verschiebung wird besonders in den Nachlasstexten sichtbar, sowohl in der nie ausgeschriebenen Reise Ulrichs und Agathes ans Meer als auch in den Fassungen des sogenannten Nationen-Kapitels (1928; 1932; 1933/34), wo der Romanschauplatz ‚Stadt B.' deutlich ausgebaut wird. Die ‚Stadt B.', die in den Kapitelentwürfen „Beschreibung einer kakanischen Stadt" (Kapiteltitel, KA, M I/8/2) an das mährische Brünn erinnert, ist durch Hyperterritorialität (Eigenschaftslosigkeit) als „Nichtheimat" (Thöming 1995, S. 132) stilisiert. Das Spiel des Erzählers mit der zwiespältigen Antwort der nach der Schönheit ihrer Heimat befragten Bewohner gehört dazu. Dass diese Stadt für jeden Bewohner halb Wunsch-, halb Unwunsch-Ort ist, hängt mit ihrer Binationalität zusammen. Jeder ihrer Bewohner betrachtet sie aus nationalen Gründen zur Hälfte nicht als seine Heimat. An einer Stelle des Entwurfs verwendet Musil das Adjektiv „anheimelnd" – und tilgt es wieder; es bezieht sich auf die Sprache der Bewohner von B.: „Wenn man sagen dürfte, zwei Sprachen nicht zu sprechen, sei schon ein gewisses Maß von Kultur, so hätte sich hier eine ö[sterreichische] K.[ultur] entwickelt, denn die kleinen Leute dieser Stadt sprachen weder tschechisch noch deutsch, sondern ein selbsterfundenes Gemisch aus deren Teilen" (KA, M VII/1/61). Die lokale (= österreichische) Kultur, das Lokalkolorit, entwickle sich aus dem Weder/Noch der vorhandenen Sprachen. Gemischtsprachigkeit erscheint im Unterschied zu Mehrsprachigkeit freilich häufig als Defizit, gemischtsprachige Bevölkerungen tragen das Manko, keiner der Sprachgemeinschaften regulär zugerechnet zu werden. Von einem Rest des alten Österreich etwa, der zweisprachigen Bevölkerung im Süden Kärntens, wird behauptet, sie hätte keine Sprache, sondern spräche ein deutsch-slowenisches Gemisch. Musil erwähnt die mythische Mischsprache nicht nur im Nachlass-Entwurf, sondern auch im gedruckten Roman. Beim Ausflug auf die Schwedenschanze begegnen Ulrich und Agathe dem Philemon-und-Baucis-Paar der Schäfer, die dieses Gemisch sprechen, das auch von Ulrich „dunkel […] noch erinnert wurde" (MoE, 738).

4. Exterritorialität: Topografie der Heimatlosigkeit

Thöming identifiziert die ‚Stadt B.' des *MoE* mit dem Brünn des jungen Musil und die Fremdheits- und Exterritorialitäts-Erfahrung im Roman mit der Erfahrung des Autors: „Als Fremder lebte Musil in Brünn, in Wien, in Berlin, in der Schweiz." (Thöming 1995, S. 131) Welchem Wir fühlt sich der Schweizer, Wiener, Berliner, Brünner Musil jeweils verbunden? Eine Stelle im Entwurf eines *Curriculum Vitae* (1931) erteilt Aufschluss:

> [I]ch erinnere mich, daß in seiner Weise der Eindruck nicht unbedeutend war, den ich dadurch empfing, daß ich aus der alpischen Natur kam, die Landschaft und Menschen in Steyr eigentümlich war, und mich sowohl in der sanften und etwas melancholischen Landschaft Mährens fand wie zwischen Menschen, die mir beinahe noch fremder vorkamen, wenn sie Sudetendeutsche waren, mit denen ich sprach, als zu den Tschechen gehörten, neben denen wir ohne Berührung herlebten. (KA, M II/1/63)

Das Fremdheitsgefühl ist nachträglich konstruiert. Fest steht, dass Musil in der Brünner Zeit wie in den Jahren der Militärerziehung eine Sozialisation erfährt, die man als altösterreichisch bezeichnen kann und die vom Leben in einer polyglotten Umgebung bestimmt ist. In den fiktionalen Texten schlägt sich dies in der Gestaltung von Liebesbeziehungen deutschsprachiger männlicher Protagonisten zu exotisch-anderssprachigen Frauen nieder, wie zu Bozena im *Törleß* und zu den *Drei Frauen*: Grigia, Portugiesin, Tonka. Es liegt nahe, dass Musil in den mehrfach abgebrochenen Ansätzen zur „Beschreibung einer kakanischen Stadt" (KA, M I/8/2) Autobiografisches thematisiert: Jugenderlebnisse, Mischsprache, ‚Heimat'.

Wenn Musil 1928 mit der „Einschaltung über die Stadt B." (KA, M II/8/97) einen Beitrag zum Diskurs über die Nation in seinem Roman vorzubereiten beginnt, ist er dabei auch von persönlicher Fremdheits- und Heimatverlust-Erfahrung bestimmt. Er greift die von heutigen Interpreten fallweise als jüdisch analysierte Thematik der ‚Entfremdung' auf und schreitet seinerseits zur verfremdenden Darstellung und zum Angriff auf die in seinen Augen zu kurz gegriffenen Strategien zur Aufhebung der Entfremdung: Er weist den Deutschnationalismus, den Tschechoslowakismus und Kosmopolitismus (universelle Menschenliebe) in einem zurück. Die Verfremdung der südmährischen Welt ins Kakanisch-Utopische ist damit auch von der biografischen Erfahrung des persönlichen nationalen Identifikationsverzichts des Autors geprägt. Er macht deutlich, weshalb Mitteleuropa nicht verbessert werden kann:

> Trotzdem haben Menschen damals in K[a]k[a]nien gelebt, die noch heute, in der seither verbesserten Welt leben; ja sie machen nach wie vor ihre Geschäfte oder reiten ihre Steckenpferde; dazwischen aber haben sie Weltgeschichte gemacht, sind einem Weltgericht unterworfen worden, das ihre Nationen hob u[nd] senkte, u. es bleibt eine ungemein fesselnde, ja sogar eine eminent moralische Frage, wie man eigentlich zu so etwas kommt. (KA, M VII/1/58)

Musil vermag diese Frage nur in Ansätzen zu beantworten, er bricht ab. „Nationen haben", formuliert er noch, „überhaupt keine Absichten". Das Gefährliche, die Bereitschaft der mitteleuropäischen Nationen zum Genozid, mag sich eben daraus eröffnen: „Eine Nation kann aus den reizendsten Privatcharakteren bestehen u. im ganzen einen grausamen u[nd] tückischen Charakter haben. Eine Nation kann 100 Jahre lang als ein Volk der Träumer erscheinen u. dann wieder 100 Jahre lang als ein Volk von Attilas. Nationen haben einen schlechthin unzurechnungsfähigen Geist." (KA, M VII/1/56)

5. Literatur

Bolterauer, Alice: Rahmen und Riss. Robert Musil und die Moderne. Wien: Praesens 2000.
Corino, Karl: Robert Musil. Leben und Werk in Bildern und Texten. Reinbek b. Hamburg: Rowohlt 1988.
Corino, Karl: Robert Musil. Eine Biographie. Reinbek b. Hamburg: Rowohlt 2003.
Corino, Karl (Hg.): Erinnerungen an Robert Musil. Texte von Augenzeugen. Wädenswil: Nimbus 2010.
Dinklage, Karl (Hg.): Robert Musil. Leben – Werk – Wirkung. Reinbek b. Hamburg: Rowohlt 1960.
Fanta, Walter: Das Österreichische in den Texten von Robert Musil. In: Annette Daigger, Peter Henninger (Hg.): Robert Musils Drang nach Berlin. Bern u.a.: Lang 2008, S. 13–33.
Haslmayr, Harald: Die Zeit ohne Eigenschaften. Geschichtsphilosophie und Modernebegriff im Werk Robert Musils. Wien u.a.: Böhlau 1997.
Hayasaka, Nanao: Robert Musil und der *genius loci*. Die Lebensumstände des „Mannes ohne Eigenschaften". München: Fink 2011.
Honold, Alexander: Die Stadt und der Krieg. Raum- und Zeitkonstruktion in Robert Musils Roman *Der Mann ohne Eigenschaften*. München: Fink 1995.
Thöming, Jürgen C.: Verfremdete tschechische Welt im *Mann ohne Eigenschaften*. In: Austriaca 20 (1995), H. 41, S. 129–139.
Wolf, Norbert Christian: Kakanien als Gesellschaftskonstruktion. Robert Musils Sozioanalyse des 20. Jahrhunderts. Wien u.a.: Böhlau 2011.

3. Zäsuren
Alexander Honold

1. Einschnitte und Paradigmenwechsel 53
2. Der Erste Weltkrieg als Menetekel Kakaniens 55
3. Nachkriegszeit, Exilzeit und Zweiter Weltkrieg: Signaturen der Moderne und Werkkrise in Permanenz 59
4. Forschungsstand und -perspektiven 63
5. Literatur 63

1. Einschnitte und Paradigmenwechsel

Leben und Schreiben Musils sind durch die Erfahrung eines wiederholten Wechsels dominanter Orientierungen und markant proklamierter Stilgenerationen geprägt. Modernität waltet hier im Modus einer synchronen Konkurrenz von habituellen Handlungsmustern und ihrer beschleunigten Entstehungs- und Verfallszyklen. Mit der Bemerkung: „Ulrich wechselte nur das Pferd, als er von der Kavallerie zur Technik überging; das neue Pferd hatte Stahlglieder und lief zehnmal so schnell" (MoE, 36) verarbeitet der Roman einen in Musils Biografie bedeutsamen Übergang, denjenigen von der Militärlaufbahn zur Technik und Ingenieurswissenschaft, mithilfe einer rhetorischen Katachrese, die das metaphorisch evozierte Bild des Pferdes mit den neuen

Merkmalen industrieller Materialien und Fertigungsweisen überschreibt. Der in den ersten Jahrzehnten des 20. Jahrhunderts erfolgte Umsturz einer traditionalen gesellschaftlichen Ordnung, in welcher die bürgerliche Wirtschaftssphäre aus Besitz und Bildung hierarchisch noch einem beharrungsstarken staatlichen Gefüge aus Verwaltung und Militär eingefügt war, wird in Musils Roman als (halb-)intentionaler biografischer Stationenweg eines jungen Mannes erzählt, der ‚mit der Zeit' geht. Dies heißt, dass die unter gesellschaftlichem Wandel sich abzeichnenden objektiven Wert-Verschiebungen erzählbar werden als subjektiv vollzogene Anpassungsleistungen eines Mannes, der für seine Talente eine den jeweiligen Zeitumständen angemessene Verwendung sucht (vgl. MoE, 47) und dabei hohe Flexibilität an den Tag zu legen bereit ist.

Die zweite große Laufbahnveränderung hatte biografisch in Musils Wechsel von der Welt der Maschinen zu den Phänomenen der empirischen Psychologie und Wissenschaftsphilosophie bestanden, jenen Disziplinen, von welchen die Berliner Studienjahre und die an die Dissertation anschließenden akademischen Karrierepläne bestimmt waren. Für den unter Nachkriegsbedingungen ausgestalteten Romanhelden wird dieser erneute Paradigmenwechsel zwar ebenfalls weg von der Technik, sodann aber weit hinaus ins Gebiet der mathematischen Abstraktionen und des Kalküls mit Statistiken und Wahrscheinlichkeiten führen. Dass Ulrich bei seinem mehrmaligen ‚Umsatteln' das „Pferd" nicht los wird – und damit die physische Konditionierung auf eine männlich codierte, militärisch sozialisierte Gewaltausübung –, setzt nicht nur der für diesen Helden erträumten Lizenz zur permanenten Selbstfindung gewisse gender-habituelle Grenzen. Dieser Umstand überschattet vor allem die in prozessualer Veränderungsdynamik sich flexibilisierende Bildungswelt des Romans mit einem ungebetenen, beharrlichen Begleiter, nämlich der vom *homme disponible* ebenso wie von der sprichwörtlichen kakanischen Gelassenheit allzu lange vernachlässigten Beharrungskraft des Bellizismus.

Noch in der Vorkriegswelt wuchs in dem Schriftsteller Robert Musil, dessen erste Arbeiten bereits vor der Jahrhundertwende die Pose eines „monsieur le vivisecteur" (Tb I, 2) eingenommen hatten, die Überzeugung, dass den Narrativen des wissenschaftlichen, technischen und gesellschaftlichen Fortschritts nicht recht zu trauen sei. Seine besonderen Fähigkeiten zur Introspektion entfaltet der junge Autor bei der feinsinnigen Zergliederung subjektiver Wahrnehmungsabläufe und Empfindungen, in deren literarischer Darstellung sich sein Interesse für empirische Psychologie (Ernst Mach, Carl Stumpf) mit dem von der Décadence inspirierten, decouvrierenden Blick hinter die Fassadenhaftigkeit gesellschaftlicher Konventionen verbindet.

Die modernen Wissensbereiche des Maschinenbaus und der Psychologie konvergieren trotz ihres kulturellen Gegensatzes in gewisser Weise darin, dass sie der optimistisch selbstgefälligen Einschätzung eines anthropozentrischen Weltbildes schmerzlich strenge Grenzen setzen. Aus der Sicht der technisch-industriellen Vernunft ist der Mensch ein ‚Prothesengott', so die Diagnose Freuds; dieser Entzauberung durch die mechanische Übermacht der Dinge steht zur Seite jene berühmte, ebenfalls von Freud auf den Begriff gebrachte Kränkung des ‚Herrn im Hause' durch psychoanalytische Einsichten in die natürliche und gesellschaftliche Determiniertheit des individuellen Handelns und Fühlens. Musil stand der Psychologie Freud'scher Provenienz zwar skeptisch gegenüber, teilte aber dessen Einsichten in die Eigendynamik des Trieblebens. (→ IV.7 *Psychoanalyse*) Hinzu kommt in seinem Falle ein (literarisch motiviertes) Interesse für psychiatrische Grenzphänomene, das in sachkundig beschriebenen Fallgeschichten u. a. von Schizophrenie, Hysterie und sexualpathologischen Leiden Ausdruck findet. (→ IV.5 *Psychiatrie*)

Allerdings sieht Musil die aus dem Hiat zwischen Ich und Welt hervorbrechenden seelischen Konflikte nicht in erster Linie durch kleinbürgerliche Familien-Aufstellungen bedingt. Seine emphatischen Nietzsche-Lektüren (auch sie ein generationstypischer Impuls) lehrten ihn, die nicht domestizierbaren Kräfte des Begehrens als Teil einer umfassenderen kulturellen Problematik aufzufassen, in der sich die gleichsam ‚dionysischen' Gestehungskosten des Zivilisationsprozesses immer wieder Bahn zu brechen vermögen. Durch die Anregungen einer geistigen Triade, deren Eckpunkte aus Nietzsche, ästhetischer Décadence und Psychologie bestanden, war Musil ästhetisch wie intellektuell gerüstet, die in der Kriegsbegeisterung des August 1914 hervortretenden atavistischen Energien (avant Freud) als Ausdruck eines allgemeinen ‚Unbehagens in der Kultur' zu verstehen. Der Einschnitt des Weltkriegs kann in seiner Bedeutung sowohl für Musils eigene Werk-Biografie wie auch für seinen Blick auf die kulturelle Zeitgeschichte nicht hoch genug veranschlagt werden. Von der Doppelzäsur der Jahre 1914 und 1918 her (1914 als Ausbruch kollektiver Gewalt, 1918 als Zusammenbruch des habsburgischen Vielvölkerstaates) ist sein gesamtes folgendes Schaffen als unablässige Revision des eigenen literarischen Erkenntnisvermögens und darüber hinaus auch der geistigen Grundlagen des abendländischen Zivilisationsmodells angelegt.

2. Der Erste Weltkrieg als Menetekel Kakaniens

Wie die Geschichtswissenschaft heute bei den Fragen nach Entstehung und Ursachen des Ersten Weltkriegs sowohl kurze wie lange Wege in den Krieg annimmt (vgl. Münkler 2013, S. 25), also das Zusammentreten aktualhistorisch kontingenter und tiefenstruktureller Faktoren betont, so lassen sich auch im Verhältnis Musils zu den Ereignissen von 1914 bis 1918 die unmittelbaren Herausforderungen durch den Ausnahmezustand des Kriegs von solchen Entwicklungslinien unterscheiden, durch die das Kriegsgeschehen in umgreifende epochale Zusammenhänge eingeordnet werden konnte. Als eine ‚Zäsur' im Wortsinne, wie insbesondere das Fanal von 1914 schon von zeitgenössischen Beobachtern und erst recht aus der Retrospektive immer wieder bezeichnet wurde, als ein solcher ‚Einschnitt' in die Zivilexistenz konnte der Kriegsbeginn im August 1914 zunächst vor allem im Hinblick auf den radikalen Bruch verstanden werden, mit welchem er die mehr als vier Jahrzehnte währende Friedenszeit in Mitteleuropa beendet hatte. *Ex post* wiederum musste man jenes Moment der Diskontinuität hingegen viel stärker auf die Bilanz des Jahres 1918 beziehen, da unter den Ergebnissen und Folgen des Kriegs für die Bewohner des ehemaligen Habsburger Kaiserreichs der Zusammenbruch und die Auflösung des jahrhundertealten Staatsgebildes die wichtigste und einschneidendste Konsequenz des Weltkriegs darstellte.

Robert Musil teilte 1914 mit vielen anderen Schriftstellern, Künstlern und Gelehrten die Ausgangslage, vom Eintritt des Kriegsfalls sowohl existentiell überrascht wie auch in seiner tiefergehenden skeptischen Kulturauffassung im Grunde bestätigt worden zu sein. In der Summenformel „Alle Linien münden in den Krieg" (MoE, 1851) wird der Epochenroman *Der Mann ohne Eigenschaften* (*MoE*) die Makrozäsur von 1914 bis 1918 als *den* zentralen Konvergenzpunkt einer komplexen, vielsträngigen

Vorkriegsgesellschaft beschreiben und damit ein finalistisches Erzählmodell anstreben, für das die divergenten Kräfte und Strebungen nur mehr durch den Kriegsausbruch auf einen gemeinsamen, die Handlung fokussierenden Begriff gebracht werden konnten. „Daß Krieg wurde, werden mußte, ist die Summe all der widerstrebenden Strömungen und Einflüsse und Bewegungen, die ich zeige", erläutert Musil im Jahre 1926 die Konstruktion des in Arbeit befindlichen Romans (*Was arbeiten Sie?*, GW II, 941). Betontermaßen soll demnach gerade nicht eine einsinnige Kausalverkettung des geschichtlichen Verlaufs durch den Erzählvorgang statuiert werden, und schon gar nicht ein tragisch unausweichlicher Weg in die Katastrophe. Musil hat sich gegenüber der historiografischen Ursachenforschung in den 1920er und 1930er Jahren höchst skeptisch geäußert und trachtete, seinen umfassend angelegten Zeitroman von simplifizierenden und schematischen Erklärungen freizuhalten:

> Die Suche nach der Ursache gehört dem Hausgebrauch an, wo die Verliebtheit der Köchin die Ursache davon ist, daß die Suppe versalzen wurde. Auf den Weltkrieg angewendet, hat dieses Forschen nach einer Ursache und einem Verursacher das höchst positive negative Resultat gehabt, daß die Ursache überall und bei jedem war. (MoE, 1438)

Trotz dieser fundamentalen Kritik an geschichtlichen Kausal-Narrativen wird es Musil in der Retrospektive der 1920er Jahre als eine drängende Aufgabe betrachten, ein adäquat komplexes Verständnis für die Vorgeschichte und Verlaufsform jener gesellschaftlichen Entwicklungen zu gewinnen, welche diese tiefgreifende Erschütterung der zivilisatorischen Ordnung möglich gemacht hatten. Es ist der Einschnitt des Kriegs, der ihm die Anlage, Anordnung und Erzählweise des *MoE* vorgibt und der auch die anderen literarischen Nachkriegsprojekte bis hin zum *Nachlaß zu Lebzeiten* semantisch durchdringt.

Zu den langen Wegen in den Krieg zählt für den Schriftsteller sicherlich vor allem die eigene militärpädagogische Sozialisation; zunächst durch die Internatsaufenthalte in Eisenstadt und in Mährisch-Weißkirchen, wo der ‚Zögling Musil' während der 1890er Jahre mit sadistischen Klassenkameraden und sexuell motivierter Gewalttätigkeit konfrontiert worden war, später dann durch den Eintritt in die Wiener Technische Ritterakademie im Herbst 1897 und durch das Einjährig-Freiwilligendienstjahr von 1901/02 beim k. u. k. Infanterie-Regiment Freiherr von Hess Nr. 49, währenddessen Musil den Dienstgrad eines Feldwebels erlangte. Die zahlreichen Anekdoten, die Ulrich und General Stumm von Bordwehr im *MoE* über das Militärwesen austauschen, zehren ebenso vom Erfahrungsschatz des Militärjahrs wie die Figurenzeichnung des Generals selbst, für den mehrere reale Vorbilder namhaft gemacht worden sind. (→ V.8 *Militär*) Eine Grundsympathie mit der kaiserlichen und königlichen österreichisch-ungarischen Armee, die zu den wenigen das Doppelreich übergreifenden imperialen Einrichtungen des Staatsgebildes gehörte, ist im warmherzigen Ton dieser Soldatengespräche unverkennbar. Musil schätzte die kulturell integrierende Rolle des Militärs aufgrund seiner konkreten Erfahrungen indes schon zu Friedenszeiten weit weniger positiv ein, als dies etwa ein Hugo von Hofmannsthal noch in den propagandistischen Schriften während der Kriegsjahre tat.

Die Spannungen innerhalb der Vielvölkermonarchie hatten auch nach dem Verfassungsausgleich von 1867 nicht nachgelassen; sie schufen soziale, ethnische und sprachliche Konfliktfelder, die wiederum zu unübersehbaren Verwerfungen und Auflösungserscheinungen führten, schon Jahrzehnte vor dem manifesten Zerfall. Auch wenn Musil erst im Nachhinein dem „an einem Sprachfehler" zugrunde gegangenen Kakanien (vgl. MoE, Kap. I/98) die Diagnose stellt, schon vor dem Kriegsbeginn eigentlich kein lebensfähiges Staatsgebilde mehr gewesen zu sein, geben die dabei angeführten intrinsischen Konfliktfelder die tatsächliche Situation des Vorkriegs einigermaßen zutreffend wieder. Musils Namensgebung aus dem Buchstabenspiel der alten Doppelmonarchie lenkt die Aufmerksamkeit auf den Umstand, dass die bekannten Initialen kaiserlich und königlich zur Bezeichnung staatlicher Einrichtungen je nach Geltungsbereich seinerzeit teils mit einem ‚und', dann wieder ohne ein solches miteinander verbunden waren. ‚Kaiserlich-königlich' war in Kakanien schon die österreichische Reichshälfte für sich, ‚kaiserlich und königlich' hingegen erst das auch Ungarn einschließende Gesamtgebilde. Doch reicht der Identitätskonflikt des Landes noch viel weiter zurück, bis in die Anfangsgründe seiner engen Verflechtung mit dem Heiligen Römischen Reich Deutscher Nation, dessen Oberhaupt seit der Zeit Maximilians I. qua Gewohnheitsrecht vom jeweiligen Regenten des Hauses Habsburg gestellt wurde. (→ V.3 *Kakanien*)

So war der Österreich-Begriff als ein metonymischer Platzhalter für ein weitaus größeres Gebilde geschichtlich instabil, ebenso variabel wie die ihm jeweils Kontur gebenden staatlichen Formen und Grenzen. Von den fünf Nationalitäten, deren Siedlungsgebiet vollständig oder überwiegend innerhalb der Reichsgrenzen lag – Ungarn, Tschechen, Slowaken, Slowenen und Kroaten –, hatte allein Ungarn mit dem Verfassungsausgleich von 1867 politische Souveränität erlangt: „[D]ie Ungarn waren zuerst und zuletzt nur Ungarn" (MoE, 450). Die österreichische Hälfte blieb dagegen ethnisch, kulturell und politisch heterogen. Sie konnte nun nicht einmal mehr als *pars pro toto* gelten, sondern war nur mehr *pars pro parte*, nämlich für die gemeinsam mit dem Königreich Böhmen gebildete Reichshälfte. Im Osten und Südosten Europas vollzog sich in den Jahrzehnten vor und nach der Jahrhundertwende der langsame Niedergang dreier geschwächter Großreiche (neben Habsburg das Osmanische und das Russische Reich), forciert vom Aufkommen nationalistisch agierender ‚Schwellenländer' mit Großmachtplänen wie Serbien, Bulgarien und Rumänien. Viele Tschechen, Ruthenen, Galizier pochten vehement auf ihre Loslösung von Wien. Angespannt war auch die Lage im kulturellen Grenzgebiet zu Italien, das seit der nationalen Einigung des *Risorgimento* schrittweise auf die Rückgabe oder Übernahme habsburgisch besetzter Gebiete (1848 die Lombardei; 1866 Venetien und Friaul; nach 1918 Julisch Venetien, Trentino und Südtirol) drängte (letztgenannte Gebietsforderungen gaben 1915 den Ausschlag für die Kriegsteilnahme auf Seiten der Entente). Mindestens ebenso viel Sprengstoff barg das Engagement Habsburgs in Südosteuropa, wo Österreich nach dem Berliner Kongress von 1894 Bosnien-Herzegowina militärisch besetzt und 1908 einer förmlichen Annexion unterworfen hatte.

Von diesen langfristigen strukturellen Krisentendenzen erwiesen sich diejenigen auf dem Balkan 1914 als die akutesten, doch gehört zum Gesamtbild der verwickelten Kriegsursachen eben auch das Zusammenwirken weiterer Faktoren; so kommt der Roman in Kapitel I/83 ausführlich auf die verwickelte Dramaturgie des internationalen Bündnissystems im letzten Vorkriegsjahr zu sprechen (vgl. MoE, 359f.). Die Ausgangslage zu Beginn des Weltkriegs war demnach in Österreich durch eine Reihe von spezifischen Konstellationen von derjenigen des Deutschen Reiches deutlich unterschieden. Einen geschärften Blick für diese Unterschiede besaß Musil, weil er, bedingt durch seinen Übergang von der Militärlaufbahn zur Zivilkarriere, von der ingenieurstechnischen Praxis hin zur theoretischen Wissenschaft und sodann zur Literatur, in den beiden Jahrzehnten vor und nach der Jahrhundertwende seinen Wohnsitz mehrfach zwischen Berlin und Wien wechselte, wobei der Schwerpunkt seiner kulturellen und wissenschaftlichen Interessen auf der preußischen Metropole lag.

Der Vergleich zwischen Preußen und Österreich (und auf nichts anderes zielt die Gestaltungsidee der ‚Parallelaktion') ist für Musils Verständnis der Makrozäsur von 1914–1918 in doppelter Weise instruktiv. Er zeigt *erstens* eine innere Ungleichartigkeit in der Kriegsaufstellung der Mittelmächte, insofern Österreich-Ungarn zwar 1914 den konkreteren Anlass und die klareren Anliegen für ein militärisches Losschlagen hatte, jedoch erst mit dem Deutschen Reich derjenige Akteur hinzutrat, dessen geostrategische Lage einen Zweifrontenkrieg vorstellbar und binnen kurzem unvermeidlich machte. Ohne diese fatale Disproportionalität der Mittelmächte untereinander, was Ausgangslage und strategische Potenziale anging, wäre der Krieg nicht führbar bzw. die verhängnisvolle Fehleinschätzung seiner erfolgreichen Führbarkeit nicht möglich gewesen. Wenn dann, *zweitens*, am Ende der knapp viereinhalb Kriegsjahre, auch die politische Verlustbilanz innerhalb des Bündnisses der Mittelmächte so markant unterschiedlich ausfiel, wie es von den Zeitgenossen empfunden wurde, dann musste für Österreich die niederschmetternde Bilanz eines Missverhältnisses von Ausgangslage und Resultat gezogen werden.

Robert Musil hatte die Tage der Mobilmachung und des Kriegsbeginns Anfang August 1914 in Berlin verbracht. Im Arbeitsheft hält er die bewegte „Stimmung" auf den Straßen fest, „wie es von allen Seiten herbrach": „Neben aller Verklärung das häßliche Singen in den Cafés. Die Aufgeregtheit, die zu jeder Zeitung ihr Gefecht haben will." (Tb I, 298) Seinen späteren Romanhelden Ulrich plante Musil völlig überraschend mit den tumultuarischen Umtrieben der Mobilmachung zu konfrontieren. Der ‚Mann ohne Eigenschaften' sollte erst bei der Rückkehr von einer längeren Reise und nur durch ein zufälliges Zusammentreffen mit einem Bekannten von der dramatisch veränderten Lage Notiz nehmen: „Ganz zum Schluß – Lesen Sie denn keine Zeitungen?! U. hat 3 oder mehr Wochen lang keine gelesen – erfährt er, daß Krieg droht." (MoE, 1390) Diese narrativ hergestellte Überraschung eines unvorbereiteten Geistesmenschen durch die Zeitereignisse kann durchaus als Verarbeitung der eigenen Zäsur-Erfahrung des Autors verstanden werden. (→ V.9 *Krieg*)

Nachdem er erst wenige Monate zuvor in die Redaktion von S. Fischers *Neuer Rundschau* eingetreten war und von diesem Verleger nun auch seine bislang erschienenen Bücher übernommen wurden, bereitete der Krieg Musils endlich gefestigter literarischer Existenz ein jähes Ende. Musil wird zurückbeordert, auf wechselnden Schauplätzen für die Grenzsicherung in Südtirol herangezogen. Der im Septemberheft der *Neuen Rundschau* erschienene Essay *Europäertum, Krieg, Deutschtum* begrüßte die alle Zivil-Bedenken überwindende Opferbereitschaft, im Chor mit vielen anderen Dichterkollegen wie Döblin, Hauptmann, Hofmannsthal und Thomas Mann. Im Unterschied zu manchen anderen Verbal-Bellizisten war Musil bereit, seiner ideologischen Befürwortung des Kriegs den Tatbeweis mittels des eigenen Fronteinsatzes folgen zu lassen. Nach dem Kriegseintritt Italiens steht Musil u.a. im Trentino und an der Isonzofront, ehe eine schwere Erkrankung im Frühjahr 1916 zu längeren Spitalsaufenthalten (Bruneck, Innsbruck, Prag) führt und Musils Versetzung zur Pressearbeit nach sich zieht.

3. Zäsuren

Neben den journalistischen Arbeiten für die k. u. k. Kriegspresse (von welchen die wenigsten namentlich gekennzeichnet waren) entstanden in den Kriegsjahren Arbeitsheft-Notate und Entwürfe zu Erzählungen; auch die Arbeit an dem *Schwärmer*-Drama treibt Musil voran. In der literarischen Verarbeitung des Weltkriegs lassen sich zwei Hauptlinien unterscheiden. Zunächst die Arbeiten, in welchen eigene Kriegserfahrungen als Erlebnismaterial und als phänomenologische Mitschrift des Frontlebens Eingang finden (v. a. *Grigia*, ‚Fliegerpfeil-Episode'). Auf einer zweiten, abstrakteren Ebene angesiedelt sind sodann jene Werke, in welchen der Kriegseinschnitt eine Zeitbilanz des europäischen Kulturbruchs und der krisenhaften Position des Intellektuellen indiziert (*Die Schwärmer*, MoE).

3. Nachkriegszeit, Exilzeit und Zweiter Weltkrieg: Signaturen der Moderne und Werkkrise in Permanenz

Mit den literarischen Arbeiten der 1920er Jahre wuchs nicht nur der Abstand zum Augusterlebnis von 1914, sondern erst recht jener zur Stilgeneration des Jungen Wien und der Fin-de-Siècle-Atmosphäre, welche die künstlerische Sozialisation Musils zunächst bestimmt hatte. Retrospektiv betrachtete Musil die Ausgangslage seiner „Generation seit 1880" (Tb I, 569) als „Mannigfaltigkeit sehr verschiedener Komponenten, darunter durchaus widerspruchsvoller" (*Der deutsche Mensch als Symptom*, 1923, GW II, 1353). Seine Beobachtungen zu dem vom Kriegsausbruch beschleunigten Zerfall dieses Zusammenhangs bilden einen einsichtsreichen Beitrag zur Generationssoziologie der zweiten Phase der Moderne (vgl. Honold 1996). „Was damals als Richtung erschien, hat sich aufgelöst; ein Strang hat sich aufgedröselt. Es zeigt sich, daß auch damals schon alles vorhanden war, es ist dann nacheinander in Erscheinung getreten und heute ist es gleichzeitig nebeneinander da." (GW II, 1355)

Der Blick zurück, „auf den Weg von der Hoffnung zur Hoffnungslosigkeit, der zwischen 1890 und 1923 liegt" (ebd.), spiegelt die Desillusionierung der Protagonisten des Jungen Wien und zugleich die allmähliche Dissoziierung ihrer anfangs noch widersprüchlich verbundenen Tendenzen. Im Arbeitsheft 21, frühe Materialgrundlage für die Planungen des Romans MoE (den Musil Anfang der 1920er Jahre noch unter dem Titel „Spion" konzipierte), wird die Situation des Helden phänotypisch beschrieben: „In gewissem Grade ist das Problem des Spions das der Generation seit 1880. Mit welchem Elan setzte der Naturalismus ein und welche positive Aktivität steckte auch in der Decadencestimmung fin de siècle." (Tb I, 569) Dieser Zeitraum der Jahrhundertwende ist für den 1880 geborenen Musil durch zwei Einschnitte begrenzt, durch den Bruch mit der „Generation der Väter" einerseits und die spätere Auflösung des mit der Aufbruchsstimmung verbundenen Gemeinschaftsgefühls andererseits: „Der geschlossene Zug löste sich dann auf und mit einem mal stand jeder allein den nicht gelösten Problemen gegenüber. Das war dann die geistige Situation vor dem Krieg; sie war ohne innere Direktion." (Tb I, 569)

Beide Abgrenzungen werden in diesem Schema so konfiguriert, dass ihnen zugleich konkrete gesellschaftliche Kräfteverhältnisse entsprechen sollen, dass also die familiale Ebene der jugendlichen Rebellion (vgl. „Jede Generation Opposition gegen die Väter", Tb II, 1147) zugleich die Abkehr vom Wirtschaftsliberalismus der Gründerjahre verkörpert, wie dann später das Auseinanderbrechen der Generation als Symptom einer ideologisch erhitzten Vorkriegssituation gedeutet wird. Im entstehenden

Roman sollten nun sowohl die einander ablösenden Paradigmen der eigenen Herkunftsgeschichte wie auch die spezifisch kakanischen Entwicklungslinien zum Kriege Darstellung finden – und zwar anhand einer Figurenkonstellation, in der dem multiplen Ich des eigenschaftslosen Helden auf der persönlichen Ebene einerseits die Lebenslügen seiner Jugendfreunde (Clarisse und Walter) und andererseits der Wahn des Frauenmörders Moosbrugger kontrastieren, während die realpolitischen Optionen durch den Grundgegensatz zwischen kakanischem ‚Geschehenlassen' und preußischer Industrieexpansion verkörpert sind. Mithilfe der allegorisch-politisch lesbaren Konfiguration des Romans (Leinsdorf, Tuzzi, von Bordwehr vs. Arnheim und Hans Sepp) versucht Musil in der zweiten Hälfte die Aktualität seines Vorkriegsgegenstandes dadurch sicherzustellen, dass er den Preußen-Österreich-Vergleich über das anvisierte Ziel der ‚Parallelaktion' 1918 hinaus in die politische Nachkriegswelt verlängert.

Das Deutsche Reich krankte an den Problemen kaum erfüllbarer Reparationsleistungen und eines von innen partiell bekämpften Republikanismus, während sich an den gesellschaftlichen Rahmenbedingungen und der Fortexistenz der Herrschaftselite augenscheinlich viel weniger geändert hatte als beim Bündnispartner Österreich, dessen geschichtliche Grundlagen und territoriale Konturen nach dem Krieg weitgehend zerrüttet waren. Ein ‚Anschluss' an Deutschland (für den Musil zeitweilig aus praktischen Erwägungen eintrat; vgl. *Der Anschluß an Deutschland*, März 1919, GW II, 1033–1042) erwies sich zu Beginn der 1920er Jahre als ebenso wenig realisierbar wie eine Wiederherstellung der ehemaligen südosteuropäischen Hegemonialposition. Doch auch hierzu alternative Konzepte für ein unabhängiges Selbstverständnis der Alpenrepublik waren nicht in Sicht. In Reaktion auf den ungewohnten Zwischenzustand nahmen die politischen Bewertungen und Programme an Radikalität zu; das Spektrum reichte von präfaschistischen bis zu austromarxistischen Positionen.

Unter dem Einfluss des aktivistischen Expressionisten Robert Müller neigte Musil in den frühen 1920er Jahren für kurze Zeit der programmatischen Idee einer Geistes-Politik zu, die sich in dem Geheimbund „Katakombe" formierte. Zwar blieb dieser Bund politisch wirkungslos, literarisch hingegen wurde er in Musils Entwürfen zum Ausgangspunkt einer neuen Orientierungssuche in „der diffusen, unübersehbaren Situation von heute" (Tb I, 579). „*Technik Katak[ombe]*: Die allgemeinsten Typen sich vergegenwärtigen und ins Spiel setzen. z.B. die paar Ideen, die die Zeit bewegen. (Nationalismus, phil. Idealismus, Frauenrecht, Sozialismus usw[.]) Kurz sich ein ideologisches Bild der Zeit in den gröbsten Zügen machen." (Tb I, 409) Konspirative Bezeichnungen wie „Katakombe", „Panama" oder „Spion" werden zu Chiffren des groß angelegten Romanprojekts, mit dem eine Analyse der durch den Krieg beschleunigt herbeigeführten gesellschaftlichen und kulturellen Verwerfungen geleistet werden sollte. An die (karikierend überspitzte) Figur jenes Rittmeisters, der im Zuge der ‚Parallelaktion' fälschlich und unbeholfen in den Kreis der österreichischen Ideenträger geriet, delegiert Musil die von seinem Erzählprojekt selbst ebenfalls angestrebten Ordnungsvorstellungen. Das Arbeitsheft 8 enthält Zeichnungen mit den geistigen Haupttendenzen der Zeit, wie Humanismus und Naturwissenschaft oder Christentum versus Materialismus; als weitere Gegensatzpaare werden u. a. Kapitalismus und Sozialismus, Individualismus und Kollektivismus aufgeführt, wobei zwischen den einzelnen geistigen Lagern jeweils gezackte Trennungsstriche und Verbindungslinien hin und wider laufen (vgl. Tb II, 1088–1092). In der Endfassung der Romanhandlung nimmt sich General Stumm von Bordwehr mit einem ebensolchen, als synoptische

3. Zäsuren

Zeichnung angelegten „Grundbuchsblatt der modernen Kultur" (MoE, 372) der undankbaren Aufgabe an, „Ordnung in den Zivilverstand zu bringen" (MoE, 370). Doch wie bereits die Rittmeister-Figur der frühen Entwürfe feststellen musste, sind die skizzierten Richtungen und Gegensätze keineswegs stabil, sondern weisen unerwartete Querverbindungen und Ähnlichkeiten untereinander auf, so dass selbst ein logistischer Meta-Standpunkt wie derjenige des Militärs nur mehr die Verwirrung des kartografischen Ideen-Gewimmels reproduzieren kann.

Musils autobiografisch grundierte Beobachtungen der Generationsstile und ihrer Zerfallsprozesse sind mit diesen Einsichten in die Ambiguität ideeller Wertbildungen auf eine allgemeinere Ebene der Ideologiekritik und des Skeptizismus gehoben, die mit einer vollständigen politischen Desillusionierung dieses Autors einhergeht. Für resignative Impulse sorgte nicht nur das Erstarken antidemokratischer Kräfte sowohl in der Weimarer Republik als auch in Österreich und die zunehmende Gewalttätigkeit der Auseinandersetzungen auf der Straße. Zu Musils gehemmter Weiterarbeit trugen auch handfeste wirtschaftliche Schwierigkeiten bei, welche ihm und seiner Frau dann in den 1930er Jahren eine oft ziemlich prekäre Existenzweise aufzwangen. Im Juni 1931 informierte Rowohlt seine Autoren über die im Verlag eingetretene Zahlungsunfähigkeit – ausgerechnet im Jahr nach Erscheinen des mehrfach verschobenen ersten Bandes des *MoE*. Schon das letzte Jahr der Arbeit an diesem Band hatte der Autor nur durch Abschlagszahlungen auf den ihm zuerkannten Hauptmann-Preis überstehen können; Musil hatte S. Fischer Anfang 1930 mitgeteilt, er und seine Frau Martha hätten „nur noch für wenige Wochen zu leben" (zit. nach Corino 2003, S. 1912). Weil auch die literarische Anerkennung nicht im erhofften Maße sich einstellte, verbrachte Musil seinen 50. Geburtstag am 6. November 1930 in gedämpfter, niedergedrückter Stimmung; auch für ihn kam der Ende November ausgelieferte erste Band des *MoE* in gewisser Weise schon zu spät. Unter der alarmierenden Überschrift „Ich kann nicht weiter" entwirft Musil 1932 einen (dann doch nicht abgesandten) Hilferuf, der am bedrohlichen Charakter der entstandenen Notlage keinen Zweifel lässt: „Es ist kältester Ernst[.] Wer mich persönlich kennt, wird wohl wissen, daß mir diese Sprache schwer fällt." (GW II, 958) Ein weiterer Rückschlag trat ein, als sich eine 1932 eigens gegründete Musil-Gesellschaft von Unterstützern mit Einsetzen des NS-Staates 1933 bereits wieder auflöste, da viele Mitglieder als Juden nun vom neuen Regime verfolgt wurden. Von der Einsetzung der Hitler-Diktatur am 30. Januar überlagert, konnte der im Dezember 1932 ausgelieferte zweite Band des *MoE* noch weniger Wirkung erzielen als der Vorgängerband.

In dem fragmentarisch gebliebenen Essay *Bedenken eines Langsamen* (1933) versuchte sich Musil mit der neuen politischen Situation in Deutschland, die auch seine Publikationsmöglichkeiten massiv verschlechterte, auseinanderzusetzen; die für S. Fischers *Neue Rundschau* geplante Veröffentlichung unterblieb jedoch. Die Bücherverbrennung im Mai 1933 und der NS-gesteuerte Putsch gegen den autoritären österreichischen Bundeskanzler Engelbert Dollfuß im Juli 1934 galten Musil als Symptome einer weiteren repressiven Verengung seiner literarischen Betätigungsmöglichkeiten. Er hatte seine Mitarbeit für Klaus Manns Exilzeitschrift *Die Sammlung* zugesagt, musste seinen Namen aber auf Druck Rowohlts im Herbst 1933 wieder zurückziehen. Für die Romanarbeit begann Musil, sich stärker mit der Rassen-Ideologie des Nationalsozialismus zu beschäftigen und im Figurenspektrum des *MoE* die Rolle des Hans Sepp im Sinne der nazistischen Ideologie zu pointieren. Auf dem Pariser „Schriftstellerkongreß für die Verteidigung der Kultur" hielt er eine geschichtspessimistische Rede, die der intendierten antifaschistischen Frontbildung nicht gerade Vorschub leistete. (→ III.2.2 *Reden*) Wie schon Ende 1933, hegte Musil aufgrund der anhaltenden wirtschaftlichen Notlage und des politischen Drucks auch in den Folgejahren immer wieder Selbstmordpläne und beantragt im Oktober 1936 den Waffenpass für eine Handfeuerwaffe. Ebenfalls 1936 formuliert er für die Publikation seiner Prosasammlung mit dem Titel *Nachlaß zu Lebzeiten* den paradoxen Modus Vivendi seiner unmöglich gewordenen Schriftsteller-Existenz. Sein Vermächtnis werde „durch das Fehlen von etwas hervorgerufen, dessen Vorhandensein in allen andern Fällen gerade die Voraussetzung von V[ermächtnisse]n. bildet" (GW II, 951).

Mit dem im Entstehen begriffenen Fortsetzungsband des *MoE* wechselte Musil 1937 zu dem in Wien ansässigen Bermann-Fischer Verlag, der aufgrund einer Spende Rowohlt auch die Rechte an Musils früherem Werk abkaufen konnte. Wieder geriet die anstehende Publikation unter denkbar ungünstige Vorzeichen. Während Musil im Februar 1938 an der Korrektur von 20 weiteren Romankapiteln saß (den Druckfahnen-Kapiteln), bereitete Hitler den ‚Anschluss' Österreichs vor, der durch den Einmarsch am 12. März vollzogen wurde. Auch Robert und Martha Musil mussten vor antisemitischer Verfolgung und nazistischem Terror ins Exil fliehen, zunächst im August 1938 nach Zürich, später nach Genf. Sofern man in dieser permanent krisenhaften Lebensphase der 1930er und frühen 1940er Jahre überhaupt noch von einzelnen ‚Zäsuren' in Musils Leben und Schreibprozess sprechen kann, bildet die Vertreibung aus der Wiener Rasumofskygasse 20, in der Musil über 17 Jahre gelebt hatte und mit dem dortselbst imaginierten Ambiente des ‚Mannes ohne Eigenschaften' umgegangen war, den wohl folgenreichsten Einschnitt des letzten Lebensdrittels, der damit schließlich auch der erfolgreichen Fortführung des Romans das Rückgrat brach, obwohl Musil die Schreibarbeit bis zu seinem Todestag aufrecht erhielt.

Stellte der Beginn des Zweiten Weltkriegs die bislang eingenommene Perspektive des Autors auf die modellhafte Geschichte Kakaniens in Frage? War durch das nun nochmals in umfassenderen Gewaltdimensionen entfesselte neuerliche Kriegsgeschehen „die Wichtigkeit des Hauptwerks relativiert" (Reniers-Servranckx 1972, S. 18)? Zumindest die Ahnung einer unvorstellbaren Übersteigerung der politischen Katastrophe und ihrer absehbaren militärischen Folgen blieb Musil nicht erspart; dies ließ ihn zweifeln an der Möglichkeit, Einschnitte wie den des Jahres 1914 noch als singuläre Ereignisse zu begreifen. Im Januar 1940, im ersten Kriegswinter des Zweiten Weltkriegs, gab Musil sich Rechenschaft über das Zeitalter der Kriege, in das seine Lebensgeschichte und Zeitgenossenschaft verstrickt war:

> *7.I. Versuch.* Ich mache den zweiten großen Krieg mit. / Die ähnlichen Alters wie ich sind,.. / Ich habe verschiedene europäische „Spannungen" mitgemacht, die beinahe zum Krieg geführt hätten. Kleinere europäische u. Kolonialkriege. Von dem Krieg 1870/71 ist fortwährend die Rede gewesen. Die Kriege 1864? (Dänemark) u[nd] 1866 konnten noch nicht dem lebendigen Gedächtnis entrückt sein. Ich erinnere mich aus meiner Kindheit der „Kosakenfurcht" in Steyr. Der Erzählungen von meinem Onkel dem Art Gn. [i.e. Artillerie-General], der bei Königgrätz „durch und durch" geschossen worden war. Man wohnte also auf einem Vulkan. Trotzdem stellten es die Seelen u. Geister nicht in Rechnung. (Tb I, 1005)

Musil bemüht das Bild des Vulkans, um die Gefährdung und Zerstörung zivilgesellschaftlicher Einrichtungen und Verkehrsformen durch jene Spannungen zu beschreiben, die den Errungenschaften bürgerlichen Sekuritätsstrebens immer wieder den Boden entzogen. Wie schon in der Ende der 1920er Jahre konzipierten Romanpassage, welche die politischen Krisen der Vorkriegsgesellschaft und vornehmlich die österreichischen Nationalitätenkonflikte in das „Bild eines kochenden Vulkans" (MoE, 381) gefasst hatte, abstrahiert die Naturmetapher von der historischen Zuordnung der Konflikte, ihren jeweiligen Gründen und Zielen, den Allianzbildungen und Frontlinien. In der Rückschau zieht Musil all diese Interventionen und Kriege einer sechs Jahrzehnte währenden Lebensspanne zusammen, ihre Namen und Anlässe spielen nun keine Rolle mehr. Leben in Erschütterungen, so heißt für ihn die *conditio humana* des 20. Jahrhunderts. (→ V.4 *Politik u. Ideologie*)

4. Forschungsstand und -perspektiven

Die Bedeutung der verschiedenen stilistischen Orientierungen, Arbeits- und Lebensstationen Musils sowie des Wechsels seiner Aufenthaltsorte sind vor allem von Karl Corino (2003) in ihren biografischen und lebensweltlichen Bedeutungen gut ausgeleuchtet worden. Was die Beeinflussung seines Schaffens durch markante zeitgeschichtliche und politische Einschnitte angeht, so hat Klaus Amann (2007) erstmals eine umfassende Studie des politischen Autors Musil vorgelegt, die sowohl der Prägung durch den Kriegsbeginn 1914 wie insbesondere auch der existentiellen Gefährdung durch die Machtübernahme des NS-Regimes nach 1933 anhand der politischen Essays analytisch und dokumentarisch nachgeht. Die literarisch-ästhetische Auseinandersetzung Musils im *MoE* mit den wechselnden Diskursformationen und politischen Konstellationen der 1920er und 1930er Jahre skizziert Norbert Christian Wolf (2011) im Hinblick auf einzelne Figuren bzw. soziale Gruppen. Musils grundsätzlich skeptische Distanz zu ‚den Ideologien' seiner Zeit wurde u.a. in den Untersuchungen von Walter Moser (1980), Stefan Howald (1984) und Peter V. Zima (1986) dargelegt; eine diachrone Rekonstruktion der Entwicklung resp. des Wandels der gesellschaftsanalytischen und zeitgeschichtlichen Einschätzungen Musils steht für das literarische Werk insgesamt noch aus.

5. Literatur

Amann, Klaus: Robert Musil – Literatur und Politik. Mit einer Neuedition ausgewählter politischer Schriften aus dem Nachlass. Reinbek b. Hamburg: Rowohlt 2007.
Corino, Karl: Robert Musil. Eine Biographie. Reinbek b. Hamburg: Rowohlt 2003.
Honold, Alexander: Die Stadt und der Krieg. Raum- und Zeitkonstruktion in Robert Musils Roman *Der Mann ohne Eigenschaften*. München: Fink 1995.
Honold, Alexander: Die Wiener Décadence und das Problem der Generation. In: Deutsche Vierteljahrsschrift für Literaturwissenschaft und Geistesgeschichte 70 (1996), H. 4, S. 644–669.
Howald, Stefan: Ästhetizismus und ästhetische Ideologiekritik. Untersuchungen zum Romanwerk Robert Musils. München: Fink 1984.
Moser, Walter: Diskursexperimente im Romantext. Zu Musils *Der Mann ohne Eigenschaften*. In: Uwe Baur, Elisabeth Castex (Hg.): Robert Musil. Untersuchungen. Königstein i.Ts.: Athenäum 1980, S. 170–197.
Münkler, Herfried: Der Große Krieg. Die Welt 1914 bis 1918. Berlin: Rowohlt 2013.

Reniers-Servranckx, Annie: Robert Musil. Konstanz und Entwicklung von Themen, Motiven und Strukturen in den Dichtungen. Bonn: Bouvier 1972.

Wolf, Norbert Christian: Kakanien als Gesellschaftskonstruktion. Robert Musils Sozioanalyse des 20. Jahrhunderts. Wien u. a.: Böhlau 2011.

Zima, Peter V.: Roman und Ideologie. Zur Sozialgeschichte des modernen Romans. München: Fink 1986.

4. Zeitgeschichtlicher Kontext

Oliver Rathkolb / Norbert Christian Wolf

1. ‚Geistiger Umsturz' in der Welt von gestern: Die Vorkriegszeit in Österreich-Ungarn und im Deutschen Kaiserreich	64
2. Zwischen den Kriegen: Erste österreichische Republik und Weimarer Republik	66
3. Gespaltene Gesellschaft und umkämpfte Demokratie	69
4. Kanzlerdiktatur 1933–1938	71
5. Im Niemandsland: Nationalsozialismus und Schweizer Exil	72
6. Literatur	74

1. ‚Geistiger Umsturz' in der Welt von gestern: Die Vorkriegszeit in Österreich-Ungarn und im Deutschen Kaiserreich

Die Spätphase der österreichisch-ungarischen Monarchie unter dem dominanten Monarchen Kaiser Franz Joseph, dessen „eisgrauen, kurzen, am Kinn ausrasierten Backenbart" als Zeichen einer entindividualisierten Unterordnung nicht nur „alle Amtsdiener und Eisenbahnportiers in Kakanien besaßen" (MoE, 83–85), sondern auch zahlreiche höher gestellte Persönlichkeiten der Bürokratie und des Militärs, war geprägt von einer Art ersten Globalisierung (ab 1850/1870–1914). Während die Jahre nach dem österreichisch-ungarischen ‚Ausgleich' meist als ‚Gründerzeit' auf die Prachtbauten der Ringstraße reduziert werden, schilderte Musil sie als „flach dahinsinkende[ ] Zeit", deren „ölglatte[r] Geist" jedoch einen regelrechten „Geistige[n] Umsturz" vorbereitet habe (MoE, 54–56). Tatsächlich sprach man bereits vor dem Ersten Weltkrieg 1914 von einem ‚nervösen Zeitalter', so intensiv war die Belastung für die Psyche der Menschen in dieser extrem rasanten Periode, geprägt durch einen gewaltigen industriellen Boom, Explosion der urbanen Zentren, massive Binnenmigration und Auswanderungswellen aus den Zwischenräumen und Peripherien der Monarchie. (→ V.1 *Stadt*) Gleichzeitig versuchten die traditionellen Eliten aus dem Umfeld der Aristokratie, des Beamtentums und des katholischen Klerus, die gesellschaftlichen Folgen und die von breiten Kreisen erhobene Forderung nach Demokratisierung und Etablierung einer konstitutionellen Monarchie mit allen Mitteln zu verhindern oder zumindest ohne realen Machtverlust mit autoritären Mitteln zu korrigieren (vgl. dazu und zum Folgenden Musils ironische Darstellung in MoE, 87–91 u. ö.). Trotz einer Fülle von Überlegungen zur Lösung des Nationalitätenkonflikts Ende des 19. Jahrhunderts waren die herrschenden Eliten in Österreich-Ungarn nicht bereit, eine entsprechende Föderalisierung der Doppelmonarchie durchzuführen und die Tatsache zu berücksichtigen, dass die ‚Deutschen', aber auch die ‚Ungarn' in ihren jeweiligen Herrschaftsbereichen zahlenmäßig in der Minderheit waren bzw. nur über relative Mehrheiten verfügten.

4. Zeitgeschichtlicher Kontext

Eng verknüpft mit der nationalen Unterdrückung war die mangelhafte demokratische Willensbildung in der österreichisch-ungarischen Monarchie. Ein allgemeines Wahlrecht für das Abgeordnetenhaus im Reichsrat in Wien gab es erst seit 1907. Das ‚Recht' galt außerdem nur für Männer und entsprach dem nationalen Kräfteverhältnis keineswegs. Überdies wurde der Reichsrat zwischen März 1914 und Mai 1917 nicht einberufen (vgl. MoE, 33), so dass dieses Forum demokratischer Opposition während der entscheidenden Phase des Ersten Weltkriegs nicht gehört werden musste. Kaiser Franz Joseph und sein Nachfolger Karl regierten in dieser Zeit in der westlichen Reichshälfte (Cisleithanien) mittels kaiserlicher Verordnungen.

Parallel zu diesen politischen und sozialen Gegensätzen erschütterte die immer stärker drängende Nationalitätenfrage, die auch im *Mann ohne Eigenschaften* (MoE) gebührende Aufmerksamkeit erhält (vgl. MoE, 514–530 u. 1442–1453), nach dem ‚Ausgleich' mit Ungarn 1867 endgültig die multiethnische Basis des Habsburgerimperiums. (→ V.3 *Kakanien*) Die kulturellen Eliten der ersten Moderne stellten die Konventionen der Gesellschaft zwar nachdrücklich in Frage, waren aber selbst, ungeachtet eines ‚österreichischen' Einschlags, meist stark durch die deutsche Kultur geprägt und darüber hinaus nicht wirklich international vernetzt – so auch Musil. Trotz dieser Hegemonie der deutschen Kultur und dem daraus resultierenden Assimilationszwang für Menschen anderer Herkunft entwickelte sich zumindest im kulturellen Bereich anfangs so etwas wie eine Mehrfachidentität, die der Komponist, Hofopernichtdirektor und Dirigent Gustav Mahler in dem Satz zusammenfasste: „Ich bin dreifach heimatlos: *als Böhme unter den Österreichern, als Österreicher unter den Deutschen und als Jude in der ganzen Welt.*" (Mahler-Werfel 1971, S. 137) In den letzten spannungsgeladenen Jahren vor 1914 wurde jedoch die deutsche Identität die exzessiv dominierende, und mit dem Ersten Weltkrieg setzte sich ein einseitiger Nationalismus sowie der Glaube durch, man müsse die deutschen kulturellen Wurzeln mit allen Mitteln verteidigen, wie etwa in Musils ‚Kriegsessay' *Europäertum, Krieg, Deutschtum* vom September 1914 auf erschreckende Weise deutlich wird (vgl. GW II, 1020–1022).

Viele innovative Künstler und Intellektuelle sahen wie Musil im Krieg einen Befreiungsschlag, der eine neue Welt und einen neuen Menschen schaffen würde und die massiv spürbaren Blockaden der Friedenszeit lösen könnte. Der Krieg sollte eine reinigende bis befreiende Wirkung ausüben, der Moderne zum Durchbruch verhelfen und die alten erstarrten Konventionen überwinden und zerstören. (→ V.9 *Krieg*) Gleichzeitig boomte in Großstädten wie Berlin und Wien die intensive Auseinandersetzung mit neuen Kunst- und Lebensformen, getragen von einem ungewöhnlich dichten und kreativen künstlerischen und wissenschaftlichen Potenzial. In der Retrospektive scheint aber gerade diese Blütephase teilweise revolutionärer kultureller Innovation auch Ausdruck einer starken Unsicherheit bezüglich der zukünftigen Entwicklung zu sein. In diesem Sinne ist die Moderne ein Produkt jener Ideen und Kräfte, die letztlich in einer totalen militärischen Konfrontation die Phase der ersten Globalisierung brutal zerstörten bzw. als Basis für den Zweiten Weltkrieg umcodierten. (→ II.1 *Moderne*) Es handelt sich im Übrigen auch um jene Sattelzeit, in der die Innovationskräfte in Kultur und Wissenschaft langsam begannen, sich den USA zuzuwenden – eine Entwicklung, die durch den Nationalsozialismus radikal beschleunigt und danach rasch vollendet wurde.

Bemerkenswert ist, dass die positiv interpretierte Apokalypse in Literatur und bildender Kunst schon vor 1914 spürbar war, wie der Einleitungsteil des *MoE* vor Augen führt (vgl. MoE, 55–60). In der cisleithanischen Reichshälfte kam noch als drittes Spezifikum dazu, dass mit dem Krieg die komplexe Identitätsfrage und der Nationalitätenkonflikt des Habsburgerimperiums gelöst werden sollte. Auch hier gibt es bereits Indikatoren vor 1914 – so schrieb Arnold Schönberg, er habe seine Vaterlandsliebe bereits während des Russisch-Japanischen Kriegs 1904 entdeckt (vgl. Mahler/Schönberg 2012, S. 84). Dahinter steckt eine Art Urangst um die deutsch(österreichisch)e Zivilisation; der Krieg hatte in dieser Hinsicht etwas von einem religiösen Erweckungserlebnis. Die Rückkehr zu Bedrohungsszenarien ist eine Reaktion auf internationale Transfers und wachsende Mobilität als Folge der ersten Globalisierung. Gerade bei jenen Protagonisten der Wiener Moderne, die jüdischer Herkunft waren oder – wie Musil durch seine Ehe mit Martha – diesem gefährdeten Personenkreis nahestanden, wurde der Krieg aufgrund des immer radikaler werdenden Antisemitismus mit der Hoffnung verknüpft, durch die Verteidigung der nationalen Kultur auch der Assimilation zum Durchbruch zu verhelfen. Die Mehrheit gab sich dabei der Illusion hin, dass es nur ein kurzer Krieg sein werde. Freud interpretierte das „skrupellose Vorgehen" des Außenministers Berchtold als „das Befreiende der mutigen Tat" und bekannte: „Meine ganze Libido gehört Österreich-Ungarn." (Freud an Eduard Hitschmann, 8.8.1914; zit. nach Jones 1984, Bd. 2, S. 207)

Selbst ein derart offensichtlicher Einschnitt wie das Ende der Monarchie und des Habsburgerreichs, verbunden mit dem Ende des Ersten Weltkriegs, signalisierte gesellschaftlich und kulturell keinen völligen Neubeginn. Zu stark waren jahrhundertealte Traditionen in den verschiedenen Bevölkerungsschichten verankert und hatten das tägliche Leben auf den verschiedensten Ebenen geprägt. Im Folgenden sollen einige Aspekte jener Veränderungen, die die Bevölkerung unmittelbar betrafen, skizziert werden.

2. Zwischen den Kriegen: Erste österreichische Republik und Weimarer Republik

Als der letzte österreichische Kaiser, Karl, nach intensiven Verhandlungen am 11. November 1918 seinen „Verzicht auf jeden Anteil an den Staatsgeschäften" (*Wiener Zeitung*, Extraausgabe, 11.11.1918) schriftlich erklärte – nachdem bis zuletzt eine mögliche Fortsetzung der Monarchie diskutiert worden war –, herrschte im Land bittere Not. Ausschlaggebend für den Rückzug Kaiser Karls von den Regierungsgeschäften, der nur wirksam werden sollte, wenn sich ‚Deutsch-Österreich' für eine republikanische Staatsform entschied, war jedoch keineswegs die extrem schwierige ökonomische und politische Situation, sondern die Tatsache, dass nicht nur der Krieg verloren war, sondern auch die siegreichen Alliierten (Frankreich und vor allem die USA und Großbritannien) kein Interesse zeigten, die Monarchie oder das Haus Habsburg zu unterstützen.

Neben der geringen Erfahrung mit demokratischen Strukturen und neben dem Nationalitätenkonflikt wurde noch ein Element psychologischer Natur in die Erste Republik eingebracht: die Kriegserfahrung, von Musil rückblickend als „fünfjährige Sklaverei" bezeichnet, die „aus [s]einem Leben das beste Stück herausgerissen" habe (Tb I, 527; vgl. dazu Corino 2003, S. 497–592). Wie die meisten seiner männlichen Zeitgenossen war er davon nicht nur in seiner persönlichen und künstlerischen Frei-

4. Zeitgeschichtlicher Kontext

heit beeinträchtigt und wiederholt in Lebensgefahr gewesen, sondern auch habituell nachhaltig geprägt worden. Insgesamt hatte Österreich-Ungarn etwa 8,5 Mio. Männer für den Kriegsdienst mobilisiert – das waren 75 % der männlichen Bevölkerung zwischen 18 und 50 Jahren. 1,6 Mio. von ihnen mussten die Großmachtpolitik Österreich-Ungarns und des Deutschen Reiches mit ihrem Leben bezahlen, bei zusätzlichen 3,9 Mio. Verwundeten, Vermissten und Gefangenen (Stand 6.11.1918). Trotz dieser Opfer war die Auflösung der Monarchie nicht mehr aufzuhalten, wie eine Vielzahl von zivilen Demonstrationen, Streiks und Meutereien in der k. u. k. Armee zeigte. Die sozial-, mentalitäts- und kulturgeschichtlichen Konsequenzen dieser Entwicklungen sind kaum überzubewerten.

Mit den sozialen Problemen, die den Alltag und die politische Wahrnehmung aller Staatsbürger berührten (zu Musil vgl. Corino 2003, S. 593–626; Amann 2007, S. 7–30), hatte jedoch auch die junge Republik zu rechnen, die am 12. November 1918 von jenen Abgeordneten legitimiert wurde, die 1911 in den (überwiegend) deutschsprachigen Wahlkreisen zu Abgeordneten im cisleithanischen Reichsrat gewählt worden waren. Diese – 111 Deutschnationale, 70 Christlichsoziale und 39 Sozialdemokraten – hatten sich am 21. Oktober 1918, parallel zu analogen Ereignissen in Prag, Agram (Zagreb) und Laibach (Ljubljana), im niederösterreichischen Landhaus in der Herrengasse in Wien als Provisorische Nationalversammlung für Deutschösterreich konstituiert.

Während am 30. Oktober erst eine provisorische Staatsregierung etabliert wurde, der als oberstes Organ der Deutschösterreichische Staatsrat vorgesetzt war, sollte zumindest über den Namen des neuen Staatsgebildes Einigung bestehen: „Deutsch-Österreich". Hinsichtlich der Staatsform stand noch immer vonseiten der Christlichsozialen die Monarchie zur Diskussion – eine Möglichkeit, die es mit dem Verzicht Karls auf einen Anteil an den Regierungsgeschäften am 11. November realpolitisch betrachtet nicht mehr gab. Die Sozialdemokraten um Victor Adler und die Großdeutschen traten eindeutig für eine republikanische Staatsform ein. Der ‚Anschluss' an ein von einer sozialdemokratisch-bürgerlichen Koalition geführtes Deutschland wurde nicht nur von allen Parteien außer den Kommunisten favorisiert, sondern auch von Musil, der sich dafür im Auftrag des Wiener Außenamtes sogar publizistisch einsetzte (vgl. GW II, 1030–1042; dazu Corino 2003, S. 598–604). Deutschnationale Kräfte traten ebenfalls für einen unbedingten Zusammenschluss mit dem Deutschen Reich bzw. der (am 9. November 1918 ausgerufenen) Deutschen Republik ein.

An die turbulenten Auseinandersetzungen um die Ausrufung der Republik Deutsch-Österreich am 12. November 1918 erinnert ein Foto mit dem Transparent „Hoch lebe die sozialistische Republik" vor dem Haupteingang des Parlaments. Nur im Dokumentarfilm werden die zerstückelten, ehemals rot-weiß-roten Fahnen, aus der der weiße Mittelteil herausgetrennt worden war, sichtbar. Trotz der folgenden Massenpanik am Ring nach Schüssen auf das Parlament blieb die angesagte soziale Revolution aber aus, nur die Redaktionsräume der *Neuen Freien Presse* wurden kurzzeitig besetzt. Auch in Berlin schien die Revolution sich politisch durchzusetzen, und Musil, „der einerseits mit dem Kriegs-Sozialismus (Handel ohne Händler) sympathisiert und andererseits ex officio den russischen Bolschewismus bekämpft hatte", unterstützte dort nun – gemeinsam mit zahlreichen anderen Schriftstellerkollegen – einen „Politischen Rat geistiger Arbeiter" (Corino 2003, S. 593f.; vgl. Corino 1988, S. 264; Amann 2007, S. 19f.). In seinem Wiener „Revolutionstagebuch" zeigte er sich allerdings zurückhaltend bis skeptisch angesichts der eklatanten Planlosigkeit der politischen Parteien sowie der aufgeregten und wichtigtuerischen revolutionären Agitation von Autoren wie Egon Erwin Kisch oder Franz Werfel (vgl. Tb I, 342f.).

Geblieben vom 12. November 1918 sind die prägenden ‚Geburtsfehler' für eine funktionierende demokratische politische Kultur in der österreichischen Ersten Republik (ähnlich wie in der Weimarer Republik): die Identitätsfrage, der Trend, Politik mit Gewalt durchzusetzen, die ausgrenzende ‚Versäulung' der großen politischen Massenparteien aus der Monarchie, der Christlichsozialen und der Sozialdemokraten, und die wirtschaftliche Lage als Folge der Auflösung des österreichisch-ungarischen Staates. Die Zusammenarbeit der Großparteien im Rahmen einer Konzentrationsregierung mit den Deutschnationalen und in weiterer Folge in einer ersten Großen Koalition bis 1920 ist nur das Ergebnis der internationalen Zwänge und der Hoffnung – vor allem auf Seiten der Konservativen und Rechten –, eine ‚echte' Revolution durch Zusammenarbeit und Etablierung eines ‚Verfassungsbogens' verhindern zu können.

In diesem Sinne hatte es in Österreich – wie in Deutschland – keinen wirklichen gesellschaftlichen Umsturz gegeben, sondern einen moderierten Regimeübergang mit einem erst am 3. April 1919 paktierten Gesetz betreffend die Landesverweisung und die Übernahme des Vermögens des Hauses Habsburg-Lothringen. In der zuletzt genannten Bestimmung war Österreich radikaler als die Weimarer Republik, auch hat man hier alle Adelstitel und -vorrechte abgeschafft. In weiterer Folge wurden eine Reihe wichtiger sozialpolitischer Gesetze und vor allem 1920 eine höchst moderne Verfassung verabschiedet, die ihrerseits – wieder im Unterschied zu Deutschland – ein starkes Parlament und eine starke Regierung legitimierte, wohingegen der Bundespräsident kaum wichtige Kompetenzen hatte und nur von der Bundesversammlung gewählt wurde.

Außenpolitisch hingegen war die junge Republik nur hinsichtlich Südkärntens erfolgreich – hier stimmte die Mehrheit (rund 60 %) der Bevölkerung (darunter auch 40 % der Slowenen) für den Verbleib bei Österreich und damit gegen die Integration in das Königreich der Serben, Kroaten und Slowenen. Aber weder die rund 3 Mio. deutschsprachigen Bewohner des Sudetengebiets bzw. von Teilen Südböhmens und Südmährens in der Tschechoslowakei – darunter die in Brünn/Brno lebenden Eltern Musils –, die ebenfalls den Anschluss an Österreich und in weiterer Folge an das Deutsche Reich suchten, noch die deutschsprachige Mehrheit in Südtirol konnten ihre politischen Vorstellungen verwirklichen. Die Alliierten fürchteten einen neuerlichen Machtzuwachs des ‚Deutschen Blocks', wobei natürlich die kompromisslose Pro-Anschluss-Politik bis zum Verbot durch den Staatsvertrag von Saint-Germain-en-Laye 1920 das ihre beitrug, diese geostrategischen Ängste zu befördern. Südtirol wiederum war als ‚Belohnung' für den Allianzwechsel Italiens im Weltkrieg letztlich auch kein wirklicher Verhandlungsgegenstand. Der sozialdemokratische Staatssekretär des Äußeren, Otto Bauer, trat aus Protest gegen das ‚Anschluss-Verbot' zurück, das Parlament musste es akzeptieren. 1921 kam allerdings das Burgenland, ehemals ungarisches Territorium mit deutschsprachiger Bevölkerungsmehrheit, zu Österreich.

3. Gespaltene Gesellschaft und umkämpfte Demokratie

Im Oktober 1920 zerbrach die Große Koalition, die Sozialdemokraten – und damit rund 40 % der Wählerinnen und Wähler – sollten ab diesem Zeitpunkt trotz ihrer numerischen Größe dauerhaft in Opposition bleiben. Zunehmend verlor das bürgerliche Lager die Angst vor einer ‚bolschewistischen' Revolution nach dem Muster von 1917 im zaristischen Russland oder vor Räterepubliks-Experimenten wie in Bayern oder Ungarn und begann in den 1920er Jahren – so der führende christlichsoziale Politiker Ignaz Seipel – stärker mit autoritären Modellen zu liebäugeln. Gleichzeitig gewannen paramilitärische Formationen, die nach Kriegsende als Ortswehren oder Frontkämpfervereinigungen gegründet worden waren, an Einfluss und versuchten sich auch als konservative ‚Heimwehren' mit Verbindungen zur Christlichsozialen Partei zu organisieren. Verschiedentlich gingen Teile der Heimwehren aber noch weiter in Richtung der ab den frühen 1930er Jahren auch in Österreich erfolgreicheren Nationalsozialisten. Die Sozialdemokraten, die ursprünglich bis 1920 die staatliche ‚Volkswehr' dominiert hatten, gründeten 1923 ebenfalls eine paramilitärische Formation: den Republikanischen Schutzbund.

Vor dem Hintergrund der anhaltenden wirtschaftlichen internationalen Krise, die durch die Weltwirtschaftskrise 1929 und eine Hartwährungspolitik sowie eine rigide und sparorientierte Budgetpolitik der Regierung noch verschärft wurde, stieg die Arbeitslosigkeit rasant an: 1929 waren bereits rund 280.000 Menschen ohne Beschäftigung (nur 193.000 von ihnen erhielten Arbeitslosengeld), im Februar 1933 explodierte diese Zahl auf 600.000, wobei nur 402.000 staatliche Unterstützung beanspruchen konnten. Zugleich boomten in ganz Europa nach der Demokratisierungswelle ab 1919 zunehmend autoritäre Modelle bzw. wie in der Sowjetunion oder Italien führerzentrierte totalitäre Regime: 1917 Sowjetunion (Lenin), 1919 Ungarn (Horthy), 1922 Italien (Mussolini), 1925 Albanien (Zogu), 1926 Portugal (Carmona), Polen (Piłsudski), Litauen (Smetona), 1929 Jugoslawien (König Alexander I.).

Die innenpolitische Krise in Wien eskalierte 1927 mit dem Sturm auf den Justizpalast, nach Massenprotesten gegen den Freispruch von Mitgliedern der Frontkämpfer, die für die fahrlässige Tötung eines Kriegsinvaliden und eines Kindes bei den üblichen sonntäglichen Konfrontationen und Machtdemonstrationen paramilitärischer Verbände verantwortlich waren. Angesichts des verspäteten und brutalen Polizeieinsatzes mit zahlreichen Toten und Verletzten wurde aber auch klar, dass die ‚Macht der Straße' durch einen Generalstreik nicht ausreiche, um die politische Herrschaft im Staat mit Gewalt an sich zu reißen. Die Empörung gegen diese zu späte und dann exzessartige Polizeiaktion brachte etwa den Herausgeber der *Fackel*, Karl Kraus, dazu, den Wiener Polizeipräsidenten Johannes Schober in Plakaten öffentlich zum Rücktritt aufzufordern. Dieser zentrale Wendepunkt in der Geschichte der Ersten Republik zeigte die politische Stärke und militante Härte der konservativen Regierung unter christlichsozialer Führung und offenbarte ebenso die pragmatische Schwäche der Sozialdemokratie, für deren Wiener Landesgruppe Musil noch 1927 gemeinsam mit dem ‚geistigen Wien' eine öffentliche Wahlempfehlung abgegeben hatte (vgl. Corino 1988, S. 336, u. 2003, S. 784), und der ihr nahestehenden Gewerkschaften. Eine Folge dieser offensichtlichen Schwäche war Musils nachhaltige Entfremdung von der Sozialdemokratischen Partei trotz prinzipieller Billigung zentraler Ziele (vgl. Wolf 2011, S. 1090f.; dazu Corino 2003, S. 783–788; Amann 2007, S. 29). Generell hatten die Ereignisse um den Justizpalastbrand enorme kulturelle Auswirkungen: Vor allem die literarische Auseinandersetzung bei Kraus, Elias Canetti und Heimito von Doderer reflektiert diesen tiefen, auch emotionalen Wendepunkt der demokratischen Entwicklung nach 1918 sehr anschaulich (vgl. dazu Stieg 1990). Eine mittelbare Wirkung dieser Erfahrungen kann wohl auch in der suggestiven Darstellung von Musils ‚Demonstrationskapitel' im *MoE* angenommen werden (vgl. MoE, 625–634).

Schon zuvor hatten bereits die Nationalratswahlen vom 24. April 1927 die Spaltung des politischen Systems und die Lagerbildung gezeigt. Seitdem der christlichsoziale Politiker und Prälat Ignaz Seipel, dem Musil am 8. Juni 1928 als stellvertretender Vorsitzender des Schutzverbandes deutscher Schriftsteller in Österreich während eines Hearings zum geplanten ‚Schmutz- und Schund-Gesetz' persönlich begegnen sollte (vgl. Corino 2003, S. 789f.), 1926 wieder Bundeskanzler geworden war, wurde seitens der rechtskonservativen Regierungsmehrheit immer offener das parlamentarisch-demokratische System in Frage gestellt. Seipel selbst tendierte in Richtung eines durch die paramilitärischen Heimwehren repräsentierten semifaschistischen Regimes nach italienischem Vorbild. In seiner programmatischen Tübinger Rede attackierte Seipel im Juli 1929 die Parteiendemokratie und präsentierte die Heimwehren als eine Volksbewegung, „die die Demokratie von der Parteienherrschaft befreien will" (Seipel 1930, S. 187).

Während sich in Österreich die Konfrontation zwischen den beiden politischen Blöcken immer mehr zuspitzte und eine ideologische Polarisierung des gesamten kulturellen Lebens einsetzte, deren Gefolgschaftszwang Musil als außerordentlich kulturfeindlich wahrnahm (vgl. Wolf 2006, S. 385–388; Amann 2007, S. 43), boomte das Kulturleben in Berlin, was Musil 1931 dazu bewegte, Wien in Richtung deutscher Hauptstadt zu verlassen (bis 1933). Deutschland schien sich in einer ersten Hochkonjunktur von der tiefen Nachkriegskrise langsam zu erholen. Zwar sank die Zahl der Arbeitslosen auf unter eine Million Menschen, die Lebensverhältnisse waren jedoch für Durchschnittsverdiener nach wie vor schwierig. Gleichzeitig setzte auch in der Weimarer Republik ein Ruck in Richtung der extremen Rechten ein, als erstmals Mitglieder der Deutschnationalen Volkspartei als Minister in die Reichsregierung berufen wurden und die Sozialdemokratie angesichts der Präsidialkabinette Heinrich Brünings zunehmend in die Defensive geriet. Nicht von ungefähr wies Reichspräsident Paul von Hindenburg – ein ehemaliger General, der selbst kein überzeugter Demokrat war – jede Schuld Deutschlands am Ersten Weltkrieg zurück. Noch registrierte die Weltpresse kaum, dass das Redeverbot für den ehemaligen erfolglosen Putschisten des Jahres 1923, Adolf Hitler, wieder aufgehoben wurde.

Auch in Österreich nahmen die nicht mehr im demokratischen Geist geführten Auseinandersetzungen zwischen der regierenden Christlichsozialen Partei und den Sozialdemokraten seit dem Justizpalastbrand im Jahre 1927 an Intensität und Häufigkeit immer stärker zu. Erstmals seit 1919 wurden die Sozialdemokraten 1930 wieder die stimmen- und mandatsstärkste Partei (41,15 % der Wählerstimmen), wohingegen die Christlichsozialen sieben Mandate an die erstmals kandidierende Heimwehrbewegung (‚Heimatblock') verloren. Die neu kandidierenden Nationalsozialisten erreichten nur 3,03 % und erhielten kein Mandat im Nationalrat. Trotz der Wahlniederlage erneuerte der Christlichsoziale Otto Ender die Koalition mit den Großdeutschen und dem deutschnationalen Landbund.

4. Kanzlerdiktatur 1933–1938

In diesem Geiste war die von den Christlichsozialen betriebene und von den Sozialdemokraten letztlich akzeptierte Verfassungsreform 1929 ein erster Schritt in Richtung Hindenburg-Modell wie in Deutschland, d. h. Etablierung eines starken, vom Volk direkt gewählten Bundespräsidenten mit umfassenden Kompetenzen als Oberbefehlshaber des Bundesheeres (eines Berufsheeres) sowie bei der Bildung und Entlassung der Regierung. Doch 1932 waren die Wahlerfolge der Nationalsozialisten bei Landes- und Gemeindewahlen aufgrund der Vorbildwirkung der Erfolge Hitlers in Deutschland bereits so groß, dass sie den großdeutschen Koalitionspartner der Christlichsozialen ‚schluckten‘, wohingegen die Sozialdemokraten stabil blieben. Daher wurde eine Geschäftsordnungskrise im März 1933 von vielen der bereits mit autoritären Modellen experimentierenden Politiker als ‚Geschenk des Himmels‘ angesehen und mittels Verfassungsbruch ein Wiederzusammentreten des Nationalrates verhindert. Die nachfolgende Kanzlerdiktatur des christlichsozialen Landwirtschaftsexperten Engelbert Dollfuß, der mittels eines auch nach 1918 aufgrund der wirtschaftlichen Krisen nie aufgehobenen Kriegswirtschaftlichen Ermächtigungsgesetzes aus dem Jahr 1917 autoritär regierte, sollte jedoch nicht stabil bleiben. Zwar wurden die zögerlichen Sozialdemokraten nach einem provozierten, blutigen und kurzen Bürgerkrieg im Februar 1934 verboten und verfolgt, doch wenig später töteten die Nationalsozialisten in einem ebenso opferreichen Putschversuch Dollfuß selbst im Kanzleramt.

Sein Nachfolger Kurt Schuschnigg versuchte durch die Mai-Verfassung ein pseudoständestaatliches Regime zu etablieren, doch blieb letztlich der Kanzler die absolut dominierende Führungskraft; er sollte zumindest theoretisch die politische Macht mit dem Bundespräsidenten teilen. Gesellschafts- und kulturpolitisch setzte er den rückwärtsgewandten Kurs seines Vorgängers fort, was bestimmten Cliquen konservativer bis reaktionärer Schriftsteller zu enormem Einfluss verhalf und von Musil kritisch als „Kulturpolitikkultur" analysiert wurde (Tb II, 1242; vgl. dazu Amann 2007, S. 77–85). Schon 1936 war indes der außen- und innenpolitische Druck Hitler-Deutschlands so groß, dass Schuschnigg den antinationalsozialistischen Kurs, der aufgrund von NS-Terrorattentaten eingeschlagen worden war, aufgab und im Juli-Abkommen 1936 einem Ausgleich mit Deutschland zustimmte: Dies wurde die Basis für eine allmähliche Rückkehr von nationalsozialistischen Funktionären auf die politische Bühne. Eine Anti-Hitler-Front Ende 1937/Anfang 1938 mit ehemaligen Sozialdemokraten sowie eine kurzfristig angekündigte Volksbefragung im März 1938 scheiterten letztlich an der zögerlichen und deutschfreundlichen Grundhaltung des Kanzlerdiktators und am massiven Druck vonseiten Adolf Hitlers. Die Integration von Nationalsozialisten in zentrale Positionen der Regierung 1938 bestätigte nur die politische Schwäche des Schuschnigg-Regimes, das letztlich auch auf die Volksbefragung verzichtete. (→ V.4 *Politik u. Ideologie*)

5. Im Niemandsland: Nationalsozialismus und Schweizer Exil

Nach dem Rücktritt Schuschniggs übernahm nach kurzem Widerstand seitens des Bundespräsidenten Wilhelm Miklas der nationalsozialistische Innenminister Arthur Seyß-Inquart die Kanzlerschaft und liquidierte die seit März 1933 autoritär bestimmte Erste Republik. Schuschnigg hatte ausdrücklich jeglichen militärischen Widerstand untersagt, die einmarschierende Deutsche Wehrmacht sowie dann auch Adolf Hitler selbst wurden von vielen Österreichern und Österreicherinnen mit hysterischem Jubel empfangen. Der gebürtige Österreicher Hitler war von dieser Begeisterung so überrascht, dass er sich noch in Linz entschied, eine geplante Personalunion über zwei formal selbstständige Staaten aufzugeben und sofort die vollständige Integration nach einer Volksabstimmung anzustreben.

Gleichzeitig begannen österreichische Nationalsozialisten, teilweise noch vor dem eigentlichen Einmarsch, den ‚Anschluss von innen' vorwegzunehmen, so zum Beispiel in Graz, der späteren ‚Stadt der Volkserhebung'. Auch in Wien setzten ganz massiv pogromartige antisemitische Übergriffe und Plünderungen ein. Musil stellte einem Bericht Franz Theodor Csokors zufolge „seinen Ekel" darüber „unverhüllt" zur Schau, „besonders, wenn er in den Straßen zum unfreiwilligen Zeugen der dort aufgeführten menschlichen Entwürdigungen wurde, so daß die Ausbrüche seiner Reaktion ihn bald selbst gefährdeten" (zit. nach Corino 2003, S. 1280). Die allgemeine Lage war so prekär, dass sich etwa Martha Musil – wie auch andere Bürgerinnen und Bürger jüdischer Herkunft – durch das Anstecken eines NSDAP-Parteiabzeichens vor Übergriffen auf der Straße zu schützen suchte (vgl. ebd., S. 1284). Viele Menschen erhofften sich ein Ende der hohen Arbeitslosigkeit, und die NSDAP hatte sicherlich schon zuvor ein Unterstützungspotenzial von 20–30 % der möglichen Wählerinnen und Wähler gehabt. Mit Hilfe der ehemals österreichischen Polizei exekutierte die Gestapo sofort ihre schon ausgearbeiteten Verhaftungslisten; die ersten Transporte, bestehend aus Repräsentanten des ehemaligen Dollfuß-Schuschnigg-Regimes und aus Juden, gingen in Richtung des Konzentrationslagers Dachau ab. In weiterer Folge wurde nicht nur die Volksabstimmung im April 1938 propagandistisch perfekt und mit einem Mix aus Zwang und Terror durchgeführt, wobei Juden und Jüdinnen sowie politische Gegner, d. h. ca. 360.000 Menschen (8 % der Bevölkerung), nicht wahlberechtigt waren. Durch massiven psychologischen Druck und vereinzelte Wahlfälschung bei der eigentlichen Abstimmung konnte man letztlich unwahrscheinliche 99,6 % Zustimmung zur ‚Wiedervereinigung' proklamieren. Dem Ehepaar Musil blieb angesichts all dessen nichts anderes übrig, als Österreich am 15. August in Richtung Schweiz zu verlassen.

Innenpolitisch war rasch klar, dass das ehemalige Österreich nicht als gleichberechtigter ‚zweiter deutscher Staat' – so die verwirrende Devise der Dollfuß-Schuschnigg-Diktatur – integriert wurde, sondern dass Funktionäre aus dem ‚Altreich' häufig den Ton und die Richtung der Politik vorgaben. Aber Seilschaften aus ehemals österreichischen Nationalsozialisten – so um Adolf Eichmann – kompensierten ihre Degradierung durch besonders umfassende und rasche Ausplünderung und Vertreibung der jüdischen Bevölkerung. Trotz vereinzelter Widerstandsaktionen – auch der Katholischen Jugend – blieben die meisten Österreicher gehorsam und ließen sich auch von der Euphorie nach dem Aggressionskrieg gegen Polen und Frankreich sowie 1941 gegen die Sowjetunion anstecken. Individuelle, linke und monarchistische

4. Zeitgeschichtlicher Kontext

sowie konservative Widerstandsgruppen wurden häufig denunziert. Auch ausländischen Agenten gelang es nicht, Unterstützung in der Bevölkerung zu finden. Zwar nahm die Regimetreue nach der verlorenen Schlacht von Stalingrad im Dezember 1942 ab und ein eher schwammiger Österreich-Patriotismus begann sich zu regen. Doch selbst die Moskauer Deklaration vom 1. November 1943 mit ihrem Versprechen der Wiedererrichtung eines selbstständigen Staates, wenn es genügend Widerstand gebe, hatte keine breite antifaschistische Front zur Folge. Letztlich standen im statistischen Vergleich rund 100.000 Widerstandskämpfer etwa 700.000 NSDAP-Mitgliedern auf dem Gebiet des heutigen Österreich sowie Teilen Südböhmens, Südmährens und Nordsloweniens gegenüber.

Trotz einzelner erfolgreicher Widerstandsaktivitäten, nicht allein der Kärntner Slowenen – so wurde beispielsweise auch Innsbruck vor dem Eintreffen von US-Truppen befreit –, gelang die Zerschlagung des Nationalsozialismus nicht von innen heraus, sondern war eine Folge der militärischen Befreiung durch die Rote Armee und durch die Truppen der Westalliierten, von denen insgesamt rund 30.000 dabei fielen. Über 65.000 Juden und Jüdinnen und Tausende Roma und Sinti und andere Verfolgte kamen in den NS-Vernichtungs- und Konzentrationslagern ums Leben, rund 150.000 schafften die Flucht ins Exil. Viele von ihnen – wie Robert Musil und seine jüdische Frau Martha – entkamen zwar dem Terror, hatten aber ihre Heimat verloren, durften nicht arbeiten bzw. publizieren und waren zunehmend von der Unterstützung Dritter abhängig. Musil selbst geriet – wie viele andere Exilanten – immer mehr in persönliche Isolation, dennoch blieb das Exil der ‚kalte Ort des Überlebens' vor der Verfolgung eines menschenverachtenden totalitären Regimes, wie der ebenfalls aus Wien in die Schweiz emigrierte Schriftstellerkollege Fritz Hochwälder formuliert hat:

> Wenn es nach mir gegangen wäre, hätte ich Wien nie verlassen. Aber bekanntlich ging es nicht nach mir, und so kam ich im August 1938 als Flüchtling wie ein Dieb in der Nacht in die Schweiz, nach Zürich, wo ich bis Kriegsende als Emigrant lebte und seither als österreichischer Staatsbürger ansässig bin. Ich möchte nicht unerwähnt lassen, daß es mir und meinen Schicksalsgenossen, die in der Schweiz Zuflucht fanden, dort auch in unguten Tagen wesentlich besser ging als anderen anderswo. [...] Zusammenfassend: Ich habe mich in Zürich allezeit äußerst wohl, jedoch nie heimisch gefühlt. [...] Als Fremder fühlte und fühle ich mich in der freien Schweiz, die mir vor 35 Jahren das Leben rettete, in jeder Hinsicht geborgen. (Hochwälder 1980, S. 26f.)

Der völlig verarmte und vereinsamte Musil erlag am 15. April 1942, noch bevor sich die entscheidende Wende im Zweiten Weltkrieg abzeichnete, in seiner bescheidenen Genfer Wohnung einem Gehirnschlag. An der zwei Tage später stattfindenden Trauerfeier im Genfer Krematorium haben nur acht Personen teilgenommen.

Insgesamt waren die Zeitläufte Musils literarischem Projekt – insbesondere der von ihm selbst ersehnten Fertigstellung des *MoE* – alles andere als günstig. Sie stellten den Autor, der mit seinem Monumentalroman nichts Geringeres beansprucht hatte, als „Beiträge zur geistigen Bewältigung der Welt" zu liefern (*Was arbeiten Sie?*, 1926, GW II, 942), vor immer gewaltigere und zuletzt vor unüberwindbare äußere Schwierigkeiten, innerlich begleitet von wachsender Zerrissenheit, Verzweiflung und Mutlosigkeit. (→ III.3.4 *Nachlass*) In dieser Hinsicht waren seine letzten Jahre sicherlich exemplarisch für ein ganzes Milieu bedeutender deutscher und österreichischer Schriftsteller, Künstler und Intellektueller.

6. Literatur

Amann, Klaus: Robert Musil – Literatur und Politik. Mit einer Neuedition ausgewählter politischer Schriften aus dem Nachlass. Reinbek b. Hamburg: Rowohlt 2007.
Berger, Peter: Kurze Geschichte Österreichs im 20. Jahrhundert. 2. Aufl. Wien: WUV 2008.
Botz, Gerhard: Gewalt in der Politik. Attentate, Zusammenstöße, Putschversuche, Unruhen in Österreich 1918 bis 1934. Erw. Neuaufl. München: Fink 1983.
Botz, Gerhard: Nationalsozialismus in Wien. Machtübernahme, Herrschaftssicherung, Radikalisierung 1938/39. Überarb. und erw. Neuaufl. Wien: Mandelbaum 2011.
Bukey, Evan Burr: Hitlers Österreich. „Eine Bewegung und ein Volk". [engl. 2000] Hamburg, Wien: Europa 2001.
Corino, Karl: Robert Musil. Leben und Werk in Bildern und Texten. Reinbek b. Hamburg: Rowohlt 1988.
Corino, Karl: Robert Musil. Eine Biographie. Reinbek b. Hamburg: Rowohlt 2003.
Dreidemy, Lucily: Der Dollfuß-Mythos. Eine Biographie des Posthumen. Wien u. a.: Böhlau 2014.
Hanisch, Ernst: Der lange Schatten des Staates. Österreichische Gesellschaftsgeschichte im 20. Jahrhundert. Wien: Ueberreuter 2005.
Hochwälder, Fritz: Im Wechsel der Zeit. Graz: Styria 1980.
Johnston, William: Zur Kulturgeschichte Österreichs und Ungarns 1890–1938. Auf der Suche nach verborgenen Gemeinsamkeiten. Wien u. a.: Böhlau 2015.
Jones, Ernest: Sigmund Freud – Leben und Werk. 3 Bde. München: dtv 1984.
Mahler, Alma/Schönberg, Arnold: „Ich möchte so lange leben, als ich Ihnen dankbar sein kann". Der Briefwechsel. Hg. v. Haide Tenner. St. Pölten, Wien: Residenz 2012.
Mahler-Werfel, Alma: Erinnerungen an Gustav Mahler. Briefe an Alma Mahler. Hg. v. Donald Mitchell. Frankfurt a. M. u. a.: Propyläen 1971.
Pauley, Bruce: Der Weg in den Nationalsozialismus. Ursprünge und Entwicklung in Österreich. [engl. 1981] Wien: Österreichischer Bundesverlag 1988.
Pauley, Bruce: Eine Geschichte des österreichischen Antisemitismus. Von der Ausgrenzung zur Auslöschung. [engl. 1991] Wien: Kremayr & Scheriau 1993.
Seipel, Ignaz: Der Kampf um die österreichische Verfassung. Wien: Braumüller 1930.
Stieg, Gerald: Frucht des Feuers. Canetti, Doderer, Kraus und der Justizpalastbrand. Wien: Deuticke 1990.
Tálos, Emmerich: Das austrofaschistische Herrschaftssystem. Österreich 1933–1938. Berlin u. a.: LIT 2013.
Tálos, Emmerich u. a. (Hg.): Handbuch des politischen Systems Österreichs. Erste Republik. 1918–1933. Wien: Manz 1995.
Wolf, Norbert Christian: Geist und Macht. Robert Musil als Intellektueller auf dem Pariser Schriftstellerkongreß 1935. In: Jahrbuch des Freien Deutschen Hochstifts (2006), S. 383–436.
Wolf, Norbert Christian: Kakanien als Gesellschaftskonstruktion. Robert Musils Sozioanalyse des 20. Jahrhunderts. Wien u. a.: Böhlau 2011.

5. Zeitstile
Norbert Christian Wolf

1. Kritik am historischen Stilbegriff 75
2. Naturalismus und Expressionismus 76
3. Neue Sachlichkeit 77
4. Spiritualismus und Konservative Revolution 80
5. Universalisierte Distinktion 85
6. Forschungsperspektiven 87
7. Literatur 87

1. Kritik am historischen Stilbegriff

In der Zeitungsglosse *Stilgeneration und Generationsstil*, die 1921 und 1922 (sowie 1924) in zwei verschiedenen Fassungen veröffentlicht wurde, bemerkt Musil, „daß der junge Mensch jedem nachläuft, der den Anschein hat, […] ihm zu seinem Ausdruck zu verhelfen", und leitet aus diesem Befund „die Stile der Generationen" ab, „welche wie Moden einander ablösen." (GW II, 662 u. 665) Er selbst bewahrt diesem Phänomen gegenüber Skepsis:

> [E]s ist richtiger, statt von Generationsstil von Stilgenerationen zu sprechen. Wir haben die Sache ja mehrmals mitgemacht; jedesmal war eine neue Generation da, behauptete, eine neue Seele zu haben und erklärte, für diese neue Seele nun auch den gehörigen Stil zu finden. Sie hatte aber gar keine neue Seele, sondern nur so etwas wie ein ewiges Weichtier in sich, dem keine Schale ganz paßt: auch die zuletzt ausgebildete niemals. Das zeigt sich immer zehn Jahre später. (GW II, 665f.; vgl. GW II, 662)

Aus dem historischen Abstand erweise sich die Relativität jener Stilbegriffe, die sich den Zeitgenossen auch noch in der Moderne als notwendiger Ausdruck einer bestimmten Zeitlage präsentierten und dabei die zahlreichen „Übergänge" zwischen ihnen verbargen; so habe die Kunstgeschichte „zu dem Glauben verführt[ ], Stile seien Symbole von Kollektivseelen, die mit einemmal auf geheimnisvolle Weise da sind", voraussetzungslos und unmittelbar:

> Um 1900 glaubte man, daß Naturalismus, Impressionismus, Dekadenz und heroischer Immoralismus verschiedene Seiten einer neuen Seele seien: um 1910 glaubte man bereits […], daß diese Seele ein Loch war, von dem eben nichts als die Seiten wirklich sind; und heute sind von der ganzen Generationsseele nichts als ein paar Einzelseelen übrig geblieben, welche die alphabetische Ordnung im Kürschner und im Katalog der Glaspaläste ganz gut vertragen. Es gibt Gründe dafür, daß es mit dem Expressionismus nicht anders gehen wird. (GW II, 666; vgl. GW II, 662)

Eine „Stilgeneration" erscheint Musil weniger als erklärungsmächtige Kategorie kultureller Produktivität und vielmehr als eine epigonale Art „seelische[r] Nachfolge" (ebd.), wobei der einzelne Mensch sich mangels eigener Gestalt in einen kollektiven Identitätsersatz flüchte:

> [D]ie Menschen finden ihre persönliche Einzelseele nicht und adoptieren die nächste ihnen einigermaßen passende Gruppenseele […]. Natürlich kann man sagen, das ist Mode; aber es ist eine Mode aus innerster Menschennot. Es wird viel geschwindelt, aber immerhin ist unter den Ursachen dieses Schwindels auch ein kleiner Abgrund. / In einen Satz gebracht: man

wird stylisch, aber man gebiert nicht auf geheimnisvolle Weise einen Stil; Stil wird immer von den Nachläufern gemacht; wenn sie ganz weit hinterdrein laufen, so daß sie die Spitze nicht mehr sehen, werden sie Vorläufer. (GW II, 663; vgl. GW II, 666)

Gegenüber diesen ironisch gemusterten Formen stilistischer Kollektivität setzte Musil mit seiner „bekannte[n] Abneigung gegen Stile" (an Erhard Buschbeck, 7.8.1920, Br I, 202) auf intellektuelle und ästhetische Selbstständigkeit. Er entwickelte sich zum unerbittlichen Analytiker zeitgenössischer literarischer und künstlerischer Formen sowie entsprechender Lebensstile. Von mehr als biografischem Interesse ist dabei der Umstand, „daß Musil in der kritischen Auseinandersetzung mit dem Literaturbetrieb, in der Beobachtung und Analyse der Strukturen der kulturellen Öffentlichkeit [...] auch sein Rollenverständnis als Schriftsteller klärt, schärft und zuspitzt." (Amann 2004, S. 502) Dies dient zum einen der Bestimmung der eigenen Ästhetik und Autorschaft, zum anderen dem Kampf um die legitime Definition von Literatur und Kultur überhaupt: Es sind gerade Konflikte um eine adäquate Vorstellung ‚wahrer' Literatur und Kunst, wodurch sich diese als relativ autonome und ausdifferenzierte soziale Mikrokosmen innerhalb moderner Gesellschaften konstituieren (vgl. Bourdieu 1999, S. 353f.).

2. Naturalismus und Expressionismus

Musils kritische Veröffentlichungen über zeitgenössische Literatur setzen mit seinen Rezensionen von Dramen Gerhart Hauptmanns (1912) und Reinhard Johannes Sorges (1913) ein, also eines exemplarischen Vertreters des späten Naturalismus bzw. des frühen Expressionismus (vgl. GW II, 1441–1444 u. 1444–1447). (→ III.2.4 *Literatur- u. Theaterkritik*) Beide Strömungen waren vor allem in Berlin beheimatet, der – mit Wien – bedeutendsten Stadt für die deutschsprachige literarische Moderne. Während jedoch der Naturalismus, der Musil zufolge „als Protest" gegen eine epigonale „Ideenkunst [...] den Wert der ‚Tatsachen' und des sogenannten ‚menschlichen Dokuments' [...] einseitig wichtig nahm" (GW II, 1209f.), bereits zu Beginn seines Schaffens als weitgehend überholt galt, erlebte der Expressionismus, der – abgesehen von Tendenzen in Österreich – als eine spezifisch deutsche Erscheinung gilt, zwischen 1910 und 1920 seine Blütezeit. Musils skeptische Äußerungen über dessen Errungenschaften, die kaum in seinen Kunst- und Theaterkritiken (vgl. GW II, 1481, 1483, 1585, 1597, 1599, 1640, 1642 u. 1657), dafür aber zur selben Zeit massiv in den wichtigen ästhetischen Programmschriften begegnen (vgl. GW II, 1030, 1058f. u. 1097f.), sind trotz inhaltlicher Affinitäten insbesondere zum Frühexpressionismus meist polemischer oder sarkastischer Natur (vgl. Bausinger 1965; Roth 1972, S. 177–180). Noch im *Mann ohne Eigenschaften* (*MoE*) heißt es zum „Expressionismus" spöttisch: „[M]an konnte nicht genau angeben, was das sei, aber es war, wie das Wort sagte, eine Hinauspressung; vielleicht von konstruktiven Visionen, jedoch waren diese, mit der künstlerischen Überlieferung verglichen, auch destruktiv, darum kann man sie auch einfach struktiv nennen" (MoE, 453). An anderer Stelle ist hinsichtlich der beiden genannten Strömungen „in Kunstfragen" ironisch von der „ungegenständliche[n], auf das Allgemeingültige und Ewige gerichtete[n] Gesinnung" die Rede, „die sich damals unter dem Namen Expressionismus von der groben Erscheinung und Hülle, der ‚platten Außenschau' verächtlich abwendete, deren getreue Abschilderung unbegreiflicherweise ein Menschenalter zuvor für revolutionär gegolten hatte" (MoE, 553). Zumindest tendenziell bestätigt wird dadurch eine kulturkritische Beobachtung, die sich in Musils Nachlass ausgeführt findet:

> Es scheint ganz gleich zu sein, welchen Inhalt ein Gedanke, eine Richtung hat; sie werden abgenützt u. durch ihre [sic] Gegenteil ersetzt. Idealismus durch Realismus, Individualismus durch Kollektivismus, Intellekt durch Intuition, Humanismus durch Heroismus. Dagegen scheint gleichbleibend die Tendenz zu sein, in beiden Richtungen das Billigste u. Schlechteste zu machen, wenn nicht besondere Gegenkräfte da sind. (KA, M VII/3/221; vgl. auch M I/1/56 sowie MoE, 453f.)

Dieses von Musil diagnostizierte Grundgesetz der Abfolge von geistigen Strömungen und Stilen gilt gleichermaßen für den Naturalismus wie für den Expressionismus, der sich in den frühen 1920er Jahren zunehmend in der Defensive gegenüber einer neuen Stilrichtung befand, die ein Verlangen nach künstlerischer Realitätsverbundenheit artikulierte: der u. a. von Hermann von Wedderkop propagierten Neuen Sachlichkeit (vgl. Wolf 2008, S. 193f.).

3. Neue Sachlichkeit

Musil goutierte die ‚neusachliche' Stoßrichtung gegen den Expressionismus durchaus (vgl. GW II, 1098; Tb I, 604f.). Anfang der 1930er Jahre hat er sogar in Wedderkops Monatsschrift *Der Querschnitt* seine Glossen *Als Papa Tennis lernte* (1931) sowie *Kunst und Moral des Crawlens* (1932) veröffentlicht (vgl. GW II, 685–691 u. 694–698; dazu Fleig 2013/14). (→ III.2.1 *Essays*) Man hat deshalb versucht, eine ästhetische Nähe zur Neuen Sachlichkeit zu konstruieren (vgl. Lethen 1995, S. 414f. u. 435; Becker 2000, S. 36, Anm. 52; Neymeyr 2005, S. 103f. u. 317–320; Becker 2005/06, S. 141–152). Ein Blick auf Musils programmatische Äußerungen und poetische Verfahrensweisen macht indes deutlich, dass dieselben künstlerischen ‚Gegner' nicht automatisch zu denselben ästhetischen Positionen führen. Der Programmessay *Literat und Literatur. Randbemerkungen dazu* (LuL) handelt 1931 zwar ausdrücklich von jener „Reaktionserscheinung, die von ihren Urhebern Reportierende Kunst getauft worden ist, was soviel bedeutet wie Verzicht auf alles, was mehr als Reportage zu sein vorgibt." (GW II, 1210) Doch sind die literarischen Arbeiten Musils, wozu neben dem *MoE* ja auch die *Vereinigungen*, die *Drei Frauen* sowie *Die Schwärmer* zählen, kaum mit den ästhetischen Maximen Egon Erwin Kischs oder Léo Lanias vermittelbar (vgl. Wolf 2008, S. 194f.; ähnlich Becker 2005/06, S. 152–160). So kann er kaum als Gegner psychologischer Introspektion, sondern als deren Meister betrachtet werden, und die Auseinandersetzung mit ‚seelischen' Fragen war ihm ein besonderes Anliegen, wenngleich sie strengen intellektuellen, gleichsam wissenschaftlichen Standards genügen musste (vgl. GW II, 1347; dazu Wolf 2008, S. 196, Anm. 34).

Musils Diagnose im *Interview mit Alfred Polgar* (1926), in dem er Polgars „Dolchstoß praktischer Betrachtung in den Rücken der poetischen" lobt, erinnert oberflächlich an das u. a. von Frank Matzke und Johannes R. Becher postulierte neusachliche Streben nach antisubjektivistischer, antimetaphorischer und antiartistischer Nüchternheit und Klarheit (vgl. Wolf 2008, S. 196–198): „Die Dichtung der Zukunft wird etwas von der Prosa der Zeitung haben, nichts von ihrem falschen Ethos, sondern von ihrer prosaischesten Prosa" (GW II, 1159; vgl. GW II, 1411). In seinem Essayfragment *Die Krisis des Romans* (1931) erklärt Musil es jedoch für unerheblich, bloß nüchtern zu erzählen, „wie Herr A. dem Frl. B. einen Kuß gibt[,] sich verlobt und entlobt"; die „Bedeutung u[nd] Würde dieser kleinen Handlung" sei fragwürdig geworden, und damit auch die Legitimation ihrer narrativen Darstellung im Sinne einer „breite[n] Ausgestaltung des Menschenschicksals" (GW II, 1411) sowie „der Petits faits", gegen die sich bereits „Nietzsche empört hat" (GW II, 1209f.). Der zeitgemäße Prosaismus müsse nicht allein das überkommene „Element" der „Gehobenheit" über Bord werfen, sondern – grundsätzlicher noch – auch „das des Erzählens" von Abenteuern und Erlebnissen selbst (GW II, 1412): „Unser Verhältnis zu diesen Erscheinungen ist erklärend geworden[,] u[nd] bloß eine neue Variation zu erzählen, kann uns heute nicht mehr befriedigen." (GW II, 1410) Dieser Umstand gründe in einer fundamentalen Veränderung des modernen Lebens, also im außertextuellen Bezugs- und Gegenstandsbereich literarischer Darstellung: „[A]uch das Leben hat heute keinen Text, sondern nur Zusätze, Einschränkungen, Durchführungsbestimmungen und jeden Tag neue Novellierungen" (GW II, 1159). Mit den Romankonzepten und Erzählverfahren Leonhard Franks, Lion Feuchtwangers, Erich Kästners, Irmgard Keuns, Marieluise Fleißers oder Hans Falladas hat eine solche Verabschiedung herkömmlicher Narration, die den reflektierenden Essayismus des *MoE* begründet, wenig gemein.

Die neusachlichen „ästhetische[n] Vorgaben wie Objektivität, Neutralität, Klarheit, Einfachheit und Nüchternheit der Darstellung und damit zusammenhängend die Zweckmäßigkeit und der Pragmatismus literarischer Texte" bzw. die literarischen „Techniken wie Dokumentarismus, Montage, Berichtstil, Reportage und Präzisionsästhetik" (Becker 2000, S. 38f.) haben für die Analyse von Musils Erzählkunst und Dramatik nur partielle Bedeutung. Entsprechendes bestätigen seine essayistischen Texte: Zwar lauten zwei Kapitel des wichtigen Essayfragments *Der deutsche Mensch als Symptom* (1923) „Die Zeit der Tatsachen" sowie „Tatsachen und Kapitalismus" (GW II, 1382–1391; vgl. Becker 2000, S. 206, u. 2005/06, S. 147f.); sie erweisen sich aber als Reflexionsort über die Widerstände, auf die der moderne Tatsachengeist in der gegenwärtigen Welt stößt, sowie über seine inneren Aporien (vgl. GW II, 1391–1398; auch MoE, 302–304). Musils Prophezeiung, die „Dichtung der Zukunft" werde „etwas von der Prosa der Zeitung haben", bedeutet kein Plädoyer für den ‚Zeitungsroman' (vgl. GW II, 1783). Schon in den Entwurfsnotizen zum Essay *Ansätze zu neuer Ästhetik* (1925) hält er hinsichtlich des „Zeitungsroman[s]" fest, man müsse ihn auch „im Film bekämpfen", er sei „durch keine Ästhetik zu entschuldigen" (KA, M IV/3/310). Über dieses Genre, das mit „der ‚kleinsten individuellen Fassungskraft'" rechne (GW II, 851), äußert Musil sich generell skeptisch (vgl. Schütz 1997, S. 286). Seine ablehnende Haltung betrifft nicht nur das „zeitungsmäßig [I]ntellektuell[e]" (GW II, 1210), sondern auch das neusachliche Modell des Dichters als Reporter; wiederum mit Blick auf Polgar hält er in Notizen fest, es handle sich zwar um einen „geistvollen Journalisten", aber nicht um „einen Dichter oder gar Philosophen" (GW II, 849).

Analog zu Rudolf Arnheims wissenschaftstheoretisch versierter Kritik der Neuen Sachlichkeit in dessen Matzke-Besprechung *Die Gefühle der Jugend* (vgl. Wolf 2008, S. 201f.) notierte Musil angesichts der neusachlichen Hypostasierung ‚äußerer' Wirklichkeit und naiver Gefühlsgegnerschaft in den Entwürfen zu *LuL* über den in der Moderne vollkommen gewandelten Realitätsbegriff: „Die T.[atsachen] d.[es]

L.[ebens] stehn ungefähr auf einer Stufe mit den Tatsachen des Experiments; man kann kein Exper.[iment] machen ohne Theorie." (KA, M VI/3/21) Weiter führt er aus, der neusachliche literarische „Realismus" bzw. der „Reportagebegriff [...] des Romans" stütze sich auf „Tatsachen mit schwacher Verbindung", es gebreche ihm bei der literarischen Gestaltung von „Tatsachenmenschen" am „naturw.[issenschaftlichen] Tatsachenbegriff" (ebd.). Anstelle eines „ideolog.[ischen] Protest[es] geg.[en] ideolog.[ische] Farblosigkeit", der die Neue Sachlichkeit genauso wie bereits den Impressionismus präge (ebd.), gelte es, den zeitgemäßen „Tatsachenbegriff der Naturw[issenschafte]n" (KA, M VI/3/25) *literarisch* zu profilieren. Noch in der veröffentlichten Endfassung von *LuL* zielt Musil in diese Richtung, indem er die einseitige Fixierung auf ‚Tatsachen' als „verhängnisvolle Übertreibung" (GW II, 1209) bezeichnet:

> Durchaus nicht intelligenzfeindlich, [...] durchaus nicht subjektiv und die Persönlichkeit verzärtelnd, [...] ganz mit der Gebärde der Sachlichkeit, vernachlässigt diese objektive Daseinsreportage trotzdem das gleiche, was schon die subjektive Erlebnisreportage des Impressionismus außer acht gelassen hat, daß es keinen Tatsachenbericht gibt, der nicht ein geistiges System voraussetzt, mit dessen Hilfe der Bericht aus den Tatsachen ‚geschöpft' wird. Dieses geistige System war damals ersetzt durch einen vagen Begriff der Persönlichkeit, diesmal kann es das der Zeitung sein, es kann auch aus einer politischen Absicht bestehn, es kann sich mit einigen einfachen ethischen Grundsätzen begnügen, wie es einst die Gruppe der ‚Naturalisten' tat, jedenfalls ist es heute so wenig wie einst das geistige System der Literatur, und so wechselt der Unglaube an dieses mit den Jahren bloß seinen Ausdruck. (GW II, 1210)

Aus diesen Worten spricht keine große Sympathie für den wohl wichtigsten künstlerischen Stil der 20er Jahre: Die Neue Sachlichkeit sei genauso wenig wie ihre Vorgänger in der Lage, das „geistige System" kenntlich zu machen, anhand dessen sie den „Bericht aus den Tatsachen" schöpft; sie missachte ebenso wie jene „das geistige System der Literatur", das diesem ‚Schöpfungsakt' im eigenwilligen Wortsinn zugrunde liege (KA, M VI/3/21). Mit anderen Worten: Die Neue Sachlichkeit sei vieles, aber nicht Kunst.

Die theoretischen Befunde entsprechen der literarischen Praxis: Tatsächlich befleißigte sich Musil weder des ‚veristischen', schmucklosen Stils der Neuen Sachlichkeit, noch unterstellte er „Inhalt und Form" seiner Werke deren Forderung nach „Gegenwartsbezug", „Hinwendung zur Alltagswelt", „Faktizität", „Nützlichkeit und Erkenntnisvermittlung" (Petersen 2000, S. 700). Der „Funktionalisierung von Literatur zur Wissensvermittlung und Darstellung von kritischen Positionen" (ebd., S. 701) konnte er wenig abgewinnen, da es ihm nicht nur um die bloße *Vermittlung* eines jenseits der Dichtung feststehenden Wissens ging. Musil lehnte es kategorisch ab, sich „an die Mauern irgendeiner Ideologie, Humanität, Weltmeinung" zu lehnen; er lokalisierte sich vielmehr „am entgegengesetzten Ende" jener „Reihe", „an deren einem Ende das Lehrgedicht, die Allegorie, das politische Gedicht zu stehen kämen, also Formen eines schon vorher fertigen Wissens und Willens", wie er 1927 im Nachwort zum Druck seiner *Rede zur Rilke-Feier* erklärte: „[W]ir sind nicht wieder zu einem so oder anders bestimmten ideologischen Erstarren berufen, sondern zur Entfaltung der Schöpfung und der Möglichkeiten des Geistes!" (GW II, 1241; vgl. GW II, 1215 u. 1232) Die „Unterordnung der Literatur unter eine fertige ‚Weltanschauung'" war ihm angesichts der „mühelosen Ausdehnung dieser ‚Politisierung'" (GW II, 1208) ein Greuel (vgl. GW II, 971), aber auch angesichts der ethisch wie ästhetisch wenig geschätzten „Kochkunst des Herrn Brecht" (KA, M VI/3/39; vgl. M II/8/17 u. II/8/61). Im Unterschied zu diesem vertrat Musil einen fundamentalen Erkenntnisanspruch der Literatur selbst, plädierte für voraussetzungslose literarische ‚Grundlagenforschung' auf der Höhe der zeitgenössischen Naturwissenschaft. Die in *LuL* konstatierte neusachliche „Neigung, das Leben ausfließen zu lassen, wie es will und ist, die sich durch die Gebärde der Berichterstattung aufs bequemste das Ansehen der Grundsätzlichkeit gibt" (GW II, 1210; vgl. GW II, 1157), genügte ihm nicht.

In Übereinstimmung mit den programmatischen Äußerungen wird die neusachliche Lebenseinstellung auch im *MoE* als defizitär gezeichnet. Helmut Lethen hat „Musil als Parodist[en] der neusachlichen Wahrnehmungsformen" (Lethen 1995, S. 435) bezeichnet und das erste Romankapitel ganz in diesem Sinn interpretiert (vgl. ebd., S. 414f.). Die entscheidende Differenz zur Neuen Sachlichkeit besteht im Umstand, dass Musil – anders als Johannes R. Becher – nicht „diesseitsgläubig" und „wirklichkeitsbesessen" (Becher 1928, S. 491–494) sein wollte, ja überhaupt nicht ‚gläubig' oder ‚besessen' – Zustände, die er eher analytisch durchleuchtete, als ihnen zu verfallen. Die im Roman verfochtene „Utopie des exakten Lebens" (MoE, 244) stimmt nur oberflächlich mit der Neuen Sachlichkeit überein, da sie in einer „paradoxe[n] Verbindung von Genauigkeit und Unbestimmtheit gründet": Ein Mensch, der ihr folgt, besitze zwar einerseits „jene unbestechliche gewollte Kaltblütigkeit, die das Temperament der Exaktheit darstellt; über diese Eigenschaft hinaus ist aber alles andere unbestimmt." (MoE, 246f.) Die ‚Unbestimmtheit' manifestiert sich in der Ablehnung der „festen Verhältnisse des Inneren, welche durch eine Moral gewährleistet werden", und hat ihre Kehrseite in „einer imaginären Feuersbrunst" bzw. in „etwas Urfeuerähnliche[m] von Güte". Ulrichs „Utopie der Exaktheit" unterscheidet sich grundlegend vom bereits vorhandenen „exakte[n] Menschen" im Sinne der Neuen Sachlichkeit, der zwar beruflich „alles so gründlich und vorurteilslos nimmt", zugleich aber im Leben „nichts so sehr [verabscheut] wie die Idee, sich selbst gründlich zu nehmen" (MoE, 247). (→ VII.5 *Utopie*)

4. Spiritualismus und Konservative Revolution

Genauso wenig angezogen wie von der Neuen Sachlichkeit fühlte Musil sich von ihren konservativen Gegnern, die eine traditionsorientierte, spirituelle Dichtung pathetischer Machart favorisierten, eine „sich von den Tagesvorgängen abwendende[ ] Überhöhung der literarischen Tradition und der Literatur als eines Gefildes, auf dem der Mensch nach anderen Gesetzen wandelt als den gemeinen." (GW II, 1211) In *LuL* kritisiert Musil jene antiintellektuellen „Bestrebungen", die „alle mehr oder weniger darauf hinauslaufen, daß sie dem Dichter in ihrem Verlangen, seine Tätigkeit zu rechtfertigen, eine ungemeine und geradezu okkulte Fähigkeit zuschreiben"; er erwähnt dabei einen Ex-Präsidenten der 1926 gegründeten ‚Sektion für Dichtkunst' in der Preußischen Akademie der Künste, „der sich in selbstapologetischer Absicht als eine Art Seher dargestellt hat, dem Dämonen beim Schaffen beistehn"; gewöhnlich allerdings begnüge „man sich mit dem Taschenspielerwort ‚Intuition'" (GW II, 1208f.). Der apostrophierte *poeta vates*, als Walter von Molo identifizierbar (vgl. Wolf 2008, S. 209–212), wird *pars pro toto* für eine Stilrichtung genannt, die man unter dem Stichwort ‚neuer Spiritualismus' rubrizieren kann (vgl. Roth 1972, S. 175–177). In der ersten Entwurfsfassung hatte Musil sich noch entschieden deutlicher geäußert:

5. Zeitstile

> Je dümmer (heute) ein Dichter, desto eindringlicher beteuert er, daß die Kunst ein Geschenk der Götter sei und das [sic] ihm Engel oder Dämonen die Feder führen. Da aber auch der Präsident der preuss.[ischen] Dichterakademie bezeugt hat, daß über ihm in den Lüften etwas vorgeht, wenn er arbeitet […], so entsteht ein schwieriges Dilemma […]: Der preussische Staat glaubt nicht an Gespenster, aber er glaubt an den Geist[.] [W]enn der Geist nun seinerseits nicht nur an Gespenster glaubt, sondern sich mit ihnen identifiziert[,] [s]o ist in der gegenwärtigen Kultur in einer sinnreichen Weise für alles gesorgt. (KA, M VI/3/11; vgl. M VI/3/18)

Neben von Molo vertraten auch viele andere damals erfolgreiche Dichter wie Wilhelm von Scholz oder Hanns Martin Elster ähnliche Formen von Spiritualismus (vgl. Wolf 2008, S. 208f. u. 213f.), was Musil im Ankündigungstext *Heute spricht Alfred Kerr* vom 31. März 1928 mit der ironischen Bemerkung quittierte, dass „man in […] Berlin neuestens die reine, kritikfreie, unmittelbar von den Göttern eingegebene Dichtung erfinden zu wollen scheint" (GW II, 1188) – eine Anspielung auf Elsters und von Molos pathetische Feier der Dichtung als ‚Stimme Gottes'. Seine Skepsis wurde wenig später bestätigt: Als Theodor Däubler, Alfred Döblin, Oskar Loerke und Thomas Mann eine Aufnahme Musils in die ‚Sektion Dichtung' der Preußischen Akademie der Künste beantragten, votierten deren ehemalige Präsidenten Scholz und offenbar auch von Molo am 29. Januar 1932 dagegen – angeblich mit der Begründung, Musil sei „zu intelligent für einen wahren Dichter" (KA, H 33/25; vgl. Corino 1988, S. 383, u. 2003, S. 798f.).

Bei der spöttischen Bemerkung über die „unmittelbar von den Göttern eingegebene Dichtung" handelt es sich überdies um eine Anspielung auf Rudolf Borchardt. Zum „Mißverständnis", dass auch der moderne Dichter ein „Seher" sei, hält Musil in einer Nachlassnotiz fest: „Molo, woran Borch.[ardt] nicht unschuldig ist" (KA, M VI/3/18). Der im Unterschied zu Molo, Scholz und Elster heute noch bekannte Autor war ein zentraler Vertreter der Konservativen Revolution. Seine Rede *Über den Dichter und das Dichterische* ist 1927/28 in der von Elster und Scholz herausgegebenen Zeitschrift *Die Horen* wiederabgedruckt worden, wodurch sie den Status einer Programmschrift der konservativen Autoren erhielt. Borchardt berief sich darin auf die antike Konzeption des Dichters als „Mensch, dem es angeboren und gegeben ist, sich durch zweierlei Dinge vom Volke zu unterscheiden": „Erstens, er wird von den Göttern besucht und erfährt ihren Besuch in der Form des Gesichts. Zweitens, er wird vom Gotte besessen und beherrscht" (Borchardt 1927/28, S. 14). Wolfdietrich Raschs Bericht über eine Berliner Diskussion zwischen Musil und seinem Rezensenten Walther Petry (vgl. Corino 2003, S. 1073–1077) führt dazu aus, dass Musil Borchardts Apotheose der epigonalen Inspirationsvorstellung als Produkt eines geschichtlichen Trivialisierungsvorgangs erklärt habe (vgl. Rasch 1967, S. 16). Seine Definition von Autorschaft wähnte er im Gegensatz dazu als legitime Erbin der antiken Tradition unter den Bedingungen der Moderne: „Ich will seit mehr als zwanzig Jahren nichts anderes als Dichter sein und in meinem Sprachkreis einen Begriff von Dichtung aufrichten, der sich von dem gegenwärtigen unterscheidet (nicht aber grundsätzlich von dem meiner Vorbilder)" (an Petry, 4.3.1931, KA). Die gescheiterte Wahl in die Berliner Dichterakademie zeigt hingegen, dass Musil von konservativer bis völkischnationaler Seite ‚wahres' Dichtertum kategorisch abgesprochen wurde.

Bereits in seiner *Rede zur Rilke-Feier* (1927) hatte er davor gewarnt, der Dichtung „helfen" zu wollen, „indem man das Prinzip der Kritiklosigkeit verewigt!" (GW II,

1234) Just dieses antiintellektuelle „Prinzip" hatte Borchardt indes seinem Publikum nahegelegt (vgl. Borchardt 1927/28, S. 37). Musil plädierte demgegenüber für eine Konzeption der Dichtung *als* Kritik und der Kritik *als* Dichtung. 1928 pries er im Porträt *Heute spricht Alfred Kerr* „die Erscheinung des Kritikerdichters": „Das ist der Mensch, der aus Dichtung wieder Dichtung, gedichtete Kritik macht." (GW II, 1188; vgl. dazu GW II, 1406f.) Für Musil, dem die traditionelle deutsche Gegenüberstellung von Kritik und Dichtung fremd war, „gehören beide Tätigkeiten doch zusammen wie nacheinander geborene Geschwister." (GW II, 1188) Er vertrat die Ansicht, „daß es überhaupt bei allen Unterschieden keine bedeutende Kritik gibt, die nicht Dichtung wäre, und von reiner Lyrik abgesehen, keine bedeutende Dichtung, die nicht Kritik wäre." (ebd.) Allerdings solle die Kritik dabei nicht selbst dogmatisch werden. So könne der ironische Gestus eine Verabsolutierung des kritischen Standpunkts verhindern. Dass Musils „konstruktive Ironie" (MoE, 1939) im Fall Borchardts ihren Gegenstand nicht vernichtete, bezeichnet die konzeptionellen Affinitäten zwischen beiden Autoren. Nicht die überkommene Inspirationsvorstellung (vgl. MoE, 111f.; Tb I, 644), wohl aber Borchardts Beobachtungen über die affektive Wirkungsweise dichterischer Sprache (vgl. Borchardt 1927/28, S. 14) trifft sich mit dem, was Musil in seinen Bemerkungen zu den „Urformen der Dichtung" in *LuL* beschrieben hat. Dort werden die „Fragen der schriftstell.[erischen] Tätigkeit" aber nicht von einer „erhabenen, sondern von der entgegengesetzten Seite" angepackt, „nicht von solcher Höhe, sondern mehr aus der alltäglichen Untiefe" (KA, M VI/3/11), wodurch sich Musil nicht gedanklich, doch stilistisch wieder der Neuen Sachlichkeit annähert:

> Es ist [...] durch den Vergleich archaischer mit primitiven Hymnen und Ritualen sehr wahrscheinlich geworden, daß die Grundeigentümlichkeiten unserer Lyrik seit Urzeiten ziemlich unverändert bestehen, so die Art, das Gedicht in Strophen und Zeilen zu teilen, der symmetrische Aufbau, die Parallelstellung, wie sie sich heute noch in Refrain und Reim äußert, der Gebrauch der Wiederholung, ja des Pleonasmus als Reizmittel, das Einstreuen sinnloser (das heißt geheimer, zauberhafter) Worte, Silben und Vokalreihen, endlich gerade auch die Eigenheit, daß das einzelne, der Satz und Satzteil, seine Bedeutung nicht an und für sich, sondern erst durch seine Stellung im Ganzen hat. (GW II, 1224)

Die Alterität dichterischer Sprache, insbesondere den im lyrischen Gedicht geltenden Primat der „Gesetze des Rhythmus" über die „Gesetze der Mitteilung", hat bereits Borchardt konstatiert (vgl. Borchardt 1927/28, S. 14). Bei der von Rasch kolportierten Berliner Diskussion des Jahres 1932 hob auch Musil „an kultischen Gesängen frühzeitlicher, ‚primitiver' Lyrik" die „‚inhaltliche' Bedeutung der Form" hervor, die sich in „der Bedeutsamkeit ihrer Versordnung, rhythmischen Gliederung, Wiederholung usw." zeige (Rasch 1967, S. 16). Er tat dies hier wie im Essay *LuL* (vgl. GW II, 1224) aber unter Berufung auf die kulturwissenschaftlichen Befunde des befreundeten Psychologen, Ethnologen und Musikwissenschaftlers Erich Moritz von Hornbostel (vgl. Bonacchi 1998, S. 292–298, u. 1999, S. 69–71) und fügte hinzu, „[d]ie ‚magische' Wirkung des dichterisch geformten Wortes" gebe „es auch heute." (Rasch 1967, S. 16f.) Eine zivilisationstheoretische Unterscheidung zwischen ‚primitiven' und ‚entwickelten' Kulturen hat Musil abgelehnt, auf den unterschiedlichen epistemologischen und poetologischen Standards verschiedener Zeiten beharrte er. (→ IV.9 *Ethnologie*) Gegen irrationale Begründungen der dichterischen Tätigkeit wandte er unter Bezug auf die psychologische Diktion Ernst Kretschmers ein:

5. Zeitstile

Man hat behauptet, daß beim Vorstellungsablauf des Gedichts an die Stelle der determinierenden Obervorstellungen des logischen Denkens ein Affekt trete, und es scheint auch wahr zu sein, daß eine einheitliche affektive Grundstimmung am Entstehen eines Gedichts immer beteiligt ist; aber dagegen, daß sie das vor allem Entscheidende bei der Wahl der Worte sei, spricht die starke Arbeit des Verstandes, die sich nach dem Zeugnis der Dichter fühlbar macht. (GW II, 1213; vgl. Kretschmer 1922, S. 67 u. 87; GW II, 1214; KA, M VI/3/72 u. 105)

Solche wissenschaftlich-nüchterne Diagnostik trennt Musil von jenen konservativen Dichtern, die die Bedeutung des Affekts für die Produktion und Rezeption von Dichtung verabsolutierten. Verglichen mit der rationalistischen Programmatik der Neuen Sachlichkeit, die im damaligen ‚Raum des Möglichen' (vgl. Bourdieu 1999, S. 371– 378) am anderen Ende der Skala stand, zeigt die der Affektivität zugeschriebene Rolle jedoch eine partielle Nähe beider Konzeptionen. Auch zu Borchardts Befund von der bei nüchterner Betrachtung aufscheinenden ‚Absurdität' der dichterischen Sprache findet sich bei Musil eine Entsprechung in den 1925 veröffentlichten *Ansätzen zu neuer Ästhetik*, wo der Dichtung im „Gegensatz zur normalen Welthaltung" ein „anderes Verhalten zur Welt" bescheinigt wird: „Zitiere leise für dich ein Gedicht in der Generalversammlung einer Aktiengesellschaft, und diese wird augenblicklich ebenso sinnlos werden, wie es das Gedicht in ihr ist." (GW II, 1141f.) Der aus dem anderen Weltverhältnis resultierende ‚andere Zustand' wird in LuL ebenfalls thematisiert: „[N]irgendwo zeigt sich so deutlich wie im Vers, daß der Dichter ein Wesen ist, dessen Leben sich unter Bedingungen vollzieht, die anders sind als die üblichen." (GW II, 1211) (→ VII.2 *Anderer Zustand*) Das heißt für Musil aber nicht, dass der Dichter „nach anderen Gesetzen wandelt als den gemeinen", sondern bezeichnet – profan psychologisch – eine „bestimmte, von der gewöhnlichen abweichende Art der Vorstellungsverbindung" (GW II, 1211f.; vgl. GW II, 1029; dazu Barnouw 1976, S. 182).

Die partielle Affinität zu spiritualistischen Konzeptionen wird durch Musils anerkennende Worte in LuL bestätigt, die sich auf Dichter wie Rilke (vgl. GW II, 1237), Hofmannsthal, George und Borchardt (vgl. KA, M VI/3/68, VI/3/102 u. VII/11/150; GW II, 829f. u. 845) beziehen lassen: So habe „diese weihevolle Welterhöhtheit und Weltabgewandtheit [...] das Exil reiner und entschlossener Geister gebildet", deren Name „mit großer Strenge und Schönheit verknüpft" sei (GW II, 1211). Während der im „Vortragsfrack" (GW II, 1159) formulierende Borchardt jedoch danach trachtete, „den Dichter und das Dichterische [...] von der Literatur und dem Literarischen [...] zu isolieren" (Borchardt 1927/28, S. 12), hielt Musil in der „bequemen Strapazprosa" (GW II, 1159) seines Essays LuL ein Plädoyer für die im konservativen Deutschland verpönten titelgebenden Begriffe (vgl. GW II, 1203–1211). Den antiintellektuellen Bestrebungen vieler Schriftstellerkollegen konnte er wenig abgewinnen (vgl. GW II, 1209). Der MoE durchleuchtet deren „Schema" ideologiekritisch und gibt es mittels eines Vergleichs der Lächerlichkeit preis:

Es ist wahrscheinlich eine gut begründete Erscheinung, daß in Zeiten, deren Geist einem Warenmarkt gleicht, für den richtigen Gegensatz dazu Dichter gelten, die gar nichts mit ihrer Zeit zu tun haben. Sie beschmutzen sich nicht mit zeitgenössischen Gedanken, liefern sozusagen reine Dichtung und sprechen in ausgestorbenen Mundarten der Größe zu ihren Gläubigen, als wären sie soeben bloß zu vorübergehendem Erdaufenthalt aus der Ewigkeit zurückgekommen, genau so wie ein Mann, der vor drei Jahren nach Amerika ging und bei seinem Besuch in der Heimat schon gebrochen deutsch spricht. (MoE, 407)

Ganz in diesem Sinn preist Diotima jenen „berühmte[n] Dichter", dessen Name mit „Verse[n] über die griechischen Götter, die Sterne und die ewigen Menschengefühle" verbunden ist und dessen „Bedeutung [...] darin liegt, daß er sich mit nichts Kleinem abgibt": er schaffe ‚wirkliche' Dichtung „in einer Zeit, die sonst höchstens Intelligenz hervorbringt" (MoE, 404). Arnheim hingegen, der den hohen Ton selber pflegt, nähert sich in seiner Analyse des Phänomens der skeptischen Position Ulrichs: „Sie decken mit einem Ton tausend Möglichkeiten zu. Sie pusten große Pakete voll der ewigen Gefühle aus. Wer in einer von diesen Arten in Versen zu blasen vermag, [...] gilt bei uns heute für einen Dichter, im Unterschied vom Literaten." (MoE, 406) Seine Kritik erschöpft sich nicht in der Ablehnung der Alternative, sondern zielt in das Zentrum der antirationalistisch-völkischen Konzeption von Dichtung, denn auch ein Hund könne sich auf „die ewigen Gefühle" seiner „Rasse" berufen (ebd.). Die Vorstellung des konservativ-revolutionären Seher-Dichters, dessen Gedanken „hinter sein Gefühl zurück[treten]", entspreche zwar „den geltenden Forderungen und sei in der Literatur noch nie ein Hindernis gewesen"; der Großschriftsteller und heimliche Heine-Verehrer, der bisher „einige von diesen besonders reinen Dichtern, weil es sich so gehört, bei jeder Gelegenheit gelobt und bei einigen Gelegenheiten auch mit Geld unterstützt" hatte, wird sich aber bewusst: „[E]igentlich mochte er sie [...] samt ihren aufgeblasenen Versen nicht ausstehn. ‚Diese heraldischen Herrschaften, [...]' dachte er[,] ‚gehören im Grunde genommen in einen Naturschutzpark, gemeinsam mit den letzten Wisenten und Adlern!'" (ebd.) Ulrich hätte seinen Vorbehalt gegen die dichterischen „Vertreter großer deutscher idealistischer Gesinnung" (ebd.) kaum beißender formulieren können.

Die vom Erzähler des *MoE* referierten Überlegungen Arnheims entsprechen den kritischen Auslassungen des Autors: So stellt Musil in *LuL* der traditionellen Ansicht einer notwendigen „Selbstbeschädigung der Dichtung durch Miterzeugung von Philosophie" seine produktiv-essayistische „Auffassung" entgegen, „die etwas geistig Steigerungsfähiges als die Seele des Gedichts ansieht" (GW II, 1216). Der „radikale Klassizismus" sei hingegen „dem Bedürfnis entsprungen, in einer Auseinandersetzung, die schon thematisch so unsicher ist, wenigstens den eigenen Standpunkt durch das Extrem, zu dem man hinneigt, scharf zu bezeichnen." (ebd.) Musil, auf das Offenhalten von Alternativen bedacht, kann solchen Festschreibungen wenig abgewinnen: „Denn auch, wenn in der Dichtung die Vollendung der Gestaltung das Wichtigste wäre und bei scheinbar ganz entbundener Gestaltung und in stehender Zeit, schlösse das Gestalten der gegebenen Inhalte noch deren Veränderung ein." (ebd.; vgl. KA, M III/5/18) In den nachgelassenen Notizen formuliert Musil dazu im Sinne der Gestalttheorie eine rhetorische Frage, die auf die epistemologische Grundlosigkeit, ja Prätention des klassizistischen Vollendungsideals abhebt: „Wo ist bei Borchardt der fertige Inhalt? Ein fingierter wie bei George." (ebd.) Jede Suggestion von Abgeschlossenheit der Dichtung und ihres Begriffs ist ihm angesichts seiner ‚Utopie des Essayismus' eine Zumutung (vgl. Barnouw 1976, S. 192). (→ IV.6 *Gestalttheorie*; VII.4 *Möglichkeitssinn u. Essayismus*) Musils Einwände gegen eine verstandesfeindliche Definition von Dichtung sowie gegen jene „Abart von Männern, die [...] von Kelch und Schwert des Lebens in tausendjährigen Wendungen erzählen" (MoE, 248), richten sich freilich nicht primär gegen Borchardt, dessen Ernsthaftigkeit und formaler Artistik er seinen Respekt nicht versagte (vgl. KA, M VI/3/102); sie zielen vielmehr auf die Vertreter der Berliner „Akademie von Dünkelshausen" (Tb I, 677–684), wie er sie in Entwurfsnotizen für eine Satire nannte. Er teilte zwar deren Interesse für Phänomene des Mystischen und Irrationalen, hielt ihren kruden Antimodernismus und Antiintellektualismus jedoch für obsolet. Das Modell des *poeta vates* war in den 1920er Jahren zu einem Ausweis reaktionärer Gesinnung geworden – innerhalb der Literatur, aber auch jenseits ihrer Grenzen, wie im *MoE* die antiintellektuellen Auslassungen des ‚Propheten' Meingast vor Augen führen (vgl. MoE, 834).

5. Universalisierte Distinktion

Musil wandte sich also nicht allein gegen den seines Erachtens platten Tatsachenglauben der Neuen Sachlichkeit, sondern ebenso gegen den weltabgewandten Spiritualismus und das antimoderne Sektierertum ihrer konservativen Gegner. In einer um 1933/34 entstandenen Notiz hält er zu den literarischen Verhältnissen seiner Zeit fest: „Die hohe Lit.[eratur] hat sich nicht durchgesetzt, sie ist nicht vorbildlich geworden. Mit […] Recht nicht. Die Verhältnisse waren nicht so, wie sie sein sollten. / Neben einzelnen, teils mit Recht, teils mit Unrecht, allgemein gelesenen/hochgehaltenen Dichtern entstand der sogen.[annte] Asphalt u. auf der andern Seite die Scholle." (KA, M VI/3/147; vgl. GW II, 1431f.) Er sieht die ideologisch und ästhetisch antagonistischen Richtungen jeweils durch charakteristische Defizite gekennzeichnet: „Asphalt, eine gute lit.[erarische] Tradition, entartet / Scholle, eine falsche ‚lit.[erarische] Tradition,' mit ehrbarem Willen. […] Man sieht, daß man nicht einfach das eine geg.[en] das andere ausspielen darf." (KA, M VI/3/147) Was sich in der Gemengelage zwischen einer prinzipiell positiv bewerteten, doch als fehlgeleitet eingeschätzten literarischen Moderne und einem programmatisch verworfenen, aber in seiner formalen Ernsthaftigkeit geachteten dichterischen Traditionalismus andeutet, ist die Ablehnung der vorgefundenen Alternative – entsprechend einer auf die Zeit um 1931/32 datierten Definition, die den Autor mit seinem Romanhelden verbindet: „*MoE* = Mann, dem keine der vorhandenen Lösungen genügt." (KA, M II/4/90)

Im veröffentlichten Text des Essays *LuL* unternimmt Musil eine theoretische Fundierung dieser doppelten Negation bzw. der Überwindung festgefahrener Stiloppositionen: Zunächst bemerkt er grundsätzlich, den „Schönliteraten" finde man „als gesellschaftliches Sonderbild" in unserer Kultur „entweder als einen sogenannten Intellektuellen oder als einen sogenannten Gefühlsmenschen von seinen Nachbartypen abgerückt." (GW II, 1205) Dieser Zweiteilung entspreche, „daß es in der Literatur zwei Arten des Berichts gibt, den anschaulichen und den gedanklichen", die zwar „oft […] begabungsweise auseinandertreten", sich aber „immer mischen" müssten:

> Es fällt nicht schwer, in der Weltliteratur persönliche Beispiele für starke, aber verhältnismäßig naive Schilderer zu finden, andererseits solche für „Verarbeiter", zu denen auch jene asketischen Formkünstler gehören, die sich des Persönlich-Gedanklichen scheinbar ganz zugunsten der Darstellung entäußern, und es gibt demnach auch zwei Arten der Unmittelbarkeit, eine im Verhältnis zum Erlebnis und eine in seiner geistigen Verarbeitung […]. (GW II, 1209)

Musil kommt auf die verschiedenen zeitgenössischen Erscheinungsformen dieser Schriftstellertypen zu sprechen und entwickelt an jeder von ihnen bestimmte Kritikpunkte. Er vermeidet es dabei, sich von einer bestehenden Gruppe programmatisch vereinnahmen zu lassen, und zählt sich zu denen, „die es lieben, in der Dichtung ein Geheimnis zu sehn", die aber dennoch „auch die Klarheit lieben" (GW II, 1212). Damit ist eine doppelte Distinktion benannt: Die Neue Sachlichkeit sei zwar „nicht intelligenzfeindlich", aber es fehle ihr – ähnlich wie schon dem Naturalismus – eine ernsthafte Auseinandersetzung mit der ‚Seele' bzw. mit der menschlichen Psyche. Der Spiritualismus versenke sich zwar tief in die Seele, tue das aber – wie schon der Expressionismus – ohne Intelligenz. Bereits in seinem wichtigen Essay *Das hilflose Europa oder Reise vom Hundertsten ins Tausendste* (1922) hat Musil „ein Mißverhältnis, ein Aneinandervorbeileben von Verstand und Seele" beklagt: „Wir haben nicht zuviel Verstand und zuwenig Seele, sondern wir haben zuwenig Verstand in den Fragen der Seele." (GW II, 1092) (→ III.2.1 *Essays*)

Indem er in LuL sowohl die Neue Sachlichkeit als auch den Spiritualismus verwirft, vollzieht er einen ‚zweifachen Bruch' mit den stärksten literarischen Strömungen seiner Zeit. Nach Bourdieus Kultursoziologie ist diese doppelte Negation der vorherrschenden antagonistischen Positionen im literarischen Feld charakteristisch für diejenigen Autoren, welche darauf aus sind, die zu einem bestimmten Zeitpunkt geltenden Alternativen zu überwinden und eine innovative, bisher inexistente Position zu etablieren, indem sie „die beiden entgegengesetzten Prinzipien [versöhnen], die diese doppelte Ablehnung bestimmten." (Bourdieu 1999, S. 127) Das ‚Unversöhnbare versöhnen', das bisher Undenkbare denken – das ist Musils Projekt auch in Stilfragen. In LuL hält er zur Neuen Sachlichkeit sowie zum Spiritualismus fest:

> [Z]wischen diesen beiden Gegensätzen des Allzu-Sinnvollen und des Allzu-Sinnlosen liegt die Dichtung in allen Graden der Vermengung ausgebreitet und läßt sich als ihre freundlich-feindliche Durchdringung auffassen, wobei sich in ihr das „profane" Denken so mit einem „irrationalen" vermengt, daß keines von beiden ihr eigentümlich ist, sondern gerade die Vereinigung. (GW II, 1215f.)

Daraus entwickelt er ein poetologisches Postulat: „[W]enn der Sinn des Gedichts aus einer Durchdringung rationaler und irrationaler Elemente in der geschilderten Weise erwächst, ist es wichtig, die Forderung nach beiden Seiten gleich hoch zu halten." (GW II, 1217) Das Ziel seiner theoretischen Bemühungen besteht darin, „eine Unterlage für den Begriff des Irrationalen in der Kunst zu sichten und anzudeuten, warum dessen Verhältnis zum Rationalen nicht das eines Gegensatzes ist" (GW II, 1221).

Die Struktur der zu überwindenden Alternative gilt ebenso für Musils Begriff des Autors, der aus einer inneren Dynamik literarischen Schreibens heraus dazu neige, ein „Doppelprofil zu zeigen" (GW II, 1206). Genauso defizitär wie das ‚nicht intelligenzfeindliche', aber naiv fortschrittsgläubige Modell des Dichters als Reporter scheint ihm deshalb die nicht minder naive, rückwärtsgewandte und antiintellektuelle Konzeption des Dichters als Seher. Die Vorteile beider Modelle müssen ihm zufolge mit den Vorzügen des Wissenschaftlers vereinigt werden, um zeitgemäß zu sein. Sein Autorschaftskonzept präsentiert sich wie sein literarischer Stil in strategischer Absicht als ästhetische sowie gedankliche Überwindung, ja Synthese sämtlicher stilistischer Bestrebungen seiner Zeit. Musil etabliert mit seinen zahllosen ‚Brüchen' ein Muster universalisierter Distinktion (vgl. Wolf 2011, S. 1142). Seine Antwort auf die damaligen künstlerischen Aporien lehnte sich keineswegs an den existierenden zeitgenössischen Stilen an. Er inszenierte sich als einen „von ‚Richtungen' völlig unabhängigen" (GW II, 1157), unbestechlichen Beobachter, was ihm bisweilen zu Selbstkritik gereichte (vgl. Tb I, 919). Musil schielte nicht nach stilistischen Moden oder strategischen Zweckbündnissen (vgl. Barnouw 1976, S. 189), seine „Auffassung der Dichtung" stand „vielfach im Gegensatz zu der der Zeit" (an Viktor Zuckerkandl, 18.11.1938, Br I, 879). (→ II.6 *Zeitgenössischer Literaturbetrieb*)

6. Forschungsperspektiven

Ähnlich wie die Goethe-Philologie hat auch die Musil-Forschung lange Zeit dazu geneigt, die literarischen Texte und theoretischen Stellungnahmen ihres Autors als geniale Hervorbringungen eines Solitärs zu behandeln und nicht aus dem zeitgenössischen intellektuellen und künstlerischen Kontext bzw. aus stilgeschichtlichen Zusammenhängen zu verstehen. Erst eine konsequente Historisierung und Kontextualisierung, die auch Musils (häufig kritische) Reaktionen auf z.T. heute vergessene personelle Konstellationen und ästhetische Positionen berücksichtigt, wird jedoch ermöglichen, die stilistische Spezifik und auch Einzigartigkeit des Musil'schen Schaffens überzeugend zu bestimmen sowie kultur- und literaturgeschichtlich zu motivieren (vgl. Bourdieu 1999, S. 117f.; Wolf 2008, S. 189f.).

7. Literatur

Amann, Klaus: „Nieder mit dem Kulturoptimismus". Robert Musil und der „Kongreß zur Verteidigung der Kultur" (1935) in Paris. In: Studi germanici 42 (2004), H. 3, S. 495–522.
Barnouw, Dagmar: Literat und Literatur. Robert Musils Beziehung zu Franz Blei. In: Modern Austrian Literature 9 (1976), H. 3/4, S. 168–199.
Bausinger, Wilhelm: Robert Musil und die Ablehnung des Expressionismus. In: Studi germanici 3 (1965), S. 383–389.
Becher, Johannes R.: Wirklichkeitsbesessene Dichtung. In: Die Neue Bücherschau 6 (1928), H. 10, S. 491–494.
Becker, Sabina: Neue Sachlichkeit. Bd. 1: Die Ästhetik der neusachlichen Literatur (1920–1933). Köln u.a.: Böhlau 2000.
Becker, Sabina: Von der „Trunksucht am Tatsächlichen". Robert Musil und die neusachliche Moderne. In: Musil-Forum 29 (2005/06), S. 140–160.
Bonacchi, Silvia: Die Gestalt der Dichtung. Der Einfluß der Gestalttheorie auf das Werk Robert Musils. Bern u.a.: Lang 1998.
Bonacchi, Silvia: Was man alles in einem Aufsatz nicht liest. Die Textentwicklung des Aufsatzes *Literat und Literatur* – von der Laudatio zur poetologischen Schrift. In: Marie-Louise Roth (Hg.): Neue Ansätze zur Robert-Musil-Forschung. Bern u.a.: Lang 1999, S. 51–78.
Borchardt, Rudolf: Über den Dichter und das Dichterische. In: Die Horen. Monatshefte für Kunst und Dichtung 4 (1927/28), H. 1, S. 12–38.
Bourdieu, Pierre: Die Regeln der Kunst. Genese und Struktur des literarischen Feldes. [frz. 1992] Frankfurt a.M.: Suhrkamp 1999.
Corino, Karl: Robert Musil. Leben und Werk in Bildern und Texten. Reinbek b. Hamburg: Rowohlt 1988.
Corino, Karl: Robert Musil. Eine Biographie. Reinbek b. Hamburg: Rowohlt 2003.
Fleig, Anne: Rasende Schnecke. Robert Musil, *Der Querschnitt* und das kulturelle Leben seiner Zeit. In: Musil-Forum 33 (2013/14), S. 202–217.
Kretschmer, Ernst: Medizinische Psychologie. Ein Leitfaden für Studium und Praxis. Leipzig: Thieme 1922.
Lethen, Helmut: Der Habitus der Sachlichkeit in der Weimarer Republik. In: Bernhard Weyergraf (Hg.): Literatur der Weimarer Republik. 1918–1933. München, Wien: Hanser 1995, S. 371–445 u. 706–716.

Neymeyr, Barbara: Psychologie als Kulturdiagnose. Musils Epochenroman *Der Mann ohne Eigenschaften*. Heidelberg: Winter 2005.
Petersen, Klaus: Neue Sachlichkeit. In: Harald Fricke u. a. (Hg.): Reallexikon der deutschen Literaturwissenschaft. Bd. II. Berlin, New York: de Gruyter 2000, S. 699–701.
Rasch, Wolfdietrich: Erinnerung an Robert Musil. [1955] In: ders.: Über Robert Musils Roman *Der Mann ohne Eigenschaften*. Göttingen: Vandenhoeck & Ruprecht 1967, S. 9–20.
Roth, Marie-Louise: Robert Musil. Ethik und Ästhetik. Zum theoretischen Werk des Dichters. München u. a.: List 1972.
Schütz, Erhard: „Du brauchst bloß in die Zeitung hineinzusehen". Der große Roman im „feuilletonistischen Zeitalter". Robert Musils *Mann ohne Eigenschaften* im Kontext. In: Zeitschrift für Germanistik. N. F. 7 (1997), H. 2, S. 278–291.
Wolf, Norbert Christian: Zwischen Diesseitsglauben und Weltabgewandtheit. Musils Auseinandersetzung mit den Berliner literarischen Strömungen. In: Annette Daigger, Peter Henninger (Hg.): Robert Musils Drang nach Berlin. Bern u. a.: Lang 2008, S. 185–230.
Wolf, Norbert Christian: Kakanien als Gesellschaftskonstruktion. Robert Musils Sozioanalyse des 20. Jahrhunderts. Wien u. a.: Böhlau 2011.

6. Zeitgenössischer Literaturbetrieb
Walter Fanta

1. Einleitung 88
2. Frau und Freunde 89
3. Verleger 90
4. Institutionen 92
5. Mäzene 94
6. Kollegen 95
7. Musils Selbstbild als Autor 96
8. Resümee 98
9. Literatur 99

1. Einleitung

Robert Musil war Schriftsteller durch und durch. Sämtliche soziale Beziehungen unterwarf er seinem Schreibantrieb und den Anforderungen, welche die literarische Produktivität an ihn stellte. Seine *posture* (vgl. Meizoz 2005, S. 177) entspricht der des zur Autorschaft Berufenen, der sein ‚Recht auf Schreiben' mit Zähnen und Klauen verteidigt: Frau, Freunde, Förderer, Verleger, Literaturinstitutionen und Schriftstellerkollegen werden für den Produktionsprozess und für die ökonomische Existenzsicherung funktionalisiert. Um diesen Mechanismus zu begreifen, ist ein Blick auf die biografische Verankerung nötig, wie Musil zum Schreiben kam, welche Motive er hatte, Schriftsteller zu werden. Dem jungen Musil war durch Herkunft und Ausbildung der Weg zum Staatsdienst (Militär) bzw. zu einem bürgerlichen Erwerbsberuf (Techniker) vorgezeichnet, dem er, trotz des frühen Austritts aus der Militärerziehung (1897), vorerst weiter folgte, indem er nach dem Abschluss des technischen Hochschulstudiums in Brünn eine Stelle als Voluntärassistent an der Technischen Hochschule in Stuttgart antrat (1902). Als erste Abkehr vom durch den Vater vorgezeichneten Weg führte sein Schritt in eine neue Ausbildung, das Abitur in Brünn (1904), dem das Philosophie- und Psychologie-Studium in Berlin (bis 1908) folgte. Musil entschied sich für Philosophie bzw. Psychologie und bald darauf auch für das Schreiben und die Literatur gegen den Willen des Vaters, gegen dessen auf harte Tatsachen gerichtetes Zweckmäßigkeitsdenken, gegen dessen Beruf (Techniker) und rationalistisches Weltverständnis. Ein Niederschlag des Konflikts findet sich in Brief- und Tagebuchreaktionen Musils auf das Drängen des Vaters, der Sohn möge eine fest besoldete Anstellung annehmen bzw. beibehalten (1908–1912). Auch äußert er „Herzenstöne des Stolzes" über die Verleihung des Ritterkreuzes 1917 (an Martha Musil, 30.4.1917, Br I, 118). Im einzigen erhaltenen Brief des Vaters drängte dieser den Sohn, doch den Adels- und den Ingenieurtitel aktiv zu führen. Die vom Vater herrührenden Insignien besaßen für diesen höheren Wert als die zweifelhaften literarischen Ehren, die der Sohn anzuhäufen suchte (vgl. Brief von Alfred Musil an Robert Musil, 13.1.1918, Br I, 138). Zu erkennen sind Verschiebungen auf mehreren Ebenen und in mehrere Richtungen. Musil wurde nicht Schriftsteller, um Geld zu verdienen, sein Antrieb kehrte sich sogar ins Gegenteil: Obwohl er kein Geld verdiente, wollte er das Schreiben als sein Recht gegen den Vater und dessen symbolische Repräsentanten, die in der Gesellschaft allerorts anzutreffen waren, verteidigen. Aus diesem Zusammenhang erwuchs ein fest gefügter Denk- und Handlungsmodus, ein ‚Habitus' im Sinn von Pierre Bourdieu (1997): Musils Beharren auf seinem ‚Recht auf Schreiben'. Dieses ‚Recht auf Schreiben' gehorchte unbewussten psychischen Antrieben, wirkte aber auf das gesellschaftliche Selbstverständnis, den sozialen Status und die ökonomische Situation des Schriftstellers. Habitus bzw. *posture* setzen sich aus drei Konstituenten zusammen, die sich gegenseitig durchdringen bzw. substituieren: 1) Musils bewusstunbewusster Anspruch: sein ‚Recht auf Schreiben'; 2) objektive Modi des ökonomischen Erwerbs; 3) Musils reflektierte Selbstdefinition als Autor, die sich in komplementären Denk- und Handlungsmodalitäten niederschlug: in dem vorwiegend veröffentlichten Vorstellungskomplex vom ‚Dichter' und in dem Vorstellungskomplex von seiner eigenen ‚Geltung' im Nachlass. Während der Arbeit am Roman 1919–1942 ruhte die Sicherung der materiellen Existenz Musils auf mehrfach wechselnden Grundlagen. Insgesamt nutzte er sieben Modi der ökonomischen Existenzsicherung: 1) Familienkapital (bis 1930), 2) bürgerlicher Erwerbsberuf (bis 1922), 3) journalistische Tätigkeit (bis 1925), 4) Verlagsvorschüsse und Tantiemen (1925–1933 u. 1936–1938), 5) Preise und Förderungen (1923/1924 u. 1930/1933), 6) Mäzene (ab 1932), 7) Rente(nansprüche) (1936–1938).

2. Frau und Freunde

Musil praktizierte bei seiner literarischen Produktion Formen der Kooperation, in die er Frau und Freunde in einer Weise einspannte, welche fast schon an die kollaborativen Produktionsformen eines Bertolt Brecht gemahnen. Martha Musil lieferte nicht nur mit ihrem erotischen Vorleben vor der Eheschließung mit Musil (1911) den Stoff für Frauenfiguren in Musils Texten (Claudine, Veronika, Agathe); sie tippte auch seine literarischen Manuskripte und Briefkonzepte ab, war an den Verhandlungen mit Verlegern und privaten Förderern beteiligt, führte seine Korrespondenz und verwaltete die Finanzen. In einem Brief spricht Musil einmal mit Bezug auf Martha und sich selbst von den „zwei Autoren" des Romans *Der Mann ohne Eigenschaften* (MoE) (an Toni Cassirer, 17.11.1933, Br I, 594), in einer Tagebucheintragung beschreibt er Marthas Mit-Autorenschaft so: „Die Frau: Das nach außen u. über alle Maßen ‚verlängerte Mark' des Mannes. Vornehmlich bei Künstlern." (KA, H 35/34)

Freunde hatte Musil kaum; die drei, die er am ehesten als solche bezeichnet hätte, waren gleichsam Funktionäre in seinen literarischen Diensten. Der Kontakt zu dem engsten Freund in seiner Kinder- und Jugendzeit in Brünn, dem späteren Musikwissenschaftler und Komponisten Gustav Donath, brach ab, nachdem Musil Donath im *MoE* in der Figur Walter karikiert und dessen Ehe mit Alice Charlemont bedenkenlos für seine Romanzwecke ausgenutzt hatte. Auch der zweite Jugendfreund, Musils Studienkollege in Berlin, der Kunsthistoriker Gustav Johannes von Allesch, wurde Gegenstand von Musils literarischer Verarbeitung, und zwar in der Figur Anselm des Dramas *Die Schwärmer*; doch hatte diese Freundschaft Bestand: Allesch sollte 1929 sogar ein Buch über Musil schreiben (vgl. Brief an Allesch, 2.8.1929, Br I, 450) und half ihm 1930 bei den Fahnenkorrekturen des *MoE*. Der Schriftsteller, Übersetzer, Literaturkritiker und Zeitschriftengründer Franz Blei spielte für Musil zeitweise geradezu die Rolle eines Impresarios, auch er war 1930 an den *MoE*-Fahnenkorrekturen beteiligt. Der berühmte Berliner Großkritiker Alfred Kerr (1867–1948) kann als Musils Entdecker gelten, weil er dem *Törleß* zum Durchbruch verhalf: „Jeden Satz gingen wir zusammen durch", behauptete Kerr später (zit. nach Corino 2010, S. 172). Beiden Mentoren, Kerr wie Blei, widmete sich Musil in seiner Essayistik mit literaturpolitischen Betrachtungen, in denen er ihnen eine Modellfunktion im literarischen Betrieb zuerkannte (vgl. *Zu Kerrs 60. Geburtstag*, *Heute spricht Alfred Kerr*, *Franz Blei – 60 Jahre* sowie *Literat und Literatur*, GW II, 1180–1188 u. 1199–1225).

3. Verleger

Robert Musils Verhalten gegenüber seinen Verlegern wurde bisher eher kritisch betrachtet (vgl. Fuld 1983; Corino 2003, S. 938–966; Moldenhauer 2008); Verständnis für Musils Haltung, deren Wurzeln einerseits biografischer Natur sind, andererseits mit dem Selbstverständnis seiner Autorrolle zusammenhängen, erscheint allerdings durchaus angebracht (vgl. Fanta 2013/14). Über weite Strecken liest sich die Verlagsgeschichte Musils wie ein Lehrstück. Ab Anfang 1925 erhielt er vom Rowohlt Verlag Vorauszahlungen für den Roman; er beendete seine Tätigkeit als Kritiker und Essayist und versuchte in den folgenden Jahren, seine materielle Existenz auf den Rowohlt-Vorschüssen aufzubauen. Aus der vertraglichen Bindung an Rowohlt, die de jure bis 1936 bestehen blieb, erwuchs ein über zwölf Jahre andauernder psychischer Antriebs- und Belastungszyklus, mit Frustrationen über Terminüberschreitungen und schließlich aggressiver Stimmung gegen den Verleger, von dem sich der Autor in seiner Produktivität behindert sah. Eine fatale Zirkel-Struktur bestimmte Musils Verhältnis zum Verlag bis in seine letzten Lebensjahre: Der Autor fühlte sich vom Verlag – nicht nur finanziell – im Stich gelassen; außerdem empfand er das Drängen des Verlegers als störend: „Die Aufregung verdirbt mir immer das Konzept, so daß ich danach umfangreiche Verbesserungsarbeiten am Manuskript durchführen muß" (an Allesch, 20.12.1925, Br I, 391).

1929 erlebte Musil die Konfliktsituation mit Rowohlt bereits als ausgesprochen scharf: „Er [i.e. Rowohlt] ist böse auf mich, weil ich ihm das Manuskript immer noch nicht liefern kann, und hat damit ja nicht Unrecht; aber er nützt das in seiner Weise aus und hat sich Dinge erlaubt, die außerordentlich unordentlich sind, so daß unser

Verhältnis heute am Zerreißen ist." (an Allesch, 2.8.1929, Br I, 450) Für Musil waren die Verlagsvorschüsse zu dieser Zeit schon überlebenswichtig, da ihn die Arbeit an dem Monsterprojekt des Romans so sehr gefangen nahm, dass an einen Nebenerwerb nicht mehr zu denken war. Außerhalb von Musils Wahrnehmungsfeld lag, dass Rowohlt um die ökonomische Existenz seines Verlags bangte und sein Engagement für Musil ein zusätzliches Risiko war, weil er einen materiellen Erfolg des *MoE* für aussichtslos halten musste. Otto Gerschel, ein mit der Verlagssanierung beauftragter Treuhänder, sei bei der Überprüfung der Buchprojekte auf ihre Rentabilität bei Cheflektor Paul Mayer auf granitenen Widerstand gegen die Nicht-Verlängerung des Vertrags mit Musil gestoßen, weiß die offizielle Verlagschronik zu berichten. In ihr schreibt sich der Verlag noch heute die Heldenrolle bei der ‚schweren Geburt' (Moldenhauer 2008) des *MoE* zu, und dem Autor eher die Rolle des Schwerenöters, dessen Vorschüsse in keinem Verhältnis zum Erfolg gestanden hätten. Die 1931 durch Rowohlt erzwungene Teilung des Zweiten Buchs war Musil zufolge für das Nichtzustandekommen des Romanabschlusses mitverantwortlich (vgl. Fanta 2000, S. 399, u. 2013/14, S. 62f.). (→ III.3.4 *Nachlass*) Hinter diesen gegensätzlichen Positionen verbirgt sich ein Interessenskonflikt, der für das Schreiben von literarischen Texten unter Marktbedingungen als exemplarisch gelten kann. Der Verleger Ernst Rowohlt besetzte im Literaturbetrieb der Weimarer Republik eine Schlüsselstellung, weil er mehr als alle anderen großen Literaturverlage auch literarische Texte jenseits des Mainstreams verlegte und sich des Prinzips der Querfinanzierung bediente, indem er die mit Bestsellerautoren erwirtschafteten Einnahmen schwer vermarktbaren Buchprojekten wie dem *MoE* zugutekommen ließ. Musils Status als den Produktionsbedingungen der ausgehenden Weimarer Republik nicht angepasster Autor geht aus einer Äußerung Heinrich Manns im Zusammenhang mit einer beabsichtigten Werkbeihilfe von Anfang 1933 hervor: „Es ist wohl die Frage, ob ein Autor ohne Kapital sich heute auf eine vieljährige Arbeit einlassen darf." (Heinrich Mann an Oskar Loerke, 16.1.1933, Br I, 558)

Vordergründig teilte Musil die Skepsis hinsichtlich der ökonomischen Vertretbarkeit des Großprojekts, das ihn, nachdem er sich ihm einmal mit Leib und Leben verschrieben hatte, zur Verzweiflung und in ein Gefühl des Ausgeliefertseins an Rowohlt trieb, der sich „immer verschanzt hinter kaufmännische[n] Berechnungen, deren letzter Sinn der ist, daß er kein Vertrauen in den Absatz hat, obgleich er den künstlerischen Wert nach dem Urteil seines Lektors hochhob." (an Allesch, 9.5.1930, Br I, 463) Aus der Sicht Musils stellte sich der Konflikt als unlösbar dar, sein *MoE* war sowohl vor der Finanzkrise als auch danach, sowohl vor der nationalsozialistischen Machtergreifung als auch danach stets dasselbe „halbe Riesenbuch" (ebd.). Für Rowohlt indessen bedeutete es Mitte der 1920er Jahre etwas anderes, Musils Großprojekt eine Langzeitförderung angedeihen zu lassen als 1931/32 und noch einmal etwas anderes 1933 und in den Folgejahren. Nominell blieb Musil bis 1936 Autor Rowohlts, doch substanziell gelangte die Autor-Verleger-Beziehung Anfang 1933 bereits zu einem Ende; es floss kein Geld mehr, der erste Teilband des Zweiten Buchs konnte sich am deutschen Markt nicht durchsetzen. Unter den Entwürfen des fallengelassenen Vorworts zum *Nachlaß zu Lebzeiten* von 1935 finden sich Passagen in äußerst kritischem Ton, ein bitteres Epitaph auf das klinisch tote Autor-Verleger-Verhältnis: „Er [i. e. Rowohlt] glaubt, ich selbst zu sein. / Akzeptiert es gern, daß es ein ungeheures Risiko sei, ein Buch wie den *MoE* zu verlegen. / Er behält alle Eingänge zurück. Er hat für sich abgestrichen u[nd] nicht für mich[.] / Er macht mit den Verträgen, was er will, als hätte er sie mit sich selbst abgeschlossen." (KA, M II/1/57)

Als eine Art Epilog zur Geschichte der Schwierigkeiten mit Rowohlt lässt sich die versuchte Publikation des zweiten Teils des Zweiten Buchs des *MoE* beim Bermann-Fischer Verlag 1937/38 auffassen. Die Situation von 1932/33 wiederholte sich, indem das Gedeihen des Romans offenbar an einem neuralgischen Punkt angelangt war und ein Abschluss dem Anschein nach bevorstand, durch radikale Veränderungen der politischen Lage jedoch wieder aufgeschoben wurde und durch den Wegfall der Publikationsmöglichkeit schließlich in weite Ferne rückte. Die Kommunikation mit dem Verleger Gottfried Bermann Fischer hatte nach dessen Exodus von Wien nach Stockholm längst ähnlich verkrampfte Formen angenommen wie ehemals mit Rowohlt. Auch mit ihm rang Musil um die Zahlung von Vorschüssen bei ungewissem Abschluss des Romans. In Viktor Zuckerkandl, dem Lektor Bermann Fischers, erkannte er immerhin eine Vertrauensperson; die Korrespondenz, die Musil aus der Schweiz mit Zuckerkandl in Stockholm 1938/39 noch führte, dokumentiert Enttäuschung, Gekränktsein und wachsende persönliche Antipathie gegen den Verleger. Dass diesem an Musil tatsächlich wenig gelegen war, wird in seinen Memoiren freilich kaum widerlegt. Die Renommierautoren des ehemaligen S. Fischer Verlags, Thomas Mann und Hermann Hesse, standen ihm deutlich näher (vgl. Bermann Fischer 1971, S. 154). Wenn er Bermann Fischer auch „keine Träne" (Br I, 1422) nachweinte, wie Musil in seinem letzten Briefentwurf an Henry Hall Church notierte, so klang in einem weiteren späten Reflex auf den verlorenen Verlagskrieg jedoch auch die Einsicht an, in einer kritischen Situation falsch disponiert zu haben, „[i]n einem schweren Augenblick, wo ich innerlich nicht mit mir fertig wurde". Er zeigte sich geneigt, für seine „innere Opposition gegen die Freunde u. Feinde, Wunsch, weder da noch dort zu sein, u. doch Klage darüber, daß man mich da u. dort abstößt", die Möglichkeit einzuräumen, dass er „selbst Schuld daran trage" (Tb I, 972).

4. Institutionen

Dass Musil seinen Roman nicht vollenden konnte, war u.a. auch von strukturellen Bedingungen literarischer Produktion in der Weimarer Republik und in der österreichischen Ersten Republik tangiert. Dazu gehört in seinem Fall das mehrmalige Versagen staatlicher und institutioneller Kulturpolitik. Musil erhielt 1923 den Kleist-Preis und 1924 einen Kunstpreis der Stadt Wien. Doch bereits die Schwierigkeiten bei der Vergabe des Hauptmann-Preises weisen auf die drohende Funktionsuntüchtigkeit der institutionellen Mechanismen hin. Der Preis wurde Musil im Dezember 1929 zuerkannt; seine Auszahlung verzögerte sich unter für den Autor äußerst nervenaufreibendem Hin und Her bis Ende Mai 1930. Das Zögern hing wahrscheinlich mit den Auswirkungen der Weltwirtschaftskrise auf die Gerhart-Hauptmann-Stiftung zusammen. Eine Anfang 1933 auf Initiative Thomas Manns von der Sektion für Dichtung der Preußischen Akademie der Künste geplante Werkbeihilfe für Musil, die diesem bereits zugesagt war, blieb wegen der nationalsozialistischen Machtübernahme schließlich aus.

Die Rückverlegung des Lebensmittelpunktes von Berlin nach Wien 1933 brachte keine Veränderung der Situation zum Besseren. Das offizielle ständestaatliche Österreich, das seine literaturpolitischen Förderungsmaßnahmen zunehmend auf das Feld völkisch-‚bodenständiger' Literaturproduktion einschränkte, ignorierte Musils schriftstellerische Existenz. Dieser ging innerlich auf scharfe Distanz zur Kulturpolitik des Ständestaats, von ihm als „Kulturpolitikskultur" (KA, M VI/1/62) tituliert (vgl. Amann 2007, S. 77–85). In seinen Arbeitsheft-Eintragungen geißelte er die „böse Geistlosigkeit der österr.[eichischen] Kulturpolitik" (KA, H 34/82), die Praxis der Kunstförderung (vgl. KA, H 30/56, 34/54 u. 34/63), die Vergabe der Staatspreise für Literatur (vgl. KA, H 34/31), die Verlagspolitik (vgl. KA, H 34/32) und die Ignoranz der Bundesländer: „[K]eines der Bundesländer beansprucht mich für sich." (KA, H 33/23)

Beim Pariser „Schriftstellerkongreß für die Verteidigung der Kultur" (Juni 1935) wurde Musils Status als Außenseiter innerhalb der deutschsprachigen Exil-Literatur und sein problematisches Verhältnis zu ihren Förderungsmechanismen sichtbar. (→ III.2.2 *Reden*) In den Jahren des Schweizer Exils 1938–1942 erhoffte Musil nicht ganz ohne Erfolg, aber ohne die Gewähr einer Gegenleistung, die Unterstützung durch Emigranten- und Flüchtlingshilfsorganisationen. Der Beitritt zur Vaterländischen Front am 3. November 1936 diente einzig dem Kalkül, von der Republik Österreich eine Art Sonderpension zu erhalten. Im Zuge der Bemühungen darum richtete er sogar ein Ansuchen an Bundeskanzler Kurt Schuschnigg persönlich (vgl. Brief an Schuschnigg, 21.11.1936, Br I, 747). Musils ideologisch inkonsequente ‚Annäherung' an den obersten Repräsentanten des in privaten Aufzeichnungen geschmähten austrofaschistischen Systems legitimierte er vor sich selbst mit dem Argument seiner eigenen Betriebsferne. Allzu viele Zugeständnisse an die Ständestaat-Ideologie machte er in dem Brief nicht; er erwähnte bloß, dass seine „Familie nach bescheidenen Kräften ein kleiner Teil des großen, alten unaufdringlich verdienstvollen Österreich gewesen" (Br I, 748) sei. Eine formale Begründung für seinen Pensionsanspruch entwickelte Musil am Ende seines Briefes auf der Grundlage seiner Vorkriegs-, Kriegs- und Nachkriegstätigkeit im Dienst des österreichischen Staates. Musil hatte dabei das Ziel vor Augen, eine von Gefolgschaftsforderungen unabhängige, wenn auch nur schmale, so doch solide materielle Basis zu erhalten, die eine Ablöse seines Anspruchs auf das Familienvermögen zur Finanzierung seiner schriftstellerischen Existenz durch den Staat bedeuten würde; es ist also nachvollziehbar, dass er im Brief an den Bundeskanzler derart ausführlich mit seinen Vorfahren argumentiert. Doch seine Anstrengungen waren vergeblich, die „Gnadenpension" blieb unerreichbar (Anton von Sperl an Musil, 13.2.1937, Br I, 765). Unmittelbar nach dem ‚Anschluss' Österreichs nahm Musil die Bemühungen um die Zuerkennung einer staatlichen Pension wieder auf und trug sie den gleichgeschalteten deutschen Stellen in Wien vor, in Person des ehemaligen Kriegsvorgesetzten und nunmehrigen NSDAP-Reichstagsabgeordneten und SA-Brigadeführers Alfred Krauß (vgl. Schaunig 2014, S. 60). Seine Argumentation ging jetzt vom Hinweis auf ein Engagement für den Anschluss Österreichs an das Deutsche Reich als Redakteur der *(Tiroler) Soldaten-Zeitung* 1916/17 aus (vgl. Brief an Krauß, April/Mai 1938, Br I, 815). (→ III.2.6 *Kriegspublizistik*) Die naive Berufung auf seine alten Artikel erscheint aus heutiger Sicht angesichts der unumwunden völkischen Linie und längst praktizierten (Über-)Anpassung vieler österreichischer Autorinnen und Autoren an die Bedingungen des ‚Dritten Reichs' nachgerade absurd. Der Großteil der Schriftsteller-Konkurrenz, einschließlich der bis 1938 pronociert ständestaatlichen Autoren, besaß wesentlich durchsetzungsfähigere Argumente als Musil (vgl. Amann 1988, S. 84 u. 164).

5. Mäzene

Am tragfähigsten für die ökonomische Sicherung von Musils schriftstellerischer Existenz in den 1930er Jahren erwies sich eine nicht-marktbezogene, nicht-staatliche, nicht-institutionalisierte Instanz: die an keine Form gebundene private Förderung durch einen Kreis von Lesern und Gönnern. Ihr Anfang fiel mit den Zahlungsweigerungen des Rowohlt Verlags 1932 zusammen. Ein auf wenige Personen beschränkter Kreis vermögender, liberaler und häufig jüdischer Kunstfreunde unter der Führung des Kunsthistorikers Curt Glaser schloss sich zur sogenannten Berliner Musil-Gesellschaft zusammen, um Musil die Weiterarbeit am *MoE* zu ermöglichen und den Autor vor dem materiellen Abgrund zu retten (vgl. Corino 2003, S. 1101–1105). Die Berliner Initiative brachte die Druckfinanzierung des Teilbands 1932 zustande. Auch nach der Rückkehr nach Wien 1933 war Musil auf die Unterstützung einer Gruppe von privaten Förderern angewiesen, der noch informelleren Wiener Musil-Gesellschaft, die sich – federführend waren Erna und Bruno Fürst – 1934 zusammenfand. Musil blieb bis zu seinem Lebensende vom guten Willen und der Opferbereitschaft privater Förderer abhängig. Die Trennung von Rowohlt und der Übertritt zum neuen Verleger Bermann Fischer gelang 1937 nur, weil Erna Fürst für Musil Rowohlts Verlagsrechte und die Restauflagen des *MoE* aufkaufte (vgl. Corino 2003, S. 1242–1245).

Während seines Aufenthalts in der Schweiz war das Ehepaar Musil zur Gänze auf Zuwendungen von vermögenden Einzelpersonen und privaten karitativen Organisationen angewiesen, da ihr Aufenthaltsrecht an die Bedingung geknüpft war, keinem Gelderwerb nachzugehen und Musil daher nicht publizieren durfte. Spenden erfolgten vom Zürcher Pfarrer Robert Lejeune, von Henry Hall Church, der „American Guild" und dem Genfer „Comité International pour le Placement des Intellectuels Réfugiés". Die vollständige Abhängigkeit von privaten Förderern mit der damit verbundenen Unregelmäßigkeit und Unsicherheit der Existenzsicherung löste enorme, aber meist uneingestandene Ängste aus. Ökonomisch betrachtet, war Musil in den Status eines Almosenempfängers abgesunken, er insistierte in Lebensführung und persönlichen Attitüden jedoch auf seiner Rolle als bürgerlicher Intellektueller. Diese seine „soziologische Neurose" (George Saiko, zit. nach Frisé 1980, S. 78) pflegte er gelegentlich in einem auffallend unnachgiebigen, fordernden Verhalten gegenüber seinen Förderern, die er über den Romanfortgang, den sie finanzierten, notorisch falsch informierte. Zu unverhohlenen Vorwürfen der Pflichtvergessenheit ließ sich Musil hinreißen, wenn Zuwendungen nicht zum erwarteten Zeitpunkt und in erwarteter Höhe eintrafen. In höchst eigenwilliger Weise, zu der sich schwer ein Pendant finden lässt, trieb er ökonomisches Kapital unter Berufung auf sein symbolisches ein und verteidigte sein ‚Recht auf Schreiben', indem er die, die sich zu ihm bekannt hatten, zwang, sich seinem Anspruch zu beugen. Der Vergleich mit Bewunderer- und Förderer-Zirkeln um andere Autoren hält nicht stand, weil Musil nie den Mittelpunkt eines programmatischen Kreises bildete, sondern mit seinen literarischen Anliegen ganz für sich blieb. Gegen Stefan George beispielsweise und die um ihn betriebene „geistige Diktatorenverehrung" (KA, H 34/81) sprach sich Musil mehrfach aus. Hyperempfindlich gegen jede Art von Ablenkung und Störung, ordnete Musil alle seine Lebensbezüge bis zum letzten Tag dem Schreiben am *MoE* unter. Er führte seinen schwierigen materiellen Existenzkampf während der Schweizer Jahre mit buchstäblich literarischen Mitteln, indem er täglich Briefe an seine potentiellen und vorhandenen Mäzene und Mittelsmänner zu Mäzenen schrieb, die Briefproduktion übertraf die literarische Produktion längst bei Weitem. (→ III.3.1 *Briefe*)

6. Kollegen

In Abschnitten seiner schriftstellerischen Laufbahn darf man sich den Autor Robert Musil als im literarischen Betrieb sehr gut vernetzt vorstellen. Dies gilt für die Zeit unmittelbar vor dem Ersten Weltkrieg, in der er als Redakteur für die *Neue Rundschau* in Berlin tätig war und Kontakt mit Autoren wie Alfred Wolfenstein, Reinhard Johannes Sorge, Carl Einstein, Kurt Hiller, Leonhard Frank, Max Brod und Franz Kafka aufnahm (vgl. Pfohlmann 2003, S. 325–360, u. 2012, S. 64–67) sowie für die Periode 1918–1933 (vgl. Wolf 2008). In den letzten Monaten vor dem Ende des Ersten Weltkriegs trafen Musil und seine Frau Martha in den Wiener Cafés Central und Herrenhof regelmäßig eine Reihe von Literaten und Intellektuellen, darunter Franz Blei, Robert Müller, Erhard Buschbeck, Franz Theodor Csokor, Albert Paris Gütersloh, Karl Otten, Alfred Polgar, Egon Erwin Kisch und Leonhard Frank. Oskar Maurus Fontana, der damals im Landesverteidigungskommando Dienst tat, bezeichnete diese Zusammenkünfte scherzhaft als „Mokka-Symposion" (Fontana 1960, S. 326). Zwischen Musil und Robert Müller bildete sich in der Zeit nach Kriegsende ein engerer Kontakt heraus, der ihn dazu bewegte, sich der von Müller gegründeten Gesellschaft „Katakombe" anzuschließen. Aus dem Kreis diskutierender Intellektueller und ihren aktivistischen Plänen ging 1919 die Verlagsgründung „Literaria A. G." hervor. Zusammen mit Müller unterschrieb Musil im Dezember 1918 das von Kurt Hiller initiierte Programm des „Politischen Rates geistiger Arbeiter". Diese Unterschrift leistete er gemeinsam mit Aktivisten wie Frank Thiess, Richard Coudenhove-Kalergi, Kasimir Edschmid, Otto Flake, Magnus Hirschfeld, Arthur Holitscher, Leo Matthias, Carlo Mierendorff, René Schickele, Fritz von Unruh und Paul Zech. Es handelt sich um ein Programm gegen den Kriegsdienst, gegen die Unterdrückung der Arbeiter, für eine gerechte Verteilung materieller Lebensgüter, für die Trennung von Kirche und Staat, die Reform der Erziehung, die Freiheit des Geschlechtslebens und die Beteiligung eines „Rates der Geistigen" an der Regierung. Im November 1922 trat Musil gemeinsam mit Robert Müller dem Schutzverband deutscher Schriftsteller in Österreich (SDSOe) bei. Er wurde noch im selben Jahr Vorstandsmitglied dieses von Hugo von Hofmannsthal geleiteten Verbands und wirkte darin bis zum 7. Oktober 1929 in der Funktion eines Zweiten Vorsitzenden mit. Zu den standespolitischen Aktivitäten des SDSOe, die Musil mittrug, gehörte die Stellungnahme gegen ein österreichisches ‚Schmutz- und Schund-Gesetz'; u. a. nahm er in dieser Sache am 8. Juni 1928 an einer Delegation bei Bundeskanzler Ignaz Seipel teil. Zur Feier des 20-jährigen Jubiläums des SDS am 16. Dezember 1934 im Saal des Wiener Ingenieur- und Architektenvereins hielt Musil die Festrede (*Der Dichter in dieser Zeit*, GW II, 1243–1258). (→ III.2.2 *Reden*)

Ein Briefentwurf im Nachlass an den Vorstand des SDS in Österreich belegt Musils Empfindlichkeit in Rangfragen auch als standespolitischer Funktionär, er reagierte gekränkt auf die nicht erfolgte Ernennung zum Ehrenvorsitzenden (vgl. KA, M VI/3/154). Darin deutet sich das von Spannungen geprägte Verhältnis zu Schriftstellerkollegen an, das für Musil charakteristisch wurde. Er empfand stets ein ausgeprägtes Konkurrenzverhältnis zu Autoren, die bei ähnlichen Zielen erfolgreicher waren, wie Thomas Mann oder Hermann Broch. Thomas Mann gegenüber sah er sich insgeheim einem zunehmenden Rechtfertigungsdruck ausgesetzt, je mehr der Rivale sich öffentlich für ihn aussprach. So hegte er Sorge, als Plagiator angesehen zu werden: Für eine seiner Vorreden zum *MoE* notierte er 1930, bezogen auf eine Beschreibung der körperlichen Erscheinung Diotimas: „Fettpolster wird an Zauberberg erinnern" (KA, M II/1/222). Die geplante Rechtfertigung unterblieb freilich; was Musil sich vornahm, klingt auch wenig überzeugend: „Sagen, daß gleichzeitig entstanden, in der Luft liegt, daß es also auf das ankommt, was der Autor dazu sagt." (ebd.) Hermann Broch gegenüber agierte er gar mit dem Plagiats-Vorwurf. „Ich habe aber die Ehre, ihre militante Art seit Jahren zu kennen", reagiert der Autor der *Schlafwandler* auf einen brieflichen Anwurf Musils, der nicht erhalten ist, dessen Tenor aber aus Brochs Antwort rekonstruierbar scheint: „An und für sich ist Ihr Brief, verehrter Herr Doctor, nämlich unbeantwortbar. Denn der kaum versteckte Vorwurf, ich hätte Ihren Namen verschwiegen, um meine eigene Wirkungsmöglichkeit zu sichern oder zu vergrößern, ist [...] einfach ungeheuerlich." (Broch an Musil, 2.9.1933, Br I, 580) Offenbar konnte Musil „keine Ähnlichkeit mit zeitgenössischen Werken [...] ertragen" (Heftrich 1986, S. 150), er insistierte unnachgiebig auf seiner eigenen, unbedingten Originalität. Dass er „manchmal sehr bewußt auftrete", entschuldigte Musil dem dänischen Kritiker Frederik Schyberg gegenüber damit, „daß ich mich fast ebenso lange, als ich schreibe, in einem latenten Gegensatz zur zeitgenössischen Literatur, vornehmlich zur deutschen befinde" (an Schyberg, 11.3.1939, Br I, 956). Er sah sich nicht außerhalb der ‚Dichtung seiner Nation' stehen, doch Schreiben war für ihn Wettbewerb, das Werk die Waffe. Elias Canetti analysierte diesen agonalen Zug an Musil: „Seine Haltung zu Männern war eine des Kampfes. Er fühlte sich im Krieg nicht fehl am Platz, er sah darin eine persönliche Bewährung. [...] Er hatte eine natürliche oder sagen wir traditionelle Einstellung zum Überleben und schämte sich ihrer nicht. Nach dem Krieg trat der Wettbewerb an dessen Stelle, darin war er wie ein Grieche." (Canetti 1985, S. 180)

7. Musils Selbstbild als Autor

Musil stellte sich nicht gegen die Regeln des literarischen Wettbewerbs, im Gegenteil: Die Korrespondenz, welche die Teilpublikation des *MoE* 1930 begleitete, vermittelt den Eindruck, er suche die Öffentlichkeit und erwarte ihre Resonanz mit Ungeduld. An der Aufnahme des ersten Romanbands nahm er regen Anteil; ihr Verlauf war allerdings dazu angetan, den Autor zu ernüchtern. Vielfache farbige Unterstreichungen und handschriftliche Anmerkungen in der von Musil selbst angelegten Sammlung von Zeitungsausschnitten mit Rezensionen zum Ersten und Zweiten Buch, die sich heute in der Wiener Nationalbibliothek befindet, bezeugen, wie intensiv der Autor sich mit den Kritiken befasst hat. (→ IX.1 *Rezeption zu Lebzeiten*) Das Erste Buch stellte sich vor allem als ein großer Kritiker-Erfolg dar, der die zu dieser Zeit bereits bedrückende finanzielle Situation Musils freilich keineswegs entschärfen konnte. Dass „man den Mann o. E. imstande ist, bis aufs Höchste zu loben, beinahe ohne daß dabei für den Dichter davon etwas abfällt" (an Allesch, 15.3.1931, Br I, 504), verwunderte ihn. Die Feststellung bezieht sich nicht allein auf finanziellen Misserfolg, sondern auch auf die Frage der künstlerischen Reputation: Dass er „unter den deutschen Dichtern bisher unterschätzt worden sei, davon spricht kein Mensch, so als ob das eine ganz andere Sache wäre." (Br I, 504) Die literarische Öffentlichkeit trat aus seiner Sicht in ein Gläubigerverhältnis zu Musil, sie hatte rückwirkend Wiedergutmachung für die mangelnde Resonanz zu leisten. Das Schreiben an Thomas Mann vom 5. Dezember 1932 bestätigt, wie sehr sich Musil durch die Publikation des ersten Teilbands des Zweiten Buchs in die Geiselhaft öffentlicher Anerkennung begeben hatte. Thomas Mann bezeichnete den *MoE* 1932 in der Weihnachtsumfrage des *Tagebuchs* neuerlich, wie schon 1930, als bestes Buch des Jahres. Bevor er nach dem Aufruf „Lest es!" seine Argumente für Musils Roman formulierte, sprach der Rivale sehr direkt die mangelnde Markttauglichkeit an: „Braucht Robert Musils großer Roman *Der Mann ohne Eigenschaften* heute noch meine Empfehlung? Er braucht sie nicht, ich bin durchdrungen davon, in der Sphäre des Geistes. Aber er braucht sie im elend Wirklichen." (KA, Bibliographie, Thomas Mann, *Das Tagebuch*, 3.12.1932) Die Zustimmung des Literatur-Nobelpreisträgers erwies sich aber nicht als wirksam genug, um die allgemeine Aufnahme durch die Kritik und die Verkaufsziffern zu verbessern und Musil damit die nötige Ermutigung zukommen zu lassen. Fraglich bleibt, ob die direkte Intervention Thomas Manns überhaupt eine Chance hatte, dem Abdriften des literarischen Mainstreams in die Bahn der völkischen Literatur noch eine Wendung zu geben.

Mitte der 1930er Jahre fühlte sich Musil gebremst, aber nicht besiegt. Public Relations waren ihm zwar dem Begriff nach, doch nicht in der Bedeutung fremd. Bemühungen, zur Anregung von Übersetzungen und damit zur Vermittlung des Romans im nicht-deutschsprachigen Ausland beizutragen, nachdem NS-Deutschland als Markt so gut wie nicht in Frage kam, dokumentieren das Öffentlichkeitsbewusstsein des Autors. (→ IX.3 *Übersetzungen*) In einem Brief an Moritz Scheyer, Redakteur beim *Neuen Wiener Tagblatt*, beanstandete Musil im Januar 1936 mit sehr scharfem Blick für das Detail eine fehlgelaufene PR-Aktion, eine Rezension des eben in Zürich erschienenen *Nachlaß zu Lebzeiten*:

> Die Behandlung, die ich dabei gefunden habe, ist ja wohl indiskutabel u. entspricht meiner Stellung nicht, auch wenn man diese noch so skeptisch beurteilen wollte. Sie selbst haben einmal die Güte gehabt, in einem Feuilleton über mich die Frage aufzuwerfen, warum ich in Österreich so wenig bekannt sei. Ich darf heute, wie ich glaube, auf diesen Fall als ein Beispiel hinweisen, dem ein großer Teil der Antwort abzulesen ist. (an Scheyer, 13./16.1. 1936, Br I, 701)

Deutlich erkennbar ist neben dem ausgeprägten Sinn für werbepsychologische Einzelheiten die Betonung der eigenen Stellung im Sinne einer ‚Marke Autor'. Das Streben nach Öffentlichkeitswirksamkeit musste sich nach dem Wegfall Deutschlands als Markt auf die noch zugänglichen deutschsprachigen Märkte Österreichs, der Schweiz und der Tschechoslowakei beschränken und ist sichtbar in weiteren Briefen Musils, etwa an Harry Goldschmidt, Musikkritiker der Baseler *National-Zeitung*, in dem er sich über die öffentliche Resonanz seiner Lesung in Basel am 17. November 1935 Aufschluss zu verschaffen sucht (vgl. Brief an Goldschmidt, 24.11.1935, Br I, 674). Musils internationales Renommee blieb freilich äußerst beschränkt und seine Stellung im Literaturbetrieb des ständestaatlichen Österreich die eines Außenseiters. 1931 beklagte er sich noch eher scherzend: „Jetzt kämpft das vereinigte Philistertum Österreichs dafür, daß Wildgans den Nobelpreis erhalte, […] und mir, der ich in solcher

Konkurrenz nicht chancenlos wäre, fehlt die Hauptwaffe" – nämlich der fertige *MoE* (an Allesch, 17.4.1931, Br I, 511). In das Autobiografie-Heft trug er 1937 ein: „Es ist mir verwehrt, in Österreich ein Dichter zu werden" (KA, H 33/23); 1940/41 stellte er die „Unfähigkeit solcher Tätigkeit wie meiner" fest, „auch nur auf den Oberösterreicher oder Kärntner zu wirken." (KA, H 32/63) Es entsprach Musils Verständnis seiner öffentlichen Stellung, dass er es ablehnte, sich der Literatur des 1938 von der Landkarte Europas eliminierten Österreich zurechnen zu lassen. Er wollte auch angesichts des Schrecken verbreitenden Deutschen Reiches ein ‚deutscher Dichter' bleiben und nicht zur Rolle des österreichischen Schriftstellers Zuflucht nehmen und den Boten eines verlorenen Landes von peripherer Geltung spielen. Postum formuliert: „Robert wäre aber nicht recht gewesen, daß man ihn immer den ‚österreichischen' Dichter nennt." (Martha Musil an Nellie Kreis, 18.5.1942, Br I, 1430)

Musils Geltungsbewusstsein, geprägt von der langen finanziellen Abhängigkeit von seinem Vater, der nie geglückten (weil nie entschieden angestrebten) Integration in ein bürgerliches Berufsleben, der Abhängigkeit von Zeitungen, Zeitschriften und Verlagen, ist das eines sozial und ökonomisch Machtlosen, eines dagegen intellektuell und emotional Machtbewussten und -hungrigen. Die Charakterisierung des jungen Musil durch Moritz Heimann, Lektor beim S. Fischer Verlag, adressiert an Samuel Fischer, den Eigentümer der *Neuen Rundschau*, bringt es auf den Punkt:

Sein Talent, das unnachgiebig und diamanthart ist, ist doch auch zähe und entbehrt der eigentlichen Produktivität, worunter ich nicht die Menge des Geschaffenen verstehe, sondern eine eigentümliche, schwer zu definierende Spannung. Ganz im Einklang damit ist es, daß seine Natur und sein Geist um sich selber kreisen, in allen Instinkten exklusiv sind und des Hochmuts sich nur aus Höflichkeit entschlagen. (10.1.1914, zit. nach Corino 2010, S. 69)

8. Resümee

Musils Schritte im literarischen Feld sind in zweierlei Hinsicht für die Forschung von Belang: Erstens lassen sich aus ihnen soziokulturelle Krisensymptome festmachen, welche vor allem die Weimarer Republik und die Erste österreichische Republik betreffen. Die handschriftliche Klage „Ich kann nicht weiter" (KA, M II/1/141) vom Herbst 1933 bringt diese Krise zur Sprache: Das ökonomische Desaster, das Versagen der Vermittler, das Desinteresse des Publikums, als Nation apostrophiert, die es ihm nicht gestattete, ihr als Dichter zu dienen. Die Anklagen steigern sich beinahe bis zur Suiziddrohung: „Ich glaube, daß man außer unter Selbstmördern nicht viele Existenzen in einem Augenblick gleicher Unsicherheit antreffen wird und ich werde mich dieser wenig verlockenden Gesellschaft kaum entziehn können." (ebd.) Zweitens ist zu diskutieren, ob nicht auch historisch-politische und literatursoziologische Faktoren für den Nicht-Abschluss des *MoE* verantwortlich gemacht werden können (vgl. Fanta 2000, S. 468f., u. 2015, S. 113–118; dagegen Mülder-Bach 2013, S. 445). Das von Musil 1933 in einem Schreiben an Franz Blei Vorausgeahnte tritt ein: „Ich weiß weder, wie ich materiell diese deutsche Geisteskrisis überdauern soll, noch sehe ich einen Leserkreis, für den ich mein Buch fertig machen kann, schreibe also daran weiter wie einer, der auf eine abgebrochene Brücke hinausgeht." (an Blei, 11.8.1933, Br I, 577f.)

9. Literatur

Amann, Klaus: Der ‚Anschluß' österreichischer Schriftsteller an das Dritte Reich. Institutionelle und bewußtseinsgeschichtliche Aspekte. Frankfurt a. M.: Athenäum 1988.

Amann, Klaus: Robert Musil – Literatur und Politik. Mit einer Neuedition ausgewählter politischer Schriften aus dem Nachlass. Reinbek b. Hamburg: Rowohlt 2007.

Bermann Fischer, Gottfried: Bedroht – bewahrt. Weg eines Verlegers. Frankfurt a. M.: Fischer 1971.

Bourdieu, Pierre: Zur Genese der Begriffe Habitus und Feld. In: ders.: Der Tote packt den Lebenden. Hamburg: VSA 1997, S. 59–78.

Canetti, Elias: Das Augenspiel. Lebensgeschichte 1931–1937. München, Wien: Hanser 1985.

Corino, Karl: Robert Musil. Leben und Werk in Bildern und Texten. Reinbek b. Hamburg: Rowohlt 1988.

Corino, Karl: Robert Musil. Eine Biographie. Reinbek b. Hamburg: Rowohlt 2003.

Corino, Karl (Hg.): Erinnerungen an Robert Musil. Texte von Augenzeugen. Wädenswil: Nimbus 2010.

Dinklage, Karl (Hg.): Robert Musil. Leben – Werk – Wirkung. Reinbek b. Hamburg: Rowohlt 1960.

Fanta, Walter: Die Entstehungsgeschichte des *Mann ohne Eigenschaften* von Robert Musil. Wien u. a.: Böhlau 2000.

Fanta, Walter: Das Geld, der Dichter, *Der Mann ohne Eigenschaften* und seine Verleger. In: Musil-Forum 33 (2013/14), S. 59–81.

Fanta, Walter: Krieg. Wahn. Sex. Liebe. Das Finale des Romans *Der Mann ohne Eigenschaften* von Robert Musil. Klagenfurt: Drava 2015.

Fontana, Oskar Maurus: Erinnerungen an Robert Musil. In: Karl Dinklage (Hg.): Robert Musil. Leben – Werk – Wirkung. Reinbek b. Hamburg: Rowohlt 1960, S. 325–344.

Frisé, Adolf: Ein Plädoyer für Robert Musil. Reinbek b. Hamburg: Rowohlt 1980.

Fuld, Werner: Der Schwierige. Zu Verlagsproblemen Robert Musils. In: Text + Kritik (^{3}1983), H. 21/22, S. 44–62.

Heftrich, Eckard: Musil. Eine Einführung. München: Artemis 1986.

Kraft, Herbert: Musil. Wien: Zsolnay 2003.

Luserke, Matthias: Robert Musil. Stuttgart, Weimar: Metzler 1995.

Meizoz, Jérôme: Die *posture* und das literarische Feld. Rousseau, Céline, Ajar, Houellebecq. In: Markus Joch, Norbert Christian Wolf (Hg.): Text und Feld. Bourdieu in der literaturwissenschaftlichen Praxis. Tübingen: Niemeyer 2005, S. 177–188.

Moldenhauer, Dirk: Eine schwere Geburt: *Der Mann ohne Eigenschaften*. In: Hermann Gieselbusch u. a. (Hg.): 100 Jahre Rowohlt. Eine illustrierte Chronik. Reinbek b. Hamburg 2008, S. 86–88.

Mülder-Bach, Inka: Robert Musil: *Der Mann ohne Eigenschaften*. Ein Versuch über den Roman. München: Hanser 2013.

Pfohlmann, Oliver: „Ein Mann von ungewöhnlichen Eigenschaften". Robert Musil, die *Neue Rundschau*, der Expressionismus und das „Sommererlebnis im Jahre 1914". In: Weimarer Beiträge 49 (2003), H. 3, S. 325–360.

Pfohlmann, Oliver: Robert Musil. Reinbek b. Hamburg: Rowohlt 2012.

Pfohlmann, Oliver: „Glücklich und feldzugsplanend"? Robert Musil, die *Neue Rundschau* und die „Jüngste Generation". In: Musil-Forum 33 (2013/14), S. 82–100.

Schaunig, Regina: Der Dichter im Dienst des Generals. Robert Musils Propagandaschriften im Ersten Weltkrieg. Klagenfurt, Wien: kitab 2014.

Wolf, Norbert Christian: Zwischen Diesseitsglauben und Weltabgewandtheit. Musils Auseinandersetzung mit den Berliner literarischen Strömungen. In: Annette Daigger, Peter Henninger (Hg.): Robert Musils Drang nach Berlin. Bern u. a.: Lang 2008, S. 185–230.

III. Werk

1. Selbstständig erschienene Schriften

1.1 *Die Verwirrungen des Zöglings Törleß* (1906)
Dorothee Kimmich

1. Einleitung: Kontexte 101
2. Forschungsüberblick und -perspektiven 102
3. Entstehung und Wirkung 103
4. Wahrnehmungs- und Sprachkritik 105
5. Moderne Subjektkonstitution: Subtile Indifferenz oder irreversibles Trauma? . 109
6. Literatur 109

1. Einleitung: Kontexte

Kaum eine Figur hat die Literatur der Jahrhundertwende mehr beschäftigt als der militärisch erzogene – oder besser: gedrillte – junge Mann, der sich als vollkommen untauglich erweist, die Herausforderungen der Moderne zu meistern, ja sie überhaupt wahrzunehmen, zu erkennen oder zu benennen. Joseph Roth hat in vielen seiner Romane erfolglose, unglückliche und verlorene junge Männer beschrieben, die in der untergehenden Welt der österreichisch-ungarischen Monarchie ebenso wenig zu Hause sind wie in der modernen Welt, die mit und nach dem Ersten Weltkrieg entsteht (vgl. Wolf 2011; Le Rider 2012). Neben Hugo von Hofmannsthal, Herman Bang und Robert Walser hat vor allem Arthur Schnitzler der soziologischen und psychologischen Analyse junger Männer in der anbrechenden Moderne zahlreiche Werke gewidmet. Sein vielleicht bekanntester Text *Lieutenant Gustl* (1900) erschien nur wenige Jahre vor Musils erstem Roman. In allen diesen Texten verschränken sich literarische Charakterstudien mit historischen Zeitdiagnosen, soziologischen Betrachtungen und psychologischen Kommentaren; nicht selten geschieht dies auf der Grundlage eigener biografischer Erfahrungen der Autoren. Gemeinsam ist allen Figuren das desaströse Erlebnis einer manchmal grausamen, immer harten und oft irreversibel traumatisierenden Erziehung, die meist militärisch geprägt ist. Die Figuren dienen, gerade durch ihr spezifisches Scheitern und Versagen, auf unterschiedliche Weise dazu, die Veränderungen und Anforderungen der Moderne zu skizzieren (vgl. Loescher 2012). Die moderne Gesellschaft kündigt sich durch Unordnung, Unübersichtlichkeit, den Zusammenbruch von Hierarchien, die Veränderung der Geschlechterverhältnisse, die Neuordnung der sozialen Schichtung und einen radikalen Umbau von Wirklichkeiten an; dies verlangt geübte Selbstreflexion und sprachliche Gewandtheit – all das, was die Zöglinge der Militärschulen gerade nicht zu haben scheinen. Vielmehr wirken sie desorientiert und traumatisiert. (→ II.1 *Moderne*)

Musils erster Roman ist ein Internatsroman, vergleichbar mit Hermann Hesses *Unterm Rad* (1906) und Robert Walsers *Jakob von Gunten* (1909), aber auch mit Frank Wedekinds *Frühlings Erwachen* (1891) und Rainer Maria Rilkes *Die Turn-*

stunde (1902). Pubertät, Sexualität, Identität, Autorität und Gewalt spielen in allen diesen Romanen eine zentrale Rolle, wenn auch mit unterschiedlicher Gewichtung. Die *Verwirrungen des Zöglings Törleß* bieten aber nicht nur die eine, realistische, dokumentarische, historische Lesart: Es ist vielmehr gerade der irritierende Zusammenhang von Identität, Sexualität und Gewalt mit den Bedingungen der Möglichkeit von Erkenntnis in einer modernen Welt, also der psychologische und philosophische Anspruch, der diesen Roman von anderen Internats- und Schulromanen abhebt (vgl. Kroemer 2004).

In einem Brief an Paul Wiegler vom 21. Dezember 1906 kommentiert Musil dies selbst und behauptet, es gehe im *Törleß* um „Bisexualität", „Sadism", „Masochism" und „Fetischism" (Br I, 23; vgl. Niekerk 1997). Allerdings wehrt er sich gegen die Interpretation seines Romans als Protokoll einer Adoleszenzkrise: Der pubertierende Jüngling, der „Sechzehnjährige", sei nur eine „List", die er gewählt habe, um seelische Zusammenhänge bearbeiten zu können (GW II, 996). Wobei mit ‚seelischen' Zusammenhängen nicht nur psychologische, sondern auch wahrnehmungsphysiologische bzw. erkenntnistheoretische gemeint sind, also im weitesten Sinne die Frage gestellt wird, wie ein Subjekt zu seinem Wissen von der Welt und von sich selbst kommt, in welcher Weise dieses Wissen kommuniziert werden kann, welche Schlüsse daraus zu ziehen und welche Urteile darüber zu bilden sind. Musil bewegt sich also seit dem Beginn seines literarischen Schaffens in einem Feld, das philosophische Erkenntnistheorie, Wahrnehmungsphysiologie, Psychologie, Ethik und Ästhetik kombiniert. Was dem heutigen Leser als innovativ erscheinen mag, ist für Musil selbst immer wieder Anlass zu Zweifel und Selbstkritik: „Ich muß gestehen, daß ich – trotzdem ich glaube ein Künstler zu sein – nicht weiß, was das ist. Das Philosophische irritiert mich. Ich leide unter dieser Vermengung." (KA, H 11/19)

2. Forschungsüberblick und -perspektiven

Zweifellos gehört der *Törleß* zu den kanonischen Texten der deutschsprachigen Literaturgeschichte. Schon bei den Zeitgenossen erfolgreich, ist er bis heute ein immer wieder neu interpretierter Text. Entsprechend umfangreich ist daher auch die Forschung zum *Törleß*, der als Bildungsroman (vgl. Brosthaus 1969; Schlör 1992), aber auch als Erziehungs- oder Kadettenroman (vgl. Berghahn 1963; Mix 1995) gelesen wurde. Neben diesen eher soziologischen oder sozialpsychologischen Perspektiven finden sich verschiedene Ansätze, die den Roman in den konkurrierenden philosophischen Diskursen der zeitgenössischen Debatten zu verorten versuchen, also etwa gestaltpsychologische Fragen verhandeln sehen oder eine Krise moderner Identitätskonzepte identifizieren, sich dabei auf Ernst Mach berufen oder eher phänomenologische, positivistische oder anthropologische Kontexte erkennen (vgl. Arvon 1970; Aler 1971; Mattenklott 1982; Vogl 1987; Venturelli 1988; Nübel 1996; Kimmich 2000). Vielfach wurde auch die literarische Reflexion auf mathematische Modelle (vgl. Meyer 1997; Kraus 2010; Dillmann 2011) diskutiert. Naheliegend ist es auch, den Roman im Kontext psychologischer und psychoanalytischer Debatten zu untersuchen (vgl. Cremerius 1987; Kaiser-El-Safti 1993; Borelbach 2003), wobei sich unterschiedliche Schwerpunkte anbieten, wie Gewalt, Pubertätskrisen, Sadismus und Masochismus (vgl. Pott 1984; Niekerk 1997; Luserke-Jaqui 2002). Zudem gilt der Roman als Ergebnis eigener Erfahrungen, die Musil in seiner Jugend gemacht hat (vgl.

Corino 1988 u. 2003). Schließlich lässt sich auch eine Integration dieser Perspektiven und Ansätze diskutieren, indem man den Roman als eine metadiskursive Reflexion auf sämtliche Aspekte versteht (vgl. Kroemer 2004). Auffällig ist, dass neben hermeneutischen, psychoanalytischen, kulturwissenschaftlichen und systemtheoretischen Ansätzen nur wenige genderspezifische Studien zu finden sind (vgl. Keckeis 2007) und auch medienhistorische bzw. medientheoretische Schriften nicht besonders zahlreich sind (vgl. Gnam 2000).

In den vergangenen Jahren wird zunehmend darauf hingewiesen, dass die Irritationen, die der Roman bis heute auszulösen in der Lage ist, offenbar von einem Gestus der Grenzüberschreitung und Grenzverletzung ausgehen, der auf allen bereits genannten Ebenen der Lektüre stattfindet und daher eine Orientierung schwierig macht. Grenzüberschreitungen finden sich im moralisch-ethischen Bereich: Erotik und Gewalttätigkeit, Sadismus und Erkenntnisinteresse kommentieren sich jeweils gegenseitig. Diskriminierung und Autorität verweisen ebenso aufeinander wie die Unendlichkeit der Landschaft und die ummauerte Geschlossenheit des Internats (vgl. Zeller 2001/02; Whittaker 2013). Zugleich ist die Pubertät selbst eine Grenzüberschreitung bzw. eine Grenzverletzung. So ergibt sich aus den neueren Diskussionen eine Perspektive, die den *Törleß* nicht nur als einen Roman der Diskurse identifiziert, sondern als einen, der die Grenzen zwischen den verschiedenen Diskursen in Frage stellt und dadurch deren diffuse Ränder und Übergänge als solche sichtbar macht.

3. Entstehung und Wirkung

Der Erstlingsroman von Robert Musil erscheint 1906 im Wiener Verlag, begonnen hat ihn Musil aber bereits 1902, während er in Stuttgart lebte und dort als Volontärassistent in einer Materialprüfungsanstalt arbeitete. Glaubt man Musils Tagebucheintragungen, so war es vor allem die Langeweile, die ihn an den Schreibtisch trieb:

> Als ich [...] nach dem Stoff griff, geschah es buchstäblich aus Langeweile. [...] Stuttgart, wo sich das abspielte, war mir fremd und unfreundlich, ich wollte meinen Beruf aufgeben und Philosophie studieren (was ich bald auch tat), drückte mich von meiner Arbeit, trieb philosophische Studien in meiner Arbeitszeit [...]. So geschah es, daß ich etwas zu schreiben begann, u. der Stoff, der gleichsam fertig dalag, war eben der der V.[erwirrungen] d.[es] Z.[öglings] T.[örleß]. (GW II, 954; vgl. Corino 2003, S. 199–209)

Musil wechselte nach der Stuttgarter Episode 1903 zum Studieren nach Berlin und promovierte dort bei dem führenden Sinnesphysiologen der Zeit, Carl Stumpf, über Ernst Mach. Die *Verwirrungen des Zöglings Törleß* entstanden also in einer Zeit intensivster Auseinandersetzung mit aktuellen Theorien der Gestaltpsychologie, der Phänomenologie, der Ethnologie und der Psychologie (vgl. Frank 1983; Meisel 1991; Bonacchi 1998; Döring 1999). (→ IV.2 *Naturwissenschaft*; IV.6 *Gestalttheorie*; IV.9 *Ethnologie*)

Das biografische Material, das dem Roman zugrunde liegt, stammt aus Musils eigener Jugend: Von Herbst 1894 bis 1897 besuchte er die Militär-Oberrealschule in Mährisch-Weißkirchen, dem heutigen Hranice im Osten Tschechiens. Musil hat die Kadettenanstalt später als „A-loch des Teufels" bezeichnet (KA, H 33/101). Die Ereignisse, von denen der Roman berichtet, lassen sich auf einen ungefähren Zeitraum zwischen Ende 1895 und Beginn 1896 datieren; die beteiligten Personen sind nur z. T.

identifiziert: Die Vorbilder für die Kameraden Beineberg und Reiting waren Richard von Boyneburg-Lengsfeld und Jarto Reising (vgl. Corino 1988, S. 51–65). Das Geschehen des kurzen Romans ist schnell zusammengefasst: Erzählt wird von einem jungen Mann, der – mit seinen sechzehn Jahren noch nicht ganz erwachsen und auch kein Kind mehr – von seinen Eltern in ein weit von Wien entferntes, militärisch geführtes Internat gebracht wird, dort zunächst unter großem Heimweh leidet, sich dann einem jungen Adeligen zuwendet und nach dessen krankheitsbedingtem Abgang von der Schule zusammen mit zwei Kameraden – Beineberg und Reiting – einen des Diebstahls überführten Mitschüler erpresst, demütigt, quält und sexuell missbraucht. Man erfährt dazu noch von gemeinsamen Ausflügen der Schüler in ein heruntergekommenes Wirtshaus, das einer alternden Prostituierten, Božena, als Unterkunft dient; dort macht Törleß seine ersten sexuellen Erfahrungen.

Neben all dem ist der Text von der ersten bis zur letzten Seite eine Reflexion auf die Erfahrung von Wirklichkeit bzw. auf die Bedingungen der Möglichkeit, Wirklichkeiten zu erfassen und zu beschreiben. In der ersten Szene bereits, als Törleß mit den Eltern am Bahnhof steht, werden Schienenstränge beschrieben, die „[e]ndlos gerade [...] parallel[ ]" in beide Richtungen verlaufen (GW II, 7). Der Leser wird angeregt, darüber nachzudenken, ob hier ein Beschreibungsfehler vorliegt – schließlich treffen sich die Linien optisch am Horizont – oder ob eine Kritik der euklidischen Geometrie erfolgt (vgl. Meyer 1997; Smith 2000).

Überraschend ist, dass ein solcher, ebenso anstößiger wie anspruchsvoller Roman nicht nur bei den zeitgenössischen Kritikern, sondern auch beim Lesepublikum gut ankam. Alfred Kerr, der Literatur nur gelten lassen wollte, wenn sie einen gewissen Wahrheitswert vermitteln und zugleich ein kritisches Potenzial entfalten konnte, attestierte Musils erstem Roman, „neue Stufungen im Seelischen" zu entdecken (Kerr 2009, S. 150). Franz Blei, einer der einflussreichsten ‚Kulturmanager' seiner Zeit, spricht von „erlebender Beobachtung", die sich im *Törleß* manifestiere (Blei 1907, S. 213) und greift damit gewissermaßen auf das ethnologische Konzept der ‚teilnehmenden Beobachtung' vor, das der angelsächsische Ethnologe Bronisław Malinowski wenige Jahre später während des Ersten Weltkriegs auf den Trobriand-Inseln formulierte. (→ IV.9 *Ethnologie*) Tatsächlich finden sich in Musils Texten Verfremdungstechniken, die dafür sorgen, dass das Alltägliche bizarr und fremd, das Fremde dagegen auf unheimliche Weise bekannt erscheint. Musil nutzte das Wissen der Psychologie, Wahrnehmungsphysiologie und auch der Ethnologie für seine literarische Ästhetik im Sinne einer Ethnologie der eigenen Welt, die damit zur Provokation der traditionellen Philosophie wird (vgl. Döring 1999; Därmann 2005; Nübel 2006):

> Ein Gedanke, – er mag schon lange vorher durch unser Hirn gezogen sein, wird erst in dem Momente lebendig, da etwas, das nicht mehr Denken, nicht mehr logisch ist, zu ihm hinzutritt, so daß wir seine Wahrheit fühlen, jenseits von aller Rechtfertigung, wie einen Anker, der von ihm aus ins durchblutete, lebendige Fleisch riß . . . . (GW II, 136f.)

4. Wahrnehmungs- und Sprachkritik

Ein solches Schlüsselerlebnis, das die Brüchigkeit der bisher als geordnet wahrgenommenen Realität markiert, ist im *Törleß* der Missbrauch des Mitschülers Basini. Dieser wird von seinen Kameraden als Dieb entlarvt und ist ihnen aus diesem Grund ausgeliefert (vgl. Greiner 1999). Jeder der drei jungen Männer verbindet mit den sadistischen Experimenten ein anderes ‚Erkenntnisziel', wobei entscheidend ist, dass sich diese Experimente nicht wie wissenschaftliche im Raum rationaler Planung abspielen, sondern von erotischen Fantasien dominiert werden. Die fatale Durchdringung von inszenierter, rationalisierter, diskursivierter Versuchsanordnung auf der einen und überwältigender, rauschhafter Sinnlichkeit auf der anderen Seite lässt sich leitmotivisch an vielen anderen Stellen des Textes wiedererkennen: Die Erforschung des eigenen Ich und seines Verhältnisses zur Wirklichkeit wird so zugleich als aktiver und als passiver, als rationaler und als zutiefst irrationaler Prozess beschrieben, wobei gerade an den Textstellen, an denen sich Wissen als besonders exakt und verlässlich darstellt, die größte Verunsicherung zu entstehen scheint.

Das Experiment mit dem Mitschüler Basini und die daraus resultierenden Erfahrungen werden begleitet von ernüchternden Begegnungen mit dem begrenzten Wissen der Lehrer, von der für Törleß sehr befremdlichen Erkenntnis, dass seine Mutter nicht nur eine Mutter, sondern auch eine Frau ist, und von der Konfrontation mit der Macht von Wörtern, deren Unbegreiflichkeit im wörtlichen Sinne schwindelerregend ist. In all diesen Situationen muss Törleß begreifen, dass seine emotionalen Reaktionen keineswegs eindeutig, nie nur positiv oder negativ sind; sie bleiben auf irritierende Weise diffus und ambivalent. Seine Gefühle und Stimmungen geraten in Konflikt mit gängigen sprachlichen Formeln und auch mit moralischen Begriffen und Urteilen.

Der Eindruck, einen festen Boden von Begriffen und Werten zu verlieren und in unbekannte Gebiete vorzudringen bzw. in unauslotbare Tiefen zu stürzen, wird im Roman häufig in räumliche Metaphern übersetzt:

> Da war nun etwas zum ersten Male wie ein Stein in die unbestimmte Einsamkeit seiner Träumereien gefallen; es war da; [...] es war Wirklichkeit. Gestern war Basini noch genau so wie er selbst gewesen; eine Falltüre hatte sich geöffnet, und Basini war gestürzt. [...] Dann war es auch möglich, daß von der hellen, täglichen Welt, die er bisher allein gekannt hatte, ein Tor zu einer anderen, dumpfen, brandenden, leidenschaftlichen, nackten, vernichtenden führe. Daß [...] nicht nur ein Übergang besteht, sondern ihre Grenzen heimlich und nahe und jeden Augenblick überschreitbar aneinanderstoßen.... (GW II, 46f.)

Die Passage gibt exemplarisch den unerwarteten Verlauf von Törleß' Erkenntnisprozess wieder: Weder Räume ganz allgemein (etwa das Oben und das Unten) noch gesellschaftliche Sphären noch Werte (wie ‚gut' und ‚schlecht') sind scharf voneinander abgegrenzt, vielmehr sind Übergänge überall unsichtbar vorhanden, Grenzen sind unscharf, es finden sich Lücken, Tore und Schwellen. Der Fortschritt in der Erkenntnis der Wirklichkeit führt also – anders als erwartet – gerade nicht zu mehr Klarheit der Gegenstände und größerer Exaktheit der Begriffe, sondern im Gegenteil dazu, die Diffusität, Brüchigkeit und Vagheit aller Wirklichkeiten zu erahnen (vgl. Lakoff 1990; Zadeh 2005; Dillmann 2011).

Zugleich findet dies alles aber hinter den grauen Mauern der Erziehungsanstalt statt, deren Tor sich „unwiderruflich hinter ihm geschlossen hatte" (GW II, 8) und das sich nur in Tagträumen wieder öffnen lässt, wenn Törleß sich danach sehnt, abends Briefe nach Hause zu schreiben. Das Briefeschreiben verhilft ihm zu dem Gefühl, einen goldenen Schlüssel zu besitzen, der ihm „das Tor von wunderbaren Gärten öffnen werde" (GW II, 9). Selbstverständlich hat diese Metaphorik auch zu Spekulationen über die Bedeutung des Namens ‚Törleß' geführt, den man u. a. als eine Mischung aus englischen und deutschen Wörtern interpretiert hat, als ‚Tor-less' (vgl. Hoffmann 1989; von Arburg 2011). Während also die reale, materielle Welt von Mauern durchzogen und von Wänden unterteilt ist, lassen sich in der imaginären, fiktiven, theoretischen Welt der Gedanken und Emotionen faszinierende Zusammenhänge und fantastische Begegnungen finden. In solchen Momenten des Tagträumens oder Nachdenkens ergreift Törleß ein Schwindel, der nicht nur seine eigene körperliche Verfassung beschreibt, sondern scheinbar durch eine taumelnde Welt hervorgerufen wird (vgl. Nübel 1996; Gnam 2000; Borelbach 2003):

> Eigentlich war es ja immer nur ein und dasselbe Gefühl gewesen. Und ganz eigentlich überhaupt kein Gefühl, sondern mehr ein Erdbeben ganz tief am Grunde, das gar keine merklichen Wellen warf und vor dem doch die ganze Seele so verhalten mächtig erzitterte, daß die Wellen selbst der stürmischsten Gefühle daneben wie harmlose Kräuselungen der Oberfläche erscheinen. (GW II, 90)

Dies geschieht in einem Moment, in dem Törleß versucht, seine sinnlichen Erlebnisse und seine intellektuellen Erfahrungen – in Form einer Kant-Lektüre (→ VIII.5 *Intertextualität*) – zusammenzuführen: Er setzt sich in der Abenddämmerung mit seinem Buch hinter Basini in den Lesesaal. Dieser Versuch, sein eigenes Ich, dessen sinnlichen und geistigen Teil zusammenzuhalten, führt zu einer paradoxen Erfahrung: Es gelingt ihm gar nicht mehr, Basini überhaupt als Person wahrzunehmen, sondern es regt sich sofort etwas in ihm „wie eine wahnsinnig kreisende Bewegung, die augenblicklich das Bild Basinis zu den unglaublichsten Verrenkungen zusammenbog, dann wieder in nie gesehenen Verzerrungen auseinanderriß, so daß ihm selbst davor schwindelte" (GW II, 90). Der Schwindel ist hier nicht nur psychologisch, erotisch, physisch motiviert, sondern Teil einer allgemeinen Wahrnehmungsverunsicherung. Es entsteht ein mehrdimensionales Bild, das durch seine dynamischen Veränderungen nicht mehr erkennen lässt, ob der Zustand des Schwindels durch die Bewegung des Betrachteten oder des Betrachters ausgelöst wird. Der Standpunkt löst sich ebenso auf wie das Objekt der Beobachtung.

An diesen Stellen wird deutlich, wie sehr sich Musil an den Konzepten von Ernst Mach orientierte und diese in seinen Texten verarbeitete (vgl. Pieper 2002). Dabei bezieht sich Musil nicht nur auf die Arbeiten von Mach, sondern er erweist sich auch als in den Fragen der Wahrnehmungspsychologie seiner Zeit außerordentlich beschlagen. Seine Kenntnisse in Mathematik, Sinnesphysiologie und Physik waren profund: (→ IV.2 *Naturwissenschaft*; IV.3 *Mathematik*)

> Nicht von Göthe, Hebbel, Hölderlin werden wir lernen, sondern von Mach, Lorentz, Einstein, Minkowski, von Couturat, Russel[l], Peano . . . . / Und im Programm dieser Kunst das Programm eines einzelnen Kunstwerks kann dies sein: / Mathematischen Wagemut, Seelen in Elemente auflösen, unbeschränkte Permutation dieser Elemente, alles hängt dort mit allem zusammen und läßt sich daraus aufbauen. (GW II, 1318)

Dieses *Profil eines Programms* stammt aus dem Jahr 1912 und entspricht Musils Vorliebe, hinsichtlich der Traditionsbildung für eine moderne Literatur die Wissenschaftler den Dichtern vorzuziehen (vgl. Meyer 1997). Für Mach gab es stabile Entitäten bekanntlich nur als denkökonomische Konzepte, nicht aber als reale Vorfindlichkeiten. Wie er in der Einleitung zu seinem einflussreichsten Werk, der *Analyse der Empfindungen* (1886), behauptet, entspricht die Wahrnehmung von Gegenständen und Körpern keineswegs der Wirklichkeit. Diese sei nichts weiter als ein Fluss physikalischer „Elemente". Wo man etwas Unveränderliches und Stabiles – z. B. ein Ding oder eine Person – wahrzunehmen meint, gehe das einzig auf weniger variable Stellen in der allgemeinen Fluktuation zurück. Gleiches gelte auch für den Fall der Selbstwahrnehmung: „Die scheinbare Beständigkeit des Ich besteht vorzüglich nur in der *Continuität*, in der langsamen Aenderung." (Mach 1900, S. 3) Dass Individuen sich selbst eine Identität zuschreiben und als klar konturierte Einheit begreifen, verdanke sich einer biologisch begründeten ‚Denkökonomie' und diene der Lebenspraxis, ohne dass diese Subjektivität aber dem wissenschaftlichen Blick standhalten könnte: „Das Ich ist nicht scharf abgegrenzt, die Grenze ziemlich unbestimmt und willkürlich verschiebbar." (ebd., S. 8f.)

Für Mach sind ebenso wie für Musil – und für Törleß – scharf gezogene Grenzen und exakte Definitionen nicht als Ergebnis eines gelungenen Reflexionsprozesses zu betrachten, sondern im Gegenteil als dessen Ausgangspunkt, der zugunsten einer unendlichen und nicht abschließbaren Dynamik der Komplexitätssteigerung verlassen werden muss (vgl. Seel 2000; Stockhammer 2011). Werden diese Modelle allerdings nicht nur als theoretische Konzepte verhandelt, sondern in lebensweltliche Erfahrungen übersetzt, wird schnell deutlich, welche ungeheuerlichen Herausforderungen sie darstellen: Aus wissenschaftlichen bzw. philosophischen Anforderungen wird eine menschliche Überforderung, an der auch Törleß letztlich scheitern wird.

Eindringlich werden in *Die Verwirrungen des Zöglings Törleß* die Zustände beschrieben, in denen Törleß Zugang zu einer anderen Dimension der Wahrnehmung zu bekommen meint. Mehrfach wird auf den hypnotischen Charakter dieser Empfindungen verwiesen:

> Darüber dachte nun Törleß nach; er bemühte sich möglichst ruhig und vernünftig zu bleiben. „Freilich gibt es kein Ende", sagte er sich, „es geht immer weiter, fortwährend weiter, ins Unendliche." Er hielt die Augen auf den Himmel gerichtet und sagte sich dies vor, als gälte es die Kraft einer Beschwörungsformel zu erproben. Aber erfolglos; die Worte sagten nichts, oder vielmehr sie sagten etwas ganz anderes, so als ob sie zwar von dem gleichen Gegenstande, aber von einer anderen, fremden, gleichgültigen Seite desselben redeten. (GW II, 62f.)

Törleß gerät beim Nachdenken und Sinnieren immer wieder in Zustände, die eine Kombination aus größter Konzentration und höchster Aufmerksamkeit einerseits und zugleich vollkommener Versenkung, Selbstvergessenheit und Traum andererseits darstellen (vgl. Götze 1997). Diese Befindlichkeit hat etwas zutiefst Mysteriöses und Befremdliches. Törleß ist nicht in der Lage, darüber verständlich Auskunft zu geben. Seine Lehrer verstehen ihn genauso wenig wie seine Mitschüler. Auch der Versuch, diese Erfahrungen schriftlich festzuhalten, bleibt unbefriedigend. Sie scheinen zwischen körperlichen und geistigen Eindrücken ebenso zu oszillieren wie zwischen Bild und Sprache: „Welche Dinge sind es, die mich befremden? Die unscheinbarsten. Meistens leblose Sachen. Was befremdet mich an ihnen? Ein Etwas, das ich nicht kenne. Aber das ist es ja eben! Woher nehme ich denn dieses ‚Etwas'! Ich empfinde sein

Dasein; es wirkt auf mich; so, als ob es sprechen wollte." (GW II, 89) Die Welt erschließt sich Törleß weder durch die üblichen Sinneswahrnehmungen noch durch eine herkömmliche, rationale Sprache (vgl. Erhart 1991, S. 39). Der Zustand, in dem er sich in solchen Momenten befindet, gleicht sexueller Ekstase ebenso wie religiöser Kontemplation, hat Anteile von Erleuchtung und solche von Selbstverlust. Törleß versucht, sich durch Tagebuchaufzeichnungen Klarheit zu verschaffen und muss doch vor der Komplexität seiner Gefühle kapitulieren:

„Ich fühle", notierte er, „etwas in mir und weiß nicht recht, was es ist." Rasch strich er aber die Zeile wieder durch und schrieb an ihrer Stelle: „Ich muß krank sein, – wahnsinnig!" Hier überlief ihn ein Schauer, denn dieses Wort empfindet sich angenehm pathetisch. „Wahnsinnig, – oder was ist es sonst, daß mich Dinge befremden, die den anderen alltäglich erscheinen? Daß mich dieses Befremden quält? Daß mir dieses Befremden unzüchtige Gefühle" – er wählte absichtlich dieses Wort voll biblischer Salbung, weil es ihn dunkler und voller dünkte – „erregt?" (GW II, 88f.)

Was ihn zu solchen Gefühlen befähigt, weiß er nicht. „Er ahnte nur dunkel, daß sie [i. e. die ‚illusionierende Kraft'] mit jener rätselhaften Eigenschaft seiner Seele zusammenhänge, auch von den leblosen Dingen, den bloßen Gegenständen, mitunter wie von hundert schweigenden, fragenden Augen überfallen zu werden." (GW II, 91) Törleß fühlt sich von den Dingen angeblickt, und zugleich werden ihm die Menschen zu leblosen Gegenständen: „[A]lles an ihnen, verbunden mit ihrer körperlichen Nähe, wirkt mitunter so auf mich, wie es die leblosen Dinge tuen." (GW II, 89) Verfremdung und Ekstase als Formen einer außerordentlichen Wahrnehmung ordnen die Verhältnisse von Menschen und Dingen, von Subjekt und Objekt auf irritierende Weise neu. (→ VII.1 *Mystik*)

Die Neuordnung der Verhältnisse von Dingen und Menschen, die die alte Hierarchie von Subjekten und Objekten in Frage stellt, ist ein Thema, das selbstverständlich nicht nur Musil beschäftigt. Zahlreiche andere Autoren der klassischen Moderne haben sich mit Dingen und ihrem Bezug zum Menschen befasst: Neben Franz Kafka kann man Walter Benjamin, Siegfried Kracauer, Hugo von Hofmannsthal, Robert Walser oder auch Francis Ponge erwähnen (vgl. Kimmich 2011). Zeitgleich finden sich auch in soziologischen oder – vor allem den phänomenologisch inspirierten – philosophischen Texten häufig Reflexionen, die sich mit der Frage nach der Funktion von Gegenständen, Objekten und Dingen auseinandersetzen – so etwa bei Sigmund Freud, Martin Heidegger, Georg Simmel und Maurice Merleau-Ponty sowie bei Vertretern der Gestaltpsychologie wie etwa Wolfgang Köhler. Dabei wird erörtert, wie Dingwelt und Erinnerung zusammenhängen, welche Rolle Gegenstände bei der emotionalen und lebensweltlichen Orientierung des Menschen spielen oder welche Funktion Dingen in psychologischen und religiösen Kontexten zukommt (vgl. Latour 1996; Jaeggi 2005). Auch die Unterscheidung von Kunstgegenstand und Alltagsobjekt gibt Anlass zu einer zentralen Debatte, die sich bis in die bildende Kunst – etwa die berühmten *objets trouvés* des Surrealismus – hineinzieht.

5. Moderne Subjektkonstitution: Subtile Indifferenz oder irreversibles Trauma?

Nur wenige Figuren in Musils Romanen sind den ästhetischen und moralischen Anforderungen der modernen Welt gewachsen: Törleß jedenfalls kann sie nicht in ein überzeugendes Lebenskonzept integrieren. „Törleß wurde später, nachdem er die Ereignisse seiner Jugend überwunden hatte, ein junger Mann von sehr feinem und empfindsamem Geiste." (GW II, 111) Er zeigt nun eine „gelangweilte Unempfindlichkeit" (ebd.) gegenüber allem Konventionellen und Verachtung für das allzu Gesunde und Normale. Was zurückbleibt, ist nur „jene kleine Menge Giftes, die nötig ist, um der Seele die allzu sichere und beruhigte Gesundheit zu nehmen und ihr dafür eine feinere, zugeschärfte, verstehende zu geben." (GW II, 112) Törleß wird offenbar ein Dandy mit allen Symptomen der Dekadenz. Vielleicht verbirgt sich dahinter aber auch nur ein irreversibles Trauma, denn in anderen Momenten „befiel ihn tiefste Hoffnungslosigkeit" und eine „müde, zukunftslose Beschämung" (GW II, 113).

Die Ursache dafür lässt sich zurückverfolgen: „Dies bewirkten die besonderen Verhältnisse im Institute", die die jungen Männer offenbar dazu provozierten, ihre Grenzen auszutesten: „Ein gewisser Grad von Ausschweifung galt sogar als männlich, als verwegen, als kühnes Inbesitznehmen vorenthaltener Vergnügungen." (ebd.; vgl. Mix 2001; Luserke-Jaqui 2002) Das Leben hinter den grauen Mauern der Militär-Oberrealschule mutet Törleß Erlebnisse zu, denen er nicht gewachsen ist und die er auch nie wirklich verwinden sollte. Eine folgenreiche Konstellation aus vollkommener Einsamkeit, missverstandener Freundschaft, schlechter Ausbildung und moralischer Gleichgültigkeit hätte von ihm „ethische Widerstandskraft" gefordert, die er jedoch noch nicht hatte (GW II, 114). So wird aus ihm einer derjenigen Erwachsenen, die die Welt mit der Art blasierter Indifferenz betrachten, die Georg Simmel für konstitutiv hält im modernen Großstadtleben (vgl. Simmel 1995). Während Simmel diese blasierte Distanz und ihre Schutzfunktion gegen die soziale, ästhetische und moralische Überlastung im großstädtischen Leben durchaus positiv einschätzt, scheint Musils Törleß in seiner Indifferenz letztlich affektiv desorientiert und trotz aller ästhetischen Reflektiertheit bleibend traumatisiert.

Neben der Diskussion theoretischer Wahrnehmungs- und Erkenntniskonzepte und der Geschichte eines persönlichen Schicksals verbindet sich mit Törleß' Erfahrungen eine literarische Diagnose der Moderne: Seine Erkenntnisse und Erfahrungen erweisen sich als ebenso überwältigend wie nicht bewältigbar. Törleß' Reaktion – sein Rückzug in die Existenz eines indifferenten Ästheten – markiert kein Einzelschicksal, sondern verweist auf einen Typus des modernen Menschen, der sich sowohl der Welt als auch seinen eigenen Emotionen entzieht (vgl. Kimmich 2009).

6. Literatur

Aler, Jan: Als Zögling zwischen Maeterlinck und Mach. Robert Musils literarisch-philosophische Anfänge. In: Fritz Martini (Hg.): Probleme des Erzählens in der Weltliteratur. Festschrift für Käte Hamburger. Stuttgart: Klett 1971, S. 234–290.

Arburg, Hans-Georg von: Türen und Tore. Hermeneutik und Hermetik bei Musil und Le Corbusier. In: Poetica 43 (2011), H. 3/4, S. 319–354.

Arvon, Henri: Robert Musil und der Positivismus. In: Karl Dinklage (Hg.): Robert Musil. Studien zu seinem Werk. Reinbek b. Hamburg: Rowohlt 1970, S. 200–213.

Berghahn, Wilfried: Robert Musil. Reinbek b. Hamburg: Rowohlt 1963.
Blei, Franz: Robert Musil. *Die Verwirrungen des Zöglings Törleß*. In: Die Opale (1907), Nr. I, S. 213.
Bonacchi, Silvia: Die Gestalt der Dichtung. Der Einfluß der Gestalttheorie auf das Werk Robert Musils. Bern u. a.: Lang 1998.
Borelbach, Doris: „Ein Erdbeben ganz tief am Grunde". Schwindelerfahrungen in Robert Musils *Die Verwirrungen des Zöglings Törleß*. In: Rolf-Peter Janz, Fabian Stoermer, Andreas Hiepko (Hg.): Schwindelerfahrungen. Zur kulturhistorischen Diagnose eines vieldeutigen Symptoms. Amsterdam, New York: Rodopi 2003, S. 127–137.
Brosthaus, Heribert: Der Entwicklungsroman einer Idee. Untersuchungen zu Gehalt, Struktur und Stil in Robert Musils Roman *Die Verwirrungen des Zöglings Törleß*. Diss. Univ. Würzburg 1969.
Cremerius, Johannes: Der Einfluß der Psychoanalyse auf die deutschsprachige Literatur. In: Psyche. Zeitschrift für Psychoanalyse 41 (1987), S. 39–54.
Corino, Karl: Robert Musil. Leben und Werk in Bildern und Texten. Reinbek b. Hamburg: Rowohlt 1988.
Corino, Karl: Robert Musil. Eine Biographie. Reinbek b. Hamburg: Rowohlt 2003.
Därmann, Iris: Fremde Monde der Vernunft. Die ethnologische Provokation der Philosophie. München: Fink 2005.
Dillmann, Martin: Poetologien der Kontingenz. Zufälligkeit und Möglichkeit im Diskursgefüge der Moderne. Wien u. a.: Böhlau 2011.
Döring, Sabine A.: Ästhetische Erfahrung als Erkenntnis des Ethischen. Die Kunsttheorie Robert Musils und die analytische Philosophie. Paderborn: mentis 1999.
Erhart, Claus: Der ästhetische Mensch bei Robert Musil. Vom Ästhetizismus zur schöpferischen Moral. Innsbruck: Institut für Germanistik 1991.
Frank, Manfred: Auf der Suche nach einem Grund. Über den Umschlag von Erkenntniskritik in Mythologie bei Musil. In: Karl Heinz Bohrer (Hg.): Mythos und Moderne. Begriff und Bild einer Rekonstruktion. Frankfurt a. M.: Suhrkamp 1983, S. 318–362.
Gnam, Andrea: Körperverständnis im aufgehenden Medienzeitalter. Der kinematographische Blick: Robert Musils Roman *Die Verwirrungen des Zöglings Törleß*. In: Weimarer Beiträge 46 (2000), H. 3, S. 380–389.
Götze, Karl Heinz: „Halb gedacht und halb geträumt". Der Traum in Musils *Die Verwirrungen des Zöglings Törleß*. In: Cahiers d'études germaniques (1997), H. 33, S. 119–135.
Greiner, Bernhard: Crimen – Diskriminierung – Literatur der Übertretung. Musil: *Die Verwirrungen des Zöglings Törleß*, Muschg: *Der Zusenn oder das Heimat*, Kluge: *Warten auf bessere Zeiten*. In: Joachim Linder, Claus-Michael Ort (Hg.): Verbrechen – Justiz – Medien. Konstellationen in Deutschland von 1900 bis zur Gegenwart. Tübingen: Niemeyer 1999, S. 307–323.
Hoffmann, Lynda: Hinter verschlossenen Türen. Ist Törleß wirklich ‚türlos'? In: Musil-Forum 15 (1989), S. 5–17.
Jaeggi, Rahel: Entfremdung. Zur Aktualität eines sozialphilosophischen Problems. Frankfurt a. M.: Campus 2005.
Kaiser-El-Safti, Margret: Robert Musil und die Psychologie seiner Zeit. In: Hans-Georg Pott (Hg.): Robert Musil – Dichter, Essayist, Wissenschaftler. München: Fink 1993, S. 126–170.
Kerr, Alfred: Robert Musil. [1906] In: ders.: Werke in Einzelbänden. Bd. IV: Sucher und Selige, Moralisten und Büßer. Literarische Ermittlungen. Hg. v. Margret Rühle u. Deborah Vietor-Engländer. Frankfurt a. M.: Fischer 2009, S. 150–157.
Kimmich, Dorothee: Kleine Dinge in Großaufnahme. Aufmerksamkeit und Dingwahrnehmung bei Robert Musil. In: Jahrbuch der Deutschen Schillergesellschaft 44 (2000), S. 177–194.
Kimmich, Dorothee: Indifferenz oder: Prothesen des Gefühls. Bemerkungen zur Variation einer männlichen Emotion. In: Arcadia 44 (2009), H. 1, S. 161–174.
Kimmich, Dorothee: Lebendige Dinge in der Moderne. Konstanz: Konstanz Univ. Press 2011.

Keckeis, Paul: Männlichkeit in einer gedoppelten Welt. Geschlechterverwirrungen in Robert Musils *Die Verwirrungen des Zöglings Törleß*. In: Stefan Krammer (Hg.): MannsBilder. Literarische Konstruktionen von Männlichkeiten. Wien: WUV 2007, S. 100–108.

Kraus, Justice: Musil's *Die Verwirrungen des Zöglings Törleß*, Cantor's structures of infinity, and Brouwer's mathematical language. In: Scientia Poetica 14 (2010), S. 72–103.

Kroemer, Roland: Ein endloser Knoten? Robert Musils *Verwirrungen des Zöglings Törleß* im Spiegel soziologischer, psychoanalytischer und philosophischer Diskurse. München: Fink 2004.

Lakoff, George: Women, Fire and Dangerous Things. What Categories reveal about the Mind. Chicago u. a.: Univ. of Chicago Press 1990.

Latour, Bruno: Petite Réflexion sur le Culte moderne des Dieux faitiches. Paris: Les empêcheurs de penser en rond 1996.

Le Rider, Jacques: Arbeit am Habsburgischen Mythos. Joseph Roth und Robert Musil im Vergleich. In: Wiebke Amthor, Richard Brittnacher (Hg.): Joseph Roth. Zur Modernität des melancholischen Blicks. Berlin, Boston: de Gruyter 2012, S. 19–28.

Loescher, Jens: Schreibexperimente und die ‚Psychologie der ersten Stunde'. Musil, Wittgenstein, Kafka, Robert Walser. In: Wirkendes Wort 62 (2012), H. 1, S. 67–93.

Luserke-Jaqui, Matthias: „Dieses grausame, entartete, wilde Geschlecht". Über die literarische Darstellung der Schule als Ort männlicher Sozialisation. In: Karin Tebben (Hg.): Abschied vom Mythos Mann. Kulturelle Konzepte der Moderne. Göttingen: Vandenhoeck & Ruprecht 2002, S. 49–64.

Mach, Ernst: Die Analyse der Empfindungen und das Verhältnis des Physischen zum Psychischen. 2. Aufl. Jena: Fischer 1900.

Mattenklott, Gert: Der „subjektive Faktor" in Musils *Törleß*. Mit einer Vorbemerkung über die Historizität der sinnlichen Wahrnehmung. [1973] In: Renate von Heydebrand (Hg.): Robert Musil. Darmstadt: WBG 1982, S. 250–280.

Meisel, Gerhard: Liebe im Zeitalter der Wissenschaften vom Menschen. Das Prosawerk Robert Musils. Opladen: Westdeutscher Verlag 1991.

Meyer, Jürgen: Musils mathematische Metaphorik. Geometrische Konzepte in *Die Verwirrungen des Zöglings Törleß* und in *Die Vollendung der Liebe*. In: Hofmannsthal-Jahrbuch 5 (1997), S. 317–345.

Mix, York-Gothart: Die Schulen der Nation. Bildungskritik in der Literatur der Moderne. Stuttgart, Weimar: Metzler 1995.

Mix, York-Gothart: Männliche Sensibilität oder die Modernität der Empfindsamkeit. Zu den *Leiden des jungen Werther*, *Anton Reiser*, *Buddenbrooks* und den *Verwirrungen des Zöglings Törleß*. In: Karl Eibl (Hg.): Empfindsamkeit. Hamburg: Meiner 2001, S. 191–208.

Niekerk, Carl: Foucault, Freud, Musil. Macht und Masochismus in den *Verwirrungen des Zöglings Törleß*. In: Zeitschrift für deutsche Philologie 116 (1997), S. 545–566.

Nübel, Birgit: „Empfindsame Erkenntnisse" in Robert Musil: *Die Verwirrungen des Zöglings Törleß*. In: Der Deutschunterricht 48 (1996), H. 2, S. 50–61.

Nübel, Birgit: Robert Musil – Essayismus als Selbstreflexion der Moderne. Berlin, New York: de Gruyter 2006.

Nübel, Birgit: „Eine ganz und gar offene, moralisch im Großen experimentierende und dichtende Gesinnung" – Essayismus und Experimentalismus bei Robert Musil. In: Stefanie Kreuzer (Hg.): Experimente in den Künsten. Transmediale Erkundungen in Literatur, Theater, Film, Musik und bildender Kunst. Bielefeld: transcript 2012, S. 49–87.

Pelmter, Andrea: „Experimentierfeld des Seinkönnens" – Dichtung als „Versuchsstätte". Zur Rolle des Experiments im Werk Robert Musils. Würzburg: Königshausen & Neumann 2008.

Pfohlmann, Oliver: Robert Musil. Reinbek b. Hamburg: Rowohlt 2012.

Pieper, Hans-Joachim: Musils Philosophie. Essayismus und Dichtung im Spannungsfeld der Theorien Nietzsches und Machs. Würzburg: Königshausen & Neumann 2002.

Pott, Hans-Georg: Robert Musil. München: Fink 1984.

Schlör, Irene: Pubertät und Poesie. Das Problem der Erziehung in den literarischen Beispielen von Wedekind, Musil und Siegfried Lenz. Konstanz: Wisslit 1992.

Seel, Martin: Ästhetik des Erscheinens. München: Hanser 2000.

Simmel, Georg: Die Großstädte und das Geistesleben. [1903] In: ders.: Gesamtausgabe. Bd. 7/I: Aufsätze und Abhandlungen 1901–1908. Hg. v. Rüdiger Kramme, Angela Rammstedt u. Otthein Rammstedt. Frankfurt a.M.: Suhrkamp 1995, S. 116–131.

Smith, Peter D.: The Scientist as Spectator. Musil's *Törleß* and the Challenge to Mach's Neo-Positivism. In: The Germanic Review 75 (2000), H. 1, S. 37–51.

Stockhammer, Robert: Wahr-Falsch-Spiele und andere Sprachspiele. Übertragbarkeit des Wissens bei Musil und Wittgenstein. In: Ulrich Johannes Beil, Michael Gamper, Karl Wagner (Hg.): Medien, Technik, Wissenschaft. Wissensübertragung bei Robert Musil und in seiner Zeit. Zürich: Chronos 2011, S. 255–286.

Venturelli, Aldo: Dichtung und Erkenntnis. Zu Musils philosophischen Studien und seinem Verhältnis zur Gestaltpsychologie. In: ders.: Robert Musil und das Projekt der Moderne. Frankfurt a.M. u.a.: Lang 1988, S. 83–180.

Vogl, Joseph: Grenze und Übertretung. Der anthropologische Faktor in Robert Musils *Die Verwirrungen des Zöglings Törleß*. In: Josef Strutz (Hg.): Robert Musils „Kakanien" – Subjekt und Geschichte. München: Fink 1987, S. 60–76.

Wolf, Norbert Christian: Kakanien als Gesellschaftskonstruktion. Robert Musils Sozioanalyse des 20. Jahrhunderts. Wien u.a.: Böhlau 2011.

Whittaker, Gwendolyn: Ästhetische Transzendierung des Überbürdungsnarrativs: *Die Verwirrungen des Zöglings Törleß* (1906). In: dies.: Überbürdung – Subversion – Ermächtigung. Die Schule und die literarische Moderne 1880–1918. Göttingen: V&R unipress 2013, S. 161–192.

Zadeh, Lotfi A.: Toward a Generalized Theory of Uncertainty (GTU) – an Outline. In: Information Sciences 172 (2005), H. 1–2, S. 1–40.

Zeller, Rosmarie: Grenztilgung und Identitätskrise. Zu Musils *Törleß* und *Drei Frauen*. In: Musil-Forum 27 (2001/02), S. 189–209.

1.2 *Beitrag zur Beurteilung der Lehren Machs* (1908)
Catrin Misselhorn

1. Einleitung 112
2. Machs erkenntnistheoretischer Pragmatismus 113
3. Kritik der mechanischen Physik und einzelner physikalischer Begriffe 114
4. Ersetzung des Kausalitätsbegriffs durch den Begriff der Funktion 115
5. Funktionale Verknüpfung anstelle von Naturnotwendigkeit 116
6. Forschungsperspektiven 117
7. Literatur 119

1. Einleitung

1903 gab Musil seine Stelle als wissenschaftlicher Assistent an der technischen Hochschule Stuttgart auf, um in Berlin ein Promotionsstudium in den Fächern Philosophie und Psychologie aufzunehmen. Mit der Arbeit *Beitrag zur Beurteilung der Lehren Machs* schloss er am 31. Januar 1908 sein Studium ab. Ursprünglich hatte Musil seine Dissertation bereits Ende Juni 1907 unter dem Titel *Studien zur erkenntnistheoretischen Grundlage der Physik mit Bezug auf die Anschauungen Ernst Machs* eingereicht. Doch sein Doktorvater Carl Stumpf hatte die Arbeit in ihrer Erstfassung nicht angenommen und zur Überarbeitung zurückgegeben. Die zweite Fassung akzeptierte Stumpf dann ohne Umschweife und das Promotionsverfahren wurde binnen kürzester Zeit abgeschlossen. Für die Arbeit vergab Stumpf das Prädikat *laudabile*, nach dem Rigorosum erhielt Musil die Gesamtnote *cum laude*. Diese Note erscheint auf den ersten Blick eher mittelmäßig; wie die neuere Forschung jedoch zeigen konnte (Bonacchi 2008, S. 60), vergab Stumpf nur sehr selten bessere Prädikate als *cum laude* bei den Rigorosa seiner Doktoranden.

Gegenstand von Musils Dissertation ist der wissenschaftstheoretische Ansatz Ernst Machs (1838–1916). Mach war ein bedeutender Naturwissenschaftler und Philosoph, der sich insbesondere mit Physik, Psychophysik sowie erkenntnis- und wissenschaftstheoretischen Fragen beschäftigte. Er war ein Vertreter des Empiriokritizismus, welcher über die Erfahrung hinausgehende Schlüsse in einem abwertenden Sinn als „metaphysisch" ablehnte und von einer durch den Empfindungsbegriff konstituierten Einheit von Bewusstsein und Welt ausging. Zu Machs philosophisch wichtigsten Werken, auf die sich Musil in seiner Doktorarbeit hauptsächlich bezieht, gehört die *Analyse der Empfindungen und das Verhältnis des Physischen zum Psychischen* (1886) sowie *Erkenntnis und Irrtum* (1905). Dem gedanklichen Aufbau von Musils Arbeit folgend werden zunächst die zentralen Motive seiner Auseinandersetzung mit Mach dargestellt. Sodann wird die philosophische Relevanz der Dissertation sowie ihre Bedeutung für Musils literarisches Schaffen diskutiert.

2. Machs erkenntnistheoretischer Pragmatismus

Mach zufolge lässt sich „jedes wissenschaftliche Interesse als ein mittelbares biologisches Interesse auffassen" (Mach 1906, S. 451). Damit ist gemeint, dass die Wissenschaften nicht nur ihrem Ursprung nach ein Werkzeug der Selbsterhaltung sind, sondern diesem Zweck bis heute dienen. Mach zeigt mit dieser These eine Tendenz zu einem erkenntnistheoretischen Pragmatismus, für den nicht die Wahrheit, sondern die praktische Nützlichkeit der Erkenntnis entscheidend ist. Die Grundsätze, denen die Entwicklung der Wissenschaften folgt, ergeben sich aus den Prinzipien der selektiven Anpassung an eine bestimmte Umgebung, die die Eigenschaften und Reaktionen sämtlicher Lebewesen bestimmen. Je kontinuierlicher und ökonomischer diese Anpassung erfolgt, d. h. je weniger Veränderung und Aufwand damit einhergehen, desto besser ist es für die Erhaltung des Organismus. Mit dieser Position erweist sich Mach als ein Vorläufer der heutigen evolutionären Erkenntnistheorie (vgl. z. B. Vollmer 2002).

Musil weist darauf hin, dass Machs Formulierungen in Beziehung zur traditionellen Erkenntnistheorie zwei Lesarten erlauben, eine ‚indifferente' und eine ‚skeptische':

> Eine solche entwicklungsgeschichtliche, erkenntnispsychologische und denkökonomische Betrachtungsweise kann in erkenntnistheoretischer Hinsicht indifferent oder skeptisch sein. Ich nenne sie indifferent, solange sie bloß eine Betrachtungsweise neben der eigentlich erkenntnistheoretischen Untersuchung der Gründe und Kriterien der Erkenntnis sein will; ich würde sie skeptisch nennen, sobald behauptet wird, daß diese zweite Untersuchung aus irgend einem Grunde undurchführbar sei und was Erkenntnis ist, nur nach ökonomischen Gesichtspunkten oder aus biologischen und psychologischen Gründen entschieden werden könne. (Musil 1980, S. 21/31)

Die traditionelle Erkenntnistheorie beschäftigt sich, so Musils Verständnis von Machs Ansatz, nicht mit den biologischen Ursprüngen der Erkenntnis, sondern mit der Frage, ob wir Grund zu der Annahme haben, dass unsere wissenschaftlichen und alltäglichen Meinungen über die Welt auch wahr sind. Diese Frage wird, wie Musil zu Recht feststellt, von Machs Formulierungen zunächst nicht berührt. Nach der indifferenten Lesart handelt es sich um zwei unterschiedliche, nicht miteinander in Konkurrenz stehende Auffassungen.

Im Gegensatz dazu behauptet die skeptische Lesart, dass das traditionelle Projekt der Erkenntnistheorie gescheitert ist. Die ‚Erkenntnis' dient demnach nur der Selbsterhaltung, kann aber nicht enthüllen, wie die Welt tatsächlich beschaffen ist. Während Musil bei Mach zunächst Belege für beide Lesarten entdeckt, hält er nur die indifferente Lesart für legitim und wissenschaftlich begründet. Wie Musils weitere Ausführungen erweisen, lag Mach aber wohl letztlich doch die skeptische Lesart näher. Musil kritisiert diese Sichtweise allerdings als widersprüchlich und nicht wissenschaftlich untermauert. Selbst wenn Mach den biologischen Ursprung der Erkenntnis richtig beschreibt, folgt daraus, wie Musil argumentiert, nichts im Hinblick auf ihre Wahrheit. Nicht zuletzt gehe Mach davon aus, dass seine eigene Erkenntniskonzeption wahr ist. In der skeptischen Lesart stellt Mach somit Musil zufolge philosophische Behauptungen auf, die durch die wissenschaftliche Faktenlage nicht gedeckt werden und philosophisch zweifelhaft sind.

3. Kritik der mechanischen Physik und einzelner physikalischer Begriffe

Ein wichtiger Gesichtspunkt von Machs wissenschaftstheoretischem Ansatz ist das Verhältnis von Hypothesen und beobachtbaren Tatsachen. Der Begriff ‚Hypothese' bezieht sich in diesem Zusammenhang nicht nur auf Aussagen, deren Gültigkeit nicht bewiesen ist, sondern umfasst jede Theorie, die über das unmittelbar Beobachtbare hinausgeht und es erklären soll. Die mechanische Physik ist eine solche Theorie, die als eine Hypothese im erläuterten Sinn ins Visier der Kritik Machs gerät. Insbesondere versucht er zu zeigen, dass die Begriffe der klassischen Mechanik aufgrund ihres die Beobachtung überschreitenden Charakters ungesichert sind: „[S]o sind Masse, Energie, Trägheit zu nennen, Raum, Zeit, Bewegung, Temperatur, Wärmemenge u.a. Sie alle enthalten ihrer üblichen Bedeutung nach mehr als empirisch zu belegen ist; der Grund dazu liegt in historischen, psychologischen und ökonomischen Motiven." (Musil 1980, S. 46/56) Wie dieses Zitat darlegt, macht Mach – anknüpfend an seinen epistemologischen Pragmatismus – für den Erfahrungsüberschuss physikalischer Begriffe Faktoren verantwortlich, die nichts mit der Wahrheit der Theorien zu tun haben, in denen sie vorkommen, beispielsweise historische, psychologische oder ökonomische Gründe. Da diese Faktoren jedoch zufällig sind, ist nach Musil Machs Analyse folgerichtig, dass die „Ansätze zu Begriffssystemen, die sich über das unmittelbar Erfahrene erheben wollten, [zusammen]brachen" (Musil 1980, S. 52/62). Daraus zieht Mach laut Musil die Konsequenz dass „es überhaupt nicht möglich sei, etwas aus den Erfahrungen zu erschließen (und einen entsprechenden physikalischen Begriff sinnvoll zu bilden), das nicht selbst unmittelbar sinnlich erfahrbar ist." (Musil 1980, S. 53/63)

Wie Musil herausarbeitet, erweist sich Mach an dieser Stelle als Empirist, für den die Rückführbarkeit auf die Sinnesempfindung der einzige Maßstab der Rechtfertigung ist. Aus der Sicht Machs können die Begriffe der mechanischen Physik jedoch nicht auf Sinnesempfindungen zurückgeführt werden. Die Funktion wissenschaftlicher Theorien ist daher für ihn erneut nicht die Wahrheit, sondern es handelt sich, ähnlich wie bei Tabellen, um Hilfsmittel der Klassifikation beobachtbarer Tatsachen mit einer ökonomischen Funktion. Mach vertritt daher einen wissenschaftstheoretischen Instrumentalismus. Musil ist von Machs Begründung dieser Position durch das immer wieder eintretende Scheitern von Theorien jedoch nicht überzeugt, „[d]enn Schwierigkeiten und tatsächliche Fehlschläge sind noch keine Unmöglichkeiten, auf Grund reiferer Erfahrungen könnten dieselben Versuche wieder aufgenommen und zum Ziele geführt werden." (Musil 1980, S. 53/63) Auch hier gehen Musils Ansicht nach Machs Behauptungen über das hinaus, was sich durch die empirischen Fakten begründen lässt.

4. Ersetzung des Kausalitätsbegriffs durch den Begriff der Funktion

Ein zentraler Bestandteil von Musils Auseinandersetzung mit Mach ist dessen Kritik am Begriff der Kausalität. Damit stellte Mach sich gegen ein grundlegendes Wissenschaftsverständnis, welches Hermann von Helmholtz auf den Punkt brachte: „Das endliche Ziel der Naturwissenschaften ist es also, die letzten und unveränderlichen Ursachen der Vorgänge in der Natur herauszufinden." (Helmholtz 1847, S. 2) Mach hält es hingegen für unmöglich, Ursachen zu finden, die unter denselben Umständen stets zu denselben Wirkungen führen. Dafür seien die Zusammenhänge der Natur viel zu komplex und wandelbar:

> Die alte, hergebrachte Vorstellung von der Kausalität ist etwas ungelenkig: einer Dosis Ursache folgt eine Dosis Wirkung. [...] Die Zusammenhänge in der Natur sind selten so einfach, daß man in einem gegebenen Falle *eine* Ursache und *eine* Wirkung angeben könnte. Ich habe deshalb schon vor langer Zeit versucht, den Ursachenbegriff durch den mathematischen Funktionsbegriff zu ersetzen [...]. (Mach 1922, S. 73f.)

Ursache-Wirkungs-Ketten sind aus Machs Sicht lediglich begriffliche Abstraktionen der Wissenschaften, da es in der Natur keine Wiederholung gleicher Fälle gibt. Was übrig bleibt, sind funktionale Beziehungen, die sich durch mathematische Gleichungen ausdrücken lassen. Diese wissenschaftstheoretische Position wird als Funktionalismus bezeichnet.

Im Unterschied zu kausalen Beziehungen sind funktionale Beziehungen umkehrbar und drücken keine zeitliche Abfolge aus. Wissenschaftlich begründet Mach die Ersetzung des Kausalitätsbegriffs vor allem dadurch, dass er in der Formulierung der meisten Naturgesetze überhaupt nicht mehr auftauche. Musil kritisiert Machs Position in zwei Hinsichten: Zum einen stellt er fest, dass bereits die Tatsachen selbst auf den Begriff der Kausalität verweisen:

> Beispielsweise ist durch die betreffende Gleichung rein funktional ein gewisser Arbeitsbetrag an einen bestimmten Wärmebetrag geknüpft; daneben gilt aber auch, was sich allerdings nicht in der Gleichung ausdrückt, wohl aber zu ihrer Diskussion gehört, daß etwa Reibung Wärme erzeugt, Wärme aber nicht [...] Reibung. (Musil 1980, S. 77/87)

Es sei bislang noch nicht gezeigt, „daß sich alle solchen einsinnigen, gerichteten Zusammenhänge in simultane, invertible auflösen lassen." Und selbst wenn dies gelänge, sei nicht ausgeschlossen, „daß kausale Relationen zwischen Gliedern solcher Prozesse bestehen" (ebd.).

Zum anderen, so lautet Musils grundlegenderer Vorwurf, stelle Mach von einem physikalischen Standpunkt die philosophische Behauptung auf, metaphysische Begriffe wie Kausalität und Substanz müssten aufgegeben werden. Doch damit verlasse Mach seinen Kompetenzbereich als Naturwissenschaftler:

> Denn wenn man sagt: ich als Physiker kann mich mit diesem Gegenstande nur in dieser Bedeutung befassen, so ist das bloß eine Wandlung der Aufgabe, aber noch keine der Sache, es schließt andere Interessen keineswegs aus, das Betonen des spezifisch physikalischen Standpunkts enthält durchaus noch keine „antimetaphysische" Tendenz. (Musil 1980, S. 75/85)

Machs Ersetzung des Kausalitätsbegriffs durch den Funktionsbegriff hat jedoch noch weitergehende Auswirkungen, insbesondere auf die Frage, ob es Notwendigkeiten in der Natur gibt, die den Naturgesetzen zugrunde liegen. (→ IV.4 *Philosophie*)

5. Funktionale Verknüpfung anstelle von Naturnotwendigkeit

Machs skeptische Einstellung gegenüber der Annahme von Naturnotwendigkeiten steht ganz in der empiristischen Tradition. Er folgt Hume, für den es keine notwendigen Zusammenhänge in der Natur gibt. Einen wesentlichen Grund für diese Schlussfolgerung bilden die Idealisierungen, die die Formulierung der Naturgesetze enthalten. Der Eindruck, dass ein Ereignis mit Notwendigkeit auf ein anderes folgen müsse, entsteht demnach lediglich psychologisch, durch Gewohnheit (vgl. Hume 1993, S. 55f.). Irgendwann kann man sich nicht einmal mehr vorstellen, dass das eine Ereignis ohne das andere auftreten kann. Diese Auffassung gewinnt ihre Plausibilität aus der Tatsache, dass es sich für den Empirismus um eine Verknüpfung von Sinnesempfindungen (Mach bezeichnet sie als ‚Elemente') handelt.

Musil macht gegen diese Gleichsetzung geltend, dass sie zu einer Verwechslung führe: „Denn daß jeder empirische Begriff auf Wahrnehmung beruht, haben wir zwar zugegeben, daß dies nun aber auf einmal gleichbedeutend mit einem Zusammenhang von Sinnesinhalten sein soll, ist eine Unterschiebung." (Musil 1980, S. 116f./126f.) Zwar beruhen Begriffe auf Sinnesempfindungen, aber deshalb besteht ihr Gehalt nicht zwangsläufig in Empfindungen, sondern sie beziehen sich auf Eigenschaften in der Welt:

> Schreibe ich einem Körper die Eigenschaft α, beispielsweise Masse, zu, wenn er das wissenschaftlich fixierte Verhalten α zeigt, so kann ich dies natürlich nur tun, weil α da und dort wahrgenommen wurde, aber ich kann es nicht minder auch nur deswegen tun, weil α selbst von seinem Wahrgenommenwerden unabhängig ist, weil der Wechsel der wahrnehmenden Person gar nichts an ihm ändert u, [sic] dgl. (Musil 1980, S. 117/127)

Allerdings stellt Mach die diesem Einwand zugrundeliegende Unterscheidung zwischen der sinnlichen Gegebenheit der Elemente und der Natur dieser Elemente als Gegenstände unabhängig von der Erfahrung in Frage. Es handelt sich für ihn nur um zwei Erscheinungsformen derselben Sache (neutraler Monismus), die auf einer unterschiedlichen Verknüpfung der Elemente beruhen (einmal physikalisch und einmal psychologisch).

Musil wirft Mach jedoch vor, dass diese Unterscheidung letztlich nicht aufrechterhalten werden kann und in einen Dualismus zwischen Psychischem und Physischem zurückfällt. Außerdem weist er nach, dass Mach als Wissenschaftler wenigstens an einigen Stellen „feste, gesetzliche, das sind aber notwendige, Beziehungen in der Natur voraussetzt und in wünschenswertem Maße für erforschbar hält." (Musil 1980, S. 121/131) Mach stellt Musil zufolge somit philosophische Behauptungen auf, die sich letztlich nicht im Einklang mit seiner wissenschaftlichen Praxis als Physiker befinden.

6. Forschungsperspektiven

Will man die Bedeutung von Musils Dissertation sowohl in philosophischer Hinsicht als auch für sein literarisches Werk einschätzen, so stellen sich folgende Fragen: Bringt die Arbeit überhaupt Musils eigene philosophische Sichtweise zum Ausdruck oder vertritt er die Auffassung seines Doktorvaters Carl Stumpf, um im Promotionsverfahren zu bestehen? Welche Rolle spielte die Dissertation für seine Abkehr von der Philosophie? Wie schlägt sie sich in seinem literarischen Schaffen nieder? Und wie ist sie philosophisch zu würdigen?

Die erste Frage ist schwierig zu beantworten. Musils Ehefrau Martha berichtet im Briefwechsel mit Armin Kesser, dass Musil noch gegen Ende seines Lebens an der Einschätzung festhielt, „die erste, und wie Robert sagte, viel bessere Arbeit hatte Stumpf aus irgendwelchen verletzten Gefühlen nicht angenommen […], und die vorliegende, schnell entworfene, ist also nicht die eigentliche Arbeit." (Brief v. 1.5.1945, M. Musil 1997, S. 115)

Teilweise wird hieraus die Schlussfolgerung gezogen, Musil habe die Kritik an Mach nicht wirklich ernst gemeint (vgl. Pieper 2002). Gleichwohl gibt es keine inhaltlichen Anhaltspunkte dafür, dass Musil in seiner Arbeit Standpunkte vertreten hätte, die er eigentlich für falsch hielt (vgl. Arvon 1970; Monti 1979). Es ist vereinbar mit seiner theoretischen Konzeption und mit dem Aufgreifen Mach'scher Ideen in seinem literarischen Werk, dass er die Kritik an der skeptischen Interpretation Machs ernst gemeint hat. Nicht zuletzt stand er der Philosophie Carl Stumpfs keineswegs ablehnend gegenüber, sondern übernahm vielfältige Elemente – insbesondere im Hinblick auf die Emotionstheorie – in seinem eigenen Denken (vgl. Misselhorn 2008 u. 2009). Monti (1984) ist sogar der Auffassung, dass die an Stumpfs psychologischem Institut gelehrte Gestaltpsychologie „als eine andere mögliche Interpretation Machs, neben der ‚skeptischen' Interpretation" zu betrachten ist (ebd., S. 208). (→ IV.6 *Gestalttheorie*) Hervorgehoben wurde auch die Verbindung von Mach'schen und gestaltpsychologischen Elementen in Musils Konzeption des Essayismus (vgl. Steuer 2005, S. 95).

Auffällig ist jedoch, dass Musil, wie es das Vorwort zur englischen Übersetzung der Dissertation zutreffend anmerkt, keine eigenständige philosophische Alternative zu Machs Position entwickelt (vgl. Wright 1982). Dies ist möglicherweise darauf zurückzuführen, dass Musil erhebliche Zweifel am Stellenwert der Philosophie als einer eigenständigen wissenschaftlichen Disziplin hatte und einen Standpunkt vertrat, der letztlich nur die empirischen Wissenschaften und die Literatur als Erkenntnisformen *sui generis* anerkannte (vgl. Misselhorn 2014). Es gibt in der neueren Forschung die Vermutung, dass Musil bereits in der ersten Fassung seiner Dissertation für eine „Konvergenz der Ergebnisse der Physik und der Philosophie" eingetreten ist (Bonacchi 2014, S. 137).

Möglicherweise hat er schon in diesem Zusammenhang dafür argumentiert, dass die Philosophie im traditionellen Sinn obsolet ist. Dies würde auch erklären, warum die Stoßrichtung von Musils Kritik an Mach immer wieder darin besteht, diesem vorzuwerfen, er stelle metaphysische Behauptungen auf, die über das hinausgehen, was sich aus der wissenschaftlichen Praxis ergibt. Im Umkehrschluss könnte man folgern, dass Mach eben bei den Behauptungen bleiben sollte, die sich rein wissenschaftlich begründen ließen, und keine philosophischen Mutmaßungen anstellen sollte. Diese philosophiekritische Einstellung könnte ebenfalls eine Erklärung für Stumpfs Missfallen an der ersten Fassung der Arbeit sein. Denn diese Position entzöge seinem eigenen Philosophieren erkenntnistheoretisch den Boden.

Musils Zweifel an der traditionellen Konzeption der Philosophie würden letztlich auch erklären, warum Musil das Angebot des Philosophen Alexius Meinong ablehnte, sich bei ihm zu habilitieren, und sich stattdessen ganz der Literatur zuwandte. Der grundlegende Kritikpunkt, den Musil in seiner Dissertation gegen Mach äußert, dieser verlasse mit seiner antimetaphysischen Haltung den wissenschaftlich gesicherten Bereich der Erkenntnis, erweist sich somit als ein zentrales Moment sowohl in Musils Denken als auch in seiner biografischen Entwicklung.

Auch wenn Musil sich in seiner Dissertation kritisch mit Mach auseinandersetzt, bleibt dessen erkenntnis- und wissenschaftstheoretischer Ansatz für Musils literarisches Schaffen dauerhaft von Bedeutung (vgl. Pieper 2002). In den literarischen Texten, die in zeitlicher Nähe zur Dissertation entstanden sind, versuchte Musil, die Auseinandersetzung mit Machs Philosophie mit erzählerischen Mitteln zu führen. Die Frage, ob dies eher affirmativ oder kritisch geschieht, wird allerdings in der Forschung unterschiedlich beantwortet. So argumentiert Pekar (1991) am Beispiel der Erzählung *Die Vollendung der Liebe*, es handele sich um eine „Übertragung der in Musils Dissertation gewonnenen Theoreme über Mach auf das Feld der Literatur" (ebd., S. 13). Dies gilt seiner Ansicht nach insbesondere für das Verhältnis von Kausalität und Funktion, die Kritik des Substanzbegriffs und die daraus resultierenden Beziehung zwischen Psychischem und Physischem.

Im Gegensatz dazu arbeitet Mehigan (1997) die Mach-kritischen Aspekte von Musils literarischen Texten heraus. So liest er bereits die vor der Dissertation entstandenen *Verwirrungen des Zöglings Törleß* als eine Studie darüber, wie die „Abkehr vom Verstande" (Tb I, 20), die aus Machs Philosophie folge, einen Gewaltexzess heraufbeschwört, der zu einer moralischen Positionierung zwinge (vgl. Mehigan 1997, S. 274). Für Mehigan besteht die Aufgabe, die Musil in den frühen Werken nur umkreist, und die er erst in *Der Mann ohne Eigenschaften* (MoE) zur Vollendung bringt, in dem „Verweis auf die grundlegende Unhaltbarkeit des Mach'schen Empirismus, ohne dabei den klassischen Kausalitätsbegriff wieder etablieren zu müssen" (ebd., S. 265). Eine Vermittlung der Positionen Pekars und Mehigans ließe sich möglicherweise mit Hilfe von Musils Unterscheidung zwischen der indifferenten und der skeptischen Lesart von Machs Thesen erreichen. Es fände demnach eine Übertragung von Machs Thesen im indifferenten Sinn verstanden statt, während sie in der skeptischen Interpretation zum Gegenstand der Kritik werden.

Unter gattungstheoretischen Gesichtspunkten ist die Art und Weise aufschlussreich, wie Machs Auffassungen in den Novellen und den Romanen behandelt werden.

In den Novellen wird ein ‚unerhörtes Ereignis' (beispielsweise das ‚Fremdgehen' in *Die Vollendung der Liebe*) im Sinn der Gattungstradition aus der subjektiven Perspektive so dargestellt, dass sich der Verzicht auf kausale Erklärungsmuster in einem Aufbrechen der linearen Erzählstruktur manifestiert (vgl. Röttger 1973, S. 43f.). Die Romane, insbesondere der *MoE*, thematisieren Machs Auffassungen hingegen primär auf der Ebene des Diskurses, sei es als Erzählerkommentar, in Form innerer Monologe der Figuren oder in ihren Gesprächen.

Was die wissenschaftliche Relevanz der Arbeit angeht, so kann ihr kein nachhaltiger Einfluss auf die philosophische Diskussion bescheinigt werden. Der philosophische Wert der Dissertation liegt eher in der minutiösen Darstellung und Auseinandersetzung mit den Lehren Machs als in der Entwicklung eines eigenen philosophischen Ansatzes. Man kann die Arbeit aber als Baustein einer umfassenderen philosophischen Position betrachten, die Musil in seinem Gesamtwerk entwickelt. Diese Position, die einen philosophischen Naturalismus mit einer Auffassung verbindet, die Philosophie und Literatur engführt, kann im logischen Raum durchaus Originalität beanspruchen (vgl. Misselhorn 2014). Die Philosophie in ihrem traditionellen Verständnis als reine Vernunftwissenschaft spielt in diesem Bild keine konstruktive Rolle mehr. Es bleibt ihr bestenfalls eine kritische Funktion, wie sie die Dissertation über Mach für Musils Werk insgesamt einnimmt. (→ IV.4 *Philosophie*)

7. Literatur

Arvon, Henri: Robert Musil und der Positivismus. In: Karl Dinklage (Hg.): Robert Musil. Studien zu seinem Werk. Reinbek b. Hamburg: Rowohlt 1970, S. 200–213.

Bonacchi, Silvia: Robert Musils Studienjahre in Berlin 1903–1908. Saarbrücken: Arbeitsstelle für Robert-Musil-Forschung an der Univ. Saarbrücken 1992.

Bonacchi, Silvia: Robert Musils Berliner Studienjahre. In: Annette Daigger, Peter Henninger (Hg.): Robert Musils Drang nach Berlin. Bern u. a.: Lang 2008, S. 37–83.

Bonacchi, Silvia: Robert Musils Dissertation *Beitrag zur Beurteilung der Lehren Machs* im Lichte der Klagenfurter Ausgabe. In: Massimo Salgaro (Hg.): Robert Musil in der Klagenfurter Ausgabe. Bedingungen und Möglichkeiten einer Edition. München: Fink 2014, S. 135–154.

Corino, Karl: Robert Musil. Eine Biographie. Reinbek b. Hamburg: Rowohlt 2003.

Helmholtz, Hermann von: Über die Erhaltung der Kraft. Eine physikalische Abhandlung. Berlin: Reimer 1847.

Hume, David: Eine Untersuchung über den menschlichen Verstand. [engl. 1748] Hamburg: Meiner 1993.

Mach, Ernst: Erkenntnis und Irrtum. Skizzen zur Psychologie der Forschung. 2. Aufl. Leipzig: Barth 1906.

Mach, Ernst: Die Analyse der Empfindungen und das Verhältnis des Physischen zum Psychischen. 9. Aufl. Jena: Fischer 1922.

Mehigan, Tim: Robert Musil, Ernst Mach und das Problem der Kausalität. In: Deutsche Vierteljahrsschrift für Literaturwissenschaft und Geistesgeschichte 71 (1997), S. 264–287.

Misselhorn, Catrin: Naturalismus zwischen Empirismus und Idealismus. Robert Musils philosophische Lehrjahre in Berlin. In: Annette Daigger, Peter Henninger (Hg.): Robert Musils Drang nach Berlin. Bern u. a.: Lang 2008, S. 85–106.

Misselhorn, Catrin: Musils Gefühlstheorie im Kontext der neueren emotionstheoretischen Debatte und die Möglichkeit falscher Gefühle. In: Kevin Mulligan, Armin Westerhoff (Hg.): Robert Musil – Ironie, Satire, falsche Gefühle. Paderborn: mentis 2009, S. 33–54.

Misselhorn, Catrin: Musil's Meta-Philosophical View: Between Philosophical Naturalism and Philosophy as Literature. In: The Monist 97 (2014), S. 104–121.
Monti, Claudia: Funktion und Fiktion. Die Mach-Dissertation Robert Musils in den Jahren zwischen den *Verwirrungen des Zöglings Törleß* und den Essays. In: Musil-Forum 5 (1979), S. 38–67 u. 154–183.
Monti, Claudia: Die Mach-Rezeption bei Hermann Bahr und Robert Musil. In: Musil-Forum 10 (1984), S. 201–213.
Musil, Martha: Briefwechsel mit Armin Kesser und Philippe Jaccottet. 2 Bde. Hg. v. Marie-Louise Roth. In Zusammenarbeit mit Annette Daigger u. Martine von Walter. Bern u. a.: Lang 1997.
Musil, Robert: Beitrag zur Beurteilung der Lehren Machs und Studien zur Technik und Psychotechnik. Reinbek b. Hamburg: Rowohlt 1980.
Pekar, Thomas: Zum Zusammenhang von Musils Dissertation mit seiner Erzählung *Die Vollendung der Liebe*. In: Colloquia Germanica 24 (1991), S. 13–23.
Pieper, Hans-Joachim: Musils Philosophie. Essayismus und Dichtung im Spannungsfeld der Theorien Nietzsches und Machs. Würzburg: Königshausen & Neumann 2002.
Röttger, Brigitte: Erzählexperimente. Studien zu Robert Musils *Drei Frauen* und *Vereinigungen*. Bonn: Bouvier 1973.
Steuer, Daniel: Ernst Mach and Robert Musil. Laws of Conversation and the Metaphysical Imagination. In: Christian Emden, David Midgley (Hg.): Papers from the Conference „The Fragile Tradition", Cambridge 2002. Bd. 3. Oxford u. a.: Lang 2005, S. 81–104.
Vollmer, Gerhard: Evolutionäre Erkenntnistheorie. [1975] 8. Aufl. Stuttgart: Hirzel 2002.
Wright, Georg Henrik von: Musil and Mach (Introduction). In: Robert Musil: On Mach's Theories. Übers. v. Kevin Mulligan. München, Wien: Philosophia 1982, S. 7–14.

1.3 *Vereinigungen* (1911)
Birgit Nübel

1. *Vereinigungen* 121
  1.1 Entstehung und biografischer Hintergrund 121
  1.2 Forschungsstand 122
  1.3 Experiment-Charakter und Selbstreflexion 124
2. *Die Vollendung der Liebe* 127
  2.1 Inhalt 127
    2.1.1 Novellistischer Dreischritt 127
    2.1.2 Drei Wendepunkte 132
  2.2 Sprache 135
  2.3 Erzählstruktur 135
  2.4 Verräumlichung 136
  2.5 Motive – Metaphern – Metonymien 137
  2.6 Das Geschlecht der Wunde: Die kranke Frau 139
3. *Die Versuchung der stillen Veronika* 141
  3.1 Entstehungsgeschichte 141
  3.2 Inhalt 142
  3.3 Erzählstruktur 147
  3.4 Sprache 148
  3.5 Motive – Metaphern – Metonymien 148
  3.6 Das Geschlecht der Wunde: Die kranke Frau 150
  3.7 Gendercrossing und Vereinigung 151
4. Zusammenfassung und Ausblick 152
5. Literatur 153

1. Vereinigungen

1.1 Entstehung und biografischer Hintergrund

Die Entstehung der beiden Novellen *Die Vollendung der Liebe* und *Die Versuchung der stillen Veronika* lässt sich auf den Anfang des Jahres 1908 (vgl. Brief an Franz Blei, 12.4.1908, Br I, 53) zurückverfolgen. Eine Vorstufe der *Veronika*-Novelle, *Das verzauberte Haus*, veröffentlicht Musil noch im selben Jahr in der von Franz Blei (mit-)herausgegebenen Zeitschrift *Hyperion*. Musil ist zu diesem Zeitpunkt 28 Jahre alt, frisch promovierter Dr. phil. und hat im August 1908 seine Muse, Mitautorin und spätere Ehefrau, Martha Marcovaldi, kennengelernt; diese steht ihm nicht nur bei der Niederschrift der *Vereinigungen* zur Seite (vgl. „mit Marthas Hilfe", KA, H 5/28, 2.9.1910), ihr voreheliches Leben liefert auch den Stoff der beiden Dreiecksgeschichten (vgl. Corino 1974, S. 31–47, u. 2003, S. 319–363; Pfohlmann 2008, S. 182). In seinem „Vermächtnis" gibt Musil an, dass er die „ziemlich rasch" geschriebene Geschichte *Das verzauberte Haus* um eine weitere „aus dem gleichen Stoffkreis der Eifersucht" ergänzen wollte:

> [J]a ich hatte sogar die Absicht, diese Geschichte als ein literarisches Exerzitium zu behandeln, auch als eine Erholung und geistige Auflockerung für mich selbst, und wollte sie ungefähr in der Art des Maupassant behandeln, den ich kaum kannte, von dem ich aber ungefähr die Vorstellung „leicht" und „zynisch" gebildet hatte. (KA, M VIII/3/34)

Das ‚literarische Exerzitium' wird zum Selbstexperiment: In „2 ½ Jahre[n]" habe er „beinahe Tag und Nacht" an den zwei Novellen gearbeitet und sich „seelisch beinahe für sie zugrunde gerichtet." Doch weder die Produktions- noch die Rezeptionsseite steht im „Ergebnis" (KA, M, Weitere Mappen, Vortrag/69) für Erholung und Auflockerung, sondern vielmehr für Ermüdung und Anstrengung. In einem Brief an Julius Levin vom 31. Dezember 1923 gibt Musil zu, dass man das Novellenbuch „in seiner Übertriebenheit kaum in einem Zug lesen kann" (Br I, 333). Und in den wieder verworfenen Vorworten von 1935 zum *Nachlaß zu Lebzeiten* (1936) bezeichnet er die *Vereinigungen* als „ungenießbar[ ]" (KA, M II/1/57). Selbst für den Verfasser ist die (Re-)Lektüre der Novellen nur von Zeit zu Zeit, in kleineren Ausschnitten und unter besonderen, geradezu musealen Bedingungen erträglich: „Der Fehler dieses Buches ist, ein Buch zu sein. Daß es einen Einband hat, Rücken, Paginierung. Man sollte zwischen Glasplatten ein paar Seiten davon ausbreiten und sie von Zeit zu Zeit wechseln. Dann würde man sehen, was es ist. – – –" (KA, H II/72) Sein zweites Buch nach dem Erfolg seines „Erstlingswerk[s]" *Die Verwirrungen des Zöglings Törleß* (1906) bilanziert Musil als „große[n] Mißerfolg":

> Meine Absicht war, mir schnell und ohne viel Bemühen eine Gelenkprobe zu geben und die übliche galante Erzählung ein wenig im Sinn irgendwelcher Gedanken, die mich gerade beschäftigten, zu spiritualisieren. Das sollte mich acht bis vierzehn Tage kosten. Was daraus wurde, war ein zweieinhalbjähriges verzweifeltes Arbeiten, währenddessen ich mir zu nichts anderem Zeit gönnte. […] Was schließlich entstand: Eine sorgfältig ausgeführte Schrift, die unter dem Vergrößerungsglas (aufmerksamer, bedachtsamer, jedes Wort prüfender Aufnahme) das Mehrfache ihres scheinbaren Inhalts enthielt. […] Es ist das einzige meiner Bücher, worin ich heute noch manchmal lese. Ich ertrage keine großen Stücke. (KA, L 14, Selbstkommentare aus dem Nachlass, Vorwort IV; vgl. GW II, 969)

Noch in einem Brief vom 5. April 1942 wird Musil Robert Lejeune von der Lektüre der *Vereinigungen* „abraten": „Es ist so viel Hermeneutik und trotzdem Verschlossenheit darin, ja fast künstlerische Geheimlehre, daß fast unvermeidlich als erster Eindruck Abscheu entsteht." (Br I, 1417) Ermüdung, Abscheu und Unverständnis kann auf der Rezeptionsseite als Funktion von „Depression" (KA, H 5/28) und auf der Produktionsseite bzw. der Ebene der Textkonstitution als „Ekel am Erzählen" (KA, M IV/3/66) verstanden werden: Musils „poetologische Krise" (Pfohlmann 2008, S. 172) wird zum Exempel modernen Erzählens.

1.2 Forschungsstand

Das Novellendiptychon (vgl. Riedel 1998, S. 1155; Bonacchi 1999, S. 317, u. 2010, S. 199) *Vereinigungen*, das Musil im Juni 1911 bei Georg Müller in Berlin veröffentlicht (zu den Drucken vgl. Corino 1974, S. 5–17; Arntzen 1980, S. 108; KA, K 6, Vereinigungen), gehört laut Kurt Pinthus (1911) „zu den am schwersten verständlichen Werken […], die je in deutscher Sprache geschrieben sind" (zit. nach Mae 1988, S. 71; zur zeitgenössischen Rezeption vgl. ebd., S. 67–71). Diese Einschätzung wird in der Forschungsliteratur zu den *Vereinigungen* bis heute geteilt, so beispielsweise von Dorrit Cohn (1974, S. 154: „two of the world's most unreadable stories"), Karl Corino (1974, S. 1) und Fred Lönker (2002): „Bei einer Vielzahl von Passagen" sei, so Lönker, „nicht einmal entfernt klar […], wovon in ihnen überhaupt die Rede ist" (ebd., S. 7f.).

Dabei wird das Gemeinsame, die beiden Texte Vereinende nicht zuletzt im Titel der *Vereinigungen* gesehen. Geht Gerhart Baumann (1965, S. 131) noch existenzialistisch von der „Vereinigung des Unvereinbaren" aus, so interpretiert Hartmut Böhme 25 Jahre später den platonischen Mythos der Androgynie (vgl. Böhme 1990, S. 204) als Vereinigung von Signifikant und Signifikat (vgl. ebd., S. 219), während Peter Henninger (1980, S. 35–41 u. 61–65) den Anfangsbuchstaben des Titels, das Graphem „V", als die die *Vereinigungen* strukturierende Form („als Winkel, als Fünfzahl und Phonem", so Meisel 1991, S. 11; vgl. Pfohlmann 2003, S. 182–185; Giertler 2012, S. 168) bestimmt.

Das Schwer- bzw. Unverständliche der beiden Erzählungen wird zum Stachel im Fleisch der Musil-Philologie: Laut Eckhard Heftrich (1986, S. 53) ist den *Vereinigungen* von allen Texten Musils „die exzessivste Interpretation zuteil geworden". Neben den textphilologischen und biografischen Standardwerken von Corino (1974 u. 2003) und dem Kommentar Helmut Arntzens (1980) liegen mittlerweile nicht nur sprach- (vgl. Schröder 1966; Schmitz-Emans 1993) und kommunikationsanalytische (vgl. Krusche 1978), erzähltechnische (vgl. Röttger 1973; Cohn 1974) und semantische (vgl. Zeller 1981a) Untersuchungen vor, sondern auch psychoanalytische (vgl. Henninger 1980; Köhler u.a. 1985; Martens 1987; Pfohlmann 2008) und poststrukturalistische (vgl. Böhme 1990) bzw. dekonstruktivistische (vgl. Schiffermüller 1997) Deutungsansätze. Wurden die *Vereinigungen* lange Zeit in erster Linie als Vorarbeit zum ‚Hauptwerk' *Der Mann ohne Eigenschaften* (MoE) gelesen, so wird nun zunehmend auch die poetologische „Sonderstellung" der beiden Novellen in Musils Œuvre hervorgehoben (Henninger 1980, S. 83; Koch 2007, S. 91) und deren „parallele Konstruktion" (Pott 1984, S. 45), der „komplementäre Modellcharakter" (Meisel 1991, S. 69), die thematische Verwandtschaft und die übereinstimmende Erzählstruktur

1.3 *Vereinigungen* (1911)

(vgl. Krusche 1978, S. 312) betont. Auch wenn bislang keineswegs Einigkeit hinsichtlich der Frage erzielt wurde, aus welcher Perspektive erzählt wird, kann es als unbestritten gelten, dass im „Mittelpunkt" der beiden Texte jeweils eine Frauenfigur steht (vgl. Böhme 1990, S. 200): Claudine in *Die Vollendung der Liebe* und Veronika in *Die Versuchung der stillen Veronika*. Cohn (1974, S. 168) bezeichnet Veronika als Schwester („sibling") von Claudine (vgl. Smerilli 2009, S. 119), und Silvia Bonacchi (2010, S. 200) hält in Bezug auf die parallele Konstruktion der beiden Novellen fest: „Claudine und Veronika haben viele gemeinsame Züge: In beiden wirkt ein früher erlittenes Trauma nach, beide stehen zwischen zwei Männern." (vgl. Bonacchi/Payne 2007, S. 178) Vielfach wird darauf hingewiesen, dass für beide Texte die Figur des Dritten konstitutiv ist (vgl. Baumann 1965, S. 138; Pott 1984, S. 29; Pekar 1989, S. 64–68; Meisel 1991, S. 38f.; Lönker 2002, S. 179; Neumann 2004, S. 19, u. 2009, S. 260), die Musil aus Rilkes *Die Aufzeichnungen des Malte Laurids Brigge* (1910) bekannt war:

> In allen Liebestragödien liegt die gleiche Oberflächlichkeit: – der zufällige Eintritt des Dritten. Rilke hat es gesagt und er hat den Ehebruch gefordert, der sich nur zwischen zwei Personen abspielt. Der Ehebruch zwischen zwei Menschen (vollzogen an einem beliebigen dritten, an einem Repräsentanten der ersten Sphäre) wegen des Bewußtseins um die Existenz jener innersten Sphäre, wo Liebende sich in Nichtigkeiten auflösen, in Dinge, die so gut sie wie andere sind, wo der Einzelne nur der Durchgangspunkt von Reflexionen ist, die allen gelten, von einer noch näher an den Geliebten sich Herankämpfenden gewendet als Vollendung der Liebe [...]. (KA, L 14, Selbstkommentare aus dem Nachlass, Prologe; vgl. KA, M IV/3/66)

Die Figur des Dritten, die sowohl den (körperlichen) Ehebruch als auch die (geistige) Vereinigung ermöglicht, ist in *Die Vollendung der Liebe* vielfach besetzt: In Bezug auf das Ehepaar sind es Claudines Tochter aus erster Ehe, der Sexualdelinquent „G.", über den Claudine und ihr Mann in einem Buch gelesen hatten, und schließlich der Ministerialrat. Die titelgebende weibliche Hauptfigur in *Die Versuchung der stillen Veronika* steht zum einen zwischen den beiden männlichen Figuren Johannes und Demeter sowie zum anderen zwischen einem Tier, bzw. dem traumatisierenden ,unerhörten sexuellen Ereignis' (vgl. Schlaffer 1993, S. 42) mit einem Bernhardinerhund, und dem göttlichen Prinzip einer mystisch-transzendenten Vereinigungserfahrung. Oder einfacher ausgedrückt: „Im Dreieck Veronika – Johannes – Demeter hat letzterer eine Position analog zum Ministerialrat in der *Vollendung der Liebe*" (Böhme 1990, S. 216). In der Forschung gewinnt dabei über die dargestellten oder bloß figural erinnerten Sexualhandlungen hinaus die Analyse der Gender-Konstruktionen zunehmend an Beachtung: Bereits Dietrich Krusche (1978, S. 323) weist auf den Objekt-Charakter der männlichen Figuren für die weiblichen Hauptfiguren hin (vgl. „Die Männer erscheinen ihr nur wie ein Vorwand", KA, H 5/24). Laut Matthias Luserke (1995, S. 39f.) handelt es sich bei Musils Erzählungen um Texte über weibliches Begehren, die sich innovativer Erzähltechniken bedienen. Nach Böhme (1990) versuchen die beiden Erzählungen in der „absolute[n] Vergegenwärtigung des Weiblichen in der Sprache des Gegengeschlechts [...] die Androgynität poetisch wieder[zu]stellen":

> Unergründliches Ziel des Erzählers nämlich ist das *Eindringen ins Weibliche*, so daß dieses sich von innen her erschließt und jene Fremdheit, die zwischen den Geschlechtern und

mithin zwischen dem Erzähler und seinen Protagonistinnen herrscht, getilgt wird –: um *im Erzählen selbst* jene ‚Vereinigung' zu erlangen, welche auf der erzählten Ebene das Begehren der Figuren ist. (ebd., S. 201; Hervorhebung B. N.)

In der neueren Forschung rückt dagegen weniger eine ‚durch Penetration heilende' Bewegung im Sinne einer Inszenierung der kulturellen Geschlechtsbinarismen, sondern vielmehr deren narrative Infragestellung und Überwindung in den Fokus. Nicht „Tilgung der Differenz von Zeichen und Bedeutung" – bzw. von ‚Männlichkeit' und ‚Weiblichkeit' – wäre demnach „das Ziel der Musilschen Novellenkunst" (Böhme 1990, S. 212), sondern deren von der Suche nach einer neuen Sprache (vgl. Schmitz-Emans 1993, S. 104), einem neuen Menschen (vgl. Pfohlmann 2008, S. 184) geleitete experimentelle Exposition.

1.3 Experiment-Charakter und Selbstreflexion

Seit ihrer zeitgenössischen Rezeption wurde auf den experimentellen Charakter der Erzählungen hingewiesen: Alfred Wolfenstein (1913/14) kennzeichnet die beiden „experimentelle[n] Novellen" (Mehigan 2001, S. 30) als „Seelenexperiment" (zit. nach Mae 1988, S. 73). Cohn (1978, S. 41) spricht von „early experiments in ‚stream-of-consciousness' fiction" und Monika Schmitz-Emans (1993, S. 81) liest die *Vereinigungen* als „avantgardistisches poetisches Experiment". Musil setzt gleichermaßen selbstbewusst wie konstruktiv-ironisch im *Curriculum Vitae* (um 1938) mit seinen beiden novellistischen Formexperimenten den Beginn des Expressionismus an (vgl. Jens 1993/94, S. 47 u. 65f.):

> Musil verläßt in diesem Buch mit einem entscheidenden Schritt die realistische Erzählungstechnik [...]. Tief, luzid, aber infolge mancher Eigenheiten schwer lesbar, leitete dieses Buch, vielleicht durch Irrtum, den literarischen Expressionismus in Deutschland ein, mit dem Musil aber weiterhin nichts zu schaffen haben wollte. (GW II, 950; vgl. Brief an Julius Levin, 31.12.1923, Br I, 332)

Sofern in dem Novellenband nicht gar eine „Liquidierung des Erzählerischen" bzw. eine „Zerstörung" der Form (Henninger 1980, S. 45) gesehen wird, verweist die Forschung immer wieder auf die radikale Verinnerlichung der Handlung (vgl. Krusche 1978, S. 311), den weitgehenden Verzicht auf eine kausale und zeitliche Abfolge (vgl. Zeller 1981b, S. 78) und psychologische Motivierung (vgl. Böhme 1990, S. 197), den lyrischen Charakter (vgl. Zeller 1981b, S. 81), den engen motivischen Zusammenhang und die enigmatische Bildlichkeit beider Texte (vgl. Schröder 1966, S. 327): „Einem Minimum an äußerer Handlung steht in den *Vereinigungen* als eigentliches Thema eine intensive und komplexe innere Wirklichkeit von Empfindungen, Gefühlen, Reflexionen der Protagonistinnen gegenüber" (Schmitz-Emans 1993, S. 82). In einem (wahrscheinlich an Bernard Guillemin gerichteten) Brief vom 26. Januar 1931, als der erste Band des *MoE* bereits publiziert vorliegt, distanziert sich der laut Selbstauskunft „in Stilfragen konservativ[e]" Musil von dem ‚Verdacht', „ein Erzvater der neuen Erzählungskunst" zu sein, und kennzeichnet den „neuen Erzählungsstil" des Novellenbandes retrospektiv im Modus des Konjunktivs als Auflösung des „äußerlich Kausale[n] zu Gunsten phänomenaler und motivischer Zusammenhänge" (Br I, 497). (→ II.5 *Zeitstile*) Dieses „Prinzip des Erzählens" (KA, M II/1/253), das nicht auf Chronologie, Kausalität und Psychologie beruht, sondern auf einem intra- bzw. in-

1.3 *Vereinigungen* (1911)

nerfiguralen Begründungszusammenhang, der motivisch konstruiert wird, ist von Musil wiederholt als „Prinzip der motivischen Schritte" (KA, M VI/2/80), „Prinzip der kürzesten u[nd] schwersten Linie" (KA, H 5/12), „Prinzip der schwersten Belastung des kleinsten Schrittes" (KA, H 33/53), „Prinzip der schwerstbeladenen Schritte" (KA, M II/1/57 u. a.) gekennzeichnet worden, als „eine Verknüpfung von Schritten, in der jedes Glied nicht in erster Linie begründet, sondern legitimiert ist." (KA, M IV/3/424) Das Verhältnis von äußerer Handlung und innerer Motivation erfährt so eine Verschiebung bzw. Überlagerung vom Dargestellten (‚Was') zum Darstellen (‚Wie'). Die Motivketten, Vergleiche und Bilder konstituieren die Figuren ebenso wie das erzählte Geschehen (*histoire*) und seine Vertextung (*discours*); sie sind nicht ‚Haut', sondern ‚Knochen', sie haben weniger eine bloß illustrative als vielmehr bedeutungskonstitutive Funktion (vgl. Brief an Blei, nach dem 15.7.1911, Br I, 87).

Musil hat den Arbeitsprozess an den *Vereinigungen* in seinen Tagebuchnotizen und seinem Briefwechsel dokumentiert und entwickelt in Auseinandersetzung mit seinen „[z]wei Erzählungen" – so der Untertitel – in den Essays und in zahlreichen Essayfragmenten eine Theorie der Novelle und ein poetologisches Programm modernen Erzählens. (→ VI.1.2 *Novelle*) Ein wichtiges Dokument poetologischer Selbstreflexion und zugleich narrativ inszenierter Metakritik der Kritik stellt der 1913 in Bleis *Der lose Vogel* anonym erschienene Essay *Über Robert Musil's Bücher* dar (vgl. Nübel 2006, S. 182–216). Das miniaturhaft-verkleinerte essayistische Ich sitzt in einer fantastisch-vergrößerten Musil'schen Gehirnlandschaft zwischen den beiden bisher erschienenen Büchern des Autors: den *Verwirrungen des Zöglings Törleß* (1906) auf der rechten und den *Vereinigungen* (1911) auf der linken Seite. Diese werden als „kleine, seltsam intarsierte Doppelpyramide" visualisiert: „Eigensinnig kahl in der Linie, glich sie, von einer engen Bilderschrift bedeckt, dem Mal einer unbekannten Gottheit, in dem ein unverständliches Volk die Erinnerungszeichen an unverständliche Gefühle zusammengetragen und aufgeschichtet hat." (GW II, 996) Neben dem kulturgeschichtlichen Assoziationsbereich der Archäologie („Doppelpyramide") bzw. Ethnologie („unverständliches Volk") drängt sich mit den „unverständliche[n] Gefühle[n]" auch die zeitgenössische Psychoanalyse auf, eine Analogie, die Sigmund Freud selbst in verschiedenen Texten thematisiert hat. Die „Bilderschrift" aber verweist nicht allein auf deren zeichenhaft-grafische Qualität, sondern auch auf eine Anmerkung Friedrich Schillers in *Über Anmut und Würde* (1793) zum Verhältnis von Gefühl und Vernunft einerseits bzw. deren Versprachlichung andererseits:

> Das zarte Gefühl der Griechen unterschied frühe schon, was die Vernunft noch nicht zu *verdeutlichen* fähig war, und, nach einem Ausdruck strebend, erborgte es von der Einbildungskraft Bilder, da ihm der Verstand noch keine Begriffe darbieten konnte. Jener Mythus ist daher der Achtung des Philosophen wert, der sich ohnehin damit begnügen muß, zu den Anschauungen, in welchen der reine Natursinn seine Entdeckungen niederlegt, die Begriffe aufzusuchen, oder mit andern Worten, die *Bilderschrift der Empfindungen* zu erklären. (Schiller 1992, S. 331; Hervorhebung B. N.)

Bringt Musil diese kulturelle und individuelle ‚Bilderschrift der Gefühle' nicht als illustratives, sondern als konstruktives Prinzip der ‚technischen Umkehrung' in seinem Novellenband zur Darstellung, so versucht das essayistische Ich in Musils Metatext zu den *Vereinigungen* in Auseinandersetzung mit den beiden textinternen Figuren des Literaturgeologen und des Schriftstellerkollegen, die erzählerische Inversion von Handlung und Empfindungen zu erklären bzw. zu rechtfertigen.

Die Frage des Literaturgeologen „Was ereignet sich?" wird zunächst von einem textinternen Schriftstellerkollegen beantwortet:

> „Nichts!" lächelte der Schriftsteller, mit dem Ausdruck des Wozu-viele-Worte-Machens. „Diese eine Frau wird ihrem Mann untreu, aus irgendeinem konstruierten Einfall heraus, daß dies die Vollendung ihrer Liebe bedeuten müsse, und jene andre schwankt neuropathisch zwischen einem Mann, einem Priester und der Erinnerung an einen Hund, der ihr bald wie der eine, bald wie der andre erscheint. Was geschieht, ist darin schon von Anfang an beschlossen und ist widerwärtig und unbedeutend, ein intellektuelles und Gefühlsgestrüpp, in dem selbst die Personen der Handlung nicht vorwärtskommen." (GW II, 999)

Ins Positive gewendet geht es Musil in *Die Vollendung der Liebe* eben nicht in erster Linie um die Figuren und die Handlung auf der Ebene der dargestellten Geschichte (*histoire*), sondern um die Darstellung des ‚intellektuellen Gefühlsgestrüpps', das „Ineinandergreifen von Gefühl und Verstand" (GW II, 1000) auf der Ebene des *discours*, d.h. mithin auch, um die (erzähl-)technische *Vereinigung* der Leib-Seele-Dichotomie in dem „doppelten Oxymoron" (Böhme 1990, S. 192) der „Gefühlserkenntnisse und Denkerschütterungen" (GW II, 997), wie es in *Über Robert Musil's Bücher* in selbstexplikativer Hinsicht heißt. Hier erörtert das textinterne „Gehirn dieses Dichters" (GW II, 995) durch sein Medium, das essayistische Ich, das Anliegen des textexternen Autors:

> Gewöhnlich erzählt man in Handlungen und die Bedeutungen liegen neblig am Horizont. Oder sie liegen klar, dann waren sie schon mehr als halb bekannt. Kann man da nicht versuchen, ungeduldig einmal mehr den sachlichen Zusammenhang der Gefühle und Gedanken, um die es sich handelt, auszubreiten und nur das, was sich nicht mehr mit Worten allein sagen läßt, durch jenen vibrierenden Dunst fremder Leiber anzudeuten, der über einer Handlung lagert? Ich meine, man hat damit bloß das Verhältnis einer technischen Mischung verkehrt und man müßte das ansehen wie ein Ingenieur. (GW II, 998)

Weniger die dargestellte Sexualität – sei es nun als Akt des Ehebruchs mit einem Fremden oder als sodomitisches Ereignis mit einem Bernhardinerhund auf der Figuren- bzw. Handlungsebene – ist demnach entscheidend, sondern das sprachliche Erfassen eines „unendlich gebrochene[n] Vieleck[s] einer Gefühls- und Gedankenkette" (GW II, 1000), die erzählerische Motivation des ‚flimmernden Einzelfalls' (vgl. GW II, 997), auch wenn dieser „nie restlos in angebbare Bedeutungen aufzulösen" sein mag (GW II, 1000). Es geht nicht um ein inhaltliches oder moralisches ‚Problem' – sei es nun der sexuelle Akt mit einem Fremden oder einem Hund –, „sondern um das Problematische des Erzählens." (*Novelleterlchen*, GW II, 1323)

2. Die Vollendung der Liebe

2.1 Inhalt

Nicht nur Motivik und Inhalt, auch die Entstehungsgeschichte der zwei Erzählungen ist eng verschränkt, denn Musil arbeitete an der ersten der beiden in den *Vereinigungen* abgedruckten Novellen, *Die Vollendung der Liebe*, zeitweise parallel zur Umarbeitung des Textes *Das verzauberte Haus* zur *Versuchung der stillen Veronika*.

Inhaltlich scheint es zunächst um eine ‚banale' Ehebruchsgeschichte in der literarischen Tradition des „novellistische[n] ‚Seitensprung[s]'" (Böhme 1990, S. 210) zu gehen: „Eine Frau wird ihrem Mann auf einer Reise untreu." (Arntzen 1980, S. 111) Der Seitensprung vollzieht sich in drei Schritten: „1) Eine Frau bittet ihren Mann, sie auf eine Reise zu begleiten. / 2) Er lehnt ab. / 3) Sie reist allein und betrügt ihn mit einem Fremden." (Henninger 1980, S. 45) Auf den zweiten Blick handelt es sich um eine doppelte Ehebruchsgeschichte: Die eine spielt in der dreizehn Jahre zurückliegenden Vergangenheit, die andere in der erzählten Gegenwart; die eine ereignet sich in der Sphäre der erzählten Wirklichkeit, die andere im Bereich des Transzendenten. Diese doppelte Ehebruchsgeschichte ist formal in drei Abschnitte geteilt. Die erzählte Handlung vollzieht sich in vier Tagen (bzw. Nächten) und erstreckt sich in der Erstausgabe des Georg Müller Verlags, welcher (mit Ausnahme der Interpunktion; vgl. Giertler 2012) der Lesetext der *Klagenfurter Ausgabe* folgt, über 98 Seiten, während der Text in den von Frisé herausgegebenen *Gesammelten Werken* nur 38 Seiten einnimmt (GW II, 156–183), was seine ‚Unlesbarkeit' verstärkt. Äußerlich sind die drei Hauptabschnitte des Textes durch dreifach durchgezogene Linien von Halb-Geviertstrichen (Erstausgabe; vgl. hierzu Giertler 2012, S. 162–164) bzw. Leerzeichen (Frisé-Ausgabe) deutlich sichtbar voneinander abgesetzt, „von denen der dritte mehr als doppelt so lang ist wie die beiden ersten zusammen". Dieser Typografie kann mit Riedel (1998, S. 1157) das „dramaturgische[ ] Schema": 1) „Exposition", 2) „auslösendes Moment", 3) „Handlung" unterlegt werden.

2.1.1 Novellistischer Dreischritt

1) *Exposition*
Der erste Abschnitt (GW II, 156–160) setzt *in medias res* mit einem Dialog ein. Die Frau bittet ihren Mann, sie auf eine Reise zu begleiten, was dieser ablehnt. Das Ehepaar trinkt gemeinsam Tee, führt „ein gebildetes Gespräch über Erotik und Sexualität" (Neumann 2004, S. 20) und blickt gemeinsam auf die Straße. Der Abend des ersten erzählten Tages exponiert somit „die ‚geschlossene' Konstellation des ehelichen ‚Zuzweienseins'" (Riedel 1998, S. 1157), das dem Ehebruch vorausgeht. Denn schon das Öffnen der bislang geschlossenen Jalousien, die selbst Augen haben, nimmt die Textbewegung und die innere Bewegtheit der weiblichen Hauptfigur vorweg. Es geht bei der Eingangsszene eben nicht um „die Darstellung eines nicht mehr überbietbaren Glücksmoments" (Lönker 2002, S. 23), sondern vielmehr um die Darstellung der Fragilität des ehelichen „Zuzweienseins" (GW II, 159). Denn in dem „abendlichen Zimmer" verbreitet sich „mit einemmal ein kaltes, weites, mittaghelles Alleinsein" (GW II, 158), als das Ehepaar von G., „einem Kranken eines Buches, das sie gelesen hatten", spricht (GW II, 157; zur Referenzialisierung der Buch-Figur „G." vgl. Kaiser/

Wilkins 1962, S. 93; Corino 1974, S. 298; Goltschnigg 1983, S. 150f.; Willemsen 1983, S. 33–35), „jenen Dritten, Unbekannten" (GW II, 158), der ihnen als „unbewußte[r] Vorwand" dient, um über sich selbst zu reden. Das „Bestimmte[ ]" (GW II, 157) aber, das die Frau „an diesen G. denken" lässt (GW II, 159), ist ein der erzählten Teestunde um einige Abende vorausliegender Moment eines „Sichverkennen[s] im Coitus" (Böhme 1990, S. 205), einer während des Koitus empfundenen ‚Absence' Claudines („als könnte ich fern von dir und ohne dich sein", GW II, 159), die diese ihrem Mann gesteht. Claudine versucht, sich in die Perspektive des Sexualtäters hineinzuversetzen („‚Wie mag ein solcher Mensch wie dieser G. sich wohl selbst sehen?' [...] Glaubst du, daß er unrecht zu handeln meint?' / [...] / ‚[I]ch glaube, er meint gut zu handeln.'", GW II, 157) und seine Delikte vom Standpunkt einer „Musil-Nietzscheschen ‚Ausnahmemoral'" (KA, Register, Matthias Di Gaspero) aus zu entschuldigen (zur Affinität bzw. Analogie der Figuren G. und Claudine vgl. Goltschnigg 1983, S. 150f.; Willemsen 1983, S. 36 u. 54; Dohm 2005, S. 191): „[D]er Himmel schickt ihn [...], in seiner Wehmut liegt alle Entschuldigung, in dem Fühlen, mit dem er die Zerstörung begleitet ... Ist nicht jedes Gehirn etwas Einsames und Alleiniges? ..." (GW II, 158). Der Kristall, der sich um die beiden Eheleute gebildet hat, in dem sie sich „wie durch Tausende spiegelnder Flächen ansahen und wieder so ansahen, als ob sie einander zum erstenmal erblickten ..." (GW II, 157), mutiert nunmehr auf der Bildebene zu einer aus lauter „Dritten" bestehenden „große[n] Kugel, die uns einschließt und uns manchmal fremd und gläsern ansieht und frieren macht" (GW II, 158). Das „Geheimnis" des „Zuzweienseins" der beiden „wunderbar aneinandergepaßten Hälften" beruht auf der „Einsamkeit" (GW II, 159), der radikalen ‚Ausnahmemoral' des Triebtäters, der sie von außen ansieht.

2) *auslösendes Moment*
„Am nächsten Morgen" begibt sich die weibliche Hauptfigur Claudine im zweiten Abschnitt (GW II, 160–168) mit dem Zug in die „kleine[ ] Stadt, wo das Institut war, in dem ihre dreizehnjährige Tochter Lilli erzogen wurde" (GW II, 160); diese ist in einem der erzählten Handlung vorausliegenden Ehebruch in ihrer ersten Ehe während einer zahnärztlichen Behandlung mit einem amerikanischen Dentisten gezeugt worden. Bereits vor Abfahrt des Zuges verliert sich Claudine auf dem Bahnhof inmitten der Menschenmenge, von Abscheu und Angst berührt, in ihren halbbewussten Reflexionen, Gefühlen und Erinnerungen. Sie wird „plötzlich leise von einem Gefühl berührt [...], das sie [...] an jenen beinahe vergessenen Lebensabschnitt" vor ihrer jetzigen Ehe „erinnerte" (GW II, 161). Auch in dieser Novelle geht die Reise „zum unerhörten Ereignis" (Schlaffer 1993, S. 197). Die Fahrt mit der Eisenbahn wird zu einer Reise in das eigene Ich, in die eigene Vergangenheit. Schaute im ersten Abschnitt das Ehepaar noch gemeinsam durch die geöffneten Jalousien, um sich „im Anblick der fremden Welt draußen" (GW II, 160) seiner selbst zu vergewissern, so lösen sich bei der allein reisenden Claudine die Grenzen zwischen Innen und Außen im Blick durch das Wagenfenster zunehmend auf: Die vorbeiziehende winterliche Landschaft wird zur invertierten Seelenlandschaft (vgl. Mehigan 2001, S. 37) und umgekehrt.

3) *Handlung*
Im dritten Abschnitt (GW II, 168–194) bedingt der „Zufall" (GW II, 188) der Reise die Möglichkeit einer „zufälligen Reisebekanntschaft" (Riedel 1998, 1157): „[S]ie

fühlte nur, [...] daß jetzt etwas begann wirklich zu werden" (GW II, 168), was zuvor nur *in* ihr war. Claudine wird noch im Zug von einem fremden „Herr[n]" angesprochen (GW II, 168), dem „Ministerialrat", einem selbsterklärten „Kenner der Frauenseele" (GW II, 184), mit dem sie „am späten Nachmittag" (GW II, 168) im Schlitten zu ihrer gemeinsamen Unterkunft fahren wird.

Der dritte Teil bzw. Hauptteil der Erzählung lässt sich mit Riedel (1998, S. 1157) wiederum in drei Unterabschnitte einteilen: a) „Ankunftstag und erste Nacht: Präludium" (GW II, 168–175); b) „folgender Tag und zweite Nacht: Klimax und Peripetie" (GW II, 175–191); c) „letzter Tag und dritte Nacht: Antiklimax, Abgesang" (GW II, 191–194).

a) *erste Nacht/Präludium*: In der auf die Ankunft folgenden Nacht schneit es und Claudine erwacht aus einem lange vergessenen Traum, ihre nackten Füße erscheinen ihr wie Tiere, und sie fühlt „ihr Herz schlagen [...], als trüge sie ein Tier in der Brust" (GW II, 173). Claudine spürt im kühlen Zimmer „eine plötzliche phantastische Hitze" und sehnt den Ministerialrat herbei: „Sie hätte leise schreien mögen, wie Katzen schreien vor Angst und Begierde" (GW II, 172). Ungefähr in der Mitte der Novelle (vgl. Cohn 1974, S. 165) – im zweiten Wende- bzw. Höhepunkt der „Epiphanie-Nacht" (Smerilli 2009, S. 112) – heißt es in Wiederaufnahme des Titels: „Da fühlte sie, daß hier sich etwas *vollenden* sollte" (GW II, 173; Hervorhebung B. N.). Eingeleitet von einem metasprachlichen Hinweis („als wäre ein Unsagbares gewesen", GW II, 173) wird nun Claudines Erleben beschrieben: eine „Weichheit", ein „nackt[es], ausgezogen[es], seiner selbst entkleidet[es]" „Ichgefühl", das sie ebenso „verwirrte", „wie der in sie verirrte, mit zielloser Zärtlichkeit seine *Vollendung* suchende Teil einer Liebe [...], für die es in der Sprache des Tags und des harten, aufrechten Ganges noch kein Wort gab." (GW II, 173f.; Hervorhebung B. N.) Die Ambivalenz von tierisch-nacktem Ich und Sehnsucht nach Vollendung ist Ausdruck einer Leib-Seele-Dichotomie wie einer Differenz von (,harter') Sprache und (,weichem') Unsagbarem zugleich. Die Vereinigung von himmlischer und irdischer (bzw. tierischer) Liebe (vgl. Freud 1973, S. 82) ist das, was über den ‚Dunst vibrierender Leiber' jenseits der philosophisch-sprachkritischen Unsagbarkeits- bzw. Unmöglichkeitsaxiome literarisiert wird. Es ist eine „Gefühlserkenntnis[ ] und Denkerschütterung[ ]" (GW II, 997), die Claudine erfährt, ein „Gedanke, fast nur ein Gefühl": „wir waren einander untreu, bevor wir einander kannten ...". Dies ergibt zusammen mit der Aussage „wir liebten einander, bevor wir einander kannten" den unausgesprochenen Syllogismus: Wir lieben uns, indem wir uns untreu sind. Die Untreue als Figuration des Dritten ist Moment des „Zwischenihnenseins" (GW II, 174) und zugleich Bedingung ihres „Zuzweienseins" in Liebe (GW II, 159). Der scheinbare Gegensatz von Liebe und Untreue, das Ich und das Nicht-Ich resp. der bzw. das Fremde vereinigen sich in einem Dritten, in einem beides – Untreue wie Liebe, Ich und Nicht-Ich – zugleich umfassenden Zustand.

b) *zweite Nacht/Klimax und Peripetie*: Am nächsten Morgen ist die kleine Stadt wegen des Schnees „von der Wirklichkeit abgeschnitten[ ]" (GW II, 176), wie auch Claudine von der Erinnerung an das „versunkene[ ] Traumgefühl" (GW II, 174) der zurückliegenden Nacht. Claudine zerreißt einen Brief an ihren Mann und spricht „bis Mittag im Institut mit den Lehrern." (GW II, 176) Dass sie ihre Tochter, den ‚zufälligen' Anlass ihrer Reise, trifft, bleibt hingegen unerwähnt (vgl. Corino 1974, S. 281). Als eine Frau sie am Abend im Speisesaal anspricht („Ich habe heute nachmittag Ihr

Töchterchen gesehen, als es auf Sie wartete, es ist ein reizendes Kind, Sie haben gewiß viel Freude an ihm."), ist es Claudine, die „an diesem Tag nicht wieder im Institut gewesen" ist,

> unmöglich zu antworten [...]. Dann entgegnete sich doch irgend etwas und hatte dabei die Vorstellung, daß alles, was sie sagte, sich wie in einem Sack oder in einem Netz verstrickte; ihre eigenen Worte erschienen ihr fremd zwischen den fremden, wie Fische an den feuchtkalten Leibern anderer Fische zappelten sie in dem unausgesprochenen Gewirr der Meinungen. (GW II, 183)

Claudine erweist sich als pathogen („Es geriet zwischen ihr und diesen gewohnten Dingen etwas in Unordnung, sie offenbarten etwas Ungewisses und Wankendes", GW II, 183f.) und von sich selbst, ihren Worten und ihrer eigenen Tochter entfremdet: „Und es riß Gebärden und Worte aus ihr heraus, die irgendwoher neben ihr vorbeikamen und doch noch sie waren" (GW II, 184). Zugleich ist sie aber auch als Vertreterin jener ‚Ausnahmemoral' (vgl. Willemsen 1983, S. 58) gekennzeichnet, die darum weiß, „daß alle Rechtfertigung in etwas ganz anderem lag, – einem Lächeln, einem Verstummen, einem inneren Sichhören." (GW II, 183) Sie erweist sich als ‚Möglichkeitsmensch' (vgl. Appignanesi 1973, S. 25), der darum weiß, „daß dies alles möglich sein konnte." (GW II, 184) Wenn sie in der zweiten Nacht, die mit dem dritten Wende- bzw. Höhepunkt der Novelle – der sogenannten ‚Teppichszene' (GW II, 189) – zusammenfällt, im Bewusstsein, dass der Ministerialrat vor ihrer Tür steht, nicht nur auf dessen Eintreten, sondern zugleich „auf das Abenteuer eines andern Menschen in ihr" wartet (GW II, 188), macht sie die Erfahrung „der *innersten Menschenmöglichkeit*[ ]" (GW II, 190; Hervorhebung B. N.). Es ist dies die Selbstfindung im Selbstverlust, der mit der Wiederkehr ihrer verdrängten Vergangenheit, dem Kontrollverlust über ihre Leidenschaften wie mit der Auflösung in die umgebende Wirklichkeit der Dinge, der Faktizität und des Zufalls einhergeht. Dabei steht Claudines „Körper, der alles, was er fühlte, wie eine Heimat umhegte" und dem selbstreflexive Fähigkeiten zugesprochen werden („Sie spürte sein Gefühl von sich"), für die „Sterbenssehnsucht ihrer Liebe", hinter der das „Nichts" steht: Denn ihr Körper

> lockte sie bitterselig [...], ihn von sich zu stoßen, [...] von einem Fremden ihn niedergestreckt und wie mit Messern aufgebrochen zu fühlen [...], – um ihn in einer seltsam bis zur letzten Wahrhaftigkeit geöffneten Treue um dieses Nichts, dieses Schwankende, dieses gestaltlose Überall, diese Krankengewißheit von Seele dennoch wie den Rand einer traumhaften Wunde zu fühlen, der in den Schmerzen des endlos erneuten Zusammenwachsenwollens vergeblich den anderen sucht. (GW II, 186)

Das Subjekthaft-Persönliche wird zum einen überwunden, indem es sich einem Vorsubjektiven, „etwas ganz Unpersönliche[m]" (GW II, 182), dem ‚Prinzip der Gestaltlosigkeit' überlässt (vgl. Riedel 1998, S. 1167–1169) (→ VII.3 *Gestaltlosigkeit*), zum anderen aber, indem es dem Nicht-Ich, dem Vor- bzw. Transsubjektiven ein gleichsam pantheistisches Prinzip der Vereinigung von Körper und Geist, Natur und Gott unterstellt. Die Erfahrung des Selbst (als seelisch-geistige Entität gedacht) ist einerseits nur möglich durch den gleichsam ‚todesverfallenen' Körper, der das Ich als Einheit umhüllt und somit erst als mit sich selbst Identisches konstituiert, andererseits jedoch auch nur in Abspaltung und Differenz zu diesem: Claudine kniet auf allen Vieren – „mit jenem unverlornen Rest von Seele, der noch bei zerstörenden Verletzungen reglos neben der auseinanderbrechenden Entstelltheit steht [...] wie neben einem gefallenen Tier" (GW II, 189) – auf dem schmutzigen Teppich. Zum einen steht die Seele gleichsam neben dem knienden Körper, zum anderen vollzieht sich jedoch auch eine Aufhebung dieser Trennung. Denn der Teppichgeruch („bald fremd und ekelerregend, bald unwiderstehlich"), „der von der Haut dieser Füße ausging und hineinging, in Seelen fremder Menschen hineinging, vertraut, schützend", erinnert sie an den „Geruch des Elternhauses" (GW II, 189). Das fremde Äußere und ‚Unheimliche' wird zur eigenen Erinnerung, zur Erinnerung des Eigenen, wenn sich der Körper „wie eine große, fremde, nickende Blume" um die „Wunde" (GW II, 173) der Seele schließt. Das „Überschreiten dieser Grenze" (GW II, 193) zwischen dem Eigenen und dem Fremden löst zugleich die Grenzlinie zwischen Claudine und ihrem geliebten Ehemann („ich tue dir weh, aber sie hatte das seltsame Gefühl, alles was ich tue, tust du", GW II, 191), zwischen Claudine und dem Ministerialrat („Dazwischen spürte sie, als ob es ihr eigenes Gefühl wäre, wie dieser Mensch sich liebte", GW II, 192) sowie zwischen Claudine und einem göttlich-transzendenten Prinzip auf: „Und plötzlich hob sie die Hände: Hilf mir, du, hilf mir! und fühlte es als Wahrheit und es war ihr doch nur ein leis zurückstreichelnder Gedanke: wir kamen aufeinander zu, geheimnisvoll durch Raum und Jahre, nun dringe ich in dich ein auf schmerzhaften Wegen" (GW II, 190). Das Weibliche penetriert durch den fremden männlichen Körper das Göttliche. Es ist ein Moment des Schließens und Öffnens zugleich: „[E]in Augenblick des sich Schließens und alles Fremde aus sich Ausschließens und in einer halb schon träumenden Vollendung eine große, ganz rein sie enthaltende Liebe. Ein zitterndes Auflösen aller scheinbaren Gegensätze." (GW II, 191) Dieser mystische Moment der Vereinigung, der Öffnung und Auflösung in der Schließung wird auf der Handlungsebene in eine autoerotische Klimax übersetzt, die durch den tatsächlich vollzogenen Sexualakt mit dem Ministerialrat keine Steigerung mehr erfahren kann. (→ VII.1 *Mystik*)

c) *dritte Nacht/Antiklimax*: Im letzten und kürzesten Abschnitt (und somit in der dritten Nacht nach der Trennung von Claudines Ehemann) kommt es nach einem mit Spaziergängen und dem Austausch von Banalitäten angefüllten Tag schließlich zum Vollzug des Ehebruchs mit dem „Unbekannten" (GW II, 173). Doch die körperliche Vereinigung mit dem Ministerialrat führt gerade *nicht* zu einer Einheit von Seele und Körper („‚mir ekelt.' / [...] / Und dann fühlte sie mit Schaudern, wie ihr Körper trotz allem sich mit Wollust füllte", GW II, 193): Die „Vereinigung geschieht im Akt radikaler Entzweiung und Entfremdung" (Pott 1984, S. 34; vgl. dagegen Lönker 2002, S. 52). Der ‚andere Zustand' in Liebe, die Vollendung der Liebe wie des Selbst, ist nur in einem Zustand der absoluten Entäußerung, in der radikalen Bejahung der Leib-Seele-Dichotomie, im Akt der Abspaltung von Körper und Seele erreichbar. Claudine erfährt keine Teilhabe am Göttlich-Transzendenten, aber sie spürt sich selbst, ihre Liebe als „*innerste*[ ] *Menschenmöglichkeit*[ ]" (GW II, 190), wenn auch nur als Ahnung, als „Vorstellung", nicht als Nähe oder Dauer: „[G]anz fern, wie Kinder von Gott sagen, er ist groß, hatte sie eine Vorstellung von ihrer Liebe." (GW II, 194) Die reale, körperliche Vereinigung mit dem Zufälligen, scheinbar Kontingenten, Fremden ermöglicht nur die „Vorstellung" eines anderen Zustands in Liebe, nicht dessen Vollendung. Claudines statische (eheliche) Liebeskonzeption hat sich durch den Zufall der Reise und der Bekanntschaft mit einem beliebigen Dritten in eine dynamische Liebeskonzeption eines neuen ‚glücklichen Gleichgewichts' von Innen und Außen verwandelt (vgl. KA, M VII/6/183).

2.1.2 Drei Wendepunkte

Wenn Musil innerhalb eines wieder fallengelassenen Vorworts aus dem Nachlass angibt, er „hatte den Weg zu beschreiben, der von einer innigsten Zuneigung beinahe bloß binnen 24 Stunden zur Untreue führt" (KA, M VII/3/23), dann handelt es sich nicht um einen Rechen- bzw. Erinnerungsfehler (vgl. Strelka 1983, S. 134), sondern vielmehr um die narrative Umsetzung des „Prinzip[s] [...] der ‚motivierten Schritte'": „Seine Regel ist: Lasse nichts geschehen (oder: tue nichts), was nicht seelisch von Wert ist. D.h. auch: Tue nichts Kausales, tue nichts Mechanisches." (KA, M II/1/73) Erzähltechnisch gibt es unterhalb der traditionell-chronologischen Zeitdarstellung des äußeren Handlungsverlaufs drei ‚Schritte' bzw. Wendepunkte, die zur ‚unerhörten Begebenheit' der Novelle – dem „paradoxen Erzählschluß eines Ehebruchs" (Riedel 1998, S. 1157) als Vereinigung mit dem zu Hause gebliebenen geliebten Ehemann sowie mit einem Ehe- wie Ehebruch-transzendenten Prinzip – führen. Beide Dimensionen des Ehebruchs überschreiten die Dichotomien von Leib und Seele, Treue und Untreue, Ich und Nicht-Ich in der orgastischen Vereinigung. Am Morgen nach der gemeinsam mit ihrem Gatten verbrachten Nacht wird Claudine bereits am Bahnhof „plötzlich leise von einem Gefühl berührt [...], das sie [...] dunkel und fern und doch in fast leibhafter Gleichheit an jenen beinahe vergessenen Lebensabschnitt erinnerte" (GW II, 161), und „während sie scheinbar gleichmütig und höflich unter den Menschen ging, fühlte sie, daß sie *es tun mußte*" (GW II, 161f., 167 u. 191). Begleitet von „Ekel" (GW II, 172), „Kopfschmerz" und „Angst" (GW II, 162) erinnert sie sich unterhalb der Schwelle bewusster Gedanken und Gefühle an „das Gestern", nicht an das mit ihrem Mann geteilte, sondern vielmehr an die Zeit *vor* ihrer Ehe: „Und daran erkannte sie es. Denn so war es damals; ihr kam plötzlich vor: einst, als sei sie lange anderswo und doch nie fern gewesen. Es war ein Dämmerndes um sie und Ungewisses wie das ängstliche Verbergen von Leidenschaften Kranker" (GW II, 162).

Die Anagnorisis, das Wiedererkennen ihres früheren, gleichsam vergessenen leidenschaftlichen Selbst findet statt in einem traumhaften Wechsel von Innen- und Außenfokussierung: Während Claudine „reglos" am Eisenbahnfenster sitzt und die anderen Mitreisenden nur als „Rauschen" (GW II, 162) und den Zug als „Schwanken" wahrnimmt, gleitet ihr Blick über eine expressionistisch-verzerrte Winterlandschaft: „Telegraphenstangen fielen schief vorbei, die Felder mit ihren schneefreien, dunkelbraunen Furchen wanden sich ab, Sträucher standen wie auf dem Kopf mit hunderten gespreizter Beinchen da" (GW II, 163). Einerseits scheint das Innere Claudines mit der Landschaft „draußen" zu verschmelzen. Andererseits „bröckelten" jedoch die Dinge ab, „sobald sie es [i. e. das Leben] an sich zu ziehen" und festzuhalten versuchen, und sie zerfielen „unter ihrem Ansehn" (GW II, 166): „[E]s griff ihr Gefühl gleich einer Hand durch die Dinge hindurch, wenn es sie anfassen wollte" (GW II, 184). Mit dem Verlust des Ich korrespondiert die Subjekthaftigkeit, die radikale Autonomie der Dinge, die „plötzlich zweimal da[stehen]" (GW II, 159), „seltsam" werden und Claudine „wie Abenteurer, wie Fremde, wie Unwirkliche" (GW II, 165) ansehen. Die Oszillation zwischen Innen und Außen, Ich und Nicht-Ich bzw. Ich und Ding entspricht der Oszillation zwischen Gedanken und Gefühlen in einer gleitenden Assoziations- und Bilderkette. Claudine, die ‚Verschlossene' (vgl. lat. *claudere*), öffnet sich. Claudine ist es, „als lebte sie mit ihrem Mann in der Welt wie in einer schäumenden Kugel voll Perlen und Blasen und federleichter, rauschender Wölkchen" (GW II, 163).

1.3 Vereinigungen (1911)

Neben das „Bewußtsein von der Schönheit ihrer Liebe" (GW II, 164), von der sie sich wie „von einem weichen, müden Glück umschlossen" fühlt (GW II, 162), tritt das Gefühl, „daß auch sie [...] in sich gefangen und auf einen Platz gebunden dahinlebte, in einer bestimmten Stadt, in einem Hause darin, einer Wohnung und einem Gefühl von sich" (GW II, 166). Auch hier sind ‚Haus', ‚Frau' und ‚Geschlecht' metonymisch austauschbar (vgl. Schlaffer 1993, S. 98). An die Stelle des glücklich geschlossenen „Zuzweiseins" der „zwei wunderbar aneinandergepaßte[n] Hälften" (GW II, 159) tritt das „Glück der Fremdheit in der Welt" und „eine Lust am Alleinsein mit fremden Erlebnissen" (GW II, 167). Es ist, „als hätte sich ein Druck von Claudine gehoben", sie spürt „ein Weitwerden, wie wenn Wände sich auftun" (GW II, 163), ein „dunkle[r] Gang[ ] in ihren Träumen" öffnet sich (GW II, 164), es ist ihr, „wie wenn man eine Tür, deren man sich nie anders als geschlossen entsinnt, einmal offen findet." Doch die Erfahrung des Öffnens ist mit der Metaphorik der Verwundung verbunden: „[N]un war ihr *plötzlich, als hätte es heimlich etwas lange Geschlossenes in ihr zersprengt*; es stiegen langsam wie aus einer kaum sichtbaren, aber bis an irgendeine Tiefe reichenden Wunde, in kleinen, unaufhörlichen Tropfen, daraus Gedanken und Gefühle empor und weiteten die Stelle." (GW II, 163; Hervorhebung B. N.)

Bei diesem ersten Wendepunkt handelt es sich um ein Erlebnis der ‚Umkehrung', der Erschütterung, eine Erweiterung des Selbstbewusstseins in der Selbstauflösung, in der Assimilation an ein Fremdes, das zugleich ihr Eigenes, Innerstes, ihr Begehren ist. Geschildert wird nicht ein Moment der Identität, des Bei-sich-selbst- bzw. Eins-Seins, ein Augenblick, in dem sie sich selbst *gehört*, sondern eine Erfahrung der Differenz, der Nicht-Identität: „[E]s kam ein ganz kalter, stiller Augenblick, wo sie sich selbst *hörte*" (GW II, 166; Hervorhebung B. N.). Im Moment der Öffnung, der Aufsprengung und Abspaltung ihres Bewusstseins, erfährt sie die Liebe zu ihrem Mann nunmehr als etwas Entferntes und Zurückliegendes: „Sie suchte sich ihres Mannes zu erinnern, aber sie fand von ihrer fast vergangenen Liebe nur eine wunderliche Vorstellung wie von einem Zimmer mit lange geschlossenen Fenstern." (GW II, 167) Das Glück des „Zuzweiseins" (GW II, 159) wird von der radikalen Erkenntnis des Alleinseins, der existentiellen Einsamkeit und Fremdheit, abgelöst und in ein „Bewußtsein einer bloßen Tatsächlichkeit, fast seines Zufalls" (GW II, 164) überführt. Es findet ein radikaler Perspektivwechsel statt, der im Text selbst explizit als „Spiel mit Möglichkeiten" (GW II, 180) gekennzeichnet wird. Claudine fühlt sich selbst, fühlt auch das ‚kugelige' Glück ihrer ehelichen Liebe nicht mehr von innen, sondern sie sieht sich selbst im Blick des Außen: „Es genügte ein gleichgültiger Mensch, der etwas Gleichgültiges sprach, und sie empfand sich wie von dorther angesehen" (GW II, 165). Die Vereinigung mit dem Fremden, mit dem fremden Mann, wird zu einer Wiedervereinigung „wie in einer zweiten, tiefern Ebene" (GW II, 172): „Dann vermochte sie zu denken, daß sie einem andern gehören könnte, und [es] erschien ihr nicht wie Untreue, sondern wie eine letzte Vermählung" (GW II, 165). Diese „letzte Vermählung" vollzieht sich über den fremden Körper resp. den Körper des Fremden nicht allein mit dem abwesenden Gatten, sie vollzieht sich zugleich auch mit dem vergangenen Selbst, mit der „unglücklichen, alltäglichen, untreuen Frau" (GW II, 160), die sie früher war, aber auf einer neuen, höheren Stufe des Selbstverhältnisses. Die Untreue gegenüber ihrem Ehemann ist somit zugleich auch Effekt der Treue sich selbst, ihrer Vergangenheit, ihrem Körper gegenüber (vgl. „Persönlich bestimmend war, daß ich von Beginn an im Problem des Ehebruchs das weitere des Selbstverrats gemeint hatte", KA, M II/1/73; vgl. hierzu auch Lönker 2002, S. 67):

> [U]nd plötzlich erschien ihr in einer schlagschnellen Erhellung ihr ganzes Leben von diesem unverstehbaren, unaufhörlichen Treubruch beherrscht, mit dem man sich, während man für alle andern der gleiche bleibt, in jedem Augenblick von sich selbst loslöst, ohne zu wissen warum, dennoch darin eine letzte, nie verbrauchte bewußtseinsferne Zärtlichkeit ahnend, durch die man tiefer als mit allem, was man tut, mit sich selbst zusammenhängt. (GW II, 179)

Die Liebe zu ihrem Mann, ihr eheliches Glück, „[i]hre Sicherheit", erscheinen ihr nunmehr als ein „in liebender Angst an jenen Einen Geklammertsein", als etwas „bloß Oberflächliches" gegenüber einer *unio mystica*, einem mystischen Zusammensein im Alleinsein, „durch dieses Einsamsein in einer letzten, geschehensleeren Innerlichkeit Zueinandergehören" (GW II, 180), welches die Differenz zwischen Ich und Nicht-Ich, dem Eigenen und dem Fremden, Subjekt und Objekt, zwischen Claudine, resp. der Leidenschaft in ihr, und den Dingen, resp. der Landschaft außer ihr, aufhebt.

Was im letzten Teil der Erzählung geschieht, der äußere Vollzug des Ehebruchs mit dem im „alltäglichen" (GW II, 181) Ministerialrat personifizierten ‚Fremden', ist auf der Handlungs- und Figurenebene der *histoire* nur noch eine Folge der auf der Reise erlebten Erschütterung Claudines, der Auflösung und Umkehrung ihres Selbst. Der ihr gleichgültige, offenbar körperlich und geistig eher abstoßende mitreisende Ministerialrat („von häßlicher Alltäglichkeit des Geistes", GW II, 182) fungiert als Medium ihrer Selbst- und Welterfahrung. Wenn dieser Claudines halbnackten Frauenkörper eben nicht mit einem Zimmer, sondern mit der Landschaft vergleicht, dann entspricht die ‚Albernheit' seiner erkennbar ‚appetitiven' Ansprache („Ein Idyll, eine verzauberte Insel, eine schöne Frau im Mittelpunkt eines Märchens von weißen Dessous und Spitzen ...", GW II, 168) durchaus Claudines Vision einer „noch nie gesehne[n] Landschaft ihrer Liebe" (GW II, 171). Dabei vertritt, anders als in einer herkömmlichen Ehegeschichte zu erwarten wäre, der Ehemann den ‚Möglichkeitssinn', der Fremde aber den der ‚Wirklichkeit': Als ‚Wirklichkeitsmensch' und Vertreter des „Seinesgleichen geschieht" (MoE, 81), als beliebiger Exponent hegemonialer Männlichkeit, steht der fremde „Herr" (GW II, 168) dabei paradoxerweise zugleich für das „Wirklichwerden[ ]" (GW II, 168) von Claudines Begehren, wobei sich die Hinweise auf dessen masochistische Implikationen zunehmend verdichten (vgl. Bird 2005), wenn sie „einen zwischen Lust und Erleiden zerspaltenen Genuß an sich" spürt (GW II, 170): „Und sie liebte wie manche empfindsame Menschen [...] das Nichtgeistige, das Nicht sie sein, die Ohnmacht und die Schande und das Leid ihres Geistes, wie man ein Schwaches aus Zärtlichkeit schlägt, ein Kind, eine Frau, und dann das Kleid sein möchte, das im Dunkeln allein um seine Schmerzen ist." (GW II, 168) Die Auflösung und Fragmentierung ihres Körpers wie die Dissoziation ihres Selbstempfindens („sie hatte plötzlich von sich ein kraftloses, abgebrochenes, wie ein Armstumpf fuchtelndes Gefühl", GW II, 169) ist Bedingung eines „Spiel[s] mit Möglichkeiten" (GW II, 180), in welchem dem Ministerialrat, der sich selbst gänzlich ironiefrei als „ganzer Mensch" (GW II, 193) bezeichnet, nur eine Stellvertreterfunktion zukommt.

2.2 Sprache

Die Inhaltsangabe scheitert an der Aufgabe, etwas Unsagbares, etwas, das „unter dem Bereich der Worte" (GW II, 181) liegt, zu einem Text zu machen, in Verständlichkeit zu überführen. Die Interpretation, der Kommentar gerinnt zur Fortschreibung des Nicht-Gesagten. Gleichwohl ist das Unverständlich-Verschwommene in minutiöser sprachlicher Präzisionsarbeit „in den Zwischenbereichen von Genauigkeit und Ungenauigkeit" (Schröder 1966, S. 317) konstruiert: „In immer neuen Variationen versucht Musil das Unsagbare zu sagen." (Pott 1984, S. 37) Die detaillierteste Sprachanalyse hat bislang Jürgen Schröder (1966, S. 311) vorgelegt, der insgesamt „337 Mal die Vergleichskonstruktion mit ‚wie', ‚wie wenn' und ‚als ob'" zählt und 207 Mal die Seme ‚Gefühl' bzw. ‚Empfindung': „Der Rest steht im Konjunktiv" – und zwar 151 Mal (ebd., S. 312; vgl. Schöne 1982). Trotz des in „Sprachrhythmus" (Henninger 1980, S. 138) und Hermetik an Lyrik erinnernden Charakters realisiert die Novelle mit ihrem Gestus des ‚Vielleicht' (26 Mal) bzw. „Einerseits und Andererseits" (Schröder 1966, S. 317) zugleich ein *essayistisches Erzählen*. In Musils „Differential- und Integralsprache" (ebd., S. 323) wird die Erzählung „zu einem riesigen sprachlichen Funktionsfeld abhängiger und unbestimmter Größen, die sich erst wechselseitig bestimmen und präzisieren." (ebd., S. 322) Die Bedeutung des einzelnen Satzgliedes wie des ganzen Satzes lässt sich nicht festschreiben. Zwanzig Jahre nach Erscheinen der *Vereinigungen* hat Musil in seinem Essay *Literat und Literatur* (1931) diese als intratextuelles semantisches ‚Schwingen' beschrieben:

> Es erhält nicht nur der Satz seine Bedeutung aus den Worten, sondern auch die Worte gewinnen die ihre aus dem Satz, und ebenso verhält es sich mit Seite und Satz, Ganzem und Seite; bis zu einem gewissen Grad sogar in der wissenschaftlichen Sprache, auf das weiteste aber in der nichtwissenschaftlichen, bilden das Umfassende und das Umfaßte aneinander gegenseitig ihre Bedeutung heraus, und das Gefüge einer Seite guter Prosa ist, logisch analysiert, nichts Starres, sondern das Schwingen einer Brücke, das sich ändert, je weiter der Schritt gelangt. (GW II, 1213)

2.3 Erzählstruktur

Laut Cohn (1974, S. 166) „it is not narrative theme, but narrative form [...] which makes *Die Vollendung der Liebe* such a singular artistic venture." Dies gilt nicht zuletzt auch für die Frage nach der Perspektivierung des Erzählten. In einem Brief an Franz Blei (nach dem 15. Juli 1911) geht Musil auf dessen Fragen ein: „Sie schrieben: wer sieht hier zu? Der Autor? Wie ist das möglich? Die handelnde Person? Und Sie wandten ein, daß deren Haut allzu zerrissen würde und jeder Schritt durch eine Welt von Reflexion gehemmt." (Br I, 87) Diese Einschätzung Bleis, die Musil hier wiedergibt, wird auch in der Forschung geteilt: „Es ist nicht mit letzter Eindeutigkeit zu unterscheiden, ob Perspektivwechsel und verschiedene Grade der Distanz nicht noch zum personalen oder bereits schon zum auktorialen Erzählen gehören." (Röttger 1973, S. 90; vgl. Cohn 1974, S. 157f., sowie in der Begrifflichkeit Genettes Smerilli 2009, S. 80f.) Personales wie auktoriales Medium „bedien[en] sich der gleichen Einkreisungsversuche, der gleichen Formen andeutenden Sprechens in den Vergleichen, der konjunktivischen Ausdrucksweise und häufig eines ‚Vielleicht'" (Röttger 1973, S. 90; vgl. Schmitz-Emans 1993, S. 81). Musil verwendet allerdings – mit Ausnahme einiger kurzer Passagen in der zweiten Hälfte des Textes, wenn Claudine ihren Ehemann (resp. eine göttlich-transzendente Instanz) anruft – weder inneren Monolog noch erlebte Rede. Vielmehr entwickelt er, wie Cohn (1974, S. 157) gezeigt hat, eine spezifische Methode der „internal analysis" (Gedankenbericht), die „psycho-analogical method", wobei sich die Erzählinstanz wie beim psychoanalytischen Setting außerhalb des Blickfeldes der erzählten Figur bzw. des Analysanden wie auch des Lesers befindet.

Bei *Die Vollendung der Liebe* handelt es sich um eine Erzählung in der 3. Person, also eine sogenannte ‚Er-' oder vielmehr ‚Sie-Form', die sich als heterogene Stimme bei interner Fokalisierung bestimmen lässt. Dabei wird „[i]m Kern der Novelle [...] das tradierte Ehebruchschema adaptiert und aus der Perspektive der ‚untreuen' Frau gestaltet. [...] Die *Vollendung der Liebe* ist der einzige, vollständig aus der Perspektive einer Frau erzählte musilsche Text." (Dohm 2005, S. 180) Die typisierten männlichen Figuren (Ehemann, Zahnarzt, Ministerialrat, Lehrer) verlieren dabei ihre Eigenständigkeit und werden zur „Funktion der Innerlichkeit der Heldin" (Krusche 1978, S. 323). Wenn in der Forschungsliteratur davon ausgegangen wird, dass „der Erzähler die psychische Binnenperspektive der handelnden Frau einnimmt" (Luserke 1995, S. 40) bzw. dass „die Sprache des Erzählers" dem „Begehren[ ] von Claudine [...] voyeuristisch wie penetrierend beiwohnt" (Böhme 1990, S. 207), so ist die Verwendung des generischen Maskulinums zu hinterfragen, da die zwischen männlichem Autor (Musil) und weiblicher Figur (Claudine) stehende Erzählinstanz keineswegs im Hinblick auf ihr Geschlecht festgelegt ist. Der Reiz des Textes liegt somit sowohl im *gender crossing* von Autor und Perspektivfigur als auch in der geschlechtlichen Unbestimmtheit seiner Erzählinstanz. „Phantasien von der Überschreitung geschlechtlicher Grenzen, von Geschlechtertausch und Doppelgeschlechtlichkeit" (Dohm 2005, S. 192) bestimmen auch in diesem Text Musils das Dargestellte wie die Form der Darstellung: ‚Weibliche' und ‚männliche' Blickführung werden perspektivisch miteinander verschränkt und somit „Androgynie punktuell auch im Erzählvorgang erreicht" (ebd., S. 194, Anm. 47; vgl. Böhme 1990, S. 201). (→ V.6 *Geschlechterrelationen*)

2.4 Verräumlichung

Vielfach ist auf die Überlagerung der erzählten Zeit durch die Erzählzeit, vor allem in Bezugnahme auf die Eingangsszene, hingewiesen (vgl. Cohn 1974, S. 158) und das ‚lebendige Bild' (vgl. Böhme 1990, S. 202) bzw. „Stilleben mit Teetassen" (Pott 1984, S. 27) des ersten Textabschnittes analysiert worden (vgl. vor allem die Detailanalyse von Schröder 1966, S. 323–326):

> [D]ie Erzählung beginnt mit einem Stillstehen, der Verräumlichung der Zeit; jede äußere Bewegung stockt: der Teestrahl aus der silbernen Kanne, die Schatten auf den Flächen der Teekanne, die zum Winkel erstarrenden Linien des Arms der Frau, die unbewegten Gesichter, die unverwandten Blicke, die Erstarrung von Gegenständen und Licht. (Arntzen 1980, S. 112)

Die zeitliche Verschiebung – „zwischen dem Einschenken des Tees und dem Abstellen der Kanne [liegt] eine Seite" (Zeller 1981a, S. 379) – geht mit einer Verschiebung der Perspektive einher: „Normalerweise würde man nicht die Bewegung des Tees, sondern die des Einschenkens beschreiben." (ebd., S. 367) Es findet somit nicht nur eine Inversion von Raum und Figur statt (vgl. Schröder 1966, S. 325), sondern auch zwischen menschlicher Figur und Gegenstand: Das Interieur belebt sich (vgl. Meyer 1997, S. 337), die Dinge werden „anthropomorphisiert" (Rauch 2000, S. 32), und die Beziehung zwischen den Figuren wird ebenso geometrisiert wie die zwischen den Menschen und Dingen und dem sie umgebenden Raum. Musil beschreibt, so Jürgen Meyer, mit den Stilmitteln der „Prosopopöie, Vergegenständlichung und Geometrisierung" die Einheit von geometrischem Raum und Zeit (Meyer 1997, S. 336f.). Zusätzlich zu der Verräumlichung der Zeit ist eine Verdichtung der Zeit im ‚prägnanten' Moment auszumachen, die sich neben der relativ häufigen Frequenz des Wortes „Augenblick" (35 Mal) auch in einer für diese Novelle nicht minder konstitutiven Struktur der Plötzlichkeit (insg. 63 Mal ‚plötzlich') äußert.

2.5 Motive – Metaphern – Metonymien

Nicht die (äußere) Handlung ist entscheidend für die beiden Erzählungen, vielmehr konstituieren Bilder, von denen „ein von der Norm abweichender Gebrauch gemacht" werde, die Figuren wie den Text der Erzählung: „Die Bilder gehören zum Knochenbau des Buchs, nicht zu seiner Oberfläche, sie sind Bedeutungsträger" (Br I, 87). In einem Vorwort aus dem Nachlass spricht Musil in Bezug auf *Die Vollendung der Liebe* durchaus (selbst-)kritisch von einer Korrelation von fehlender bzw. extrem reduzierter äußerer Handlung („Nichtgeschehen") und „eine[r] immer länger werde[n] Motivkette" (KA, M II/1/73). In einem Brief an Franz Blei (nach dem 15. Juli 1911) erläutert Musil den für die *Vereinigungen* konstitutiven Zusammenhang von Bildern und Figurenperspektive:

> Die Vergleiche, Bilder, den Stil diktiert nicht der Autor, sondern sie sind psychische Konstituenten der Personen, deren Gefühlskreis sich in ihnen umschreibt. […] / Der Vorgang, der sonst .. in einer Reflexion od[er] in einem Geschehen zuhause ist, wird hiebei in einer exakten Verkürzung in ein Bild gedrängt. […] Und nicht der erzählte Mensch sieht sich in solchen Bildern zu, sondern er ist in diesen Bildern […]. (Br I, 87)

Das ‚Wie' des Erzählens sei – so Musil – „nicht sekundär, Zierrat u. bloß ergänzender Beitrag zu dem, was erzählt wird, sondern ein primärer, integrierender u. ganz wesentlicher Bestandteil dessen selbst." (ebd.) Böhme bezeichnet „die Überblendung und Aufschichtung von Bildern und Metaphern", welche schon in Musils frühem Text den ‚Faden der Erzählung' (vgl. MoE, 650) wie des Lebens überlagern (vgl. GW II, 185), als „‚Architektur' von tropischen Zeichen" (Böhme 1990, S. 199). Dieter Heyd (1980, S. 48) spricht von einem „Metapherngeflecht", Henninger (1980, S. 128) von einer „‚metonymischen' Schreibweise".

Das Bedeutungskonstitutive der Bilder lässt sich schwerlich über rein quantitative Verfahren ermitteln, dennoch verweist auch die relative Häufigkeit der Lexeme (von denen nachfolgend jeweils nur die Nomen angegeben werden) auf das sprachexperimentelle Prinzip von Wiederholung und Variation, dem der Text folgt. Hingewiesen wurde bislang in der Forschungsliteratur auf das für den Text zentrale Bild der ‚Kugel' (5 Mal), des ‚Kristalls' (2 Mal) sowie der Wörter ‚Spiegel' (7 Mal), ‚Glas' (8 Mal) und ‚Scheibe' (4 Mal), die geometrischen Figuren von ‚Kreis' und ‚Linie', die Metaphorik des Flüssigen, Weichen gegenüber dem Festen und Harten (z. B. ‚Metall'), des Hellen gegenüber dem Dunklen, auf die Topoi des Sinkens und Versinkens, des Engen und Weiten, des Schließens und Öffnens, des Drucks (5 Mal), der Wärme und Kälte, der

Gerüche, der Farben und Flächen. Die Bildstruktur vollzieht somit literarisch die Auflösung von Text und Figuren in ‚Elementenkomplexe', die Ernst Mach in den *Antimetaphysischen Vorbemerkungen* (1886) als Verknüpfungen von „Farben, Töne[n], Wärmen, Drücke[n], Räume[n], Zeiten usw." bestimmt hat (Mach 1985, S. 1; vgl. Meisel 1991; Pekar 1991; Luserke 1995). Zwischen dem hochfrequenten Sem ‚fremd' (50 Mal), dem ‚nirgends mehr Hingehören' und ‚Nirgendzuhaus' (je 1 Mal) und dem „Wohnland der Seelen" sowie den Bildbereichen des ‚Hauses' (9 Mal), der ‚Wohnung' (5 Mal) und des ‚Zimmers' (28 Mal) erscheint die zentrale „Schlüsselmetapher" der ‚Reise' (14 Mal; vgl. Riedel 1998, S. 1158). Die Abstrakta ‚Wirklichkeit' (37 Mal) und ‚Möglichkeit' (10 Mal) und der Bereich des ‚Wunders' (14 Mal) und des ‚Traums' (7 Mal) sind ebenso anzuführen wie der Bereich der Gefühle; neben den negativ besetzten Begriffen wie ‚Abscheu' (1 Mal) und ‚Ekel' (8 Mal), ‚Furcht' (6 Mal), ‚Erschrecken' (2 Mal) und ‚Angst'/‚ängstlich' (15 Mal) tritt das positiv konnotierte titelgebende ‚Liebe' (38 Mal) ebenso mit signifikanter Häufigkeit hervor.

Konstitutiv ist für die Novelle weiterhin der Bildbereich des ‚Tierischen' (insg. 23 Mal), der nur zweimal denotativ die Schlittenpferde bezeichnet und sich im Übrigen auf das bärtige „Mann-Tier" (Krusche 1978, S. 326) bezieht: Der Sexualdelinquent G. wird mit einem „fremde[n] Tier" (GW II, 158) und die Lehrer mit „riesige[n], plumpe[n] Höhlentiere[n]" (GW II, 177) verglichen; der Ministerialrat spricht „wie der Bart einer schauerlichen, halblaute Worte kauenden Ziege" (GW II, 180); er ist das „Tier", das Claudine über sich imaginiert („soll ich Sodomie treiben …?! […] ich, ich unter diesem Tier", GW II, 184) und das mit den Augen eines Raubvogels über ihr kreist (vgl. GW II, 192). Aber Claudine erfährt auch ihren eigenen Körper als Tier („ihr Körper zitterte dabei um sie wie ein Tier, das in einem Wald verfolgt wird", GW II, 193), sie fühlt den „tierhaften Schritt ihrer Gedanken" (GW II, 172) und ihr „Herz schlagen […], als trüge sie ein Tier in der Brust" (GW II, 173). Teile ihres fragmentierten Körpers gewinnen tierhafte Selbstständigkeit („ihre Hände starrten einander […] wie zwei fünffach gliederte Tiere an"), und Claudine erregt sich am Geruch fremder Füße auf dem Teppich „wie eine schnuppernde Hündin" (GW II, 189). Zugleich steht das Tier, besonders der Vogel, für den Zauber einer perspektivischen, märchenhaften Verrückung, einen Lockruf, für eine Verzauberung, die den ‚anderen Zustand' antizipiert: „Tiere, Menschen, Blumen, alles verändert" (GW II, 193). (→ VII.2 *Anderer Zustand*) Claudine „glaubte, die Liebe der Tiere verstehen zu können" (GW II, 183), sie hört einen „eigentümlichen Ton" wie von einem „Vogel" (GW II, 166; vgl. *Die Amsel* sowie Strelka 1983, S. 138), und dieser Vogel steht für ein Gefühl des Glücks: „Es saß bloß etwas in ihr wie ein Vogel auf einem Ast und sang." (GW II, 192) (→ III.1.8.2 *Die Amsel*)

Eng verschränkt mit dem Bereich des ‚Tierischen' wiederum ist das Wortfeld der ‚Gewalt' (4 Mal): Claudine „war, als hätte sie eben nur mit der Peitsche" in das ‚fremde Tier' in ihr „hineinschlagen gewollt" (GW II, 178), sie spürt das Gewaltsame des Geschehens wie des Ministerialrats und empfindet dessen Erregung wie „etwas finster, einsam sich Schlagendes" (GW II, 182). Claudine überlässt imaginativ die „Oberfläche ihres Wesens" (GW II, 181) den „Verletzungen" (GW II, 189) und ‚Verunstaltungen' (vgl. GW II, 181) des „alltäglichen Menschen" (ebd.), während der gleichsam abgespaltene „unverlorne[ ] Rest von Seele […] reglos neben der auseinanderbrechenden Entstelltheit steht" (GW II, 189). In diesem Zusammenhang ist allerdings richtigzustellen, dass jener G., der Kinder „verführt" und junge Frauen dazu

„verleitet", „sich selbst zu schänden" (GW II, 157), der sie „demoralisiert" und „ihre Sinnlichkeit verstört" (GW II, 158), eine „Präfiguration" der Moosbrugger-Figur aus dem *MoE* sein mag (Goltschnigg 1983, S. 158); G. ist jedoch *kein* ‚Sexual*mörder*' bzw. ‚Lust*mörder*' (vgl. dagegen Magnou 1983, S. 131; Dohm 2005, S. 183; Bonacchi/ Payne 2007, S. 183). Und der Ministerialrat ist kein Sadist, der Claudine schändet, schlägt und mit dem Messer entstellt: Es handelt sich vielmehr um Claudines masochistische Fantasien (vgl. Bird 2005), die als verdrängte Vergangenheit an die Oberfläche ihres Bewusstseins gelangen, aus der Zeit, als sie noch „scheinbar ganz unter der Herrschaft irgendwelcher Männer stand, für die sie dann bis zur Selbstaufopferung und vollen Willenlosigkeit alles tun konnte, was sie von ihr verlangten" (GW II, 160). (→ V.7 *Sexualität*) In diesem Zusammenhang kommt auch den Worten ‚Schmerz' (20 Mal), ‚Weh(tun)' (11 Mal) und ‚Wunde', auch wenn diese nur 3 Mal explizit genannt wird, eine Signalfunktion zu. Diese steht weder für eine körperliche Versehrtheit noch für ein seelisches Trauma, sondern für einen Zustand der „Seligkeit" und des „Erwachen[s]" (GW II, 173), für das vergebliche und schmerzhafte Verlangen nach Vereinigung, das nur durch ‚Gewalt', nicht aber durch ein Zusammenwachsen des Getrennten, nur ‚plötzlich' und nicht dauerhaft vollzogen werden kann.

Ein weiterer zentraler Bildbereich ist der ‚Schnee' (9 Mal), das ‚Schneien' bzw. das ‚Eingeschneitsein' (6 Mal), die ‚Flocken' (3 Mal) und das ‚Tauen' (2 Mal). Mit ihrer dreimaligen Variation kommt der figuralen Prolepse „Wir werden eingeschneit werden" (GW II, 169) leitmotivischer Charakter zu. Der Bildbereich des Schnees, der mit einem Gefühl von Kälte und der Farbe Weiß *Die Vollendung der Liebe* atmosphärisch bestimmt, steht zum einen für einen Zustand der Abgeschlossenheit, des Eingeschlossenseins („Weit, weiß wie ein Meer lag es um die kleine Stadt", GW II, 176), der Einsamkeit (24 Mal) und Isolation des eigenen Ich („das dicke Gegitter der Flocken", GW II, 171). Der Schnee steht zum anderen für ein Gefühl der Entwirklichung („ein Gefühl wie von tauendem Schnee", GW II, 163) und für den menschlichen Körper („und die Ärmel ihres Morgenkleides an den weißen Armen hinaufglitten", GW II, 175; vgl. hierzu auch in *Die Verwirrungen des Zöglings Törleß*: „Der plötzliche Anblick dieses nackten, schneeweißen Körpers", GW II, 98). Die Schneelandschaft verweist zugleich auch auf die Materialität des Textes („er hatte ein schneeweißes Blatt Papier auf den Knien liegen", KA, H 16/17 u. 18; vgl. Neumann 2004, S. 30). *Die Vollendung der Liebe* ließe sich im Hinblick auf die Schneelandschaft und den Einsamkeitstopos als Transformation von Schuberts Liederzyklus *Winterreise* (1827) deuten: Bei Musil verlässt nicht der romantische Wanderer seine Geliebte, sondern eine moderne Frau verbringt eine Nacht mit einer zufälligen Reisebekanntschaft, um sich mit einem romantisch-transzendenten Liebesprinzip zu vereinen: „[U]nd nur in ihrem Innern schwang etwas nach, irgendwie als ob es die noch nie gesehne Landschaft ihrer Liebe gewesen wäre" (GW II, 171).

2.6 Das Geschlecht der Wunde: Die kranke Frau

Die Claudine-Figur kann in Hinblick auf den Aspekt von Sinnlichkeit und (A-)Moralität als Törleß' große Schwester gelesen werden oder aber im Hinblick auf die Ulrich-Figur als „Frau ohne Eigenschaften" (Pott 1984, S. 40; Bonacchi/Payne 2007, S. 183). Doch nur auf den ersten Blick reproduziert der Text ein misogynes Bild der Frau um die Jahrhundertwende (vgl. Dohm 2005, S. 182), die von Otto Weiningers

Geschlecht und Charakter (1903) aufgrund ihrer Ich-Losigkeit unter generellen Amoralitäts- und Untreueverdacht, von der Promiskuität bis hin zur Prostitution, gestellt wird. Während Musil mit Claudine laut Luserke (1995, S. 39) „nicht eine selbstbewußte, emanzipative Frau" schildert, sondern vielmehr eine Konvention zelebriert, wird Claudine von Meyer (1997, S. 334) zur „mythische[n] *femme fatale*" (v)erklärt. Nach Riedel (1998, S. 1158) vertritt sie – wie Lulu (vgl. ebd., S. 1161) – „das Absolute der Liebe konzipiert als ‚Identität von Identität und Nichtidentität', von Liebe (Einheit) und Untreue (Differenz)". Handelt es sich bei Claudine nun um den „pathoïden Sonderfall einer besonders komplizierten Fin-de-siècle-Seele" (ebd., S. 1155) oder um eine literarische Figur, die paradigmatisch für die zeitgenössischen Diskurse Empiriokritizismus, Apperzeptionstheorie, Gestalttheorie und Psychoanalyse steht – und somit auch für die Kulturdebatten über die Krise der Geschlechter zu Beginn des 20. Jahrhunderts? Zweifelsfrei finden sich Belege für Entfremdungs- und Depersonalisierungserscheinungen, mystisch-religiöse Wahnsymptome, psychosthenische Zustände, masochistische Fantasien, Imaginationen von seelischer Abspaltung und körperlichen Fragmentierungen sowie Dissoziationssymptome bei der Claudine-Figur, die in dieser Hinsicht die Clarisse-Figur aus dem *MoE* antizipiert. Bonacchi (1998, S. 108, 1999, S. 331, u. 2012, S. 202) kennzeichnet Claudine in Bezug auf Traugott Konstantin Oesterreich als „sthenische Figur". In diesem Sinne ließe sich *Die Vollendung der Liebe* durchaus als „psychopathologische Studie" (Lönker 1997, S. 189) lesen. Lönker weist allerdings zugleich darauf hin, dass der Verlust des Selbst „von Claudine keineswegs wie ein bedrohlicher psychotischer Zustand erlebt wird. Ganz im Gegenteil stellt sich gerade im Zustand der Ichauflösung ein anderes Selbstverhältnis ein." (ebd., S. 194) Auch nach Pekar bedeutet die „Wiederkehr" (GW II, 170) ihres vergangenen Lebens nicht eine ‚Wiederkehr des Verdrängten' (vgl. Freud: *Der Wahn und die Träume in W. Jensens „Gradiva"*, 1907; vgl. Schwarz 1999, S. 26–28), sondern die „emphatische Integration ihres bis dahin abgespaltenen (Trieb-)Lebens" (Pekar 1989, S. 76). In Musils Novelle geht es somit weniger um eine ‚Krankschreibung' Claudines als vielmehr um die literarische Infragestellung und Übertretung der Grenzen zwischen dem gesellschaftlich konstruierten ‚Gesunden'/‚Normalen' und ‚Kranken' (vgl. *Das Unanständige und Kranke in der Kunst*, 1911; hierzu Nübel 2009/10). Nach Lönker (1997, S. 190) verwendet Musil zwar „die Einsichten der zeitgenössischen Psychologie und Psychiatrie", weiche aber zugleich „vom zeitgenössischen Depersonalitätsbegriff ab". (→ IV.5 *Psychiatrie*) Statt einer Psychologie des Ich wird dessen Auflösung in narrativ motivierte ‚Elementenkomplexe' (Ernst Mach) in einer ‚Psychonarration' (Cohn) des Unbewussten geleistet. In dem ‚multiplen Ich' (vgl. Riedel 1998, S. 1164) der weiblichen Hauptfigur stellt der Text mit den Mitteln der Psychonarration die ‚Multiplizität' der Moderne aus. (→ II.1 *Moderne*) Der Text inszeniert in einer psychonarrativ-sexualisierten Sprache ambivalente Vereinigungsfantasien, ohne diese jedoch zu erfüllen: Nicht zuletzt darin liegt seine Modernität.

3. *Die Versuchung der stillen Veronika*

3.1 Entstehungsgeschichte

Die Entstehung der zweiten in den *Vereinigungen* abgedruckten Novelle *Die Versuchung der stillen Veronika* lässt sich auf den Anfang des Jahres 1908 zurückverfolgen. Insgesamt liegen von *Die Versuchung der stillen Veronika* fünf Textstufen vor (vgl. Corino 1974, S. 49, sowie KA, K 6, Vereinigungen): 1) „Der Dämon", 2) ein Fragment, das bereits den endgültigen Titel „Die Versuchung der stillen Veronika" (I) trägt, 3) die Novelle *Das verzauberte Haus*, die 1908 im *Hyperion* publiziert worden ist, 4) „Die Versuchung der stillen Veronika" (II) in einer tagebuchartigen Form und 5) die 1911 bei Georg Müller in Berlin veröffentlichte Version. Köhler u. a. (1985), die eine Synopse der beiden Fassungen von 1908 und 1911 (vgl. ebd., S. 107–110) vorgelegt haben, weisen an den verschiedenen Arbeits- bzw. Textstufen eine zunehmende Verschlüsselung der sexuellen Szenen nach: „In den beiden letzten Fassungen gibt es keine direkt dargestellte Sexualität mehr, an deren Stelle ist die Suche nach einer verloren geglaubten zentralen Erinnerung getreten." (ebd., S. 106) Bei der 1908 veröffentlichten Vorstufe *Das verzauberte Haus* handelt es sich um eine „Liebesgeschichte [...], in der offenbar zwei Männer und eine Frau vorkommen, von denen ein Mann sich umbringen will, weil er von der Frau nicht erhört wird." (Zeller 1981a, S. 366) Die weibliche Hauptfigur „weist ihren Freund ab; der deutet an, sich töten zu wollen, reist ab, sagt ihr in einem Brief, daß er sich zum Leben entschlossen habe; Viktoria gibt sich [...] Demeter hin" (Arntzen 1980, S. 108). Der „Oberleutnant Demeter Nagy", der zu Beginn der Erzählung als sich erinnernder Rahmenerzähler eingeführt wird, hört, „als er während einer winterlichen Truppenkonzentrierung durch mehrere Wochen auf dem alten Stadtbesitz der gräflichen Familie einquartiert war", von einem Nebenzimmer aus „den Schluß eines Gespräches", die „Stimmen zweier Menschen", einer Frau, Viktoria, und eines Mannes. Zu Beginn der erzählten Geschichte von *Das verzauberte Haus* droht der Mann, Johannes, Suizid zu begehen, wenn sie, die Frau, sich ‚weigerte' (GW II, 141). Am Ende wird die sexuelle Vereinigung von Demeter und Viktoria „aus der Perspektive der Frau" (Köhler u. a. 1985, S. 104) dargestellt. (→ V.7 *Sexualität*)

Die Einträge in den Arbeitsheften vom 19. August 1910 bis zum 11. Januar 1911 („1h morgens Veronika beendet", KA, H 5/4) zeigen, dass Musil *Die Vollendung der Liebe* und die letzte Fassung von *Die Versuchung der stillen Veronika* parallel bearbeitet hat (vgl. KA, K 16, Frühe Hefte). Sie dokumentieren einen Zustand der Depression und Unzufriedenheit mit der „undramatischen", tagebuchartigen Diktion der vierten Textstufe, die Musil in eine „Erzählungsform" zu überführen versucht:

> Die Fiktion, zwei Menschen sprechen, wie durch eine Wand voneinander getrennt; sie selbst hören einander nicht, ich rücke das Passende willkürlich zueinander. / Aber warum sprechen diese Menschen? Es ist nirgends gesagt. / Führen sie immer Tagebuch? Ich wünsche das nicht annehmen zu lassen. / Wo ist der point de vue dieser Aufzeichnungen? (KA, H 5/20)

3.2 Inhalt

Der Text, der in der Erstausgabe des Georg Müller Verlags 75 Seiten und in den von Adolf Frisé herausgegebenen *Gesammelten Werken* 29 Seiten (GW II, 194–223) umfasst, ist im Druckbild der Ausgabe von 1911 durch sechs durchgehende Linien von Halb-Geviertstrichen in sieben unterschiedlich lange Abschnitte unterteilt, die zum Teil auch einen Wechsel der Erzählperspektive markieren (vgl. Krusche 1978, S. 313):

1) Der *erste Abschnitt* lässt sich als metanarrativer Prolog lesen: „Irgendwo muß man zwei Stimmen hören", die „Stimme der Frau" und die „Stimme des Mannes": „Vielleicht liegen sie bloß wie stumm auf den Blättern eines Tagebuchs nebeneinander und ineinander" (GW II, 194). Bei viermaliger Nennung eines „Irgendwo" als unbestimmte Ortsangabe auf insgesamt 162 Wörtern, die der kurze Absatz umfasst, und dem präsentischen Jetzt, das an eine Bühnenanweisung erinnert, ist der Zuhörer Demeter aus *Das verzauberte Haus* in der Endfassung durch ein „man" ersetzt, das auf die Aussageinstanz wie den Leser gleichermaßen verweist. Das fünfmalige „Vielleicht" unterstreicht die Unbestimmtheit der Aussage, die sechs zentrale, im nachfolgenden Text variierte Leitmotive enthält: a) die Stimme und das Stumme, b) das Weibliche und das Männliche, c) das geometrische Bild der zwei „Strahlen", die sich in einem „Punkt" im Unendlichen treffen, d) die Falten eines Vorhangs, e) das Weiche, Schwache, Kranke, Gedehnte sowie das Feste, Klare, Helle, Aufgerichtete und f) die „Bewegung einer Musik" (GW II, 194). Das Fugenhafte der Komposition verweist auf die nicht explizit angeführte, die polyphone Kontrapunktik von weiblicher und männlicher Stimmführung ‚vereinigende' dritte Stimme einer Erzählinstanz (vgl. Masanek 2005, S. 227). Atmosphärisch ist das „Irgendwo" (GW II, 194) in einem alten, dunklen Haus verortet, das mit „dem undurchrissenen Vorhang" (ebd.) auf die melancholisch-morbide Dekadenz von Edgar Allan Poes *The Fall of the House of Usher* (1839/40) verweist; diese wird nicht von einem männlichen Ich-Erzähler präsentiert, sondern aus der Perspektive Lady Madelaine Ushers (resp. Veronikas).

2) Im *zweiten Abschnitt* werden im Dialog zwischen Johannes und Veronika die Figuren und der Ort der Handlung bzw. der die beiden Sprechenden umgebende (Erinnerungs-)Raum eingeführt. Das dunkle, von einem Garten umgebene Haus der alten, aus Veronikas Perspektive ‚geschlechtslosen Tante' (vgl. GW II, 199f.) bewohnt neben Veronika und Johannes auch Demeter, der als Figur des Dritten die Position des Verführers besetzt (vgl. GW II, 208), wobei das Verwandtschaftsverhältnis der vier Figuren, offensichtlich Abkömmlinge eines alten Adelsgeschlechts (vgl. GW II, 200), – mit Ausnahme desjenigen von Tante und Nichte – unbestimmt bleibt (vgl. Rauch 2000, S. 60, Anm. 23). Wie jene Buchfigur G. aus *Die Vollendung der Liebe* tritt auch Demeter nicht selbst auf, sondern ist als abwesender Dritter Gesprächsgegenstand; auch hier sprechen Veronika und Johannes von sich selbst, wenn sie von Demeter sprechen: „Es peinigte ihn [i. e. Johannes], daß sie von Demeter sprach und dabei Dinge sagte, von denen er unklar fühlte, daß sie ihn angingen." (GW II, 197)

Im Dialog zwischen Veronika und Johannes, den Veronikas Stimme und Perspektive dominiert, werden zwei Themen gegeneinander geführt: Johannes verweist zweimal auf das „Kreisende[ ]" (GW II, 194), das metanarrativ für die experimentelle Sprachstruktur des Textes und in Johannes' figuraler Perspektive für etwas „Abwesende[s]" (GW II, 195) und „Unfaßbare[s]" (GW II, 194) steht, das er mit „Gott" bezeichnet (vgl. GW II, 195). Doch Veronika weiß um die Nichtidentität von Gott und Wort; Gott ist hier nur ein Wort und nicht mehr das Alpha und Omega der Sprache. Gott kann auch einem Johannes keine Gnade mehr erweisen, sein Name verweist vielmehr auf eine Differenz: „Und er sprach von Gott, da dachte sie: mit Gott meint er jenes *andere* Gefühl, vielleicht von einem Raum, in dem er leben möchte." (GW II, 216) Veronika versucht in drei scheinbar unzusammenhängenden Geschichten bzw. (Deck-)Erinnerungen „die Worte ängstlich aus dem Dunkel zu holen" (GW II, 200) und Johannes das zu erzählen, was sie nur „ganz im Dunkeln […] zu erkennen" beginnt, was „wie ein fremder harter Körper in ihr liegen geblieben [war], weil kein Gedanke es auflöste" und „sie unbestimmbar an etwas anderes zu erinnern [scheint], das sie auch nicht finden konnte." (GW II, 197) Das ‚Eigentliche' kann hier nicht gesagt werden (vgl. Schlaffer 1993, S. 105).

Zunächst stehen Veronika und Demeter, so die erste Binnenerzählung, gemeinsam am Fenster und sehen einem kopulierenden Hahn zu: „In solch einem Augenblick" nimmt Demeter die Position des Hahns ein, er „packte […] meinen Kopf und drückte ihn […] fest nach abwärts" (GW II, 197). In der zweiten Binnenerzählung erinnert Veronika Johannes daran, wie er auf einen Schlag von Demeter nur mit einem Lächeln und der Entscheidung, Priester zu werden, geantwortet habe. Beide Männer, der ‚Hahn Demeter' wie der ‚Priester Johannes', der gewaltsam Begehrende und der ängstlich Verzichtende, werden Veronika zu Tieren, in die sie ihr eigenes, unverstandenes, traumatisiertes Begehren projiziert: „[W]eil ihr immer, wenn sie schon nahe daran zu sein glaubte, davor wieder ein Tier einfiel; es fielen ihr häufig Tiere ein oder Demeter, wenn sie an Johannes dachte" (GW II, 208). Dieses kann sie nur mittelbar, in dem Gerücht über die sodomitische „Bäurin" aussprechen: „[D]as sind nicht nur Tiere, das bist du und eine Einsamkeit, das bist du und noch einmal du, das bist du und ein leeres Zimmer von Haaren, das wünscht kein Tier, sondern irgend etwas, das ich nicht aussprechen kann, und ich weiß nicht, woher ich es dennoch so gut verstehe." (GW II, 199) Veronika ist eine ‚asthenische' Figur (vgl. Bonacchi 1998, S. 100), „stumm und geschlossen wie die Innenseite von vier fensterlosen Wänden", wie diese sehnt sie sich nach „eine[r] Art, wo man sich ganz in dem auflöst, was man einander ist, und nicht außerdem noch fremd dabei steht und zuhört …" (GW II, 201). Doch Johannes, dem Veronika diese drei Geschichten erzählt, deren Zusammenhang sie selbst nicht durchschaut (vgl. „Hilf mir doch, warum kann ich immer dabei nur an ein Tier denken …?!", GW II, 202), kann ihr nicht helfen – er versteht sie nicht. Veronika aber führt „[s]olche Gespräche mit Johannes, solche Gespräche mit Demeter. Und darunter begann sie den Hund, den Hahn, einen Schlag mit der Faust zu erkennen" (GW II, 216). Hinter diesen Erinnerungen steht eine zentrale, die Veronika jedoch weder zu erinnern noch auszusprechen vermag:

> Und damals geschah es auch, daß ihr alle andern Erinnerungen einzufallen begannen bis auf die eine. Sie kamen alle und sie wußte nicht warum und fühlte nur an irgend etwas, daß eine noch fehlte und daß es nur diese eine war, um derentwillen alle andern kamen. Und es bildete sich in ihr die Vorstellung, daß Johannes ihr dazu helfen könnte und daß ihr ganzes Leben davon abhinge, daß sie diese eine gewinne. (GW II, 208)

3) Der *dritte Abschnitt*, der davon berichtet, wie Veronika, Johannes, Demeter und die Tante im „Dunkel des Hauses" (GW II, 203) nebeneinanderher leben, ist auf Johannes fokalisiert, der wie Veronika (und zunächst Claudine in *Die Vollendung der Liebe*) asthenisch in seine Wünsche eingeschlossen ist (vgl. GW II, 202). Johannes,

der zuvor schon Veronikas Erzählung von der „Bäurin" als „Sünde" und „Unflat" (GW II, 199) bezeichnet hat, „erschien [...] das alles wie ein Laster zu dritt." (GW II, 203) Als Johannes Veronika vorschlägt, mit ihr fortzugehen, lehnt sie dies mit dem Hinweis auf die Tante und einem dreimaligen „[N]ein" ab (GW II, 202).

In dieser Novelle werden der männlichen Figur Johannes, der schon zuvor als weich, ängstlich und furchtsam beschrieben wird, masochistische Fantasien zugeschrieben („wie ein Schlag mit der Peitsche oder wie ein besinnungsloses Sichfestklammern, aber dann war es noch einmal leise, zusammengesunken und fast wie ein Schmerz über Wehtun", GW II, 203). Der Name der Geliebten, Veronika, repräsentiert in der figuralen Perspektive Johannes' die Differenz zwischen Begehren und Erfüllung, Sprache und Unsagbarem: „Aber auch da wußte er, daß es nicht das war, was er meinte. / [...] Er sagte manchmal: Veronika und fühlte an ihrem Namen den Schweiß, der daran haftet, das demütige, rettungslose Hinterhergehen und das feuchtkalte sich mit einer Absonderung Begnügen." Der „Name[ ]" Veronika, an den er denken „mußte" (GW II, 203), steht im hagiografischen Kontext für die Legende der heiligen Veronika, in deren Schweißtuch sich das Antlitz Jesu Christi als wahres Abbild (*vera ikon*) bewahrt (vgl. Meisel 1991, S. 57–59; Hoffmann 1997, S. 106–109; Schiffermüller 1997). Doch während Johannes in ihr(em Namen) das Prinzip des Göttlichen als Anwesendes und Abwesendes zugleich erkennt, erblickt Veronika in ihm wie in seinem Wunsch, Priester zu werden, das Prinzip des Tierischen.

4) Im *vierten und mittleren Abschnitt* kommt es – ausgelöst durch ein „kleine[s] zufällige[s] Ereignis", den ‚Ruf' eines Vogels (→ III.1.8.2 *Die Amsel*) – zu einem Wendepunkt, einer Anagnorisis, die intern durch Veronika fokalisiert wird („und es begann das, was nur mehr für sie war", GW II, 204). Geschildert werden zwei Vereinigungsszenen, die in der Erinnerung Veronikas überblendet werden. In der Abschiedsszene mit Johannes, als sie sich im Gespräch gegenüberstehen, überkommt die 28-jährige Veronika eine Erinnerung an ein „dreizehn oder vierzehn Jahre" (GW II, 206) zurückliegendes traumatisierendes Ereignis, als Veronika „die Haare eines großen Bernhardinerhundes" liebte (GW II, 204). Geschildert wird nicht ein sodomitischer Akt, sondern eine gleichzeitige Erregung, die „ihre kleinen spitzen Brüste geradeso hob und senkte, wie dieser zottige Atem neben ihr auf und nieder ging":

> Als sie dann lange danach die Augen wieder öffnete, war alles wie früher, nur der Hund stand jetzt neben ihr und sah sie an. Und da bemerkte sie mit einemmal, daß sich lautlos etwas Spitzes, Rotes, lustweh Gekrümmtes aus seinem meerschaumgelben Vlies hervorgeschoben hatte, und in dem Augenblick, wo sie sich jetzt aufrichten wollte, spürte sie die lauwarme, zuckende Berührung seiner Zunge in ihrem Gesicht. (GW II, 205)

Es ist ein Moment „heiße[n] Erschrecken[s]", der die beiden Momente in der erinnerten Vergangenheit und der erzählten Gegenwart verbindet: „Und das war dies von damals, gerade dieses sonderbar heiße Erschrecken war es, an dem sie jetzt plötzlich alles wiedererkannte." (GW II, 206) Es ist das Wiedererkennen einer verlorenen „Erinnerung, die sie mit einemmal erkannte, über viele Jahre hinweg, endlich, unzusammenhängend, heiß und noch lebendig." (GW II, 204)

Der Zustand zwischen dem ‚Damals', dem sexuellen Ereignis mit dem Bernhardinerhund, und dem ‚Heute', der wiederkehrenden Erinnerung an das traumatisierende Erlebnis, wird als Zustand der Selbstentfremdung beschrieben, in dem Veronika dem Leben, sich selbst, ihrem Körper nicht mehr nahesteht, sich nicht mehr von innen fühlt, „keine starken Freuden mehr und kein starkes Leid" mehr kennt (GW II, 206), nur „ein unklares, fließendes Gefühl von sich selbst [...] wie [...] unter einem weichen Tuche [...] oder unter einer Glocke" (GW II, 207; vgl. Hoffmann 1997, S. 96f.).

Doch „jetzt", in dem Moment, als sie sich von Johannes verabschiedet und „in Veronika auch diese verlorenste Erinnerung emporsprang", fühlt sie, „daß in diesem Augenblicke das wirkliche Erlebnis, das Erlebnis an dem wirklichen Johannes, seinen Scheitelpunkt überschritten hatte und beendigt war." (GW II, 209) Sie hat jenen im Prolog bezeichneten „Punkt" erreicht, an dem der „undurchrissene[ ] Vorhang" (GW II, 194) des „Undurchsichtige[n]", der über ihr und der Welt liegt, zerreißt. Im Augenblick des Abschieds vollzieht sich eine orgastisch-mystische Vereinigung zwischen Veronika und Johannes durch den „Wind", der „wie ein wunderbares, weiches, duftiges Tier sich überall hin legte, über das Gesicht, in den Nacken, in die Achselhöhlen .., und überall atmete und überall weiche samtene Haare ausstreckte" (GW II, 211). Währenddessen standen „ihre Körper [...] steif und starr und ließen bloß mit geschlossenen Augen geschehen, was da heimlich vor sich ging, als dürften sie es nicht wissen", wobei sich nur ihre Haare im Liebestod berühren: „so sterbensstill zärtlich, wie wenn sie ineinander verbluten würden" (GW II, 212). So wie das sexuelle Erlebnis mit dem Bernhardiner (engl. *Saint Bernard*; vgl. Meisel 1991, S. 66) nicht nur ein traumatisches, sondern zugleich auch ein mystisches ist, nimmt die Vereinigung im Atem des Göttlichen die imaginierte Vereinigung im Tod/mit dem toten Johannes vorweg. (→ VII.1 *Mystik*)

5) Der *fünfte Abschnitt* behandelt den restlichen Tag nach dem Abschied von Johannes, den darauffolgenden Tag und zwei Nächte bis zum darauffolgenden Morgen: „Sie stand oben am Fenster, es wurde Morgen; die Leute kamen zum Markte." (GW II, 219) Bis auf diesen Satz ist der gesamte Abschnitt intern durch die Veronika-Figur fokalisiert und ausnahmsweise in chronologischer Abfolge erzählt. Veronika, die davon ausgeht, dass Johannes fortgegangen ist, um sich zu töten, fühlt sich „wie ein Messer in dem Leben dieses andern Menschen" (GW II, 212). Es beginnt sich in ihr „eine seltsame Lust" zu regen, und „[e]s war ihr fast übel vor Leichtigkeit und Glück": „[E]s war ein sonderbar heimliches Gefühl, sie wußte, daß sie bei sich war." Grundiert von den Farben schwarz (der Rahmen, die „schwarze Locke" von Johannes' Haar), rot (seine „karmoisinroten Lippen") und weiß (das „weiße[ ] Leinen, an dem sie stickte") imaginiert Veronika den schneeweißen Geliebten, „[b]leich [...], .. verzerrt und aufgedunsen vom Wasser" (GW II, 213) als im Meer schwimmende „Leiche" (GW II, 217). Die Schneeflocken aber, die sowohl in *Die Vollendung der Liebe* als auch im Märchen *Schneewittchen* fallen, treiben allein in Veronikas Innerem („sanft wie Schneetreiben vor beleuchteten Fensterscheiben um ihr Bewußtsein", GW II, 215). Ihr Bewusstsein oszilliert dabei zwischen Tötungs- und Vereinigungsfantasien. Sie richtet die „feine[n] Nadeln", die sie „gegen ihre Haut" schlagen spürt (GW II, 213), gegen Johannes' als tot imaginierten Körper, in den „sie ihre Blicke leise wie Nadeln [...] hineingleiten ließ, tiefer und tiefer": „Seine Haare wurden dann wie ein Gestrüpp und seine Nägel wurden wie große glimmrige Platten, sie sah feuchtfließende Wolken im Weißen seiner Augen und kleine spiegelnde Teiche, er lag ganz geöffnet häßlich da" (GW II, 216). Dabei nimmt Veronika zum einen dem toten Geliebten gegenüber die Position des zeitgenössisch virulenten ‚Lustmörders' ein: „Wie ein Totschläger ohne zu wissen zuschlägt und zerstückelt, bloß weil Zuckungen nicht aufhören wollen, hätte sie den leisen Klang, den sie jetzt ohne Ende hörte,

packen mögen und würgen." (GW II, 217) Zum anderen wird Johannes zu einem Teil von ihr (vgl. Böhme 1990, S. 218), indem Veronika sich mit ihm im Meer schwebend vereinigt: „Ihr war dann, als fühlte sie Johannes ganz nahe bei sich, so nahe wie sich selbst. Er gehörte ihren Wünschen und ihre Zärtlichkeit ging ungehindert durch ihn, wie die Wellen durch jene weichen, purpurnen Glockentiere, die im Meere schweben." (GW II, 217) Das Lächeln und die ‚Gestaltlosigkeit' der Johannes-Figur weisen voraus auf die medusenhaften Anteile der Ulrich-Figur im *MoE* (vgl. MoE, 159). Indem Veronika in ihrer „necrophiliac fantasy" (Midgley 1991, S. 89) Johannes als männliche Leiche imaginiert, „voll Abscheulichem und Gedärmen, die wie große Würmer verschlungen waren", sieht sie sich selbst „von innen" und „zugleich sah sie ihr Sichansehen mit" (GW II, 219). Die Struktur weiblichen Begehrens ermöglicht ein Doppelt-Sehen, das sich selbst erst im Blick des (hier: toten) Mannes als begehrenswert erfahren kann: „[E]s war wie wenn sie aus seinen Augen heraus auf sich selbst schaute und bei jeder Berührung nicht nur ihn empfände, sondern auf eine unbeschreibliche Weise auch sein Gefühl von ihr, es erschien ihr wie eine geheimnisvolle *geistige Vereinigung*." (GW II, 220; Hervorhebung B. N.) Vollzieht sich in *Die Vollendung der Liebe* die Vereinigung mit dem Geliebten und dem eigenen Selbst im Ehebruch, so geschieht dies in *Die Versuchung der stillen Veronika* im imaginierten Tod des Geliebten, der ihr männlich-gefiederter „Schutzengel" (GW II, 220) wird. In einer Art Totenkult zündet Veronika „in ihrem Zimmer alle Lichter an [...], sie holte Johannes' Bild und stellte es vor sich hin" (GW II, 214), bevor sie sich „erregt[ ]" „entkleide[t]" (GW II, 218). Sie erfährt „etwas Umkehrbereites" (GW II, 215), eine räumliche Inversion ihres Inneren. Der autoerotische Höhepunkt in „diese[r] eine[n] Nacht ihres Lebens" (GW II, 214) bezeichnet zugleich den Mittelpunkt der Novelle, indem Veronika ihren Zustand, ihr bisheriges „dunkles Leben", ihr Schwanken „zwischen Johannes und Demeter" (GW II, 215) als „krank" (GW II, 216) erkennt, während „ihr Denken [...] in dieser Nacht die Vorstellung einer gebirgsluftungeheuren Gesundheit erreichen [konnte], voll einer Leichtigkeit des Verfügens über ihre Gefühle." (GW II, 217)

6) Der *sechste, recht kurze Abschnitt* behandelt das Verstummen Veronikas, als sie am Tag nach jener einen ekstatischen „Nacht ihres Lebens" (GW II, 214) einen Brief des als tot imaginierten Johannes erhält, in dem dieser erklärt, er habe auf „die Straße hinaus" gefunden (GW II, 220). Veronika fühlt daraufhin wieder den „undurchrissenen Vorhang" (GW II, 194) über sich, den „schweren Mantel, der sie hinderte, sich zu bewegen". Sie wird wieder zur ‚stillen' Veronika: „ein Verstummen, ein wieder Sinken, es verstummte etwas in ihr und sank wieder in jene murmelnde Vielstimmigkeit zurück, aus der es sich kaum herausgehoben hatte." Die Textbewegung von der Zweistimmigkeit des Prologs über die Einstimmigkeit, das Sich-selbst-Fühlen und Bei-sich-Sein des Mittelteils zurück in die dunkle und bewusstlose „Vielstimmigkeit" (GW II, 221) des Schlusses beschreibt allerdings keinen bloßen Kreis, wenn es in der sie umgebenden Stille („Und plötzlich schwieg alles.") heißt: „Und doch fühlte sie sich." (GW II, 222)

7) Im *siebten und letzten, wiederum recht kurzen Abschnitt* läuft Veronika, Claudines Schwester im Begehren, des Nachts „fast nackt und unten offen" (GW II, 223) durch das leere, nur noch von ihr und Demeter bewohnte Haus, spürt den Staub und „die kleinen unreinen Rauheiten des Bodens" „unter ihren nackten Füßen" „wie etwas schreiend Wollüstiges", „wie wenn sie einen Schlag auf den entblößten Körper

empfangen hätte." (GW II, 222; vgl. die sog. ‚Teppichszene' in *Die Vollendung der Liebe*, GW II, 189) An Demeter, dem „Lasterwirren" (GW II, 223), dem Viktoria sich in *Das verzauberte Haus* noch auf der Treppe hingegeben hatte (vgl. GW II, 154), geht sie nun auf der Treppe – „ohne noch gesprochen zu haben" (GW II, 223) – vorbei. Dessen „Knie in den engen Reithosen", „seine Lippen, die wie ein kurzer breiter blutiger Schnitt waren", und „die Spitze von Demeters Bart" (GW II, 223) bleiben als verstörende, sexuell aufgeladene Bilder fragmentierter männlicher Körperlichkeit am Ende der psychonarrativen Bewusstseinsdarstellung aus Veronikas Perspektive stehen (vgl. Köhler u. a. 1985, S. 105f.; Schiffermüller 1997, S. 271).

3.3 Erzählstruktur

Laut Rosmarie Zeller (1981a, S. 365) handelt es sich bei *Die Versuchung der stillen Veronika* um die „*abstrakteste*" Erzählung Musils: Der Verstoß gegen die chronologische Linearität, die Reduktion der Personen, der Verzicht auf Wahrscheinlichkeit, das Fehlen psychologischer Motivation, die Hervorhebung der Sprache etc. mache „Musil zu einem Vorläufer des Nouveau-Romans" (ebd., S. 381). Während *Die Vollendung der Liebe* trotz der Verräumlichung und der Innenfokalisierung auf die Claudine-Figur immer noch chronologisch erzählt wird, führt hier die Auflösung des Faktischen, der äußeren Handlung in motivische Zusammenhänge zu einer Achronie des Erzählens (vgl. ebd., S. 369–371), in der die zeitliche Orientierung dem Prinzip rückwärtsschreitender Erinnerung folgt (vgl. Smerilli 2009, S. 121 u. 129, der davon ausgeht, dass Johannes die Gespräche erinnert und sich selbst erzählt). Es handelt sich um einen Modus des Erinnerns, wie ihn auch Josef Breuer und Sigmund Freud in ihren *Studien über Hysterie* (1895) beschrieben haben. Während aber die psychoanalytischen Fallgeschichten aus der heterodiegetischen Position des männlichen Arztes „wie Novellen" (Freud 1972a, S. 227) erzählt werden, ist für die Musil'sche Novelle die radikale Fokalisierung auf die Hysterika zentral, deren Erinnerungen zeitlich rückschreitend aufgedeckt werden. Dem unbestimmten Ort des ‚Irgendwo' (17 Mal) entspricht zeitlich das ‚manchmal' (39 Mal), das durch eine Struktur der Plötzlichkeit (vgl. ‚plötzlich' 44 Mal, ‚mit einemmal' 12 Mal, ‚in diesem Augenblick' 6 Mal) unterbrochen wird. Dabei zeigt bei fehlendem ‚Ich' die Zeitdeixis des ‚heute' (6 Mal) und ‚jetzt' (28 Mal) eine Verschiebung zur internen figuralen Perspektivierung an, die im orgastischen „jetzt und jetzt" (GW II, 205f.) kulminiert. Der Fokus richtet sich variabel auf die beiden Figuren Johannes und Veronika, deren Innenleben – auch aus Perspektive der Forschungsliteratur – bisweilen auf „quälend-detaillierte Weise" (Alt 1988, S. 316; vgl. Corino 1974, S. 244; Masanek 2005, S. 198; Ritzer 2011, S. 283 u. a.) beschrieben wird. Mit dem beständigen Wechsel der Binnenfokalisierung von Veronika auf Johannes und umgekehrt haben wir es nach dem Prolog, der die beiden „sich ineinander schlingen[den]" Stimmen (GW II, 194) metanarrativ expliziert, mit einer eminent modernen, multiperspektivischen Erzählweise zu tun, welche zugleich in ihrer Interdiskursivität und Polyphonie (s. u. a. die zeitgenössischen Psychasthenie- und Hysteriediskurse) die Ambivalenz und „Vielstimmigkeit" (GW II, 221) der Veronika-Figur in der Erzählstruktur umsetzt. (→ VIII.1 *Erzählformen*)

3.4 Sprache

Die sprachliche Struktur der *Versuchung der stillen Veronika* hat Alice Bolterauer (2007, S. 141) komprimiert beschrieben:

> Parataxen, Appositionen und Hypotaxen mit reiner Komplementärfunktion bestimmen das syntaktische Gefüge, verstärkt durch Wiederholungen [...] und Paraphrasen [...]. Nicht irgendwelche Erklärungsmuster, Kausalzusammenhänge oder logische Folgerungen stehen im Zentrum [...]. Indefinitpronomina [...], Fragepartikel [...] und unspezifische Zeitadverbien [...] verstärken den Eindruck des Unbestimmten, Unbestimmbaren, ‚Unberechenbaren' [...]. Hierzu kommt eine Reihe von Vergleichen [...] und Metaphern [...]. [...] Bilder des Verworrenen (‚Gestrüpp'), des ‚Glitzernden' (‚glimmrige Platten') und des Verfließenden (‚feuchtfließende Wolken') [...].

„[I]n immer neuen Wendungen" versuche Musil, „dasselbe zu sagen", es gehe darum, durch Erzählen das letztlich nicht Sagbare bewusst zu machen (Pott 1984, S. 39). Arntzen (1980, S. 110) stellt die Kreisstruktur der Erzählung heraus, die „in der umkreisenden Bewegung, im Setzen und Aufheben: im Setzen zweier Stimmen" bestehe: „statt der kontinuierlichen Erzählungsbewegung" vollziehe sich „eine Darstellungsbewegung als kreisende und aufhebende, statt der Sprache als explikativer eine paradoxe, sich verschließende, ‚verstummende'" Bewegung (ebd., S. 111). Es handle sich um „ein paradoxes Verfahren, nämlich das, der sprachlichen Setzung immer eine sprachliche Aufhebung folgen zu lassen und das Unfassbare, Wortlose dadurch einzukreisen." Mit dem „Verfahren von *Setzung und Aufhebung*, das den jeweiligen Erzählungsgegenstand umkreist, aber nie einholt, weil er als nicht einzuholender, unfaßbarer gerade bedeutet werden soll" (ebd., S. 110), werden „Erzählung wie Sprache [...] an eine Grenze geführt" (ebd., S. 111; vgl. Köhler u.a. 1985, S. 120). Gustav Frank (2002, S. 92) betont die poetologische Selbstreferenzialität des Textes: „Es geht um die Bedingungen, unter denen Erzählen möglich ist". Musil entwickele mit seinem „radikale[n] Formexperiment" (ebd., S. 95) eine „Poetologie des Lesens", den „Schritt von der *Repräsentation zur Präsenz*" (ebd., S. 93), die sich trotz der heterodiegetischen Erzählstimme und des epischen Präteritums nicht zuletzt auch in der eklatanten Frequenz der Zeitadverbien ‚plötzlich' und ‚jetzt' niederschlägt. Das „Unsagbare[ ]" (GW II, 205), der traumatisierte Zustand der Veronika-Figur, „daß alles dann krank und voll Unmöglichkeiten war" (GW II, 217), wird auf der Ebene des Textes versprachlicht. (→ VIII.3 *Sprache/Sprachkritik*)

3.5 Motive – Metaphern – Metonymien

Zeller (1981a, S. 377) hat darauf hingewiesen, dass „die Komposition der Novelle auf thematischen Variationen, nicht auf der Abfolge einer ‚Geschichte'" beruht. In der Forschung sind neben der Haus- und Wassermetaphorik (vgl. Röttger 1973, S. 132) und „Motive[n] des Abreisens, des angekündigten Selbstmords, des Briefs" (Arntzen 1980, S. 110) die räumlichen „Seme Weite/Enge, draußen/drinnen, Zwei-/Dreidimensionalität, Licht/Dunkelheit, Ordnung/Unordnung" (Zeller 1981a, S. 373) genannt worden. Das dunkle Haus steht – wie in *Die Vollendung der Liebe* das verschlossene und „verfinsterte[ ] Zimmer" (GW II, 169) – für die individuelle Selbsterfahrung der beiden ‚asthenischen' Figuren Veronika und Johannes als *homines clausi* („stumm und geschlossen wie die Innenseite von vier fensterlosen Wänden, die einen Raum bilden", GW II, 201), wobei letztere auf die Straße hinaus findet, während erstere an den Grenzen des Zimmers (dem Fenster, der Tür, der Treppe) verharrt. Die Frage bleibt offen, ob es ihr – über die erzählte Geschichte hinaus – gelingen wird, sich zur ‚Herrin im eigenen Haus' (vgl. Freud) zu machen. Die für *Die Vollendung der Liebe* zentrale Metapher einer ‚Landschaft (der Liebe)' tritt in *Die Versuchung der stillen Veronika* nur an einer Stelle auf, und zwar im Zusammenhang mit dem Bernhardinerhund („wie in einer Landschaft", GW II, 204f.), und die externe Schneelandschaft ist in das Innere der Veronika-Figur verlagert. Die „Metaphern für Reflexivität" (Lönker 2002, S. 141), der Spiegel und die spiegelnden Flächen, spielen für beide Novellen sowohl im Hinblick auf die Selbsterkenntnis der Frauenfiguren wie der poetologischen Selbstreflexivität der Texte eine große Rolle, während das Kugelbild und der Winkel aus *Die Vollendung der Liebe* in *Die Versuchung der stillen Veronika* durch das Bild der beiden sich in einem „Punkt" kreuzenden Geraden („Strahlen", GW II, 194) ersetzt wird. Zentral ist für die zweite Erzählung die „*Figur der Verhüllung*": die Maske, der Vorhang, das Tuch, die Decke, das Kleid, der Mantel, der Pelz, das Fell mit Gefieder, Federn und Haare sowie die Falte (Allais 1987, S. 80f.). Hinzu kommen neben dem „Oxymoron der ‚stummen' Stimmen" (Rauch 2000, S. 58) noch „Geräusche, das Rauschen, Summen, eine murmelnde Vielstimmigkeit, die Glocke und deren Geläut" (Allais 1987, S. 80), das Schlagen der Uhr und die Musik. Steht das Fell, die „Haare" (GW II, 204) des Hundes, für das Begehrte, seine Zunge und sein Penis (der eben nicht mit dem ‚Phallus' gleichzusetzen ist) für das Angstmachende, so ist es die Musik als Melodie weiblicher Selbstermächtigung, die sich unter den „schweren unklaren Falten" des „undurchrissenen Vorhang[s]" „noch nicht hörbar" „abdrückt". Der „Punkt" des Umschlags aber von „Krankheit und Schwäche hinweg ins Klare, Tagfeste, Aufgerichtete" (GW II, 194) bezeichnet in der narrativen Transformation eines Bewusstwerdens verdrängter unbewusster Inhalte und Strukturen jenes programmatische ‚wo Es war soll Ich werden' (vgl. Freud 1972b, S. 252). Für den Bereich des Es, des Unbewussten und Verdrängten, steht das Tier (bei Freud das Pferd, der Hund, die Spinne und die damit verbundenen Phobien). Tierbilder, ein „Schwarm von Tieren", „Singvögeln", „kleinen Läusen", „kribbelndes Ungeziefer" (GW II, 205), „Vogelschreien und Flügelflattern" (GW II, 205f.) und ein Bernhardinerhund, der den sexuellen Akt mit Demeter in *Das verzauberte Haus* ersetzt (vgl. Köhler u. a. 1985, S. 110), treten in *Die Versuchung der stillen Veronika* „an die Stelle genitaler Sexualität" (ebd., S. 105):

> Ob die Spaltung oder Selbstbefruchtung von Läusen und Parasiten, ob die doppelgeschlechtliche Vereinigung der Schnecken, die Befruchtung der Vögel oder die Teilung der Glockentierchen, keine der in der Natur vorkommenden Arten der Fortpflanzung – mit Ausnahme des menschlichen Liebesaktes – wird von Veronikas Vereinigungsphantasie ausgelassen [...]. (Meisel 1991, S. 68f.)

Doch das Tier steht nicht nur für die menschliche Libido (vgl. GW II, 205), das Tierbild nicht nur für verdrängte Sexualität, sondern als ‚Figur des Dritten' auch für eine paradoxale Denkfigur, in welcher sich – wie in Kleists *Über das Marionettentheater* – das Göttliche und das Nicht-Menschliche vereinen. (→ IV.11 *Biologie/Tiere*)

3.6 Das Geschlecht der Wunde: Die kranke Frau

Zweifelsohne ließe sich *Die Versuchung der stillen Veronika* als Krankengeschichte, als „Bericht über einen nahezu pathologischen Fall" (KA, M IV/3/118) über die zentrale weibliche Figur lesen, deren Zustand „unter der Dämmerdecke ihres langen kranken Daseins" nur kurz – in der Abschiedsszene, die zugleich eine Erinnerungsszene ist, sowie in der „eine[n] Nacht ihres Lebens" (GW II, 214) – aufscheint. Mit der Claudine-Figur verbindet die Figur der Veronika die „Krankengewißheit von Seele" (GW II, 186). Folglich wird letztere in der älteren Forschung, vielfach auf psychoanalytischer Grundlage, pathologisiert; auf die Versuche, dem Autor Musil Kastrationskomplex und Zwangsneurose (vgl. Henninger 1980, S. 150), Homosexualität, Narzissmus und einen „ödipalen Komplex" (Köhler u. a. 1985, S. 102) zu attestieren, ist hier nur in aller Kürze zu verweisen. Laut Johannes Cremerius (1979, S. 751)

> schildet Musil die klassische Hysterie einer jungen Frau vor dem Ersten Weltkrieg, die an verdrängten sexuellen Erlebnissen der Kindheit – darunter einen beinahe sodomitischen Akt mit einem Hund – leidet und deren Heilung durch aufdeckende Gespräche mit einem Priester, welcher Methode (Anamnese, Bewußtmachung des Verdrängten, Bearbeitung der Abwehrmechanismen) und Vokabular [...] der Psychoanalyse benutzt.

Auch für Arntzen (1980, S. 108) ist bereits die Vorgängerin Viktoria aus *Das verzauberte Haus* „ein pathologischer Fall, soziologisch gesehen ein Fall von Desintegriertheit; ein alterndes, introvertiertes Mädchen, das keine ‚normale' Beziehung herzustellen vermag." In der neueren Forschung wird dagegen stärker der Diskurscharakter der Veronika-Figur beachtet; dies betrifft neben Machs Erkenntnistheorie, Oesterreichs Theorie der Psychosthenie und „Stumpfs Bestimmung der phänomenologischen Betrachtung" auch die „Debatte über Gestaltqualitäten und die Theorien der Apperzeption von Wilhelm Wundt" (Bonacchi 2010, S. 200; vgl. Hoffmann 1997; Bonacchi 1998, S. 95–99 u. 109–126). Im Kontext der Gestalt- und Apperzeptionstheorie sind auch die Aufzeichnungen zum „Apperceptor" im Nachlass zu sehen, die im Zusammenhang mit *Die Vollendung der Liebe* entstanden sind (vgl. KA, M VII/6/180–184; Corino 1974, S. 333–339; Bonacchi 1998, S. 119–126). Corino (1974) hat als erster intertextuelle Referenzen auf die *Studien über Hysterie* von Breuer und Freud und auf Metaphern („Fremdkörper"/‚fremder Körper'), Vornamen von Patientinnen (Mathilde) sowie Freud'sche Motive, vor allem das der verdrängten Erinnerung, nachgewiesen (vgl. Pfohlmann 2008, S. 171); bei Nicole Masanek (2005, S. 213) findet sich der intertextuelle Nachweis auf den Hund der Tante in den *Studien über Hysterie* (1895). Die Freud-Rezeption Musils, speziell der *Studien über Hysterie*, ist seit 1908 (vgl. Corino 1973, S. 177), wenn nicht 1905/06 (vgl. Corino 1974, S. 128, u. 2003, S. 367; Martens 1987, S. 101 u. a.) nachweisbar; wobei der früh belegbare Terminus „Abreaktion" (KA, H 4/86) wiederum über die Rezeption von Hermann Bahrs *Dialog vom Tragischen* (1904) vermittelt ist, den Musil exzerpiert hat. Die Metapher des ‚fremden Körpers' („Aber vielleicht hatte sie gar nichts gedacht, sondern immerzu nur gesehen, und was sie anblickte, war wie ein *fremder harter Körper* in ihr liegen geblieben, weil kein Gedanke es auflöste", GW II, 197; Hervorhebung B. N.) aus *Die Versuchung der stillen Veronika* verweist dagegen direkt auf die *Studien über Hysterie*, in denen es heißt: „daß das psychische Trauma, respektive die Erinnerung an dasselbe, nach Art eines *Fremdkörpers* wirkt, welcher noch lange Zeit nach seinem Eindringen als gegenwärtig wirkendes Agens gelten muß" (Breuer/Freud 1972, S. 85, Hervorhebung B. N.; vgl. Martens 1987, S. 100 u. 105). (→ IV.7 *Psychoanalyse*)

Doch Musil betreibt – zumindest nach eigenem Verständnis – weder Psychologie noch Psychoanalyse, sondern ‚Psychonarration' (Cohn), wenn er den Kenntnisstand der zeitgenössischen Wissenschaften in jenem Gebiet des ‚Ratioïden' einsetzt, das er als „Heimatgebiet des Dichters" kennzeichnet (*Skizze der Erkenntnis des Dichters*, 1918, GW II, 1029). Veronika ist laut Gerhard Meisel (1991, S. 67) eine „Hysterika" – mit einer ‚Krankengeschichte' allerdings, die sich gegen jede psychoanalytische Vereinnahmung sperrt. Nach Isolde Schiffermüller (1997, S. 263) inszeniert der Musil'sche Text die „Affektrhetorik des hysterischen Körpers" (vgl. Kyora 1992, S. 166f.). *Die Versuchung der stillen Veronika* ist dennoch keine Pathografie, sondern die literarische Inszenierung einer *condition seconde* (vgl. ebd., S. 167–170 u. 187), eine narrative Vivisektion eines weiblichen Seelenkörpers und seiner „Ichsinnlichkeit" (KA, H 5/24) durch den männlichen Autor, der allerdings – anders als Breuer, Freud oder auch Schnitzler – nicht praktizierender ‚Seelenarzt' ist, sondern Maschinenbauingenieur, Philosoph und Physiker. In der ‚technischen Umkehrung' von *histoire* und *discours*, Sexualität und Erinnerung, Männlichem und Weiblichem werden die Grenzziehungen zwischen dem ‚Kranken' und dem ‚Gesunden' wie zwischen der Literatur/Kunst und Wissenschaft hinterfragt und unterlaufen.

3.7 Gendercrossing und Vereinigung

Bereits im Titel changieren die Heilige Veronika und Flauberts *Die Versuchung des heiligen Antonius* (1874; vgl. Kyora 1992, S. 173–176 u. 190f.). Freud hat sich in *Der Wahn und die Träume in W. Jensens „Gradiva"* (1907) in Bezug auf die ‚Wiederkehr des Verdrängten' auf Félicien Rops' *Versuchung des Heiligen Antonius* (1878) bezogen (Rops dürfte Musil über Blei bekannt gewesen sein; vgl. auch *Das Unanständige und Kranke in der Kunst*, GW II, 977).

Abb.: Félicien Rops: *Versuchung des Heiligen Antonius* (frz. *La Tentation de saint Antoine*, 1878).

In Musils Novelle nimmt Veronika die Position des Antonius (im dunklen Gewand) ein, Demeter die der nackten Frau am Kreuz, der Bernhardiner die Position des Schweins, Johannes die der Jesusfigur, während die Teufelsfigur mit der roten Schelmenkappe unbesetzt bleibt. In dieser Vermischung der biblisch-hagiografischen Vorlagen (Antonius- und Veronika-Geschichten) und der doppelten ‚Umkehrung', die Musil über Rops' Zeichnung vollzieht, wird neben der verdrängten Sexualität das zweite zentrale Thema von *Die Versuchung der stillen Veronika* sichtbar: die Verkehrung der Geschlechter, das Spiel mit den bzw. die Aufhebung der Geschlechtergrenzen. (→ V.6 *Geschlechterrelationen*)

Während in der Forschung gemeinhin von einer Aufspaltung von Veronikas Begehren in die göttlich-geistige Liebe zu der Johannes-Figur und die irdisch-tierische Liebe zu der Demeter-Figur ausgegangen wird (vgl. Pekar 1989, S. 107; nach Bonacchi 1998, S. 103, sind beide Figuren in der Entwurfsfassung noch vereint; vgl. Bonacchi 1999, S. 327), verweist bereits Krusche (1978) auf die Komplementarität der beiden männlichen Figuren (Demeter tauche immer nur dann auf, „wenn auch Johannes da ist, d.h. wenn Veronika ihn Johannes gegenüber erwähnt oder wenn sie an Johannes denkt", ebd., S. 315). Dabei sind die Geschlechtsattribuierungen keineswegs eindeutig: Schon im Prolog wird die „dunkle, tiefe […] Stimme der Frau" von der „weichen […] Stimme des Mannes umschlossen" (GW II, 194). Veronika identifiziert sich mit dem zeitgenössischen männlichen Lustmörder, der die weibliche Leiche zerstückelt. Und Demeter, der „nach der heidnischen Göttin der Erde benannt wird", mit „Lippen, die wie ein kurzer breiter blutiger Schnitt waren" (GW II, 223), vereint als „Versucher[ ] und Verführer[ ]" – so Schiffermüller (1997, S. 257) – „aggressive Maskulinität und archaische weibliche Fruchtbarkeit in einer phallischen Bisexualität, die den sexuellen Gegensatz von männlich und weiblich […] subversiert." (vgl. Köhler u. a. 1985, S. 117) Selbst der Gott des Johannes ist in der direkten Rede Veronikas „merkwürdig bisexuell" (Pott 1984, S. 45): „Er, den du meinen solltest, ist nirgends, weil er in allem ist. Er ist eine böse dicke Frau, die mich zwingt, ihre Brüste zu küssen" (GW II, 201). Laut Filippo Smerilli (2009, S. 126) verkörpert Veronika „in ihrer Vorstellung Gott als Subjekt und Objekt. […] Wenn Gott ‚in allem ist', kann er […] auch in einer Frau verkörpert sein." Nach Schiffermüller (1997, S. 266) inszeniert der Text „das Textbegehren des schreibenden männlichen Subjekts, mit der Stimme der ‚stillen' Veronika zu sprechen und das Weibliche in seiner Sprache zu vergegenwärtigen." Die Frau wird zur „,wahren Metapher' männlichen Sprechens": „Der als Metapher inszenierte männliche Blick benutzt das textuelle Gewebe – das Tuch der Veronika – als Projektionsfläche, um das Bild des Herrn darin zu spiegeln." (ebd., S. 255) Indem der Text das „Begehren auf den metaphorischen Ort eines Dritten" richtet, entzieht er „die Geschlechterdifferenz", die er zugleich exponiert, „der binären spiegelbildlichen Logik" (ebd., S. 258f.).

4. Zusammenfassung und Ausblick

In der *Vollendung der Liebe* vollzieht sich die Vereinigung mit dem eigenen Ich und seiner Vergangenheit, mit dem geliebten Ehemann und einem transzendent-göttlichen Prinzip im Ehebruch mit einem beliebigen Fremden. In der *Versuchung der stillen Veronika* kommt es zur Vereinigung mit dem *Tierischen* in der beobachteten Kopulation im Hühnerhof, in der erinnerten Szene mit dem Bernhardinerhund, in der Binnen-Erzählung von der Bäuerin und den Hunden sowie in der Beziehung Veronikas zu Demeter. Das *Göttliche* aber ist ebenso in den Haaren des Hundes wie im Gefieder des männlichen Schutzengels enthalten, es ist der Wind als göttlicher Atem, der sich „wie ein wunderbares, weiches, duftiges Tier [...] überall hin legte" (GW II, 211) und die Haare von Veronika und Johannes einander berühren lässt. In einem Selbstkommentar Musils heißt es: „Wenn man sagt: in der Neigung zu einem Tier kann partiell etwas von der Hingebung an einen Priester sein, oder: eine Untreue kann in einer tieferen Innenzone eine Vereinigung sein – hat man die Basis von Veronika u. Claudine umschrieben." (KA, H 5/44) Die Penetrations-Technik des Ingenieurs, die das Eindringen eines geometrisch und stofflich definierten Fremdkörpers in eine halbfeste Masse beschreibt, erfährt in den *Vereinigungen* eine ‚Verkehrung', indem der „sachliche[ ] Zusammenhang der Gefühle und Gedanken" (*Über Robert Musil's Bücher*, GW II, 998) aus der (durch den männlichen Autor gebrochenen) Perspektive zweier Frauen konstruiert wird. Musil wird nach dem Misserfolg seines Novellenbandes zwar nicht zum „Erzvater der neuen Erzählungskunst" (an Bernard Guillemin?, 26.1.1931, Br I, 497). Mit den *Vereinigungen* hat er weniger „Reste einer vergangenen Kultur in Stein" (KA, M IV/3/108a) gehauen, als vielmehr Ausschnitte, Fragmente von bis heute schwer- bis unverständlichen Blättern „zwischen Glasplatten" (KA, H II/72) gelegt und damit einen wichtigen Beitrag zur narrativen Diskursanalyse und zum experimentellen Erzählen der Moderne geleistet.

5. Literatur

Allais, Kai: „Geräusche" – Textlichkeit und Serialität. Musils Novelle *Die Versuchung der stillen Veronika*. In: Josef Strutz (Hg.): Robert Musils „Kakanien" – Subjekt und Geschichte. München: Fink 1987, S. 77–94.

Alt, Peter-André: Allegorische Formen in Robert Musils Erzählungen. In: Jahrbuch der Deutschen Schillergesellschaft 32 (1988), S. 314–343.

Appignanesi, Lisa: Femininity and Robert Musil's *Die Vollendung der Liebe*. In: Monatshefte für deutschen Unterricht, deutsche Sprache und Literatur 65 (1973), H. 1, S. 14–26.

Arntzen, Helmut: Musil-Kommentar sämtlicher zu Lebzeiten erschienener Schriften außer dem Roman *Der Mann ohne Eigenschaften*. München: Winkler 1980.

Baumann, Gerhart: Robert Musil. Zur Erkenntnis der Dichtung. Bern, München: Francke 1965.

Bird, Stephanie: Masochism and its limits in Robert Musil's *Die Vollendung der Liebe*. In: The Modern Language Review 100 (2005), H. 3, S. 709–722.

Böhme, Hartmut: Erinnerungszeichen an unverständliche Gefühle. In: Robert Musil: Vereinigungen. Zwei Erzählungen. Frankfurt a.M.: Suhrkamp 1990, S. 185–221.

Bolterauer, Alice: „Worte aus dem Dunkel zu holen". Überlegungen zu Robert Musils Erzählung *Die Versuchung der stillen Veronika*. In: Literatur für Leser 30 (2007), H. 3, S. 133–145.

Bonacchi, Silvia: Die Gestalt der Dichtung. Der Einfluß der Gestalttheorie auf das Werk Robert Musils. Bern u.a.: Lang 1998.

Bonacchi, Silvia: „Na Vronerl, [...] und wann werden denn wir so dastehn?" Zur Rolle der Gefühlspsychologie in einer Vorstufe der Novelle Robert Musils *Die Versuchung der stillen Veronika*. In: Annette Daigger, Renate Schröder-Werle, Jürgen Thöming (Hg.): West-östlicher Divan zum utopischen Kakanien. Hommage à Marie-Louise Roth. Bern u.a.: Lang 1999, S. 317–331.

Bonacchi, Silvia: Robert Musils *Vereinigungen* als Erzählexperiment. In: Raul Calzoni, Massimo Salgaro (Hg.): „Ein in der Phantasie durchgeführtes Experiment". Literatur und Wissenschaft nach Neunzehnhundert. Göttingen: V&R unipress 2010, S. 191–213.

Bonacchi, Silvia/Payne, Philip: Musil's *Die Vollendung der Liebe*. Experience analyzed and reconstituted. In: Philip Payne, Graham Bartram, Galin Tihanov (Hg.): A companion to the works of Robert Musil. Rochester: Camden House 2007, S. 175–197.

Breuer, Josef/Freud, Sigmund: Über den psychischen Mechanismus hysterischer Phänomene (Vorläufige Mitteilungen). Teil I der Studien über Hysterie. [1885] In: Sigmund Freud: Gesammelte Werke. Hg. v. Anna Freud. Bd. 1. 4. Aufl. Frankfurt a. M.: Fischer 1972, S. 81–98.

Cohn, Dorrit: Psyche and Space in Musil's *Die Vollendung der Liebe*. In: The Germanic Review 49 (1974), S. 154–168.

Cohn, Dorrit: Transparent Minds. Narrative Modes for presenting Consciousness in Fiction. Princeton, New Jersey: Princeton Univ. Press 1978.

Corino, Karl: Ödipus oder Orest? Robert Musil und die Psychoanalyse. In: Uwe Baur, Dietmar Goltschnigg (Hg.): Vom *Törleß* zum *Mann ohne Eigenschaften*. München, Salzburg: Fink 1973, S. 123–235.

Corino, Karl: Robert Musils *Vereinigungen*. Studien zu einer historisch-kritischen Ausgabe. München, Salzburg: Fink 1974.

Corino, Karl: Robert Musil. Eine Biographie. Reinbek b. Hamburg: Rowohlt 2003.

Cremerius, Johannes: Robert Musil. Das Dilemma eines Schriftstellers vom Typ „poeta doctus" nach Freud. In: Psyche. Zeitschrift für Psychoanalyse 33 (1979), S. 733–772.

Dohm, Burkhard: Gender und Gewalt in Robert Musils *Die Vollendung der Liebe*. In: Matthias Luserke-Jaqui (Hg.): „Alle Welt ist medial geworden." Literatur, Technik, Naturwissenschaft in der Klassischen Moderne. Tübingen: Francke 2005, S. 181–199.

Frank, Gustav: Probleme der Sichtbarkeit. Die visuelle Kultur des 19. Jahrhunderts und Okkult-Fantastisches in Literatur und Film um 1910: *Afgrunden* (Gad/Nielsen), *Die Versuchung der stillen Veronika* (Musil), *Der Student von Prag* (Rye/Ewers/Wegener/Seeber). In: Recherches germaniques 1 (2002), S. 59–101.

Freud, Sigmund: Studien über Hysterie: Krankengeschichten. (d) Fräulein Elisabeth v. R. In: ders.: Gesammelte Werke. Hg. v. Anna Freud. Bd. 1. 4. Aufl. Frankfurt a. M.: Fischer 1972, S. 196–251. (Freud 1972a)

Freud, Sigmund: Zur Psychotherapie der Hysterie. In: ders.: Gesammelte Werke. Hg. v. Anna Freud. Bd. 1. 4. Aufl. Frankfurt a. M.: Fischer 1972, S. 252–312. (Freud 1972b)

Freud, Sigmund: Beiträge zur Psychologie des Liebeslebens. II. Über die allgemeinste Erniedrigung des Liebeslebens. [1912] In: ders.: Gesammelte Werke. Hg. v. Anna Freud. Bd. 8. 6. Aufl. Frankfurt a. M.: Fischer 1973, S. 78–91.

Giertler, Mareike: In *zusammenhanglosen Pünktchen* lesen. Zu den Auslassungszeichen in Musils *Die Vollendung der Liebe*. In: dies., Rea Köppel (Hg.): Von Lettern und Lücken. Zur Ordnung der Schrift im Bleisatz. München: Fink 2012, S. 161–183.

Goltschnigg, Dietmar: Die Rolle des geisteskranken Verbrechers in Robert Musils Erzählung *Die Vollendung der Liebe* und im *Mann ohne Eigenschaften*. In: Gudrun Brokoph-Mauch (Hg.): Beiträge zur Musil-Kritik. Frankfurt a. M. u. a.: Lang 1983, S. 149–160.

Heftrich, Eckhard: Musil. Eine Einführung. München, Zürich: Artemis 1986.

Henninger, Peter: Der Buchstabe und der Geist. Unbewußte Determinierung im Schreiben Robert Musils. Frankfurt a. M. u. a.: Lang 1980.

Heyd, Dieter: Musil-Lektüre: der Text, das Unbewußte. Psychosemiologische Studien zu Robert Musils theoretischem Werk und zum Roman *Der Mann ohne Eigenschaften*. Frankfurt a. M. u. a.: Lang 1980.

Hoffmann, Christoph: ‚Heilige Empfängnisse'. In: ders.: „Der Dichter am Apparat". Medientechnik, Experimentalpsychologie und Texte Robert Musils 1899–1942. München: Fink 1997, S. 89–110.

Jens, Inge: Robert Musil: *Vereinigungen*. In: Musil-Forum 19/20 (1993/94), S. 47–68.

Kaiser, Ernst/Wilkins, Eithne: Robert Musil. Eine Einführung in das Werk. Stuttgart: Kohlhammer 1962.

Koch, Jutta: *Die Vollendung der Liebe* – Flimmernde Vorstellung. In: dies.: Inbeziehungen. Die Analogie im Frühwerk Robert Musils. Würzburg: Königshausen & Neumann 2007, S. 89–118.

Köhler, Andrea u. a.: Bekenntnis und Abwehr. Eine Analyse von Robert Musils Schreibprozeß am Beispiel seiner Novelle *Die Versuchung der stillen Veronika*. In: Freiburger literaturpsychologische Gespräche 4 (1985), S. 101–122.

Krusche, Dietrich: Selbstfindung und Partnerferne. Strukturen innertextlicher Kommunikation und deren gestalterische Funktion in Robert Musils *Vereinigungen*. In: Orbis Litterarum 33 (1978), S. 310–329.

Kyora, Sabine: Psychoanalyse und Prosa im 20. Jahrhundert. Stuttgart: Metzler 1992, S. 162–194.

Lönker, Fred: ‚Die Landschaft nicht im Wagen suchen'. Der frühe Musil und die Psychologie. In: Scientia Poetica 1 (1997), S. 183–205.

Lönker, Fred: Poetische Anthropologie. Robert Musils Erzählungen *Vereinigungen*. München: Fink 2002.

Luserke, Matthias: *Vereinigungen*. In: ders.: Robert Musil. Stuttgart, Weimar: Metzler 1995, S. 37–46.

Mach, Ernst: Die Analyse der Empfindungen und das Verhältnis des Physischen zum Psychischen. [1886; 9. Aufl. 1922] Nachdruck mit einem Vorwort v. Gereon Wolters. Darmstadt: WBG 1985.

Mae, Michiko: Motivation und Liebe. Zum Strukturprinzip der Vereinigung bei Robert Musil. München: Fink 1988.

Magnou, Jacqueline: Grenzfall und Identitätsproblem (oder die Rolle der Psychopathologie) in der literarischen Praxis und Theorie Musils anhand der Novellen *Vereinigungen*. In: Gudrun Brokoph-Mauch (Hg.): Beiträge zur Musil-Kritik. Bern u. a.: Lang 1983, S. 129–147.

Martens, Lorna: Musil und Freud: the „Foreign body" in *Die Versuchung der stillen Veronika*. In: Euphorion 81 (1987), H. 2, S. 100–118.

Masanek, Nicole: Robert Musil – *Die Versuchung der stillen Veronika*. In: dies.: Männliches und weibliches Schreiben? Zur Konstruktion und Subversion in der Literatur. Würzburg: Königshausen & Neumann 2005, S. 191–233.

Mehigan, Tim: *Vereinigungen*. In: ders.: Robert Musil. Stuttgart: Reclam 2001, S. 30–46.

Meisel, Gerhard: *Vereinigungen* – Verträge der Lust. In: ders.: Liebe im Zeitalter der Wissenschaften vom Menschen. Das Prosawerk Robert Musils. Opladen: Westdeutscher Verlag 1991, S. 9–71.

Meyer, Jürgen: Musils mathematische Metaphorik. Geometrische Konzepte in *Die Verwirrungen des Zöglings Törleß* und in *Die Vollendung der Liebe*. In: Hofmannsthal-Jahrbuch 5 (1997), S. 317–345.

Midgley, David: Writing against theory. Musil's dialogue with psychoanalysis in the *Vereinigungen*. In: Hannah Hickman (Hg.): Robert Musil and the literary landscape of his time. Salford: Univ. of Salford 1991, S. 72–93.

Neumann, Gerhard: Landschaft im Fenster. Liebeskonzept und Identität in Robert Musils Novelle *Die Vollendung der Liebe*. In: Doitsu bungaku. Neue Beiträge zur Germanistik 3 (2004), H. 1, S. 15–31.

Neumann, Gerhard: *Die Vollendung der Liebe*. Robert Musils Erotologie. In: Karl Heinz Götze u. a. (Hg.): Zur Literaturgeschichte der Liebe. Würzburg: Königshausen & Neumann 2009, S. 259–272.

Nübel, Birgit: Robert Musil – Essayismus als Selbstreflexion der Moderne. Berlin, New York: de Gruyter 2006.

Nübel, Birgit: „ein dünner Dunst fremden Leibes". Perversionen des Erkennens in Musils Essay *Das Unanständige und Kranke in der Kunst*. In: Musil-Forum 31 (2009/10), S. 23–38.

Pekar, Thomas: *Vereinigungen*. In: ders.: Die Sprache der Liebe bei Robert Musil. München: Fink 1989, S. 57–109.

Pekar, Thomas: Zum Zusammenhang von Musils Dissertation mit seiner Erzählung *Die Vollendung der Liebe*. In: Colloquia Germanica 24 (1991), S. 13–23.

Pfohlmann, Oliver: „Eine finster drohende und lockende Nachbarmacht"? Untersuchungen zu psychoanalytischen Literaturdeutungen am Beispiel von Robert Musil. München: Fink 2003.

Pfohlmann, Oliver: Von der Abreaktion zur Energieverwandlung. Musils Auseinandersetzung mit den *Studien über Hysterie* in den *Vereinigungen*. In: Peter-André Alt, Thomas Anz (Hg.): Sigmund Freud und das Wissen der Literatur. Berlin, New York: de Gruyter 2008, S. 169–191.

Pott, Hans-Georg: Vexationen der Liebe (Zu den *Vereinigungen*). In: ders.: Robert Musil. München: Fink 1984, S. 26–47.

Rauch, Marja: Vereinigungen. Frauenfiguren und Identität in Robert Musils Prosawerk. Würzburg: Königshausen & Neumann 2000.

Riedel, Wolfgang: Reise ans Ende des Ich. Das Subjekt und sein Grund bei Robert Musil (*Die Vollendung der Liebe*, 1911). In: Reto Luzius Fetz, Roland Hagenbüchle, Peter Schulz (Hg.): Geschichte und Vorgeschichte der modernen Subjektivität. Bd. 2. Berlin, New York: de Gruyter 1998, S. 1151–1173.

Ritzer, Monika: Spiegelungen. Zur Relativierung von ‚Realität' in der Kurzprosa Kafkas, Musils und Brochs. In: Manfred Engel, Ritchie Robertson (Hg.): Kafka und die kleine Prosa der Moderne. Würzburg: Königshausen & Neumann 2010, S. 267–291.

Röttger, Brigitte: Erzählexperimente. Studien zu Robert Musils *Drei Frauen* und *Vereinigungen*. Bonn: Bouvier 1973.

Schiffermüller, Isolde: Veronika/vera ikon. Figur und Inschrift der Frau in Robert Musils Novelle *Die Versuchung der stillen Veronika*. In: Gerhard Neumann (Hg.): Poststrukturalismus. Herausforderung an die Literaturwissenschaft. Stuttgart, Weimar: Metzler 1997, S. 252–271.

Schiller, Friedrich: Über Anmut und Würde. [1793] In: ders.: Werke und Briefe in 12 Bdn. Hg. v. Otto Dann u. a. Bd. 8: Theoretische Schriften. Hg. v. Rolf-Peter Janz u. a. Frankfurt a. M.: Deutscher Klassiker Verlag 1992, S. 330–394.

Schlaffer, Hannelore: Poetik der Novelle. Stuttgart, Weimar: Metzler 1993.

Schmitz-Emans, Monika: Das Doppelleben der Wörter. Zur Sprachreflexion in Robert Musils *Vereinigungen*. In: Hans-Georg Pott (Hg.): Robert Musil – Dichter, Essayist, Wissenschaftler. München: Fink 1993, S. 70–125.

Schöne, Albrecht: Zum Gebrauch des Konjunktivs bei Robert Musil. [1961/66] In: Renate von Heydebrand (Hg.): Robert Musil. Darmstadt: WBG 1982, S. 19–53.

Schröder, Jürgen: Am Grenzwert der Sprache? Zu Robert Musils *Vereinigungen*. In: Euphorion 60 (1966), S. 313–334.

Schwarz, Olaf: „… eine Art schweifender Unruhe". Zur Funktionalisierung des ‚Reisens' in deutschsprachigen Erzähltexten um und nach 1900. In: Kodikas/Code. Ars semeiotica 22 (1999), H. 1–2, S. 25–42.

Smerilli, Filippo: Vereinigungen. In: ders.: Moderne – Sprache – Körper. Analysen zum Verhältnis von Körpererfahrung und Sprachkritik in erzählenden Texten Robert Musils. Göttingen: V&R unipress 2009, S. 75–170.

Strelka, Joseph P.: Claudine und Veronika. Zur weiblichen Doppelfigur von Robert Musils *Vereinigungen*. In: Benjamin Bennett, Anton Kaes, William J. Lillyman (Hg.): Probleme der Moderne. Studien zur deutschen Literatur von Nietzsche bis Brecht. Festschrift für Walter Sokel. Tübingen: Niemeyer 1983, S. 133–142.

Willemsen, Roger: Claudine und Gilles. Die Latenz des Verbrechens in Robert Musils Novelle *Die Vollendung der Liebe*. In: Josef Strutz (Hg.): Robert Musil und die kulturellen Tendenzen seiner Zeit. München: Fink 1983, S. 29–58.

Zeller, Rosmarie: *Die Versuchung der stillen Veronica*. Eine Untersuchung ihres Bedeutungsaufbaus. In: Sprachkunst 12 (1981), S. 364–381. (Zeller 1981a)

Zeller, Rosmarie: Zur Modernität von Musils Erzählweise am Beispiel der Novellen *Vereinigungen* und *Drei Frauen*. In: Musil-Forum 7 (1981), S. 75–84. (Zeller 1981b)

1.4 Die Schwärmer (1921)

Norbert Christian Wolf

1. Voraussetzungen 157
   1.1 Entstehung und biografischer Hintergrund 157
   1.2 Poetik der Motivation 158
   1.3 Dramaturgie der Idee 160
2. Der Dramentext 163
   2.1 Inhalt 163
   2.2 Figuren 163
       2.2.1 Anselm: narzisstischer Mystiker 163
       2.2.2 Josef: Repräsentant des ‚Seinesgleichen' 167
       2.2.3 Stader: wissenschaftsgläubiger Positivist 168
       2.2.4 Maria: liebesbedürftiger ‚Durchschnittsmensch' 170
       2.2.5 Regine: mystischer Möglichkeitsmensch 170
       2.2.6 Thomas: intellektueller Möglichkeitsmensch 172
   2.3 Thematik: ‚taghelle Mystik' und ‚Anti-Liebe' 176
3. Text und Kontext 179
   3.1 Mystik und Mystizismuskritik 179
   3.2 Ego und Alter Ego 179
   3.3 Das Drama im intellektuellen und literarischen Feld 181
4. Rezeption 185
   4.1 Wirkungsgeschichte 185
   4.2 Forschungsgeschichte und -perspektiven 186
5. Literatur 187

1. Voraussetzungen

1.1 Entstehung und biografischer Hintergrund

Die Schwärmer sind Musils erstes und wichtigstes Schauspiel. Die in den Arbeitsheften 5, 6 und 11 sowie in der Nachlassmappe IV/2 befindlichen ältesten Entwürfe stammen aus der Zeit vor dem Ersten Weltkrieg (vgl. Arntzen 1980a, S. 114f.). Zwischen 1908 und 1912, bereits während der Arbeit an den *Vereinigungen*, hat sich Musil dem Plan eines Dramas gewidmet, dem er „vorläufig den psychol.[ogischen] Decknamen: Die Anarchisten" gab (Tb I, 236; vgl. Tb II, 938). Aufgrund krankheits- und kriegsbedingter Arbeitspausen konnte er sein Dramenprojekt aber erst ab 1918 wieder konzentrierter verfolgen, arbeitete es tiefgreifend um (vgl. Cetti Marinoni 1992a, S. 13–155) und beendete das Manuskript im Mai/Juni 1920 (vgl. Arntzen 1980a, S. 115) – kein anderes Werk außer dem *Mann ohne Eigenschaften* (MoE) hat ihn so lang und so intensiv beschäftigt (vgl. Corino 2003, S. 627; Rogowski 2007, S. 199). Nach der Absage mehrerer prominenter Verlagshäuser und einer Intervention der Freunde Franz Blei und Johannes von Allesch erschien das Stück 1921 im Dresdner Sibyllen-Verlag, wurde allerdings erst am 3. April 1929 unautorisiert von Jo Lherman am Berliner Theater in der Stadt uraufgeführt, was einen Theaterskandal auslöste.

Musil selbst hat *Die Schwärmer* bei einer Verhandlung mit dem Burgtheaterdramaturgen Stefan Hock zuversichtlich und ohne Ironie als sein bis dahin „reifstes Werk" bezeichnet, wie er in einem Brief an dessen Vorgänger Erhard Buschbeck vom

7. August 1920 berichtet (Br I, 202; vgl. Br I, 333). 1932, also noch nach der Veröffentlichung von Band I des *MoE*, spricht Musil in einem Entwurf für ein Nachwort zum Band II/1 sogar von seinem „vom Unglück verfolgten Hauptwerk[ ] Die Schwärmer" (*Vermächtnis II*, GW II, 954). Seine zentrale Absicht beim Verfassen des Stücks sei es gewesen, „endlich einmal Geist in die Theaterkonflikte zu bringen" und „den höheren Kunstgehalt, das an den Geist Gehende des Romans für die Bühne [zu] gewinnen" (an Buschbeck, 7.8.1920, Br I, 202). Unabhängig davon, „was" er „erzähle" und „wen" er „beschreibe", wolle er „dem nur das Maximum geistigen Lebens mitgeben", das er „erreichen" könne (*Der Schwärmerskandal*, 1929, GW II, 1192). Der Glaube, „es könne ein gutes Theaterstück geben, das kein gutes Buch wäre", führt nach einem zeitgenössischen Arbeitshefteintrag Musils hingegen in den „Niedergang" des Theaters (Tb I, 472). Die Zitate belegen den gewaltigen Anspruch, den Musil mit seinem (auto)biografisch inspirierten (vgl. Corino 2003, S. 628–630) Schauspiel verband.

1.2 Poetik der Motivation

Aus dem Rückblick des Arbeitsheftes 33 äußerte sich Musil im Februar 1939 anlässlich einer Relektüre der *Schwärmer* distanzierter (vgl. Tb I, 938f.; vgl. Corino 2003, S. 1323). Kritik übte er u. a. an der zu großen gedanklichen Dichte der Gesprächsführung, die aus seiner Missachtung der „‚Gesetze der Dramatik'" als „‚Koch(rezept)dramaturgie'" resultiere, denn: „Ein Drama muß Leerlauf haben, Ruhestellen, Verdünnungen usw. Und entgegengesetzt entsprechend, Konzentrationen der Beleuchtung u. ä. Es ist wohl gewöhnliche Psychologie des Erfassens, womit das zusammenhängt, aber der Zweck eines Dramas ist ja auch nicht der einer religiösen oder philosophischen Urkunde." (Tb I, 939) Die Ernüchterung erfolgte angesichts einer künstlerischen Intention, die in philosophische oder gar religiöse Belange hineingereicht hatte, wie Musil sein ästhetisches Konzept retrospektiv in Form einer Beschwörung erläutert: „Mir hat das Gesetz des höheren Lebens selbst vorgeschwebt, [...] daß in einer Auseinandersetzung oder Entscheidung kein Augenblick leer sein darf, kein Bindeglied nachlassen soll. Das Leben soll aufs äußerste motiviert u. ‚motiviert' sein, u. also auch die Dramatik. [...] Ich habe die Bedeutung der Schwärmer gerade darin gesehen." (Tb I, 939) Die extrem kondensierte Form des dramatisch vorgeführten intellektuellen Dialogs gründet demnach im „Gesetz des höheren Lebens" selbst. Dessen geistig-seelische ‚Motiviertheit' hebt Musil von der kausal-psychologischen Motivation ab (zur ‚doppelten Motivation' im Drama vgl. auch Schneider 1973, S. 14–18). Genauer erläutert Musil diese Thematik sowie das daraus folgende Problem der inneren ‚Motiviertheit' im Medium von Ulrichs Tagebuch in einem 1933/34 verfassten Kapitelentwurf für den *MoE* (vgl. MoE, 1421). Die Polemik *Der Schwärmerskandal* (1929) bezieht die Thematik dann direkt auf das ihr zugrundeliegende Schauspiel, indem Musil darin betont, „daß die lebenswertesten Augenblicke die sind, wo das, was wir tun, von irgendeinem heimlichen, aber über uns hinausgehenden, in die Weite des Allgemeinen tragenden Gedanken belebt wird." Demnach „kennen wir den Unterschied, ob wir etwas aus innerer Bewegung tun oder nicht, im Leben ganz genau. [...] Es gibt da so einen merkwürdigen Unterschied in uns zwischen Wachstum und Erstarrung [...]. Und also kurz gesagt, man muß ein wachsendes Theater machen." (GW II, 1191f.) Damit ist das Pensum für *Die Schwärmer* umrissen.

Im Vorwort-Entwurf IV (1934) für den *Nachlaß zu Lebzeiten* hält Musil zum Gestaltungsprinzip der „motivierten Schritte" fest: „Seine Regel ist: Lasse nichts geschehen (oder: tue nichts), was nicht seelisch von Wert ist. D.h. auch: Tue nichts Kausales, tue nichts Mechanisches." Es handle sich um ein „prometheisches" Prinzip, „das die Kampfkräfte der Seele vom Unfug ablöst u. dem Wesentlichen dienstbar macht", indem es nicht bestimme, „was man tun soll, sondern wie man tun soll." (GW II, 972) Die Art und Weise der Handlung, nicht ihr Inhalt, sei entscheidend – analog zur Kunst. Die „Entwertung alles Kausalen, daher auch sogenannter psychologischer Erklärung" hat Musil mit dem „Ideal des ‚Lebens aus der Idee'" begründet, „wo jeder Schritt nicht aus kausaler Notwendigkeit erfolgt, sondern einer inneren Lichtausbreitung gleicht" (an Julius Levin, 31.12.1923, Br I, 332). Im *MoE*-Kapitelentwurf erläutert er seine Vorstellung von der „Motivation" des „höheren Lebens" durch eine Analogiebildung zum „Ausdruck Motiv der Malersprache", indem er Ulrich betonen lässt: „Der Maler, der ‚etwas' malen wollte, wenngleich in ‚persönlicher Auffassung', malt nun an sich, er malt um sein Seelenheil, und nur in solchen Augenblicken hat er wirklich ein Motiv vor sich [...]. Da ist etwas über ihn gekommen, das Absicht und Wille zerdrückt." (MoE, 1421) Diese Vorstellung von ‚Motiviertheit' steht für ein Ergriffensein des „ganzen Menschen" (ebd.), so dass der Maler jegliches Partikularinteresse und jede künstlerische Individuation überwinde. Andernorts bezeichnet Musil jene Anteilnahme des ‚ganzen Menschen' mit einem für seine gesamte literarische Produktion charakteristischen Terminus: Es handelt sich um einen dem „Normalzustand unserer Beziehungen zu Welt, Menschen und Ich" (GW II, 1143) entgegengesetzten ‚anderen Zustand' (‚a. Z.'), „von dem aus alles motiviert ist." (Oczipka 1972, S. 100; vgl. Wolf 2002a, S. 128) (→ VII.2 *Anderer Zustand*) Im Essay *Ansätze zu neuer Ästhetik. Bemerkungen über eine Dramaturgie des Films* (1925) erläutert Musil dazu:

> [H]ebt man [...] einige übereinstimmende Hauptkennzeichen heraus, so findet man immer wieder das Dastehn einer anderen Welt [...], und im Bilde dieser Welt gibt es weder Maß noch Genauigkeit, weder Zweck noch Ursache, gut und böse fallen einfach weg, ohne daß man sich ihrer zu überheben brauchte, und an Stelle aller dieser Beziehungen tritt ein geheimnisvoll schwellendes und ebbendes Zusammenfließen unseres Wesens mit dem der Dinge und anderen Menschen. (GW II, 1144)

Das Maler-Gleichnis aus dem *MoE* bezeichnet eben diesen Zustand, „in dem das Bild jedes Gegenstandes nicht zum praktischen Ziel, sondern zu einem wortlosen Erlebnis wird" (ebd.). Die traditionelle Vorstellung einer *unio mystica* wird somit auch für das Drama konstitutiv (vgl. dagegen Würmser 2006, S. 239). Musils insistierende Wiederholung der begrifflichen Konturlosigkeit des ‚a. Z.' deutet indes an, dass er einer bloßen Reaktualisierung überkommener Mystik-Konzepte skeptisch gegenübersteht. Seine Anverwandlung mystischer Gedankenfiguren und Formulierungen entbehrt nie einer kritischen Note; sie sollte der Komplementarität von Ratio und Mystik gerecht werden. Im Unterschied zu den meisten Zeitgenossen war Musil nicht bereit, die rationale Kontrollinstanz und die damit einhergehende reflexive Distanz preiszugeben: „Denn Rationalität u. Mystik, das sind die Pole der Zeit" (Tb I, 389), trägt er 1920 während der Fertigstellung der *Schwärmer* in sein Arbeitsheft 8 ein.

1.3 Dramaturgie der Idee

Musil wollte in seinem ‚essayistischen Drama' (vgl. Cetti Marinoni 1992a; Tb II, 256) „Geist" (*Moskauer Künstlertheater*, 1921, GW II, 1479f.) bzw. „das bewußt Ideographische" (*Der „Untergang" des Theaters*, 1924, GW II, 1130) darstellen und erhob damit einen Exklusivitätsanspruch auf die der Moderne angemessene „utopisch[e]" Dramatik (Tb I, 782; vgl. Stefanek 1973; Karthaus 1985, S. 10–23; Rußegger 1996, S. 171–200; Rogowski 2007, S. 208f.). In der Polemik *Der Schwärmerskandal* (1929) unterscheidet er „zwischen einem schöpferischen und einem illustrativen" Theater: (→ VI.1.1 *Drama, Theater*)

> [U]nter illustrativ – im Verhältnis zum Geist der Sache – kann man auf dem Theater alles verstehen, was ein festes Geflecht der Weltanschauung und der Lebensregeln voraussetzt, von dem es selbst eine Einzeläußerung, ein Beispiel, kühnstenfalls eine Ausnahme zur Darstellung bringt. […] In dieser illustrativen Kunst ist natürlich eine Menge Spielraum für persönliches Talent, Schönheit, Gesinnung usw. gegeben, aber der Geist dreht sich auf ihre Weise doch immer nur im Kreis. Es wird nicht verändert, sondern nur frisiert. Die Probleme des Lebens werden angerührt, umgerührt, aber nicht aufgerührt. (GW II, 1191)

Dem stellt Musil „die Forderung eines schöpferischen Theaters gegenüber[ ], in der sich die Tatsache spiegelt, daß wir in der Hauptsache aus Geist bestehen." (ebd.) Sein Schauspiel beschäftigt sich demgemäß mit einer zeit- und autortypischen ‚geistigen' Problematik, ist mithin ein ‚Ideendrama' bzw. ‚Bedeutungsdrama', dessen Form sich mehr mikro- als makrostrukturell von konventionellen ‚Handlungsdramen' abhebt (vgl. Scharang 1965; Jesch 1972; Arntzen 1980b, bes. S. 599f.). Textuell schlägt sich das in zahlreichen inhaltlichen und z. T. auch wörtlichen Entsprechungen zwischen Figurenaussagen und essayistischen Äußerungen des Autors sowie im Verzicht auf herkömmliche Spannungserzeugung (vgl. *Der „Untergang" des Theaters*, GW II, 1120; dazu Zeller 1991, S. 140f.) nieder. Darüber hinaus hat man Musils Stücke im Unterschied zur symbolisch-metaphorischen ‚Darstellungsdramatik' (Konflikt *zwischen* von Personen *dargestellten* absoluten Mächten) – ungeachtet seines Plädoyers gegen ein ‚illustratives' Theater – einer metonymischen ‚Illustrationsdramatik' (Konflikt *über* von Personen *illustrierte* historische Mächte) zugeordnet (vgl. Cetti Marinoni 1992a, S. 57f.). Tatsächlich verfährt seine Dramaturgie aber auch symbolisch, was sich darin manifestiert, dass erst eine philologische Rekonstruktionsarbeit die im Drama implizit verhandelten zeitgenössischen ideologischen Positionen offenzulegen vermag.

Folgende Themenbereiche stehen im Zentrum der dramatischen Gestaltung: Wie verhalten sich die Pole Rationalität und Mystik zueinander? Wie lässt sich der ‚andere Zustand' literarisch darstellen und welchen Stellenwert hat er in der modernen Welt? Welche besonderen Möglichkeiten bietet die dramatische Form? Das Drama wird hier u. a. zum Reflexionsmedium der allgegenwärtigen mystischen und ‚neomystischen' Tendenzen des frühen 20. Jahrhunderts (vgl. Spörl 1997, S. 9–27) – intellektueller Strömungen, mit denen sich auch die zeitgenössische Essayistik Musils eingehend auseinandersetzt. (→ VII.1 *Mystik*) Zwar begegnet das Wort ‚mystisch' im Dramentext nur ein einziges Mal und überdies uneigentlich (vgl. die Inszenierungsanweisung für Regine: „*Sie äfft ihn* [i. e. Anselm] *mystisch nach*", GW II, 346). Dass die ‚neomystische' Thematik dem Stück indes keineswegs äußerlich ist, bestätigt nicht allein (autorintentional) Musils zitierte Selbstaussage aus dem Arbeitsheft 33 oder (entstehungsgeschichtlich) die Notiz „A.[llesch] als katholischer Mensch", „in der sich der Anstoß, ja hin und wieder sogar die Ausdrücke so mancher Situationen und Sätze des entstehenden Dramas erkennen lassen" (Cetti Marinoni 1992a, S. 21): Musil hält da zu seinem Freund Johannes von Allesch, einem biografischen Modell der Figur Anselm, u. a. fest: „Betont mystische Einstellung." (KA, M IV/2/163; vgl. M IV/2/407 u. Tb I, 238)

Auch der Dramentext verweist auf den Zusammenhang. Nicht erst Franz Bleis Theaterbuch von 1915, in dem *Die Schwärmer* als Beitrag zum deutschen Drama der Zukunft angekündigt werden (vgl. Blei 1915, S. 101f.; dazu Cetti Marinoni 1992a, S. 35, Anm. 4; Rogowski 1993a, S. 73), sondern bereits *Kürschners Literaturkalender* für 1914 (vgl. Corino 2003, S. 627) annonciert öffentlich dessen Titel, der auf Nietzsche zurückgeführt wurde (vgl. ebd.), bei Musil aber erst in einem Arbeitshefteintrag von 1918 nachweisbar ist: Er bezeichnet darin die Hauptfiguren seines Schauspiels mit dem titelgebenden Begriff (vgl. Tb I, 342). Das historische *Handwörterbuch der deutschen Sprache* bringt zum literarisch traditionsreichen Stichwort „Schwärmen" u. a. folgende Beispiele: „[W]ie die Bienen vom Mutterstock sich trennend, mit Irrlehren Schwarm machen", „Fanatiker, bes. Sektierer", daneben „flatterhafter Liebhaber"; Schwärmer, „begeistert u. außer sich", ergehen sich „in ungezügeltem Schweifen, den wirklichen V[er]h[ältniss]en die bloß gedachten (idealen) unterschiebend" (Sanders 1878, S. 752). Analoges vermittelt das Lemma „schwärmen" im damals führenden philosophischen Wörterbuch: Es „bezeichnet einen krankhaften Gemütszustand, in dem der Mensch sich nicht durch vernünftige Einsicht, sondern durch Phantasie zur Sympathie für Personen oder Ideen leiten läßt." (Kirchner 1907, S. 541) Sieht man von der pejorativen Konnotation dieser Beispiele ab, dann bleibt als gemeinsamer Nenner von ‚Schwärmern' deren unorthodoxe und unkonventionelle Neigung zu Enthusiasmus und Fantasiegebilden sowie deren erkenntnistheoretisch ‚unrealistische' Haltung; sie sind Anhänger einer ‚anderen', einer ‚zweiten' Wirklichkeit, pointiert formuliert: eben Mystiker. Das bedeutet keineswegs „eine Abwertung der Schwärmer-Figuren" (so Dennerlein 2012, S. 283), sondern bezeichnet zunächst nur eine prinzipielle Offenheit: Während „Nicht-Schwärmer versuchen, die Wirklichkeit mittels eines Begriffssystems zu erfassen, dessen Sinnhaftigkeit und Gültigkeit sie nicht anzweifeln", können „Schwärmer ihre Wirklichkeitserfahrung nicht in ein starres System zwängen. Sie fühlen sich von Unbestimmbarem angezogen und setzen der Wirklichkeitswelt der Nicht-Schwärmer eine Möglichkeitswelt entgegen." (ebd., S. 285f.) Das Gleichnis des Bienenschwarms impliziert eine „Suche nach neuen Ordnungsmustern", indem damit akzentuiert wird, „daß die Handlungen der Schwärmer-Figuren Aufsehen erregen, Lärm verursachen und zunächst ziellos wirken, letztendlich jedoch zu einer gegenüber dem Beginn des Dramas neuen Figurenkonstellation führen." (ebd., S. 286f.) Der Dramentitel erweist sich somit „als ernstgemeinte Bezeichnung" sowie „als Charakterisierung nicht nur der Figuren, sondern auch der Handlung." (ebd., S. 287)

Dass Musil den titelgebenden Begriff in diesem Sinn verstand, zeigen seine Andeutungen im Entwurf eines Briefes an Thomas Mann, in denen er auf das ‚Verwischen' der „Grenzen zwischen reeller und imaginärer Welt" zu sprechen kommt, was er insbesondere mit den Dramenfiguren Anselm und Regine illustriert (an Mann, 14.1.1924, Br I, 335). Die Differenzierung zweier ‚Welten' oder ‚Wirklichkeiten' greift dabei die ‚neomystische' Lehre Maurice Maeterlincks auf, die „zwischen zwei

Ebenen des menschlichen Lebens unterscheidet, einer oberflächlichen, alltäglichen, materiellen und bewußten auf der einen Seite und einer dieser zugrundeliegenden wesentlichen, seelischen und unbewußten Ebene auf der anderen Seite." (Spörl 1997, S. 147f.; vgl. Maeterlinck 1925, S. 29–35) Ganz in diesem Sinn äußert sich die Dramenfigur Stader – ehemals „Sänger und Dichter", doch jetzt Inhaber des „größte[n] und neuzeitlichste[n] [!] Ausforschungsinstitut[s] der Gegenwart" (GW II, 337f.) – in rückblickender Distanzierung: „[A]uch ich war ein Schwärmer!" (GW II, 392) Diese einzige autoreferentielle Verwendung des titelgebenden Begriffs im Text selbst greift Thomas gegen dessen Ende mit dem fast synonymen Begriff „Träumer" (GW II, 407) auf. Er versteht den Terminus, der ein im weiteren Wortsinn essayistisches Weltverhältnis bezeichnet (vgl. Dennerlein 2012, S. 293f.), nun aber durchaus affirmativ zur positiven Charakterisierung Regines und seiner selbst.

Beachtenswert ist Musils erstes Schauspiel im Kontext der profanen Mystik des 20. Jahrhunderts insofern, als es nicht nur charakteristische Elemente des zeittypischen mystischen Diskurses in ihrer Outriertheit exponiert, sondern diese zugleich perspektiviert und bestimmte Erscheinungsformen einer beißenden Kritik unterzieht; andere wiederum erscheinen zwar in positiverem Licht, verlieren deshalb aber nicht ihre Ambivalenz im Hinblick auf eine ebenfalls ganz grundsätzlich problematisierte gesellschaftliche ‚Realität', die ‚erste Wirklichkeit'. Während der textuelle Bearbeitungsstand von 1914 noch einen „Nebel geistiger Materie, ohne dramatisches Skelett" (Tb I, 956) darstellte, arbeitete Musil nach Kriegsende mit Hochdruck an einer gedanklichen und poetischen Durchdringung der Thematik. Die stets unmittelbare, doch je unterschiedliche, weil ausschließlich dia- und polylogisch gebildete Perspektivierung des ‚a. Z.' innerhalb der „Absolutheit" des Dramas (Szondi 1966, S. 15; vgl. Pfister 1997, S. 20–22) kongruiert mit der dramatischen Formproblematik, welche ihrerseits „im Zusammenhang der allgemeinen Entwicklung moderner Dramatik" (Schneider 1973, S. IX) steht: So ist die Großgattung Drama durch ihre genuin polyperspektivische Form für die literarische Umsetzung erkenntnistheoretischer Wirklichkeitskritik eine besonders geeignete Gattung.

Die thematische Perspektivierung wird in Musils Schauspiel – abgesehen von den sorgfältigen Bühnenanweisungen zu Beginn des Textes und der einzelnen Aufzüge (vgl. Charrière-Jacquin 1985, S. 28f.) – ausschließlich in der immanenten Charaktergestaltung der Figuren oder im kritischen Spiegel der anderen *dramatis personae* manifest (vgl. GW II, 974). Zur Objektivierung der Figuren spielen allerdings auch die Inszenierungsanweisungen im Nebentext eine gewichtige Rolle. In Musils Stück erlaubt häufig erst die zwischen den propositionalen Aussagen und ihrem impliziten Kommentar bestehende Spannung eine adäquate Beurteilung des Gesagten. Für die dramatische Darstellung zeitgenössischer Erscheinungsformen von Erkenntniskritik und Mystik hat dieser formalästhetische Sachverhalt die Konsequenz, dass die Dramenfiguren zwar jeweils in figuralen Konstellationen unterschiedliche Typen von ‚schöpferischen Menschen' oder deren Antitypen repräsentieren (vgl. Tb I, 365) und daraus ihre essayistische Funktion beziehen (vgl. Cetti Marinoni 1992a, S. 57f. u. 61), im Dramentext selbst aber – abgesehen von den stets ‚perspektivischen' Figurenreden – nur implizite Hinweise auf deren Bewertung zu finden sind.

2. Der Dramentext

2.1 Inhalt

Ort der Handlung, die *prima vista* an eine Boulevardkomödie erinnert (vgl. Würmser 2006, S. 233), ist ein „*phantastisch*" verfremdetes „*Landhaus* [...] *in der Nähe einer Großstadt*" (GW II, 309f.), in dem der erfolgreiche Wissenschaftler Thomas mit seiner Frau Maria lebt. Deren Schwester Regine, verheiratet mit dem zunächst noch abwesenden Universitätsprofessor Josef, und ihr vorübergehender Liebhaber Anselm, ein Jugendfreund von Thomas, sind bei ihnen zu Besuch. Regines erster Ehemann Johannes hat vor Jahren im selben Landhaus Suizid begangen, was noch immer auf ihr lastet. Der in den Wissenschaften gescheiterte Anselm hat Regine und ihre Begleiterin Fräulein Mertens überzeugt, Josef zu verlassen und mit ihm zu Thomas und Maria zu fliehen. Doch rasch nach ihrer Ankunft verliert Anselm das Interesse an Regine und widmet sich Maria. Josef hat indessen den Detektiv Stader beauftragt, Anselms Vergangenheit zu durchleuchten. Mit seiner Hilfe entlarven Thomas und Josef Anselm als Lügner und Schwerenöter, der als verheirateter Mann darauf aus sei, sich durch die vorübergehende Eroberung anderer Frauen Nähe zu erschwindeln. Anselm flieht, Maria folgt ihm trotz der Enthüllungen. Als Josef von der Promiskuität der vermeintlichen ‚Heiligen' Regine erfährt, reist er ebenfalls ab. Fräulein Mertens, moralisch entrüstet, verlässt als Letzte das Haus. Zurück bleiben Regine und Thomas, die in einem abschließenden Dialog mit offenem Ende ihre Fremd- und Vertrautheit ergründen.

2.2 Figuren

Musils Dramenpersonal ist – mit Ausnahme Staders und Fräulein Mertens' – in sozialer Hinsicht relativ homogen, nämlich einer bildungsbürgerlichen Mittelschicht zugehörig. Die dramatische Gestaltung entspricht aber keiner mimetischen Darstellungskonzeption, die im engeren Sinne gesellschaftliche Phänomene in den Blick nähme, sondern arbeitet ästhetisch „mit dem Mittel der Abweichung" von den Erwartungen der konventionellen Dreieckskomödie (Zeller 1991, S. 146) und ergänzt die ‚realistische' Ebene durch eine semiotische, welche eine mentale Dimension der Figuren erschließt (vgl. Rogowski 2007, S. 204). Im Folgenden werden die *dramatis personae* deshalb mit Fokus auf ihre thematische Rolle im theatralen Geschehen gemustert, wobei den dafür einschlägigeren unter ihnen die größte Aufmerksamkeit zukommt. Da Fräulein Mertens, eine ältliche „*cand. phil.*" (GW II, 309), Anstandsdame und „Repräsentantin der Ideologie der Gesellschaft" (Arntzen 1980a, S. 116), als intellektuelle Position kaum konturiert erscheint, wird sie trotz einer gewissen Komplementarität zu Stader nicht eigens behandelt.

2.2.1 Anselm: narzisstischer Mystiker

Anselm, der – so Maria – „ein bedeutender Mensch" ist (GW II, 318), aber zugleich – so Thomas – „[a]ller Welt Liebkind", hegt selbst „Brudergefühle für alle Welt" (GW II, 315). Das sympathetische Vermögen des gescheiterten Wissenschaftlers lässt Thomas ihn ironisch als „Wundermann" (GW II, 385) apostrophieren. Wiederholt berichtet Anselm von ‚neomystischen' „Erlebnisse[n]" der üblichen Art (GW II, 325). So erinnert seine „von einer Weide" ausgelöste Entgrenzungserfahrung mit lebensphilosophischem Anstrich (vgl. ebd.) an die paradigmatische Beschreibung des mystischen Erlebnisses im Einleitungsessay (1909) aus Martin Bubers *Ekstatischen Konfessionen* (vgl. Buber 1921, S. 11f.), der Musil spätestens seit 1921 bekannt war. (→ VII.1 *Mystik*) Erkenntnislogisch entspricht sie der im frühen 20. Jahrhundert in zahlreichen wissenschaftlichen Disziplinen sowie in den allgegenwärtigen populär- und pseudowissenschaftlichen Schriften diskutierten (angeblich in ‚primitiven' Kulturen beheimateten) ‚prälogischen', ‚mythischen Denkform', deren „Gesetz der Partizipation" vom Ethnologen Lucien Lévy-Bruhl wirkungsmächtig als ‚mystisches' Unterlaufen des logischen Identität-qua-Differenz-Denkens beschrieben wurde (Lévy-Bruhl 1921, S. 58; dazu Riedel 2000, S. 468–473; Wolf 2002b, S. 259–261, u. 2012, S. 380–390; Gess 2013). (→ IV.9 *Ethnologie*) Zwar kannte Musil bei der Niederschrift der *Schwärmer* noch keinen „Versuch, die Logik des Analogischen und Irrationalen zu untersuchen." (GW II, 1050) Doch hat er das Buch Lévy-Bruhls wenig später intensiv rezipiert, wie sich dem 1920–1926 entstandenen Arbeitsheft 21 (vgl. Tb I, 627f.) sowie der 1925 veröffentlichten Balázs-Besprechung *Ansätze zu neuer Ästhetik* entnehmen lässt (vgl. GW II, 1141).

Anselm vertritt das sympathetische Denken leidenschaftlich und lehnt Gespräche, die den Gesetzen rationaler Logik folgen, konsequent ab (vgl. GW II, 335f.). Das zwischen Maria und ihm Kommunizierte sei – so die topische Gedankenfigur (vgl. Buber 1921, S. 16; Maeterlinck 1925, S. 3f. u. 10) – auf begrifflich-rationale Weise nicht mitteilbar (vgl. GW II, 336). Mit solchen Äußerungen reiht er sich ein in die Sprach- und Begriffsskepsis des ‚neomystischen' Diskurses der Jahrhundertwende, die etwa 1902 in Hofmannsthals ‚Chandos-Brief' (vgl. Spörl 1997, bes. S. 369–375), aber auch 1906 in Musils Romanerstling *Die Verwirrungen des Zöglings Törleß* (vgl. ebd., S. 283f., bes. Anm. 18) ihren Niederschlag fand – in literarischen Texten also, die kurz vor den frühesten Entwürfen zu *Die Schwärmer* erschienen waren. (→ VIII.3 *Sprache/Sprachkritik*) Anselms ‚mythische Denkform' definiert sich jedoch nicht allein durch ihre Differenz zur ‚postmythischen' rationalen Logik, sondern generell zu dem der ‚ersten Wirklichkeit' verhafteten geistigen Zustand, der von dieser perhorreszierten ‚gewöhnlichen' Logik durchdrungen scheint (vgl. GW II, 325). Ständig bringt sich Anselm in eine Opposition zum ‚gewöhnlichen' Weltverhältnis (vgl. dazu Maeterlinck 1925, S. 82): Josef nenne ihn angeblich bloß deshalb „einen Betrüger" (GW II, 334). Zu Regine hat er sich zunächst noch viel emphatischer über den die Alltagswirklichkeit außer Kraft setzenden Zustand geäußert, in dem er sich damals befunden habe (vgl. GW II, 346). Die *unio mystica* mir ihr beschreibt Anselm im Rückblick topisch als ‚Einswerdung' zweier „Leben" in einem „Ozean in uns und um uns" (GW II, 346). Wie eine unmittelbar vorausgehende Bemerkung deutlich macht, hat Anselm allerdings trotz seiner mystischen Entgrenzungs- und Einheitsgefühle nie die Möglichkeit der eigenen Hingebung erwogen.

Die lebensphilosophische Grundhaltung Anselms wird besonders sichtbar in seinen Urteilen über Thomas, etwa wenn er Maria gegenüber *„heftig und höhnisch"* ausruft: „Er lebte immer in seinen Gedanken. Unumschränkter Herrscher in einem Papierreich!" (GW II, 329) Die implizite Antithese zu einer solchen ‚theoretischen' Existenz – deren Nominalismus der dramatischen Namenslogik zufolge die philosophische Patenschaft des Scholastikers und spekulativen Rationalisten Thomas von

1.4 *Die Schwärmer* (1921)

Aquin suggeriert (vgl. Cetti Marinoni 1992a, S. 143f., unter Verweis auf GW II, 1383) – ist der vom erkenntnistheoretischen Realisten Anselm fast penetrant verwendete Kampfbegriff ,Leben' (dazu Spörl 1997, S. 24). In der Folge radikalisiert er Marias Aussage, Thomas produziere „doch wieder nur Theorien", konsequent in diesem Sinn: „[W]ie schrecklich ist es, wenn Theorien sich in Leben und Sterben einmengen." (GW II, 330) Den intellektuellen Thomas sieht er als im äußersten Grad lebensfeindlich (vgl. GW II, 352). Er selbst sei hingegen der „Erkenntnis" verpflichtet, „daß schließlich doch alle Gedanken falsch sind und daß sie *deshalb* geglaubt werden müssen; von warmen Menschen!" (GW II, 330) Eine ideologiekritische Durchleuchtung dieser in Anselms zynischen Voluntarismus mündenden Argumentation hat Cetti Marinoni (1992a, S. 138–141) vorgelegt. Komplementär zur Pervertierung des Mottos ,credo ut intelligam' seines Namenspatrons Anselm von Canterbury (vgl. GW II, 1392f.; dazu auch Wolf 2002a, S. 135) übt Anselm scharfe Kritik an Thomas' positivistisch-naturwissenschaftlich geprägter ,moderner' Rationalität (vgl. GW II, 333). Gegen die ,mystikfeindliche' (vgl. Maeterlinck 1925, S. 13) experimentelle Logik moderner Wissenschaft setzt er eine rational nicht nachvollziehbare Art von augenblickshafter mystischer Erfahrung (vgl. GW II, 333).

Der Erkenntnisprozess einer solchen ,anderen Wahrheit' verläuft Anselm zufolge nicht über den Verstand, sondern ausschließlich über das sympathetisch partizipierende Gefühl (vgl. GW II, 334). Schon als Kind habe er beim Anblick Marias stets „ein überall im ganzen Körper ausgebreitetes Glücksempfinden" verspürt (GW II, 351), erklärt Anselm im Sinne seiner privaten ,Marienmystik'. Indem er sie mit sich selbst vergleicht und gegen Thomas abgrenzt, versucht er Maria für sich zu gewinnen (vgl. GW II, 334). Dagegen setzt er Regine mit Thomas ineins, wenn er ihr wie diesem die Fähigkeit zur ,Partizipation' abspricht (vgl. GW II, 345). Statt kritischer Differenzierung und Distinktion (vgl. GW II, 329) strebt Anselm nach ,Anteilnahme' und mystischer Vereinigung (vgl. GW II, 365 u. 370). Die Suggestivkraft seiner Worte zeigt sich bald an Maria, die in seiner Abwesenheit bestätigt, dass er „Anteil nimmt" (GW II, 361). Kritischer sieht Regine ihren kurzzeitigen spirituellen Verführer: „Wenn er an einen Menschen nicht herankann, so ist er wie ein Kind, das die Mutter verloren hat." (GW II, 315) Der Befund einer „regressiven inneren Bewegung" des ,liebenden' Anselm wurde psychoanalytisch gedeutet: Die „Sehnsucht nach Vereinigung" gelte „der Symbiose mit der Mutter"; allerdings habe Anselm gleichzeitig „,Furcht, zurückzusinken in den ursprünglich unstrukturierten Zustand der primären Identität' mit der Mutter." (Zahlmann 1986, S. 173) Die narzisstische „Angst vor ,Verlust der Ich-Autonomie'" (ebd.) scheint für Anselm jedenfalls zentral (vgl. GW II, 376).

Der Narzissmus-Befund wird von Thomas aufgegriffen und vertieft (vgl. GW II, 359 u. 361). Anselm selbst erhärtet diese Diagnose, indem er einerseits von seiner – für einen ekstatischen Mystiker atypischen (vgl. Buber 1921, S. 17) – „Angst vor dem Alleinbleiben" (GW II, 347) spricht, andererseits jedoch seine ,Untreue' gegenüber Regine mit dem Vorwurf begründet, sie sei ihm „zu nahe gekommen" (GW II, 346). Aus der existentiellen Gefährdung seines ,Ich', in die er mit seiner ,Partizipation' geraten ist, ,rettet' er sich durch eine neue, weniger problematische seelische Leidenschaft zur psychisch einfacher strukturierten Maria und verrät damit seine Prinzipien, wie deren Schwester erkennt (vgl. GW II, 401). Bei Regines Schreianfall im 2. Aufzug erweist er sich als teilnahmslos und kalt, diskreditiert seine angebliche ,Partizipation' als bloß vorgetäuscht, wohingegen Maria mit Gewissensbissen kämpft (vgl. GW II,

350–354). Thomas' kritische Narzissmusanalyse gipfelt im Befund, auch Anselm könne die existentielle Einsamkeit eines jeden Menschen nicht überwinden: „Er liebt nicht, er haßt jeden Menschen wie der Angeklagte den Richter, dem er vorlügen muß! […] Er lockt unter betrügerischen Versprechungen Menschen an, weil er mitten in der Unendlichkeit allein auf seiner eigenen Planke treiben muß." (GW II, 362; vgl. GW II, 376) Aus der Perspektive der Rationalität Staders präsentiert sich die Situation ganz simpel: „Anselm ist nicht Ihrethalben hier, er ist hier, um seinem Freund die Frau zu entführen!" (GW II, 343; vgl. GW II, 341) Nicht unerheblich ist allerdings der Umstand, dass sich Anselms Verführungskünste keineswegs auf den sexuellen (vgl. GW II, 370), sondern auf den spirituellen Bereich beziehen.

Von zentraler Bedeutung für die dramatische Gestaltung der Figur Anselms sind die nonverbalen Informationen im Nebentext, die das Gesagte psychologisch perspektivieren: Inszenierungsanweisungen wie *„unterbrochen, fast ärgerlich"*, *„einen Vorteil witternd"*, *„um die Situation auszubeuten"*, *„[g]ezwungen leicht"* (GW II, 358) oder *„mißtrauisch erkaltend"* (GW II, 370), mit denen seine eigennützige Instrumentalisierung ‚neomystischer' Vereinigungsphantasmen angezeigt wird. Der „Poseur" (KA, M II/1/259; vgl. M IV/2/163 u. IV/3/69) betrachtet sich beim Reden im Spiegel, ist immer auf Wirkung bedacht (vgl. GW II, 324f.). Gegen Ende des 1. Aufzugs erfolgt ein bezeichnender stummer Auftritt Anselms: *„Er sieht sich vorsichtig um, geht rasch zur Schlafzimmertür und versinkt, auf den Türrahmen gestützt, in Betrachtung. Sein Ausdruck ist der der visio beata. Plötzlich weicht er zurück wie bei einer unerlaubten Handlung betreten und sucht sich eine harmlose Haltung zu geben."* (GW II, 344; vgl. GW II, 1054) Seiner vorgeblichen *visio beatifica* („Anschauung Gottes; auch ‚Gesicht' von räumlich Entferntem, Vergangenem oder Zukünftigem, oft in Ekstase", Arntzen 1980a, S. 121) zum Trotz übt Anselm hier offensichtlich die Pose ‚mystischer' Versenkung im Angesicht von Marias Bett (vgl. GW II, 336), wobei er sich keineswegs in einem ekstatischen Zustand befindet, wie aus seinem Verhalten ersichtlich ist.

Der ‚Mystiker' Anselm ist berechnend, was sich darin zeigt, dass er sein und Regines „kleines gelbes Buch" mit den gemeinsamen Bekenntnissen und Fantasien absichtlich „wieder aus dem Koffer genommen und für Josef liegen gelassen" hat (GW II, 346). Als seine Taten bekannt zu werden drohen, kündigt er Regine an, seinen Namen zu wechseln und noch einmal neu anzufangen (vgl. GW II, 346). Als er von der Anwesenheit Staders und von dessen Kenntnissen über seine Vergangenheit erfährt, möchte er ihn „zum Schweigen […] bringen" (GW II, 347). Die „Liebesgeschichte" mit Regine, für die er sich zunächst aus lauter Bedeutungstiefe hätte „töten" wollen, „um es nicht überleben zu müssen" (GW II, 346), besteht für ihn im Nachhinein aus „Sinnlosigkeiten, die nur im Dunkel zwischen zwei Menschen möglich waren" (GW II, 347). Anselm manövriert strategisch: Sobald Maria leise Kritik an Thomas äußert, reagiert er *„rasch festhaltend"* (GW II, 333) und versucht, ihre Skepsis zu vertiefen. Wie Josef – aus gekränkter Eitelkeit übertreibend – ausführt, bedient er sich zu seinen ‚unheiligen' Zwecken ganz gezielt seiner ‚sympathetischen' Fähigkeiten (vgl. GW II, 364). Sein „Ausbruch aus dem Kerker der Vernunft" (GW II, 347) ist also stets eine nur temporäre Angelegenheit, die rasch in ihr Gegenteil umschlägt, wenn das seinem momentanen Interesse entspricht (vgl. GW II, 348, 349f., 352 u. 355). Im Augenblick der realen Gefahr für seine bürgerliche Existenz nimmt Anselm von seinen mystischen Eskapaden radikal Abschied. Nach dem argumentativen Muster von Nietzsches *Genealogie der Moral* wirft er Thomas in dessen Abwesenheit vor, er sei „auf [s]eine Ideen eifersüchtig" und wolle ihn „von der Moral her vernichten wie ein Spießbürger" (GW II, 350). Die eigenen Versuche, sich unrechtmäßig der kompromittierenden Mappe zu bemächtigen, rechtfertigt er entsprechend voluntaristisch (vgl. GW II, 350). Gerade bei der Frage nach der Rechtmäßigkeit ihres „Diebstahl[s]" allerdings nimmt er wieder Zuflucht bei pseudomystischen Floskeln (GW II, 350). Generell liebt Anselm übertriebene Worte (vgl. GW II, 371) und kündigt mehrmals folgenlos an, sich zu töten (vgl. GW II, 346, 370f. u. 377). Er erweist sich tatsächlich als der „Schwindler" (GW II, 318), als den ihn Josef und Thomas (GW II, 360 u. 378) apostrophieren. Indem Musil ihn (und Regine) mit Thomas Manns Figur des Felix Krull vergleicht (vgl. Brief an Mann, 14.1.1924, Br I, 335), kennzeichnet er – ähnlich wie Josef (vgl. GW II, 364) – ihn indirekt als Hochstapler. Auch Thomas bringt Anselms Handeln in eine Analogie mit „Praktiken und Schwindeleien von Medien, die längst außer Trance sind." (GW II, 362; vgl. GW II, 119–122) Anselm lügt fortwährend hinsichtlich seiner wahren Interessen (vgl. GW II, 351, 356 u. 372), behauptet Maria gegenüber aber das Gegenteil (vgl. GW II, 325 u. 335). Er versucht, Regine über seine Empfindung für Maria zu täuschen (vgl. GW II, 344f.) und belügt Maria über die in Staders Besitz befindlichen Aufzeichnungen (vgl. GW II, 351), beansprucht jedoch noch nach seiner Überführung, ihr „nie eine Unwahrheit gesagt" zu haben (GW II, 374). Zuletzt täuscht der „Simulant" Anselm einen Suizid vor (GW II, 378), den allerdings niemand mehr ernst nimmt. Sein narzisstisches Vorhaben der Gewinnung Marias camoufliert er – bemerkenswert erfolgreich (vgl. GW II, 335f.) – durch die Absicht der Bekehrung und Rettung Thomas' (vgl. GW II, 334).

In seiner Persönlichkeitsstruktur entspricht Anselm mithin im pejorativsten Wortsinn der oben zitierten Wörterbuchdefinition des ‚Schwärmers'. Seine Schwärmereien ordnet er umstandslos den eigenen egoistischen, triebhaften Bedürfnissen unter, wodurch sie zu einem billigen Mystizismus und einer kruden Metaphysik des Subjekts (vgl. Cetti Marinoni 1992a, S. 145 u. 148) verkommen, die er immer dann aktiviert, wenn er einen Ausweg aus den Zwängen ‚moderner' Rationalität benötigt. Handlungslogische Voraussetzung für seine gleichwohl überzeugende Inszenierung von Entgrenzungs- und Einheitserlebnissen ist Anselms kategorische Weigerung, seine Vorstellung von Mystik einer rationalen Kontrolle zu unterwerfen. Damit erspart er sich eine Reflexion auf die narzisstischen Motive seines Handelns, die u.a. in seiner Eifersucht (vgl. ebd., S. 150) gegen Thomas liegen, wie er nach seiner ‚Entlarvung' gesteht (vgl. GW II, 378f.). Anselms Mystizismus erweist sich als ideologisches Kompensationsphänomen. Insofern behält Thomas recht mit seinem Urteil, Anselm sei „im inneren Erlebnis ein Fälscher" (GW II, 368), denn er belügt nicht nur andere, sondern auch sich selbst und ist dabei nicht einmal sonderlich originell (vgl. GW II, 318). Die ‚neomystischen' Anschauungen Anselms entpuppen sich in ihrer modischen Konventionalität letztlich als wohlfeiles Produkt des „geistigen Jahrmarkt[s] [...], der heute für jedes seelische Bedürfnis seine Buden offen hält." (GW II, 385)

2.2.2 Josef: Repräsentant des ‚Seinesgleichen'

Seine „Exzellenz Josef" (GW II, 312 u.ö.) kann als figurale Antithese zum ‚Neomystiker' Anselm (wie auch zu seinem eigenen neutestamentarischen Namenspatron) gelten: Als sozial wohlsituierter „Repräsentant der (vom 19. Jahrhundert ausgebildeten) wissenschaftlichen, politischen und ethischen Vorstellungen" (Arntzen 1980a, S. 116) ist er simpler Positivist und unkritischer Vertreter der herrschenden Moral, in seiner Selbstgerechtigkeit Spiegel und zugleich Stütze der zeitgenössischen Gesellschaft; seine Devise in moralischen Belangen kondensiert sich in der gegenüber Thomas geäußerten Affirmation: „[H]ier können nur Grundsätze helfen!" (GW II, 388) Josefs Weltbild beruht auf unkritisch akzeptierten metaphysischen Setzungen: „Ich brauche eine feste, verläßliche Grundlage, um existieren zu können." (GW II, 389) Wichtig sind ihm „geordnete, sichere Verhältnisse" (GW II, 397), er predigt die „Achtung vor den festen Grundlagen des Daseins" (GW II, 399), die allerdings längst ins Wanken geraten sind, wie das Stück in Anlehnung an Nietzsches Metaphysikkritik vorführt. Deshalb erweist er sich schließlich als genauso scheinheilig wie sein Gegenspieler Anselm: Damit niemand von seiner „Schande" (GW II, 376) erfährt, würde er den Detektiv Stader, „der von allem weiß", am liebsten „ermorden" (GW II, 388). Nicht Einsicht in die Auswegslosigkeit eines solchen Unterfangens, sondern nur die soziale Konvention hält ihn davor zurück. In Übereinstimmung mit seiner intellektuellen Konventionalität akzeptiert er ausschließlich gesellschaftlich sanktionierte Gefühlsäußerungen (vgl. GW II, 388).

Der ‚Wirklichkeitsmensch' Josef ist unfähig zu unmittelbarer zwischenmenschlicher ‚Partizipation': Trotz jahrelanger Ehe kennt er seine eigene Frau kaum (vgl. GW II, 363f.), zeigt auch keinerlei ‚Anteilnahme' an seinem Schwager Thomas nach dessen Verlust Marias, sondern pocht allein auf fragwürdige gesellschaftliche Konventionen. Dennoch wirft auch er Thomas vor, er sei „gefühllos" (GW II, 397), nachdem er ihm doch gerade vorgehalten hatte, er habe „[z]uviel Gefühl" (GW II, 388). Sein autoritärer Charakter schlägt sich in den von ihm gegen Thomas vorgebrachten Machtargumenten nieder: „Glaubst du, daß man mit solchen Anschauungen das Vertrauen verdient, Schüler zu haben und an der Universität lehren zu dürfen?" (GW II, 400) Nach dem Verlust Regines zeigt sich Josef in erster Linie um seine „Ehre" (GW II, 366) besorgt. Er leidet an seiner bürgerlichen „Schande" (GW II, 376), für die er sich an Anselm rächen möchte (vgl. GW II, 367). Die Mitteilung aus dem gelben Notizbuch, dass Anselm Regine nicht „verführen" wollte, sondern „nur ihre Seele leiten", interpretiert er dahingehend, dass Anselm kein „Mann" sei, sondern „ein Abwegiger, ein Narr, eine weibische Memme!" (GW II, 365) Regine möchte er in ein Sanatorium bringen, weil sie doch an einer „Krankheit" leide (GW II, 372f.), wie er überhaupt ihre geistige Nähe zu Anselm sowie ihr ‚neomystisches' Streben als „krankhafte Verwirrung" pathologisiert (GW II, 388), wogegen er auf die eigene geistige ‚Gesundheit' pocht (vgl. GW II, 377). Wer wie Thomas der Krankheit eine menschliche „Berechtigung" zuspreche, sei „zwischen den Kranken ein Angekränkelter"; Josef möchte mit ihm, den er nicht verstehen kann, schließlich nichts mehr „zu tun haben" (GW II, 400) und reist ab.

2.2.3 Stader: wissenschaftsgläubiger Positivist

Stader – nach Thomas' Erkundungen „[s]ehr strebsam" (GW II, 393) und nach seinen eigenen Angaben mittlerweile „Inhaber des größten neuzeitlichen Ausforschungsinstituts" (GW II, 338) – orientiert sich sowohl am gesellschaftlichen „Aufstieg" (GW II, 338) als auch am wissenschaftlichen „Ruf in der Fachwelt" (GW II, 342), wodurch er (wie auch durch seine Misogynie, vgl. GW II, 344) ebenfalls als Antipode

Anselms erscheint. Aus den genannten Motiven versucht er Regine zu erpressen, sich für ihn bei „Professor Thomas" einzusetzen, damit dieser mit ihm in „ständige[ ] Verbindung" trete (GW II, 342f.). Das „Ziel" der erwünschten Zusammenarbeit „ist die wissenschaftliche Gestaltung des Weltbildes", genauer: „Die Ausbildung der Detektivik als der Lehre vom Leben des überlegenen wissenschaftlichen Menschen." (GW II, 393) Seine *„große Hoffnung"* gilt wissenschaftstheoretisch der „statistische[n] und methodische[n] Betrachtung der menschlichen Zustände" (GW II, 394), insbesondere den „Gesetzen der Wahrscheinlichkeitslehre" (GW II, 396). Der Vertreter einer quantifizierenden Psychologie ist nicht nur „Musils Selbstporträt als vertrottelter Positivist" (Simon 1988, S. 197), sondern bildet zugleich ein Zerrbild des ebenfalls mathematisch-naturwissenschaftlich interessierten Thomas, weil er dessen Vorlieben übertrieben repräsentiert, ohne jedoch sein tiefergehendes Interesse an der menschlichen ‚Seele' zu teilen. Paradigmatisch dafür ist Staders naive Überzeugung, „daß es nur die Wissenschaft ist, welche Ruhe und Ordnung verleihen kann." (GW II, 393) Der ungebrochene erkenntnistheoretische Optimismus, der seinem Institut zugrunde liegt, wird bei aller desillusorischen Tendenz seines epistemologisch naiven Szientismus von keinerlei Skepsis gegenüber den angeblich „ewigen Gesetzen" der Natur getrübt, auf deren Basis es „den Bereich des Zufälligen, Ordnungslosen, angeblich Persönlichen" auszuschalten gelte (GW II, 339).

Eine weitere Differenz zu Thomas zeichnet sich in seinem Projekt einer Verbindung von Geist und Geld à la Arnheim ab (vgl. MoE, 389–393, 509–511 u. 1009), das den sozialen Aufsteiger als „Vertreter der modernen Kommerzialisierung aller Erkenntnis" (Arntzen 1980a, S. 116) zu erkennen gibt; sein Motto lautet: „[W]enn Geist nicht in Bücher verschleudert, sondern kaufmännisch verwaltet wird, bleibt sein Erfolg nicht aus." (GW II, 393) Stader, der damit den „finanziellen Ertrag" seiner detektorischen Bemühungen anspricht, macht Thomas – in Analogie zur „Aussprache" zwischen Arnheim und Ulrich (vgl. MoE, 640–645) – einen Antrag zur Kollaboration (GW II, 392), den dieser unter Verweis auf seine ambivalente Position zwischen den „beiden Stühle[n] Wissen und Nichtwissen" ablehnt (GW II, 394). Anstelle einer Mitarbeit an Staders „Interessenfusion Seele-Geschäft" (MoE, 380 u. 389) versieht er ihn mit einem „Auftrag", der in der Beobachtung seelischer Regungen beim Zusammentreffen zwischen Anselm und Maria besteht und mithin das methodische Gegenteil zu Staders statistischen Vorlieben bildet (vgl. GW II, 394f.). Während Thomas, der auf sozialen Aufstieg nicht angewiesen ist, sich aus existentiellem Antrieb für die Funktionsweisen und Funktionsbedingungen der menschlichen ‚Seele' interessiert, verfolgt Stader ein instrumentelles Machtinteresse (vgl. GW II, 340). Unter diesem Gesichtspunkt ist auch seine insistierende Berufung auf die „Wahrheit" (GW II, 341f.) zu verstehen. Sein eigenes Bewusstsein von den ‚seelischen' Bedingtheiten wissenschaftlicher Rationalität widerspricht dem von ihm vertretenen pseudo-positivistischen Wissenschaftsverständnis: „Ich habe unberechenbares Künstlerblut in mir! Ohne das hätte ich es in meinem Beruf nicht so weit bringen können." (GW II, 343) Zumindest in dieser Einsicht entspricht er einem Befund aus Musils Spengler-Essay *Geist und Erfahrung* (1921): „Durch erhöhte Gemütszustände wird auch das rein rationale Denken, das mit Gefühl scheinbar gar nichts zu tun hat, gefördert." (GW II, 1053) Dass die Figur Stader als Medium auktorialer Selbstironie fungiert, zeigt eine ältere Aussage Thomas', die Stader zustimmend zitiert: Mit Blick auf die zeitgenössische „Dichtkunst" ist ihr Wortlaut vom Autor Musil geprägt worden (vgl. GW II, 1007) und verwirft jeden Rückzug hinter die reflexiven Errungenschaften der Moderne: „‚Wer kein Integral auflösen kann oder keine Experimentaltechnik beherrscht, sollte heute überhaupt nicht über seelische Fragen reden dürfen.'" (GW II, 392)

2.2.4 Maria: liebesbedürftiger ‚Durchschnittsmensch'

Die Figur der Maria – als „Durchschnittsmensch" (KA, M IV/3/472; vgl. Cetti Marinoni 1992a, S. 147) laut Regine wie die biblische Namenspatronin „[f]renetisch gut" (GW II, 386) – verhält sich zur Thematik des ‚a. Z.' eher rezeptiv, aber doch empfänglich. Ihre dramatische Funktion besteht darin, die Wirkung von Anselms ‚neomystischem' Gebaren exemplarisch zu spiegeln: Zunächst skeptisch, glaubt sie ihm immer mehr (vgl. GW II, 325f. u. 335); sie ‚verfällt' ihm zusehends, macht sich selbst zunehmend etwas vor (vgl. GW II, 336). Zwar hegt sie wiederholt Verdacht (GW II, 349 u. 370f.), doch wird sie von Anselms „Weg der menschlichen Annäherung" (GW II, 357) immer stärker angezogen. Schließlich gesteht sie offen, „daß er mich beeinflußt" (GW II, 368), und übernimmt Anselms ‚partizipierende' Sichtweise ihrer angeblichen Mutlosigkeit in ihr eigenes Selbstbild (vgl. GW II, 357 u. 369). Zuletzt vertritt sie sogar den für Anselm schmeichelhaften ‚neomystischen' Topos, „der einzige Beweis für und gegen einen Menschen" sei, „ob man in seiner Nähe steigt oder sinkt" (GW II, 369; vgl. GW II, 384), den Musil schon in seiner Rathenau-Besprechung *Anmerkung zu einer Metapsychik* (1914) zustimmend referiert hat (vgl. GW II, 1017). Maria möchte in erster Linie „glücklich" sein, „entbehrt" dieses Gefühl aber beim ‚kalten' Thomas, der im Unterschied zu Anselm keine „Ruhe und Wärme" zu spenden vermag (GW II, 384f.). Obwohl sie am Ende weiß, dass sie von Anselm angelogen wurde (vgl. GW II, 374f. u. 377f.), hält sie ihm die Treue (vgl. GW II, 383 u. 385f.) und reist ihm schließlich sogar nach. Die gegenseitige spirituelle Affinität bleibt trotz ihrer Enttäuschung bestehen. Wie Thomas Josef nach ihrer Abreise erläutert, „verurteilt" sie zwar „das, was er [i.e. Anselm] tut, aber die Art, wie er es tut, nahm sie gefangen." (GW II, 397) Dieser Erklärung zufolge gründet Anselms Bedeutung für Maria im Anschein der ‚Motiviertheit' seines Lebens (vgl. GW II, 972; dazu Braun 1967; dagegen Cetti Marinoni 1992a, S. 123f., Anm. 38).

2.2.5 Regine: mystischer Möglichkeitsmensch

Regine – laut Stader eine, „wissenschaftlich betrachtet, durchaus nicht vollwertige Person" (GW II, 340) – hat alle Züge einer ekstatischen Mystikerin. Von Fräulein Mertens, von Anselm, ja selbst von Josef wird sie deshalb wiederholt – wenn auch teils ironisch – als „Heilige" apostrophiert (GW II, 312, 336, 354 u. 363), was u.a. aus ihren seit frühester Jugend gehegten Vereinigungsfantasien herrührt, von denen Anselm und sie selbst berichten (vgl. GW II, 354 u. 403). Ihrer habituellen Affinität zur ekstatisch-mystischen *unio* blieb sie auch späterhin treu und huldigte ihr durch zeitweilige asketisch-anorektische Anwandlungen: „Als Johannes tot war, aß Regine wochenlang fast nichts [...]. Sie magerte ab, sie wollte eine überirdische Gemeinsamkeit mit ihm erzwingen. [...] Sie liebte gar nicht ihn, sondern sie liebte. Leuchtete!" (GW II, 355) Regines intransitive Form der Liebe zeigt, dass es sich hier nicht um eine ‚gewöhnliche' Form der Totentrauer handelt. Während Anselm immer ein konkretes Objekt seiner Bemächtigungswünsche im Auge hat, ist ihr inneres ‚Leuchten' – entsprechend der mystischen Vorstellung besitzloser Liebe (vgl. MoE, 123; dazu Cetti Marinoni 1987) – nicht narzisstisch auf einen zu erobernden Menschen bezogen. Als profane Adaptation der traditionellen Ausdrucksformen religiöser Ekstase (vgl. Buber 1921, S. 14) ist die ‚reale' Bezugslosigkeit ihres topisch ‚neomystischen' Begehrens geradezu konstitutiv für dessen Andauern, was sich bereits in ihrer Kindheit abzeichnete: „Sie konnte mit dem Käfer nicht sprechen und steckte ihn in den Mund; sie vermochte mit sich selbst nicht zu sprechen und aß sich. Sie konnte auch mit den Menschen nie sprechen und fühlte doch – dieses entsetzliche Verlangen, sich mit ihnen allen zu vereinen." (GW II, 356)

Pathologisch gesehen, leidet die erwachsene Regine an „Erotomanie auf neurasthenisch-hysteroider Basis, frigide Erscheinungsart bei pathogener Hemmungslosigkeit oder dergleichen" (GW II, 398), wie Thomas den szientischen Fachjargon der Psychiatrie persifliert. Musil selbst hat sich im zitierten Brief an Buschbeck dahingehend ausgesprochen, „daß R.[egine], wenn man nur die frigide Erotomanin in ihr sieht, eine landläufige Figur ist, daß sie das aber eben nur scheinbar ist." (Br I, 202) Die ‚tieferen', ‚nicht-ratioïden' Beweggründe ihres polygamen Sexuallebens erkennt hingegen gerade die ‚partizipierende' Dramenfigur Anselm im Umstand, „daß ihr dann jede Untreue, die sie in diesem Leben beging, wie eine Treue gegen das andre erschienen ist. Jede äußere Erniedrigung wie eine innere Erhöhung. Sie schmückte sich mit Schmutz wie eine andre mit Farben." (GW II, 355; vgl. GW II, 365) Bezeichnenderweise reagiert Maria ohne jedes Verständnis auf diese paradoxe Erklärung, während Thomas Regines Betrug am eigenen Ehemann mit dem erklärten Ziel, „Johannes nahe zu bleiben", durchaus „verstehn" kann (GW II, 363; vgl. allerdings GW II, 380f. u. 383). Das Motiv der Untreue als höchster Form von Treue erinnert an die Thematik von Musils Novelle *Die Vollendung der Liebe* (vgl. GW II, 156–194) und setzt die ‚neomystische' Unterscheidung zweier Typen von ‚Wirklichkeit' voraus. (→ III.1.3 *Vereinigungen*) Regine selbst erläutert ihre ‚neomystische' Sehnsucht, deren Erfüllung sie im Körperlichen gesucht hat, wie folgt: „Gar keinen Mann anschaun oder jeden ist das gleiche. Man kann sich ihnen ans Herz werfen, bloß weil man verrückt wird vom Fremdsein; vom Nichtverstehenkönnen wie man auch nur ihre Hand länger als nötig in der eigenen halten mag." (GW II, 380) Aus kausalpsychologisch-rationaler Optik erscheint ihr vergebliches Bemühen als Versuch einer Rückführung des aus dem sexuellen Trieb sublimierten ‚neomystischen' Vereinigungswunsches in den Bereich der Sexualität.

Als „Erbin der Romantik" ist sie zwar ein Opfer „schrankenloser Phantasie" (Arntzen 1980a, S. 118), doch nicht so selbstsüchtig, scheinheilig und opportunistisch wie Anselm. Sie verweist mit ihren Problemen vielmehr auf existentielle Fragen, die auch Thomas nicht fremd sind, etwa auf die der ‚zwei Wirklichkeiten' (vgl. Rogowski 2007, S. 208): „Man kann innen heilig sein wie die Pferde des Sonnengotts und außen ist es das, was Sie [i. e. Stader] in Ihren Akten haben. Das ist ein Geheimnis, das Ihr Institut nie entdecken wird. Man tut etwas und es bedeutet innen etwas ganz anderes als außen." (GW II, 343) Dieses topisch ‚neomystische' Credo (vgl. Maeterlinck 1925, S. 32) hat allerdings einen Desillusionierungsprozess durchlaufen, den Regine im Unterschied zu Anselm nicht verdrängt (vgl. GW II, 343 u. 355). Wohl auch aufgrund dieser resignativen Einsicht stellt sie sich der Realität und erweist sich im Verlauf der Handlung als ‚rationaler', als es zunächst den Anschein hatte: Sie gesteht indirekt, nie an „diese Geschichte von Johannes […] geglaubt" zu haben (GW II, 347; vgl. GW II,

356), und kritisiert Anselms „brünstige[s] Gewölk der Erinnerungen" selbstkritisch als „Bocksherde, deren stinkendes Gewimmel mir den Himmel verhüllt hatte" (GW II, 347). Ihre eigenen ‚neomystischen' Ergüsse im gelben Notizbuch bezeichnet sie in rückblickender Distanzierung als „[e]rkaltete Einbildungen" (GW II, 380), Resultate einer „Flucht in die Unwirklichkeit" (GW II, 401). Auch mündet ihre existentielle Erfahrung, „sich nicht verständlich machen" zu können (GW II, 356), keineswegs in einen wohlfeilen Irrationalismus (vgl. GW II, 401). Bereits während ihrer spirituellen ‚Liaison' mit Anselm ist sie – im Unterschied zur naiveren Maria – über dessen ‚wirkliche' Lebensverhältnisse im Bild gewesen (vgl. GW II, 375). Nach der Entlarvung Anselms meint sie desillusioniert: „Nun stehe ich in Klarheit und alles ist erloschen. Ich bin heute ein vernünftiger Mensch geworden." (GW II, 379) Ausschlaggebend dafür war ihre Erfahrung, „einfach an den Menschen" gescheitert zu sein: „Man sieht sie wirklich und genau wie sie sind. Man kann sie nicht lieben." (GW II, 386)

Nicht zufällig vergleicht Anselm die fantastische Regine mit ihrem scheinbaren Antipoden Thomas, mit dem sie die Kopflastigkeit und Unfähigkeit zur sympathetisch partizipierenden ‚Anteilnahme' gemein habe (vgl. GW II, 335). Tatsächlich zeichnet sich Regine durch große Hellsicht aus: Sie merkt frühzeitig, dass Anselm Maria liebt (vgl. GW II, 320), durchschaut schnell seine Lügen (vgl. GW II, 321 u. 344f.), ja bezeichnet ihn sowie sich selbst als „Unehrliche" (GW II, 316) und „weglose Schwindler" (GW II, 384). Dennoch bleibt Regine ihrem unorthodoxen Möglichkeitssinn und ihrer ‚mythischen Denkform' auch im Augenblick der Gefahr für ihre bürgerliche Existenz treu, wie sie dem opportunistischen Anselm gegenüber, dessen Gabe der ‚Motiviertheit' sie stets anerkennt (vgl. GW II, 401), wiederholt bekundet (vgl. GW II, 348 u. 373f.). Ähnlich wie Thomas beruft sie sich noch am Ende des Stücks auf die perspektivische Relativität der ‚ersten Wirklichkeit' sowie auf die Möglichkeit einer ganz anderen Sichtweise: „Die Blumen wachsen maßlos, wenn man auf der Erde liegt. Die Stuhlbeine stehen wie Bäume ohne Kronen steif und warumlos in ihre Stellen gepflanzt: Das ist die Welt. Die große Welt." (GW II, 402) Regine weigert sich bis zuletzt, zu werden „wie alle" (GW II, 382), weshalb Thomas sie am Ende des Stücks vehement gegen Josefs plumpen ‚Wirklichkeitssinn' verteidigt: „Inmitten einer ungeheuren Wohlordnung, gegen die sie nicht das geringste Stichhaltige einzuwenden weiß, bleibt etwas in ihr uneingeordnet. Der Keim einer anderen Ordnung, die sie nicht ausdenken wird. Ein Stückchen vom noch flüssigen Feuerkern der Schöpfung." (GW II, 399; vgl. GW II, 379)

2.2.6 Thomas: intellektueller Möglichkeitsmensch

Der Privatdozent Thomas ist innerhalb des Dramas die komplexeste und schwierigste Figur: Als nüchterner Wissenschaftler und trockener Rationalist zählt er laut Anselm zu den reinen „Verstandesmenschen" (GW II, 354; vgl. GW II, 335). Noch in der letzten Szene des Stücks greift Regine dieses Urteil ironisch auf (vgl. GW II, 407). Sie bezieht sich damit auf eine drameninterne Charakterisierung, die Fräulein Mertens gleich zu Beginn etabliert hat (vgl. GW II, 320). Tatsächlich erweist sich Thomas gegenüber seiner Frau Maria als kühler Beobachter (vgl. etwa GW II, 321f.), der sich durch unübertroffene Klarsicht auszeichnet (vgl. GW II, 318, 322, 327 u. 389). Seine unbestechlich sezierende Analytik richtet sich gegen jede Verklärung der Realität (vgl.

GW II, 322) und besteht gegen die Poetisierungstendenzen der Anderen kompromisslos auf intellektueller Schärfe (vgl. GW II, 405). Selbst Anselm konzediert Thomas eine überragende und allen anderen überlegene Intelligenz, kritisiert jedoch dessen gerade daraus resultierende existenzielle Einsamkeit und Unmenschlichkeit (vgl. GW II, 333). Wie Maria bestätigt und Thomas selber weiß, fehlt ihm das „einfache durch Interesse mit allen Menschen verbunden sein, ohne Kampf und Werk." (GW II, 362) Die Unfähigkeit zu unmittelbarer emotionaler „Anteilnahme an einem andren" setzt ihn in einen Gegensatz zu Anselm, was seine Gattin als schmerzliches Defizit empfindet (GW II, 323). Sein Denken folgt der rationalen Logik des Unterscheidens, der Differenz, die erst als solche Identitäten bildet. Selbst im zwischenmenschlichen Bereich äußert er das Bedürfnis nach Distinktion (vgl. GW II, 359).

Dem verstandesgeleiteten Beharren auf Gegensätzen begegnet hingegen Anselm erwartungsgemäß „*höhnisch*": „Reformatoren müssen wahrscheinlich gefühllos sein; wer die Welt um hundertachtzig Grad drehen will, darf nicht inniger als durch Gedanken mit ihr verflochten sein." (GW II, 328) Diesen Worten zufolge – die philosophiegeschichtlich auf die Gegnerschaft zwischen dem Begriffsrealismus Anselms von Canterbury und der tendenziell schon in den Nominalismus weisenden Lehre des Thomas von Aquin anspielen – ist Thomas unfähig zu einer *unio mystica*. Tatsächlich ist er zu nüchtern und zu ehrlich, um sie bloß vorzutäuschen (vgl. GW II, 385); stattdessen ironisiert und parodiert er sie im Gespräch mit Maria aus dem Geist der Differenz und gelangt dabei zu folgendem Fazit: „Liebe ist das einzige, was es zwischen Mann und Frau überhaupt nicht gibt!" (GW II, 322) Die dabei angesprochene „Terminologie" des erfüllten „Augenblick[s]" und des „Wunder[s] der Öffnung und Vereinigung" (ebd.) steht für die gängige ‚neomystische' Begrifflichkeit. Gegenüber dieser besteht Thomas auf der desillusionierenden Korrektur mystischer Erlebnisse durch die ‚Realität'; die „Ekstase" erweist sich vor dem Röntgenblick des Verstandes als bloße Chimäre (ebd.). Seine Rede von der Nichtkommunizierbarkeit von Gefühlen entspricht allerdings genauso wenig seinen eigenen emotionalen Bedürfnissen, wie ein unkritisches Festhalten an der ‚ersten Wirklichkeit' seinen erkenntnistheoretischen Ansprüchen genügt.

Thomas ist nämlich andererseits auch ein fantastischer Möglichkeitsmensch und Kritiker der ‚ersten Wirklichkeit'. Ganz ähnlich wie Regine schwelgt er in sehnsüchtigen Fantasien, die ihn deutlich von Figuren wie Josef oder Stader abheben:

> Es gibt Menschen, die immer nur wissen, was sein könnte, während die andren wie Detektive wissen, was ist. Die etwas Bewegliches bergen, wo die andren fest sind. Eine Ahnung von Andersseinkönnen. Ein richtungsloses Gefühl ohne Neigung und Abneigung zwischen den Erhebungen und Gewohnheiten der Welt. Ein Heimweh, aber ohne Heimat. Das macht alles möglich! (GW II, 330)

Den hier skizzierten ‚Möglichkeitssinn' interpretiert er als Ausweis einer u.a. an Nietzsche und Mach geschulten (vgl. Cetti Marinoni 1992b, S. 334; Würmser 2006, S. 233–235; Rogowski 2007, S. 205 u. 215), noch nicht verkrusteten, essayistischen und prometheischen Geistesverfassung (vgl. GW II, 330; dazu Cetti Marinoni 1992a, S. 19f.). (→ VII.4 *Möglichkeitssinn u. Essayismus*) Auf diese Haltung gegenüber der herrschenden Wirklichkeit will Thomas nicht verzichten; wie Regine weiß er, dass die scheinbare Festigkeit der äußeren Realität von der je eingenommenen Perspektive abhängt (vgl. GW II, 400). Nach dem diskursiven Muster von Machs „Antimetaphysische[n] Vorbemerkungen" (vgl. Mach 1991, S. 8f. u. 30) umschreibt Thomas Regine – "*hinter ihrem Kopf*" stehend – die perspektivische Relativität der Wahrnehmung anhand seines Blicks: „[W]enn ich dich anschaue, so verkehrt, bist du wie eine plastische Karte, ein gräßlicher Gegenstand, keine Frau." (GW II, 403) Regine zeigt für Thomas' radikale Infragestellung des Gegensatzes von Wirklichkeit und Schein größtes Verständnis (vgl. GW II, 402). Beiden Figuren ist auf eine kognitiv zwar unterschiedliche Weise die Einsicht in die perspektivische Relativität der ‚ersten Wirklichkeit' und das Bewusstsein von der Möglichkeit einer ganz anderen Sichtweise gemein. Ihre erkenntniskritische Haltung hat Konsequenzen für ihre eigene Interpretation des dramatischen Geschehens. Erst jetzt lassen sich Thomas' paradoxale Äußerungen über Anselm verstehen (vgl. GW II, 379).

Thomas' wirklichkeitskritische Kompromisslosigkeit und sein ‚Möglichkeitssinn' münden in existenzielle Einsamkeit (vgl. GW II, 407). Genauso schmerzlich wie Regine vermisst der unbestimmte ‚Möglichkeitsmensch' Thomas zwischenmenschliche Kommunikation und Nähe, insbesondere zu Maria, deren „Abwendung" (GW II, 367) er aufmerksam, aber – abgesehen von vergeblichen Versuchen, sie zu selbstständiger Erkenntnis von Anselms Hochstapelei zu bewegen (vgl. GW II, 361) – nur passiv registriert. Seine ‚Uneigennützigkeit' als Ehemann nimmt dabei extreme Formen an, die für ‚Wirklichkeitsmenschen' wie Josef völlig unverständlich bleiben. Zuletzt fordert er Maria sogar auf zu gehen (vgl. GW II, 384 u. 389f.). Nachdem ihm die Vorstellung „kindisch" erscheint, sie mit sich „in eine so starre Beziehung wie Liebe oder sonst eine völlige Gemeinschaft einzusperren" (GW II, 390), verliert er sie als geistige Partnerin sukzessive an Anselm. Die geistige Starrheit ihrer Ehe ließ Thomas schon vorher „einigemal in jedem Jahr heimlich [...] Marias Abwendung" wünschen (GW II, 403), was nichts an seiner bleibenden Sehnsucht nach ihr ändert. Angesichts solcher Erfahrung klagt er die durch Anselm bei seinen ‚Opfern' ausgelöste „Taubheit der Seele" in einem an Josef gerichteten Monolog an (GW II, 367). Dennoch scheitert Thomas' „ungeheuer hilflose[s] Vertrauen" (GW II, 369) zu Maria auf ganzer Linie; gleichzeitig mit der Erfahrung ihrer Untreue setzt aber bei ihm ein ‚seelischer' Regenerierungsprozess ein (vgl. Cetti Marinoni 1992a, S. 25).

Der dem „Abgrund des stummen Alleinseins" keineswegs ausweichende Thomas hegt dieselben „Ferngefühle" wie Regine, doch sind sie bei ihm „[n]icht so prompt greifbar wie bei Anselm" (GW II, 312). Vor diesem Hintergrund erklärt sich seine Devise: „Lieber scheinbar gefühllos." (GW II, 312; vgl. GW II, 407) Josef hingegen wirft ihm vor, er habe „[z]uviel Gefühl", worauf er wiederum antwortet: „Maria sagt, ich hätte nie Gefühl gehabt." (GW II, 388) Die dramatischen Konstellationen, innerhalb derer sich Thomas befindet, zeichnen sich strukturell durch eine doppelte Frontstellung aus (vgl. Charrière-Jacquin 1985, S. 27f. u. 32f.): Zwar „bekämpft" er den bloßen Verstandesmenschen Josef, doch nennt Anselm ihn selbst einen „gnadenlose[n] Verstandesmensch[en]" (GW II, 335). Umgekehrt äußert er sich in Gegenwart Josefs über Anselm: „Ich finde ihn lächerlich!! ... Ich verteidige ihn ja nur gegen *dich*." (GW II, 400) Eine zweifache Negation prägt auch sein Urteil über das von ihm nicht sonderlich geschätzte Fräulein Mertens: „Das Laster ist Schmutz. Aber die Tugend ist auch nur frisch genießbar!" (GW II, 405; vgl. GW II, 354) Die doppelte Frontstellung innerhalb des Geisteskosmos der *Schwärmer* definiert sogar Thomas' ambivalente Haltung zur Mystik: Anselms plakativen Mystizismus beurteilt er abschätzig als „unsagbar widerwärtig" (GW II, 382). Im Gespräch mit dem Rationalisten Josef evoziert

1.4 *Die Schwärmer* (1921)

er dagegen gerade die jenseits der ‚ersten Wirklichkeit' befindliche ‚andere Wirklichkeit', die nicht den Gesetzen simpler Begriffslogik entspricht (vgl. GW II, 366f.). Regine sieht ihn sogar als einzig wirklich konsequenten Erkunder der ‚anderen Wirklichkeit' (vgl. GW II, 384). Sie bescheinigt ihm, er sei wie sie selbst, „nur stärker" (GW II, 386). Maria wiederum empfindet gerade deshalb „Angst" vor ihm, denn er wolle „zuviel" und „alles anders" (GW II, 385).

Thomas vertritt also einerseits einen prononciert ‚modernen' Intellektualismus, der aber andererseits nichts ändert an seiner dispositionellen Affinität *zu* und seinem prinzipiellen Verständnis *für* ‚mystische(n)' Entgrenzungs- und Vereinigungsfantasien, wie er Anselm nur scheinbar zynisch bestätigt: „Ihr habt ja recht. Man ist nie so sehr bei sich, als wenn man sich verliert." (GW II, 379) Thomas übernimmt damit eine Formulierung Anselms (vgl. GW II, 365 u. 370), versteht sie jedoch im Gegensatz zu diesem konsequent im Sinne einer subjekt- und metaphysikkritischen „Entdinglichung des Ich wie der Welt", wie Musil 1923 im Essayfragment *Der deutsche Mensch als Symptom* formuliert (GW II, 1394; vgl. Cetti Marinoni 1992a, S. 149 u. 151). Seine ambivalente Position lässt ihn bemüht sein, Josef die ‚prälogische' seelische Funktionsweise von Affekten wie Furcht oder Liebe am Beispiel von Regines amourösen Affären in einer Sprache zu beschreiben, welche zwar die Grenzen der Rationalität auslotet, diese aber nicht verabschiedet: „Es scheint Menschen zu geben, in denen etwas locker ist, das in allen andren festsitzt. Es reißt sich los... Welche Genugtuung jedenfalls, hinterdrein festzustellen, daß der Anlaß Franz hieß oder sonstwie und jene blöden Worte und Versicherungen, durch die sich Liebende gegenseitig anstecken!" (GW II, 398) Die um eine rationale Basis bemühte Schilderung der ‚nichtratioïden' psychischen Funktion von ‚Liebe' und ‚Angst' bedient sich in ihrem Streben nach Anschaulichkeit der Metapher – und mit dem Tropus einer ‚prälogischen' Darstellungsweise. Josef vermag dem Gedankengang Thomas' nicht zu folgen, ja er weigert sich kategorisch, darauf einzugehen. Diese Verweigerungshaltung provoziert Thomas' harsche Kritik an den Denkkonventionen der ‚ersten Wirklichkeit', mithin an Josephs intellektueller Inkonsequenz, die sich letztlich als ebenso alogisch erweist wie das Verhalten des ‚Neomystikers' Anselm (vgl. GW II, 399). Die Bloßstellung der Widersprüchlichkeit erstarrter Denk- und Handlungskonventionen deckt deren Löchrigkeit schonungslos auf, und zwar von innen, indem Thomas sie – so wie Musil selbst 1918 in seiner *Skizze der Erkenntnis des Dichters* (vgl. GW II, 1027f.) – an ihren eigenen logizistischen Prämissen misst und daraufhin der Inkonsequenz überführt: „Jeder Mensch, jedes Werk, jedes Leben hat an einer Stelle eine Fuge, die nur zugeklebt ist! Zugeschwindelt ist!" (GW II, 361) Zugleich aber versucht er weiterhin, bei Josef Verständnis auch für diejenigen Menschen zu wecken, die prinzipiell ‚prälogisch' disponiert sind bzw. die sich für die Leerstellen der konventionellen Rationalität interessieren oder von ihnen angezogen fühlen (vgl. GW II, 399f.). Sie repräsentieren in ihrer scheinbaren Exzentrik dennoch die Allgemeinheit, denn eine gewisse ‚Prälogizität' des Geistes ist bei allen Menschen zu beobachten, selbst bei den scheinbar ‚rationalsten', den Naturwissenschaftlern und Ingenieuren (vgl. GW II, 400).

Die in der Moderne fortgeschrittene Disjunktion von Verstand und Seele offenbart einen ‚prälogischen' Rest mitten im Herz der Rationalität, wie Thomas in Antizipation der späteren fachwissenschaftlichen Widerlegung einer distinkten ‚mythischen Denkform' sogenannter ‚primitiver' Kulturen durch Gaston Bachelard (vgl. Wolf

2012, S. 390–392) ideologiekritisch ausführt: Er beruft sich auf die von Josef verdrängte, aber bereits vom jungen Törleß am Problem der imaginären bzw. irrationalen Zahlen (vgl. GW II, 73–78; dazu Spörl 1997, S. 300f.) festgemachte ‚mystische‘ „Wahrheit, daß wir mitten in einer Rechnung stehn, die lauter unbestimmte Größen enthält und nur dann aufgeht, wenn man einen Kniff benützt und einiges als konstant voraussetzt." (GW II, 385) (→ IV.3 *Mathematik*) Solche angenommenen Konstanten sind aber willkürliche, keineswegs rational begründbare Setzungen, wie Thomas anhand mehrerer Beispiele zeigt (vgl. ebd.). Eine dem „Jahrmarkt" (ebd.) intellektueller Moden entgegengesetzte, voraussetzungslose und der Moderne erkenntnistheoretisch wirklich adäquate Konzeption von Seele müsste vor der Ratio bestehen können. Wiederholt erscheint die Überwindung des gegenseitigen Spannungsverhältnisses von Verstand und Seele als Desiderat, etwa in Thomas' verzweifeltem Versuch einer rationalen Erklärung der zwischen Anselm und Maria wachsenden spirituellen Affinität: Er leugnet deren Existenz (und damit gewissermaßen auch deren Berechtigung) keineswegs, führt sie aber u. a. zurück auf ein unerfülltes sexuelles Verlangen (vgl. GW II, 370; dagegen Henninger 1986, S. 92). Damit ist freilich nicht alles gesagt; der in der metaphorischen Rede kondensierte ‚mystische‘ Rest besteht eben darin, dass aus einer sexuellen Anziehung eine so intensive geistige ‚Partizipation‘ erwächst. Die ‚rationale‘ Erklärung davon erfasst nur die eine Seite des Phänomens bzw. verschiebt es bloß auf eine höhere Ebene, ohne deshalb aber obsolet zu werden, wie Thomas an anderer Stelle ausführt: „[E]in Detektiv ist so wunderbar: Was dir als Schwermut erscheint, erklärt er kurzerhand für Obstipation und – – er kuriert es! Wem wirst du jetzt glauben? Ich weiß es nicht. Beiden. Das ist das ewige Geheimnis!" (GW II, 377) Thomas trifft keine endgültige Entscheidung zugunsten einer der beiden wahrnehmungslogischen Alternativen. Und seine Unentschiedenheit hat ernstzunehmende erkenntnistheoretische Gründe, denn die gewöhnliche Rationalität erweist sich selbst von irrationalen, ‚mystischen‘ Momenten durchsetzt.

2.3 Thematik: ‚taghelle Mystik‘ und ‚Anti-Liebe‘

Die Kritik der alogischen Voraussetzungen konventioneller menschlicher Wahrnehmungsweisen generiert eine ganz andere, neue Form von Mystik, die sich eben auch in den ‚rationalsten‘ Bereichen des modernen Lebens – etwa in der abstrakten Logik der Mathematik – offenbart. So entspricht der doppelten Frontstellung zwischen dem (Pseudo-)Positivismus Josefs bzw. Staders und dem Mystizismus Anselms, in der sich Thomas befindet, auf der konzeptionellen Ebene des Dramas eine doppelte Distinktion, die mit einem Ralph Waldo Emerson entlehnten Bild (vgl. Corino 2003, S. 1651, Anm. 9) umschrieben wird: „Das menschlichste Geheimnis der Musik ist ja nicht, daß sie Musik ist, sondern daß es mit Hilfe eines getrockneten Schafsdarms gelingt, uns Gott nahe zu bringen." (GW II, 381) Keineswegs um die Leugnung des Erlebnisses aus einem platten Rationalismus ist es Thomas zu tun. Nur solle man bei ‚entgrenzendem‘ Musikgenuss niemals vergessen, dass zu seinem Zustandekommen mechanisch nur „ein Stück getrockneten Darms gekratzt" (GW II, 369) wird. Nicht allein die Entgrenzungs- und Einheitserfahrung beim Hören von Musik ist demzufolge ‚mystisch‘, sondern auch der Umstand, dass sie von einer technisch primitiven Tätigkeit ausgelöst wird. Eine adäquate Auseinandersetzung mit der dabei stattfindenden phänomenalen ‚Transsubstantiation‘ vom profanen materiellen Ursprung zur erhebenden immateriellen Wirkung darf nicht von deren innerweltlichen Bedingungen abstrahieren, sondern muss dieser stets eingedenk bleiben. (→ VII.1 *Mystik*)

Die daraus erwachsende zeitgemäße ‚Mystik' befindet sich in scharfem Gegensatz zu den gängigen und mittlerweile wohlfeilen, weil erkenntnistheoretisch obsoleten Mystizismen der Zeit, deren irrationale Geschwätzigkeit im Drama Anselm verkörpert – in Analogie zu entsprechenden Passagen aus dem *MoE* (vgl. MoE, 1088f.). In Übereinstimmung damit wie mit den Schweige-Postulaten (weniger aber der redseligen Praxis) des ‚neomystischen' Diskurses (vgl. Buber 1921, S. 17f.; Maeterlinck 1925, S. 3–13; dazu Spörl 1997, S. 140f. u. 144) hat Musil selber betont, „daß Mystik und Erzählbarkeit in einem heiklen Verhältnis zueinander stehen." (so Kesser 1960, S. 185) Die prinzipielle Nicht-Mitteilbarkeit mystischer Erfahrungen lässt es geboten scheinen, weniger die Darstellung mystischer Zustände anzustreben, vielmehr eine möglichst genaue Analyse der spezifischen ‚mystikinduzierenden' Konstellationen. Dies ist für Musil in der Moderne sogar ein privilegierter Weg, die Erfahrung des ‚a. Z.' sprachlich zu ergründen (vgl. *Anmerkung zu einer Metapsychik*, GW II, 1018). ‚Taghelle Mystik' entsteht demnach aus der kritischen Offenlegung unbewusst akzeptierter Voraussetzungen des menschlichen Denkens und Fühlens, deren Funktionsweise sie genau beobachtet, die sie aber nicht mehr einfach hinnimmt.

In diesem Sinne erweisen sich Thomas und Regine als die eigentlichen ‚Schwärmer' des Schauspiels. Symbolisch angezeigt wird ihre ‚mystische' Geschwisterlichkeit durch die – auf Ulrichs und Agathes „pyjamaartigen Hausanzug" oder „Pierrotkleid" (MoE, 675f.) vorausweisende – „*phantastische[ ] Hauskleidung*" (GW II, 380), die sie im letzten Aufzug tragen (vgl. Reniers-Servranckx 1972, S. 219; Gürtler 1989, S. 300; Schwartz 1994, S. 57). Thomas nennt Regine dementsprechend „meine wilde Schwester" (GW II, 381) oder auch „[v]erkommene Schwester" (GW II, 404), nachdem er bereits zu Beginn des 1. Aufzugs erklärt hat: „*Wir* dürften jetzt die Geschwister sein, Regine", und sie ihm ironisch-zweideutig antwortete: „[F]ühllos wie ein Bruder bist du immer gewesen" (GW II, 312). Wie Thomas anmerkt, zeugt ihr geschwisterlicher, gleichsam ‚anerotischer' Umgang (vgl. Cetti Marinoni 1992a, S. 43) – entsprechend der zeittypischen Spaltung des (männlichen) Liebeslebens in Eros und Sexus – von einer uneigennützigen geistigen Nähe im Sinne echter ‚Partizipation' (vgl. GW II, 314), die zwischen konventionell Liebenden *so* gar nicht bestehen kann: „Ich fand immer so schön, daß wir nie zuviel voneinander gewollt haben. Es blieb freier Bewegungsraum zwischen uns. Nie dieses idealische Aneinandergepresse, bei dem einem Hören, Sehen und Denken vergeht. Sondern – selbst wenn wir uns durch Jahre weder sahen noch schrieben – ruhiger Schlaf einer unlösbaren Beziehung seit den Kindertagen." (GW II, 381) Ihre gegenseitige ‚kindliche' Vertrautheit bedeutet keine Einschränkung der Individuation oder Reflexion. Regine bestätigt das große Vertrauen von ihrer Seite: „[I]mmer hatte ich den Trost: wenn es einmal ganz schief geht, du kannst Ordnung schaffen; du wirst machen, daß alles, was ich getan habe, gut war." (GW II, 381) Hierin unterscheidet sich ihr ‚seelischer Bruder' Thomas bezeichnenderweise von ihrem vorübergehenden spirituellen Verführer Anselm und dessen monumentaler ‚Ichversessenheit': „Ich hatte nie dieses einfach körperliche Vertrauen zu ihm, wie ich es, solange ich denken kann, zu dir hatte..." (GW II, 401). (→ V.7 *Sexualität*)

Zuletzt entwickelt sich zwischen den beiden Übriggebliebenen eine für Musils Verhältnisse extrem gesteigerte Innigkeit: Thomas „*setzt sich brüderlich ungeniert zu ihr*"

(GW II, 402), sie ergehen sich in gemeinsamen Jugenderinnerungen, er berichtet über einen Traum: „Du warst älter als du bist [...] und zugleich sahst du aus wie vor fünfzehn Jahren. Du schriest so wie gestern, aber es war leis und schön. Wir sind ganz ruhig gesessen. Dein Bein lag an meinem wie ein Boot an seinem Landungssteg; dann wieder wie das süße glitzernde Hin- und Herrinnen des Winds in den Wipfeln. Das war Glück." (GW II, 403) Die paradoxale Traumlogik verweist gleichsam im Modus des Irrealis auf die ‚mythische Denkform' des ‚anderen Zustands'. In der darauf folgenden „Anti-Liebesszene" küssen sich Regine und Thomas, ja sie möchte ihn sogar „mit den weichsten Teilen meines Körpers umschließen" (GW II, 404), doch findet im Unterschied zu den Andeutungen der frühen Entwürfe für den zweiten Band des *MoE* (vgl. MoE, 1667 u. 1672) keine sexuelle Vereinigung statt. (→ VII.2 *Anderer Zustand*) Im Gegenteil, wie Thomas voll körperlich gar nicht erfüllbarer ‚mystischer' Sehnsucht bestätigt: „Ah... erst stand dieser Kuß weit vor mir lockend. Nun ist er ebensoweit hinter mir, brennend. Hindurchgekommen sind wir nie. Nie. Nie. Du fühlst das!" (GW II, 404) Es handelt sich bei ihrer vergeblichen körperlichen Annäherung allenfalls um eine „Sozusagen-Verzweiflungsszene" (ebd.). Eine tatsächliche Umsetzung der ersehnten *unio mystica* mit Menschen und Dingen scheint weder seelisch noch körperlich realisierbar, wie Thomas am Ende resignativ formuliert: „Das ist nicht in Einklang zu bringen, Regine; alle letzten Dinge sind nicht in Einklang mit uns zu bringen. Wohl ist nur denen, die es nicht brauchen." Auf Regines dringende Bitte: „Hilf mir, Thomas, rate mir, wenn du es kannst", bleibt ihm nur die offene Antwort: „Was soll ich dir helfen? Man muß einfach die Kraft haben, diese Widersprüche zu lieben." (GW II, 406f.) Bei aller desillusorischen Tendenz dieser scheinbar ‚antimystischen' Worte darf nicht übersehen werden, dass der darin beschworene „Zusammenfall der Gegensätze" selbst „als wesentlich für das mystische Erlebnis" gilt (Goltschnigg 1974, S. 23; vgl. MoE, 1218f. u. 1664f.). Damit einher geht die „für mystische Texte signifikant häufige Verwendung paradoxer Formulierungen" (Spörl 1997, S. 20), die Thomas so liebt. Trotz aller gebotenen intellektuellen Skepsis bleibt er wie Regine dem Möglichkeitsdenken und der ‚mystischen' Sehnsucht treu.

Der scheinbare Mystiker Anselm ist Thomas zufolge als Narziss „bloß zu schwach dazu", seiner desillusionierten Verabschiedung der alten Metaphysik gemäß zu leben; er drängt sich deshalb „plötzlich zwischen die Menschen, die sich in dieser Welt zu Hause fühlen", und fängt an, „in ihrem Stück mitzuspielen; in wunderbaren Rollen, die er für sich erfindet" (GW II, 385). Obwohl Anselm wie er selbst „die Wahrheit nie vergessen" (GW II, 385) könne, meint Thomas, schütze er sich auf nicht minder metaphysische Weise als die in stereotypen Rollenbildern verharrenden „andren Menschen" durch zahlreiche „[w]echselseitige Sicherungen gegen den Untergang in den Millionen Metern Raumtiefe." (GW II, 405) Konträr dazu verhalten sich die beiden wirklichen „Träumer" Thomas und Regine, die eine „Anti-Liebe" (KA, M IV/2/405) praktizieren: Sie „sind scheinbar die gefühllosen Menschen. Sie wandern, sehn zu, was die Leute machen, die sich in der Welt zu Hause fühlen. Und tragen etwas in sich, das die nicht spüren. Ein Sinken in jedem Augenblick durch alles hindurch ins Bodenlose. Ohne unterzugehen. Den Schöpfungszustand." (GW II, 407) Indem sie sich von den gängigen irrationalistischen Illusionen befreien, was ihnen keinesfalls leichtfällt, vertreten sie als einzige unter den Figuren des Dramas ein positiv bewertetes, unmittelbares und dennoch ‚mystisches', nämlich realitäts-, rationalitäts- und konventionalitätskritisches Weltverhältnis, das in seinem Essayismus stets ‚taghell' bleibt,

d. h. nicht auf die reflexiven Einsichten und Errungenschaften der Moderne verzichtet. (→ VII.4 *Möglichkeitssinn u. Essayismus*)

3. Text und Kontext

3.1 Mystik und Mystizismuskritik

Musils Schauspiel übt harsche Kritik sowohl am trivialen Mystizismus (bzw. an der damals modischen ‚Neomystik'), den in idealtypischer Weise die Figur des Anselm vertritt, als auch am trivialen Positivismus und ‚Wirklichkeitssinn', die vor allem Josef und Stader illustrieren. Wie strukturanaloge Stellen in anderen Musil-Texten nahelegen, deutet sich eine Synthese zwischen diesen beiden antagonistischen Extremen in der später als ‚taghelle Mystik' bezeichneten Konzeption an, die sich im Unterschied zur traditionell irrationalen Mystik, „deren Tageszeit die Nacht ist", „in der Taghelle der ständigen Kontrolle durch den Verstand vollziehen" soll (Drevermann 1966, S. 213). Dieser muss allerdings genauso kritisch auf sich selbst reflektieren, will er nicht seinerseits in einen Mystizismus umschlagen. Die genannte Synthese findet sich im Drama tendenziell von den Figuren Thomas und Regine verkörpert – also in zwei unterschiedlichen Illustrationen, die jeweils stärker von einem der beiden scheinbar antagonistischen Extreme Mystizismus und Positivismus geprägt sind. Sie wird durch das offene Ende aber nicht realisiert und ist wohl auch gar nicht als tatsächlich realisierbar angelegt. Letztendlich erscheint eine zentrale Erkenntnis Ulrichs aus dem *MoE* vorweggenommen: seine genuin ‚moderne' Einsicht, „daß ein ‚Mitten-inne-Sein', ein Zustand der unzerstörten Innigkeit des Lebens – wenn man das Wort nicht sentimental versteht [...] – wahrscheinlich mit vernünftigen Sinnen nicht zu fordern ist." (MoE, 908)

Das Konzept ‚taghellen Mystik' ist in seiner den Einzeltext transzendierenden polemischen Stoßrichtung – in auffallendem Kontrast zu anderen zeitgenössischen Adaptionen der mystischen Tradition (etwa bei Maeterlinck, Buber, Rathenau, Spengler oder Klages) – keine antimodernistische Kompensationserscheinung angesichts der als Defizienz erfahrenen ‚Entzauberung der Welt' (Max Weber) durch den grassierenden naturwissenschaftlichen Positivismus. Im Gegenteil: Die reflexiven Errungenschaften der Moderne, insbesondere deren exakte wissenschaftliche Verfahrensweisen, gelten Musil einerseits gerade als Korrektiv, das den Rückfall in einen von ihm als Kompensationsphänomen entlarvten, intellektuell unkontrollierten und erkenntnistheoretisch obsoleten Mystizismus verhindern soll (vgl. MoE, 103f.), und werden andererseits selbst kritisch auf ihren notwendigen ‚mystischen' Rest befragt. Nur durch intensive gegenseitige Durchdringung scheint ihm das leidige Spannungsverhältnis zwischen ‚Geist' und ‚Seele' überwindbar. (→ VII.1 *Mystik*)

3.2 Ego und Alter Ego

Musils Dichtung bedient sich meist der eigenen Biografie als Themen- und Motivspenderin. Das gilt auch für *Die Schwärmer* (vgl. Corino 2003, S. 628–630; Rogowski 2007, S. 217f.), die stilistisch der mit Strindberg anhebenden ‚Ich-Dramatik' zugeordnet wurden (vgl. Cetti Marinoni 1992a, S. 17, unter Berufung auf Szondi 1966, S. 40). In Anlehnung daran erscheint die Dramenfigur Thomas in der Endfassung des

Textes als Alter Ego Musils (in den früheren Entwurfsstufen figurierte die positiver gezeichnete Vorläuferfigur Anselms noch als Doppelgänger und komplementäres Spiegelbild Thomas' und damit ebenfalls als Alter Ego des Autors; vgl. Cetti Marinoni 1992a, S. 79, 98, 109, 117f., 122f. u. 132). Ihre existentielle Einsamkeit verweist im Ganzen auf den Idealtyp des modernen Dichters, wie ihn Musil in seinem Essay *Skizze der Erkenntnis des Dichters* (1918) postuliert hat: nämlich „als den Menschen, dem die rettungslose Einsamkeit des Ich in der Welt und zwischen den Menschen am stärksten zu Bewußtsein kommt." (GW II, 1026) Dieser moderne Dichtertypus ist es auch, der genau wie Thomas „noch in der Freundschaft und in der Liebe den Hauch von Antipathie empfindet, der jedes Wesen von den andern fernhält und das schmerzlich-nichtige Geheimnis der Individualität ausmacht. Der selbst seine eigenen Ideale zu hassen vermag, weil sie ihm nicht als die Ziele, sondern als die Verwesungsprodukte seines Idealismus erscheinen." (ebd.) Dementsprechend lässt Musil sein Alter Ego Thomas im Drama ausrufen: „Ideale sind toter Idealismus. Verwesungsrückstände – –" (GW II, 313). Die Parallelen zwischen dem impliziten auktorialen Selbstentwurf und Musils Dramenfigur, zwischen seinem erkenntnistheoretischen Selbstverständnis und der von ihm gestalteten dramatischen Welt erschöpfen sich nicht in biografischen Details. Wichtiger noch für eine Deutung des Dramentextes ist Musils gnoseologische Aufteilung der „Objektwelt" in einen ‚ratioïden' und einen ‚nicht-ratioïden' Bereich, wonach in der modernen Welt das „ratioïde Gebiet […] alles wissenschaftlich Systematisierbare, in Gesetze und Regeln zusammenfaßbare" umgreift, „vor allem also die physische Natur; die moralische aber nur in wenigen Ausnahmefällen des Gelingens." (GW II, 1026f.) Dem „rationale[n] Mensch[en] auf ratioïdem Gebiet" (GW II, 1026) war Musil zufolge in der neuzeitlichen Zivilisation des Westens ein unaufhaltsamer kultur- und wissenschaftsgeschichtlicher Siegeszug beschieden (vgl. *Das hilflose Europa*, 1922, GW II, 1083f.), der mehr als jede Religion „die geistige Solidarität der Menschheit" hervorbrachte; so sei es begreiflich, „daß die Menschen versuchen, das gleiche Vorgehn auch in den – im weitesten Sinn – moralischen Beziehungen einzuhalten" (GW II, 1027), allerdings mit problematischen Folgen (vgl. ebd.).

Was Musil hier wenige Jahre vor der Fertigstellung seines Schauspiels umreißt, entspricht der im Drama von Josef vertretenen Ideologie. Die schonungslose Aufdeckung ihrer erkenntnistheoretischen Unangemessenheit durch Thomas folgt dann freilich ebenso der von Musil selbst vorexerzierten Argumentationslinie, derzufolge „man auf dem Weg von der Natur zum Geiste gleichsam aus einem starren Mineralienkabinett in ein Treibhaus voll unausgesprochener Bewegung getreten" sei, wodurch die Anwendung einer solchen starren Ethik „eine sehr komische Technik der Einschränkung und des Widerrufs" erfordere, „deren Kompliziertheit allein schon unsre Moral zum Untergang reif erscheinen läßt." (GW II, 1027f.) Er gibt für seine von Nietzsche inspirierte Moralkritik folgende Beispiele: „Man denke an das populäre Beispiel der Abwandlung des Gebotes ‚Du sollst nicht töten', vom Mord über Totschlag, Tötung des Ehebrechers, Duell, Hinrichtung bis zum Krieg, und sucht man die einheitliche rationale Formel dafür, so wird man finden, daß sie einem Sieb gleicht, bei dessen Anwendung die Löcher nicht weniger wichtig sind als das feste Geflecht." (GW II, 1028) Dieses „feste Geflecht" wäre dabei ohne die „Löcher" gar nicht denkbar, ja sie sind einerseits sogar eine implizite Voraussetzung für das Funktionieren der auf die ‚erste Wirklichkeit' kaprizierten modernen Gesellschaft, andererseits aber auch ein Grund für deren innere Verlogenheit. Innerhalb des Dramentextes entspricht dem die äquivalente Äußerung Thomas' gegenüber Josef (vgl. Dennerlein 2012, S. 283–287): „Du gehst auf einem ausgelegten Balkennetz; es gibt aber Menschen, die von den dazwischenliegenden Löchern angezogen werden hinunterzublicken." (GW II, 399f.) Eine zeitgemäße Erkenntnistheorie müsse sich daran messen lassen, ob sie die ‚Löcher' ihrer Bedeutung entsprechend geltend macht. Ihr Aufweis ist Musil zufolge sowohl ein zentrales Projekt der ‚taghellen Mystik' als auch der Dichtung, die im ‚nicht-ratioïden' Objektbereich ihr bevorzugtes „Heimatgebiet" (GW II, 1029) finde. Wie die rationale Wissenschaft müsse auch sie ihre Erkenntnisweise ihrem spezifischen Gegenstand anpassen (vgl. GW II, 1028).

Der ‚wahrhaft' moderne Dichter sei im „Gebiet der Reaktivität des Individuums gegen die Welt und die anderen Individuen" zuhause, im „Gebiet der Werte und Bewertungen", „der ethischen und ästhetischen Beziehungen", kurz: im „Gebiet der Idee" (GW II, 1028), was aber nicht heiße, dass er sich in seiner anthropologischen Beschaffenheit grundsätzlich von anderen, im ‚Ratioïden' beheimateten Menschen unterscheidet, wie Musil in Distanzierung von älteren Autorschaftsmodellen betont:

> Er ist weder der ‚Rasende', noch der ‚Seher', noch ‚das Kind', noch irgend eine Verwachsenheit der Vernunft. Er verwendet auch gar keine andere Art und Fähigkeit des Erkennens als der rationale Mensch. Der bedeutende Mensch ist der, welcher über die größte Tatsachenkenntnis *und* die größte ratio zu ihrer Verbindung verfügt: auf dem einen Gebiet wie auf dem andern. Nur findet der eine die Tatsachen außer sich und der andere in sich, der eine findet sich zusammenschließende Erfahrungsreihen vor und der andre nicht. (GW II, 1029)

Hier bestätigt sich die große Nähe zwischen Musils Selbstentwurf als Dichter und seinem dramatischen Alter Ego. Während Maria mit ihrem Urteil, Anselm sei „ein bedeutender Mensch" (GW II, 318), im dramatischen Kontext kaum überzeugen kann, erklärt sich vor diesem diskursiven Hintergrund Regines entsprechende Aussage über Thomas (vgl. GW II, 384).

3.3 Das Drama im intellektuellen und literarischen Feld

Aus Musils ‚Bedeutungsdramatik' folgen im Unterschied zu einer ‚Handlungsdramatik' nicht allein singuläre Entsprechungen; darüber hinaus resultiert daraus eine viel grundlegendere Affinität zwischen den dramenkonstitutiven Konfliktlinien und der von ihm diagnostizierten ideologischen Verfasstheit der zeitgenössischen europäischen Gesellschaft. In einer aus den Vorarbeiten zu *Die Schwärmer* stammenden Notiz mit der Überschrift „Drama" heißt es: „Unser öffentliches Leben ist voll der lächerlichsten Gegensätze, man muß sie bloß in actu zeigen." (KA, M IV/2/8) Musil gibt einige Beispiele, die den im Drama und in der *Skizze der Erkenntnis des Dichters* (1918) moralkritisch vorgebrachten entsprechen, und zieht daraus einen utopischen Schluss: „Es wäre nun ein Ziel des Willens[,] einen Staat dahin zubringen [sic][,] ohne diese Unaufrichtigkeiten (wenn man so will) oder intellektuellen Unsauberkeiten zu bestehen." (ebd.) Genau die Überwindung der falschen Gegensätze ist Musils selbstgestellte Aufgabe im illustrierenden Schauspiel.

Material zur Veranschaulichung dieses Vorhabens findet sich in dem ein Jahr nach *Die Schwärmer* veröffentlichten Essay *Das hilflose Europa oder Reise vom Hundertsten ins Tausendste* (1922). Musil entwirft darin idealtypisch zwei paradigmatische Positionen zeitgenössischen Denkens, zu denen er sich gleichermaßen in Opposition sieht:

> Die Populärphilosophie und die Tagesdiskussion begnügten sich entweder mit den liberalen Fetzen eines ungegründeten Vernunft- und Forschrittsglaubens oder sie erfanden die bekannten Fetische der Epoche, der Nation, der Rasse, des Katholizismus, des Intuitionsmenschen, welchen allen negativ gemeinsam ist eine sentimentale Nörgelei am Verstand und positiv das Bedürfnis nach einem Halt, nach gigantischen Knochengespenstern, an die man die Impressionen hängen kann, aus denen man nur noch bestand. (GW II, 1087)

Wie im Schauspiel steht hier ein trivialer Positivismus einem nicht minder trivialen irrationalen Mystizismus gegenüber, ohne dass die ideologische Gegnerschaft in intellektueller Hinsicht produktiv werden würde: „Der Geist der Tatsachen und der Zahlen wird bekämpft – traditionell und kaum mehr der Gründe bewußt –, ohne daß man ihm mehr als die Negation entgegensetzt." (ebd.) Musil möchte dem Positivismus – im Drama verkörpert durch Josef und Stader – eben mehr als die bloße Negation, den irrationalen Mystizismus – verkörpert durch Anselm –, entgegensetzen. Sein dramaturgisch in den komplementären Figuren Regine und Thomas synthetisiertes Ziel ist eine Vorstellung von „Seele", in der die „Gegenwart" sich nicht „selbst aufgeben" muss (ebd.). In einer ungleich bekannteren Formel, die ebenfalls „ein Mißverhältnis, ein Aneinandervorbeileben von Verstand und Seele" im modernen Bewusstsein beklagt: „Wir haben nicht zuviel Verstand und zuwenig Seele, sondern wir haben zu wenig Verstand in den Fragen der Seele." (GW II, 1092; vgl. *Anmerkung zu einer Metapsychik*, GW II, 1019) Dies sei ein „Hauptgrund, weshalb der Expressionismus nicht viel mehr als eine Clownerie wurde; er konnte auf einem wesentlich impressionistisch gebliebenen Boden nicht weiter führen." (GW II, 1087) Die dramenkonstitutiven Konfliktlinien befinden sich in Homologie zu den von Musil diagnostizierten zentralen Konfliktlinien des zeitgenössischen intellektuellen und literarischen Feldes.

Die Konstellation der doppelten Frontstellung gegenüber den etablierten Positionen findet sich bei Musil nicht allein in Fragen allgemeiner Geisteshaltung, sondern hat auch in der ästhetisch-literarischen Programmatik eine Entsprechung, die sich in seiner spezifischen Dramenkonzeption niederschlägt. (→ II.5 *Zeitstile*; VI.1.1 *Drama, Theater*) So wendet er sich gerade zur Erscheinungszeit der *Schwärmer* im seit 1919 geplanten (vgl. Brief an Efraim Frisch, 29.11.1919, Br I, 192; dazu Cetti Marinoni 1992a, S. 141f.) und direkt nach dem Drama verfassten Spengler-Essay *Geist und Erfahrung* (1921) sowohl gegen die avantgardistische, anti-illusionistische Poetik des Expressionismus mit ihrem „ständige[n] Unterbrechen der Realität" sowie unentschiedenen „Schweben [...] zwischen Objektivation und Gefühlserlebnis" (*Eine dramatische Sendung*, GW II, 1446f.) als auch gegen die illusionistische des vorangegangenen Naturalismus, der u.a. an einer „Überfülle des Natürlichen" leide (*Gabriel Schillings Flucht in die Öffentlichkeit*, GW II, 1443):

> Diese Zeit hat mit dem Expressionismus [...] eine Urerkenntnis der Kunst veräußerlicht und verflacht, weil die nicht denken konnten, welche den Geist in die Dichtung erführen wollten. Sie konnten es nicht, weil sie in Luftworten denken, denen der Inhalt, die Kontrolle der Empirie fehlen; der Naturalismus gab Wirklichkeit ohne Geist, der Expressionismus Geist ohne Wirklichkeit: beides Ungeist. Auf der anderen Seite aber kommt bei uns gleich die gewisse Dörrfischrationalität und die beiden Gegner sind einander würdig. (GW II, 1058f.)

Durch seine harschen Stellungnahmen zum Naturalismus *und* zum Expressionismus, ja sogar zum Impressionismus (vgl. GW II, 1097) wendet sich Musil gegen sämtliche

1.4 *Die Schwärmer* (1921)

arrivierte Fraktionen im literarischen Feld. Er vollzieht auch in ästhetischer Hinsicht einen ‚doppelten Bruch' (vgl. dazu Bourdieu 1999, S. 61f. u. 118–134), der sich im Dramentext als dessen konzeptionelle ‚Erzeugungsformel' spiegelt. Wie unschwer zu erkennen ist, findet sich dort „Wirklichkeit ohne Geist" durch die Figuren Josef bzw. Stader illustriert, „Geist ohne Wirklichkeit" durch Anselm und zunächst auch durch Regine, die sich im Verlauf des Stücks aber der ‚ersten Wirklichkeit' stellt.

Vor diesem Hintergrund sind Musils Worte zu verstehen, er wolle mit seinem Drama „endlich einmal Geist in die Theaterkonflikte" (Br I, 202) bringen (zur Geist-Problematik im Expressionismus vgl. den im Juni 1922 veröffentlichten Essay *Symptomen-Theater I*, GW II, 1097; dazu Punzi 2008, S. 235–245). Das Schauspiel zielt demnach auf eine Synthese von ‚Wirklichkeit' und ‚Geist', in der beide einen angemessenen Stellenwert bewahren. In diesem Sinn ist folgender Arbeitsheft-Eintrag von 1919 zu lesen: „[D]ie Idee der Schwärmer, eine ganz gewöhnliche Handlung, aber unter bedeutenden Menschen spielen zu lassen, ist völlig illusionswidrig." (Tb I, 495) Die ‚Gewöhnlichkeit' der Ehebruchshandlung entspricht dem realistischen und naturalistischen Programm (‚Wirklichkeit'), die dramatische ‚Illusionswidrigkeit' hingegen jenem des Expressionismus (‚Geist'). Bereits Musils früheste Dramenbesprechungen hatten konstatiert, dass dem am ‚Gewöhnlichen' orientierten naturalistischen Drama „der Zwang" fehle, „die Ideen durchzubilden" (GW II, 1444), wohingegen das expressionistische Drama „etwas von den Spitzfindigkeiten der scholastischen Transsubstantiationslehre" (GW II, 1146) habe. Durch die Wahl ‚bedeutender', d. h. im Idealfall die ‚ratioïden' und ‚nicht-ratioïden' Tatsachen auf rational kontrollierte Weise miteinander verknüpfender (vgl. GW II, 1029f.) Figuren als Personal seines Schauspiels grenzt sich Musil konzeptionell von beiden ästhetischen Doktrinen gleichermaßen ab – und nicht nur von diesen: Genauso ablehnend steht er der von Anton Wildgans vertretenen Wiener ‚Sonderform' des Konversationstheaters gegenüber, das sich in vordergründiger Orientierung an den (für Musil wichtigen) Komödien Hofmannsthals sowie vor allem in Anbiederung an den konventionellen Durchschnittsgeschmack des bourgeoisen Theaterpublikums neoklassizistischer Formen bediente: So gelten *Die Schwärmer* auch als ‚Kontrafaktur' von Wildgans' bürgerlichem Schauspiel *Liebe* und dessen platten Mystizismen, die Musil in seinem Schauspiel konterkariere (vgl. Rogowski 1993a, S. 147–164, u. 1993b, S. 63–89, bes. S. 73, 75 u. 85). Sein dichterisches Projekt beansprucht hinsichtlich der „auf der Bühne" dargestellten „Menschen und Konflikte" radikale Innovativität (an Buschbeck, 7.8.1920, Br I, 202), weshalb er den durch Lhermans Berliner Inszenierung suggerierten Eindruck einer künstlerischen „Abhängigkeit" von der Dramatik Wedekinds, Schnitzlers und Shaws kategorisch zurückwies (GW II, 1190). (→ III.2.4 *Literatur- u. Theaterkritik*)

Strukturell ist Musils prägnante Formel „gewöhnliche Handlung, aber unter bedeutenden Menschen" als Umkehrung des Verfahrens der Trivialliteratur (vgl. Schneider 1973, S. 212, Anm. 2) mit dem stilistischen Programm Gustave Flauberts (‚bien écrire le médiocre') vergleichbar: Schon der frühe Musil hatte an Hauptmanns Drama *Gabriel Schillings Flucht* (1912) kritisiert, dass es „vorgeblich Feine, Hochgemutmaßte" darstellt, die jedoch „gewöhnlich bleiben" (GW II, 1443). Die ästhetische Programmatik der *Schwärmer* setzt sich zum Ziel, „die Fundamente der herrschenden Sichtweise in Frage [zu stellen], das heißt jene gemeinsamen Prinzipien der Vision und Division, die den Konsens über den Sinn der Welt begründen" (Bourdieu 1999,

S. 158). Auf die kompromisslose Umsetzung des innovatorischen Anspruchs konnten die zeitgenössischen Theatermacher, die Theaterkritik und das Publikum meist nur mit Verständnislosigkeit reagieren, wie die Ereignisse um den ‚Schwärmerskandal' – abgesehen von den ungünstigen Umständen der Erstaufführung – bestätigen. Eine habituelle Voraussetzung für Musils Konsequenz war seine nicht am unmittelbaren Publikumserfolg interessierte Haltung, die er im Drama im uneigennützigen Habitus seines (ausschließlich der Wahrheitssuche verpflichteten) Alter Ego Thomas reflektiert. In Analogie zu Flaubert befindet sich der seit dem *Törleß* mit wachsendem kulturellen, aber immer geringerem ökonomischen Kapital ausgestattete Schriftsteller am autonomsten Pol des zeitgenössischen literarischen Feldes – mit allen Implikationen einschließlich der Erfahrung absoluter Einsamkeit (vgl. Bourdieu 1999, S. 161).

Musil hat die Verständnislosigkeit, die ihm in der Person des Burgtheaterdramaturgen Hock exemplarisch entgegenschlug, vorausblickend in die eigene Poetik integriert, als er feststellte: „[I]ch will den vereinzelten und vereinsamten Zuschauer" (Br I, 202). Im Kontext seiner Ästhetik der inneren ‚Motivation' erinnert diese Wirkungsabsicht an die Erkenntnishaltung und die existenzielle Situation des idealtypischen Dichters sowie des ‚taghellen Mystikers', die nun zur Theatererfahrung der Rezipienten geraten sollen: „Man muß (auch im Drama) den Ehrgeiz haben, eine Gesellschaft solcher Menschen zu schildern, daß es dem Leser geht, wie wenn man plötzlich in eine Unterhaltung eintritt, die verwirrend überlegen ist"; das Ziel solcher Darstellung sei eine Art „Ansteckung" (GW II, 870) des Publikums, das fühlen soll: „Mit diesen Menschen möchte ich, was immer sie tun, miterleben." (GW II, 872; vgl. Rogowski 2007, S. 211) Der Essay *Geist und Erfahrung* hält zur dramenkonstitutiven Unterscheidung „zwischen Kausalität und Motivation" fest: „Kausalität sucht die Regel durch die Regelmäßigkeit, konstatiert das, was sich immer gebunden findet; Motivation macht das Motiv verstehen, indem sie den Impuls zu ähnlichem Handeln, Fühlen oder Denken auslöst." (GW II, 1052) In einer späteren Lektürenotiz ergänzt Musil: „*Lévy-Bruhl* beschreibt mitunter das partizipieren, erleben, teilhaben genau wie ich das Motivische." (Tb II, 1156) In diesem spezifischen Sinn hat die in seinem Schauspiel vorgeführte kritische Mystikadaption eminent gesellschaftspolitische Implikationen:

> Der Mensch ist eben nicht nur Intellekt, sondern auch Wille, Gefühl, Unbewußtheit und oft nur Tatsächlichkeit wie das Wandern der Wolken am Himmel. Die aber nur das an ihm sehn, was die Vernunft nicht bewirkt, müßten schließlich das Ideal in einem Ameisen- oder Bienenstaat suchen, gegen dessen Mythos, Harmonie und intuitive Taktsicherheit alles Menschliche vermutlich nichts ist. (GW II, 1057)

Musils negativ utopischer Appell an seine Leser, seine damals äußerst aktuelle Warnung vor einer rational unkontrollierten Entfesselung der menschlichen Triebhaftigkeit durch den irrationalen ‚Zeitgeist', blieb jedoch trotz wiederholter Artikulation zu seinen Lebzeiten ungehört. (→ VI.1.1 *Drama, Theater*)

4. Rezeption

4.1 Wirkungsgeschichte

Die Buchausgabe der *Schwärmer* erhielt – zwar relativ spät (vgl. Corino 2003, S. 649–652) – positive bis euphorische Rezensionen u.a. in folgenden Periodika: *Literarische Rundschau, Prager Presse, Die Schöne Literatur, Berliner Börsen-Courier, Vossische Zeitung, Der Tag* (Wien) und *Den Gulden Winckel* (vgl. Hall 1975, S. 161f.; dazu das Verzeichnis der Buchkritiken ebd., S. 184f.). Diese kleine Erfolgsserie wurde 1923 durch die Verleihung des renommierten Kleist-Preises gekrönt, der wichtigsten literarischen Auszeichnung der Weimarer Republik, die der Vertrauensmann Alfred Döblin den *Schwärmern* gemeinsam mit Wilhelm Lehmanns *Weingott* zusprach (vgl. Corino 2003, S. 738–740). Die Anerkennung durch einen bedeutenden Schriftstellerkollegen bezeugt Musils Reputation innerhalb eines Teils der literarischen und literaturkritischen Avantgarde. Dennoch hatte er kein Glück mit seinem Wunsch nach einer angemessenen Erstaufführung: *Die Schwärmer* wurden vom Wiener Burgtheater, vom Deutschen Theater (Berlin) und vom Münchner Schauspielhaus sowie weiteren Bühnen zwar angenommen, aber nicht aufs Programm gesetzt (vgl. Hall 1975, S. 156–161; Corino 2003, S. 641–649). Ihre Uraufführung erfolgte erst am 3. April 1929 gegen den erklärten Willen des Autors, der die starken Kürzungen sowie die Inszenierung und Besetzung von Jo Lherman ablehnte, am Berliner Theater in der Stadt, einer berüchtigten „Eperimentierstagione" (an „Herr Hiller", 17.8.1939, Br I, 1058) in der Kommandantenstraße. Dort wurde es vom verständnislosen Theaterpublikum ausgebuht und nach 10 Aufführungen abgesetzt, wofür der Autor insgesamt 66,25 Reichsmark Tantieme erhielt (vgl. Hall 1975, S. 177, Anm. 48; Corino 2003, S. 766). Zwar versuchte Musil, dem durch die missglückte Uraufführung entstandenen (und sehr zählebigen) Eindruck (vgl. das Verzeichnis der Aufführungskritiken in Hall 1975, S. 185f.), es handle sich bei seinem Schauspiel um ein reines Lesedrama und kein Bühnenstück (vgl. Naganowski 1985; Chardin 2005, S. 268–274), mit einer am 20. April 1929 im Berliner Wochenblatt *Das Tage-Buch* veröffentlichten Polemik *Der Schwärmerskandal* entgegenzutreten (GW II, 1189–1193; vgl. Hall 1975, S. 171–174), was ihm aber nicht nachhaltig gelungen ist.

Seitdem hatte das Schauspiel lange eine schlechte Presse und wurde erst 1955 am Landestheater Darmstadt durch Gustav Rudolf Sellner, 1961 am Théâtre Moderne in Paris durch Sacha Pitoëff sowie 1977 am Teatr Polski in Poznan durch Danuta Jagla wieder aufgeführt; daneben entstand 1968 Maurizio Ponzis Verfilmung *I Visionari* (vgl. Krauß 2006, S. 220f.). Die Darmstädter Nachkriegsaufführung hat allem Anschein nach auch die von Ingeborg Bachmann 1956 – vor der ersten Frisé-Ausgabe! – erstellte Hörspielbearbeitung angeregt (vgl. Rogowski 1990). (→ IX.4 *Literarische Rezeption*) Einen Durchbruch in der Aufführungsgeschichte brachte das Jubiläumsjahr 1980 mit einer vielbeachteten Inszenierung durch Erwin Axer am Wiener Akademietheater (vgl. Stefanek/Meister 1982; Krauß 2006, S. 221–224), auf die 1981 eine noch wirkungsmächtigere Aufführung durch Hans Neuenfels am Berliner Schloßpark-Theater folgte (vgl. Berg 1982; Krauß 2006, S. 224–226). Das Stück konnte so schließlich doch noch auf der Bühne etabliert werden, wie die Basler Inszenierung durch Friedrich Beyer 1982 (vgl. Naganowski 1985, S. 76) sowie die erfolgreiche Hannoveraner Inszenierung durch Gerd Heinz 1989 (vgl. Thöming 1989) bestätigen. Angelehnt an seine Berliner Inszenierung hat es Neuenfels 1985 überdies verfilmt (vgl. Neuenfels 1985). (→ IX.5 *Mediale Rezeption*) Die vorläufig letzte Station der überschaubaren Reihe von Aufführungen stellten drei Inszenierungen durch das Schauspielhaus Zürich 1997 (vgl. Krauß 2006, S. 227f.) sowie 2000 durch das Staatstheater Stuttgart (vgl. ebd., S. 229f.) und das Deutsche Theater Berlin (vgl. ebd., S. 230f.) dar.

Zusätzlich zu den negativen Auswirkungen des ‚Schwärmerskandals' haben die im Dramentext sowie in Musils Selbstaussagen manifesten künstlerischen Ambitionen zu auffallend harschen Urteilen der professionellen Theaterkritik sowie bis in die Gegenwart auch der Theater- und Literaturwissenschaft beigetragen. Selbst in einer germanistischen Musil-Einführung von 1995 wird „die fast schon zwanghafte Diskursivierungswut" der Hauptfiguren scharf kritisiert (Luserke 1995, S. 49). Demgegenüber hat Neuenfels *Die Schwärmer* 1985 als „eins der wichtigsten Dramen des 20. Jahrhunderts" bezeichnet, „wenn nicht das wichtigste, das die deutsche Literatur bislang besitzt. Zeitgenössischer ist für das Theater nie über die Beziehung Mann–Frau oder über ihre Nicht-Beziehung, über den Mann allein, über Was-ist-Zeit und Was-ist-Realität nachgedacht worden" (Neuenfels 1985, S. 7). Die intensive künstlerische und dann auch essayistische Auseinandersetzung des angesehenen Regisseurs mit der anspruchsvollen dramatischen Textvorlage haben den Stellenwert der *Schwärmer* im Bewusstsein der Theateröffentlichkeit mittlerweile erheblich wachsen und den Zweifel an ihrer Bühnenwirksamkeit verstummen lassen.

4.2 Forschungsgeschichte und -perspektiven

Die Erforschung von Musils erstem Drama hat quantitativ und qualitativ zunächst zögerlich eingesetzt, mittlerweile aber eine beachtliche Intensität erreicht, wobei Arbeiten der sogenannten ‚Auslandsgermanistik' eine wichtige Rolle spielten. Wilhelm Braun hat seit den 1960er Jahren zunächst fast als Einziger zahlreiche textimmanente Aufsätze über *Die Schwärmer* vorgelegt (vgl. Braun 1962, 1965, 1967, 1992 u. 1997/98). Andere Untersuchungen vergleichbarer Machart folgten und widmeten sich philosophischen Fragestellungen wie der „Wahrhaftigkeitsproblematik" (vgl. Bauer 1966) und ästhetisch-dramaturgischen wie der Selbstreferenzialität (vgl. Ambros 1985) oder der Figurenzeichnung (vgl. Charrière-Jacquin 1985; Horn 1990). Grundlegende Sachinformationen stellten die rezeptionsgeschichtliche Studie Murray G. Halls (1975) sowie Helmut Arntzens Kommentar zur Verfügung, der neben einer Überblicksdarstellung auch hilfreiche Sacherläuterungen bietet (vgl. Arntzen 1980a, S. 114–121). Chiara De Tullio (1989) gab einen Überblick über die bis einschließlich 1985 entstandene Sekundärliteratur. Einen qualitativen Sprung für die Forschung bedeuteten einerseits die auf der Basis des Nachlasses erarbeiteten textgenetischen Arbeiten Cetti Marinonis (1987, 1990, 1991, 1992a u. 1992b), andererseits die längst überfälligen philosophie- und dramengeschichtlichen Kontextualisierungen Christian Rogowskis (1993a, 1993b u. 2007). Die biografischen Arbeiten Karl Corinos förderten Details der Entstehung, Uraufführung und Wirkung des Dramas zutage und korrigierten manche bis dahin kursierenden Fehlinformationen (vgl. Corino 1988, S. 294–303, u. 2003, S. 627–652 u. 739–767).

Die Kontextualisierung des Dramentextes wurde mittlerweile auch aus gendertheoretischer Perspektive vorangetrieben (vgl. Gürtler 1989, S. 297–301; Schwartz

1994, S. 56–58). Erstaunlicherweise harrte das mit Blick auf die Prosa (insbesondere den *MoE*) für intensiv erforscht geltende Thema des ‚a. Z.' in den Theaterstücken jedoch zunächst genauso einer eingehenden Untersuchung (zu *Die Schwärmer* vgl. nur Oczipka 1973, S. 96–116) wie die Frage nach der literaturpolitischen Funktion von Musils spezifischer Mystikadaptation; beides hat man erst in den vergangenen Jahren konsequent auch auf *Die Schwärmer* bezogen (vgl. Wolf 2002a), deren figurentranszendierende implizite Dramaturgie Elemente des ‚post-dramatischen' Theaters vorwegnimmt (vgl. Rogowski 2007, S. 200, 210f. u. 216f.). Frühere Versuche, sich dem Dramentext metaphorologisch zu nähern (vgl. Thöming 1981), hat Katrin Dennerlein (2012) mittels einer vom Modell des *conceptual blending* inspirierten Analyse vierer zentraler Metaphern auf eine neue Basis gestellt und somit weiter zur Erhellung der das Schauspiel prägenden Semantik beitragen. Von allgemeinerem stilgeschichtlichen Interesse sind die übersetzungskritischen Beobachtungen, die anlässlich von Andrea Simons Übertragung des Dramas ins Englische angestellt wurden (vgl. Braun 1988; Simon 1988). (→ IX.3 *Übersetzungen*) können zukünftige Arbeiten anschließen, die neben bisher unterbelichteten internationalen theaterhistorischen und kulturtheoretischen Kontexten auch die stilistische Faktur des Dramentextes genauer in den Blick nehmen müssten.

5. Literatur

Ambros, Gerda: Robert Musils *Schwärmer* – entfernte Biographien. In: Josef Strutz, Johann Strutz (Hg.): Robert Musil – Theater, Bildung, Kritik. München: Fink 1985, S. 78–94.
Arntzen, Helmut: Musil-Kommentar sämtlicher zu Lebzeiten erschienener Schriften außer dem Roman *Der Mann ohne Eigenschaften*. München: Winkler 1980.
Arntzen, Helmut: Symptomen-Theater. Robert Musil und das Theater seiner Zeit. In: Literatur und Kritik 15 (1980), H. 149/150, S. 598–606.
Bauer, Sibylle: Wahrhaftigkeitsproblematik (in den *Schwärmern*). In: dies., Ingrid Drevermann: Studien zu Robert Musil. Köln, Graz: Böhlau 1966, S. 7–44.
Berg, Jan: Theatrales Verstehen. Hans Neuenfels' Berliner *Schwärmer*-Inszenierung. In: Musil-Forum 8 (1982), S. 151–162.
Blei, Franz: Über Wedekind, Sternheim und das Theater. Leipzig: Wolff 1915.
Bourdieu, Pierre: Die Regeln der Kunst. Genese und Struktur des literarischen Feldes. [frz. 1992] Frankfurt a.M.: Suhrkamp 1999.
Braun, Wilhelm: An approach to Musil's *Die Schwärmer*. In: Monatshefte für deutschen Unterricht, deutsche Sprache und Literatur 54 (1962), S. 156–170.
Braun, Wilhelm: Musil's *Die Schwärmer*. In: Publications of the Modern Language Association 80 (1965), S. 292–298.
Braun, Wilhelm: Musil's Anselm and ‚The Motivated Life'. In: Wisconsin Studies in Contemporary Literature 8 (1967), H. 4, S. 517–527.
Braun, Wilhelm: Bemerkungen zur neuen englischen *Schwärmer*-Übersetzung. In: Annette Daigger, Gerti Militzer (Hg.): Die Übersetzung literarischer Texte am Beispiel Robert Musils. Stuttgart: Heinz 1988, S. 203–208.
Braun, Wilhelm: Ferdinand Stader, *Die Schwärmer* und die konstruktive Ironie. In: Gudrun Brokoph-Mauch (Hg.): Robert Musil. Essayismus und Ironie. Tübingen: Francke 1992, S. 115–122.
Braun, Wilhelm: Beitrag zum Verständnis der *Schwärmer*. In: Musil-Forum 23/24 (1997/98), S. 39–55.
Buber, Martin: Ekstase und Bekenntnis. In: ders.: Ekstatische Konfessionen. [1909] Leipzig: Insel 1921, S. 11–22.

Cetti Marinoni, Bianca: „Liebe ist gar nie Liebe". Zum Verhältnis von Liebesthematik und dramatischer Struktur in Musils Theater. In: Annali. Studi Tedeschi 30 (1987), H. 1–3, S. 125–160.

Cetti Marinoni, Bianca: Zum Werdegang der *Schwärmer* in Frisés Ausgabe der Schriften von Musil. In: Musil-Forum 16 (1990), S. 38–44.

Cetti Marinoni, Bianca: Essayistisches Drama. Die Entstehung von Robert Musils Stück *Die Schwärmer*. München: Fink 1992. (Cetti Marinoni 1992a)

Cetti Marinoni, Bianca: Musils Problem des „Neuen Menschen" in der Entstehung des Dramas *Die Schwärmer*. In: Il confronto letterario 9 (1992), H. 18, S. 329–344. (Cetti Marinoni 1992b)

Chardin, Philippe: Passéisme ou avant-gardisme? L'originalité atemporelle des *Schwärmer* de Robert Musil. In: Pierre Béhar, Marie-Louise Roth (Hg.): Musil an der Schwelle zum 21. Jahrhundert. Bern u. a.: Lang 2005, S. 267–286.

Charrière-Jacquin, Marianne: Musils *Schwärmer*: Lebenskampf? Kartenspiel? Kammermusik? In: Josef Strutz, Johann Strutz (Hg.): Robert Musil – Theater, Bildung, Kritik. München: Fink 1985, S. 24–43.

Corino, Karl: Robert Musil. Leben und Werk in Bildern und Texten. Reinbek b. Hamburg: Rowohlt 1988.

Corino, Karl: Robert Musil. Eine Biographie. Reinbek b. Hamburg: Rowohlt 2003.

Dennerlein, Katrin: Zu vier Metaphern in Robert Musils *Die Schwärmer*. Eine Analyse mit der Terminologie des *conceptual blending*. In: Hofmannsthal-Jahrbuch 20 (2012), S. 277–295.

De Tullio, Chiara: Die *Schwärmer* in der Musil-Literatur. Forschungsbericht. In: Musil-Forum 15 (1989), S. 18–38.

Drevermann, Ingrid: Wirklichkeit und Mystik. Eine Untersuchung des ‚anderen Zustands' in Robert Musils Roman *Der Mann ohne Eigenschaften*. In: dies., Sibylle Bauer: Studien zu Robert Musil. Köln, Graz: Böhlau 1966, S. 123–242.

Gess, Nicola: Primitives Denken. Wilde, Kinder und Wahnsinnige in der literarischen Moderne (Müller, Musil, Benn, Benjamin). München: Fink 2013.

Goltschnigg, Dietmar: Mystische Tradition im Roman Robert Musils. Martin Bubers *Ekstatische Konfessionen* im *Mann ohne Eigenschaften*. Heidelberg: Stiehm 1974.

Gürtler, Christa: „… ist es immer das gleiche Spiel Karten, nur anders gemischt und ausgespielt". Diskurse über Männlichkeit und Weiblichkeit in Robert Musils Theaterstücken. In: Jeff Bernard, Theresia Klugsberger, Gloria Withalm (Hg.): Semiotik der Geschlechter. Akten des 6. Symposiums der Österreichischen Gesellschaft für Semiotik. Stuttgart: Heinz 1989, S. 297–304.

Hall, Murray G.: Der Schwärmerskandal 1929. Zur Rezeption von Robert Musils *Die Schwärmer*. In: Maske und Kothurn 21 (1975), S. 153–186.

Henninger, Peter: La résistance du texte. À propos *Des exaltés*. In: Jean-Pierre Cometti (Hg.): Robert Musil. [Royaumont]: Éd. Royaumont 1986, S. 83–105.

Horn, Peter: „Man verkriecht sich hinter seiner Haut". Zu Robert Musils *Die Schwärmer*. In: Acta Germanica 20 (1990), S. 79–105.

Jesch, Jörg: Robert Musil als Dramatiker. In: Text + Kritik ([2]1972), H. 21/22, S. 49–60.

Karthaus, Ulrich: Musils Theaterbegriff. In: Josef Strutz, Johann Strutz (Hg.): Robert Musil – Theater, Bildung, Kritik. München: Fink 1985, S. 10–23.

Kesser, Armin: Begegnung mit Robert Musil. Gespräche und Aufzeichnungen. In: Karl Dinklage (Hg.): Robert Musil. Leben – Werk – Wirkung. Reinbek b. Hamburg: Rowohlt 1960, S. 183–186.

Kirchner's Wörterbuch der Philosophischen Grundbegriffe. Neubearbeitung v. Carl Michaelis. 5. Aufl. Leipzig: Dürr 1907.

Krauß, Cornelia: „Ein körperlich Antreffen von Phantasien". Anmerkungen zur Wirkungsgeschichte von Robert Musils Drama *Die Schwärmer*. In: Peter Csobádi u. a. (Hg.): Traum und Wirklichkeit in Theater und Musiktheater. Anif: Müller-Speiser 2006, S. 220–231.

Luserke, Matthias: Robert Musil. Stuttgart, Weimar: Metzler 1995.
Lévy-Bruhl, Lucien: Das Denken der Naturvölker. [frz. 1910] Hg. v. Wilhelm Jerusalem. Wien, Leipzig: Braumüller 1921.
Mach, Ernst: Die Analyse der Empfindungen und das Verhältnis des Physischen zum Psychischen. [1886; 9. Aufl. 1922] Nachdruck mit einem Vorwort v. Gereon Wolters. Darmstadt: WBG 1991.
Maeterlinck, Maurice: Der Schatz der Armen. [frz. 1896, dt. Übersetzung 1898] Hg. v. Fr.[iedrich] von Oppeln-Bronikowski. Jena: Diederichs 1925.
Meister, Monika/Stefanek, Paul: *Die Schwärmer* in Wien. In: Musil-Forum 8 (1982), S. 137–150.
Naganowski, Egon: *Die Schwärmer* als Bühnenstück. In: Josef Strutz, Johann Strutz (Hg.): Robert Musil – Theater, Bildung, Kritik. München: Fink 1985, S. 62–77.
Neuenfels, Hans: Die Biographie der Unruhe. Ein Essay. In: Robert Musil: Die Schwärmer. Ein Film v. H. N. Reinbek b. Hamburg: Rowohlt 1985, S. 5–54.
Oczipka, Michael: Die Verwirklichung des ‚anderen Zustands' in den Stücken Robert Musils. Diss. Univ. Wien 1972.
Pfister, Manfred: Das Drama. Theorie und Analyse. [1977] 9. Aufl. München: Fink 1997.
Punzi, Vito: Musils Bühnenwerke und die Berliner Theaterszene. In: Annette Daigger, Peter Henninger (Hg.): Robert Musils Drang nach Berlin. Bern u.a.: Lang 2008, S. 233–252.
Reniers-Servranckx, Annie: Robert Musil. Konstanz und Entwicklung von Themen, Motiven und Strukturen in den Dichtungen. Bonn: Bouvier 1972.
Riedel, Wolfgang: Archäologie des Geistes. Theorien des wilden Denkens um 1900. In: Jürgen Barkhoff, Gilbert Carr, Roger Paulin (Hg.): Das schwierige neunzehnte Jahrhundert. Germanistische Tagung zum 65. Geburtstag von Eda Sagarra im August 1998. Tübingen: Niemeyer 2000, S. 467–485.
Rogowski, Christian: „Lauter unbestimmte Größen". Zu Ingeborg Bachmanns Hörspielbearbeitung der *Schwärmer* von Robert Musil. In: Josef Strutz, Endre Kiss (Hg.): Genauigkeit und Seele. Zur österreichischen Literatur seit dem Fin de siècle. München: Fink 1990, S. 191–210.
Rogowski, Christian: Implied Dramaturgy. Robert Musil and the Crisis of Modern Drama. Riverside: Ariadne Press 1993. (Rogowski 1993a)
Rogowski, Christian: „Die alten Tragödien sterben ab". Musils *Schwärmer* als Kritik des zeitgenössischen Theaters. In: Modern Austrian Literature 26 (1993), H. 2, S. 63–89. (Rogowski 1993b)
Rogowski, Christian: „Shifts in Emphasis". Robert Musil's *Die Schwärmer* and Twentieth-Century Drama. In: Philip Payne, Graham Bartram, Galin Tihanov (Hg.): A Companion to the Works of Robert Musil. Rochester, New York: Camden House 2007, S. 199–221.
Rußegger, Arno: Kinema mundi. Studien zur Theorie des „Bildes" bei Robert Musil. Wien u.a.: Böhlau 1996, S. 171–200.
Sanders, Daniel: Handwörterbuch der deutschen Sprache. 2. Aufl. Leipzig: Wigand 1878.
Scharang, Michael: Robert Musils theatralische Sendung. In: Forum 12 (1965), S. 255–258.
Schneider, Günther: Untersuchungen zum dramatischen Werk Robert Musils. Bern, Frankfurt a.M.: Lang 1973.
Schwartz, Agata: Geschwisterliebe und Androgynie in Robert Musils *Die Schwärmer* und *Der Mann ohne Eigenschaften*. In: Patricia Doykos Duquette, Matthew Griffin, Imke Lode (Hg.): Proceedings and Commentary. German Graduate Students Association Conference at New York University February 12–14, 1993. New York: o. V. 1994, S. 56–64.
Simon, Andrea: Charakter, Kristalle und das ‚Gesetz des Höheren Lebens'. Einige Anmerkungen zu Musils *Die Schwärmer*. In: Annette Daigger, Gerti Militzer (Hg.): Die Übersetzung literarischer Texte am Beispiel Robert Musils. Stuttgart: Heinz 1988, S. 195–201.
Spörl, Uwe: Gottlose Mystik in der deutschen Literatur um die Jahrhundertwende. Paderborn u.a.: Schöningh 1997.

Stefanek, Paul: Theater zwischen Krise und Utopie. Zur Theaterkritik und -ästhetik Robert Musils. In: Maske und Kothurn 19 (1973), H. 4, S. 304–320.

Szondi, Peter: Theorie des modernen Dramas. Frankfurt a. M.: Suhrkamp 1966.

Thöming, Jürgen C.: Zu einer Metapher in Musils *Schwärmern*. In: Musil-Forum 7 (1981), S. 85–97.

Thöming, Jürgen C.: *Die Schwärmer* alternativ. In: Musil-Forum 15 (1989), S. 60–75.

Wolf, Norbert Christian: „… einfach die Kraft haben, diese Widersprüche zu lieben". Mystik und Mystizismuskritik in Robert Musils Schauspiel *Die Schwärmer*. In: Internationales Archiv für Sozialgeschichte der deutschen Literatur 27 (2002), H. 2, S. 124–167. (Wolf 2002a)

Wolf, Norbert Christian: Salto rückwärts in den Mythos? Ein Plädoyer für das ‚Taghelle' in Musils profaner Mystik. In: Wiebke Amthor, Hans Richard Brittnacher, Anja Hallacker (Hg.): Profane Mystik? Andacht und Ekstase in Literatur und Philosophie des 20. Jahrhunderts. Berlin: Weidler 2002, S. 255–268. (Wolf 2002b)

Wolf, Norbert Christian: Das wilde Denken und die Kunst. Hofmannsthal, Musil, Bachelard. In: Jörg Robert, Friederike Felicitas Günther (Hg.): Poetik des Wilden. Wolfgang Riedel zum 60. Geburtstag. Würzburg: Königshausen & Neumann 2012, S. 363–392.

Würmser, Rudolf: Musils Drama *Die Schwärmer*. Zur Laboratoriumssituation eines schwebenden Lebenszustandes. In: Peter Csobádi u. a. (Hg.): Traum und Wirklichkeit in Theater und Musiktheater. Anif: Müller-Speiser 2006, S. 232–239.

Zahlmann, Christel: Die Dynamik der Leere. Zu Robert Musils Drama *Die Schwärmer*. In: Wolfram Mauser, Ursula Renner, Walter Schönau (Hg.): Phantasie und Deutung. Psychologisches Verstehen von Literatur und Film. Frederick Wyatt zum 75. Geburtstag. Würzburg: Königshausen & Neumann 1986, S. 169–179.

Zeller, Rosmarie: Musil und das Theater seiner Zeit oder Musils Ort in der Dramengeschichte. In: Hannah Hickman (Hg.): Robert Musil and the literary landscape of his time. Salford: Univ. of Salford 1991, S. 134–150.

1.5 *Vinzenz und die Freundin bedeutender Männer* (1923)
Arno Rußegger

1. Einleitung 190
2. Zum Inhalt des Theaterstücks 191
3. Musils Dramen-Theorie 192
4. Zur Struktur des Theaterstücks 194
5. Zu den Hauptfiguren 196
6. Resümee 197
7. Literatur 198

1. Einleitung

Ein besonderer Erfolg als Theaterschriftsteller blieb Robert Musil zeit seines Lebens versagt. Die beiden Stücke, die er schrieb, sind aber nicht nur am zeitgenössischen Theaterbetrieb zu messen, sondern auch im Hinblick auf allgemeine Überlegungen zu reflektieren, die Musil anstellte, um einen sehr eigenwilligen Begriff von dramatischer Kunst zu konzipieren. Inwiefern *Vinzenz und die Freundin bedeutender Männer* (1923) tatsächlich als Versuch einer konkreten Umsetzung derartiger Theorien gelten darf, soll im Folgenden kurz umrissen werden.

1.5 *Vinzenz und die Freundin bedeutender Männer* (1923)

Der *Vinzenz* wurde von Musil selbst als „Posse in drei Akten" (GW II, 409; vgl. Horn 1993) klassifiziert. Die Uraufführung erfolgte am 4. Dezember 1923 durch das Ensemble „Die Truppe" im Lustspielhaus Berlin (Regie: Berthold Viertel) und wurde von renommierten Kritikern wie Alfred Kerr oder Herbert Ihering nicht einhellig, aber doch gelobt; das Publikum verstand manche Anspielungen auf lebende Personen und freute sich an solchem Ulk, oder eben gerade nicht. Immerhin sollten bald weitere Inszenierungen in Teplitz-Schönau und Wien folgen – also lange vor der ersten Aufführung von *Die Schwärmer*, obwohl diese früher (1921) publiziert worden waren. Seit Wilfried Berghahn gilt *Vinzenz* als ein „Satyrspiel" (Berghahn 1978, S. 86), weil es unterhaltsamer und gefälliger wirke als die von Anfang an als bedeutungsschweres Lesedrama verrufenen *Schwärmer*. (→ III.1.4 *Die Schwärmer*) Im Nachlass haben sich zum *Vinzenz* bemerkenswerterweise überhaupt keine Arbeitsmaterialien erhalten. Musil scheint das Stück in kurzer Zeit geschrieben und abgeschlossen zu haben (vgl. Corino 2003, S. 678).

2. Zum Inhalt des Theaterstücks

Alpha, eine Art Salondame, die in Wirklichkeit „Kathi" (GW II, 428) heißt, signalisiert schon mit ihrem Codenamen die besondere Stellung, die sie im vorgeführten Gesellschaftsgefüge einnimmt: Sie fungiert als das Leittier eines Rudels von Freiern – allesamt lächerliche Beta-Männchen, die ihr blind ergeben sind und bereit, sie auf der Stelle zur Frau zu nehmen. Diese finden sich – jeder ausgestattet mit einem eigenen Schlüssel – mitten in der Nacht nach und nach in Alphas Wohnung ein: der Großkaufmann, der Gelehrte, der Musiker, der Politiker, der Reformer und ein junger Mann, dessen Bedeutung noch in der Zukunft auf ihn wartet, um Alphas fingierten Namenstag zu feiern. Nur „Bärli", der Großkaufmann, trägt einen – wenn auch lächerlichen – Namen; die anderen ‚bedeutenden' Herren werden durch Berufsbezeichnungen identifiziert, was sie – ganz im Stile der damaligen surrealistischen und expressionistischen Theatermode – zu Typen und kruden Repräsentanten des herrschenden Zeitgeists macht.

Alpha ist aber auch eine typische Femme fatale, die den Männern zum Schicksal wird. Sie wirkt verführerisch, begehrenswert, und verfolgt letztlich doch nur ihre eigenen Pläne, indem sie ihre Verehrer mit erotischen Andeutungen in Atem und gleichzeitig stets auf Distanz hält. Ihr Ehemann Dr. Apulejus-Halm charakterisiert sie diesbezüglich recht zutreffend, wenn er meint, „sie streichelt auf der einen Seite jeden durch ihre Wißbegierde, gibt ihm das Gefühl, daß er ganz einzig ist, und hält ihn auf der anderen Seite in Hörigkeit, indem sie ihm das vorwirft, was er nicht ist." – Worauf Vinzenz repliziert: „Sie sagt dem Gelehrten, Sie sind kein Geschäftsmann, dem Musiker, Sie sind kein Gelehrter, dem Geschäftsmann, Sie sind kein Musiker, kurz allen zusammen und jedem: Sie sind kein Mensch?" (GW II, 420)

Vor allem Bärli ist dennoch wild entschlossen, aufs Ganze zu gehen. Für ihn reduziert sich sein Handeln auf nur noch zwei Optionen: „[E]ntweder Sie heiraten mich oder ich töte uns." (GW II, 411) Um seinen Forderungen Nachdruck zu verleihen, hat er Alpha überwältigt und gefesselt. Mit vorgehaltener Pistole begehrt er von ihr ein Heiratsversprechen. Alpha schreit um Hilfe. Auf dem Höhepunkt des Konflikts zeigt sich plötzlich, dass noch eine dritte Person im Raum anwesend ist, die niemand bemerkt hat: Hinter einem Sofa kommt – wie ein Deus ex Machina – der bisher versteckte Vinzenz hervor und gibt sich als Jugendfreund Alphas aus. Der Zweck seiner Anwesenheit bestehe darin, mit ihr „ein vor zehn Jahren nicht zu Ende gekommenes Gespräch endlich zu Ende [zu] führen." (GW II, 416) Doch als plötzlich noch der transvestitenhafte Dr. Apulejus-Halm daherkommt, von dem sie getrennt lebt, ist an eine weitere Aussprache nicht mehr zu denken. Außerdem stellt sich heraus, dass Vinzenz eigentlich in Apulejus-Halms Auftrag gekommen ist, um Alpha des Ehebruchs zu überführen. Sind alle irgendwie Betrüger? Der konsternierte Bärli begibt sich in ein Nebenzimmer, um dort ein paar Abschiedsbriefe zu schreiben, und auch die Dame des Hauses zieht sich erschöpft zurück.

Am nächsten Tag erst kann das besagte Gespräch von Vinzenz und Alpha fortgesetzt werden. Man erfährt von der früheren Liebe der beiden, ihre gemeinsamen Erinnerungen changieren zwischen Schwermut und neu entfachter Leidenschaft. Vinzenz entwickelt dabei die übermütige Idee, eine „‚Gesellschaft zur Verhinderung unmoralischer Glücksspiele'" (GW II, 431) zu gründen. Er behauptet, dass es ihm dank eines unfehlbaren Rechensystems möglich sei, alle Spielbanken der Welt zu sprengen und so zu gigantischem Reichtum zu gelangen. Da betritt wieder Bärli die Szenerie. Wie schon in der Nacht hat er die Pistole im Anschlag und zögert diesmal nicht, auf Alpha und sich selbst zu schießen. Bärli stürzt zu Boden.

Schon nach kurzer Zeit jedoch steht er wieder auf – es war alles nur ein Trick, den sich Vinzenz ausgedacht hat, um sowohl Alpha als auch Bärli mit Hilfe von Platzpatronen zur Räson zu bringen (vgl. GW II, 437). Vinzenz meint, Bärli möge als „Kaufmann [...] fortab nur noch das Geld ernst nehmen" (GW II, 438). Verärgert reagieren nun allerdings die anderen Männer, die Alpha vor Vinzenz beschützen wollen, den sie für einen gefährlichen Hochstapler halten. Ihrer Meinung nach wäre es unter den gegebenen Umständen am besten, wenn Alpha bei ihrem Gatten Apulejus-Halm bliebe. Sogar Vinzenz befürwortet diesen Plan, weil er sich zu keinem Liebesschwur durchringen kann. Nun reicht es Alpha endgültig, sie lehnt alle guten Ratschläge ab und telefoniert kurz entschlossen mit dem wohlhabenden Baron Ur auf Usedom, um endlich dessen bisher ausgeschlagenen Heiratsantrag anzunehmen; und Vinzenz beschließt – zur Überraschung aller –, sich fortan als Diener zu verdingen.

3. Musils Dramen-Theorie

Aus finanziellen Gründen arbeitete Musil in den 1920er Jahren für verschiedene Zeitungen als Theaterkritiker (vgl. Streitler 2006). In dieser Zeit machte er sich nicht nur mit vielen zeitgenössischen Stücken und Interpretationsansätzen vertraut, er gewann auch tiefe Einblicke in den Theaterbetrieb als solchen. Viele Tageskritiken und Essays zeugen davon. Nur die wenigsten Bühnenkünstlerinnen und -künstler entgingen Musils herber Kritik; kaum eine Aufführung in Prag, Wien oder Berlin entsprach seiner Vorstellung von einem schöpferischen Dichter- bzw. Literaturtheater (vgl. GW II, 1526–1529). (→ III.2.4 *Literatur- u. Theaterkritik*) Einerseits legte er also eine soziologisch-kulturpessimistische Abrechnung mit der Institution vor (vgl. *Der „Untergang" des Theaters*, 1924, GW II, 1116–1131), andererseits ergriff er das Wort zugunsten einer idealistischen Erneuerung des Dramas aus dem Geiste der Dichtung (vgl. Naganowski 1985):

> [Das europäische Theater] ist zum Schauspielertheater geworden, wenn es nicht richtiger ist zu sagen, es sei Schauspielertheater geblieben. Denn es war von den beiden Faktoren, die auf der Bühne ineinanderwirken sollen, der Dichtung und dem Schauspieler, immer der zweite stärker und fraß den ersten auf. [...] Es kann gar keine Frage sein, daß die eigentlichen Lebensimpulse dem Theater von der Dichtung zugeführt werden müssen [...]. (GW II, 1527)

Nach Musils Erachten ist der Schauspielerei das Gefühl an sich abhandengekommen; es gebe nur mehr einen ständig wiederholten Aufguss überkommener Klischees. Der gesamte Bereich des Bühnenexpressionismus (als Stilkonvention) versuche, dem offensichtlichen Manko mit unzulänglichen Mitteln beizukommen, und zwar mit einer quantitativen Steigerung des Sentimentalen, des Pathos, des äußerlichen Glanzes, mit exaltierter Talenthaftigkeit und Handlungsfülle, um die zugrundeliegende Ungeistigkeit vergessen zu machen (vgl. GW II, 1119f.). Schließlich beschreibt Musil, dass die Unterscheidung von Authentizität und Künstlichkeit implodiert zu sein scheint:

> Wenn man Ideen so sehr hinter oder in Menschen versteckt, dass sie nur zweideutig aus Wirkungen auf die alltäglichen Einfälle und Gefühle erschlossen werden können, fehlt der Zwang, die Ideen durchzubilden; man braucht nur die Gesten ihres Vorhandenseins, die aber werden bald ungenau wie Kopien von Kopien. (GW II, 1444)

Unbestechlich legte Musil die Schwachstellen des Theaters bloß: dessen Abhängigkeit von Kommerz (vgl. Arntzen 1980, S. 123) und momentanem Erfolg (vgl. GW II, 1118f.); die Anpassung an einen vorherrschenden Durchschnittsgeschmack (vgl. GW II, 1718) im Sinne einer umfassenden „Journalisierung" (GW II, 1128) der Stücke; die Auswüchse des damals gerade erst modern gewordenen Regietheaters; die Tendenz zum Anti-Intellektualismus als einem untauglichen Fluchtversuch vor einer verwirrenden Wirklichkeit. Er wies jeden trivialen Realismusbegriff zurück und verwarf Bühnenproduktionen, die sich auf ihn beriefen. Seine eigenen Stücke sollten demgegenüber keine mimetische Reproduktion der Wirklichkeit bieten: „Denn wer ein Dichter und kein Schwätzer ist, gestaltet ja doch nicht seine Einfälle, sondern im einzelsten Einfall noch sein Weltbild, seinen Weltwunsch und Weltwillen." (GW II, 1479)

Das Theater galt Musil aufgrund seiner ursprünglich höfischen Herkunft eigentlich als eine Bildungseinrichtung ersten Ranges, wenngleich „das Ideal der bürgerlich liberalen Bildung im Verblassen" und die „soziale Grundlage des Theaters unsicher geworden" sei; „und das ist seine Krise; sie ist bloß eine Teilerscheinung einer viel größeren" (GW II, 1711). Außerdem würden im Literaturbetrieb Roman und Essay, ja sogar die Lyrik längst „einen weit mächtigeren und ursprünglicheren Einfluß ausüben als das Theater" (GW II, 1717). Dazu kam noch die Konkurrenz durch neue Medien wie Kino oder Massensportveranstaltungen, wo man für wenig Geld eine stärkere Ablenkung vom Alltag bekommen konnte, die Musil übrigens auch selbst ausgiebig nutzte (vgl. Corino 2003, S. 1039–1059). (→ VI.3.2 Kino) Das Theater hingegen war seiner Meinung nach ein getreues Abbild der herrschenden Verhältnisse, es erschien ihm als Paradebeispiel für das Versäumnis und Unvermögen der bürgerlichen Gesellschaft, neue Ideen-Impulse aufzunehmen und zu verbreiten: „Alles ist vage, unpräzis, unsachlich, maßlos, einmalig, zufällig." (GW II, 1130) (→ VI.1.1 *Drama, Theater*)

Als eines der wenigen positiven Beispiele für Musils Billigung und Lob wäre das Moskauer Künstlertheater (vgl. GW II, 1476–1480 u. 1526–1529) zu nennen, das er von Gastspielen im Westen kannte. Er sah darin „eine wandernde menschliche Gemeinschaft, die ihren Gott und ihre Seele unverlierbar mit sich trägt." (GW II, 1477) Auch auf Konstantin Stanislawski (1863–1938), den berühmten Kopf und „Beweger" (GW II, 1476) des Ensembles, projizierte Musil superlative Eigenschaften. Ohne Russisch zu verstehen, war er fasziniert von einer Redeführung, die sich ihm nicht rational erschloss, sondern wie eine neue, alternative Äußerungsform wirkte (vgl. Rußegger 1996, S. 178f.). Musil gewann während der Aufführungen förmlich den Eindruck, „Wortarchitekten" auf der Bühne beim Errichten von „Klangmärchenschlössern" (GW II, 1615) zuzuschauen, wobei nicht begriffliche Inhalte, sondern Klänge, Rhythmen und Gebärden des Sprechens im Vordergrund standen. Gerade dem Protagonisten seines *Vinzenz* hat er einen ebenso unkonventionellen Zugang zur Sprache zugeordnet, der in vergleichbarer Weise auf abstrakt-künstlichen Ausdrücken beruht.

Musils Diagnosen in Bezug auf das Theater erinnern an das Motiv des ‚Seinesgleichen geschieht' (vgl. *MoE*, Erstes Buch, Zweiter Teil) und lassen das gängige Dramenpersonal wie Kolporteure bloß vermeintlich eigener Affekte erscheinen:

> Welches ist nun das Element des Schauspielers? Man schließt logisch: das Schau-Spiel. Der Schauspieler will Gelegenheit finden, sein vehementes Scheinleben auf der Bühne zu entfalten. Er will sich gebärden, schluchzen, schreien, herumfahren, in fremde Gestalten hinein- und aus seinem bürgerlichen Ich herausfahren können. […] [E]s ergibt sich, daß er weder sich selbst spielt, noch irgendetwas, das er je frei herumlaufen gesehn hat, sondern Rollen des Dichters, das heißt das, was andere Schauspieler gespielt haben, weil es andere Dichter geschrieben hatten, die es geschrieben haben, weil es andere Schauspieler gespielt gehabt hatten. Man spielt Kettenauffassungen und Effekttraditionen. Die Schauspieler ahmen nicht das Leben nach oder die Dichtung, sondern einander und das Publikum. Sie spielen nicht Leidenschaften, sondern Leidenschaften spielende Schauspieler, nicht Menschen, sondern Spiegelmenschen und die Magie eines Panoptikums vom Hörensagen. (GW II, 1610f.)

4. Zur Struktur des Theaterstücks

Die Bühne, mitsamt den herkömmlichen Kunstgriffen zum dramaturgischen Auf- und Abbau von Konflikten, ist zu einem Spiegelkabinett, einem zwielichtigen Etablissement für groteske Charaktere geworden. Die auftretenden „bedeutenden Männer" sind typische (und expressionistisch typisierte) Verkörperungen der von Musil konstatierten „Gefühle[ ] zum Quadrat" und „artifiziellen Gefühlsgefühle[ ]" (GW II, 1096). Diese werden als Konsequenz jener in Konventionen des Faktischen leerlaufenden Welt entlarvt, die im Sozialen keine historisch-beglaubigte Version von Subjektivität mehr hervorbringt (was auch eines der Kernthemen des Romans *Der Mann ohne Eigenschaften* ist). Die Umgangsformen der vorgeführten ‚besseren Gesellschaft' sind hohl geworden, doch das Bedürfnis nach gegenseitiger Bestätigung reicht noch aus, um den Anschein von Wichtigkeit aufrechtzuerhalten. In Wirklichkeit handelt es sich um Männer am Rande des Nervenzusammenbruchs. Um an ihre Ziele zu kommen, scheuen sie keine Bosheit, keine Intrige; sie werden aber wütend, wenn es ihnen jemand wie Vinzenz mit gleicher Münze zurückzahlt und sie in die Täuschungsfalle laufen lässt. Vinzenz ist in dieser Posse der Possenreißer (vgl. Würmser 1994) und reizt aus, was sich an Möglichkeiten zu bieten scheint, um diese letztlich aber als

Unmöglichkeiten, als bloßes Hirngespinst, zu entlarven. Oft ist es die Formulierung „mit einemmal", die darauf hinweist, dass auf der Handlungsebene wieder einmal alles auf den Kopf gestellt worden ist (z. B. GW II, 415 u. 422).

Kaum hat sich beispielsweise der Vorhang über der Szenerie gehoben, verkündet Großkaufmann Bärli schon lautstark: „Das muß ein Ende haben!" (GW II, 410) Damit wird für die Struktur des gesamten Stücks ein durchgängiges Muster vorgegeben, und zwar eine affirmative Setzung und gleichzeitige Demontage der traditionellen Bauelemente eines Dramas. Konsequent entzieht der Autor den Darstellungsmitteln, sobald er sie selbst – im Sinne des Bühnenhandwerks – zur Anwendung gebracht hat, gleich wieder den Boden; er karikiert jede der auftretenden Figuren, macht dramaturgische Kniffe als hohlen Theaterzauber durchschaubar. Der Spaß besteht nicht zuletzt auch darin, herkömmliche Erwartungen vonseiten des Publikums ad absurdum zu führen. Denn Theater muss laut Musil in erster Linie Dichtung sein, kein „Lebensersatz [...], sondern Sinngebung, Ausdeutung des Lebens, Menschendienst" (GW II, 1528).

Das groteske Stück wurde in der Forschung in Zusammenhang gebracht mit der Nonsens-Ästhetik des Dadaismus und dem absurden Theater (vgl. Naganowski 1983), was ohne Zweifel einiges für sich hat; ebenso kann man Musils gegen die aristotelische Tradition gerichtete Verfremdungseffekte mit denen Bertolt Brechts vergleichen (vgl. Strutz/Strutz 1985). Darüber hinaus sind die für den Handlungsverlauf typischen und als bloß fingierte Begebnisse (innerhalb des sowieso fiktiven Rahmens eines Theaterstücks) herausgestellten Mord- und Selbstmordversuche, die hetero- und homosexuellen Liebeshändel, die selbstbetrügerischen Nötigungen oder das Abfeuern ‚blinder' Pistolenschüsse als Symptome einer tiefen Erkenntnisskepsis Musils anzusehen; d. h. einer allgemeinen Repräsentationskrise, von der die abendländische Kultur der Moderne zunehmend durchdrungen ist (vgl. Bolterauer 2007). Brechts negative Bewertung des *Vinzenz* ist übrigens von Carl Zuckmayer überliefert worden; dieser schrieb:

> Da ich Prosa von Musil mit Bewunderung gelesen hatte [...], begann ich die Lektüre des Stücks voller Respekt, fand es aber geschraubt und geschwätzig. Ich hinterlegte das Manuskript [...] für Brecht und bat ihn um seine Meinung. Am nächsten Tag fand ich es wieder, er hatte diagonal über den Umschlag mit Bleistift ‚Scheiße' geschrieben. Das war eine unserer intensivsten dramaturgischen Bemühungen, sie hatte uns für einige Zeit ermüdet. (Zuckmayer 1997, S. 458)

Theaterkunst findet bei Musil als eine Art Wunschmaschine statt, d. h.: Die von ihm mit literarischen Mitteln entworfene Bühnenwirklichkeit spiegelt das ‚Reale' (außerhalb der Fiktion) gleichsam als Inkarnation von verborgenen Obsessionen, Leidenschaften, Zwängen, Süchten und Manien. Das entspricht Musils Einschätzung von Wirklichkeit als einer ästhetisch potenzierten Vorstellung. Doch er betreibt hier keine Ideologiekritik in der Weise, dass er gegensätzliche Ideologien verkörpern und aufeinanderprallen ließe oder sie verbindlich ausgefochten würden, indem er der Sache nach für oder gegen etwas Stellung bezöge. Vinzenz propagiert kein Alternativprogramm wie die Figur des ‚Reformers'; ebenso wenig lässt er sich kritiklos als Identifikationsfigur vereinnahmen. Vinzenz ist ein Versuchsmodell, um das Denken und Fühlen auf den Brettern, die die Welt bedeuten, wieder zum Ereignis zu machen. Das ist ein Eklat für die übrigen Figuren und eine Herausforderung für das Publikum im Saal. Denn derartige Erlebnisse können nur in reflektierter bzw. (doppelt) gebrochener Form vermittelt werden. Was das Schauspielen betrifft, legt Musil großen Nachdruck auf das Moment des Pantomimischen, das ein Zustand innerer Spannung sein sollte, in den sich alle Spieler kollektiv versetzen müssen. Gleichzeitig spontan und mit Bedachtnahme auf das Ganze müssten Figuren dargestellt und in ein Stück, als Kunstwerk verstanden, hineinmodelliert werden. Die dafür notwendige Atmosphäre kann laut Musil nur die Literatur schaffen, weil sie den Geist am unmittelbarsten beeinflusse (vgl. GW II, 1110f.). Dieser erst mache das Wesen des Menschen aus, wobei der doppelte, dialektische Gestus des Geistes zwischen Analyse und Synthese symptomatisch ist für das strukturelle Grundkonzept von *Vinzenz*.

5. Zu den Hauptfiguren

Vinzenz steht in einer quasi-parasitären Beziehung zur ihn umgebenden Welt: Er transzendiert sie nicht, sondern invertiert sie, zerlegt ihre Elemente und kombiniert sie neu, um daraus etwas anderes, Ungewöhnliches, Fremdes zu machen. Er hat sich beruflich nie festgelegt und ist in erster Linie als „Wortemacher" und „Namenmacher" (GW II, 415) tätig. Der offensichtlichen Krise in sprachlichen Kommunikationszusammenhängen begegnet er mit dem Versuch, das Namenlose, Verdrängte, Unsichtbare oder Widersprüchliche zu benennen oder gar umgekehrt mit Namen zu spielen, denen kein Ding und keine Identität mehr entsprechen. Vinzenz ordnet sich keinem Nützlichkeitsdenken unter, keiner instrumentalisierten bzw. instrumentalisierbaren Vernunft; stattdessen pflegt er das Spielerische und die Tagträumerei. Das Irrwitzige, das seine Auftritte deshalb prägt, gereicht ihm zu einer fantastischen, zauberischen Sprache, die im Wort „Kolibri" (GW II, 416) ihre zentrale Redefigur erhält. Bei den besagten „Kolibri"-Worten handelt es sich laut Vinzenz um die „gebratenen Worte", „die heißfarbigen Worte, die in der flammenden Urwaldsonne herumfliegen." (GW II, 417)

Während er sich wie „ein vollkommen desequilibrierter Mensch" (GW II, 440) verhält, macht Vinzenz' außergewöhnliche Imaginationskraft die Basis seiner Verbindung mit Alpha aus. Sie bringt ebenfalls eine im Allgemeinen verdrängte Randperspektive zum Ausdruck: die weibliche, die von Musil pro forma in den Mittelpunkt versetzt wird. Alpha laviert zwischen den ideologischen Konzepten von Wirklichkeit und den darauf bezogenen Erkenntnisformen, die ihren Möchtegern-Liebhabern eigen sind. Jeder von ihnen ist zu einer Charaktermaske erstarrt, zu einer Schaubudenfigur ohne Seele, definiert sich in erster Linie über seine Rolle am Arbeitsmarkt und sucht seine Identität, wenn nicht sein Heil, in einer Verabsolutierung einzelner Normen und Werte. Aus Alphas Sicht hingegen relativieren diese einander, weshalb es für alle Beteiligten ein müßiges Unterfangen bleiben muss, Alpha exklusiv erobern zu wollen. Indem sie sämtliche Sinnstiftungssysteme mit Absolutheitsanspruch der Lächerlichkeit preisgibt, solidarisiert sie sich mit Vinzenz und stellt sich in direkte Opposition zu den ‚bedeutenden Männern', die sie im Gegenzug jedoch für das jeweils fehlende Zentrum ihrer Weltbilder halten. Nicht zuletzt steht der Name „Alpha" folglich für ein geradezu klassisches Missverständnis des sogenannten ‚Ewig-Weiblichen' in einem patriarchalen Kontext.

Vinzenz radikalisiert die allseits vorhandene Tendenz zur Depersonalisierung und inszeniert sich provokativ selbst als Kunstwerk. Auf Entwicklung oder gar Persönlichkeit (in bildungsbürgerlicher Tradition) legt er nicht den geringsten Wert. Er stellt ein episierendes Element im Gesamtgefüge des Stücks dar, thematisiert die Fiktionalität des Gezeigten und setzt sie autopoetisch in Szene; er stilisiert sich zum Repräsentanten einer schillernden, potenzierten Welt zweiten Grades, komplementär zu einer als unbefriedigend und trivial verurteilten faktischen Realität. Den Wert dieser Gegenwelt und ihre Autonomie trägt er ganz in sich allein; Vinzenz' moralische Exterritorialität ist mit den Mitteln, die den anderen Personen zur Verfügung stehen, nicht dingfest zu machen. Er folgt eigenen Gesetzen und erweitert sie experimentell, indem er in mehreren Anläufen immer neue narrative Strukturen schafft, um die Realität umzudeuten. Einmal fasst Vinzenz diese unter der Bedingung des angeblich von ihm ersonnenen unfehlbaren Systems zusammen, alle Spielbanken der Welt zu sprengen, ein andermal unter der Voraussetzung, eine eigene Filmproduktionsfirma gründen zu wollen. So schafft Vinzenz variable Kontexte, die die Bedeutungseinheiten des Stücks modifizieren. Ihm ist letztlich eine Modalisierung aller aus dem Figurenverhalten ableitbaren Aussagen zu verdanken.

Vinzenz' keineswegs fatalistischer, sondern (selbst)ironischer Umgang mit seiner Existenzlage stempelt ihn zum „Typus eines phantastischen Lügners", wobei Lügen für ihn so viel heißt wie von „etwas Wünschenswertem behaupten, es ist der Fall, statt es sollte der Fall sein" (GW II, 441). Vom Standpunkt desjenigen, der die Möglichkeiten des vielfach Neuen, Unerwarteten, bislang Marginalisierten und Abgewerteten ernst genug nimmt, vermag „alles zu den Tatsachen" zu passen, die nicht ein für alle Mal zu fassen sind. Vinzenz reklamiert konsequenterweise für sich den Status eines Lügners, „dessen Lügen zu den Tatsachen stimmen" (GW II, 441). „Die Tatsachen sind nämlich phantastisch" (ebd.), verkündet er, und liefert damit einen Schlüssel zum Verständnis von Musils Gesamtwerk. Vinzenz demonstriert, inwiefern die Tatsachen als Zeichensysteme zu lesen sind. Er ist aber nicht auf der Suche nach neuer Innerlichkeit. Er hat keinen historischen Zugang zu seiner eigenen Biografie; den ‚großen Krieg', der zwischen der Trennung von Alpha und dem Wiedersehen mit ihr stattgefunden hat, erwähnt er mit keiner Silbe – übrigens auch sonst niemand in dem Stück. Vielmehr versucht er sprunghaft und spontan verschiedene Zeitebenen zu überbrücken, ständig unterläuft er die eigene Sehnsucht nach tatsächlicher Wunscherfüllung, sowohl in materieller als auch in metaphysischer Hinsicht, indem er sich keinerlei Verlangen nach Macht zugesteht. Seine Über-Affirmation ironisiert auch dieses und eröffnet eine utopische Perspektive: Vinzenz will nicht länger begehren, was die Menschen (psychisch oder physisch) beherrscht und ausbeutet; am Ende zieht er sogar die Konsequenz, Diener zu werden, um in subalterner Position endlich jemand anderem als sich selbst hinterher leben zu können – was auch durch sein Doppelwesen in einem anderen Stück impliziert wird, nämlich in Hugo von Hofmannsthals *Der Schwierige* (1921), wo ebenfalls eine Figur namens Vinzenz, ein Diener, in Erscheinung tritt (vgl. Goltschnigg 1992 u. 2009).

6. Resümee

Zu praktisch allen Figuren des *Vinzenz* hat Karl Corino in minutiöser Kleinarbeit historische und biografische Fakten zu Personen festgestellt, die Musil als literarische Modelle dienen konnten, angefangen mit Ea von Allesch und Gina Kaus, über Peter Altenberg und Egon Friedell bis hin zu Franz Blei und anderen (vgl. Corino 2003,

S. 653–692). Insgesamt verortet er das Stück im Milieu der Wiener Kaffeehauskultur nach dem Ersten Weltkrieg, als die Menschen Sehnsucht nach Geselligkeit, Zerstreuung, Unterhaltung hatten und das zivile Leben langsam wieder in Schwung kam. Dennoch war – wie auch im Stück – die große Epochen-Zäsur nicht ohne Weiteres zu überbrücken, existenzielle Unsicherheiten und zwischenmenschliche Entfremdungsgefühle blieben bestehen. (→ II.3 *Zäsuren*) In diesem Sinn ist das zentrale Motiv der Hochstapelei als Kommentar zu den zeitgenössischen Verhältnissen zu verstehen. Es kommt nicht von ungefähr, dass Vinzenz und die übrigen Figuren des Stücks – auf unterschiedlichen Stufen der Geistesgegenwart – so vorgeführt werden, als ob sie dauernd neben sich selbst herliefen. Vinzenz könnte als Musils Allegorie dafür gelten, was heute unter dekonstruktiven Methoden verstanden wird. Vinzenz ist beruflich nicht festgelegt, weder Nützlichkeitsdenken noch Vernunft lenken ihn. Stattdessen pflegt er das Spielerische und die Tagträumerei. Von außen betrachtet ergibt sein Handeln oft wirren Unsinn. „[A]ber das Leben fügt ihn [i. e. den Unsinn] zusammen", erläutert Vinzenz; es gehe ihm um die „wörtliche Zusammengehörigkeit des Unzusammengehörigen", denn man „kann nicht zusammengehörige Stücke so zusammenfügen, bloß mit Worten, daß es kein Mensch merkt." (GW II, 417)

7. Literatur

Arntzen, Helmut: Musil-Kommentar sämtlicher zu Lebzeiten erschienener Schriften außer dem Roman *Der Mann ohne Eigenschaften*. München: Winkler 1980.

Berghahn, Wilfried: Robert Musil in Selbstzeugnissen und Bilddokumenten. [1963] 10. Aufl. Reinbek b. Hamburg: Rowohlt 1978.

Bolterauer, Alice: Selbstreferenz und Selbstreflexion als Ausdruck eines krisenhaften Moderne-Bewusstseins – diskutiert am Beispiel der Literatur der ‚Wiener Moderne'. In: Janine Hauthal u. a. (Hg.): Metaisierung in Literatur und anderen Medien. Theoretische Grundlagen, historische Perspektiven, Metagattungen, Funktionen. Berlin, New York: de Gruyter 2007, S. 175–193.

Corino, Karl: Alpha – Modell Nr. 2. Bemerkungen zum biographischen Hintergrund von Robert Musils Posse *Vinzenz und die Freundin bedeutender Männer*. In: Josef Strutz, Johann Strutz (Hg.): Robert Musil – Theater, Bildung, Kritik. München: Fink 1985, S. 95–109.

Corino, Karl: Robert Musil. Eine Biographie. Reinbek b. Hamburg: Rowohlt 2003.

Goltschnigg, Dietmar: Theoretische und historische Aspekte der Komödie *Vinzenz und die Freundin bedeutender Männer*. In: Hannah Hickman (Hg.): Robert Musil and the literary landscape of his time. Salford: Univ. of Salford 1991, S. 151–171.

Goltschnigg, Dietmar: Spielcharakter, belachbare Komik und Finalität der Komödie. Hofmannsthals *Der Schwierige* und Musils *Vinzenz und die Freundin bedeutender Männer*. In: Joseph P. Strelka (Hg.): Wir sind aus solchem Zeug wie das zu träumen … Kritische Beiträge zu Hofmannsthals Werk. Bern u. a.: Lang 1992, S. 197–224.

Goltschnigg, Dietmar: Ironische, satirische und parodistische Belachbarkeit in der Komödie. Hugo von Hofmannsthals *Der Schwierige* und Robert Musils *Vinzenz und die Freundin bedeutender Männer*. In: ders.: „Fröhliche Apokalypse" und nostalgische Utopie: „Österreich als besonders deutlicher Fall der modernen Welt". Hg. v. Charlotte Grollegg-Edler. Wien: LIT 2009, S. 232–251.

Horn, Peter: Versuch über die Posse. Robert Musils *Vinzenz und die Freundin bedeutender Männer*. In: Études germano-africaines 11 (1993), S. 78–95.

Naganowski, Egon: *Vinzenz oder der Sinn des sinnvollen Unsinns*. In: Uwe Baur, Dietmar Goltschnigg (Hg.): Vom *Törleß* zum *Mann ohne Eigenschaften*. München, Salzburg: Fink 1973, S. 89–122.

Naganowski, Egon: Robert Musils *Vinzenz*, der Dadaismus und das Theater des Absurden. In: Gudrun Brokoph-Mauch (Hg.): Beiträge zur Musil-Kritik. Bern u.a.: Lang 1983, S. 63–74.

Naganowski, Egon: *Die Schwärmer* als Bühnenstück. In: Josef Strutz, Johann Strutz (Hg.): Robert Musil – Theater, Bildung, Kritik. München: Fink 1985, S. 62–77.

Rasch, Wolfdietrich: Robert Musils Komödie *Vinzenz und die Freundin bedeutender Männer*. In: Hans Steffen (Hg.): Das deutsche Lustspiel. Bd. 2. Göttingen: Vandenhoeck & Ruprecht 1969, S. 159–179.

Rogowski, Christian: Implied Dramaturgy. Robert Musil and the Crisis of Modern Drama. Riverside: Ariadne Press 1993, bes. S. 185–275.

Rogowski, Christian: „Diese von Männern gemachte Welt". Zu Ingeborg Bachmanns Hörspielbearbeitung von Robert Musils Posse *Vinzenz und die Freundin bedeutender Männer*. In: Gudrun Brokoph-Mauch, Annette Daigger (Hg.): Ingeborg Bachmann. Neue Richtungen in der Forschung? St. Ingbert: Röhrig 1995, S. 187–198.

Rußegger, Arno: Kinema mundi. Studien zur Theorie des „Bildes" bei Robert Musil. Wien u.a.: Böhlau 1996.

Rußegger, Arno: „Und was gewöhnlich in der Wirklichkeit geschieht, gehört bestenfalls ins Kino." Theater anders in Robert Musils *Vinzenz und die Freundin bedeutender Männer*. In: Gunther Martens, Clemens Ruthner, Jaak De Vos (Hg.): Musil anders. Neue Erkundungen eines Autors zwischen den Diskursen. Bern u.a.: Lang 2005, S. 17–31.

Schwartz, Agata: Robert Musil als Dramatiker, Theaterkritiker und -theoretiker. In: Fidibus 19 (1991), H. 1, S. 1–65.

Stefanek, Paul: Musils Posse *Vinzenz* und das Theater. In: Wolfgang Freese (Hg.): Philologie und Kritik. Klagenfurter Vorträge zur Musilforschung. München, Salzburg: Fink 1981, S. 111–148.

Streitler, Nicole: Musil als Kritiker. Bern u.a.: Lang 2006.

Strutz, Josef/Strutz, Johann (Hg.): Robert Musil – Theater, Bildung, Kritik. München: Fink 1985.

Würmser, Rudolf: Robert Musils Posse *Vinzenz und die Freundin bedeutender Männer*. In: Peter Csobádi (Hg.): Die lustige Person auf der Bühne. Gesammelte Vorträge des Salzburger Symposions 1993. Bd. 2. Anif: Müller-Speiser 1994, S. 693–700.

Zuckmayer, Carl: Gesammelte Werke in Einzelbänden. Hg. v. Knut Beck u. Maria Guttenbrunner-Zuckmayer. Bd. 16: Als wär's ein Stück von mir. Horen der Freundschaft. Frankfurt a.M.: Fischer 1997.

1.6 *Drei Frauen* (1924)

Wolfgang Müller-Funk

1. Einleitung 200
   1.1 *Tonka* 204
   1.2 *Grigia* 205
   1.3 *Die Portugiesin* 206
2. Forschungspositionen 207
   2.1 Erzählstruktur des Rätsels 208
   2.2 Die Frau als das Andere und Fremde 211
   2.3 Liebe und Tod als Krisensituationen des Männlichen 215
   2.4 Weitere Deutungsperspektiven 217
   2.5 Biografismus und Textgenese 219
3. Forschungsperspektiven 221
4. Literatur 221

1. Einleitung

Drei Frauen sind das dritte Prosa-Buchprojekt von Robert Musil nach den beiden vorhergegangenen Publikationen *Die Verwirrungen des Zöglings Törleß* (1906) und dem Novellenband *Vereinigungen* (1911). Die drei Erzählungen, *Grigia*, *Die Portugiesin* und *Tonka*, die zunächst getrennt erschienen sind, wurden 1924 zu einem Novellenzyklus zusammengefasst. Sie sind Dokumente einer zweiten literarischen Karriere, die Robert Musil nach dem Ersten Weltkrieg in Gang zu bringen versuchte. Die drei Erzählungen, die in der von Adolf Frisé herausgegebenen Gesamtausgabe nicht einmal 75 Seiten umfassen, unterscheiden sich von den beiden Novellen *Die Vollendung der Liebe* und *Die Versuchung der stillen Veronika* sowohl in der Erzählweise als auch in der Thematik. Stehen die *Vereinigungen*, die eine sehr starke Innenperspektive bzw. interne Fokalisierung auf die beiden weiblichen Figuren aufweisen und mit noch ganz im Banne des Fin de siècle (zu denken ist dabei etwa an Maeterlinck, aber auch an Beer-Hofmann), so etabliert das traditionellere Erzählverfahren in *Drei Frauen* mehr oder minder klar dekodierbare Außenwelten, wobei in *Tonka* – im Unterschied zu den beiden anderen Erzählungen – noch wie in den *Vereinigungen* ‚impressionistische' Techniken Verwendung finden (vgl. Arntzen 1980, S. 134). Diese korrespondieren mit den psychischen Innenwelten der zumeist männlichen Protagonisten. Arntzen hat bereits die Einsamkeit der männlichen Protagonisten und die damit verbundene Kommunikationslosigkeit hervorgehoben: „Dieses Alleinsein aber reduziert Homos Tod [in *Grigia*] auf die bloße Vorstellung eines Liebestodes, den er zu sterben glaubt." (ebd., S. 128) Nach Rosmarie Zeller (2011/12, S. 59) gibt „es keinen realistischen Grund" dafür, dass der männliche Protagonist stirbt.

Bei den drei Erzählungen handelt es sich, was in der Sekundärliteratur früh vermerkt worden ist (vgl. Eibl 1978, S. 129, 140, 142 u. 153) um Novellen. (→ VI.1.2 *Novelle*) Wendepunkte sind die rätselhafte Schwangerschaft der Titelheldin in *Tonka*, die plötzliche Erkrankung des Herrn von Ketten in *Die Portugiesin* oder der jähe Abbruch der Beziehung durch die Frau in *Grigia*, als deren Mann zurückkehrt. Mareike Schildmann (2011/12, S. 106f.) hat in diesem Zusammenhang den Begriff der „Ausnahme" ins Spiel gebracht, die in den Ablauf des Wirklichen einbricht.

Andere formale Eigenschaften sind schon in den ersten Kommentaren und Interpretationen benannt worden: „Bildparataxe" (Eibl 1978, S. 139–141), exemplarisches „Gleichnis" bzw. „Gleichnistextur" (ebd., S. 144; Böni 2011/12, S. 66); Karl Eibl (1978, S. 143) hat in diesem Zusammenhang von „Märchen- und Mythensynkretismus" gesprochen. (→ VIII.4 *Gleichnis*) Der exemplarische Charakter verweist auf eine Metatextualität, in der der literarische Text als exemplarischer Fall kodiert wird (vgl. Arntzen 1980, S. 131), und Selbstreferenzialität, die durch die radikale Fokalisierung auf die Erinnerungsspur des ‚Helden' bewirkt wird (vgl. ebd., S. 134).

Die Erzählungen enthalten klar konturierte Dialoge (in *Grigia* unter Einbeziehung des regionalen Dialekts) sowie starke Konturierungen des Raumes und seiner realen wie symbolischen topologischen Beschaffenheit (in *Grigia*, aber auch in *Die Portugiesin*, und vor allem in den ersten Abschnitten von *Tonka*, in denen die Lebenswelt der Titelfigur räumlich verortet wird). Dies legt eine ‚realistische' bzw. referentielle Lesart der drei Erzählungen gegenüber den stärker artistisch-selbstreferentiellen *Vereinigungen* nahe.

Bereits in den Kommentaren von Eibl und Arntzen wird das vergleichsweise konventionelle Erzählverfahren des Novellenzyklus, die Fokalisierung auf die männlichen Figuren, die Verwendung ‚auktorialer' Kommentare sowie – damit verbunden – die autobiografische Diktion herausgestrichen (vgl. Arntzen 1980, S. 131 u. 134; Eibl 1978, S. 136). Im Unterschied zu den früher publizierten *Vereinigungen* spielen in *Drei Frauen* soziale, gesellschaftliche, kulturelle und politische Umstände eine nicht unwesentliche Rolle: Krieg, innereuropäischer Kolonialismus, die Welten des Geschäftslebens und der Wissenschaft sowie familiäre Strukturen kommen hier zur Sprache. Während die *Vereinigungen* eine subtile psychologische Einsichtnahme in die Gefühlswelten zweier Frauen (Veronika und Claudine) gewähren und als psychologische Studien zur Weiblichkeit im Medium der Literatur verstanden werden können, stehen in der späteren Novellensammlung die männlichen Protagonisten im Vordergrund (vgl. Arntzen 1980; Rauch 2000). Alle drei Erzählungen enthalten radikal subjektive männliche Innenansichten, Elemente des Märchenhaften, Träume und Tagträume, Erinnerungsspuren. Die Differenz zwischen den beiden Textsammlungen hängt auch mit einer radikal unterschiedlichen Fokalisierung zusammen. Während in den *Vereinigungen* die psychische Innenwelt der beiden Frauen fast ausschließlich aus deren Perspektive vermittelt und beleuchtet wird, liegt der Blickwinkel in *Drei Frauen* vornehmlich bei den Männern. Es dominiert eine männliche Sichtweise, in der die Frauen verschlossen und stumm bleiben. Dadurch erscheint die Innenwelt der weiblichen Protagonistinnen wie eine Blackbox und ermöglicht die Thematisierung der Frau als (nicht nur geschlechtlich betrachtet) prinzipiell Fremdes.

Die literarischen Porträts dreier durchaus sehr verschiedener Frauentypen werden in dem heterodiegetischen und extradiegetischen Erzählverfahren überwiegend aus einer Außenperspektive bzw. externen Fokalisierung gezeichnet: Dies legt *ein* gemeinsames Thema der Erzählungen bereits fest: die Alterität und Rätselhaftigkeit des ‚anderen Geschlechts' (vgl. Müller-Funk 2009 u. 2011) und damit verbunden die Krise männlicher Identität (vgl. Eibl 1978, S. 132). Die Forschung hat zudem, zumeist unter Verweis auf Kommentare des Autors, das Problem der Rationalität und ihrer Grenzen ins Zentrum ihrer Überlegungen gerückt. Die „Komplementarität von (positivistischer) Rationalität" sei, so Eibl, „ein wesentlicher Bestandteil der geistigen Atmosphäre, der Musil entstammt", zu der auch Ludwig Wittgenstein und seine (frühe) Philosophie gehöre (ebd., S. 132). Weitere Themenlagen sind der Gegensatz von Zivilisation und Natur, der nicht selten analog zur Geschlechterdifferenz vorgeführt wird (vgl. Zeller 2011/12, S. 47–52). (→ V.6 *Geschlechterrelationen*)

Bieten die *Vereinigungen*, in denen in tiefenpsychologischer Absicht die seelische Innenlage der Protagonistinnen minutiös und exakt wiedergegeben und ausgelotet wird, eine moderne Psychologie im Medium des Literarischen, so weist der nachfolgende Erzählband der *Drei Frauen* thematisch und motivisch darüber hinaus und entfaltet nicht zuletzt aufgrund seiner Tendenz zu Grenzauflösungen eine kulturanthropologische Dimension. Zu denken ist an die Oppositionen von ‚Zivilisation' und ‚Barbarei', von ‚Mann' und ‚Frau', von ‚Eros' und ‚Thanatos', von ‚Mensch' und ‚Tier', von ‚Rationalem' und ‚Nicht-Rationalem', von ‚Stadt' und ‚Land', von ‚Fremde' und ‚Heimat'. Rosmarie Zeller (2011/12, S. 51) hat am Beispiel von *Grigia* davon gesprochen, dass „Grenzauflösungen" ein „durchgehendes Charakteristikum der Novelle" seien.

In allen drei Novellen kommt hinter den beiden nicht selten explizierten thematischen Ebenen, der psychologischen und der kulturanthropologischen, eine dritte zum Vorschein: *Drei Frauen* sind auch paradigmatische Fälle für die Krise männlicher Identität (vgl. Krottendorfer 1995). Ungeachtet der unterschiedlichen Konstruktionsformen des Weiblichen (die ‚natürliche', alpine Frau Grigia, die gebildete und intellektuelle Portugiesin) stellen die Frauenfiguren die traditionelle Superiorität des Mannes in Frage. Das gilt bis zu einem gewissen Grad auch für die ‚traditionellste' Frauenfigur der Erzähl-Trilogie, für Tonka, die sich ihrer Gefühle über sich selbst und ihrem Geliebten gegenüber gewiss zu sein scheint.

Die heterodiegetische Erzählinstanz zeichnet sich vor allem durch die Fokalisierung auf die männliche Hauptfigur und durch gelegentliche Erzählerkommentare aus, die mit diesen Erzählverfahren korrespondieren (vgl. hierzu den Anfang von *Grigia*, GW II, 234). Wenn auch vor allem in *Grigia* und *Die Portugiesin* eine gewisse Rückkehr zu Erzähltechniken des 19. Jahrhunderts unverkennbar ist, so wird doch in den *Drei Frauen* die Differenz zwischen Erzählinstanz und (männlicher) Figur durch den Einsatz der erlebten Rede tendenziell aufgelöst.

Bei *Tonka*, dem produktionsgeschichtlich ältesten der drei Texte, handelt es sich um eine Erzählung, die durchaus noch impressionistische Momente in sich trägt, Spuren von subjektiven Erinnerungen, die keine direkte Beziehung zur äußeren Handlung besitzen: „An einem Zaun. Ein Vogel sang. Die Sonne war dann schon irgendwo hinter den Büschen." (GW II, 270) Der Text wird durch diesen Anfang als literarisch überformte Erinnerung markiert, in der die Erzählung durch einen nicht expliziten, nicht namentlich gekennzeichneten heterodiegetischen Erzähler mit den Erinnerungen des männlichen Protagonisten mehr oder minder verschmilzt. Diese subjektiven Elemente werden (vor allem in *Tonka*) zuweilen durch eine neutrale Schilderung des Geschehens, durch Kommentare und pseudo-autobiografische Angaben ergänzt, kommentiert, korrigiert und kontrastiert. Wie in den beiden anderen Novellen verknüpfen sich zwei Motive miteinander, Fremdheit und Geheimnis bzw. Rätsel. Aus der Perspektive des bürgerlich saturierten Mannes ist die Frau, seine Geliebte, ein fremdes, nicht durchschaubares Wesen, fremd als Frau, fremd in ihrer sozialen Herkunft und Sprache. Mit der Fremdheit korrespondiert das Geheimnis, das den Höhepunkt der post-traditionellen Novelle bildet: Tonkas rätselhafte Schwangerschaft, die zu ihrem tragischen Ende führt. Damit einher geht eine Krise des Rationalen. Denn den Berechnungen des Mannes zufolge kann er nicht der Vater des Kindes sein. Gegen dieses Kalkül stehen, gerade aus der Erzähler- und der männlichen Figurenperspektive, das durchaus glaubwürdige und unbeirrbare Bekenntnis der Frau, dem Freund nicht untreu gewesen zu sein sowie ihre charakterlichen Eigenschaften und ihre Liebe zum männlichen Protagonisten.

Neben dem Thema der Fremdheit zwischen den Geschlechtern, Klassen und Kulturen, das zugleich auf eine kulturstereotype Inkompatibilität zwischen ‚männlicher' Rationalität und ‚weiblicher' Emotionalität zu verweisen scheint, und dem in der Deflorationsszene sichtbar werdenden Problem der Sexualität wird in dem Text – übrigens in verblüffender Ähnlichkeit zu Freuds Psychoanalyse – die ödipale Familiensituation thematisiert, wobei indes die Mutter partiell beide Positionen (Mutter und Vater) zu übernehmen scheint bzw. der abwesende Vater durch den Geliebten der Mutter substituiert ist. (→ IV.7 *Psychoanalyse*)

Exotisch fremd ist die Geliebte des Mannes in *Grigia*, deutlich als ‚Fremde' innerhalb der eigenen Kultur bestimmt, als Figur einer Peripherie, die zum Gegenstand kolonialer und eben auch sexueller Inbesitznahme wird. Zudem ist hier die Fremdheit der Frau mit anderen Formen von Alterität verknüpft, der anderen Sprache, aber auch mit einem anderen, scheinbar ‚natürlichen' und kreatürlichen Umgang mit Sexualität. Überdies ist die Erzählung von einem Dekadenz-Narrativ bestimmt. Am Ende wird der todessehnsüchtige, zivilisationsmüde Mann nicht durch den natürlichen Sexus der Frau geheilt, sondern kommt durch diesen gleichsam zu Tode, wobei die Erzählung eine Lücke lässt, insofern rein erzähltechnisch der Tod des Protagonisten, der den gleichnishaften Gattungsnamen Homo trägt, narrativ besehen höchst paradox ist. Es kann eigentlich keine Erzählinstanz geben, die den Tod des Mannes in der Höhle erzählen kann. Diese Lücke eröffnet die interpretatorische Möglichkeit, den Tod des Mannes als einen symbolischen zu lesen, als ein Ende männlicher Hegemonie und der mit ihr einhergehenden Zivilisation, was im parallelen Scheitern der imperialen Expedition zum Ausdruck kommt.

Fremd ist auch die dritte weibliche Hauptfigur in der Erzählsammlung, die statt eines Namens nur eine nationale Bezeichnung trägt, eben ‚die Portugiesin'. Sie ist, mehr noch als Tonka und Grigia, eine Frau aus einer anderen, wenn auch europäischen Kultur. Fremd ist zudem die Zeit des ausgehenden Mittelalters. Auch hier bleiben die Motive des ‚weiblichen' Handelns, die psychologische Motivation der Frau im Dunkeln. Wendepunkt ist hier die Erschöpfung sowie lebensgefährliche Erkrankung des Mannes, der zwei einschneidende Ereignisse bzw. Erfahrungen vorausgehen: ein nicht enden wollender Krieg und, damit verbunden, die Trennung des Paares, von dem der Leser bzw. die Leserin nicht genau weiß, ob sie sich lieben oder ob es sich lediglich um eine konventionelle Beziehung handelt. Mit der rätselhaften Krankheit geht das Auftauchen eines gefährlichen Rivalen einher, eines vertrauten Mannes der Frau aus ihrer Heimat, wobei offenbleibt, ob die Frau mit dem Landsmann eine intime Beziehung unterhalten hat. Wie in den beiden anderen Texten spielt die Kommunikationslosigkeit, das Schweigen und Nicht-miteinander-reden-Können, eine maßgebliche Rolle und prägt, paradox gesprochen, die kommunikative Situation. Immerhin gelingt es dem Paar durch eine indirekte totemistische Kommunikation, in der Tiere (Wolf und Katze) zu Signifikanten von Mann und Frau avancieren, ihre Liebesbeziehung neu zu beginnen. Diese Erzählung ist der einzige der drei Texte, der versöhnlich endet.

Die formale Struktur und das Thema der Fremdheit der Frau bilden die Klammer zwischen den drei Erzählungen. Aber trotz dieser formalen und thematischen Gemeinsamkeit unterscheiden sich die drei Novellen – in Bezug auf Entstehung, Zeitbezug, Gestus und Textgenre – voneinander. Handelt es sich bei *Tonka* um eine fiktionalisierte autobiografische ‚Erinnerungstextur' (vgl. Müller-Funk 2005; Fanta 2011/12), so ist *Grigia* wenigstens vordergründig ein Bericht über eine Expedition in eine innere alpine Peripherie. *Die Portugiesin*, wie *Grigia* im Grenzbereich zwischen romanisch-italienischer und deutschsprachig-österreichisch-zentraleuropäischer Kultur, zwischen Norden und Süden angesiedelt, ist eine fiktive Geschichte des Mittelalters und zugleich pointiert moderne Psychologie. Gemeinsam ist den drei Novellen, dass die Frauen nicht nur als ganz andere Geschlechtswesen als die Männer erscheinen, sondern auch einer fremden, wenn auch benachbarten Kultur angehören (Slawisch/Tschechisch, Romanisch/Italienisch). In zwei Fällen ist die sexuelle und ethnische Differenz zudem mit sozialer Ungleichheit verknüpft. Denn in *Tonka* und *Grigia* repräsentiert – mit Antonio Gramsci bzw. Spivak (2008) gesprochen – das stumme fremde weibliche Gegenüber die Position der Subalternen, die keine eigene Stimme haben. Demgegenüber verkörpert die namenlose schöne Frau aus dem äußersten Süden Europas in der märchenhaften Novelle *Die Portugiesin* eine Frau, die ihrem ‚wilden' Mann aus dem Norden an Kultur und Bildung weit überlegen ist.

1.1 *Tonka*

Die Erzählung, mit der Musil schon unmittelbar nach dem literarischen Erfolg seines Romans *Törleß* begonnen hat (vgl. Fanta 2011/12), ist *Tonka*, der weitaus längste und am häufigsten untersuchte Text der Sammlung. Die Novelle (Erstdruck in: *Der Neue Roman. Ein Halbjahr neuester Prosa.* Hg. v. Friedrich Jaksch. Reichenberg: Stiepel 1923, S. 349–389) geht, worauf Eibl (1978), Arntzen (1980) und später Corino (2003) verweisen, auf Geschehnisse lange vor dem Ersten Weltkrieg zurück. Sie ist jener Text, der in der Sekundärliteratur am intensivsten biografisch ausgeleuchtet worden ist. Hierzu haben nicht zuletzt die Arbeitshefte Musils erheblich beigetragen, in denen die Beziehung des jungen Musil, eines angehenden Wissenschaftlers, zu der aus einfachen Verhältnissen stammenden Handlungsangestellten Herma Dietz – nach einmütiger Meinung der Forschung die Vorlage für das mährische Mädchen Tonka – festgehalten ist. Der letzte Eintrag zu Musils Jugendgeliebter datiert aus dem Jahr 1908. Aber schon vor dem 11. Oktober 1905 sind Vorarbeiten zu einem Roman erhalten, die dann in jene zu *Der Mann ohne Eigenschaften* (*MoE*) übergingen, aus dem die Liebesgeschichte eines in jeder Hinsicht ungleichen Paares schließlich ausgegliedert wurde. 1920 hat der Autor den Stoff wieder aufgegriffen und neu bearbeitet, die Fertigstellung erfolgte wohl um 1922. Die Geschichte Tonkas erscheint nun in einem völlig anderen Zusammenhang, nämlich in Verbindung mit den beiden anderen Geschichten der Novellensammlung, die Christa Gürtler bereits 1986 sehr plausibel als *Drei Märchen um „Drei Frauen"* gelesen hat (vgl. ebd., S. 132; Catani 2005, S. 248). ‚Märchen' kann dabei in einem direkten Sinn, aber auch als Auflösung gewohnter Realitätsauffassungen verstanden werden, die eine generelle Fremdheit der Welt, der geschlechtlichen Identitäten und Relationen mit sich bringt. Das eröffnet interpretatorisch die Möglichkeit, die drei Novellen ungeachtet der oben skizzierten Unterschiede in einen intertextuellen Bezug zu stellen, als *ein* theoretisches Unternehmen im Medium der Literatur.

In seinem Kommentar hebt Arntzen (1980, S. 135) etwas hervor, was in vielen nachfolgenden Studien aufgenommen und zum Teil vertieft worden ist; er betont insbesondere im Hinblick auf *Tonka* eine ‚doppelte Form' des Erzählens: Diese narrative Form belegt Arntzen mit dem Terminus eines ‚impressionistischen' Erzählens, das von einer persönlich gefärbten Erinnerung an die damaligen Gefühle und Situationen bestimmt ist und durch distanziertes, kühles und analytisches ‚realistisches' Erzählen gebrochen und konterkariert und damit metanarrativ problematisiert wird. Es ließe sich also sagen, dass der in Musils literarischem Œuvre häufig konstatierte Widerstreit zwischen kühler rationaler Betrachtung und subjektiven Gefühlslagen schon in der Erzählstruktur angelegt ist. Die Inhomogenität und Gebrochenheit des Erzählens korrespondiert mit einer Kommunikationslosigkeit, die durch die Stummheit der Frau, aber auch das emotionale Unvermögen des ‚rationalistischen Mannes' herbeigeführt wird. Anregend ist zudem, dass Arntzen im Hinblick auf die Fabelkonstruktion den religiös konnotierten Terminus ‚Stationen' aufgreift. Es sind dies „Kennenlernen, Zusammenleben, Schwangerschaft Tonkas, Entfremdung und Wiederannäherung, Tod Tonkas" (ebd., S. 135) sowie das dadurch veränderte Leben des männlichen Protagonisten.

Die erzählte Geschichte handelt von einer nicht standesgemäßen Beziehung eines jungen deutschsprachigen Akademikers zu einer jungen Frau, Tonka, mit proletarisch-bäuerlichem, tschechischem Hintergrund, die zeitweilig in einem Textilgeschäft, dann aber auch bei der Familie des Akademikers beschäftigt ist. Schauplatz der Handlung ist eine zentraleuropäische Provinzhauptstadt, in der deutsch und tschechisch gesprochen wird, sowie – später – eine deutsche Großstadt, in der die Textilindustrie eine ähnliche Rolle spielt wie in der Heimatstadt des ungleichen Paares. Der junge Mann, der zunächst eine zärtliche, nicht aber sexuelle Beziehung zu der jungen, ungebildeten Frau mit prekärem Familienhintergrund (Prostitution) pflegt, hält gegen den Wunsch der Mutter und ihres Lebensgefährten, aber auch gegen die Gepflogenheiten seiner Offizierskameraden im Umgang mit den ‚süßen Mädels' als schnell konsumierbare Sexualobjekte an seiner romantischen Liebesbeziehung fest und nimmt die junge Frau mit in eine deutsche Großstadt, wo er seine Studien fortsetzt. Dort wird die junge Frau, die wieder in einer Großhandlung arbeitet und damit offenkundig den Unterhalt des Paares mitfinanziert, seine Geliebte. Jahre später wird Tonka schwanger und erkrankt. Aufgrund von wahrscheinlichkeitstheoretischen Erwägungen, die der naturwissenschaftlich ausgebildete Mann anstellt, kommt er zu dem Schluss, dass er weder der Vater noch der Verursacher der nicht näher bezeichneten (Geschlechts-) Krankheit sein kann. Deshalb bedrängt er die junge Frau, ihm ihre Untreue zu gestehen, was diese aber hartnäckig verweigert. Den angeblichen Seitensprung bestreitet Tonka mit ihrer Stummheit (vgl. „Es sind die ‚armen Mädchen', die nicht sprechen können. Die Rede ist nicht nur ein Machtmittel sondern ein Sinn mehr zur Aufnahme der Welt. Etwas gut ausdrücken ist mehr davon als es gut sehen. [...] Die armen Mädchen aber können nicht sprechen, deswegen nimmt das Leid in ihnen sonst ungekannte Formen an", KA, M IV/2/456). Der männliche Protagonist trennt sich zunächst von der Geliebten, versucht mit Hilfe des Geldes der Mutter die Angelegenheit zu bereinigen, was abermals zu Divergenzen mit der Mutter führt. Vor dem Hintergrund der dramatischen Krankheit der Geliebten kommt es zu einer Versöhnung des Paares. Der Tod der Frau erweist sich für den Mann als eine tiefgehende Erfahrung, die sein Leben verändert.

1.2 *Grigia*

Der entstehungsgeschichtlich zweite Text, *Grigia*, spielt im alpinen Grenzgebiet des heutigen Trentino und enthält exakte, zum Teil leicht dechiffrierbare Ortsangaben (z. B. Fersental). Arntzen (1980) legt einige biografische Hintergründe der zuerst 1921 in *Der Neue Merkur* (Jg. 5, H. 9, S. 587–607; Nachdruck: Potsdam: Müller & Co 1923; Sanssouci-Bücher. Edition Franz Blei, Bd. 8 mit Originalradierungen von Alfred Zangerl) erschienenen Novelle frei. Er geht dabei auch auf Musils Aufenthalt an der italienischen Front und speziell auf die in der Erzählung beschriebene Gegend (das Dorf Palai, die Stadt Pergine, die Kirche von Sankt Orsola und das Fersental) ein. Auch der textinterne Bozener Familienname des Expeditionsleiters Hoffingott ist

Arntzen (1980, S. 126–130) zufolge diesem geografisch-kulturellen Kontext zuzuordnen, den Musil wohl schon um 1918 für seine Erzählung gewählt hat. Als biografischen Hintergrund sieht Arntzen ein intimes Erlebnis des Autors, der dieses in der fiktionalisierten Geschichte be- und verarbeitet bzw. verfremdet hat. Der Kommentar Karl Eibls (1978, S. 111) ist an diesem Punkt noch präziser, wenn er die Geliebte des Protagonisten in der Erzählung, Lene Maria Lenzi, als Bäuerin Magdalena Maria Lenzi (1880–1954) identifizieren möchte, die tatsächlich in dem Dorf Palai gelebt hat. Für die Interpretation der Novelle sind derlei biografische Recherchen, „ob es Grigia wirklich gegeben hat und ob sie die Geliebte Musils oder eines anderen Offiziers war" (Zeller 2011/12, S. 45), freilich irrelevant.

Der Status der Subjekte in der erzählten Welt der Novelle ist aufgrund der doppelbödigen Struktur der Texte – realistische Schilderung und gleichnishafte Überhöhung – unklar. Der herausgehobene kommentierende Eingangssatz der Novelle lenkt die Fabelkonstruktion und damit die Deutung des Geschehens: „Es gibt im Leben eine Zeit, wo es sich auffallend verlangsamt, als zögerte es weiterzugehn oder wollte seine Richtung ändern. Es mag sein, daß einem in dieser Zeit leicht ein Unglück zustößt." (GW II, 234) Arntzen (1980) betont die Tendenz zur Verräumlichung im Text und sieht in Homos (Stationen-)Weg eine Form der Zeitvermittlung: „Verlangsamung der Zeit und Verengung des Raums entsprechen einander" (ebd., S. 127).

Der Geologe und Unternehmer Homo verbringt seinen Urlaub nicht mit seiner Familie (seiner Frau und einem kränklichen Sohn), sondern nimmt die Einladung eines Herrn Mozart Amadeo Hoffingott an, sich an einer Expedition, einem Goldschürfungsprojekt – es handelt sich um Aufschließungsarbeiten im Fersental – zu beteiligen. Die Expedition in die eigene Fremde des habsburgischen Staates wird von den armen Bewohnern des Tales, nicht zuletzt auch von den Frauen, zunächst willkommen geheißen. Sowohl die Landschaft als auch die Menschen, vor allem die Frauen, werden als exotisch und in ihren Lebensgewohnheiten und Auffassungen von Sexualität als natürlich, promiskuitiv und direkt beschrieben. Während die Expedition ihre Arbeit aufnimmt und es dabei zu Querelen zwischen den Fremden und den Einheimischen kommt, geht der Protagonist Homo mit der Kuhhirtin Lene Maria Lenzi eine sexuelle Beziehung ein, die im Kontrast zu seinen bisherigen ‚bürgerlichen' Erfahrungen steht. Homo nennt seine bäuerlich-‚natürliche' Geliebte metonymisch nach dem Namen ihrer Kuh Grigia. Als Tonkas Ehemann wieder in Erscheinung tritt, möchte sie die intime Beziehung mit dem fremden Mann aus dem urbanen Bereich abbrechen. Beim letzten Stelldichein der beiden in einer Höhle verschließt Grigias Mann jene mit einem riesigen Stein. Während es der Frau in allerletzter Minute gelingt, aus der Höhle zu fliehen, scheint ihr Liebhaber unfähig zu sein, sich zu retten.

1.3 *Die Portugiesin*

Im gleichen regionalen Raum, zwischen Bozen und Trient, an der „Schwelle des Südens" (GW II, 252), ist die dritte Geschichte, *Die Portugiesin* (Erstdruck: Berlin: Ernst Rowohlt 1923; Handpressendruck der Officina Serpentis Berlin Steglitz in 200 Exemplaren), angesiedelt, die Musil offenkundig erst 1923 fertiggestellt hat. Arntzen erwähnt in diesem Zusammenhang Musils Genesungsurlaub in Bozen (April/Mai 1916), seinen Plan, ein Buch über Tiere zu schreiben, sowie ein einschlägiges Textfragment (*Die kleine Geisterkatze in Bozen*, GW II, 762–765). Schon bei Arntzen wird eine Deutung der Tiermotivik in der Novelle vorgenommen, wobei der Wolf als Statthalter männlicher, die Katze als Statthalterin weiblicher Geschlechsidentität angesehen wird – ein Thema, das erst in der jüngsten Forschungsliteratur gebührend im Sinne einer kritischen Kultur- und Diskursgeschichte der Weiblichkeit interpretiert worden ist (vgl. Catani 2005; zuvor schon Gürtler 1986; Großmann 1993). Strukturell besteht (so Arntzen 1980, S. 130–134) eine Ähnlichkeit mit *Grigia*, nämlich insofern, als es auch hier antizipierende Kommentare gibt, die die Fokalisierung auf den männlichen Protagonisten durchbrechen.

Im Mittelpunkt der Erzählung/Novelle steht ein ‚hybrider' deutsch-italienischer Raubritter, von Ketten/Catene, der aus einem Geschlecht stammt, in dem die Männer sich schon immer Frauen aus der Fremde geholt haben, weil die stolzen, agonalen Männer von ihren Nachbarn unabhängig sein wollen. Als der junge Ritter mit seiner schönen, namenlos bleibenden Frau aus Portugal in seiner abweisenden und einsam gelegenen Burg ankommt, ist bereits eine kriegerische Auseinandersetzung zwischen dem Bischof von Trient und den Adligen der Umgebung entbrannt. Der junge von Ketten verlässt seine Frau und stürzt sich mit aller Kraft in den Kampf, der elf Jahre dauert und nur durch kurze Aufenthalte zu Hause unterbrochen wird. Am Ende des schier endlosen Streites neigt sich die Kriegsgunst dem Protagonisten der Erzählung zu. Als der Mann siegreich nach Hause kommt, erkrankt er indes plötzlich – das wäre der entscheidende Wendepunkt –, offenkundig von einer Fliege infiziert. Obschon er den kriegerischen Wettstreit gewonnen hat, scheint er in der Auseinandersetzung mit der fremden Frau nunmehr den Kürzeren zu ziehen. Zugleich werden auch tiefe Spuren der Entfremdung zwischen Mann und Frau sichtbar, die in keine sprachliche Kommunikation einzutreten imstande sind, sondern nur indirekt miteinander kommunizieren, nämlich durch vieldeutige totemistische und symbolische Tiere wie Wolf und Katze, zu denen die Frau eine zärtliche Beziehung unterhält. Die Tötung der Tiere und die Anwesenheit eines Jugendfreundes der Frau aus der portugiesischen Heimat führen zur Eskalation und zugleich zur Lösung des Konflikts. Am Ende der erzählten Novelle erklimmt von Ketten eine geheimnisvolle Wand, die unterhalb der Burg gelegen ist und die noch niemand bestiegen hat; er wird wieder gesund. Die gelungene Mutprobe leitet das kathartische Ende der Novellenhandlung ein: Als der Mann in das Schlafzimmer seiner Frau eintritt, ist klar, dass der Jugendfreund abgereist, die Frau aber bei von Ketten geblieben ist. Die Opferung der kränklichen Katze wird von der Frau im Nachhinein fast in einem religiösen Sinne als rettende Tat gedeutet: „Wenn Gott Mensch werden konnte, kann er auch Katze werden" (GW II, 270).

2. Forschungspositionen

Nicht nur die Sekundärliteratur zu Musils Gesamtwerk, sondern auch die zu den *Drei Frauen* ist kaum noch zu überblicken: Ruth Bendels' komparatistische Monografie listet immerhin weit über fünfzig Monografien und Aufsätze auf (vgl. Bendels 2008, S. 243–253). Die Anzahl der einschlägigen Publikationen dürfte inzwischen noch weiter angewachsen sein.

Bei der Sondierung der literaturwissenschaftlichen Rezeptionsgeschichte der Novellensammlung *Drei Frauen* fällt auf, wie lange die drei darin enthaltenen, seit den 1950er Jahren wieder publizierten und vielfach gelesenen Erzählungen als eher nebensächliche Texte behandelt wurden (vgl. Großmann 1993, S. 12), die nicht nur im

Schatten des großen Romanfragments standen, sondern auch den Theaterstücken sowie den ersten beiden Novellen *Vereinigungen* in der literarischen Wertschätzung nachgereiht wurden. So fand es zum Beispiel Wilfried Berghahn, Verfasser der ersten kleinen Monografie in der bekannten Rowohlt-Reihe von 1963, nicht der Rede wert, diese Texte eigens literarisch zu würdigen. Dabei ist auffällig, dass die literarische und die literaturwissenschaftliche Wertschätzung lange divergierten. Denn im Zeitraum von 1952 bis 1976 ist die Auflage der Taschenbuchausgabe des Novellenbandes immerhin von 50.000 auf 265.000 Exemplare gestiegen (vgl. Gödrich 1978, S. 3), während der *MoE* im selben Zeitraum nur eine Auflage von etwas mehr als 50.000 Exemplaren erreicht hatte. Bernhard Großmann (1993, S. 12) geht von einer Auflage von 400.000 Exemplaren (bis 1993) aus. Heute erscheinen die drei Novellen in durchaus prominenter Position, in der Forschung, in der akademischen Lehre, aber auch beim Lesepublikum. So werden Musils *Drei Frauen* auf einer digitalen Bestenliste von Novellen hinter Boccaccio (*Il Decamerone*), Kleist (*Das Erdbeben in Chili*), Eduard Mörike (*Mozart auf der Reise nach Prag*) und Leo Tolstoi (*Die Kreutzersonate*) auf Platz 5 positioniert (vgl. http://www.zehn.de/die–10-meisterhaftesten-novellen–4685627–0, Stand: 2.2.2015).

Die Entstehungsgeschichte und Textstruktur der in *Drei Frauen* zusammengeführten Erzählungen *Grigia*, *Die Portugiesin* und *Tonka* wurden schon in den ersten einschlägigen Kommentaren, die elementare Hintergründe der drei Texte freigelegt haben (vgl. Eibl 1978; Arntzen 1980, S. 126–138) und bis heute zum Standardinventar der Musil-Forschung gehören, gut erforscht. Der nachfolgende Rezeptionsbericht lässt sich von folgenden Überlegungen und Maximen leiten: Er konzentriert sich ohne Anspruch auf Vollständigkeit auf Publikationen, in denen die Novellen im Zentrum stehen, er gibt symptomatischen und exemplarischen literaturwissenschaftlichen Lektüren den Vorzug gegenüber gewiss verdienstvollen Einführungen und möchte innerhalb des Spektrums der bisherigen Deutungsmöglichkeiten den Fokus auf die folgenden Aspekten legen: 1) Erzählstruktur des Rätsels, 2) die Frau als das Andere und Fremde, 3) Liebe und Tod als Krisensituationen des Männlichen, 4) Psychoanalyse, Kriminalgeschichte oder Krise von Naturwissenschaften und Wissenspoetologie, 5) Biografismus und Textgenese. Nicht immer wird der Verfasser dabei der zeitlichen Abfolge der Rezeptionsgeschichte und den von ihr geschaffenen Narrativen und ‚Emplotments' (Hayden White) folgen.

2.1 Erzählstruktur des Rätsels

Die Bedeutung von Brigitte Röttgers Studie zu den *Drei Frauen* als „Erzählexperimente" (1973) liegt vor allem in ihrer präzisen Ausleuchtung der zeitlichen Strukturen, der Raumdimensionen und der Erzähldispositionen. Aus heutiger Perspektive mag man es bedauern, dass Röttger ausschließlich auf die ‚trinitarische' Erzähltheorie von Stanzel (1964 u. 1979) zurückgreift, die eben keine präzise Unterscheidung zwischen Stimme (*wer spricht?*) und Perspektive bzw. Fokalisierung (*wer sieht?*) zulässt (vgl. Genette 1998), und sich mit der heute weithin überholten Differenz zwischen auktorialer, personaler und Ich-Erzählung befasst.

Für *Grigia* konstatiert Röttger (1973, S. 12–21) das Verschwinden linearer Zeitangaben zugunsten unbestimmter zeitlicher Zyklen wie Morgen und Abend, Tag und Nacht oder der Abfolge der Jahreszeiten (Frühling und Weinernte). Diese korrespondieren ganz offenkundig mit dem, was Röttger als „‚Seelenzeiten', Zeitmonade und Zeitfeld" bezeichnet. Die ‚mythische Befindlichkeit' stehe im Gegensatz zur Zeitlichkeit jener modernen urbanen Welt, aus der die Männer der Expedition und natürlich auch der Protagonist kommen. Die narrative Rhetorik des Musil-Textes zeichne sich durch zwei Momente aus. Zwar dominiere die Orientierung auf die (männliche) Hauptfigur, aber diese Fokalisierung werde durch Distanzmechanismen gebrochen, die Röttger als ‚auktoriale Vermittlung' im Sinne Stanzels begreift. Auf die strukturale Erzählanalyse umgelegt bedeutet dies, dass in *Grigia* wie in den beiden anderen Novellen eine homo- bzw. autodiegetische Erzählhaltung vermieden wird, in der Held und Erzähler ein und dieselbe Figur wären, zugleich aber mit einer einseitigen Fokalisierung operiert wird, die jede Form von Multifokalisierung ausschließt (vgl. ebd., S. 65–71).

Die unbestimmten Zeitangaben stehen, so Röttger, in einem Gegensatz zu den klaren und eindeutigen geografischen Ortsangaben und zu der sehr präzisen Beschreibung der bizarren alpinen Landschaft mit ihren Wegen, Grenzen, Häusern, mit der Kirche, der alten Stadt und dem Bauerndorf. Die Erzählung operiert mit der binären Opposition zweier Räume, die der Logik von drinnen und draußen unterliegen: dem Raum der Hauptfigur und dem des Erzählers. Beide Räume besitzen eine metaphorische Bedeutung und verkörpern so zwei entgegengesetzte Existenzformen, hier eine ‚kreatürliche', ‚naturhafte' und ‚tierische' Lebensweise, eine Art Südsee in den Alpen, dort die Welt der von Dekadenz befallenen ‚gebildeten' Menschen, die durch die urbane Expedition repräsentiert wird. Dies entspricht dem in der neuzeitlichen okzidentalen Episteme verankerten Gegensatz von Natur und Kultur, den Röttger mit dem Gegensatzpaar ‚ratioïd' versus ‚nicht-ratioïd' aus dem Essay *Skizze der Erkenntnis des Dichters* (1918) identifiziert.

Die Erzählung *Die Portugiesin* vermeide ebenfalls exakte Zeitangaben, auch wenn sie zu Beginn mit merkwürdigen Zahlenangaben operiere. Nennenswert an zeitlichen Markierungen sei eigentlich nur die Opposition von Tag und Nacht. Die Zeitdauer auf der Ebene der *histoire* beziffert Röttger auf insgesamt zwölf Jahre. Sie umfasst die Brautfahrt des männlichen Helden, den elfjährigen Krieg gegen den Bischof von Trient und dessen „wochenlange Krankheit" (Röttger 1973, S. 21).

Im Hinblick auf die Erzähltechnik gibt es in *Die Portugiesin* eine ähnliche Vermittlungstechnik wie in *Grigia*. So wird die erzählte Welt der Novelle vornehmlich aus der Perspektive des männlichen Protagonisten wahrgenommen, aber durch einen auktorialen Erzähler kommentiert, beschrieben und erklärt (vgl. ebd., S. 71–78). Der Raum wird dieser strukturellen Beschreibung zufolge als ein „deutsch-italienisches Grenzgebiet" begriffen, das durch eine Affinität zwischen Raum und Sein bestimmt ist (ebd., S. 112). Dieser Raum ist durch binäre Oppositionen wie Norden und Süden, Meer und Gebirge sowie durch die Topografie der Burg und der darunterliegenden Felswand geprägt (vgl. ebd., S. 112–118). Im Unterschied zu einer Studie von Karthaus (1965), die den Begriff der ‚Raummutation' ins Spiel bringt, schlägt Röttger (1973, S. 142) den Terminus „Raumstimmung" vor, der die Möglichkeit der Destabilisierung und Umstrukturierung des Raumes impliziert.

Dass diese ‚Raumstimmung' in der dritten Erzählung, *Tonka*, nicht in gleicher Weise durchgeführt wird, geht in dieser Strukturbeschreibung ebenso verloren wie die Differenz der zeitlichen, räumlichen und narrativen Dispositionen zwischen *Vereinigungen* und *Drei Frauen*. Die ‚Raumstimmung' in *Tonka* ist demnach durch den

Gegensatz von personalem und öffentlichem Raum (Stadt) gekennzeichnet, wobei die Referenzen unbestimmt bleiben. Ob die Stadt mit der Ringstraße, in der Tonka und ihr Liebhaber aufgewachsen sind, eine Stadt in Österreich ist, hängt indes davon ab, was man unter Österreich versteht. Denn diese Stadt ist im Unterschied zur deutschen Großstadt, in die sich die Handlung im zweiten Teil verlagert, an mehreren Stellen durch sprachliche und kulturelle Heterogenität gekennzeichnet. Allein die tschechische Koseform der Titelheldin enthalte den Hinweis auf die ‚symbolische Gestimmtheit' dieses urbanen Raumes (vgl. ebd., S. 118–120).

Für die Zeitstruktur in *Tonka* konstatiert Röttger (1973, S. 31–41) in Analogie zu den beiden anderen Erzählungen eine gewisse Unbestimmtheit. Das mag hinsichtlich konkreter Zeitangaben stimmen. Aber trotz der fehlenden Datumsangaben sind Einsatz und Endpunkt der Novelle auf der Ebene der *histoire* eindeutig, auch wenn es im Diskurs der Erzählung Vor- und Rückgriffe geben mag. Ähnlich wie später Arntzen (1980) betont Röttger (1973, S. 78–85) eine narrative Mischform, die nicht ganz korrekt als Überlagerung von auktorialer Erzählung und Ich-Erzählung bestimmt wird. Diese Aufspaltung ermöglicht eine Reflexion persönlicher Erinnerungen und geht einher mit dem Gestus einer fiktiven Suchbewegung in die Vergangenheit. Dabei wird das magische ‚Ich' vermieden, das für die autodiegetische Struktur des Erzählens charakteristisch ist.

Die zum Teil sehr genauen Beschreibungen der zeiträumlichen narrativen Architektur werden von Röttger nicht durchgängig für die Interpretation der komplexen Texte genutzt. Bedeutung und Leistung von Röttgers Analyse von Raum, Zeit und narrativer Vermittlung bestehen darin, dass hier zum ersten Mal eine systematische Beschreibung der epischen Bauart dieser Texte vorliegt. Diese wäre durch jene methodischen Zugänge zuzuspitzen, die mit dem *spatial turn*, aber auch mit der Bachtin'schen Theorie etwa des Chronotopos möglich sind (vgl. Müller-Funk 2010, S. 311–331). Schon Arntzen (1980, S. 127) hat ausdrücklich auf die verdichteten Raum-Zeit-Strukturen der Novellen verwiesen.

Am Problem der narrativen Vermittlung setzt auch Christine Oertel Sjögrens Aufsatz über *Das Rätsel in Musils „Tonka"* (engl. 1976, hier zitiert aus der dt. Übers. 1982) an, der im Gefolge von Annie Reniers-Servranckx (1972) mit Blick auf Musils *Tonka* von einem unzuverlässigen Gedächtnis des Protagonisten spricht. An anderer Stelle bezeichnet sie den Erzähler als „unvollkommenen Berichterstatter" (Oertel Sjögren 1982, S. 435). Überhaupt sei die „Einschaltung eines Erzählers" ein kardinales Problem. Denn der Autor habe mit seiner narrativen Option die weibliche Figur „unzugänglich gemacht" (ebd.). Bereits Ulrich Karthaus (1965, S. 458; vgl. Oertel Sjögren 1982, S. 435) hat „[d]ie Schwierigkeit einer Analyse […] in der Struktur der Erzählung" gesehen: „[D]ie Bildersprache erlaubt keine ‚eindeutigen' Auslegungen. Sie will funktional verstanden werden." Anstatt das Geschehen zu erhellen und die Figur Tonka sichtbar zu machen, verhindere der Erzähler mit dem unzuverlässigen Gedächtnis, so Oertel Sjögren, jedwede ‚Aufklärung'. Aber wer ist eigentlich dieser Erzähler, dieser „E.", für den es „keinen Grund" gibt, „diese Geschichte zu erzählen, wenn nicht den, sich darüber klar zu werden, was Tonka ihm bedeutet haben könnte" – eine Frage, die Reniers-Servranckx (1972, S. 181) zufolge „das zentrale Problem" dieser Novelle sei. Das führt Oertel Sjögren zu der Annahme, „E." mit dem Protagonisten, sagen wir P., gleichzusetzen. Als Beweis dafür führt sie den Umstand an, dass die Stimme des Erzählers „E." der weiblichen Hauptfigur nahe sei, etwa in dem ersten ‚impressionistischen' (vgl. Arntzen 1980, S. 135) Abschnitt des Textes, der mit dem Satz endet: „Das war Tonka." (GW II, 270); dieser werde von einem gegenläufigen am Ende der Novelle kontrastiert: „[...] das war gar nicht Tonka, mit der er gelebt hatte" (GW II, 306).

Das Problem an Oertel Sjögrens Deutung besteht, obwohl sie die ‚biografistische Falle' – d. h. die Gleichsetzung von textexternem Autor und Protagonist – vermeidet, in der Gleichsetzung von E(rzähler) und P(rotagonist), was aber aufgrund der heterodiegetischen Struktur der Erzählung und der fehlenden Differenzierung von ‚Stimme' (*wer erzählt?*) und Fokalisierung (*wer sieht?*) nicht überzeugt. Ein gangbarer Weg der narrativen Analyse des Textes wäre, die Differenz zwischen dem Erzähler „E." und dem Protagonisten P *zeitlich* zu verstehen. Dann wäre die handelnde Figur auf der Ebene der *histoire* P_1 und jene auf der Ebene des *discours* der Erzähler, also „E." = P_2. Dessen Handeln wäre eben die Erzählung aus einer ‚verlorenen Zeit' (Marcel Proust). Dieser Aufspaltung entspräche der Wechsel der Stillagen (vgl. schon Arntzen 1980), welcher wiederum mit zwei unterschiedlichen Modi des Memorierens korrespondiert.

2.2 Die Frau als das Andere und Fremde

Oertel Sjögren (1982) arbeitet den Gegensatz zwischen Mutter und Sohn und dessen ödipalen Konflikt mit ihrem Liebhaber, Hyazinth (der Name ist ein intertextueller Verweis auf Novalis), heraus. (→ VIII.5 *Intertextualität*) Zwar bleibt die Frau (Tonka) aufgrund der narrativen Verstellung und der einseitigen Perspektivierung im „Dunstschleier" der Wahrnehmung (ebd., S. 439) des männlichen Protagonisten ($P_1 + P_2$) eine Fremde, doch sei diese fremde Frau, anders als die Mutter, imstande, ihrem Geliebten einen Zugang zur Wirklichkeit zu verschaffen, der über Rationalität und Konvention hinausweise und mit der Kategorie der Natur identifiziert werde. Insofern besitzt Tonka eine positive Kraft, die die emotionale Abhängigkeit des Protagonisten von ihr über ihren Tod hinaus erklärt.

„Hinsichtlich des im Titel des Aufsatzes erwähnten Rätsels", das die weibliche Titelfigur ebenso umfasst wie die ominöse Schwangerschaft – die Geschichte der damit einhergehenden (Geschlechts-)Krankheit resp. syphilitischen Infektion bleibt hier wie auch in späteren Interpretationen erstaunlich unbeachtet –, hält Oertel Sjögren die Beweisstücke für nicht überzeugend. Sie ergreift die Partei der Titelheldin und konstatiert, dass das Verhältnis des Mannes zu ihr unzulänglich gewesen sei: „Da aber der Autor [bzw. die textinterne Erzählinstanz] die entscheidenden Fakten nicht liefert, sind wir gezwungen zu schließen, daß die Frage von Tonkas Empfängnis, die sowohl Gelehrte wie auch ihren Freund [...] gequält hat, gar nicht zu beantworten ist und deshalb die Bedeutung der Novelle nicht wesentlich bestimmt." (ebd., S. 443) Dass dies nicht das Ende der Deutung oder gar die Lösung des Rätsels Tonkas darstellt, ist im Fortlauf der Rezeption von Musils Novellen signifikant. In gewisser Weise ist es die Struktur des Rätsels, die die traditionelle hermeneutische Arbeit in Gang hält.

Als einen Einbruch des Irrationalen begreift Roger Willemsen (1985) die Schwangerschaft der Titelfigur. Es sei eben dieses Irrationale, das dazu führe, dass alles an ihr Deutung werde. Während er *Tonka* in eine Tradition spätrealistischen Erzählens stellt, das indes eine „Innenaufnahme des Bewusstseins" eröffne (ebd., S. 187), konstatiert er insbesondere für die beiden anderen Erzählungen, *Grigia* und *Die Portugiesin*, die Abkehr von einem „Novellenprogramm der Motivation", das Musil im Kontext der *Vereinigungen* entwickelt hat, und eine programmatische „Hingabe an das Epische der Räume, Konflikte, Handlungen, an Szenarien, Bilder und Dekors" (ebd., S. 181). Unter Rückverweis auf Musils Überlegungen zu *Skizze der Erkenntnis des Dichters* (1918) liest Willemsen *Die Portugiesin* als eine narrative Abhandlung über das Widerspiel von ‚Ratioïdem' und ‚Nicht-Ratioïdem', das schließlich in eine gelingende, wenn auch indirekte Kommunikation mündet. Demgegenüber sei *Grigia* eine Studie über die Krise der westlichen Zivilisation, die das historische Faktum des Ersten Weltkriegs auf die Ebene jener Ausbeutungs- und Machtverhältnisse hin verschiebt, die den Boden dieses Kriegs abgeben. Ganz offenkundig in Anlehnung an Freud kommen, so Willemsens Deutung, in der exemplarischen Figur Homo Sexual- und Todestrieb zur Sprache. Bedenkenswert bis heute ist vor allem die Engführung von novellistischer Form und dem Erkenntnisanspruch von Literatur, wie Musil ihn zeitlebens theoretisch wie praktisch verfochten hat. (→ VI.1.2 *Novelle*) Diesen Zusammenhang wird erst Bendels (2008), freilich unter anderen Vorzeichen, systematisch zur Sprache bringen.

In der Rezeptionsgeschichte eher unbeachtet geblieben ist die Studie von Wolfgang Gödrich (1978), die – ungeachtet einer konventionellen Methodik und der für viele Forschungsarbeiten zu Musils Œuvre charakteristischen Tendenz, bestimmte programmatische Theoreme des Autors zum Schlüssel der eigenen Deutung zu machen – erhellende Einsichten enthält. Musils viel zitierte Formel vom Gegensatz von ‚Ratioïdem' und ‚Nicht-Ratioïdem' erscheint in dieser Studie als „Antinomie zwischen dem logisch-formalen und dem emotional-imaginativen Bereich" (ebd., S. 1). Gödrich spricht von einem dichten Geflecht von Autobiografie und Fiktion (vgl. ebd., S. 5) und diskutiert im ersten Teil der Arbeit die Genese des Textes, indem er Musils Arbeitshefte mit ihren Eintragungen zu Herma Dietz parallel zur Novelle liest (vgl. ebd., S. 4–30).

Als einer der ganz wenigen Interpretinnen und Interpreten geht Gödrich systematisch auf die kulturellen Referenzsignale (vgl. hierzu auch Kraft 2000 u. 2003) im Text ein, aus denen hervorgeht, dass Tonka nicht nur sexuell, sondern auch kulturell, sozial und sprachlich ‚anders' ist als ihr Geliebter. Der namenlose Erzähler erwähnt die tschechische Koseform ihres Vornamens „Tonka" (vgl. „Übrigens hieß sie nicht ganz zu Recht Tonka, sondern war deutsch getauft auf den Namen Antonie, während Tonka die Abkürzung der tschechischen Koseform Toninka bildet; man sprach in diesen Gassen ein seltsames Gemisch zweier Sprachen", GW II, 272), die Bildhaftigkeit ihres poetischen Namens (vgl. „bloß ein einziger Punkt des Nachlasses erforderte Aufmerksamkeit, die Versorgung des Fräuleins Tonka mit dem traumhaften Nachnamen, der einer jener tschechischen Familiennamen war, die ‚Er sang' oder ‚Er kam über die Wiese' heißen", GW II, 278f.) und die „Volkslieder ihrer Heimat" (GW II, 276), die sie ihm vorsingt. An einer Stelle übersetzt Tonka sogar dem Geliebten solch ein anrührendes tschechisches Volkslied:

> Und da in seinen Augen ein kleines Zeichen der Güte antwortete, begann sie abermals leise zu singen, aber diesmal waren es Volkslieder ihrer Heimat [...]. / [...] Und sie sangen beide. Tonka sagte ihm den fremden Text vor und übersetzte ihn, dann faßten sie sich bei der Hand und sangen wie die Kinder. (GW II, 276f.)

1.6 Drei Frauen (1924)

Wir befinden uns in dieser Novelle in einer sprach-kulturell heterogenen Welt, die ganz eindeutig durch die Epitheta ‚deutsch' und ‚tschechisch' bezeichnet ist. Die Aura des Natürlich-Bukolischen, welche die junge Frau umgibt und die Faszination für den gebildeten jungen Mann aus ‚gutem Hause' ausmacht, die Konstruktion des weiblichen Gegenübers als eines ‚poetischen Naturkindes' ist ohne die kulturellen Markierungen des Slawischen undenkbar; das gilt übrigens auch für die Nähe, die zwischen ihrer slawischen Herkunft und der Prostitution hergestellt wird (vgl. Müller-Funk 2002, S. 25–29). In dieser Ambivalenz zwischen Anziehung und Distanz, zwischen der bürgerlichen Wertewelt seiner Familie und der Rebellion gegen sie, bleibt der männliche Protagonist gefangen.

Gödrich (1978, S. 45) legt nicht nur die systematische Feindseligkeit der Familie des männlichen Protagonisten, in der soziales und kulturelles Überlegenheitsgefühl amalgamiert sind, sondern auch die implizite Sozialkritik in der Erzählung, die potenzielle sexuelle und ökonomische Ausbeutung und den Fatalismus der Marginalisierten, Subalternen frei (vgl. dazu auch Großmann 1993, S. 9: „[W]as sich bei Musil im fiktiven literarischen Raum andeutet, ist ein Selbständigsein dank der Wirkung spezifischer Seiten von Tonkas Weiblichkeit, nicht aber Selbstbestimmung, die männliche Vorherrschaft überwinden könnte"). So sind Tonkas Stummheit, eine gewisse Unterwürfigkeit und ihre sexuelle Schüchternheit (vgl. Gödrich 1978, S. 57), die sie von den anderen jungen Verkäuferinnen unterscheidet, zum einen ein persönliches Charakteristikum, zum anderen aber so hilflose wie nachvollziehbare Reaktionen auf eine berufliche Situation, in der sexuelle Übergriffe eher die Regel als die Ausnahme darstellen. Ausführlich kommentiert Gödrich (1978, S. 53) die folgende Textpassage:

> Sie war also damals in dem Tuchgeschäft, und es war ein großes Geschäft, das viele Mädchen für sein Lager angestellt hatte. Sie mußte die Stoffballen beaufsichtigen und die richtigen finden, wenn ein Muster verlangt wurde, und ihre Hände waren stets etwas feucht, weil sie von den feinen Haaren der Tuche gereizt wurden. Das hatte nichts von Traum: offen war ihr Gesicht. Aber dann waren da die Söhne des Tuchherrn, und der eine trug einen Schnurrbart wie ein Eichhörnchen, der an den Ende aufgekräuselt war, und stets Lackschuhe; Tonka wußte zu erzählen, wie vornehm er sei, wie viel Schuhe er hatte und daß seine Hosen jeden Abend zwischen zwei Bretter mit schweren Steinen gelegt wurden, damit die Falten scharf blieben. (GW II, 273)

Für die jungen Männer, Geschäftsleute wie Offiziere, sind Frauen vom Status Tonkas leicht zu erwerbende Objekte sexuellen Begehrens. Dass solche ‚süßen Mädchen' leicht zu haben sind, wird ganz zu Anfang des Textes von einem adligen Offizierskollegen, Baron Mordansky, hervorgehoben, der dem Protagonisten lächelnd erklärt, er würde gerne mit so einem Mädchen eine Affäre haben, aber es sei ihm zu gefährlich – wobei offen bleibt, worin die Gefahr besteht, offenkundig wohl in einer Infektion im wörtlichen, aber auch im gesellschaftlichen Sinne. Der Offizier erzählt ihm, die weibliche slawische Bevölkerung mit schwarzen Sklaven gleichsetzend, dass bei der Rübenernte in der Zuckerfabrik seines Onkels „Hunderte solcher Bauernmädchen auf den Fabriksfeldern arbeiten und sich den Gutsinspektoren und deren Gehilfen in allem so willig unterwerfen sollen wie Negersklaven." (GW II, 272)

Ohne diesen sozialen und kulturellen Hintergrund wären die Ambivalenz des Protagonisten gegenüber dem slawischen ‚Naturgeschöpf', dessen Gesicht und fast folkloristische und bäuerliche Kleidung detailliert beschrieben wird, und die meta-sexuelle Anziehungskraft, die sie auf den Mann ausübt, nicht denkbar. Sie besitzt ein erotisches Moment, ein Geheimnis des anderen Geschlechts und der anderen soziokulturellen Zugehörigkeit, ist aber nicht primär an die körperliche Attraktion gebunden, die auffällig unbetont bleibt. Ausführlich diskutiert Gödrich den gehobenen sozialen Status des Protagonisten, eines Offiziers und künftigen Angehörigen der deutschsprachigen Oberschicht in der Monarchie, sein Aufbegehren gegen die Mutter, sein Bestreben, Grenzen zu überschreiten und sich dadurch zu ‚infizieren'. Er verabscheut das Verhalten seiner Familie gegenüber Tonka, er entwickelt einen Hass gegen die Mutter und versucht, die Mutter-Sohn-Beziehung dadurch aufzulösen, dass er ein „junges Mädchen in seine Abhängigkeit" (Gödrich 1978, S. 80) bringt; zugleich aber bleibt er in seiner Herkunftswelt, einer urbanen Gentry, befangen. Es gelingt ihm auch nicht wirklich, sich aus der Umklammerung der Mutter zu befreien (vgl. ebd., S. 80–82). Das spiegelt sich auch in seiner Gespaltenheit gegenüber dem Mädchen wider, die er als poetische Jungfrau wie potenziell als durchtriebene Hure wahrnimmt und die er zugleich protegieren möchte. Schon ganz zu Anfang des narrativen Diskurses wird Tonkas ‚Jungfräulichkeit' in Frage gestellt: Es ist das geringschätzige „Lächeln seiner eigenen Mutter", das diesen Zweifel auslöst, ob Tonka wirklich, wie er damals glaubte, „noch Jungfrau gewesen" sei oder ob es nicht in „Brautnächte[n]" zu „physiologische[n] Zweideutigkeiten" komme, „wo selbst die Natur nicht ganz klar Aufschluß gibt" (GW II, 273). Der Erzähler kommentiert diese Rückerinnerung mit dem kryptischen und in der Sekundärliteratur viel zitierten Halbsatz: „auch der Himmel war gegen Tonka." (ebd.) Eine Lösung des Rätsels um Tonka werde – so ein wiederkehrender Gedanke in der gesamten wissenschaftlichen Rezeption der Novelle – durch die Erzählsituation erschwert: „Die Einseitigkeit der Perspektive bei aller Vielfalt und Widersprüchlichkeit der Blickwinkel ist eine der schwerwiegendsten Hindernisse auf dem Wege zu einem objektiven Tonka-Bild." (Gödrich 1978, S. 75) Der Offizier Mordansky könne seine innere Gespaltenheit, die ‚Antinomie' zwischen Logik und Emotion, zwischen Mann und Frau, nur durch einen Sprung in den Glauben fast im Sinne Kierkegaards überwinden. Damit integriere er auf doppelte Weise das Andere der Vernunft, die ‚natürliche' Lebenswelt der toten Geliebten und die Erfahrung, dass es Grenzen der wissenschaftlichen Erkenntnis gibt. Mann und Frau verkörpern in diesen ‚essentialistischen' Denkmodellen zwei völlig verschiedene Seinsweisen. Das gilt Gödrich zufolge nicht nur für *Tonka*, sondern auch für die beiden anderen Novellen. In allen drei „Modellfällen, Versuchsanordnungen" (ebd., S. 175) korrigiere die Begegnung des Mannes mit dem ganz ‚Anderen' der Frau eine rein szientistische Weltsicht und bestätige damit die „Ohnmacht und Unzulänglichkeit des Intellekts" (ebd.). Damit gehe der Einbruch traum- und märchenhafter Elemente einher, die jene als Realität erfahrene Normalität destabilisieren.

In diesem Zusammenhang verweist Gödrich auch auf die romantischen und postromantischen Erbschaften, auf den Einfluss von Friedrich Nietzsche, Ludwig Klages, C. G. Jung und vor allem von Novalis auf Musil. (→ VIII.5 *Intertextualität*) Romantisch in einem mehr pointierten als landläufigen Sinn sei nicht zuletzt die Auffassung von Literatur als einem experimentellen Medium der Erkenntnis, die Zuspitzung des Gegensatzes von Rationalem und Nicht-Rationalem sowie von rationaler Distanz und der Sehnsucht nach existenzieller Evidenz, die Integration von Traum und Fantasie sowie die Affinität für ein Phänomen wie die Mystik, in deren Zentrum nicht ein traditionelles religiöses Bekenntnis, sondern die Erfahrung der Grenze stehe. (→ VII.1 *Mystik*) Das Schlusszitat aus *Die Portugiesin* ist demnach Paraphrase von und Bezugnahme auf Novalis. Bei diesem heißt es bekanntlich: „Wenn Gott Mensch werden konnte, kann er auch Stein, Pflanze[,] Thier und Element werden" (Novalis 1960, S. 664). Musil spitzt diesen Aphorismus zu, indem er die Portugiesin sagen lässt: „Wenn Gott Mensch werden konnte, kann er auch Katze werden" (GW II, 270). Während Pekar (1989, S. 113) von einer gelungenen Synthese in der Intimität spricht, geht Hwang (1995, S. 49) von einer „Aporie der Liebe" aufgrund der Kommunikationssituation aus, in der die Aussage der Frau von ihrem Mann lediglich als Gotteslästerung akzeptiert wird. Sichtbar beeinflusst vom modernen Existentialismus schließt Gödrichs Studie mit dem Befund der radikalen Alterität der Geschlechter und der tiefen, unüberwindbaren Gespaltenheit des (modernen) Menschen, dem es nicht gelinge, ‚zu sich selbst' zu kommen. Die Leistung diese Studie besteht, ungeachtet des ihr zugrundeliegenden und heute problematisierten Entfremdungsschemas, ganz offenkundig darin, dass sie infolge einer peniblen Textlektüre das gesellschaftliche Umfeld von Tonka freilegt und zugleich die Gemeinsamkeit der drei Erzählungen, die Verkoppelung des Unbehagens der Geschlechter mit der Gespaltenheit des Menschen zwischen Intellekt und dem ‚Anderen' der Vernunft, ins Blickfeld rückt.

Untersuchungen zu Genus und Geschlecht haben stets eine gewisse Rolle gespielt, vor allem bei Christa Gürtler (1986), aber erst Stephanie Catani (2005) legt den Schwerpunkt auf das Thema der Konstruktion von Weiblichkeit, wobei den insgesamt fünf ‚Frauen'-Novellen Musils ein eigenes Kapitel gewidmet ist. Catani zufolge ist die als mystisch erfahrene Bergwelt der Alpen in *Grigia* eine symbolische Konstruktion des Fremden, und die sexuell bereitwilligen Bäuerinnen sind das Produkt traditioneller Männerfantasien (vgl. ebd., S. 234). Der Vorzug der Untersuchung liegt darin, dass die Verfasserin auf die Funktion dieser Weiblichkeitsbilder für die Konstitution männlicher Identität eingeht, sowie sie im Falle von *Die Portugiesin* ein archaisches Männlichkeitsideal (Krieger) diagnostiziert, das ganz offenkundig in die Krise gerät und in die „Utopie einer männlichen Selbstgewinnung im Kontext einer gelungenen Vereinigung" mündet (ebd., S. 237f.; vgl. ebd., S. 245).

2.3 Liebe und Tod als Krisensituationen des Männlichen

Von einer „Modellsituation der Krise des Ich-Welt-Verhältnisses" spricht Sun-Ae Hwang (1995, S. 13). Ausgehend von den großen Dialogen zwischen Ulrich und Agathe wird in dieser psychologisch orientierten Studie die Liebe auf eine doppelte Weise zur Zentralkategorie. Zum einen avanciere diese zu jenem Ort, „in dem Musils ästhetische Reflexionen ihre literarische Gestaltung finden". Liebe werde damit zum wesentlichen Element der „poetischen Selbstreflexion" und zu einem Medium der Erkenntnis. Zum anderen aber impliziere sie ein Gesamtverhältnis zur Welt. Sie manifestiere die angesprochene Krise des modernen Menschen und enthalte zugleich das utopische Versprechen ihrer Überwindung. Zur Herausforderung werde dabei auch ihre literarische Darstellbarkeit. Zwei theoretische Themenblöcke kommen in Hwangs Lektüre der Texte zum Tragen: Untersucht wird der Einfluss der zeitgenössischen psychologischen Gestalttheorie Christian von Ehrenfels' sowie der Filmtheorie Béla Balázs' auf die drei Novellen (vgl. ebd., S. 93–97). Dabei geht es nicht so sehr um die rein theoretische Rezeption dieser zeitgenössischen Denkkonzepte, sondern auch um deren ästhetische Umsetzung in den literarischen Texten, also um die Frage einer angemessenen Sprache des Sehens, Erzählens, Erinnerns und Wahrnehmens.

Darin sieht Hwang zu Recht das innovative Element der Musil'schen Novellen, das eine „andere Möglichkeit der Weltaneignung" erlaube (ebd., S. 190). Sie hält dabei eine fast durchgängige Asymmetrie fest, ist doch der wie durch einen Filter Beobachtende fast durchgehend der Mann, die Beobachtete indes die Frau. Dabei fungiere die Frau „als Bild-Medium zur Welt- und Wirklichkeitserfahrung des Mannes schlechthin." (ebd., S. 38)

Den zweiten Schwerpunkt ihrer Studie zur *Liebe als ästhetische Kategorie* bildet die Problematik einer Sprache der Liebe, wobei sich Hwang innerhalb der Musil-Forschung auf Studien von Thomas Pekar (1989) und Gerhard Meisel (1991) beziehen kann. Analysiert Meisel eher den entstehungsgeschichtlichen Aspekt, so untersucht Pekar das Gesamtwerk im Spannungsverhältnis zwischen einem normierten Liebescode im Sinne von Niklas Luhmann und einem Triebgeschehen im Sinne der Lacan'schen Psychoanalyse, das sich der stummen Sprache des Körpers bedient; darüber hinaus zieht Hwangs noch zwei weitere Standardwerke zur Liebe heran, Julia Kristevas *Geschichten der Liebe* (1983) und Roland Barthes' *Fragmente einer Sprache der Liebe* (1977).

Das Verhältnis von Liebe und Erkenntnis und das letztendlich distanzierende Bild der Frau, die als ‚reales Wesen' uneinholbar bleibe, bildeten gleichsam die Klammer der drei Erzählungen in *Drei Frauen*. Im Hinblick auf *Grigia* spricht Hwang (1995, S. 25) von einer exemplarischen Fremderfahrung des männlichen Protagonisten und erwähnt in diesem Zusammenhang die merkwürdige und mehrdeutige Beschreibung der Frauen. Die Kluft zwischen dem ‚Bild' und der unerreichbaren Frau bleibe bis zum Ende der Erzählung erhalten. Dieser Auffassung zufolge ist die Liebe als ‚Gefühlserkenntnis' im Text präsent (vgl. ebd., S. 38). In *Die Portugiesin* existiere eine zweideutige Kommunikationssituation, eine Art von stummer Zeichensprache zwischen Frau und Mann, wie sie im Symbolcharakter der Tiere, Wolf und Katze, zutage trete. Hwang betont auch im Hinblick auf diesen Text die Bedeutung der visuellen Phänomene und die Dominanz des männlichen Blicks. In *Tonka* hingegen werde eine radikale Abkehr von einer rein szientistischen Weltauffassung vollzogen, die in einem Bewusstseinswandel des Mannes kulminiere, der zur Einsicht in die nicht-rationalen Anteile seiner selbst führe. Auf einer Metaebene lasse sich davon sprechen, dass die Liebe als eine freilich nicht unproblematische ‚Gefühlserkenntnis' in den beiden Novellen *Tonka* und *Grigia*, die mit dem Tod der Protagonistin bzw. des Protagonisten enden, stärkere Wirkungen zeige als in *Die Portugiesin*, die allgemein in der Sekundärliteratur unter dem Aspekt einer geglückten Versöhnung gesehen wird. Ob aber die Liebe in Musils Novellen überhaupt als ein Movens angesehen werden kann, um die eingangs postulierte Ich-Welt-Krise zu überwinden, bleibt bei Hwang offen, vermutlich auch deshalb, weil der Individualismus der Geschlechterliebe diesen Konflikt generiert und zugleich die Utopie einer trans-individuellen Liebe im ‚anderen Zustand' im Roman *MoE* hervorbringen wird. (→ VII.2 *Anderer Zustand*)

Philip Payne (1987), der sich auf den autobiografischen Hintergrund bezieht, benennt als gemeinsamen Bezugspunkt der Novellen die unüberbrückbare Kluft zwischen wissenschaftlicher Perspektive und einem Wahrheitsanspruch jenseits von Rationalität (vgl. ebd., S. 163). Musil beschreibe die Novelle als ein Geschehen, das über den Dichter hereinbricht. (→ VI.1.2 *Novelle*) Die Novelle ist etwas, das in der Plötzlichkeit des Ereignisses die von Payne angesprochene Kluft zeigt: In allen drei Novellen bilde der Tod den entscheidenden Horizont. In *Grigia* stirbt der Protagonist mit dem „unwahrscheinlichen Namen" (Payne 1987, S. 157, Übers. W. M.-F.), der zugleich für den Mann wie für den Menschen/die Menschheit steht, in einer Höhle. Tonkas Schwangerschaft und Infektion führt eine Wendung der Beziehung herbei, die im Tod der Titelheldin mündet. Allgegenwärtig ist der Tod auch in *Die Portugiesin*, durch den elfjährigen Krieg, die plötzliche Erkrankung von Kettens und seine Überwindung der Todesangst bei der Besteigung der Felswand unterhalb der Burg. Aber Payne vermeidet einen naheliegenden psychoanalytischen Deutungsversuch. Auch hier zeigt sich, dass Musils heftige Verdikte gegen die Freud'sche Theorie Interpretinnen und Interpreten bis heute von einer ernstzunehmenden psychoanalytischen Deutung abhalten, die mehr ist als eine biografistische Interpretation des literarischen Werks (vgl. hierzu Pfohlmann 2003).

2.4 Weitere Deutungsperspektiven

Von der Schwierigkeit des Vorhabens, das Verhältnis von Musil und der Psychoanalyse zu analysieren, spricht Hildegard Lahme-Gronostaj (1991) im Anschluss an Überlegungen von Karl Corino (1973) und Peter Henninger (1976). Der Titel ihrer Arbeit *Einbildung und Erkenntnis bei Robert Musil und im Verständnis der „Nachbarmacht" Psychoanalyse* verweist auf den springenden Punkt, auf das, was in der Abhandlung als „Ambivalenz zwischen ‚Nachbarmächten'" thematisiert wird (Lahme-Gronostaj, S. 13–17), deren wechselseitige Abgrenzung sie deutlich macht. Das Verhältnis zwischen Autoren wie Musil und Freud als ‚Diskursbegründer' der Psychoanalyse sei von einer stabilisierten Ambivalenz (vgl. schon Corino 1973). (→ IV.7 *Psychoanalyse*)

In der Untersuchung bleibt die Frage ungeklärt, ob Musil etwa die von Josef Breuer und Sigmund Freud verfassten *Studien über Hysterie* (1895) oder Otto Ranks Studie *Das Inzest-Motiv in Dichtung und Sage* (1912) gekannt hat, die doch den *MoE* wie die beiden Novellenbände *Vereinigungen* und *Drei Frauen* bestimmende Themen behandeln. Lahme-Gronostaj bestimmt die Form der Novelle als ein Kreuzungsphänomen von ‚Trieb' und ‚Abwehr'. Im Anschluss an und im Widerspruch zu Oertel Sjögrens (1976) Thesen vom unzuverlässigen Erzähler deutet sie die narrative Spaltung in Erzähler und Hauptfigur in dem Sinne, dass in *Tonka* die psychotische männliche Hauptfigur seinen Fall erzähle, der im Unterschied zu der Annahme Oertel Sjögrens nicht rekonstruierbar sei. Sie widerspricht deren These, wonach der Text ausschließlich die Strategie verfolge, die „existenzielle Schuld" des „Erzähler-Helden" gegenüber Tonka zu verschleiern (Lahme-Gronostaj 1991, S. 49). Im Gegensatz dazu wird der Zusammenhang von ‚neurotischen' und ‚psychotischen' Sehstörungen betont (vgl. ebd., S. 196). Als Beispiel für diesen Sachverhalt nennt sie den konjunktivischen Stil und die fortwährende Rhetorik der Frage, wie in der folgenden metanarrativen Textpassage. Beide sind ihr zufolge Symptome eines unsicher gewordenen Verhältnisses zur Wirklichkeit: „Aber war es überhaupt so gewesen? Nein, das hatte er sich erst später zurechtgelegt. Das war schon das Märchen; er konnte es nicht mehr unterscheiden." (GW II, 270) Lahme-Gronostaj beschreibt die *écriture* Musils wie folgt: „Musil inszeniert und enthüllt den ‚Modus der Perversion' in seinem Schreiben, und zugleich setzt er seinen Text, indem er die minuziöse Angleichung im Stil über die Ebene einer beherrschbaren Darlegung weit hinaustreibt, dem Sog des Wunsches nach Ent-Sprechung aus." (Lahme-Gronostaj 1991, S. 196)

Methodisch raffiniert ist die Studie von Villö Huszai (2002), die *Tonka* als Kriminalfall liest. Dies schließt zunächst scheinbar an die von Oertel Sjögren (1976) und Lahme-Gronostaj (1991) sehr unterschiedlich positionierte Problematik eines frei vagierenden und unzuverlässigen Erzählens an, wendet diesen Befund aber dann gegen diese Interpretationen. Wie Oertel Sjögren hebt auch Huszai die Vorläuferschaft der Erzählung im Hinblick auf den *nouveau roman* hervor, in der die Eindeutigkeit von Sinn, Bedeutung und Referenz annulliert werde (vgl. Huszai 2002, S. 31). Mit dem Terminus der Metafiktionalität, der bereits in den Deutungen von Eibl (1978, S. 81–103) und Willemsen (1986) angelegt ist, bezieht sich Huszai auf den „Nachweis, daß der Wortlaut der Novelle *Tonka* vom Bewußtseinszustand des Helden und nur des Helden zeugt; daß der Held mit anderen Worten der fiktive Produzent einer fiktiven Novelle *Tonka* ist." (Huszai 2002, S. 15) Dieser erzählende Held „scheut die Wirklichkeit", weil sich der namenlose Erzähler und Held vor der Existenz des Dritten fürchte, der im Zentrum des Kriminalfalls stehe (ebd., S. 83). Die Erzählung rechne mit dem ab, was Nietzsche in der *Genealogie der Moral* (1887) als ‚unehrliche Lüge' bezeichnet habe (vgl. Huszai 2002, S. 17). In der ‚detektivischen' Textlektüre wird nun die Entlassungsszene – der hässliche Geschäftsbesitzer entlässt Tonka wegen deren Schwangerschaft fristlos –, in der dank der „Komplizenschaft des Discours" das entscheidende Moment der *histoire* unterschlagen wird, nämlich die Vaterschaft „des schäbigen kleinen Kaufmanns", die Huszai aufgrund sprachlicher Indizien nicht eben überzeugend nachzuweisen versucht, zum Kernstück der kriminalistischen Deutung (ebd., S. 37). Das Geheimnis wäre demnach vom Protagonisten durch seine Erzählstrategie der Auslassung bewirkt, aber kein wirkliches, nämlich unlösbares Rätsel.

Ungeachtet der ambitionierten Theoriebildung überzeugt Huszais ‚Lösung' des Falles nicht, da sie nicht nur der heterodiegetischen Erzählsituation widerspricht, sondern auch die vielen Ambivalenzen und Unwägbarkeiten, die in den Text eingebaut sind, unberücksichtigt lässt. Diese signalisieren, dass – wie auch in vielen Texten Kafkas – eine Lösung des ‚Rätsels' eben nicht möglich ist und dass dies Teil der Fabelkonstruktion ist, gegen die die Interpretinnen und Interpreten gerne anrennen, weil das Verstehen von Geschichten und das Lösen von Rätseln zum Umgang mit der Kulturtechnik des Erzählens gehört. Zwar gibt es Textsignale, die eine gewisse Unsicherheit der Erinnerung nahelegen und reflektieren (was rezeptionsästhetisch gesprochen bei der Leserschaft eher Vertrauen hervorruft), aber es gibt keinen rhetorischen Hinweis in der Novelle, der den Erzähler für die Leserschaft vollständig desavouiert und die Welt hinter der ‚falschen' Geschichte sichtbar macht. Offen bleibt auch die Frage, was nun in der nicht-erzählten Geschichte geschehen ist, warum und unter welchen Umständen es zu der intimen Begegnung Tonkas mit dem Kaufmann gekommen sein soll und was den unzuverlässigen Erzähler – darin sind sich ja Oertel Sjögren (1976), Lahme-Gronostaj (1991) und Huszai (2002) bei aller Gegensätzlichkeit ihrer Deutungen einig – dazu bewogen haben soll, die Täterschaft des anderen, die als Nötigung oder sexueller Missbrauch zu begreifen wäre, zu verschweigen. An diesem Punkt sind die weniger raffinierten und weniger originellen Deutungen von Oertel Sjögren und Lahme-Gronostaj jener von Huszai überlegen, denn dass der an die Zeit mit Tonka erinnernde Erzähler seine eigene Schuld verschweigt, ist psychologisch allemal plausibler als die angenommene Komplizenschaft des Protagonisten mit dem Arbeitgeber der jungen Frau. Dass seine Erinnerung getrübt ist, wie Lahme-Gronostaj in ihrer psychoanalytischen Annäherung an den Text suggeriert, ist angesichts der zentralen Bedeutung dieser Geschichte für sein Leben immerhin denkbar. Übrigens wird der von Huszai zur ‚Realität' erklärte Verdacht vom sich erinnernden Nach-Erzähler selbst angesprochen, wenn durch das Lächeln der Mutter über Tonkas Arbeit in der Textilhandlung ihrer Heimatstadt („Gott, jeder Mensch weiß, dieses Geschäft ...?!", GW II, 273) die Eifersucht des jungen Mannes und die Unsicherheit über ihre Keuschheit angestachelt wird. Huszais kriminalistische Interpretation beansprucht, Licht ins (Text-)Dunkel zu bringen, während sich alle anderen Leserinnen und Leser durch die raffinierte Technik des verschleiernden Erzählens täuschen ließen – dies spricht wiederum für die poetische Vieldeutigkeit des Textes.

Ruth Bendels' umfangreiche Monografie *Erzählen zwischen Hilbert und Einstein* (2008) setzt Brochs *Eine methodologische Novelle* (1917/1936) und Musils *Drei Frauen* (1924) in Beziehung zueinander. Ausgangspunkt ihrer Überlegungen ist eine radikale Erkenntnisskepsis beider Autoren und ganz generell eine Krise der Naturwissenschaften. In Bezug auf die Gattung Novelle greift Bendels auf die wichtige Vorarbeit von Kathleen O'Connor (1992) zurück. Bendels' Überlegungen zu Musils Novellistik berufen sich auf einen programmatischen Text Musils, *Literarische Chronik* (1914), in dem das exemplarische wie einmalige ‚Erlebnis' im Mittelpunkt steht, das in der Novelle und durch sie narrativ formatiert ist. (→ VI.1.2 *Novelle*) Dieses Erlebnis-Moment sieht Bendels als Gemeinsamkeit der Novellensammlung und damit auch als den maßgeblichen erkenntnistheoretischen Impetus an: Musils Novellistik antworte formal auf eben jene Krise der Wissenschaft, die den Rahmen der Untersuchung abgibt. Der Rückgriff auf die Novelle als einer literarischen Form des 19. Jahrhunderts sei der Versuch, die Grenzen der naturwissenschaftlichen Erkenntnis und die dadurch entstandenen Unsicherheiten auszuloten und diesen einen sprachlichen ‚Raum' zuzuweisen. Nach Schildmann (2011/12, S. 112), die *Tonka* im zeitgenössischen „Wissenschaftsdiskurs" verortet und mithilfe des Konzepts der ‚Ausnahme' bzw. Norm und Abweichung liest, werden die *Drei Frauen* als „Störfälle der Kausalität inszeniert" (ebd., S. 125).

2.5 Biografismus und Textgenese

Textgenetische Lektüren haben in der Musil-Forschung derzeit Konjunktur. Das mag zum einen mit der digitalen Publikation von diversen Nachlasstexten und Materialien in der *Klagenfurter Ausgabe*, zum anderen aber auch mit den Forschungen Karl Corinos zusammenhängen. Insbesondere dessen Musil-Biografie (2003) enthält zu einem wesentlichen Teil solche textgenetischen Studien, in deren Zentrum die Fiktionalisierung der Vita des Autors steht. Dabei kommen Fragen der Psychologie, vor allem aber auch der Produktionsästhetik, zuweilen sogar einer Ethik des Zusammenlebens ins Spiel, lässt doch Musils Biograf keinen Zweifel daran, dass der damals junge Mann „mutmaßliche Schuld" am Tod der jungen Herma Dietz trägt (Corino 2003, S. 287). Das lässt sich nicht anders denn als moralischer Vorwurf lesen. Immerhin sind der Jugendgeliebten Musils und ihrer literarischen Verschlüsselung in der Novelle *Tonka* zwei halbe Kapitel der Biografie gewidmet (vgl. ebd., S. 708–727), und damit auch dem Verhältnis von Fiktionalisierung und Verdrängung bzw. Erinnerungsfälschung. Subkutan hat diese Frage nicht selten eine wichtige Rolle bei der Diskussion von ‚Tonkas Rätsel' gespielt, so etwa der Befund, dass Musil wohl offenbar selbst an Syphilis erkrankt gewesen war und deshalb sehr wohl seine Geliebte angesteckt haben könnte (vgl. dazu auch Großmann 1993, S. 17). Dass von allen drei Novellen *Tonka* die meistinterpretierte ist, hat wohl neben der Tatsache ihrer Polyvalenz, der Unlösbarkeit ihres ‚Rätsels' im *discours* der Erzählung sowie der Markierung als Erinnerungstext mit dem biografischen Hintergrund zu tun, dem durch das Nachlassmaterial (Arbeitshefte, Skizzen, Entwürfe) zusätzlich Nahrung gegeben wird.

Walter Fanta und Rosmarie Zeller setzen sich im *Musil-Forum* (2011/12) mit der Textgenese einzelner Novellen Musils auseinander. Zeller weist in ihrer Studie zu *Grigia* der *critique génétique* die Aufgabe zu, Entstehung und Wandlung eines Textes zu verfolgen. Fanta, der wohl profundeste Kenner des Nachlasses, sichtet Material zu *Tonka* von 1905 bis zur Endfassung der Novelle und problematisiert das Textkorpus insofern, als die *Tonka*-Geschichte, deren Entstehung in dem 120-seitigen Dossier sichtbar werde, in einen geplanten Roman integriert werden sollte (vgl. Fanta 2011/12, S. 11f.; vgl. KA, M IV/2/479). Mit Blick auf das nicht zur Veröffentlichung bestimmte Material spricht Fanta von einem „Manöver der Fiktionalisierung": „Der Schreibprozess" bestätige sich als „Überführung vom Konzept der Erinnerungsarbeit zum Konzept ästhetisch gestalteter Wahrheits*er*findung" (Fanta 2011/12, S. 37). Fanta belegt seine These anhand einer frühen Fassung ‚Hugo-Herma', in der deutlich wird, was in der Endfassung der publizierten Geschichte nur angedeutet bleibt. In einer späteren Version kommt es zur Aufspaltung des männlichen Protagonisten in einen heterodiegetischen Erzähler und eine Hauptfigur, die nun Nestor von Dobransky heißt. Fiktionalisierung bedeute, so Fanta, bei Musil niemals nur eine Veränderung der ‚Fakten', sondern immer auch eine Verschiebung der Perspektiven und eine Auflösung von Klarheiten, wie sie in dem Entwurf durchaus gegeben ist:

> Es ist die Geschichte eines jungen Mannes aus guter Familie, der ein Mädchen aus niederem Stande gern hatte, ihm ein Kind machte und es verließ. Mit einigen Besonderheiten, die gegen das soziale Gesetz dieses Falls nicht in Betracht kommen dürfen. Dann einer Mutter, die wie es sich gebührt, alles daran setzte, um ihren Sohn, wie ein festgefahrenes Schiff wieder flott zu kriegen, denn es ist gewiß, daß die Eltern ihren Söhnen Gutes tun, wenn sie die mailings [sic] Törichten rechtzeitig an den Zügeln in die Bahn zurückreißen, in die sie nun einmal, der Einfachheit halber, gehören. Endlich die Geschichte des Mädchens, das stumm litt und starb, wie es die Dichter lieben. (KA, M IV/2/424; zit. nach Fanta 2011/12, S. 31f.)

Fanta spricht im Hinblick auf den Schreibprozess an *Tonka* von der Erinnerungsarbeit durch „Wahrheits*er*findung" (ebd., S. 37 u. 39), und man mag sich an dieser Stelle fragen, ob nicht literarische Texte ähnlich wie der Traum im Sinne der Freud'schen *Traumdeutung* (1899) auch psychischen Dynamiken wie Entstellung und Verschiebung unterliegen könnten. Misstrauisch zeigt sich Fanta gegen die kriminalistische Auflösung, wie sie Huszai (2002) vorgenommen hat, und plädiert für „narrative Optionen" (Fanta 2011/12, S. 39), die mit der Fiktionalisierung einhergehen. Man mag es als eine Kritik an Corinos zirkulärem Verfahren, das die Biografie aus den Texten und die Texte aus der Biografie erklärt, verstehen, wenn Fanta statuiert, dass diese ‚verformten Texte' für die Biografie nicht verwendbar seien (vgl. ebd.). Umgekehrt wäre zu fragen, ob die Biografie für die Analyse dieser ‚verformten Texte' eine wirklich verlässliche Instanz ist. Keinesfalls kann die textgenetische Forschung, wie Fanta (ebd., S. 2f.) selbst einräumt, die Analyse der publizierten literarischen Texte ersetzen, zumal diese ihre Bedeutung ganz ohne Autorintention und Biografik im historischen Kontext modifizieren und dabei immer neue ‚narrative Optionen' ermöglichen.

3. Forschungsperspektiven

Auf den ersten Blick erscheint Musils Novellenband *Drei Frauen* literaturwissenschaftlich erschöpfend erforscht. Zweifelsohne liefert die textgenetische Lektüre im Zwischenraum von Biografie und Text wichtige neue Aspekte. Doch literarische Texte sind ‚unendlich', sie generieren immer neue Bedeutungen, schon allein deshalb, weil sich der historische, politische und literarische Kontext und damit auch die Perspektive und die methodischen Zugänge ändern.

Mit Blick auf den heutigen Kontext mag die Tatsache überraschen, dass, von Ausnahmen abgesehen (vgl. Nübel 2014), ein penibles, an der Methode der Dekonstruktion geschultes *close reading* noch ebenso aussteht wie ein post-freudianischer Blick auf die Textur, der an die Stelle der unzähligen Lektüren treten könnte, die sich durch die wiederum interpretierte Autorintention zu legitimieren trachten und die noch immer von der Sehnsucht nach Eindeutigkeit literarischer Texte getrieben sind. Zum bleibenden Verdienst struktualer Textanalysen gehört u.a., dass sie zeigen, mit welchen formalen, erzähltechnischen und sprachlichen Mitteln literarische Texte Mehrdeutigkeit erzeugen, die jedweder eindeutigen Lösung im Wege stehen.

Erstaunlich ist auch, wie wenig Musils drei Novellen insgesamt, von Ausnahmen abgesehen, mit kulturwissenschaftlichem Blick erfasst worden sind. Dabei ließen sich auch im Sinne einer durch Homi K. Bhabhas (1994) Perspektiven ergänzten Imagologie (vgl. Müller-Funk 2009) die Konstruktionen peripherer Räume, aber auch die fatalen intersexuellen Relationen systematisch hinterfragen. Im Kontext der Men Studies könnte es dabei auch um Studien gehen, die sich – das klingt bei Gürtler (1986) und Catani (2005) an – mit der Konstruktion des Männlichen, die über die Differenzsetzung gegenüber dem Weiblichen generiert wird, beschäftigen. (→ V.6 *Geschlechterrelationen*) Eine systematische kulturwissenschaftliche Sichtung, die den Gender-Aspekt als zentrales Element begreift und in ihre Untersuchung einbezieht, steht trotz einiger Ansätze (vgl. Müller-Funk 2009 u. 2011) noch aus. Sie müsste Fragen wie Identität, Konstruktion und Machtkonstellationen der Figuren systematisch untersuchen, wie das nicht speziell im Hinblick auf Robert Musil durch das Forschungsnetzwerk *Kakanien revisited* (www.kakanien-revisited.at) und dessen Publikationsformen geschehen ist, und dabei auch auf Ansätze der postkolonialen und postimperialen Studien zurückgreifen.

4. Literatur

Arntzen, Helmut: Musil-Kommentar sämtlicher zu Lebzeiten erschienener Schriften außer dem Roman *Der Mann ohne Eigenschaften*. München: Winkler 1980.
Barthes, Roland: Fragmente einer Sprache der Liebe. [frz. 1977] Frankfurt a.M.: Suhrkamp 1988.
Bendels, Ruth: Erzählen zwischen Hilbert und Einstein. Naturwissenschaft und Literatur in Hermann Brochs *Eine methodologische Novelle* und Robert Musils *Drei Frauen*. Würzburg: Königshausen & Neumann 2008.

Bhabha, Homi K.: The Location of Culture. London: Routledge 1994.
Böni, Oliver: „… wie in einem Teppich verwoben". Gleichnistexturen in Robert Musils *Grigia*. In: Musil-Forum 32 (2011/12), S. 65–86.
Catani, Stephanie: Das fiktive Geschlecht. Weiblichkeit in anthropologischen Entwürfen und literarischen Texten 1885–1925. Würzburg: Königshausen & Neumann 2005, S. 224–250.
Corino, Karl: Ödipus oder Orest? Robert Musil und die Psychoanalyse. In: Uwe Baur, Dietmar Goltschnigg (Hg.): Vom *Törleß* zum *Mann ohne Eigenschaften*. München, Salzburg: Fink 1973, S. 123–235.
Corino, Karl: Robert Musil. Leben und Werk in Bildern und Texten. Reinbek b. Hamburg: Rowohlt 1988.
Corino, Karl: Robert Musil. Eine Biographie. Reinbek b. Hamburg: Rowohlt 2003.
Eibl, Karl: Robert Musil: *Drei Frauen*. Text, Materialien, Kommentar. München: Hanser 1978.
Fanta, Walter: Die Erfindung der *Tonka*. Eine textgenetische Lektüre des *Tonka*-Dossiers. In: Musil-Forum 32 (2011/12), S. 1–40.
Genette, Gérard: Die Erzählung. Mit einem Nachwort v. Jochen Vogt. München: Fink 1998.
Gödrich, Wolfgang: Der antinomische Konflikt in Musils Novelle *Tonka*. Lörrach: Eigendruck 1978.
Großmann, Bernhard: Robert Musil: *Drei Frauen*. Interpretation. München: Oldenbourg 1993.
Gürtler, Christa: Drei Märchen um *Drei Frauen*. Männerträume am Beginn unseres Jahrhunderts. In: Georg Schmid (Hg.): Die Zeichen der Historie. Beiträge zu einer semiologischen Geschichtswissenschaft. Wien u. a.: Böhlau 1986, S. 129–142.
Hall, Murray G.: Tier und Tiermotivik im Prosawerk Robert Musils. Diss. Univ. Wien 1975.
Henninger, Peter: Schreiben und Sprechen. Robert Musils Verhältnis zur Erzählform am Beispiel von *Drei Frauen* und *Die Amsel*. In: Modern Austrian Literature 9 (1976), H. 3/4, S. 57–99.
Hoffmann, Birthe: Die Seele im Labor der Novelle. Gestaltpsychologische Experimente in Musils *Grigia*. In: Deutsche Vierteljahrsschrift für Literaturwissenschaft und Geistesgeschichte 69 (1995), S. 735–765.
Huszai, Villö: Ekel am Erzählen. Metafiktionalität im Werk Robert Musils, gewonnen am Kriminalfall *Tonka*. München: Fink 2002.
Hwang, Sun-Ae: Liebe als ästhetische Kategorie. Zu *Drei Frauen* von Robert Musil. Frankfurt a. M. u. a.: Lang 1995.
Karthaus, Ulrich: Musil-Forschung und Musil-Deutung: Ein Literaturbericht. In: Deutsche Vierteljahrsschrift für Literaturwissenschaft und Geistesgeschichte 39 (1965), S. 441–483.
Kraft, Herbert: Gäbe es den Dialog, wäre das Subjekt keine abstrakte Vorstellung mehr. Die Erzählung *Tonka* von Robert Musil. In: Susanne Beckmann, Peter-Paul König, Georg Wolf (Hg.): Sprachspiel und Bedeutung. Festschrift für Franz Hundsnurscher zum 65. Geburtstag. Tübingen: Niemeyer 2000, S. 415–419.
Kraft, Herbert: Musil. Wien: Zsolnay 2003.
Kristeva, Julia: Geschichten von der Liebe. [frz. 1983] Frankfurt a. M.: Suhrkamp 1989.
Krottendorfer, Kurt: Versuchsanordnungen. Das experimentelle Verhältnis von Literatur und Realität in Robert Musils *Drei Frauen*. Wien u. a.: Böhlau 1995.
Lahme-Gronostaj, Hildegard: Einbildung und Erkenntnis bei Robert Musil und im Verständnis der „Nachbarmacht" Psychoanalyse. Würzburg: Königshausen & Neumann 1991.
Leupold, Dagmar: Experiment Ekstase. Robert Musils *Drei Frauen*. In: Marie-Louise Roth (Hg.): Neue Ansätze zur Robert-Musil-Forschung. Bern u. a.: Lang 1999, S. 195–215.
Luserke, Matthias: Robert Musil. Stuttgart, Weimar: Metzler 1995.
Martens, Gunther/Ruthner, Clemens/De Vos, Jaak (Hg.): Musil anders. Neue Erkundungen eines Autors zwischen den Diskursen. Bern u. a.: Lang 2005.
Meier-Ruf, Ursula: Prozesse der Auflösung. Subjektstruktur und Erzählform in Robert Musils *Drei Frauen*. Bern u. a.: Lang 1992.

Meisel, Gerhard: Liebe im Zeitalter der Wissenschaften vom Menschen. Das Prosawerk Robert Musils. Opladen: Westdeutscher Verlag 1991.
Müller-Funk, Wolfgang: Kakanien revisited. Über das Verhältnis von Herrschaft und Kultur. In: ders., Peter Plener, Clemens Ruthner (Hg.): Kakanien revisited. Das Eigene und das Fremde (in) der österreichisch-ungarischen Monarchie. Tübingen: Francke 2002, S. 14–32.
Müller-Funk, Wolfgang: *Der Mann ohne Eigenschaften*: Erinnerungstextur und Medium kulturwissenschaftlicher Sondierung. In: Gunther Martens, Clemens Ruthner, Jaak De Vos (Hg.): Musil anders. Neue Erkundungen eines Autors zwischen den Diskursen. Bern u.a.: Lang 2005, S. 301–325.
Müller-Funk, Wolfgang: Die Frau und das Fremde. Anmerkungen zu Robert Musils *Drei Frauen*. In: ders.: Komplex Österreich. Fragmente zu einer Geschichte der modernen österreichischen Literatur. Wien: Sonderzahl 2009, S. 195–205.
Müller-Funk, Wolfgang: Kulturtheorie. Einführung in Schlüsseltexte der Kulturwissenschaften. 2., erw. Aufl. Tübingen: Francke 2010.
Müller-Funk, Wolfgang: Stellungs-Kriege. Erotik und Gender in Robert Musils Erzählungen *Drei Frauen*. In: Clemens Ruthner, Raleigh Whitinger (Hg.): Contested Passions. Sexuality, Eroticism, and Gender in Modern Austrian Literature and Culture. New York u.a.: Lang 2011, S. 219–232.
Novalis: Schriften. Die Werke Friedrich von Hardenbergs. Hg. v. Paul Kluckhohn u. Richard Samuel. Bd. 3: Das philosophische Werk II. Hg. v. Richard Samuel in Zusammenarb. mit Hans-Joachim Mähl u. Gerhard Schulz. Stuttgart: Kohlhammer 1960.
Nübel, Birgit: Robert Musil und Heinrich von Kleist oder Konkave Frauenkörper im Hohlspiegel unendlicher Reflexion. In: Anne Fleig, Christian Moser, Helmut J. Schneider (Hg.): Schreiben nach Kleist. Literarische, mediale und theoretische Transkriptionen. Freiburg i.Br.: Rombach 2014, S. 95–118.
O'Connor, Kathleen: Robert Musil and the Tradition of the German Novelle. Riverside: Ariadne Press 1992.
Oertel Sjögren, Christine: An Inquiry into the Psychological Condition of the Narrator in Musils *Tonka*. In: Monatshefte für deutschen Unterricht, deutsche Sprache und Literatur 64 (1972), S. 153–161.
Oertel Sjögren, Christine: Das Rätsel in Musils *Tonka*. [1976] In: Renate von Heydebrand (Hg.): Robert Musil. Darmstadt: WBG 1982, S. 434–449.
Payne, Philip: Robert Musil's Works, 1906–1924. A critical Introduction. Frankfurt a.M. u.a.: Lang 1987.
Pekar, Thomas: Die Sprache der Liebe bei Robert Musil. München: Fink 1989.
Pfohlmann, Oliver: „Eine finster drohende und lockende Nachbarmacht"? Untersuchungen zu psychoanalytischen Literaturdeutungen am Beispiel von Robert Musil. München: Fink 2003.
Rauch, Marja: Vereinigungen. Frauenfiguren und Identität in Robert Musils Prosawerk. Würzburg: Königshausen & Neumann 2000.
Reniers-Servranckx, Annie: Robert Musil. Konstanz und Entwicklung von Themen, Motiven und Strukturen in den Dichtungen. Bonn: Bouvier 1972.
Röttger, Brigitte: Erzählexperimente. Studien zu Robert Musils *Drei Frauen* und *Vereinigungen*. Bonn: Bouvier 1973.
Schier, Rudolf: Robert Musils *Tonka* als Vorläufer des *nouveau roman*. In: Études germaniques 32 (1977), S. 40–45.
Schildmann, Mareike: Ausnahmedichtung. *Tonka* und das unsichere Wissen vom Exzeptionellen. In: Musil-Forum 32 (2011/12), S. 106–129.
Schmitz, Michael: Frau ohne Eigenschaften. Die Konstruktion von Liebe in Robert Musils Novelle *Grigia*. In: Musil-Forum 29 (2005/06), S. 57–77.
Spivak, Gayatri Chakravorty: Can the Subaltern speak? Postkolonialität und subalterne Artikulation. Wien: Turia+Kant 2008.
Stanzel, Franz K.: Typische Formen des Romans. Göttingen: Vandenhoeck & Ruprecht 1964.

Stanzel, Franz K.: Theorie des Erzählens. Göttingen: Vandenhoeck & Ruprecht 1979.
Strelka, Joseph P.: Musils Novelle *Grigia* als Gegenstück zur *Vollendung der Liebe*. In: Roger Goffin, Michel Vanhelleputte, Monique Weyembergh-Boussart (Hg.): Littérature et culture allemandes. Hommages à Henri Plard. Brüssel: Éd. de l'Univ. de Bruxelles 1985, S. 335–344.
Willemsen, Roger: Robert Musil. Vom intellektuellen Eros. München: Piper 1985.
Willemsen, Roger: Devotionalien. Über Musils *Tonka* und Godards *Je vous salue Marie*. In: Joseph Strutz (Hg.): Kunst, Wissenschaft und Politik von Robert Musil bis Ingeborg Bachmann. München: Fink 1986, S. 81–103.
Wolf, Norbert Christian: Kakanien als Gesellschaftskonstruktion. Robert Musils Sozioanalyse des 20. Jahrhunderts. Wien u.a.: Böhlau 2011.
Zeller, Rosmarie: Zur Komposition von Musils *Drei Frauen*. In: Gudrun Brokoph-Mauch (Hg.): Beiträge zur Musil-Kritik. Bern u.a.: Lang 1983, S. 25–48.
Zeller, Rosmarie: Grenzziehung und Identitätskrise. Zu Musils *Törleß* und *Drei Frauen*. In: Musil-Forum 27 (2001/02), S. 189–209.
Zeller, Rosmarie: Musils Arbeit am Text. Textgenetische Studie zu *Grigia*. In: Musil-Forum 32 (2011/12), S. 41–64.

1.7 Der Mann ohne Eigenschaften (1930/1932/postum)
Norbert Christian Wolf

1. Einleitung 225
   1.1 Inhalt und Aufbau 225
   1.2 Darstellungsprinzipien und Erzählverfahren 229
2. Der Grundbegriff: Eigenschaftslosigkeit 234
3. Der Romantext 239
   3.1 Das Einleitungskapitel 239
   3.2 Männerfiguren 247
      3.2.1 Der Intellektuelle Ulrich, Mann ohne Eigenschaften 249
      3.2.2 Der Dilettant Walter, Mann mit Eigenschaften 254
      3.2.3 Ein Mörder als Reflexionsfigur: Ulrichs Alter Ego Moosbrugger . . 257
      3.2.4 Der ‚Wirtschaftsästhet': Ulrichs Gegenspieler Arnheim 263
      3.2.5 Adel und moderner Konservativismus: Graf Leinsdorf als Inversion Ulrichs 268
      3.2.6 Realpolitik als ‚Antiessayismus': der Funktionär Hans Tuzzi . . . 272
      3.2.7 Der sozial konstruierte ‚Jude': Leo Fischel 273
      3.2.8 Ein ‚Trojanisches Pferd' des Militärs: General Stumm von Bordwehr 276
   3.3 Frauenfiguren 279
      3.3.1 Varieté und Prostitution: Ulrichs erste Geliebte Leona 281
      3.3.2 Ehefrau und ‚Nymphomanin': Ulrichs zweite Geliebte Bonadea . . . 283
      3.3.3 Kunst und Wahnsinn: Clarisse 285
      3.3.4 Ein gespaltener Habitus: Gerda Fischel 291
      3.3.5 Diotima, Frau mit Eigenschaften 294
      3.3.6 Agathe, Frau ohne Eigenschaften 299
   3.4 Die „letzte Liebesgeschichte" als Experiment der Androgynie . . . 305
4. Forschungsgeschichte und -perspektiven 308
5. Literatur 310

1. Einleitung

Der Mann ohne Eigenschaften (*MoE*) ist der mit Abstand umfangreichste Text Robert Musils und gilt als sein Hauptwerk, obwohl er Fragment geblieben ist. An keinem anderen Buchprojekt hat der Autor so anhaltend und intensiv gearbeitet wie an diesem, dessen früheste Skizzen aus dem Jahr 1904 datieren und dessen letzte Bearbeitung am 15. April 1942 – dem Todestag Musils – erfolgte; dennoch blieb es unvollendet. Der von Musil selber in den Druck gegebene ‚kanonische' Romantext erschien am 26. November 1930 (Erstes Buch) bzw. am 19. Dezember 1932 (Zweites Buch, 1. Teilband) bei Rowohlt in Berlin und umfasst 1.032 engbedruckte Seiten (im großzügigeren Satz der Erstausgabe gut anderthalb Mal so viel), die Vorstufen sowie der ebenfalls fragmentarisch bzw. ‚apokryph' gebliebene Fortsetzungsteil inkl. der vom Herausgeber Adolf Frisé veröffentlichten Varianten weitere gut 1.100 Seiten, ganz zu schweigen von den der postumen Druckfassung zugrundeliegenden, aber darüber hinausgehenden 11.000 Blättern des handschriftlichen Nachlasses, den die 2009 erschienene digitale *Klagenfurter Ausgabe* vollständig und mit einem entstehungsgeschichtlichen Kommentar veröffentlicht hat (vgl. auch Fanta 2000; zur Unterscheidung ‚kanonisch'/‚apokryph' ebd., S. 21–26). Bei diesen gewaltigen Dimensionen, die jene von Thomas Manns epochemachendem Bildungsroman *Der Zauberberg* (1924) in den Schatten stellen und dem Umfang von Marcel Prousts monumentalem Zeitroman *À la recherche du temps perdu* (1913–1927) nahekommen, liegt es auf der Hand, dass im Rahmen eines Handbuchs nur ausgewählte Aspekte des Textes genauer vorgestellt werden können. Der vorliegende Artikel wird sich zudem auf die ‚kanonischen' Romanteile konzentrieren, während Vorstufen und Fortsetzungsentwürfe in einem eigenen Artikel behandelt werden. (→ III.3.4 *Nachlass*)

1.1 Inhalt und Aufbau

Um einen ersten Überblick zu verschaffen, wird im Folgenden auf Musils eigene Zusammenfassung der Romanhandlung zurückgegriffen, die er in einem Gespräch mit Oskar Maurus Fontana vom 30. April 1926 mündlich gegeben hat und die im Wesentlichen dem später verwirklichten Plot entspricht, obgleich die Entwürfe damals noch unter dem Arbeitstitel „Die Zwillingsschwester" figurierten:

> Das Jahr 1918 hätte das 70jährige Regierungsjubiläum Franz Josef I. und das 35jährige Wilhelm II. gebracht. Aus diesem künftigen Zusammentreffen entwickelt sich ein Wettlauf der beiderseitigen Patrioten, die einander schlagen wollen und die Welt, und im Kladderadatsch von 1914 enden. „Ich habe es nicht gewollt!" Kurz und gut: es entwickelt sich das, was ich „die Parallelaktion" nenne. Die Schwarzgelben haben die „österreichisch Idee", wie Sie sie aus den Kriegsjahren kennen: Erlösung Österreichs von Preußen – es soll ein Weltösterreich entstehen nach dem Muster des Zusammenlebens der Völker in der Monarchie – der „Friedenskaiser" an der Spitze. Krönung des Ganzen soll eben das imposante Jubeljahr 1918 bringen. Die Preußen wieder haben die Idee der Macht auf Grund der technischen Vollkommenheit – auch ihr Schlag der Parallelaktion ist für 1918 geplant. (GW II, 939)

Die berüchtigte Aussage des deutschen Kaisers Wilhelm II., „Ich habe es nicht gewollt!", die am Ende von Karl Kraus' monumentalem Dokumentardrama *Die letzten Tage der Menschheit* (1919/1922) Gott selbst in den Mund gelegt wird (vgl. Kraus 1986, S. 770), kommt im kanonischen Text des *MoE* nicht vor; in Musils Romanskizze bezeichnet sie indes die rahmenbildende Thematik des planlosen Schlitterns der europäischen Kabinettspolitik in den Ersten Weltkrieg sowie des ebenso planlosen „Gewährenlassen[s]" gegenüber den an der Staatsmaschine stehenden Gruppen von Spezialisten" durch deren Gesellschaften, „so daß man wie im Schlafwagen fuhr und erst durch den Zusammenstoß erwachte." (*Das hilflose Europa*, 1922, GW II, 1089; vgl. *Die Nation als Ideal und als Wirklichkeit*, 1921, GW II, 1068) Es handelt sich dabei um den historischen Hintergrund des gesamten Romangeschehens, wobei atmosphärisch – ähnlich wie bei Kraus – die Konkurrenz zwischen Österreich-Ungarn und dem Deutschen Reich eine zentrale Rolle spielt (und die kulturellen Ziele der ‚Parallelaktion' an die obrigkeitlich initiierten, großösterreichischen und antipreußischen Bestrebungen des historischen Kreises um Leopold von Andrian, Hugo von Hofmannsthal und Max Reinhardt erinnern, die zur Rettung der Habsburgermonarchie einen kulturellen Ausgleich zwischen den Nationalitäten ins Werk setzen wollten). (→ V.3 *Kakanien*) Während Kraus seiner „einem Marstheater zugedacht[en]" (Kraus 1986, S. 9) Weltkriegs-Tragödie durch kritische Überzeichnung und sarkastisches Pathos Suggestivkraft verlieh, bediente sich Musil in seinem intellektuellen Roman (vgl. allerdings den Brief an Bernard Guillemin?, 26.1.1931, Br I, 498) einer ironischen Erzählweise, die das in Kakanien fortgeschrittene „Wert-Vakuum" (Broch 1982, S. 145) durch die vergebliche Suche nach einer zündenden Idee „der großen vaterländischen Aktion" (MoE, 88) anschaulich macht. (→ VIII.2 *Ironie u. Satire*) Die „Umwelt resp. Umwelten" seiner „ironisch durchsetzte[n] Materie" setzt er folgendermaßen „in Bewegung":

> Zuerst, indem ich einen jungen Menschen [i. e. Ulrich] einführe, der am besten Wissen seiner Zeit, an Mathematik, Physik, Technik geschult ist. […] Der also sieht zu seinem Erstaunen, daß die Wirklichkeit um mindestens 100 Jahre zurück ist hinter dem, was gedacht wird. Aus diesem Phasenunterschied, der notwendig ist und den ich auch zu begreifen suche, ergibt sich ein Hauptthema: *Wie soll sich ein geistiger Mensch zur Realität verhalten?* (GW II, 940)

Damit ist die zentrale intellektuelle Thematik des Romans benannt, der sich auch als kritische Moderne-Diagnose versteht. (→ II.1 *Moderne*) Zu ihrer erzählerischen Ausgestaltung bedarf es neben dem Protagonisten eines starken Antipoden, dessen Einführung dem Plot seine Dynamik verleiht:

> Dem stelle ich eine Gegenfigur gegenüber: den Typus des Mannes größten Formats und oberster Welt [i. e. Arnheim]. Er verbindet wirtschaftliches Talent und ästhetische Brillanz zu einer sehr merkwürdigen und bezeichnenden Einheit. Nach Österreich kommt er aus Berlin, um sich zu erholen – in Wahrheit aber, um in aller Stille seinem Konzern die bosnischen Erzlager und Holzschlagungen zu sichern. Im Salon der „zweiten Diotima", der Gattin eines Präsidialisten, des Repräsentanten der altösterreichischen Weltbeglückung[,] stößt er auf diese Frau. Zwischen beiden entwickelt sich nun ein „Seelenroman", der im Leeren enden muß. (GW II, 940)

Aus Musils kondensierendem Resümee seines ‚unendlichen' essayistischen Romans (vgl. Frey 1990) geht das selbst als „Parallelaktion" (MoE, 87) nach dem Prinzip von „Analogie und Variation" (Kühn 1965) verfahrende romaneske Konstruktionsprinzip hervor, das sich etwa in der Gegenüberstellung zweier ungleicher Liebespaare konkretisiert:

Zugleich trifft der junge Mensch [i. e. Ulrich] anläßlich eines Sterbefalls im Haus seiner toten Eltern seine Zwillingsschwester [i. e. Agathe], die er bisher nicht kannte. Die Zwillingsschwester ist biologisch etwas sehr Seltenes, aber sie lebt in uns allen als geistige Utopie, als manifestierte Idee unserer selbst. Was den meisten nur Sehnsucht bleibt, wird meiner Figur Erfüllung. Und bald leben die beiden ein Leben, das der guten Gemeinschaft einer alten Ehe entspricht. (GW II, 940)

Dass sich die erzählerische Gestaltung einer Geschwisterliebe im modernen Roman aber nicht in stillgestelltem Glück à la Philemon und Baucis erschöpfen kann, zumal die Inzest-Thematik *per se* sozialen Sprengstoff birgt, macht Musil in der Folge unmissverständlich deutlich:

Ich stelle die beiden mitten hinein in den Komplex der „Schmerzen von heute": Kein Genie, keine Religion, statt „in etwas leben" – „für etwas leben" – lauter Zustände, in denen ich unsere Idealität äonisiere. Aber Bruder und Zwillingsschwester: das Ich und das Nicht-Ich fühlen den inneren Zwiespalt ihrer Gemeinsamkeit, sie zerfallen mit der Welt, fliehen. Aber dieser Versuch, das Erlebnis zu halten, zu fixieren, schlägt fehl. Die Absolutheit ist nicht zu bewahren. Ich schließe daran, die Welt kann nicht ohne das Böse bestehen, es bringt Bewegung in die Welt. Das Gute allein bewirkt Starre. Ich gebe dazu die Parallele mit dem Paar: Diotima und Wirtschaftsheld. Würde er keine Geschäfte machen, könnte er keine Seele haben; nicht wegen des Geldes, das man braucht, um sich eine leisten zu können, sondern weil das Heilige ohne das Unheilige ein regloser Brei ist. Auch diese Zweiheit ist bedingt und notwendig. (GW II, 940)

Diese in mehrerer Hinsicht ‚faustische' Konstellation bedient sich bevorzugt einer paarweisen Gegenüberstellung zahlreicher Romanfiguren – Musil selbst spricht von „etwa zwanzig Hauptfiguren" (GW II, 941) – um die handlungskonstitutiven Konflikte zu entfalten:

Die Erzählung läuft dann weiter, indem ich den Kernkomplex: Liebe und Ekstase von der Wahnsinnsseite her aufrolle durch eine von der Erlösungsidee Besessene [i. e. Clarisse]. Die Geschehnisse spitzen sich zu einem Kampf zwischen dem Alumnen eines neuen Geistes [i. e. Ulrich] und dem Wirtschaftsästheten [i. e. Arnheim] zu. Ich schildere da eine große Sitzung, aber keiner von beiden erhält das Geld, das zu vergeben ist, sondern ein General [i. e. Stumm von Bordwehr], Vertreter des Kriegsministeriums, das ohne Einladung einen Delegierten entsandte. Das Geld wird für Rüstungen aufgewandt. Was gar nicht so dumm ist, wie man gewöhnlich glaubt, weil alles Gescheite sich gegenseitig aufhebt. (GW II, 940f.)

Die zuletzt erwähnten Handlungselemente hat Musil im fertiggestellten Romanteil nur noch vorbereitet, aber nicht mehr ausgeführt. Ohne auf weitere, keineswegs unerhebliche Erzählkomplexe wie die um Moosbrugger oder um die Familie Fischel einzugehen, skizziert er abschließend jenes Romanende, zu dessen Niederschrift es nicht einmal in Entwurfsfassungen gekommen ist:

Aus Opposition gegen eine Ordnung, in der der Ungeistigste die größten Chancen hat, wird mein junger „Held" Spion. Sein spielerisches Interesse ist daran beteiligt und auch sein Lebensinhalt. Denn das Mittel seiner Spionage ist die Zwillingsschwester. Sie reisen durch Galizien. Er sieht, wie ihr Leben sich verliert und auch seines. […] Auch ihn, wie alle Personen meines Romans, enthebt die Mobilisierung der Entscheidung. Daß Krieg wurde, werden mußte, ist die Summe all der widerstrebenden Strömung und Einflüsse und Bewegungen, die ich zeige. (GW II, 941)

Keineswegs einig ist sich die Musil-Forschung darüber, ob das hier formulierte Telos der Romanhandlung, zu dem nur andeutende Notizen vorliegen, tatsächlich auch noch den Vorstellungen des späten Musil entsprach (vgl. u. a. Dinklage 1970, S. 113–122; Mülder-Bach 2013, S. 395–448). Insbesondere die nur vage skizzierte Spionage-Episode stammt aus den frühesten Planungsstufen und wurde 1936 endgültig verworfen (vgl. Fanta 2000, S. 462f., u. 2015, S. 32). Relativ unstrittig erscheint jedoch das als kollektive Ekstase geplante Finale, das die „Totalinversion der Nebenfiguren" (Fanta 2005, S. 225) im Rahmen einer irrationalen und unkontrollierten Kriegsbegeisterung zeigen sollte. Die anthropologische Grundlegung dieser charakterlichen Wandlungsfähigkeit der Figuren nach Maßgabe äußerer Umstände besteht im ‚Theorem der menschlichen Gestaltlosigkeit', wie Musil gegenüber Fontana betont: „Der junge Mensch kommt darauf, [...] daß er seine Wesentlichkeit erschauen, aber nicht erreichen kann. Der Mensch ist nicht komplett und kann es nicht sein. Gallertartig nimmt er alle Formen an, ohne das Gefühl der Zufälligkeit seiner Existenz zu verlieren." (GW II, 941) (→ VII.3 *Gestaltlosigkeit*) Im Vergleich zu den optimistischen Glücksversprechen der in der Vor- und Zwischenkriegszeit kursierenden Ideologien klingt diese Einsicht zwar resignativ, versteht sich selbst aber keineswegs als „pessimistisch" (ebd.). Im Unterschied zu den beiden Hauptfiguren sind die restlichen Romanfiguren weder bereit noch in der Lage, sich damit abzufinden; sie flüchten sich vielmehr in die abstrusesten Ideologien und pseudoreligiösen Erlösungshoffnungen, wie Musils Zusammenfassung des Romanverlaufs ausdrücklich hervorhebt:

> Ich mache mich darin über alle Abendlandsuntergänge und ihre Propheten lustig. Urträume der Menschheit werden in unseren Tagen verwirklicht. Daß sie bei der Verwirklichung nicht mehr ganz das Gesicht der Urträume bewahrt haben – ist das ein Malheur? Wir brauchen auch dafür eine neue Moral. Mit unserer alten kommen wir nicht aus. Mein Roman möchte Material zu einer solchen neuen Moral geben. Er ist Versuch einer Auflösung und Andeutung einer Synthese. (GW II, 942)

Auch die ironische Gestaltung dient dem ambitionierten Anliegen, das Musil mit seinem Roman insgesamt verfolgt: „Ich möchte Beiträge zur geistigen Bewältigung der Welt geben." (ebd.)

Am Ende der Erstausgabe des Ersten Buchs befindet sich vor dem nachgestellten Inhaltsverzeichnis unpaginiert folgende Übersicht über die damals geplante Gesamtanlage des Romans:

ERSTES BUCH:
Erster Teil: Eine Art Einleitung
Zweiter Teil: Seinesgleichen geschieht

ZWEITES BUCH:
Dritter Teil: Die Verbrecher
Vierter Teil: Eine Art Ende

Dazu heißt es erläuternd: „Das erste Buch des Romanes ist mit dem vorliegenden Bande selbständig abgeschlossen worden. / Das zweite Buch, den dritten und vierten Teil umfassend, befindet sich in Vorbereitung." Während die Reinschrift des Ersten Buchs nach einem gewaltigen Kraftakt am 26. August 1930 definitiv fertiggestellt und am 26. November in Buchform ausgeliefert wurde, konnte Musil das Zweite Buch nicht so rasch wie geplant abschließen und musste auf Drängen seines Verlegers am

1.7 *Der Mann ohne Eigenschaften* (1930/1932/postum) 229

19. Dezember 1932 eine Zwischenfortsetzung veröffentlichen (vgl. Corino 2003, S. 1914f. u. 1919), die nicht einmal den kompletten dritten Teil der Gesamtkonzeption umfasst, sondern mitten in der Handlungsentwicklung abbricht. Bei der Auslieferung dieses ersten Teilbands des Zweiten Buchs hatte sich sein Titel bereits wieder verändert; er hieß nun: „Ins Tausendjährige Reich (Die Verbrecher)", was dem Schicksal des Romans während der NS-Herrschaft nicht förderlich sein sollte. Sämtliche weitere Arbeiten an der Fortsetzung des dritten Teils führten bis zu Musils Tod am 15. April 1942 zu einem gigantischen Nachlass mit zahllosen Varianten, konnten aber genauso wenig abgeschlossen werden wie der finale vierte Teil, der überhaupt nur in groben Notizen vorliegt. (→ III.3.4 *Nachlass*)

1.2 Darstellungsprinzipien und Erzählverfahren

Bei dem im letzten Jahr vor Ausbruch des Ersten Weltkriegs spielenden *MoE* handelt es sich um einen Roman, der den Realismus als literarisches Verfahren – und damit den Anspruch auf ‚Abbildung' der Wirklichkeit – ausdrücklich ablehnt: So hat sich Musil im bereits zitierten Gespräch mit Fontana vom 30. April 1926 anlässlich der Arbeit an seinem Hauptwerk in aller Deutlichkeit vom gängigen „*historischen* Roman" distanziert (vgl. KA, M VII/1/94; dazu Haslmayr 1997, S. 70–75): „Die reale Erklärung des realen Geschehens interessiert mich nicht. [...] Die Tatsachen sind überdies immer vertauschbar." (GW II, 939; vgl. auch MoE, 170) Sein thematisch gleichwohl „‚historischer' Roman" solle überdies nichts darstellen, „was nicht auch heute Geltung hätte", weshalb der Protagonist trotz der Distanz zwischen erzählter Zeit und Erzählzeit „in das Leben von heute" trete (GW II, 940). Im Entwurf einer Vorrede aus dem Jahr 1930 wiederholt Musil, dass er „nicht historisch treu sein will" (MoE, 1938; vgl. MoE, 1817), und 1933/34 hält er in einer Notiz für ein Vorwort zu den anachronistischen „Unrichtigkeiten" fest: „Ich schildere nicht wahrheitsgetreu, ich schildere sinngetreu!" (MoE, 1893; vgl. Brief an Marcel Faust, 5.2.1933, Br I, 560) Noch Jahre später stellt er rückblickend fest, er habe mit dem *MoE* einen „aus der Vergangenheit entwickelte[n] Gegenwartsroman" zu schreiben angestrebt (MoE, 1941) – ein Selbstkommentar, der den literaturwissenschaftlichen Befund einer „doppelten Zeitstruktur von romaninterner Aktualität (1913/14) und der Aktualität für den Schreibenden (1918–1942)" (Blasberg 1984, S. 8) vorwegnimmt.

Anstelle der Mimesis sozialer Wirklichkeit reklamiert Musil für den *MoE* folgendes Darstellungsziel: Er ersetzt die aus Aristoteles' *Poetik* herrührende Verpflichtung der Dichtkunst auf den ‚handelnden Menschen' (vgl. Aristoteles 1994, S. 6f., 1448a) durch die Fokussierung auf dessen Denken, obgleich „in der schönen Literatur nichts so schwer wiederzugeben" sei „wie ein denkender Mensch" (MoE, 111; vgl. dazu Krämer 2009, S. 91–296). Musil weiß, dass diese Aufgabe u. a. eine Enttäuschung des gängigen Erwartungshorizonts impliziert, wie eine fallengelassene Vorrede zum Zweiten Buch bestätigt (vgl. MoE, 1937). Eine kompositorische Konsequenz der darstellerischen Bemühung um den ‚denkenden Menschen' ist die herausgehobene Rolle und die soziale wie intellektuelle Beschaffenheit der männlichen Hauptfigur, durch die sich der *MoE* von der zeitgenössischen deutschsprachigen Romanliteratur abhebt (vgl. Schütz 1997, S. 290). (→ II.5 *Zeitstile*) Ein proletarischer Held wie der Zement- und Transportarbeiter Franz Biberkopf aus Alfred Döblins *Berlin Alexanderplatz* (1929) oder ein intellektuell etwas ‚simpler' Bürgersohn wie Hans Castorp aus Thomas Manns *Zauberberg* (1924) hätte das dem Protagonisten auferlegte Pensum reflexiver Durchdringung der Welt nicht bewältigen können. Auf überraschende und kaum kalkulierte Weise revitalisiert die implizite Korrelation zwischen Anlage bzw. Gegenstand der literarischen Darstellung und sozialer Lage der Protagonisten die Tradition der Ständeklausel. Der damit einhergehenden soziologischen Implikationen ist sich Musil bewusst, weiß er doch um die Möglichkeitsbedingungen der eigenen intellektuellen Existenz. Ulrichs soziale Konstitution, seine geistige Ausstattung und seine privilegierte Stellung innerhalb der Romanstruktur erfüllt auch eine autoanalytische Funktion, die der Selbstobjektivierung des Autors im Medium seines Textes dient (vgl. Wolf 2011, S. 1152–1168). Im Zusammenhang der Suche nach dem ‚denkenden Menschen' betont Musil im Gespräch mit Fontana: „Mich interessiert das geistig Typische" (GW II, 939; vgl. GW II, 527 u. 603). Anstelle der Darstellung bloßer Oberflächenphänomene der Wirklichkeit oder ihrer „Auflösung" in „dichterisch gestalteten Welten" (so Lukács 1971, S. 476; zur Differenz zwischen Lukács und Musil vgl. Menges 1982, S. 12; Nübel 2002) zielt Musil auf ihre Tiefenstrukturen, wie er im Entwurf zu ; einer Vorrede aus dem Jahr 1930 wiederholt: „Das Grundlegende ist die geistige Konstitution einer Zeit" (MoE, 1938) – also ihre intellektuelle Signatur. Die Ablehnung des Realismus impliziert indes keineswegs eine unhistorische Gesamtanlage. (→ VI.1.3 *Roman*)

Der ‚denkende Menschen' zeigende Romantext ist durch ausschweifende Reflexions- und Gesprächspassagen gekennzeichnet. Letztere – insbesondere das „Gerede" der ‚Parallelaktion' (KA, M I/1/32) im Ersten Buch – erschließen in ihrer rhetorischen Schablonenhaftigkeit und ideologischen Verbohrtheit die erzählte Welt allerdings keineswegs, sondern werden als ideologiegeschichtliches Material selbst narrativ instrumentalisiert und essayistisch perspektiviert, um Aussagekraft zu erhalten. (→ VII.4 *Möglichkeitssinn u. Essayismus*) Das zitierende Verfahren hat man der ‚Weltanschauungsliteratur' des ausgehenden 19. Jahrhunderts assoziiert (vgl. Thomé 2002, bes. S. 366f.), ohne dabei jedoch die Differenz zwischen der ideologischen Involviertheit und Selbstgewissheit von Autoren wie Wilhelm Bölsche oder Eduard von Keyserling und der durch reflexive und ironische Distanz charakterisierten Erzählhaltung Musils zu berücksichtigen, die kein inhaltlich klar bestimmbares ideologisches Projekt verfolgt. Die zahllosen im *MoE* zitierten zeitgenössischen Diskurse stehen jeweils in einem bezeichnenden Verhältnis zu den Figuren, die sie vertreten. Die vom Romantext unternommene „Analyse der Weltanschauungen" erschöpft sich aber nicht in einer Relationierung von „mentale[n] Gegebenheiten mit psychischen Zuständen der Figur" (Vollhardt 2006, S. 520): Wenn „die einzelnen Figuren" des *MoE* „das Wahrgenommene auf ihre eigenen Bedürfnisse und Muster der Weltdeutung beziehen" (ebd., S. 525), dann tun sie das jeweils in Abhängigkeit von ihrer sozialen Stellung, die ihre Perspektive (mit)bedingt, und setzen damit die in der zeitgenössischen Wissenssoziologie postulierten Rückbindungen (vgl. Thomé 2002, S. 342f.) erzählerisch um. Das Korrespondenzverhältnis zwischen sozialer Position und diskursiver Positionierung wird vom Erzähler an mehreren Stellen sogar ausdrücklich thematisiert (vgl. MoE, 52 u. 61f.). Die essayistisch angestoßene, gleichsam soziologische Analyse der Korrespondenz von Stellung und Stellungnahme bewirkt Ideologiekritik im besten Wortsinn. Sie ermöglicht nicht allein die schonungslose Analyse einer spezifischen Epochensignatur, sondern darüber hinaus auch eine Offenlegung der Funktionsweise unbewusster diskursiver Funktionalisierungsstrategien generell. Die erzählerische Gesamtanlage unterscheidet den mit zwei Haupt- und zahlreichen Nebenfiguren sowie einer reflexiv überwucherten Handlung ausgestatteten Roman von bloßen Essays. Der Überlieferung zufolge hat Musil sich nachdrücklich gegen Walther Petrys suggestive Deutung seines Romans als *„figurierter Essay"* (Petry 1994, S. 28) ausgesprochen (vgl. Rasch 1967, S. 14). Bereits im 1926 geführten Gespräch mit Fontana über den in Planung befindlichen MoE bejahte er die Frage, ob er „bei der Struktur [sein]es Romans das Essayistische" fürchte:

> Ebendarum habe ich es durch zwei Mittel bekämpft. Zuerst durch eine ironische Grundhaltung, wobei ich Wert darauf lege, daß mir Ironie nicht eine Geste der Überlegenheit ist, sondern eine Form des Kampfes. Zweitens habe ich meiner Meinung nach allem Essayistischen gegenüber ein Gegengewicht in der Herausarbeitung lebendiger Szenen, phantastischer Leidenschaftlichkeit. (GW II, 941)

Der Hinweis auf sein spezifisches Verständnis von Ironie ist als Spitze gegen das verwandte Erzählverfahren Thomas Manns zu werten (vgl. MoE, 431, sowie das Essayfragment *Das Gute in der Literatur*, 1927, KA, M I/6/120): „Ironie muß etwas Leidendes enthalten. (Sonst ist sie Besserwisserei.) Feindschaft und Mitgefühl." (Tb I, 973) Noch in diesen späten Überlegungen aus dem Arbeitsheft 32 ist eine Positivierung der Ambivalenz bezeichnend. Wie eine solche Verbindung von „Feindschaft und Mitgefühl" literarisch konkret aussehen kann, demonstriert Musil in den Vermächtnis-Notizen, die sein Konzept der „konstruktive[n] Ironie" gegen deren Verständnis als „Spott und Bespötteln" profilieren: „Ironie ist: einen Klerikalen so darstellen, daß neben ihm auch ein Bolschewik getroffen ist. Einen Trottel so darstellen, daß der Autor plötzlich fühlt: das bin ich ja zum Teil selbst." (MoE, 1939) Der Zweck ironischer Darstellung besteht demnach in (Selbst-)Erkenntnis. Das Konzept universalisierter erzählerischer Ironie erlaubt Musil eine radikalere analytische Entschleierung der sozialen und ideologischen Strukturen (vgl. Martens 2006, S. 272–274), als das einem realistischen Erzählprogramm mit mimetischem Darstellungsanspruch und ausdrücklichem Reflexionsverbot oder aber mit einer affirmativen Spielart von Ironie (vgl. KA, M I/6/120) möglich gewesen wäre. (→ VIII.2 *Ironie u. Satire*) Zugleich aber ermöglicht es, die Anstößigkeit der Analyse – welche nicht nur die der sozialen Welt zugrundeliegenden Strukturen offenlegt, sondern auch die Grundlagen des eigenen Habitus – selbst wieder als fiktionales Spiel zu verschleiern. Diesem Zweck dient auch das zweite erwähnte künstlerische „Mittel" literarischer Fiktionalisierung: die erzählerische ‚Verlebendigung' mittels „phantastischer Leidenschaftlichkeit". Auf die Aussage des Kritikers Walther Petry, „daß es den ‚Roman' nicht mehr geben könne" und der MoE deshalb ein ‚figurierter Essay' sei, entgegnet Musil 1931, es handle sich bei der Erzählgattung nicht notwendig um eine „einbildungsreiche, gegenständliche Spiegelung eines geschlossenen Weltbilds"; solchen normativen Definitionen hält er entgegen: „Das ist eine Ausnahmemöglichkeit, aber nicht das Wesen der Prosa", eben nur „eine Form zu bestimmten Inhalten" (an Petry, 4.3.1931, KA). In Abgrenzung davon bestimmt er sein eigenes künstlerisches Pensum: „[D]ie Aufgabe von heute [...] besteht für mich darin, die Form des Romans nicht aufzugeben, sondern aufnahmefähig für die Inhalte zu machen, die ihr neu erwachsen sind." (ebd.) Von einer „Auflösungsstrategie", ja davon, daß Musil „dem Roman als Gattung gegenüber eine kritische Distanz gewahrt" habe (Moser 1980, S. 176), kann also keine Rede sein – zumindest nicht im Sinn eines Programms. Wiederholt spricht sich Musil *gegen* jene

Auflösungstendenz aus, die er in den ‚modernen' Romanen Prousts und Joyces wahrzunehmen meint (vgl. Brief an Johannes von Allesch, 15.3.1931, Br I, 504; *Joyce*, GW II, 858). (→ VI.1.3 *Roman*)

Entscheidender als Selbstkommentare des Autors zum Romantext ist dessen konkrete Gestalt. Die Handlungsarmut (vgl. Moser 1980, S. 177) bzw. die korrelative Bedeutung von Gedanken, Überlegungen und Gesprächen unterscheidet den *MoE* von trivialen Vertretern des Genres. Entsprechendes gilt für die um herkömmliche Moralvorstellungen unbekümmerte thematische Dimension, nicht nur hinsichtlich der Inzestproblematik. (→ V.7 *Sexualität*) Zwar ist „das bei Musil so eigenartige Zusammenspiel des narrativen mit dem essayistischen Schreiben" ein zentrales Strukturelement des Romans, wobei der Essayismus „nicht mehr als der Einschub eines fremden Elements in die Erzählung verstanden" wird (Moser 1980, S. 177). Eine adäquate Deutung kann sich aber nicht damit begnügen, dessen ‚parasitäres' Wuchern zu konstatieren; vielmehr muss sie bestimmen, wie sich narrative und essayistische Passagen wechselseitig perspektivieren und kommentieren. Die ‚Erzählsubstanz' bzw. die ‚narrative Syntax' (vgl. Fanta 2000, S. 35f.) des Romans ist genauso wenig eine zu vernachlässigende ‚Zugabe' wie dessen essayistische Passagen: Sie dient der Veranschaulichung, Differenzierung und der expliziten Situierung sowie impliziten Relativierung diskursiv formulierter Reflexion. Im *MoE* wird die Reflexion der Erzählinstanz mit der „Alltagspraxis" der Figuren sowie der daraus resultierenden bzw. sich darin ausdrückenden sozialen „Situierung" konfrontiert und daran ironisch gebrochen (Bürger 1988, S. 429f.), wobei „reflexive und narrative Elemente im Sinne einer nicht-hierarchischen, wechselseitigen und poetisch in besonderer Weise produktiven *Interaktionsbewegung*" aufzufassen sind; neueren Ansätzen zufolge verleiht gerade „dieses Interaktionsgeschehen zwischen Reflexion und Narration" dem Roman das „Prädikat *essayistisch*" (Jander 2004, S. 527f.). Musils Erzähltext ist demnach nicht nur als „Diskurs-Enzyklopädie" (Moser 1980, S. 188) zu lesen, sondern überdies als Enzyklopädie sozialer und kultureller Praktiken, welche die Diskurse – machtdurchtränkte *sprachliche* Kommunikationsformen, flankiert durch *nichtsprachliche* Praktiken – begleiten.

Die somit in den Fokus der Aufmerksamkeit gerückte soziale Welt des *MoE* ist geprägt vom „Prinzip des unzureichenden Grundes" („PDUG", MoE, 133f.), dessen kritische Implikationen nicht nur der Protagonist, sondern auch der Erzähler vertritt. Dieses Prinzip akausaler Handlungsmotivierung bedeutet in seiner Ausrichtung auf geschichtsphilosophische Kontingenz keineswegs eine Beliebigkeit der gesellschaftlichen und historischen Realität. Es richtet sich ganz konkret *gegen* das kausalistische „Prinzip des zureichenden Grundes" (MoE, 134), auf dessen Basis (sowie auf jener des Satzes vom auszuschließenden Widerspruch) Gottfried Wilhelm Leibniz, der „Stammvater der Philosophie in Österreich" (Johnston 1992, S. 279; vgl. ebd., S. 279–319), zu Beginn des 18. Jahrhunderts seine Theodizee-Vorstellung errichtet hatte – die Lehre, die bestehende Welt sei die „beste aller möglichen Welten" (Leibniz 1986, Bd. 1, S. 218f. u. S. 550f.; vgl. Tb I, 811). Die Leibniz'sche Lösung des Theodizee-Problems hat schon den Spott Voltaires auf sich gezogen, was Musil nicht verborgen blieb (vgl. Tb I, 805; KA, M III/5/53). Gleichwohl stützte sich die österreichische Philosophie des 19. und noch des frühen 20. Jahrhunderts auf sie (vgl. Johnston 1992, S. 282, 287–289 u. 316f.). Indem Ulrich als eine Art neuer Candide der Welt und der menschlichen Geschichte ‚unzureichende Gründe' attestiert, verlieren diese bei ihm jede ontologische Rechtfertigung für ihr So-Sein, weil sie keineswegs die denkbar bestmöglichen sind (vgl. MoE, 19). Im Lichte des ‚Möglichkeitssinns' lässt er sie im Gegenteil als durchaus verbesserungswürdig und -bedürftig erscheinen (vgl. Schöne 1982, S. 38–43; Schmidt 1988, S. 282f.; Bouveresse 1995, S. 111–116).

Dem weitverbreiteten „Glauben an die Notwendigkeit der Geschichte" hat Musil bereits in seinem Essay *Das hilflose Europa oder Reise vom Hundertsten ins Tausendste* (1922) systematisch den Boden entzogen, ja durch „ein merkwürdiges Gefühl von Zufall" konterkariert:

> Leicht vermag man hinterdrein im Versagen der deutschen Diplomatie oder Feldherrnkunst zum Beispiel eine Notwendigkeit zu erkennen: aber jeder weiß doch, daß es ebensogut auch anders hätte kommen können, und daß die Entscheidung oft an einem Haar hing. [...] Was man geschichtliche Notwendigkeit nennt, ist bekanntlich keine gesetzliche Notwendigkeit [...], sondern ist so notwendig, wie es Dinge sind, „wo eins das andere gibt". Gesetze mögen schon dabei sein – etwa der Zusammenhang geistiger Entwicklungen mit wirtschaftlichen [...] –, aber doch ist immer auch etwas dabei, das so nur einmal und diesmal da ist. (GW II, 1077f.)

Da „zu diesen einmaligen Tatsachen" insbesondere „auch wir Menschen" gehören (GW II, S. 1078), stellt Musil dem naturwissenschaftlichen Kausalitätsprinzip ein humanwissenschaftliches Prinzip konsekutiver Folge entgegen (vgl. Makropoulos 1997, S. 130f.). Geschichte funktioniert demnach analog zur Erzählung, die nicht einfach wie ein Film rückwärts laufen kann (vgl. GW II, 1078; dazu Wolf 2011, S. 67f.; eingehend Mülder-Bach 2011 u. 2013, S. 184–208 u. 225–263). In Übereinstimmung damit verabschiedet Musil im *MoE* (vgl. MoE, 128 u. 1481) die seit seiner Auseinandersetzung mit der Mach'schen Erkenntnistheorie fragwürdig gewordene (vgl. Musil 1980, S. 111–114; GW II, 1305f.; dazu Frank 1983, S. 322), epistemologische, ethische und ästhetische Fundamentalkategorie einer ‚Naturnotwendigkeit', die im Bereich der Erzählkunst von der Weimarer Klassik wirkungsmächtig etabliert worden ist und als Lehre vom sozialen Determinismus in der Literatur des Naturalismus und noch der Neuen Sachlichkeit (Brecht, Fallada etc.) eine wichtige Rolle spielte. Der *MoE* sollte demgegenüber die moderne Erfahrung von Kontingenz thematisieren, wie Musils Bemerkung über Anders/Ulrich im Fontana-Interview (1926) zeigt: „Der junge Mensch kommt darauf, daß er zufällig ist" (GW II, 941). Die geforderte „Kontingenztoleranz" (Makropoulos 1987, S. 152–155) betrifft sowohl das dargestellte Leben bzw. die Romanhandlung als auch die einzelnen Figuren und ihre charakterliche Disposition. Musils ‚negative' Anthropologie wendet sich gegen substanzialistische anthropologische und geschichtsphilosophische Entwürfe seiner Zeit (vgl. Makropoulos 1997, S. 105) und deren erzählerische Umsetzungen, die häufig von der gedanklichen Struktur totalitärer Ideologien geprägt waren. (→ VII.3 *Gestaltlosigkeit*)

Die aus der damals provokanten ‚Kontingenzakzeptanz' resultierende und von der Romanfigur Ulrich diagnostizierte „allgemeine Vieldeutigkeit" moderner Welt wird jedoch keineswegs umstandslos affirmiert (vgl. MoE, 379f.). Unstrittig scheint nur die vom Erzähler und von Ulrich selbst vertretene positive Wertung des herrschenden ‚Chaos' (vgl. etwa MoE, 216; dazu GW II, 1363). Das Bewusstsein der ‚unzureichenden Gründe' menschlicher Existenz, das Musil seinem Chronotopos Kakanien einschreibt (→ V.3 *Kakanien*), erhält einen vorsichtig optimistischen Akzent, der von weiteren Kontexten bestätigt wird: Bereits im Essay *Das hilflose Europa* handelt

Musil vom „ungeheure[n] Optimismus", der darin bestehe, dass „wir mit unsrem Sein nicht an der Spule irgendwelcher Schicksalspopanze [hängen], sondern [...] selbst den Ausschlag geben [können]"; er beklagt dabei, das „Gefühl" für die Möglichkeit menschlicher Selbstbestimmung sei in der Moderne „verlorengegangen" (GW II, 1082). Die Kritik am Verlust von Autonomie impliziert bei aller ironischen Abgeklärtheit ein Bedürfnis, das einmal Verlorene wiederzuerlangen bzw. dies wenigstens anzustreben, und entspricht damit einer aufklärerischen Zielsetzung. Im *MoE* ist es ironischerweise die geistig zerrüttete Romanfigur Clarisse, die lange ziemlich allein vor dem bloßen „Gewährenlassen" warnt (MoE, 356, 442, 835 u. 919), während Ulrich zunächst dafür plädiert (vgl. MoE, 573 u. 575) und erst (zu) spät den Ernst der Lage erkennt (vgl. MoE, 1003). In seinen Fortsetzungsentwürfen hat Musil selbst die anonyme Funktionsweise des „Kapitalismus" kritisch als „das Entstehen der größten Verbrechen durch Gewährenlassen" charakterisiert (KA, M II/1/24). (→ VIII.1 *Erzählformen*)

2. Der Grundbegriff: Eigenschaftslosigkeit

Zur Erhellung des monumentalen essayistischen Romantexts hat die Forschung zahllose Bezüge des *MoE* in fast alle Bereiche des zeitgenössischen Wissens herausgearbeitet. Maßgebliche Aspekte und Themenbereiche werden im vorliegenden Handbuch in eigenen Artikeln systematisch behandelt, während sich der Artikel zum Roman selbst auf den titelgebenden Begriff konzentriert und ihn mit Blick auf den Erzähltext diskutiert: Die mit Musils ‚Theorem der menschlichen Gestaltlosigkeit' zusammenhängende Konzeption der ‚Eigenschaftslosigkeit' stellt eine epistemologische und anthropologische Voraussetzung weiterer romankonstitutiver Konzepte wie ‚Möglichkeitssinn' bzw. ‚Essayismus' oder ‚anderer Zustand' dar, die in eigenen Artikeln präsentiert werden. (→ VII.2 *Anderer Zustand*; VII.3 *Gestaltlosigkeit*; VII.4 *Möglichkeitssinn u. Essayismus*) Der folgende Abriss entspricht der in der neueren Forschung vorherrschenden Tendenz, Musils Konzeption nicht mehr „unter dem Blickwinkel letzter Fragen, etwa über Gott, das Subjekt oder das Sein" (Hoffmann 1997, S. 232) zu verstehen. Sie wird vielmehr diachron und synchron kontextualisiert, was ihr ihre historische Sprengkraft zurückerstattet.

Was ist ein ‚Mann ohne Eigenschaften'? Ulrichs erste, noch nicht namentliche Erwähnung im Kapitel I/2 bezeichnet ihn „augenblicklich" als Menschen, „der gar nichts tut", nämlich in einer charakteristischen Haltung „hinter einem der Fenster" seines Hauses steht und sinnierend auf die Straße blickt, sich also abwartend-kontemplativ verhält (MoE, 12). Im Verlauf seiner Reflexion gelangt der zunächst anonyme, ‚gestaltlose' und folgerichtig erst später – im Kapitel I/5 – als Ulrich identifizierte Protagonist zum Bewusstsein der relativen Bedeutungslosigkeit des einzelnen Individuums in der modernen Massengesellschaft (vgl. MoE, 13). Entscheidend für das negativ charakterisierende Epitheton ist das desillusorische Bewusstsein von der Marginalität des eigenen ‚Ich' bzw. des subjektiven Willens (vgl. MoE, 474), das auf Musils intensive Beschäftigung mit Ernst Machs psychophysischem Monismus in *Die Analyse der Empfindungen* (1886) zurückgeführt werden kann (vgl. Laermann 1970, S. 3–6; Goltschnigg 1973, S. 328–331; Frank 1983, S. 319–331). In diesem diskursiven Prätext der ‚Eigenschaftslosigkeit' heißt es: „Das Ich ist keine unveränderliche, bestimmte, scharf abgegrenzte Einheit." Mehr noch: „Nicht das Ich ist das Primäre,

1.7 Der Mann ohne Eigenschaften (1930/1932/postum)

sondern die Elemente (Empfindungen). [...] Die Elemente *bilden* das Ich." (Mach 1991, S. 19) Aus solchen Überlegungen entwickelt Mach die „Forderung" an seine Leserschaft, das *„Ich für nichts zu achten*, dasselbe in eine vorübergehende Verbindung von wechselnden Elementen aufzulösen" (ebd., S. 290). Eine ironische Variation dieses auch ethisch relevanten Postulats eines Verzichts auf „innere Identifikation" (KA, M II/4/120) mit dem Ich und seinen Eigenschaften (vgl. Frank 1983, S. 325) begegnet im Ausgang des Romankapitels I/4: „[D]a der Besitz von Eigenschaften eine gewisse Freude an ihrer Wirklichkeit voraussetzt, erlaubt das den Ausblick darauf, wie es jemand, der auch sich selbst gegenüber keinen Wirklichkeitssinn aufbringt, unversehens widerfahren kann, daß er sich eines Tages als ein Mann ohne Eigenschaften vorkommt." (MoE, 18) Ins Positive gewendet ist ein Mann ohne Eigenschaften nicht nur ein Mensch, der sich selber nicht so wichtig nimmt, sondern zudem einer, der sich weniger mit Wirklichkeitssinn als vielmehr mit Möglichkeitssinn betrachtet, der also im eigenen Denken und Handeln die Reproduktion etablierter Denk- und Verhaltensweisen durch die Schaffung neuer zu ersetzen sucht.

Musils Konzeption der ‚Eigenschaftslosigkeit' stützt sich auf die im ‚Gestaltlosigkeitstheorem' begründete Vorstellung von der generellen Formbarkeit des Menschen und von der historischen bzw. sozialen Relativität seiner Erscheinungsformen, wie das Kapitel I/10 zeigt:

> Wen soll das tausendjährige Gerede darüber, was gut und bös sei, fesseln, wenn sich herausgestellt hat, daß das gar keine ‚Konstanten' sind, sondern ‚Funktionswerte', so daß die Güte der Werke von den geschichtlichen Umständen abhängt und die Güte der Menschen von dem psychotechnischen Geschick, mit dem man ihre Eigenschaften auswertet! (MoE, 37)

Der Begriff des ‚Funktionswerts' verweist hier auf Machs relationierenden ‚Empiriokritizismus' (vgl. Mach 1991, S. 74; dazu Frank 1983, S. 320), der für wichtige Aspekte der Musil'schen Konzeption von ‚Eigenschaftslosigkeit' Pate stand. Mach empfiehlt, „dieselben einzelnen Eigenschaften als bald diesem, bald jenem Komplex (Körper) angehörig anzusehen, und an die Stelle der *nicht* beständigen Körper das beständige *Gesetz* treten zu lassen, welches den Wechsel der Eigenschaften und ihrer Verknüpfungen überdauert" (Mach 1991, S. 294). Demgegenüber deutet die Rede vom „psychotechnischen Geschick" auf die mit dem psychophysischen Monismus in vielerlei Hinsicht kompatible, anwendungsbezogene psychologische Disziplin der Psychotechnik (vgl. Hoffmann 1997, S. 232), deren Implikationen für die Charaktermerkmale eines Menschen Musil in seinem Aufsatz *Psychotechnik und ihre Anwendungsmöglichkeit im Bundesheere* bestimmt hat (vgl. Hoffmann 1997, S. 234). (→ III.2.5 *Technische Aufsätze*) Wie Musil ausführt, geht es der Psychotechnik u. a. „um die Ermittlung der psychologisch günstigsten Form einer menschlichen Leistung und des dazu benützten Werkzeugs" (Musil 1980, S. 183). Zu diesem funktionalen Zweck werden die Denkvorgänge und Handlungsabläufe, die ihrerseits auf ‚Eigenschaften' beruhen und aus denen sich wiederum andere ‚Eigenschaften' zusammensetzen, in einzelne Bestandteile zerlegt; günstige und hemmende Elemente können so identifiziert, verglichen und gegebenenfalls verändert werden.

Die erzählerische Berufung auf die Implikationen der Psychotechnik (vgl. MoE, 45) zielt auf eine Depotenzierung des individuellen, einzigartigen Subjekts, auf eine Infragestellung der in der Moderne so haltlos wie wohlfeil gewordenen Rede vom voraussetzungslosen ‚Genie' (vgl. MoE, 421–423; KA, M I/1/42; Tb I, 679; dazu Moser 1987, S. 178, u. 1990, S. 126) und dient somit der Distinktion von den anthropologischen Vorstellungen idealistischer Subjektphilosophie: Die ‚Eigenschaften' eines Menschen sind demnach nicht individuell, feststehend und unteilbar, sondern erweisen sich als aus allgemeinen und heterogenen Bestandteilen zusammengesetzt und in gewissen Grenzen auch veränderlich (vgl. Goltschnigg 1973, S. 328). Genau das führt der Roman performativ vor, indem nach einer Straßenschlägerei auf einer Polizeistation Ulrichs ‚Personalien' festgestellt werden und er die Erfahrung macht, „in eine Maschine geraten zu sein, die ihn in unpersönliche, allgemeine Bestandteile zergliederte, ehe von seiner Schuld oder Unschuld auch nur die Rede war" (MoE, 159). Ulrich erlebt am eigenen Leib

> die statistische Entzauberung seiner Person, und das von dem Polizeiorgan auf ihn angewandte Maß- und Beschreibungsverfahren begeisterte ihn wie ein vom Satan erfundenes Liebesgedicht. Das Wunderbarste daran war, daß die Polizei einen Menschen nicht nur so zergliedern kann, daß von ihm nichts übrigbleibt, sondern daß sie ihn aus diesen nichtigen Bestandteilen auch wieder unverwechselbar zusammensetzt und an ihnen erkennt. (MoE, 159f.)

Indem die moderne Welt Individuen durch Disziplinartechniken erzeugt, wie Musil in einer Vorwegnahme der Einsichten Michel Foucaults erzählerisch vorführt, bietet sie Ulrich eine Projektionsfläche für seine Verabschiedung überkommener Subjektvorstellungen. Bezeichnend für den ‚eigenschaftslosen' Protagonisten ist der Umstand, dass er angesichts dieser vorderhand entsubjektivierenden Erfahrung eines Zerfalls seiner nur scheinbar persönlichsten „besondere[n] Kennzeichen" (MoE, 159) in unpersönliche Merkmale ‚begeistert' ist und gerade *nicht* in regressiven Essenzialismus verfällt (vgl. dagegen Schmidt 1988, S. 284; Kremer 1995, S. 440).

Ein weiterer diskursiver Kontext der modernistischen Konzeption von ‚Eigenschaftslosigkeit', mit der Musil die herkömmliche Vorstellung eines individuell besonderen Romanhelden konterkariert (vgl. Bauer 1968, S. 681), besteht in Ernst Kretschmers *Medizinischer Psychologie* (1922), insbesondere in den Abschnitten über die psychosozialen Grundlagen des Charakters (vgl. Wolf 2011, S. 170–172). Ausdrücklich ist dort von konstitutionellen „Aufbaubestandteile[n]" (Kretschmer 1922, S. 162f.) die Rede, was auf Musils konstruktivistische Formulierung von den „Aufbauformen" (MoE, 66) vorausweist. Deren spezifische Mischung und ihre „Ablaufarten" (MoE, 66) ergeben eine „Konstitution" bzw. „Erbanlage", die in eine „Wechselwirkung" mit einer äußeren „Konstellation" bzw. mit den Gegebenheiten der „Umwelt" tritt, wie der Erzähler des MoE weiß: „Man lernt das Wechselspiel zwischen Innen und Außen erkennen, und gerade durch das Verständnis für das Unpersönliche am Menschen ist man dem Persönlichen auf neue Spuren gekommen, auf gewisse einfache Grundverhaltensweisen, einen Ichbautrieb, der [...] aus vieler Art Stoff nach ein paar Verfahren sein Ich aufrichtet." (MoE, 252) Indem Kretschmer wiederholt die Bedeutung sozialpsychologischer Faktoren für eine Charakterologie hervorhebt, plausibilisiert er indirekt Musils ‚Gestaltlosigkeitstheorem' (vgl. Kretschmer 1922, S. 163f.). Die im MoE geübte Kritik an statischen, rigiden Moralvorstellungen wird davon gestützt. Aus Kretschmers Ausführungen zum Zusammenhang von „Ethik und Milieu" (ebd., S. 167) resultiert die gemeinsame Zuständigkeit der wissenschaftlichen Disziplinen Psychologie *und* Soziologie für die Frage der Konstitution menschlichen Charakters. Dieses Postulat einer Interdependenz von Individuum und sozialer Umwelt liegt auch der Figurengestaltung des *MoE* sowie der Anlage seiner fiktionalen Welt zugrunde. Bei der Reflexion über das Verhältnis von Individuum und Typus im Zusammenhang der literarischen Adaptation charakterologischer Erkenntnisse aus der Wissenschaft rekurriert Musil im Essayfragment *Charakterologie und Dichtung* (ca. 1926) explizit auf die Terminologie Machs und Kretschmers (vgl. GW II, 1403f.; dazu Wolf 2011, S. 172–174). (→ IV.5 *Psychiatrie*)

Die erste Romanfigur, die Ulrich mit dem titelgebenden Begriff apostrophiert, ist der substanz- und rollengläubige Walter, der im Kapitel I/17 Clarisse gegenüber ausruft: „Er ist ein Mann ohne Eigenschaften!" (MoE, 64) Walter meint zu erkennen, „daß Ulrich nichts ausdrücke als dieses aufgelöste Wesen, das alle Erscheinungen heute haben" (MoE, 64f.). Seine Diskreditierung des Jugendfreunds entspricht Ulrichs eigenem Selbstverständnis (vgl. MoE, 66). Ein ‚Mann ohne Eigenschaften' ist demnach ein Mensch, der sich von der überkommenen Vorstellung des in sich konsistenten und konstanten, mit sich selbst identischen und selbstbestimmten Subjekts angesichts der wissenschaftlichen Erkenntnisse der Moderne verabschiedet hat und darin keinen Verlust sieht. Ulrichs programmatische Akzeptanz der eigenen ‚Eigenschaftslosigkeit', durch die er sich von fast allen anderen Romanfiguren unterscheidet, bewirkt in paradoxer Weise gerade die Freiheit seines Denkens und Handelns sowie den Anschein von dessen ‚Authentizität': Indem Ulrich die Selbsttäuschungen seiner Zeit und Gesellschaft nicht teilt (vgl. MoE, 148), sondern sie zum Gegenstand seines analytischen Spotts werden lässt, erweist sich seine Ablehnung von ‚Eigentlichkeit' und ‚Eigenschaftlichkeit' im Romankontext als glaubwürdig. In der modernen Welt verdrängt die Wirkung von „Sachzusammenhängen" (MoE, 150) die Position des selbstbewussten und selbstbestimmten Individuums; scheinbar subjektive Gefühle und Äußerungen erweisen sich als exemplarisch für ein überindividuelles, objektives Geschehen, aus dem heraus sie erklärt werden müssen, wie der gestalttheoretisch versierte Ulrich weiß: „Der Wert einer Handlung oder einer Eigenschaft, ja sogar deren Wesen und Natur erschienen ihm abhängig von den Umständen, die sie umgaben, von den Zielen, denen sie dienten, mit einem Wort, von dem bald so, bald anders beschaffenen Ganzen, dem sie angehörten." (MoE, 250) Daraus folgert der Erzähler stellvertretend für Ulrich: „Es ist eine Welt von Eigenschaften ohne Mann entstanden, von Erlebnissen ohne den, der sie erlebt, und es sieht beinahe aus, als ob im Idealfall der Mensch überhaupt nichts mehr privat erleben werde und die freundliche Schwere der persönlichen Verantwortung sich in ein Formelsystem von möglichen Bedeutungen auflösen solle." (MoE, 150)

Die „Auflösung des anthropozentrischen Verhaltens" (MoE, 150) im Gefolge der von Mach beschworenen ‚Unrettbarkeit des Ichs' (vgl. Mach 1991, S. 20; dazu Venturelli 1988, S. 201f.) bedeutet zwar kein vollkommenes Verschwinden der „persönlichen Eigenschaften", denn „ohne Zweifel wird man trotzdem durch sie bestimmt und besteht aus ihnen, auch wenn man mit ihnen nicht einerlei ist" (MoE, 148). Es ist aber nicht der mit sich selbst identische und in sich konsistente Mensch, aus dem sich seine unterschiedlichen ‚Eigenschaften' erklären, sondern eine Konstellation allgemein menschlicher ‚Eigenschaften', deren Zusammenspiel den Eindruck eines individuellen und homogenen Menschen erst erweckt: „Wenn man das Wesen von tausend Menschen zerlegt, so stößt man auf zwei Dutzend Eigenschaften, Empfindungen, Ablaufarten, Aufbauformen und so weiter, aus denen sie alle bestehn." (MoE, 66) Der erzählerisch relevante Lebenslauf eines Menschen, sein persönlicher, familiärer und beruflicher Werdegang, zeigt sich von einer Vielzahl existenziell kontingenter *äußerer* Faktoren bestimmt, wie die Erzählerreflexion zur ontologischen Arbitrarität menschlicher ‚Eigenschaftlichkeit' nahelegt (vgl. MoE, 130f.). Dabei wird das Konzept der ‚Eigenschaftslosigkeit' performativ in der Figurengestaltung des Erzählers und kognitiv in der Selbstwahrnehmung des Protagonisten entfaltet, wobei sich Ulrichs Einsicht in die Abhängigkeit des Einzelnen bzw. seiner Erfahrungen und Handlungen von anonymen Relationen und Funktionen als haltungsbedingtes „Fremdbleiben" gegenüber den „eigenen Erlebnisse[n] und Eigenschaften" niederschlägt (MoE, 149). Der depotenzierte Romanheld gelangt zu einem salomonischen Fazit: „[M]it einemmal mußte sich Ulrich […] lächelnd eingestehn, daß er mit alledem ja doch ein Charakter sei, auch ohne einen zu haben." (MoE, 150) Dieser ironischen Formulierung zufolge meint ‚Charakter sein' die Fähigkeit zu einem als eigenständig identifizierbaren, unkonventionellen Denken und Handeln, während ‚Charakter haben' gleichbedeutend mit der Akzeptanz vorgegebener Eigenschaften ist – mit dem Verzicht auf jene Freiheit, die aus der ontologischen Arbitrarität des Habitus entspringt. Ulrichs Selbstwahrnehmung ist die individuelle Kehrseite jener allgemeinen Eigenschaftsproblematik, die im Gefolge der ‚Gestaltlosigkeitserfahrung' des Ersten Weltkriegs virulent erschien. (→ VII.3 *Gestaltlosigkeit*) Am 15. März 1931, wenige Monate nach dem Erscheinen des Ersten Buchs seines Romans, zeigt sich Musil in einem Brief an den Freund Johannes von Allesch „sehr überrascht davon", dass er mit dem *MoE* „einen Zeittypus getroffen habe" (Br I, 504f.). Musil benennt so die damalige Aktualität seiner Thematik im Sinne einer allgemein „dämmernden Erkenntnis der notwendigen Charakterlosigkeit des heutigen Menschen" (*Der Dichter in dieser Zeit*, 1934, GW II, 1247).

Die romaneske Kategorie der ‚Eigenschaftslosigkeit' wurde als „Ausdruck einer Verweigerung" (Menges 1982, S. 23) gegenüber dem „heteronomen gesellschaftlichen Funktionszusammenhang" (Laermann 1970, S. 9; vgl. Neymeyr 2005, S. 46) sozialer Rollen und den ihnen innewohnenden Zwängen gedeutet (vgl. MoE, 34). Doch beruht der Rekurs der älteren Musil-Forschung auf den erst in den 1930er Jahren formulierten soziologischen Rollenbegriff (vgl. Laermann 1970, S. 9; Dahrendorf 1974, S. 33 u. 35) auf einem terminologischen Anachronismus (vgl. aber MoE, 205, 259, 364 u. 429f.), dessen konzeptionelle Aporien mittlerweile durch die begriffliche Differenzierung zwischen dem herkömmlichen interaktionistischen Verständnis von ‚Rolle' und dem auf ein soziales Feld bezogenen ‚Habitus' aufgelöst wurden (vgl. Wolf 2011, S. 183–191): Im sozialen ‚Spiel' vermag Ulrich jede Form von Rollenhaftigkeit kritisch zu durchleuchten. Seine „reservatio mentalis" (Laermann 1970, S. 9) verrät zugleich einen charakteristischen Habitus: Gerade Ulrichs Distanz gegenüber dem ‚Rollenzwang' ist Teil einer habituellen Disposition, die ihn als Intellektuellen charakterisiert (vgl. Bourdieu 2001, S. 198). Der Anschein eines jederzeit möglichen ‚Rollenwechsels' erweist sich als intellektuelle Chimäre (vgl. schon Laermann 1970, S. 9f.), die zwar reflexive Freiräume eröffnet, jedoch selber standortgebunden ist und sozialen Begrenzungen unterliegt (vgl. Böhme 1974). Deutlich wird diese doppelte Perspektive im Roman etwa am existenziellen Ungenügen, welches Ulrich ob seiner ‚Rollenlosigkeit' immer wieder stark empfindet (vgl. MoE, 652). Er spaltet sich deshalb in „[z]wei Ulriche" auf, deren einer souverän „lächelnd" die Verweigerungspose einnimmt, während der andere verzweifelt „die Fäuste geballt" hält; er, „der weniger sichtbare", sucht „eine Beschwörungsformel", „einen

Griff, den man vielleicht packen könnte, den eigentlichen Geist des Geistes, das fehlende, vielleicht nur kleine Stück, das den zerbrochenen Kreis schließt." Im Unterschied zum sprachmächtigen ‚ersten' Ulrich hat der ‚zweite' „keine Worte zu seiner Verfügung." (MoE, 155)

Den Mann ohne Eigenschaften hat man sich mithin als ‚geistigen Dadaisten' (vgl. GW II, 1156) im Sinne programmatischer „Rollenverweigerung" (Menges 1982, S. 23) vorzustellen, dem es im Unterschied zu „den meisten Menschen" keine „Annehmlichkeit und Unterstützung bedeutet, die Welt [...] fertig vorzufinden" (MoE, 130; vgl. MoE, 129) – was aber nicht heißt, dass die Verweigerungshaltung im Romankontext rückhaltlos propagiert werden würde. Das Phänomen der ‚Eigenschaftslosigkeit' erscheint einerseits sogar als charakteristischer psychischer Defekt, auf den sich ‚ideologiekritische' Interpreten insbesondere der 1970er Jahre so eingeschossen haben, als handle es sich nicht um eine literarische Figur mit einer ihr zugrundeliegenden ästhetischen Konzeption (vgl. Laermann 1970; Böhme 1974). Andererseits ist Ulrich gar nicht im Wortsinn ‚eigenschaftslos'; ihm fehlt nur die Fähigkeit und der Wille, mit seinen durchaus vorhandenen Eigenschaften in der sozialen ‚Wirklichkeit' so selbstverständlich – gleichsam ‚natürlich' – umzugehen, wie es ‚die Gesellschaft' von ihm erwartet (vgl. MoE, 47). Am Romanbeginn steht „die Suspendierung scheinbar aller Rollenbezüge des Helden", die „seine Eigenschaftslosigkeit" erst „begründet" (Laermann 1970, S. 11). Bezeichnend ist dabei, dass Ulrich, der „Bruchstücke einer neuen Art zu denken wie zu fühlen" besitzt, nach einer „Rettung der Eigenheit" strebt, „um eine angemessene Anwendung seiner Fähigkeiten zu suchen." (MoE, 47) Vor dem Hintergrund von Musils ‚negativer' Anthropologie ist die missverständliche Formulierung nicht im Sinn des existenzialistischen Ideals reiner „Identität" (so Laermann 1970, S. 12) zu verstehen, sondern als Wendung gegen normierte Rollenbilder, als Ulrichs Sehnsucht nach einer Neujustierung seiner ‚Eigenschaften'. Als Mensch, der sich von der Vorstellung eines emphatisch verstandenen Subjekts angesichts der wissenschaftlichen Erkenntnisse der Moderne verabschiedet hat, verkörpert er jene Aufhebung des Individuationsprinzips, die bereits von einer älteren, dennoch kompatiblen Definition von ‚Eigenschaftslosigkeit' aus dem Kontext des Mystikdiskurses bekannt war (vgl. Goltschnigg 1973, S. 338–347; Schmidt 1975, S. 46–63; Frank 1983, S. 331–353). Ulrichs Bestreben einer „Rettung der Eigenheit" (MoE, 47) wird nach den Enttäuschungen, denen er im ersten Romanbuch unterliegt, immer mehr in diese Richtung tendieren.

3. Der Romantext

3.1 Das Einleitungskapitel

Die Eröffnungspassage des Einleitungskapitels ist so ausgiebig wie kein anderer Musil-Text interpretiert worden. Neuere Deutungen heben vor allem auf die selbstreferenzielle Erzählstrategie Musils ab (unter den zahllosen Untersuchungen sind die ausführlichsten Honold 1995a, S. 25–94; Precht 1996, S. 39–70 u. 264f.; Kassung 2001, S. 263–342; Mülder-Bach 2013, S. 22–73; vgl. auch Moser 1990, S. 112–124; Neymeyr 2005, S. 28–36; Martens 2006, S. 258–274). In den einleitenden Worten des Romans konkurrieren zwei alternative Darstellungsweisen: der Wissenschaftsjargon und ein konventioneller, realistischer Erzähleinsatz (vgl. Eisele 1982, S. 162–164).

Der stilistische Unterschied zwischen naturwissenschaftlicher und literarischer Rede wird nicht nur diskursiv thematisiert, sondern auch performativ instrumentalisiert: Ein aus Musils narrativer Doppelung von „*wissenschaftlicher Erkenntnis und alltäglicher Erfahrung*" (Pott 1984, S. 82; vgl. Moser 1987, S. 172f.) entstehender „poetologischer Dualismus" reaktiviert die Tradition des „periphrastisch-realistischen doppelten Zeiteinsatzes" (Honold 1995a, S. 47f.). Für den *MoE* ist allerdings weniger der literarische Traditionsbezug mit seinen mythologischen Reverenzen als vielmehr die modernistische Erweiterung entscheidend: Einerseits erscheint der überkommene mimetische Anspruch dementiert, andererseits dennoch eine kritische Wirklichkeitsreferenz postuliert (vgl. dagegen Eisele 1982, S. 163; Böhme 1988, S. 309–312), indem das „Panorama einer Modell-Großstadt" entworfen wird, „in der fiktive Figuren sich bewegen, handeln, eine Modell-Geschichte durchleben"; es geht dabei um eine alternative Welt, „die in sich vollständig ist, weil und insofern sie sich nicht auf die Evidenz des Faktischen stützt, mit welcher sich der indikatorische Bezug auf das realhistorische Wien des Jahres 1913 begnügte" (Honold 1995a, S. 50). Erzählerisch konkretisiert wird Musils Darstellung in der Konfrontation und Erweiterung einer traditionellen Erzählweise durch avanciertere Verfahren, etwa den charakteristischen „trichterförmige[n] Beginn" (Klotz 1965, S. 29), der „in rasanter Brennweitenverschiebung" (Honold 1995a, S. 43) von der meteorologischen Globalperspektive der Stratosphäre in die Straßen der Großstadt Wien herabstößt, was wie eine narrative Überbietung damaliger filmischer Möglichkeiten anmutet und qua Abstraktion vom unmittelbar sinnlich Wahrnehmbaren die Verwissenschaftlichung der modernen Welt indiziert.

Der Kapiteleinsatz spielt auf diese Thematik an, indem er terminologisch die Sprache der Naturwissenschaft bzw. der Meteorologie imitiert (vgl. Klotz 1965, S. 28; Arntzen 1982, S. 139; Moser 1987, S. 172–176): Die Rede vom „ordnungsgemäßen Verhältnis" der Lufttemperatur „zur mittleren Jahrestemperatur, zur Temperatur des kältesten wie des wärmsten Monats und zur aperiodischen monatlichen Temperaturschwankung" (MoE, 9) setzt ausgedehnte statistische Erhebungen voraus. Ebenfalls naturwissenschaftlich beglaubigte Regelmäßigkeiten suggeriert der folgende Satz: „Der Auf- und Untergang der Sonne, des Mondes, der Lichtwechsel des Mondes, der Venus, des Saturnringes und viele andere bedeutsame Erscheinungen entsprachen ihrer Voraussage in den astronomischen Jahrbüchern." (MoE, 9) Den überindividuellen „Gesetzen der Erscheinungen" wird jedoch das individuelle „Erlebnis" gegenübergestellt (*Charakterologie und Dichtung*, GW II, 1404), die Voraussetzung für eine konventionelle Erzählbarkeit von Welt. Der *MoE* präsentiert serialisierende Wissenschaft und individualisierende Poesie eingangs als konkurrierende Zugänge, ohne eine Entscheidung für einen der beiden Darstellungsmodi zu treffen; er inszeniert somit einen „narrativen Indeterminismus" im essayistischen Sinn des „systematische[n] Offenhalten[s] von alternativen Möglichkeiten des Erzählens" (Moser 1990, S. 117f.). Gleichwohl geht es ihm auch um Legitimierung der Literatur im Zeitalter des Wissens: Die Differenzierung zwischen literarischen und wissenschaftlichen Darstellungsverfahren und die Bestimmung der spezifischen, nicht allein begrifflichen Darstellungsweise der Literatur ist poetologisch relevant (vgl. Wolf 2011, S. 106–112). Musil hat dafür 1918 im Essay *Skizze der Erkenntnis des Dichters* den Begriff des ‚nicht-ratioïden Gebiets' eingeführt (GW II, 1028f.; vgl. schon *Form und Inhalt*, 1908/1910, GW II, 1302). Demnach verfährt die fühllose Wissenschaft quantifizierend und entindividualisierend, während die „auf das Emotionale" (ebd.) zielende, individualisierende Dichtung mit Vergleichen, Bildern und ungewöhnlichen Wortkombinationen etc. eine andere Wirkungsabsicht verfolgt. (→ III.2.1 *Essays*) Seine Gegenüberstellung von wissenschaftlicher und poetischer Sprache veranschaulicht Musil anhand der unterschiedlichen Beschreibung von Farben und Gesichtern: Die Differenz zwischen genau bestimmbaren quantitativen Verhältnissen und vergleichsweise ungenauen qualitativen Analogiebildungen scheint dafür ausschlaggebend zu sein, dass „man sich bei einer roten Nase ganz ungenau damit begnügt, sie sei rot, und nie danach fragt, welches besondere Rot sie habe, obgleich sich das durch die Wellenlänge auf Mikromillimeter genau ausdrücken ließe" (MoE, 9; vgl. Mülder-Bach 2013, S. 38–43).

Bei eingehenderer Betrachtung erweisen sich die Diskurse von Literatur und Wissenschaft zudem jeweils als mehrfach ironisch gebrochen. Deutlich wird dies zunächst am Beispiel des im Romantext zitierten Wissenschaftsjargons, der sich als veritable Persiflage entpuppt (vgl. Rasch 1967, S. 103f.): Tatsächlich tendieren in der Meteorologie Maxima zu Minima, wie Musil weiß (vgl. *Der deutsche Mensch als Symptom*, 1923, GW II, 1374), nicht umgekehrt. Wenn der „Wasserdampf in der Luft" gerade „seine höchste Spannkraft" erreicht, kann die Luftfeuchtigkeit nicht „gering" sein (MoE, 9) – im Gegenteil (vgl. David 1980, S. 520). Und subjektive Begriffe wie „Neigung" oder „Schuldigkeit" (MoE, 9), die aus anderen Diskursen stammen (vgl. Mülder-Bach 2013, S. 24f.), sind gänzlich ungeeignet, meteorologische Phänomene wissenschaftlich adäquat zu beschreiben (vgl. Arntzen 1982, S. 83f.; Honold 1995a, S. 37). Die erzählerische Ironie verweist auf eine paradoxale Struktur, indem ein in einem bestimmten Raum zu einer bestimmten Zeit sich abspielendes Geschehen suggeriert wird, das so jedoch nicht stattfinden kann, was gleich zu Beginn des Romans dessen Konstrukthaftigkeit thematisiert: Beschreibungen, die meteorologisch nur für zwei verschiedene Orte oder zu zwei unterschiedlichen Zeitpunkten zutreffen können – geringe Luftfeuchtigkeit und zugleich hohe Spannkraft der Wasserteilchen –, sollen hier an einem einzigen Ort zugleich vorkommen. Der erzählte Raum präsentiert sich somit selbst als genauso ‚zeit-' bzw. ‚ortlos' wie der scheinbar auktoriale Erzähler- bzw. Beobachterstandpunkt, dessen verqueres Produkt er ist (vgl. Mülder-Bach 2013, S. 26) – mit Auswirkungen auf die erzählerische „*Inszenierung und Beobachtung der eigenen Beobachterposition*" (Martens 2006, S. 259): Im Unterschied zum konstruktivistischen Konzept einer ‚Beobachtung zweiter Ordnung' (vgl. Luhmann 2004, S. 155–166), welche souverän Beobachtungen beobachtet, indem sie das beobachtete System durch den Akt der Unterscheidung von System und Umwelt erst konstituiert (vgl. ebd., S. 143 u. 156), zeigt Musils Roman, dass der sekundäre Beobachter immer schon Effekt – und nicht bloß Voraussetzung – jener Strukturen ist, die er beobachtet (vgl. auch Moser 1990, S. 123). Musils nur scheinbar souveräner Erzähler gibt sich zwar als ‚Beobachter zweiter Ordnung' zu erkennen; seine Prätention perspektivischer Souveränität produziert jedoch bloßen „Unsinn" (MoE, 12) und bezeichnet mithin eine spezifisch moderne *illusio* (vgl. Bourdieu 1999, S. 68 u. 360–365; dazu Wolf 2011, S. 204–207, 291f., 370 u. 755f.).

Auch der zweite Absatz des Einleitungskapitels ist von mindestens zwei konkurrierenden Stillagen geprägt: von einem ‚futuristischen' Realismus und einem eher impressionistischen Feuilletonismus, der sich zudem aphoristischer Pointierungen bedient (vgl. Arntzen 1982, S. 139). Weit davon entfernt, die begrifflichen Ungenauigkeiten seiner Eingangspassagen zu ignorieren, bestätigt Musil selbst die „Mischung von Ironie und Ernst" (Tb I, 697), die dem ersten Romankapitel zugrunde liegt. Auf der Oberfläche der narrativen Konstruktion setzt seine ironische Subversion des meteorologischen und allgemeiner des wissenschaftlichen Diskurses die entschiedene Aufwertung von Kontingenz in Szene, allerdings nicht im Sinn eines radikalen Konstruktivismus, sondern einer Verabschiedung der alten Vorstellung kausaler ‚Notwendigkeit' (vgl. MoE, 1438; zu den wissenschaftstheoretischen Hintergründen vgl. Moser 1990, S. 118–123; Emter 1995, S. 102–108; Bonacchi 1998, S. 171). Wie Musil in seinem Essayfragment *Der deutsche Mensch als Symptom* betont, sind die „Umstände, welche das Wetter bilden", „in ihrem Zusammentreffen" zwar „nicht Gesetze", aber doch weitgehend beobachterunabhängige „Tatsachen", die sich nur partiell „berechnen lassen" (GW II, 1374), weil ihre Konstituenten nicht zur Gänze zugänglich sind und ihre Wirksamkeit „außerhalb der Subjekte liegt" (GW II, 1045; vgl. GW II, 1374f.). Romanintern manifestiert sich Musils Ablehnung der Kausalität als übergeordnetes narratives Strukturprinzip, seine Verabschiedung der Kategorie des ‚Notwendigen' in historischen Zusammenhängen sowie seine generelle Ablehnung jeder geschichtsphilosophischen Teleologie und deren Substitution durch das „PDUG" (MoE, 133f.) bereits in der bezeichnenden Kapitelüberschrift „Woraus bemerkenswerter Weise nichts hervorgeht" (MoE, 9). Die in der Formulierung anklingende Einsicht, dass man in der Moderne „nicht mehr mit naivem Gewissen Einzelschicksale so wichtig nehmen kann wie ehedem", ist allerdings durch die komplementäre Tendenz zu ergänzen, „daß man hinter den Einzelschicksalen etwas Typisches vermutet" (GW II, 1409). Musils ‚Theorem der menschlichen Gestaltlosigkeit' besagt: „[D]er Mensch wird erst durch den Ausdruck, und dieser formt sich in den Formen der Gesellschaft." (GW II, 1374) (→ VII.3 *Gestaltlosigkeit*) Die Erzählkunst, die auch im „Zeitalter des Wissens" (GW II, 1409) auf die Darstellung von ‚Einzelschicksalen' nicht verzichten kann, findet in dieser Spannung ihre epistemologisch begründete Legitimation.

Die in den ‚Einzelschicksalen' der Romanfiguren implizierte Typik verweist u.a. auf die *Zeit* der Handlung: „Mit einem Wort, das das Tatsächliche recht gut bezeichnet, wenn es auch etwas altmodisch ist: Es war ein schöner Augusttag des Jahres 1913." (MoE, 9) Diese Auskunft, deren Referenz auf eine jenseits des Textes existierende historische Wirklichkeit insofern fragwürdig ist, als der August 1913 eine ausgesprochene Schlechtwetterperiode war (vgl. Illies 2012, S. 199), bezeichnet den Anfangspunkt der erzählten Zeit, die den überlieferten Plänen des Autors gemäß nach einem nutzlos verstrichenen Jahr in den Kriegsausbruch münden sollte. (→ V.9 *Krieg*) Der Erzähler wechselt mit dem letzten Satz des ersten Absatzes allerdings seinen Ton, der nun für ein ganz anderes Erzählverhalten einsteht, nämlich für das konventionelle des realistischen Romans (vgl. Eisele 1982, S. 162). Kennzeichnend für realistische Erzähleinsätze ist die initiale Bestimmung des ‚Chronotopos', also des (in Analogie zu dem aus der Mathematik bzw. den Naturwissenschaften übernommenen Begriff als „Raumzeit" zu verstehenden) „grundlegenden wechselseitigen Zusammenhang[s] der in der Literatur künstlerisch erfaßten Zeit-und-Raum-Beziehungen" (Bachtin 1989, S. 7), die sich häufig einer Variante der aus dem Märchen bekannten Formel ‚es war einmal' bedient. Musil zitiert diese Tradition, verschweigt jedoch die Hälfte, weil nur die Zeit des Geschehens benannt wird, der Ort aber zunächst im Dunkeln bleibt. Ebenso ironisch wie dieses Spiel mit dem Chronotopos ist auch die Anmerkung des

Erzählers, dass die realistische Beschränkung auf „das Tatsächliche [...] etwas altmodisch" sei (MoE, 9): Der *MoE* beansprucht, ein moderner Roman zu sein, und erwähnt deshalb erst nach einer Vielzahl von anderen, zum Teil impressionistischen Informationen im Vorübergehen, dass man „sich in der Reichshaupt- und Residenzstadt Wien befinde" (MoE, 9). Der *Ort* des Geschehens wird im Einleitungskapitel zwar explizit benannt, um wenig später aber „gegen den ‚Normalfall‘ der modernen Großstadt" (Kremer 1995, S. 440) – die im Kapitel I/8 beschriebene „Art überamerikanische Stadt" (MoE, 31) – ausgespielt und indirekt relativiert zu werden: Die „Einheit von Ort und Zeit im traditionellen Sinn" erscheint so „gleichzeitig aufgelöst und ironisch bestätigt", wodurch der *MoE* den ‚schwebenden‘ Charakter seiner essayistischen Erzählweise einleitend exemplifiziert (Kremer 1995, S. 440; vgl. auch Moser 1990, S. 117). Die späte Nennung des Ortes der Erzählung hat darüber hinaus literaturprogrammatische Gründe: „Die Überschätzung der Frage, wo man sich befinde, stammt aus der Hordenzeit, wo man sich die Futterplätze merken mußte." (MoE, 9) Mit solchen Worten grenzt sich Musil keineswegs von einer soziologischen Situierbarkeit seines romanesken Chronotopos ab; er positioniert sich vielmehr literaturpolitisch: Der implizite Bezugspunkt seiner konzeptionellen Distinktion ist nicht allein Oswald Spenglers reaktionär-pessimistische Zeitdiagnose *Der Untergang des Abendlandes* (1918/1922; so Moser 1990, S. 112), sondern auch die im deutschsprachigen Raum seinerzeit proliferierende Blut-und-Boden-Dichtung, die – wie Hans Grimms berüchtigter Erfolgsroman *Volk ohne Raum* (1926) – „dem Wurzelboden der Heimat" essenzielle Bedeutung für die Bestimmung des „Sinn[s]" der menschlichen Existenz und der „Seele" des einzelnen Menschen zusprach, den sie zudem in eine vormoderne, ländliche Szenerie zurückversetzte (Grimm 1956, S. 16f.; vgl. Pott 2013, S. 38). Die erzählerische Anlage des *MoE* weist demgegenüber jede Form der Essenzialisierung eines bestimmten Kulturraums von sich.

Bezeichnend für Musils dezidiert ‚modernen‘ Roman ist darüber hinaus der Umstand, dass er keine ländliche Gegend – den in der deutschen Erzählliteratur traditionellen Schauplatz – zum Ort der Handlung wählt. Als zentraler Handlungsraum dient ihm vielmehr die damals als nationaler sowie kultureller Schmelztiegel geltende Großstadt Wien, die während der Niederschrift und Erzählzeit der kanonischen Teile des *MoE* als sozialdemokratische Hochburg galt. Dies ist signifikant, unabhängig von der umstrittenen Frage, ob es sich tatsächlich um einen Großstadtroman handelt oder nicht. Gleich in mehrerer Hinsicht scheint Wien geeignet als Handlungsort eines Romans, der sich in seiner programmatischen Aufwertung von Relativität und Kontingenz auf die Anthropologie der ‚menschlichen Gestaltlosigkeit‘ stützt. Als Hauptstadt Kakaniens steht Wien exemplarisch für dessen ‚Eigenschaftslosigkeit‘, wie Musil in seinem fingierten *Interview mit Alfred Polgar* (1926) nahelegt. (→ V.3 *Kakanien*) Die besondere Charakter- bzw. ‚Eigenschaftslosigkeit‘ der Stadt gründet demnach in dem Umstand, dass es „durch Jahrhunderte" die Metropole eines übernationalen und multiethnischen Reichs gewesen ist und insofern aus einem Amalgam unterschiedlichster Einflüsse besteht (GW II, 1156). Eine solche Stadt eignet sich hervorragend als Schauplatz eines Romans, dem das ‚Theorem der menschlichen Gestaltlosigkeit‘ (als ‚negative‘ Anthropologie) konzeptionell zugrunde liegt: Sie gleicht einem ‚eigenschaftslosen‘ Chronotopos, der seine charakteristischen Prägungen nicht ‚selbstemergent‘ hervorgebracht, sondern von außen erhalten hat. Zu dem in Wien herrschenden Genius Loci äußert Musil sich denn auch wiederholt sarkastisch, indem er etwa das despektierliche Wortspiel von einer „erfolgverbürgenden Gesellschaft mit haftender Beschränktheit" prägt (GW II, 1156f.). So grenzt er sich von den literarischen Wien-Gemeinplätzen ab (vgl. etwa Zweig 1991, S. 27), die im Roman von Figuren wie Diotima zum Besten gegeben werden (vgl. MoE, 97 u. 109).

Eine weitere Relativierung bedeutet im Romaneingang die heuristische Funktion der singulären städtischen ‚Eigenschaftslosigkeit' Wiens als Exempel modernen Großstadtlebens überhaupt, indem der Wunsch ironisiert wird, „bei etwas [...] Verwickelterem, wie es eine Stadt ist, in der man sich aufhält, immer durchaus genau [zu] wissen [...], welche besondere Stadt das sei", was „von Wichtigerem" ablenke: „Es soll also auf den Namen der Stadt kein besonderer Wert gelegt werden." (MoE, 9f.) Während literarische Texte in der Regel von einem anderen, weniger ‚genauen', aber anschaulicheren Darstellungsprinzip geprägt sind als wissenschaftliche Abhandlungen, nämlich von dem der meist ‚bildlich' bzw. ‚sinnlich' verfahrenden Individualisierung, stellt Musil „das Individualistische der Kunstübung" in ein Spannungsverhältnis zum „Kollektivismus" und zur „Rationalisierung" in der Moderne (*Die Krisis des Romans*, GW II, 1409). Es ist also nur konsequent, wenn im Romaneingang wie im gesamten Text – anders etwa als in den Romanen Heimito von Doderers (vgl. Schmidt-Dengler 2004) – die topografische Unverwechselbarkeit der Metropole Wien in den Hintergrund tritt gegenüber ihrer Typik und allgemeinen Exemplarizität (vgl. Polheim 1985; Honold 1995a, S. 109–136; Brüggemann 2002, S. 512–561; Turk 2002). (→ V.1 *Stadt*) Das Individuelle der kakanischen Metropole sowie des Lebens Ulrichs und Agathes in ihr verweist auf etwas Typisches (vgl. MoE, 1204 u. 1210). Musils „‚durchstrichenes' Wien" (MoE, 1820) symbolisiert jene Nivellierung des ‚Einzigartigen' (vgl. David 1980, S. 524), die eine Funktion moderner Technik und anonymer großstädtischer Massengesellschaft ist. In dieser „gleichnishaften Formel" aus seinen Notizen verdichtet sich das romankonstitutive „Spannungsfeld zwischen dem historisch-konkreten Erscheinungsbild der Stadt Wien und dem abstrahierend-visionären Entwurf einer modernistischen Stadt, zwischen real existierenden Bauten und Orten auf der einen Seite und imaginären Architekturen und Räumen auf der anderen Seite." (von Essen 2006, S. 160f.) Erzählerisch gefasst wird diese Spannung etwa in der Thematisierung unterschiedlicher Bewegungen in einer Metropole, die sich in ihren ruhenden Elementen als steingewordene Geschichte präsentiert:

> Wie alle großen Städte bestand sie aus Unregelmäßigkeit, Wechsel, Vorgleiten, Nichtschritthalten, Zusammenstößen von Dingen und Angelegenheiten, bodenlosen Punkten der Stille dazwischen, aus Bahnen und Ungebahntem, aus einem großen rhythmischen Schlag und der ewigen Verstimmung und Verschiebung aller Rhythmen gegeneinander, und glich im ganzen einer kochenden Blase, die in einem Gefäß ruht, das aus dem dauerhaften Stoff von Häusern, Gesetzen, Verordnungen und geschichtlichen Überlieferungen besteht. (MoE, 10)

Angesichts solcher Passagen sah sich die Forschung veranlasst, die im *MoE* thematisierten städtischen Kommunikationen und Verkehrsströme sowie deren Stockungen thermodynamisch (vgl. Serres 1994, S. 67–69; Brüggemann 2002, S. 553f.) bzw. im Sinn der kinetischen Gastheorie (vgl. Kittler 2005, S. 204f.) zu motivieren. Der Umstand, dass Musil die Hauptstadt des vor dem Ersten Weltkrieg als politisch, wirtschaftlich und technologisch vergleichsweise ‚rückständig' geltenden Österreich-Ungarn – und keine „Art überamerikanische Stadt" (MoE, 31) wie Berlin, das seit dem 18. Jahrhundert mit Wien um den Status der deutschsprachigen Kapitale konkurrierte (vgl. von Essen 2006, S. 160) – zum Ort des Romangeschehens wählt, hängt eng mit der ‚Eigenschaftslosigkeit' der Donaumetropole zusammen. (→ V.1 *Stadt*; V.3 *Kakanien*) Indirekt spielt die Bildlichkeit somit auch auf die Konkurrenz beider Reichshauptstädte als Verkörperungen unterschiedlicher Ausprägungen der Moderne an (vgl. dazu Sprengel/Streim 1998, S. 220–227).

Nach der Relativierung von Zeit und Ort der *Handlung* rückt diese selbst in den Mittelpunkt: „Ein anonymer Herr [...] übernimmt diese Aufgabe in Begleitung einer ebenso anonymen Dame, indem er einem Verkehrsunfall durch statistische Hintergrundinformationen seinen Ereignischarakter nimmt." (Kremer 1995, S. 440) Allerdings ist hier von neuem auch eine gegenläufige Dynamik am Werk, die etwa darin Ausdruck findet, dass der Erzähler explizit die Frage nach der sozialen Identität der ersten erwähnten Figuren des *MoE* aufwirft: das „Rätsel, wer sie seien" (MoE, 10). Dass die sozialen Indikatoren erzähllogisch keineswegs arbiträr sind (vgl. dagegen Martens 2006, S. 266), zeigt etwa die Information darüber, dass die „beiden Menschen", die im nur beiläufig erwähnten Handlungsort Wien „eine breite, belebte Straße hinaufgingen", „natürlich gar nicht diesen Eindruck" von der Bedeutungslosigkeit des „Namen[s] der Stadt" haben, in der sie leben – im Gegenteil:

> Sie gehörten ersichtlich einer bevorzugten Gesellschaftsschicht an, waren vornehm in Kleidung, Haltung und in der Art, wie sie miteinander sprachen, trugen die Anfangsbuchstaben ihrer Namen bedeutsam auf ihre Wäsche gestickt, und ebenso, das heißt nicht nach außen gekehrt, wohl aber in der feinen Unterwäsche ihres Bewußtseins, wußten sie, wer sie seien und daß sie sich in einer Haupt- und Residenzstadt auf ihrem Platze befanden. (MoE, 10)

Wenn Musils Erzähler von den ersten Figuren des *MoE* – ihrerseits „beliebige Vertreter" (Kremer 1995, S. 440) einer privilegierten Gesellschaftsschicht – berichtet, dass sie „wußten", „wer sie seien", und dass sie sich „auf ihrem Platze befanden", dann drückt er damit – abgesehen von einer ironischen Anspielung auf die Psychoanalyse – nicht nur ihre Kenntnis der eigenen personalen Identität und des eigenen sozialen Lebensraums aus, sondern auch das, was der Soziologe Erving Goffman den „sense of one's place" genannt hat (Goffman 1951, S. 297; vgl. Bourdieu 2001, S. 236f.).

Das Vertrauen in eine der ‚natürlichen' Ordnung entsprechende Realität erzählter Welt wird schließlich durch den abschließend geschilderten Unfall erschüttert, der sogar die Isochronie von Erzählung und Geschichte durcheinanderbringt: „Schon einen Augenblick vorher war etwas aus der Reihe gesprungen, eine quer schlagende Bewegung; etwas hatte sich gedreht, war seitwärts gerutscht, ein schwerer, jäh gebremster Lastwagen war es, wie sich jetzt zeigte, wo er, mit einem Rad auf der Bordschwelle, gestrandet dastand." (MoE, 10) Der aus der kontinuierlichen zeitlichen Abfolge „ausgebrochene[ ] Augenblick" (GW II, 651) verweist nicht allein auf einen „Unfall [...] der Kommunikation" (Precht 1996, S. 40) bzw. auf einen „semantischen" (Mülder-Bach 2002, S. 216) oder „Sprachunfall" (Mülder-Bach 2013, S. 48) (→ V.2 *Verkehr, Unfall*), sondern gerät im Medium des Textes wiederum zu einem sozialen Ereignis:

> Wie die Bienen um das Flugloch hatten sich im Nu Menschen um einen kleinen Fleck angesetzt, den sie in ihrer Mitte freiließen. Von seinem Wagen herabgekommen, stand der Lenker darin, grau wie Packpapier, und erklärte mit groben Gebärden den Unglücksfall. Die Blicke der Hinzukommenden richteten sich auf ihn und sanken dann vorsichtig in die Tiefe

des Lochs, wo man einen Mann, der wie tot dalag, an die Schwelle des Gehsteigs gebettet hatte. (MoE, 10)

Durch das zuletzt recht konventionell erzählte Nicht-Funktionieren von Ordnung wird nicht nur die metafiktionale Selbstreferenzialität des literarischen Textes bezeichnet, sondern auch dessen zugleich wirksame außertextuelle Referenz, die zumindest im mentalen Prozess der Lektüre mehr als bloß Papier, Druckerschwärze und Buchstabenkombinationen evoziert (vgl. dagegen Eisele 1982, S. 162–164). Gegen eine zu einseitige Betonung der Autoreferenzialität von Literatur hat sich bereits Musil selbst mit Blick auf sein Romanprojekt ausgesprochen: Er bezeichnete es 1920 in seinem Arbeitsheft 8 als „lächerlich, wenn die Zeitungen aus Neid glauben machen wollen, daß die Literatur eben nur Literatur sei; sie ist gespenstisches Leben" (Tb I, 393). Der Anspruch des Autors, in seinem Roman „das Gespenstische des Geschehens" darzustellen (GW II, 939), ist ein Pensum für dessen Deutung. In der erzählten Welt wird nicht nur um abstrakte Ordnung gerungen, sondern auch um das konkrete Leben eines Unfallopfers (vgl. MoE, 10f.). Es muss schließlich auf „sachkundige und befugte Hilfe" (MoE, 11) vertraut werden, was zeigt, dass in einer Epoche technischer und wissenschaftlicher Innovation sowie gesellschaftlicher Ausdifferenzierung auch das Helfen nicht mehr so einfach von der Hand geht wie vordem; es bedarf einer hochspezialisierten „Rettungsgesellschaft", um die nötige Hilfe leisten zu können. Ebenso wie die anschließende Rede des anonymen Herrn vom „zu langen Bremsweg" auf avancierte Technik verweist, geht aus dem reibungslosen Ablauf der Bergung des Unfallopfers eine fortgeschrittene Versachlichung menschlicher Zusammenhänge hervor:

Man hörte jetzt auch schon die Pfeife eines Rettungswagens schrillen, und die Schnelligkeit seines Eintreffens erfüllte alle Wartenden mit Genugtuung. Bewundernswert sind diese sozialen Einrichtungen. Man hob den Verunglückten auf eine Tragbahre und schob ihn mit dieser in den Wagen. Männer in einer Art Uniform waren um ihn bemüht, und das Innere des Fuhrwerks, das der Blick erhaschte, sah so sauber und regelmäßig wie ein Krankensaal aus. (MoE, 11)

Es sind nicht allein die Vorgaben der Sprache, sondern auch die institutionellen Vorkehrungen moderner Massengesellschaft, die Kommensurabilität in einer inkommensurabel gewordenen Welt suggerieren: „Man ging fast mit dem berechtigten Eindruck davon, daß sich ein gesetzliches und ordnungsmäßiges Ereignis vollzogen habe." (MoE, 11) Die Einschränkung „fast" deutet hier an, dass der genannte Eindruck tatsächlich nicht ‚berechtigt' ist bzw. dass Gesetzlichkeit und Ordnung in der modernen Welt zumindest ein fragliches und zerbrechliches Gut darstellen, das vonseiten des Staates kaum umfassend zu gewährleisten ist. So wird hier wohl weniger Ordnung als solche in Frage gestellt als vielmehr der simple Glauben, dass Ordnung und Kontingenz sich gegenseitig ausschließen. Dieses häufig religiös geprägte, obrigkeitsgläubige Ordnungsdenken entspricht einem Topos literarischer Wien-Darstellung bzw. österreichischer Literatur (vgl. Weiss 1975) – etwa Leopold von Andrians (vgl. Andrian 1990, S. 30–32) – und findet sich in einer nachgelassenen tautologischen Sentenz Musils persifliert: „Ordnung kann gar nicht anders als in Ordnung sein [...]. Diese Ordnung war dem Franzisko-Josefinischen Zeitalter in Kakanien zur Natur, ja fast schon zur Landschaft geworden" (MoE, 1447).

Entsprechendes deutet Musil im Einleitungskapitel seines Romans auf subtile Weise an, indem er seinem anonymen Herrn „amerikanische[ ] Statistiken" (MoE, 11) über Verkehrsopfer in den Mund legt, mit denen scheinbar ebenfalls eine Kommensurabilität des kontingenten Geschehens erzeugt werden soll. Ihr fantastisch-makabres Ergebnis, wonach in Amerika „jährlich durch Autos 190.000 Personen getötet und 450.000 verletzt" werden (MoE, 11), hat Alexander Honold als versteckten Hinweis auf die Zahlen der toten und verwundeten österreichischen Soldaten des Kriegsjahres 1914/15 gedeutet – und damit auf den vollständigen Zusammenbruch staatlich kontrollierter Ordnung (vgl. Honold 1995a, S. 88). Gegen diese suggestive Deutung spricht allerdings eine Notiz aus dem Arbeitsheft 21, welche die später in den Romantext übernommenen Zahlen erstmals präsentiert: „*Nach einer offiziellen amerikanischen Statistik* wurden dort 1924 durch Autos 190 000 Personen getötet u. 450 000 verletzt." (Tb I, 639; vgl. Tb II, 452f.; MoE, 1819) Ulrich Boss konnte den Jahrgang 1925 der populärwissenschaftlichen Wochenschrift *Umschau* als Quelle identifizieren; er stellte dabei fest, dass Musil bei der Zahl der Todesopfer eine Null zu viel notiert und damit die Summe verzehnfacht hat (vgl. Boss 2013, S. 43–45, u. 2013/14, S. 131f.). Ob der Autor selbst an die falsch exzerpierte Zahl glaubte oder nicht, ist kaum zu verifizieren. Da er seine Arbeitshefte bis auf wenige Ausnahmen nicht als Tagebuch, sondern als Reflexionsraum und Ideenreservoir für literarische Arbeiten führte, ist es denkbar, dass dieser Eintrag schon im Hinblick auf eine erzählerische Verwertung vorgenommen wurde. (→ III.3.2 *Tagebücher/Arbeitshefte*) Damit ist nicht ausgeschlossen, dass die zitierte ‚amerikanische Unfallstatistik' zusätzlich auf österreichische Opfer des Weltkriegs anspielt. Wenn dem so wäre, dann deutete das Eingangskapitel des *MoE* bereits auf dessen geplanten Endpunkt voraus. Man mag darüber hinaus die beschriebene Menschenversammlung anlässlich des Verkehrsunfalls als Vorgriff auf die Massenaufläufe bei Kriegsausbruch (vgl. Tb I, 298) interpretieren – und damit auf das „Sommererlebnis im Jahre 1914" (GW II, 1060) – eine Urszene von Musils Schriftstellerexistenz nach seiner Rückkehr von der Front ins zivile Leben (vgl. Wolf 2011, S. 86–89). (→ V.9 *Krieg*) Die Erzählstrategie des Einleitungskapitels entspricht insgesamt dem aphoristischen Diktum der Rede *Der Dichter in dieser Zeit* (1934), das jede Form von literarischem „Epistemozentrismus" (Bourdieu 2001, S. 65) entschieden von sich weist: „Wie immer man [...] philosophieren mag, die Geschehnisse sind nicht theoretisch entstanden, sondern wirklich und vieldeutig, wie es alles Wirkliche ist." (GW II, 1249) Dieser Vorgabe hat auch ein Roman zu genügen, der erklärtermaßen „Beiträge zur geistigen Bewältigung der Welt geben" will (GW II, 942) und damit keine referenzlose Textwelt meint (vgl. Bruckmüller 2001, S. 282f.; dagegen Eisele 1982, S. 165).

3.2 Männerfiguren

Neben *Zeit* und *Raum* bilden *Figuren* eine dritte grundlegende Konstituente der erzählten Welt. Ein Gesellschaftsroman wie der *MoE* kann sich die Homologie habitualisierter Praxisformen aller aus ähnlichen Soziallagen hervorgegangenen Akteure einer Zeit zunutze machen: Sie erlaubt ihm, repräsentative Verkörperungen darzustellen, um überindividuelle historische Erscheinungen *pars pro toto* zu veranschaulichen – das meint Musil im Arbeitsheft 9 mit dem Begriff „Zeitfiguren" (Tb I, 426), die er für sein Romanprojekt sammelt (vgl. Wolf 2011, S. 82–84). Die zahlreichen

Figuren des *MoE* sind jeweils auf spezifische Existenzbedingungen zurückführbar, die sich in ihren unterschiedlichen Habitus als ‚generative Formeln' niederschlagen und im Medium des literarischen Textes unterscheidbare und wiedererkennbare Formen sozialer Praxis hervorbringen – nach dem Muster der ‚realen' Welt (vgl. ebd., S. 328– 334). Die darstellerische Herausforderung besteht darin, im Roman keine papierenen Gestalten vorzuführen, die als blutleere Stellvertreter gedanklicher Konzepte wirken (vgl. ebd., S. 50–56; dagegen Eisele 1982, S. 161–163). Figuren müssen mit habituellen Merkmalen ausgestattet werden, um erzählerisch glaubhaft zu sein und metaphorisch oder metonymisch für allgemeinere soziale Verhältnisse einstehen zu können. Musils Erzähler ordnet ihnen jeweils bestimmte körperliche Merkmale, eine individuelle Herkunft und Geschichte, in sich stimmige persönliche Umgangsformen, dazu passende soziale und ökonomische Verhaltensweisen, Denkgewohnheiten, politische Präferenzen und geschmackliche Vorlieben zu.

Hinsichtlich der Geschlechterordnung handelt es sich bei der erzählten wie bei der Erzählzeit des *MoE* um Perioden des Wandels, in denen aber ein ‚Ziel' der Entwicklung keineswegs absehbar ist. Die historischen Umbrüche werden von den mit traditionellen Erwartungs-, Wahrnehmungs- und Deutungsstrukturen ausgestatteten Figuren als eminentes Krisenphänomen erfahren. Die Hochkultur Wiens um und nach 1900 ist nicht nur allgemein durch jene viel beschworene „Krise der Identität" gekennzeichnet (vgl. Le Rider 1990; Pollak 1997, bes. S. 153f.), die vom speziellen sozialen Kontext der multinationalen und multikulturellen Habsburgermonarchie befördert wird, sondern – mehr als vergleichbare urbane Zentren Europas dieser Zeit – insbesondere durch eine Krise „der männlichen Identität" (Schmale 2003, S. 231; vgl. Hanisch 1994, S. 260). Der Literatur kommt dabei eine Rolle nicht allein als Symptom der Krise zu, sondern auch als deren Produktions-, Artikulations- sowie Reflexionsmedium (vgl. Le Rider 1990, S. 105–226). In Übereinstimmung mit diesem Befund der historischen Bedeutung künstlerischer, insbesondere literarischer Quellen wurde der *MoE* sogar „als Emblem" zeitgenössischer „Debatten über die Krise der Männlichkeit" bezeichnet (Schmale 2003, S. 231; vgl. Pohl 2011; Kappeler 2012; Boss 2013). (→ V.6 *Geschlechterrelationen*) Er thematisiert viele damit einhergehende Begleit- und Kompensationserscheinungen wie die Konjunktur des Antisemitismus oder des Sports (vgl. Fleig 2008). (→ V.10 *Sport*) Genauso, wie unterschiedliche Konzepte von Männlichkeit – resp. Weiblichkeit – im kulturellen Feld Gegenstand heftiger Auseinandersetzungen um die Definitionsmacht sind, finden sie sich im *MoE* als Kristallisationspunkte romaninterner Verhandlungen und Kontroversen, aber auch konkreter Machtverhältnisse wieder und erhalten textuelle Resonanz. Um die literarische Gestaltung von Geschlechterverhältnissen im Rahmen des essayistischen Romans adäquat beschreiben zu können, bedarf es des Rekurses auf dessen konzeptionelle Grundlagen: Demnach „sind alle Menschen ohne Eigenschaften, aber an Ulrich wird es sichtbar." (KA, M VII/17/48) Was an diesem so klar zu erkennen ist, erweist sich als universell. Die anderen Vertreter des Romanpersonals fungieren als „Komplementärfiguren der Hauptidee" (Tb I, 348), an deren Beispiel die konstitutive Problematik der ‚Gestalt-' oder ‚Eigenschaftslosigkeit' veranschaulicht wird. (→ VII.3 *Gestaltlosigkeit*) Offensichtlich zeigt sich das bei den männlichen Figuren, in denen sich jeweils bestimmte – aber niemals alle – Aspekte der ‚generativen Formel' Ulrichs in unterschiedlicher Ausformung und Stärke spiegeln, während bei den Frauenfiguren die Akzente aufgrund der historischen Geschlechterrollen anders gesetzt erscheinen. Gemeinsam sind sämtliche Romanfiguren im ontologischen Sinn ‚gestalt-' bzw. ‚eigenschaftslos', gehen mit dieser negativen Qualität jedoch ganz verschieden um.

3.2.1 Der Intellektuelle Ulrich, Mann ohne Eigenschaften

In der Forschung zum *MoE* spielte die historisch-soziale Codierung der männlichen Hauptfigur, die an Musils eigene Biografie angelehnt ist (vgl. Wolf 2011, S. 1152–1168), lange keine wahrnehmbare Rolle – obwohl es im Romantext ausdrücklich heißt, Ulrich habe „sich von außen, durch die Lebensumstände bilden" lassen (MoE, 21). Der Grund dafür liegt hauptsächlich in einem verkürzenden Verständnis der Kategorie der ‚Eigenschaftslosigkeit', das Rollenverweigerung nicht als Ausdruck eines erworbenen Habitus zu beschreiben vermag, sondern nur als dessen prinzipielle Negation. Tatsächlich findet sich im Romankosmos die Position des unentwegt reflektierenden Ulrich jenseits der stereotypen sozialen Rollenschemata angesiedelt, an einem sozial gleichsam ‚exterritorialen' Ort (vgl. Tb I, 905). In diesem Zusammenhang wurde Karl Mannheims Konzept der ‚freischwebenden Intelligenz' bemüht (vgl. Mannheim 1965, S. 135 u. 138; dazu Müller 1972, S. 9f. u. 102–104; Blasberg 1984, S. 46–48 u. 155), deren dennoch bestehende prinzipielle ‚Seinsgebundenheit' (vgl. Nübel 2005, S. 148, 153 u. 159) aber meist vernachlässigt. Folgt man Mannheim und mehr noch Musils eigenem ‚Theorem der menschlichen Gestaltlosigkeit', das der negativ-anthropologischen Konzeption des *MoE* zugrunde liegt, dann bedarf es spezifischer sozialer und psychologischer Voraussetzungen, um Ulrichs kontemplative Haltung sowie seine reflexive Abstraktion von den gesellschaftlichen Zwängen überhaupt erst zu erlauben. (→ VII.3 *Gestaltlosigkeit*) Musil hat deren Möglichkeitsbedingungen an verschiedenen Orten des Romans ausdrücklich thematisiert (vgl. Kuzmics/Mozetič 2003, S. 235–244).

Über den familiären Hintergrund der männlichen Hauptfigur wird von Beginn an ausführlich berichtet. Im Kapitel I/3 erfährt man über Ulrich: „Er war zweiunddreißig Jahre alt, und sein Vater neunundsechzig." (MoE, 14) Im Unterschied zu vergleichbaren Romanhelden hat Musils Hauptfigur zur erzählten Zeit bereits ein mittleres Alter erreicht – eine entscheidende Differenz zur Tradition der stärker ‚bildbaren' Helden des deutschen Entwicklungsromans. Ulrichs Charakter ist am Romaneinsatz bereits so gefestigt, dass es im weiteren Verlauf der Handlung nicht primär um dessen Herausbildung gehen wird. Darüber hinaus trennt ihn vom eigenen Vater ein Altersunterschied von 37 Jahren, was aufgrund der unterschiedlichen Lebenserfahrung auf große habituelle Distanz schließen lässt (vgl. Böhme 1974, S. 176–193 u. 202–208; Heyd 1980, S. 216–224; Strutz 1981, S. 83–87 u. 128f.). Dieser auch emotional wirksame Abstand (vgl. MoE, 677) zwischen zwei weit auseinanderliegenden Generationen derselben Familie, der aufgrund des frühen Verlustes der Mutter nicht überbrückt oder abgemildert werden kann (vgl. MoE, 1828), erscheint in den einführenden Analepsen des ersten Romanteils am Beispiel des ‚sozialen Erbes' untermauert: Während die Familiengeschichte zunächst ein Musterbeispiel für familiäre Kapitalakkumulation und gelungenen -transfer von der Generation des Großvaters zu der des Vaters abgibt, verhält es sich mit der sozialen Vererbung vom Vater zum Sohn komplizierter.

Bereits Ulrichs Großvater „war ein wohlhabender Mann gewesen" (MoE, 14). Dessen Erbe ermöglichte es dem 1844 in der Provinz geborenen (vgl. MoE, 693) Vater, Jura zu studieren und damit als Angehöriger des aufstrebenden Bürgertums um 1860 die besten Aufstiegschancen im aristokratisch geprägten ‚Macht-Feld' der Habsburgermonarchie zu haben. Parallel zu seinem Studium arbeitet der Vater „als Hauslehrer in hochgräflichen Häusern" und setzt diese Tätigkeit „noch als junger Rechtsanwaltsgehilfe" fort (MoE, 14). Seine „sorgfältige Pflege dieser Beziehungen" macht sich bald verdient, indem „er allmählich zum Rechtskonsulenten fast des gesamten Feudaladels seiner Heimat aufrückte" (ebd.). Durch die zweifache Investition erzielt er auf doppelter Ebene einen Gewinn, der ihn in Form der wissenschaftlichen Reputation eines Universitätsprofessors der Rechtswissenschaften wie auch eines beträchtlichen „Vermögen[s]" in die Lage versetzt, die Tochter „einer rheinischen Industriellenfamilie" zu ehelichen (MoE, 14), also die im Romanverlauf wichtigen Konzepte „Besitz und Bildung" in der eigenen Familie zu vereinen (vgl. MoE, 839). Neben seinen wissenschaftlichen Auszeichnungen durchläuft er alle zivilen Ordensstufen Kakaniens (vgl. MoE, 15; dazu Arntzen 1982, S. 141) und akkumuliert fast sämtliche staatlichen Gratifikationen in seiner Person. Die große Anerkennung im universitären *und* im administrativen Bereich verschafft ihm zuletzt mit der Nobilitierung sogar die höchste Ehre, die einem Sprössling des kakanischen Bürgertums zuteil werden kann (vgl. MoE, 15).

Der als kontinuierlich aufsteigende Linie skizzierte Lebenslauf des Vaters bietet dem Sohn die beste Basis für den eigenen Erfolg. Aufgrund seines Erbes verfügt Ulrich über Geld, Bildung und Beziehungen. Die soziale Experimentalanordnung des Romans besteht an diesem Punkt in der Frage, wie er mit diesen optimalen Bedingungen umgeht bzw. was er aus ihnen macht. Als Angehöriger der zweiten Generation des arrivierten Bürgertums nach dem gesellschaftlichen Aufstieg vernachlässigt Ulrich die Pflege sowohl des ökonomischen wie auch des sozialen Kapitals und widmet sich allein der Akkumulation des kulturellen Kapitals. Eine unabdingbare Voraussetzung dafür ist die Erfahrung des Heranwachsenden, das Geldverdienen „nicht nötig" zu haben (MoE, 47). Seine eigenen Investitionen ins kulturelle Kapital haben ihre Vorgeschichte in der vorausschauenden väterlichen Auswahl seiner Schulen: Ulrich wurde zunächst im „vornehmen Gymnasium der Theresianischen Ritterakademie erzogen, das die edelsten Spitzen des Staates lieferte" (MoE, 19), also in der führenden Bildungsanstalt Kakaniens. Nach einem schulischen Eklat wechselte er „in ein kleines belgisches Erziehungsinstitut, das in einer unbekannten Stadt lag und, mit kluger kaufmännischer Betriebsamkeit verwaltet, bei billigen Preisen einen großen Umsatz an entgleisten Schülern hatte" (MoE, 19). Die weiteren Stationen von Ulrichs Werdegang lassen sich mit folgenden Stichworten umreißen: Offiziersausbildung, in der er es „bis zum Leutnant gebracht hatte" (MoE, 36), Ingenieurstudium an der Technischen Hochschule und schließlich Studium der Mathematik – eine Entscheidung gleichermaßen für die Universität wie für das Doktorat und damit für die oberste Bildungsinstitution und den ranghöchsten Studienabschluss Kakaniens. Für die modernistische Grundhaltung des *MoE* ist bezeichnend, dass Ulrichs theoretisches Interesse sich nicht auf die konkurrierende Grundlagenwissenschaft richtet: Im Unterschied zur ‚alten' Philosophie (vgl. MoE, 47), in der Musil – ebenfalls im Alter von 27 Jahren (vgl. MoE, 673) – promoviert hat, wird die nicht minder abstrakte, aber ungleich genauere Mathematik als „die neue Denkrichtung selbst, der Geist selbst" gefeiert, denn in ihr „liegen die Quellen der Zeit und der Ursprung einer ungeheuerlichen Umgestaltung" (MoE, 39). (→ IV.3 *Mathematik*) Das Berufsbild des Mathematikers (vgl. MoE, 19) bzw. des theoretischen Physikers (vgl. Kittler 2005, S. 200) entspricht dieser Logik zufolge den Erfordernissen eines ‚modernen', intellektuellen Romanhelden, der gemeinsam mit seiner Einsicht in die wissenschaftlichen Grundlagen der Welt jenes im Doktortitel geronnene kulturelle Kapital erwirbt, das für den Sohn eines nobilitierten Bildungsbürgers die beste nichtvererbbare Voraussetzung ist, um auch außerhalb der Universität zu reüssieren (vgl. MoE, 44).

Die ironische Erzählerrede von der „soziale[n] Pflicht des Strebens" (ebd.) bezeichnet den strukturellen Zwang, im wissenschaftlichen Werdegang die Pflege des sozialen Kapitals nicht zu vernachlässigen. Als Beleg der für Ulrichs Karriere nachteiligen wissenschaftlichen Konzentration auf die „Sache" (ebd.) charakterisiert sie überdies seine uneigennützige, allein auf Erkenntnis gerichtete Haltung (vgl. MoE, 77 f. u. 682). Angesichts institutioneller Erfolglosigkeit hört Ulrich auf, „eine Hoffnung sein zu wollen" (MoE, 44). Er unterbricht seine Universitätslaufbahn und beschließt, „ein Jahr Urlaub von seinem Leben zu nehmen, um eine angemessene Anwendung seiner Fähigkeiten zu suchen" (MoE, 47). Das ist die Ausgangssituation der Basiserzählung. Das vom Vater akkumulierte ökonomische Kapital (vgl. Blasberg 1984, S. 233) ist jedoch keineswegs grenzenlos: In einem von „schwerer Sorge" um Ulrichs stagnierende „Laufbahn" geprägten Brief weist der Vater den Sohn darauf hin, dass „das Vermögen", das er ihm und seiner Schwester „hinterlassen werde", „zwar nicht gering" sei, „aber doch nicht so groß, daß sein Besitz allein [...] eine gesellschaftliche Position sichern könnte"; Ulrich müsse sich eine solche „vielmehr selbst endlich schaffen" (MoE, 77). Angesichts des zögerlichen Verhaltens seines Sohnes nimmt der Vater dessen Vereinnahmung durch das Erbe selbst in die Hand: Er verlangt ultimativ, die in das „Vorwärtskommen" des Sohnes investierten „Aufwendungen" endlich „dadurch belohnt zu finden", dass Ulrich die nötigen „wissenschaftlichen und gesellschaftlichen Beziehungen" nicht länger vernachlässige (MoE, 77 f.). Der widerstrebende Sohn hat vorerst keine Chance, sich der paternalistischen Fürsorge zu entziehen.

Besonders deutlich zeigt sich das im Kapitel I/40: Der in der Überschrift ausdrücklich als „Fürst des Geistes" apostrophierte Ulrich wird darin verhaftet, weil er sich für einen betrunkenen Arbeiter eingesetzt hat, den man der Majestätsbeleidigung bezichtigt. Auf der Polizeiwache wird ihm die Ohnmacht der „innere[n] Autorität des Geistes [...] gegenüber der äußeren Autorität des Wachtmeisters" (MoE, 160) exemplarisch vorgeführt: „Seine Arbeiten, die ihm in der wissenschaftlichen Welt [...] Ehre eingetragen hatten, waren in dieser Welt hier nicht vorhanden" (MoE, 159). Ulrich kann sich dem Zugriff dieser stärkeren Autorität nur unter Verweis auf die exponierte soziale Stellung seines Vaters entziehen, was den Widerstrebenden in der Folge direkt in die Arme des bereits instruierten Grafen Leinsdorf – und damit der ‚Parallelaktion' – führt. Die strukturelle Funktion dieser anekdotischen Verkettung von Zufällen besteht einerseits im Umstand, dass der sozial distanzierte Protagonist innerlich unkompromittiert bleibt, denn er hat sich nicht freiwillig in die Arme der ‚Parallelaktion' begeben. Andererseits wird die relative Wertlosigkeit seines kulturellen Kapitals (vgl. MoE, 84) veranschaulicht. Sein vom Vater vorgeschossenes soziales Kapital erhält in diesem Augenblick eine gleichsam schicksalhafte Funktion: Es hatte schon früher bewirkt, dass Graf Stallburg hinsichtlich Ulrichs „des Willens" war, „sich einen guten Eindruck zu bilden" (MoE, 86). Der gute Eindruck folgt dieser Absicht dann auf dem

Fuß, und die von Stallburg bewirkte Einführung beim Grafen Leinsdorf, ja schließlich auch die honorige Installation Ulrichs als „ehrenamtlicher Sekretär" der ‚Parallelaktion' (MoE, 162) vermehrt zwar nicht sein ökonomisches, aber wiederum sein soziales Kapital (vgl. MoE, 420).

Vor dem Hintergrund dieser Sozialisation überrascht es nicht, dass Ulrich „sich keiner Zeit seines Lebens erinnern [konnte], die nicht von dem Willen beseelt gewesen wäre, ein bedeutender Mensch zu werden" (MoE, 35). Doch bereits als Schüler der Theresianischen Ritterakademie hat der Heranwachsende einen schweren Fauxpas begangen: Ohne provokative Absicht relativierte er in einem Schulaufsatz die als Thema gestellte „Vaterlandsliebe" (im multiethnischen Staat Kakanien ein recht ‚verwickelter' Gegenstand) dergestalt, dass sich die Lehrerschaft „nicht entscheiden konnte, ob seine vermessene Bemerkung als Lästerung des Vaterlands oder als Gotteslästerung aufzufassen sei" (MoE, 18f.). Indem er die zwei Thesen vertrat, „daß ein ernster Vaterlandsfreund sein Vaterland niemals das beste finden dürfe" und „daß wahrscheinlich auch Gott von seiner Welt am liebsten im Conjunctivus potentialis spreche", hat der junge Ulrich sich nicht nur früh als idealtypischer Vertreter des ‚Möglichkeitssinns' offenbart, sondern zugleich beide Säulen der staats- und gesellschaftstragenden *illusio* Kakaniens erschüttert, die auf einem unbedingten Glauben an die unerschütterliche ‚Autorität' des herrschenden Status quo beruhte (vgl. Zweig 1991, S. 51). Die im ‚Möglichkeitssinn' verborgene Sprengkraft wird vor diesem Hintergrund manifest. Mit der konfliktuösen Generationenkonstellation, die dem jugendlichen Vertreter des ‚Möglichkeitssinns' einen auf soziale Notwendigkeiten pochenden Vater entgegenstellt, entspricht der *MoE* strukturell einem Schema avancierter Literatur der Moderne – man denke nur an Kafka (vgl. Wolf 2011, S. 358f.). (→ VII.4 *Möglichkeitssinn u. Essayismus*)

Am Beispiel von Ulrichs Vater zeigt der Erzähler einen auf sozialen Aufstieg getrimmten bürgerlichen Habitus, der sich etwa im Entsetzen über die unstandesgemäße Wohnungswahl des Sohnes niederschlägt (vgl. MoE, 14). Ulrich hingegen hat das inkriminierte „Schlößchen" nicht „nur aus Übermut" gemietet, sondern gerade auch deshalb, weil er die vom Vater stillschweigend favorisierten „gewöhnlichen Wohnungen verabscheute" (MoE, 13). (→ VI.2.4 *Architektur*) Wiederholt weist der Erzähler auf den „sense of one's place" (Goffman) hin, wenn von Ulrichs Vater die Rede ist, dem er eine „tiefe[ ] Liebe für das sozusagen allgemein und überpersönlich Nützliche" als (durch den Sohn ‚beleidigtes') „Grundgefühl seines Lebens" zuschreibt, das „fern von Eigennutz […] aus einer ehrlichen Verehrung für das" resultiert, „worauf man seinen Vorteil baut" (MoE, 15; vgl. MoE, 227 u. 330):

> Das ist von großer Wichtigkeit; schon ein edler Hund sucht seinen Platz unter dem Eßtisch, unbeirrt von Fußstößen, nicht etwa aus hündischer Niedrigkeit, sondern aus Anhänglichkeit und Treue, und gar die kalt berechnenden Menschen haben im Leben nicht halb soviel Erfolg wie die richtig gemischten Gemüter, die für Menschen und Verhältnisse, die ihnen Vorteil bringen, wirklich tief zu empfinden vermögen. (MoE, 15)

Während bei Ulrichs Vater eine prästabilierte Harmonie zwischen individuellem Habitus und sozialem Raum vorherrscht, gestaltet sich deren Verhältnis beim Sohn ungleich komplizierter. Sein Erbe bildet die soziale Voraussetzung einer geradezu konträren Habitusentwicklung. Die Sicherheit, um das eigene Fortkommen nicht bangen zu müssen, befördert mit der „*libido sciendi*" (Bourdieu 2001, S. 20 u. 142, u. 2005,

S. 100) und „der seelischen Beweglichkeit" auch „eine gewisse Angriffslust" sowie „eine gewisse Bereitschaft zur Verneinung" (MoE, 151) – nach Nietzsches *Ecce homo* allesamt Attribute männlicher Stärke (vgl. Nietzsche 1988, S. 274 u. 344f.). Nach dem Scheitern seiner „drei Versuche", „ein bedeutender Mann zu werden" (MoE, 35), nimmt Ulrich Abstand vom Streben nach „heroischen Taten", was aber keineswegs aus einer neuentdeckten Liebe für „das bürgerliche Leben" resultiert, sondern aus einer reflexiven Wendung gegen jene einst von ihm selbst gehegten individualistischen „Neigungen" (MoE, 13). In Einklang mit dieser Abkehr vom heroischen Individualismus bestätigt die nicht von Ulrich selbst, sondern vom „Genie seiner Lieferanten" getroffene Entscheidung über „die Einrichtung seines Hauses" seine distanzierte Haltung gegenüber dem privatesten Lebensbereich: „Als alles fertig war, durfte er den Kopf schütteln und sich fragen: dies ist also das Leben, das meines werden soll?" (MoE, 21) Indem Ulrich eine radikale Konsequenz aus dem ‚Gestaltlosigkeitstheorem' zieht, erweist er sich als Mann ohne Eigenschaften. (→ VII.3 *Gestaltlosigkeit*) Das bedeutet aber nicht, dass der Protagonist zu einem Spielball äußerer Verhältnisse geriete: Der Mann ohne Eigenschaften, der die „Formen" zurückweist, die ihm „die Gesamtheit aufnötigen will" (MoE, 367), ist ein Intellektueller, ein „Theoretiker im Verhältnis zur Gesellschaft und im Verhältnis zur Gegenwart", der daran leidet, dass zur erzählten Zeit wie zur Erzählzeit „eine antitheoretische" Phase „bevorsteht" bzw. bereits angebrochen ist (MoE, 1905). Hierin liegt die zeithistorische ‚Tragik' des Mannes ohne Eigenschaften begründet, die ihn immer mehr in die Gefilde des ‚anderen Zustands' (‚a. Z.') und der „Familie zu zweien" (MoE, 715) lenken wird, ohne dass er dabei dem modischen Mystizismus oder einer flachen Familienidyllik anheimfällt. (→ VII.1 *Mystik*; VII.2 *Anderer Zustand*)

Ungeachtet seiner „exakte[n] Geistesverfassung" (MoE, 256) kämpft Ulrich mit einer vorerst noch unbestimmten, doch im Romanverlauf kontinuierlich wachsenden Sehnsucht. Immer spürbarer wird er auf die „Frage […] des rechten Lebens" (MoE, 255) zurückgeworfen. Diese Tendenz verstärkt sich in dem Maß, in dem sich das Wiedersehen mit der vergessenen Schwester nähert und Ulrich „Veränderungen" an sich wahrnimmt: „[E]r erweichte, seine innere Form, die immer die des Angriffs gewesen war, ließ nach und zeigte Neigung, umzuschlagen und in das Verlangen nach Zärtlichkeit, Traum, Verwandtschaft oder weiß Gott was überzugehn" (MoE, 567). Zunächst noch dunkel ahnt er, „daß er sich noch nie im Leben wahrhaft entschieden habe und es bald werde tun müssen" (MoE, 596). Insbesondere in Liebesangelegenheiten hat er zunehmend den Eindruck, „daß er noch etwas vor sich habe und es nicht in halben Neigungen vertändeln dürfe" (MoE, 582). Nach der Begegnung mit Agathe zu Beginn des Zweiten Buchs intensivieren sich die Bemühungen um den ‚a. Z.' und damit auch die aufgewendete existentielle Ernsthaftigkeit (zur charakteristischen Komplementarität von Scherz und Ernst vgl. Wolf 2011, S. 368–377). So überkommt Ulrich, der die weiblichen Romanfiguren bisher nie richtig ernst genommen hat (vgl. MoE, 493, 566f. u. 620) und auch von Agathe zunächst des Unernstes verdächtigt wird (vgl. MoE, 739 u. 861), im Anschluss an ihre Frage nach seiner Lektüre

> ein Ernst, wie er ihn seit gläubigen Jugendtagen nicht mehr gefühlt hatte, und ehe sich diese Wolke schwerelosen Ernstes wieder verflüchtigte, die vom Raum hinter seinem Rücken bis zum Buch, worauf seine Gedanken ruhten, durch den ganzen Körper reichte, hatte er eine Antwort gegeben, die ihn mehr durch ihren völlig ironielosen Ton als den Inhalt überraschte: er sagte: „Ich unterrichte mich über die Wege des heiligen Lebens." (MoE, 750)

An der einmal getroffenen Entscheidung, die Bemühungen um den ‚a.Z.' „völlig ernst" zu nehmen (MoE, 767), hält Ulrich nun dauerhaft fest, was sich gerade auch in seinem ‚ernsten' Spott gegenüber dem in der ‚Parallelaktion' proklamierten, inhaltsleeren „Geist der Tat" niederschlägt: „Eine Tat muß einen Sinn haben!" (MoE, 778), fordert er jetzt – der früher einmal seinem Jugendfreund Walter die skeptische Frage gestellt hatte, „wozu er eigentlich einen Sinn brauche" angesichts dessen, dass es „doch auch so" gehe (MoE, 216). Nach der Entscheidung, seinen ‚Urlaub vom Leben' zu beenden und mit Agathe ins „Tausendjährige Reich" zu ziehen, also sich aus dem gesellschaftlichen Leben zu verabschieden, muss er sich „eingestehn, daß [...] der ‚nach der Regel der freien Geister' dahinlebende Mensch, dem er in sich allzuviel Bequemlichkeit zugebilligt hatte, mit einem Schlag in einen gefährlichen Widerspruch zu dem tief unbestimmten geraten war, von dem der wirkliche Ernst ausgeht" (MoE, 801f.). Trotz gegenläufiger Impulse (vgl. MoE, 890) bleibt er in der Liebe zu Agathe seiner einmal angenommenen Ernsthaftigkeit treu. Im gesellschaftlichen Umgang wird Ulrich dennoch nicht konzilianter (vgl. etwa MoE, 1026), sein Versuch der Realisierung einer ‚anderen' Liebesauffassung mit Agathe erweist sich als Kehrseite seines forcierten ‚Donjuanismus' bzw. Sadismus im erotischen und auch im wissenschaftlichen Bereich (vgl. Gödicke 2005, S. 40–42; Wolf 2011, S. 364–368). Dieser nicht unproblematische Aspekt von Ulrichs Habitus, dessen Komplementarität einen wichtigen Bestandteil seiner ‚generativen Formel' bildet, wird im Kontext seines Zusammenlebens mit der wiedergefundenen Schwester im Zweiten Buch erzählerisch entfaltet. (→ V.7 *Sexualität*)

3.2.2 Der Dilettant Walter, Mann mit Eigenschaften

Auch Walter, der über weite Strecken nach dem biografischen Modell von Musils Jugendfreund Gustav Donath gestaltet ist (vgl. Wilkins 1968, S. 48; Howald 1984, S. 217–231; Fanta 2000, S. 150–154; Corino 2003, S. 291–307 u. 465f.), hat Züge von ‚Eigenschaftslosigkeit', wie der Erzähler bereits im ersten einschlägigen Kapitel I/14 andeutet (vgl. MoE, 50). Mit vierunddreißig Jahren (vgl. MoE, 50) ist er zu Beginn der Basiserzählung zwei Jahre älter als Ulrich, was in diesem für die Befestigung einer bürgerlichen Rolle wichtigen Lebensabschnitt auf eine fortgeschrittenere berufliche Laufbahn schließen ließe. Tatsächlich ist Walter „seit einiger Zeit [...] in irgendeinem Kunstamt angestellt"; seine scheinbar gut situierte Stellung hat aber einen charakteristischen Haken, den der Erzähler in der Folge nicht verheimlicht: „Sein Vater hatte ihm diese bequeme Beamtenstellung verschafft und die Drohung damit verknüpft, daß er ihm seine Geldunterstützung entziehen werde, wenn er sie nicht annehme." (MoE, 50) Ähnlich wie bei Ulrich und auch bei Arnheim figuriert hier ein starker Vater, der den vom familiären ökonomischen Kapital abhängigen Sohn dazu zwingt, sein Erbe anzutreten, sich der paternalistischen Protektion zu bedienen und sich somit auch das soziale Kapital des Vaters zu eigen zu machen. Anders als sein Freund nimmt Walter eine sozial definierte, bürgerliche Rolle schließlich vorbehaltslos an. Walters berufliche Position unterscheidet ihn auch insofern von Ulrich, als dessen Installation als „ehrenamtlicher Sekretär" der ‚Parallelaktion' (MoE, 162) ihm reichlich soziales, nicht aber ökonomisches Kapital verschafft. Walter hingegen kann sich zwar von der unmittelbaren väterlichen Abhängigkeit befreien, bleibt seinem Vater aufgrund der Protektion jedoch im doppelten Wortsinn verpflichtet (vgl. MoE, 50).

Hinsichtlich des habituellen Unterschieds zwischen den beiden Jugendfreunden ist entscheidend, dass Walter – anders als der wissenschaftlich interessierte Ulrich – sich zeitlebens als Künstler versteht bzw. zumindest mit allen seinen Tätigkeiten einen künstlerischen Anspruch verfolgt. Sein schöpferischer Impetus wird allerdings durch die ausbleibenden Resultate konterkariert; der Erzähler weist darauf hin, dass Walters „Vater und sein zukünftiger Schwiegervater trotz aller Weitherzigkeit" seinen unsteten Lebenswandel „nicht mehr ertrugen", wobei sie sich offenbar weniger am diskontinuierlichen beruflichen „Zickzacklauf" als vielmehr an der kontinuierlichen Ergebnislosigkeit gestoßen haben (MoE, 51). Mit dem Begriff des „Dilettant[en]" (MoE, 51) wird dabei eine künstlerische und kunstkritische Kategorie in Anschlag gebracht, die seit der klassischen Weimarer Ästhetik eine wichtige Rolle in der deutschsprachigen Kunsttheorie spielte und um 1900 im Gefolge des von Paul Bourget, Nietzsche und anderen inspirierten Décadencediskurses (vgl. Neymeyr 2005, S. 107–200) eine bemerkenswerte Renaissance erfuhr (vgl. Wieler 1996; Theodorsen 2006, bes. S. 13–82, 157–168 u. 263–294). Walters „Begabung" besteht in erster Linie darin, „für eine große Begabung zu gelten" (MoE, 51), wie nicht ohne Süffisanz bemerkt wird. Als kennzeichnend für seinen Lebenslauf nennt der Erzähler die außerordentliche Fähigkeit, sich nicht allein auf die Protektion des Vaters zu verlassen, sondern selbst soziales Kapital zu akkumulieren, das er in der Folge geschickt in (kleine) Verdienstmöglichkeiten umzuwandeln versteht. Durch diese soziale Kompetenz hebt er sich ganz augenfällig von Ulrich ab, dessen Bestrebungen sich kompromisslos auf den Erwerb kulturellen Kapitals konzentrieren. Die sozialen Bedingungen der Möglichkeit von Walters bohemienhaftem Lebenslauf werden explizit auch mit seiner Erscheinung assoziiert: „Irgendetwas schwebte über ihm, das mehr zu bedeuten schien als eine bestimmte Leistung." (MoE, 51; vgl. MoE, 60f.) Walter selbst begreift sich als einen „Mann mit Eigenschaften" (MoE, 60; dazu Groppe 1996, S. 78). Der Umstand, dass das bei Musil essentialistisch konnotierte Wort hier jedoch kein bestimmtes ‚Sein' bezeichnet, sondern einen charakteristischen Schein, verrät erzählerische Ironie.

Dass der (wie letztlich alle Romanfiguren) ‚eigenschaftslose' Walter dennoch als „Mann mit Eigenschaften" gilt, liegt an der manifest ideologischen Struktur, die seine eigene innere Leere programmatisch als ‚Eigenschaftlichkeit' camoufliert. In beruflicher Hinsicht ist Walter ähnlich wie Ulrich (vgl. MoE, 44) eine „Hoffnung" geblieben (MoE, 51). Der vielversprechende Künstler wird den in ihn gesetzten Erwartungen in keiner Weise gerecht; er vermag es nicht, aus einer Überfülle von „Eindrücken und Plänen" (MoE, 61) künstlerisch produktiv zu werden. Seine Prätention großer Schöpferkraft erweist sich als eigentümlich hohl, ja gerinnt nach einem geläufigen Muster früher Nietzsche-Rezeption stets zu „ethischer Bewegung" (MoE, 61), „die sich Aufbau und Sinn aller andern Lebensbereiche unterwirft" (Howald 1984, S. 233). Walters vorgeblicher Reichtum an charakterlichen Qualitäten entpuppt sich als merkwürdige, zeittypische ‚Eigenschaftslosigkeit' (vgl. MoE, 57–59). Von entscheidender Bedeutung für die Logik des Romans ist dabei, wie Walter damit umgeht; der sozialpsychologisch versierte Erzähler entwickelt eine schonungslose Analyse der sich manifestierenden künstlerischen Unproduktivität: „[E]s geschah immer heftiger, daß er behauptete, in einer derart in ihren geistigen Wurzeln vergifteten Zeit, wie es die gegenwärtige sei, müsse sich eine reine Begabung der Schöpfung überhaupt enthalten." (MoE, 52) Walter, der sich trotz seines Scheiterns als sensiblen Künstler inszeniert, verfällt zunehmend einer fundamentalen Lächerlichkeit, die über den individuellen Fall hinaus zeitdiagnostischen Wert beansprucht. Er selbst ist sich dieses Sachverhalts freilich nicht bewusst. Damit aber nicht auch die Leser darüber hinwegsehen, folgt der ideologiekritische Kommentar des Erzählers:

> [D]as Verräterische war, obgleich solche strenge Meinung aus seinem Munde kam, daß aus seinem Zimmer, sobald er sich einsperrte, immer öfter die Klänge Wagners zu dringen begannen, das heißt einer Musik, die er Clarisse in früheren Jahren als das Musterbeispiel einer philiströs überladenen, entarteten Zeit verachten gelehrt hatte, der er aber jetzt selbst wie einem dick gebrauten, heißen, betäubenden Getränk erlag. (MoE, 52)

Mit der einleitenden Formulierung bezieht die kommentierende Erzählstimme Musils ausdrücklich Stellung im Erzählkosmos und entwickelt eine regelrecht soziologische Korrespondenzanalyse, die den Hiat zwischen den programmatischen Verlautbarungen Walters und seiner abweichenden Lebenspraxis schonungslos offenlegt, ja als interessegeleitet erscheinen lässt: Wenn Walter alle Musik nach Bach für „überladen, entartet, überspitzt und abwärtsgerichtet" erklärt (MoE, 52), dann dekuvriert die wachsende Leidenschaft für Wagner seine desolate Verfassung. (→ VI.2.2 *Musik*) Doch erschöpft sich die erzählerische Ideologiekritik damit keineswegs – sie wird im Gegenteil bei aller bestehenden Empathie für Walters Leiden „an bitterer Traurigkeit" weiter forciert: „[W]ährend sein Zustand im Lauf des letzten Jahrs immer schlimmer geworden war, hatte er zugleich eine wunderbare Hilfe an einem Gedanken gefunden, den er früher nie genug geschätzt hatte. Dieser Gedanke war kein anderer als der, daß das Europa, in dem er zu leben gezwungen war, rettungslos entartet sei." (MoE, 61) Der von Nietzsche extensiv verwendete, 1892/93 vom liberalkonservativen jüdischen Kulturkritiker Max Nordau im gleichnamigen Buch popularisierte und später von den Nationalsozialisten okkupierte Begriff der ‚Entartung', der im Wien der Jahrhundertwende zum veritablen „Modewort" avanciert war (vgl. Hamann 1996, S. 119–124, Zit. S. 119), erhält hier die bezeichnende Funktion, vom eigenen schöpferischen Unvermögen abzulenken (vgl. MoE, 61f.). Der soziale und intellektuelle Niedergang Walters spiegelt sich in seiner Adaptation schwammigster Verfallsszenarien, die ihn selbst entlasten und seiner Zeit und Umgebung die Verantwortung für sein künstlerisches Scheitern aufbürden. Er steht synekdochisch für eine allgemeine Zeittendenz metaphysischer Kulturkritik (vgl. Howald 1984, S. 235f.), die Musil in mehreren einschlägigen Rezensionen als schematisch und simplifizierend entlarvt hat (vgl. GW II, 1017 u. 1052f.) und deren wohlfeiler Antirationalismus sich in so prägnanten wie schlichten Formeln niederschlägt (vgl. MoE, 63 u. 66). Zugleich manifestiert sich in Walters Alarmismus angesichts der zunehmenden Rationalisierung, Spezialisierung, Zergliederung, Typisierung und Normierung der modernen Welt (→ II.1 *Moderne*) und vor allem angesichts des in ihr fortschreitenden ‚Sinnverlusts' (vgl. MoE, 218f.) eine konservative Abart jener Bedenken, die auch Ulrich und der Erzähler an zahlreichen Stellen des Romans mit freilich anderer Bewertung artikulieren.

Die ironische Apostrophierung Walters als „Mann mit Eigenschaften" (MoE, 60) und damit als Antipode Ulrichs verweist darüber hinaus auf einen weiteren kompensatorischen Aspekt seiner ostentativ zur Schau gestellten Bürgerlichkeit: Mit einunddreißig Jahren hat er die neun Jahre jüngere Clarisse geheiratet, wohingegen Ulrich in gleichsam programmatischer Weise ledig bleibt. Die Ehe als bürgerliche Institution scheint diesem nicht verlockend zu sein – im Gegensatz zu Walter, den die mit dem

Ehestand verbundene Erfüllung bürgerlicher Rollenerwartung mit zunehmendem Alter sozial konzilianter erscheinen lässt. Und während Ulrich einer Kompensation für seine berufliche Erfolglosigkeit offenbar nicht bedarf, erscheint Walters immer stärkerer Kinderwunsch genau als eine solche (vgl. MoE, 147 u. 608). Seine regressiv-idyllischen Wunschvorstellungen (vgl. Howald 1984, S. 236f.) sind allerdings aufgrund der sexuellen Verweigerung Clarisses infolge seines beruflichen und charakterlichen Versagens und ihrer damit einhergehenden wachsenden Zuneigung für Ulrich (und später für Meingast) dazu verdammt, unerfüllt zu bleiben. Vorübergehenden Trost findet er allein in der Musik, die in dieser Konstellation als drogenähnliche Ersatzbefriedigung dient (vgl. MoE, 67 u. 142f.). Walters Wagner-Leidenschaft wird wiederholt mit dem begrifflichen Instrumentarium des späten Nietzsche seziert (vgl. Müller 1972, S. 26–32; Howald 1984, S. 237). Die Zitatmontage gewinnt dabei eine ideologiekritische Funktion in der erzählerischen Habituskonstruktion.

Darüber hinaus untergräbt Walters Ichbezogenheit die gefährdete Ehe mit Clarisse, wodurch er sich der letzten realen Stütze seines Selbstwertgefühls beraubt, wie das Scheitern seiner verzweifelten Annäherungsversuche zeigt (vgl. MoE, 607f.). Die atavistischen Vorstellungen, die der bei fortschreitendem familiären Machtverlust immer paternalistischer denkende Walter mit wachsender Frustration entwickelt, verleiten ihn schließlich zur Vergewaltigung Clarisses. Musil hat sie in einem nachgelassenen Fortsetzungskapitel des Romans entworfen (vgl. MoE, 1492–1494) und damit den persönlichen, emotionalen und intellektuellen Bankrott Walters besiegelt. Der an Walters Beispiel „prototypisch" vorgeführte „Zusammenhang von schadhaftem Denken und mißlungenem Leben" (Menges 1982, S. 35) wird in der erzählerischen Versuchsanordnung kompromisslos in sein Extrem getrieben und dient dem Romanprotagonisten Ulrich als „unbestechlicher Zerrspiegel" (MoE, 50) bzw. als Exempel einer geistigen und emotionalen Entwicklung, die es zu vermeiden gilt. In den Kapitelgruppen-Entwürfen aus den 1920er Jahren fällt Ulrich in erlebter Rede über den auf ganzer Ebene gescheiterten „Mann mit Eigenschaften" ein vernichtendes Urteil: „Er war in jedem Augenblick Person und ganzer Mensch, und weil er es war, wurde er nichts." (MoE, 1574; vgl. MoE, 51) Nach dieser Logik sind es gerade die prätendierte ‚Eigenschaftlichkeit' und ‚Ganzheit' im Sinne der aus dem 18. Jahrhundert überkommenen Genievorstellung, die Walter an der tatsächlichen Ausbildung einer seinen Möglichkeiten gemäßen Lebensweise hindern.

3.2.3 Ein Mörder als Reflexionsfigur: Ulrichs Alter Ego Moosbrugger

In den frühesten Notizen zu seinem Roman, der zunächst unter dem Arbeitstitel „Spion" firmierte, bezeichnete Musil 1919/20 das „Moosbruggerproblem" tautologisch als das „zentrale Zentrum" (MoE, 1944) des gesamten Projekts. Zwar hat er die Rolle des Moosbrugger-Komplexes in der späteren Ausarbeitung des Romantextes gegenüber der ursprünglichen Konzeption deutlich zurückgedrängt (vgl. Lönker 2003, S. 280); nach sieben ausdrücklich ihm gewidmeten Kapiteln im Ersten Buch spielt er in den fertiggestellten Kapiteln des Zweiten Buchs nur noch eine Nebenrolle, und im Nachlass der 1930er Jahre findet sich ein einziger weiterer Kapitelentwurf, in dem Moosbrugger selber auftritt (vgl. MoE, 1357–1371). Das ändert jedoch wenig am zentralen Stellenwert der Frauenmördergestalt, die zumindest im Ersten Buch textstrukturell eine singuläre Position einnimmt. Anders als geplant (vgl. noch MoE,

69), tritt der beim Einsetzen der Basiserzählung vierunddreißigjährige (vgl. MoE, 68) Christian Moosbrugger als einzige wichtige Figur des kanonischen Textes nicht in direkte Interaktion mit dem anderen Romanpersonal und weist auch mit dem sonstigen Geschehen nur eine mittelbare Verbindung auf. Weshalb und inwiefern ist der Fall Moosbrugger für die Gesamtkonzeption des *MoE* dann so bedeutsam? Die äußerst zahlreichen Interpretationen haben sich diesem Problem von verschiedenen Seiten genähert: Sie widmeten ihre analytische Aufmerksamkeit den biografischen Vorlagen und Hintergründen (vgl. Corino 1983, 1984, 1988, S. 358–360, u. 2003, S. 880–891), vor allem aber psychologischen und anthropologischen, zum Teil auch soziologischen oder psychoanalytischen Aspekten der Figurenzeichnung (vgl. von Büren 1970, S. 110–122; Müller 1971, S. 183–190; Payne 1975 u. 1976; Howald 1984, S. 207–216; Hassler-Rütti 1990; Meisel 1991, S. 158–171; Lönker 2003; Ostermann 2005; Wolf 2011, S. 392–409), die sie immer wieder auch aus romanstrukturellem Blickwinkel betrachteten (vgl. Goltschnigg 1983, S. 153–160; Aue 2007); daneben suchten sie den literaturgeschichtlichen (vgl. Müller 1972, S. 126–132; Honold 1995a, S. 398–409) und wissenshistorischen Ort (vgl. Müller-Dietz 1989 u. 1992; Schreiter 1994, S. 125–163; Engelhardt 2002; Kappeler 2008, S. 343–345, u. 2012, S. 196–205; Wolf 2010 u. 2014; Bergengruen 2012; Mayer 2015) der Figurengestaltung zu bestimmen, mit besonderem Fokus auf deren medizin- und rechtsgeschichtliche Implikationen. Dabei wird Moosbrugger in sämtlichen einschlägigen Untersuchungen nicht nur als *Objekt* der Reflexion des Erzählers, der romaninternen Öffentlichkeit sowie der einzelnen anderen Romanfiguren, sondern auch als *Subjekt* und Medium seiner eigenen Reflexion profiliert. In dieser Funktion steht er in einem intensiven Beziehungsgeflecht zu wichtigen Problemfeldern des Textes insgesamt: So dient die Figur des geisteskranken Frauenmörders a) der romaninternen Reflexion über den zentralen männlichen Protagonisten Ulrich bzw. dessen Selbstreflexion, b) der erzählerischen Analyse der Moderne und ihrer Kritik, c) der allgemein anthropologischen Reflexion sowie d) im Unterschied zu den anderen Figuren des Romans vor allem als Vehikel metafiktionaler bzw. metanarrativer Autoreferenzialität im Sinne einer Reflexion über die eigene Textualität.

Bei der Ausgestaltung der inhaltlichen Details des äußerst brutalen Sexualmords (vgl. MoE, 68 u. 74) wie der anschließenden Verhandlung vor einem Wiener Schwurgericht (vgl. MoE, 74–76 u. 117f.) hat Musil sich am Modell des oberfränkischen Zimmermanns Christian Voigt orientiert, der in der Nacht vom 13. auf den 14. August 1910 im Wiener Prater die Gelegenheitsprostituierte Josefine Peer umgebracht hatte (vgl. Corino 1984 u. 2003, S. 880–891). Er übernahm für die ursprünglich Franz genannte Figur schließlich auch Voigts Vornamen Christian (vgl. dagegen MoE, 1959f.) und erwies damit zugleich (auf etwas verklausulierte Weise) dem von ihm verehrten Büchner'schen *Woyzeck* Reverenz (vgl. Wilkins 1968, S. 55; Howald 1984, S. 213, Anm. 59; Kohlmayer 1984, S. 51f.), zu dem der Moosbrugger-Komplex intensive thematische Bezüge aufweist. Musil arbeitete in seinem darstellerischen Collage-Verfahren mit wörtlichen Übernahmen ganzer Passagen aus zeitgenössischen Wiener Tageszeitungen (vgl. Corino 1988, S. 358f.), steigerte aber „den Kontrast zwischen dem Mann und seinen Taten bis aufs Äußerste" (Corino 2003, S. 885), indem er das in den Quellen als gutmütig beschriebene Erscheinungsbild des Mörders besonders hervorhob und sogar mit physiognomischen „Zeichen der Gotteskindschaft" (MoE, 68f.) versah. Da somit die Tatsachen im Fall Moosbrugger schon zu

Beginn des Handlungskomplexes verraten werden, kann die Aufmerksamkeit in der Folge ganz der künstlerischen Gestaltung und vor allem den ‚geistigen' Implikationen gewidmet werden; der Erzähler des intellektuellen Romans vermeidet durch den Verzicht auf eine spannende Handlung die Ablenkung von der gedanklichen Durchdringung des Gegenstands, verzichtet aber keineswegs auf dessen gleichsam soziologische Motivierung (vgl. Wolf 2011, S. 393–409).

Hinsichtlich der Funktion Moosbruggers als Alter Ego Ulrichs wurde eine „grundsätzliche funktionale Äquivalenz zwischen Ulrich und den beiden klinisch Verrückten im Roman" postuliert, die „auf eine Affinität des rational-ironischen Protagonisten zum Irrsinn" hindeute (Aue 2007, S. 136). Tatsächlich verwendet sich Ulrich gleich zu Beginn der eigentlichen Romanhandlung bei Graf Stallburg für Moosbrugger (vgl. MoE, 85f.), und im weiteren Romanverlauf setzt er sich auch bei Graf Leinsdorf für seinen geisteskranken „Klient[en]" ein (MoE, 76; vgl. MoE, 244), in dem er zunächst sein verzerrtes „Spiegelbild" (MoE, 1987) sieht. Die „Faszination, die Moosbrugger auf Ulrich ausübt, führt [...] zu einer Art geistiger Identifikation" (Müller 1971, S. 184), was man auf versteckte Parallelen zwischen der männlichen Hauptfigur und dem Frauenmörder hinsichtlich des gesellschaftlichen ‚Identifikationsangebots' zurückgeführt hat (vgl. Kühn 1965, S. 36; Kohlmayer 1984, S. 132f.). Dazu zählt nicht allein das Interesse Ulrichs für das „Charakter- und Eigenschaftsproblem, das ihn selbst beschäftigt", oder für „Moosbrugger als extreme Möglichkeit des Menschen" (Müller 1971, S. 183f.). Darüber hinaus sind das gemeinsame Streben nach einer Überwindung der menschlichen Vereinzelung in einer ‚anderen Wirklichkeit' im Sinne eines „Ekel[s] vor dem Rationalen" und einer „Sehnsucht nach dem sinnlos-sinnlich-Tatsächlichen" (MoE, 1944; vgl. auch MoE, 1987) zu nennen sowie der häufig konstatierte (vgl. Howald 1984, S. 198; Fanta 2000, S. 181f.; Corino 2003, S. 850), stets zwischen Latenz und Manifestation schwankende Sadismus gegenüber Frauen, den Ulrich erst im Umgang mit seiner Schwester Agathe überwindet. Ulrichs Interesse für Moosbrugger ist allerdings durchaus zwiespältig. Erzähltechnisch umgesetzt findet sich die „ambivalente Beziehung der Faszination und zugleich der Abstossung" (Howald 1984, S. 214) in den einschlägigen Kapiteln einerseits durch die sukzessive narrative Aufhebung des kritischen Abstands und der perspektivischen Distanz (vgl. Müller 1971, S. 184), andererseits durch die ausufernde essayistische Reflexion und die im Handlungsverlauf zunehmenden Gesten der Distanzierung (vgl. dazu MoE, 636f. u. 652), die sich auch in Musils Abkehr vom Plan einer Befreiung des gefangenen Moosbrugger durch Ulrich niederschlägt. Der Fall Moosbrugger ist für Ulrich eine intellektuelle Herausforderung (vgl. MoE, 1998), deren Virulenz kontinuierlich abnimmt, je weiter das erzählte Geschehen voranschreitet (vgl. MoE, 244 u. 652f.; dazu Fanta 2015, S. 35f. u. 198–202). Ihm geht es dabei um den Aufweis der in dieser Ausnahmeerscheinung des Menschen (vgl. Mayer 2015) wirksamen allgemeinen psychischen Strukturen.

Neben seiner *individuellen* Identifikationsfunktion für Ulrich ist Moosbrugger allgemein der „Repräsentant einer irren Zeit" (Howald 1984, S. 208; vgl. von Büren 1970, S. 114f.) – nämlich der frühen Moderne und der letzten Jahre des alten Europa vor Ausbruch des Ersten Weltkriegs, geprägt von „öffentliche[m] Wahnsinn und öffentliche[m] Verbrechen", „gesellschaftlich-politischen [...] Verrücktheiten" und „kollektivem Schwachsinn, kollektiver Gewalttat" (Hädecke 1980, S. 303). Es scheint fast, als habe Moosbruggers „Geisteskrankheit etwas von der allgemeinen

Geistesgesundheit an sich" (MoE, 1984; vgl. KA, H 36/2). Der individuelle Wahn gerät zur Allegorie einer ganzen Gesellschaft, ja einer Epoche. Er ist eine besondere Ausprägung der im *MoE* wiederholt diagnostizierten affektiven Aufladung und ideellen Inkonsequenz der europäischen Gemeinwesen nach dem Niedergang des Liberalismus sowie dem langfristigen Zerbrechen einheitlicher Ideologien und Wertsysteme in der Moderne (vgl. etwa MoE, 55, 373 u. 432): „[W]enn die Menschheit als Ganzes träumen könnte, müßte Moosbrugger entstehn." (MoE, 76; dazu von Büren 1970, S. 113f. u. 184, Anm. VII/9) Der Mörder fungiert in der narrativen Ökonomie des *MoE* als Reflexionsfigur für die Moderne schlechthin, im Besonderen aber für die aggressionsgeladene kakanische und allgemein für die europäische Vorkriegsgesellschaft vor dem kollektiven Gewaltexzess, den er durch seinen individuellen Mordexzess präfiguriert (vgl. von Büren 1970, S. 113–116; Pekar 1989, S. 188 u. 263f.). Bezeichnend am Phänomen Moosbrugger ist dabei das Projektionsangebot, das er für die zeitgenössische Gesellschaft darstellt und dem selbst hochangesehene Männer wie Sektionschefs oder Bankprokuristen erliegen: „Man seufzte zwar über eine solche Ausgeburt, aber man wurde von ihr innerlicher beschäftigt als vom eigenen Lebensberuf." (MoE, 69; vgl. schon MoE, 1984) Ebenso charakteristisch ist allerdings das rasche Versiegen der öffentlichen Aufmerksamkeit (vgl. MoE, 211 u. 532). Musils Roman führt hier die Schnelllebigkeit der auf Aktualität und Ereignishaftigkeit versessenen Mediengesellschaft vor Augen. Persistenter als die vom Fall Moosbrugger ausgelöste, medial vermittelte „Erregung der Öffentlichkeit" ist neben dem anhaltenden Interesse eines „Kreis[es] von Sachverständigen" (MoE, 211) nur die insistierende Beschäftigung einzelner Romanfiguren mit dem Frauenmörder, die sich von der ephemeren Ulrichs unterscheidet: In den Fantasien besonders des weiblichen Personals verselbstständigt sich der Mörder und wird hier zur Projektionsfläche verdrängter Triebenergien, wie sich im Fall der allmählich selbst dem Wahn verfallenden Clarisse zeigt (vgl. MoE, 144, 213, 226 u. 836), aber auch bei Rachel (vgl. MoE, 219f.) und bei Bonadea, die damit zudem den Versuch verknüpft, Ulrichs Interesse zu erregen (vgl. MoE, 120, 260–263 u. 447).

Das menschliche Antlitz erscheint im Fall Moosbruggers zur Kenntlichkeit entstellt: Als individueller psychopathologischer Fall ist er zugleich Repräsentant der anthropologischen Konstitution generell: „ein verzerrter Zusammenhang unsrer eignen Elemente des Seins" (MoE, 76; vgl. MoE, 1570). Dies äußert sich bereits in der Unvereinbarkeit zwischen der sympathischen äußeren Erscheinung und der furchtbaren Tat des Delinquenten, also im Versagen der scheinbar ‚natürlichen' Zeichenordnung (vgl. MoE, 68; dazu von Matt 1989, S. 163–167). Obsessiv versuchen die Gerichtssaalreporter, sich und ihren Lesern die Grauenhaftigkeit der begangenen Tat zu vergegenwärtigen, doch finden sie „von solchen Schrecknissen den Weg zu Moosbruggers gutmütigem Gesicht nicht zurück" (MoE, 68). Die ‚semeiotische' Kompetenz (vgl. Bleuler 1923, S. 118–120) der journalistischen Spontanphysiognomik, die sich an kriminalanthropologischen Stereotypen äußerlich sichtbarer und feststehender ‚Eigenschaftlichkeit' à la Lombroso orientiert (vgl. Lombroso 1887, S. 231f.), stößt hier an ihre Grenzen, was sich in der Folge auch im Problem der Einordnung des Verbrechens und damit seiner Kommensurabilität niederschlägt: Die Prozessberichterstatter verzweifeln am Problem der Zugehörigkeit des Mords zum Bereich des Kranken oder des Gesunden (vgl. MoE, 68f.). (→ IV.13 *Kriminologie*) Das den Vertretern der Tagespresse zugeschriebene Festhalten am „Bösewicht" (MoE, 68) entspricht einem atavistischen Erklärungsmuster voraufgeklärter Zeiten (vgl. *Moralische Fruchtbarkeit*, 1913, GW II, 1002f.), an dem die boulevardisierten Massenmedien wider besseres Wissen festhalten, um die Ressentiments ihrer Leserschaft zu bedienen. Musils Medienkritik ist zwar an Karl Kraus geschult, funktioniert aber impliziter. Ergänzt wird sie dadurch, dass er eine verräterische Parallele zwischen dem journalistischen Vorgehen und dem wissenschaftlichen der Psychiatrie suggeriert. Die den Zeitungsberichten über den Fall Christian Voigt entnommenen Details der Moosbrugger-Figur unterzog Musil einer differenzierteren Bewertung, wobei er sich durchaus von einem avancierten psychologischen bzw. psychiatrischen Diskurs leiten ließ; sein Erzähler weist wiederholt darauf hin, „daß die Übergänge von der Gesundheit zur Krankheit in der Natur gleitend sind" (MoE, 534; vgl. GW II, 981f. u. 1080), was dem in der damaligen Wissenschaft längst anerkannten Theorem einer Kontinuität zwischen ‚Normalem' und ‚Pathologischem' entspricht (vgl. etwa Kretschmer 1922, S. 2f.; zum Kontext Canguilhem 1977, S. 21–24). (→ IV.5 *Psychiatrie*)

Die Frauenmörder-Figur hat in wissensgeschichtlicher Hinsicht eine über ihre ‚Individualität' weit hinausgehende reflexive Funktion. In der Adaptation einer älteren Formulierung Musils vom fehlenden „Sprung" zwischen ‚übernormalen' und ‚unternormalen' Menschen formuliert der Erzähler des *MoE* mit Blick auf Moosbrugger entsprechend: „Die Natur hat eine merkwürdige Vorliebe dafür, solche Personen in Hülle und Fülle hervorzubringen; natura non fecit saltus, sie macht keinen Sprung, sie liebt die Übergänge und hält auch im großen die Welt in einem Übergangszustand zwischen Schwachsinn und Gesundheit." (MoE, 242) In einem Gespräch mit Agathe versucht Ulrich, diesen „Übergangszustand" der menschlichen Neigung zu Verbrechen auf einen gedanklich distinktiven Punkt zu bringen, der der gewonnenen Einsicht in die Gleichartigkeit der ‚Grundbestandteile' von ‚kranken' und ‚gesunden' Seelen gerecht wird (vgl. MoE, 959 u. 1859). Musils Figurenkonzeption steht im Zusammenhang seiner intensiven Auseinandersetzung mit der zeitgenössischen Wissenschaft vom Menschen, namentlich mit den psychopathologischen Arbeiten Ernst Kretschmers und Eugen Bleulers (vgl. Kretschmer 1922, S. 2f.; Bleuler 1923, S. 41); die in den Notizen zum *MoE* angelegten ausführlichen Exzerpte aus den einschlägigen Passagen (vgl. KA, M II/1.233, III/4/52 u. IV/3/282f.) finden zum Teil wörtlich Eingang in den Romantext. Ähnlich verhält es sich mit den konkreten Krankheitsbeschreibungen, die teils in Form von Zitaten, teils sinngemäß bzw. performativ in die narrative Figurenkonstitution einfließen. Besonders deutlich wird dies am Beispiel Moosbruggers, der „als Paralytiker, Paranoiker, Epileptiker und zirkulär Irrer gegolten" (MoE, 243) hat, wie der Erzähler verrät. Mit Blick auf die verschiedenen von Bleuler aufgeführten und nun Moosbrugger verliehenen Symptome wären hier überdies Autismus und Schizophrenie zu nennen. Der Frauenmörder spiegelt nicht nur den kollektiv erzeugten Unsinn einer ganzen Epoche, sondern vereint in einer Person zudem die verschiedensten pathologischen Syndrome des Wahns (vgl. Schreiter 1994, S. 129f., Anm. 9). Zwar betreibt der Text keine Zuordnung spezifischer Symptome und spezifischer Krankheiten (vgl. Müller 1971, S. 186, Anm. 6), doch haben die von ihm dargestellten psychopathologischen Symptome eine ästhetisch präzise, hochgradig reflexive Funktion (vgl. Engelhardt 2002, S. 11f.; Bergengruen 2012, S. 334–339).

Moosbrugger leidet an einem Ensemble von Reflexions-, Assoziations- und Sprachstörungen: Er „denkt" zwar ausgiebig „nach" (MoE, 235), hat aber enorme Schwierigkeiten, seine Überlegungen in passende Worte zu fassen (vgl. MoE, 238). Das Problem der Zuordnung von Gedanken und Worten erscheint zunächst in seiner sozialen Dimension: Moosbruggers mangelhafte Ausdrucksfähigkeit ist demnach Resultat einer defizitären „Erziehung, die ihn nicht gelehrt hatte, seine Erfahrungen so auszudrücken, wie es sein müßte." (MoE, 241; vgl. Wolf 2011, S. 393–403) Bald aber rücken die psychopathologische Implikationen der Sprachproblematik in den Mittelpunkt des Interesses. Musil bedient sich an Informationen aus Bleulers *Lehrbuch der Psychiatrie* (1923) und überführt diese direkt in eine Narration aus der Figurenperspektive (vgl. Bleuler 1923, S. 342–344; MoE, 238 u. 530). (→ IV.5 *Psychiatrie*) Seine erzählerische Ausgestaltung der wissenschaftlichen Vorlage beruht auf einer narrativen Konkretisierung abstrakter Charakteristika und einer individualisierenden Technik der internen Fokalisierung bis hin zur erlebten Rede und zum inneren Monolog (vgl. von Büren 1970, S. 120–122). Darüber hinaus ist Moosbrugger – im Unterschied zu seinem Erzähler (vgl. MoE, 69–73) – nicht in der Lage, sich sprachlich oder auch nur gedanklich den „Lauf" seines Lebens zu vergegenwärtigen, weil es seinem Denken an der Souveränität über die zeitliche Dimension sowie an der Fähigkeit zur Chronologisierung gebricht (vgl. Wolf 2010, S. 341–362). Moosbruggers Unvermögen, die Ereignisse und Vorgänge in seiner Erinnerung durch ihre narrative Reihung kommensurabel zu machen und ihnen somit einen (zumindest scheinbaren) Sinn zu verleihen, verbindet ihn mit anderen Romanfiguren: Das „primitiv Epische", die Fähigkeit zur „Aufreihung alles dessen, was in Raum und Zeit geschehen ist, auf einen Faden", ist nicht allein Moosbrugger und der allmählich in den Wahn sinkenden Clarisse „abhanden gekommen", sondern ebenso Ulrich; es ist die abstrahierende „Leistung" des Erzählens, die er „nicht in wünschenswerter Weise vollbringe" (MoE, 649f.; vgl. MoE, 144 u. 982), wie Musils Erzähler in ironischer Anlehnung an Kretschmer formuliert (vgl. Kretschmer 1922, S. 45; vgl. *Literat und Literatur*, GW II, 1220). In einem Selbstkommentar vom 26. Januar 1931 – wohl aus einem Brief an Bernard Guillemin – erläutert Musil die zitierte Romanpassage: „In unserer gegenwärtigen Welt geschieht größtenteils nur Schematisches (Seinesgleichen). d.i. Typisches, Begriffliches, und noch dazu ausgesogenes." (Br I, 498; dazu Bouveresse 2005/06, S. 10f.) Genau hier liegt der Ausgangspunkt der ästhetischen und ethischen Bemühungen Musils, seines Erzählers und des Protagonisten. Die chronologische Ordnung hat für sie jene sinnstiftende Funktion verloren, die die meisten Menschen mit ihr noch verbinden. Ulrich kann auf „den Eindruck", dass sein „Leben einen ‚Lauf' habe" und er deshalb „irgendwie im Chaos geborgen" sei (MoE, 650; vgl. dazu KA, M VII/15/188), getrost verzichten – ähnlich wie Moosbrugger, der aus seiner Wahrnehmung der Beliebigkeit von Zeit sogar persönliches „Vergnügen" bezieht (MoE, 530). Auch bezüglich der Erzählthematik fungiert der Frauenmörder als Alter Ego Ulrichs. Bei der Unfähigkeit zu erzählen besteht allerdings eine erhebliche Differenz: Während sich bei Moosbrugger und Clarisse ein psychotisch induziertes, subjektives Unvermögen äußert, muss bei Ulrich vom reflexiven Bewusstsein einer objektiven, semiotischen Inadäquatheit gesprochen werden, welche auf dem „Abstraktwerden des Lebens" (MoE, 649) beruht bzw. auf der komplexen Struktur der modernen Welt und der Problematik ihrer kognitiven Durchdringung, die nicht mehr durch die vergleichsweise ‚primitive' Abstraktionsleistung konventionellen Erzählens abgebildet bzw. geleistet werden kann. Schon das Kapitel I/18 verlautbart in diesem Sinn: „[I]m Abstrakten ereignet sich heute das Wesentlichere, und das Belanglosere im

Wirklichen." (MoE, 69) Die spezifische poetische sowie poetologische Funktion der literarischen Wahnsinnsdarstellung im *MoE* geht über eine bloße Reproduktion vorgängiger Diskurse hinaus und vermag diese vielmehr kritisch-analytisch zu durchleuchten (vgl. Wolf 2014), wie nicht zuletzt die juristische Problematik der ‚Zurechnungsfähigkeit' zeigt (vgl. Ludwig 2011).

3.2.4 Der ‚Wirtschaftsästhet': Ulrichs Gegenspieler Arnheim

Den extremsten sozialen Gegensatz zu Moosbrugger stellt im Romankosmos des *MoE* die Figur Dr. Paul Arnheims dar, dessen erzählerische Gestaltung sich an den Lebenslauf des deutschen Industriellensohns, Schriftstellers und Politikers Walther Rathenau anlehnt (vgl. Howald 1984, S. 278; Corino 2003, S. 870). Abgesehen von einer kurzen persönlichen Begegnung (vgl. Tb I, 295f.; Tb II, 173, Anm. 125a) bezog Musil seine Informationen über Rathenau vor allem aus der Lektüre (vgl. KA H 2/0–40; dazu Tb II, 172f., Anm. 124) und der kritischen Besprechung (vgl. GW II, 1015–1019) der Abhandlung *Zur Mechanik des Geistes oder vom Reich der Seele* (1913) sowie aus Gesprächen mit Freunden des philosophierenden Industriellensohns, etwa mit Alfred Kerr, Franz Blei und Max Scheler (vgl. Corino 2003, S. 870). Er kondensierte daraus eine ‚generative Formel', die er seiner Figur als Habitus zugrunde legte, woraus dann ihre einzelnen Gedanken, Äußerungen und Handlungen innere Kohärenz erhalten (vgl. Tb I, 827). Bei Bekannten des ‚realen' Modells hat Musil damit Wiedererkennungseffekte ausgelöst (vgl. Heimböckel 1996, S. 28f.), was die darstellerische Überzeugungskraft der literarischen Figurenkonstitution belegt. Signifikant ist dabei, dass Musil der literarischen Figur kaum wirkliche Zitate aus den Schriften Rathenaus in den Mund legte und sinngemäße Übernahmen den literarischen Zwecken unterordnete (vgl. Howald 1984, S. 280f. u. 284, Anm. 234; dagegen Markner 1991, S. 391f., mit Bezug auf MoE, 174, 197, 249 u. 327). Unter dem Eindruck des von ihm verurteilten politischen Mordes am Reichsaußenminister (vgl. Brief an Efraim Frisch, 1.7.1922, Br I, 263) hat der Autor offenbar den Namenswechsel von Rathenau zu Paul Arnheim vollzogen (vgl. Wilkins 1968, S. 49; Howald 1984, S. 276; Fanta 2000, S. 231; Corino 2003, S. 875) und damit die konzeptionelle Eigenständigkeit des Letzteren als ‚Zeitfigur' auch symbolisch besiegelt.

Wie Ulrich hat auch Arnheim seine Kapitalausstattung von einem starken Vater geerbt. Im Unterschied zu jenem sträubt er sich aber nicht gegen die soziale Vererbung, sondern definiert sich ausdrücklich über sie (vgl. MoE, 327). Dass Musil die aus der ökonomischen Prosperität resultierende Privilegierung seiner Figur besonders herausstreichen wollte, geht aus seinen zahlreichen Abweichungen von der Familiengeschichte Rathenaus hervor (vgl. Brenner 2005, S. 11–14; Schölzel 2006, S. 20–28). Verglichen mit der zu beerbenden familiären Kapitalmischung im bildungsbürgerlichen väterlichen Haushalt Ulrichs weist jene der Familie Arnheim eine geradezu konträre Struktur auf. Zum sozialen Hintergrund des fiktionalen Industriellensohns berichtet der Erzähler: „Er war unermeßlich reich. Sein Vater war der mächtigste Beherrscher des ‚eisernen Deutschland'" (MoE, 96), was mit den realen Verhältnissen der Rathenaus wenig gemein hat (vgl. Howald 1984, S. 277f., bes. Anm. 218), aber die projektive Fantasie der Romanfiguren stimuliert. Zu Beginn der Basiserzählung ist Arnheim wie sein 1867 in Berlin geborenes Modell „schon weit über Vierzig" (MoE, 96), ja sogar „gegen fünfzig Jahre alt" (MoE, 382). Über Arnheims soziales Erbe wird so ausführlich wie bei keiner anderen Figur des *MoE* berichtet. Sein Vater Samuel verfügt über die Fähigkeit zum intuitiven Voraus-, Durch- und Weitblick in „die verwickeltsten Weltverhältnisse und weiß alles, was er zu wissen braucht, früher als es andere Leute wissen" (MoE, 269f.) – die Grundlage eines beispiellosen ökonomischen Erfolgs. Mehr als beim Sohn manifestiert sich beim Vater Arnheim jene intentional und diskursiv nicht vermittelbare Fähigkeit (vgl. KA, M VII/3/6; Tb II, 1095), die Rathenau selbst in seinem frühen Essay *Physiologie der Geschäfte* (1901) als divinatorisches Vermögen beschrieben hatte (vgl. Heimböckel 1996, S. 90–100). Die im Lauf eines langen Geschäftslebens erworbene, soziologisch und psychologisch (vgl. *Geist und Erfahrung*, 1921, GW II, 1053f.) durchaus objektivierbare „Intuition" (MoE, 542) seines Vaters erscheint dem Sohn als überrationale Kompetenz, die er zu einer voraussetzungslosen charismatischen ‚Eigenschaft' verklärt und als Argument für seinen eigenen kruden Antirationalismus in Anschlag bringt (vgl. MoE, 543).

Arnheims Habitus zeugt den günstigen familiären Bedingungen entsprechend von Weltläufigkeit und geistiger Flexibilität, aber kaum von jenem aggressiven Distinktionswillen gegenüber dem eigenen Vater, der in Ulrichs Adoleszenz zu beobachten war (vgl. MoE, 270). Im Unterschied zu diesem gelingt es ihm jedoch nicht, sich vom übermächtigen Vater zu befreien (vgl. MoE, 542). Die – auch beim historischen Modell Rathenau verbürgte (vgl. Gall 2009, S. 50–69) – Ehrfurcht gegenüber dem eigenen Vater fällt umso mehr ins Gewicht, als Arnheim im Unterschied zu jenem auf eine erfolgreiche akademische Ausbildung zurückblicken kann, was in bürgerlichen Kreisen zu Beginn des 20. Jahrhunderts eine erhebliche symbolische Gratifikation bedeutete: Er habe „Nationalökonomie und alle erdenklichen Wissenschaften studiert" (MoE, 269), gibt er Diotima in faustischem Tonfall zu bedenken, und hat offenbar auch in Ersterer promoviert, wie sein Doktortitel andeutet. Musils erzählerische Verwandlung der biografischen Vorgaben (vgl. Schölzel 2006, S. 28, 30f. u. 36) dient der Profilierung des „großen Finanzmann[s]" (Tb I, 295) als exemplarischem Vertreter der Ökonomie und des ökonomischen Kalküls im Roman. Nicht nur die Sozialisation, sondern auch sein Reichtum verleiht Arnheim jenes Selbstbewusstsein, das es ihm erlaubt, sich in Diskussionen das Wort zu nehmen und auch zu behalten (vgl. MoE, 189, 390 u. 584f.; Tb I, 295). Generell verkörpert er „in genauer Entgegensetzung zu dem Frauenmörder Moosbrugger die souveräne Beherrschung der Diskurse seiner Zeit" (Groppe 1996, S. 79). Entscheidend ist allerdings, dass er im „Gegensatz zu Ulrich [...] seine vielseitige und ausgedehnte Diskursbeherrschung in den Dienst seiner Interessen als Industrieller" stellt, „was aus ihm den großen Manipulator aller Diskursarten macht." (Moser 1980, S. 187)

Eine Kehrseite seiner Kapitalausstattung erinnert in ihren Konsequenzen paradoxerweise gerade an die traurigen Folgen, die für Moosbrugger aus dem nahezu vollständigen Mangel an Kapital resultieren – im Hinblick einerseits auf Liebe und andererseits auf Freundschaften. Über die auch bei Arnheim ausbleibende Liebe berichtet der Erzähler ironisch: „Er hatte immer Angst gehabt, daß die Gefühle, die er in Frauen erregte, nicht ihm, sondern seinem Geld gelten könnten, und lebte deshalb nur mit Frauen, denen auch er nicht Gefühle, sondern Geld gab." (MoE, 185) Kompensiert wird Arnheims Einsamkeit mithilfe eines gewaltigen Ehrgeizes, der sich um die Allgemeinheit verdient machen will. So kursiert über ihn ein „intime[s] Gerücht[ ]", wonach er „nicht bloß nach der Stellung seines Vaters strebe, sondern, auf den Zug der Zeit und seine internationalen Beziehungen gestützt, sich auf eine Reichsministerschaft vorbereite." (MoE, 96) Im Unterschied zu Ulrich ist Arnheim nicht nur gewillt, das väterliche Erbe ohne innerliche Distanz anzutreten, sondern trachtet zugleich danach, die ihm zugedachte Stellung zu verbessern und auszubauen. Seine politischen Ambitionen deuten ebenso wie die proleptische Anspielung auf den „Weltuntergang" (ebd.) im Jahr 1918 auf den deutschen Wiederaufbau- bzw. Außenminister Rathenau, dem Arnheim auch physiognomisch nachempfunden ist (vgl. MoE, 109, 178 u. 195; Tb I, 295). Trotz der Irritation, die sein Anblick bei Ulrich auslöst (vgl. MoE, 178), vermeidet Musil antisemitische Klischees und suggeriert stattdessen eine Affinität zu den Phöniziern, „die angeblich das Geld erfunden haben" (Pott 2013, S. 137). Dabei ist allerdings zu beachten, dass das seinerzeit topische Bild des Phönizischen selber antisemitisch codiert war, was sich in der Rede vom „phönikisch harte[n] Herrenkaufmannsschädel" niederschlägt (MoE, 178; vgl. Boss 2009/10 u. 2013, S. 138–165). Auf prekäre Weise spielt der Romantext mit diesem heiklen Sachverhalt, indem Musil Diotima nach dem Muster Freud'scher Verneinung bemerken lässt, dass Arnheim „nicht im geringsten jüdisch aussäh" (MoE, 109).

Als Preuße jüdischer Abstammung (vgl. MoE, 189 u. 543) kennzeichnet Arnheim in Kakanien eine doppelte soziale Exteriorität, die in der Rede vom „genialen" (MoE, 108) und „kühnen Außenseiter" (MoE, 107) zum Ausdruck kommt: Er steht nicht allein für die „problematische Verbindung" Kakaniens zu Deutschland (Maier-Solgk 1992, S. 251), sondern überdies für die assimilatorische Strömung innerhalb des deutschen Judentums, die in der latent bis manifest antisemitischen Gesellschaft Kakaniens genauso wie im Wilhelminischen Reich mit heftigen Ressentiments zu rechnen hat. Aufgrund „seiner Herkunft" aus einer sozial marginalisierten Minorität, die zum Überleben in feindlicher Umgebung rational und rationell denken muss, steigert sich Arnheims skeptische Einstellung gegenüber der „Vernunft seiner Familie" bis zur irrationalen Sehnsucht nach „inneren Stimmen" (MoE, 109) – und befindet sich damit wieder in einer Analogie zum (allerdings unfreiwillig) ‚stimmenhörenden' Moosbrugger (vgl. MoE, 69f. u. 239). Diese Haltung steht nicht allein für die implizite Anerkennung und Anverwandlung jener antisemitischen Stereotypen, die seine eigene soziale Position gefährden, sondern auch für das Distinktionsbedürfnis eines Angehörigen der zweiten assimilierten Generation gegenüber dem scheinbar allmächtigen Vater, dessen Aufstieg sich dem ökonomisch-technischen Rationalismus der Gründerzeit verdankt. Die vom Erzähler ironisierte intellektuelle Prätention des ehrgeizigen Sohnes hat in Kränkungen bzw. in der durch sie manifesten väterlichen Haltung ihre familiären Wurzeln. Diese sollte nicht unterschlagen werden, denn es ist gerade die geistige Ambition des ‚Nabobs', die für den Romankosmos insgesamt entscheidende Bedeutung erlangt:

> Dr. Paul Arnheim war nicht nur ein reicher Mann, sondern er war auch ein bedeutender Geist. Sein Ruhm ging darüber hinaus, daß er der Erbe weltumspannender Geschäfte war, und er hatte in seinen Mußestunden Bücher geschrieben, die in vorgeschrittenen Kreisen als außerordentlich galten. Die Menschen, die solche rein geistigen Kreise bilden, sind über Geld und bürgerliche Auszeichnung erhaben; aber man darf nicht vergessen, daß es gerade darum für sie etwas besonders Hinreißendes hat, wenn ein reicher Mann sich zu ihresgleichen macht, und Arnheim verkündete in seinen Programmen und Büchern noch dazu nichts Geringeres als gerade die Vereinigung von Seele und Wirtschaft oder von Idee und Macht. (MoE, 108)

Ironischerweise wird nun dieses Projekt einer Verbindung ansonsten getrennter Sphären der Gesellschaft, das wie ein verwachsener Seitenast der von Ulrich angestrebten Verbindung der Pole ‚Rationalität' und ‚Mystik' anmutet (vgl. Tb I, 389), von einigen Romanfiguren als bereits in Arnheim realisiert wahrgenommen (vgl. MoE, 108). Die vom Erzähler für die Vorkriegszeit in Anspruch genommene, in den 1920er und vor allem 1930er Jahren dann zügig fortschreitende epochale „Abkehr von den Fachleuten" kann der Geltung Arnheims nur zugutekommen, frönt er doch einem Universaldilettantismus, welcher verhindern soll, dass er der allgemein beklagten Zerrissenheit und Zusammenhangslosigkeit in der ausdifferenzierten modernen Welt anheimfällt. „Was alle getrennt sind, ist Arnheim in einer Person" (MoE, 188; vgl. MoE, 190), formuliert das Kapitel I/47 ironisch: „Er spricht von Liebe und Wirtschaft, von Chemie und Kajakfahrten, er ist ein Gelehrter, ein Gutsbesitzer und ein Börsenmann" (MoE, 190). Tatsächlich ist es dem belesenen Großindustriellen nach klassischer Manier gleichsam „zur Natur geworden, einer Gesellschaft von Spezialmenschen gegenüber als Ganzes und ein Ganzer zu wirken" (MoE, 193f.). Wie kein anderer kann er „mit jedem in seiner Sprache reden" (MoE, 188), wodurch er aus der Menge bloßer ‚Fachidioten' heraussticht (vgl. MoE, 189). Arnheims vorteilhafte Wirkung wird allerdings durch „Großzügigkeit des Denkens" (MoE, 1550f.) und Ungenauigkeit im Detail erkauft (vgl. MoE, 191).

Der Erzähler und sein Autor zeigen sich von Arnheims „Vielreden" (MoE, 189) und Vielschreiben keineswegs geblendet. Musil hatte bereits 1913 gewarnt: „Man sei gegen nichts so mißtrauisch wie gegen alle Wünsche nach Entkomplizierung der Literatur und des Lebens, [...] nach Einheitlichkeit und Ganzheit." (*Analyse und Synthese*, GW II, 1009) Als vorausschauenden Kommentar des Autors zu seinem Romanpersonal verstanden, perspektivieren diese Worte nicht nur Arnheim äußerst kritisch, sondern auch Figuren wie Walter, Meingast, den Sektionschef Tuzzi oder dessen Gattin Diotima, die in der Moderne am überkommenen Einheits- und Ganzheitsanspruch festhalten (vgl. *Politisches Bekenntnis eines jungen Mannes*, 1913, GW II, 1012f.; dagegen Schmidt 1988, S. 284). Dass der Universaldilettant und äußerst produktive Schriftsteller Arnheim sogar von verdienstvollen Wissenschaftlern geschätzt oder zumindest öffentlich gelobt wird, erklärt sich der Suggestion des Erzählers zufolge einerseits aus dessen Habitusstruktur, die den Erfordernissen des modernen Kulturbetriebs entgegenkommt, sowie andererseits aus dem wissenschaftlichen Narzissmus (vgl. Wolf 2011, S. 431–434). Die „dritte Quelle von Arnheims Berühmtheit" schließlich liegt nicht im symbolischen Bereich, sondern – ganz handfest – „in der Wirtschaft" (MoE, 192). Entscheidend für Arnheims Anerkennung und Reputation (vgl. MoE, 193) ist seine einzigartige Verbindung von unermesslichem Reichtum, ostensibler Kultiviertheit und schriftstellerischer Produktivität in einer Person. Die essayistische Reflexion leitet Arnheims ‚Überzeugung', „daß es der Mensch ist, der dem Besitz seine Bedeutung leiht, und nicht der Besitz dem Menschen" (MoE, 421), aus der „Natur des Geldes" selber ab (Blaschke 2004, S. 303, Anm. 49), ja erklärt diese Zivilisationserscheinung schlechterdings „zu einer überpersönlichen, mythischen Macht, der nur die Ursprünglichsten ganz gewachsen sind" (MoE, 544). Aus Erfahrung weiß der ‚Nabob' um die ‚Matthäus-Regel': Wenn man „das Geld wie ein Sämann zum Fenster hinaus" wirft, dann kommt es „vermehrt bei der Türe wieder herein." (MoE, 420) Die *illusio*, der eigene Reichtum sei eine angeborene ‚Charaktereigenschaft', kann vom Reichen selbst als Investition, als Einsatz zur Vermehrung des Reichtums genutzt werden. Der solcherart von seinem Erbe profitierende Arnheim entwickelt eine regelrechte Philosophie des Geldes (vgl. MoE, 508f.; dazu Howald 1984, S. 288–293; Blaschke 2004, S. 304–312), die systematisch mit jener Georg Simmels zu vergleichen wäre (vgl. Laermann 1970, S. 18–23; Wagner 1991, S. 330f.; Blaschke 2004, S. 307; Pott 2013, S. 149–166). Hinsichtlich seiner Hypostasierung des Geldes nicht als Tauschmittel, sondern als Entität mit intrinsischem Eigenwert weist Musils Erzähler darauf hin, dass Arnheim den „Herrschaftsanspruch des Geldes [...] als gegeben voraussetzt" (MoE, 388f.), ja als Maß *aller* Dinge ansieht.

Der dennoch aristokratisch auftretende Großkaufmann weiß die geschichtliche Notwendigkeit auf seiner Seite. Er fungiert als ‚Trojanisches Pferd' der „Herren Präsidenten, Aufsichtsräte, Generaldirektoren und Direktoren der Banken, Hütten, Konzerne, Bergwerke und Schiffahrtsgesellschaften" in anderen gesellschaftlichen Feldern, namentlich im kulturellen (MoE, 192f.). Eine ideologische Voraussetzung dafür ist Arnheims ablehnende Haltung gegenüber dem von Ulrich vertretenen „PDUG" (MoE, 133f.), die sich in seiner Überzeugung niederschlägt, „in der Weltgeschichte" geschehe „nichts Unvernünftiges." (MoE, 174) Seine Argumentation, die in ihrem Optimismus ein verballhorntes Hegel-Zitat darstellt (vgl. Freese 1984, S. 182), wiederholt Arnheim gebetsmühlenartig und begründet sie mit einer vulgärhegelianisch anmutenden Geschichtsphilosophie (vgl. MoE, 197 u. 327): „[D]ie Welt war in Ordnung, sobald sie Arnheim betrachtet hatte." (MoE, 178) So erweist und bewährt er sich als Vertreter der ‚Soziodizee', der Ansicht, die herrschende Wirklichkeit sei ontologisch gerechtfertigt und notwendig, ja bei Infragestellung mit allen Mitteln zu verteidigen. Die strukturelle Opposition Arnheims zu Ulrich wird dabei offensichtlich.

Arnheims künstlerische Vorlieben verraten einen gediegenen Geschmack, wie das Beispiel der Literatur zeigt: Während er den seinerzeit aufgrund seiner politischen und sittlichen Haltung sowie seiner jüdischen Herkunft nicht salonfähigen Heine „in verborgener Weise liebte" (MoE, 405; vgl. MoE, 434), bekennt er sich zum repräsentativen Dichterfürsten Goethe öffentlich (vgl. MoE, 433f.; ähnlich Rathenau, vgl. Heimböckel 1996, S. 16). Die auffallende Kultiviertheit des Industriellensohns wird hier staatstragend. Seine ostentative Wertschätzung der Kunst dekuvriert der ideologiekritische Erzähler allerdings als vordergründig (vgl. MoE, 384f.; dazu Arntzen 1982, S. 240f.). Kunst und Kultur haben für ihn vor allem eine außerkünstlerische Funktion: Sie dienen ihm neben bloßer Unterhaltung in erster Linie als Medium sozialer Distinktion und „Legitimation wirtschaftlicher Tätigkeit" (Groppe 1996, S. 79), gehen also ihrer Autonomie verlustig. Zwar verleugnet Arnheim keineswegs „die schönen Regungen der Kunst", doch präferiert er in den entscheidenden Momenten das „schaffende und recht beschaffene Leben" (MoE, 387) gegenüber dem, was ihn „früher bewegt hat" und ihm nunmehr – in Analogie zu Leinsdorfs Diktum (vgl. MoE, 322) – „‚nur Literatur' zu sein scheint" (MoE, 387). Wenngleich er solche Gedanken niemals öffentlich äußern würde, ja im Gegenteil mit Nachdruck „eine Verschmelzung beider Erlebnisgruppen" (ebd.) vertritt, entlarven sie ihn als Anhänger einer verlogenen (vgl. Pott 2013, S. 147), letztlich kunstfeindlichen Gesinnung. Strukturell ist die um eine „Vereinigung von Seele und Wirtschaft oder von Idee und Macht" (MoE, 108) ringende Figur gezeichnet durch die „doppelte Verneinung", „die der Formel dieses Doppelwesens [...] eingeschrieben ist" (Bourdieu 1999, S. 26f.). Der dafür zu entrichtende Preis besteht in fehlender Aufrichtigkeit, wodurch sich Arnheim von seinem ganz unironisch um die „Frage [...] des rechten Lebens" (MoE, 255) ringenden Gegenspieler Ulrich unterscheidet (vgl. etwa MoE, 511 vs. 541) und erhebliche Erfolge erzielen kann: „Es bedeutete [...] einen Vorzug, daß Arnheim ganz ehrlich niemals von dem überzeugt war, was er sagte." (MoE, 391f.) Inhaltlich entspricht sein Aufrichtigkeitsmangel zwar einem Zug der Zeit (vgl. MoE, 391); dieser wird von Arnheim aber nicht – wie von Ulrich – programmatisch ausgestellt, vielmehr geschickt verschleiert (vgl. McBride 2008, S. 296).

Von Arnheims prinzipieller Leugnung einer strukturellen sowie funktionellen Differenz zwischen dem kulturellen Bereich und demjenigen der Ökonomie im Sinne einer „Interessenfusion Seele-Geschäft" (MoE, 380 u. 389) ist auch seine wichtigste, ständig zum Besten gegebene Maxime gezeichnet, die von den Zeitgenossen begierig aufgesogen wird; sie läuft auf das hochtrabende Postulat hinaus, „Ideen in Machtsphären zu tragen!" (MoE, 109; vgl. MoE, 176, 199 u. 271) Aus der Sicht Ulrichs und des Erzählers gesehen, betreibt er trotz aller gegenteiligen Verlautbarungen vor allem die umgekehrte – und aus künstlerischer Sicht fatale – Taktik, Machtinteressen in Ideensphären zu tragen. Insofern ist es keineswegs abwegig, in Arnheim eine „Allegorie der Funktionalisierung von Kultur für politische Zwecke" (Fanta 2005, S. 242; vgl. Strutz 1981, S. 35f.) und auch für die Ökonomie zu sehen. Mit dem Großindustriellensohn Paul Arnheim entwirft Musil eine literarische Figur, die im deutschsprachigen Roman einzigartig ist. Er bedient sich dabei der Möglichkeiten des essayistischen Romans, indem er den Erzählerdiskurs dazu verwendet, ‚abstrakte' Phänomene zu thematisieren, das ‚Unsichtbare' sinnfällig zu machen, ohne sich auf die bloße Wiedergabe von Gedanken, Entschlüssen, Besprechungen oder Reden zu beschränken. In der Romanfigur brechen sich die Grundbegriffe des *MoE* auf charakteristische Weise: Arnheims vorgebliche ‚Ganzheit' und ‚Eigenschaftlichkeit' erweisen sich als prätendierte Substanz, mit der er der ‚Gestaltlosigkeit' der modernen Welt publicityträchtig zu entkommen sucht. Trotz seiner Vorliebe für schwülstige Mystizismen und seiner einseitigen Sicht auf die gesellschaftliche Realität fungiert er im Roman als Vertreter des ‚Wirklichkeitssinns', wie Musils Erzähler recht bald und ohne Umschweife verrät (vgl. MoE, 186). Der aus dem historischen Vorbild Walther Rathenau modellierte Großkaufmannssohn interessierte Musil nicht „als individuelle Persönlichkeit", die es biografisch ‚gerecht' zu schildern gälte, vielmehr „als eine Symbolfigur und als Repräsentant der Ambivalenzen einer ganzen Auf- und Umbruchsepoche" – und zwar nicht nur „jener rund zwanzig Jahre vor dem Ausbruch des Ersten Weltkrieges" (Gall 2009, S. 10), sondern insbesondere auch der rasanten Übergangszeit zwischen den Kriegen.

3.2.5 Adel und moderner Konservativismus: Graf Leinsdorf als Inversion Ulrichs

Als historisches Modell für Musils Figur des Grafen Leinsdorf wurde der k. u. k. Geheime Rat und Landsturmoberleutnant Franz Graf Harrach (1870–1937) identifiziert, mit dem der Schriftsteller 1916/17 als Redakteur der *Soldaten-Zeitung* in Bozen in Kontakt gekommen ist (vgl. Howald 1984, S. 249f.; Corino 1988, S. 362f.; Corino 2003, S. 850). Harrach verfasste zum 86. Geburtstag Franz Josephs eine Laudatio, die am 18. August 1916 unter dem Titel *Bei unserem Kaiser* in einer Festausgabe der *Soldaten-Zeitung* erschien; Musil hat sie später zum Teil wörtlich in den Romantext aufgenommen (vgl. MoE, 169 u. 842f.; daneben „Panama"-Entwürfe:

Tb II, 1046f.; dazu Tb II, 216, Anm. 17, u. 1042, Anm. g; Corino 2003, S. 852). Als ideologisches Vorbild Leinsdorfs gilt freilich weniger Harrach, sondern Alois Prinz von und zu Liechtenstein (1846–1920), der Mitbegründer und (nach Karl Luegers Tod) von 1910 bis 1918 Obmann der Christlichsozialen Partei Österreichs (vgl. Tb I, 433; dazu Fuchs 1978, S. 49–68; daneben Müller 1972, S. 16; Frisés Kommentar in Tb II, 227f.; Howald 1984, S. 250f.). Das widersprüchliche politisch-ideologische Profil des als ‚roter Prinz' titulierten Liechtenstein, der früh „die Gründung einer Art von Gewerkschaften und von katholischen Arbeitervereinen" befürwortet hat (Corino 2003, S. 853), bietet für Musils romaneske Gestaltung eines repräsentativen Vertreters des Hochadels Material. Neben den realhistorischen Aristokraten Harrach und Liechtenstein gilt der fiktionale Graf Hans Karl Bühl aus Hofmannsthals Lustspiel *Der Schwierige* (1920) als Modell für Musils Leinsdorf-Figur: Bühls Anlage als prononciert österreichischer Adeliger nimmt durch den Kontrast zu seinem neureichen deutschen Opponenten Baron Neuhoff die literarische Topik der Konkurrenz zwischen Österreich und Deutschland vorweg, die auch die ‚Parallelaktion' im *MoE* beherrscht. Um die Peinlichkeit allzu deutlicher Anlehnung an Hofmannsthal zu vermeiden, tilgte Musil bald den Namen Bühl, den er anfangs in den Entwürfen verwendete (vgl. Tb I, 411 u. 597f.), und ersetzte ihn durch Leinsdorf (vgl. Fanta 2000, S. 232; Corino 2003, S. 854f.).

Zur endgültigen Figurengestaltung existieren konträre Sichtweisen: Paradigmatisch für die ‚ideologiekritische' Forschung der 1970er und 1980er Jahre ist die marxistische Diagnose der Figur des Grafen als „konzeptiven Ideologen des Adels, der im Übergang von der feudalistisch zur bürgerlich beherrschten Gesellschaft für seine Klasse zu retten sucht, was zu retten ist." (Howald 1984, S. 253) Trotz ihrer Polemik gegen jede Form von Ideologiekritik haben neuere Deutungen daran angeschlossen: „Leinsdorfs ideologisch-anachronistischer Mischmasch" stehe „in Gegensatz zu Ulrichs und Arnheims philosophisch hochreflektierten Diskursen" (Blaschke 2004, S. 314). Konträr argumentieren systemtheoretisch inspirierte Deutungen, die auf die mit funktionaler Ausdifferenzierung moderner Gesellschaften einhergehende Vervielfältigung der Rollenmuster bzw. der Persönlichkeitsstrukturen abheben und eine dezidiert moderne Facette der Figurengestaltung betonen (vgl. Berger 2004, S. 149). Doch scheint auch hier die Figur des ‚modernen' Grafen geschichtsphilosophisch fixiert. Der romaneske Vertreter des Hochadels ist nur mit Gewalt *in toto* einer bestimmten historischen ‚Entwicklungsstufe' zuzuschlagen, und die von den Interpretationen angeführten ‚Eigenschaften' Leinsdorfs sind keineswegs so widersprüchlich, wie es vorderhand wirken mag.

Über Alter und körperliche Erscheinung des „Erfinder[s]" (MoE, 88), der „Hauptperson" (MoE, 86) und „wahrhaft treibende[n] Kraft" (MoE, 87) der ‚Parallelaktion' erfährt man Folgendes: „Der mittelgroße, etwa sechzigjährige Mann" (MoE, 90) gehört fast der Generation von Ulrichs Vater an (vgl. MoE, 231). Als „reichsunmittelbare[r] Graf" (MoE, 98) ist er Angehöriger des kakanischen Hochadels, dessen Habitus ihn gewissermaßen als Inversion Ulrichs ausweist:

> Religiös und feudal erzogen, niemals im Verkehr mit bürgerlichen Menschen dem Widerspruch ausgesetzt, nicht unbelesen, aber durch die Nachwirkung der geistlichen Pädagogik, die seine Jugend behütet hatte, zeitlebens gehindert, in einem Buch etwas anderes zu erkennen als Übereinstimmung oder irrende Abweichung von seinen eigenen Grundsätzen, kannte er das Weltbild zeitgemäßer Menschen nur aus den Parlaments- und Zeitungskämp-

fen; und da er genug Wissen besaß, um die vielen Oberflächlichkeiten in diesen zu erkennen, wurde er täglich in seinem Vorurteil bestärkt, daß die wahre, tiefer verstandene bürgerliche Welt nichts anderes sei, als was er selbst meine. (MoE, 89f.)

Am Beispiel Leinsdorfs entwirft Musil idealtypisch die starren gesellschaftlichen Vorstellungen des kakanischen Hochadels, die sich einerseits seiner Sozialisation in der zweiten Hälfte des 19. Jahrhunderts verdanken, andererseits einer „Verschärfung der Exklusivitätsregeln", die „im Hochadel" um und nach 1900 mit der inflationären „Schaffung von zahlreichen Adelstiteln" durch Nobilitierung einherging (Pollak 1997, S. 71). Ihre symbolische Entsprechung findet dies u. a. in einer für die Nachgeborenen merkwürdig steif wirkenden Ausdrucksweise (vgl. MoE, 195, 226 u. 363; Tb I, 366 u. 581) in öffentlichen Belangen. Über seine klassentypischen sprachlichen Charakteristika hinaus pflegt Graf Leinsdorf einen ausgesprochenen Standesdünkel (vgl. MoE, 189). Während Ulrich die essayistische Infragestellung der gegebenen Verhältnisse zu seinem Lebensprinzip erhebt, wird über Leinsdorf ironisch Gegenteiliges berichtet (vgl. MoE, 89); ‚Eigenschaften' wie charakterliche Stärke, Freiheit und Größe werden als Ausfluss kritiklosen Einverständnisses mit dem bestehenden Status quo Kakaniens denunziert. Da Graf Leinsdorf in ökonomischer, sozialer und symbolischer Hinsicht zu dessen größten Profiteuren zählt, hat er zu einer forcierten ‚Eigenschaftlichkeit' die besten Voraussetzungen. Sein soziales Erbe, das ihm qua Geburt einen ständigen Sitz in der zweiten Parlamentskammer verschafft, lässt jede potenzielle Veränderung der Verhältnisse als Gefahr erscheinen.

Die Tatsache, dass Leinsdorf dem „Arbeiterschicksal" kaum konkrete Empathie entgegenbringt (vgl. MoE, 1018), bedeutet freilich nicht, dass er keine dezidierten sozialpolitischen Vorstellungen hätte. Aus seiner Stellung als Großgrundbesitzer und den damit einhergehenden Rechten und Verpflichtungen resultiert ein charakteristischer Paternalismus. Hinsichtlich seiner politischen Haltung stiftet sich so eine habituelle Analogie zwischen ihm und Ulrichs Vater (vgl. MoE, 839f.). Wie dieser glaubt Leinsdorf an die Festigkeit der Welt und die in einer göttlichen Ordnung gegründete Notwendigkeit der bestehenden sozialen und wirtschaftlichen Verhältnisse im Sinne des ‚Soziodizee'-Gedankens. Im scheinbaren Widerspruch zur Überzeugung der unabänderlichen Sinnhaftigkeit des Bestehenden schließt diese Haltung einen tatkräftigen politischen Einsatz zur Beförderung des als ‚richtig' Erkannten – bzw. zur allgemeinen Durchsetzung der eigenen Interessen – keineswegs aus: „Die ethische Verpflichtung, nicht ein gleichgültiger Zuschauer zu sein, sondern der Entwicklung ‚von oben helfend die Hand zu bieten', durchdrang sein Leben." (MoE, 89) Wo sich Harmonie nicht von alleine einstellt, muss ihrem Entstehen nachgeholfen werden. Dazu dient dem Grafen die ‚Parallelaktion'. Schon auf der ersten Zusammenkunft im Hause Tuzzi betont Leinsdorf, „daß eine machtvolle, aus der Mitte des Volks aufsteigende Kundgebung nicht dem Zufall überlassen bleiben darf, sondern eine [...] von oben kommende Einflußnahme erfordert" (MoE, 169; vgl. MoE, 171). In Konvergenz mit seinem Glauben an eine ontologisch begründete Ordnung der Dinge (vgl. MoE, 141) ist

> der Zusatz „der wahre" zu politischen Gesinnungen eine seiner Hilfen, um sich in einer von Gott geschaffenen, aber ihn zu oft verleugnenden Welt zurechtzufinden. Er war fest überzeugt, daß sogar der wahre Sozialismus mit seiner Auffassung übereinstimme, ja es war von Anfang an seine persönlichste Idee [...], eine Brücke zu schlagen, auf der die Sozialisten in

sein Lager marschieren sollten [...]; „wir alle sind ja im Innersten Sozialisten" war ein Lieblingsausspruch von ihm und hieß ungefähr so viel [...], wie daß es im Jenseits keine sozialen Unterschiede gibt. In der Welt hielt er sie aber für notwendige Tatsachen [...]. (MoE, 90)

Leinsdorfs Konzept von der ‚natürlichen Weltordnung' beruht auf einer Naturalisierung sozialer Hierarchien und Klassen im Sinne einer ständisch gegliederten, stratifikatorisch differenzierten staatlichen ‚Gemeinschaft' (vgl. MoE, 322f.). Man hat in diesen Vorstellungen verschiedene ideengeschichtliche Bezüge diagnostiziert (vgl. Tb I, 324f. u. 411f.; Tb II, 229, Anm. 100; Müller 1972, S. 16–21; Arntzen 1982, S. 179; Howald 1984, S. 254; dazu Corino 2003, S. 1789, Anm. 62; Tb II, 261f.; Fanta 2000, S. 232). Relevanter als die Suche nach ominösen ‚Einflüssen' scheint die bisher noch kaum diskutierte Nähe der Leinsdorf'schen Ansichten zu den seinerzeit virulenten ständestaatlichen Konzeptionen des christlichsozialen ‚Austrofaschismus', mit denen Musil um und nach 1930 unmittelbar konfrontiert war (vgl. Amann 2007, S. 80–84). In der Ideologie einer Revitalisierung des Sozialmodells vom ‚ganzen Haus' (Wilhelm Heinrich Riehl), das Herr und Knecht nach getaner Arbeit am gemeinsamen Tisch versammelt, artikulierte sich „die katholische Sehnsucht nach gesellschaftlicher Harmonie und Konfliktfreiheit" (Hanisch 1994, S. 315). Als überkommenes Ideal der auch die verschiedenen Generationen integrierenden Großfamilie wurde das mikrosoziale Leitbild auf die makrosoziale Ebene übertragen.

Trotz seiner rückwärtsgewandten Gesinnung, die der Politik eines Engelbert Dollfuß entspricht (vgl. ebd.; Fuchs 1978, S. 51f.), ist die Romanfigur Leinsdorf indes ein „Mann, der sein Geld arbeiten ließ und mit den Methoden der Zeit Schritt hielt" (MoE, 133). Wie in Musils Worten – deren Befund mit den Ergebnissen historischer Adelsforschung übereinstimmt (vgl. Hanisch 1994, S. 88) – anklingt, tut er dies insbesondere in ökonomischer Hinsicht (vgl. MoE, 99; dazu Berger 2004, S. 150). Indem der Graf in seiner wirtschaftlichen Gebarung anderen Prinzipien folgt als in seinen öffentlichen Verlautbarungen, erweist er sich als exemplarischer Vertreter nicht nur seines Standes, sondern eines modernen Konservativismus insgesamt, der einer zeitgemäßen Doppelmoral entspricht (vgl. MoE, 99 u. 175). Der hochadelige Gutsbesitzer, Fabrikant und Unternehmer frönt einem heuchlerisch wirkenden Idealismus, indem er etwa seine „Bankverbindungen" in eine „Einheit mit der Seele" bringen möchte (MoE, 102). Er besitzt die „außerordentliche Fähigkeit, zwei Gedanken, die einander widersprechen konnten, mit glücklicher Hand so auseinander zu halten, daß sie in seinem Bewußtsein nie zusammentrafen" (MoE, 234). Bei aller Einsicht in die Zwänge ökonomischer Vernunft weiß Leinsdorf um die Bedeutung symbolischer und atmosphärischer Momente (vgl. MoE, 98f.). Die von ihm geforderte Kombination einer „starke[n] Hand" mit „schöne[n] Worte[n]" (MoE, 850) macht die tiefere Intention sichtbar, die sich für den Grafen mit der als unabhängiges Komitee initiierten ‚Parallelaktion' verbindet. Auffallend ist auch der geringe Stellenwert, den Kunst bei ihm einnimmt: So nennt er zwar bedeutende Werke sein eigen, ist aber nicht im engeren Verständnis kunstsinnig, sondern verspürt in erster Linie „Freude an einer Rarität"; Musils Erzähler erwähnt etwa hintersinnig, dass „Graf Leinsdorf den Besitz der [...] quergestreiften Sahara mit Wasserzeichen und einem fehlenden Zahn höher gestellt hätte als den eines Greco" (MoE, 88). Besonders abfällig äußert sich der Aristokrat, der auch „der Literatur kein Gewicht" beimisst (MoE, 514), über das, was er „Nur-Literatur" nennt (MoE, 322; dazu *Bücher und Literatur*, 1926, GW II,

1164). Die antimoderne und antiintellektuelle Einstellung Leinsdorfs hebt sich im Romanzusammenhang von den diesbezüglichen Ansichten Ulrichs, Walters, aber auch Arnheims ab und ähnelt eher der Einstellung des realpolitisch ausgerichteten Diplomaten Tuzzi.

Angesichts der defensiven Lage, in die er sich sukzessive manövriert, offenbart Leinsdorf ein zunehmend autoritäres Politikverständnis; so will er die jüdische Bevölkerung Kakaniens gegen deren Willen „zu ihrem Glück zwingen" (MoE, 845; vgl. MoE, 1010), wodurch Musil den offen antisemitischen Charakter der Ideologie seines Modells Alois Liechtenstein (vgl. Fuchs 1978, S. 57 u. 59f.) abschwächt, indem er ihn in ein Kuriosum verwandelt (die seinerzeit drängende Problematik des Antisemitismus wird romanintern stattdessen anhand der viel radikaleren Ausprägung in der Figur des deutschnationalen Studenten Hans Sepp diskutiert; vgl. Wolf 2011, S. 558– 584). Dennoch musste der Autor nach Erscheinen des Zweiten Buchs und der NS-‚Machtübernahme' besorgte Einwände seiner alarmierten jüdischen Leserschaft hinsichtlich der Äußerungen Leinsdorfs ausräumen (vgl. Brief an Else Meidner, 3.3.1933, Br I, 563f.). Um sein patriotisches Vorhaben schließlich doch noch zu einem positiven Ergebnis zu führen, greift der Graf zuletzt aktiv in die Tagespolitik ein und stürzt sogar den Innenminister (vgl. MoE, 994 u. 1154), was ihm aber genauso wenig weiterhilft wie die von ihm trotz ideologischer Bedenken veranlasste taktische Aufnahme völkischer Vertreter in die ‚Parallelaktion' (vgl. MoE, 1016), die eine ethisch und politisch fragwürdige Ausgrenzung der jüdisch-bürgerlichen Intelligenz Kakaniens impliziert (vgl. Howald 1984, S. 257). In den Druckfahnen-Kapiteln deutet Musil schließlich Leinsdorfs Kaltstellung an, womit das Außen- und das Kriegsministerium dessen Versuch zuvorkommen, einen weiteren Minister zu stürzen (vgl. MoE, 1121 u. 1154f.). In der von Musil grob skizzierten „Schluß-Sitzung" der ‚Parallelaktion' sollte er keine entscheidende Rolle mehr spielen, sondern nur noch eine ‚zeremoniöse' „Schlußrede" halten (MoE, 1932), von der keine zukunftsweisenden politischen Impulse mehr ausgehen (vgl. Howald 1984, S. 256f.).

3.2.6 Realpolitik als ‚Antiessayismus': der Funktionär Hans Tuzzi

Ein Exponent der romaninternen Machtverhältnisse und der staatstragenden Eliten, die diese verbürgen, wenngleich im Unterschied zum Grafen Leinsdorf kein klassischer ‚Erbe', sondern leistungsbewusster Aufsteiger, ist der Sektionschef Hans Tuzzi. Als biografisches Vorbild wurde der 1871 in Czernowitz geborene Jurist Dr. Hermann Schwarzwald ausgemacht (vgl. Corino 1988, S. 367, u. 2003, S. 864–867; dagegen Howald 1984, S. 296, Anm. 253), der wie seine spätere Gattin Eugenie jüdischer Herkunft war. Nicht allein dieses Detail, sondern auch die Tatsache, dass Schwarzwald nicht im Ministerium des Äußeren, sondern im Finanzministerium arbeitete und dort erst 1921 zum Sektionschef ernannt wurde (vgl. Corino 2003, S. 864), sprechen gegen eine allzu enge Orientierung der fiktionalen Figurengestaltung an ihm. Schon in den frühesten Plänen zum „Spion"-Projekt von 1919/20 (vgl. KA, M IV/2/353 u. VII/3/4; Tb II, 1067, Anm. d; Fanta 2000, S. 234) zeichnet sich „die primäre Funktion Tuzzis" ab, „den Machtpolitiker zu repräsentieren" (Howald 1984, S. 296). Diese Funktion wird auch inhaltlich gefüllt, indem der Hofrat idealtypisch das ambivalente Verhältnis Kakaniens zu Deutschland verkörpern soll. In weiteren Notizen des Arbeitshefts 21 (vgl. Tb I, 578) wird dann auch „seine zweite

Funktion sichtbar: Ursache und Folie zu sein für die idealischen Bemühungen seiner Frau Diotima" (Howald 1984, S. 296; vgl. Fanta 2000, S. 234).

Der kanonische Text stellt Hans Tuzzi als „kleine[n] Sektionschef mit dem angenehmen Geruch einer braunen, trockenen Haut" (MoE, 333) vor, über dessen Alter nicht mehr verlautbart wird, als dass er um einiges älter als seine Gattin Diotima – und damit auch als Ulrich – sei (vgl. MoE, 104). Wiederholt erwähnt der Erzähler „das gedörrte Aussehen des knapp mittelgroßen Mannes" (MoE, 413), schwärmt fast von dessen „Bärtchen", „glänzenden Augen" sowie „schlanken, braunhäutigen Fingern" (MoE, 415) und betont „die gut sitzende Ruhe seiner Handlungen und seines Anzugs", den „höflich ernste[n] Geruch seines Körpers und Bartes" (MoE, 104), die ein „scharf-zartes Aroma" verbreiten (MoE, 414), besonders aber den „vorsichtig feste[n] Bariton, in dem er sprach"; das alles habe ihn gleichsam „mit einem Hauch" umgeben (MoE, 104). Dass man sich Letzteres allerdings nicht allzu romantisch-zart vorzustellen hat, zeigt folgende entscheidende Information über den Tuzzi'schen Habitus: „[V]on der Zeit der Bräutigamszärtlichkeiten abgesehn, war Sektionschef Tuzzi immer ein Nützlichkeits- und Verstandesmensch gewesen, den sein Gleichgewicht niemals verließ." (MoE, 104) Es handelt sich mithin um einen sehr rational denkenden Angehörigen des arrivierten Bürgertums, dessen herausgehobene soziale Stellung im „Ministerium des Äußern und des Kaiserlichen Hauses" ihn gleichwohl habituell dem Hochadel annähert, ohne ihn damit gleichzusetzen (vgl. MoE, 92). Tatsächlich ändert Tuzzis sozialer Aufstieg (vgl. MoE, 97f.) nichts an seinem traditionellen Respekt vor den gegebenen gesellschaftlichen Hierarchien, wodurch er sich von Ulrich deutlich unterscheidet: „[E]rnst nahm dieser erfahrene Mann nur die Macht, die Pflicht, hohe Abkunft und in einigem Abstand davon die Vernunft." (MoE, 106) Im romanesken Handlungsverlauf erweist sich der Diplomat insgesamt als Repräsentant einer „Funktionärshaltung, welche die von den vorgesetzten Stellen vorgegebenen Ziele unbefragt und möglichst effizient zu erfüllen sucht" (Howald 1984, S. 297; vgl. Böhme 1976, S. 192). Musil vermerkt dazu in seinem Arbeitsheft 8 den „Mangel an Initiative und eigener Meinung innerhalb einer monarchistischen Bürokratie. Tun, was man für recht hält, ist eine Anmaßung. Dieses Recht hat nur der Monarch." (Tb I, 358; vgl. Tb II, 220, Anm. 49) Ohne unsympathisch gezeichnet zu sein, ist Tuzzi ein braver und kritikloser Exekutor bestehender Herrschaft. Er exemplifiziert damit ein berufliches Ethos, das realhistorisch in den totalitären Regimes der 1930er Jahre Epoche machen sollte (vgl. Hanisch 1994, S. 334) – ganz im Sinn der Einträge in Musils Arbeitsheft 9 vom Frühjahr 1919, die unter den einschlägigen Stichworten „*Bürokratie*" und „*Machtpolitiker*" firmieren (vgl. Tb I, 433–435).

3.2.7 Der sozial konstruierte ‚Jude': Leo Fischel

Für die romaneske Konzeption des liberalen jüdischen Bankprokuristen Leo Fischel scheint Musils Bekanntschaft mit dem ehemaligen Hofsekretär und nachmaligen Ministerialrat im Bundesministerium für soziale Verwaltung, Wolfgang Theodor Reichle (1873–1922), maßgeblich gewesen zu sein (vgl. Fanta 2000, S. 235; Corino 2003, S. 891f.). Damit nicht zwingend verknüpft ist ein kursorischer Eintrag „*Der jüdische Sektionsrat*" ins Arbeitsheft 8 (1920), der vielleicht weniger auf Faktentreue gegenüber einer realen Person, sondern auf literarische Verwertbarkeit angelegt ist (vgl. Tb I, 373 u. 395; zur entstehungsgeschichtlichen Herausbildung der Figur Howald 1984, S. 314; Fanta 2000, S. 235f.). Musils Entscheidung, den liberalen Bankprokuristen mit einer jüdischen Herkunft auszustatten, ist jedenfalls insofern plausibel, als das um 1900 mit 200.000 Mitgliedern zur größten jüdischen Gemeinde Europas angewachsene Wiener Judentum einen maßgeblichen Teil des ‚liberalen Bildungsbürgertums' von Wien ausmachte (vgl. Hamann 1996, S. 468f.; Pollak 1997, S. 109f.).

Der kanonische Romantext präsentiert Leo Fischel als Sohn eines offenbar selbst bereits assimilierten Juden, „der Rechtsanwalt in Triest gewesen war" (MoE, 479). Zu Beginn der Basiserzählung ist er – in deutlicher Abweichung vom (angeblichen) biografischen Modell Reichle – gut 50 Jahre alt (vgl. MoE, 1623; KA, M II/1/97). Die fiktionale Familiengeschichte verkörpert idealtypisch den sozialen Aufstieg des österreichischen Judentums, dessen Generationenfolge häufig von der ländlichen Peripherie über Provinzhauptstädte ins politische, wirtschaftliche und kulturelle Zentrum Wien führte. Beruflich ist „Direktor Leo Fischel von der Lloyd-Bank" allerdings „nur Prokurist mit dem Titel Direktor" (MoE, 133) bzw. bloß „ein Abteilungsleiter" (MoE, 136), was auch für sein privates Leben ein keineswegs unerheblicher Sachverhalt ist. Er figuriert als Vertreter eines pragmatischen ökonomischen Rationalismus (vgl. MoE, 133). Seine ‚generative Formel' orientiert sich am österreichischen Gründerzeitliberalismus, der seiner Familie und ihm selbst die Assimilation ermöglicht hat (vgl. Fuchs 1978, S. 6; Schnitzler 1981, S. 77 u. 322f.). Damit entspricht er den zunehmend bedrohten Idealen der Vätergeneration jüdischer Assimilation und leidet außerordentlich unter dem Niedergang des kakanischen Liberalismus vor 1900 (vgl. Pollak 1997, S. 105f.; Bruckmüller 2001, S. 333f.). Seine ironisch geschilderte Bereitschaft, eigene Überzeugungen und Interessen hintanzustellen (dazu Böhme 1976, S. 192; Howald 1984, S. 315), die der Erzähler als charakteristisch für das aufstiegswillige und assimilationsbereite (Klein-)Bürgertum kennzeichnet (vgl. MoE, 137), schließt eine über bloße Verlautbarungen hinausgehende idealistische Grundhaltung jenseits des ökonomischen Utilitarismus und technologischen Progressismus praktisch aus.

Der von Fischel zum Ziel allen politischen und wirtschaftlichen Handelns erhobene „Fortschritt" (MoE, 135), den er „gefährlichen revolutionären Geschichtsphilosophien" (Blaschke 2004, S. 294) als Schwundstufe des Aufklärungoptimismus entgegenhält, trägt insgesamt recht amorphe Züge: „[A]ufgebraucht von Lombarden und Effekten oder was immer er unter sich hatte, einmal jede Woche einen Sitz in der Oper als einzige Erholung, glaubte er an einen Fortschritt des Ganzen, der irgendwie dem Bild der fortschreitenden Rentabilität seiner Bank ähneln mußte." (MoE, 135) Fischel vertritt ein ziemlich eindimensionales (wirtschafts)liberales Credo, das ihm bei der Konfrontation mit idealistischen politischen Projekten so unterschiedlicher Romanfiguren wie Graf Leinsdorf (vgl. MoE, 135) oder Hans Sepp (vgl. MoE, 483f.) zu passivem Widerstand oder leidenschaftlicher Entgegnung gereicht. Er erweist sich so als Karikatur des zeitgenössischen österreichischen und europäischen Liberalismus (vgl. dagegen Magris 1974, S. 146). Fischel folgt dessen „alten", ihm selbst „günstigen Grundsätzen", d.h. „den großen Richtbildern der Freigeistigkeit, der Menschenwürde und des Freihandels" (MoE, 204). Weniger Empathie und Interesse bringt er für die andere Seite des Liberalismus auf, wie sich in seiner relativ nüchternen Haltung gegenüber der bürgerlich-liberalen Kultur offenbart: Er gestattet sich nur kurzzeitiges Philosophieren, was man in einen Gegensatz zu Ulrichs „Dauerreflexion" gebracht hat (Kuzmics/Mozetič 2003, S. 237). Dies zeugt von leidenschaftslosem Umgang mit geistigen Fragen, charakteristisch für den Angehörigen der ersten Generation nach der religiös-kulturellen Assimilation und dem sozialen Aufstieg. Fischels rein instrumentell wirkendes Verhältnis zu Kunst und Kultur ist insofern folgenreich, als es in seinem engsten Familienkreis den Boden für die salbaderischen Aktivitäten der Gruppe um Hans Sepp bereitet, wie Musil bereits in einer frühen Notiz bemerkt (vgl. Tb I, 394).

Genau unter dem Distinktionsbedürfnis der nachfolgenden Generation wird Fischel besonders leiden müssen, hat er doch – im Unterschied zu fast allen anderen Figuren des *MoE* – einen „ausgeprägten Familiensinn" (MoE, 207; dazu Magris 1974, S. 147), weshalb ihm die Zerrüttung seiner Ehe mit Klementine und die damit zusammenhängenden Konflikte in seinem Haus sehr nahegehen (vgl. MoE, 481). Charakterlich zeichnet sich der rationell denkende Liberale zu seinem Unglück durch große Sturheit und Rechthaberei aus (vgl. MoE, 204); die zermürbenden Debatten duldet er „nicht schweigend, denn das lag nicht in seiner Natur" (MoE, 206). Besonders quält den assimilierten Juden die seit 1880 zunehmend spürbare Konjunktur von „Rassentheorien und Straßenschlagworte[n]" (MoE, 204). Sogar im eigenen Haus sieht er sich durch die Treffen des ‚christgermanischen Kreises' um Hans Sepp, den Lehrer und Verehrer seiner Tochter Gerda, ständig „Worte[n] und Grundsätze[n]" ausgeliefert, die ihm gehörig „auf die Nerven" fallen (MoE, 478), denen er aber nicht Einhalt gebieten kann. Der Erzähler gibt charakteristische Kostproben dieses Sounds (vgl. MoE, 478f.), wofür Musil sich aus einer einschlägigen Quellensammlung bedient, die er schon 1920 in seinem Arbeitsheft 8 zusammengestellt hat (vgl. Tb I, 397; Tb II, 252–254). Bezeichnend – und historisch signifikant – ist die vollkommene Hilflosigkeit, mit der das fiktionale Opfer des antisemitischen Diskurses auf diesen reagiert und immer radikalere und abstrusere Steigerungsformen letztlich nur passiv hinzunehmen vermag:

> Er hatte diese Entwicklung anfangs schlechtweg geleugnet […]; er wartete darauf, daß sie von selbst verschwinden würden, und dieses Warten ist der erste, kaum noch fühlbare Grad der Tortur des Ärgers, die das Leben über Menschen mit aufrechter Gesinnung verhängt. Der zweite Grad heißt gewöhnlich […] das „Gift". Das Gift ist das tropfenweise Auftreten neuer Anschauungen in Moral, Kunst, Politik, Familie, Zeitungen, Büchern und Verkehr, das bereits von einem ohnmächtigen Gefühl der Unwiderruflichkeit begleitet wird und von empörter Leugnung, die eine gewisse Anerkennung des Vorhandenseins nicht vermeiden kann. Direktor Fischel blieb aber auch der dritte und letzte Grad nicht erspart, wo die einzelnen Schauer und Strähnen des Neuen zu einem dauernden Regen zusammengeronnen sind, und mit der Zeit wird das zu einer der entsetzlichsten Martern, die ein Mensch erleben kann […]. (MoE, 204f.)

Musil entwickelt eine genaue sozialpsychologische Diagnose des ‚schwachen' jüdischen Mannes und seines charakteristischen ‚Attentismus' (vgl. Pollak 1997, S. 109). Dem Bankprokuristen Fischel bleibt nur der Rückzug in eine innere Verweigerungshaltung. Die psychosomatischen Folgen seines Leidens an der rassistischen Diskriminierung sind nicht zu unterschätzen, führt sie doch zu einer weitgehenden Lähmung der eigenen Lebensfreude (vgl. MoE, 207). Auch die Ursachen für die Zerrüttung der Ehe Fischels liegen im grassierenden Antisemitismus (vgl. Wolf 2011, S. 809–816), der den sozialen Aufstieg des Mannes jüdischer Herkunft massiv behindert: Zwar sind die ominösen ‚Gründe' dafür, dass „die Laufbahn Leos zögernd auf dem Posten eines Börsendisponenten stecken geblieben war" (MoE, 203; vgl. MoE, 481), dem Opfer des Rassismus selber so peinlich, dass er sie sich nicht eingestehen, geschweige denn sie thematisieren will; sie lassen sich aber aus dem vom Erzähler eingenommenen analytischen Abstand in Fischels Herkunft ausmachen, die in Kakanien zur Zeit des permanenten antisemitischen Diskursterrors eine ‚normale' Karriere des Assimilanten extrem erschwerte oder gar verunmöglichte. Konfrontiert mit Diskursmächten, die stärker sind als er, wirkt Fischels zäher Kampf so aussichtslos wie anrührend. Zwischen Gerdas mythisch-irrationalem Antisemitismus und den zwar höchst rationellen, aber enttäuschten Aufstiegshoffnungen Klementines befindet er sich strukturell in einer doppelten Abwehrhaltung (vgl. MoE, 479). Am Beispiel seiner Romanfigur Leo Fischel exemplifiziert Musil die Auswirkungen des Antisemitismus auf eine Einstellung zur Welt, die als regelrechte – wenngleich vorerst kaum merkliche – Deformation des Opferhabitus unter dem unaufhörlichen Leiden an diskursiver Diskriminierung bezeichnet werden kann.

3.2.8 Ein ‚Trojanisches Pferd' des Militärs: General Stumm von Bordwehr

Die Suche nach einem biografischen Modell für Musils Generalsfigur führte zu verschiedenen Identifizierungen: Unter dem Oberbefehl des Feldmarschalls Svetozar Boroević von Bojna, mit dem ihn keine angenehmen Erinnerungen verbanden, hat Musil 1917 an der Isonzo-Front gekämpft und ihn in seinem unnummerierten Arbeitsheft charakterlich skizziert (vgl. Tb I, 335; dazu Corino 2003, S. 570–572 u. 900). Angenehmer verlief Musils Bekanntschaft mit Generaloberst Karl von Pflanzer-Baltin, der nach Kriegsende sein Tischnachbar in Eugenie Schwarzwalds Helmstreitmühle war (vgl. ebd., S. 900; Fanta 2000, S. 239); im Arbeitsheft 8 findet sich ein eigenwilliges Porträt (vgl. Tb I, 369 u. 371; dazu Corino 1988, S. 268). Bereits die knappe Charakterisierung zeigt, wie prekär Musils Blick auf den Offizier ist, denn einerseits wird dem als Inbegriff von Männlichkeit geltenden Krieger eine weibliche Erscheinung zugeschrieben, was die Vorstellung stabiler Geschlechtergrenzen ins Wanken bringt; andererseits aber entsprechen die dabei bemühten Kategorisierungen zwischen ‚männlichem Geist' und ‚weiblichem Gefühl' durchaus den traditionellen und von der Psychotechnik damals gerade wieder aktualisierten Stereotypen (vgl. Castex 1977, S. 231; Howald 1984, S. 302; Fanta 2000, S. 239; Kappeler 2008, S. 337f.). Im Anschluss an den erwähnten Hefteintrag hat Musil nachträglich noch einen Verweis auf Rittmeister „Horn" angefügt (Tb I, 369), die Vorläuferfigur des Generals im geplanten Roman. Aufgrund seiner prätentiös daherkommenden Unbildung erscheint der Vertreter des Militärs als komische Figur (vgl. Tb I, 399). Als weiteres Vorbild für Stumm wurde Rittmeister Paul von Hornbostel genannt, ein „Ausbildner" Musils „während seines Einjährig-Freiwilligen-Jahres in Brünn 1902/03" (Castex 1977, S. 233, Anm. 13; vgl. Corino 2003, S. 900f. u. 1726, Anm. 144). Am überzeugendsten erscheint der Hinweis auf den k. u. k. Hauptmann Max von Becher als historisches Modell für die romaneske Figur des Generals (vgl. Corino 1988, S. 374). Musil war ihm durch „eine fast vierzigjährige Freundschaft" verbunden, und Becher hat „aufgrund seines Bildungsgangs und seines Lebenslaufs" genug „Motive" geboten, „ihn als ‚philosophischen General' zu porträtieren" (Corino 2003, S. 901f.). Wie aus dessen Lebenslauf hervorgeht, bestehen zwischen seinem und Stumms Werdegang freilich erhebliche Unterschiede (vgl. ebd., S. 901–903), die es verbieten, historische Person und fiktionale Figur gleichzusetzen.

Über das genaue Alter der Figur gibt Musils Erzähler keine Auskunft. Aus den erwähnten biografischen Informationen lässt sich aber schließen, dass er wohl ein paar Jahre älter als Ulrich sein muss (vgl. KA, M VII/8/32), also Anfang vierzig: „Ulrich war ein einfallsreicher, unruhiger Leutnant in einer der beiden Schwadronen gewesen, die General Stumm seinerzeit als Oberstleutnant sanft geleitet hatte." (MoE, 346) Diese ‚sanfte Leitung' hat dem einstigen Vorgesetzten seinen ehemaligen Untergebenen viel dauerhafter verpflichtet, als es durch militärisch-autoritäres Gehabe möglich gewesen wäre. Auch in der ‚Parallelaktion' kommt dem zunächst isolierten General seine ‚sanfte' Art zugute. Kaum etwas wird über Stumms Herkunft berichtet. Aufgrund seines Adelstitels und des geringen Aufhebens, das seitens des Erzählers davon gemacht wird, kann man annehmen, dass er aus dem niederen Adel stammt (vgl. KA, M VII/8/32) – sonst hätte er im noch aristokratisch geprägten Kakanien geradliniger Karriere gemacht. Über Stumms Aussehen berichtet der Erzähler ironisch andeutend: „Er war ein nicht sehr stattlicher General mit einem kleinen Bauch und einer kleinen Lippenbürste an der Stelle des Schnurrbarts. Sein Gesicht war rund und hatte etwas von Familienkreis bei Abwesenheit jedes Vermögens über das in der Heiratsvorschrift für Truppenoffiziere geforderte hinaus." (MoE, 267) Die Hornbrille, die der General in brenzligen Momenten ausgiebig putzt (vgl. MoE, 595) und seine ‚wissenschaftliche' Messersammlung (vgl. MoE, 342) verweisen auf das Phänomen der ‚Ersatzhandlung' für die beim Militär erlittenen Demütigungen sowie für sein unbefriedigendes privates Leben (vgl. Bonacchi 1998, S. 287f.; Wolf 2011, S. 530f.).

Stumms beruflicher Werdegang wird in ungewöhnlicher Ausführlichkeit entfaltet, was auf die herausgehobene Stellung der Figur verweist: „Er hatte ursprünglich bei der Kavallerie gedient, aber er war ein untauglicher Reiter; seine kleinen Hände und Beine eigneten sich nicht zur Umklammerung und Zügelung eines so törichten Tiers, wie es das Pferd ist, und es fehlte ihm auch der befehlshaberische Sinn" (MoE, 342; vgl. MoE, 345 u.ö.). Schon bei einem seiner ersten Auftritte im Roman wird dem nunmehrigen General auffallende Tölpelhaftigkeit beschieden, die für die textstrukturelle Funktion der Figur insgesamt eine wichtige Rolle spielen wird. Außerdem legt Stumm, der behauptet, dass die „Jahre des humanistischen Studiums die schönsten seines Lebens gewesen seien" (MoE, 267), überraschende Bildungsbeflissenheit an den Tag. Der General hegt eine militärisch untypische Vorliebe für Schöngeistiges und Kunst, ja betreibt diese sogar aktiv (vgl. MoE, 342f.). Die ironisch inszenierte Abweichung vom Lebenslauf Bechers dient Musil dazu, kakanisches Kolorit zu erzeugen, veranschaulicht er damit doch die von Walter inkriminierte und von Ulrich zeitweise verteidigte „österreichische Staatsphilosophie des Fortwurstelns" (MoE, 216; vgl. MoE, 361). Letztlich behält Stumm zeitlebens einen zivilen Habitus bei und vertritt der erzählerischen Suggestion zufolge eine charakteristische Ausformung des kakanischen Offiziers (vgl. MoE, 342). (→ V.8 *Militär*) Genau dieser Habitus gereicht Stumm eines Tages zu einem entscheidenden Vorteil, weil er ihn zum „Leiter der Abteilung für Militär-Bildungs- und Erziehungswesen im Kriegsministerium" (MoE, 341) – und damit auch für dessen Vertretung in der zivilen Welt der ‚Parallelaktion' – prädestiniert (vgl. MoE, 344). Der ungeahnte soziale Aufstieg bewirkt das subjektive Empfinden von „Glück", das Stumms ganzes Leben verändert (ebd.) und den unglücklich verheirateten General zum heimlichen Verehrer Diotimas werden lässt. Diese freilich ist über Stumms „Schwärmerei" (MoE, 345) wenig erfreut. Nicht von ungefähr verspürt sie eine eigenartige und rätselhafte Beklemmung (vgl. MoE, 268).

Musils Erzähler belässt es nicht bei indirekten Andeutungen einer von Stumm ausgehenden diffusen Gefahr, sondern fügt ausdrücklich die Bemerkung an, dass Diotimas Beunruhigung berechtigt sei (vgl. ebd.). Worin die drohende Gefahr besteht, bleibt allerdings vorerst im Dunkeln, was die Spannung aufmerksamer Leser und Leserinnen stimuliert (vgl. Cesaratto 2009, S. 194f.).

Explizit wird hingegen die völlige Harmlosigkeit des Generals suggeriert (vgl. MoE, 377). Gerade im Blick auf den prekären Zusammenhang von Ordnung und Geist, den er beharrlich zu ergründen sucht, erweist sich der General als intellektuell unbeweglich und zunehmend sogar geistfeindlich eingestellt (vgl. Castex 1977, S. 226f.; Howald 1984, S. 304f.; Pennisi 1987/88, S. 169–193; Honold 1995a, S. 341–350). (→ IV.1 *Militärische Ausbildung*) Ein so unflexibler Denker scheint aus Sicht des intellektuellen Erzählers kaum dazu angetan, eine wirkliche Gefahr für die romaneske Gesellschaft darzustellen. Dem entsprechen auch zahlreiche Befunde der Forschung, die Stumms Militarismus meist ebenso wenig ernst genommen hat wie die Möglichkeit, dass er mit seiner ostentativen Behäbigkeit eine Taktik verfolgt (vgl. Hochstätter 1972, S. 54; Moser 1980, S. 180 u. 187; Howald 1984, S. 302). Just der aus ihrer intellektuellen Beschränkung entstehende Eindruck grenzenloser Naivität ermöglicht der Figur des Generals jedoch das beiläufige Aussprechen diskursiv ‚unsagbarer' bzw. unerhörter Wahrheiten (vgl. MoE, 464f., 1020 u. 1450). Der vorderhand brave Stumm dient *einerseits* romanintern als Katalysator des Außerdiskursiven, wodurch er in mancher Hinsicht an die erzählerische Funktion der traditionellen Romanfigur des Tölpels bzw. des Schelms oder Pikaros erinnert (vgl. Wolf 2011, S. 538f.). Im nachgelassenen Kapitelentwurf „Beschreibung einer kakanischen Stadt" entwickelt er sogar eine – freilich auf provokante Weise wertfreie oder gar versteckt affirmative – Analyse des Niedergangs des kakanischen Liberalismus und seiner Verdrängung durch das Prinzip der „Eingeistigkeit" bzw. des „Führers" (MoE, 1450–1453). Wie solche Beispiele zeigen, kann Musil Ulrich sowie den Erzähler und auch sich selbst als Autor vor politisch (zu) eindeutigen Stellungnahmen – und damit vor möglichen Festschreibungen – bewahren, indem er seine zumindest für die damaligen Verhältnisse provokanten Diagnosen nicht ihnen, sondern dem tölpelhaften General in den Mund legt und diesen sogar zum ‚Sprachrohr' eigener Positionen macht (vgl. Menges 1982, S. 145; Howald 1984, S. 304; dagegen Kühn 1965, S. 83–85).

Andererseits ist eine weitere, ja vielleicht *die* zentrale handlungskonstitutive Funktion Stumms damit noch nicht erfasst. In den Entwürfen zu einem Essay mit dem Arbeitstitel „Das Ende des Krieges" aus der unmittelbaren Nachkriegszeit begegnet Musil dem damals florierenden, naiven politischen und literarischen Antimilitarismus mit folgendem Aufruf zur Differenzierung: „Die Pazifisten sind schlechte Gegner des Militarismus, weil sie Defaitisten sind. Sie müssen ihn erst verstehen." (GW II, 1345) Getreu dieser Maxime gestaltet er den Vertreter des Militärs im *MoE*, denn Stumms plakative Tölpelhaftigkeit erscheint als Teil einer geschickten politischen Taktik (vgl. Honold 1995a, S. 345; Cesaratto 2009, bes. S. 197f., 200f. u. 204): Sie erlaubt ihm, die in der ‚Parallelaktion' vorhandenen Widerstände gegen eine Aufrüstung und Militarisierung Kakaniens zu hintertreiben (vgl. Honold 1995b, S. 169). Stumm fungiert als ‚Trojanisches Pferd' des Militärs innerhalb der weniger den „Allerhöchsten Kriegsherrn" (MoE, 342) als vielmehr den „88jährigen Friedenskaiser[ ]" (MoE, 88) feiernden ‚Parallelaktion' (vgl. Honold 1995a, S. 344f.), wozu er den Anschein von Dummheit – bewusst oder unbewusst, aber effizient – instrumentalisieren kann (vgl. Cesaratto 2009, S. 184). Ein Grund für die von Musil bestätigte „warmgetönte", ja sympathische Zeichnung des Generals (an Else Meidner, 3.3.1933, Br I, 564) liegt offenbar in diesem Umstand, der auf die „Heterogenität" der figuralen „Entstehungsgeschichte" zurückgeführt wurde (vgl. Castex 1977, S. 229), darüber hinaus aber auf ein folgenreiches soziologisches Charakteristikum verweist: Der gutmütige Stumm eignet sich zur Verkörperung des auch und sogar das Militär zunehmend erfassenden ‚strukturellen Herrschaftsmodus' der Moderne besser als ein unsympathischer bzw. autoritärer ‚Blutgeneral', wie er die österreichisch-ungarische Armee realiter geprägt hat (Boroević, Pflanzer-Baltin). Dass dem Autor daran gelegen war, im Kontrast zur historisch verbürgten Brutalität vieler militärischer Entscheidungsträger einen dezidiert ‚modernen' Offizier zu zeichnen, geht aus seiner Befürchtung hervor, sein fiktionaler „Vorkriegsgeneral" werde angesichts fortschreitender realhistorischer Verflechtungen zwischen dem militärischen und dem ökonomisch-industriellen Komplex allmählich „unmodern" (Tb I, 841). (→ V.8 *Militär*)

Dass es sich bei dem „schlapper" als preußische Generäle (MoE, 404) wirkenden Stumm von Bordwehr allem sympathischen Anschein zum Trotz tatsächlich um den konsequenten Vertreter einer das abstrakte militärische Systeminteresse stützenden Form der Macht handelt, zeigt Stumms „*spätere Wandlung*", die das für ihn bisher unerreichbare ‚eigentliche' Ziel seiner „Surrogatbefriedigungen" (KA, M VI/1/144) wieder an den Tag befördert (Pennisi 1987/88, S. 197) und deren (von Musil nicht mehr ausgeführte) ideologische Konsequenz etwa auf einem Schmierblatt aus dem Jahr 1932 dokumentiert ist: „General (auch mit Abwendung von Diotima) immer antiintellektualistischer: Triebkräfte, Blutkräfte" (KA, M VII/14/36). Die in den hier skizzierten Aussagen (vgl. auch KA, M II/7/1) ideologisch verbrämte Wendung des Generals vom Anhänger des Zivilgeists zum offenen Vertreter einer gewaltsamen Ordnungsvision lässt ihn als „Musterschüler des Umkehrprinzips" nach dem von Walter Fanta (2005, S. 238) diagnostizierten Verfahren einer „Totalinversion der Nebenfiguren" erscheinen.

3.3 Frauenfiguren

Die Interferenz von erzählter Zeit und Erzählzeit des *MoE* ist hinsichtlich der Frauenfiguren von großer Bedeutung, weil sich das Frauenbild sowie das Geschlechterverhältnis in Mitteleuropa nach dem Ersten Weltkrieg erheblich zu wandeln begannen. (→ V.6 *Geschlechterrelationen*) Während „die Rollen im Alltag" der Vorkriegszeit im Großen und Ganzen zunächst „noch klar verteilt" waren, fingen nun „in der Kunst [...] die Bilder zu gleiten" an und suggerierten zumindest auf symbolischer Ebene „eine ästhetische sexuelle Revolution"; zeitgleich tauchte auch „im öffentlichen Diskurs [...] neben der ‚sozialen' eine ‚sexuelle' Frage auf" (Hanisch 1994, S. 256). Während der Aktivismus der vor und um 1900 entstandenen Frauenrechtsbewegung „seinen Ausdruck vor allen Dingen in der Produktion von Schriften" fand (Pollak 1997, S. 221), betont Musil in seinem einschlägigen Essay *Die Frau gestern und morgen* (1929) die emanzipatorische Wirkung des Kriegs und der Mode (vgl. GW II, 1197) – also sozialer bzw. kultureller Phänomene. (→ III.2.1 *Essays*; V.11 *Mode*) Die Provokation, die in dieser (inzwischen gängigen) Bewertung (vgl. Frevert 1986, S. 146–163; Bovenschen 1990, S. 14–16) für die damalige Frauenbewegung lag, wird von ihm sogar noch forciert:

> Die Frau hat sich auch nicht in der Weise freigemacht, daß sie dem Manne Tätigkeitsgebiete abnahm, wie es früher den Anschein hatte, sondern ihre entscheidenden Taten waren, daß sie sich seiner Vergnügungen bemächtigte und daß sie sich auskleidete. Erst in dieser Phase ist die neue Frau aus dem Ausnahmezustand der Literatur und aus der Separation der Lebensreformerei vor die Augen des Volks getreten und rasch zur Wirklichkeit geworden […]. (GW II, 1197)

Der historische Weg zu einer ‚Befreiung' der Frau führte demzufolge dialektisch über den Mann – eine provokante Sichtweise, die aber der Vorstellung einer Interdependenz komplementärer Geschlechterkonzeptionen entspricht. Musil beschreibt „den Zustand, wie er augenblicklich ist", kritisch (GW II, 1198). In seinen Worten offenbart sich nicht Häme des männlichen Beobachters, der um die „unhaltbare rechtliche Stellung der Frau" weiß (GW II, 1197; vgl. dagegen Schwartz 1997, S. 321), sondern eine historische Realität im ersten Drittel des 20. Jahrhunderts. 1929 hält Musil die „inzwischen eingetretenen Veränderungen" der Frauenrolle für unumstößlich (GW II, 1196f), und sie gereichen ihm auch keineswegs zum Anlass einer Klage: Wenn er gönnerhaft erwähnt, dass die ‚neue Frau' „noch ein wenig mädchenhaft unsicher bei ihrem neuen Tun" sei, dass sie „im Durchschnitt" nur „bis zur Mitte des Gymnasiums und der Universität" studiere und nach wie vor eher „die unkontrollierbaren Berufe" bevölkere (GW II, 1198), dann handelt es sich einerseits um eine historische Momentaufnahme, die zu weiteren emanzipatorischen Bemühungen Anlass gibt, andererseits um den Hinweis auf das damals besonders bedrohliche „Risiko, in angefertigte Maßstäbe zurückzufallen" (Fanelli 1996, S. 192), das in der realen Geschichte wenige Jahre später ungeahnte Aktualität erhalten sollte. Die ambivalente Stellung der Frau während des ersten Emanzipierungsschubs der Zwischenkriegszeit geht auch aus einer ironischen Äußerung Leo Fischels hervor, der in den Kapitelgruppen-Entwürfen der 1920er Jahre angesichts einer von ihm ausgehaltenen „Tänzerin", hintersinnig und mit einigem Zynismus bemerkt: „Das ist die neue Frau. Sie ist schöner als wir, sie ist geschickter als wir, und ich glaube, wenn ich mit ihr boxen wollte, würde ich mir bald den Bauch halten. Das einzige, worin ein Mann stärker ist als die Frau heute, ist Geldverdienen!" (MoE, 1605f.)

Vor der Folie dieses zwiespältigen Befunds erfolgt die erzählerische Ausgestaltung der weiblichen Romanfiguren, insbesondere deren Entwicklung gegen Ende des *MoE*. Anachronismen nicht scheuend, zeichnet Musil unterschiedliche Frauentypen und stattet sie sowohl mit Charakteristika der Vorkriegsgesellschaft als auch mit solchen der 1920er Jahre aus. Er tut dies aus männlicher Perspektive, was textintern betrachtet nicht nur eine Folge der auktorialen Erzählsituation ist, sondern auch der zentralen Position Ulrichs im Romangeschehen. Dabei entwickelt er Beschreibungen und Analysen, die in gendertheoretischer Hinsicht Interesse beanspruchen können, weil sie die Verbindung des „menschliche[n] Körper[s] […] mit einem bestimmten System von Vorstellungen und Gefühlen" als historisch variable Größe fassen (GW II, 1198). Musils Skepsis ist dabei nicht zu überhören und deutet darauf, „daß das Karussell von Projektionen und Imaginationen, von Wünschen, Ängsten und Sehnsüchten um die Frau weiter in Gang gehalten wird." (Fanelli 1996, S. 194) Davon unbenommen bleibt die utopisch-literarische Suche nach dem ‚neuen', ‚anderen Menschen' auch und gerade in der Frau, mit der Musil seiner eigenen Prägung durch damalige Rollenmuster projektiv zu entkommen trachtet (vgl. GW II, 1198f.).

3.3.1 Varieté und Prostitution: Ulrichs erste Geliebte Leona

Ulrichs Auswahl seiner Liebschaften entspricht nicht dem bürgerlichen Verhaltenskodex, vielmehr dessen verdrängter Seite (vgl. Neymeyr 2005, S. 201–206). In besonders krasser Weise gilt das für die zuerst eingeführte und dann als Figur fallengelassene Leona. Das Kapitel I/6 wirkt in mancher Hinsicht gar „wie ein Fremdkörper" im Romankosmos und wurde „ganz frühen Entwürfen zum Roman entnommen" (Pekar 1989, S. 187). Tatsächlich tritt Leona in den fertiggestellten Romanteilen kein weiteres Mal mehr auf, was eine strukturelle Besonderheit darstellt, während sie in den Entwürfen zum Romanschluss als späte und wenig schmeichelhafte Geliebte Leo Fischels (vgl. MoE, 1497f. u. 1552–1557) und zuletzt sogar Arnheims (vgl. MoE, 1605 u. 1618) wiederkehrt. Bei genauerer Betrachtung erscheint Leona in der ‚kanonischen' Endfassung des Textes gegenüber den überlieferten Vorstufen jedoch in entscheidender Hinsicht verändert. Sie erfüllt eine „Funktion für die Charakterisierung Ulrichs", und die „Konsequenz [...], mit der Musil durch alle Phasen des Romanprojekts hindurch daran festhält, den Roman und seinen Helden mit der Leona-Episode einführend zu charakterisieren, weist auf deren besondere Bedeutung hin." (Howald 1984, S. 196) Als historisches Modell dieser Episode wurde eine nicht näher identifizierte Brünner Jugendbekanntschaft vermutet, von der Musil im Entwurf einer Erzählung berichtet (vgl. Tb I, 4–7; dazu Corino 2003, S. 843–847). Psychoanalytisch wurde Leona als „eine Manifestation des Mütterlichen" gedeutet, als „ein Seitenstück" von Musils „Rache an der Mutter" (Fanta 2000, S. 180), und motivgeschichtlich als Nachfolgerin einer griechischen Muse (vgl. Mülder-Bach 2013, S. 90f.).

Leona ist 24 Jahre alt (vgl. MoE, 23) und in ihrer äußeren Erscheinung „groß, schlank und voll", aber „aufreizend leblos" (MoE, 21), worin sich eine Tendenz zur „Entwirklichung" (Neymeyr 2005, S. 265) manifestiert, die ihr auch sonst anhaftet. Sie stammt aus kleinbürgerlichen Verhältnissen (vgl. MoE, 22). Habituell fällt sie nicht allein durch ihre ‚Faulheit und Arbeitsscheu' auf, sondern auch durch eine extreme Langsamkeit in allen Belangen. Daneben ist sie von einer „unzeitgemäße[n] Eigenschaft" (ebd.) gekennzeichnet, durch die sie aus dem gesamten Romanpersonal hervorsticht und die Musil in apokryphen Entwürfen indezent als ungeheure „Gefräßigkeit" beschreibt (KA, M II/1/98), was als metafiktionaler Verweis auf den Roman als alles vermengende „Wurstmaschine" (an Franz Blei, 31.7.1929, Br I, 449) gedeutet wurde (vgl. Mülder-Bach 2013, S. 102). Nicht nur die Erzählinstanz zeigt hier wenig Empathie; auch der „Umgang des Protagonisten mit der Sucht dieser Frau hat etwas von der Kälte des psychologischen Experiments, bei der er genau die Bedingungen kontrolliert, Sanktionen ausspricht und Stimuli für die Helfer setzt" (Corino 2003, S. 845). Eine mittelbare Folge ihres unzeitgemäßen Lasters ist Leonas bereits in jungen Jahren einsetzender Verkehr mit finanzkräftigen Männern (vgl. MoE, 22). Durch ihre Leidenschaft, die sie aufgrund ihrer bescheidenen Herkunft und sozialen Situation und der für Frauen beschränkten Möglichkeiten nur durch den Umgang mit dem anderen Geschlecht befriedigen kann, gerät sie in ein spezifisches gesellschaftliches Umfeld: Leona tritt bald „in den untersten Singhöllen" (MoE, 23) auf, verdient ihren Lebensunterhalt im Varieté und durch Prostitution (vgl. ebd.). Gegenüber dem von Musil begrüßten neuen, selbstbewussten und selbstbestimmten Frauentypus der Zwischenkriegszeit erscheint Leona als „veraltete Frau" (GW II,

1193). Zwischen Ulrich und ihr besteht ein gewaltiger sozialer und intellektueller Unterschied, der ihr offenbar gar nicht bewusst ist (im Modus erlebter Rede legt Musil die soziale und intellektuelle Beschränktheit von Leonas Perspektive offen, vgl. MoE, 24) – umso mehr aber ihm, der „das öffentliche Auftreten mit Leona" deshalb zu vermeiden sucht (ebd.). Ulrich behandelt sie generell eher wie eine Jagdtrophäe als wie einen Menschen (vgl. MoE, 21f.). Wenn der Erzähler maliziös formuliert, dass Ulrich „ihre Fütterung gewöhnlich in sein Haus" (MoE, 24) verlegt habe, verfestigt sich die Assoziation eines Tieres. Am Beispiel dieser schematisch gezeichneten Beziehung wird Ulrichs aggressiver Blick auf Frauen veranschaulicht, der sie in erster Linie als Beute und Sexualobjekt wahrnimmt. Die traditionell dem männlichen Part zugeschriebene ‚animalische' Struktur eines Begehrens, das nicht nach dem Begehren des ‚Anderen' strebt, sondern nur nach Objektbesitz, steht in Analogie zu der von Ulrich kritisierten ‚scholastischen Vernunft' (vgl. Wolf 2011, S. 636f. u. 653). Indem Musil die Vorstellung eines nicht ‚anerkennenden' Begehrens (vgl. Kojève 1988, S. 36f.) objektiviert, statt sich damit zu identifizieren, distanziert er sich freilich analytisch von seinem männlichen Protagonisten.

Im Unterschied zu anderen Frauenfiguren des *MoE* besitzt Leona selbst „eine vollkommen sachliche Auffassung der sexuellen Frage" (MoE, 23): Sexualität ist für sie vor allem ökonomisch bedeutsam, hat jedoch wenig mit Gefühlen oder gar mit Moral zu tun. Der Erzähler räumt ein: „Freilich, wenn man es durchaus Prostitution nennen will, wenn ein Mensch nicht, wie es üblich ist, seine ganze Person für Geld hergibt, sondern nur seinen Körper, so betrieb Leona gelegentlich Prostitution." (ebd.) Letztere hat zwar teil an dem von Musil apostrophierten ‚Liebesbetrieb' (vgl. MoE, 22), indem sie „die vom übrigen Leben abgespaltene Sinnlichkeit organisiert und der Logik der Tauschgesetze (des Geldes) unterwirft" (Pekar 1989, S. 187), unterscheidet sich jedoch nur partiell von anderen Formen des gesellschaftlichen Tauschverkehrs. Dabei irritiert die unkonventionelle Sichtweise des Erzählers eingeschliffene moralische Bewertungskriterien der Zeitgenossen, indem sie die soziale Indizierung der Prostitution in Frage und unterschiedliche Perspektiven einander gegenüber stellt (vgl. MoE, 23). Die Entstehungsgeschichte des Kapitels zeugt gemeinsam mit der ideologiekritischen Stoßrichtung des essayistischen Darstellungsverfahrens von der Arbeit Musils an einer „stärkeren sozialen Fundierung" der ersten weiblichen Romanfigur: An ihr lässt sich eine „Zurückdrängung moralischer Wertungen" bzw. klarer „Erzählerurteile" und eine mit dem „Einbau sozialer Erklärungsmomente" einhergehende Verschiebung der „Kritik von Leona hin zu Anders/Ulrich" ablesen (Howald 1984, S. 194f.; vgl. ebd., S. 198; dagegen Mülder-Bach 2013, S. 89 u. 95). Die romanstrukturelle Funktion der Figur wurde dahingehend bestimmt, dass Ulrich durch die Beziehung zu ihr „auf ‚niedrigstem' Niveau" in „die gesellschaftliche Liebesordnung" eintrete (Pekar 1989, S. 187). Am Beispiel der mit ‚unzeitgemäßen Eigenschaften' ausgestatteten Leona exemplifiziert Musil im Roman die in seinem Essay *Die Frau gestern und morgen* erörterte Frage nach dem Ort der ‚veraltete Frau' in der modernen Welt bzw. nach der Wirkung „alter Modebilder", „auf denen die Frauen so unverständlich lächerlich aussehen, daß einem die Gegenwart […] als ein Wunder der Neuzeit vorkommt" (GW II, 1193). (→ V.11 *Mode*) Konsequent scheint in diesem Zusammenhang der Umstand, dass Leona von Ulrich „schonungslos (ohne innere Regung) verlassen wird" (Hartwig 1998, S. 105).

3.3.2 Ehefrau und ‚Nymphomanin': Ulrichs zweite Geliebte Bonadea

Obwohl Bonadea wie Leona zunächst keinem der drei großen (um Diotima, Gerda und Clarisse angeordneten) „Kommunikations- oder Beziehungsfelder" des Romans angehört, „in deren Mittelpunkt jeweils eine weibliche Figur steht" (Pekar 1989, S. 189f. u. 180), tritt sie in den kanonischen Romanteilen regelmäßig auf (in den Kapiteln I/7, 12, 29, 31, 33, 63, 98, 109 u. 115 sowie II/17, 23 u. 36; vgl. Böhme 1974, S. 268–275; Neymeyr 2005, S. 256–261). In den Fortsetzungsentwürfen und Druckfahnen-Kapiteln ist sie hingegen nur noch sporadisch präsent (vgl. MoE, 1190; KA, M II/1/30–33; dazu Fanta 2015, S. 285–293). Daneben existieren fallengelassene Entwürfe und Vorabveröffentlichungen zum Bonadea-Komplex aus einer frühen Entstehungsphase (vgl. MoE, 1972–1976 u. 2021f.). Als Modell hat man die Gräfin May Török ausgemacht, die in einen Harem eintrat und zwischen 1900 und 1913 als ‚Vizekönigin am Nil' residierte, bevor sie einer Palastintrige anheimfiel (vgl. Howald 1984, S. 200; Corino 2003, S. 847f.). Die Adelige, die sich „in ihrer männermordenden Schönheit für eine Reinkarnation Kleopatras" hielt, kehrte 1913 nach Wien zurück, wo sie ihre sexuellen Bedürfnisse ausleben konnte (ebd., S. 848). In den frühen Notizen zu Musils Roman (vgl. MoE, 1945) finden sich noch Spuren dieser exotischen Konstellation, die Musil zur begeisterten Feststellung inspirierte: „Das ist endlich ein pendant zu Balzacs Kurtisanen." (Tb I, 429) Der weitere Schreibprozess hat die weibliche Figur restlos „verbürgerlicht" (Tb I, 430) und europäisiert (vgl. Corino 2003, S. 848f.).

Im *MoE* ist die zunächst inkognito auftretende Dame „bloß um weniges jünger" als Ulrich, „also vielleicht dreißig Jahre alt" (MoE, 28), und – im Unterschied etwa zur kaum älteren Diotima (vgl. MoE, 810) – bereits „zärtliche Mutter zweier schönen Knaben" (MoE, 42; vgl. MoE, 259). Ihr Aussehen und Habitus werden als feminin gezeichnet: Sie ist eine auffallend „schöne Frau" (MoE, 28), hat „Augen wie weiches Löschpapier" (MoE, 881) sowie „große[ ] Brüste, die ihr […] immer etwas hinderlich und beschämend, weil allzu weiblich vorgekommen waren" (MoE, 525); sie liebt „Kleider und Äußerlichkeiten mit einer Art Zwang" (MoE, 524), der nicht der einzige in ihrem Leben ist. Der Erzähler führt Bonadea als „Gattin eines angesehenen Mannes" (MoE, 42) bzw. eines hohen Funktionärs (vgl. MoE, 533) ein. Erst relativ spät erfährt auch Ulrich, dass es sich bei Bonadea um die „Frau des Gerichtspräsidenten" (MoE, 819; vgl. MoE, 43 u. 522) handelt. Zu diesem Zeitpunkt hat er seine Geliebte – wie ihre ‚Vorgängerin' Leona – längst mit ihrem ironischen Namen ausgestattet, den Musil vielleicht aus Johann Jakob Bachofens Untersuchung *Das Mutterrecht* (1861) kennt (vgl. Boss 2013, S. 84) und der im weiteren Romanverlauf vom Erzähler einfach übernommen wird, ohne dass man ihren bürgerlichen Namen überhaupt erfährt (vgl. MoE, 41 u. 522). Wie Walter, Arnheim, Clarisse oder Diotima strebt Bonadea „nach großen Ideen" (MoE, 41) und hat gewaltigen „Ehrgeiz" (MoE, 522). In Differenz zu ihrem zeitweiligen Geliebten verfügt Bonadea aber über keinen ‚Möglichkeitssinn' – und sei er auch nur auf die stets veränderliche Kleidungsmode bezogen (vgl. MoE, 524f.). Die aufgrund ihres steten Wandels ontologisch kontingente und mittelbar „in Beziehung zur Sexualität" (Howald 1994, S. 205) stehende Mode wird von Bonadea nicht als Angebot und Medium spielerischer Selbstinszenierung wahrgenommen, sondern als notwendiger „Ausdruck bestimmten Charakters, Grundsätze, Milieus", mithin als „ein nach außen Kehren der sozialen Bedeutung" (*Mode*, GW II, 806f.) und „geistige Entlastung" (MoE, 527). (→ V.11 *Mode*)

Während Ulrich prinzipiell nicht bereit ist, ‚Unmögliches' überhaupt zu statuieren, hält sich Bonadea ohne jeden Vorbehalt an den jeweils herrschenden „Zwang der Welt" bzw. an das jeweils „naheliegende Gefühl" (MoE, 120). Dementsprechend hat sie „das feste Vertrauen in eine öffentliche Ordnung, die so gerecht sei, daß man, ohne an sie denken zu müssen, seinen privaten Angelegenheiten nachgehen könne" (ebd.). Die gewaltige habituelle Differenz zwischen den beiden manifestiert sich in einem konträren Verhältnis zur Sprache und zu den überkommenen sozialen Vorstellungen und Verhaltensweisen, ja zur gesamten herrschenden Doxa der erzählten Zeit (vgl. MoE, 42). In der ironischen Charakterisierung anhand „bildungsbürgerlicher Sprech- und Denkweise" (Howald 1984, S. 205) manifestiert sich ein Hiat zwischen Bonadeas hochfahrenden, äußerst rigiden moralischen Ansprüchen und ihrer relativ disziplinlosen sozialen bzw. sexuellen Praxis (vgl. MoE, 120). Ihre ungewöhnliche Erregbarkeit durch Männer (vgl. MoE, 42) ist in einer epochen- und gesellschaftstypischen Ehekonstellation begründet (vgl. dazu bereits Tb I, 430), die der Erzähler selbst sozialpsychologisch herleitet (vgl. MoE, 43). Die kritische Erzählerdiagnose wird von Musils psychologischem Gewährsmann Ernst Kretschmer bestätigt, demzufolge „*ungünstige Eheverhältnisse*" häufig „neurotische Seelenkonflikte zur Folge haben" (Kretschmer 1922, S. 119). Der Psychologe betont, dass unbewältigte Konflikte dieser Art „bei nervös-empfindlichen Menschen eine unerschöpfliche Quelle von dynamischen Verwirrungen der seelischen Apparate" bilden (ebd.). Entsprechendes ist bei Bonadea zu beobachten, was auf ihre habituell konstitutive ‚generative Formel' schließen lässt: Sie hat ständig neue Affären, die mit einem psychischen Dilemma einhergehen, indem sie an einen Menschen gekettet bleibt, den sie verachtet, und sich zugleich an wechselnde andere Menschen bindet, die sie verachten und ihr deshalb auch keinen dauerhaften Ausweg bieten (vgl. Pekar 1989, S. 191). Bezeichnenderweise wird die zeittypische Diagnose der Nymphomanie, die auch Ulrich in einem schwachen Augenblick zur Selbstrechtfertigung bemüht (vgl. MoE, 820), vom Erzähler gleichsam ‚gegendert', indem er die angebliche ‚körperliche Übererregbarkeit' Bonadeas als „Täuschung" und „Einbildung" qualifiziert (MoE, 43). Die erzählerische Kritik erstreckt sich auch auf das Verhalten Ulrichs und anderer männlicher Nutznießer dieser Konstellation (vgl. MoE, 42). Im weiteren Verlauf der Darstellung findet sich die sozialpsychologische Motivierung der ‚Nymphomanie' durch eine psychopathologische Diagnose ergänzt, wobei der Befund in eine Analogie zu anderen widersprüchlichen Verhaltensweisen und Formen von „Doppelleben" bis zu bipolaren Störungen im klinischen Sinn gebracht wird (MoE, 42). Die Analysen des Erzählers erfolgen aus männlicher Optik, welche gegenüber Bonadea in erster Linie von Ulrich vertreten wird.

Die Entstehung ideologischer Strukturen lässt sich bei Bonadea aus der Nähe betrachten: Es handelt sich bei ihrem arg- und ahnungslosen Ehemann um einen fantasiearmen und unmusischen, ja empathielosen Angehörigen des gehobenen Bürgertums (vgl. MoE, 43 u. 261). Seine Gattin kann mit ihren zwischen gesellschaftlichem „Ehrgeiz" und sinnlichen „Verlockungen" changierenden sozialen, moralischen, kulturellen und erotischen Ansprüchen an ihm kein Genügen finden (vgl. MoE, 522). In charakteristischer Weise scheint die weibliche Angehörige des kakanischen Bürgertums in zwei unterschiedliche Seelenzustände gespalten, die als Schwundstufe der romankonstitutiven Unterscheidung zwischen ‚normalem' und ‚anderem Zustand' nur um den Preis eines atavistischen Irrationalismus oberflächlich homogenisiert werden können. Die historisch verbürgte, ideologisch unvermittelte und unvermittelbare Trennung der Lebenssphären in eine offizielle Tages- und eine verborgene Nachtseite ist insofern auch von Relevanz, als sie *pars pro toto* für jene ungleichzeitige Habitusform des 20. Jahrhunderts steht, die öffentlich noch traditionellen Moralvorstellungen huldigt, während man sich im privaten Leben längst schon davon entfernt hat.

Eine weitere romanstrukturelle Funktion Bonadeas für die ‚gesellschaftliche Liebesordnung' besteht darin, dass sie als „fürsorgende, mütterliche Begleiterin Ulrichs ‚auf dem unteren Weg' […], d.h. auf dem Weg des gesellschaftlichen Liebesverständnisses", die nächsthöhere Stufe nach Leona vertritt (Pekar 1989, S. 197, unter Verweis auf MoE, 581). In dieser Hinsicht sticht ihre Komplementarität zu Ulrichs erster Geliebten hervor, die Musil selbst als chiastischen „Gegensatz" der beiden Figuren konzipiert hat: „die Kokotte, der er statt Liebe Essen gibt, und die Anständige, der er statt Ideale Sexus gibt" (MoE, 1994; dazu Corino 2003, S. 850). Überdies ist es die größere Wandlungsfähigkeit, wodurch sich Bonadea von der relativ starren, weil sozial noch stärker dominierten Leona habituell unterscheidet (vgl. Pekar 1989, S. 190). Dennoch besteht ihre „funktionale Bedeutung" auch weiterhin „darin, Ulrichs immer noch (und immer wieder) vorhandene Ziellosigkeit und Instabilität praktisch vorzuführen" (Howald 1984, S. 206). Hinsichtlich Bonadeas „reicht Ulrichs Empfindung nicht viel weiter als bis zum Gerührtsein. Denn Bonadeas willenlose Sinnlichkeit vermag Ulrich zwar hinzureißen, verhindert aber nicht, daß er bald von dem Theater ihrer Weiblichkeit entschieden enerviert ist." (Hartwig 1998, S. 106) Dieses ungleiche Verhältnis ermöglicht zahlreiche Konfrontationen, die im Roman auf erzählerisch reizvolle Weise entfaltet werden (vgl. Wolf 2011, S. 825–844).

Insgesamt ist zu Leona und Bonadea festzuhalten, dass das *tertium comparationis* zwischen den beiden Frauenfiguren in dem ihnen gegenüber an den Tag gelegten männlichen Sadismus Ulrichs besteht (vgl. Corino 2003, S. 850) bzw. in der defizitären Begehrensstruktur des männlichen Protagonisten nach Kojève (vgl. auch Tb II, 597; MoE, 1976). Im Verlauf des Schreibprozesses greift Musil um 1924/25 den Gedanken von den ‚Zeitfiguren' wieder auf (vgl. MoE, 1994f.). Wie ein Vergleich der verschiedenen Fassungen zeigt, werden die jeweiligen Habitus der beiden Geliebten Ulrichs sukzessive soziologisch bzw. sozialpsychologisch fundiert (vgl. Howald 1984, S. 194f., 198 u. 203), wodurch auch der Abstand zu Ulrich stärker zum Ausdruck kommt und als Kontrastfolie dient. Vor diesem Hintergrund betrachtet, überrascht es nicht, dass die Beziehungen zwischen Leona bzw. Bonadea und Ulrich in freilich unterschiedlichem Ausmaß und trotz aller Ansprüche des ‚Möglichkeitssinns' instabil, weil soziologisch höchst ‚unwahrscheinlich' sind und nicht von ungefähr jeweils auf überschaubare Lebensabschnitte beschränkt bleiben.

3.3.3 Kunst und Wahnsinn: Clarisse

Im Arbeitsheft 8 (1920) formuliert Musil folgendes ästhetisches Pensum für sein Romanprojekt: „Einen Menschen ganz aus Zitaten zusammensetzen!" (Tb I, 356) Die Figur des *MoE*, deren narrative Gestaltung dieses forcierte Erzählkonzept nicht nur kursorisch (wie bei Arnheim oder Diotima), sondern tatsächlich über weite Strecken einlöst, ist Walters Ehefrau Clarisse, wie mit Blick auf Nietzsche gezeigt werden konnte (vgl. Müller 1972, S. 123–126; Howald 1984, S. 223–241; Neymeyr 2005,

S. 159–188). (→ VIII.5 *Intertextualität*) Clarisse ist freilich nicht nur additiv aus Nietzsche-Zitaten zusammengesetzt, sondern als eigenständige Figur profiliert, denn ihre ‚generative Formel' weist mehr Facetten auf als die bloße Veranschaulichung eines einseitigen und übersteigerten Nietzscheanismus (vgl. ebd., S. 207–223). In diese Richtung deutet schon die komplizierte Entstehungsgeschichte, in der Musil ohne Diskretion auf die vertraulichen Berichte seines Jugendfreunds Gustav Donath zurückgriff (vgl. Corino 2003, S. 291–307 u. 449–466). Das historische Modell war Alice Charlemont, verheiratete Donath. Wichtiges Material zur erzählerischen Figurengenese findet sich in mehreren Hefteinträgen (vgl. Tb I, 38–41, 88–95, 227–230 u. 251–255). Darüber hinaus hat Musil noch weitere, schon 1902 angelegte Nietzsche-Exzerpte zur Zeit der Arbeit am Roman mit dem Zusatz „Clarisse" versehen (vgl. Tb I, 31f.; darauf verweist der 1920 erfolgte Eintrag in Tb I, 394; dazu Howald 1984, S. 220). Insgesamt wurden vier Verarbeitungsstufen diagnostiziert, deren kontrastive Analyse aufschlussreich ist (vgl. ebd., S. 221f.; Fanta 2000, S. 150–158, u. 2001/02).

Zu Beginn der Basiserzählung ist Clarisse, die aufgrund ihrer exzentrischen Position eine gewisse Nähe zur männlichen Hauptfigur Ulrich aufweist, 25 Jahre alt (vgl. MoE, 49). Sie hat eine „taillenlos schlanke Figur" und einen (eher für die ‚neue Frau' der Erzählzeit als für die erzählte Zeit charakteristischen) „knabenartig frisierte[n] Kopf", der ihr „lange[s] liebliche[s] Gesicht" zur Geltung bringt; mit ihrer androgynen Ausstrahlung kann sie „überaus verführerisch" wirken (MoE, 654; vgl. MoE, 352; dazu Castex 1980, S. 60). Ihr Vater mit dem für die Rembrandt-Mode um 1900 stehenden Familiennamen van Helmond ist ein Maler, dessen „besondere Fähigkeit" und Haupteinnahmequelle die dekorative „Neueinrichtung alter Schlösser bildete" (MoE, 291f.). Mittlerweile läuft das „Geschäft" des ehrgeizigen Künstlers aber „nicht mehr so wie früher", zumal er „immer mehr Geld ausgegeben als eingenommen" hat (MoE, 291f.). Als kleinbürgerlicher, verspäteter Nachahmer von Künstlertypen wie Hans Makart (zu den biografischen Kontexten vgl. Corino 1988, S. 89, u. 2003, S. 293; Frodl 2002, S. 360) prägt er das soziale und kulturelle Umfeld, in dem Clarisse aufwächst (vgl. MoE, 52). Die für die Wiener Gründerzeit typische Szenerie ist kulturhistorisch insofern bezeichnend, als der sogenannte ‚Makart-Stil' „sich nicht so sehr auf die Malerei [bezog], als auf Architektur, Kunstgewerbe, Mode und vor allem den Wohnstil, mit einem Wort auf das Erscheinungsbild einer ‚kostümierten' Gesellschaft" (Frodl 2002, S. 359; vgl. Broch 1982, S. 145–153). Clarisses Vater sucht epigonal am „unglaublichen Erfolg" (Frodl 2002, S. 359) des großen Historienmalers zu partizipieren, wobei der Zenit des historistischen Kunstgeschmacks zur erzählten Zeit längst überschritten ist (vgl. MoE, 563f.). Die habituelle und geschmackliche Prägung der Tochter erfolgt keineswegs als passive Übernahme väterlicher Maximen. Während andernorts längst der „Impressionismus" triumphiert hat, malt van Helmond noch im Jahr 1913/14 „altmodisch-musikalisch" bzw. „braune Soße mit Pfauenschwänzen", wie Clarisse respektlos berichtet (MoE, 292). Dem Vorbild ihres späteren Gatten Walter folgend, neigt die Malertochter in Abstoßung von der Vaterwelt zur ‚klarlinigen', „neuen Kunstrichtung" (MoE, 292) und hegt selbst künstlerische Ambitionen, doch ist sie „nicht so begabt wie Walter", wobei sie „Genie für eine Frage des Willens" hält: „Mit wilder Energie hatte sie sich das Studium der Musik anzueignen gesucht; [...] sie besaß zehn sehnige Klavierfinger und Entschlossenheit; sie übte tagelang [...]. In der gleichen Weise betrieb sie die Malerei." (MoE, 53) (→ VI.2.2 *Musik*) Eine dilettantische Disposition, die sie indes – im Unterschied zum weicheren Walter – durch zähe Arbeit an sich selber wettzumachen sucht, zeichnet also auch Clarisse aus. Mit ihrer „typisch kleinbürgerliche[n] Anschauung, in der sozialer Erfolg von der Willensstärke und dem guten Willen jedes einzelnen abhängt" (Bourdieu 1999, S. 42), meint sie, der Décadence entrinnen zu können. Tatsächlich ist bei ihr eine Inversion des Werdegangs ihres dilettantischen Mannes zu beobachten: „Während Walter sich vom Nietzsche-inspirierten Wagner-Kritiker [...] hin zum Wagner-Süchtigen entwickelt, geht Clarisse den Weg, den Nietzsche selbst vollzogen hat: von der Wagner-Verehrerin zur Wagner-Kritikerin." (Howald 1984, S. 235; vgl. Neymeyr 2005, S. 107–200)

Habituell ist Clarisse von einer Selbstüberschätzung wie ihr Ehemann gekennzeichnet; sie hegt „die Überzeugung", „daß sie berufen sei, etwas auszurichten, eine besondere Rolle zu spielen, vielleicht sogar zu etwas Großem ausersehen" (MoE, 145). Allenthalben frönt Clarisse jener kruden Genieideologie, deren Dogmatik der Wiener Philosoph und Wissenschaftstheoretiker Edgar Zilsel (1990; vgl. Innerhofer 2007, S. 5) 1918 kritisch analysiert hat und die im *MoE* – etwa im Kapitel I/13 – durch ironische Auslassungen über die zeitgenössische Konjunktur des Genieglaubens desavouiert erscheint (vgl. Groppe 1996, S. 77). „[S]ie glaubte schnurstracks an das Genie. Was das sei, wußte sie nicht; aber ihr ganzer Körper begann zu zittern und sich zu spannen, wenn davon die Rede war; man fühlt es oder man fühlt es nicht, das war ihr einziges Beweisstück." (MoE, 62) Clarisse ist wie Walter von einer irrationalen Grundhaltung gezeichnet, wozu gehört, dass sie – in Gegensatz zu Ulrich – „keine sehr günstige Meinung von Mathematik" hegt (MoE, 53). Wenn Musils Protagonist sie als „ungebildet wie ein kleines Tier" (MoE, 113) bezeichnet, dann reiht er sie damit jedoch keineswegs automatisch in die „Serie der ‚dumm aber schön'-Frauenfiguren" des *MoE* ein (Schwartz 1997, S. 326). Im Rahmen eines Romans, der sich als kritische Diagnose der europäischen Vorkriegsgesellschaft versteht, ist ein Bildungsdefizit bei Frauen nicht notwendig selbst verschuldet; es wirft vielmehr ein kennzeichnendes Licht auf jene Einschränkungen, denen die Angehörigen des weiblichen Geschlechts in der patriarchalischen Gesellschaft Kakaniens unterliegen. (→ V.6 *Geschlechterrelationen*)

Clarisse ist die Frau, die Ulrich im ersten Buch des *MoE* am nächsten steht, bevor sie darin von Agathe abgelöst wird (vgl. Fanta 2001/02, S. 242f.). Ähnlich wie er hat sie in ihrer Jugend davon geträumt, etwas Bedeutendes zu leisten. Diese Eigenschaft teilt sie mit vielen weiblichen Figuren des Romans wie Diotima, Gerda oder Bonadea (vgl. dazu Tb I, 600). Auch der Umstand, dass ihren Aspirationen in einer männlich dominierten Gesellschaft enge Grenzen gezogen sind und sie ihren Ehrgeiz deshalb auf ihren Ehemann Walter projiziert, verbindet sie mit anderem weiblichen Personal (etwa Klementine Fischel, vgl. Wolf 2011, S. 697f.). Bestätigt wird das durch die Verbitterung, mit der sie (wie Klementine Fischel, vgl. ebd., S. 810–814) auf die ausbleibende Verwirklichung ihrer Erwartungen reagiert: Ihr Widerstand gegen die ihr von Walter abgeforderte Mutterschaftsrolle meldet sich, als er die in ihn gesetzten Hoffnungen enttäuscht und sich als mediokrer erweist. Die strukturelle Nähe Clarisses zu Ulrich resultiert aus ihrer radikalen Verweigerungshaltung gegenüber der herrschenden Wirklichkeit, für die in ihrem Fall die Chiffre ‚Wahnsinn' steht (vgl. ebd., S. 326f.). Dabei folgt sie einem – allerdings verquer artikulierten – emanzipatorischen Impuls (vgl. MoE, 1540), der in den Fortsetzungsentwürfen in einem gegenüber dem misogynen Philosophen Meingast getätigten Ausruf gipfelt: „Ich bin keine Frau!"

(KA, M I/5/181; vgl. MoE, 1538) Oder: „Ich vergehe nicht in der Umarmung, in der blöden Weiberzerschmelzung, sondern im Kampf!" (KA, M I/5/181) Clarisse möchte sich in der Liebe nicht hingeben, sondern selber aktiv sein bzw. ihren Partner penetrieren; sie wehrt sich vehement dagegen, als Eigentum ihres Mannes wahrgenommen zu werden (vgl. MoE, 1538f.). In diesem Ansinnen, das die traditionelle „Korrelation zwischen Penetration [...] und Herrschaft" (Bourdieu 2005, S. 95, Anm. 81) voraussetzt, wird eine alternative Geschlechtsidentität „jenseits der hegemonial-heterosexuellen Matrix" ansatzweise sichtbar und damit im Sinne Judith Butlers erzählerisch-performativ „die Überwindung dichotomer Denkstrukturen" (Stritzke 2006, S. 96 u. 98) vorangetrieben: „Mit ihrem ‚Wahnsinn', mit ihrer Hysterie entzieht sich Clarisse der binären Denkweise des Patriarchats, in welcher der Frau die Seite des Passiv-Negativen zugeordnet wurde, und hebt diese durch ihren Hermaphroditismus-Wahn gleichzeitig auf." (Schwartz 1997, S. 327) Ungeachtet der in Musils apokryphen Textpassagen betriebenen „Subversion bestehender Mechanismen der Geschlechtsidentitätszuschreibung" (Stritzke 2006, S. 92; vgl. Neymeyr 2005, S. 207–222) ist die Ambivalenz zu beachten, die daraus resultiert, dass Clarisses imaginierter Hermaphroditismus sich im narrativen Kontext als Versuch präsentiert, der von ihr begeistert aufgenommenen homoerotischen Männerbündelei Meingasts zu genügen. Die weibliche Opposition gegen das Patriarchat zeigt sich hier zutiefst geprägt vom Gegenstand ihrer Ablehnung (vgl. Bourdieu 2005, S. 111f.), was am Beispiel der Modekrankheit Hysterie deutlich wird (vgl. dagegen Schwartz 1997, S. 328), die Musil im Fall Clarisses durch die Ätiologie einer charakteristischen Vorgeschichte sozialpsychologisch motiviert.

Neben dem zeittypischen Künstlerkontext sowie dem kruden Genie- und Nietzsche-Kult ist nämlich ein weiteres Datum von großer Bedeutung für die Figurenkonstitution Clarisses. Ihre triebgesteuerten ‚dumpfen Ängste' haben einen konkret benennbaren Grund, der nicht vom kommentierenden Erzähler, wohl aber von der Erzählkonstruktion psychologisch und ideologiekritisch nahegelegt wird: Er besteht im zehn Jahre vor dem Beginn der Basiserzählung liegenden sexuellen Missbrauch der gerade 15-Jährigen durch den eigenen Vater (vgl. MoE, 294f. u. 436f.). Spätfolgen dieser traumatischen Erfahrung, die sich als weiterer Missbrauch seitens des selbst noch jugendlichen Meingast-Schülers Georg Gröschl wiederholt (vgl. MoE, 438f.; Tb I, 90), sind u. a. in Clarisses allmählichem geistigen Verfall zu sehen, mehr noch in der problematischen Entwicklung ihrer Ehe mit Walter (vgl. MoE, 920). Sie selbst legt sich die Ursachen und Auswirkungen des Missbrauchs in einer mythisch anmutenden Formel zurecht, die ein schicksalhaftes familiäres Verhängnis suggeriert: „Bei uns liegt nämlich etwas in der Familie." (MoE, 291) Oder im Modus erlebter Rede: „Die Sinnlichkeit ging in ihrer Familie um, wie der Wein unter Weinbauern. [...] Sie trug schwere Last." (MoE, 417) Solche Formulierungen, die in frühen Materialsammlungen Musils noch den Standpunkt des Autors wiedergeben mögen (vgl. Tb I, 89), sind im fertigen Romantext nicht mehr im Sinne eines ungebrochenen und affirmativen Erzählerkommentars zu verstehen, sondern bezeichnen den problematischen Deutungshorizont der ins Pathologische kippenden literarischen Figur. Erzähllogische Evidenz erhält ihre eigene, merkwürdig atavistische Deutung durch die zerrüttete Ehe ihrer Eltern, die auch die Entwicklung der Liebe zwischen ihr und Walter begünstigt hat; das Verhältnis der beiden zueinander beruht somit von Beginn an auf einer äußerst intrikaten innerfamiliären Machtkonstellation (vgl. MoE, 292f. u. 436).

Von zentraler Bedeutung für die erzählerische Habitusausbildung Clarisses ist die in ihr angelegte psychopathologische Dimension auch deshalb, weil sich darin Musils sorgfältige Konstruktion der Figur ausdrückt. Von der älteren Forschung kaum beachtet, lassen sich gleich mehrere Anregungen dazu in Kretschmers *Medizinischer Psychologie* sowie in Bleulers *Lehrbuch der Psychiatrie* identifizieren (vgl. Bonacchi 1998, S. 251–257; Gess 2009/10 u. 2013, S. 229–260 u. 269–280; Wolf 2010, S. 344f., u. 2011, S. 684–694). (→ IV.5 *Psychiatrie*) Hinsichtlich psychosozialer „*Erlebnisformen*" bemerkt Kretschmer, dass „auch in die *Kinderneurosen* Sexualkomplexe schon stark mit hinein[spielen], und vor allem [...] Neurosen Erwachsener ihre Wurzeln noch bis in kindliche Sexualerlebnisse zurückstrecken." (Kretschmer 1922, S. 178f.) Letztere haben auch Clarisses Persönlichkeitsentwicklung geprägt und sie zu einer zeittypischen Hysterikerin werden lassen, der eine charakteristische „Neigung zu Übertreibungen" (Bleuler 1918, S. 404) eignet, wie ihr Einsatz für ein Nietzsche- oder gar ein Ulrich-Jahr zeigt (vgl. MoE, 226 u. 353). Ihr zunehmend fahrig werdendes Denken weist mehr in Richtung einer Psychose als einer Neurose:

> In flatternden Nebeln sprangen Bilder auf, verschmolzen, überzogen einander, verschwanden, das war Clarissens Denken; sie hatte darin eine eigene Art; oft waren mehrere Gedanken gleichzeitig ineinander da, oft gar keiner, aber dann konnte man die Gedanken wie Dämonen hinter der Bühne stehen fühlen, und das zeitliche Nacheinander der Erlebnisse, das anderen Menschen eine richtige Stütze abgibt, wurde in Clarisse zu einem Schleier, der seine Falten bald dicht übereinander warf, bald in einen kaum noch sichtbaren Hauch auflöste. (MoE, 144)

In Anlehnung an Bleulers Konzept der „*Ambivalenz*" (dazu Wolf 2011, S. 685f., Anm. 1047) sowie an den zeitgenössischen Primitivismus-Diskurs hatte Kretschmer folgende phylogenetische Behauptung aufgestellt: „Wie die Vorstellungsinhalte, so sind auch die Gefühle des Primitiven [...] unklar ineinanderschwimmend, sie sind viel weniger differenziert und viel weniger scharf umgrenzt als die unsrigen." (Kretschmer 1922, S. 38) Es handle sich um Begleiterscheinungen eines ‚katathymen Denkens' – Bleuler bezeichnet es als ‚dereistisches Denken' (vgl. Bleuler 1923, S. 34–36) –, das für eine Phase psychohistorischer Entwicklung charakteristisch sei und „die Umbildung der seelischen Inhalte unter der Wirkung des Affekts" bezeichne (Kretschmer 1922, S. 34). Der phylogenetischen Tendenz wird eine ontogenetische Entsprechung im einzelnen Individuum zugeschrieben, dessen Fähigkeit zu kausalem Denken unter bestimmten Voraussetzungen wieder in eine stärker ‚katathyme Denkform' zurückfallen könne. Solche Perzeptionsphänomene sind im „Stadium des *freien Assoziierens*" auszumachen, das Kretschmer als „Vorstufe des hypnotischen Denkens" beschreibt und – verglichen „mit der geschlossenen Gedankenführung etwa eines Vortrags oder eines wissenschaftlichen Aufsatzes" – durch „den *Wegfall einer Obervorstellung*, einer ‚determinierenden Tendenz'" charakterisiert, „die gleichsam wie ein Thema oder eine Überschrift über dem Ganzen stünde und auf die nun alle einzelnen Teile Bezug hätten." (ebd., S. 85) In vielen Reflexionen Clarisses lässt sich keinerlei strukturierende „*Obervorstellung*" identifizieren, vielmehr eher assoziative Verknüpfungen nach dem diskursiven Muster der ‚Ambivalenz': „Ihre Gedanken drängten in zwei Richtungen, wie bei einem Handgemenge. Sie fühlte sich angezogen und abgestoßen, wußte aber nicht, wohin und wovon" (MoE, 435). Bestimmend für die kognitive Verknüpfung ist bei ihr eine Dynamik des Affekts: „schließlich lockte sie eine leise Zärtlichkeit" (ebd.).

In Absetzung vom ‚apperzeptiven Denken' der Wissenschaft (vgl. Kretschmer 1922, S. 87) bestimmt Kretschmer „*freies Assoziieren oder einfallsmäßiges Denken*" als eigenen „Denktypus", den man auch für den Produktionsvorgang von Kunst und Literatur geltend machen kann und dessen gedankliches Verknüpfungsverfahren nicht zuletzt eines der beiden Vertextungsprinzipien des Essays darstellt:

> *Der Ausdruck ‚Assoziation' bedeutet nichts weiter als die Verknüpfung von seelischen Inhalten.* – *Die Verknüpfung der Einzelglieder untereinander richtet sich entweder nach der Kontiguität, dem räumlich-zeitlichen Beieinander (z. B. Birne – Gartenhaus oder Wohnung – Ziegel) oder nach der Ähnlichkeit von Wortklang, Bild oder Inhalt (z. B. Ziegel – Spiegel oder Menschen – Tiere). Man bezeichnet diese Verknüpfungsprinzipien auch als Assoziationsgesetze.* (Kretschmer 1922, S. 92)

Clarisses Reflexionen werden durch „innerlich aufsteigende[ ] Bilder" sowie durch die Integration „äußere[r] Sinneseindrücke" anstelle einer nach kausalen, spatialen oder temporalen Gesichtspunkten gliedernden ‚determinierenden Tendenz' bestimmt (ebd.). Die „Bildhaftigkeit" des Denkens und die Lockerung der „zeitliche[n] Umrahmung" (ebd., S. 93f.; vgl. MoE, 441) kennzeichnen sie bis zur Verdichtung „asyntaktische[r] katathyme[r] Bildagglutinationen" (Kretschmer 1922, S. 94; vgl. MoE, 437). Musil setzt das von Kretschmer diskursiv Vermittelte kunstvoll in Szene; seine Narrativierung des freiassoziativen Denkens bedient sich einer Mischung aus Erzählerbericht, direkten Zitaten und erlebter Rede (vgl. MoE, 146). Clarisse kann durch Assoziationen zwar „von einem zum anderen" kommen (ebd.), dies aber nicht steuern. Ihre gedankliche „Verknüpfung der Einzelglieder untereinander" nach den Gesichtspunkten „der *Kontiguität*, dem räumlich-zeitlichen Beieinander" bzw. der Farbe oder „der *Ähnlichkeit von Wortklang*, Bild oder Inhalt" (Bleuler 1923, S. 287) schlägt sich in den Alliterationen um das Wortfeld ‚schlängeln/Schlangen/Schlingen/umschlangen' nieder (vgl. MoE, 146). In ihrer katathymen Logik entspricht Clarisses Wahrnehmung den von Kretschmer (in Anlehnung an Freuds *Traumdeutung*) beschriebenen ‚asyntaktischen Bildserien' des Traums (vgl. Kretschmer 1922, S. 55 u. 59–61). Ihr wachträumerisches Denken ist insgesamt durch eine Auflösung des Ichkomplexes und der Subjekt-Objekt-Relation sowie der kausalen Logik gekennzeichnet (vgl. ebd.; dazu MoE, 146f.). Bezieht man Kretschmers dichotomische Zweiteilung des schizophrenen Denkens auf Clarisse, dann ist hier das *„mystisch irrationale"* Prinzip – anders als bei Ulrich – stärker ausgeprägt als das „trocken exakte, streng *logisch systematische*" (ebd., S. 90f.). Dem widerspricht keineswegs, dass die durch „nervöse Feinfühligkeit" (MoE, 913) ausgezeichnete junge Frau trotz aller psychopathischen Züge durchaus bemerkenswerte analytische Fähigkeiten hat. So ist sie in der Lage, treffende Beobachtungen zu machen – etwa diagnostisch über Walter: „Statt selbst etwas zu leisten, möchtest du dich in einem Kind fortsetzen!" (MoE, 609) Mit dieser knappen Sentenz trifft sie ins Herz der kompensatorischen Existenz ihres Gatten, ohne deshalb den ebenso kompensatorischen Charakter ihres eigenen Kinderwunsches mit Ulrich (vgl. MoE, 657) oder Meingast (vgl. MoE, 1538) zu durchschauen. Das insgesamt recht intrikate Verhältnis dieser Figuren untereinander mündet zeittypisch in eine „Niederlage" (Fanta 2005, S. 238) der körperlich und gesellschaftlich unterlegenen Frau (vgl. Wolf 2011, S. 788–799).

Insgesamt erscheint Clarisses ‚freies Assoziieren' im Kontext des essayistischen Romankonzepts als pathologische Pervertierung des kreativen ‚Möglichkeitssinns' und veranschaulicht im Sinne potenzierter Selbstreferenzialität eine diesem innewohnende Gefahr. Die ins Krankhafte verzerrte, forcierte ‚Eigenschaftlichkeit', die „Clarisses heiligem Weg der Verausgabung" (Blaschke 2004, S. 329) zugrunde liegt, wird allerdings gerade nicht auf eine wie immer geartete angeborene ‚Substanz' eines genuin pathogenen Subjekts zurückgeführt, sondern auf eine ‚generative Formel', deren habituelle Basis durch eine problematische Geschichte erzähllogisch motiviert erscheint. Die geistigen Hervorbringungen der in den „Zwillingsschwester"-Entwürfen schließlich widerstandslos in einem Sanatorium internierten Clarisse (vgl. KA, M VII/6/32 u. 37, VII/6/65; daneben M I/5/109 u. II/8/17) unterscheiden sich dennoch nur partiell von denen ihrer ‚gesunden' Umgebung, wie schon eine nervöse Reflexion aus einem früheren Stadium der erzählten Geschichte zeigt: „Es mußte mit der Parallelaktion etwas geschehen. Was, wußte sie nicht." (MoE, 445)

3.3.4 Ein gespaltener Habitus: Gerda Fischel

Musils Figur der Gerda Fischel ist wahrscheinlich vom historischen Modell Elisabeth Reichles (geb. 1902) inspiriert, der Tochter des Ministerialrats Wolfgang Theodor Reichle und seiner Frau Ida Martha (vgl. Corino 2003, S. 891). Die Entstehungsgeschichte bzw. Herausbildung der Figur setzte 1920 ein (vgl. Howald 1984, S. 319f.). In diesen frühesten Notizen zum „Spion"-Projekt ist sie zunächst als ‚Fräulein Z.' entworfen (vgl. KA, M VII/3/1), hinter dem sich vielleicht Gertrud Zerner (geb. 1899) verbirgt, eine Arzttochter und Schwester des sozialistischen Physikers jüdischer Herkunft Fritz Zerner (vgl. Corino 2003, S. 894). Eine nicht mehr auflösbare Nachlass-Chiffre belegt überdies, dass Musil „journalistisches Material über die Jugendbewegung und über die Alldeutschen […] für die Konzeption der Figur und die Ideologie der Gruppe um Gerdas Freund Hans Sepp" gesammelt hat (ebd., S. 894f.; vgl. Wolf 2011, S. 559–573).

Gerda Fischel ist zu Beginn der Basiserzählung 23 Jahre alt (vgl. MoE, 206, 308 u. 477), vom körperlichen Erscheinungsbild blond und blass (vgl. MoE, 312 u. 623) und – nicht zuletzt aufgrund ihrer anorektischen Protesthaltung gegen das eigene Elternhaus (vgl. MoE, 309) – auffällig mager und „zart" (MoE, 489). Als Kind der konfliktreichen Ehe zwischen dem assimilierten Juden Leo Fischel und seiner nichtjüdischen Gattin Klementine bildet sie „das bevorzugte Kampfobjekt zwischen ihren beiden Erzeugern" (MoE, 206). Beide Eltern hängen an ihr, besonders aber der Vater Leo, ja Gerda ist „der Lichtstrahl in seinem Leben" (MoE, 206). Aufgrund seiner trotz aller rassistisch bedingten karrieretechnischen Benachteiligungen dennoch komfortablen Stellung als Bankprokurist darf Gerda ökonomisch auf ein ansehnliches Erbe hoffen – im Unterschied zu ihrem ‚Seelenführer' Hans Sepp hat sie selbst keine Erfahrungen mit Armut gemacht. Zu ihrer Ausstattung mit kulturellem Kapital, das im elterlichen Haushalt nicht so üppig vorhanden ist wie das ökonomische, macht der Erzähler hingegen verhaltene Angaben:

> Sie war durch ein Realgymnasium und einige Semester der Universität gegangen; sie hatte eine Unmenge neuen Wissens berührt, das nicht mehr in den alten Fassungen des klassischen und humanistischen Geistes unterzubringen war; in vielen jungen Leuten hinterläßt solcher Bildungsgang heute das Gefühl, daß er gänzlich ohnmächtig sei, während vor ihnen die neue Zeit wie eine neue Welt liegt, deren Boden mit den alten Werkzeugen nicht bearbeitet werden kann. (MoE, 487)

Gerdas Bildungsweg erscheint hier als in sich widersprüchlich: Er bereitet die junge Frau, die unvermittelt disparates Wissen absorbiert, nicht auf die tatsächlichen Herausforderungen und Erfordernisse moderner Gesellschaft vor. Ihr kulturelles Kapital bleibt inhomogen. Daran ändert wenig, dass Gerda „ein kluges Mädchen" (MoE, 313) ist, denn das macht die schwierige familiäre Situation nicht leichter, zumal sie habituell – den prekären elterlichen Vorgaben entsprechend – mit einem instabilen Charakter ausgestattet erscheint: „Gerda war nervös und blutarm und regte sich gleich so sehr auf, wenn man nicht vorsichtig mit ihr umging." (MoE, 206; vgl. MoE, 308) Die leichte Erregbarkeit teilt sie mit ihrem Vater Leo, während die offenbar von der Mutter Klementine geerbte, seinerzeit weiblich konnotierte Nervosität eine zeittypische Erscheinung ist. Ebenfalls mit ihrer Mutter teilt Gerda ihren Ehrgeiz bzw. große Ambitionen (vgl. Tb I, 600): „Sie war eines jener reizend zielbewußten heutigen Mädchen, die auf der Stelle Omnibusschaffner würden, wenn eine allgemeine Idee dies verlangte." (MoE, 309) Indem Musil seiner weiblichen Figur schon in frühen Notizen (vgl. KA, M VII/3/1) die Bereitschaft einschreibt, einen jener traditionellen Männerberufe zu ergreifen, der in der Kriegswirtschaft des Ersten Weltkriegs tatsächlich erstmals massenweise von Frauen ausgeübt wurde und längerfristig einen Emanzipationsschub auslöste (vgl. Sieder 1987, S. 212f.; zum Kontext Frevert 1986, S. 146–163; Hanisch 1994, S. 206; Bruckmüller 2001, S. 356–358), stattet er sie potenziell mit Charakteristika der ‚neuen Frau' aus. Doch die Zeit der Basiserzählung ist noch nicht so weit vorangeschritten, und Gerda, die „selbständig sein" will (MoE, 493), aber „den Reproduktionserfordernissen und dem Verlangen nach sozialem Aufstieg unterworfen" ist (Pollak 1997, S. 213), kann das in ihr angelegte Potenzial aufgrund der Struktur ihrer Gesellschaft nicht entfalten. Konsequent wird die Widersprüchlichkeit und Ungleichzeitigkeit ihrer sozialen Position und ihrer ideologischen Positionsnahme erzählerisch profiliert.

Für Ulrich repräsentiert Gerda generell „das vielfältig Zusammengesetzte armer Menschen von heute" (MoE, 315). Diese (im Fall der Tochter aus gemischtkonfessioneller Ehe als rassistisch missverständliche) Formel steht für Ulrichs und Musils ‚negative Anthropologie', der zufolge alle modernen Menschen ‚vielfältig zusammengesetzt' sind (vgl. Pekar 1989, S. 235). Ein eindringliches und historisch paradigmatisches Beispiel für diese kulturelle Heterogenität, die sich in einem widersprüchlichen Habitus niederschlägt, bildet Gerdas Begeisterung für die deutschnationale und antisemitische Ideologie der ‚Christ-Germanen', die mit einem religiös verbrämten Antikapitalismus einhergeht. Das krude ideologische Gemisch der von Hans Sepp verkörperten mystischen Sekte ist für sie als Medium der Abgrenzung gegenüber dem zerstrittenen Elternhaus attraktiv (vgl. ebd., S. 234): So nennt sie ihren Vater Leo, der ihren Lebensunterhalt ohne Widerwillen finanziert, aber hinsichtlich seines mittellosen ideologischen Gegners Hans Sepp auf die ökonomische Notwendigkeit pocht, für den eigenen Unterhalt zu „arbeiten", einen „patriarchalische[n] Kapitalisten" (MoE, 479). Konsequent betreibt Musils essayistische und figurativ veranschaulichende Erzählweise eine psychosoziale Motivierung der prekären ideologischen Entwicklung Gerdas, die bei einem religiös angehauchten Antisemitismus ansetzt, um im weiteren Verlauf der Geschichte immer radikalere Formen anzunehmen: Die Tochter des jüdischen Bankiers verteidigt den Schärdinger „Rasseforscher Bremshuber", der „die schonungslose Unterdrückung aller Andersrassischen" fordere, mit der verqueren Bemerkung, das sei „bestimmt weniger grausam als Schonen und Verachten!" (MoE,

1017f.) Die gestörte Persönlichkeitsentwicklung Gerdas hat die Bürde schwieriger psychosozialer Voraussetzungen zu tragen und ist davon in ihrer ideologischen, emotionalen und sexuellen Orientierungslosigkeit dauerhaft gezeichnet (vgl. Howald 1984, S. 320; Neymeyr 2005, S. 233). Insgeheim ist sich die kluge Gerda stets bewusst, dass mit „ihren christ-germanischen Freunden, die ihr manchmal nicht wie Männer, sondern wie Schulbuben vorkamen" (MoE, 477), auf längere Sicht nicht viel Staat zu machen ist – und vor allem keine Familie zu gründen (vgl. MoE, 313).

In jeder Hinsicht erweist sich Gerda als gespaltene Figur: Sie schreibt die mangelhafte Nachvollziehbarkeit von „Hansens Gedanken" keinen Augenblick diesen selber zu, sondern lieber der eigenen, scheinbar rassisch begründeten Unfähigkeit zu ihrer Anverwandlung – und steht damit in einer strukturellen Analogie zu Arnheims latent antisemitischer Furcht vor der „Vernunft seiner Familie" (MoE, 543). Solche bei ihr als Tochter eines jüdischen Assimilanten unweigerlich selbstzerstörerischen Überlegungen über nachteilige Wirkungen ihres ‚biologischen Erbes' zeigen die habituelle Unsicherheit, unter der Gerda aufgrund ihrer familiären Situation und der allgemeinen ideologischen Verwerfungen des frühen 20. Jahrhunderts leidet: Angesichts des grassierenden Antisemitismus ist es ihr unmöglich, den jüdischen Vater zu verehren. Ihn mehr als vordergründig zu verachten, ist ihr aber ebenfalls unmöglich, da sie ihm doch ihre soziale Stellung verdankt. Ihre ökonomisch komfortable Lage verleiht ihr zwar einerseits eine gewisse Freiheit gegenüber der traditionellen Frauenrolle (und damit gegenüber dem Zwang zu schneller Heirat), andererseits aber auch gegenüber dem typisch aspirantenhaften Diskurs der mittellosen ‚Christ-Germanen'. Das von ihr zumindest schemenhaft wahrgenommene Modell der ‚neuen Frau' kann sie aufgrund ihrer widersprüchlichen sozialen und kulturellen Disposition nicht verwirklichen (vgl. MoE, 312). Nach der kritischen Diagnose des Erzählers, der die im grassierenden Nationalismus und der kruden Rassenideologie zum Ausdruck kommende Hysterie des frühen 20. Jahrhunderts offen anspricht, steckt hier der verborgene Kern von Gerdas zerrissenem Charakter. In ihrer gespaltenen Person kehrt das gemeinsam Verdrängte der Familie Fischel unerwartet wieder:

> Der Widerspruch, der darin lag, daß ihre Eltern sonst von allem, was viele Leute sagten, einen starken Eindruck empfingen, in diesem Fall aber eine sonderbare Ausnahme machten, hatte sich ihr früh eingeprägt; und weil ihr ein bestimmter und nüchterner Sinn in dieser gespenstischen Frage abging, setzte sie mit ihr namentlich in den Jahren der Halbreife alles in Verbindung, was ihr in ihrem Elternhaus unangenehm und unheimlich war. (ebd.)

„Nationalismus und Rassenideologie" (ebd.) erscheinen in diesem Passus als eine ‚gespenstische Frage' der modernen Welt und damit als Teil jenes „Gespenstische[n] des Geschehens", das der *MoE* darstellen soll und in Form des ‚geistig Typischen' zu durchdringen und ‚bewältigen' beansprucht, wie Musil 1926 im Gespräch mit Fontana formuliert hat (GW II, 939 u. 942). Sein ‚intellektueller Roman' führt den Antisemitismus nicht nur *in actu* vor, sondern versucht überdies, dessen psychosoziale Hintergründe und Implikationen narrativ plastisch zu machen.

Eine weitere Folge der spezifischen Lebensumstände Gerdas besteht in der Allgegenwart eines sie umgebenden sinnlichen Moments: Ihr ständiger Begleiter ist ein für die Jahrhundertwende typischer, durch das elterliche „Haus schwebender Hauch von unschuldiger Wollust" (MoE, 479), der sich angesichts fehlender Entfaltungsmöglichkeiten ihrer erotischen Bedürfnisse immer mehr in eine „altjüngferliche Überhauchtheit" (MoE, 563) verwandelt. Zwar sind sämtliche ihrer wichtigeren Männerbeziehungen von „Unentschiedenheit" gezeichnet, dennoch gerät Gerda „nicht nur zum Kampfobjekt zwischen ihren Eltern sowie zwischen ihrem Vater und Hans Sepp, sondern es entsteht eine neue, zusätzliche Konkurrenz zwischen Hans Sepp und Ulrich" (Howald 1984, S. 321; dazu auch die Kapitelgruppen-Entwürfe MoE, 1509–1511, 1529–1534 u. 1577f.), die insbesondere bei Letzterem eine bedenkliche, weil durch kein tatsächliches Interesse gedeckte Eigendynamik entfaltet und in einer hysterischen Bettszene gipfelt (vgl. MoE, 617–624; dazu Wolf 2011, S. 844–885). Musil thematisiert die inneren Widersprüchlichkeiten, in denen Gerda und mit ihr eine ganze Generation befangen ist, nicht nur explizit mithilfe eines kühl sezierenden Erzählerkommentars, sondern führt sie auch performativ vor Augen: Dazu zählen zahlreiche Beispiele argumentativer Inkonsequenz (vgl. Howald 1984, S. 320, Anm. 325), die jeder analytischen Beschreibung spotten (vgl. MoE, 479 u. 491). Indem die extrem inkonsequent und fahrig diskutierende Gerda jeglichen Anspruch auf begriffliche Kohärenz von sich weist, spiegeln sich in ihrem Diskurs die widersprüchlichen Verhältnisse, in denen sie sich selbst befindet. Insofern verwundert es kaum, dass die auf „Verschmelzung" der partikularen „Ichs" abzielende profane Mystikerin in den apokryphen Fortsetzungsentwürfen des *MoE* nach dem Selbstmord ihres Verlobten Hans Sepp (vgl. MoE, 1388 u. 1614f.) exaltierte Kriegsbegeisterung an den Tag legt (vgl. MoE, 1395 u. 1625), in deren Rahmen sie den ausbrechenden Weltkrieg emphatisch als „eine große Hochzeit" (MoE, 1621) und als Anbruch einer „neue[n] Zeit" (MoE, 1395) feiert. Musil reflektiert dergestalt die 1914 von ihm selbst geteilte Kriegsbejahung, die ihn seitdem als unbewältigte Urszene und stete Denkaufgabe begleitete. (→ V.9 Krieg)

Die Figur Gerdas ist aufgrund des andauernden und hartnäckigen Ehekonflikts ihrer Eltern, der sich in den ausufernden Debatten der ‚Christ-Germanen' reproduziert, an der Entwicklung eines kohärenten Habitus grundlegend behindert. Das Fehlen persönlicher ‚Eigenschaften' wird von ihr nicht als Chance, sondern – im Sinne eines vermissten positiven Selbstbildes – als Mangel erfahren. Daraus resultiert ihre Sehnsucht nach einer ideologisch beständigen Affirmation substanziellster ‚Eigenschaftlichkeit'. An ihrem Beispiel wird die Differenz zwischen habitueller Heterogenität und kultureller Hybridität anschaulich: Gerda ist diskordant disponiert, lehnt aber gerade deshalb die Vorstellung einer hybriden Kultur radikal und kompromisslos ab. Ihr gleichzeitig und in Wechselwirkung damit zum Ausdruck kommender ‚Möglichkeitssinn' entgleitet ihr aufgrund ihres ideologischen Sicherungsbedürfnisses in Richtung eines krude sektiererischen, zunächst mystischen und zunehmend auch rassistischen Antisemitismus. Sie stellt für Ulrich mit seiner eigendynamischen ‚männlichen' Begehrensstruktur solcherart eine zutiefst problematische Figur und zugleich ein (scheinbar) leicht zu ‚eroberndes' Opfer dar.

3.3.5 Diotima, Frau mit Eigenschaften

Diotima erscheint entstehungsgeschichtlich als „Patchwork" zahlreicher historischer Modelle (Corino 2003, S. 855): Dazu zählt zunächst die Grazer Salonnière Stefanie Tyrka-Gebell (vgl. ebd., S. 855f.; Howald 1984, S. 258) sowie Wally Schmidt, Witwe des bekannten Philologen Erich Schmidt in Berlin (vgl. Wilkins 1968, S. 55); beide versammelten um sich einen Salon junger Dichter. Wichtiger noch als seine Erfahrungen damit sind für Musils Konzeption der Diotima-Figur die zeitgenössischen Schriftstellerinnen Agnes Harder, Ellen Key und Margarete Susman (vgl. KA, M VII/3/1; dazu Corino 2003, S. 856–858). Die um 1900 äußerst erfolgreichen Schriften aller drei zählten für Musil zu dem – so Corino despektierlich – „typischen Liebesgeschnatter der schreibenden Frauen nach der Jahrhundertwende" (ebd., S. 857). Sie konnten dem nach Syndromen des Zeitgeistes suchenden Autor als exemplarische Zitatspender für Passagen im *MoE* dienen. (→ VIII.5 *Intertextualität*) Diese Funktion erfüllten insbesondere die durch ein unentschiedenes „Schwanken des Arguments zwischen Begrifflichkeit und Gleichnis" (GW II, 1448) gekennzeichneten pathetisch-inhaltsleeren Ausführungen Susmans, die der 32-jährige Musil wegen ihrer Unschärfe, ihrer metaphysischen Sektiererei und ihres geistigen ‚Schlendrians' 1913 in der *Neuen Rundschau* verrissen hatte (vgl. GW II, 1447–1450; dazu Corino 2003, S. 859 u. 1714, Anm. 33). Daneben ließ er sich von Ellen Keys Aufsatz *Die Entfaltung der Seele durch Lebenskunst* (1905) inspirieren, den er im Erscheinungsjahr zunächst offenbar begeistert exzerpiert hatte (vgl. Tb I, 152–169), nach dem Ersten Weltkrieg aber mit distanzierenden Randglossen wie „Diotima" oder sogar „Haßt er" versah (Tb I, 165f.; dazu Howald 1984, S. 260; Corino 2003, S. 857f.). Intellektuell ernstzunehmender nicht nur als Tyrka-Gebell, sondern auch als die international erfolgreichen Autorinnen Harder, Key und Susman erschien die promovierte Pädagogin, Philanthropin und Begründerin einer (nach ihr benannten) Reformschule Eugenie Schwarzwald (1872–1940), deren Salon als „einer der wichtigsten Treffpunkte der Wiener Gesellschaft" fungierte (ebd., S. 860; vgl. zum Kontext Ackerl 1996, S. 695–706). Sie gilt der Forschung weniger aufgrund ihrer beachtlichen Intellektualität, ihres beeindruckenden Lebenslaufs oder ihres Salons, sondern vor allem aufgrund ihrer organisatorischen Leistungen, ihrer körperlichen Statur sowie ihrer Ehe mit dem ebenfalls promovierten Sektionschef Hermann Schwarzwald als zentrales Modell der Romanfigur (vgl. Corino 2003, S. 860–864, sowie die Einschränkungen von Howald 1984, S. 261, Anm. 186).

Diotima ist „nicht viel jünger als Ulrich" (MoE, 93; vgl. MoE, 110), also gut 30 Jahre alt. Bezeichnend ist dabei allerdings, dass „niemand" ihr genaues Alter kennt bzw. darauf kommt, „sich das zu fragen." (MoE, 92) Schon dieser Anschein von Zeitlosigkeit lässt darauf schließen, dass die Eigenschaften der „Antike[n] mit einem wienerischen Plus" (MoE, 187) nicht in einer persönlichen ‚Wesenhaftigkeit', sondern einer sozialisationsbedingten Habitusformung gründen. Generell beschreibt der Erzähler ihre körperliche Erscheinung als „schön" und präzisiert, „daß Diotimas Hals mehrere Wülste trug, von zartester Haut überzogen; ihr Haar war zu einem griechischen Knoten geschlungen, der starr abstand und in seiner Vollkommenheit einem Wespennest glich" (MoE, 92f.). Die Ambivalenz dieser Verbindung von Elementen der Zartheit und Starre wird durch Ulrichs überraschenden Vergleich forciert, der neben Diotimas kalter Schönheit auch Gefährlichkeit signalisiert: „eine Hydra von Schönheit" (MoE, 95). Die Unmöglichkeit konkreterer charakterlicher Bestimmung (vgl. MoE, 91f.) zeigt, dass es sich auch bei Diotima um eine letztlich ‚eigenschaftslose' Figur handelt. Ihr Cousin reagiert auf die vagen Beschreibungsversuche ihrer Umgebung mit seiner ironischen Namensgebung (vgl. MoE, 92; dazu Pekar 1989, S. 201), die vom Erzähler und später inkonsequenterweise auch von anderen Figuren übernommen wird (vgl. Howald 1984, S. 262, Anm. 192). Um ihr volle Wirksamkeit zu verleihen, lässt es sich der Erzähler nicht nehmen, im Unterschied zur Figur der (allein von Ulrich so genannten) Bonadea auch den selbst gewählten sowie den bürgerlichen Namen der Cousine zu kommentieren: „In Wirklichkeit hieß sie aber Ermelinda Tuzzi und in Wahrheit sogar nur Hermine. Nun ist Ermelinda zwar nicht einmal die Übersetzung von Hermine, aber sie hatte das Recht auf diesen schönen Namen doch eines Tags durch intuitive Eingebung erworben, indem er plötzlich als höhere Wahrheit vor ihrem geistigen Ohre stand" (MoE, 92; vgl. MoE, 183; dazu Pekar 1989, S. 201; Fanta 2000, S. 204; Corino 2003, S. 862). Die von Diotima für ihre exotistische Namenswahl reklamierte ‚Intuition' (vgl. dazu *Geist und Erfahrung*, GW II, 1053f.) wird von ihr auch bei zahlreichen anderen Gelegenheiten als Gabe beansprucht. Auf diese Weise kann sie jene ‚Eigenschaftlichkeit' behaupten, die dem von ihr vermittelten Selbstbild fehlt.

Habituell ist Diotima geprägt durch ihren sozialen Aufstieg von einer Angehörigen des ‚unteren' Bildungsbürgertums in die höchsten Kreise, die der kakanischen Bourgeoisie offenstanden; Voraussetzung dafür ist ihre Ehe mit dem erfolgreichen Diplomaten Tuzzi: „Sie war die älteste von den drei Töchtern eines Mittelschullehrers gewesen, der kein Vermögen besaß, so daß ihr Gatte für sie schon als gute Partie gegolten hatte, als er noch nichts als einen unbekannten bürgerlichen Vizekonsul darstellte. Sie hatte in ihrer Mädchenzeit nichts gehabt als ihren Stolz" sowie „eine eingerollte Korrektheit mit ausgestreckten Taststacheln der Empfindsamkeit"; vielsagend fügt der Erzähler hinzu, dass auch eine solche „manchmal Ehrgeiz und Träumerei" verberge und „eine unberechenbare Kraft sein" könne (MoE, 97). Tatsächlich erweist sich Diotimas „Stolz" als nicht zu unterschätzende, effektive „Kraft" sozialen Avancements – ein symbolisches Kapital, das ihrem Gatten nicht verborgen bleibt (vgl. MoE, 106), obwohl zunächst wenig in diese Richtung gedeutet hatte (vgl. MoE, 97f.). Zu Hilfe kommt ihr dabei die in ihrer Schulzeit entwickelte Gabe, „wie ein feuchtes Schwämmchen" alles Mögliche, was ihr zu Ohren kommt, „ohne besondere Verwendung" in sich aufzunehmen und bei passender Gelegenheit „wieder von sich" zu geben (MoE, 98) – eine habituelle Grundausstattung der Salonnière (vgl. Ackerl 1996, S. 699). Diese Fertigkeit der raschen diskursiven Anverwandlung von Gehörtem und Gelesenem prädestiniert gemeinsam mit ihren perfekten Manieren und ihrem ansprechenden Äußeren die sukzessive Entwicklung zur geachteten Gesellschaftsdame (vgl. MoE, 98). Die mühelos und ‚natürlich' wirkende Geistigkeit der Salonnière ist Teil eines Habitus, der auf den ihn umgebenden sozialen Raum abgestimmt erscheint und sich in Auseinandersetzung mit diesem stetig weiterentwickelt. In der Konversation über Kultur verschleiert sie gesellschaftliche Interessen und Konkurrenzverhältnisse sowie ihr Beziehungsnetz zur Beförderung oder Absicherung von Karrieren. Die daraus resultierende Anerkennung steigert wiederum das soziale Kapital. Diotimas Erfahrung ihres schier unaufhörlichen Aufstiegs schlägt sich in erstaunlicher Selbstsicherheit nieder (vgl. MoE, 227). Ausdruck davon ist ihr „Überlegenheitsbedürfnis" (MoE, 283) sowie ihre veritable Aufstiegsgewissheit (vgl. MoE, 290).

Bei aller Betonung dieser geradezu idealen habituellen Ausstattung für eine Salonnière lässt der Erzähler nicht unerwähnt, dass der Salon Tuzzi „erst durch die Freundschaft Diotimas mit Sr. Erlaucht dem Grafen Leinsdorf" tatsächlich zu „einem feststehenden Begriff wurde", womit er die vor 1918 symbolisch dominante Rolle des österreichischen Adels verdeutlicht (MoE, 98). Signifikant für die österreichisch-patriotische und habsburgisch-antipreußische Ausrichtung der maßgeblichen Wiener

Salons der Zeit (vgl. Ackerl 1996, S. 697f., 700 u. 708), wählt Leinsdorf das bürgerliche Haus Tuzzi für „die große patriotische Aktion" nicht ohne Nebengedanken zum „Mittelpunkt", da er politisch darauf achten muss, den gesellschaftlich nach wie vor dominanten „Adel nicht zu exponieren" (MoE, 106), sondern als dessen Angehöriger aus dem Hintergrund die Fäden zu ziehen. Von einer tatsächlichen Nivellierung stratifikatorischer Gliederungselemente der kakanischen Gesellschaft im Sinne der Systemtheorie (vgl. Luhmann 1984, S. 261 u. 264) kann also keine Rede sein (so aber Bolterauer 1999, S. 17f.; Martens 2006, S. 157). Bei seiner Gestaltung von Diotimas konservativem Frauenbild lässt Musil sich von der schwedischen Essayistin und Vortragsreisenden Ellen Key inspirieren (vgl. Kühn 1965, S. 66–68), die mit den Büchern *Das Jahrhundert des Kindes* (dt. 1900) und *Über Liebe und Ehe* (1904) bekannt geworden war. Der gewaltige Zuspruch des damaligen Publikums war „nicht verwunderlich, denn Ellen Key, die sich mit einem verwaschenen ‚sozialen Individualismus' der Erotik nähert, sprach sicherlich einem großen Teil des männlichen Publikums aus dem Herzen. Sie galt als Frauenrechtlerin, vertrat jedoch ausgesprochen antiemanzipatorische Gedanken" (Wagner 1981, S. 89f.). Tatsächlich reproduzieren ihre Ausführungen bloß mehr oder weniger die „Stereotypen aus dem jahrhundertealten Repertoire der Heilige-oder-Hure-Dichotomie" (Schwartz 1997, S. 322). Als Stein des Anstoßes galten Key – ganz wie ihrer romanesken Elevin Diotima – die Erscheinungsformen des modernen „Hirnweibes" (Key 1904, S. 239), in dem sie eine eminente „Gefahr für die Kultur" ausmachte (Wagner 1981, S. 90).

Es hängt mit der Mikrostruktur ihrer Ehe zusammen, dass Diotimas Stolz und Ehrgeiz mit wachsendem Alter neue Entfaltungswege suchen, zumal sich der ursprünglich lockende Exotismus des Diplomatengattinnendaseins bald erschöpft (vgl. MoE, 97). Dies gilt insbesondere für das Eheleben im engeren Sinn, das sich auf Dauer als ernüchternd erweist. Für ihr „kleines Kapital von Liebesfähigkeit, das sie zur Zeit ihrer Heirat besessen hatte", findet Diotima bei ihrem Gatten „nicht die rechte Anlagemöglichkeit" (MoE, 104), wie der Erzähler in ökonomischer Metaphorik formuliert. Ungeachtet des sozialen Aufstiegs, für den ja die Ehe hauptverantwortlich ist, stellt sich mit deren fortschreitender Dauer bei Diotima emotional und sexuell Frustration ein (vgl. MoE, 104–107), was verbal eine hemmungslose Idealisierungswut auslöst (vgl. MoE, 105; dazu Leue 1997, S. 333; Neymeyr 2005, S. 270–285). Wenn berücksichtigt wird, dass die traditionelle, zur Erzählzeit des *MoE* „fast schon unbegreiflich gewordene Einengung des Liebesalters der Frau auf die kurze Spanne zwischen dem siebzehnten und dem vierunddreißigsten Jahr" (*Die Frau gestern und morgen*, GW II, 1196) die Aussicht auf eine Erfüllung von Diotimas emotionalen und sexuellen Bedürfnissen minimiert, dann lässt sich einerseits erahnen, welche Kraft die Sublimierung in ihrem Fall entfalten kann, andererseits aber auch, wie der problematische „Gegensatz von Körper und Geist bei Diotima" (Howald 1984, S. 263) wiederum verschärfend auf das gestörte eheliche Zusammenleben zurückwirkt (vgl. MoE, 105f.). Musils romaneske Diagnose kann sich auf seinen psychologischen Gewährsmann Kretschmer stützen, der vor der Gefährlichkeit ‚ungünstiger Eheverhältnisse' warnt, „die neurotische Seelenkonflikte zur Folge haben": „Und zwar weniger die offenen als die verdeckten, wo unter dem Schein gegenseitiger Korrektheit [...] unhaltbare psychische Mißklänge sich verbergen." (Kretschmer 1922, S. 119) Ein solcher „Schein", der tieferliegende Spannungen systematisch ‚verdeckt', kennzeichnet die Ehe Tuzzi. Diotima, offenbar entschieden robuster veranlagt als Bonadea, vermag jedoch im Unterschied zu dieser unbewältigte Beziehungsprobleme in ihren Idealismus zu überführen (vgl. MoE, 93f. u. 178). Im Rahmen der ‚Parallelaktion' strebt sie nichts Geringeres an als „eine Nation, ja eigentlich die ganze Welt [...] dazu aufrufen zu dürfen, daß sie sich inmitten eines materialistischen Treibens auf das Geistige besinne"; aus Überzeugung polemisiert sie in ihrer „geistige[n] Thronrede" gegen die „seelenlose, bloß von Logik und Psychologie beherrschte Zeit" (MoE, 94), weiß dieser aber kaum mehr als Schlagworte entgegenzusetzen (vgl. Groppe 1996, S. 79; Leue 1997, S. 332–334; Neymeyr 2005, S. 270–285). Mit ihrem „Projekt der großen Idee als Vereinigung aller Divergenz" verfolgt Diotima „ein Projekt zur Aufhebung der Widersprüche in der Moderne" (Groppe 1996, S. 79), das zum Scheitern verurteilt ist (vgl. MoE, 229). Trost und Halt bietet ihr in dieser Situation ironischer- und verhängnisvollerweise allein der Gatte, der Ursprung ihrer ganzen Misere (vgl. MoE, 229f.). Diotima findet nur in der unbefriedigenden Ehe, die doch den kompensatorischen Idealismus erst auslöst, jenen emotionalen Rückhalt, der ihr erlaubt, den mangelnden Erfolg ihrer Bestrebungen zu ertragen. Insofern überrascht es nicht, dass ihr „an der großen bürgerlichen Überlieferung" festhaltender (MoE, 331) Idealismus und ihre metaphysische Denkweise (vgl. MoE, 814) bei allen ‚Wandlungen' (vgl. MoE, 331) hochgradig ideologisch bleiben und stets auf die Bestätigung und Bewahrung der herrschenden Moral zielen. Bei dieser reaktionären Schlagseite kann von einem kreativen ‚Möglichkeitssinn' im Sinne Ulrichs keine Rede sein.

Ganze Passagen der „Beschreibungen und Urteile" Diotimas sind „praktisch vollständig und sehr oft wörtlich" dem Key-Exzerpt Musils „entnommen" (Howald 1984, S. 266 u. 283, Anm. 232) oder entstammen einem Maeterlinck-Exzerpt aus dem Arbeitsheft 21 (vgl. Tb I, 587–590; dazu Arntzen 1982, S. 265). Tatsächlich liest Diotima „mit Verantwortungsbewußtsein und in dem Bestreben, sich aus dem, was sie Kultur nannte, eine Hilfe in der nicht leichten gesellschaftlichen Lage zu bilden, in der sie sich befand" (MoE, 332). Dies hat indes direkte Auswirkungen auf ihre Selbstwahrnehmung und aktive Charakterentwicklung, wie auch ihr Gatte zu seinem Leidwesen erfahren muss. Bald kann er über ihre „Leseklugheiten" nicht mehr „lachen", weil er in deren Licht als lüsterner „Sexualiker" erscheint (MoE, 333). Später, nach der doppelten Enttäuschung angesichts der immer spürbarer werdenden Zurückhaltung Arnheims (vgl. MoE, 814) sowie der Ergebnislosigkeit ihrer Suche nach der „große[n] Idee" für die ‚Parallelaktion' (MoE, 811), empfindet Diotima „bittere Erschöpfung" (MoE, 814) und wechselt die Lektüre, was der Erzähler ironisch quittiert. Ihr neuer Lesestoff besteht aus Büchern, die sich „mit der Physiologie und Psychologie der Ehe" beschäftigen (MoE, 816). Diotima schöpft daraus neue Maximen, die auf eine resignative „Abschiedsrede [...] an die Seele" (MoE, 813) hinauslaufen (vgl. MoE, 812 u. 814). Zur inhaltlichen Begründung und stilistischen Anreicherung solcher Sentenzen hat Musil umfängliche Exzerpte (vgl. KA, M VII/14/58–67) aus Sofie Lazarsfelds Buch *Wie die Frau den Mann erlebt* (1931) angelegt, „das die reformistisch gesinnte Sexualwissenschaft aus weiblicher Sicht in der Individualpsychologie vertrat" (Fanelli 1996, S. 182; vgl. Arntzen 1982, S. 329) und dessen Formulierungen in den Romantext eingegangen sind, wie zahlreiche Zitate des Kapitels II/23 zeigen (vgl. MoE, 882). (→ IV.12 *Sexualwissenschaft*) Bei den von Musil selbst als Zitat gekennzeichneten Stellen handelt es sich meist um mehr oder weniger unverändert übernommene Formulierungen aus Lazarsfelds Studie (vgl. Wolf 2011, S. 731–734, bes. Anm. 1167). Die psychologisch-sexualwissenschaftlich geläuterte Diotima gelangt zu einer neuen Einstellung, wonach ihr der mit Arnheim ersehnte „Ehebruch manchmal [!] als eine viel zu einfache Lösung der ehelichen Konflikte erscheint" (MoE, 817). Lazarsfelds Einsichten werden im Romankontext jedoch keineswegs nur lächerlich gemacht (so aber Wagner 1981, S. 92; Howald 1984, S. 269f.); sie erlauben es der bisherigen ‚Frau von gestern' vielmehr, die Stellung einer unabhängigen ‚Frau von morgen' zumindest anzustreben. Die „Erinnerung an eins der sie umgebenden Bücher" verleiht Diotima in Gegenwart des meist spöttischen Cousins Ulrich neue weibliche Souveränität, die „gleichsam durch Amtsschranken" (MoE, 820f. u. 883) der Wissenschaft geschützt erscheint, deshalb aber nichts an Treffsicherheit einbüßt.

Trotz ihrer exponierten sozialen Position bleibt Diotima genderpolitisch marginalisiert, was sich lange in ihrem gebrochenen Diskurs über die Rolle der Frau niederschlägt: Zudem hütet sie sich vor einer konsequenten Infragestellung der traditionellen Rollenverteilung. In der Kunst sieht sie nicht essayistisch den Vorschein eines möglichen ‚anderen' Lebens (vgl. *Ansätze zu neuer Ästhetik*, 1925, GW II, 1140f.), sondern folgt der ‚bürgerlichen' Sichtweise, „daß die Kunst eine Erholung von der Wirklichkeit sei, mit dem Zweck, erfrischt zu dieser zurückzukehren!" (MoE, 573) Der Bezugspunkt ihres idealistischen Denkens bleibt stets die herrschende Realität, nicht der ‚Möglichkeitssinn'. Ihr Salon erfüllt keine „Funktion als *Mittler* zwischen – [...] dominierenden – ‚Bürgern' und den – dominiert-dominierenden – ‚Künstlern'" (Bourdieu 1999, S. 28). Indem sie von ‚Geist' und ‚Seele' zwar viel spricht, in ihrem Handeln aber die ökonomische und politische Macht favorisiert, korrumpiert Diotima die soziale Vermittlungsaufgabe geradezu. Nicht zuletzt deshalb entspricht sie dem von ihr vergeblich geliebten ‚Nabob' und ‚Großschriftsteller' Arnheim, dem sie insofern gleicht, als sie eine auf das Feld der Macht beschränkte Emanzipation anstrebt, die wenigen Frauen offensteht. Ihr gegen Ende des kanonischen Romantextes wachsendes Engagement für eine autonomere weibliche Position, das sie in erster Linie aufgrund ihrer Enttäuschungen in Sachen Liebe und ‚Parallelaktion' an den Tag legt, ist davon beeinträchtigt und bleibt hinter zeitgenössischen Bestrebungen einer Marianne Hainisch, Auguste Fickert, Rosa Mayreder oder Marie Lang zurück.

3.3.6 Agathe, Frau ohne Eigenschaften

Das weibliche Pendant zur Ulrich-Figur, seine Schwester Agathe, ist entstehungsgeschichtlich und konzeptionell die wichtigste des Romanprojekts. In der figurenbezogenen Musil-Forschung wurde Agathe oft keine besondere Aufmerksamkeit entgegengebracht (vgl. jedoch Böhme 1974, S. 193–230; Sokel 1983; Zingel 1999, S. 61–202). Ulrichs weibliches Alter Ego tritt erst im Zweiten Buch persönlich auf, nachdem sie vorher nur in einem Brief des gemeinsamen Vaters erwähnt wurde (vgl. MoE, 77 u. 79). Trotz des späten Erscheinens der weiblichen Protagonistin im Roman kann sie keineswegs „auf *eine* Funktion" festgelegt werden (Zingel 1999, S. 64), wie das die ältere Forschung versuchte. Dagegen hat die biografisch bzw. psychoanalytisch verfahrende Literaturwissenschaft (vgl. etwa Scheller 1983, S. 82f.; Hehner 1994, S. 409–418) bei ihrer Beschäftigung mit Agathe „eher die Musilsche Psyche denn die Bedeutung des zentralen Themenkomplexes Geschwisterliebe und der Figur Agathe im Universum des Romans" erhellt (Zingel 1999, S. 62). Solche eindimensional und einseitig auf Ulrich fokussierten Interpretationen, die die konstitutive Fiktionalität romanesker Figurenkonstruktionen entweder außer Acht lassen oder aber überstrapazieren, sind mittlerweile obsolet (vgl. ebd., S. 62–64).

Biografische Anregungen für die erzählerische Konstitution Agathes bezieht Musil aus den Berichten über seine am 15. Januar 1876 geborene ältere Schwester Elsa, die fast genau vier Jahre vor seiner eigenen Geburt knapp einjährig gestorben ist und einen Fixpunkt seiner affektiven Projektionen bildete (vgl. Tb I, 952f.; KA, H 33/99; dazu Blanchot 1962, S. 199; Scheller 1983, S. 82f.; Hehner 1994, S. 409f.; Zingel 1999, S. 62; Corino 2003, S. 23, 31 u. 59), sowie vor allem aus der Lebensgeschichte seiner Frau Martha, geborene Heimann und geschiedene Marcovaldi (vgl. ebd., S. 44, 527, 556, 904–907 u. 995), die er ebenfalls „seine *Schwester* zu nennen" pflegte (Wilkins 1968, S. 49). Die Agathe des Romans ist 27 Jahre alt, somit fünf Jahre *jünger* als Ulrich (vgl. MoE, 673, 720 u. 853), und teilt mit ihm viele körperliche Eigenheiten (vgl. MoE, 676): Die Schwester ist wie ihr Bruder groß, blond und schlank und hat – anders etwa als dessen Geliebte Bonadea (vgl. MoE, 525) – keine auffallenden Brüste, was ihr eine sportliche Ausstrahlung verleiht; im Unterschied zu Ulrich verabscheut sie aber ihren eigenen Angaben zufolge jede Art von Sport, obwohl sie „[e]in wenig Tennis" spielt (MoE, 676), und nimmt somit „die narzisstisch besetzte Stelle" ein, „die Ulrichs widersprüchliches Selbstverhältnis begründet" (Fleig 2008, S. 236f.). In Agathes Körper manifestiert sich zudem Musils affirmative Konstruktion androgyner Weiblichkeit, die dem allgemeinen Frauenideal der Zwischenkriegszeit entspricht, während ihre ablehnende Haltung gegenüber dem Sport zugleich eine ausgeprägte Idiosynkrasie gegenüber gesellschaftskonformer Diätetik signalisiert. Folgt man den Andeutungen des gemeinsamen Vaters, dann hat sie einen schwierigen „Charakter", der es ihr nicht erlaube, Wohlbefinden, Zufriedenheit oder gar Glück einfach „zuzugeben" (MoE, 673; vgl. MoE, 79). Im Vergleich zum ebenfalls intrikaten Vater-Sohn-Verhältnis leidet Agathe an einer besonderen Problematik des ‚Tochterseins'. Zum Altersunterschied zwischen den Generationen, der mit 42 Jahren noch extremer ausfällt als der 37-jährige Abstand zwischen Ulrich und dem Vater, tritt hier noch die Geschlechtsdifferenz. Mit dem „kleinen, […] qualvoll rechtlichen Verstandesmann" (MoE, 726) verbindet die Tochter wenig, zumal der angesehene Jurist als Vertreter und Garant der von ihr als bedrückend erlebten herrschenden Machtverhältnisse fungiert. Der frühe Tod der Mutter verschärft diese Situation, weil der Vater danach die „sehr aneinander hängenden Geschwister" trennt, „indem er sie in verschiedene Internate schickt" (Zingel 1999, S. 66). Mit dieser Maßnahme, die im späten 19. Jahrhundert für einen alleinstehenden Vater nahelag, befördert er das Ende des intimen Kontakts zwischen den Geschwistern und kompensiert es zugleich oberflächlich durch brieflich vermittelte „ordnungsgemäße Familiennachrichten" (MoE, 672). Ein Indiz für die Kompliziertheit der familiären Konstellation stellt Agathes (aus Sicht des Vaters) geradezu kriminelle Energie hinsichtlich des Erbes dar. Ohne Beteiligung des Bruders betreibt sie die Profanierung des väterlichen Leichnams durch ein „seidenes, breites Strumpfband", das sie sich vom Bein streift und dem toten Vater „in die Tasche" schiebt (MoE, 707). Es handelt sich hierbei um eine in mehrerer Hinsicht ‚entwürdigende' Tat, denn der verstorbene Mann wird durch die erotische Anspielung der Tochter in die traditionelle Rolle der passiven Frau gedrängt, wodurch die überkommene Ordnung der Geschlechterrollen in einer quasisexuellen Handlung subvertiert erscheint. (→ V.6 *Geschlechterrelationen*) Die von Agathe betriebene Missachtung des väterlichen „letzten Willen[s]" durch den Ordenstausch (MoE, 705f.; vgl. MoE, 694f.) sowie durch die Testamentsfälschung (vgl. MoE, 792–802) ist im Licht der Erbethematik ebenfalls signifikant, zumal es sich hier um die einzige Frauenfigur des Musil'schen Romans handelt, die sich damit aktiv auseinandersetzt. Auch Agathe zählt zur zweiten Generation nach dem gesellschaftlichen Aufstieg, und auch für sie gilt ebenso wie für Ulrich: Das überkommene väterliche Erbe wird nicht angenommen oder aber in einer radikalen Verweigerungshaltung so verfälscht, dass es nicht mehr wiederzuerkennen ist.

Als junges Kind, „bald nachdem sie angefangen hatte, in die Schule zu gehen", ist Agathe durch „eine wunderliche Krankheit" lange Zeit ans Bett gefesselt gewesen (vgl. MoE, 725). Bereits hier offenbart sich ihre eigenwillige Widerständigkeit gegen die bestehenden Ordnungen des Daseins sowie gegen dessen verbürgte Autoritäten, was gemeinsam mit ihrer zugleich bewiesenen braven ‚Folgsamkeit' ein merkwürdig ambivalentes Gesamtbild ergibt und im Romankontext einzigartig ist: „Sie war stolz darauf, daß die Ordnung der Großen keine Macht über sie hatte, solange sie krank war, und wußte nicht, wie ihr kleiner Körper das zustande brachte." (MoE, 725f.) In Reinschriftnotizen aus den frühen 1930er Jahren hat Musil die „Krankengeschichte" Agathes in eine bezeichnende Opposition zu den pathologischen Tendenzen Clarisses gebracht, von der sich die ‚generative Formel' der Schwester Ulrichs deutlich abheben sollte: „Sie fühlte sich gesund dabei: das eingeschobene Clarisse-Kapitel zwingt, das Gesunde an Agathe stärker zu betonen." (KA, M II/8/7) Die Gegenüberstellung der beiden Frauenfiguren ist insofern von Bedeutung, als sie von der Mühe des Autors zeugt, die auf den ersten Blick vielleicht seltsam anmutenden Anwandlungen seiner weiblichen Protagonistin nicht als pathologisches Syndrom erscheinen zu lassen, sondern als ernst zu nehmende Welthaltung (vgl. Zingel 1999, S. 69). Sie steht nicht allein für ‚weibliche' Passivität, sondern birgt in sich zugleich die Möglichkeit des Bruchs mit den Rollenmustern gesellschaftlich sanktionierter ‚Eigenschaftlichkeit'. Agathe hält sich durch ihre mysteriöse Erkrankung ausschließlicher als sozial vorgesehen (vgl. Bourdieu 2005, S. 162f.) im familiären Bereich auf; sie radikalisiert mittels eines individuellen Leidens die geschlechtsspezifische Teilung zwischen ‚öffentlich' und ‚privat', so dass ihre Überwindung der Krankheit implizit auch auf die Überwindung typisch weiblicher Sozialisationsmuster hinweist. In der Genesung der kleinen Agathe wäre demnach schon die Zurückweisung der überkommenen weiblichen Geschlechterrolle und ihre Substitution durch eine Form von Androgynie angelegt, was ein zentrales Element der später an ihr diagnostizierten ‚Eigenschaftslosigkeit' vorwegnimmt. Darüber hinaus „erzwingt" Agathe durch ihre Krankheit „eine Zuwendung, die sie sonst nicht erhält", wodurch sie sich auffallend von ihrem offensiveren Bruder unterscheidet (vgl. Böhme 1974, S. 194). Bei ihrer Krankheitsgeschichte handelt es sich um die erzählerische Suggestion einer rational nicht erklärbaren Begebenheit, die auf mythische Implikationen der Geschwisterhandlung vorausweist (vgl. Tb I, 389; KA, H 8/75; KA, M VII/8/151; dazu Zingel 1999, S. 69): Agathe wird „freiwillig" und auf „ungewöhnliche Weise" genesen, indem die „Erkrankung so unerwartet abschloß, wie sie begonnen hatte" (MoE, 726). Die im unmittelbaren Anschluss daran berichtete, an Kleists *Bettelweib von Locarno* (1810) gemahnende Episode von der hexenden Bettlerin (vgl. ebd.) trägt das Ihre dazu bei, den Modus des ‚Nicht-Ratioïden' zu indizieren, der den Kindheitserlebnissen Agathes anhaftet und im Fortgang der Romanhandlung eine gewichtige Rolle spielen wird.

Auch der weiteren Habitusausbildung des Mädchens liegt die „Ambivalenz von (äußerer) Folgsamkeit und (innerem) Rückzug" als ‚generative Formel' zugrunde, „die zu einer Trennung von Phantasiewelt und Wirklichkeit zwingt" (Böhme 1974,

S. 195) bzw. zu einer Unterscheidung zweier unterschiedlicher ‚Wirklichkeiten' oder ‚Zustände', wobei Agathes Sympathieverteilung eindeutig zugunsten der ‚zweiten Wirklichkeit' bzw. des ‚a. Z.' ausschlägt. (→ VII.2 *Anderer Zustand*) In Musils apokryphen Notizen der frühen 1920er Jahre, die als Vorarbeiten zum späteren Kapitel II/9 anzusehen sind, wird ihre besondere Disposition zur ‚mythischen Denkform' ausdrücklich benannt (vgl. KA, M VII/8/151; vgl. Tb I, 390). (→ VII.1 *Mystik*) Die von Musil mit großem Interesse aufgenommene entwicklungspsychologische bzw. ethnologische Konzeption unterschiedlicher Denkformen (vgl. Lévy-Bruhl 1926, S. 57–59) ist auch für die erzählerische Gestaltung seiner weiblichen Protagonistin von Bedeutung (vgl. Zingel 1999, S. 70f.), was sich darin äußert, dass Agathes Denken einer inneren ‚Anteilnahme' an seinen Gegenständen bedarf und deren Ausbleiben durch Gleichgültigkeit quittiert (vgl. MoE, 857). Konsequent inszeniert der Erzähler ihre ‚Überlebensstrategie' nach dem ambigen Muster einer nur oberflächlichen Ausrichtung an den Erfordernissen der ‚ersten Wirklichkeit', die mit der Präferenz einer ‚anderen Wirklichkeit' einhergeht, zumal Agathe keine ‚Sympathie' zu bzw. ‚Partizipation' mit den Gegenständen der vorgeschriebenen schulischen Anforderungen entwickeln kann (vgl. MoE, 726f.). In keiner Weise begehrt Agathe wie der junge Ulrich „gegen feste Einrichtungen" des Lebens auf, die nach ihrem Dafürhalten aufgrund ihrer äußeren Machtstütze und inneren Bedeutungslosigkeit ein solches Aufheben gar nicht verdienen. Handlungsleitend ist bei ihr statt des Willens zur Revolte vielmehr die bestmögliche Strategie zur Unlustvermeidung bzw. zur Vermeidung von Anstrengung, die ihres Erachtens andernfalls sinnlos verschleudert würde. Dies gilt auch im intellektuellen Bereich, insbesondere hinsichtlich jener Reflexion mit allgemeinerem Anspruch, die ihr Bruder so liebt (vgl. MoE, 741). Auch darin erinnert sie an die ‚mythische Denkform', die Lévy-Bruhl den sogenannten ‚primitiven' Völkern unterstellt hat: „Das geringste, nur ein wenig abstrakte Begründen widersteht ihnen derartig, daß sie sofort erklären, müde zu sein und darauf zu verzichten." (Lévy-Bruhl 1926, S. 92) (→ IV.9 *Ethnologie*) Aus existenzieller Teilnahmslosigkeit entwickelt Agathe ein „gutes Gedächtnis" (MoE, 703), das sie in eine weitere Analogie zum Konzept der ‚mythischen Denkform' bringt (vgl. Lévy-Bruhl 1926, S. 92; dazu Zingel 1999, S. 70) und es ihr erlaubt, den Anschein willigsten Genügens aufrechtzuerhalten. Unter diesem Deckmantel bewahrt sie bereits als junges Mädchen große mentale Distanz zur Welt der väterlichen Zwänge und Autoritäten:

> Sie glaubte […] kein Wort von dem, was sie lernte, und weil sie trotz ihres scheinbar willigen Betragens keineswegs eine Musterschülerin war und dort, wo ihre Wünsche ihren Überzeugungen widersprachen, in gelassener Weise das tat, was sie wollte, genoß sie die Achtung ihrer Mitschülerinnen, ja sogar jene bewundernde Neigung, die in der Schule findet, wer es sich bequem zu machen versteht. (MoE, 727)

Wenn die antikantianisch verfahrende Agathe sich selbst gemäß den zeitgenössischen Geschlechterstereotypen als „dumm" und „schlecht" (MoE, 702f.) oder gar als „träge[n] und wertlose[n] Charakter" (MoE, 727) bezeichnet, dann ist dies vorderhand „natürlich falsch und entspringt […] dem erst nach ihrer ersten Ehe entwickelten" (Böhme 1974, S. 195), bezeichnenden „Bedürfnis nach Selbstbestrafung" (MoE, 756). Auf einer tiefer liegenden Ebene hat es mit dem Befund forcierter Negativität jedoch auch seine Richtigkeit, wenn man die dazugehörigen Epitheta auf die herrschende Moral und ihre utilitaristische Ethik des umstandslosen Funktionierens bezieht (vgl. MoE, 727). Viel grundsätzlicher als jene ephemeren Gesten negativistischen Aufbegehrens, die sich nach dem Muster harmonistischer Bildungsvorstellungen sukzessiv an der Gesellschaft ‚abschleifen' und in idealtypischer Weise auf der Basis fortschreitender Absorption und Formgebung zuletzt doch noch zu einer ‚geglückten' Integration in die überkommenen Machtverhältnisse führen, richtet sich Agathes ganz fundamentaler Vorbehalt gegen die bestehende Wirklichkeit, die sie sich zu affirmieren weigert (vgl. Balke 1998, S. 309; Zingel 1999, S. 65). Hinsichtlich ihrer sozialen Alterität und Extraterritorialität befindet sie sich in struktureller Homologie zu ihrem Bruder Ulrich, dem Mann ohne Eigenschaften, und die normativen Oppositionspaare ‚träge/tätig' bzw. ‚wertlos/gut' lassen sich im Rahmen der von Ulrich in Aussicht gestellten ‚Umwertung aller Werte' (Nietzsche) ohne großen Aufwand umpolen, wodurch sie in sich den Keim einer neuen, einer ‚anderen' Welt bergen (vgl. MoE, 727f.).

Von entscheidender Bedeutung bei der erzählerischen Gestaltung der Figur ist das an ihr auch physiognomisch manifeste Phänomen der ausbleibenden Typisierung bzw. ‚Eigenschaftslosigkeit' (vgl. Precht 1996, S. 228f.; Zingel 1999, S. 63; Martens 2006, S. 158), das hier der beobachtende Ulrich selbst registriert: „Dieses Gesicht beunruhigte ihn durch irgend etwas. Nach einer Weile kam er darauf, daß er einfach nicht erkennen konnte, was es ausdrücke. Es fehlte darin das, was die gewöhnlichen Schlüsse auf die Person erlaubt. Es war ein inhaltsvolles Gesicht, aber nirgends war darin etwas unterstrichen und in der geläufigen Weise zu Charakterzügen zusammengefaßt." (MoE, 676f.) In Analogie zum eigenen Habitus inaktiver, ‚teilnahmsloser Leidenschaft' bzw. eines ‚aktiven Passivismus' (vgl. MoE, 356 u. 368f.) konstatiert Ulrich Entsprechendes an der schwer zugänglichen Erscheinung seiner Schwester (vgl. MoE, 678). Agathes eigenwillige Mischung aus Härte, Eigensinn und Nachgiebigkeit trägt dazu bei, sie als eine ‚Frau ohne Eigenschaften' erscheinen zu lassen, was aus individualpsychologischer Perspektive wie ein habitueller Reflex auf den frühen Verlust der Mutter sowie auf die Wiederholung dieser traumatischen Erfahrung durch den unvorhergesehenen Tod des ersten Ehemanns erscheinen mag. Eine weitere Parallele zum Bruder offenbart sich in Agathes antiidealistischer Gesinnung (vgl. MoE, 755; KA, M VII/15/124). Aufgrund der weitgehend analogen Sozialisationen besteht zwischen Ulrich und ihr „eine gewisse Verwandtschaft des Empfindens" (MoE, 675), die sich nicht zuletzt darin äußert, dass die Schwester sich – wie ihr Bruder – vom Tod des Vaters „nicht sehr erschüttert" zeigt (MoE, 677). Es handelt sich bei Agathes Wahrnehmungsweise um ein intentionsloses Schauen, das einer passiven, uneigennützigen Sympathie für die noch so unscheinbaren Dinge entspricht, aber nichts von ihnen fordert (vgl. MoE, 851). Agathe berichtet, „immer ohne Sinn gehandelt" zu haben, was sie nicht „nur unglücklich" mache, sondern ihr auch seitens des Vaters und ihres zweiten Gatten, des Pädagogen Gottlieb Hagauer, den Vorwurf eingetragen habe, dass sie „keinen Willen habe, nichts liebe, nichts verehre", ja dass sie „kein zum Leben entschlossener Mensch sei" (MoE, 737). Diesem verständnislosen Urteil, das gleichwohl einen wichtigen Aspekt des Habitus der ‚Frau ohne Eigenschaften' berührt, liegt eine eindimensionale Vorstellung von Liebe zugrunde (vgl. MoE, 950f.). Wie Musils Erzähler zu verstehen gibt, werden von Hagauers geläufigem Verständnis der Liebe indes keineswegs alle ihre Erscheinungsformen abgedeckt: „[E]s gibt Verliebte, die in die Liebe wie in die Sonne blicken, sie werden bloß blind, und es gibt Verliebte, die das Leben zum ersten Mal staunend erblicken, wenn es von der Liebe beleuchtet wird: zu diesen gehörte Agathe" (MoE, 756). In dem Maß, in dem sie von Liebe erfüllt wird, befindet sie sich in einem Zustand „der Güte, der Weltabgekehrtheit, der Kontemplation, des Schauens, der Annäherung an Gott, der Entrückung, der Willenlosigkeit, der Einkehr und vieler andrer Seiten eines Grunderlebnisses, das in Religion, Mystik und Ethik aller historischen Völker […] übereinstimmend wiederkehrt", wie Musil den ‚a. Z.' in *Ansätze zu neuer Ästhetik* umschreibt (GW II, 1144). Die aus der Perspektive des ‚Normalzustands' inkriminierte Willens- und Entschlusslosigkeit Agathes, ja ihre gesamte eigenartige Lebensferne liegt in dieser Disposition begründet (vgl. Sokel 1983, S. 112). (→ VII.2 *Anderer Zustand*)

Agathes Distanz gegenüber der herrschenden Wirklichkeit, die dem essayistischen Denken ihres Bruders entspricht, verkörpert mehr noch als dieser die programmatische „Transzendierung aller Festlegungen des Menschen" bzw. „das Nichtfestgelegtsein, die Indeterminiertheit, in Person. […] Nichts berührt sie im Tiefsten und Wesentlichen. Denn sie durchschaut die Rollenhaftigkeit allen menschlichen Verhaltens und weigert sich, ein Spiel als absolute, verbindliche Wahrheit zu akzeptieren" (Sokel 1983, S. 111f.) – und sei es das soziale Spiel, das einer Gesellschaft zugrunde liegt und eine entsprechende *illusio* verlangt. Genau diese fehlt Agathe in besonderer Weise, was auch auf ihre geschlechtsspezifische Sozialisation zurückzuführen ist (vgl. Bourdieu 2001, S. 212–214, u. 2005, S. 132f.). Im letzten Satz des kanonischen Romanteils wird ihre Gleichgültigkeit gegenüber den Machtspielen der Männer am Beispiel einer großen Soiree der ‚Parallelaktion' vor Augen geführt, aus der „sich Agathe plötzlich verabschiedet" und, ohne Ulrich zu informieren, Diotimas Salon allein verlässt (vgl. MoE, 1041). Diese eigenwillige Verhaltensweise lenkt die Aufmerksamkeit auf die Tatsache von Agathes innerer Desinvolviertheit, die es ihr in besonderer Deutlichkeit erlaubt, „die *kollektive Kollusion*" zu durchbrechen, welche den Machtspielen der Männer „die Notwendigkeit und Wirklichkeit allgemein geteilter Evidenzen verleiht" (Bourdieu 2005, S. 133). Verglichen mit Ulrich verkörpert Agathe eine komplementäre Form von ‚Eigenschaftslosigkeit', die weniger intellektuell als vielmehr emotional geprägt erscheint. Dies mag auf den ersten Blick dem typischen Geschlechterklischee entsprechen, erweist sich im Rahmen der erzählerisch konstruierten sozialen Welt des *MoE* indes als Resultat einer spezifisch weiblichen Sozialisation um 1900, die strukturell eher die Herausbildung des emotionalen als des intellektuellen Vermögens begünstigte. Während Ulrich aufgrund seiner reflexiven Fertigkeiten in der Lage ist, den detachierten romantischen Negativismus à la Nietzsche – dem seine Schwester noch in mancher Hinsicht entspricht – durch eine offene und schonungslose Analyse der modernen Welt und ihrer Zwänge zu überwinden, vermag die emotional begabtere Agathe den blinden Fleck ihres Bruders, nämlich die Absolutsetzung seines ‚männlich'-intellektualistischen Spielsinns, zu objektivieren (bzw. zu dessen Objektivierung im Prozess der Lektüre beizutragen). Romankonzeptionell entsteht aus dieser chiastischen Struktur eine charakteristische Oszillation, der zufolge die beiden Protagonisten sich komplementär ergänzen, indem die Schwester diejenige Qualifikation zu einer möglichst umfassenden Objektivierung der erzählten Zeit und Gesellschaft sowie des eigenen Standpunktes einbringt, die dem Bruder fehlt – und umgekehrt.

3.4 Die „letzte Liebesgeschichte" als Experiment der Androgynie

Der innerhalb des Romankosmos radikalste Versuch einer Überwindung der „Scheidungen des Menschentums" (MoE, 125 u. 1657) im Sinn einer „körperlich-seelischen Mischung beider Geschlechter" (Neumann 2005, S. 155) besteht in der gesellschaftlich diskreditierten ‚Geschwisterliebe' der beiden Hauptfiguren Ulrich und Agathe, wie eine Prolepse aus dem Kapitel II/12 zu verstehen gibt: (→ V.7 *Sexualität*)

> [W]er das, was zwischen diesen Geschwistern vorging, nicht schon an Spuren erkannt hat, lege den Bericht fort, denn es wird darin ein Abenteuer beschrieben, das er niemals wird billigen können: eine Reise an den Rand des Möglichen, die an den Gefahren des Unmöglichen und Unnatürlichen, ja des Abstoßenden vorbei, und vielleicht nicht immer vorbei führte; ein „Grenzfall" [...] von eingeschränkter und besonderer Gültigkeit, an die Freiheit erinnernd, mit der sich die Mathematik zuweilen des Absurden bedient, um zur Wahrheit zu gelangen. (MoE, 761)

Ulrich und Agathe erscheinen hier als „die verrufenen Individualisten" (KA, M V/1/38) innerhalb einer Gesellschaft, die sie ablehnen. Das bedeutet aber keineswegs, dass sie einem übersteigerten Individualismus frönen: Die von Ulrich und Agathe gebildete „Familie zu zweien" (MoE, 715) fungiert romanstrukturell vielmehr als Gegenmodell zu jener „Selbstsucht zu zweien", die Ulrich an der frühen Ehe zwischen Walter und Clarisse so „unangenehm" gewesen ist (MoE, 54), und sie tut das gerade durch ihre ‚neomystische' Aufladung, wie eine Notiz Musils vom November 1928 nahelegt, die den ‚Zustand der Liebe' von den üblichen subjektivistischen Auffassungen abhebt: „Im anderen Zustand rührt das Persönliche an das Geheimnis des Personseins. [...] Es ist nicht Subjektivität. Man ist fast schon unpersönlich, nach der entgegengesetzten Richtung wie bei Objektivität." (KA, M I/1/75) (→ VII.2 *Anderer Zustand*) Ein rein individualistisches Verständnis des ‚a. Z.' im Sinne romantischer Subjektivität, wie es von der Forschung wiederholt vertreten wurde (vgl. etwa Schmidt 1988, S. 286f.; dagegen Neumann 2005, S. 175f.; Fleig 2008, S. 271f.), findet sich auch von Ulrich selbst zurückgewiesen, der im Kapitelentwurf „Sonderaufgabe eines Gartengitters" aus dem Jahr 1934 stattdessen eine doppelseitige Struktur mit Betonung der ‚Allozentrik' skizziert (vgl. MoE, 1407; dazu Goltschnigg 1973, S. 344; Fuld 1976, S. 667). Ulrich weiß freilich, dass der geschwisterliche Altruismus stets mit einer egoistischen Kehrseite einhergeht – und umgekehrt (vgl. MoE, 876). Dementsprechend betont Musil in einem Brief vom 31. Mai 1931 an Franz Blei, dem er für einen Bericht über die Beziehung zwischen François René de Chateaubriand und dessen schwärmerischer Schwester Lucile dankt, seinen nicht bloß individualpsychologischen Fokus bei der romanesken Gestaltung der Geschwisterliebe: „[I]m Lauf der Arbeit komme ich, soviel sich sehen läßt, immer weiter vom persönlichen Komplex ab, zum sozialen, den das bedeutet." (Br I, 519) Dieser Selbsterläuterung zufolge geht es Musil weniger um die individuelle Seite der Geschwisterliebe, vielmehr um ihren sozialen Zusammenhang. Mit Ulrichs Worten: „Im Grunde ist es ein Protest gegen die Welt!" (MoE, 939) Die Implikationen dieser nicht a-, sondern antisozialen Liebeskonzeption, die strukturell dem ‚Tristan-Modell' entspricht (vgl. Zehl-Romero 1978, S. 622f.), sollen für die Gesamtanlage des *MoE* abschließend skizziert werden.

Den Beginn des Zweiten Buchs – die Ankunft Ulrichs im elterlichen Totenhaus und das dort stattfindende Wiedersehen mit der Schwester – hat Musil „wie den Beginn eines neuen Romans gestaltet" (Aurnhammer 1986, S. 289). Kompositionell entspricht die im Vergleich zum Ersten Buch grundlegend veränderte Szenerie dem ersten Auftritt „Anmutige Gegend" von Goethes *Faust II*, der einen nach Margaretes Tod wie ‚neugeborenen' Helden vor Augen führt. Bei Musil tritt an die Stelle der faustischen Erholung eine einsam durchwachte und durchdachte Nacht, in der Ulrich „verschiedenes in Ordnung zu bringen" trachtet (vgl. MoE, 662). Agathe hingegen, als Frau wie Margarete Opfer der herrschenden Verhältnisse, gibt sich einem faustischen „Genesungsschlaf" hin (MoE, 676). Die Anagnorisis-Szene (vgl. Hartwig 1998, S. 129–132), in der sich die Geschwister in ‚Pierrotkleidern' gegenübertreten (vgl. MoE, 675f.), offenbart eine „Verwandtschaft des Empfindens" (MoE, 675), die Ulrich schon in Agathes provokanter Abwesenheit bei seiner Ankunft wahrgenommen hat: Die Geschwister wirken sogleich wie „die vertrautesten Leute auf der Welt" (MoE, 674). Ihre analoge Kleiderwahl hat darüber hinaus eine romanstrukturelle Funktion: „Die Pierrot-Kleidung symbolisiert bei Bruder und Schwester ihr Verlassen der Vater-Welt [...], den Austritt aus ihren nach Geschlecht aufgestellten Rollenidentitäten" (Schwartz 1997, S. 323) – und damit einen weiteren Schritt in die angestrebte gesellschaftliche ‚Eigenschaftslosigkeit'. Ganz unwillkürlich ruft Agathe aus: „‚Ich habe nicht gewußt, daß wir Zwillinge sind!' [...], und ihr Gesicht leuchtete erheitert auf." (MoE, 676) Das ‚Aufleuchten' drückt nicht allein „das Erkenntnismoment des Wiedersehens" in der Funktion herkömmlicher Anagnorisis aus, sondern zeigt überdies im Sinne des Androgyniediskurses, dass „sich die Geschwister durch ihre fast gleichen Pierrot-Anzüge als spiegelbildliche *symbola* erkennen" (Aurnhammer 1986, S. 289). Neben der Aufgabe, „Eigenschaftslosigkeit und Hermaphroditismus literarisch zu beglaubigen", stellen Musils „zeittypische Anleihen bei der *Commedia dell'arte*" demnach auch „ein analoges Leitbild für den geschwisterlichen Rekurs bereit" (ebd., S. 289f.). Der motivgeschichtlichen Topik entsprechend identifiziert Ulrich Agathe als seine „Kolombine" (MoE, 1086) bzw. seine „Eigenliebe" (MoE, 899).

Musils erzählerische Subversion einer schematisch-binären Vorstellung von Geschlechterpolarität greift einen im ersten Drittel des 20. Jahrhunderts allgegenwärtigen Diskurs auf: Es handelt sich um die im Zusammenhang der Liebesdichtung traditionsreiche Thematik ‚Androgynie' bzw. ‚Mannweiblichkeit' (vgl. Aurnhammer 1986, S. 2 u. 209–218), die um und nach 1900 in zahlreichen Texten in- und außerhalb des deutschen Sprachraums essayistisch und künstlerisch gestaltet wird. (→ V.6 *Geschlechterrelationen*; VIII.4 *Gleichnis*) Musil selbst hat zwar den Begriff ‚Androgynie' nie verwendet – „statt dessen gebraucht er ‚Hermaphroditismus', ‚Doppelgeschlechtlichkeit', ‚Doppel-Ich' u. ä." –, ist aber mit der „Tradition des Androgynie-Motivs" bestens „vertraut" (ebd., S. 288). Das um die Grundbegriffe ‚Eigenschaftslosigkeit' und ‚Möglichkeitssinn'/Essayismus angeordnete Romangeschehen fand dort ein Betätigungsfeld und Anschauungsmaterial. Der *MoE* weist strukturelle Parallelen zu Georg Trakls lyrischen Texten auf, verzichtet jedoch sowohl auf die biblisch-religiöse als auch auf die geschichtsphilosophisch-sentimentalische Dimension der traditionellen Androgynieutopie, die er vielmehr – aller chiliastisch-religiösen Metaphorik zum Trotz – säkularisiert und vergegenwärtigt. Er wurde deshalb als „anspruchsvollste[r] Versuch der Moderne" bezeichnet, „das Androgynie-Ideal im Geschwistermythos zu erneuern" (ebd., S. 285). Zur Veranschaulichung seines utopischen Projekts gleichberechtigter ‚Geschwisterliebe' im ‚a. Z.' zeichnet Musil Momente des unmittelbaren Einverständnisses, die sogar die ‚Urheberschaft' von Gedanken und Gefühlen verschwimmen lassen. So wird im Zweiten Buch das gegenseitige

1.7 *Der Mann ohne Eigenschaften* (1930/1932/postum)

Verstehen der Geschwister in den emotional intensivsten Momenten ihrer Zweisamkeit (und trotz der häufig konstatierten auffallenden Gesprächslastigkeit der entsprechenden Passagen; vgl. MoE, 1219f.; dazu Blanchot 1962, S. 197) durch das sprachliche Kommunikationsmedium nicht mehr gestiftet, sondern nur noch bestätigt (vgl. MoE, 730). (→ VIII.3 *Sprache/Sprachkritik*) Die geschwisterlicher Nähe schlägt sich metaphorisch in der Rede von den ‚siamesischen Zwillingen' nieder (vgl. MoE, 899). Das ‚uralte' „Verlangen nach einem Doppelgänger im anderen Geschlecht" (MoE, 905) scheint in Ulrichs Geschwisterliebe zu Agathe kurzzeitig verwirklicht zu werden (vgl. MoE, 1337f.).

Konsequenterweise hat Musil die ursprünglichen Pläne eines Inzestvollzugs in den Druckfahnen-Kapiteln der 1930er Jahre revidiert. (→ III.3.4 *Nachlass*) Zwar sind sich die Geschwister auch dort noch sicher,

> daß die Entscheidung gefallen sei und jedes Verbot ihnen nun gleichgültig wäre. Trotzdem kam es anders. [...] Sie wollten es beginnen, aber die Gebärden des Fleisches waren ihnen unmöglich geworden, und sie fühlten eine unbeschreibliche Warnung, die mit den Geboten der Sitte nichts zu tun hatte. Es schien sie aus der Welt der vollkommeneren, wenn auch noch schattenhaften Vereinigung, von der sie zuvor wie in einem schwärmerischen Gleichnis genossen hatten, ein höheres Gebot getroffen, eine höhere Ahnung, Neugierde oder Voraussicht angehaucht zu haben. (MoE, 1083)

Insofern ist es plausibel, die Voraussetzung des anhaltenden geschwisterlichen Liebesverhältnisses in der Vermeidung eines abschließenden Höhepunktes zu sehen (vgl. Pekar 1989, S. 272; Pfohlmann 2008, S. 233), wobei der ‚uneigennützige' Verzicht neomystische Züge trägt: „Die ‚Geschwisterliebe' ist eben deshalb ein Paradigma des anderen Zustandes, weil sie ihren eigenen Vollzug sistiert" (Balke 1998, S. 315). (→ VII.1 *Mystik*) Das Ungenügen an der herrschenden patriarchalen Ordnung drückt sich indes nicht nur in der inzestuösen Liebe der beiden Geschwister aus, die in einen bezeichnenden Bezug zum ehemaligen Wunsch des jungen Ulrich gebracht wird, „ein Mädchen zu sein" (MoE, 690), sondern auch in der Subversion des schriftlich verfügten väterlichen ‚Letzten Willens': Gemeinsam wenden sie sich gegen das „von Geschlechtern schon Vorgebildete, die fertige Sprache nicht nur der Zunge, sondern auch der Empfindungen und Gefühle" (MoE, 129). Mit seinem Testament hat der Vater „sein Überleben als auktoriale Instanz über sein Ableben hinaus zu sichern" versucht (Mülder-Bach 2001, S. 361f.). Seine Bestimmungen zielen darauf ab, nicht nur Ulrich zur „Übernahme seines Erbes" (MoE, 662) zu nötigen, sondern auch Agathe; die Geschwister sind jedoch nicht gewillt, dem väterlichen Ansinnen zu entsprechen und eine Ordnung zu reproduzieren, die sie als zutiefst ablehnungswürdig erachten (vgl. Kremer 1993, S. 33f. u. 36).

Ulrich formuliert immer neue Zurückweisungen des väterlichen Erbes (vgl. MoE, 1830), doch kann er sich nicht zu einer tatsächlichen Ablehnung durchringen: „Dieser Vorstoß bleibt einer weiblichen Figur vorbehalten, die zwar nicht außerhalb der symbolischen Ordnung, aber doch quer zu der Vertikalität ihrer männlichen Erbfolge steht." (Mülder-Bach 2001, S. 362) Hier wird der Unterschied zwischen den beiden Hauptfiguren schließlich handlungsbestimmend: Es bedarf der „zum Aufruhr geborenen" (MoE, 859) Schwester, um die häretischen Diskurse des handlungsgehemmten Intellektuellen Ulrich in eine subversive Tat umzusetzen (vgl. Mülder-Bach 2001, S. 362; vgl. Hartwig 1998, S. 136–139). Sie hat „eine Art, Unrecht zu tun, die den

Gedanken an Unrecht nicht aufkommen" lässt (MoE, 705), was sich im Verstoß gegen die Verfügungen zur Ordensfrage (vgl. MoE, 694f. u. 705f.), in der Strumpfbandszene (vgl. MoE, 707) sowie in der eigentlichen Fälschung des Testaments (vgl. MoE, 792–802) niederschlägt. Sie – und nicht Ulrich – ist kompromisslos bereit, „das Gebiet der moralischen Umfriedung zu verlassen und sich auf jene grenzenlose Tiefe hinauszuwagen, wo es keine andere Entscheidung gibt als die, ob man steigen wird oder fällt" (MoE, 797), wie es in Anlehnung an Ulrichs Entwurf einer „Moral des ‚Steigens oder Sinkens'" (MoE, 827; vgl. MoE, 770) heißt. (→ V.5 *Ethik u. Moral*) Agathe stellt die überkommene Geschlechterordnung auf den Kopf (vgl. MoE, 797f.), um mit ihrem Bruder die „letzte Liebesgeschichte" zu leben, „die es geben kann" (MoE, 1094; vgl. Brief an Franz Blei, 9.7.1934, Br I, 615; dazu Zehl-Romero 1978). Ein solches, der herrschenden Realität entgegengesetztes Liebesexperiment ist zum Scheitern verurteilt, wenn die Gesellschaft, in der es stattfinden soll, seine Entfaltung nicht erlaubt. In seinem letzten Brief vom 12.(?) April 1942 schreibt Musil seinem Förderer Henry Hall Church über die Arbeit am „Schlußband" des *MoE*, dieser solle „aus einer Unzahl von Ideen, die uns beherrschen […], die Geschichte einer ungewöhnlichen Leidenschaft ableiten, deren schließlicher Zusammenbruch mit dem der Kultur übereinfällt, der anno 1914 bescheiden begonnen hat und sich jetzt vollenden wird" (Br I, 1418). Auch hier sollte Musil recht behalten, wenngleich die Diagnose des *MoE* häufig ‚romantisierend' im Sinn einer affirmativen ‚Mythologisierung' des Romangeschehens verstanden worden ist (vgl. Frank 1983, S. 348–353; Riedel 2000, S. 277; dazu Wolf 2011, S. 966–981). Selbst das Scheitern ihrer Liebe, mit der sich die Geschwister aus der kakanischen Gesellschaft katapultieren wollen, ist Teil der romanesken „*Grundidee*: Krieg. Alle Linien münden in den Krieg." (MoE, 1851; vgl. MoE, 1902; dazu Fanta 2015, S. 49–195) (→ III.3.4 *Nachlass*)

4. Forschungsgeschichte und -perspektiven

Die Forschung zum *MoE* ist längst unübersehbar geworden (vgl. schon Honold 1995a, S. 14). Insofern kann hier kein ausführlicher Forschungsbericht gegeben werden, der eine umfassende Rechenschaft über die bisherigen Ergebnisse enthielte und dessen Umfang bei gebührender Berücksichtigung sämtlicher wichtiger Untersuchungen die Dimension einer eigenen großen Monografie annehmen müsste. Ältere Forschungsberichte reichen bis ans Ende der 1980er Jahre (vgl. Karthaus 1965; Roseberry 1974; Freese 1983; Kümmerling 1987). Neuere Untersuchungen werden von der regelmäßig aktualisierten Bibliografie des *Musil-Forums* unkommentiert erfasst (bis 2007/08 in gedruckter Form, seitdem online). Angesichts der überbordenden Zahl an Studien zum *MoE* scheint allenfalls ein sehr kursorischer Überblick über die allgemeinen Konjunkturen möglich. Angestrebt wird im Folgenden deshalb die exemplarische Würdigung ausgewählter Untersuchungen, an deren Beispiel sich wichtige Tendenzen der Forschung schlaglichtartig veranschaulichen lassen. Berücksichtigt wurden dafür vor allem Versuche einer Gesamtdeutung.

Die Basis jeder philologischen Arbeit am *MoE* bildet eine gesicherte Textkonstitution. Trotz intensiver Bemühungen konnte diese durch die verschiedenen Frisé-Ausgaben nicht zufriedenstellend bewerkstelligt werden (vgl. etwa Bausinger 1964). Erst die digitale *Klagenfurter Ausgabe* (2009), die durch eine frei zugängliche Online-Plattform ersetzt werden soll, schafft hier Abhilfe. Im Zusammenhang der editions-

1.7 Der Mann ohne Eigenschaften (1930/1932/postum)

philologischen Arbeiten entstanden auch die aus einer Klagenfurter Dissertation hervorgegangenen maßgeblichen textgenetischen Untersuchungen Walter Fantas zur Entstehungsgeschichte (2000) sowie zum nicht ausgeführten Finale des Romans (2015), die gemeinsam mit den einschlägigen Aufsätzen Fantas auch in konzeptioneller und inhaltlicher Hinsicht zahlreiche Einsichten vermittelten. (→ IX.2 *Editionsgeschichte*)

Was die Interpretationsgeschichte betrifft, stellten die 1950er und 1960er Jahre so etwas wie eine Pionier- und Gründerzeit der wissenschaftlichen Beschäftigung mit Musils Roman dar (dazu der Abriss von Honold 1995a, S. 13f.), wobei das Augenmerk meist entweder auf die Rekonstruktion der ideengeschichtlichen Zusammenhänge (vgl. von Heydebrand 1966) oder aber auf die Erschließung der konzeptionellen Basiskategorien des *MoE* gerichtet wurde (vgl. Schöne [1961/66] 1982; Rasch 1967). Demgegenüber widmeten sich die in den 1970er und frühen 1980er Jahren publizierten Arbeiten gemäß den damals vorherrschenden literaturtheoretischen, wissenschaftsprogrammatischen und fachpolitischen Vorgaben vornehmlich einer Ideologiekritik der im Text dargestellten Gesellschaft sowie der konzeptionellen Voraussetzungen und Gestaltungsprinzipien (vgl. etwa Laermann 1970; Böhme 1974; Howald 1984). So galt etwa die Frage nach Musils Verhältnis zum Realismus im Sinne der mimesistheoretischen Diskussion als ein besonderer Streitpunkt der Musil-Forschung. Einen Niederschlag fand die Debatte in zahlreichen Aufsätzen, die sich auf diese Fragestellung konzentrierten (vgl. Freese 1974 u. 1981; Zeller 1980; Karthaus 1980 u. 1981; Fourie 1993/94; dazu Krottendorfer 1995, S. 13–29).

In den späteren 1980er und 1990er Jahren hat dann – wiederum verzahnt mit der literaturwissenschaftlichen Methodengeschichte – eine erneute Aufmerksamkeitsverschiebung stattgefunden: Unter dem Einfluss strukturalistischer und poststrukturalistischer Ansätze wurde das Interesse an mimesistheoretischen Aspekten durch die Konzentration auf selbstreferenzielle Schreibverfahren mit illusionsstörender oder gar -vernichtender Wirkung verdrängt (vgl. etwa Eisele 1982; Böhme 1988; Renner 1991; Honnef-Becker 1991 u. 1994; Precht 1996; Glander 2005a u. 2005b). Viele vordem vernachlässigte Seiten des *MoE* erschienen dadurch erstmals ins Licht gerückt. Seit der zweiten Hälfte der 1990er Jahre etablierte sich daneben eine wissen(schaft)sgeschichtliche Herangehensweise, die – häufig gar nicht ausschließlich auf den *MoE* fokussiert – an frühere ideengeschichtliche Rekonstruktionen anschloss, deren Befunde aber systematisch kontextualisierte, sie auf eine neue methodologische Basis stellte und zahlreiche weiterführende Ergebnisse erzielen konnte (vgl. Hoffmann 1997; Bonacchi 1998; Vatan 2000; Kassung 2001; Dittrich 2009; Krämer 2009; Ludwig 2011). Diese sehr ertragreiche Forschungsrichtung wurde um die und nach der Jahrtausendwende gendertheoretisch erweitert (vgl. Zingel 1999; Fleig 2008; Pohl 2011; Kappeler 2012; Boss 2013).

Als Versuche einer produktiven Synthese der skizzierten Tendenzen können Untersuchungen der vergangenen Jahre gelten: Während Barbara Neymeyr (2005) die romanesken Vermittlungen zwischen psychologischer und historischer Epochendiagnose analysiert und Norbert Christian Wolf (2011) das Hauptziel verfolgt, auf der Basis neuerer soziologischer Theoriebildung (vgl. v. a. Bourdieu 1999) sowie historiografischer Erkenntnisse der historischen und sozialen Referenzialität des Romans sowie seiner zeitdiagnostischen Funktion wieder einen größeren Stellenwert zukommen zu lassen, konzentriert sich Inka Mülder-Bach (2013) stärker auf die Form des *MoE*, seinen Aufbau, seine Darstellungs- und Erzählverfahren, wobei sie eine Vielzahl von Bezügen zu Literatur und Wissenschaft herstellt. Hier können weitere Forschungen anknüpfen, wobei insbesondere auch rezeptionsästhetisch relevante Fragestellungen wie die Anordnung der Kapitelfolge, der Konnex zwischen Kapitelüberschriften und -inhalt sowie die damit bewirkte narrative Informationsvergabe noch genauer zu untersuchen wären (vgl. Salgaro 2013/14). Entscheidend für eine zukünftige *MoE*-Philologie wird es sein, dass neue Untersuchungen in der Lage sind, auf der verbesserten Textgrundlage der digitalen Editionen innovative Erkenntnisse zu übergreifenden und zu Einzelaspekten zu vermitteln.

5. Literatur

Ackerl, Isabella: Wiener Salonkultur um die Jahrhundertwende. Ein Versuch. In: Jürgen Nautz, Richard Vahrenkamp (Hg.): Die Wiener Jahrhundertwende. Einflüsse, Umwelt, Wirkungen. 2. Aufl. Wien u. a.: Böhlau 1996, S. 694–709.

Amann, Klaus: Robert Musil – Literatur und Politik. Mit einer Neuedition ausgewählter politischer Schriften aus dem Nachlass. Reinbek b. Hamburg: Rowohlt 2007.

Andrian, Leopold: Der Garten der Erkenntnis. Mit einem Nachwort v. Iris Paetzke. Zürich: Manesse 1990.

Aristoteles: Poetik. Griechisch / Deutsch. Übers. u. hg. v. Manfred Fuhrmann. Stuttgart: Reclam 1994.

Arntzen, Helmut: Musil-Kommentar zu dem Roman *Der Mann ohne Eigenschaften*. München: Winkler 1982.

Aue, Maximilian: „Pandämonium verschiedener Formen des Wahns"? Vom Wahnsinn und seinen Grenzen in Robert Musils *Der Mann ohne Eigenschaften*. In: Primus-Heinz Kucher (Hg.): Literatur und Kultur im Österreich der Zwanziger Jahre. Vorschläge zu einem transdisziplinären Epochenprofil. Bielefeld: Aisthesis 2007, S. 135–144.

Aurnhammer, Achim: Androgynie. Studien zu einem Motiv in der europäischen Literatur. Köln, Wien: Böhlau 1986.

Bachtin, Michail M.: Formen der Zeit im Roman. Untersuchungen zur historischen Poetik. [russ. 1975] Frankfurt a. M.: Fischer 1989.

Balke, Friedrich: Auf der Sache nach dem ‚anderen Zustand'. Robert Musils nominalistische Mystik. In: Moritz Baßler, Hildegard Châtellier (Hg.): Mystique, mysticisme et modernité en Allemagne autour de 1900 / Mystik, Mystizismus und Moderne in Deutschland um 1900. Straßburg: Presses Univ. de Strasbourg 1998, S. 307–316.

Bauer, Gerhard: Die „Auflösung des anthropozentrischen Verhaltens" im modernen Roman. Dargestellt an Musils *Mann ohne Eigenschaften*. In: Deutsche Vierteljahrsschrift für Literaturwissenschaft und Geistesgeschichte 42 (1968), S. 677–701.

Bausinger, Wilhelm: Studien zu einer historisch-kritischen Ausgabe von Robert Musils Roman *Der Mann ohne Eigenschaften*. Reinbek b. Hamburg: Rowohlt 1964.

Bergengruen, Maximilian: Moosbruggers Welt. Zur Figuration von Strafrecht und Forensik in Robert Musils *Der Mann ohne Eigenschaften*. In: Lilith Jappe, Olav Krämer, Fabian Lampart (Hg.): Figurenwissen. Funktionen von Wissen bei der narrativen Figurendarstellung. Berlin, Boston: de Gruyter 2012, S. 324–344.

Berger, Ingrid: Musil mit Luhmann. Kontingenz – Roman – System. München: Fink 2004.

Blanchot, Maurice: Musil. [frz. 1959] In: ders.: Der Gesang der Sirenen. Essays zur modernen Literatur. München: Hanser 1962, S. 184–205.

Blasberg, Cornelia: Krise und Utopie der Intellektuellen. Kulturskeptische Aspekte in Robert Musils Roman *Der Mann ohne Eigenschaften*. Stuttgart: Heinz 1984.

Blaschke, Bernd: Der homo oeconomicus und sein Kredit bei Musil, Joyce, Svevo, Unamuno und Céline. München: Fink 2004.

Bleuler, Eugen: Lehrbuch der Psychiatrie. [1916] 2. Aufl. Berlin: Springer 1918; 4. Aufl. Berlin: Springer 1923.
Böhme, Hartmut: Anomie und Entfremdung. Literatursoziologische Untersuchungen zu den Essays Robert Musils und seinem Roman *Der Mann ohne Eigenschaften*. Kronberg i.Ts.: Scriptor 1974.
Böhme, Hartmut: Theoretische Probleme der Interpretation von Robert Musils Roman *Der Mann ohne Eigenschaften*. In: Manfred Brauneck (Hg.): Der deutsche Roman im 20. Jahrhundert. Analysen zur Theorie und Soziologie des Romans. Bd. 1. Bamberg: Buchner 1976, S. 181–208.
Böhme, Hartmut: Eine Zeit ohne Eigenschaften. Robert Musil und die Posthistoire. [1986] In: ders.: Natur und Subjekt. Frankfurt a.M.: Suhrkamp 1988, S. 308–333.
Bolterauer, Alice: Rahmen und Riss. Robert Musil und die Moderne. Wien: Praesens 1999.
Bonacchi, Silvia: Die Gestalt der Dichtung. Der Einfluß der Gestalttheorie auf das Werk Robert Musils. Bern u.a.: Lang 1998.
Boss, Ulrich: Eine ‚bemerkenswerte Einzelheit'. Zu Arnheims phönikischem Schädel im Kontext antisemitischer Rassendiskurse. In: Musil-Forum 31 (2009/10), S. 63–82.
Boss, Ulrich: Männlichkeit als Eigenschaft. Geschlechterkonstellationen in Robert Musils *Der Mann ohne Eigenschaften*. Berlin, Boston: de Gruyter 2013.
Boss, Ulrich: Ein Autor von ‚hypertropher Virilität'. Geschlecht in der Musil-Rezeption der 1920er und 1930er Jahre. In: Musil-Forum 33 (2013/14), S. 125–141.
Bourdieu, Pierre: Die Regeln der Kunst. Genese und Struktur des literarischen Feldes. [frz. 1992] Frankfurt a.M.: Suhrkamp 1999.
Bourdieu, Pierre: Meditationen. Zur Kritik der scholastischen Vernunft. [frz. 1997] Frankfurt a.M.: Suhrkamp 2001.
Bourdieu, Pierre: Die männliche Herrschaft. [frz. 1998] Frankfurt a.M.: Suhrkamp 2005.
Bouveresse, Jacques: Nichts geschieht mit Grund. Das ‚Prinzip des unzureichenden Grundes'. In: Bernhard Böschenstein, Marie-Louise Roth (Hg.): Hommage à Musil. Bern u.a.: Lang 1995, S. 111–143.
Bouveresse, Jacques: Genauigkeit und Leidenschaft. Das Problem des Essays und des Essayismus im Werk von Musil. In: Musil-Forum 29 (2005/06), S. 1–56.
Bovenschen, Silvia: Krieg und Schneiderkunst oder Wie sich die Männer von gestern die Frau von morgen vorstellten. Vorwort zur Neuausgabe. In: Friedrich Markus Huebner (Hg.): Die Frau von morgen wie wir sie wünschen. [1929] Mit einem Vorwort v. S.B. Frankfurt a.M.: Insel 1990, S. 9–21.
Brenner, Wolfgang: Walther Rathenau. Deutscher und Jude. München, Zürich: Piper 2005.
Broch, Hermann: Hofmannsthal und seine Zeit. Eine Studie. In: ders.: Kommentierte Werkausgabe. Bd. 9/1: Schriften zur Literatur I. Kritik. Hg. v. Paul Michael Lützeler. 2. Aufl. Frankfurt a.M.: Suhrkamp 1982, S. 111–284.
Bruckmüller, Ernst: Sozialgeschichte Österreichs. [1985] 2. Aufl. Wien, München: Verlag für Geschichte und Politik/Oldenbourg 2001.
Brüggemann, Heinz: Architekturen des Augenblicks. Raum-Bilder und Bild-Räume einer urbanen Moderne in Literatur, Kunst und Architektur des 20. Jahrhunderts. Hannover: Offizin 2002.
Büren, Erhard von: Zur Bedeutung der Psychologie im Werk Robert Musils. Zürich, Freiburg i.Br.: Atlantis 1970.
Bürger, Peter: Literarische Form als Denkform. Musils *Mann ohne Eigenschaften*. In: ders.: Prosa der Moderne. Frankfurt a.M.: Suhrkamp 1988, S. 422–437.
Canguilhem, Georges: Das Normale und das Pathologische. [frz. 1943/50/66] Frankfurt a.M. u.a.: Ullstein 1977.
Castex, Elisabeth: Militärischer und ziviler Geist. Zu Funktion und Entwicklung der Figur des Generals Stumm von Bordwehr in Robert Musils Roman *Der Mann ohne Eigenschaften*. In: Österreich in Geschichte und Literatur 21 (1977), S. 222–234.

Castex, Elisabeth: Auf der Suche nach der verlorenen Frau. Zur Problematik des Frauenbildes in Italo Svevos *La coscienza di Zeno* und Robert Musils *Der Mann ohne Eigenschaften*. In: Robert Musil nel primo centenario della nascita. Incontri italo-austriaci. Innsbruck, Wien: Instituto Italiano di Cultura 1980, S. 51–62.

Cesaratto, Todd: Politik durch Gefühlseinsatz. General Stumm von Bordwehr als unwahrscheinlicher Erlöser in *Der Mann ohne Eigenschaften*. In: Hans Feger, Hans-Georg Pott, Norbert Christian Wolf (Hg.): Terror und Erlösung. Robert Musil und der Gewaltdiskurs in der Zwischenkriegszeit. München: Fink 2009, S. 183–207.

Corino, Karl: Ein Mörder macht Literaturgeschichte. Florian Großrubatscher, ein Modell für Musils Moosbrugger. In: Josef Strutz (Hg.): Robert Musil und die kulturellen Tendenzen seiner Zeit. München, Salzburg: Fink 1983, S. 130–147.

Corino, Karl: Zerstückt und durchdunkelt. Der Sexualmörder Moosbrugger im *Mann ohne Eigenschaften* und sein Modell. In: Musil-Forum 10 (1984), S. 105–119.

Corino, Karl: Robert Musil. Leben und Werk in Bildern und Texten. Reinbek b. Hamburg: Rowohlt 1988.

Corino, Karl: Robert Musil. Eine Biographie. Reinbek b. Hamburg: Rowohlt 2003.

David, Claude: Musil und die Stadt. In: Literatur und Kritik 15 (1980), H. 149/150, S. 518–524.

Dinklage, Karl: Musils Definition des Mannes ohne Eigenschaften und das Ende seines Romans. In: ders. (Hg.): Robert Musil. Studien zu seinem Werk. Reinbek b. Hamburg: Rowohlt 1970, S. 112–123

Dittrich, Andreas: Glauben, Wissen und Sagen. Studien zu Wissen und Wissenskritik im *Zauberberg*, in den *Schlafwandlern* und im *Mann ohne Eigenschaften*. Tübingen: Niemeyer 2009.

Eisele, Ulf: Ulrichs Mutter ist *doch* ein Tintenfaß. Zur Literaturproblematik in Musils *Mann ohne Eigenschaften*. [1979] In: Renate von Heydebrand (Hg.): Robert Musil. Darmstadt: WBG 1982, S. 160–203.

Emter, Elisabeth: Literatur und Quantentheorie. Die Rezeption der modernen Physik in Schriften zur Literatur und Philosophie deutschsprachiger Autoren (1925–1970). Berlin, New York: de Gruyter 1995.

Engelhardt, Dietrich von: Wissenschaft, Literatur und Realität im Dialog. Der geisteskranke Sittlichkeitsverbrecher Moosbrugger in Musils *Der Mann ohne Eigenschaften* (1930–43). In: Fundamenta Psychiatrica 16 (2002), H. 4, S. 10–16.

Essen, Gesa von: Das ‚durchstrichene' Wien. Zu Robert Musils Stadtimaginationen. In: Winfried Nerdinger (Hg.): Architektur wie sie im Buche steht. Fiktive Bauten und Städte in der Literatur. Salzburg: Pustet 2006, S. 160–174.

Fanelli, Emanuela Veronica: *Die Frau gestern und morgen*. Anamnese und Diagnose eines aktuellen Phänomens. In: Marie-Louise Roth (Hg.): Neue Beiträge zur Musil-Forschung. Frankfurt a. M. u. a.: Lang 1996, S. 137–194.

Fanta, Walter: Die Entstehungsgeschichte des *Mann ohne Eigenschaften* von Robert Musil. Wien u. a.: Böhlau 2000.

Fanta, Walter: Die Spur der Clarisse in Musils Nachlass. In: Musil-Forum 27 (2001/02), S. 242–286.

Fanta, Walter: Aus dem apokryphen Finale des *Mann ohne Eigenschaften*. Die Totalinversion der Nebenfiguren. In: Pierre Béhar, Marie-Louise Roth (Hg.): Musil an der Schwelle zum 21. Jahrhundert. Bern u. a.: Lang 2005, S. 225–250.

Fanta, Walter: Krieg. Wahn. Sex. Liebe. Das Finale des Romans *Der Mann ohne Eigenschaften* von Robert Musil. Klagenfurt: Drava 2015.

Fleig, Anne: Körperkultur und Moderne. Robert Musils Ästhetik des Sports. Berlin, New York: de Gruyter 2008.

Fourie, Regine: Musil als Realist? In: Musil-Forum 19/20 (1993/94), S. 132–143.

Frank, Manfred: Auf der Suche nach einem Grund. Über den Umschlag von Erkenntniskritik in Mythologie bei Musil. In: Karl Heinz Bohrer (Hg.): Mythos und Moderne. Frankfurt a. M.: Suhrkamp 1983, S. 318–362.

Freese, Wolfgang: Robert Musil als Realist. Ein Beitrag zur Realismus-Diskussion. In: Literatur und Kritik 9 (1974), H. 89, S. 514–544.
Freese, Wolfgang: Aspekte und Fragen zum Problem eines Musilschen Realismus in den zwanziger Jahren. In: ders. (Hg.): Philologie und Kritik. Klagenfurter Vorträge zur Musilforschung. München, Salzburg: Fink 1981, S. 247–259.
Freese, Wolfgang: Zur neueren Musil-Forschung. Ausgaben und Gesamtdarstellungen. In: Text + Kritik (^{3}1983), H. 21/22, S. 86–148.
Freese, Wolfgang: Ansätze einer Hegel-Satire in Musils *Mann ohne Eigenschaften*. In: Musil-Forum 10 (1984), S. 181–200.
Frevert, Ute: Frauen-Geschichte. Zwischen bürgerlicher Verbesserung und neuer Weiblichkeit. Frankfurt a. M.: Suhrkamp 1986.
Frey, Hans-Jost: Musils Essayismus. In: ders.: Der unendliche Text. Frankfurt a. M.: Suhrkamp 1990, S. 231–261.
Frodl, Gerbert: Hans Makart. In: Hermann Fillitz (Hg.): Geschichte der bildenden Kunst in Österreich. Bd. 5: 19. Jahrhundert. München u. a.: Prestel 2002, S. 359–361.
Fuchs, Albert: Geistige Strömungen in Österreich 1867–1918. Nachdruck der Ausgabe 1949. Mit einer Einführung v. Georg Knepler. Wien: Löcker 1978.
Fuld, Werner: Die Quellen zur Konzeption des ‚anderen Zustands' in Robert Musils Roman *Der Mann ohne Eigenschaften*. In: Deutsche Vierteljahrsschrift für Literaturwissenschaft und Geistesgeschichte 50 (1976), S. 664–682.
Gall, Lothar: Walther Rathenau – Portrait einer Epoche. München: Beck 2009.
Gess, Nicola: Expeditionen im *Mann ohne Eigenschaften*. Zum Primitivismus bei Robert Musil. In: Musil-Forum 31 (2009/10), S. 5–21.
Gess, Nicola: Primitives Denken. Wilde, Kinder und Wahnsinnige in der literarischen Moderne (Müller, Musil, Benn, Benjamin). München: Fink 2013.
Glander, Kordula: „Leben, wie man liest". Strukturen der Erfahrung erzählter Wirklichkeit in Robert Musils Roman *Der Mann ohne Eigenschaften*. St. Ingbert: Röhrig 2005. (Glander 2005a)
Glander, Kordula: „Die Straßenwände wanken wie Kulissen". Erzählte Unwirklichkeit in Robert Musils Roman *Der Mann ohne Eigenschaften*. In: Gunther Martens, Clemens Ruthner, Jaak De Vos (Hg.): Musil anders. Neue Erkundungen eines Autors zwischen den Diskursen. Bern u. a.: Lang 2005, S. 211–227. (Glander 2005b)
Gödicke, Stéphane: Donjuanismus im *Mann ohne Eigenschaften*, oder Geschlecht, Gewalt und Erkenntnis. In: Pierre Béhar, Marie-Louise Roth (Hg.): Musil an der Schwelle zum 21. Jahrhundert. Bern u. a.: Lang 2005, S. 21–44.
Goffman, Erving: Symbols of Class Status. In: The British Journal of Sociology 2 (1951), H. 4, S. 294–304.
Goltschnigg, Dietmar: Die Bedeutung der Formel „Mann ohne Eigenschaften". In: ders., Uwe Baur (Hg.): Vom *Törleß* zum *Mann ohne Eigenschaften*. Salzburg, München: Fink 1973, S. 325–347.
Goltschnigg, Dietmar: Die Rolle des geisteskranken Verbrechers in Robert Musils Erzählung *Die Vollendung der Liebe* und im *Mann ohne Eigenschaften*. In: Gudrun Brokoph-Mauch (Hg.): Beiträge zur Musil-Kritik. Bern u. a.: Lang 1983, S. 149–160.
Grimm, Hans: Volk ohne Raum. [1926] Lippoldsberg: Klosterhaus 1956.
Groppe, Carola: „Das Theorem der Gestaltlosigkeit". Die Auflösung des „anthropozentrischen Verhaltens" in Robert Musils Roman *Der Mann ohne Eigenschaften*. In: Germanisch-Romanische Monatsschrift. N. F. 46 (1996), H. 1, S. 70–89.
Hädecke, Wolfgang: Die Reise an den Rand des Möglichen. Wahnsinn und Verbrechen in Robert Musils Roman *Der Mann ohne Eigenschaften*. In: Literatur und Kritik 15 (1980), H. 145/146, S. 301–309.
Hamann, Brigitte: Hitlers Wien. Lehrjahre eines Diktators. München, Zürich: Piper 1996.
Hanisch, Ernst: Der lange Schatten des Staates. Österreichische Gesellschaftsgeschichte im 20. Jahrhundert. Wien: Ueberreuter 1994.

Hartwig, Ina: Poetik der Übereinstimmung. Der Geschwisterinzest in Robert Musils *Der Mann ohne Eigenschaften*. In: dies.: Sexuelle Poetik. Proust. Musil. Genet. Jelinek. Frankfurt a. M.: Fischer 1998, S. 102–168.

Haslmayr, Harald: Die Zeit ohne Eigenschaften. Geschichtsphilosophie und Modernebegriff im Werk Robert Musils. Wien u. a.: Böhlau 1997.

Hassler-Rütti, Ruth: Wirklichkeit und Wahn in Robert Musils Roman *Der Mann ohne Eigenschaften*. Bern u. a.: Lang 1990.

Hehner, Cay: Erkenntnis und Freiheit. Der Mann ohne Eigenschaften als „Übergangsmensch". München: Fink 1994.

Heimböckel, Dieter: Walther Rathenau und die Literatur seiner Zeit. Studien zu Werk und Wirkung. Würzburg: Königshausen & Neumann 1996.

Heyd, Dieter: Musil-Lektüre: der Text, das Unbewußte. Psychosemiologische Studien zu Robert Musils theoretischem Werk und zum Roman *Der Mann ohne Eigenschaften*. Frankfurt a. M. u. a.: Lang 1980.

Heydebrand, Renate von: Die Reflexionen Ulrichs in Robert Musils Roman *Der Mann ohne Eigenschaften*. Ihr Zusammenhang mit dem zeitgenössischen Denken. Münster: Aschendorff 1966.

Hochstätter, Dietrich: Sprache des Möglichen. Stilistischer Perspektivismus in Robert Musils *Mann ohne Eigenschaften*. Frankfurt a. M.: Athenäum 1972.

Hoffmann, Christoph: „Der Dichter am Apparat". Medientechnik, Experimentalpsychologie und Texte Robert Musils 1899–1942. München: Fink 1997.

Honnef-Becker, Irmgard: „Ulrich lächelte". Techniken der Relativierung in Robert Musils Roman *Der Mann ohne Eigenschaften*. Frankfurt a. M. u. a.: Lang 1991.

Honnef-Becker, Irmgard: Selbstreferentielle Strukturen in Robert Musils Roman *Der Mann ohne Eigenschaften*. In: Wirkendes Wort 44 (1994), S. 72–88.

Honold, Alexander: Die Stadt und der Krieg. Raum- und Zeitkonstruktion in Robert Musils Roman *Der Mann ohne Eigenschaften*. München: Fink 1995. (Honold 1995a)

Honold, Alexander: „Diese neue Eigenschaft der Trennbarkeit". Eigennamen bei Robert Musil. In: Poetica 27 (1995), H. 1/2, S. 149–186. (Honold 1995b)

Howald, Stefan: Ästhetizismus und ästhetische Ideologiekritik. Untersuchungen zum Romanwerk Robert Musils. München: Fink 1984.

Illies, Florian: 1913. Der Sommer des Jahrhunderts. Frankfurt a. M.: Fischer 2012.

Innerhofer, Roland: Fantastik und Möglichkeitssinn. Zur literarischen Organisation des Wissens bei Kafka und Musil. In: kakanien revisited, http://www.kakanien.ac.at/beitr/emerg/RInnerhofer1.pdf (2007; Stand: 9.7.2011).

Jander, Simon: Die Ästhetik des essayistischen Romans. Zum Verhältnis von Reflexion und Narration in Musils *Der Mann ohne Eigenschaften* und Brochs *Huguenau oder die Sachlichkeit*. In: Zeitschrift für deutsche Philologie 123 (2004), H. 4, S. 527–548.

Johnston, William M.: Österreichische Kultur- und Geistesgeschichte. Gesellschaft und Ideen im Donauraum 1848 bis 1938. 3. Aufl. Wien u. a.: Böhlau 1992.

Kappeler, Florian: Versuche, ein Mann zu werden. Psychotechnik, Psychiatrie und Männlichkeit in Robert Musils *Der Mann ohne Eigenschaften*. In: Zeitschrift für Germanistik. N. F. 18 (2008), H. 2, S. 331–346.

Kappeler, Florian: Situiertes Geschlecht. Organisation, Psychiatrie und Anthropologie in Robert Musils Roman *Der Mann ohne Eigenschaften*. München: Fink 2012.

Karthaus, Ulrich: Musil-Forschung und Musil-Deutung. Ein Literaturbericht. In: Deutsche Vierteljahrsschrift für Literaturwissenschaft und Geistesgeschichte 39 (1965), S. 441–483.

Karthaus, Ulrich: War Musil Realist? In: Musil-Forum 6 (1980), S. 115–127.

Karthaus, Ulrich: Robert Musil und der poetische Realismus. In: Wolfgang Freese (Hg.): Philologie und Kritik. Klagenfurter Vorträge zur Musilforschung. München, Salzburg: Fink 1981, S. 223–245.

Kassung, Christian: EntropieGeschichten. Robert Musils *Der Mann ohne Eigenschaften* im Diskurs der modernen Physik. München: Fink 2001.

Key, Ellen: Über Liebe und Ehe. Essays. Berlin: Fischer 1904.
Kittler, Wolf: Der Zustand des Romans im Zeitalter der Zustandsgleichung. Über die kinetische Gastheorie in Robert Musils *Der Mann ohne Eigenschaften*. In: Bernhard J. Dotzler, Sigrid Weigel (Hg.): „fülle der combination". Literaturforschung und Wissenschaftsgeschichte. München: Fink 2005, S. 189–215.
Klotz, Volker: Muse und Helios. Über epische Anfangsnöte und -weisen. In: Norbert Miller (Hg.): Romananfänge. Versuch zu einer Poetik des Romans. Berlin: Literarisches Colloquium 1965, S. 11–36.
Kohlmayer, Josef: Diskurse um die Figur Moosbrugger in Robert Musils Roman *Der Mann ohne Eigenschaften*. Diss. Univ. Graz 1984.
Kojève, Alexandre: Hegel. Eine Vergegenwärtigung seines Denkens. Kommentar zur *Phänomenologie des Geistes*. Mit einem Anhang: Hegel, Marx und das Christentum. Hg. v. Iring Fetscher. 3. Aufl. Frankfurt a. M.: Suhrkamp 1988.
Krämer, Olav: Denken erzählen. Repräsentationen des Intellekts bei Robert Musil und Paul Valéry. Berlin, New York: de Gruyter 2009.
Kraus, Karl: Die letzten Tage der Menschheit. Tragödie in fünf Akten mit Vorspiel und Epilog. Frankfurt a. M.: Suhrkamp 1986.
Kremer, Detlef: Parallelaktion. Robert Musils *Der Mann ohne Eigenschaften*. In: Hans-Georg Pott (Hg.): Robert Musil – Dichter, Essayist, Wissenschaftler. München: Fink 1993, S. 22–44.
Kremer, Detlef: Die endlose Schrift. Franz Kafka und Robert Musil. In: Rolf Grimminger, Jurij Murašov, Jörn Stückrath (Hg.): Literarische Moderne. Europäische Literatur im 19. und 20. Jahrhundert. Reinbek b. Hamburg: Rowohlt 1995, S. 425–452.
Kretschmer, Ernst: Medizinische Psychologie. Ein Leitfaden für Studium und Praxis. Leipzig: Thieme 1922.
Krottendorfer, Kurt: Versuchsanordnungen. Die Krise der bürgerlichen Gesellschaft in Robert Musils *Drei Frauen*. Wien u. a.: Böhlau 1995.
Kühn, Dieter: Analogie und Variation. Zur Analyse von Robert Musils Roman *Der Mann ohne Eigenschaften*. Bonn: Bouvier 1965.
Kümmerling, Bettina: Robert-Musil-Forschung 1973–1987. In: Literatur in Wissenschaft und Unterricht 20 (1987), S. 540–570.
Kuzmics, Helmut/Mozetič, Gerald: Musils Beitrag zur Soziologie. In: dies.: Literatur als Soziologie. Zum Verhältnis von literarischer und gesellschaftlicher Wirklichkeit. Konstanz: UVK 2003, S. 225–258.
Laermann, Klaus: Eigenschaftslosigkeit. Reflexionen zu Musils Roman *Der Mann ohne Eigenschaften*. Stuttgart: Metzler 1970.
Leibniz, Gottfried Wilhelm: Philosophische Schriften. Bd. II: Die Theodizée von der Güte Gottes, der Freiheit der Menschen und dem Ursprung des Übels. 2 Bde. Hg. u. übers. v. Herbert Herring. 2. Aufl. Frankfurt a. M.: Insel 1986.
Le Rider, Jacques: Das Ende der Illusion. Die Wiener Moderne und die Krisen der Identität. [frz. 1990] Wien: Österreichischer Bundesverlag 1990.
Leue, Bettina: Diotima: „Seelenriesin" und „Riesenhuhn". Zur Sprache einer Frau in Musils *Mann ohne Eigenschaften*. In: Marianne Henn, Britta Hufeisen (Hg.): Frauen: MitSprechen, MitSchreiben. Beiträge zur literatur- und sprachwissenschaftlichen Frauenforschung. Stuttgart: Heinz 1997, S. 331–345.
Lévy-Bruhl, Lucien: Das Denken der Naturvölker. [frz. 1910, dt. 1921] Hg. v. Wilhelm Jerusalem. 2. Aufl. Wien, Leipzig: Braumüller 1926.
Lönker, Fred: Der Fall Moosbrugger. Zum Verhältnis von Psychopathologie und Anthropologie in Robert Musils *Der Mann ohne Eigenschaften*. In: Jahrbuch der Deutschen Schillergesellschaft 47 (2003), S. 280–302.
Lombroso, Cesare: Der Verbrecher in anthropologischer, ärztlicher und juristischer Beziehung. In deutscher Bearbeitung v. M. O. Fraenkel. Hamburg: Richter 1887.

Ludwig, Mark: Zurechnungsfähigkeiten. Kriminologie in Robert Musils *Mann ohne Eigenschaften*. Würzburg: Königshausen & Neumann 2011.
Luhmann, Niklas: Soziale Systeme. Grundriß einer allgemeinen Theorie. Frankfurt a. M.: Suhrkamp 1984.
Luhmann, Niklas: Einführung in die Systemtheorie. Hg. v. Dirk Baecker. 2. Aufl. Darmstadt: WBG 2004.
Lukács, Georg: Die Gegenwartsbedeutung des kritischen Realismus. [1957] In: ders.: Werke. Bd. 4: Probleme des Realismus I: Essays über Realismus. Berlin, Neuwied: Luchterhand 1971, S. 459–603.
Mach, Ernst: Die Analyse der Empfindungen und das Verhältnis des Physischen zum Psychischen. [1886; 9. Aufl. 1922] Nachdruck mit einem Vorwort v. Gereon Wolters. Darmstadt: WBG 1991.
Magris, Claudio: Arnheim und Papa Fischel. In: ders.: Weit von wo. Verlorene Welt des Ostjudentums. [ital. 1971] Wien: Europa 1974, S. 144–151 u. 352 (Anm.).
Maier-Solgk, Frank: Sinn für Geschichte. Ästhetische Subjektivität und historiologische Reflexion bei Robert Musil. München: Fink 1992.
Makropoulos, Michael: Modernität als Indifferenz? Ein Versuch zu Walter Benjamins Urteil über Robert Musils *Der Mann ohne Eigenschaften*. In: konkursbuch 19 (1987), S. 142–157.
Makropoulos, Michael: Modernität und Kontingenz. München: Fink 1997.
Mannheim, Karl: Ideologie und Utopie. [1929] 4. Aufl. Frankfurt a. M.: Schulte-Bulmke 1965.
Markner, Reinhard: Marginalie zur Montagetechnik Musils. Rathenau und Arnheim. In: Literaturwissenschaftliches Jahrbuch der Görres-Gesellschaft. N. F. 32 (1991), S. 391–392.
Martens, Gunther: Beobachtungen der Moderne in Hermann Brochs *Die Schlafwandler* und Robert Musils *Der Mann ohne Eigenschaften*. Rhetorische und narratologische Aspekte von Interdiskursivität. München: Fink 2006.
Matt, Peter von: … fertig ist das Angesicht. Zur Literaturgeschichte des menschlichen Gesichts. Frankfurt a. M.: Suhrkamp 1989.
Mayer, Mathias: Die Moral der Regel und die Ethik der Ausnahme. Der Fall Moosbrugger im *Mann ohne Eigenschaften*. In: Cristina Fossaluzza, Paolo Panizzo (Hg.): Literatur des Ausnahmezustands (1914–1945). Würzburg: Königshausen & Neumann 2015, S. 85–99.
McBride, Patrizia: „Ein schreibender Eisenkönig?" Robert Musil und Walther Rathenau. In: Annette Daigger, Peter Henninger (Hg.): Robert Musils Drang nach Berlin. Bern u. a.: Lang 2008, S. 287–299.
Meisel, Gerhard: Liebe im Zeitalter der Wissenschaften vom Menschen. Das Prosawerk Robert Musils. Opladen: Westdeutscher Verlag 1991.
Menges, Martin: Abstrakte Welt und Eigenschaftslosigkeit. Eine Interpretation von Robert Musils Roman *Der Mann ohne Eigenschaften* unter dem Leitbegriff der Abstraktion. Frankfurt a. M. u. a.: Lang 1982.
Moser, Walter: Diskursexperimente im Romantext. Zu Musils *Der Mann ohne Eigenschaften*. In: Uwe Baur, Elisabeth Castex (Hg.): Robert Musil. Untersuchungen. Königstein i. Ts.: Athenäum 1980, S. 170–197.
Moser, Walter: Zwischen Wissenschaft und Literatur. Zu Robert Musils Essayismus. In: Jacques Le Rider, Gérard Raulet (Hg.): Verabschiedung der (Post-)Moderne? Eine interdisziplinäre Debatte. Tübingen: Narr 1987, S. 167–196.
Moser, Walter: Zur Erforschung des modernen Menschen. Die wissenschaftliche Figuration der Metropole in Musils *Der Mann ohne Eigenschaften*. In: Thomas Steinfeld, Heidrun Suhr (Hg.): In der großen Stadt. Frankfurt a. M.: Hain 1990, S. 109–131.
Mülder-Bach, Inka: Der „Handstreich" der Fälschung. Ulrich, Agathe und das väterliche Testament. In: Annegret Heitmann u. a. (Hg.): Bi-Textualität. Inszenierungen des Paares. Ein Buch für Ina Schabert. Berlin: Schmidt 2001, S. 357–366.
Mülder-Bach, Inka: Poetik des Unfalls. In: Poetica 34 (2002), H. 1/2, S. 193–221.
Mülder-Bach, Inka: Der „Weg der Geschichte" oder: Finden und Erfinden. Geschichtserzählung in Robert Musils Roman *Der Mann ohne Eigenschaften*. In: Internationales Archiv für Sozialgeschichte der deutschen Literatur 36 (2011), H. 1, S. 179–212.

Mülder-Bach, Inka: Robert Musil: *Der Mann ohne Eigenschaften*. Ein Versuch über den Roman. München: Hanser 2013.
Müller, Gerd: Dichtung und Wissenschaft. Studien zu Robert Musils *Die Verwirrungen des Zöglings Törleß* und *Der Mann ohne Eigenschaften*. Uppsala: Almqvist och Wiksell 1971.
Müller, Götz: Ideologiekritik und Metasprache in Robert Musils Roman *Der Mann ohne Eigenschaften*. München, Salzburg: Fink 1972.
Müller-Dietz, Heinz: (Ich-)Identität und Verbrechen. Zur literarischen Rekonstruktion psychiatrischen und juristischen Wissens von der Zurechnungsfähigkeit in Texten Döblins und Musils. In: Manfred Pfister (Hg.): Die Modernisierung des Ich. Studien zur Subjektkonstitution in der Vor- und Frühmoderne. Passau: Rothe 1989, S. 240–253.
Müller-Dietz, Heinz: Moosbrugger, ein Mann mit Eigenschaften oder Strafrecht und Psychiatrie in Musils *Mann ohne Eigenschaften*. In: Neue juristische Wochenschrift 45 (1992), S. 1276–1284.
Musil, Robert: Beitrag zur Beurteilung der Lehren Machs und Studien zur Technik und Psychotechnik. Reinbek b. Hamburg: Rowohlt 1980.
Neumann, Gerhard: Androgynie und Inzest. Robert Musils Theorie der Liebe. In: Hans Weichselbaum (Hg.): Androgynie und Inzest in der Literatur um 1900. Salzburg, Wien: Otto Müller 2005, S. 151–180.
Neymeyr, Barbara: Psychologie als Kulturdiagnose. Musils Epochenroman *Der Mann ohne Eigenschaften*. Heidelberg: Winter 2005.
Nietzsche, Friedrich: Ecce homo. Wie man wird, was man ist. In: ders.: Kritische Studienausgabe in 15 Bänden. Hg. v. Giorgio Colli u. Mazzino Montinari. Bd. 6. 2. Aufl. München: dtv 1988, S. 255–374.
Nübel, Birgit: „Totalität" und „relative Totale". Randbemerkungen zu Georg Lukács und Robert Musil. In: Günter Helmes u. a. (Hg.): Literatur und Leben. Anthropologische Aspekte in der Kultur der Moderne. Tübingen: Narr 2002, S. 213–231.
Nübel, Birgit: Relationismus und Perspektivismus. Karl Mannheim und Robert Musil. In: Matthias Luserke-Jaqui (Hg.): „Alle Welt ist medial geworden." Literatur, Technik, Naturwissenschaft in der Klassischen Moderne. Tübingen: Francke 2005, S. 141–160.
Ostermann, Eberhard: Das wildgewordene Subjekt. Christian Moosbrugger und die Imagination des Wilden in Musils *Mann ohne Eigenschaften*. In: Neophilologus 89 (2005), H. 4, S. 605–623.
Payne, Philip: Moosbrugger and the Question of Free Will. In: New German Studies 3 (1975), H. 3, S. 139–154.
Payne, Philip: Musil erforscht den Geist eines anderen Menschen. Zum Porträt Moosbruggers im *Mann ohne Eigenschaften*. In: Literatur und Kritik 11 (1976), H. 106/107, S. 389–404.
Pekar, Thomas: Die Sprache der Liebe bei Robert Musil. München: Fink 1989.
Pennisi, Francesca: Ein Militär ohne Eigenschaften. Entwürfe für eine Entstehungsgeschichte der Gestalt des Generals Stumm von Bordwehr mit besonderer Bezugnahme auf eine Gruppe unveröffentlichter Nachlaß-Texte. In: Musil-Forum 13/14 (1987/88), S. 167–207.
Petry, Walther: *Der Mann ohne Eigenschaften*. Bemerkungen zu Musils Roman. [1931] In: Robert Musil: Briefe – Nachlese. Dialog mit dem Kritiker Walther Petry. Hg. v. Adolf Frisé. Saarbrücken, Wien: Internationale Robert-Musil-Gesellschaft 1994, S. 26–34.
Pfohlmann, Oliver: Erzählen ohne Orgasmus. Zwischen „anderem Zustand" und Ermüdung. Robert Musil und die Spannungslust. In: Lutz Hagestedt (Hg.): Literatur als Lust. Begegnungen zwischen Poesie und Wissenschaft. Festschrift für Thomas Anz zum 60. Geburtstag. München: belleville 2008, S. 231–236.
Pohl, Peter C.: Konstruktive Melancholie. Robert Musils Roman *Der Mann ohne Eigenschaften* und die Grenzen des modernen Geschlechterdiskurses. Köln u.a.: Böhlau 2011.
Polheim, Karl Konrad: Das Bild Wiens im Werk Robert Musils. In: Literatur und Kritik 20 (1985), H. 191/192, S. 37–48.
Pollak, Michael: Wien 1900. Eine verletzte Identität. [frz. 1992] Konstanz: UVK 1997.

Pott, Hans-Georg: Robert Musil. München: Fink 1984.
Pott, Hans-Georg: Kontingenz und Gefühl. Studien zu/mit Robert Musil. München: Fink 2013.
Precht, Richard David: Die gleitende Logik der Seele. Ästhetische Selbstreflexivität in Robert Musils *Der Mann ohne Eigenschaften*. Stuttgart: M & P 1996.
Rasch, Wolfdietrich: Über Robert Musils Roman *Der Mann ohne Eigenschaften*. Göttingen: Vandenhoeck & Ruprecht 1967.
Renner, Rolf Günter: Transformatives Erzählen. Musils Grenzgang im *Mann ohne Eigenschaften*. In: The Germanic Review 66 (1991), S. 70–80.
Riedel, Wolfgang: Robert Musil: *Der Mann ohne Eigenschaften*. In: Dorothea Klein, Sabine M. Schneider (Hg.): Lektüren für das 21. Jahrhundert. Schlüsseltexte der deutschen Literatur von 1200 bis 1990. Würzburg: Königshausen & Neumann 2000, S. 265–285.
Roseberry, Robert L.: Robert Musil. Ein Forschungsbericht. Frankfurt a. M.: Athenäum 1974.
Salgaro, Massimo: Musils Modell-Leser. In: Musil-Forum 33 (2013/14), S. 260–278.
Scheller, Wolf: Der Dichter des ‚Könnte auch so anfangen …'. Robert Musils „Briefe 1901 bis 1942". In: Text + Kritik (^{3}1983), H. 21/22, S. 76–85.
Schmale, Wolfgang: Geschichte der Männlichkeit in Europa (1450–2000). Wien u. a.: Böhlau 2003.
Schmidt, Jochen: Ohne Eigenschaften. Eine Erläuterung zu Musils Grundbegriff. Tübingen: Niemeyer 1975.
Schmidt, Jochen: Robert Musil. Die Genie-Moral eines Mannes ohne Eigenschaften. In: ders.: Die Geschichte des Genie-Gedankens in der deutschen Literatur, Philosophie und Politik 1750–1945. Bd. 2: Von der Romantik bis zum Ende des Dritten Reichs. [1985] 2. Aufl. Darmstadt: WBG 1988, S. 278–298.
Schmidt-Dengler, Wendelin: Die Stadt wird ergangen. Wien bei Schnitzler, Musil, Doderer. In: Gerald Sommer (Hg.): Gassen und Landschaften. Heimito von Doderers *Dämonen* vom Zentrum und vom Rande aus betrachtet. Würzburg: Königshausen & Neumann 2004, S. 105–122.
Schnitzler, Arthur: Jugend in Wien. Eine Autobiographie. Hg. v. Therese Nickl u. Heinrich Schnitzler. Mit einem Nachwort v. Friedrich Torberg. Frankfurt a. M.: Fischer 1981.
Schölzel, Christian: Walther Rathenau. Eine Biographie. Paderborn u. a.: Schöningh 2006.
Schöne, Albrecht: Zum Gebrauch des Konjunktivs bei Robert Musil. [1961/66] In: Renate von Heydebrand (Hg.): Robert Musil. Darmstadt: WBG 1982, S. 19–53.
Schreiter, Ekkehard: Verkehr bei Robert Musil. Identität der Form und Formen der Identität im *Mann ohne Eigenschaften*. Opladen: Westdeutscher Verlag 1994, S. 125–163.
Schütz, Erhard: „Du brauchst bloß in die Zeitung hineinzusehen". Der große Roman im „feuilletonistischen Zeitalter". Robert Musils *Mann ohne Eigenschaften* im Kontext. In: Zeitschrift für Germanistik. N. F. 7 (1997), H. 2, S. 278–291.
Schwartz, Agata: Zwischen Schatten des Mannes und utopischer Suche nach eigener Sprache. Robert Musils Frauenbild anhand der Essays und des Romans *Der Mann ohne Eigenschaften*. In: Marianne Henn, Britta Hufeisen (Hg.): Frauen: MitSprechen, MitSchreiben. Beiträge zur literatur- und sprachwissenschaftlichen Frauenforschung. Stuttgart: Heinz 1997, S. 321–330.
Serres, Michel: Hermes V. Die Nordwest-Passage. [frz. 1980] Berlin: Merve 1994.
Sieder, Reinhard: Sozialgeschichte der Familie. Frankfurt a. M.: Suhrkamp 1987.
Sokel, Walter H.: Agathe und der existenzphilosophische Faktor im *Mann ohne Eigenschaften*. In: Gudrun Brokoph-Mauch (Hg.): Beiträge zur Musil-Kritik. Frankfurt a. M. u. a.: Lang 1983, S. 111–128.
Sprengel, Peter/Streim, Gregor: Berliner und Wiener Moderne. Vermittlungen und Abgrenzungen in Literatur, Theater, Publizistik. Wien u. a.: Böhlau 1998.
Stritzke, Nadyne: (Subversive) Narrative Performativität. Die Inszenierung von Geschlecht und Geschlechtsidentitäten aus Sicht einer *gender*-orientierten Narratologie. In: Sigrid Nieberle, Elisabeth Strowick (Hg.): Narration und Geschlecht. Texte – Medien – Episteme. Köln u. a.: Böhlau 2006, S. 93–116.

Strutz, Josef: Politik und Literatur in Musils *Mann ohne Eigenschaften*. Am Beispiel des Dichters Feuermaul. Königstein i. Ts.: Hain 1981.

Theodorsen, Cathrine: Leopold Andrian, seine Erzählung *Der Garten der Erkenntnis* und der Dilettantismus in Wien um 1900. Hannover: Wehrhahn 2006.

Thomé, Horst: Weltanschauungsliteratur. Vorüberlegungen zu Funktion und Texttyp. In: Lutz Danneberg, Friedrich Vollhardt (Hg.): Wissen in Literatur im 19. Jahrhundert. Tübingen: Niemeyer 2002, S. 338–380.

Turk, Horst: Musils Wien. In: Werner Frick (Hg.): Orte der Literatur. Göttingen: Wallstein 2002, S. 310–334.

Vatan, Florence: Musil et la question anthropologique. Préface de Jacques Bouveresse. Paris: Presses Univ. de France 2000.

Venturelli, Aldo: Robert Musil und das Projekt der Moderne. Frankfurt a. M. u. a.: Lang 1988.

Vollhardt, Friedrich: „Welt=an=Schauung". Problemkonstellationen in Robert Musils Roman *Der Mann ohne Eigenschaften*. In: Uta Klein, Katja Mellmann, Steffanie Metzger (Hg.): Heuristiken der Literaturwissenschaft. Disziplinexterne Perspektiven auf Literatur. Paderborn: mentis 2006, S. 505–525.

Wagner, Karl: Geld und Beziehungen. Walser – Musil – Rathenau. In: Klaus-Michael Hinz, Thomas Horst (Hg.): Robert Walser. Frankfurt a. M.: Suhrkamp 1991, S. 323–342.

Wagner, Nike: Geist und Geschlecht. Karl Kraus und die Erotik der Wiener Moderne. Frankfurt a. M.: Suhrkamp 1981.

Weiss, Walter: Thematisierung der „Ordnung" in der österreichischen Literatur. In: Walter Strolz (Hg.): Dauer im Wandel. Aspekte österreichischer Kulturentwicklung. Wien u. a.: Herder 1975, S. 19–44.

Wieler, Michael: Dilettantismus – Wesen und Geschichte. Am Beispiel von Heinrich und Thomas Mann. Würzburg: Königshausen & Neumann 1996.

Wilkins, Eithne: Gestalten und ihre Namen im Werk Robert Musils. In: Text + Kritik (1968), H. 21/22, S. 48–58.

Wolf, Norbert Christian: „Wer hat dich, du schöner Wald..?" Kitsch bei Musil – mit Blick auf den *Mann ohne Eigenschaften*. In: Zeitschrift für deutsche Philologie 127 (2008), H. 2, S. 199–217.

Wolf, Norbert Christian: Warum Moosbrugger nicht erzählt. Zur metanarrativen Funktion psychopathologischen Wissens in Musils *Mann ohne Eigenschaften*. In: Jahrbuch der Deutschen Schillergesellschaft 54 (2010), S. 329–362.

Wolf, Norbert Christian: Kakanien als Gesellschaftskonstruktion. Robert Musils Sozioanalyse des 20. Jahrhunderts. Wien u. a.: Böhlau 2011.

Wolf, Norbert Christian: Wahnsinn als Medium poet(olog)ischer Reflexion. Musil mit/gegen Foucault. In: Deutsche Vierteljahrsschrift für Literaturwissenschaft und Geistesgeschichte 88 (2014), S. 46–94.

Zehl-Romero, Christiane: Musils „letzte Liebesgeschichte". In: Deutsche Vierteljahrsschrift für Literaturwissenschaft und Geistesgeschichte 52 (1978), S. 619–634.

Zeller, Rosmarie: Musils Auseinandersetzung mit der realistischen Schreibweise. In: Musil-Forum 6 (1980), S. 128–144.

Zilsel, Edgar: Die Geniereligion. Ein kritischer Versuch über das moderne Persönlichkeitsideal, mit einer historischen Begründung. [1918] Hg. v. Johann Dvořak. Frankfurt a. M.: Suhrkamp 1990.

Zingel, Astrid: Ulrich und Agathe. Das Thema Geschwisterliebe in Robert Musils Romanprojekt *Der Mann ohne Eigenschaften*. St. Ingbert: Röhrig 1999.

Zweig, Stefan: Die Welt von Gestern. Erinnerungen eines Europäers. [1944] Frankfurt a. M.: Fischer 1991.

1.8 Nachlaß zu Lebzeiten (1936)

1.8.1 Nachlaß zu Lebzeiten (1936)
Thomas Hake

Hubert Ohl zum Gedenken

1. Einleitung 320
2. Der Herausgeber in eigener Sache 321
3. Die ersten drei Abteilungen des *Nachlaß zu Lebzeiten* 322
4. Stationen der wissenschaftlichen Rezeption 325
    4.1 Monografien 325
    4.2 Aufsätze, Bücher und Buchkapitel zu einzelnen Aspekten des *Nachlaß zu Lebzeiten* 326
5. Interpretationslinien 327
    5.1 Erregungen und andere Zustände 327
    5.2 Tiere 328
    5.3 Im ‚Pferch' der Moden 329
    5.4 Die Krise des (männlichen) Individuums 331
6. Ausblick 332
7. Literatur 333

1. Einleitung

Für jemanden, der das Schreiben fürs Feuilleton nicht allzu hoch veranschlagte (vgl. v. a. Tb I, 230f.), hat Robert Musil ein umfangreiches publizistisches Œuvre hinterlassen: Buchkritiken und Theaterrezensionen, politische und kulturkritische Essays, Reden, literarische Prosaminiaturen und Kultursatiren. Das meiste davon ist zu seinen Lebzeiten ausschließlich in Zeitschriften und Zeitungen erschienen. (→ III.2.3 *Feuilletons*; III.2.4 *Literatur- u. Theaterkritik*) Es gibt eine Ausnahme: Jene Erzählungen und Satiren, die Musil unter dem Titel *Nachlaß zu Lebzeiten* (NzL) selbst herausgegeben hat. Der Band erschien im Dezember 1935 (formell 1936) im Schweizer Humanitas Verlag. Möglicherweise hat Musil mit dem paradoxen Buchtitel auf Carl Seeligs Totsagung aus dem Sommer 1933 reagiert (vgl. Kraft 2003, S. 207); fest steht nur, dass er angesichts der Umwälzungen in Deutschland und Österreich dringend eine neue Publikation brauchte, um sich als Autor in Erinnerung zu halten. Und er benötigte Geld, um an seinem Hauptwerk *Der Mann ohne Eigenschaften* weiterschreiben zu können. Der NzL verfehlte beide Ziele. Das Buch wurde im österreichischen Feuilleton freundlich, aber ohne Enthusiasmus aufgenommen. Im Buchhandel fiel es komplett durch. Von den drei Auflagen à 1.000 Stück sollen die allermeisten Exemplare verramscht worden sein (vgl. Corino 2003, S. 1218–1220).

    Natürlich wusste Musil bei der Herausgabe, dass die Zeiten für einen Autor wie ihn nicht günstig waren. Im Titel und in der „Vorbemerkung" zum NzL klingt deutlich genug die Befürchtung an, dass dieses als „Zwischenveröffentlichung" (GW II, 474) gedachte Buch sein letztes sein könnte (womit er Recht behielt). Seine „Sorgen" bei der Herausgabe (GW II, 473) erstrecken sich aber auch auf die literarische Qualität: „Sie [i. e. die Stücke der zweiten und dritten Abteilung des NzL; T. H.] tragen die Zeit ihrer Entstehung sichtbar an sich, und was an ihnen Spottrede ist, gilt zum Teil gewesenen Zuständen. Auch in der Form zeigen sie diesen Ursprung; denn sie sind für Zeitungen geschrieben worden" (GW II, 474). Gleichwohl beharrt Musil auf dem Wert seiner „kleine[n] Geschichten und Betrachtungen" – mit einer Wendung, die mitten hinein in die Sprach- und Gedankenwelt des *NzL* führt:

> [Es] hat immer schon ein gewisser Größenunterschied zwischen dem Gewicht dichterischer Äußerungen und dem Gewicht der unberührt von ihnen durch den Weltraum rasenden zweitausendsiebenhundert Millionen Kubikmeter Erde bestanden [...]. (GW II, 473)

Konkret macht Musil für die „Bilder" (deren Wert in der „Vorbemerkung" außer Frage steht), aber auch für seine „kleinen Satiren" geltend, dass sie sich als überraschend „zeitbeständig[ ]" (GW II, 474) erwiesen haben. Damit hebt er zu Recht die Kraft seiner literarischen Kurzprosa hervor, in der Darstellung von „Nebensachen" (GW II, 473) und „kleine[n] Fehler[n]" (GW II, 475) weit größere Zusammenhänge aufscheinen zu lassen. Was den Zusammenhang der Stücke untereinander angeht, so ist er durch die „Grundintentionen" (Hake 1998, S. 15) Musil'schen Schreibens verbürgt. Mit dem *NzL* löst Musil ein, was er sich 1910 selbst ins Stammbuch geschrieben hatte: „Was man so verstreut schreibt, muß Bruchstück [...] eines breiten, nicht zufälligen Strebens sein." (Tb I, 231)

2. Der Herausgeber in eigener Sache

Dass bei der Herausgabe 1935 Rezensionen aller Art für die Wiederveröffentlichung in Buchform ausschieden, versteht sich – aber warum auch die Essays? Wie dem auch sei: Musil zog im August und September 1935 nur jene „kleine[n] Geschichten und Betrachtungen" (GW II, 473) in die engere Wahl, die er zwischen 1914 und 1932 in unterschiedlichen Zeitschriften und Zeitungen veröffentlicht hatte, viele von ihnen mehrfach. Durch den „Hausierhandel mit Feuilletons" (GW II, 515) war es ihm nicht nur gelungen, „vielmals 50 M." (an Franz Blei, 4.4.1924, Br I, 338) zu verdienen, er hatte sich beim Schreiben auch ‚Impulse' und ‚Schwung' für den Roman geholt (vgl. KA, K 11, Feuilleton 1914–1932, Charakteristik). In der literarischen Kurzprosa ließen sich unterschiedliche Themen, Erzählweisen und Reflexionsverfahren herauspräparieren und erproben, die in das Gewebe des Romans verflochten sind.

Von den zur Auswahl stehenden 55 Stücken hat Musil 1935 gut zwei Dutzend verworfen. Die verbliebenen 30 hat er mit einer „Vorbemerkung" versehen und in vier Abteilungen angeordnet. Die „Bilder" (I.) umfassen 14, die „Unfreundlichen Betrachtungen" (II.) elf, die „Geschichten, die keine sind" (III.) vier Stücke. Abteilung (IV.) besteht aus einem einzigen Stück, der Erzählung *Die Amsel*, die auch durch ihre Länge hervorsticht (im Original gut 33 Seiten). In ihr laufen so gut wie alle Themen- und Motivlinien des *NzL* zusammen (vgl. Hake 1998, S. 342f.). Die übrigen Prosastücke sind im Original zwischen gut einer Seite (*Sarkophagdeckel*) und 15 Seiten lang (*Pension Nimmermehr*), in den Nachdrucken entsprechend kürzer. Musil hat die Stücke seiner Wahl für die Aufnahme in den *NzL* „da und dort [...] nach[ge]bessert[ ]" (GW II, 474). Bei manchen beschränkte er sich auf formale Korrekturen, andere hat er stark überarbeitet, einige regelrecht umgeschrieben. Elf Stücke bekamen neue oder abgeänderte Titel. Viele der Bearbeitungen sind unmittelbar plausibel. So ersetzt Musil die Wendung „man müßte erst tüchtig mit dem Stiefelabsatz in solch einem Gesicht herumrühren dürfen, bevor ein wenig Originalität hineinkäme" (GW II, 572) durch die Formulierung „man hätte mit einem Löffelchen darin umrühren mögen, um es in Bewegung zu sehn." (GW II, 486) Damit bleibt der aggressive Grundton, auf den es im Bedeutungsgefüge der *Hasenkatastrophe* ankommt, auch ohne den Anklang an brutale Folterpraktiken erhalten. Vereinzelt gibt es weniger gelungene Änderungen, so der neue, etwas sperrige Schlussabsatz von *Die Maus*:

> So hätte sich mit dem, was man nicht zu kennen fühlte, lange und nach Belieben fortfahren lassen; aber das ist schon die ganze kleine Geschichte, denn sie war inzwischen jedesmal schon zu Ende gegangen, ehe man noch genau sagen konnte, wo sie aufhörte. (GW II, 489)

Die als „Pointe" (GW II, 488), also als etwas Einmaliges, angekündigte Begebenheit bekommt so eine schwer verständliche Wendung ins beliebig Wiederholbare.

3. Die ersten drei Abteilungen des *Nachlaß zu Lebzeiten*

In den „Bildern" passiert so gut wie nichts. Fliegen sterben auf einem Leimpapier, ein Mensch schaut zu (*Das Fliegenpapier*). Drei miteinander eingesperrte Affenvölker haben eine Hackordnung ausgebildet (*Die Affeninsel*). An einem Ostseestrand hocken Fischer und präparieren Köder (*Fischer an der Ostsee*). Von einem dörflichen Karussell umeinander gewirbelte Menschen sehen für Momente wie „rasend bestrahlte Kleiderbündel" aus (*Inflation*, GW II, 481). Ein kleines, kitzliges Pferd wird von einem Burschen gestriegelt und bleckt dabei die Zähne, als würde es lachen (*Kann ein Pferd lachen?*). Ein Mensch in einer Mansarde mit zwei Fenstern erwacht in der Morgendämmerung und fühlt sich von Gott erweckt (*Der Erweckte*). Blökende Schafe auf einer Weide bei Rom geben mit ihrem „Gesang" (GW II, 485) apokalyptische Visionen ein, andere Schafe rufen mythische Bilder wach oder bilden ein Strahlenrad, wenn sie sich unbeobachtet fühlen (*Schafe, anders gesehen*). Der liebende Blick eines spätrömischen Paares überdauert, in den Stein von Sarkophagdeckeln gemeißelt, die Jahrtausende (*Sarkophagdeckel*). In einem Schoßhund erwacht plötzlich der Jagdinstinkt, modisch gekleidete Hotelgäste schauen zu (*Hasenkatastrophe*). Ein zu Tode erschöpfter Weltkriegssoldat kommt in einem hochalpinen Kampfgebiet langsam wieder zu sich (*Die Maus*). Ein Mann mit Fieber lauscht im Hotelbett seiner Frau, die sich nebenan selbstvergessen fürs Schlafen fertig macht (*Hellhörigkeit*). In einem slowenischen Dorf wird bei Glatteis eine Frau beerdigt; ein Fremder am Fenster weiß nicht, ob er weinen oder lachen soll (*Slowenisches Dorfbegräbnis*). Dienstmädchen ziehen achtlos Rüden hinter sich her, die nicht zu Ende uriniert haben (*Mädchen und Helden*). In einer deutschen Pension in Rom haben vor dem Weltkrieg Menschen aus nachmals verfeindeten europäischen Ländern friedlich ihre Zeit miteinander geteilt (*Pension Nimmermehr*).

Das Gemeinsame der „Bilder" ist ihre Umgrenzung und ihre perspektivische Struktur. Sie evozieren kleine, von einem mehr oder weniger deutlich hervortretenden Betrachter wahrgenommene Weltausschnitte. Auffällig ist, dass bis auf eine Ausnahme (*Sarkophagdeckel*) Tiere die Auslöser (oder zumindest Mitspieler) für das „punctuelle[ ] Zünden der Welt im Subjecte" (Vischer 1857, S. 1331) sind. (→ IV.11 *Biologie/Tiere*) Ansonsten variieren die Szenarien, Erzählkonstellationen und -stile stark. Es sind Miniaturen darunter, welche die Welt zeigen, wie sie sich für einen von der Wirklichkeit punktuell affizierten Betrachter darstellt. Die Spanne reicht von völliger Selbstvergessenheit (*Die Maus*) über ein namenloses Identitätsgefühl (*Das Fliegen-

papier) bis zum glückhaften Erregungszustand des Erweckten (*Der Erweckte*). Gerade die ‚ekstatischen' Prosagedichte (zu denen auch *Schafe, anders gesehen*/1. Episode, *Hasenkatastrophe, Slowenisches Dorfbegräbnis*, ferner *Kindergeschichte* und *Die Amsel* zählen; zum Begriff der ‚ekstatischen' Prosa vgl. Hake 1998, S. 50–52) verleihen dem Augenblick eine spezifische Binnendynamik mit je eigener Zeitstruktur. Am anderen Ende der Skala gibt es eher statische Weltausschnitte, die aus der Perspektive eines zwar emotional berührten, aber konsolidierten ‚Ich' oder ‚Man' erzählt werden. Das vorletzte Stück der „Bilder" (*Mädchen und Helden*) lässt bereits den satirischen Ton der „Betrachtungen" anklingen, während das Schlussstück (*Pension Nimmermehr*) mit seiner Figurenvielfalt den Keim zur Erzählung in sich trägt; dennoch bleibt es eine ‚Bild'-Erzählung, die ihre Sukzession dem Umhergehen des Betrachters verdankt. Obwohl viele „Bilder" an Urlaubsorten angesiedelt sind (Ost- und Nordseeinseln, Gebirge, Rom und Umgebung), wird die Grenze zum literarischen ‚Genrebild' (vgl. Scholz 1978, S. 26) nirgends überschritten; zoologische oder touristische Impressionen sind Musils Sache nicht. Wo seine „Bilder" sich dieser Grenze bewusst nähern (wie in *Fischer an der Ostsee, Kann ein Pferd lachen?* und *Pension Nimmermehr*), lässt er das Verstörende als Quellpunkt des Erzählens nur umso stärker hervortreten. Während die ekstatischen „Bilder" die genaue Abfolge von Empfindungskomplexen im Ineinander bzw. Umschlag von Schauen, Hören und Reflektieren gestalten, haben die nicht-ekstatischen benennbare bildhafte Kulminationspunkte, die auch ‚Bilder' im Sinne von Vergleichen sein können (wie in *Hellhörigkeit* oder *Pension Nimmermehr*). Alle „Bilder" leben von Musils Kunst, darstellende Erzählsequenzen mit gleichnishaften zu einem nicht-veristischen Realismus eigener Prägung zu verschmelzen. (→ VIII.4 *Gleichnis*)

Der Grundduktus der „Unfreundlichen Betrachtungen" dagegen ist ein kritisch-satirischer, darin liegt ihr ‚unfreundlicher' Charakter. Erzählende Elemente treten hier zugunsten der Reflexion zurück, ohne je ganz zu verschwinden. Musil richtet seine „Spottrede" (GW II, 474) auf den Kitsch in der Kunst (*Schwarze Magie*), auf Erscheinungen in der Architektur (*Türen und Tore*), auf den Umgang mit ‚großen Männern' (*Denkmale*) und „gewesene[n] Kunsterlebnisse[n]" (*Kunstjubiläum*, GW II, 516), auf den Erfolg der Nachahmer in Malerei und Dichtung (*Der Malsteller*), auf Modephänomene (*Kunstjubiläum, Triëdere*), den sentimentalen Landschafts- und Naturgenuss (*Wer hat dich, du schöner Wald ..?, Hier ist es schön*) und den wahren Nutzen der Psychoanalyse für Patienten und Therapeuten (*Der bedrohte Ödipus*). Oft bringt die satirische Reflexion in Zeittrends etwas Altes zum Vorschein (wie in *Türen und Tore* und *Der bedrohte Ödipus*), mitunter auch hinter vorgeblichen Absichten und Idealen uneingestandene wirtschaftliche Interessen und Zusammenhänge (*Wer hat dich, du schöner Wald ..?, Der bedrohte Ödipus*). Zwei Stücke dieser Abteilung ragen durch Inhalt und Stellung heraus: *Schwarze Magie* leitet die zweite Abteilung ein, *Triëdere* steht genau in der Mitte des *NzL*. Beide Stücke haben programmatischen Stellenwert für die literarische Reflexion, das formale Element der „Betrachtungen", und darüber hinaus für Musils Dichtungsverständnis insgesamt. Innerhalb des *NzL* knüpfen sie an die „Bilder" an.

Durchgängig ist in den „Betrachtungen" die Grundhaltung der „konstruktive[n] Ironie" (MoE, 1939) erkennbar, die im Verspotteten etwas anderes, etwa eine Sehnsucht nach Dazugehören (*Kunstjubiläum, Triëdere*), nach Natur (*Wer hat dich, du schöner Wald ..?*) oder nach persönlichen Erlebnissen (*Hier ist es schön*) zum Vorschein bringt. Musil will nicht primär entlarven, sondern „zum Verständnis des einzelnen Menschen […] als auch zu einer sich vertiefenden Verständnislosigkeit für das Menschsein" beitragen (GW II, 522). So geht es im Gewand satirischer Betrachtungen um die Grundthemen Musil'schen Schreibens: um die Rolle, welche die Dichtung für eine desorientierte Gesellschaft spielen könnte, aber angesichts der kulturindustriellen Verwertungsgefüge de facto nicht spielen kann (*Der Malsteller, Eine Kulturfrage, Unter lauter Dichtern und Denkern*); um die schwer durchschaubaren Verschränkungen von geschichtlicher Kontinuität und Diskontinuität (*Türen und Tore, Der Malsteller, Kunstjubiläum*); um den nie ruhenden Wandel aller Dinge, von dem man sich genauso wenig freimachen kann wie vom Zwang der jeweiligen Gegenwart, dem „Enthusiasmus des Jetzt" (*Kunstjubiläum*, GW II, 518; vgl. ferner *Der Malsteller*); schließlich um erlittene und subjektiv kaum durchschaute Änderungen in der Stellung des Einzelnen zum Ganzen und zu sich selbst – Änderungen, die unterschiedliche Kompensationsbewegungen hervorrufen (*Hier ist es schön, Wer hat dich, du schöner Wald ..?, Unter lauter Dichtern und Denkern, Der bedrohte Ödipus*).

Die vier Erzählungen der dritten *NzL*-Abteilung unterscheiden sich primär dadurch von den „Bildern" und „Betrachtungen", dass es hier Protagonisten gibt, die in sozialen Kontexten agieren. Dabei übernehmen die „Geschichten" aus den „Betrachtungen" das satirische Moment, aus den „Bildern" eine gewisse Statik; denn trotz äußerer Bewegung und innerer Bewegtheit gibt es keine Entwicklung in diesen Erzählungen, was der Grund für ihre paradoxe Bezeichnung sein mag. *Der Riese Agoag* erzählt die Geschichte eines zeitgenössischen Großstadtbewohners, der aufgrund seiner dürftigen Leibgestalt kein Glück bei den Frauen hat und deshalb einen „Aufstieg zur Kraft" (GW II, 531) sucht. Er trainiert seine Muskeln, indem er sich selbst bei allen Bewegungen die größten Schwierigkeiten bereitet. Eine Prügelei führt diese Anstrengungen ad absurdum. Eines Tages hilft ihm ein Unfall weiter: „Er wurde zufällig Zeuge, wie ein riesenhafter Omnibus einen athletisch gebauten jungen Mann überfuhr […]. […] [U]nser Mann nahm rasch seine Chance wahr und kletterte in den Sieger hinein." (GW II, 532) Seitdem fährt der ‚Held', im Vollgefühl eines Riesen mit märchenhaften Kräften, auf dem Oberdeck eines ABOAG-Busses umher (so hieß die Berliner Busgesellschaft der 1920er Jahre, von Musil zu „Agoag" abgewandelt). Zuletzt muss dieser Riese an Einbildungskraft jedoch erleben, dass ihn das Busfahren bei den Frauen auch nicht weiterbringt.

In *Ein Mensch ohne Charakter* erzählt ein Erzähler-Ich die Geschichte eines Jugendfreundes. Dieser bekommt als Kind regelmäßig Prügel für seine Streiche, wobei ihm die Eltern Charakterlosigkeit vorhalten. Der Pubertierende experimentiert dann mit Theaterrollen und Romanvorbildern, die sich auf komische Weise überlagern. Bei der nächsten Begegnung ist der Freund scheinbar als Rechtsanwalt etabliert, berichtet aber selbstironisch über seine Versuche, dem Sog des Berufscharakters zu entgehen. Noch einige Jahre später ist dieser sympathische Rollenverweigerer ein gemachter Mann: verheiratet, erfolgreich, meinungsstark – und dick. „Sein irrlichternder Geist hatte feste Wände und dicke Überzeugungen bekommen." (GW II, 538) Dennoch hat der Erzähler beim Unterhalten immerdar das Empfinden, „der alte Mensch sei noch in ihm. Er stand in ihm, von der fleischigen größeren Wiederholung der ursprünglichen Gestalt eingeschlossen. Sein Blick stach im Blick des andern, sein Wort im Wort. Es war fast unheimlich." (GW II, 539)

In der *Geschichte aus drei Jahrhunderten* geht es um den antiken Amazonen-Mythos und sein modernes Fortleben. Kern der drei Episoden „1729", „2197 vor unserer Zeitrechnung" und „1927" (ersichtlich Umstellungen derselben Ziffern) ist die männliche Imagination einer Verkehrung des Machtverhältnisses zwischen den Geschlechtern. Episode „1729" zeigt einen galanten Edelmann, dessen Hinrichtung von einer Löwin vollstreckt werden soll. Die weibliche Raubkatze löst in ihm eine fatale Gefühlsverwirrung aus, die ihn schließlich in Ohnmacht fallen lässt: „Er [...] war in den Zustand und die Rolle eines Weibchens gebracht worden" (GW II, 540). Die mittlere Episode spekuliert über den Wahrheitsgehalt des Amazonen-Mythos. Falls es diese ‚Raubfrauen' wirklich gegeben haben sollte, müssen sie „dem prähistorischen Mannesstolz nicht wenig zugesetzt haben, bis er endlich zur Entschuldigung von so viel Feigheit sagenhafte Geschöpfe aus ihnen gemacht hat" (GW II, 541). Der verdienstreiche Forscher Quantus Negatus schließlich (Episode „1927") sitzt als Anhänger der „Reaktion" (GW II, 543) tagträumend in einer politischen Versammlung. Angesichts der reizenden, dabei sehr kämpferischen Rednerinnen wird sein männliches Selbstverständnis zunächst aufgestachelt, um dann ins Gegenteil zu kippen: Im Vergleich mit diesen Vorkämpferinnen des Neuen kommt er sich als „brave Hausfrau" (ebd.) vor. Am Ende wird der Forscher mit dem sprechenden Namen von der historisch doppelt zutreffenden Ahnung beschlichen, das Mannsein werde in Zukunft „nur noch etwas sehr Weibliches bedeuten, wenn nicht bald eine Zeit echter Männer wiederkommt!" (ebd.)

Die märchenartige *Kindergeschichte* schließlich zeigt die drei Jäger Piff, Paff und Puff, wie sie in einer endlos braunen, welligen Landschaft auf die Jagd gehen. Ihr Versuch, das nächstbeste Lebendige zu erschießen, scheitert; statt im Kugelhagel zu sterben, sagt der Hase den Jägern ihren eigenen Tod voraus. Von Entsetzen gepackt, fliehen die Jäger zu einem Steinkreuz – und hören dort den „liebe[n] Gott" flüstern: „,Du sollst nicht töten ..!'" (GW II, 546) Ihre wahnhafte Ohnmachts- und Todeserfahrung bleibt jedoch eine temporäre Irritation. Zurück im Dorf, mit dem festen Boden der sozialen Welt unter den Füßen, bemänteln sie ihre Erschütterung mit Allgemeinplätzen der Art: „,An irgendetwas muß schließlich jeder sterben'" (GW II, 546).

4. Stationen der wissenschaftlichen Rezeption

4.1 Monografien

Es gibt bislang drei größere publizierte Monografien zum *NzL*. Die in französischer Sprache erschienene, doppelbändige Studie Marie-Louise Roths (1980) verkoppelt eine ausführliche, aber selten ins Detail gehende Gesamtinterpretation unter biografischen und devianzästhetischen Aspekten mit der seinerzeit äußerst wertvollen Dokumentation und Kommentierung von Textvorstufen.

Die erste umfassende deutschsprachige Monografie von Gudrun Brokoph-Mauch (1985) beleuchtet den *NzL* aus zwölf heterogenen Blickwinkeln. Die Autorin bietet viele treffende Einzelbeobachtungen (z. B. zur „Wasser- und Meeresmetaphorik", ebd., S. 69) und greift wichtige Erzählstrukturen wie das „Märchen" heraus (ebd., S. 207–236). Die vielfach wertenden Interpretationen finden ihre Grenze darin, dass Brokoph-Mauch meist mit vorgefassten, teilweise recht abstrakten Kategorien wie "anderer Zustand" (ebd., S. 12), "Polarität" (ebd., S. 51), "Emanzipation der Frau" (ebd., S. 127) oder "Eigenschaftslosigkeit" (ebd., S. 193) operiert. Die einzelnen Stücke werden damit zum mehr oder weniger idealtypischen ‚Fall von', statt in ihrer komplexen literarischen Gestalt erkennbar zu werden.

Thomas Hake (1998) erbringt den Nachweis, dass der NzL in formaler wie inhaltlicher Hinsicht ein vollwertiger Bestandteil des Musil'schen Œuvres ist. Die „integrative Gesamtinterpretation des NzL" (ebd., S. 16) arbeitet die poetische Eigenart und Genauigkeit der Musil'schen Sprache in exemplarischen Einzeldeutungen heraus (v. a. zu *Das Fliegenpapier*, ebd., S. 17–46, und zu *Die Amsel*, ebd., S. 362–427) und interpretiert die übrigen Texte im Horizont von ‚Reflexionslinien', die als Grunddimensionen Musil'schen Denkens und Schreibens angesetzt werden und den inneren Zusammenhalt des *NzL* verbürgen (vgl. ebd., S. 15). Gattungspoetische oder literarhistorische Fragestellungen treten dabei eher in den Hintergrund.

4.2 Aufsätze, Bücher und Buchkapitel zu einzelnen Aspekten des *Nachlaß zu Lebzeiten*

Helmut Arntzens (1980) konzise Anmerkungen zur Struktur und Eigenart des *NzL* haben von ihrer erhellenden Kraft wenig eingebüßt. Norbert Groeben (1981) versammelt in seiner Projektdokumentation fünf Interpretationen zur *Hasenkatastrophe,* die vor allem die unauslotbare Vielschichtigkeit von Musils kleinen Erzählungen erweisen. Helmut Lethens (1987) Musil-Hoffmann-Vergleich fasst *Triëdere* als das quasi-sadistische ‚Wahrnehmungsexperiment' eines selbst unangefochtenen Betrachters auf – eine provokante Deutung, an die weitere Aufsätze anknüpfen, um sie einerseits zu relativieren, andererseits epistemologisch weiter zuzuspitzen (vgl. Kimmich 2000; Nübel 2003; Martens 2005). Die auf Nietzsche rekurrierende Untersuchung Bernd Hüppaufs (1988) erschließt das sprach- und kulturkritische Potenzial des *NzL* und insbesondere der „Bilder". Johann Drumbls (1988) Übersetzungs- und Interpretationskritik unterstreicht die poetische Präzision der Musil'schen Kurzprosa. Anknüpfend an Murray G. Halls (1975) Studie zu Tiermotiven in Musils Prosawerk rückt Wolfgang Schramls (1994) Studie die Tiermotivik in den anthropologischen Fragenkreis ein, der Musil zeitlebens beschäftigt hat; Isolde Schiffermüllers (2001) Aufsatz zur ‚Zoopoetik der Moderne' profiliert Musils Tierdichtungen durch den Vergleich mit Kafka-Erzählungen, während Florentine Biere (2011, S. 228) Musils Tierbilder als genaue Verschränkungen von Andersheit und ‚bedrohlicher Nähe' interpretiert. Arno Rußegger (1997) arbeitet die Verschränkungsstrukturen insbesondere der „Bilder" (Subjekt/Objekt, Erscheinung/Begriff) im Horizont von Musils Beschäftigung mit Filmen und der zeitgenössischen Filmtheorie heraus. Richard Reichensperger (1999) weist dichotomische Musil-Deutungen nach dem Schema ‚ratioïd'/‚nicht-ratioïd' zurück und qualifiziert die konstitutive Verschränkung von „Eindeutigkeit" und „Gleichnis" in der Sprache des *NzL* als Mittel der „Gesellschaftskritik" (ebd., S. 89). Gunther Martens (2008) spürt der Spezifik ironischen Schreibens in ausgewählten „Bildern" und „Betrachtungen" des *NzL* nach und arbeitet den formelsprengenden Umgang mit Redewendungen in Musils Kurzprosa heraus (vgl. Martens 2009). Dominik Müller (2009) schließlich betont die Bedeutung der Feuilletonliteratur der Zwischenkriegszeit für den *NzL* und sein Zustandekommen. (→ III.2.3 *Feuilletons*)

5. Interpretationslinien

Ein Buch, das aus heterogenen, in sich kompletten und komplexen Teilchen besteht, lässt sich nicht bündig interpretieren. Hingegen scheint es möglich, zentrale Motiv- und Bedeutungslinien des *NzL* nachzuzeichnen – natürlich um den Preis, andere Bezüge (darunter auch sehr wichtige) auszublenden.

5.1 Erregungen und andere Zustände

Im Spektrum des *NzL* markieren *Der Erweckte* und *Die Maus* die beiden Pole, zwischen denen sich die übrigen ekstatischen Prosastücke ansiedeln lassen. *Der Erweckte* beschreibt die Erregungskurve eines Menschen, der sich von Gott geweckt fühlt: Während der erste Satz ohne Subjekt ist („Schob rasch den Vorhang zur Seite: – die sanfte Nacht!", GW II, 483), beginnen vier weitere Sätze der ersten beiden Abschnitte mit „Ich" (ebd.). Das Sich-eins-Fühlen mit dem göttlichen Urgrund liegt diesem Sprechen voraus; die erste beschriebene Wahrnehmung ist der kaum sichtbare Unterschied zwischen dem härteren ‚Zimmerdunkel' und dem ‚milderen Dunkel' im ‚Fensterausschnitt', als ‚Wasserspiegel' gedeutet (vgl. ebd.). Alle Sätze der Dichtung sind Zerfallsprodukte dieses vorgängigen Empfindens der Einheit, aus dem der Erweckte soeben aufgetaucht ist; ein Empfinden, das rasch als romantischer Topos durchsichtig und von Ironie zersetzt wird: „Links pulst schon die Straße, rechts probt die Mondsichel." (ebd.) Die am Hin und Her zwischen Nacht- und Morgenfenster festgemachte Reflexionsbewegung liefert den Erweckten zunächst ans andere Extrem aus, den Ichzerfall: „Fünfecke, Siebenecke und steile Prismen: – Wer bin dann ich?" (GW II, 484) Aber auch dieses Verlorensein in der unverständlichen Dingwelt wird als Ausprägung eines kulturellen Bewusstseins durchsichtig (die kubistischen Anklänge sind überdeutlich), bevor der Erweckte mit geschlossenen Augen die imaginierte Vereinigung mit einer Frau erlebt: „Mein Ohr steht auf der Straße wie ein Eingang. Niemals werde ich mit einer Frau so vereint sein wie mit dieser unbekannten, deren Schritte jetzt immer tiefer in meinem Ohr verschwinden." (ebd.) Zuletzt schließen sich Hören und Sehen wieder zum (ironischen) Normalzustand zusammen, und der Erweckte will mit der „Seele […] nichts mehr […] zu tun haben." (ebd.)

Der Versunkene in *Die Maus* nähert sich dem Normalzustand vom gegenüberliegenden Pol her. In dieser Erzählung unternimmt Musil das fiktionslogisch beinahe Unmögliche, ein außer sich seiendes Bewusstsein als einen sich langsam subjektivierenden Empfindungsstrom literarisch zu konstruieren. Das Bild für den Ausgangszustand ist die Bank („Wer auf dieser Bank saß, saß fest", GW II, 489); weitere Subjektrepräsentanzen sind die ‚getrennt schlafenden' Glieder, das Atmen, der auf und ab gehende Blick, die von der Maus erblickte ‚Menschenhand', das Mausauge. Gemäß seinem Bewusstseinszustand der Versunkenheit erscheint die Luft über dem Dasitzenden zunächst als ein Meer (vgl. die lautmalerisch „wie Schiffe, wie Scharen von Fischen" dahinziehenden Schüsse der Artillerie, GW II, 488). Wenn der Erzähler scheinbar arglos die hochalpine Szenerie schildert, folgt er spätestens ab dem dritten Absatz unmerklich dem Blick des Dasitzenden, der von Nahem (bleiches Gras) über die „Buckel und Mulden" in größerer Entfernung an das „hohe[ ], rote[ ] Felsenriff" hinaufgeworfen wird, wo er, „in hundert Blicke zersplittert", immer wieder ‚abrinnt' (GW II, 489) – eine kühne Metapher, die das Einschlagen der Geschosse und den selbstvergessen auf- und abgehenden Blick des Versunkenen ineinander verschlingt und zugleich das Auftauchen eines Bewusstseins, genauer: das Umspielen der Grenze, symbolisiert. Das „so sonderbar verkehrte[ ] Gefühl" (ebd.), dass sich die Welt um das winzige Auge einer Maus drehe, erklärt sich aus der Grenzlage eines Schauens, das noch nicht ganz bei sich ist und sich selbst, als weltkonstitutiven Blick-Punkt, im Auge der Maus erblickt (vgl. ebd.).

Die übrigen ekstatischen Erzählungen des *NzL* sind zwischen den Polen ‚Erregung' und ‚Versunkenheit' angesiedelt. Da ist der im sukzessiven Erstarren der Fliegen gespiegelte Zerfall eines namenlosen Identitätsempfindens im *Fliegenpapier*, die Endzeitvision des selbstvergessen Lauschenden in der ersten Episode von *Schafe, anders gesehen*, der paralysierende Widerstreit zwischen Blutrausch und Mitleid in *Hasenkatastrophe*, der aus kultureller Fremdheit resultierende, verdinglichende Blick des Dorfbesuchers in *Slowenisches Dorfbegräbnis*, das Weltbild der Todesangst in der *Kindergeschichte*, schließlich die in unverstandenen Umkehrungserlebnissen sich vollziehende Reise in die eigene Kindheit in den ekstatischen Passagen der *Amsel*. Diese Erzählungen geben weder Weltbeschreibung noch Psychologie (etwa protokollierte Bewusstseinsströme), sondern ein Drittes: die „phantastische Genauigkeit" (MoE, 247) einer Literatur, die ernst macht mit der Einsicht, dass Welt immer Welt für ein Subjekt ist, und die gleichzeitig auf „Gefühlserkenntnisse und Denkerschütterungen" (*Über Robert Musil's Bücher*, 1913, GW II, 997) des Lesers abzielt. Dabei geht es nicht um das Beschwören bekannter Gefühle (wie im literarischen Irrationalismus, der „aus Gefühlen Begriffe" macht, *Schwarze Magie*, GW II, 502), auch nicht um den Kult des Ausnahmezustands wie im literarischen Dezisionismus Jünger'scher Prägung, sondern um gestaltete Augenblicke der schauenden und/oder lauschenden Welt- und Selbstbegegnung, in denen die Orientierung bietenden Wahrnehmungs-, Gedanken- und Gefühlsverbindungen des „Normalzustands" (Reichensperger 1999, S. 88) entautomatisiert und ‚entpragmatisiert' werden (vgl. Nübel 2003, S. 245). Dabei gerät auch das normale Zeiterleben aus den Fugen, die Zeit stockt oder fließt anders, wird vergessen oder intensiver wahrgenommen; Grenzwert ist die „Ewigkeit" (*Die Maus*, GW II, 489), das zeitlose *nunc stans* der Mystiker. (→ VII.1 *Mystik*) Die erzählte Zeit dieser Augenblicke ist durch die Abfolge der Übergänge definiert, die Musil minutiös durchgestaltet und stets bis an die Grenzen des Normalzustands führt, in den sie mithin eingebettet bleiben. Dazu bedient er sich realistischer Erzählmuster, die durch die integrierten Vergleiche und Metaphern gleichsam ‚umgepolt' (vgl. Hake 1998, S. 88) und für seine Gestaltungsabsichten adaptiert werden (vgl. Rußegger 1997, S. 98).

5.2 Tiere

Musil gestaltet im *NzL*, vor allem in den „Bildern", herausgehobene Momente der Welt- und Selbstbegegnung. Auslöser und Gegenüber sind dabei oft Tiere. In nur einem „Bild" (*Sarkophagdeckel*) kommen sie überhaupt nicht vor. In den Satiren erscheinen Tiere als Vergleichsinstanzen (etwa das Reitpferd für den Geschichtsprozess in *Kunstjubiläum*), bevor dann zwei der „Geschichten" (*Eine Geschichte aus drei Jahrhunderten*, *Kindergeschichte*) sowie *Die Amsel* erneut Tiere als Hauptdarsteller vorführen. (→ III.1.8.2 *Die Amsel*) Kein Zweifel, der *NzL* ist die Einlösung von Musils altem Plan, ein „Tierbuch" (Tb I, 340) zu schreiben. Aber wie kommen die Tiere zu dieser herausragenden Bedeutung? Der Protagonist der *Hasenkatastrophe*, ein Tourist auf einer kleinen, wilden Insel, durchlebt eine Erregung, die er unaufhörlich reflektierend teils vor sich selbst verbirgt, teils erklärt. Eine seiner Reflexionen lautet: „Man ist jedes Mal erstaunt, daß Tiere diese Einsamkeit bewohnen. Sie gewinnen etwas Geheimnisvolles; ihre kleinen weichwolligen und -fedrigen Brüste bergen den Funken des Lebens." (GW II, 487) Es ist das Kreatur-Sein von Mensch und Tier, das die Möglichkeit existenzieller Spiegelungen eröffnet. So kann ein Fliegenpapier zum *memento mori* werden, und so kann umgekehrt der Blick einer Maus zum Spiegel und Zündfunken des Lebenswillens werden, der dem Versunkenen aus diesem „winzigen, einsamen Auge" (GW II, 489) entgegenleuchtet. Der kleine Fox der *Hasenkatastrophe* spiegelt indes noch etwas anderes: den „Heroismus" (GW II, 486) eines aggressiven, tötenden, virilen Mensch-Seins, dem die Welt zum Jagdgebiet wird (ein Motiv, das in *Mädchen und Helden* ironisch wieder aufgegriffen wird). Der Fox bietet sich für diese Spiegelung an, weil er beide Welten in sich trägt: die zivilisatorische, in der er als Schoßhund eine feste Position hat, und die instinkthafte des Jagens und Tötens, in die er unkontrollierbar zurückfällt – so wie die fasziniert zuschauenden Touristen einem vorzivilisatorischen „Blutrausch" (GW II, 488) verfallen. Die Dynamik dieser spezifischen Erregung entsteht aus dem Widerstreit zwischen Täter- und Opferperspektive, Aggression und Mitleid, darwinistisch verbrämtem ‚Blutrausch' und ‚Verlegenheit'.

Tiere sind beides zugleich, Naturwesen und „uralte [...] Begleiter des Menschen" (*Schafe, anders gesehen*, GW II, 485). Das prädestiniert sie dazu, menschliches Leben widerzuspiegeln: unter dem Aspekt der Kreatürlichkeit (*Das Fliegenpapier, Schafe, anders gesehen, Die Maus*), des Tötens und Getötetwerdens (*Das Fliegenpapier, Fischer an der Ostsee, Hasenkatastrophe, Kindergeschichte*), der Leiblichkeit und der Sexualität (*Kann ein Pferd lachen?, Mädchen und Helden, Pension Nimmermehr*), gesellschaftlicher Machtstrukturen (*Die Affeninsel*) und der Geschichtlichkeit (*Schafe, anders gesehen, Kunstjubiläum*). Dabei stehen die Tiere bei Musil immer auch für sich selbst: als ein in seinem Anderssein reflexiv nicht erfassbares Leben, das die universalen Macht- und Unterwerfungsansprüche der Menschen in Ausnahmesituationen zugleich bewusst macht und desavouiert (paradigmatisch gestaltet in *Kindergeschichte*). (→ IV.11 *Biologie/Tiere*)

5.3 Im ‚Pferch' der Moden

Hasenkatastrophe beginnt mit einem sehr unfreundlichen Blick auf die Menschen. Besonders die zur Schau gestellte, großstädtisch-modische Attitüde einer Dame erregt den aggressiven Widerwillen des Erzählers, der sich freilich eingestehen muss, dass er selbst nicht viel anders aussieht. Leitend ist der scharfe Kontrast zwischen Mode (konnotiert mit Glatt- und Gradheit, weißen Linien und dicken Sohlen) und der vermeintlich zivilisationsfernen Inselnatur ringsum (vgl. GW II, 486). Der fiktive Betrachter von *Triëdere* wirft einen kälteren Blick auf seine Mitmenschen, wobei er mit den Passanten vor seinem Fenster natürlich auch deren Kleider „aufs Korn" nimmt (GW II, 522). Der Blick durch das Fernrohr ist dabei erzählerischer Vorwand für eine epistemologische Reflexion, die weder auf die Verspottung von modisch ausstaffierten Alltagsmenschen noch auf irgendeine wahre Welt unterhalb der Oberfläche abzielt. Vielmehr deckt sie jene pragmatisch-kommunikativen Bedeutungszusammenhänge auf, in denen Menschen sich alltäglich bewegen: „Man sieht Dinge immer mitsamt ihrer Umgebung an und hält sie gewohnheitsmäßig für das, was sie darin bedeuten. Treten sie aber einmal heraus, so sind sie unverständlich und schrecklich" (GW II, 520).

In einer von Alfred Polgar inspirierten „Sprache der Desillusion" (Hake 1998, S. 141) wird beispielsweise der Bedeutungszusammenhang ‚Mann mit Hut' zerstört, um das bedeutsame Kleidungsstück in seiner unverständlichen, ‚wahnsinnsähnlichen' Dinglichkeit vorzuführen (vgl. GW II, 521). Ähnlich ergeht es einer Frau mit Rock sowie den Gesten der Liebenswürdigkeit und des Zorns (ebd.). Schließlich gerät der Akt der Bedeutungsverleihung selbst in den Blick des Essayisten, wobei er das ‚Leihen' ganz wörtlich nimmt:

> Zwischen unseren Kleidern und uns und auch zwischen unseren Bräuchen und uns besteht ein verwickeltes moralisches Kreditverhältnis, worin wir ihnen erst alles leihen, was sie bedeuten, und es uns dann mit Zinseszins wieder von ihnen ausborgen; darum nähern wir uns auch augenblicklich dem Bankerott, wenn wir ihnen den Kredit kündigen. (GW II, 521)

Die Wirklichkeit ist also nur scheinbar unmittelbar verständlich; „wir" sehen die Welt in einem Licht, das von „uns" selbst ausgeht. Nur deshalb kann die Wirklichkeit vertraut erscheinen, und nur deshalb können Kleider Botschaften aussenden, wie Musil durch die Wahl seiner Metaphern suggeriert (‚wispern', ‚verkünden', ‚verraten', vgl. GW II, 520). Zerreißt einmal dieser umfassende Bedeutungszusammenhang, beginnt augenblicklich etwas ‚Wahnsinnsähnliches' (vgl. GW II, 521) – oder die Kunst. In den folgenden Passagen nimmt der Essayist dem Betrachter sein ‚weltanschauliches Werkzeug' (vgl. GW II, 520) gleichsam aus der Hand und blickt damit durch die Zeiten. (→ III.2.1 *Essays*) Anknüpfend an das Eingeständnis aus *Kunstjubiläum*, „daß wir mit niemand tauschen möchten, der nicht in zeitgenössischen Kleidern lebt" (GW II, 517), stellt er die Änderungen der Haar- und Kleidermoden als eine „überraschend geringe Anzahl von geometrischen Möglichkeiten dar, zwischen denen auf das leidenschaftlichste abgewechselt wird, ohne die Überlieferung jemals ganz zu durchbrechen". (→ V.11 *Mode*) Weiter heißt es:

> Werden auch noch die Moden des Denkens, Fühlens und Handelns einbezogen, [...] so erscheint unsere Geschichte dem empfindlich gewordenen Auge kaum anders als ein Pferch, zwischen dessen wenigen Wänden die Menschenherde besinnungslos hin und her stürzt. Und doch, wie willig folgen wir dabei den Führern, die eigentlich selbst nur entsetzt vorantfliehen, und welches Glück grinst uns aus dem Spiegel entgegen, wenn wir Anschluß haben, aussehen wie alle, und alle anders aussehen als gestern! (GW II, 521)

Dieser in „Zeitraffertechnik" (Nübel 2003, S. 253) anschaulich gemachte, kollektivzwanghafte Wandel wird in *Kunstjubiläum* ausgelotet und auf seine Folgen für das Individuum befragt, dem im Hinblick auf den ‚Fortschritt' nur die Wahl bleibt, entweder „das Freiwillige unfreiwillig [...] oder das Unfreiwillige freiwillig" zu übertreiben (GW II, 517). Die Kleidermoden dienen hier als sinnfällige und alltägliche Vergleichsinstanz für die Moden in bildender Kunst und Literatur. (→ VI.2.1 *Bildende Kunst*) Über letztere heißt es in *Der Malsteller*: „[N]iemand in aller Welt kann seine Gedanken von der Art befrein, in der seine Zeit das Sprachkleid trägt. Kein Mensch weiß darum, wieviel er von dem, was er schreibt, auch genau so meint" (GW II, 510f.). Damit ist eine scharfe Trennlinie zwischen einer unreflektiert zeitgemäßen

Kunst und der „große[n] Kunst" gezogen – dem, „was streng genommen, allein Kunst heißen sollte." (GW II, 518) Letztere entkommt, so darf man ergänzen, dem ‚Pferch' der Moden durch die Reflexion auf die eigenen Voraussetzungen und durch eine aus Anschauung und genauem Denken gespeiste Sprache, wie sie in der Bild- und Erkenntnisprosa des *NzL* exemplarisch vorgeführt wird. An Musils Anspruch und Schreibpraxis gemessen, verfallen Kunstprodukte aus den Werkstätten der meisten Schriftsteller und Maler der Satire (*Der Malsteller*). Sie erzeugen eine Kunst, deren Relevanz mit den Moden der jeweiligen Zeit versinkt und durch das Vergessen ausgelöscht wird, „das eine sehr schöpferische und inhaltsreiche Tätigkeit ist" (*Kunstjubiläum*, GW II, 518), da es den Individuen auch nach zahlreichen Umbrüchen und immer aufs Neue das Gefühl schenkt, eine „unbefangene, angenehme und folgerichtige Person" zu sein (ebd.).

5.4 Die Krise des (männlichen) Individuums

Der ‚Mensch ohne Charakter' scheitert zeitlebens daran, die beiden Seiten seiner Existenz – die strikt individuelle und die gesellschaftliche – miteinander in Einklang zu bringen. Am wenigsten kann der ‚Charakter'-Begriff diese Vermittlung leisten. Er erweist sich als sinnentleertes Ideologem einer repressiven, auf das späte 19. Jahrhundert zurückgehenden Pädagogik. Der Charakterlose spiegelt das Schicksal jener (überwiegend männlichen) Figuren im *NzL*, denen es immer schwerer fällt, ihr Ich „in eine öffentlich zugelassene Tüte [zu] stecken" (GW II, 521), also sich in überkommene Rollenmuster einzufügen. Diese Muster waren durch den Krieg und die sich anschließende Umbruchszeit radikal in Frage gestellt worden; eine Erfahrung, die Musil im Bild der umeinander gewirbelten, „rasend bestrahlte[n] Kleiderbündel" als Entwertung des Individuellen aufscheinen lässt (*Inflation*, GW II, 481). *Die Maus* zeigt den Krieg hingegen als etwas, was den Einzelnen auf den absoluten Nullpunkt des Lebens reduziert: darauf, ein unwillkürlich Atmendes und willenlos Blickendes zu sein.

Musils satirische Texte der 1920er Jahre setzen diesen historischen Bruch voraus. Den großen Individuen der Vergangenheit werden nun Denkmäler gesetzt, die im Chaos der Städte als Verkehrsinseln und Treffpunkte dienen, aber niemals angeschaut werden – und wenn, erscheint der im Denkmal Dargestellte wie ein „schwere[r] Melancholiker" (GW II, 508), so unzeitgemäß ist er geworden. Türen wiederum haben in Musils Darstellung ausgedient, weil der mobilisierte Zeitgenosse ‚kein Haus mehr machen' kann: Die feste „Stellung im Leben" (GW II, 505) ist geschwunden und damit die Möglichkeit, sie durch ein Haus zu bezeugen. „[H]eute sind [...] andere Dinge da, die diesen Zweck erfüllen: Reisen, Automobile, Sport, Winteraufenthalte, Appartements in Luxushotels. Die Phantasie des Zeigens, was man ist, geht in diese[ ] Richtung" (ebd.).

Es ist nicht nur die bürgerliche, sondern auch die heroische Männerrolle, deren Erosion (und gelegentliche Inversion) der *NzL* leitmotivartig gestaltet. Nicht zuletzt der soldatische Heroismus war im Massenvernichtungskrieg zuschanden geworden, der selbst den athletischsten Mann in Sekunden ‚vom Leben abschälen' konnte, wenn der Zufall es wollte (vgl. *Der Riese Agoag*, GW II, 532). So kann der ‚Mensch ohne Charakter' konstatieren (und erweist sich damit als idealer Parteigänger der aufkommenden Totalitarismen): „‚Welcher noch so entschlossene Charakter hält [...] gegen

Panzerwagen, Flammenwerfer und Giftwolken stand!? Was wir darum heute brauchen, sind nicht Charaktere, sondern Disziplin!'" (GW II, 539) (→ V.9 *Krieg*)

Eine individuelle Kompensation dieses Bedeutungs- und Orientierungsverlusts verspricht die Psychoanalyse, die den „verkümmerten Einzelnen bei der Hand" nimmt und ihm gegen Honorar „beweist [...], daß er nur Mut haben müsse und Keimdrüsen" (*Der bedrohte Ödipus*, GW II, 530). (→ IV.7 *Psychoanalyse*) Aber auch die kollektiven Kompensationsangebote nehmen in Musils Satiren Gestalt an, als jene zahllosen ‚Kreise', ‚Sekten' und ‚Grüppchen' (vgl. GW II, 515f.), in denen einfache Erklärungsmuster und verführerische Gruppenidentitäten feilgeboten werden: „Es ist gar nicht zu sagen, wie viele solche Rom es gibt, von denen jedes einen Papst hat, [...] von dem sich [...] Eingeweihte die Erlösung der Welt versprechen." (*Unter lauter Dichtern und Denkern*, GW II, 515) Dieser rapide sich ausbreitende ‚Beziehungswahn' werde wohl dazu führen, dass „sich ein echter Paranoiker kaum noch des Wettbewerbs der Amateure wird erwehren können." (GW II, 516) Musils Vorschlag, mit der historischen Verunsicherung umzugehen, weist in die Gegenrichtung: die Neubegründung des Selbstseins und der Moral aus jenen strikt individualisierenden „Gefühlserkenntnisse[n] und Denkerschütterungen" (GW II, 997), die Azwei zum Erzähler seiner Geschichte machen und den Mann ohne Eigenschaften in die ‚Heiligen Gespräche' mit seiner Schwester Agathe führen. Beide Protagonisten distanzieren sich dabei sukzessive von den überkommenen Männlichkeitskonzepten (muskelbepackte Militanz und Abenteurertum), die sie anfangs noch idealtypisch verkörpern. (→ V.6 *Geschlechterrelationen*)

Als Musil seine Kurzprosa für die Herausgabe vorbereitete, stand ihm vor Augen, nach welcher Seite das historische Pendel ausgeschlagen war. Während er im Sommer 1935 auf dem (von Kommunisten organisierten und finanzierten) Pariser Schriftstellerkongress Unverständnis für seine Verteidigung der künstlerischen Unabhängigkeit erntete (vgl. Corino 2003, S. 1190), bereiteten in Deutschland bereits „echte[ ] Männer" (GW II, 543) auf Befehl ihres paranoiden ‚Führers' „die Erlösung der Welt" (GW II, 515) durch den nächsten Krieg vor. Musil, der große Diagnostiker der Ungleichzeitigkeit, war da mit seinen subtilen Utopien und Analysen bereits zu einem lebenden Anachronismus geworden, zu einem Denkmal zu Lebzeiten.

6. Ausblick

Für die weitere Erforschung des *NzL* ergeben sich aus heutiger Sicht vor allem zwei Desiderate. Zum einen sollte die durch die *Klagenfurter Ausgabe* deutlich verbesserte Zugänglichkeit des Nachlasses genutzt werden, um den Entscheidungs- und Gestaltungsprozess im Vorfeld der *NzL*-Publikation weiter aufzuhellen: Lassen sich Motive für die Auswahl der Stücke benennen und plausibel machen? Welche Überarbeitungen haben welchen Beitrag zur Konstituierung des *NzL* geleistet? Zum anderen ist mit Blick auf den *NzL* noch schärfer als bisher herauszuarbeiten, welche Funktion die Publizistik für Musil auf seinem Weg zum *MoE* hatte. Ohne die Arbeit an Texten, bei denen es auf Anschlussfähigkeit an die Lesegewohnheiten eines größeren Publikums ankam, und ohne die daraus resultierenden kreativen Zwänge hätte Musil vielleicht weder zur Satire noch zu seinem spezifischen Stil-Amalgam mit gleitenden Anteilen aus Bild, Reflexion und Erzählung gefunden. Die literarische Kurzprosa, mit dem *NzL* als Quersumme, wäre als jene Stilwerkstatt kenntlich zu machen, die Musil das Schreiben seines Jahrhundertromans ermöglicht hat.

7. Literatur

Arntzen, Helmut: Musil-Kommentar sämtlicher zu Lebzeiten erschienener Schriften außer dem Roman *Der Mann ohne Eigenschaften*. München: Winkler 1980.

Biere, Florentine: Unter Beobachtung. Robert Musils Tierleben. In: Ulrich Johannes Beil, Michael Gamper, Karl Wagner (Hg.): Medien, Technik, Wissenschaft. Wissensübertragung bei Robert Musil und in seiner Zeit. Zürich: Chronos 2011, S. 219–235.

Brokoph-Mauch, Gudrun: Robert Musils *Nachlaß zu Lebzeiten*. New York u. a.: Lang 1985.

Corino, Karl: Robert Musil. Eine Biographie. Reinbek b. Hamburg: Rowohlt 2003.

Drumbl, Johann: Übersetzen und Interpretieren. Anmerkungen zur italienischen Übersetzung von Robert Musils *Bildern*. In: Annette Daigger, Gerti Militzer (Hg.): Die Übersetzung literarischer Texte am Beispiel Robert Musils. Stuttgart: Heinz 1988, S. 113–141.

Groeben, Norbert (Hg.): Rezeption und Interpretation. Ein interdisziplinärer Versuch am Beispiel der *Hasenkatastrophe* von Robert Musil. Tübingen: Narr 1981.

Hake, Thomas: „Gefühlserkenntnisse und Denkerschütterungen". Robert Musils *Nachlaß zu Lebzeiten*. Bielefeld: Aisthesis 1998.

Hüppauf, Bernd: Über das Mästen von Begriffen und die Furcht vor der Erfahrung. Bemerkungen zur Sprache in Robert Musils *Nachlaß zu Lebzeiten*. In: Jochen C. Schütze, Hans-Ulrich Treichel, Dietmar Voss (Hg.): Die Fremdheit der Sprache. Studien zur Literatur der Moderne. Hamburg: Argument 1988, S. 26–47.

Kimmich, Dorothee: Kleine Dinge in Großaufnahme. Aufmerksamkeit und Dingwahrnehmung bei Robert Musil. In: Jahrbuch der Deutschen Schillergesellschaft 44 (2000), S. 177–194.

Kraft, Herbert: Musil. Wien: Zsolnay 2003.

Lethen, Helmut: Eckfenster der Moderne. Wahrnehmungsexperimente bei Musil und E. T. A. Hoffmann. In: Josef Strutz (Hg.): Robert Musils „Kakanien" – Subjekt und Geschichte. München: Fink 1987, S. 195–229.

Martens, Gunther: Die Moderne als Straßenbahn. Zum Verhältnis von Stil und Epistemologie in Musils *Nachlaß zu Lebzeiten*. In: ders., Clemens Ruthner, Jaak De Vos (Hg.): Musil anders. Neue Erkundungen eines Autors zwischen den Diskursen. Bern u. a.: Lang 2005, S. 229–257.

Martens, Gunther: Rhetorik zwischen Philosophie und Literatur. Am Beispiel von Robert Musils Kurzprosa und Robert Menasses *Die Vertreibung aus der Hölle*. In: Roland Duhamel, Guillaume van Gemert (Hg.): Nur Narr? Nur Dichter? Über die Beziehung von Literatur und Philosophie. Würzburg: Königshausen & Neumann 2008, S. 285–299.

Martens, Gunther: Robert Musils Kurzgeschichten: „an den Rand geschrieben"? In: Mitteilungen des Deutschen Germanistenverbandes 56 (2009), H. 2, S. 246–257.

Müller, Dominik: Robert Musil, Joseph Roth und das Feuilleton. *Nachlaß zu Lebzeiten*: Von der Zeitung zum Buch. In: Kevin Mulligan, Armin Westerhoff (Hg.): Robert Musil – Ironie, Satire, falsche Gefühle. Paderborn: mentis 2009, S. 239–254.

Nübel, Birgit: „Hinter der Sperre des Glases". Gedankenexperimente in Robert Musils *Nachlaß zu Lebzeiten*. In: Susanne Knoche, Lennart Koch, Ralph Köhnen (Hg.): Lust am Kanon. Denkbilder in Literatur und Unterricht. Frankfurt a. M. u. a.: Lang 2003, S. 237–256.

Reichensperger, Richard: Sprache als Gesellschaftskritik in Musils *Nachlaß zu Lebzeiten*. In: Marie-Louise Roth (Hg.): Neue Ansätze zur Robert-Musil-Forschung. Bern u. a.: Lang 1999, S. 79–108.

Roth, Marie-Louise: Robert Musil: *Les œuvres pré-posthumes*. 2 Bde. Paris: Recherches 1980.

Rußegger, Arno: Die Wirklichkeit der Vorstellung der Wirklichkeit. Bemerkungen zu Robert Musils *Nachlaß zu Lebzeiten*. In: Markus Heilmann, Thomas Wägenbaur (Hg.): Macht, Text, Geschichte. Lektüren am Rande der Akademie. Würzburg: Königshausen & Neumann 1997, S. 95–111.

Schiffermüller, Isolde: Kleine Zoopoetik der Moderne. Robert Musils *Bilder* im Vergleich mit Franz Kafka. In: Elmar Locher (Hg.): Die kleinen Formen in der Moderne. Bozen u. a.: Ed. Sturzflüge/StudienVerlag 2001, S. 197–217.

Scholz, Ingeborg: Studien zu Robert Musil: *Nachlaß zu Lebzeiten*. Bilder – Betrachtungen – Geschichten. Hollfeld: Bange 1978.
Schraml, Wolfgang: Relativismus und Anthropologie. Studien zum Werk Robert Musils und zur Literatur der 20er Jahre. München: Eberhard 1994.
Vischer, Friedrich Theodor: Aesthetik oder Wissenschaft des Schönen. Zum Gebrauche für Vorlesungen. Dritter Theil. Zweiter Abschnitt: Die Künste. Fünftes Heft: Die Dichtkunst. Stuttgart: Verlagsbuchhandlung von Carl Mäcken 1857.

1.8.2 *Die Amsel* (1928/1936)
Elmar Locher

1. Einleitung und Inhalt 334
2. Vorstufen und Textvarianten 335
3. Erzählstruktur der Novelle 335
4. Forschungsstand und Interpretationen 336
5. Offene Fragen und Forschungsperspektiven 338
6. Literatur 338

1. Einleitung und Inhalt

Robert Musils Novelle *Die Amsel* erschien zum ersten Mal am 7. Januar 1928 in *Die neue Rundschau* und wurde von Musil in den *Nachlaß zu Lebzeiten* (1936) aufgenommen. Die Novelle wird von einem Rahmenerzähler eröffnet. Dieser legt biografische Eckdaten der Binnenerzähler Aeins und Azwei vor, zweier Jugendfreunde, die sich später aus den Augen verloren haben. Aeins und Azwei sitzen nach dem Ersten Weltkrieg auf dem Balkon der Wohnung von Aeins. Azwei erzählt drei Geschichten, um von Aeins zu erfahren, „ob sie wahr sind" (GW II, 553).

Die erste Geschichte berichtet vom Gesang einer Amsel, der von Azwei irrtümlich als Singen einer Nachtigall wahrgenommen und als „Signal" (ebd.) gewertet wird. Dieser Gesang veranlasst Azwei, seine geliebte Frau zu verlassen. In der zweiten Geschichte, zwei Jahre nach diesem „Signal"- bzw. Hörereignis, wird Azwei während des Ersten Weltkriegs im „toten Winkel einer Kampflinie in Südtirol" (GW II, 554) fast von einem Fliegerpfeil getroffen. Zuerst ist dieser nur als leises Klingen vernehmbar, dann wird der Ton körperlicher, der Pfeil erreicht schließlich sein Ziel, ohne jedoch Azwei zu treffen – dessen „Leib aber war wild zur Seite gerissen worden und hatte eine tiefe, halbkreisförmige Verbeugung ausgeführt." (GW II, 557) Azwei deutet dieses Ereignis als ein mystisches: „Wenn einer da gesagt hätte, Gott wäre in meinen Leib gefahren, ich hätte nicht gelacht. Ich hätte es aber auch nicht geglaubt." (GW II, 557) (→ VII.1 *Mystik*) Die Beschreibung dieses Erlebnisses wird von Einlassungen zu Streuung und Trefferwahrscheinlichkeit des Fliegerpfeils, einer nur kurzzeitig während des Ersten Weltkriegs verwendeten Waffe, unterbrochen. In der dritten Geschichte, wiederum Jahre später, nach dem Tod seiner Eltern, kehrt Azwei in die elterliche Wohnung zurück. Dort erscheint ihm auch wieder die Amsel, die sich als seine Mutter zu erkennen gibt, und die er nun in einem Käfig bei sich behält. Nach Azweis Vermutung entschied sich die Mutter zu sterben, um ihrem in wirtschaftliche Schwierigkeiten geratenen Sohn beistehen zu können. Befremdlich erscheint Azwei nur, dass er seine Mutter mit Würmern füttern muss. Zur Zeit der (Rahmen-)Erzählung hält diese Situation noch an. Die Novelle endet mit einer Antwort von Azwei auf die vorsichtige Vergewisserung von Aeins, ob „dies alles einen Sinn" habe: „Du lieber Himmel, – widersprach Azwei – es hat sich eben alles so ereignet; und wenn ich den Sinn wüßte, so brauchte ich dir wohl nicht erst zu erzählen. Aber es ist, wie wenn du flüstern hörst oder bloß rauschen, ohne das unterscheiden zu können!" (GW II, 562)

2. Vorstufen und Textvarianten

Musil konnte in seiner Arbeit an der Novelle auf eine Reihe von Vorarbeiten zurückgreifen. Es gibt einen ersten Eintrag in Heft I vom 22. September 1915, „Das Schrapnellstück oder der Fliegerpfeil auf Tenna" (Tb I, 312), und nicht weniger als drei Varianten von „Ein Soldat erzählt" (Tb II, 997f. u. 1000f.), dazu kommen noch die kürzeren Einträge „Der Laut" (Tb II, 999) und „Ich merkte plötzlich" (Tb II, 999). Die dritte Geschichte geht auf einen früheren Eintrag zurück, nämlich auf „Reise in die Kindheit" (KA, M IV/2/191f.; vgl. auch die weiteren Vorstufen und Textvarianten im Nachlass unter KA, M III/3/13–16 u. III/3/17–34). Im Vergleich der Vorstufen werden einige unter narratologischen Gesichtspunkten nicht ganz unerhebliche Veränderungen deutlich. So ist in der späteren Variante dieses Abschnitts von einem weißen Blatt mit einem durch eine Kugel verursachten Loch die Rede (vgl. KA, M III/3/17–34). In der diskursanalytischen Interpretation wird gerade auch auf diese Variante verwiesen, weil sich hier besonders deutlich Musils Bezugnahmen auf Wahrscheinlichkeit und statistische Streuung aufzeigen lassen (vgl. Hoffmann 2011, S. 171–173). (→ IV.3 *Mathematik*)

Um Textgenese, textliche Verweise und Dokumentation der Vorstufentexte der *Amsel* hat sich Marie-Louise Roth (1976, 1980 u. 1985) verdient gemacht. In Bezug auf deren Zuordnungen haben Thomas Hake (1998) und Massimo Salgaro (2003) Korrekturen und Ergänzungen vorgeschlagen. Eine synoptische Überblicksschau, die jedoch nicht den Anspruch einer historisch-kritischen Ausgabe erhebt, haben Walter Busch und Ingo Breuer (2000, S. 253–335) vorgelegt.

3. Erzählstruktur der Novelle

Bereits der Eingangssatz der Novelle scheint die Erzählstruktur offenzulegen. Es gibt einen Ich-Erzähler als Rahmenerzähler, der, „um drei kleine Geschichten zu erzählen" (GW II, 548), zwei männliche Figuren einführt („nennen wir sie Aeins und Azwei", ebd.). In dieser Eröffnung scheint der Text der traditionellen Rahmennovelle und einem Binnenerzählen, bei dem „es darauf ankommt, wer sie [i.e. die Geschichten] berichtet" (ebd.), zu folgen. Die Erzählanlage der Novelle hat zu immer neuen Deutungsversuchen geführt. Karl Eibl (1982, S. 414) bestimmt die Position des Rahmenerzählers nicht als „Erzähler-Ich", sondern als „Essay-Ich, das sich – gleichsam ‚vor unseren Augen' – in den Rahmenerzähler verwandelt". Die Novelle folge einem experimentellen Organisationsprinzip, das der beiden Positionen Aeins und Azwei bedürfe, um die Herausarbeitung des ‚Nicht-Ratioïden' in Absetzung vom ‚Ratioïden' zu ermöglichen. Uwe Baur (1973) hingegen interpretiert Aeins und Azwei als figurierte Persönlichkeitsanteile des schizoiden Rahmenerzählers. Für Baur geht das Ich des Binnenerzählers im Rahmenerzähler auf, der „aber nur im […] Eingangssatz als

‚ich' hervortritt" (ebd., S. 268), weshalb nicht von einer traditionellen Rahmennovelle gesprochen werden könne. Baur prägt für die Novellenanlage der *Amsel* deshalb den Begriff des ‚Halbrahmens'. Waltraud Wiethölter (2004) konnte plausibel machen, dass durch die Finalkonstruktion des Eingangssatzes, die nach Eibl dafür verantwortlich ist, dass der Fiktionalität ‚zu Leibe gerückt' wird (vgl. Eibl 1982, S. 413), diese Fiktionalität geradezu instrumentalisiert und ausgestellt werde (vgl. Wiethölter 2004, S. 43). Nach Wiethölter deklariert sich die vermeintlich einer ersten Ordnung zugehörige Rahmenerzählung „zugleich [als] abkünftige, als Sekundärerzählung". Deren Funktion bestehe darin, „die Bekenntnisse Azweis [...] reproduzierend allererst zu produzieren" (ebd.). In diesen Erzählvorgängen kommt es nicht entscheidend auf das Erzählte an, sondern darauf, dass das Erzählen erzählt wird.

Die Novelle ist durch Wiederholung strukturiert. Dies zeigt sich schon auf der Erzählebene im komplexen Beziehungsgeflecht von Rahmenerzähler, Aeins und Azwei (vgl. Wiethölter 2004, S. 45). In den drei erzählten Geschichten wird jeweils ein Kontinuum unterbrochen. Ein singuläres Ereignis bricht in eine durch gesteigerte Aufmerksamkeit verdichtete Lebenssituation ein, Alltagsmomente treten zurück. Die Wiederholungsstruktur zeigt sich auch insofern, als sich diese Geschichten um einen beinahe identischen narrativen Kern lagern und der Erzähler der Geschichten sich eines nahezu gleichbleibenden Wort- und Metaphernmaterials bedient. Der Kern, um den die Erfahrungen Azweis kreisen und der ihn zum Erzählen veranlasst, kann in der ‚Gabe des Lebens' ausgemacht werden. Dieses Geschenk, eine Gabe, über die nicht verfügt werden kann, wird gegen ein Leben gesetzt, das „in der Mitte zwischen Warenhaus, Versicherung auf Ableben und Stolz" stattfindet (GW II, 551). Azwei sagt zu sich selbst: „Siehst du, jetzt hast du dein Leben gekauft; für soundsoviel Mark jährlicher Miete." (ebd.) In seinem ‚gekauften Leben' erinnert sich Azwei immer wieder des Satzes von der ‚Gabe des Lebens' (vgl. Derrida 1993; Mauss 2011) seiner Eltern: „Sie haben dir das Leben geschenkt" (GW II, 551).

In der zweiten Geschichte muss sich Azwei zwischen Todessehnsucht und dem Willen zum Leben entscheiden. In der dritten Geschichte wird ihm durch ökonomische Absicherung ein weiteres Mal das Leben geschenkt: durch das ‚Sich-Sterben-Lassen' der Mutter trotz ihres starken Lebenswillens. Als wichtige Themen der Novelle erweisen sich die ‚Gabe des Lebens', der Zusammenhang von Singularität, Differenz und Wiederholung, die Frage nach den Zusammenhängen von medialem Wissen und stochastischen Modellen sowie die Frage nach den Musil'schen Interpretamenten des ‚Ratioïden' und des ‚Nicht-Ratioïden', bezogen auf die Problematik des Erzählens selbst.

4. Forschungsstand und Interpretationen

Benno von Wiese (1962) hat *Die Amsel* einer ersten Interpretation unterzogen. In den 1970er Jahren wurden zwei unterschiedliche Lesarten der Novelle vorgelegt, die weitgehend die späteren Interpretationen bestimmten. Es sind dies der werkimmanente Ansatz Eibls (1970/1982) und die Interpretation von Frederick W. Krotz (1972). Nach Eibl gelingt es Azwei durch die dritte Geschichte, sein Leben dauerhaft zu verändern. Krotz interpretiert *Die Amsel* als psychiatrische Fallstudie, in der der schizophrene Azwei in der dritten Geschichte in einem psychotischen Schub in die Kindheit regrediert und in dieser verharrt. Die beiden Positionen werden somit von der

Frage bestimmt, ob Azwei in der dritten Geschichte in die Kindheit regrediert oder ob es ihm gelingt, diese Erfahrung, durch die er zum ‚guten Menschen' wird, auf Dauer zu stellen (vgl. „aber ich kann dir wahrscheinlich nicht beschreiben, was ein guter Mensch ist", GW II, 562). Baur (1973) integrierte seine Überlegungen zur *Amsel* in eine vergleichende Lektüre von *Der Mann ohne Eigenschaften* und kam zum Schluss, dass Musil in der Figur des in seinen Möglichkeiten erstarrten Azwei die ‚pathologische' Kontrastgestalt zur essayistischen Lebenshaltung Ulrichs und eine ‚sensible' Kontrastgestalt zum gleichfalls krankhaften, aber motorisch-ekstatischen Moosbrugger gestaltet habe (vgl. ebd., S. 265). Alfred Doppler (1975) ging, aufbauend auf der Arbeit von Baur und dessen Interpretation weitgehend übernehmend, vornehmlich der Frage nach, wie sich Wortbedeutungen und Redewendungen im Erzählen zum Textsinn ausfalten.

Eine Wende der *Amsel*-Interpretationen erfolgte in den 1990er Jahren durch diskursanalytisch orientierte Ansätze. Diese Modellbildungen, die auf das zeitgenössische Wissen über Statistik und Richtungshören referierten, gingen von der Frage nach der experimentalpsychologischen und medientechnischen Eroberung des Kriegsraumes aus. Der medienhistorische Ansatz fokussierte die Fliegerpfeil-Episode, da sich an dieser am deutlichsten die Verkoppelungen von statistischem und akustischem Wissen der Zeit vornehmen lassen. Peter Berz (1990) bestimmte den Fliegerpfeil als Diskursinstanz des Erzählens, Bernhard Siegert (1993) interpretierte die Rauschfilterungen der Amsel als Hörspiel und rekonstruierte sie als Archäologie des nachrichtentechnischen Wissens der Zeit. Außerdem entschied er die Abschlussfrage von *Die Amsel*, die Frage nach dem Sinn, in der Weise, „daß die Entscheidung selbst ersetzt wird durch eine Theorie und Praxis von Rauschfiltern." (ebd., S. 194) Christoph Hoffmann (1997) interpretierte die Position Musils als die des „Dichters am Apparat" (vgl. Musil: *Der Dichter am Apparat*, GW II, 1514–1516). Besondere Bedeutung für Hoffmanns Zugang gewinnen die verschiedenen akustischen, experimentalpsychologischen Untersuchungen Carl Stumpfs (Formant-Analysen) in den Laboratorien Berlins. Hoffmanns Fazit, bezogen auf die Fragen nach dem Lebensgrund und dem Erzählen in Musils Text, lautet: „Erzählen wird als Grenzbedingung von Verständlichkeit in einem Übertragungssystem von Sprache bestimmt, Lebensgrund als Filterung von Sprache aus Rauschen erlebt." (ebd., S. 196) Der Sammelband *Die Amsel. Kritische Lektüren* (Busch/Breuer 2000) versuchte den eher sorglosen Umgang des diskursorientierten Ansatzes mit der besonderen poetischen Sprache Musils zu vermeiden und „die textuelle Wahrnehmungsfähigkeit erneut zu entwickeln" und „Neuwahrnehmungen zu riskieren" (ebd., S. 8).

In den Untersuchungen von Wolfgang Rath (2004) und Franziska Bomski (2009) wurde erneut die Frage nach dem Subjekt gestellt. Rath arbeitete zwei komplementär aufeinander verweisende Kategorien heraus: die der Person (sie bezeichne Bleibendes) und die des (‚anderen') Zustandes (sie entstehe durch unaufhörlich sich Veränderndes). Bomski erörterte die Möglichkeit der Konstituierung von Identität im dialogischen Austausch von Aeins und Azwei.

Poststrukturalistische Ansätze verorten *Die Amsel* als wiederholungsstrukturiert (z. B. Wiethölter 2004). Als zentrales, jeweils singuläres Ereignis wird die ‚Gabe des Lebens' bestimmt. Aus dieser ‚Philosophie des Ereignisses' ergebe sich eine Anschlussstelle an das philosophische Denken Jean-François Lyotards. Dessen Grundlage seien die Performanz des reinen (Sich-)Ereignens, das spurlose (Sich-)Einstellen, das

Virulentwerden einer Vor-Gabe, einer Zukunft, welche am besten als ‚HerKunft' zu buchstabieren sei, in Absetzung von Herkunft, die aus der Vergangenheit komme (vgl. Wiethölter 2004, S. 62f.; vgl. auch Schiffermüller 2000; Locher 2001).

5. Offene Fragen und Forschungsperspektiven

Wenn Wiederholung als das zentrale Strukturmerkmal der Novelle und das Erzählen des Rahmenerzählers als die Wiederholung des Binnenerzählens bestimmt wird, dann sollte der Begriff der Wiederholung in seiner ganzen Bandbreite – Wiederholung und statistische Mittelwerte, Wiederholung im Problemfeld des Experimentes, Wiederholung (im Sinne Kierkegaards) als die Bewegung nach vorne in Absetzung von der Erinnerung, vertiefte Wiederholung (im Sinne von Deleuze 1997) im Spannungsfeld von Differenz und Singularität – erneut diskutiert werden, um den heuristischen Wert dieser Kategorie auch im Hinblick auf das Erzählen genauer erfassen zu können. Wenn sich in diese Wiederholungsstruktur als Konstante der drei Geschichten die ‚Gabe des Lebens' einschreibt, dann wäre auch diese in so unterschiedlichen Disziplinen wie Ökonomie, Anthropologie, Philosophie und Linguistik neu zu diskutieren. Welche Konsequenzen ergeben sich, wenn man Jacques Derrida darin folgt, dass in der ‚Gabe des Lebens' „das Geben alles möglichen Gebens, die Bedingung des Gebens" (Derrida 1993, S. 76) enthalten sei? Selbst das ‚Rauschen' könnte, losgekoppelt von der ausschließlich reduktionistischen Bindung an die Informationstheorie, produktiv gemacht werden im Kontext eines philosophischen Denkens, in dem sich jegliche Sprache aus dem ‚Rauschen' generiert (vgl. Serres 1981 u. 1993). Einen ersten Versuch in diese Richtung hat Bernadette Malinowski (2008) vorgelegt. Auch die Frage nach der Möglichkeit einer Ethik, die an die Immanenz des Lebens gebunden ist, lohnt eine erneute Diskussion (vgl. Busch 2000; Schiffermüller 2000).

6. Literatur

Baur, Uwe: Musils Novelle *Die Amsel*. Figurierung der Persönlichkeitsspaltung eines Rahmenerzählers. In: ders., Dietmar Goltschnigg (Hg.): Vom *Törleß* zum *Mann ohne Eigenschaften*. München, Salzburg: Fink 1973, S. 237–292.
Berz, Peter: Der Fliegerpfeil. Ein Kriegsexperiment Musils an den Grenzen des Hörraums. In: Jochen Hörisch, Michael Wetzel (Hg.): Armaturen der Sinne. Literarische und technische Medien 1870 bis 1920. München: Fink 1990, S. 265–288.
Bomski, Franziska: Die dialogische Identität in Robert Musils Novelle *Die Amsel*. In: Markus Dauss, Ralf Haekel (Hg.): Leib/Seele – Geist/Buchstabe. Dualismen in der Ästhetik und den Künsten um 1800 und 1900. Würzburg: Königshausen & Neumann 2009, S. 339–356.
Busch, Walter: Die „Sekunde einer gelungenen Gebärde". Robert Musils Novelle *Die Amsel*. In: ders., Ingo Breuer (Hg.): Robert Musil: *Die Amsel*. Kritische Lektüren. Letture critiche. Materialien aus dem Nachlaß. Innsbruck u.a.: StudienVerlag 2000, S. 183–224.
Busch, Walter/Breuer, Ingo (Hg.): Robert Musil: *Die Amsel*. Kritische Lektüren. Letture critiche. Materialien aus dem Nachlaß. Innsbruck u.a.: StudienVerlag 2000.
Deleuze, Gilles: Differenz und Wiederholung. [frz. 1968] München: Fink 1997.
Derrida, Jacques: Falschgeld. Zeit geben I. [frz. 1991] München: Fink 1993.
Doppler, Alfred: Von der Wortbedeutung zum Textsinn. Zu Robert Musils Novelle *Die Amsel*. In: ders.: Wirklichkeit im Spiegel der Sprache. Aufsätze zur Literatur des 20. Jahrhunderts in Österreich. Wien: Europa 1975, S. 133–149.

Eibl, Karl: Die dritte Geschichte. Hinweise zur Struktur von Robert Musils Erzählung *Die Amsel*. [1970] In: Renate von Heydebrand (Hg.): Robert Musil. Darmstadt: WBG 1982, S. 412–433.

Hake, Thomas: „Gefühlserkenntnisse und Denkerschütterungen". Robert Musils *Nachlaß zu Lebzeiten*. Bielefeld: Aisthesis 1998.

Hoffmann, Christoph: „Der Dichter am Apparat". Medientechnik, Experimentalpsychologie und Texte Robert Musils 1899–1942. München: Fink 1997.

Hoffmann, Christoph: Drei Geschichten. Erzählen als experimentelle Operation bei Musil (und Kleist). In: Michael Bies, Michael Gamper (Hg.): „Es ist ein Laboratorium, ein Laboratorium für Worte". Experiment und Literatur III: 1890–2010. Göttingen: Wallstein 2011, S. 162–180.

Krotz, Frederick W.: Robert Musils *Die Amsel*. Novellistische Gestaltung einer Psychose. In: Modern Austrian Literature 3 (1970), S. 7–38. [erw. u. erg. in: ders.: Interpretationen zu Robert Musil. München: Oldenbourg 1972, S. 7–61]

Locher, Elmar: Die Stimme der Amsel in den Stimmen der *Amsel*. In: Walter Busch, Ingo Breuer (Hg.): Robert Musil: *Die Amsel*. Kritische Lektüren. Letture critiche. Materialien aus dem Nachlaß. Innsbruck u.a.: StudienVerlag 2000, S. 131–158.

Locher, Elmar: Annäherungen an den Zusammenhang von Singularität, Differenz und Wiederholung in Robert Musils *Die Amsel*. In: Marianne Schuller, Elisabeth Strowick (Hg.): Singularitäten. Literatur – Wissenschaft – Verantwortung. Freiburg i.Br.: Rombach 2001, S. 73–92.

Löser, Kai: Das Ich und das Andere. Identität, Sinn und Erzählen in *Die Amsel* von Robert Musil. In: The German Quarterly 83 (2010), H. 3, S. 297–316.

Lyotard, Jean-François: Le voci di una voce. In: aut aut (1991), H. 246, S. 17–34.

Mainberger, Sabine: Visuelle Konjunktive. Überlegungen zu Robert Musils *Die Verwirrungen des Zöglings Törleß* und *Die Amsel*. In: Modern Language Notes 125 (2010), S. 602–625.

Malinowski, Bernadette: „... wie wenn du flüstern hörst oder bloß rauschen." Versuch über das Geräusch bei Robert Musil. In: Andrea Bartl, Antonie Magen (Hg.): Auf den Schultern des Anderen. Festschrift für Helmut Koopmann. Paderborn: mentis 2008, S. 297–326.

Mauss, Marcel: Die Gabe. Form und Funktion des Austauschs in archaischen Gesellschaften. [frz. 1923/24] Vorwort v. Edward E. Evans-Pritchard. Frankfurt a.M.: Suhrkamp 2011.

Rath, Wolfgang: Subjektstudien. Zu Robert Musils Novelle *Die Amsel*. In: Zeitschrift für deutsche Philologie 123 (2004), H. 4, S. 504–526.

Roth, Marie-Louise: Préliminaires pour une édition critique. *Les œuvres préposthumes* de Robert Musil. Textes T2. Straßburg: Univ. de Strasbourg 1976, S. 438–630.

Roth, Marie-Louise: Robert Musil: *Les œuvres pré-posthumes*. 2 Bde. Paris: Recherches 1980.

Roth, Marie-Louise: La genèse de la nouvelle *Le merle* de Robert Musil. In: Roger Goffin, Michel Vanhelleputte, Monique Weyembergh-Boussard (Hg.): Littérature et culture allemandes. Bruxelles: Éd. de l'Univ. de Bruxelles 1985, S. 345–364.

Salgaro, Massimo: Strutture saggistiche in *Die Amsel*. Histoire – discours. In: Walter Busch, Ingo Breuer (Hg.): Robert Musil: *Die Amsel*. Kritische Lektüren. Letture critiche. Materialien aus dem Nachlaß. Innsbruck u.a.: StudienVerlag 2000, S. 29–39.

Salgaro, Massimo: La difficoltà del narrare. Forme e strutture in *Die Amsel* di Robert Musil. Verona: Fiorini 2003.

Schiffermüller, Isolde: Die Gabe des Lebens. Zu einer Ethik der Immanenz in Robert Musils Novelle *Die Amsel*. In: Walter Busch, Ingo Breuer (Hg.): Robert Musil: *Die Amsel*. Kritische Lektüren. Letture critiche. Materialien aus dem Nachlaß. Innsbruck u.a.: StudienVerlag 2000, S. 159–181.

Serres, Michel: Der Parasit. [frz. 1980] Frankfurt a.M.: Suhrkamp 1981.

Serres, Michel: Die fünf Sinne. Eine Philosophie der Gemenge und Gemische. [frz. 1985] Frankfurt a.M.: Suhrkamp 1993.

Siegert, Bernhard: Rauschfilterung als Hörspiel. Archäologie nachrichtentechnischen Wissens in Robert Musils *Amsel*. In: Hans-Georg Pott (Hg.): Robert Musil – Dichter, Essayist, Wissenschaftler. München: Fink 1993, S. 193–207.

Wiese, Benno von: Robert Musil: *Die Amsel*. In: ders.: Die deutsche Novelle von Goethe bis Kafka. Interpretationen II. Düsseldorf: Bagel 1962, S. 299–318.

Wiethölter, Waltraud: Von Odysseus nach Azwei. HerKunft, mit Musils *Amsel* buchstabiert. In: Barbara Thums u.a. (Hg.): Herkünfte. Historisch – ästhetisch – kulturell. Heidelberg: Winter 2004, S. 39–65.

2. Unselbstständig erschienene Schriften

2.1 Essays
Birgit Nübel

1. Einleitung	342
2. Forschungsstand	344
3. Essays I (zu Poetologie, Literatur und Ästhetik)	346
3.1 Poetologische Erkenntnistheorie	346
3.1.1 Die frühen Essayfragmente: *Form und Inhalt* (1908/1910) und *Über den Essay* (1914?)	346
3.1.2 „Versuch einer erkenntnis-theoretischen Prüfung": *Skizze der Erkenntnis des Dichters* (1918)	347
3.1.3 Metareflexion des Narrativen: *Über Robert Musil's Bücher* (1913)	349
3.2 Rezeptionsästhetik: „mimetische Wirkung" und „menschliche Umbildung"	351
3.3 Ästhetik als „Hilfswissenschaft der Kritik"	352
3.3.1 Der Allesch-Essay: *Wege der Kunstbetrachtung* (1921)	353
3.3.2 Der Balázs-Essay: *Ansätze zu neuer Ästhetik. Bemerkungen über eine Dramaturgie des Films* (1925)	353
3.3.3 Die Blei-Essays: *Essaybücher* (1913), *Franz Blei* (1918), *Franz Blei – 60 Jahre* (1931) und *Literat und Literatur. Randbemerkungen dazu* (1931)	355
4. Essays II (zu Kultur und Politik)	356
4.1 Die Vorkriegsessays	358
4.1.1 Die politische Möglichkeit einer neuen Kultur: *Politik in Österreich* (1912)	358
4.1.2 Die Anwendung der ratioïden Methode auf das Gebiet des Nicht-Ratioïden: *Politisches Bekenntnis eines jungen Mannes. Ein Fragment* (1913)	359
4.2 Die Nachkriegsessays	359
4.2.1 *Buridans Österreicher* (1919) oder Was ist das Österreichische an der österreichischen Kultur?	359
4.2.2 *Der Anschluß an Deutschland* (1919) oder Die Nation als „organisierte Sprachgemeinschaft"	360
4.2.3 Geistige Organisation statt Untergang: *Geist und Erfahrung. Anmerkungen für Leser, welche dem Untergang des Abendlandes entronnen sind* (1921)	362
4.2.4 Eine ‚neue mögliche Weltordnung': *Die Nation als Ideal und als Wirklichkeit* (1921)	363
4.2.5 Die Forderung einer neuen wissenschaftlichen Disziplin: *Das hilflose Europa oder Reise vom Hundertsten ins Tausendste* (1922)	364
5. Essays III (zu Geschlecht, Mode und Sport)	365
5.1 Eine Gendertheorie der Mode	367
5.1.1 Die ‚Mehrzahl möglicher erotischer Relationen': *Erinnerung an eine Mode* (1912), *Penthesileiade* (1912)	367
5.1.2 *Die Frau gestern und morgen* (1929)	369
5.2 Weibliche Mode und männliche Blicke	370
5.2.1 Das Geschlecht der Zivilisation: *Hasenkatastrophe* (1923/1936)	370
5.2.2 Die Mode im Visier: *Triëdere* (1926/1936)	371
5.2.3 Die „Soziologie der Mode": *Mode* (1931)	371
5.3 Die Sport-Essays	372

5.3.1	*Für Franz Blei. Frauenlob* (1924), *Durch die Brille des Sports* (1925/26?)	372
5.3.2	*Randglossen zu Tennisplätzen* (1925/26?)	373
5.3.3	*Als Papa Tennis lernte* (1931), *Der Praterpreis* (1925/26?)	374
5.3.4	Sport als „Kunst oder Wissenschaft"? *Kunst und Moral des Crawlens* (1932)	375
6. Literatur		376

1. Einleitung

In einem frühen Briefentwurf aus der Brünner Zeit bietet sich der 21-jährige Robert Musil, bezugnehmend auf eine Annonce in Maximilian Hardens Berliner Wochenschrift *Die Zukunft* (1892–1922) vom 17. Mai 1902, der Leipziger Wochenschrift *Die oberen Zehntausend* (1902–1943) als Feuilleton-Mitarbeiter an: Er sei

> in der Lage [...] über verschiedene Gebiete mit der erforderlichen Sachkenntnis zu schreiben. / Literarische Themen jeden Charakters – außerdem jedoch auch orientirende Aufsätze über ethische u. ästhetische Gebiete – populäre Darstellung philosophischer Fragen, würde mir wol in erster Linie zusagen, jedoch bin ich vermöge meiner Stellung als Ing[enieur] [...] auch befähigt in ebensolcher Weise technische Fragen mit dem nöthigen Einblick zu behandeln. In dritter Linie Plaudereien über sportliche Gegenstände[,] wobei ich mir zu bemerken erlaube, daß ich selbst als Sportsmann bekannt bin und in diesen Kreisen Verbindungen habe. Als Probe meiner Art – solche Gebiete zu behandeln[,] lege ich ein Feuilleton bei[.] (Br I, 4)

Der noch völlig unbekannte Autor, der sich selbstbewusst eine Reihe von Eigenschaften und Fähigkeiten zuschreibt, präsentiert ein essayistisches Projekt, das ihn die nächsten 30 Jahre seines Lebens beschäftigen wird. Musils früheste Essays werden noch vor dem Ersten Weltkrieg publiziert. Der erste veröffentlichte Essay, *Das Unanständige und Kranke in der Kunst*, erscheint 1911 im *Pan*; weiterhin arbeitet Musil für die Zeitschriften *Der lose Vogel*, *Die Aktion*, *Die Weißen Blätter* sowie *Die neue Rundschau*, deren Redakteur er 1914 wird. Nach seinen Tätigkeiten während des Kriegs bei der *(Tiroler) Soldaten-Zeitung* und der *Heimat* und 1919/20 beim Pressedienst des Österreichischen Bundesministeriums für Äußeres wirkt Musil im Jahrzehnt von 1920/21 bis 1931 parallel zu seiner Arbeit am Roman *Der Mann ohne Eigenschaften* (MoE) als Theaterkritiker, Essayist und freier Schriftsteller. Im Zeitraum von 1911 bis 1931 publiziert er – neben Theater- und Literaturkritiken, Rezensionen und kleineren journalistischen Beiträgen – ca. 45 Essays. Diese setzen sich mit den Themenbereichen Politik, Kulturkritik, Literatur, Ästhetik, dem Verhältnis von Wissenschaft und Dichtung, einzelnen Dichtern (Rainer Maria Rilke), Essayisten (Robert Müller, Franz Blei), Filmtheoretikern (Béla Balázs) und Kritikern (Alfred Kerr) sowie dem sich wandelnden Geschlechterverhältnis zu Beginn des 20. Jahrhunderts auseinander. Darüber hinaus liegen zahlreiche Essayfragmente vor, bei denen sich ein thematischer Schwerpunkt im Bereich von Dichtungstheorie und essayistischer Selbstreflexion ausmachen lässt. Im *MoE* wird nicht nur ein essayistisches Lebensprogramm auf der Figurenebene entworfen, sondern auch eine essayistische Romankomposition entwickelt, die sich schließlich inhaltlich wie formal in ‚Rapiale' auflöst (vgl. KA, M II/2/24, Nr. 36). Von Anfang an ist die literarische Tätigkeit Musils untrennbar verbunden mit einer theoretischen Auseinandersetzung in Bezug auf die

2.1 Essays

Gattung Essay im Besonderen wie mit dem Phänomen des Essayismus im Allgemeinen. (→ VII.4 *Möglichkeitssinn u. Essayismus*) Eine systematische Theorie hat Musil jedoch weder zur Gattung Essay noch zum Essayismus vorgelegt. Auch wenn Musil vom frühen Fragment *Über den Essay* (um 1914?) bis zum letzten zu Lebzeiten publizierten literaturkritischen Essay *Literat und Literatur* (1931) zu einer zunehmend positiven Bewertung dieser literarischen Form gelangt, steht seine eigene essayistische Produktions- und Vertextungsweise im Zeichen einer Selbstabwertung auf der Grundlage eines emphatischen Dichtungsverständnisses: Immer wieder unterscheidet Musil nachdrücklich zwischen seiner dichterisch-literarischen Arbeit einerseits und seiner journalistischen Tätigkeit im weiteren Sinn als „Geldverlegenheit[ ]" (an Arne Laurin, 1.4.1926, Br I, 397) bzw. honorierte ‚Nebentätigkeit' in Bezug auf die dichterische „Hauptarbeit" (*Curriculum Vitae*, um 1938, GW II, 949) andererseits. Der Dichterkritiker bzw. Kritikerdichter spaltet sich auf in den Dichter, der unter seinem bürgerlichen Eigennamen ‚Robert Musil' veröffentlicht, und den Essayisten und Kritiker, der seine „Handelsartikel" (*Literarische Chronik*, 1914, GW II, 1465; hier mit Bezug auf die zeitgenössische Novelle) mit fremdem, wenn auch verwandtschaftlich abgeleitetem Autornamen zeichnet: „Ich will diese Briefe aber nicht als Musil, sondern als Rychtarschow zeichnen" (an Franz Blei, 8./9.12.1924, Br I, 370). Mit „Mat(t)hias Rychtarschow" (Musils Großvater väterlicherseits wurde in „Rychtařow in Mähren" [Tb I, 920] geboren) zeichnete Musil im Zeitraum von 1921 bis 1923 verschiedene Beiträge in der *Prager Presse*, darunter u.a. den erstmals 1913 in Bleis *Losem Vogel* veröffentlichten Essay *Der mathematische Mensch*. In der *Prager Presse* publizierte Musil weiterhin unter „Matthias", dem großväterlichen Vornamen, sowie der Chiffre „ma."; „Rychtarschow Aufsätze" (KA, H II/70) sollte der von Musil geplante, jedoch nie erschienene Essayband heißen.

In der folgenden Darstellung, die unterteilt ist in Essays zu Poetologie, Literatur und Ästhetik (3.), zu Kultur und Politik (4.) und zu Geschlecht, Mode und Sport (5.), wird – unter Einbeziehung von Passagen aus dem *MoE*, Aufzeichnungen aus dem Nachlass sowie der Essayfragmente – eine deutliche Gewichtung zugunsten der zu Lebzeiten des Autors publizierten Essays vorgenommen. Dabei ist nicht eindeutig zwischen der Rubrik ‚Prosa' einerseits – hierunter fallen in der von Adolf Frisé herausgegebenen Werkausgabe u.a. auch die *Briefe Susannens* (1925), der *Nachlaß zu Lebzeiten* (1936) sowie die unter „Glossen" eingeordneten Texte – und den Rubriken ‚Essays' und ‚Kritiken' andererseits zu unterscheiden. Vielmehr wird von einer diesen Texten – von den Essayfragmenten bis zum *MoE* (1930/1932) – gemeinsamen essayistischen Struktur ausgegangen. Neben einer Öffnung des Essaybegriffs gegenüber der Glosse, der Kritik/Rezension und dem kleinen Prosatext wird zudem die in der Essayforschung im Allgemeinen übliche kategorische Grenze zwischen dem nichtfiktionalen Essay und dem fiktionalen Prosatext nicht gezogen (vgl. differenzierter Jander 2008, der allerdings „das Essaywerk Robert Musils" von der konstatierten „Tendenz zur Poetisierung des Essays" ausnimmt; Jander 2009, S. 176). Ein Identitätsverhältnis zwischen textexternem Autor und textinternem essayistischen Ich wird nicht angenommen. Das Subjekt der Textaussage, das ‚essayistische Ich', ist als textinterne Funktion einer essayistischen Denkbewegung zu verstehen, die mit der Gleichzeitigkeit von Nähe und Distanz, Identität und Dissoziation spielt und somit zur Fiktivierung der gesamten Kommunikationssituation beiträgt (vgl. Nübel 1994). Auf fiktionspragmatischer Grundlage werden Musils Essays als Rollen- bzw. Handlungsspiele oder – im Falle von *Über Robert Musil's Bücher* (1913) – als figurative Gedankenspiele gelesen (vgl. Nübel 2006, S. 196–216), in denen eine Simultaneität bzw. Verdoppelung von interner Sprech- und externer Rezeptionssituation im Sinne eines ‚inszenierten Diskurses' vorliegt. Der Aspekt des Nichtidentischen, den Adorno (1958) für den Essay und sein Verhältnis von Sache/Bezeichnetem und Begriff/Bezeichnendem als zentral bestimmt, wird somit auf die narrative Subjektfiguration des Essays übertragen.

2. Forschungsstand

Für die Musil-Forschung wie auch für die Essayforschung ist die Unterscheidung zwischen dem Essay als literarischer Gattungsform und dem Essayismus als Erkenntnismethode und experimentierendes, Gattungsgrenzen durchdringendes Gestaltungsprinzip grundlegend. Eine zeit- wie gattungsgeschichtliche Einordnung des Essayisten Musil stellt immer noch ein Forschungsdesiderat dar, obgleich Musils Bedeutung als Essayist sowie die Relevanz seines essayistischen Programms – innerhalb des *MoE* von der Ulrich-Figur vertreten – für die moderne Romantheorie unbestritten ist. (→ VI.1.3 *Roman*) Im Gegensatz zur intensiven Auseinandersetzung mit dem Essayismus im *MoE* stehen jedoch Untersuchungen zu den Musil'schen Essays weiterhin aus. Vielfach werden seine Essays, Essayfragmente und Kritiken nach wie vor – ebenso wie die Arbeitshefte und Briefe – in erster Linie als ‚Paratexte' (genauer als ‚auktoriale Epitexte', vgl. Genette 1989, S. 12 u. 335–384) zum Roman *MoE* verstanden, dessen zentrales Kapitel I/62, „Auch die Erde, namentlich aber Ulrich, huldigt der Utopie des Essayismus", dabei ausführlich zitiert wird. Methodisch werden die Essays in erster Linie als „Zitatenteich" (*Literat und Literatur*, GW II, 1206) bzw. Sezier-Objekt (vgl. Bringazi 1998, S. 607) genutzt: als Textreservoir, dessen man sich zum illustrativen Beleg der jeweiligen Untersuchungsthesen oder aber auch als Paraphrasen bedienen kann, ohne dabei den jeweiligen zeitlichen, textuellen und kontextuellen Bezug oder die literarische Eigenständigkeit der Texte zu berücksichtigen. Marie-Louise Roth (1972, S. 281; vgl. Roth 1983, S. 122) ordnet „Musils Aufsätze" dezidiert nicht der Textsorte ‚Essay', sondern der ‚Abhandlung' zu. Zwei von Gudrun Brokoph-Mauch (1992) und Hans-Georg Pott (1993b) herausgegebene Sammelbände zum Essayismus Musils bzw. zum Essayisten Musil beleuchten zahlreiche Einzelaspekte. Renate M. Marschner und Roger Willemsen haben versucht, unter Einziehung auch der Essays eine „[ä]sthetische Theorie" (Marschner 1981) bzw. „systematische Literaturtheorie" im Sinne einer „kritischen Poetologie" Musils (Roger Willemsen 1984, S. 193) zu entwickeln. Dies gilt auch für die literatursoziologisch ausgerichtete Analyse Hartmut Böhmes (1974), die modaltheoretische Studie Matthias Luserkes (1987) sowie die diskursanalytischen (vgl. Honold 1995) und wissenschaftsgeschichtlichen Untersuchungen (vgl. Bonacchi 1998), welche die Musil'schen Essays nicht zum eigentlichen Gegenstand von Gattungs-, Form- bzw. Struktur- und Stilanalysen machen.

Darüber hinaus liegt mittlerweile eine Reihe von Untersuchungen vor, die sich mit Musils Essays allgemein (vgl. Roth 1972 u. 1983; Reinhardt 1972; Obermayer 1976; Neymeyr 1996 u. 2009; Bouveresse 2005/06; Salgaro 2010; Leśniak 2013) sowie Musils Rezeption verschiedener Essayisten beschäftigen (vgl. zu Emerson: Hickman 1980; zu Chesterton: Howes 1986; Deshoulières 2010; zu Nietzsche: Harrison 1984;

2.1 Essays

Willemsen 1986; Henderson 1994; Pieper 2002 u. a.; zu Blei: Barnouw 1976 u. 1980; Willemsen 1983; Bonacchi/Fanelli 1997; Nübel 2006). Mit den literarischen Essays im Allgemeinen beschäftigen sich Goltschnigg (1989 u. 1992) und Bolterauer (1991), mit *Ansätze zu neuer Ästhetik* Stefanek (1976), Rußegger (1990 u. 1996), Frank (2003/04), Bolterauer (2005), Grätz (2005/06), Wolf (2009), Bauer (2010) u. a., mit *Literat und Literatur* Hickman (1986), Bonacchi (1999) und Wolf (2008) sowie mit Musils poetologischen Essays Nübel (2006). Hinzu kommen vereinzelte Darstellungen zu dem frühen Essayfragment *Über den Essay* (vgl. Mannarini 1984), zum Essay über *Das Unanständige und Kranke in der Kunst* (vgl. Erickson 1983; Nübel 2009/10) und zu *Skizze der Erkenntnis des Dichters* (vgl. Monti 1981; Westerhoff 2004 u. a.). Während sich Böhme (1974), Pfeiffer (1990) und Jonsson (2000) in der Hauptsache auf den *MoE* bzw. auf die politische Thematik und nur am Rande auf Musils Essays beziehen (vgl. dagegen Neymeyr 1996; Pott 2002), liegt mittlerweile eine Reihe von Einzeluntersuchungen zu Musils kulturkritischen Essays vor: Die umfassendsten Studien zu Musils politischen und kulturwissenschaftlichen Essays (zu *Buridans Österreicher, Der Anschluß an Deutschland, Geist und Erfahrung, Die Nation als Ideal und als Wirklichkeit, Das hilflose Europa* u. a.) haben Bachmann (1969), Hüppauf (1983), Maier-Solgk (1991), Bringazi (1998), Hoffmann (2000), Zisselsberger (2004) und Amann (2007) vorgelegt. Daigger (1992) befasst sich mit den frühen politischen Essays. Mit *Die Nation als Ideal und als Wirklichkeit* haben sich Wolf (2011a) und Zima (2012), mit Musils Spengler-Aufsatz u. a. Stern (1974), Kucher (1984) und Venturelli (2005) und mit *Das hilflose Europa* Roth (1994) und Midgley (1994) befasst. Auch wenn inzwischen einige Studien zum Gender-Aspekt bei Musil vorliegen (vgl. Pohl 2011; Kappeler 2012; Boss 2013), beziehen sich diese in erster Linie auf den *MoE* und nicht auf die Essays (vgl. jedoch Fanelli 1999). Zum Thema Mode in den Essays ist auf die Untersuchungen von Fanelli (1999) und Nübel (2010) zu verweisen, bei den Sport-Essays neben Baur (1980), Müller (2004) und Dahan-Gaida (2010) vor allem auf Fleig (2005a, 2008 u. 2011).

Der skizzenhafte und summarische Abriss zeigt, dass neben weiteren Einzelstudien zu den Essays und deren biografischer, zeit- und literaturgeschichtlicher Verortung die Untersuchung ihrer literarischen Eigenständigkeit wie ihres Zusammenhangs untereinander – und zwar nicht nur inhaltlich, sondern auch im Hinblick auf ihre essayistischen Strukturen und Merkmale sowie ihren kulturgeschichtlichen Kontext – nach wie vor ein Forschungsdesiderat darstellt. Hier sind seit der Jahrtausendwende vor allem vier Monografien erschienen: Birgit Nübel (2006) konzentriert sich auf Musils Essays zur Poetologie, Literatur und Ästhetik und beschreibt Essayismus als autoren-, text- und gattungsüberschreitendes Vertextungsprinzip. Klaus Amann (2007) kontextualisiert Musils politische Schriften (den Nachlass-Essay *Bedenken eines Langsamen*, die Reden und Aphorismen Musils) biografisch und kulturhistorisch. Anne Fleig (2008) entwickelt auf Grundlage der Musil'schen Sport-Essays und unter Einbeziehung des *MoE* eine „Ästhetik des Sports" aus kulturwissenschaftlicher Perspektive. Barbara Neymeyr (2009) beschäftigt sich auf inhaltlich-hermeneutischer Grundlage mit der Literaturtheorie, Kulturkritik und Anthropologie.

3. Essays I (zu Poetologie, Literatur und Ästhetik)

In immer wieder neuen Ansätzen untersucht Musil das Verhältnis von Dichtung und Wissenschaft, indem er verschiedene Arten der Erkenntnis unterscheidet und jeweils auf diese beiden Bereiche, Kunst und Wissenschaft, mitsamt ihrer essayistischen Schnittmenge bezieht. Jene ‚andere' Vernunft – jenseits der rationalen, mathematischen, technischen, ökonomischen – wird dabei von Musil in den frühen Essays noch nicht explizit als essayistische bestimmt. Vielmehr versieht er das ‚Andere' der Vernunft, das er dem ‚nicht-ratioïden' Gebiet der Mystik, der Religion, vor allem aber der Kunst zuschreibt, mit Attributen des Essayistischen. Musil entwickelt eine erkenntnistheoretische Poetologie des Essays (vgl. *Skizze der Erkenntnis des Dichters*, 1918), die im programmatischen Metaessay *Über Robert Musil's Bücher* (1913) figurativ inszeniert wird. In Auseinandersetzung mit anderen Essayisten (Emerson, Nietzsche, Blei) entwickelt Musil eine Rezeptionsästhetik „[m]imetische[r] Wirkungen" (KA, H 31/2), welche die Kategorie der Bildung und Katharsis unter den Bedingungen der Moderne als neue technische bzw. ‚ingenieursmäßige' Mischung von Narration, Reflexion und Konstruktion bestimmt.

3.1 Poetologische Erkenntnistheorie

3.1.1 Die frühen Essayfragmente: *Form und Inhalt* (1908/1910) und *Über den Essay* (1914?)

Musils Verortung des Essays zwischen Dichtung/Kunst auf der einen und (Natur-)Wissenschaft/Philosophie auf der anderen Seite kann immer auch als Versuch einer Selbstreflexion des textexternen Autors als Wissenschaftler, Dichter und Essayist gelesen werden. Wird in *Form und Inhalt* (1908/1910) die essayistische gegenüber der im engeren Sinne dichterischen Darstellungstechnik noch entschieden abgewertet, so ist für die folgenden Jahre eine deutliche Akzentverschiebung zugunsten des Essayistischen zu beobachten. In dem frühen Fragment korrespondiert noch die Heiligsprechung des Dichters mit der Profanierung des Essayisten: Der „ermüdend[e]" Essay, der auf der Seite des „rein Intellektuelle[n]", der „Vivisicirung", der „gedanklichen Unheiligkeit, des Handwerks" angesiedelt wird, erfährt gegenüber der ‚bereichernden' Dichtung, die mit einem „Augenblick der großen Heiligkeit" attribuiert wird, eine starke Abwertung (GW II, 1301). Anders als bei Lukács (*Über Wesen und Form des Essays*, 1911), der hypothetisch-‚versuchsweise' von dem Essay als „Kunstwerk" bzw. „Kunstform" spricht (Lukács 1971, S. 8), steht der Essay beim frühen Musil auf der Seite des Lebens und der Wissenschaft, nicht aber auf der der Kunst. Im späten Essay *Literat und Literatur* (1931) entwickelt Musil ein kommunikativ-pragmatisches Konzept von Literatur: Sie wird zu einem nicht-normativen Oberbegriff, der Dichtung und Essay zugleich umfasst. Dabei ermöglicht es das Kriterium der Unübersetzbarkeit, den Essay gegenüber dem wissenschaftlichen Diskurs abzugrenzen. Es sei „das Kennzeichen eines Essays, daß sein Innerstes in begriffliches Denken so wenig übersetzbar sei wie ein Gedicht in Prosa." (*Essaybücher*, 1913, GW II, 1450) Deshalb müssten auch die philosophischen Versuche, das „wissenschaftlich Systematisierbare aus großen Essayisten", genauer aus deren essayistischen Texten, herauszudestillieren, notwendig scheitern (GW II, 1451). Denn die individuelle Wahrheit der Kunstwerke lasse sich „nie restlos in angebbare Bedeutungen" auflösen (*Über Robert Musil's Bücher*, GW II, 1000), sondern nur essayistisch fortschreiben bzw. umkreisen.

Im Fragment *Über den Essay* (1914?) wird der Essay zunächst zwischen dem Gebiet der Wissenschaft auf der einen Seite und dem der Kunst auf der anderen Seite verortet: „Zwischen diesen beiden Gebieten liegt der Essay. Er hat von der Wissenschaft die Form u. Methode. Von der Kunst die Materie", das Leben (GW II, 1335): Der Essay ist demnach eine auf die Materie des Lebens angewandte Methode der Wissenschaft. Wie schon im Essayfragment *Form und Inhalt* wird auch hier der Unterschied zwischen der Wissenschaft und dem Essay nicht in der Methode, sondern im Gebiet selbst, „in der Natur der Gegenstände" liegend (GW II, 1335), gesehen: „Was rein rational ist eignet sich zur wissenschaftl.[ichen] Behandlung. Was senti-mental ist zur dichterischen." Zu letzterer zählt Musil u. a. auch die „Essays von Maeterlinck, manche von Emerson" (an Franz Blei, 1917/18, Br I, 133). Musil unterscheidet demnach nicht zwischen fiktionalen und nicht-fiktionalen bzw. faktualen Texten, sondern zwischen zwei Behandlungsmethoden (dichterisch vs. wissenschaftlich) und zwei Gebieten, dem ratioïden und dem nicht-ratioïden.

3.1.2 „Versuch einer erkenntnis-theoretischen Prüfung": *Skizze der Erkenntnis des Dichters* (1918)

Der Essay *Skizze der Erkenntnis des Dichters*, der 1918 in der von Franz Blei herausgegebenen Zeitschrift *Summa* erschienen ist und explizit als „Versuch einer erkenntnis-theoretischen Prüfung" (GW II, 1026) bezeichnet wird, stellt eine Art Zwischen-Summe von Musils metareflexiven ‚Umschreibungen' jener anderen, nicht-ratioïden bzw. transrationalen oder besser selbstreflexiven Vernunft dar, welche er in immer neuen Ansätzen zu bestimmen versucht. Hatte Musil 1913 den Mathematiker als Beispiel „für den geistigen Menschen, der kommen wird" (*Der mathematische Mensch*, GW II, 1007), bezeichnet und den Dichter mit der Aufgabe bzw. Sendung betraut (vgl. auch *Symptomen-Theater I* in Bezugnahme auf Dilthey, GW II, 1097), die Methode des mathematischen und technischen, allgemein naturwissenschaftlichen Denkens auf das Gebiet des Gefühls zu übertragen (vgl. dagegen Grimm 2004, S. 132), so wird nun der Frage nachgegangen: Was ist ein Dichter? – Dieser sei, so lautet die vorläufige Antwort, der „in einer bestimmten Weise und auf bestimmtem Gebiet Erkennende[ ]", sein Gegenteil „der rationale Mensch auf ratioïdem Gebiet" (GW II, 1026). Dieses ‚Ratioïde' – eine Neubildung, welche Musil auf der Grundlage des Begriffs des ‚Schizoïden' (vgl. Bleuler 1920; Kretschmer 1922) einführt und die den bisher verwendeten Terminus des ‚Senti-Mentalen' ersetzt – umfasse

> alles wissenschaftlich Systematisierbare, in Gesetze und Regeln zusammenfaßbare, vor allem also die physische Natur; die moralische aber nur in wenigen Ausnahmsfällen des Gelingens. Es ist gekennzeichnet durch eine gewisse Monotonie der Tatsachen, durch das Vorwiegen der Wiederholung, durch eine relative Unabhängigkeit der Tatsachen voneinander […]. (GW II, 1026f.)

Es ist das Gebiet der Naturwissenschaften, des nomothetischen Denkens, das vom „Begriff des Festen" (GW II, 1027) und vom Vorrang der Regel über die Ausnahmen bestimmt ist (vgl. GW II, 1028). Das nicht-ratioïde Gebiet als „das Heimatgebiet des

Dichters, das Herrschaftsgebiet seiner Vernunft" (GW II, 1029), ist dagegen das Gebiet „der Herrschaft der Ausnahmen über die Regel." (GW II, 1028) Es ist das Gebiet des idiografischen Denkens, „das Gebiet der Reaktivität des Individuums gegen die Welt und die anderen Individuen […], das Gebiet der Werte und Bewertungen, das der ethischen und ästhetischen Beziehungen, das Gebiet der Idee." (GW II, 1028) In *Literat und Literatur* (1931) überträgt Musil den in der *Skizze der Erkenntnis des Dichters* vorgeschlagenen Terminus des Nicht-Ratioïden vom Gebiet des zu Erkennenden auf die diesem äquivalenten Erkenntnisformen bzw. Denkmethoden (vgl. GW II, 1214). Der Begriff des Nicht-Ratioïden, welcher in der *Skizze der Erkenntnis des Dichters* noch dem Gebiet der Moral und der Dichtung zugeschrieben worden ist, wird erst in *Literat und Literatur* explizit auch auf das „Gebiet des Essays" bezogen (GW II, 1214; vgl. KA, M II/2/5). Der „Geist der Literatur" als „Geist des Meinens, Glaubens, Ahnens, Fühlens" sei, so Musil, keine bloße Vor- oder „Unterstufe der wissenden Sicherheit", sondern gedanklich selbstständig, da „diesen beiden Arten von Geist" – also Wissenschaft auf der einen und Kunst und Essay auf der anderen Seite – „zwei autonome Gegenstandsgebiete des Erlebens und Erkennens zugrunde liegen, deren Logik nicht ganz die gleiche ist." (GW II, 1214) Eine Unterscheidung zwischen Gebiet, Methode und Erkenntnisart lässt sich jedoch weder auf Grundlage von *Skizze der Erkenntnis des Dichters* noch unter Einbeziehung anderer Essays und Textfragmente eindeutig bzw. widerspruchsfrei ausmachen (vgl. Tb I, 479 u. 658; vgl. Nübel 2006, S. 170–176). Offenbar gibt es keinen kategorialen Unterschied zwischen einem ‚ratioïden' und einem ‚nicht-ratioïden' Gebiet, sondern nur einen zwischen der jeweiligen – mit Ernst Machs *Analyse der Empfindungen* (1886) gesprochen – ‚physischen' (auf äußere Tatsachen gerichteten) oder ‚psychischen' (auf innere Tatsachen gerichteten) Beobachtungsperspektive, wobei das Ratioïde bei Musil keine ausschließlich dem Erkenntnissubjekt zukommende Eigenschaft („Unterwerfung" der Tatsachen), sondern auch eine des Objekts ist („Unterwürfigkeit der Tatsachen", *Skizze der Erkenntnis des Dichters*, GW II, 1026): „Das Ziel des wissenschaftlichen Denkens ist das eindeutige Aussprechen und Verknüpfen von Tatsächlichem. […] Das essayistische Denken darf kein Gegensatz dazu, sondern es soll eine Fortsetzung sein." (*Essaybücher*, GW II, 1450f.)

Essayismus kann somit als Fortsetzung der Wissenschaft mit anderen Mitteln bestimmt werden. Das Ratioïde selbst ist keine reine Subjekt- oder Objektqualität, sondern eine Subjekt-Objekt-Relation. Auf dieser Grundlage können vier Relationen unterschieden werden: 1) der Naturwissenschaftler, der mit ratioïden Methoden auf ratioïdem Gebiet tätig ist, 2) der zeitgenössische Dichtertypus, der mit nicht-ratioïden Methoden auf nicht-ratioïdem Gebiet agiert, 3) der literarische Essayist bzw. essayistisch arbeitende Dichter, der mit ratioïden (experimentelle Laboratoriumstechnik, Variation, Vergleich, Typisierung etc.) und nicht-ratioïden Methoden (Analogie, Gleichnis, Motivation etc.) auf nicht-ratioïdem Gebiet arbeitet sowie 4) der Essayist, der sich mit (schein-)rationalen, d.h. irrationalen Methoden auf nicht-ratioïdem Gebiet bewegt. Für den letzten Typus werden von Musil polemisch die zeitgenössischen, mit (schein-)wissenschaftlichem Anspruch auftretenden Essayisten Walther Rathenau (vgl. *Anmerkung zu einer Metapsychik*, 1914) und Oswald Spengler (vgl. *Geist und Erfahrung*, 1921) angeführt. Bei dem literarischen Essayisten bzw. essayistischen Dichter handelt es sich dagegen um eine Selbstbeschreibung der Musil'schen Poetik sowie sein Programm moderner Literatur. Dieses wird nicht formal-ästhetisch, sondern erkenntnistheoretisch begründet.

Innerhalb eines Kontextes, der sich als Metakritik der Moderne bestimmen ließe, entwickelt Musil in *Geist und Erfahrung* (1921) das Konzept eines „Überrationalismus" (GW II, 1050). Dieser Über- bzw. Trans- oder Metarationalismus verweist das Nicht-Rationale weder ins Exterritoriale, in den Bereich der Un-Vernunft, des Irrationalismus, noch unterwirft er es den starren Prinzipien der „Pilotierung" (*Skizze der Erkenntnis des Dichters*, GW II, 1027) – im Sinne von Messbarkeit, Eindeutigkeit, Widerspruchsfreiheit etc. –, er reflektiert vielmehr seine eigenen Methoden und revidiert sie angesichts des fließenden Gegenstandes. Auch Musils Funktionsbestimmung moderner Literatur kann im Kontext eines „Überrationalismus" bzw. einer ‚Metakritik der Moderne' bestimmt werden. Die Formel *Dichtung + Essayismus ≤ Literatur* steht dabei für ein Literaturprogramm, das Essayismus als Funktion des modernen Lebens und seiner Erkenntnisaporien versteht. Dieses Erkenntnis- und Darstellungsprinzip vereint eine „experimentelle Weltanschauung" (*Dichter oder Schriftsteller*, GW II, 912) mit einer experimentellen Textkonstitution auf hohem Analyse- wie Syntheseniveau. Es geht darum, in der Verbindung von narrativen und reflexiven Techniken zugleich ästhetische wie ethische Ansprüche zu erfüllen. Um die ‚Grazie der Narration' – im Sinne von Kleists Essay *Über das Marionettentheater* (1810) – wiederzuerlangen, muss die moderne essayistische Dichtung durch ein Unendliches der Reflexion gegangen sein.

3.1.3 Metareflexion des Narrativen: *Über Robert Musil's Bücher* (1913)

Der frühe programmatische Essay *Über Robert Musil's Bücher* (1913) steht als figuratives Gedankenspiel für eine Verbindung von metatextueller Reflexion und Fiktionalisierung. Musil reflektiert darin nicht nur sein Literaturprogramm, sondern setzt es zugleich literarisch um. In diesem Essay geht die Ineinssetzung von Autor und essayistischem Subjekt nicht auf, weil die essayistische Aussage aufgesplittert ist in verschiedene textinterne Figuren – ein essayistisches Ich, einen Literaturgeologen, einen ‚gesunden' Schriftstellerkollegen und schließlich Robert Musil selbst, dessen Gehirn als *logos* (als die Denken und Sprechen hervorbringende geistige Vernunft) sich ebenfalls in das Gespräch einmischt und – ins Groteske gesteigert – zugleich den *locus* (den Ort) für die Diskussionen des fiktiven literarischen Quartetts darstellt. Es handelt sich um eine Rechtfertigung des Autor-Ichs in eigener Sache mit verteilten Rollen. Die figurative Form der essayistischen Selbstdarstellung reflektiert das für die Musil'schen Essays konstitutive Verhältnis zwischen Autor- und Essay- bzw. Text-Origo. Als Selbstapologie präsentiert sie ein neues Erzählkonzept, welches das Verhältnis von Narration und Reflexion in der modernen Literatur neu entwirft und zugleich darstellungstechnisch einzulösen versucht: Beim Essay *Über Robert Musil's Bücher* handelt es sich um einen Metatext in Bezug auf 1) *Die Verwirrungen des Zöglings Törleß* (1906) und den Novellenband *Vereinigungen* (1911), 2) Musils Essays und sein poetologisches Programm, 3) Hugo von Hofmannsthals *Ein Brief* (1902) und 4) das Verhältnis von Reflexion und Narration in der Literatur der Moderne. *Über Robert Musil's Bücher* ist jedoch nicht nur in inhaltlicher, sondern auch in darstellungstechnischer Hinsicht hochgradig metareflexiv. Der Autor Robert Musil (und seine Texte) avancieren im Essay zum Objekt des Ausgesagten, während das Subjekt der Aussage, das essayistische Ich, nicht selbst denkt bzw. spricht, sondern vielmehr durch jenes (textinterne) Gehirn des Autors gedacht und gesprochen wird, als dessen figurative Abspaltung es zu verstehen ist: Die essayistische Vivisection wird narrativ inszeniert.

In seinen Arbeitsheften äußert sich Musil explizit zu der Textfunktion des essayistischen Ich. Dieses „Ich" bedeute „weder den Verfasser" noch „eine von ihm erfundene Person, sondern ein wechselndes Gemisch von Beidem" (Tb I, 643): „Dieses Ich bin nicht ich, [...] aber es wird auch keine Figur sein" (Tb I, 644). In den Essays gehe es nicht um den „Zusammenhang der zum Vortrag gelangenden Gedanken und Gefühle in einer Person", sondern um den gegenständlichen Zusammenhang der Gedanken und Gefühle untereinander (Tb I, 663). Gesucht wird „ein mögliches Weltbild, eine mögliche Person". Es könne, so Musil, daher in den Essays „nicht real", d.h. als Wirklichkeitsaussage, sondern „nur imaginativ" gesprochen werden (Tb I, 664). Indem der Autor eines Essays aber nicht, oder zumindest nicht unmittelbar, in eigener Sache und zudem ohne den Anspruch auf ‚Wirklichkeitstreue' spricht (vgl. *Literat und Literatur*, GW II, 1213), sondern ein textinternes Ich, mit dem er nur teilweise identisch ist, für sich sprechen lässt, gewinnt die gesamte Kommunikationssituation einen fiktiven Status. Die Möglichkeitsdimension des textinternen essayistischen Subjekts des Ausgesagten (essayistisches Ich) streicht die einfache Referenzialisierbarkeit zum textexternen Subjekt der Aussage (Autor) durch und verdoppelt diese im Sinne eines ‚inszenierten Diskurses', der andere textinterne Figuren für sich sprechen lässt: „So [...] wie ein schlechter Mensch mit fremdem Geld kühner spekuliert als mit eigenem, will ich meinen Gedanken auch über die Grenze dessen nachhängen, was ich unter allen Umständen verantworten könnte; das nenne ich Essay, Versuch." (Tb I, 643) Das essayistische Ich ist nur einer der Vertreter des Autors, der mit eigenem wie mit fremdem, geliehenem Geld an der Gedankenbörse spielt.

Bei den beiden Gesprächspartnern des essayistischen Ich handelt es sich in *Über Robert Musil's Bücher* um einen „Literaturgeologe[n]" und einen „Schriftstellerkollegen unseres Gastherrn" (GW II, 996). Kontrovers diskutiert wird das Verhältnis von Reflexion und Narration bzw. „Spekulation" und „Lebendigkeit". Das essayistische Ich formuliert ein modernes essayistisches Erzählkonzept, welches das „seit dem Beginn des Romans" (GW II, 997) herrschende Paradigma der magischen Realitätsschilderung durch experimentelle Konstruktionen ablösen soll:

> Kunst ist ein *Mittleres zwischen Begrifflichkeit und Konkretheit*. Gewöhnlich erzählt man in Handlungen und die Bedeutungen liegen neblig am Horizont. [...] Kann man da nicht versuchen, ungeduldig einmal mehr *den sachlichen Zusammenhang der Gefühle und Gedanken*, um die es sich handelt, auszubreiten und nur das, was sich nicht mehr mit Worten allein sagen läßt, durch jenen vibrierenden Dunst fremder Leiber anzudeuten, der über einer Handlung lagert? Ich meine, man hat damit bloß das Verhältnis einer technischen Mischung verkehrt und *man müßte das ansehen wie ein Ingenieur*. (GW II, 998; Hervorhebungen B. N.)

Das Essayfragment *Novelleterlchen* (1912) ist bis hin zu wörtlichen Übernahmen einzelner Sätze und Teilabschnitte in den Essay *Über Robert Musil's Bücher* (1913) eingegangen. In diesem Prätext entwickelt sich der Diskurs des essayistischen Ich nicht dialogisch, im Kontext eines figurativ besetzten Gesprächs, sondern monologisch. In *Novelleterlchen* wird das „Problematische des Erzählens" (GW II, 1323) bzw. das zu lösende „technische Grundproblem" der Narration als „Antagonismus des Darstellens gegen das eigentlich Darzustellende" beschrieben. Gesucht wird eine

„neue Technik" (GW II, 1327), welche das Verhältnis von Narration und Diskurs umwendet und die metanarrative Konstruktion zu einem Moment des Darzustellenden umfunktioniert. Die Schilderung der Realität ist nicht länger (Selbst-)Zweck, sondern allenfalls künstlerisches (Hilfs-)Mittel bzw. „Vorwand" des Erzählens (GW II, 997). Inhalt wie Zweck der Literatur aber sei nach wie vor ein ‚menschlicher'.

3.2 Rezeptionsästhetik: „mimetische Wirkung" und „menschliche Umbildung"

Worin besteht nun der „menschliche[ ] Inhalt", der „menschliche Zweck" (*Über Robert Musil's Bücher*, GW II, 1000), die Wirkung eines Kunstwerks? In einem Entwurf zum ersten publizierten Essay *Das Unanständige und Kranke in der Kunst* (1911; vgl. Nübel 2009/10) wird die ästhetische Wirkung als „Modellierung der geistigen Person" bestimmt:

> Gewiß[,] ich kann nach der Weberaufführung Sozialdemokrat werden, ich kann die bestimmendsten Eindrücke meines Lebens aus Büchern, Bildern, Theater nehmen, aber da ist nicht mehr der einfache Zusammenhang Reiz u[nd] Tat, sondern da ist das Zwischenglied Werden, Modellierung der geistigen Person. (KA, M IV/3/60)

In der ästhetischen Erfahrung vollziehe sich, so Musil, qua Entpragmatisierung gegenüber der „praktischen Wirklichkeit" ein verändertes, „seltsames Intermundium des Geistes voll einer bewegsameren Luft des Denkens und Fühlens", eine „Umformung" (*Novelleterlchen*, GW II, 1324). Diese bewirkt eine Destabilisierung des Rezipienten und somit die Bedingung der Möglichkeit einer Bildungserfahrung im Sinne einer Um- bzw. Neustrukturierung bestehender Wahrnehmungs- und Identitäts- bzw. Persönlichkeitsstrukturen. Die ästhetische Erfahrung auf senti-mentalem bzw. nicht-ratioïdem Gebiet wird als eine Art chemische Reaktion („das große innere Umreagieren") der „ganzen Person" (*Geist und Erfahrung*, GW II, 1054) verstanden, als „Umschmelzen eines großen sentimentalen Komplexes" (*Über den Essay*, GW II, 1336). Der essayistische Ingenieur beschreibt das Kunsterlebnis als „asymptotische[n] Abbau, durch den allein wir die seelischen Kraftstoffe dauernd unserm Geist assimilieren" (*Über Robert Musil's Bücher*, GW II, 1000): Wenn uns in der Realität „ein Mensch *erschüttert* und beeinflußt, geschieht es dadurch, daß sich uns die Gedankengruppen eröffnen, unter denen er seine Erlebnisse zusammenfaßt, und die Gefühle, wie sie in dieser komplizierten wechselwirkenden Synthese eine überraschende Bedeutung gewinnen." (GW II, 1000f.; Hervorhebung B. N.; vgl. *Das Unanständige und Kranke in der Kunst*: „Etwas als Künstler lieben, heißt somit, *erschüttert* sein, […] von einer Seite, die sich plötzlich daran öffnet", GW II, 981; Hervorhebung B. N.) In dieser „zentralen Persönlichkeitsarbeit" (GW II, 1001), von Musil im Fragment *Über den Essay* (1914) auch als „menschliche Umbildung" bezeichnet (GW II, 1337), ist der „menschliche Zweck des Kunstwerks" (GW II, 1000) zu sehen. Hinsichtlich der Wirkungsästhetik argumentiert Musil in den Fragmenten zum einen auf der Basis des psychoanalytischen Therapieprozesses, zum anderen nimmt er in Bezugnahme auf das Verhältnis von affektiven und reflexiven Komponenten beim Rezeptionsakt Positionen der Rezeptionsästhetik (Hans Robert Jauß) und Wirkungstheorie (Wolfgang Iser) der 1970er Jahre vorweg (vgl. Neymeyr 2009, S. 12, 57 u. 75f.).

Musil stellt sich die Frage, ob es in (rezeptions-)ästhetischer Hinsicht einen Wirkungsunterschied zwischen der Dichtung im engeren Sinn und der Literatur (inkl. des

Essays) im weiteren Sinn gibt: „[W]oran wendet sich ein Essay? Sitzt er zwischen zwei Stühlen? Ergreift er unmittelbar die kreativen Funktionen des Lesers u. verschwindet in ihnen?" (Tb I, 816) Im Hinblick auf die Unterscheidung zwischen Kunst, Essay und Wissenschaft schlägt Musil im frühen Fragment *Über den Essay* eine „Neueinteilung der geistigen Tätigkeit vor: 1) eine „menschliche Umbildung" bzw. „Umbildung des Menschen" (GW II, 1337) auf dem senti-mentalen Gebiet des Essays und 2) eine mit objektivierbarem Wahrheitsanspruch verbundene Erkenntnis auf dem Gebiet des Ratioïden. Das wissenschaftliche Kriterium der Wahrheit auf dem Gebiet des Ratioïden wird auf dem Gebiet des Nicht-Ratioïden durch das der ‚Lebendigkeit' ersetzt: „Wenn uns ein Gedanke ergreift, umstürzt usw. so tut er auf dem senti-mentalen Gebiet das, was eine revolutionierende Erkenntnis auf dem rein rationalen tut." (GW II, 1336) Das heißt, Musil beansprucht für den Essay nicht mehr und nicht weniger als „nur [!] menschliche Umbildung" (GW II, 1337):

> Dieses plötzliche Lebendigwerden eines Gedankens, dieses blitzartige Umschmelzen eines großen sentimentalen Komplexes (eindringlichst versinnlicht in der Pauluswerdung des Saulus) durch ihn, so daß man mit einemmal sich selbst und die Welt anders versteht: Das ist die intuitive Erkenntnis im mystischen Sinn. / In kleinerem Maße ist es die ständige Bewegung des essayistischen Denkens. (GW II, 1336f.)

Über den jeweiligen (Text-)Inhalt wird nicht ‚objektive' bzw. wissenschaftlich objektivierbare Wahrheit transportiert, sondern die Möglichkeit einer intra- wie interindividuellen Verständigung, geschaffen im Medium eines dynamischen Gefüges, welches in seiner Beweglichkeit und senti-mentalen Komplexität die ‚Lebendigkeit des Gedankens' erfahrbar und mitteilbar werden lässt. Im Hinblick auf die kathartische, ‚erschütternde' Wirkung der Kunst setzt der frühe Musil den Essay mit der Dichtung gleich. Und auch in einem späteren Nachlasstext, den „Vorbemerkungen" (etwa 1935) zum *Nachlaß zu Lebzeiten*, wird die ästhetische Erfahrung mit einem mystischen Erweckungserlebnis verglichen: „[W]ir werden aufgerührt, werden erweckt (dh. in ganz neue Gefühls- u[nd] Gedankenzustände geworfen), wir lernen uns selbst gegenüber u[nd] dem Leben gegenüber um." (GW II, 971) (→ VII.1 *Mystik*) Aufgabe des Dichters ist die Erfindung des „inneren Menschen": „Die Aufgabe ist: immer neue Lösungen, Zusammenhänge, Konstellationen, Variable zu entdecken, Prototypen von Geschehensabläufen hinzustellen, lockende Vorbilder, wie man Mensch sein kann, den inneren Menschen *erfinden*." (*Skizze der Erkenntnis des Dichters*, GW II, 1029) Es geht um die Bedingung der Möglichkeit, „neue Menschen zu erzeugen." (*Analyse und Synthese*, 1913, GW II, 1009) Beispielhaft für die sogenannten „[m]imetische[n] Wirkungen des Autors auf den Leser oder […] [p]ersönliche[n] W.[irkungen]" (Tb I, 814) nennt Musil neben Rilke vor allem Essayisten: Emerson, Chesterton, Nietzsche. (→ VIII.5 *Intertextualität*)

3.3 Ästhetik als „Hilfswissenschaft der Kritik"

In einer Nachlassnotiz bestimmt Musil „Ästhetik als Hilfswissenschaft der Kritik. Nicht Kritik Vorstadium der Ästhetik", und nimmt sich vor, in einer Metakritik der Kritik „[d]ie Maßstäbe, Begriffe usw. der heutigen Kritik [zu] inventarisieren u[nd] [zu] besprechen." (KA, M IV/3/410) In den veröffentlichten Texten entwickelt Musil seine Überlegungen zum Verhältnis von Dichtung und Essay, Ästhetik und Kritik in essayistischer Auseinandersetzung mit befreundeten Studienkollegen (Gustav Johannes von Allesch), (Film-)Kritikern (Béla Balázs) und Essayisten (Franz Blei).

3.3.1 Der Allesch-Essay: *Wege der Kunstbetrachtung* (1921)

In Musils Rezension *Wege der Kunstbetrachtung* (1921) zu Gustav Johannes von Alleschs gestaltpsychologischer Ästhetik, abgedruckt unter der Rubrik ‚Glossen' im *Neuen Merkur*, geht es um das Verhältnis von Bild und Reflexion, von Kunst und Kritik. Aufgabe der Kritik als Metasprache der Kunst sei es, auf dem Gebiet der Kunst „eine lebendige und doch dauerhafte Ordnung zu schaffen" (GW II, 1517). Das „Verstehen des Kunstwerks" erscheint dabei „nicht als ein unendlicher Prozeß, der sich scheinbar mit immer kleineren Abweichungen einem adäquaten Erfassen nähert, sondern als eine Mehrheit solcher Prozesse mit ganz verschiedenem Ergebnis." (GW II, 1521) Der Selbstreflexivität des Kunstwerks entspricht die Unübersetzbarkeit der Bildersprache in die der kritisch-kommentierenden Rede. Das Grundproblem der Kritik laute daher: „Wie bekommt man also dieses *alogisch* Erlebte in die Fassung von Begriffen? Mit andren Worten heißt das: wie wird Kritik überhaupt möglich?" (GW II, 1517) Die Frage nach den Bedingungen der Möglichkeit von Kritik und der damit verbundene Anspruch auf Verwissenschaftlichung bzw. Verobjektivierung des ästhetischen Diskurses zielt auf die gleichermaßen erkenntnis- wie gattungs- und texttheoretische Frage nach dem Verhältnis von Nicht-Ratioïdem (ästhetischem Erleben) und wissenschaftlichem Pilotierungsanspruch (vgl. *Skizze der Erkenntnis des Dichters*, GW II, 1027). In *Bücher und Literatur* (1926) wird der Versuch einer „Übersetzung des teilweise Irrationalen ins Rationale" (GW II, 1170) als Aufgabe der Kritik bestimmt. Die Bedeutung des Kunstwerks ist, so Musil, nicht mit der Meinung, Intention bzw. Wirkungsabsicht des Künstlers zu identifizieren. Sie konstituiere sich vielmehr, so die essayistische Kernthese, als Funktion des Kunstwerks im historischen Prozess seiner Deutung bzw. Rezeption als leser- bzw. rezeptionsorientierte Größe:

> Ich glaube nicht einmal, daß ein Künstler sein eigenes Werk versteht, wenn es fertig ist. Es kommt vielleicht für die menschliche Entwicklung auch gar nicht darauf an, was der wirkliche Inhalt eines Kunstwerks ist, sondern nur auf das, was dafür gehalten wird; jeder Einzelne, jede Epoche tritt mit andren Schlüsseln heran und erschließt sich etwas anderes, das Kunstwerk ist in dieser Hinsicht ein Ästhetikum an sich, das es so wenig gibt wie das Ding an sich in der Welt der Wirklichkeit. (GW II, 1520f.)

Das Konzept einer variablen, offenen Struktur der Kunstwerke entspricht dem offenen Prozess ihrer Deutung. Musils Darstellung der Kritik als Erkenntnismethode gegenüber ihrem Gegenstand, der Kunst, antizipiert die wissenschaftlich-selbstreflexiven Methoden Karl Poppers und Paul Feyerabends (vgl. Döring 1999).

3.3.2 Der Balázs-Essay: *Ansätze zu neuer Ästhetik. Bemerkungen über eine Dramaturgie des Films* (1925)

Der 1925 in *Der Neue Merkur* erschienene Essay ist nicht nur, wie immer wieder hervorgehoben wird, grundlegend für die Konzeption des ‚anderen Zustands', sondern auch für das Verhältnis von Kunst und Kritik bei Robert Musil. Denn dieser Essay führt die in *Skizze der Erkenntnis des Dichters* (1918) und *Wege zur Kunst-*

betrachtung (1921) entwickelten Überlegungen zum Verhältnis von ästhetischem Erleben im Bereich des Nicht-Ratioïden und wissenschaftlich-begrifflichem Erfassen im Bereich der Naturwissenschaften fort. Ursprünglich mit dem Arbeitstitel „Der Film als Kunst" bzw. „Film und Kunst" versehen, war er zunächst als Rezension zu Béla Balázs' *Der sichtbare Mensch oder die Kultur des Films* (1924) geplant, „aber unter der Arbeit ist mir ein Essay daraus geworden" (an Efraim Frisch, 10.12.1924, Br I, 371). Der von Balázs vorgelegte Entwurf einer Filmästhetik versucht, den Film als eine eigenständige Kunst zu etablieren. Musil führt in seinem Essay die Balázs'sche Filmdramaturgie weiter zu der grundlegenden Frage: ‚Was ist Kunst?' bzw. ‚Wie wirkt Kunst?'. Dabei nimmt Musil die Balázs'sche Theorie einer medial erzeugten Unmittelbarkeit des unter den Bedingungen der modernen Begriffs-Kultur ‚unsichtbaren' Menschen zum Anlass, um „zwei Geisteszustände" zu unterscheiden, an deren Grenze sich die Kunst bewege. Der eine ist der sogenannte „Normalzustand unserer Beziehungen zu Welt, Menschen und eigenem Ich." Es ist der vorwiegend ‚appetitive' Geist der Jagd, des Kriegs, der quantitative Geist, bestimmt durch das „Messen, Rechnen, Spüren, das positive, kausale, mechanische Denken". Ihm entspreche in soziologischer Hinsicht „die beherrschende Rolle des Geldes als Regulator" (*Ansätze zu neuer Ästhetik*, GW II, 1143). Es ist, von der *Dialektik der Aufklärung* (1944/1947) Horkheimers und Adornos aus betrachtet, der Geist der instrumentellen Vernunft, welcher sowohl die Erfahrung wie die Bedingung ihrer Möglichkeit, das Erlebnis ‚nichtet'.

Der ‚andere Zustand' des Geistes aber ist, so Musil, der „Zustand der Liebe […], der Güte, der Weltabgekehrtheit, der Kontemplation, des Schauens, der Annäherung an Gott, der Entrückung, der Willenlosigkeit, der Einkehr" u.s.f., der den Bereichen von Religion, Mystik, Ethik, Erotik zugehört, ohne sich jedoch mit diesen zu decken (GW II, 1144). (→ VII.2 *Anderer Zustand*) Es ist ein Zustand höchster Erlebnisqualität, ein Zustand „reine[r] Aktualität und Erregung" (GW II, 1154), der sich allenfalls gemeinsam erleben, nicht jedoch adäquat beschreiben, geschweige denn in den ‚Normalzustand' übersetzen lasse. Allein die Kunst, so Musil, vermittle zwischen diesen beiden Geisteszuständen, da das Erlebnis qua ästhetischer Form im Akt der Rezeption zur kommunizierbaren Erfahrung werde.

Die Funktion der Kunst liege nicht im Eskapismus, im Vergessen oder bloßen Verschönern der Wirklichkeit, sondern in der „Verneinung des wirklichen Lebens" (GW II, 1140): Die spezifische Erlebnisqualität der Kunst befreie den Menschen aus der „Formelhaftigkeit der Sinne und Begriffe" (GW II, 1147). Die Kunst mache neue Erfahrungen möglich, sie habe „die Aufgabe unaufhörlicher Umformung und Erneuerung des Bildes der Welt und des Verhaltens in ihr, indem sie durch ihre Erlebnisse die Formel der Erfahrung sprengt" (GW II, 1152). Denn während jener andere „Zustand, außer in krankhafter Form, niemals von Dauer" sei und als „ein hypothetischer Grenzfall, dem man sich annähert, um immer wieder in den Normalzustand zurückzufallen" (GW II, 1154), nicht zur (bleibenden) Erfahrung werden könne, stehe die Kunst gleichsam vermittelnd (Musil spricht von einer „Rückübersetzung", GW II, 1151) an der „Grenze zweier Welten" (GW II, 1143): der Welt des ‚Normalzustandes', der Wissenschaft, des Alltagslebens auf der einen und der Welt des ‚anderen Zustands', des mystischen Erlebnisses auf der anderen Seite. *Ansätze zu neuer Ästhetik* entwickelt am Beispiel Béla Balázs' einen Kritikertyps, in dem sich traditionelles Erzählen (Narration) und wissenschaftliches Beobachtungs- und Erkenntnisinteresse

(Reflexion), naturwissenschaftliches Erklären und hermeneutisches Verstehen verbinden. Nicht der vermeintlich sentimentale Blick Balázs' auf eine medial konstruierte ‚neue Unmittelbarkeit', sondern dessen physiognomische Methode erklärt Musil zum Paradigma für die Kritik der Kunst im Allgemeinen wie der Literatur im Besonderen: Balázs' Filmästhetik schaffe „ein unerwartetes Paradigma auch für die Kritik der Literatur". Balázs, der „immer gleichzeitig im Erlebnis und in der Reflexion" sei, „erzählt wie ein Jäger, der sich herangeschlichen hat, vom Leben der Filmstücke, die in endlosen Rudeln durch unsere Kinos ziehn, aber beschreibt sie gleichzeitig als erster Anatom und Biologe." (GW II, 1138; vgl. auch *Robert Müller*, 1924, GW II, 1132) Am Beispiel Balázs' entwickelt Musil das Paradigma einer Literatur, die Narration und Reflexion, mystisches Erlebnis und Kritik, Heranschleichen und *sectio* miteinander verbindet. Das Faszinosum der Gleichzeitigkeit von (scheinbarer) Unmittelbarkeit und technischer Vermitteltheit, Nähe und Distanz, das bei Balázs durch die modernen Kameratechniken erzeugt wird, entwickelt Musil programmatisch weiter zu einer innovativen und umfassenden Kunst- und Literaturkritik.

3.3.3 Die Blei-Essays: *Essaybücher* (1913), *Franz Blei* (1918), *Franz Blei – 60 Jahre* (1931) und *Literat und Literatur. Randbemerkungen dazu* (1931)

Wie in seinen Essays zu Robert Müller (1924) und Alfred Kerr (1927 u. 1928; vgl. Nübel 2006) werden auch am Beispiel des befreundeten Essayisten Franz Blei Merkmale genannt, die weniger dem Essay als Textsorte als vielmehr dem Essayisten selbst als Eigenschaft zugeschrieben werden: Aphorismus als (innere) Form, Literatur und Leben als Gegenstand und „Sicherheit des Urteiles" als Qualität der „seltenen apodiktischen Menschen, die aussagen dürfen, ohne zu begründen, weil sie das Richtige fühlen." (GW II, 1201) Bei *Franz Blei – 60 Jahre* (1931) handelt es sich um Prolegomena zu dem ein halbes Jahr später publizierten Essay *Literat und Literatur. Randbemerkungen dazu* (1931). Wie das „Arbeitsprotokoll" bezeugt, hat Musil seine beiden Blei-Texte parallel zu den Anfangskapiteln des zweiten Bandes des *MoE* geschrieben (vgl. Tb II, 1197–1203). Beide Essays können somit als ‚Neben'-Arbeiten, als metatextuelle ‚Parallelaktionen' zu der gleichzeitig laufenden ‚Haupt'-Arbeit am essayistischen Roman gelesen werden (vgl. Bonacchi 1999, S. 54).

Literat und Literatur (1931) ist – mit Ausnahme von *Kunst und Moral des Crawlens* (1932) – nicht nur Musils letztpublizierter, sondern auch sein mit Abstand umfangreichster Essay, der zugleich sein Literaturverständnis und Verhältnis zum Literaturbetrieb rekapituliert (vgl. Wolf 2008). (→ II.6 *Zeitgenössischer Literaturbetrieb*) Für die Theorie des Essays wichtige Fragen aus den essayistischen Fragmenten *Form und Inhalt* (1908/1910), *Über den Essay* (1914?), der *Skizze der Erkenntnis des Dichters* (1918), aus dem Spengler-Essay *Geist und Erfahrung* (1921) und dem Balázs-Essay *Ansätze zu neuer Ästhetik* (1925) sowie *Bücher und Literatur* (1926) werden hier wieder aufgenommen. Der Essay ist somit als ‚Summa' und als Metatext von Musils essayistischen und narrativen Selbstreflexionen zu lesen.

Als essayistische Selbstklassifikation verweist der Untertitel *Randbemerkungen dazu* wiederum darauf, dass es sich auch hier nicht um eine systematische Theorie handelt, sondern um Versatzstücke, um eine Konfiguration von Gedanken-, Gefühls- und Bildelementen, die Fremd- und Selbstassimiliertes, inter- und intratextuelle Referenzen und Textübernahmen neu ordnet und zusammenstellt. (→ VIII.5 *Intertextu-*

alität) Die Offenheit der Fragestellung bzw. Suchbewegung auf dem Weg zum ‚Sinn' der Dichtung findet auf der Ebene des essayistischen Diskurses durch die zahlreichen expliziten Fragen, die allerdings nicht als Interrogativ-, sondern als Deklarativsätze formuliert sind, ihren Ausdruck.

Die „Vorbemerkung" des Essays versucht die Frage nach der Bedeutung der Wortes ‚Literat' bzw. ‚Literatur' pragmatisch mit deren Gebrauch zu beantworten und verbindet zugleich die Frage nach der ‚wahren Literatur' mit der sozioökonomischen Bestimmung der Literatur als Ware. Zunächst wird ironisch differenziert zwischen dem Nicht-Literaten (d. i. der Literaturproduzent bzw. Literaturvermarkter, also derjenige, „der von der Literatur lebt", GW II, 1203) und dem Nur-Literaten (d. i. der ‚eigentliche' bzw. textproduzierende Literat; vgl. GW II, 1164). Die herkömmliche Dichotomie zwischen der Abwertung des zeitgenössischen ‚Literaten' (Stichwort ‚Zivilisation') und der klassizistisch-normativen Idealisierung des ‚Dichters' (Stichwort ‚Kultur') wird genealogisch durch die Ableitung der beiden Extreme von einem umfassenden synthetischen Oberbegriff ‚Literatur', der die Gesamtheit aller literarischen Erscheinungen umfasst, überwunden (vgl. GW II, 1204). Die Grenzziehung verläuft hier nicht mehr zwischen den Begriffen ‚Dichtung' und ‚Essay', sondern zwischen dem „Literat[en] in üblem Sinne" und dem „Literaten der schönen Literatur", dem „Schönliteraten" (GW II, 1205). Nicht Dichter und Literat, Original-Genie und Abschreiber werden hier antithetisch kontrastiert. Das Zitieren sei, so Musil, als syntagmatisches wie paradigmatisches Vertextungsverfahren für das Gebiet der Literatur konstitutiv („die ganze schöne Literatur gleicht einem Zitatenteich", GW II, 1206): „So könnte man wahrscheinlich welchen Schriftsteller immer ‚zerlegen' [...] und würde nichts in ihm finden als seine zerstückelten Vorgänger, die keineswegs völlig ‚abgebaut' und ‚neu assimiliert' sind, sondern in unregelmäßigen Brocken erhalten geblieben." (GW II, 1206f.) (→ VIII.5 *Intertextualität*) Als Differenzkriterium zwischen ‚guter' und ‚schlechter' Literatur wird vielmehr „[d]er Geist des Gedichts" (GW II, 1211), das jeweilige Verhältnis von Sinnlichkeit und Intellektualität, gesetzt. Der Dialektik der Aufklärung als Kritik der instrumentellen Vernunft wird im Bereich der Literatur, auf dem Gebiet der ästhetischen Erfahrung, die Möglichkeit eines sich selber denkenden Denkens gegenübergestellt.

4. Essays II (zu Kultur und Politik)

Die politischen und kulturkritischen Essays Robert Musils sind über einen Zeitraum von zehn Jahren, von 1912 bis 1922, veröffentlicht worden. Sie beschäftigen sich mit dem Verhältnis von Politik und Literatur, den bilateralen Beziehungen zwischen Österreich und Deutschland, dem Ersten Weltkrieg sowie den Konzepten von ‚Kultur' und ‚Nation'. (→ V.4 *Politik u. Ideologie*) Auch bei den Essays zu Politik und Kultur ist das textexterne Autor-Ich nicht mit dem textinternen essayistischen Ich gleichzusetzen, wenngleich in Bezug auf die referenzielle und subjektfigurative Doppelstruktur zwischen der fingierten Ich-Form in *Politisches Bekenntnis eines jungen Mannes. Ein Fragment* (1913) auf der einen Seite und dem kriegsapologetischen Pamphlet *Europäertum, Krieg, Deutschtum* (1914) auf der anderen Seite graduell zu differenzieren ist. Für einen fiktionspragmatischen Ansatz auch bei den Essays zur Politik und Kultur spricht darüber hinaus, dass Teile der Essays auto-intertextuell (vgl. Holthuis 1993, S. 44) in den *MoE* eingearbeitet worden und in diesem Kontext sowohl auf der

Ebene des heterodiegetischen Erzählers als auch auf der Figurenebene zu verorten sind. Neben der Schwierigkeit, einzelne essayistische Passagen entweder der textinternen Erzählinstanz oder der Ulrich-Figur zuzuschreiben, gibt es den aufschlussreichen Befund, dass identische Versatzstücke aus den Essays in der Textgenese des *MoE* sowohl der Ulrich- als auch der Diotima- und Clarisse-Figur zugeordnet sind (vgl. Kappeler 2012, S. 129 u. 363). Auch hier „spekuliert" der Autor lieber „mit fremdem Geld [...] als mit eigenem" (Tb I, 643) oder besser: Er spekuliert mit seinen eigenen Gedanken.

Anders als in *Über Robert Musil's Bücher* (1913) ist das textinterne essayistische Ich in den politischen und kulturkritischen Essays Musils jedoch eine Sprachinstanz ohne Körper: Es ‚empfindet' und ‚glaubt', und ‚es dünkt ihm'. Es weiß, fordert und behauptet aber nur in Ausnahmefällen und meist in Verbindung mit Negationen (vgl. „Ich weiß es nicht. Auch darin zeigt sich aber der Zusammenhang mit dem Ganzen", GW II, 1131). Es spricht im Konjunktiv und in Verbindung mit Unbestimmtheitsformeln. Aber es sagt aus und untersucht, es stellt Fragen, gibt Antworten, versteht, erzählt, erklärt und empfiehlt Bücher. Das essayistische Ich in den (kultur-)politischen Essays Musils hat keine persönlichen Eigenschaften. Als unpersönliche Funktion des Textes tritt es hinter den dargestellten Inhalt, die „Gedankenverknüpfung" (*Über den Essay*, GW II, 1335) bzw. den „sachlichen Zusammenhang der Gefühle und Gedanken" (*Über Robert Musil's Bücher*, GW II, 998) zurück. In *Geist und Erfahrung* (1921) meldet sich das essayistische Ich vergleichsweise häufig explizit zu Wort, meist ist es jedoch als Subjekt der Aussage nur implizit im Text vorhanden und weist sich nicht immer in der ersten Person Singular an der Textoberfläche aus. Selten wird es wie in *Der Anschluß an Deutschland* (1919; vgl. „Im Augenblick, wo ich schreibe [...]", GW II, 1033) ausdrücklich als schreibendes Ich eingeführt. Das Ich als Instanz der Aussage fügt Bemerkungen hinzu, hebt etwas heraus, zählt auf, führt Beispiele an, gibt Erklärungsversuche, übergeht ausdrücklich etwas, bezieht sich auf bereits an anderer Stelle Gesagtes und fasst dieses noch einmal zusammen. Zudem kommt dem essayistischen Ich die Funktion zu, intertextuelle Verweise, teils sogar Publikationsnachweise, auf bereits vorliegende oder noch unveröffentlichte Texte zu geben. Hier ist der hergestellte Zusammenhang nicht einer der Gedanken innerhalb eines Textes, sondern zwischen verschiedenen Texten desselben Autors. Gegenüber der unbestimmteren Form des ‚man könnte sagen', das im Namen des ‚Seinesgleichen' mitunter auch als argumentativer Widerpart fungiert, versteckt sich das essayistische Ich manchmal auch in der Konstruktion eines Rollen-Wir (vgl. *Der mathematische Mensch*, 1913; *Buridans Österreicher*, 1919; *Die Nation als Ideal und als Wirklichkeit*, 1921 u.a.).

Die nach 1933 entstandenen Reden (vgl. Amann 2007) haben das Verhältnis von Politik und Kultur unter den Bedingungen des Nationalsozialismus und Kommunismus zum Gegenstand. (→ III.2.2 *Reden*) Dagegen bewirkt in Bezug auf die politischen Essays der Erste Weltkrieg eine Zäsur, abgegrenzt durch den im September 1914 in der *Neuen Rundschau* erschienenen Text *Europäertum, Krieg, Deutschtum*, der weniger essayistischen als vielmehr apologetischen Charakter besitzt (vgl. Willemsen 1984, S. 167–174; Pfeiffer 1990, S. 49; Honold 1995, S. 207; Zöchbauer 1996, S. 10; Wolf 2011a u.a.), sowie das Essayfragment *Das Ende des Krieges* (1918). (→ II.3 *Zäsuren*) Im Folgenden beschränkt sich die Darstellung weitgehend auf die zu Lebzeiten des Autors publizierten Texte, bezieht allerdings das für Musils Kulturphilosophie zentrale „Theorem der menschlichen Gestaltlosigkeit" (KA, M VII/11/14; vgl. GW II, 1368) aus dem Essayfragment *Der deutsche Mensch als Symptom* (1923) mit ein. (→ VII.3 *Gestaltlosigkeit*)

4.1 Die Vorkriegsessays

4.1.1 Die politische Möglichkeit einer neuen Kultur: *Politik in Österreich* (1912)

Der vergleichsweise kurze Essay *Politik in Österreich* erschien 1912 unsigniert in dem von Franz Blei herausgegebenen *Losen Vogel* (sowie 1913 signiert in der *Aktion*). Offeriert werden soziologische Betrachtungen zur Funktion der Ausdifferenzierung gesellschaftlicher Wertsphären und zur Autonomie der modernen Kunst als Möglichkeit einer neuen Kultur zwischen Skylla und Charybdis von Idealismus und Realpolitik (vgl. *Das hilflose Europa*, 1922, GW II, 1085f.), wobei der österreichischen gegenüber der deutschen Kultur eine Art Alleinstellungsmerkmal des „negative[n] Idealismus" (GW II, 992) zugesprochen wird. Die Analyse des lärmenden Wartezustands angesichts allgemeiner Sinnlosigkeit greift den satirischen Kakanien-Analysen (vgl. Honold 2005; Wolf 2011b) im *MoE* voraus: (→ V.3 *Kakanien*)

> Es muß irgendwo in diesem [österreichischen] Staat ein Geheimnis stecken, eine Idee. Aber sie ist nicht festzustellen. Es ist nicht die Idee des Staates, nicht die dynastische Idee, nicht die einer kulturellen Symbiose verschiedener Völker (Österreich könnte ein Weltexperiment sein), – wahrscheinlich ist das Ganze wirklich nur Bewegung zufolge Mangels einer treibenden Idee, wie das Torkeln eines Radfahrers, der nicht vorwärtstritt. (GW II, 993)

Das utopische Potenzial, „die passive Phantasie unausgefüllter Räume" (GW II, 993; MoE, 34) und das politische Manko der Österreicher wird auf ein kulturelles Defizit zurückgeführt: „Die reale Voraussetzung" (GW II, 994) einer relativen kulturellen Autonomie bilde das Bürgertum, das es in Österreich nicht gebe (vgl. Hüppauf 1983, S. 8). Das Konzept negativen österreichischen Heldentums (im Gegensatz zum preußischen bzw. hegemonial-männlichen ‚Tunnelblick', wie sich ergänzen ließe) ohne klare Zielvorstellung und „ohne Anstieg", beruhe auf einer ‚Einengung' des „Gesichtsfeld[es]" sowie einer „ausgebildete[n] Technik der Bewußtseinseinschränkung" (GW II, 995): Es handelt sich um das Prinzip des „Fortwurstelns", im *MoE* von Walter als „österreichische Staatsphilosophie" und von Ulrich als „Österreichs Weltsendung" (MoE, 216) bezeichnet. Wird in den poetologischen Essays allein von dem gesellschaftlich ausdifferenzierten Funktionsbereich ‚Kunst' die Erfüllung eines „menschliche[n] Zweck[s]" (*Über Robert Musil's Bücher*, GW II, 1000) im Sinne einer Ich-(Neu- bzw. Um-)Bildung gefordert, so in *Politik in Österreich* nun auch von der Politik: Bislang habe „Politik in Österreich […] noch keinen menschlichen Zweck, sondern nur österreichische." (GW II, 993)

Bereits der frühe Essay *Politik in Österreich* entwirft die soziologische Analyse der Möglichkeit eines ‚neuen Menschen' unter den Bedingungen des Massenzeitalters, d.h. angesichts eines Zustands, der als „Auflösung durch die unübersehbare Zahl […], das Alleinsein und Anonymwerden des einzelnen in einer immer wachsenden Menge" (GW II, 994), beschrieben wird.

4.1.2 Die Anwendung der ratioïden Methode auf das Gebiet des Nicht-Ratioïden: *Politisches Bekenntnis eines jungen Mannes. Ein Fragment* (1913)

In Musils Essay *Politisches Bekenntnis eines jungen Mannes*, der Ende 1913, also fünf Jahre vor Thomas Manns *Bekenntnissen eines Unpolitischen* (1918), in den *Weißen Blättern* erschien, dient ein (bislang nicht belegtes) Goethe-Zitat dem essayistischen Ich, das sich selbst in der Vergangenheitsform nicht als ‚konservativer Revolutionär', sondern als „konservativer Anarchist" (GW II, 1011) bezeichnet, als Vorwand bzw. Anlass zum Schreiben. Der Essay, im Untertitel als *Ein Fragment* ausgewiesen, erinnert durch die gewählte Ich-Form und das Unfertige, Nicht-Durchgestaltete in Stil und Aufbau an Tagebuchaufzeichnungen. Hervorzuheben ist auch der für die Musil'schen Essays untypische, fingiert-bekenntnishafte Ton. Die Zeitstruktur ist bestimmt vom Hier und Jetzt des Präsens (‚heute'), das auf einen vergangenen Zustand des Schreibenden (‚damals') referiert. Das essayistische Ich konstatiert die „logiklose Unordnung des Lebens" (GW II, 1010) wie die Entwertung der Ideologien „des Christentums, der Könige, des Liberalismus, der Sozialdemokratie" (GW II, 1014) und sitzt – zusammen mit vielen anderen und doch einsam – im ‚Wartesaal der Politik'. Die kulturpolitischen und soziologischen Grundannahmen einer „Demokratisierung der Gesellschaft" werden hier als Bedingung der „Möglichkeit" für das technische und künstlerische „Genie" (GW II, 1011) erfasst. Gefordert wird – wie bereits in dem früheren poetologischen Essay *Über Robert Musil's Bücher* (1913) –, den naturwissenschaftlich-technischen Verstand (die ratioïde Methode) auf „Fragen des Lebens" (das nicht-ratioïde Gebiet) anzuwenden: „Und hier […] müßte es gelingen[,] alle inneren Möglichkeiten noch einmal zu prüfen, neu zu erfinden und die Vorzüge einer vorurteilslosen Laboratoriumstechnik endlich aus den Naturwissenschaften auch auf die Moral zu übertragen." (GW II, 1010f.) Das bedeutet, in einer Reformulierung dieser Forderung, dass „[d]er naturwissenschaftliche Verstand mit seinem strengen Gewissen, seiner Vorurteilslosigkeit und Entschlossenheit, jedes Ergebnis von neuem in Frage zu stellen, […] auf einem Interessengebiet zweiten Ranges das [tut], was wir in den Fragen des Lebens tun sollten." (GW II, 1011) Das ‚Wir' scheint hier allerdings nicht auf das Forschungsteam im Experimentallabor von Carl Stumpf zu referieren, sondern auf die ‚freischwebenden' Intellektuellen der Vorkriegszeit, welche im Modus ‚Es könnte auch anders sein!' ein ideologiekritisches (vgl. Müller 1972) bzw. wissenssoziologisches (vgl. Nübel 2005) Kunst-Konzept entwerfen, das eine „außerordentliche Beweglichkeit des Standpunkts" (GW II, 1012) impliziert. Dieser Perspektivismus und Relationismus soll „[d]ie starren Schätzungen (welche wir vorgefunden haben) auflösen und ihre Elemente zu neuen Gebilden unsrer moralischen und künstlerischen Phantasie zusammensetzen." (GW II, 1012)

4.2 Die Nachkriegsessays

4.2.1 *Buridans Österreicher* (1919) oder Was ist das Österreichische an der österreichischen Kultur?

Der Essay *Buridans Österreicher*, der 1919 in *Der Friede* erschien, verweist nicht nur auf Pierre Bayles *Dictionnaire historique et critique* (1695–1697) und Schopenhauers *Die beiden Grundprobleme der Ethik* (1841/42, verb. u. verm. Aufl. 1860; vgl.

GW II, 1807), sondern auch auf Franz Bleis *Menschliche Betrachtungen zur Politik* (1916). Der ‚österreichische Esel' bzw. „gute Österreicher" steht nach Ende des Ersten Weltkriegs zwischen den beiden Heuhaufen resp. Alternativen für die politische Konstellation Österreichs: „Donauföderation und Groß-Deutschland." Die Argumentationslinie für die Donauföderation und für eine spezifisch „österreichische Kultur" (GW II, 1030) aus der angenommenen Perspektive des „guten Österreichers" wird allerdings durchgängig ironisiert. So erhält die Aufzählung, was gemeinhin unter österreichischer Kultur verstanden werde, u.a. dadurch ironischen Charakter, dass sie vom Bedeutenden zum Marginalen bzw. Fragwürdigen hinführt („Österreich hat Grillparzer und Karl Kraus. Es hat Bahr und Hugo v. Hofmannsthal. Für alle Fälle auch die ‚Neue Freie Presse' und den esprit de finesse. Kralik und Kernstock", GW II, 1030). Die polemische Kernthese lautet: „[E]s gab [und gibt; B. N.] nicht *die* österreichische Kultur" (Hervorhebung B. N.), sondern nur „ein begabtes Land, das einen Überschuß an Denkern, Dichtern, Schauspielern, Kellnern und Friseuren erzeugt." Das kulturelle Idealbild (bzw. „Wir"-Bild) Österreichs wird als Stereotyp und ideologischer Kitsch enttarnt: „Wir sind so begabt, Orient und Okzident vermählen sich in uns, Süden und Norden; eine zauberhafte Vielfalt, eine wunderbare Kreuzung von Rassen und Nationen, ein märchenschönes Mit- und Ineinander aller Kulturen, das sind wir." Dagegen lautet das Argument des bevölkerungssoziologischen Statistikers, dass „Begabung […] international so ziemlich gleich verteilt ist" (GW II, 1031). Kultur wird somit als Funktion des Gesellschaftlichen bestimmt. Dem titanisch-kakanischen Lebensgefühl (vgl. „Auf der leichten österreichischen Verwesung hatte es sich natürlich entzückend gelebt", GW II, 1032) wird eine neue, offensive Kulturpolitik entgegengestellt: „Die Kultur eines Staates besteht in der Energie, mit der er Bücher und Bilder sammelt und zugänglich macht, mit der er Schulen und Forschungsstätten aufstellt, begabten Menschen eine materielle Basis bietet" (GW II, 1031). Im Schlussplädoyer wird „der Einfall, Österreich unter dem Namen Donauföderation als europäischen Naturschutzpark für vornehmen Verfall weiterzuhegen" (GW II, 1032), entschieden abgelehnt und für die Alternative ‚Großdeutschland' votiert.

4.2.2 *Der Anschluß an Deutschland* (1919) oder Die Nation als „organisierte Sprachgemeinschaft"

Der politische Essay *Der Anschluß an Deutschland* erschien im März 1919 in der *Neuen Rundschau*, und zwar anlässlich der Pariser Friedenskonferenz (18. Januar 1919 bis 21. Januar 1920) sowie der Friedensverträge von Versailles (28. Juni 1919) und Saint-Germain (10. September 1919), also im Kontext des sich anbahnenden „Sieg[es] der kleindeutschen über die großdeutsche Idee" (GW II, 1037). Der Essay spricht sich für einen Anschluss Österreichs an Deutschland aus und plädiert auf Grundlage einer systemtheoretischen Staatstheorie *avant la lettre* (vgl. Pott 1993a; Zisselsberger 2004, S. 29), welche zugleich die Grundannahmen der Kristallisationsthese Arnold Gehlens (*Über kulturelle Kristallisation*, 1963; vgl. Neymeyr 2009, S. 15 u. 167) vorwegnimmt, für das Konzept eines Völkerbundes, der am 10. Januar 1920 gegründet werden wird und als institutioneller Vorläufer der heutigen UN gesehen werden kann. Der Charakter und die Einheit des Staates ergäben sich nicht aus dem Willen seiner Bewohner,

2.1 Essays

sondern aus seiner Natur, Konstruktion, Funktionsweise, und diese ist, ein nahezu völlig in sich geschlossenes System gesellschaftlicher Energie zu sein, mit einer unendlich größeren Vielfalt der Lebensbeziehungen im Innern als nach außen; der Staat ist eine Form, die sich, um der Entwicklung des Lebens Halt geben zu können, zunächst verkapseln und undurchlässig machen mußte. (GW II, 1034f.)

Die Korrelation von Binnensystem („moderne[r] Rechtsstaat") und System-Umwelt-Relation („nach außen ist er ein Unrecht- und Gewaltstaat", GW II, 1034) führt zu der Forderung eines Anschlusses Österreichs an Deutschland („Aufgehen in Deutschland"), sei es nun in einer „aus dem Osten kommende[n] Bewegung der Welt" – dem internationalen Bolschewismus –, sei es in einer Nationalstaatvariante „im Westen" (GW II, 1042). Der Staat wird hier als organisationstechnische bzw. kulturpolitische und nicht als ideologische Größe (bzw. ‚romantische Kulturlegende', vgl. GW II, 1040, d. h. als ‚habsburgischer Mythos' aus der Perspektive einer ‚Minderheitenkultur' der Deutschösterreicher) verstanden. Die Frage nach der Relation von Politik und Kultur wird diesmal am Verhältnis von ‚Staat' und ‚Nation' bzw. an den Konzepten von ‚Kultur' und ‚Zivilisation' behandelt. Dabei ist das Konzept der Nation als Kultur- bzw. Sprachgemeinschaft (vgl. Hüppauf 1983, S. 7; Bringazi 1998, S. 219; Gardt 2000) sowie als „Selbstverwaltungskörper[ ]", als „organisierte Nation" bzw. „organisierte Sprachgemeinschaft" gefasst: „Denn die Nation ist ja weder eine mystische Einheit, noch eine ethnische, noch auch geistig wirklich eine Einheit [...] – wohl aber ist sie als Sprachgemeinde [...] das Sammelbecken, innerhalb dessen sich der geistige Austausch zunächst und am unmittelbarsten vollzieht." (GW II, 1035) Der „Geist einer Nation" konstituiert sich in *Der Anschluß an Deutschland* nicht über seinen ‚Volkskörper' sondern über seine ‚Sprache' als „Medium" (GW II, 1035). Allerdings bezieht Musil an anderer Stelle auch die Gegenposition, nämlich

> daß „Nation" ein Abstraktum ist. Wir haben nicht einmal die Sprache gemeinsam, denn meine Sprache versteht ein Großteil der Nation nicht besser als ich englisch. Ich wirke auch gar nicht auf die Nation. Denn ich werde zwar in Moskau gelesen, aber ganz gewiß nicht in Weidling am Bach, das nur vier Gehstunden von meinem Schreibtisch entfernt ist. (KA, L 15, Essayistische Fragmente, Und Nationalismus. Internationalismus)

Gegen die Vorstellungen einer „österreichische[n] Kultur", die vor der „deutschen ‚Zivilisation'" geschützt werden müsse (GW II, 1039; vgl. Hüppauf 1983, S. 7), sowie gegen den „hysterische[n] Knoten" (GW II, 1037) eines übersteigerten Nationalismus wird die Frage gestellt: „Aber worin besteht denn überhaupt Kultur?" (GW II, 1040) Dabei greift Musil auf eine Unterscheidung Georg Simmels aus *Der Begriff und die Tragödie der Kultur* (1911) zwischen ‚objektiver' („geistige[r]") und ‚subjektiver' („persönlicher") Kultur („Lebensform, der gute Stil") zurück (GW II, 1041) und effeminiert die österreichische Kultur somit indirekt gegenüber der deutschen: „Zugegeben, daß von der persönlichen Form Österreich besonders viel hatte, so hatte es doch von der geistigen, der eigentlichen Kultur besonders wenig." (GW II, 1041) Am Ende des Essays steht die Aussage, dass Kultur als Konstituens der Nation von den jeweiligen gesellschaftlichen Bedingungen und Umständen abhänge: „Die Kultur eines Staats entsteht nicht als Durchschnitt der Kultur und Kulturfähigkeit seiner Bewohner, sondern sie hängt von seiner gesellschaftlichen Struktur und mannigfachen Umständen ab. Sie besteht nicht in der Produktion geistiger Werte von Staats wegen" (GW II, 1042). Ergo: Der Staat sollte die materiellen und ideellen Voraussetzungen für Kultur und somit die notwendigen Bedingungen für produktive Geister schaffen. In diesem frühen Nachkriegsessay werden die politischen Reden der 1930er Jahre konzeptionell präfiguriert. (→ III.2.2 *Reden*; V.4 *Politik u. Ideologie*)

4.2.3 Geistige Organisation statt Untergang: *Geist und Erfahrung. Anmerkungen für Leser, welche dem Untergang des Abendlandes entronnen sind* (1921)

Der 1921 in *Der Neue Merkur* veröffentlichte Essay erscheint als dritter einer Reihe von „Spengler-Aufsätzen" (an Efraim Frisch, 7.9.1920, Br I, 205; im 1. Halbband 1920 waren bereits die Besprechungen von Ferdinand Lion und Helmuth Plessner erschienen), die sich mit Oswald Spenglers ‚Großessay' *Der Untergang des Abendlandes. Umrisse einer Morphologie der Weltgeschichte* (erster Band 1918; der zweite Band kam erst 1922 heraus) auseinandersetzen. Zum einen ist *Geist und Erfahrung* zentral für Musils Essay-Konzeption. Dabei ist zu konstatieren, dass die implizite Kritik am essayistisch-‚schöngeistigen' Verfahren Spenglers – und sei es in dekonstruktiver Hinsicht – durchaus eine gewisse Nähe zu Musils eigenem essayistischem Schreibstil aufweist, so dass es – bei aller Brillanz der Darstellung – mitunter schwierig ist zu unterscheiden, was genau essayistische Spengler-Paraphrase Musils und was Spengler-Prätext ist. Zum anderen geht es um zentrale Themen für Musils Wissenschaftstheorie, die zunächst in einem umfangreichen wissenschaftstheoretischen bzw. -methodischen Vorspann erläutert werden: das Verhältnis von Mathematik (Abschnitt I.) und Erkenntnistheorie (III.), die Kategorien von Raum und Zeit (IV.), das Verhältnis von Erfahrung und Empirismus (V.), das nicht-ratioïde Gebiet und die Form/Methode des Essays (VI.), ‚totes' und ‚lebendiges' Denken (VII.) sowie Kausalität und Motivation (XIII.). Unterschieden wird zwischen „philosophisch schöpferische[n]" und „philosophisch eklektische[n] Zuständen]" (GW II, 1054; vgl. hierzu auch die Unterscheidung zwischen „einem schöpferischen und einem illustrativen [...] Theater" in *Der Schwärmerskandal*, 1929, GW II, 1191), für die jeweils unverkennbar die Autorennamen Musil und Spengler stehen. (→ VI.1.1 *Drama, Theater*) Darüber hinaus vermisst das essayistische Ich an der Spengler'schen – in Abgrenzung zur hier nur implizit auf Musils Autorschaft verweisenden – Essayistik „intellektuelle Versuchsgrundlagen für die Gestaltung des inneren Lebens": Es seien bei Spengler „viel zu wenig *innere Möglichkeiten* vorbearbeitet" (GW II, 1056; Hervorhebung B. N.). Auf diese Darstellung der theoretisch-methodischen Grundlagen des Essayismus und auf die Bewertung nicht- bzw. schein-ratioïder Methoden auf dem Gebiet des Nicht-Ratioïden folgt eine Darstellung des Schemas von Spenglers Kulturphilosophie (in den Abschnitten IX. u. XI.) auf der Basis eines neuen Vorschlags zur „Streitfrage, wie man Kultur und Zivilisation unterscheidet":

> Ich glaube, wenn man unterscheiden will, ist es am besten, Kultur zu sagen, wo *eine* Ideologie herrscht und eine noch einheitliche Lebensform, Zivilisation dagegen als den diffus gewordenen Kulturzustand zu definieren. Jeder Zivilisation ist eine Kultur voraufgegangen [sic], die in ihr zerfällt; jede Zivilisation ist ausgezeichnet durch die gewisse technische Beherrschung der Natur und ein sehr kompliziertes [...] System sozialer Beziehungen. (GW II, 1057)

Das heißt, dass im inner- wie im zwischenstaatlichen ‚Kulturkampf' zwischen ‚Kultur' und ‚Zivilisation' (vgl. hierzu Elias 1976) das wertende durch ein zeitliches Konzept ersetzt wird. Grundlage ist auch in diesem kultur- oder vielmehr Spengler-kritischen Essay das statistische Gesetz der wachsenden Zahl (vgl. *Politik in Österreich*, *Politisches Bekenntnis eines jungen Mannes* sowie Ulrichs Erläuterungen gegenüber Gerda in MoE, 488). (→ IV.3 *Mathematik*) Der „diffus gewordene[ ] Kulturzustand" ist demnach der Zustand der Moderne. (→ II.1 *Moderne*) Gefordert wird nicht Synthese (vgl. *Das hilflose Europa*, GW II, 1087), sondern Analyse und eine neue „geistige Organisation" (GW II, 1058) des politischen, mithin ‚nicht-ratioïden' Bereichs.

4.2.4 Eine ‚neue mögliche Weltordnung': *Die Nation als Ideal und als Wirklichkeit* (1921)

Der 1921, also fast zwei Jahre nach den Verträgen von Versailles und Saint-Germain (vgl. GW II, 1071) in der *Neuen Rundschau* veröffentlichte politische Essay *Die Nation als Ideal und als Wirklichkeit* bezieht in Auseinandersetzung mit „jene[m] bekannte[n] Sommererlebnis im Jahre 1914" (GW II, 1060) und der „österliche[n] Weltstimmung" (GW II, 1061) am Ende des Ersten Weltkriegs sowie auf der Grundlage des ‚Theorems der menschlichen Gestaltlosigkeit' (vgl. hierzu den fragmentarischen Essay *Der deutsche Mensch als Symptom*, 1923) eine neue Position zum Konzept der Nation und zum Verhältnis des österreichischen Staates zum deutschen. (→ VII.3 *Gestaltlosigkeit*) Dieses wird nun vor einem geschichtsphilosophischen Hintergrund deutlich kritischer gesehen und das großdeutsch-emphatische „Wir Deutsche" (GW II, 1070) als „Fiktion" entlarvt:

> Es ist ein Wir, dem die Wirklichkeit nicht entspricht. Wir Deutsche, das ist die Fiktion einer Gemeinsamkeit zwischen Handarbeitern und Professoren, Schiebern und Idealisten, Dichtern und Kinoregisseuren, die es nicht gibt. Das wahre Wir ist: Wir sind einander nichts. Wir sind Kapitalisten, Proletarier, Geistige, Katholiken … und in Wahrheit viel mehr in unsere Sonderinteressen und über alle Grenzen weg verflochten als untereinander. (GW II, 1070)

Der „deutsche Gedanke stütze sich", so argumentiert Musil gleichermaßen gegen den deutschen Idealismus Hegel'scher Provenienz wie gegen den Antisemitismus, „entweder auf Rassenphantasien oder auf eine Aufopferungsphilosophie für die Summe aller Summen, welche der Staat sein sollte", d. h. auf „die Nation als Geist." (GW II, 1069) Die politischen Konstrukte ‚Staat' und ‚Nation' (bzw. ‚Volk') werden weder mentalistisch noch organologisch betrachtet, sondern in Bezug auf ihren Organisationsgrad: „Ein Volk ist die Summe der Einzelnen plus ihrer Organisation", die „in vieler Hinsicht ein selbständiges Leben führt" (GW II, 1063). Der Staat wird – wie bereits in *Der Anschluß an Deutschland* – als ‚organisierte Nation' bestimmt, denn nur der Staat habe „wirksame ‚Organe' ausgebildet […]; die Nation hat ja fast keine; die, welche sie hat, sind der Staat." (GW II, 1067) Auch in *Die Nation als Ideal und als Wirklichkeit* wird die Nation – so die essayistische Kernthese – angesichts des Zusammenbruchs „zwei[er] große[r], einander entgegengesetzte[r] Illusionen" (GW II, 1061) durch Kriegsausbruch und Novemberrevolution als „Einbildung" (GW II, 1071; vgl. Zisselsberger 2004), als „Imaginäre[s]" (Pott 1993a), als subjekt- und massenpsychologische Konstruktion bestimmt: Mit diesem nicht substanziellen, sondern konstruktivistischen Konzept von Nation wendet sich das essayistische Ich gegen die „Hysterie" des Kriegsbeginns (GW II, 1061) sowie den „hysterische[n] Knoten" des Nationalismus (*Der Anschluß an Deutschland*, GW II, 1037), gegen den

„mystische[n] Fetisch" (GW II, 1071) und das „anthropologische[ ] Küchenlatein[ ] [von] den angeblichen Rassen" (GW II, 1064). Musils Kritik am „regressiven Ideenbedürfnis[ ]" des „Antisemitismus" (GW II, 1065), den er auf einen projektiven „‚Überwälzungsidealismus'" (GW II, 1067) zurückführt, ist zeitgleich von Sigmund Freud in *Massenpsychologie und Ich-Analyse* (1921) als Ich-Idealisierung bestimmt worden. Dabei nimmt Musils Beschreibung des modernen Lebens die Einsichten in die Faschismusanalysen der Frankfurter Schule vorweg und ist auch heute noch hoch aktuell:

> Er [der „Akt" = die Akte als „Symbol der indirekten Beziehung zwischen Staat und Mensch", B. N.] ist das geruch-, geschmack- und gewichtslos gewordene Leben, der Knopf, den man drückt, und wenn deshalb ein Mensch stirbt, so hat man es nicht getan, weil das ganze Bewußtsein von der schwierigen Handhabung des Knopfes erfüllt war; der Akt, das ist das Gerichtsurteil, der Gasangriff, das gute Gewissen unserer Peiniger, er spaltet den Menschen aufs unseligste in die Privatperson und den Funktionär, aber seine Indirektheit der Beziehung ist unter heutigen Verhältnissen eine anscheinend unentbehrliche Hygiene. (GW II, 1068)

Die individualistische Kategorie des Menschen wird dabei nachdrücklich gegen die kollektivistischen Ideale ‚Nation' und ‚Staat' gestellt (vgl. KA, L 14, Aphorismen aus dem Nachlass, Germany: „*Politische Fragen* [...] haben vorderhand die Einteilung in: Macht (und anderer Zustand) und Kollektivismus-Individualismus."). ‚Nation', ‚Rasse' etc. sind ‚Kollektivsingulare' (Reinhart Koselleck), „Funktionswerte" bzw. reine „Beobachtungs- und Beschreibungskategorie[n]" (Pott 1993a). Doch diesmal geht es nicht um die Bedingungen der Möglichkeit eines ‚neuen Menschen', sondern um das Herausfinden „aus der Sackgasse des Imperial-Nationalismus [...] zu einer neuen *möglichen* Weltordnung", deren „Gesinnung" – so der essayistische Schlussappell – erst noch „zu schaffen" sei (GW II, 1075; Hervorhebung B. N.). Grundlage der im Essay entworfenen politischen Utopie ist wiederum das von Musil im Essayfragment *Der deutsche Mensch als Symptom* (1923) entwickelte ‚Theorem der menschlichen Gestaltlosigkeit'. (→ VII.3 Gestaltlosigkeit) Dessen ideologiekritische Zielvorstellung ist erklärtermaßen, die „[b]löde[n] Staats- u[nd] Nationalideologien [zu] beseitigen" (GW II, 1361; vgl. Tb I, 549). Die Lehre von 1914 und 1918 sei, „daß der Mensch ethisch nahezu etwas Gestaltloses, unerwartet Plastisches, zu allem Fähiges ist" (GW II, 1072): „[D]iese zwischen fest und flüssig schwankende Masse, Nicht-Masse, dieses Nichts ohne feste Gefühle, Gedanken und Entschluß ist, wenn auch nicht die Nation, so doch die ihr Leben eigentlich erhaltende Substanz." (GW II, 1070; vgl. Amann 2011; Wolf 2011a u. 2011b)

4.2.5 Die Forderung einer neuen wissenschaftlichen Disziplin: *Das hilflose Europa oder Reise vom Hundertsten ins Tausendste* (1922)

Der 1922 in der Zeitschrift *Ganymed* erschienene Essay erstellt eine Diagnose der Nach- bzw. Zwischenkriegszeit. Es handelt sich formal um einen essayistischen Spaziergang („oder Reise vom Hundertsten ins Tausendste"), dessen scheinbare Abschweifungen gleichwohl in ein stringentes Argumentationsgerüst eingebettet sind, in dem ein essayistisches (Lebens-)Programm entworfen wird. Wiederum greift Musil auf das ‚Theorem der menschlichen Gestaltlosigkeit' zurück: „[D]ie Erfahrung des

Kriegs hat es in einem ungeheuren Massenexperiment allen bestätigt, daß der Mensch sich leicht zu den äußersten Extremen und wieder zurück bewegen kann, ohne sich im Wesen zu ändern. Er ändert sich, aber er ändert nicht *sich*." (GW II, 1080; vgl. Kappeler 2012, S. 298 u. 315) (→ VII.3 *Gestaltlosigkeit*) Als Ursache des Kriegs wird – wie schon in *Geist und Erfahrung* (1921) – neben der „Schlafwagen"-Mentalität des „Gewährenlassen[s]" ein „Mangel an geistiger Organisation" (GW II, 1089) gesehen. Gefordert wird eine „Soziologie des Kriegs" (GW II, 1090). Schuld am Ersten Weltkrieg sei weder zu viel „Verstand" (vgl. GW II, 1092) noch die „Zivilisation" (GW II, 1092). Der Krieg sei auch nicht „als die Katastrophe einer bestimmten kulturellen Situation anzusehn" (GW II, 1090), vielmehr lasse sich die Annahme eines „periodische[n] Zusammenbrechen[s] aller Ideologien" in ihrem „Mißverhältnis zum Leben" (GW II, 1090) als Teil einer – von Simmel diagnostizierten – kulturellen Dynamik (,Tragödie') der Kultur lesen, welche sich in einem „fortschreitenden Selbstzersetzungsprozeß" befinde (GW II, 1091; vgl. auch *Der „Untergang" des Theaters*, 1924, GW II, 1125): „Niemals wieder wird eine einheitliche Ideologie, eine ,Kultur' in unsrer weißen Gesellschaft von selbst kommen; mag sie zu Frühzeiten dagewesen sein (obgleich man sich das wahrscheinlich zu schön vorstellt)" (GW II, 1091). (→ III.2.4 *Literatur- u. Theaterkritik*; V.9 *Krieg*) Auch in *Das hilflose Europa* wird der diagnostizierte Kulturzustand der Moderne nicht sentimentalisch betrauert, sondern die Zeit der allgemeinen Kulturkrise positiv bewertet. Ähnlich argumentiert Musil im Fragment *Der deutsche Mensch als Symptom*: „Ich habe wiederholt den Versuch gemacht, zu einer positiven Bewertung dieses chaotischen Zustands zu raten. […] Üblich ist aber, in ihr [i. e. einer solchen Zeit] nur eine Verfallserscheinung zu sehn." (GW II, 1363) *Das hilflose Europa* endet mit der „Forderung einer Disziplin […] zur Lösung großer Ordnungsaufgaben" (GW II, 1094). Der Essay entwickelt den „Versuch einer erkenntnis-theoretischen Prüfung" (GW II, 1026) aus *Skizze der Erkenntnis des Dichters* (1918) weiter, wobei diesmal nicht dem Dichter, sondern dem Wissenssoziologen die Aufgabe einer Übertragung der ,ratioïden Methode' auf das nicht-ratioïde Gebiet von Kultur und Krieg überantwortet wird. Die Nähe zu der zeitgleich von Karl Mannheim entwickelten Wissenssoziologie ist unverkennbar (vgl. Nübel 2005): „[S]o liegt ein ungeheures Organisationsproblem darin beschlossen, daß man die Auseinandersetzung und Verknüpfung ideologischer Elemente nicht dem Zufall überlasse, sondern fördere. Diese notwendige Funktion der Gesellschaft existiert heute nur auf wissenschaftlichem, also reinem Verstandesgebiet", nicht jedoch „auf geistigem Gebiet" (GW II, 1091).

5. Essays III (zu Geschlecht, Mode und Sport)

Neben den poetologischen und politisch-kulturkritischen Essays gibt es zahlreiche Texte Musils, die sich mit dem Verhältnis der Geschlechter, der Mode und dem Sport auseinandersetzen. Diese sind in der Frisé-Ausgabe teils unter „Erzählungen" rubriziert (*Brief Susannens, Unsere Männer*), teils unter „Kleine Prosa" (z. B. *Hasenkatastrophe, Kunstjubiläum, Triëdere, Der bedrohte Ödipus*), teils unter „Prosa-Fragmente aus dem Nachlass" (z. B. *Durch die Brille des Sports, Randglossen zu Tennisplätzen, Der Praterpreis, Für Franz Blei. Frauenlob, Mode*), teils unter „Essays" (z. B. *Erinnerung an eine Mode, Penthesileiade, Die Frau gestern und morgen*) sowie unter „Glossen" (*Als Papa Tennis lernte, Kunst und Moral des Crawlens*), ohne dass – über das Kriterium ‚zu Lebzeiten veröffentlicht' hinaus – ein überzeugendes Abgrenzungskriterium vorgeschlagen würde. Weder Umfang noch Inhalt oder Form noch Publikationskontext können im Einzelfall eine entsprechende Gattungseinteilung begründen; so ist auch im Kommentar der *Klagenfurter Ausgabe* die Rede einerseits von einem „fließenden Übergang zwischen kulturpolitischen bzw. literaturkritischen Arbeiten, Kritiken und Essays", und andererseits – in Bezug auf *Randglossen zu Tennisplätzen* – von einem „für eine Glosse relativ umfangreiche[n] Beitrag" (KA, K 11, Publizistik). Im Folgenden wird daher ausschließlich zwischen den zu Lebzeiten veröffentlichten und den fragmentarischen Essays unterschieden. Auch die Differenzierung zwischen ‚Essay' auf der einen und ‚Kleiner Prosa' auf der anderen Seite erscheint aufgrund der Oszillation der essayistischen Texte zwischen Fiktion und Nicht-Fiktion, Narration und Reflexion/Diskurs kaum praktikabel (vgl. Nübel 2013/14).

Nicht nur im Roman *MoE*, sondern auch in den Essays spielen Mode (→ V.11 *Mode*) und Sport (→ V.10 *Sport*) eine wichtige Rolle. Musils Essays können als (fragmentarische) Kulturtheorie der Moderne und zeitgenössische Kultur- und Gesellschaftskritik gelesen werden, die auch den Wandel der Geschlechterverhältnisse in den Blick nimmt: (→ V.6 *Geschlechterrelationen*) Mode und Sport werden so zu Metaphern der Modernisierung und zu Medien der kritischen Reflexion des Modernisierungsprozesses. (→ II.1 *Moderne*) In der Tradition Baudelaires (*Le peintre de la vie moderne*, 1863), Veblens (*Theorie der feinen Leute*, 1899), Simmels (*Die Philosophie der Mode*, 1905; *Die Mode*, 1911) und Fuchs' (*Die Frau in der Karikatur*, 1906) sind Musils literarische Inszenierungen und essayistische Reflexionen Teil einer Diskursivierung von Mode und damit auch eines kulturellen Selbstbeschreibungsprogramms, in dem der Prozess der Modernisierung resp. der Beschleunigung des modernen Lebens kritisch reflektiert wird. Bereits Baudelaire hatte nicht nur den Zusammenhang zwischen Mode und Modernität herausgestellt, sondern auch den zwischen Mode/Modernität und ‚Weiblichkeit'. Ist die Geschichte der Mode eine Geschichte der Kultur wie des Geschlechterverhältnisses, so ist Modekritik zugleich auch eine Form der Kultur-, Gender- und Gesellschaftskritik. Der kulturelle Wandel, der sich im Wechsel von Moden und Stilen ausdrückt, setzt zu Beginn des 19. Jahrhunderts ein und führt „vom Sichtbarwerden zur Zurschaustellung" des bewegten, bekleideten oder nackten Körpers (Fleig 2008, S. 151). Gleichzeitig impliziert er einen Wandel der Geschlechterordnung. Der modisch gekleidete bzw. zunehmend sich ‚entkleidende' weibliche Körper wird zur Bühne modernitätstheoretischer Performanz wie zu deren Gegen-Bild, wenn es darum geht, am weiblichen Körper sowohl das Andere der Reflexion als auch die Möglichkeiten der Moderne zu entwickeln. Um 1900 steht auch der Modediskurs unter dem Aspekt zunehmender Beschleunigungserfahrung (vgl. Simmel 1996). Dabei gehen die Veränderungen der Mode am Ende des 19. und zu Beginn des 20. Jahrhunderts, insbesondere die der Damenmode, eng mit den veränderten Anforderungen einher, die der moderne Sport an die Bekleidung richtet. In den Musil'schen Essays ist ein enger Konnex zwischen Mode und Sport, ‚Entkleidung' und ‚Befreiung' zu konstatieren. Der Sport hat nicht nur die Mode im engeren Sinne verändert, er wird auch selbst zur Mode: „Während die Mode seit dem 19. Jahrhundert weiblich konnotiert war, galt der Sport […] als ‚männliches' Betätigungsfeld" (Fleig 2008, S. 154): Der „Sportsmann" (MoE, 247) wird neben dem Mathematiker, Techniker und Ingenieur zu einem (männlichen) Soziotypus der Moderne/Modernisierung (vgl. Fleig 2008, S. 19, u. 2011, S. 182). Die Ikonografie der

‚Neuen Frau' mit Bubikopf und Spangenschuh ist das modische Pendant. Musils mode-, gender- und sportkritische Essays beklagen nicht die ‚Versachlichung' bzw. ‚Vermännlichung' dieses neuen Frauentypus, sondern beleuchten die ökonomischen, gesellschaftlichen (zur ‚Verweiblichung des Mannes' vgl. Sutton 2008) und familiären Voraussetzungen und Möglichkeiten einer neuen Geschlechter-Figuration der Moderne.

5.1 Eine Gendertheorie der Mode

5.1.1 Die ‚Mehrzahl möglicher erotischer Relationen': *Erinnerung an eine Mode* (1912), *Penthesileiade* (1912)

Ob es um die zeitgenössische Psychoanalyse, den Sport oder die Emanzipation der Frau geht, Mode wird für Musil zum „Sprungbrett" (Lukács 1971, S. 28) bzw. zum Anlass eines Schreibens „bei Gelegenheit von …" (ebd., S. 33), wie er in einem Selbstkommentar ausführt:

> Alle seine Aufsätze haben etwas Gelegentliches und Ungelegenes. Es scheint, da hat man ihn aufgefordert, über eine Rockhose zu schreiben und er, der sich sonst nie entschließen könnte, zu schreiben, tut es, weil man ihn eingeladen hat; aber er benützt es, um irgendetwas von den Dingen einfließen zu lassen, über die zu schreiben, er sich nie entschließen kann. (Tb I, 666)

So ist auch Musils erster Mode-Essay *Erinnerung an eine Mode*, der 1912 in der ersten Nummer von Franz Bleis *Losem Vogel* erschien, nicht nur ein Essay über Mode, sondern zugleich auch ein Essay über das Verhältnis der Geschlechter. Diesmal wird das ‚Theorem der erotischen Oberfläche' (→ V.11 Mode) auf den Stand der Zivilisiertheit im Vergleich dreier europäischer Haupt- und Modestädte – Paris, Wien und Berlin – bezogen. Dabei fungiert Berlin in Musils Essay nicht nur in Sachen Mode (vgl. *Buridans Österreicher*, 1919, GW II, 1032), sondern auch hinsichtlich der zeitgenössischen Auseinandersetzung um die Gleichberechtigung der Frau (zum Frauenwahlrecht vgl. *Penthesileiade*, 1912; vgl. hierzu Nübel 2013/14) als Vorreiter gegenüber Wien: „[D]arf man von Berlin etwas für Europa hoffen?" (GW II, 983) Ausgehend von dem Dualismus ‚Seele' und ‚Wirklichkeit' wird – gleichsam in Vorwegnahme einer mentalitätengeschichtlichen Methode (vgl. Nübel 2009) – Mode als „Gefühlsoberfläche Europas" (GW II, 983) gekennzeichnet. Die Reaktion der zeitgenössischen Öffentlichkeit auf die (Wieder-)Einführung der „Rockhose" (vgl. hierzu Vinken 1993, S. 27, u. 2013, S. 111; Lehnert 1994, S. 43; Wolter 1994, S. 222–247, u.a.) wird zum Anlass genommen, um über den transvestitischen „Ball der Veränderten" in Berlin zu berichten, auf welchem „Frauen auch in der Rolle der Tänzer und Souperherren" zu sehen gewesen seien („im Anzug, ob modern oder historisch, die verräterische Kehlung zwischen Hüften, Schenkeln und Bauch kindlich sorgfältig ausgestopft", GW II, 984). Auch hier machen Kleider Leute (vgl. *Ansätze zu neuer Ästhetik*, GW II, 1148), aber kein eindeutiges Geschlecht mehr. Für das auf dem Ball, zu dem „[k]ein Mann zugelassen" (GW II, 984) ist, offensichtlich undercover, d.h. in Frauenkleidern, agierende essayistische Ich „gewinnen die unhübschen, gealterten, selbst die fetten Frauen" – „[a]ls Mann gedacht" – „etwas Faszinierendes" (GW II, 984). Bereits für diesen frühen Essay ist eine perspektivische Verschiebung der Geschlechts-

Körper, -Identitäten und -Konstruktionen konstitutiv (vgl. Fanelli 1999, S. 155), indem durch *gender switching* Objekt wie Subjekt der Beobachtung konstituiert werden und das Objekt des Blicks wie des Begehrens nicht heteronormativ (vgl. Butler 1991) gesetzt wird. Die „Fremdheit" des Blicks, der „Frauen wie Männer" fokussiert, eröffnet – so die Reflexion des männlichen essayistischen Ich – „ein ungeheures Feld neuer erotischer Nüancen" (GW II, 984). In der essayistischen Schlusssentenz, welche die Dichotomie von ‚modischer Oberfläche' und ‚seelischer Tiefe' wieder aufnimmt, wird in der „Verulkung" (an Blei, 21.2.1911, Br I, 74) zugleich auch eine Utopie der Geschlechter sichtbar (vgl. Fanelli 1999, S. 180): „Nicht mehr der unpersönliche Geschlechtsunterschied hätte sich in der Kleidung auszudrücken, sondern der das Geschlecht vertausendfachende Unterschied der Persönlichkeiten." (GW II, 984) (→ V.6 *Geschlechterrelationen*)

Im Essay *Die Frau gestern und morgen* (1929) wird die Frau (bzw. deren Körper) performativ als Konstruktion, als Inszenierung von Mode, Geschlecht und Subjektivität/Selbstermächtigung gleichermaßen entworfen (vgl. Nübel 2010): „Der menschliche Körper ist auf die Dauer außerstande, sich nur als Empfänger von Sinnesreizungen zu fühlen, er geht immer dazu über, Darsteller, Schauspieler seiner selbst zu sein, in allen Verhältnissen, in die er gerät" (GW II, 1198). Auf ein performatives Geschlechter-Konzept verweist auch *Der bedrohte Ödipus* (1931/1936), in dem die historisch-kulturelle Bedingtheit der psychoanalytischen Grundannahmen und der primären biologischen Geschlechtsmerkmale „bei Betrachtung [der zeitgenössischen Frau] im Badetrikot" in die Frage mündet:

> [W]o ist heute der Schoß? Wenn ich mir die psychoanalytische Sehnsucht, embryonal dahin zurückzufinden, an den laufenden und crawlenden Mädchen- und Frauenkörpern vorzustellen versuche, die heute an der Herrschaft sind, so sehe ich, bei aller Anerkennung ihrer eigenartigen Schönheit, nicht ein, warum die nächste Generation nicht ebensogern in den Schoß des Vaters wird zurückwollen. (KA, L 8, Der bedrohte Ödipus; vgl. GW II, 530)

Die Utopie eines erotischen Möglichkeitssinns bzw. eines inversiven Verhältnisses der Geschlechter im Sinne einer nicht monogamen, sondern multirelationalen (‚polyamourösen') Erotik wird auch im Essay *Penthesileiade*, der 1912 ebenfalls im *Losen Vogel* erschien, entwickelt: „Es könnte eine Zeit kommen, wo man nur die in der Mehrzahl möglichen erotischen Relationen gelten läßt und die bipolare Erotik als eine Sünde oder Schwächlichkeit ansieht, beinahe ebenso geistlos wie das Vergessen der Geliebten in der Untreue." (GW II, 986f.) Die „Emanzipation der Frau" – so die ironisch-konstruktive Kernthese des Essays – wird als sexuelle Möglichkeit des Mannes sowie des Menschenmöglichen überhaupt verstanden:

> Es handelt sich darum, diese Chancen wieder auszunützen, ihre Bedeutung liegt nicht auf dem Gebiete der Emanzipation der Frau, sondern auf [...] der des Mannes von den herkömmlichen Seelenarten der Erotik; und der ideologisch vorzuzeichnende Weg läuft: vom passiven Wahlrecht der Frau zur Sinnlichkeit und von dort zu verfeinerten Menschlichkeiten. (GW II, 986)

Während der *Penthesileiade*-Text „von einer zeitgenössischen männlichen Perspektive" ausgeht (Fanelli 1999, S. 162), ist der spätere Essay *Die Frau gestern und morgen* ein Beispiel dafür, dass „[d]ie zunächst männliche Betrachtungsweise in eine weibliche hinüber[gleitet]" (ebd., S. 191; vgl. ebd., S. 183).

5.1.2 *Die Frau gestern und morgen* (1929)

Der bislang von der Forschung (vgl. Fanelli 1999; Boss 2013) neben den poetologischen, politischen und kulturkritischen Essays am stärksten beachtete Beitrag *Die Frau gestern und morgen* erschien 1929 in dem von Friedrich M. Huebner herausgegebenen Sammelband *Die Frau von Morgen, wie wir sie wünschen* – in dem ausschließlich männliche Autoren ihre Weiblichkeitsimaginationen präsentieren – und beschäftigt sich mit dem Verhältnis der Geschlechter, dessen Idealisierungen und Möglichkeiten, auch in Bezug auf die Mode. Im Unterschied zu den anderen Beiträgern des Sammelbandes expliziert schon der Titel des Franz Blei gewidmeten Essays nicht etwa Wünsche an die ‚neue Frau'. Vielmehr wird – am Beispiel von Mode und Körperformung und in Referenz auf Alfred Adlers Theorie des männlichen Minderwertigkeitskomplexes und Sigmund Freuds Konzept der „Vorlust" (GW II, 1195) – eine Analyse der Männlichkeits- und Weiblichkeitsbilder (bzw. „Ideal"-Konstruktionen und „Phantasieentartung[en]", GW II, 1195) seit den 1890er Jahren vorgenommen: In dieser korrelierte der Frauentypus der Femme fragile auf groteske Weise mit dem männlichen Schnurrbart. Der Essay demaskiert „imaginierte Weiblichkeiten als krankhafte Männerphantasien" (Fanelli 1999, S. 191). Die Kleidung der „neuen Frau" der 1920er Jahre wird auf Grundlage des ‚Theorems der erotischen Oberfläche' mit der Kleidung der „veralteten Frau" (GW II, 1193f.) verglichen, das Konzept der ‚neuen Frau' in Bezug auf seine bildungs- und berufsmäßigen, ökonomischen und gesellschaftlichen Voraussetzungen kritisch befragt und in eine soziologische Familien- bzw. Geschlechter-Figuration gestellt: „Das, was man die neue Frau nennt, ist ein etwas verwickeltes Wesen; sie besteht mindestens aus einer neuen Frau, einem neuen Mann, einem neuen Kind und einer neuen Gesellschaft." (GW II, 1193) Das essayistische Ich entwickelt eine Ideologie- bzw. Idealisierungs-Kritik des Geschlechterverhältnisses: „Die Frau ist es müde geworden, das Ideal des Mannes zu sein, der zur Idealisierung nicht mehr die rechte Kraft hat, und hat es übernommen, sich als ihr eigenes Wunschbild auszudenken. [...] Sie will überhaupt kein Ideal mehr sein, sondern Ideale machen, zu ihrer Bildung beitragen, wie die Männer es tun"; der „Wirklichkeitssinn einer Gattung Mensch, die durch Jahrhunderte dazu verurteilt war, das Ideal eines anderen zu spielen", ist damit überraschend positiv bewertet (GW II, 1198; vgl. MoE, 16f.). Der Wandel des Geschlechterverhältnisses wird auf die epochale Zäsur des Ersten Weltkriegs zurückgeführt und die Frauenemanzipation ironisch auf einen – erst seit dem 19. Jahrhundert männlichen (vgl. Vinken 1993, S. 27, u. 2013, S. 19 u. 102) – Berufstypus, den Schneider: „Der Krieg ist es gewesen, der den Massen der Frauen die Scheu vor den Mannesidealen und dabei auch vor dem Ideal der Frau genommen hat, und die entscheidende Schlacht ist nicht von den Vorkämpferinnen der Emanzipation, sondern am Ende von den Schneidern geschlagen worden." (GW II, 1197) Konstitutiv für den Zusammenhang von Frauenbefreiung und Mode ist in *Die Frau gestern und morgen* – wie in anderen Texten Musils auch (vgl. *Als Papa Tennis lernte*, 1931, u.a.) – das Wortspiel mit ‚Emanzipation' aus ‚frei sein', ‚Freimachen' und ‚Entkleiden': „Die Frau hat sich auch nicht in der Weise freigemacht, daß sie dem Manne Tätigkeitsgebiete abnahm, wie es früher den Anschein hatte, sondern ihre entscheidenden Taten waren, daß sie sich seiner Vergnügungen bemächtigte und daß sie sich auskleidete." (GW II, 1197) Selbstbefreiung bedeutet in ironisierender Übertreibung einer Ikonografie der ‚neuen Frau' eben nicht (nur), „sich splitternackt" auszuziehen (GW II, 1198), sondern auch Selbstermächtigung qua ‚Selbstbildung' des Körpers und selbstgesetzter Ideale. Der Zusammenhang von ‚Entkleidung' und Mode spielt vor allem auch in den Sport-Essays eine zentrale Rolle.

5.2 Weibliche Mode und männliche Blicke

5.2.1 Das Geschlecht der Zivilisation: *Hasenkatastrophe* (1923/1936)

Schleicht sich das männliche Ich in *Erinnerung an eine Mode* (1912) – womöglich in weiblicher Verkleidung – auf einen „Ball der Veränderten" (GW II, 984), um dort mit goutierendem Blick auf die als Männer verkleideten Frauen eine inversive und multirelationale Utopie der Geschlechter zu entwerfen, so ist auch für die anderen Mode-Texte Musils der männlich-mediale Blick auf die durch Mode konstituierten Geschlechter elementar. Im zivilisationskritischen Prosatext *Hasenkatastrophe* (1923 zuerst im *Prager Tagblatt* erschienen und 1936 unter „Bilder" im *Nachlaß zu Lebzeiten* wieder aufgenommen), wird nicht nur das Verhältnis von ‚Natur' („Hase", „Foxterrier", kannibalische „Neger"), ‚Krieg' („Blutrausch") und ‚Zivilisation' („Mode", Europäer), ‚Mann' (essayistisches „Ich"), Frau („[d]ie Dame") und (weiblichem?) Tier bzw. (Tier-)Kind („ein Häschen, ein Hasenkind") thematisiert (GW II, 572–574). (→ III.1.8.1 *Nachlaß zu Lebzeiten*) Exponiert wird zugleich auch die Aggressivität des essayistischen Ich sowie der potenzielle Opferstatus der modisch gekleideten, „mit einem Pelzkragen geschmückten weißen Dame" (GW II, 573), die mit ihrem „Puppengesicht[ ]" gleichsam „aus der Glasscheibe eines großen Geschäfts" heraustritt (GW II, 572). Nach diesem ersten ‚Bild' kommt es bereits im zweiten, durch ein Semikolon abgetrennten Halbsatz unvermittelt zu einem Akt iterativ-imaginierter männlicher Gewalt: „[I]ch meine zuweilen, man müßte erst tüchtig mit dem Stiefelabsatz in solch einem Gesicht herumrühren dürfen" (GW II, 572). Das männliche essayistische Ich, das „Schuhe mit seifenglatten Büffelledersohlen [trägt] und Beinkleider, die wie mit dem Lineal und weißer Kreide entworfen sind" (ebd.), identifiziert sich mit dem als männlich konnotierten Hund: „Mit solch einem stichligen Fox habe ich schon Gletscherwege gemacht; wir glatt auf den Skiern, er blutend, bis zum Bauch einbrechend, vom Eis zerschnitten" (GW II, 573). Er fühlt nicht mit dem kleine Hasen, der als Sinn- bzw. Tierbild gegenüber der modernen europäischen Kleidung (,Zivilisation') für die ‚Natur' (bzw. für die im Schritt bzw. zwischen den Beinen verorteten Sinnlichkeit zwischen „den weißen Bügelfalten und den teetassendünnen Röcken", GW II, 572f.) steht. Als der Fox das „Häschen" (GW II, 574) vor den „zehn bis fünfzehn stehengebliebene[n] Badegäste[n] in farbigen Tollhausjacken, wie sie die Mode vorschreibt" (GW II, 573), überraschend stellt und tötet, ‚kippt' jedoch die Perspektivierung: Das offenbar kriegserfahrene essayistische Ich, das an den Forschungsreisenden aus Kafkas Prosatext *In der Strafkolonie* (1914/1919) erinnert, identifiziert sich nicht mehr mit dem Hund, der nun für den „Neger"-Kannibalen steht, sondern mit dem getöteten „Häschen" und hätte „[a]m liebsten [...] die sinnlose kleine Dame" – diesmal stellvertretend für ihren Hund – „geschlagen". Am Ende des kleinen Prosatextes wird die Natur, das ‚Geschlecht der Zivilisation', in Form des toten „Häschen[s]" in europäisch-kultivierter Manier („wie einen kleinen Sarg") der Hotelküche zugeführt (GW II, 574) und zivilisatorisch, also mit Gabel und Messer (vgl. Elias 1976), einverleibt.

5.2.2 Die Mode im Visier: *Triëdere* (1926/1936)

Der Konnex von Geschlecht, Mode und Gewalt kehrt in *Triëdere* (1926; 1936 im *Nachlaß zu Lebzeiten* erschienen) im Fensterblick des Kriegsveteranen (vgl. GW II, 578), der durch ein binokulares Doppelfernrohr die Passantinnen auf der Straße beobachtet, wieder: Die den weiblichen Körper verhüllende Kleidermode

> verkündete[ ] dem gewöhnlichen Auge das unantastbare Ansehen der Trägerin oder das Lob des Schneiders und verriet[ ] heimlich, was nicht gezeigt wird; denn in Vergrößerung gesehn, werden Impulse zur Ausführung, und durch ein Glas beobachtet, wird jede Frau eine psychologisch belauschte Susanna im Bade des Kleides. (GW II, 520)

Im nächsten Schritt wird der „anzügliche[ ] Mißbrauch" des Triëders, der mit „unbestechliche[m] Blick" durch die Kleider zur „ewige[n] Landschaft der Liebe" vordringt (GW II, 520), durch einen imaginativen Lustmord an der Frau ersetzt. Denn das medial bewaffnete phallische Auge wird zum Messer, das „[d]ie Anmut einer Frau [...] tödlich" durchschneidet, sobald das Fernglas den Körper der Frau „vom Rocksaum aufwärts als einen sackartigen Raum erfaßt, aus dem zwei geknickte kurze Stelzchen hervorkommen." (GW II, 521) Mode wechselt zwischen dem kurzen grinsenden „Glück" (ebd.) einmaliger, unverwechselbarer Individualität einerseits und kollektiver Überlieferung andererseits (vgl. Simmel 1995 u. 1996; MoE, 132). Der poetologische Metatext *Triëdere* entwickelt eine ästhetische „Theorie" der „Isolierung" (GW II, 520) und in Bezug auf die Geschichte der Mode das Theorem einer „überraschend geringe[n] Anzahl von geometrischen Möglichkeiten" (GW II, 521), welches das Theorem einer „ungeheuerliche[n] künstliche[n] Vergrößerung der erotischen Oberfläche" weiterführt (*Die Frau gestern und morgen*, GW II, 1193f.). Im Nachlasstext *Dritter Brief Susannens* wird das „Modeprinzip" männlicher Kleidung im Gegensatz zur weiblichen Mode „als ein Maximum der Variation bei einem Minimum der Veränderung bezeichne[t]." (KA, L 15, Fragmente aus dem Nachlass, Nachgelassene Glossen; vgl. Nübel 2013/14)

5.2.3 Die „Soziologie der Mode": *Mode* (1931)

Auch der essayistische Nachlasstext *Mode* (KA, M VI/1/176f., in der KA auf 1931 datiert; vgl. GW II, 805–807) offeriert Fragmente zu einer sozialpsychologisch begründeten Theorie der Mode und ihrer kulturwissenschaftlichen Methode (dem Betrachten von Modebildern in Fotoalben und/oder illustrierten Zeitschriften). Dabei geht das essayistische Ich, das sich mit dem ‚Wir' der 1. Person Plural und dem ‚man' als männlicher Zeitgenosse zu erkennen gibt, von einer mentalitätengeschichtlichen bzw. generationsbedingten Zäsur um 1870 aus, auch wenn die „Entwicklungslinien [...] unserer Kleidung" von einem „Historiker der Form" in die „Zeit Goethes" und darüber hinaus gezogen werden könnten:

> Illustr[ierte] Z[ei]t[un]gen haben seit einigen Jahren die hübsche Gewohnheit angenommen, Modebilder aus solchen vergangenen Zeiten zu reproduzieren, die ein großer Teil von uns noch mitgemacht hat, also etwa aus den Jahren 1914, 1900 bis 1890. Ihren Abschluß nach unten findet diese Reihe etwa in den 70er Jahren des vor[igen] J[a]hr[hun]d[er]ts. Man sieht Hüte, die wie Räder oder große Käseringe sind, gepuffte Ärmel, wunderliche Linien vom Magen bis zum Hals und Schöße voll Unnatur. (GW II, 805)

Der Ethnograf der eigenen Kultur versucht das „Gefühl" der „Lächerlichkeit" (GW II, 805), der Fremdheit (vgl. KA, M VI/2/56; *Kunstjubiläum*, GW II, 517f.) und Scham psychologisch zu erklären: Das Lächerliche und Unangenehme der Mode, ihr ins Lachen gewendeter Schrecken, höre erst da auf, wo sie „unsere Vergangenheit [ist], und nicht mehr das, was von uns vergangen ist." (*Kunstjubiläum*, GW II, 518) (→ V.11 *Mode*) Dabei wird Mode weder ausschließlich als ästhetisches Phänomen (mit der Leitdifferenz ‚Schönheit' vs. „Häßlichkeit", GW II, 805) noch als lebenspragmatischer Effekt verstanden: „[I]n Wahrheit spielt das Praktische in der Mode eine ebenso untergeordnete Rolle wie das Schöne, und nichts steht dafür gut, daß wir nicht noch einmal Vatermörder und Schnürstiefel tragen werden." (GW II, 806) Angeführt werden vielmehr ökonomische (vgl. ebd.) und soziologische Gründe: „Kleider waren ja immer ein nach außen Kehren der sozialen Bedeutung." (GW II, 807) Das essayistische Ich scheint sich hier auf die Modetheorien Thorstein Veblens und Georg Simmels (vgl. Nübel 2010) zu beziehen: „Konsequent müßte man sich mit kostbaren holländischen Gulden oder mit schlichten Mark bekleiden." Das Theorem der „Indirektheit[ ]" der Mode schließt an das der erotischen Oberfläche an: Mit der „Vernunftlinie", die direkt zur „Nacktheit" und zum „Reformsack" (GW II, 807) führe (zum Reformkleid vgl. Anderson 1994; Fanelli 1999; Gürtler 2000), bricht der Text ab – wie schon der *Dritte Brief Susannens*, die uns ihre Philosophie der Herrenmode in gendertheoretischer und kulturgeschichtlicher Hinsicht schuldig bleibt (vgl. Nübel 2013/14).

5.3 Die Sport-Essays

5.3.1 *Für Franz Blei. Frauenlob* (1924), *Durch die Brille des Sports* (1925/26?)

Auch in dem Essayfragment *Für Franz Blei. Frauenlob* (1924) wird in Bezug auf das „Verhältnis[ ] der Geschlechter" bzw. die „Beziehungen zwischen Frau u[nd] Mann" „nicht die Annäherung der weiblichen Tracht an den Mann, sondern die Entkleidung der Frau durch den Sport" als „wichtigstes äußeres Zeichen" (GW II, 804) hervorgehoben.

Ausgehend von einem „Zusammenhang zwischen Sport und Brille" (GW II, 792) wird im fragmentarischen Essay *Durch die Brille des Sports* (1925/26?) eine Verbindung zwischen dem „Geist" des Sports und der „Sportsliebe" (GW II, 795) sowie zwischen Sportlern und Dichtern hergestellt. Letzteres wird über den Geniebegriff bzw. die zeitgenössische Wendung vom „geniale[n] Rennpferd" (MoE, 44) und Fußballspielern als „Genies des ‚Grünen Rasens'" (GW II, 793) vermittelt: Der „Begriff des Genies" sei – so die ironische Pointe – „psychotechnisch zu normen" (GW II, 794; vgl. Fleig 2005a u. 2008, S. 185–192). Auch dieses essayistische Ich ist männlich und sporterfahren, wenngleich nicht mehr ganz jung (vgl. GW II, 793), und deutet das Phänomen des modernen Sports von der Zuschauerbank aus: „Wahrscheinlich ist aber gerade das Zuschauen von einem Sitzplatz aus, während andere sich plagen, die wichtigste Definition der heutigen Sportsliebe" (GW II, 795).

5.3.2 *Randglossen zu Tennisplätzen* (1925/26?)

Im Essayfragment *Randglossen zu Tennisplätzen*, dessen Veröffentlichung – wie auch von *Der Praterpreis* – ursprünglich für Bleis *Roland* vorgesehen war, geht es abermals um das Verhältnis von Sport/Tennis und Mode im Zusammenhang mit dem sich wandelnden Verhältnis der Geschlechter zueinander. Das Phänomen des ‚Entkleidens' beim Tennisspiel wird – diesmal für Mann und Frau – explizit sexualisiert:

> Die jungen Männer waren in Hemdsärmeln, manche trugen sogar keine Krawatte und erlaubten sich den obersten Hemdknopf zu öffnen, so daß man nicht sicher war auf den Anblick von Brusthaaren zu stoßen. Die jungen Mädchen behaupteten, daß man im Mieder schlecht spiele, weigerten sich, mehr als einen Unterrock zu tragen und behaupteten in ihrem Eifer, daß ihre Gegner auf den Ball achten würden, aber nicht auf ihre beim Lauf schwankenden Brüste. (GW II, 795)

Werden in *Die Frau gestern und morgen* (1929) den Männern vor der Jahrhundertwende noch „erschütternde Abenteuer" (GW II, 1194) auf bzw. unter der erotischen Oberfläche der weiblichen Mode vorbehalten, so bleiben den an der Krise der Männlichkeit kränkelnden zeitgenössischen „Heroen" (*Durch die Brille des Sports*, GW II, 795) nunmehr allein noch die Abenteuer des Sports – und sei es nur von der Zuschauertribüne aus. Denn neben der vergleichenden Methode – dem Nebeneinanderstellen von Modebildern aus den Jahren 1890, 1900 und 1914 (mit zeitlichem Abstand am Ende der 1920er bzw. Anfang der 1930er Jahre) – empfiehlt das zwischen Nüchternheit und Lüsternheit schwankende essayistische Ich in *Randglossen zu Tennisplätzen* den Besuch von Tennisplätzen sowohl in modischer wie in erotischer Hinsicht: „Überhaupt kommt der unsportliche Beobachter beim Spiel der Damen zu lohnenden Eindrücken." (GW II, 796) Das essayistische Ich in *Triëdere* imaginiert die in den „öffentlich zugelassene[n] Tüte[n]" (GW II, 521) der zeitgenössischen Mode vorübereilenden Körper der Passantinnen noch als „Landschaft der Liebe" (GW II, 520) vom Fenster aus. Der Zuschauer sportlicher Übungen und Wettkämpfe steht auf der Zuschauertribüne: Genüsslich kann er beobachten, wie die „heftigen Bewegungen" den weiblichen Körper „sozusagen durch Betonung seiner Kinetik und Vorführung seiner anatomischen Funktion" diesen, auch ohne Triëder, gleichsam wie von selbst „entkleiden" (GW II, 796). In der zweiten Hälfte der 1920er Jahre wird der Tennisplatz zu einer Art ‚vestimentärer Heterotopie', zu einem Ort, an dem die ‚Gleichzeitigkeit des Ungleichzeitigen' in Bezug auf den Wandel der Mode wie des Geschlechterverhältnisses in einer Art „Zeitmaschine" (GW II, 795) anschaulich wird.

Die Leser/innen als Zuschauer/innen erleben diese Ungleichzeitigkeit an dem herauf- und wieder herunterrutschenden Rock der Tennisspielerin als eine Art essayistisches Daumenkino. Das essayistische Ich scheint mit Ulrich, dem ‚Mann ohne Eigenschaften', die fetischistische Neigung für weibliche Kleidung (vgl. MoE, 284) zu teilen, was im Text mittels einer „kokette[n] Poetik der Verhüllung" (Fleig 2008, S. 163) inszeniert wird. (→ V.11 *Mode*) Den männlichen Voyeur sportlicher weiblicher Körper berührt das „solide Leinen oder [die] Flanellröcke, die weit unter die Knie, bis unter die Hälfte der Wade reichten", mit ihren „viele[n] Plisseefalten" (GW II, 795) „wie ein Hauch entschwundener Entzückungen, fast wie ein Menuett auf einer alten kleinen Spieldose" (GW II, 796). Das Unzeitgemäße der Tenniskleidung lässt sich somit im Sinne einer ‚konstruktiven Ironie' sowohl auf die gesellschaftlichen Ziele der

Frauen*bewegung* (vgl. Fleig 2005b) als auch auf den melancholisch-wehmütigen Grundzug einer „Phil.[osophie] der Mode" (*Für Franz Blei. Frauenlob*, GW II, 805; vgl. *Die Mode*, GW II, 807) beziehen – aus der Perspektive älterer Herren, die sich gerne „an die dicken, aprikosenroten Trickots" der Zirkusartistinnen erinnern, „welche erst über den Knien von den schwankenden Gazeröckchen verdeckt wurden." (*Randglossen zu Tennisplätzen*, GW II, 796) In Musils Sport-Essays ist der „bewegte Körper im Sport" daher sowohl „Gegenstand der Darstellung als auch Medium der Reflexion" (Fleig 2008, S. 5) sowie „Schauplatz und Medium der Modernisierung" (Fleig 2011, S. 181). Dabei wird der sich bewegende weibliche Körper vom männlichen Blick durch Trieder oder Hornbrille nicht nur perspektiviert, sondern auch als medial konstituiert expliziert.

5.3.3 *Als Papa Tennis lernte* (1931), *Der Praterpreis* (1925/26?)

„Als Papa Tennis lernte" – so der Titel des gleichnamigen Essays, der 1931 im *Querschnitt* (vgl. hierzu Fleig 2008 u. 2013/14) erschienen ist –,

> reichte das Kleid Mamas bis zu den Fußknöcheln. Es bestand aus einem Glockenrock, einem Gürtel und einer Bluse, die einen hohen, engen Umlegekragen hatte als Zeichen einer Gesinnung, die bereits anfing, sich von den Fesseln zu befreien, die dem Weibe auferlegt sind. Denn auch Papa trug an seinem Tennishemd einen solchen Kragen, der ihn am Atmen hinderte. (GW II, 685)

„Die Perspektive des Textes ist", wie Fleig (2008, S. 159) gezeigt hat, „vom ersten Moment an durch die Bewegung charakterisiert, die sich als Blickwechsel konstituiert, der einen Kleiderwechsel ebenso wie einen Ballwechsel nach sich ziehen könnte." Auch dieses essayistische Ich hat „einen empfänglichen Blick für Kleidung" (GW II, 686). Die Tennismode der 70er und 80er Jahre des 19. Jahrhunderts, der Kinder- bzw. Jugendzeit des essayistischen Ich, wird hier zum ‚Sprungbrett' (Lukács), um bei Gelegenheit des langen Tenniskleids von „Mama" (GW II, 685) den modernen ‚Sportsgeist' der 1920er Jahre kritisch zu beleuchten. Denn in diesem Essay wird die sich verändernde Tennismode und die hierdurch mögliche Beschleunigung des Ballwechsels satirisch von dem Wechsel von „romantischen Tenniswiesen" zum „modernen Hartplatz" abgeleitet (GW II, 686). Das essayistische Ich, das offenbar „selbst sehr viel Sport getrieben" hat (GW II, 688), schaut in den „Spiegel der Geschichte" (GW II, 686) und „erzähl[t]" (GW II, 687) von seiner eigenen (Tennis-)Erfahrung als „eine Geschichte" (ebd.), die textgenetisch-intratextuell eng mit *Der Praterpreis* zusammenhängt.

Im nachgelassenen Essay *Der Praterpreis* (1925/26?; vgl. Fleig 2008, S. 8–10, 138–140 u. 165–180), der in der uns vorliegenden Fassung am ehesten noch als journalistische Sprachglosse bezeichnet werden könnte, werden die Phänomene des zeitgenössischen Sprachgebrauchs in ebenso ironischer wie kritischer Hinsicht kommentiert und in einen größeren soziokulturellen Zusammenhang gestellt. Die textinterne Sprecherinstanz in *Der Praterpreis* ist wiederum ein Sporterfahrener, Sportler und Sportkenner, zugleich (vgl. „der ich fast? jeden Sport ausgeübt habe u. heute alle Sportberichte lese", GW II, 799). Ausgehend von den sprachlichen Wendungen vom Genie des Fußballers „Ferdl" alias Ferdinand Swatosch (1894–1974) bzw. von den „Heroen des Radrennens" (ebd.) einerseits und von der gesellschaftlichen Ausdifferenzierung verschiedener Fachsprachen und Soziolekte andererseits wird am zeitgenössischen Sportjournalismus Sprachkritik als Gesellschaftskritik geübt.

Die Sprach- bzw. Geniekritik in *Als Papa Tennis lernte* wird überführt in eine Kulturkritik bzw. in einen essayistischen Abriss einer „Geschichte der Kultur wie [...] des Sports" (GW II, 687), die das Verhältnis von ‚Körper' und ‚Geist' beim Sport im Zeitgeist bzw. als „Geist des Jahrhunderts" (GW II, 689) reflektiert. Die essayistische Kernthese lautet: „Was den Sport zum Sport gemacht hat, ist also nicht so sehr der Körper als der *Geist.*" (GW II, 687) Die cartesianische Dichotomie von *res cogitans* und *res extensa* wird in einem Chiasmus von „Körper-‚Kultur'" (GW II, 688) und „Geist des Sports" (GW II, 691) verknüpft. In kritischer Polemik konstatiert der Essay den Sieg des Sports und seiner Plätze über die kultivierte Natur des Praters („Triumph des Sports über die Natur") wie auch über die zeitgenössische Kunst: „[U]nd wenn nun die Kunst, die uns einen Körper geben soll, nichts Schöneres und Tieferes findet als die Körper von athletischen Spezialisten oder überhaupt die von Athleten, so ist das zweifellos ein großer Triumph des Sports über den Geist." (GW II, 690) Zum einen wird – wie schon in den Essays zur Literatur – eine Unterscheidung zwischen dem „Geist des Sports" und dem Sportbetrieb eingeführt, zum anderen wird der „Geist des Sports" als Rezeptionsphänomen gedeutet. So lautet die zweite Kernthese, „daß der Geist des Sports nicht aus der Ausübung, sondern *aus dem Zusehen* entstanden ist!" (GW II, 691) Wie in den poetologischen Essays die Kunst, wird auch der Sport aus rezeptionsästhetischer Perspektive beleuchtet, zugleich aber auch der moderne Massensport mit seinen Voraussetzungen weniger als aktives denn als rezeptives Phänomen analysiert und die Position des essayistischen Ich als mediale – beobachtende, männliche, außenstehende – bestimmt.

5.3.4 Sport als „Kunst oder Wissenschaft"? *Kunst und Moral des Crawlens* (1932)

Im letzten im *Querschnitt* erschienenen Sport-Essay Musils geht es um die abendländische Diskussion einer Leib-Seele-Dichotomie im Allgemeinen sowie die damals in Mode kommende Schwimmtechnik des Kraulens im Besonderen. Verhandelt wird in dem fingierten Brief an den 19-jährigen „Ferdi" nicht nur „[d]as Paradoxon des Crawlens" (GW II, 694) zwischen Kunst und Wissenschaft, sondern implizit auch die Zwitterstellung des Essays zwischen diesen beiden gesellschaftlich ausdifferenzierten Bereichen (vgl. Adorno 1958; Lukács 1971; Fleig 2008, S. 1f. u. 193). Mit der „Kunst und Moral des Crawlens" ist auch die Stellung des Essays zwischen „Ethik und Ästhetik" angesprochen (vgl. *Über den Essay*, GW II, 1334, sowie KA, M IV/1/4: „Für mich knüpfen sich an das Wort Essay Ethik und Ästhetik."). Zugleich kann dieser Sportessay in Bezug auf das Verhältnis von Sport und Genialität (vgl. *Durch die Brille des Sports* und *Als Papa Tennis lernte*) als Prä- bzw. Metatext zum *MoE* gelesen werden. Nach einem kurzen Exkurs über die „‚Geschichte' des Schwimmens" (GW II, 695) und seine „Techniken" (in den Varianten „*Brustschwimmen*", „*Spanische[s] Schwimmen*", „*Crawlen*") sowie die Disziplin der Biomechanik („Schwimmen des Hundes", „des Affen", der „Robben, Seehunde[ ], [...] Wassertiere[ ], Käfer[ ], Kröten oder ähnlichen") kommt das essayistische Ich zu dem Zwischenresümee, dass „Crawlen" aufgrund des Fehlens von einschlägiger „physikalische[r] und biologische[r] Literatur" (ebd.) nicht in dem (ratioïden) Bereich der „Wissenschaft" zu verorten sei, sondern in dem nicht-ratioïden (vgl. *Skizze der Erkenntnis des Dichters*,

1918) „Bereich der Kunst und der Persönlichkeit" (GW II, 696): „Das Wesen des Ich leuchtet in den Erlebnissen des Sports aus dem Dunkel des Körpers empor, und auch sonst leuchtet dabei allerhand Dunkles" (GW II, 690). Nach der so beantworteten fingierten Frage Ferdis, „ob Crawlen eine Kunst oder eine Wissenschaft sei" (GW II, 694), geht das offenbar ältere und erfahrenere essayistische Ich nun auf Ferdis zweite „Frage, was Stil sei", ein (GW II, 697). Stil ersetzt, so der Vorschlag, Normierung im Bereich des Nicht-Ratioïden, wo es weder eindeutige Leistungen gebe noch Lösungen. Unter ironischer Infragestellung aller sportlichen Erziehungsideale im Sinne einer Sportpädagogik/-didaktik, die „[i]m Sport die Ausbildung höherer moralischer und intellektueller Fähigkeiten [...] suchen", kommt der Essay zu der abschließenden, wenngleich tentativ-unbestimmten Beurteilung, „daß die Rolle des Geistes nicht die ist, eine im Sport zu spielen." Das Genie des Sports schließlich wird ebenso sport- wie sprach- und erkenntniskritisch (vgl. „der sittlichen plus der theoretischen Vernunft") gegen die „Sportschriftsteller" (GW II, 698) gerichtet. Musils Essays lassen sich somit – wie Fleig (2008) gezeigt hat – als „Kulturkritik, Körpertechnik und Ästhetik" (ebd., S. 7) sowie „essayistische[ ] Selbstreflexion" (ebd., S. 141) lesen: Wie die Mode wird der „Sport zum Paradigma der modernen Kultur" (ebd., S. 7).

6. Literatur

Adorno, Theodor W.: Der Essay als Form. In: ders.: Noten zur Literatur. Frankfurt a. M: Suhrkamp 1958, S. 9–49.
Amann, Klaus: Robert Musil – Literatur und Politik. Mit einer Neuedition ausgewählter politischer Schriften aus dem Nachlass. Reinbek b. Hamburg: Rowohlt 2007.
Amann, Klaus: Robert Musil und das ‚Theorem der menschlichen Gestaltlosigkeit'. In: Ulrich Johannes Beil, Michael Gamper, Karl Wagner (Hg.): Medien, Technik, Wissenschaft. Wissensübertragung bei Robert Musil und in seiner Zeit. Zürich: Chronos 2011, S. 237–254.
Anderson, Harriet: Vision und Leidenschaft. Die Frauenbewegung im Fin de Siècle Wiens. Wien: Deuticke 1994.
Bachmann, Dieter: Essay und Essayismus. Stuttgart u.a.: Kohlhammer 1969.
Barnouw, Dagmar: Literat und Literatur. Robert Musils Beziehung zu Franz Blei. In: Modern Austrian Literature 9 (1976), H. 3/4, S. 168–200.
Barnouw, Dagmar: Blei ohne Folgen. In: Wolfgang Paulsen (Hg.): Österreichische Gegenwart. Die moderne Literatur und ihr Verhältnis zur Tradition. Bern, München: Francke 1980, S. 153–171.
Baudelaire, Charles: Der Maler des modernen Lebens. [frz. 1863] In: ders.: Sämtliche Werke/Briefe in 8 Bänden. Bd. 5: Aufsätze zur Literatur und Kunst 1857–1860. Hg. v. Friedhelm Kemp u. Claude Pichois in Zusammenarbeit mit Wolfgang Dorst. München u.a.: Hanser 1989, S. 213–258.
Bauer, Matthias: Der Film als Vorbild literarischer Ästhetik. Balázs, Musil und die Folgen. In: Stefan Keppler-Tasaki, Fabienne Liptay (Hg.): Grauzonen. Positionen zwischen Literatur und Film 1910–1960. München: Text + Kritik 2010, S. 41–79.
Baur, Uwe: Sport und subjektive Bewegungserfahrung bei Musil. In: ders., Elisabeth Castex (Hg.): Robert Musil. Untersuchungen. Königstein i. Ts.: Athenäum 1980, S. 99–112.
Blei, Franz: Menschliche Betrachtungen zur Politik. München: Müller 1916.
Bleuler, Eugen: Lehrbuch der Psychiatrie. [1916] 3. Aufl. Berlin, Heidelberg: Springer 1920.
Böhme, Hartmut: Anomie und Entfremdung. Literatursoziologische Untersuchungen zu den Essays Robert Musils und seinem Roman *Der Mann ohne Eigenschaften*. Kronberg i. Ts.: Scriptor 1974.

2.1 Essays

Bolterauer, Aloisia: Die literarischen Essays Robert Musils und Hermann Brochs. Eine gattungstheoretische Analyse. Diss. Univ. Graz 1991.
Bolterauer, Alice: Die Herausforderung der neuen Medien. Anmerkungen zu Robert Musils Essay *Ansätze zu neuer Ästhetik. Bemerkungen über eine Dramaturgie des Films*. In: Marie-Louise Roth (Hg.): Musil an der Schwelle zum 21. Jahrhundert. Bern u.a.: Lang 2005, S. 153–171.
Bonacchi, Silvia: Die Gestalt der Dichtung. Der Einfluß der Gestalttheorie auf das Werk Robert Musils. Bern u.a.: Lang 1998.
Bonacchi, Silvia: Was man alles in einem Aufsatz nicht liest. Die Textentwicklung des Aufsatzes *Literat und Literatur* – von der Laudatio zur poetologischen Schrift. In: Marie-Louise Roth (Hg.): Neue Ansätze zur Robert-Musil-Forschung. Bern u.a.: Lang 1999, S. 51–79.
Bonacchi, Silvia/Fanelli, Emanuela Veronica: „Ein nie gesättigtes Verlangen nach Geist …". Zur Beziehung zwischen Franz Blei und Robert Musil. In: Dietrich Harth (Hg.): Franz Blei. Mittler der Literaturen. Hamburg: Europäische Verlagsanstalt 1997, S. 108–139.
Boss, Ulrich: Männlichkeit als Eigenschaft. Geschlechterkonstellationen in Robert Musils *Der Mann ohne Eigenschaften*. Berlin, Boston: de Gruyter 2013.
Bouveresse, Jacques: Genauigkeit und Leidenschaft. Das Problem des Essays und des Essayismus im Werk von Musil. In: Musil-Forum 29 (2005/06), S. 1–56.
Bringazi, Friedrich: Robert Musil und die Mythen der Nation. Nationalismus als Ausdruck subjektiver Identitätsdefekte. Frankfurt a. M. u.a.: Lang 1998.
Brokoph-Mauch, Gudrun (Hg.): Robert Musil. Essayismus und Ironie. Tübingen: Francke 1992.
Butler, Judith: Das Unbehagen der Geschlechter. [engl. 1990] Frankfurt a. M.: Suhrkamp 1991.
Corino, Karl: Körperlicher Mut und intellektuelle Feigheit. Musil und der Sport. In: ders.: Robert Musil. Eine Biographie. Reinbek b. Hamburg: Rowohlt 2003, S. 809–822.
Dahan-Gaida, Laurence: „La science, sport de combat". Figures du savant chez Robert Musil et Paul Valéry. In: Pascale Alexandre-Bergues (Hg.): Savoirs et savants dans la littérature. Paris: Classiques Garnier 2010, S. 325–342.
Daigger, Annette: Musils politische Haltung in seinen frühen Essays. In: Gudrun Brokoph-Mauch (Hg.): Robert Musil. Essayismus und Ironie. Tübingen: Francke 1992, S. 75–89.
Deshoulières, Valérie-Angelique: La sphère et la croix. Musil au miroir de Chesterton. Paradoxes et inductions. In: Philippe Chardin (Hg.): Robert Musil. „Parler comme un livre, vivre comme on lit". Reims: Klincksieck 2000, S. 191–210.
Döring, Sabine A.: Ästhetische Erfahrung als Erkenntnis des Ethischen. Die Kunsttheorie Robert Musils und die analytische Philosophie. Paderborn: mentis 1999.
Elias, Norbert: Über den Prozeß der Zivilisation. Soziogenetische und psychogenetische Untersuchungen. [1939] 2 Bde. Frankfurt a. M.: Suhrkamp 1976.
Erickson, Susan: Essay/Body/Fiction. The Repression of an Interpretative Context in an Essay of Robert Musil. In: The German Quaterly 56 (1983), H. 4, S. 580–593.
Fanelli, Emanuela Veronica: *Die Frau gestern und morgen*. Anamnese und Diagnose eines aktuellen Phänomens. In: Marie-Louise Roth (Hg.): Neue Ansätze zur Robert-Musil-Forschung. Bern u.a.: Lang 1999, S. 137–194.
Fleig, Anne: Der Mensch als Rennboot. Sport und Psychotechnik in den Texten Robert Musils. In: Matthias Luserke-Jaqui (Hg.): „Alle Welt ist medial geworden." Literatur, Technik, Naturwissenschaft in der Klassischen Moderne. Tübingen: Francke 2005, S. 161–180. (Fleig 2005a)
Fleig, Anne: „Siegesplätze über die Natur". Musils Kritik am Geist des modernen Wettkampfsports. In: Michael Cowan, Kai Marcel Sicks (Hg.): Leibhaftige Moderne. Körper in Kunst und Massenmedien 1918 bis 1933. Bielefeld: transcript 2005, S. 81–96. (Fleig 2005b)
Fleig, Anne: Körperkultur und Moderne. Robert Musils Ästhetik des Sports. Berlin, New York: de Gruyter 2008.
Fleig, Anne: Bruder des Blitzes. Sportgeist und Geschlechterwettkampf bei Marieluise Fleißer und Robert Musil. In: dies., Birgit Nübel (Hg.): Figurationen der Moderne. Mode, Sport, Pornographie. München u.a.: Fink 2011, S. 181–197.

Fleig, Anne: Rasende Schnecke. Robert Musil, *Der Querschnitt* und das kulturelle Leben seiner Zeit. In: Musil-Forum 33 (2013/14), S. 202–217.

Frank, Gustav: Musil contra Balázs. Ansichten einer ‚visuellen Kultur' um 1925. In: Musil-Forum 28 (2003/04), S. 105–152.

Gardt, Andreas (Hg.): Nation und Sprache. Die Diskussion ihres Verhältnisses in Geschichte und Gegenwart. Berlin, New York: de Gruyter 2000.

Genette, Gérard: Paratexte. Das Buch vom Beiwerk des Buches. [frz. 1987] Mit einem Vorwort v. Harald Weinrich. Frankfurt, New York: Campus 1989.

Goltschnigg, Dietmar: Zur Poetik des Essays und des Essayismus bei Robert Musil und Hermann Broch. In: Dieter Borchmeyer (Hg.): Poetik und Geschichte. Viktor Žmegač zum 60. Geburtstag. Tübingen: Niemeyer 1989, S. 412–425.

Goltschnigg, Dietmar: Robert Musil und Hermann Broch als Essayisten: *Literat und Literatur. Randbemerkungen dazu* (1931) und *Das Böse im Wertsystem der Kunst* (1933). In: Gudrun Brokoph-Mauch (Hg.): Robert Musil. Essayismus und Ironie. Tübingen: Francke 1992, S. 161–173.

Grätz, Katharina: Psychopathologie und Ästhetik. Robert Musils Überlegungen zu Film und Literatur in dem Essay *Ansätze zu neuer Ästhetik*. In: Jahrbuch zur Kultur und Literatur der Weimarer Republik 10 (2005/06), S. 187–208.

Grimm, Sieglinde: Robert Musil und Michel Foucault. Das Scheitern des ‚Ratioïden' und die Legitimation ästhetischer Existenz. In: Cornelia Blasberg, Franz-Josef Deiters (Hg.): Denken/Schreiben (in) der Krise – Existentialismus und Literatur. St. Ingbert: Röhrig 2004, S. 127–157.

Gürtler, Christa: „… mein Groll gegen das Mieder". Mode und Körperbewusstsein in der Literatur von Frauen um die Jahrhundertwende. In: Karin Tebben (Hg.): Frauen – Körper – Kunst. Literarische Inszenierungen weiblicher Sexualität. Göttingen: Vandenhoeck & Ruprecht 2000, S. 155–172.

Harrison, Thomas: Existence as Essay. Nietzsche, Musil, and Conrad. Diss. Univ. of New York 1984.

Henderson, Cary: Zur Essayistik von Friedrich Nietzsche und Robert Musil. In: Focus on Literatur 1 (1994), H. 1, S. 9–22.

Hickman, Hannah: „Lebende Gedanken" und Emersons *Kreise*. In: Uwe Baur, Elisabeth Castex (Hg.): Robert Musil. Untersuchungen. Königstein i. Ts.: Athenäum 1980, S. 139–151.

Hickman, Hannah: Musils Essay *Literat und Literatur*. Form und Gestalt in Wissenschaft und Kunst. In: Josef Strutz, Johann Strutz (Hg.): Kunst, Wissenschaft und Politik von Robert Musil bis Ingeborg Bachmann. München, Salzburg: Fink 1986, S. 34–51.

Hoffmann, Birthe: Die Religiosität des Tatsachenmenschen. Zur Bedeutung des Ersten Weltkriegs in der Kulturkritik Robert Musils. In: Text & Kontext 22 (2000), H. 1/2, S. 53–71.

Holthuis, Susanne: Intertextualität. Aspekte einer rezeptionsorientierten Konzeption. Tübingen: Stauffenberg 1993.

Honnef-Becker, Irmgard: „Ulrich lächelte". Techniken der Relativierung in Robert Musils Roman *Der Mann ohne Eigenschaften*. Frankfurt a. M. u. a.: Lang 1991.

Honnef-Becker, Irmgard: Selbstreferentielle Strukturen in Robert Musils *Mann ohne Eigenschaften*. In: Wirkendes Wort 44 (1994), S. 72–88.

Honold, Alexander: Die Stadt und der Krieg. Raum- und Zeitkonstruktion in Robert Musils Roman *Der Mann ohne Eigenschaften*. München: Fink 1995.

Honold, Alexander: Das andere Land. Über die Multikulturalität Kakaniens. In: Gunther Martens, Clemens Ruthner, Jaak De Vos (Hg.): Musil anders. Neue Erkundungen eines Autors zwischen den Diskursen. Bern u. a.: Lang 2005, S. 259–275.

Howes, Geoffrey C.: „Eine andere Demokratie". Robert Musil zwischen Utopie und Kompromiß. Mit einigen Bemerkungen zu Musil und Gilbert Keith Chesterton. In: Josef Strutz, Johann Strutz (Hg.): Kunst, Wissenschaft und Politik von Robert Musil bis Ingeborg Bachmann. München, Salzburg: Fink 1986, S. 133–145.

Hüppauf, Bernd: Von Wien durch den Krieg nach Nirgendwo. Nation und utopisches Denken bei Musil und im Austromarxismus. In: Text + Kritik (³1983), H. 21/22, S. 1–28.

Jander, Simon: Die Poetisierung des Essays. Rudolf Kassner, Hugo von Hofmannsthal, Gottfried Benn. Heidelberg: Winter 2008.

Jander, Simon: Ethisch-ästhetische Propädeutik. Zu Theorie und Praxis des Essays bei Robert Musil. In: Euphorion 103 (2009), H. 2, S. 161–177.

Jonsson, Stefan: Subject Without Nation. Robert Musil and the History of Modern Identity. Durham, London: Duke Univ. Press 2000.

Kappeler, Florian: Situiertes Geschlecht. Organisation, Psychiatrie und Anthropologie in Robert Musils Roman *Der Mann ohne Eigenschaften*. München: Fink 2012.

Kretschmer, Ernst: Medizinische Psychologie. Ein Leitfaden für Studium und Praxis. 2. Aufl. Leipzig: Thieme 1922.

Kucher, Primus-Heinz: Die Auseinandersetzung mit Spenglers *Untergang des Abendlandes* bei R. Musil und O. Neurath: Kritik des Irrationalismus. In: Josef Strutz, Johann Strutz (Hg.): Robert Musil – Literatur, Philosophie, Psychologie. München: Fink 1984, S. 124–143.

Lehnert, Gertrud: Maskeraden und Metamorphosen. Als Männer verkleidete Frauen in der Literatur. Würzburg: Königshausen & Neumann 1994.

Leśniak, Sławomir: Die Entwicklung des Essays. Literarische Transformationen der mathematischen Funktionalität bei Rudolf Kassner, Walter Benjamin, Robert Musil und Vilém Flusser. Würzburg: Königshausen & Neumann 2013.

Lukács, Georg: Über Wesen und Form des Essays. Ein Brief an Leo Popper. In: ders.: Die Seele und die Formen. Essays. [1911] Neuwied u.a.: Luchterhand 1971, S. 7–32.

Luserke, Matthias: Wirklichkeit und Möglichkeit. Modaltheoretische Untersuchung zum Werk Robert Musils. Frankfurt a.M. u.a.: Lang 1987.

Maier-Solgk, Frank: Musil und die problematische Politik. Zum Verhältnis von Literatur und Politik bei Robert Musil, insbesondere zu einer Auseinandersetzung mit Carl Schmitt. In: Orbis Litterarum 46 (1991), H. 6, S. 340–363.

Mannarini, Lalli: *Über den Essay*. Analyse eines Fragments Musils. In: Musil-Forum 10 (1984), S. 233–238.

Marschner, Renate M.: Utopie der Möglichkeit. Ästhetische Theorie dargestellt am *Mann ohne Eigenschaften* von Robert Musil. Stuttgart: Heinz 1981.

Midgley, David R.: *Das hilflose Europa*. Eine Aufforderung, die politischen Essays von Robert Musil neu zu lesen. In: The German Quarterly 67 (1994), H. 1, S. 16–26.

Monti, Claudia: Musils ‚Ratioïd', oder Wissenschaft als Analogie der Ratio. In: Wolfgang Freese (Hg.): Philologie und Kritik. Klagenfurter Vorträge zur Musilforschung. München, Salzburg: Fink 1981, S. 195–223.

Müller, Götz: Ideologiekritik und Metasprache in Robert Musils Roman *Der Mann ohne Eigenschaften*. München, Salzburg: Fink 1972.

Müller, Hanns-Marcus: „Bizepsaristokraten". Sport als Thema der essayistischen Literatur zwischen 1880 und 1930. Bielefeld: Aisthesis 2004.

Neymeyr, Barbara: Musils skeptischer Fortschrittsoptimismus. Zur Ambivalenz der Gesellschaftskritik in seinen Essays. In: Zeitschrift für deutsche Philologie 115 (1996), S. 576–608.

Neymeyr, Barbara: Utopie und Experiment. Zur Konzeption des Essays bei Musil und Adorno. In: Euphorion 94 (2000), S. 79–113.

Neymeyr, Barbara: Utopie und Experiment. Zur Literaturtheorie, Anthropologie und Kulturkritik in Musils Essays. Heidelberg: Winter 2009.

Nübel, Birgit: Fiktionalität. In: dies.: Autobiographische Kommunikationsmedien um 1800. Studien zu Rousseau, Wieland, Herder und Moritz. Tübingen: Niemeyer 1994, S. 58–72.

Nübel, Birgit: Relationismus und Perspektivismus. Karl Mannheim und Robert Musil. In: Matthias Luserke-Jaqui (Hg.): „Alle Welt ist medial geworden." Literatur, Technik, Naturwissenschaft in der Klassischen Moderne. Tübingen: Francke 2005, S. 141–160.

Nübel, Birgit: Robert Musil – Essayismus als Selbstreflexion der Moderne. Berlin, New York: de Gruyter 2006.

Nübel, Birgit: Mentalitätengeschichte. In: Jost Schneider (Hg.): Methodengeschichte der Germanistik. Berlin, New York: de Gruyter 2009, S. 447–485.

Nübel, Birgit: „ein dünner Dunst fremden Leibes". Perversionen des Erkennens in Musils Essay *Das Unanständige und Kranke in der Kunst*. In: Musil-Forum 31 (2009/10), S. 23–38.

Nübel, Birgit: Die vergänglichen Kleiderschichten oder Mode als „Dauerzustand" der Moderne. In: Sabine Schneider, Heinz Brüggemann (Hg.): Gleichzeitigkeit des Ungleichzeitigen. Formen und Funktionen von Pluralität in der ästhetischen Moderne. München: Fink 2010, S. 161–185.

Nübel, Birgit: Die „Exterritorialität der Frau in der Männerwelt". Musils *Briefe Susannens*. In: Musil-Forum 33 (2013/14), S. 177–201.

Nübel, Birgit/Fleig, Anne (Hg.): Mode und Literatur. Der Deutschunterricht 65 (2008), H. 4.

Nübel, Birgit/Fleig, Anne: Figurationen der Moderne – Mode, Sport, Pornographie. Einleitung. In: dies. (Hg.): Figurationen der Moderne. Mode, Sport, Pornographie. München: Fink 2011, S. 7–18.

Obermayer, August: Robert Musil als Journalist und Essayist. In: Jahrbuch für Internationale Germanistik 8 (1976), H. 1, S. 34–46.

Pfeiffer, Peter C.: Aphorismus und Romanstruktur. Zu Robert Musils *Der Mann ohne Eigenschaften*. Bonn: Bouvier 1990.

Pieper, Hans-Joachim: Musils Philosophie. Essayismus und Dichtung im Spannungsfeld der Theorien Nietzsches und Machs. Würzburg: Königshausen & Neumann 2002.

Pohl, Peter C.: Konstruktive Melancholie. Robert Musils Roman *Der Mann ohne Eigenschaften* und die Grenzen des modernen Geschlechterdiskurses. Köln u.a.: Böhlau 2011.

Pott, Hans-Georg: Phantome der Identität. Über Nation, Charakter und Kultur im Anschluß an Musil. In: Lettre International 21 (1993), S. 92–93. (Pott 1993a)

Pott, Hans-Georg (Hg.): Robert Musil – Dichter, Essayist, Wissenschaftler. München: Fink 1993. (Pott 1993b)

Pott, Hans-Georg: Geist und Macht im essayistischen Werk Robert Musils. In: Marek Zybura (Hg.): Geist und Macht. Schriftsteller und Staat im Mitteleuropa des „kurzen Jahrhunderts" 1914–1991. Dresden: Thelem bei w.e.b. 2002, S. 217–225.

Reinhardt, Stephan: Jahre ohne Synthese. Anmerkungen zu den Essays Robert Musils. In: Text + Kritik (^{2}1972), H. 21/22, S. 40–48.

Roth, Marie-Louise: Robert Musil. Ethik und Ästhetik. Zum theoretischen Werk des Dichters. München: List 1972.

Roth, Marie-Louise: Essay und Essayismus bei Robert Musil. In: Benjamin Bennett, Anton Kaes, William J. Lillyman (Hg.): Probleme der Moderne. Studien zur deutschen Literatur von Nietzsche bis Brecht. Festschrift für Walter Sokel. Tübingen: Niemeyer 1983, S. 117–133.

Roth, Marie-Louise: *Das hilflose Europa oder Reise vom Hundertsten ins Tausendste*. Versuch einer Interpretation. In: Jiří Munzar, František Herman (Hg.): Robert Musil, ein Mitteleuropäer. Brünn: Univ. Brünn 1994, S. 11–25.

Rußegger, Arno: „Denn jede Kunst bedeutet ein eigenes Verhältnis des Menschen zur Welt, eine eigene Dimension der Seele." Béla Balázs' Filmtheorie als Paradigma für eine meta-fiktionale Poetik bei Robert Musil. In: Kinoschriften. Jahrbuch der Gesellschaft für Filmtheorie 2 (1990), S. 131–145.

Rußegger, Arno: Kinema mundi. Studien zur Theorie des „Bildes" bei Robert Musil. Wien u.a.: Böhlau 1996.

Salgaro, Massimo: Die Geburt des Musil'schen Essayismus aus den Formen des Essays. In: Marina Marzia Brambilla, Maurizio Pirro (Hg.): Wege des essayistischen Schreibens im deutschsprachigen Raum 1900–1920. Amsterdam u.a.: Rodopi 2010, S. 261–280.

Simmel, Georg: Die Philosophie der Mode. [1905] In: ders.: Gesamtausgabe. Bd. 10: Philosophie der Mode. Die Religion. Kant und Goethe. Schopenhauer und Nietzsche. Hg. v. Otthein Rammstedt. Frankfurt a.M.: Suhrkamp 1995, S. 7–37.

Simmel, Georg: Die Mode. [1911; 2. Aufl. 1919] In: ders.: Gesamtausgabe. Bd. 14: Hauptprobleme der Philosophie. Philosophische Kultur. Hg. v. Rüdiger Kramme u. Otthein Rammstedt. Frankfurt a. M. 1996, S. 186–218.

Stefanek, Paul: Illusion, Ekstase, Erfahrung. Zu Robert Musils Essay *Ansätze zu neuer Ästhetik*. In: Modern Austrian Literature 9 (1976), H. 3/4, S. 155–168.

Stern, Guy: Musil über seine Essays. Ein Bericht über eine unveröffentlichte Korrespondenz. In: The Germanic Review 49 (1974), S. 60–83.

Sutton, Katie: From Dandies to Naturburschen. The Gendering of Men's Fashions in Weimar Germany. In: Sarah Colvin, Peter Davies (Hg.): Masculinities in German Culture. Rochester, New York: Camden House 2008, S. 130–148.

Thöming, Jürgen C.: Musils Essay-Auffassungen für jüngere Leser/innen dargestellt. In: ders., Annette Daigger, Renate Schröder-Werle (Hg.): West-östlicher Divan zum utopischen Kakanien. Hommage à Marie-Louise Roth. Bern u. a.: Lang 1999, S. 409–420.

Venturelli, Aldo: Kulturkritik und Projekt. Musils Auseinandersetzung mit Oswald Spengler. In: Gilbert Merlio, Gérard Raulet (Hg.): Linke und rechte Kulturkritik. Interdiskursivität als Krisenbewusstsein. Frankfurt a. M. u. a.: Lang 2005, S. 257–266.

Vinken, Barbara: Was die Mode streng getrennt. In: dies. (Hg.): Mode nach der Mode. Kleid und Geist am Ende des 20. Jahrhunderts. 2. Aufl. Frankfurt a. M.: Fischer 1993, S. 11–34.

Vinken, Barbara: Angezogen. Das Geheimnis der Mode. Stuttgart: Klett-Cotta 2013.

Westerhoff, Armin: Poetologie als Erkenntnistheorie. Robert Musil. In: Christine Maillard (Hg.): Littérature et théorie de la connaissance. 1890–1935. Straßburg: Presses Univ. de Strasbourg 2004, S. 191–208.

Willemsen, Roger: „Man nimmt Franz Blei zu leicht!" – Robert Musil und *Das große Bestiarium der Literatur*. In: Josef Strutz, Johann Strutz (Hg.): Robert Musil und die kulturellen Tendenzen seiner Zeit. München, Salzburg: Fink 1983, S. 120–130.

Willemsen, Roger: Das Existenzrecht der Dichtung. Zur Rekonstruktion einer systematischen Literaturtheorie im Werk Robert Musils. München: Fink 1984.

Willemsen, Roger: Dionysisches Sprechen. Zur Theorie einer Sprache der Erregung bei Musil und Nietzsche. In: Deutsche Vierteljahrsschrift für Literaturwissenschaft und Geistesgeschichte 60 (1986), S. 104–136.

Wolf, Norbert Christian: Zwischen Diesseitsglauben und Weltabgewandtheit. Musils Auseinandersetzung mit den Berliner literarischen Strömungen. In: Annette Daigger, Peter Henninger (Hg.): Robert Musils Drang nach Berlin. Bern u. a.: Lang 2008, S. 185–230.

Wolf, Norbert Christian: „Neue Erlebnisse, aber keine neue Art des Erlebens". Musils Ästhetik und die Kultur des Films. In: Wolf-Gerhard Schmidt, Thorsten Valk (Hg.): Literatur intermedial. Paradigmenbildung zwischen 1918 und 1968. Berlin, New York: de Gruyter 2009, S. 87–113.

Wolf, Norbert Christian: Gegen den literarischen Nationalismus. Musils Essay *Die Nation als Ideal und als Wirklichkeit* (1921) im zeitgenössischen Kontext. In: Alexander W. Belobratow (Hg.): Österreichische Literatur. Robert Musil und einiges mehr. St. Petersburg: Peterburg XXI Vek 2011, S. 25–41. (Wolf 2011a)

Wolf, Norbert Christian: Kakanien als Gesellschaftskonstruktion. Robert Musils Sozioanalyse des 20. Jahrhunderts. Wien u. a.: Böhlau 2011. (Wolf 2011b)

Wolter, Gundula: Hosen, weiblich. Kulturgeschichte der Frauenhose. Marburg: Jonas 1994.

Zima, Peter V.: Zu Musils Essay *Die Nation als Ideal und als Wirklichkeit*. In: ders.: Essay/Essayismus. Zum theoretischen Potenzial des Essays. Von Montaigne bis zur Postmoderne. Würzburg: Königshausen & Neumann 2012, S. 193–199.

Zisselsberger, Markus: Cultural Nationalism in the Twilight of History. Robert Musil's Austrian ImagiNation. In: Modern Austrian Literature 37 (2004), H. 1/2, S. 21–45.

Zöchbauer, Paul: Der Krieg in den Essays und Tagebüchern Robert Musils. Stuttgart: Heinz 1996.

2.2 Reden (inkl. der selbstständig publizierten)
Klaus Amann

1. Einleitung 382
2. *Rede zur Rilke-Feier* (Berlin 1927) 383
3. *Der Dichter in dieser Zeit* (Wien 1934) 386
4. Rede auf dem „Internationalen Schriftstellerkongreß für die Verteidigung der Kultur" (Paris 1935) 388
5. *Über die Dummheit* (Wien 1937) 391
6. Literatur 395

1. Einleitung

Im Sommer 1926 schlug Hugo von Hofmannsthal als Gründungsmitglied des Europäischen Kulturbundes – eine der angesehensten kulturellen Vortragsorganisationen Wiens – „dringend" vor, Robert Musil als Vortragenden einzuladen. Er sei „ein so ungewöhnlich gescheidter Mensch, der zu allen Dingen eigene Ansichten hat und sie ausgezeichnet formuliert." (Br I, 403) Die Anregung wurde nicht aufgegriffen – weder für einen Vortrag noch für eine Lesung. Musil notierte Jahre später: „Der Kulturbund lädt mich unentwegt ein, seine Vorlesungen zu besuchen, ohne mich einzuladen, daß ich selbst lese." (Tb I, 697) So unwahrscheinlich es klingen mag – Musil musste 46 Jahre alt werden, ehe die Öffentlichkeit ihn zum ersten Mal als Redner erleben durfte: im Januar 1927 bei der Berliner Gedenkfeier für Rainer Maria Rilke. Zehn Jahre später war, mit seiner Wiener *Rede über die Dummheit*, seine ‚Redner-Karriere' auch schon wieder zu Ende. Vier Mal nur ist er als Redner eingeladen worden. Wobei nicht auszuschließen ist, dass Vorträge nicht zustande kamen, weil Musil bei der Vorbereitung einen extrem großen Aufwand betrieb und deshalb ungewöhnlich hohe Honorare forderte (vgl. Jolande Jacobi, in Corino 2010, S. 280).

Auch als Vorleser ist Musil nicht allzu oft in Erscheinung getreten. Abgesehen von der Teilnahme an einem Brünner Autorenabend 1901 dürfte Musil erst im Februar 1927 zum ersten Mal (im Berliner Rundfunk) öffentlich aus seinen Werken gelesen haben. Da waren, wenn man die Nachdrucke mitzählt, immerhin schon dreizehn Buchpublikationen von ihm auf dem Markt. Bislang wissen wir nur von gut einem Dutzend Lesungen, und das, obwohl er als „ganz guter Vorleser" (an Heinz Keller, 24.8.1939, Br I, 1068) galt und er der Sache selbst keineswegs abgeneigt war. An Efraim Frisch, den Herausgeber des *Neuen Merkur*, in dem Musil verschiedentlich publizierte, schrieb er 1921: „Würden Sie es für möglich halten, daß ich irgendeinmal in München vorlese, so wie es jetzt große Dichtermode zu sein scheint, und mir dabei die Reisekosten verdiene?" (30.3.1921, Br I, 223) Musils auffallend geringe öffentliche Präsenz als Redner und Vorleser hat innere und äußere, persönliche, politische und kulturbetriebliche Gründe. Zu einem nicht unerheblichen Teil dürfte seine ‚Unsichtbarkeit' auch der Tribut gewesen sein, den er als vermeintlich „unpolitische[r] Dichter" einer Zeit des politischen Bekenntniszwanges und als „Anti-Großschriftsteller" (KA, L 14, Aphorismen aus dem Nachlass, Rapial, Ausführung 2) einer Epoche des politischen und literarischen Führertums zu zollen hatte (vgl. MoE, Kap. I/95 u. 96). (→ V.4 *Politik u. Ideologie*)

2. *Rede zur Rilke-Feier* (Berlin 1927)

Als am 29. Dezember 1926 Rainer Maria Rilke starb und am 2. Januar 1927 in der Nähe seines letzten Wohnorts auf dem Bergfriedhof von Raron im Wallis beigesetzt wurde, hielt sich Musil gerade in Berlin auf – u. a., um Gespräche über sein Schauspiel *Die Schwärmer* zu führen (vgl. Corino 2003, S. 794). Der Plan zu einer Gedenkfeier für Rilke dürfte im Rahmen der Berliner ‚Gruppe 1925' entstanden sein, deren Mitglied Musil seit dem Frühsommer 1926 war. Ziel der losen Vereinigung von meist links orientierten, vorwiegend in Berlin ansässigen Schriftstellern war die Gegenwehr gegen autoritäre Tendenzen der Weimarer Republik auf dem Feld der Kulturpolitik: Zensur, ‚Schmutz und Schund'-Gesetzgebung, strafrechtliche Verfolgung von Autoren etc. Gründer der Gruppe war Rudolf Leonhard, der im November 1925 achtzehn Autoren zusammenbrachte, die weitere zur Mitarbeit einluden, darunter auch Musil. Schließlich umfasste die Gruppe 39 Autoren, u.a. Ernst Bloch, Bertolt Brecht, Max Brod, Alfred Döblin, Albert Ehrenstein, Oskar Maurus Fontana, George Grosz, Willy Haas, Egon Erwin Kisch, Klabund, Walter Mehring, Erwin Piscator, Joseph Roth, Ernst Toller und Kurt Tucholsky. Die Gruppe hatte kein Statut, es gab aber einen ‚Rundbrief' und insgesamt siebzehn dokumentierte Treffen (vgl. Petersen 1981). Die Intentionen der Gruppe berührten sich mit dem, was Musil als „geistige Organisationspolitik" (*Geist und Erfahrung*, 1921, GW II, 1058) bezeichnet hat und wofür er sich 1923–1928 als Zweiter Vorsitzender des Schutzverbandes deutscher Schriftsteller in Österreich mit beträchtlicher Energie engagierte (vgl. Hall 1977). Als Musil am 3. Januar 1927, vermutlich zum ersten Mal, an einem Treffen der Gruppe teilnahm, entstand eine Debatte darüber, ob man für den verstorbenen Rilke eine Trauerfeier organisieren solle. Teilnehmer der Sitzung im Hotel Kaiserhof an der Wilhelmstraße waren u.a. Johannes R. Becher, Ernst Blass, Bertolt Brecht, Alfred Döblin, Leonhard Frank, Bernard Guillemin und Alfred Wolfenstein. Brecht war gegen eine Feier, Musil plädierte dafür und setzte sich offenbar durch (vgl. GW II, 1826f.). Wer Musil als Redner vorgeschlagen hat, ist nicht bekannt. Vermutlich fiel ihm als Fürsprecher die Rolle zu. Die Gedenkfeier fand im Rahmen einer Sonntagsmatinee am 16. Januar 1927 im Berliner Renaissance-Theater statt. Im Anschluss an Musils Rede las die Reinhardt-Schauspielerin Roma Bahn Lyrik und Prosa von Rilke. Ob und in welcher Weise die ‚Gruppe 1925' bei der Veranstaltung in Erscheinung trat, ist nicht bekannt. Ebenfalls unbekannt ist, ob die Wahl des Ortes etwas mit Musils Berliner Theaterkontakten zu tun hatte. Am 28. Januar 1927, kaum zwei Wochen nach Musils Rede, berichtete die *Literarische Welt*, das Renaissance-Theater plane *Die Schwärmer* aufzuführen. Der Plan zerschlug sich allerdings.

Musils Verhältnis zu Rilke, dem er vermutlich nur ein einziges Mal, im März 1914 in Berlin, begegnet war (vgl. Corino 2003, S. 477f.), scheint komplexer gewesen zu sein, als es die Wertungen in seiner Rede nahelegen: Er nannte ihn „den größten Lyriker […], den die Deutschen seit dem Mittelalter" besaßen; er habe „das deutsche Gedicht zum erstenmal vollkommen gemacht" (GW II, 1229f.). Zusätzlich zu den „starke[n] Eindrücke[n]", die er durch die Lektüre Rilkes empfangen hatte (an Josef Nadler, 1.12.1924, Br I, 368), fühlte Musil sich ihm vermutlich auch als ehemaligem Leidensgenossen der Militär-Oberrealschule in Mährisch-Weißkirchen/Hranice verbunden. Rilke hatte dort 1891, ein Jahr vor Musils Eintritt, kapituliert und war freiwillig ausgetreten (vgl. Corino 2003, S. 118). Nach einer Bemerkung im Autobiografie-Heft (Nr. 33: 1937 bis Ende 1941) wollte Musil sich mit Rilke literarisch keineswegs vergleichen, denn er habe „nicht den geringsten Antrieb zu versuchen, was er gemacht hat. Ich bin in diesem Verhältnis nur aufnehmend." (Tb I, 941f.) (→ VIII.5 *Intertextualität*) *Die Aufzeichnungen des Malte Laurids Brigge* (1910), die er parallel zu seiner Arbeit an *Die Vollendung der Liebe* las, beschäftigten ihn offenbar so stark, dass er erwog, den Novellenband *Vereinigungen* (1911) Rilke zu widmen (vgl. Brief an Rilke, 10.3.1914, Br I, 104). Andererseits konstatierte er 1913 in einer Notiz, in der es u.a. um „Klarheit, Adäquatheit, Exaktheit" in der Literatur geht, Rilke mache „die absoluteste Seelenmusik" (KA, M IV/3/345). – Lob oder Tadel? Ein deutliches Indiz für Musils Ambivalenz gegenüber dem Dichter ist, dass in seinem satirischen Projekt über den Literaturbetrieb „Die Akademie von Dünkel(s)hausen" (vgl. Tb I, 677–685) auch Rilke einen Bezugspunkt bildet: „Wichtig ist: Ohne Schonung mein Verhältnis zu Rilke. Die erste Liebe beim Worpswedebuch. Die spätere Gleichgültigkeit. [...] Die Liebe nach dem Tod. Und auch da noch das Schwanken: Wie weit soll ich ihn preisgeben, wie weit hochheben? – Solche Unsicherheiten sind im Spiel." (Tb I, 680) Das notierte er 1928, ein Jahr nach der Gedenkrede. Die zeitliche Nähe von Rede und satirischem Akademie-Projekt ist kein Zufall. Die Verbindung beider bildet der Literaturbetrieb, der in der Rilke-Rede im Zentrum steht.

Nachdrücklich betonte Musil in seiner Rede (GW II, 1229–1242) die Inkompatibilität des „großen Dichters Rainer Maria Rilke", d.h. die Inkompatibilität überragender künstlerischer Qualität mit der zeitgenössischen literarischen Öffentlichkeit. Er sei verkannt, missdeutet und unterschätzt worden. Die Kriterien dichterischer Größe seien „heute unsicher geworden" (GW II, 1229). Symbolisiert wird dieses Missverhältnis in Musils Rede durch die ‚Sektion für Dichtkunst' der Preußischen Akademie der Künste in Berlin, die im März 1926 gegründet worden war. Die „Sammlung von Akademikern", die diese ‚Dichterakademie' konstituierten, verkörperte für Musil „in einem Querschnitt die ganze Moral der deutschen Literaturgeschichte!" (GW II, 1233f.) Das war nicht als Kompliment gemeint. Präsidiert wurde die Akademie von Wilhelm von Scholz und Ludwig Fulda. Zum Zeitpunkt der Rede Musils waren Mitglieder der Sektion: Hermann Bahr, Max Halbe, Hermann Hesse, Ricarda Huch, Georg Kaiser, Bernhard Kellermann, Erwin Guido Kolbenheyer, Oskar Loerke, Heinrich Mann, Thomas Mann, Josef Ponten, Wilhelm Schäfer, René Schickele, Wilhelm Schmidtbonn, Arthur Schnitzler, Karl Schönherr, Hermann Stehr, Emil Strauß, Eduard Stucken, Walter von Molo, Jakob Wassermann und Franz Werfel. Musil nennt fünf Autoren, „die da nicht mitwirken" (GW II, 1234), was er offenbar als Verdienst betrachtete: Rainer Maria Rilke: Er hatte – bereits schwerkrank und ein konsequenter Verweigerer derartiger Mitgliedschaften – ebenso wie Hugo von Hofmannsthal und Stefan George die Ernennung abgelehnt. Theodor Däubler wurde im Oktober 1927 aufgenommen; Gerhart Hauptmann, der ursprünglich ebenfalls abgesagt hatte, gab dem Drängen, der Sektion beizutreten, im Januar 1928 nach. Rudolf Borchardt, der fünfte der von Musil Genannten, ist offenbar nie als Mitglied in Betracht gezogen worden. Musils Groll gegen die Dichterakademie wurde 1931 bestätigt, als er auf Vorschlag Thomas Manns nach dem Tode Arthur Schnitzlers dessen Sitz als Mitglied hätte einnehmen sollen, wozu er bereit gewesen wäre. Der Antrag fand jedoch bei den mehrheitlich völkisch-nationalen Mitgliedern der Sektion keine Mehrheit. Gewählt wurde anstelle von Musil sein österreichischer Kollege Max Mell, der Dichter des *Nachfolge Christi-Spiels* (1927). Die angebliche Begründung für Musils Ablehnung: Er „sei zu intelligent für einen wahren Dichter." (Tb I, 921) Eher war die Ablehnung eine Spätfolge seiner Angriffe auf Ludwig Fulda und die anderen nationalkonservativen ‚Akademiker' in seiner Berliner Rilke-Rede (vgl. Corino 2003, S. 798f.).

Werkgeschichtlich bedeutsam ist an der *Rede zur Rilke-Feier*, die Musil in einer entscheidenden Phase der Arbeit am *Mann ohne Eigenschaften* (MoE) schrieb, dass sie deutliche Spuren der inhaltlichen und poetologischen Reflexionen trägt, die die Konzeption des Romans begleitet und maßgeblich bestimmt haben. Nach den spärlichen Hinweisen in den beiden Essays *Die Nation als Ideal und als Wirklichkeit* (1921) und *Das hilflose Europa oder Reise vom Hundertsten ins Tausendste* (1922) sind in der Rilke-Rede die einzigen zusammenhängenden Reflexionen über das (nur in den unveröffentlicht gebliebenen Entwürfen zu *Der deutsche Mensch als Symptom* von 1923 so bezeichnete) ‚Theorem der menschlichen Gestaltlosigkeit' zu finden, das als zentraler analytischer und poetologischer Generator für den *MoE* fungiert (vgl. Wolf 2011). (→ VII.3 *Gestaltlosigkeit*) Unter der Ankündigung, „zum Abschluß ein Lebensgefühl beschreiben" zu wollen, das in den Gedichten Rilkes zu finden sei, definierte Musil Gestaltlosigkeit, Wandelbarkeit und Unfestigkeit als anthropologische Konstanten. Sie bilden den Kern des ‚Theorems': „Daß kein Einzelner heute weiß, wessen er morgen fähig sein wird, ist kein ganz ungewöhnlicher Gedanke mehr." Die „Übergänge von der moralischen Regel zum Verbrechen, von der Gesundheit zum Kranksein" seien gleitend und ohne feste Grenzen. Die „Menschheit [sei] wie eine gallertartige Masse zu denken, welche jede Form annimmt, die aus den Umständen entsteht." (GW II, 1239) Corino (2003, S. 801) kommentiert: „Kein Zuhörer konnte damals ahnen, daß er hier, über alle Rilke-Analysen hinaus, einen Blick in Musils Werkstatt und ihre Ergebnisse tat". Dass Rilke schon 1923/24 als einigermaßen abgründiges Fallbeispiel durch Musils Entwürfe zum ‚Theorem' geistert, gehört vermutlich in das Kapitel Ambivalenz:

> Ich will behaupten, daß ein Menschenfresser, als Säugling in europäische Umgebung eingepflanzt, wahrscheinlich ein guter Europäer würde, und der zarte Rainer Maria Rilke ein guter Menschenfresser geworden wäre, wenn ihn ein uns ungünstiges Geschick als kleines Kind unter Südseeleute geworfen hätte. (GW II, 1372)

Das große, zum Teil kontroverse, mehrheitlich aber positive publizistische Echo auf die Rede – 16 Zeitungsberichte wurden bisher eruiert (vgl. KA, Bibliographie, Rezensionen 1927; Corino 2003, S. 1703f.; Walther Petry, in Corino 2010, S. 151–154) – bewog Musils Verleger Ernst Rowohlt, den Text zu publizieren. Schon vierzehn Tage nach der Gedenkfeier, am 31. Januar 1927, informierte eine ganzseitige Anzeige im *Börsenblatt für den Deutschen Buchhandel*, dass Musils *Rede zur Rilke-Feier* als Broschüre zur Versendung bereit liege. Der Verlag warb mit Zitaten Alfred Kerrs aus dem *Berliner Tageblatt*, mit Stellen aus dem *Berliner Börsen-Courier*, aus der *Vossischen Zeitung*, dem *Berliner Lokalanzeiger*, dem *Montag-Morgen* und der *Deutschen Allgemeinen Zeitung*. Die Auflage der offiziell am 14. Februar 1927 bei Rowohlt in Berlin erschienenen *Rede zur Rilke-Feier in Berlin am 16. Januar 1927*, der Musil ein kurzes „Nachwort zum Druck" (vgl. GW II, 1240–1242) angefügt hatte, betrug 2.000 Exemplare zum Einzelpreis von 1,50 Reichsmark. Im Sommer 1938 waren davon noch 259 Exemplare auf Lager (vgl. Corino 2003, S. 802). Eine im Brief vom 2. Dezember 1934 an Klaus Pinkus erwähnte zweite Auflage ist nicht nachweisbar (vgl. Br I, 631).

3. *Der Dichter in dieser Zeit* (Wien 1934)

Der Schutzverband deutscher Schriftsteller (SDS) war 1909 zur Wahrung der Standesrechte der deutschen Schriftstellerinnen und Schriftsteller in Berlin gegründet worden. 1914 konstituierte sich ein österreichischer Ableger, der als eigenständiger Verein agierte, jedoch eng mit der Berliner Organisation kooperierte. Wie sein deutsches Pendant galt der Schutzverband deutscher Schriftsteller in Österreich (SDSOe) als linksliberal. Er engagierte sich intensiv für die berufspolitischen Interessen der literarisch Tätigen und zählte zu den größten und einflussreichsten Schriftstellervereinigungen der Ersten Republik. Musil trat, gemeinsam mit seinem Freund Robert Müller, 1922 dem SDSOe bei und spielte ab 1923 als Zweiter Vorsitzender eine wichtige Rolle (Erster Vorsitzender war Hugo von Hofmannsthal). Im Februar 1928 verzichtete Musil auf die Wiederwahl, blieb aber als Mitglied des erweiterten Vorstandes aktiv. Nach Hofmannsthals Tod verließ er im Oktober 1929 den SDSOe. Unstimmigkeiten und Kränkungen ließen in der Folge das Verhältnis abkühlen (vgl. Hall 1977). So kann die Einladung an Musil, bei der Sonntagsmatinee am 16. Dezember 1934 im Saal des Wiener Ingenieur- und Architektenvereins (Wien I, Eschenbachgasse 9) die Festrede zur Feier des 20-jährigen Bestehens des SDSOe zu halten, auch als eine versöhnliche Geste gegenüber dem ehemaligen Vorsitzenden gedeutet werden. Zum Festakt waren nur geladene Gäste zugelassen, in erster Linie wohl Kollegen aus dem SDSOe und ausgewählte Honoratioren des öffentlichen Lebens. Der für Literatur zuständige Staatssekretär Hans Pernter ließ sich vertreten.

Musil hat bei späterer Gelegenheit angemerkt, der Erfolg der Rede (GW II, 1243–1256) habe „hauptsächlich darin bestanden", dass er „überhaupt gesprochen" habe (GW II, 1257). Er thematisierte in seiner durchaus unfestlichen Festrede (in der von den großen Leistungen des SDSOe an keiner Stelle die Rede war) die vielleicht brennendste politische Frage seiner Zeit: „wie verhält sich der Kollektivismus zum Individualismus" (KA, L 9, Vorspruch Zürich). Durch die Notizen und Entwürfe zur SDSOe-Rede (wie übrigens auch zu der ein halbes Jahr später in Paris gehaltenen Rede) zieht sich die Opposition Kollektivismus – Individualismus als das Grundproblem der Zeit (vgl. die Edition der Vorarbeiten zu beiden Reden in Amann 2007, S. 238–305). Dies bedeutet, dass der Titel der Wiener Rede, *Der Dichter in dieser Zeit*, implizit einen grundlegenden Antagonismus benennt. Auf diese Weise war der SDSOe, als *Schutz*verband der vielen einzelnen Dichterindividuen gegenüber den ‚kollektivistischen' Tendenzen der Zeit, ungenannt doch durchgehend in Musils Rede präsent.

Mit ‚Kollektivismus' umschrieb Musil die nach dem Ersten Weltkrieg in vielen Ländern Europas erkennbaren Tendenzen in Richtung autoritärer, totalitärer, diktatorischer Staats- und Regierungsformen. Er hatte dabei Faschismus und Nationalsozialismus ebenso im Auge wie den Kommunismus. Als aktuelle Beispiele nannte er Italien, Deutschland und Russland: „Gemeinsam ist ihnen allen aber das Übergewicht kollektiver, gesamtheitlicher, Interessen gegenüber den individuellen, und ihre mehr oder weniger rücksichtslose Geltendmachung in unserem Zeitalter." (GW II, 1245) Wie reagierten in den Augen Musils die Menschen auf diese Vorgänge? Die menschliche ‚Gestaltlosigkeit', die er in der Rilke-Rede als ‚Theorem' formuliert hatte, wird nun, nach der Machtübernahme Hitlers in Deutschland, zum historischen Befund: Der „letzte Umsturz in Deutschland" habe „zur Hälfte das Bild stürmischer Sieger, zur anderen Hälfte das von verschüchterten, ratlosen Menschen" gezeigt, „sogar von Feiglingen". Der „heutige Mensch" erweise sich „als noch unselbständiger, als er es selbst meint", und werde „erst im Verband zu etwas Festem". Dazu gehöre auch

> das „Umfallen" des Geistes, ein bemerkenswert zu Tage getretener Mangel an „Zivilcourage". Was haben Menschen nicht bereitwillig oder zögernd in diesen Jahren abgeschworen oder preisgegeben, das zuvor zu ihren unveräußerlichen Überzeugungen und tiefsten Grundsätzen gehört hatte! Es gibt keinen Grundsatz der Humanität, der Sittlichkeit, des Rechts, der Wahrheit, der nationalen Gemeinsamkeit, der Achtung vor anderen und ihrer Leistung, der sich nicht darunter fände. (GW II, 1247)

Der Kollektivismus, den man als „Inbegriff disziplinärer Versuche" (GW II, 1248) verstehen könne, folge mit seiner „Neigung zu gewaltsamem Eingreifen" (ebd.) dem „Führer-Prinzip" (GW II, 1249), forciere den „pyramidenartigen Aufbau des Staates" (ebd.) und gehe mit einem ausgeprägten Anti-Individualismus einher. Die „Einwirkung" auf den Einzelnen sei derart, „daß der Mensch als Staatsbürger mancherorts heute so organisiert wird, daß von ihm beinahe nichts übrigbleibt als der unendlich kleine Schnittpunkt der verschiedenen öffentlichen Ansprüche." Der individuellen Sphäre werde „die Mehrzahl der Rechte entzogen und der öffentlichen überantwortet, und daraus erst ist ein äußerst fragwürdiges Verhältnis der Politik zu den schöpferischen Kräften außerhalb der Politik entstanden" (GW II, 1249f.).

Die Anwesenden wussten, wovon Musil sprach. Die ‚Ausschaltung' des österreichischen Parlaments durch Bundeskanzler Engelbert Dollfuß im März 1933, das Verbot von Aufmärschen und Versammlungen, das Streikverbot, die Ausschaltung des Verfassungsgerichtshofs im Mai 1933, der Beschluss über die Errichtung sogenannter ‚Anhaltelager' zur Internierung Oppositioneller (23.9.1933), die Verhängung des Standrechts und die Wiedereinführung der Todesstrafe (11.11.1933), der als ‚Bürgerkrieg' bezeichnete bewaffnete Widerstand des sozialdemokratischen Republikanischen Schutzbundes gegen staatliche Repressionen (12.–14.2.1934), bei dem die Regierung Militär und Artillerie gegen die Wiener Gemeindebauten und Arbeiterwohnheime einsetzte – hunderte Menschen wurden dabei getötet –, der Einsatz von Standgerichten, das Verbot und die Zerschlagung aller sozialdemokratischen Organisationen, die Auflösung von National- und Bundesrat und die Übertragung ihrer Befugnisse auf die Regierung (30.4.1934), die Proklamation der neuen Verfassung (1.5.1934), die das ‚Führer-Prinzip' und den ständischen, m.a.W. den ‚pyramidenartigen Aufbau des Staates' festschrieb: Alles das – Emanationen das austrofaschistischen ‚Kollektivismus' – lag zum Zeitpunkt der Rede erst wenige Monate zurück (vgl. Tálos 2013). (→ II.4 *Zeitgeschichtlicher Kontext*)

Vor diesem Hintergrund skizzierte Musil „das Verhältnis des Dichters zur Gegenwart", das, von den Ansprüchen der herrschenden Kräfte aus gesehen, darauf hinauslaufe, „daß sich der Dichter so völlig wie möglich der herrschenden Ideologie einer Gemeinschaft angleichen müsse", was miteinschließe, dass „die Begriffe der Humanität, der Internationalität, der Freiheit, der Objektivität und andere mißliebig geworden" seien (GW II, 1250). Das war ein deutlicher Hinweis auf Versuche des Austrofaschismus, die österreichische Literatur, Kunst und Wissenschaft unter Kuratel zu stellen und zu instrumentalisieren. Musil hat die einschlägigen Beispiele in den Arbeitsheften nicht ohne Sarkasmus registriert (vgl. Amann 2007, S. 63–84). Demgegenüber beharrte er entschieden auf der „Verschiedenheit der Funktion[en]" von

Politik und Literatur, wobei er ein „unpolitisches Fühlen und Denken" der Literatur als besonderes und auszeichnendes Potenzial zuschrieb. Sich dieses unpolitische Fühlen und Denken der Literatur als „Reservoir" zu erhalten, sei „für die Politik sehr wichtig" (GW II, 1254). Es ist diese unorthodoxe Verwendung des Begriffs ‚unpolitisch', die häufig zu Missverständnissen geführt hat. Musil setzt ‚unpolitisch' gleich mit ‚autonom'. ‚Unpolitisch' heißt für ihn: unabhängig von den pragmatischen Zwängen, Ansprüchen und Verpflichtungen der Politik als gesellschaftlicher Institution (vgl. Vogt 1984, S. 314f.). (→ V.4 *Politik u. Ideologie*) Durch Behinderung, Unterdrückung oder Instrumentalisierung der Kunst und der Literatur schade die Politik sich selber, weil sie sich eines geistigen Potenzials beraube, dessen sie zur Erfüllung ihrer Aufgaben dringend bedürfe. Denn dem „Reservoir" des autonomen („unpolitischen") Geistes in Kunst und Literatur ist das Moment des Utopischen inhärent: „die Kunst [...] erhält das Noch-nicht-zu-Ende-Gekommene des Menschen, den Anreiz seiner Entwicklung am Brennen" (GW II, 1255), heißt es gegen Ende der Rede. (→ VII.5 *Utopie*) Musil schloss mit einem Plädoyer für den Individualismus und für den liberalen, aufgeklärten Geist, den er in der aktuellen politischen Situation gefährdet sah: „Dieser Geist [...] kann sich natürlich nur bis zu einem gewissen Grad unterordnen und angleichen, ohne sich aufzugeben." (ebd.)

Musils Rede sucht in der Literatur- und Geisteswelt des austrofaschistischen ‚Ständestaats' ihresgleichen. Die Zeitungen berichteten, dass die „epochale" Rede „stürmisch begrüßt, von Beifall oft unterbrochen und schließlich stürmisch bedankt" wurde. Es sei „eigentlich keine Festrede" gewesen, sondern „stürmische Anklage in subtilster Form gegen den Ungeist der Zeit. [...] In der Tendenz: schrankenloses Bekenntnis zur Humanität." Die Hoffnung, diese „Rede eines der größten Schriftsteller seiner Nation [...] baldigst im Druck lesen zu können" (zit. nach Tb II, 642 u. 810f.), wurde enttäuscht. Zu Musils Lebzeiten blieb ihre Kenntnis auf den Kreis der geladenen Gäste beschränkt. Entscheidend jedoch ist, dass Musil mit seinem Auftritt endlich gelang, was ihm mit dem steckengebliebenen Essayprojekt *Bedenken eines Langsamen* (1933) (vgl. Amann 2007, S. 48–63) und der beabsichtigten, doch auf Druck seines Verlegers Ernst Rowohlt sistierten Mitarbeit an Klaus Manns Exilzeitschrift *Die Sammlung* (vgl. Corino 2003, S. 1133–1137) zweimal missglückt war: nach der Machtübernahme Hitlers öffentlich „ein Lebenszeichen der Nichtgleichgeschaltetheit zu geben" (an Klaus Pinkus, 21.10.1933, Br I, 587). Eine 1935 in Basel geplante Wiederholung der Rede, für die Musil eine eigene Einleitung verfasst hatte (vgl. GW II, 1256–1258), ist offenbar nicht zustande gekommen (vgl. GW II, 1827f.).

4. Rede auf dem „Internationalen Schriftstellerkongreß für die Verteidigung der Kultur" (Paris 1935)

Auf dem ersten Moskauer Allunions-Kongress der sowjetischen Schriftsteller im August 1934, an dem beinahe 600 Autorinnen und Autoren aus mehr als 50 Nationen teilnahmen, darunter zum ersten Mal auch nichtkommunistische Autoren aus dem Westen, waren (angesichts der Machtübernahme Hitlers) die bis dahin erbittert verteidigten Fronten zwischen kommunistischen, sozialistischen und bürgerlich-liberalen Schriftstellern erstmals aufgeweicht worden. Der im folgenden Jahr in Paris stattfindende „Internationale Schriftstellerkongreß für die Verteidigung der Kultur" (21.–25. Juni 1935) verstand sich als Teil der seit dem Allunions-Kongress verfolgten

2.2 Reden

politischen Sammlungs- und Einigungsbemühungen im Zeichen der neuen ‚Volksfront'-Strategie. Er sollte die Notwendigkeit eines internationalen Bündnisses der Schriftsteller im Kampf gegen Faschismus und Nationalsozialismus unter Aufbietung größtmöglicher Prominenz aus dem bürgerlichen Lager unter Beweis stellen. Die Idee, Paris als Veranstaltungsort zu wählen, wurde in Gesprächen auf dem Moskauer Kongress geboren, an denen u.a. André Malraux, Louis Aragon, Ilja Ehrenburg und Michail Kolzow beteiligt waren.

Der Pariser Kongress, an dem mehr als 250 Autorinnen und Autoren aus 38 Nationen teilnahmen, wurde von einer Gruppe vorwiegend kommunistischer Schriftsteller im Umkreis der französischen „Association des écrivains et artistes révolutionnaires" (AEAR), d.i. die französische Sektion der 1930 gegründeten „Internationalen Vereinigung Revolutionärer Schriftsteller" (IVRS), organisiert – in enger Zusammenarbeit mit dem unter kommunistischer Führung im Pariser Exil neugegründeten Schutzverband deutscher Schriftsteller (SDS) und mit Unterstützung der Kommunistischen Internationale (Komintern). In die Vorbereitungen, wozu auch regelmäßige Berichte nach Moskau zählten, waren u.a. direkt involviert: Henri Barbusse, Ilja Ehrenburg, André Gide, Jean-Richard Bloch, André Malraux, Léon Moussinac, Paul Nizan, Anna Seghers, Alfred Kantorowicz und, als treibende Kraft hinter den Kulissen, Johannes R. Becher, Funktionär des SDS und Mitglied des Zentralkomitees der Kommunistischen Partei Deutschlands im Exil (vgl. Klein/Akademie 1982; Corino 2003, S. 1175–1210; Klein 2003 u. 2004). Auf wessen Vorschlag und durch wen die Einladung an Musil, den einzigen Teilnehmer aus Österreich, erging, ist nicht bekannt. Denkbar wäre Johannes R. Becher, ehemaliger SDS-Kollege und klandestiner Kongressregisseur, mit dem Musil seit den 1920er Jahren persönlich bekannt war; auch eine Empfehlung durch Thomas Mann, der das Unternehmen von Beginn an unterstützte (seine Teilnahme aber aus Termingründen absagte), ist nicht auszuschließen. Auf dem deutschsprachigen Kongressprogramm wurde Musil (irrtümlich?) der deutschen Delegation zugerechnet (vgl. Klein/Akademie 1982, Abb. 2 nach S. 432).

Vonseiten der Organisatoren war man bestrebt, den Eindruck der politischen Punzierung des Kongresses zu vermeiden. Der ‚Arbeitsplan' sah acht Themenkreise vor, die alles andere als Klassenkampf, ‚Bolschewismus' oder ‚Volksfront' assoziieren ließen: u.a. ‚Kulturerbe', ‚Humanismus', ‚Nation und Kultur', ‚Das Individuum' und ‚Die Rolle des Schriftstellers in der Gesellschaft'. 90 Redner aus 20 Nationen traten auf, darunter Louis Aragon, Ernst Bloch, André Breton, Georgi Dimitroff, Max Brod, Waldo Frank, Alfred Kerr, Rudolf Leonhard, Klaus Mann, Boris Pasternak, John Strachey, Ernst Toller und Tristan Tzara. Der Kongress, der als die bedeutendste antifaschistische kulturelle Kundgebung der 1930er Jahre gilt, fand im Palais de la Mutualité in der Rue Saint-Victor 24 statt und wurde von mehreren tausend Personen frequentiert. Der Öffentlichkeit und auch Robert Musil blieben die politischen Hintergründe der Veranstaltung keineswegs verborgen. Nach dem Eindruck von Freunden hat er den Kongress als „krypto-kommunistisch" eingeschätzt (Br II, 375). Alfred Döblin berichtete, Musil habe sich geärgert, dort „gesprochen zu haben, weil er erst zu spät erfuhr, wer eigentlich die Drahtzieher des Congresses waren –." (Tb II, 203)

Musil knüpfte in seiner Rede (GW II, 1266–1269) z.T. wörtlich an die Überlegungen zu Kollektivismus und Individualismus und zum Verhältnis von Literatur und Politik in seiner Wiener SDSOe-Rede an. Aufgrund der Redezeitbeschränkung war die Pariser Rede außerordentlich verdichtet. Sie hat nur ein Viertel des Umfangs der

Wiener Rede, hat eine andere Färbung, ist komplexer, dezidierter, pointierter, schärfer. Auch sprach Musil in einer anderen Rolle als die überwiegende Mehrheit der Redner des Kongresses. Er war offenkundig nicht bereit, das Selbstverständnis der Organisatoren als legitime ‚Verteidiger' der Kultur unbefragt zu akzeptieren und sich ihren Prämissen zu unterwerfen, die da lauteten: antifaschistisch heißt gleich prosowjetisch; wer die Sowjetunion kritisiert, setzt sich dem Verdacht aus, ein Faschist zu sein (vgl. Pike 1981, S. 156–159). Musil fuhr nicht nach Paris, um im Kollektiv die Parolen der Komintern abzunicken, sondern er formulierte Fragen, die sich aus dem Kongressthema ergaben. Sie liefen, so Musil, „in der Hauptsache" auf das Problem hinaus, „unter welchen politischen Bedingungen die Kultur wächst" (an Harry Goldschmidt, 22.9.1935, Br I, 659). Mit anderen Worten, er ergriff nicht – wie viele seiner Kollegen – öffentlich Partei für die Sowjetunion und die in der Komintern vereinigte Linke als die ihrem Selbstverständnis nach einzigen Garanten der Kultur. Sein Ansatz war grundsätzlicher. Er verteidigte kulturelle Freiheit und Autonomie – und im Besonderen die Freiheit und Autonomie des Einzelnen als deren Voraussetzung – nicht nur gegen die „Übergriff[e] der Politik", sondern gegen jede Form der Indienstnahme. Alle, so Musil, „der Staat, die Klasse, die Nation, die Rasse und das Christentum", reklamierten „heute" die Künstler für sich. Doch die „Kultur ist an keine politische Form gebunden. Sie kann von jeder spezifische Förderungen oder Hemmungen empfangen"; und Musil nannte als Beispiele die „stark autoritäre[n] Staatsformen, Bolschewismus und Faschismus" in einem Atemzug (GW II, 1267f.) – was von der Mehrzahl der Anwesenden als Affront verstanden wurde.

Träger der Kultur, so Musil, seien immer „einzelne Personen" und von den Bedingungen, unter denen diese arbeiteten, hänge letztlich das Schicksal der Kultur ab. Es seien viele „politisch mißbrauchte, abgenützte und dann verworfene Begriffe", die als „unerläßliche psychologische Voraussetzungen" für die „persönliche Schöpfungskraft" zu gelten hätten:

> So beispielsweise Freiheit, Offenheit, Mut, Unbestechlichkeit, Verantwortung und Kritik, diese mehr noch gegen das, was uns verführt, als gegen das, was uns abstößt. Auch die Wahrheitsliebe muß dabei sein, und ich erwähne sie besonders, weil das, was wir Kultur nennen, wohl nicht unmittelbar dem Kriterium der Wahrheit untersteht, aber keinerlei große Kultur auf einem schiefen Verhältnis zur Wahrheit beruhen kann.
>
> Ohne daß solche Eigenschaften von einem politischen Regime in allen Menschen unterstützt werden, kommen sie auch in den besonderen Begabungen nicht zum Vorschein. (GW II, 1269)

Wohl wissend, dass die von ihm genannten Voraussetzungen und Bedingungen schöpferischer Tätigkeit in den auf dem Kongress zur Diskussion stehenden politischen Systemen „Faschismus, Bolschewismus, Nationalsozialismus und, mit Abstrichen, im Austrofaschismus, mehr oder minder Selbstmordprogramme" waren (Corino 2003, S. 1189), postulierte Musil auf dem Höhepunkt seiner Rede die Unteilbarkeit und Unantastbarkeit der persönlichen Freiheitsrechte und die ethischen Prinzipien einer aufgeklärten demokratischen Gesellschaft als Vorbedingungen für das künstlerische Schaffen des Einzelnen. Nur wenn diese Prinzipien und Rechte „in allen Menschen" unterstützt würden, werde auch der Boden bereitet für die besonderen Begabungen. Radikaler und gleichzeitig illusionsloser hätte die Antwort auf die Frage, wie denn die Kultur in der gegebenen Situation zu verteidigen wäre, nicht ausfallen können.

Das Paradoxon, mit dem Musil seine Rede eröffnet hatte: dass die Kultur zuweilen auch von ihren Freunden geschädigt werde, traf auch auf eine Reihe von Organisatoren und Teilnehmern des Kongresses zu. Auf diese Provokation des Anfangs folgte die nicht minder provokante, vor allem aber missverständliche Versicherung: „Was ich hier und heute [...] sagen will, ist unpolitisch." (GW II, 1266) Damit war der Eklat programmiert. Ein Augenzeuge berichtete, Musils Rede und vor allem seine partielle Gleichsetzung von Kommunismus und Faschismus habe einen „großen Skandal" erregt. „Viele der Zuhörer, die Deutsch verstanden – und unter ihnen befanden sich mehrere bedeutende, aus Deutschland geflüchtete Schriftsteller" –, hätten ihn nach seinem Vortrag ausgepfiffen: „[S]owohl das Publikum wie Musils Kollegen fragten sich an jenem Tage, was dieser Störenfried im Palais de la Mutualité zu suchen habe. Es fehlte nicht viel, und man hätte ihm die Rede abgeschnitten." (Edouard Roditi, zit. nach Corino 2010, S. 309f.)

Es gab direkte Entgegnungen auf seine Rede schon im Rahmen des Kongresses, und auch danach brachen die Diskussionen nicht ab. So erschien im August-Heft 1935 der kommunistischen *Neuen Deutschen Blätter* (Prag) eine Polemik von Bodo Uhse und Egon Erwin Kisch gegen den „asoziale[n] Problematiker" (zit. nach Klein/ Akademie 1982, S. 461). Musil setzte sich intensiv mit diesem Angriff auseinander und hinterließ unter dem Titel „Berichtigung eines Berichts" mehrere Entwürfe für eine Entgegnung. Wahrscheinlich brach er die Arbeit ab, als er erfuhr, dass die *Neuen Deutschen Blätter* mit dem August-Heft 1935 ihr Erscheinen eingestellt hatten (vgl. Amann 2007, S. 123–125, u. Entwürfe für die „Berichtigung", S. 296–303). Musils Rede war, von heute aus gesehen, einer der theoretisch anspruchsvollsten, mutigsten und hellsichtigsten Beiträge des Kongresses (vgl. Wolf 2006). Dennoch oder vielleicht gerade deshalb setzte er sich mit ihr zwischen alle Stühle. Das Missverständnis vom ‚unpolitischen' Schriftsteller Robert Musil, an dem er – auch mit seinem Pariser Auftritt – nicht ganz unbeteiligt war, sollte die Rezeption seines Werks und die Wahrnehmung seiner Person über Jahrzehnte hinweg negativ bestimmen und verzerren (vgl. z.B. noch Hüppauf 1991).

5. *Über die Dummheit* (Wien 1937)

Musil hielt seinen Vortrag *Über die Dummheit* am 11. März 1937 auf Einladung des Österreichischen Werkbunds im Großen Saal des Ingenieur- und Architektenvereins in Wien, wo er schon seine SDSOe-Festrede und wo u. a. auch Karl Kraus einige seiner Vorlesungen gehalten hatte. Aufgrund des großen Erfolgs wurde die Rede sechs Tage später, am 17. März, wiederholt. Von einer zweiten Wiederholung (vor 400 Hörerinnen und Hörern in der Volkshochschule ‚Volksheim' am Ludo-Hartmann-Platz 7, Wien XVI) am 7. Dezember 1937 berichtet Musil im Tagebuch. Es klingt wie eine Bilanz seiner Erfahrungen als Redner und Vorleser, wenn er nach diesem letzten öffentlichen Auftritt in Wien vor seiner Emigration (im August 1938) räsoniert:

> Obwohl ich die ‚Dummh[eit]' noch nie so gut gelesen habe wie gestern, sind mir ihre und meine Schwächen recht zu Bewußtsein gekommen. Vielleicht so zu sagen: allen meinen Schöpfungen fehlt das: Du mußt es hören. Aus dem strengsten inneren auferlegten Zwang geboren, haben sie doch nichts Appellatives; der Wille, im einzelnen Schaffen stark, ist im ganzen Sich Mitteilen schwach; es ließe sich auch sagen, dieses vorsichtige Darstellen findet nicht die totale Geste. Oder: Ich bleibe in der Mühe des Denkens befangen und lege kein Gewicht mehr auf die Anwendung. Mein Geist ist zu wenig praktisch. (Tb I, 926)

Die Rede (GW II, 1270–1291), vordergründig eine etwas spröde philosophisch-psychologische Begriffserkundung (mit wiederholten Hinweisen auf Eugen Bleulers *Lehrbuch der Psychiatrie* [4. Aufl., 1923] und auf den Vortrag *Ueber Dummheit* [1866] von Johann Eduard Erdmann), war im Kern eine Abrechnung mit den Mentalitäten und den Erscheinungsformen des zeitgenössischen politischen und kulturellen Lebens diesseits und jenseits der deutsch-österreichischen Grenze. Musil unternahm gewissermaßen eine Exploration der unterwerfungswilligen Massenseele und des deutsch-österreichischen Kollektivismus am Vorabend der Katastrophe. Am Beginn zitierte Musil (ohne den Titel des Buches zu nennen) aus dem *MoE*: „Wenn die Dummheit nicht dem Fortschritt, dem Talent, der Hoffnung oder der Verbesserung zum Verwechseln ähnlich sähe, würde niemand dumm sein wollen." (GW II, 1270; vgl. MoE, 58) Das Kapitel I/16 des Romans, aus dem das etwas gekürzte Zitat stammt, trägt den bezeichnenden Titel „Eine geheimnisvolle Zeitkrankheit". Dass seine Rede über die Dummheit primär auf diese Zeitkrankheit zielte, wurde, ohne dass der Begriff fiel, schon mit dem ersten Satz der Rede klar, wo Musil den Verdacht äußerte, „über die Dummheit zu sprechen" könnte einem Redner „heute" als „Störung der zeitgenössischen Entwicklung ausgelegt werden" (GW II, 1270). Die Temporaladverbien ‚heute', ‚heutig', ‚heutigentags' erscheinen im Verlauf der Rede mit derart obstinater Regelmäßigkeit, dass nicht der geringste Zweifel darüber aufkommen konnte, worauf Musils Auslegungen des Begriffs zielten.

Schon in den Vorarbeiten zu Kapitel I/16 des Romans wird die Gleichung „Zeitkrankheit – Dummheit" explizit hergestellt (vgl. KA, M II/4/100). Etwa zur selben Zeit (Frühjahr 1930) notierte Musil im Zusammenhang mit dem Faktum, dass Hans Kelsen, der maßgebliche Autor der österreichischen Verfassung von 1920 und Richter am Verfassungsgericht, aus politischen Gründen aus seinem Amt entfernt worden war: „Heute morgens noch dachte ich, man müßte einen Verein geg.[en] die Ausbreitung der Dummheit gründen." (Tb I, 699) Aus dem Verein wurde leider nichts, doch 1935 finden sich in Briefen Musils an den Feuilletonchef der Basler *National-Zeitung*, Otto Kleiber, Hinweise darauf, dass er an einer Sammlung von „Aphorismen über Wesen und Bedeutung der Dummheit" arbeitete und deren Publikation in der *National-Zeitung* erwog (an Kleiber, 8.5.1935, Br I, 645). Unter dem Titel *Notizen* erschienen am 17. November 1935 dort einige Stücke aus dieser Sammlung, die sich zum Teil wörtlich in Musils Rede wiederfinden (vgl. GW II, 813–815; vgl. Brief an Kleiber, 10.11.1935, Br I, 668). Im Zusammenhang mit der Arbeit an den Aphorismen über die Dummheit (1935/36), in der immer wieder auch deren Gegenteil – der für Musil nicht minder wichtige Genie-Begriff – in den Blick kommt, war sowohl von einem Aufsatz die Rede wie auch von einem Buch. (→ III.3.3 *Aphorismen*) Schließlich wurden die Vorarbeiten 1937 zum Redemanuskript umgeformt. Auf einem der Notizblätter findet sich der Titelentwurf: „Über die Dummheit. Mit besonderer Berücksichtigung der einheimischen" (KA, M III/4/46).

Zum Aufwärmen gleichsam widmete sich Musil zu Beginn seiner Rede verschiedenen Formen der Dummheit im Literatur- und Kulturbetrieb; dem Widerstand beispielsweise, der dem Dichter entgegenschlage durch den Professor der Literaturgeschichte, „der, gewohnt, auf unkontrollierbare Entfernungen zu zielen, in der Gegenwart unheilstiftend danebenschießt" (GW II, 1270), oder dem „vielgestaltige[n] Widerstand eines sich der Kunstliebe rühmenden Volkes gegen die Kunst" (ebd.), den er als „Gefühlsdummheit" und „Schöndummheit" definierte, wobei allerdings nicht alles auf die Dummheit geschoben werden dürfe: „[E]s muß, wie besonders die Erfahrungen der letzten Jahre gelehrt haben, auch für die verschiedenen Arten der Charakterlosigkeit Platz bleiben" (GW II, 1271). Schritt für Schritt entwickelte Musil aus seinen Beobachtungen eine Theorie des Sadismus, die nicht nur an die brutalen juvenilen Grenzüberschreitungen im *Törleß* erinnert, sondern vor allem die zeitgenössische Realität beschrieb (vgl. GW II, 1274f.). Der auf diese Weise ‚aktualisierte' Begriff der Dummheit, verstanden als sozialer und moralischer Defekt im Sinne einer „Affektstörung", wird mit mangelnder Charakterbildung, Eitelkeit, Überheblichkeit, Rücksichtslosigkeit, Zuchtlosigkeit, Egoismus, Willkür, Rechtsbruch, affektgeleitetem Handeln und der Neigung zum Verschwinden in der Masse, d. h. mit dem ‚Theorem der menschlichen Gestaltlosigkeit' in Verbindung gebracht (vgl. auch Vatan 2009). Diese Argumentationslinie verknüpfte über das Konzept des ‚Kollektivismus' die Rede *Über die Dummheit* eng mit seinen drei früheren Reden in Berlin, Wien und Paris:

> Namentlich ein gewisser unterer Mittelstand des Geistes und der Seele ist dem Überhebungsbedürfnis gegenüber völlig schamlos, sobald er im Schutz der Partei, Nation, Sekte oder Kunstrichtung auftritt und Wir statt Ich sagen darf. (GW II, 1275)
>
> Und so vorhin von der Eitelkeit die Rede war, darin Völker und Parteien sich heute in Ansehung ihrer Erleuchtung überheben, muß jetzt nachgeholt werden, daß die sich auslebende Mehrzahl – geradeso wie der einzelne Größenwahnsinnige in seinen Tagträumen – nicht nur die Weisheit gepachtet hat, sondern auch die Tugend und sich tapfer, edel, unbesieglich, fromm und schön vorkommt; und daß in der Welt besonders ein Hang ist, daß sich die Menschen, wo sie in großer Zahl auftreten, alles gestatten, was ihnen einzeln verboten ist. Diese Vorrechte des groß gewordenen Wir machen heute geradezu den Eindruck, daß die zunehmende Zivilisierung und Zähmung der Einzelperson durch eine im rechten Verhältnis wachsende Entzivilisierung der Nationen, Staaten und Gesinnungsbünde ausgeglichen werden soll; und offenbar tritt darin eine Affektstörung, eine Störung des affektiven Gleichgewichts in Erscheinung, die im Grunde dem Gegensatz von Ich und Wir und auch aller moralischen Bewertung vorangeht. (GW II, 1276f.)

Wen Musil mit den „Größenwahnsinnige[n]" meinte, war allen Anwesenden klar, und er hatte, wie Karl Corino zu Recht schreibt, Glück, „dass kein Rollkommando der Wiener Nazis im Saal war" (Corino 2003, S. 1233). Das zentrale Problem der Zeit sah Musil in einer „Vertrauenskrisis der Humanität" oder, psychosomatisch gefasst, in einer „Panik [...], die im Begriffe ist, an die Stelle der Sicherheit zu treten, daß wir imstande seien, unsere Angelegenheiten in Freiheit und mit Vernunft zu führen." (GW II, 1284) Wobei – ein Gedanke, den Musil schon in seiner Pariser Rede formuliert hatte – Freiheit und Vernunft von ihren Freunden oft mehr geschadet worden sei als von ihren Feinden. Man habe vor allem „den Übergang auf bewahrend-veränderte Ideen" verabsäumt, m. a. W. den Weg der Evolution verpasst. (Der Kollektivismus setzte bekanntlich auf die Revolution, sei sie rot, braun oder schwarz.) Es bedürfe, so Musil mit dem Blick auf den friedlichen evolutionären Prozess, „bei solchem Tun helfender Vorstellungen von dem, was wahr, vernünftig, bedeutend, klug, und also in verkehrter Spiegelung auch von dem, was dumm ist." (ebd.) Wie dieses Tun im Einzelnen zu bewerkstelligen wäre, führte Musil nicht aus, vielmehr warnte er vor der Gefahr der „höhere[n] Dummheit" (GW II, 1287), wiederum mit einem Selbstzitat aus dem *MoE*: „Es gibt schlechterdings keinen bedeutenden Gedanken, den die Dummheit nicht anzuwenden verstünde, sie ist allseitig beweglich und kann alle Kleider der Wahrheit anziehen. Die Wahrheit dagegen hat jeweils nur ein Kleid und einen Weg und ist immer im Nachteil." (GW II, 1288; vgl. MoE, 59) Die „höhere Dummheit" bezeichnete er als „die eigentliche Bildungskrankheit [...]: sie bedeutet Unbildung, Fehlbildung", und als „die lebensgefährlichste, die dem Leben selbst gefährliche Krankheit des Geistes." (GW II, 1287f.) Man müsse auch unterscheiden zwischen „Versagen und Unfähigkeit, gelegentlicher oder funktioneller und beständiger oder konstitutioneller Dummheit, zwischen Irrtum und Unverstand." Es gehöre das zum Wichtigsten, weil die Bedingungen des Lebens

> heute so sind, so unübersichtlich, so schwer, so verwirrt, daß aus den gelegentlichen Dummheiten der einzelnen leicht eine konstitutionelle der Allgemeinheit werden kann. Das führt die Beobachtung also schließlich auch aus dem Bereich persönlicher Eigenschaften hinaus zu der Vorstellung einer mit geistigen Fehlern behafteten Gesellschaft. Man [...] dürfte heute wohl vielfach von einer ‚sozialen Imitation geistiger Defekte' sprechen können; die Beispiele dafür sind recht aufdringlich. (GW II, 1289)

Dass Musil angesichts des „allgemeine[n] Mißverhältnis[ses], worin heute die Affekte die Vernunft zerdrücken, statt sie zu beflügeln" (GW II, 1290), abschließend „die Bescheidung" als „das letzte und wichtigste Mittel gegen die Dummheit" (ebd.) anführte, zeigt, wie die Einzelnen und Vereinzelten, die sich nicht einer der Formationen des großen ‚Wir' eingereiht hatten, im Jahr vor dem ‚Anschluss' Österreichs an das ‚Dritte Reich' bereits in der Defensive waren. Musils kategorischer Imperativ gegen die ‚Zeitkrankheit', den er aus dem Konzept der „Bescheidung" entwickelte, nahm, als Reaktion auf eine Übermacht, nur eine Seite der Medaille, den Bezirk der persönlichen und privaten Moral, in den Blick: „[I]ch glaube, der Vorsatz: Handle, so gut du kannst und so schlecht du mußt, und bleibe dir dabei der Fehlergrenzen deines Handelns bewußt! wäre schon der halbe Weg zu einer aussichtsvollen Lebensgestaltung." (GW II, 1291) Musil schloss mit einer Pointe, die keine ist und die als Coda so trostlos war wie die Situation, in der sich der Redner und sein Publikum befanden:

> Und ich erkläre mich, den Fuß auf der Grenze, außerstande, weiterzugehen; denn einen Schritt über den Punkt, wo wir halten, hinaus, und wir kämen aus dem Bereich der Dummheit, der selbst theoretisch noch abwechslungsreich ist, in das Reich der Weisheit, eine öde und im allgemeinen gemiedene Gegend. (ebd.)

Musils *Über die Dummheit* erschien im Mai 1937 im Bermann-Fischer Verlag in Wien. Die 48-seitige Broschüre (in der Schriftenreihe „Ausblicke", in der im selben Jahr auch Paul Valérys *Die Poetik des Geistes* erschien) war Musils letzte selbstständige Publikation zu Lebzeiten. Die Rede, die mehrere Wiener Zeitungen freundlich besprachen (vgl. Corino 2003, S. 1236f.), wurde von den Hörern im Saal wie auch von den Rezensenten der Druckfassung durchaus in ihrer Brisanz erkannt und u. a. als „erbarmungslose Anklage gegen das Nazitum und dessen Schergen" gelesen (zit. nach ebd., S. 1237). Otto Pächt gegenüber, der Musils parallele Aktivitäten zur Erlangung einer Beamten-Pension (und seine damit verbundenen taktischen Manöver vor austrofaschistischen politischen Repräsentanten) skeptisch beobachtet hatte, führte Musil den Vortrag als Beweis dafür an, „daß meine Unabhängigkeit nicht in Gefahr gewesen ist." (an Pächt, 23.3.1937, Br I, 767; vgl. Amann 2007, S. 125–128) Musils zweite Wiener Rede ist, verhaltener zwar und deutlich resignativer als der SDSOe-Vortrag von 1934, in der Tat ein anderes Zeichen seiner ‚Nichtgleichgeschaltetheit' –

und zugleich ein traurig stimmendes Zeugnis für die Machtlosigkeit des Geistes gegenüber den Allianzen von Dummheit und Gewalt.

6. Literatur

Amann, Klaus: Robert Musil – Literatur und Politik. Mit einer Neuedition ausgewählter politischer Schriften aus dem Nachlass. Reinbek b. Hamburg: Rowohlt 2007.
Bleuler, Eugen: Lehrbuch der Psychiatrie. [1916] 4. Aufl. Berlin: Springer 1923.
Corino, Karl: Robert Musil. Eine Biographie. Reinbek b. Hamburg: Rowohlt 2003.
Corino, Karl (Hg.): Erinnerungen an Robert Musil. Texte von Augenzeugen. Wädenswil: Nimbus 2010.
Erdmann, Johann Eduard: Ueber Dummheit. [1866] In: ders.: Ernste Spiele. Vorträge, theils neu theils längst vergessen. Gesammtausgabe seiner jemals gehaltenen populären Vorträge. 4. Aufl. Berlin: Wilhelm Hertz 1890, S. 263–282.
Hall, Murray G.: Robert Musil und der Schutzverband deutscher Schriftsteller in Österreich. In: Österreich in Geschichte und Literatur 21 (1977), H. 7/8, S. 202–221.
Hüppauf, Bernd: Musil in Paris. Robert Musils Rede auf dem Kongreß zur Verteidigung der Kultur (1935) im Zusammenhang seines Werkes. In: Zeitschrift für Germanistik. N. F. 1 (1991), H. 3, S. 55–69.
Jens, Inge: Dichter zwischen rechts und links. Die Geschichte der Sektion für Dichtkunst der Preußischen Akademie der Künste, dargestellt nach den Dokumenten. München: dtv 1979.
Klein, Wolfgang/Akademie der Wissenschaften der DDR (Hg.): Paris 1935. Erster Internationaler Schriftstellerkongreß zur Verteidigung der Kultur. Reden und Dokumente. Mit Materialien der Londoner Schriftstellerkonferenz 1936. Einleitung u. Anhang v. W. K. Berlin: Akademie 1982.
Klein, Wolfgang: „Jeter par la portière un misérable paquet de bourgeoisie". Gewalt und Glücksanspruch auf dem Pariser Schriftstellerkongreß 1935. In: Hanspeter Plocher, Till R. Kuhnle, Bernadette Malinowski (Hg.): Esprit civique und Engagement. Festschrift für Henning Krauß. Tübingen: Stauffenberg 2003, S. 303–319.
Klein, Wolfgang: Als der Apparat nicht funktionierte. Geschichte der Vorbereitung des Pariser Schriftstellerkongresses 1935. In: Wolfgang Asholt u. a. (Hg.): Unruhe und Engagement. Blicköffnung für das Andere. Festschrift für Walter Fähnders zum 60. Geburtstag. Bielefeld: Aisthesis 2004, S. 17–52.
Petersen, Klaus: Die ‚Gruppe 1925'. Geschichte und Soziologie einer Schriftstellervereinigung. Heidelberg: Winter 1981.
Pike, David: Deutsche Schriftsteller im sowjetischen Exil 1933–1945. Frankfurt a. M.: Suhrkamp 1981.
Rohrwasser, Michael: Robert Musil auf dem Pariser Schriftstellerkongress (1935). In: Marek Zybura (Hg.): Geist und Macht. Schriftsteller und Staat im Mitteleuropa des „kurzen Jahrhunderts" 1914–1991. Dresden: Thelem bei w.e.b 2002, S. 227–240.
Tálos, Emmerich: Das austrofaschistische Herrschaftssystem. Österreich 1933 bis 1938. Wien u. a.: LIT 2013.
Vatan, Florence: Flaubert, Musil und der Reiz der Dummheit. In: Kevin Mulligan, Armin Westerhoff (Hg.): Robert Musil – Ironie, Satire, falsche Gefühle. Paderborn: mentis 2009, S. 149–171.
Vogt, Guntram: Robert Musils ambivalentes Verhältnis zur Demokratie. In: Exilforschung. Ein internationales Jahrbuch 2 (1984), S. 310–338.
Wolf, Norbert Christian: Geist und Macht. Robert Musil als Intellektueller auf dem Pariser Schriftstellerkongreß 1935. In: Jahrbuch des Freien Deutschen Hochstifts (2006), S. 383–436.
Wolf, Norbert Christian: Kakanien als Gesellschaftskonstruktion. Robert Musils Sozioanalyse des 20. Jahrhunderts. Wien u. a.: Böhlau 2011.

2.3 Feuilletons und kleine Prosa
Dominik Müller

1. Das Feuilleton als Gattung 396
2. Musils Selbstverständnis als Feuilletonist 398
3. Publikationsorgane 400
4. Verfahrenstechniken und Strukturmerkmale von Musils Feuilletons 401
   4.1 „Bild" – „Denkbild" 401
   4.2 Öffentliche Intimität, Ich-Form und Rollen-Ich 403
   4.3 Ironie, Satire, Pointen 404
   4.4 Diskontinuität 406
5. Stoffkomplexe 406
   5.1 Schauplätze 406
   5.2 Zeitbezüge 407
6. Abdrucke und Wiederabdrucke der Feuilletons Robert Musils 409
7. Literatur 412

1. Das Feuilleton als Gattung

In einer Tagebuchnotiz von 1910 ermahnt sich Robert Musil selber, seine Aversion gegen den „Feuilletonismus" ernst zu nehmen und der Versuchung, in „Zeitungen u[nd] Zeitschriften" zu publizieren, zu widerstehen:

> Im Streben nach Verdienst nach Möglichkeiten gesucht, für Zeitungen u[nd] Zeitschriften zu schreiben. Der Feuilletonismus, selbst der in der Neuen Rundsch.[au] oder im Pan ist mir zu ekelhaft. Wenn irgend ein mir ähnlicher Unbekannter meinen Namen so unter der u. jener Unnotwendigkeit fände, ich würde mich schämen. Ich muß dies festhalten, hier ist ein Widerstand, über den ich nicht hinweg *soll*. (Tb I, 230f.)

Der Vorsatz ließ sich nicht aufrechterhalten. Musil verfasste zwischen 1916 und 1932 eine beachtliche Zahl von Zeitungsfeuilletons. Kritische Bemerkungen wie die zitierte scheinen aber dazu beigetragen zu haben, dass man in Musil nicht den großen Feuilletonisten sehen wollte, als der er sich in diesen Beiträgen zeigte.

Am ehesten fanden seine Feuilletons als Wiederabdruck im Sammelband *Nachlaß zu Lebzeiten* (NzL) Beachtung, in welchen Musil etwa die Hälfte davon in zum Teil bearbeiteter Form aufnahm. (→ II.1.8.1 *Nachlaß zu Lebzeiten*) Adolf Frisé stellt in der Werkausgabe von 1978 den NzL denn auch an den Anfang der Abteilung „Kleine Prosa", was die im Anschluss ebenfalls abgedruckten Zeitungstexte als bloße Vorarbeiten erscheinen lässt. Die Beachtung, die der NzL gefunden hat, darf aber nicht darüber hinwegtäuschen, dass es sich dabei eigentlich nur um ein Nachspiel handelte, das, im Gegensatz zu den Zeitungspublikationen, vorerst nahezu unter Ausschluss der Öffentlichkeit stattfand.

Frisés editorischer Umgang mit Musils Feuilletontexten wurde von der ersten Version der *Klagenfurter Ausgabe* (2009) in wesentlichen Zügen übernommen. Ein ganz anderes Bild dagegen zeigt die *Klagenfurter Ausgabe* in der Vorabversion von 2013. Hier ist dafür ein eigener, mit „Publizistik" überschriebener Band (Bd. 11) reserviert. Ungeachtet, ob die Texte später im NzL (Bd. 8) aufgenommen worden sind oder nicht, und unter Verzicht auf die fragwürdige Einteilung in ‚Erzählungen' und ‚Glossen' sind sie nunmehr in der chronologischen Reihenfolge ihrer Erstdrucke wieder-

2.3 Feuilletons und kleine Prosa

gegeben, und zwar in den Abteilungen „Brünner Veröffentlichungen (1898–1902)", „Kriegspublizistik (1916–1918)" und „Feuilleton (1913–1932)". Die in dieser dritten Abteilung versammelten Texte bilden den Gegenstand der nachfolgenden Ausführungen.

Im Einleitungskommentar zu diesem 11. Band der *Klagenfurter Ausgabe* ist zu lesen:

> Die Edition der Musilschen Zeitungsbeiträge differenziert unser Bild des Autors. Sie dokumentiert, wie früh und entschieden Musil als Verfasser von Feuilletonartikeln an die Öffentlichkeit trat und wie dezidiert er seine Aufgabe als verantwortlicher Redakteur militärischer Zeitungen zwischen 1916 und 1918 wahrgenommen hat. (KA, K 11, Publizistik)

Die Verwendung der Bezeichnungen ‚Publizistik' und ‚Feuilleton' durch die überarbeitete *Klagenfurter Ausgabe*, die künftig als Onlineportal angeboten werden soll, zeigt an, dass die Musil-Forschung von der Feuilletonforschung Notiz zu nehmen begonnen hat. Die Betrachtung eines wichtigen und eigenständigen Bereichs von Musils Schaffen wird so gewissermaßen vom Kopf auf die Füße gestellt.

Die Verwendung des Begriffs ‚Feuilleton' für Musils Zeitungsbeiträge, bei denen es sich weder um Kritiken noch um längere Essays handelt, ist aus zumindest drei Gründen sinnvoll: Sie ruft in Erinnerung, dass auch das literarische Schaffen eines so unabhängigen Geistes wie des Musil'schen nicht vollkommen selbstbestimmt war, sondern sich an den Gepflogenheiten und Erfordernissen des literarischen Marktes zu orientieren hatte und daraus sogar produktive Impulse empfing. Sie lädt dazu ein, Musils Zeitungsbeiträge als Teile jener Feuilletonkultur zu verstehen, die Autoren wie Walter Benjamin, Ernst Bloch, Siegfried Kracauer, Alfred Polgar, Joseph Roth, Kurt Tucholsky oder Robert Walser namentlich zwischen 1918 und 1933 auf ein bemerkenswertes literarisches Niveau hoben. Schließlich hält sie dazu an, die Beiträge als Interventionen in die Tagesdebatten, als „explizite Stellungnahmen zu aktuellen politischen und kulturpolitischen Fragen" (KA, K 11, Publizistik) zu lesen.

Bisher wurden Musils Feuilletons von der Forschung vorwiegend als Belege bestimmter erkenntnistheoretischer, ästhetischer oder kulturkritischer Demarchen im Rahmen des Gesamtwerks des Autors gewürdigt. Man beleuchtete sie zudem im Kontext der Wissensdiskurse der Zeit, kaum aber im medialen Kontext der Zeitungen und Zeitschriften, in denen sie erschienen waren. So übersah man, wie viel sie auch der Tradition des Feuilletons verdanken und wie viel die Feuilletonforschung zu ihrer Erhellung beitragen kann.

Eine auf den deutschen Sprachraum orientierte Feuilletonforschung entwickelte sich erst in den letzten zwei, drei Jahrzehnten und strafte so das Verdikt Peter Bichsels (2005, S. 668) Lügen: „Die Literaturwissenschaft hat das Feuilleton stets ignoriert und damit eines der wohl wichtigsten Kapitel der neueren deutschen Literatur verpaßt." Einen Überblick vermitteln Kauffmann/Schütz 2000 (darin insbes. Kauffmann 2000) sowie die der Feuilletonforschung gewidmete Nummer (Heft 3) der *Zeitschrift für Germanistik* von 2012 (darin insbes. Frank/Scherer 2012; Kernmayer 2012; sowie die Beiträge zum Fall Robert Walser: von Reibnitz 2012; Stiemer 2012). Neben anderen Schwierigkeiten (vgl. Oesterle 2000, S. 229–233) hat diese Forschung damit zu kämpfen, dass ihr Gegenstand ein mehrfacher ist: ‚Feuilleton' bezeichnet einerseits eine Abteilung der Zeitung, die sich im 19. Jahrhundert aus dem der Aktualität gewidmeten Kontext auszugrenzen und zu diesem in ein dialektisches Wechselverhältnis zu treten begann, andererseits eine Textform, die dieses publizistische Gefäß hervorbrachte (vgl. die Artikel ‚Feuilleton 1' und ‚Feuilleton 2' im *Reallexikon der deutschen Literaturwissenschaft*: Drews 1997; Püschel 1997). Die Feuilleton- und die Musil-Forschung gaben sich erst vereinzelt ein Stelldichein (so in Martens 2005 u. 2009; Öhlschläger 2009; Müller 2009). Erforscht ist Musils Zusammenarbeit mit der *Prager Presse* (vgl. Cambi 2009) oder mit der Sportzeitschrift *Querschnitt* (vgl. Fleig 2008, S. 85–136).

Ob ein Zeitungsbeitrag Musils adäquater als Feuilleton oder als Essay zu bezeichnen ist, bleibt in bestimmten Fällen strittig, ist aber auch nicht von Belang, will man nicht den Essay als das höherrangige Genre einstufen (vgl. Kernmayer/von Reibnitz/Schütz 2012, S. 499). Texte wie *Triëdere!*, *Türen und Tore* bzw. *Kunst und Moral des Crawlens* wurden oft schon als „Essays" bezeichnet (u. a. von Nübel 2006, S. 470; Fleig 2008, S. 1). Gudrun Brokoph-Mauch (1985, S. 158) schlägt generell den Begriff „feuilletonistische Essays" vor. (→ III.2.1 *Essays*) Den Status von Feuilletons hatten für die Zeitungsleser jener Zeit auch Vor- und Teilabdrucke aus Texten wie *Drei Frauen* oder *Der Mann ohne Eigenschaften* (MoE).

2. Musils Selbstverständnis als Feuilletonist

Robert Musil teilte sein Ressentiment gegen das Feuilleton mit Schriftstellerkollegen wie Karl Kraus und Hugo von Hofmannsthal (vgl. Oesterle 2000, S. 229f.). Er gab wiederholt vor, zum Verfassen von Feuilletons wider Willen gezwungen zu werden. So schrieb er Arne Laurin, dem Chefredakteur der *Prager Presse* und seinem wichtigsten Partner bei der Arbeit für die Zeitung: „Wenn Sie aber in Zukunft etwas von mir in Zeitungen sehen sollten, dann beten Sie ein Vaterunser für mich, denn es ist immer ein Zeichen, daß ich mich in Geldverlegenheit befinde." (an Laurin, 1.4.1926, Br I, 397)

Gerade 1926 und 1927 hätte Arne Laurin viele solche Gebete sprechen müssen, erreichte doch Musils Feuilletonproduktion in den Jahren nach 1923 einen zweiten Höhepunkt. Auch noch im Vorwort zu *NzL* deutet Musil es als Makel der dort versammelten Texte, dass sie für „Zeitungen geschrieben" wurden. Es fehle ihnen „an den zusammenziehenden Kräften" seiner „Hauptarbeiten" (GW II, 474). Der ironische Ton, mit dem Musil (nach ernst bekenntnishaften Entwürfen, vgl. Vorwort I–IV, GW II, 959–974) diese „Vorbemerkung" dem angleicht, was nachfolgt, nährt die Zweifel, ob der behaupteten Rangordnung Glauben zu schenken ist. Das Vorwort rüttelt mehrfach an der Hierarchisierung zwischen Haupt- und Nebensache, indem es die bekannte Selbstlegitimation des Feuilletons aufbietet, es vermöge „an kleinen Zügen, wo es sich unachtsam darbietet, das menschliche Leben" (GW II, 474) zu beobachten, also aus dem Marginalen auf die großen Zusammenhänge zu schließen.

Dass Musil selber auch ganz andere Konstellationen von Dichtung und Zeitung ins Auge fasste als die seinen Unmutsäußerungen zugrundeliegenden, verraten folgende Aussagen, von denen er allerdings die erste unübersehbar in Anführungszeichen rückt, indem er sie im *MoE* dem Großschriftsteller Arnheim in den Mund legt:

> Der künftige Dichter und Philosoph wird über das Laufbrett der Journalistik kommen! Ist Ihnen noch nicht aufgefallen, daß unsere Journalisten immer besser und unsere Dichter immer schlechter werden? Ohne Frage ist das eine gesetzmäßige Entwicklung [...]. (MoE, 646)

2.3 Feuilletons und kleine Prosa

> Die Dichtung der Zukunft wird etwas von der Prosa der Zeitung haben, nichts von ihrem falschen Ethos, sondern von ihrer prosaischesten Prosa [...]. (*Interview mit Alfred Polgar*, 1926, GW II, 1159)

Die hier zitierte Hommage an Alfred Polgar, die Karl Corino zu Recht als „ein bleibendes Stück Literatur" (Corino 2003, S. 1017) bezeichnet hat, treibt mit dem journalistischen Genre des Interviews ein ironisches Spiel. Sie lässt aber keinen Zweifel daran, dass ihr Verfasser von den Qualitäten eines Feuilletonisten präzise und positive Vorstellungen hatte. Was er an den Zeitungsbeiträgen des Kollegen rühmt, der übrigens kurze Zeit nach Erscheinen von Musils *NzL* im selben Züricher Humanitas Verlag eine eigene Sammlung herausbringen sollte (vgl. Polgar 1937), ergibt nicht nur eine brillante Charakterisierung des literarischen Potenzials des Genres, sondern auch von Musils eigenen Zeitungsbeiträgen.

Musils Aussagen über eine journalistisch geprägte Zukunftsliteratur macht Hermann Bernauer geltend, wenn er der Rolle der Zeitung in Musils großem Roman nachgeht (vgl. Bernauer 2007, S. 7–32). Man kann im *MoE* durchaus Züge einer solchen „Dichtung der Zukunft" ausmachen. Der hohen Grad an Autonomie der einzelnen Romankapitel, aber auch der oft satirische, pointenreiche Stil kann dazu verleiten, den *MoE* versuchsweise als eine Feuilletonsammlung zu lesen, die die kleine journalistische Form mit der Großform des Romans vermittelt. Hinzu kommt, dass viele von Musils Feuilletons auch thematisch oder als poetologische Reflexionen auf den *MoE* vorausweisen. In Studien zum Roman wird daher immer wieder auf diese Texte zurückgegriffen. Peter Henninger schließlich äußerte die viel beachtete Vermutung, dass die feuilletonistische Arbeit jene „Wende in Robert Musils Schaffen" herbeigeführt habe, die dem *MoE* seine enorme Resonanz sicherte (Henninger 1992) – im Gegensatz etwa zu *Vereinigungen* und *Die Schwärmer*, in denen Musil seine älteren „Hauptarbeiten" (GW II, 474) sah (vgl. die ausführlichen Erläuterungen im vierten Vorwortentwurf zu *NzL*, GW II, 969–974). Auf eine Brückenfunktion des feuilletonistischen Schaffens macht auch Marie-Louise Roth aufmerksam, wenn sie darlegt, wie weit im *NzL* die früher entstandenen „Bilder" und die „Unfreundlichen Betrachtungen", die auf den *MoE* vorausweisen, voneinander entfernt seien (vgl. Roth 1980, Bd. 1, S. 209–214). Die satirische Schreibweise im *MoE* erscheint nur dann als „ein radikaler Bruch" (Gödicke 2009, S. 228) gegenüber den früheren Buchpublikationen, wenn Musils Zeitungstexte als Experimentierfeld außer Acht gelassen werden.

Musils Feuilletons vermitteln keineswegs den Eindruck, bloß mit der „linken Hand" (an Laurin, 21.4.1919, Br I, 174) geschrieben worden zu sein. Angesichts ihres Rangs stellt sich vielmehr die Frage, ob Musil seine Abneigung gegen das Genre beiseitezuschieben wusste, als er sie schrieb, oder ob diese Abneigung in einer distanzierteren Schreibhaltung und einem lockereren Stil produktiv wurde. Musil bestätigt als Feuilletonist gleich zwei Regeln: Zum einen die, dass „alle großen Feuilletonisten zugleich Feuilletonkritiker" (Oesterle 2000, S. 235) sind, zum anderen jene, dass die Selbstanzweiflung ein Merkmal der hochgradig selbstreflexiven Gattung des Feuilletons darstellt (vgl. Kernmayer/von Reibnitz/Schütz 2012, S. 494f.).

3. Publikationsorgane

Das Schreiben der Texte war nur ein Teil der Arbeit des Feuilletonisten. Der andere bestand darin, für Abschriften zu sorgen, diese den Redaktionen anzutragen, die Zahlungen der Honorare zu überwachen etc. Die durch einen glücklichen Zufall erhalten gebliebene Korrespondenz, die Musil mit der *Prager Presse*, namentlich mit deren Chefredakteur Arne Laurin führte, gibt Einblicke in diese Mühen, in denen der Autor auch von seiner Frau unterstützt wurde (Martha Musil führte zuweilen die Korrespondenz mit den Redaktionen). Dass Musil zeitweise als Wiener Kulturkorrespondent der *Prager Presse* tätig war, erleichterte die Publikation von Texten, die nicht dem vertraglich festgelegten Typus entsprachen, erforderte aber trotzdem Verhandlungen von Fall zu Fall. Spuren solcher Verhandlungen mit anderen Presseorganen (wie – um nur jene Titel zu nennen, die mehr als drei Originalbeiträge Musils brachten – das *Berliner Tageblatt*, die *Vossische Zeitung* und das *Prager Tagblatt*) haben sich nur punktuell erhalten. Persönliche Kontakte waren hier ausschlaggebend. Weitgehend unklar ist auch, wie es zu den zahlreichen, wegen der Honorareinnahmen willkommenen Wiederabdrucken der Texte kam (vgl. Brief an Franz Blei, 4.4.1924, Br I, 338f.). Sie wurden nicht immer vom Verfasser selber angestoßen, gab es doch dafür eigene Agenturen (z. B. „14 Federn", vgl. Brief an Laurin, 11.8.1926, Br I, 401). Auf Wiederabdruck von Musil'schen Zeitungsbeiträgen war die Wiener Tageszeitung *Der Tag* spezialisiert, die nur drei Erstdrucke, dafür aber 23 Nachdrucke veröffentlichte, so dass man in keiner anderen Tageszeitung so viel Musil zu lesen bekam wie hier. Eine Sonderstellung nahm die zeitweise von Franz Blei redigierte Zeitschrift *Roland* ein, die in den ersten drei Monaten des Jahres 1925 gleich fünf Beiträge Musils brachte. Davon waren drei nicht namentlich gezeichnet (Musil wurde allerdings auf der Titelseite als Beiträger genannt). Mit Ausnahme von zwei Gerichtsfeuilletons, die im März 1923 in der *Prager Presse* erschienen und mit „Matthias" gezeichnet waren, scheinen Musils Texte, anders als in den Brünner Anfängen, alle unter vollem Verfassernamen abgedruckt worden zu sein. Musil erwog schon früh Sammelpublikationen seiner kürzeren Arbeiten, realisierte aber dieses Vorhaben 1935 mit *NzL* erst, als es nach der nationalsozialistischen Machtergreifung kaum noch Publikations- und Wiederverwertungsmöglichkeiten in Tageszeitungen gab.

Auch wenn es verfehlt ist, Musils Feuilletons nur als Stücke der Sammlung *NzL* zur Kenntnis zu nehmen, muss die ausschlaggebende Bedeutung dieser Sammlung für die Rezeption der Texte anerkannt werden. Wie andere Feuilletonisten der Zeit versuchte Musil, den verstreut meist in Tageszeitungen erschienenen Texten ein literarisches Überleben zu sichern und damit – wie es Joseph Roth, dem an Buchausgaben seiner journalistischen Texte ebenfalls viel gelegen war, ironisch formulierte – „Eintagsfliegen in den Rang höherer Insekten" zu heben (Roth 1990, S. 519; vgl. Todorow 1988 u. 1996). Im Fall von *NzL* führte diese Maßnahme zwar nicht kurz-, aber längerfristig durchaus zum Ziel, rückte die Feuilletons aber von ihren ursprünglichen Produktions- und Distributionskontexten ab, die in den zahlreichen Studien zu den einzelnen Texten der Sammlung denn auch nur selten in Betracht gezogen werden. An den punktuellen Veränderungen, die Musil an den Zeitungstexten für die Buchveröffentlichung vornahm (vgl. Roth 1980, Bd. 2; Müller 2009, S. 250–254), spiegelt sich zum Teil auch der Transfer von einem Druckmedium ins andere. (→ III.1.8.1 *Nachlaß zu Lebzeiten*)

4. Verfahrenstechniken und Strukturmerkmale von Musils Feuilletons

Musils Feuilletons sind sehr vielgestaltig. Adolf Frisé hat mit der Gegenüberstellung von ‚Glossen' und ‚Erzählungen' eine grobe Einteilung vorgeschlagen, die auf den Gegensatz von „gedanklicher" und „erzählter sinnlicher Welterfahrung" (Hake 1998, S. 147) rekurriert. Musil sortiert im *NzL* die Texte in die Abteilungen „Bilder", „Unfreundliche Betrachtungen" und „Geschichten, die keine sind" (darauf folgt dann als Viertes noch – eine eigene Abteilung beanspruchend – *Die Amsel*, eine „Geschichte" offenbar, die auch tatsächlich eine ist). Helmut Arntzen brachte die drei ersten Abteilungen auf die Formeln: „literarische Bilder", „literarische Reflexion" und „Erzählung als Problem" (Arntzen 1980, S. 143).

Diese zum Teil durchaus kompatiblen Einteilungen tragen der Tatsache Rechnung, dass sich in Musils Feuilletons sehr unterschiedliche literarische Verfahren beobachten lassen. Gerade diese Vielfalt ist jedoch generell kennzeichnend für die Gattung des Feuilletons. Wolfgang Preisendanz (1973, S. 28) hat bei der Suche nach einer Gattungsdefinition festgestellt, dass nicht zu ermitteln sei, „welche unterschiedlichen Textsorten dieser Begriff subsummieren muß". Mit einem offenen Merkmalskatalog kann aber, wie Peter Utz (2001) am Beispiel Robert Walsers gezeigt hat, ein recht deutliches Profil des Genres herausgearbeitet werden. Wenn im Folgenden im Lichte der Feuilletonforschung Verfahrenstechniken und Strukturmerkmale von Musils Zeitungstexten beschrieben werden, kommt auch deren Gattungszugehörigkeit zur Sprache. Ausschlaggebend ist, dass die Strukturmerkmale von der Funktion der Feuilletontexte innerhalb der Zeitung her verstanden werden. Die einseitig gattungsorientierte Herangehensweise an Musils Feuilletontexte erfährt im stärker inhaltlich ausgerichteten Artikel zum *NzL* im vorliegenden Handbuch ihr Korrektiv. (→ III.1.8.1 *Nachlaß zu Lebzeiten*)

4.1 „Bild" – „Denkbild"

Die Texte, die in die Abteilung „Bilder" von *NzL* eingingen, sind größtenteils in den frühen 1920er Jahren in ersten Fassungen publiziert worden, haben ihren Ursprung aber in meist älteren Arbeitsheften, die durch die Textbezeichnung „Bilder" in Analogie zu Skizzenbüchern bildender Künstler gesetzt werden. Die erste Veröffentlichung eines solchen „Bildes" gibt im Titel *Römischer Sommer (Aus einem Tagebuch)* – später *Das Fliegenpapier* – auch noch explizit die Herkunft an. Hier wird nicht nur das Angeschaute und das Anschauen einer Prüfung unterzogen, sondern auch die Möglichkeiten ihrer sprachlichen Fixierung. In Musils Feuilletons wird die Beschreibungsakribie stellenweise derart forciert, dass diese sich selber zu unterminieren droht. Das kann man etwa am Versuch studieren, die unterschiedlichen Schwimmtechniken zu beschreiben (*Kunst und Moral des Crawlens*, GW II, 694–698). Mit solchen Beschreibungsexerzitien, die ebenso virtuos wie aussichtslos erscheinen und mit der Grenze der Beschreibbarkeit auch die Grenze der Wahrnehmung erkunden, stellt sich Musil in die Tradition Adalbert Stifters.

Im Gegensatz zu den „Bildern", in denen die Beschreibung im Zentrum steht, wird der Gegenstand der Betrachtung in den Feuilletons, die Frisé als ‚Glossen' charakterisiert und für die Musil die Formel der „Unfreundlichen Betrachtungen" fand, eifrig erörtert. Auch hier kann es sich um einen optischen Eindruck handeln, z. B. um eine

Frau, die einen Fisch ausnimmt (*Tagebuchblatt*, GW II, 647–649). Häufiger handelt es sich aber bei den Einzelheiten, die da einer reflektierenden ‚Betrachtung' unterzogen werden, um Verhaltensweisen – das Lauschen an einer Tür (*Türen und Tore*, GW II, 608–610) oder das Versenden von Ferienpostkarten (*Hier ist es schön*, GW II, 523f.) – oder aber Redehandlungen und Redensarten: „Blech reden" (*Blech reden*, GW II, 692–694), „Hals über Kopf" (*Geschwindigkeit ist eine Hexerei*, GW II, 683–685). Auch die Sprachkritik, die in den zuletzt genannten Texten betrieben wird, ist in den Feuilletons der Zeit allgegenwärtig. Mit dieser Sprachkritik machen die Texte – selbstreflexiv – oft auch vor sich selber nicht Halt. (→ VIII.3 *Sprache/Sprachkritik*)

Der Anspruch, von Kleinigkeiten, von einem *rien*, einem ‚Nichts', Aufhebens zu machen und daraus Einsichten von genereller Bedeutung abzuleiten, ist wohl die zentrale Tugend bzw. – je nach Standpunkt – Untugend des Feuilletons. Musil spricht das Verfahren im Vorwort zu NzL mehrfach an, um dann dessen Fragwürdigkeit damit aus der Welt zu schaffen, dass er es mit der Behauptung zum literarischen Normalfall erklärt, es bestehe ja immer „ein gewisser Größenunterschied zwischen dem Gewicht dichterischer Äußerungen und dem Gewicht der unberührt von ihnen durch den Weltraum rasenden zweitausendsiebenhundert Millionen Kubikmeter Erde" (GW II, 473).

Wenn Musil in seinen Feuilletons immer wieder Einzelheiten herausgreift, Erscheinungen als Bilder isoliert und kommentiert, bewegt er sich also durchaus innerhalb einer Gattungskonvention, die ihn wohl nicht weniger beeinflusst haben dürfte als eine spezifische eigene ‚Bildtheorie', die Arno Rußegger (1996, S. 139–171) dahinter ausmacht. Titel wie „Denkbild", „Bilderbogen", „Stimmungsbild" etc. sind in den Zeitungen unter dem Strich allgegenwärtig und wurden auch als „Indiz" für eine Affinität von Feuilleton und bildender Kunst gedeutet (Kernmayer/von Reibnitz/Schütz 2012, S. 502; dazu auch Öhlschläger 2012). (→ VI.2.1 *Bildende Kunst*) Das Feuilleton *Triëdere!*, dessen Wiederabdruck Musil wohl nicht zufällig genau in die Mitte von NzL setzte, ist als eine Art Gebrauchsanleitung zu diesem isolierenden Blick (vgl. Martens 2005) nicht nur ein Metatext zu Musils Feuilletons (vgl. Nübel 2006, S. 475–488), sondern zum ganzen Genre. Zum Prototypischen dieses Textes gehört auch, dass er sich durch die Ironisierung dieser Gebrauchsanleitung, die bereits aus dem Imperativ des ursprünglichen Titels spricht – *Triëdere!* –, selber relativiert.

Eine Musil'sche Spezialität stellen am ehesten die Texte dar, die in der Abteilung „Bilder" im NzL versammelt sind. Hier bringt das Angeschaute den Betrachter selber für Momente aus der Fassung, so dass das Feuilletonisten-Ich die kühl-ironische Beobachterdistanz nicht mehr aufrechtzuerhalten vermag. Die Rückkehr zur Normalität wird am Ende dieser Texte meist nur mit wenigen abschließenden Worten vermeldet (vgl. die Schlüsse von *Die Maus auf Fodara vedla*, *Begräbnis in A.* und *Der Gläubige*). Im letzten Satz von *Hasenkatastrophe* heißt es über den Zuschauer, der den toten Hasen birgt: „Dieser Mann stieg als erster aus dem Unergründlichen und hatte den festen Boden Europas unter den Füßen." (GW II, 574) Solche Pointen lassen offen, ob hier ein Sieg oder eine Kapitulation angezeigt wird. Was sich zuvor ereignet hat, bringt Musil im Titel eines seiner Gerichtsfeuilletons auf den Begriff *Ausgebrochener Augenblick* (GW II, 651–654), Exempel wohl auch für das, was Musil den ‚anderen Zustand' nennt. (→ VII.2 *Anderer Zustand*)

4.2 Öffentliche Intimität, Ich-Form und Rollen-Ich

Die Ich-Form kommt in den literarischen „Hauptarbeiten" (GW II, 474f.) Musils kaum vor, ist aber in der kurzen Prosa recht häufig anzutreffen. Das scheint im Widerspruch zu der Feststellung Musils im Vorwort zum *NzL* zu stehen, er habe seine literarischen ‚Hauptarbeiten' für sich allein und für seine Freunde geschrieben, die Zeitungsbeiträge dagegen für einen „unaufmerksamen, ungleichen, dämmerig-großen Leserkreis" (GW II, 474). Dass Musil gerade in seinen Veröffentlichungen für die Zeitung zur Intimität suggerierenden Ich-Form findet, lässt sich wieder mit einer Gattungskonvention erklären. Das Feuilleton grenzt sich durch eine persönliche, ihre Subjektivität ausspielende Stimme von den übrigen Teilen der Zeitung ab (vgl. Kernmayer 2012, S. 514–520) und erweckt so den Schein, mit seinen Lesern ein intimes Gespräch zu führen. Diese Gattungskonvention dürfte Musil zum Transfer von Tagebuchtexten in die Zeitung (beides heißt auf Französisch *journal*) ermuntert haben, wobei allerdings in den den Arbeitsheften entnommenen „Bildern" das Tagebuch-Ich meist gerade nicht in Erscheinung tritt („Ein Erzähler fällt aus, er räumt einem anonymen Blick das Feld", Öhlschläger 2009, S. 268). Beim Titel eines Feuilletons von 1927 – *Tagebuchblatt* (GW II, 647–649) – dürfte es sich dagegen wohl nicht um einen Hinweis auf die reale Quelle, sondern auf die Machart des Textes handeln, der innerhalb von Musils Feuilletons eine Sonderstellung einnimmt. Ihm fehlen alle Merkmale eines Denkbildes; stattdessen wirkt er wie das Protokoll einer realen Begebenheit, ein bei einem Spaziergang an einem konkreten Ort mit einer konkreten Person geführtes Gespräch.

Die Vorspiegelung von Intimität reizte das *Berliner Tageblatt* aus, wenn es 1930 für die Weihnachtsnummer eine Reihe seiner Feuilletonbeiträger dazu einlud, „zu beweisen, daß das Briefeschreiben, insbesondere das Liebesbriefeschreiben, noch nicht ganz verschollen" sei (GW II, 1762). Die Einsendungen – u.a. von Robert Walser, Erich Kästner, Marieluise Fleißer (dazu Bennholdt-Thomsen 1991) – wurden mit den faksimilierten Namenszügen ihrer Verfasser abgedruckt. Diejenige Musils ist eine Inszenierung der asymmetrischen Kommunikationssituation des Feuilletons: Ein sich persönlich exponierender Sprecher richtet sich an anonyme Leser. Dass da ein Spiel gespielt wird, verrät der Titel, der den Autornamen aufgenommen hat und damit fiktionalisiert: *Robert Musil an ein unbekanntes Fräulein* (GW II, 650f.). Die im Feuilleton häufige Form des Briefs wendet Musil auch an in *Kunst und Moral des Crawlens* (GW II, 694–698) oder in dem mutmaßlich unveröffentlicht gebliebenen *Lieber Pan – !* (GW II, 748–750), besonders exponiert aber in den in Bleis *Roland* veröffentlichten *Briefen Susannens* (GW II, 634–640; vgl. hierzu Nübel 2013/14). Die Ich-Fiktionen erstrecken sich von solchen, die einer Identifikation mit dem Autor kaum etwas entgegensetzen, bis zu solchen, die dazu einen deutlichen Abstand wahren und der Denunziation der Ich-Figur dienen. Dabei macht das Subjektivitätskostüm das „Autorensubjekt unkenntlich" (Utz 2001, S. 142).

Einem satirischen Zweck dient die im Feuilleton weitverbreitete Praxis, das Wort einem Rollen-Ich zu erteilen, das eine Personengruppe vertritt, charakterisiert und oft desavouiert – ein Verfahren, das einen zynischen Einschlag haben kann. Nicht nur Musil, sondern beispielsweise auch Joseph Roth (vgl. Müller 2009, S. 242–244) lassen dabei besonders gern Modernitätsapologeten zu Wort kommen. Im Feuilleton *Intensismus (Aus einem unveröffentlichten Kunsthandbuch für reichgewordene*

Leute) (GW II, 681–683), das Musil zusammen mit *Hier ist es schön* unter dem Obertitel *Kunst und Leben* veröffentlichte (vgl. Kommentar GW II, 1759), fingiert eine Unterweisung der im Titel bezeichneten Adressaten durch einen abgebrühten Sachverständigen: Es geht um die Kunst, im Partygespräch die Ignoranz in Kunstsachen hinter einer Parteinahme für ein Non-Plus-Ultra an künstlerischer Progressivität mit dem Fantasienamen „Intensismus" zu kaschieren. Auch *Zivilisation* (GW II, 677f.) als Plädoyer für offenes und damit ‚ehrliches' Bezahlen von Schmiergeldern ist ein Text, der mit einer plausiblen Argumentation für ein sehr prekäres Tun gesellschaftliche Gepflogenheiten in ein satirisches Licht rückt.

Zu den von Musil in seinen Feuilletons verwendeten Sprecherrollen gehört schließlich auch noch die ‚Wir'-Form. Sie kommt in zwei thematisch verwandten Texten zur Anwendung, in *Hasenkatastrophe* und *Die Durstigen*, die beide beschreiben, wie vor den Augen einer angewurzelten Beobachtergruppe ein Tier an einem anderen einen „Mord" (GW II, 642) begeht. Das Kollektiv, aus dem heraus gesprochen wird, ist im Fall von *Hasenkatastrophe* eine Gruppe mondäner Inseltouristen. Ob es sich beim Wir in *Die Durstigen* um eine abgesprengte militärische Einheit, ein Schülerferienlager oder eine Schar von Freibeutern handelt, bleibt eines der vielen Geheimnisse dieses Textes (dazu gehört auch der Titel), die suggerieren, man habe es mit einem aus größeren Erzählzusammenhängen gerissenen Fragment zu tun. Von Ali, der Hauptfigur, wird erst im vierten Abschnitt verraten, dass er „im Unterschied von uns andern ein Hund" (GW II, 643) ist, was für Verblüffung sorgt (ihr ist das Feuilleton nie abgeneigt), aber auch der von beiden Texten betriebenen Verhandlung „der Distanz Tier/Mensch und Opfer/Täter" (Reichensperger 1999, S. 94) zuarbeitet. Analog dazu heißt es in *Hasenkatastrophe*: „Der erste von uns, der aus dem Blutrausch erwachte, war der kleine Fox." (GW II, 574) (→ IV.11 *Biologie/Tiere*)

4.3 Ironie, Satire, Pointen

Das Misstrauen, das man den Feuilletons entgegenbrachte, gründete auch darin, dass sie die Aufmerksamkeit der Leser primär durch sich selber und nicht durch ihren Inhalt gewinnen müssen. Rhetorische Brillanz, Witz in Wortwahl und Argumentation haben zu gewährleisten, dass man sich ‚festliest'. Diesen Erfordernissen wissen auch die Musil'schen Feuilletons gerecht zu werden. Nur wenigen von ihnen (am ehesten jenen des Typus „Bilder") ist es nicht ums Lachen zu tun. Alle Texte sind reich an Wortspielen, schillernden Formulierungen und Sprachbildern, steuern häufig Pointen an oder verblüffen mit überraschenden Wendungen, die nach einer Begründung rufen und so die Neugier des Lesers wachhalten. Der folgende Satz aus dem Feuilleton *Kriegsdämmerung* verbindet ein Wortspiel mit einer provokativ klingenden Behauptung: „Schaffte Österreich seine Armee ab, wäre es vor dem Einfall eines Einfalls feindlicher Truppen sicherer als wenn es dagegen eine Wehr parat hält." (GW II, 674) Es erstaunt nicht, dass der nachfolgende Satz mit einem „Denn" beginnt. Auch im Feuilleton *Geschwindigkeit ist eine Hexerei* kann man verfolgen, wie überraschungsreich Musils Zeitungstexte sein können und welche unklare Sprecherpositionierung sie zum Oszillieren bringt. Der erste Satz setzt ein markantes Ironiesignal: „Es ist immer gut, wenn man die Worte so gebraucht, wie man soll, nämlich, ohne sich etwas dabei zu denken." (GW II, 683) Man stellt sich darauf ein, dem Sprecher, bei dem es sich offenbar um einen finsteren Entmündigungsverfechter handelt, die Zustimmung

2.3 Feuilletons und kleine Prosa

zu verweigern, sieht sich dann aber in eine anregende Reflexion über die wachsende Kluft zwischen technischem Fortschritt und Sprechgewohnheiten verwickelt. In typischer Feuilletonmanier geht sie von einem sprachlichen Detail aus, der Redewendung „Hals über Kopf" (GW II, 683–685). Die Verbissenheit, mit der dieser angeblich überholten Floskel der Prozess gemacht wird, vertieft das Misstrauen der Sprecherinstanz gegenüber und muss den Gedanken heraufbeschwören, die Zumutungen des modernen Verkehrs stellten wohl das größere Problem dar als ein harmloser Sprachanachronismus. Mit einer letzten Volte lässt der nur zum Schein stringent argumentierende Text die Sprachthematik hinter sich und entwirft als abschließende Pointe die paradoxe Vision von Verkehrsmitteln, die dank ihrer technischen Perfektion das Dahinrasen als Stillstand empfinden lassen.

Den satirischen Zug in seinen Feuilletons hebt Musil mit der Kapitelüberschrift „Unfreundliche Betrachtungen" (GW II, 501) hervor – Hofmannsthal (1979, S. 529) sprach von der „boshaften Lebensphilosophie" des Feuilletons. In der Vorrede zum *NzL* werden diese „Unfreundlichen Betrachtungen" und die „Geschichten, die keine sind", als „Spottrede" (GW II, 474) über Zeiterscheinungen bezeichnet (womit erneut eine Grenzlinie zu den „Bildern" gezogen wird). Charakteristisch für diese „Spottrede" ist, dass sie vor sich selber nicht Halt macht. Die Verspottung des Verspottens kommt dem Verspotteten zu Hilfe, was „in den kritisierten Lebens- bzw. Kulturformen stets auch einen wahren Kern (eine authentische Sehnsucht etwa, oder eine uneingestandene Beschädigung durch die Verhältnisse) zum Vorschein bringt" (Hake 1998, S. VII). Vielleicht liegt darin jenes „Leidende[ ]", das die Ironie gemäß einem Tagebucheintrag Musils vor der „Besserwisserei" (Tb I, 973) bewahre. Dass es hier feine Abstufungen gibt, auch die zwischen Ironie und Satire (vgl. Reichensperger 1999, S. 89), zeigt eine Gegenüberstellung von zwei tourismuskritischen Feuilletons, die erörtern, wie sich Menschen in der Freizeit gerne dem Kitsch ausliefern. Dieser Disposition lässt *Wer hat dich, du schöner Wald ..?* (GW II, 600–604) einen Rest an Würde, wird doch davon erzählt, wie sie „nach einem schweren Unglücksfall" (GW II, 601) zur Genesung beitrage. Demgegenüber lässt es *Hier ist es schön* (GW II, 523f.) bei der mit rhetorischer Verve (vgl. Westerhoff 2009) vorgetragenen satirischen Entlarvung bewenden.

Als einen Reflex auf den feuilletonistischen Zwang, lustig zu sein, kann die späte Erörterung *Kann ein Pferd lachen?* (GW II, 482f.) verstanden werden, die nur auf den ersten Blick eine Wissenschaftssatire mit klarer Stoßrichtung darstellt. Auch dieser Text befreit sich aus den logischen Verstrickungen, in die er sich hineinargumentiert hat (vgl. Stadler 2014), mit einer Pointe: Sie konzediert dem Pferd, dass es bei aller Menschenähnlichkeit „nicht über Witze zu lachen vermag" und so aus den potentiellen Feuilletonlesern ausscheidet: „Das aber ist dem Pferd nicht immer zu verübeln." (GW II, 483)

Dass Musils Zeitungstexte auch auf Pointen zulaufen können, die keine befreiende, sondern eine verstörende Wirkung haben, zeigt das abrupt-grausige Ende der Erzählung *Der Vorstadtgasthof* (GW II, 630–634; vgl. Nübel 2011). Geschildert wird, wie ein intimes Zusammensein damit endet, dass der Mann der Frau beim Küssen die Zunge abbeißt. Nicht nur hier zeigt sich, dass der gattungstypische ‚Pointenhaushalt' des Feuilletons bei Musil mit einem speziellen Interesse an der nicht erklärbaren Plötzlichkeit bestimmter Ereignisse zusammentrifft. Immer wieder wird im Detail erzählt, wie sich solche Ereignisse vorbereiten, trotzdem aber nicht aus dieser Vorbereitung heraus erklärt werden können. *Ausgebrochener Augenblick* (GW II, 651–654), ein Gerichtsfeuilleton, das den Tatbestand der Vorsätzlichkeit problematisiert, ist dafür ein weiteres Beispiel.

4.4 Diskontinuität

Als „Grenzphänomen zwischen Zweckform und Ornament" (Oesterle 2000, S. 232) ist dem Feuilleton ein sprunghafter, arabesker Verlauf eigen (wie er auch den Essay kennzeichnet). Ohne deutliche Textmarkierungen gleiten die Texte assoziativ von einem Thema zum andern. Der dritte Abschnitt von *Als Papa Tennis lernte* beginnt mit der Ankündigung: „Um noch einen Augenblick beim Tennis zu bleiben: [...]" (GW II, 686). Dies lässt durchblicken, dass in einem Feuilleton eigentlich die Abschweifung die Norm bildet. Die Digressionsfreude des Feuilletons gestattet es Musil, in den Text über Tennis, in dem auch von Kleidermoden und Geschlechterverhältnissen die Rede ist, Passagen aus einem selbstständigen Text, „Fragmente einer Prater-Elegie" (KA, M IV/3/14–15) einzubauen. Musil reizt die Lizenz des Feuilletons zu thematischen Sprüngen allerdings nicht in dem Maße aus wie etwa ein Robert Walser. Hält man sich an N. O. Scarpis (i. e. Friedrich Bondys) Unterscheidung, wonach „der Essay über etwas und das Feuilleton anläßlich von etwas" geschrieben werde (Oesterle 2000, S. 233), muss man Musils Feuilletons eine verhältnismäßig große Nähe zum Essay zuerkennen. (→ III.2.1 *Essays*)

Eine spezielle Form der Diskontinuität pflegt Musil in zwei Texten, die ein Phänomen anhand einer unverbundenen Folge historisch voneinander geschiedener Ausprägungen untersucht (*Eine Geschichte aus drei Jahrhunderten*, GW II, 587–592; *Schwarze Magie*, GW II, 501–503). Diese Texte legen eine konstruktivistische Spielart von Diskontinuität an den Tag, die in diskreterer Form auch in anderen Texten wirksam ist und es gestattet, die Vielschichtigkeit eines Gegenstandes auszufalten. Ob Essay oder Feuilleton – beide publizistischen Genres kommen Musils „nach widersprechenden Richtungen bewegliche[r] Intelligenz" (Tb I, 973) entgegen.

5. Stoffkomplexe

Auch in ihrer Themenwahl fügen sich die Musil'schen Texte – mit eigenen Schwerpunktsetzungen – durchaus ein in die Feuilletonkultur der Zeit. Das soll hier abschließend an ihrem Umgang mit Raum und Zeit aufgezeigt werden.

5.1 Schauplätze

Das Feuilleton ist seit seinen Anfängen im 19. Jahrhundert stark im urbanen Raum verankert, wo auch die Mehrheit seiner Leser zu Hause ist (vgl. Utz 2001, S. 136f.). Städtebilder, namentlich solche Berlins (vgl. Bienert 1992), sind etwa im journalistischen Werk Joseph Roths, Franz Hessels oder Robert Walsers prominent vertreten. Musil, der seine Feuilletons in Wien und auch in Berlin schrieb, ging seine eigenen Wege. Zwar nehmen die Sehexperimente, die in *Triëdere!* angestellt werden, eine Stadtlandschaft ins Visier. Und auf eine urbane Dachlandschaft fällt der erstaunte Blick des „Gläubige[n]" (GW II, 575), „Erwachte[n]" (GW II, 576) bzw. „Erweckte[n]" (GW II, 483; die Bezeichnung variiert je nach Fassung eines Feuilletons, das im

Erstdruck *Der Gläubige* hieß, GW II, 575f.; vgl. GW II, 1756), ein Ambiente, wie Musil es auch dem prototypischen Feuilletonisten Alfred Polgar als Lebensraum zuschreibt (vgl. *Interview mit Alfred Polgar*, GW II, 1160). Musils Feuilletonfiguren mustern die Stadt jedoch aus abgeschirmten Beobachterstandpunkten und lassen sich nie als Flaneure in ihr treiben. Das 1932 im Auftrag des *Berliner Tageblatts* verfasste Städtefeuilleton *Quer durch Charlottenburg*, der wohl impressionistischste seiner Zeitungstexte, handelt vor allem von Parks, die im Abschnitt „Tiergartenrand" (GW II, 655) als amorphes Farb- und Formenspiel geschildert werden. Dabei kann die Funktion der Parks in der Stadt mit dem des Feuilletons in der Zeitung in Analogie gesetzt werden, richtet es sich doch an einen Leser, der sich mitten im Alltagsgetriebe für einen Augenblick davon abwenden will.

Musils Vorliebe gilt den abgelegenen Gegenden an der Peripherie (wo auch der *Törleß* spielt), ja den „Urlandschaften" (Hake 1998, S. 222), seien diese nun touristisch erschlossen (*Hasenkatastrophe*) oder nicht (*Die Maus auf Fodara Vedla*). Der ‚andere Zustand' scheint nicht großstadttauglich zu sein. Das Kettenkarussell, das in *Die fliegenden Menschen* geschildert wird, steht in einem Dorf auf einem „kleinen Platz mit dem Ehrenstein für die gefallenen Krieger, neben der alten Linde, wo sonst die Gänse sind" (GW II, 568). Der „Vorstadtgasthof" (GW II, 630–634) liegt weitab vom Zentrum. Die auffallend zahlreichen Feuilletons, in denen Musil Eindrücke seines Rom-Aufenthalts von 1913 verarbeitet, bringen immer nur Randzonen der Weltstadt ins Bild: „auf einem Landweg vor den Toren" (*Kann ein Pferd lachen?*, GW II, 482), „[i]rgendwo hinten am Pincio" (*Sarkophagdeckel*, GW II, 577f.). Im Refugium der „Pension Nimmermehr" (GW II, 611–617) ist immerhin etwas von der Internationalität der Großstadt zu spüren. Eindrücke von Zermatt (*Lieber Pan – !*, GW II, 748–750), Usedom (*Fischer auf Usedom*, GW II, 567f.) und Sylt (*Hasenkatastrophe*, GW II, 486–488; *Die Sturmflut auf Sylt*, GW II, 625–627) wurden zu weiteren Feuilletons verarbeitet. Obwohl Musil sich in diesen Texten gerade nicht im Sinne Roland Barthes' als *écrivain en vacances* (‚Schriftsteller im Urlaub') inszeniert (vgl. Martens 2009, S. 255), greift er bei dem, was er einmal als „Erholungsarbeit" (an Laurin, 21.4.1919, Br I, 174) bezeichnete, besonders gern auf Urlaubsimpressionen zurück (*Hier ist es schön* erscheint so als ein ironischer Selbstkommentar). Lässt er darum Ulrich im *MoE* „‚Urlaub vom Leben'" (MoE, 256) nehmen? In Randzonen sind auch die vielen Tiere zu Hause, die in Musils Feuilletons eine so auffallend große Rolle spielen. (→ IV.11 *Biologie/Tiere*)

5.2 Zeitbezüge

Ferienverhalten gehört auch zu den Erscheinungen ‚modernen Lebens', das in den Feuilletons mannigfaltig problematisiert wird. Die Formel schließt neue Erscheinungen in den Bereichen Verkehr, Mode, Architektur, Geschlechterbilder, Sport, Freizeitgestaltung etc. ebenso ein wie den Umgang, den die Menschen damit pflegen, und die Rückwirkungen all dieser Errungenschaften auf die „Seele des zeitgenössischen Menschen" (GW II, 1159). (→ V.2 *Verkehr, Unfall*; V.6 *Geschlechterrelationen*; V.10 *Sport*; V.11 *Mode*; VI.2.4 *Architektur*) Ein großer Teil der Feuilletons – nicht nur der Musil'schen – lebt von diesbezüglichen Beobachtungen und Reflexionen. Musil misst die neuen Erscheinungen gerne an einem „Früher", nicht nur um die Rapidität des Fortschritts hervorzuheben, sondern um darzulegen, wie Einstellungen und Verhalten, aber auch die Sprache mit den Entwicklungen nicht Schritt halten: *Als Papa Tennis lernte* oder *Geschwindigkeit ist eine Hexerei* führen dies beispielhaft vor Augen. Es gibt kaum ein Feuilleton, in dem nicht von Momenten die Rede ist, „wo der neue geistige Weltzug seinen Zusammenstoß mit dem alten hat" (*Eine Geschichte aus drei Jahrhunderten*, GW II, 590), von Konfrontationen von Aktuellem und Traditionellem, von Anachronismen und von der ‚Gleichzeitigkeit des Ungleichzeitigen'. Der Spott über die ‚Antiquiertheit des Menschen' (Günter Anders), der dem Wandel nicht gewachsen ist, verhüllt oft nur oberflächlich ein Misstrauen gegenüber den Neuerungen. So lassen sich fortschrittsbejahende und konservative Regungen ausmachen.

Der ‚Strich', der in den Zeitungen des 19. Jahrhunderts die Sphären säuberlich zu trennen beginnt, verhindert nicht, dass auch im Feuilleton Tagesaktualitäten verhandelt werden. Das beweist Musil mit den Texten, die dem beliebten Genre der Gerichtsreportage nahestehen, sich mit den Moosbrugger-Episoden im *MoE* in Verbindung bringen lassen und alle in der *Prager Presse* erschienen (*Der letzte Ritter*, GW II, 667–669; *Das verbrecherische Liebespaar. Die Geschichte zweier unglücklicher Ehen*, GW II, 669–671). Möglicherweise waren sie die Antwort auf eine redaktionelle Bitte, über aktuelle Themen zu schreiben, wie sie jedenfalls an Robert Walser erging (vgl. Robert Walser an Otto Pick, 31.10.1928, Walser 1979, S. 350f.). Der letzte Beitrag Musils aus der Gerichtswelt, *Ausgebrochener Augenblick* (GW II, 651–654), ist weniger ein Kommentar denn eine erzählerische Rekonstruktion eines ausgerechnet im Gerichtssaal verübten Mordes. Die Zeitschrift *Roland* suchte den Umstand, dass sie keine Aktualitäten brachte, wenigstens durch die Kommentierung von solchen wettzumachen: Musil steuert dafür *Kriegsdämmerung* (GW II, 674–677), *Zivilisation* (GW II, 677f.) und *Ein Beispiel* (GW II, 778–780) bei. Die Einweihung des Johann-Strauß-Denkmals im Wiener Stadtpark, das in *Johann Strauß als Riese* (GW II, 663f.) glossiert wird, war eine Tagesaktualität, die ohnehin in den Zuständigkeitsbereich des Feuilletons fiel. Der Kulturkorrespondent der *Prager Presse* und der Feuilletonist arbeiteten hier Hand in Hand, wobei sich Musil ein Thema erschloss, das er später in verallgemeinerter Form wieder aufgreifen sollte (*Denkmale*, GW II, 604–608). Weitere Bezüge zu Tagesaktualitäten dürften, so wie das Peter Utz (1998) am Beispiel von Robert Walser vorgemacht hat, auch in den Feuilletontexten Musils noch zu entdecken sein, besonders im Anschluss an Norbert Christian Wolfs (2011) umfassende Studie über „Musils Sozioanalyse des 20. Jahrhunderts".

Dass keiner der hier unter dem Stichwort ‚Tagesaktualität' erwähnten Texte in den *NzL* übernommen wurde, weist noch einmal darauf hin, dass für eine literarische Einzelveröffentlichung andere Maßstäbe galten als für Zeitungspublikationen, so dass man diesen nicht gerecht wird, wenn man nur zur Kenntnis nimmt, was davon in jener überliefert wurde. Das Feuilleton auf seinen Aktualitätshunger zu reduzieren, würde aber seiner Sonderstellung in der Zeitung ebenfalls nicht gerecht. Es will zwar am Puls der Zeit sein, jedoch ohne sich diesem ganz zu unterwerfen. Damit sichert es sich nicht nur seine kritische Distanz zur Aktualität, sondern auch die Lizenz, sich davon gelegentlich gänzlich abzuwenden. Auch in den von Musil besonders gern genutzten evasiven Möglichkeiten des Feuilletons macht sich, dialektisch, wieder der eminente Zeitbezug des schnelllebigen Zeitungsmediums geltend.

2.3 Feuilletons und kleine Prosa

6. Abdrucke und Wiederabdrucke der Feuilletons Robert Musils

Die Angaben stützen sich auf den Kommentar der *Klagenfurter Ausgabe* in der Version von 2013.

Datum, Organ	Titel	GW II	Nachdrucke	NzL (Abteilung, Titel)
Jan. 1914, *Die Argonauten*	Römischer Sommer	476f.	Friede, 23.12.1918; PT, 25.12.1919 (*Fliegentod*); VOSS, 10.6.1922 (*Fliegenpapier*); TB, 27.1.1923 (*Fliegenpapier*); Bühne, 29.10.1925	I. *Das Fliegenpapier*
23.3.1919, *Der neue Tag*	Die Affeninsel	477–480	VOSS, 31.5.1922	I. *Die Affeninsel*
14.5.1921, *Prager Presse*	Stilgeneration oder Generationsstil	661–663, 664–667	BBC, 4.6.1922 (*Stilgeneration und Generationsstil*); TAG, 16.2.1924 (*Stilgeneration und Generationsstil*)	
6.7.1921, *Prager Presse*	Johann Strauß als Riese	663f.		
30.10.1921, *Prager Presse*	Die Maus auf Fodara vedla	488f., 565	VOSS, 4.6.1922; TAG, 7.2.1924	I. *Die Maus*
25.12.1921, *Prager Presse*	Begräbnis in A.	490–492, 565–567	VOSS, 18.5.1922; TAG, 24.5.1922; MagZ, 2.10.1926	I. *Slowenisches Dorfbegräbnis*
24.8.1922, *Prager Presse*	Fischer auf Usedom	480, 567f.	TAG, 29.8.1923; BT, 12.3.1924	I. *Fischer an der Ostsee*
24.12.1922, *Berliner Börsen-Courier*	Die fliegenden Menschen	481, 568f.	TAG, 22.6.1923; PP, 15.7.1923	I. *Inflation*
16.3.1923, *Prager Presse*	Der letzte Ritter	667–669		
20.3.1923, *Prager Presse*	Das verbrecherische Liebespaar	669–671		
23.3.1923, *Prager Tagblatt*	Schafe auf einer Insel	484f., 569f.	ÖR, März 1923; BT, 18.9.1923	I. *Schafe, anders gesehen*
13.5.1923, *Prager Tagblatt*	Schwarze Magie	501–503	TAG, 5.7.1923; BT, 7.10.1923	II. *Schwarze Magie*
1.7.1923, *Prager Tagblatt*	Der Malsteller	509–511, 570–572	TAG, 12.7.1923; BT, 15.3.1924	II. *Der Malsteller*
7.7.1923, *Prager Tagblatt*	Sittenämter	671–674	TAG, 10.10.1923	
20.9.1923, *Der Tag*	Die Sturmflut auf Sylt	625–627		

Datum, Organ	Titel	GW II	Nachdrucke	NzL (Abteilung, Titel)
24.10.1923, Prager Tagblatt	Hasenkatastrophe	486–488, 572–574	TAG, 1.11.1923; BT, 20.12.1923; MagZ, 23.10.1926	I. Hasenkatastrophe
21.11.1923, Der Tag	Das Märchen vom Schneider	627–629	PP, 25.12.1923	
15.3.1924, Vers und Prosa	Der Vorstadtgasthof	630–634	PP, 12.9.1926; Pandora Drucke, 1931, Heft 18	
6.4.1924, Die Liebenden – Flugblätter (6)	Der Gläubige	483f., 575f., 576f.	BT, 20.12.1924 (Der Erweckte); TAG, 21.3.1926; PP, 2.9.1926	I. Der Erweckte
20.4.1924, Prager Tagblatt	Hellhörigkeit	490	BT, 5.6.1924	I. Hellhörigkeit
20.4.1924, Vossische Zeitung	Sarkophagdeckel	485f., 577f.	PP, 10.8.1926	I. Sarkophagdeckel
1.1.1925, Roland	Kriegsdämmerung	674–677		
15.1.1925, Roland	Brief Susannens	634–637	PP, 21.1.1925	
5.2.1925, Roland	Unsere Männer	638–640	PP, 8.2.1925 (Zweiter Brief Susannens)	
11.3.1925, Roland	Zivilisation	677f.		
18.3.1925, Roland	Ein Beispiel	678–680		
27.6.1925, Vossische Zeitung	Kleine Lebensreise	640–642	MagZ, 15.6.1926; PP, 10.8.1926	
9.4.1926, Der Tag	Kehrseite einer Anekdote	680f.	PP, 11.4.1926	
14.8.1926, Berliner Tageblatt	Die Durstigen	642–647		
15.10.1926, Berliner Tageblatt	Triëdere!	518–522, 578–581	TAG, 21.11.1926; PP, 9.1.1927	II. Triëdere
13.11.1926, Prager Presse	Unter Dichtern und Denkern	513–516, 582–585	TAG, 14.11.1926	II. Unter lauter Dichtern und Denkern
5.12.1926, Berliner Tageblatt	Kunst und Leben - Hier ist es schön - Intensismus	523f. 681–683	TAG, 12.11.1927	II. Hier ist es schön
22.12.1926, Magdeburgische Zeitung	Kindergeschichte	544–547	TAG, 23.12.1926; PP, 23.1.1927; DLW, 15.8.1930	III. Kindergeschichte
17.3.1927, Vossische Zeitung	Der Riese Agoag	531–533, 585–587	PP, 19.6.1927	III. Der Riese Agoag

2.3 Feuilletons und kleine Prosa

Datum, Organ	Titel	GW II	Nachdrucke	NzL (Abteilung, Titel)
27.3.1927, Berliner Tageblatt	Eine Geschichte aus drei Jahrhunderten	539–544, 587–592	PP, 24.4.1927; TAG, 20.8.1927	III. Eine Geschichte aus drei Jahrhunderten
1.5.1927, Berliner Tageblatt	Einige Schwierigkeiten der schönen Künste	516–518, 592–594	PP, 28.6.1927; TAG, 4.1.1928	II. Ein Kunstjubiläum
28.5.1927, Vossische Zeitung	Geschwindigkeit ist eine Hexerei	683–685	PP, 6.7.1927; MagZ, 29.7.1927; TAG, 20.9.1927	
10.7.1927, Vossische Zeitung	Der Mensch ohne Charakter	533–539, 595–600	TAG, 21.11.1927	III. Ein Mensch ohne Charakter
27.7.1927, Berliner Tageblatt	Wer hat dich, du schöner Wald ..?	525–528, 600–604	PP, 25.10.1927; TAG, 27.5.1928	II. Wer hat dich, du schöner Wald ..?
8.8.1927, Berliner Tageblatt	Tagebuchblatt	647–649	TAG, 4.12.1927; PP, 8.1.1928	
10.12.1927, Prager Presse	Denkmale	506–509, 604–608	Bühne, 12.4.1928; MagZ, 12.12.1928; NZZ, 28.9.1930 (Glauben Sie, daß Denkmale sich richtig verhalten?)	II. Denkmale
19.12.1927, Simplicissimus	Mädchen und Helden	493	TAG, 4.3.1928	I. Mädchen und Helden
Jan. 1928, Die neue Rundschau	Die Amsel	548–562		IV. Die Amsel
9.8.1928, Frankfurter Zeitung	Pension Nimmermehr	494–500, 611–617	TAG, 25.12.1928; PP, 28.4.1929	I. Pension Nimmermehr
28.9.1928, Sport im Bild	Türen und Tore	504–506, 608–610	PP, 10.2.1928; W TAG, 31.5.1931	II. Türen und Tore
25.12.1930, Berliner Tageblatt	Robert Musil an ein unbekanntes Fräulein	650f.		
Apr. 1931, Querschnitt	Als Papa Tennis lernte	685–691		
3.8.1931, Berliner Zeitung am Mittag	Was ist ein Dichter? Eine unzeitgemäße Frage	511–513, 618f., 620–622	PP, 8.10.2013 (Eine unzeitgemäße Frage)	II. Eine Kulturfrage
30.8.1931, Prager Presse	Ausgebrochener Augenblick	651–654		
Okt. 1931, Querschnitt	Der bedrohte Ödipus	528–530		II. Der bedrohte Ödipus
11.10.1931, Prager Presse	Blech reden	692–694		

Datum, Organ	Titel	GW II	Nachdrucke	NzL (Abteilung, Titel)
22.11.1931, *Prager Presse*	Kann ein Pferd lachen?	482–484	Unbekanntes Organ, 23.12.1933	I. *Kann ein Pferd lachen?*
27.3.1932, *Berliner Tageblatt*	Quer durch Charlottenburg	654–657		
Juni 1932, *Der Querschnitt*	Kunst und Moral des Crawlens	694–698		

Abkürzungen: BBC = *Berliner Börsen-Courier*; BT = *Berliner Tageblatt*; Bühne = *Die Bühne* (Wien); DLW = *Die literarische Welt* (Berlin); Friede = *Der Friede* (Wien); MagZ = *Magdeburgische Zeitung*; NZZ = *Neue Zürcher Zeitung*; ÖR = *Österreichische Rundschau*; PP = *Prager Presse*; PT = *Prager Tagblatt*; TAG = *Der Tag* (Wien); TB = *Das Tage-Buch* (Berlin); VOSS = *Vossische Zeitung*; W TAG = *Der Wiener Tag*

7. Literatur

Arntzen, Helmut: Musil-Kommentar sämtlicher zu Lebzeiten erschienener Schriften außer dem Roman *Der Mann ohne Eigenschaften*. München: Winkler 1980.
Bennholdt-Thomsen, Anke: Zur Geschichtlichkeit des Liebesbriefs. Eine dissonante Dokumentation aus dem Jahre 1930. In: Anita Runge, Lieselotte Steinbrügge (Hg.): Die Frau im Dialog. Studien zu Theorie und Geschichte des Briefes. Stuttgart: Metzler 1991, S. 193–224.
Bernauer, Hermann: Zeitungslektüre im *Mann ohne Eigenschaften*. München: Fink 2007.
Bichsel, Peter: Kolumnen, Kolumnen. Frankfurt a. M.: Suhrkamp 2005.
Bienert, Michael: Die eingebildete Metropole. Berlin im Feuilleton der Weimarer Republik. Stuttgart: Metzler 1992.
Brokoph-Mauch, Gudrun: Robert Musils *Nachlaß zu Lebzeiten*. New York u. a.: Lang 1985.
Cambi, Fabrizio: Robert Musil als Mitarbeiter der *Prager Presse*. In: Carlo Carmassi u. a. (Hg.): Wo bleibt das „Konzept"? Festschrift für Enrico De Angelis. München: Iudicium 2009, S. 188–193.
Corino, Karl: Robert Musil. Eine Biographie. Reinbek b. Hamburg: Rowohlt 2003.
Drews, Jörg: Feuilleton$_1$. In: Klaus Weimar u. a. (Hg.): Reallexikon der deutschen Literaturwissenschaft. Bd. I. Berlin, New York: de Gruyter 1997, S. 582–584.
Fleig, Anne: Körperkultur und Moderne. Robert Musils Ästhetik des Sports. Berlin, New York: de Gruyter 2008.
Frank, Gustav/Scherer, Stefan: Zeit-Texte. Zur Funktionsgeschichte und zum generischen Ort des Feuilletons. In: Zeitschrift für Germanistik. N. F. 22 (2012), H. 3, S. 524–539.
Gödicke, Stéphane: Ironie und Satire bei Musil und Kraus. In: Kevin Mulligan, Armin Westerhoff (Hg.): Robert Musil – Ironie, Satire, falsche Gefühle. Paderborn: mentis 2009, S. 225–238.
Hake, Thomas: „Gefühlserkenntnisse und Denkerschütterungen". Robert Musils *Nachlaß zu Lebzeiten*. Bielefeld: Aisthesis 1998.
Henninger, Peter: Die Wende in Robert Musils Schaffen: 1920–1930 oder Die Erfindung der Formel. In: Gudrun Brokoph-Mauch (Hg.): Robert Musil. Essayismus und Ironie. Tübingen: Francke 1992, S. 91–103.
Hofmannsthal, Hugo von: Gesammelte Werke in zehn Einzelbänden. Bd. 8: Reden und Aufsätze I. 1893–1913. Hg. v. Herbert Steiner. Frankfurt a. M.: Fischer 1979.

Kauffmann, Kai: Zur derzeitigen Situation der Feuilleton-Forschung. In: ders., Erhard Schütz (Hg.): Die lange Geschichte der kleinen Form. Beiträge zur Feuilletonforschung. Berlin: Weidler 2000, S. 10–24.

Kauffmann, Kai/Schütz, Erhard (Hg.): Die lange Geschichte der kleinen Form. Beiträge zur Feuilletonforschung. Berlin: Weidler 2000.

Kernmayer, Hildegard: „Unsterblichkeit eines Tages" oder „interdiskursives Sprachspiel"? Gattungshistorisches und Gattungstheoretisches zur Frage: Was ist ein Feuilleton? In: Sigurd Paul Scheichl (Hg.): Feuilleton – Essay – Aphorismus. Nicht-fiktionale Prosa in Österreich. Innsbruck: Innsbruck Univ. Press 2008, S. 45–66.

Kernmayer, Hildegard: Sprachspiel nach besonderen Regeln. Zur Gattungspoetik des Feuilletons. In: Zeitschrift für Germanistik. N. F. 22 (2012), H. 3, S. 509–523.

Kernmayer, Hildegard/Reibnitz, Barbara von/Schütz, Erhard: Perspektiven der Feuilletonforschung. Vorwort. In: Zeitschrift für Germanistik. N. F. 22 (2012), H. 3, S. 494–508.

Martens, Gunther: Die Moderne als Straßenbahn. Zum Verhältnis von Stil und Epistemologie in Musils *Nachlaß zu Lebzeiten*. In: ders., Clemens Ruthner, Jaak De Vos (Hg.): Musil anders. Neue Erkundungen eines Autors zwischen den Diskursen. Bern u.a.: Lang 2005, S. 229–257.

Martens, Gunther: Robert Musils Kurzgeschichten: an den Rand geschrieben? In: Mitteilungen des Deutschen Germanistenverbandes 56 (2009), H. 2, S. 246–257.

Müller, Dominik: Robert Musil, Joseph Roth und das Feuilleton. *Nachlaß zu Lebzeiten*: Von der Zeitung zum Buch. In: Kevin Mulligan, Armin Westerhoff (Hg.): Robert Musil – Ironie, Satire, falsche Gefühle. Paderborn: mentis 2009, S. 239–254.

Musil, Robert: Briefe nach Prag. Hg. v. Barbara Köpplová u. Kurt Krolop. Reinbek b. Hamburg: Rowohlt 1977.

Nübel, Birgit: Robert Musil – Essayismus als Selbstreflexion der Moderne. Berlin, New York: de Gruyter 2006.

Nübel, Birgit: Zungenbisse und Körperschnitte. (De-)Figurationen des Perversen bei Robert Musil. In: dies., Anne Fleig (Hg.): Figurationen der Moderne. Mode, Sport, Pornographie. München: Fink 2011, S. 219–248.

Nübel, Birgit: Die „Exterritorialität der Frau in der Männerwelt". Robert Musils *Briefe Susannens*. In: Musil-Forum 33 (2013/14), S. 177–201.

Öhlschläger, Claudia: Poetik und Ethik der kleinen Form: Franz Kafka, Robert Musil, Heiner Müller, Michael Köhlmeier. In: Zeitschrift für deutsche Philologie 128 (2009), H. 2, S. 261–279.

Öhlschläger, Claudia: Das *punctum* der Moderne. Feuilletonistische und fotografische Städtebilder der späten 1920er und frühen 1930er Jahre: Benjamin, Kracauer, von Bucovich, Moï Ver. In: Zeitschrift für Germanistik. N. F. 22 (2012), H. 3, S. 540–557.

Oesterle, Günter: „Unter dem Strich". Skizze einer Kulturpoetik des Feuilletons im neunzehnten Jahrhundert. In: Jürgen Barkhoff, Gilbert Carr, Roger Paulin (Hg.): Das schwierige neunzehnte Jahrhundert. Tübingen: Niemeyer 2000, S. 229–250.

Polgar, Alfred: Sekundenzeiger. Eine Skizzenreihe. Zürich: Humanitas 1937.

Preisendanz, Wolfgang: Der Funktionsübergang von Dichtung und Publizistik. In: ders.: Heinrich Heine. München: Fink 1973, S. 21–68.

Püschel, Ulrich: Feuilleton$_2$. In: Klaus Weimar u.a. (Hg.): Reallexikon der deutschen Literaturwissenschaft. Bd. I. Berlin, New York: de Gruyter 1997, S. 584–587.

Reibnitz, Barbara von: Feuilletons für Zürich, Berlin, Frankfurt und Prag. Zum druckortbezogenen Editionskonzept der Kritischen Robert-Walser-Ausgabe. In: Zeitschrift für Germanistik. N. F. 22 (2012), H. 3, S. 581–598.

Reichensperger, Richard: Sprache als Gesellschaftskritik in Musils *Nachlaß zu Lebzeiten*. In: Marie-Louise Roth (Hg.): Neue Ansätze zur Robert-Musil-Forschung. Bern u.a.: Lang 1999, S. 79–108.

Roth, Joseph: Einbruch der Journalisten in die Nachwelt. [1925] In: ders.: Das journalistische Werk 1924–1928. Hg. v. Klaus Westermann. Köln: Kiepenheuer & Witsch 1990, S. 519–521.

Roth, Marie-Louise: Robert Musil: *Les œuvres pré-posthumes*. 2 Bde. Paris: Recherches 1980.
Rußegger, Arno: Kinema mundi. Studien zur Theorie des „Bildes" bei Robert Musil. Wien u. a.: Böhlau 1996.
Stadler, Ulrich: Rätsel und Witz, Hans und Pfungst. Robert Musil: *Kann ein Pferd lachen?* In: Felix Christen, Hubert Thüring, Martin Stingelin (Hg.): Der Witz der Philologie. Rhetorik – Poetik – Edition. Basel, Frankfurt a. M.: Stroemfeld 2014, S. 232–245.
Stiemer, Hendrik: Das Feuilleton als Publikations- und Interpretationskontext. Studien zu Robert Walser. In: Zeitschrift für Germanistik. N. F. 22 (2012), H. 3, S. 645–648.
Todorow, Almut: „Wollten die Eintagsfliegen in den Rang höherer Insekten aufsteigen?" Die Feuilletonkonzeption der *Frankfurter Zeitung* während der Weimarer Republik im redaktionellen Selbstverständnis. In: Deutsche Vierteljahrsschrift für Literaturwissenschaft und Geistesgeschichte 62 (1988), S. 697–740.
Todorow, Almut: Das Feuilleton der *Frankfurter Zeitung* in der Weimarer Republik. Tübingen: Niemeyer 1996.
Utz, Peter: Tanz auf den Rändern. Robert Walsers „Jetztzeitstil". Frankfurt a. M.: Suhrkamp 1998.
Utz, Peter: Zu kurz gekommene Kleinigkeiten. Robert Walser und der Beitrag des Feuilletons zur literarischen Moderne. In: Elmar Locher (Hg.): Die kleinen Formen in der Moderne. Bozen, Innsbruck: Ed. Sturzflüge 2001, S. 133–165.
Walser, Robert: Briefe. Hg. v. Jörg Schäfer unter Mitarbeit v. Robert Mächler. Zürich: Suhrkamp 1979.
Westerhoff, Armin: Robert Musils „unfreundliche Betrachtung" *Hier ist es schön*. Zur rhetorischen Strategie von Musils Gefühls- und Kitschkritik. In: ders., Kevin Mulligan (Hg.): Robert Musil – Ironie, Satire, falsche Gefühle. Paderborn: mentis 2009, S. 255–268.
Wolf, Norbert Christian: Kakanien als Gesellschaftskonstruktion. Robert Musils Sozioanalyse des 20. Jahrhunderts. Wien u. a.: Böhlau 2011.

2.4 Literatur- und Theaterkritik
Oliver Pfohlmann

1. Einführung 414
2. Forschungsstand 415
3. Stationen einer Kritikerkarriere 417
4. „Ich bin ein Unzufriedener" – Die unrealisierten Potenziale von Wirklichkeit und Kunst 419
5. Theater in der Moderne: illustrativ oder schöpferisch? 420
6. „Verarbeitete Leseerfahrungen" – Krise und Utopie der Literaturkritik 421
7. Literaturkritische Praxis 424
8. Forschungsperspektiven 427
9. Literatur 428

1. Einführung

Als Kritiker ist Robert Musil noch immer wenig bekannt – auch wenn sich Verlage gern zu Werbezwecken seiner Urteile etwa über Rainer Maria Rilke, Franz Kafka oder Alfred Polgar bedienen. Ein Grund hierfür dürfte sein, dass er als Theaterkritiker viele heute längst vergessene Amüsier- und Kassenstücke besprach, ein weiterer, dass seine Tätigkeit als Rezensent quantitativ überschaubar blieb: Zwischen 1912 und 1930 entstanden gerade einmal 66 Theaterkritiken und neun Buchbesprechungen, hinzu kommen noch einige Rezensionsfragmente im Nachlass (vgl. Streitler 2006, dort auch ein Verzeichnis aller kritischen Schriften Musils; vgl. ebd., S. 331–339). Verglichen mit dem umfangreichen kritischen Œuvre eines Alfred Kerr, Moritz Heimann oder Hermann Hesse erscheint das Musils kaum von Gewicht. Tatsächlich war Musil jedoch ein den genannten Kritikergrößen ebenbürtiger „Meister der kleinen Form" (ebd., S. 20), waren sein Anspruch wie auch seine Leistung auf dem Gebiet von Theorie und Praxis der Kritik kaum geringer als auf dem der Dichtung. Weder vor Musil noch nach ihm dürfte ein Autor mehr von der Literaturkritik als Institution des Literatursystems gefordert haben als er selbst. Parallel zu seiner Praxis als Rezensent entwickelte er vor dem Hintergrund seines utopischen Literaturverständnisses, wonach die Dichtung für die ethische Progression des Menschen zuständig sein soll, seine literaturkritische Konzeption: Die Kritik sah Musil als eine produktive, die Literatur reflexiv-ordnend begleitende Instanz, die sie vor Rückschritten bewahren und ihr progressive Impulse geben sollte. Gegenüber dem Publikum sollte die Kritik ein „Erzieheramt" (KA, H 3/6) ausüben und unter dem Stichwort „geistige Organisationspolitik" (*Geist und Erfahrung*, 1921, GW II, 1058) die ethischen Werte und Ideen der Literatur – „das Höchste aller großen Dichtung" (GW II, 1570), ihr „Mark[ ]" (GW II, 1097) – ordnen und vermitteln. Erst die Kritik machte für Musil aus einer sinnlosen Ansammlung von Einzeltexten ein bedeutungsvolles Ganzes, eben die ‚Literatur'. Dass sich das Feuilleton der Zwischenkriegszeit überwiegend darauf beschränkte, seine Gegenstände auf ihre Unterhaltungstauglichkeit zu prüfen, bewertete Musil als ein funktionelles Versagen, in dem er eine der gesellschaftlichen Ursachen für den Epochenbruch 1933 erkannte (vgl. *Bedenken eines Langsamen*, 1933, GW II, 1417f.). Ähnlich vernichtend wie sein Urteil über die Tageskritik seiner Zeit fielen auch die meisten seiner (Theater-)Besprechungen aus.

2. Forschungsstand

Nach einem ersten Beitrag von Marie-Louise Roth (1965) fand die Kritikertätigkeit des Dichters sowohl in der Forschung zu Musil als auch in der zur Geschichte der Literaturkritik lange Zeit nur selten Beachtung; in einführenden Musil-Gesamtdarstellungen wurde sie – von Berghahn (1963) bis Kraft (2003) – nur am Rande oder gar nicht erwähnt. Durchaus symptomatisch ist der abfällige Hinweis, Musil habe als Rezensent seine Kriterien einfach nur „eigensinnig[ ]" von seinen *Schwärmern* (1921) abgelesen (Kraft 2003, S. 118). Nur Roger Willemsen (1985) konstatierte, dass unter Musils Theaterkritiken der frühen 1920er Jahre „keine einzige [ist], die nicht Bausteine zu einer Theorie des Theaters beibrächte, aus welchen sich eine kohärente Vorstellung des Dramatischen ableiten ließe." (ebd., S. 174f.) Musils Kritiken bezeugten nicht nur seine Absicht, die Kunst induktiv zu legitimieren und aus jeder einzelnen Inszenierung die Existenz des Theaters zu begründen (vgl. ebd., S. 175), sondern ebenso seinen Rang als Satiriker.

Willemsens Beobachtungen schlossen an jene an, die Roth bereits zwei Jahrzehnte zuvor in ihren Begleittexten zu einer Sammlung der Theaterrezensionen Musils machte (vgl. Roth 1965); sie beleuchteten auch die metakritischen Einwürfe des Dichters:

> Von dieser rigorosen Auffassung der Kritik als Ermittlung der echten Werte, als Ausdruck einer Weltanschauung und als geistiges Erneuerungsmittel ausgehend, wird Musil jede Kritik brandmarken, die nicht von einer solchen ‚hohen' Auffassung der Kritik getragen ist und jegliche Kritik entlarven, die die Kunst mißbraucht. (ebd., S. 205)

Den soziologischen Fokus von Musils Theaterkritik akzentuierte dagegen Paul Stefanek (1973): „Hier wird, wohl zum ersten Mal in der Geschichte des europäischen Theaters, dessen gesellschaftliche Funktion in Frage gestellt." (ebd., S. 304) Während Ursula Tiebel (1980) in ihrer Dissertation auf die enge Verbindung zwischen Musils kritischen Arbeiten und seiner Poetologie aufmerksam machte, stellte Monika Meister (1981) in ihrer detaillierten Untersuchung der Theaterkritik des Dichters fest, dass für Musil das Theater in der Moderne von einer Bildungsanstalt zu einem allein auf Unterhaltung zielenden Geschäftsbetrieb regrediert sei. Musil sei es im Unterschied zur journalistischen Kritik seiner Zeit, deren Wertmaßstäbe dieser Funktionsveränderung entsprechend primär der wirtschaftlichen Sphäre verpflichtet waren (Unterhaltsamkeit, Spannung usw.), um „die Vermittlung von Erkenntniszusammenhängen" (ebd., S. 153) gegangen. Anders als die zuletzt genannten Untersuchungen, die sich Musils Zeit als Theaterkorrespondent im Nachkriegs-Wien widmeten, beschäftigte sich Oliver Pfohlmann (2003b) mit der bis dahin wenig beachteten Tätigkeit Musils als Redakteur der *Neuen Rundschau* im Jahr 1914, als der Dichter auffallend positiv die Arbeiten frühexpressionistischer Autoren rezensierte. Dieses Wirken als Redakteur findet auch in der Musil-Biografie von Karl Corino (2003) Beachtung. Über Musils Zeit als Theaterkritiker nach 1921 schreibt er:

> Auch wenn er [i.e. Musil] diese Tätigkeit nur ein paar Jahre und auf den Schauplatz Wien beschränkt ausübte – es ist wohl nicht zu bestreiten, daß er mit diesen Beiträgen zu den bedeutendsten Schauspiel-Rezensenten der Nachkriegsjahre zählte, sowohl in sprachlicher als auch in gedanklicher Hinsicht in einem Atemzug zu nennen mit Kerr oder Polgar. (ebd., S. 622)

Neben den beiden Arbeiten von Corino und Pfohlmann stehen zwei quantitativ wie qualitativ gewichtige Untersuchungen von Nicole Streitler und Birgit Nübel, beide 2006 erschienen, für eine gründliche Neubewertung dieses bis dahin eher vernachlässigten Themas in der jüngeren Forschung (vgl. Anz/Baasner 2004). Wie Corino berücksichtigt auch Streitlers Dissertation, die bislang umfassendste und instruktivste Untersuchung von *Musil als Kritiker*, eingehend auch die ökonomischen Aspekte von Musils Rezensententätigkeit. Ähnlich wie zeitgleich Alfred Polgar, Efraim Frisch, Moritz Heimann oder Franz Blei habe Musil eine „Ethisierung der Literaturkritik" (Streitler 2006, S. 143; vgl. auch Streitler-Kastberger 2013/14) vorgenommen und diese dergestalt neu zu legitimieren versucht. Die dabei regelmäßig zu beobachtende „essayistische Überschreitung des eigentlichen Gegenstands" (Streitler 2006, S. 235) in Musils Rezensionen habe dazu geführt, dass seine journalistischen Texte in ihrer Gesamtheit eine „Poetik in Fragmenten" (ebd., S. 239) ergäben. Erhellend ist Streitlers Vergleich Musils mit Kerr, der gerade die Unterschiede zwischen beiden akzentuiert. Dem Selbstverständnis Musils als Kritiker in der Auseinandersetzung mit seinem „größten kritischen Lehrer" Kerr (an Kerr, 8.12.1923, Br I, 327) sowie mit seinem Freund und Mentor Blei wendet sich ebenfalls Nübel in ihrer literaturtheoretisch ambitionierten Habilitationsschrift *Robert Musil – Essayismus als Selbstreflexion der Moderne* zu:

2.4 Literatur- und Theaterkritik

Kritik ist [für Musil] keine außerhalb oder oberhalb stehende Metakritik der Dichtung, sondern dieser selbst immanent. […] In der Synthese von kritisch sich selbst reflektierender Narration wie narrativ fortgeschriebener Reflexion liegt für Musil die Bedingung der Möglichkeit moderner Literatur und ihrer Kritik. (Nübel 2006, S. 270)

3. Stationen einer Kritikerkarriere

Der Kritiker Musil wurde gemeinsam mit dem Dichter geboren, nämlich in der frühen Brünner Zeit um 1900. So schreibt ihm die Forschung fünf mit „r." oder „Robert" gezeichnete Kurzbesprechungen zu (u. a. von Titeln Eduard von Keyserlings und Gabriele D'Annunzios), die zwischen dem 19. März 1899 und dem 6. Januar 1900 in der Rubrik „Neue Bücher" der *Brünner Sonntags-Zeitung* erschienen (vgl. KA, L 11, Brünner Veröffentlichungen 1898–1902, Neue Bücher). 1899 bemühte sich der Maschinenbaustudent mit literarischen Ambitionen sogar darum, die Theaterkritik des *Volksfreundes* zu übernehmen, was jedoch durch die Sperrung des Kritikersitzes für das sozialdemokratische Blatt verhindert wurde – in der autobiografischen Rückschau im Schweizer Exil als „Schicksalswitz" (KA, H 33/11) bezeichnet, durch den ihm „eine Blamage erspart" geblieben sei (KA, H 33/101).

Im September 1910 hoffte Musil erneut vergeblich auf eine feste „Kritikerstelle", diesmal „bei der B. Z." (KA, H 5/28), der *Berliner Zeitung am Mittag*, der ersten deutschen Boulevardzeitung. Die Stelle hätte ihm eine dauerhafte freie Autorenexistenz in Berlin ermöglichen und damit zugleich die vom Vater verfügte Rückkehr nach Wien verhindern sollen. Wie ambivalent Musil dem journalistischen Schreiben gegenüberstand, wird aus einem Eintrag vom Anfang Dezember 1910 deutlich, in dem er den „Feuilletonismus" selbst in den renommiertesten Kulturzeitschriften als „ekelhaft" bezeichnet und als „einzige Entschuldigung" ein „fixes Engagement" gelten lässt (KA, H 5/38). (→ III.2.3 *Feuilletons*) Dennoch publizierte Musil 1912/13 neben ersten Essays (mit teilweise literaturkritischen Reflexionen) auch erste Rezensionen: In Franz Bleis Zeitschrift *Der lose Vogel* und in der *Neuen Rundschau* besprach er Werke u. a. von Gerhart Hauptmann, Reinhard Johannes Sorge, Margarete Susman und Walther Rathenau. Sogar die Gründung einer neuen literaturkritischen Zeitschrift plante er (vgl. KA, M IV/3/42f.).

Diese Talentproben als Kritiker und Essayist waren mit ein Grund, warum Musil Anfang 1914 aus dem Stand vorübergehend zu einem der wichtigsten Multiplikatoren des Literaturbetriebs avancierte: Der Berliner Verleger Samuel Fischer engagierte ihn für ein auskömmliches Gehalt als Literaturredakteur bei der *Neuen Rundschau* (vgl. Pfohlmann 2003b u. 2013/14). Musils Aufgabe war es, Vertreter des Frühexpressionismus zu besprechen und gegebenenfalls dem Verlag zuzuführen. Im Zweimonatstakt kritisierte er unter dem Titel *Literarische Chronik* Lyrik- und Prosapublikationen junger Avantgardeautoren, darunter Titel von Max Brod, Franz Kafka, Robert Walser, Franz Jung, Carl Sternheim oder Alfred Wolfenstein. Musils Ambitionen wurden schon im Vorfeld deutlich, als er sich am 12. Juni 1912 gegenüber Franz Blei mit Blick auf eine solche Tätigkeit als „feldzugsplanend" (Br I, 92) bezeichnete. Dementsprechend begann er bei der *Neuen Rundschau*, über das Medium der problemorientierten Sammelrezension seine ästhetischen Positionen in das Literatursystem einzuspeisen (vgl. etwa *Die Novelle als Problem*, GW II, 1465f.), ein Projekt, das der Kriegsausbruch vorzeitig beendete.

Als Kritiker sollte sich Musil erst wieder ab 1921, nach Abschluss seines Stücks *Die Schwärmer*, betätigen, diesmal auf dem Gebiet des Theaters – es wurde der zweite und eigentliche Höhepunkt seiner Kritikerkarriere. Wie schon in der Vorkriegszeit trieb ihn dabei zum einen die finanzielle Notwendigkeit, zum anderen das Bedürfnis, dem Literaturbetrieb seine (nun: theater-)ästhetischen Standpunkte zu vermitteln (und damit zugleich indirekt Werbung für seine zunächst unaufgeführt bleibenden *Schwärmer* zu machen). Dank der Unterstützung von Arne Laurin beschäftigte ihn die *Prager Presse* über ein Jahr lang als ihren Theater- und Kunstreferenten für Wien. Zwischen dem 30. März 1921 und dem 9. August 1922 erschienen von Musil in dieser Zeitung 56 Besprechungen (vgl. Streitler 2006, S. 50f.), manchmal bis zu drei Beiträge wöchentlich. Die harten tschechischen Kronen, mit denen seine Beiträge honoriert wurden, waren in den Inflationsjahren für ihn und seine Frau überlebenswichtig. Von September bis Dezember 1922 schrieb Musil für die *Deutsche Zeitung Bohemia* (ebenfalls Prag), erst ab 1923 publizierte er verstärkt in Wiener Zeitungen. So erschienen zwischen November 1923 und Januar 1924 fünf Theaterkritiken im Wiener *Abend*, doch fühlte sich der Dichter dort schon nach wenigen Wochen „geistig auf einen Hund gekommen, der meinen Kopf als sein Strohlager fordert" (an Blei, 22.12.1923, Br I, 329). Letzteres dürfte nicht zuletzt auch am Aktualitätszwang gelegen haben: Der *Abend* legte Wert auf ‚Nachtkritiken', also unmittelbar nach der Aufführung geschriebene Besprechungen (vgl. Martha Musil an Annina Marcovaldi, 29.11.1923, Br I, 324).

In der Folge wechselte Musil zur Berliner *Deutschen Allgemeinen Zeitung* (in der ersten Jahreshälfte 1924 erschienen dort sieben Theater- und zwei Kunstkritiken, vgl. Streitler 2006, S. 60) sowie zum Wiener *Morgen*, wo er jedoch ebenfalls nur kurzzeitig tätig war: „[A]ls er drei oder vier Kritiken dafür geschrieben hatte, dankte der Redakteur höflich für weitere, er hätte zu viele Briefe wegen der Schärfe der Kritiken bekommen u. fürchte Abonnentenverluste." (Martha Musil an Armin Kesser, 25.9.1945, M. Musil 1997, S. 139) Am 27. Oktober 1924 verabschiedete er sich beim *Morgen* auf gebührende Weise: Seine letzte Besprechung (von George Bernard Shaws *Die heilige Johanna*) enthielt eine beißende Schelte seiner Wiener Kollegen, denen er vorwarf, alles künstlerisch Neue „unerbittlich zu verfolgen" (GW II, 1671). Vereinzelt besprach Musil ab 1921 auch Sachbücher, darunter Oswald Spenglers *Untergang des Abendlandes* (1921). (→ III.2.1 *Essays*) Diese Rezensionen erschienen vor allem in Efraim Frischs Zeitschrift *Der Neue Merkur*, wo Musil auch seine großen theaterkritischen Essays wie *Der „Untergang" des Theaters* (1924) veröffentlichte. Nach 1924 floss Musils Produktivität fast ausschließlich in die Arbeit am Roman, ehe ihn die finanziellen Schwierigkeiten des Ernst Rowohlt Verlags nötigten, zumindest gelegentlich wieder journalistisch zu arbeiten. Am 12. Dezember 1925 schrieb Musil an Johannes von Allesch:

> Die Lage ist nun so, daß ich, wenn er [i.e. Ernst Rowohlt] nicht binnen längstens vierzehn Tagen die Zahlungen wieder aufnimmt und nachholt, meinen Roman in die Lade legen und anfangen muß, wieder für Zeitungen zu schreiben, was gar nicht leicht ist, wenn man es lang vernachlässigt hat. (Br I, 390; vgl. auch Br I, 463)

So rezensierte Musil 1927 u.a. für das *Berliner Tageblatt* Alfred Döblins Versepos *Manas* und 1930 für die *Frankfurter Zeitung* Friedrich Torbergs Roman *Der Schüler Gerber hat absolviert*. Mehrmals plante er, seine theaterkritischen Schriften gesammelt zu publizieren; als mögliche Titel ventilierte er 1923/24 „Pathologie des Theaters" (KA, H 21/121) und 1930 „Theater von aussen" (KA, M VIII/5/58). Im Nachlass findet sich auch ein 1926/27 entstandener Entwurf für ein Vorwort zu einem *Buch über Kritik* (KA, M VI/3/152f.) im Rahmen eines Essaybuch-Projekts. Nach 1933 bediente sich Musil, sieht man von Reden wie *Der Dichter in dieser Zeit* (1934) ab, als Kritiker vorwiegend der Form von (erst postum veröffentlichten) Aphorismen. (→ III.3.3 *Aphorismen*) Es ist charakteristisch für die Reflexionen des späten Musil über die (zweitklassige, aber parteiische Autoren hofierende) Kulturpolitik im österreichischen Ständestaat und im ‚Dritten Reich', dass sie von seinem Grundgefühl, als Dichter zu wenig gewürdigt zu werden, geprägt sind: „*Stehr, Kolbenheyer* würden nicht genug geschätzt, klagt der Völkische Beobachter, man lese noch immer Thomas Mann. Mit Recht, glossiert der Tag. An mich denkt keiner." (KA, M III/5/23)

4. „Ich bin ein Unzufriedener" – Die unrealisierten Potenziale von Wirklichkeit und Kunst

Über Thomas Mann, der sich als Kritiker ähnlich wie Hermann Hesse beinah nur zustimmend äußerte, notierte Musil in den 1930er Jahren:

> Daß er [i.e. Thomas Mann] so viele Schriftsteller loben kann, nicht bloß mag, hängt mit seinem Erfolg in der Zeit zusammen; denn die Zeit liebt, nebeneinander, ja auch die meisten von ihnen. […] / Ich bin das extreme Gegenteil mit meiner Kritik gegen beinahe alles. Teils bedeutet das den Unzeitgemäßen, teils vielleicht eine Unart? Es bieten sich dar: Autismus, Negativismus, Fanatismus […]. (KA, M II/5/35; vgl. KA, H 33/83)

Tatsächlich waren schon die ersten Begegnungen des jungen Musil mit der literarischen Moderne um 1900 von einem Gefühl des intellektuellen Ungenügens geprägt (vgl. KA, H 5/38); selbst ein Autor wie Dostojewski vermochte ihn nicht restlos zu überzeugen (vgl. KA, M I/7/38). „Ich bin ein Unzufriedener" (KA, H 33/93), notierte Musil 1939/40 über sein Verhältnis zur Politik, er hätte es ebenso gut über sein Verhältnis zur Literatur oder zum Theater sagen können – oder über das zur Literaturkritik. Allen seinen Texten, nicht nur seinen Rezensionen, wohnt ein von einem utopischen Verlangen getragener kritischer Impuls inne, der sich an den unrealisierten Potenzialen von Wirklichkeit und Kunst entzündete (vgl. Amann 2007, S. 30). Literatur und Theater hatten für Musil unter den Bedingungen der Moderne als individuelle Tätigkeit wie als gesellschaftliche Institutionen ihre Selbstverständlichkeit verloren. Schon seine Vorkriegsessays suchten deshalb nach einer neuen Funktion und damit Legitimation von Literatur und Kritik im Zeitalter der neuen Humanwissenschaften und Massenmedien. Aufgabe des modernen, mit dem Wissen seiner Zeit ausgerüsteten Dichters sollte es sein, in einer Art literarischem Laboratorium neue Lebens- und Gefühlsmöglichkeiten, neue Entwürfe vom Menschsein zu testen und so das Gebiet von Ethik, Gefühl und Wertungen, das sogenannte „nicht-ratioïde Gebiet", das „Heimatgebiet des Dichters" (*Skizze der Erkenntnis des Dichters*, 1918, GW II, 1028f.), zu erkunden und erweitern: „Die Aufgabe ist: immer neue Lösungen, Zusammenhänge, Konstellationen, Variable zu entdecken, Prototypen von Geschehensabläufen hinzustellen, lockende Vorbilder, wie man Mensch sein kann, den inneren Menschen *erfinden*." (GW II, 1029)

Waren Wissenschaft und Technik für den äußeren Fortschritt der Gesellschaft verantwortlich, so war es die Kunst für den inneren und für die seelische Progression des Individuums – ein Anspruch, dem in Musils Augen freilich nur wenige Autoren gerecht wurden, weshalb Kunst und Literatur Gefahr liefen, in der Moderne funktionslos zu werden. Für die in weiten Kreisen des Bürgertums, aber auch bei vielen Künstlern verbreitete Intellekt- und Wissenschaftsfeindlichkeit hatte der promovierte Experimentalpsychologe kein Verständnis. Denn die „Anpassung an das naturwissenschaftliche Weltbild kann der Literatur nicht erspart bleiben und ein gut Teil ihrer heutigen Gegenstandslosigkeit geht darauf zurück, daß sie sich dabei verspätet hat." (*Zu Kerrs 60. Geburtstag*, 1927, GW II, 1183)

5. Theater in der Moderne: illustrativ oder schöpferisch?

Diese Diagnose traf mehr noch als auf den Roman, der leichter Ausnahmen gestattete, auf das zeitgenössische Theater zu, war dieses doch immer auch ein „Geschäftsunternehmen" (GW II, 1116). In mehreren Essays – so in *Symptomen-Theater I* (1922), *Symptomen-Theater II* (1922/23), *Der „Untergang" des Theaters* (1924) und *Der Schwärmerskandal* (1929) – analysierte Musil in den 1920er Jahren, partiell aus soziologischer Perspektive, am Beispiel der Wiener Bühnen den für ihn desolaten Ist-Zustand des Theaterbetriebs (vom Schauspieler über den Kritiker bis zum Zuschauer) und setzte diesem seine Utopie eines modernen Theaters entgegen. (→ VI.1.1 *Drama, Theater*) Unter kapitalistischen Bedingungen war die Bühne für Musil von einer ‚moralischen Anstalt' (Schiller) zu einer Vorführstätte von Unterhaltungsware „verkümmert" (GW II, 1099), das expressionistische Theater explizit mit eingeschlossen (vgl. GW II, 1097f.). Um ebenso konsumierbar wie aufmerksamkeitserhaltend zu sein, folgte das Theater einer „Geschäftsdramaturgie" (GW II, 1120), die mit der „Psychotechnik der Reklame" (GW II, 1118) arbeitete. Dazu gehörten u.a. die Typisierung der Figuren, Spannung, das einseitige Setzen auf Vergnügen (statt auch auf Bildung) und Emotion (statt auch auf Intellekt), Aktualitäts- und Effekthascherei sowie ein Mindestmaß an ‚Neuem' zur Simulierung von ‚Bedeutung':

> Die ganze französische und pseudofranzösische Liebeskomödie wie die Stücke der sogenannten Probleme und meisterhaften Theatereinfälle, die Stücke mit ernstem Erfolg also nicht minder als das Amüsier- und Kassenstück lassen sich beschreiben als ein Maximum unbedeutender Einfälle bei einem Minimum bedeutender. (GW II, 1119)

Symptomatisch für das zeitgenössische Theater war nach Musil das Primat des Schauspielers; für ihn hatten sich dagegen Regie, Inszenierung und Schauspielerleistung ganz in den Dienst der Dichtung zu stellen: „Wenn Schauspieler Regie führen, kommt der Dichter gewöhnlich zu Schaden, weil sie die fleischige Spielsubstanz lieben und das feinere Bindegewebe zwischen den Personen wegschneiden." (GW II, 1655) Symptomatisch für das „Schauspielertheater" (GW II, 1527) war nach Musil die Darstellung von zu „formalen Konventionen" (GW II, 1106) erstarrten ‚Leidenschaften', die es so nur (noch) auf dem Theater (sowie nach Einführung des Tons auch im Film), nicht aber im modernen Leben gab, weshalb die Bühne für Musil längst anachronistisch geworden war: „Man spielt Kettenauffassungen und Effekttraditionen, nicht Leidenschaften, sondern Leidenschaften spielende Schauspieler, nicht Menschen, sondern Spiegelmenschen und im Ganzen irgend einen träg kreisenden Zustand der Tra-

2.4 Literatur- und Theaterkritik

dition." (GW II, 1107) Geistige Impulse gingen von diesem zum „Bruder des Kolportageromans" (GW II, 1096) regredierten Theater erst gar nicht aus oder führten zwangsläufig ins Leere. Musil sprach von einem bloß ‚illustrativen' Theater – im Unterschied zum utopischen ‚schöpferischen' „Dichtertheater" (GW II, 1528) –, weil es „ein festes Geflecht der Weltanschauung und der Lebensregeln voraussetzt" und „dem, was schon außerhalb der Kunst da ist, gar nichts hinzu[fügt]" (GW II, 1191). Leere Selbstbezüglichkeit und ewige Wiederholung anstelle von ‚Lebenswert' sei für das ‚illustrative' Theater kennzeichnend:

> Um es kurz zu sagen: es handelt sich um den Unterschied zweier Prinzipien. Nach deren einem ist das Theater als ein Stück geistigen Lebens zu behandeln, vornehmlich auf dem Weg über die Literatur zusammenhängend mit allen Kräften des Lebens bis zur Quantentheorie, zur Religion oder zur Politik, während das andere im Theater etwas Besonderes sieht, – das Theater. Die Theaterleistung wird bei diesem zweiten, in Wien zur Höhe gebildeten Prinzip immer wieder nur auf Theaterleistungen bezogen: die des X. erinnert immer an die des Y. oder ist ihr ebenbürtig oder untergeordnet, und […] so führt dieses ewige Rückbeziehen des Schauspielers auf den Schauspieler […] dahin, daß das Neue, Einmalige, der Lebenswert irgend einer Leistung nicht bemerkt wird […]. (GW II, 1104f.)

Statt sein ästhetisches Potenzial auszuschöpfen und aufs Leben aktivistisch einzuwirken, statt „Sinngebung, Ausdeutung des Lebens, Menschendienst" (GW II, 1528) zu sein und „Fragmente einer Lebenslehre" (KA, M II/1/72) zu enthalten, erschöpfte sich für Musil das zeitgenössische Theater in der Repetition des Bekannten: „Die Probleme des Lebens werden angerührt, umgerührt, aber nicht aufgerührt." (GW II, 1191) Die mit dieser Konventionalität einhergehende systematische Unterforderung des Zuschauers zeige sich u.a. in der Stimulation stereotyper Gefühlsreaktionen anstelle der Evokation von „Gefühlserkenntnisse[n] und Denkerschütterungen" (GW II, 997). Die von Musil als Alternative geforderte ‚schöpferische' Kunst sollte dagegen als „Ideendrama" (GW II, 1665) tatsächlich „neue Inhalte" (GW II, 1107) auf die Bühne bringen, die sich (wie sein eigenes Stück *Die Schwärmer*) dem „Stigma der [empiristischen] Gegenwart" widmeten, „daß Mechanik und Seele sich nicht vereinigen können" (GW II, 1127), und dabei der Tatsache Rechnung tragen,

> daß wir in der Hauptsache aus Geist bestehn. […] Es gibt da so einen merkwürdigen Unterschied in uns zwischen Wachstum und Erstarrung, der allen würdevollen Unterscheidungen gegenüber, die wir außen hochhalten, höchst aufsässig ist. Und also kurz gesagt, man muß ein wachsendes Theater machen. / Dazu ist die Kunst da; man könnte das alles ebensogut auf den Roman und das Gedicht anwenden. (GW II, 1191f.)

6. „Verarbeitete Leseerfahrungen" – Krise und Utopie der Literaturkritik

„Wenn Kritik Ordnung ist, dann […] kann [sie] Ordnung lebendiger Werte bedeuten, Arbeit am Menschen" (KA, M VI/2/55), notierte Musil im Herbst 1926 in dem Fragment gebliebenen Essay *Nur Literatur*. Im Unterschied zum hypertrophen Selbstverständnis seines „größten kritischen Lehrer[s]" Alfred Kerr (an Kerr, 8.12.1923, Br I, 327) war für Musil die Kritik der Literatur nicht überlegen, vielmehr gehörten „beide Tätigkeiten […] zusammen wie nacheinander geborene Geschwister" (GW II, 1188), wohl in Analogie zum Verhältnis von ‚Gefühl' und ‚Verstand' (vgl. Brief an Adolf Frisé, Jänner 1931, KA). Diese nahe Verwandtschaft zeigte sich für Musil auch darin, „daß es überhaupt bei allen Unterschieden keine bedeutende Kritik gibt, die nicht Dichtung wäre, und von reiner Lyrik abgesehen, keine bedeutende Dichtung, die nicht Kritik wäre." (GW II, 1188)

Freilich betraf dies bereits Musils Utopie der Kritik – ihre literaturbetriebliche Realität sah anders aus: Hier entsprach dem real existierenden ‚illustrativen' Theater auf Seiten der Kritik das Tun des „Wirkwarenkritiker[s]" (GW II, 1121), der mit dem „Urteilslosigkeitsbazillus" (GW II, 1555) infiziert war und allem Neuen nachwies, „es sei schon dagewesen, und es eilfertig aus dem ihm Bekannten zusammensetzt" (GW II, 1671). Als Stellvertreter des nur zum Vergnügen das Theater besuchenden Rezipienten forderte der ‚Wirkwarenkritiker' vom Dichter ‚unterhaltsame' Bühnenstücke. Das, was der Dramatiker im Rekurs auf Alltagspsychologie zu einem ‚spannend' zu rezipierenden Stück zusammenmontierte, verkündete der Rezensent dann als von ihm erkanntes ästhetisches Gesetz (vgl. GW II, 1120). Das Resultat war eine Grundlagenkrise der Kritik, die auch auf den Abschied von der Idee einer normativen Ästhetik zurückzuführen war (vgl. GW II, 1169) und zu einem impressionistischen Vorgehen der Rezensenten führte – eine wohl auch heute noch gültige Diagnose: „Die Folge war die Mein-Eindrucks-Kritik und die Kritik der Vokabelraketen, die Kritik des Mitschwingens und des Darauflosschwingens, welches soviel von dem Durcheinander heutigen Geistes am Gewissen haben." (GW II, 1169) Symptomatisch für den Zustand der Tageskritik war nach Musil die „Entwertung des Lobs" (KA, M IV/3/42):

> Man nehme sich die Mühe und sammle durch längere Weile unsere Buchbesprechungen und Aufsätze […]. Man wird nach einigen Jahren mächtig darüber erstaunen, wie viele erschütterndste Seelenverkünder, Meister der Darstellung, größte, beste, tiefste Dichter, ganz große Dichter und endlich einmal wieder ein großer Dichter im Laufe solcher Zeit der Nation geschenkt werden, wie oft die beste Tiergeschichte, der beste Roman der letzten zehn Jahre und das schönste Buch geschrieben wird. (GW II, 1163)

Neben der damit verbundenen Personalisierung oder besser: dem Personenkult (vgl. GW II, 1130) waren weitere Symptome für Musil die Willkürlichkeit der Kriterien und die Ungenauigkeit der Sprache der Rezensenten, ihr Mangel an „[k]lare[n] Begriffe[n]" (GW II, 1345): „Alles ist vage, unpräzis, unsachlich, maßlos, einmalig, zufällig." (GW II, 1130) Musil ventilierte zeitweilig das Projekt, ein „Inventar der Begriffe […], mit denen unsre Kritik operiert" (GW II, 1332), zu erstellen, um deren „völlige Inhaltslosigkeit" (ebd.) aufzuzeigen. Motiviert wurden Musils metakritische Reflexionen nicht zuletzt von den Erfahrungen, die er seit seinem Romandebüt 1906 im Umgang der Tageskritik mit seinen eigenen Werken machen musste. Bezeichnend war das sowohl auf- als auch abwertend gemeinte Label „Psychologe", das ihm seit dem Erscheinen des *Törleß* von den Rezensenten angehängt wurde (vgl. dazu GW II, 1332–1334, sowie Pfohlmann 2003a, S. 330–336). (→ IX.1 *Rezeption zu Lebzeiten*)

Musils Utopie der Kritik bildete sich im Kern bereits vor 1914 heraus: Das Pendant zur ‚schöpferischen' Literatur sollte eine produktive Kritik sein, deren Funktion es war, als „Inbegriff der verarbeiteten Lesererfahrungen" (GW II, 1169) die Evolution der Literatur reflexiv und ordnend zu begleiten, ihr progressive Impulse zu geben und sie vor Rückschritten zu beschützen:

> Kritik in diesem Sinn ist nichts über der Dichtung, sondern etwas mit ihr Verwobenes. Sie ergänzt die ideologischen Ergebnisse zu einer Überlieferung […] und erlaubt nicht die Wiederholung des gleichen ohne neuen Sinn. Sie ist Ausdeutung der Literatur, die in Ausdeutung des Lebens übergeht, und eifersüchtige Wahrung des erreichten Standes. (GW II, 1169f.)

2.4 Literatur- und Theaterkritik

Sollte die Aufgabe der Literatur darin bestehen, das innere Wachstum des Menschen zu fördern, so die der Kritik in der „Erörterung der geistigen Bedeutung eines Theaterstücks [...], eine[r] Diskussion seiner Gedanken, Leidenschaften oder [...] Atmosphäre" (GW II, 1120). Die Kritik sollte das, was ein literarisches Werk zur Erkundung des ‚nicht-ratioïden Gebiets' als „Teillösung" bzw. „Fragment[ ] einer Lebenslehre" (KA, M II/1/72) beitrug – oder eben auch: nicht beitrug –, analysieren, diskutieren und mit bisherigen Ergebnissen vergleichen. Im Rekurs auf sein gestaltpsychologisches Wissen forderte Musil, dass die Literatur mehr als eine bloße Summe von Einzelwerken sein solle, „eine Angelegenheit von unsäglicher Breite, ohne Anfang und Ende, ein Gewirr herrlicher Fäden, das kein Gewebe ist" (GW II, 1169). Damit aber aus dem Gewirr ein Gewebe, aus den Teilen ein übersummatives „Ganzes" (ebd.) werden könne, bedürfe es der „Zusammenfassung" (GW II, 1168) – eben durch die Kritik. Indem die Kritik das Bedeutende eines Kunstwerks herausarbeite, „das Neue, Einmalige, de[n] Lebenswert irgend einer Leistung" (GW II, 1105), indem sie es „mit dem Riesenvorrat menschlicher Werte und Unwerte" (GW II, 1202) vergleiche und entsprechend einordne, sichere sie seine Bedeutung und mache es für das Leben dauerhaft nutzbar. Ziel sei es, „die Grenzkurve unseres Fühlens u. Denkens [zu schaffen], die Verbindungslinie der Endpunkte aller Wege, wo sie vor dem Nochnichtbegangenen abbrechen" (GW II, 1315). Das „bewußt Ideographische" (GW II, 1130) – die Systematisierung von Ideen – solle auf diese Weise den Personenkult der konventionellen Literaturbetrachtung (‚ein großer Dichter') ersetzen (vgl. KA, M IV/3/52).

Ein wirklich moderner Kritiker wäre damit nicht länger der Vorkoster des Publikums, sondern – in bewusster Provokation des emphatischen bürgerlichen Kunstbegriffs – eine Art Konservenfabrikant: „Literatur ernstlich voranstellen, heißt einen kollektiven Arbeitsbegriff auf einer geheiligten Insel einführen, und wenn man es bös ausdrücken will, die Fauna dieser glücklichen Insel zu Konserven verarbeiten." (GW II, 1167; vgl. dazu Wolf 2011, S. 18f.) Letztlich wäre er verantwortlich für jene „geistige Organisationspolitik", die Musil als „erste Aufgabe für Aktivist wie Sozialist" bezeichnete (GW II, 1058), d. h. für die sinnstiftende, fortschrittssichernde Synthese der chaotischen geistigen Realität. Der Kritiker als Ordnungsstifter und Erzieher im „babylonische[n] Narrenhaus" (GW II, 1088) der Moderne – vermutlich hat niemals vorher oder nachher ein Autor von der Literaturkritik mehr gefordert als Musil: Zuständig für die ‚geistige Organisation', die ‚geistige Ordnung', hätte sie als „Apparat der geistigen Erneuerung" statt nach „Zufall und Gefälligkeit" allein nach „Bedeutung" (GW II, 1134) funktionieren sollen, um so jenen ergebnislosen „Kampf in der heutigen Zivilisation zwischen dem wissenschaftlichen Denken und den Ansprüchen der Seele" zu beenden, der für Musil „nur durch ein Plus zu lösen ist, einen Plan, eine Arbeitsrichtung, eine andre Verwertung der Wissenschaft wie der Dichtung!" (GW II, 1059) Im *Mann ohne Eigenschaften* kehrt diese Utopie in Ulrichs Forderung nach einem „Generalsekretariat der Genauigkeit und Seele" wieder (MoE, 583).

Verwirklicht fand Musil seine Utopie der Kritik in den Arbeiten Alfred Kerrs, Franz Bleis, Robert Müllers und Alfred Polgars, des Weiteren in *Der sichtbare Mensch* (1924) des ungarischen Filmkritikers Béla Balázs, der sich „immer gleichzeitig im Erlebnis und in der Reflexion" (GW II, 1138) bewegte, sowie in *Wege zur Kunstbetrachtung* (1921) seines Freundes Johannes von Allesch. Auf seine Forderung an die Kritik, endlich ihrer gesellschaftlichen Verantwortung gerecht zu werden, verwies

Musil noch einmal nach 1933, als er in seinem Essayfragment *Bedenken eines Langsamen* die kulturpolitischen Positionen der Nationalsozialisten (wie die Behauptung einer Schädigung der Kultur aufgrund einer ‚Verjudung') analysierte und dabei mit Blick auf die Literaturkritik der Weimarer Jahre zu dem Schluss kam:

> Und dann bleibt nur noch eine letzte mögliche Ursachengruppe geistiger Schädigung übrig: Kritik und Zeitung. Da freilich staubt es, wenn man klopft! Die Buchkritik zu einem großen Teil Literaten überlassen, die sich gegenseitig lobten, oder Anfängern, die mit dem kleinsten Honorar zufrieden waren; die Theaterkritik so, daß man in einer Großstadt wie Berlin acht Zehntel der Kritiker als Ignoranten ansprechen konnte […]; der Unterhaltungsteil von einer Art, die wirklich als Volksvergiftung zu bezeichnen ist: wer wäre nicht geneigt, die unerbittlichsten Änderungen auf diesem Gebiet freudig zu begrüßen?! Und von diesen Werkstätten der öffentlichen Meinung, von dieser Industrialisierung des Geistes (deren Zweigniederlassungen Film und Funk waren) her ließe sich wirklich eine Reform an Haupt und Gliedern anbahnen. (GW II, 1417f.)

Dafür war es zu diesem Zeitpunkt freilich schon zu spät.

7. Literaturkritische Praxis

„Was man so verstreut schreibt, muß Bruchstück, mindestens Abfall, eines breiten, nicht zufälligen Strebens sein", notierte Musil bereits im Dezember 1910 (KA, H 5/38; vgl. auch GW II, 1479), und in diesem Sinn sind alle seine Buch- und Theaterbesprechungen als Teile seines Gesamtwerks anzusehen. Für sie gilt die Beobachtung, „daß die Kritiken meistens schöner sind als die Werke. […] D.h. daß sie Dinge aussprechen, die die Werke nicht realisieren." (KA, M IV/3/430)

Musils kritische Texte bestehen aus (häufig problemorientierten) Einzel- und Sammelbesprechungen, Theaterrezensionen, Ausstellungsberichten, Essays über den zeitgenössischen Literatur- und Theaterbetrieb, metakritischen Beiträgen sowie Autoren- und Kritikerporträts (z.B. über Rilke, Kerr, Polgar) und Feuilletons. Dabei kam es von der Vor- zur Nachkriegszeit zu einer gravierenden Veränderung seines Rollenverständnisses als Kritiker: Seine Tätigkeit als Redakteur der *Neuen Rundschau* 1914 zeigte Musil in der Rolle eines wohlwollenden Förderers, Vermittlers und Impulsgebers der Frühexpressionisten, in deren Texten er vielversprechende Ansätze sah, die seinem utopischen Literaturideal nahekamen. (→ II.6 *Zeitgenössischer Literaturbetrieb*) Dagegen warf er der expressionistischen Literatur nach 1918 geistige Stagnation vor (vgl. GW II, 1097), wie vor allem in seinen Theaterrezensionen deutlich wurde, die sich immer wieder Stücken des inzwischen populär gewordenen Spätexpressionismus widmen mussten, zum Beispiel von Hans Kaltneker, Ernst Lothar, Rolf Lauckner, Georg Kaiser oder Franz Werfel. Ebenso ablehnend-polemisch äußerte sich Musil über die Erfolgsstücke österreichischer Provinzgrößen wie Anton Wildgans, Hans Müller oder Hans Stiftegger alias Hans Brecka. Generell spiegeln die von ihm rezensierten Dramen weder Vorlieben noch Abneigungen Musils wider, sondern allein das (nicht eben anspruchsvolle) Repertoire der Wiener Bühnen Anfang der 1920er Jahre: „Unter 144 Aufführungen finden sich 21, die nicht der niederen Sphäre angehören" (GW II, 1505). Als Theaterkritiker befand sich Musil in der Rolle eines „Pathologe[n]" (KA, H 21/121), der Einzelerscheinungen als Symptome für Erkrankungen im zeitgenössischen Kunst- und Literaturbetrieb deutete: „Ich muss nun allerdings gestehen, daß ich das Beispiel des Doktor Knock [ein Drama von Jules Romains; O. P.] ein wenig mißbraucht habe, um etwas von allgemeinerer Wichtigkeit daran zu zeigen." (GW II, 1646) Musils sezierendes Schreiben war dabei mit dem Gestus induktiver Bescheidenheit verbunden: „Ich hatte mir versprochen [...] am berühmten Einzelfall Zeitfehler zu demonstrieren." (GW II, 1058)

Anders als das Rollenverständnis blieben die Wertmaßstäbe Musils nach 1918 im Kern unverändert. Dies zeigt sich etwa an dem (gerade für die expressionistische Generation wichtigen) positiven wirkungsbezogenen Wert (zu diesem Begriff bzw. folgenden wie ‚relationale Werte' vgl. von Heydebrand/Winko 1996, S. 111–131) „Erschütterung" (GW II, 1461) bzw. Wandlung des Rezipienten, der sich in seinem 1914 formulierten Lob über Franz Jungs Roman *Kameraden!* findet und der 1921 in seiner Hymne auf das Gastspiel des Moskauer Künstlertheaters von Konstantin Sergejewitsch Stanislawski (für Musil das Vorbild eines ‚Dichtertheaters') wiederkehrt, das für ihn „zu den stärksten Erschütterungen und den tiefsten Augenblicken des Glücks [gehörte], welche die Kunst, welche das Leben zu geben vermag." (GW II, 1477) ‚Erschütterung' war jedoch vor wie nach dem Ersten Weltkrieg bei Musil gekoppelt an das Vorhandensein einer asketisch-sparsamen, intellektuell-nüchternen Kunst, die sich der Darstellung neuer ethischer Werte verschrieben hatte. Dementsprechend lassen sich als wichtigste Maßstäbe Musils die relationalen Werte ‚Aktualität' und ‚Innovation' (mit dem dazugehörigen Negativwert ‚Konventionalität') bestimmen, die aber *ethisch* interpretiert wurden (vgl. Streitler 2006, S. 159–166): Was trägt ein Kunstwerk zur Lösung bestehender Lebensfragen bei? Geht es über das bereits Bekannte und Existierende hinaus? Mit diesen Maßstäben konnte Musil ein klassisches Stück wie Goethes *Stella* (in einer Inszenierung von Max Reinhardt) als ein „moralisches Ereignis" (GW II, 1610) feiern, während er dagegen in Goethes ebenfalls von Reinhardt inszeniertem *Clavigo* „eine Mehrfalt an Ethik" (GW II, 1599) vermisste, nicht anders als in dem Einakter *Juana* des Erfolgsexpressionisten Georg Kaiser, der beim Umgang mit Eifersucht und Betrug nur die „konventionelle[ ] Lösungsform" (den Mord) anbot, die sich „in der Reservation des Theaters hält [...] wie die letzten Auerochsen in einem Naturschutzpark." (GW II, 1532) Selbst Heimatliteratur wie Paula Groggers Roman *Das Grimmingtor* befragte Musil unvoreingenommen auf ihren Gehalt an Alternativentwürfen zur Wirklichkeit hin (vgl. GW II, 1170–1180). Wenn er bei der Suche nach der ethischen Substanz eines Werks nicht fündig wurde, konfrontierte er die misslungene ästhetische Realität mit ihrer abwesenden Utopie und suchte nach den ‚noch nicht erwachten Absichten' des Autors bzw. Stoffes (vgl. Streitler 2006, S. 311). So bestand seine Besprechung von Rudolf Holzers (demselben historischen Vorbild wie Kleists Erzählung folgendem) Drama *Hans Kohlhase*, bei dem „Dichter und Dichtung Null auf Null aufgeh'n" (GW II, 1495), primär in dem Nachweis, welch eminent dramatischer und aktueller Stoff hier brachliege.

Dem Anspruch geistiger Ordnungsstiftung gemäß, konzentrierte sich Musil in seinen Besprechungen meist auf die Diskussion des Stückes und seines Gehalts; Hinweise zu Autor, Aufführung und Schauspielerleistung beschränkten sich in der Regel auf ein Minimum „im Nachsatz" (GW II, 801), worin sich bereits eine implizite Wertung verbarg. Anlässlich einer Inszenierung von *Dantons Tod* diskutierte Musil (in der Frisé-Ausgabe dreieinhalb Seiten lang) die Bedeutung Georg Büchners und seines Dramas, um im letzten Absatz die Aufführung am Wiener Deutschen Volkstheater als letztlich hoffnungslosen Versuch abzuhaken (vgl. GW II, 1485–1490). Auf die Spitze trieb Musil diese „Marginalisierung des Gegenstands" (Streitler 2006, S. 243), als er in *Theaterabend* (1921) das betreffende Drama zuerst inhaltlich demontierte, um dann mit dem Hinweis zu enden: „Ich möchte verschweigen, wo dieses Stück gespielt wird, wer es geschrieben hat und wie es heißt; wozu Schwierigkeiten machen." (GW II, 1485) Die Konzentration auf das Stück führte häufig zur Inhaltsparodie (nach dem Vorbild Alfred Polgars, vgl. GW II, 1159) mit satirisch-entlarvender Funktion, wobei mitunter eine bewusst simplifizierende Sprache Banalität und Schablonenhaftigkeit des Inhalts wiedergab – wie in der Kritik von Ernst Lothars Drama *Ich!*:

> Ich will nur den Anfang und das Ende erzählen. / Vater in Kontor. Junger Mensch stürzt herein, hält Hand Tochter an, Vater weigert. Weltanschauungsschwert klirrt an Weltanschauungsschild, aber kurz und gut, er bekommt sie schließlich deshalb nicht, weil reicher Vater vor dem Bankrott steht und sanierenden Schwiegersohn braucht. Tochter verabscheut diesen, aber opfert sich Autorität und Kindesliebe. Weltanschauungsschwert zerbricht an -schild. So der Anfang. (GW II, 1555)

Ausführliche Zitatproben aus dem Theaterstück sowie das Stilmittel des ironisch gefärbten Aphorismus verstärkten die verheerende Wirkung von Musils Kritiken. Seine Polemik über Anton Wildgans' *Kain* beginnt mit dem Satz: „Die Vorgänge dieses Stücks sind so aufregend, daß man reichlich Zeit hat, über das Wesen seines Dichters nachzudenken." (GW II, 1576) Zu einer Veränderung der Gewichtung kam es dagegen bei Aufführungen klassischer Dramentexte: In ihnen akzentuierte Musil die sonst nachrangig behandelte Regie- und Schauspielerleistung und legte auch seine Vorbehalte gegenüber moderner Bühnenarbeit ab – wie im Fall der *Wie es euch gefällt*--Inszenierung des Berliner Lessing-Theaters bei einem Gastspiel in Prag (vgl. GW II, 1617f.). Wie differenziert und präzise Musil Schauspielleistungen zu kritisieren vermochte, wenn ihm einmal „Schauspielkunst" (GW II, 1499) begegnete, zeigen seine Texte über Alexander Moissi (GW II, 1498–1500 u. 1509–1514). Ein weiteres charakteristisches Stilmittel des Kritikers Musil ist die Metaphorik in seinen Besprechungen, die ihnen eine eigene Poetizität verleiht. Musil dachte in Bildern, die auch seine Urteilsfindung förderten (vgl. Streitler 1999, S. 86). Diese Bildhaftigkeit überlässt die Dichtung nicht dem toten Begriff, sondern vermittelt dem Leser den emotional-ethischen Gehalt eines Stückes durch ein lebendiges Denken. In positiven Kritiken hat Musils Metaphorik eine primär erkenntnisfördernde Funktion, in negativen eine polemische (vgl. Streitler 2006, S. 268–295). So bestehe der Unterschied zwischen der Prosa Kafkas und der Robert Walsers darin, „daß hier [bei Kafka] die gleiche Art der Erfindung in traurig klingt wie dort [bei Walser] in lustig, daß dort etwas frisch Barockes ist und hier in absichtlich seitenfüllenden Sätzen eher etwas von der gewissenhaften Melancholie, mit der ein Eisläufer seine langen Schleifen und Figuren ausfährt." (GW II, 1468) Dagegen heißt es über Anton Wildgans' *Kain*: „Dieses biblische Stück ist leer wie eine Gießkanne, auf der einer Beethoven bläst." (GW II, 1100) Zur Satirisierung bediente sich Musil gern der Katachrese (z. B. „ein mit allen Salben geschmierter Bühnenpraktikus, der womöglich die Muttermilch mit den Kindesbeinen einzusaugen gekonnt hat", GW II, 1098) sowie der Hypallage (z. B. „von dieser erfolgverbürgenden Gesellschaft mit haftender Beschränktheit", GW II, 1157): (→ VIII.2 *Ironie u. Satire*)

> Vor allem die Hypallage bildet Musils *master trope* in seiner Theater- und Literaturkritik. [...] Die Interaktionsfigur der Hypallage kann aufgrund des ihr immanenten Funktionsaustausches als Grundfigur von Musils Ironie bezeichnet werden. Sie löst das im Programm der

konstruktiven Ironie vorgesehene Verfahren des Platztausches und der Kontamination von Gegensätzen am plastischsten ein. (Martens 2006, S. 273f.)

Dass Musil auch ein Kenner des bis heute üblichen nonverbalen Signalsystems der journalistischen Kritik (Umfang und Platzierung einer Besprechung, Name des Rezensenten usw.) war, zeigt die Einleitung seiner *Rede zur Rilke-Feier* (1927): „Sie wissen ja, wie sich durch Stellung der Nachricht im Blatt und Art des Drucks der Grad des Ohrenspitzens ausdrückt" (GW II, 1229). Wie sehr Musil die journalistische Ökonomie der Aufmerksamkeit beherrschte, belegt der Fall eines Buchtipps, bei dem er im Rahmen einer Weihnachtsumfrage auf Ernst von Salomons *Die Geächteten* hinwies (vgl. GW II, 1722): „Zehrend von seinem Ruf der Genauigkeit, hatte er [i. e. Musil] einige ‚Fehler' in seinen Text eingebaut, die er anschließend in einer Zuschrift an die Redaktion berichtigte. So hielt er das Buch angeblich Monat für Monat ein halbes Jahr lang im Gespräch." (zit. nach Corino 2010, S. 163)

8. Forschungsperspektiven

Während es zu Gemeinsamkeiten und Unterschieden der Theaterkritik Musils und Alfred Kerrs bereits erhellende Untersuchungen gibt (vgl. Corino 1970; Nübel 2006; Streitler 2006), und partiell auch bereits Vergleiche zwischen Musil und Franz Blei (vgl. Willemsen 1983; Bonacchi/Fanelli 1997; Nübel 2006), erscheint eine genauere Verortung Musils in der politisierten Literaturkritik der Zwischenkriegszeit als ein Desiderat (vgl. dazu jüngst Streitler-Kastberger 2013/14): Mit vergleichenden Analysen etwa zur literaturtheoretischen Praxis von Walter Benjamin und Siegfried Kracauer bzw. im Feuilleton der *Frankfurter Zeitung* teilte Musil zum einen das symptomatologische Vorgehen, das ästhetische Wertung tendenziell durch literatursoziologische Analysen ersetzte, dabei ‚minderwertige', ‚triviale', ‚populäre' Gegenstände bevorzugte und Lesen als „soziales Phänomen" (GW II, 1408) untersuchte. Zum anderen stimmten Musil und Benjamin aber auch in dem generellen Anspruch an die Institution der Kritik überein, anstelle einer bloßen Entscheidungshilfe für den Konsumenten ein Instrument im Dienste gesellschaftlich-politischen Engagements zu sein (vgl. dazu Pfohlmann 2004). Ebenso fruchtbar erscheinen Untersuchungen, die sich den Gemeinsamkeiten und Unterschieden zwischen der Kritik am bürgerlichen Theater durch Bertolt Brecht und Herbert Ihering sowie jener durch Musil widmeten. Bislang nur ansatzweise untersucht sind Musils komplexe Wertungshandlungen und ihre sprachlichen Mittel (vgl. Winko 1991), wobei auch seine unpublizierten bzw. privaten Wertungen aus den Arbeitsheften einbezogen werden sollten (vgl. Wolf 2008), sowie seine lebenslangen Reflexionen über die Rezeption von Kunst und Literatur und ihre Wertung. Besonders sein von Ernst Mach angeregter Ansatz, die Rezeption eines Textes, in Analogie zur Nahrungsaufnahme, als „Abbau in Elemente und deren Assimilation" (GW II, 1130) zu beschreiben, als Voraussetzung für die Möglichkeit eines ideografischen Zugangs, lässt auf eine bislang noch wenig erforschte Nähe zum russischen Formalismus schließen (vgl. Streitler 2006, S. 124–129) und im Weiteren zum strukturalistischen Denken.

9. Literatur

Amann, Klaus: Robert Musil – Literatur und Politik. Mit einer Neuedition ausgewählter politischer Schriften aus dem Nachlass. Reinbek b. Hamburg: Rowohlt 2007.
Anz, Thomas/Baasner, Rainer (Hg.): Literaturkritik – Geschichte, Theorie, Praxis. München: Beck 2004.
Arntzen, Helmut: Musil-Kommentar sämtlicher zu Lebzeiten erschienener Schriften außer dem Roman *Der Mann ohne Eigenschaften*. München: Winkler 1980.
Berghahn, Wilfried: Robert Musil in Selbstzeugnissen und Bilddokumenten. [1963] Reinbek b. Hamburg: Rowohlt 2004.
Bonacchi, Silvia/Fanelli, Emanuela Veronica: „Ein nie gesättigtes Verlangen nach Geist …". Zur Beziehung zwischen Franz Blei und Robert Musil. In: Dietrich Harth (Hg.): Franz Blei. Mittler der Literaturen. Hamburg: Europäische Verlagsanstalt 1997, S. 108–138.
Corino, Karl: Robert Musil und Alfred Kerr. Der Dichter und sein Kritiker. In: Karl Dinklage (Hg.): Robert Musil. Studien zu seinem Werk. Reinbek b. Hamburg: Rowohlt 1970, S. 236–283.
Corino, Karl: Robert Musil. Eine Biographie. Reinbek b. Hamburg: Rowohlt 2003.
Corino, Karl (Hg.): Erinnerungen an Robert Musil. Texte von Augenzeugen. Wädenswil: Nimbus 2010.
Heydebrand, Renate von/Winko, Simone: Einführung in die Wertung von Literatur. Systematik – Geschichte – Legitimation. Paderborn u. a.: Schöningh 1996.
Kraft, Herbert: Musil. Wien: Zsolnay 2003.
Lepinis, Asta Helena: Der Kritiker Robert Musil. Diss. Yale Univ. 1970.
Martens, Gunther: Beobachtungen der Moderne in Hermann Brochs *Die Schlafwandler* und Robert Musils *Der Mann ohne Eigenschaften*. Rhetorische und narratologische Aspekte von Interdiskursivität. München: Fink 2006.
Meister, Monika: Der Theaterbegriff Robert Musils. Ein Beitrag zur ästhetischen Theorie des Theaters. Diss. Univ. Wien 1979.
Meister, Monika: Robert Musil als früher Kritiker der „Kulturindustrie". In: Musil-Forum 6 (1980), S. 157–170. (Meister 1980a)
Meister, Monika: Robert Musils Zeitgenossen im Spiegel seiner Kritik. In: Maske und Kothurn 26 (1980), S. 271–285. (Meister 1980b)
Meister, Monika: Zur Theaterkritik Robert Musils. In: Wolfgang Freese (Hg.): Philologie und Kritik. Klagenfurter Vorträge zur Musilforschung. München, Salzburg: Fink 1981, S. 149–176.
Mitterbauer, Helga: Die Netzwerke des Franz Blei. Kulturvermittlung im frühen 20. Jahrhundert. Tübingen, Basel: Francke 2003.
Musil, Martha: Briefwechsel mit Armin Kesser und Philippe Jaccottet. Hg. v. Marie-Louise Roth. In Zusammenarbeit mit Annette Daigger u. Martine von Walter. Bern u. a.: Lang 1997.
Nübel, Birgit: Robert Musil – Essayismus als Selbstreflexion der Moderne. Berlin, New York: de Gruyter 2006.
Pfohlmann, Oliver: „Eine finster drohende und lockende Nachbarmacht"? Untersuchungen zu psychoanalytischen Literaturdeutungen am Beispiel von Robert Musil. München: Fink 2003. (Pfohlmann 2003a)
Pfohlmann, Oliver: „Ein Mann von ungewöhnlichen Eigenschaften". Robert Musil, die *Neue Rundschau*, der Expressionismus und das „Sommererlebnis im Jahre 1914". In: Weimarer Beiträge 49 (2003), H. 3, S. 325–360. (Pfohlmann 2003b)
Pfohlmann, Oliver: Literaturkritik in der Weimarer Republik. In: Thomas Anz, Rainer Baasner (Hg.): Literaturkritik – Geschichte, Theorie, Praxis. München: Beck 2004, S. 114–129.
Pfohlmann, Oliver: „Glücklich und feldzugsplanend"? Robert Musil, die *Neue Rundschau* und die „Jüngste Generation". In: Musil-Forum 33 (2013/14), S. 82–100.
Punzi, Vito: Musils Bühnenwerke und die Berliner Theaterszene. In: Annette Daigger, Peter Henninger (Hg.): Robert Musils Drang nach Berlin. Bern u. a.: Lang 2008, S. 233–252.

Roth, Marie-Louise: Musil als Kritiker. Zum Verständnis der Texte. In: Robert Musil: Theater. Kritisches und Theoretisches. Hg. v. M.-L. R. Reinbek b. Hamburg: Rowohlt 1965, S. 197–235.
Stefanek, Paul: Theater zwischen Krise und Utopie. Zur Theaterkritik und -ästhetik Robert Musils. In: Maske und Kothurn 19 (1973), H. 4, S. 304–320.
Stefanek, Paul: Illusion, Ekstase, Erfahrung. Zu Robert Musils Essay *Ansätze zu neuer Ästhetik*. In: Modern Austrian Literature 9 (1976), H. 3/4, S. 155–167.
Stefanek, Paul: Musil und das Theater – 60 Jahre nach dem Essay *Der „Untergang" des Theaters*. In: Josef Strutz, Johann Strutz (Hg.): Robert Musil – Theater, Bildung, Kritik. München: Fink 1985, S. 44–61.
Streitler, Nicole Katja: Bemerkungen zum Stil Robert Musils in den Literatur- und Theaterkritiken. In: dies., Wendelin Schmidt-Dengler (Hg.): Literaturkritik. Theorie und Praxis. Innsbruck, Wien: StudienVerlag 1999, S. 79–94.
Streitler, Nicole: Musil als Kritiker. Bern u.a.: Lang 2006.
Streitler, Nicole: „... und alles Bedeutsame kam aus Berlin". Berlin in den Theaterkritiken Musils. In: Annette Daigger, Peter Henninger (Hg.): Robert Musils Drang nach Berlin. Bern u.a.: Lang 2008, S. 253–263.
Streitler-Kastberger, Nicole: Etho-Ästheten. Musil und einige Kritikerzeitgenossen. In: Musil-Forum 33 (2013/14), S. 142–161.
Tiebel, Ursula: Theater von außen. Robert Musil als Kritiker. Rheinfelden: Schäuble 1980.
Willemsen, Roger: „Man nimmt Franz Blei zu leicht!" Robert Musil und *Das große Bestiarium der Literatur*. In: Josef Strutz, Johann Strutz (Hg.): Robert Musil und die kulturellen Tendenzen seiner Zeit. München, Salzburg: Fink 1983, S. 120–129.
Willemsen, Roger: Robert Musil. Vom intellektuellen Eros. München, Zürich: Piper 1985.
Winko, Simone: Wertungen und Werte in Texten. Axiologische Grundlagen und literaturwissenschaftliches Rekonstruktionsverfahren. Braunschweig, München: Vieweg 1991.
Wolf, Norbert Christian: Zwischen Diesseitsglauben und Weltabgewandtheit. Musils Auseinandersetzung mit den Berliner literarischen Strömungen. In: Annette Daigger, Peter Henninger (Hg.): Robert Musils Drang nach Berlin. Bern u.a.: Lang 2008, S. 185–230.
Wolf, Norbert Christian: Kakanien als Gesellschaftskonstruktion. Robert Musils Sozioanalyse des 20. Jahrhunderts. Wien u.a.: Böhlau 2011.

2.5 Technische Aufsätze
Christoph Hoffmann

Die drei Publikationen bilden vornehmlich nach der Geschichte ihrer Edition einen Zusammenhang. Im Unterschied zu den ebenfalls teils mit technischen Themen befassten Zeitschriftenreferaten, die Musil 1923 für die *Prager Presse* anfertigte (vgl. GW II, 1691–1705), sind sie nicht in Adolf Frisés Ausgabe der *Gesammelten Werke* von 1978 aufgenommen worden, sondern finden sich im Anhang zu der 1980 separat zum Wiederabdruck gebrachten Dissertation *Beitrag zur Beurteilung der Lehren Machs*. Bei dieser Ausgliederung könnte die Vorstellung eine Rolle gespielt haben, dass bei Sachtexten eine andere Form von Autorschaft vorliegt als bei literarischen Texten. Denkt man an Michel Foucaults Feststellung, dass keineswegs alle Texte zu einem gegebenen Zeitpunkt gleichermaßen mit einer Autorfunktion ausgestattet sind und insbesondere wissenschaftliche Texte (wie Sachtexte im Allgemeinen) in der Moderne zentrale Merkmale literarischer Autorschaft entbehren (Foucault 2001, S. 1016f.), wird man diese Vorstellung nicht ohne Weiteres kritisieren wollen. Ein wichtiges Kriterium erscheint in dieser Hinsicht, dass die drei Aufsätze in der Art und Weise, wie in ihnen Fachliteratur ganz ohne oder ohne genaueren Nachweis verarbeitet wird, weitgehend Kompilaten gleichen.

Inzwischen haben sich die editorischen Kriterien gewandelt, wie die Aufnahme der drei Aufsätze in die *Klagenfurter Ausgabe* der Schriften Musils zeigt. Mit dazu beigetragen hat eine Verschiebung in den literaturwissenschaftlichen Fragestellungen, die in den 1980er Jahren vom methodischen und begrifflichen Repertoire einer an Foucaults Überlegungen geschulten Diskursanalyse angestoßen worden ist. Aus dieser Perspektive wurde die Unterscheidung zwischen literarischen und nicht-literarischen Texten zugunsten einer übergreifenden Untersuchung aller Texte als Menge von Äußerungen im Rahmen einer diskursiven Formation aufgegeben. Verstärkt wurde dieser Trend von den zeitgleich in enger Verbindung mit dem diskursanalytischen Zugriff sich entwickelnden medien- und wissenschaftshistorischen Forschungsansätzen. Bemerkenswerterweise hat diese Konjunktur die Aufsätze, um die es in diesem Artikel geht, nicht wesentlich berührt. Weder *Die Kraftmaschinen des Kleingewerbes* (1904) noch *Die Beheizung der Wohnräume* (1904/05) sind bisher ausführlicher diskutiert worden. Ein kaum anderes Bild ergibt sich mit Blick auf die Ausführungen in *Psychotechnik und ihre Anwendungsmöglichkeit im Bundesheere* (1922). Immerhin ist aber versucht worden, die dortigen Überlegungen Musils diskursgeschichtlich und poetologisch zu den literarischen Texten in Beziehung zu setzen (Moser 1989; Hoffmann 1997, S. 230–265; Fleig 2008, S. 185–192). Die insgesamt geringe Beachtung mag mit dem ephemeren Status der Aufsätze in Verbindung stehen. Nichtsdestotrotz können die Texte, entsprechend situiert, für den Umgang mit Musils literarischen Schriften Signifikanz gewinnen.

Die zwei Aufsätze *Die Kraftmaschinen des Kleingewerbes* und *Die Beheizung der Wohnräume* sind in mehreren Fortsetzungen im Frühjahr 1904 und an der Jahreswende 1904/05 in der populärwissenschaftlichen Zeitschrift *Natur und Kultur* erschienen. Ihre Ausarbeitung reicht vermutlich zurück bis in Musils Zeit am Maschinenbaulaboratorium der Technischen Hochschule Stuttgart (vgl. Brief an Stefanie Tyrka, 1.8.1903, Br I, 8), wo der junge Ingenieur 1902/03 als Volontär tätig war. Die Aufsätze sind durchgängig ohne Literaturangaben publiziert. Für den Aufsatz zu den Motoren des Kleingewerbes hat Musil aber mit einiger Sicherheit Schriften seines Vaters Alfred herangezogen, der seit 1890 als Professor für Maschinenbau an der Technischen Hochschule Brünn tätig war. Zu erwähnen sind insbesondere das Kompendium *Die Motoren für Gewerbe und Industrie* (A. Musil 1897) sowie die unter dem Titel *Grundlagen der Theorie und des Baues der Wärmekraftmaschinen* publizierte Bearbeitung eines englischen Handbuchs (A. Musil 1902). Die für Musil zentralen Abschnitte zu den als Kleinkraftmaschinen am Ende des 19. Jahrhunderts vornehmlich verbreiteten Gasmaschinen und Verbrennungsmotoren sind in den beiden Schriften sehr ähnlich gehalten. Wörtliche Übereinstimmungen einzelner Wendungen könnten darauf hindeuten, dass für den Aufsatz primär das etwas jüngere Handbuch die Grundlage bildete (vgl. zum Beispiel die Passage zu flüssigen Brennstoffen bei A. Musil 1902, S. 751f., und in Musils Aufsatz, Musil 1980, S. 159).

Trotz des engen Bezugs zur Arbeit des Vaters setzt Musil in seinem Kraftmaschinen-Aufsatz auch eigene Akzente. Diese betreffen weniger die Darstellung, die vom Prinzip der Wärmekraftmaschinen ausgehend chronologisch dem Entwicklungsgang der Kleinkraftmaschinen im 19. Jahrhundert folgt, als die Rahmung der Ausführungen. In der Einleitung zeichnet Musil mit wenigen Strichen ein Panorama, in dem der Niedergang des Handwerks im 19. Jahrhundert mit der Einführung der Dampfmaschine, ihrem besonders vorteilhaften Einsatz im „Fabrikbetrieb" (Musil 1980, S. 144) und der damit verbundenen Zentralisierung von Kraft, Arbeit und Kapital verknüpft wird (vgl. ebd., S. 143–145). Die Hinwendung zur Konstruktion kleinerer Maschinen wird damit von vornherein geschichtlich zurückgebunden. Dass für Musil die Entwicklung von Technologien nicht rein immanent als logische Abfolge von aufeinander aufbauenden Innovationen zu verstehen ist, zeigt sich auch daran, dass in die Aneinanderreihung von Namen, Patenten und Konstruktionen gelegentlich Hinweise auf retardierende Faktoren und unvorhergesehene Konsequenzen einzelner Arbeiten eingestreut werden. Es ergibt sich damit das Bild einer zwar im Ganzen zielgerichteten Bewegung, die, wie Musil betont, von sehr alten Ideen angetrieben wird (vgl. ebd., S. 164), deren tatsächlicher Verlauf aber von mannigfaltigen lebensweltlichen Umständen bestimmt wird, die den realisierten Lösungen ihr spezifisches Gepräge verleihen. Bleibt noch anzumerken, dass Musils Aufsatz dem Stand der Dinge bereits hinterherlief, insofern die besonders zukunftsträchtige Anwendung von Elektromotoren in Gewerbe und Industrie nicht mehr zur Darstellung kam (vgl. Musil 1980, S. 163).

Dass technische Entwicklungen für Musil nicht vollends innertechnischen Kriterien folgen, lässt sich ebenso an dem Aufsatz zur *Beheizung der Wohnräume* veranschaulichen. Der erste Teil beschäftigt sich mit den verschiedenen Typen der Ofen- oder Lokalheizung, wie Musil sie im Unterschied zu den im zweiten Teil des Aufsatzes besprochenen Zentralheizungen nennt. Das Augenmerk gilt dabei nicht zuletzt der richtigen Bedienung der Heizung. Unmittelbar für die Leserschaft von Belang ist dies allerdings nur für den mit Kohle betriebenen Zimmerofen, weil nach Musil mit der Einführung von Dauerbrand-, Petroleum- und Gasöfen und dann mit dem Übergang zu Zentralheizungen „der regelnde Einfluß, den wir auf die Heizung nehmen, der Konstruktion selbst übertragen wird." (ebd., S. 174f.) Nach dieser Überlegung scheint der Gang der Dinge, ähnlich wie in Ernst Kapps (1877) zeitgenössischer Lehre von der Organprojektion, durch eine Verschiebung von Handarbeit in technische Einrichtungen angeleitet zu sein. Die Entwicklung der Technik begegnet damit erneut eingebettet in einen größeren kulturellen und historischen Zusammenhang. Für einen Ingenieur oder ‚Noch-Ingenieur' ist das eine nicht unbedingt selbstverständliche Auffassung. Interessant ist diese Beobachtung aber vor allem deshalb, weil Musil in diesen Aufsätzen zugleich durchaus weiter wie ein Ingenieur denkt. Als zweites Narrativ durchzieht sie nämlich eine ständige Beurteilung der Effizienz der beschriebenen Maschinen und Anlagen (hinsichtlich der Ausnutzung der eingesetzten Energie) sowie ihrer Ökonomie (unter Berücksichtigung der Kosten des Betriebs). Nimmt man die zwei Erzählstränge der Aufsätze zusammen, wird deutlich, dass sie nicht immer gut zusammenpassen: Die Maschinen und Anlagen, die tatsächlich in Gebrauch kommen, genügen nicht notwendig rationellen, auf Maß und Zahl verpflichteten Kriterien, dennoch haben sie eine eigene von vielerlei Umständen durchwirkte Rationalität. Ins Allgemeinere gewendet dürfte dieser Konflikt zwischen idealem Zustand und manifester Situation der Leserschaft von *Der Mann ohne Eigenschaften* nicht ganz unbekannt sein.

Der Aufsatz *Psychotechnik und ihre Anwendungsmöglichkeit im Bundesheere* erscheint 1922 in Heft 6 der Zeitschrift *Militärwissenschaftliche und Technische Mit-*

teilungen. Ihm zugrunde liegt ein Vortrag Musils vor Beamten und Offizieren im Österreichischen Bundesministerium für Heerwesen im März 1922 (vgl. Br II, 147). Musil war dort von Herbst 1920 bis Ende 1922 als Fachbeirat für Methoden der Geistes- und Arbeitsausbildung angestellt und sollte sich u. a. „mit den wissenschaftlichen Vorarbeiten zur Verwertung der neuen psychotechnischen Methoden und Ergebnisse für die Ausbildung im Heere" (ebd., S. 118) beschäftigen. Eine direkte Qualifikation für diesen Posten besaß Musil nicht. Zwar war er vor dem Ersten Weltkrieg durch sein Studium der Philosophie bei Carl Stumpf in Berlin ausführlich mit den Fragestellungen und Methoden der experimentellen Psychologie vertraut geworden (vgl. Bey 1989; Bonacchi 1992; Hoffmann 1997, Kap. 2a). Angewandte Psychologie und Psychotechnik, deren Anfänge zu diesem Zeitpunkt etwa 20 Jahre zurückreichten, hatten sich aber im und nach dem Krieg zu eigenständigen professionellen Feldern entwickelt (vgl. Patzel-Mattern 2010, Kap. 1). Es verwundert insofern nicht, dass Musils Ausführungen im Kern aus einem Kompilat der am Schluss des Aufsatzes genannten Fachliteratur bestehen. Vornehmlich berücksichtigt wird Hugo Münsterbergs Programmschrift *Grundzüge der Psychotechnik* (1914), aus der Musil etwa zeitgleich auch im Arbeitsheft 10 exzerpiert (vgl. Tb I, 521–523). Hinzu kommen zwei Studien von Curt Piorkowski und Karl August Tramm. Praktisch für jeden Absatz des Aufsatzes lassen sich Übernahmen aus diesen Publikationen nachweisen (hier nur drei Belege: das Beispiel ‚Maisernte', Musil 1980, S. 190f., folgt wörtlich Münsterberg 1914, S. 364f.; der Abschnitt zur Begabtenprüfung, Musil 1980, S. 187f., orientiert sich an Piorkowski 1919, S. 72–75; die Zahlen zum Optimum im Verhältnis von Alter und Ausbildung, Musil 1980, S. 193f., finden sich bei Tramm 1921, S. 12).

Die ersten zwei Abschnitte des Aufsatzes umfassen das Verhältnis der Psychotechnik zur Psychologie analog dem Verhältnis von Naturwissenschaften und ihrer Anwendung in den technischen Wissenschaften sowie die grundsätzliche Methodik der Psychotechnik als systematische Zergliederung von Problemstellungen in psychische Einzelkomponenten. Im Hauptabschnitt werden zunächst psychotechnische Vorgehensweisen im Schulwesen, bei der Gestaltung von Arbeitsvorgängen sowie der Untersuchung der Berufseignung geschildert und diese anschließend mit genuin militärischen Aufgaben verknüpft. Dieser letzte Teil des Aufsatzes ist besonders interessant, weil Musil in ihm nicht einfach ein Referat der Kriegserfahrungen gibt, wie zeitgleich sein Berliner Kollege bei der Reichswehr (und Kommilitone bei Stumpf), Johann Baptist Rieffert (1922). Im Vordergrund steht auch nicht das Feld der Eignungsprüfungen, auf dem psychotechnische Methoden im Ersten Weltkrieg bereits zum Einsatz kamen. Vielmehr legt Musil, angeregt von Münsterbergs Schrift, den Hauptakzent auf eine übergreifende psychotechnische Durchbildung des Militärwesens. (→ V.8 *Militär*)

Seine Prämisse lautet, dass „es gerade in der Tradition des militärischen Dienstes liegt, ganz von selbst eine Art Psychotechnik zu werden [...]; die gesamte Ausbildung, vor allem die technische, mit dem Streben nach größter Raschheit, Exaktheit, Verläßlichkeit, Erlernbarkeit usw. stellt ein kleines psychotechnisches System für sich dar." (Musil 1980, S. 194) Mit diesem Gedanken bindet Musil einerseits geschickt die versammelten Praktiker ein, mit deren Zurückhaltung gegenüber Vorschlägen aus der ‚grauen Theorie' heraus er notwendig rechnen musste (die ganze Passage ist hiervon bestimmt). Andererseits wird die Bedeutung der Psychotechnik für das Militär von vornherein unter eine ganzheitliche Perspektive gebracht. Die folgenden Vorschläge sprechen so verschiedene Aspekte an wie das Erlernen der Gewehrgriffe (die ebd., S. 195, in Anführungszeichen gesetzten Formulierungen finden sich bei Münsterberg 1914, S. 391), die Abfassung von Vorschriften, den Schießunterricht sowie „moralische Eigenschaften" (Musil 1980, S. 199) wie Geistesgegenwart oder Beobachtungsgabe. In allen diesen Punkten geht es, so Musil vorab, unter Umständen nur darum, „einen sozusagen arbiträren Zustand in einen systematischeren zu überführen." (Musil 1980, S. 194) Dies soll in der Regel nach Effizienzkriterien erfolgen (mehr, schneller, sicherer). Auf diesem Weg können aber ebenso gut andere, ‚höhere' Ziele anvisiert werden. An die verschiedenen Möglichkeiten der Einübung von Gewehrgriffen erinnernd bemerkt er: „Es läßt sich behaupten, daß die Art der Gewehrgriffe und die Art der Disziplin in einem Heer in einem Zusammenhang stehen." (ebd., S. 200) Denkt man diese knappe Bemerkung etwas weiter, dann ließe sich die geistige Verfassung einer militärischen Einheit, ihre jeweilige Form der Disziplin, planvoll steuern. Damit zeichnet sich am Ende des Aufsatzes ab, dass Psychotechnik eine genuine Technik der geistigen Organisation bilden kann, deren Anwendungsmöglichkeiten nicht auf das Militär beschränkt sind. (→ IV.1 *Militärische Ausbildung*) Im selben Jahr 1922, in dem der Psychotechnik-Aufsatz erscheint, publiziert Musil den Essay *Das hilflose Europa oder Reise vom Hundertsten ins Tausendste*. Man mag es für einen Zufall halten, aber der Durchgang durch die Unordnung der Zeiten wird dort mit der „Forderung einer Disziplin" beschlossen (GW II, 1094). Wie man eine solche methodisch herbeiführen kann, hatte der Fachbeirat Musil angedeutet.

Literatur

Bey, Gesine: „Bei mir laudabile". Zu Robert Musils Berliner Studienjahren. In: Wissenschaftliche Zeitschrift der Humboldt-Universität zu Berlin. Gesellschaftswissenschaftliche Reihe 38 (1989), H. 6, S. 659–666.
Bonacchi, Silvia: Robert Musils Studienjahre in Berlin 1903–1908. Saarbrücken: Arbeitsstelle für Robert-Musil-Forschung an der Univ. Saarbrücken 1992.
Fleig, Anne: Körperkultur und Moderne. Robert Musils Ästhetik des Sports. Berlin, New York: de Gruyter 2008.
Foucault, Michel: Was ist ein Autor? [1969] In: ders.: Schriften in vier Bänden. Dits et Ecrits. Bd. 1: 1954–1969. Hg. v. Daniel Defert u. François Ewald unter Mitarbeit v. Jacques Lagrange. Frankfurt a.M.: Suhrkamp 2001, S. 1003–1041.
Hoffmann, Christoph: „Der Dichter am Apparat". Medientechnik, Experimentalpsychologie und Texte Robert Musils 1899–1942. München: Fink 1997.
Kapp, Ernst: Grundlinien einer Philosophie der Technik. Zur Entstehungsgeschichte der Cultur aus neuen Gesichtspunkten. Braunschweig: Westermann 1877.
Moser, Manfred: Ing. Dr. phil. Robert Musil. Ein Soldat erzählt. In: Friedrich A. Kittler, Georg Christoph Tholen (Hg.): Arsenale der Seele. Literatur- und Medienanalyse seit 1870. München: Fink 1989, S. 97–115.
Münsterberg, Hugo: Grundzüge der Psychotechnik. Leipzig: Barth 1914.
Musil, Alfred: Die Motoren für Gewerbe und Industrie. Braunschweig: F. Vieweg 1897.
Musil, Alfred: Grundlagen der Theorie und des Baues der Wärmekraftmaschinen. Zugleich autorisierte, erweiterte deutsche Ausgabe des Werkes *The steam-engine and other heat-engines* von J. A. Ewing. Leipzig: B. G. Teubner 1902.
Musil, Robert: Beitrag zur Beurteilung der Lehren Machs und Studien zur Technik und Psychotechnik. Reinbek b. Hamburg: Rowohlt 1980.

Patzel-Mattern, Katja: Ökonomische Effizienz und gesellschaftlicher Ausgleich. Die industrielle Psychotechnik in der Weimarer Republik. Stuttgart: Steiner 2010.
Piorkowski, Curt: Die psychologische Methodologie der wirtschaftlichen Berufseignung. 2., verm. u. bis zum gegenwärtigen Stand fortgeführte Aufl. Leipzig: Barth 1919.
Rieffert, Johann Baptist: Psychotechnik im Heere. In: Bericht über den VII. Kongreß für experimentelle Psychologie in Marburg vom 20.–23. April 1921. Jena: Gustav Fischer 1922, S. 79–96.
Tramm, Karl August: Psychotechnik und Taylor-System. Berlin: Springer 1921.

2.6 Kriegspublizistik
Harald Gschwandtner

Mit Musils Beiträgen zur *(Tiroler) Soldaten-Zeitung* und zur Wochenschrift *Heimat* aus den Jahren 1916 bis 1917 bzw. 1918 liegt ein Korpus an Texten vor, das sich aus zwei Gründen von seinem Œuvre abhebt: 1) wegen der anonymisierten Publikation der entsprechenden Artikel in den beiden Presseorganen, die auch Formen ‚kollektiver Verfasserschaft' nicht ausschließt; 2) aufgrund der institutionellen Einbindung der Artikel, die im Sinne eines ‚Schreibens im Dienst' im Kontext der Kriegspropaganda der Habsburgermonarchie besondere Beachtung verdient. In den Fokus der Forschung sind die Texte allerdings lange Zeit vornehmlich dann gerückt, wenn die Zuschreibung einzelner anonymer Beiträge zum Autor Robert Musil diskutiert wurde.

Nach einer schweren Erkrankung und längeren Spitalsaufenthalten wurde Musil im Frühjahr 1916 für nicht mehr frontdiensttauglich befunden und schließlich ab Juli 1916 mit der Redaktion der *Tiroler Soldaten-Zeitung* (*TSZ*) betraut. Gemessen an den Auflagezahlen konnte das überregional rezipierte Periodikum als eines „der bedeutendsten Militärblätter der Monarchie" gelten (Urbaner 2001, S. 27; vgl. Forcher 2014, S. 287), von dem im ersten Halbjahr 1916 vereinzelt auch italienische und ungarische Ausgaben hergestellt wurden (vgl. Zaffi 2010). Die im Sommer 1916 eröffnete Kriegsausstellung im Wiener Prater enthielt eine Schaudruckerei der *TSZ*, in der täglich ein separates „Abendblatt" der Zeitung produziert wurde und die zur Bekanntheit der Zeitung, auch in der Reichshauptstadt, beitrug. Das im Juni 1915 gegründete, seit Juli 1916 in Bozen ansässige Blatt, das im ersten Jahr seines Bestehens mehrmals wöchentlich erschienen war, befand sich zum Zeitpunkt von Musils Eintritt in die Redaktion in einer Phase der Neukonzeption, der schließlich auch die mit 18. August 1916 erfolgte Umbenennung in *Soldaten-Zeitung* (*SZ*) geschuldet war. Als nominell verantwortlicher Schriftleiter der *SZ* fungierte zu Beginn Albin Schager; erst im Oktober 1916 wurde dieser nach Turbulenzen um einen investigativen Artikel, der die Südtiroler Zivilverwaltung in ein schlechtes Licht gerückt hatte, offiziell durch Musil ersetzt (vgl. Urbaner 2001, S. 10; Corino 2003, S. 1629); in der Gestaltung der Zeitung scheint Musil jedoch bereits zuvor federführend gewesen zu sein. Anders als später im Wiener Kriegspressequartier standen ihm in der Redaktion der *SZ* keine weiteren Schriftsteller oder Publizisten als Mitarbeiter zur Seite (zur personellen Zusammensetzung der Redaktion vgl. Urbaner 2001, S. 16).

Einhellig wird der Beginn von Musils Tätigkeit in der Redaktion der nun wöchentlich erscheinenden Zeitung mit einer gesteigerten stilistischen Qualität der Beiträge in Verbindung gebracht (vgl. Corino 2003, S. 559f.; Urbaner 2005, S. 59; Schaunig 2009/10, S. 212). Die Umgestaltung der *SZ* wurde im Sommer 1916 jedenfalls von einer „inhaltliche[n] Neuorientierung des Blattes" begleitet, die ihr ein schärferes Profil geben sollte; man ging dazu über, „auch Artikel eindeutig politischen Charakters zu bringen, die selbst zu brisanten Themen deutlich Stellung bezogen" (Urbaner 2001, S. 9). Die *SZ* enthielt neben den auf den ersten Seiten platzierten politischen Artikeln und propagandistischer Kriegsberichterstattung auch zahlreiche Fotografien, statistische Schaubilder, literarische und populärwissenschaftliche Beiträge, einen ‚Feldbriefkasten', die in- und ausländische Presseberichte kommentierende Rubrik „Am Beobachterstand" sowie einen umfangreichen Anzeigenteil. Das intellektuelle Niveau der Artikel hob sich vom üblichen Repertoire einer Soldatenzeitung mitunter deutlich ab, was jedoch auch dazu beigetragen haben mag, dass die *SZ* „durch den Schwierigkeitsgrad der Texte in ihrer Propagandafunktion einiges an Effektivität ein[ ]büßt[e]" (Urbaner 2001, S. 26; vgl. Giovannini 1986/87, S. 43; Corino 2003, S. 1628). Die Zahl der von Soldaten und Schriftstellern ‚aus dem Felde' eingesandten Fremdtexte, die ansonsten einen wesentlichen Teil von Soldatenblättern ausmachten, ging in der *SZ* unter Musils Redaktion deutlich zurück (vgl. Schaunig 2009/10, S. 213).

Zentrale Themenkomplexe der politischen Leitartikel gruppieren sich um die Begriffe ‚Staat', ‚Nation' und ‚Parlamentarismus' und behandeln Fragen der (fehlenden) Organisation des Staates, einer ‚österreichischen Kultur' sowie der Volksbildung (vgl. Ryckewaert 1973, S. 30). Wiederholt wird in feuilletonistischen Beiträgen ein „Mangel an nationaler Identität" konstatiert (Giovannini 1986/87, S. 128). Es sei, so der einschlägige Artikel *Bin ich Österreicher?*, angesichts der inneren Konflikte der Monarchie kaum verwunderlich, dass „das Ausland" „an einen nahen Zerfall dieses [...] Staates glaube[ ]"; Abhilfe könne lediglich ein starker Zentralstaat schaffen, der in der Lage sei, seiner heterogenen Bevölkerung jenen Schutz zu bieten, „den nur ein kräftiger Organismus allen seinen Gliedern geben kann" (*SZ*, 20.8.1916). In beständiger Auseinandersetzung mit dem grassierenden Irredentismus im Habsburgerreich werden die positiven Folgen „tüchtiger Staatserziehung im zentralisierten Staat" hervorgehoben, während den nationalen Abspaltungsbewegungen attestiert wird, „in ihrem Auseinanderstreben falschen Trieben" zu folgen (*Föderalismus oder Zentralismus?*, *SZ*, 14.1.1917; vgl. dazu Urbaner 2005, S. 63).

Die Berichterstattung der *SZ* unter Musils Leitung, die auf eine eminente Reformbedürftigkeit der Habsburgermonarchie abzielte, rief wiederholt Irritationen und Proteste hervor: Im Oktober 1916 wies der Statthaltereirat in Bozen die Redaktion nachdrücklich darauf hin, dass sie im Sinne der Stabilität „zur Wahrung der Burgfriedenspolitik verpflichtet sei" (Urbaner 2001, S. 17); wenig später reagierten slowenische Zeitungen erbost auf den zweiteiligen Artikel *Der slowenische Irredentismus* (*SZ*, 5.11. u. 12.11.1916). Der Schluss, die Redaktion der *SZ* sei in diesen Konflikten „von übergeordneter Stelle wirkungsvoll abgeschirmt" worden (Schaunig 2009/10, S. 213), liegt jedenfalls nahe, hätte doch sonst die kritische Linie der Zeitung kaum so lange aufrechterhalten werden können. So ist auch die im April 1917 erfolgte Einstellung der *SZ* nicht unbedingt mit ihrem fortwährenden Konfrontationskurs zu erklären (vgl. dazu die Spekulationen in der Wiener *Reichspost* v. 17.4.1917 sowie in der *Marburger Zeitung* v. 19. u. 21.4.1917), sondern wohl allererst auf eine erneute militärische „Umgruppierung an der Südwestfront" zurückzuführen (Urbaner 2005, S. 61). In einem Brief Martha Musils an ihre Tochter vom 5. April 1917 steht das Ende der Zeitung bereits als Möglichkeit im Raum (vgl. Br I, 115); zehn Tage später, am 15. April, sollte die letzte Nummer mit einem großzügigen Bildteil, dem Abdruck von Kleists *Erbeben in Chili* sowie dem resümierenden Artikel *Vermächtnis* erscheinen. In ihm wird abschließend und nachgerade programmatisch die Idee eines „kritischen Patriotismus" formuliert, der sich nicht den „selbstzufriedenen Trompeterchen der Gloria des Vaterlandes hinzugesellen" will (*SZ*, 15.4.1917).

Nach den dienstlichen Stationen Adelsberg/Postojna, Marburg/Maribor und Udine sowie seiner zwischenzeitlichen Ernennung zum Landsturm-Hauptmann wurde Musil Anfang März 1918 „infolge großer Erfahrung auf dem Gebiete des Zeitungswesens" (zit. nach Corino 2003, S. 579) vom Kriegspressequartier (KPQ) in Wien mit der Herausgabe einer „neue[n] patriotische[n] Wochenschrift" (Martha Musil an Annina Marcovaldi, 7.3.1918, Br I, 145) betraut. Bereits am 7. März 1918 erschien die erste Nummer der *Heimat*, elf Tage später wurde Musil auch formal der redaktionellen Gruppe im KPQ zugeteilt (vgl. Broucek 1989). Ab Nr. 10 der *Heimat* (9.5.1918) scheint Musil als „Verantwortlicher Schriftleiter" im Impressum auf, ab Nr. 13 (30.5.1918) auch als „Herausgeber". Die Zeitschrift umfasste anfangs acht, später – im Zusammenhang mit Papierengpässen (vgl. Schmölzer 1965, S. 42) – vier Druckseiten und enthielt wie die *SZ* neben politischen Leitartikeln auch literarische Texte (u.a. von Franz Grillparzer und Peter Rosegger), ‚Wissenswertes' aus dem Kriegsalltag, die für die Propaganda typischen Berichte über Versorgungsmängel des Gegners und eigene militärische Erfolge sowie Schaubilder mit kriegswirtschaftlichen Statistiken. Außerdem wurde eine (nicht erhaltene) Beilage mit dem Titel *Der Heimkehrer* produziert (vgl. Corino 2003, S. 1635). Der redaktionellen Gruppe des KPQ gehörten neben Musil auch andere bedeutende Autoren und Journalisten wie Franz Blei, Egon Erwin Kisch, Albert Paris Gütersloh oder Franz Werfel an. Die Auflage dürfte laut KPQ-Bericht vom Juli 1918 max. 31.000 Exemplare betragen haben (vgl. Hall 1981, S. 9; Corino 2003, S. 1635). Einer gängigen Praxis folgend, wonach Soldatenzeitungen womöglich in mehreren Amtssprachen der Habsburgermonarchie hergestellt werden sollten, erschienen neben der deutschen schließlich eine ungarische (*Üzenet*) und unter der Regie von Arne Laurin eine tschechische (*Domov*) Ausgabe; die geplanten kroatischen (*Domovina*) und slowenischen Fassungen konnten aufgrund kriegsbedingter Ressourcenknappheit wohl nicht mehr fertiggestellt werden.

Im Vergleich zur *SZ* sind Ansätze zu einer kritischen Kommentierung von Kriegsgeschehen und Innenpolitik in der *Heimat* deutlich schwächer ausgeprägt (vgl. Corino 2003, S. 580–587; Schaunig 2014, S. 97), was u.a. dem Umstand geschuldet gewesen sein dürfte, dass die Redaktion dem KPQ unterstellt und damit auch einer direkteren Kontrolle durch das Kriegsüberwachungsamt ausgesetzt war (vgl. Mayer 1963, S. 55f. u. 107–113). So formulierte das Flugblatt zur ersten Nummer der *Heimat* (7.3.1918) programmatisch: „Jede Polemik, alle Parteistreitigkeiten müssen fern bleiben, Politik darf nur in jenem Maße behandelt werden, als es das Staatsinteresse und militärische Rücksichten erfordern." Zwar sah die militärische Zensurpolitik grundsätzlich vor, „daß die Zeitungen nichts über Friedenswünsche schreiben sollten" (Sauermann 2000, S. 28), doch wurde der Friede in der *Heimat* wie in anderen Presseorganen in der letzten Phase des Kriegs zunehmend als erstrebenswertes Ziel propagiert, dem nur die Uneinsichtigkeit des Feindes entgegenstehe; eine topische Argumentation der Schuldabwehr, die schon seit Kriegsbeginn den Diskurs der Kriegspropaganda geprägt hatte (vgl. Jeismann 2009, S. 200 u. 204). Die Einstellung der Zeitschrift fällt schließlich im Wesentlichen mit dem Ende des Ersten Weltkriegs bzw. der Habsburgermonarchie zusammen. Am 24. Oktober 1918 erschien die mutmaßlich letzte, allerdings nicht erhaltene Nummer der *Heimat*, im Dezember nahm Musil seinen endgültigen Abschied aus dem KPQ.

Die militärische Aktenlage zur *(T)SZ* ist durch die Arbeiten von Roman Urbaner (2001 u. 2005) und Davide Zaffi (2010) zwar detailliert aufgearbeitet worden, sie gibt jedoch vergleichsweise wenig Aufschluss über Musils konkrete redaktionelle Arbeit bzw. die Abläufe bei der Herstellung der Zeitung. Für die *Heimat* bzw. für das KPQ in Wien ist anzumerken, dass ein großer Teil der Dokumentation zu Kriegsende planmäßig vernichtet wurde (vgl. Mayer 1963, S. 6f.); von den insgesamt 34 Nummern der *Heimat* sind nach momentanem Forschungsstand nur 16 Ausgaben (Nr. 1–14 u. 19–20) erhalten, auch die ungarischen und tschechischen Ausgaben liegen nur fragmentarisch vor. Hinweise zu Programmatik und Entwicklung der *Heimat* finden sich im erwähnten Flugblatt zur ersten Nummer sowie in den erhaltenen Berichten des KPQ (vgl. Corino 2003, S. 1633–1636). Aus den Jahren 1916–1918 sind vergleichsweise wenige Briefe Musils überliefert; in der Korrespondenz Martha Musils mit Annina Marcovaldi findet Musils Redaktionstätigkeit an vereinzelten Stellen Erwähnung (vgl. Br I, 111–115, 145f., 149f., 154–156 u. 159).

Den Beiträgen für die *(T)SZ* und die *Heimat* kommt insofern eine Sonderstellung zu, als die in den beiden Kriegszeitungen veröffentlichten Texte, für die eine Verfasserschaft Musils in Frage kommt, anonym erschienen sind; kein Artikel ist mit „Robert Musil" oder einem auf den Autor verweisenden Kürzel oder Pseudonym gezeichnet. Anders als bei Musils anonym publizierten Vorkriegsessays (z.B. *Das Geistliche, der Modernismus und die Metaphysik*, publ. 1912 in Franz Bleis Zeitschrift *Der lose Vogel*) lässt sich eine Verfasserschaft nicht zweifelsfrei klären. Schon früh wurden einzelne Artikel Musil zugeschrieben und abgedruckt (vgl. Musil 1960; Corino 1973); man konzentrierte sich primär darauf, konkrete Beiträge als von Musil verfasste Texte zu identifizieren (vgl. Roth 1972, S. 528; Ryckewaert 1973, S. 93f.; zur Forschungsgeschichte vgl. Schaunig 2014, S. 93–97), ohne die Zuschreibungskriterien sowie die aus der Praxis der Anonymisierung hervorgehenden Fragestellungen zu reflektieren. Helmut Arntzen (1980) hat in der Folge Kategorien der Zuschreibungssicherheit entworfen, jedoch auch Zweifel an der gängigen philologischen Praxis geübt: Die in der Forschung häufig konstatierten thematischen und stilistischen „Korrespondenzen" mit Musils Essays und Notizheften (vgl. Corino 1973; Ryckewaert 1973, S. 32, 61 u. 88; später auch Giovannini 1986/87, S. 124–139; Zöchbauer 1996, S. 29) seien „nicht annähernd spezifisch genug, als daß sie ein eindeutiges Indiz für die Zuschreibung abgeben könnten" (Arntzen 1980, S. 178f.; vgl. dazu Corino 1987/88, S. 76–78; Schaunig 2009/10, S. 208). Für die Erzählung *Aus der Geschichte eines Regiments* (*TSZ*, „Literarische Beilage", 26.7.1916) legen Passagen in Musils Kriegsheften I und II (vgl. Corino 2003, S. 1625) ebenso eine Verfasserschaft Musils nahe wie im Fall des Leitartikels *Politische Wochenschau – trau – wem?* (*Heimat*, 28.3.1918) ein Brief Martha Musils vom 29. März 1918 (vgl. Br I, 146). Die divergierenden Verzeichnisse der Musil zuzurechnenden Beiträge stimmen jedenfalls darin überein, dass die Anzahl der *(T)SZ*-Texte jene in der *Heimat* deutlich übersteigt (vgl. Schaunig 2014, S. 356–364).

Die verbreitete Praxis, zwar vorderhand die Unsicherheit der entsprechenden Zuschreibungen zu betonen, jedoch im Grunde weitgehend selbstverständlich von einer Verfasserschaft Musils auszugehen (vgl. Ryckewaert 1973, S. 33; Giovannini 1986/87, S. 48), hat dazu beigetragen, dass der spezifischen Faktur dieser Texte und den institutionellen Rahmenbedingungen ihrer Herstellung bisher kaum Beachtung geschenkt wurde. Es wäre eingehender zu untersuchen, wie im Kontext einer möglichst schlagkräftigen Kriegspropaganda „ganz bewusst Anonymität eingesetzt wird, um die Autorität" eines „Kollektivsubjekts Zeitung" zu sichern (Pabst 2011, S. 29). Gerade für die *Heimat* sind Strategien auszumachen, deren Ziel es gewesen zu sein scheint, eine Form doppelter Anonymität zu etablieren: einerseits auf der Ebene der beteiligten Autoren, die wie Musil mitunter zögerten, ihren „Namen her[zu]geben" (Martha Musil an Annina Marcovaldi, 7.3.1918, Br I, 145), andererseits auf jener der staatlichen Stellen, die danach trachteten, die institutionelle Verankerung der Presseorgane und damit die Herkunft der Meldungen zu verschleiern, um als objektive Informationsmedien wahrgenommen zu werden (vgl. Gschwandtner 2013/14, S. 115–117). Die Frage, ob Musil in seiner redaktionellen Tätigkeit „die literarisch-ästhetischen Ziele eines Autors verfolgte" oder nicht vielmehr „als Befehlsempfänger" handelte, ist dabei ebenso von Bedeutung wie die Idee „kooperativen Schreibens" im Sinne ‚kollektiver Autorschaft' (Schaunig 2009/10, S. 222 u. 208).

Eine umfangreichere Edition der Musil zugeschriebenen Beiträge aus der *(T)SZ* lag lange Zeit nur in italienischer Übersetzung vor (vgl. Musil 1987); auf Deutsch waren nur einzelne Texte verstreut erschienen (vgl. Musil 1960; Corino 1973; Corino 1987/88; als Faksimiles in Ryckewaert 1973). Dieses Desiderat wurde kürzlich durch Regina Schaunig (2014) behoben, die erstmals eine größere Anzahl der anonymen Beiträge als deutschsprachige Lesetexte ediert hat; jedoch lässt sich anhand einiger, von Schaunig Musil zugeschriebener Texte zweifelsfrei nachweisen, dass sie aus anderen Presseorganen in die *(T)SZ* übernommen wurden und folglich keine originären Musil-Texte vorstellen. Im Rahmen der zukünftigen Editionspraxis wird zu diskutieren sein, auf welche Weise einerseits die Integration in das (literarische) Œuvre des Autors Robert Musil diesen publizistischen Gebrauchstexten eine „seltsame Dignität" verleiht (Gschwandtner 2013/14, S. 123) – und wie dabei andererseits die „Konstitution einer Text- oder Werkeinheit" mit der „Konstitution von Autorschaft" in enger Beziehung steht (Krause 2012, S. 73). Angesichts einer lange Zeit „stagnierenden Forschungssituation rund um Musils Kriegspublizistik" (Schaunig 2014, S. 91) und der oft wenig fruchtbaren Diskussionen um die Zuschreibung einzelner Texte scheint es jedenfalls dringend notwendig, Musils redaktionelle Tätigkeit für die beiden Soldatenzeitungen in Zukunft noch präziser in Hinblick auf Modelle und Konzepte von Autorschaft zu untersuchen.

Literatur

Arntzen, Helmut: Musil-Kommentar sämtlicher zu Lebzeiten erschienener Schriften außer dem Roman *Der Mann ohne Eigenschaften*. München: Winkler 1980.

Broucek, Peter: Das Kriegspressequartier und die literarischen Gruppen im Kriegsarchiv 1914–1918. In: Klaus Amann, Hubert Lengauer (Hg.): Österreich und der große Krieg 1914–1918. Die andere Seite der Geschichte. Wien: Brandstätter 1989, S. 132–139.

Corino, Karl: Robert Musil, *Aus der Geschichte eines Regiments*. In: Studi germanici 11 (1973), S. 109–115.
Corino, Karl: Profil einer Soldatenzeitung aus dem Ersten Weltkrieg, *Heimat*, und ihres Herausgebers Robert Musil. In: Musil-Forum 13/14 (1987/88), S. 74–87.
Corino, Karl: Robert Musil. Eine Biographie. Reinbek b. Hamburg: Rowohlt 2003.
Dinklage, Karl: Musils Herkunft und Lebensgeschichte. In: ders. (Hg.): Robert Musil. Leben – Werk – Wirkung. Zürich u. a.: Amalthea 1960, S. 187–264.
Fontanari, Alessandro/Libardi, Massimo: La guerra come sintomo. In: Robert Musil: La guerra parallela. Traduzione di Claudio Groff. Con un saggio di A. F. e M. L. Trento: Reverdito Editore 1987, S. 201–255. [2. Aufl.: Rovereto: Nicolodi 2003]
Forcher, Michael: Dichter, Maler und die Propaganda. In: ders.: Tirol und der Erste Weltkrieg. Ereignisse, Hintergründe, Schicksale. Innsbruck, Wien: Haymon 2014, S. 276–307.
Giovannini, Elena: Robert Musils Beiträge in der *Soldatenzeitung*. Propaganda und kritische Ironie im Vergleich. Diss. Univ. Pescara 1986/87.
Giovannini, Elena: Der Parallel-Krieg. Zu Musils Arbeit in der *Soldatenzeitung*. In: Musil-Forum 13/14 (1987/88), S. 88–99.
Gschwandtner, Harald: Dienst und Autorschaft im Krieg. Robert Musil als Redakteur der Zeitschrift *Heimat*. In: Musil-Forum 33 (2013/14), S. 101–124.
Hall, Murray G.: Der unbekannte Tausendsassa. Franz Blei und der Etikettenschwindel 1918. [1981] In: http://www.murrayhall.com/content/articles/bleietikette.pdf (Stand: 3.7.2014).
Jeismann, Michael: Propaganda. In: Gerhard Hirschfeld u. a. (Hg.): Enzyklopädie Erster Weltkrieg. Akt. u. erw. Studienausgabe. Paderborn u. a.: Schöningh 2009, S. 198–209.
Krause, Marcus: Beitrag zur Beurteilung der Autorschaften Musils. In: Sprache und Literatur 43 (2012), H. 110, S. 66–80.
Mayer, Klaus: Die Organisation des Kriegspressequartiers beim k. u. k. AOK im ersten Weltkrieg 1914–1918. Diss. Univ. Wien 1963.
Murgia, Maria Rita: „So schlagen wir mit ganzer Wucht / Die Feinde krumm und klein". La costuzione della propaganda nei Supplementi letterari della *Tiroler Soldaten-Zeitung*. Diss. Univ. Cagliari 2009/10.
Musil, Robert: Aus der *Soldatenzeitung*. In: Karl Dinklage (Hg.): Robert Musil. Leben – Werk – Wirkung. Zürich u. a.: Amalthea 1960, S. 265–272.
Musil, Robert: La guerra parallela. Traduzione di Claudio Groff. Con un saggio di Alessandro Fontanari e Massimo Libardi. Trento: Reverdito Editore 1987.
Pabst, Stephan: Anonymität und Autorschaft. Ein Problemaufriss. In: ders. (Hg.): Anonymität und Autorschaft. Zur Literatur- und Rechtsgeschichte der Namenlosigkeit. Berlin, Boston: de Gruyter 2011, S. 1–34.
Ryckewaert, Michelle: Robert Musils Beiträge in der *Soldaten-Zeitung*. Maîtrisearb. Univ. Saarbrücken 1973.
Roth, Marie-Louise: Robert Musil. Ethik und Ästhetik. Zum theoretischen Werk des Dichters. München: List 1972.
Sauermann, Eberhard: Literarische Kriegsfürsorge. Österreichische Dichter und Publizisten im Ersten Weltkrieg. Wien u. a.: Böhlau 2000.
Schaunig, Regina: *Viribus unitis*. Robert Musils Schreiben in kollektiver Anonymität. In: Musil-Forum 31 (2009/10), S. 202–223.
Schaunig, Regina: Der Dichter im Dienst des Generals. Robert Musils Propagandaschriften im Ersten Weltkrieg. Mit 87 Musil zugeschriebenen Zeitungsartikeln. Klagenfurt, Wien: kitab 2014.
Schmölzer, Hildegund: Die Propaganda des Kriegspressequartiers im ersten Weltkrieg 1914–1918. Diss. Univ. Wien 1965.
Urbaner, Roman: „… daran zugrunde gegangen, daß sie Tagespolitik treiben wollte"? Die *(Tiroler) Soldaten-Zeitung* 1915–1917. In: eForum zeitGeschichte (2001), H. 3/4, http://www.eforum-zeitgeschichte.at/3_01a8.pdf (Stand: 25.7.2014).

Urbaner, Roman: Schriftführer Musil. Der Jahrhundertschriftsteller als Chefredakteur der *Soldaten-Zeitung*. In: Quart-Heft für Kultur Tirol 5 (2005), S. 54–67.

Zaffi, Davide: Eine Ungarin in Tirol. Die *Tiroli Katona Ujság*. Einführung v. Fernando Orlandi. Levico Terme: Centro Studi sulla Storia dell'Europa Orientale 2010.

Zöchbauer, Paul: Der Krieg in den Essays und Tagebüchern Robert Musils. Stuttgart: Heinz 1996.

3. Nachgelassene Schriften

3.1 Briefe
Fabrizio Cambi

1. Editorischer Überblick und Forschungsstand 441
2. Zielsetzungen des Briefschreibens und Schreibstrategien 442
3. Poetologische Reflexionen und Selbstkommentare 443
4. Korrespondenzen mit anderen Autoren 448
5. Zusammenfassung 449
6. Literatur 449

1. Editorischer Überblick und Forschungsstand

In der umfangreichen und immer umfangreicher werdenden Literatur über Robert Musil hat man bis jetzt seiner Briefproduktion und deren Einordnung nicht die angemessene Aufmerksamkeit zuteil werden lassen. Im Gegensatz zu den Tagebüchern bzw. Arbeitsheften, die zweifelsohne eine Fundgrube an Entwürfen und kritischen Ansätzen sowie ein literarisches Laboratorium darstellen, weckte die beträchtliche Briefanzahl bislang eher geringes Interesse. (→ III.3.2 *Tagebücher/Arbeitshefte*) Außer einzelnen Zitaten aus Briefen sind gezielte und umfassende Untersuchungen auch in der neueren Forschung kaum aufzufinden.

Vermutlich haben Musils Aussage, er sei „ein sehr schwacher Briefeschreiber" (an Richard Moering, 4.2.1936, Br I, 703), sowie die häufige Unterstützung seiner Frau Martha bei der Erledigung der Korrespondenz zu diesem Mangel an Wertschätzung beigetragen. Die von Adolf Frisé 1981 herausgegebenen *Briefe 1901–1942* stellen bis zur Publikation der *Klagenfurter Ausgabe* (KA) die einzige vermeintlich vollständige Sammlung von 1480 Briefen und Karten dar, die auch Briefentwürfe bzw. -konzepte sowie Briefe von Musils Frau im Auftrag oder Namen ihres Mannes enthält. Angesichts der Relation zwischen den verbleibenden 439 Entwürfen und den 650 nachgewiesenen Briefen (vgl. GW II, X) wird ein Missverhältnis offensichtlich. Inzwischen konnte mehr als ein Viertel jener Originalbriefe ermittelt werden, von denen sich in den Nachlassmappen Entwürfe finden. In der 2009 erschienenen *Klagenfurter Ausgabe* sind die Briefe in den Bänden 18, 19 und 20 enthalten:

> [E]diert sind [...] sämtliche überlieferten Briefe mit Musil als Verfasser und mit Musil als Adressaten sowie weitere Briefe aus dem familiären Umkreis bzw. Drittbriefe, die Musil betreffen. Die Basis bildet die Briefe-Ausgabe von Adolf Frisé (1981), über sie hinaus reichend sind auch die Musil-Autographen der ÖNB Wien – einschließlich des umfangreichen Bozener Funds der Briefe Martha Musils an Robert Musil 1914–1917 – sowie der von Frisé als Brief-Nachlese edierte Briefwechsel mit Walther Petry aufgenommen. Die Anordnung der Briefe erfolgt nach Jahren gegliedert chronologisch. Im Unterschied zu den Briefausgaben Frisés sind die Briefe im Lesetext der Klagenfurter Ausgabe auch nach den Lesetexte-Manuskript-Prinzipien normiert, um die automatische Suche und die Lektüre durch Einheitlichkeit zu erleichtern. Die Individualität der Briefeschreiber erfahren die Benutzer der Klagenfurter Ausgabe aus den Transkriptionen, die, soweit vorhanden, der Frisé-Ausgabe folgen, ansonsten neu erstellt wurden, und den (nur aus den Beständen der ÖNB: Musil-Autographen, Briefkonzeptmappen im Nachlass) beigegebenen Faksimiles. (KA, Handbuch, Lesetexte Manuskript, Korrespondenz)

2. Zielsetzungen des Briefschreibens und Schreibstrategien

Es stellt sich die Frage, an welche Schreibstrategien der Autor sich beim Verfassen seiner Korrespondenz anlehnte. In vielen Fällen scheint es unmöglich festzustellen, ob den Entwürfen tatsächlich jeweils eine Reinschrift folgte, die dann auch abgeschickt worden ist. Unstrittig bleibt, dass – wie Frisé in seinem Vorwort hervorhebt – „die Sammlung mit einem Entwurf beginnt", der in einem Brief an einen Verlag von 1901 enthalten ist, und mit einem letzten, drei Tage vor dem Tod verfassten Brief-Entwurf vom 12. April 1942 schließt, der wichtige programmatische Hinweise auf die Fortsetzung des *Mann ohne Eigenschaften* (*MoE*) zum Gegenstand hat.

Ein kursorischer Überblick über die Briefempfänger zeigt, dass insgesamt 280 Adressaten – darunter Autoren, Bekannte und Freunde – nachweisbar sind; daneben gibt es etwa 50 Briefe an Institutionen, Verlage, Redaktionen, öffentliche Ämter und Verbände. Als Ausgangspunkt und begriffsbestimmender Ansatz zur Einordnung dieser im Laufe von 41 Jahren ausgeführten Korrespondenz gelten folgende präzise Hinweise Frisés:

> Seine Briefe sind betont sachbezogen, überwiegend aufs Werk fixiert, Reflex der Sorgen, die sich für ihn damit verknüpfen. Er schrieb sie so gewissenhaft, skrupulös wie jede andere Arbeit. […] [S]elbst hier entließ er sich nicht aus der permanenten Selbstkontrolle; in der Mitteilung, die der Brief für ihn blieb, erfüllte sich sein Zweck. […] Nie […] ist der Brief Ausbruch, Abrechnung, Statement zu oder aus einer Konfliktsituation, Confessio, Lebensbeichte. Gewiß, es gibt auch im Brief immer wieder einmal den Ansatz zur Selbst- wie zur Situationsanalyse, doch auch da bleibt es primär Mitteilung, Information, und sei es in der Diktion der Stellungnahme, der Klarstellung. (Br I, VIII)

Genauigkeit, Gewissenhaftigkeit, Selbstbeherrschung, Nüchternheit der Mitteilung: Das sind die maßgeblichen Merkmale der Briefe, deren Stilistik konkrete Zielsetzungen widerspiegelt. Aus der reinen und sachlichen Mitteilung entstehen das Reflexive und das Problematische, die in einem Gewebe von Erklärungen, selbstkritischen Bemerkungen, scharfen und bissigen Reaktionen verwurzelt sind und sich verbreiten. Die Sachbezogenheit, die in vielen Fällen auf Anfragen, Forderungen, Bitten, Anträge und Angebote hinweist, kann nicht vom literarischen, kritisch verfahrenden Nachdenken über das Hervorgebrachte und das Geplante absehen. Dies kongruiert mit der sorgfältigen, qualvollen Suche nach vorteilhaften Verträgen mit den Verlegern und mit der häufigen Klage, die Musil seinen Bekannten, vor allem seinem Freund Johannes von Allesch gegenüber erhebt: über seinen schlechten Gesundheitszustand und die ständig prekäre finanzielle Situation. Es dominieren einerseits Unzufriedenheit, Unruhe, Unbehagen, Niedergeschlagenheit (hinsichtlich der mangelnden Wertschätzung seiner Publikationen durch die zeitgenössische Kritik), aber andererseits auch ein ausgeprägtes Selbstbewusstsein. Musil beklagt, dass seinem Werk nicht die angemessene Anerkennung zukommt, wie es beispielsweise der Brief an Allesch vom 15. März 1931 zum Ausdruck bringt:

> Wenn ich die Kritik überblicke, sehe ich: Erstens die merkwürdige Erscheinung, daß man den Mann o. E. imstande ist, bis aufs Höchste zu loben, beinahe ohne daß dabei für den Dichter davon etwas abfällt. Man sagt z. B. Unter den europäischen Romanen der bedeutendste, oder: Kein zweiter deutscher Roman erreicht diese Höhe: daß ich aber danach zumindest unter den deutschen Dichtern bisher unterschätzt worden sei, davon spricht kein Mensch, so als ob das eine ganz andere Sache wäre. (Br I, 504)

Die meisten brieflichen Mitteilungen haben durchaus auch einen persönlich-subjektiven Charakter. Denn jedes Mal, wenn Musil einen Konstruktionsentwurf und einen Ausführungsplan mitteilt und bekannt machen will, erweist er sich als durchaus kommunikativ und offenherzig, so dass zuweilen der Eindruck entsteht, er möchte sich selbst ermutigen oder das Interesse der Verleger hervorrufen bzw. ihre Erwartungen wecken. Ein Beispiel dafür ist das erwähnte Projekt, mit dem die Brief-Ausgabe eröffnet wird. So schreibt Musil 1901 in Brünn an einen nicht angegebenen Verlag:

> Da ich derzeit an der Fertigstellung eines Buches arbeite, erlaube ich mir die höfl. Anfrage ob Sie geneigt wären mit mir behufs Verlag desselben in Verbindung zu treten. […] / In der von mir geplanten Ausstattung – durchschnittlich 218 Worte auf der Druckseite – dürfte die Arbeit, nach ihrer Vollendung ca 250–300 Seiten stark werden. (Br I, 1)

Von diesem Publikationsprojekt wären nach anderen Angaben 160 Seiten bereits druckfertig gewesen. Dasselbe Angebot wird in einem Brief vom 18. Mai 1901 dem Cotta Verlag unterbreitet, in dem Musil von einem „Manuskript eines Buches moderner Richtung" (ebd.) spricht. Das könnte sich, wenn nicht als Prahlerei, doch allenfalls als ein nur unausgeführtes Projekt herausstellen. Denn es handelt sich hier um die „,Paraphrasen'" (ebd.), eine geplante Sammlung von lyrischen Prosatexten, die unter dem Einfluss eines literarischen Kreises in Brünn und der Liebesbeziehung mit Valerie den ersten bedeutenden poetischen Versuch hätten darstellen sollen. Tatsächlich wurde nur ein kurzer Text symbolistischer Art verfasst oder ist als einziger erhalten; er findet sich im Arbeitsheft 4. Die vorzeitige Ankündigung der Fertigstellung literarischer Texte scheint auch der Selbstanregung zu dienen. Der Bekannten Stefanie Tyrka-Gebell, die in Graz einen auch von Musil besuchten literarisch-musikalischen Kreis gegründet hatte, berichtet er am 1. August 1903 von einem „dummen Roman, der ganz sicherlich nicht sehr innig zu mir gehört, den zu vollenden ich mir aber nun einmal in den Kopf gesetzt habe." (Br I, 8) Es geht um die *Verwirrungen des Zöglings Törleß*, die erst 1906 erscheinen werden. In einem Brief an Rilke vom 16. November 1924 teilt Musil mit, er schreibe einen Roman, „der im Frühjahr erscheinen soll" (Br I, 364). Er bezieht sich in diesem Fall auf eine Vorstufe des *MoE*, dessen erster Band jedoch erst sechs Jahre später publiziert werden sollte. (→ II.6 *Zeitgenössischer Literaturbetrieb*)

3. Poetologische Reflexionen und Selbstkommentare

Ein weiterer zentraler Aspekt Musil'scher Briefe ist die Thematisierung existentieller und poetologischer Reflexionen, die auf einen subjektiven Klärungsprozess hinweist und ein gewisses Mitteilungsbedürfnis dokumentiert. Noch an Stefanie Tyrka schreibt Musil Ende Mai 1902: „In mir ist wieder der alte Streit zwischen Hirn u. verlängertem Mark, zwischen der Freude an logischer Speculation u. jener mehr ‚lyrischen' Art meiner letzten Zeit." (Br I, 5) Hier kommt vielleicht zum ersten Mal *in nuce* der Gedanke an den Gegensatz zwischen Ratio und Gefühl, Genauigkeit und Seele zum Vorschein, ein roter Faden im *MoE*. Er verbindet sich mit einem einleuchtenden, in einem weiteren Brief an Stefanie Tyrka vom 22. März 1905 überlieferten aphoristischen Satz: „Die Welt der Gefühle und die des Verstandes sind inkommensurabel." (Br I, 13)

Grundlegende Aussagen über den Gegenstand der Kunst findet man beispielsweise in Briefen an einen für ihn wichtigen Wegbereiter, den Kritiker Franz Blei, so in einem Schreiben von 1917/18:

> Da ich wirklich bis heute noch nicht herausbekommen habe, was ein Dichtwerk ist, würde ich vorschlagen: Jeder Mensch, der etwas zu sagen hat, ist ein Dichter; wenn es etwas ist, das sich nur mit den Mitteln der Dichtung sagen läßt. [...] Was rein rational ist eignet sich zur wissenschaftl. Behandlung. Was senti-mental ist zur dichterischen. [...] / Im Menschen sind Dinge, die sich gar nicht in wissenschaftliche Zusammenhänge ordnen lassen, sondern nur in Gefühlszusammenhänge, Geschehensabläufe, vage Relationen, für die es noch keine Systematik gibt [...]. (Br I, 133)

Es geht hier um einen zentralen Gedanken, der von Musil beispielsweise im Fragment *Über den Essay* (GW II, 1334–1337) und im *MoE* (vgl. MoE, 254) fortgeführt werden wird. Musils Briefe dienen insbesondere in seiner frühen Schaffensphase als Anlass zur literarischen Ausarbeitung. Die bereits erwähnte Valerie, die er als Anregerin des „Paraphrasen"-Projektes anspricht: „Warum schreibe ich nicht? Und schreibe doch fortwährend an Dich! – Zeile um Zeile. Und wieder Zeile um Zeile. Und schreibe doch nicht an Dich" (Br I, 3), erscheint vermutlich wieder unter dem Namen Anna in einem Komplex von acht Briefen vom April 1907. Die Möglichkeit einer biographischen Identifizierung mit realen Frauen ist hier nebensächlich. Innerhalb des brieflichen Rahmens nimmt Musil eine existenzielle und tendenziell ästhetisierende Selbstreflexion über die Rolle des Dichters und des Liebenden vor. Der Textverlauf der acht Briefe ähnelt dem eines Prosastückes, in dem ästhetisch-poetologische Begriffe erprobt und in eine erzählerische Abfolge übertragen werden. Syntaktisch und stilistisch experimentiert der Autor hier wie in den zu dieser Zeit niedergeschriebenen Novellen *Vereinigungen*: „Gleichnisse, nur Gleichnisse A[nna]. Aber Gleichnisse sind wie Musik am Abend, die irgendwoher kommt, aus irgendeinem einsamen, hinter Büschen verborgenen Hause [...]. // Der Mann, der im Grunde nur Gleichnisse liebt und dem auch der Incest ein Gleichnis ist." (Br I, 33f.) (→ VIII.4 *Gleichnis*) Deutlich sind die Vorwegnahme der philosophischen und poetologischen Verwendung des Gleichnis-Konzepts im *MoE* und die Anspielung auf den Inzest, der das Verhältnis zwischen Ulrich und seiner Schwester Agathe in den apokryphen Entwürfen und im letzten Teil des Romans kennzeichnen wird. (→ V.7 *Sexualität*)

Der größte Gewinn einer genaueren Untersuchung der Briefe läge in der möglichen Rekonstruktion von Musils Poetik auf Grundlage der Selbstkommentare zu seinen Werken, die sich oft mit den Ausführungen der Essays verflechten oder überschneiden. Die briefliche Mitteilung trägt häufig zu unmittelbaren und eindeutigen Urteilen und Stellungnahmen bei, die ergänzen und hervorheben, was in den theoretischen Aufsätzen genauer begründet und dargestellt wird. In dieser Hinsicht bieten einige Briefe einen erhellenden Kommentar zum *Törleß*. Auf der Suche nach einem Verleger beschreibt Musil etwa im März 1905 sein Erstlingswerk folgendermaßen: „Es handelt sich um einen Roman von abweichender Art, der einer neuen Weise zu schreiben zustrebt." (Br I, 15) Von Alfred Kerrs in *Der Tag* erschienener Rezension des *Törleß* ausgehend, unterstreicht Musil in einem Brief vom 21. Dezember 1906 an den Erzähler und Journalisten Paul Wiegler den „Zusammenhang zw.[ischen] Moralischem u[nd] Intellectuellem. Eine Vivificirung intellectueller Zustände usw." – und fügt hinzu: „Ich will nicht begreiflich sondern fühlbar machen. Das ist glaube ich im Keim

3.1 Briefe

der Unterschied zwischen psychologischer Wissenschaft u. psychologischer Kunst." (Br I, 23f.) Neben der Erwähnung des autobiografischen Zusammenhangs mit Mährisch-Weißkirchen („weil gerade das Kompromittierende zum großen Teil erfunden ist", Br I, 24) liegt Musil der Verweis auf die Psychologie besonders am Herzen und wird in anderen Brief-Entwürfen wieder aufgenommen, wie in dem an Anna: „Ich kenne die Menschen nicht. Man nennt mich einen Psychologen. Ich bin es nicht. [...] Je mehr ich die Seele studire, desto unübersichtlicher wird mir ihre wundervolle Anarchie" (Br I, 39). In einem Brief an den – von Musil „Onkel" (Br I, 46) genannten – Matthias Di Gaspero, vermutlich Ende Juli 1907, bemerkt er nach grundsätzlichen Reflexionen über das Verhältnis zwischen Kunst und Moral: „Um auf den T.[örleß] zu kommen: das Buch ist nicht naturalistisch. Es gibt nicht Pubertätspsychologie wie viele andere, es ist symbolisch, es illustriert eine Idee." (Br I, 47) (→ III.1.1 *Törleß*)

Zahlreich sind Aussagen und Bemerkungen über den *MoE*, die sich auf das Erscheinungsjahr des ersten Bandes konzentrieren. Infolge einer von der Redaktion der Zeitschrift *Novy Mir* veranstalteten Umfrage berichtete Musil im Juli 1930 – der erste Band des *MoE* sollte im November erscheinen – über seine derzeitige Tätigkeit und lieferte eine einleuchtende Definition seines Romans:

> Gegenwärtig beende ich einen Roman, der die Ereignisse der Jahre 1913 und 1914 schildert. In ihm will ich bekannte Fehler der europäischen Ideologie bloßlegen, Fehler, die bisher nicht behoben sind, Ausgehend von dem Prinzip, wonach zwar die Ideen die Geschichte bestimmen, aber neue Ideen den Leuten nicht einfallen wollen, tragen Fabel und Stil dieses Romans ironisch-phantastischen Charakter. [...] / Meine nächste größere Arbeit wird, wahrscheinlich, eine satirisch-utopische Schilderung der modernen abendländischen Kultur sein. (Br I, 471)

Mit der „nächste[n] größere[n] Arbeit" bezieht sich Musil auf das auch in den Arbeitsheften erwähnte Projekt eines „moralische[n] Experimentalroman[s]" („Das Land über dem Südpol", KA, H 10/1), auf das er auch im Brief an Franz Blei vom 23. Mai 1930 verweist (vgl. Br I, 466).

Das satirische Vorhaben wird im fortschreitenden Arbeitsprozess am *MoE* auf den letzten Band des Romans übertragen. Der „ironisch-phantastische[ ] Charakter" zielt auf eine phänomenologisch-analytische Darstellung einer untergehenden Welt, in deren Zentrum sich Ulrich, der ‚Mann ohne Eigenschaften', befindet. Dieser wird in einem Brief an Adolf Frisé vom Januar 1931 als „ein Mann" charakterisiert, „der möglichst viele der besten, aber nirgends zur Synthese gelangten Zeitelemente in sich vereint" (Br I, 495). Mit dem „satirisch-utopische[n]" Charakter weist Musil auf den ‚konstruktiv-synthetischen' Weg hin, den der gegen die Auflösung der abendländischen Kultur ankämpfende Ulrich im letzten Teil des Romans gehen wird. (→ III.1.7 *Mann ohne Eigenschaften*) Musil betont in den Briefen dieser Zeit mehrmals seinen Drang nach einer Synthese von Seele und Verstand und nach einer Harmonisierung der Eigenschaften mit dem Ich – im Gegensatz zum dominierenden Erzählverfahren der literarischen Moderne, wie es in einem Brief an Johannes von Allesch vom 15. März 1931 heißt:

> Der Roman unserer Generation (Th. Mann, Joyce, Proust usw.) hat sich allgemein vor der Schwierigkeit gefunden, daß die alte Naivität des Erzählens der Entwicklung der Intelligenz gegenüber nicht mehr ausreicht. Den Zauberberg halte ich in dieser Hinsicht für einen ganz mißglückten Versuch; in seinen ‚geistigen' Partien ist er wie ein Haifischmagen. (Br I, 504)

Die oft zitierte Korrespondenz dieser Zeit ist zweifellos von besonderem Interesse im Hinblick auf die poetologische Einordnung des *MoE* (vgl. die Brief-Abschrift Martha Musils von einer Antwort ihres Mannes auf einen dem deutschen Kritiker Bernard Guillemin zugeschriebenen Brief, 26.1.1931, Br I, 496). Die Frage nach der „formale[n] Einheit meines Buchs" (ebd.), die Musil im eben zitierten Brief an Allesch stellt (vgl. dazu auch Briefe an Walther Petry v. 4.3. u. 30.3.1931, Musil 1994, S. 12–15), kreist um das Thema und die Modalitäten des „Verzichts auf den ‚Stil der Erzählung'". Hier entwickelt Musil seine Poetik, indem er an alte Notizen anknüpft und die in den Jahren vorgenommenen notwendigen Veränderungen aufzeigt, um die experimentelle Linie der *Vereinigungen* verlassen zu können:

> Das Vorher und Nachher ist nicht zwingend [...]. „Man zeigt nicht, die Handlung B muß auf die Handlung A folgen; stellt aber so dar, daß die Folge der Gefühle b auf a dem Leser selbstverständlich erscheint, wobei b mit B und a mit A verbunden ist. Man induziert den Kausalzusammenhang durch die Suggestion der begleitenden Gefühle." [...] Aber ich bin in Stilfragen konservativ und wünsche nicht mehr zu ändern, als ich unbedingt brauche. So habe ich mir innerlich geholfen mit dem „Urlaub vom Leben" u. den Begriffen „Mann o. E." und „Seinesgleichen geschieht." (Br I, 496–498)

Kommentierung des eigenen Werks und Selbstrezeption, durch den Dialog mit den Adressaten angeregt und unterstützt, gehören zusammen. Ein besonderes Beispiel in dieser Hinsicht bringen die Briefe an Alfred Kerr und an den Regisseur Berthold Viertel, der die Uraufführung der Posse *Vinzenz und die Freundin bedeutender Männer* am 4. Dezember 1923 in Berlin inszenierte. Der lange und detaillierte Brief an Viertel vom 15. November 1923 zeigt die fruchtbare Zusammenarbeit und Auseinandersetzung zwischen dem Autor und dem Regisseur, auf dessen Fragen und Zweifel Musil zu antworten versucht, indem er Einstellungen und psychologische Nuancen der Figuren erläutert, analysiert und sich bemüht, den „Spielstil[ ]" des Stücks durch die folgende, auch für das Publikum wichtige Bemerkung festzulegen: „In gewissem Sinn ist diese Posse die Travestie einer Posse, d. h. sie benützt die Mittel der Posse, vor allem ihre logische und kausale Verantwortungslosigkeit zu einem höheren Zweck." (Br I, 319). (→ III.1.5 *Vinzenz*)

Die in mehreren Briefen erkennbare Selbstreflexion läuft vielfach parallel mit einer Reflexion der Literatur der Moderne, die aus kursorischen Bemerkungen und treffenden Urteilen besteht und auf die intensive kritische Tätigkeit in vielen Zeitschriften und Zeitungen verweist. In diesem Zusammenhang ergänzt der Briefwechsel oder fasst zusammen, was in den Rezensionen und in den Aufsätzen dargelegt wird. Die Briefe gelten schließlich als Grundlage und Stütze von kritischen Positionen, bevor diese an die Öffentlichkeit gebracht werden – oder umgekehrt. (→ III.2.4 *Literatur- u. Theaterkritik*) So äußert Musil beispielhaft in einem Brief vom August/September 1913 gegenüber Oskar Bie, dem Direktor der *Neuen Rundschau*, seine Sorgen um die bevorstehende Veröffentlichung seiner Besprechung der Essaysammlung *Inventur* von Hermann Bahr in eben dieser Zeitschrift:

> Inhaltlich bin ich wegen Bahr etwas besorgt, weil es keine rechte Geburtstagshaltung ist, sich mit ihm zu balgen. [...] Auch glaube ich wohl, was ich schrieb, daß Bahr es sich diesmal trotz aller Paradoxie geistig ein wenig behaglich gemacht hat. [...] Dann bleibt ein angenehmes Buch, mit kultivierter, etwas französischer Intellektualität; nicht in den konzentriertesten Stunden eines Schriftstellers geschrieben, den man größerer Anspannung fähig weiß. (Br I, 98f.)

In der im September erschienenen Rezension, in der er auch *Maskenzüge* von Felix Poppenberg sowie *Die Puderquaste* und *Vermischte Schriften* von Franz Blei bespricht, verwendet Musil einen sehr ähnlichen Ausdruck: „Ich finde, daß Bahr diesmal zu kurz springt und zu bequem ist", um seine grundsätzliche Kritik an der „Untertreibung auf allem, was Verstand ist" (GW II, 1453), zu bekräftigen.

Von Interesse ist auch der Briefwechsel mit Efraim Frisch, dem Mitherausgeber des *Neuen Merkur*, bezüglich der Besprechung des 1918 veröffentlichten ersten Bandes von Oswald Spenglers monumentaler Abhandlung *Der Untergang des Abendlandes*. Einem Brief vom 10. Oktober 1919 kann man das Vorhaben Musils entnehmen, sich mit den kulturphilosophischen Ansätzen Spenglers auseinanderzusetzen. Das wird mit einem Brief Frischs beantwortet, der seinerseits die Tendenz zu einer oberflächlichen und impressionistischen Rezeption kritisiert und die Notwendigkeit einer gründlichen Erörterung betont. Im Brief vom 29. November 1919 betont Musil dann seine Absicht, „das Spenglersche Buch als Zeitsymptom [zu] behandeln", und merkt an, dass „eine sachliche Widerlegung uferlos [wäre]; er schmeißt mit falschen Analogien so herum, daß sein bischen Wahrheit mit seiner Unmenge Irrtum unauflösbar verheddert ist." (Br I, 192) Die vorgesehene Besprechung wird sich in einen umfangreichen Aufsatz verwandeln, dessen Niederschrift sich über anderthalb Jahre hinzieht und der erst im März 1921 im *Neuen Merkur* unter dem Titel *Geist und Erfahrung. Anmerkungen für Leser, welche dem Untergang des Abendlandes entronnen sind* (GW II, 1042–1059) erscheint. (→ III.2.1 *Essays*)

Hinzuweisen ist darüber hinaus noch auf den Briefwechsel mit dem Literaturhistoriker Josef Nadler, dem Autor der berühmt-berüchtigten *Literaturgeschichte der deutschen Stämme und Landschaften* (1912–1928). Für deren erste, mit Widmung erhaltene drei Bände bedankt Musil sich in einem Brief vom 2. März 1923, hebt aber zugleich auch seine Gegenposition hervor. Der Hauptthese Nadlers, es gebe eine enge Beziehung zwischen dem literarischen Schaffen und der ‚biologischen' Rassenkomponente, widerspricht Musil mit folgenden Worten:

> Ich hoffe, es schadet ihr [i. e. der Bekanntschaft zwischen Nadler und Musil] nicht, daß ich einen kleinen Band Aufsätze veröffentlichen und im Sommer oder Herbst Ihnen schicken werde, worin ich zu der Frage der Nation, des Blutes, der Kultureinheiten einen Standpunkt gewählt habe, der Ihrem in gewissem Sinne entgegengesetzt ist, nämlich den mir bestimmten eines Menschen, der die reale Geltung dieser Begriffe lieber leugnet als anerkennt. (Br I, 283)

Hier bezieht sich Musil auf das nicht realisierte Projekt, einen Essayband zusammenzustellen, der auch den Aufsatz *Das hilflose Europa oder Reise vom Hundertsten ins Tausendste* (1922) hätte enthalten sollen, in dessen 6. Kapitel er auf Positionen wie die von Nadler bereits reagiert hatte; darin kennzeichnete er Vergleichbares als „[e]ine historische Betrachtungsweise, welche das Geschehen in aufeinanderfolgende Epochen zerlegt und dann so tut, als entspräche jeder ein bestimmter historischer Typus Mensch [...], eine Menschenart, eine Rasse, eine Gesellschaft" (GW II, 1079; vgl. hierzu auch *Die Nation als Ideal und als Wirklichkeit*, 1921, GW II, 1063–1065). (→ III.2.1 *Essays*) Unter diesen Umständen mag es sonderbar, wenn nicht gar widersprüchlich erscheinen, dass Musil in einem Brief vom 1. Dezember 1924 auf Antrag Nadlers einen ausführlichen Lebenslauf liefert, der an und für sich einen wichtigen Beitrag zu Musils Biografie darstellt (vgl. Br I, 367–369); zugleich entspricht er in seiner Anlehnung an die vorgegebenen Kategorien aber gerade den ideologischen Voraussetzungen des Literaturhistorikers, welcher die Person und das Werk Musils in seinen vierten Band der *Literaturgeschichte* nach Erbfaktoren einzuordnen bestrebt war.

4. Korrespondenzen mit anderen Autoren

Musils Briefe ermöglichen es außerdem, die Entwicklung seiner persönlichen Beziehungen zu den wichtigsten Autoren seiner Zeit zu rekonstruieren. Respektvoll wendet er sich zum Beispiel 1921 im Auftrag der Redaktion der *Prager Presse* an Arthur Schnitzler, um ihn um Mitarbeit zu bitten (vgl. Br I, 238; vgl. Gschwandtner 2011/12), oder im März 1927 an Gerhart Hauptmann, um ihm den Entwurf des Statuts zur Gründung der Rilke-Stiftung zu übersenden (vgl. Br I, 415), deren Begründer außer Musil Kerr, Hofmannsthal und Döblin waren. Um diese, von Musil selbst in seiner *Rede zur Rilke-Feier* vom 16. Januar 1927 angeregte Initiative kreisen auch drei aufschlussreiche Briefe Hofmannsthals, der nicht nur gegen den zweiten Namen der Stiftung „Freie Akademie" oder „Pantheon" Stellung nimmt und die Bezeichnung „Gesellschaft zur Förderung der Deutschen Dichtung und Literatur" vorschlägt, sondern den Beitritt des Expressionisten Leonhard Frank wegen dessen ‚schwierigen' Charakters zugunsten Alfred Brusts oder des neuromantischen Dichters Rudolf Alexander Schröder kritisiert (vgl. Br I, 413f.). Außerdem rät Hofmannsthal Musil von einer Kontaktaufnahme mit George nachdrücklich ab, denn dieser lasse „sich auf nichts ein was irgend mit solchen Dingen der Literaten-existenz [sic] zusammenhängt." (Br I, 415)

Als äußerst aspektreich erweist sich der Briefwechsel mit Thomas Mann sowie insbesondere die Bezüge auf diesen in Briefen Musils an andere Empfänger. Zweifellos lässt sich das Schreiben Musils vom 5. Dezember 1932 als ein deutliches Zeichen seiner veränderten Einstellung gegenüber Mann lesen: Musil bedankt sich dafür, dass Mann den *MoE* in der Wochenschrift *Das Tagebuch* als das beste Buch des Jahres bezeichnet und ihm in dieser Art und Weise sehr geholfen habe:

> [O]bwohl ich auf Ihre Absicht, mir zu helfen, vorbereitet war, bin ich unvorbereitet getroffen worden […] durch die Äußerung selbst, ihre mühelose Vollständigkeit, ihr Zartgefühl, ihre Energie, ihr unnachahmliches Erfassen dessen, was nottut. […] Aus dem notgedrungen selbstischen Zustand der Hilfsbedürftigkeit hat mich ein Augenblick der bewundernden Erkenntnis in jene Suprasphäre versetzt, wo die Hilfsbedürftigkeit nichts Dürftiges mehr an sich hat, sondern bloß der Raum ist, in dem eine Erhebung Platz hat. Und das verdanke ich natürlich nur Ihrem Zaubervermögen! (Br I, 545–548)

Die Bereitschaft und das Entgegenkommen Manns, der die schwierige finanzielle Lage Musils zu mildern und diesem zugleich die angemessene Anerkennung zu gewähren versucht, dämpfen Musils negative Einstellung ihm gegenüber vor Ende 1932, die mehrmals in den Briefen zum Vorschein kommt, wie in dem bereits erwähnten vom 15. März 1931 an seinen Freund Johannes von Allesch oder in dem vom 22. März 1931 an Franz Blei, in welchem bereits Selbstkritik anklingt: „Wir haben so lange auf den Thomas und Heinrich Mann geschimpft, bis der Wassermann positiv wurde: an dieser Lustseuche sind wir ein wenig selbst schuld!" (Br I, 505) Ab Mitte der 1930er Jahre hegt Musil immer größere Hoffnungen auf Unterstützung durch Thomas Mann, sowohl um im Ausland seine Werke publizieren zu können (wie im

Querido Verlag), als auch um in der von Mann und Konrad Falke gegründeten Zeitschrift *Maß und Wert* Mitarbeiter zu werden. Aber die Enttäuschung wird mit der Zeit umso größer, je mehr sich Musils finanzielle Situation verschlimmert. So schreibt er am 9. September 1941 verbittert an seine Förderer Henry Hall und Barbara Church, indem er auf ihre Frage antwortet, ob Mann sich für ihn einsetze: „Thomas Mann tut wirklich nichts. Er hat zuviel für sich u[nd] seine Schrittmacher zu tun. Es ist das eine Schwäche, die er übrigens mit Goethe teilt, und ich habe eigentlich nicht viel gegen sie einzuwenden" (Br I, 1332). (→ II.6 *Zeitgenössischer Literaturbetrieb*)

5. Zusammenfassung

Musils Briefe sind vorwiegend durch pragmatische Intention, Sachbezogenheit und Nüchternheit der Mitteilung gekennzeichnet, die sich als Ausdruck von konkreten Forderungen, Bitten und Anträgen an die jeweiligen Adressaten erweisen. Persönliche Äußerungen, Positionierungen zu politischen Ereignissen seiner Zeit sowie essayistische Passagen finden sich äußerst selten. Eines der seltenen Bekenntnisse („denn obwohl Schriftsteller, gehöre ich nicht zu den Leuten, denen das Herz auf der Zunge sitzt", Br I, 833) bestätigt die im Laufe der Zeit unveränderte Einstellung eines Autors, der angesichts der „Pragmatisierung des brieflichen Verkehrs" (Dell'Agli 1983, S. 65) am Ende der großen Tradition des Briefeschreibens zu stehen scheint. Trotz verschiedenartiger Zielsetzungen der Korrespondenz lassen sich darin jedoch existentielle und poetologische Reflexionen identifizieren. Eine gründliche Untersuchung der Briefe steht noch aus; sie würde es aber ermöglichen, Musils oft durch bloß kursorische Bemerkungen gekennzeichneten Kommentar des eigenen Werks sowie seine Rezeption der Moderne besser zu konturieren.

6. Literatur

Baltz-Balzberg, Regina: Antidekadenzmoral bei Musil und Nietzsche. Unter Verwendung noch nicht publizierter Musil-Texte. In: Josef Strutz, Johann Strutz (Hg.): Robert Musil – Theater, Bildung, Kritik. München: Fink 1985, S. 204–226.

Baumann, Gerhart: „... etwas wie Selbstbehauptung der Dichtung ...". Zu den Briefen Robert Musils. In: ders.: Umwege und Erinnerungen. München: Fink 1984, S. 63–72.

Binder, Hartmut: Zwei Briefe Robert Musils zur Druckgeschichte von Kafkas *Verwandlung*. In: Jahrbuch der Deutschen Schillergesellschaft 39 (1995), H. 41, S. 56–79.

Brokoph-Mauch, Gudrun: Robert Musils und Hermann Brochs persönliches Verhältnis in ihrem Briefwechsel. In: dies. (Hg.): Robert Musil. Essayismus und Ironie. Tübingen: Francke 1992, S. 173–185.

Cambi, Fabrizio: Der Briefwechsel Robert Musils als Werkkommentar und Kritik der Moderne. In: Mauro Ponzi (Hg.): Klassische Moderne. Ein Paradigma des 20. Jahrhunderts. Würzburg: Königshausen & Neumann 2010, S. 45–54.

Dell'Agli, Daniel: Dasein und Nichtdasein einer Erscheinung. Robert Musil in und aus seinen Briefen: pseudobiographisch. In: Text + Kritik (^{3}1983), H. 21/22, S. 63–75.

Dimter, Walter: „Österreichs ernstester Dichter". Zu Robert Musils Briefen. In: Herbert Zeman (Hg.): Die österreichische Literatur. Eine Dokumentation ihrer literarhistorischen Entwicklung. Bd. 2. Graz: Akad. Druck- und Verlagsanstalt 1989, S. 959–988.

Foschi, Marina: Für oder in etwas leben? In: Musil-Forum 10 (1984), S. 226–232.

Gschwandtner, Harald: Musil – Schnitzler – Kracauer. Neue Musil-Briefe im Deutschen Literaturarchiv Marbach. In: Musil-Forum 32 (2011/12), S. 207–219.

Hall, Murray G.: Der Preis der Stadt Wien (mit einem unbekannten Brief Robert Musils). In: Musil-Forum 15 (1989), S. 166–172.
Musil, Robert: Briefe nach Prag. Hg. v. Barbara Köpplová u. Kurt Krolop. Reinbek b. Hamburg: Rowohlt 1971.
Musil, Robert: Briefe – Nachlese. Dialog mit dem Kritiker Walther Petry. Hg. v. Adolf Frisé. Saarbrücken: Internationale Robert-Musil-Gesellschaft 1994.
Musil, Robert: Saggi e lettere. 2 Bde. Hg. v. Bianca Cetti Marinoni. Torino: Einaudi 1995.
Roth, Marie-Louise: Eine unbekannte Briefkorrespondenz: Martha Musil und Armin Kesser, Martha Musil und Philippe Jaccottet. In: Austriaca 20 (1995), H. 41, S. 183–190.
Scheller, Wolf: Der Dichter des ‚Könnte auch so anfangen…'. Robert Musils „Briefe 1901 bis 1942". In: Text + Kritik (³1983), H. 21/22, S. 76–85.
Stefanek, Paul: Illusion, Ekstase, Erfahrung. Zu Robert Musils Essay *Ansätze zu neuer Ästhetik*. In: Modern Austrian Literature 9 (1976), H. 3/4, S. 155–167.
Stern, Guy: Musil über seine Essays. Ein Bericht über eine unveröffentlichte Korrespondenz. In: The Germanic Review 49 (1974), S. 60–82.

3.2 Tagebücher/Arbeitshefte

Arno Dusini

1. Gattungsbestimmung, Entstehungs- und Editionsgeschichte 450
2. Ordnungsprinzipien, Schreibintentionen und -funktionen 452
3. Klassifikatorisches 454
4. Forschungsstand 455
5. Forschungsperspektiven 457
6. Literatur 458

1. Gattungsbestimmung, Entstehungs- und Editionsgeschichte

Das zwischen 1899 und 1942 entstandene, aus insgesamt 25 verschiedenen Heften bestehende und pro Hefteinheit zwischen acht und 130 Seiten umfassende Musil'sche Textkonvolut, das seit 1976 auf über 1000 eng bedruckten Buchseiten unter dem Titel *Tagebücher* vorliegt, gibt nicht nur über Jahrzehnte Einblick in die Schreibwerkstatt ihres Autors. Es macht auch nicht nur – vor dem zeithistorischen Horizont und bis in die feinsten Verästelungen hinein – die poetologischen Entwicklungen und Verwerfungen eines der größten modernen Roman- und Schreibprojekte sichtbar. Was Robert Musil in all den Jahren unter dem Stichwort einer „‚Wissenschaft vom Menschen'" (Tb I, 137; vgl. *Die Verwirrungen des Zögling Törleß*, GW II, 88) aufzeichnet, gibt weit über die Grenzen des Literarischen hinaus auch Zeugnis von einer einzigartigen intellektuellen Auseinandersetzung mit dem, was der Historiker Eric Hobsbawm (1994), in der Rede von den Jahren 1914–1945, in den Begriff eines *Age of catastrophe* zu fassen versucht hat.

Dieses außerordentliche Textkonvolut hat eine hoch signifikante editorische Geschichte. Einen ersten Hinweis auf ‚Tagebücher' Robert Musils erhielt 1951 der spätere Herausgeber der Hefte, Adolf Frisé, von Martha Musils Tochter Anne F. Rosenthal, explizit versehen mit dem Vermerk „nicht zur Veröffentlichung bestimmt" (Frisé im „Vorwort", Tb I, VII). Schon in einer Skizze für eine projektierte Gesamtausgabe der Werke Robert Musils, von Martha Musil nach dem Tod ihres Mannes angefertigt, fehlen die Hefte, wiewohl die Witwe sie persönlich durchgesehen, sich auch nicht gescheut hatte, an verschiedenen Stellen entscheidend in Text und Textträger einzugreifen, durch Korrekturen, durch die Ergänzung von Namens-, Datums- oder Ortsangaben, auch durch diverse Streichungen. Noch im Herbst 1980 fanden sich zwei Blätter aus dem Hefte-Konvolut im römischen Nachlass des Sohnes Gaetano Marcovaldi; Martha Musil hatte sie ins Futter eines Mantels eingenäht, nachdem sie die Blätter, „wie auch andere", aus den Heften herausgetrennt hatte (Tb I, XXIV). Darüber hinaus hatte Martha Musil eine Reihe von aphoristischen Textstellen aus den Heften exzerpiert und thematisch geordnet – zu einer entsprechenden Publikation kam es nicht (vgl. Tb I, VII–IX). Erstmals erschien eine 20 Seiten umfassende Auswahl von Notizen aus dem Heft 33 unter der Überschrift „Skizzen zu einer Autobiographie" als Anhang zum Neudruck der *Drei Frauen* 1952. Eine ungefähre Ahnung, was mit den Musil'schen Heften tatsächlich vorliege, konnte dann erst der Abdruck 1955 in *Tagebücher, Aphorismen, Essays und Reden* geben: Frisé hatte in diesen Band die Hälfte des handschriftlichen Materials, also mehr als 500 Seiten Manuskript aufgenommen. Zwei Jahre später erschienen weitere 80 Seiten aus dem Heftekonvolut im Sammelband *Prosa, Dramen, späte Briefe*. Nun war es die Unvollständigkeit der Edition, für die sich Frisé zu rechtfertigen hatte. Allein die Erwähnung all dessen, was er in seiner editorischen Reduktion des Textmaterials nicht berücksichtigt hatte, eröffnet einen vielversprechenden Blick auf den Kosmos der Musil'schen Notizen.

> Weggelassen wurden die in den frühen Heften, auch noch in den zwanziger Jahren sich über viele Seiten ziehenden Exzerpte (aus Büchern, Zeitschriften, Sitzungsberichten der Preußischen Akademie der Wissenschaften), die Vielzahl bibliographischer Vermerke, ein großer Teil der ersten Entwürfe zu den Erzählungen, den Stücken, auch zu den Bildern, Geschichten, Betrachtungen, die Musil Mitte der dreißiger Jahre zum *Nachlaß zu Lebzeiten* zusammenfasste. Etliches wurde eher voreilig als vorsorglich „als für den Druck unbrauchbar, weil unerheblich, angesehen": Tagesaktualitäten, Zitate aus Meldungen in der Zeitung, aus Kommentaren. [...] Nicht wenige Hinweise, oft nichts als, so schien es, persönliche (private) Erinnerungssignale, versperrten sich der Entschlüsselung; auch sie, ohne die gegebene Sinnassoziation nutzlos, vielmehr verwirrend, wurden ausgespart, beiseite gelassen. (Tb I, XIII)

1976 konnte der Text fast aller Hefte dann selbstständig eingesehen werden, verdienstvoll begleitet durch einen 1.300 Seiten umfassenden Kommentarband des Herausgebers – die „2., neu durchgesehene und ergänzte Auflage" der Musil'schen Nachlass-Hefte erschien 1983; auch sie ist nicht uneingeschränkt als vollständig zu bezeichnen (unsicher ist insbesondere der Status von acht Heften, die Frisé nur auszugsweise in den Kommentarband oder gar nicht aufgenommen hat; vgl. Zeller 1982, S. 216). Die heute maßgebliche Transkription findet sich – nach der digitalen Version von 1992 – in den Bänden 16 und 17 der *Klagenfurter Ausgabe* (2009). (→ III.3.4 *Nachlass*; IX.2 *Editionsgeschichte*)

Editionsgeschichtlich bildet sich so ein in den Heften selbst angelegter Statuswandel des Textes ab, der von privater Aufzeichnung über die Konstellierung mit dem literarischen Werk zum ungesicherten Werk *sui generis* avanciert (vgl. auch Wagner-Egelhaaf 1991, die an die Schreibtradition der europäischen Moralistik erinnert). In einem der späten Hefte heißt es:

Wenn es noch eine Rettung geben sollte, müßte ich wohl nicht aus diesen Heften schreiben, denn zu Ende werde ich diese Gedanken niemals führen können, ja nicht einmal zur Bedeutung; sondern ich müßte über diese Hefte schreiben, mich u. ihren Inhalt beurteilen, die Ziele u. Hindernisse darstellen. Das ergäbe eine Vereinigung des Biographischen mit dem Gegenständlichen, also der beiden lange miteinander konkurrierenden Pläne. / Titel: Die 40 Hefte. / Haltung: die eines Mannes, der auch mit sich nicht einverstanden ist. (Tb I, 944)

2. Ordnungsprinzipien, Schreibintentionen und -funktionen

Der an die biblischen 40 Wüstentage erinnernde „Titel: Die 40 Hefte" bezeichnet – im Hinblick auf die Zählung der 25 erhaltenen Heften – nicht allein Verlorengegangenes oder schon gar nicht Angelegtes. Er impliziert Schwierigkeiten, die mit der philologischen Gattungszuordnung der Schriftträger verbunden sind. Als die Hefte als *Tagebücher* veröffentlicht wurden, konnte sich Frisé nur bedingt auf Musil selbst berufen. Bis auf jenes kleine Oktavheft, das nunmehr unter der Bezeichnung „Kleines Notizheft ohne Nummer" figuriert, ist das durchgehende Ordnungsprinzip der Hefte die Nummerierung durch den Autor, der übrigens ein eigenes Register-Heft für seine Hefte angelegt hatte. Nur einige der Hefte sind darüber hinaus mit zusätzlichen Titelinformationen versehen. Hier – in der Abfolge der Druckanordnung Frisés und mit dessen Datierungen – eine Übersicht über die originalen Titulierungen (kursiv) sowie die Bezeichnungen (recte), die Musil für seine Hefte im Register-Heft (RH) verwendet hat:

4. Heft [1899?–1904 oder später]	(RH: „Altes schwarzes Heft")
3. Heft [1899?–1905/06]: *Schwarzes Heft Nr. 3*	(RH: „Altes schwarzes Heft")
24. Heft [1904/05]	(RH: „Heft mit wiss. Notizen")
11. Heft [2. April 1905–1908 oder später, ca. 1918/19]: *1905*	(RH: „Altes schwarzes Heft")
15. Heft [11. Februar–24. April 1907]	(RH: „Schw. Heft aus Berlin")
5. Heft [8. August 1910–14. Oktober 1911 oder später]	(RH: „Pappheft")
6. Heft [29. November 1911–7. März 1912 und später]	(RH: „6: Pappheft")
7. Heft [30. März 1913–11. Januar 1914]: *Journal*	(RH: „Tageb. Berl")
17. Heft [Mai–August 1914 oder später]: *Journal II.*	(RH: „17: Schw. Heft. (Berlin 1914)
1. Heft [Etwa 1915–1920]	
Heft o. Nr. [Spätestens 1916–1918/19]	
8. Heft [1920]: *die zwanzig Werke*	(RH: „8: Die zwanzig Werke I")
9. Heft [1919/20]	(RH: „9: Die zwanzig Werke II")
10. Heft [1918–1921 (1929, 1939)]: *Über Bücher*	(RH: „10: Hohes Notizbuch")
19. Heft [1919–1921]: *Kehraus!*	(RH: „19: Braun Quart.")
21. Heft [1920–1926]: *Die 20 Werke III –*	(RH: „21 Die 20 W. III)
25. Heft [1921–1923?]	(RH: „25. Schw. Heft Essays")
26. Heft [1921–1923?]: *Essay's*	(RH: „26 Blaues Heft Essays")
28. Heft [1928–Juni 1930]	(RH: „28 Zeitgenosse, Dünkelhausen. (schwarz)")
30. Heft [Etwa März 1929–November 1941 oder später]	(RH: „ Sch. Heft steif")
31. Heft [7. Februar 1930–Frühjahr 1936]	(RH: „31. Verschiedene Notizen")
34. Heft [17. Februar 1930–Frühsommer 1938]	(RH: „34. Sch. Hft. weich")
33. Heft [1937–etwa Ende 1941]	(RH: „33. Biogr.")
32. Heft [Etwa Frühjahr 1939–etwa Ende 1941]	(RH: „32. Pol. Dichtung")
35. Heft [6. November 1939–6. November 1941]: *Der sechste November*	

3.2 Tagebücher/Arbeitshefte

Wenn im Register-Heft zwei Hefte mit der zumindest dem ‚Tagebuch' gegenüber gattungsaffinen Bezeichnung ‚Journal' vorkommen, die Hefte 7 und 8, so setzt doch schon das Heft 7 ein mit den Worten: „Ich will hier nicht wieder den Versuch machen, ein Tagebuch zu führen, wohl aber Dinge aufzuzeichnen, die ich nicht gerne vergessen möchte." (Tb I, 265) Dieses Dementi eines neuerlichen Tagebuchversuchs von 1913 lässt sich seinerseits zurückbeziehen auf ein Heft-Incipit aus dem Jahr 1905, als nahezu ideales Beispiel jener Textform zuzurechnen, die Philippe Lejeune als ein für autobiografisches Schreiben charakteristisches „Microgenre" (Lejeune 1986, S. 21) ausgewiesen hat: Die Schreibinstanz gibt Auskunft über jene generischen Vorstellungen, die von da an für ihr Schreiben leitend sein sollen. Robert Musil im 11. Heft, 2. April 1905:

> Ich beginne heute ein Tagebuch; ganz gegen meine sonstige Gewohnheit, aber aus klargesehenem Bedürfnis. / Es soll nach vier Jahren der Zersplitterung mir Gelegenheit geben, jene Linie geistiger Entwicklung wieder zu finden, die ich für die meine halte. / Ich werde versuchen „die Fahnen aus einer nie geschlagenen Schlacht" hineinzutragen. Die Gedanken jener Zeit meiner großen Erschütterung sollen wieder aufgenommen, gesichtet und weiter geführt werden. Aus meinen zerstreuten Notizen soll ein oder das andere herübergenommen werden, aber nur dann, wenn es mich von neuem beschäftigt. / Persönliches werde ich mir selten notieren und nur, wenn ich glaube, daß es mir einst von geistigem Interesse sein wird, an das Betreffende erinnert zu werden. / Alle Gedanken zur „Wissenschaft vom Menschen" sollen hierher kommen. Fach=Philosophisches nicht. Entwürfe ja. Hie und da ein Gedicht, das mir der Erinnerung wert erscheint. Insbesondere solche mit Halb und Obertönen. Absolute Ausdrücke. Dies überhaupt die große Frage des Stils. Das Interesse nicht nur darauf gelegt, was man sagt, sondern wie man es sagt. Meinen Stil suchen. Bisher suchte ich das Unsagbare mit geraden, tastenden Worten zu sagen. Das verrät einseitige Intelligenz. Der Wille mir aus dem Ausdruck ein Instrument zu fertigen, stehe am Eingange dieses Heftes. (Tb I, 137)

Einige Seiten weiter, genau einen Monat später, heißt es aber wiederum: „Alle literarischen Gedanken wie ausgelöscht. Ein gewisses passives philosophisches Interesse vorhanden. Mehr noch eine Freude an gutem Essen u. Trinken. (Wozu ich wohl den Prolog zu diesem Tagebuche geschrieben habe?)" (Tb I, 147) Das bekannteste und vielfach allgemein gerade gegen die Gattung Tagebuch ins Treffen geführte Zitat findet sich noch früher, im 4. Heft (Eintrag unmittelbar vor der Notiz vom 13. Februar 1902). Es lautet:

> Tagebücher? / Ein Zeichen der Zeit. So viele Tagebücher werden veröffentlicht. Es ist die bequemste, zuchtloseste Form. / Gut. Vielleicht wird man überhaupt nur Tagebücher schreiben, da man Alles andere Unerträglich findet. Übrigens wozu verallgemeinern. / Es ist die Analyse selbst; – nicht mehr u. nicht weniger. Es ist nicht Kunst. Es solls nicht sein. Wozu viel darüber reden? (Tb I, 11)

Musils Einstellung zum Genre Tagebuch, das zeigen seine expliziten Äußerungen, waren nicht von jener Stabilität, die u. a. prologisch angekündigt ist. Hier noch einige weitere Passagen, die zeigen, dass sich die Hefte dennoch immer wieder auf die Frage nach dem Tagebuch zurück beziehen und sich an ihr ausrichten:

> 1930 // 6. I. Ich will seit Beginn des Jahrs Aufzeichnungen führen. Zweck: Festzuhalten, wie mein 50. Lebensjahr aussieht! Aber auch: zwecklos Tatsachen festzuhalten. Ich bin zu abstrakt geworden und würde mich gerne auch durch dieses Mittel zum Erzählen zurück erziehen, daß ich den täglichen Umständen Achtung erweise. (Tb I, 692f.)

Das Gefühl, meine persönl.[ichen] Angelegenheiten in solchen Notizen nicht persönlich auszudrücken, hindert mich an den Tagebucheintragungen. Noch dazu finde ich keine Zeit, weil ich es mit dem, was ich vorhabe, nie fertig werde. Ich notiere also nur ganz kurz in Schlagworten. (Tb I, 713)

27. August. Ich habe diese Aufzeichnungen u. a. deshalb eingestellt, weil mir der Versuch, das Wetter und die Spaziergänge zu notieren, zu albern wurde und die wichtigeren inneren usw. Vorgänge zuviel Zeit weggenommen haben würden. Ich will trotzdem noch einmal versuchen, die faktischen Erinnerungen festzuhalten, aber diesmal in größeren Zusammenfassungen. (Tb I, 717)

Gespräche über das Wetter In dem Buch Kindheit, Knabenjahre, Jugendzeit (vielleicht nur in der deutschen Ausgabe so zusammengefaßt) nennt Tolstoi Gespräche über das Wetter Banalität (S. 413). Aber seine Beschreibungen des Wetters gehören in seinen Romanen zum schönsten. Und ich glaube, i.a. hat man sich früher nicht so geniert, vom Wetter zu sprechen, wie jetzt. Ich erinnere mich übrigens an einen Tagebuchversuch, wo ich immer das Wetter aufzeichnete, u. bald blieb nichts anderes übrig als dies. Sollte das Wetter halb schon zu den ganz großen Dingen gehören, von denen man nur in besonderen Stunden sprechen kann? [Übrigens habe ich in T. schon vorgestern gelesen u. inzwischen vergessen, was ich eigentlich festhalten gewollt] (Tb I, 861)

So sehr von Musil in den Heften immer wieder *auch* Tagebuch geführt wurde (hinsichtlich der Funktion vgl. Amann 1997/98, S. 78–82) – ‚Tagebücher' in streng gattungsspezifischem Sinn sind seine Hefte nicht. Sie zeigen sich insgesamt vielmehr affiziert von der Idee des ‚Tagebuchs', d.h. der kalendarisch versicherten Erinnerung an eine Form des Schreibens, die mit jedem Tag neu beginnen kann (vgl. Genette 1999).

3. Klassifikatorisches

Angesichts von Musils beweglicher Einstellung zum Genre Tagebuch ist es wenig erstaunlich, dass sich auch die Forschung schwertut mit der ihrerseits nicht nur verlegerischem Kalkül, sondern auch literarischer Differenzierungsnot geschuldeten Vorgabe Frisés, der dazu einmal bemerkt: „Es wäre unzulässig vereinfacht, sie [i. e. die Hefte] pauschal als Tagebücher zu klassifizieren. Die Unterschiedlichkeit zudem, Heft, Tagebuch, auch Kladde, Schmierbuch, was immer, wäre ein Thema für sich" (Frisé 1974, S. 37). Von heute aus betrachtet, vermischen sich in dieser Bemerkung unglücklich zwei Sachverhalte: Zum einen gleitet Frisés Rede vom Konzept der Gattung unvermittelt in das Problem von Sinn und Schriftträger; und zum anderen ist die Frage nach der Materialität der Schriftträger keinesfalls mehr ein „Thema für sich" – Format, Schrift, Schreibzeug und Schreibmaterial, die lediglich aus Frisés Kommentarband zu erschließen sind, lassen sich beim heutigen Stand der Forschung nicht mehr vom Verständnis des Textes abkoppeln. Insofern hat sich als wahr erwiesen und gilt in vielen Dingen immer noch, was Musil – laut einem Brief Martha Musils an Carlo Pietzner – schon früh vorhergesagt hatte, dass nämlich sich „später einmal [...] Literaturhistoriker an meinen Notizen den Kopf zerbrechen" würden (5.7.1942, Br I, 1444).

Neben der Auffassung, dass es pragmatisch wenig gewinnbringend sei, die bislang eingebürgerte Bezeichnung ‚Tagebücher' aufzugeben (vgl. Payne 1982, S. 131), versucht man dem Druck der Gattungsbezeichnung zu entkommen, indem man alternativ von ‚Arbeitsbüchern', ‚Aufzeichnungen', ‚Arbeitsheften', ‚Archiv', ‚Datenbank',

‚Experimentierfeld', ‚Ideenreservoir', ‚Ideensammelplatz', ‚intimer Lebensgeschichte', ‚Laboratorium', ‚Lebensbilanz', ‚literarischer Werkstatt', ‚Logbüchern des bezwungenen Lebens', ‚Notiz-Heften', ‚Notizbüchern', ‚Planungsinstrumenten', ‚Selbstentwürfen', ‚Selbstanalysen', ‚Selbstkritiken', ‚Skizzenbüchern', ‚Studienheften', ‚Versuchsfeld', ‚Verteidigungsschriften', ‚Werkkommentar' oder von ‚Werk-Tagebüchern' etc. spricht (vgl. Amann 1997/98, S. 76f.; Breuer 2009, S. 24; Sommerfeld 2013, S. 108).

Claudio Magris' Versuch, die Hefte integral als einen „grenzenlose[n] Kataster des Fragmentarischen" (Magris 1979) zu lesen, lässt sich aber neben der Frage nach der Fixierung der Hefte auf eine übergeordnete Gattung auch auf die Gattungen beziehen, die in den Heften selbst stehen. Neben Tagebucheinträgen im traditionellen Sinn finden sich da – unter Einschluss all dessen, was die Literaturwissenschaft unter dem Begriff der ‚Kleinen Form' (vgl. Dusini 2014) verhandelt – „Eintragungen verschiedenster Provenienz und Intention unvermittelt neben- und nacheinander" (Breuer 2009, S. 23): ästhetische Überlegungen, Aphorismen, Augenblicksnotate, bibliografische Hinweise, Begriffserklärungen, Briefentwürfe, Dialoge, Einfälle, Essayähnliches, Erinnerungen, Erzählfragmente, Exzerpte, Figurenentwürfe, Gedichte, Geheimschriften, Glossen, Idées reçues, Intimes, Kommentare, Lektürezitate, Lieder, mathematische Formeln, Maximen, Memorabilien, Notizen zu Essays, Selbstanklagen, (Selbst-)Portraits, Stemmata, Traumprotokolle, philosophische Untersuchungen, tagespolitische Beobachtungen, gelegentliche Vorarbeiten zum *Mann ohne Eigenschaften* (*MoE*; die drei Hefte, die ausschließlich der Roman-Arbeit dienten, Heft 16, 22 und 36, hat Frisé nicht in die *Tagebücher* aufgenommen), persönliche Reminiszenzen, Selbstaufforderungen, stilistische Reflexionen, Textzitate etc. (vgl. insbesondere auch Amann 1997/98, S. 76f.). Die Fülle gattungsspezifisch heterogener Heft-Eintragungen verunsichert nicht nur die Vorstellung vom Genre Tagebuch, sondern das historische Gattungssystem per se.

4. Forschungsstand

„Der bisherige Forschungsstand zu Musils Tagebüchern ist überschaubar", schreibt Constanze Breuer (2009, S. 11), der wir die bislang einzige Monografie zu dieser Thematik verdanken. Überblickt man die Sekundärliteratur, lassen sich – um den Preis der Verallgemeinerung – einige generelle Tendenzen ausmachen. Einen Großteil der kritischen Energie absorbierte und absorbiert vorab die Frage nach der Edition (insbesondere Frisé 1974; Karthaus 1976; Zeller 1982; Fanta 2000). Eine zweite Tendenz lässt sich in der Strategie vieler Studien ausmachen, die sogenannten Tagebücher als Informationsquelle für Musil'sche Themenkomplexe zu nutzen, so etwa für eine Untersuchung von Musils anthropologischem Denken (etwa Le Rider 2002), für die Frage nach dem Krieg (so Zöchbauer 1996), für das durch die Fragmentarität des Romans herausgeforderte Verhältnis der Hefte zum *MoE* (so etwa Amann 1997/98; Payne 1999; Coetzee 2006). Im Weiteren eignen sich die Hefte hervorragend zu Studium und (Re-)Konstruktion verschiedener Figurationen von Moderne (vgl. u.a. Raddatz 1986; Sommerfeld 2013). Eine andere Linie zeichnen die schon am Anfang der Auseinandersetzung mit den Heften stehenden Untersuchungen, die sich mit der sprachlichen Form der Aufzeichnungen befassen (so etwa Hahn 1976; Kumpl 1981; Desportes 1983). Grundsätzlich aber scheint sich die doppelte Überzeugung durchzusetzen, dass die Hefte einerseits als relativ autonome zu untersuchen seien, d. h. als eigenständige, „in sich geschlossene Einheit[en]" (Tb I, XXI; vgl. auch Mulot 1977; Wagner-Egelhaaf 1991; Amann 1997/98; Breuer 2009), dass andererseits aber ihre gesamte Architektur, das signifikante Zusammenspiel der Textträger eine – für das kulturgeschichtliche resp. kulturwissenschaftliche Verständnis der Musil'schen Hefte – unabdingbare Aufmerksamkeit verdiene: Musil hatte – wie Franz Kafka – seine Hefte teilweise nicht nur in Zeit und Reihe nacheinander, sondern auch synchron und materialiter nebeneinander, also parallel geführt.

Diese Techniken der Eintragung und Aufzeichnung arbeiten nicht nur an neuen Texten, sondern auch an einem neuen Konzept von ‚Text', weshalb Frisé schon anlässlich seiner Edition der *Tagebücher* sich zu der Bemerkung veranlasst gesehen hatte: „[D]as sich stetig verdichtende Netz der sich wechselseitig bestätigenden und sich damit auch gegenseitig festigenden Resultate gab [...] die Gewähr, daß diese Niederschriften in über zwanzig Heften durch mehr als vier Jahrzehnte sich gesetzhaft einander zuordneten, daß jede Notiz, jede Überlegung, jeder schnell zu Papier gebrachte Einfall Teil eines sich unauffällig organisierenden Systems war." (Tb I, XV; dazu Breuer 2009, S. 17, die grundsätzlich – übrigens in wörtlicher Übernahme aus Tb I, XII – von einem „Werk neben dem Werk" spricht). Klaus Amann nimmt Milan Kunderas Wort über den *MoE* als eine revolutionäre „intellektuelle Synthese" auf, die er „in keinem philosophischen oder wissenschaftlichen Werk unseres Jahrhunderts gefunden habe" (Kundera 1987, S. 24), um gleich im Anschluss daran festzustellen:

> Musils *Tagebücher*, in ihrer nicht minder labyrinthischen Konstruktion von Dutzenden, zum Teil parallel geführten Heften, mit ihren kaum oder nur schwer nachvollziehbaren inhaltlichen Gewichtungen und Schwerpunktsetzungen, mit ihrer Materialfülle, mit ihren Verschlüsselungen, Abkürzungen und Tausenden von Querverweisen, mit ihren verborgenen Verknüpfungen und Textbezügen sind der Fundus, aus dem diese Synthese schöpft. Sie sind der Generator, mithilfe dessen Musil den rohen und ungegliederten, kontingenten und individuell beliebigen Erfahrungs-, Wissens- und Lebensstoff prüft, zur Sprache und in Sprache bringt, umwandelt, formt und kombiniert, dass er schließlich jene einzigartige Synthese ergibt, von der Kundera spricht. Die *Tagebücher* sind gleichzeitig aber auch das bestürzende Dokument einer lebenslangen ‚Besetzung', einer unentrinnbaren Okkupation des Autors durch sein ‚Werk'. (Amann 1997/98, S. 76)

Musils Hefte induzieren mithin eine Ordnung literarischen Schreibens, die – immer noch fasziniert von der Gattung Tagebuch, zwar eigentlich sich ablösend von ihr und doch im engen Sinn autobiografisch – einen Raum für Intertextualität entwirft, wie man ihn, zumindest für einen inklusiv gedachten ‚Text', so nicht kennt: Nicht der ‚Text' als solcher tritt nach außen in einen intertextuellen Bezug zu anderen Texten (das freilich tun die Tagebücher auch, sie korrespondieren durch Zitat, Exzerpt, Bibliografie etc. mit anderen Texten), sondern es treten die Hefte untereinander und nach innen in einen so beweglichen wie konstitutiven Dialog, der sich von der paradigmatischen Vertiefung linearer Schrift, wie sie dem Roman eignet, durch seine offensive Unabgeschlossenheit absetzen kann (vgl. auch, über die Tagebücher hinaus gedacht, Pfohlmann 2012, S. 137f.). (→ VIII.5 *Intertextualität*) So kehren die Probleme des Romanprojekts *MoE* in die Hefte ein, allerdings nicht mehr unter dem Totalisierungsdruck, der mit der Buch-Form auf dem Roman lastet und von ihm nicht mehr abzufangen ist; im Rhythmus des Alltags – dem Roman übergroß als „Welt-Alltag der Epoche" (Broch 1997, S. 67) aufgegeben – lässt sich in den Heften immer wieder von vorn beginnen, mit jenem Versprechen, das aller Anfang auf sein Ende hin in sich trägt. Vielleicht könnte man von den Heften nicht nur als von einem „Werk neben dem Werk" (Breuer 2009) sprechen, sondern vom Roman als von einem Werk im (Heft-)Werk.

5. Forschungsperspektiven

Für die künftige Auseinandersetzung mit Musils Heften lassen sich u. a. folgende Perspektiven skizzieren resp. über das bereits Vorliegende bestärken:

a) Die Hefte und ihre Konstellation: Um sich ein Bild von der Leistung und den Implikationen der gesamten Heft-Architektur, ihren spezifischen „Sinnmöglichkeiten" (Hurlebusch 1995, S. 22) machen zu können, empfiehlt es sich, die Hermeneutik der einzelnen Hefte über die bereits vorliegenden Ergebnisse hinaus zu schärfen. Eine entsprechende Ausgabe der Hefte in Heft-, nicht in umständlicher Buch-Form wäre in diesem Zusammenhang so hilfreich wie wünschenswert.

b) Heft-Werk und Œuvre: Die „40 Hefte" (Tb I, 944) sind nicht nur untereinander aufeinander bezogen, sondern auf manchmal sehr sichtbare, zuweilen indirekte, immer aber ‚unterirdische' Weise mit Musils Erzählungen, den Romanen, Dramen, auch seinen Briefen und Essays verbunden. Die in den Editionsplänen vielfach weiterhin fortdauernde Gliederung in Groß-Gattungen bildet im Kontext der Moderne eine obsolete Trennung von Leben, Schreiben und Werk ab, die sich auf einen solchen Zusammenhang von Heft-Werk und Œuvre kaum einlassen kann. Eine solche Einlassung ist auch den Digitalisierungen des Werks aufgegeben. Wenn es gelingt, das Denken in Heften und Büchern nicht medial-performativ zu überspringen, sondern durch entsprechende Präsentationstechniken abzubilden, würde dies ein Verständnis des Musil'schen Schreibens insbesondere auch hinsichtlich seiner autobiografischen Fundierung sehr erleichtern.

c) Die „40 Hefte" müssten im Kontext vergleichbarer Schreibprojekte untersucht werden. Abgesehen von den ‚Tagebüchern' und ‚Heften' Franz Kafkas, die in ihrer Herausforderung der Philologie den ‚Heften' Musils in vielerlei Hinsicht nahestehen (vgl. Sommerfeld 2013), wäre da – in chronologischer Ordnung – zu denken etwa an jene 261 *Cahiers*, zumeist ‚Schulhefte', die Paul Valéry von 1894 bis 1945 führte, in der Auswahl-Ausgabe der Pléiade an die 4.000 Seiten umfassend und damit insgesamt gerade einmal ein Elftel der gesamten Textmasse darstellend, seit 1957 auch in 26-bändiger Faksimilierung vorliegend; an *Die Fackel* von Karl Kraus, herausgegeben zwischen 1899 und 1936, ab 1912 allein verfasst von ihrem Herausgeber, 922 Nummern und 415 Hefte, insgesamt 22.586 Seiten, ein Unternehmen, das als Analyse auch des ideologisch-politischen Vermögens verschiedenster ‚Kleiner Formen' von höchstem Interesse sein könnte; an das zu Lebzeiten nicht erschienene, planlos in einer Truhe hinterlassene und seit 1982 allein in der Originalsprache in vier unterschiedlichen Ausgaben vorliegende Werk des Fremdsprachenkorrespondenten Fernando Pessoa, *O Livro do Desassossego*, geschrieben zwischen 1913 und 1934; an das *Passagenwerk* Walter Benjamins, entstanden zwischen 1927 und dem Todesjahr 1940; oder auch an die zwischen 1929 und 1935 in faschistischer Haft entstandenen, insgesamt 33 Hefte umfassenden *Quaderni del Carcere* des Sarden Antonio Gramsci, die ein ähnliches Schicksal thematischer Ordnung in ‚Büchern' erfahren haben wie Valérys nach Themen geordnete *Cahiers*. Was sich bei Robert Musil als Heft-‚Werk' *sui generis* ausnimmt, stößt im Raum der zeitgenössischen europäischen Literatur auf vielstimmige Resonanz.

6. Literatur

Amann, Klaus: Robert Musils Tagebücher. In: Musil-Forum 23/24 (1997/98), S. 73–83.
Bey, Gesine: Zwischen Zuversicht und Müdigkeit. Robert Musils frühe Tagebücher und der Roman *Die Verwirrungen des Zöglings Törleß* unter dem Aspekt der künstlerischen Aneignung sozialer, ethischer und ästhetischer Probleme der Jahrhundertwende. Diss. HU Berlin 1986.
Böschenstein, Bernhard: Der späteste Musil. Zu seinen Reflexionen und Reaktionen in den *Tagebüchern*. In: Austriaca 20 (1995), H. 41, S. 169–181.
Breuer, Constanze: Das Nervenmotiv in den frühen Heften Robert Musils. In: Musil-Forum 28 (2003/04), S. 6–25.
Breuer, Constanze: Werk neben dem Werk. Tagebuch und Autobiographie bei Robert Musil. Hildesheim u.a.: Olms 2009.
Broch, Hermann: James Joyce und die Gegenwart. Rede zu Joyces 50. Geburtstag. [1936] In: ders.: Geist und Zeitgeist. Essays zur Kultur der Moderne. Hg. u. mit einem Nachwort v. Paul Michael Lützeler. Frankfurt a.M.: Suhrkamp 1997, S. 66–93.
Coetzee, John M.: Robert Musils Tagebücher. [engl. 1999] In: ders.: Was ist ein Klassiker? Essays. Frankfurt a.M.: Fischer 2006, S. 176–194.
Desportes, Yvon: La critique du langage, des concepts et des mots dans les „Tagebücher" et les „Essais" de Robert Musil. Contribution à l'étude explicative du style. In: Musil-Forum 9 (1983), S. 19–51.
Dusini, Arno: Der „Roman" der „kleinen Form". Zur Romangeschichte des 20. Jahrhunderts. In: Harald Jele, Elmar Lenhart (Hg.): Literatur – Politik – Kritik. Beiträge zur österreichischen Literatur des 20. Jahrhunderts. Göttingen: Wallstein 2014, S. 25–36.
Fanta, Walter: Die Entstehungsgeschichte des *Mann ohne Eigenschaften* von Robert Musil. Wien u.a.: Böhlau 2000.
Feilchenfeldt, Konrad: Armin Kessers Tagebücher. Aus unveröffentlichten Aufzeichnungen über Robert Musil. In: Karl Konrad Polheim (Hg.): Sinn und Symbol. Festschrift für Joseph P. Strelka zum 60. Geburtstag. Bern u.a.: Lang 1987, S. 443–456.
Frisé, Adolf: Die Tagebücher Robert Musils. Überlegungen zu ihrer Neu-Edition. In: Neue Rundschau 85 (1974), H. 1, S. 124–138.
Genette, Gérard: Le journal, l'antijournal. In: ders.: Figure IV. Paris: Seuil 1999, S. 335–345.
Hahn, Heinrich: Usuelle und nichtusuelle Ableitungen in den Tagebüchern Musils. Diss. Univ. Innsbruck 1976.
Hobsbawm, Eric J.: Age of extremes. The short twentieth century 1914–1991. London: Michael Joseph 1994.
Hurlebusch, Klaus: Divergenzen des Schreibens vom Lesen. Besonderheiten der Tagebuch- und Briefedition. In: Editio 9 (1995), S. 18–36.
Hyams, Barbara: „Ein Zeichen der Zeit". Die Tagebücher Robert Musils. In: Donald G. Daviau (Hg.): Österreichische Tagebuchschriftsteller. Wien: Ed. Atelier 1994, S. 265–293.
Karthaus, Ulrich: Robert Musils Tagebücher, hg. von Adolf Frisé. Vorläufige kritische Würdigung. In: Musil-Forum 2 (1976), S. 310–314.
Kieser, Rolf: Der Garten von Genf. Betrachtungen zu Robert Musils Spätwerk. In: Dieter P. Farda, Ulrich Karthaus (Hg.): Sprachästhetische Sinnvermittlung. Frankfurt a.M. u.a.: Lang 1982, S. 240–247.
Kumpl, Franz: Robert Musils Denken in Begriffspaaren. Eine genetische Analyse unter besonderer Berücksichtigung der Tagebücher. Diss. Univ. Salzburg 1981.
Kundera, Milan: Die Kunst des Romans. Essay. [frz. 1986] München, Wien: Hanser 1987.

Le Rider, Jacques: Kein Tag ohne Schreiben. Tagebuchliteratur der Wiener Moderne. Wien: Passagen 2002.

Lejeune, Philippe: Moi aussi. Paris: Seuil 1986.

Magris, Claudio: Ein grenzenloser Kataster des Fragmentarischen. Musils Tagebücher. In: Kurt Bartsch u. a. (Hg.): Die andere Welt. Aspekte der österreichischen Literatur des 19. und 20. Jahrhunderts. Bern u. a.: Francke 1979, S. 291–295.

Mayer, Hans: Zwei Städtebewohner: Robert Musil und Thomas Mann. Zur Interpretation ihrer Tagebücher. In: Literatur und Kritik 15 (1980), H. 149/150, S. 579–588.

Modick, Klaus: „Diese besonders glücklichen Augenblicke". Robert Musil in seinen Tagebüchern. In: ders.: Milder Rausch. Essays und Portraits. Frankfurt a. M.: Eichborn 1999, S. 9–27.

Mulot, Sibylle: Der junge Musil. Seine Beziehungen zu Literatur und Kunst der Jahrhundertwende. Stuttgart: Heinz 1977.

Musil, Robert: Der literarische Nachlaß. Hg. v. Friedbert Aspetsberger, Karl Eibl u. Adolf Frisé. Reinbek b. Hamburg: Rowohlt 1992.

Payne, Philip: Musil, von innen gesehen. Betrachtungen zu den Tagebüchern. In: Musil-Forum 6 (1980), S. 227–238.

Payne, Philip: Robert Musil's Diaries. In: Lothar Huber, John J. White (Hg.): Musil in Focus. London: Institute of Germanic Studies 1982, S. 131–143.

Payne, Philip: Musil on some of his contemporaries. Aspects of the „Tagebücher". In: Hannah Hickman (Hg.): Robert Musil and the literary landscape of his time. Salford: Univ. of Salford 1991, S. 263–283.

Payne, Philip: Robert Musil's *Der Mann ohne Eigenschaften* seen from the Perspective of his ‚Tagebücher'. In: Rüdiger Görner, Helen Kelly-Holmes (Hg.): Vermittlungen. German Studies at the Turn of the Century. Festschrift für Nigel B. R. Reeves. München: Iudicium 1999, S. 63–84.

Payne, Philip: Ironie in Musils Tagebüchern und Prosaskizzen. Rückblicke in die Antike und Seitenblicke auf Freud, Kafka und den Nationalsozialismus. In: Kevin Mulligan, Armin Westerhoff (Hg.): Robert Musil – Ironie, Satire, falsche Gefühle. Paderborn: mentis 2009, S. 209–224.

Pfohlmann, Oliver: Robert Musil. Reinbek b. Hamburg: Rowohlt 2012.

Raddatz, Fritz J.: Monsieur le vivisecteur – Die Tagebücher Robert Musils: kein Biographie-Ersatz, sondern groß angelegte Ästhetik. In: Die Zeit, 17.10.1986.

Ross, Werner: Blick in zwei Werkstätten. Die Tagebücher Musils und Doderers. In: Merkur 32 (1978), S. 938–943.

Sommerfeld, Beate: Das „Triëdern" als Textstrategie in Robert Musils Tagebüchern. In: Convivium (2011), S. 271–300.

Sommerfeld, Beate: Zwischen Augenblicksnotat und Lebensbilanz. Die Tagebuchaufzeichnungen Hugo von Hofmannsthals, Robert Musils und Franz Kafkas. Frankfurt a. M. u. a.: Lang 2013.

Wagner-Egelhaaf, Martina: „Anders ich" oder: Vom Leben im Text. Robert Musils Tagebuch-Heft 33. In: Deutsche Vierteljahrsschrift für Literaturwissenschaft und Geistesgeschichte 65 (1991), S. 151–173.

Zeller, Hans: Vitium aut virtus? Philologisches zu Adolf Frisés Musil-Ausgaben, mit prinzipiellen Überlegungen zur Frage des Texteingriffs. In: Zeitschrift für deutsche Philologie 101 (1982), Sonderheft, S. 210–244.

Zöchbauer, Paul: Der Krieg in den Essays und Tagebüchern Robert Musils. Stuttgart: Heinz 1996.

3.3 Aphorismen
Klaus Amann

1. Aphorismus und aphoristisches Schreiben bei Musil 460
2. Das ‚Aphoristische' und das Projekt einer „Selbstbiographie" 463
3. Das aphoristische Schreiben und der *Mann ohne Eigenschaften* 463
4. Der Aphorismus als Instrument zeitbezogenen Schreibens in ‚finsteren Zeiten'. 465
5. Literatur 469

1. Aphorismus und aphoristisches Schreiben bei Musil

Nach den strengen Maßstäben einiger Gattungstheoretiker hat Musil wohl gar keine Aphorismen geschrieben. Denn „[k]otextuelle Isolation" und extreme Kürze, d.h. „Einzelsatz *und/oder* Konzision" (Fricke 1984, S. 14), treffen als formale Bedingungen auf die wenigen (nämlich 24) von Musil selber publizierten ‚Aphorismen' kaum zu, von denen man die meisten auch als Glossen oder Kurz-Essays lesen kann und die auch nicht als Aphorismen vorgestellt wurden, sondern Titel tragen wie *Notizen* und *Allerhand Fragliches*. Erst recht nicht passen sie auf die ungezählten aphoristischen Notate, Bemerkungen, Einsprengsel und Textpassagen, die sich in seinen veröffentlichten Texten und im Nachlass finden. Denn zur Kürze und zum ‚Alleinstellungs'-Merkmal kommt noch hinzu, dass nach der ‚reinen Lehre' nur als Aphorismus gelten kann, was der Autor selber als solchen publiziert hat: „Und wo man bei einem zeitweilig wie eine geistige Führerfigur rezipierten Verfasser keine Aphorismen fand, hat man sie dann aus ihrem [sic] Nachlass herauspräpariert – so geschehen etwa bei Kafka, bei Musil" (ebd., S. 57). Damit teilen Musil und Kafka aber immerhin ein gemeinsames Schicksal mit Lichtenberg, Novalis, Goethe, Friedrich Schlegel und Nietzsche, Autoren, die – und ganz besonders ihre Aphorismen – Musil schätzte, z.T. auch exzerpierte, weiterdachte und weiterschrieb. Lichtenberg „verschlang" er (KA, L 14, Aphorismen aus dem Nachlass, Germany, 18) und empfand „Entzücken" an ihm (an Béla Kölhalmi, 15.11.1936, KA), durch die „Fragmente von Novalis" und durch Nietzsche empfing er „[e]ntscheidende geistige Einflüsse" (an Josef Nadler, 1.12.1924, Br I, 368). (→ VIII.5 *Intertextualität*)

Wenn im Folgenden von ‚aphoristischem Schreiben' die Rede ist, bedeutet dies, dass es hier nicht nur um Aphorismen, sondern auch um ‚aphoristische Texte' geht. Mit anderen Worten: ‚kotextuelle Isolation', ‚Kürze' und die Veröffentlichung als ‚Aphorismus' durch den Autor sind keine zureichenden Kriterien für die Definition des philosophisch-literarischen Phänomens Aphorismus bei Musil. Ein wesentliches Merkmal seines Schreibens ist ja, dass es den Blick auf das genau gesehene Einzelne, das unverwechselbare Individuelle, mit der Reflexion auf ein Ganzes oder Allgemeines verbindet. Dies hat zur Folge, dass es bei Musil (wie auch bei Lichtenberg, Novalis, Goethe, Friedrich Schlegel, Nietzsche u.a.) zahlreiche Texte gibt, deren Kennzeichen ist, dass sie Sätze, Passagen, ja ganze Abschnitte enthalten, die kraft ihrer Form (d.h. einer spezifischen Mischung aus begrifflichen und poetischen Sprachverfahren) innerhalb und außerhalb ihres Kontexts Sinn ergeben: Stellen also, die nicht nur eine konkrete strukturelle Funktion innerhalb eines größeren fiktionalen oder nicht-fiktionalen Zusammenhangs haben, sondern auch als Aphorismen gelesen werden können, die für sich und ohne den Kontext, in den sie verflochten sind und an

3.3 Aphorismen

dem sie mitflechten, als eigenständige literarische Formen bestehen (vgl. Fedler 1992). Mittlerweile kursieren im Internet Hunderte von Musil'schen Aphorismen, die nach diesem Prinzip aus seinen Texten, vom *Törleß* bis zum *Mann ohne Eigenschaften* (*MoE*), ‚gewonnen' wurden (vgl. z. B. http://www.zitate-aphorismen.de/zitate/autor/Robert_Musil/48, Stand: 20.10.2015).

Eine Entdeckung der letzten Jahre ist, dass Musil als literarischer Neophyt nicht nur mit kleinen Dialogen, Prosaskizzen und Buchbesprechungen debütierte, sondern auch mit Aphorismen: am Silvesterabend 1902 im Feuilleton des *Mährisch-Schlesischen Correspondenten* in Brünn. Überschrieben mit *Lachende Gedanken* erschienen dort unter dem Pseudonym „R. O. Bert" einige schlichte, eigentümlich altkluge Aphorismen über Liebe, Ehe, Geld und Verwandtes, die ihre bescheidene Wirkung aus semantischen Doppeldeutigkeiten und Wortspielen beziehen (vgl. KA, L 11, Brünner Veröffentlichungen 1898–1902). Das vordergründig Spekulative dieser frühen Versuche ist allerdings nicht der Weg, den Musil weiter verfolgte. Seine Auseinandersetzung mit dem Aphorismus und dem aphoristischen Schreiben – diese Differenzierung ist bei ihm wichtig – zog sich über Jahrzehnte und nahm im letzten Lebensjahrzehnt eine existenzielle Dimension an.

Musil habe sich, das wird in den einschlägigen Arbeiten gern vermerkt (vgl. Pfeiffer 1990, S. 47 u. 71), in verstreuten frühen Bemerkungen negativ über den Aphorismus geäußert. In seiner Dissertation *Beitrag zur Beurteilung der Lehren Machs* (1908) kritisierte Musil z. B., dass Mach seine erkenntnistheoretischen Ausführungen nicht streng methodisch darstelle, sie trügen vielmehr „einen aphoristischen Charakter", die einzelnen Gedanken führten „das gewissermaßen verantwortungslose Leben des Aphorismus" (Musil 1980, S. 11f./21f.; vgl. auch ebd., S. 116/126). Ähnlich in seinen *Anmerkung zu einer Metapsychik*, einem kritischen Essay zu Walther Rathenaus Buch *Die Mechanik des Geistes* (1913), wo Musil als taufrischer Redakteur der *Neuen Rundschau* im Frühjahr 1914 fand, dass Rathenau zuweilen die wissenschaftlichen „Tugenden der Methodik und Genauigkeit" zugunsten der „Unverbindlichkeit des Aperçus" und des Aphorismus, „als esprithafter Einfall", aufgebe (GW II, 1019). Beide Bemerkungen zeigen freilich keine grundsätzliche Skepsis gegenüber der aphoristischen Schreibweise an, es sind vielmehr methodische Einwendungen im Zusammenhang mit wissenschaftlichen (bzw. pseudowissenschaftlichen) Darstellungen. Musil sagt nur: Die beiden Autoren haben sich bei ihren jeweiligen Vorhaben im Register vergriffen.

Wo er sich distanziert äußert, betrifft dies, um das Ergebnis vorwegzunehmen, so gut wie immer die Gattung bzw. die Form des Aphorismus, die er jedoch – unerachtet möglicher Vorbehalte – vor allem nach 1933 (aus nachvollziehbaren Gründen, s. u.) selbst intensiv pflegte. Ausgenommen von seiner Kritik sind jedoch generell die Potenziale und Möglichkeiten aphoristischen Schreibens als einer genuin literarisch-philosophischen ‚Erkenntnisform' (vgl. Neumann 1976), die er von Anbeginn nutzt. Das aphoristische Schreiben ist mit seiner Tendenz zur bildhaften Verdichtung und zur Sentenz geradezu ein Erkennungsmerkmal seines Stils: in den Essays, den Erzählungen, den Dramen, im *MoE*, selbst in den Briefen und, am weitläufigsten, in seinen Arbeitsheften mit ihren pointierten Auslassungen über Gott und die Welt und das Dazwischen.

Seine sporadische Kritik an der Gattung, die möglicherweise auch nur spontaner Ausdruck unerquicklicher Leseeindrücke ist, stellt sich so dar: „*Aphorismus:* Nicht

Fisch u[nd] nicht Fleisch. Nicht Epigramm u. nicht Entdeckung. Es fehlt ihm anscheinend an Ganzheit, Einprägsamkeit, Reduzierbarkeit odgl. Bloß Bewegung ohne Ergebnis, Knotenpunkt usw. Darum die Abneigung gegen ihn. Schlage es nicht in den Wind!" (Tb I, 767) Was bedeutet hier das „anscheinend" und was meint das „es" in der Selbstermahnung? An anderer Stelle schreibt er: „*Widerstand gegen den Aphorismus:* Jemand, der auf einem Spaziergang zehn solcher Bemerkungen von sich gäbe, wäre unangenehm. Der zehn solcher Einfälle hätte, die nicht entschuldigt sind durch ein verbindendes Thema." (Tb I, 793) Was bemängelt Musil am Aphorismus? Ausgerechnet das, was einige Theoretiker als Kriterium der Gattung definieren: die ‚kotextuelle Isolation'; damit seine Unbestimmtheit, Unverbundenheit, Zufälligkeit, mangelnde Triftigkeit, Ziellosigkeit. In dieser Form sei er bloß ein unangenehmer Zeitvertreib für Spaziergänger (oder Füllmaterial für Silvesterbeilagen?). Aber er verwirft ihn nicht: „Schlage es nicht in den Wind", ermahnt er sich selber. Was ist dieses „es"? In Musils lakonischer Formulierung aus dem Umkreis seines aphoristischen Buchprojekts *Rapial oder Aufzeichnungen eines Schriftstellers* (1937–1941) heißt es: „Was ist ein Aphorismus? (Das Aphoristische ohne Aphorismus)" (GW II, 921; neu ediert in: KA, L 14, Aphorismen aus dem Nachlass, Rapial, Aufbau 2).

Das Aphoristische interessierte Musil nicht so sehr als Form, als Gattung, sondern als Erkenntnis- und Darstellungsprinzip. Explizit ermahnte er sich um 1928 beim Verfassen einer Buchbesprechung: „Aphoristisch auf den Kern kürzen" (KA, M I/6/119); am 17. November 1930 notiert er: „Ab[en]ds Blei Aufs.[atz] vorgenommen u[nd] aphoristisch angelegt." (KA, M II/8/2) Ab Mitte der 1930er Jahre beschäftigte ihn das aphoristische Schreiben vor allem auch als technische und kompositorische Möglichkeit im Hinblick auf die Arbeit am *MoE*. Denn das Aphoristische als Schreibprinzip erlaubt das Isolierte und Abgeschlossene des einzelnen Aphorismus aufzuheben, thematische Bögen aufzunehmen und größere Zusammenhänge anzudeuten oder herzustellen. Schon 1927 hatte Musil, in seinem Würdigungsartikel *Zu Kerrs 60. Geburtstag*, präzisiert, was er unter der „aphoristischen Schreibweise" verstand und wie sie in längeren Texten kompositorisch genutzt werden kann:

> Man kann in vier Kapiteln, Büchern, Strophen, Bemerkungen, Akten mehr sagen als in einem ununterbrochenen Ganzen von der gleichen Größe. Ein Gedanken- und Gefühlsfaden, nicht nach der ganzen Länge abgespult, sondern in vier Fäden zerschnitten, hat die vierfache Kraft, durch Anziehung luftiger Materie seinen Gegenstand zu bilden. Er verhält sich, um es weniger schön auszudrücken, wie ein Regenwurm, dem Köpfe und Schwänze nachwachsen. Die Teilungsstellen, Anfänge und Enden sind in der Dichtung voll von einer besonderen Spannung, Sitz von andeutenden, weiterführenden, herbeiführenden und ausstrahlenden Kräften, und auf ihnen beruht die außerordentliche Ausdrucksfähigkeit einer aphoristischen Schreibweise, eines Ganzen aus Fragmenten. (GW II, 1181)

Wobei der Begriff des ‚Fragments' in diesem Zusammenhang nichts Defizitäres, Isoliertes, Bruchstückhaftes andeutet. Ganz im Gegenteil, auf einem Schmierblatt definiert Musil: „Aphorismus = das kleinste mögliche Ganze" (GW II, 863). Dazu passt auch: „*Aphorismen* schreiben sollte nur einer, der große Zusammenhänge vor sich sieht." (Tb I, 902)

2. Das ‚Aphoristische' und das Projekt einer „Selbstbiographie"

Musils Präzisierung „Das Aphoristische ohne Aphorismus" stammt aus einem Konvolut, das Überlegungen zu einer „Selbstbiographie" enthält. Der zitierten Stelle geht folgende Passage voraus: „*Dringende erste Frage für den Anfang also:* Episch? [...] oder aphoristisch. Ev[entuell]: Aphoristisch als Epos dieses Mannes." (GW II, 921) Da Musil das Aphoristische als Technik einer Kombination von relativ eigenständigen ‚Fragmenten' begreift, hat er keine Bedenken, es mit größeren und auch großen epischen Formen in Verbindung zu bringen. So spricht er völlig selbstverständlich von „Essays in Aphorismenform" (an Karl Zimmermann, 19.9.1935, Br I, 656), von „Romane[n] in Aphorismen" (Tb I, 799) und eben auch von einem aphoristisch gedachten und konzipierten ‚Epos' auf der Basis der Biografie des Autors, Titel: *Rapial oder Aufzeichnungen eines Schriftstellers*. Musil ist nicht der erste Autor, der an einen aus und mit Aphorismen komponierten Roman dachte. Bei Novalis und Friedrich Schlegel gibt es dazu konkrete Überlegungen in den Konstellationen von „Fragment und Roman, Fragment und Enzyklopädie, Roman und Enzyklopädie" – eine Vorstellung, die in Goethes *Wahlverwandtschaften* „als Roman und Aphorismenbuch überzeugende Gestalt gewonnen hat" (Neumann 1976, S. 234; vgl. auch ebd., S. 683–727). Musil ist als Aphoristiker in dieser geistigen Reihe zu sehen. Gerhard Neumann hat schon vor bald vier Jahrzehnten hervorgehoben, dass das Nachdenken über die Frage der Integration von Aphorismus und großer epischer Form, wie es von Lichtenberg, Novalis, Goethe und Friedrich Schlegel an der Wende vom 18. zum 19. Jahrhundert gepflegt wurde, bei Musil „zu einem neuen Höhepunkt" gelangt sei (ebd., S. 785). Musil schließt seine Überlegungen zum aphoristisch-biografischen Buchprojekt mit dem Satz: „Wichtig zu Aphorismus: Wer sagt das? Ein Mensch, nicht bloß der Autor! Also: der Autor als Mensch." (GW II, 921) Mit anderen Worten: Es geht nicht um das zufällig Biografische und biografisch Zufällige des Autors, sondern um das Exemplarische seiner Existenz als Schriftsteller – und als Mensch. Das aphoristische Schreiben soll und kann diese über die Kontingenz des individuellen Schicksals hinausgehende Absicht sichtbar machen. Im Autobiografie-Heft (Nr. 33: 1937 bis Ende 1941), von dessen beinahe 200 durchnummerierten Einträgen viele das Exemplarische im Biografischen auszuloten suchen, kann man sich möglicherweise eine Vorstellung davon machen, in welche Richtung das aphoristische „Epos dieses Mannes" (KA, M III/5/16) gehen und welche Gestalt es hätte annehmen können (vgl. Tb I, 911–966).

3. Das aphoristische Schreiben und der *Mann ohne Eigenschaften*

Eine andere große Hoffnung Musils neben dem „Selbstbiographie"-Projekt war, dass sich mit der aphoristischen Schreibweise die Probleme bewältigen ließen, vor die ihn die Zeitumstände stellten und in die er sich bei der Fortsetzung des *MoE* seit 1933 immer mehr verstrickte. Das aphoristische Schreiben erschien ihm zunehmend als ein Instrument, das ausufernd Essayistische seiner Arbeit am Roman einzudämmen. 1939 notierte er: „[Es] hat sich darstellend=stilistisch eine unangenehme Umständlichkeit eingeschlichen. Ich muß unbekümmerter und kürzer schreiben. Das ist der Sinn der irgendwo notierten Bemerkung, daß die Einfälle aphoristisch auszudrücken seien." (KA, M V/2/11) So folgt, wenig überraschend, auf die programmatische Stelle

„Das Aphoristische ohne Aphorismus" sogleich die praktische Nutzanwendung, nämlich ein Querverweis Musils auf die Schmierblätter zur Neufassung von Kapitel II/47, „Wandel unter Menschen", wo er mögliche Einsatzgebiete der aphoristischen Methode auf dem Terrain des *MoE* anschaulich beschreibt:

> Wie wäre es, einen Einfall, ein Gefühl usw. möglichst prägnant zu beschreiben u. ohne Betonung der Kontinuität auf das Nächste überzugehn, so daß diese Einzelheiten auftauchen, verschwinden, wiederauftauchen usw. Oder einer Spirale folgen. Für die Wiederaufnahme müßte allerdings eine Technik gefunden werden. (KA, M V/1/2)

Ein zweiter Querverweis führt zu Heft 35, wo Musil in praktischer Absicht Lexikon-Definitionen und Stileigenschaften der Begriffe Aphorismus, Epigramm, Aperçu und Spruchdichtung exzerpiert hatte, wobei ihn zum einen die Relationen zwischen äußerlicher Unverbundenheit und innerem Zusammenhang der aphoristischen Schreibweise interessierten (vgl. Tb I, 899) und zum anderen bei der Beschreibung der Spruchdichtung, die er nach einem Zeitschriftenaufsatz von Georg Friedrich Jünger zitierte, das Zusammenspiel von Anschaulichkeit und Abstraktion:

> „Ihr allgemeiner Gehalt, der verdichtete Erfahrung ist, duldet keine abstrakte Fassung, er muß anschaulich ausgesprochen werden u. sich versinnlichen. Je reiner die Anschauung festgehalten wird, je mehr also der Spruch sich von dem bloß Didaktischen u. Rhetorischen, das auf die Dauer niemanden ergötzen kann, entfernt, desto größer ist sein dichterischer Gehalt. [...]." (Tb I, 909)

Klingt das nicht nach seinem eigenen Schreibprogramm? In denselben Kontext gehört ein Eintrag, den Musil in Reaktion auf die Lektüre von Nietzsches späten Aphorismen formulierte, die „durch ihre Annäherung an das Gedichthafte [auffallen]. Dieser lyrische Zug am A.[phorismus] ist mir für meine Absichten sehr wichtig erschienen: ideale Verbindung von Gedanke u. Gedicht." (Tb I, 900) Verlangt das nicht geradezu danach, das Begriffspaar ‚Gedanke und Gedicht' auf eine Ebene zu stellen mit anderen Paarungen Musils, die ins Zentrum seiner Poetik und seiner Schreibpraxis führen: Wirklichkeitssinn und Möglichkeitssinn, ratioïd und nicht-ratioïd, Genauigkeit und Seele? Eine seiner Selbstermahnungen lautete: „*Habe* [...] das Anspruchsvolle des Philosophen und die Fragestellung des Dichters! So könnte ich mich idealisieren." (GW II, 844) Ist das nicht auch eine ziemlich präzise Definition des Aphoristikers? In den (schon mehrfach zitierten) Überlegungen zu einer „Selbstbiographie" schreibt Musil abschließend: „*Der Aphoristiker* – ein Schicksal!" (GW II, 921) Sein Schicksal?

Die bisher einzige Monografie zum Thema *MoE* und aphoristisches Schreiben vertritt die These, „daß die historisch-politischen Veränderungen nach 1933 Musil veranlaßten, seine ästhetischen Grundpositionen zu überdenken", es komme zu einem „Bruch in Musils Werk" (Pfeiffer 1990, S. 4). Der Verfasser nimmt die etwas kryptische Formulierung Musils über die „Liquidierung von Bd I in Bd. II$_2$" (GW II, 922) wörtlich und versucht zu belegen, dass die Forcierung des aphoristischen Schreibens in der Fortsetzung des Romans als literarische Reaktion auf den Nationalsozialismus zu begreifen sei. Nach 1933 „beginnt Musil seinen Roman zu destruieren" (Pfeiffer 1990, S. 102). Die grundlegende Funktion des Einsatzes aphoristischer Elemente sei die ästhetische Abbildung des ‚anomischen', desorganisierten Zustands der Gesellschaft (vgl. ebd., S. 60). Der Interpretationsansatz entpuppt sich so als eine etwas verspätete Illustration der durchaus zeitgebundenen Thesen von Hartmut

Böhme (1974), die, das zeigen neuere Studien zum Sozialmodell des Romans (vgl. Wolf 2011), nicht zu halten sind – wie übrigens auch die Behauptung nicht, Musil sei ein „Rechtsintellektuelle[r]" gewesen (Pfeiffer 1990, S. 53 u. 92).

Die Arbeiten an der Edition der Nachlassmaterialien in der *Klagenfurter Ausgabe* haben gezeigt, dass von einem ‚Bruch' der Arbeit am *MoE*, wie die genannte Studie dies behauptet, nicht die Rede sein kann. Zu Beginn der Arbeit an der Fortsetzung des Romans setzte Musil die aphoristische Schreibweise, wie das ja auch aus den oben zitierten Äußerungen hervorgeht, vorzüglich als darstellungstechnische Ergänzung ein. Erst in einer späteren Phase des Schweizer Exils gibt es Pläne und Ansätze dafür, dass das Aphoristische die narrative Konstruktion ersetzen könnte oder sollte (vgl. KA, K 3, MoE – Die Fortsetzung). (→ III.3.4 *Nachlass*)

4. Der Aphorismus als Instrument zeitbezogenen Schreibens in ‚finsteren Zeiten'

Sehr wohl aber markiert das Jahr 1933 für Musils Praxis des aphoristischen Schreibens einen Einschnitt. Er beginnt zum ersten Mal gezielt einzelne Aphorismen und thematisch zusammenhängende Aphorismenreihen zu verfassen – mit dem Blick auf Veröffentlichungen im nicht-deutschsprachigen Ausland. Die Gründe dafür liegen in der dramatisch veränderten politischen Situation, die für Musils Leben katastrophale Konsequenzen hatte. Schon im Dezember 1932 hatte er in einem Brief an Thomas Mann vom „Konkurs" seiner „Lebensfähigkeit" gesprochen (Br I, 548). Eine Reflexion seiner persönlichen Umstände, seiner finanziellen Situation, der Arbeitshemmungen und der vermuteten Gründe des ausbleibenden Erfolgs als Schriftsteller überschrieb er mit der Kapitulationsformel: *Ich kann nicht weiter* (vgl. GW II, 958f.). Sein wohl aus derselben Zeit stammendes *Vermächtnis*, ein Text von erschütternder Trostlosigkeit und Ausdruck schierer Verzweiflung, bezeugt, dass die Tatsache absoluter Mittellosigkeit ihn „einigemal in die nächste Nähe des Suic.[ids] gebracht hat" (GW II, 952). Ende 1930 bzw. Ende 1932 waren, nach mehr als zehnjähriger Arbeit, die beiden Bände des *MoE* erschienen. Der Roman verkaufte sich verhältnismäßig gut, doch Musils Honorare waren längst durch Vorschüsse aufgezehrt und er hatte nach wie vor Schulden bei seinem Verleger. Er war, wie schon seit Jahren, „demoralisiert durch den ewigen Geldmangel" (Tb I, 717) und hatte, nach dem Zerfall der Berliner Musil-Gesellschaft (was den Verlust beträchtlicher Unterstützungszahlungen bedeutete) und der Übersiedelung in das klerikale, von Nationalsozialisten unterwanderte Österreich (Herbst 1933), das Gefühl, als 53-Jähriger, mit der Verantwortung für seine jüdische Frau, deren Existenz von ihm abhing, wieder einmal vor dem Nichts zu stehen: Deutschland als Arbeitsmöglichkeit und als Markt verschlossen, Österreich desinteressiert bzw. die entscheidenden Positionen besetzt mit „Ortskundige[n]" (vgl. Brief an Bernard Guillemin, 29.10.1935, Br I, 662).

In dieser Situation musste ihm das nicht-deutschsprachige Ausland als letzte Hoffnung erscheinen, zumal der große Erfolg des *MoE* – auch bei der Kritik – als eine solide Empfehlung gelten konnte. Die Publikation von Aphorismen zu aktuellen Themen in der Tagespresse oder in Zeitschriften konnte, gerade auch mit der Absicht, schnell neue Verdienstmöglichkeiten zu erschließen, durchaus als realistische Überlegung angesehen werden, zumal der Aufwand in jeder Hinsicht (Produktion, Übersetzung, Publikation) überschaubar war.

Noch ein zweiter Aspekt, der auch in der Korrespondenz mehrfach anklingt, muss für den Plan eine Rolle gespielt haben. Nach der Machtübernahme Hitlers, die Musil in Berlin erlebte hatte und die er hellsichtig und detailreich in Heft 30 kommentierte (vgl. Amann 2007, S. 55–63), suchte er nach Gelegenheiten, seinen eigenen Standort gegenüber den politischen Ansprüchen von rechts und von links zu bestimmen. Er verharrte keineswegs, wie ihm unterstellt wurde, in einer bloßen Beobachterposition, sondern er war, wie er im Oktober 1933 an seinen Mäzen Klaus Pinkus schrieb, bestrebt, „ein Lebenszeichen der Nichtgleichgeschaltetheit zu geben" (Br I, 587). Sein Nachlass gibt Zeugnis von den (teilweise auch gescheiterten) Anstrengungen, solche Zeichen zu setzen und öffentlich Position zu beziehen. Die Arbeitshefte, in die Musil seine Beobachtungen zu den Vorgängen im nationalsozialistischen Deutschland und zur Kulturpolitik des österreichischen ‚Ständestaats', sprich des Austrofaschismus eintrug, sind dafür ein wichtiger Fundus, aus dem er schöpfte. (→ V.4 *Politik u. Ideologie*) Drei Manuskriptkomplexe im Nachlass enthalten über die Notate in den Arbeitsheften hinaus die Materialien seines zeitbezogenen Schreibens. Sie betreffen die Bereiche Essay, öffentliche Reden und die Aphoristik. Zwischen den drei Bereichen gab es einen regen Ideen-, Material- und Texttransfer.

Mit der Arbeit an dem politischen Essay mit dem Arbeitstitel *Bedenken eines Langsamen* (GW II, 1413–1435; neu ediert in: Amann 2007, S. 169–196) reagierte Musil im Frühjahr 1933, noch in Berlin, unmittelbar auf die „revolutionäre ‚Erneuerung des deutschen Geistes'" (Amann 2007, S. 169). Der Essay war für die *Neue Deutsche Rundschau* geplant, gelangte aber dort, wohl aus politischen Gründen, nicht mehr zum Abdruck und blieb Fragment. Ende 1935 bzw. Anfang 1936 setzte Musil dazu an, einen Teil seiner bis dahin entstandenen literaturpolitischen Aphoristik, nämlich den Gedankenkomplex rund um die „Gefährlichkeit des Dichters" (vgl. KA, L 14, Aphorismen aus dem Nachlass, Ich stelle zusammen; auch in Amann 2007, S. 230–236) in eine essayistische Gestalt zu bringen. Mit der „Gefährlichkeit des Dichters" war die Beobachtung gemeint, dass politische Gewalttäter (Musil nannte u. a. Clemenceau, Lenin, Lunatscharski, Mussolini und Hitler) häufig gescheiterte Literaten seien. Musil brach die Arbeit an dem Essay mit dem Titel *Vorrede zu einer zeitgenössischen Ästhetik* (GW II, 1435–1437; Amann 2007, S. 196–198) jedoch bald ab, möglicherweise auch deshalb, weil sich die Aussichten auf eine Veröffentlichung in Wien 1936 politisch bedingt verschlechtert hatten. Mussolini, einer der Kronzeugen des geplanten Textes, war der politische Pate des Austrofaschismus; sein Napoleon-Stück *Hundert Tage* stand 1933/34 auf dem Spielplan des Wiener Burgtheaters.

Die wirksamsten und politisch relevantesten Zeichen seiner „Nichtgleichgeschaltetheit" setzte Musil mit seinen drei politischen Reden: 1) *Der Dichter in dieser Zeit*. Festvortrag anlässlich des 20-jährigen Bestehens des Schutzverbandes deutscher Schriftsteller in Österreich (SDSOe) am 16. Dezember 1934 in Wien (GW II, 1243–1258): Musil bezieht sich in einigen Passagen der Rede auf Argumente und Formulierungen aus den Entwürfen zu *Bedenken eines Langsamen*. Auch einige der 1933/34 entstandenen Aphorismen stehen in einem direkten thematischen Bezug zur Rede. 2) Die Rede auf dem „Internationalen Schriftstellerkongreß für die Verteidigung der Kultur" am 22. Juni 1935 in Paris (GW II, 1266–1269): Gedanklich steht die Pariser Rede im Zusammenhang mit der Wiener SDSOe-Rede, mit den Aphorismen aus der Aphorismen-Mappe „Germany" und mit Überlegungen zur Fortsetzung des *MoE* (Stichwort ‚soziale Frage' und ‚apolitische Haltung Ulrichs'). 3) *Über die Dummheit*.

3.3 Aphorismen

Vortrag auf Einladung des ‚Österreichischen Werkbundes' am 11. März 1937 in Wien: 1935/36 verfolgte Musil den Plan einer Aphorismensammlung über die Dummheit, die er am 8. Mai 1935 dem Feuilletonchef der Baseler *National-Zeitung*, Otto Kleiber, für einen Abdruck in Aussicht stellte (vgl. Br I, 645), der allerdings nicht zustande kam. Die umfangreichen Entwürfe für das Aphorismenprojekt sind in das Redemanuskript eingegangen. (→ III.2.2 *Reden*)

Schließlich Musils Aphorismenproduktion: Sie setzte unmittelbar nach dem Steckenbleiben der Arbeit an den *Bedenken eines Langsamen* noch im Jahr 1933 ein. Seine Aphoristik lässt sich als alternativer Schreibgestus zu seiner Essayistik begreifen, der auch durch die geplante Umorientierung Musils auf ein nicht-deutsches Publikum mitbestimmt war. Im Hinblick auf das ins Auge gefasste Medium Zeitung oder Zeitschrift erschien ihm der Aphorismus als das adäquatere Genre, da es weniger aufwändig war und ein schnelleres Agieren ermöglichte. Am 17. November 1933 schrieb er darüber an Toni Cassirer nach London:

> [...] wenn ich das ganz unverblümt sagen darf, so geht es nur noch einige Wochen weiter mit dem Roman und seinen zwei Autoren [i. e. Robert und Martha Musil]. In dieser kurzen Zeit muß ein neuer Weg gefunden werden, und nach allerhand Überlegungen und Versuchen sehe ich kaum eine andere Möglichkeit als die, (vielleicht hat Martha auch davon schon geschrieben?) für englische und amerikanische Zeitschriften oder Zeitungen zu schreiben, ohne daß ich bis jetzt überhaupt weiß, ob mir das möglich wird. Denn ich kann das ja nicht als Journalist tun, sondern nur wie ein Dichter, etwa wie die Notizen Valérys sind oder nach dem Vorbild der Nietzsche'schen Aphorismen. Das täte ich sogar sehr gerne, denn heute wachsen einem die Beobachtungen und Bemerkungen aus den Fingern, und ich bin ohnehin so voll davon, daß es dem Roman nebenbei gar nicht schlecht zu bekommen brauchte, wenn ich mich davon entlastete. Das Unwahrscheinliche ist aber, einen Herausgeber, Redakteur oder dergleichen in England zu entdecken, der mir dazu die Gelegenheit gäbe. Ich habe fast keine Beziehungen. Und da bin ich bei meiner Bitte: Wenn Ihnen in nächster Zeit Männer begegnen sollten, die so aussehen, als ob sie auf meinen Wunsch Einfluß haben könnten, so denken Sie bitte an mich und an den Ernst dieser Bitte und reden Sie den Herrn zu Gemüt! (Warum sage ich Herren? es können durchaus auch Frauen sein!) Es steht ja schließlich auch da ein Stück geistiger Unabhängigkeit auf dem Spiel. (Br I, 594f.)

Von den Aphorismen, die er für sich auch unter dem Titel „Literarische Notizen" (Tb I, 864) und „Notizen und Fragmente" (Tb II, 644, Anm. 185a) führte, ist in der Korrespondenz Musils der folgenden Jahre (mit gut zwei Dutzend Adressaten in Deutschland, Dänemark, der Schweiz, England und den USA) andauernd die Rede (sei es als kleinere Sammlungen für Periodika, sei es als Buchpublikation/en) – auch davon allerdings, dass er sie in der erhofften Form noch nicht zustande gebracht habe. Vor dem ‚Anschluss' Österreichs bot er sie Gottfried Bermann Fischer für seinen Wiener Verlag, danach seinem Stockholmer Verlag an. In der Zeit des Schweizer Exils suchte er auch seine amerikanischen Briefpartner, allen voran seine Mäzene Barbara und Henry Hall Church, für Veröffentlichungen, sei es in Paris, in der von ihnen herausgegebenen Zeitschrift *Mesures* oder in den USA zu gewinnen; doch vergeblich, das Aphorismenbuch blieb unverwirklicht und Musils Aphoristik zu seinen Lebzeiten unübersetzt und, mit wenigen Ausnahmen, auf die noch eingegangen wird, ungedruckt.

Die „essayistisch-aphoristische Auseinandersetzung mit der so fragwürdigen Jetztzeit und der Rolle des in ihr internierten Künstlers" sei für ihn, schrieb er in einer Art Zwischenbilanz am 16. Mai 1939 an Rudolf Olden, „kein Gelegenheitsplan [...], sondern wirklich eine Hauptarbeit", ein „moralistisch ästhetische[s] Beicht- und Sündenwagnisgeschäft." (Br I, 988) In der Art Nietzsches und Valérys mit der Zeit und den Zeitgenossen ins Gericht zu gehen, bildete einen der Grundimpulse für das Aphorismenprojekt (vgl. auch Brief an Niels Frederic Hansen, 30.1.1939, Br I, 929). An die Eintragungen zu den Bücherverbrennungen und zu ähnlichen alarmierenden Vorgängen in Deutschland 1933 schließen in den Heften 1933/34 Notizen unter dem Stichwort „Germany" oder abgekürzt „Germ" an, die u. a. direkt auf die Berichterstattung in den Wiener Zeitungen über die Vorgänge im ‚Reich' Bezug nehmen. Musil legte ein ganzes Konvolut von ‚Schmierblättern' an, auf denen er den Versuch unternahm, sich und künftigen englischsprachigen Leserinnen und Lesern die politisch-kulturelle ‚Gleichschaltung' im ‚Dritten Reich' als einen Vorgang zu erklären, der nach einer bestimmten Gesetzmäßigkeit überall drohe. 1934–1936 schrieb Musil seine bis dahin zustande gekommenen knapp 130 Aphorismen auf Blättern einer Mappe ins Reine, die er wiederum mit „Germ[any]" betitelte (GW II, 830–857; neu ediert in: Amann 2007, S. 199–230).

Sukzessive verbreitete sich das Referenzfeld seiner Aphoristik über das nationalsozialistische Deutschland hinaus auf das austrofaschistische Österreich und grundsätzlich auf Fragen der Rolle der Literatur und auch der eigenen Rolle als Schriftsteller „in dieser Zeit" (vgl. oben die Ausführungen zum Plan einer „Selbstbiographie": *Rapial oder Aufzeichnungen eines Schriftstellers*). Stichworte: Genie und Kollektiv, Ich und Wir, der Durchschnittsmensch, Hitler, Führertum, Helden, Offiziere, Gehorsam, das Soldatische, Todesstrafe, Katholizismus, Humanismus, Ethik, Antisemitismus, Sozialdemokratie, Kunst und Staat, Kulturpolitikskultur, Literaturbetrieb, der Dichter, der Großschriftsteller, der Als-ob-Dichter, Ruhm, Nachleben, Publikum, Zeitgebundenheit, Überzeitlichkeit, Klassiker, Eitelkeit, Kollegen, Psychoanalyse, Sprachkritik etc. Die Richtung des Musil'schen Schreibens, aus den politischen Beobachtungen einen sinnbildhaften Ausdruck der Zeitläufte zu formen, die „Abwendung [...] vom Realismus zur Wahrheit" (GW II, 969), wie er in Vorwortentwürfen zum *Nachlaß zu Lebzeiten* sein Verfahren selbst benennt, lässt sich an den politischen Aphorismen in besonderem Maße ablesen: Sie verlieren im Prozess des Umschreibens den tagespolitischen Bezug zugunsten eines exemplarischen Erkenntnisanspruchs.

Musil gelang es in dem knappen Jahrzehnt, das ihm im Schatten des NS-Regimes zum Schreiben (und in äußerst beschränktem Umfang zum Veröffentlichen) blieb, nur dreimal, kleine Auszüge aus seinen Aphorismensammlungen zu publizieren. 1935 in der Baseler *National-Zeitung*, unter dem Titel *Notizen*, zwölf Beispiele (GW II, 813–815), 1936 im *Wiener Tag*, unter dem Titel *Allerhand Fragliches*, acht (GW II, 816–819) und 1937 im Jahrbuch *Die Rappen* des Bermann-Fischer Verlags in Wien, unter dem Titel *Aus einem Rapial*, elf (GW II, 819–823). Da von den insgesamt 31 Stück sieben zweimal abgedruckt wurden, hat Musil zu Lebzeiten lediglich zwei Dutzend ‚Aphorismen' veröffentlicht – davon keinen einzigen im nicht-deutschsprachigen Ausland. In den drei kleinen Sammlungen, die erscheinen konnten, ging es um Genie und Dummheit (mit zwei Texten, die in der Wiener Rede *Über die Dummheit* wieder auftauchen werden); um den ‚neuen' Geist; um Helden; um die Jugend: der Nationalsozialismus verstand sich bekanntlich als ‚Revolution der Jugend'; um ‚Angewandte Dichtung', also Literatur im Dienst von Weltanschauung und Weltgestaltung; um flache bzw. bodennahe Kunst; darum, wo und wann das klug Begonnene dumm wird und wer solche Verläufe korrigiert; um Grausamkeit: ob sie außerhalb oder innerhalb der Zivilisation besser gedeiht etc.; nichts Tagesaktuelles, nichts vordergründig Politisches, aber Themen, die in die Weichteile der autoritären Systeme zielten, Fragen, die brisant waren für wache, für mitdenkende Leserinnen und Leser, erhellend für die, die gewohnt waren, genau und auch zwischen den Zeilen zu lesen.

Ein Register zu Musils ‚Aphorismen' (den wenigen publizierten, den vielen unpublizierten und den unzähligen in größere Kontexte eingebetteten) ergäbe ein ziemlich vollständiges Stichwortverzeichnis zum inneren und äußeren Leben eines exemplarischen ‚Dichters in seiner Zeit'. Ein solches Register wird es nie geben. Es könnte, angesichts der endogen aphoristischen Schreibweise dieses Dichters nur die imaginäre Summe der „Gefühlserkenntnisse und Denkerschütterungen" (*Über Robert Musil's Bücher*, 1913, GW II, 997) aller Musil-Leserinnen und Musil-Leser der Vergangenheit und der Zukunft sein, denn solche Emanationen wollte er mit seiner Art des Schreibens bewirken. Da fällt nicht ins Gewicht, dass er nur kümmerliche 24 Stück, sozusagen kotextuell isoliert, veröffentlicht hat. Heute konzedieren die Kenner der Materie, dass Musil sich „wie kein anderer im 20. Jahrhundert mit der Gattung auseinandersetzt und ihre grundstürzende Erneuerung ins Werk zu setzen sucht." (Spicker 2004, S. 261f.)

5. Literatur

Amann, Klaus: Robert Musil – Literatur und Politik. Mit einer Neuedition ausgewählter politischer Schriften aus dem Nachlass. Reinbek b. Hamburg: Rowohlt 2007.
Böhme, Hartmut: Anomie und Entfremdung. Literatursoziologische Untersuchungen zu den Essays Robert Musils und seinem Roman *Der Mann ohne Eigenschaften*. Kronberg i. Ts.: Scriptor 1974.
Fedler, Stephan: Der Aphorismus. Begriffspiel zwischen Philosophie und Poesie. Stuttgart: M & P 1992.
Fricke, Harald: Aphorismus. Stuttgart: Metzler 1984.
Musil, Robert: Beitrag zur Beurteilung der Lehren Machs und Studien zur Technik und Psychotechnik. Reinbek b. Hamburg: Rowohlt 1980.
Neumann, Gerhard: Ideenparadiese. Untersuchungen zur Aphoristik von Lichtenberg, Novalis, Friedrich Schlegel und Goethe. München: Fink 1976.
Pfeiffer, Peter C.: Aphorismus und Romanstruktur. Zu Robert Musils *Der Mann ohne Eigenschaften*. Bonn: Bouvier 1990.
Roth, Marie-Louise: Robert Musil als Aphoristiker. [1983] In: dies.: Gedanken und Dichtung. Essays zu Robert Musil. Hg. v. Claude Chevalier. Saarbrücken: Saarbrücker Druckerei und Verlag 1987, S. 112–134.
Spicker, Friedemann: Der deutsche Aphorismus im 20. Jahrhundert. Spiel, Bild, Erkenntnis. Tübingen: Niemeyer 2004.
Wolf, Norbert Christian: Kakanien als Gesellschaftskonstruktion. Robert Musils Sozioanalyse des 20. Jahrhunderts. Wien u. a.: Böhlau 2011.

3.4 Nachlass
Walter Fanta

1. Bedeutung 470
2. Struktur 471
   2.1 Bestand 471
   2.2 Aufbewahrung 471
   2.3 Hefte 472
   2.4 Mappengruppen 472
   2.5 Mappen 473
   2.6 Blätter 473
   2.7 Schreibmaterial 474
   2.8 Textstufen 474
3. Die Vorstufen des *Mann ohne Eigenschaften* 475
   3.1 Die Vorarbeit zum Roman (1904–1914) 475
   3.2 „Der Spion" (1918–1921) 476
   3.3 „Der Erlöser" (1921–1922) 476
   3.4 „Die Zwillingsschwester" (1923–1926) 477
   3.5 Die Rohfassung des Ersten Buchs (1927–1928) 478
   3.6 Die Kapitelgruppen des Zweiten Buchs (Herbst 1928) 479
   3.7 Das Druckmanuskript des Ersten Buchs (1929–1930) 480
   3.8 Das Druckmanuskript des Zweiten Buchs, Erster Teil (1930–1932) . . . 482
4. Die Fortsetzung des *Mann ohne Eigenschaften* 485
   4.1 Schreibrichtungen (1933–1942) 485
   4.2 Die Fortsetzungsreihen (1933–1936) 486
   4.3 Die Druckfahnen-Kapitel (1936–1938) 487
   4.4 Die Fortsetzung der Druckfahnen-Kapitel (1938–1939) 489
   4.5 Die Genfer Ersetzungsreihen (1939–1942) 490
5. Die Vorstufen veröffentlichter Werke 492
6. Fragmente unveröffentlichter Werke 493
7. Literatur 496

1. Bedeutung

„Ich bin der einzige Dichter, der keinen Nachlaß haben wird. Wüßte nicht wie." (KA, H 33/116) Dies notierte Musil 1941. In einem Vorwortentwurf zum *Nachlaß zu Lebzeiten* schrieb er 1935: „Ich eigne mich nicht für einen Nachlaß." (KA, M II/1/54) Daraus spricht der Wunsch, durch das selbst vollendete und veröffentlichte Werk zu wirken. Gelänge dies, wäre der Nachlass überflüssig, gelingt es nicht, dann habe ein Nachlass jeden Zweck verloren. Musils Herausgeber machten sich die Einsicht zu eigen: „Der Nachlaß ist der intellektuelle Spiel-Raum, in dem Musil sich bewegt, ohne zu einer Fortsetzung kommen zu können und zu wollen." (Frisé 1992, S. 13) Was Musil in seinen Mappen und Heften hinterlassen hat, stellt ein literarisch-philosophisches Laboratorium dar (vgl. Friedrich 1991), ein nach dem Wegfall der Publikationsmöglichkeiten 1938 nur mehr langsam wachsendes Textnetz ohne eindeutiges Telos. Dies kennzeichnet den unvollständigen *Mann ohne Eigenschaften* (MoE), der durch ein Verweissystem Musils mit den anderen Bestandteilen im Nachlass verwoben ist, als Fragment der deutschsprachigen Moderne. Er steht damit in einer Reihe mit Nietzsches *Wille zur Macht*, Kafkas Romanen, Robert Walsers *Mikrogrammen*, Wittgensteins *Philosophischen Untersuchungen* oder Ingeborg Bachmanns *Todesar-*

ten-Komplex. Das Gemeinsame liegt auch im Verwischen der Grenze zwischen Poesie und Philosophie. Es wäre für dieses Kontinuum der Begriff des ‚Essayismus' einzusetzen (vgl. Nübel 2006, S. 12). Im Fragment der Moderne ist der Weg das Ziel, das Schreiben hypostasiert sich selbst. Obwohl zum Zweck der Fertigstellung des Romans in Betrieb genommen, werden in der Schreibapparatur die Werkgrenzen transzendiert, erscheinen alle Schreibprojekte Musils zu einem verschmolzen. Der Nachlass birgt die Lösung des Rätsels für den nie zustande gekommenen Abschluss und zeugt von der Auflösung des Romantelos. Das Studium der Textstufen eröffnet überdies Zugänge zu neuen allgemeinen Erkenntnissen über textgenetische Prozesse (vgl. Fanta 2003/04). Zudem ist er die Produktionsstätte, in der Musil die intertextuellen Bezüge herstellte, welche für sein Œuvre in einem so außerordentlichen Maß kennzeichnend sind, weil sie einen Wissenstransfer von Technik, Natur- und Sozialwissenschaften sowie Philosophie in das Medium der Literatur darstellen, der in seiner Zeit ziemlich einzigartig ist. Den Prozess der Intertextualitätsherstellung kann als „Umkodierung" bezeichnet werden, die restlose Erforschung steht noch aus (vgl. Fanta 2011). (→ VIII.5 *Intertextualität*)

2. Struktur

2.1 Bestand

Musil starb in Genf schreibend, umgeben von Manuskripten, förmlich erdrückt von ihnen – etwa 60 Mappen und mehr als 40 Heften, insgesamt mehr als 10.000 Seiten. Nur ein kleinerer Teil war in den Jahren des Schweizer Exils angefertigt worden; die größere Zahl existierte bereits, als Musil aus Wien emigrierte. Dass das Zurückgelassene das Material, welches er mitnahm bzw. sich in die Schweiz nachschicken ließ, an Umfang übertrifft, ist nicht ausgeschlossen (vgl. Friedrich 1991, S. 213). Aus Hinweisen in erhaltenen Manuskripten können wir auf ein umfangreiches Zeitungsarchiv schließen und auf Reinschrift-Manuskripte zu den veröffentlichten Büchern. Davon ist nichts erhalten. Der literarische Nachlass Robert Musils (der ‚Wiener Nachlass') entspricht weitgehend dem Bestand von Musils Genfer Manuskripten aus dem Jahr 1942. Ihm sind nachträglich aus anderen Aufbewahrungsstellen keine Manuskripte hinzugefügt worden, weitere nennenswerte Teilnachlässe bestehen nicht, wenn man vom *Grigia*-Manuskript der Fondation Martin Bodmer Coligny/Genf absieht (vgl. Zeller 2011/12, S. 43–64).

2.2 Aufbewahrung

Martha Musil nahm die literarische Hinterlassenschaft ihres verstorbenen Mannes in die USA (1946) und zurück nach Rom (1947) mit. Schon vorher (1942/43) befasste sie sich mit den Manuskripten, um für einen Nachlassband des *MoE* und eine spätere Werkausgabe Teile zu entnehmen. Sie inventarisierte die Manuskripte mehrmals, ordnete einen kleinen Teil davon um und fertigte Abschriften an, die sie dem Bestand hinzufügte. Nach ihrem Tod 1949 übernahm ihr Sohn Gaetano Marcovaldi die Rolle des Nachlassverwalters (vgl. Zettl 1980, S. 123–126). Er bewahrte die Manuskripte in seiner Wohnung in Rom auf, erstellte eine handschriftliche Katalogisierung und hielt das Material für wissenschaftliche Bearbeiter zugänglich. Neben Adolf Frisé, der

1951/52 seine Herausgebertätigkeit aufnahm, Manuskripte transkribierte und Abschriften anfertigte, waren Ernst Kaiser und Eithne Wilkins 1954–1972 mit der Bearbeitung des Nachlasses beschäftigt (vgl. Kaiser/Wilkins 1963). Kaiser/Wilkins brachten auf den Manuskriptblättern eine Paginierung nach Mappengruppen, Mappen und Seiten an. Dabei lösten sie einzelne Konvolute auf und fügten sie anderen Teilen an (vgl. Friedrich 1991, S. 218), ohne dies immer genau zu dokumentieren (vgl. Marcovaldi/Zettl 1976, S. 197–200). Bis der Nachlass, durch die Republik Österreich angekauft, am 19. Februar 1972 an das österreichische Kulturinstitut in Rom übergeben worden und von dort in die sichere Verwahrung der Handschriftenabteilung der Österreichischen Nationalbibliothek in Wien gelangt war, hatten sich Verluste, allerdings keine erheblichen, ergeben. Das von Martha Musil bald nach dem Tod ihres Mannes angelegte erste Inventar bildet eine wichtige Grundlage für die Rekonstruktion des authentischen Zustands (vgl. KA, M VIII/7/34). Als Kontrollmöglichkeit bietet sich ein kurzes Inventar der Hefte an, von Musil selbst zu Beginn des Schweizer Exilaufenthalts 1938/39 angelegt (vgl. KA, Registerheft/22). Aufschlussreich ist ein Inventar Musils anlässlich eines Wohnungswechsels in Genf im April 1941, welches wiedergibt, wie Musil selbst die Ablage seiner Manuskriptmappen vorgenommen hatte (vgl. KA, Blaue Mappe/129–130). Das Inventar bestätigt, dass ein Jahr vor seinem Tod die dann nachgelassenen Mappen in nahezu identischer Anzahl, aber in teilweise abweichender Anordnung vorhanden waren.

2.3 Hefte

Die erhaltenen 32 Hefte des Nachlasses sind zum überwiegenden Teil nicht einfach Tagebücher (vgl. Breuer 2009). Nur auf 283 der insgesamt 2.077 beschriebenen Heftseiten finden sich mit Datumsangabe versehene Aufzeichnungen. (→ III.3.2 *Tagebücher/Arbeitshefte*) Einen breiten Raum nehmen in den Heften Notizen ein, die nicht von Tagesabläufen des Autors berichten, sondern Eindrücke von der Außenwelt und Lektüre verarbeiten (530 Heftseiten). Etwa 188 Seiten lassen sich als Materialsammlung bezeichnen, Exzerpte und Reflexionen zu wissenschaftlicher und belletristischer Lektüre, möglicherweise zur Verarbeitung in Aufsätzen gedacht, aber noch ohne erkennbare Verbindung zu einer bestimmten Arbeit. Notizen, Skizzen und Entwürfe zu – z.T. später tatsächlich realisierten – Essayprojekten bergen die Hefte ebenfalls im Ausmaß von etwa ca. 100 Seiten. Ideen, Motive, Skizzen und Anfänge zu literarischen Projekten sind in den Heften auf insgesamt knapp 900 Seiten verzeichnet, sie machen also einen beträchtlichen Anteil aus. Etwa die Hälfte davon lässt sich Vorstufen des *MoE* zuordnen.

2.4 Mappengruppen

Die Manuskripte befinden sich in einer Anordnung, die weder in pragmatisch-sachbezogener noch in genetischer Betrachtung sofort durchschaubar wird. Sie sind nicht durchgängig nach Alter, nach dem Romanfortgang oder Themen- bzw. Handlungslinien geordnet. Dennoch handelt es sich nicht um ein x-beliebiges Chaos. Die Komplexität ergibt sich daraus, dass Musil seine Manuskriptblätter zwar siglierte, sortierte und einzelne Blätter bzw. Konvolute laufend umzuordnen pflegte, doch stets im Bewusstsein der Vorläufigkeit. Die bei größter gedanklicher Exaktheit und peinlichstem Ordnungssinn des Autors dennoch provisorische und improvisierte Texthinterlassenschaft zwingt bei der Interpretation von Texten aus diesem System, dessen Gegebenheiten anzuerkennen. Statt mit gewohnten Größen wie Romanabschnitten und -kapiteln bekommt man es unweigerlich mit Größenordnungen zu tun wie mit Mappen, Konvoluten, einem komplexen Siglensystem statt einer durchlaufenden Textpagina und mit unterschiedlichen Textfassungen. Grob betrachtet allerdings trägt die Mappengruppen-Gliederung genetische Züge. Mappengruppe V, die Musils Inventar von 1941 unter „Schreibtisch" (KA, Blaue Mappe/129) auflistet, ist als jüngster Bestandteil des Nachlasses zu identifizieren. Von insgesamt 1.115 Seiten Entwürfen und Schmierblättern stammen 247 Seiten aus der Zeit vor der Emigration im Sommer 1938, alle anderen aus der letzten Schreibphase Musils. Allein M V ist genetisch betrachtet so kompakt. M II und zwei Mappen von M III enthalten Materialien zum *MoE* von 1930–1938, der Rest von M III Nicht-*MoE*-Fragmente aus den Jahren 1918–1938. M I und M VII setzen sich aus Romanentwürfen der 1920er Jahre und Fortführungen bis Mitte der 1930er Jahre zusammen. Am Rand angesiedelt sind M IV und M VI sowie die „Anfänge und Notizen" von M IV/2, welche die ältesten Manuskripte beinhalten.

2.5 Mappen

Viele Mappen setzen sich aus mehreren Konvoluten zusammen. Im Nachlass zum *MoE* fungieren mindestens 150 Konvolute als Mappen-Untereinheiten. Meist durch Umschlagblätter zusammengehalten, sind Konvolute in der Regel durch eine Musil'sche Blatt-Sigle (Buchstabe oder Buchstabenkombination) definiert. Unter dieser enthalten sie eine Abfolge von durchnummerierten Blättern: Das kann eine Sammlung von Ideen, eine lose Entwurfsfolge, ein ausgearbeiteter Kapitelentwurf oder ein Kompendium von Studienblättern zu einem Fragenkomplex sein. Manche Konvolute setzen sich aus einer Kombination von Entwürfen und Notizen zu einem Kapitel oder zu einer Kapitelfolge zusammen. Dabei differieren die Entstehungsdaten der einzelnen Notiz- und Entwurfsstufen innerhalb des Konvoluts stark. Einzelne Blätter können ihm entnommen und anderswohin verpflanzt, bestimmte Seiten können zu einem späteren Zeitpunkt geschrieben oder aus einem anderen Konvolut eingefügt worden sein. Die Verschiebungsprozesse hinterlassen ihre Spuren dort, wo innerhalb eines Konvoluts alte und neue Siglierungen aufeinandertreffen.

2.6 Blätter

Die kleinste verschiebbare Größe in der als provisorisch designierten, mit dem Tod des Autors endgültig gewordenen Ordnung ist das ein- bis vierseitig beschriebene (Doppel-)Blatt. Hauptsächlich ist unliniertes Papier in Gebrauch (etwa 6.000 Manuskript-Seiten, im Weiteren abgekürzt MS); am häufigsten sind Kanzleidoppelblätter (etwa 3.500 MS) und Kanzleiblätter in 21 x 33 cm (ca. 2.000 MS) anzutreffen, zum Teil auch kariert (etwa 2.000 MS). Anderes Papier, Doppelblätter (ca. 300 MS), Querblätter (ca. 300 MS), Briefbögen (ca. 100 MS) und vor allem Zettel verschiedenen Formats (etwa 1.300 MS) finden sich in die Kanzleiblattformate eingeschoben. Die allerkleinste Einheit in der physischen Nachlassstruktur repräsentiert jedoch die einzelne Manuskriptseite. Sie stellt auch den distinktiven Wert in Musils Siglen-Verweissystem dar. Eine Zählung ergibt, dass im Gehege der Manuskriptblätter, die zum Roman zu rechnen sind, weniger als 5 % der Seiten als wild, herrenlos, ohne Namen und Titel registriert sind (vgl. Eibl/Willems 1992, S. 124–195), während alle anderen vom Autor selbst sigliert, paginiert und damit kontextualisiert sind.

2.7 Schreibmaterial

Musil war Rechtshänder und schrieb in deutscher Kurrentschrift. Zur Hervorhebung von Namen und Titeln gebrauchte er manchmal lateinische Schreib- oder Druckbuchstaben. Seine Schriftzüge wandelten sich; berücksichtigt man auch die Orthografie, lassen sich vier Schriftphasen unterscheiden: In seinen Anfängen (1898–1906) schrieb Musil ein gestrecktes, noch nicht flüssig wirkendes Kurrent nach den Rechtschreibregeln vor der Orthografiereform (1901). Mit dem Beginn seiner eigentlichen schriftstellerischen Karriere ab 1906 wurde die Schrift dichter, flüssiger; an die Veränderungen des orthografischen Regelsystems passte sich Musil während dieser Phase (1906–1918) erst allmählich an. Nach dem Ersten Weltkrieg fand er zur Schrift seiner mittleren Jahre (1918–1936): flüssig, rasch, dicht, orthografisch modernisiert. Ein Schlaganfall im Sommer 1936 machte sich in Musils Altersschrift (1936–1942) bemerkbar, die weniger fest, bei Notizen ins Kleine und Winzige gezogen und sehr stark verschliffen ist, damit mitunter schwer entzifferbar. Stenografische Kürzel gebrauchte Musil nicht, Verschleifungen der Wortendungen und Abkürzungen in Notizen bereiteten der Entzifferung jedoch weitere Schwierigkeiten. Der Autor fertigte seine Manuskripte in der Regel handschriftlich an, auch die Reinschriften, welche er für die Druckvorlage abtippen ließ. Seine Kapitelentwürfe mit ihrem proportionierten Schriftbild und den sorgfältig und präzis angebrachten Korrektureinträgen – mittels Setzerzeichen dem Text zugeordnet – besitzen kalligrafische Qualität. In der Regel schrieb Musil mit schwarzer Tinte. Nur Korrekturen und Zusätze führte er mit anderen Schreibmaterialien aus, vor allem mit Bleistift und mit Farbstiften, die er verwendete, um Hinweisen, Verweisen und Korrekturschritten mehr Deutlichkeit zu verleihen. Eine Schreibmaschine verwendete Musil selten. Nur etwa 6 % des Nachlassmaterials sind Typoskripte.

2.8 Textstufen

Mit Textstufe ist das Produktionsstadium gemeint, das Maß an Elaboriertheit, das ein bestimmtes Manuskript annimmt; auch die Funktion, die eine Niederschrift innerhalb der Organisation des Schreibprozesses erfüllt. Der Nachlass Musils enthält keine fertigen Texte. Wir haben es mit zwei Hauptkategorien zu tun: Notiz und Entwurf. ‚Notiz' ist eine Aufzeichnung, der nicht die Intention zugrunde liegt, damit einen Teil des fertigen Textes vorzubereiten. ‚Entwurf' dagegen ist eine Niederschrift, die mit der Absicht entsteht, den Text selbst zu formulieren (vgl. dazu und zum Folgenden: Fanta 2000, S. 54–89). Die Textstufe ‚Notiz' manifestiert sich in den Materialien zum *MoE* in drei Untergruppen: 1) Anfangsnotizen: Der Autor notierte Einfälle und Ideen, die (potentielle) Ausgangspunkte von Entwürfen bilden (906 MS). 2) Studienblätter: Er fertigte Notizen an, die die bisherige Produktion reflektieren, die weitere Produktion von Entwürfen begleitend kommentieren bzw. strukturelle Festlegungen zur Fortführung treffen (2.013 MS). 3) Schmierblätter: Er notierte während der Abfassung und

Korrektur von Entwürfen Formulierungsvarianten (1.683 MS). Daneben existieren die Sonderformen des Exzerpts (790 MS) und der Heft-Eintragung (440 MS). Die Textstufe ‚Entwurf' erscheint ebenfalls in drei Ausprägungen: 1) Voraus-Entwurf zur Skizzierung der Handlung, noch ohne Kapiteltitel (1.136 MS); 2) unvollständiger Kapitelentwurf, kein fixer Kapiteltitel, keine fixe Kapitelnummer (640 MS); 3) vollständiger Reinschriftentwurf; fixer Kapiteltitel; fixe Position innerhalb der Kapitelanordnung (112 MS). Einen Sonderstatus nehmen die 145 korrigierten Druckfahnen von 1938 ein, die bereits im Autorisierungsstadium waren und wieder ins Entwurfsstadium zurückfielen. Eine weitere Sondergruppe bilden die Abschriften Martha Musils von Manuskripten ihres Mannes (286 MS).

3. Die Vorstufen des *Mann ohne Eigenschaften*

Nicht nur aus editorischer Sicht, auch für das werkgeschichtliche Verständnis erscheint es sinnvoll, die Vorstufen (1904–1932) getrennt von der Fortsetzung des Romans (1932–1942) zu betrachten. 1932/33 stellt eine entscheidende produktionsgeschichtliche Zäsur dar: Was Musil bis dahin schrieb und im Nachlass erhalten ist, kann zum Teil durch die zu Lebzeiten des Autors publizierten Romanteile als aufgehoben betrachtet werden: die direkten Vorstufen des Ersten Buchs (1.000 MS) und des Zweiten Buchs, Erster Teil (1.100 MS). Dass sie aufbewahrt sind, hängt zum größeren Teil mit 1932 noch unverwirklichten Darstellungsabsichten des Autors zusammen. Ein Teil des erhaltenen Entwurfs- und Notizmaterials aus der Zeit bis 1932 ist direkt der Romanfortsetzung zuzurechnen (500 MS). Der Rest der insgesamt knapp 4.000 MS, die aus den Jahren bis einschließlich 1932 überliefert sind, bildet das textgenetische Substrat für die Rekonstruktion des Schreibprozesses. Er lässt sich in acht Abschnitte gliedern; ebenso viele Vorstufenfassungen des Romans können aus den Manuskripten ‚herausgeschält' werden.

3.1 Die Vorarbeit zum Roman (1904–1914) (350 MS)

An die Anfänge erinnerte sich Musil 1932 als „Geschichte dreier Personen" (vgl. KA, M I/7/36). Im Nachlass vorhanden sind mehrfache Schreibansätze zu einem autobiografischen Roman mit dem Thema der intellektuellen und erotischen Selbstfindung in einer Dreieckskonstellation (vgl. KA, H 3/45–82 u. 4/89–125). Ab 1906 rückte die „Tragödie des Mißtrauens" (KA, H 3/58) um Herma, Hanka – später Tonka – ins Zentrum des Romanprojekts, ab Ende 1907 begann Musil die Figur der Agathe zu entwickeln und sammelte gleichzeitig Material für eine Biografie über seine spätere Ehefrau Martha, ein Projekt, das er unter „Rabe" bis in die späte Schaffenszeit weiter verfolgte. Marthas Kindheits-Erinnerungen an das Haus ihrer Vettern in Berlin (vgl. KA, M IV/2/285) flossen in das Romanprojekt ein (vgl. Corino 2003, S. 321–363). 1911/12 bzw. 1914 erhielt der Roman den Titel „Der Anarchist" (vgl. KA, H II/53), die Figur Moosbrugger diente bereits als Ausgangspunkt für die Romanhandlung. Der Protagonistenname wechselte von Robert zu Hugo, von Monrad/Unold, von Nestor von Dobransky und von Hans Narr zu Alexander Unrod. Die Lebens- und Krankengeschichte Alice Charlemonts bildete vorübergehend ein eigenes Projekt, integrierte sich nach dem Ersten Weltkrieg jedoch wieder in die Romankonzeption, während der Autor Materialien zu „Rabe" und „Tonka" auch für eigene Erzählprojekte vorsah (u. a. „Der Dämon", „Der Schutzengel", mit einem Konnex zu den *Vereinigungen*). Tonka fügte sich ab 1920 in die „Spion"-Konzeption nicht mehr ein, wurde vorübergehend zur Geliebten des Protagonisten im Romanprojekt „Der Archivar" und schließlich zur weiblichen Hauptfigur der 1923 publizierten Novelle *Tonka*. (→ III.1.6 *Drei Frauen*)

3.2 „Der Spion" (1918–1921) (225 MS)

Notizen aus dem Frühjahr 1918 bezogen sich auf das Konzept eines zweiteiligen Romans mit dem Titel „Die doppelte Bekehrung" (KA, H II/52). Das Exposé sah einen Vorkriegs- und einen Kriegsroman („Panama") vor. Anfang 1919 zeugen Notizen aus dem Umfeld der Arbeit am Drama *Die Schwärmer* von Musils neu erwachtem Interesse am Roman (vgl. KA, M IV/3/404). Im April 1919 erwähnte er den Titel „Spion" (KA, H 10/76). Deutlich sichtbar ist unter dem Eindruck der Kriegsausbruchs- und Kriegserfahrung die Erweiterung vom privatistischen Horizont der Jugendwerke zum gesellschaftsbezogenen Schreiben. Ein nachhaltiger Einfluss auf die nun hinzutretenden Ideen, Motive und Figuren ging vom expressionistischen Aktivismus Robert Müllers aus. Die Hauptfigur mit dem Namen Achilles, die die Metamorphosen von Robert zu Hugo bis zu Alexander Unrod noch in sich trug, ein habilitierter Philosoph (Logiker), Schriftsteller und exzentrischer Wüstling, sollte beim Tod des Vaters auf die vergessene Schwester stoßen und sich mit ihr gemeinsam in verschiedenster Weise an der verhassten väterlichen Weltordnung vergehen, u. a. durch praktizierten Inzest und durch die Aufnahme einer Spionagetätigkeit in russischen Diensten in Galizien (vgl. KA, M I/6/65–67, VII/6/209, IV/2/223–224 u. VII/8/23–24). Im Frühjahr 1920 mündete „Der Spion" in ein Gesamtprojekt mit dem Arbeitstitel „Die zwanzig Werke". Bis Herbst 1920 wuchs die Zahl der Notizen und Exzerpte weiter an, ohne dass das neue aktivistische „Spion"-Konzept in integralen Entwürfen erzählerisch umgesetzt worden wäre. Die Materialsammlung zu den „Zwanzig Werken" (Hefte 8, 9 u. 21) und weitere soziologisch und historisch orientierte Exzerpte (Heft 19) regten Musil an: „Mindestens 100 Figuren aufstellen, die Haupttypen des heutigen Menschen [...]. Diese Figuren dann durcheinanderbewegen." (KA, H 8/10) Den Ausgangspunkt bildete die Frage: „Wie verflicht man solche Menschen mit dem Achillesroman?" (KA, H 21/15) Als Programm galt das vielzitierte Motto, „einen Menschen ganz aus Zitaten zusammen[zu]setzen" (KA, H 8/8). (→ VIII.5 *Intertextualität*)

3.3 „Der Erlöser" (1921–1922) (577 MS)

Die Apparatur war Anfang 1921 so weit entwickelt, dass Musil eine Niederschrift wagte, er tat dies in sechs Versuchen (vgl. Schaunig 2007/08). Es entstand ein ‚Netz von Urfassungen' des *MoE* (vgl. Musil 2004; Vanni 2006), die bis in die letzten Perioden hinein die Weiterarbeit an dem Roman befruchteten. Aus den großen Lücken innerhalb der Siglen-Reihen lässt sich abschätzen, wie viel mehr an Manuskripten Musil während des etwa eineinhalb Jahre dauernden Schreibprozesses verfasst hat, als erhalten sind. Bis zuletzt bewahrte er Entwürfe auf, deren Brauchbarkeit für den Roman noch ungewiss war, auch vieles, das aus dem Blickpunkt der späteren Konzeption in eine Sackgasse zu führen schien, wie zum Beispiel der gesamte Komplex der versuchten Entführung Moosbruggers aus dem Irrenhaus. Es darf als gesichert gelten, dass Musil dem Roman in dieser Zeit den Titel „Der Erlöser" geben wollte (vgl. KA, H 36/1). Die ‚Erlöser'-Thematik und das Verbum ‚erlösen' nahm Musil mit der Absicht zur Charakterisierung einer Zeit auf, die seiner Auffassung nach extreme Erlösungsfantasien produzierte und sich schließlich im Krieg selber zu erlösen glaubte. 1921 kristallisierte sich die ‚Erlöser'-Idee im Romanhelden aus, der in der ersten Phase des „Erlöser"-Projekts noch eine Weile Achilles hieß: „Achilles hat schon als junger Mensch das Vertrauen in sich, der Erlöser zu sein." (KA, M VII/8/6) Vermutlich im Februar/März 1921 änderte Musil den Protagonistennamen zu Anders. Mit der Einführung des neuen Namens erwog Musil vorübergehend, in Anwendung einer speziell „satyrischen Erzählungstechnik" (KA, H 21/31) die Spaltung der Hauptfigur in einen Ich-Erzähler und in Anders vorzunehmen, was eine ironische Perspektive bei der Gesellschaftsschilderung erleichtert hätte. In Heft 22 wird die Figur mit dem neuen Namen für einen Entwurf des Romaneingangs nach dem ominösen Vorstadtgasthof-Traum des Protagonisten vorgeführt: „Um ihn nicht bloßzustellen und aus verschiedenen Gründen sei angenommen, daß er einfach Anders hieß." (KA, H 22/28) Darin zeichnete sich bereits die Argumentation von 1925 ab, der zufolge Anders nicht der ‚echte' Name der Figur sei, sondern vom Erzähler Diskretion vorspiegelnd vorgeschoben werde. Im Namenswechsel zeigt sich eine Verschiebung der Konzeption in Richtung auf eine gesellschaftliche Verankerung des Außenseitertums der Figur. Die ‚Erlöser'-Qualität von Anders spiegelt sich in den Erwartungen der anderen Figuren. Graf Bühl (der Vorläufer von Graf Leinsdorf) sehnt „sich nach Anders wie nach einem Erlöser, der nicht kommen will" (KA, H 36/44). Erlöser-Fantasien ruhen auf Anders nicht nur in Verbindung mit seinem Wirken als Sekretär der patriotischen Aktion; auch die Frauen, die ihn umgeben, hegen solche. Clarisse wie Agathe projizieren ihre Erlösungssehnsucht auf ihn – sie sollen letztlich enttäuscht werden. Die satirisch aufgefasste ‚Erlöser'-Idee ist weiteren Figuren aufgepfropft: „Die drei Erlöser: Anders – Arnheim – General. [...] Erlösung durch Güte und Antirationalismus. Clarisse Wahnsinn. Erlöseridee transformiert in Wahngestalten." (KA, M VII/12/14)

3.4 „Die Zwillingsschwester" (1923–1926) (730 MS)

1923 schraubte Musil sein Engagement als Kritiker zurück, um mehr Zeit für die Arbeit am Roman zu haben. Der Verlagskontrakt mit Rowohlt von Februar 1924 verschaffte ihm die finanzielle Basis, sich hauptsächlich und bald ausschließlich dem Romanprojekt zu widmen. Nun unternahm er einen entscheidenden Schritt und fasste alles schon Vorhandene in einer Art von ‚Masterplan' zusammen. Er zeichnete den erzählzeitlichen Ablauf des Romans auf, und zwar in Form von „Linien", die er in exakt zehn Abschnitte teilte, zu denen er die einzelnen ‚Ereignisse' und die dazu gehörigen Schauplätze eintrug (vgl. KA, H 36/49; M VII/12/2). Darin manifestiert sich die integrale Opusfantasie Musils; im Unterschied zu den noch desintegralen früheren Vorstufen „Spion" und „Erlöser" lag nun die Fabel des Romans vor, an die sich der Autor zumindest bis Mitte der 1930er Jahre hielt. Auf die Symmetrie des Plot-Schemas kam es dabei an: Es besteht ein Gegenüber von zwei Abschnitten mit der Exposition (vor dem Auftritt der Schwester) und zwei Abschnitten mit dem „Totalabstieg" (KA, M VII/12/2). Die Geistesverfassung der Hauptfigur unterliegt einer symmetrischen Drei-Phasen-Gliederung: „Anders rational" (III–V) stehen die „Versuche des Irrationalen" und ihr „Scheitern" gegenüber (VI–VIII). Die Schwerlinien überkreuzen sich in Abschnitt V: Das ist die Episode „Anders-Agathe-Reise", die Zwillingsgeschwister reisen ans Meer nach Italien und vollziehen dort den Inzest. (→ V.7 *Sexualität*) Die Peripetie befindet sich am Ende der Reise, am absoluten Desillusionspunkt; genau dort käme das Zentrum des Gesamtromans zu liegen.

Zwanzig Romane wollte Musil ursprünglich schreiben (1918/19), jetzt käme er in einem Roman „mit etwa zwanzig Hauptpersonen aus" (GW II, 941), erklärte er im Interview mit Oskar Maurus Fontana am 30. April 1926. Er nannte den Titel seines Romans – „Die Zwillingsschwester" – und gab an, ihn bereits geschrieben zu haben. Im Interview bestätigte er den in den ‚Linien' schriftlich-notierend niedergelegten ‚Masterplan' mündlich-erzählend. Den Kern des „Zwillingschwester"-Plots bildet der Geschwisterinzest. Das Gedicht *Isis und Osiris* (1923), das den Geschwisterliebemythos gestaltet, enthalte „in nucleo den Roman" (KA, H 34/16), notierte Musil noch 1931. (→ VI.1.4 *Lyrik*)

Doch der ‚Masterplan' erfuhr schon 1927 durch die Zweiteilung eine einschneidende Abänderung; für den MoE wurde das gleichberechtigte Nach- und Nebeneinander des Zeit- und Diskursromans mit dem Geschwisterroman konstitutiv. Musil gestaltete das Motiv der Geschwisterliebe bereits ab 1928 tiefgreifend um: Er begann, dem Mythos eine diskursive Form zu geben, Ulrich und Agathe reden über ihre Liebe, statt sie zu praktizieren. Das ‚Abstiegs'-Szenario wurde in Frage gestellt, es sollte nicht alles in „Kot und Erbrechen" (KA, M VII/9/181) enden, der Roman vielmehr Synthesen und positive Utopien bieten. (→ VII.5 *Utopie*)

Was Musil 1924/25 als Druckmanuskript an Rowohlt schickte, ist nicht mehr erhalten. Wahrscheinlich handelt es sich um eine Ausgestaltung des Romaneingangs, eine Vorstufe des späteren Ersten Buchs; darüber geriet die Reinschrift der „Zwillingsschwester" wohl nicht hinaus. Ihren Torso bilden die „s"-Entwürfe von 1923–1925. Musil schuf mit ihnen eine Rohversion, die einen Großteil des geplanten Ablaufs abdecken und die Handlung nahe an ein noch unsichtbares Ende treiben. Sie blieben erhalten, weil Musil sich an den Skizzen bei der Weiterarbeit in den 1930er Jahren orientierte. Ihre Lektüre eröffnet ein Eintauchen in eine mythisch konfigurierte Textwelt. Eine raue, mitunter brachiale Erzählweise steht gegen die intellektuell schmiegsame Ironie und Essayform des Endtexts. Liebe und Gewalt in ihrem unsublimierten Urzustand begegnen als Besessenheit, Verführung, Vereinigung und Verbrechen in vielerlei Gestalt.

3.5 Die Rohfassung des Ersten Buchs (1927–1928) (600 MS)

Nach dem Abbruch der Arbeit an der „Zwillingsschwester" und einer krankheitsbedingten Schreibpause nahm Musil von Herbst 1926 bis Anfang 1927 etliche Anläufe, den Romaneingang neu zu formulieren. Kennzeichen dieses Neuanfangs ist, dass der Romanheld Anders, die Identitätsproblematik, die ‚Parallelaktion' und mit ihr soziologische Fragen an den Anfang rückten und die Geschwister-Thematik weit nach hinten verschoben wurde. Dass er „rund 10 Manuskripte zu den ersten 200 Seiten" (KA, H 33/41) geschrieben habe, bezieht sich zumindest teilweise auf Musils Anläufe zur Gestaltung des Romaneingangs in dieser Phase. Am 6. Februar 1927 las Musil in der Berliner Funkstunde aus einem Kapitel des Romans bereits mit dem Titel

3.4 Nachlass

Der Mann ohne Eigenschaften. Musil modifizierte den Aufbau und traf nun die Aufteilung in zwei Bände. Die Arbeit am zweiten Band verschob er, bis September 1928 widmete er sich ausschließlich dem ersten Band. Auf ihn beziehen sich die „Aufbau"-Materialien, die im Nachlass in zwei Serien vorliegen. Eine davon mit der Sigle „Af B 1–36" ist fast lückenlos überliefert (vgl. KA, M Bleibt zurück). Die Notizen reflektieren das Frühstadium der produktiven Entfaltung dieses Romanteils; so exakt allerdings Planung und begleitende Reflexion aus dem Material dokumentiert sind, so wenig genau trifft dies auf die Entwurfsarbeit zu. Kapitelentwürfe sind aus dieser Phase nur in Bruchstücken erhalten, insgesamt 327 Seiten mit Notizen stehen 68 Entwurfsseiten gegenüber.

Von der zweiten Jahreshälfte 1927 bis zum Sommer 1928 entstand die erste Niederschrift des Ersten Buchs in ziemlich genau 100 Kapiteln in einer durchlaufenden Paginierung. Im Nachlass befinden sich insgesamt ca. 250 MS aus dieser Schreibphase, etwa die Hälfte davon sind Entwürfe. Die Handschrift selbst ist bis auf wenige Bruchstücke nicht erhalten, doch befinden sich in dem umfangreichen Apparat an Notizen zahlreiche Verweise auf die verlorene „Handschrift"-Fassung des Ersten Buchs, die es erlauben, den Aufbau zu rekonstruieren. In der Gesamtstruktur (Erzählstränge, Kapitelfolge) kam sie der Endfassung bereits relativ nahe, die Namen der Figuren wurden jedoch später teilweise noch geändert. Die Handschrift trug wohl mehr Züge einer Realsatire, was die ‚Parallelaktion' betrifft, der essayistische und ironische Stil entwickelte sich erst allmählich. Im Sommer 1928 brach Musil die Arbeit daran ab. Nach der Rückkehr aus der Tiroler Sommerfrische nach Wien im September 1928 konzentrierte er sich auf das Zweite Buch, um den Ausblick auf das Gesamte zu wahren. Bereits zu Beginn dieses Prozesses war der Name der Hauptfigur zu Ulrich geändert.

3.6 Die Kapitelgruppen des Zweiten Buchs (Herbst 1928) (300 MS)

Auf der Basis des zehnteiligen Aufbau-Schemas der „Zwillingsschwester" legte Musil eine Gliederung von Band II in Kapitelgruppen fest (vgl. KA, H 36/50). Die Kapitelgruppen-Entwürfe übernahmen im Prinzip die Erzählsubstanz der „s"-Entwürfe; was die Handlungsebene betrifft, führten sie kaum darüber hinaus. Musil fixierte in ihnen die erzählerische Substanz, ohne die Romankapitel in Aufbau und Textur exakt zu erarbeiten; dies behielt er sich für später vor. Den Großteil der Entwürfe schrieb Musil im Herbst 1928; als er ab Anfang 1929 bereits an der Reinschrift des Ersten Buchs saß, brachte er noch einige Ergänzungen an. Die Aufstellung der Kapitelgruppen-Entwürfe demonstriert den Durchgangscharakter zwischen den „s"-Entwürfen und den Kapiteln des Zweiten Buchs, zeigt aber auch, wo Musil Substanzen in neuen Entwürfen gestaltete bzw. alte Dispositionen nicht mehr weiterverfolgte: Die Übersicht vermittelt ein Bild der Unvollständigkeit. Es ist nicht bis ins Einzelne bestimmbar, wo dies mit Lücken in der Überlieferung zusammenhängt und wo Musil Kapitel in dieser Phase zwar registrierte, aber nicht ausführte. Unklar bleibt vor allem die Ausführung der letzten Kapitelgruppen. Aus der Phase ab 1930 stammen Verweise auf ein Konvolut VIII und IX, doch sind die entsprechenden Entwürfe mit Ausnahme von „Gerdas Rückkehr" nicht auffindbar. Aus den Kapitelgruppen-Entwürfen zeichnet sich der Plan zu einer unterschiedlichen Konturierung der beiden Romanbände ab. Musil stellte sich vor, die breite Essayistik auf Band I zu beschränken und Band II erzählerischer zu gestalten. Außerdem wollte er erst in Band II eine Riege von Figuren aufbieten, die er sich bereits für die Vorstufen bis 1923 ausgedacht hatte. Es sind dies Hagauer, Lindner, Peter, Meingast, Feuermaul, Schmeißer, Hans Sepp. Die ‚Parallelaktion' sollte in Band II eine entschiedene Zuspitzung auf den Krieg erhalten.

3.7 Das Druckmanuskript des Ersten Buchs (1929–1930) (270 MS)

Mit der Umarbeitung der „Handschrift"-Fassung von 1927/28 in das Druckmanuskript des Ersten Buchs begann Musil am 5. Januar 1929. Die „Reinschrift" ist selbst nicht erhalten, es finden sich im Nachlass aber zahlreiche Querverweise auf sie und einzelne Konvolute mit Notizen zur Reinschrifterstellung. Musil benötigte für die Herstellung der Druckfassung in Summe 22 Monate; der zyklische Prozess begann mit dem Umschreiben der „Handschrift"-Fassung, setzte sich mit der Überarbeitung der „Reinschrift"-Kapitel fort und führte zurück zu schon abgeschlossenen Partien, die neuerlich bearbeitet wurden; die Korrekturbewegung verlief in vier Abschnitten stets vor und zurück.

a) Januar–April 1929: Musil fand mit therapeutischer Hilfe aus der „Mutlosigkeit", die ihn beim Beginn befallen hatte: „Wenn das so weitergeht, brauche ich ein Jahr zur Reinschrift." (KA, H 28/10) Martha Musil berichtete Anfang März, es gehe ihm „jetzt wieder besser und der erste Teil des Romans wird schon abgeschrieben, während er gleichzeitig die letzte Überarbeitung macht." (an Johannes von Allesch, 5.3.1929, KA) Das abwesende Element im Passivsatz war sie selbst, die die Manuskripte abtippte, und, abgesehen von den Ratschlägen des Alfred-Adler-Schülers Hugo Lukács, die praktische Grundlage dafür schuf, dass die Produktionsmaschinerie lief, obwohl der Autor immer wieder an die Grenzen seiner physischen und psychischen Leistungsfähigkeit geriet. Mitte April 1929 war die Endfassung der ersten 50 Kapitel des Romans mit etwa 250 Typoskriptseiten hergestellt (vgl. KA, H 30/9; M I/2/9).

b) April 1929–Januar 1930: Musils Mühe galt dem „Durchkneten der Gedankenmasse" – nicht bloß, um sie stilistisch in den „idealen, nachgiebig quatschenden Zustand" zu versetzen, „in dem man gut erzählt" (an Blei, 31.7.1929, KA), sondern er modellierte immer noch an den Figuren als Träger der Gedanken. In der Überlegung „Der Mann ohne Eigenschaften, konsequent durchgeführt" erhielt Ulrich endgültig sein Gesicht, ein Nicht-Gesicht: bei ihm komme es „zu keiner Willensbildung und Überzeugung" (KA, M II/1/265). Modifizierungen der Erzählsyntax in dieser Phase brachten sowohl Erweiterung der Substanz als auch Reduktionen bzw. Schritte zur Konzentration mit sich. Eine Erweiterung bedeutete die Ausbildung der Figur des Generals; August 1929 lag sie bereits vor, in von Oktober bis Dezember 1929 datierten Notizen im „Konvolut General" fand sie ihren Abschluss (KA, M VII/1/148). Die Durcharbeitung der Figur Arnheim nahm viel Zeit und Überlegung in Anspruch (KA, M VII/3/238). Von Arnheim wurde nun zur ‚Rückansicht' auch eine ‚Vorderansicht' entwickelt (Stichworte: Großschriftsteller, die Inkompatibilität von Geld und Seele, das ungelöste Verhältnis mit dem Vater und der Anteil Arnheims am ‚anderen Zustand') und die partielle Ähnlichkeit mit Ulrich betont. Bei den Walter/Clarisse-Kapiteln strebte Musil nach Reduktion. Er schwankte, ob er die Jugendgeschichte Clarisses nicht überhaupt ins Zweite Buch verschieben sollte. Dann traf er doch die Entscheidung für die Ausarbeitung der Kapitel 70 und 97. Im Oktober 1929 notierte

Musil: „Die Hauptkapitel werden jetzt die letzten. Im Früheren klingen sie an und radieren in die Breite. Das macht aber nichts, denn so geschieht es doch wirklich, ehe sich etwas konzentriert. Also eine Art Wetterleuchten vor dem Gewitter." (KA, M VII/17/93) Der Schluss des Ersten Buchs, bisher die Mitte des Romans in einem unauffälligen Sinn markierend, wurde mit der neuen Bedeutung einer Klimax aufgeladen und die zu schreibenden Hauptkapitel rückten in die Funktion spannender Höhepunkte. Zur steigenden inneren Anspannung trat äußerer Druck. Schon Anfang August mutmaßte Musil, Rowohlt sei „böse, weil ich das Manuskript immer noch nicht liefern kann" (an Allesch, 2.8.1929, KA). Die Isolation in der unterbrechungslosen Schreibhaft produzierte Zweifel: „[D]as sieht nur so aus, als ob da im tiefen Wasser meiner Verschollenheit eine Korallenstadt heranwüchse; am Ende ists nur ein oller Ziegelkasten, wenn es an die Oberfläche kommt" (an Blei, 21.10.1929, KA). Gegen Ende 1929 ging die Beklommenheit in Hysterie über, dass er „heute noch fast 20 Kapitel schreiben muß und den I. Band doch Ende Dezember oder Mitte Jänner abliefern möchte" (an Allesch, 4.12.1929, KA). Der Alptraum vom Januar, mit der Reinschrift ein Jahr zu brauchen, hatte sich bewahrheitet; es folgte das Schreckgespenst des vor dem Zugriff des Schreibenden immer weiter zurückweichenden Endes.

c) Januar 1930–April 1930: Im Januar 1930 wurde die Schreibkrise des Vorjahres wieder akut. Musil griff erstmals seit der Zeit vor dem Weltkrieg zum Mittel, ein regelrechtes Tagebuch zu führen, nun als aktuelle Bewältigungsstrategie: „Ich bin zu abstrakt geworden und würde mich gerne durch dieses Mittel zum Erzählen zurück erziehen, daß ich den täglichen Umständen Achtung erweise." (KA, H 30/14) Auch aus dem „Beschluß" vom 11. Oktober 1929 „Quatsch nicht! Erzähl Realität" (KA, M VII/17/92) wird deutlich, dass Musil das Unerzählerische und die essayistische Breite als Problem empfand. Ende Januar gab er die Arbeit an der Reinschrift auf und stürzte sich in ein zeitlich aufwendiges und qualitativ weitreichendes Korrekturmanöver am Gesamtmanuskript (KA, M I/2), der Korrekturdurchgang brach im April mit Kapitel 115 ab.

d) Mai–Oktober 1930: Die Korrekturarbeit an den Fahnen, bei der Musil von Blei und Allesch unterstützt wurde, mutete im ersten Stadium rasch bewältigbar an, mit Fortdauer wuchs sie aus und führte zu gravierenden Änderungen bis hin zum gänzlichen Umschreiben einzelner Textteile. Eine „Anweisung zum Lesen und Setzen des Manuskripts" zeigt, dass der bei Rowohlt eingereichte, 800 Seiten starke verlorengegangene Text des Druckmanuskripts eine komplexe Struktur mit vielen Korrekturen und Umarbeitungen besessen haben muss (KA, M VII/16/4–5). Anstelle von Gedankenstrichen, mit denen direkte Reden im Manuskript bezeichnet waren, wurden im Druck Anführungszeichen gesetzt. Musil gab die innovativere Form, bei der Gesprochenes und Gedachtes weniger deutlich voneinander abgegrenzt sind, zugunsten der konventionelleren auf. Im Sommer 1930 kam der ersehnte Schlussstrich wieder nicht zustande. Ein „Preußischer Sprachverkehrsschutzmann" der Druckerei Hegner in Hellerau bei Dresden, wo der Roman gedruckt werden sollte, gab als Korrektor dem Umbrüche kontrollierenden Autor regelrechte „Lauseier zu knacken". Ein weiterer Grund lag im Eingeständnis verborgen, selbst jetzt habe er „die letzten Kapitel noch nicht fertig gemacht" (an Blei, 3.8.1930, KA). Die Unsicherheit wirkte weiter nach, erst am Ende des Monats konnte Musil die Ablieferung des letzten Manuskriptteils vermelden, dazu mussten die Korrekturfahnen gelesen werden, „noch heute sind die letzten drei Bogen, die ich umgearbeitet habe, nicht imprimatiert" (an Blei,

19.10.1930, KA). Zu diesem Zeitpunkt genoss er bereits die „Anfangslust" an der neuen Arbeit am Zweiten Buch.

3.8 Das Druckmanuskript des Zweiten Buchs, Erster Teil (1930–1932) (770 MS)

Der Nachlass dokumentiert den Schreibprozess am ersten Teilband des Zweiten Buchs sehr genau, sieht man vom Fehlen der Handschriftmappe ab, in der das Reinschriftmanuskript gesammelt wurde; erhalten sind überwiegend Studien- und Schmierblätter. Ab 17. Oktober 1930 findet sich jeder Arbeitsschritt in einem Arbeitsprotokoll (KA, M II/8/1–5) und in datierten Studienblättern verzeichnet. Demnach gliedert sich die Niederschrift in fünf Abschnitte:

a) Oktober/November 1930 (34 MS): Musil sah Mitte Oktober 1930 die Kapitelgruppen-Entwürfe von 1928 durch und stellte fest, dass er zunächst etwas bereits Vorhandenes würde umarbeiten können (KA, M II/8/38). Auf der Basis der alten Entwürfe und Typoskripte (1921–1924), die zahlreiche Spuren späterer Bearbeitung aufweisen, gelang es ihm übergangslos, bis 12. November eine Reinschrift der Kapitel II/1–5 zu destillieren.

b) November 1930–Juni 1931 (220 MS): Dem ersten Schritt der raschen Abfassung der Kapitel 1–5 folgte ein Stadium, in dem sich eine grundsätzliche Schwierigkeit anbahnt: „aZ ist im ersten Teil jetzt schon ziemlich beschrieben und bequatscht", es gelte nun, „lebend mit ihm fertig [zu] werden." (KA, M II/8/10) Für Fortschritte und Retardierungen in der Geschichte der Geschwisterliebe mussten neue Motivierungen gefunden werden, diejenigen aus der Zeit der Kapitelgruppen-Entwürfe schienen nicht auszureichen. Musil erweiterte seinen Materialbestand nicht nur um zahlreiche Studienblätter, er stellte auch einschlägige Exzerpte aus religions- und entwicklungspsychologischer Fachliteratur zusammen (KA, M II/8/19–23). Die konzeptionelle Phase dauerte mehr als einen Monat. Einen weiteren Monat (22.12.1930–20.1.1931) nahm die Abfassung des Kapitels „Familie zu zweien" in Anspruch. Am 20. Januar 1931 wandte sich Musil den Kapiteln mit den „Heiligen Gesprächen" zu (II/9–12). Im Februar 1931 ging er gleichzeitig dazu über, das Material für die nun wieder einsetzende Clarisse- und ‚Parallelaktion'-Erzählung unter Einschluss neuer Substanz zu präparieren (KA, M II/8/181–184). Erst Mitte April 1931 wurde die Kapitelgruppe bis zum Ende des Aufenthalts der Geschwister im Totenhaus (II/12) fertig, für die Fertigstellung der folgenden Kapitel bis II/17 benötigte Musil bis Anfang Juni.

c) Juni 1931–Januar 1932 (210 MS): Die Vermerke im Arbeitsprotokoll hören mit dem 16. Juni 1931 abrupt auf. Für zwei Monate fehlen jegliche Eintragungen; wegen der „Rowohlt-Affaire" war die Arbeit am Roman unterbrochen (KA, M II/8/4). Die Liquiditätsprobleme des Verlags und das Ausbleiben der Zahlungen an den Autor fielen mit einer Phase größter Unsicherheit über die „Weiterführung Ulrichs" (ebd.) zusammen. Konkret ging es um die Überarbeitung von Kapitel 18 und die Haltung Ulrichs gegenüber dem Verbrechen der Testamentsfälschung. Akzeptiert Ulrich den eingeschlagenen Weg zur Überschreitung oder setzt er ihn außer Kraft? Erhält die Überschreitung eine bloß symbolische Gestalt oder behält sie die ursprüngliche reale Dimension? Musil vermochte diese Frage im Juni 1931 nicht zu entscheiden. Aktuelle äußere Umstände (gesundheitliche Probleme, finanzielle Schwierigkeiten) verknüpften sich mit internen Problemen des Schreibprozesses und führten vorübergehend zum völligen Produktionsstillstand. Erst im Herbst 1931 setzte die Niederschrift neuer Kapitel ein. Mittlerweile hatte Musil für das problematische Kapitel 18 eine Schlussversion gefunden – die alles offen ließ. Am 2. Oktober vermerkte er „grundsätzliche Schwierigkeiten in der Behandlung des anderen Zustands" (KA, M II/8/5; vgl. M II/8/50); sie führten am 6. Oktober zum Abbruch von Kapitel 21. Begleitet war auch die neuerliche Arbeitsunterbrechung von äußeren Umständen: Musils übersiedelten nach einem Erholungsaufenthalt in Mariazell Mitte November 1931 nach Berlin. Ein immanenter Faktor der Schreibverzögerung lag in dem Bemühen, eine adäquate Sprachform für den Liebeszustand zu finden. Der Liebe im ‚anderen Zustand' müsse eine „Schmetterlingssprache" (KA, M II/8/58) entsprechen: Die Geste der Sexualität wäre in ihr aufgehoben, in der „Abneigung gegen sexuellen Trinkzwang" (ebd.) zeige sich die Überwindung des Liebesbetriebs durch den esoterischen Modus der Geschwisterliebe. (→ V.7 *Sexualität*) In den Liebesgedanken Ulrichs und Agathes, die Musil jetzt formulierte, durchdrangen sich Gleichnishaftes, Mythisches und Reales: „Eine Frau lag in seinem Bett. […] Sie war die eine Essenz aller Frauen. Sie war die reine Liebe. Und plötzlich war sie wieder nur seine Schwester." (KA, M VII/15/81) (→ VIII.4 *Gleichnis*) Zum ersten Entwurf der Schlusspassage von Kapitel 28 notierte Musil nicht von ungefähr: „Für aZ brauchbar erwies sich der Balázs-Aufsatz." (KA, M II/8/192) Er stellte eine Beziehung zu früheren theoretischen Überlegungen einer Mythos- und Bildtheorie anhand der Ästhetik des Stummfilms her. (→ VI.3.2 *Kino*) In diesen Kontext fügt sich auch die zeitgleiche Arbeitsheft-Stelle über das Gedicht *Isis und Osiris* (KA, H 34/16). (→ VI.1.4 *Lyrik*) Die Sprache der Mystik übernimmt die Funktion, die Probleme einer Liebessprache zu verdeutlichen. Zu diesem Zweck wurde nun auch Emerson „reaktiviert" (KA, M VI/3/34). (→ VII.1 *Mystik*) Den Geschwistern fallen *Isis und Osiris* und zahlreiche weitere Bilder und Gleichnisse für ihren Zustand ein (II/24). Als Schwierigkeit zeichnete sich ab, dass die Geschwisterliebe auf Steigerung gerichtet ist. In spiralförmigen Bewegungen zwischen Glück und Krise sollten nacheinander die Stufen „vor-aZ", „1/2 aZ" und „aZ" (vor dem ‚anderen Zustand'/halber ‚anderer Zustand'/vollendeter ‚anderer Zustand') erklommen werden. Erreicht aber war Ende 1931 mit Kapitel 28 noch nicht einmal das vor-aZ-Stadium. (→ VII.2 *Anderer Zustand*)

d) Januar–April 1932 (80 MS): Im Januar 1932 arbeitete Musil immer noch an Überarbeitungen der Kapitel 25 und 26 (vgl. KA, M II/8/59). Ein Einschnitt begann sichtbar zu werden, wenn der ‚andere Zustand' nun „als zu individualistisch" bezeichnet und gefordert wird, es sei „die soziale Problematik hinzuzunehmen, meiner heutigen Situation gemäß" (KA, M II/8/192). Auf das Versagen der Ideologien und die damals (1914 – angesichts des Kriegsausbruchs) wie nunmehr (1932 – angesichts des Nationalsozialismus) aktuelle Tatgesinnung zu reagieren, bedeutete ihr entgegenzutreten, sie zu ironisieren, ihr gegenüber Verweigerung auszusprechen. Damit vollzog sich 1932 die Wiedereinbeziehung des Sozialen in den Roman. „Kürzung der Liebesentwicklung" nahm er sich am 26. Februar vor: „Dann muß das Ganze bis Reise in solchen Fluß geraten." (KA, M II/8/60) Nach der mit Rowohlt im September 1931 vereinbarten Veröffentlichung eines Teilbands für Herbst 1932 versuchte Musil alles, um möglichst die gesamte erste Hälfte des projektierten zweiten Bandes in diese Teilveröffentlichung zu bringen. Er zwang sich zu einer planvollen Vorgangsweise und griff zu Maßnahmen, um „nicht wieder in die ‚Flechttechnik' des I. Bandes zu verfallen"; er wollte essayistische Exkurse vermeiden (KA, M II/4/106). Viel Zeit verbrachte Musil in der ersten Jahreshälfte 1932 mit der Planung des Clarisse-Komplexes. Da Meingast sie „mit neuen Ideen ausgestattet" habe, müsse es möglich sein, die Figur der Clarisse in neuer Bedeutung „ernster nehmen" zu können (KA, M I/5/88). In dieser Schreibphase wurde Clarisses ‚Irrsinn' via Meingast mit dem Faschismus in Zusammenhang gebracht und die Erzählung von Walter, Clarisse, Meingast, Siegmund und Ulrich in den Kapiteln 19 und 26 mit zeitnaher politischer Symbolik aufgeladen. Die Einkehr des Philosophen, Exhibitionisten, Propheten in das Vorstadthäuschen nimmt die Dimension einer Machtergreifung an. Meingast füttert die von Sinnverfall Bedrohten mit Wertebewusstsein.

e) Mai–September 1932 (200 MS): Musil fasste (8.5.1932) den bedeutsamen „Vorsatz, General in die Irrenhauskapitel zu ziehn und damit zu einer stärkeren Verflechtung der Ideen der Clarisse-Kapitel mit den anderen" (KA, M I/5/138–139). Es gelang ihm allerdings nicht, das bereitliegende Entwurfsmaterial der Irrenhaus-Kapitel zu verarbeiten, Kapitel 32 und 33 wurden fertig, die Kartenpartie-Szene mit Moosbrugger fand in den Teilband keinen Eingang mehr. Als er im April 1932 daran ging, die geplanten und skizzierten Kapitel bis zu Nummer 50 auszuführen, wurde er bald wieder zurückgeworfen, bis Juni war er damit befasst, Kapitel 24–25 sowie 27–29 noch einmal umzuarbeiten. Im Ostseebad Brunshaupten zog der zu allem Unglück auch noch erkrankte Autor folgende Konsequenz:

> Zweifel daran, ob das Ganze in dieser Weise überhaupt durchgeführt werden dürfe. [...] Schilderung der auf den Krieg zutreibenden Zeit muß die Unterlage geben, auf der Ulrich/Agathe spielt, die Problematik des aZ-Kreises muß in stärkere Beziehung zu der der Zeit gesetzt werden, damit man sie versteht und nicht bloß für eine Extravaganz hält. (KA, M II/8/70)

f) September–Dezember 1932 (55 MS): Im Sommer 1932 ereilte Musil eine ähnliche Schreibkrise wie im Sommer 1931, bestimmt einerseits von der Zahlungsunfähigkeit des Rowohlt Verlags und der Erkrankung, andererseits von der retardierenden Romanstruktur. Der „Abbruch Brunshaupten" (KA, M VII/14/22) zugunsten des vorgezogenen Teilbands, unterstützt durch einen Finanzierungszuschuss der Berliner Musil-Gesellschaft an den Verlag, markiert die aufgezwungene Entscheidung für eine in den Augen des Autors ungünstige Teilung des Romans, von der er im Dezember 1932 an Thomas Mann schreibt: „[L]eider hört es an einem Punkt auf, wo die Konstruktion noch nicht so weit gebracht ist, daß sie als Fragment frei stehen könnte, und ich fürchte, daß manches daran ungünstig wirken wird, was es im fertigen Zustand nicht unbedingt tun müßte." (5.12.1932, KA)

Während seiner bisherigen Arbeit am Roman hatte es Musil vermieden, tagespolitische bzw. ideologische Auseinandersetzungen der Ersten österreichischen bzw. der Weimarer Republik zu berühren. Da die Bewertung des Kriegs und seiner katastrophalen Folgen in Feststellung der Ursachen, der Schuldigen bzw. der Opfer innerhalb der Auseinandersetzung zwischen den politischen Lagern eine maßgebliche Rolle spielte, ist die Distanz, die er zum politischen Diskurs wahrt, das eigentlich Überraschende am MoE. Musil erreichte diese Distanz durch die Ironie und einen entschiedenen Schritt gegen das Prinzip des historischen Romans – das Gestern im Kleid des Heute zu zeigen –, indem er das Prinzip umkehrte, versuchte, die Zeit auszuschalten und den zeitschildernden Passagen eine Patina der Überzeitlichkeit und der ironischen Überparteilichkeit zu verpassen. Dagegen stand der Druck der aktuellen politischen Entwicklung, deren unmittelbarer Zeuge der in der Metropole des Deutschen Reichs lebende Autor 1932 war und die es schwer machte, den Roman politikfrei zu halten; allzu offensichtlich sind die Bezüge zwischen der Tat-Gesinnung, die sich in der ‚Parallelaktion' breitmacht, um dem Krieg den Weg zu bereiten, und der „Jugend im Bannkreis Hitlers" (KA, M II/8/220). Der Stoßseufzer des Generals angesichts des ‚Beschlusses' in Kapitel 38 wurde am Schmierblatt glossiert mit „(Nationalsozialisten und Zentrumspartei!)" (KA, M II/9/86). Der Weg war damit frei zur tagespolitischen Anspielung im Text: im Schärdinger Rasseforscher Bremshuber und in der Erwartung des Generals, dass „einmal ein rechter Trottel käme, ich meine so eine Jeanne d'Arc, der könnte uns vielleicht helfen!" (MoE, 1040) Ulrichs Haltung, „praktisch amoralisch (nur theoretisch aktiv)", wurde vom Autor als „Symptom des Zerfalls der bürgerlichen Gesellschaft" bewertet, denn „die jungen Bolschewiken und Hakenkreuzler sind sehr moralisch" (KA, M II/8/132). Ob Ulrich seinen passiven „Protest gegen Gesellschaft" (KA, M II/8/134) nicht in aktives, von gesellschaftlichem Sinn erfülltes Handeln wenden müsse? Jedenfalls schien die Parallelisierung von historischer und aktueller Perspektive – „Schilderung der Zeit muß die Unterlage geben für Problematik Ulrich-Agathe und umgekehrt" (KA, M II/8/73) – unvermeidlich geworden zu sein: „Glücklich sind nur Menschen, die überzeugt sind. Dem aZ. übergeordnete Problemstellung: Agathe und Ulrich suchen eine Überzeugung, ein Kennzeichen der Gegenwart Bolschewismus." (KA, M II/8/118) (→ III.1.7 *Mann ohne Eigenschaften*)

4. Die Fortsetzung des *Mann ohne Eigenschaften*

4.1 Schreibrichtungen (1933–1942) (2.766 MS)

Bei der Fortsetzung der Arbeit spielten Zäsuren und Richtungsveränderungen eine Rolle, die zu den von Helmut Arntzen beschriebenen „Zellteilungen" führten (vgl. Arntzen 1982, S. 50). Die erste Zäsur bildete das Jahr 1933 mit den politischen Veränderungen in Deutschland, die Musil de facto in die Situation brachten, den Romanabschluss verschieben zu müssen, ohne dass die Dauer dieser Verschiebung absehbar wurde. In der ersten Schreibphase 1933–1936 versuchte er, in Wien von der Unterstützung privater Förderer lebend, das Zweite Buch in zwei Fortsetzungsreihen, an denen er parallel arbeitete, bis zum Schlussteil „Eine Art Ende" fertig zu stellen. Die zweite Zäsur brachte das Frühjahr 1936 mit einer schweren Erkrankung mit sich, die in einer zweiten Schreibphase 1936–1938 zu einer Konzentration der Schreibrichtung auf die Fertigstellung einer Zwischenfortsetzung führte. Im Frühjahr 1938, als sich herausstellte, dass der bereits gesetzte Romanteil *Zweites Buch, zweiter Teil* bei Bermann Fischer in Wien nicht erscheinen konnte, ergab sich die dritte Zäsur: Im Schweizer Exil 1938–1942 arbeitete Musil fast ausschließlich an der Korrektur und der Umformulierung der Druckfahnen-Kapitel und an deren teilweisen Ersetzung in den drei Genfer Reihen der Kapitel 47–52. Insgesamt also lässt sich nicht von zwei Fassungen des Romans im Nachlass sprechen (so De Angelis 2004, S. 18–36), sondern von zwei Schreibrichtungen, von denen eine die Romanfabel auch bis ans Ende ausrollte, während die andere Umarbeitungen und Neufassungen an der bestehenden Textur anvisierte. Für den Gesamtprozess 1933–1942 gilt, dass Musil umgearbeitete oder ersetzte Kapitel nicht ausschied, sondern bewusst weiter im Fundus hielt, keine Entscheidungen über endgültige Kapitelfolgen mehr traf, den 1936 skizzierten Schlussteil kaum mehr beachtete, somit das Prinzip des linearen Verlaufs außer Kraft setzte und Kapitelprojekte in Varianz zueinander beließ.

4.2 Die Fortsetzungsreihen (1933–1936) (1.580 MS)

Die Zäsur von 1933 äußerte sich in konkreter und unmittelbarer Weise in einem Schreibstillstand, der etwa von Februar bis Juni andauerte. Musil fühle sich in den letzten Monaten „festgehalten von dem Zustand Deutschlands, der sich jeden Tag neu überschlug, während ich immer mehr erstarrte" (an Ziebolz, 11.6.1933, KA). Sich aus der Erstarrung lösend, versuchte Musil Anfang August 1933, bei der Arbeit dort anzuknüpfen, wo er im Januar 1933 unterbrochen worden war. Doch gelang ihm dies nicht, keines der Kapitelprojekte des Jahres 1932 wurde in der geplanten Form ausgeführt und in eine Sukzession fertiger Kapitel eingereiht. Die geänderte Situation gebar einen geänderten Roman. „Was ist das Grundthema des ganzen zweiten Bandes?" – fragte sich Musil 1935 und gelangte zur Antwort: „Die Utopie des aZ. [...] Und weil aZ zu individualistisch, die soziale Problematik. Die Utopie des aZ wird abgelöst durch die der induktiven Gesinnung." (KA, M II/8/224) Neu war, dass das Zerplatzen der Utopie des ‚anderen Zustands' nicht länger zu einem pessimistischen Ausgang des Romans führen, sondern eine positive Gegenutopie aufgestellt werden sollte. (→ VII.5 *Utopie*) Ein weiterer Aspekt betraf die Form der Darbietung. Vom Nationalsozialismus in Deutschland ausgehend notiert Musil am Studienblatt „Problemaufbau" (1935): „Was Band II bisher fehlt, ist der geistige Humor. Die General-Kapitel sind kein Ersatz dafür, daß die Theorie des aZ und die Geschwisterliebe ohne Humor behandelt wird." (KA, M II/8/224) Darin drückt sich programmatisch Musils Hinwendung zu einer aphoristischen Schreibweise aus, als ihn die „historisch-politischen Veränderungen nach 1933 dazu veranlassten, seine ästhetischen Grundpositionen zu überdenken"; die aphoristische Ausdrucksform sei als ästhetische Reaktion auf den Nationalsozialismus zu begreifen (Pfeiffer 1990, S. 4). Von einem Bruch, einer „Liquidierung des MoE durch Musils Aphorismen" (ebd., S. 84), lässt sich in diesem Stadium noch nicht sprechen, in dem der Autor die aphoristische Schreibweise bestenfalls als darstellungstechnische Ergänzung heranzog. (→ III.3.3 *Aphorismen*)

Während die Kapitelfolge der ersten Fortsetzungsreihe (376 MS) direkt an die Teilband-Veröffentlichung von 1932/33 anschloss und in zwölf Kapitelentwürfen mit den Nummern 39–52 sowie in sechs Kapiteln mit Neuansätzen zu den Kapiteln 47–52 besteht, die Vorstufen zu den Druckfahnen-Kapiteln (s. u.) repräsentieren, bezeichnete Musil mit „Zweite Reihe" bzw. auch mit „Nächster Block II" und „Nächster Block III" jene Kapitelprojekte, die die Romanhandlung weiter bis zum Ende des dritten Romanteils führen sollten (460 MS). Der Erzählverlauf stand seit den Kapitelgruppen-Entwürfen von 1928 fest; Musil begann 1932, die damals vorgesehenen Kapitel zu überarbeiten, er setzte diesen Neubearbeitungsprozess parallel zur Arbeit an der Fortsetzungshandschrift bis in die erste Jahreshälfte 1934 sporadisch fort, detaillierter nur für die Clarisse-Kapitel („Nächster Block II"). Er entwarf in dieser Phase fünf Kapitel, welche die Fortsetzung der Clarisse-Handlung des Romans bis zu dem geplanten Aufbruch Clarisses nach Italien bringen. Mit keinem dieser Entwürfe gelangte er zu einem Abschluss, am längsten arbeitete er an dem Kapitelprojekt „Frühspaziergang", dem er im Frühjahr 1936 noch einen neuen Anfang hinzufügte. Außerdem existieren Notizen und Entwürfe zu sieben Kapitelprojekten des ‚Parallelaktion'-Komplexes und zu weiteren sieben Kapitelprojekten des Geschwister-Komplexes bis zur Italienreise. In den „Schmierblättern zum Aufbau" (KA, M I/3/11–26) legte er im März 1934 die Anzahl der Kapitel, deren Anordnung und ansatzweise deren Aufbau unter Einschluss des geplanten Schlussblocks fest. Zur Zeit der Veröffentlichung des Ersten Buchs (1930) plante Musil, das Zweite Buch wie das Erste in zwei Teile zu gliedern, was insgesamt eine Vierteilung des Romans bedeutet hätte. Spiegelbildlich zum Ersten Teil „Eine Art Einleitung" würde der abschließende Vierte Teil den Titel „Eine Art Ende" tragen und wäre nach einem umfangreicheren Dritten Teil – „Ins Tausendjährige Reich (Die Verbrecher)" – wesentlich kürzer als dieser. Nach der Veröffentlichung von 1932 verschob sich die Teilungsgrenze insofern, als der Teilband den Dritten Teil noch nicht bis zu seinem vorgesehenen Ende enthält. Beginnend mit der Rückkehr von Ulrich und Agathe von ihrer Reise waren 1934 für „Eine Art Ende" 28 bis 31 Kapitel vorgesehen. In den darauf folgenden zwei Jahren gelangte Musil nicht zur Ausarbeitung dieser Kapitel. Erst im Januar bzw. vermutlich April 1936 wandte er sich ihnen wieder zu. Er wollte in einer erzählerischen „Liquidierung" (KA, M II/2/24) das gesamte Personal des Romans noch einmal aufmarschieren und die Verwandlung (Invertierung) der Charaktere angesichts des Kriegsausbruchs vorführen. Dabei stützte er sich auf Vorstufenentwürfe aus den 1920er Jahren für das Romanfinale – „s"-Entwürfe, Kapitelgruppen-Entwürfe –, kürzte aber entschieden ab. Unter Weglassung zahlreicher Erzählsubstanzen sieht das Inhaltsverzeichnis des Schlussblocks von April–Juni 1936 zwölf Kapitel vor (vgl. KA, M II/1/89). Nur zu den ersten drei fertigte Musil Rohentwürfe an. Die Einlassung mit dem Romanfinale blieb kurz und fragmentarisch. Möglicherweise hängt dies mit Musils Erkrankung zusammen (Schlaganfall im Mai 1936). Ab der Wiederaufnahme der Arbeit konzentrierte er sich auf die Zwischenfortsetzung (Band II.2) und deren Überarbeitung. Auf „Eine Art Ende" kam er erst im Januar 1942 wieder zurück, im Zusammenhang mit dem Einfall, Ulrich aus damaliger Sicht den Roman epilogisieren zu lassen (KA, M II/2/36). Ob „Ulrichs Schlusswort" statt oder nach „Eine Art Ende" kommen würde, ließ er offen (vgl. Dinklage 1985, S. 227–240; Corino 1992, S. 70; Fanta 2000, S. 530).

4.3 Die Druckfahnen-Kapitel (1936–1938) (250 MS)

Mehrere Faktoren lassen sich dafür ausmachen, dass Musil nach einer Phase der Rekonvaleszenz (Sommer 1936) nicht mehr zur abgebrochenen Skizzierung der Schlussteil-Kapitel zurückkehrte. Der erste ist als Folge der Krankheit zu beschreiben, die motorisch-psychisch retardierend wirkte. Der zweite liegt in einer Unentschiedenheit bezüglich der Auflösung der Ulrich/Agathe-Fabel: Wie die Erzählung der Geschwisterliebe ausginge, welche Entscheidung Ulrich angesichts des Kriegsausbruchs träfe, wollte Musil nun doch nicht *a priori* festlegen, sondern *a posteriori* aus dem Ausgang von Ulrichs Utopien bestimmen. Ein dritter Faktor ergab sich aus dem Vertrag, den er im Juni 1937 mit Bermann Fischer abschloss, der die Möglichkeit zur Publikation einer Zwischenfortsetzung eröffnete; der Zwang zur Reinschrift des zweiten Teils des Zweiten Buchs gab den Ausschlag für die Retardation. Als Musil 1937 daran ging, die seit 1933 entwickelten Kapitel der Romanfortsetzung für den Druck fertig zu machen, bürdete er sich schwer erfüllbare Maßstäbe auf, die außerhalb der zu seiner Zeit vorherrschenden Schreibweisen lagen: „Im Falle dieses Buches sollte nichts überflüssig sein. Die Ausführungen über die Zusammenfügung von Gedanken und Gefühlen, die dieser Teilband enthält, gestatten mir, das so zu begründen: die Hauptwirkung eines Romans soll auf das Gefühl gehen. Gedanken dürfen nicht um ihrer selbst willen darin stehen." (KA, M II/1/61) Die kapitelmäßige Aufteilung, thematische Begrenzung und Abgrenzung sowie sprachliche Gestaltung des gefühlstheoretischen Traktats bereitete Musil größte Schwierigkeiten. Er schwankte, welche der Themen des Liebes-Diskurses besser in Ulrichs Schrift und welche in den Dialog der Geschwister einzubetten wären. Offenbar versuchte er 1937 nicht – im Unterschied zur Teilband-Publikation von 1932 – zu einem weit vorgerückten Punkt der Planung zu gelangen; vielmehr dachte sich Musil das Ende des Teilbands mit einem Kapitel, das den Blick auf den Rahmen freigab. Doch kam eine Reinschrift des dazu bestimmten General-Clarisse-Kapitels „Frühspaziergang", das bis 1936 in mehreren Entwurfsvarianten steckengeblieben war, nicht mehr zustande. Auch das Kapitel „Nachtgespräch" stellte er nicht mehr fertig (vgl. KA, M III/7/153).

Das Reinschriftmanuskript der 20 Kapitel ist nicht erhalten, sondern durch 130 Bögen mit Korrekturfahnen des Bermann-Fischer Verlags vertreten. Über diese kam es zum Konflikt. Musil war mit der Fertigstellung des Manuskripts in Rückstand geraten. Dahinter stand ein prinzipieller Widerwillen gegen die Zwischenveröffentlichung: „Ich schreibe an der Fortsetzung meines Buchs, von dem im Herbst ein Teil hätte erscheinen sollen und nun voraussichtlich im Frühjahr erscheinen wird [...] und stehe beständig unter dem Druck dieses Schreibens für den Lebensunterhalt, dem ich mit Mühe die Freiheit abgewinne, so zu schreiben, wie ich will" (an Albrecht Carena, vor 2.2.1938, KA). Die innere Zerfallenheit äußerte sich bereits im Herbst 1937, Musil bat Bermann Fischer in eher zerknirschten Worten, eine Verschiebung zu konzedieren. Er „fürchte, den Zielpunkt nicht zu erreichen". Daran ist die kryptische Bemerkung gefügt, er habe „noch einen Grund für eine Verschiebung", den er nicht nennt (an Bermann Fischer, 9.9.1937, KA). Bald nach Jahreswechsel 1937/38 muss das Manuskript in Satz gegangen sein. Am 12. März 1938 mengte sich wie Anfang 1933 die ‚große Geschichte' ein; auf den ‚Anschluss' Österreichs an das Deutsche Reich reagierte Musil auf einer mit „Tuzzi" unterschriebenen Postkarte in einer alles Weltgeschehen dem Roman nachordnenden Haltung: „[M]ag sich ereignen was will, ich werde immer mit der Ablieferung meiner Arbeit im Rückstand sein", und: „Meine kleine Separatfreude besteht darin, daß mein Verleger nicht hier ist und mir wenigstens vorläufig keine Vorwürfe machen kann" (an Toni Cassirer, 1.4.1938, KA). Die Genugtuung über das Wegbleiben des Verlegers, darüber, dass Bermann Fischer mit seinen engsten Mitarbeitern nach Stockholm geflohen war, hielt nicht länger an, sie wandelte sich in Vorwürfe:

> Sie verstehen, daß ich keine Illoyalität begehen will, aber ich werde unter Umständen geltend machen müssen, daß ich diesmal ablieferungsbereit gewesen bin und der Vertrag nicht von meiner Seite gebrochen worden ist. [...] Daß ich die Zeit, die mir nicht sowohl geschenkt als vielmehr aufgedrungen worden ist, dazu benütze, um gewisse Partien jetzt noch einmal umzuarbeiten, ist meine Privatsache. (an Bruno Fürst, April/Mai 1938, KA)

Der Vorwurf des Vertragsbruchs gegen Bermann Fischer war ein taktischer Vorwand, Musil wollte aus dem Nichtzustandekommen der Zwischenfortsetzung Nutzen ziehen. Es war ein perfektes Patt entstanden, das Prinzip der Suspension feierte seinen größten Triumph. An den Korrekturfahnen nahm der Autor zunächst nur die übliche Verbesserung von Setzerfehlern und minimale stilistische Korrekturen vor. Dann aber benützte er die „Stillegung des Verlags, um in den Gefühlskapiteln des Buchs stellenweise kein Wort auf dem anderen zu lassen", hoffend, wie er hinzufügt, dass er

3.4 Nachlass

„anschließend auch die Schlußkapitel werde schreiben können" (an Fürst, Anfang April 1938, KA), was einer routinemäßigen Versicherung dem Geldgeber gegenüber entspricht. Tatsächlich setzte sich Musils Schreibfleiß statt im Weiterschreiben im Umschreiben fest, wie die Korrekturgänge an den Fahnen bestätigen (vgl. Fanta 2008). Als der Kontakt zu Bermann Fischer nach Stockholm wieder hergestellt war, beabsichtigte Musil diesem auseinanderzusetzen, er habe „das Interregnum dazu benutzt, große Teile noch einmal sorgfältig zu überarbeiten, und ich muß Ihnen sagen, daß zu meinem Entsetzen das Ganze dadurch sehr viel besser geworden ist" (an Fürst, April/Mai 1938, KA).

4.4 Die Fortsetzung der Druckfahnen-Kapitel (1938–1939) (211 MS)

Die Phase des Korrigierens und Ergänzens der Fahnen währte von Frühjahr 1938 bis Mitte 1939. In dieser Zeit verließ Musil mit seiner Frau Wien, um zunächst in Zürich, schließlich in Genf eine Bleibe zu finden. Begleitet war die Emigration von größter finanzieller Unsicherheit und zunehmender Aussichtslosigkeit, was die Veröffentlichung der Romanfortsetzung betraf. Aus dem in einem Lebensabschnitt voll von Unwägbarkeiten und störenden Eingriffen von außen Geschriebenen erwuchs nichts Bleibendes. An Umfang ist es überschaubar: rund 50 Manuskriptseiten mit neuen Entwürfen und etwa 150 Seiten mit Korrekturen und Entwurfsansätze fixierenden Notizen. Den Texten von 1938/39 kommt nur als Übergangsstufe zu in den letzten beiden Lebensjahren angepeilten Lösungen Wichtigkeit zu. Bei der Ausformung der an die Druckfahnen anschließenden „Garten"-Kapitel ging es darum, das praktische Pendant zur Gefühlstheorie zu inszenieren. Ein auf drei Kapitel aufgeteilter Text mag als Repräsentation des späteren Stadiums (Anfang 1939) gelten. Die Exposition bildet Kapitel „61. Atemzüge eines Sommertags". Daran schließt „62. Das Sternbild der Geschwister oder Die Ungetrennten und die Nichtvereinten" an. Das dritte Kapitel sollte einer weiteren Teilung unterzogen werden. Ein „Endverhalten" (KA, M V/3/207) der Liebenden, soll es das geben? Liegt in einem Liebesgeständnis, das Agathe ausspricht und Ulrich zu überhören scheint, ein Zielpunkt der Erzählbewegung (vgl. KA, M V/3/72)? Doch das Wort, einmal ausgesprochen, kann nicht so leicht zurückgenommen werden. Das Konkrete erscheint unterdrückt, das gemeinsame „Verlassen der Realitätseinstellung" (KA, M V/3/205) in eine ekstatisch-utopische Sphäre des ‚Endverhaltens' gestoppt. Es bahnte sich eine prinzipielle Einsicht an:

> Der Hauptfehler lag in der Überschätzung der Theorie. Diese hat sich als unergiebig und nicht tragfähig herausgestellt; jedenfalls ist sie weniger bedeutend, als es vor der Ausführung geschienen hat. [...] Die Konsequenz: Identifiziere dich nicht mit der Theorie, sondern stelle dich gegen sie realistisch (erzählend) ein. (KA, M V/2/10)

Die Konsequenz lautete: Fallenlassen der in den Fahnen gesetzten Version der Gefühlstheorie; Entscheidung, sie vollends in die Gespräche zwischen Ulrich und Agathe und die Fortsetzung der Liebesgeschichte zu überschreiben. Die Idee von Ulrichs Aufzeichnungen wurde nicht völlig aufgegeben, sondern ihre Stellung neu bestimmt: „Auf diese Weise muß wirklich das Bedürfnis nach Tagebuch entstehn [...]." (ebd.)

4.5 Die Genfer Ersetzungsreihen (1939–1942) (640 MS)

Der Schreibverlauf in der letzten Arbeitsphase, die mit dem Aufenthalt des Ehepaars Musil in Genf zeitlich zusammenfällt, ist aus den „Schreibtisch"-Mappen (KA, Blaue Mappe/129) bis in jede Einzelheit rekonstruierbar.

a) Erste Ersetzungsreihe (Juli–Oktober 1939; 190 MS): Den Ansatzpunkt zu einer völligen Neufassung des Druckfahnen-Texts lieferte Kapitel 47 („Wandel unter Menschen"). Daraus erwuchs im Sommer 1939 in einem langwierigen Erprobungsprozess die Kontur dreier Kapitel mit neuen Gesprächen Ulrichs und Agathes über die Liebe, erst mit wechselnden Titeln, schließlich setzte sich fest: „47. Wandel unter Menschen", „48. Schwierigkeiten, wo sich nicht gesucht werden", „49. Nächstenliebe (Die Ungetrennten und Nichtvereinten)". Um geschlossene Kapitelentwürfe handelte es sich nicht, da die Textur über wenig kohärente Formulierungsansätze und Bemerkungen kaum hinausreicht. Der Plan eines vierten Kapitels („50. Das Pferdchen und sein Reiter") in einem unvollständigen, brüchigen Entwurf trat hinzu.

b) Zweite Ersetzungsreihe (November 1939–März 1940; 170 MS): In einer neuerlichen Fassung von „Wandel unter Menschen" führen Ulrich und Agathe eine philosophische Debatte über das Bedeutende und das Genie, in die eine Erinnerung Ulrichs an eine Konversation mit General Stumm von Bordwehr eingebaut ist. Kritisch merkte Musil an: „Eigentlich ist bloß das ‚fragmentarische' Denken à la Nietzsche-Dilthey für Ulrich charakteristisch und alles Grundlegen oder ähnliches überflüssig!" (KA, M V/1/92) Der Möglichkeit, dass Ulrich eine Philosophie referiert oder eine eigene Theorie entwickelt, wird eine Absage erteilt, zugunsten eines fragmentarischen Denkens und einer dazu gehörigen aphoristischen Schreibweise. Die Rückblende auf den Dialog von Ulrich mit General Stumm gerät zur ersten erfolgreichen, positiven Ausformung aphoristischer Gestaltungsmöglichkeiten. Bis dahin hatte Musil die drei General-Kapitel der Druckfahnen von Korrekturen und Umarbeitungen ausgenommen. Er hielt sie in Reserve, um beizeiten eine erzählerische Brücke zum Romanrahmen schlagen zu können. Die Bemühungen mündeten in eine neue Kapitelentwurfsreihe. Auf eine weiteren Version von „47. Wandel unter Menschen" folgen drei neu in die Sukzession eingegliederte Texte: „48. Eine auf das Bedeutende gerichtete Gesinnung und beginnendes Gespräch darüber", „49. General von Stumm über die Genialität" und „50. Genialität als Frage". Die Äußerungen des Generals zur Genie-Frage, seine Bemerkungen zur Psychoanalyse oder Relativitätstheorie leiten zur „Liquidierung von Band I" (KA, M II/2/24) über. Darüber hinaus wird in erzählerischen Andeutungen der Horizont des Kriegs spürbar. Der Aphorismen versprühende General des Kapitelentwurfs „General von Stumm über die Genialität" ist ein gewandelter General, der offene Kriegstreiber des Schlussblocks bahnt sich an.

c) Dritte Ersetzungsreihe (März 1940–April 1942; 280 MS): Musil setzte neu an, zunächst mit einer Manöverkritik. Das Vermeiden des „Aus-dem-Mustopf-Kommens" habe zur Folge, dass sich „das Erzählen abschwächt, ja verliert, und das Essayhafte ausdehnt, ohne doch zum ganzen nötigen Ergebnis zu kommen", so sei „es auch zuletzt wieder gewesen." (KA, M V/5/65) In der im Frühjahr 1940 erarbeiteten Fassung von „Wandel unter Menschen" taucht die geschichtsteleologische Idee auf, die Geschichte sei nicht mehr als die des Durchschnittsmenschen. Musil führte auf insgesamt fast 100 Seiten mit Notizen ausführliche Studien, die nur zum geringen Teil in die Kapitelniederschrift eingingen, und er plante ein weiteres Kapitel mit dem

Arbeitstitel „Durchschnitt und Durchschnittsmensch" (KA, M V/5/203), zu dessen Niederschrift er nicht mehr gelangte. Doch das erste Mal seit langem empfand er volle Zufriedenheit mit einem Text: „Einigermaßen gut geht es mir dagegen mit der Weiterführung des Manns ohne Eigenschaften. Ich habe von dem neuen Teil ein Probekapitel so viele-zehnmal umgearbeitet, daß ich mich möglicherweise daran zu einem größeren Zweck erzogen habe." (an Barbara Church, 20.12.1940, KA) Im Anschluss an die Fertigstellung von „Wandel unter Menschen" wandte er sich ein letztes Mal der Gestaltung der „Gespräche über Liebe" zu. All dies war mehr als bisher der Maxime der aphoristischen Form untergeordnet. So wurde in den fünf Kapiteln, die bis Ende 1941 entstanden waren, ein Höchstmaß an sprachbildlicher Konzentration erreicht. Das Gemeinsame an ihnen ist, verglichen mit den bisherigen Fassungen, die Form aphoristischer Verdichtung im Erzählerkommentar und Dialog nach der Devise: „Führe sozusagen nur die Schlagzeilen aus!" (KA, M V/5/103)

Am Kapitel „52. Atemzüge eines Sommertags", Musils letzter Arbeit am *MoE*, schrieb er von etwa November 1941 bis zu seinem Tod, wobei eine Verlangsamung des Schreibprozesses und ein fast völliger Stillstand gegen das Ende hin feststellbar sind. Der Datierungshinweis „13.II." (KA, M V/5/244) legt nahe, dass Musil von Mitte Februar bis zum Todestag am 15. April 1942 ausschließlich mit der letzten Seite des neunseitigen Entwurfsmanuskripts befasst war und dem dazugehörigen Korrektur-Konvolut nur mehr sechs weitere Seiten hinzufügte (vgl. Fanta 2000, S. 519f.). Die Frage, ob das Kapitel als beendet angesehen werden kann und ob mit seinem Abschluss auch der Zyklus der Druckfahnen-Varianten als fertiggestellt zu betrachten ist, muss offen bleiben (vgl. Mühlberger 1975, S. 101–103; Dinklage 1985, S. 227–240; Fanta 2000, S. 520–522). Von der letzten Fassung des „Atemzüge"-Kapitels aus eröffnet sich eine umfangreiche und weit zurückreichende Varianz. Sie erstreckt sich einerseits auf die zahlreichen Vorstufenfassungen bis zu den Gartenkapitel-Entwürfen 1937/38 und dem Kapitel „Versuche ein Scheusal zu lieben" 1934/35. Andererseits erfahren Motive und Situationen des Romans in diesem seinem letzten Kapitel ihre erzählerische Aufhebung: die Todes- und Entropie-Vorstellung, die Reise des Geschwister ins Mediterrane (Inzest), die Vision vom ‚Tausendjährigen Reich' (Agathes Traum), die Wiedereinführung bzw. Ehrenrettung des Triebs, das Motiv der Eigenschaftslosigkeit. In stilistischer Hinsicht äußert sich die Varianz als sukzessive Zunahme an sprachlichen Mitteln der Relativierung während des Umschreibe- und Korrekturprozesses, die die Signifikanz untergraben, bis in ein tautologisches Stadium fast völliger Rücknahme von Bedeutungen (vgl. Menges 1982, S. 250; Pietsch 1988, S. 118–149; Pekar 1989, S. 298; Fanta 2000, S. 522–526).

d) Das literarische Testament Musils findet sich in einer Gruppe von aufeinander bezogenen Texten, die über die direkte Arbeit am Roman hinaus führen. Die erste Formulierung stammt vermutlich aus der Anfangszeit des Genfer Aufenthalts. Musil erinnerte sich der Vorzüge des Ersten Buchs und erwog, ob es nicht sinnvoll und möglich wäre, an diese anzuschließen:

> Mit meinem Ernst, mit der ersten Gruppe meiner Bücher dringe ich nicht durch. Ich benötige dazu ein Pathos, eine Überzeugtheit, die meiner ‚induktiven Bescheidenheit' nicht entspricht, auch nicht meiner nach widersprechenden Richtungen beweglichen Intelligenz […], für deren Eifer und heftige Leidenschaft die Ergänzung durch Ironie unerläßlich ist. […] Damals habe ich mich also für Ironie entschieden. Die fast rein positive Arbeit am II. Band und auch die Vorbereitung auf die Aphorismen haben mich das zwar nicht vergessen lassen, es aber seiner Wirksamkeit beraubt. (KA, H 32/19)

In einer Hefteintragung von Ende 1941 bzw. Anfang 1942 kam er auf den Gedanken zurück und setzte ihn deutlicher in Beziehung zur Weiterführung des Romans:

> Meine geistige Ausrüstung für den Roman war dichterisch, psychologisch, und zum Teil philosophisch. In meiner jetzigen Lage bedarf es aber des Soziologischen und wessen dazugehört. Darum verlaufe ich mich immer hilflos in Nebenprobleme, die auseinander-, statt zusammengehn. Oft habe ich den Eindruck, daß meine geistige Kraft nachläßt; aber eher ist es wahr, daß die Problemstellung über sie hinausgeht. (KA, H 33/116)

In der folgenden Eintragung vermerkte Musil: „Diese Neuauffassung von Band I ist zugleich systematische Ordnung des Rapials!" (KA, H 33/117) Ganz transparent wird nicht, wie sich Musil die Verbindung zwischen Roman im Rückgriff auf das Erste Buch und Aphoristik dachte. Doch eine Illustration liefert die vorletzte Seite von Heft 30 (März oder April 1942):

> Auf Hitler, den Konkurs der Mann-Ideen, wird ein Matriarchat folgen. Amerika: Ich denke an Annina. Sie beherrschen das Kulturelle. Eigentlich müßte im MoE von diesen Kapiteln angefangen die geistige Führung auf Agathe übergehen. [...] Die Geistigen benutzt man zum Nachschlagen. Eventuell nach Wiedererscheinen Stumms gleich Clarisse als Präludium zu der Aufgabe, die Agathe in Durchschnitt und Durchschnittsmensch usw. hat. (KA, H 30/129)

Zur planvollen Anlage einer Aphorismensammlung setzte Musil zwar schon seit 1933 mehrmals an, doch was ihm vorschwebte, ein geschlossenes größeres Aphorismenbuch, kam nur in Vorüberlegungen und minimalen Ansätzen zustande. Bisher vermitteln die Aphorismen-Pläne eher den Eindruck, dem Autor die Aussicht auf eine Flucht aus dem Roman zu eröffnen. Der direkte Bezug zwischen Roman und Aphorismen in der Weise, dass die Aphorismen als Mittel zur Überwindung der Stagnation bei der Arbeit am Roman zur Hand gingen, war etwas Neues. (→ III.3.3 *Aphorismen*)

5. Die Vorstufen veröffentlichter Werke

Die Druckvorlagen seiner veröffentlichten Werke pflegte Musil nicht aufzubewahren. Das gilt auch für den *MoE*; für die Weiterarbeit am Roman zitierte er aus seinem Handexemplar der bereits gedruckten Teile. Auch die Manuskripte zu den weiteren publizierten Werken sind im Nachlass nicht erhalten, es sei denn, sie stehen im Zusammenhang mit der Romanarbeit. Demgemäß liegt im Nachlass zum *Törleß* und zum *Vinzenz* nichts vor, auch zur veröffentlichten Essayistik, zu den Kritiken und den restlichen Feuilletonveröffentlichungen ist kaum etwas vorhanden. Die Vorstufen der Novellen Musils hingegen sind im Nachlass gut repräsentiert (225 MS), da die Notizen und die ersten Entwürfe zu ihnen in die frühe Schreibphase fallen, in der sie noch in die Romanarbeit integriert waren (1903–1914). Ähnliches gilt für *Die Schwärmer* (200 MS), Notizen und frühe Entwürfe zu dem Drama sind auf Rückseiten zerschnittener Zettel vorhanden, die Musil 1918–1920 als Zettelkasten für Romannotizen weiter verwendete und aus der die Textgenese rekonstruiert werden kann (vgl. Cetti Marinoni 1992; Schaunig 2009). Zum *Nachlaß zu Lebzeiten* (150 MS) finden sich verstreut Manuskriptvorstufen, ausführlich vertreten ist im Nachlass die Genese der *Amsel* (60 MS). Zur 1937 gedruckten Rede *Über die Dummheit* (150 MS) enthält der Nachlass die gesamte Textgeschichte lückenlos in einem bislang noch unerforschten eigenen Konvolut, auch die nur zu einem kleinen Teil von Musil selbst veröffentlichte Aphoristik 1933–1942 (100 MS) harrt noch einer Analyse vor allem der intra- und intertextuellen Bezüge.

6. Fragmente unveröffentlichter Werke

Wie Martha Musil beim Sichten des Nachlasses feststellte, sei es „zum Verzweifeln, was alles hätte werden sollen und nicht mehr werden kann […], angefangene Stücke und Erzählungen", von denen nichts mehr veröffentlicht werden solle, „weil Robert es sicher nicht gewollt hätte" (Martha Musil an Annina Rosenthal, 15.6.1942, Br I, 1438). In mehr als 1.000 Manuskriptseiten mit bis auf wenige Ausnahmen in den Anfängen stecken gebliebenen, aber teilweise dennoch bedeutsamen literarischen und essayistischen Fragmenten enthalten die Mappen und Hefte den größten noch weitgehend unerforschten Bereich im Nachlass Musils. Die lyrischen Fragmente werden in diesem Band an anderer Stelle vorgestellt (→ VI.1.4 *Lyrik*), alle anderen Manuskriptgruppen sind hier nach Textsorten geordnet angeführt:

a) Die Reihe der erzählerischen Fragmente (320 MS) beginnt mit dem ältesten Text im Nachlass, den Blättern aus dem „Nachtbuche des Monsieur le vivisecteur" (1900; KA, H 4/1), das mit dem für Musils Schreiben charakteristischen Satz eingeleitet ist: „Ich wohne in der Polargegend, denn wenn ich an mein Fenster trete, so sehe ich nichts als weiße ruhige Flächen, die der Nacht als Piedestal dienen." Von den „Paraphrasen" (1900–1902), dem ersten Buch, das Musil veröffentlichen wollte, sind im Nachlass einige Splitter erhalten (vgl. Musil 2005). Unter „Motive" (1902–1914) lassen sich Schreibanfänge ohne erkennbare weitere Kontexte zusammenstellen. Über diese hinaus enthält die Mappe „Anfänge und Notizen" aber auch Entwürfe aus demselben Zeitabschnitt, deren erzählerische Intention und stilistisches Profil bereits klar sichtbar wird, am weitesten elaboriert sind das „Tagebuch Hippolyte" (1903–1904), „Grauauges nebligster Herbst" (1908–1913, drei Fassungen; vgl. Henninger 1981) sowie „P.A. und die Tänzerin" (1911/1913) und „Menschenfresser" (1911/1914). Ein Teil der Produktion in den unmittelbaren Nachkriegsjahren gehört zu dem geplanten, aber nie ausgeführten Zyklus „Die zwanzig Werke" (1920), aus dem die Vorstufen des *MoE* hervorgingen; Bruchstücke daraus existieren zu „Der Archivar", „Katakombe", „Panama", „Priester- bzw. Teufelsroman". Zeitweise ebenso den „Zwanzig Werken" zuzurechnen sind die Ideen und Schreibanfänge zu satirisch-utopischen Experimentalromanen (1911–1941): unter den Titeln „Der Stern Ed", „Das Land über dem Südpol", „Kriegstagebuch eines Flohs", „Das Schlieferl", „Das geniale Rennpferd" und „Die Akademie von Dünkelshausen" liegen Splitter erzählerischer Projekte vor.

b) An dramatischen Fragmenten (200 MS) beherbergt der Nachlass neben verstreuten „Szenen und Motiven" (1901–1927) die Entwürfe zu vier längeren szenischen Texten: Das Dramenprojekt „Die Schildkröte" (1906/07; 1921–1923) lässt sich als Vorstufe zu den *Schwärmern* lesen, doch geht es in seiner Thematik, Figurenkonstellation und Schreibgeschichte am veröffentlichten Stück vorbei und darüber hinaus (vgl. KA, H 21/125). „Der kleine Napoleon" (oder: „Panama", 1918) stellt eine satirisch-kritische Auseinandersetzung mit der Etappenbürokratie der k. u. k. Armee an der Südwestfront des Ersten Weltkriegs dar. „Das Doppel-Ich" (1918/19) weist eine Gliederung in vier Akte auf; die namenlose männliche Hauptperson der Kehrseite einer Tragödie, ein Zigarrenhändler, führt „das Leben eines waghalsigen

Kreditschwindlers" und erlebt das „Glück des Persönlichkeitsverlusts" (KA, M IV/2/41). Zum Umfeld von „Tempora Maier" (1921), einer Satire auf Zustände, die kommen werden" (KA, H 19/35), gehört der Beginn von Musils Tätigkeit als Theaterkritiker ab März 1921 und seine Reaktion auf Wiener Aufführungspraktiken.

c) Essayistische Fragmente (300 MS) machen den bedeutsamsten Teil der Fragmente aus dem Nachlass aus. Insgesamt haben sich in vier Zeitabschnitten 28 unveröffentlichte Essays aus den Manuskripten konstituieren lassen. Aus dem ersten Zeitabschnitt (1908–1914) sind essayistische Ansätze und Splitter zum Feld Erkenntnis, Ethik und literarische Ästhetik überliefert, die man unter das Motto „Gehirnspaziergang" (KA, M IV/3/144) stellen könnte. Eine zweite Gruppe umfasst Ansätze essayistischer Reaktionen auf die neue politische und kulturpolitische Situation gegen Kriegsende und nach dem Ersten Weltkrieg (1917–1921). Unter dem Titel „Versuche einen anderen Menschen zu finden" liegen im dritten Abschnitt (1923–1927) Nachlasszeugnisse zu dem Projekt eines „Essaybuch[es]" vor (an Annina Marcovaldi, 19.10.1922, KA). Musil beabsichtigte, bereits veröffentlichte Essays, fertigzustellende ältere Entwürfe und neu zu verfassende Texte zu einem Band zu vereinigen – ein Plan, der nicht verwirklicht werden konnte. Der große Essayentwurf *Der deutsche Mensch als Symptom* (1923) ist das wichtigste Ergebnis dieses Versuchs. In ihm formulierte Musil das „Theorem der menschlichen Gestaltlosigkeit" (KA, M VII/11/15), das intellektuelle Instrumentarium für die Sozioanalyse, die Musil mit dem *MoE* leistete (vgl. Amann 2011, S. 239; Wolf 2011, S. 70–75). (→ VII.3 *Gestaltlosigkeit*) Aus dem vierten Abschnitt (1933–1937) ragt der Entwurf *Bedenken eines Langsamen* (1933) heraus: Musil wollte das elaborierte Essaymanuskript, das seine Stellungnahme zur nationalsozialistischen Machtübernahme in Deutschland enthält, im März 1933 in der *Neuen Rundschau* in den Druck geben (vgl. Amann 2007, S. 48–62). (→ III.2.1 *Essays*)

d) Auch kritische Fragmente (40 MS) sind im Nachlass überliefert; es handelt sich nicht um Theaterkritiken, da Musil bei seiner Tätigkeit als Theaterkritiker für die *Prager Presse* sehr darauf bedacht war, alle Besprechungen zur Veröffentlichung zu bringen, sondern in erster Linie um unabgeschlossene Buchbesprechungen. Von den 16 Texten verdienen drei hervorgehoben zu werden, die an Umfang und Elaboriertheit herausragen: 1) *Arthur Schnitzler als Psycholog*, eine Besprechung von Theodor Reiks Buch (1913). Musil geht es um eine Zurückweisung von Lektüren, die den psychoanalytischen Aspekten von literarischen Figuren einen Eigenwert zubilligen, als wären die Figuren reale Personen, statt die ästhetische Funktion solcher psychologischer Dimensionierung zu erkennen. 2) *Psychoanalytische Erziehung in Sowjetrußland* (1926/27), eine Auseinandersetzung mit dem Bericht von Wera Schmidt über das Kinderheim-Laboratorium in Moskau (1924). 3) *Das Grimmingtor* (1926), der Entwurf zu einer kurzen, aber vollständig ausgeschriebenen Rezension von Paula Groggers Roman. Er dokumentiert gemeinsam mit weiteren unvollendeten Besprechungen Musils Vorhaben von 1926/27, Roman-Neuerscheinungen von Schriftstellerinnen in der *Literarischen Welt* zu behandeln; einen kurzen Abschnitt aus seiner Grogger-Einlassung veröffentlichte Musil in dem Essay *Bücher und Literatur II* (*Literarische Welt*, 26.11.1926, GW II, 1170–1173). (→ III.2.4 *Literatur- u. Theaterkritik*; IV.7 *Psychoanalyse*)

e) Unter nachgelassene Glossen (80 MS) sind in der *Klagenfurter Ausgabe* zehn kurze Nachlasstexte konstituiert, welche man sich als für die Veröffentlichung im

Feuilleton bestimmte Schreibanfänge vorstellen kann. Dazu gehören die Impressionen *Emotionillusionen* (1910), *Budapest* (1910) und *Verstimmungsbildchen* (1911).

f) Der Nachlass enthält Vortragsmanuskripte sowie Notizen und Entwürfe zu den Reden, welche Musil in den 1930er Jahren zum Verhältnis von Literatur und Politik hielt (230 MS). Dazu zählt das titellose Manuskript des Festvortrags zum 20-jährigen Jubiläum des Schutzverbandes deutscher Schriftsteller in Österreich am 16. Dezember 1934, der postum unter dem Titel *Der Dichter in dieser Zeit* publiziert wurde. Musil bezieht sich in einigen Passagen der Rede auf Argumente und Formulierungen aus den Entwürfen zu *Bedenken eines Langsamen*, und ein Teil der Aphorismen von 1933/34 steht in einem thematischen Bezug zur Rede. Außerdem erhalten sind die beiden Redemanuskripte und die dazugehörigen Entwürfe und Notizen von Musils Rede auf dem „Internationalen Schriftstellerkongreß für die Verteidigung der Kultur" in Paris am 21. Juni 1935. Gedanklich stehen sie im Zusammenhang mit der Wiener Rede, mit den Aphorismen in der Aphorismen-Mappe „Germany" und mit notierten Überlegungen für die Fortsetzung des *MoE* zum Stichwort ‚soziale Frage' und ‚apolitische Haltung Ulrichs'. Die erste Fassung (KA, M VI/1/65–71), ein handschriftlicher Entwurf, entstand vor dem Typoskript, das als das tatsächliche Vortragsmanuskript anzusprechen ist (KA, M VI/1/89–95); es ist im Verhältnis zur ersten Fassung kürzer und zugespitzter. Mehrere Hinweise sprechen deutlich dafür, dass Musil dieses Typoskript für seine Rede verwendet hat (vgl. Wolf 2006, S. 394f.; Amann 2007, S. 160). (→ III.2.2 *Reden*)

g) Eine letzte Gruppe von Nachlasstexten betrifft Selbstkommentare (180 MS) bzw. Reflexion des eigenen Schreibens, dazu gibt es verstreut im Nachlass aus allen Schreibphasen Musils Entwürfe von teilweise hoher Qualität und Elaboriertheit, man könnte sie zusammengefasst ohne Weiteres als Musils Poetik bezeichnen, wie sie aus den Nachlasstexten mindestens ebenso markant hervortritt wie aus der Essayistik, aber anders gewichtet, mehr das eigene Œuvre fokussierend. Diese Fragmente lassen sich in folgende sieben Gruppen einteilen: 1) „Urteile über sich selbst" (1901–1911); 2) „Zur Novelle" (1909–1914), mit Ansätzen zu einer Gattungspoetologie der Novelle in Verbindung mit der Arbeit an den *Vereinigungen* und im Anschluss an deren Fertigstellung; 3) „Kritiker als Lebensform" (1907–1914), eine Zusammenstellung poetologischer Notizen (KA, M IV/3) mit Reflexionen zu Fragen der Literaturkritik; 4) „Bilanz" (1919–1925), ästhetische Reaktionen auf den Krieg und Reflexionen zur Literatur- und Kunstkritik; 5) „Zum Roman – Parerga und Paralipomena" (1921–1937), die Romanproduktion kommentierende Texte, zum Teil fallengelassene Vor- und Nachworte, poetologische und biografische Reflexe der Romanarbeit; 6) „Selbstkritik und -biographie" (1935), fallengelassene Versionen der Vorbemerkung zum *Nachlaß zu Lebzeiten*; 7) Curricula vitae (1931–1941).

Erst die digitale historisch-kritische *Klagenfurter Ausgabe* hat die Voraussetzungen für die Erforschung von Musils Manuskripten geschaffen. Untersuchungen nach dem methodischen Instrumentarium der *critique génétique* stehen zu einem Großteil der Korpora ebenso noch aus wie die literaturwissenschaftliche, philosophische, kulturhistorische und wissensgeschichtliche Interpretation vieler Texte aus Musils Schreiblaboratorium, die erst jetzt vollständig textkritisch erschlossen vorliegen. (→ IX.2 *Editionsgeschichte*)

7. Literatur

Amann, Klaus: Robert Musil – Literatur und Politik. Mit einer Neuedition ausgewählter politischer Schriften aus dem Nachlass. Reinbek b. Hamburg: Rowohlt 2007.
Amann, Klaus: Robert Musil und das ‚Theorem der menschlichen Gestaltlosigkeit'. In: Ulrich Johannes Beil, Michael Gamper, Karl Wagner (Hg.): Medien, Technik, Wissenschaft. Wissensübertragung bei Robert Musil und in seiner Zeit. Zürich: Chronos 2011, S. 237–254.
Arntzen, Helmut: Musil-Kommentar zu dem Roman *Der Mann ohne Eigenschaften*. München: Winkler 1982.
Breuer, Constanze: Werk neben dem Werk. Tagebuch und Autobiographie bei Robert Musil. Hildesheim u. a.: Olms 2009.
Corino, Karl: Der Dämon der Möglichkeit. Vom Scheitern Robert Musils. In: Martin Lüdke, Delf Schmidt (Hg.): „Siegreiche Niederlagen". Scheitern: die Signatur der Moderne. Reinbek b. Hamburg: Rowohlt 1992, S. 62–71.
Corino, Karl: Robert Musil. Eine Biographie. Reinbek b. Hamburg: Rowohlt 2003.
De Angelis, Enrico: Der späte Musil. Über den Schlußband des *Mann ohne Eigenschaften*. Pisa: Servizio Ed. Univ. 1997.
De Angelis, Enrico: Der Nachlaßband von Robert Musils *Der Mann ohne Eigenschaften*. Pisa: Jacques e i suoi quaderni 2004.
Dinklage, Karl: Ende der *Schwärmer* – Ende des *Mann ohne Eigenschaften*. In: Josef Strutz, Johann Strutz (Hg.): Robert Musil – Theater, Bildung, Kritik. München: Fink 1985, S. 227–244.
Eibl, Karl/Willems, Marianne: Robert Musil. Literarischer Nachlaß bearbeitet für WCView. In: Robert Musil: Der literarische Nachlaß. Benutzerhandbuch. Hg. v. Friedbert Aspetsberger, Karl Eibl u. Adolf Frisé. Reinbek b. Hamburg: Rowohlt 1992, S. 95–195.
Fanta, Walter: Die Entstehungsgeschichte des *Mann ohne Eigenschaften* von Robert Musil. Wien u. a.: Böhlau 2000.
Fanta, Walter: Schreibexerzitien eines Ingenieur-Dichters. In: Musil-Forum 28 (2003/04), S. 26–56.
Fanta, Walter: Das Zögern vor dem letzten Schritt. Zur digitalen Edition von Robert Musils *Mann ohne Eigenschaften*. In: Jochen Golz, Manfred Koltes (Hg.): Autoren und Redaktoren als Editoren. Tübingen: Niemeyer 2008, S. 342–352.
Fanta, Walter: Krieg & Sex – Terror & Erlösung im Finale des *Mann ohne Eigenschaften*. In: Hans Feger, Hans-Georg Pott, Norbert Christian Wolf (Hg.): Terror und Erlösung. Robert Musil und der Gewaltdiskurs in der Zwischenkriegszeit. München: Fink 2009, S. 209–225.
Fanta, Walter: Musils Umkodierungen. Wissenstransfer im Schreibfeld als Form der Intertextualität. In: Ulrich Johannes Beil, Michael Gamper, Karl Wagner (Hg.): Medien, Technik, Wissenschaft. Wissensübertragung bei Robert Musil und in seiner Zeit. Zürich: Chronos 2011, S. 323–343.
Fanta, Walter: Die Erfindung der *Tonka*. Eine textgenetische Lektüre des *Tonka*-Dossiers. In: Musil-Forum 32 (2011/12), S. 1–40.
Friedrich, Hans-Edwin: Die Transkription des Wiener Nachlasses von Robert Musil. In: Editio 5 (1991), S. 213–226.
Frisé, Adolf: Ein aktueller Rückblick. In: Robert Musil: Der literarische Nachlaß. Benutzerhandbuch. Hg. v. Friedbert Aspetsberger, Karl Eibl u. Adolf Frisé. Reinbek b. Hamburg: Rowohlt 1992, S. 12–19.
Henninger, Peter: Grauauge selbdritt oder: Musilkritik und Psychoanalyse. In: Wolfgang Freese (Hg.): Philologie und Kritik. Klagenfurter Vorträge zur Musilforschung. München, Salzburg: Fink 1981, S. 81–110.
Kaiser, Ernst/Wilkins, Eithne: Monstrum in animo. Bemerkungen zu einem bisher im Original unveröffentlichten Manuskript aus dem Nachlaß Robert Musils. In: Deutsche Vierteljahrsschrift für Literaturwissenschaft und Geistesgeschichte 37 (1963), S. 78–119.

Marcovaldi, Gaetano/Zettl, Walter: Inventar des bei Prof. Gaetano Marcovaldi, Rom, befindlichen und von ihm verwalteten Nachlasses von Robert Musil. In: Musil-Forum 2 (1976), S. 195–200.
Menges, Martin: Abstrakte Welt und Eigenschaftslosigkeit. Eine Interpretation von Robert Musils Roman *Der Mann ohne Eigenschaften* unter dem Leitbegriff der Abstraktion. Frankfurt a. M. u. a.: Lang 1982.
Mühlberger, Sigrid: Robert Musils Studienmaterial zur Reinschrift des Kapitels 52 „Atemzüge eines Sommertags". Synoptische Transkription und Auswertung der Korrekturen IX–XIII. Diss. Univ. Wien 1975.
Musil, Robert: Der Mann ohne Eigenschaften. Urfassung (1922). Aus dem Nachlaß hg. v. Simona Vanni. Pisa: Jacques e i suoi quaderni 2004.
Musil, Robert: Paraphrasen. Aus dem Nachlaß hg. v. Enrico De Angelis. Mit einem Beitrag v. Vojen Drlík. Pisa: Jacques e i suoi quaderni 2005.
Nübel, Birgit: Robert Musil – Essayismus als Selbstreflexion der Moderne. Berlin, New York: de Gruyter 2006.
Pekar, Thomas: Die Sprache der Liebe bei Robert Musil. München: Fink 1989.
Pfeiffer, Peter C.: Aphorismus und Romanstruktur. Zu Robert Musils *Der Mann ohne Eigenschaften*. Bonn: Bouvier 1990.
Pfohlmann, Oliver: „Eine finster drohende und lockende Nachbarmacht"? Untersuchungen zu psychoanalytischen Literaturdeutungen am Beispiel von Robert Musil. München: Fink 2003.
Pietsch, Reinhard: Fragment und Schrift. Selbstimplikative Strukturen bei Robert Musil. Frankfurt a. M. u. a.: Lang 1988.
Schaunig, Regina: Musil-Archäologie. Zur Klagenfurter Edition der *Avant-texte*-Romane *Der Spion* und *Der Erlöser*. In: Musil-Forum 30 (2007/08), S. 73–108.
Schaunig, Regina: „Das Unfertige und das Ungeratene". Musils Vorstufen zum *Mann ohne Eigenschaften* in digitaler Edition. In: Editio 23 (2009), S. 109–146.
Strutz, Josef: Politik und Literatur in Musils *Mann ohne Eigenschaften*. Am Beispiel des Dichters Feuermaul. Königstein i. Ts.: Hain 1981.
Vanni, Simona: Robert Musil. Die Urfassung von *Der Mann ohne Eigenschaften*. In: Luigi Reitani, Karlheinz Rossbacher, Ulrike Tanzer (Hg.): Italia – Österreich. Sprache, Literatur, Kultur. Udine: Forum 2006, S. 257–260.
Wolf, Norbert Christian: Geist und Macht. Robert Musil als Intellektueller auf dem Pariser Schriftstellerkongreß 1935. In: Jahrbuch des Freien Deutschen Hochstifts (2006), S. 383–436.
Wolf, Norbert Christian: Kakanien als Gesellschaftskonstruktion. Robert Musils Sozioanalyse des 20. Jahrhunderts. Wien u. a.: Böhlau 2011.
Zeller, Rosmarie: Musils Arbeit am Text. Textgenetische Studie zu *Grigia*. In: Musil-Forum 32 (2011/12), S. 41–64.
Zettl, Walter: Zum Schicksal des Musil-Nachlasses in Rom. In: Robert Musil nel primo centenario della nascita. Innsbruck, Wien: Instituto Italiano di Cultura 1980, S. 121–126.

IV. Systematische Aspekte: Wissen und Wissenschaft

1. Militärische Ausbildung, Arbeits- und Ordnungswissenschaft
Christoph Hoffmann

Episoden aus Robert Musils militärischer Karriere vom Kadetten der Militär-Erziehungsanstalt über den Weltkriegsoffizier an der Gebirgsfront bis zur Tätigkeit im Kriegspressequartier 1918 sind in viele seiner literarischen Texte und Essays eingegangen. Mit dem alleinigen Fokus auf autobiografische, motivgeschichtliche, ethische und politische Aspekte würde man aber der Bedeutung dieses Erfahrungsraums für den Schriftsteller Musil nur unzureichend gerecht. Das gilt insbesondere für den Roman *Der Mann ohne Eigenschaften* (*MoE*), der ab Mitte der 1920er Jahre zu Musils Hauptprojekt geworden war. Krieg und Militär sind in ihm ständig präsent: sei es als möglicher Fluchtpunkt der Handlung – einschlägig ist die Aufbaunotiz: „Alle Linien münden in den Krieg" (MoE, 1902) aus den 1930er Jahren –, sei es als Teil des Figurentableaus der ‚Parallelaktion' insbesondere in Gestalt des Großindustriellen Arnheim und des Abgesandten des Kriegsministeriums, General Stumm von Bordwehr. In dieser Kombination als Fixpunkt der Konstruktion, geschichtlicher Horizont und proliferierende Diskursschicht prägen Krieg und Militär gleichermaßen erzähltes Geschehen wie Anlage des Romans (vgl. z.B. Honold 1995; Evers 2009). Daneben sind sie aber noch auf einer anderen poetologischen Ebene mit Musils Unternehmung verknüpft. Um diesem Punkt näherzutreten, muss man den Textbestand im Ganzen nach seinem Charakter als Inventar und Anordnung der sozialen, politischen und intellektuellen Kräfte der Zeit in Betracht ziehen. Bei diesem Vorhaben gerät eine wissenschaftliche Praxis in den Blick, die sich seit dem Anfang des 20. Jahrhunderts mit der Durchgestaltung menschlicher Verhältnisse beschäftigt – und dies nicht zuletzt anhand von Fragen militärischer Ausbildung. (→ V.8 *Militär*; V.9 *Krieg*)

Die Rede ist von Bestrebungen, die unter den Bezeichnungen Taylorismus und Psychotechnik teils enger auf die Rationalisierung von industriellen Produktionsprozessen (vgl. Taylor 1911), teils umfassend auf die Optimierung von Lern- und Arbeitsprozessen, Kommunikationsvorgängen und gesellschaftlichen Einrichtungen abzielen (vgl. Münsterberg 1914). Übergreifend verbindet diese Ansätze die Annahme, dass die Leistungsmöglichkeiten und die Interaktion von Individuen und Gesellschaft durch systematische Interventionen kontrolliert entwickelt werden können. Praktisch erlangten vor allem Studien zur Berufswahl (Durchführung von Eignungsprüfungen) und zur Einrichtung von Arbeitsabläufen Bedeutung (Bewegungsanalysen, Anpassung von Werkzeugen und Maschinen). Diese Unternehmungen wurden im deutschsprachigen Raum nach 1918 unter der Sammelbezeichnung ‚Industrielle Psychotechnik' geläufig. Charakteristisch ist für sie, dass vor dem Hintergrund der schwierigen gesellschaftlichen und ökonomischen Situation nach Kriegsende und Revolution betriebswirtschaftliche und sozialpolitische Zielsetzungen wie Steigerung der Produktivität, Zufriedenheit der Erwerbstätigen und Eingliederung der vielen Kriegsversehrten Hand in Hand gingen (vgl. Spur 2008; Patzel-Mattern 2010).

Im Hinblick auf die Etablierung der ‚Industriellen Psychotechnik' spielt der Erste Weltkrieg eine entscheidende Rolle. Hier werden zum ersten Mal in größerem Maßstab Eignungsprüfungen für Spezialisten wie Kraftfahrer oder Funker durchgeführt und damit einhergehend ein gemeinsames Arbeitsfeld für technische Berufe und Psychologen geschaffen (vgl. Gundlach 1996; Petri 2004; Patzel-Mattern 2010, S. 19–23). Die Kriegsjahre bieten aber auch noch einen anderen Anknüpfungspunkt an die Idee einer planvollen Gestaltung von Lebensvorgängen. Der in Europa seit Ende 1914 vorherrschende Stellungs- und Grabenkrieg führte aufgrund der Ausdehnung der Fronten, der schwierigen Kommunikationsbedingungen und der schnellen Auflösung größerer Verbände in den Kampfhandlungen zunehmend zu einer Verlagerung der momentanen Entscheidungsgewalt in kleinere Einheiten bis hinunter zum einfachen Soldaten. (→ V.9 *Krieg*) Diese Veränderung in der Kampfweise verlangte nach einem selbstständig die Lage einschätzenden und flexibel handelnden Individuum, das nicht mehr allein durch äußeren Zwang, sondern innerlich durch Erziehung und Bindung an die Gruppe die Disziplin hielt (für Deutschland siehe Raths 2009, S. 191f. u. 209f.). Gleichzeitig waren – Stichwort ‚Nervenkrieg' (vgl. Hofer 2004, S. 253–282) – durch die Massierung der Waffenwirkung hohe psychische Belastungen zu beobachten. Bedenkt man zudem die schweren Disziplinprobleme in der österreichisch-ungarischen Armee gegen Kriegsende (vgl. Rauchensteiner 2009, S. 84), wird deutlich, warum die geistige Rüstung der Soldaten zu einer Schlüsselfrage der Ausbildung werden konnte.

Entsprechende Überlegungen gehörten zwischen Herbst 1920 und Ende 1922 zu Musils Tagwerk. In dieser Zeit war er als Fachbeirat beim Österreichischen Bundesministerium für Heerwesen damit beauftragt, „das Offizierskorps in die Methoden der Geistes- und Arbeitsausbildung einzuführen." (Br I, 205) Eine genaue Rekonstruktion der dienstlichen Geschäfte steht bis heute aus (siehe nach Aktenlage Dinklage 1960, S. 236–238); wie jedoch bereits aus der Beschreibung des Aufgabengebiets hervorgeht, bildeten, salopp formuliert, Geistesfragen einen wesentlichen Teil der Beratertätigkeit. Spuren entsprechender Überlegungen lassen sich an mindestens zwei Stellen finden. Zunächst stellt Musil am Ende seines Aufsatzes *Psychotechnik und ihre Anwendungsmöglichkeit im Bundesheere* (1922) eine Beziehung zwischen Körperausbildung und geistiger Haltung her: „Es läßt sich behaupten, daß die Art der Gewehrgriffe und die Art der Disziplin in einem Heer in einem Zusammenhang stehen." (Musil 1980, S. 200) (→ III.2.5 *Technische Aufsätze*) Im Sinn hat Musil hier vermutlich einen Abschnitt aus Hugo Münsterbergs *Grundzüge der Psychotechnik*, in dem unter Bezug auf die Ausbildung in der deutschen und amerikanischen Marine zwischen einer „Erziehung zum Gehorsam" und einer „Erziehung zur Initiative" unterschieden wird und Vorschläge zu einer psychotechnischen Verknüpfung dieser zunächst gegenläufigen Zielsetzungen entwickelt werden (Münsterberg 1914, S. 259–263). Prospektiv gewinnen damit Einstellung und Verhalten von Soldaten den Status von Objekten, die psychotechnisch variabel, je nach besonderer Zielsetzung geformt werden können. Genau hierauf besteht Musil, wenn er im Anschluss an den eben zitierten Satz darauf hinweist, dass die „angewandte Psychologie manchen wertvollen Fingerzeig" geben kann, wo „traditionelle Disziplinformen wieder hergestellt werden oder durch andere ersetzt werden sollen" (Musil 1980, S. 200).

Der zweite Punkt, an dem der Fachbeirat Musil mit Geistesfragen zu tun bekommt, betrifft die Ausgestaltung der für das neugegründete Bundesheer vorgesehenen

„staatsbürgerlichen und republikanischen Erziehung". Zu diesem Zweck wurde ebenfalls im März 1922 eine Kommission eingerichtet, der neben den zuständigen Offizieren und den drei politisch gebundenen Fachbeiräten auch Musil angehörte (vgl. Hoffmann 1997, S. 256–258). Die Geschichte ihrer Verhandlungen liest sich als ein typisches Durcheinander von großen Ideen, Verfahrensfragen, weltanschaulichen Bekenntnissen, Kritteleien an Formulierungen und pragmatischen Vorschlägen zur Konsensbildung. Musils Beitrag besteht u. a. in der Forderung, dass der Behelf, in dem die Erziehungsgrundsätze zur Verwendung in der Truppe zusammengefasst werden sollen, auf „Wirkung" zu berechnen ist bzw. „Schwung haben muss", um seinen Zweck zu erreichen, der „vulgär ausgedrückt" darin besteht, dass sich gegebenenfalls „der Soldat umbringen lassen soll" (Kommission, Bl. 88vs). Diese Perspektive auf den Text als Mittel planvoller psychischer Stimulation trifft sich mit einer Bemerkung zur Abfassung von Vorschriften im *Psychotechnik*-Aufsatz (vgl. Musil 1980, S. 196), aber vor allem finden sich ähnliche Überlegungen im literarischen Nachlass gesammelt in zwei Aufstellungen unter dem Titel „Erzählungstechnik" (KA, M II/1/142–147). Es kommt dabei nicht darauf an, ob Musil diesen Werkzeugkasten tatsächlich eingesetzt hat. Festzuhalten ist vielmehr das Grundverhältnis zum Text als Instrument, das gezielt emotionale und intellektuelle Wirkungen bei der Leserschaft hervorrufen soll (vgl. ebenso Kümmel 2001, S. 322–352).

Nimmt man die zwei diskutierten Punkte zusammen, so könnte man sagen, dass sich für den Fachbeirat Musil die spezifische Formierung des Geistes problemlos mit dem spezifischen Konfigurieren von Texten verknüpfen lässt. Hingegen verliert Musil in den dienstlichen Äußerungen kein Wort darüber, in welche Richtung der soldatische Geist zu entwickeln sei. Seine Position im Ministerium als neutraler Fachbeirat schloss dies wohl auch aus. Allerdings findet sich in den Protokollen der „Kommission für Geistesausbildung" (wie sie offiziell hieß) eine weitere, in dieser Hinsicht interessante Bemerkung Musils. Als Reaktion auf einen Redebeitrag, in dem zwischen Organisation (Aufbau) und Programm (Inhalt) des zu erstellenden Behelfs unterschieden wird, hält er fest, dass Organisation und Programm in engem Zusammenhang stehen und die Reihenfolge der Abschnitte (A, B usw.) in dem Behelf „eigentlich auch schon ein Programm" vorstellt (Kommission, Bl. 51rs). Musil spricht damit klar aus, dass Organisationsvorhaben niemals rein formaler Art sind, sondern immer zugleich inhaltliche Akzente setzen. Geht man einen Schritt weiter, ist dann auch schon das bloße Verlangen nach ‚Organisiertheit' (ohne jede nähere Ausfüllung) als ein Programm zu betrachten.

Von hier führt der Weg zurück zu Musils Roman *MoE*. Dass dieser Text von der Systematik der Manuskriptsiglen bis zu den Erörterungen der ‚Parallelaktion' als ein großes Ordnungsunternehmen verstanden werden kann, wird in der Forschung heute selbstverständlich vorausgesetzt (zur Genese des Ordnungsgedankens vgl. Pennisi 1990). Zu Recht sind allerdings alle jene Beiträge kritisiert worden, die Musils Roman und dessen Protagonisten Ulrich auf eine einzige, bestimmte Lösung der Ordnungsfrage, unter welchem Begriff auch immer, festlegen wollen (vgl. Wolf 2011, S. 257). So kann man sicher ausschließen, dass Psychotechnik in ihren verschiedenen Erscheinungsformen im Roman als mögliche Lösung aller Herausforderungen protegiert wird. Auch der auf einem der vielen Studienblätter notierte Gedanke einer „Psychotechnik der Kollektive" (MoE, 1867) hält Ulrichs Reflexionsvermögen nicht stand (vgl. Wolf 2011, S. 198). Wenn er sich seiner Planspiele mit der Menschheit ein wenig „schämte" (MoE, 827), heißt das aber nicht, dass damit zugleich auch der Autor des Romans jeden planvollen, systematischen Zugriff auf die Welt und ihre täglichen Erscheinungen und Aufgaben verwirft. In dem Essay *Das hilflose Europa oder Reise vom Hundertsten ins Tausendste* (1922), im selben Jahr publiziert wie der *Psychotechnik*-Aufsatz, fixiert Musil als durchgängiges Kennzeichen der Zeit das Zurückbleiben der geistigen Ordnung gegen die tatsächlichen Entwicklungen: „Das Leben, das uns umfängt, ist ohne Ordnungsbegriffe" (GW II, 1087), „so liegt ein ungeheures Organisationsproblem darin beschlossen, daß man die Auseinandersetzung und Verknüpfung ideologischer Elemente nicht dem Zufall überlasse, sondern fördere" (GW II, 1091), „[u]nsre Geistesart ist vorläufig noch gar nicht darauf eingestellt, diesen Zustand zu ändern." (GW II, 1093) Dies sind nur drei Einschätzungen Musils zur Situation seiner Zeit, und dazu passt ein Satz aus der ein Jahr früher veröffentlichten Auseinandersetzung mit Oswald Spenglers *Der Untergang des Abendlandes*: „Die Frage auf Leben und Tod ist: geistige Organisationspolitik." (GW II, 1058) (→ III.2.1 *Essays*)

Man kann sich des Eindrucks nicht erwehren, dass auf Musils Schreibtisch im Bundesministerium nicht nur zeitgleich dienstliche Schriften und literarische Texte entstanden (vgl. Frensel/Hoffmann 1998), sondern gelegentlich die Ausarbeitungen auch ineinanderrutschten. Selbst wenn man behaupten möchte, dass Musil solche Ansichten in den folgenden Jahren und Jahrzehnten aufgab, bleibt es doch dabei, dass zu einem entscheidenden Moment in der Entstehungsgeschichte des *MoE* ein nicht weiter relativierter Ordnungsimpuls die Denk- und Schreibweise Musils prägt. Dieser Impuls hat zwar kein bestimmtes Ziel, es geht nicht um eine bestimmte inhaltliche Ausfüllung der angestrebten Ordnung, sondern einzig um ‚Ordnung pur', aber dies ist, um es mit den Worten des Fachbeirats zu sagen, unvermeidlich bereits selbst ein Programm. Insgesamt kann man sagen, dass im Bodensatz des Romans, auf der Ebene der Möglichkeitsbedingungen dieses Unternehmens, eine Wissenspraxis eingeschlossen ist, deren Prämissen und Vorgehensweisen sich Musil bei der Beschäftigung mit militärischen Ausbildungsfragen angeeignet hat. Den Roman im Ganzen als ein Programm oder, schärfer gesagt, als Versuch einer Programmierung der Leserschaft zu verstehen (siehe Kümmel 2001), verdankt sich letztlich noch zu sehr der Suche nach der einen Idee, die den *MoE* zusammenhalten soll. Problematisch ist hieran nicht zuletzt, wenn als zentrale Leistung von Musils Roman festgehalten wird: „Er zeigt, wie Ordnung beschaffen sein muß, wenn sie nicht gewalttätig sein will." (ebd., S. 311) Angespielt wird damit auf eine Bemerkung General Stumm von Bordwehrs, nach der „Ordnung [irgendwie] in das Bedürfnis nach Totschlag über[geht]." (MoE, 465) Ausgeblendet bleibt hingegen, dass jede Ordnung, insofern sie gruppiert und klassifiziert, eine strukturelle Gewalt ausübt und Musils Roman, selbst wenn er sich einzig im Organisieren erginge, nicht vollständig anderen Imperativen gehorcht wie die totalitären Ordnungsunternehmungen des 20. Jahrhunderts.

1. Militärische Ausbildung, Arbeits- und Ordnungswissenschaft

Literatur

Dinklage, Karl: Musils Herkunft und Lebensgeschichte. In: ders. (Hg.): Robert Musil. Leben – Werk – Wirkung. Reinbek b. Hamburg: Rowohlt 1960, S. 187–264.

Evers, Kai: „Krieg ist das gleiche wie aZ". Krieg, Gewalt und Erlösung in Robert Musils Nachkriegsschriften. In: Hans Feger, Hans-Georg Pott, Norbert Christian Wolf (Hg.): Terror und Erlösung: Robert Musil und der Gewaltdiskurs in der Zwischenkriegszeit. München: Fink 2009, S. 227–250.

Fleig, Anne: Körperkultur und Moderne. Robert Musils Ästhetik des Sports. Berlin, New York: de Gruyter 2008.

Frensel, Peter/Hoffmann, Christoph: Maschinenschriftenphilologie. Zur Datierung von Typoskripten mit Hilfe der Maschinenschriftenuntersuchung an einem Beispiel aus dem Nachlaß Robert Musils. In: Text. Kritische Beiträge 4 (1998), S. 33–60.

Gundlach, Horst: Faktor Mensch im Krieg. Der Eintritt der Psychologie und Psychotechnik in den Krieg. In: Berichte zur Wissenschaftsgeschichte 19 (1996), S. 131–143.

Hofer, Hans-Georg: Nervenschwäche und Krieg. Modernitätskritik und Krisenbewältigung in der österreichischen Psychiatrie (1880–1920). Wien u.a.: Böhlau 2004.

Hoffmann, Christoph: „Der Dichter am Apparat". Medientechnik, Experimentalpsychologie und Texte Robert Musils 1899–1942. München: Fink 1997.

Honold, Alexander: Die Stadt und der Krieg. Raum- und Zeitkonstruktion in Robert Musils Roman *Der Mann ohne Eigenschaften*. München: Fink 1995.

Kommission für die Durchführung der staatsbürgerlich-republikanischen Erziehung im Bundesheer. Österreichisches Staatsarchiv – Archiv der Republik Wien, Bundesministerium für Heerwesen, 1922, Abt. 6, 2 2/1–2. [nicht gedruckte Quelle]

Kümmel, Albert: Das MoE-Programm. Eine Studie über geistige Organisation. München: Fink 2001.

Münsterberg, Hugo: Grundzüge der Psychotechnik. Leipzig: Barth 1914.

Musil, Robert: Beitrag zur Beurteilung der Lehren Machs und Studien zur Technik und Psychotechnik. Reinbek b. Hamburg: Rowohlt 1980.

Patzel-Mattern, Katja: Ökonomische Effizienz und gesellschaftlicher Ausgleich. Die industrielle Psychotechnik in der Weimarer Republik. Stuttgart: Steiner 2010.

Pennisi, Francesca: Auf der Suche nach Ordnung. Die Entstehungsgeschichte des Ordnungsgedankens bei Robert Musil von den ersten Romanentwürfen bis zum ersten Band von *Der Mann ohne Eigenschaften*. St. Ingbert: Röhrig 1990.

Petri, Stefan: Personalauswahl zwischen Psychotechnik und Charakteranalyse. Die Kompetenzverschiebung der deutschen Militärpsychologie von 1914 bis 1942. In: Zeitschrift für Psychologie 212 (2004), H. 4, S. 200–211.

Raths, Ralf: Vom Massensturm zur Stoßtrupptaktik. Die deutsche Landkriegtaktik im Spiegel von Dienstvorschriften und Publizistik 1906 bis 1918. Freiburg i.Br.: Rombach 2009.

Rauchensteiner, Manfried: Österreich-Ungarn. In: Gerhard Hirschfeld u.a. (Hg.): Enzyklopädie Erster Weltkrieg. Akt. u. erw. Studienausgabe. Paderborn u.a.: Schöningh 2009, S. 64–86.

Spur, Günter: Industrielle Psychotechnik – Walther Moede. Eine biographische Dokumentation. München: Hanser 2008.

Taylor, Frederick Winslow: The Principles of Scientific Management. London: Harper and Brothers 1911.

Wolf, Norbert Christian: Kakanien als Gesellschaftskonstruktion. Robert Musils Sozioanalyse des 20. Jahrhunderts. Wien u.a.: Böhlau 2011.

2. Naturwissenschaft, Technik/Ingenieurwissenschaften
Michael Gamper

1. Gegenstand 504
2. Biografischer Zusammenhang 504
3. Forschungsstand 505
4. Zugänge 506
   4.1 Medientechnik 506
   4.2 Naturwissenschaft im *Mann ohne Eigenschaften* 506
   4.3 Poetik und Experiment 507
5. Forschungsperspektiven 508
6. Literatur 509

1. Gegenstand

Wissensgeschichtlich betrachtet ist das Verhältnis von Naturwissenschaften und Technik keineswegs immer ein enges gewesen. Aristoteles bestimmte die beiden Bereiche als unterschiedliche Gegenstandsbereiche, indem er als ‚technisch' das vom Menschen handelnd Hervorgebrachte, als ‚natürlich' aber das unabhängig vom Menschen Gewordene definierte (Aristoteles 1970, Λ3.1070a). Auch in der Frühen Neuzeit und der Moderne ist Technik gekennzeichnet durch menschliches Tun, zweckrationale Verfügung über Mittel und Folgen des Handelns, konstruktiv-materielle Realisierung von Dingen und die Beherrschung eines Menschen, Maschinen und Instrumente verkoppelnden Ganzen und lässt sich sowohl einer zweckfreien, auf Grundlagenforschung ausgerichteten Naturwissenschaft als auch einer auf ästhetische und semantisch-symbolische Eigenlogik ausgerichteten Kunst entgegensetzen.

Schon Francis Bacon hatte aber im *Novum Organum* (1620), explizit gegen Aristoteles gerichtet, diese starre Gegenüberstellung aufgegeben und wissenschaftliches und technisches Handeln als stets ineinander verwoben betrachtet. Dass technische Entwicklung naturwissenschaftliche Kenntnisse voraussetzt, wissenschaftliche Forschung technische Geräte benutzt und damit beide Bereiche wechselseitig in die Bedingungen der Möglichkeit des anderen eingreifen, charakterisiert denn auch die naturwissenschaftliche und technische Moderne, in der Musil schreibt und mit der er sich produktiv auseinandersetzt. Dies bedeutet, dass im zu beschreibenden Gegenstandsfeld eine Reihe von Differenzierungen eingezogen ist, die sich durch Übergänglichkeit in beide Richtungen auszeichnen. Sowohl im von Musil beobachteten Bereich der Natur- und Ingenieurwissenschaften als auch in der Adaption und Absorption dieser Kenntnisse in Musils Schaffen ist diskursives von praktischem Wissen, sind Inhalte von Verfahren und ist gesichertes Wissen von explorativen Praktiken zu unterscheiden.

2. Biografischer Zusammenhang

Biografisch ist Robert Musil äußerst eng mit den Ingenieurwissenschaften und den dazugehörigen naturwissenschaftlichen Studien verbunden. Als 17-Jähriger trat er am 29. Januar 1898 in die Deutsche Technische Hochschule Brünn ein, wo er ein Ingenieur-Studium aufnahm, nachdem er zuvor auf Geheiß des Vaters, der seit 1891 eine

2. Naturwissenschaft, Technik/Ingenieurwissenschaften

Professur für Maschinenbau an der genannten Hochschule in Brünn bekleidete, von 1892 bis 1897 technisch ausgerichtete Militärschulen in Eisenstadt, Mährisch-Weißkirchen und Wien besucht hatte. 1902 und 1903 war Musil in der Stuttgarter Materialprüfanstalt als Volontärassistent angestellt (vgl. Blasberg 1989), bevor er sich im November 1903 in Berlin für Philosophie und Psychologie mit den Nebenfächern Mathematik und Physik immatrikulierte. 1904 und 1905 erschienen die Aufsätze *Die Kraftmaschinen des Kleingewerbes* und *Die Beheizung der Wohnräume* in der Zeitschrift *Natur und Kultur* (→ III.2.5 *Technische Aufsätze*), und in seinem empiristisch ausgerichteten Psychologie-Studium stellte er Versuche mit dem Tachistoskop an und konstruierte 1905 den nach ihm benannten Musil'schen Farbkreisel. Ab Januar 1906 arbeitete er an der Dissertation *Studien zur erkenntnistheoretischen Grundlage der Physik mit Bezug auf die Anschauungen Ernst Machs*, die im März 1908 unter dem Titel *Beitrag zur Beurteilung der Lehren Machs* bei Carl Stumpf abgeschlossen wurde. Ende 1908 führte Musil Verhandlungen mit der Technischen Hochschule München wegen einer Habilitation und erhielt das Angebot einer Assistentenstelle bei Alexius Meinong in Graz, schlug aber beide Möglichkeiten aus. Eine Bibliotheksstelle an der TH Wien, der Redaktionsposten bei der *Neuen Rundschau*, der Erste Weltkrieg und die Anerkennung seiner schriftstellerischen Arbeiten ließen Musil dann einen anderen Karriereweg einschlagen, ohne dass er das Interesse an naturwissenschaftlichen und technischen Fragestellungen verlor (vgl. Corino 2003, S. 1875–1938). Die Referate zu naturwissenschaftlichen und technischen Gegenständen in der *Kulturchronik* zwischen April und Juli 1923 legen davon Zeugnis ab (vgl. GW II, 1691–1702).

3. Forschungsstand

Natur- und ingenieurwissenschaftliche Inhalte sind, so ist seit Renate von Heydebrands (1966) grundlegender Studie zum Roman *Der Mann ohne Eigenschaften* (*MoE*) klar, als Motive so offensichtlich in vielen Musil-Texten unterschiedlichster gattungsmäßiger Zugehörigkeit präsent, dass es gerade für umfassendere Untersuchungen zum Werk dieses Autors fast unmöglich ist, sie zu übersehen bzw. nicht in die Analysen miteinzubeziehen. Zu unterscheiden ist deshalb zwischen Publikationen, die nur das Motiv und seine Fruchtbarkeit für Musils Poetik bzw. den jeweiligen thematischen Fokus beachten, und solchen, die das epistemologische Irritationspotenzial der Wissenschaften ernst nehmen, bei ihren Untersuchungen die wissenschafts- und technikgeschichtlichen Sachverhalte aufarbeiten und die Form ihres Eingangs in das Textsystem Musils untersuchen. Dabei sind die Übergänge zwischen Bereichen wie Psychotechnik und empirischer Psychologie, Mathematik, naturwissenschaftlichen Teilbereichen und Neuen Medien oft fließend (vgl. Gnam 2001). Im Folgenden sollen vor allem Studien aus der zweiten Gruppe im Mittelpunkt stehen, wenn wichtige Aspekte der Thematik in drei Teilen vorgestellt werden.

4. Zugänge

4.1 Medientechnik

Um die Jahrhundertwende eröffnete Musil sein erstes Tagebuch und Arbeitsjournal mit den Worten: „Blätter an dem Nachtbuche des monsieur le vivisecteur." (Tb I, 1) Mit diesem Bekenntnis zum Eingriff an lebenden Wesen bezog sich Musil zum einen auf eine zugleich wissenschaftliche wie literarische Experimenttradition, die durch den Physiologen Claude Bernard und den Romancier Émile Zola repräsentiert wird, zum andern aber verortete er sein Schaffen im Interventionsfeld wissenschaftlicher Technik, die den Menschen und seine Sinne psycho-physiologisch erkundet und in Regie nimmt. Diesen Ansatz hat, bei den nach 1915 angestellten akustischen und optischen Raumwahrnehmungsexperimenten des mit Musil befreundeten Musikwissenschaftlers Erich Moritz von Hornbostel ansetzend, Peter Berz verfolgt. Detailliert arbeitet er die besondere Brisanz der Inversionserfahrung heraus, die Objekte betrifft, die kaum messbar, nur mit Mühe herstellbar, nicht steuerbar und deshalb „im Reich des Imaginären so durchschlagend" wirksam sind (Berz 1993, S. 183). Relevant wird die Komplexität des experimentellen Inversionswissens sowohl für den *MoE* (vgl. ebd., S. 186f.) als auch für die ‚Fliegerpfeil-Texte' (vgl. Berz 1990).

Die wissenschaftlich konstruierten audiovisuellen Experimentalräume, die mithilfe von Apparaten und Versuchsaufbauten auf die Erschließung des Bewusstseins zielen, stellen, etwas allgemeiner gesprochen, die Voraussetzungen bereit, unter denen Medientechnik und Psyche verkoppelt werden und Telefon, Kino, Psychotechnik und Literatur miteinander in Beziehung treten. In einer Pionierarbeit zeigt Christoph Hoffmann (1997) diese Zusammenhänge auf, indem er minutiös die wissenschafts- und technikgeschichtlichen Voraussetzungen von Musils Schaffen rekonstruiert und in einem zweiten Schritt demonstriert, inwiefern diese die Bedingung für dessen literarische Texte sind. Vorgeführt wird dies an so zentralen Beispielen wie dem *Törleß*, den *Vereinigungen*, der Balázs-Rezension und dem *MoE*.

4.2 Naturwissenschaft im *Mann ohne Eigenschaften*

Wissenschaftliche Sachverhalte werden besonders prominent im *MoE* präsentiert und thematisiert. Akribisch ist diesen teils offensichtlichen, oft aber auch versteckten Hinweisen Claus Hoheisel (2004) am Beispiel der Physik und verwandten Wissenschaften nachgegangen. Der promovierte Physiker benennt in seiner literaturwissenschaftlichen Dissertation einschlägige Textstellen und erläutert die damit zusammenhängenden physikalischen Sachverhalte, wobei er sowohl expliziten Äußerungen der Figuren wie auch strukturellen und analogen Beziehungen nachgeht. In dieser Weise werden u. a. meteorologische, thermodynamische, optische, relativitätstheoretische und elektrische Wissenskontexte kenntlich gemacht. In einer weiteren Untersuchung geht Hoheisel (2009) den naturwissenschaftlichen Hintergründen des ‚anderen Zustands' im *MoE* nach. Dabei bleibt aber meist ausgespart, in welcher Form Musil diese Zusammenhänge präsent waren und auf welche Weise er sie literarisch verarbeitete.

Solchen Fragestellungen wendet sich Thomas Sebastian (2005) zu, der ebenfalls die Überschneidungen von Wissenschaft und Literatur im *MoE* bearbeitet, nun aber dezidiert der Bedeutung der epistemischen Veränderungen in den Natur- und Geisteswissenschaften der Zeit für die Konstruktion des Romans und dessen Figurenzeichnung nachgeht. Hier sind es experimentelle Psychologie, Gestalttheorie und Wahrscheinlichkeitstheorie in ihren verschiedenen naturwissenschaftlichen Anwendungsbereichen, die zur Erklärung für multiple Subjektivierungen und hypothetische Narrative herangezogen werden. (→ IV.6 *Gestalttheorie*) Thematisch spezifischer befasst sich Gerhard Meisel (1991a) mit der Liebesthematik im Kreuzungsfeld verschiedener Wissenschaften vom Menschen, wobei er Freuds Psychoanalyse und Bachofens matriarchale Kulturtheorie auf *Vereinigungen* und *Drei Frauen* bezieht, im *MoE* aber thermodynamische und informationstheoretische Schwerpunkte setzt. (→ IV.7 *Psychoanalyse*) Besonders prägnant wird dabei herausgearbeitet, dass nicht erst Musil naturwissenschaftliches Wissen auf den Menschen und seine Vermögen und Verhaltensweisen überträgt, sondern dass dies bereits in den Wissenschaften selbst geschieht und im Besonderen Theoreme der Naturwissenschaften wie die Entropie auch in den Human- und Sozialwissenschaften (Psychologie, Verkehrswissenschaft) reichen Niederschlag finden (vgl. Meisel 1991b).

Ganz auf die Entropie konzentriert sich Christian Kassung (2001). In einer großangelegten Darstellung der verschiedenen Wissenschaftsgeschichten der Entropie und des Auftretens thermodynamischen Wissens im *MoE* arbeitet er eine strukturelle Vergleichbarkeit der Textkonvolute heraus, indem er zeigt, wie sowohl in den Wissenschaften als auch im *MoE* die Reflexion auf die Zeitdimension als Voraussetzung jedes spezifischen Wissens gilt (vgl. ebd., S. 469 u. 475). Damit wendet er sich gegen vorangegangene Studien, die ein Funktionieren des Romans nach einer oder mehreren Wissensstrategien der Physik angenommen hatten (vgl. ebd., S. 468); er insistiert dagegen unter Verweis auf Foucaults archäologische Methodik auf der Analyse der gemeinsamen Möglichkeitsbedingungen, unter denen das statistische und wärmetheoretische Wissen in den wissenschaftlichen und literarischen Texten hervorgebracht wird (vgl. ebd., S. 471).

Neben dieser Hauptlinie der Forschung, die sich dem thermodynamischen Komplex zuwendet, gibt es weitere kürzere Studien, die Interferenzen von Wissenschaft und Literatur an Gegenständen festmachen, an denen beide Bereiche teilhaben, so etwa an Licht und Farbe (vgl. Glander 2005) oder am Mond (vgl. Simons 2005).

4.3 Poetik und Experiment

Musil äußert sich in seinen Arbeitsheften vielfach zu Fragen der Naturwissenschaften und der Technik, konkret lassen sich dort auch seine Lektüren und die dazugehörigen Gedanken verfolgen. Schon für die Zeit kurz nach 1900 finden sich dabei auch poetologische Übertragungen. So unterscheidet Musil bei der Skizzierung eines literarischen Plans Fragen der Darstellung und der Charakterisierung unter dem Rubrum der „Technik" von Überlegungen, die „Architektonik" und „Handlung" betreffen (Tb I, 99 u. 101). Wiederholt finden sich auch in seinen Essayfragmenten programmatische Äußerungen, die den Dichter als wissenschaftlich tätigen Menschen vorstellen, so etwa in Überlegungen zum Problem von Form und Inhalt: „Der Künstler spielt nicht, er treibt Wissenschaft." (GW II, 1302) Und in einem anderen Fragment heißt es: „Aber warum schreibt man denn Kunst? [...] Weil es Dinge gibt, die sich nicht wissenschaftlich erledigen lassen, die auch nicht mit den Zwitterreizen des Essays zu fangen sind, weil es Schicksal ist, diese Dinge zu lieben, Dichterschicksal."

(GW II, 1317) Dichtung setze „nicht nur Erkenntnis voraus, sondern setzt die Erkenntnis über sich hinaus fort" und erhalte dadurch „Wichtigkeit" (GW II, 1327).

Die systematisch weitestreichenden Überlegungen hierzu finden sich in der dichtungstheoretischen Reflexion *Skizze der Erkenntnis des Dichters* von 1918. Musil unterscheidet dort zwischen einem ‚ratioïden' und einem ‚nicht-ratioïden Gebiet', wobei das zweite „das Heimatgebiet des Dichters, das Herrschaftsgebiet seiner Vernunft" sei (GW II, 1029). Das ‚ratioïde Gebiet' umfasse „alles wissenschaftlich Systematisierbare, in Gesetze und Regeln zusammenfaßbare", und „Tatsachen auf diesem Gebiet" müssten sich „eindeutig beschreiben und vermitteln lassen" (GW II, 1026f.). Das ‚ratioïde Gebiet' verbindet sich so in methodischem und gegenständlichem Zuschnitt eng mit den Naturwissenschaften. Ihm steht das ‚nicht-ratioïde Gebiet' gegenüber, in dem die geschilderte „Herrschaft der ‚Regel mit Ausnahmen'" gegen die „Herrschaft der Ausnahmen über die Regel" vertauscht ist. „Bedeutung" wird hier „occasionell bestimmt[ ]", sie „erlischt, wenn man sie aus ihren Umständen loslöst", weshalb das ‚nicht-ratioïde Gebiet' auch „das Gebiet der Reaktivität des Individuums gegen die Welt und die anderen Individuen" darstellt (GW II, 1028). Dem Dichter ist nun aufgetragen, in diesem Bereich „immer neue Lösungen, Zusammenhänge, Konstellationen, Variable zu entdecken, Prototypen von Geschehensabläufen hinzustellen" (GW II, 1029). Den Dichter kennzeichnet damit eine forschende Tätigkeit, die sich in immer neuen Versuchen vorantastet, welche aber eine Verallgemeinerbarkeit ihrer Ergebnisse nicht zulassen. Damit entwickelte Musil ein literarisches Experimentalsystem, das sich auf ‚nicht-ratioïdem Gebiet' als epistemologisches Parallelunternehmen zum wissenschaftlichen Experiment profilierte. (→ III.2.1 *Essays*)

Neben dem Anteil an experimenteller Medientechnik lässt sich so auch ein genuin literarisches Versuchsverfahren ermitteln, das sich in einer Vielzahl der Essays und der im *Nachlaß zu Lebzeiten* zusammengestellten Prosa nachweisen lässt. Christoph Hoffmann (2011) untersucht diesen Zusammenhang am Beispiel der *Amsel*-Erzählung, und Andrea Pelmter (2008) gibt einen Überblick über die Rolle des Experiments in Musils Schaffen. Sie zeichnet zunächst Musils Vertrautheit mit der Experimentalkultur und seine Kenntnis der entsprechenden Literatur nach und analysiert dann eine Vielzahl von Texten hinsichtlich ihrer je spezifischen Zugänge zum experimentellen Verfahren.

5. Forschungsperspektiven

Insgesamt kann die Thematik der Naturwissenschaften und der Ingenieurwissenschaften in der Biografie und im Werk Musils als gut erforscht gelten. Genauer nachgegangen werden könnte den zahlreichen Einzelhinweisen bei Hoheisel (2004). Deren profunde wissen(schaft)sgeschichtliche Aufarbeitung und die funktionale Bestimmung ihrer Bedeutung für Musils Texte hinsichtlich einiger Teilbereiche stehen noch aus. Als besonders vielversprechend bieten sich hier Meteorologie und Elektrizitätslehre, aber auch ingenieurwissenschaftlich-technisches Wissen jenseits von Psychotechnik und Medientechnik an. Zudem wäre es reizvoll, die Tagebücher und Arbeitsjournale stärker als Texte *sui generis* auszuwerten und in Mikroanalysen zu zeigen, wie sich im Schreiben epistemologische und poetologische Praktiken verdichten.

6. Literatur

Aristoteles: Metaphysik. Schriften zur Ersten Philosophie. Übers. u. hg. v. Franz F. Schwarz. Stuttgart: Reclam 1970.
Berz, Peter: Der Fliegerpfeil. Ein Kriegsexperiment Musils an den Grenzen des Hörraums. In: Jochen Hörisch, Michael Wetzel (Hg.): Armaturen der Sinne. Literarische und technische Medien 1870 bis 1920. München: Fink 1990, S. 265–288.
Berz, Peter: I-Welten. In: Hans-Georg Pott (Hg.): Robert Musil – Dichter, Essayist, Wissenschaftler. München: Fink 1993, S. 171–192.
Blasberg, Cornelia: Robert Musil in Stuttgart. Verwirrungen eines Ingenieurs. 1902–1903. Marbach a. N.: Deutsche Schillergesellschaft 1989.
Bonacchi, Silvia: Die Gestalt der Dichtung. Der Einfluß der Gestalttheorie auf das Werk Robert Musils. Bern u. a.: Lang 1998.
Corino, Karl: Robert Musil. Eine Biographie. Reinbek b. Hamburg: Rowohlt 2003.
Glander, Kordula: Licht und Farbe in Texten Robert Musils. In: Matthias Luserke-Jaqui (Hg.): „Alle Welt ist medial geworden." Literatur, Technik, Naturwissenschaft in der Klassischen Moderne. Tübingen: Francke 2005, S. 127–140.
Gnam, Andrea: Zum Beispiel die Lust am Automobilfahren inmitten alter Motive. Robert Musils behutsamer Umgang mit den Naturwissenschaften. In: Jahrbuch zur Kultur und Literatur der Weimarer Republik 6 (2001), S. 127–142.
Heydebrand, Renate von: Die Reflexionen Ulrichs in Robert Musils Roman *Der Mann ohne Eigenschaften*. Ihr Zusammenhang mit dem zeitgenössischen Denken. Münster: Aschendorff 1966.
Hoffmann, Christoph: „Der Dichter am Apparat". Medientechnik, Experimentalpsychologie und Texte Robert Musils 1899–1942. München: Fink 1997.
Hoffmann, Christoph: Drei Geschichten. Erzählen als experimentelle Operation bei Musil (und Kleist). In: Michael Bies, Michael Gamper (Hg.): „Es ist ein Laboratorium, ein Laboratorium für Worte". Experiment und Literatur III: 1890–2010. Göttingen: Wallstein 2011, S. 162–180.
Hoheisel, Claus: Physik und verwandte Wissenschaften in Robert Musils Roman *Der Mann ohne Eigenschaften*. Ein Kommentar. Bochum: Bochumer Universitätsverlag 2004.
Hoheisel, Claus: Das Doppelgesicht der Natur. Naturwissenschaftliche Aspekte des „anderen Zustands" in Robert Musils Roman *Der Mann ohne Eigenschaften*. Bochum: Bochumer Universitätsverlag 2009.
Kassung, Christian: EntropieGeschichten. Robert Musils *Der Mann ohne Eigenschaften* im Diskurs der modernen Physik. München: Fink 2001.
Meisel, Gerhard: Liebe im Zeitalter der Wissenschaften vom Menschen. Das Prosawerk Robert Musils. Opladen: Westdeutscher Verlag 1991. (Meisel 1991a)
Meisel, Gerhard: Verkehr und Entropie in Musils Kakanien. In: Theo Elm, Hans H. Hiebel (Hg.): Medien und Maschinen. Literatur im technischen Zeitalter. Freiburg i. Br.: Rombach 1991, S. 304–332. (Meisel 1991b)
Nübel, Birgit: „Eine ganz und gar offene, moralisch im Großen experimentierende und dichtende Gesinnung" – Essayismus und Experimentalismus bei Robert Musil. In: Stefanie Kreuzer (Hg.): Experimente in den Künsten. Transmediale Erkundungen in Literatur, Theater, Film, Musik und bildender Kunst. Bielefeld: transcript 2012, S. 49–87.
Pelmter, Andrea: „Experimentierfeld des Seinkönnens" – Dichtung als „Versuchsstätte". Zur Rolle des Experiments im Werk Robert Musils. Würzburg: Königshausen & Neumann 2008.
Sebastian, Thomas: The Intersection of Science and Literature in Musil's *The Man Without Qualities*. Rochester: Camden House 2005.
Simons, Oliver: Musil und der Mond. In: Matthias Luserke-Jaqui (Hg.): „Alle Welt ist medial geworden." Literatur, Technik, Naturwissenschaft in der Klassischen Moderne. Tübingen: Francke 2005, S. 201–220.

3. Mathematik, Logik, Geometrie, Wahrscheinlichkeitstheorie
Andrea Albrecht / Franziska Bomski

1. Einleitung 510
2. Explizite Bezugnahmen auf mathematische Konzepte 511
   2.1 Unendliches und imaginäre Zahlen in den *Verwirrungen des Zöglings Törleß* 511
   2.2 Wahrscheinlichkeitstheorie und Statistik im *Mann ohne Eigenschaften* . . 511
3. *Images* des Mathematischen 512
   3.1 *Der mathematische Mensch* 513
   3.2 Literarische Mathematikerfiguren 513
4. Implizite Bezugnahmen auf mathematische Konzepte 514
5. Literatur 514

1. Einleitung

Referenzen auf Mathematisches finden sich in vielen Texten Robert Musils; eine zentrale Rolle spielen sie vor allem im Erstlingswerk *Die Verwirrungen des Zöglings Törleß*, im Fragment gebliebenen Roman *Der Mann ohne Eigenschaften* (*MoE*) und dem Essay *Der mathematische Mensch*. Sein mathematisches bzw. mathematikphilosophisches Wissen bezieht Musil aus seinem Ingenieurstudium in Brünn (1898–1901) sowie seiner ihn intellektuell maßgeblich prägenden Berliner Studienzeit (1903–1908), während der er auch naturwissenschaftliche und mathematische Fächer belegt (vgl. Bonacchi 1992, S. 10) und 1908 mit einer wissenschaftstheoretischen Arbeit zu Ernst Mach promoviert. Dieser Einfluss prägt als „mathematische Metaphorik" (Meyer 1997) im Rückgriff vor allem auf geometrische Konzepte, die zudem auch durch die bildende Kunst angeregt sein können (vgl. Bey 2014), den Stil des Musil'schen Schreibens. (→ VI.2.1 *Bildende Kunst*) Die inhaltlichen Bezugnahmen auf die Mathematik in seinen Texten – d. h. insbesondere auf Arithmetik/Algebra, Wahrscheinlichkeitstheorie und (mathematische) Logik – lassen sich grob in zwei Gruppen unterteilen: Erstens gibt es Referenzen auf bestimmte mathematische Theorien, die in den literarischen Texten von einer der Figuren oder vom jeweiligen Erzähler formuliert werden und die von Interpreten oftmals auch in Bezug zu Form (Struktur der Handlung) und Poetik der Texte gesetzt werden. Zweitens treten in Musils Texten immer wieder Mathematikerfiguren auf, die auf eine bestimmte Weise charakterisiert werden, oder das Mathematische wird allgemein als Denkart oder Erkenntnishaltung zum Thema. Aus wissenschaftstheoretischer Perspektive handelt es sich hierbei in der Regel nicht um das Wissenskorpus, sondern um *images* des Mathematischen. Daneben gibt es in der Forschung immer wieder Ansätze, die Musils Texte mit dort nicht explizit benannten mathematischen Konzepten in Verbindung bringen.

2. Explizite Bezugnahmen auf mathematische Konzepte

2.1 Unendliches und imaginäre Zahlen in den *Verwirrungen des Zöglings Törleß*

Im *Törleß* dienen das mathematische Konzept des Unendlichen und die imaginären Zahlen als Anlass, über den ontologischen Status mathematischer Objekte nachzudenken (vgl. Meyer 1997) – ein seit der Frühen Neuzeit in der Mathematikgeschichte und -philosophie intensiv diskutiertes Problem, das noch nicht mit der Grundlagenkrise der Mathematik (anders Kraus 2010 u. Kaizik 1980, hier jedoch auch mit Verweis auf die weiter zurückreichende Ideengeschichte, S. 19), sondern mit dem ‚idealen Sein‘ mathematischer Gegenstände und der empirieunabhängigen Geltung mathematischer Urteile zusammenhängt. Zum einen beunruhigt Törleß der Als-ob-Status imaginärer Zahlen ebenso wie die Tatsache, dass der mathematische Verstand „trotzdem mit solchen imaginären oder sonstwie unmöglichen Werten ganz wirklich rechnen kann und zum Schlusse ein greifbares Resultat vorhanden ist" (GW II, 73f.). Zum anderen verknüpft sich für Törleß die Reflexion des mathematischen Unendlichen mit einer Erfahrung des Erhabenen (vgl. GW II, 62–64): Das „Wort aus dem Mathematikunterrichte" erscheint ihm als operationalisierter „gezähmter Begriff", der „nun plötzlich aufgewacht und wieder furchtbar geworden" ist (GW II, 63). Der Erzähler analogisiert diese rationale Grenzbestimmung der Ratio selbst mit ästhetischen, religiösen und existentiellen Erfahrungen und entwickelt daran sein psychologisches Konzept ‚lebendiger Gedanken‘: „Ein Gedanke [...] wird erst in dem Momente lebendig, da etwas, das nicht mehr Denken, nicht mehr logisch ist, zu ihm hinzutritt, so daß wir seine Wahrheit fühlen, jenseits von aller Rechtfertigung [...]. Eine große Erkenntnis vollzieht sich nur zur Hälfte im Lichtkreise des Gehirns, zur andern Hälfte in dem dunklen Boden des Innersten" (GW II, 136f.).

2.2 Wahrscheinlichkeitstheorie und Statistik im *Mann ohne Eigenschaften*

Musil hat sich mit der mathematischen Modellierung des Zufalls intensiv auseinandergesetzt. Dies belegen seine Exzerpte aus Emil Timerdings zeitgenössischem Lehrbuch *Die Analyse des Zufalls* (1915), die z.T. Eingang in den *MoE* finden. In den Reflexionen des Protagonisten Ulrich spielen dabei vor allem das ‚Gesetz der großen Zahlen‘ (d.h. das Streben statistischer Mittelwerte eines häufig wiederholten Zufallsexperiments gegen den wahrscheinlichkeitstheoretischen Vorhersagewert) bzw. dessen physikalische Anwendung in der kinetischen Gastheorie und, eng damit verbunden, das Konzept des Durchschnitts eine wichtige Rolle (vgl. Kaizik 1980, S. 39–59, jedoch ohne Verweis auf die zentrale Quelle; Hoheisel 2002, S. 268–286). Anwendung findet das ‚Gesetz der großen Zahlen‘ u.a. in der zu Beginn des 20. Jahrhunderts noch jungen Soziologie (vgl. zum Zusammenhang von Soziologie und Statistik sowie zum mathematikhistorisch-philosophischen Hintergrund Bouveresse 1995). (→ IV.8 *Soziologie*) Auch im *MoE* spielt es in diesem Zusammenhang eine Rolle (vgl. Innerhofer/Rothe 2010), prominent in Kapitel I/103, „Die Versuchung" (vgl. Bomski 2011). Ausgehend von der statistisch dokumentierten Regelmäßigkeit sozialer Phänomene und ihrer Spannung zum statistisch nicht determinierten Einzelfall, stellt Ulrich die Frage, „ob dahinter unverstandene Gesetze der Gemeinschaft stecken oder [...] der höchste Sinn sich als etwas erweist, das durch den Durchschnitt der tiefsten

Sinnlosigkeit erreichbar ist." (MoE, 488) Tentativ folgt Ulrich der pessimistischen Alternative und entwickelt eine Geschichtstheorie, die Teleologie und gezielte individuelle Steuerbarkeit des Geschichtsverlaufs verneint, indem er den Erfolg individueller Bestrebungen mit einer statistischen Zahlenreihe in Analogie setzt und schließt, „daß es auf die Dauer ermüdend und lächerlich ist, immer das Äußerste zu tun und wollen, nur damit etwas Mittleres hervorkommt" (MoE, 489). In der analogisch-spekulativen Übertragung wird die mathematische Bedeutung des Durchschnitts mit seiner alltagssprachlichen, pejorativen Konnotation vermischt. Dieses Geschichtsmodell, so wird in der Forschung vielfach argumentiert, werde im Roman nicht nur diskursiv vorgestellt, sondern vor allem durch den Verlauf der ‚Parallelaktion' als ‚Seinesgleichen geschieht' auch narrativ auf der Ebene des Plots illustriert und präge so eine für Musils Schreiben insgesamt maßgebliche „Poetologie der Statistik" (Dillmann 2011, S. 91–161). Hervorzuheben ist, dass bei der Deutung der analogischen Rekurse auf die Wahrscheinlichkeitstheorie auch ihre spezifisch literarische Funktion, d.h. etwa die Einbettung in eine bestimmte Situation, zu berücksichtigen ist (vgl. Johann 2007, S. 160, allerdings entgegen seinem Obertitel bezogen auf die Naturwissenschaften), vor allem dann, wenn diese Rekurse nicht vom Erzähler, sondern von einer Figur zur Sprache gebracht werden. So formuliert Ulrich seine Überlegungen in einem Dialog, der nicht in erster Linie auf Wissensvermittlung zielt, sondern darauf, seine Gesprächspartnerin Gerda Fischel „mit Wissenschaft zu hypnotisieren" (MoE, 487), um schließlich die körperliche Annäherung zu ermöglichen. Nicht zuletzt bewirkt diese als gezielte Funktionalisierung vorgestellte Bezugnahme auf wahrscheinlichkeitstheoretisches Wissen punktuell auch eine ironisierende Distanzierung vom diskursiv entfalteten fatalistischen Geschichtsmodell. Letzterem wird zudem in den Nachlass-Kapiteln ein produktiver Umgang mit der „statistische[n] Entzauberung" (MoE, 159) des Individuums gegenübergestellt. Ausgehend von der These, dass die Geschichte „in der Hauptsache [...] die des Durchschnittsmenschen" und der „Durchschnitt von Millionen Geschichten" ist (MoE, 1206), entwickelt Ulrich ein Menschenbild, demzufolge „nach und nach der ‚wahrscheinliche Mensch' und das ‚wahrscheinliche Leben' anstelle des ‚wahren' Menschen und Lebens emporzukommen begännen" (MoE, 1209). In ihren gemeinsamen Gesprächen unternehmen Ulrich und seine Schwester Agathe den Versuch, diesem Modell entsprechend zu leben, um gerade durch den Verzicht auf aktives Handeln und persönliche Besonderheit dem ‚Seinesgleichen geschieht' im individuell-zwischenmenschlichen Bereich zu entgehen und neue Erfahrungen auf dem Gebiet des ‚Nicht-Ratioïden' zu sammeln.

3. *Images* des Mathematischen

Als *images* einer Wissenschaft werden in der Wissenschaftstheorie die kulturell geprägten Vorstellungen bezeichnet, die über eine wissenschaftliche Disziplin, z.B. die Mathematik, und ihr Wissenskorpus in Umlauf, aber nicht selbst mathematischer Natur sind (vgl. Corry 1997, S. 254). An der Produktion dieser kulturellen Repräsentationen beteiligen sich nicht nur Mathematiker und Wissenschaftshistoriker, sondern auch Philosophen und Dichter. Während die Mathematik in der kulturpessimistischen Dichtung der Klassischen Moderne oftmals negativ konnotiert ist, stellt sie für Musil fortgesetzt einen inspirierenden Gegenstand der essayistischen und poetischen Reflexion dar.

3. Mathematik, Logik, Geometrie, Wahrscheinlichkeitstheorie

3.1 *Der mathematische Mensch*

In seinem Essay *Der mathematische Mensch* (1913) nimmt Musil die epistemische Besonderheit des Mathematischen, das „Wesen[ ]" und die „eigentümliche Natur der Mathematik" (GW II, 1004), zum Anlass einer ironischen Relationierung von wissenschaftlicher, technischer und ästhetischer Moderne (vgl. Albrecht 2008; Kraus 2010). Entgegen den durch den Titel geweckten Erwartungen liefert der Essay keine konsistente Charakterisierung des ‚mathematischen Menschen' und seines Tätigkeitsbereichs, der Mathematik. Vielmehr fällt Musils Taxierung ambivalent aus, was den Reiz des Essays ausmacht. In einem das mathematische und das dichterische Denken gegenseitig in Frage stellenden Verfahren kann er so einerseits verdeutlichen, auf welche Basisannahmen das Denken in der Moderne grundsätzlich verzichten muss, andererseits aber auch den mit diesem reflektierten Verzicht gewonnenen Raum des Möglichen aufzeigen. Die These Ernst Machs von der Denkökonomie der Mathematik und die Diskussion um die Grundlagenkrise der Mathematik (d. h. die Kritik und Revision ihrer logischen Grundlagen in der ersten Hälfte des 20. Jahrhunderts) aufnehmend, gelangt Musil zu einer an Friedrich Nietzsche orientierten Reflexion über die Funktion des Fiktiven und Fantastischen im Umgang mit der Wirklichkeit, die es ihm ermöglicht, dem nicht-mathematischen Zeitgenossen, insbesondere dem Philosophen, Philologen und Dichter, den ‚mathematischen Menschen' provozierend als Vorbild entgegenzuhalten.

3.2 Literarische Mathematikerfiguren

„Aber natürlich führt jede Geistesart ihren Troß von Karrikaturen mit sich" (GW II, 1049), heißt es in Musils Spengler-Rezension *Geist und Erfahrung* (1921). Auch Musil nutzt in der Tradition der Gelehrten- und Wissenschaftlersatire parodistische, ironische und satirische Verfahren, um auf indirektem Wege die berufsideologischen Einseitigkeiten des Mathematikers dem Verlachen preiszugeben und über Alternativen zu räsonieren. Schon der Mathematiklehrer weiß mit Törleß' Faszination für die „unreasonable effectiveness of mathematics" (Wigner 1960) nichts anzufangen. Obgleich er selbst im „tägliche[n] Konkubinat mit der Mathematik" (GW II, 75) lebt, verbietet er sich jedes Nachdenken über das, was „jenseits der strengen Grenzen des Verstandes" (GW II, 77) liegt, verweist Törleß auf den Glauben und auf die kantische Philosophie und attestiert ihm schließlich eine „Anlage zum Hysteriker" (GW II, 138).

Ein um die „sinnliche Laienwelt" (MoE, 865) reduziertes, dafür ganz dem Denken „in reinen Begriffen" (MoE, 866) gewidmetes Leben führt auch die Astronomin Dr. Strastil im *MoE*. Ihre Begegnung mit dem Protagonisten nutzt der Erzähler zur kontrastiven, auch geschlechtertheoretisch kodierten Konturierung seiner Figuren (vgl. Wolf 2011, S. 777–781). Doch auch Ulrich, der der Mathematik ebenso wie dem Soldatentum und der Ingenieurskunst abtrünnig wird und sich stattdessen um eine ins Leben umgesetzte Verbindung von Gefühl und Intellekt bemüht, wird von der satirischen Intention Musils nicht ausgenommen. Während dem passiven, nur fühlenden Menschen ein wirklichkeitsfeindliches, „kindhaftes Verhältnis zur Welt" (MoE, 592) attestiert wird, erscheint der Mathematiker als Prototyp des aktiven, aber auch aggressiven Menschen, der in der Wissenschaft „wie eine Himmelsleiter in die Höhe" (MoE, 41) strebt (vgl. Krämer 2009, S. 103–108), zugleich aber im Blick auf „alles menschlich Hohe" die Lust verspürt, „dieser Höhe ein Bein zu stellen und sie auf die Nase fallen zu sehn." (MoE, 303) Signifikanterweise ist Ulrich von Beginn an „weniger wissenschaftlich als menschlich verliebt in die Wissenschaft" (MoE, 40) und versucht, nach der Aufgabe seiner Mathematikerlaufbahn die „Denklehre" (MoE, 39) der Mathematik durch eine Synthese von „Genauigkeit und Seele" (MoE, 597) auf das Gebiet des Geistig-Subjektiven zu übertragen (vgl. Menges 1982, S. 69; Krämer 2009, S. 106–108 u. ö.). Verschiedene Formen und die (Un-)Möglichkeit einer solchen Synthese werden im Roman immer wieder thematisiert (vgl. Jäßl 1963, S. 202–242), etwa als „Utopie des exakten Lebens" (MoE, 244), „taghelle[ ] Mystik" (MoE, 1089) oder in satirischer Form als „General Stumms Bemühung, Ordnung in den Zivilverstand zu bringen" (MoE, 370; vgl. Pennisi 1990), jedoch lässt der Fragmentcharakter des Romans über den Erfolg dieses Unterfangens letztlich nur spekulieren. Literarhistorisch schließt Ulrichs experimenteller Blick auf die Mathematik als Erkenntnisinstrument auch jenseits der Naturwissenschaften an die Frühromantik an (vgl. Müller 1971, S. 98–110).

4. Implizite Bezugnahmen auf mathematische Konzepte

Etwa seit den 1990er Jahren lässt sich in der Musil-Forschung eine Tendenz ausmachen, bestimmte mathematisch-physikalische Theorien für die Interpretation heranzuziehen, die keine explizite Referenz im Text haben und zeitlich erst nach Musils Tod entstanden sind, wie z. B. die sogenannte Chaostheorie (Theorie dynamischer Systeme). Ein einschlägiges Beispiel liefert die Arbeit von Angela Maria Kochs, nach der Musil in seinem Roman „schon die Grundzüge eines mindestens zwei Generationen später sich manifestierenden und möglicherweise über rein naturwissenschaftliche Belange hinausweisenden Welt- und Lebensmodells vorhergesehen" habe (Kochs 1996, S. 12). Entsprechendes wurde für den Gödel'schen Unvollständigkeitssatz (vgl. Kollmann 2005) und fraktale Strukturen (vgl. Kümmel 1995, revidiert in Kümmel 2001) behauptet. Deutungen dieser Art ersetzen Rezeptionsnachweise in der Regel durch die Annahme einer kulturellen Matrix, durch die (auch) mathematisches Wissen im allgemeinen geistigen Horizont zirkuliere (zuletzt Stange 2012). Bei einem Autor wie Musil aber, der sich wie kaum ein zweiter (vgl. Sigmund 1998) auf die Wissensfelder seiner Zeit eingelassen hat, scheint der literaturwissenschaftliche Erkenntnisgewinn eines diskursgeschichtlichen oder hermeneutischen Ansatzes, der sich an wissenschaftshistorischen Erkenntnissen und Methoden orientiert, gerade auch hinsichtlich der vielen noch nicht entdeckten Bezugnahmen Musils auf zeitgenössisches mathematisches Wissen, vielversprechender zu sein.

5. Literatur

Adams, Dale: Die Konfrontation von Denken und Wirklichkeit. Die Rolle und Bedeutung der Mathematik bei Robert Musil, Hermann Broch und Friedrich Dürrenmatt. St. Ingbert: Röhrig 2011.

Albrecht, Andrea: Mathematische und ästhetische Moderne. Zu Robert Musils Essay *Der mathematische Mensch*. In: Scientia Poetica 12 (2008), S. 218–250.

Bey, Gesine: Die Gestalt der Kugel im Roman *Der Mann ohne Eigenschaften*. Robert Musil, El Lissitzky und Hieronymus Bosch. In: Massimo Salgaro (Hg.): Robert Musil in der Klagenfurter Ausgabe. Bedingungen und Möglichkeiten einer digitalen Edition. München: Fink 2014, S. 45–67.

Bolterauer, Alice: Zwischen Mathematik und Mystik. Robert Musils ambivalentes Verhältnis zur Rationalität. In: Sonja Rinofner-Kreidl (Hg.): Zwischen Orientierung und Krise. Zum Umgang mit Wissen in der Moderne. Wien u. a.: Böhlau 1998, S. 435–472.

Bomski, Franziska: Der Zufall in Robert Musils *Mann ohne Eigenschaften*. Zur literarischen Bedeutung eines mathematischen Konzepts. In: Andrea Albrecht, Gesa von Essen, Werner Frick (Hg.): Zahlen, Zeichen und Figuren. Mathematische Inspirationen in Kunst und Literatur. Berlin, Boston: de Gruyter 2011, S. 413–436.

Bonacchi, Silvia: Robert Musils Studienjahre in Berlin 1903–1908. Saarbrücken: Arbeitsstelle für Robert-Musil-Forschung an der Univ. Saarbrücken 1992.

Bouveresse, Jaques: L'homme probable. Robert Musil, le hazard, la moyenne et l'escargot de l'histoire. Combas: Éd. de l'Éclat 1993.

Bouveresse, Jacques: Nichts geschieht mit Grund. Das ‚Prinzip des unzureichenden Grundes'. In: Bernhard Böschenstein, Marie-Louise Roth (Hg.): Hommage à Musil. Bern u. a.: Lang 1995, S. 111–143.

Corry, Leo: The Origins of Eternal Truth in Modern Mathematics. Hilbert to Bourbaki and Beyond. In: Science in Context 10 (1997), H. 2, S. 253–296.

Dillmann, Martin: Poetologien der Kontingenz. Zufälligkeit und Möglichkeit im Diskursgefüge der Moderne. Köln u. a.: Böhlau 2011.

Dipert, Randall R.: Mathematics in Musil. In: Wolfgang Huemer, Marc-Oliver Schuster (Hg.): Writing the Austrian Traditions. Relations between Philosophy and Literature. Edmonton: Wirth-Institute for Austrian and Central European Studies 2003, S. 143–159.

Genno, Charles N.: The nexus between mathematics and reality and phantasy in Musil's works. In: Neophilologus 70 (1968), S. 270–278.

Hoheisel, Claus: Physik und verwandte Wissenschaften in Robert Musils Roman *Der Mann ohne Eigenschaften*: ein Kommentar, 2002. In: http://d-nb.info/965345254/34 (Stand: 29.9.2013).

Innerhofer, Roland/Rothe, Katja: Regulierung des Verhaltens zwischen den Weltkriegen. Robert Musil und Kurt Lewin. In: Berichte zur Wissenschaftsgeschichte 33 (2010), S. 365–381.

Jäßl, Gerolf: Mathematik und Mystik in Robert Musils Roman *Der Mann ohne Eigenschaften*. Eine Untersuchung über das Weltbild Ulrichs. Diss. Univ. München 1963.

Johann, Andreas: „Mathematiker denken anders als andere Menschen". Zur Rolle des Naturwissenschaftlichen in Robert Musils Roman *Der Mann ohne Eigenschaften*. In: Scientia Poetica 11 (2007), S. 160–183.

Kaizik, Jürgen: Die Mathematik im Werk Robert Musils. Zur Rolle des Rationalismus in der Kunst. Wien: Josef Steiner 1980.

Kochs, Angela Maria: Chaos und Individuum. Robert Musils philosophischer Roman als Vision der Moderne. Freiburg i. Br., München: Alber 1996.

Kollmann, Franz Gustav: Robert Musil: Technik und Mathematik – ein spannungsreiches Verhältnis. In: Matthias Luserke-Jaqui (Hg.): „Alle Welt ist medial geworden." Literatur, Technik, Naturwissenschaft in der Klassischen Moderne. Tübingen: Francke 2005, S. 91–104.

Kollmann, Franz Gustav: Zur Datierung der von Musil notierten mathematischen Formeln sowie deren Richtigkeit. In: Musil-Forum 30 (2007/08), S. 1–19.

Krämer, Olav: Denken erzählen. Repräsentationen des Intellekts bei Robert Musil und Paul Valéry. Berlin, New York: de Gruyter 2009.

Kraus, Justice: Musil's *Die Verwirrungen des Zöglings Törleß*, Cantor's structures of infinity, and Brouwer's mathematical language. In: Scientia Poetica 14 (2010), S. 72–103.

Krzywkowski, Isabelle: Musil et *L'homme mathématique*: „L'une des dernières témérités somptuaires de la rationalité pure". In: Philippe Chardin (Hg.): Robert Musil. „Parler comme un livre, vivre comme on lit". Reims: Klincksieck 2000, S. 251–267.

Kümmel, Albert: Möglichkeitsdenken. Navigation im fraktalen Raum. In: Weimarer Beiträge 41 (1995), H. 4, S. 526–546.

Kümmel, Albert: Das MoE-Programm. Eine Studie über geistige Organisation. München: Fink 2001.

Menges, Martin: Abstrakte Welt und Eigenschaftslosigkeit. Eine Interpretation von Robert Musils Roman *Der Mann ohne Eigenschaften* unter dem Leitbegriff der Abstraktion. Frankfurt a. M., Bern: Lang 1982.

Meyer, Jürgen: Musils mathematische Metaphorik. Geometrische Konzepte in *Die Verwirrungen des Zöglings Törleß* und in *Die Vollendung der Liebe*. In: Hofmannsthal-Jahrbuch 5 (1997), S. 317–345.

Miltenberger, Anja: Verborgene Strukturen in erzählenden Texten 1900–1950. München: Utz 2000.

Müller, Gerd: Dichtung und Wissenschaft. Studien zu Robert Musils Roman *Die Verwirrungen des Zöglings Törleß* und *Der Mann ohne Eigenschaften*. Uppsala: Almqvist och Wiksell 1971.

Pennisi, Francesca: Auf der Suche nach Ordnung. Die Entstehungsgeschichte des Ordnungsgedankens bei Robert Musil von den ersten Romanentwürfen bis zum ersten Band von *Der Mann ohne Eigenschaften*. St. Ingbert: Röhrig 1990.

Requardt, Manfred: Robert Musil und das Dichten „More geometrico". In: Text + Kritik (^{3}1983), H. 21/22, S. 29–43.

Rossbacher, Karlheinz: Mathematik und Gefühl. Zu Robert Musils *Die Verwirrungen des Zöglings Törleß*. In: Sigurd Paul Scheichl, Gerald Stieg (Hg.): Österreichische Literatur des 20. Jahrhunderts. Akten der Jahrestagung 1982 der französischen Universitätsgermanisten in Innsbruck. Innsbruck: Institut für Germanistik 1986, S. 127–140.

Säckl, Herwig: Zur Rolle der Mathematik in dem Roman *Der Mann ohne Eigenschaften* von Robert Musil. In: Hans-Georg Steiner (Hg.): Mathematikdidaktik, Bildungsgeschichte, Wissenschaftsgeschichte. Bd. 2. Köln: Aulis 1990, S. 137–147.

Sigmund, Karl: Musil, Perutz, Broch. Mathematik und die Wiener Literaten. In: Wendelin Schmidt-Dengler (Hg.): Fiction in science – science in fiction. Zum Gespräch zwischen Literatur und Wissenschaft. Wien: Hölder-Pichler-Tempsky 1998, S. 27–39.

Stange, Sören: Das Gespenst des Nicht-Wissens. Mathematik als Schriftspiel in David Hilberts Formalismus und in Robert Musils *Der Mann ohne Eigenschaften*. In: Michael Bies, Michael Gamper (Hg.): Literatur und Nicht-Wissen. Historische Konstellationen 1730–1930. Zürich: Diaphanes 2012, S. 397–415.

Wigner, Eugene P.: The Unreasonable Effectiveness of Mathematics in the Natural Sciences. In: Communications on Pure and Applied Mathematics 13 (1960), S. 1–14.

Wilkins, Eithne/Kaiser, Ernst: Musil und die Quadratwurzel aus minus Eins. In: Karl Dinklage (Hg.): Robert Musil. Leben – Werk – Wirkung. Zürich u. a.: Amalthea 1960, S. 157–174.

Wolf, Norbert Christian: Kakanien als Gesellschaftskonstruktion. Robert Musils Sozioanalyse des 20. Jahrhunderts. Wien u. a.: Böhlau 2011.

4. Philosophie, Erkenntnis- und Wissenschaftstheorie
Catrin Misselhorn

Philosophie, Erkenntnis- und Wissenschaftstheorie gehören zu den Kernthemen von Musils Schreiben, in denen sein theoretisches und sein literarisches Werk eng verknüpft sind. Die Musil-Forschung hat diese Themenbereiche auf unterschiedliche Art und Weise beleuchtet, insbesondere in seinem theoretischen Werk sowie in ihrer literarischen Manifestation, beispielsweise in der Figurenrede. Einen Meilenstein bildet die akribische Untersuchung der geistesgeschichtlichen Referenzen der Reflexionen Ulrichs, des Protagonisten des *Mann ohne Eigenschaften* (MoE) (vgl. von Heydebrand 1966).

4. Philosophie, Erkenntnis- und Wissenschaftstheorie

Ein gut erforschter Bereich ist der Einfluss einzelner Denker oder bestimmter philosophischer Traditionen auf Musils Werk. Diese Referenzen sind vielfältig und ziehen sich durch die gesamte Philosophiegeschichte, beginnend mit Sokrates (vgl. Brooks 1989) über Meister Eckhart (vgl. Schmidt 1975), Leibniz (vgl. Bouveresse 1995), Hume (vgl. Barnouw 1978), Kant und Hegel (vgl. Karthaus 1981; Strutz 1984; Söder 1993/94), die Frühromantik (vgl. Frank 1983), die phänomenologische Tradition, v. a. Husserl (vgl. Cellbrot 1988) sowie Max Scheler (vgl. Mulligan 2006), bis hin zur Mystik des jüdischen Religionsphilosophen Martin Buber (vgl. Goltschnigg 1974).

Sehr intensiv untersucht wurde Musils Nietzsche-Rezeption, mit dessen Perspektivismus, Moralkritik und Geniegedanken sich Musil insbesondere im *MoE* auf unterschiedlichen Ebenen kritisch auseinandersetzt (vgl. Seidler 1965; Olmi 1981; Wallner 1984; Dresler-Brumme 1987; Venturelli 1988; Rzehak 1993; Neymeyr 2009). Weitere Referenzpunkte sind Wittgenstein (vgl. Nyíri 1977; Kampits 1992; Rentsch 2004; Fasula 2011) und der Wiener Kreis (vgl. Arslan 2014).

Auch Bezüge zur amerikanischen philosophischen Tradition wurden hergestellt, insbesondere zu Emerson (vgl. Thomä 2006) sowie zu Peirces Pragmatismus (vgl. Finlay 1990). Der Vergleich zu Sartres Existenzphilosophie (vgl. Sokel 1981) und Luhmanns Systemtheorie (vgl. Wimmer 1998) wurde ebenso gesucht wie im Kontext der Postmoderne-Debatte zu Lyotard (vgl. Hofmann 2001/02) und Foucault (vgl. Grimm 2004). Wissenschaftstheoretisch erhielt Musil viele Anregungen durch die Arbeiten Ernst Machs, über den er seine Promotion verfasste, und im Hinblick auf die Philosophie der Psychologie von seinem Doktorvater Carl Stumpf (vgl. Misselhorn 2008). (→ III.1.2 *Beitrag zur Beurteilung der Lehren Machs*; VIII.5 *Intertextualität*)

Neben diesen eher vergleichenden und rezeptionstheoretischen Studien gibt es auch verschiedene Versuche einer umfassenden systematischen Rekonstruktion von Musils philosophischer Position mit variierender Schwerpunktsetzung, u. a. modaltheoretisch (vgl. Luserke 1987), moralphilosophisch (vgl. Ego 1992; Döring 1999), epistemologisch (vgl. Pieper 2002), geschichtsphilosophisch (vgl. Bouveresse 1993) sowie anthropologisch (vgl. Vatan 2000).

Eine Schlüsselrolle spielt hierbei die Unterscheidung zweier unterschiedlicher Erkenntnisweisen im Werk Musils: einer intellektuell-wissenschaftlichen und einer gefühlsmäßig-mystischen (vgl. z. B. Albertsen 1968; Reinhardt 1969; Willemsen 1985; Gies 2003). Diese Dichotomie ist von großer Bedeutung für Musils Verständnis von Wissenschaft, Philosophie und Literatur sowie das Verhältnis dieser Disziplinen zueinander. (→ IV.2 *Naturwissenschaft*)

Musil gehört zu den Autoren, die einen starken Erkenntnisanspruch mit der Literatur verbinden. Literatur stellt für ihn ein eigenständiges Wissensgebiet dar, das er von den beiden anderen Gebieten abgrenzt, die den Anspruch erheben, eigenständige Wissensformen darzustellen: der *Wissenschaft* einerseits und der *Philosophie* andererseits. Seine grundlegende Haltung in dieser Frage entwickelt Musil 1918 in dem Essay *Skizze der Erkenntnis des Dichters*. Die dort dargelegte Position findet auch einen Widerhall in seinen anderen Texten, insbesondere im Roman *MoE*.

Musil unterscheidet in der *Skizze der Erkenntnis des Dichters* zwei Wissensbereiche, das ‚ratioïde' und das ‚nicht-ratioïde' Gebiet. Während die Literatur dem ‚nicht-ratioïden' Gebiet zugehört, sind die Wissenschaften dem ‚ratioïden' Gebiet zuzuordnen, das Musil wie folgt charakterisiert:

Dieses ratioïde Gebiet umfaßt – roh umgrenzt – alles wissenschaftlich Systematisierbare, in Gesetze und Regeln zusammenfaßbare, vor allem also die physische Natur; die moralische aber nur in wenigen Ausnahmsfällen des Gelingens. Es ist gekennzeichnet durch eine gewisse Monotonie der Tatsachen, durch das Vorwiegen der Wiederholung, durch eine relative Unabhängigkeit der Tatsachen voneinander, sodaß sie sich auch in schon früher ausgebildeten Gruppen von Gesetzen, Regeln und Begriffen gewöhnlich einfügen, in welcher Reihenfolge immer sie entdeckt worden seien. Vor allen Dingen aber schon dadurch, daß sich die Tatsachen auf diesem Gebiet eindeutig beschreiben und vermitteln lassen. (GW II, 1026f.)

Das ‚ratioïde' Gebiet hat es also mit voneinander relativ unabhängigen Tatsachen zu tun, die sich in ein wissenschaftliches System bringen lassen. Sie gehorchen Gesetzen und Regeln und zeichnen sich durch Wiederholbarkeit, eindeutige Beschreibbarkeit und Vermittelbarkeit aus. Darin unterscheidet sich das ‚ratioïde' vom ‚nicht-ratioïden' Gebiet:

War das ratioïde Gebiet das der Herrschaft der ‚Regel mit Ausnahmen', so ist das nicht-ratioïde Gebiet das der Herrschaft der Ausnahmen über die Regel. Vielleicht ist das nur ein gradueller Unterschied, aber jedenfalls ist er so polar, daß er eine vollkommene Umkehrung der Einstellung des Erkennenden verlangt. Die Tatsachen unterwerfen sich nicht auf diesem Gebiet, die Gesetze sind Siebe, die Geschehnisse wiederholen sich nicht, sondern sind unbeschränkt variabel und individuell. (GW II, 1028)

Das ‚nicht-ratioïde' Gebiet betrifft Einzelfälle, die sich nicht durch Regeln oder Gesetze verallgemeinern lassen. Sie sind unendlich variabel und entziehen sich einer eindeutigen Beschreibung und Vermittlung. Unter das ‚nicht-ratioïde' Gebiet fällt nach Musil insbesondere die moralische Natur. Damit ist nicht allein die Ethik gemeint (→ V.5 *Ethik u. Moral*), sondern in einem auf Hume zurückgehenden weiteren Sinn alle Fragestellungen, die den Geist betreffen (vgl. Ryle 1997) und traditionell in den Bereich der Philosophie fallen, z.B. metaphysische und epistemologische Probleme.

Obwohl es nicht den Rationalitätsstandards des ‚ratioïden' Bereichs entspricht, wäre es verfehlt, das ‚nicht-ratioïde' Gebiet mit dem Irrationalen gleichzusetzen. Musil schafft mit dem Kontrast von ‚ratioïd' und ‚nicht-ratioïd' ein neues Begriffspaar, das sich nicht auf den Unterschied zwischen rational und irrational reduzieren lässt. Das ‚nicht-ratioïde' Gebiet entzieht sich zwar der wissenschaftlichen Rationalität, das bedeutet jedoch nicht, dass es widervernünftig wäre (vgl. Monti 1981). Es erfordert vielmehr eine eigene Form der Einsicht, die dessen besonderem Charakter gerecht wird. Diese Form der Einsicht ist gefühlsmäßiger Natur. Bereits in den *Verwirrungen des Zöglings Törleß* ist dieses Motiv angelegt (vgl. Nübel 1996) und wird in der Beschreibung des ‚anderen Zustands' im MoE weitergeführt. (→ VII.2 *Anderer Zustand*)

Musil erweist sich somit als Vertreter eines Kognitivismus in der Emotionstheorie (vgl. Döring 1999). Diese Auffassung widersetzt sich der Gleichsetzung von Gefühlen mit irrationalen Antrieben und betont, dass auch Gefühle eine Form der Vernünftigkeit aufweisen, indem sie uns Aspekte der Welt erschließen. Diese gefühlsmäßige Einsicht ist nach Musil das ‚Herrschaftsgebiet der Dichtung'. Ihr zentraler Gegenstand ist die Frage nach dem rechten Leben (vgl. MoE, 255), die im Zentrum von Musils Schreiben steht. Die Aufgabe des Dichters sieht er darin, „immer neue Lösungen, Zusammenhänge, Konstellationen, Variable zu entdecken, Prototypen von Geschehensabläufen hinzustellen, lockende Vorbilder, wie man Mensch sein kann, den inneren Menschen *erfinden.*" (GW II, 1029) Damit gibt Musil eine Art transzendentaler Begründung der Literatur. Es ist nicht etwa so, dass die Unfähigkeit zum abstrakten, logischen Denken oder mangelnder Ernst den Dichter zur Literatur treibt. Es ist „die Struktur *der Welt* und *nicht die seiner Anlagen*", die „*dem Dichter seine Aufgabe zuweist, daß er eine Sendung hat!*" (GW II, 1029) Diese Struktur erlaubt nur zwei Zugänge zur Welt: einen wissenschaftlichen und einen dichterischen. Musil hat sich für den dichterischen Zugang entschieden. Eine besondere Herausforderung der Musil'schen Position besteht darin, dass für einen eigenständigen philosophischen Zugang im Sinne der traditionellen Konzeption der Philosophie als einer reinen Vernunftwissenschaft in dieser Dichotomie letztlich kein Raum bleibt (vgl. Misselhorn 2014).

Allerdings wäre die Gleichung ‚ratioïd' = wissenschaftlich und ‚nicht-ratioïd' = dichterisch zu einfach. Das liegt daran, dass Querverbindungen zwischen beiden Gebieten bestehen. Begibt man sich auf die Suche nach den Fundamenten des ‚ratioïden' Gebiets, so stellt man fest, dass das ‚Ratioïde' im ‚Nicht-Ratioïden' gründet: „Zuunterst schwankt auch hier der Boden, die tiefsten Grundlagen der Mathematik sind logisch ungesichert, die Gesetze der Physik gelten nur angenähert, und die Gestirne bewegen sich in einem Koordinatensystem, das nirgends einen Ort hat." (GW II, 1027) Musil bezieht sich in diesem Zitat auf die Grundlagenkrise der Mathematik um die Jahrhundertwende, die Quantenmechanik und die spezielle Relativitätstheorie. Für diese drei Forschungsbereiche verortet Musil das ‚ratioïde Gebiet' als im ‚nicht-ratioïden' Gebiet verwurzelt. Diese Auffassung untergräbt jedoch keineswegs den Erkenntnisanspruch der Wissenschaften. Denn die Grundlagenfragen, die diese drei Phänomene aufwerfen, sind eher philosophischer als wissenschaftlicher Natur. Sie ziehen einige der Grundsätze über die Natur von Raum und Zeit, Kausalität und Mathematik in Zweifel, die Philosophen für *a priori*, also unabhängig von der Erfahrung begründbar, hielten. Dadurch wird für Musil nicht nur eine bestimmte philosophische Theorie infrage gestellt, sondern auch der Status der Philosophie als einer eigenständigen Wissenschaft, die die Grundlage aller anderen Wissenschaften *a priori* bereitstellen soll.

Die wohl größte Herausforderung der traditionellen Konzeption der Philosophie bildet die Grundlagenkrise der Mathematik, weil die Mathematik von allen anderen Wissenschaften vorausgesetzt wird. (→ IV.3 *Mathematik*) Sie war zudem lange Zeit ein Paradigma apriorischen Wissens, an dessen Strenge sich auch die Philosophie orientieren sollte. So erhob Spinoza explizit den Anspruch, seine Ethik *ordine geometrico demonstrata* zu entwickeln, also nach mathematischer Methode aus selbstevidenten Axiomen abzuleiten. Im 19. Jahrhundert wurde jedoch das Vertrauen in die Mathematik als gesicherte Grundlagendisziplin durch einige bahnbrechende mathematische Entwicklungen erschüttert. So stellte die Entdeckung der Möglichkeit nichteuklidischer Geometrien die Selbstevidenz mathematischer Axiome in Frage. Das machte es notwendig, ein erkenntnistheoretisches Fundament zu suchen, welches die Widerspruchsfreiheit der Mathematik insgesamt verbürgen konnte. Die eigentliche Grundlagenkrise entstand durch die Entdeckung von Paradoxien, welche die Möglichkeit eines solchen Fundaments prinzipiell in Frage stellten.

Aufgrund seiner Ausbildung in Höherer Mathematik war Musil diese Diskussion bekannt (vgl. Kollmann 2007), und er bezieht sich auf das Scheitern der philosophischen Grundlegung der Mathematik mit der oben zitierten Formulierung, wonach „die tiefsten Grundlagen der Mathematik [...] logisch ungesichert" sind. Das bedeutet jedoch nicht, dass eine rationale Reflexion der Grundlagen der Mathematik unmöglich ist, wie der Verlauf der Grundlagenkrise zeigt. Aber es heißt, dass sie nicht in einer Form geschehen kann, die die strikten Standards des ‚ratioïden' Gebiets erfüllt. So bedrohlich dieses Resultat für die Mathematik zunächst auch erscheinen mag, sind seine Konsequenzen für die mathematische Praxis doch bemerkenswert gering. Das liegt daran, dass es sich bei der Grundlagenkrise der Mathematik primär um ein philosophisches Problem handelt (vgl. Snapper 1979).

Alle drei Forschungsfelder, die Musil anführt, in besonderem Maß aber die Grundlagenkrise der Mathematik, stellen also eher den wissenschaftlichen Erkenntnisanspruch der Philosophie in Frage als den Erkenntnisanspruch der Wissenschaften. Die spezielle Relativitätstheorie gilt ebenso wie die Quantenmechanik mittlerweile als wissenschaftlich erwiesen, auch wenn es noch offene Fragen gibt. Die Grundlagenkrise der Mathematik ist zwar nicht gelöst, aber die Mathematik hat Mittel und Wege gefunden, um deren verheerende Konsequenzen so zu begrenzen, dass sie in der wissenschaftlichen Praxis kein Hindernis darstellen. (→ IV.3 *Mathematik*) Einzig für die Philosophie ergibt sich nach Musil die fatale Konsequenz, dass sie den Anspruch aufgeben muss, eine strikte Wissenschaft zu sein, die die apriorische Grundlegung der anderen Wissenschaften gewährleistet. Nichtsdestotrotz ist eine rationale Reflexion philosophischer Fragen möglich, nur eben nicht in einer Form, die den Standards des ‚ratioïden' Gebiets entspricht. Vielmehr erfolgt sie, als dem ‚nicht-ratioïden' Gebiet zugehörig, mit den Mitteln der Literatur.

Eine besondere Pointe von Musils Ansatz ist, dass nicht nur das ‚ratioïde' Gebiet auf das ‚nicht-ratioïde' verwiesen ist, sondern auch umgekehrt das ‚nicht-ratioïde' auf das ‚ratioïde'. So durchzieht die Auseinandersetzung mit wissenschaftlichen Phänomenen, insbesondere aus dem Bereich der Physik, den *MoE* wie ein Subtext (vgl. Hoheisel 2004). Wie Musil betont, gibt es „keine Gefühls- und keine sonstige zweite Art *Erkenntnis*, die, gegen die wissenschaftliche gerichtet, bestehen könnte." (*Das Geistliche, der Modernismus und die Metaphysik*, 1912, GW II, 989) Musil erweist sich somit als Vertreter einer naturalistischen Auffassung (vgl. Misselhorn 2008 u. 2014). Sein Naturalismus geht davon aus, dass es keine Erkenntnis geben kann, die im Widerspruch zu den Wissenschaften steht. Dies ist kennzeichnend für einen *schwachen* Naturalismus (vgl. auch Misselhorn 2005). Darüber hinaus sucht Musil immer wieder den Anschluss an die wissenschaftliche Forschung, insbesondere die Psychologie seiner Zeit (vgl. Kaiser-El-Safti 1993; Bonacchi 1998), die den Bereich des ontologisch und methodologisch Zulässigen bestimmt. So argumentiert er im Rekurs auf die empirische Psychologie für die Möglichkeit der ‚Gefühlserkenntnis' im ‚nicht-ratioïden' Bereich (vgl. Misselhorn 2009), auch wenn die Inhalte dieser Erkenntnisform dadurch nicht vorweggenommen werden können. Dieser Versuch, seine Sichtweise auch wissenschaftlich zu fundieren, zeigt, dass Musil nicht nur einen schwachen, sondern einen *gemäßigten* Naturalismus vertritt.

Musil nimmt daher eine bemerkenswerte Position in Bezug auf das Verhältnis von Literatur und den Wissenschaften ein. Nicht selten wird die kognitive Aufwertung der Literatur erkauft durch eine Abwertung der wissenschaftlichen Rationalität. So beschreibt Richard Rorty (1978, S. 143), der diese Strategie verfolgt, „science as one (neither especially privileged nor interesting) sector of culture, a sector which like all the other sectors only makes sense when viewed historically." Musil hingegen verknüpft einen starken Erkenntnisanspruch der Literatur mit dem Festhalten an der epistemischen Autorität der Wissenschaften. Nach seiner naturalistischen Auffassung muss jede Form der Erkenntnis, auch die literarische, den Anschluss an den Stand der Wissenschaften suchen und darf nicht mit ihm in Widerspruch geraten.

Literatur

Albertsen, Elisabeth: Ratio und „Mystik" im Werk Robert Musils. München: Nymphenburger 1968.
Arslan, Cüneyt: *Der Mann ohne Eigenschaften* und die wissenschaftliche Weltauffassung. Robert Musil, die Moderne und der Wiener Kreis. Wien: Springer 2014.
Barnouw, Dagmar: Skepticism as a Literary Mode. David Hume and Robert Musil. In: Modern Language Notes 93 (1978), S. 852–870.
Bonacchi, Silvia: Die Gestalt der Dichtung. Der Einfluß der Gestalttheorie auf das Werk Robert Musils. Frankfurt a. M. u. a.: Lang 1998.
Bouveresse, Jacques: L'homme probable. Robert Musil, le hasard, la moyenne et l'escargot de l'histoire. Combas: Éd. de l'Éclat 1993.
Bouveresse, Jacques: Nichts geschieht mit Grund. Das ‚Prinzip des unzureichenden Grundes'. In: Bernhard Böschenstein, Marie-Louise Roth (Hg.): Hommage à Musil. Bern u. a.: Lang 1995, S. 111–143.
Brooks, Daniel J.: Musil's Socratic Discourse in *Der Mann ohne Eigenschaften*. A Comparative Study of Ulrich and Socrates. New York u. a.: Lang 1989.
Cellbrot, Hartmut: Die Bewegung des Sinnes. Zur Phänomenologie Robert Musils im Hinblick auf Edmund Husserl. München: Fink 1988.
Deutsch, Sibylle: Der Philosoph als Dichter. Robert Musils Theorie des Erzählens. St. Ingbert: Röhrig 1993.
Döring, Sabine A.: Ästhetische Erfahrung als Erkenntnis des Ethischen. Die Kunsttheorie Robert Musils und die analytische Philosophie. Paderborn: mentis 1999.
Dresler-Brumme, Charlotte: Nietzsches Philosophie in Musils Roman *Der Mann ohne Eigenschaften*. Eine vergleichende Betrachtung als Beitrag zum Verständnis. Frankfurt a. M.: Athenäum 1987.
Ego, Werner: Abschied von der Moral. Eine Rekonstruktion der Ethik Robert Musils. Freiburg i. Br., Wien: Herder 1992.
Fasula, Pierre: Les mathématiques chez Musil et Wittgenstein. De la mesure des possibilités à leur invention. In: Philonsorbonne 5 (2011), S. 9–21.
Finlay, Marike: The Potential of Modern Discourse. Musil, Peirce and Perturbation. Bloomington: Indiana Univ. Press 1990.
Frank, Manfred: Auf der Suche nach einem Grund. Über den Umschlag von Erkenntniskritik in Mythologie bei Robert Musil. In: Karl Heinz Bohrer (Hg.): Mythos und Moderne. Begriff und Bild einer Rekonstruktion. Frankfurt a. M.: Suhrkamp 1983, S. 318–362.
Frank, Manfred: Du style et de la signification. Wittgenstein, Musil et les premiers romantiques. In: Bernhard Böschenstein, Marie-Louise Roth (Hg.): Hommage à Musil. Bern u. a.: Lang 1995, S. 63–85.
Gies, Annette: Musils Konzeption des „Sentimentalen Denkens". Der *Mann ohne Eigenschaften* als literarische Erkenntnistheorie. Würzburg: Königshausen & Neumann 2003.
Goltschnigg, Dietmar: Mystische Tradition im Roman Robert Musils. Martin Bubers *Ekstatische Konfessionen* im *Mann ohne Eigenschaften*. Heidelberg: Stiehm 1974.
Grimm, Sieglinde: Robert Musil und Michel Foucault. Das Scheitern des ‚Ratioiden' und die Legitimation ästhetischer Existenz. In: Cornelia Blasberg, Franz-Josef Deiters (Hg.): Denken/Schreiben (in) der Krise. Existentialismus und Literatur. St. Ingbert: Röhrig 2004, S. 127–157.

Heydebrand, Renate von: Die Reflexionen Ulrichs in Robert Musils Roman *Der Mann ohne Eigenschaften*. Ihr Zusammenhang mit dem zeitgenössischen Denken. Münster: Aschendorff 1966.

Hofmann, Michael: Musil und Lyotard. *Der Mann ohne Eigenschaften* und die Postmoderne. In: Musil-Forum 27 (2001/02), S. 150–166.

Hoheisel, Claus: Physik und verwandte Wissenschaften in Robert Musils Roman *Der Mann ohne Eigenschaften*. Ein Kommentar. Bochum: Bochumer Universitätsverlag 2004.

Kaiser-El-Safti, Margret: Robert Musil und die Psychologie seiner Zeit. In: Hans-Georg Pott (Hg.): Robert Musil – Dichter, Essayist, Wissenschaftler. München: Fink 1993, S. 126–170.

Kampits, Peter: Musil und Wittgenstein. In: Gudrun Brokoph-Mauch (Hg.): Robert Musil. Essayismus und Ironie. Tübingen: Francke 1992, S. 153–160.

Karthaus, Ulrich: *Der Mann ohne Eigenschaften* und die Phantasie. Überlegungen im Anschluss an Kant. In: Musil-Forum 7 (1981), S. 111–117.

Kollmann, Franz Gustav: Robert Musil und die Mathematik. Stuttgart: Steiner 2007.

Luserke, Matthias: Wirklichkeit und Möglichkeit. Modaltheoretische Untersuchung zum Werk Robert Musils. Frankfurt a. M. u. a.: Lang 1987.

Misselhorn, Catrin: Wirkliche Möglichkeiten – Mögliche Wirklichkeiten. Grundriss einer Theorie modaler Rechtfertigung. Paderborn: mentis 2005.

Misselhorn, Catrin: Naturalismus zwischen Empirismus und Idealismus. Robert Musils philosophische Lehrjahre in Berlin. In: Annette Daigger, Peter Henninger (Hg.): Robert Musils Drang nach Berlin. Frankfurt a. M. u. a.: Lang 2008, S. 85–106.

Misselhorn, Catrin: Musils Gefühlstheorie im Kontext der neueren emotionstheoretischen Debatte und die Möglichkeit falscher Gefühle. In: Kevin Mulligan, Armin Westerhoff (Hg.): Robert Musil – Ironie, Satire, falsche Gefühle. Paderborn: mentis 2009, S. 33–54.

Misselhorn, Catrin: Musil's Meta-Philosophical View: Between Philosophical Naturalism and Philosophy as Literature. In: The Monist 97 (2014), S. 104–121.

Monti, Claudia: Musils ‚Ratioïd', oder Wissenschaft als Analogie der Ratio. In: Wolfgang Freese (Hg.): Philologie und Kritik. Klagenfurter Vorträge zur Musilforschung. München, Salzburg: Fink 1981, S. 195–222.

Müller, Gerd: Dichtung und Wissenschaft. Studien zu Robert Musils Romanen *Die Verwirrungen des Zöglings Törleß* und *Der Mann ohne Eigenschaften*. Uppsala: Almqvist och Wiksell 1971.

Müller, Götz: Die Philosophierezeption Robert Musils. In: Bjørn Ekmann, Børge Kristiansen, Friedrich Schmöe (Hg.): Literatur und Philosophie. München: Fink 1983, S. 76–100.

Müller-Dietz, Heinz: Literarische Einfühlung und wissenschaftliche Erkenntnis bei Robert Musil. In: Pierre Béhar, Marie-Louise Roth (Hg.): Musil an der Schwelle zum 21. Jahrhundert. Bern u. a.: Lang 2005, S. 99–120.

Mulligan, Kevin: Geist (and Gemüt) vs Life – Max Scheler and Robert Musil. In: Rosa M. Calcaterra (Hg.): Le Ragioni del Conoscere dell'Agire. Scritti in onore di Rosaria Egidi. Mailand: Franco Angeli 2006, S. 366–378.

Neymeyr, Barbara: Identitätskrise – Kulturkritik – Experimentalpoesie. Zur Bedeutung der Nietzsche-Rezeption in Musils Roman *Der Mann ohne Eigenschaften*. In: Thorsten Valk (Hg.): Friedrich Nietzsche und die Literatur der klassischen Moderne. Berlin, New York: de Gruyter 2009, S. 163–182.

Nübel, Birgit: „Empfindsame Erkenntnisse" in Robert Musil: *Die Verwirrungen des Zöglings Törleß*. In: Der Deutschunterricht 48 (1996), H. 2, S. 50–61.

Nyíri, J. C.: Zwei geistige Leitsterne. Musil und Wittgenstein. In: Literatur und Kritik 12 (1977), H. 113, S. 167–179.

Olmi, Roberto: Musil und Nietzsche. In: Musil-Forum 7 (1981), S. 119–129.

Pieper, Hans-Joachim: Musils Philosophie. Essayismus und Dichtung im Spannungsfeld der Theorien Nietzsches und Machs. Würzburg: Königshausen & Neumann 2002.

Reinhardt, Stephan: Studien zur Antinomie von Intellekt und Gefühl in Musils Roman *Der Mann ohne Eigenschaften*. Bonn: Bouvier 1969.

Rentsch, Thomas: Musil und Wittgenstein. Sprachkritik in Literatur und Philosophie. In: Zeitschrift für Didaktik der Philosophie und Ethik 26 (2004), H. 2, S. 160–164.
Rorty, Richard: Philosophy as a Kind of Writing. An Essay on Derrida. In: New Literary History: Literary Hermeneutics 10 (1978), S. 141–160.
Roth, Marie-Louise: Robert Musil. Ethik und Ästhetik. Zum theoretischen Werk des Dichters. München: List 1972.
Ryle, Gilbert: Hume. In: Jens Kulenkampff (Hg.): David Hume. Eine Untersuchung über den menschlichen Verstand. Berlin: Akademie 1997, S. 7–18.
Rzehak, Wolfgang: Musil und Nietzsche. Beziehungen der Erkenntnisperspektiven. Frankfurt a. M. u. a.: Lang 1993.
Schmidt, Jochen: Ohne Eigenschaften. Eine Erläuterung zu Musils Grundbegriff. Tübingen: Niemeyer 1975.
Seidler, Ingo: Das Nietzschebild Robert Musils. In: Deutsche Vierteljahrsschrift für Literaturwissenschaft und Geistesgeschichte 39 (1965), S. 329–349.
Snapper, Ernst: The Three Crises in Mathematics: Logicism, Intuitionism and Formalism. In: Mathematics Magazine 52 (1979), S. 207–216.
Söder, Thomas: Robert Musil und die Begegnung mit dem Denken Kants in *Die Verwirrungen des Zöglings Törleß*. In: Musil-Forum 19/20 (1993/94), S. 31–46.
Sokel, Walter H.: Robert Musil und die Existenzphilosophie Jean-Paul Sartres. In: Jürgen Brummack u. a. (Hg.): Literaturwissenschaft und Geistesgeschichte. Festschrift für Richard Brinkmann. Tübingen: Niemeyer 1981, S. 658–691.
Strutz, Josef: Von der ‚biegsamen Dialektik‘. Notiz zur Bedeutung Kants, Hegels und Nietzsches für das Werk Musils. In: ders., Johann Strutz (Hg.): Robert Musil – Literatur, Philosophie und Psychologie. München: Fink 1984, S. 11–21.
Strutz, Josef/Strutz, Johann (Hg.): Robert Musil – Literatur, Philosophie und Psychologie. München: Fink 1984.
Thomä, Dieter: „Das gesprochene Wort verliert seinen Eigensinn". Die Spuren der Sprach- und Lebensphilosophie Ralph Waldo Emersons im Werk Robert Musils. In: Deutsche Vierteljahrsschrift für Literaturwissenschaft und Geistesgeschichte 80 (2006), H. 3, S. 456–485.
Vatan, Florence: Robert Musil et la question anthropologique. Paris: Presses Univ. de France 2000.
Venturelli, Aldo: Robert Musil und das Projekt der Moderne. Frankfurt a. M. u. a.: Lang 1988.
Wagner-Egelhaaf, Martina: Musil und die Mystik der Moderne. In: Wolfgang Braungart, Gotthard Fuchs, Manfred Koch (Hg.): Ästhetische und religiöse Erfahrungen der Jahrhundertwenden II: um 1900. Paderborn u. a.: Schöningh 1998, S. 195–215.
Wallner, Friedrich: Musil als Philosoph. In: Josef Strutz, Johann Strutz (Hg.): Robert Musil und die kulturellen Tendenzen seiner Zeit. München, Salzburg: Fink 1983, S. 93–109.
Wallner, Friedrich: Sehnsucht nach Verweigerung. Musil und Nietzsche. In: Josef Strutz, Johann Strutz (Hg.): Robert Musil – Literatur, Philosophie und Psychologie. München: Fink 1984, S. 91–109.
Willemsen, Roger: Das Existenzrecht der Dichtung. Zur Rekonstruktion einer systematischen Literaturtheorie im Werk Robert Musils. München: Fink 1984.
Willemsen, Roger: Robert Musil. Vom intellektuellen Eros. München u. a.: Piper 1985.
Wimmer, Magda: So wirklich ist die Möglichkeit. Friedrich Nietzsche, Robert Musil und Niklas Luhmann im Vergleich. Bern u. a.: Lang 1998.
Zimmermann, Hans Dieter: Die zwei Bäume der Erkenntnis. Rationalität und Intuition bei Robert Musil und Max Weber. In: Sprache im technischen Zeitalter 28 (1990), S. 41–48.

5. Psychiatrie
Yvonne Wübben

1. Wissensgeschichtlicher Kontext 524
2. Robert Musils Auseinandersetzung mit der Psychiatrie 525
3. Psychiatrie in Musils literarischen Texten 527
4. Forschungsstand und -perspektiven 528
5. Literatur 529

1. Wissensgeschichtlicher Kontext

Robert Musil hat sich wohl seit seinem Psychologiestudium bei Carl Stumpf (1848–1936) bis zu seinem Tod 1942 mit der Psychiatrie befasst, die sich in diesem Zeitraum in einen klinisch-phänomenologischen und einen erbbiologischen Zweig ausdifferenziert hat. Der Erste Weltkrieg stellte eine wichtige Zäsur für die vergleichsweise junge Disziplin dar. Zwischen 1914 und 1918 wurden neue klinische Krankheitsbilder wie die ,traumatische Kriegsneurose' beschrieben und im Krieg verwundete Soldaten in einem bislang unbekannten Ausmaß neuroanatomisch untersucht (vgl. Birnbaum 1915). Damit setzte sich ein bereits von Wilhelm Griesinger (1817–1868) im 19. Jahrhundert begründeter Forschungszweig fort, dessen Vertreter Geisteskrankheiten als Gehirnkrankheiten auffassten. Ferner orientierte sich die Psychiatrie an der Psychophysiologie, der Experimentalpsychologie sowie der Assoziationspsychologie. Diese wissenschaftliche Orientierung wurde von einer klinischen Psychiatrie flankiert, deren Ziel die Beobachtung und Klassifikation von ,natürlichen Krankheitseinheiten' war (vgl. Kraepelin 1897). Ihr Aufstieg fiel ebenfalls in die zweite Hälfte des 19. Jahrhunderts und beförderte die Anerkennung des Faches als akademische Disziplin. Als ein Hauptvertreter dieser Richtung galt Emil Kraepelin (1856–1926), der 1893 das Krankheitsbild ,Dementia praecox' einführte (vgl. Kraepelin 1893). Später wurde es von Eugen Bleuler (1857–1939) als ,Schizophrenie' bezeichnet (vgl. Bleuler 1916).

Bereits im 19. Jahrhundert wurde neben wissenschaftlichen Fachzeitschriften eine Reihe weit verbreiteter psychiatrischer Einführungs- und Standardwerke publiziert, u. a. die Lehrbücher Kraepelins, Bleulers und Richard von Krafft-Ebings (1840–1902), aber auch Theodor Meynerts (1833–1892) *Klinische Vorlesungen* (1890) sowie die Pathografien des Leipziger Psychiaters und Neurologen Paul Möbius (1853–1907). Über diese Schriften vermittelte sich die Lehre der Psychiatrie einem breiten gelehrten wie interessierten Publikum.

Um die Jahrhundertwende übernahm die Psychiatrie vermehrt soziale und volkshygienische Aufgaben. Der Schweizer Auguste Forel (1848–1931) gründete einen Abstinenzverein zur Bekämpfung des Alkohols und schloss sich der auch von Krafft-Ebing und Heinrich Schüle (1840–1916) vertretenen Degenerationslehre an. Einflussreich wurde zudem die forensische Psychiatrie bzw. die Kriminalanthropologie. Krafft-Ebing, Kraepelin, Gustav Aschaffenburg (1866–1944) und der Leiter der Wiener Psychiatrie, Julius Wagner-Jauregg (1857–1940), setzten sich mit geisteskranken Verbrechern und – in diesem Zusammenhang – kritisch mit Cesare Lombrosos (1835–1909) Auffassung vom ,geborenen Verbrecher' auseinander. Anders als die deutschen Degenerationstheoretiker sah Lombroso im Verbrecher einen atavistischen Typus und wurde daher von Degenerationstheoretikern kritisiert. (→ IV.13 *Kriminologie*)

Sensationsträchtige Strafrechtsprozesse, etwa die Fälle des Massenmörders Ernst August Wagner (1874–1938) oder des Prostituiertenmörders Christian Voigt (1897–1938), rückten die Psychiatrie ins Zentrum der öffentlichen Aufmerksamkeit. Dabei ging es um die Kompetenzverteilung zwischen Juristen und Medizinern wie auch um das Konzept der verminderten Zurechnungsfähigkeit – beides zentrale Themen für Musils essayistisches und erzählerisches Schaffen.

Eklatante Umbrüche in der Diagnostik zeichneten sich ebenfalls um 1914 ab, als der klassifikatorische Ansatz zunehmend hinterfragt (vgl. Kleist 1925) und von phänomenologisch-psychopathologischen sowie mehrdimensionalen Ansätzen abgelöst wurde. Für die erste Richtung standen Karl Jaspers (1883–1969), der Heidelberger Psychiater Kurt Schneider (1887–1967) sowie die Kraepelin-Schüler Hans Gruhle (1880–1958) und Karl Wilmanns (1873–1945), der ein wegweisendes Handbuch zur Schizophrenie verfasste. Robert Gaupp (1870–1953) gründete in Tübingen die sogenannte ‚erbbiologische' Forschungsrichtung, die sich an Mendels Lehren orientierte und zur systematischen Ermordung von Psychiatriepatienten im Nationalsozialismus führte (vgl. Gaupp 1926; Roelcke 2000). In derselben Zeit gewann der medizinische Konstitutionalismus an Bedeutung, der das Individuum – sein Temperament und seine Konstitution – in den Mittelpunkt stellte (vgl. Kretschmer 1921). Zur systematischen Erforschung von Krankheitsverläufen trug die Einführung ausführlicher Katamnese-Studien – d. h. Studien und Berichte, die nach der Behandlung bzw. Entlassung des Patienten aus dem Krankenhaus erfolgten – bei.

Zahlreiche Psychiater setzten sich ferner eingehend mit der Psychoanalyse auseinander. (→ IV.7 *Psychoanalyse*) Sigmund Freuds (1856–1939) Auffassung der Traumsprache wurde – etwa bei Bleuler (1911) – zum Modell für die Sprache Schizophrener und später mit der Sprache indigener Völker verglichen. Gegenstand des Vergleichs waren u. a. die Begriffsbildung und der Gebrauch von Symbolen (vgl. Storch 1922). Zugleich nahm die ästhetische Betrachtungsweise von Gedichten, Bildern und Zeichnungen von Patienten zu. Sie konzentrierte sich auf gestalterische Prinzipien oder versuchte, diese Objekte als Illustrationen von Erlebnissen lesbar zu machen (vgl. Kaufmann 2007). Der Heidelberger Psychiater und Kunsthistoriker Hans Prinzhorn (1886–1933) legte eine breit rezipierte, später auch von Ernst Kretschmer zitierte Sammlung von Zeichnungen und Bildern Schizophrener an, die er in die Nähe der expressionistischen Kunst rückte (vgl. Prinzhorn 1922). Damit öffnete sich die Psychiatrie insgesamt stärker kulturhistorischen und literaturtheoretischen Fragestellungen.

2. Robert Musils Auseinandersetzung mit der Psychiatrie

Musil ist mit der Psychiatrie auf unterschiedlichen Wegen in Berührung gekommen; zunächst offenbar durch Freunde, die psychiatrische Diagnosen erhielten. Kraepelin rezipierte er im Zusammenhang mit der Hospitalisierung von Alice Donath, der Frau seines Freundes Gustav, die am 20. Mai 1910 in der Psychiatrischen Universitätsklinik München unter der Diagnose ‚manisch-depressives Irresein' behandelt wurde (vgl. Corino 2003, S. 454–458). Alice Donath gilt als historische Vorlage für Clarisse in *Der Mann ohne Eigenschaften* (*MoE*). In den frühen Notizen zum Roman, die noch unter dem Arbeitstitel „Der Spion" firmieren, hat Musil einen Besuch in Kraepelins Klinik vorgesehen.

Zudem hat Musil forensisch relevante Strafprozesse verfolgt, etwa den Fall des zum Tode verurteilten mehrfachen Mörders Friedrich Haarmann (1879–1925) und den Fall Christian Voigt, der die Prostituierte Josefine Peer im August 1910 umbrachte (vgl. Corino 2003, S. 880–891). Im *MoE* übernimmt Musil wörtlich Passagen aus Zeitungsberichten der *Neuen Freien Presse* sowie der *Arbeiterzeitung* – etwa den Ausdruck „Karikatur eines Weibes" (zit. nach Corino 2003, S. 886) – und orientiert sich in der Darstellung des Tathergangs eng an den historischen Vorlagen. Neben Zeitungen hat er wahrscheinlich auch den von Siegfried Türkel verfassten und in Hans Gross' *Archiv für Kriminal-Anthropologie* erschienenen Aufsatz zu Christian Voigt konsultiert (vgl. Corino 2003, S. 881; Bergengruen 2012, S. 332).

Zudem war Musil aufmerksamer Leser der psychiatrischen Fachliteratur, neben Kraepelin las er Bleuler und Kretschmer. Er exzerpierte Bleulers *Lehrbuch der Psychiatrie* in der 4. Auflage (vgl. KA, M III/4/20), die diverse Ergänzungen zur Zurechnungsfähigkeit enthielt. Ihn interessierten besonders Passagen zur Affektivität und Psychopathologie der Sprache bzw. des Denkens. Dieser Fokus bestimmte auch die Ausarbeitung der Moosbrugger-Figur (vgl. Lönker 2003, S. 283; Wolf 2010, S. 341–345; Gess 2013, S. 229). Im Kapitel I/59, „Moosbrugger denkt nach" (MoE, 235–242), lässt er Moosbrugger am Beispiel des Wortes ‚Eichhörnchen', das Bleulers Lehrbuch (1916, S. 241) entnommen ist, über das Verhältnis von Namens- und Begriffsbildung reflektieren (vgl. MoE, 240; Kappeler 2012, S. 170; Mülder-Bach 2013, S. 287). Ferner interessierte sich Musil für Ideenflucht und Gedankendrängen (vgl. KA, M II/1/12; MoE, Kap. I/38).

1922/23 setzte er sich zudem intensiv mit Kretschmers *Medizinischer Psychologie* auseinander. Als Gaupp-Schüler steht Kretschmer für die Abkehr vom klassifikatorischen Ansatz Kraepelins und gilt als ein wichtiger Vertreter der Dimensionalität, welche der präpsychotischen Primärpersönlichkeit eine hohe Bedeutung für das Verständnis von Psychosen beimisst. Kretschmers Text versteht sich als psychologischer Leitfaden für den ärztlichen Alltag, der „die verwirrende Fülle des reichen realen Lebens" auf biologische Grundmechanismen reduzieren will (Kretschmer 1922, S. 2). Die Schrift kombiniert dazu Entwicklungsgeschichte, anatomische Morphologie und Psychoanalyse (vgl. ebd., S. 4). Sie skizziert die Seelenentwicklung aus volkspsychologischen Quellen und spekuliert über psychische Apparate, Triebe, Temperamente und Persönlichkeitstypen. Musil notierte besonders Passagen aus dem zweiten Kapitel, das von Traum, Kunst und Affektvorgängen handelt und die bei Hysterie sowie bei leichten schizophrenen bzw. paranoischen Grundzuständen vorkommenden psychopathischen Reaktionen beschreibt (vgl. KA, M IV/3/303). Im Zentrum steht das apperzeptive und katathyme Denken (vgl. Kretschmer 1922, S. 86f. u. 96), das sich im Traum, in der expressionistischen Kunst und bei sogenannten ‚Primitiven' finde. Allerdings betont Musil in Abgrenzung zu Kretschmer, dass ‚primitive Kunst' durchaus begrifflich sei. Er greift auf Kretschmers Typisierungen bei der Ausarbeitung der Clarisse-Figur zurück, die als Beispiel für katathymes und affektgesteuertes Denken verstanden werden kann (vgl. MoE, 146; KA, M I/5/107; Wolf 2011, S. 685–694; Gess 2013, S. 220, 233 u. 271). Darüber hinaus modifiziert er den Ausdruck ‚formelhafte Verkürzung', den Kretschmer im Kapitel zu Ausdrucksvorgängen einführt (vgl. Kretschmer 1922, S. 45; dazu Wolf 2010, S. 347). Für den *MoE* (Kap. I/110) hat sich Musil auf Alfred Gottschalks *Materialien zur Lehre der verminderten Zurechnungsfähigkeit* (1904) gestützt (vgl. Ludwig 2011, S. 8–11).

Auch in seinen ästhetischen Schriften setzt Musil sich mit der Psychiatrie auseinander. In seinem Essay *Ansätze zu neuer Ästhetik* (1925) (GW II, 1137–1154) erwähnt er die Arbeit des Ethnopsychiaters Lucien Lévy-Bruhl *Das Denken der Naturvölker* (dt. 1921) (vgl. GW II, 1141). Ihn interessieren vor allem Analogien zwischen primitiven Denkformen – der Verschiebung und Verdichtung – und dem Medium Film (vgl. Hahn 2011, S. 56). (→ IV.9 *Ethnologie*) Bleulers psychiatrische Bestimmung der Dummheit findet ein Echo in Musils Vortrag *Über die Dummheit* (1937) (GW II, 1270–1291, insbes. 1270 u. 1285), in dem er die Relativität sozialer Denkformen und individueller Gedankenassoziationen der Allgemeingültigkeit und Abstraktion der Logik gegenüberstellt. (→ III.2.2 *Reden*) Musil widmet sich hier erneut den Schnittmengen von Psychiatrie, Sprachtheorie und Literatur. Dabei bilden sich drei thematische Schwerpunkte heraus: die Frage nach der Unterscheidung von krank und gesund, die Übereinstimmungen zwischen Kunst und Geisteskrankheit sowie die Psychopathologie des Denkens und Sprechens. Insgesamt erfolgt die Aneignung der psychiatrischen Prätexte fragmentarisch und selektiv. Musil übernimmt oft einzelne Passagen, ohne ihren argumentativen Stellenwert oder theoretischen Rahmen explizit zu reflektieren (vgl. Mülder-Bach 2013, S. 288).

3. Psychiatrie in Musils literarischen Texten

Prominent wird die Psychiatrie im *MoE* insbesondere in den Moosbrugger-Kapiteln behandelt. Der Roman zeigt verschiedene Stationen in Moosbruggers Leben: die Gerichtsverhandlung und Verurteilung (MoE, Kap. I/18), die Verlegung und den Aufenthalt im Gefängnis (MoE, Kap. I/53, 59, 87 u. 110) sowie einen Besuch in der Irrenanstalt im Zweiten Buch (MoE, Kap. II/33). Der Roman stellt damit sowohl die verschiedenen Institutionen, in denen Geisteskranke verwahrt und interniert werden, als auch die Repräsentanten des Rechtssystems bzw. der Medizin und ihre Verfahrensweisen vor. Im ersten Moosbrugger-Kapitel I/18 deuten Pathologen und Psychiater etwa die äußere Gestalt des Mörders und versuchen, seine Tat anhand des Corpus Delicti zu rekonstruieren. Schon die im Gerichtssaal anwesenden Berichterstatter bemerken jedoch einen Kontrast zwischen dem gutmütig wirkenden Moosbrugger, seinen Verbrechen und deren Deutung durch die Psychiatrie bzw. durch das Gericht, das an der These des Lustmordes festhält. Diese steht Moosbruggers eigener Deutung der Tat („ein Totschlag", MoE, 75) gegenüber, die er auf seine Verachtung für Frauen zurückführt. Zwar verkündet das Gericht das Todesurteil, Moosbrugger bleibt jedoch ein schwer einzuordnender Fall, weil er weder gesund noch krank ist (vgl. Ostermann 2005, S. 613), sondern eine ‚krankhafte Natur' hat und deshalb durch die Register der Unzurechnungsfähigkeitskriterien fällt. Damit verweist der Fall auf eine Lücke im medizinisch-juristischen System. Sie wurde in der um 1914 geführten Diskussion um die verminderte Zurechnungsfähigkeit und die Lockerung des Strafrechtes offenkundig (vgl. Ludwig 2011, S. 196–225), gegen die sich Ulrichs Vater vehement wendet. Musil situiert die Diskussion ferner im Kontext medizinischer und juristischer Konzepte der Willensfreiheit (vgl. MoE, 75). (→ IV.13 *Kriminologie*)

Die Moosbrugger-Kapitel sind allerdings keineswegs isoliert. Bereits die auf die Prozessdarstellung folgenden Episoden werden mit anderen Handlungssträngen – wie der ‚Parallelaktion' – in Verbindung gebracht (vgl. MoE, 220). Dabei wechselt die Darstellungsweise zwischen internen Fokalisierungen – etwa der erlebten Rede oder dem Gedankenbericht, deren Gegenstand vielfach Sinnestäuschungen und Halluzinationen sind (vgl. MoE, 240) – und Außenansichten auf Moosbrugger, die zu den Gedankenberichten z.T. in einen Kontrast treten. Der weggesperrte, für die Öffentlichkeit nicht mehr erreichbare Delinquent wird in der Folge zu einer Projektionsfigur. Besonders das weibliche Romanpersonal verleiht ihm Züge, die auf eigene Interessenlagen deuten. Rachel empfindet Freundschaft zu Moosbrugger (vgl. MoE, 219), für Clarisse ist er der zu erlösende Erlöser (vgl. MoE, 833), für Bonadea der Schlüssel zu Ulrich (vgl. MoE, 119). Der wie eine dramatische Inszenierung choreografierte Irrenhausbesuch beleuchtet schließlich die Verwahrung und Anstaltsordnung als eine unbekannte dystopische Gegenwelt und führt mit der Figur Dr. Friedenthal einen Psychiater ein, der diagnostiziert, sich für die Kunst der Irren interessiert und mit gefährlichen Straftätern umgeht (vgl. MoE, 984). Außer in die Moosbrugger-Figur geht das Wissen der Psychiatrie (bzw. Neurologie) auch in die Konzeption weiterer Protagonisten des *MoE* ein, etwa in die Darstellung von Gerdas hysterischem Anfall (vgl. MoE, 622f.; Wolf 2011, S. 858–866) oder in die Skizzierung eines prälogischen, nicht fokussierten, affektiven Denkens bei Clarisse (vgl. MoE, 144).

Auch Musils frühe Texte behandeln psychiatrische Themen. Um Wahrnehmungsstörungen und Halluzinationen geht es z.B. in *Die Versuchung der stillen Veronika*, deren Hauptfigur Stimmen hört (vgl. GW II, 194). Der Sadismus ist Thema in *Die Verwirrungen des Zögling Törleß*, Claudines Erleben in *Die Vollendung der Liebe* greift die Depersonalisations-Lehre des französischen Psychiaters und Experimentalpsychologen Pierre Janet (1859–1947) auf und kombiniert sie mit der deutschsprachigen Sinnesphysiologie (Apperzeptor-Theorie) sowie der Ich-Psychologie (vgl. Bonacchi 1998; Janßen 2013, S. 416–418).

4. Forschungsstand und -perspektiven

Meist konzentriert sich die Musil-Forschung zum Thema Psychiatrie auf den *MoE*, insbesondere auf die Moosbrugger-Kapitel. Zum psychiatrischen Wissen in den früheren Texten Musils gibt es jedoch nur vereinzelte Studien (vgl. Janßen 2013), auch die Gerda- und die Clarisse-Figur waren – verglichen mit der Moosbrugger-Figur – lange Zeit insgesamt weniger gut untersucht. Moosbrugger wurde zunächst ausführlich von Wilhelm Braun (1960, S. 225) in einer textimmanenten Arbeit analysiert, die der Bedeutung der Figur für den Roman nachging und sie in der Parallelisierung von Geisteskrankheit und ‚anderem Zustand' sah. Später standen dann die Unterschiede zwischen dem ‚anderen Zustand' und der Geisteskrankheit bzw. dem pathologischen Denken im Vordergrund: Philip H. Beard (1976) verwies darauf, dass das Denken der pathologisierten Figuren systematisch als von Affekten begleitet dargestellt und dadurch vom ‚anderen Zustand' unterschieden wird. Wenn sich Clarisse auf die Lippen beißt, deute dies auf eine Verhaftung ihres Denkens im Affekt bzw. in der Physiologie hin (vgl. von Büren 1970; Beard 1976, S. 126). Claudio Magris (1981) widmete sich besonders der Sprache und der bei Moosbrugger zu beobachtenden Ineinssetzung von Zeichen und Sache (vgl. „Rosenmund", MoE, 240). Er führte – wie zuvor Renate von Heydebrand (1966) – die in Moosbrugger dargestellte Pansemiose und die Verwechslung von objektiver Wahrnehmung und subjektiver Projektion auf Musils Lektüre von Lévy-Bruhls *Das Denken der Naturvölker* (vgl. Claudio Magris 1981, S. 188) zurück, ohne allerdings die psychiatrischen Kontexte näher zu erfassen. Damit stellte er einen in der Psychiatrie selbst angelegten Zusammenhang zwischen Musils Darstellung der Geisteskrankheiten und dem ‚literarischen Primitivismus' her, der einer Psychologisierung ethnografischer Vorstellungen von kollektiven Wahrnehmungsmechanismen indigener Völker gleichkommt (vgl. Hahn 2011, S. 57). Nicola Gess (2013, S. 215) schloss an diese These an und zeigte im Detail, dass Musil wie andere Zeitgenossen die Lizenz für ästhetische Verfahren vielfach aus der ethnopsychiatrischen Literatur bezog.

Darüber hinaus hat die Forschung die Frage beschäftigt, welche Geisteskrankheit in Moosbrugger repräsentiert wird. Zwar wurde schon in den 1970er Jahren betont, dass es in der Literatur nicht auf die richtige Diagnosestellung ankomme (vgl. Müller 1971, S. 186). Fred Lönker arbeitete jedoch heraus, dass Musil Moosbrugger mit den Symptomen der ‚Dementia praecox' und Schizophrenie ausgestattet habe, und nannte ihn einen ‚der Ordnung Entsprungenen', der zugleich ein Gleichnis für die Ordnung sei (vgl. Lönker 2003, S. 282 u. 291f.). Norbert Christian Wolf (2014) differenzierte diese These: Er präzisierte Foucaults Auffassung von Wahnsinn, indem er zeigte, dass sich die Literatur der von der Psychiatrie beschriebenen Sprache des Wahnsinns und ihrer diagnostischen Kategorien gezielt annimmt, ohne allerdings deren Implikationen zu übernehmen. Abzulesen sei dies an der Überlappung angrenzender syntagmatischer Umgebungen sowie dem Aufbrechen ideomatisierter Komposita. Eine strikte Trennung von poetischer und irrer Sprache lehne Musil jedoch ab.

Ferner galt Moosbrugger als Testfall für Kakanien (vgl. Mülder-Bach 2013, S. 280), an dem sich die Stabilität und synthetisierende Kraft der k. u. k. Monarchie zu beweisen habe. Florian Kappeler (2012, S. 153) verwies auf die von Musil rezipierten Methoden der Psychiatrie und Kriminalanthropologie, die Physiognomik und Kartierung des Körpers, und betonte, dass sich Musil demgegenüber an einer hermeneutischen Psychiatrie orientiere und auch über psychiatrische Aufzeichnungspraktiken und -systeme reflektiere. Trotz zahlreicher Arbeiten, die Musils literarische Texte psychiatriehistorisch einordnen, bleibt hier noch vieles zu tun: Unbeantwortet ist etwa die Frage, welche psychiatrischen Diskussionen und Problemlagen (Klassifikation, Erbbiologie, Sprachforschung) Musil im Einzelnen rezipiert hat.

5. Literatur

Beard, Philip H.: Clarisse und Moosbrugger vs. Ulrich/Agathe: Der „andere Zustand" aus neuer Sicht. In: Modern Austrian Literature 9 (1976), H. 3/4, S. 114–130.

Bergengruen, Maximilian: Moosbruggers Welt. Zur Figuration von Strafrecht und Forensik in Robert Musils Der Mann ohne Eigenschaften. In: Lilith Jappe, Olav Krämer, Fabian Lampart (Hg.): Figurenwissen. Funktionen von Wissen bei der narrativen Figurendarstellung. Berlin, Boston: de Gruyter 2012, S. 324–344.

Birnbaum, Karl: Kriegsneurosen und Psychosen aufgrund der gegenwärtigen Kriegsbeobachtungen. In: Zeitschrift für die gesamte Neurologie und Psychiatrie 11 (1915), S. 321–351.

Bleuler, Eugen: Lehrbuch der Psychiatrie. Berlin: Springer 1916.

Bonacchi, Silvia: Die Gestalt der Dichtung. Der Einfluß der Gestalttheorie auf das Werk Robert Musils. Bern u.a.: Lang 1998.

Braun, Wilhelm: Moosbruggers dances. In: The Germanic Review 35 (1960), S. 214–230.

Büren, Erhard von: Zur Bedeutung der Psychologie im Werk Robert Musils. Zürich, Freiburg i.Br.: Atlantis 1970.

Corino, Karl: Zerstückelt und durchdunkelt. Der Sexualmörder Moosbrugger im *Mann ohne Eigenschaften* und sein Modell. In: Musil-Forum 10 (1984), S. 105–119.
Corino, Karl: Robert Musil. Eine Biographie. Reinbek b. Hamburg: Rowohlt 2003.
Engstrom, Eric: Clinical Psychiatry in Imperial Germany. Ithaca: Cornell Univ. Press 2003.
Gaupp, Robert: Krankheitseinheit und Mischpsychosen. In: Zeitschrift für die gesamte Neurologie und Psychiatrie 101 (1926), S. 1–44.
Gess, Nicola: Primitives Denken. Wilde, Kinder und Wahnsinnige in der literarischen Moderne (Müller, Musil, Benn, Benjamin). München: Fink 2013, S. 215–280.
Hahn, Marcus: Das zusammenfließende Eichhörnchen. Über Lucien Lévy-Bruhl und die Ethnologie-Rezeption Robert Musils. In: Ulrich Johannes Beil, Michael Gamper, Karl Wagner (Hg.): Medien, Technik, Wissenschaft. Wissensübertragungen bei Robert Musil und in seiner Zeit. Zürich: Chronos 2011, S. 19–45.
Hassler-Rütti, Ruth: Wirklichkeit und Wahn in Robert Musils Roman *Der Mann ohne Eigenschaften*. Bern u.a.: Lang 1990.
Heydebrand, Renate von: Die Reflexionen Ulrichs in Robert Musils Roman *Der Mann ohne Eigenschaften*. Ihr Zusammenhang mit dem zeitgenössischen Denken. Münster: Aschendorff 1966.
Janßen, Sandra: Phantasmen. Imagination in Psychologie und Literatur 1840–1930 (Flaubert, Čechov, Musil). Göttingen: Wallstein 2013.
Kappeler, Florian: Situiertes Geschlecht. Organisation, Psychiatrie und Anthropologie in Robert Musils *Der Mann ohne Eigenschaften*. München: Fink 2012.
Kaufmann, Doris: Kunst, Psychiatrie und ‚schizophrenes Weltgefühl' in der Weimarer Republik. Hans Prinzhorns Bildnerei der Geisteskranken. In: Matthias Bormuth, Klaus Podoll, Carsten Spitzer (Hg.): Kunst und Krankheit. Studien zur Pathographie. Göttingen: Wallstein 2007, S. 57–72.
Kleist, Karl: Die gegenwärtigen Strömungen in der Psychiatrie. In: Allgemeine Zeitschrift für Psychiatrie und psychisch-gerichtliche Medizin 82 (1925), S. 1–41.
Kraepelin, Emil: Psychiatrie. Ein Lehrbuch für Studirende und Aerzte. 4. Aufl. Leipzig: Abel 1893.
Kraepelin, Emil: Wege und Ziele der klinischen Psychiatrie. In: Allgemeine Zeitschrift für Psychiatrie 53 (1897), S. 840–844.
Kretschmer, Ernst: Körperbau und Charakter. Untersuchungen zum Konstitutionsproblem und zur Lehre von den Temperamenten. Berlin: Springer 1921.
Kretschmer, Ernst: Medizinische Psychologie. Leipzig: Thieme 1922.
Lönker, Fred: Der Fall Moosbrugger. Zum Verhältnis von Psychopathologie und Anthropologie in Robert Musils *Der Mann ohne Eigenschaften*. In: Jahrbuch der Deutschen Schillergesellschaft 47 (2003), S. 280–302.
Ludwig, Mark: Zurechnungsfähigkeiten. Kriminologie in Robert Musils *Mann ohne Eigenschaften*. Würzburg: Königshausen & Neumann 2011, S. 196–225.
Magris, Claudio: Musil und die Nähte der Zeichen. In: Wolfgang Freese (Hg.): Philologie und Kritik. Klagenfurter Vorträge zur Musilforschung. München, Salzburg: Fink 1981, S. 177–193.
Mülder-Bach, Inka: Robert Musil: *Der Mann ohne Eigenschaften*. Ein Versuch über den Roman. München: Hanser 2013, S. 279–292.
Müller, Gerd: Dichtung und Wissenschaft. Studien zu Robert Musils *Die Verwirrungen des Zöglings Törleß* und *Der Mann ohne Eigenschaften*. Uppsala: Almqvist och Wiksell 1971.
Ostermann, Eberhard: Das wildgewordene Subjekt. Christian Moosbrugger und die Imagination des Wilden in Musils *Mann ohne Eigenschaften*. In: Neophilologus 89 (2005), S. 605–623.
Payne, Philip: Musil erforscht den Geist eines anderen Menschen. Zum Porträt Moosbruggers im *Mann ohne Eigenschaften*. In: Literatur und Kritik 11 (1976), H. 106/107, S. 389–404.
Prinzhorn, Hans: Bildnereien der Geisteskranken. Heidelberg, Berlin: Springer 1922.

Roelcke, Volker: Psychiatrische Wissenschaft im Kontext nationalsozialistischer Politik und „Euthanasie". Zur Rolle von Ernst Rüdin und der deutschen Forschungsanstalt für Psychiatrie. In: Doris Kaufmann (Hg.): Geschichte der Kaiser-Wilhelm-Gesellschaft im Nationalsozialismus. Bd. 1. Göttingen: Wallstein 2000, S. 112–150.
Storch, Alfred: Das archaisch-primitive Erleben und Denken der Schizophrenen. Entwicklungspsychologisch-klinische Untersuchungen zum Schizophrenie-Problem. Berlin: Springer 1922.
Wolf, Norbert Christian: Warum Moosbrugger nicht erzählt. Zur metanarrativen Funktion psychopathologischen Wissens in Musils *Der Mann ohne Eigenschaften*. In: Jahrbuch der Deutschen Schillergesellschaft 54 (2010), S. 329–362.
Wolf, Norbert Christian: Kakanien als Gesellschaftskonstruktion. Robert Musils Sozioanalyse des 20. Jahrhunderts. Wien u.a.: Böhlau 2011.
Wolf, Norbert Christian: Wahnsinn als Medium poet(olog)ischer Reflexion. Musil mit/gegen Foucault. In: Deutsche Vierteljahrsschrift für Literaturwissenschaft und Geistesgeschichte 88 (2014), S. 46–94.

6. Gestalttheorie
Florence Vatan

1. Einführung 531
2. Forschungsstand 532
3. Zentrale Aspekte 533
4. Forschungsperspektiven 536
5. Literatur 536

1. Einführung

Die Gestaltpsychologie, die in den 1920er Jahren zu einer über das rein Psychologische hinausgehenden Gestalttheorie weiterentwickelt wurde, gehört zu den einflussreichsten theoretischen Ansätzen, die sich in Musils Texten nachvollziehen lassen. Musil hat sich in seinen anthropologischen, ethischen und ästhetischen Überlegungen wiederholt explizit auf die Gestalttheorie berufen. Auch Zeitzeugen wie Elias Canetti und Hans Mayer bestätigten Musils Vertrautheit mit diesem Denkansatz. Insgesamt können drei Hauptphasen unterschieden werden, in denen Musils Umgang mit der Gestaltpsychologie besonders intensiv war:

1) Zunächst hat Musil gemeinsam mit zukünftigen Vertretern der Gestaltpsychologie wie Kurt Koffka, Gustav Johannes von Allesch und Erich Moritz von Hornbostel in dem von Carl Stumpf geleiteten Berliner Psychologischen Institut studiert. In Stumpfs Vorlesungen wurde Christian von Ehrenfels' Aufsatz *Über Gestaltqualitäten* (1890) diskutiert. Außerdem hat Musil über Ernst Mach promoviert, der auf Phänomene wie Melodien aufmerksam machte, welche sich durch die Grundsätze der Elemententheorie nicht restlos erklären ließen. Musil war auch mit zwei Begründern der Gestaltpsychologie bzw. Gestalttheorie, Max Wertheimer und Wolfgang Köhler, persönlich bekannt. Gleichwohl hat er 1908 auf eine akademische Laufbahn verzichtet, als er eine Assistentenstelle für Psychologie ablehnte, die ihm von Alexius Meinong am Grazer Institut für Philosophie angeboten worden war. Obwohl die Gestaltpsychologie während Musils Studienjahren erst entwickelt wurde, war der

Grundstein zu einer Infragestellung der Elementenpsychologie damals schon gelegt. Diese betrachtet das Wahrnehmungsfeld als ein Mosaik von Elementen, die durch das Gesetz der Assoziation mechanisch verbunden sind. Die Gestaltpsychologie setzt hingegen globale Strukturen voraus, welche etwas anderes als die Summe ihrer Elemente sind und sich durch ihre Übertragbarkeit auszeichnen. Beispielsweise ist das eine Melodie, die auf verschiedenen Tonstufen gesungen werden kann, ohne ihre ‚Gestalt' zu verlieren. Der Status von Gestalten hat zu unterschiedlichen Deutungen geführt: Den Vertretern der Grazer Schule zufolge werden Gestalten vom Subjekt ‚produziert', während die Berliner Gestaltpsychologen sie als eine unmittelbar gegebene Dimension der Erscheinungswelt betrachten. Gestalten weisen zudem eine Tendenz zu größter Einfachheit und Geschlossenheit auf, was als ‚Gesetz der Prägnanz' bezeichnet wird.

2) Nach der ersten Phase während seiner Studienjahre in Berlin hat sich Musil erneut Anfang der 1920er Jahre mit der Gestalttheorie beschäftigt, vor allem infolge seiner begeisterten Lektüre von Wolfgang Köhlers Buch *Die physischen Gestalten in Ruhe und im stationären Zustand* (1920). Spuren gestalttheoretischen Denkens lassen sich in Essays und Essayfragmenten wie *Der deutsche Mensch als Symptom* (1923) und *Ansätze zu neuer Ästhetik* (1925) belegen.

3) Schließlich war die Gestalttheorie eine wichtige Quelle, als Musil in den 1930er Jahren am Zweiten Buch von *Der Mann ohne Eigenschaften* (MoE) und an seiner Theorie der Gefühle arbeitete. Wie hoch Musil diesen theoretischen Ansatz schätzte, lässt sich an seinem Briefwechsel erkennen. Als er 1938 die Möglichkeit erwog, in die USA zu emigrieren, erwähnte er die Gestalttheorie – deren Berliner Vertreter sich dort niedergelassen hatten – als einen Hauptgrund (vgl. Brief an Bernard Groethuysen, 13.11.1938, Br I, 877). Ebenfalls Ende der 1930er Jahre merkte er an, dass er „dazu neige, alles auf Gestalten zurückzuführen" (Tb I, 785). Dieses Geständnis sollte nicht als epigonale Nachahmung aufgefasst werden. Vielmehr hat Musil das Gestaltdenken für seine literarischen und erkenntnistheoretischen Zwecke weiterentwickelt, vor allem im Bereich der Gefühlstheorie und der Ästhetik. Als Dichter, der dieselbe Ausbildung wie die Berliner Gestaltpsychologen genossen hatte, trug Musil auf originelle Weise zur Entwicklung der Gestalttheorie bei.

2. Forschungsstand

Die Bedeutung der Gestalttheorie in Musils Werk ist von Renate von Heydebrand schon 1966 erkannt worden. Ohne auf die Unterschiede zwischen der Berliner, Grazer, Würzburger und Leipziger Schule der Gestalt- bzw. Ganzheitspsychologie näher einzugehen, hat sie in Musils Roman auf vier Themenkonstellationen hingewiesen, die einen besonders prägnanten Bezug zur Gestaltpsychologie aufweisen: a) Ulrichs Verständnis menschlicher Identität als dynamisches Gefüge, das durch seine funktionelle Wechselwirkung mit der Umwelt gekennzeichnet ist, b) die Konzeptualisierung des ‚anderen Zustands' als Form optischer Inversion, c) Ulrichs Überlegungen zum ‚Gestaltcharakter des Fühlens' und d) eine auf experimenteller Psychologie beruhende Annäherung an die Idee des Göttlichen. Mittlerweile haben weitere biografische und kulturgeschichtliche (vgl. Hickman 1986; Roth 1987; Cometti 2001; Corino 2003; Wolf 2011; Mülder-Bach 2013) sowie philosophische (vgl. Monti 1983; Luserke 1987; Mejovšek 1987; Venturelli 1988; Bouveresse 1993; Cometti

2001) Studien auf die Schlüsselrolle der Gestalttheorie in Musils Texten aufmerksam gemacht.

Besonders eingehend hat Silvia Bonacchi in den 1990er Jahren Musils Rezeption der Gestalttheorie untersucht (vgl. Bonacchi 1998). Ihr kontextualisierender und textgenetischer Ansatz rekonstruiert die wichtigsten Etappen in der Entwicklung der Gestalttheorie und deren Bedeutung in den zeitgenössischen wissenschaftlichen und philosophischen Debatten. Gleichzeitig verfolgt sie in einer sorgfältigen Analyse des Nachlasses Spuren von Musils gestalttheoretischen Lektüren und Überlegungen im *MoE* sowie in seinen Essays und poetologischen Schriften. Bonacchis Studie bezieht sich vor allem auf die Berliner Schule der Gestalttheorie und geht davon aus, dass diese Musils einschlägigen Betrachtungen am nächsten stand. Andere Studien über Musil und Hornbostel (vgl. Berz 1993), über die Relevanz von Köhlers Schriften für Musils Denkansatz (vgl. Vatan 2000) und über Musils Auseinandersetzung mit Kurt Lewins Theorien (vgl. Döring 1999; Innerhofer/Rothe 2010) bestätigen die vorrangige Bedeutung der Berliner Gestaltpsychologie. Gleichzeitig wurden der Einfluss Stumpfs und der Brentano-Schule in Musils Werdegang (vgl. Kaiser-El-Safti 1993; Misselhorn 2008), Musils Verhältnis zur Grazer Schule (vgl. Mulligan 1995) und sein Interesse für Psychotechnik (vgl. Hoffmann 1997) untersucht sowie weitreichende Parallelen zu Alleschs Kunsttheorie und Bühlers Sprachtheorie (vgl. Schiewer 2004) hergestellt. Auch wurde Musils ‚Theorie der Gefühle‘ in Beziehung zu Felix Krügers Analyse der Gefühle gesetzt (vgl. von Heydebrand 1966; von Büren 1970; Gies 2003). Wenngleich Musils Hervorhebung der Labilität der Gefühle Analogien zu Krügers Analysen aufweist, bleibt die Parallele doch in mehrfacher Hinsicht problematisch. Der Einfluss Krügers, eines Hauptvertreters der Leipziger ‚Ganzheitspsychologie‘, lässt sich im Nachlass nicht nachweisen. Auch führen die Leipziger Psychologen die Bildung von Gestalten und Ganzheiten auf eine Anlage der Seele zurück und haben an der antidemokratischen Verherrlichung von ‚Naturgemeinschaften‘ wie dem Volk, der Rasse und der Nation aktiv teilgenommen (vgl. Vatan 2000). Mit seinem ‚Theorem der menschlichen Gestaltlosigkeit‘ hat Musil solche metaphysischen und ideologischen Prämissen, die Begriffe wie ‚Gestalt‘ und ‚Ganzheit‘ mit antirationalistischen, reaktionären, ja rassistischen Untertönen versehen, deutlich zurückgewiesen (vgl. ebd.). (→ VII.3 *Gestaltlosigkeit*)

3. Zentrale Aspekte

Musil hat die kognitiven und Wahrnehmungsexperimente der Gestaltpsychologie aufmerksam rezipiert und literarisch verarbeitet (z. B. Experimente mit räumlichem Hören in *Die Amsel*; vgl. Berz 1990, Hinweise auf die Strukturiertheit und Dynamik des Wahrnehmungsfelds im *MoE* u.a.). Als Ulrich eine mathematische Untersuchung plötzlich löst, erfährt er ein ‚Aha-Erlebnis‘, welches Gestaltpsychologen einer sachangemessenen Umstrukturierung und Umzentrierung der Problemstellung zuschreiben (vgl. MoE, 720). Außerdem überträgt Musil gestalttheoretische Einsichten auf die Bereiche der Anthropologie, der Gefühlstheorie, der Ethik und der Ästhetik:

1) Zunächst begrüßt er, dass sich die Gestaltpsychologen darum bemühen, eine Theorie zu entwickeln, welche mit den Tatsachen und der Eigenstruktur der phänomenalen Welt in Übereinstimmung steht. Er schätzt deren experimentelle Denkhaltung und methodologische Strenge. Als Erben Franz Brentanos bleiben sie Carl

Stumpfs Motto einer ‚experimentalen Metaphysik' treu. Wolfgang Köhlers naturphilosophische Untersuchung *Die physischen Gestalten in Ruhe und im stationären Zustand* verdeutlicht, „wie sich vom Boden der Tatsachenwissenschaften aus die Lösung uralter metaphysischer Schwierigkeiten schon andeutet" (*Das hilflose Europa*, 1922, GW II, 1085) – etwa des Verhältnisses zwischen Leib und Seele.

2) Musil interessiert sich für das erkenntnistheoretische und heuristische Potenzial des Gestaltbegriffs, dessen Plastizität sich auf unterschiedliche Bereiche ausdehnen lässt. Selbst bestrebt, der übermäßigen Spezialisierung des Wissens durch eine neue Synthese entgegenzuwirken, betrachtet er Köhlers Versuch, die Kluft zwischen Natur- und Geisteswissenschaften zu überbrücken, als bahnbrechend.

3) Des Weiteren scheint ihm die Gestalttheorie besonders geeignet, das Wechselverhältnis zwischen Individuum und Umwelt zu beleuchten. Anhand des gestalttheoretischen Ansatzes bezeichnet Musil den Menschen nicht als eine mit festen Eigenschaften ausgestattete Substanz, sondern als eine dynamische Gestalt, deren Erscheinungsformen, Wirkungen und Bedeutung sich erst in Bezug auf das Umfeld erschließen lassen. Als prägnante Gestalt hebt sich das Individuum vom Umfeld stark ab, als diffuse Gestalt geht es dagegen im Umfeld auf, wie das z. B. in einer Masse der Fall ist. Statt das Individuum als gesondertes Wesen zu betrachten, legt also Musil den Grund zu einer situativen Anthropologie, welche den Menschen in seiner dynamischen Wechselwirkung mit der Umgebung betrachtet. Diese gegenseitige Abhängigkeit von Individuum und Umwelt steht im Zentrum des Musil'schen ‚Theorems der menschlichen Gestaltlosigkeit'. Diesem zufolge ist der Mensch „ebenso leicht der Menschenfresserei fähig wie der Kritik der reinen Vernunft" (MoE, 361). Als „kolloidale Substanz" (Tb I, 540) ist er gekennzeichnet durch seine Labilität und durch den Drang, sich in fertige Formen einzupassen. Die ‚Gestaltlosigkeit' verweist aber auch auf die Plastizität des Menschen und sein Potenzial zu Verwandlung und Neukonstitution. (→ VII.3 *Gestaltlosigkeit*) Das Individuum soll über den gegebenen Zustand hinaus neue Lebensformen und „die besten Arten, Mensch zu sein" (MoE, 152), erfinden. In dieser Hinsicht ist die Dynamik der ‚Gestalten' mit Musils Möglichkeitsdenken und Essayismus eng verbunden. (→ VII.4 *Möglichkeitssinn u. Essayismus*)

4) Nicht von ungefähr entwirft Musil eine gestalttheoretische Bestimmung des Ich, nachdem Ernst Mach bereits in *Analyse der Empfindungen* (1886) die ‚Unrettbarkeit' des Ich verkündet hatte. In seiner Kritik am Ideal eines souveränen, vernunftgeleiteten Subjekts betont Musil die Auflösungstendenzen innerhalb des Ich. Doch lehnt er Machs Definition des Ich als eines fiktiven und prekären Bündels von Empfindungen ab. Demgegenüber beschreibt Musil das Ich als eine dynamische Gestalt, die ein breites Spektrum von möglichen Zuständen erleben kann: vom Zustand großer Prägnanz bis zum labilen Zustand des ekstatischen Selbst. Darüber hinaus stellt er die traditionelle Vorstellung des Ich als zentraler und regulativer Instanz in Frage. In Anlehnung an Kurt Lewin bestimmt er das Ich als ein funktionelles Teilgebiet innerhalb eines übergeordneten Systems. Deshalb geschehe es oft, dass wir „nicht über unser Ich denken und handeln", wie z. B. in routinemäßigen Handlungen oder sportlichen Leistungen: „[A]uf der Lebensreise" habe das ich „eine Mittelstellung zwischen Kapitän und Passagier inne[ ]. Und gerade diese eigentümliche Stellung zwischen Körperlichkeit und Geist zeigen auch Gestalt und Form." (*Literat und Literatur*, 1931, GW II, 1222)

5) Darüber hinaus wird die Gestalttheorie zu einer Hauptquelle für Musils Konzept der „taghellen Mystik" (MoE, 1089). Ulrich stellt mit Bedauern fest, dass seit Jahrtausenden zahlreiche Zeugnisse über den mystischen Zustand gesammelt worden sind, ohne dass die tatsächliche Kenntnis darüber vertieft worden sei. (→ VII.1 *Mystik*) Durch die Wahrnehmungsexperimente der Gestaltpsychologie werde es möglich, den ‚anderen Zustand' empirisch zu beleuchten, ohne auf die üblichen religiösen und übernatürlichen Erklärungen zurückgreifen zu müssen. Hornbostels Aufsatz *Über optische Inversionen* (1922) bietet einen theoretischen Rahmen für diese experimentelle Studie. Optische Inversionen weisen phänomenologische Ähnlichkeiten mit dem ‚anderen Zustand' auf. Vor allem übernimmt Musil Hornbostels Unterscheidung zwischen dem ‚Konvexen' und dem ‚Konkaven'. Der Übergang vom ‚normalen' zum ‚anderen' oder invertierten Zustand gleicht einem Wechsel vom Konvexen zum Konkaven, den Musil als ein Umkippen und Umstülpen beschreibt, wobei er an Kippfiguren denkt und deren Dichotomie als „uralte Doppelform des menschlichen Erlebens" versteht (MoE, 688).

6) Auch in Musils Theorie der Gefühle erhält die Gestaltpsychologie eine vorrangige Stellung. Gefühle lassen sich aufgrund ihrer Labilität kaum als geschlossene und stabile ‚Gestalten' festlegen. Dennoch kann ihre Entstehung gestalttheoretisch dargestellt werden. Als ursprünglich ‚gestaltlos' weisen Gefühle eine Tendenz zur ‚Ausgestaltung' auf, die sich in Richtung ‚Bestimmtheit' zu einem ‚prägnanten' Gefühl ‚verfestigt' oder sich ohne ‚Verfestigung' in Richtung ‚Unbestimmtheit' entwickelt; dies entspricht dem kontemplativen ‚anderen Zustand'. Musils Analyse der Gefühle kann als origineller Beitrag zur Gestalttheorie gelten, da dieser Bereich – mit Ausnahme von Kurt Lewins Forschungen – von den Berliner Gestaltpsychologen kaum untersucht worden ist. (→ VII.2 *Anderer Zustand*)

7) Gestalttheoretische Einsichten kennzeichnen überdies Musils ethische Überlegungen und legen den Grund zu einer ‚dynamischen' Ethik, welche den Wert einer Handlung nicht nach einem statischen Gefüge von normativen Grundsätzen festlegt, sondern ihn je nach der spezifischen Situation neu bestimmt. So wird es möglich, der Komplexität und Variabilität ethischen Handelns gerecht zu werden, ohne in einen axiologischen Relativismus zu verfallen. Wie Köhler weigert sich nämlich auch Musil, eine radikale Trennung zwischen Werten und Tatsachen vorauszusetzen. Als integraler Bestandteil der Wirklichkeit sind ihm zufolge Wert und Sinn durch ihre ‚Gefordertheit' oder ‚Zugehörigkeit' gekennzeichnet. Sie können erst aus der gesamten spezifischen Situation erschlossen werden. Die Hypothese eines immanenten Sinns, der experimentell zu eruieren sei, motiviert zugleich Ulrichs Versuch einer induktiven Annäherung an das Göttliche sowie Musils Bemerkung über die „Entdeckung Gottes à la Köhler" bzw. das „Realwerden Gottes" (MoE, 1904). (→ V.5 *Ethik u. Moral*)

8) Schließlich liegt die Gestalttheorie erkenntnislogisch der Musil'schen Ästhetik zugrunde und erhellt deren anthropologische Funktion als Sinndeutung und Sinngebung. Im Essay *Literat und Literatur* (1931) hebt Musil hervor, wie Formen und Formeln eine lebenswichtige, orientierende und strukturierende Funktion erfüllen, indem sie den Menschen helfen, sich in ihrer Umwelt zurechtzufinden. Allerdings können solche Formen eine erstarrende Wirkung haben und andere Möglichkeiten versperren. Ziel der Dichtung ist demnach, „das stumpfe, eingeschlagene Bild und die Formelhaftigkeit des Daseins" (*Ansätze zu neuer Ästhetik*, 1925, GW II, 1147) sowie die „Gewohnheitseinstellungen des Bewußtseins" (MoE, 1503) zu sprengen, um

neuen Zusammenhängen, Kombinationen oder ‚Gebilden' den Weg zu ebnen: Durch eine schöpferische Labilität und ungewöhnliche Gleichgewichtsformen werden im ästhetischen Bereich neue Möglichkeiten erschlossen.

Gestalttheoretische Einsichten finden ihren Niederschlag zudem in Musils essayistischem Schreibansatz und in seinem Rückgriff auf Metaphern und Gleichnisse bei der Erforschung des ‚Nicht-Ratioïden'. Begriffe scheinen ihm ungeeignet, das Singuläre und Fluktuierende an nicht-ratioïden Vorgängen zu erfassen. Nur Metaphern und Gleichnisse seien in der Lage, diesen Bereich annäherungsweise zu erschließen, da sie eine Vermittlung von Sinnlichkeit und Verstand erlauben und gestalthafte Zusammenhänge herstellen, ohne die Singularität der Erlebnisse zu nivellieren. (→ VIII.4 *Gleichnis*) In der dichterischen Sprache wird die Bedeutungsvielfalt, die affektive Qualität und die fantasiebildende Kraft der Wörter so intensiviert, dass eine unlösliche Einheit von Form und Inhalt erreicht wird: Gedanken sind „‚Teile' einer Gestalt. Und wenn dieses Buch [i.e. der *MoE*] gelingt, wird es Gestalt sein" (MoE, 1942). Unter ‚Gestalt' versteht Musil dabei kein statisches geschlossenes ‚Werk', sondern eine dynamische zusammenhängende Struktur, die zu verschiedenartigen Deutungskonfigurationen Anlass bietet.

4. Forschungsperspektiven

Obwohl Musils Auseinandersetzung mit der Gestalttheorie schon intensiv untersucht worden ist, sollten die Auswirkungen des Gestaltdenkens in der ersten Hälfte des 20. Jahrhunderts aus einer kontextualisierenden Perspektive weiter erforscht und der Zusammenhang zwischen Musils literarischem Projekt und diesem Denkparadigma genauer rekonstruiert werden (vgl. nun Brüning 2015). Auch wäre es lohnenswert, diachronisch das Erbe des Gestaltdenkens sowie der Gefühlstheorie Musils im Zusammenhang mit der heutigen kognitiven und Gefühlspsychologie weiter zu beleuchten (vgl. Misselhorn 2009).

5. Literatur

Berz, Peter: I-Welten. In: Hans-Georg Pott (Hg.): Robert Musil – Dichter, Essayist, Wissenschaftler. München: Fink 1993, S. 171–192.
Berz, Peter: Der Fliegerpfeil. Ein Kriegsexperiment Musils an den Grenzen des Hörraums. In: Jochen Hörisch, Michael Wetzel (Hg.): Armaturen der Sinne. Literarische und technische Medien 1870 bis 1920. München: Fink 1990, S. 265–288.
Bonacchi, Silvia: Robert Musils Studienjahre in Berlin 1903–1908. Saarbrücken: Arbeitsstelle für Robert-Musil-Forschung an der Univ. Saarbrücken 1992.
Bonacchi, Silvia: Die Gestalt der Dichtung. Der Einfluß der Gestalttheorie auf das Werk Robert Musils. Bern u.a.: Lang 1998.
Bouveresse, Jacques: L'homme probable. Robert Musil, le hasard, la moyenne et l'escargot de l'histoire. Combas: Éd. de l'Éclat 1993.
Brüning, Karen: Die Rezeption der Gestaltpsychologie in Robert Musils Frühwerk. Frankfurt a.M. u.a.: Lang 2015.
Büren, Erhard von: Zur Bedeutung der Psychologie im Werk Robert Musils. Zürich: Atlantis 1970.
Cometti, Jean-Pierre: Musil philosophe. L'utopie de l'essayisme. Paris: Seuil 2001.

Corino, Karl: Robert Musil. Eine Biographie. Reinbek b. Hamburg: Rowohlt 2003.
Döring, Sabine A.: Ästhetische Erfahrung als Erkenntnis des Ethischen. Die Kunsttheorie Robert Musils und die analytische Philosophie. Paderborn: mentis 1999.
Gies, Annette: Musils Konzeption des „Sentimentalen Denkens". *Der Mann ohne Eigenschaften* als literarische Erkenntnistheorie. Würzburg: Königshausen & Neumann 2003.
Heydebrand, Renate von: Die Reflexionen Ulrichs in Robert Musils Roman *Der Mann ohne Eigenschaften*. Ihr Zusammenhang mit dem zeitgenössischen Denken. Münster: Aschendorff 1966.
Hickman, Hannah: Musils Essay *Literat und Literatur*. Form und Gestalt in Wissenschaft und Kunst. In: Josef Strutz (Hg.): Kunst, Wissenschaft und Politik von Robert Musil bis Ingeborg Bachmann. München: Fink 1986, S. 34–50.
Hoffmann, Birthe: Die Seele im Labor der Novelle. Gestaltpsychologische Experimente in Musils *Grigia*. In: Deutsche Vierteljahrsschrift für Literaturwissenschaft und Geistesgeschichte 69 (1995), H. 4, S. 635–665.
Hoffmann, Christoph: „Der Dichter am Apparat". Medientechnik, Experimentalpsychologie und Texte Robert Musils 1899–1942. München: Fink 1997.
Hornbostel, Erich Moritz von: Über optische Inversionen. In: Psychologische Forschung 1 (1922), S. 130–156.
Innerhofer, Roland/Rothe, Katja: Regulierung des Verhaltens zwischen den Weltkriegen. Robert Musil und Kurt Lewin. In: Berichte zur Wissenschaftsgeschichte 33 (2010), H. 4, S. 365–381.
Kaiser-El-Safti, Margret: Robert Musil und die Psychologie seiner Zeit. In: Hans-Georg Pott (Hg.): Robert Musil – Dichter, Essayist, Wissenschaftler. München: Fink 1993, S. 126–170.
Luserke, Matthias: Wirklichkeit und Möglichkeit. Modaltheoretische Untersuchung zum Werk Robert Musils. Frankfurt a. M. u. a.: Lang 1987.
Mach, Ernst: Die Analyse der Empfindungen und das Verhältnis des Physischen zum Psychischen. [1886; 9. Aufl. 1922] Nachdruck mit einem Vorwort v. Gereon Wolters. Darmstadt: WBG 1991.
Mejovšek, Gabriele: Das Modell der „Gestalt" als Prinzip „anfänglichen Denkens" bei Musils Versuch eines „beweglichen Gleichgewichts". In: Josef Strutz (Hg.): Robert Musils „Kakanien" – Subjekt und Geschichte. München: Fink 1987, S. 273–292.
Misselhorn, Catrin: Naturalismus zwischen Empirismus und Idealismus. Robert Musils philosophische Lehrjahre in Berlin. In: Annette Daigger, Peter Henninger (Hg.): Robert Musils Drang nach Berlin. Bern u. a.: Lang 2008, S. 85–106.
Misselhorn, Catrin: Musils Gefühlstheorie im Kontext der neueren emotionstheoretischen Debatte und die Möglichkeit falscher Gefühle. In: Kevin Mulligan, Armin Westerhoff (Hg.): Robert Musil – Ironie, Satire, falsche Gefühle. Paderborn: mentis 2009, S. 33–54.
Monti, Claudia: Musil. La Metafora della scienza. Napoli: Tullio Pironti Editore 1983.
Mülder-Bach, Inka: Robert Musil: *Der Mann ohne Eigenschaften*. Ein Versuch über den Roman. München: Hanser 2013.
Mulligan, Kevin: Musils Analyse des Gefühls. In: Bernhard Böschenstein, Marie-Louise Roth (Hg.): Hommage à Musil. Bern u. a.: Lang 1995, S. 87–110.
Roth, Marie-Louise: Robert Musil. L'homme au double regard. Paris: Balland 1987.
Schiewer, Gesine: Poetische Gestaltkonzepte und Automatentheorie. Arno Holz – Robert Musil – Oswald Wiener. Würzburg: Königshausen & Neumann 2004.
Vatan, Florence: Robert Musil et la question anthropologique. Paris: Presses Univ. de France 2000.
Venturelli, Aldo: Robert Musil und das Projekt der Moderne. Frankfurt a. M. u. a.: Lang 1988.
Wolf, Norbert Christian: Kakanien als Gesellschaftskonstruktion. Robert Musils Sozioanalyse des 20. Jahrhunderts. Wien u. a.: Böhlau 2011.

7. Psychoanalyse
Oliver Pfohlmann

1. Einführung 538
2. Forschungsstand 538
3. Musils psychoanalytisches Wissen 539
4. Phasen der Psychoanalyse-Rezeption 540
5. Kritik der Psychoanalyse 542
6. Lob der Psychoanalyse 543
7. Forschungsperspektiven 544
8. Literatur 544

1. Einführung

Die jahrzehntelange Psychoanalyse-Rezeption durch Robert Musil ist komplex; der Forschung, sofern sie sie nicht ohnehin ignorierte bzw. sogar bestritt, war sie bislang meist Anlass für Missverständnisse. Zu einem bis heute wirkmächtigen Paradigma avancierte die These, Musil habe seine Freud-Rezeption ‚verdrängt' und ‚verleugnet', und seine Beziehung zur Tiefenpsychologie sei von ‚Ambivalenz' geprägt. Die bis in die Jahre im Schweizer Exil reichenden Äußerungen Musils über die Psychoanalyse lassen jedoch Dominanzen und Kontinuitäten erkennen, die deutlich machen, dass seine Einstellung ihr gegenüber weniger ‚ambivalent' als vielmehr differenziert war. Musils Verhältnis zum psychoanalytischen Theoriegebäude lässt sich auf die Formel bringen: grundsätzliche Anerkennung bei gleichzeitiger vorsichtig-differenzierender Skepsis und Ablehnung im Einzelnen. Der Bedeutung psychoanalytischer Schriften als Material und Quelle für sein Werk war sich der Autor wohl bewusst: In seinen Reflexionen über das Verhältnis von Psychologie und Dichtung stellte er den „Anregungswert" der Psychoanalyse für seine Texte über ihren möglichen „Wahrheitsgehalt" (KA, M II/1/70).

2. Forschungsstand

Musils umfangreiche Psychoanalyse-Rezeption wurde in der Forschung der 1960er und 1970er Jahre zunächst weitgehend ignoriert: „Man hat bereits frühzeitig erkannt, daß es Musil nicht um psychologische oder tiefenpsychologische Fragestellungen zu tun ist; er hat das deutlich ausgesprochen." (Karthaus 1965, S. 459) Eine damals noch tendenziell psychologiefeindliche Germanistik berief sich dabei auf Musil-Kommentare wie: „Ich werde einmal sagen müssen, warum ich für die ‚flache' Experimentalpsych[ologie] Interesse habe u[nd] warum ich keines für Freud, Klages, ja selbst für die Phänomenologie habe." (KA, H 33/89) Wenn sich psychoanalytische Literaturanalyse nicht auf die Figuren beschränkt, sondern auch Aussagen über das Unbewusste ihres ‚Schöpfers' treffen will, wirft das tiefenpsychologische Wissen des Autors methodologische Probleme auf (vgl. Pfohlmann 2003, v. a. Kap. 7.3) – weshalb vonseiten der psychoanalytisch orientierten Literaturwissenschaft Musils Freud-Rezeption teilweise sogar negiert wurde. So bestritten etwa Ernst Kaiser und Eithne Wilkins die Vorstellung von Musil als vielseitig gebildetem, auch psychoanalytisch versiertem Poeta doctus und rechneten ihn den im Sinne C. G. Jungs ‚visionären', aus dem Unbewussten schöpfenden Dichtern zu (vgl. Kaiser/Wilkins 1962, S. 10, 31 u. 48). Als wirkmächtiger erwies sich das Konzept, Musils Freud-Rezeption zwar zu bestätigen, jedoch selbst wiederum zu psychoanalysieren. Demnach habe Musil zwar Freuds Schriften gelesen, so etwa 1907/08 die *Studien über Hysterie* (1895), diese Lektüre aber ‚verdrängt': aus Frustration über Freuds Erkenntnisvorsprung und/oder, weil er nicht über seine eigenen ödipal-neurotischen Dispositionen aufgeklärt werden wollte. Dieser Zugang bietet Interpreten den Vorteil, Musils Texte doch wieder einer auf das Autor-Unbewusste zielenden Literaranalyse unterziehen und dabei auch den Entstehungsprozess miteinbeziehen zu können. So erkannte Karl Corino im Fall der *Vereinigungen* eine „Verleugnung der Freudianischen Basis" sowie eine „Verdrängung und Übertrumpfung der Psychoanalyse" durch den Dichter (Corino 1974, S. 412; vgl. auch Corino 2003, S. 367–371). In dem Aufsatz *Ödipus oder Orest?* (1973), dem ersten Versuch einer Rekonstruktion von Musils Psychoanalyse-Rezeption, kam Corino zwar zu dem Ergebnis, dass Musil „spätestens von 1913 an die wichtigsten Publikationen der Psychoanalyse zur Kenntnis nahm" (Corino 1973, S. 184), zugleich attestierte der Biograf dem Dichter aber eine „ungeheuer ‚ambivalente' Haltung […] gegenüber der Psychoanalyse" und sprach von einem „lebenslange[n] Kampf um Selbstbehauptung" (ebd., S. 126). Diese These wurde von Johannes Cremerius noch radikalisiert, der in einem erstaunlich wirkmächtigen Aufsatz ein „aktives Bemühen" Musils erkannte, „Umfang und Bedeutung seiner Rezeption der Psychoanalyse zu verschleiern" (Cremerius 1979, S. 747), und zwar vor sich selbst und vor anderen – ein Fall von „Verdrängung", der „die eigentliche Ursache seiner ‚Arbeitsstörungen'" (ebd., S. 759) darstelle. Psychoanalytisch orientierte Musil-Forscher berufen sich zur Legitimation ihrer Literaranalysen bis heute auf das Corino-Cremerius-Paradigma (vgl. Wucherpfennig 1978, S. 251; Köhler u.a. 1985, S. 121; Jappe 2011, S. 30; zur Kritik an diesem Paradigma vgl. Pfohlmann 2003, S. 296–304); dies betrifft partiell auch Interpretatoren, die Musils Texte mit post-freudianischen Theorien (Jacques Lacan, Heinz Kohut) zu deuten versuchen (vgl. Henninger 1979 u. 1980, S. 565; Hoppler 1984; Schärer 1990). Seit den 1990er Jahren melden sich verstärkt diskursanalytisch und/oder kulturwissenschaftlich orientierte Ansätze zu Wort, aus deren Sicht die These einer ‚verdrängten' Psychoanalyse-Rezeption nicht haltbar ist, vielmehr sei von einer zwar konfliktträchtigen, aber bewussten Auseinandersetzung Musils mit zeitgenössischen tiefenpsychologischen Theorien auszugehen (vgl. Meisel 1991; Midgley 1991; Kyora 1992; Lönker 2002; Pfohlmann 2003 u. 2008; Kroemer 2004; Anz 2006; Kappeler 2012).

3. Musils psychoanalytisches Wissen

Unter den Autoren und Autorinnen der literarischen Moderne, von denen nahezu alle mehr oder weniger intensiv Freud rezipierten, gehörte Musil zu den besten Kennern der Tiefenpsychologie. So lassen sich in seinem Gesamtwerk sowohl viele einschlägige Termini nachweisen (‚Libido', ‚Narzissmus', ‚Sublimation' usw.) als auch die Kenntnis psychoanalytischer Theorien, etwa der unbewussten Determination von Fehlleistungen (vgl. Br I, 188f.) oder Otto Ranks Konzept eines ‚Geburtstraumas' (vgl. KA, M I/4/18) sowie die Rezeption von Breuer/Freuds *Studien über Hysterie* (1895), Freuds *Zur Einführung des Narzißmus* (1914) oder *Jenseits des Lustprinzips* (1920). Zu *Das Unbehagen in der Kultur* (1930) findet sich im Nachlass ein umfangreiches

Exzerpt (vgl. KA, M VI/1/156f.); aus Musils Bibliothek ist sein mit Anstreichungen versehenes Exemplar der *Traumdeutung* erhalten geblieben (7. Aufl., 1922). Hinzu kommt die Lektüre von Texten von Freud-Schülern wie Karl Abraham und Freud-Renegaten, etwa C. G. Jungs *Wandlungen und Symbole der Libido* (1912) und *Psychologische Typen* (1921) sowie Alfred Adlers *Über den nervösen Charakter* (1912) und *Praxis und Theorie der Individualpsychologie* (1920). Die Broschüre *Psychologie des Lehrlings* (1928) des Adler-Schülers Hugo Lukács, der 1927/28 Musils Schreibblockaden therapierte, rezensierte Musil mit viel Sympathie im Wiener *Tag*, das Fragment einer ähnlich wohlwollenden Besprechung über Wera Schmidts *Psychoanalytische Erziehung in Sowjetrußland* (1924) findet sich im Nachlass (vgl. KA, M VI/2/35f.). Kritischer fiel Musils Urteil über einen der ersten Versuche auf dem Gebiet der Literaturanalyse aus, wie sein Entwurf einer Rezension von Theodor Reiks *Arthur Schnitzler als Psycholog* (1913) zeigt (vgl. KA, M IV/3/82). Zu nennen ist auch Musils Rezeption populärpsychoanalytischer Ratgeber wie Charles Baudouins *Die Macht in uns* (1924) oder Sofie Lazarsfelds *Wie die Frau den Mann erlebt* (1931) sowie seine intensive Lektüre der Standardwerke: Eugen Bleulers *Lehrbuch der Psychiatrie* (4. Aufl., 1923) und Ernst Kretschmers *Medizinische Psychologie* (1922), die ebenfalls psychoanalytisches Wissen vermittelten. (→ IV.5 *Psychiatrie*) Zuletzt sei an seine Bekanntschaft mit Anhängern oder Vertretern der Psychoanalyse wie Otto Pötzl, Erwin Hexner oder René A. Spitz erinnert. Mit dem Freudianer Spitz kam es zwischen 1925 und 1932 zu mehreren therapieähnlichen Gesprächen (vgl. Corino 2003, S. 1082–1086).

4. Phasen der Psychoanalyse-Rezeption

Bereits in den frühen Arbeitsheften Musils manifestiert sich ein reges Interesse an psychologischen und psychopathologischen Phänomenen. 1903/04 liest Musil Hermann Bahrs *Dialog vom Tragischen* (1903), in dem Josef Breuers und Sigmund Freuds *Studien über Hysterie* (1895) diskutiert werden; der daraus exzerpierte Begriff „Abreaktion" (KA, H 4/86) stellt den frühesten Beleg von Musils Freud-Rezeption dar. Als erste Phase der Auseinandersetzung mit zumindest psychoanalyse*ähnlichem* Wissen kann demnach die Zeit bis zum Abschluss des *Törleß* gelten (bis 1906). Die Darstellung von Triebentwicklung, ödipalem Konflikt, Sexualsymbolik und Traummechanismen im Roman zeigt, dass sich Musil auf der Höhe des medizinischen Diskurses seiner Zeit befand. Die Auseinandersetzung mit diesem psychoanalysenahen Wissen stand aber zu diesem Zeitpunkt wohl noch vorrangig im Zeichen einer ‚psychologischen', also auch auf Erkenntnisgewinn ausgerichteten Dichtung. Der Konflikt um die Unterscheidung von Psychologie und Dichtung war zwar im *Törleß* bereits angelegt und wurde durch die Rezeption des Romans in der Literaturkritik, die in Musil vorrangig den Psychologen und nicht den Dichter sehen wollte (vgl. Pfohlmann 2003, S. 330–336), bestätigt (vgl. Brief an Paul Wiegler, 21.12.1906, Br I, 23f.). Doch sah der Psychologiestudent Musil offenbar noch nicht die Existenz der Literatur an sich in Gefahr, sondern pendelte selbst noch unentschieden zwischen Literatenexistenz und akademischer Laufbahn.

Dies änderte sich in der zweiten Phase: Musils erste intensivere Freud-Lektüre um 1907/08 stürzte den Dichter in eine auch für das Spätwerk relevante Schaffenskrise (vgl. „Bericht über einen nahezu pathologischen Fall", 1907, KA, M IV/3/118f.).

Nach Freuds novellenähnlichen Fallgeschichten über Hysterikerinnen galt es für Musil, die Funktion der Literatur gerade gegenüber der „finster drohende[n] und lockende[n] Nachbarmacht" Psychoanalyse (KA, M VI/2/21) neu festzulegen. Die Auseinandersetzung mit den *Studien über Hysterie* im Zuge der Arbeit an den *Vereinigungen* zwischen 1907 und 1910 führte zu einem ästhetischen Rettungsversuch der Literatur vor dem (in Musils Augen) feindlichen Übernahmeversuch Freuds. Die Funktion von Literatur wurde dabei auf vitalistische Weise neu bestimmt: An die Stelle von kausal dargestellten Fallgeschichten sollte nun eine auf dem kausalen Fall aufbauende motivationale, also nach-fühlbare und -erlebbare Darstellung treten – mit dem Gleichnis als wichtigstem formal-ästhetischem Mittel (vgl. „Typus einer Erzählung", 1909, KA, M IV/3/153–155). Die Grenze zwischen Literatur und Wissenschaft blieb jedoch trotz dieses Rettungsversuchs für Musil labil und führte vor allem in seinen Essays zu fortwährenden Neubestimmungen, darunter die unmittelbar nach dem Ersten Weltkrieg unternommene Abgrenzung eines eigenen („nicht-ratioïde[n]") Erkenntnisgebiets für die Dichtung (*Skizze der Erkenntnis des Dichters*, 1918, GW II, 1028).

Doch nahm die Bedrohung, die die Psychoanalyse für den Dichter Musil zwischen ca. 1908 und 1914 dargestellt hatte, in den 1920er Jahren (dritte Phase) ab: „Nach einer anfänglichen Irritation hat man sich [...] beruhigt." (KA, M II/1/70) Genauere Kenntnis der Leistungen und Defizite der Freud'schen Theorie wie auch der zwischenzeitliche Erfolg der eigenen Therapie bei dem Individualpsychologen Hugo Lukács 1927/28 (vgl. Corino 2003, S. 990) führten zu einem tendenziell entspannteren Verhältnis zur Psychoanalyse. Dafür verlagerte sich in der Zwischenkriegszeit Musils Auseinandersetzung mit der jetzt immer populärer werdenden Psychoanalyse auf die Untersuchung der Zeitsymptomatik ihres Massenerfolgs sowie auf die Bestimmung ihrer wissenschafts-, philosophie- und gesellschaftsgeschichtlichen Bedeutung; die Ergebnisse flossen in die Figurenwelt des *Mann ohne Eigenschaften* (MoE) ein (vgl. MoE, 847). Für Musil fungierten (Gestalt-)Psychologie und Psychoanalyse als Hilfswissenschaften der Literatur: „Psychologie ist heute das, was in der Zeit Marco Polos die Geographie war, mehr nicht" (GW II, 1192; vgl. KA, M II/1/70). Im Sinne dieses Primats der Literatur machte Musil neben anderen wissenschaftlichen Diskursen auch die Psychoanalyse literarisch produktiv: So profitierte er von Karl Abrahams *Versuch einer Entwicklungsstörung* (vgl. KA, M VII/6/323f.) und von Eugen Bleulers *Lehrbuch der Psychiatrie* (vgl. KA, M I/5/107) bei der Darstellung pathologischer Denk- und Sprachformen der *MoE*-Figuren Moosbrugger und Clarisse (→ IV.5 *Psychiatrie*) sowie vom Werk der Adler-Schülerin Sofie Lazarsfeld bei der Konzeption der Beziehung zwischen Diotima und Arnheim (vgl. KA, M VII/14/58–67). Der letzte Höhepunkt der komplexen Rezeptionsgeschichte war Musils Arbeit an den Druckfahnen-Kapiteln in den 1930er Jahren: Die Ulrich in den Mund gelegte Erklärung, warum er in der Zusammenschau von Emotionstheorien ausgerechnet die Psychoanalyse unberücksichtigt lässt, kennzeichnet jene Differenziertheit, die auch Musils Verhältnis zur Tiefenpsychologie prägte:

> Ulrich sagte, er ließe sie [i. e. die Psychoanalyse] nicht deshalb beiseite, weil er die Verdienste dieser bedeutenden Theorie nicht anerkenne, die voll neuer Begriffe wäre und als erste vieles zu erfassen gelehrt habe, was durch alle vorangegangene Zeit gesetzlose Privaterfahrung gewesen sei, sondern es hänge damit zusammen, daß gerade bei dem, was er vorhabe, ihre Eigenart nicht so zur Geltung komme, wie es ihres immerhin auch sehr anspruchsvollen Selbstbewußtseins würdig wäre. (MoE, 1139)

5. Kritik der Psychoanalyse

Musils Bemerkungen zur Psychoanalyse lassen sich vier Gruppen zuordnen: a) der Kritik an der psychoanalytischen Ästhetik, b) der Kritik an der Psychoanalyse als Gesellschaftsphänomen, c) der Kritik an ihrem Geltungsanspruch sowie d) der Kritik an einzelnen Freud'schen Theoremen.

a) Kritik an der psychoanalytischen Ästhetik: Musils Kritik der Freud'schen Kunstauffassung gründete in seiner Poetik, wonach die Dichtung ein „Morallaboratorium" sein sollte, „eine Form [...] zu leben [...], eine *mensch*liche Betätigung, Wachsen" (KA, M IV/1/2) – und nicht nur eine ‚harmlos-wohltätige Illusion' (vgl. Freud 1940, S. 173), frei von Realitätsbezug. Dass Freud den Dichter zum ‚Bundesgenossen' (scheinbar) erhob, tatsächlich aber ihn zum Lieferanten von ‚Material' und ‚Vorstufen' für den Analytiker degradierte und dabei die Differenz von literarischem und wissenschaftlichem Diskurs ignorierte (vgl. KA, M II/1/70), lehnte Musil ab, da für ihn bei der Allianz zwischen Wissenschaft und Literatur das Primat bei der Dichtung lag: „Freud, Jung [...]. Meine instinktive Feindschaft: weil sie Pseudo=Dichter sind u. der Dichtung die Stütze der Psychologie vorenthalten!" (KA, H 30/110)

b) Kritik an der Psychoanalyse als Gesellschaftsphänomen: Musils Äußerungen zur Psychoanalyse in der Zwischenkriegszeit, etwa in seiner Glosse *Der bedrohte Ödipus* (1931), aber auch im *MoE*, beziehen sich häufig weniger auf Freuds Theorie als auf deren Popularisierung und Funktionalisierung im Bürgertum sowie in Literatenkreisen. Gegen die unkritische Aufnahme der Psychoanalyse durch Intellektuelle und Literaten, wie sie sich für Musil symptomatisch im Werk Franz Werfels zeigte, wendet sich der Dichter mit den Mitteln der Satire in seinen Literatur- und Theaterrezensionen (vgl. GW II, 1099, 1221 u. 1571). Für die orientierungslose Nachkriegsgesellschaft bot die Psychoanalyse leicht trivialisierbare Verstehensmodelle und wurde zum Gesellschaftsspiel, zur „Mode" (KA, H 10/62). Im Gegensatz zu Freud, der eine ‚Schwierigkeit der Psychoanalyse' darin sah, dass sie das Subjekt dekonstruiere, seinen Narzissmus kränke (vgl. Freud 1947), erkannte Musil umgekehrt als Grund für den Erfolg der Psychoanalyse, dass sie das Subjekt wieder zum Maß aller Dinge mache (vgl. GW II, 529; KA, H 33/39). Kontingenz und ‚transzendentale Obdachlosigkeit' ließen nach Musil den modernen Menschen Zuflucht bei Ideologien suchen, den „Weltschlüsselklubs" Marxismus und Psychoanalyse (KA, H 8/2; vgl. MoE, 1225), und ihren „Erzpriester[n]" (KA, M I/4/21; vgl. M II/1/154 sowie MoE, 1019f.) bzw. ‚geistigen Diktatoren' (vgl. KA, H 34/81; vgl. dazu Wolf 2011, S. 599f.).

c) Kritik am Geltungsanspruch der Psychoanalyse: Musil beurteilte von seiner vitalistischen Grundposition her Supertheorien wie die Psychoanalyse als ‚verödend' (vgl. KA, H 32/7) und kritisierte die Ausweitung des Gegenstandsbereichs der Psychoanalyse (vgl. MoE, 1219) sowie ihre methodische Selbstimmunisierung (vgl. GW II, 529).

d) Kritik an einzelnen Freud'schen Theoremen: Musils Auseinandersetzung mit psychoanalytischen Theoremen betraf vor allem die Symbollehre und den Ödipuskomplex. So lehnte er die ‚primitive' Sexualsymbolik der Freud'schen Traumlehre ab, der er das „frei sich bildende[ ] dichterische[ ] oder schöpferische[ ]" „Gleichnis" gegenüberstellte (KA, H 34/89; vgl. M III/5/29). Anlass zur Distanzierung bot auch Freuds Theorie vom Ödipuskomplex (vgl. KA, H 30/94f.): In seinen Glossen *Tagebuchblatt* (1927) und *Der bedrohte Ödipus* (1931) historisierte Musil diesen als ein aufgrund veränderter Familienstrukturen und Geschlechterrollen in der modernen Gesellschaft obsolet gewordenes Phänomen. Als „zu einseitig" (GW II, 1141; vgl. KA, M II/6/83) erschienen Musil die psychoanalytischen Emotionstheorien. Musils Zusammenschau von experimental- und gestaltpsychologischen Positionen zur Emotionserklärung in den Druckfahnen-Kapiteln des *MoE* stellt wohl auch eine Art Gegenentwurf zu den immer populärer werdenden psychoanalytischen Modellen dar. Der zeitgenössischen Literatur warf er vor, dass sie die Psychoanalyse unkritisch rezipierte und zugleich die Experimentalpsychologie, „aus Unkenntnis ihrer Verwendungsmöglichkeit, mit Nichtachtung ‚straft'" (GW II, 1221).

6. Lob der Psychoanalyse

Musils Respekt vor Freuds Leistung manifestierte sich, als er die u. a. von Thomas Mann initiierte *Glückwunschadresse zu Freuds 80. Geburtstag am 6. Mai 1936*, in der gerade die Bedeutung des Analytikers für die moderne Literatur herausgestellt wurde, mitunterzeichnete (vgl. Tögel 2006, S. 69f.). Ebenso ließ er sich im Schweizer Exil von der Lektüre eines Freud-Nachrufs 1939 „nahe berühren" (KA, H 33/81).

Musil schätzte die Psychoanalyse aus mehreren Gründen. Als ihre „ungeheure zivilisatorische Leistung" anerkannte er die Enttabuisierung der Sexualität (KA, M III/5/20). Philosophiehistorisch bescheinigte er Freud, das meiste zur Entmächtigung der auch von Musil angezweifelten Vernunft- und Bewusstseinsphilosophie beigetragen zu haben (vgl. KA, M III/5/9). Vor allem aber anerkannte er, wie oben zitiert, ihre Leistung, dass sie „als erste vieles zu erfassen gelehrt habe, was durch alle vorangegangene Zeit gesetzlose Privaterfahrung gewesen sei" (MoE, 1139). ‚Privaterfahrung' bezieht sich auf das für die Literatur durch den Vorstoß Freuds verlorengegangene Terrain (vgl. GW II, 1050): Nach Musil musste die Literatur dieses Gebiet zu Recht an die Wissenschaft abtreten, habe sie doch nur „Scheinerklärung[en]" (KA, M IV/3/73) anbieten können. Bedeutend war für Musil die Tiefenpsychologie auch im Hinblick auf ein modernes Moralverständnis, das Gut und Böse als Funktionsbegriffe auffasste (vgl. GW II, 1682). (→ V.5 *Ethik u. Moral*) Die im Zeichen einer Sublimierung der infantilen Sexualität stehenden pädagogischen Experimente der russischen Analytikerin Wera Schmidt (1889–1937) an schwer erziehbaren Kindern in Russland verteidigte er gegenüber möglicherweise „noch nicht psychoanalysierten" Müttern:

> Mit der Ablenkung und Umbiegung des Bösen in Gutes hat der ungar[ische] Psychiater L[ukács] in einer Wiener Erziehungsberatungsstelle verblüffende praktische Erfolge erzielt, und ich habe mir durch viele Jahre als Dichter sagen lassen müssen, daß meine Figuren abnormal seien, weil ich den Grundsatz der moral.[ischen] Energieverwandlung ihnen als Sittengesetz gab. [...] Indes ändert dies nichts an dem Wahrheitsgehalt dieser [psychoanalytischen] Theorien, dessen Dasein heute kein Sachkundiger mehr bestreitet. Bloß ist dieser Wahrheitskern noch unsicher abgegrenzt und von Übertreibungen entstellt. (GW II, 1401; vgl. KA, M VI/2/35f.)

Grundsätzliche Anerkennung bei gleichzeitiger vorsichtig-differenzierender Skepsis und Ablehnung im Einzelnen – so ließe sich das Verhältnis Musils zum psychoanalytischen Theoriegebäude daher wohl am ehesten beschreiben: „Die systematische Erforschung der Gefühle, des Charakters der alltäglichen Konflikte und dergleichen, ist ja überhaupt erst durch die Psychoanalyse und die Individualpsychologie erschlossen worden" (GW II, 1681). Dies schließt jedoch nicht die Anerkennung auch anderer psychologischer Theorien (Gestaltpsychologie) aus: Gegen den universalistischen Geltungsanspruch der Psychoanalyse lässt Musil sie Ulrich als wichtige „Teilwahrheit" (MoE, 1020) über den Menschen bezeichnen. Dass die Psychoanalyse nicht nur als „theoret[ischer] Impuls [...] von größtem Wert" war, sondern auch als hilfreiche „Psychotechnik" (KA, M VI/2/35), erfuhr Musil durch die zumindest zeitweilig erfolgreiche Therapie bei Hugo Lukács.

7. Forschungsperspektiven

Eine umfassende Rekonstruktion von Musils Rezeption tiefenpsychologischer Theorien steht noch aus. Für den noch unveröffentlichten vierten Band der Dokumentationsreihe *Psychoanalyse in der literarischen Moderne* (hg. v. Thomas Anz, Marburg 2006ff.) ist eine vom Verfasser des vorliegenden Beitrags erstellte Dokumentation vorgesehen. Während sich die bisherige Forschung insbesondere auf Musils Auseinandersetzung mit den Werken Freuds konzentrierte, fand seine offenbar erheblich weniger krisenhaft verlaufene Rezeption von weiteren tiefenpsychologischen Theoremen in den 1920er und 1930er Jahren bislang nur selten Beachtung (vgl. Corino 2003, S. 970–992). Das betrifft C. G. Jungs Anima-Animus-Konzept (vgl. KA, M VII/13/1: „Jung kommt mir da nahe. Ausdruck für U/Ag wäre: *Das verbindende und das trennende Denken.*") und Alfred Adlers Individualpsychologie ebenso wie den Impuls der individualpsychologischen Neurosenlehre auf Figuren- und Gedankenwelt des *MoE* (vgl. etwa Moosbruggers „Kampf [...] um Geltung", MoE, 71; vgl. auch MoE, 157; GW II, 1195). Von diskursanalytischen, kultur- sowie genderwissenschaftlichen Studien wäre zu erhoffen, dass sie noch detaillierter erhellen, auf welche Weise und mit welcher Wirkung Musil psychologische, psychiatrische und psychoanalytische Diskurse in den *MoE* einfließen ließ und tiefenpsychologisches Wissen literarisch adaptierte (vgl. dazu grundlegend Anz 2006, S. 24–28), etwa für die Konstruktion von Männlichkeit und Weiblichkeit (vgl. dazu die jüngst erschienenen *MoE*-Studien von Kappeler 2012 und Boss 2013). Noch immer ungeklärt ist, welches konkrete psychoanalytische Wissen bereits in Musils Debütroman von 1906 einging – will man den *Törleß* nicht als „intuitive Parallelaktion" (Corino 1974, S. 128) deuten oder Musils Unbewusstes dafür verantwortlich machen – und wie sich die Übereinstimmung etwa zwischen der Symbolik im Roman und der Freud'schen Symbollehre erklären lässt (vgl. dazu zusammenfassend Pfohlmann 2013, S. 236–239 u. 247–252). Als Aufgabe für die psychoanalytisch orientierte Literaturwissenschaft bleibt die Frage bestehen, ob und auf welche Weise die Werke eines so eminent psychoanalysekundigen Autors wie Musil für sie überhaupt zugänglich sind (vgl. Pfohlmann 2003; Anz 2006).

8. Literatur

Anz, Thomas: Psychoanalyse in der literarischen Moderne. Beschreibungen eines Kampfes. In: ders., Oliver Pfohlmann (Hg.): Psychoanalyse in der literarischen Moderne. Eine Dokumentation. Bd. I: Einleitung und Wiener Moderne. Marburg: LiteraturWissenschaft.de 2006, S. 11–43.

Boss, Ulrich: Männlichkeit als Eigenschaft. Geschlechterkonstellationen in Robert Musils *Der Mann ohne Eigenschaften*. Berlin, Boston: de Gruyter 2013.
Corino, Karl: Ödipus oder Orest? Robert Musil und die Psychoanalyse. In: Uwe Baur, Dietmar Goltschnigg (Hg.): Vom *Törleß* zum *Mann ohne Eigenschaften*. München, Salzburg: Fink 1973, S. 123–235.
Corino, Karl: Robert Musils *Vereinigungen*. Studien zu einer historisch-kritischen Ausgabe. München, Salzburg: Fink 1974.
Corino, Karl: Robert Musil. Eine Biographie. Reinbek b. Hamburg: Rowohlt 2003.
Cremerius, Johannes: Robert Musil. Das Dilemma eines Schriftstellers vom Typus „poeta doctus" nach Freud. In: Psyche. Zeitschrift für Psychoanalyse 33 (1979), S. 733–772.
Freud, Sigmund: Neue Folge der Vorlesungen zur Einführung in die Psychoanalyse. [1933] In: ders.: Gesammelte Werke. Bd. XV. London: Imago 1940.
Freud, Sigmund: Eine Schwierigkeit der Psychoanalyse. [1917] In: ders.: Gesammelte Werke. Bd. XII. London: Imago 1947, S. 1–12.
Freud, Sigmund: Gesammelte Werke in 18 Bde. Hg. v. Anna Freud u. a. Frankfurt a. M.: Fischer 1968–1987.
Henninger, Peter: „Wissenschaft" und „Dichtung" bei Musil und Freud. In: Modern Language Notes 94 (1979), S. 541–568.
Henninger, Peter: Der Buchstabe und der Geist. Unbewußte Determinierung im Schreiben Robert Musils. Frankfurt a. M. u. a.: Lang 1980.
Hoppler, Rudolf: Musils *Amsel* – Paradiesvogel des Narziß. In: Johann Strutz, Joseph Strutz (Hg.): Robert Musil – Literatur, Philosophie, Psychologie. München: Fink 1984, S. 187–202.
Jappe, Lilith: Selbstkonstitution bei Robert Musil und in der Psychoanalyse. Identität und Wirklichkeit im *Mann ohne Eigenschaften*. München: Fink 2011.
Kaiser, Ernst/Wilkins, Eithne: Robert Musil. Eine Einführung in das Werk. Stuttgart: Kohlhammer 1962.
Kappeler, Florian: Situiertes Geschlecht. Organisation, Psychiatrie und Anthropologie in Robert Musils Roman *Der Mann ohne Eigenschaften*. München: Fink 2012.
Karthaus, Ulrich: Musil-Forschung und Musil-Deutung. Ein Literaturbericht. In: Deutsche Vierteljahrsschrift für Literaturwissenschaft und Geistesgeschichte 39 (1965), S. 441–483.
Köhler, Andrea u. a.: Bekenntnis und Abwehr. Eine Analyse von Robert Musils Schreibprozeß am Beispiel der Novelle *Die Versuchung der stillen Veronika*. In: Freiburger literaturpsychologische Gespräche 4 (1985), S. 101–122.
Kroemer, Roland: Ein endloser Knoten? Robert Musils *Verwirrungen des Zöglings Törleß* im Spiegel soziologischer, psychoanalytischer und philosophischer Diskurse. München: Fink 2004.
Kyora, Sabine: Psychoanalyse und Prosa im 20. Jahrhundert. Stuttgart: Metzler 1992.
Lönker, Fred: Poetische Anthropologie. Robert Musils Erzählungen *Vereinigungen*. München: Fink 2002.
Meisel, Gerhard: Liebe im Zeitalter der Wissenschaften vom Menschen. Das Prosawerk Robert Musils. Opladen: Westdeutscher Verlag 1991.
Midgley, David: Writing against theory. Musil's dialogue with psychoanalysis in the *Vereinigungen*. In: Hannah Hickman (Hg.): Robert Musil and the literary landscape of his time. Salford: Dep. of Modern Languages 1991, S. 72–93.
Pfohlmann, Oliver: „Die Landschaft im Wagen suchen". Ein kritischer Bericht nach knapp vier Jahrzehnten psychoanalytischer Musil-Forschung. In: Internationales Archiv für Sozialgeschichte der deutschen Literatur 26 (2001), H. 1, S. 119–183.
Pfohlmann, Oliver: „Eine finster drohende und lockende Nachbarmacht"? Untersuchungen zu psychoanalytischen Literaturdeutungen am Beispiel von Robert Musil. München: Fink 2003.
Pfohlmann, Oliver: Von der Abreaktion zur Energieverwandlung. Musils Auseinandersetzung mit den *Studien über Hysterie* in den *Vereinigungen*. In: Peter-André Alt, Thomas Anz (Hg.): Sigmund Freud und das Wissen der Literatur. Berlin, New York: de Gruyter 2008, S. 169–192.

Pfohlmann, Oliver: Kommentar. In: Robert Musil: Die Verwirrungen des Zöglings Törleß. Text und Kommentar. Berlin: Suhrkamp 2013, S. 209–290.
Schärer, Hans-Rudolf: Narzißmus und Utopismus. Eine literaturpsychologische Untersuchung zu Robert Musils Roman *Der Mann ohne Eigenschaften*. München: Fink 1990.
Tögel, Christfried (Hg.): „… Wünschen ist wohlfeil …". Zum 150. Geburtstag von Sigmund Freud. Uchtspringe: Sigmund-Freud-Zentrum 2006. In: www.freud-biographik.de/U-Schriften%20–%20Band%204.pdf (Stand: 25.6.2016).
Wolf, Norbert Christian: Kakanien als Gesellschaftskonstruktion. Robert Musils Sozioanalyse des 20. Jahrhunderts. Wien u. a.: Böhlau 2011.
Wucherpfennig, Wolf: *Tonka* oder die Angst vor Erkenntnis. In: Sebastian Goeppert (Hg.): Perspektiven psychoanalytischer Literaturkritik. Freiburg i. Br.: Rombach 1978, S. 233–259.

8. Soziologie
Helmut Kuzmics

1. Musil und die Soziologie 546
2. Ulrich und die österreichische Bürokratie 551
3. Der Staat, der an einem Sprachfehler zugrunde ging 551
4. Literatur 553

1. Musil und die Soziologie

Das Verhältnis Musils zur Soziologie kann man aus verschiedenen Blickwinkeln analysieren. Die Soziologie ist noch immer eine junge Wissenschaft und befindet sich in unaufhörlichem Wandel. Wie Wolf Lepenies (1988) gezeigt hat, stand sie noch am Ende des 19., Anfang des 20. Jahrhunderts in einer Art ‚Deutungskonkurrenz' zur Romanliteratur, was ihre Orientierungsfunktion als Lebenslehre in der sich entwickelnden Industriegesellschaft anlangt. Man kann also Musils Werk einmal unter diesem Aspekt betrachten und die Linse auch auf die Soziologie seiner Zeit einstellen, wobei sich hier zwei Richtungen des Interesses anbieten: erstens die Frage, was Musil von der Soziologie seiner Zeit übernahm und wie sie ihn prägte, und zweitens, worin sich sein literarisches und essayistisches, somit nicht-wissenschaftliches Werk von dieser unterschied: „Meine geistige Ausrüstung für den Roman war dichterisch, psychologisch, u. zT. philosophisch. In meiner jetzigen Lage bedarf es aber des Soziologischen u. wessen dazugehört." (Tb I, 963f.) Dafür fühlte sich Musil nicht entsprechend ausgerüstet und gestand seine Unzulänglichkeit ein.

Es ist klar, dass der Roman auch unterhalten, rühren, anklagen und gefallen will. Wissenschaft kann diesen Anspruch ebenfalls erheben, aber ihr Hauptakzent liegt auf der Vermehrung sachlichen Wissens; sie befindet sich daher grundsätzlich in einem Spannungsverhältnis zum Roman wie auch zu anderen Formen der Kunst. Nun war aber gerade Musil ein Autor, der mehr als die meisten seiner Zunft dem wissenschaftlich-technischen Geist verpflichtet war. Seine Dissertation über Ernst Mach (vgl. Musil 1980) behandelt das Verhältnis zwischen dem Physischen und dem Psychischen. Musil tritt zwar gegen den tradierten philosophischen Leib-Seele-Dualismus auf, stellt sich dabei aber gegen Machs Auffassung, der zufolge naturwissenschaftliche Gesetze auf erkenntnispsychologische zurückgeführt werden können. Diesem

„Mach'schen Monismus" (ebd., S. 119) stellt er einen Dualismus gegenüber, der die begrifflichen Voraussetzungen der Wahrnehmung mit einem nur an Sinnesdaten orientierten Empirieverständnis kontrastiert. Hier und noch mehr in seiner Arbeit *Psychotechnik und ihre Anwendungsmöglichkeit im Bundesheere* (ebd., S. 179–265), die sich als Plädoyer für die wissenschaftliche Betriebsführung nach Frederick Winslow Taylor (den sogenannten ‚Taylorismus' als Sozialtechnologie der Rationalisierung) versteht, ist Musil ein an Gesetzesaussagen orientierter Szientist in deutlichem Gegensatz zur deutschen geisteswissenschaftlichen, insbesondere historistischen Tradition, die Lepenies (1988, S. 283–310) in Abgrenzung zur Herausbildung französischer und englischer Sozialwissenschaft als Eigenart bewertet. (→ III.2.5 *Technische Aufsätze*) Die Entwicklung von Musils besonderer Auffassung zum Verhältnis von „Genauigkeit und Seele" (MoE, 741) hat viel mit seiner quantifizierend-empiristischen Haltung zu tun und bringt ihn auch zu einer „Neubegründung sozialer Ethik" auf wissenschaftlicher Basis, wie Norbert Christian Wolf (2011, S. 236) darlegt. Mit seiner Begriffskonstruktion des ‚Möglichkeitssinns' schafft Musil aber die Basis für die Anerkennung des menschlichen Wollens, der Komplexität der menschlichen Vorstellungskraft und des ‚Nicht-Ratioïden' (vgl. Kuzmics/Mozetič 2003, S. 225) mit dem Resultat der Überwindung eines naiven nomothetischen Empirismus in der Analyse gesellschaftlicher Phänomene. Was Musil nun mit seinen gedanklichen Werkzeugen aus seiner Beobachterrolle im untergehenden ‚Kakanien' an Orientierungswissen herausholt, betrifft durchwegs Einsichten, die man mit der Problematik der sogenannten ‚Moderne' in Verbindung bringt. Man kann diese mit Peter L. Berger (1977) in fünf Dimensionen zu erfassen versuchen: 1) Die Moderne unterscheidet sich von ihren Vorläufern durch ihre *Abstraktheit*; 2) sie hat ein anderes Verhältnis zur Planbarkeit und damit zur *Zeit*; 3) in ihr müssen sich relativ mehr Menschen von anderen trennen und sind genötigt, viel mehr als ihre Vorgänger als *Individuen* zu entscheiden; 4) eng damit zusammen hängt die Thematik der *Freiheit*, als Schrei nach Befreiung von alter Repression ebenso wie als Angst vor der mit der Freiheit einhergehenden Orientierungslosigkeit; 5) und zuletzt ist ‚die Moderne' (ein Begriff, der zu gehöriger Skepsis nötigt und mit Überschätzung des ‚Neuen' verbunden sein mag) auch das Zeitalter von *Säkularisierung* und Rationalisierung als ‚Entzauberung'. Fügt man diesen Problembereichen mit ihren je spezifischen Chancen und Gefahren noch die drei ‚Elementarfunktionen' hinzu, die Norbert Elias (2006, S. 394–396) in wirtschaftlicher Gruppenversorgung, Gewaltkontrolle sowie der Produktion und Weitergabe von Wissen (‚Orientierungsmittel') als Merkmale menschlicher Gesellschaften zu allen Zeiten identifiziert, so gewinnt man einen Ordnungsrahmen, der in synoptischer Weise auch die Einordnung des Beitrags Musils als ‚Lebenslehre' zur besseren Bewältigung der Probleme und Spannungen moderner Gesellschaften erlaubt. (→ II.1 *Moderne*)

1) Zur *Abstraktheit* der Moderne: Sie wurde von Karl Marx (Warenfetischismus, Ware Arbeitskraft), Georg Simmel (Geld als Mittel sachlicher Abstraktion, zur Erhöhung von individueller Freiheit und der Qualität der Bedürfnisbefriedigung) und Max Weber (Entstehung bürokratischer Rationalität) wegweisend behandelt. Diese Analysen sind vorwiegend an den ökonomischen Funktionen und Institutionen von Gesellschaften orientiert. Musils Beiträge hierzu sind vielfältig und berücksichtigen in analytischer Klarheit sowohl die Gewinne als auch die Verluste aus der ‚Verlängerung der Handlungsketten' (vgl. Elias 1997, 3.2, S. 323–351), der Arbeitsteilung, die zu

abstrakteren Formen sozialer Beziehungen führt und dennoch menschliche Gefühle prägt. So zeigt Musil ein gutes Verständnis für die emotionale Grundlage aller kapitalistischen Geldwirtschaft in der Beziehung zwischen Kredit und Vertrauen, wie Inka Mülder-Bach (2013, S. 324–326) mit Verweis auf Simmels gleichsinnige Analyse in seiner *Philosophie des Geldes* (1900) ausführt (vgl. etwa Simmel 1989, S. 668). Wie Simmel sieht auch Musil im Zug zur ‚allgemeinen Rechenhaftigkeit' nicht nur die Gefahr des Mündens wachsender Kommerzialisierung in Seelenlosigkeit (oder einer unguten Verbindung von Seele, Kunst und Kommerz, wie in der Figur Arnheims), sondern auch eine herzerfrischend nüchterne Absage an das übliche „Gedusel" bei der Bestimmung der „höchsten Güter der Kultur" (Pott 2013, S. 156).

2) Zum *Zeitbegriff* der Moderne: Das Tempo der gesellschaftlichen Veränderung hat Musil am Anfang seines Romans *Der Mann ohne Eigenschaften* (*MoE*) als hoch beschrieben („so schnell wie ein Reitkamel", MoE, 13; allerdings gab es in Kakanien zwar „Tempo, aber nicht zuviel Tempo", MoE, 32) und die Zwangslagen, die eine individuelle Anpassung an solchen Wandel wie auch dessen gesellschaftliche Antizipation und Planung erforderlich machen, immer wieder thematisiert, so etwa in der Satire auf die „überamerikanische Stadt" (MoE, 31; vgl. Böhme 2006, S. 146).

3) Zu den Chancen und Grenzen rationalen Entscheidungsverhaltens als Begleiterscheinung einer *Individualisierung*, die soziale Bindungen verneint (vgl. hierzu etwa Böhme 1974; Berger 1983; Mozetič 1991; Magris 2000), hat Musil besonders viel beigetragen. So hat etwa Birgit Nübel (2005) auf die Parallelen zwischen Karl Mannheims Begriff der ‚freischwebenden Intelligenz' und Musils Utopie des ‚Möglichkeitsdenkens' verwiesen, aber auch auf die Entwurzelung und ‚Exterritorialität' der beiden Einsamen, die sich dessen auch bewusst waren.

4) Zum Thema *Freiheit* als Befreiung aus traditionellen Abhängigkeiten in Kultur, Kunst, Religion und Moral hat Musil ebenfalls beide Seiten der Medaille bedacht.

5) Wie Hans-Georg Pott (2013, S. 74) verdeutlicht, waren Musil alle regressiven Heilungsformen verdächtig, die die Begriffe Nation, Tugend, Religion und eine antiwissenschaftliche Haltung nahelegen. Er liefert mit seinem Hauptwerk, dem *MoE*, aber auch eine genaue Analyse der seelischen Kosten der Rationalisierung, der *Säkularisierung* und ihrer weltlichen Ersatzbildungen im Nationalismus. Das Abdriften in einen ‚romantischen Irrationalismus' charismatischer intellektueller Erlöserfiguren hat Musil, wie Florence Vatan (2009) zeigt, nicht weniger als Max Weber verabscheut. Man kann den großen Roman *MoE* mit seiner Analyse der sich in der ‚Parallelaktion' versammelnden Bewegungen und Ideenkomplexe – vom gefühlsbetonten Pazifismus Diotimas über den Vorschlag Clarisses, ein Nietzsche-Jahr einzuführen, bis zu „Arnheims Unentschlossenheit" (vgl. „Glaubt der moderne Mensch an Gott oder an den Chef der Weltfirma? Arnheims Unentschlossenheit", MoE, 505–511) – auch ähnlich lesen wie Max Webers „Zwischenbetrachtung" mit seiner „Theorie der Stufen und Richtungen religiöser Weltablehnung" (Weber 1988, S. 536–573). So wie Weber von ‚Spannungen' ausgeht, die zwischen Erlösungsreligiosität und den Logiken politischer und ökonomischer Rationalität einerseits, den ‚innerweltlichen' konkurrierenden ‚arationalen' Prinzipien der ästhetischen und erotischen Sphären andererseits bestehen (vgl. insbesondere ebd., S. 560), ist sich Musil der gesellschaftlichen Determiniertheit dieser Konflikte bewusst. Auch beschreibt er im Roman den Weg zum Ausbruch des Ersten Weltkriegs (als Eruption staatlicher *Gewalt*) aus den ungelösten Konflikten zwischen Ethnien und Klassen sowie die gesellschaftliche Entwicklung hin

zu Orientierungslosigkeit und *Anomie* (wenn der Begriff wie beim französischen Soziologen Émile Durkheim verstanden wird). Musil leistet dies im Rahmen einer großen Erzählung, mit einer Vielfalt von sozial typisierbaren Figuren und Diskursen, in einer Fülle von Bildern und metonymischen Assoziationen (etwa zum „geniale[n] Rennpferd", MoE, 44). Vergleicht man nun Musils lebenslängliche heroische Anstrengung und die geringe Massenwirkung einer sich an wenige Hochgebildete richtenden Romanliteratur mit der Orientierungsfunktion der auf Reproduzierbarkeit und Massentauglichkeit abzielenden arbeitsteiligen Soziologie unserer Tage, wird eine deutliche Grenze für erstere sichtbar; eine Deutungskonkurrenz zwischen Roman und Soziologie in den 1930er Jahren hingegen ist plausibler, da sich damals beide eher an Eliten wandten. Mit Recht hat Nübel auf die Überschneidung zwischen einem selbstreflexiven Essayismus etwa wie bei Mannheim und der bei Musil (als „poetologische Selbstreflexion der modernen Romanform", Nübel 2005, S. 151) zu Tage tretenden permanenten Reflexion seines Beobachterstandortes hingewiesen. Man kann wohl diese Art von Reflexivität ‚wissenssoziologisch' nennen, die sich bei Mannheim wie Musil als Beitrag zu einer Soziologie der Intellektuellen einordnen lässt, deren relative Macht sich auf ihren Beitrag zur Kontrolle der gesellschaftlichen *Orientierungsmittel* beschränkt.

Eine andere Möglichkeit, das Verhältnis zwischen Musil und der Soziologie als einer ‚jungen Wissenschaft' auszuloten, besteht in der Analyse des soziologischen Gehalts seines Werks nicht als gesellschaftliche Gesamtdeutung seiner (oder irgendeiner anderen) ‚Zeit', sondern in der Anerkennung des Nutzens, den eine komplexarbeitsteilige Soziologie heute aus der Fülle von begrifflichen Anregungen und genauen Beobachtungen der Interaktionen, des Denkens, Erlebens und der Gefühle von Menschen im sozialen Verbund ziehen kann, die Musil in seinem Werk vermittelt. Romanliteratur für soziologische Zwecke nutzbar zu machen, ist ein Unternehmen, das eine gewisse Tradition aufweist. Lewis A. Coser hat 1972 den Band *Sociology through Literature* herausgegeben, der zentrale soziologische Begriffe durch literarische Beispiele illustriert. Eine ähnliche, noch breiter angelegte Vorgangsweise verfolgten Edling/Rydgren (2011). Elias hat sowohl in seinem Hauptwerk (1997 u. 2002) als auch in etlichen späteren Arbeiten (z. B. 2005) literarische Einsichten in seine komplexe Theorie des höfischen Zivilisationsprozesses bzw. der Herausbildung eines deutschen nationalen Habitus eingebaut. Erving Goffman (1969) hat für das Verständnis von Selbstdarstellungsstrategien im Alltag zahlreiche literarische Beobachtungen verwendet, von Autoren wie Dickens, Melville, Vidal oder Sartre. Pierre Bourdieu (1987) hat Flauberts *Madame Bovary* soziologisch gelesen, und Ralf Dahrendorf (1974, S. 182) hat Musils Charaktertheorie (vgl. jeder Landesbewohner habe „mindestens neun Charaktere, einen Berufs-, einen National-, einen Staats-, einen Klassen-, einen geographischen, einen Geschlechts-, einen bewußten, einen unbewußten und vielleicht auch noch einen privaten Charakter", MoE, 34) als Vorwegnahme der soziologischen Rollentheorie bezeichnet. Grundsätzlich kann man das Verhältnis zwischen den Sozialwissenschaften und der Romanliteratur auf dreifache Weise charakterisieren (vgl. hierzu Kuzmics/Mozetič 2003, S. 26f.): Romane können den ‚Menschenwissenschaften' (Elias) in einer der wie folgt beschriebenen Funktionen dienen: 1) zur Illustration von sozialwissenschaftlichen Aussagen und Begriffen, um ihnen den Vorzug der größeren Anschaulichkeit zu verleihen, ohne aber dem soziologischen, sozialhistorischen etc. Wissen etwas Wesentliches hinzufügen, 2) als Quelle sozialwissenschaftlicher Erörterungen, die bestätigenden oder falsifizierenden Charakter hat, und 3) als eigenständige sozialwissenschaftliche Analyse, die sich allerdings dem wissenschaftlichen Anforderungskanon von intersubjektiver Gültigkeit und Überprüfbarkeit beugen muss. Dieser ist in den verschiedenen sozialwissenschaftlichen Disziplinen, aber auch innerhalb der ‚Soziologien' im Plural nicht unbedingt homogen – die qualitative Erforschung von institutionellen Praktiken mittels narrativer Interviews, die etwa der ‚Grounded Theory' nach Anselm Strauss (1987) zugrunde liegt, oder die ‚dichte Beschreibung' im kulturanthropologischen Sinn von Clifford Geertz (1987) folgen offeneren, aber auch komplexeren Standards als etwa die quantitativ-historische Sozialforschung (vgl. etwa Laslett 1976 für eine Formulierung methodologischer Forderungen an die sachgerechte Verwendung der Belletristik zu wissenschaftlichen Zwecken), die Demografie oder die Umfrageforschung. Aus naheliegenden Gründen können die methodologischen Standards der quantifizierenden Forschung an Romanliteratur nicht angelegt werden. Möglich scheint allenfalls eine ganz grobe Abschätzung von Häufigkeiten des Verhaltens; so wird man etwa einem modernen ‚Beziehungsroman' zwar nicht die für die beschriebene Gesellschaft erfassbare Rate von Scheidungen entgegenhalten, aber falls gleich alle Personen als geschieden eingeführt worden sein sollten, kann man an der Repräsentativität der Darstellung wohl berechtigte Zweifel anmelden. Qualitative Sozialforschung gibt dem/der Befragten (oder, im Falle von Beobachtungen, Beforschten) mehr Raum, seine/ihre eigene Deutung der sozialen Welt der Deutung von professionellen Sozialforschern als ebenfalls kompetent gegenüberzustellen: Es gibt Sachverhalte, die den im betreffenden Umfeld lebenden Menschen besser bekannt sind als jenen, die im Namen der Wissenschaft von außen kommen, um ihre jeweiligen Theorien (und theoriegeleiteten Beobachtungen) den Erforschten überzustülpen. In Analogie zu dem Begriffspaar ‚phonemisch' und ‚phonetisch' in der Zuweisung von Bedeutungen an Lautmuster (vgl. Pike 1967) wurde von Marvin Harris (2001) ‚emisches' Wissen von kulturellen Insidern dem von außen kommenden ‚wissenschaftlichen' Wissen des Anthropologen gegenübergestellt. Was aber, wenn der ‚emische' Beobachter und Interpret, wie Musil, selbst eine hochkomplexe Theorie zur Deutung seiner sozialen Umwelt entwickelt hat – müssen wir sie dann nicht auch rekonstruieren, um zu verstehen, was er uns von ihr zugänglich machen will? Genau in dieser Lage befindet man sich, will man Musils Werk soziologisch deuten, wie es etwa Wolf (2011) ‚etisch' mittels der Begriffe ‚Habitus' und ‚Feld' nach Bourdieu mit Gewinn getan hat.

In diesem Verständnis können Musils Texte als soziologisch sehr fruchtbar angesehen werden: einmal, weil Musil über eine ausgezeichnete Beobachtungsgabe verfügt und Gefühle und soziale Begegnungen oft deutlicher zeichnet, als das in der professionellen Soziologie der Fall ist, zum anderen, weil er ein soziologieaffines theoretisches Verständnis entwickelt, das sich nicht nur auf die ‚Mikro'-Welt der persönlichen sozialen Begegnung richtet, sondern auch auf die sogenannte ‚Makro'-Dimension von Gesellschaft im Großen, wie Staat oder Markt. Für beides soll hier jeweils ein Beispiel skizziert werden.

2. Ulrich und die österreichische Bürokratie

Nach Ulrichs Verwicklung in einen Raufhandel wird er verhaftet und der kakanischen Polizei zur Behandlung überlassen. Wie diese – in der Dynamik der Interaktion zwischen Beamten und Bürgern – agieren kann, zeigt folgende Szene:

> Als drittes erfüllte das dicke Gefühl den Raum, daß man hier zu warten habe, ohne fragen zu dürfen. Sein Schutzmann stand, nachdem er den Grund der Verhaftung gemeldet hatte, wie eine Säule neben Ulrich, Ulrich versuchte, sofort irgendeine Aufklärung zu geben [...]. Ulrich hatte den Eindruck, daß eine zweite Unendlichkeit abrolle, während deren die Gestirne regelmäßig kreisten, ohne daß er auf der Welt sei. (MoE, 158)

Setzt man hier anstatt des Namens Ulrich den Anfangsbuchstaben K. ein, wird die Parallele zu Kafkas *Proceß* deutlich und die Kehrseite der ‚modernen' Sachlichkeit einer bürokratischen Prozedur sichtbar, die in diesem Falle ohne Ansehen der Person vollzogen wird. Es gibt keinen Übergriff der Beamten: Sie foltern Ulrich nicht, sie geben ihm nur das Gefühl, nicht mehr wirklich von dieser Welt zu sein. Er erlebt eine Art von Fatalismus, zu dem eine in sich rational konstruierte Staatsmaschine führt, die jedoch Züge eines Polizeistaats aufweist. Erst die Berufung auf Verbündete in höheren Rängen rettet Ulrich. Man kann dieses Beispiel (vgl. Kuzmics/Axtmann 2000, S. 284) anführen, um die Eigenart des habsburgischen Staatshabitus deutlich zu machen, der seine Entstehung einem Prozess verdankt, in dem die höheren Ränge der Bürokratie noch immer vorwiegend Adeligen vorbehalten waren. Ältere Verwandtschafts- und Bekanntschaftsnetze befanden sich im Konflikt mit den ‚unpersönlichen' Normen (vgl. Weber 1985, S. 562f.) und Prozeduren der Staatsmaschine. Dieser Sachverhalt ist symptomatisch für die Tendenz, dass gesellschaftliche Modernisierung auch oft die Gleichzeitigkeit des Ungleichzeitigen bedeutet. Im oben angeführten Musil-Zitat wird deutlich, dass die vorgeblich hier waltende bürokratische Rationalität eine nur relative ist. Besser wäre es wohl, einen komparativen Begriff der ‚Rationalisierung' zu gebrauchen, denn fügt man z. B. eine ökonomische (Kosten-)Perspektive oder die der Emotionen des von dieser Maschine Betroffenen (Ulrichs) ein, werden auch irrationale Züge sichtbar. Man kann sich das Gefühl eines Menschen gut vorstellen, der von den Staatsorganen festgehalten wird, während eine „Unendlichkeit" abläuft.

3. Der Staat, der an einem Sprachfehler zugrunde ging

Die habsburgische Doppelmonarchie war aber auch ein so zerbrechliches und wenig gegenständliches Gebilde, dass es – als ephemere Konstruktion – schon allein wegen der Unaussprechlichkeit seines Namens zum Verschwinden gebracht werden konnte. Der soziologische und sozialhistorische Diskurs um die Einschätzung der Rolle von ‚Nationen' spaltet, grob gesprochen, die Wissenschaft in zwei Lager (vgl. Smith 1986). Für das erste der sogenannten ‚Primordialisten' sind Nationen natürliche Gebilde, die sich entweder gemeinsamer Abstammung oder Kultur verdanken und vitale menschliche Wir-Gefühle ansprechen; für das zweite der sogenannten ‚Modernisten' oder ‚Konstruktivisten' (dem man etwa Anderson 1983, Gellner 1983 oder Hobsbawm 1990 zuordnen könnte) sind sie höchst artifizielle Einheiten, die Wir-Gefühle mit einem hohen Grad von Beliebigkeit erzeugen. Im folgenden Zitat scheint Musil die ‚Konstruktivisten' in der soziologischen Bewertung des Staates noch zu übertreffen:

„Seit Bestehen der Erde ist noch kein Wesen an einem Sprachfehler gestorben, aber man muß wohl hinzufügen, der österreichischen und ungarischen österreichisch-ungarischen Doppelmonarchie widerfuhr es trotzdem, daß sie an ihrer Unaussprechlichkeit zugrunde gegangen ist." (MoE, 451) Die Aussage, dass Österreich an einem Sprachfehler zugrunde gegangen sei, entspricht scheinbar der Extremvariante konstruktivistischen Denkens, wie es sich etwa in der radikalen Labeling-Theorie abweichenden Verhaltens oder psychischer Krankheit (z.B. Szasz 1961) ausdrückt oder eben in der Vorstellung von der reinen ‚Erfindung' der Nation. Aber es ist Musils zu Paradoxien neigender ironischer Sprach- und Denkstil, der diesem scheinbar radikalen Nominalismus gleich die stärkstmögliche Widerlegung beimischt – das österreichisch-ungarische Eichhörnchen, „das nicht weiß, ob es ein Eichhorn oder eine Eichkatze ist" (MoE, 451), bekommt nämlich einen panischen Schreck. Denn was Kakanien vor allem schwächt, ist der Sachverhalt, dass die Nationen (oder zuerst einmal: ‚Nationalitäten') dem Gesamtstaat (bzw. Doppelstaat) die Ressourcen entziehen, die er zu seiner Selbstbehauptungsfähigkeit braucht. (→ V.3 *Kakanien*)

Anders als etliche führende Vertreter einer soziologischen Modernisierungstheorie, die, wie etwa Talcott Parsons (1972), Ritterbünden des Mittelalters die Kraft zuschrieben, den modernen Parlamentarismus zur Entfaltung zu bringen, weiß Musil um die Offenheit historischer Situationen, die viel mehr Optionen bergen als tatsächlich realisiert werden können. Bezüglich der Entwicklung zum Nationalstaat bedeutet dies eine erhebliche Skepsis hinsichtlich der Fortschrittslogik, die für den Diskurs über Nationen mobilisiert wird. Aber die Emotionen, die sich mit Nationen verbinden, sind für Musil sehr real. Er ist also kein Rationalist, der die Bedeutung von Emotionen leugnet, sondern einer, der die Unsauberkeit des dazugehörigen ‚nicht-ratioïden' Denkens herausstellt – dessen Sehnsucht nach Projektionen, die sich aller möglicher Flächen bedienen können.

Die praktische Brauchbarkeit von Literatur als Instrument zur Gesellschaftsanalyse – hier: der sogenannten ‚guten', auch ästhetisch anspruchsvollen – wird von etlichen größeren Strömungen zeitgenössischen Denkens bestritten. Dazu gehört etwa Peter Laslett (1976) als Vertreter der quantifizierenden Messtradition in den Sozialwissenschaften mit dem Argument, dass die außerwissenschaftlichen pragmatischen Funktionen von Belletristik keine unverzerrte Sicht auf die gesellschaftliche Wirklichkeit erlaubten. Dazu gesellen sich aber auch die um größere Genauigkeit von Bedeutungen ringenden phänomenologischen und konstruktivistischen Ansätze sowohl in den Sozialwissenschaften als auch in der Literaturkritik. Einen möglichen Ausweg aus der etwa dem Dekonstruktionismus innewohnenden Gefahr des erkenntnistheoretischen Relativismus bietet eine wissenssoziologische Perspektive (vgl. Elias 2003). Die Beziehung zwischen Beobachter und Beobachtetem, zwischen dem Literaten als Theoretiker und seinem Erkenntnisobjekt kann selbst in die Analyse einbezogen werden, ohne dass man auf den Intersubjektivitätsanspruch verzichten muss. Dies sollte es möglich machen, Musils komplexes Werk als wahrheitsfähigen Beitrag zur Soziologie zu verstehen, auch wenn der Autor selbst dazu bescheiden-skeptisch seine Unzulänglichkeit bekannte.

4. Literatur

Anderson, Benedict: Imagined Communities. Reflections on the Origin and Spread of Nationalism. London: Verso 1983.
Berger, Peter L.: Facing Up to Modernity. Excursions in Society, Politics, and Religion. New York: Basic Books 1977.
Berger, Peter L.: Das Problem der mannigfaltigen Wirklichkeiten. Alfred Schütz und Robert Musil. In: Richard Grathoff, Bernhard Waldenfels (Hg.): Sozialität und Intersubjektivität. Phänomenologische Perspektiven der Sozialwissenschaften im Umkreis von Aron Gurwitsch und Alfred Schütz. München: Fink 1983, S. 229–251.
Böhme, Hartmut: Anomie und Entfremdung. Literatursoziologische Untersuchungen zu den Essays Robert Musils und seinem Roman *Der Mann ohne Eigenschaften*. Kronberg i.Ts.: Scriptor 1974.
Böhme, Hartmut: Fetischismus und Kultur. Eine andere Theorie der Moderne. Reinbek b. Hamburg: Rowohlt 2006.
Bourdieu, Pierre: Flaubert. Einführung in die Sozioanalyse. In: Sprache im technischen Zeitalter 25 (1987), S. 173–189 u. 240–255.
Corino, Karl: Robert Musil. Eine Biographie. Reinbek b. Hamburg: Rowohlt 2003.
Coser, Lewis A. (Hg.): Sociology through Literature. Englewood Cliffs, New Jersey: Prentice Hall 1972.
Dahrendorf, Ralf: Homo Sociologicus. Versuch zur Geschichte, Bedeutung und Kategorie der sozialen Rolle. In: ders.: Pfade aus Utopia. Arbeiten zur Theorie und Methode der Soziologie. Gesammelte Abhandlungen I. München: Piper 1974, S. 128–194.
Edling, Christofer/Rydgren, Jens (Hg.): Sociological Insights of Great Thinkers. Sociology through Literature, Philosophy, and Science. Santa Barbara u.a.: Praeger 2011.
Elias, Norbert: Gesammelte Schriften. Bd. 3.1 u. 3.2: Über den Prozeß der Zivilisation. Soziogenetische und psychogenetische Untersuchungen. [1939] Hg. v. Heike Hammer u.a. Frankfurt a.M.: Suhrkamp 1997.
Elias, Norbert: Gesammelte Schriften. Bd. 2: Die höfische Gesellschaft. Untersuchungen zur Soziologie des Königtums und der höfischen Aristokratie. [1969] Hg. v. Reinhard Blomert. Bearb. v. Claudia Opitz. Frankfurt a.M.: Suhrkamp 2002.
Elias, Norbert: Gesammelte Schriften. Bd. 8: Engagement und Distanzierung. [1983] Hg. u. übers. v. Michael Schröter. Frankfurt a.M.: Suhrkamp 2003.
Elias, Norbert: Gesammelte Schriften. Bd. 11: Studien über die Deutschen. Machtkämpfe und Habitusentwicklung im 19. und 20. Jahrhundert. [1989] Hg. v. Reinhard Blomert u. Michael Schröter. Bearb. v. Nico Wilterdink. Frankfurt a.M.: Suhrkamp 2005.
Elias, Norbert: Über den Rückzug der Soziologen auf die Gegenwart (I). [1983] In: ders.: Gesammelte Schriften. Bd. 15: Aufsätze und andere Schriften II. Hg. v. Reinhard Blomert. Bearb. v. Heike Hammer. Frankfurt a.M.: Suhrkamp 2006, S. 389–408.
Geertz, Clifford: Dichte Beschreibung. Beiträge zum Verstehen kultureller Systeme. [engl. 1973] Frankfurt a.M.: Suhrkamp 1987.
Gellner, Ernest: Nations and Nationalism. Oxford: Blackwell 1983.
Goffman, Erving: The Presentation of Self in Everyday Life. [1959] Harmondsworth, Middlesex: Penguin 1969.
Harris, Marvin: The Rise of Anthropological Theory. A History of Theories of Culture. [1968] London: AltaMira 2001.
Hobsbawm, Eric J.: Nations and Nationalism since 1780. Cambridge: Cambridge Univ. Press 1990.
Kuzmics, Helmut/Axtmann, Roland: Autorität, Staat und Nationalcharakter. Der Zivilisationsprozeß in Österreich und England 1700–1900. Opladen: Leske + Budrich 2000.
Kuzmics, Helmut/Mozetič, Gerald: Literatur als Soziologie. Zum Verhältnis literarischer und gesellschaftlicher Wirklichkeit. Konstanz: UVK 2003.

Laslett, Peter: The Wrong Way through the Telescope. A Note on Literary Evidence in Sociology and in Historical Sociology. In: British Journal of Sociology 27 (1976), S. 319–342.

Lepenies, Wolf: Die drei Kulturen. Soziologie zwischen Literatur und Wissenschaft. Reinbek b. Hamburg: Rowohlt 1988.

Magris, Claudio: Der habsburgische Mythos in der modernen österreichischen Literatur. [ital. 1963] Wien: Zsolnay 2000.

Mozetič, Gerald: *Der Mann ohne Eigenschaften* und die Zwänge der Moderne. Ein soziologischer Beitrag aus zivilisationstheoretischer Perspektive. In: Helmut Kuzmics, Ingo Mörth (Hg.): Der unendliche Prozeß der Zivilisation. Zur Kultursoziologie der Moderne nach Norbert Elias. Frankfurt a. M. u. a.: Campus 1991, S. 153–171.

Mülder-Bach, Inka: Robert Musil: *Der Mann ohne Eigenschaften*. Ein Versuch über den Roman. München: Hanser 2013.

Musil, Robert: Beitrag zur Beurteilung der Lehren Machs und Studien zur Technik und Psychotechnik. Reinbek b. Hamburg: Rowohlt 1980.

Nübel, Birgit: Relationismus und Perspektivismus. Karl Mannheim und Robert Musil. In: Matthias Luserke-Jaqui (Hg.): „Alle Welt ist medial geworden." Literatur, Technik, Naturwissenschaft in der Klassischen Moderne. Tübingen: Francke 2005, S. 141–160.

Parsons, Talcott: Das System moderner Gesellschaften. [engl. 1971] München: Juventa 1972.

Pike, Kenneth L.: Language in Relation to a Unified Theory of the Structure of Human Behavior. Den Haag u. a.: Mouton 1967.

Pott, Hans-Georg: Kontingenz und Gefühl. Studien zu/mit Robert Musil. München: Fink 2013.

Simmel, Georg: Gesamtausgabe. Bd. 6: Philosophie des Geldes. [1900] Hg. v. David P. Frisby u. Klaus Christian Köhnke. Frankfurt a. M.: Suhrkamp 1989.

Smith, Anthony D.: The Ethnic Origins of Nations. Oxford: Blackwell 1986.

Strauss, Anselm: Qualitative Analysis for Social Scientists. Cambridge: Cambridge Univ. Press 1987.

Szasz, Thomas S.: The Myth of Mental Illness. Foundations of a Theory of Personal Conduct. New York: Hoeber 1961.

Vatan, Florence: Beruf: Entzauberer? Robert Musil und Max Weber. In: Hans Feger, Hans-Georg Pott, Norbert Christian Wolf (Hg.): Terror und Erlösung. Robert Musil und der Gewaltdiskurs in der Zwischenkriegszeit. München: Fink 2009, S. 65–91.

Weber, Max: Wirtschaft und Gesellschaft. [1921/22] Tübingen: Mohr 1985.

Weber, Max: Gesammelte Aufsätze zur Religionssoziologie I. [1920] Tübingen: Mohr 1988.

Wolf, Norbert Christian: Kakanien als Gesellschaftskonstruktion. Robert Musils Sozioanalyse des 20. Jahrhunderts. Wien u. a.: Böhlau 2011.

9. Ethnologie
Nicola Gess

1. Einleitung 554
2. Forschungsstand 555
3. Zentrale Aspekte 557
4. Literatur 559

1. Einleitung

Robert Musil hat sich intensiv mit der Ethnologie seiner Zeit befasst, motiviert durch eine anthropologische Neugier, die am Fremden den Blick für das Eigene schult, durch ein Interesse an angeblichen ‚Urzuständen', die Individualpathologien und

Massenhysterien als Regressionen lesbar machen, und nicht zuletzt durch sein Bemühen um Verständnis, Vermittlung und Realisierung des ‚anderen Zustands'. (→ VII.2 *Anderer Zustand*) Einige seiner wichtigsten Figuren ähneln stark den ‚Primitiven', wie sie von Ethnologie und ethnologisch inspirierter Psychologie der Zeit entworfen werden. Und auch Musils Poetik selbst entwickelt sich in der Auseinandersetzung mit vermeintlich ‚primitiven' Wahrnehmungs- und Gestaltungsprinzipien, wie zum Beispiel der Partizipation, der Katathymie, dem metaphorischen Denken und einer auf Anschaulichkeit und performative Kraft ausgerichteten Sprache. Zugleich bildet sie im Sinne der ‚inversen Ethnologie' eine verfremdende Perspektive auf das Eigene aus, die Literatur als eine Form des virtuellen Humanexperiments mit anthropologischem Erkenntnisinteresse erscheinen lässt.

Musils Beschäftigung mit ethnologischen Schriften fällt vor allem in die erste Hälfte der 1920er Jahre und dauert in geringerer Intensität bis in die 1930er Jahre an. Hervorzuheben sind insbesondere die folgenden Texte, die Musil 1922 und 1923 exzerpierte und in eigenen Publikationen erwähnte: Franz Müller-Lyers *Die Entwicklungsstufen der Menschheit* (1908–1916), Lucien Lévy-Bruhls *Les fonctions mentales dans les sociétés inférieures* (1910, dt.: *Das Denken der Naturvölker*, 1921), Erich Rudolf Jaenschs *Die Völkerkunde und der eidetische Tatsachenkreis* (1922) und auch Ernst Kretschmers *Entwicklungsgeschichte der Seele* aus der *Medizinischen Psychologie* (1922). Anfang der 1930er Jahre rezipierte Musil außerdem Schriften Erich Moritz von Hornbostels und Ernst Cassirers zu Dichtung, Musik und Sprache indigener Völker. Hinzu kommt eine Vielzahl einschlägiger Titel, die er ebenfalls 1923 notierte, zu denen aber keine Exzerpte vorliegen, wie zum Beispiel Schriften von Konrad Theodor Preuss (u.a. *Die geistige Kultur der Naturvölker*, 1914), Richard Thurnwalds *Forschungen auf den Salomo Inseln und dem Bismarck Archipel* (1912), Alfred Vierkandts *Naturvölker und Kulturvölker* (1896) sowie eine Reihe von Texten zu frühen Felszeichnungen (für die vollständige Literaturliste vgl. KA, H 21/114; einige Heftseiten davor findet sich eine weitere Literaturliste, entnommen aus Ludwig Klages' *Vom kosmogonischen Eros*; zur Mythenforschung, insbesondere zu antiken Kulten und Mysterien, vgl. KA, H 21/108). An anderen Stellen werden außerdem Alexander von Humboldts *Reise in die Äquinoktial-Gegenden des Neuen Kontinents* und Leo Frobenius' „Afrikabuch" (KA, M VII/11/36) erwähnt.

2. Forschungsstand

Die Musil-Forschung hat erst in den letzten Jahren begonnen, sich intensiv mit Musils Rezeption ethnologischer Schriften und ihrer Relevanz für das Gesamtwerk zu beschäftigen. Lediglich auf seine Rezeption Lévy-Bruhls wurde, vor allem im Kontext der sich direkt auf ihn berufenden *Ansätze zu neuer Ästhetik* (1925), schon früher eingegangen. Zu erwähnen sind hier insbesondere die Ausführungen Renate von Heydebrands (1966, S. 103–111), die zur Erläuterung des Denkens im ‚anderen Zustand' auf Lévy-Bruhls Thesen zum „Denken der Naturvölker" zurückgreift. Roger Willemsen (1984, S. 286–297) kontextualisiert Musils Lévy-Bruhl-Lektüre mit Sprachkonzepten in der Tradition Giambattista Vicos sowie mit Jaenschs Eidetik-Forschung. Ritchie Robertson (1991) versteht Lévy-Bruhls Postulierung eines anderen Denkens ebenfalls als wesentliche Inspirationsquelle für Musils ‚anderen Zustand' und demonstriert diesen Zusammenhang u.a. anhand der *Portugiesin* und in ausgewählten

Passagen des *Mann ohne Eigenschaften* (*MoE*). Auch Florence Vatan (2000, S. 80) weist auf die Affinität der Figuren Moosbrugger, Agathe und Clarisse zum ‚primitiven Denken' bei Lévy-Bruhl hin sowie auf Kollektivrituale und Totem- und Tabu-Figuren im *MoE*, mit denen Musil die Analogien der von ihm porträtierten Gesellschaft zur „enfance de la civilisation" zeigt. Gleiches gilt für Wolfgang Riedel (2000, 2004), der zudem zu den ersten gehört, die die Verbindung zwischen dem Diskurs über das ‚primitive Denken' und den zeitgenössischen Metapherntheorien herstellt, auf die auch Musil in seiner Theorie des Gleichnisses rekurriert. (→ VIII.4 *Gleichnis*) In jüngster Zeit legt Marcus Hahn (2011, S. 55) eine ausführliche Lévy-Bruhl-Lektüre vor, demonstriert die „Re-Psychologisierung" von dessen Thesen u. a. bei Jaensch und Kretschmer und zeigt am Beispiel der Moosbrugger-Figur auf, wie dieser ‚psychologisierte' Lévy-Bruhl in Musils *MoE* eingeht. Brigitte Weingart (2011, S. 36–42) entwirft im gleichen Tagungsband mit Bezug auf Lévy-Bruhl eine „Poetik der ‚Partizipation'", die sie mit Musils Begriff des ‚Motivischen' kurzschließt und im *MoE* in Partizipationen an Alltagsgegenständen und (literarischen) Bildern wiederfindet. Robert Krause (2011) vergleicht einmal mehr Moosbruggers Denken mit Lévy-Bruhls „Denken der Naturvölker", bettet diese Affinität aber im Anschluss an Eberhard Ostermann (2005) in den vom Kolonialismus geprägten zeitgenössischen Diskurs um kulturelle Fremdheit ein.

Wolfgang Schraml (1994) ist die notwendige Erweiterung des Blickwinkels auch auf andere ethnologische Schriften zu verdanken, die Musils Texte ebenfalls nachdrücklich geprägt haben. Schraml konzentriert sich vor allem auf Müller-Lyer, von dem er Musils Vorstellung der ‚appetitiven' (als Gegenstück zu den ‚kontemplativen') Neigungen des Menschen beeinflusst sieht. Er weist außerdem auf Musils ‚anthropologisierende' Interpretation des Ersten Weltkriegs hin, die diesen als Regression auf eine vorkulturelle Entwicklungsstufe mit atavistischen Verhaltensformen versteht, und attestiert dem Erzähler im *MoE* die analytische Perspektive des Anthropologen, der die Großstadt als „Urwald" (ebd., S. 272) mit einem sowohl „mikroskopierenden" (ebd., S. 285) wie „kosmischen" (ebd., S. 295) Blick untersucht (vgl. ebd., S. 81–156 u. 263–307; außerdem zum Kannibalismus-Motiv ebd., S. 435–480). Genese Grill (2007) setzt sich außer mit Lévy-Bruhl auch mit James George Frazer und Hornbostel auseinander, um sie als wesentliche Quellen für Musils Interesse an der Mystik und ritualistischen Praktiken sowie an einem religiösen Ursprung von Kunst nachzuweisen. Mit den Arbeiten von Sven Werkmeister (2010), Nicola Gess (2011, 2013) und Florian Kappeler (2012) erreicht die Beschäftigung mit Musils umfassender Ethnologie-Rezeption ihren vorläufigen Endpunkt. Werkmeister (2010) nimmt eine medienwissenschaftliche Perspektive auf Musils Auseinandersetzung mit ethnologischen Schriften (neben Lévy-Bruhl hier Wilhelm Worringer und Hornbostel) ein und zeigt am Beispiel *Grigias*, dass ein ethnografisches Vorgehen schon für Musils literarische Materialsammlung zentral ist und dass auch seine sprachlichen Verfahren auf die mit den ‚Primitiven' assoziierte „physiognomische[ ] Dimension der Sprache" (ebd., S. 355) zielen (vgl. ebd., S. 321–353). Gess (2011 u. 2013, S. 207–274) arbeitet aus Musils Beschäftigung mit Lévy-Bruhl, Kretschmer, Jaensch, Müller-Lyer und Hornbostel seine ethnologischen Hauptinteressen für das vermeintlich andere Denken der ‚Naturvölker', ihr eigentümliches Verhältnis zur Sprache (zu dem zum Beispiel ein Wörtlichnehmen von Metaphern gehört) und für die magische Funktion ihrer Kunst heraus, zeigt im *MoE* die primitivistische Konturierung der Figuren Clarisse und Agathe anhand der Motive des Wahnsinns, der Musik, des kreativen Sprachgebrauchs und der erinnerten Kindheit auf, um schließlich Musils Schreiben selbst im doppelten Sinne als primitivistisch zu markieren. (→ VI.2.2 *Musik*) Kappeler (2012, S. 267) stellt Musils ethnologische Studien in den Kontext einer „Transformation moderner Männlichkeit". Er geht u. a. auf Humboldt, Müller-Lyer und Lévy-Bruhl ein und zeigt, wie im *MoE* Ethnologie als Kritik der Moderne und ihres Männlichkeitsbildes eingesetzt wird in Richtung auf eine „Reintegration der im Prozess der modernen, europäischen Wissensproduktion ausgeschlossenen Emotionen" (ebd.).

3. Zentrale Aspekte

Die Entstehung der Fachwissenschaft Ethnologie im späten 19. Jahrhundert ist bestimmt durch eine spezifisch moderne Perspektive auf außereuropäische indigene Kulturen, die sich im Terminus des ‚Primitiven' fängt und in deren Fluchtpunkt die Suche nach Ursprung und Entwicklung der eigenen Kultur steht (vgl. Werkmeister 2010, S. 57–70; Gess 2012, S. 107–110, u. 2013, S. 23–66). Die außereuropäischen Kulturen werden zwar als Inbegriff des Fremden und somit dem eigenen Selbstbild Entgegengesetzten dargestellt. Dem Klischee des mündigen, vernünftigen, selbstdisziplinierten, gesellschaftsfähigen und kultivierten Europäers steht das Klischee eines kindlichen, irrationalen, von Gefühlen und Trieben beherrschten und potenziell asozialen ‚Naturmenschen' gegenüber. Auf diese Weise werden die indigenen Kulturen als Projektionsfläche für all das genutzt, was als Anderes aus dem Eigenen ausgeschlossen werden soll (vgl. zu dieser Dynamik grundlegend Kramer 1977; Kuper 1988). Das moderne Ursprungsdenken bringt es jedoch mit sich, dass diese antithetischen Fremden zugleich immer schon als Teil der eigenen Kultur begriffen werden, denn als Repräsentanten des Ursprungs sind sie mit ihr über eine historische Entwicklung verbunden, so dass vom fremden Ursprung eine direkte Linie zur eigenen Gegenwart führt. Die Erforschung der außereuropäischen indigenen Kulturen, die die Identität der eigenen Kultur stärken soll, indem sie ihr ihre Geschichte liefert, führt so zugleich zur Verunsicherung eben dieser Identität. Plötzlich ist nicht mehr klar, wie und ob sich außereuropäische und europäische Kultur, Barbarei und Zivilisation, Fremdes und Eigenes voneinander trennen lassen, wo das Eine anfängt und das Andere aufhört. Die Ethnologie gerät, ohne es zu wollen, zu einer „Gegenwissenschaft" (Foucault 1974, S. 454).

Das ist es, was Robert Musil an ihr fasziniert. Denn er interessiert sich nicht so sehr für das ethnologisch Fremde, sondern, in der Inversion der ethnologischen Perspektive, für einen verfremdenden Blick auf die eigene Kultur und für ein Fremdes in ihr, das alternative Verhältnisse zur Welt bereit hält: „[U]nsere heimischen Primitiven sind uns fremder als die der Südsee." (*Bücher und Literatur*, 1926, GW II, 1171) Neben die Ethnologie als Expertin für das außereuropäische Fremde tritt so die Psychologie als Expertin für das Fremde im Eigenen, die aber wohlgemerkt durch den ethnologischen Blick inspiriert bleibt (vgl. Gess 2009/10, S. 9; Hahn 2011). Die Psychopathologie des frühen 20. Jahrhunderts versteht bestimmte psychische Störungen als Regression auf das phylogenetische Stadium des ‚primitiven Denkens'. Der von Musil umfangreich rezipierte Kretschmer schreibt: „Im schizophrenen Denken [...] [können] weite Zusammenhänge des primitiven Weltbildes wieder vor uns lebendig [werden]" (Kretschmer 1922, S. 137). (→ IV.5 *Psychiatrie*) Freud verspricht sich daher von der Psychoanalyse nicht nur Aufschluss über psychische Krankheiten, sondern zugleich über die mentalen Operationen der prähistorischen Menschheit: „[Die] Neurose [hat] uns mehr von den seelischen Altertümern bewahrt […], als wir vermuten konnten, so daß die Psychoanalyse einen hohen Rang unter den Wissenschaften beanspruchen darf, die sich bemühen, die ältesten und dunkelsten Phasen des Menschheitsbeginns zu rekonstruieren" (Freud 1996 [Zusatz von 1919], S. 524). (→ IV.7 *Psychoanalyse*) Folgt man dieser These, so ist die angemessene Wissenschaft zur Erforschung der sogenannten ‚Primitiven' nicht nur die Ethnologie, sondern ebenso die Psychologie, die anhand von psychischen Störungen die Geheimnisse des ‚primitiven Denkens' erkundet. Musil vollzieht die Transformation von der Ethnologie zur Psychologie nach, indem er auf ethnologisch inspirierte psychologische Schriften ebenso intensiv wie auf ethnologische Schriften rekurriert. Ihn interessiert vor allem die Rolle der Emotionen für die ‚primitiven' Denk- und Wahrnehmungsweisen und damit ein genuin psychologischer Forschungsgegenstand. Eine solche ‚emotionalistische' Perspektive nehmen auch bereits die meisten deutschen Ethnologen seiner Zeit ein (z. B. Wilhelm Wundt, Preuss) und erleichtern so die Psychologisierung der ethnologischen Theoreme.

Mit dem Blick eines ‚Ethno-Psycho-Logen' interessiert sich Musil also für die „heimischen Primitiven" (*Bücher und Literatur*, GW II, 1171), d. h. für Menschen, die eine ‚andere' Wahrnehmung oder ein ‚anderes' Denken erkennen lassen, sei dies – um nur Beispiele aus dem *MoE* zu erwähnen – ausgelöst durch Krankheit, durch tiefe Religiosität, durch eine Rückkehr ins Elternhaus bzw. Regression in die Kindheit, durch Liebe oder durch Kunsterfahrungen, wie Musil sie in *Ansätze zu neuer Ästhetik* beschreibt und im *MoE* u. a. durch Gleichnisse zu ermöglichen sucht, in denen der „Zauber[ ]" (MoE, 906) eines „Gleichnis[ses] des Ungleichen" (MoE, 145) momenthaft erfahrbar wird. Dabei erlaubt der Rückgriff auf die Ethnologie Musil nicht nur den ebenso verfremdend-analytischen wie teilnehmend-beobachtenden Blick, sondern auch die genealogisch-anthropologische These, dass die ‚anderen Zustände', die diese Menschen erleben, uralte Wurzeln haben und dass es sich bei ihnen um ein genuin menschliches Vermögen handelt, das auch in der Gegenwart dringend der Kultivierung bedarf. Musil will dieses Vermögen gerade nicht der Regression überlassen, an die es in den ethnologisch inspirierten psychologischen Schriften notwendig gebunden bleibt (vgl. Gess 2009/10, S. 19–21; Wolf 2012, S. 389f.; Gess 2013, S. 275–280). Im *MoE* setzt er sich entsprechend kritisch mit verschiedenen Regressionsbewegungen auseinander, die zwar ‚andere Zustände' ermöglichen, jedoch nur in einer zu Wahn, Gewalt oder Verbrechen verzerrten Form (vgl. Amann 2007). Versteht Musil die ‚anderen' Denk- und Wahrnehmungsweisen als ‚primitiv' im Sinne von ursprünglich, so werden sie bei ihm ‚primitiv' im Sinne von barbarisch-destruktiv erst in einer Moderne, die auf ihre Kultivierung verzichtet und sie ins Irrationale verdrängt hat. Musil geht es mit Ulrich daher umgekehrt darum, den ‚anderen Zustand' zu einer zeitgemäßen Kultivierung zu führen – einer Kultivierung, die in erheblichem Maße auf die nüchterne Reflexion dieses Zustands angewiesen ist, wie sie Ulrich u. a. in den Kapiteln über Gefühlspsychologie betreibt (vgl. Wolf 2002). In Kombination mit einer mimetischen Annäherung an die ‚anderen' Denk- und Wahrnehmungsweisen – etwa im Gleichnis (→ VIII.4 *Gleichnis*) oder im Erzählen aus der Perspektive Clarisses oder Moosbruggers – setzt eine solche zugleich reflektierende wie ‚teilnehmende' Prosa die von Ulrich geforderte Kultivierung schon um und verwirklicht auf diese

Weise, was Musil an ‚primitiver Kunst' preist: (eine Sprache für das ‚Nicht-Ratioïde') herzustellen, statt (es) bloß darzustellen (vgl. KA, M VI/3/41 u. 118; zu Musils Theorie des Essays vgl. Nübel 2006).

4. Literatur

Amann, Klaus: Robert Musil – Literatur und Politik. Mit einer Neuedition ausgewählter politischer Schriften aus dem Nachlass. Reinbek b. Hamburg: Rowohlt 2007.
Foucault, Michel: Die Ordnung der Dinge. Eine Archäologie der Humanwissenschaften. [frz. 1966] Frankfurt a.M.: Suhrkamp 1974.
Freud, Sigmund: Studienausgabe. Hg. v. Alexander Mitscherlich. Bd. 2: Die Traumdeutung. [1900] Frankfurt a.M.: Fischer 1996.
Gess, Nicola: Expeditionen im *Mann ohne Eigenschaften*. Zum Primitivismus bei Robert Musil. In: Musil-Forum 31 (2009/10), S. 5–22.
Gess, Nicola: Sie sind, was wir waren. Literarische Reflexion einer biologischen Träumerei von Schiller bis Benn. In: Jahrbuch der Deutschen Schillergesellschaft 56 (2012), S. 107–125.
Gess, Nicola: Primitives Denken. Wilde, Kinder und Wahnsinnige in der literarischen Moderne (Müller, Musil, Benn, Benjamin). München: Fink 2013.
Grill, Genese: The „Other" Musil. Robert Musil and Mysticism. In: Philip Payne, Graham Bartram, Galin Tihanov (Hg.): A Companion to the Works of Robert Musil. Rochester: Camden House 2007, S. 333–354.
Hahn, Marcus: Zusammenfließende Eichhörnchen. Über Lucien Lévy-Bruhl und die Ethnologie-Rezeption Robert Musils. In: Ulrich Johannes Beil, Michael Gamper, Karl Wagner (Hg.): Medien, Technik, Wissenschaft. Wissensübertragung bei Robert Musil und in seiner Zeit. Zürich: Chronos 2011, S. 47–72.
Heydebrand, Renate von: Die Reflexionen Ulrichs in Robert Musils Roman *Der Mann ohne Eigenschaften*. Ihr Zusammenhang mit dem zeitgenössischen Denken. Münster: Aschendorff 1966.
Kappeler, Florian: Situiertes Geschlecht: Organisation, Psychiatrie und Anthropologie in Robert Musils Roman *Der Mann ohne Eigenschaften*. München: Fink 2012.
Kramer, Fritz W.: Verkehrte Welten. Zur imaginären Ethnographie des 19. Jahrhunderts. Frankfurt a.M.: Syndikat 1977.
Krause, Robert: „Man könnte die Geschichte der Grenzen schreiben". Moosbruggers wildes Denken und die Kultur des Okzidents. In: Musil-Forum 31 (2009/10), S. 39–51.
Kretschmer, Ernst: Medizinische Psychologie. Leipzig: Thieme 1922.
Kuper, Adam: The Invention of Primitive Society. Transformations of an Illusion. London, New York: Routledge 1988.
Nübel, Birgit: Robert Musil – Essayismus als Selbstreflexion der Moderne. Berlin, New York: de Gruyter 2006.
Ostermann, Eberhard: Das wildgewordene Subjekt. Christian Moosbrugger und die Imagination des Wilden in Musils Mann ohne Eigenschaften. In: Neophilologus 89 (2005), S. 605–623.
Riedel, Wolfgang: *Der Mann ohne Eigenschaften*. In: Dorothea Klein, Sabine Schneider (Hg.): Lektüren für das 21. Jahrhundert. Schlüsseltexte der deutschen Literatur von 1200 bis 1990. Würzburg: Königshausen & Neumann 2000, S. 265–285.
Riedel, Wolfgang: Arara=Bororo oder die metaphorische Synthesis. In: Rüdiger Zymner, Manfred Engel (Hg.): Anthropologie der Literatur. Poetogene Strukturen und ästhetisch-soziale Handlungsfelder. Paderborn: mentis 2004, S. 220–241.
Robertson, Ritchie: Musil and the „primitive mentality". In: Hannah Hickman (Hg.): Robert Musil and the literary landscape of his time. Salford: Dep. of Modern Languages 1991, S. 13–33.

Schraml, Wolfgang: Relativismus und Anthropologie. Studien zum Werk Robert Musils und zur Literatur der 20er Jahre. München: Eberhard 1994.

Vatan, Florence: Robert Musil et la question anthropologique. Paris: Presses Univ. de France 2000.

Weingart, Brigitte: Verbindungen, Vorverbindungen. Zur Poetik der „Partizipation" (Lévy-Bruhl) bei Musil. In: Ulrich Johannes Beil, Michael Gamper, Karl Wagner (Hg.): Medien, Technik, Wissenschaft. Wissensübertragung bei Robert Musil und in seiner Zeit. Zürich: Chronos 2011, S. 19–46.

Werkmeister, Sven: Kulturen jenseits der Schrift. Zur Figur des Primitiven in Ethnologie, Kulturtheorie und Literatur um 1900. München: Fink 2010.

Willemsen, Roger: Das Existenzrecht der Dichtung. Zur Rekonstruktion einer systematischen Literaturtheorie im Werk Robert Musils. München: Fink 1984.

Wolf, Norbert Christian: Salto rückwärts in den Mythos? Ein Plädoyer für das „Taghelle" in Musils profaner Mystik. In: Wiebke Amthor, Hans R. Brittnacher, Anja Hallacker (Hg.): Profane Mystik? Andacht und Ekstase in Literatur und Philosophie des 20. Jahrhunderts. Berlin: Weidler 2002, S. 255–268.

Wolf, Norbert Christian: Das wilde Denken und die Kunst. Hofmannsthal, Musil, Bachelard. In: Jörg Robert, Friederike Felicitas Günther (Hg.): Poetik des Wilden. Wolfgang Riedel zum 60. Geburtstag. Würzburg: Königshausen & Neumann 2012, S. 363–392.

10. Kulturtheorie
Wolfgang Müller-Funk

Es ist naheliegend, die Werke von Autoren wie Robert Musil, Hermann Broch und Elias Canetti, aber auch den von Sigmund Freud initiierten Diskurs der Psychoanalyse vor dem Hintergrund der kulturellen Wende in den Literatur- und Humanwissenschaften zu lesen und damit ihren theoretischen Wert neu zu bestimmen. Dies umso mehr, als alle drei genannten Autoren sich in der ein oder anderen Weise mit den zeitgenössischen Kulturtheorien philosophischer wie anthropologischer Provenienz auseinandergesetzt haben. So hat bereits Renate von Heydebrand in ihrer bis heute einschlägigen Studie *Die Reflexionen Ulrichs in Robert Musils „Der Mann ohne Eigenschaften"* (1966, bes. S. 57–71) auf die Bedeutung von Friedrich Nietzsche, Oswald Spengler und Georg Simmel für die im Roman verhandelten Gedankenkonzepte verwiesen. Unstrittig haben die genannten (Kultur-)Philosophen für die deutschsprachigen Kulturwissenschaften der 1990er Jahre eine wichtige Rolle gespielt: Nietzsche etwa durch die Vermittlung der Foucault'schen Diskursanalyse, Simmel durch seine Analyse der individualistischen Kultur, des modernen Lebensstils und durch seine ‚mediale' Analyse der modernen Geldkultur (vgl. Nübel 2006, S. 86–99; Müller-Funk 2010, S. 94–124).

Im Hinblick auf Simmel hebt von Heydebrand (1966) insbesondere das Konzept der „‚Objektivität des Individuellen'" hervor, mit dem sie den „Lebensraum[ ]" des Essayistischen in Verbindung bringt (ebd., S. 64). Aber Essayismus ist nicht allein eine Lebens-, sondern zugleich auch eine Denkform. Dass Essayismus aus der Sicht Musils einen Erkenntnisanspruch der Literatur beinhaltet, ist spätestens seit von Heydebrand evident (vgl. ebd., S. 1–8). Essayismus im Medium der Literatur kann als eine konkurrierende und komplementäre Gedankenarbeit begriffen werden, die Einspruch gegen den Szientismus abstrakter Kategorien und Deduktionen erhebt (vgl. Müller-

Funk 1995, S. 175–206; Nübel 2006, S. 146–216). Mit Blick auf Autoren wie Georg Simmel oder Robert Musil, aber auch Walter Benjamin und Roland Barthes lässt sich fragen, ob die essayistischen Denkformen nicht den Versuch darstellen, sich dem unscharfen Makrophänomen der Kultur mimetisch zu nähern, das sich anders als der Funktionalismus gesellschaftlicher Analysen der Eindeutigkeit klarer Zuschreibungen und Definitionen entzieht und sich als ein offenes Untersuchungsfeld erweist (vgl. Eagleton 2001, S. 7–49). (→ VII.4 *Möglichkeitssinn u. Essayismus*)

In seiner Rede über Kultur bei dem legendären Pariser Schriftstellerkongress 1935 hält Musil diese Unbestimmtheit fest: (→ III.2.2 *Reden*)

> Aber was ist Kultur, wenn es sich darum handelt, ob das oder jenes Ungewollte und Ungewünschte noch Kultur sei? Diese Frage ist ungefähr so wie die, unter welchen Umständen sechs Wände noch ein Zimmer bilden. Wir sind es bloß gewohnt, innerhalb der Wände und in bestimmten, mehr oder weniger einzelnen Beziehungen, die zwischen den Einrichtungsstücken bestehn, Ordnung oder Unordnung anzurichten! Wir wissen wirklich wenig davon, wie Kulturen werden und zugrundegehn. (GW II, 1262)

Versuche, Musils Werk kulturwissenschaftlich zu kontextualisieren, finden sich in dem von Martens/Ruthner/De Vos (2005) herausgegebenen Sammelband *Musil anders*. Zu erwähnen sind hier die Beiträge von Honold (2005) zu Überlegungen und Befunden über den Multikulturalismus Kakaniens in *Der Mann ohne Eigenschaften* (*MoE*), von Daigger (2005) zu Musils Vortrag über die Kultur sowie von Müller-Funk (2005), der Musils Essay-Roman als Medium der Kulturanalyse liest. Unter Hinweis auf zwei Essays Musils aus den Jahren 1912/13 – *Politik in Österreich* und *Politisches Bekenntnis eines jungen Mannes* – wird eine ‚kulturelle Wende' im Schaffen Musils postuliert, die in die Arbeit an dem späteren Roman *MoE* eingegangen sei. Die Frage nach dem symbolischen Vakuum, die Problematisierung des Verlusts an Ordnungsgefügen sowie die Thematisierung jener prekären Identitätsbrüche, die im Zentrum des Romans stehen, können dabei als Beiträge zu einer essayistisch vorgetragenen Analyse der okzidentalen Moderne gelesen werden, für die die untergegangene Monarchie aufgrund ihrer Krisenhaftigkeit das historische Modell abgibt. (→ V.3 *Kakanien*)

Bernhard Waldenfels (1990, S. 15–27 u. 65–71; vgl. Müller-Funk 2013, S. 171–180) liest Musils unvollendeten Roman als einen genuin theoretischen Beitrag zur Moderne. Nach Waldenfels lässt sich die Moderne mitsamt ihren Freiheitsversprechen dadurch charakterisieren, dass sie auf dem Zerfall traditioneller Ordnungen beruhe. Dabei sei die bestehende Ordnung im Sinne des im *MoE* beschworenen Möglichkeitssinns immer nur eine mögliche Ordnung unter anderen. Die Ordnungskrise sei nach Musil zugleich die Bedingung der Möglichkeit der Freiheit in einer nicht mehr als objektiv und unumstößlich erfahrenen symbolischen Ordnung. Die Moderne ist, in Waldenfels' Musil-Interpretation, jene Kultur, die sich durch ihre eigene Krise begründet und konstituiert. Kulturgeschichtlich verfährt auch Malcolm Spencer (2008), der den kulturellen Blick im Roman generell vom Kulturpessimismus seiner Zeit abhebt, weil die Krise der modernen Kultur und die damit verbundene „intellektuelle Zerrissenheit" in Musils Werk positiv als eine Herausforderung („challenge") begriffen werde (ebd., S. 17). (→ II.1 *Moderne*)

In Bezug auf die Thematisierung des Großphänomens ‚Kultur' im Werk Musils ist auch auf Norbert Christian Wolfs Studie zu Kakanien (2011) hinzuweisen. Diese beruht auf der Überlegung, dass sich aus Musils Roman eine Sozioanalyse der gesellschaftlichen Strukturen der Habsburgermonarchie herausarbeiten lasse. Zwar favorisiert Wolf eindeutig die Kategorie ‚Gesellschaft', doch wird gerade mit Seitenblick auf die von ihm präferierte Feld-Theorie von Pierre Bourdieu die Überlappung von ‚Gesellschaft' und ‚Kultur' sichtbar. Schon der Begriff der ‚Gesellschaftskonstruktion' im Titel der Untersuchung macht diese Überlagerung deutlich, zielt doch der Begriff ‚Konstruktion' auf den in der ‚kakanischen' Gesellschaft obwaltenden Symbolismus, dem sich der erste und zweite Teil von Wolfs Monografie widmet. Auch die Analysen der zwischengeschlechtlichen Konstellationen, Beziehungen und Identitätssetzungen können in diesem Sinne gelesen werden. Nebenbei bemerkt enthält die ironisch eingeführte Kategorie ‚Kakanien' selbst eine kulturelle Konnotation, geht es doch auch hier um das komplizierte signifikative Spiel von Differenzen, das durch die Kombination und Korrelation des verdoppelten Buchstabens „k" in Gang gesetzt wird und natürlich handfeste soziale und politische Aspekte in sich trägt (vgl. ebd., S. 282–300).

Wenn man über Musil als Kulturtheoretiker spricht, dann darf der Verweis auf zwei Texte nicht fehlen, die beide auf Vorträge zurückgehen: seine Rede auf dem Pariser „Schriftstellerkongreß für die Verteidigung der Kultur" (1935) (GW II, 1259–1265) sowie die auf Einladung des Österreichischen Werkbunds 1937 vorgetragenen Ausführungen *Über die Dummheit* (GW II, 1270–1291). (→ III.2.2 *Reden*) Der Pariser Rede hat Karl Corino (2003) ein eigenes Kapitel in seiner umfangreichen Biografie gewidmet. Zu Recht betont er die politische Dimension in diesem Streit um Kultur und legt die Hintergründe des Kongresses dar, in dem es nicht zuletzt darum ging, die literarischen und intellektuellen Gegner des Nationalsozialismus in einer kulturellen Volksfront zu organisieren, die von der Kommunistischen Partei und der Sowjetunion gesteuert werden sollte. Corino, der Rede und Text überaus ambivalent kommentiert, spricht in Bezug auf Musils Intervention von einem grandiosen Fehlschlag, ohne freilich die politische Zivilcourage ‚seines' Autors zu würdigen (vgl. dagegen Wolf 2006; Amann 2007). Dass Musil diese Deplaciertheit sehr wohl bewusst war, lässt sich der korrigierten Textfassung der Rede entnehmen. Dabei entgehen Musils Biografen jene ironischen Textsignale, die dessen innere Distanziertheit dem Volksfront-Projekt gegenüber sichtbar machen. Unmissverständlich hält Musil gegen die Grundstimmung des Kongresses, Kultur als Waffe im politischen Kampf gegen Hitler einzusetzen, an einer skeptisch-unabhängigen Position fest, deren liberale Komponente (Trennung von Kultur und Politik) unübersehbar ist, und rückt die gegenwärtige Bedrohung der Kultur durch die Politik in den Vordergrund, vor allem durch Nationalismus und Kollektivismus, deren Ausprägungen sich je nach Form, Genese und „Zukunftswert" (GW II, 1261) unterscheiden mögen. Musil möchte eine Grenze zwischen Kultur und Politik ziehen. Die Kultur solle sich gegen die Vereinnahmung durch die Politik, die sie als „Beute" behandle, zur Wehr setzen. Er greift zu einer so aufschlussreichen wie verfänglichen Analogie, wenn er diese Indienstnahme der Kultur mit der Gepflogenheit von Siegern in vormodernen Gesellschaften vergleicht, die Frauen der Verlierer als Beute zu behandeln. Deshalb ruft Musil nach allen politischen Seiten hin zur „weiblichen Selbstverteidigung" auf (GW II, 1267). Er relativiert freilich diese Position, indem er die „Abneigung gegen stark autoritäre Staatsformen" als eine „Gewöhnung an die parlamentarisch-demokratischen" bezeichnet (GW II, 1268). Aber dieser Vorbehalt führt keineswegs zu einer Annäherung an marxistische oder linke Positionen, so auch wenn Musil mit Nietzsche die Hypothese

10. Kulturtheorie

riskiert, die Kultur erscheine „als der psychologische Lohn des Kriegs [...] oder als seine zartere Schwester" (GW II, 1262). Für Musil ist Kultur an keine politische Form gebunden. (→ V.4 *Politik u. Ideologie*)

Ein weiterer unüberbrückbarer Dissens Musils mit den Veranstaltern des antifaschistischen Kongresses ergibt sich aus seiner großen Distanz zum Feld des Politischen, die Musil mit der spöttischen, seinen Biografen irritierenden Anfangsbemerkung dokumentiert, dass er ein unpolitischer Mensch sei (vgl. GW II, 1259). Das ist – ähnlich wie bei Karl Kraus – eine ironische, eher anti- als apolitische Schutzbehauptung, die zwei Dimensionen enthält: das Unbehagen an einer Politik, die die Autonomie der Kultur bedroht, und eine programmatische Unbeteiligtheit, die auch zum Selbstbild seines fiktiven Protagonisten Ulrich im *MoE* gehört. Dieser ‚olympische' Blick auf die befremdliche eigene Kultur scheint eine Erbschaft der zeitgenössischen, von Nietzsche inspirierten Kulturphilosophie zu sein: Es ist kein Zufall, dass sich Musil – wie übrigens auch Broch – an Spenglers *Der Untergang des Abendlandes* (1. Bd., 1918) gerieben und abgearbeitet hat, wie der Essay *Geist und Erfahrung. Anmerkungen für Leser, welche dem Untergang des Abendlandes entronnen sind* aus dem Jahre 1921 sinnfällig macht (GW II, 1042–1059). Die inexakte Denkweise, das Fehlen jedweder ironischen Selbstreflexion und der konservative Grundton im Werk des Nietzsche-Adepten und Autodidakten mögen Musil missfallen haben, aber die distanzierte Beobachtung aus einer gleichsam olympischen narrativen Höhenlage teilt er mit seinem Antipoden, gegen den – wie gegen Klages – das Opus maximum *MoE* auch geschrieben ist. (→ III.2.1 *Essays*)

Musils Kulturbegriff, der in der Rede von 1935 zuweilen Kultur und Dichtung miteinander verschmilzt, ist zunächst einmal durchaus normativ und traditionell bildungsbürgerlich, ein Erbstück der Goethe-Ära. Insofern fällt er hinter jenen impliziten Kulturbegriff im *MoE* zurück, der aus heutiger kulturwissenschaftlicher Warte zum Beispiel Sport und Automobilismus, Ideologie und Geschlecht, Nationalismus und Symbolismus von Kulturen ins Zentrum rückt. Wenn Musil indes immer wieder auf die Vagheit des Kulturbegriffs zu sprechen kommt, dann wird sichtbar, dass die Bedeutung von ‚Kultur' über den Bezirk von Kunst und Dichtung hinausweist.

Die Rede *Über die Dummheit* aus dem Jahre 1937, in der das Thema der Kultur nur eine Nebenrolle einnimmt, enthält hier einige erhellende Stichworte. Wie schon in der Pariser Rede, so kommen auch in diesem Vortrag Ethnozentrismus und politischer Kollektivismus unter der Rubrik kollektiver kultureller Dummheit zur Sprache. Aber Musils letzter öffentlicher Auftritt in Wien enthält doch einige Bemerkungen, die über die Betrachtungen aus der Rede über Kultur hinausgehen, etwa wenn er – und das klingt wie eine Anmerkung zu Sigmund Freuds *Das Unbehagen in der Kultur* (1930) – den „Eindruck" festhält, „daß die zunehmende Zivilisierung und Zähmung der Einzelperson durch eine im rechten Verhältnis wachsende Entzivilisierung der Nationen, Staaten und Gesinnungsbünde ausgeglichen werden soll" (GW II, 1277). Einige Seiten später wird davon die Rede sein, dass die „Hauptschwierigkeiten unserer Kultur" darin bestünden, eine vermeintlich „unbeschwerte Subjektivität" mit einem „völlig objektive[n] Verhalten [...] auszugleichen" (GW II, 1288).

Solche kulturtheoretischen Befunde lassen sich durchaus mit prominenten Theorien in Beziehung setzen, etwa mit Georg Simmels Analyse der modernen Kultur als einer Kultur der Dinge, aber auch, wie Simmel am Beispiel der Mode, des Geldes und des Lebensstils zeigt, als einer Kultur des konformistischen Individualismus (vgl. Müller-Funk 2010, S. 93–124; Nübel 2010). Musils Hypothese, wonach die Einschränkung des modernen Individuums politisch und symbolisch wirksame Energien dafür freisetzt, sich dieser Kontrolle kollektiv zu entziehen, kann auf die Diagnose bezogen werden, die Freud sieben Jahre vor Musil als „Unbehagen in der Kultur" beschrieben hat. Dieses Unbehagen wird Freuds Argumentation zufolge von der Kultur selbst in Gestalt der Triebunterdrückung generiert und wende sich schließlich – zerstörerisch (in Gestalt eines kulturalen Irrationalismus) oder aber auch korrigierend (wie die Psychoanalyse) – gegen die moderne Lebenswelt und die von ihr geschaffenen Zwänge (vgl. Müller-Funk 2010, S. 22–46). Eine gründliche und umfassende kulturwissenschaftliche Sichtung des Werks von Robert Musil steht noch aus.

Literatur

Amann, Klaus: Robert Musil – Literatur und Politik. Mit einer Neuedition ausgewählter politischer Schriften aus dem Nachlass. Reinbek b. Hamburg: Rowohlt 2007.
Blasberg, Cornelia: Krise und Utopie der Intellektuellen. Kulturkritische Aspekte in Robert Musils Roman *Der Mann ohne Eigenschaften*. Stuttgart: Heinz 1984.
Corino, Karl: Robert Musil. Eine Biographie. Reinbek b. Hamburg: Rowohlt 2003.
Daigger, Annette: Musils Vortrag in Paris (1935) und seine Stellung gegenüber dem Nationalsozialismus. In: Gunther Martens u. a. (Hg.): Musil anders. Neue Erkundungen eines Autors zwischen den Diskursen. Bern u.a.: Lang 2005, S. 71–87.
Eagleton, Terry: Was ist Kultur? Eine Einführung. München: Beck 2001.
Heydebrand, Renate von: Die Reflexionen Ulrichs in Robert Musils Roman *Der Mann ohne Eigenschaften*. Ihr Zusammenhang mit dem zeitgenössischen Denken. Münster: Aschendorff 1966.
Honold, Alexander: Das andere Land. Über die Multikulturalität Kakaniens. In: Gunther Martens u. a. (Hg.): Musil anders. Neue Erkundungen eines Autors zwischen den Diskursen. Bern u.a.: Lang 2005, S. 259–275.
Martens, Gunther/Ruthner, Clemens/De Vos, Jaak (Hg.): Musil anders. Neue Erkundungen eines Autors zwischen den Diskursen. Bern u.a.: Lang 2005.
Müller-Funk, Wolfgang: Erfahrung und Experiment. Studien zu Geschichte und Theorie des Essayismus. Berlin: Akademie 1995.
Müller-Funk, Wolfgang: *Der Mann ohne Eigenschaften*: Erinnerungstextur und Medium kulturwissenschaftlicher Sondierung. In: Gunther Martens u. a. (Hg.): Musil anders. Neue Erkundungen eines Autors zwischen den Diskursen. Bern u.a.: Lang 2005, S. 301–325.
Müller-Funk, Wolfgang: Space and border. Simmel, Waldenfels, Musil. In: Johan Schimanski, Stephan Wolfe (Hg.): Border poetics de-limited. Hannover: Wehrhahn 2007, S. 75–95.
Müller-Funk, Wolfgang: Kulturtheorie. Einführung in Schlüsseltexte der Kulturwissenschaften. 2., erw. u. korr. Aufl. Tübingen: Francke 2010.
Müller-Funk, Wolfgang: Die Dichter der Philosophen. Essays über den Zwischenraum von Denken und Dichten. München: Fink 2013.
Nübel, Birgit: Robert Musil – Essayismus als Selbstreflexion der Moderne. Berlin, New York: de Gruyter 2006.
Nübel, Birgit: Die vergänglichen Kleiderschichten oder Mode als „Dauerzustand" der Moderne. In: Sabine Schneider, Heinz Brüggemann (Hg.): Gleichzeitigkeit des Ungleichzeitigen. Formen und Funktionen von Pluralität in der ästhetischen Moderne. München: Fink 2010, S. 161–184.
Pott, Hans-Georg: Kultur und Gewalt. Robert Musil und die Kulturkritik der zwanziger Jahre. In: Enno Rudolph (Hg.): Konflikt und Kultur. Zürich: Orell Füssli 2010, S. 131–159.
Spencer, Malcolm: In the Shadow of Empire. Austrian Experiences of Modernity in the Writings of Musil, Roth, and Bachmann. Rochester, New York: Camden House 2008. In: Gil-

bert Merlio, Gérard Raulet (Hg.): Linke und rechte Kulturkritik. Interdiskursivität als Krisenbewußtsein. Frankfurt a. M. u. a.: Lang 2005, S. 257–266.
Waldenfels, Bernhard: Der Stachel des Fremden. Frankfurt a. M.: Suhrkamp 1990.
Wolf, Norbert Christian: Geist und Macht. Robert Musil als Intellektueller auf dem Pariser Schriftstellerkongreß 1935. In: Jahrbuch des Freien Deutschen Hochstifts (2006), S. 383–436.
Wolf, Norbert Christian: Kakanien als Gesellschaftskonstruktion. Robert Musils Sozioanalyse des 20. Jahrhunderts. Wien u. a.: Böhlau 2011.

11. Biologie/Tiere
Werner Michler

1. Einleitung 565
2. Biologisches ‚Wissen' bei Musil 565
3. Tiermotive und Tierfiguren 567
4. Forschungsstand und Deutungsaspekte 569
5. Forschungsperspektiven 570
6. Literatur 571

1. Einleitung

Tiere spielen im Werk Musils eine nicht sehr auffällige, aber doch wichtige Rolle. Häufig fungieren sie als Bildspender in Vergleichen und Metaphern; in einigen Texten – so im *Nachlaß zu Lebzeiten* (1936), am prominentesten in *Die Amsel* – werden Tiere schon im Titel adressiert. Dessen ungeachtet sind Tiere bei Musil selten Gegenstand ausführlicher und übergreifender Untersuchungen geworden (Ausnahmen bilden insbesondere Hall 1975 u. Schraml 1994). Erst in jüngerer Zeit gibt es einige Studien, die das Thema ins Zentrum stellen (vgl. v. a. Biere 2011; Hoffmann 2011). Dieses neue Interesse steht im Zusammenhang mit der wissens- und wissenschaftsgeschichtlichen Wende in der Literaturwissenschaft der letzten beiden Dekaden. Bei einem Œuvre, das so stark um die Frage der Möglichkeiten der modernen Wissenschaften und die ihrer Alternativen kreist wie das Musils, sind im Zusammenhang der aktuellen Animal Studies, der neuen Tierphilosophie und der allgemeinen Faszination an Naturgeschichte und älteren ‚biologischen' Paradigmen noch weitere und neue Aufschlüsse zu erwarten.

2. Biologisches ‚Wissen' bei Musil

Während Musils Beziehungen zu Wissenschaften wie der Psychologie gut erforscht sind, zeichnen sich die Konturen einer Musil'schen ‚Zoologie' weniger klar ab. Sicher ist, dass Musil ein aufmerksamer Beobachter der biologischen Diskurse seiner Zeit war. Dabei bewegt er sich stets auf dem Niveau des durchgesetzten, wenn auch um und nach 1900 nicht unumstrittenen Darwin'schen Paradigmas. Das von Frisé edierte Fragment *Ein complexer Gedankenzug* (GW II, 1295–1297) ist tatsächlich ein Exzerpt aus Darwins *Abstammung des Menschen* (vgl. Biere 2011; der Text wird bei Schraml 1994 u. a. noch als essayistisches Fragment Musils gehandelt). Rezipiert hat

Musil neben Darwin selbst Schriften von dessen Schülern wie George J. Romanes (*Die geistige Entwicklung im Tierreich*, 1885), Arbeiten von Richard Hesse und Franz Doflein (*Tierbau und Tierleben in ihrem Zusammenhang betrachtet*, 1910–1914), Publikationen im zeitgenössisch evolutionistisch grundierten Grenzbereich von Ethnologie, Soziologie, Medizin und Biologie (Ernst Kretschmer, Lucien Lévy-Bruhl; vgl. Kappeler 2012), sowie in jenem von Wissenschaft und Kunst (Maurice Maeterlinck, v. a. *La vie des abeilles*, 1901).

Musil spricht sich gegen Ernst Haeckels Monismus aus (vgl. „Haeckelsche Propaganda", GW II, 878), gegen Wilhelm Bölsches (*Das Liebesleben in der Natur*, 1898) evolutionistisches Naturpathos einer „Urlaichstimmung" (vgl. „Bölsche's etwas [...] unfreiwillige Komik", GW II, 1481) ebenso wie gegen den zeitgenössischen Vitalismus (z. B. den von Hans Driesch vertretenen, GW II, 1689f.). Soweit hier von Biologie zu sprechen ist, gilt Musils Abwehr auch den kursierenden Rassentheorien (vgl. *Der deutsche Mensch als Symptom*, 1923; *Die Nation als Ideal und als Wirklichkeit*, 1921) wie Houston Stewart Chamberlains idealistischer Rassentheorie und der Eugenik. 1907 hört Musil in Berlin mit Interesse die kontroversen Vorträge des Entomologen Erich Wasmann, der Katholizismus und Evolution zu vereinbaren versucht (vgl. Tb I, 207).

Anhand der feuilletonistischen und theoretischen Texte sowie anhand der Arbeitshefte lässt sich Musils Interesse an Tierpsychologie und der entstehenden Verhaltensforschung nachzeichnen. Musils Interesse am Tier ist damit ein Interesse an der Tier-Mensch-Grenze. Die Skizze *Kann ein Pferd lachen?* aus dem *Nachlaß zu Lebzeiten* spielt auf den berühmten ‚Klugen Hans' an, ein rechnendes Pferd in Berlin 1904; der Fall konnte erst von einer Kommission, der Musils wichtigster akademischer Lehrer Carl Stumpf angehörte, geklärt werden. Einem Bekannten Musils, dem Stumpf-Schüler Oskar Pfungst, ist die wichtigste experimentelle tierpsychologische Studie zum Thema zu verdanken, *Das Pferd des Herrn von Osten (Der Kluge Hans). Ein Beitrag zur experimentellen Tier- und Menschen-Psychologie* (1907; vgl. Schraml 1994, S. 361–363 u. ö.; dazu auch Fleig 2008, S. 248–251). Insofern Musils literarisches Engagement auf das Verhalten von Tier und Mensch zielt und nicht so sehr auf Physiologie, Evolution oder Genetik, ist zutreffend von „Robert Musils Tierleben" (Biere 2011) gesprochen und auf die Nähe von Musils ‚Tierbildern' zu jenen der frühen Verhaltensforschung (etwa zu Konrad Lorenz; vgl. Hoffmann 2011, S. 214f.) hingewiesen worden. Musil kannte auch Wolfgang Köhlers Untersuchungen zur Intelligenz der Schimpansen (vgl. *Über die Dummheit*, 1937, GW II, 1279).

Zoologie und Tierpsychologie bilden nach 1918 einen „ersten Schwerpunkt in Musils wissenschaftlicher Beschäftigung mit dem Thema Anthropologie" (Schraml 1994, S. 125); Wolfgang Schraml setzt mit Musils Romaufenthalt 1913/14 und den Kriegsjahren eine „anthropologische Wende" an (ebd., S. 370 u. ö.). Wichtig werden die Lektüren von Arbeiten Erich Rudolf Jaenschs, von Karl Groos' *Die Spiele der Tiere* (1896) über die durch Haeckels biogenetisches Grundgesetz vermittelte „Homologie zwischen tierischen und menschlichen Verhaltensweisen" (ebd., S. 128) und von Franz Carl Müller-Lyers Kulturanthropologie (*Phasen der Kultur und Richtungslinien des Fortschritts*, 1908; vgl. Schraml 1994, S. 133–139).

In Musils Tieren treffen mehrerlei ‚Wissen' und Wissenstypen zusammen. Da ist zunächst a) das genuin literarische Wissen vom Tier, das in den Gattungstraditionen der Tierliteratur (wie der Tiergeschichte, dem Märchen und der Fabel; vgl. Hall 1975;

Brokoph-Mauch 1985, S. 207–236: „Das Märchen in der *Amsel*") aufgehoben und meist auf eine moralistische Funktionalisierung der Tiere hinausgelaufen ist (zur selben Zeit ist ja geradezu eine Konjunktur der Tiere in der Literatur zu konstatieren; genannt seien nur Waldemar Bonsels' *Biene Maja*, 1912, und Felix Saltens *Bambi*, 1923). Dann ist b) die erwähnte Affinität zu Tier- und Verhaltenspsychologie zu nennen und schließlich c) ein Wissen von ‚politischen Tieren', gemäß dem zeitgenössischen Interesse an Tier-‚Staaten' wie den Bienen- und Ameisenstaaten.

3. Tiermotive und Tierfiguren

Zu Recht ist darauf hingewiesen worden, dass Musil „bei einem flüchtigen Zeitungsleser auch als Tierschriftsteller hätte durchgehen können" (Hoffmann 2011, S. 209), zumal im Tagebuch einmal von einem zu schreibenden *„Tierbuch"* (Tb I, 340) die Rede ist. Am offensichtlichsten ist das bei jenen Tier-Texten, die Musil – auf der Basis älterer (Teil-)Publikationen – 1936 im *Nachlaß zu Lebzeiten* versammelt hat (neben der eine eigene Abteilung bildenden Erzählung *Die Amsel* vor allem im Abschnitt „Bilder": *Das Fliegenpapier, Die Affeninsel, Fischer an der Ostsee, Kann ein Pferd lachen?, Schafe, anders gesehen, Hasenkatastrophe* und *Die Maus*). (→ III.1.8.1 *Nachlaß zu Lebzeiten*)

In *Die Versuchung der stillen Veronika* (*Vereinigungen*, 1911) hingegen steht die erinnernde Reflexion erwachender Sexualität in mehrfacher Weise im Zeichen der Tiere: Demeters Anziehungskraft auf Veronika wird im Blick auf einen Hühnerhof und das „unsagbar gleichgültige Herabgleiten" (GW II, 197) des Hahnes von der Henne mehr illustriert denn maskiert. Veronikas Stimme hat „noch mehr etwas Lüsternes als jenes Mal, da sie ihm das gleiche geantwortet hatte wie jetzt: ‚So unpersönlich kann wohl gar kein Mensch sein, könnte nur ein Tier .. [...].'" (GW II, 202) Johannes erscheint Veronika „wie ein großes erschöpftes Tier, das sie nicht von sich abwälzen konnte" (GW II, 211). Der Wind kann in dieser Erzählung „immer voller über den Weg" kommen „und wie ein wunderbares, weiches, duftiges Tier sich überall hin[legen]" (GW II, 211). In metaphorischer Rede „sträubte sich etwas in ihr wie ein weiches knisterndes Katzenfell gegen ihn" (GW II, 209), und in der im Rückblick neu durchlebten Begegnung des Mädchens mit seinem Bernhardinerhund kommt es zu einer Mensch-Tier-Beziehung, die selbst im Musil-Kontext kühn ist und die Protagonistin empfinden lässt, „wie wenn sie selbst auch ein Tier wäre" (GW II, 205). Die Bandbreite dieser Tier-Mensch-Beziehungen reicht mithin von einer metaphorischen Indienstnahme der Tiere als ‚Bildspender' bis hin zur physischen Interaktion und zur gefühlten Einsicht in die letztliche kreatürliche Identität von Tier und Mensch bei allen drei Protagonisten des erotischen Kammerspiels, bei Demeter, Johannes und Veronika. (→ III.1.3 *Vereinigungen*)

Auch in *Die Portugiesin* (*Drei Frauen*, 1924), wo die Figur des Herrn von Ketten wie aus Tiervergleichen zusammengesetzt erscheint, eine Fliege und ein Wolf sein Schicksal bestimmen und eine Katze eine metonymische Rolle einnimmt, lässt sich dieses Spektrum ausmachen; die Portugiesin hält es – mit Novalis – für möglich, dass „[w]enn Gott Mensch werden konnte, [...] er auch Katze werden" (GW II, 270) könne. Das Martyrium der zugelaufenen kranken Katze erscheint „an dem Tier [...] wie eine Menschwerdung. Fast mit Ehrfurcht sahen sie ihr zu; keiner dieser drei Menschen" – Herr, Portugiesin, Gastfreund – „in seiner besonderen Lage blieb von dem Gedanken verschont, daß es sein eigenes Schicksal sei, das in diese vom Irdischen schon halb gelöste kleine Katze übergegangen war." (GW II, 267) (→ III.1.6 *Drei Frauen*)

Der *Nachlaß zu Lebzeiten* wird von einer Abteilung „Bilder" eröffnet, die die bekanntesten Tier-Texte Musils enthält; dass der Autor betont, sie gingen zum Teil auf Arbeiten aus der Vorkriegszeit zurück, zeigt zugleich, wie naheliegend eine politisch-allegorische Lektüre von Texten wie *Das Fliegenpapier* und *Die Affeninsel* ist (vgl. GW II, 474). Die beiden Texte – über das Sterben von Insekten auf Fliegenleim bzw. das Autoritätsgehabe dominanter Affen im Zoo der Villa Borghese – kennzeichnet eine beschreibende Sprache, die nahe an die thematisierten Phänomene zu kommen versucht, indem sie das Verhalten von Tieren mit dem von Menschen abgleicht, mit gleichsam verwundertem Blick. Die Beobachtung eines nach menschlichen Maßstäben lachenden Pferdes (*Kann ein Pferd lachen?*) und eine Sequenz von Beobachtungen über Schafe (*Schafe, anders gesehen*) führt zur Relativierung der anthropologischen Differenz unter gleichzeitiger Relativierung der Möglichkeiten der Introspektion; diese literarische ‚Tierpsychologie' (die Schafe „scheinen nichts fühlen zu wollen als den Wind und die Sonne, und zwischen ihren Stirnen den Sekundenschlag der Unendlichkeit"; GW II, 485) kann jederzeit umschlagen in eine moralische Naturgeschichte (Schafe sind dann auch „uralte katholische Tiere, religiöse Begleiter des Menschen"; GW II, 485). In *Hasenkatastrophe* – ein Foxterrier hetzt vor den Augen einer mondänen Gesellschaft einen kleinen Hasen zu Tode – befreit die urbane Geste eines Herren, der „die dem Hund abgejagte Leiche" der Hotelküche zuführt, die Zusehenden von der naheliegenden Interpretation der erlebten Szene als Daseinskampf, von einer „schale[n] Atmosphäre menschenfresserischer Worte", „wie ‚Kampf ums Dasein' oder ‚Grausamkeit der Natur'", „aus ungeheurer Tiefe emporgestiegen und seicht" (GW II, 488); stattdessen hat ein ‚Haushund' ein ‚Hasenkind' erlegt, ‚Natur' und ‚Kultur' sind aus der Szene nicht einzeln herauszurechnen. (→ III.1.8.1 *Nachlaß zu Lebzeiten*) In der die Sammlung abschließenden großen Erzählung *Die Amsel* sind diese Effekte gebündelt: In ‚wissenschaftlicher', scheinbar empiristischer Haltung werden die beiden „Jugendfreunde", ähnlich wie in der zeitgenössischen Tierpsychologie Lorenz', mit „Aeins" und „Azwei" bezeichnet (GW II, 548); Azweis Zähne lassen „an die Blankheit eines jagenden Tiers" denken (GW II, 549); der Vogel, dessen Stimme, in der Berliner Nacht zunächst irrtümlich als Nachtigall identifiziert, romantische Empfindungen auslöst, also seinen Natur- mit seinem literarisch-kulturellen Gattungscharakter verbindet, wird als Amsel depotenziert; und gerade die Amsel wird am Ende zu Azwei sprechen: „Ich bin deine Mutter" (GW II, 561), weniger als Wunder oder Traum denn als Verschränkung von Märchen, Novelle, Naturgeschichte und Beobachtungs- oder gar Experimentalprotokoll. (→ III.1.8.2 *Die Amsel*)

Wenn auch in *Der Mann ohne Eigenschaften* (MoE) Tiere als Protagonisten selten auftreten, reicht doch das Spektrum vom Bericht über einen „aufsehenerregenden Rennbahnerfolg" eines „geniale[n] Rennpferd[s]" (MoE, 44), worauf sich Ulrich „ein Jahr Urlaub von seinem Leben" (MoE, 47) nimmt, bis zur Reflexion, eine Stunde täglich genüge, „um einen geübten Leib in dem Zustand eines Panthers zu erhalten" (MoE, 46). Murray G. Hall (1975) hat gezählt, im *MoE* erschienen „auf hundert Seiten im Durchschnitt 79 Beispiele von Tier und Tiermotiven" (ebd., S. 235), was ihn etwa 1.300 einschlägige Textstellen im Roman errechnen lässt. An dieser Stelle sei nur auf die in der Forschung häufig diskutierten Passagen zu den ‚politischen Tieren' hingewiesen, auf Bienenstaat sowie Ameisen- und Termitenbauten (vgl. z. B. Hall 1975, S. 305f.; Scharold 2000, S. 407–434; Kappeler 2012, S. 329–343).

Die Polyvalenz der Tierfiguren wird in Musils Texten letztlich dadurch ermöglicht, dass Tiere und Menschen in ein Verhältnis wechselseitiger Spiegelung eintreten; das gilt auch für die Methoden der Tier- und der Menschenbeobachtung sowie für die Möglichkeiten, aus diesen Beobachtungen haltbare Thesen abzuleiten.

4. Forschungsstand und Deutungsaspekte

Die angesprochene Bandbreite der Präsenz von Tieren bei Musil, die vom Thematischen bis zum Kompositorischen reicht, ist der Forschung nicht entgangen. Gudrun Brokoph-Mauch (1985) etwa unterscheidet „[d]as Tier als Gleichnis des Menschen; Tiergestaltung zum erweiterten Verständnis der Tiere; das Tier als Bote einer anderen Welt; dialektische Darstellung von Tier und Mensch." (ebd., S. 82; zu den Tieren im *Nachlaß zu Lebzeiten* vgl. ebd., S. 81–108 u. 207–236) Murray G. Hall hat in seiner ungedruckt gebliebenen Wiener Dissertation von 1975 nicht nur den damaligen Wissensstand aufgearbeitet; er hat auch erstmals versucht, „Tier und Tiermotivik im Prosawerk Robert Musils" in einiger Vollständigkeit zu erfassen (vgl. etwa zu den *Verwirrungen des Zöglings Törleß*, ebd., S. 178–216; zur *Amsel*, S. 217–233; zum *MoE*, S. 234–321). Die Arbeit ist „als Beitrag zur Musilschen Motivforschung" angelegt und zeigt die Tiermotivik als „zentrales Requisit seiner Charaktergestaltung" (ebd., S. 322); seit den *Vereinigungen* versehe Musil „jede seiner Figuren mit einem Leit- oder Begleittier" (ebd., S. 323); darüber hinaus hätten Tiere bei Musil auch atmosphärische und thematische Funktionen. Die figurencharakterisierenden ‚Leittiere' ließen sich als Totemtiere begreifen (vgl. ebd., S. 269–290; nach der Stelle in den Arbeitsheften zum 17.6.1913, „jeder Mensch hätte so sein koordiniertes Tier, mit dem er geheimnisvoll innerlich zusammenhängt", Tb I, 270; vgl. zu den Tiermetaphern im *MoE* auch Schraml 1994, S. 401–434).

Von der späteren Forschung wird betont, dass das Tierbild „indikatorisch den Umgang des Menschen mit der Welt, aber auch mit dem ihm eigenen, nicht-rationalen Potential" anzeige: „Musils Tierbilder führen ins Zentrum moderner Bewußtseinsproblematik. In ihnen fokussiert sich das Ausgegrenzte: Natur, Sexus, Kindheit, Krankheit, Körper." (Scharold 2000, S. 108f.) An ihnen werde eine „Verwischung vermeintlich festgeschriebener Grenzen" inszeniert („nicht nur der geschlechtlichen, sondern auch der zwischen Mensch und Tier", ebd., S. 110) und schließlich eine „Koinzidenz von Sexus und Sanctum" (ebd., S. 111). Die Konzentration der frühen Musil-Texte auf „Animalität" und Sexualität (*Törleß*, *Vereinigungen*) sowie die „‚vitalistischen' Tiervergleiche" im Zeichen Nietzsches würden „später zu einer differenzierten ‚naturalistischen' Parabolik weiterentwickel[t], die noch wesentlich weitere Bereiche als nur den des Sexuellen einbeziehen wird" (Schraml 1994, S. 366). Die „kleinen Bilder" im *Nachlaß zu Lebzeiten* seien „Teil einer modernen Zoopoetik, der es um Grenzüberschreitungen zwischen Mensch und Nicht-Mensch geht, um eine Entdeckungsreise in fremd-vertraute Zwischenzonen, an Orte, wo kein Ich mehr spricht" (Schiffermüller 2001, S. 202).

Mit der historisch-epistemologischen Wende in der Literaturwissenschaft der letzten Jahrzehnte haben Aspekte der Musil'schen Darstellungsmethode besondere Aufmerksamkeit erlangt. Neben aller generischen Polyvalenz war dabei schon länger Konsens, dass Musils Tier-Mensch-Analogien vor einem „wissenschaftlichen, biologisch-exakten Hintergrund" (Schraml 1994, S. 366) lesbar seien. Musils Tiere seien „Vertreter bestimmter Tiergattungen, die Musil bzw. der Erzähler mit naturalistisch-exakter Genauigkeit beschreibt." (ebd., S. 367) In den Tier-Texten im engeren Sinn (vgl. *Nachlaß zu Lebzeiten*) werden Experiment und Beobachtung im naturwissenschaftlichen Sinn mindestens zitiert. Im Rahmen von Andrea Pelmters (2008) einlässlicher Analyse des Experimentbegriffs bei Musil erweisen sich *Die Affeninsel* und *Das Fliegenpapier* als stilistisch an der wissenschaftlichen Textgattung des Forschungsprotokolls orientiert (vgl. ebd., S. 112f. u. 116f.).

Obwohl Florentine Biere (2011) von einer „Skepsis gegenüber biologisch-entwicklungsgeschichtlichen Schreibweisen" (ebd., S. 227) und einer „Verurteilung der vergleichenden Tierpsychologie" durch Musil (ebd., S. 226) schreibt, sind doch – neben einer „positiv gedachten Verbindung von Tier und Mensch" (ebd., S. 227; zum „Appetithaften" im *MoE* vgl. ebd.; dazu schon Hall 1975) – methodische „Aneignungen", „Übertragungen" aus dem Bereich der Tierpsychologie festzustellen (Biere 2011, S. 224). Im *Nachlaß zu Lebzeiten* werde die „Beobachtungssituation" „der vergleichenden (Tier-)Psychologie" (ebd., S. 228) literarisch fruchtbar gemacht, der Mensch erscheine in dieser Optik als „fernes Fremdes" (ebd., S. 229). Die Vielschichtigkeit gerade solcher ‚Blicke' zeigt Christoph Hoffmann (2011), intermediale Aspekte betont Heinz J. Drügh (2001/02).

Den durch diese Verfremdungseffekte erzielbaren Alteritätsgewinn, der in der Forschung schon früh bilanziert wurde, heben auch jüngere Arbeiten zu Genderrollen und Geschlechterkonstruktionen hervor. Laut Florian Kappeler (2011) gewinne Musil – in kritischer Absetzung von Autoren wie Maeterlinck und Doflein – Distanz zu ‚biologistischen' Konzepten geschlechtlicher Arbeitsteilung (Bienen, Ameisenlöwe, Konzept der Metamorphose); „im Zuge der Begegnung Agathes und Ulrichs" komme es „zu einer Umcodierung, die zugleich Gegenstände zoologischen Wissens und Geschlechtercodierungen betrifft. Tiere erschienen hier nicht als kategorisierte Wissensobjekte, sondern als Stützpunkte feminisierender Transgressionen hegemonial männlicher Geschlechterzuschreibungen." (ebd., S. 205) Ein solcher Befund wäre wohl mit durchaus gegenläufigen Beobachtungen, die man an den Texten Musils anstellen könnte, in Beziehung zu setzen.

5. Forschungsperspektiven

Die genauere Verortung der naturwissenschaftlich-biologischen Wissensbestände im Werk Musils bleibt ein Forschungsdesiderat; Musils ‚Biologie' ist noch nicht hinreichend konturiert, die Forschung neigt zur Isolierung ihres Gegenstandes und damit zur nur punktuellen Aufarbeitung von Kontexten. Daneben sind vor allem von Vergleichen mit der Rolle von Tieren in der zeitgenössischen Literatur und einer Einbettung in eine vergleichende Literaturgeschichte der Tiere in der ersten Hälfte des 20. Jahrhunderts wichtige Aufschlüsse zu erwarten. Hier wäre auch ein genauerer Blick auf die wissenschaftlichen, literarischen und populären Gattungen angebracht, in denen Tiere zeitgenössisch erscheinen (konnten); die problematische Alternative von ‚Wissenschaft' und ‚Literatur' ist in den Texten Musils tendenziell überwunden. Befunde der Forschung könnten so produktiv aufgenommen und Thesen zu Schreibweisen, Themen, Motiven, Gattungen, Narrationen und Szenografien neu miteinander in Beziehung gesetzt werden.

6. Literatur

Biere, Florentine: Unter Beobachtung. Robert Musils Tierleben. In: Ulrich Johannes Beil, Michael Gamper, Karl Wagner (Hg.): Medien, Technik, Wissenschaft. Wissensübertragung bei Robert Musil und in seiner Zeit. Zürich: Chronos 2011, S. 219–235.

Brokoph-Mauch, Gudrun: Robert Musils *Nachlaß zu Lebzeiten*. New York u.a.: Lang 1985, S. 59–108.

Drügh, Heinz J.: Im Textlabor. Der deskriptive Dialog mit dem Bildmedium in Robert Musils *Fliegenpapier*. In: Musil-Forum 27 (2001/02), S. 167–188.

Fleig, Anne: Körperkultur und Moderne. Robert Musils Ästhetik des Sports. Berlin, New York: de Gruyter 2008.

Hake, Thomas: „Gefühlserkenntnisse und Denkerschütterungen". Robert Musils *Nachlaß zu Lebzeiten*. Bielefeld: Aisthesis 1998.

Hall, Murray G.: Tier und Tiermotivik im Prosawerk Robert Musils. Diss. Univ. Wien 1975.

Hoffmann, Christoph: Augen und Blicke. Robert Musils Tierbilder. In: Ulrich Johannes Beil, Michael Gamper, Karl Wagner (Hg.): Medien, Technik, Wissenschaft. Wissensübertragung bei Robert Musil und in seiner Zeit. Zürich: Chronos 2011, S. 209–218.

Kappeler, Florian: Das fremde Geschlecht der Irren und der Tiere. Ethnologie, Psychiatrie, Zoologie und Texte Robert Musils. In: Sophia Könemann, Anne Stähr (Hg.): Das Geschlecht der Anderen. Figuren der Alterität: Kriminologie, Psychiatrie, Ethnologie und Zoologie. Bielefeld: transcript 2011, S. 187–208.

Kappeler, Florian: Situiertes Geschlecht. Organisation, Psychiatrie und Anthropologie in Robert Musils Roman *Der Mann ohne Eigenschaften*. München: Fink 2012.

Mehigan, Tim: Robert Musil: *Der Mann ohne Eigenschaften* (1930; 1933). In: Roland Borgards u.a. (Hg.): Literatur und Wissen. Ein interdisziplinäres Handbuch. Stuttgart, Weimar: Metzler 2013, S. 395–400.

Pelmter, Andrea: „Experimentierfeld des Seinkönnens" – Dichtung als „Versuchsstätte". Zur Rolle des Experiments im Werk Robert Musils. Würzburg: Königshausen & Neumann 2008.

Pohl, Peter C.: Konstruktive Melancholie. Robert Musils Roman *Der Mann ohne Eigenschaften* und die Grenzen des modernen Geschlechterdiskurses. Köln u.a.: Böhlau 2011.

Scharold, Irmgard: Epiphanie, Tierbild, Metamorphose, Passion und Eucharistie. Zur Kodierung des ‚Anderen' in den Werken von Robert Musil, Clarice Lispector und J. M. G. Le Clézio. Heidelberg: Winter 2000.

Schiffermüller, Isolde: Kleine Zoopoetik der Moderne. Robert Musils *Bilder* im Vergleich mit Franz Kafka. In: Elmar Locher (Hg.): Die kleinen Formen in der Moderne. Bozen u.a.: Ed. Sturzflüge/StudienVerlag 2001, S. 197–217.

Schraml, Wolfgang: Relativismus und Anthropologie. Studien zum Werk Robert Musils und zur Literatur der 20er Jahre. München: Eberhard 1994.

12. Sexualwissenschaft
Florian Kappeler

1. Die Geburt der Sexualwissenschaft in der Musil-Zeit 572
2. Von der Psychoanalyse der Literatur zur Poetologie des Perversen 573
   2.1 *Die Verwirrungen des Zöglings Törleß* (1906) 574
   2.2 *Vereinigungen* (1911) 574
   2.3 *Der Mann ohne Eigenschaften* (1930/1932) 575
3. Auf dem Weg zu einer Wissenspoetologie der Sexualität 576
4. Literatur 577

1. Die Geburt der Sexualwissenschaft in der Musil-Zeit

Robert Musils Schriften entstehen während der ersten historischen Konjunktur sexualwissenschaftlichen Wissens. Als „Disziplin mit eigener Theoriebildung, mit Standard- und Sammelwerken, Zeitschriften, Fachgesellschaften, Fachkongressen" bildet die Sexualwissenschaft seit dem späten 19. Jahrhundert zunächst einen Teil der psychiatrischen Psychopathologie (Sigusch 2008, S. 13). 1913 wird die erste fachwissenschaftliche Gesellschaft unter dem Vorsitz des deutschen Arztes Albert Eulenburg ins Leben gerufen, vertreten durch Iwan Bloch sowie Magnus Hirschfeld, den späteren Gründer des Berliner Instituts für Sexualwissenschaft (1919–1933). ‚Sexualität' tritt als wissenschaftliches Konzept bereits seit circa 1870 gemeinsam mit dem der sogenannten Perversionen in Erscheinung (vgl. Davidson 2001, S. 57; Porto 2011, S. 60f.). Sexuelle Perversionen werden zunächst als anatomische Krankheiten der Sexualorgane verstanden und später mittels neurologischer Termini zu bestimmen versucht. Die Psychopathologie betrachtet sie dagegen als Abweichungen von einem nicht näher definierten ‚normalen' Sexualtrieb (vgl. Davidson 2001, S. 2). Dieser wird nicht mehr organisch lokalisiert, sondern erscheint als allgegenwärtige Basis der personalen Identität (vgl. ebd., S. 13 u. 63). Mit der Hormonforschung kommt es seit den Experimenten Eugen Steinachs 1912 in der Sexualwissenschaft allerdings zu einer partiellen Resomatisierung (vgl. Sigusch 2008, S. 216).

Das pathologisierende Wissen über das Sexuelle kann als Versuch einer Konfiguration männlicher Geschlechterherrschaft verstanden werden (vgl. Eder 2002, S. 133 u. 148f.), die sich durch feministische Bestrebungen und von der gesellschaftlichen Norm abweichende Sexualitäten in Frage gestellt sieht. Das Rollenmodell des bürgerlichen, heterosexuellen und verheirateten Familienvaters verliert im Zusammenhang mit der auch in der zeitgenössischen Literatur verhandelten ‚Krise der Ehe' um 1900 seine Selbstverständlichkeit (vgl. Putz 2011, S. 138f.). Die Krise der Ehe geht einher mit deren Sexualisierung. Erste groß angelegte Studien über das Sexualleben in der Ehe werden publiziert und Eheberatungsstellen gegründet. Musil exzerpiert in diesem Zusammenhang *Wie die Frau den Mann erlebt* (1931) der individualpsychologisch orientierten Ehe- und Sexualberaterin Sofie Lazarsfeld und zitiert die von ihr angeführte Sexualberatungsliteratur (vgl. KA, M VII/14/58). Die religiösen Imperative der Abstinenz oder des Maßhaltens werden in diesen Schriften durch das neue Ideal einer erfüllten ehelichen Sexualität ersetzt (vgl. Putz 2011, S. 143–153). Gleichzeitig kommt es zu einer Transformation der hegemonialen Modelle von Männlichkeit: Männer sollen nicht mehr *zu* patriarchal, aber auch nicht *zu* effeminiert erscheinen; eine sexuelle Dominanz des Mannes wird weiter vorausgesetzt. Die therapeutischen Bemühungen um die eheliche Sexualität und eine Modifikation der Männlichkeitsnormen können als heteronormative Versuche verstanden werden, die Institution der Ehe zu retten (vgl. ebd., S. 149–151).

Literatur rezipiert oder reflektiert sexualwissenschaftliche Diskurse nicht nur (vgl. Dornhof 1998, S. 270) – literarische Darstellungen sind selbst Teil der Wissensproduktion über Sexualität (vgl. Porto 2011, S. 165). So ist das Konzept der Homosexualität auch durch (auto-)biografische Schriften entstanden (vgl. Eder 2002, S. 160–162); die Kategorien des Sadismus und des Masochismus orientieren sich an den Namen von Marquis de Sade und Leopold von Sacher-Masoch und sind durch deren literarische Schriften geprägt (vgl. Dornhof 1998, S. 272). Wie die Literatur ist auch der sexualwissenschaftliche Diskurs – etwa über die in sexualwissenschaftliche Schriften eingegangenen Fallgeschichten – an Formen der Erzählung und Darstellung gebunden (vgl. ebd., S. 253).

2. Von der Psychoanalyse der Literatur zur Poetologie des Perversen

Die Forschung zu Diskursen der Sexualität in Musils Texten hat den Schwerpunkt lange Zeit auf die Psychoanalyse insbesondere Freud'scher Provenienz gelegt (vgl. z.B. Corino 1973 u. 1974; Cremerius 1995). Die meisten der entsprechenden Studien beziehen sich auf psychoanalytisches Wissen allerdings nicht nur als kontextuelles Material, sondern auch als methodologische Ressource, ohne diese Differenz zureichend zu markieren. So wird etwa bei Johannes Cremerius (1995) die psychoanalytische Schwerpunktsetzung eher vorausgesetzt als rekonstruiert, Abgrenzungen zur Psychoanalyse hingegen als Verdrängungsleistung des Autors Musil begriffen (vgl. ebd., S. 155 u. 171; vgl. auch Heyd 1980). Oliver Pfohlmann kritisiert solche Annahmen in einem umfassenden Überblick zur psychoanalytischen Musil-Forschung. Dort zeige sich eine Tendenz, Figuren und teilweise auch den Autor unter Ausblendung sowohl wissenshistorischer als auch poetologischer Kontextualisierungen zu psychoanalysieren und zu pathologisieren (vgl. Pfohlmann 2003, S. 162 u. 203). (→ IV.7 *Psychoanalyse*) Die nicht zu überschätzende Rolle der Perversionen und der Sexualität als eigene diskursive Formation in Musils Texten sei dagegen noch nicht hinreichend erforscht worden (vgl. ebd., S. 218–220; ähnlich Dohm 2005, S. 181). Tatsächlich bleiben selbst Untersuchungen, die eine Rekonstruktion zeitgenössischer diskursiver Referenzen Musil'scher Texte mit einer poetologischen Analyse zu verbinden versuchen, in ihren Bezügen zur Sexualwissenschaft meist vage (vgl. Webber 1990, S. 105 u. 110; Gödicke 2006, S. 251–256).

Musil selbst hebt bereits 1911 in seinem Essay *Das Unanständige und Kranke in der Kunst* die poetologische und epistemische Funktion des sexuell Perversen für sein Schreiben hervor. Laut Birgit Nübel (2009/10, S. 35) postuliert Musil in diesem Aufsatz, dass künstlerische Inszenierungen von Sexualität der „Wissenserweiterung" dienen sollen. Anders als die auf verallgemeinerbare Erkenntnisse ausgerichtete Sexualwissenschaft schildere die Literatur zu diesem Zweck Einzelfälle und stelle die Grenzziehungen zwischen Gesundheit und Krankheit, Moral und Unmoral in Frage. (→ V.5 *Ethik u. Moral*) Die Darstellung des Perversen in Musils Texten ist demnach als narratives Gegengewicht zu deren essayistisch-reflexiven Passagen zu verstehen (vgl. ebd., S. 37). Dabei stehen nicht die einzelnen sexuellen Spielarten im Zentrum der literarischen Inszenierung, sondern die poetologische Frage nach ihrer „Darstellbarkeit" (ebd.). Musils Essay wird darauf aufbauend als „poetologischer und pornographischer Metatext" zu den *Vereinigungen* gelesen (ebd., S. 34). Jürgen Gunia (2000, S. 90f.) betont die poetologische Funktion der Perversionen in mehreren Texten Musils und führt mit den Begriffen der Schaulust und des Fetischs zwei wichtige sexualwissenschaftliche Kategorien an, ohne sie jedoch ausführlich zu diskutieren (vgl. ebd., S. 101–104).

2.1 *Die Verwirrungen des Zöglings Törleß* (1906)

Musils Romanerstling *Die Verwirrungen des Zöglings Törleß* wurde in der Forschung bereits des Öfteren auf seine sexualwissenschaftlichen Implikationen hin gelesen. Stigmatisiert Lars W. Freij (1972, S. 30) homosexuelle sowie andere ‚Perversionen' noch als „amoralische[n] Hedonismus", so weist James W. Jones (1990, S. 235f.) auf die Korrespondenz des Textes zu Theorien der Homosexualität als adoleszentem Entwicklungsstadium hin. Klaus Johann (2003, S. 381) liest den Roman „vor dem Hintergrund zeitgenössischer Diskurse" und bezieht sich konkret auf sexualwissenschaftliche Schriften von Krafft-Ebing, Freud, Sacher-Masoch sowie auf zeitgenössische pornografische Literatur, ohne diese allerdings detailliert auszuwerten. Im Anschluss an die ältere Forschung kommt Johanns Studie letztlich zu dem Schluss, Thema des Romans sei eher die Kritik sozialer und kommunikativer Anomie als die Darstellung sexueller ‚Perversionen' (vgl. ebd., S. 400–402).

Klaus Wieland (2005, S. 221–223) untersucht die Darstellung von Homosexualität im *Törleß* im Kontext psychiatrischer, psychoanalytischer und sexualwissenschaftlicher Theorien Krafft-Ebings, Freuds und Hirschfelds. Im Vergleich mit anderen literarischen Texten des Zeitraums von 1890 bis 1930 ist der Transfer zwischen Diskursen der Sexualität und Literatur Wieland zufolge im *Törleß* besonders stark ausgeprägt (vgl. ebd., S. 261). Dabei wird die zeitgenössische Figur der Effeminierung der Homosexualität ebenso mitvollzogen wie die diskursive Unterscheidung von ‚echter' Homosexualität und Pseudo-Homosexualität in der pubertären Entwicklungsphase. Rüdiger Campe (2007, S. 136f.) deutet die Subjektposition des Protagonisten innerhalb der im *Törleß* geschilderten sadistischen Inszenierung als die eines psychiatrischen Gutachters, verhörenden Richters und Folterers und erkennt in diesem Szenario ein „Modell für die narrative Verfassung des Romans" (ebd., S. 139). Petra Porto (2011, S. 234) betont ebenfalls die subjektivierende Funktion der sadistischen Szenen. Bei Porto und Campe wird die poetologische Analyse aber nicht mit einer Analyse des im Roman sedimentierten sexualwissenschaftlichen Wissens verbunden.

2.2 *Vereinigungen* (1911)

In ihrer Untersuchung der Novelle *Die Versuchung der stillen Veronika* aus dem Band *Vereinigungen* bezieht sich Sabine Kyora im Anschluss u. a. an Corino (1973) auf Musils Lektüre und poetische Umschrift der *Studien über Hysterie* von Josef Breuer und Sigmund Freud (vgl. Kyora 1992, S. 162f. u. 177; vgl. dagegen Martens 1996, S. 75–86). Andere Bezüge wie die Fallstudien von Traugott Konstantin Oesterreich (vgl. Kyora 1992, S. 166) werden von ihr nicht weiter verfolgt (vgl. dagegen Bonacchi 1998). Ausgangspunkt von Kyoras Analyse sind vielmehr Parallelen zwischen der

Musil'schen Novelle und den späteren Theorien Jacques Lacans (vgl. Kyora 1992, S. 180). Gerhard Meisel (1991, S. 45–49) interpretiert den Masochismus in *Die Vollendung der Liebe* im Rekurs auf Theorien von Gilles Deleuze.

Isolde Schiffermüllers (1997, S. 255) „Beitrag zur [...] Problematisierung psychoanalytischen Wissens" wiederum liest die „Einschreibung der sexuellen Differenz" in dieser Erzählung als „poetologisches Paradigma" (ebd., S. 253). Dabei referiert Schiffermüller ebenfalls nicht auf den zeitgenössischen sexualwissenschaftlichen Diskurs, sondern auf spätere Theorien Jacques Lacans, Julia Kristevas und Jacques Derridas. Dagegen bezieht sich Burkhard Dohms (2005, S. 182 u. 185) Lektüre des Perversen in *Die Vollendung der Liebe* auf zeitgenössisches Wissen, besonders auf das ‚Skandalon' des weiblichen Masochismus bei Krafft-Ebing. Zudem findet sich bei Dohm der für weitere Forschungen vielversprechende Hinweis auf Hirschfelds Theorie der geschlechtlichen Zwischenstufen als Quelle für die Verhandlung des ‚Androgynen' bei Musil (vgl. ebd., S. 198f.).

2.3 *Der Mann ohne Eigenschaften* (1930/1932)

Auch der Roman *Der Mann ohne Eigenschaften* (MoE) wurde lange primär vor dem Hintergrund psychoanalytischer Theorien gelesen, ohne dass Untersuchungsobjekt und Methode in den entsprechenden Arbeiten immer zureichend zu unterscheiden sind. In Walter Fantas (2000, S. 207) Studie zur Entstehungsgeschichte des Romans werden Figuren wie Diotima im Vokabular des Ödipus-Theorems als „Mutter-Imago" gedeutet, Figuren der „väterlichen Ordnung" dagegen als „Hassobjekte" verstanden (ebd., S. 212). Dem frühen Musil wird ein misogyner „Weiningerismus" unterstellt, der von einer „Abwehr des Mütterlichen" und „Rache gegen die Mutter" bestimmt sei (ebd., S. 188f.). Diese Tendenz zur Vermischung von Objekt- und Metasprache zeigt sich auch in den bislang umfassendsten Ausführungen zur Rolle der Sexualwissenschaft im *MoE* bei Barbara Neymeyr (2005, S. 201), die sich mit der „sexualpsychologische[n] Fundierung" der Musil'schen Kulturkritik anhand des „Symptoms" eines „anarchischen Eros" beschäftigt. Als zentrale Ressource für die Figurengestaltung diene ein Kontinuum von Perversionen, worin die „tiefreichende Desorientierung einer vom Chaos bedrohten Epoche" zutage trete (ebd., S. 204). Dies wird an der „Identitätsschwäche" (ebd., S. 209) von Clarisse und anderen, zumeist weiblichen Figuren aufgezeigt. Zeitgenössisches sexualpathologisches Wissen bei Freud, Kretschmer und Hirschfeld wird auch in dieser Studie teils illustrierend herangezogen, teils interpretativ eingesetzt, nicht aber kritisch analysiert.

Peter C. Pohl diskutiert Psychopathologie, Sexualwissenschaft und Psychoanalyse – namentlich Krafft-Ebing, Hirschfeld und Freud – im Kontext eines ‚modernen Geschlechterdiskurses'. Als dessen Kennzeichen benennt er Prozesse der Entdifferenzierung und Pluralisierung sowie eine Logik der Übergänge zwischen binären Kategorien, vor deren Hintergrund der *MoE* gelesen werden müsse (vgl. Pohl 2011, S. 177–179; ähnlich bereits Gödicke 2006, S. 250 u. 294). Die poetologische Analyse betrifft auch bei Pohl (2011, S. 250 u. 367f.) in erster Linie die Figurengestaltung, in der eine „Typologie" bzw. „Symptomatologie" (ebd., S. 258) moderner Geschlechterbeziehungen zum Ausdruck komme. (→ V.6 *Geschlechterrelationen*) Florian Kappeler (2012, S. 181) zufolge prägen sexualwissenschaftliche Erkenntnisse als Teil eines Diskurses des ‚Anormalen' zentrale Handlungskomplexe des *MoE*. Sie dienen dabei – im

Roman wie in der sozialen Realität – nicht nur der Sexualisierung, sondern auch den Versuchen einer Stabilisierung der ehelichen Institution, die angesichts der Heterogenisierung von Sexualitäten in die Krise geraten ist (vgl. ebd., S. 206 u. 214). Die stabilisierende Funktion von Sexualratgebern für die Institution der Ehe wird im Zweiten Buch des *MoE* am Beispiel Sofie Lazarsfelds ironisch situiert. Norbert Christian Wolf (2011, S. 734f.) kontextualisiert diese Ironisierung auf der Grundlage Foucaults innerhalb der Genese der ‚scientia sexualis', welche die mehr auf das Erzeugen von Lust zielende ‚ars erotica' historisch überlagere.

3. Auf dem Weg zu einer Wissenspoetologie der Sexualität

Sexualwissenschaftliches Wissen in den Schriften Musils war lange kein zentrales Thema der Forschung und ist bis heute nur im Ansatz untersucht. Das betrifft die zentralen Kategorien der Sexualwissenschaft (wie Sexualität, Trieb und Perversion) genauso wie deren Praktiken der Wissensproduktion und die dafür konstitutiven Formen der Darstellung. Bislang existiert keine Monografie zum zeitgenössischen sexualwissenschaftlichen Wissen in Musils Texten. Selbst eine Rekonstruktion der intertextuellen und diskursiven Bezüge ist nur im Ansatz an einigen Beispielen für den *Törleß*, die *Vereinigungen* und den *MoE* geleistet worden. Eine Gesamtdarstellung des sexualwissenschaftlichen Diskurses bei Musil in seiner historischen Spezifität und Genese, seinem soziokulturellen Kontext und seiner literarischen Integration bleibt ein Forschungsdesiderat.

In den letzten Jahren wurde die Darstellung einzelner ‚Perversionen' in bestimmten Texten Musils untersucht, so am Beispiel von Törleß' Homosexualität (vgl. Johann 2003; Wieland 2005) und Masochismus (vgl. Dohm 2005; Campe 2007); eine Analyse der Bedeutung des Fetischismus bei Musil fehlt hingegen bislang. Bei den Referenzen auf sexualwissenschaftliches Wissen dominiert die Freud'sche Psychoanalyse, daneben werden Schriften von Krafft-Ebing (vgl. Johann 2003; Wieland 2005; Dohm 2007; Pohl 2011) sowie Hirschfeld herangezogen (vgl. Dohm 2005; Neymeyr 2005; Wieland 2005; Pohl 2011), selten aber selbst genauer analysiert. Auch Musils Rezeption nicht-freudianischer psychoanalytischer Ansätze (vgl. Kingerlee 2001) und seine Rezeption ehelicher Sexualberatungsliteratur ist nur im Ansatz erforscht (zu Lazarsfeld vgl. Wolf 2011; Kappeler 2012). Zu fragen wäre ferner nach möglichen sexualwissenschaftlichen Implikationen der von Musil rezipierten psychiatrischen Schriften Eugen Bleulers, Ernst Kretschmers und Traugott Konstantin Oesterreichs.

Ansätze einer Analyse der poetologischen Programmatik Musils und der ästhetischen Gestaltung des Sexuellen in seinen Schriften (vgl. z.B. Kyora 1992; Schiffermüller 1997; Gunia 2000; Neymeyr 2005; Campe 2007) nehmen bislang kaum Bezug auf das in diesen Texten sedimentierte sexualwissenschaftliche Wissen. Nübels These, dass die epistemischen und poetologischen Aspekte des Sexuellen bei Musil nicht zu trennen seien (vgl. Nübel 2009/10, S. 32), kann für zukünftige Forschungen als programmatisch gelten. Auch eine Analyse der Poetizität des sexualwissenschaftlichen Diskurses selbst (vgl. Dornhof 1998) liegt bis dato nicht vor. Erst auf dieser Basis könnte die Darstellung von Sexualitäten bei Musil, deren Spezifität und Funktion in überzeugender Weise rekonstruiert werden. Eine solche Perspektive wäre zudem geeignet, sich von reinen Figurenanalysen zu lösen und Konzepte der sexuellen Identität sowie der ‚perversen Schreibweise' in den Blick zu nehmen.

Eine exakte und umfassende Analyse der sexualwissenschaftlichen Bezugstexte Musils und ihrer literarischen (Re-)Kontextualisierung bleibt also eine vielversprechende Aufgabe der Forschung. Diese müsste zwischen zeitgenössischen Texten und methodologischen Ressourcen differenzieren und das Primat der Psychoanalyse in der Musil-Forschung weiter dezentrieren. Sexualwissenschaftliche Bezugstexte wären konsequent zu historisieren und bislang weitgehend unberücksichtigte Texte etwa der Sexualwissenschaft und Sexualberatung, aber auch der Psychoanalyse, Psychiatrie und Kriminologie zu berücksichtigen. (→ IV.5 *Psychiatrie*; IV.7 *Psychoanalyse*; IV.13 *Kriminologie*) Ziel solch künftiger Untersuchungen sollte die Verzahnung genauer wissenshistorischer Rekonstruktionen mit einer poetologischen Analyse der entsprechenden Bezugstexte einerseits und der Musil'schen Schriften andererseits sein.

4. Literatur

Bonacchi, Silvia: Die Gestalt der Dichtung. Der Einfluß der Gestalttheorie auf das Werk Robert Musils. Bern u. a.: Lang 1998.
Campe, Rüdiger: Das Bild und die Folter. Robert Musils *Törleß* und die Form des Romans. In: Ulrike Bergermann, Elisabeth Strowick (Hg.): Weiterlesen. Literatur und Wissen. Festschrift für Marianne Schuller. Bielefeld: transcript 2007, S. 121–147.
Corino, Karl: Ödipus oder Orest? Robert Musil und die Psychoanalyse. In: Uwe Baur, Dietmar Goltschnigg (Hg.): Vom *Törleß* zum *Mann ohne Eigenschaften*. München, Salzburg: Fink 1973, S. 123–235.
Corino, Karl: Robert Musils *Vereinigungen*. Studien zu einer historisch-kritischen Ausgabe. München, Salzburg: Fink 1974.
Cremerius, Johannes: Freud und die Dichter. Freiburg i. Br.: Kore 1995.
Davidson, Arnold I.: The Emergence of Sexuality. Historical Epistemology and the Formation of Concepts. Cambridge u. a.: Harvard Univ. Press 2001.
Dohm, Burkhard: Gender und Gewalt in Robert Musils *Die Vollendung der Liebe*. In: Matthias Luserke-Jaqui (Hg.): „Alle Welt ist medial geworden." Literatur, Technik, Naturwissenschaft in der Klassischen Moderne. Tübingen: Francke 2005, S. 181–199.
Dornhof, Dorothea: Inszenierte Perversionen. Geschlechterverhältnisse zwischen Pathologie und Normalität um die Jahrhundertwende. In: Antje Hornscheidt, Gabriele Jähnert, Annette Schlichter (Hg.): Kritische Differenzen – geteilte Perspektiven. Zum Verhältnis von Feminismus und Postmoderne. Opladen: Westdeutscher Verlag 1998, S. 253–277.
Eder, Franz X.: Kultur der Begierde. Eine Geschichte der Sexualität. München: Beck 2002.
Fanta, Walter: Die Entstehungsgeschichte des *Mann ohne Eigenschaften* von Robert Musil. Wien u. a.: Böhlau 2000.
Freij, Lars W.: ‚Türlosigkeit'. Robert Musils *Törleß* in Mikroanalysen mit Ausblick auf andere Texte des Dichters. Stockholm: Almqvist och Wiksell 1972.
Gödicke, Stéphane: Désordres et transgressions chez Robert Musil. Paris: Presses Sorbonne Nouvelle 2006.
Gunia, Jürgen: Die Sphäre des Ästhetischen bei Robert Musil. Untersuchungen zum Werk am Leitfaden der „Membran". Würzburg: Königshausen & Neumann 2000.
Heyd, Dieter: Musil-Lektüre: der Text, das Unbewußte. Psychosemiologische Studien zu Robert Musils theoretischem Werk und zum Roman *Der Mann ohne Eigenschaften*. Frankfurt a. M. u. a.: Lang 1980.
Johann, Klaus: Grenze und Halt. Der Einzelne im „Haus der Regeln". Zur deutschsprachigen Internatsliteratur. Heidelberg: Winter 2003.
Jones, James W.: „We of the Third Sex". Literary Representations of Homosexuality in Wilhelmine Germany. New York u. a.: Lang 1990.

Kappeler, Florian: Situiertes Geschlecht. Organisation, Psychiatrie und Anthropologie in Robert Musils Roman *Der Mann ohne Eigenschaften*. München: Fink 2012.
Kingerlee, Roger: Psychological Models of Masculinity in Döblin, Musil, and Jahnn: Männliches, Allzumännliches. Lewiston u. a.: Mellen Press 2001.
Kyora, Sabine: Psychoanalyse und Prosa im 20. Jahrhundert. Stuttgart: Metzler 1992.
Martens, Lorna: Shadow Lines. Austrian Literature from Freud to Kafka. Lincoln u. a.: Univ. of Nebraska Press 1996.
Meisel, Gerhard: Liebe im Zeitalter der Wissenschaften vom Menschen. Das Prosawerk Robert Musils. Opladen: Westdeutscher Verlag 1991.
Neymeyr, Barbara: Psychologie als Kulturdiagnose. Musils Epochenroman *Der Mann ohne Eigenschaften*. Heidelberg: Winter 2005.
Nübel, Birgit: „ein dünner Dunst fremden Leibes". Perversionen des Erkennens in Musils Essay *Das Unanständige und Kranke in der Kunst*. In: Musil-Forum 31 (2009/10), S. 23–38.
Pfohlmann, Oliver: „Eine finster drohende und lockende Nachbarmacht"? Untersuchungen zu psychoanalytischen Literaturdeutungen am Beispiel von Robert Musil. München: Fink 2003.
Pfohlmann, Oliver: Von der Abreaktion zur Energieverwandlung. Musils Auseinandersetzung mit den *Studien über Hysterie* in den *Vereinigungen*. In: Peter-André Alt, Thomas Anz (Hg.): Sigmund Freud und das Wissen der Literatur. Berlin, New York: de Gruyter 2008.
Pohl, Peter C.: Konstruktive Melancholie. Robert Musils Roman *Der Mann ohne Eigenschaften* und die Grenzen des modernen Geschlechterdiskurses. Köln u. a.: Böhlau 2011.
Porto, Petra: Sexuelle Norm und Abweichung. Aspekte des literarischen und theoretischen Diskurses der frühen Moderne (1890–1930). München: belleville 2011.
Putz, Christa: Verordnete Lust. Sexualmedizin, Psychoanalyse und die „Krise der Ehe" 1870–1930. Bielefeld: transcript 2011.
Schiffermüller, Isolde: Veronika/vera ikon. Figur und Inschrift der Frau in Robert Musils Novelle *Die Versuchung der stillen Veronika*. In: Gerhard Neumann (Hg.): Poststrukturalismus. Herausforderung an die Literaturwissenschaft. Stuttgart, Weimar: Metzler 1997, S. 252–271.
Sigusch, Volkmar: Geschichte der Sexualwissenschaft. Mit 210 Abb. u. einem Beitrag v. Günter Grau. Frankfurt a. M.: Campus 2008.
Webber, Andrew: Sexuality and the Sense of Self in the Works of Georg Trakl and Robert Musil. London: Modern Humanities Research Association 1990.
Wieland, Klaus: Die Konstruktion von männlichen Homosexualitäten im psychiatrisch-psychologischen Diskurs um 1900 und in der deutschen Erzählliteratur der frühen Moderne. In: Scientia Poetica 9 (2005), S. 216–262.
Wolf, Norbert Christian: Kakanien als Gesellschaftskonstruktion. Robert Musils Sozioanalyse des 20. Jahrhunderts. Wien u. a.: Böhlau 2011.

13. Kriminologie und Rechtswissenschaft
Mark Ludwig

1. Einleitung 579
2. Forschungsstand 580
3. Aspekte und Forschungsperspektiven 581
4. Literatur 583

1. Einleitung

Vor dem Hintergrund zahlreicher ab der Jahrhundertwende einsetzender strafrechtlicher Reformbewegungen und einer sich neu entwickelnden Debatte um Ursachen und Bekämpfung von Verbrechen sind nach 1900 „vielfache Austauschbewegungen" (Schönert 1991, S. 49) zwischen Literatur, Kriminologie und Strafrecht zu beobachten. In diesem Zusammenhang ist auch Robert Musils Werk zu nennen, in das die Thematik in verschiedener Hinsicht Eingang findet.

Konkrete Verweise auf die Rezeption kriminologischer und strafrechtlicher Schriften sind zum einen in den Arbeitsheften und Nachlassmappen nachweisbar. Hinzu kommen zahlreiche Exzerpte und gesammelte Zeitungsausschnitte zu Strafprozessen, u. a. über die berühmt gewordenen Fälle Friedrich Haarmann und Peter Kürten (vgl. Corino 2003, S. 1724). Zum anderen finden kriminologische und strafrechtliche Materialien auch Eingang in das literarische Werk Musils. So werden im Roman *Der Mann ohne Eigenschaften* (MoE) verschiedene Materialien integriert und miteinander kombiniert. Die Verweise auf kriminologisch wie strafrechtlich relevantes Wissen berühren dabei verschiedene Komplexe des Romans. Insgesamt ist mit Blick auf die Entstehungsgeschichte (vgl. Fanta 2000) zu beobachten, „dass die Einbeziehung des Kriminologischen von Beginn an ein zentrales Moment der Entstehungsgeschichte des *Mann ohne Eigenschaften* darstellt" (Ludwig 2011, S. 78). Eine zentrale Funktion kommt in diesem Zusammenhang der Figur des Prostituiertenmörders Moosbrugger zu, der als eine Art „Scharnierstelle" (ebd., S. 79) verschiedene Handlungsstränge, Themenfelder und Figurenkreise des Romans in Verbindung bringt. Zudem gewinnen kriminologische wie strafrechtliche Hintergründe besondere Relevanz für die Ausgestaltung der im Roman dargestellten Debatte zwischen Ulrichs Vater und Professor Schwung um eine Reform des Zurechnungsfähigkeitsbegriffes.

Die aus heutiger Perspektive möglicherweise nicht mehr zwingend nachvollziehbare Relevanz, die Musil dem kriminologisch-strafrechtlichen Komplex zuweist, wird vor dem Hintergrund verständlich, dass Kriminologie als eine sich zur Handlungs- und Entstehungszeit des Romans erst konstituierende und in hohem Maße für Nachbardisziplinen offene wissenschaftliche Disziplin darstellt. Demnach besitzt sie im Sinne des enzyklopädischen Ansatzes des Romans eine besondere Attraktivität als Darstellungs- und Kopplungsfeld der zu integrierenden Wissensbereiche. Zudem ist zu berücksichtigen, dass im Zuge der in den 1910er und 1920er Jahren geführten Debatten um die in Österreich und Deutschland geplanten Strafrechtsreformen, die auch im *MoE* thematisiert werden, sowie vor dem Hintergrund zahlreicher spektakulärer Kriminalfälle jener Zeit der gesellschaftliche und strafrechtliche Umgang mit Verbrechen auch in der Öffentlichkeit breit diskutiert wurde. Im Rekurs auf kriminologische Debatten greift der Roman demnach zeittypisches kulturelles Wissen auf und entwickelt „eine Art Mikrokosmos der Moderne", mittels dessen „die komplexen Verflechtungen der Vorkriegsgesellschaft mit all ihren ‚hundert Klauseln, Anhängseln, Vergleichen und Verwahrungen' [MoE, 170] offengelegt werden können" (Ludwig 2011, S. 22). Dass Literatur für die Genese und Verbreitung des dargestellten Wissens eine entscheidende Rolle spielt (vgl. Schönert 1983 u. 1991), erhöht die Attraktivität der Thematik für einen sich insbesondere durch seine hochgradige Selbstreferenzialität und Selbstreflexivität auszeichnenden Roman (vgl. u. a. Honnef-Becker 1994) in zusätzlicher Weise.

2. Forschungsstand

Kriminologie und Strafrecht haben in der Musil-Forschung lange Zeit nur randständige Beachtung erfahren. Auch wenn bereits in den 1970er und 1980er Jahren in einzelnen Studien auf die grundlegende Relevanz der Thematik verwiesen wurde (vgl. u. a. Müller 1971; Roth 1972, S. 57f.) und auch die Moosbrugger-Figur in den Blickpunkt einzelner Publikationen geriet (u. a. Goltschnigg 1983), stellte Tim Mehigan (1995, S. 227) noch Mitte der 1990er Jahre fest, dass „die Möglichkeit, der Idee des Verbrechens könnte eine programmatische Funktion im Denken Musils zukommen, bislang völlig übersehen worden" sei. Erst in der jüngeren Forschung lässt sich im Rahmen von Forschungsarbeiten zum generellen Verhältnis von Kriminologie und Literatur (vgl. u. a. Andriopoulos 1996; Siebenpfeiffer 2005; Höcker 2012) sowie in musilspezifischen Untersuchungen (vgl. u. a. Ludwig 2011; Bergengruen 2012) eine verstärkte Aufarbeitung dieses Themenkomplexes in Musils Texten beobachten. Zudem sind im Zuge von diskursanalytisch inspirierten Studien zur Darstellung von Wahnsinn, Strafrecht und Forensik in der Literatur der Moderne diesbezügliche Darstellungen Robert Musils – insbesondere zur Moosbrugger-Figur in seinem Roman *MoE* – neu in den Blick genommen worden (vgl. u. a. Wolf 2014). Als wichtige Grundlagenarbeiten sind diesbezüglich zum einen die maßgeblich biografisch orientierten Studien Karl Corinos zur Bedeutung des Falles Christian Voigt als ‚Modell' der Moosbrugger-Figur (vgl. Corino 1984 u. 2003) wie zum anderen die Beiträge von Heinz Müller-Dietz (1987/88, 1989 u. 1992) und Hildegard Emmel (1963) zu sehen, die auf die Bedeutung der strafwissenschaftlichen Aspekte aufmerksam gemacht haben. Darüber hinaus sind die Studien von Renate von Heydebrand (1966), Erhard von Büren (1970) und Marie-Louise Roth (1972) zu nennen, die auf intertextuelle Bezüge Musils insbesondere zur (Kriminal-)Psychologie verwiesen haben. Nahezu alle Forschungsarbeiten konzentrieren sich bislang maßgeblich auf Musils Hauptwerk *MoE*. Randständig in den Blick genommen wurde zudem eine Prosaskizze, in welcher Musil Döblins *Die beiden Freundinnen und ihr Giftmord* rezensiert und, unter Rekurs auf Scipio Sigheles kriminalpsychologische Schrift *Le crime à deux* (1910), Kritik am gesellschaftlichen Umgang mit Delinquenz übt (vgl. Müller-Dietz 1989, S. 245–247). Im Zuge einer erweiterten Diskussion der Dimension des Verbrechens in Musils Texten ist zudem Musils Novelle *Die Vollendung der Liebe* beachtet worden (u. a. Willemsen 1983). Die erst spät einsetzende umfassendere Erfassung der kriminologisch-strafrechtlichen Bezüge von Musils Werk, insbesondere des *MoE*, erklärt sich daraus, dass, wie u. a. Hildegard Hogen (2000, S. 89) argumentiert, angesichts der verarbeiteten ungeheuren Materialfülle ein Nachvollziehen aller Referenzen aus forschungsökonomischen Gründen kaum möglich ist. Vornehmlich wurden zunächst die aus literaturwissenschaftlicher Perspektive näherliegenden literarischen und philosophischen Bezüge in den Blick genommen. Zudem haben individualpsychologische Betrachtungsweisen der Moosbrugger-Figur (vgl. u.a. Menges 1982; Ostermann 2005) den sich im Zusammenhang mit dieser Figur auch deutlich zeigenden kriminologisch-strafrechtlichen Kontext zunächst stellenweise in den Hintergrund treten lassen. Nicht zuletzt scheint es auch gewisse Berührungsängste mit den dunklen Seiten des Textes zu geben, die sich im kriminologisch-strafrechtlichen Komplex besonders deutlich zeigen.

3. Aspekte und Forschungsperspektiven

Die Erforschung von Kriminologie und Strafrecht in den Texten Robert Musils ist im Zuge einer erweiterten Erschließung des Werks von der Herausarbeitung intertextueller Bezugnahmen bestimmt. Diese konzentrierten sich zunächst auf die Figur des Prostituiertenmörders Moosbrugger, dessen Darstellung, wie Corino (1984) in Revision einer zunächst spekulativ vorgenommenen Zuweisung zum Fall Florian Großrubatscher (vgl. Corino 1983) dargelegt hat, auf den realen Fall Christian Voigt rekurriert. Musil griff – in vielen Fällen in wortwörtlichen Übernahmen – für die Darstellung auf Berichte verschiedener Tageszeitungen sowie auf fachwissenschaftliche Beiträge zurück. In jüngeren Arbeiten konnte deutlich gemacht werden, dass darüber hinaus eine Vielzahl weiterer Fremdmaterialien in den kriminologischen Komplex des *MoE* eincollagiert worden ist. Neben dem Fall Voigt bezieht sich Musil u.a. auf von Cesare Lombroso geprägte kriminalphysiognomische Deutungsmuster, kriminalbiologisch bzw. -medizinisch relevante Ansätze wie Ernst Kretschmers Konstitutionslehre sowie kriminalpsychologisch bedeutende Arbeiten wie Scipio Sigheles *Le crime à deux* oder Eugen Bleulers Ausführungen zu Epilepsie und Schizophrenie in seinem *Lehrbuch der Psychiatrie* (1916). Zudem fließen eigene, in den Arbeitsheften festgehaltene Eindrücke des Besuchs einer psychiatrischen Klinik in Rom Anfang Oktober 1913 ein (vgl. Tb I, 278–281). (→ IV.5 *Psychiatrie*)

Darüber hinaus lässt sich auch in den dargestellten Debatten um den Zurechnungsfähigkeits-Begriff die Einarbeitung zahlreicher Materialien nachweisen. Musils Ausführungen lassen sich hierbei auf reale zeitgenössische Debatten um eine Strafrechtsreform zurückführen – eine wichtige Quelle stellen insbesondere die im Auftrag der kriminalpsychologischen Sektion des kriminalistischen Seminars der Universität Berlin von Alfred Gottschalk herausgegebenen *Materialien zur Lehre von der verminderten Zurechnungsfähigkeit* (1904) dar. Aus diesem Band, in dem Auszüge und Zusammenfassungen wichtiger zeitgenössischer Positionen dargestellt sind, entnahm Musil gleich eine ganze Reihe von Formulierungen für die einschlägigen Kapitel I/19, 60, 74 und 111 des *MoE*, zudem entstammt dieser Quelle offenbar auch das in Kapitel I/110 integrierte Schriftenverzeichnis (vgl. MoE, 533). Mit der Referenz auf Samuel Pufendorfs *De Jure et Gentium* (1672) eröffnet der Roman zudem die Möglichkeit einer historischen Kontextualisierung der Debatte um die Ausrichtung der Imputationslehre.

Die Darstellung dieser Debatte kann, wie in den meisten Forschungsarbeiten zu diesem Komplex angenommen, zum einen als eine Kritik an der „ruhenden Einrichtung des Rechts" (MoE, 537) verstanden werden. Nach Müller-Dietz (1989, S. 247) lässt es Musils Darstellung „schwerlich an Schärfe und Eindeutigkeit in der Charakterisierung der juristischen und (gerichts-)psychiatrischen Probleme und Fragwürdigkeiten fehlen". In Musils Kritik geraten insbesondere die überkommenen Kategorien und die Logik der Beurteilung von Verbrechen.

Zudem lassen sich die kriminologischen und strafrechtlichen Einlassungen in Zusammenhang mit der poetologischen Selbstverortung des Romans bringen. So wird der Versuch erkennbar, in Referenz auf die Zurechnungsfähigkeitsproblematik Figuren eines ‚anderen' Denkens zu modellieren. Vor der Kontrastfolie eines stark vom alternativlogischen Denken geprägten Strafrechtssystems, für das es gemäß dem Leitsatz „non datur tertium sive medium inter duo contradictoria [...] zwischen zwei Gegensätzen [...] nichts Drittes und Mittleres" (MoE, 242) gibt, breitet der Roman eine Logik des Dritten aus (vgl. hierzu auch Bergengruen 2012), die gesetzte Grenzen zwischen Zurechnungs- und Unzurechnungsfähigkeit, zwischen Normalität und Wahnsinn sowie dem, was als Verbrechen und dem, was nicht als Verbrechen angesehen wird, aufzulösen bestrebt ist.

Ähnliche Prozesse der Unterwanderung, Auflösung und Überschreitung von Grenzen lassen sich auch bezüglich der anderen mit Kriminologie und Strafrecht in Verbindung stehenden Komplexe des *MoE* beobachten (vgl. Ludwig 2011). So unterläuft der Text nicht nur die von Lombroso geprägten Muster der Entzifferung des Kriminellen, sondern inszeniert – u. a. in Rekurs auf die zeitgenössisch nachweisbare Engführung von Epilepsie und Verbrechen (vgl. auch Ludwig 2005; Heimböckel 2009) – auch sprachliche Entgrenzungsvorgänge sowie in Rekurs auf Sigheles Konzept des *délire à deux* Transgressionen zwischen Individuen wie auch zwischen der Text-Prätext- und der Text-Leser-Beziehung. In Rekurs auf Lévy-Bruhls *Das Denken der Naturvölker* (1921) werden ergänzend Modi der Möglichkeit eines ‚anderen' oder ‚wilden' Denkens durchgespielt (vgl. Lévi-Strauss 1973; Tb II, 1156; Ludwig 2011, S. 226–239), in dem sich auch Widersprüche und die Gleichzeitigkeit von Ungleichzeitigem integrieren lassen (vgl. hierzu auch Ostermann 2005). (→ IV.9 *Ethnologie*)

Von besonderem Interesse ist dabei die Integration kriminologischer Fallgeschichtsschreibung in den Roman. Fallgeschichten stellen zur Handlungs- und Entstehungszeit des Werks eine relevante Form der Genese und Verbreitung kriminologischen Wissens in Literatur wie Wissenschaft dar (vgl. Pethes 2005). Es wird demnach eine Textform integriert, der grundlegend ein „Hybridstatus [...] eigen ist" (Weitin 2003, S. 106), welcher mittels Transgressionen von literarischem und wissenschaftlichem Wissen nochmals deutlich gemacht werden kann. Als Genre, das nach Nicolas Pethes (2005, S. 67) einen „Vermittlungsbereich zwischen der Fachlichkeit des Rechtsgeschehens, der Literatur, der Publizistik und dem Alltagsleben" darstellt, erscheint die Fallgeschichte zudem in besonderer Weise funktional, um die angenommene Kopplungsfunktion des Kriminologischen zu unterstützen.

Literaturtheoretisch werden in den bisher in der Forschung aufgegriffenen Überlegungen zu Kriminologie und Strafrecht in Musils Œuvre verschiedene Ansätze sichtbar. Erstens lässt sich in zahlreichen Arbeiten eine klassisch hermeneutisch geprägte Zugangsweise erkennen. Die kriminologisch wie strafrechtlich geprägten Einlassungen dienen hier als Baustein in sich geschlossener, maßgeblich werkimmanent argumentierender (Gesamt-)Interpretationen. Darüber hinaus erscheint der Komplex für eine Weitung der Überlegungen zur Poetologie von Musils Werk von Relevanz. Erweitert werden sie um die Intertextualität betonende Perspektivierungen, die zugleich die literarhistorische Quellen- und Einflussforschung weitertreiben. (→ VIII.5 *Inter-*

textualität) In Ergänzung maßgeblich autoren- und werkzentrierter Zugänge erscheinen zudem diskurtheoretische Überlegungen sinnvoll. U. a. wurde versucht, in Rückgriff auf Jürgen Links Konzepte von Inter- und Spezialdiskurs die Einbindung des kriminologischen Diskurses in den Roman zu analysieren und begründen. In diesem Zusammenhang wurden auch systemtheoretische Überlegungen in Anschlag gebracht, die zur Konturierung des komplexen Beobachtungsmodells im *MoE* beitragen können. Demnach wird dort in einer Beobachtung dritter Ordnung „von Seiten der Literatur beobachtet, dass ein Beobachter (Kriminologie) beobachtet, wie andere Beobachter (Recht, Medizin, Psychiatrie, etc.) beobachten, was sie beobachten (Verbrecher und Verbrechen)." (Ludwig 2011, S. 55)

Weiterführend wären zukünftig Arbeiten wünschenswert, die Musils Werk und dessen kriminologisch-strafrechtliche Aspekte im Vergleich zu anderen literarischen Texten diskutieren – zu denken wäre hier etwa an Arbeiten von Alfred Döblin, Rahel Sanzara oder die auch von Musils beachtete (vgl. GW II, 1715) und von Rudolf Leonhard herausgegebene Reihe *Außenseiter der Gesellschaft – Die Verbrechen der Gegenwart* (vgl. Linder 1994). Bezogen auf das auch bei Musil zentrale Lustmord-Motiv (vgl. Lindner 1999) ist in entsprechenden vergleichenden Ansätzen Musils Werk bereits diskutiert worden (vgl. u. a. Siebenpfeiffer 2005; Höcker 2012).

4. Literatur

Andriopoulos, Stefan: Unfall und Verbrechen. Konfigurationen zwischen juristischem und literarischem Diskurs um 1900. Pfaffenweiler: Centaurus 1996.

Bergengruen, Maximilian: Moosbruggers Welt. Zur Figuration von Strafrecht und Forensik in Robert Musils *Der Mann ohne Eigenschaften*. In: Lilith Jappe, Olav Krämer, Fabian Lampart (Hg.): Figurenwissen. Funktionalisierung des Wissens bei der narrativen Figurendarstellung. Berlin, Boston: de Gruyter 2012, S. 324–344.

Büren, Erhard von: Zur Bedeutung der Psychologie im Werk Robert Musils. Zürich, Freiburg i. Br.: Atlantis 1970.

Corino, Karl: Ein Mörder macht Literaturgeschichte. Florian Großrubatscher, ein Modell für Musils Moosbrugger. In: Josef Strutz, Johann Strutz (Hg.): Robert Musil und die kulturellen Tendenzen seiner Zeit. München, Salzburg: Fink 1983, S. 130–147.

Corino, Karl: Zerstückt und durchdunkelt. Der Sexualmörder Moosbrugger im *Mann ohne Eigenschaften* und sein Modell. In: Musil-Forum 10 (1984), S. 105–119.

Corino, Karl: Robert Musil. Eine Biographie. Reinbek b. Hamburg: Rowohlt 2003.

Emmel, Hildegard: Das Problem des Verbrechens: Hermann Broch und Robert Musil. In: dies.: Das Gericht in der deutschen Literatur des 20. Jahrhunderts. Bern, München: Francke 1963, S. 56–81.

Fanta, Walter: Die Entstehungsgeschichte des *Mann ohne Eigenschaften* von Robert Musil. Wien u. a.: Böhlau 2000.

Goltschnigg, Dietmar: Die Rolle des geisteskranken Verbrechers in Robert Musils Erzählung *Die Vollendung der Liebe* und im *Mann ohne Eigenschaften*. In: Gudrun Brokoph-Mauch (Hg.): Beiträge zur Musil-Kritik. Frankfurt a. M. u. a.: Lang 1983, S. 149–160.

Heimböckel, Dieter: Morbus sacer. Literatur und Epilepsie. In: Achim Geisenhanslüke, Georg Mein (Hg.): Monströse Ordnungen. Zur Typologie und Ästhetik des Anormalen. Bielefeld: transcript 2009, S. 415–437.

Heydebrand, Renate von: Die Reflexionen Ulrichs in Robert Musils Roman *Der Mann ohne Eigenschaften*. Ihr Zusammenhang mit dem zeitgenössischen Denken. Münster: Aschendorff 1966.

Höcker, Arne: Epistemologie des Extremen. Lustmord in Kriminologie und Literatur um 1900. München: Fink 2012, S. 189–203.

Hogen, Hildegard: Die Modernisierung des Ich. Individualitätskonzepte bei Siegfried Kracauer, Robert Musil und Elias Canetti. Würzburg: Königshausen & Neumann 2000.

Honnef-Becker, Irmgard: Selbstreferentielle Strukturen in Robert Musils Roman *Der Mann ohne Eigenschaften*. In: Wirkendes Wort 44 (1994), H. 1, S. 72–88.

Lévi-Strauss, Claude: Das wilde Denken. [frz. 1962] Frankfurt a. M.: Suhrkamp 1973.

Linder, Joachim: Außenseiter der Gesellschaft. Die Verbrechen der Gegenwart. Straftäter und Strafverfahren in einer literarischen Reihe der Weimarer Republik. In: Kriminologisches Journal 26 (1994), S. 249–272.

Lindner, Martin: Der Mythos ‚Lustmord'. Serienmörder in der deutschen Literatur, dem Film und der Bildenden Kunst zwischen 1892 und 1932. In: Joachim Linder, Claus-Michael Ort (Hg.): Verbrechen – Justiz – Medien. Konstellationen in Deutschland von 1900 bis zur Gegenwart. Tübingen: Niemeyer 1999, S. 273–305.

Ludwig, Mark: Moosbrugger denkt nach. Zur Ambivalenz von Entgrenzung und Begrenzung in Robert Musils *Mann ohne Eigenschaften*. In: Martin Roussel, Markus Wirtz, Antonia Wunderlich (Hg.): Eingrenzen und Überschreiten. Verfahren in der Moderneforschung. Würzburg: Königshausen & Neumann 2005, S. 61–72.

Ludwig, Mark: Zurechnungsfähigkeiten. Kriminologie in Robert Musils *Mann ohne Eigenschaften*. Würzburg: Königshausen & Neumann 2011.

Mehigan, Tim: Moral und Verbrechen. Einige Gedanken über Robert Musils intellektuelle Position. In: Wirkendes Wort 45 (1995), H. 2, S. 227–240.

Menges, Martin: Abstrakte Welt und Eigenschaftslosigkeit. Eine Interpretation von Robert Musils Roman *Der Mann ohne Eigenschaften* unter dem Leitbegriff der Abstraktion. Frankfurt a. M., Bern: Lang 1982.

Müller, Gerd: Dichtung und Wissenschaft. Studien zu Robert Musils Romanen *Die Verwirrungen des Zöglings Törleß* und *Der Mann ohne Eigenschaften*. Uppsala: Almqvist och Wiksell 1971.

Müller-Dietz, Heinz: „Die ruhende Einrichtung des Rechts". Recht und Rechtsdenken in Musils *Mann ohne Eigenschaften*. In: Musil-Forum 13/14 (1987/88), S. 147–166.

Müller-Dietz, Heinz: (Ich-)Identität und Verbrechen. Zur literarischen Rekonstruktion psychiatrischen und juristischen Wissens von der Zurechnungsfähigkeit in Texten Döblins und Musils. In: Manfred Pfister (Hg.): Die Modernisierung des Ich. Studien zur Subjektkonstitution in der Vor- und Frühmoderne. Passau: Rothe 1989, S. 240–253.

Müller-Dietz, Heinz: Moosbrugger, ein Mann mit Eigenschaften, oder: Strafrecht und Psychiatrie in Musils *Mann ohne Eigenschaften*. In: Neue juristische Wochenschrift 45 (1992), H. 20, S. 1276–1284.

Ostermann, Eberhard: Das wildgewordene Subjekt. Christian Moosbrugger und die Imagination des Wilden in Musils *Mann ohne Eigenschaften*. In: Neophilologus 89 (2005), S. 605–623.

Pethes, Nicolas: Vom Einzelfall zur Menschheit. Die Fallgeschichte als Medium der Wissenspopularisierung zwischen Recht, Medizin und Literatur. In: Gereon Blaseio, Hedwig Pompe, Jens Ruchatz (Hg.): Popularisierung und Popularität. Köln: DuMont 2005, S. 63–92.

Roth, Marie-Louise: Robert Musil. Ethik und Ästhetik. Zum theoretischen Werk des Dichters. München: List 1972.

Schönert, Jörg: Kriminalgeschichten in der deutschen Literatur zwischen 1770 und 1890. In: ders. (Hg.): Literatur und Kriminalität. Die gesellschaftliche Erfahrung von Verbrechen und Strafverfolgung als Gegenstand des Erzählens. Deutschland, England und Frankreich 1850–1880. Tübingen: Niemeyer 1983, S. 323–339.

Schönert, Jörg (Hg.): Erzählte Kriminalität. Zur Typologie und Funktion von narrativen Darstellungen in Strafrechtspflege, Publizistik und Literatur zwischen 1770 und 1920. Tübingen: Niemeyer 1991.

Siebenpfeiffer, Hania: Kreatur und kalter Killer. Der Lustmörder als Paradigma männlicher Gewalt in der Moderne. In: dies., Hanno Ehrlicher (Hg.): Gewalt und Geschlecht. Bilder, Literatur und Diskurse im 20. Jahrhundert. Köln u.a.: Böhlau 2002, S. 109–130.

Siebenpfeiffer, Hania: Böse Lust. Gewaltverbrechen in Diskursen der Weimarer Republik. Köln u.a.: Böhlau 2005.

Weitin, Thomas: Vom Zeugen und Überzeugen. Überlegungen zum Recht und zur Literatur. In: Weimarer Beiträge 49 (2003), H. 2, S. 184–201.

Willemsen, Roger: Claudine und Gilles. Die Latenz des Verbrechens in Robert Musils Novelle *Die Vollendung der Liebe*. In: Josef Strutz, Johann Strutz (Hg.): Robert Musil und die kulturellen Tendenzen seiner Zeit. München, Salzburg: Fink 1983, S. 29–58.

Wolf, Norbert Christian: Wahnsinn als Medium poet(olog)ischer Reflexion. Musil mit/gegen Foucault. In: Deutsche Vierteljahrsschrift für Literaturwissenschaft und Geistesgeschichte 88 (2014), S. 46–94.

V. Systematische Aspekte: Kultur und Gesellschaft

1. Stadt
Alexander Honold

1. Musils Städte 587
2. Urbane Experimente und literarische Stadtlandschaften 589
3. Urbanitätserfahrung und Narration in der Moderne 591
4. Forschung und Forschungsperspektiven 592
5. Literatur 593

1. Musils Städte

Die (große) Stadt spielt als ein in sozialer Diversität entfalteter Handlungsraum für Robert Musil eine herausragende Rolle für das Verständnis moderner Kultur. Sie gibt eine verdichtete Vorstellung der Prozesse von Arbeitsteilung, Entfremdung, beschleunigtem Umschlag und Austausch von Gütern sowie wachsendem Bewegungsbedarf und Verkehr. Wenn in *Mann ohne Eigenschaften* (MoE) das Wien am Vorabend des Ersten Weltkriegs als eine „kochende[ ] Blase" (MoE, 10) beschrieben wird, sind zweifellos weit spätere Großstadteindrücke (etwa die der Schreibzeit am Berliner Kurfürstendamm) in die alte Habsburger-Residenzstadt zurückprojiziert. Auch die an Fritz Langs *Metropolis* (1927) erinnernde „überamerikanische Stadt" zu Beginn des „Kakanien"-Kapitels (MoE, 31) stellt mehr einen perspektivischen Fluchtpunkt von Modernitätsfantasien dar denn ein auf reale geografische Stadteindrücke zu beziehendes Leitbild. Musil war durchaus angezogen von gesteigerter Urbanität und den von großstädtischen Situationen verursachten Deformationen des Raum- und Zeitgefühls.

Für den großen Epochenroman zieht Musil ein „‚durchstrichenes' Wien" (KA, M VII/8/124) als topografische Fiktionsbasis heran, dessen realhistorische Folie in der Schilderung einzelner Bauten oder der Ringstraßen-Anlage durchaus noch erkennbar ist, auch wenn im Handlungsgang nur selten genau lokalisierbare Wiener Schauplätze angesteuert werden. Einen Grundmodus der Subjekt-Objekt-Beziehung macht der Autor am Verhältnis des noch formungsfähigen Individuums zu den es umgebenden architektonischen Behältnissen und Gehäusen fest: Hierbei trifft ein emotional hochtemperiertes Ausdrucksgeschehen auf die physische Faktizität gebauten Raumes, oder, wie ein einschlägiges Romankapitel es ausdrückt, ein „heißer Strahl" auf „erkaltete Wände" (Kap. I/34, MoE, 128). Die gebaute Stadt ist steingewordener Ausdruck gelebten Lebens, sie wirkt als von außen kommende, soziale Determination der Menschen, die in ihrer prinzipiellen ‚Gestaltlosigkeit' sich den gegebenen Formen anzupassen versuchen. (→ VII.3 *Gestaltlosigkeit*) Neben Wien sind es die Städte Berlin und Brünn, an deren Schilderung Musil die Erfahrung zeitgenössischer Urbanität und die gesellschaftlichen Funktionen städtisch verdichteter Handlungsräume literarisch zur Anschauung bringt. (→ II.2 *Orte/Schauplätze*)

Die Lebenswelt Berliner Mietskasernen – jener zu den „sonderbarsten Orten der Welt" gezählten „Berliner Höfe, wo zwei, drei, oder vier Häuser einander den Hintern zeigen" (GW II, 550) – steht in *Die Amsel* (1928) symbolisch für die massenhafte und tendenziell uniforme Einrichtung im ‚Seinesgleichen', da sämtliche menschlichen Verrichtungen in den identisch übereinander gelegten Wohnungsgrundrissen aufgestapelt liegen „wie die Säulen der Brötchen in einem Automatenbüffet". Städtischer Wohnungsbau manifestiert das Gesetz der großen Zahl, vollkommen absorbiert erscheint darin die Besonderheit des Individuums: „Das persönliche Schicksal ist in solchen Mittelstandswohnungen schon vorgerichtet, wenn man einzieht." (ebd.) Die massenhafte Vorgeformtheit und Gleichbehandlung der Lebensvollzüge wird sodann in der Novelle von der plötzlich einfallenden Epiphanie der in der Amselgestalt auftretenden Mutterfigur wie durch einen Weckruf ins Wesentliche durchschlagen.

Die mährische Hauptstadt Brünn, langjährige Wirkungsstätte des Maschinenbau-Ingenieurs Alfred Musil, bildete Robert Musils eigentliche Heimat der Jugendjahre. Während seiner kurzen Gymnasialzeit in der Stadt lernte er 1891 den zwei Jahre älteren Gustav Donath kennen; die Väter waren als Professoren an der Technischen Hochschule Kollegen, die Familien wohnten benachbart (vgl. Corino 2003, S. 1471). In Brünn, das aufgrund seiner Textilindustrie als „das österreichische Manchester" (ebd., S. 52) galt, kam Musil erstmals mit Zeiterscheinungen der Moderne wie Fabriken oder dem Leben des Proletariats in Kontakt. Auch die sozialen und ethnischen Spannungen zwischen tschechischen Arbeitern und deutschsprachigem resp. deutschjüdischem Bürgertum waren dort mit Händen zu greifen. Der *MoE*-Kapitelentwurf „Eine kakanische Stadt" skizziert am Musterfall Brünns die konfliktreiche demografische Zusammensetzung einer stark industrialisierten, zugleich aber noch von einem agrarischen Umland beeinflussten Stadt. Brünn, im Roman als Geburtsstadt des expressionistischen Friedensdichters Feuermaul vorgestellt, wird beschrieben als eine in einzelnen Ringsektoren um den erhöhten Altstadtkern ausgebreitete Schichtenfolge, in der vom inneren „Geschäftsbetrieb wohlhabender Bürger" nach außen absteigend die „Fabriksviertel" folgten, in welchen „große, schmale, schmutzige Häuserschachteln mit unzähligen Fensterlöchern" zu sehen waren. Auf den ins Umland hinausführenden Straßen begann „unvermittelt schwarzbraune fette fruchtbare Erde", über der „geduckte Dörfer" hockten, „in einer Zeile die Landstraße begleitend u. in den Farben des Regenbogens angestrichen". Einerseits befand sich in der Umgegend „fremd reizvolles Bauernland, aus dem die Fabriken ihre Arbeiter, Männer u[nd] Frauen sogen", andererseits gab es „weites Rübenland, das Großgrundbesitzern gehörte". All dies ergab in der Summe „so ein Nebeneinander, wie für K[a]k[ani]en typisch!" (KA, M VII/1/52) Die sozialrealistische Tristesse einer unversöhnten Gleichzeitigkeit des Ungleichzeitigen, wie sie Musils Schilderung in einer unerhörten Weise am Weichbild der Stadt Brünn herausarbeitet, wird sodann in einem zweiten Schritt zum typisch kakanischen Nebeneinander erklärt und damit aus ihrer Kontingenz ins Symbolische sublimiert. (→ V.3 *Kakanien*)

Auch die berühmte Architektur-Ekphrasis, mit welcher der *MoE* das Domizil seines Protagonisten vorstellt, läutert die steingewordene Disparität von Stil-Schichtungen zu einem Gesamtsymbol des habsburgischen Staatsgebildes mitsamt seiner historischen Kompromisse und epigonalen Fassadenanmutung. Die im Spätsommer 1913 im Arbeitsheft 7 festgehaltene Trouvaille jenes alten Palais Salm, das sich hinter einem verwahrlosten Garteneck in vergessener Pracht und nobler Stille ausbreitete und später als Wohnsitz des ‚Mannes ohne Eigenschaften' ausersehen wurde (vgl. Tb I, 275), kann als „[e]rster Hinweis auf den frühen Roman-Entwurf *Spion.*'" (Tb II, 167, Anm. 45) und damit als eine Keimzelle des Romanprojekts zum *MoE* betrachtet werden. Im Roman verdichtet die Beschreibung des Palais die kakanientypischen Merkmale des Neben- bzw. Übereinanders disparater Baustile in eklektischer Koexistenz. „[E]in teilweise noch erhalten gebliebener Garten" (MoE, 11) erinnert an den feudalen Flächenverbrauch eines Adelspalais, die Traggewölbe aus dem 17. Jahrhundert verweisen auf die Zeit der ehemaligen Macht- und Prachtausdehnung des Hauses Habsburg, Oberstock und Fassade bekunden den jeweiligen Zeitgeschmack der beiden folgenden Jahrhunderte, so dass das Anwesen insgesamt „einen etwas verwackelten Sinn" (MoE, 12) ausstrahlt, wie eine mehrfach übereinander belichtete Fotografie. Gerade darin, so gibt die emblematisch gemeinte Ekphrasis zu verstehen, gleicht das stilistisch heterogene Domizil des Protagonisten dem in Österreich obwaltenden Prinzip „des ‚Fortwurstelns'" (MoE, 361) insgesamt. (→ VI.2.4 *Architektur*)

2. Urbane Experimente und literarische Stadtlandschaften

Die Wiener Ringstraßenära wurde in ihrem Eklektizismus zur übereinstimmenden Negativfolie aller Künstlerbewegungen von der Jahrhundertwende bis in die klassische Moderne. Am Ring und seinen Prunkgebäuden verwirklichte sich die seit Mitte der 1850er Jahre bewerkstelligte Stadterweiterung, die ähnlich wie im Paris des Baron Haussmann durch die Verbreiterung der Straßen und Plätze künftigen Barrikadenkämpfern die Deckung nehmen und zugleich der herrschaftlichen Repräsentation eine Bühne bereiten wollte. Wenn später Hermann Brochs im Exil entstandener großer Hofmannsthal-Essay die „Dekorationslust" der Wiener Ringstraßenära als „Vertuschung alles Elends" kritisierte (Broch 1975, S. 112), so ging ihm Musil darin voraus, indem seine Schilderungen Wiener Schauplätze immer wieder die bizarre Kontingenz dieser Kulissenwelt thematisierten. Der „Übergang vom Alt- zum Schönfinden", den Ulrich an der Betrachtung einer Kirchenfassade und der sie umgebenden Straßenzeile als rätselhafte soziale Gewohnheit ironisiert, sei nichts anderes als die notwendige Komplementärkraft zur ewigen „Renoviersucht des Daseins", so befindet der Protagonist des *MoE*, der architektonischen Epigonalität gegenüber versöhnlich milde gestimmt: „Jetzt standen diese Häuser wie brave Tanten mit altmodischen Hüten in dem Spätnachmittagslicht, […] ganz nett und belanglos und alles andere eher als aufregend." (MoE, 132)

Musterhafte Szenen einer modernistischen Urbanität sind die sowohl im Roman wie auch in dem ihm vorausgehenden Prosastück *Triëdere!* aus dem Jahr 1926 unternommenen Wahrnehmungsexperimente. In der ersten Erzähleinstellung, die auf den Protagonisten des Romans gerichtet ist, befindet sich der ‚Mann ohne Eigenschaften' gerade dabei, „mit der Uhr" die vor dem Fenster vorübereilenden „Autos, die Wagen, die Trambahnen und die von der Entfernung ausgewaschenen Gesichter der Fußgänger" zu beobachten, um abschätzen zu können, wie groß und welcher Art die hierbei aufgewandten „Geschwindigkeiten, die Winkel, die lebendigen Kräfte vorüberbewegter Massen" wohl sind. Als ein dem Fortschritt zugewandter Zeitgenosse nimmt Ulrich an, dass die „Anstrengungen", die ein moderner Mensch vollbringen muss, „um sich im Fluß einer Straße aufrecht zu halten" (MoE, 12), diejenigen des mythischen Welterhalters Atlas bei Weitem überträfen. Aber was gelten überhaupt noch Einzelschicksale im Zeitalter von Statistik, Masse und Markt?

Die Prosaskizze *Triëdere!* ist mit ihrem sperrigen Titelwort als Imperativ der 2. Person Singular zu lesen, welcher die Benutzung eines optischen Instruments, eben des dem Binokular verwandten Triëders, für die Gewinnung befremdlicher Eindrücke in der Großstadt empfiehlt. Akteur ist ein namentlich nicht gekennzeichneter männlicher „Beobachter" (GW II, 519), der durch ein Prismen-Fernrohr den Ausblick auf einen Platz mustert, welcher unschwer als das bereits 1913 beschriebene Ensemble um das (Jahre später von Musil bezogene) Eckhaus Rasumofskygasse 20 zu erkennen ist. Der Standort des Versuchs ist folglich kein anderer als das Arbeitszimmer des Schriftstellers. Der Beobachter fasst zunächst ein gegenüberliegendes Behördengebäude in den Blick und macht sich per optischer Annäherung sodann an nichtsahnenden Passanten, insbesondere weiblichen Geschlechts, zu schaffen. Ausgekostet wird dabei ein visueller Vergrößerungseffekt, durch den – wie Walter Benjamin im Hinblick auf die Fotografie formuliert hat – der Bereich des „Optisch-Unbewußten" in ähnlicher Weise zugänglich wird wie der des „Triebhaft-Unbewußten" durch die Psychoanalyse (Benjamin 1977, S. 371). (→ VI.3.1 *Fotografie*) Musils Text vergleicht den Einsatz des optischen Instruments mit der Wirkung von Zeitlupenaufnahmen im Film, die „unter die bewegte Oberfläche" tauchen, so dass „sich der Zuschauer zwischen den Dingen des Lebens gleichsam mit offenen Augen unter Wasser umherschwimmen sieht" (GW II, 518f.). (→ VI.3.2 *Kino*)

Die Stadtlandschaft verwandelt sich durch die artifizielle Wahrnehmungssituation (vgl. Lethen 1987) zurück in eine Art Natursphäre zweiten Grades, in der die Einzelheiten ein überdimensioniertes Eigenleben gewinnen und gewohnte Objekte ihre konventionelle Passform verlieren. Herausgehoben „in der glashellen Einsamkeit", die durch Distanz und Ausschnitt entsteht, wird „alles deutlicher und größer, aber vor allem wird es ursprünglicher und dämonischer." (GW II, 521) Das kann, von Fall zu Fall, mal verführerisch, mal eher abschreckend wirken. Selbst ein so unverfängliches Bekleidungsstück wie ein Hut „entartet augenblicklich zu etwas Wahnsinnähnlichem, wenn das Triëder seine romantischen Beziehungen zur Umwelt unterbindet und die richtigen optischen herstellt." (GW II, 521) Desto mehr das über die Brücke heransausende Behältnis der Wiener Straßenbahn:

> Vor dem Palais machte sie einen S-förmigen Doppelbogen. Ungezähltemal hatte sie unser Beobachter von seinem zweiten Stockwerk aus daherkommen, eben diesen S-förmigen Doppelbogen machen und wieder davonfahren gesehen; sie, die Straßenbahn: in jedem Augenblick dieser Entwicklung der gleiche längliche rote Wagen. (GW II, 519f.)

Was Musils „Beobachter"-Figur in diesem Zusammenhang beschreibt, ist haargenau der Topografie abgeformt, wie sie sich auf der Trambahnstrecke von der Rotundenbrücke her abspielt, von der oberen Rasumofskygasse aus gesehen. In der Verlaufsform der langgezogenen, ansteigenden Doppelkurve des Schienenweges bildet Musils Stadtszenerie ein Pendant zur im Roman später beschriebenen Radialachse der Eingangskapitel, entlang derer die Verkehrsströme auf direktem Weg und in perspektivischer Sogwirkung stadtauswärts gelenkt werden. Die gewohnte schlängelnde Bewegung stadteinwärts indes erleidet im optischen Glas eine unheimliche Veränderung:

> Eine unerklärliche Gewalt drückte plötzlich diesen Kasten zusammen wie eine Pappschachtel, seine Wände stießen immer schräger aneinander, gleich sollte er platt sein; da ließ die

Kraft nach, er fing hinten an breit zu werden, durch alle seine Flächen lief wieder eine Bewegung, und während der verdutzte Augenzeuge noch den angehaltenen Atem aus der Brust läßt, ist die alte, vertraute rote Schachtel wieder in Ordnung. (GW II, 520)

Den von Musil beschriebenen Effekt einer scheinbaren Komprimierung des Rauminhalts in der perspektivischen Verzerrung könnte man als eine Art von visuellem Dopplereffekt bezeichnen, komplementär zur akustischen Umkehrung von hohen in niedrige Frequenzen, je abhängig von Richtung und Geschwindigkeit herannahender oder sich entfernender Fahrzeuge. Ebenso wie Größenrelationen unterliegen auch die Koordinaten von Raum und Zeit unter großstädtischen Beschleunigungsbedingungen bemerkenswerten Deformationen, durch die wiederum erst begreiflich wird, wie aus dem Walten der Maschinen und Vehikel urplötzlich eine ganz andere Lebenswelt entsteht. In einer hierzu korrespondierenden Überlegung beschreibt der Romanprotagonist eine Straßenbahnfahrt aus der Innensicht des Passagiers als eine Art Zeit-Transformator: „Die leuchtende, schaukelnde Schachtel, in der er fuhr, kam ihm wie eine Maschine vor, in der einige hundert Kilogramm Menschen hin und her geschüttelt wurden, um Zukunft aus ihnen zu machen." (MoE, 360)

3. Urbanitätserfahrung und Narration in der Moderne

Ein auf der Höhe der technisch möglichen Manipulationen befindliches Bewusstsein, so Ulrich an späterer Stelle, müsste sich auch und vor allem in der Narration seines eigenen Lebensweges von den traditionellen Zurichtungen des „primitiv Epische[n]" (MoE, 650) lösen, welches immer noch die Ereignisse wie auf einer Perlenkette am linearen Faden des Erzählens aufgereiht wissen wolle. Die Illusion eines biografischen oder erzählerischen Kontinuums sei nichts weiter als eine Art von „perspektivischer Verkürzung des Verstandes" (MoE, 648), so erkennt Musils Protagonist genau dann, als er die in ebensolch perspektivischer Fluchtlinie angelegte Ringstraße überquert. In erstaunlich konventioneller Manier aber wird als Kontrastbild zur urbanen Anomie die geradezu noch mythologisch garantierte Handlungswelt einer vermeintlich intakten ländlichen Region aufgerufen: „‚[…] Am Land kommen die Götter noch zu den Menschen,' dachte er ‚man ist jemand und erlebt etwas, aber in der Stadt, wo es tausendmal so viel Erlebnisse gibt, ist man nicht mehr imstande, sie in Beziehung zu sich zu bringen: und so beginnt ja wohl das berüchtigte Abstraktwerden des Lebens.'" (MoE, 649) An der Überzeugung, dass das „Land" resp. die Natur unter zeitgenössischen Bedingungen funktionaler Arbeitsteilung gleichwohl noch eine unverbrüchlich authentische Erfahrungswelt repräsentieren könne, kann Musils Protagonist allerdings nicht mehr lange festhalten. Wiederum an einer Straßenbahnhaltestelle trifft Ulrich zufällig ein gewisses „Fräulein" Dr. Strastil, eine akademische Kollegin, die als Astronomin „am Institut" arbeitet und beruflich zweifellos zur entzaubernden Wirkung der zeitgenössischen Naturwissenschaften beiträgt. In ihrer Freizeit aber legt die Wissenschaftlerin den Schalter auf ‚Erlebnis' und schlüpft dabei in ein voraufgeklärtes, naturgläubiges Bewusstsein. Sie ist mit einem „geschürzten Lodenrock" bekleidet und trägt „eine Schildhahnfeder auf einem grünen Hut", solcherart unzweideutig für einen Ausflug „ins Gebirge" ausstaffiert (MoE, 865). Auf seinen Vorhalt, in den Bergen werde noch hoher Schnee anzutreffen sein, erwidert die Kollegin emotional: „Ich will ja nichts als bloß ein wenig Natur!" (MoE, 866) Schärfer als in diesen

Verkleinerungsformeln hätte Musil den Statusverlust des ‚Anderen' der Großstadtwelt nicht ins Visier nehmen können; vergleichbare Fallhöhen spöttelnder Komik erzielt Musil in seinen einschlägigen Glossen zur modernen Natur-Sentimentalität.

Dass eine erfolgreiche Wissenschaftlerin bereit ist, für ein paar Ferientage einen „Touristenhut" aufzusetzen und sich abgedroschener „Urlaubssprache" (MoE, 865) zu bedienen, ist Ausdruck einer gut eingespielten Kompensationsleistung, mit der die Protagonisten des technisch-naturwissenschaftlichen Zeitalters ihre Gefühlsbedürfnisse auf die nichtstädtische Umwelt abwälzen. Sie sei doch nur als „Wissenschaftlerin" für die Romantik der Bergeseinsamkeit anfällig, kontert Ulrich: „Ein Bauer würde sich langweilen!" Zu ihrer Verteidigung weist Dr. Strastil auf die „Tausenden" hin, „die an jedem Feiertag zu Fuß, zu Rad, zu Schiff die Natur suchten". Daraufhin entgegnet Ulrich ihr mit der „Landflucht der Bauern, die es nach der Stadt ziehe", und spricht damit – ganz auf Ernüchterung getrimmt – den für die Moderne global wirksamen Faktor einer unaufhaltsamen Verstädterung an (MoE, 866). Das Gespräch endet in einem tiefen Missverständnis, denn es ist der Erholung suchenden, kostümierten jungen Wissenschaftlerin schlichtweg gleichgültig, wenn ein scharfsinniger Kritiker wie Ulrich ihre Naturbegeisterung als „moderne[n] Rousseauismus" (ebd.) abtut.

Die Großstadt hat mit ihrer spezifischen Rolle als urbaner Milieu-Lieferant freilich in genau jenem Augenblick ausgespielt, in dem die funktionale Ausrichtung von segregierten Arbeits-, Wohn- und Freizeitzonen alle zivilisatorisch erschlossenen Gebiete gleichermaßen zu durchdringen beginnt. Anstelle der Fragen nach Wahrheit und Sinn der geschichtlichen Entwicklung kommt mit der modernen Großstadt das Prinzip eines unablässig in alle Richtungen wachsenden Verwertungsraumes auf, bei dem Stadt und Text immer stärker zu einem gemeinsamen Gebilde verflochten sind:

> Die Gegenwart ist immer wie das letzte Haus einer Stadt, das irgendwie nicht mehr ganz zu den Stadthäusern gehört. Jede Generation fragt erstaunt, wer bin ich und was waren meine Vorgänger? Sie sollte lieber fragen, wo bin ich, und voraussetzen, daß ihre Vorgänger nicht anderswie, sondern bloß anderswo waren […]. (MoE, 361)

4. Forschung und Forschungsperspektiven

Im Kontext des neu erwachten Interesses für die Wiener Moderne (vgl. Schorske 1982; Le Rider 1990) ist frühzeitig und mehrfach die Affinität Musils zu stilkritischen Tendenzen (von Adolf Loos und Karl Kraus bis Hermann Broch) bemerkt worden (vgl. Pike 1979). Die Modernität der vor allem im *MoE* entworfenen urbanen Szenarien ist von einer diskurs- und ideologiekritischen Haltung geprägt (vgl. David 1980; Böhme 1988; Moser 1990), bei der die referentiellen Wien-Bezüge, vor allem architektonischer Art (vgl. Brüggemann 2002), jeweils ästhetisch verfremdet und zu idealtypischen Modellierungen zugespitzt erscheinen (vgl. Polheim 1985; Turk 2002; von Essen 2006); auch Annäherungen an die Wahrnehmung des Voyeurs (vgl. Lethen 1987) sowie an die Poetik des Flaneurs (vgl. Schmidt-Dengler 2004) lassen sich in Musils Schreibweisen beobachten. Deutlich weniger betont wurden bislang die Anteile der Berliner Stadt-Erfahrungen (vgl. Bey 1989) oder auch die Auseinandersetzung des Autors mit fiktionalen Stadt-Imaginationen.

5. Literatur

Benjamin, Walter: Kleine Geschichte der Photographie. [1931] In: ders.: Gesammelte Schriften. Hg. v. Rolf Tiedemann u. Hermann Schweppenhäuser. Bd. II: Aufsätze, Essays, Vorträge. Frankfurt a. M.: Suhrkamp 1977, S. 368–385.
Bey, Gesine: „Bei mir laudabile". Zu Robert Musils Berliner Studienjahren. In: Wissenschaftliche Zeitschrift der Humboldt-Universität zu Berlin. Gesellschaftswissenschaftliche Reihe 38 (1989), H. 6, S. 659–666.
Böhme, Hartmut: Anomie und Entfremdung. Literatursoziologische Untersuchungen zu den Essays Robert Musils und seinem Roman *Der Mann ohne Eigenschaften*. Kronberg i. Ts.: Scriptor 1974.
Böhme, Hartmut: Eine Zeit ohne Eigenschaften. Robert Musil und die Posthistoire. [1986] In: ders.: Natur und Subjekt. Frankfurt a. M.: Suhrkamp 1988, S. 308–333.
Broch, Hermann: Hofmannsthal und seine Zeit. [1948] In: ders.: Kommentierte Werkausgabe. Hg. v. Paul Michael Lützeler. Bd. IX/1: Schriften zur Literatur 1: Kritik. Frankfurt a. M.: Suhrkamp 1975, S. 111–284.
Brüggemann, Heinz: Die urbanen Visions-Räume einer Übermoderne. Robert Musils *Der Mann ohne Eigenschaften* (1922–1942). In: ders.: Architekturen des Augenblicks. Raum-Bilder und Bild-Räume einer urbanen Moderne in Literatur, Kunst und Architektur des 20. Jahrhunderts. Hannover: Offizin 2002, S. 490–566.
Corino, Karl: Robert Musil. Eine Biographie. Reinbek b. Hamburg: Rowohlt 2003.
David, Claude: Musil und die Stadt. In: Literatur und Kritik 15 (1980), H. 149/150, S. 518–524.
Essen, Gesa von: Das ‚durchstrichene' Wien. Zu Robert Musils Stadtimaginationen. In: Winfried Nerdinger (Hg.): Architektur wie sie im Buche steht. Fiktive Bauten und Städte in der Literatur. Salzburg: Pustet 2006, S. 160–174.
Honold, Alexander: Die Stadt und der Krieg. Raum- und Zeitkonstruktion in Robert Musils Roman *Der Mann ohne Eigenschaften*. München: Fink 1995.
Le Rider, Jacques: Das Ende der Illusionen. Zur Kritik der Moderne. Wien: Österreichischer Bundesverlag 1990.
Lethen, Helmut: Eckfenster der Moderne. Wahrnehmungsexperimente bei Musil und E. T. A. Hoffmann. In: Josef Strutz (Hg.): Robert Musils „Kakanien" – Subjekt und Geschichte. München: Fink 1987, S. 195–229.
Moser, Walter: Zur Erforschung des modernen Menschen. Die wissenschaftliche Figuration der Metropole in Musils *Der Mann ohne Eigenschaften*. In: Thomas Steinfeld, Heidrun Suhr (Hg.): In der großen Stadt. Die Metropole als kulturtheoretische Kategorie. Frankfurt a. M.: Hain 1990, S. 109–131.
Mülder-Bach, Inka: Poetik des Unfalls. In: Poetica 34 (2002), H. 1/2, S. 193–221.
Pike, Burton: Musil and the City. In: Musil-Forum 5 (1979), S. 68–87.
Polheim, Karl Konrad: Das Bild Wiens im Werk Robert Musils. In: Literatur und Kritik 20 (1985), H. 191/192, S. 37–48.
Schmidt-Dengler, Wendelin: Die Stadt wird ergangen. Wien bei Schnitzler, Musil, Doderer. In: Gerald Sommer (Hg.): Gassen und Landschaften. Heimito von Doderers *Dämonen* vom Zentrum und vom Rande aus betrachtet. Würzburg: Königshausen & Neumann 2004, S. 105–122.
Schorske, Carl E.: Wien. Geist und Gesellschaft des Fin de Siècle. Frankfurt a. M.: Fischer 1982.
Turk, Horst: Musils Wien. In: Werner Frick (Hg.): Orte der Literatur. In Zusammenarbeit mit Gesa von Essen u. Fabian Lampart. Göttingen: Wallstein 2002, S. 310–334.

2. Verkehr, Unfall
Inka Mülder-Bach

Wer sich über den Unfall bei Musil informieren will, dürfte sich in erster Linie für das erste Kapitel des *Mann ohne Eigenschaften* (MoE) interessieren. Es ist zu einer Ikone des Romans sowie zu einem *locus classicus* des Ereignistyps ‚Unfall' (vgl. Ewald 1996; Virilio 2009) und seiner literarischen Bearbeitungen (vgl. Sorg/Angele 1996; Mülder-Bach 2002; Müller 2004; Lieb 2009) geworden. Nach dem Wort ‚Unfall' wird man in diesem Kapitel allerdings vergeblich suchen. Zwar liegen ihm zwei illustrierte Zeitungsberichte über Verkehrsunfälle zugrunde (vgl. Corino 1988, S. 347; Bickenbach 2009): ein Autounfall, der sich 1911 vor der Haustür von Musils Wiener Wohnung ereignete, und ein Busunglück der Allgemeinen Berliner Omnibus Aktiengesellschaft (ABOAG) in den 1920er Jahren, das Musil zu seinem Kurzprosatext *Der Riese Agoag* anregte (GW II, 531–533). Darüber hinaus legen der Schauplatz der Großstadt mitsamt dem gestrandeten Lastwagen, dem Lenker und dem überfahrenen Fußgänger dem Leser nahe, das Ereignis als ‚Unfall', ‚Verkehrsunfall' oder ‚Automobilunfall' zu konzeptualisieren. Doch werden Bezeichnungen dieser Art vom Erzähler vermieden. Er spricht stattdessen ebenso unbestimmt wie ironisch von einem „kleine[n] Unglücksfall" (MoE, 11). Denn einerseits gehören – wie Musil in seinen Arbeitsheften unter Bezug auf einen stecken gebliebenen Aufzug notierte – die „technischen u. administrativen Begriffe[ ]", die „etwas", das „nicht in Ordnung [ist]", als eine „Betriebsstörung" oder einen „Betriebsunfall" klassifizieren (Tb I, 770–772), zu den Strategien der Normalisierung, die ‚Seinesgleichen' geschehen lassen. Sie werden im Roman an dem Eingreifen der „Rettungsgesellschaft" (MoE, 11) und den Reaktionen der anonymen Passanten vorgeführt. Andererseits wird das Kapitel von einer übergreifenden Imagination des Fall(en)s regiert. Sie manifestiert sich in der „trichterförmigen" (Klotz 1965, 29) Fallbewegung des Textes ebenso wie in Anspielungen auf die Schwerkraft und den Mythos vom Sündenfall (vgl. MoE, 9; Mülder-Bach 2013, S. 31, 39f. u. 57–62). Das im ersten Absatz erwähnte „Tatsächliche" (MoE, 9) changiert daher nicht nur zwischen Tat und Sache, sondern zwischen Casus und Lapsus, Fall und Vergehen, Zufall und Übertretung. Im Zentrum dieser Imaginationen des Fall(en)s aber steht der Kriegsfall des Jahres 1914, der sich schon dem Lagebericht des ersten Absatzes einschreibt. Insofern nimmt der „kleine Unglücksfall" (MoE, 11) des Eingangskapitels das projektierte Ende des Romans vorweg (vgl. Honold 1995, S. 72–94; Mülder-Bach 2013, S. 67–72), das Musil bekanntlich nie erreichte.

So wie sich der Unglücksfall des Romans von der Beschreibung einer meteorologischen Lage her aufbaut, die sich scheinbar „ordnungsgemäß[ ]" (MoE, 9) verhält, veranschaulicht Musil „die ungeheure, mitten in das Weltbild hineingeschobene […] Einsamkeit der bloßen Tatsachen, der Zufälle, dessen, was nichts als Ereignis ist" (*Das Geistliche, der Modernismus und die Metaphysik*, 1912, GW II, 990f.), schon in frühen Essayfragmenten an einem Fallgeschehen – „daß ein Stein von einem bestimmten Dach fällt" (GW II, 990) –, das durch meteorologische „Nebeneinflüße" (GW II, 1305) mitbestimmt wird. Nach dem Krieg fragt Musil, unter dem Eindruck des Studiums von Theorien der Statistik und Wahrscheinlichkeit (vgl. Tb I, 459–469; Tb II, 294–301) und unter Hinweis auf „ein sehr aktuelles Gefühl von Zufall […] bei allem, was geschah" (*Das hilflose Europa*, 1922, GW II, 1077), am Beispiel eines alltäglichen Unfalls – „ich muß an den berühmten Mann denken, der unter dem berüchtigten Dach vorübergeht, von dem der Ziegel fällt" (GW II, 1077; vgl. MoE, 572) – nach der Verkettungslogik, aus der zufällige Ereignisse hervorgehen. Er bringt diese Logik auf die Formel einer „‚ungesetzlichen Notwendigkeit', wo eins das andere gibt, nicht zufällig, aber doch in der durchreichenden Aneinanderkettung von keinem Gesetz beherrscht" (GW II, 1081), so „daß es ebensogut auch anders hätte kommen können" (GW II, 1077). Der Unfall ist das Paradigma eines singulären, kontingenten und irreversiblen Ereignisses, das das Kontinuum der Zeit schockhaft durchschlägt. Als solches, als unzureichend gegründetes Ereignis, ist er ein Verbündeter des Möglichkeitssinns und hat eine große Affinität zu dem „wirbelnde[n] Zeitstück", das Musil 1931 unter dem Titel *Ausgebrochener Augenblick* (GW II, 651–654) verhandelt, sowie zu den „Grenzfälle[n]" (MoE, 242) des *MoE*: dem „Fall Moosbrugger" (MoE, 67), dem „ausgesprungenen Augenblick" (MoE, 1180) von Agathes Fälschung des väterlichen Testaments und dem „Grenzfall" (MoE, 761) der geschwisterlichen „Reise an den Rand des Möglichen" (ebd.).

Aus Verkettungen im Mikrobereich der Sprache geht auch die „quer schlagende Bewegung" (MoE, 10) hervor, die im ersten Kapitel des *MoE* die „durchreichende[ ] Aneinanderkettung" (*Das hilflose Europa*, GW II, 1081) unterbricht. Dem Kapitel wurden eine nicht mehr zu übersehende Anzahl von Studien gewidmet, die sich bis in Details des zeitgenössischen physikalischen, psychologischen und linguistischen Wissens verzweigen (vgl. Serres 1994, S. 35–47 u. 67–78; Moser 1990, S. 119f.; Meisel 1991; Kassung 2001, S. 263–342; Kittler 2005; Mülder-Bach 2013, S. 22–73). Im Hinblick auf den Unfall sind dabei vor allem zwei Fragen von grundsätzlicher Bedeutung. Die erste betrifft das Verhältnis von Text und Welt, Sprache und Ereignis. Aus gutem Grund wird das, was im ersten Absatz das „Tatsächliche" heißt, als ein „Wort" (MoE, 9) eingeführt. Denn womit der Text es zunächst „zu tun hat, sind nicht Realitäten, sondern Diskurse, nicht Dinge, sondern Zeichen [...], nicht Ereignisse, sondern Perspektiven" (Böhme 1988, S. 309f.). Daraus ist verschiedentlich der Schluss gezogen worden, dass das Tatsächliche „selbst zur Fiktion" (Kassung 2001, S. 296) werde bzw. „daß es nur noch Sprache" gebe, „nicht aber eine ihr korrespondierende genuin nichtsprachliche Realität" (Precht 1996, S. 52). Doch ohne ein Reales, ohne eine Tatsache, die dafür bürgt, dass eine Welt der Fall ist, könnte sich die Romanfiktion nicht konstituieren (vgl. Honold 1995, S. 41f.; Wolf 2011, S. 32–36; Mülder-Bach 2013, S. 22–28). Musils Antwort auf dieses Problem ist eine Konstruktion, die nicht nur verschiedene Diskurse, sondern auch unterschiedliche Darstellungsweisen verschränkt. Einerseits wird der Unfall im Spiegel konkurrierender Beschreibungssprachen und Zeichenordnungen reflektiert. Andererseits wird er als ein Sprachunfall (vgl. Rasch 1982, S. 83; Schramm 1967, S. 16; Honold 1995, S. 65; Precht 1996, S. 57f.; Mülder-Bach 2013, S. 43–50) artikuliert, der sich im Verkehrsfeld der Wörter und Sätze ereignet. Ausgehend von einer im Wunschmodus des Konjunktivs formulierten Hypothese, in der sich der „sündhafte" (an Carl Seelig, 3.1.1936, Br I, 697) Austriazismus eines „falsch gebrauchten ‚würde'" (Tb I, 721) einschleicht („Angenommen, sie würden Arnheim und Ermelinda Tuzzi heißen", MoE, 10), kommt es zu einer syntaktischen und logischen Entgleisung, die auch von der narrativen Vermittlungsinstanz erst nachträglich bemerkt wird: „Schon einen Augenblick vorher war etwas aus der Reihe gesprungen" (MoE, 10). Diese konstitutive Nachträglichkeit des Bemerkens gegenüber dem „Vorfall" (MoE, 11) des Unfalls hat bei Musil eine fiktionstheoretische Pointe: Statt stillschweigend vorauszusetzen, dass etwas der Fall ist, setzt der Text im performativen Modus ein „Tatsächliches" voraus, „indem er sich gegenüber einem Fall verspätet, der sich nicht machen lässt. Denn der Unfall entzieht sich der Schöpfungsformel. Man kann nicht sagen: Es werde Unfall" (Mülder-Bach 2013, S. 50). (→ III.1.7 *Mann ohne Eigenschaften*)

Ein zweiter Schwerpunkt der Forschung liegt auf der Frage nach dem Status und der Funktion des statistischen und wahrscheinlichkeitstheoretischen Wissens, das der Text thematisiert. Von dem „ordnungsgemäßen Verhältnis" zwischen der „Lufttemperatur" und der „mittleren Jahrestemperatur" (MoE, 9) über den Vergleich der Stadt mit „einer kochenden Blase" (MoE, 10) bis zu den Zahlen aus „,amerikanischen Statistiken'" (MoE, 11) über Autounfälle ist es dieses Wissen, das für Berechenbarkeit, Prognostizierbarkeit und „Ordnung" (MoE, 11) zu sorgen scheint. Musil reflektiert dabei auf den epistemologischen Umbruch der modernen Physik, die Veränderung des physikalischen Weltbildes durch den zweiten Hauptsatz der Thermodynamik, die Relativitätstheorie und die Quantenphysik (vgl. Serres 1994, S. 35–84). (→ IV.2 *Naturwissenschaft*) So geht es um Wetter und städtischen Verkehr und damit um energetische Systeme, die so komplex sind, dass ihre Zustände nicht mikroskopisch und nach Maßgabe der Position und Bewegung ihrer Moleküle bestimmt werden können, sondern nur im Hinblick auf makroskopische Zustandsgrößen und auf der Basis von Berechnungen, die sich auf einen Möglichkeitsraum mit wahrscheinlichen Verteilungen beziehen. (→ IV.3 *Mathematik*) Wie sich das Unfallereignis im Licht dieses Wissens darstellt, ist in der Forschung unterschiedlich bewertet worden. Für die einen markiert es das erste Faktum eines irreversiblen zeitlichen Verlaufs, dessen „Epistemologie" (Kassung 2001, S. 8 u. ö.) im zweiten Hauptsatz der Thermodynamik liegt; aus einer zweiten Sicht ist das „stochastische Ereignis" des Unfalls ein „Grundtyp der experimentell arrangierten molekularen Ereignisse", die sich im Roman verketten, aufschaukeln und jene „Denormalisierungsschübe" auslösen, aus denen Musil die Katastrophe „plausibel" zu machen suche (Link 2009, S. 287); aus einer dritten Perspektive zielt der Text darauf, die Ordnungen zu subvertieren, deren Funktionieren er ironisch vorführt, mehr noch, er unterhält eine „anarchische Sympathie" für den Unfall, für die schockhafte Diskontinuität, welche die „Ordnungsstrukturen" für einen Moment aussetzt (Böhme 1988, S. 310). Für diese Lesart spricht vieles. Zum einen ist Musils Unglücksfall kein blinder Zufall in der Dunkelkammer eines thermischen Systems; vielmehr wird er durch Anspielungen auf den Sündenfall und damit auf die biblische Urszene des Wissens und Begehrens semantisiert und ereignet sich im Verkehr der Sätze in Form einer Kollision zwischen einem konjunktivischen Möglichkeitssinn und einem indikativischen Wirklichkeitssinn (vgl. Mülder-Bach 2013, S. 45–49 u. 57–60). Zum anderen fungiert der Unfall als Denkmodell dessen, was im Kriegsausbruch des Jahres 1914 der Fall war. Dem entsprechen die statistischen Zahlen über Opfer von Autounfällen in Amerika, die der anonyme Herr am Ende zur Entsorgung des Ereignisses aufbietet: Sie entstammen vermutlich einer 1925 veröffentlichten Statistik über Verletzungen und Todesfälle im US-amerikanischen Straßenverkehr, deren Angaben über Verkehrstote sich bei Musil allerdings um eine Zehnerpotenz erhöhen (vgl. Boss 2013/14, S. 130–132). Das Resultat sind Zahlen, die annähernd mit denen der Toten und Verletzten der österreichisch-ungarischen Armee im ersten Kriegsjahr übereinstimmen (vgl. Krommer/Kümmel 1993, S. 4 u. 10; Honold 1995, S. 88).

2. Verkehr, Unfall

Literatur

Bickenbach, Matthias: Robert Musil und die neuen Gesetze des Autounfalls. In: Christian Kassung (Hg.): Die Unordnung der Dinge. Eine Wissens- und Mediengeschichte des Unfalls. Bielefeld: transcript 2009, S. 89–116.

Böhme, Hartmut: Eine Zeit ohne Eigenschaften. Musil und die Posthistoire. [1986] In: ders.: Natur und Subjekt. Frankfurt a. M.: Suhrkamp 1988, S. 308–333.

Boss, Ulrich: Ein Autor von ‚hypertropher Virilität'. Geschlecht in der Musil-Rezeption der 1920er und 1930er Jahre. In: Musil-Forum 33 (2013/14), S. 125–141.

Corino, Karl: Robert Musil. Leben und Werk in Bildern und Texten. Reinbek b. Hamburg: Rowohlt 1988.

Ewald, François: Der Vorsorgestaat. [frz. 1986] Mit einem Essay v. Ulrich Beck. Frankfurt a. M.: Suhrkamp 1996.

Honold, Alexander: Die Stadt und der Krieg. Raum- und Zeitkonstruktion in Robert Musils Roman *Der Mann ohne Eigenschaften*. München: Fink 1995.

Kassung, Christian: EntropieGeschichten. Robert Musils *Der Mann ohne Eigenschaften* im Diskurs der modernen Physik. München: Fink 2001.

Kittler, Wolf: Der Zustand des Romans im Zeitalter der Zustandsgleichung. Über die kinetische Gastheorie in Robert Musils *Der Mann ohne Eigenschaften*. In: Bernhard J. Dotzler, Sigrid Weigel (Hg.): „fülle der combination". Literatur und Wissenschaftsgeschichte. München: Fink 2005, S. 189–215.

Klotz, Volker: „Muse und Helios". Über epische Anfangsnöte und -weisen. In: Norbert Miller (Hg.): Romananfänge. Versuch zu einer Poetik des Romans. Berlin: Literarisches Colloquium 1965, S. 11–37.

Krommer, Axel/Kümmel, Albert: Pendelbewegungen des Sinns. Vorschlag einer informations- und chaostheoretischen Bewertung des *Mannes ohne Eigenschaften*. In: Rapial 3 (1993), H. 3, S. 2–11.

Lieb, Claudia: Crash. Der Unfall der Moderne. Bielefeld: Aisthesis 2009.

Link, Jürgen: Versuch über den Normalismus. Wie Normalität produziert wird. 4. Aufl. Göttingen: Vandenhoeck & Ruprecht 2009.

Meisel, Gerhard: Verkehr und Entropie in Musils Kakanien. In: Theo Elm, Hans H. Hiebel (Hg.): Medien und Maschinen. Literatur im technischen Zeitalter. Freiburg i. Br.: Rombach 1991, S. 304–332.

Moser, Walter: Zur Erforschung des modernen Menschen. Die wissenschaftliche Figuration der Metropole in Musils *Der Mann ohne Eigenschaften*. In: Thomas Steinfeld, Heidrun Suhr (Hg.): In der großen Stadt. Die Metropole als kulturtheoretische Kategorie. Frankfurt a. M.: Hain 1990, S. 109–131.

Mülder-Bach, Inka: Poetik des Unfalls. In: Poetica 34 (2002), H. 1/2, S. 193–221.

Mülder-Bach, Inka: Robert Musil: *Der Mann ohne Eigenschaften*. Ein Versuch über den Roman. München: Hanser 2013.

Müller, Dorit: Gefährliche Fahrten. Das Automobil in Literatur und Film um 1900. Würzburg: Königshausen & Neumann 2004.

Precht, Richard David: Die gleitende Logik der Seele. Ästhetische Selbstreflexivität in Robert Musils *Der Mann ohne Eigenschaften*. Stuttgart: M & P 1996.

Rasch, Wolfdietrich: *Der Mann ohne Eigenschaften*. Eine Interpretation des Romans. [1963/67] In: Renate von Heydebrand (Hg.): Robert Musil. Darmstadt: WBG 1982, S. 54–119.

Schramm, Ulf: Fiktion und Reflexion. Überlegungen zu Musil und Beckett. Frankfurt a. M.: Suhrkamp 1967.

Serres, Michel: Die Hermes V. Die Nordwest-Passage. [frz. 1980] Berlin: Merve 1994.

Sorg, Reto/Angele, Michael: „Oh, my Ga-od! Oh, my Ga-od! Oh, Ga-od!, Oh, my Ga-od!" Automobil-Unfall und Apokalypse in der Literatur der Zwischenkriegszeit. In: Compar(a)ison 2 (1996), S. 137–173.

Virilio, Paul: Der eigentliche Unfall. [frz. 2005] Hg. v. Peter Engelmann. Wien: Passagen 2009.
Wolf, Norbert Christian: Kakanien als Gesellschaftskonstruktion. Robert Musils Sozioanalyse des 20. Jahrhunderts. Wien u. a.: Böhlau 2011.

3. Kakanien
Norbert Christian Wolf

1. Begriff und historischer Hintergrund 598
2. Erzählerische Funktion 599
3. Soziologische Implikationen 601
4. Gesamtbedeutung und Forschungsperspektiven 604
5. Literatur 605

1. Begriff und historischer Hintergrund

Der mittlerweile lexikalisierte Neologismus „Kakanien" (abgeleitet von „k. k." für „kaiserlich-königlich" oder „k. u. k." für „kaiserlich und königlich") wird von Musil im gleichnamigen Kapitel I/8 des Romans *Der Mann ohne Eigenschaften* (*MoE*) als ironische Bezeichnung für die österreichisch-ungarische Doppelmonarchie eingeführt (vgl. MoE, 31–35), die seit dem Verfassungsausgleich des Jahres 1867 staatsrechtlich in eine ‚kaiserliche' österreichische (Cisleithanien, nach dem Grenzfluss Leitha) und eine politisch weitgehend eigenständige ‚königliche' ungarische Hälfte (Transleithanien) aufgeteilt war (vgl. dazu Rumpler 1997, S. 405–416). Das Kürzel „k. u. k." bezeichnete die gemeinsamen Behörden und staatlichen Einrichtungen beider Reichshälften, also des Gesamtstaats, während sich die vordem für das ganze Kaisertum Österreich stehende Abkürzung „k. k." ab 1867 nur noch auf die westliche Reichshälfte der Realunion bezog, was manche Verwirrung erzeugte (vgl. MoE, 33). Der Chronotopos des *MoE*, also der „wechselseitige[ ] Zusammenhang der [...] künstlerisch erfassten Zeit-und-Raum-Beziehungen" (Bachtin 1989, S. 7), ist nach diesem Modell gestaltet. (→ III.1.7 *Mann ohne Eigenschaften*)

Jenseits des denotativen Kontextes hat man auf folgende Konnotationen verwiesen (vgl. Honold 1995, S. 156, Anm. 1; Daigger 1997, S. 158f.): Der Terminus „Kakanien" erinnert an das griechische Wort κακός (*kakós*, dt.: *schlecht*), das mit φωνή (*phōné*, dt.: *Laut, Ton, Stimme*) das – abwertend gebrauchte – Kompositum ‚Kakophonie' bildet; in Musik und Literatur werden damit Laute und Geräusche bezeichnet, die besonders hart oder dissonant klingen, in der Politik verwendet man den Begriff vor allem, um Uneinigkeit, Unstimmigkeiten und Missklänge (z. B. in einer Partei oder Koalition) zu beschreiben. Bezogen auf das historische Österreich-Ungarn liegt der Gedanke an die trotz (bzw. wegen) des ‚Ausgleichs' heftig geführten Nationalitätenkämpfe zwischen Deutsch(sprachig)en, Ungarn, Slawen, Italienern und Juden innerhalb der Doppelmonarchie nahe, die hier als imaginäres Problem (vgl. GW II, 1071) auch andernorts übliche soziale Konflikte symbolisch überlagerten (vgl. den Essay *Politik in Österreich*, 1912, GW II, 992–995) und im *MoE* wiederholt explizit thematisiert werden (vgl. MoE, 34, 514–530 u. 1442–1449).

2. Erzählerische Funktion

Musil siedelt seinen Romanhelden Ulrich in einem erzählerisch gestalteten Raum an, der für die ‚Eigenschaftslosigkeit' des Protagonisten ein Komplement bildet: Der untergegangene Staat „Kakanien" besitzt zwar „alle Eigenschaften der anderen Länder", setzt sie jedoch „nicht so konsequent, so intensiv, so schnell, so gründlich wie diese in die Wirklichkeit" um; als Ganzes befindet sich das Land in einer strukturellen Homologie zur männlichen Hauptfigur, in der „potentiell alle Eigenschaften seiner Zeit angelegt sind", die sich in anderen Romanfiguren partiell konkretisieren (Goltschnigg 1973, S. 331f.). Das *tertium comparationis* der Äquivalenz zwischen Romankosmos und Romanfigur besteht in der zurückhaltenden Anverwandlung potenziell vorhandener Eigenschaften – etwa technischer Innovation oder militärischer und wirtschaftlicher Stärke. „Kakanien" ist weniger „konträr zu der Entwicklung moderner Staaten und Städte im Vergangenen beheimatet" (Becker 2005/06, S. 158), sondern erweist sich in seiner gebremsten Entwicklungsdynamik als Hort innerer Widersprüchlichkeit; es exemplifiziert damit idealtypisch die in eindimensionalen Modernisierungstheorien oft übersehene, für die Moderne aber umso charakteristischere ‚Ungleichzeitigkeit' gesellschaftlicher und kultureller Entwicklung.

Ein narratives Korrelat dieses Sachverhalts bzw. seine „spezifische Ausdrucksform" ist Musils Erzählverfahren der „Anhäufung von revidierten Feststellungen" (Daigger 1997, S. 160) bzw. der „konzessive[n] Reduktion, die im syntaktischen Parallelismus durchgeführt wird" (Goltschnigg 1973, S. 332):

> Dort, in Kakanien, diesem seither untergegangenen, unverstandenen Staat, der in so vielem ohne Anerkennung vorbildlich gewesen ist, gab es auch Tempo, aber nicht zuviel Tempo. [...] Natürlich rollten auf diesen Straßen auch Automobile; aber nicht zuviel Automobile! Man bereitete die Eroberung der Luft vor, auch hier; aber nicht zu intensiv. Man ließ hie und da ein Schiff nach Südamerika oder Ostasien fahren; aber nicht zu oft. [...] Man entfaltete Luxus; aber beileibe nicht so überfeinert wie die Franzosen. Man trieb Sport; aber nicht so närrisch wie die Angelsachsen. Man gab Unsummen für das Heer aus; aber doch nur gerade so viel, daß man sicher die zweitschwächste der Großmächte blieb. (MoE, 32f.)

Die vom Erzähler für Kakanien konstatierte abgeschwächte Form der ‚Eigenschaftlichkeit' steht im Kontrast zu deren forcierter Ausprägung, die an späterer Stelle des Romans durch Stumm von Bordwehr für das Wilhelminische Reich reklamiert wird. Dieses gilt ihm gleichsam als Inbegriff der Moderne:

> „In der ganzen Welt plagen sich die Menschen, aber in Deutschland noch mehr" sagte er. „In der ganzen Welt machen sie heute Lärm, aber in Deutschland am meisten. Überall hat das Geschäft den Zusammenhang mit der tausendjährigen Kultur verloren, aber im Reich am ärgsten. Überall steckt man die beste Jugend natürlich in die Kasernen, aber die Deutschen haben noch mehr Kasernen als alle anderen. [...]" (MoE, 588)

Die konträren Darstellungsweisen hinsichtlich eines ‚eigenschaftslosen' Kakanien und eines vor ‚Eigenschaftlichkeit' angeblich strotzenden Deutschen Reichs bedienen sich kontrastierender Quantifizierungen mit der Konjunktion ‚aber', die zueinander gegenläufig syntaktisch parallelisiert werden und ein politisch-ökonomisches Machtgefälle implizieren. Im kakanischen Fall läuft das darauf hinaus, dass hier weniger als im Rest der Welt geschieht, im deutschen Fall hingegen mehr (vgl. MoE, 569). Neben der Ambivalenz, die gebremster Modernisierung innewohnt, veranschaulicht das sich mit dem Deutschen Reich vergleichende Kakanien überdies eine unselbstständige und ‚uneigentliche' staatliche Begründungsfigur; die internen Gegner des Staates (vgl. MoE, 551), ja sogar seine genuinen Vertreter (vgl. MoE, 585–588) bedienen sich defensiver Argumentationsmuster: Der negativ identifikatorische Bezugspunkt liegt jenseits der eigenen Staatsgrenzen, im national homogenen Deutschland, an dem sich die Kakanier unentwegt messen und dem sie in charakteristischer Hassliebe verbunden sind (vgl. MoE, 514).

Musils ironischer Erzähler macht sich mit den affektiv aufgeladenen, die eigene Eifersucht nur übertünchenden Blicken der Kakanier auf die nördlichen Nachbarn keineswegs gemein; er stellt die nur vorderhand zurückgeblieben scheinende, spezifisch kakanische Widersprüchlichkeit und Inkonsequenz im Gegenteil als Ausweis besonderer Modernität dar, die über die historischen und geografischen Grenzen Kakaniens und die kulturellen ‚Eigenschaften' seiner Bewohner hinausweist:

> [A]uch das war ja nur kakanisch, dieses Zwielicht des Gefühls, worin sie ihr Dasein aufnahmen, diese Unruhe einer zu früh herabgesunkenen Ruhe, in der sie sich geborgen und begraben fühlten. Sagt man es so: diesen Menschen war alles zugleich Unlust und Lust, so bemerkt man wohl, wie vorweg-heutig es war, denn der sanfteste aller Staaten stürmte in manchem seiner Zeit heimlich voraus. (MoE, 1446)

Kakaniens Ambivalenz im ‚Gefühl' und staatlichen Selbstverständnis nimmt ein Charakteristikum modernen Lebens vorweg, ruhe doch „unsere Kultur" insgesamt auf Paradoxien (MoE, 521). Widersprüche, die für die Moderne generell charakteristisch erscheinen, finden sich in Kakanien kondensiert, das als staatgewordenes Musterbeispiel institutionalisierter Inkonsequenz und ‚Eigenschaftslosigkeit' gelten kann, was sich gerade in der verwickelt-schiefen Staatsnamens- und Verfassungsfrage niederschlage (vgl. MoE, 33f., 170 u. 445–453). Die unvermittelte Verbindung staatsrechtlicher und emotionaler Aspekte des k. u. k.-Dualismus bewirkt in Musils Darstellung einen komischen Effekt. Sie wird durch selbstreferenzielle, metafiktionale Reflexionen des Erzählers ergänzt, die darauf abheben, dass die in Kakanien augenfällige Heterogenität nicht allein institutioneller, sondern auch mentaler bzw. habitueller Natur ist (vgl. MoE, 170), und außerdem zeigen, dass die weitverbreitete teleologische Vorstellung einer geschichtsphilosophischen Notwendigkeit der Auflösung dieses multinationalen und multikulturellen Staatsgebildes zu kurz greift (vgl. MoE, 34).

Während die Forschung sich der Kakanien-Thematik meist inhaltlich – aus postkolonialer (vgl. Honold 2002), kulturalistischer (vgl. Honold 2005), soziologischer (vgl. Wolf 2011) oder urbanistischer (vgl. Schwarz 2012) Perspektive – genähert hat, weist Inka Mülder-Bach in ihrer Interpretation des *MoE* auf einen zeichentheoretischen Aspekt hin: Sie deutet den fiktionalen Staatsnamen als institutionalisiertes Paradigma von „Undverbindungen" (Mülder-Bach 2013, S. 263), das die für Musil zeitlebens zentralen „Geheimnisse des Dualismus" (MoE, 170) auf intrikate Weise verkörpere: Sein „Vergleich zwischen Kakanien und der Trinität" lenke „die Aufmerksamkeit auf die Triade, die dem Dualismus [...] innewohnt, das *tertium*, das den Dualismus konstituiert, indem es deren nicht vorhandene ‚Hälften' in ein Verhältnis setzt" – und zwar in jenes der bloßen ‚Undverbindung' bzw. ‚Undsumme' – im Unterschied zu einer ‚Gestalt', die mehr ist als die Summe ihrer Teile. (→ IV.6 *Gestalttheorie*) Doch:

> An Kakanien prallt die Unterscheidung von Gestalt und Summe ab. […] Die Doppelmonarchie ist keine Gestalt, kein übersummatives Ganze, aber ihre beiden Hälften lassen sich auch nicht zu einem Ganzen addieren, das identisch wäre mit der Summe seiner Teile. Die Relation, welche das Bindewort ‚und' ausdrückt, ist nur als Paradoxie zu fassen […]. (Mülder-Bach 2013, S. 270f.)

Das „an einem Sprachfehler zugrundegegangen[e]" (MoE, 445) Kakanien ist „der Staat des Sowohl als auch u. des Weder noch." (MoE, 1441) Dass die patriotischen Losungen der ‚Parallelaktion' „ausnahmslos als Undverbindungen geführt sind", heiße aber nicht, „daß sie allesamt dasselbe Verhältnis ausdrückten. Die Anziehungskraft, die von ihnen ausgeht, liegt vielmehr darin, daß das Verhältnis unbestimmt bleibt und je nach Perspektive und Interessenslage anders aufgefaßt werden kann." (Mülder-Bach 2013, S. 273) Kakaniens prinzipielle Unmöglichkeit und sein zugleich fantastisches Potenzial schlägt sich so auch sprachlich nieder.

3. Soziologische Implikationen

Die institutionalisierte Widersprüchlichkeit Kakaniens dient als Fanal gesellschaftlicher Moderne, das sich auch in seinen Staatsbürgern spiegelt: Sie sind durch ein tiefes „Mißtrauen gegen die eigene Person und deren Schicksal" geprägt und handeln „immer anders" als sie denken (vice versa), so dass ihnen, die in die unterschiedlichsten ‚Nationen' zerfallen, ein einheitlicher und gemeinschaftsbildender „Charakter" gerade fehlt. Ihre gemeinsame „Selbstgewißheit" besteht im Bewusstsein dieses Sachverhalts: Das genauso fehlende Vertrauen der Kakanier in ihre „Mitbürger" steigert sich bei ihnen paradoxerweise zum „Gemeinschaftsgefühl" (MoE, 34). Hier manifestiert sich insofern das romankonstitutive Prinzip der ‚Eigenschaftslosigkeit', als ein positiver Begriff der ‚Eigenschaftlichkeit' von Individuen oder einer ganzen Gesellschaft den Glauben an einen Sinn ihrer Existenz voraussetzt, den die Bewohner Kakaniens verloren haben. (→ III.1.7 *Mann ohne Eigenschaften*) Dies ist das Resultat einer längerfristigen „Abnützung des Zusammenhalts, der die künstliche Zufriedenheit der Seelen gestützt hat", was zu „großen Revolutionen" führen kann (MoE, 527). Musils Erzähler analysiert den für Kakanien diagnostizierten Verlust des ‚Glaubens an sich' sowie an die Möglichkeit einer affektiv ausgeglichenen Bilanz (vgl. Zeller 2003, S. 173–177) anhand eines bezeichnenden Wortspiels:

> [W]ahrscheinlich ist jedes menschliche Credo nur ein Sonderfall des Kredits überhaupt. In der Liebe wie im Geschäft, in der Wissenschaft wie beim Weitsprung muß man glauben, ehe man gewinnen und erreichen kann, und wie sollte das nicht vom Leben im ganzen gelten?! Seine Ordnung mag noch so begründet sein, ein Stück freiwilligen Glaubens an diese Ordnung ist immer darunter […], und ist dieser Glaube verbraucht, für den es keine Rechenschaft und Deckung gibt, so folgt bald der Zusammenbruch; es stürzen Zeitalter und Reiche nicht anders zusammen wie Geschäfte, wenn ihnen der Kredit verlorengeht. (MoE, 528)

Der Kultursoziologe Pierre Bourdieu hat den von Musil benannten Sachverhalt in folgende Formel gefasst: „Der kollektive Glaube an das Spiel (die *illusio*) und den geheiligten Wert dessen, was auf dem Spiel steht, ist Voraussetzung und Ergebnis des funktionierenden Spiels zugleich" (Bourdieu 1999, S. 363). Dieser „gleichsam magische", kohäsionsstiftende „Glaubenseffekt" gilt überdies als „paradoxeste Wirkung des Staates", der als Institution „die außerordentliche Macht hat, eine geordnete soziale Welt hervorzubringen, [...] ohne ständigen Zwang auszuüben" (Bourdieu 2014, S. 295). Setzt die affektive Reinvestition in das soziale Spiel hingegen aus, dann kann das den Zusammenhalt ganzer Gemeinwesen gefährden: „Denn Kakanien war das erste Land im gegenwärtigen Entwicklungsabschnitt, dem Gott den Kredit, die Lebenslust, den Glauben an sich selbst und die Fähigkeit aller Kulturstaaten entzog, die nützliche Einbildung zu verbreiten, daß sie eine Aufgabe hätten." (MoE, 528; vgl. MoE, 514) Aus diesem Verlust des staatstragenden Glaubens resultiert dem Erzähler zufolge allerdings weniger die „Unhaltbarkeit Kakaniens als Staatsform" (Honold 1993/94, S. 145), sondern dessen besondere Avanciertheit:

> [D]arin war Kakanien, ohne daß die Welt es schon wußte, der fortgeschrittenste Staat; es war der Staat, der sich selbst irgendwie nur noch mitmachte, man war negativ frei darin, ständig im Gefühl der unzureichenden Gründe der eigenen Existenz und von der großen Phantasie des Nichtgeschehen oder doch nicht unwiderruflich Geschehenen wie von dem Hauch der Ozeane umspült, denen die Menschheit entstieg. (MoE, 35)

Was hier ironisch als kakanische Einsicht in die ontologische Kontingenz der „eigenen Existenz" entwickelt wird, entspricht dem, was Bourdieu als Folge einer Aufkündigung des der kollektiven *illusio* inhärenten sozialen ‚Pakts' beschrieben hat: ein ‚Absurdwerden' der Welt und menschlichen Handelns, das „Fragen über den Sinn der Welt und des Daseins" entstehen lasse (Bourdieu 1987, S. 123). Solche Fragen können als Kollektiverfahrung das Ergebnis krisenhafter Konstellationen sein und die der *illusio* zugrundeliegende „historische Fiktion" aufdecken (Bourdieu 1999, S. 361f., Anm. 19). Der kakanische Staat befindet sich nicht erst 1914 in einer solchen Krisenzeit, sondern spätestens seit dem verlorenen Krieg 1866; deshalb existieren dort ganz unterschiedliche Formen des Umgangs mit dem Problem:

> Der Mensch weiß gewöhnlich nicht, daß er glauben muß, mehr zu sein, um das sein zu können, was er ist; aber er muß es doch irgendwie über und um sich spüren, und zuweilen kann er es auch plötzlich entbehren. Dann fehlt ihm etwas Imaginäres. Es war durchaus nichts in Kakanien geschehen, [...] aber dieses Nichts war jetzt so beunruhigend wie Nichtschlafenkönnen oder Nichtverstehenkönnen. Und darum hatten es die Intellektuellen leicht, nachdem sie sich eingeredet hatten, das werde in einer nationalen Kultur anders sein, auch die kakanischen Völker davon zu überzeugen. Das war nun eine Art Religionsersatz [...]. (MoE, 529)

Für die ‚kultivierten' Bewohner Kakaniens birgt die Erschütterung der staatstragenden *illusio* ein Potenzial, das die Beschäftigung mit den Problemen menschlicher Existenz und menschlichen Zusammenlebens ebenso wie den Erwerb von Kontingenztoleranz befördert (vgl. MoE, 528f.). Die kreative Entfaltung essayistischen Möglichkeitsdenkens ist hier besonders fortgeschritten, führt allerdings bei vielen zu einer Flucht in antagonistische Nationalismen (vgl. MoE, 515), so dass die eklatante Glaubens- und Sinnkrise Kakaniens nicht nur produktiv ist, wo es um emanzipatorische Anliegen geht, sondern auch dort, wo diese in Frage gestellt werden. Das im kollektiven Glaubensverlust liegende Irritationspotenzial wird von den Staatsbürgern meist nicht kritisch auf sich selbst, sondern auf die jeweils anderen ‚Nationen' des gemeinsamen Staates bezogen, aus und mit denen man nach Gutdünken etwas „zu machen" trachtet (MoE, 529). Dieses Verfahren ist dem gedeihlichen Zusammenleben der verschiedenen Ethnien zwar nicht dienlich, konterkariert seine Effektivität aber aufgrund gegenläufiger Bestrebungen, was als widerwilliges ‚Geschehenlassen' – geschichtsphilosophisch betrachtet – ein allgemeines ‚Nichtgeschehen' bewirkt – in Analogie zu jener „geheimnisvollen Vorstellung eines ‚Geschehens, ohne daß etwas geschieht'" (MoE, 1237; vgl. MoE, 1081), die aus der Mystik stammt und von Ulrich mit Agathe diskutiert wird. (→ VII.1 *Mystik*) Zugleich besteht auch hinsichtlich des gegenseitigen ‚Geschehenlassens' der widerstreitenden kakanischen ‚Nationen' eine Homologie zwischen dem romanesken Chronotopos und dem Protagonisten Ulrich, der nicht bereit ist, „die Fülle seiner Möglichkeiten auf *eine* Wirklichkeit zu reduzieren" (Goltschnigg 1973, S. 333; vgl. ebd., S. 337). (→ VII.4 *Möglichkeitssinn u. Essayismus*)

Anhand der beschriebenen Lähmung jeglicher planerischer Aktivität in Kakanien exemplifiziert der *MoE* sein antiteleologisches und antidialektisches Geschichtskonzept:

> Kakanien war von einem in großen historischen Erfahrungen erworbenen Mißtrauen gegen alles Entweder-Oder beseelt und hatte immer eine Ahnung davon, daß es noch viel mehr Gegensätze in der Welt gebe, als die, an denen es schließlich zugrunde gegangen ist, und daß ein Gegensatz durchgreifend ausgetragen werden müsse. Sein Regierungsgrundsatz war das Sowohl-als-auch oder noch lieber mit weisester Mäßigung das Weder-noch. (MoE, 1445)

Welche desintegrativen politischen Konsequenzen eine scheinbar stabilisierende, konservierende Politik zeitigen kann, veranschaulicht Musil durch die Falsifizierung des dialektischen Gedankens produktiver antagonistischer „Gegensätze" mittels ironischer Paradoxien (vgl. ebd.). Die Folgerung, die sein Erzähler aus den komplexen historischen Verwicklungen kakanischer Nationalismen zieht (zu den ideologiegeschichtlichen Hintergründen vgl. Fuchs 1978, S. 12), verweist auf die Avanciertheit seines vorderhand rückständigen Chronotopos, die aus dessen chaotischer Beschaffenheit resultiert: „[Z]um Schluß gab es in Kakanien nur noch unterdrückte Nationen und einen obersten Kreis von Personen, die die eigentlichen Unterdrücker waren und sich maßlos von den Unterdrückten gefoppt und geplagt fühlten." (MoE, 515) Die Kompliziertheit der modernen Welt spiegelt sich hier in der „Unsicherheit der Begriffe" (ebd.); die vermeintlich klaren Hierarchien der Macht erweisen sich als komplexes, unentwirrbares und unsteuerbares bürokratisches Beziehungsgeflecht, das dennoch funktioniert und alle herausragenden Aspirationen effektiv nivelliert: „[I]n Kakanien wurde überdies immer nur ein Genie für einen Lümmel gehalten, aber niemals, wie es anderswo vorkam, schon der Lümmel für ein Genie." (MoE, 33) Den Chiasmus kann man als versteckte Anspielung auf Adolf Hitler lesen, der zur Erzählzeit des *MoE* im Deutschen Reich bereits sein Unwesen trieb, nachdem er sich 1913 – zur erzählten Zeit – aus der ihm zu ‚eigenschaftslosen' Haupt- und Residenzstadt Wien abgesetzt hatte, wo ihm kein Erfolg beschieden war. Die fehlende Eignung Kakaniens zum Spielort für „Lümmel", die sich als eigenschaftsstrotzende ‚Genies' ausgeben, ist ein weiteres Indiz für die Homologie zwischen den Romanfiguren und ihrem Chronotopos: Kakanien, das zwar „vielleicht doch ein Land für Genies" gewesen, jedoch „wahrscheinlich" gerade auch daran „zugrunde gegangen" ist (MoE, 35), vertritt in seiner Produktivität für Kontingenzerfahrungen ‚poetische' Modernität (vgl. Goltschnigg 1973, S. 334f.).

Das bloße ‚Passieren' von Geschichte (vgl. MoE, 35) entzieht nicht nur der Vorstellung einer Umsetzbarkeit intentional-planerischer politischer Gestaltung den Boden, sondern auch dem gegenteiligen Glauben an die prinzipielle Legitimität der herrschenden sozialen Wirklichkeit. Der Chronotopos des *MoE* vermag den schleichenden Realitätsverlust moderner Gesellschaften paradigmatisch zu demonstrieren: „Besonders Kakanien war für den Umgang mit Wunsch- und Unwunschbildern ein ungemein geeignetes Land; das Leben hatte dort ohnehin etwas Unwirkliches" (MoE, 514). Entkleidet man die beschriebene Lage der ironischen Darstellung, dann zeigt sich eine tragische Konstellation – entsprechend der Diagnose Stefan Zweigs (1991, S. 84): „Alle die unterirdischen Risse und Sprünge zwischen den Rassen und Klassen, die das Zeitalter der Konzilianz so mühsam verkleistert hatte, brachen auf und wurden Abgründe und Klüfte. In Wirklichkeit hatte in jenem Jahrzehnt vor dem neuen Jahrhundert der Krieg aller gegen alle in Österreich schon begonnen." Musil war sich dessen bewusst, wie die Gesamtanlage und viele Erzählstränge des *MoE* belegen. Zu seiner essayistischen Reflexion im Roman bevorzugte er indes einen ironischen und selbstreflexiven Erzählstil, der ihm einen distanzierten und facettenreicheren Blick auf die konfliktgeladene Vorkriegsgesellschaft ermöglichte. (→ VIII.2 *Ironie u. Satire*)

4. Gesamtbedeutung und Forschungsperspektiven

Der im *MoE* entworfene Chronotopos beansprucht exemplarische Geltung, was Musil schon 1920 in seinem Arbeitsheft 8 bestätigt: „[D]ieses groteske Österreich ist nichts anderes als ein besonders deutlicher Fall der modernen Welt." (Tb I, 354; vgl. MoE, 1905) (→ II.1 *Moderne*) Hier finden sich die kulturellen, sozialen und ökonomischen Spannungen der Vor- und Zwischenkriegszeit kondensiert, wobei als Spezifikum der Erzählkonstruktion gelten kann: „Alles, was sich im Krieg und nach dem Krieg gezeigt hat, war schon vorher da. [...] Alles muß man submarin auch schon in dem Vorkriegsroman zeigen." (Tb I, 353f.) Angesichts dieser Diagnose erscheint die „doppelte[ ] Zeitstruktur" (Blasberg 1984, S. 8) des *MoE* historisch legitimiert. Wie Musils Notiz im Einzelnen zu verstehen ist, deutet er durch zwei Bemerkungen an: „Es war da: / 1. Geschehenlassen / Absolute Grausamkeit: / 2. Nur das Mittel erleben. / Aus den gleichen Gründen Egoismus." (Tb I, 353f.) Angesprochen wird mit diesem Befund, dessen statistische Implikationen noch genauer zu entfalten wären, sowohl die Entmachtung des handelnden Individuums als auch der komplementäre Bedeutungsgewinn träger Massen als geschichtsmächtiger Instanz, was auf paradoxale Weise zu einem gefährlichen Wuchern rücksichtslos verfolgter Partikularinteressen führt.

„Unter dem Vorwand, das letzte Lebensjahr Österreichs zu beschreiben", reklamiert Musil für den *MoE* in der späten Skizze eines Lebenslaufs unbescheiden, „die Sinnfragen der Existenz des modernen Menschen [...] in einer ganz neuartigen [...] Weise beantwortet" zu haben (GW II, 950). Thematisch kann der Chronotopos insofern Symptomatik beanspruchen, als das „Gesetz der Weltgeschichte" dem Erzähler zufolge „nichts anderes" ist „als der Staatsgrundsatz des ‚Fortwurstelns' im alten Kakanien" (MoE, 361; vgl. MoE, 216; GW II, 1374). Aus der diskursiven sowie performativen Falsifizierung teleologischer Geschichtsphilosophie, die in der Regierungsweise Eduard Graf Taaffes (vgl. Fuchs 1978, S. 15) ihr historisches Modell hat, schließt Musil ironisch: „Kakanien war ein ungeheuer kluger Staat." (MoE, 361) Dies auch deshalb, weil jede prinzipiengeleitete Form ‚funktionierender' sozialer ‚Wirklichkeit' eine bloß singuläre Realisierung – und damit Aufhebung – des ‚Möglichkeitssinns' bedeutete. (→ VII.4 *Möglichkeitssinn u. Essayismus*)

Musils Diagnose gilt nicht nur für Kakanien als Ganzes, sondern auch für die Provinzhauptstadt „B.[rünn]" (vgl. MoE, 1444–1448) und die Reichshaupt- und Residenzstadt Wien, die wie der Gesamtstaat den Eindruck von ‚Unwirklichkeit' erwecken. Weitere Forschungen könnten diesen Aspekt u. a. mit Blick auf nationale Spannungen vertiefen. Bereits 1921/22 verweist Musil in einem Konzept zum „Erlöser"-Projekt auf die Entsprechung von erzähltem Raum und männlichem Protagonisten: „Er ist in Wien, weil Wien unwirklich ist." (KA, M VII/10/48) (→ V.1 *Stadt*) Die ‚Eigenschaftslosigkeit' der kakanischen Metropole kommt im sozialen und kulturellen „Zerfall" (Tb I, 354) nach dem verlorenen Weltkrieg voll zur Geltung. Musils erzählerische Ausgestaltung des romanesken Handlungsraums radikalisiert den von Karl Kraus 1914 begründeten literarischen Topos, die „österreichische[ ] Versuchsstation des Weltuntergangs" mit der „Fratze des gemütlichen Siechtums" (Kraus 1914, S. 2) zu zeichnen, indem sie den essayistischen Diskurs jeder Form von moralistischem Unterton entkleidet und Letzteren durch universelle Ironie ersetzt. Während die narrative Funktionalisierung der Darstellung Kakaniens mittlerweile geklärt erscheint (vgl. u. a. Honold 1995, S. 156–180; Wolf 2011, S. 282–300; Mülder-Bach 2013, S. 112–117 u. 263–279), wären ihre wissensgeschichtlichen Möglichkeitsbedingungen noch zu ermitteln.

5. Literatur

Bachtin, Michail M.: Formen der Zeit im Roman. Untersuchungen zur historischen Poetik. [russ. 1975] Frankfurt a. M.: Fischer 1989.
Becker, Sabina: Von der „Trunksucht am Tatsächlichen". Robert Musil und die neusachliche Moderne. In: Musil-Forum 29 (2005/06), S. 140–160.
Blasberg, Cornelia: Krise und Utopie der Intellektuellen. Kulturskeptische Aspekte in Robert Musils Roman *Der Mann ohne Eigenschaften*. Stuttgart: Heinz 1984.
Bourdieu, Pierre: Sozialer Sinn. Kritik der theoretischen Vernunft. [frz. 1980] Frankfurt a. M.: Suhrkamp 1987.
Bourdieu, Pierre: Die Regeln der Kunst. Genese und Struktur des literarischen Feldes. [frz. 1992] Frankfurt a. M.: Suhrkamp 1999.
Bourdieu, Pierre: Über den Staat. Vorlesungen am Collège de France 1989–1992. Hg. v. Patrick Champagne u. a. Berlin: Suhrkamp 2014.
Daigger, Annette: Mit Robert Musil in Kakanien. Österreichbilder im Roman *Der Mann ohne Eigenschaften*. In: Modern Austrian Literature 30 (1997), H. 3/4, S. 158–169.
Fuchs, Albert: Geistige Strömungen in Österreich 1867–1918. Nachdruck der Ausgabe 1949. Mit einer Einführung v. Georg Knepler. Wien: Löcker 1978.
Goltschnigg, Dietmar: Die Bedeutung der Formel „Mann ohne Eigenschaften". In: ders., Uwe Baur (Hg.): Vom *Törleß* zum *Mann ohne Eigenschaften*. Salzburg, München: Fink 1973, S. 325–347.
Honold, Alexander: Der Tanz auf dem Vulkan. Kakanien und der Erste Weltkrieg. In: Musil-Forum 19/20 (1993/94), S. 144–157.
Honold, Alexander: Die Stadt und der Krieg. Raum- und Zeitkonstruktion in Robert Musils Roman *Der Mann ohne Eigenschaften*. München: Fink 1995.
Honold, Alexander: Kakanien kolonial. Auf der Suche nach Welt-Österreich. In: Wolfgang Müller-Funk, Peter Plener, Clemens Ruthner (Hg.): Kakanien revisited. Das Eigene und das Fremde (in) der österreichisch-ungarischen Monarchie. Tübingen u. a.: Francke 2002, S. 104–120.
Honold, Alexander: Das andere Land. Über die Multikulturalität Kakaniens. In: Gunther Martens, Clemens Ruthner, Jaak De Vos (Hg.): Musil anders. Neue Erkundungen eines Autors zwischen den Diskursen. Bern u. a.: Lang 2005, S. 259–275.

Karthaus, Ulrich: Robert Musils „Kakanien" – ein Modell? In: Peter Mast (Hg.): Nationaler Gegensatz und Zusammenleben der Völker. Österreich-Ungarn im Spiegel der deutschsprachigen Literatur. Ein Modell für Europa? Bonn: Kulturstiftung der Deutschen Vertriebenen 1994, S. 73–86.

Kraus, Karl: Franz Ferdinand und die Talente. In: Die Fackel 16 (10.7.1914), H. 400–403, S. 1–4.

Mülder-Bach, Inka: Robert Musil: *Der Mann ohne Eigenschaften*. Ein Versuch über den Roman. München: Hanser 2013.

Rumpler, Helmut: Eine Chance für Mitteleuropa. Bürgerliche Emanzipation und Staatsverfall in der Habsburgermonarchie. Wien: Ueberreuter 1997.

Schwarz, Robert: Die Stadt, umarmt von Möglichkeiten. Musils ‚Kakanien' (1913) und Neuraths Wien (1925). In: Dagmar Košťálová, Erhard Schütz (Hg.): Großstadt werden! Metropole sein! Bratislava, Wien, Berlin. Urbanitätsfantasien der Zwischenkriegszeit. 1918–1938. Frankfurt a.M. u.a.: Lang 2012, S. 147–174.

Wolf, Norbert Christian: Kakanien als Gesellschaftskonstruktion. Robert Musils Sozioanalyse des 20. Jahrhunderts. Wien u.a.: Böhlau 2011.

Zeller, Rosmarie: Systeme des Glücks und Gleichgewichts oder wie Gott Kakanien den Kredit entzog. In: Pierre Béhar (Hg.): Glück und Unglück in der österreichischen Literatur und Kultur. Bern u.a.: Lang 2003, S. 167–177.

Zweig, Stefan: Die Welt von Gestern. Erinnerungen eines Europäers. [1944] Frankfurt a.M.: Fischer 1991.

4. Politik und Ideologie
Klaus Amann

1. Musils politische Biografie 606
2. Das ‚Theorem der menschlichen Gestaltlosigkeit' 608
3. Politik und Literatur 609
4. Literatur 611

1. Musils politische Biografie

Die Grundlagen des Musil'schen Denkens und Urteilens über Politik sind sein Selbstverständnis als Schriftsteller und seine prinzipielle Distanz zur Politik als einer praktisch und ideologisch orientierten gesellschaftlichen (Macht-)Institution. Charakteristisch sind Musils Widerwille und sein Widerstand dagegen, einem politischen oder ideologischen Lager zugerechnet zu werden. Er bleibt zeitlebens ein distanzierter Beobachter und ein Zergliederer des Lebens (vgl. Tb I, 1f.); seine bevorzugte Haltung heißt „Sachlichkeit als Teilnahmelosigkeit" (Tb I, 903). Er verweigert sich allem, was nach Bekenntnis, Dogma, Glaubensbereitschaft, Parteilichkeit, Gesinnung oder affektiver Gefolgschaft aussieht. Charakteristisch ist dabei, dass Musil seine Gegenposition zu den totalitären Systemen und zu den politischen Gesinnungs- und Glaubensgemeinschaften seiner Zeit nicht nur aus politischen Überlegungen, sondern ganz entscheidend aus der Reflexion seiner Aufgaben und Möglichkeiten als Schriftsteller entwickelt. Er ist sich stets bewusst, dass er im Verhältnis zu Politik, Staat oder Nation in der Rolle eines Einzelnen, nirgendwo Zugehörigen spricht und schreibt. Er agiert aus der Position des Außenstehenden, des ‚Unzufriedenen' (vgl. Tb I, 950), des

Reservierten. Er spricht, im Unterschied zu den ‚Großschriftstellern' (vgl. MoE, 428–434), Parteiliteraten und politischen Günstlingen seiner Zeit, nicht mit der Macht im Rücken, sondern aus dem Abseits der Literatur, die für ihn aufgrund ihrer utopischen Erkenntnisfunktion eine prioritäre Stellung gegenüber der Politik hat: „Ich halte es für wichtiger ein Buch zu schreiben als ein Reich zu regieren. Und auch für schwieriger." (Tb I, 960)

Musil scheint zwar seit den Brünner Jahren um 1900 eine gewisse Nähe zu inhaltlichen Positionen der Sozialdemokratie verspürt zu haben, bleibt jedoch auf Distanz, weil er sich „ästhetisch von ihrem Milieu abgestoßen" fühlt (Corino 2003, S. 42; vgl. Tb I, 915). Im Essay *Politisches Bekenntnis eines jungen Mannes* (1913) kokettiert er damit, ein „konservativer Anarchist" gewesen zu sein, der in Zukunft, „jenachdem es die Umstände fordern", sozialdemokratisch oder liberal wählen werde (GW II, 1011 u. 1013). Der Krieg dürfte jedoch bei dem einzelgängerischen, elitär geprägten und mit dem Gedanken geistigen Führertums sympathisierenden Nietzsche-Leser Musil einiges in Bewegung gebracht haben. Die Tagebuchhefte aus den Kriegsjahren belegen, wie der direkte Kontakt mit der Landbevölkerung und der Umgang mit den Soldaten seiner Landsturm-Kompagnie an der Südtiroler Front und bei der Isonzo-Armee in Slowenien seine Wahrnehmungen und Einstellungen veränderten und sein soziales Interesse weckten. Der für gewöhnlich methodisch kalte Beobachter der Aufzeichnungen zeigt plötzlich soziale Anteilnahme, zuweilen auch spürbar Sympathie (vgl. Tb I, 336f.: „24.12.[19]17" und „Begräbnis in A[delsberg]", die ersten Notizen für *Slowenisches Dorfbegräbnis*, GW II, 490–492).

Im Autobiografie-Heft (Nr. 33: 1937 bis Ende 1941) erwähnt er rückblickend als einen der „stärksten alten Kriegseindrücke", dass er „plötzlich von lauter Menschen umgeben war, die nie ein Buch lasen; [...]. Welch unerwartete u. breite Berührung mit dem Durchschnittsleben!" (Tb I, 945) Es entbehrt deshalb nicht einer inneren Logik, dass Musil im Umkreis der österreichischen Nationalratswahlen von 1927 die „Kundgebung des geistigen Wien" unterstützt: eine überparteiliche Initiative einer Gruppe von 40 prominenten Wissenschaftlern und Künstlern, die die Anstrengungen und Errungenschaften der Wiener Sozialdemokratie auf sozialpolitischem und kulturellem Gebiet (‚Rotes Wien') öffentlich würdigte. Der Austrofaschismus wird ihm das später als Wahlhilfe für die Sozialdemokratie auslegen, was sich 1936 vermutlich negativ auf sein Gesuch um eine Beamtenpension ausgewirkt hat (vgl. Corino 2003, S. 783f. u. 1225f.; Amann 2007, S. 24–26 u. 125–128).

Musils Bemühen, die Ursachen und Folgen der europäischen Katastrophe, die „fünfjährige Sklaverei des Kriegs", die aus seinem Leben „das beste Stück herausgerissen" habe (Tb I, 527; vgl. Zöchbauer 1996), zu begreifen, und nicht zuletzt auch seine eigenen, zutiefst ambivalenten Erfahrungen haben ihn nachhaltig politisiert. Die Reflexion der eigenen Kriegserfahrung und der nachfolgenden sozialen Deklassierung („aus einer geistigen Oberschicht zu Parias herabgedrückt", Tb I, 404) wird zum Ausgangspunkt seiner umfassenden Kritik der Nachkriegsordnung und der erneut zur Macht drängenden nationalistischen und antidemokratischen Kräfte. Mit dem Ende des Kriegs, so seine Diagnose, war die Krise, deren Ausdruck und Folge er war, keineswegs überwunden. Zu keiner anderen Zeit hat Musil sich so häufig und so ausführlich zu politischen und ideologischen Fragen geäußert wie in seiner Essayistik der unmittelbaren Nachkriegszeit und in seinen drei politischen Reden (1934/35/37) nach der ‚Machtergreifung' der Nationalsozialisten 1933, die er als eine Wiederholung der Vorgänge von 1914 sah. (→ III.2.2 *Reden*) Im Zuge seiner intensiven Beschäftigung mit dem Krieg und dessen tiefgreifenden und langfristigen Auswirkungen hat er sich jene analytischen Kategorien und theoretischen Konzepte erarbeitet, die es ihm ermöglichten, einen eigenständigen und – von heute aus gesehen – bemerkenswert autonomen Standpunkt abseits der linken und rechten ideologischen Lager einzunehmen.

2. Das ‚Theorem der menschlichen Gestaltlosigkeit'

Mit seinem ‚Theorem der menschlichen Gestaltlosigkeit', dem analytischen Kern des Entwurf gebliebenen Essayprojekts *Der deutsche Mensch als Symptom* (GW II, 1353–1400), formuliert Musil in den frühen 1920er Jahren gegen „falsches phil.[osophisches] Pathos" (beispielsweise eines Oswald Spengler) eine illusionslos nüchterne „Philosophie der Niedrigkeit" (GW II, 1375). Sie ermöglicht es ihm, nicht nur die Massen-Begeisterung bei Kriegsbeginn, die er im Sommer 1914 als Redakteur der *Neuen Rundschau* in Berlin erlebt und kurz mitgetragen hat, sondern auch die „ungeheuren Entartungen welche der Krieg hat emporschießen lassen" (Tb I, 540) zu verstehen und zu analysieren (vgl. Amann 2011; Wolf 2011, S. 64–80). (→ V.9 *Krieg*) Das ‚Theorem der menschlichen Gestaltlosigkeit' ist Musils Arbeitsinstrument, um das Irritierende, Unerklärliche und Skandalöse, um die Ambivalenz und das Menschlich-Unmenschliche des Kriegs zu begreifen, „ein Erlebnis […], das nicht erledigt ist", wie es in dem für sein politisches Denken zentralen Essay *Die Nation als Ideal und als Wirklichkeit* von 1921 heißt (GW II, 1061). (→ III.2.1 *Essays*) Mit diesem Theorem lässt sich für Musil das Verhalten Einzelner ebenso verstehen, erklären und darstellen wie das Funktionieren von ‚Massen': Der Mensch ist prinzipiell etwas Unfestes, er passt sich gesellschaftlichen Formen an, weil er persönliche, religiöse, berufliche, ideologische Bindungen und Bestätigungen sucht (vgl. GW II, 1381). Er ist aufgrund dieser Disposition der höchsten Kulturleistungen ebenso fähig wie der absoluten Barbarei (vgl. *Das hilflose Europa oder Reise vom Hundertsten ins Tausendste*, 1922, GW II, 1081). In welche Richtung das Pendel ausschlägt, wird maßgeblich durch äußere Umstände, Zufälligkeiten, Einflüsse und Konstellationen bestimmt. Übergänge zwischen ‚gut' und ‚böse', zwischen ‚gesund' und ‚krank', zwischen ‚übernormal' und ‚unternormal' sind stetig und ohne Sprünge (vgl. GW II, 1080). Mit dem ‚Theorem der menschlichen Gestaltlosigkeit' lassen sich Biologismus, Rassismus, Antisemitismus, ‚Kollektivismus', Nationalismus, die Hypostasierung des Staates (m.a.W. die ideologischen Eckpfeiler der erfolgreichen politischen Bewegungen seiner Zeit), lassen sich Verbrechen und Krieg ebenso beschreiben und analysieren wie individuelles menschliches Verhalten oder Versagen und die von Massenwahn bestimmten Ereignisse von 1914 oder 1933. Exakt dies hat Musil in seinen Essays (und in den Arbeitsheften) hellsichtiger, schärfer und umfassender getan als viele seiner Kollegen – was jahrzehntelang nicht zureichend erkannt und gewürdigt wurde (vgl. die folgenreiche Kritik von Böhme 1974, bes. S. 113 u. 122).

Mit den Grundannahmen des ‚Theorems der menschlichen Gestaltlosigkeit' lassen sich aber auch die soziale Welt, die Handlungsstruktur, die Charaktere und die Philosophie eines Romans konzipieren, was Musils primäres Interesse war; deshalb hat er seinen Ansatz nicht (wie Hermann Broch oder Elias Canetti) zu einer Theorie ausgebaut, sondern als Generator für sein Romanprojekt *Der Mann ohne Eigen-*

schaften (*MoE*) genutzt (paradigmatisch dargestellt von Wolf 2011). Das ‚Theorem der menschlichen Gestaltlosigkeit' ist bei der Erforschung jener „Moralische[n] Experimentallandschaft" (Tb I, 840), als die Musil das Gelände seiner Dichtung begriff, und damit bei seinen „Versuche[n] / einen andren Menschen zu finden" (Tb I, 643), das wichtigste Instrument. Musil selber stellt diese Verbindung zwischen Theorie und literarischer Praxis her, wenn er betont, dass seine großen zeit- und ideologiekritischen „Aufsätze aus dem gleichen Ideenkreis gespeist sind wie der Roman" (an Johannes von Allesch, 4.12.1929, Br I, 454). (→ VII.3 *Gestaltlosigkeit*)

3. Politik und Literatur

Politik und Literatur sind für Musil zwei funktional getrennte Bereiche. Zustimmend zitiert er in einer, zu seinen Lebzeiten nicht veröffentlichten *Vorrede zu einer zeitgenössischen Aesthetik* (vermutlich aus der Mitte der 1930er Jahre) an zentraler Stelle eine Passage aus Friedrich Nietzsches *Götzendämmerung* (1888): „Die Kultur und der Staat – man betrüge sich hierüber nicht – sind Antagonisten." (GW II, 1436, und, dreißig Jahre früher, in Tb I, 33f.) Politik, so Musils Auffassung, hat mit der Gestaltung von Wirklichkeit, hat mit aktuellen Problemen und pragmatischen Lösungen zu tun und bedient sich dabei der Macht und der Gewalt – die Politik seiner Zeit im Besonderen. Musils politischer Ansatz ist funktional. Er beurteilte politische Strömungen, Parteien und auch die Regierungsform der parlamentarischen Demokratie punktuell und unabhängig von einer übergreifenden Ideologie jeweils danach, wie sie konkrete Probleme angingen, lösten oder negierten (vgl. Thöming 1970; Vogt 1984; Amann 2007). Absolute Priorität beanspruchte für Musil neben den ethischen Voraussetzungen politischen Handelns (Rechtlichkeit, Gerechtigkeit, Toleranz, Humanität, Gemeinwohl etc.) dabei die Frage, welche Rolle und welche Spielräume die Politik dem ‚Geist' im weitesten Sinne (Kunst und Wissenschaft) einräumt, der per definitionem Autonomie und Bewegungsfreiheit gegenüber der Politik beansprucht:

> Was im Leben gut ist, ist es noch lange nicht in der Kunst. Leben ist etwas Praktisches, ein Kompromiß, etwas, das [...] durchaus nicht restlos rationalisierbar ist u. darum Gewalt setzen muß, Postulate, Moral. Kunst aber ist etwas theoretisches [sic], d. h. wörtlich übersetzt: Spähendes. Moral ist das Abstraktum des Handelns, Kunst ein Morallaboratorium, an einzelnen Fällen werden hier neue Analysen u. Zusammenfassungen probiert. Sie liefert keine seelischen Kleider, sondern jene Untersuchungen auf Grund deren für spätere Generationen solche gemacht werden. (Tb II, 1173)

Die funktionale Trennung der Bereiche von Literatur und Politik schließt eine Vermischung politischer und schriftstellerischer Tätigkeit aus – nicht zuletzt deshalb, weil beide eigene Fähigkeiten und Begabungen erfordern. Der Schriftsteller in der Maske des Politikers erscheint Musil ebenso unheimlich, ja gefährlich, wie der Politiker in der Maske des Schriftstellers (Musil nennt Nero, Mussolini, Lunatscharski, Clemenceau, Hitler): „Eines schickt sich nicht für alle. Man schreibt nicht mit dem Fuß; man steht nicht auf der Hand." (*Bedenken eines Langsamen*, 1933, GW II, 1426f.) Das heißt jedoch nicht, dass die literarische Tätigkeit ‚unpolitisch' wäre. Das Politische liegt in der „eigentliche[n] Kraft des Dichters", einer „von verzweigtester ethischer Erfahrung getragenen gesellschaftlichen Vision" literarische Gestalt zu verleihen (*Der Dichter am Apparat*, 1921, GW II, 1516). Die Stichworte dazu: Utopie,

‚Möglichkeitssinn', Schreiben als „geistige Expedition u[nd] Forschungsfahrt" (*Vermächtnis. Notizen*, MoE, 1940). Dies bedeutet: „Der Dichter muß als Gleichgestellter mit der Politik gehen [...] er darf nicht der Hanswurst der Politik (oder des Glaubens) werden." (KA, M VI/1/59) Mit diesem Anspruch auf Ebenbürtigkeit verbiete sich jede Form von utilitaristischer oder politisch funktionaler Literatur. Eine Literatur, die sich in den Dienst einer Ideologie stellt, die ihr das Rüstzeug oder die „seelischen Kleider" liefert, verdiene den Namen nicht: „[E]s gibt keine bolschewistische Geometrie und es gibt darum auch keine politische Dichtung" (KA, M VI/1/64). Der zentrale Satz lautet: „Nicht die ‚Gesinnung' entscheidet in der Kunst." (KA, M VI/1/19) Deshalb gelte auch: „Schlechte Kunst wird durch gute Tendenz nicht besser." (Tb I, 776)

Der Anschluss des Künstlers an den Staat, die Klasse, die Nation, die ‚Rasse', die Religion oder eine politische Partei ist für Musil gleichbedeutend mit Selbstaufgabe und mit der Zerstörung des Begriffs von Kunst. Gleichzeitig sei der einzelne Künstler jedoch, durchaus im Bewusstsein seiner antagonistischen Position, auf Duldung, auf Toleranz und auf die Garantie der Freiheitsrechte durch die Machthaber angewiesen: Sie garantieren die Freiheit der Kunst – zu ihrem eigenen Besten. Nehmen sie den Künstler, den Wissenschaftler, den Intellektuellen nicht so, wie er ist, zerstören sie das geistige Potenzial und die Entwicklungsmöglichkeiten einer Gesellschaft. Denn dem autonomen Geist, der Kunst und der Literatur, ist ein Moment des Zukünftigen, des ‚Noch-nicht' inhärent: „[D]ie Kunst [...] erhält das Noch-nicht-zu-Ende-Gekommene des Menschen, den Anreiz seiner Entwicklung am Brennen." (*Der Dichter in dieser Zeit*, 1934, GW II, 1255; vgl. Maier-Solgk 1992) Dass Musil, wo es um die Abgrenzung der Kunst und Literatur von der Politik geht, zuweilen das Adjektiv ‚unpolitisch' als Synonym für ‚autonom' verwendet (vgl. Vogt 1984, S. 314f.; Amann 2007, S. 96f. u. 113f.) – so auch bei seinem größten Auftritt, dem Vortrag beim „Internationalen Schriftstellerkongreß für die Verteidigung der Kultur" 1935 in Paris (GW II, 1266–1269) –, hat jahrzehntelang zu Verzerrungen in der Wahrnehmung und zu gravierenden Fehldeutungen seiner politischen Haltung geführt. Erst in jüngerer Zeit konnten diese revidiert werden (vgl. Corino 2003; Wolf 2006; Amann 2007).

Das genuin Politische an dem lange Zeit zu Unrecht als ‚unpolitisch' verschrienen Robert Musil besteht darin, dass er sich als Schriftsteller den zeitgebundenen und instrumentellen Ansprüchen der Politik und des Marktes (die er präzise analysiert hat) konsequent verweigert – für ein Werk, das „Beiträge" anbieten möchte „zur geistigen Bewältigung der Welt" (*Was arbeiten Sie?*, 1926, GW II, 942). Darin, in der existenziellen Behauptung autonomer geistiger und künstlerischen Arbeit gegenüber den Zwängen und Zumutungen einer in jeder Hinsicht aus den Fugen geratenen Welt, sah er seine Aufgabe, um so einen Beitrag zur Entwicklung der Kultur zu leisten. „[Ich] habe eine Pflicht gegen mich u. mein Werk zu erfüllen. Das ist ernst" (Tb I, 1005), notierte Musil im Januar 1941 im Genfer Exil. Dabei bringe ihn „auch das Unglück nicht aus dem Takt" (an Ludwig Feuchtwanger, 6.4.1940, Br I, 1177).

4. Literatur

Amann, Klaus: Robert Musil – Literatur und Politik. Mit einer Neuedition ausgewählter politischer Schriften aus dem Nachlass. Reinbek b. Hamburg: Rowohlt 2007.
Amann, Klaus: Robert Musil und das ‚Theorem der menschlichen Gestaltlosigkeit'. In: Ulrich Johannes Beil, Michael Gamper, Karl Wagner (Hg.): Medien, Technik, Wissenschaft. Wissensübertragung bei Robert Musil und in seiner Zeit. Zürich: Chronos 2011, S. 237–254.
Böhme, Hartmut: Anomie und Entfremdung. Literatursoziologische Untersuchungen zu den Essays Robert Musils und seinem Roman *Der Mann ohne Eigenschaften*. Kronberg i. Ts.: Scriptor 1974.
Corino, Karl: Robert Musil. Eine Biographie. Reinbek b. Hamburg: Rowohlt 2003.
Maier-Solgk, Frank: Sinn für Geschichte. Ästhetische Subjektivität und historiologische Reflexion bei Robert Musil. München: Fink 1992.
Rohrwasser, Michael: Robert Musil auf dem Pariser Schriftstellerkongress (1935). In: Marek Zybura (Hg.): Geist und Macht. Schriftsteller und Staat im Mitteleuropa des „kurzen Jahrhunderts" 1914–1991. Dresden: Thelem bei w.e.b 2002, S. 227–240.
Thöming, Jürgen C.: Der optimistische Pessimismus eines passiven Aktivisten. In: Karl Dinklage (Hg.): Robert Musil. Studien zu seinem Werk. Reinbek b. Hamburg: Rowohlt 1970, S. 214–235.
Vogt, Guntram: Robert Musils ambivalentes Verhältnis zur Demokratie. In: Exilforschung. Ein internationales Jahrbuch 2 (1984), S. 310–338.
Wolf, Norbert Christian: Geist und Macht. Robert Musil als Intellektueller auf dem Pariser Schriftstellerkongreß 1935. In: Jahrbuch des Freien Deutschen Hochstifts (2006), S. 383–436.
Wolf, Norbert Christian: Kakanien als Gesellschaftskonstruktion. Robert Musils Sozioanalyse des 20. Jahrhunderts. Wien u. a.: Böhlau 2011.
Zöchbauer, Paul: Der Krieg in den Essays und Tagebüchern Robert Musils. Stuttgart: Heinz 1996.

5. Ethik und Moral
Mathias Mayer

1. Einleitung: Ethik, Moral und Ästhetik nach 1900 611
2. Begriffsklärungen 612
   2.1 Moral 613
   2.2 Ethik 613
   2.3 Ästhetik 614
3. Perspektiven der Forschung 615
4. Weiterführende Perspektiven 615
5. Literatur 616

1. Einleitung: Ethik, Moral und Ästhetik nach 1900

Dass in der Zeit nach 1900 – und nochmals verstärkt im Umkreis des Ersten Weltkriegs – ethische Fragestellungen zunehmend außerhalb einer philosophischen Fachdisziplin entwickelt werden, ist das Ergebnis unterschiedlicher und konkurrierender Strömungen. Weder die radikale Zersetzung moralischer Traditionen und Machtansprüche durch Friedrich Nietzsche und Sigmund Freud noch die Ansätze einer Wertelehre oder materialen Wertethik (Wilhelm Windelband, Heinrich Rückert, Max Scheler), mehr oder minder nah am Neukantianismus, haben zu einem neuen Impuls ethischen Denkens führen können. Es ist vor allem das existentialphilosophische und experimentelle Denken Søren Kierkegaards, das nach 1900 zu einer Aufwertung spezifisch ethischen Reflektierens geführt und zugleich eine schneidende, aggressive Auseinandersetzung mit der traditionellen (etwa christlichen) Moral eröffnet hat. Nicht zuletzt die Allianz des Ethischen und des Essayistischen ist für die früheste Rezeption im deutschsprachigen Raum (Rudolf Kassner, Georg Lukács, Hermann Broch, Ludwig Wittgenstein) relevant gewesen – eine entscheidende Vermittlung lieferte dabei die Zeitschrift *Der Brenner* (vgl. Wiebe 2012). Hinzu kamen Generationenerlebnisse wie die Lektüre der russischen Literatur (Dostojewski und Tolstoi) sowie die zunehmend als Wert-Vakuum erfahrene Zäsur des Ersten Weltkriegs, in dem etwa der leidenschaftliche Kierkegaard- und Dostojewski-Leser Karl Kraus eine politisch wie moralisch gleichermaßen aggressive Stimme erhoben hat. (→ V.9 *Krieg*) So deutlich aber Musils eigenes Verständnis von Ethik und Moral in einem größeren Rahmen seiner Zeit gesehen werden kann, so wenig sind direkte Spuren oder Zusammenhänge nachweisbar. So heißt es im Arbeitsheft 34: „*Jugend und Zeitwandel* Heute zitieren selbst Fachphilosophen, wenn sie schöngeistig sind, Kierkegaard. Ich mag ihn u. mochte ihn nicht u[nd] brauche ihn nicht: wie kommt das? Vielleicht so: das Positive, was man sich heute bei ihm holt, lag damals schon in der Luft, ich brauchte nicht mehr ihn selbst dazu" (Tb I, 901f.).

2. Begriffsklärungen

Ein durchaus spannungsgeladenes Verhältnis zwischen Moral und Ethik ist konstitutiv für Musils Poetik und seine Analyse der eigenen Gegenwart. Einerseits arbeitet sich Musil an Versuchen ab, die aufeinander verweisenden Termini in ihrer Polarität zu beschreiben, etwa als Gegenüber von Wiederholbarkeit und Einmaligkeit. Andererseits ist Musils Begriffsgebrauch keineswegs systematisch streng, so dass man damit rechnen muss, seine Konzeption des Ethischen als eine anspruchsvollere Form der Moral profiliert zu finden, etwa – im Roman *Der Mann ohne Eigenschaften* (MoE) – in Ulrichs Überlegung im Rahmen der „Heilige[n] Gespräche" (MoE, 746): „Der moralischeste von allen Sätzen ist der: die Ausnahme bestätigt die Regel!" (MoE, 747) Selbst wenn Musils Sprachgebrauch nicht immer eindeutig ist, kann man doch erkennen, dass der Terminus ‚Moral' einer systematischen Ordnung oder Regel zugewiesen ist, bei der von einem höchsten Wert auszugehen ist. Umgekehrt bezeichnet das ‚Ethische' die Ausnahme, das Einmalige, das Unsystematische, „[r]ein ethisch wohl identisch mit: es gibt keinen letzten Wert." (Tb I, 652)

Damit zeichnet sich ein Ethik-Verständnis ab, das keineswegs eindeutig einer philosophischen Tradition zuzuordnen ist. Auch wenn Ulrich antworten würde, „daß nur eine Frage das Denken wirklich lohne, und das sei die des rechten Lebens" (MoE, 255), kann weder von einer Ethik im Sinn einer philosophischen Disziplin gesprochen werden, noch kann der Umgang mit Ethik und Moral aus den Voraussetzungen Nietzsches hergeleitet werden. So ist die Auseinandersetzung mit Moral und Ethik bei Musil stets eine Auseinandersetzung mit dem Ordnungssystem der Philosophie, wobei „[j]ede Ordnung [...] irgendwie absurd und wachsfigurenhaft" erscheint, „wenn man sie zu ernst nimmt" (MoE, 1509). Die Diskussion über Moral und Ethik steht daher im Zeichen einer Distanzierung von der Philosophie – so wie Ulrichs Denken kein philosophisches ist: „Philosophen sind Gewalttäter, die keine Armee zur Verfügung haben und sich deshalb die Welt in der Weise unterwerfen, daß sie sie in ein System sperren." (MoE, 253) (→ IV.4 *Philosophie*)

2.1 Moral

Ein wesentlicher Ausgangspunkt für Musils Kritik der Moral, für die Wahrnehmung ihrer Perspektivengebundenheit und Relativität, ist Nietzsche: „Es gehört zum Wesen der Moral, daß sie absolutiert wird" (Tb I, 810), sie „hat – oder hätte doch gern – ein oberstes Gut" (Tb I, 644), das aber kulturell und historisch immer nur relativ sein kann. (→ VIII.5 *Intertextualität*) ‚Moral' verkörpert zwar einen systematischen Anspruch, eine Ordnung, die aber nur um den Preis der Erstarrung – und letztlich der Gewalt – fixiert werden kann. Musils Geschichtsskepsis („Was heute böse ist, wird morgen vielleicht zum Teil schon gut sein", MoE, 1509) erlaubt daher nicht die Anerkennung einer fixen Moral – so wie auch für Ulrich der Glaube „‚nicht eine Stunde alt sein'" darf (MoE, 755). Die moralische Regel, ihr oberstes Gut, ihr höchster Wert sind Manifestationen einer Vereindeutigung, die die Moral dem Verdacht aussetzt, selbst gar nicht moralisch zu sein: Die „‚Moral selbst ist nicht moralisch!'" (MoE, 1024) „[D]aß auch die Moral eine Moral haben müsse" (MoE, 1413), ist eine Forderung, die Musil von Ulrich und Agathe diskutieren lässt. Der vielfach beobachteten „Starrheit der Moral" (Tb I, 726) steht daher eine „Moral des Schöpferischen" (Tb I, 388f.; vgl. Tb II, 1101f.) gegenüber. Während nach Musils Auffassung die Statik der Moral immer wieder in die Nähe der vieldeutigeren Dichtung und der Ethik aufgehoben werden kann, in die Umgebung eines analogischen, eines nicht-eindeutigen, nicht-logischen Denkens (vgl. z.B. Tb I, 819), wird sie oft genug Opfer von Musils satirischen Entlarvungen. Gerade weil, nach Ulrichs nietzschenaher Erkenntnis, „moralische[ ] Werte nicht absolute Größen, sondern Funktionsbegriffe" sind (MoE, 748), lassen sie sich wegen ihrer ideologischen Beliebigkeit und Missbrauchbarkeit diskreditieren. Im Zeichen der unmoralischen Moral sind große Verbrechen begangen worden: „Der Sturz des deutschen Volks", heißt es 1920 im Arbeitsheft 8, „beweist, wie falsch die moralischen Stützen waren, die man ihm gegeben hatte." (Tb I, 384) „*Deutschland* ist nicht an seinen unmoralischen, sondern an seinen moralischen Bürgern zugrunde gegangen. Die Moral wurde nicht unterminiert, sondern sie hat sich als hohl erwiesen." (Tb I, 586) Das – auch politisch relevante – Versagen der Moral lässt sich somit nicht mehr innerhalb ihrer Möglichkeiten retten. Musils Denken greift daher auf Grenzfälle des geradezu Unmoralischen zurück, wie etwa die Figur des Prostituiertenmörder Moosbrugger, der von keiner ‚Ordnung' wirklich gelesen werden kann (Justiz, Psychiatrie, Religion), um gegenüber dem Dilemma der Moral eine ethische Perspektive einzunehmen.

2.2 Ethik

Musil nimmt zwar in seiner fortgesetzten Beschäftigung mit Fragen der Ethik durchaus Bezug auf etablierte Stationen philosophisch-religiösen Denkens – er greift auf eine ‚Ethik der Kunst' in der aristotelischen *Poetik* zurück (vgl. Tb I, 54) und studiert Heinrich Gomperz' *Die Lebensauffassung der griechischen Philosophen* von 1904 (vgl. Tb I, 472), er reflektiert die „Ideologie des Sozialismus" (Tb I, 490) und prüft sie an der „Ethik des Alltags" (Tb I, 491), ebenso wie den „christlichen Ethiker[ ]" und Pazifisten Friedrich Wilhelm Foerster (Tb I, 575f.) –, aber eine Ethik im Sinne der philosophischen Disziplin ist für ihn nicht relevant. Als entscheidende Parameter seiner Ethikkonzeption können gelten: 1) die Differenzierung von Moral und Ethik, die, wenn auch nicht systematisch angelegt, sich doch immer wieder bestätigt, von Musils frühesten Texten an (vgl. Tb I, 14) bis hin zu den ambitionierten Positionierungen der Essayistik (vgl. GW II, 1093) oder des Romans. Maßgeblich für diese Differenzierung ist 2) die konzeptionelle Offenheit, die sich der Hierarchisierbarkeit und der Rigidität eines Systems verweigernde Dynamik des Ethischen (vgl. dazu Tb I, 552). Das „ethische Erlebnis" gilt in diesem Sinn als „[ü]bertragbar", aber nicht „fixierbar (an den Gegenstand)" (Tb I, 649), weshalb mit einer enormen Varianz zu rechnen ist: „Ich bezweifle, ob die Ethik in Westeuropa feiner ist als in der Südsee, sie ist wahrscheinlich nur rationalisierter." (Tb I, 540) Daher ist Ethik nur als prozessuales Denken, als asymptotisches Denken möglich, das im Gegensatz zur Moral keinen Anspruch auf Stabilität stellen kann. Zentral ist dafür die Formulierung aus dem Arbeitsheft 25: „Rein ethisch wohl identisch mit: es gibt keinen letzten Wert." (Tb I, 652) Von hier aus führt der Weg zu einem weiteren Zusammenhang, 3) der Nähe von Ethik und Ästhetik: „Ich habe von Jugend an das Ästhetische als Ethik betrachtet" (Tb I, 777). Das ästhetische Erlebnis erschien Musil „von Anfang an als ebenso ethisches wie ästhetisches Erlebnis." (Tb I, 941) Hieraus ergeben sich Fragen nach Musils Verhältnis zur zeitgenössischen Denkweise, aber auch nach den ästhetischen Strategien, mit denen er auf diese Konzeption einer offenen Ethik reagiert, die im Sinne des Romans als eine Ethik ‚ohne Eigenschaften' gedacht werden kann.

2.3 Ästhetik

Musils Schreiben kann zu erheblichen Teilen als Reaktion auf das (Miss-)Verhältnis von Moral und Ethik beschrieben werden. Seine Arbeit, verstanden als Beitrag „zur geistigen Bewältigung der Zeit" (*Was arbeiten Sie?*, 1926, GW II, 942), begnügt sich nicht mit dem Status quo: „Was man in unsrer heutigen Literatur Ethik nennt, ist gewöhnlich ein schmales Fundament von Ethik und ein hohes Haus von Moral darüber." (*Das hilflose Europa*, 1922, GW II, 1093) Indem er bis in den Bereich der Ethik hinein einen „feindliche[n] Unterschied zwischen den schöpferischen Quellen und ihrer moralischen Normierung" erkennt (*Ansätze zu neuer Ästhetik*, 1925, GW II, 1153), geht es um Erprobung jener nicht-fixierbaren, instabilen oder „unstarren" (Tb I, 660) Grenzfälle, die auch in den Mittelpunkt des Romans MoE rücken. Kunst erscheint daher in einem spezifischen Sinn als „Morallaboratorium" (Tb II, 1173), in welchem auch die Ethik des Unmoralischen und die Unmoral des Moralischen getestet werden können. Im Essay *Ansätze zu neuer Ästhetik* von 1925 heißt es dazu, „daß jedes Kunstwerk nicht nur ein unmittelbares, sondern geradezu ein niemals gänzlich wiederholbares, nicht fixierbares, individuelles, ja anarchisches Erlebnis darbietet." (GW II, 1151) Die prekären Grenzerfahrungen der Mystik, oftmals am Rand der Sprache angesiedelt, bieten daher ein entscheidendes Reservoir an Experimenten, die einer Ethik ‚ohne Eigenschaften' möglich sind. (→ VII.1 *Mystik*; VII.2 *Anderer Zustand*) „Der andere Zustand als Grundzustand der Ethik" (Tb I, 660) kann im Kontext des Romans durchaus in die Nähe des Geschwisterinzestes gerückt werden, während auf narratologisch-ästhetischer Ebene das Denken der Utopie, die Konzeption des Essays und des Essayismus oder auch die Nähe zum Märchen als Parallelaktionen ethisch reflektierter Ästhetik in Frage kommen. (→ V.7 *Sexualität*; VII.4 *Möglichkeitssinn u. Essayismus*; VII.5 *Utopie*)

3. Perspektiven der Forschung

Eine Ausdifferenzierung moralischer und ethischer Fragestellungen, wie sie Musils Essays und besonders der *MoE* nahelegen, kann in größerem Umfang in Studien der 1960er Jahre beobachtet werden. Während Renate von Heydebrand (1966, S. 25 u. ö.) vor allem auf die Nähe der Moral-Kritik bei Musil und Nietzsche hinweist, verfolgt Sibylle Bauer (1966) einen noch stark pragmatisch geprägten Ethik-Begriff, der von einer philosophischen Kontextuierung abhängig ist, mit der Folge: „Für einen genuinen Ethiker könnte es solchen Zweifel an der eigenen Berufung der Menschen überhaupt zur Sinngebung nicht geben. Primär Ethiker kann Ulrich nicht sein, solange er auf dem theoretischen Ansatz beharrt" (Bauer 1966, S. 86). Nimmt Bauer als wichtigsten Vergleichstext noch *Die Schwärmer* in den Blick, so dehnt Marie-Louise Roth in ihrer nach wie vor gewichtigen Studie (1972) die Sicht aus, um den Zusammenhang von Ethik und Ästhetik nunmehr auch gegenüber der Mathematik, der Physik und der Psychologie zu problematisieren. Dabei geht Roth wie auch Gerd Müller (1971) von einer grundlegenden Differenzierung zwischen Moral und Ethik aus (vgl. Müller 1971, S. 171; Roth 1972, S. 91) und integriert zentrale Aspekte aus Musils Nachlasstexten. Eine wichtige Neuvermessung des Forschungsgebiets leistet die Arbeit von Sabine A. Döring (1999), ausgehend von den Kapiteln über die Gefühlspsychologie im *MoE*, mit dem Ergebnis, Musils Zusammenführung von Ethik und Ästhetik als Antizipation moderner metaethischer Positionen, etwa von Richard Rorty, zu perspektivieren: Döring zitiert Musils „progressiven Idealismus" (ebd., S. 244) und stellt seine – von Hans Feger (2005) nochmals anders akzentuierte – ‚Moral des nächsten Schritts' in den Mittelpunkt des Interesses (vgl. MoE, 733; vgl. Döring 1999, S. 244). In einzelnen Fragestellungen hat sich der Komplex von Ethik und Moral als wichtig erwiesen, etwa im Hinblick auf Musils Literaturkritik (vgl. dazu Streitler 2006, S. 143–154 u. 172–178), vor allem in der Konfrontation mit den Darstellungen von Gewalt, Krieg und Wahnsinn (vgl. Mehigan 1995; Feger 2009; Mayer 2010).

4. Weiterführende Perspektiven

In enger Abstimmung mit der sich energisch verändernden Ethik-Diskussion, die sich von einer philosophischen Disziplin zu einer ‚Ontologie' einerseits, zu einer Theorie in der Nachbarschaft der Ästhetik andererseits entwickelt hat, bietet der Musil'sche Ansatz wichtige Impulse für eine Neubestimmung der narrativen und essayistischen Strategien: Fragen der ‚Fragmentarität', wie sie nach wie vor im Umgang mit dem Hauptwerk Musils diskutiert werden, aber auch der Essayismus als „andere Vernunft" (Nübel 2006, S. 146) bieten ethische Profile. Nicht zu unterschätzen ist Musils Impuls für einen ‚ethical turn' in den Geisteswissenschaften, der sich auch auf Luhmanns Unterscheidung von Ethik und Moral im Sinne einer Reflexionstheorie beziehen kann. Noch längst nicht ausgeschöpft ist das ideologiekritische Aggressionspotenzial von Musils Ethik-Begriff, das es erlauben würde, die im Roman geforderte ‚Moral der Moral' als Frage nach der Ethik des Unmoralischen zuzuspitzen.

5. Literatur

Bauer, Sibylle: Ethik und Bewußtsein. In: dies., Ingrid Drevermann: Studien zu Robert Musil. Köln u. a.: Böhlau 1966, S. 1–119.

Döring, Sabine A.: Ästhetische Erfahrung als Erkenntnis des Ethischen. Die Kunsttheorie Robert Musils und die analytische Philosophie. Paderborn: mentis 1999.

Feger, Hans: Die Moral des nächsten Schritts. Von der Lüge im außermoralischen Sinn bei Robert Musil. In: Monatshefte für deutschsprachige Literatur und Kultur 97 (2005), H. 1, S. 78–100.

Feger, Hans: Terror und Erlösung. Über die Moral des Anderen Zustands. In: ders., Hans-Georg Pott, Norbert Christian Wolf (Hg.): Terror und Erlösung. Robert Musil und der Gewaltdiskurs in der Zwischenkriegszeit. München: Fink 2009, S. 15–41.

Heydebrand, Renate von: Die Reflexionen Ulrichs in Robert Musils Roman *Der Mann ohne Eigenschaften*. Ihr Zusammenhang mit dem zeitgenössischen Denken. Münster: Aschendorff 1966.

Mayer, Mathias: Der Erste Weltkrieg und die literarische Ethik. Historische und systematische Perspektiven. München: Fink 2010.

Mehigan, Tim: Moral und Verbrechen. Einige Gedanken über Robert Musils intellektuelle Position. In: Wirkendes Wort 45 (1995), H. 2, S. 227–240.

Müller, Gerd: Dichtung und Wissenschaft. Studien zu Robert Musils Romanen *Die Verwirrungen des Zöglings Törleß* und *Der Mann ohne Eigenschaften*. Uppsala: Almqvist och Wiksell 1971.

Nübel, Birgit: Robert Musil – Essayismus als Selbstreflexion der Moderne. Berlin, New York: de Gruyter 2006.

Roth, Marie-Louise: Robert Musil. Ethik und Ästhetik. Zum theoretischen Werk des Dichters. München: List 1972.

Streitler, Nicole: Musil als Kritiker. Bern u. a.: Lang 2006.

Wiebe, Christian: Der witzige, tiefe, leidenschaftliche Kierkegaard. Zur Kierkegaard-Rezeption in der deutschsprachigen Literatur bis 1920. Heidelberg: Winter 2012.

6. Geschlechterrelationen und -konstruktionen
Anne Fleig

1. Einleitung 616
2. Geschlechterrelationen 618
3. *Der Mann ohne Eigenschaften* 619
4. Literatur 621

1. Einleitung

Für die Herausbildung der literarischen, kulturellen und gesellschaftlichen Modernisierungsprozesse ist die Kategorie Geschlecht konstitutiv. Musils Texte reflektieren und verzeichnen diese Prozesse im doppelten Sinn: Sie zeichnen sie auf und stellen sie zugleich infrage. Auch ihre Analyse muss daher den Zusammenhang von Moderne- und Geschlechterdiskursen berücksichtigen. Nicht nur die Geschlechterdebatten am Beginn des 20. Jahrhunderts, für die Namen wie Freud, Möbius, Simmel oder Weininger stehen, auch verschiedene Konzepte von Moderne basieren auf jenen Leitdichotomien, zu denen nicht zuletzt ‚Weiblichkeit' und ‚Männlichkeit' gehören (vgl.

Nübel/Fleig 2011, S. 12); darüber hinaus sind diese leitenden Dichotomien selbst hochgradig geschlechtsspezifisch verfasst. Insgesamt muss eine „Vergeschlechtlichung der Moderne" (Bublitz 1998, S. 19) konstatiert werden. Dies gilt auch für die literarische Moderne, die sich mittels der Kategorie Geschlecht über sich selbst verständigt. An ihren ‚Geschlechterprogrammen' (vgl. Helduser 2005) haben Musils Texte teil; hervorzuheben ist, dass sich auch ihre zeitgenössische Rezeption im Modus dieser Vergeschlechtlichung vollzieht (vgl. Boss 2013).

Musils Essays, Dramen, Erzählungen und Romane setzen sich auf vielfältige Weise mit dem historischen Wandel der Geschlechterverhältnisse auseinander, der sich in sämtlichen Bereichen des modernen Lebens wie Arbeit, Medien, Technik, Wirtschaft oder Wissenschaft niederschlägt. Sie befassen sich mit verschiedenen Phänomenen wie der Emanzipation der Frauen und der Einführung des Frauenwahlrechts, der ‚Neuen Frau' und alten Männern sowie mit Praktiken und Diskursivierungen des Körpers, wie sie sich in Mode und Sport oder dem von Musil geradezu panoramatisch entfalteten Bereich sexuellen Begehrens vollziehen (vgl. Hartwig 1998). (→ V.7 *Sexualität*; V.10 *Sport*) Auffällig ist, dass er hierbei immer wieder Konstellationen entwirft, die heteronormative Modelle infrage stellen; so spricht Nicola Mitterer (2007, S. 10) dem Autor einen subversiven Umgang mit dem Thema Androgynie zu. Schon in Musils frühem Essay *Penthesileade* (1912) führt ein Weg vom „Wahlrecht der Frau zur Sinnlichkeit und von dort zu verfeinerten Menschlichkeiten" (GW II, 986). Weiter heißt es: „Es könnte eine Zeit kommen, wo man nur die in der Mehrzahl möglichen erotischen Relationen gelten läßt und die bipolare Erotik als eine Sünde oder Schwächlichkeit ansieht" (GW II, 987). Auch der Essay *Die Frau gestern und morgen* (1929) richtet sich gegen die herrschende Geschlechterordnung und insbesondere die lähmende Idealisierung der Frauen. Er attestiert ihnen einen neuen Wirklichkeitssinn, dessen zukünftige Möglichkeiten lediglich durch einen Schleier verdeckt seien (vgl. GW II, 1199). (→ III.2.1 *Essays*)

Musils Texte experimentieren nicht nur auf dem Feld gesellschaftlicher Ordnung und Organisation, sondern vor allem im Bereich menschlicher Beziehungen, die sich in komplexen Entwürfen und Figurationen niederschlagen. Insbesondere in seinen Erzählungen und Romanen erscheint die Krise der Moderne als Krise geschlechtlicher Identitäten und – wie Musil klar erkannt hat – als Krise männlicher Subjekte (vgl. Schnurbein 2001; Fleig 2008). In der Forschung ist die Frage nach der Geschlechterkonstruktion bei Musil zunächst anhand der Identität der Protagonistinnen seiner Texte durchgespielt worden (vgl. Rauch 2000). Erst in den letzten Jahren ist die Männlichkeitskonstruktion des *Mann ohne Eigenschaften* (MoE) verstärkt in den Blick geraten (vgl. Fleig 2008; Pohl 2011; Kappeler 2012; Boss 2013).

Eine geschlechtertheoretisch angelegte Untersuchung von Musils Gesamtwerk steht noch aus, ist allerdings aufgrund der Komplexität des Gegenstands vermutlich kaum zu leisten. Bereits die enge Verflechtung von Moderne- und Geschlechterdiskursen macht deutlich, dass sich die Frage nach der Funktion und Bedeutung von Geschlecht keineswegs nur auf der Figurenebene abhandeln lässt. Versteht man Musils Texte – und insbesondere den *MoE* – als Versuch, die moderne Lebenswelt in ihrer Gesamtheit zu erfassen, dann stellt sich die Frage, wie Geschlecht in den zahlreichen Diskursen verankert ist, die diesem Versuch vorausgehen. Darüber hinaus wäre bezogen auf die Gattung und die Form der Texte zu bestimmen, inwiefern Geschlecht diesen Versuch konstituiert und vollzieht.

2. Geschlechterrelationen

Obwohl der Musil-Forschung der letzten Jahre durchaus Interesse an Fragestellungen der Gender Studies und der Rezeption einschlägiger Arbeiten – u. a. Erhart (2001), Schmale (2003), Hanisch (2005) – bescheinigt werden kann, ist die Annahme der Relationalität und Performativität von Gender (vgl. Butler 1991) unterschiedlich stark berücksichtigt und verarbeitet worden. Diese Relationalität betrifft in Anschluss an die Historikerin Joan W. Scott (1994) zum einen soziale Beziehungen und Verhältnisse, die auf den wahrgenommenen Unterschieden zwischen zwei Geschlechtern basieren; zum anderen – und damit vielfach verwoben – zielt sie auf die Macht der Diskurse, denen Gender auf spezifische Weise Bedeutung verleiht und die sich mit der Gesellschaft historisch verändern. In der Literatur geht es darüber hinaus um die Frage nach der Repräsentation und den spezifisch literarischen Vollzug bzw. die Infragestellung dieser Machtbeziehungen. Diese doppelte Relationalität erlaubt gerade literaturwissenschaftlichen Studien die Verknüpfung von Diskurs- und Figurenanalyse, wie sie für die aktuelle Forschungsdiskussion kennzeichnend ist.

Musils Texte zeugen, wie bereits die meisten ihrer Titel – *Die Verwirrungen des Zöglings Törleß*, *Vereinigungen*, *Vinzenz und die Freundin bedeutender Männer*, *Drei Frauen* und *Der Mann ohne Eigenschaften* – deutlich machen, von einem hoch entwickelten Bewusstsein für die Relationalität und diskursive Konstruktion von Geschlecht. Grundlegende Fragen lauten: Wie reflektieren seine Texte den historischen Wandel der Geschlechterverhältnisse, welche Bilder, welche Entwürfe von Männlichkeit und Weiblichkeit finden sich darin? Inwiefern bestätigen diese Entwürfe als Zuschreibungen von Geschlecht dichotomische Geschlechternormen und inwiefern durchkreuzen sie diese? Wie verschränken sich einander widersprechende Konstruktionen von Geschlecht? Dies gilt insbesondere für die Einschätzung der Geschwisterliebe im *MoE*, betrifft aber auch alle anderen Texte. Und wie hängt deren Form mit Entwürfen und Zuschreibungen von Geschlecht zusammen?

Die Untersuchung von Peter C. Pohl (2011) stellt die Verknüpfung von modernem Schreiben, Geschlechterkonstruktionen und lebensweltlichen Hierarchien in den Mittelpunkt, um Geschlechtergeschichte und -theorie an Musils *MoE* zu problematisieren (vgl. ebd., S. 40). Er versteht den Roman ideengeschichtlich als Parodie bürgerlicher Geschlechterentwürfe, die die Performativität von Geschlecht erweisen und zugleich invertieren. Seine Melancholie sei an die Geschlechter-Utopie der Geschwisterliebe gebunden, deren Einheitsversprechen aber für Agathe und Ulrich immer schon verloren. Doch gehe es den Geschwistern, anders als den Akteuren im modernen Geschlechterkampf, nicht um die Durchsetzung einer neuen Einheit; vielmehr versuchten Ulrich und Agathe gerade durch die Offenheit gegenüber der Kontingenz und Pluralität der Moderne konstruktiv auf eine Utopie zu verweisen, die sich aber nicht realisieren lasse, ohne die offene Gegenwart und Zukunft aufzuheben. Musils Roman reflektiere nicht nur die parodistischen Tendenzen des modernen Geschlechterdiskurses, sondern trage auch der Angst vor der Auflösung der Geschlechtsidentität Rechnung und problematisiere damit postmoderne „Subversionsstrategien" (ebd., S. 350).

Florian Kappeler (2012) liest den *MoE* als Diskursgeflecht und macht die Relationalität der Kategorie Geschlecht konsequent zum organisierenden Prinzip seiner Analyse. Im Zentrum stehen die „geschlechtlichen Implikationen von Wissen" (ebd.,

S. 14), das sich mit Donna Haraway (1988) als doppelt situiert erweist: Es positioniert Subjekte, Praktiken und Diskurse, während es seinerseits durch die Erzählung in seiner soziohistorischen Bedingtheit und geschlechtlichen Codierung kenntlich wird. Die poetische Rekonstruktion des Wissens wird dadurch zum wesentlichen Merkmal des Romans. Gerade die Verbindung von Darstellung und Situierung des Wissens erlaubt es, Veränderungen der Wissens- und Geschlechterordnungen zu denken. Die doppelte Situierung, die an die Relationalität von Gender anschließt, ermöglicht Wechselwirkungen zwischen Wissen und Erzählung, die die Möglichkeit eines anderen Denkens eröffnen.

In der Frage nach Festschreibung, Öffnung oder Subversion von Geschlechternormen hat Ulrich Boss (2013) einerseits betont, dass der *MoE* Brüche und Ambivalenzen zur Darstellung bringt und diese in verschiedenen Analysen von Figuren und Figurenkonstellationen des Romans ausbuchstabiert. Andererseits übernehme der Text zeitgenössische Vorstellungen athletischer, viriler Männlichkeit, die sich weitgehend ungebrochen in Musils Protagonisten spiegelten. So hält Boss fest, dass die Geschwisterliebe auf die Aufhebung der Geschlechterordnung zielt, argumentiert aber gleichzeitig in deren heteronormativer Dichotomie, wenn er Ulrichs Liebe zu Agathe als nicht verweichlicht, sondern als ‚stark‘ und ‚männlich‘ deutet. Insgesamt kommen die bisher vorliegenden Arbeiten zu sehr unterschiedlichen Bewertungen des Textes, denen insbesondere mit Blick auf die Relationalität von Geschlecht, die Kappeler am stärksten verarbeitet hat, weiter nachzugehen wäre. Hierbei gilt es auch den Zusammenhang von Gattung und Geschlecht zu berücksichtigen, den Musil im *MoE* reflektiert und durchbrochen hat.

3. *Der Mann ohne Eigenschaften*

Im Zusammenhang mit den neueren Arbeiten zur Geschlechterkonstruktion ist insbesondere der Männlichkeitsentwurf des Protagonisten Ulrich in den Blick geraten. Schon der Titel des Romans bildet Anlass für kontroverse Einschätzungen dieser Romanfigur. Während Anne Fleig (2008) und im Anschluss daran auch Norbert Christian Wolf (2011) argumentiert haben, dass Ulrich seine Männlichkeit mittels Sport in Szene setzt, der Roman mithin als Maskerade der Männlichkeit zu lesen ist (vgl. Fleig 2010), versteht Boss (2013) Ulrich als Verkörperung männlicher Eigenschaften, die auf zeitgenössische Konzepte viriler Männlichkeit rekurrieren. Dagegen hat auch Kappeler (2011, S. 297) unterstrichen, dass Eigenschaften nicht notwendig mit bestimmten Individuen zusammenhängen. Deshalb bleibt der Protagonist im Titel des Romans namenlos. Ulrich repräsentiert nicht nur das moderne Wissen seiner Zeit, sein Bildungsgang mündet geradewegs in der Infragestellung dieses Wissens. Die „Lehrjahre der Männlichkeit" (Friedrich Schlegel) werden so zu Leerjahren. Musils Romantitel verdeutlicht damit auch den Abstand zur Tradition des Bildungsromans, auf die er gleichwohl bezogen bleibt. Das titelgebende Programm der Eigenschaftslosigkeit weist über die modernen „Geschlechterprogramme" (Helduser 2005) hinaus, die bestätigt, parodiert und zugleich überschritten werden.

Ulrichs Entschluss, „Urlaub von seinem Leben zu nehmen" (MoE, 47), sind bereits „drei Versuche[ ]" vorausgegangen, „ein bedeutender Mensch zu werden" (MoE, 35). Diese dokumentieren den Wandel der Männlichkeitsentwürfe am Übergang zur Moderne, der mit dem Siegeszug von Technik und Naturwissenschaften einhergeht: Erst war Ulrich bei der Kavallerie, dann wurde er Ingenieur und schließlich Mathematiker. Doch setzt der Wandel der Verhältnisse noch nicht jene Formelhaftigkeit außer Kraft, die in der Rede vom bedeutenden Menschen aufscheint und gegen die sich der ‚Urlaub vom Leben' als gleichsam vierter Versuch richtet.

Wie später auch Ulrichs Umgang mit dem väterlichen Erbe zeigt (vgl. Wolf 2011, S. 247), ist das historische Modell großer Männer anachronistisch. Dies mag zu Melancholie führen, wie Pohl herausgestellt hat, doch müsste auf Grundlage der Relationalität von Gender auch der Melancholie-Diskurs geschlechtlich situiert, mithin als Effekt hegemonialer Männlichkeit verstanden werden. Daher ist zu betonen, dass die Unterschiede zwischen Vater und Sohn, aber auch ein Vergleich Ulrichs mit anderen Romanfiguren verschiedene Konzeptionen des Romans bedingen, die der *MoE* in sich zu vereinen sucht.

So kann die durch seinen Vater vermittelte Tätigkeit als Sekretär der ‚Parallelaktion' vor dem Hintergrund der Männlichkeitskrise als Engführung von alter und neuer Männlichkeit gedeutet werden. Die Begegnung mit seiner ‚Zwillingsschwester' Agathe führt schließlich konsequent zu Ulrichs Rückzug aus der ‚Parallelaktion'. Mit Agathe beginnt die intensive Suche nach dem ‚anderen Zustand', der dem ‚Seinesgleichen geschieht' entgegengesetzt ist. Diesen ‚anderen Zustand', der wesentlich auf einer anderen Form der Liebe, nämlich der Geschwisterliebe, basiert, umkreisen auch die nachgelassenen Teile des Romans. (→ VII.2 *Anderer Zustand*) Das Scheitern von Ulrichs drei Versuchen, ein bedeutender Mann zu werden, hat Konsequenzen für die Form des Romans. Gattungsgeschichtlich setzt sie das Ende des Bildungsromans, der traditionell den Werdegang eines männlichen Jugendlichen oder jungen Mannes in Szene setzt, an den Anfang einer neuen, experimentellen Romanform. (→ III.1.7 *Mann ohne Eigenschaften*; VI.1.3 *Roman*)

Dieser Form bedarf es deshalb, weil Ulrich mit seinem bisherigen Leben auch seine Männlichkeit infrage stellt, deren Performativität und Relationalität im Text deutlich wird. Seine betont maskuline Selbst-Inszenierung verdeckt den Widerspruch zwischen außen und innen, Wirklichkeit und Möglichkeit sowie Männlichkeit und Weiblichkeit. Während die Wirklichkeit bzw. das ‚Seinesgleichen' eindeutige Geschlechtsidentitäten fordert, ist gerade diese Widersprüchlichkeit für Ulrichs Selbstwahrnehmung konstitutiv. Dies zeigt auch sein früher Wunsch, „ein Mädchen zu sein" (MoE, 690), den die Begegnung mit seiner Zwillingsschwester wieder in ihm wachruft. Diese Widersprüche werden durch das Bild männlich-sportlicher Attraktivität bloß maskiert (vgl. dagegen Boss 2013, S. 68). Dem entspricht auf der Ebene des Dargestellten das gegenläufige Konzept des ‚Urlaubs vom Leben', das eine ironische Distanzierung von moderner Männlichkeit und bürgerlichen Lebensformen beinhaltet. Auf der Ebene der Darstellung schlägt es sich in der nicht-linearen Erzählweise des Romans nieder (vgl. Kappeler 2012, S. 446). Ulrichs Maskerade erscheint als performative Inszenierung, die als Medium der essayistischen Selbstreflexion des Textes fungiert. Das Programm der Eigenschaftslosigkeit richtet sich daher nicht nur gegen die bestehenden Konventionen des gesellschaftlichen Lebens, sondern auch gegen die damit einhergehenden Geschlechterzuschreibungen. Die Utopie der Eigenschaftslosigkeit impliziert die Aufhebung der kulturell und sozial überformten Geschlechterdifferenz, die nicht zuletzt neue erotische Möglichkeiten eröffnet. (→ VII.3 *Gestaltlosigkeit*)

Auch die Utopie des Romans erscheint bis in die letzten Kapitel als Suche nach anderen zukünftigen Möglichkeiten. Insofern diese Utopie/Suche die prinzipielle Offenheit der verschiedenen Möglichkeiten berücksichtigt, vermeidet sie die Festlegung auf bestimmte gesellschaftliche oder politische Programme, wie sie das 20. Jahrhundert immer wieder hervorgebracht hat. Auch die Geschlechterprogramme der Moderne werden hier im doppelten Sinne verzeichnet. Für Kappeler liegt darin die für den *MoE* spezifische Darstellungsweise situierten Wissens, die sich von ihren eigenen Bedingungen immer auch lösen müsse. Zugleich zeige sich hier der ironische Abstand, der die Überschreitung der Geschlechter- und Wissensordnungen allererst ermögliche (vgl. Kappeler 2012, S. 444).

Die Infragestellung hegemonialer Männlichkeit, die Musils Roman verhandelt, stellt die gesamte Gattung auf den Prüfstand. Gerade vor dem Hintergrund der literarischen Tradition muss das Scheitern von Ulrichs „drei Versuchen, ein bedeutender Mann zu werden" (MoE, 35), auch die Unmöglichkeit des Romans veranschaulichen. Demgegenüber macht bereits die erste Begegnung von Ulrich und Agathe deutlich, dass die „Zwillinge" (MoE, 676) als Figuration der Androgynie erscheinen, die mit der Geschlechterdifferenz nicht nur die modernen Leitdichotomien aufzulösen sucht, sondern auch zu einem Experiment auf der Ebene der Romanform wird.

Musils unvollendet gebliebener *MoE* entwickelt im Zeichen des Essayismus Ansätze zur Grenzüberschreitung, die Momente mystisch verstandener ‚Entrückung' ermöglichen. (→ VII.1 *Mystik*) Als ‚Verbrecher' versuchen Ulrich und Agathe dem ‚anderen Zustand' dadurch näherzukommen, dass sie sich dem Denken der Moderne, das von Wettkampf, Steigerung und Überbietung gekennzeichnet ist, durch die konkurrenzlose und zweckfreie Geschwisterliebe entziehen. Ihr utopisches Ziel bleibt ein Schwebezustand zwischen Vereinigung und Trennung, wie es der Spannung zwischen Wirklichkeit und Möglichkeit entspricht. (→ V.7 *Sexualität*)

Wie Musil 1926 in seinem berühmten Interview mit Oskar Maurus Fontana in der *Literarischen Welt* erläutert hat, steht die Zwillingsschwester für eine „geistige Utopie", die den „Zwiespalt" der Gemeinsamkeit von Bruder und Schwester füllt, aber letztlich nicht fixieren kann (GW II, 940). Der *MoE* stellt daher nicht nur die männlich geprägte Tradition des Bildungs- und Entwicklungsromans in Frage. Die mögliche Vereinigung mit der Schwester zielt auf einen Roman, der den Dualismus der Zuschreibung von Gattung und Geschlecht auflöst. Für die Form des Romans heißt das freilich, dass sie unabschließbar bleibt. Das Programm des *MoE* korrespondiert einem ‚Roman ohne Eigenschaften', mithin dem Gestalt gewordenen utopischen Roman und auch dem Roman als Form der Utopie. (→ VII.5 *Utopie*)

4. Literatur

Boss, Ulrich: Männlichkeit als Eigenschaft. Geschlechterkonstellationen in Robert Musils *Der Mann ohne Eigenschaften*. Berlin, Boston: de Gruyter 2013.
Bublitz, Hannelore: Einleitung. In: dies. (Hg.): Das Geschlecht der Moderne. Genealogie und Archäologie der Geschlechterdifferenz. Frankfurt a. M., New York: Campus 1998, S. 26–48.
Butler, Judith: Das Unbehagen der Geschlechter. [engl. 1990] Frankfurt a. M.: Suhrkamp 1991.
Erhart, Walter: Familienmänner. Über den literarischen Ursprung moderner Männlichkeit. München: Fink 2001.
Fleig, Anne: Körperkultur und Moderne. Robert Musils Ästhetik des Sports. Berlin, New York: de Gruyter 2008.
Fleig, Anne: Die Maske des Sports. Sport als Medium der Männlichkeit in Musils Roman *Der Mann ohne Eigenschaften*. In: Dagmar von Hoff, Anett Holzheid (Hg.): Identität und Gender. Aspekte medialer Verwandlungen. München: Meidenbauer 2010, S. 59–76.

Hanisch, Ernst: Männlichkeiten. Eine andere Geschichte des 20. Jahrhunderts. Köln u. a.: Böhlau 2005.
Haraway, Donna: Situated Knowledges. The Science Question in Feminism and The Privilege of a Partial Perspective. In: Feminist Studies 14 (1988), H. 3, S. 575–599.
Hartwig, Ina: Sexuelle Poetik. Proust, Musil, Genette, Jelinek. Frankfurt a. M.: Fischer 1998.
Helduser, Urte: Geschlechterprogramme. Konzepte der literarischen Moderne. Köln u. a.: Böhlau 2005.
Kappeler, Florian: Situiertes Geschlecht. Organisation, Psychiatrie und Anthropologie in Robert Musils Roman *Der Mann ohne Eigenschaften*. München: Fink 2012.
Mitterer, Nicola: Liebe ohne Gegenspieler. Androgyne Motive und moderne Geschlechteridentitäten in Robert Musils Romanfragment *Der Mann ohne Eigenschaften*. Graz: Leykam 2007.
Nübel, Birgit/Fleig, Anne: Figurationen der Moderne – Mode, Sport, Pornographie. Einleitung. In: dies. (Hg.): Figurationen der Moderne. Mode, Sport, Pornographie. München: Fink 2011, S. 7–18.
Pohl, Peter C.: Konstruktive Melancholie. Robert Musils Roman *Der Mann ohne Eigenschaften* und die Grenzen des modernen Geschlechterdiskurses. Köln u. a.: Böhlau 2011.
Rauch, Marja: Vereinigungen. Frauenfiguren und Identität im Prosawerk Robert Musils. Würzburg: Königshausen & Neumann 2000.
Schmale, Wolfgang: Geschichte der Männlichkeit in Europa (1450–2000). Köln u. a.: Böhlau 2003.
Schnurbein, Stefanie von: Krisen der Männlichkeit. Schreiben und Geschlechterdiskurs in skandinavischen Romanen seit 1890. Göttingen: Wallstein 2001.
Scott, Joan W.: Gender. Eine nützliche Kategorie der historischen Analyse. In: Nancy Kaiser (Hg.): Selbst bewusst. Frauen in den USA. Leipzig: Reclam 1994, S. 27–74.
Wolf, Norbert Christian: Kakanien als Gesellschaftskonstruktion. Robert Musils Sozioanalyse des 20. Jahrhunderts. Wien u. a.: Böhlau 2011.

7. Sexualität und (Geschwister-)Liebe
Birgit Nübel

1. Einleitung 622
2. Forschungsstand 624
3. *Der Mann ohne Eigenschaften* 624
4. Forschungsperspektiven 627
5. Literatur 627

1. Einleitung

1930 widmet Franz Blei seine *Formen der Liebe* Robert Musil „in Freundschaft und Verehrung" (Blei 1930). Formen der Liebe und Sexualität als dargestellte Geschlechtlichkeit finden sich in Musils Texten seit den frühen Eintragungen um die Jahrhundertwende aus dem „Nachtbuche des monsieur le vivisecteur" (Tb I, 1), die von Papa-und-Mama-Spielen im „Pfeifenstrauchgebüsch" (Tb I, 3; vgl. auch KA, M IV/1/8 u. IV/2/323) berichten, unter dem Stichwort „Erste Nacht" vom Parfüm der Frauen schwärmen und in „*Variété*" (Tb I, 4) einen „Mann mit den komischen Augen" als Alter Ego Musils einführen, der sich einer Rosa mit den Worten empfiehlt: „Ich bin der Mädchenmörder, den man gestern gehängt hat." (Tb I, 7) Der letzte Tagebucheintrag vom 6. November 1941 lautet: „Ein Morgen, freundlich, ja zärtlich, aber ohne C[oitus]." (Tb I, 1026)

Heißt es im Nachlass programmatisch, dass „Sex.[ualität] in ihren Abformen [...] zur Zeitschilderung" (KA, M II/8/223) gehört, so gilt das nicht nur für den großen Roman *Der Mann ohne Eigenschaften* (*MoE*), sondern für das gesamte Œuvre Musils: Von Homosexualität, Exhibitionismus, Sadismus, Masochismus (*Die Verwirrungen des Zöglings Törleß*), Masturbation, Sodomie, Untreue und Ehebruch (*Vereinigungen*), Prostitution, Perversion (*Leona, Die beiden Geliebten*), Verführung, Vergewaltigung, Exhibitionismus, Nymphomanie, Frigidität (vgl. Neymeyr 2005a, S. 202 u. 417), Hysterie und Hermaphroditismus, Androgynität, Inzest, transsexueller Maskerade, sexualwissenschaftlicher Lektüre (inkl. Ehe- und Hygieneratgeber) und ‚Lustselbstmord' (*MoE*), vom Zungenbiss (*Der Vorstadtgasthof*) bis hin zur Körperzerstückung (Moosbrugger-Komplex) reicht das thematische Spektrum sexueller Variationen der literarisierten ‚Psychopathia sexualis' (Krafft-Ebing) Musils.

Bereits im frühen Essay *Das Unanständige und Kranke in der Kunst* (1911), der als Metatext zur Darstellung des Sexuellen im *Törleß* (1906) und in den *Vereinigungen* (1911) gelesen werden kann (vgl. Nübel 2009/10), wird der „Standpunkt vertreten, daß die Kunst das Unmoralische und Verwerflichste nicht nur darstellen, sondern auch *lieben* dürfe." (GW II, 979; Hervorhebung B. N.) Die Liebe zum Sexuellen, insbesondere Perversen, ist Ausdruck einer Ästhetik der Grenzüberschreitung, die in der Transgression historischer und zeitgenössischer Moralvorstellungen und Normalitätskonzepte die Bedingungen des Möglichen nicht nur in erotisch-sexueller, sondern auch in allgemein-menschlicher Hinsicht auszuloten versucht. Die Grenze zwischen dem ‚Unanständigen' und ‚Kranken' auf der einen Seite und dem ‚Moralischen' und ‚Gesunden' auf der anderen Seite wird in Musils Essay ebenso infrage gestellt wie jene zwischen dem Pornografischen und dem Künstlerischen. In Musils „Erotologie der Möglichkeit" (Hüsch 2011, S. 242, in Anschluss an Neumann 2006) ist zugleich die Wirklichkeit sexueller Konstruktionen und Relationen in eine *geschlechtsinversive Möglichkeit* überführt: Literarische Darstellung und essayistische Reflexion von Liebe und Sexualität – sei es auf der Ebene der Figuren (*histoire*) oder des Diskurses (*discours*) – bewegen sich im Spannungsfeld von Wirklichkeit und Möglichkeit.

Die Darstellung zeitgenössischer Geschlechtskonzepte und Geschlechterverhältnisse und deren Analyse mit literarischen Mitteln im Sinne von „Beiträge[n] zur geistigen Bewältigung der Welt" (*Was arbeiten Sie?*, 1926, GW II, 942) verbindet sich mit einem utopischen Entwurf „innerste[r] Menschenmöglichkeiten" (*Die Vollendung der Liebe*, GW II, 190). Die „bipolare Erotik" wird in eine „Mehrzahl mögliche[r] erotische[r] Relationen" überführt (*Penthesileade*, 1912, GW II, 986f.; vgl. Nübel 2014). Nicht die Darstellung des Nackten und Sexuellen steht dabei im Vordergrund, sondern vielmehr die „feine[ ] Unterwäsche" des Figuren-„Bewußtseins" (MoE, 10): Diese ‚Unterwäsche' ist – wie das individuelle und gesellschaftliche (Un-)Bewusste – keineswegs ‚Natur', sondern immer Ausdruck der ‚Kultur', des Geschlechterverhältnisses wie der sozialen Figurationen. Nicht um den „dünne[n]" (an Blei, Anfang Juli 1911, Br I, 84) und „vibrierenden Dunst" (GW II, 998) „fremden Fleisches" (GW II, 1318) und „fremder Leiber" (GW II, 998) geht es Musil – wie er mehrfach in seinen Briefen und Essays bekundet –, auch nicht um eine neusachliche Schilderung des Sexuellen, sondern vielmehr um die ästhetische Darstellung eines „sachlichen Zusammenhang[s] der Gefühle und Gedanken" (ebd.), um ein „Gewebe der Bedeutungen"

(Br I, 84), das die Formen der Liebe und Sexualität zum Ausdruck, Darstellungs- und Analysemedium kultureller Formen macht.

2. Forschungsstand

Neben zahlreichen Aufsätzen zum Thema Sexualität und Liebe in Einzeltexten Musils – hier sind vor allem Untersuchungen zu den *Verwirrungen des Zöglings Törleß* (vgl. Mix 1994/95; Wohlgemuth 2004; Holzhey 2007; Luserke-Jaqui 2007), der *Vollendung der Liebe* (vgl. Neumann 2004 u. 2006; Bird 2005; Dohm 2005) und den *Drei Frauen* (vgl. Aue 1976; Vedder 1993; Hwang 1996; Schmitz 2005/06; Müller-Funk 2011) zu nennen – überwiegt das Forschungsinteresse zum Thema Androgynie (vgl. Aurnhammer 1986; Schwartz 1994; Neumann 2005 u. 2007; Mitterer 2007) sowie Inzest und Geschwisterliebe in Bezug auf das Gedicht *Isis und Osiris* und den *MoE* (vgl. Mae 1988; Gutjahr 1990; Schärer/Schärer 1990; Daigger 1995; Schoene 1997; Zingel 1999; Endres 2001; Grill 2005; Wolf 2011b, S. 928–997 u. a.). Dem gegenüber steht eine relativ überschaubare Anzahl von Forschungsarbeiten, die sich auf die Aspekte ‚Liebe' (vgl. Freese 1969) und ‚Sexualität' (vgl. Webber 1990) konzentrieren. Hinzuweisen ist in diesem Zusammenhang vor allem auf die Untersuchungen von Thomas Pekar (1989), Gerhard Meisel (1991) und Ina Hartwig (1998). Neben biografischen Studien (vgl. Corino 2003), denen es u. a. um eine Korrelation von (Autor-)Leben und Text(-Figuren) geht, sind die psychoanalytisch argumentierenden Arbeiten von Walter Fanta (2000 u. a.) zur Textgenese des *MoE* hervorzuheben. Ist für Karl Corino eine Fotografie der Familie Musil, die Vater, Mutter und Kind zusammen mit dem ‚Hausfreund' Heinrich Reiter (vgl. Corino 1988, S. 35) abbildet, sowie eine Syphilis-Infektion Musils Ausgangspunkt einer individuellen Sexualgeschichte des Autors (zum Onanieverbot vgl. Pekar 1989, S. 23), so geht Fanta (2000, S. 170–211 u. a.) von einer sadistischen Abwehr Musils gegenüber dem mütterlichen Frauentypus aus (vgl. Erickson 1983, S. 86; dagegen Pohl 2011, S. 328), die sich (bezogen auf den *MoE*) in werk- wie textgeschichtlicher Hinsicht auswirke. Der Prozess zunehmender Verdrängung des primär bzw. manifest Sexuell-Aggressiven von der Textoberfläche in eine textuelle Tiefenstruktur lässt sich an den Vorstufen zu *Die Versuchung der stillen Veronika* (vgl. Köhler u. a. 1985) sowie an den apokryphen Entwürfen zum *MoE* ablesen (vgl. Fanta 2005/06, S. 78) und führt zu einer Verschiebung, einer Diskursivierung und Mystifizierung erotischer Relationen vom sexuell-aggressiven Akt zu den Konzeptionen von Fernliebe (zur Rezeption von Ludwig Klages 1922 und Max Scheler 1923 vgl. zuerst von Heydebrand 1966) und Geschwisterliebe.

3. *Der Mann ohne Eigenschaften*

Liebe und Sexualität spielen auf der Figuren- und Handlungsebene der einzelnen Texte eine entscheidende Rolle (zu den ‚sexuellen Polygonen' auf der Figurenebene vgl. Fanta 2005/06, S. 81f.). Neben dem psychosexuellen Aspekt der Adoleszenz geht es u. a. auch um Konzepte männlicher Hegemonialität. So erscheint Ulrich als Militär, ‚(Moral-)Ingenieur' und „Eroberer" (KA, M II/1/269), als moderner, ein wenig lustloser, gleichwohl nach wie vor seriell agierender ‚Don Juan' (vgl. KA, M II/1/219, II/4/68 u. a.; Gödicke 2005; Wolf 2011a, S. 120), dessen ‚Bildungsweg' sich – ähnlich dem Wilhelm Meisters – über eine ‚Stufenleiter' weiblicher Körper vollzieht. Thematisiert werden „Doppelgeschlechtlichkeit" (MoE, 906), Bi- bzw. Intersexualität (vgl. Sigmund Freud, Otto Weininger sowie die zeitgenössische Sexualwissenschaft) und auch soziosexuelle Figurationen wie das (Militär-)Internat (s. *Törleß*) und die bürgerliche Ehe (s. Claudines Ehebruch in *Die Vollendung der Liebe* sowie die Ehen der Tuzzis, Fischels und Hagauers im *MoE*). In der dargestellten Sexualpraxis korrelieren „gangbare" Formen von „Männlichkeit" (MoE, 285) und Weiblichkeit sowie des Sexualverkehrs (z. B. ehelicher Verkehr in Missionarsstellung und Bordellbesuch im Falle Tuzzis, MoE, 105) mit Formen der Überschreitung gesellschaftlicher Moralitäts- und Normalitätsvorstellungen (z. B. die Nymphomanin Bonadea) und Kompensationsstrategien (z. B. die ‚Sexualwissenschaftlerin' Diotima). (→ IV.12 *Sexualwissenschaft*)

Sexuelle Gewalt ist dargestellt im *Törleß* (Reiting und Beineberg in Bezug auf Basini), in *Der Vorstadtgasthof*, im *MoE* durch den Prostituiertenmörder Moosbrugger, den sexuellen Missbrauch Clarissens durch ihren Vater und Georg Gröschl, Meingasts Schüler, sowie (in einem Kapitelentwurf) die Vergewaltigung durch ihren Ehemann Walter, schließlich durch die geradezu leitmotivische Rede von ‚männlichem Jäger' und ‚weiblichem Wild' (vgl. MoE, 683f., 729, 876f. u. ö.) und die Metaphorik der Penetration (vgl. Hartwig 1998, S. 136 u. 151). (→ III.1.7 *Mann ohne Eigenschaften*)

Das Erlebnis von Liebe und Sexualität ist mit der Erfahrung der Grenzauflösung, der Auflösung des eigenen Selbst verbunden (vgl. „Das bin nicht ich!... nicht ich!...", *Törleß*, GW II, 108, s. auch Veronikas Erlebnis mit dem Bernhardinerhund, vgl. GW II, 204f. u.a.). Der ‚kleine Tod' bedeutet allerdings keinen Selbstverlust, sondern vielmehr eine tiefere, mystische Vereinigung mit dem Anderen, einem Nicht-Ich, das den Opfern der Subjektbildung vorausliegt (vgl. Horkheimer/Adorno 1982), sei es als Zustand, als Gegenüber, als Abwesendes.

Neben einer hohen bzw. ‚mystischen' Stillage steht eine satirische (vgl. außer der *Vinzenz*-Posse vor allem die Frauenfiguren im *MoE*: Leona, Bonadea, Diotima, dazu Neymeyr 2005b; zur Bettszene mit Gerda vgl. Wolf 2011a) und selbst-ironische (in Bezug auf die Männlichkeitskonstruktion der Ulrich-Figur) Darstellungsweise. Die Figurenrede von der Liebe als Theorie, als Spiel und Theater (vgl. die „Theatralik der Liebe", MoE, 728) verweist metaleptisch auf den Konstruktionscharakter der ‚letzten Liebesgeschichte' wie der Geschlechterverhältnisse überhaupt. Es geht eben nicht um einen „Mimetus des Coitus" (KA, M I/1/6), sondern immer auch um die narrative Inszenierung des Verkehrs der Geschlechter und deren diskursiv-essayistische Reflexion (Pohl 2011, S. 366, liest „Musils Text" als „ein[en] zweifache[n] Meta-Diskurs der Liebe"). Die Möglichkeit einer individuellen wie gesellschaftlichen Inversion der Geschlechter, einer satirischen „Umkehrung der Geschlechterverhältnisse" (Nübel 2013/14, S. 180), hat Musil im „Planet Ed"-Projekt entworfen: Der Mann könne durch „Coit.[us] interr.[uptus], gar bei Samenstrangunterbindung od. manueller Drosselung" in einen dem weiblichen Lustempfinden „ähnl.[ichen] Zustand" gelangen:

> In Ed nun Frauen, welche die Unannehmlichkeit des Berufs dem Mann abnehmen. Sie können es, weil sie alles leichter nehmen als er, nicht so viel Geschichten machen. Der Mann ist der Schwierigkeitenmacher, der Tiefe; für den heutigen Betrieb eignet sich die Frau besser. Auch in Sex.[ualität] macht sie nicht viel Geschichten. Das „Komm" der Frau. Er in seinem wollüstig zerstreuten Zustand neigt zu Hausarbeiten. (Tb I, 843f.)

Die individuellen Formen von Liebe und Sexualität sind immer auch Aspekte eines gesellschaftlichen Machtverhältnisses der Geschlechter. Die sexuelle wie gesellschaftliche Praxis wird im satirischen Entwurf durch einen kleinen technischen Kunstgriff als Konstruktion entlarvt. In der Textgenese des *MoE* werden Formen aggressiver und gesellschaftlich nicht konformer Sexualität (Stichwort ‚Perversion') einerseits zunehmend von der Hauptfigur Ulrich auf die Nebenfiguren (z. B. auf Moosbrugger und den Exhibitionisten im *MoE*) übertragen und andererseits in platonische Vereinigungsmythen (Fern- und Geschwisterliebe) überführt (vgl. Fanta 2000, S. 147 u. 340, 2005/06, S. 102f., u. 2009a, S. 217f.).

Beide Modi, der sexuell-appetitive wie der erotisch-kontemplative, sind auf das für Musil zentrale Utopie-Konzept eines ‚anderen Zustands' zu beziehen (vgl. KA, M II/8/257). (→ VII.2 *Anderer Zustand*) Dieser ‚andere Zustand' (‚a. Z.') ist kein Zustand des Begehrens, sondern ein Zustand einer allumfassenden Liebe ohne Blindheit bei vollem Bewusstsein. Zwei Menschen, beispielsweise das Geschwisterpaar Ulrich und die ‚schöne Seele' Agathe (vgl. Pohl 2011, S. 335), die in diesem ‚anderen Zustand' leben bzw. sich diesem asymptotisch anzunähern versuchen, müssen das sexuelle Begehren, hier: den Inzest, hinter sich lassen, um einen gleichsam interesselos-ästhetischen Zustand zu erlangen (vgl. Zingel 1999, S. 173; Schnell 2011, S. 100f.), in dem sie sich selbst, den Anderen und die Welt ‚mit Liebe betrachten' (vgl. *Der deutsche Mensch als Symptom*, 1923, GW II, 1392). Es geht um eine Aufhebung der ‚ratioïden' Unterscheidung von Subjekt und Objekt, „um eine Entdinglichung des Ich wie der Welt" (GW II, 1394) sowie eine andere Perspektivierung und Wertung, um ein Fehlen der „Kampfeinstellung" (GW II, 1398). Im „Zustand der Liebe" (GW II, 1397), den Musil – gegenüber dem als ‚männlich' und kriegerisch konnotierten „Normalzustand" – offenbar als ‚weiblich' konnotiert (vgl. GW II, 1397), sind die Grenzen der Geschlechter aufgehoben. Die Ulrich-Figur stellt in einem apokryphen Text folgende Gleichung auf: Krieg = ‚a. Z.' – Böses (vgl. „Krieg ist das gleiche wie aZ; aber (lebensfähig) gemischt mit dem Bösen", MoE, 1932). Temporär begrenzte orgastisch-sexuelle Lust wie emphatische Kriegsbegeisterung (vgl. „Letzte Zuflucht Sex.[ualität] u[nd] Krieg", KA, M II/2/16; vgl. Fanta 2009a, S. 219) können als Antizipation eines zeitlosen Konzepts des ‚a. Z.' (im Sinne eines dauerhaften ‚erfüllten Augenblicks') verstanden werden: Das Fehlen sexueller und kriegerischer Handlung führt zu einem Stillstand auf der Figuren- wie Textebene (vgl. KA, M V/2/10). Der Modus des ‚a. Z.' ist „reine Aktualität und Erregung" (*Ansätze zu neuer Ästhetik*, 1925, GW II, 1154), sein Ziel bzw. Selbstzweck ‚Mehrung' bzw. ‚Steigerung' (vgl. KA, M II/2/6) des Individuell-Subjektiven in einem vom Anderen, von den Menschen, von der Gesellschaft, von Gott und der Natur ungeschiedenen und doch unterschiedenen Zustand: eine *unio mystica* bei vollem Bewusstsein (vgl. MoE, 751). (→ VII.1 *Mystik*) Ulrich und Agathe wollen – gleichsam der paradoxalen Denkfigur in Kleists *Über das Marionettentheater* (1810) folgend – qua inzestuösem ‚Sündenfall' den „Eingang ins Paradies finden!" (KA, M, Gelbe Mappe, 96; vgl. Gutjahr 1990)

Das geschwisterliche Liebesverhältnis äußert sich nicht in sexuellen Aktionen, sondern in einer von mystischen Zitaten durchdrungenen (vgl. Goltschnigg 1974) „Sprache der Liebe" (MoE, 1102): „Der Mensch, recht eigentlich das sprechende Tier, ist das einzige, das auch zur Fortpflanzung der Gespräche bedarf." (MoE, 1219; vgl. Blasberg 1984, S. 284; Fanta 2009b, S. 170f.; Schnell 2011, S. 106) Es ist ein gleichnishaftes Sprechen auf den Ebenen von *histoire* und *discours*, wenn die Sprache der Liebenden mit Gefühls- und Liebestheorien verbunden wird.

Der inzestuöse Sexualakt verschiebt sich – wie Walter Fanta (2005/06, S. 78 u.a.) gezeigt hat – immer weiter nach hinten über das Ende des veröffentlichten Textkorpus hinaus. In der Diskursivierung von mythologischen (Platon: Aristophanes, Ovid: Hermaphrodit, ägyptischer Mythos: Isis und Osiris) und mystischen Versatzstücken (aus Martin Bubers *Ekstatischen Konfessionen*, 1909) verlieren sich die beiden „[l]etzte[n] Mohikaner" der „letzte[n] Liebesgeschichte" (MoE, 1094) in „Diskurserotik" (Eisele 1982, S. 172). Die apokryphe Textstufe „Die Reise ins Paradies" (Mitte/Ende der 1920er Jahre im Kontext des „Zwillingsschwester"-Projekts), in der der vollzogene Geschwisterinzest „in Kot und Erbrechen" (KA, M VII/9/181) endet, wird in die Metaphorik der Reise, des Mondes, des Wassers und der Gartenstühle/Boote überführt (vgl. Fanta 2003, S. 151, u. 2007/08, S. 41) und immer weiter an das Ende der fragmentarisch gebliebenen ‚letzten Liebesgeschichte' verschoben (s. die Druckfahnen-Kapitel „Atemzüge eines Sommertags", MoE, 1232–1249 u. 1306–1337). (→ III.3.4 *Nachlass*)

Die im kanonischen Text nicht dargestellte sexuelle Vereinigung der Geschwister konstituiert eine Textbewegung, die sich in der Struktur des Gleichnisses inszeniert und metatextuell reflektiert. Als ‚Dissemination' (vgl. Derrida 1995), als sprachliche Aufhebung des gegen den Wirklichkeitsrahmen der ödipal-patriarchalischen Strukturen aufbegehrenden Bruder-Schwester-‚Schizo'-Inzests (im Unterschied zum ‚ödipalen' Inzest; vgl. Deleuze/Guattari 1976) und dessen Verschiebung in die Signifikanten der Schrift, ist das fragmentarisch gebliebene Hauptwerk nicht zu verlängern, geschweige denn zu beenden. Indem das Romanfragment *MoE* den engen Zusammenhang zwischen der soziokulturellen Zäsur des Ersten Weltkriegs (‚Gewalt') und der utopischen Konstruktion eines ‚anderen Zustands' (‚Liebe') inszeniert, wird das Liebesleben der ‚Kakanier' als ‚Gesellschafts- und Seeleninkarnat' (vgl. Elias 1976, Bd. 1, S. 157) der modernen Welt, ihres Kultur- bzw. Zivilisationsstandes lesbar.

4. Forschungsperspektiven

Die Kontextuierung von Liebe und Sexualität in Musils Texten aus kulturwissenschaftlicher und genderhistorischer Perspektive (‚sexuelle Krise', die ‚Krise der Männlichkeit' etc.) in der Jahrhundertwende sowie der österreichischen Ersten und der Weimarer Republik ermöglicht eine verstärkte Verortung Musils in der Literatur und Kultur der Moderne und eine Rekonstruktion der intertextuellen (Weininger, Buber, Klages) und interdiskursiven (Biologie, Psychoanalyse und Sexualwissenschaft; vgl. Nübel 2011) sowie komparatistischen Bezüge.

5. Literatur

Aue, Maximilian: Die Ablehnung romantischer Vorstellungen von Liebe, Natur und Tod in Robert Musils *Drei Frauen*. In: Modern Austrian Literature 9 (1976), H. 3/4, S. 240–256.
Aurnhammer, Achim: Androgynie. Studien zu einem Motiv in der europäischen Literatur. Köln, Wien: Böhlau 1986.
Bird, Stephanie: Masochism and its limits in Robert Musil's *Die Vollendung der Liebe*. In: The Modern Language Review 100 (2005), H. 3, S. 709–722.
Blasberg, Cornelia: Krise und Utopie der Intellektuellen. Kulturkritische Aspekte in Robert Musils Roman *Der Mann ohne Eigenschaften*. Stuttgart: Heinz 1984.

Blei, Franz: Formen der Liebe. Berlin, Wien: Trianon 1930.
Corino, Karl: Robert Musil. Leben und Werk in Bildern und Texten. Reinbek b. Hamburg: Rowohlt 1988.
Corino, Karl: Robert Musil. Eine Biographie. Reinbek b. Hamburg: Rowohlt 2003.
Daigger, Annette: Agathe Ulrich – Wandlung der Liebe. In: Austriaca 20 (1995), H. 41, S. 141–153.
Deleuze, Gilles/Guattari, Félix: Franz Kafka. Für eine kleine Literatur. [frz. 1975] Frankfurt a.M.: Suhrkamp 1976.
Derrida, Jacques: Dissemination. [frz. 1972] Hg. v. Peter Engelmann. Wien: Passagen 1995.
Dohm, Burkhard: Gender und Gewalt in Robert Musils *Die Vollendung der Liebe*. In: Matthias Luserke-Jaqui (Hg.): „Alle Welt ist medial geworden." Literatur, Technik, Naturwissenschaft in der Klassischen Moderne. Tübingen: Francke 2005, S. 181–199.
Eisele, Ulf: Ulrichs Mutter ist *doch* ein Tintenfaß. Zur Literaturproblematik in Musils *Mann ohne Eigenschaften*. [1979] In: Renate von Heydebrand (Hg.): Robert Musil. Darmstadt: WBG 1982, S. 160–203.
Elias, Norbert: Über den Prozeß der Zivilisation. Soziogenetische und psychogenetische Untersuchungen. 2 Bde. [1939] Frankfurt a.M.: Suhrkamp 1976.
Endres, Johannes: Inzest und Tabu als Modelle literarischer Epochenerfahrung. In: Deutsche Vierteljahrsschrift für Literaturwissenschaft und Geistesgeschichte 75 (2001), H. 3, S. 446–462.
Erickson, Susan J.: Writer's Block. Robert Musil and the mother. In: SubStance 12 (1983), H. 4, S. 78–90.
Fanta, Walter: Die Entstehungsgeschichte des *Mann ohne Eigenschaften* von Robert Musil. Wien u.a.: Böhlau 2000.
Fanta, Walter: Gespräche über Liebe. Robert Musils letzte Liebesgeschichte. In: Kálmán Kovács (Hg.): Textualität und Rhetorizität. Frankfurt a.M. u.a.: Lang 2003, S. 139–154.
Fanta, Walter: Die Zuflucht des Zeitalters. In: Musil-Forum 29 (2005/06), S. 78–124.
Fanta, Walter: Liebe als Narrativ. Über den Ausgang der „letzten Liebesgeschichte" bei Robert Musil. In: Musil-Forum 30 (2007/08), S. 37–72.
Fanta, Walter: Krieg & Sex – Terror & Erlösung im Finale des *Mann ohne Eigenschaften*. In: Hans Feger, Hans-Georg Pott, Norbert Christian Wolf (Hg.): Terror und Erlösung. Robert Musil und der Gewaltdiskurs in der Zwischenkriegszeit. München: Fink 2009, S. 209–225. (Fanta 2009a)
Fanta, Walter: Über den Ausgang der letzten Liebesgeschichte bei Robert Musil. In: Doris Moser (Hg.): Die Lust am Text. Eros in Sprache und Literatur. Wien: Praesens 2009, S. 159–173. (Fanta 2009b)
Freese, Wolfgang: Mystischer Moment und reflektierte Dauer. Zur epischen Funktion der Liebe im modernen deutschen Roman. Göppingen: Kümmerle 1969.
Gödicke, Stéphane: Donjuanismus im *Mann ohne Eigenschaften*, oder Geschlecht, Gewalt und Erkenntnis. In: Marie-Louise Roth, Pierre Béhar (Hg.): Musil an der Schwelle zum 21. Jahrhundert. Bern u.a.: Lang 2005, S. 21–44.
Goltschnigg, Dietmar: Mystische Tradition im Roman Robert Musils. Martin Bubers *Ekstatische Konfessionen* im *Mann ohne Eigenschaften*. Heidelberg: Stiehm 1974.
Grill, Genese: „Versuche, ein Scheusal zu lieben". Zwillingsriten in Robert Musils *Mann ohne Eigenschaften*. In: Marie-Louise Roth, Pierre Béhar (Hg.): Musil an der Schwelle zum 21. Jahrhundert. Bern u.a.: Lang 2005, S. 187–200.
Gutjahr, Ortrud: „... den Eingang ins Paradies finden." Inzest als Motiv und Struktur im Roman Robert Musils und Ingeborg Bachmanns. In: Josef Strutz (Hg.): Genauigkeit und Seele. Zur österreichischen Literatur seit dem Fin de siècle. München: Fink 1990, S. 139–157.
Hartwig, Ina: Poetik der Übereinstimmung. Der Geschwisterinzest in Robert Musils *Der Mann ohne Eigenschaften*. In: dies.: Sexuelle Poetik. Proust, Musil, Genet, Jelinek. Frankfurt a.M.: Fischer 1998, S. 102–168.

Heydebrand, Renate von: Die Reflexionen Ulrichs in Robert Musils Roman *Der Mann ohne Eigenschaften*. Ihr Zusammenhang mit dem zeitgenössischen Denken. Münster: Aschendorff 1966.

Holzhey, Christoph F. E.: Kon-Fusionen von Mystik, Wissenschaft und Sexualität in Robert Musils *Törleß*. In: Olaf Berwald (Hg.): Der untote Gott. Religion und Ästhetik in der deutschen und österreichischen Literatur des 20. Jahrhunderts. Köln u. a.: Böhlau 2007, S. 57–78.

Horkheimer, Max/Adorno, Theodor W.: Dialektik der Aufklärung. Philosophische Fragmente. [1944/47] Frankfurt a. M.: Fischer 1982.

Hüsch, Sebastian: Ist Macht erotisch? Verführung zwischen Macht und Ironie in Robert Musils *Der Mann ohne Eigenschaften*. In: Clemens Ruthner, Raleigh Whitinger (Hg.): Contested Passions. Sexuality, Eroticism, and Gender in Modern Austrian Literature and Culture. New York u. a.: Lang 2011, S. 233–248.

Hwang, Sun-Ae: Liebe als ästhetische Kategorie. Zu *Drei Frauen* von Robert Musil. Frankfurt a. M. u. a.: Lang 1996.

Klages, Ludwig: Vom kosmogonischen Eros. München: Georg Müller 1922.

Köhler, Andrea u. a.: Bekenntnis und Abwehr. Eine Analyse von Robert Musils Schreibprozeß am Beispiel seiner Novelle *Die Versuchung der stillen Veronika*. In: Freiburger literaturpsychologische Gespräche 4 (1985), S. 101–122.

Luserke-Jaqui, Matthias: *Die Verwirrungen des Zöglings Törleß*. Adolescent Sexuality, the Authoritarian Mindset, and the Limits of Language. In: Graham Bartram, Philip Payne, Galin Tihanov (Hg.): A Companion to the Works of Robert Musil. Rochester u. a.: Camden House 2007, S. 151–174.

Mae, Michiko: Liebe als Geschwisterlichkeit: Ulrich und Agathe. In: dies.: Motivation und Liebe. Zum Strukturprinzip der Vereinigung bei Robert Musil. München: Fink 1988, S. 257–291.

Meisel, Gerhard: Liebe im Zeitalter der Wissenschaften vom Menschen. Das Prosawerk Robert Musils. Opladen: Westdeutscher Verlag 1991.

Mitterer, Nicola: Liebe ohne Gegenspieler. Androgyne Motive und moderne Geschlechtsidentitäten in Robert Musils Romanfragment *Der Mann ohne Eigenschaften*. Graz: Leykam 2007.

Mix, York-Gothart: Pubertäre Irritation und literarische Examination. Selbstentfremdung und Sexualität in F. Wedekinds *Frühlings Erwachen*, R. Musils *Die Verwirrungen des Zöglings Törleß*, E. Seyerlens *Die schmerzliche Scham* und H. Falladas *Der junge Goedeschal*. In: Text & Kontext 19 (1994/95), H. 2, S. 261–274.

Müller-Funk, Wolfgang: Stellungs-Kriege. Erotik und Gender in Robert Musils Erzählungen *Drei Frauen*. In: Clemens Ruthner, Raleigh Whitinger (Hg.): Contested Passions. Sexuality, Eroticism, and Gender in Modern Austrian Literature and Culture. New York u. a.: Lang 2011, S. 219–232.

Neumann, Gerhard: Landschaft im Fenster. Liebeskonzept und Identität in Robert Musils Novelle *Die Vollendung der Liebe*. In: Doitsu bungaku. Neue Beiträge 3 (2004), H. 1, S. 15–31.

Neumann, Gerhard: Androgynie und Inzest. Robert Musils Theorie der Liebe. In: Hans Weichselbaum (Hg.): Androgynie und Inzest in der Literatur um 1900. Salzburg, Wien: Otto Müller 2005, S. 151–180.

Neumann, Gerhard: *Die Vollendung der Liebe*. Robert Musils Erotologie. In: Cahiers d'études germaniques (2006), H. 50, S. 199–212.

Neumann, Gerhard: Androgynie. Zur mythischen Grundformel von Robert Musils Roman *Der Mann ohne Eigenschaften*. In: Ortrun Niethammer, Heinz-Peter Preußer, Françoise Rétif (Hg.): Mythen der sexuellen Differenz. Übersetzungen, Überschreibungen, Übermalungen. Heidelberg: Winter 2007, S. 101–114.

Neymeyr, Barbara: Psychologie als Kulturdiagnose. Musils Epochenroman *Der Mann ohne Eigenschaften*. Heidelberg: Winter 2005. (Neymeyr 2005a)

Neymeyr, Barbara: Die Anomie der Libido in Musils Roman *Der Mann ohne Eigenschaften*. Ulrichs erotische Menagerie: Die drei Frauen Leona, Bonadea, Diotima. In: Matthias Luserke-Jaqui (Hg.): „Alle Welt ist medial geworden." Literatur, Technik, Naturwissenschaft in der Klassischen Moderne. Tübingen: Francke 2005, S. 221–246. (Neymeyr 2005b)

Nübel, Birgit: „ein dünner Dunst fremden Leibes". Perversionen des Erkennens in Musils Essay *Das Unanständige und Kranke in der Kunst*. In: Musil-Forum 31 (2009/10), S. 23–38.

Nübel, Birgit: Zungenbisse und Körperschnitte. (De-)Figurationen des Perversen bei Robert Musil. In: dies., Anne Fleig (Hg.): Figurationen der Moderne. Mode, Sport, Pornographie. München: Fink 2011, S. 219–248.

Nübel, Birgit: Die „Exterritorialität der Frau in der Männerwelt". Musils *Briefe Susannens*. In: Musil-Forum 33 (2013/14), S. 177–201.

Nübel, Birgit: Robert Musil und Heinrich von Kleist oder die Grazie unendlicher Reflexion. In: Anne Fleig, Christian Moser, Helmut J. Schneider (Hg.): Schreiben nach Kleist. Literarische, mediale und theoretische Transkriptionen. Freiburg i. Br. u. a.: Rombach 2014, S. 95–118.

Pekar, Thomas: Die Sprache der Liebe bei Robert Musil. München: Fink 1989.

Pohl, Peter C.: Konstruktive Melancholie. Robert Musils Roman *Der Mann ohne Eigenschaften* und die Grenzen des modernen Geschlechterdiskurses. Köln u. a.: Böhlau 2011.

Schärer, Hans-Rudolf/Schärer, Peter: Geschwisterbeziehung und Narzißmus in den Romanen Robert Musils und Italo Svevos. In: Josef Strutz (Hg.): Genauigkeit und Seele. Zur österreichischen Literatur seit dem Fin de siècle. München: Fink 1990, S. 115–138.

Scheler, Max: Wesen und Formen der Sympathie. [2., verm. u. durchges. Aufl. v. *Phänomenologie der Sympathie*, 1913] Bonn: Cohen 1923.

Schmitz, Michael: Frau ohne Eigenschaften. Die Konstruktion von Liebe in Robert Musils Novelle *Grigia*. In: Musil-Forum 29 (2005/06), S. 57–77.

Schnell, Rebekka: „… die plötzliche enthüllte Zärtlichkeit der Welt …". Liebe als ästhetische und religiöse Utopie in Robert Musils *Der Mann ohne Eigenschaften*. In: Lisanne Ebert u. a. (Hg.): Emotionale Grenzgänge. Konzeptualisierungen von Liebe, Trauer und Angst in Sprache und Literatur. Würzburg: Königshausen & Neumann 2011, S. 91–112.

Schoene, Anja Elisabeth: Erkenntnistheorie und Utopie. Robert Musil: *Der Mann ohne Eigenschaften*. In: dies.: „Ach, wäre fern, was ich liebe!" Studien zur Inzestthematik in der Literatur der Jahrhundertwende (von Ibsen bis Musil). Würzburg: Königshausen & Neumann 1997, S. 158–171.

Schwartz, Agata: Geschwisterliebe und Androgynie in Robert Musils *Die Schwärmer* und *Mann ohne Eigenschaften*. In: Patricia Doykos Duquette, Matthew Griffin, Imke Lode (Hg.): Proceedings and Commentary. German Graduate Students Association Conference at New York University February 12–14, 1993. New York: o.V. 1994, S. 56–64.

Vedder, Ulrike: „… in zusammenhanglos schönen Flecken im Luftriß seines Körpers". Zur Schreibweise der Liebe in Robert Musils *Drei Frauen*. In: Hans-Georg Pott (Hg.): Robert Musil – Dichter, Essayist, Wissenschaftler. München: Fink 1993, S. 57–69.

Webber, Andrew: Sexuality and the Sense of Self in the Works of Georg Trakl and Robert Musil. London: Modern Humanities Research Association 1990.

Wohlgemuth, Ralf: Eroserleben als Macht- und Ohnmachtserleben. Robert Musils *Die Verwirrungen des Zöglings Törleß* und Benjamin Leberts *Crazy*. In: Corinna Schlicht (Hg.): Sexualität und Macht. Kultur-, literatur- und filmwissenschaftliche Betrachtungen. Oberhausen: Laufen 2004, S. 153–162.

Wolf, Norbert Christian: In bed with Gerda. Musils klinischer Blick und das Kino. In: Ulrich Johannes Beil, Michael Gamper, Karl Wagner (Hg.): Medien, Technik, Wissenschaft. Wissensübertragung bei Robert Musil und in seiner Zeit. Zürich: Chronos 2011, S. 119–142. (Wolf 2011a)

Wolf, Norbert Christian: Kakanien als Gesellschaftskonstruktion. Robert Musils Sozioanalyse des 20. Jahrhunderts. Wien u. a.: Böhlau 2011. (Wolf 2011b)

Zingel, Astrid: Ulrich und Agathe. Das Thema Geschwisterliebe in Robert Musils Romanprojekt *Der Mann ohne Eigenschaften*. St. Ingbert: Röhrig 1999.

8. Militär

Helmut Kuzmics

1. Musils Prägung durch das Militär 631
2. Musil, das Militär und die rationale Ordnung 632
3. General Stumm von Bordwehr als Romanfigur 633
4. Literatur 635

1. Musils Prägung durch das Militär

Als Musil im Herbst/Winter 1927/28 an besonders schweren Schreibhemmungen litt, notierte er im Verlauf seiner individualpsychologischen Behandlung beim Adler-Schüler Hugo Lukács in einer wahrscheinlich von diesem angeregten Selbstreflexion („*Technik sub specie Lukács.*"): „Militär hat Zeit, das ewige Warten, die / Zigarette. Das uneigentliche Tun. / Nie beim Schreiben das Gefühl tua res agitur / Gedrosselte Persönlichkeit // Sich für nichts entscheiden können: die / Verantwortung nicht übernehmen." (Tb II, 1182) Hier erscheint das Militär als eine entfremdende, letztlich paralysierende Institution, die auch Musil wesentlich geformt haben mochte. Er wusste, wovon er schrieb, war er doch in Kadettenanstalten – Eisenstadt, Mährisch-Weißkirchen – groß geworden, hatte sein Einjährig-Freiwilligen-Jahr als Feldwebel der Reserve abgeschlossen und war zum 31. Dezember 1913 als Leutnant der Reserve aus dem Militär entlassen worden, in das er im August 1914 ähnlich beglückt und berauscht wie viele seiner intellektuellen Zeitgenossen zurückkehrte. Den Krieg verbrachte er zuerst in der Südtiroler Etappe, an lebensgefährlichen Fronten und später (ab Juni 1916) wieder in der Etappe als Redakteur der offiziös-legitimistischen *(Tiroler) Soldaten-Zeitung* (ab März 1918 der Soldatenzeitung *Heimat*). (→ III.2.6 *Kriegspublizistik*) Er war kein Pazifist. Bis zum November 1922 stand er im republikanischen Österreich als Fachbeirat dem Bundesministerium für Heereswesen zur Verfügung. Musils persönlicher ‚Habitus', die soziale Prägung seines Affekthaushalts (vgl. Elias 1997a, 1997b u. 2005), verdankt ganz Wesentliches diesen vielen Jahren beim Militär und stellt sowohl eine bewusste wie unbewusste Grundlage seiner sozialen Reflexion im Roman dar.

Die folgenden Ausführungen behandeln Musils literarische Aussagen zum Militär aus dem Blickwinkel zweier Fragestellungen:

a) In der Gesamtanlage des Romans *Der Mann ohne Eigenschaften* (MoE) ist eine kritische Auseinandersetzung mit Entwicklungstendenzen in der modernen Industriegesellschaft erkennbar, in der sich die Rationalisierung im Zivilen auch an der des Militärs und seiner Logik der Ordnung orientiert und zugleich auch reibt. Die von Musil geschaffene Figur des Generals Stumm von Bordwehr steht als Dialogpartner des Helden Ulrich für die Begrenztheit, aber auch das Leistungsvermögen des bürokratisch-rationalen militärischen Denkens im Konflikt mit seinem gleichzeitig sich entwickelnden ‚Zivilverstand'.

b) Die Habsburgermonarchie am Vorabend des Ersten Weltkriegs gilt seit Karl Kraus als das sprichwörtlich gewordene ‚Labor des Weltuntergangs' und Musils Roman für manche Werkinterpreten (jüngst in besonders eindringlicher Weise bei Wolf 2011) als eine hellsichtige Beschreibung ihres Wegs in die Apokalypse. Der Stellenwert des Militärs und seine Rolle in der Vorbereitung des Kriegs werden hier ebenfalls über die Figur des paradoxerweise gemütlichen, bildungshungrigen und naiven Stumm analysiert.

Wie steht es nun um die Validität der sich in diesen literarischen Figuren manifestierenden sozialen Typen als Charakterisierung des österreichisch-ungarischen Militärwesens, wie es sich aus verschiedenen Quellen historisch-soziologisch rekonstruieren lässt?

2. Musil, das Militär und die rationale Ordnung

Der Kontrast zwischen dem Zivilen, dem ‚Zivilverstand', und der Ordnungslogik des Militärs bzw. dem ‚Militärverstand' ist einer der großen den *MoE* charakterisierenden Gegensätze. Auf der einen Seite gibt es „Seele, Tugend, Innigkeit, Gemüt" (MoE, 379), auf der anderen Aufmarschpläne und standardisierte, befohlene Ordnungen, denen die Komplexität der Ideen der mitteleuropäischen Moderne – „Individualismus und Kollektivismus, Nationalismus und Internationalismus, Sozialismus und Kapitalismus, Imperialismus und Pazifismus, Rationalismus und Aberglaube" (MoE, 373) – in einer Weise trotzt, die den General Stumm zur Verzweiflung treibt. Im Hinblick auf die Militärbauten der Monarchie hält die Erzählinstanz des *MoE* ironisch fest, diese seien kein Zeichen für Militarismus, sondern für Ordnung, Lebensweisheit und Vorsicht (vgl. MoE, 1447). Das Militär ist in dieser Darstellung der Inbegriff rationaler Ordnung, dient als Modell für andere rationale Ordnungen und führt wie diese zu dem paradox anmutenden Resultat, „daß man alles, was man an Ordnung im einzelnen gewinnt, am Ganzen wieder verliert, so daß wir immer mehr Ordnungen und immer weniger Ordnung haben." (MoE, 379) Eine mögliche Konsequenz aus diesem fatalen Sachverhalt spricht Stumm an, indem er sich gegen den komplizierten Intellekt der Leute wendet und statt dessen für Glauben, Überzeugung oder das Führerprinzip eintritt (vgl. MoE, 1451). (→ IV.1 *Militärische Ausbildung*)

In dieser formalen, wie meist bei Musil ironisch brechenden, Betrachtungsart verschwindet beinahe die *differentia specifica* militärischer Ordnung: Sie monopolisiert physische Gewalt, nach innen wie nach außen (vgl. Elias 1997b, S. 151–168). Dass man diesen Gewaltaspekt analytisch überhaupt ausblenden kann, verdankt sich dem langfristigen Prozess der Herausbildung europäischer Armeen in den Dimensionen der Verstetigung (stehende Armeen ab dem 17. Jahrhundert), der Professionalisierung und – ab der Französischen Revolution – der Ausweitung in Richtung immer breiterer Volksmassen (vgl. McNeill 1984). Letztere Entwicklung führt vom dynastischen Staat zum Nationalstaat (vgl. Creveld 1998; Elias 2005). Ein kurzer Blick auf die Geschichte der Habsburger Armee zwischen etwa 1848 und 1914 ist hier informativ. Die feudalen Heere des Mittelalters waren alles andere als bürokratisch und standardisiert. Feudale Elemente waren aber in der Habsburger Armee noch im 18. Jahrhundert und in der noch immer aristokratisch dominierten Kavallerie sogar bis 1914 recht stark und präsent. Erst nach 1848 kam es zu einem unerlässlichen administrativen Zentralisierungs- und Modernisierungsschub (vgl. Allmayer-Beck 1987, S. 24f.). Seit den Schlesischen Kriegen gegen Preußen (1740–1763) wurden für österreichische Offiziere Beurteilungsbögen angelegt und in bürokratisch peinlich-genauer Weise von Vorgesetzten ausgefüllt. Für Generäle waren dies sogenannte ‚Individualbeschreibungen', bei gewöhnlichen Offizieren ‚Conduitelisten' bzw. ‚Qualifikationslisten' (vgl. Ganser 2001). Bis 1868 blieb es bei der Konskription mit 8-jähriger

8. Militär

Dienstzeit (vgl. Allmayer-Beck 1987, S. 27), wobei die Stockstrafe noch im Gebrauch war und dazu oft ein sinnentleerter Kasernenritualismus existierte (vgl. Allmayer-Beck 1987, S. 34). Als Reaktion auf die österreichische Niederlage bei Königgrätz 1866 wurde 1868 auch in der Habsburger Monarchie die allgemeine Wehrpflicht eingeführt (drei Jahre ‚in der Linie', sieben ‚in der Reserve'; vgl. Wagner 1987, S. 491), und der Anteil des alten Kriegeradels an den militärischen Führungspositionen sank stetig. Es ergibt sich das Bild eines Habitus, der auf strikte Disziplin – und somit massiven Fremdzwang – aufgebaut war. Mit Recht sieht Norbert Christian Wolf (2011, S. 544) hier eine Sozialdisziplinierung am Werk, die man auch mit den Foucault'schen Begriffen des ‚Überwachens und Strafens' fassen kann (vgl. Foucault 1977) oder mit Elias (1997b) als eine Form der Verstetigung von Fremdzwängen.

Bis zum Ende des 19. Jahrhunderts dominierte trotz aller Reformen (vgl. Rothenberg 1976) in der habsburgischen Armee das, was von vielen Betrachtern innerhalb und außerhalb des Heeres als ‚Marasmus', als ‚fauliger Stillstand' angesehen wurde. Das war jedoch nur relativ im Vergleich zu den mit der Monarchie konkurrierenden Nachbarstaaten Österreichs (Preußen/Deutschland, Frankreich, Russland, Italien). Aus Erinnerungen österreichischer Generalstabsoffiziere (vgl. etwa Zeynek 2009) gewinnt man von Militärakademie und Kriegsschule um 1900 den Eindruck einer absoluten Eliteformation mit entsprechendem Selbstbewusstsein und großer Professionalität in der Ausbildung angehender Stabsoffiziere (vgl. dazu auch Broucek 2009). Freilich blieb die Armee eine Art Staat im Staat, weniger am politischen Willen seiner im Nationalitätenstreit befangenen Bürger als an dem ihres obersten Kriegsherrn orientiert und darum bemüht, ‚unpolitisch' zu bleiben (vgl. hierzu Rauchensteiner 1994, S. 60). Spuren der Kritik an dieser Haltung wird man in Musils Texten immer wieder finden; vielleicht hängt seine Entscheidung, den harmlos wirkenden General Stumm zum Sprachrohr von Rüstungslobbyisten in Heer und Kriegsministerium zu machen, gerade mit diesem ‚unpolitischen Habitus' der Armee zusammen. Explizit geißelte Musil diesen bei dem General Karl von Pflanzer-Baltin in einer Tagebucheintragung (vgl. Tb I, 404); der General habe nur verstanden, Pferde am besten zu würdigen.

3. General Stumm von Bordwehr als Romanfigur

Der Romanfigur General Stumm von Bordwehr können als reale Vorbilder zumindest vier dem Autor Musil direkt bekannte Personen zugeordnet werden: von Paul Ritter von Hornbostel, einem Kompaniekommandanten aus Musils Militärzeit in Brünn, über den Musil 40 Jahre lang freundschaftlich verbundenen Max von Becher, der auch ebendort sein Zugskommandant war und sechs Semester Philosophie studiert hatte, bis zu den martialischen Militärs Svetozar Boroević von Bojna und Pflanzer-Baltin. Ihnen war Musil zwar persönlich begegnet, Ersterem während des Infernos der Isonzoschlachten als Herrn über Leben und Tod und Letzterem (einer der – in Musils Diktion – ärgsten „Blutgenerale", Tb I, 371) nach dem Krieg in der Abgeschiedenheit des friedlichen Pensionärs, aber er schätzte sie offenbar wenig und empfand sie als geistlos (vgl. Corino 2003, S. 900). (→ III.1.7 *Mann ohne Eigenschaften*)

Der ‚Soziotypus Stumm' mit seiner Liebe zur pazifistischen Diotima, seinem Drang zum Philosophieren und seiner Suche nach geistiger Orientierung in der „Parallelaktion" (MoE, 87) kann als Antipode der militanten Generale wie Franz Conrad von Hötzendorf oder Boroević gelten. Ist der dicke, freundliche, gemütliche und liebenswürdige Generalstabsoffizier Stumm mit seiner Taschenmessersammlung nur eine narrative Konstruktion aus bestimmten Erzählabsichten oder gab es solche Offiziere, die keine Militaristen sein wollten (so Stumms Bekenntnis, vgl. MoE, 1151), wirklich? Karl Corino vermutet, dass Musil das Walten der ‚dämonischen' Kräfte, die aus der friedenssehnsüchtigen ‚Parallelaktion' die psychischen Energien in Richtung Kriegseuphorie umleiten sollten, ganz paradox an der Figur ihres harmlosesten Repräsentanten illustrieren wollte (vgl. Corino 2003, S. 900; zur Inversion von Stumm als Nebenfigur vgl. auch Fanta 2005, S. 238). Diesen Eindruck bestätigt Musil in einer Nachlassnotiz zum *MoE* mit einer Sichtweise, die direkten Ursachen- oder Schuldzuweisungen gegenüber höchst skeptisch war: „Auf den Weltkrieg angewendet, hat dieses Forschen nach einer Ursache und einem Verursacher das höchst positive negative Resultat gehabt, daß die Ursache überall und bei jedem war." (MoE, 1438; zu Kakanien als Herd des Weltkriegs) Freilich gilt es zu bedenken, dass Stumm von seinem ersten Auftreten in der ‚Parallelaktion' an als Abgesandter des Kriegsministeriums lobbyiert und für die Modernisierung des Heeres (insbesondere für bessere Kanonen) agitiert, auch wenn er dabei Diotimas „‚panerotische[s] Humanerlebnis'" (MoE, 1135) des in Österreich geplanten Weltfriedenskongresses anpeilt und somit sein Scherflein zum allgemeinen Wahnsinn beiträgt. (→ V.9 *Krieg*)

Ein Blick auf die verschiedenen Habitustypen von Offizieren in der Geschichte der österreichischen Armee zeigt, dass Stumm nicht gar so weit aus deren Rahmen fällt, sondern in idealtypisierender Weise etliche ihrer zentralen Züge vereinigt: Er hat gute Manieren; er ist nicht grob, sondern liebenswürdig; er hat einen Spleen und ist an bürgerlicher, humanistischer Bildung hoch interessiert. Er ist eindeutig bürgerlich geprägt, ist anders als etliche seiner Offizierskollegen kein Duellant, anders als der Jungtürkenkreis um Conrad kein Fanatiker des Präventivkriegs, und er teilt auch nicht deren Schicksalsfatalismus des Untergangs, für welchen es viele Belege gibt (vgl. insbesondere Zeynek 2009).

In der Genealogie österreichischer Offizierstypen gibt es sicherlich mehrere Linien, etwa die vom höfischen Adeligen in Kriegerfunktion zum später verächtlich als ‚Salongeneral' qualifizierten ‚professionellen Dilettanten', oder die vom ‚Mann der Praxis', der eher grob ist und für den Exerzieren und Reglement, somit Disziplin, aber auch Tapferkeit, am wichtigsten sind, dem aber strategisches Vermögen abgeht (vgl. Allmayer-Beck 1987, S. 31f., mit Verweis auf Torresani 1957), bis hin zur immer höheren Wertschätzung des bürgerlichen Wissens. Im Unterschied zum preußischen Offizier, dessen ‚Gardeschnarrton' zum Beispiel in Fontanes *Effi Briest* (1896) beschrieben wird, brauchten österreichische Offiziere, wie etwa in Ferdinand von Saars *Leutnant Burda* (1887) deutlich wird, sowohl Manieren, i. e. höfisch-aristokratische, von Leichtigkeit und Geselligkeit geprägte Umgangsformen, als auch bürgerliches Wissen im Sinne des ‚guten Geschmacks' sowie im Sinne professionellen technischen Expertenwissens. Stumm von Bordwehr besitzt beide Wissensformen. Bis zum Ende der habsburgischen Armee im Ersten Weltkrieg ist Liebenswürdigkeit ein unverzichtbarer Zug der (Berufs-)Offiziere. Das wird auch in etlichen Erzählungen deutlich, wie etwa der Kasernennovelle *Die chemische Analyse* (Torresani 1906). Stumms Sprechduktus mit den Pseudosuperlativen („hervorragend richtig", MoE, 378 etc.) verrät Musils intime Kenntnis dieses Habitus mit seinem generalisierten Offiziers-Du, das preußischen Offizieren im Ersten Weltkrieg so fremdartig vorkam.

Ein Typus wie der österreichisch-ungarische Generalstabschef ab 1906, Franz Conrad von Hötzendorf, der sich selbst bürgerlich in der Regel nur als Franz Conrad vorstellte, fehlt jedoch in der Figurensammlung des *MoE*. Um diesen hatte sich eine Gruppe begeisterter Anhänger geschart, die seine Anschauungen teilte, dass nicht Dynastien, sondern Völker die Zukunft der Staatenkonkurrenz entscheiden. Die neue Weltsicht des Bürgertums – dem auch der dem Dienstadel angehörende Conrad zuzurechnen ist – kann man mit Elias (2005) als Bewegung weg von einem allgemein-humanistischen, an Wissen und Tugend orientierten Ideal hin zu einem mehr machiavellistischen, von einem nationalen Kanon aus Macht und Ehre dominierten Moralkodex deuten. Da die Monarchie als altmodischer Fürstenstaat nicht nationale Loyalität, sondern ein auf den Souverän ausgerichtetes Wir-Gefühl forderte, kam es insbesondere bei den stark nationalisierten Reserveoffizieren zu großen Spannungen, die Musil auch thematisiert (vgl. MoE, 1598). (→ V.3 *Kakanien*) Diese Konstellation führte aber auch zu einem spezifisch österreichischen Dauerkonflikt zwischen der von Teilen der monarchieloyalen Eliten erkannten Notwendigkeit, die Rüstung – im Interesse des Gesamtsystems der Doppelmonarchie (zu den Zwängen der Staatenkonkurrenz vgl. Elias 2002) – auf das Niveau der Nachbarstaaten zu heben, und dem zentrifugalen Interesse der teils adeligen, teils bürgerlichen Eliten der Nationen, dem Kaiser kein leistungsfähiges Instrument zur Sicherung seiner Herrschaftsansprüche über Ungarn, Tschechen oder Italiener in die Hand zu geben. Der Militarisierungsgrad der österreichischen Bevölkerung blieb bis 1914 geringer als der etlicher Nationalstaaten (vgl. hierzu genauer Wagner 1987, S. 492); aber das hinderte weder den gemütlichen General Stumm noch Österreich-Ungarn als Ganzes, den Weg zum Untergang zu beschreiten.

4. Literatur

Allmayer-Beck, Johann Christoph: Die bewaffnete Macht in Staat und Gesellschaft. In: Adam Wandruszka, Peter Urbanitsch (Hg.): Die Habsburger Monarchie 1848–1918. Bd. 5: Die bewaffnete Macht. Wien: Verlag der Österreichischen Akademie der Wissenschaften 1987, S. 1–141.
Broucek, Peter: Einleitung. In: Theodor Ritter von Zeynek: Ein Offizier im Generalstabskorps erinnert sich. Eingel. u. hg. v. P. B. Wien u. a.: Böhlau 2009, S. 7–72.
Corino, Karl: Robert Musil. Eine Biographie. Reinbek b. Hamburg: Rowohlt 2003.
Creveld, Martin van: Die Zukunft des Krieges. München: Gerling 1998.
Elias, Norbert: Gesammelte Schriften. Bd. 3.1: Über den Prozeß der Zivilisation. Soziogenetische und psychogenetische Untersuchungen. Erster Band: Wandlungen des Verhaltens in den weltlichen Oberschichten des Abendlandes. Hg. v. Heike Hammer u. a. Frankfurt a.M.: Suhrkamp 1997. (Elias 1997a)
Elias, Norbert: Gesammelte Schriften. Bd. 3.2: Über den Prozeß der Zivilisation. Soziogenetische und psychogenetische Untersuchungen. Zweiter Band: Wandlungen der Gesellschaft. Entwurf zu einer Theorie der Zivilisation. Hg. v. Heike Hammer u. a. Frankfurt a.M.: Suhrkamp 1997. (Elias 1997b)
Elias, Norbert: Gesammelte Schriften. Bd. 6: Über die Einsamkeit der Sterbenden in unseren Tagen. Humana Conditio. [1982/85] Hg. v. Reinhard Blomert u. Heike Hammer. Frankfurt a.M.: Suhrkamp 2002.
Elias, Norbert: Gesammelte Schriften. Bd. 11: Studien über die Deutschen. Machtkämpfe und Habitusentwicklung im 19. und 20. Jahrhundert. [1989] Hg. v. Reinhard Blomert u. Michael Schröter. Frankfurt a.M.: Suhrkamp 2005.

Fanta, Walter: Aus dem apokryphen Finale des *Mann ohne Eigenschaften*. Die Totalinversion der Nebenfiguren. In: Pierre Béhar, Marie-Louise Roth (Hg.): Musil an der Schwelle zum 21. Jahrhundert. Bern u. a.: Lang 2005, S. 225–250.

Foucault, Michel: Überwachen und Strafen. Die Geburt des Gefängnisses. [frz. 1975] Frankfurt a. M.: Suhrkamp 1977.

Ganser, Rudolf: Qualifikationslisten für Offiziere im Kriegsarchiv Wien 1823–1918. In: Quellen zur Militärgeschichte – 200 Jahre Kriegsarchiv. Mitteilungen des Österreichischen Staatsarchivs 49. Innsbruck u. a.: StudienVerlag 2001, S. 109–115.

McNeill, William H.: Krieg und Macht. München: Beck 1984.

Rauchensteiner, Manfried: Der Tod des Doppeladlers. Österreich-Ungarn und der Erste Weltkrieg. Graz u. a.: Styria 1994.

Rothenberg, Gunther E.: The Army of Francis Joseph. West Lafayette: Purdue Univ. Press 1976.

Torresani, Carl Baron: Die chemische Analyse. In: ders.: Schwarzgelbe Reitergeschichten. 5. Aufl. Dresden: Pierson 1906, S. 1–59.

Torresani, Carl Freiherr: Kropatsch, der echte Kavallerist. Ein Charakterbild von Anno dazumal. In: Johann Heinrich Blumenthal: Carl Freiherr Torresani. Sein Leben und Werk. Wien: Bergland 1957, S. 43–87.

Wagner, Walter: Die k.(u.)k. Armee – Gliederung und Aufgabenstellung. In: Adam Wandruszka, Peter Urbanitsch (Hg.): Die Habsburger Monarchie 1848–1918. Bd. 5: Die bewaffnete Macht. Wien: Verlag der Österreichischen Akademie der Wissenschaften 1987, S. 142–633.

Wolf, Norbert Christian: Kakanien als Gesellschaftskonstruktion. Robert Musils Sozioanalyse des 20. Jahrhunderts. Wien u. a.: Böhlau 2011.

Zeynek, Theodor Ritter von: Ein Offizier im Generalstabskorps erinnert sich. Eingel. u. hg. v. Peter Broucek. Wien u. a.: Böhlau 2009.

9. Krieg

Alexander Honold

1. Biografische Erfahrungen 636
2. Literarische Verarbeitungen 638
3. Ästhetische Funktionen 640
4. Forschungsperspektiven 641
5. Literatur 642

1. Biografische Erfahrungen

Der Krieg war für Musil persönliches Erleben und geschichtliches Prinzip zugleich. Als militärisch geschulter Internatszögling und als Einjährig-Freiwilliger hatte er eine zeittypisch soldatisch geprägte Sozialisation durchlaufen und den Kriegsdienst als etwas sowohl zur Kultur wie zur Männlichkeit Hinzugehörendes akzeptieren gelernt. Ein ewiges Skandalon aber bleibt für den philosophischen Denker der paradoxe Umstand, dass individueller Mord im Zivilleben unter Strafe steht, massenhaft betriebenes Töten im Krieg hingegen als eine Heldentat gefeiert wird.

Auch Musil stand zu Beginn des Ersten Weltkriegs unter dem Eindruck der kriegsbegeisterten Massen und ihrer ideologischen Wortführer. Am Kairos der Mobilmachung 1914 faszinierte den beteiligten Beobachter die Kontrasterfahrung der hereinbrechenden Plötzlichkeit zu den eingespurten Denkgewohnheiten der Vorkriegswelt. „Der Krieg, in andern Zeiten ein Problem, ist heute Tatsache", konstatierte Musil im Septemberheft 1914 der *Neuen Rundschau:* „Viele der Arbeiter am Geiste haben ihn bekämpft, solange er nicht da war. Viele ihn belächelt. Die meisten bei Nennung seines Namens die Achseln gezuckt, wie zu Gespenstergeschichten." Noch im Moment der Hinfälligkeit solcher zeitverkennenden Haltungen gibt der Schriftsteller einen Rest an Reserve, einen Vorbehalt zu erkennen gegenüber der nun opportunen vollständigen Abqualifizierung einer internationalen Friedensordnung: „Es galt stillschweigend für unmöglich", erinnert Musil, „daß die durch eine europäische Kultur sich immer enger verbindenden großen Völker heute noch zu einem Krieg gegeneinander sich hinreißen lassen könnten." (*Europäertum, Krieg, Deutschtum,* GW II, 1020)

Im Ersten Weltkrieg wurde Musil an der italienischen Front in verschiedenen Landsturm-Einheiten eingesetzt und erlebte dabei (am 22. September 1915) die unmittelbare Lebensgefahr eines Fliegerpfeil-Beschusses sowie, in der vierten Isonzoschlacht bis Mitte Dezember 1915, die Schrecken des Stellungskriegs und der Materialschlacht. Auch als Propagandist der multiethnischen Habsburger Armee und ihrer Kriegsziele beteiligte sich Musil am Weltkrieg, teilweise wider besseres Wissen, waren ihm doch die Auflösungserscheinungen der Donaumonarchie durchaus bewusst. Nach schwerer Erkrankung und langem Spitalsaufenthalt im Frühjahr 1916 wirkte er bis 1917 an der *(Tiroler) Soldaten-Zeitung* mit (vgl. Giovannini 1986/87 u. 1987/88; Schaunig 2014), wurde 1918 Schriftleiter der *Heimat* und Mitarbeiter im Wiener Kriegspressequartier (vgl. Gschwandtner 2013/14). (→ III.2.6 *Kriegspublizistik*) Als Fachbeirat im Staatsamt für das Heereswesen setzte Musil 1920 für einige Monate seine militärischen Kenntnisse zugunsten der Republik ein, während er gleichzeitig wieder als Schriftsteller Fuß zu fassen versuchte.

Biografisch und werkgeschichtlich ist der August 1914 mit dem gleichen Monat des Vorjahres durch eine Reihe von Ähnlichkeitsbeziehungen verbunden. Ausgerechnet ein Tag im August 1913 war es, an dem Musil die Topografie jener Platzanlage in seinem Entwurfsheft skizzierte, an der sich das später als Wohnsitz für den Protagonisten des Romans *Der Mann ohne Eigenschaften* (MoE) auserkorene Palais Salm befand (vgl. Tb I, 275). Ebenfalls noch im August 1913 unternahm Musil mit seiner Frau eine mehrwöchige Erholungsreise in die Alpen, die zunächst in den Walliser Höhenort Zermatt führte. Vorausgegangen war eine Krankschreibung mit sechsmonatiger Freistellung Musils von seinem Amt in der Bibliothek aufgrund chronischer Erschöpfungszustände.

Was nun folgte, war für den Schriftsteller ein „Urlaub von seinem Leben" (MoE, 47), der ihn in gedrängter Reihe mit Motiven konfrontierte, die das Grundgerüst des späteren Romans bilden sollten. Über Lavarone und Trient reiste das Ehepaar Musil nach Porto d'Anzio, dessen Küstenregion die Landschaftsbeschreibungen der „Reise ins Paradies" (KA, M VII/9/154) inspiriert haben mag (vgl. Corino 1988, S. 193), und sodann zu einem längeren Aufenthalt nach Rom, wo im Oktober 1913 der Besuch im „Manicomio" (der Nervenheilanstalt) stattfand. Im Januar 1914 schließlich verzeichnet das Heft – Musil befand sich nun bereits in Berlin, um seine Stellung als Redakteur der *Neuen Rundschau* anzutreten – eine Begegnung mit Walther Rathenau (vgl. Tb I, 295f.), die zum Impuls für die Arnheim-Figur im *MoE* wurde. In engster zeitlicher Nachbarschaft entstanden, dokumentieren die Eintragungen des letzten Vorkriegsjahres einen rastlosen Wechsel der Orte, mit dem Musil die Erfahrung seiner neu gewonnenen Freiheit auskostete und zu jener nomadisierenden Schreibexistenz fand, in der ein Maximum an Eindrücken in literarische Motivkomplexe transformiert werden konnte. (→ II.2 *Orte/Schauplätze*)

2. Literarische Verarbeitungen

Die explizitesten Schilderungen autobiografischen Materials enthalten *Grigia* (über Musils Stationierung im Fersental und die Liebesaffäre mit einer Bäuerin) und die ‚Fliegerpfeil-Episode' der *Amsel*, zunächst als Separatgeschichte unter den Titeln *Ein Soldat erzählt* und *Der Gesang des Todes/Der singende Tod* konzipiert. *Die Portugiesin* verarbeitet topografische Elemente aus der Südtiroler Zeit, verschiebt die den Handlungsraum durchdringende Kriegsatmosphäre indes zurück in eine mittelalterlich heraldische Epoche, in der „Kriegslist, […] Zorn und Töten" noch ein individuelles Gepräge aufwiesen (GW II, 259).

Merkwürdig an Musils Verhältnis zum Ausbruch und Verlauf des Ersten Weltkriegs ist, dass er zwar einerseits wie die meisten Zeitgenossen von der Eskalation der außenpolitischen Ereignisse und der emotionalen Wucht der Mobilmachung vollständig überrascht wurde, andererseits aber in seinen Arbeitsheftnotizen, Entwürfen und Prosastudien eine Reihe von ‚Vorahnungen' oder auch Motiven festhielt, die sich *ex post* auf die Konstellation des Kriegs beziehen lassen. (→ II.3 *Zäsuren*)

Für den unveröffentlichten Zeitschriftenbeitrag *Lieber Pan – !* (1913) schilderte Musil den Zermatt-Aufenthalt als Entrückung in eine hochalpine Landschaft, der ein Auftritt fremder Schreckensgewalt unmittelbar bevorsteht: „Über tausend Metern Nichts u[nd] Steile eine Fels- und Wieseninsel, leise gesenkt und gehoben, mit Mulden, die geformt sind für riesenhafte Liebespaare" (GW II, 748). Diese topografische Situation von tausend Meter aufragender Erhabenheit und darin geborgen liegender, geschützter Mulde hat Musil später als Arrangement auf die kleine Erzählung *Die Maus* übertragen, dort aber dem veränderten zeitgeschichtlichen Rahmen des Weltkriegs eingepasst: „Auf der ladinischen Alpe Fodara Vedla, tausend und mehr Meter über bewohnter Gegend", hatte „jemand im Frieden eine Bank hingestellt. Diese Bank stand auch im Krieg unversehrt. In einer weiten, hellen Mulde. Die Schüsse zogen über sie hin." (GW II, 488) (→ III.1.8.1 *Nachlaß zu Lebzeiten*) Das sonderbare Ineinander von Ausnahmezeit und stationärem räumlichem Setting durchzieht zahlreiche von Musils Kriegsimpressionen an der gebirgigen Italien-Front. Vorkriegsimpressionen und Kriegserfahrungen gehen dabei eigentümliche Legierungen ein.

Am Caldonazzosee durchlebte Musil im Spätsommer 1915 fast noch ein Bergidyll, allerdings von den Streubeschüssen einer feindlichen Feuerstellung durchzogen:

> Rudern im blauen See. Die Weitgänger von Cina. V. [i. e. Cima di Vezzena, Tb II, 206] fallen in die schmale Ebene zwischen Felswand u[nd] Wasser. Ein wenig weiter und es kann einer voll ins Boot fallen und es in Splitter zerstauben. So könnte es uns auch beim Schwimmen erwischen, – wie man mit Dynamitpatronen Fische fängt. (Tb I, 344)

Die ‚Fliegerpfeil-Episode' evoziert nochmals den gleichen Schauplatz, um in der wie vergessen hingebreiteten Hochfläche den Auftritt eines maschinenhaften und zugleich gottähnlichen Todesboten heraufzuführen:

9. Krieg

> Wir standen damals in einem toten Winkel der Front, die sich dort von der Cima di Vezzena an den Caldonazzo See zurückbog [...]. Es war im Oktober; die Hügel lagen wie große welke Kränze unter unsren Füßen; die Schützengräben versanken in Laub; heroisch braun lag das Suganertal vor uns, von Gott wie ein Posaunenstoß geschaffen. (GW II, 755)

Von dieser heroisch aufgeladenen Landschaft atmosphärisch vorbereitet, vollzieht sich ein mit religiösen Assoziationen überhöhtes militärisches Initiationserlebnis: „In dieser für ein froheres Ereignis geschaffenen Landschaft erhielt ich meine Feuer Taufe und wurde in die unsichtbare Kirche aufgenommen." (GW II, 752) Am 22. September 1915 wurde die Gruppe Musils von einem italienischen Flugzeug aus mit dem Abwurf von Metallprojektilen („Fliegerpfeilen") angegriffen. Die Geschosse kündigen sich beim Fallen durch ein „windhaft pfeifendes [...] Geräusch" an, das rasch an Lautstärke zunimmt und beim nahen Einschlag des Projektils ein Gefühl der Todesnähe im noch einmal davongekommenen Soldaten auslöst:

> Instinktiv riß ich meinen Oberleib zur Seite und machte bei feststehenden Füßen eine ziemlich tiefe Verbeugung. Dabei von Erschrecken keine Spur, auch nicht von dem rein nervösen wie Herzklopfen, das sonst bei plötzlichem Choc auch ohne Angst eintritt. – Nachher sehr angenehmes Gefühl. Befriedigung, es erlebt zu haben. Beinahe Stolz; aufgenommen in eine Gemeinschaft, Taufe. (Tb I, 312)

Dies ist die Grundform des Erlebnisses, das von Musil dann unter dem variierenden Titel *Der Gesang des Todes* bzw. *Der singende Tod* zu einer Prosaskizze ausgearbeitet wurde (GW II, 757–759); später wird aus dem Material das zweite Drittel der Novelle *Die Amsel*. (→ III.1.8.2 *Die Amsel*)

In einer gefährlichen Landschaft exponiert zu sein, erweckt im erlebenden Subjekt eigentümliche Entgrenzungsgefühle, die Musil zunächst im Tagebuch skizziert und später auf fiktionale Protagonisten wie Homo, den ‚Mann' der *Grigia*-Novelle, überträgt:

> Von diesem Tag an war er von einer Bindung befreit, wie von einem steifen Knie oder einem schweren Rucksack. Der Bindung an das Lebendigseinwollen, dem Grauen vor dem Tode. Es geschah ihm nicht, was er immer kommen geglaubt hatte, wenn man bei voller Kraft sein Ende nahe zu sehen meint, daß man das Leben toller und durstiger genießt, sondern er fühlte sich bloß nicht mehr verstrickt und voll einer herrlichen Leichtheit, die ihn zum Sultan seiner Existenz machte. (GW II, 241)

Die Erzählung *Grigia* spielt in einem abgelegenen Bergdorf, aus dessen Situationsbeschreibung die Merkmale des Kriegs weitgehend wegretuschiert wurden. So ist etwa von einer abendlichen Kasinogesellschaft die Rede, deren militärische Herkunft und Bestimmung aus der Vorstufe des Textes noch erschlossen werden kann, wenn dort die Zusammensetzung jener wortkargen Männerrunde näher erläutert wird:

> Dann kamen wir, der Kmd. der Adj. die Ärzte vom Verbandsplatz und die Offze. der in Reserve liegenden Kompanien im Pfarrhof zusammen. [...] Was hätten wir sprechen sollen? Ein Dichter, ein Bauunternehmer, ein Strafanstaltsinspektor, ein Professor des Rechts, ein Forstadjunkt, ein aktiver Major? (KA, M IV/2/198a)

In der Druckfassung der Novelle ersetzt ein „Privatgelehrter" die Person des Dichters, und aus dem aktiven ist „ein pensionierter Major" (GW II, 243) geworden. (→ III.1.6 *Drei Frauen*)

Ebenfalls auf Musils eigene Kriegserfahrungen, in diesem Falle seinen langen Spitalsaufenthalt in Prag 1916, greift ein Prosafragment zurück, das von Frisé unter den Titel „Schwerverwundetenzug" ediert wurde. Die kurze, pointierte Erzählung schildert direkt und ungeschminkt die Kehrseite des Frontgeschehens, indem die Aufmerksamkeit auf den Abtransport der Schwerverletzten und Hoffnungslosen in die weit entfernten Krankenstationen der Heimat gelenkt wird. Auf „weiße Verbände" und „rote Flecken durchgesickerten Bluts" (GW II, 759) fällt hierbei der Blick. Die „Schwerverwundeten [...] verpackt wie Packete [sic], niemand rührte die Wunden an, man trachtete bloß, sie so rasch als möglich in die Operationssäle der großen Spitäler zu bringen" (GW II, 760). Musil erfasst das Grauen der Materialschlacht sowohl durch die Sachlichkeit der beschriebenen Logistik des Versorgungs- und Transportwesens (ein stilistischer Vorgeschmack auf den Verkehrsunfall zu Beginn des *MoE*) wie auch durch die makabre Komik der hartnäckig ausgetragenen Animositäten zwischen einem Wiener und einem Tiroler Schwerverwundeten. Dass dieser Zwist durch den vorerst unbemerkt bleibenden Tod beider noch vor Fahrtende zum Erliegen kommt, wirft ein groteskes Licht auf die binnen-ethnischen Konflikte des Habsburgerreiches, die schon während des Kriegs seine Auflösung beschleunigten.

3. Ästhetische Funktionen

Das literarische Interesse Musils galt dem Krieg als sozialem Ausnahme-Phänomen und als einem diskursiv überformten Geschehen gleichermaßen. Auf dem einen Extrempol ästhetischer Darstellung ist die nicht hintergehbare Tatsächlichkeit der Kriegsjahre angesiedelt, deren *factum brutum* letztlich von keiner Wortkunst mehr zu fassen ist und deshalb nur durch die demonstrative Unangemessenheit sprachlicher Mittel angedeutet werden kann, beispielhaft etwa in der Sequenz: „Ende Juli. Eine Fliege stirbt: Weltkrieg" (Tb I, 309). Am anderen Extrem stellen sich die geschichtlichen Vorgänge in diskursgestützter Abstraktion dar, so dass etwa der Romanheld Ulrich aus dem medialen Parlando von Zeitungsnachrichten kaum mehr ein klares Bild von gesellschaftlicher Wirklichkeit erhält: „War eigentlich Balkankrieg oder nicht? Irgendeine Intervention fand wohl statt; aber ob das Krieg war, er wußte es nicht genau." (MoE, 359)

Die Entnennung und Entwirklichung des Kriegs ist Teil des ‚Seinesgleichen', einer rhetorischen Verschiebung ins Uneigentliche, die im Fortgang der Passage zwar wesentliche Faktoren aufzählt, die zur Eskalation des Kriegsausbruches vom Sommer 1914 geführt hatten, diese jedoch in ein Allerlei der unverbindlichen Sensationen einbettet, so dass sich das Wichtige bestens im abwechslungsreichen Reigen des Kurzlebigen oder Belanglosen zu tarnen vermag:

> Es bewegten so viele Dinge die Menschheit. [...] Der Präsident von Frankreich fuhr nach Rußland; man sprach von Gefährdung des Weltfriedens. Ein neuentdeckter Tenor verdiente in Südamerika Summen, die selbst in Nordamerika noch nie dagewesen waren. Ein fürchterliches Erdbeben hatte Japan heimgesucht; die armen Japaner. Mit einem Wort, es geschah viel, es war eine bewegte Zeit, die um Ende 1913 und Anfang 1914. (MoE, 359)

„Mit einem Wort" hatte auch der Romaneingang die großangelegte Kontinental-Übersicht abgebrochen, die zuvor meteorologische Kräfteverschiebungen über die Landesgrenzen und Himmelsrichtungen Europas hin angesprochen hatte, die jenen des ersten Kriegsjahres ähnlich sahen, um das Angedeutete in der konventionellen Erzählformel vom schönen Augusttag zu resümieren. Dass aus geschichtlichen Ausgangsbedingungen nichts – oder alles – hervorgehen kann, exemplifiziert der Roman am epochal folgenreichen Ereignis des Kriegsbeginns vom August 1914. (→ III.1.7 *Mann ohne Eigenschaften*) Krieg wird dabei zu einer gesellschaftlichen Summenformel, welche die einander widerstreitenden Tendenzen des Zeitalters in einer gemeinsamen Bewegung zusammenschießen lässt: „Alle Linien münden in den Krieg" (MoE, 1851). Dieses Telos jedoch erreicht Musils Romanhandlung nicht auf direktem Wege und schon gar nicht zwangsläufig, es ist für Musil vielmehr die Resultante disparater, gegensätzlicher Kräfte.

Die Undarstellbarkeit schafft Raum für eine Verkettung metonymischer Ersatzartikulationen. Zu ihnen zählt die Figur des Frauenmörders Moosbrugger, dessen Dasein als Untersuchungshäftling in eine strukturhomologe Funktion zur kairologischen Temporalität des Kriegsbeginns rückt. Beiden gemeinsam ist, wie Ulrich die selbstgeprägte Formel des „aktiven Passivismus" erklärt, „[d]as Warten eines Gefangenen auf die Gelegenheit des Ausbruchs." (MoE, 356) Die Zeitform des Kriegs als eine Plötzlichkeits-Protuberanz am Ende einer überlangen Stagnationsphase hat Musil auf verschobenem Handlungsfeld auch in der Gerichtsanekdote *Ausgebrochener Augenblick* (GW II, 651–654) vom August 1931 zur pointierten Darstellung gebracht. Ebenso künden die Tiergeschichten *Hasenkatastrophe* und *Die Maus* von der Plötzlichkeit punktualisierter Gewalt und ziehen ihren Effekt daraus, kontrastive Visualisierungen eines urtümlichen Schreckens abzugeben (GW II, 486–489). Den Charakter einer vom Normaldasein durch bestimmte Schwellen-Markierungen getrennten Ausnahmezeit haben sowohl die Bergmonate Homos in *Grigia* wie auch das Hinleben auf den ‚anderen Zustand' im Liebesverhältnis der Roman-Geschwister. Im gesamten zweiten Band des Romans sind zwar die gesellschaftlichen Handlungsstränge der ‚Parallelaktion' in den Hintergrund getreten, bilden aber gleichwohl eine weiterhin in enger zeitlicher Korrespondenz geführte Parallele zu der in zartem Schweben erfolgenden Annäherung zwischen Ulrich und Agathe, so dass diese Form von Konvergenz ebenfalls als eine am politischen Telos des August 1914 ausgerichtete Entwicklungslogik gelesen werden kann. (→ V.7 *Sexualität*)

4. Forschungsperspektiven

Die Kriegsjahre und -erfahrungen Musils sind durch die Studien Karl Corinos (zusammenfassend 1988 u. 2003), ferner u. a. durch Alessandro Libardi und Massimo Fontanari (1985–1987) aufgearbeitet. Eine Ausstellung im Münchner Literaturarchiv versammelte 2014 die wichtigsten Stationen und Dokumente (vgl. Wittmann 2014). Zur Bedeutung des Kriegs in den literarischen Texten haben u. a. Bernd Hüppauf (1984), Alexander Honold (1995 u. 2015), Inka Mülder-Bach (2013) kontextualisierende Studien vorgelegt, spezifisch zur ‚Fliegerpfeil-Episode' Peter Berz (1990), Christoph Hoffmann (1997, S. 113–138 u. 187–229) und Julia Encke (2006, S. 162–181); vgl. ferner auch das *Musil-Forum* (2015/16) mit einem thematischem Schwerpunkt zu Musil im Ersten Weltkrieg. Musils geschichtstheoretische Überlegungen zu nichtkausalen bzw. multikausalen Geschehensgeflechten (für die das Makro-Ereignis ‚Krieg' modellhaft steht) sind bislang noch nicht in systematischer Weise aufgearbeitet; auch die gesellschaftsanalytische Bedeutung des *MoE* für die Zerfallskrisen multiethnischer Staatsgefüge (vgl. Wolf 2011) verdiente aktualisierende, komparatistische Beachtung.

5. Literatur

Berz, Peter: Der Fliegerpfeil. Ein Kriegsexperiment Musils an den Grenzen des Hörraums. In: Jochen Hörisch, Michael Wetzel (Hg.): Armaturen der Sinne. Literarische und technische Medien 1870 bis 1920. München: Fink 1990, S. 265–288.

Corino, Karl: Robert Musil. Leben und Werk in Bildern und Texten. Reinbek b. Hamburg: Rowohlt 1988.

Corino, Karl: Robert Musil. Eine Biographie. Reinbek b. Hamburg: Rowohlt 2003.

Encke, Julia: Augenblicke der Gefahr. Der Krieg und die Sinne. 1914–1934. München: Fink 2006.

Fontanari, Alessandro/Libardi, Massimo: Robert Musil. La „grande esperienza" della guerra. In: Roberta Groff, Jole Piva, Luciano Dellai (Hg.): Pergine e la prima guerra mondiale. Pergine: Ass. Amici della Storia 1985, S. 383–499.

Fontanari, Alessandro/Libardi, Massimo: Il richiamo ingannevole. In: Robert Musil: La valle incantata. Traduzione di Paola Maria Filippi. Con un saggio di A. F. e M. L. Trento: Reverdito 1986, S. 67–144.

Fontanari, Alessandro/Libardi, Massimo: La guerra come sintomo. In: Robert Musil: La guerra parallela. Traduzione di Claudio Groff. Trento: Reverdito 1987, S. 201–255.

Giovannini, Elena: Robert Musils Beiträge in der *Soldatenzeitung*. Propaganda und kritische Ironie im Vergleich. Diss. Univ. Pescara 1986/87.

Giovannini, Elena: Der Parallel-Krieg. Zu Musils Arbeit in der *Soldatenzeitung*. In: Musil-Forum 13/14 (1987/88), S. 88–99.

Gschwandtner, Harald: Dienst und Autorschaft im Krieg. Robert Musil als Redakteur der Zeitschrift *Heimat*. In: Musil-Forum 33 (2013/14), S. 101–124.

Hoffmann, Christoph: „Der Dichter am Apparat". Medientechnik, Experimentalpsychologie und Texte Robert Musils 1899–1942. München: Fink 1997.

Honold, Alexander: Die Stadt und der Krieg. Raum- und Zeitkonstruktion in Robert Musils Roman *Der Mann ohne Eigenschaften*. München: Fink 1995.

Honold, Alexander: Einsatz der Dichtung. Literatur im Zeichen des Ersten Weltkriegs. Berlin: Vorwerk 8 2015.

Hüppauf, Bernd (Hg.): Ansichten vom Krieg. Vergleichende Studien zum Ersten Weltkrieg in Literatur und Gesellschaft. Königstein i. Ts.: Athenäum 1984.

Mülder-Bach, Inka: Robert Musil: *Der Mann ohne Eigenschaften*. Ein Versuch über den Roman. München: Hanser 2013, S. 22–73.

Schaunig, Regina: Der Dichter im Dienst des Generals. Robert Musils Propagandaschriften im Ersten Weltkrieg. Mit 87 Musil zugeschriebenen Zeitungsartikeln. Klagenfurt, Wien: kitab 2014.

Wittmann, Reinhard G. (Hg.): „Der Gesang des Todes". Robert Musil und der Erste Weltkrieg. München: Literaturhaus München 2014.

Wolf, Norbert Christian: Kakanien als Gesellschaftskonstruktion. Robert Musils Sozioanalyse des 20. Jahrhunderts. Wien u. a.: Böhlau 2011.

10. Sport
Anne Fleig

1. Einführung 643
2. Kritik der modernen Kultur 644
3. Körpertechnik 645
4. Ästhetik des Sports 646
5. Literatur 647

1. Einführung

Musils Lebenszeit ist geprägt durch die Herausbildung des modernen Wettkampfsports, die erste Hochphase von Sportarten wie Tennis, Boxen oder Fußball, die publikumswirksame Inszenierung des sportlichen Leistungsvergleichs und die Entwicklung neuer Körpertechniken wie dem Kraulschwimmen, mit dem der spätere Tarzan-Held Johnny Weißmüller 1924 und 1928 Olympiasieger wird. Im Zuge der Professionalisierung des Sports entstehen auch die Sportpresse und der literarische Sportdiskurs in den 1920er Jahren. Musil hat diese Entwicklungen als Ausübender und als Zuschauer erlebt. Er war 1898 Gründungsmitglied des Akademischen Radfahrvereins Brünn und Mitglied im Brünner Fechtclub „Della Santa" (vgl. Drlík), was auch eine Fotografie im *Mährisch-Schlesischen Correspondenten* belegt, die Musil im Alter von 21 Jahren in Fechtmontur zeigt (vgl. Hayasaka 2011, S. 138). Als Student gehörten „Rudern, Braunwerden, Tennisspiel" (an Johannes von Allesch, 9.9.1906, Br I, 20) offenbar zu den selbstverständlichen Urlaubsvergnügen, während das Schwimmen „sehr weit im See draußen ganz allein", so Musil weiter, „dem Leben für einige Zeit etwas Gesundes und Mutiges zu leihen vermag" (ebd.). Später machte er regelmäßig gymnastische Übungen und Hanteltraining (vgl. Corino 2003, S. 809). 1925 lernte er am Wörthersee die neue Technik des Kraulens kennen und nahm Unterricht, um sie möglichst perfekt zu lernen. Mit ihren Besonderheiten setzt er sich in seinem Essay *Kunst und Moral des Crawlens* (1932) auseinander. Als Zuschauer nahm er 1914 in Berlin an einem Tennisturnier teil und beobachtete dort den deutschen Spieler Otto Froitzheim, der zu diesem Zeitpunkt Vierter der Tennis-Weltrangliste war (vgl. Corino 2003, S. 810). Gut zehn Jahre später sah Musil ihn bei den österreichischen Tennismeisterschaften im Wiener Prater wieder und beschrieb sich selbst in einem Brief an Franz Blei als ergriffenen Zuschauer: „ein alter Kunstreiter, der nach vielen Jahren noch einmal Stallmist riecht" (26.5.1925, Br I, 383). Weiterreichende Schlüsse aus seinen Tennis-Beobachtungen hat Musil in dem Fragment gebliebenen Text *Randglossen zu Tennisplätzen* (1925/26 oder später) und seinem Essay *Als Papa Tennis lernte* (1931) gezogen. Letzterer reflektiert den Wandel des Sportbetriebs ebenso wie die persönliche Anregung, die die körperliche Betätigung bietet (vgl. GW II, 691). Für Musils Biografen Karl Corino (2003) ist der Sport Teil von Musils „geistiger Organisationspolitik" (ebd., S. 809), die Ablenkung und Disziplin zugleich beinhalte. Corino hat in seiner umfangreichen Biografie dem Sport (neben dem Film) einen Exkurs gewidmet und damit Musils Sportbegeisterung ebenso wie deren Reflexion gewürdigt (vgl. ebd., S. 809–822). Auch die frühe Forschung hat die Bedeutung des Sports für Musils Texte registriert (vgl. Bernett 1960; Albertsen 1968; Baur 1980). Während die Aufsätze von Hajo Bernett und Uwe Baur den Sport-Essays und Musils eigener sportlicher Erfahrung gelten, hat Elisabeth Albertsen als erste den systematischen Stellenwert des Sports in Musils Denken erkannt und auf den Protagonisten in *Der Mann ohne Eigenschaften* (*MoE*) bezogen (vgl. Albertsen 1968, S. 28f.). Neue Untersuchungen betonen die paradigmatische Bedeutung des Sports für Musils Kritik der Moderne, und zwar sowohl in seinen Sport-Essays (vgl. Fleig 2004 u. 2005) als auch im parallel erschienenen *MoE* (vgl. Fleig 2008 u. 2010), und arbeiten Musils Ästhetik des Sports heraus, die in dem für seinen Essayismus grundlegenden Spannungsfeld von Kunst und Wissenschaft situiert ist. Drei Ebenen lassen sich in Musils Reflexion des Sports unterscheiden: Kulturkritik, Körpertechnik und Ästhetik. Die Verbindung von ästhetischer und technischer Modernität begründet den Siegeszug des Sports im 20. Jahrhundert. Die Auseinandersetzung mit dieser Entwicklung macht den Sport zum kritischen Medium der Reflexion des Modernisierungsprozesses. (→ III.2.1 *Essays*) Musils Sportkritik ist insofern auch als Kritik der Moderne zu verstehen (vgl. Fleig 2008, S. 7). (→ II.1 *Moderne*)

2. Kritik der modernen Kultur

Die meisten modernen Sportarten kamen im 19. Jahrhundert von England auf den Kontinent und mussten sich zunächst gegen das ‚deutsche' Turnen behaupten (vgl. Eisenberg 1999). Musil steht auch aufgrund seiner eigenen Erfahrungen eindeutig auf der Seite des Sports, dessen Fortschrittlichkeit nicht zuletzt die Modernisierung der Geschlechterverhältnisse einschließt. Im Sport verbinden sich zwei Traditionslinien: Er bietet einerseits Zeitvertreib und geselliges Vergnügen, dient der Unterhaltung und erlaubt gerade dadurch ein freies Spiel der Persönlichkeit; andererseits zielt er auf den Leistungsvergleich und ist daher von Kontrolle, Selbstdisziplin und Rekordstreben geprägt (vgl. Fleig 2008, S. 14). Im Zentrum des Sportgeschehens steht der bewegte Körper, den Musil sowohl aus der Perspektive der Ausübung als auch des Zuschauens, als Gegenstand des Publikumsinteresses in den Blick nimmt. Bereits im ersten Satz von *Als Papa Tennis lernte* fällt die zweifache Perspektive auf, die den bewegten Körper als Doppel ins Spiel bringt: „Als Papa Tennis lernte, reichte das Kleid Mamas bis zu den Fußknöcheln." (GW II, 685) Obwohl ausübender Sportler und Zuschauerin der Geschlechterdichotomie von Aktivität und Passivität entsprechen, deutet das Präteritum der Rocklänge an, dass sich die Geschlechterfrage schon bald neu und anders stellte. Diese Perspektive wird noch dadurch betont, dass das Kleid Subjekt des Satzes ist. Mit Georg Simmel lässt sich das hier inszenierte Geschlechterspiel als Koketterie (vgl. Simmel 1996b) und Abenteuer deuten, als Spannung „zwischen Aktivität und Passivität" (Simmel 1996a, S. 173), die den kulturellen Wandel in der Form des Essays selbstreflexiv vollzieht (vgl. Fleig 2008, S. 163). Diese Spannung prägt auch Ulrich, den ‚Mann ohne Eigenschaften', der seine schon zur Gewohnheit gewordenen, heterosexuellen Abenteuer satt hat und nunmehr versucht, als Abenteurer des modernen Lebens seine ‚Männlichkeit' jenseits der Position des Eroberers zu erproben. (→ V.6 *Geschlechterrelationen*)

Den Anlass für *Als Papa Tennis lernte* bildet der 1927 beschlossene Bau eines olympischen Stadions im Wiener Prater. Der Essay reflektiert den Wandel des Sports von einem geselligen Vergnügen zum publikumswirksamen Massenspektakel, den das essayistische Ich im Wandel des Praters spiegelt. Sein beinah märchenhaft erzählerischer Gestus scheint Sport- und Familiengeschichte zu verbinden, was die Erinnerungsbewegung unterstreicht, die die Figur des tennisspielenden Vaters auf ironische Weise zu einem Vertreter der guten alten Zeit macht. Während es im *MoE* ein ‚geniales Rennpferd' ist, das Ulrichs Entschluss befördert, ‚Urlaub von seinem Leben' zu nehmen, gehört hier der Vater noch selbst zu den „Urgenies der Tennisschläge" (GW II, 686). Doch deutet sich im Verweis auf den inflationären Gebrauch des Genie-Begriffs bereits die Verselbstständigung des Rekordstrebens an, die sich in jener Normierung und Rationalisierung von Körpertechniken und Sportanlagen niederschlägt, die Musil auch am Stadionbau kritisiert: „Was den Sport zum Sport gemacht hat, ist also nicht so sehr der Körper als der *Geist*." (GW II, 687) Diesem abstrakten und quantifizierenden Geist, für den der Sport nur ein besonders markantes Beispiel bildet, gilt Musils Kritik. Denn dieser Geist ist von der individuellen Erfahrung abgekoppelt und kann zwischen sportlicher Praxis und Sportdiskurs nicht mehr vermitteln. Er ist nicht reflexiv und bleibt dem Geschehen äußerlich:

> Aber wozu noch länger vom Geist des Sportmanns reden, besteht doch das ganze Geheimnis darin, daß der Geist des Sports nicht aus der Ausübung, sondern *aus dem Zusehen* entstanden ist! Jahrelang haben sich in England Männer vor einem kleinen Kreis von Liebhabern mit der nackten Faust Knochen gebrochen, aber das war so lange kein Sport, bis der Boxhandschuh erfunden worden ist, der es gestattete, dieses Schauspiel auf fünfzehn Runden zu verlängern und dadurch marktfähig zu gestalten. (GW II, 691)

Musils kritische Reflexion des Sports hebt positiv auf dessen Tendenz zur Individualisierung, neue Möglichkeiten individuellen Erlebens und auch die Modernisierung der Geschlechterverhältnisse ab; negativ erscheint dagegen seine Sicht auf die moderne Massenkultur, die Verselbstständigung des Rekordstrebens und die Abstraktion und Formelhaftigkeit der Sprache (z. B. in den Superlativen der Sportpresse), die aus der Zuschauerposition vom individuellen Erleben gerade absieht.

3. Körpertechnik

Die Herausbildung des modernen Zuschauersports geht mit der Verwissenschaftlichung des Körpers im Sport einher. Vor dem Hintergrund der im 19. Jahrhundert entstehenden Naturwissenschaften, insbesondere ihren Bewegungs- und Ermüdungsstudien, wird das sportliche Training zu einem hervorragenden Untersuchungsgegenstand (vgl. Fleig 2008, S. 28–84). Diesen Zusammenhang hat Musil erstmals in seinem Aufsatz *Psychotechnik und ihre Anwendungsmöglichkeit im Bundesheere* (1922) hergestellt (vgl. ebd., S. 186–192). (→ III.2.5 *Technische Aufsätze*) Das sportliche Training führt zu einer Technisierung des Körpers und automatisierten Bewegungsabläufen, die erst jene „konzentrierteste Lebendigkeit" (Tb I, 350) ermöglichen, die Musils Interesse am Sport begründet. In seinem Essay *Kunst und Moral des Crawlens* hat er die Frage der Bewegungsoptimierung aus verschiedenen Perspektiven beleuchtet. Der Text ist als Brief konzipiert, der Antwort auf die Frage eines jungen Mannes geben soll, ob Sport eine Kunst oder Wissenschaft sei. Eine erste Antwort gibt das „Paradoxon des Crawlens": „Du schwimmst mit den Beinen allein oder mit den Armen allein in der Art des Crawlbewegung schlechter als in der gewöhnlichen, trotzdem mit Armen und Beinen zusammen viel schneller." (GW II, 694) Das essayistische Ich zerlegt die Schwimmbewegung und synthetisiert sie in der Folge im Sinne der Gestalttheorie als ‚übersummatives' Zusammenspiel einzelner Bestandteile.

(→ IV.6 *Gestalttheorie*) Musil greift damit auf psychotechnische Verfahren zurück, da sich der komplexe Ablauf nicht ohne Weiteres begreifen lasse (vgl. GW II, 695). Die Komplexitätssteigerung von Bewegungen hatte Musil auch in *Als Papa Tennis lernte* thematisiert und mit der historischen Entwicklung des Sports in Verbindung gebracht. Obwohl *Kunst und Moral des Crawlens* weit ausholt, um wissenschaftliche Erklärungen für den Erfolg des Kraulschwimmens zu liefern, sucht der Essay die Antwort schließlich im Bereich der Kunst bzw. im persönlichen Stil. Damit rückt er gegenüber der Technisierung und Normierung des Körpers wieder die Perspektive der Individualisierung von und durch Bewegung in den Blick. Gleichzeitig zeigt sich auch hier, dass die Reflexion des Sports zum Muster essayistischer Selbstreflexion wird, denn zum einen bleibt der wissenschaftliche Diskurs letztlich unübersetzbar (vgl. Nübel 2006, S. 158f.). Zum anderen ist die Herausarbeitung exakter Gedanken ebenfalls eine Frage des Stils, nämlich des Essayismus, der zumindest moralisch vor dem Ertrinken rettet (vgl. GW II, 696) und die Diskrepanz zwischen Wissenschaft und Lebenswelt zu überbrücken sucht. (→ VII.4 *Möglichkeitssinn u. Essayismus*) Die Widersprüche des Modernisierungsprozesses treten somit erneut hervor: Bei aller Kritik des auf quantifizierenden Verfahren basierenden Rekordstrebens zeigt sich der Essay fasziniert von den Möglichkeiten der exakten Berechnung der Bewegung. Musil zufolge erlaubt es gerade die Rationalität des Trainings, die Grenzen des modernen Lebens zu transzendieren. Die perfekte Koordination des Bewegungsablaufs entzieht sich schließlich der bewussten Kontrolle und ermöglicht damit neue Formen des Erlebens (vgl. Fleig 2008, S. 205). Diesen Zusammenhang reflektiert auch der Fragment gebliebene Essay *Durch die Brille des Sports* (1925/26 oder später):

> Im Augenblick der Ausführung springen u[nd] fechten dann die Muskeln u[nd] Nerven mit dem Ich, nicht dieses mit ihnen, u[nd] sowie nur ein etwas größerer Lichtstrahl von Überlegung in dieses Dunkel gerät, fällt man schon aus dem Rennen. Das ist aber nichts anderes als ein Durchbruch durch die bewußte Person, eine Entrückung. (GW II, 793)

Die Technisierung des Körpers im Sport bildet Musils Ausgangspunkt, um die Widersprüche zwischen Individualisierung und Rationalisierung zu reflektieren. Gleichzeitig bietet sie den zentralen ‚Ansatz' von Musils Ästhetik des Sports, die auf den Brückenschlag zum ‚anderen Zustand' zielt und Bewegung und Reflexion verbindet. (→ VII.2 *Anderer Zustand*) Denn im Vollzug der automatisierten Bewegung eröffnet gerade der ‚moderne' Körper die Möglichkeit, gleichsam entrückt der Wirklichkeit zu entkommen.

4. Ästhetik des Sports

Musils Darstellung und Reflexion des Sports, auch seine Publikation der beiden Sport-Essays im Magazin *Der Querschnitt*, der wahrscheinlich wichtigsten Zeitschrift der künstlerischen Avantgarde in den 1920er Jahren, weisen Bezüge zur Ästhetik der Neuen Sachlichkeit auf (vgl. Fleig 2013/14). Doch geht Musils Konzeptualisierung des trainierten Sportkörpers weit über das Programm der Tatsachenorientierung, Technisierung und Rationalisierung hinaus. Wie sowohl *Kunst und Moral des Crawlens* als auch der *MoE* deutlich machen, bringt das sportliche Training Widerstand gegen die Zurichtungen der modernen Lebenswelt zum Ausdruck (vgl. Fleig 2008, S. 317), die freilich das Training erst ermöglicht. Insbesondere Ulrich ist durch diesen Widerspruch geprägt, wenn er sich mit einem Boxball gegen das Leben des ‚Seinesgleichen' wappnet, dann aber sein Training einstellt, als er ‚Urlaub' von diesem Leben nimmt. Ulrichs utopischer Versuch, dem Normalzustand zu entkommen, ein Entkommen, das auch für Momente der Entrückung im sportlichen Erleben möglich ist, markiert zugleich den wichtigsten Unterschied zu Positionen der Neuen Sachlichkeit. (→ II.5 *Zeitstile*) Denn gerade die Reflexion dieser Entrückung sowohl in den Sport-Essays als auch im *MoE* zielt darauf, die Wirklichkeit der Tatsachen zu überschreiten; sie wird von Ulrich teilweise explizit mit mystischem Erleben in Verbindung gebracht (vgl. Fleig 2008, S. 214).

Musils Ästhetik des Sports verbindet die Reflexion des Sports als Medium der Kulturkritik mit dem Erleben des Körpers im Sport, was sich als Verschränkung von Gedanken- und Körperbewegung in der selbstreflexiven Form des Essays niederschlägt. Er schließt damit an Heinrich von Kleists Essay *Über das Marionettentheater* (1810) an, der den bewegten Körper ebenfalls doppelt – auf der Ebene des Dargestellten und performativ auf der Ebene der Darstellung – ins Spiel bringt (vgl. Fleig 2008, S. 303). Darüber hinaus bezieht Musil die Erkenntnisse der Naturwissenschaften ein, denen für die Formierung der Bewegung und damit auch für seine Ästhetik des Sports entscheidende Bedeutung zukommt. Im Anschluss an Musils Essay *Ansätze zu neuer Ästhetik* (1925) und die Reflexionen der Erzählinstanz bzw. Ulrichs im *MoE* geht es im Kern um die Frage nach den Grenzerfahrungen zwischen Normalzustand und ‚anderem Zustand', die mehrfach als ‚Entrückung' charakterisiert werden. Wie Musils Auseinandersetzung mit dem Sport deutlich macht, ist selbst die Auflösung der Bewusstseinsgrenzen psychotechnisch formiert. In dieser Erkenntnis liegt die radikale Modernität von Musils Denken; sie erklärt zugleich seine Ambivalenz gegenüber dem Sport.

5. Literatur

Albertsen, Elisabeth: Ratio und „Mystik" im Werk Robert Musils. München: Nymphenburger 1968.
Baur, Uwe: Sport und subjektive Bewegungserfahrung bei Musil. In: ders., Elisabeth Castex (Hg.): Robert Musil. Untersuchungen. Königstein i. Ts.: Athenäum 1980, S. 99–112.
Bernett, Hajo: Musils Deutung des Sports. In: Karl Dinklage (Hg.): Robert Musil. Leben – Werk – Wirkung. Reinbek b. Hamburg: Rowohlt 1960, S. 145–156.
Cesaratto, Todd: Von Ketten's Climb. Making a Mark in Robert Musil's *Die Portugiesin*. In: Musil-Forum 32 (2011/12), S. 87–105.
Corino, Karl: Robert Musil. Eine Biographie. Reinbek b. Hamburg: Rowohlt 2003.
Drlík, Vojen: Unbekannte Texte von Robert Musil. In: http://web.archive.org/web/20070720133319 / http://www.i-r-m-g.de/pdf/drlik-irmg.pdf (Stand: 6.11.2014).
Eisenberg, Christiane: „English Sports" und Deutsche Bürger. Eine Gesellschaftsgeschichte 1800–1939. Paderborn u. a.: Schöningh 1999.
Fleig, Anne: Die Geburt des Sports aus dem Geist des Zuschauens. Robert Musils Essay *Als Papa Tennis lernte*. In: Dieter Mersch (Hg.): Sport – Inszenierung – Ereignis – Kunst. Kiel: Forum der Muthesius-Hochschule 2004, S. 40–48.
Fleig, Anne: Der Mensch als Rennboot. Sport und Psychotechnik in den Texten Robert Musils. In: Matthias Luserke-Jaqui (Hg.): „Alle Welt ist medial geworden." Literatur, Technik, Naturwissenschaft in der Klassischen Moderne. Tübingen: Francke 2005, S. 161–180.
Fleig, Anne: Körperkultur und Moderne. Robert Musils Ästhetik des Sports. Berlin, New York: de Gruyter 2008.

Fleig, Anne: Die Maske des Sports. Sport als Medium der Männlichkeit in Musils Roman *Der Mann ohne Eigenschaften*. In: Dagmar von Hoff, Anett Holzheid (Hg.): Identität und Gender. Aspekte medialer Verwandlungen. München: Meidenbauer 2009, S. 59–76.

Fleig, Anne: Rasende Schnecke. Robert Musil, *Der Querschnitt* und das kulturelle Leben seiner Zeit. In: Musil-Forum 33 (2013/14), S. 202–217.

Hayasaka, Nanao: Robert Musil und der *genius loci*. Die Lebensumstände des „Mannes ohne Eigenschaften". München: Fink 2011.

Nübel, Birgit: Robert Musil – Essayismus als Selbstreflexion der Moderne. Berlin, New York: de Gruyter 2006.

Simmel, Georg: Das Abenteuer. [1911] In: ders.: Gesamtausgabe. Bd. 14: Hauptprobleme der Philosophie. Philosophische Kultur. Hg. v. Rüdiger Kramme u. Otthein Rammstedt. Frankfurt a. M.: Suhrkamp 1996, S. 168–185. (Simmel 1996a)

Simmel, Georg: Die Koketterie. [1911] In: ders.: Gesamtausgabe. Bd. 14: Hauptprobleme der Philosophie. Philosophische Kultur. Hg. v. Rüdiger Kramme u. Otthein Rammstedt. Frankfurt a. M.: Suhrkamp 1996, S. 256–277. (Simmel 1996b)

11. Mode

Birgit Nübel

1. Einleitung 648
2. Mode und Moderne: die Kleidung der „Frau gestern und morgen" 649
3. Die ‚neue Mode' oder das Verschwinden der erotischen Oberfläche 650
4. Polychronie der Geschlechtermode 652
5. Mode als Eigenschaftskredit ohne Selbst 653
6. Literatur 655

1. Einleitung

Der Biograf Karl Corino weist auf die nicht nur sportliche, sondern auch stets gepflegte und sorgfältig gekleidete Erscheinung Robert Musils – auch unter pekuniär schwierigen Bedingungen – hin: „Er hatte den von Oscar Wilde reklamierten ganz einfachen Geschmack – das Beste war ihm gerade gut genug" (Corino 1991, S. 425). Auf Fotos sehen wir Musil – wenn nicht in Kadetten- (vgl. Corino 1988, S. 59 u. 65), später dann in Militäruniform (vgl. ebd., S. 91, 222 u. 253) – in schwarzem Smoking mit schwarzer (vgl. ebd., S. 81), weißer (vgl. ebd., S. 308) oder hell gepunkteter Fliege (vgl. ebd., S. 456), zunächst mit, dann ohne Schnurrbart, meist aber in grauem, anthrazitfarbenem oder schwarzem Anzug mit weißem Stehkragen (vgl. ebd., S. 81 u. 109), dem sogenannten ‚Vatermörder', oder Spitzkragen (vgl. ebd., S. 143; in abgerundeter Variante vgl. S. 215) und einfarbiger, etwas hellerer, im Allgemeinen aber gleichfalls meist dunkler Krawatte, teils mit Weste (vgl. ebd., S. 352f., 405, 453 u. 456), mal mit (vgl. ebd., S. 353, 403 u. 413), mal ohne Einstecktuch (vgl. ebd., S. 349). Darüber trägt Musil Schal und Mantel (vgl. ebd., S. 269 u. 326), auch hier, soweit dies die Schwarz-Weiß-Aufnahmen erkennen lassen, in den Farben grau bis schwarz changierend. Musils Körperbau wirkt gegenüber den zeitgenössischen Abbildungen eines Franz Kafka, Georg Lukács oder Franz Blei eher gedrungen – zumindest was seine Anzüge sehen lassen (es gibt keine Fotografien vom crawlenden, skifahrenden oder Tennis spielenden Musil; jedoch solche in Wanderoutfit mit Knickerbockern, vgl. ebd., S. 417 u. 473). Auf den Fotografien ab Mitte der 1930er Jahre ist Musil mit Hut zu sehen (vgl. ebd., S. 424f., 429, 445 u. 467). Spätestens im Alter von 60 Jahren scheint er einen Stock zu tragen (vgl. ebd., S. 473).

2. Mode und Moderne: die Kleidung der „Frau gestern und morgen"

An den Wechseln der Kleidermode, ihrem variablen Nach- und Nebeneinander nicht nur in räumlich-kultureller, sondern auch in (tages)zeitlicher, saisonaler, funktionaler, soziokultureller wie geschlechtsspezifischer Hinsicht, lässt sich die Polychronie der Moderne ablesen (vgl. Nübel 2010). Denn während bei der Revue der ‚Mode-Fotos' Musils zwischen 1892 und 1942 nur beschränkte Schnitt- und Farbvariationen des männlichen Kostüms sichtbar werden, zeichnet sich die zeitgenössische Damenmode durch einen erheblich rascheren Wechsel aus (vgl. Bovenschen 1986, S. 19f.; Vinken 2013, S. 12f.), welche von der S-förmigen *Sans-Ventre*-Mode und dem Cul de Paris über das Reformkleid (vgl. Fanelli 1999, S. 148) und den Glockenrock bis hin zur Flapper-Mode mit Bubikopf, Cloche-Hut und Spangenschuh reicht.

In den Texten Musils spielt Mode eine wichtige Rolle: 1) auf der Ebene der Darstellung als Inszenierung der Figuren, 2) auf der Ebene der Reflexionen der Ulrich-Figur und der Erzählinstanz in *Der Mann ohne Eigenschaften* (MoE), 3) als Medium der Beobachtung, Kommentierung und Wertung in den essayistischen Passagen des Romans sowie 4) in den zahlreichen Essays, welche das Thema Mode behandeln. Diese können als (fragmentarische) Kulturtheorie der Moderne sowie als Geschlechtergeschichte der Mode und Kulturkritik gelesen werden. (→ III.2.1 *Essays*) In der Tradition Charles Baudelaires (*Le peintre de la vie moderne*, 1863), Thorstein Veblens (*Theorie der feinen Leute*, 1899), Georg Simmels (*Die Mode*, 1905) und Eduard Fuchs' (*Ich bin der Herr dein Gott!*, 1906) sind Musils literarische Inszenierungen und essayistische Reflexionen Teil einer Diskursivierung von Mode und damit auch eines kulturellen Selbstbeschreibungsprogramms, in dem der Prozess der Modernisierung resp. der Beschleunigung des modernen Lebens kritisch reflektiert wird. Ist die Geschichte der Mode eine Geschichte der Kultur wie des Geschlechterverhältnisses, welches Ende des 18. Jahrhunderts, als die Mode ‚weiblich' wird (vgl. Lehnert 1998), ‚kippt', so ist Modekritik zugleich eine Form der Kultur- bzw. Gesellschaftskritik. Bereits Baudelaire hatte nicht nur den Zusammenhang zwischen Mode und Modernität herausgestellt, sondern auch jenen zwischen Mode/rnität und ‚Weiblichkeit'. Der modisch gekleidete weibliche Körper wird zur Bühne modernitätstheoretischer Performanz wie zu deren Gegenbild, wenn es darum geht, am weiblichen Körper das Andere der Reflexion und die Möglichkeiten der Mode/rne zu entfalten. (→ II.1 *Moderne*)

Dabei hebt die Gleichsetzung von Mode und Frau die Identifizierung von Natur und Weiblichkeit auf. Baudelaires Essay *Le peintre de la vie moderne* (1863) entwickelt anlässlich einer „Serie von Modekupfern" eine „Theorie des Schönen" (Baudelaire 1994, S. 291f.). In der Schminke wie in der Frau verbindet sich das ‚Künstliche' mit dem ‚Übernatürlich-Transzendenten'. Der geschminkte und modisch gekleidete weibliche Körper wird im Begehren des männlichen Blicks gespiegelt, objektiviert durch die Modekupfer Constantin Guys'. Zugleich ist der Wandel der Kostüme im Medium der Modekupferstiche der Text der Geschichte, in dem der Betrachter blättert, um die Vergangenheit zur Gegenwart werden zu lassen (vgl. ebd., S. 291).

Robert Musil nimmt diese narrative Struktur der Mode auf, die das Vergangene im Gleichzeitigen vergegenwärtigt (vgl. Nübel 2010). Im *MoE* und in den Essays verbinden die literarisch dargestellten und reflektierten Formen der Mode ein ‚Damals' mit einem ‚Jetzt': Das ‚Damals' repräsentieren auf der Ebene der *histoire* die Kleidermoden der erzählten Zeit von 1913/14, also unmittelbar vor dem Ersten Weltkrieg: Es handelt sich um eine ‚vestimentäre' (vgl. Barthes 1985) Zäsur, die Musil „etwa bei 1870" (*Mode*, GW II, 805; vgl. Fanelli 1999, S. 148), also noch vor dem Beginn der literarischen Moderne im engeren Sinn (ca. 1880–1930), ansetzt und von der vormodernen Mode der Biedermeierzeit abgrenzt. (→ III.2.1 *Essays*) Das ‚Jetzt' der Mode, welches auf der Ebene des *discours* die Mode der erzählten Zeit ironisch relativiert, ist das der Erzählzeit (die 1920er und beginnenden 1930er Jahre), mithin die Mode der Neuen Frau in der Weimarer und in der österreichischen Ersten Republik (vgl. *Die Frau gestern und morgen*, 1929):

> [N]eunzehnhundertzwanzig Jahre christlicher Moral, Millionen Toter eines erschütternden Kriegs und ein deutscher Wald von Poesien, der über dem weiblichen Schamgefühl gerauscht hatte, [haben] es auch nicht um eine Stunde zu verzögern vermocht[ ], als eines Tags die Frauenröcke und -haare kürzer zu werden begannen und die Mädchen Europas aus tausendjährigen Verboten sich für eine Weile nackt herausschälten wie die Bananen. (MoE, 408)

Der Erzähler bezieht sich hier offensichtlich auf Josephine Bakers *Banana*-Song, der 1925 im Nelson Theater am Kurfürstendamm 217 zur Aufführung kam (es ist übrigens dasselbe Haus, in dem Musil von 1931 bis 1933 den *MoE* schrieb). Die Metapher des Schälens einer essbaren Frucht korrespondiert mit der modischen ‚Verpackung' der Frau, welche vom männlichen Blick und Körper durchdrungen wird.

3. Die ‚neue Mode' oder das Verschwinden der erotischen Oberfläche

Im Kapitel I/67 des *MoE*, „Diotima und Ulrich", korrespondieren die „Abschweifungen" des Erzählers mit der ausführlichen Beschreibung der Hermine Tuzzi umgebenden Stofffülle, die für ‚demonstrativen Konsum' (Thorstein Veblen) wie für demonstrative außereheliche Keuschheit steht:

> Damals trugen die Frauen Kleider, die vom Hals bis zu den Knöcheln geschlossen waren, und den Männern, obgleich sie noch heute ähnliche Kleider tragen wie damals, waren sie zu jener Zeit angemessener, denn sie stellten noch in lebendigem Zusammenhang die tadellose Geschlossenheit und strenge Zurückhaltung nach außen dar, die als Zeichen des Mannes von Welt galt. (MoE, 279)

Nacktheit aber, zumal die auf der Bühne öffentlich ausgestellte, würde „damals als ein Rückfall ins Tierische erschienen sein, nicht wegen der Nacktheit", so die ironische Pointe, „sondern wegen des Verzichtes auf das zivilisierte Liebesmittel der Bekleidung." (MoE, 279) Im Anschluss an diese Überlegungen entwickelt Musil das ‚Theorem der erotischen Oberfläche' (vgl. KA, M VII/3/35; zur „Kleidung der Frau" als „erotisches Problem" vgl. Fuchs 1986, S. 156 u. 162f.), das in Korrespondenz bzw. Interferenz mit dem der menschlichen Gestaltlosigkeit steht. (→ VII.3 *Gestaltlosigkeit*) Die Menschen, so erfahren wir,

> hatten damals noch viele Häute. Mit dem großen Kleid, seinen Rüschen, Puffen, Glocken, Glockenfällen, Spitzen und Raffungen hatten sie sich eine Oberfläche geschaffen, die fünf-

mal so groß war wie die ursprüngliche und einen faltenreichen, schwer zugänglichen, mit erotischer Spannung geladenen Kelch bildete, der in seinem Inneren das schmale weiße Tier verbarg, das sich suchen ließ und fürchterlich begehrenswert machte. (MoE, 279)

Bereits im Essay *Die Frau gestern und morgen* (1929) wird „[d]as Kleid der veralteten Frau" (GW II, 1194) als „eine ungeheuerliche künstliche Vergrößerung der erotischen Oberfläche" gekennzeichnet (GW II, 1193f.; vgl. Blei 1928, S. 320, der ausführlich aus Musils Essay *Erinnerung an eine Mode* von 1912, welcher wiederum Blei gewidmet ist, zitiert; vgl. Blei 1930, S. 355f.). Dieses Kleid hatte, so Musil, „die Aufgabe, den eindringlichen Wunsch des Mannes aufzufangen und zu verteilen; es verteilte den so einfachen Strahl dieses Wunsches auf eine große Oberfläche (und moralisch auf hunderte Schwierigkeiten)" (GW II, 1194). Die Kleidung der Frau sei weder ästhetisch noch funktional zu begründen bzw. zu rechtfertigen, ihre Funktion sei es vielmehr, durch stoffreiche Verhüllung das männliche Begehren zu steigern, wie der Erzähler des *MoE* angesichts der Kleidermode der ‚neuen' Frau scheinbar bedauernd anmerkt: „Gegenwärtig, wo die Erscheinung der Frau an die eines gut abgesengten Huhns erinnert, das nicht viel Umstände bereitet, fällt es schwer, sich ihre frühere Erscheinung in allem Reiz des lange hinausgeschobenen Appetits vorzustellen, der inzwischen der Lächerlichkeit verfallen ist" (MoE, 938). Ulrich, der für „dieses Kunstspiel der Liebe" (MoE, 284), das Changieren zwischen (nacktem) Körper und Kleidung (vgl. Vinken 2013), „nicht unempfänglich" ist, wird im *MoE* als Kleiderfetischist charakterisiert (vgl. „Das überfeinerte Übertragen des Begehrens vom Leib auf die Kleidung, von der Umarmung auf die Widerstände oder mit einem Wort vom Ziel auf den Weg kam seiner Natur entgegen", MoE, 284). Eine Beschreibung des nackten Körpers des Mannes ohne Eigenschaften bleibt (abgesehen von der missglückten Beischlafszene mit Gerda, vgl. MoE, 622) elliptisch ausgespart. Wir erfahren lediglich, dass er seinen Körper „mit athletischen Übungen pflegte" (MoE, 285), kaum jedoch etwas über die Kleidung, die diesen durchtrainierten Körper verhüllt (Anzug, Schuhe, Mantel, Hut, Schirm). Ulrich, bartlos („die Zeit, wo […] seine Lippen noch einen Schnurrbart trugen, lag […] weit zurück", MoE, 24), d.h. „glatt rasiert, groß, durchgebildet und biegsam muskulös" (MoE, 93), ist „in seinem zweiunddreißigsten Lebensjahr" (MoE, 19) offenbar aus „dem Alter" heraus, „wo man noch alle Schneider- und Barbierangelegenheiten wichtig nimmt und gerne in den Spiegel blickt" (MoE, 31). Zu Beginn des Romans schaut er aus dem Fenster, bevor er „sein angrenzendes Ankleidezimmer durchschreitend, […] einem Boxball […] einen so schnellen und heftigen Schlag [gab], wie es in Stimmungen der Ergebenheit oder Zuständen der Schwäche nicht gerade üblich ist." (MoE, 13) Wir sehen: Dieser Mann, dessen Ankleidezimmer mit einem Sportgerät ausgestattet ist, scheint eher sportlich als modisch interessiert. (→ V.10 *Sport*) Hatte bereits Simmel in seinem Essay *Die Mode* (1905) „die Gleichgültigkeit gegen die Moden" bzw. „das Abweisen der Veränderungen auf äußeren Gebieten" als „spezifisch männlich" (Simmel 1996a, S. 204f.) gekennzeichnet, so macht erst seine Gleichgültigkeit gegenüber der Mode Ulrich zum ‚männlichen' Mann. Denn als er noch k(l)einer war, „sehnte" er sich danach, „ein Mädchen zu sein" (MoE, 690), und als er ganz klein war, trug er vermutlich – wie viele Jungen seiner Zeit – Mädchenkleider (vgl. hierzu auch das Bild des vierjährigen Musil in Corino 1988, S. 26). Nachdem Ulrich seiner ‚vergessenen' (‚Zwillings'-)Schwester als verlorenem Teil seiner selbst im spiegelbildlich-androgynen Pierrot-Pyjama wiederbegegnet war (vgl. MoE, 675), steht Ulrich im Dritten Teil des Zweiten Buches schließlich in seiner Funktion als „Knappe" bzw. „Kammerzofe" gemeinsam mit Agathe (sie hat sein schlossähnliches männliches Gehäuse mittlerweile zu einem einzigen „Ankleideraum" umfunktioniert – Ulrichs „Turngeräte dienten als Ständer und Galgen", MoE, 937) „vor dem Spiegel": Und der „sich mit Recht für einen männlich empfindenden Mann" Haltende sieht „das so oft Begehrte", das „klug verhangene[ ] Liebestheater" auf „beinahe unheimliche[e]" Weise nun auf einmal perspektivisch von der anderen, weiblichen „Innenseite" (MoE, 938). In einer Nachlassnotiz heißt es:

> Gerade sehr stark zum anderen Geschlecht hingezogene Menschen spüren den Reiz einmal wie der Andere zu empfinden. [...] Man kann aus diesem Grunde Frauenkleider anlegen. (Es ist eine kontradiktorische Verwechslung dies Weibischkeit zu nennen, es kann eine Genußsteigerung gerade für den durchaus Männlich-Erotischen sein.) Oder man ordnet, kauft udgl. mit einer Frau ihre Wäsche. (KA, M VII/17/71)

In der Perspektivität der Mode wird deren performative, geschlechterkonstituierende Macht offengelegt.

4. Polychronie der Geschlechtermode

Der diachrone Wechsel der Kleidermode und deren synchrone Koexistenz lassen sich im *MoE* als Gleichzeitigkeit des Ungleichzeitigen bzw. als Polychronie der Moderne lesen. Das ‚Lächerliche der Mode' (vgl. Blei 1930, S. 347; Bovenschen 1986, S. 19) entsteht zum einen erzähltechnisch aus der Differenz zwischen ‚damals' und ‚heute', die den Modediskurs im Roman konstituiert, und wird zum anderen der Mode selbst als Eigenschaft zugeschrieben (vgl. *Kunstjubiläum*, GW II, 517f.). Das Lächerliche und Unangenehme der Mode, ihr ins Lachen gewendeter Schrecken, hört erst da auf, wo sie „unsere Vergangenheit" ist, „und nicht mehr das, was von uns vergangen ist." (GW II, 518) Im *MoE* gibt es Figuren, die aus der Zeit gefallen zu sein scheinen, wie Leona, die das „vertriebene Schönheitsideal einer früheren Zeit" ausdrückt und Ulrich „an alte Photographien oder an schöne Frauen in verschollenen Jahrgängen deutscher Familienblätter erinnert" (MoE, 22). Der von Leona verkörperte Frauentypus sei aus der allgemeinen „Renoviersucht des Daseins" (MoE, 132) gleichsam ‚herausgerissen' und ‚stehengeblieben' (vgl. MoE, 25). Als Ulrich „in alten Familienalben blätterte" (MoE, 454), wird angesichts der Fotografien von Tante Jane ein Kleidungsstil beschrieben, der „die männliche Frauenart um viele Jahrzehnte vorweggenommen hatte, die seither in Mode gekommen ist" (MoE, 455). Dagegen kleidet sich die zweite Geliebte Ulrichs, Bonadea, die nicht nur die Männer, sondern auch „Kleider und Äußerlichkeiten mit einer Art Zwang liebte" (MoE, 524), überaus modebewusst, wobei die soeben erst vergangene Mode dabei „weit hinter ihr wie für jeden andern Zeitgenossen die Zeit vor hundert Jahren, nämlich ganz und gar im Unvorstellbaren, Unmöglichen und Überholten" (MoE, 525), liegt:

> Wenn Bonadea sich in einem neuen Kleid im Spiegel betrachtete, so hätte sie sich niemals vorzustellen vermocht, daß eine Zeit kommen könne, wo man etwa, statt Schinkenärmeln, gekräuselten Stirnlöckchen und langen Glockenröcken, Knieröckchen und Knabenhaar tragen werde. [...] Sie hatte sich immer so gekleidet, wie man als vornehme Frau aussehen mußte, und empfand jedes Halbjahr vor der neuen Mode eine Ehrfurcht wie vor der Ewigkeit. (MoE, 524f.)

Bonadea lässt sich nicht nur in ehe- und hygienewissenschaftlicher, sondern auch in modischer Hinsicht von Diotima beraten und übernimmt deren griechischen Haarknoten (vgl. MoE, 524) und antikisierend-idealisierende Schminktechnik (vgl. MoE, 525 u. 878f.). Auch Diotimas Kleid, „das an den Oberarmen kleine Puffen bildete, über dem Magen den Busen in eine kunstvoll gefaltete Weite auflöste und unter der Kniekehle sich wieder an die Wade legte", entspricht, wie wir vom Erzähler erfahren, „der damaligen Mode" (MoE, 185). Ihr Kleid bildet eine Art stofflich-vestimentäres Bollwerk gegen den Ansturm innerer Leidenschaften und das sexualisierte Interieur. Innere und äußere Natur, die „Landschaft der Liebe" (MoE, 104; vgl. *Triëdere*, GW II, 520, sowie *Die Vollendung der Liebe*, GW II, 171), werden zudem durch Arnheims „senkrechte[ ] Bügelfalte" (MoE, 185) im Raum der Zivilisation verankert. Auch der Träger dieser steifen Bügelfalte, Arnheim, wird mit seiner fotografischen Vergangenheit konfrontiert; die Differenzierung zwischen künstlerisch-ambitionierter Freizeit- und offizieller Berufskleidung verweist darüber hinaus auf die Janusköpfigkeit dieser Figur als dichtender ‚Großschriftsteller' und preußischer Industrieller. (→ III.1.7 *Mann ohne Eigenschaften*) Um 1887

> zeigten seine eigenen Photographien einen modernen, „neuen" Menschen, wie man das zu jener Zeit nannte, das heißt, er trug auf ihnen eine hochgeschlossene schwarze Atlasweste und eine breite Kragenbinde aus schwerer Seide, die an die Mode der Biedermeierzeit anknüpfte, der Absicht nach aber an Baudelaire erinnern sollte, was durch eine Orchidee unterstützt wurde, die als neue Erfindung zauberhaft bösartig in einem Knopfloch stak,

während die Bilder „[a]n Werktagen [...] gerne einen Zollstab als Schmuck [zeigten], der aus einem weichen englischen Strapazanzug guckte, zu dem recht komisch, aber die Bedeutung des Kopfes erhöhend, ein viel zu hoher steifer Stehkragen getragen wurde." (MoE, 385) Am Beispiel von Tante Janes leidenschaftlich trinkendem Ehemann, der als Fotograf mit „stolzem Haar" (MoE, 456) und „offene[m] Halskragen" (MoE, 458) einen Genietypus (‚Künstlerdarsteller') vergangener Zeiten darzustellen versucht, entwirft Musil in der Parallelisierung von Mode und Fotografie eine Mode- und Mediengeschichte der Moderne, wobei die beiden Zäsuren der Mode- und Technikentwicklung um 1870 konvergieren (vgl. MoE, 457). (→ VI.3.1 *Fotografie*)

5. Mode als Eigenschaftskredit ohne Selbst

In *Philosophie des Geldes* (1900) hatte Georg Simmel am Wechsel der Mode das Grundproblem der Moderne, die ‚Tragödie der Kultur' exemplifiziert. Auch bei Musil macht das Kleid den Menschen (vgl. „Kleider machen Leute, und solche Leute machen dann wieder solche Kleider, auch kommt ebenso oft die Reihenfolge umgekehrt", *Der deutsche Mensch als Symptom*, 1923, GW II, 1373). Der Wechsel der Mode ersetzt das Identitätsgefühl des modernen Individuums: „,Man ist' wechselt, wie es scheint, ebenso schnell wie ,Man trägt' und hat mit ihm gemeinsam, daß niemand, wahrscheinlich nicht einmal die an der Mode beteiligten Geschäftsleute, das eigentliche Geheimnis dieses ,Man' kennt." (MoE, 453)

Nach Simmel hat sich das Verhältnis von subjektiver und objektiver Kultur in eine „Tragödie der Kultur" (Simmel 1996b) verkehrt: Im ‚Kollektivsingular' (Reinhart Koselleck) trete die Mode, die dem Individuum „als eine selbständige Bewegung [...], als eine objektive, durch eigene Kräfte entwickelte Macht" erscheine (Simmel 1989,

S. 640), dem Individuum als „die objektiv gewordene Kultur" (ebd., S. 628) entgegen: „Der Wechsel der Mode unterbricht jenen inneren Aneignungs- und Einwurzelungsprozeß zwischen Subjekt und Objekt" (ebd., S. 639). Das Ding, der zur menschlichen Kleidung zugeschnittene Stoff, wird zum ‚Herrn' über das Subjekt, das weder „Herr im eigenen Hause" (ebd., S. 649) noch Herr seiner Kleidung ist, wenn nicht nur Kleider Leute machen, sondern die industrielle Produktions- und Sozialform Mode qua Uniformität Individualität herstellt. In Simmels formaler Analyse ist weniger der fortwährende „Wechsel der Inhalte" (Simmel 1996a, S. 188) der Mode entscheidend, als vielmehr die Frage nach der Form der Mode bzw. nach ihrer Funktion für den gesellschaftlichen Prozess. Gerade in ihrer Nicht-Zweckmäßigkeit, im Zufälligen und scheinbar Dysfunktionalen der Mode, in ihrer „Abstraktheit" (ebd., S. 190) und „vollkommenen Unsachlichkeit", in ihrer „Entfernung von den inhaltlichen Bedeutungen der Dinge", entdeckt Simmel einen spezifisch „ästhetische[n] Reiz[ ]" (ebd., S. 191), „ein gewisses *ästhetisches* Cachet" (ebd., S. 190). Musil folgt diesen formalsoziologischen Abstraktionen, indem er mit dem Blick des Ethnologen an der Geometrisierung der Mode den Aspekt moderner Geld- und Kreditwirtschaft entwickelt: „Kleider, aus dem Fluidum der Gegenwart herausgehoben und in ihrem ungeheuerlichen Dasein auf einer menschlichen Gestalt als Form an sich betrachtet, sind seltsame Röhren und Wucherungen, würdig der Gesellschaft eines Nasenpfeils und durch die Lippen gezogenen Rings" (MoE, 526).

„[H]inreißend" werden die Kleider erst, „wenn man sie samt den *Eigenschaften* sieht, die sie ihrem Besitzer leihen!" (MoE, 526; Hervorhebung B. N.) Dass Kleider Leute machen, wird hier wörtlich genommen in dem Sinn, dass die Kleidungsstücke den Menschen Eigenschaften verleihen, die diese ‚an sich' gar nicht haben. Die Kleider machen dabei „das Unsichtbare, ja sogar das gar nicht Vorhandene sichtbar" (MoE, 526). Kleidung wird zur modischen Immanenz, in der das Unsichtbare und Nichtvorhandene, das an den Dingen sichtbar wird, auf keine göttliche Transzendenz mehr verweist, es sei denn als Leerstelle. Wie bereits in *Triëdere* (1936; zuerst 1926) wird das Verhältnis zwischen Mensch und Ding als Kreditverhältnis bestimmt:

> Zwischen unseren Kleidern und uns […] besteht ein verwickeltes moralisches Kreditverhältnis, worin wir ihnen erst alles leihen, was sie bedeuten, und es uns dann mit Zinseszins wieder von ihnen ausborgen; darum nähern wir uns auch augenblicklich dem Bankerott, wenn wir ihnen den Kredit kündigen. (GW II, 521; vgl. GW II, 580)

Gründet Simmel den Kredit in der modernen Geldwirtschaft noch auf das Vertrauen, so hat Gott in Musils Roman längst „Kakanien den Kredit entzog[en]" (MoE, 529; vgl. Nübel 2010, S. 178f.). (→ V.3 *Kakanien*) Die Mode aber verleiht den identitäts- und gestaltlosen modernen Menschen Eigenschaften und somit eine quasi-metaphysische Geborgenheit angesichts der ‚transzendentalen Obdachlosigkeit' (Georg Lukács), so dass diese (der Erzähler spricht hier in der 1. Person Plural) „imstande [sind], zwischen einem offenen Himmelsabgrund über unserem Kopf und einem leicht zugedeckten Himmelsabgrund unter den Füßen, uns auf der Erde so ungestört zu fühlen wie in einem geschlossenen Zimmer." (MoE, 526f.) Die moderne Mode wird zur Eigenschaft ohne Mensch. Als ‚Eigenschaftskredit' schlägt die gesellschaftliche Form der Mode zugleich gegen diesen zurück. Denn die Mode und ihre Beschleunigung steht auch für die Tragödie der modernen (‚kakanischen') Kultur.

Robert Musil hat mit seinem großen fragmentarischen Roman nicht nur eine Enzyklopädie der modernen Kultur vorgelegt, sondern – auf der Figuren- und Diskursebene – auch eine Sozio- und Psychogenese der Figuration ‚Mode' (vgl. Nübel/Fleig 2011). Konstitutiv ist hierbei zum einen der explizit ‚männliche' Blick Ulrichs und der Erzählinstanz, zum anderen der mediale Charakter der Mode (Fotoalben, Familienblätter, Modejournale und illustrierte Zeitschriften). Mode wird zur Metapher und zum Medium der Modernisierung wie zur kritischen Reflexion des Modernisierungsprozesses. Dieser Aspekt ist in Bezug auf Musils Roman und seine Essays bislang kaum erforscht. (→ III.2.1 *Essays*) Untersuchungen zur Mode bei Musil haben – bezogen auf *Die Frau gestern und morgen* – Emanuela Veronica Fanelli (1999), zum Verhältnis von Mode und Sport Anne Fleig (2008) sowie zum Kontext von Mode und Moderne (Baudelaire, Simmel, Musil) Birgit Nübel (2010) vorgelegt.

6. Literatur

Barthes, Roland: Die Sprache der Mode. [frz. 1967] Frankfurt a. M.: Suhrkamp 1985.
Baudelaire, Charles: Der Maler des modernen Lebens. [frz. 1863] In: ders.: Der Künstler und das moderne Leben. Essays, „Salons", intime Tagebücher. Hg. v. Henry Schumann. 2. Aufl. Leipzig: Reclam 1994, S. 290–320.
Blei, Franz: Lehrbuch der Liebe und Ehe. Hellerau: Avalun 1928.
Blei, Franz: Mode und Schönheitsideale. In: ders.: Formen der Liebe. Berlin, Wien: Trianon 1930, S. 346–357.
Bovenschen, Silvia: Über die Listen der Mode. In: dies. (Hg.): Die Listen der Mode. Frankfurt a. M.: Suhrkamp 1986, S. 10–30.
Corino, Karl: Robert Musil. Leben und Werk in Bildern und Texten. Reinbek b. Hamburg: Rowohlt 1988.
Corino, Karl: Robert Musil. In: ders. (Hg.): Genie und Geld. Vom Auskommen deutscher Schriftsteller. Reinbek b. Hamburg: Rowohlt 1991, S. 424–447.
Fanelli, Emanuela Veronica: *Die Frau gestern und morgen*. Anamnese und Diagnose eines aktuellen Phänomens. In: Marie-Louise Roth (Hg.): Neue Ansätze zur Robert-Musil-Forschung. Bern u. a.: Lang 1999, S. 137–194.
Fleig, Anne: Sport und Mode. In: dies.: Körperkultur und Moderne. Robert Musils Ästhetik des Sports. Berlin, New York: de Gruyter 2008, S. 151–158.
Fuchs, Eduard: Ich bin der Herr dein Gott! [1906] In: Silvia Bovenschen (Hg.): Die Listen der Mode. Frankfurt a. M.: Suhrkamp 1986, S. 156–178.
Lehnert, Gertrud: Mode, Weiblichkeit und Modernität. In: dies. (Hg.): Mode, Weiblichkeit und Modernität. Dortmund: Ed. Ebersbach 1998, S. 7–19.
Nübel, Birgit: Die vergänglichen Kleiderschichten oder Mode als „Dauerzustand" der Moderne. In: Sabine Schneider, Heinz Brüggemann (Hg.): Gleichzeitigkeit des Ungleichzeitigen. Formen und Funktionen von Pluralität in der ästhetischen Moderne. München: Fink 2010, S. 161–185.
Nübel, Birgit/Fleig, Anne (Hg.): Mode und Literatur. In: Der Deutschunterricht 65 (2008), H. 4.
Nübel, Birgit/Fleig, Anne: Figurationen der Moderne – Mode, Sport, Pornographie. Einleitung. In: dies. (Hg.): Figurationen der Moderne. Mode, Sport, Pornographie. München: Fink 2011, S. 7–18.
Simmel, Georg: Gesamtausgabe. Bd. 6: Philosophie des Geldes. [1900] Hg. v. David P. Frisby u. Klaus Christian Köhnke. Frankfurt a. M.: Suhrkamp 1989.
Simmel, Georg: Die Mode. [1905] In: ders.: Gesamtausgabe. Bd. 14: Hauptprobleme der Philosophie. Philosophische Kultur. Hg. v. Rüdiger Kramme u. Otthein Rammstedt. Frankfurt a. M.: Suhrkamp 1996, S. 186–218. (Simmel 1996a)

Simmel, Georg: Der Begriff und die Tragödie der Kultur. [1911] In: ders.: Gesamtausgabe. Bd. 14: Hauptprobleme der Philosophie. Philosophische Kultur. Hg. v. Rüdiger Kramme u. Otthein Rammstedt. Frankfurt a.M.: Suhrkamp 1996, S. 417–459. (Simmel 1996b)

Veblen, Thorstein: Theorie der feinen Leute. Eine ökonomische Untersuchung der Institutionen. [1899] 2. Aufl. Frankfurt a.M.: Fischer 2011.

Vinken, Barbara: Angezogen. Das Geheimnis der Mode. Stuttgart: Klett-Cotta 2013.

VI. Systematische Aspekte: Literatur, Kunst und Neue Medien

1. Literatur

1.1 Drama, Theater
Monika Meister

1. Theaterkritik als Kulturkritik 657
2. Dichtertheater und Ideendrama 658
3. Schauspielkunst und Dichtertheater 659
4. Kunstwirkung und ‚anderer Zustand' 660
5. Forschungsstand 661
6. Literatur 662

1. Theaterkritik als Kulturkritik

Musils intensive Auseinandersetzung mit der dramatischen Form und dem Theater sowie seine kritischen Interventionen in den zeitgenössischen Theaterbetrieb umspannen vor allem die Zeit nach dem Ende der Monarchie 1918 bis etwa Ende der 1920er Jahre, wenn auch seine Entwürfe zum Schauspiel *Die Schwärmer* (1921) weiter zurückreichen. Er nimmt darin den Unterhaltungsbetrieb des Theaters und jene in Konventionen erstarrten, überkommenen dramaturgischen Versatzstücke, die sowohl die zeitgenössische Dramenproduktion wie die Aufführungspraxis bestimmen, scharf in den analytischen, auch soziologischen Blick und unterzieht sie einer grundlegenden Kritik. (→ III.2.4 *Literatur- u. Theaterkritik*) Ausgehend von einem das Kunstwerk definierenden Zusammenhang von Ethik und Ästhetik denkt Musil den Dramentext die Darstellung durch den Schauspieler und die Inszenierung als autonome, nur den ‚Gesetzen der Künste' folgende poetische Gebilde. Die Ursachen des ‚Untergangs des Theaters' sind nicht in der Konkurrenz mit dem Kino zu sehen, sondern in der heillosen Verquickung des Theaters mit den kapitalistischen Marktgesetzen. (→ VI.3.2 *Kino*) Musil lehnt die Kommerzialisierung des Theaters, das Theater als Geschäftsbetrieb mit seinen oberflächlichen Wirkungen und den daraus resultierenden ‚Bühnengesetzen' kategorisch ab. In den Essays und Kritiken zum Theater kommt den Symptomen der Krise zentrale Bedeutung zu. Mittels induktiver und deduktiver Methodik sucht der Autor nach den gesellschaftlichen Beweggründen für den beklagenswerten Zustand des zeitgenössischen Theaters – von wenigen Ausnahmen wie etwa den Aufführungen des Moskauer Künstlertheaters abgesehen, die für ihn das apostrophierte Ideal einer vollkommenen Theaterkunst verkörpern.

Das bürgerliche Illusionstheater, wie es sich in der Aufklärung als Bildungs- und Kunstinstitution im Nationalstaat etabliert hatte, befindet sich im ersten Drittel des 20. Jahrhunderts in einer tiefen Krise, die mit grundlegenden geschichtlichen Umbrüchen zusammenhängt. Als Diagnostiker der Kultur(industrie) analysiert Musil im

Kontext des Wertevakuums der Zeit den Verlust gültiger, die Gesellschaft bestimmender ethischer Normen und den Mangel an gegenseitiger ästhetischer Durchdringung von Form und Inhalt. Dies treffe in hohem Maße auf das zeitgenössische Drama zu, dem Musil sein Konzept eines ‚Ideendramas' entgegensetzt: Theater und Drama werden als experimentelle Anordnungen gedacht, in welchen das Denken und die sinnliche Wahrnehmung (*aisthesis*), die komplizierten Verwicklungen seelischer und geistiger Zustände sprachlich und szenisch in den Figuren präsent werden und in denen die Ambivalenz von Verbergen und Offenlegen, von Zeigen und Verstellen das auch ironische Spiel bestimmt.

Die damalige Verfasstheit der öffentlichen Institution Theater und Musils spezifische Utopie eines anderen Theaters befinden sich in scharfem Widerspruch. Sein Theaterkonzept postuliert ein autonomes Dichtertheater, das sich einzig den poetischen Gesetzen verpflichtet weiß. Musil fordert eine Schauspielkunst, deren schöpferisches Potenzial in mentalen und körperlichen Techniken adäquat zum Ausdruck kommt, eine Kunst der Inszenierung, die Sprache und Körperausdruck als musikalisch-rhythmische Komposition in Raum und Zeit begreift.

2. Dichtertheater und Ideendrama

„Es gibt nur eine Bedingung für das Dramatische: Kunst zu sein. Das ist das Schwere." (GW II, 1489) Musil opponiert vehement gegen die sogenannte Bühnenwirksamkeit, dagegen, dass der Dichter sich den Gesetzen des Theaters unterordnet. Er fordert im Gegenteil, dass sich die Bühne nach der Dichtung richten solle. Gegen eine banale, den kausalen Motivketten verpflichtete Dramaturgie der „Amüsier- und Kassenstück[e]" (GW II, 1119), die schablonenhafte Muster der Rede, der Mimik und der Gesten abspult und wiederholt, setzt Musil ein die Oberfläche der Handlungsstruktur und Motivation durchdringendes vielschichtiges Gewebe von sprachlichen Texturen und sinnlich-körperlichen Zeichensystemen. In Opposition zu dem von Musil geforderten Ideendrama stehen die sogenannten „Einfälle der Autoren", die nichts anderes zeigten als die „branchekundige Fingerfertigkeit [...], die heute unsere Bühne beherrscht" (GW II, 1633); eine Bühne, die „gewöhnlich ein Auslagenarrangement" (ebd.) darstelle und nichts erzähle von der inneren Durchdringung einer Idee oder eines Gedankens. Es gehe um ein in allen Verästelungen szenisch präsentes „geistiges Leben[ ]" (GW II, 1104). Die Aufgabe des Dichters sei es, „den inneren Menschen [zu] *erfinden*", „immer neue Lösungen, Zusammenhänge, Konstellationen, Variable zu entdecken" (GW II, 1029). ‚Erfinden' bedeutet, Zugänge zu den Formationen des Verdrängten, Verschütteten, des ‚Noch-Nicht' zu öffnen. Musils Dichtertheater ist definiert durch ein antimimetisches und antinaturalistisches Potenzial, denn es geht ihm nicht darum, das Leben nachzuahmen, nicht um ein „gesellschaftliches Vergnügen", sondern um „Sinngebung, Ausdeutung des Lebens, Menschendienst" (GW II, 1528).

In seinen Theaterstücken analysiert Musil die längst obsolet gewordenen Theaterkonventionen; zugleich stellt seine eigene dramatische Produktion jene ironisch zur Schau. Der berühmt-berüchtigte Theatertod, der immer ein gespielter ist, wird beispielsweise im Schauspiel *Die Schwärmer* so in Szene gesetzt, dass das Typische und Überkommene des ‚Als-ob-Todes' deutlich wird. Der dargestellte Tod fungiert gleichsam als Kommentar zum gespielten Tod: Wenn Anselm, die komplizierte, zwischen

Wahrheit und Lüge sich bewegende Schwindlerfigur, am Ende des 2. Aufzugs seinen Selbstmord auf offener Bühne simuliert, kann dieser ins Komische kippende Vorgang als Kommentar zum letalen Ausgang klassischer Tragödien- und Trauerspieldramaturgie interpretiert werden. Gleichzeitig etabliert sich in der Rede der Figuren Thomas und Regine eine grundlegende Reflexion über Wahrheit und Lüge im Sinne Nietzsches: „Er hat einen falschen Selbstmord versucht. [...] Es gibt Menschen, die wahr sind hinter Lügen und unaufrichtig vor der Wahrheit" (GW II, 379). In Musils Posse *Vinzenz und die Freundin bedeutender Männer* (1924) verweist bereits die Genrebezeichnung auf die ironische Differenz von Wirklichkeit und Möglichkeit, die Figuren und Handlungsstruktur dieser Hochstaplerkomödie kennzeichnet. (→ III.1.5 *Vinzenz*) In den *Schwärmern* bestimmt der dialogische Diskurs, der die klassische Dramenform konstituiert, den Gang der Handlung, in der sonst wenig geschieht; zugleich führt die Rede der Figuren das theatrale Konzept der dialogischen Auseinandersetzung gleichsam vor. (→ III.1.4 *Die Schwärmer*)

Dem Dialogischen in Musils dramatischer Rede sind die Geschichtlichkeit und deren Brechung immanent; dies ist als Kritik an traditionellen dramatischen Strukturen zu interpretieren. Oftmals als bloße Konversationsstücke missverstanden, über- oder unterschreiten Form- und Aussagestruktur des dramatischen Gefüges diese konventionelle Kategorisierung deutlich. Die poetische Struktur, die Raum- und Zeitanordnung, die sprachliche Figuration und deren Verkörperung verweisen auf seelisch-geistige Konstellationen, tendenziell auf einen leeren Raum, der mit der spezifischen Eigenschaftslosigkeit moderner Subjektivität zu tun hat.

3. Schauspielkunst und Dichtertheater

Das ‚Paradox des Schauspielers' (vgl. Diderot 1986), die Figuration des Als-ob, die Präsenz von Sein und Zeigen, von Einfühlung und Distanz faszinieren den Autor und sind auch für die Konzeption seiner Dramenfiguren konstitutiv. Das Wechselspiel von Wirklichkeitsdenken und Möglichkeitsdenken führt hier zu Figurenkonstellationen, in denen Schwindler, Scharlatane, Detektive, Hochstapler, Diener, Liebende und Träumende interagieren. Die Schauspielkunst gerät Musil in zahlreichen Kritiken und Essays zum Reflexionsgegenstand, wobei deren Wurzeln und Geschichte aus theoretischer Perspektive betrachtet werden. Musil erkennt in der Profession des Schauspielers ein poetisches Potenzial, das die ökonomischen Bedingungen des Theaterbetriebes oftmals verunmöglichen. Die Schauspielerinnen und Schauspieler seiner Zeit kritisiert Musil erbarmungslos: „Man spielt Kettenauffassungen und Effekttraditionen, nicht Leidenschaften, sondern Leidenschaften spielende Schauspieler, nicht Menschen, sondern Spiegelmenschen und im Ganzen irgendeinen träg kreisenden Zustand der Tradition." (GW II, 1107) Die Schauspielkunst beschreibt Musil als „leer", weil sie „Nachahmung von Nachahmungen, ungeistig, gerissen, kunstfeindlich" (GW II, 1500) sei. In einer Arbeitsheftnotiz hält Musil anknüpfend an Friedrich Nietzsches Diktum vom „Zeitalter des Schauspielers" (GW II, 1111) fest, dass „[d]as Charakteristische an der Hypertrophie des Schauspielers [...] die Momentanwirkung, das Nichtverarbeiten und Nichtverarbeitbare dieser Wirkung" (Tb I, 905) sei. Wie für das Dichtertheater konstitutiv, gilt auch für die Schauspielkunst die Notwendigkeit eines Ideensystems, das die vorgefertigten Ausdrucksschablonen verunmöglicht. Es geht für den Schauspieler um den poetischen Transformationsprozess, um die

Kreation einer den komplizierten Empfindungen entsprechenden Kunst-Wirklichkeit mit den Mitteln des schauspielerischen Materials. Architektur der Worte, Rhetorik der Gefühle, bewusst gesetzte Gesten und Gebärden sowie die planvolle, in Raum- und Zeitdimensionen komponierte Bewegung des Körpers bilden die Elemente des schöpferischen Vermögens, das sich als autonom und zugleich der Dichtung verpflichtet realisiert. Schauspielkunst und Dichtung sind eng verflochten, die eine ohne die andere nicht denkbar. Im *Nachwort zum Moskauer Künstlertheater* (1921) schreibt Musil mit Blick auf das Spiel der Truppe: „Eine Dichtung enthält einen solchen Reichtum von aufeinander bezogenen, durchaus nicht immer eindeutigen Gedanken und Gefühlen, daß sie immer mehr ist als ihre Interpretation" (GW II, 1528). Die Moskauer Truppe repräsentiert für Musil die Kunst, das „Unausdrückbare und die Unerschöpflichkeit" (GW II, 1528f.) der Dichtung zu umkreisen: „Die Figuren in einer Dichtung sind immer aufeinander bezogen, keine könnte, wenn sie aus dem Rahmen herausträte, eigentlich für sich aufrecht stehen (unser Startheater weiß nichts davon), jede ist ein Reflex von allen andren" (GW II, 1528). Dieses Ensemblespiel konstituiert ein Dichtertheater, das in seiner Entfaltung eines umfassenden Zaubers Musil als Ideal des Theaters gilt.

Hervorzuheben sind zudem Musils Ausführungen zu Groteske und Komik sowie zur Darstellungskunst des Komischen, in welchen er die anthropologischen Grundlagen der Schauspielkunst – wie das elementare Bedürfnis nach mimetischer Verwandlung – fokussiert. Mit seinen Beobachtungen trifft Musil einen virulenten Kern, der in den Komiktheorien des 20. Jahrhunderts zentral diskutiert wird: den der Mechanik der Bewegung und der Relation von Lebendigem und Totem, von Körper und Ding.

4. Kunstwirkung und ‚anderer Zustand'

Die Wirkung von Kunst stellt für Musil programmatisch ein nicht wiederholbares, „nicht fixierbares, individuelles, ja anarchisches Erlebnis" (GW II, 1151) dar. Das Flüchtige, ein „Ephemere[s]", das in aller Kunst am Werk sei, fasziniert ihn: „Nicht die bleibende Veränderung in uns, sondern das durch uns Hindurchgehende (und Verschwindende) ist das, was wir suchen und lieben." (KA, L 14, Selbstkommentare aus dem Nachlass, Die Krisis des Romans) Wie die *Schwärmer* als Versuchsanordnung des Möglichkeitsdenkens und des theatralen Diskurses eines ‚anderen Zustands' interpretiert werden können, so kann der Essay *Ansätze zu neuer Ästhetik. Bemerkungen über eine Dramaturgie des Films* (1925) als grundlegender Text zur Funktion der Kunstwirkung betrachtet werden. (→ III.2.1 *Essays*) Hier entwirft Musil im Kontext der Moderne ein Konzept kathartischer Wirkung, in welchem dem ‚anderen Zustand' zentrale Bedeutung zukommt. (→ VII.2 *Anderer Zustand*) Die grundlegende Bestimmung der Funktion der Künste, mithin auch des Dramas und Theaters, lässt sich einerseits auf die aristotelische Kategorie der Katharsis beziehen, wie diese für die antike Tragödie im 4. Jahrhundert v. Chr. in der *Poetik* festgehalten ist. Zugleich greift Musil aber mit den Rezeptionskategorien der Erschütterung und Betroffenheit die vielinterpretierten Begriffe *eleos* und *phobos* auf, die in der *Ästhetischen Theorie* Theodor W. Adornos (1973) erneut reflektiert werden. Für Musil ist das Theater definiert als ein Ort der psychotechnischen Fabrikation von Emotionen und zugleich der Transformation von existentieller Involviertheit. Jedes Kunstwerk bezwecke eine „Gleichgewichtsstörung des Wirklichkeitsbewußtseins" (GW II, 1140), der in gewisser Weise eine „Verneinung des wirklichen Lebens" (ebd.) entspreche. Insofern sei in der Kunst stets die Möglichkeitsform eines ‚Noch-Nicht' angelegt.

Musils Konzeption des Theaters, sein utopischer Entwurf eines alle Sinne umfassenden poetischen, szenischen Gebildes, in welchem die Figurationen der Gedanken und Gefühle ihren Auftritt haben, umkreist die Ambivalenz von Wirklichkeits- und Möglichkeitssinn. (→ VII.4 *Möglichkeitssinn u. Essayismus*) Auch für seine Dramenentwürfe, seine Theatertexte und kritischen Reflexionen zur Geschichte und Gegenwart des Theaters gilt es, die Eigenständigkeit Musils zu betonen und darin jenen „monsieur le vivisecteur" (Tb I, 1) zu erkennen, der, indem er die Wirklichkeit zerlegt und seziert, sie zugleich dekonstruiert. Insofern lässt sich das Theaterkonzept Musils als Dokument kultureller Kontinuitäten und Brüche, vor allem der 1920er Jahre, und als Vorgriff auf die Kritik an der Kulturindustrie, wie sie die Frankfurter Schule repräsentieren wird, einordnen (vgl. Meister 1981). Musil entwirft ein den Gesetzen der Künste verpflichtetes Theater, das, obzwar noch innerhalb des konventionellen Rahmens, an die Grenzen der Tradition stößt und diese in ihren Grundbedingungen reflektiert. Die szenische Transformation der dramatischen Dichtung behauptet sich als autonome Kunst und ist einzigartig in ihrer Unübersetzbarkeit.

5. Forschungsstand

Die erst in den späten 1960er und den 1970er Jahren einsetzende systematische wissenschaftliche Reflexion der dramatischen, theatertheoretischen und die Dramaturgie betreffenden Texte Robert Musils – eingeleitet von Marie-Louise Roths *Theater. Kritisches und Theoretisches* (vgl. Musil 1965) – hebt einerseits das avancierte, die szenische Poesie als Erkenntnisinstrument analysierende Denken Musils hervor, andererseits beleuchten soziologische und historische Forschungen die konkrete Geschichte und Geschichtlichkeit des Theaters der 1920er Jahre (vgl. Hall 1975; Stefanek 1980). Im Kontext kulturwissenschaftlicher Methodiken eröffneten die Theaterkritiken und Essays zum Theater Einsichten in Musils gesellschaftskritische und ästhetische Position, etwa durch die Betonung des utopischen Potenzials der Poesie (vgl. Karthaus 1985) oder die theaterwissenschaftliche Perspektive der Essays im Zusammenhang mit neuen Regie- und Raumkonzeptionen (vgl. Stefanek 1985). Die kulturkritische Intervention Musils als Vorgriff und Fortsetzung der Frankfurter Schule ist bei Monika Meister (1979) reflektiert. Im Zuge programmatischer Inszenierungen der Theaterstücke Musils in den 1980er Jahren kam den theaterästhetischen Texten zudem erhöhtes dramaturgisches Interesse zu. Hans Neuenfels' Essay *Die Biographie der Unruhe* (1985) hebt die (post-)moderne Brisanz von Musils Sprache und Dramaturgie hervor und vergegenwärtigt seine minutiöse und subtile Regie der *Schwärmer* am Berliner Schloßpark-Theater 1981. In den 1990er Jahren ist eine erneute punktuelle internationale Rezeption zu konstatieren, etwa in Christian Rogowskis Studie *Implied Dramaturgy* (1993), die Musils Analyse in den Kontext der Krise des modernen Dramas stellt und die Interaktion von Text und szenischer Transformation in Hinblick auf selbstreferentielle Strukturen diskutiert. Vito Punzi (2008) analysiert die Bühnenwerke in Bezug auf die Berliner Theaterszene.

Als Forschungsdesiderat sind medientheoretische Mikroanalysen der dramen- und theaterästhetischen Konzepte Musils sowie modellhafte diskurs- und sozioanalytische Forschungen zu benennen, die das Potenzial der Texte Musils in vielfachen Facetten neu kennzeichnen.

6. Literatur

Adorno, Theodor W.: Ästhetische Theorie. Hg. v. Gretel Adorno u. Rolf Tiedemann. Frankfurt a. M.: Suhrkamp 1973.
Corino, Karl: Robert Musil. Eine Biographie. Reinbek b. Hamburg: Rowohlt 2003.
Diderot, Denis: Paradox über den Schauspieler. [frz. 1774] In: ders.: Ästhetische Schriften. Hg. v. Friedrich Bassenge. Bd. 2. Frankfurt a.M.: Suhrkamp 1986, S. 481–538.
Hall, Murray G.: Der Schwärmerskandal 1929. Zur Rezeption von Robert Musils *Die Schwärmer*. In: Maske und Kothurn 21 (1975), H. 2/3, S. 153–186.
Hoffmann, Christoph: „Der Dichter am Apparat". Medientechnik, Experimentalpsychologie und Texte Robert Musils 1889–1942. München: Fink 1997.
Karthaus, Ulrich: Musils Theaterbegriff. In: Josef Strutz, Johann Strutz (Hg.): Robert Musil – Theater, Bildung, Kritik. München: Fink 1985, S. 10–23.
Meister, Monika: Der Theaterbegriff Robert Musils. Ein Beitrag zur ästhetischen Theorie des Theaters. Diss. Univ. Wien 1979.
Meister, Monika: Zur Theaterkritik Robert Musils. In: Wolfgang Freese (Hg.): Philologie und Kritik. Klagenfurter Vorträge zur Musilforschung. München, Salzburg: Fink 1981, S. 149–176.
Musil, Robert: Theater. Kritisches und Theoretisches. Mit Vorwort, Erläuterungen u. einem Essay ‚Zum Verständnis der Texte', Zeittafel u. Bibliographie hg. v. Marie-Louise Roth. Reinbek b. Hamburg: Rowohlt 1965.
Neuenfels, Hans: Die Biographie der Unruhe. Ein Essay. In: ders.: Robert Musil: *Die Schwärmer*. Reinbek b. Hamburg: Rowohlt 1985, S. 5–54.
Punzi, Vito: Musils Bühnenwerke und die Berliner Theaterszene. In: Annette Daigger, Peter Henninger (Hg.): Robert Musils Drang nach Berlin. Bern u.a.: Lang 2008, S. 233–252.
Rogowski, Christian: Implied Dramaturgy. Robert Musil and the Crisis of Modern Drama. Riverside: Ariadne Press 1993.
Stefanek, Paul: Illusion, Ekstase, Erfahrung. Zu Robert Musils Essay *Ansätze zu neuer Ästhetik*. In: Modern Austrian Literature 9 (1976), H. 3/4, S. 155–167.
Stefanek, Paul: Musils Posse *Vinzenz* und das Theater der Zwischenkriegszeit. In: Maske und Kothurn 26 (1980), H. 3/4, S. 249–270.
Stefanek, Paul: Musil und das Theater – 60 Jahre nach dem Essay *Der „Untergang" des Theaters*. In: Josef Strutz, Johann Strutz (Hg.): Robert Musil – Theater, Bildung, Kritik. München: Fink 1985, S. 44–61.
Strutz, Josef/Strutz, Johann (Hg.): Robert Musil – Theater, Bildung, Kritik. München: Fink 1985.

1.2 Novelle
Birgit Nübel

1. Musils Theorie der modernen Novelle 663
2. Forschungsperspektiven 668
3. Literatur 668

1. Musils Theorie der modernen Novelle

Robert Musil hat innerhalb von 20 Jahren insgesamt sieben Novellen veröffentlicht: Zunächst erscheint 1908 *Das verzauberte Haus* (in der von Franz Blei und Carl Sternheim herausgegebenen Literaturzeitschrift *Hyperion*); die überarbeitete Fassung dieses Textes bildet unter dem Titel *Die Versuchung der stillen Veronika* zusammen mit *Die Vollendung der Liebe* den Novellenband *Vereinigungen* (1911). *Grigia* (1921), *Die Portugiesin* (1923) und *Tonka* (1922/23), die jeweils bereits vorab einzeln publiziert worden waren, werden 1924 zu den *Drei Frauen* verbunden. *Die Amsel*, zuerst 1928 (in der *Neuen Rundschau*) erschienen, schließt als letzter von vier Teilen den *Nachlaß zu Lebzeiten* (1936) ab.

Steht – in jeweils unterschiedlicher Erzählperspektive bzw. Fokalisierung – in den sechs erstgenannten Texten jeweils eine Frauenfigur (Viktoria, Claudine, Veronika, Grigia, die Portugiesin und Tonka) ohne novellistische Rahmung im Mittelpunkt der erzählten Geschichte, so geht es in der letztgenannten experimentellen bzw. ‚methodologischen' Novelle mit einem Rahmenerzähler und den beiden Gesprächspartnern Aeins und Azwei um einen Vogel, der einerseits als Nachtigall (vgl. GW II, 552) für die Kunst bzw. den ‚anderen Zustand' sowie andererseits für die Mutter von Azwei, dem Binnenerzähler, steht. Diese (Mutter-)Amsel wird nicht – wie der Falke in Boccaccios bekannter Novelle – verspeist, sondern in einem Käfig gehalten und mit Würmern gefüttert. Der „Sinn" der Erzählung (GW II, 562) steigt auch nicht „am entscheidenden Punkt wie ein Falke […] – nach Conrad Ferdinand Meyer oder Keller" – auf (KA, H 33/53), wie Musil in ironisch-respektloser Referenz auf die Novellentradition anmerkt (Bezug nehmend auf die Rezension Otto Stößls zu den *Vereinigungen* in der *Österreichischen Rundschau* vom 15.4.1912; vgl. ebd., 30.6.1912), sondern ist – von der Figur Aeins wie vom Leser der Amsel-Novelle – ein zu suchender. (→ III.1.3 *Vereinigungen*; III.1.8.2 *Die Amsel*)

In der kathartischen Erschütterung (vgl. Roth 1972, S. 273), in der ‚menschlichen Wirkung' der Novelle (auf den Ebenen von Autor, Textfigur und Leser), liegt der Schwerpunkt der Musil'schen Novellentheorie, deren Entwicklung während des Zeitraums von 1910 bis 1914 im Folgenden rekonstruiert wird. Musils Theorie der Novelle ist nicht in einem systematischen Text enthalten, sondern in zahlreichen fragmentarischen Ausführungen, essayistischen Entwürfen (vgl. *Novelleterlchen*, 1912, GW II, 1323–1327), Briefen (z.B. an Franz Blei und Paul Scheffer im Juli 1911, Br I, 82–88) und wieder verworfenen Vorworten zu den *Vereinigungen* (1911), deren Entstehungsprozess in den Tagebüchern und Arbeitsheften gattungstheoretisch begleitet wird (vgl. GW II, 1311–1327; KA, L 14, Zur Novelle. Parerga und Paralipomena zu den *Vereinigungen*). Vor allem die beiden frühen Essays *Das Unanständige und Kranke in der Kunst* (1911) sowie *Über Robert Musil's Bücher* (1913), in denen sich

Musil mit den zeitgenössischen Kritiken seines 1911 veröffentlichten Novellenbandes auseinandersetzt, können als poetologische Kommentare, als Metatexte zu den *Vereinigungen* gelesen werden (vgl. Nübel 2006, S. 182–216, u. 2009/10). Hier wie in der Vorrede „*Die Novelle als Problem*" (GW II, 1465f.) zu der 1914 in der *Neuen Rundschau* erschienenen Sammelrezension *Literarische Chronik* entwickelt Musil in der Auseinandersetzung mit seiner eigenen novellistischen Textproduktion, in der Rezeption zeitgenössischer Kurzprosa sowie in der Verteidigung seiner Novellentexte ein Programm modernen Erzählens (vgl. Biere 2010, S. 56).

In Abgrenzung zu den traditionellen Versuchen, die Novelle als Bündel von Forderungen im Sinne eines „ästhetische[n] Geheimnis[ses]", das sich nur „sachlich" bzw. „artistisch-technisch" anhört (GW II, 1323), zu bestimmen, wird von Musil die technische Konstruiertheit und die „Erlebnisbedeutung" (GW II, 1466) der Novelle betont. Herkömmlich würden – so Musils ironisches Referat – „Kunstwert" und „Sonderstellung der Novelle" (GW II, 1323) in ihren „ästhetischen Wundern" (GW II, 1466) gesehen: a) „Knappheit", „Zwang zur Kürze" sowie „Glück der Kontur" bzw. „Glück des klaren Umrisses", b) „Zwang zur Tatsächlichkeit" bzw. „komprimierte Tatsächlichkeit", c) „Wahl eines repräsentativen Augenblicks" bzw. „das Repräsentative eines gut gewählten Augenblicks", d) „Perspektive" bzw. „Zusammenschnürung der Handlung und Fokusstandpunkt" und e) „Vermögen des Andeutens, der Irradiation, des Verfließens der Stimmung" (GW II, 1323 u. 1466; KA, L 14, Zur Novelle). Angesichts der allgemein diagnostizierten Tendenz zur ‚Verinnerlichung' der Novelle um 1900 kritisiert Musil den „Zweck" dieser ‚verinnerlichten' Form, „mit möglichst wenig real gegebener Innerlichkeit die Illusion einer größeren Lebensvertiefung zu schaffen." (GW II, 1323) Dies beinhaltet im Umkehrschluss jedoch keineswegs ein programmatisches Bekenntnis zu einer realistischen Darstellung äußerer Gegebenheiten, sondern vielmehr eine ästhetische oder besser: technische Radikalisierung der Verinnerlichung, die von der Ebene des Dargestellten auf die Ebene der Darstellung transponiert wird.

Das traditionelle, aus dem 19. Jahrhundert herrührende Verständnis der Novelle als einer poetischen „Enclave", „in der heute noch Schriftsteller von […] sanftem geistigen Postkutschenrhytmus [!] als Meister gelten" (genannt werden „v. Heyse, v. Saar, v. Ebner-Eschenbach als Beispiel", GW II, 1323), wird in technischer Hinsicht in die Zeit der Kraftmaschine, der Eisenbahn und des Telegramms überführt und den Bedingungen und Möglichkeiten modernen Erzählens unterworfen. Dabei geht Musil zunächst von der grundlegenden Unterscheidung zwischen dem Literaturmarkt bzw. -betrieb auf der einen Seite (Literatur als *fait social*; vgl. Adorno 1973, S. 334–339) und der Literatur als Dichtungsideal auf der anderen Seite aus: „Dichtungen sind nur in einer Wurzel Utopien, in einer andren aber wirtschaftliche und soziale Produkte." (GW II, 1466) Zum einen ist, so Musil, die Novelle eine gängige Trademark, ein „Handelsartikel" im „normale[n] [Literatur-]Betrieb": „Man schreibt Dramen, Romane, Novellen und Gedichte, weil es diese Kunstformen nun einmal gibt, weil Nachfrage besteht und weil sie sich zu vielem eignen." Zum anderen hat die Novelle als „Konstruktion eines […] Idealfalls" „äußersten Anforderungen" zu genügen, indem sie dem „künstlerischen Mittler- und Maklerglück" das im emphatischen Sinne „Menschliche" entgegensetzt (GW II, 1465f.): „Ein Einfall, eine Ansicht einer Sache, der Umriß eines Charakters, einer Situation, eine Episode, irgend etwas das menschlich bedeutsam ist, vermittelt uns heute die Novelle." (KA, L 14, Zur Novelle)

1.2 Novelle

In den Fragmenten seiner Novellentheorie nimmt Musil Abgrenzungsversuche zu Essay, Roman und Drama und zur Wissenschaft vor (zum Aspekt der ‚Inkommensurabilität' der Gattungen vgl. Biere 2010, S. 53). Die Kunst der Novelle, im emphatischen Sinn als ‚Dichtung' – in traditionell-normativer wie in utopisch-idealtypischer Hinsicht – verstanden, wird zwischen Journalismus sowie Essay auf der einen und Wissenschaft auf der anderen Seite verortet. Das Differenzkriterium ist jeweils eine andere ‚Problembehandlung': Dem profanen Essayismus, als Bereich der „gedanklichen Unheiligkeit", des „Handwerks", der „Vivisicirung", wird beim frühen Musil der Gegenbereich der ‚Dichtung' als „Augenblick der großen Heiligkeit" gegenübergestellt. Diesem Dichtungsbegriff entspricht ein emphatischer Begriff des Dichters, der (noch) von einem Entweder-Oder zwischen Dichter und Kritiker ausgeht: „Es muß im Leben jedes großen Dichters od. Kritikers den zufälligen Punkt geben, wo er der eine oder der andere würde." (GW II, 1301) Die Novelle wird nicht nur auf der Ebene der dargestellten Handlung, sondern auch auf der Ebene des textexternen Autors als Schicksal bzw. Zufall (die Terminologie verschwimmt hier) bestimmt: als „ein Zufall eines Dichters, der auf ein Problem stößt, das [...] kein Roman oder Drama werden soll und ihn doch nicht losläßt." (GW II, 1323) Es sei „Dichterschicksal", die „Dinge zu lieben", die „nicht mit den Zwitterreizen des Essays zu fangen sind" (GW II, 1317).

Innerhalb des Bereichs der Kunst werden Drama, Novelle und Roman wiederum produktionsästhetisch nach dem „Maß der Anteilnahme", dem ‚Von-sich-Hineinlegen' des Autors bestimmt (GW II, 1315). Wichtig, auch für das poetologische Selbstverständnis des Autors Musil, der sich hier nicht als Kritiker/Essayist, sondern als Dichter entwirft, ist zunächst die Abgrenzung zwischen Novelle und Roman: Beiden liegt ein Problem bzw. ein ‚schicksalhaftes Erlebnis' zugrunde, das – im Falle der Novelle – „einen Menschen zum Mord treiben" kann und – im Falle des Romans – „zu einem Leben fünf Jahre in der Einsamkeit" (GW II, 1465). Es handele sich um eine Frage der Dauer (Extensität im Fall des Romans) und der Intensität (im Fall der Novelle). Die Novelle als „rasche Form des Zugreifens" (GW II, 1466) hat beim frühen Musil noch gegenüber dem Roman eine höhere Wertigkeit inne. Sie ist – in Antizipation des erst später entworfenen ‚anderen Zustands' (vgl. *Ansätze zu neuer Ästhetik*, 1925; hierauf verweist bereits Roth 1972, S. 273) – eine „plötzliche und umgrenzt bleibende geistige Erregung" im Sinne einer „große[n] innere[n] Umkehrung[ ]" (GW II, 1465). Dabei wird das Kriterium des Umfangs als einziges *formales* Unterscheidungskriterium der Novelle gegenüber dem Roman angegeben: „Außer dem Zwang, in beschränktem Raum das Nötige unterzubringen, bedingt kein Prinzip einen einheitlichen Formcharakter der Gattung." Während Novellen de facto wie skizzenhafte oder romanhafte „Bruchstücke[ ]" bzw. „kleine Romane" (GW II, 1466) ausgeführt seien, ist die Musil'sche „dialektische" ‚Idealnovelle' – anders als die „episodische Erlebnis-Novelle" (KA, L 14, Zur Novelle) – eben kein „beschnittener Roman" (GW II, 1318), sondern eine ‚Abtreibung' der „Lust am Fabulieren": „Die Novelle ist der Keim zu einem Roman, zum Fötus entwickelt und dann abortirt." (KA, L 14, Zur Novelle) Die Novelle wird somit im Sinne der ästhetischen Ökonomie der Darstellung bestimmt als „[e]in schicksalsgegebener schmaler Raum [...], der nun aufs beste ausgenutzt werden muß." (GW II, 1323) (→ VI.1.3 *Roman*)

Grundlegend für die Unterscheidung von Roman und Novelle ist darüber hinaus – und hier liegt Musils von der zeitgenössischen Wissenschaft inspirierte Innovation im

Bereich der Novellenproduktion wie -theorie – das Verhältnis von individuellem Einzelfall (‚Roman') und abstraktem Allgemeinem (‚Novelle'): Während „die große Epik" und „die große Menschenschilderung im Drama" (Musil nennt „Tolst.[oi] Dostoj.[ewski] Hauptm.[ann], Thackeray", GW II, 1314) nuancierte, ‚gemischte Charaktere' aufweist (vgl. ebd.), stelle die Novelle in ihrer „schmalen Not" (GW II, 1327) nicht Figuren im Sinne von Charakteren und deren Psychologisierung dar, sondern „Bedeutung[ ]" (GW II, 1318): das Abstrakte und Allgemeine im Sinne einer Auflösung in Nichtigkeiten bzw. Reflexionen als Sphäre des Vor-Individuellen. Im novellistischen „Hauptschnitt" bzw. „Durchstich durch solchen Menschen" werde „die Möglichkeit einer Art" (KA, L 14, Zur Novelle), ja des Menschlichen überhaupt, darstellbar. Für diesen allgemeinen Bereich des Vor-Individuellen, des Neu-Gedachten bzw. Noch-nicht-Gesagten bedarf es einer neuen Darstellungsmethode. Da das psychologisierende Prinzip nur den narrativen „Aufbau einer Individualität [...] aus dem Abbruchmaterial von ungezählten andern" (GW II, 1326) leisten kann, ohne auf das Verstehen des besonderen Einzelfalls gerichtet zu sein, ersetzt Musil das Prinzip der Kausalität durch das der Motivierung bzw. Motivation, das Konzept einer „kausal deskriptiven" durch eine „seelisch schöpferische Kunst" (KA, L 14, Zur Novelle). Während Psychologie (nomothetisch) erklären wolle, versuche Motivation über das (individuelle) Verstehen hinaus ein Betroffensein, ein Mit- und Einfühlen, eine Nachfühlbarkeit zu schaffen. Der Zweck der Dichtung wie der Novelle aber sei die ‚menschliche Erschütterung'. Diese Erschütterung könne auf der Produktionsebene, der Textebene oder der Rezeptionsebene liegen: „Ihr Wesentliches kann in Symptomhandlungen eines Menschen liegen oder in solchen seines Dichters, in Erlebnissen, in der Silhouette eines Charakters oder eines Schicksalsablaufs" (GW II, 1466). Auf der Produktionsseite ist die Novelle ein seltenes *Erlebnis des Dichters* (vgl. *Skizze der Erkenntnis des Dichters*, 1918, GW II, 1025–1030), eine Illumination bzw. Inversion oder „Umkehrung[ ]": „In diesem einen Erlebnis vertieft sich plötzlich die Welt oder seine Augen kehren sich um; an diesem einen Beispiel glaubt er zu sehen, wie alles in Wahrheit sei" (GW II, 1465). Nicht nur auf dem Gebiet der Erkenntnis, sondern auch auf dem des Erlebnisses ist der Dichter eben nicht nur im herkömmlichen Sinn ‚Novellist', ‚Lyriker', ‚Dramatiker' etc., sondern Denker *und* Dichter vice versa, im emphatischen Sinn ein „Ausnahmsmensch" (GW II, 1029), ein fremd bleibender „Sonderling" (GW II, 1466). Erst beides, das Denken *und* Fühlen, das „Ineinandergreifen von Gefühl und Verstand" (GW II, 1325), die „Verflechtung von Intellektuellem u[nd] Emotionalem" (GW II, 1322), die Darstellung des „Gefühl[s], seine[r] intellektuell-emotionale[n] Nachbarschaft und [der] Verbindungswege" (GW II, 1325), mache, so Musil, die Kunst aus. In ihr entstehe „ein anderer Gefühlshorizont [...] als im wirklichen Leben", „ein seltsames Intermundium des Geistes voll einer bewegsameren Luft des Denkens und Fühlens" (GW II, 1324). In der ästhetischen Erfahrung würden „Erweiterungen der Seele" (KA, H 15/43,44) möglich, es gelinge, „die Seele tiefer [zu] furchen" (GW II, 1321). Musil befindet sich mit dieser emphatischen Funktionsbestimmung der Kunst durchaus in aufklärerisch-idealistischer bzw. hermeneutischer Tradition, in der sowohl Lessings Mitleidspoetik als auch Schillers ästhetische Erziehung (vgl. „Verlebendigen einer Idee oder Ideisieren einer einstigen Lebendigkeit", GW II, 1324) und Diltheys hermeneutisches Konzept des Erlebnisses mitschwingen.

1.2 Novelle

Innovativ ist Musils Position innerhalb der Theorie modernen Erzählens bzw. im Kontext einer Krise des Romans wie auch der Novelle als die eines Technikers bzw. Ingenieurs. Angesichts des ‚Misserfolgs' seines Novellenbuchs *Vereinigungen* bezieht sich Musil selbstkritisch auf Goethes Maxime „Bilde Dichter, rede nicht!" (GW II, 1312) und hebt die technische Konstruktionsleistung seiner Novellen hervor. Erzählen wird nicht bestimmt als ‚lebendige Schilderung' jenseits aller abstrakten Spekulation, sondern „als ein Mittleres zwischen Begrifflichkeit und Konkretheit." (GW II, 1323) Die „Schwierigkeit des ‚Fabulierens'" (GW II, 1313) und der „Ekel am Erzählen" (GW II, 1315) seien nicht (nur) als dichterisches Unvermögen bzw. als individuelle Idiosynkrasie zu verstehen, sondern auch und vor allem als Versuch, die Möglichkeiten des Erzählens unter den Bedingungen der Moderne zu erweitern. Die Realitätsschilderung im Bereich der Kunst wird vom obersten Zweck zum bloß „dienende[n] Mittel des begriffsstarken Menschen" degradiert, der sich im dargestellten „Einzelfall" (GW II, 1324) der „individuellen Verhältnisse[ ] und Gefühlsbedingungen" (GW II, 1325) an „Gefühlserkenntnisse und Denkerschütterungen heran[ ]schleich[t]" (GW II, 1324). An die Stelle der „Wahrheit des Realismus" im Sinne einer „getreuen Schilderung der Oberfläche" (KA, M II/1/71) soll – so Musil – nun allerdings nicht eine ‚Verinnerlichung' im Sinne eines kausalen Psychologismus treten. Schreiben wird vielmehr als paradoxe, exzentrische Position, als „leidenschaftliche Handlung" (GW II, 1465) mit „asketische[r] Energie" (GW II, 1313) verstanden. Dieser entspricht auf der Textebene eine „Konzentration fast mathematischer Strenge, engstes Gedankenmosaik." (GW II, 1314)

Im Essay *Über Robert Musil's Bücher* (1913), der als (anonyme) Selbstapologie des Autors und als Metatext zu den *Vereinigungen* gelesen werden kann, flüstert das Gehirn des Dichters dem essayistischen Ich ein neues Programm modernen Erzählens ein, das nicht Stoffe der (Natur-)Wissenschaft mit den Mitteln des Dichters behandeln soll, sondern Fragen des Lebens, der Liebe und Moral mit den Methoden des Technikers und (Natur-)Wissenschaftlers:

> Gewöhnlich erzählt man in Handlungen und die Bedeutungen liegen neblig am Horizont. Oder sie liegen klar, dann waren sie schon mehr als halb bekannt. Kann man da nicht versuchen, ungeduldig einmal mehr den sachlichen Zusammenhang der Gefühle und Gedanken, um die es sich handelt, auszubreiten und nur das, was sich nicht mehr mit Worten allein sagen läßt, durch jenen vibrierenden Dunst fremder Leiber anzudeuten, der über einer Handlung lagert? Ich meine, man hat damit bloß das Verhältnis einer technischen Mischung verkehrt und man müßte das ansehen *wie ein Ingenieur*. (GW II, 998; Hervorhebung B. N.)

Mit der „neue[n] Technik" (GW II, 1327) des Ingenieurs wird „[a]lles Erzählende ins Beiwerk, Bild, Satz" (GW II, 1314), in die Peripherie, gesetzt, im Zentrum der Novelle steht nicht die Sexualität (vgl. Schlaffer 1993, S. 29 u. 82), sondern die Konstruktion, das „Gewebe der Bedeutungen" (an Blei, Anfang Juli 1911, Br I, 84). Nicht mehr das Dargestellte, sondern die Darstellung ist „das Wesentliche" (GW II, 1323), das zum „Antagonismus des Darstellens gegen das eigentlich Darzustellende" (GW II, 1327) gesteigert wird: „[E]s handelt sich dann nicht mehr um ein Problem, sondern um das Problematische des Erzählens." (GW II, 1323) Die Definitionen der Novelle, die Musil in seinem fragmentarischen Text *Novelleterlchen* (1912) anbietet – „Novelle ist: Ein sauber verschnürtes Päckchen mit einer kleinen Überraschung beim Aufmachen. [...] Oder auch: es kommt eine Welle, verknotet sich, löst sich, verklingt [...]; das

Knötchen bildet das Geschehnis der Novelle." (GW II, 1323) –, sind keine begrifflichen Definitionen, sondern wiederum Bilder, die nicht auf die Musil'sche Idealkonstruktion, sondern (bestenfalls) auf die zeitgenössische Handelsware zu beziehen sind. Diesen wird als „Idealfall der Novelle" ein geradezu ozeanisch-prometheisches Prinzip entgegengestellt: eine „Schöpfprobe aus dem Meer, das ein neuer Mensch in sich birgt." (KA, L 14, Zur Novelle)

2. Forschungsperspektiven

Neben der Studie Marie-Louise Roths (1972), die unter Einbeziehung des Nachlasses auch der Novelle ein Kapitel widmet, und den Monografien von Christoph Leitgeb (1989) und Kathleen O'Connor (1992) liegen bis dato außer der Forschungsliteratur zu den einzelnen Novellen(bänden) insgesamt nur einige wenige Aufsätze zur Novellentheorie Musils vor. Nanda Fischer (1973) betont die Aspekte der Plötzlichkeit und der Erschütterung und liest Musils Novellentheorie als „frühe[n] Beitrag zur Diskussion um die Möglichkeiten der Novelle im zwanzigsten Jahrhundert" (ebd., S. 224). Christine Lubkoll (2008) geht im Rahmen ihrer gattungstheoretischen Untersuchung zur „Novelle als Erzählmodell" „zwischen mündlichem und schriftlichem Erzählen" (ebd., S. 384) auch auf *Die Amsel* ein, welche sich als „moderne Variante novellistischen Erzählens" metanarrativ „auf die gattungstheoretischen Vorgaben" beziehe (ebd., S. 398; vgl. S. 400). Der materialreiche Aufsatz von Florentine Biere (2010) liest Musils Novellentheorie als eine „Ästhetik der Sagbarkeit des Unsagbaren" (ebd., S. 71). Ein Forschungsdesiderat liegt in der Situierung der in Musils Fragmenten impliziten Novellentheorie innerhalb der Selbstreflexion modernen Erzählens, ein weiteres in der Transformation des emphatischen Novellenkonzepts in den satirischen Stil von *Der Mann ohne Eigenschaften* (*MoE*) sowie in der Weiterführung und Überwindung des novellistischen *punctums* der ‚liebenden Grenzüberschreitung' in den Dritten Teil des *MoE* „Ins Tausendjährige Reich". Darüber hinaus sind die Bestimmungen oder besser versuchsweisen Umkreisungen des essayistischen und novellistischen Erzählens bei Musil im Hinblick auf dessen metanarrative bzw. metatextuelle Poetologie modernen Erzählens noch zu untersuchen.

3. Literatur

Adorno, Theodor W.: Ästhetische Theorie. Hg. v. Gretel Adorno u. Rolf Tiedemann. Frankfurt a. M.: Suhrkamp 1973.
Biere, Florentine: Unbekanntes, für das man als erster Worte findet. Robert Musils Novellentheorie. In: Sabine Schneider (Hg.): Die Grenzen des Sagbaren in der Literatur des 20. Jahrhunderts. Würzburg: Königshausen & Neumann 2010, S. 53–71.
Fischer, Nanda: „Eine plötzliche und umgrenzt bleibende geistige Erregung …". Zum Novellenbegriff Robert Musils. In: Monatshefte für deutschen Unterricht, deutsche Sprache und Literatur 65 (1973), H. 3, S. 224–240.
Leitgeb, Christoph: Gattungspoetik bei Robert Musil. Drama und Novelle in Theorie und Praxis. Diss. Univ. Salzburg 1989.
Lubkoll, Christine: Fingierte Mündlichkeit – inszenierte Interaktion. Die Novelle als Erzählmodell. In: Zeitschrift für germanistische Linguistik 36 (2008), H. 3, S. 381–402.
Nübel, Birgit: Robert Musil – Essayismus als Selbstreflexion der Moderne. Berlin, New York: de Gruyter 2006.

Nübel, Birgit: „ein dünner Dunst fremden Leibes". Perversionen des Erkennens in Musils Essay *Das Unanständige und Kranke in der Kunst*. In: Musil-Forum 31 (2009/10), S. 23–38.

O'Connor, Kathleen: Robert Musil and the Tradition of the German Novelle. Riverside: Ariadne Press 1992.

Roth, Marie-Louise: Die Novelle. In: dies.: Robert Musil. Ethik und Ästhetik. Zum theoretischen Werk des Dichters. München: List 1972, S. 270–281.

Schlaffer, Hannelore: Poetik der Novelle. Stuttgart, Weimar: Metzler 1993.

1.3 Roman
Rosmarie Zeller

1. Einleitung 669
2. Literarhistorischer Hintergrund: ‚Krise des Romans' 669
3. Musils Position 670
4. Form und Inhalt 672
5. Metanarrative Äußerungen 672
6. Literatur 674

1. Einleitung

Musil hat außerordentlich viele Notizen zu Problemen des Romans und der Rolle der Dichtung und des Dichters hinterlassen, einen systematischen Text zur Theorie des Romans hat er aber nie verfasst. Darauf verweist schon Peter Nusser (1967), der die erste und bisher einzige Monografie zu Musils Romantheorie verfasst hat. Die Illusion, dass Musil Systematisches zur Krise des Romans verfasst hätte, wird durch Frisés Edition befördert, die Entwurfstexte als Reinschriften, oft mit Titel versehen, publiziert und so bei Texten, die den Charakter von Gedankensplittern, Entwürfen, Skizzen haben, den Eindruck von Endgültigkeit erweckt. Musils zahlreiche Reflexionen zu erzähltechnischen, poetologischen und ästhetischen Problemen des Romans sind aus dem Augenblick heraus entstanden – als Antwort auf Umfragen, als Literaturkritik, als Überlegungen zu aktuellen Lektüren, als Reaktion auf Probleme beim Verfassen des Romans –, weshalb man sie nicht zu einer kohärenten Theorie zusammenfügen sollte. Trotzdem gibt es wiederkehrende Überlegungen und vor allem auch metanarrative Äußerungen im Roman *Der Mann ohne Eigenschaften* (MoE), welche es erlauben, einen Rahmen abzustecken, innerhalb dessen Musil über poetologische und ästhetische Fragen reflektiert und seine Position in Bezug auf den modernen Roman bestimmt hat.

2. Literarhistorischer Hintergrund: ‚Krise des Romans'

Um die Wende vom 19. zum 20. Jahrhundert und verstärkt nach dem Ersten Weltkrieg waren die kulturellen Eliten von einem Krisenbewusstsein geprägt, an dem auch Musil teilhatte (vgl. z. B. MoE, 1837). Dieses wurde nicht nur durch die politische Neuordnung Europas nach dem Ersten Weltkrieg hervorgerufen, sondern auch durch verschiedene Phänomene, die sich bereits vor dem Krieg angekündigt hatten, wie der Eindruck eines allgemeinen Wertezerfalls und Identitätskrisen. Auf der Ebene der

Literatur kam die Erkenntnis dazu, dass die moderne Welt mit den Mitteln des realistischen Romans erzählerisch nicht mehr zu fassen sei (vgl. Joung 1997, S. 65–68). Das Aufkommen neuer Erzählformen wie des inneren Monologs, der ‚Psychonarration‘, der erlebten Rede, der Montage, des Verzichts auf einen kohärenten Plot waren in den Augen vieler Literaturkritiker und auch Literaturwissenschaftler Anzeichen einer Krise des Romans. (→ VIII.1 *Erzählformen*) ‚Roman‘ hieß in Deutschland im Gegensatz zu Frankreich und England vor allem ‚Bildungsroman‘, ein Genre, das fest mit den Werten des Bürgertums verbunden war. Es wurde als Geschichte eines Individuums, welches zu seiner Bestimmung in der bürgerlichen Welt findet, konzipiert (vgl. Scheunemann 1978, S. 102; Joung 1997, S. 66). Der Roman sollte darstellen, beschreiben, erzählen, aber nicht erklären oder gar essayistische Exkurse bringen; diese wurden als Bedrohung der Gattung angesehen (so noch Kayser 1954; vgl. auch Reich-Ranicki 2002). Als bürgerliche Variante des Epos zielte der Roman auf die Totalität des Lebens und der Wirklichkeit. Es ist wohl kein Zufall, dass die bis weit in die zweite Hälfte des 20. Jahrhunderts wirkende, übrigens auch von Musil wahrgenommene *Theorie des Romans* von Georg Lukács 1920 erschienen ist. Man kann sie als Versuch lesen, mit der Verabsolutierung des realistischen Musters (vgl. Sławiński 1975) dem Roman die Würden des Epos zu verleihen und ein Bollwerk gegen das zu errichten, was als Verfallserscheinung gesehen wurde. Der durchschlagende Erfolg Lukács' in der Literaturtheorie der DDR bestätigt Musils Diagnose, man könne nur erzählen, wenn „die Ideologie fest ist." (KA, M IV/3/379) Vor dem Hintergrund der Verabsolutierung realistischen Erzählens mussten alle Versuche, auf breite Schilderungen, auf einen Helden, auf die Darstellung von Totalität (vgl. Nübel 2002) zu verzichten und stattdessen die Kontingenz der modernen Welt, die Gleichzeitigkeit, die Um- und Abwege der Figuren, die Auflösung des Individuums darzustellen, als Krisenerscheinung aufgefasst werden.

3. Musils Position

Soweit sich dies durch seine nachgelassenen Notizen, Exzerpte und Entwürfe nachvollziehen lässt, hat Musil Zeit seines Lebens über erzähltechnische Probleme und den Roman als Gattung reflektiert. Er las nicht nur Theorien über den neuzeitlichen Roman von Ortega y Gasset und Lukács, sondern auch Erwin Rohdes Abhandlung über den griechischen Roman. Immer wieder befragte er seine Lektüren auch daraufhin, wie sie bestimmte erzählerische Probleme lösten. Mit der Publikation des Ersten Buchs des *MoE* wurden die schreibtechnischen Probleme zunehmend von der Frage nach der Funktion des Romans und nach Musils eigener Position im Feld des modernen Romans abgelöst. In diesem Zusammenhang sind auch seine Selbstkommentare mit den Titeln „Die Krisis des Romans" und „Aufzeichnungen zur Krisis des Romans" (KA, M IV/3/376–380) zu sehen.

Musil verwendet zwar den Begriff „Krisis des Romans", doch er diagnostiziert keine Krise, sondern eine Veränderung der Gattung, weil man nicht mehr so erzählen könne wie früher. Zwar heißt es im *MoE*, die meisten Menschen liebten „das ordentliche Nacheinander von Tatsachen, weil es einer Notwendigkeit gleichsieht" (MoE, 650). Musils Erzähler jedoch kann „nicht mehr mit naivem Gewissen Einzelschicksale so wichtig nehmen […] wie ehedem." (KA, M IV/3/376) Der Einzelne könne nichts mehr allein bewegen. Implizit verweist Musil damit auch auf das im *MoE* mehrfach

1.3 Roman

thematisierte Problem, dass die Konzeption eines ganzheitlichen Individuums nicht mehr überzeuge (vgl. Žmegač 1990, S. 480; in Bezug auf Proust vgl. Zima 1980, S. 207). Im Gegensatz zu den Autoren, die die Muster des realistischen Romans im Sinne eines überzeitlichen Typus verabsolutieren, erkennt Musil die Problematik einer solchen Enthistorisierung. Für ihn kann es eine Krise des Romans nicht geben, nicht weil er weiterhin am Roman festhielte (vgl. Joung 1997, S. 99; Glander 2005, S. 144), sondern weil er den Roman als historisch veränderbare Gattung betrachtet; er spricht bezeichnenderweise von „Mauserungserscheinungen" des Romans (KA, M IV/3/377). Damit postuliert er einen historischen Romanbegriff – im Gegensatz zu den meisten seiner Kritiker, die meinen, der *MoE* sei kein Roman mehr (vgl. Fanta 2000, S. 27).

Was in die Krise geraten ist, sei nicht der Roman, sondern das herkömmliche Erzählen, weil es der modernen Welt nicht mehr entspreche, ihrer Komplexität nicht gerecht werde. (→ II.1 *Moderne*) Das Erzählen wird von Musil immer wieder gleichgesetzt mit Vereinfachung, mit Ordnung und Kausalität. So heißt es in einer berühmten Passage im *MoE*:

> [...] daß das Gesetz dieses Lebens, nach dem man sich, überlastet und von Einfalt träumend, sehnt, kein anderes sei als das der erzählerischen Ordnung! Jener einfachen Ordnung, die darin besteht, daß man sagen kann: „Als das geschehen war, hat sich jenes ereignet!" Es ist die einfache Reihenfolge, die Abbildung der überwältigenden Mannigfaltigkeit des Lebens in einer eindimensionalen, wie ein Mathematiker sagen würde, was uns beruhigt [...]. (MoE, 650)

Erzählen in diesem Sinn kann man nur noch, wenn „die Ideologie fest ist." (KA, M IV/3/379) Musil aber will keine Botschaft vermitteln, sondern Möglichkeiten darstellen, wie man Mensch sein kann, und „die noch nicht erwachten Absichten Gottes" (KA, M II/8/254) vor Augen führen. Er will „immer neue Lösungen, [...] Konstellationen, Variable" suchen (*Skizze der Erkenntnis des Dichters*, 1918, GW II, 1029): „Meine Auffassung oder Aufgabensetzung der Dichtung: Partiallösung, Beitrag zur Lösung, Untersuchung odgl. Ich fühle mich einer eindeutigen Antwort enthoben." (MoE, 1837) „Partiallösung" wird zu einem wichtigen Begriff in Musils Reflexionen zum Roman, der Nachlass weist dazu etwa 100 Stellen auf (vgl. Wolf 2011, S. 255–257). Gerade weil Musil nicht die Rolle eines Lehrers oder Philosophen spielen will, ist der Roman die angemessene Ausdrucksform für sein Anliegen, denn die Dichtung „setzt nicht nur Erkenntnis voraus, sondern setzt die Erkenntnis über sich hinaus fort, in das Grenzgebiet der Ahnung, Mehrdeutigkeit, der Singularitäten, das bloß mit den Mitteln des Verstandes nicht mehr zu fassen ist." (*Von der Möglichkeit einer Ästhetik*, GW II, 1327) Das impliziert zugleich, dass – gegenüber dem realistischen Roman – Musils Modell-Leser (vgl. Eco 1987, S. 61–83) eine neue Rolle zugedacht wird. So notiert er, dass ein konventionell erzählter Roman den Rezipienten zwinge, „auf alle geistigen Fähigkeiten, die ihn im Leben auszeichnen, zu verzichten und atemlos einer unter Umständen völlig albernen Geschichte zu folgen" (*Alfred Döblins Epos*, 1927, GW II, 1676), während sein Romankonzept einen Leser voraussetze, der eben gerade seine geistigen Fähigkeiten aktiviert, über den Roman hinausdenkt. Der Roman ist deshalb für Musil die führende Gattung des 20. Jahrhunderts (vgl. KA, M VII/11/182).

4. Form und Inhalt

Da die Musil-Forschung überwiegend davon ausgeht, dass Musil kaum erzähltechnische Neuerungen eingeführt hat, wird selbst in Untersuchungen zu einzelnen Aspekten von Musils erzähltechnischen Verfahren (vgl. Glander 2005; Martens 2006) kaum je deren Modernität hervorgehoben. Es gehört vielmehr zu den stehenden Wendungen der Romanforschung, Musil habe zwar einen modernen Roman verfasst, sei jedoch formal nicht wirklich innovativ gewesen. Musil wird denn auch – im Gegensatz zu Joyce, Proust, Kafka und Döblin – selten unter den Kronzeugen der Moderne genannt. Joyce und Döblin erzählen auf der sprachlichen Oberfläche moderner als Musil, aber schon wenn man die Zeitstruktur im *MoE* untersucht, erkennt man die hohe Komplexität des Romans, die sich durchaus mit Prousts Zeitgestaltung vergleichen lässt. In Bezug auf Kafka ist Musils erzählte Welt realistischer, aber auch komplexer. Musil selbst hat sich mit den genannten Autoren auseinandergesetzt und ihnen gegenüber Position bezogen. So wirft er Thomas Manns konventionell erzähltem *Zauberberg* (1924) fehlende Zeitanalyse vor, Proust, dass er zwar die Konturen der Dinge auflöse, letztlich aber – wie auch Joyce (vgl. KA, M III/5/39) – naturalistisch erzähle (vgl. Brief an Johannes von Allesch, 15.3.1931, Br I, 504), während für ihn selbst „Dichtung [...] nicht bloß Schilderung, vielmehr in erster Linie Ausdeutung des Lebens" sei (KA, M I/5/143). Es geht ihm nicht um Beschreibung, sondern um eine „Analyse der Zeit kurz vor 1914 in Österreich" (an Frederik Schyberg, 11.3.1939, Br I, 956). (→ III.1.7 *Mann ohne Eigenschaften*) Musil selbst war also überzeugt, nicht nur die moderne Welt zu erzählen, sondern auch modern zu erzählen, weil die Form vom Inhalt nicht trennbar sei. Die „Durchdringung von Form und Inhalt" bezeichnet er als „‚Gestalt'", wobei er anmerkt, dass das Ganze mehr sei als seine Teile (*Literat und Literatur*, 1931, GW II, 1218). Ohne hier auf das Konzept der Gestalt und seine psychologischen Implikationen einzugehen, die Musil vorwiegend interessieren (vgl. Salgaro 2012), kann festgehalten werden, dass er mit psychologischen Kategorien zu beschreiben versucht, was im Umkreis des Prager Strukturalismus mit der aus der Sprachwissenschaft stammenden Terminologie etwa Jan Mukařovskýs als Kennzeichen der Kunst herausgearbeitet wurde, nämlich die Untrennbarkeit von Form und Ausdruck und die emotionale Komponente des Kunstwerks sowie die ästhetische Funktion, welche nicht primär auf die Mitteilung eines außerästhetischen Sachverhaltes zielt, sondern auf das Kunstwerk selbst. (→ IV.6 *Gestalttheorie*) In diesem Sinn greift auch die Ansicht zu kurz, Musil habe zwar im Roman über die Problematik des Erzählens reflektiert, sie jedoch selbst nicht umgesetzt (so etwa Becker 2005/06).

5. Metanarrative Äußerungen

Ulf Eisele hat schon 1984 den *MoE* als einen ‚Literaturroman' aufgefasst, der das Erzählen an sich thematisiere. Auch wenn es im *MoE* um mehr als die Selbstreflexion des Erzählens geht, so ist doch nicht zu übersehen, wie zahlreich die metanarrativen Äußerungen im Roman sind (vgl. Wolf 2010). So wie Ulrich in Bezug auf sein eigenes Leben kein Erzähler mehr ist (vgl. MoE, 650), wird auch im Ganzen keine Geschichte mehr erzählt (vgl. MoE, 1937), denn nach Musil hängt die moderne Welt „von Wirtschaft, Wissenschaft udgl." ab und funktioniert nicht „nach Art unsrer Romane"

1.3 Roman

(KA, M VII/8/123). Ulrich, der sich bezeichnenderweise verlaufen hat, erkennt, „daß ihm dieses primitiv Epische abhanden gekommen sei, woran das private Leben noch festhält, obgleich öffentlich alles schon unerzählerisch geworden ist und nicht einem ‚Faden' mehr folgt, sondern sich in einer unendlich verwobenen Fläche ausbreitet." (MoE, 650) Ulrich kann sich nicht jener Illusion der meisten Menschen hingeben, „im Grundverhältnis zu sich selbst Erzähler" zu sein (ebd.), eine kohärente Geschichte zu erzählen. Musil weigert sich denn auch, eine Geschichte zu erzählen, wie er in einer Notiz bemerkt: „Die Geschichte dieses Romans kommt darauf hinaus, dass die Geschichte, die in ihm erzählt werden sollte, nicht erzählt wird." (MoE, 1937) Trotz dieser vielzitierten Stellen gibt es keine Untersuchung darüber, mit welchen literarischen Mitteln Musil „die unendlich verwobene[ ] Fläche" (MoE, 650) erzeugt. Festgehalten werden kann, dass Musil viele Geschicht*en* (im Plural) erzählt, jene der ‚Parallelaktion', jene des Untergangs der Donaumonarchie oder jene eines Helden, der keiner ist, jedoch keine Geschicht*e* (im Singular).

Eine Geschichte erzählen hieße, einen Helden einzuführen, dem die Geschichte zustößt, der das Geschehen bestimmt und von ihm bestimmt wird. In einer Welt, die nach dem ‚Prinzip des unzureichenden Grundes', der Statistik und des Mittelmaßes funktioniert, kann es keinen Helden bzw. keine ‚bedeutenden Männer' mehr geben. Ulrich weiß denn auch, dass ein anderer genauso gut das mathematische Problem lösen könnte wie er (vgl. Bouveresse 1993, S. 103). Es hängt nichts mehr vom Individuum ab, das es so auch nicht mehr gibt, denn der Mensch hat nicht mehr nur einen Charakter, sondern mindestens neun (vgl. MoE, 34). In einer solchen Welt gibt es keinen Zusammenhang von Charakter und Geschichte mehr, wie das in den Romanen seit dem 18. Jahrhundert üblich war.

Schließlich wird auf einer höheren Ebene Kakanien selbst die Identität abgesprochen und somit den Kakaniern die Fähigkeit, „die nützliche Einbildung zu verbreiten, daß sie eine Aufgabe hätten." (MoE, 528) (→ V.3 *Kakanien*) Damit ist der Staat in derselben Situation wie Ulrich, und die Berechtigung, warum die Geschichte vom ‚Mann ohne Eigenschaften' gerade in Kakanien, dem ‚Land ohne Eigenschaften', spielen muss, erhält eine weit tiefgreifendere Motivation, als dies in realistisch verfahrenden Romanen der Fall wäre (vgl. Wolf 2011, S. 165–199). Weitere Aspekte einer modernen Romankonstruktion sind das erste Kapitel mit seiner Parodierung einer realistischen Exposition, die erst in Kapitel I/40 erfolgende Beschreibung von Ulrichs Äußerem, die späte Einführung der ‚vergessenen' Schwester, der Verzicht auf chronologische Darstellung der Zeit, die gegenseitige Relativierung der Figuren sowie das essayistische Prinzip, einen Gegenstand von vielen Seiten darzustellen. In ihrer Hilflosigkeit haben die zeitgenössischen Kritiker des Romans oft zum Begriff des Bildungsromans gegriffen, um den *MoE* zu charakterisieren, wogegen sich Musil immer wieder zu Recht gewehrt hat, hat er doch in den drei Versuchen Ulrichs, „ein bedeutender Mann zu werden" (MoE, 35), den Bildungsroman schon gleich zu Beginn außer Kraft gesetzt, indem er ihn bei diesen Versuchen scheitern lässt. Man könnte behaupten, dass Ulrich auch in seinem zweiten Projekt, nämlich „eine angemessene Anwendung seiner Fähigkeiten zu suchen" (MoE, 47), scheitert. Ebenso könnte argumentiert werden, dass der Roman *MoE* selbst gescheitert sei, weil er nicht abgeschlossen worden ist. Dabei übersähe man aber das Problem, vor dem Musil stand, der keine Ideologie vermitteln wollte: Denn jeder Schluss, sei es nun der Erste Weltkrieg oder die Flucht in eine Utopie, hätte dem Roman eine endgültige Bedeutung gegeben. Die Unabschließbarkeit des Romans ist ihm inhärent (vgl. Pike 2007; zu den verschiedenen Romanschlüssen vgl. Fanta 2009). Dies wiederum konnte Musil trotz allen Reflexionen über den Roman nicht erkennen; er konnte sich einen Roman ohne Schluss nicht vorstellen. So notierte er immer neue Möglichkeiten für das Finale des *MoE*, ohne jedoch eine zu realisieren. (→ III.3.4 *Nachlass*) Er erkannte offensichtlich nicht, dass sein Romankonzept, welches neue Möglichkeiten des Menschseins aufzeigen will, mit einem eindeutigen Schluss kollidierte, weil ein solcher notwendig eine der Möglichkeiten privilegiert hätte.

6. Literatur

Becker, Sabina: Von der „Trunksucht am Tatsächlichen". Robert Musil und die neusachliche Moderne. In: Musil-Forum 29 (2005/06), S. 140–160.
Bouveresse, Jacques: L'homme probable. Robert Musil, le hasard, la moyenne et l'escargot de l'histoire. Combas: Éd. de l'Éclat 1993.
Bouveresse, Jacques: La voix de l'âme et les chemins de l'esprit. Paris: Seuil 2001.
Eco, Umberto: Lector in fabula. Die Mitarbeit der Interpretation in erzählenden Texten. [ital. 1979] München: Hanser 1987.
Eisele, Ulf: Robert Musil: *Der Mann ohne Eigenschaften*. In: ders.: Die Struktur des modernen deutschen Romans. Tübingen: Niemeyer 1984, S. 114–150.
Fanta, Walter: Die Entstehungsgeschichte des *Mann ohne Eigenschaften* von Robert Musil. Wien u. a.: Böhlau 2000.
Fanta, Walter: Krieg & Sex – Terror & Erlösung im Finale des *Mann ohne Eigenschaften*. In: Hans Feger, Hans-Georg Pott, Norbert Christian Wolf (Hg.): Terror und Erlösung. Robert Musil und der Gewaltdiskurs in der Zwischenkriegszeit. München: Fink 2009, S. 209–225.
Glander, Kordula: „Leben, wie man liest". Strukturen der Erfahrung erzählter Wirklichkeit in Robert Musils Roman *Der Mann ohne Eigenschaften*. St. Ingbert: Röhrig 2005.
Joung, Phillan: Passion der Indifferenz. Essayismus und essayistisches Verfahren in Robert Musils *Der Mann ohne Eigenschaften*. Münster u. a.: LIT 1997.
Kayser, Wolfgang: Die Anfänge des modernen Romans im 18. Jh. und seine heutige Krise. In: Deutsche Vierteljahrsschrift für Literaturwissenschaft und Geistesgeschichte 28 (1954), S. 417–466.
Lukács, Georg: Theorie des Romans. Ein geschichtsphilosophischer Versuch über die Formen der großen Epik. Berlin: Cassirer 1920.
Maier-Solgk, Frank: Sinn für Geschichte. Ästhetische Subjektivität und historiologische Reflexion bei Robert Musil. München: Fink 1992.
Martens, Gunther: Beobachtungen der Moderne in Hermann Brochs *Die Schlafwandler* und Robert Musils *Der Mann ohne Eigenschaften*. Rhetorische und narratologische Aspekte von Interdiskursivität. München: Fink 2006.
Mukařovský, Jan: Ästhetische Funktion, Norm und ästhetische Wert als soziale Fakten. [1935] In: ders.: Kapitel aus der Ästhetik. Frankfurt a. M.: Suhrkamp 1966, S. 7–112.
Nübel, Birgit: „Totalität" und „relative Totale". Randbemerkungen zu Georg Lukács und Robert Musil. In: Günter Helmes u. a. (Hg.): Literatur und Leben. Anthropologische Aspekte in der Kultur der Moderne. Tübingen: Narr 2002, S. 213–231.
Nusser, Peter: Musils Romantheorie. Den Haag u. a.: Mouton 1967.
Ortega y Gasset, José: Roman. In: ders.: Die Aufgabe unserer Zeit. Zürich: Neue Schweizer Rundschau 1928.
Pike, Burton: *Der Mann ohne Eigenschaften*: Unfinished or without End? In: Philip Payne, Graham Bartram, Galin Tihanov (Hg.): A Companion to the Works of Robert Musil. Rochester u. a.: Camden House 2007, S. 355–369.

Reich-Ranicki, Marcel: Robert Musil. Der Zusammenbruch eines großen Erzählers. In: ders.: Sieben Wegbereiter. Schriftsteller des 20. Jahrhunderts. Stuttgart, München: DVA 2002, S. 155–202.
Rohde, Erwin: Der griechische Roman und seine Vorläufer. [1876] 3. Aufl. Leipzig: Breitkopf & Härtel 1912.
Salgaro, Massimo: Robert Musil teorico della ricezione. Contiene il saggio inedito *La psicotecnica e la sua possibilità di applicazione nell'esercito*. Bern u.a.: Lang 2012.
Scheunemann, Dietrich: Romankrise. Die Entstehungsgeschichte der modernen Romanpoetik in Deutschland. Heidelberg: Quelle & Meyer 1978.
Sławiński, Janusz: Literatur als System und Prozeß. Strukturalistische Aufsätze zur semantischen, kommunikativen, sozialen und historischen Dimension der Literatur. Ausgewählt, übersetzt, kommentiert u. eingeleitet v. Rolf Fieguth. München: Nymphenburger 1975.
Steinecke, Hartmut: Romanpoetik von Goethe bis Thomas Mann. Entwicklungen und Probleme der „demokratischen Kunstform". München: Fink 1987.
Wolf, Norbert Christian: „Die reale Erklärung des realen Geschehens interessiert mich nicht." Robert Musil und der Realismus – Eine Nachlese mit Forschungsperspektiven zum *Mann ohne Eigenschaften*. In: Kwartalnik Neofilologiczny 54 (2007), H. 2, S. 115–135.
Wolf, Norbert Christian: Warum Moosbrugger nicht erzählt. Zur metanarrativen Funktion psychopathologischen Wissens in Musils Roman *Der Mann ohne Eigenschaften*. In: Jahrbuch der Deutschen Schillergesellschaft 54 (2010), S. 329–362.
Wolf, Norbert Christian: Kakanien als Gesellschaftskonstruktion. Robert Musils Sozioanalyse des 20. Jahrhunderts. Wien u.a.: Böhlau 2011.
Zeller, Rosmarie: Musils künstlerische Lösungen zur Darstellung der Krise des Wertsystems und der Ideologie in der Moderne. In: Pierre Béhar, Marie-Louise Roth (Hg.): Musil an der Schwelle zum 21. Jahrhundert. Bern u.a.: Lang 2005, S. 55–78.
Zima, Pierre V.: L'ambivalence romanesque. Proust, Kafka, Musil. Paris: Le Sycomore 1980.
Ziolkowski, Theodore: Strukturen des modernen Romans. Deutsche Beispiele und europäische Zusammenhänge. München: List 1972.
Žmegač, Viktor: Der europäische Roman. Geschichte seiner Poetik. Tübingen: Niemeyer 1990.

1.4 Lyrik

Arno Rußegger

Die wenigen lyrischen Texte Musils, die erhalten sind, erreichen nicht das literarische Niveau seiner Prosatexte. Bis auf drei Ausnahmen (*An ein Zimmer*; *Tanz im Freien*; *Isis und Osiris*) wurden sie, wohl nicht zuletzt wegen der kritischen Einschätzung des Autors selbst, zu seinen Lebzeiten nicht publiziert. In der Edition des Nachlasses sind aber immerhin weitere 22 lyrische Entwürfe als „verstreut überlieferte, im Prinzip nicht direkt zur Veröffentlichung bestimmte Versuche Musils, sich in Gedichtform auszudrücken" (KA, K 14, Gedichte aus dem Nachlass), verzeichnet. Doch wer für die meisten seiner mehr oder weniger namhaften Schriftstellerkollegen nur Hohn und Spott übrig hatte (→ II.6 *Zeitgenössischer Literaturbetrieb*), dem kann nicht entgangen sein, dass auch die eigene Lyrik nur „durch Rhythmus und Reim angewärmt, durch Strophen rund herum gebraten, womöglich noch durch einen Refrain, der wie der Irrsinn wiederkehrt, völlig ausgedörrt" worden ist (*Rede zur Rilke-Feier*, 1927, GW II, 1232).

Die lebensgeschichtliche Phase, in der Musil immer wieder eine entsprechende „affektive Grundstimmung" für das „Entstehen eines Gedichts" (*Literat und Lite-*

ratur, 1931, GW II, 1213) verspürt haben muss, wird heute von der Forschung zwischen 1898 und Anfang der 1920er Jahre eingegrenzt. Im Stile typischer Gelegenheitsdichtungen bleiben Musils Gedichte formal höchst konventionell. Oft angesiedelt zwischen einem „uns" bzw. einem lyrischen Ich und einem „du", scheint das Ringen um den Endreim im Vordergrund zu stehen, und sei es um den Preis vieler Duplikationen und Wortverdrehungen. Hinzu kommen die immer gleichen (rhetorischen) Fragen und eine Unzahl von Versanfängen mit „Und ...", „Der/Die/Das ..." und „Wie ...". Aufgrund der offensichtlichen Beschränktheit der zur Anwendung gebrachten Mittel verhärtet sich der Eindruck, es handle sich um Formulierungsproben, handwerklich unbeholfene Umstellungsvarianten von Versen als Fingerübungen, hausbacken in ihrer Bildlichkeit; einige Gedichte wirken sogar komisch, so als wären sie als vorsätzliche Verballhornungen lyrischen Sprechens gemeint.

Inhaltlich setzen Musils lyrische Einfälle einerseits bei konkreten Ereignissen (wie Theater- und Konzertbesuchen in Brünn) an; einige satirisch gefärbte Verse mit tagesaktuellem Bezug (vgl. „Dernburg", KA, M IV/2/244; datiert auf 1907/08) klingen unfreiwillig kabarettistisch. Andererseits sind da und dort aber motivische Zusammenhänge erkennbar, die für den Dichter bedeutungsvolle Positionen und Imaginationen markieren. Dazu gehören: die Einsamkeit des lyrischen Ich und dessen melancholisch gestimmte Rückblicke in die Vergangenheit; Selbstreflexion; (schwebendes) Gehen bzw. Tanzen; Singen bzw. Lied(er); Traum und Tagtraum; die Seele und Seligkeiten; der sich entgrenzende, nach allen Richtungen hin öffnende Raum, sei es in einem Zimmer oder im Freien unter offenem Sternenhimmel bei Nacht; Liebespaare, deren Getändel zunächst aus einer beobachtenden, seltsam moralisierenden, mitunter obszönen Perspektive und erst später, wenn es um das eigene Begehren einer geliebten Frau gegenüber geht, in gelösterer, wenngleich „dunkel bitterer" Weise geschildert wird (Corino 2003, S. 1039) – bis hin zu Musils bekanntestem Gedicht *Isis und Osiris* (Erstpublikation 1923), das ihm, wie schon in Bezug auf *Die Verwirrungen des Zöglings Törleß* (1906), einmal mehr moralische Bedenken seitens der Leserschaft einbringen sollte.

Als *Isis und Osiris* im Jahre 1935 in einer Anthologie zeitgenössischer Lyrik neuerlich gedruckt werden sollte und der Herausgeber Ernst Schönwiese eine Textänderung vorschlug, um das göttliche Geschwisterpaar aus der altägyptischen Sagenwelt am gegenseitigen Aufessen der Herzen zu hindern, notierte Musil in sein Arbeitsheft 34 folgende, berühmt gewordene Bemerkung: „An Isis-Osiris-Gedicht erinnert. Es enthält in nucleo den Roman. Man hat dem Roman Perversität vorgeworfen: Entgegnung: Das Archaische und das Schizophrene äußern sich künstlerisch übereinstimmend, trotzdem sind sie total-verschieden. Ebenso kann das Geschwistergefühl pervers, und es kann Mythos sein." (Tb I, 847) Der Erörterung des hier verwendeten Mythos-Begriffs sind im Laufe der Musil-Forschung immer wieder Beiträge unter verschiedensten Gesichtspunkten (vor allem der Geistes- und Kulturgeschichte, Poetologie, Philosophie, Psychologie, Gender Studies) gewidmet worden (vgl. Frank 1983; Müller 1983; Perronnet 1983; Rußegger 1988; Gutjahr 1990; von Jagow 2003; Harzer 2004; Agnese 2005; Mitterer 2007), zumal der Autor „Kausalitäts-Freiheiten" daran knüpfte und eine „Unlogik, die doch noch eine gewisse eigene Geschlossenheit besitzt, und die aufgelösten Elemente der Realität nach Gefühlszusammenhängen verbindet." (Tb II, 1237f.) Diesbezüglich kommt es Musil auf Parallelen zwischen Mythos und Gedichten an, die er wiederum mit besonderen ästhetischen Qualitäten generell vergleicht, welche im Kunstwerk eine „Sprengung des normalen Totalerlebnisses" (*Ansätze zu neuer Ästhetik*, 1925, GW II, 1145) und stattdessen ein „anderes Verhalten zur Welt" (GW II, 1141) im Sinne eines ‚anderen Zustands' (vgl. GW II, 1147) bewirken. (→ VII.2 *Anderer Zustand*)

Während also die Praxis durchaus zu wünschen übrig ließ, vermochte sich Musil als Lyrik-Theoretiker ein weitaus geschliffeneres Profil zu geben (vgl. etwa den Abschnitt „Der Geist des Gedichts" in dem Essay *Literat und Literatur*, GW II, 1211–1217, bes. 1215). Er vertrat stets einen emphatischen Dichter-Begriff und nahm ihn auch für sich in Anspruch, im Sinne eines Mannes, „der die Gewohnheitseinstellung des Betrachtens durchbricht." (KA, M IV/1/13) In mehreren Essays (z. B. *Skizze der Erkenntnis des Dichters*, 1918; *Literat und Literatur*, 1931) ging er der Art und Wirkung poetischen Schreibens auf den Grund. Im Jahre 1927 feierte er Rainer Maria Rilke (vgl. Böschenstein 1999) als die große Ausnahme und Verkörperung einer geradezu idealen Dichterpersönlichkeit (vgl. *Rede zur Rilke-Feier*). Rilkes Gedichte gehörten eben nicht zur „Sammlung lyrischer Marterwerkzeuge zum Schulgebrauch" (GW II, 1232); mit ihrer Hilfe lasse sich ein anderes „Lebensgefühl beschreiben", ein „Einbezogensein des Kleinsten ins Größte" (GW II, 1239), eine „Inseitigkeit" als „reiner Vorgang und Gestaltung geistiger Mächte, die [...] zum erstenmal Namen und Stimme bekommen." (GW II, 1241) Musil schien es „nebensächlich, Formzusammenhängen oder selbst -abhängigkeiten nachzuspüren oder um die Bewertung einzelner Elemente zu streiten." (ebd.) Er wandte sich strikt gegen rationalistische Erklärungsmodelle von lyrischen Darstellungsmerkmalen und -elementen, die erst in der Synthese ihr „innere[s] Wesen" („Der Geist des Gedichts", GW II, 1211) offenbarten, das darin bestehe, „den Worten ihre Freiheit" wiederzugeben (GW II, 1213). Diese sprachanarchische Qualität ist im Griechischen auch dem Begriff des Mythos eingeschrieben, der Worte gleichsam im Zustand ihrer Wildheit erfasst (vgl. Frank 1983, S. 17). So schließt sich der Kreis zwischen Gedichten, Mythos und neuer Ästhetik im Sinne Musils.

Als kurze Zusammenfassung von Musils Gedicht-Hypothesen soll hier nochmals eine Stelle im Nachlass zitiert werden, der viele Argumentations- und Gedankenlinien Musils in umstandsloser Direktheit überliefert: „Dinge, die sich nicht anders als in Versen aussprechen lassen, wären also Dinge, die sich überhaupt nicht recht aussprechen lassen, die in Wahrheit gar nicht unser Besitz, gar nicht da sind und von denen wir in der Extase [!] eine Illusion in uns erregen. (Gedichte sind eine domestizierte Form ekstatischer Zustände)" (KA, M IV/1/12).

Literatur

Agnese, Barbara: Isis und Osiris. Mythos und Doppelgeschlechtlichkeit der Seele bei Robert Musil und Ingeborg Bachmann. In: Françoise Rétif, Ortrun Niethammer (Hg.): Mythos und Geschlecht – Mythes et différences des sexes. Heidelberg: Winter 2005, S. 73–84.

Böschenstein, Bernhard: Musils *Rede zur Rilke-Feier*. In: Pierre Béhar, Marie-Louise Roth (Hg.): Literatur im Kontext Robert Musil. Bern u. a.: Lang 1999, S. 141–152.

Charrière-Jacquin, Marianne: *Der Mann ohne Eigenschaften* als Suche nach einer hermaphroditischen Sprache. Wechselspiel des Konvexen und Konkaven. In: Josef Strutz, Johann Strutz (Hg.): Robert Musil – Literatur, Philosophie, Psychologie. München, Salzburg: Fink 1984, S. 73–90.

Corino, Karl: Robert Musil. Eine Biographie. Reinbek b. Hamburg: Rowohlt 2003.
Frank, Manfred: Die Dichtung als ‚Neue Mythologie'. In: Karl Heinz Bohrer (Hg.): Mythos und Moderne. Begriff und Bild einer Rekonstruktion. Frankfurt a.M.: Suhrkamp 1983, S. 15–40.
Gutjahr, Ortrud: „... den Eingang ins Paradies finden." Inzest als Motiv und Struktur im Roman Robert Musils und Ingeborg Bachmanns. In: Josef Strutz, Endre Kiss (Hg.): Genauigkeit und Seele. Zur österreichischen Literatur seit dem Fin de siècle. München: Fink 1990, S. 139–157.
Harzer, Friedmann: Salmacis und Isis. Zum Hermaphroditismus bei Ovid und Musil. In: Karin M. Eichhoff-Cyrus (Hg.): Adam, Eva und die Sprache. Beiträge zur Geschlechterforschung. Mannheim u.a.: Dudenverlag 2004, S. 220–239.
Jagow, Bettina von: Liebe und Tabu. Zum Kulturtransfer des Isis-Osiris-Mythos in die Moderne. Ingeborg Bachmanns *Der Fall Franza* und Robert Musils *Isis und Osiris*. In: Orbis Litterarum 58 (2003), H. 2, S. 116–134.
Mitterer, Nicola: Liebe ohne Gegenspieler. Androgyne Motive und moderne Geschlechteridentitäten in Robert Musils Romanfragment *Der Mann ohne Eigenschaften*. Graz: Leykam 2007.
Müller, Götz: Isis und Osiris. Die Mythen in Robert Musils Roman *Der Mann ohne Eigenschaften*. In: Zeitschrift für deutsche Philologie 102 (1983), H. 4, S. 583–604.
Neumann, Gerhard: Androgynie und Inzest. Robert Musils Theorie der Liebe. In: Hans Weichselbaum (Hg.): Androgynie und Inzest in der Literatur um 1900. Salzburg, Wien: Otto Müller 2005, S. 151–180.
Nübel, Birgit: Robert Musil – Essayismus als Selbstreflexion der Moderne. Berlin, New York: de Gruyter 2006.
Perronnet, Jacques: *Isis und Osiris*. In: Gudrun Brokoph-Mauch (Hg.): Beiträge zur Musil-Kritik. Bern u.a.: Lang 1983, S. 273–288.
Rußegger, Arno: *Isis und Osiris*. Zur Metafiktionalität in Musils Ästhetik-Theorie. In: Sprachkunst 19 (1988), S. 1–20.
Rußegger, Arno: Kinema mundi. Studien zur Theorie des „Bildes" bei Robert Musil. Wien u.a.: Böhlau 1996.
Seidel, Sebastian: Dichtung gibt Sinnbilder. Die Sehnsucht nach Einheit. Das Lebensbaum-Mythologem und das Isis-Osiris-Mythologem in Robert Musils Roman *Der Mann ohne Eigenschaften*. Frankfurt a.M. u.a.: Lang 2001.
Titche, Leon L.: The concept of the hermaphrodite. Agathe and Ulrich in Musil's novel *Der Mann ohne Eigenschaften*. In: German Life and Letters 23 (1969/70), S. 160–168.

2. Kunst

2.1 Bildende Kunst
Sabine Schneider

1. Bildtheorie 679
2. Poetologie des Bildes 680
3. Malerei und Schöpfungsakt 681
4. Kunstkritik 682
5. Forschung 683
6. Literatur 684

1. Bildtheorie

Ein zentraler gemeinsamer Fluchtpunkt von Musils poetologischen, kunst- und medienästhetischen, literatur- und kunstkritischen wie auch anthropologisch-psychologischen Überlegungen ist das Bemühen um eine Theorie des Bildes. Musils Bildkonzept ist dabei weit gefasst und fokussiert zugleich. Weit insofern, als es sowohl die wahrnehmungsphysiologischen Aspekte der optischen Eindrücke und ihrer zerebralen Verarbeitung einschließt, die Musil als Experimentalpsychologe und Erfinder des Farbkreisels erforschte (vgl. Hoffmann 1997, S. 61–88), als auch die affektiven, psychopathologischen und ethnologischen Gesetze der Einbildungskraft, ferner die Darstellungsmittel der bildenden Künste in Malerei, Skulptur, Fotografie und Film und schließlich die rhetorischen Tropen und die erzähltechnischen Mittel der Poesie (vgl. Rußegger 1996, S. 11–36).

Fokussiert ist dieser weitgefasste Bildbegriff insofern, als ihm ein implizites Konzept von der Leistung des Bildes zugrunde liegt, das für Musil die verschiedenen Bildbegriffe vergleichbar macht und auf das hin er die Bildrealisierungen in den verschiedenen Künsten und Medien kritisch befragt. Bilder sind in Musils konstruktivistischer Darstellungstheorie ein Medium der Welterkenntnis durch Weltgestaltung. Sofern sie erstarrte, insbesondere begriffliche Konventionen des Weltbezugs auflösen, sind sie die kreative welterschließende Kraft schlechthin, die mit der Welterfahrung auch die Erkenntnis der inneren „Erlebnisse" transportiert, welche die eigentlichen „Realitäten" sind (*Die Wallfahrt nach innen*, GW II, 1447).

Vor das Tribunal der „Bannung des optischen Teils unserer Existenz", wie sie „gute Malerei" „trifft", indem sie uns sehen lehrt (*Wiener Nachträge*, GW II, 1523), und der spezifischen Erlebnisqualität dieser Wahrnehmungsform zitiert Musil als Kunstkritiker insbesondere die künstlerischen Realisierungen von Bildwelten. Es ist der Maßstab für seine Urteile, die er als Kunstkritiker fällt, und die Grundlage für seine Kunsttheoreme (vgl. Roth 1972, S. 307–324).

Musils theoretische Auseinandersetzung mit den Bildkünsten ist intensiv und vielgestaltig. In essayistischer Form befasst er sich 1911 mit der Affinität der bildenden Kunst zu extremen Seelenlagen und zur Psychopathologie (vgl. *Das Unanständige und Kranke in der Kunst*, GW II, 977–983, wieder aufgegriffen 1922 in *Mediale Zeichnungen*, GW II, 1596–1598). Die Erkenntnis, dass der Wert einer künstlerischen Äußerung darin liegt, Erschütterungen des gewohnten Weltbilds zu provozieren und

Dinge zu zeigen, „die noch wenige gesehen haben", und zwar „erobernd, nicht pazifizierend" (GW II, 981), wird im zweiten großen Kunstessay 1925 am Medium des Films konkretisiert. *Ansätze zu neuer Ästhetik. Bemerkungen über eine Dramaturgie des Films* (GW II, 1137–1154) ist mehr als eine Rezension zu Béla Balázs' filmtheoretischem Standardwerk *Der sichtbare Mensch* (1924), vielmehr die ausführlichste Grundlegung von Musils künstlerischer Bildtheorie. Mit Balázs interessiert Musil am Film weniger die narrative Verknüpfung als die Isolierung der optischen Welt im stummen Kinobild als „Flächenkunst" (Balázs 2001, S. 27). (→ III.2.1 *Essays*) Nicht der illusionierenden Kraft der Bewegung ist er auf der Spur, sondern den Phänomenen der verfremdeten Wahrnehmung im „Nursichtbaren" des Films, die er mit psychopathologischer Terminologie „Abspaltung" (GW II, 1139) oder „Sprengung des normalen Totalerlebnisses" (GW II, 1145) nennt. Gerade das „verstümmelte[ ] Wesen" des Films „als ein auf bewegte Schatten reduziertes Geschehen" (GW II, 1138) hebe in der Überwertigkeit des Sichtbaren die sonst unbemerkbare Potenz der stummen Dinge hervor. Durch die isolierende Verfremdung der gewohnten Wahrnehmung, die Musil auch in anderen Kontexten immer wieder mit der Medienmetapher der Glasscheibe vergleicht („gleichsam unter Glas gesetzt dadurch, daß man es nur sieht", GW II, 1148; vgl. Tb I, 1: „monsieur le vivisecteur"), wird das Sehen zum Ereignis mit einem „Zuwachs an Eindrücken" (GW II, 1139), zu einer vertieften „Schau", in der sich „die ganze Unendlichkeit und Unausdrückbarkeit, welche alles Daseiende hat" (GW II, 1148), entfalte. Wie im ersten Kunstessay von 1911 wird auch im Filmessay ein diskursiver Bezug des künstlerischen Mediums zur Psychopathologie, aber auch zur Ethnologie der Bildproduktion hergestellt. (→ IV.9 *Ethnologie*) Demnach unterhält das moderne Medium des Films über die Art seiner Bildwahrnehmung und seine von der Begriffslogik abweichenden affektiven Verknüpfungen eine untergründige Beziehung zu menschheitsgeschichtlich frühen Zuständen des Bewusstseins, die in psychopathologischen wie auch sonstigen extremen Seelenlagen als atavistische Relikte weiterhin präsent sind und eine tiefere Wirklichkeitsschicht erlebbar machen. Die durchgängige Bindung von Musils Kunsttheorie (wie auch seiner eng damit verknüpften, gleichsam parallel dazu konzipierten Poetologie) an ein Konzept der visionären ‚Schau', welches die alleinige Geltung der begrifflichen Distinktionen momenthaft infrage stellt und durch ein partizipatorisches Verschmelzen und analogisches Verknüpfen unterläuft, tritt in der „Mystik des Films" (GW II, 1143) besonders evident hervor (vgl. Schneider 2006, S. 308–322). (→ VI.3.2 *Kino*)

2. Poetologie des Bildes

Musils vergleichendes Interesse gilt in allen seinen Bildreflexionen stets auch den Bildpotenzen der Literatur. So lässt sich die Bildästhetik des Filmessays auch als poetologischer Rechenschaftsbericht über seine Novellenproduktion der 1910er und 1920er Jahre lesen. Musil bestimmt die experimentelle Form der Novelle durch dieselbe mit visionärer Bildhaftigkeit verbundene Erlebnisqualität wie die bildende Kunst und den Film: „In diesem einen Erlebnis vertieft sich plötzlich die Welt oder seine Augen kehren sich um; an diesem einen Beispiel glaubt er zu sehen, wie alles in Wahrheit sei: das ist das Erlebnis der Novelle." (*Literarische Chronik*, 1914, GW II, 1465) Wie die Bildkünste eine Augenblicksstruktur haben, die Verdichtung und nicht narrative Entfaltung impliziert, so „entfalten" auch die Novellen keinen narrativen

Erzählfaden, sondern „falten ein" (Tb I, 350). (→ VI.1.2 *Novelle*) Analog interessiert sich Musil als Kunstkritiker für malerische Darstellungen, die „Augenblicksquerschnitt[e]" verdichten, „ohne daß [...] der kleinste Erzählungsfaden herausstünde, und über das Bild hinausweise." (*Wiener Kunstausstellungen*, 1924, GW II, 1642) Erzähltechnisch umgesetzt wird das in den beiden Novellen der *Vereinigungen* durch die Darstellung von aus der Handlungslogik herausgesprengten Tableaus einer von Begriffslogik entbundenen Visualität („von einer ungeheure Sichtbarkeit durchschauert", GW II, 165), in denen wie in expressionistischen Bildräumen die Raumwahrnehmung sich verzerrt und die Hierarchien zwischen unbelebten Räumen und belebten Figuren sich umkehren (vgl. GW II, 165, ferner 171f., 176, 179 u. 181–183). Ein weiteres Mittel ist das der analogischen Vernetzungen durch den Mastertropus des Vergleichs (vgl. Biere 2012, S. 349–406). (→ III.1.3 *Vereinigungen*; VIII.4 *Gleichnis*)

3. Malerei und Schöpfungsakt

Musils Poetik und seine Grundgedanken zur Ästhetik und bildenden Kunst stützen sich somit gegenseitig. Das zeigen seine Texte zu den Bildkünsten im engeren Sinn, in denen der Malerei der wichtigste Status zukommt. Die herausgehobene Bedeutung der Malerei (neben dem Film) hängt sicherlich mit dem malerischen Wirken seiner Frau Martha Musil zusammen, die eine Schülerin Lovis Corinths war (vgl. Roth 1972, S. 311f.). Außerdem war Robert Musil befreundet mit den Wiener Kunsthistorikern und Vertretern der ‚Neuen Wiener Schule der Kunstgeschichte' Otto Pächt und Bruno Fürst. Dazu kam Musils enge Freundschaft mit dem Kunsthistoriker Johannes von Allesch, der ihn schon als Jüngling bei regelmäßigen Galerie-Besuchen in die Kunstbetrachtung einführte (vgl. Corino 2003, S. 235–247). Besonderes Interesse bringt Musil den Biografien von Malern entgegen, dem visionären Erlebnis als Produktivkraft. Im Nachlass (vgl. KA, M IV/3/252–268) finden sich aus der Zeit nach dem Ersten Weltkrieg umfangreiche kommentierte Exzerpte aus dem Briefwechsel Vincent van Goghs mit seinem Bruder, insbesondere aus der Einleitung der 1914 erschienenen Briefausgabe Johanna van Gogh-Bongers, die als Vorarbeiten für einen nicht realisierten werkbiografischen Essay über den Maler dienen sollten. Musil sucht nach dem „erste[n] Heraufquellen" (KA, M IV/3/255) der visionären Wahrnehmungs- und Gestaltungskraft. Er interessiert sich für die künstlerische Prägung der „religiöse[n] Färbung" (ebd.), die er ausschließlich als „ein[en] Vorwand, eine Maske der Kraft" (KA, M IV/3/258) ansieht, und für die psychopathologischen Anteile einer radikal künstlerischen Existenz, die sich als kommunikative Lähmung in der rationalen Welt äußert. In ihr erkennt Musil „nichts als die Unfähigkeit sich anders als in seinem Werk auszudrücken. M.a.W. die Brückenlosigkeit zwischen der Welt des Künstlers und der rationalen usw. Welt." (KA, M IV/3/261) Paradigma des absoluten Künstlers ist der Mystiker van Gogh, dessen „Erlebnisse [...] Realitäten" werden (*Die Wallfahrt nach innen*, GW II, 1447). So habe die Mystik als schöpferische Kraft in den „Augen van Goghs, wenn er eine Kaffeekanne oder einen Gartenweg ansah, das Menschliche um mancherlei Grenzerlebnisse erweitert." (ebd.) Im Roman *Der Mann ohne Eigenschaften* (*MoE*) ist dieses Künstlerparadigma aufgegeben oder – so Walter Fanta – allenfalls „in der Beziehung zwischen Clarisse, die Kunst absolut erlebt und lebt, und dem Kunst-Beamten Walter" als Spaltung zwischen dem „vitalistischen Prinzip eines der Kunst geweihten Lebens und einem pragmatischen Dilettantismus"

(Fanta 2011, S. 583) ausgedrückt. In der Sammlung barocker und gotischer Skulpturen des Finanzmanns Arnheim ist die Mystik der alten Kunst nur noch unverstandenes und seines Kontextes beraubtes Relikt einer verlorenen seelischen Kraft des Künstlerischen. Die verzückten Heiligen, „losgelöst aus ihrer ursprünglichen Umgebung und in einem fremden Zimmer vereinigt, machten den Eindruck einer Katatonikerversammlung in einem Irrenhaus." (MoE, 187; vgl. eine ähnliche Charakteristik einer Ausstellung mittelalterlicher österreichischer Skulpturen im Palais Esterházy 1924 in *Wiener Kunstausstellungen*, GW II, 1641) Der letzte Mystiker der Kunst, van Gogh, wird im Roman herabgewürdigt zum Gegenstand des Kunstgeschwätzes kunstbeflissener reicher Damen, die ihn als Gegenstand der „Erhebung" und nebenbei als „ausgezeichnete Kapitalanlage" ansehen (MoE, 752). Clarissens Vater, der „bekannte[ ] Maler[ ] van Helmond, dessen genialstes Werk seine Tochter Clarisse war", betreibt seinen Beruf als Dekorateur alter Schlösser für die Aristokratie und wird von seiner Tochter als deren „Schönheitsarzt" bezeichnet, „[a]lso dunkel, vornehm, prächtig, üppig, gepolstert, bewimpelt und bewedelt" (MoE, 291). Was nach der Demontage des schöpferischen Künstlerbildes in der „Vereinigung von Seele und Wirtschaft" (MoE, 107) bleibt, ist die ironische Kritik am erstarrten und gleichförmigen Weltbezug einer unkünstlerischen Gegenwart mit ihren vorgestanzten Einteilungen, in der das Leben „sich in die paar Dutzend Kuchenformen stürzt, aus denen die Wirklichkeit besteht", und die dafür sorgt, „daß nur Seinesgleichen geschieht" (MoE, 591).

4. Kunstkritik

Vor dem Hintergrund des radikalen künstlerischen Anspruchs, den Musil an die Malerei als weltschöpfendes Erkenntnismedium stellt, ist seine kulturpessimistische Kritik am Stilpluralismus sowie am Kunstbetrieb nur folgerichtig (vgl. *Stilgeneration oder Generationsstil*, GW II, 661–663; *Der Malsteller*, GW II, 570–572). Musil verfasste fünf Berichte über Wiener Ausstellungen für die *Prager Presse* und die *Deutsche Allgemeine Zeitung* in den Jahren 1921 bis 1924, die sich auf Präsentationen in der Albertina, der Nationalbibliothek, dem Künstlerhaus und der Sezession sowie der Neuen Galerie beziehen und das Panorama der Wiener Künstlervereinigungen und Kunstrichtungen vom Vorimpressionismus bis zum Expressionismus zeigen, ohne eine besondere Vorliebe oder wertende Stellungnahme für eine Strömung erkennen zu lassen (vgl. *Kunst-Ein- und Ausdrücke*, GW II, 1481–1483; *Wiener Frühjahrsausstellungen*, GW II, 1585–1587; *Mediale Zeichnungen*, GW II, 1596f.; *Wiener Kunstausstellungen*, GW II, 1640–1644; *Wiener Kunsttagebuch*, GW II, 1656–1659). Dazu kommen ebenfalls in den 1920er Jahren einige satirische Glossen in der Tagespresse (*Stilgeneration und Generationsstil*, GW II, 664–667; *Intensismus*, GW II, 681–683; *Der Malsteller*, GW II, 570–572; *Denkmale*, GW II, 604–608), von denen er die beiden letztgenannten 1936 in den *Nachlaß zu Lebzeiten* aufnahm (GW II, 506–511). Da die bildende Kunst für Musils emphatisches Kunstverständnis ein individuelles Erlebnis und eine dem Kunstbetrieb entrückte schöpferische Begegnung eines Einzelnen mit einer ihn erschütternden neuen Dimension des Wahrnehmens und deren Gestaltung ist, steht er der Kollektivierung von „Generationsstilen" (GW II, 662) und damit den Programmatiken von Kunstrichtungen grundsätzlich kritisch gegenüber. Sie werden einer oberflächlichen Kunstbetriebsamkeit zugeordnet, welche in den Ausstellungen ein „Tapetenmuster" von Kunstrichtungen (GW II, 509) und damit die „Charakterlosigkeit eines Warenhauses" zeigten, „in dem alle Kunstrichtungen durcheinander feilgeboten wurden" (GW II, 1640). Die beschleunigte Abfolge der Stile wird nicht von den wahren Künstlern, sondern den Epigonen produziert, die in Ermangelung schöpferischer Erlebnisse wenige malerische Formeln nachahmend variierten. Demgegenüber hebt Musil einzelne Meisterwerke verdichteter originärer Bildlichkeit hervor, wie er sie bei Paul Klee oder in Steinzeichnungen Marc Chagalls (Erinnerungsbilder als „ein Gitter mit daranhängenden Stoffresten", GW II, 1642) findet.

Ebenfalls in der *Prager Presse* erscheint Musils ins Grundsätzliche ausgreifende Rezension der kunstwissenschaftlichen Monografie seines Freundes und Mentors in Fragen der bildenden Kunst Johannes von Allesch, der 1921 publizierten *Wege zur Kunstbetrachtung*. Musil entwickelt in dieser Rezension eine Hermeneutik der Kunstrezeption, die auf die Brückenlosigkeit zwischen wortlosem Bilderlebnis und Begriffssprache reagiert. Gegenstand des Bildes in Musils Verständnis ist „niemals ein restlos rationaler Satz, sondern etwas, das sich nur schwer artikulieren läßt, eine wortlose Affektation, ein Erlebnis" (GW II, 1517). Die Antwort auf die sprachkritische Frage: „Wie bekommt man also dieses *alogisch* Erlebte in die Fassung von Begriffen? Mit andren Worten heißt das: wie wird Kritik überhaupt möglich?" (ebd.), findet Musil in einer Position des Verstehens als Formulierung eines hermeneutischen Zirkels zwischen den Teilen – identifizierbar als Teile „im psychologischen, nicht im räumlichen Sinn", denen „Ausdruckswerte" zugeordnet sind (GW II, 1518) – und dem Ganzen sowie als historische Prozessualität und Pluralisierung der Auslegung (vgl. GW II, 1521). (→ III.2.1 *Essays*) Eine gestalttheoretische Grundauffassung der Wahrnehmung mit Theoremen wie ‚Übersummativität' im Verhältnis von Teil und Ganzem sowie den psychischen Gestaltqualitäten, wie Musil sie in seinem Berliner Studium bei Carl Stumpf kennenlernte und die für sein gesamtes Werk prägend blieb (vgl. Bonacchi 1998; Corino 2003, S. 227–234), verbindet sich hier mit klassischer Hermeneutik. (→ IV.6 *Gestalttheorie*) Gegen diese hermeneutische Selbstdisziplin verstoßen seiner Meinung nach die „Begriffskoliken" der kunstbetriebsamen Kunstkritik („Die große Malerei ist taubstumm", GW II, 1482), aber auch die „gebatikte Metaphysik Maeterlincks" (MoE, 103) sowie Wassily Kandinskys „liebenswürdiges Buch *Über das Geistige in der Kunst*" (GW II, 1643).

5. Forschung

Zu Musils genuinen Beiträgen zur bildenden Kunst existiert wenig jüngere Forschung. Die aktuellste Monografie von Marie-Louise Roth stammt aus dem Jahr 1972. Walter Fanta hat 2011 einen hilfreichen, aber knappen Handbuchartikel unter dem Aspekt der ‚Kunstzitate' vorgelegt. Ansonsten wurde das Thema unter das intensiv beforschte Gebiet der Sinnesphysiologie, Gestaltpsychologie wie auch der Poetologie subsumiert und dort eher am Rande behandelt (vgl. Rußegger 1996; Hoffmann 1997; Bonacchi 1998). Für die Bildästhetik Musils im strikten (malerischen, pikturalen) Sinn besteht ebenso noch weiterer Forschungsbedarf wie für die Funktion der erzählten Bilder und Äußerungen zur bildenden Kunst in seinem literarischen Werk, vor allem im Hinblick auf den ‚pictural turn' der Moderne und die neueren Paradigmen der Bildanthropologie.

6. Literatur

Balázs, Béla: Der sichtbare Mensch oder die Kultur des Films. [1924] Frankfurt a.M.: Suhrkamp 2001.
Biere, Florentine: Das andere Erzählen. Zur Poetik der Novelle 1800/1900. Würzburg: Königshausen & Neumann 2012.
Bonacchi, Silvia: Die Gestalt der Dichtung. Der Einfluß der Gestalttheorie auf das Werk Robert Musils. Bern u.a.: Lang 1998.
Corino, Karl: Robert Musil. Eine Biographie. Reinbek b. Hamburg: Rowohlt 2003.
Fanta, Walter: Robert Musil. In: Konstanze Fliedl, Marina Rauchenbacher, Joanna Wolf (Hg.): Handbuch der Kunstzitate. Malerei, Skulptur, Fotografie in der deutschsprachigen Literatur der Moderne. Bd. 2. Berlin, Boston: de Gruyter 2011, S. 582–584.
Hoffmann, Christoph: „Der Dichter am Apparat". Medientechnik, Experimentalpsychologie und Texte Robert Musils 1899–1942. München: Fink 1997.
Roth, Marie-Louise: Robert Musil. Ethik und Ästhetik. Zum theoretischen Werk des Dichters. München: List 1972.
Rußegger, Arno: Kinema mundi. Studien zur Theorie des „Bildes" bei Robert Musil. Wien u.a.: Böhlau 1996.
Schneider, Sabine: Verheißung der Bilder. Das andere Medium in der Literatur um 1900. Tübingen: Niemeyer 2006.

2.2 Musik
Nicola Gess

Musils Verhältnis zur Musik ist zwiespältig. Zwar kommt ihr in seiner Biografie eine besondere Rolle zu, weil sowohl seine Mutter und seine erste Liebe Valerie Hilpert als auch sein Jugendfreund und späterer Nachbar Gustav Donath und dessen Frau Alice sehr gut Klavier spielten (vgl. Corino 2010, S. 5f. u. 14), doch bleibt Musils Verhältnis zur Musik und insbesondere zu romantischer Klaviermusik ambivalent. Statt sie zum Klang von Kindheit und Jugend zu verklären, begegnet er ihr, ob in Tagebüchern oder literarischen Texten, mit tiefem Misstrauen. Das liegt vor allem an ihrer Wirkung auf Emotionen und Einbildungskraft, in der Musil eine Nähe zu Symptomen von Geisteskrankheit erkennt, die ihn aber andererseits auch als ein Spezialfall der emotionalen Beeinflussung von Denk- und Wahrnehmungsprozessen sein Leben lang fasziniert.

Die Musil-Forschung hat sich erst in den letzten Jahren mit Musils Verhältnis zur Musik auseinandergesetzt. Obwohl Clarisses und Walters Klavierspiel eine wichtige Rolle im *Mann ohne Eigenschaften* (*MoE*) spielt, haben sich nur Götz Müller (1972, S. 26–34) sowie später Gislind Pietsch Pentecost (1990, S. 73–96), Marja Rauch (2000, S. 124–128) und insbesondere Barbara Neymeyr (2005) ausführlicher mit der Rolle der Musik und vor allem der musikalisch-philosophischen Säulenheiligen Nietzsche und Wagner für Musils Konturierung dieser beiden Figuren befasst. Dabei betont Neymeyr (2005, S. 116) im Anschluss an Rauch die „Ambivalenz von Affinität und Distanz", die das Verhältnis von Walter und Clarisse in Analogie zu dem von Wagner und Nietzsche bestimmt, zumal Clarisse in ihrer Kritik an Walter typische Denkfiguren aus Nietzsches Kritik an Wagner übernimmt (vgl. ebd.; vorher schon Müller 1972, S. 26–31). (→ VIII.5 *Intertextualität*) 2010 hat Karl Corino einen Essay zu

Musils musikalischer Biografie vorgelegt, der Musils Beziehung zur Musik anhand von biografischen Daten, Tagebuchaufzeichnungen und literarischen Skizzen als im Vergleich mit anderen Schriftstellern des 20. Jahrhunderts „wohl kritischstes [Verhältnis]" (Corino 2010, S. 5) nachzeichnet. Jüngst weisen Nicola Gess und Fred Lönker auf die metareflexive Funktion von Musik im *MoE* hin. Gess (2009/10 u. 2013, S. 242–245) demonstriert die genealogische wie symptomatische Nähe des manisch-schizophrenen Denkens von Clarisse zur musikalischen Gattung der Freien (Klavier-)Fantasie, indem sie zeigt, dass Flüchtigkeit, Gleichzeitigkeit, Metamorphose und Inhaltslosigkeit der Gedanken in der manischen Ideenflucht deren musikalischen Gesetzmäßigkeiten ähneln und dass Clarisses rasche Affektwechsel und ihre schizophrenen Persönlichkeitsspaltungen ihren Prätext in dieser Musik und einer Musikrezeption finden, die sich ganz durch die von der Musik aufgerufenen Gefühle bestimmen lässt. Auch Clarisses wahnhafte Assoziationen, ihre Kommunikationsformen, ihr kreativer Umgang mit Sprache und sogar ihr Schreiben sind häufig von akustischen Reizen beeinflusst. Lönker (2011) betont, dass Musil musikalisch verursachte Gefühle zum Anlass nimmt, grundsätzlich über die Beschaffenheit von bloß von außen induzierten und somit einen Selbstausdruck nur suggerierenden Gefühlen nachzudenken, denen von innen hervorgerufene, also als Ausdruck fungierende Gefühle mit einer tatsächlichen Beteiligung des Selbst gegenüber gestellt werden. Neben einer Studie von Christoph Hoffmann (1997), der sich mit Musils Affinität zur Experimentalpsychologie beschäftigt hat (vgl. dazu auch Berz 1990 u. 1993; Werkmeister 2010), sind zuletzt außerdem eine Reihe von Arbeiten zum Rauschen (im informationstheoretischen und akustischen Sinne) und zum Geräusch bei Musil entstanden, die sich vor allem mit dem *Nachlaß zu Lebzeiten*, insbesondere der *Amsel*, auseinandersetzen (vgl. Allais 1987; Siegert 1993; Hoffmann 1997, bes. S. 113–138 u. 187–229; Locher 2000; Malinowski 2008; Hattori 2009).

Im *MoE* dient Musil die Auseinandersetzung mit Musik sowohl zur exemplarischen Analyse eines bestimmten, sich von äußeren Reizen bestimmen lassenden und äußerst sprunghaften Gefühlstypus als auch dazu, ein ‚anderes' (hier wahnhaftes) Denken verständlich zu machen. So deutlich Musil Ulrich die Beziehungen des ‚musikalischen Wahns' Clarisses zu seinen eigenen ‚anderen Zuständen' erkennen lässt, so deutlich grenzen diese Zustände sich von Clarisses Wahn jedoch dadurch ab, dass es ihr an der Fähigkeit zur (Selbst-)Reflexion mangelt. (→ VII.2 *Anderer Zustand*) Im Unterschied zu Ulrich verschreibt sich Clarisse in ihrem Denken ganz einer A-Logik der Emotionen, bei denen es sich doch, aus Ulrichs kritischer Sicht, in der Regel noch nicht einmal um ihre eigenen (sondern um musikalisch induzierte) handelt (vgl. Lönker 2011, S. 513–517). Anders, der Vorgänger Ulrichs, nennt aus diesem Grund Musiker einmal „[p]rimitive Menschen" (KA, M VII/6/88); auch in *Grigia* (1924) wird der Rückfall der einstmals Zivilisierten auf ein barbarisch-destruktives Stadium begleitet von Opernmusik aus dem Grammophon (vgl. GW II, 244). Über Geraldine Farrar (eine US-amerikanische Opernsängerin, 1882–1967) in der Rolle der Tosca schrieb Musil:

> Geraldine Farrar: Ich möchte das einmal in meinem Leben beschreiben. Eine Stimme steigt in einem Lift, eine Frauenstimme natürlich. Und schon fährt der Lift mit ihr wie rasend in die Höhe[,] kommt an kein Ziel, senkt sich, federt in der Luft. Ihre Röcke blähen sich vor Bewegung. Dieses Heben und Sinken auf und nieder, dieses lang angepreßt still Liegen an einen Ton und dieses Verströmen – Verströmen und immer noch von einer neuen Zuckung

gefaßt werden und wieder Ausströmen: ist Wollust. / Es ist jene allgemeine europäische Wollust, die sich zu Todschlag, Eifersucht, Automobilrennen steigert – ah es ist gar nicht mehr Wollust, es ist Abenteuersucht. Es ist nicht Abenteuersucht, sondern ein Messer, das aus dem Weltraum niederfährt, ein weiblicher Engel. Es ist die nie lebend verwirklichte Wollust. Der Krieg. (KA, H II/67)

Hier wird zum einen ein gängiges Klischee von der Affinität der weiblichen Singstimme in der Oper zu einer triebhaften und potentiell destruktiven Sinnlichkeit bedient, auf das Musil auch andernorts zurückgreift (vgl. Corino 2010, S. 9, 11f. u. 15). Er stimmt zum Beispiel mit Zeitgenossen wie Thomas Mann oder Hermann Hesse darin überein, dass aus der spätromantischen Oper die gleiche rasende Wollust erklinge, die letztlich auch den Ersten Weltkrieg als eine Lust an der Selbstvernichtung hervorgerufen habe. Zum anderen wirft Musil aber auch in polemischer Zuspitzung die Frage nach einer ‚Musikalität der Dummheit' auf. Im Zuge seiner Analysen unterschiedlicher Denkweisen interessieren ihn die Strukturanalogien zwischen Musik und einem ‚dummen Denken', wie z.B. „[d]auernde Wiederholungen, eigensinniges Beharren auf einem Motiv", „Bewegung im Kreis", „Heftigkeit statt geistiger Erleuchtung" (*Aus einem Rapial*, GW II, 821). Gleichwohl bescheinigt er diesem Denken in seiner Rede *Über die Dummheit* (1937) eine gewisse Affinität zum Dichten (vgl. GW II, 1270).

Literatur

Allais, Kai: „Geräusche" – Textlichkeit und Serialität. Musils Novelle *Die Versuchung der stillen Veronika*. In: Josef Strutz (Hg.): Robert Musils „Kakanien" – Subjekt und Geschichte. München: Fink 1987, S. 77–94.
Berz, Peter: Der Fliegerpfeil. Ein Kriegsexperiment Musils an den Grenzen des Hörraums. In: Jochen Hörisch, Michael Wetzel (Hg.): Armaturen der Sinne. Literarische und technische Medien 1870 bis 1920. München: Fink 1990, S. 265–288.
Berz, Peter: I-Welten. In: Hans-Georg Pott (Hg.): Robert Musil – Dichter, Essayist, Wissenschaftler. München: Fink 1993, S. 171–192.
Corino, Karl: Klaviersonnen über Schluchten des Gemüts. Robert Musil und die Musik. In: Das Plateau 21 (2010), H. 120, S. 4–21.
Gess, Nicola: Expeditionen im *Mann ohne Eigenschaften*. Zum Primitivismus bei Robert Musil. In: Musil-Forum 31 (2009/10), S. 5–22.
Gess, Nicola: Primitives Denken. Wilde, Kinder und Wahnsinnige in der literarischen Moderne (Müller, Musil, Benn, Benjamin). München: Fink 2013.
Hattori, Seiji: „Akustische" Texte. Zum „Rauschen" in der Literatur am Beispiel von Rilkes „Ur-Geräusch", Musils *Die Amsel* und Kafkas Texten. In: Doitsu bungaku ronko 51 (2009), S. 7–25.
Hoffmann, Christoph: „Der Dichter am Apparat". Medientechnik, Experimentalpsychologie und Texte Robert Musils 1899–1942. München: Fink 1997.
Locher, Elmar: Die Stimme der Amsel in den Stimmen der *Amsel* Robert Musils. In: Walter Busch, Ingo Breuer (Hg.): Robert Musil: *Die Amsel*. Kritische Lektüren. Materialien aus dem Nachlaß. Bozen u.a.: Ed. Sturzflüge/StudienVerlag 2000, S. 131–158.
Lönker, Fred: Über den „Klavierzorn" und andere Gefühle in Robert Musils *Der Mann ohne Eigenschaften*. In: Günter Schnitzler, Achim Aurnhammer (Hg.): Wort und Ton. Freiburg i.Br.: Rombach 2011, S. 511–527.
Malinowski, Bernadette: „… wie wenn du flüstern hörst oder bloß rauschen". Versuch über das Geräusch bei Robert Musil. In: Andrea Bartl, Antonie Magen (Hg.): Auf den Schultern des Anderen. Paderborn: mentis 2008, S. 297–326.

Müller, Götz: Ideologiekritik und Metasprache in Robert Musils Roman *Der Mann ohne Eigenschaften*. München, Salzburg: Fink 1972.
Neymeyr, Barbara: Psychologie als Kulturdiagnose. Musils Epochenroman *Der Mann ohne Eigenschaften*. Heidelberg: Winter 2005.
Pietsch Pentecost, Gislind Erna: Clarisse. Analyse der Gestalt in Robert Musils Roman *Der Mann ohne Eigenschaften*. Diss. Purdue Univ. 1990.
Rauch, Marja: Vereinigungen. Frauenfiguren und Identität in Robert Musils Prosawerk. Würzburg: Königshausen & Neumann 2000.
Siegert, Bernhard: Rauschfilterung als Hörspiel. Archäologie nachrichtentechnischen Wissens in Robert Musils *Amsel*. In: Hans-Georg Pott (Hg.): Robert Musil – Dichter, Essayist, Wissenschaftler. München: Fink 1993, S. 193–207.
Werkmeister, Sven: Kulturen jenseits der Schrift. Zur Figur des Primitiven in Ethnologie, Kulturtheorie und Literatur um 1900. München: Fink 2010.

2.3 Tanz

Anne Fleig

1. Einführung 687
2. Die Tänzerin 688
3. „Moosbrugger tanzt" 690
4. Literatur 691

1. Einführung

Die Flüchtigkeit der Modernität wird im Tanz in hervorragender Weise anschaulich; insbesondere die Beschleunigung und Dynamisierung des großstädtischen Lebens verändern die Erscheinungsformen des Tanzes um 1900 grundlegend. Auch die Verwischung der Grenzen zwischen Kunst- und Gesellschaftstanz trägt dazu erheblich bei, denn durch sie erhält der Tanz eine Vorbildfunktion für das Theater der Avantgarde (vgl. Brandstetter 2005, S. 328). Gleichzeitig steht der Tanz in der Tradition von Ästhetik und Rhetorik, die im Begriff der Choreografie aufscheint und auf dem Wechselspiel von Tanz und Schrift basiert. Im Verhältnis zu den anderen Künsten bewegt sich der Tanz zwischen bildender Kunst, Literatur und Musik. (→ VI.2.1 *Bildende Kunst*; VI.2.2 *Musik*) Der durch den Modernisierungsprozess ausgelöste Wandel schlägt sich im Bruch mit der klassischen Ballettästhetik und der Entwicklung des ‚freien Tanzes' nieder (vgl. Brandstetter 1995, S. 18). Er ist Teil der umfassenden Wahrnehmungs- und Erkenntniskrise um 1900, die bedingt durch die Entwicklung der Naturwissenschaften alle Künste tiefgreifend verändert und auch für Musils Schreiben konstitutiv ist.

Umso mehr mag es überraschen, dass Überlegungen zum Tanz oder Darstellungen tanzender Figuren keinen besonderen Raum in Musils Werk einnehmen. Auch Forschungsarbeiten zum Tanz bei Musil liegen nicht vor. Sein Stellenwert ist schwer zu bestimmen, denn er wird in Musils Texten nur sporadisch erwähnt. Diese Leerstelle wiederum scheint dem Autor selbst zu denken gegeben zu haben. In seinem autobiografisch angelegten Tagebuch- und Arbeitsheft 33 hat er einige aufschlussreiche Notizen zu einem „selbstbiographischen Kapitelchen ‚Tänze'" gemacht. So konzediert er gleich zu Beginn „eine Abneigung aus natürlicher Unbegabung": „Ich bin merkwürdigerweise nie rhythmisch begabt gewesen im Tanz. Warum, ist mir unklar. Meine ersten Erinnerungen haben etwas von Hopsen, wenngleich nicht detailliert." (Tb I, 952) Seine weiteren Erinnerungen gelten denn auch weniger dem Tanzen als vielmehr Begegnungen mit verschiedenen Tänzerinnen in der Tanzstunde und bei Bällen. Ferner hält er die Erinnerung an ein Mädchen mit schönem Haar fest, das – wie Musil vermerkt – Eingang in den *Mann ohne Eigenschaften* (*MoE*) gefunden hat, und zwar in Gestalt von Ulrichs Schwester Agathe (vgl. Tb II, 723).

Diese Arbeitsheft-Eintragungen lassen eine Erinnerungsbewegung erkennen, in der sich Tanz und literarischer Text überlagern und mit erotisch besetzten Bildern begehrter Weiblichkeit verbinden. Diesen Zusammenhang reflektiert Musil selbst, wenn er sein Begehren der Tänzerinnen als immer schon literarisch präfigurierte Szene beschreibt. Dieses Begehren wiederum hat in seinen literarischen Texten durchaus Spuren hinterlassen und reicht von einem frühen Prosa-Fragment *P. A. und die Tänzerin* (GW II, 711–715) über die Erzählung *Der Vorstadtgasthof* (GW II, 630–634) bis zu seinem bekanntesten Tanz-Text, nämlich dem Kapitel I/87 des *MoE*: „Moosbrugger tanzt" (*MoE*, 393).

2. Die Tänzerin

Während sich Musil am Beispiel von Mode und Sport intensiv mit dem bewegten Körper als Erscheinungsform und Medium der kulturellen Moderne auseinandergesetzt hat (vgl. Fleig 2008), sind seine kursorischen Erwähnungen des Tanzes – insbesondere in den frühen Arbeitsheften (vgl. Tb I, 38 u. 54) – von kunsttheoretischen Überlegungen und der Tradition des Theatertanzes geprägt. (→ V.10 *Sport*; V.11 *Mode*) Dabei begreift er den Tanz als Ausdrucks- wie auch als motorisch-ekstatische Bewegung, die Bedeutung rauschhaft auflöst. Musils Bemerkungen zum Tanz gelten vor allem den frühen Formen des freien Tanzes in Varieté und Zirkus sowie dem Gesellschaftstanz. Mit Ballett hat er sich dagegen nicht beschäftigt, doch verweist die herausgehobene Stellung der Tänzerin in Musils Arbeitsheften und in seinen erzählenden Texten auf die Geschlechtergeschichte des klassischen Bühnentanzes und der Primaballerina. Literatur und Musik des 19. Jahrhunderts haben die Figur der Tänzerin zur erotisch besetzten Projektionsfläche gemacht, die nicht selten in die Nähe der Prostituierten rückt (vgl. Meine 2005, S. 29). Die Macht des Tanzes überschreitet Grenzen und versetzt die Gegensätze von Natur und Kultur, Innen und Außen, Körper und Zeichen in Schwingung. Im Zuge der Sprachkrise entfaltet die wortlose Kunst des Tanzes für die Literatur eine besondere Attraktivität; sie macht insbesondere die Tänzerin zum Medium der Verwandlung und der „Erscheinung eines ganz Anderen, Nicht-Bezeichenbaren" (Brandstetter 1995, S. 287). Die „kleine Marmorstatuette einer Tänzerin" fehlt daher auch in Musils frühen Arbeitsheften nicht, denn: „Das alles was man im Leben nicht findet und von dem man doch glaubt das es vorhanden sein muß, sucht man in der Kunst." (Tb I, 67) Darüber hinaus ist das befreiende und grenzüberschreitende Potenzial des Tanzes bzw. der Tänzerin unmittelbar mit dem Motiv der ‚schönen Leiche' (vgl. Bronfen 1994) und der Konstitution der männlichen Autorschaft verbunden, die das traditionelle Wechselspiel von Tanz und Schrift variiert. In diese Tradition schreibt sich Musil mit seinem Fragment gebliebenen Text *P. A. und die Tänzerin* sowie *Der Vorstadtgasthof* (1924) ein.

In *P. A. und die Tänzerin* (1908 nach Frisé bzw. 1911–1913 nach KA) liest eine Tänzerin zu Ehren von Peter Altenberg Texte dieses Autors vor, kann damit aber die Aufmerksamkeit des Publikums nicht gewinnen: „Vorlesen kann sie nicht", resümiert „[e]in junger Herr": „Dann jedoch tanzte sie." Die Tänzerin zieht in den Bann, auch wenn sie „nicht eine Kritik der reinen Vernunft mit den Beinen" gab und ihre Schenkel „nicht Klärbottiche dunkelster Seelengewißheiten" waren. Diese Tänzerin ist reine Oberfläche, denn sie tanzt Varieté, eingehüllt in „prächtige Gewänder" (GW II, 711), die die Sehnsucht des jungen Mannes entfachen und zur Projektionsfläche seines Begehrens werden. Unverhohlen heißt es weiter: „Ich möchte dich: Sängerin, Tänzerin, Reifenspringerin ... Du weißt schon wie und wozu. [...] ich weiß ja, wie ihr seid; haben will ich dich, .. mit der geringsten Indirektheit, denn du bist wunderschön, dunkel ..." (GW II, 713). Dem Wechsel von Literatur und Tanz korrespondiert nicht nur die dichotomische Geschlechterordnung, sondern auch die Dichotomie von Geist und Körper: Die ungebildete Tänzerin, deren feierliches Hochdeutsch mit dem eines „Dienstmädel[s]" bzw. eines „Dienstmädchen[s]" verglichen wird (GW II, 711; ebenso auch Moosbruggers Opfer, vgl. MoE, 73), versagt als Vorleserin; sie wird dagegen selbst Gegenstand der Lektüre und reüssiert vor allem stumm.

Die Differenz von Tanz und Sprechen wird in *Der Vorstadtgasthof* (1924) zugespitzt; dort ist es ein verweigerter Tanz, der die Protagonistin letztlich mit ewiger Sprachlosigkeit straft: Ein Herr und eine Dame nehmen um Mitternacht ein kleines Zimmer in einem Gasthof mit dem offenkundigen Ziel einer sexuellen Begegnung. Doch beeinträchtigen wechselseitige Erwartungen und Fehldeutungen der Situation das Geschehen; aus der Sicht des Erzählers (und des Protagonisten) wirkt vor allem die freimütige Artikulation des weiblichen Begehrens verstörend. Als die Protagonistin fragt, ob er sich nicht ausziehen will, fragt der Herr zurück: „Willst du nicht vorher tanzen?" (GW II, 633) Damit projiziert er auf sie das erotisch besetzte Bild der Tänzerin, das zugleich Züge der Prostituierten trägt. Diesen Zusammenhang hatte auch die Magd hergestellt, die sich „mißtrauisch gegen die Seidene" (GW II, 630) gezeigt hatte, als sie das Zimmer aufschloss. Während die Protagonistin wütend wird und das Abenteuer schon bereut, bittet er sie erneut zu tanzen. Sie aber antwortet: „Nein, ich tanze nicht" (GW II, 633). Diese Verweigerung erscheint als verbale Selbstbehauptung, die sie schließlich mit dem Verlust ihrer Sprachmächtigkeit bezahlen muss. Als der fremde Herr sie endlich küsst, beißt er ihre Zunge durch.

Zungenbisse und Prostituiertenmord kehren im *MoE* wieder, für den *Der Vorstadtgasthof* eine Vorstufe darstellt. Birgit Nübel (2011, S. 241) hat vor diesem Hintergrund die Begründung der männlichen Autorschaft als „Abspaltung von Reflexion, Sexualität und Gewalt" bezeichnet. Gleichzeitig lasse Musil damit die erotisch und literarisch aufgeladene Vorstellung der stummen Tänzerin hinter sich, denn seine Protagonistin kreischt ihr Leid heraus. Mit Blick auf den *MoE* deute sich hier eine weitere „Perversion der Perspektiven" (ebd.) an, die schließlich den verstummenden Moosbrugger an die Stelle der Tänzerin rücken lasse.

3. „Moosbrugger tanzt"

Der Rausch, den der Tanz evoziert, ist nicht nur an die erotische Besetzung der Tänzerin gebunden, sondern kennzeichnet auch den Tanz als ‚motorische Ekstase' (vgl. Tb I, 659 u. 786). Im ausgehenden 19. Jahrhundert hat Friedrich Nietzsche den Tanz als rauschhaftes Bewegungserlebnis beschrieben. Mit Rausch und Trance im Tanz hat sich Musil ferner anhand seiner Rezeption der Schriften Lucien Lévy-Bruhls auseinander gesetzt, wovon auch sein Essay *Ansätze zu neuer Ästhetik* (1925) Zeugnis ablegt. (→ IV.9 *Ethnologie*) Dass dieser Rausch an der Grenze des Bewusstseins und damit auch an der Grenze zum Wahn liegt, wird an der Moosbrugger-Figur deutlich. Sein Tanz in Kapitel I/87 des *MoE* steht in der Tradition des stummen Tanzes, hebt aber gleichzeitig die Differenz von Tanz und Sprechen auf, da er eins mit den Dingen wird: „Der Tisch war Moosbrugger. Der Stuhl war Moosbrugger." In diesem wahnhaften Zustand lösen sich Unterscheidungen auf und bewirken, dass er „innen und außen" war (MoE, 395). Diese Auflösung fasst die Erzählinstanz in das Bild des Tanzes, denn tanzend kommt die Welt der Dinge Moosbrugger entgegen und gleichzeitig tanzt er selbst „würdig unsichtbar", leise bewegt, schlafend und allmählich die „Ruhe Gottes" selbst (MoE, 397). Moosbruggers Tanz kann metaphorisch als „Versprachlichung" (Fanta 2001/02, S. 283) seines wahnhaften Bewusstseins gelesen werden, auch als Totentanz. Im Gegensatz zum tanzenden Mörder Moosbrugger, der in der Geschlossenheit der Gefängniszelle „würdig unsichtbar" bleibt und seine persönliche Integrität bewahrt, wird sein Opfer Hedwig in der Öffentlichkeit geradezu genüsslich sichtbar gemacht. Insofern ist Moosbrugger, anders als die von ihm ermordete Prostituierte und anders als die Protagonistin im *Vorstadtgasthof*, nicht nur „Objekt von Projektionen, sondern Subjekt von Performanzen" (Mülder-Bach 2013, S. 285). (→ III.1.7 *Mann ohne Eigenschaften*)

Somit wird auch an Moosbrugger deutlich, dass die Wahrnehmungs- und Erkenntniskrise um 1900 vor allem eine Krise männlicher Subjekte ist. Die Aufhebung der Geschlechterdifferenz erfolgt im Rausch der Gewalt oder des trance- und wahnhaften Tanzes, bleibt damit aber einer Scheinwelt verhaftet. Als Medium der Verwandlung fungiert Moosbrugger als Alter Ego Ulrichs und spiegelt zugleich dessen Wunsch, ein Mädchen zu sein, den Musil in seinem Arbeitsheft 33 reflektiert (vgl. Tb I, 953). Dieser Wunsch geht auf Erinnerungen des Autors zurück, die er zum einen mit dem schönen, blonden Haar des Mädchens aus der Tanzstunde und zum anderen mit seiner verstorbenen Schwester in Verbindung bringt: „Ersichtlich sind das Zusammenhänge!" (Tb I, 952f.) Zu ihnen gehört aber ebenso Musils Erinnerung, dass es ihm später bei Bällen weniger um die Tänze, sondern vor allem um die Tänzerinnen ging, mit denen er sich in „Neben- und Erfrischungsräume" zurückzog, „gleichgültig dagegen, daß ich sie auf diese Weise kompromittierte. Es war eigentlich eine literarische Situation (also Literatur), was ich erlebte" (Tb I, 953). In diesem Zusammenhang ist es aufschlussreich, dass der Moosbrugger-Komplex innerhalb der Romankomposition in den 1920er Jahren von Ulrichs Zwillingsschwester Agathe abgelöst wird, die – genau wie Ulrich – nicht tanzt. Die Geschwisterliebe ermöglicht eine Utopie der Geschlechter, die die Kompromittierung des Weiblichen hinter sich lässt und neue Formen des Erlebens ermöglicht. (→ V.7 *Sexualität*) Musil hat – so viel ist zu vermuten – keine spezifische Ästhetik des Tanzes entwickelt, weil die literarisch präfigurierten Bilder von Begehren, Rausch und Sexualität keine neuen Beiträge zur geistigen Bewältigung der Welt leisten (vgl. *Was arbeiten Sie?*, 1926, GW II, 942), sondern deren Formelhaftigkeit vielmehr bekräftigen und letztlich nur verdoppeln.

4. Literatur

Brandstetter, Gabriele: Tanz-Lektüren. Körperbilder und Raumfiguren der Avantgarde. Frankfurt a. M.: Fischer 1995.
Brandstetter, Gabriele: Tanz. In: Erika Fischer-Lichte, Doris Kolesch, Matthias Warstat (Hg.): Metzler Lexikon Theatertheorie. Stuttgart, Weimar: Metzler 2005, S. 327–332.
Bronfen, Elisabeth: Nur über ihre Leiche. Tod, Weiblichkeit und Ästhetik. München: Kunstmann 1994.
Fanta, Walter: Die Spur der Clarisse in Musils Nachlass. In: Musil-Forum 27 (2001/02), S. 242–286.
Fleig, Anne: Körperkultur und Moderne. Robert Musils Ästhetik des Sports. Berlin, New York: de Gruyter 2008.
Meine, Sabine: Puppen, Huren, Roboter. Körper der Moderne in der Musik zwischen 1900 und 1930. Einführende Bemerkungen. In: dies., Katharina Hottmann (Hg.): Puppen, Huren, Roboter. Körper der Moderne in der Musik zwischen 1900 und 1930. Schliengen: Ed. Argus 2005, S. 10–33.
Mülder-Bach, Inka: Robert Musil: *Der Mann ohne Eigenschaften*. Ein Versuch über den Roman. München: Hanser 2013.
Nübel, Birgit: Zungenbisse und Körperschnitte. (De-)Figurationen des Perversen bei Robert Musil. In: dies., Anne Fleig (Hg.): Figurationen der Moderne. Mode, Pornographie und Sport. München: Fink 2011, S. 219–247.

2.4 Architektur
Hans-Georg von Arburg

1. Einführung 691
2. Forschungsstand 692
3. Zentrale Aspekte 693
4. Literatur 694

1. Einführung

Architektur und mit ihr verwandte Themen sind in Musils Werk ebenso allgegenwärtig wie weit verstreut. Obwohl Musil nur selten direkt über Architektur schreibt (vor allem im *Mann ohne Eigenschaften* [MoE] und im *Nachlaß zu Lebzeiten*), wird sie doch häufig thematisiert und bildet eine wichtige Rahmenbedingung seiner Darstellungs- und Erkenntnisinteressen. Diese Interessen konzentrieren sich auf drei Komplexe: *erstens* auf die psycho-physiologische Anthropologie, wo das Bauen und Hausen Grundformen der menschlichen Daseinsbewältigung zwischen Rationalität und Emotionalität sind; *zweitens* auf die zeitdiagnostische Gesellschaftskritik, wo Architektur als epochales Symptom kollektive Formationen und Tendenzen lesbar macht; *drittens* auf die Ästhetik, wo Musil in der Auseinandersetzung mit der zeitgenössischen Architektur und Architekturtheorie seine Position als Literaturproduzent sowie allgemeine Prinzipien der Rezeption von Literatur und Kunst in der Moderne zu klären versucht.

2. Forschungsstand

So disparat der Textbefund zur Architektur bei Musil ist, so wenig gründlich wurde das Thema bislang erforscht. Die einzige Studie mit monografischem Anspruch (vgl. Brüggemann 2002) interpretiert Architektur- und Raumbilder im *MoE* im Kontext der Architekturpublizistik der historischen Avantgarde (u. a. bei Le Corbusier, Adolf Loos und Sigfried Giedion) und stellt sie in den Fluchtpunkt einer polyperspektivischen, vielstimmigen und dezentrierten ‚Übermoderne' (vgl. Augé 1992). Dieser diskursgeschichtliche Ansatz wurde vereinzelt auch auf Musils essayistisches Werk übertragen und in kritisch-hermeneutischer Perspektive weiter entwickelt (vgl. von Arburg 2011). Verhältnismäßig gut und vielseitig untersucht ist dagegen die Rolle der (Groß-)Stadt im Werk Musils, vor allem im *MoE*. Der Widerspruch zwischen der eminenten Bedeutung der urbanen Soziografie und dem evidenten Mangel an konkreter Topografie in Musils ‚nachträglichem Weltkriegsroman' wurde als grundlegendes Darstellungsproblem der literarischen Moderne im frühen 20. Jahrhundert diagnostiziert (vgl. Honold 1995). (→ V.1 *Stadt*) Musils Imaginationen von Architektur und Raum antworten auf diesen Widerspruch mit symptomatischen Problemlösungen, die Fakten und Fiktionen durchqueren (vgl. Honold 2011). Topologisch erscheint die moderne Metropole dabei entweder als Maschine, Ameisenbau oder thermodynamisches System (vgl. Moser 1990), idealtypisch als Effekt von Mobilität, Differenzialität, Effektivität und Stabilität (vgl. Turk 2002). Dass sich in Musils Wien (vgl. von Essen 2006) und Berlin (vgl. Daigger/Henninger 2008) reale und imaginäre Architekturen wechselseitig ‚durchstreichen' (vgl. MoE, 1820) und also je noch erkennbar bleiben, verdrängt neuerdings die ältere Forschungsmeinung, Architekturdarstellungen funktionierten bei Musil entweder jeweils nur realistisch, symbolisch oder atmosphärisch (vgl. Stadt und Urbanität 1980) oder aber es ließen sich immerhin absolute, relative und fiktive Orte kategorial unterscheiden (vgl. Polheim 1985). Der jüngere, transgressive Ansatz schließt sich an eine poetologische Problemgeschichte des Verkehrs an (vgl. Roskothen 1993/94) und zieht die methodische Konsequenz aus Musils eigener Sensibilität für das epochale Verkehrsaufkommen nach 1900 mit seinen infrastrukturellen und aisthetischen Komponenten. (→ V.2 *Verkehr, Unfall*) Das Wahrnehmungsdispositiv Großstadt erweist sich dabei als eine Funktion von Beschleunigung (vgl. Gnam 1999), Experimentalisierung (vgl. Lethen 1987) und Technisierung (vgl. Brüggemann 2006). Diese wahrnehmungsgeschichtliche Dimension wurde bald spezifischer auf das Fenster zur Straße als ästhetische ‚Membran' bezogen (vgl. Gunia 2000), bald unspezifischer und ungenauer auf den Stadttext bei Musil als ‚postmoderne Konstellation' *avant la lettre* (vgl. Renner 1988). Abseits vom ‚kapitalen' *MoE* wurden Architektur- und Raumfragen eingehender nur noch am *Törleß* erörtert, in motivgeschichtlicher (vgl. Freij 1972), metaphorologischer (vgl. Johann 2003), philosophiegeschichtlicher (vgl. Kroemer 2004) oder poetologischer Hinsicht (vgl. Pestalozzi 1989). Zu den dringendsten Forschungsdesideraten zählen daher die Erweiterung der Textgrundlage um Musils essayistisches und publizistisches Werk und die Gegenlektüre von Musils Architekturtexten mit dem nach 1900 rasch expandierenden fachwissenschaftlichen Diskurs über Architektur und Urbanistik.

3. Zentrale Aspekte

Musils anthropologisches Interesse am Bauen und Hausen des Menschen konzentriert sich auf die frühe Werkphase vom *Törleß* bis zu den *Vereinigungen*. Im *Törleß* (dt.-engl. der ‚Tür-' oder ‚Torlose') sind architektonische Räume im Internat (der Dachboden mit dem roten Zimmer, das Klassenzimmer, der Schlafsaal) und in dessen Umgebung (der Bahnhof, die Konditorei, Boženas Zimmer) psycho-symptomatisch codiert und werden so als existenzielle Symbole (im Sinne Bachelards) für die Lebenskrise des adoleszenten Titelhelden lesbar. Dabei markiert die ‚Türlosigkeit' des Törleß die Affinität dieser Symbolik zu Musils quasi-mystischer Poetik, die individuelle Bedingungen und soziale Bahnungen kraft eines ‚zweiten Gesichts' als momentan suspendierbar und auf einen ‚anderen Zustand' hin überwindbar behauptet. Ins Atmosphärische wird diese Architektursymbolik in den beiden Novellen der *Vereinigungen* gewendet, wo Räume (wie in der *Versuchung der stillen Veronika* und in deren Vorstufe *Das verzauberte Haus*) zur Darstellung eines „emotionalen [...] Stimmungsablauf[s]" dienen („Typus einer Erzählung", GW II, 1311) und Figuren (wie Veronika) selbst zu Empfindungs- und Wahrnehmungsräumen werden. Allerdings werden psycho-physische Raum- und Körperatmosphären schon hier (wie z. B. in der hyperrealistischen Eingangssequenz der *Vollendung der Liebe*) durch die Geometrie alltäglicher Haushaltung konterkariert, wo ‚Stimmungen' in objektivistischen Bildern vom ‚Haus' kristallisieren. Ein symbolisches Konzept prägt die Architekturdarstellungen auch noch in den *Drei Frauen*, wo das Widerspiel von vernakulären Bau- und alpinen Landschaftsformen die anthropologische Demarkation von Natur und Kultur in die Aporie einer architektonischen Urszene (der Mensch in der Höhle) führt (*Grigia*) oder wo das Hausen zwischen undurchdringlichen Burgmauern hoch über einer uneinnehmbaren Felswand für die verzweifelte Einsamkeit des Menschen im *struggle for life* steht (*Die Portugiesin*).

Unter den Bedingungen der industrialisierten Moderne greift eine anthropologisch konstante Architektursymbolik freilich nicht mehr richtig und muss daher soziologisch bzw. zeitdiagnostisch neu interpretiert werden. Dies belegen die Kapitel über Ulrichs schwierige Hausherrschaft und seine Einrichtungsprobleme im MoE (v. a. MoE, Kap. I/2, 5 u. 67 bzw. II/24). Der Heteronomie industriell vorfabrizierter Architektur- und Lebensstile entkommt der Schlösschenbewohner Ulrich so wenig wie der Schlossherr und Villenbesitzer Arnheim (vgl. MoE, 190f.), weshalb sich der Mann ohne Eigenschaften am Ende gar nicht mehr selbst einrichtet, sondern diese Aufgabe an die Lieferanten delegiert (vgl. MoE, 21). Als Kritiker und ironischer Komplize des funktionalistischen ‚Neuen Bauens' zwischen Bauhaus und International Style funktioniert Musil so Architektur und Innendekoration zu „Umstellvorrichtungen für die Seele" um (MoE, 20). In kritischen Referaten acharnierter Zeitgeist- und Zeitstildebatten (vgl. MoE, 401ff.; GW II, 661–663 u. 664–667) und zweideutigen Kryptozitaten von modernistischen Baukünstlern und Innenarchitekten (vgl. MoE, 20; GW II, 505) wird Architektur dabei zum Modellfall für die unvermeidliche Abgründigkeit, sich einen zeit- und standesgemäßen Sitz im Leben gestalten zu wollen und zu müssen. Vergleichbares gilt auch für die utopische Alternative zwischen einer „überamerikanische[n] Stadt" und dem alteuropäischen Kakanien (MoE, 31) mit ihren Bezügen zur urbanistischen Debatte zwischen dem Futurismus eines Antonio Sant'Elia (einem Vorbild für Fritz Langs *Metropolis*-Film) und dem Rationalismus eines Le Corbusier oder Ludwig Hilberseimer einerseits und der späthistoristischen Stadtbaukunst eines Camillo Sitte andererseits.

Die kritische Auseinandersetzung mit der Architekturavantgarde und ihrer Modernitätsemphase wird schließlich im essayistischen Spätwerk Musils und im *Nachlaß zu Lebzeiten* auch ästhetisch produktiv. Produktionsästhetisch (und v. a. narrativ) entfaltet sich ihr Potenzial in Texten wie *Die Amsel*, wo das etagenweise rationalisierte Wohnen wie in einem „Automatenbüfett" (GW II, 550) nicht nur eine spezifisch moderne Identitätserfahrung bedingt, sondern genauer noch die Notwendigkeit, davon zu erzählen (vgl. GW II, 562). Wahrnehmungskritisch gewendet, entdeckt dieselbe narrative Triebenergie in für den späten Musil typischen Voyeurismus-Szenen die abstrakten Typen moderner Lebensformen, die sie in der satirischen Verzerrung zur Kenntlichkeit entstellt (*Slowenisches Dorfbegräbnis*, GW II, 491f.; *Triëdere*, GW II, 519ff.). Und rezeptionsästhetisch (bzw. hermeneutisch) umschreibt der Architekturdiskurs jene Umwege und Residuen des Verstehens, die die moderne Literatur und Kunst ihrem Rezipienten resp. Benutzer nach der Epoche ihrer symbolischen Funktionsweise noch offen hält (*Türen und Tore*, GW II, 506). Aber auch umgekehrt revoziert für Musil die literarische Moderne letztlich alle „bauliche Mimik" als ein von Dilettanten überschätztes „Ausdrucksmittel" (Aphorismus „Architektur", *Aus einem Rapial*, GW II, 854). Dem Physiognomiker der Moderne liefert die repetitiv agierende Architektur lediglich das Schema, die kritisch reagierende Literatur dagegen das Individuationsprinzip spezifisch moderner Erscheinungsformen und Typen. Denn „tatsächlich baun doch die Häuser die Häuser und nicht die Menschen; das 100. Haus entsteht weil und wie die 99 Häuser vor ihm entstanden sind und wenn es eine Neuerung ist, so geht diese statt auf ein Haus auf eine literarische Diskussion zurück." (*Der deutsche Mensch als Symptom*, 1923, GW II, 1369) Blickt man im Lichte dieser hellsichtigen Beobachtung auf die Architekturgeschichte im späteren 20. Jahrhundert, wo sich Anwälte (vgl. Wigley 1993) und Kritiker der Spät- und Postmoderne (vgl. Jameson 1991) um eben dieses Verhältnis streiten, dann konzentriert sich hier und in vergleichbaren Formulierungen der ästhetische Gehalt von Musils verstreuter Auseinandersetzung mit der Architektur.

4. Literatur

Arburg, Hans-Georg von: Türen und Tore. Hermeneutik und Hermetik bei Musil und Le Corbusier. In: Poetica 43 (2011), S. 319–354.

Augé, Marc: Non-Lieux. Introduction à une anthropologie de la surmodernité. Paris: Seuil 1992.

Bachelard, Gaston: La Poétique de l'espace. Paris: Presses Univ. de France 1957.

Brüggemann, Heinz: Architekturen des Augenblicks. Raum-Bilder und Bild-Räume einer urbanen Moderne in Literatur, Kunst und Architektur des 20. Jahrhunderts. Hannover: Offizin 2002.

Brüggemann, Heinz: Das Sichtbar-Unsichtbare der Städte. Zur literarischen Ikonographie urbaner Räume aus Teleskopie und Mikroskopie. In: Sabine Haupt, Ulrich Stadler (Hg.): Das Unsichtbare sehen. Bildzauber, optische Medien und Literatur. Zürich: Voldemeer 2006, S. 235–253.

Daigger, Annette/Henninger, Peter (Hg.): Robert Musils Drang nach Berlin. Internationales Kolloquium zum 125. Geburtstag des Schriftstellers. Bern u. a.: Lang 2008.

2.4 Architektur

Essen, Gesa von: Das ‚durchstrichene' Wien. Zu Robert Musils Stadtimaginationen. In: Winfried Nerdinger (Hg.): Architektur wie sie im Buche steht. Fiktive Bauten und Städte in der Literatur. Salzburg: Pustet 2006, S. 160–174.
Freij, Lars W.: ‚Türlosigkeit'. Robert Musils *Törleß* in Mikroanalysen mit Ausblicken auf andere Texte des Dichters. Stockholm: Almqvist och Wiksell 1972.
Gnam, Andrea: Die Bewältigung der Geschwindigkeit. Robert Musils *Der Mann ohne Eigenschaften* und Walter Benjamins Spätwerk. München: Fink 1999.
Gunia, Jürgen: Die Sphäre des Ästhetischen bei Robert Musil. Untersuchungen zum Werk am Leitfaden der „Membran". Würzburg: Königshausen & Neumann 2000.
Honold, Alexander: Die Stadt und der Krieg. Raum- und Zeitkonstruktion in Robert Musils Roman *Der Mann ohne Eigenschaften*. München: Fink 1995.
Honold, Alexander: Denkraum, Leibraum, Diskursraum. Musils dynamische Architekturen. In: Ulrich Johannes Beil, Michael Gamper, Karl Wagner (Hg.): Medien, Technik, Wissenschaft. Wissensübertragung bei Robert Musil und in seiner Zeit. Zürich: Chronos 2011, S. 157–191.
Jameson, Fredric: Postmodernism, or, The Cultural Logic of Late Capitalism. Durham: Duke Univ. Press 1991.
Johann, Klaus: Grenze und Halt. Der Einzelne im „Haus der Regeln". Zur deutschsprachigen Internatsliteratur. Heidelberg: Winter 2003.
Kroemer, Roland: Ein endloser Knoten? Robert Musils *Verwirrungen des Zöglings Törleß* im Spiegel soziologischer, psychoanalytischer und philosophischer Diskurse. München: Fink 2004.
Lethen, Helmut: Eckfenster der Moderne. Wahrnehmungsexperimente bei Musil und E. T. A. Hoffmann. In: Josef Strutz (Hg.): Robert Musils „Kakanien" – Subjekt und Geschichte. München: Fink 1987, S. 195–229.
Moser, Walter: Zur Erforschung des modernen Menschen. Die wissenschaftliche Figuration der Metropole in Musils *Der Mann ohne Eigenschaften*. In: Thomas Steinfeld, Heidrun Suhr (Hg.): In der großen Stadt. Die Metropole als kulturtheoretische Kategorie. Frankfurt a. M.: Hain 1990, S. 109–131.
Pestalozzi, Karl: Metaphysische Klaustrophobie. Maeterlinck als Schlüssel zu Musils *Törleß*. In: Günter Abel, Jörg Salaquarda (Hg.): Krisis der Metaphysik. Wolfgang Müller-Lauter zum 65. Geburtstag. Berlin, New York: de Gruyter 1989, S. 498–520.
Polheim, Karl Konrad: Das Bild Wiens im Werk Robert Musils. In: Literatur und Kritik 20 (1985), H. 191/192, S. 37–48.
Renner, Rolf Günter: Die postmoderne Konstellation. Theorie, Text und Kunst im Ausgang der Moderne. Freiburg i. Br.: Rombach 1988.
Roskothen, Johannes: Verkehrsmöglichkeiten. Zu Musils *Mann ohne Eigenschaften*. In: Musil-Forum 19/20 (1993/94), S. 165–181.
Stadt und Urbanität im Werk Robert Musils. Akten des 3. Internationalen Musil-Symposiums, 12.–14. Mai 1980. In: Literatur und Kritik 15 (1980), H. 149/150, S. 515–624.
Turk, Horst: Musils Wien. In: Werner Frick (Hg.): Orte der Literatur. In Zusammenarbeit mit Gesa von Essen u. Fabian Lampart. Göttingen: Wallstein 2002, S. 310–334.
Wigley, Mark: The Architecture of Deconstruction. Derrida's Haunt. Cambridge: MIT Press 1997.

3. Neue Medien

3.1 Fotografie
Martina Wagner-Egelhaaf

Jedes neue Medium stellt eine Herausforderung für die bereits eingeführten Medien dar. Die Fotografie, nahezu zeitgleich zu Beginn des 19. Jahrhunderts von Joseph Nicéphore Niépce, William Henry Fox Talbot und Louis Jacques Mandé Daguerre erfunden, nahm im weiteren Verlauf des 19. Jahrhunderts einen ungeheuren Aufschwung. Wohlhabende Bürger ließen Porträtfotografien anfertigen, aber auch in Wissenschaft und Kunst hielt das neue Medium Einzug. Die Fotografie faszinierte die Menschen, weil sie, im Unterschied zur Malerei, die Wirklichkeit scheinbar unmittelbar abbilden konnte. Wegen ihrer intrikaten, zwischen Bildcharakter und Referenz oszillierenden Bedeutungsstruktur wurde die Fotografie zum bevorzugten Thema und Motiv der Literatur im Realismus sowie in der klassischen Moderne. Auch Robert Musil brachte dem relativ neuen Medium, wie auch dem Film, großes Interesse entgegen (vgl. Corino 1988, S. 488). (→ VI.3.2 *Kino*) In einer Notiz hält er fest, dass wir es gewohnt seien, „Photos als Wirklichkeitserinnerungen zu lesen" (GW II, 909). ‚Wirklichkeit' und ‚Erinnerung' adressieren in dieser Formulierung zwei Referenzbezüge, die in einem spannungsvollen Wechselverhältnis zueinander stehen: Zum einen ist der sich mit Fotografien verbindende Anspruch auf die Realität des Abgebildeten angesprochen, zum anderen aber auch ein Bewusstsein dessen, dass der menschliche Wirklichkeitsbezug wie eine Erinnerung subjektiv, ungenau und womöglich trügerisch ist. Diesen Doppelcharakter der Fotografie hat Roland Barthes in *Die helle Kammer* (frz. 1980) als ihr eigentümliches „*Es-ist-so-gewesen*" (Barthes 1985, S. 87 u. ö.) qualifiziert, demzufolge sich der fotografische Referent notwendigerweise vor der Kamera befunden haben muss, als das Foto entstand. Er war ‚da', d. h. mit Musil gesprochen: ‚wirklich', ist es aber im Augenblick der Betrachtung des Fotos nicht mehr, so dass die spezifische Medialität des Fotos von einem Moment der ‚Erinnerung', d. h. der Differenz, getragen ist. Tatsächlich lässt sich über die beiden Wahrnehmungsmodi der Fotografie, die Barthes herausgestellt hat, *studium* und *punctum*, auch Musils Blick auf die Fotografie erklären: Während das *studium* die allgemeine interessierte Teilnahme an einer Sache beschreibt, ‚trifft' das *punctum*, d. h. das zufällige, nicht inszenierte Detail, den Betrachter „wie ein Pfeil [...], um [ihn] zu durchbohren" (ebd., S. 35). In *Der Mann ohne Eigenschaften* (MoE) tragen Beschreibungen von Fotografien dazu bei, das Prinzip einer eigenschaftslos gewordenen Welt zu veranschaulichen und einen Denkraum zwischen Wirklichkeitssinn und Möglichkeitssinn (vgl. MoE, 16–18) zu eröffnen. (→ VII.4 *Möglichkeitssinn u. Essayismus*) In Kapitel I/99 des *MoE* blättert Ulrich „in alten Familienalben" (MoE, 454). Dabei stößt er u. a. auf die Porträts verschiedener Familienmitglieder, deren fotografische Posen als Signatur einer inszenierten, aber hybriden Bürgerlichkeit des 19. Jahrhunderts dargestellt werden:

> Sie setzten, wie man sah, den Fuß auf Felsblöcke aus Karton, die von Efeu aus Papier umsponnen waren; wenn sie Offiziere waren, stellten sie die Beine auseinander und den Säbel dazwischen; wenn sie Mädchen waren, legten sie die Hände in den Schoß und öffneten weit die Augen; wenn sie freie Männer waren, stiegen ihre Hosen in kühner Romantik, ohne

Bügelfalte, gleich gekräuseltem Rauch von der Erde auf, und ihre Röcke hatten einen runden Schwung, etwas Stürmisches, das die steife Würde des bürgerlichen Gehrocks verdrängt hatte. (MoE, 457)

Musil legt über die beschriebenen Fotografien, deren Vorlagen sich teilweise identifizieren lassen (vgl. Corino 1988, S. 28, 30, 31 u. 356), das von Walter Benjamin in seiner *Kleinen Geschichte der Photographie* (1931) als fotografietypisch herausgestellte ‚Optisch-Unbewusste' (vgl. Benjamin 1977, S. 371) kakanischer Bürgerlichkeit frei. Das gewaltsame Moment der Fotografie, das Barthes zufolge den Betrachter trifft und das auch Benjamin hervorhebt, wenn er davon spricht, dass die Wirklichkeit den „Bildcharakter" der Fotografie „gleichsam durchgesengt hat" (ebd.), lässt den Erzähler des *MoE* einmal mehr zum „monsieur le vivisecteur" (Tb I, 1) werden, indem er in seiner Beschreibung des Fotos das bemüht Zusammengefügte und Zur-Schau-Gestellte in seine Einzelelemente zerlegt. Tatsächlich ist es der behauptete Wirklichkeitsanspruch der Fotografie, der für Musil zur erzählerischen Herausforderung wird. Daher finden auch Zeitschriftenfotos Eingang in den *MoE*:

Ich liebe nämlich illustrierte Zeitschriften. Als drastische Archive. Man sieht da Bewegungen, Ausdrücke, die besser sind als eine seitenlange Sittenschilderung. Nur liest sie das Publikum nicht richtig, sieht, was sie intendieren, nicht was sie sind. Mit dem Bildermaterial, das bei Ullstein einläuft, und einigen Unterschriften ließe sich da wohl etwas sehr Amusantes machen. (an Franz Blei, 4.2.1925, Br I, 377)

Fotografien von Sportlerinnen evozieren auf der einen Seite einen dem Begehren nach Referenz verpflichteten, erotisch grundierten Körperblick, der auf der anderen Seite durch eine sachlich-funktionale Wahrnehmung konterkariert wird. Nichts passt in der widersprüchlich gewordenen Welt mehr zusammen – wie im Fall von Ulrichs Haus, für das der Erzähler den Vergleich ‚verwackelter', „übereinander photographierte[r] Bilder" (MoE, 12) findet. In diesem Sinn vermittelt auch das eigene Kinderfoto Fremdheit und Distanz (vgl. MoE, 648). Die im Foto ansichtig werdenden Brüche der Moderne dokumentieren die Notwendigkeit eines neuen, nichtlinearen Erzählens, dem der *MoE* mit seiner Poetik des Essayismus Rechnung zu tragen sucht (vgl. Gualtieri 2003). Dass das Barthes'sche *punctum* auch etwas über den Tod hinaus Berührendes und damit die Betrachterin/den Betrachter bzw. die Leserin/den Leser ‚Treffendes' hat, macht das im *MoE* gezeichnete Porträt von Tante Jane anschaulich, deren Vor-Bild Mary Petermandl, die Klavierlehrerin in der Familie von Musils Mutter, war. Von ihr bzw. ihrem Foto heißt es u.a.: „[A]ber rührender waren noch die beiden Stellen, wo man die greisen Schläfen neben dem farbigen Haar sah, als einziges Zeichen davon, daß Tante Jane während ihres Lebens nicht immer gleich alt geblieben war" (MoE, 455).

Literatur

Barthes, Roland: Die helle Kammer. Bemerkung zur Photographie. [frz. 1980] Frankfurt a.M.: Suhrkamp 1985.
Benjamin, Walter: Kleine Geschichte der Photographie. [1931] In: ders.: Gesammelte Schriften. Hg. v. Rolf Tiedemann u. Hermann Schweppenhäuser. Bd. II/1: Aufsätze, Essays, Vorträge. Frankfurt a.M.: Suhrkamp 1977, S. 368–385.

Corino, Karl: Robert Musil. Leben und Werk in Bildern und Texten. Reinbek b. Hamburg: Rowohlt 1988.
Gualtieri, Elena: The Grammar of Time. Photography, Modernism and History. In: Julian Murphet, Lydia Rainford (Hg.): Literature and Visual Technologies. Writing after Cinema. Basingstoke u. a.: Palgrave Macmillan 2003, S. 155–174.
Koppen, Erwin: Literatur und Photographie. Über Geschichte und Thematik einer Medienentwicklung. Stuttgart: Metzler 1987.
Wagner-Egelhaaf, Martina: „Wirklichkeitserinnerungen". Photographie und Text bei Robert Musil. In: Poetica 23 (1991), H. 1/2, S. 217–256.

3.2 Kino
Arno Rußegger

1. Einleitung 698
2. *Ansätze zu neuer Ästhetik* (1925) 699
3. Musils Poetik eines autonomen Blicks 701
4. Resümee und Umsetzung 702
5. Literatur 703

1. Einleitung

Karl Corino hat mit seinem Exkurs über „Robert Musil und das Kino", in dem eine Fülle von historischem, biografischem und literaturwissenschaftlichem Material verarbeitet wurde, bereits detailliert Aufschluss über die intensive Auseinandersetzung Musils mit den ästhetischen Herausforderungen durch das Medium Film gegeben (vgl. Corino 2003, S. 1039–1059). Diese ist von Widersprüchlichkeiten, „intermediale[n] Anleihen", „Abstoßungen und Distinktionen im Sinne der Medien*konkurrenz*" geprägt (Wolf 2011, S. 163). Im Folgenden wird daher größere Aufmerksamkeit auf ästhetische Aspekte der Beeinflussung Musils durch den Film gelegt. Differenzierte Analysen zum Thema stammen von Arno Rußegger (1996), Audrey Vermetten (2005/06) und Norbert Christian Wolf (2011, S. 129–164).

Film, das Medium der bewegten Bilder, eröffnete um 1895 völlig neuartige Szenarien, um das widersprüchliche Grundgefühl einer ganzen Epoche zur Anschauung zu bringen und gleichzeitig zu reflektieren. Selbstentfremdung und das Bedürfnis nach fluktuierenden Identitätsmustern fielen in den flüchtigen Schattenbildern der ersten öffentlichen Projektionen in Paris und Berlin in eins. Der Einfluss vor allem auch auf die Literatur, die sich zwischen naturalistischer Reproduktion der Außenwelt und psychologischer Ergründung der Innenwelt neu zu positionieren hatte, äußerte sich in innovativen Schreibweisen, die bis heute zum gängigen Repertoire avancierter Dichtkunst gehören: Multiperspektivierung der Erzählhaltung, Heterogenität in Inhalt und Form, Simultanität anstelle narrativer Linearität, Montage, Reihung, Dekonstruktion von Kontexten, *overlapping*, Close-ups (vgl. Paech 1988, S. 122–130). (→ VIII.1 *Erzählformen*) So hat der Film als neuzeitliches, technologisch spezifiziertes Medium wesentlich dazu beigetragen, den ästhetischen Konzepten der Moderne in exemplarischer Weise zum Durchbruch zu verhelfen.

Dabei galt der Film im Zuge dieser Entwicklung ursprünglich als Medium, das eine „Errettung der äußeren Wirklichkeit" (Kracauer 1964) bewerkstelligen könnte. Denn während etwa die Malerei sich um 1900 von einer zentralperspektivischen Abbildästhetik gelöst hatte, wurde diese auf der Leinwand wieder mit neuer Relevanz versehen. Mit Hilfe der Kamera schien aufgrund einer rein auf physikalisch-chemischen Prozessen basierenden, fotografischen Reproduktionstechnik der Anspruch einlösbar, einen quasi objektiven Blick auf die Welt werfen zu können. Erst durch eine sich ausdifferenzierende, filmkritische und filmtheoretische Erörterung des Mediums (vgl. Altenloh 1914; Balázs 1924; Arnheim 1932 u.a.) wurde herausgestellt, inwiefern sich die Filmkamera mitnichten auf eine visuelle Protokollierung äußerer Gegebenheiten beschränkte. Man erkannte bald, dass im Kino kein billiger Abklatsch des Tatsächlichen, sondern eher die Vielschichtigkeit und Pluralität, d. h. eine tiefgreifende Ambiguität der Wirklichkeit zum Vorschein kommt – und zugleich die Bloßlegung und Aufdeckung einer Realität erfolgt, die nicht mehr eindeutig auf einen sprachlichen Begriff zu bringen ist und sich viel komplexer darstellt als ihre materiellen Oberflächenphänomene.

2. *Ansätze zu neuer Ästhetik* (1925)

Robert Musils Lebenszeit fiel zum größeren Teil in die Kino-Ära. Seine frühe Begeisterung für den Film, der bereits in den 1920er Jahren eine erste künstlerische Hochblüte erlebte (übrigens auch in Österreich; vgl. Fritz 1981, S. 96–99), ist dokumentarisch belegt (vgl. Corino 2003, S. 1056). Daneben gibt es auch distanzierte und zynische Kommentare Musils (vgl. Rogowski 1992), die sich – wie auch gegen Missstände im Bereich des Literatur- und des Theaterbetriebs – gegen die gesellschaftliche Verwertung und Institutionalisierung des Films als Ware eines aufstrebenden Industriezweigs richteten, in dem sich kapitalistische und staatspolitische Interessen vermischten. Das ist durchaus zeittypisch, waren damals doch viele Intellektuelle in einer heftig geführten „Kino-Debatte" (vgl. Kaes 1978; Meister 2009) engagiert. Besonders groß war, zumindest aus bildungsbürgerlicher Sicht, die Konkurrenz zwischen Leinwand und Bühne. Während also der Film vielen Zeitgenossen zunächst als „ein missratenes und verkommenes Kind des Theaters" galt, als „eine verdorbene und verstümmelte Abart" und ein billiger „Theaterersatz, der sich zur echten Bühnenkunst so verhält wie etwa die photographische Reproduktion zum Originalgemälde", wie Balázs (1982, S. 58) kritisch resümierte, finden sich bei Musil, dem „Eidetiker" (Corino 1988, S. 486), weitaus differenziertere Einschätzungen sowohl des Theaters als auch der Kinematografie, die für ihn „Spiel mit den Sinnen und experimentelle Praxis" war (Hoffmann 1997, S. 158; vgl. auch Gnam 2005). Obwohl von Ulrich im *Mann ohne Eigenschaften* (*MoE*) keine expliziten Kinoepisoden erzählt werden, wird in Nebenbemerkungen anderer Figuren des großen Romans doch immer wieder beispielsweise auf die „Lichtspielindustrie" (MoE, 1020) oder Filmbesuche (vgl. MoE, 645) hingewiesen.

Wie andere Autoren auch, ließ Musil sich ohne Zweifel von der filmischen Apparatur und den dadurch produzierten verfremdeten Wahrnehmungsformen inspirieren. Bekannt geworden ist etwa Franz Kafkas kritisches Diktum: „Ich bin ein Augenmensch. Das Kino stört aber das Schauen. [...] Der Blick bemächtigt sich nicht der Bilder, sondern diese bemächtigen sich des Blickes. Sie überschwemmen das Bewußtsein." (Janouch 1961, S. 105) Für Musil hingegen offerierte die konzentrierte Visualität des Stummfilms – unabhängig von der Banalität der erzählten Geschichten – eine märchenhaft verwandelte Sicht auf die Welt, in der aufgrund der Reduktion allen Geschehens „auf bewegte Schatten" eine Verbindung hergestellt werden könne mit jener „Abspaltung vom vollen Leben" (*Ansätze zu neuer Ästhetik*, 1925, GW II, 1138f.), die in jeder Kunstform zu beobachten sei, sozusagen eine „Abstraktion" dergestalt, dass die „eine Seite der Sache", die dann ausschließliche Berücksichtigung erfähre, zugleich „auch Zusammenfassung zu einem neuen Zusammenhang" bedeute (GW II, 1139). Durch ein solches „andres Verhalten zur Welt", das sich im Film manifestiere, komme es schließlich zu jenem „lebensverneinenden Charakter" der Kunst generell, der jedoch im Allgemeinen „als harmlos hingestellt" (GW II, 1141) werde. Diese „Gleichgewichtsstörung des Wirklichkeitsbewußtseins" (GW II, 1140) habe ihre eigentlichen Grundlagen in „sehr alten Kulturzuständen" (GW II, 1141). Da sowohl das Kunsterlebnis als auch das Denken der Naturvölker auf einem besonderen Verhalten gegenüber den Dingen fuße, richtet sich Musils Analyse folgerichtig auf jenes „zum Film gehörende[ ] Grunderlebnis" eines „ungewohnte[n] Leben[s], welches die Dinge in der optischen Einsamkeit gewinnen." (GW II, 1142) (→ IV.9 *Ethnologie*) Mit der Vorstellung einer „Sprengung des normalen Totalerlebnisses" (GW II, 1145) in der Kunst verband Musil jedoch keinen „Begriff der zweck*losen* Schönheit" (GW II, 1147). Der andere, sozusagen „apokryphe[ ] Zusammenhang[ ]" (GW II, 1142), der im Kunstwerk hergestellt wird, bilde eben keine „anscheinend unentrinnbare Antithese" (GW II, 1147) im Gegensatz zum Normalzustand unseres Bewusstseins, sondern „gewissermaßen eine nachgiebige Stelle" (GW II, 1142f.) darin ab, die aber eine „Rückübersetzung" der Erlebnisse der Kunst in den Normalzustand erlaube, wobei „dem Übergang in diesen mindestens das gleiche Interesse zu[kommt] wie dem aktuellen Erlebnis selbst." (GW II, 1151)

Derartige Überlegungen entwickelte Musil in seinem bekannten Essay *Ansätze zu neuer Ästhetik* (1925) – so der programmatische Titel einer seiner bedeutendsten kunsttheoretischen Abhandlungen. Pro forma im Rahmen einer Rezension von Béla Balázs' Filmbuch *Der sichtbare Mensch* (1924) formuliert, vertritt Musil den weitreichenden, grundsätzlichen Gedanken, dass Mimesis in einem traditionellen Sinn obsolet geworden ist; für die (mehr oder weniger absurde) Schwundform der früher als umfassend erachteten Referenzialität zwischen Ich und Welt prägt er einmal den Begriff „Mimetismus" (KA, M II/3/55). Wie auch in den bildenden Künsten das Ideal eines mimetischen Verhältnisses zwischen den Dingen und ihren Abbildern ersetzt wurde durch selbstreferenzielle, abstrakte Verfahren, mit denen die Erfassung des Daseins im Spiegel des Ästhetischen von vornherein, mehr oder weniger spielerisch, hintertrieben wurde (vgl. Wolf 2011, S. 261–267), entkoppelte Musil – nach spätromantischen Vorbildern – seine Literatur letztlich von naiven Referenzen auf die Vorstellung einer manifesten, vorgegebenen Wirklichkeit. Sinnstiftung bezog sich für ihn in der Folge auf die jeweilige Konstruktion eines Kunstwerks selbst. (→ III.2.1 *Essays*)

3. Musils Poetik eines autonomen Blicks

Eine der Konsequenzen, die Musil aus dem Rückbezug des Ästhetischen auf sich selbst zog, besteht – wie es der Titel seines großen, unvollendet gebliebenen Romans *MoE* proklamiert – in der konsequenten Dekonstruktion des personalen Ich. Die Welt sah er (nicht zuletzt im Kino) in ein kaleidoskopisches System von Zeichen zerlegt, dessen Ordnung sich einer verallgemeinerbaren Anschauung nicht mehr erschloss. Musils Œuvre ist durchzogen von einer spezifischen Theorie des Bildes (vgl. Rußegger 1996; vgl. vor allem auch Fanta 2011), einer Poetologie der Wahrnehmungsverfremdung bei gleichzeitiger Hervorhebung neu erfundener, alternativer Sinneseindrücke in Worten, in denen es aber nicht darum geht, den Anschein einer verlorenen Einheit des Lebens zu rekonstruieren, sondern vielmehr darum, diese durch etwas anderes zu ersetzen, einen ‚anderen Zustand‘, in dem das Subjekt die Konditionierung all seiner Wahrnehmungen und Empfindungen erfährt (vgl. Rußegger 1996, S. 13). (→ VI.2.1 *Bildende Kunst*; VII.2 *Anderer Zustand*) „Entzauberung und Verzauberung der Welt gingen im Film seltsamerweise Hand in Hand" (Corino 2003, S. 1047f.). Aufgrund von physikalischen, experimentalpsychologischen und philosophischen Studien (im Gefolge von Friedrich Nietzsche und Ernst Mach) war dem Autor klar, dass die einzig verbliebene, dem Menschen noch zugängliche Realität er selbst ist. (→ IV.4 *Philosophie*) Nicht zuletzt auch darin wurde Musil im Zuge seiner Lektüre der Publikationen des Filmtheoretikers und -praktikers Béla Balázs bestärkt, der hervorhob, dass in der Moderne das Sehen eine bevorzugte Stellung unter den Sinnen einnehme, mit dem Effekt, dass es im Film zu einer ganzheitlichen, gestaltpsychologisch fundierten, anthropomorphisierbaren Umdeutung alles Gezeigten komme. (→ IV.6 *Gestalttheorie*) Filmbilder stehen demnach nicht nur für das, was sie zeigen, sondern weisen darüber hinaus, indem sie die äußere Welt des Sichtbaren im Hinblick auf eine Visualisierung subjektiver Innenwelten als Ausdruck der menschlichen Seele verwerten (vgl. Balázs 1982, S. 47). So wenig also der Film bloß eine mechanische Reproduktionsmaschinerie war, so wenig ging es bei Musil um eine illustrative Darstellung von Realität an sich, sondern um eine dichterische, in seinem Verständnis essayistische Umsetzung des Denkens beim Schreiben in einem umfassenden Sinn, heute würde man sagen: der kreativen Kognitionsprozesse als eines systemischen Komplexes (vgl. Vermetten 2005/06, S. 131). Musils (Sprach-)Bilder sind das literarische Ergebnis eines autonomen, in seiner psycho-physischen Bedingtheit markierten Blicks; sie sind Funktionen eines Denkens, das zwischen Anschaulichkeit und Abstraktion, Intellekt und Emotion, Objekt und Subjekt, Wahrnehmung und Bedeutung, Sein und Bewusstsein, „Genauigkeit und Seele" (*MoE*, 597) vermittelt. Sie beziehen sich auf die Erscheinungsformen des Imaginären, wie es im Kino augenfällig wird. Dort wie da ergibt sich ein „Eindruck des Pseudo-Realen" (Rußegger 1996, S. 22); mit gutem Recht haben Sophie Wilkins und Burton Pike daher die Formulierung „Pseudoreality Prevails" (Musil 1995, S. 81) für die englische Übersetzung von „Seinesgleichen geschieht" (*MoE*, Erstes Buch, Zweiter Teil) gewählt.

Die zivilisatorische Diffusion von Leben und Erleben stellte also den Hintergrund für Musils Überlegung dar, dass die Wirklichkeit der Ich-Bildung des Einzelnen keine Orientierung für den Zusammenhang zwischen Vernunft und Sinnlichkeit mehr bot. Allein die Film-Projektionen schienen – zunächst noch in rätselvollem Schweigen, später audiovisuell – die jeweils aktuelle Realität transparent werden zu lassen für die in ihr ebenfalls stets enthaltenen Wünsche, Träume, Absichten und nicht ausgelebten Möglichkeiten einer Gesellschaft. Diesseits aller Metaphysik war mit der vom Film vorangetriebenen Lösung aus der Vorherrschaft einer vornehmlich logozentrierten Fixierung von Sinn und Zweck die Freisetzung der Produktivkraft seiner (Sprach-)Bilder verbunden: Ihre Wirkung lag nicht in der Einheitlichkeit eines vollkommenen, klassischen Stilideals, sondern in den spontanen, wechselnden Konstellationen fluktuierender Beziehungen, die sie gemäß einer anderen, gleitenden, momentanen Logik miteinander eingingen. Musil fand dafür den Begriff „Filmstreifen denken" (an Bernard Guillemin?, 26.1.1931, Br I, 497), der in präziser Weise auf den Punkt bringt, worum es ihm ging: ein anschauliches Denken. Was der begrifflichen Sprache an Sinnstiftung nicht mehr zugetraut werden konnte, schienen die optischen Phänomene des Lichts, der Linien, der Schatten, der Farben, der Kontraste, der Ornamente und schönen Oberflächen in Aussicht zu stellen – als künstlerische Utopie und metaphorische Illusion. Die Evidenz der filmischen Bilderschrift wurde als ausdruckskräftig erachtet, auch wenn sie sich auf keinen ‚höheren' Gehalt bezog. Filmische Wahrnehmung erhielt einen Status zwischen Begrifflichkeit und Augenschein, der als symptomatisch für eine neue Qualität lebendigen Erkennens galt (vgl. GW II, 1051). In der Forschung wurde indes immer wieder großer Wert darauf gelegt, festzuhalten, dass der Primat der Schriftkultur für Musil stets bestehen blieb (vgl. auch Bauer 2010): „In seinem Visualisierungskonzept geht es [...] um ein [...] Programm der Bildsetzung", etwa durch gleichnishaftes Erzählen, ausschließlich im Medium der Literatur: „Die Bilder kommen nicht von außen in den Text, sondern sie gehen als Bilder aus dem Text, visualisiert in der Bewusstseinsapparatur der Leser." (Fanta 2011, S. 583)

4. Resümee und Umsetzung

Im Kino standen die Dinge den Zeitgenossen mit einer neuen Fremdheit gegenüber. Nichts war mehr ohne Belang, was Musils ästhetischen Überzeugungen entsprach: „Es war nichts für sich zu deuten, eines hing von dem andern ab, man mußte dem Ganzen trauen oder mißtrauen, es lieben oder für Trug halten" (*Tonka*, GW II, 296). Augenblicklich konkretisierten sich auf der Leinwand alltäglichste Eindrücke zu geradezu wunderbaren Emanationen eines (noch) unbekannten, künftigen Sinns. Die Dinge wurden entmaterialisiert, versinnbildlicht, trennten sich von ihren gängigen Bedeutungen wie Signale aus einem künstlichen Kosmos, in dem sich Reales und Irreales, das Althergebrachte und das Künftige, das Vertraute und das Außergewöhnliche vermischten.

Als typischer Ausdruck von Musils filmreflexiven Positionen gilt das Theaterstück *Vinzenz und die Freundin bedeutender Männer* (1923). Der Protagonist verfolgt darin ein Lebenskonzept, das er für seine geplante Filmgesellschaft mit dem Namen „‚Licht und Liebe, Gesellschaft zur Herstellung wahrheitsgetreuer Filmaufnahmen im Rahmen der Gesetze.'" entworfen hat, in der es kein professionelles Schauspielertum mehr geben und jeder geringfügigste, nächstbeste „Anlaß zu einer ‚Szene' ausgestalte[t]" werden soll: „Denn wir benützen nur Szenen, die aus dem Leben selbst hervorgehn; nur die haben volle Natürlichkeit. Wir denken sogar daran, mit unsrem Kapital Schicksale so zu beeinflussen, daß wir sie dann aufnehmen können." Die fiktive „volle Natürlichkeit" (GW II, 447) des Lebens reicht für Vinzenz also gerade noch aus, die Konventionen filmischer Authentizität in einem vordergründig dokumentarisch anmutenden Sinn zu bestätigen: „Mimetismus" pur (KA, M II/3/55). (→ III.1.5 *Vinzenz*) Für sich genommen, bedeutet die Wirklichkeit jedoch nichts mehr und soll folgerichtig bereits im Hinblick auf ihre spätere filmische Reproduktion ‚beeinflusst' werden.

Zu Musils Zeit bot das zeitgenössische Kino als synästhetisches, künstlerisch-technisches Laboratorium eine Fülle von Anschauungsmaterial für komplexe soziokulturelle Veränderungen. Seine Texte (samt Nachlass) sind ein Beleg dafür, wie radikal er darin war, die eigenen Mittel und Strukturen der Darstellung zu dekonstruieren, um abseits der gewohnten Wege noch unbekannte, abstrakte Räume des Fiktiven zu öffnen. Dem weiter nachzugehen und Musils Reflexion der zivilisatorischen, medial bedingten Überformung der Wahrnehmung als poetologisches Programm zu erschließen, verspricht auch künftiger Forschung noch innovative Einsichten in sein Gesamtwerk.

5. Literatur

Altenloh, Emilie: Zur Soziologie des Kino. Die Kino-Unternehmung und die sozialen Schichten ihrer Besucher. Jena: Diederichs 1914.

Arnheim, Rudolf: Film als Kunst. Berlin: Rowohlt 1932.

Balázs, Béla: Der sichtbare Mensch oder die Kultur des Films. Wien, Leipzig: Deutsch-Österreichischer Verlag 1924.

Balázs, Béla: Schriften zum Film. Hg. v. Helmut H. Diederichs, Wolfgang Gersch u. Magda Nagy. Bd. I: Der sichtbare Mensch. Kritiken und Aufsätze 1922–1926. München u. a.: Hanser 1982.

Bauer, Matthias: Der Film als Vorbild literarischer Ästhetik. Balázs, Musil und die Folgen. In: Stefan Keppler-Tasaki, Fabienne Liptay (Hg.): Grauzonen. Positionen zwischen Literatur und Film 1910–1960. München: Text + Kritik 2010, S. 41–79.

Bolterauer, Alice: Die Herausforderung der neuen Medien. Anmerkungen zu Robert Musils Essay *Ansätze zu neuer Ästhetik. Bemerkungen über eine Dramaturgie des Films*. In: Pierre Béhar, Marie-Louise Roth (Hg.): Musil an der Schwelle zum 21. Jahrhundert. Bern u. a.: Lang 2005, S. 153–171.

Corino, Karl: Robert Musil. Leben und Werk in Bildern und Texten. Reinbek b. Hamburg: Rowohlt 1988.

Corino, Karl: Robert Musil. Eine Biographie. Reinbek b. Hamburg: Rowohlt 2003.

Fanta, Walter: Robert Musil. In: Konstanze Fliedl, Marina Rauchenbacher, Joanna Wolf (Hg.): Handbuch der Kunstzitate. Malerei, Skulptur, Fotografie in der deutschsprachigen Literatur der Moderne. Bd. 2. Berlin, Boston: de Gruyter 2011, S. 582–584.

Frank, Gustav: Musil contra Balázs. Ansichten einer ‚visuellen Kultur' um 1925. In: Musil-Forum 28 (2003/04), S. 105–152.

Fritz, Walter: Kino in Österreich. Der Stummfilm 1896–1930. Wien: Österreichischer Bundesverlag 1981.

Gnam, Andrea: „Leben in Hypothesen". Das Buch, der Film und die Arbeit des Wissenschaftlers. In: Pierre Béhar, Marie-Louise Roth (Hg.): Musil an der Schwelle zum 21. Jahrhundert. Bern u. a.: Lang 2005, S. 121–137.

Hoffmann, Christoph: „Der Dichter am Apparat". Medientechnik, Experimentalpsychologie und Texte Robert Musils 1899–1942. München: Fink 1997.

Janouch, Gustav: Gespräche mit Kafka. Aufzeichnungen und Erinnerungen. Frankfurt a. M.: Fischer 1961.

Kaes, Anton (Hg.): Kino-Debatte. Texte zum Verhältnis von Literatur und Film 1909–1929. Tübingen: Niemeyer 1978.

Kracauer, Siegfried: Theorie des Films. Die Errettung der äußeren Wirklichkeit. Frankfurt a.M.: Suhrkamp 1964.

Meister, Monika: Robert Musil kommt aus dem Kino. In: dies.: Theater denken. Ästhetische Strategien in den szenischen Künsten. Wien: Sonderzahl 2009, S. 71–88.

Musil, Robert: The Man Without Qualities. Vol. 1: A Sort of Introduction and Pseudoreality Prevails. Translated from the German by Sophie Wilkins. London u.a.: Knopf 1995.

Paech, Joachim: Literatur und Film. Stuttgart, Weimar: Metzler 1988.

Rogowski, Christian: „Ein andres Verhalten zur Welt". Robert Musil und der Film. In: Sprachkunst 23 (1992), H. 1, S. 105–118.

Rußegger, Arno: Kinema mundi. Studien zur Theorie des „Bildes" bei Robert Musil. Wien u.a.: Böhlau 1996.

Vermetten, Audrey: Im Grenzbereich von Literatur und Film. Die siebte Kunst in der ästhetischen Reflexion Musils. In: Musil-Forum 29 (2005/06), S. 125–139.

Wolf, Norbert Christian: Kakanien als Gesellschaftskonstruktion. Robert Musils Sozioanalyse des 20. Jahrhunderts. Wien u.a.: Böhlau 2011.

VII. Systematische Aspekte: Mentale Konstruktionen

1. Mystik
Martina Wagner-Egelhaaf

Für das Verständnis von Musils literarischem Werk spielt die Mystik (von gr. μύειν: ‚die Augen, die Lippen schließen') eine prominente Rolle. Dies verwundert auf den ersten Blick bei einem so kritischen Denker wie Musil, für den Rationalität und der sachliche Geist der Moderne prägend waren. Nun ist Mystik, die als Innerlichkeitsbewegung in allen Religionen zu finden ist, allerdings keinesfalls mit Irrationalität gleichzusetzen. Thomas von Aquin hat Mystik als *cognitio dei experimentalis* definiert, als ‚Erkenntnis Gottes durch Erfahrung'. Im Zentrum der mystischen Erfahrung steht die *unio mystica*, die Vereinigung der menschlichen Seele mit Gott bzw. dem Göttlichen. Mystisches Denken sucht nach einer Wirklichkeit bzw. Wahrheit hinter den Wahrnehmungskonventionen der Welt. Neomystische Strömungen hatten um 1900 Konjunktur. Nicht nur wurden neue Ausgaben der mittelalterlichen Mystikertexte auf den Markt gebracht, z. T. in populären Editionen (vgl. Wagner-Egelhaaf 1989, S. 28f.), sondern auch viele Künstler und Intellektuelle wandten sich mystischen Autoren und Denkweisen zu. Dies ist als Reaktion auf die politischen, gesellschaftlichen und wissenschaftlichen Entwicklungen der Zeit zu verstehen, die zu einem Zusammenbruch überlieferter Weltbilder und dem Bedürfnis nach neuer geistiger, moralischer und auch religiöser Orientierung führten. Den meisten Neomystikern zu Beginn des 20. Jahrhunderts war es um eine Befreiung von herrschenden und als beengend oder sogar als scheinhaft empfundenen Denkweisen in Politik, Wissenschaft, Kunst und Religion zu tun, keinesfalls um eine Erneuerung des christlich-religiösen Weltbilds. Vielmehr steht eine ‚gottlose Mystik' (vgl. Spörl 1997) zur Debatte, eine ‚andere' Art der Spiritualität, die ebenso als intellektuelle, ethisch-moralische, politische und nicht zuletzt als künstlerisch-ästhetische Herausforderung begriffen wurde.

Musils literarische und intellektuelle Verarbeitung der Mystik steht also im Kontext einer zeitgenössischen Konjunktur. Während die neomystische Renaissance vielfach ins Schwärmerische abglitt, setzt sich Musil auf kritisch-rationale Weise mit den Denkangeboten der mystischen Traditionen auseinander, ja er betrachtet die Erfahrungen der Mystiker als Herausforderung für den Intellekt sowie als mögliches Modell für ein neues Selbstverhältnis des Ichs. Die Forschung hat sich besonders eingehend mit den mystischen Motiven und Strukturmomenten in Musils großem Roman, dem *Mann ohne Eigenschaften* (*MoE*), befasst. Wenn der Protagonist Ulrich als Mann ‚ohne Eigenschaften' beschrieben wird, zitiert dies Meister Eckhart, demzufolge der Mensch „âne eigenschaft" (Meister Eckhart 1958, 25,8) sein soll, also innerlich und äußerlich frei von aller Gebundenheit an die Welt (vgl. Schmidt 1975). „[M]it eigenschaft" heißt bei Eckhart „mit zît und mit zal, mit vor und mit nâch" (Meister Eckhart 1958, 11,5), d.h. befangen in Modalitäten wie Temporalität, Quantität und Kausalität. Eigenschaftslosigkeit, also die Überwindung der Welt- und Ichbindung, ist die Voraussetzung der *unio mystica*. Ulrich ist nun freilich ein anderer ‚Mann ohne Eigenschaften':

> Mit wenig Übertreibung durfte er [...] von seinem Leben sagen, daß sich alles darin so vollzogen habe, wie wenn es mehr zueinander gehörte als zu ihm. Auf A war immer B gefolgt, ob das nun im Kampf oder in der Liebe geschah. Und so mußte er wohl auch glauben, daß die persönlichen Eigenschaften, die er dabei erwarb, mehr zueinander als zu ihm gehörten, ja jede einzelne von ihnen hatte, wenn er sich genau prüfte, mit ihm nicht inniger zu tun als mit anderen Menschen, die sie auch besitzen mochten. (MoE, 148)

Ulrich ist also weder mit sich identisch noch mit der Welt, in der er lebt und die im Grunde genommen genauso eigenschaftslos ist wie er selbst. Während Eigenschaftslosigkeit im mystischen Verständnis allerdings ein positiver Begriff ist, beschreibt die Zeitdiagnose im *MoE* einen eher unbefriedigenden Zustand des „Seinesgleichen geschieht" (MoE, 81), wo nichts motiviert und alles, was geschieht, nur von einer Logik der Kontingenz bestimmt ist. Nach mehreren Versuchen, ein „Mann mit Eigenschaften" (MoE, 60) zu werden, d.h. sich selbst und seinen Platz in der Gesellschaft zu finden, nimmt sich Ulrich eine ‚Auszeit' von einem Jahr. Die Tatsache, dass alle Versuche, ‚mit Eigenschaften' zu leben, scheitern, wirft ein ironisches Licht auf das gesellschaftliche Dasein der vermeintlichen Eigenschaften. Aufgrund seiner Eigenschaftslosigkeit steht Ulrich zwischen und über allen im Roman eingenommenen Positionen. Die Wiederbegegnung mit seiner Schwester Agathe, die er aus den Augen verloren hatte, setzt einen Erfahrungs- und Reflexionsprozess in Gang, dessen Modus das eigenschaftslose Leben ist. (→ III.1.7 *Mann ohne Eigenschaften*; VII.3 *Gestaltlosigkeit*) Die Geschwister verbindet eine geistige, aber auch körperliche Anziehung. Ihre *unio* verspricht eine Erfahrung des In-der-Welt-Seins, die zugleich losgelöst von der Welt und mitten in ihr neue Formen eines „motivierten" (MoE, 1914), d.h. in kritischer Selbstreflexivität ge- und begründeten Lebens ermöglichen soll. Musil prägt hierfür den Begriff der „taghellen Mystik" (MoE, 1089). Begleitet wird die Suche nach einem anderen Leben hinter den Formen des konventionellen Daseins und Denkens von der Lektüre und Diskussion mystischer Schriften: „Ich bin nicht fromm", sagt Ulrich, „ich sehe mir den heiligen Weg mit der Frage an, ob man wohl auch mit einem Kraftwagen auf ihm fahren könnte!" (MoE, 751) Im Hintergrund des Agathe-Ulrich-Komplexes im *MoE* stehen die unter dem Titel *Ekstatische Konfessionen* 1909 von Martin Buber herausgegebenen Mystikertexte unterschiedlicher Zeiten und Kulturen (vgl. Goltschnigg 1974), die Musil möglicherweise auch nur aus zweiter Hand kannte und exzerpierte (vgl. Gschwandtner 2013, S. 34f.). So berichtet Ulrich seiner Schwester:

> Sie [i.e. die Mystiker] sprechen von einem überflutenden Glanz. Von einer unendlichen Weite, einem unendlichen Lichtreichtum. Von einer schwebenden ‚Einheit' aller Dinge und Seelenkräfte. Von einem wunderbaren und unbeschreiblichen Aufschwung des Herzens. Von Erkenntnissen, die so schnell sind, daß alles zugleich ist, und wie Feuertropfen sind, die in die Welt fallen. Und anderseits sprechen sie von einem Vergessen und Nichtmehrverstehn, ja auch von einem Untergehn der Dinge. Sie sprechen von einer ungeheuren Ruhe, die den Leidenschaften entrückt ist. Einem Stummwerden. Einem Verschwinden der Gedanken und Absichten. Einer Blindheit, in der sie klar sehen, einer Klarheit, in der sie tot und übernatürlich lebendig sind. Sie nennen es ein ‚Entwerden' und behaupten doch, in voller Weise zu leben als je [...]. (MoE, 753)

1. Mystik

Auch Ulrich geht es nicht um ein religiöses Erlebnis als vielmehr darum, das, was die mystischen Texte beschreiben, intellektuell zu erfassen und im Hinblick auf eine Lebenspraxis des modernen Menschen zu durchdringen und zu reaktivieren. Daher hat die Musil-Forschung bereits früh das Verhältnis von Ratio und Mystik in den Texten des Autors und im *MoE* im Besonderen thematisiert. Die vermeintlichen Gegensätze gilt es im mystischen Erleben zu überwinden (vgl. Albertsen 1968). Für Ulrich und Musil, die den zeitgenössischen Entwicklungen in den Wissenschaften großes Interesse entgegenbringen, stellt die mystische Erfahrung als Kulturen und Epochen übergreifendes anthropologisches Phänomen eine Herausforderung etwa für die Experimentalpsychologie, die Psychiatrie oder auch die Eidetik dar. Die Mystiker berichten von Erfahrungen, die der Ratio unzugänglich sind, von den neuen Wissenschaften aber mit den ihnen eigenen Mitteln und Methoden u. U. erklärt werden könnten. Gleichzeitig steht die mystische Erfahrung für eine kritische Infragestellung der konventionellen gesellschaftlichen und wissenschaftlichen Rationalitätskategorien, deren Überwindung neue Formen der Wahrnehmung und nicht zuletzt ein neues Menschenbild ermöglicht. In diesem Zusammenhang ist auf Musils lebenslange Auseinandersetzung mit der Gestalttheorie zu verweisen; insbesondere das von ihm formulierte „Theorem der menschlichen Gestaltlosigkeit" (*Der deutsche Mensch als Symptom*, 1923, GW II, 1368–1379, hier 1371), das von der äußeren Formbarkeit des Menschen ausgeht und ihn als im Inneren unbestimmt begreift, weist Berührungspunkte mit dem Konzept der mystischen Eigenschaftslosigkeit auf. (→ IV.6 *Gestalttheorie*) Während letzteres gemäß negativ-theologischem Denken die menschliche Nichtigkeit in der *unio mystica* in die göttliche Alleinheit umschlagen lässt, aber auch in der praktischen Lebensführung die Selbstzurücknahme postuliert, begreift Musil die Theorie der Gestaltlosigkeit als „eine Philosophie der Niedrigkeit", die sich „[g]egen falsches phil.[osophisches] Pathos, Größe, Erhabenheit" (GW II, 1375) wendet. (→ VII.3 *Gestaltlosigkeit*) Die Auseinandersetzung mit der mystischen Erfahrung, die eine kritische Infragestellung der Subjekt-Objekt-Relationen impliziert, verbindet sich im Denken Musils auch mit der Suche nach einer neuen Ethik. (→ V.5 *Ethik u. Moral*) Wie schon die Mystik eines Meister Eckhart eine spezifische Ethik der Gelassenheit entwickelt, stellt sich auch im *MoE* mit der neomystischen Transgression der erstarrten Konventionalität aller Lebensbereiche wie Liebe, Politik, Wissenschaften etc. die Frage nach dem rechten, d. h. dem motivierten Leben, die freilich im Text keine eindeutige Antwort findet. In den nachgelassenen Fragmenten heißt es zum „Bild des gütig geistigen motivierten schenkenden Lebens" (KA, M II/2/6; vgl. MoE, 1914) nur lapidar: „Eigentlich ist dieser geistige Zustand des Menschen ein Strahlen." (MoE, 1918) Das Heraustreten der Geschwister aus der gesellschaftlich normierten Wirklichkeit exponiert den ‚anderen Zustand' (vgl. MoE, 766), eine Kategorie, die Musil in seinem Essay *Ansätze zu neuer Ästhetik. Bemerkungen über eine Dramaturgie des Films* (1925) einführt (vgl. GW II, 1153; vgl. Karthaus 1965, S. 117–155). (→ VII.2 *Anderer Zustand*) Die Tatsache, dass Musil die Kategorie des ‚anderen Zustands' in einem Kontext vorstellt, in dem es um die spezifische Ästhetik des Films, aber auch um Literatur geht, verweist darauf, dass der gesamte mystische Komplex für Musil auch eine mediale Dimension hat. (→ VI.3.2 *Kino*) Als „Mystik des Films" (GW II, 1143) beschreibt Musil in seinem Essay von 1925 den wahrnehmungspsychologisch erklärbaren Sachverhalt der wechselweisen Bestimmung des Einzelnen durch das Ganze und umgekehrt sowie das filmische Sichtbarmachen des Unsichtbaren. Das Kunsterlebnis stellt generell einen „Entrückungsvorgang" dar, auch wenn Kunst stets im Kontakt mit dem „Normalzustand" bleibt (GW II, 1151). Dieser Zusammenhang macht deutlich, dass Musil dem Mystischen nicht zuletzt auch ein ästhetisches Interesse entgegenbringt.

Der *MoE* trägt aber auch der angesprochenen Tatsache Rechnung, dass es um und nach 1900 sehr unterschiedliche Spielarten der Neomystik gab: Neben Musils rationaler Auseinandersetzung mit der mystischen Rationalitätskritik und den im Zusammenhang der modernen ,Sprachkrise' stehenden sprach- und erkenntniskritischen Positionen, die sich etwa mit den Namen Ludwig Wittgenstein, Fritz Mauthner oder Gustav Landauer verbinden, finden sich ins Irrationale und Kosmologische ausgreifende Anverwandlungen, etwa bei Ludwig Klages oder Rudolf Steiner, bis hin zu völkisch-nationalen Ideologien, wie beispielsweise Alfred Rosenbergs *Mythus des 20. Jahrhunderts* (1930) zeigt. (→ VIII.3 *Sprache/Sprachkritik*) So weisen viele der im Roman auftretenden Figuren neomystische Ambitionen auf, die im Text zumeist ironisch-kritisch beleuchtet werden – insbesondere dann, wenn sie sich mit in hohem Pathos vorgetragenen, einseitigen weltanschaulichen Positionen verbinden. Ulrichs Cousine Diotima etwa versucht ihrem frustierend-banalen Eheleben durch ein bildungsbürgerliches Streben nach Höherem zu entkommen und huldigt gemeinsam mit ihrem platonischen Freund Arnheim einem mystischen Seelenkult. Von der „großen Idee", die sie für die ,Parallelaktion' suchen, erwarten sie, „daß sie sich in einer Art Schmelzzustand befindet, durch den das Ich in unendliche Weiten gerät und umgekehrt die Weiten der Welten in das Ich eintreten, wobei man nicht mehr erkennen kann, was zum eigenen und was zum Unendlichen gehört." (MoE, 110) Ulrichs Jugendfreundin Clarisse, die wie viele Adepten der Mystik um 1900 unter dem Einfluss Friedrich Nietzsches steht und im Laufe der Romanhandlung zunehmend dem Wahnsinn verfällt, strebt neben geistiger auch nach erotischer Entgrenzung. (→ VIII.5 *Intertextualität*) Bei der Figur des Philosophen Meingast, als deren reales Vorbild Ludwig Klages gilt, wird das Transzendenzstreben pathetisch-diffus, während Hans Sepps Streben nach Erneuerung völkische Züge annimmt. Indessen werden die verschiedenen Protagonisten mit ihren mystischen Ansichten nicht einfach lächerlich gemacht; vielmehr wird deutlich, dass ihr Anliegen Gemeinsamkeiten mit jenem von Ulrich und Agathe aufweist, auch wenn ihnen der kritisch-rationale Abstand fehlt, den Ulrich bzw. Musil aufgrund ihres geradezu wissenschaftlichen Interesses am Paradigma der Mystik stets beibehalten. Letztlich kommt der Roman in seiner Sichtung des mystischen Panoramas zu keiner Synthese. Wie auch die mittelalterlichen Mystiker/innen darüber klagen, dass die *unio mystica* nicht darstellbar sei, und sie dennoch in ihren Texten beständig umkreisen, so ist auch der *MoE* ein „maßloses Fragment" (Albertsen 1968, S. 126) geblieben, das um eine nicht erreichbare Einheit kreist. (→ III.1.7 *Mann ohne Eigenschaften*)

Musils literarisches Œuvre ist getragen von der Exploration der Möglichkeit eines ,anderen' Geisteszustands jenseits der gesellschaftlich vereinbarten Wirklichkeit. Mystische Erfahrungen im erweiterten Sinn, d. h. im Bestreben, Denk- und Wahrnehmungskategorien kritisch zu befragen und konventionalisierte Polaritäten außer Kraft zu setzen, finden sich bereits in den *Verwirrungen des Zöglings Törleß* (1906), die Uwe Spörl als „eine ,psychologisch-philosophische Versuchsanordnung'" zur Eröffnung eines „Möglichkeitsraums" gelesen hat (Spörl 1997, S. 288f.). Sexualität und das Problem der komplexen Zahlen sind Erfahrungsmomente, die weit auseinanderzuliegen scheinen; Törleß jedoch sucht nach ihrem inneren Zusammenhang. Und auch in den beiden Erzählungen der *Vereinigungen* (1911) wird das geistige Erfahrungsspektrum sinnlicher Grenzüberschreitung ausgelotet. In *Drei Frauen* (1924) kommt es zu einer Erschütterung rationalen Kalküls durch eine weiblich codierte Sinnlichkeit, die sich der Kommunikabilität entzieht und die männlichen Protagonisten in ihrem Selbstverständnis grundlegend in Frage stellt. Die „Sanftmut der Mystik" (GW II, 549) wird in *Die Amsel* (1928) im durchaus reflexiven Bezug auf die Religion im Medium des Erzählens, das die Opposition von Rationalität und Irrationalität in Frage stellt, auf den Prüfstand gehoben. Und das Drama *Die Schwärmer* (1921) schließlich stellt Figuren auf die Bühne, die ähnlich wie das Personal im *MoE* unterschiedliche Positionen eines ins Mystische führenden Wirklichkeitsverlusts durchspielen. (→ III.1.4 *Die Schwärmer*) „Man ist nie so sehr bei sich, als wenn man sich verliert", sagt beispielsweise Thomas, eine der Hauptfiguren (GW II, 379): ‚Mystik' steht im Werk und im Denken Musils für eine rationale Infragestellung von scheinbar gegebenen Welt- und Selbstverhältnissen; das Konzept einer ‚taghellen Mystik' ist indes ein unvollendetes Projekt geblieben, dessen denkerischer Impuls sich längst nicht erschöpft hat.

Literatur

Albertsen, Elisabeth: Ratio und „Mystik" im Werk Robert Musils. München: Nymphenburger 1968.
Baßler, Moritz/Châtellier, Hildegard (Hg.): Mystique, mysticisme et modernité en Allemagne autour de 1900 / Mystik, Mystizismus und Moderne in Deutschland um 1900. Straßburg: Presses Univ. de Strasbourg 1998.
Braungart, Wolfgang/Fuchs, Gotthart/Koch, Manfred (Hg.): Ästhetische und religiöse Erfahrungen der Jahrhundertwenden II: um 1900. Paderborn u.a.: Schöningh 1998.
Crooke, William: Mysticism as Modernity. Nationalism and the Irrational in Hermann Hesse, Robert Musil and Max Frisch. Oxford u.a.: Lang 2008.
Goltschnigg, Dietmar: Mystische Tradition im Roman Robert Musils. Martin Bubers *Ekstatische Konfessionen* im *Mann ohne Eigenschaften*. Heidelberg: Stiehm 1974.
Gschwandtner, Harald: Ekstatisches Erleben. Neomystische Konstellationen bei Robert Musil. München: Fink 2013.
Haas, Alois M.: Mystik im Kontext. München: Fink 2004.
Karthaus, Ulrich: Der andere Zustand. Zeitstrukturen im Werke Robert Musils. Berlin: Schmidt 1965.
Largier, Niklaus: Mystik als Medium. Robert Musils „Möglichkeitssinn" im Kontext. In: Alexandra Kleihues, Barbara Naumann, Edgar Pankow (Hg.): Intermedien. Zur kulturellen und artistischen Übertragung. Zürich: Chronos 2010, S. 401–411.
Leonard, Philip (Hg.): Trajectories of Mysticism in Theory and Literature. Basingstoke, London: Macmillan 2000.
Meister Eckhart: Die deutschen und lateinischen Werke. Abteilung I: Die deutschen Werke. Hg. u. übers. v. Josef Quint. Bd. 1. Stuttgart, Berlin: Kohlhammer 1958.
Reinhardt, Ursula: Religion und moderne Kunst in geistiger Verwandtschaft. Robert Musils Roman *Der Mann ohne Eigenschaften* im Spiegel christlicher Mystik. Marburg: Elwert 2003.
Schmidt, Jochen: Ohne Eigenschaften. Eine Erläuterung zu Musils Grundbegriff. Tübingen: Niemeyer 1975.
Spörl, Uwe: Gottlose Mystik in der deutschen Literatur um die Jahrhundertwende. Paderborn u.a.: Schöningh 1997.

Tewilt, Gerd-Theo: Zustand der Dichtung. Interpretationen zur Sprachlichkeit des „anderen Zustands" in Robert Musils *Der Mann ohne Eigenschaften*. Münster: Aschendorff 1990.

Wagner-Egelhaaf, Martina: Mystik der Moderne. Die visionäre Ästhetik der deutschen Literatur im 20. Jahrhundert. Stuttgart: Metzler 1989.

Wolf, Norbert Christian: „... einfach die Kraft haben, diese Widersprüche zu lieben". Mystik und Mystizismuskritik in Robert Musils Schauspiel *Die Schwärmer*. In: Internationales Archiv für Sozialgeschichte der deutschen Literatur 27 (2002), H. 2, S. 124–167.

Zangemeister, Wolfgang H.: Robert Musil. Möglichkeit und mathematische Mystik. Aachen: Shaker 1997.

2. Anderer Zustand
Martina Wagner-Egelhaaf

Den Begriff des ‚anderen Zustands' erläutert Musil systematisch in seinem 1925 veröffentlichten Essay *Ansätze zu neuer Ästhetik. Bemerkungen über eine Dramaturgie des Films* (GW II, 1137–1154). Ausgehend von einer Würdigung von Béla Balázs' Filmästhetik *Der sichtbare Mensch oder die Kultur des Films* (1924) entwickelt Musil einen übergreifenden kunsttheoretischen Diskussionszusammenhang, in dem er das Verhältnis von Erlebnis und Reflexion in der Moderne erörtert. Durch die Geschichte der Menschheit, so Musil, scheine sich eine Zweiteilung zu ziehen, „zwei Geisteszustände, die einander zwar mannigfach beeinflußt haben und Kompromisse eingegangen sind, sich jedoch nie recht gemischt haben" (GW II, 1143). Einem von der Alltagsrationalität geprägten sogenannten „Normalzustand" (GW II, 1151) stehe ein ‚anderer Zustand' gegenüber, den er folgendermaßen charakterisiert:

> Man hat ihn den Zustand der Liebe genannt, der Güte, der Weltabgekehrtheit, der Kontemplation, des Schauens, der Annäherung an Gott, der Entrückung, der Willenlosigkeit, der Einkehr und vieler andrer Seiten eines Grunderlebnisses, das in Religion, Mystik und Ethik aller historischen Völker ebenso übereinstimmend wiederkehrt, wie es merkwürdig entwicklungslos geblieben ist. Dieser andere Geisteszustand wird immer mit ebenso großer Leidenschaft wie Ungenauigkeit beschrieben, und man könnte versucht sein, in diesem schattenhaften Doppelgänger unsrer Welt nur einen Tagtraum zu sehn, wenn er nicht seine Spuren in unzähligen Einzelheiten unseres gewöhnlichen Lebens hinterlassen hätte und das Mark unsrer Moral und Idealität bilden würde, das zwischen den harten Fasern des Bösen liegt. (GW II, 1144)

Der ‚andere Zustand' ist also nicht nur religiös motiviert, sondern betrifft die Lebenspraxis aller, die er gleichsam schattenhaft begleitet, er hat ethische und nicht zuletzt künstlerische Implikationen. Musil beschreibt in seinem Essay das Kunsterlebnis als eine „Gleichgewichtsstörung des Wirklichkeitsbewußtseins" (GW II, 1140) und als „Sprengung des normalen Totalerlebnisses" (GW II, 1145), weil die künstlerische Darstellung Abstraktionen vornimmt und, wie es paradigmatisch im Film geschieht, Dinge in eine „optische[ ] Einsamkeit" (GW II, 1142) rückt, auf diese Weise neue Bezüge und Weltsichten erzeugend. (→ VI.3.2 *Kino*) Allerdings spielt Musil den ‚anderen Zustand', der sowohl die Kategorie des ‚Erlebnisses' als auch die der ‚Erfahrung' sprengt, wie er vermerkt (vgl. GW II, 1152f.), nicht gegen die Rationalität der Sprache und der Begriffe aus. Auch wenn letztere, ganz wie es auch mystische Zeug-

2. Anderer Zustand

nisse nahelegen, den ‚anderen Zustand' nicht fassen können, ist es doch so, dass Begriffe und die zeit- und dimensionslose Zuständlichkeit des ‚anderen Geisteszustands' einander wechselseitig prägen und hervorbringen. (→ VII.1 *Mystik*) Musil spricht von einem „Zustand des gegenseitigen Sichformens wie zwischen Flüssigkeit und elastischem Gefäß, ein[em] Gleichgewicht ohne festen Widerhalt" (GW II, 1146). Die ethische Dimension des ‚anderen Zustands' liegt darin, dass die herkömmlichen Unterscheidungen der Moralphilosophie ihre Gültigkeit verlieren und neue, unkonventionelle Handlungen möglich werden. (→ V.5 *Ethik u. Moral*) In einer Anmerkung zu seinem Essay formuliert Musil die Erwartung, dass der ‚andere Zustand' als Phänomen einer psychologischen Erklärung zugänglich sei (vgl. GW II, 1154). In seiner „Einmaligkeit und Augenblicklichkeit" (GW II, 1151) ist er in der Wirkung eines jeden Kunstwerks möglich. Da sind es insbesondere die „Zwischentöne, Schwingungen, Schwebungen, Lichtstufen, Raumwerte, Bewegungsachsen, in der Dichtung der irrationale Simultaneffekt sich gegenseitig bestrahlender Worte" (GW II, 1147), die den ‚anderen Zustand' hervorbringen.

Ulrich Karthaus (1965), der die Bedeutung des ‚anderen Zustands' für Musils Gesamtwerk analysiert hat, hebt insbesondere den Aspekt der Zeitlichkeit und die Überwindung der Normalzeit in der Erfahrung des ‚anderen Zustands' hervor. In *Der Mann ohne Eigenschaften* (*MoE*) sind es die Geschwister Ulrich und Agathe, die sich nach ihrer Wiederbegegnung anlässlich des Todes ihres Vaters aufgrund ihrer geistigseelischen, aber auch körperlichen Gleichgestimmtheit dem gesellschaftlichen Normalzustand entziehen und, begleitet von der Lektüre mystischer Zeugnisse, nach den Möglichkeiten des ‚anderen Zustands' suchen, der sich mit der Vorstellung eines ‚Tausendjährigen Reichs' verbindet. Der Begriff ‚anderer Zustand' begegnet im kanonischen Text des *MoE* nur zweimal und sogar eher beiläufig (vgl. *MoE*, 755 u. 766), das Phänomen selbst aber wird umso ausführlicher beschrieben (vgl. auch die zahllosen Stellen im Nachlass zum *MoE*). So erzählt Agathe ihrem Bruder vom Gefühl ihrer Jugendliebe, d.h.

> [...] von dem eigentümlichen Zustand einer gesteigerten Empfänglichkeit und Empfindlichkeit, der ein Überquellen und Zurückquellen der Eindrücke bewirkt, woraus das Gefühl entsteht, wie in dem weichen Spiegel einer Wasserfläche mit allen Dingen verbunden zu sein und ohne Willen zu geben und zu empfangen; dieses wunderbare Gefühl der Entgrenzung und Grenzenlosigkeit des Äußeren wie des Inneren, das der Liebe und der Mystik gemeinsam ist! Agathe tat es natürlich nicht in solchen Worten, die schon eine Erklärung einschließen, sondern sie reihte bloß leidenschaftliche Bruchstücke ihrer Erinnerung aneinander; aber auch Ulrich, obwohl er schon oft darüber nachgedacht hatte, war keiner Erklärung dieser Erlebnisse mächtig, ja er wußte vor allem nicht, ob er eine solche in deren eigener Weise oder nach dem gewöhnlichen Verfahren der Vernunft versuchen solle [...]. (*MoE*, 764f.)

Der ‚andere Zustand' legitimiert von den gesellschaftlichen Moralvorstellungen abweichende Handlungsweisen, etwa wenn Agathe ihrem Vater ein Strumpfband mit in den Sarg gibt oder die Geschwister beschließen, den Prostituiertenmörder Moosbrugger aus dem Gefängnis zu befreien. Die angesprochene Problematik, wie der ‚andere Zustand' zu beschreiben sei, verweist auf seine konstitutive Sprachlichkeit (vgl. Tewilt 1990), die insbesondere im literarischen Kontext zur poetischen Herausforderung wird. Das nachgelassene Kapitel „Atemzüge eines Sommertags" arbeitet mit allen sprachlichen Mitteln, um das Unsagbare des ‚anderen Zustands' zur Darstellung zu bringen, d. h. die Begrifflichkeit der Sprache mit den Mitteln der Sprache selbst aufzusprengen, z. B. durch Metaphern, Vergleiche, Bilder des Fließens, apophatische Redeweisen, Adjektivhäufungen etc. (vgl. dazu Wagner-Egelhaaf 1998). (→ III.3.4 *Nachlass*) Ob der ‚andere Zustand' scheitert, wie Karthaus (1965, S. 158) konstatiert, bleibt zu diskutieren. Was immer sein Gelingen wäre – in zahlreichen Textpassagen, nicht nur des *MoE*, gibt er sich in seiner Potenzialität nachdrücklich zu lesen.

Literatur

Balke, Friedrich: Auf der Suche nach dem „anderen Zustand". Robert Musils nominalistische Mystik. In: Moritz Baßler, Hildegard Châtellier (Hg.): Mystique, mysticisme et modernité en Allemagne autour de 1900 / Mystik, Mystizismus und Moderne in Deutschland um 1900. Straßburg: Presses Univ. de Strasbourg 1998, S. 307–316.
Feger, Hans: Terror und Erlösung. Über die Moral des Anderen Zustands. In: ders., Hans-Georg Pott, Norbert Christian Wolf (Hg.): Terror und Erlösung. Robert Musil und der Gewaltdiskurs in der Zwischenkriegszeit. München: Fink 2009, S. 15–41.
Karthaus, Ulrich: Der andere Zustand. Zeitstrukturen im Werke Robert Musils. Berlin: Schmidt 1965.
Leucht, Robert/Reichlin, Susanne: „Ein Gleichgewicht ohne festen Widerhalt, für das wir noch keine rechte Beschreibung gefunden haben". Robert Musils ‚anderer Zustand' als Ort der Wissensübertragung. In: Ulrich Johannes Beil, Michael Gamper, Karl Wagner (Hg.): Medien, Technik, Wissenschaft. Wissensübertragung bei Robert Musil und in seiner Zeit. Zürich: Chronos 2011, S. 289–322.
Pott, Hans-Georg: Anderer Zustand / Ausnahmezustand. In: ders., Hans Feger, Norbert Christian Wolf (Hg.): Terror und Erlösung. Robert Musil und der Gewaltdiskurs in der Zwischenkriegszeit. München: Fink 2009, S. 141–167.
Tewilt, Gerd-Theo: Zustand der Dichtung. Interpretationen zur Sprachlichkeit des „anderen Zustands" in Robert Musils *Der Mann ohne Eigenschaften*. Münster: Aschendorff 1990.
Wagner-Egelhaaf, Martina: Musil und die Mystik der Moderne. In: Wolfgang Braungart, Gotthard Fuchs, Manfred Koch (Hg.): Ästhetische und religiöse Erfahrungen der Jahrhundertwenden II: um 1900. Paderborn u. a.: Schöningh 1998, S. 196–215.

3. Gestaltlosigkeit
Norbert Christian Wolf

1. Einleitung 712
2. Begriffsklärung 713
3. Bedeutung für Musils theoretisches und literarisches Werk 715
4. Forschung und Deutungsaspekte 717
5. Perspektiven der Rezeption 718
6. Literatur 719

1. Einleitung

Das ‚Theorem der menschlichen Gestaltlosigkeit' ist Musils zentrales anthropologisches Axiom, das gedanklich zuerst im Aufsatz *Die Nation als Ideal und als Wirklichkeit* (1921) in der damals führenden Literaturzeitschrift *Die neue Rundschau* exponiert wurde. Dort heißt es: „Ich glaube, daß das seit 1914 Erlebte die meisten gelehrt haben wird, daß der Mensch ethisch nahezu etwas Gestaltloses, unerwartet Plastisches, zu allem Fähiges ist; Gutes und Böses schlagen bei ihm gleich weit aus, wie der Zeiger einer empfindlichen Waage." (GW II, 1072; vgl. auch Tb I, 540) Besonders einlässlich befasst Musil sich im Essayfragment *Der deutsche Mensch als Symptom* (1923) mit dem erst und ausschließlich hier explizit so benannten „Theorem der menschlichen Gestaltlosigkeit" (GW II, 1371), in das „Erkenntnisse aus der Anthropologie, der Ethnologie, der Psychologie und der Philosophie" einfließen, das selbst allerdings nirgends als „argumentativ Verfestigtes, Abgeschlossenes" bzw. als „theoretisch umfassend oder auch nur zureichend begründetes Modell" erscheint (Amann 2011, S. 245). Darüber hinaus finden sich bereits im Essay *Das hilflose Europa oder Reise vom Hundertsten ins Tausendste*, der 1922 in dem von Julius Meier-Graefe herausgegebenen *Ganymed. Jahrbuch für die Kunst* erschienen ist, einschlägige Überlegungen.

2. Begriffsklärung

Die betonte Unbestimmtheit der ‚Definitionen' des Menschen, die Musil in *Das hilflose Europa* entwickelt, wird mit den Erfahrungen des Ersten Weltkriegs begründet: „Der Mensch hat sich seit 1914 als eine überraschend viel bildsamere Masse erwiesen, als man gemeinhin annahm." (GW II, 1080; vgl. GW II, 1340–1345, bes. 1341) In dieser ‚Bildsamkeit' des Menschen manifestiert sich seine Historizität, wobei als Movens von Geschichte die „Verschränkung einer dauernden [...] Determinante mit wechselnden" Einflüssen vorgestellt wird; als „Determinante" bestimmt Musil „die menschliche Konstitution", woraus er folgert, diese könne „nicht zugleich die Ursache der verschiedenen Epochen, Gesellschaften und dergleichen sein [...], sondern die Ursachen müssen in den Umständen liegen" (GW II, 1079). Dass sich nahezu identisch ausgestattete Menschen in bestimmten Kontexten unterschiedlich verhalten, bewirkt Veränderung und damit Geschichte. Musils Forderung nach einer Verabschiedung der „Fiktion des konstanten seelischen Habitus" (GW II, 1080) verschiebt die *causa efficiens* geschichtlicher Variation von einer essentialistisch gedachten *inneren* ‚Substanz' auf *äußere* ‚Umstände'. Mit seiner in mehreren Texten bemühten Formel „Große Amplitude der Äußerung, kleine im Innern" (GW II, 1081; vgl. GW II, 1373) wendet er sich gegen die zeitgenössischen Versuche einer gruppenspezifischen anthropologischen Hypostasierung angeblicher rassischer, nationaler, sozialer oder kultureller ‚Eigenschaften', die den totalitären Ideologien des 20. Jahrhunderts zugrunde lagen. (→ V.4 *Politik u. Ideologie*)

Bezeichnend für die ‚Gestaltlosigkeit' ist überdies das Phänomen der ‚gleitenden Übergänge' zwischen dem ‚Normalen' und dem ‚Pathologischen', das im *Mann ohne Eigenschaften* (MoE) v.a. anhand der Figuren Clarisse und Moosbrugger veranschaulicht werden wird:

> Die Psychologie zeigt, daß die Phänomene vom übernormalen bis zum unternormalen Menschen stetig und ohne Sprung sich aneinanderbreiten, und die Erfahrung des Kriegs hat es in einem ungeheuren Massenexperiment allen bestätigt, daß der Mensch sich leicht zu den äußersten Extremen und wieder zurück bewegen kann, ohne sich im Wesen zu ändern. (GW II, 1080)

Das „Entscheidende und Treibende" der hier angesprochenen extremen Unterschiede menschlicher Verhaltensweisen sei allerdings nicht in unveränderlichen, innerlich gefestigten und anthropologisch differenten genetischen ‚Ausstattungen', sondern

> an der Peripherie [zu] suchen, bei den Um-ständen [sic], beim „Ans-Ruder-Kommen" bestimmter Menschen- oder Anlagengruppen innerhalb eines im ganzen ziemlich gleichen Gemischs, beim Zufall, oder, richtiger gesagt, bei der „ungesetzlichen Notwendigkeit", wo eins das andere gibt, nicht zufällig, aber doch in der durchreichenden Aneinanderkettung von keinem Gesetz beherrscht. (GW II, 1081)

Das von Musil vertretene ‚anomische' und anti-teleologische Konsekutivitätsprinzip, das er für historische Veränderungen verantwortlich macht, richtet sich gegen die damals beliebten geschichtsphilosophischen und typologischen Essentialisierungen, welche – wie in Oswald Spenglers Kulturtheorie – unterschiedlichen Epochen, Nationen, Rassen, Klassen etc. jeweils eigene, in sich konstante Menschentypen zuordnen (vgl. Schraml 1994, S. 215). Seine Vorstellung von der menschlichen ‚Unbeschriebenheit' und ‚Wesensgleichheit' hat in diesem spezifischen polemischen Zusammenhang ihren historisch-diskursiven Ort. Wie die Formel vom „im ganzen ziemlich gleichen Gemisch[ ]" zeigt, ist bei der verallgemeinernden Rede vom ‚Menschen' in Anlehnung an die Wahrscheinlichkeitstheorie immer an einen statistischen Mittelwert gedacht (vgl. GW II, 1079), nicht an einzelne Individuen. ‚Der Mensch' changiert demnach durchaus als geschichtliches Subjekt, differenziert sich aber nicht in unterschiedliche, in sich konsistente Kollektive. Nach dem Muster der Unterscheidung von Individuum und Gattung ist auch folgender Satz über ‚den' Menschen zu verstehen: „Er ändert sich" – als historisches Individuum –, „aber er ändert nicht *sich*" (GW II, 1080) – als Exemplar der Gattung (vgl. dagegen Neymeyr 2009, S. 150).

Genaueres zum ‚Theorem der menschlichen Gestaltlosigkeit' ist Musils Essayfragment *Der deutsche Mensch als Symptom* (1923) zu entnehmen, das als Folge mehrerer, zu Lebzeiten unveröffentlichter Entwürfe vorliegt. Musil polemisiert darin gegen die Gewohnheit, dass

> bestimmte, sich charakteristisch von einander abhebende Zeit- und Kulturabschnitte auf verschiedene Substrate, als die einfachsten Arten von Ursachen zurückgeführt werden; in diesem Sinne spricht man dann von einem ägyptischen, hellenischen, gotischen Menschen, von Nationen, Rassen und geheimnisvollen Epochen oder Kulturen. Es ist das eine sehr beliebt gewordene Art historischer Phrenologie, welche ungefähr besagt: der diebische Mensch hat in seinem Cerebrum ein physiologisches Substrat des Diebstahls und der ehrliche Mensch einen Organteil der Ehrlichkeit. (GW II, 1368)

In geschichtlichen Kontexten gelange man bei konsequenter Befolgung solcher abstrusen „Denkweise" zu der von Musil als zeitgenössisches Credo beschriebenen Situation, „daß alle 5 Jahre eine neue Generation da ist" (GW II, 1368; vgl. schon GW II, 1087). Dem hält er seine eigene „Grundvorstellung" entgegen, „welche, extrem gefaßt, folgende Behauptung enthält: Das Substrat, der Mensch, ist überhaupt nur eines und das gleiche durch alle Kulturen und historischen Formen hindurch; wodurch sie und somit auch er sich unterscheiden, kommt von außen und nicht von innen." (GW II, 1368) Bei flüchtigem Blick wirkt die Rede von einem menschlichen „Substrat" zwar deutlich ontologisierend; in diesem Sinn ist sie von der ‚kritischen' Musil-Forschung ab den 1970er Jahren verstanden worden. Dagegen spricht jedoch nicht allein Musils wahrscheinlichkeitstheoretisch-statistischer Ansatz, sondern auch

3. Gestaltlosigkeit

die abschließende Formulierung, der zufolge die kulturellen und historischen Differenzen der Menschen „von außen und nicht von innen" kommen (vgl. Wefelmeyer 1990, S. 197f.). Genau dieser antiessentialistische Grundgedanke wird sogar nachdrücklich profiliert:

> Was immer wir tun, tun wir in den Formen unsrer Zeit und von ihr bestimmt. [...] Versuchen wir von uns abzuziehen, was zeitbedingtes Convenu ist, so bleibt etwas ganz Ungestaltetes, denn auch unser Persönlichstes ist als Abweichung auf das System der Umwelt bezogen. Der Mensch existiert nur in Formen, die ihm von außen geliefert werden. „Er schleift sich an der Welt ab", ist ein viel zu mildes Bild; er preßt sich in ihre Hohlform, müßte es heißen. Die gesellschaftliche Organisation gibt dem Einzelnen überhaupt erst die Form des Ausdrucks, und durch den Ausdruck wird erst der Mensch. (GW II, 1370)

Im Unterschied zu enthistorisierenden und ontologisierenden Anthropologien der Zwischenkriegszeit argumentiert Musil hier analog zu zeitgenössischen Sozialwissenschaften; zugleich grenzt er seine Betonung der „Abhängigkeit des Menschen von den Einflüssen seiner Umgebung" von einer „alles andere ausschließenden Milieutheorie" ab (GW II, 1373). In der damals üblichen Terminologie hält er unmissverständlich fest: „Ich glaube nicht an den Unterschied des deutschen Menschen vom Neger. [...] Die Begriffe Rasse, Nation, Volk, Kultur enthalten Fragen und nicht Antworten, sie sind nicht soziologische Elemente, sondern komplexe Ergebnisse." (GW II, 1364) Aus diesen – seinerzeit provokanten – Worten spricht eine kategorische Ablehnung ‚wesentlicher', also vorkultureller Differenzen zwischen unterschiedlichen Menschentypen:

> Die Rassen-„Theorien", die in praktischen und populärwissenschaftlichen Gebilden der Gegenwart eine so große und verhängnisvolle Rolle spielen, werden von den Wissenschaften, in deren Gebiet dies schlägt, sowohl als unbegründet wie unbegründend abgelehnt. / Wenn aber zur Erklärung der in die Augen fallenden Unterschiede zwischen zwei Völkern die Vererbung nur eine sehr unzulängliche Hilfe gewährt, so kann der Unterschied nur ein im weitesten Sinn sozialer sein. (GW II, 1366; vgl. schon GW II, 1066 u. 1081)

Während das einzelne Individuum abhängig von seiner Umwelt die extremsten Verhaltensänderungen an den Tag lege, bleibe sich die innere Konstitution der menschlichen Gattung gleich – ungeachtet, ob es sich um Deutsche des 20. Jahrhunderts, um Afrikaner, Juden oder antike Griechen handelt. Bereits der Essay *Das hilflose Europa* postuliert, das „Wesen" der Menschen aus den unterschiedlichsten Kulturen sei als solches „ebensoleicht [sic] fähig der Menschenfresserei wie der Kritik der reinen Vernunft" (GW II, 1081; vgl. GW II, 1372). Musil betreibt mit seiner „‚Anthropologie des Tatsächlichen'" (Amann 2011, S. 246), einer „Philosophie der Niedrigkeit", die sich „[g]egen falsches phil.[osophisches] Pathos, Größe, Erhabenheit" richtet (GW II, 1375), keine ahistorische Ontologisierung anthropologischer Eigenschaften; er bekämpft diese vielmehr durch seine Feststellung menschlicher ‚Unbeschriebenheit' und Variabilität.

3. Bedeutung für Musils theoretisches und literarisches Werk

In einem Notat vom November 1919 meinte Musil, er habe die These, „daß der Mensch moralisch eine Ungestalt ist, eine kolloidale Substanz, die sich Formen anschmiegt, nicht sie bildet", „schon vor dem Krieg vertreten" (Tb I, 540). Bereits im Essay *Das Unanständige und Kranke in der Kunst* (1911) stellte er die konventionelle

Annahme einer starren „Grenze zwischen seelischer Gesundheit und Krankheit, Moral und Unmoral" in Frage (GW II, 981f.; vgl. Amann 2011, S. 252, Anm. 5). Tatsächlich blieb Musil dem beweglichen ‚Gestaltlosigkeitstheorem' zeitlebens treu, wie etwa strukturell analoge Passagen aus mehreren Reden bestätigen. So ist in der *Rede zur Rilke-Feier* (1927) von der entscheidenden Rolle äußerer Umstände die Rede, und wiederum konterkariert die als ‚gallertartige' beschriebene Unbestimmtheit der Menschheit jede Vorstellung einer mit sich selbst identischen und in sich konstanten anthropologischen Natur (vgl. GW II, 1239; dazu die Gegenüberstellung der Anthropologien Herders und Musils bei Wefelmeyer 1990, S. 199f.). Das ‚Gestaltlosigkeitstheorem' vertritt Musil noch in den 1930er Jahren auch öffentlich, etwa in seiner am 16. Dezember 1934 gehaltenen Rede *Der Dichter in dieser Zeit* erneut mit Bezug auf den Ersten Weltkrieg (vgl. GW II, 1246f.). Entsprechendes bestätigte sich ihm in Deutschland angesichts der nationalsozialistischen ‚Machtübernahme' (vgl. GW II, 1247). Musil konstatiert kritisch „die Unselbständigkeit, das Führungsbedürfnis, die äußere und ihr folgende innere Abhängigkeit des heutigen Menschen" (ebd.). Seine eigene Überzeugung in dieser ideologisch prekären Angelegenheit ist unzweideutig: „Unsere Erfahrung hat uns [...] an ein Spezifikum, ein Aroma ‚Kunst' oder ‚Genialität' glauben gelehrt, von dem der Einzelne mehr oder weniger haben kann, das aber ganz unabhängig von Ort, Zeit, Nation und Rasse ist." (GW II, 1251) (→ III.2.2 *Reden*)

Das ‚Theorem der menschlichen Gestaltlosigkeit' „diente Musil bei der Betrachtung und Beurteilung der deutschen und der österreichischen Verhältnisse der Zwischenkriegszeit als vielleicht wichtigstes Instrument der politischen Analyse; es fungierte als Detektor, als Mikroskop, als Sezierbesteck und als prognostischer Apparat gleichzeitig", wie Klaus Amann (2011, S. 244) festhält, der betont, dass „Musils luzide politische Analysen der Zwanziger- und Dreißigerjahre" eng „mit Beobachtungen und Erkenntnissen verknüpft sind, die direkt aus den Axiomen des ‚Theorems' hergeleitet werden können." Dies ist von größter Bedeutung für Musils literarisches Werk, weil das im *MoE* sedimentierte anthropologische und soziologische Konzept über weite Strecken auf dem ‚Gestaltlosigkeitstheorem' basiert (vgl. GW II, 941; Br I, 564; MoE, 1876, bzw. KA, M II/8/233; dazu Böhme 1974, S. 1 u. 11; Groppe 1996, S. 83f.; Bonacchi 1998, S. 170; Wolf 2011, S. 80f.). Im Romantext wird es als titelgebendes Problem der ‚Eigenschaftslosigkeit' explizit, aber auch implizit verhandelt (MoE, 207 u. 413; vgl. MoE, 130, 361 u. 414), im *Nachlaß zu Lebzeiten* ist vom fehlenden menschlichen ‚Charakter' die Rede (vgl. GW II, 533–539 u. 595–600). (→ III.1.7 *Mann ohne Eigenschaften*; III.1.8.1 *Nachlaß zu Lebzeiten*) Angesichts dieser allgemein zugänglichen Affirmationen ist der Befund, „[k]ein zeitgenössischer Leser wäre imstande gewesen, ein ‚Theorem der menschlichen Gestaltlosigkeit' im Werk Robert Musils zu entdecken" (Amann 2011, S. 237), pointiert formuliert. Musil hat das ‚Theorem' nicht als Essayist entfaltet, sondern als Romancier; es bildet als „literarischer Generator" (ebd., S. 245) eine wesentliche Komponente des dem *MoE* insgesamt sowie der Figurenzeichnung des Protagonisten Ulrich (vgl. Schraml 1994, S. 228–230) zugrundeliegenden poetischen Programms und ermöglicht konzeptionell die für das Romanende vorgesehene „Totalinversion der Nebenfiguren" (Fanta 2005, S. 225).

4. Forschung und Deutungsaspekte

Als erster hat sich Hartmut Böhme Musils ‚Theorem' eingehender gewidmet: Er verstand es als Behauptung einer anthropologischen Konstante, die auf eine Hypostasierung von „ungeschichtlichen Wesensbestimmungen des Menschen" ziele und einer Enthistorisierung das Wort rede (Böhme 1974, S. 103 u. 114f.): Der Annahme folgend, dass Musils „Begriffe sämtlich seiner privaten Sphäre entstammen", wodurch „die seelische und geistige Depression des ‚entwurzelten Intellektuellen' […] zu sozialpathologischen Strukturmerkmalen der Gesellschaft generalisiert" werde (ebd., S. 73), hat Böhme das ‚Gestaltlosigkeitstheorem' „aus konkreten Erfahrungen" (ebd., S. 103) des Autors hergeleitet und dabei auf die Entfremdungstheorie des Marxismus rekurriert. Dementsprechend diagnostiziert er bei Musil ideologiekritisch eine zwar inhaltsleere, doch prinzipiell affirmative ‚Anthropologie der Gestaltlosigkeit', die das „theoretische Grundkonzept" des MoE auf problematische Weise steuere (vgl. ebd., S. 1 u. 11). Musils ideologische Blindheit liege in einem „Verblendungszusammenhang" begründet, womit Böhme eine ideologiekritische Konstruktion etabliert, der zufolge das ‚Theorem der menschlichen Gestaltlosigkeit' zugleich „Kritik am ‚falschen Bewußtsein' und […] ‚falsches Bewußtsein' selbst" sei (ebd., S. 113f.). In letzter Konsequenz entstehe aus Musils Verweigerungshaltung gegenüber konstruktiven Definitionsversuchen des Menschen und seiner ‚geschichtlichen Bestimmung' eine Art spätbürgerlicher Nihilismus (vgl. ebd., S. 103).

Zwar hat Böhme bereits 1986 seinen Befund einer Behauptung von „ungeschichtlichen Wesensbestimmungen des Menschen" durch Musil revidiert, indem er zum MoE konstatierte: „Menschen haben in diesem Kraftfeld keine strategische Position mehr inne, sondern werden wie die Dinge zu Elementen natürlicher und sozialer Systeme." (Böhme 1988, S. 308) Gleichwohl ist die Musil-Forschung lange seiner älteren Deutung gefolgt. Barbara Neymeyr verstand Musils ‚Theorem' noch 2009 „im Sinne einer überzeitlich konstanten Substantialität oder Identität" als Behauptung einer „Homogenität und Stabilität des menschlichen Wesens" (Neymeyr 2009, S. 151f.). Sie monierte an seinem Vergleich unterschiedlicher Kultur- und ‚Menschentypen' u.a., dass er dabei „vom konkreten historischen Kontext" abstrahiere und „archaische Kulturen in ein ahistorisches Verhältnis zu ausdifferenzierten Spätformen der Gesellschaft" setze (ebd., S. 155; vgl. S. 157), ja diagnostizierte in Musils anthropologischer Argumentation eine „Tendenz zur Ontologisierung" bzw. eine „Ontologisierung historischer Erfahrung" (ebd., S. 156f.).

Demgegenüber vertrat Wolfgang Schraml bereits 1994 die Ansicht, Musil habe „eine konstruktive Anthropologie" entwickelt, „die wie die anderen Anthropologien der zwanziger Jahre ein neues Bild vom Menschen entwarf. Dieser zeitgemäße ‚neue Mensch' […] sollte ein von keinen geschichtlichen, ideologischen oder sozialen ‚Eigenschaften' determinierter Typ sein, der in der Lage sein würde, eine neue ‚Ordnung' zu begründen." (Schraml 1994, S. 215) Schraml sah in Musil zwar einen „Vertreter bestimmter zeittypischer Argumentationen" (ebd., S. 206), doch habe der Autor zugleich „alle bisherigen emphatischen Vorstellungen über das vermeintliche ‚Wesen' des Menschen" verworfen: „Er wollte nun nachweisen, durch welche sozialen und kulturellen Phänomene die ‚gestaltlosen' Menschen präformiert werden, und Möglichkeiten beschreiben, wie diese Plastizität konstruktiv genutzt werden kann." (ebd., S. 215) Gegen Böhmes Ideologiekritik betonte Schraml „die Kontinuität und innere

Folgerichtigkeit", „mit der Musil über einen längeren Zeitraum hinweg seine Thesen entwickelte" und dabei auf ethnologische und psychologische Erkenntnisse rekurrierte (ebd., S. 216f.), um der ‚menschlichen Gestaltlosigkeit' mit konstruktiven gesellschaftlichen „Organisationsformen" zu begegnen (ebd., S. 217–220). Außerdem versuchte Schraml, theoretische Quellen und Bezugs- sowie Vergleichstexte der Anthropologie Musils offenzulegen, ohne allerdings die Arbeiten Alfred Schwoners, Franz Oppenheimers und Arnold Gehlens als entscheidenden Verständnisschlüssel des ‚Theorems' profilieren zu können (vgl. ebd., S. 212–215 u. 220–222).

Dies gelang erst der von Silvia Bonacchi, Florence Vatan u. a. vorangetriebenen Aufarbeitung der wissen(schaft)sgeschichtlichen Grundlagen von Musils Denken, die der Ontologisierungsthese den Boden entzog: Sie legte die keineswegs ‚privaten' Wurzeln der gestalttheoretischen Begrifflichkeit offen und erlaubte somit, die eminent kritische Komponente des ‚Theorems der menschlichen Gestaltlosigkeit' wahrzunehmen (vgl. Bonacchi 1998, S. 172f.; Vatan 2000, S. 247 u. 258–260). Vatan hob zudem die Abwesenheit jeder Gestaltbehauptung bei Musil hervor (vgl. Vatan 2000, S. 57). Vor diesem Hintergrund wird das ‚Theorem' mittlerweile als Grundlage einer negativen Anthropologie gedeutet, die sich von den verschiedenen positiven politischen Anthropologien der Zwischenkriegszeit nachdrücklich distanziert (vgl. Wolf 2011, S. 64–80). ‚Negative Anthropologie' ist demnach nicht im Hinblick auf den Menschen als ‚Mängelwesen' mit unzureichender physischer Ausstattung zu verstehen (so Arnold Gehlen), sondern im Sinn einer Abkehr von der Suche nach fest umrissenen Menschenbildern (so Ulrich Sonnemann), in Analogie zur ‚negativen Theologie', der zufolge eine positive Wesensbestimmung Gottes unmöglich ist. Hier kann nun weitere Forschung ansetzen.

5. Perspektiven der Rezeption

Neuerdings hat Musils ‚Theorem der menschlichen Gestaltlosigkeit' verstärkte Aufmerksamkeit erfahren – nicht allein durch die Musil-Philologie, die hier einen konzeptionellen Bezugspunkt literaturwissenschaftlicher Textanalysen sieht (vgl. Amann 2011), sondern auch durch die Literatur und ihre Vertreter selbst. So hat der Schriftsteller Ernst-Wilhelm Händler 2014 seine Unterstützung des Aufrufs „Die Demokratie verteidigen im digitalen Zeitalter", mit dem über tausend Autorinnen und Autoren dafür eintraten, angesichts der staatlichen Bespitzelung aller Menschen die gefährdete Privatsphäre des Einzelnen zu schützen, in einem Artikel für die Wochenzeitung *Die Zeit* unter Berufung auf Musils ‚Theorem' begründet: Angesichts der eklatanten ‚Formbarkeit' des Menschen durch äußere Instanzen fordert Händler eine „Neudefinition der Privatsphäre": „[J]eder Bürger müsse das Recht haben, mitzuentscheiden, in welchem Ausmaß und von wem seine Daten gesammelt, gespeichert und verarbeitet würden." (Händler 2014) Mit seiner negativen Anthropologie dient Musil als Gewährsmann jener „historischen Traditionslinie" (ebd.), in welcher diese aktuellen Forderungen stehen. Die Erkenntnis der ‚menschlichen Gestaltlosigkeit' lege es heute nahe, eine demokratische Kontrolle über die gesellschaftlichen Rahmenbedingungen – also die ‚formenden' Instanzen – nicht durch passives ‚Gewährenlassen' aus der Hand zu geben.

6. Literatur

Amann, Klaus: Robert Musil und das ‚Theorem der menschlichen Gestaltlosigkeit'. In: Ulrich Johannes Beil, Michael Gamper, Karl Wagner (Hg.): Medien, Technik, Wissenschaft. Wissensübertragung bei Robert Musil und in seiner Zeit. Zürich: Chronos 2011, S. 237–254.

Böhme, Hartmut: Anomie und Entfremdung. Literatursoziologische Untersuchungen zu den Essays Robert Musils und seinem Roman *Der Mann ohne Eigenschaften*. Kronberg i. Ts.: Scriptor 1974, S. 102–156.

Böhme, Hartmut: Eine Zeit ohne Eigenschaften. Robert Musil und die Posthistoire. [1986] In: ders.: Natur und Subjekt. Frankfurt a. M.: Suhrkamp 1988, S. 308–333.

Bonacchi, Silvia: Die Gestalt der Dichtung. Der Einfluß der Gestalttheorie auf das Werk Robert Musils. Bern u. a.: Lang 1998.

Fanta, Walter: Aus dem apokryphen Finale des *Mann ohne Eigenschaften*. Die Totalinversion der Nebenfiguren. In: Marie-Louise Roth, Pierre Béhar (Hg.): Musil an der Schwelle zum 21. Jahrhundert. Bern u. a.: Lang 2005, S. 225–250.

Groppe, Carola: „Das Theorem der Gestaltlosigkeit". Die Auflösung des „anthropozentrischen Verhaltens" in Robert Musils Roman *Der Mann ohne Eigenschaften*. In: Germanisch-Romanische Monatsschrift. N. F. 46 (1996), H. 1, S. 70–89.

Händler, Ernst-Wilhelm: Die Intimsphäre des neuen Menschen. In: Die Zeit, 18.6.2014.

Neymeyr, Barbara: Utopie und Experiment. Zur Literaturtheorie, Anthropologie und Kulturkritik in Musils Essays. Heidelberg: Winter 2009, S. 129–169.

Schraml, Wolfgang: Relativismus und Anthropologie. Studien zum Werk Robert Musils und zur Literatur der 20er Jahre. München: Eberhard 1994, S. 205–230.

Vatan, Florence: Musil et la question anthropologique. Préface de Jacques Bouveresse. Paris: Presses Univ. de France 2000.

Wefelmeyer, Fritz: Kultur und Literatur. Zu ihrem Begriff bei Robert Musil. In: ders., Helmut Brackert (Hg.): Kultur. Bestimmungen im 20. Jahrhundert. Frankfurt a. M.: Suhrkamp 1990, S. 192–218.

Wolf, Norbert Christian: Kakanien als Gesellschaftskonstruktion. Robert Musils Sozioanalyse des 20. Jahrhunderts. Wien u. a.: Böhlau 2011.

4. Möglichkeitssinn und Essayismus
Birgit Nübel

1. Einleitung 719
2. Möglichkeitssinn 720
3. Essayismus 721
4. Forschung 722
5. Literatur 723

1. Einleitung

Die Konzepte ‚Möglichkeitssinn' und ‚Essayismus', die einerseits auf Musil zurückgehen (‚Möglichkeitssinn'), andererseits eng mit seinem Autorennamen verbunden sind (‚Essayismus'), werden in zwei Kapiteln von *Der Mann ohne Eigenschaften* (*MoE*) – Kapitel I/4 u. 62 – entwickelt, die (neben I/1) wohl zu den meistzitierten und -interpretierten Textpassagen des Romans gehören.

2. Möglichkeitssinn

Mit dem Neologismus ‚Möglichkeitssinn' positioniert sich Musil in einem zeitgenössischen philosophischen Diskurs über die Kategorie der Möglichkeit (Gallinger 1912; Verweyen 1913; Geyser 1915; Meinong 1915; Faust 1931/32 u.a.; vgl. Jakob 1992), der ästhetik- und literaturgeschichtlich auf Aristoteles' *Poetik*, die Diskussion der Kategorien Wirklichkeit, Wahrscheinlichkeit sowie Möglichkeit bei Bodmer, Breitinger und den Frühromantikern sowie philosophiegeschichtlich auf Leibniz' Konzept ‚möglicher Welten' und Nietzsches Perspektivismus zurückgreift. (→ VIII.5 *Intertextualität*) Es geht – pointiert gesagt – darum, ob und wie das Konzept des Möglichen, Denkbaren, Fiktiven, als Gegenbegriff zur Wirklichkeit auf diese einwirken kann:

> Und alles, was Ulrich im Lauf der Zeit Essayismus und Möglichkeitssinn und phantastische, im Gegensatz zur pedantischen Genauigkeit genannt hatte, die Forderungen, daß man Geschichte erfinden müßte, daß man Ideen-, statt Weltgeschichte leben sollte, daß man sich dessen, was sich nie ganz verwirklichen läßt, zu bemächtigen und am Ende vielleicht so zu leben hätte, als wäre man kein Mensch, sondern bloß eine Gestalt in einem Buch, von der alles Unwesentliche fortgelassen ist, damit sich das übrige magisch zusammenschließe, – alle diese, in ihrer ungewöhnlichen Zuspitzung wirklichkeitsfeindlichen Fassungen, die seine Gedanken angenommen hatten, besaßen das Gemeinsame, daß sie auf die Wirklichkeit mit einer unverkennbaren schonungslosen Leidenschaftlichkeit einwirken wollten. (MoE, 592)

Der Möglichkeitssinn zeichnet die fiktive Romanfigur Ulrich, den „Mann ohne Eigenschaften" (MoE, 435), als „Möglichkeitsmensch[ ]" u.a. gegenüber seinem Vater, dem Vertreter des „Wirklichkeitssinns" (MoE, 16), aus:

> Wer ihn besitzt, sagt beispielsweise nicht: Hier ist dies oder das geschehen, wird geschehen, muß geschehen; sondern er erfindet: Hier könnte, sollte oder müßte geschehn; und wenn man ihm von irgend etwas erklärt, daß es so sei, wie es sei, dann denkt er: Nun, es könnte wahrscheinlich auch anders sein. So ließe sich der Möglichkeitssinn geradezu als die Fähigkeit definieren, alles, was ebensogut sein könnte, zu denken und das, was ist, nicht wichtiger zu nehmen als das, was nicht ist. (MoE, 16)

Möglichkeitssinn ist dabei nicht das ganz Andere des Wirklichkeitssinns, sondern vielmehr der Sinn mit „[e]iner außerordentlichen Gleichgültigkeit für das auf den Köder beißende Leben"; es ist ein Sinn für die „mögliche Wirklichkeit" – statt für die „wirklichen Möglichkeiten", wie er beim „Mann mit gewöhnlichem Wirklichkeitssinn" (MoE, 17) zu finden ist. Bei dem Möglichkeitssinn geht es also nicht um eine Form der Wirklichkeitsflucht, des Eskapismus, sondern einerseits um das Vermögen, sich auf die Kontingenzerfahrung der Moderne einzulassen (→ II.1 *Moderne*), und andererseits um einen reflektierten Aktivismus, ein auf die Moderne übertragenes prometheisches Gestaltungsprinzip: einen „bewußten Utopismus, der die Wirklichkeit nicht scheut, wohl aber als Aufgabe und Erfindung behandelt." (MoE, 16) Utopie (‚Möglichkeitssinn') und Pragmatismus/Positivismus (‚Wirklichkeitssinn') erfahren somit bei Musil im Hinblick auf das Alltagsverständnis dieser Begriffe eine Verkehrung.

3. Essayismus

Das Konzept des ‚Möglichkeitssinns' wird „im Wesentlichen in das Konzept des Essayismus übernommen" (Pieper 2008, S. 139), wenn in Kapitel I/62 des *MoE* der konsekutive Essayismus der „Weltgeschichte" (MoE, 249) bzw. der „Menschheit", die „auf die Dauer alles [widerruft], was sie getan hat", durch einen simultanen, „bewußte[n] menschliche[n] Essayismus" ersetzt wird, der – wie es im Modus des Conjunctivus potentialis heißt – „ungefähr die Aufgabe vorfände, diesen fahrlässigen Bewußtseinszustand der Welt in einen Willen zu verwandeln." (MoE, 251) Beide Begriffe, der des Möglichkeitssinns wie der des Essayismus, sind über eine experimentelle Utopievorstellung vermittelt, die in Kapitel I/61, „Das Ideal der drei Abhandlungen oder die Utopie des exakten Lebens", dargelegt und dezidiert von der „Unmöglichkeit" unterschieden wird: „Utopien bedeuten ungefähr so viel wie Möglichkeiten; darin, daß eine Möglichkeit nicht Wirklichkeit ist, drückt sich nichts anderes aus, als daß die Umstände, mit denen sie gegenwärtig verflochten ist, sie daran hindern" (MoE, 246). (→ VII.5 *Utopie*) „Es lassen sich – neben vielen anderen – folgende zentrale Utopiekonzeptionen unterscheiden: die „Utopie der Exaktheit", die „Utopie des Essayismus" (MoE, 247) sowie die Utopie des ‚anderen Zustands'. (→ VII.2 *Anderer Zustand*) Diese drei Utopien sind in der Forschung im Hinblick auf ihre Abfolge und Relevanz kontrovers diskutiert worden: Dies ist zum einen der nicht eindeutigen Erzählhaltung, die zwischen Erzähler- und Figurenperspektive bzw. Nullfokalisierung und interner Fokalisierung osziliert, zum andern der methodischen Voraussetzung, ob überhaupt und wenn ja, welche Nachlassfragmente in die Textanalyse einbezogen werden, geschuldet (vgl. z.B. KA, M II/8/254); dies betrifft auch das Verhältnis von Essayismus I und II. Hinzu kommt die Frage, ob sich die Vorstellung des „‚hypothetisch leben'" (MoE, 249), die eng mit dem ‚Theorem der menschlichen Gestaltlosigkeit' (→ VII.3 *Gestaltlosigkeit*) verbunden ist (vgl. MoE, 250), sowie das Ideal des ‚motivierten Lebens' (vgl. „mit einer Neigung zu allem, was ihn innerlich mehrt, und sei es auch moralisch oder intellektuell verboten", MoE, 250) einem epochalen und biografischen Nacheinander auf der Ebene des Erzählten (*histoire*) oder aber einem simultanen Gültigkeitsprinzip auf der Ebene des Erzählens (*discours*) zuordnen lassen. Dies betrifft auch die Frage eines Scheiterns auf der Ebene der Figurenhandlung und/oder der Romankomposition (vgl. Pieper 2002, S. 25, u. 2008, S. 137f.; Wachter 2011, S. 89). Wenn ironisch zwischen „zwei Geistesverfassungen" (MoE, 248), einer „pedantische[n]" und einer „phantastische[n] Genauigkeit" (MoE, 247), unterschieden wird, dann entsteht in der Romanfigur Ulrich jene „paradoxe Verbindung von Genauigkeit und Unbestimmtheit" (MoE, 246), die auch für den Essay/ismus kennzeichnend ist. Als Mathematiker grenzt sich Ulrich klar von dem „unscharfe[n] Typus Mensch, der die Gegenwart [hier verbinden sich die erzählte Zeit 1913 und die Erzähl- bzw. Publikationszeit 1930; B. N.] beherrscht", ab; er möchte die „Phantasien der Exaktheit" nicht „dem flügellosen Gebrauch der Ingenieure und Gelehrten" (MoE, 249) überlassen, sondern auf die „Frage [...] des rechten Lebens" (MoE, 255) anwenden.

Kennzeichnend für den Essayismus sind: a) Perspektivismus (vgl. „Ungefähr wie ein Essay in der Folge seiner Abschnitte ein Ding von vielen Seiten nimmt, ohne es ganz zu erfassen", MoE, 250); b) Nicht-Identität von Begriff und bezeichnetem Sachverhalt (vgl. „denn ein ganz erfaßtes Ding verliert mit einem Male seinen Umfang und schmilzt zu einem Begriff ein", MoE, 250); c) moralische Indifferenz (vgl. „alle moralischen Geschehnisse in ihrer Bedeutung als die abhängige Funktion anderer", MoE, 251); d) das „Abenteuer" (MoE, 254); e) die Überwindung der Cartesianischen Dichotomie in einem „‚ganz Begreifen'" (MoE, 255); f) die Utopie eines neuen Menschen (vgl. „der Mensch als Inbegriff seiner Möglichkeiten, der potentielle Mensch", MoE, 251).

In individueller Hinsicht verbindet sich mit der ‚Utopie des Essayismus' der ‚sentimentale' Wunsch des modernen, multiplen Subjekts – textintern vertreten durch die männliche Romanfigur Ulrich –, mit sich selbst identisch zu sein, „etwas mit ganzer Seele [zu] tun", der Wunsch nach dem erfüllten, „seiner selbst gewissen Augenblick" (MoE, 255), nach „Glück", nach Hoffnung auf „etwas ganz anderes" (MoE, 257). Der ‚Möglichkeitsmensch' schafft durch eine experimentelle Denkmethode und Lebenshaltung die Voraussetzung bzw. die Bedingung der Möglichkeit eines ‚neuen Menschen'. In dieser Hinsicht stimmt der im Roman auf den Ebenen von *histoire* und *discours* entwickelte Essayismus mit der inhaltlich-utopischen Zielrichtung der poetologischen und kulturkritischen Essays überein: „[E]in Essay ist die einmalige und unabänderliche Gestalt, die das innere Leben eines Menschen in einem entscheidenden Gedanken annimmt" (MoE, 253). (→ III.2.1 *Essays*)

4. Forschung

In der Musil-Forschung fungiert ‚Essayismus', wenn nicht im Titel (vgl. Brokoph-Mauch 1992 u.a.), so vielfach doch in den Überschriften zu einzelnen Kapiteln, wenigstens aber in Einleitung oder Zusammenfassung, als Schlüsselbegriff, wenn nicht gar ‚Zauberwort' zur Interpretation eines Textkomplexes, der sich dem Autor Robert Musil zuschreiben lässt, wobei die einschlägigen Kapitel I/4 u. 62 des *MoE* in immer neuen Wendungen paraphrasiert werden. Gerhart Baumann (1953, S. 302 u. 309) hat Novalis, Kierkegaard und Nietzsche (vgl. Tb I, 50) als „Vordenker des Möglichkeitssinnes" (Jakob 1992, S. 16) benannt. Gerhard Meisel (1991, S. 215) sieht „die Perspektiven dieses Möglichkeitssinns" vor allem in den „Liebesbeziehungen" des Protagonisten erprobt, und Michael Jakob (1992, S. 15) versteht den ‚Möglichkeitssinn' Ulrichs als metafiktionales Element des Romans. Hans-Georg Pott (1993, S. 11) liest ihn als „Kontingenzbegriff", und Michael Makropoulos (1987, S. 155; 2009) sowie David Wachter (2011) folgen ihm darin. Der Essayismus im *MoE* wird als „innere Haltung" (Roth 1972, S. 281), „Lebensform" (Heyd 1980, S. 83; Pott 1993, S. 15 u.a.) und „Denkform" (Müller-Funk 2008, S. 171) gelesen, die – wie der Essayismus als Darstellungsform – als „unendliche Reflexion" (Müller 1972, S. 89) „an das Prinzip der romantischen ‚progressiven Universalpoesie' (Fr. Schlegel)" anschließt (Blasberg 1984, S. 274). *Die essayistische Erzähltechnik Robert Musils* wurde von Wilfried Berghahn bereits 1956 untersucht, Peter Nusser (1967, S. 105) hat auf den Essayismus als das „Formprinzip des Romans" *MoE* hingewiesen und Dieter Bachmann das Verhältnis von *Essay und Essayismus* (1969) bestimmt.

Vielfach wurde auf den Perspektivismus und Experimentalcharakter des Essayismus in Musils Roman hingewiesen (vgl. von Heydebrand 1966, S. 208; Böhme 1974, S. 292; Roth 1983, S. 117; Pieper 2002, S. 32 u. 42f.; Nübel 2012), auf dessen „metafiktionale" (Czaja 1993, S. 241) und „poetologische[ ] Selbstreflexion" (Joung 1997, S. 75) und damit auf den Konstruktionscharakter des *MoE*. Während Wachter

(2011, S. 80) „Ulrichs programmatischen Essayismus […] ganz seinem historischen Kontext verhaftet" sieht, Götz Müller (1972, S. 89–98 u. 103) Musils Essayismus als ideologiekritische Wissenssoziologie liest (vgl. Nübel 2005) und Norbert Christian Wolf (2011, S. 204f.) dem Mann ohne Eigenschaften mit Bourdieu eine „Unfähigkeit, das Reale ernst zu nehmen", und eine „Handlungshemmung" (ebd., S. 256) zuspricht, stellt beispielsweise Mark M. Freed (2007, S. 251) Musils Antizipation der Kritischen Theorie und des Poststrukturalismus sowie der Modernekritik Bruno Latours (vgl. Freed 2003) heraus. Walter Moser (1987) kennzeichnet den Essayismus Musils als Interdiskurs und Peter V. Zima (1985) schlägt eine dekonstruktive bzw. konstruktivistische Lektüre (vgl. Zima 2012) vor. Hans-Joachim Pieper (2002) liest den Essayismus nicht nur als einen der Romanfigur Ulrichs oder des romaninternen Erzählers, sondern auch als „Musils Philosophie" (ebd., S. 9) und unterscheidet „induktive[n], existenzielle[n] und performative[n] Essayismus" (Pieper 2008, S. 139). Während der induktive Essayismus naturwissenschaftliche Methoden auf das ‚nichtratioïde' Gebiet zu übertragen versuche, wird der mystisch-ethische Aspekt als „existenzielle[r] Essayismus" und das „literarische[ ] Aufbauprinzip" des Romans als *„performativer Essayismus"* (ebd., S. 143) gekennzeichnet, wobei „[d]er *induktive* Essayismus […] im *performativen* Essayismus essayistisch in Frage gestellt" sei (Pieper 2002, S. 150). Birgit Nübel (2006) bestimmt Essayismus als „Vertextungsverfahren" (ebd., S. 40) und als „Metatext" (ebd., S. 46–52 u. 397–399; vgl. Nübel 2016), d.h. „als einzeltext-, gattungs- wie diskursüberschreitendes Vertextungsprinzip, welches die Verfahren der interdiskursiven Traversion selbstreflexiv kommentiert" und damit – im Sinne einer poetologischen Selbstreflexion der Moderne – als einen „Modus (selbst-)kritischer Reflexion, der in der Darstellung/Vertextung seine eigenen Voraussetzungen, Verfahren und Grenzen thematisiert." (Nübel 2006, S. 1)

5. Literatur

Bachmann, Dieter: Essay und Essayismus. Stuttgart u.a.: Kohlhammer 1969, S. 157–192.
Baumann, Gerhart: Robert Musil. Eine Vorstudie. In: Germanisch-Romanische Monatsschrift 34 (1953), S. 292–316.
Berghahn, Wilfried: Die essayistische Erzähltechnik Robert Musils. Eine morphologische Untersuchung zur Organisation und Integration des Romans *Der Mann ohne Eigenschaften*. Diss. Univ. Bonn 1956.
Blasberg, Cornelia: Krise und Utopie der Intellektuellen. Kulturkritische Aspekte in Robert Musils Roman *Der Mann ohne Eigenschaften*. Stuttgart: Heinz 1984.
Böhme, Hartmut: Anomie und Entfremdung. Literatursoziologische Untersuchungen zu den Essays Robert Musils und seinem Roman *Der Mann ohne Eigenschaften*. Kronberg i.Ts.: Scriptor 1974.
Brokoph-Mauch, Gudrun (Hg.): Robert Musil. Essayismus und Ironie. Tübingen: Francke 1992.
Czaja, Johannes: Psychophysische Grundperspektive und Essayismus. Untersuchungen zu Robert Musils Werk mit besonderem Blick auf Gustav Theodor Fechner und Ernst Mach. Diss. Univ. Tübingen 1993.
Faust, August: Der Möglichkeitsgedanke. Heidelberg: Winter 1931/32.
Freed, Mark M.: Latour, Musil, and the Discourse of NonModernity. In: Symplokē 11 (2003), H. 1/2, S. 183–196.
Freed, Mark M.: Robert Musil's other postmodernism. „Essayismus", textual subjectivity, and the philosophical discourse of modernity. In: Comparative Literature Studies 44 (2007), H. 3, S. 231–253.

Gallinger, August: Das Problem der objektiven Möglichkeit. Eine Bedeutungsanalyse. Leipzig: Barth 1912.

Geyser, Joseph: Die Modalität des Seins. In: ders.: Allgemeine Philosophie des Seins und der Natur. Münster: Schöningh 1915, S. 61–93.

Heyd, Dieter: Musil-Lektüre: der Text, das Unbewußte. Psychosemiologische Studien zu Robert Musils theoretischem Werk und zum Roman *Der Mann ohne Eigenschaften*. Frankfurt a. M. u. a.: Lang 1980.

Heydebrand, Renate von: Die Reflexionen Ulrichs in Robert Musils Roman *Der Mann ohne Eigenschaften*. Ihr Zusammenhang mit dem zeitgenössischen Denken. Münster: Aschendorff 1966.

Jakob, Michael: „Möglichkeitssinn" und Philosophie der Möglichkeit. In: Gudrun Brokoph-Mauch (Hg.): Robert Musil. Essayismus und Ironie. Tübingen: Francke 1992, S. 13–24.

Joung, Phillan: Passion der Indifferenz. Essayismus und essayistisches Verfahren in Robert Musils *Der Mann ohne Eigenschaften*. Münster u. a.: LIT 1997.

Makropoulos, Michael: Modernität als Indifferenz? Ein Versuch zu Walter Benjamins Urteil über Robert Musils *Der Mann ohne Eigenschaften*. In: konkursbuch 19 (1987), S. 142–157.

Makropoulos, Michael: Kontingenz – Technisierung – „Möglichkeitssinn". Über ein Motiv bei Robert Musil. In: Hans Feger, Hans-Georg Pott, Norbert Christian Wolf (Hg.): Terror und Erlösung. Robert Musil und der Gewaltdiskurs in der Zwischenkriegszeit. München: Fink 2009, S. 279–299.

Meinong, Alexius: Möglichkeit und Wahrscheinlichkeit. Beiträge zur Gegenstandstheorie und Erkenntnistheorie. Leipzig: Barth 1915.

Meisel, Gerhard: Liebe im Zeitalter der Wissenschaften vom Menschen. Das Prosawerk Robert Musils. Opladen: Westdeutscher Verlag 1991.

Moser, Walter: Zwischen Wissenschaft und Literatur. Zu Robert Musils Essayismus. In: Jacques Le Rider, Gérard Raulet (Hg.): Verabschiedung der (Post-)Moderne? Eine interdisziplinäre Debatte. Tübingen: Narr 1987, S. 167–196.

Müller, Götz: Ideologiekritik und Metasprache in Robert Musils Roman *Der Mann ohne Eigenschaften*. München, Salzburg: Fink 1972.

Müller-Funk, Wolfgang: Erfahrung und Experiment. Studien zu Theorie und Geschichte des Essayismus. Berlin: Akademie 1995.

Müller-Funk, Wolfgang: Im symbolischen Feld des Möglichen. Robert Musil und die klassische Wiener Moderne. In: Birgit Griesecke (Hg.): Werkstätten des Möglichen 1930–1936. L. Fleck, E. Husserl, R. Musil, L. Wittgenstein. Würzburg: Königshausen & Neumann 2008, S. 151–172.

Nübel, Birgit: Relationismus und Perspektivismus. Karl Mannheim und Robert Musil. In: Matthias Luserke-Jaqui (Hg.): „Alle Welt ist medial geworden." Literatur, Technik, Naturwissenschaft in der Klassischen Moderne. Tübingen: Francke 2005, S. 141–160.

Nübel, Birgit: Robert Musil – Essayismus als Selbstreflexion der Moderne. Berlin, New York: de Gruyter 2006.

Nübel, Birgit: „Eine ganz und gar offene, moralisch im Großen experimentierende und dichtende Gesinnung" – Essayismus und Experimentalismus bei Robert Musil. In: Stefanie Kreuzer (Hg.): Experimente in den Künsten. Transmediale Erkundungen in Literatur, Theater, Film, Musik und bildender Kunst. Bielefeld: transcript 2012, S. 49–87.

Nübel, Birgit: Essayismus als Metatext. In: Michael Ansel, Jürgen Egyptien, Hans-Edwin Friedrich (Hg.): Der Essay als Universalgattung des Zeitalters. Diskurse, Themen und Positionen zwischen Jahrhundertwende und Nachkriegszeit. Leiden, Boston: Rodopi 2016, S. 28–45.

Nusser, Peter: Musils Romantheorie. Den Haag, Paris: Mouton 1967.

Pieper, Hans-Joachim: Musils Philosophie. Essayismus und Dichtung im Spannungsfeld der Theorien Nietzsches und Machs. Würzburg: Königshausen & Neumann 2002.

Pieper, Hans-Joachim: Möglichkeitssinn und Essayismus. Musils Programm einer philosophischen Dichtung vor dem Hintergrund seiner Nietzsche-Rezeption. In: Birgit Griesecke (Hg.): Werkstätten des Möglichen 1930–1936. L. Fleck, E. Husserl, R. Musil, L. Wittgenstein. Würzburg: Königshausen & Neumann 2008, S. 137–149.

Pott, Hans-Georg: Musil und das 20. Jahrhundert. In: ders. (Hg.): Robert Musil – Dichter, Essayist, Wissenschaftler. München: Fink 1993, S. 8–21.
Roth, Marie-Louise: Robert Musil. Ethik und Ästhetik. Zum theoretischen Werk des Dichters. München: List 1972.
Roth, Marie-Louise: Essay und Essayismus bei Robert Musil. In: Benjamin Bennett, Anton Kaes, William J. Lillyman (Hg.): Probleme der Moderne. Studien zur deutschen Literatur von Nietzsche bis Brecht. Festschrift für Walter Sokel. Tübingen: Niemeyer 1983, S. 117–133.
Verweyen, Johannes Maria: Philosophie des Möglichen. Leipzig: Hirzel 1913.
Wachter, David: Kontingenzregulierung? Zur Poetik funktionaler Gesellschaftsorganisation in Robert Musils *Mann ohne Eigenschaften*. In: Roland Innerhofer, Katja Rothe, Karin Harrasser (Hg.): Das Mögliche regieren. Gouvernementalität in der Literatur- und Kulturanalyse. Bielefeld: transcript 2011, S. 73–91.
Wolf, Norbert Christian: Essayismus und Möglichkeitssinn. In: ders.: Kakanien als Gesellschaftskonstruktion. Robert Musils Sozioanalyse des 20. Jahrhunderts. Wien u.a.: Böhlau 2011, S. 199–257.
Zima, Peter V.: Robert Musils Sprachkritik. Ambivalenz, Polyphonie und Dekonstruktion. In: Josef Strutz, Johann Strutz (Hg.): Robert Musil – Theater, Bildung, Kritik. München: Fink 1985, S. 185–203.
Zima, Peter V.: Spätmoderner Essayismus als Konstruktivismus und Utopie: Pirandello und Musil. In: ders.: Essay/Essayismus. Zum theoretischen Potenzial des Essays. Von Montaigne bis zur Postmoderne. Würzburg: Königshausen & Neumann 2012, S. 171–208.

5. Utopie
Robert Leucht

1. Einführung und Begriffsklärung	725
2. Forschungsstand	726
3. Weitere Aspekte des Themas	727
4. Forschungsperspektiven	727
5. Literatur	728

1. Einführung und Begriffsklärung

Den Begriff Utopie verwendet Musil an verschiedenen Stellen seiner Arbeitshefte (erstmals Tb I, 483) sowie als eine Leitkategorie sowohl in den zu Lebzeiten publizierten Teilen als auch im Nachlass zum Roman *Der Mann ohne Eigenschaften* (*MoE*). Betrachtet man Musils Gesamtwerk unter dem Blickwinkel der Utopie, lassen sich drei Aspekte unterscheiden: a) Utopie als Gesinnung: Im *MoE* wird Utopie aufwertend im Sinne einer verwirklichbaren Möglichkeit verwendet und ist eng an Ulrich, die Hauptfigur, gebunden. Der Begriff bezeichnet hier eine Welthaltung, die über das Vorhandene hinausstrebt, verstanden als ein Bewusstsein, das sich für ein „exakte[s] Leben[ ]" (MoE, 244) oder einen ‚anderen Zustand' (vgl. MoE, 1860) geöffnet hält. Entscheidend ist weiter die Pluralisierung der Utopie: Ulrich verfolgt nicht nur *eine*, sondern aufeinanderfolgend die „des exakten Lebens" (MoE, 244), „des Essayismus" (MoE, 247), „des aZ [i.e. ‚anderen Zustands']" (MoE, 1860) etc.; b) Gattungsmotive: Besonders im Dritten Teil des *MoE* (Kap. II/11 u. 12, MoE, 746–771) greift Musil Elemente aus der Gattungsgeschichte der Utopie (Insel, Garten etc.) auf; c) Skizzen zu einem utopischen Roman: Schließlich finden sich in den Arbeitsheften und Tagebüchern Pläne zu einem Werk, das als „Roman, Utopischer", „Südpol, Land über" (Tb II, 147), später „Ed" (Tb I, 840) bezeichnet ist.

2. Forschungsstand

a) Utopie als Gesinnung: Als impulsgebende Studien zum Utopie-Begriff des *MoE* können die Arbeiten von Wolfdietrich Rasch (1967), Hermann Wiegmann (1978) und Jiyoung Shin (2008) erachtet werden. Rasch weist bereits 1967 darauf hin, dass Utopie bei Musil nicht den Entwurf *einer* bestimmten Lebensordnung meine (vgl. Rasch 1967, S. 87), sondern eine „Gesinnung" (ebd., S. 88 u. 93), und nennt als Quellen von Ulrichs utopischer Haltung naturwissenschaftliches Denken und mystische Erfahrung (vgl. ebd., S. 90). Die Forschung ist Rasch besonders darin gefolgt, dass die Utopien im *MoE* eng mit Ulrichs Entwicklung verbunden seien und hat sich verstärkt ihrer Charakterisierung sowie der Frage nach ihrer Differenzierung zugewendet: So unterscheidet Wiegmann zwischen den Utopien des „exakten Lebens", des „Essayismus", des „anderen Zustands", des „motivierten Lebens" und der „induktiven Gesinnung" (Wiegmann 1978, S. 311–316) und nennt damit jene fünf Utopien, die zumeist auch in anderen Forschungsarbeiten zur Diskussion gestellt werden (vgl. Weiss 1981; Blasberg 1984, S. 270–307; Schärer 1990, S. 81–134). Neue Impulse hat Wiegmann gesetzt, indem er zum einen nach den historischen Voraussetzungen von Musils Utopie-Begriff (die er in der Aufklärung, Romantik und bei Nietzsche sieht) fragt, zum anderen nach dessen Zusammenhang mit anderen Texten Musils (vgl. Wiegmann 1978, S. 315f.).

Unklarheit herrscht nach wie vor darüber, welche der im *MoE* genannten Utopien zum Gegenstand der Diskussion erhoben werden. Gar nicht oder nur in Ansätzen behandelt werden die „Utopie des Erfahrungszeitalters" (MoE, 1916; vgl. Wolf 2011, S. 233), jene „der Höflichkeit" (KA, M II/7/66, 70, 74f., 79 u. 87; Tb I, 810; vgl. Schwartz 1997, S. 142–148; Wolf 2011, S. 233) oder „des Ess. II" (MoE, 1882 u. 1925; vgl. Pelmter 2008, S. 147), während Wilhelm Voßkamp auch die „Parallelaktion" als eine Utopie bezeichnet: als „utopisch-dystopische[n] Gegenpol zur ‚Tat'" des Kriegs (Voßkamp 2005, S. 355). Ebenso umstritten ist die Frage nach dem Verhältnis der einzelnen Utopien zueinander: ob sie einander ergänzen (vgl. Wolf 2011, S. 233), zueinander im Widerspruch stehen (vgl. Schärer 1990, S. 121) oder in Gruppen zusammenzufassen sind (vgl. Müller 1957, S. 239; Weiss 1981, S. 582; Blasberg 1984, S. 275). Diese Schwankungen sind dem Umstand geschuldet, dass sich im *MoE* für gegensätzliche Positionen Argumente finden lassen: So führt die „Utopie des Essayismus" die in der „Utopie der Exaktheit" entwickelte Opposition gegen geschlossene Ideologien weiter (MoE, 244–257; vgl. Sera 1969, S. 41; Shin 2008, S. 126), während es im Nachlass heißt: „Die Utopie des aZ wird abgelöst durch die der induktiven Gesinnung" (MoE, 1860) – oder die Spaltung von Utopien beschrieben wird (vgl. MoE, 1925; Shin 2008, S. 164). Die vielfältigen Relationen zwischen Ulrichs Utopien sind von der Forschung noch zu bestimmen. Den bislang systematischsten Zugang zu diesem Problem hat Shin gewählt. Sie vertritt die These, dass die Utopien des *MoE* funktional verknüpft und durch die „Utopie der induktiven Gesinnung" (KA, M I/3/13 u. a.) als oberste Kategorie (vgl. Shin 2008, S. 168) strukturiert seien. Inwiefern ein so geschlossenes System mit dem offenen Charakter des *MoE* zu vereinbaren ist, bleibt zu diskutieren.

b) Gattungsmotive: Ungleich weniger kontrovers gestaltet sich die Analyse jener Elemente, die im *MoE* aus der Gattungstradition der Utopie aufgegriffen werden und auf der Ebene der Handlung wie der Erzähler- und Figurenrede als Insel, Garten, Hortus conclusus oder Gegenort wiederkehren (vgl. Honold 1995, S. 449–470; Voßkamp 2005, S. 355–358; Shin 2008, S. 35; Leucht/Reichlin 2010, S. 302–311).

c) Skizzen zu einem utopischen Roman: Überlegungen zu Musils Arbeit an dem in den Arbeitsheften erwähnten „Roman, Utopischer", „Südpol, Land über" (Tb II, 147), seit den 1930er Jahren unter dem Titel „Ed" (Tb I, 840) geführt, stellen Shin (2008, S. 33–35) und Christoph Hönig (1970, S. 277–315) an. In diesem Problemzusammenhang steht auch Musils „Das Land über dem Südpol" (GW II, 738–744). (→ III.3.4 *Nachlass*)

3. Weitere Aspekte des Themas

Wenn Wiegmann behauptet, dass Ulrichs Reflexion potenzieller Wirklichkeiten „Konsequenzen auch für das Kunstwerk selber" (Wiegmann 1978, S. 311) habe, sind gleich zwei Aspekte angesprochen, die über die zuvor dargestellten Forschungsfragen hinausweisen und die Tragweite des Themas der Utopien im *MoE* deutlich machen: Zum einen ist der Befund einer von Ulrichs Gesinnung repräsentierten Poetik des *MoE* erhoben, im Sinne nicht nur einer Denk-, sondern auch Erzählweise, die sich – verschiedene Perspektiven abwägend – einer Schließung widersetzt (vgl. zuletzt Wolf 2011, S. 220 u. 245). Zum anderen wirft Wiegmann die noch grundsätzlichere Frage nach Musils Verständnis von „Literatur als Utopie" (Tb I, 951) auf. Die zuletzt genannte Frage vertiefen Shin, die Musils Literatur insofern eine utopische Dimension zuweist, als sie auf eine „Neugestaltung der Wirklichkeit" (Shin 2008, S. 180) abziele, Fritz Wefelmeyer, der behauptet, Musil weise durch seine Literatur die Wirklichkeit als vorläufig aus (vgl. Wefelmeyer 1990, S. 196), sowie Voßkamp, der die utopische Funktion von Musils Literatur darin sieht, dass sie ein „Medium des Experimentierens mit Utopiemodellen" (Voßkamp 2005, S. 359) sei. Der Utopie-Begriff des *MoE* erlaubt in diesem Sinne sowohl den Rückbezug auf seine Erzählweise auch als auf Musils Reflexion der Potenziale von Literatur. Einen weiteren Aspekt des Themas sprechen jene Studien an, welche die Utopien des *MoE* als Antwort auf zeitgeschichtliche Fragen verstehen: Cornelia Blasberg deutet sie als Reaktion auf die Krise der Intellektuellen, insofern sie einen intellektuellen Identitätsentwurf bereitstellten, der sich durch Selbstüberprüfung auszeichnet (vgl. Blasberg 1984, S. 306f.). Schließlich liest Shin Ulrichs utopische Gesinnung als eine Strategie, das menschliche Subjekt gegenüber seiner zeitgenössischen Auflösung in Formelsystemen zu restituieren (vgl. Shin 2008, S. 171).

4. Forschungsperspektiven

Das dringendste Desiderat in der Auseinandersetzung mit dem Utopie-Begriff des *MoE* ist dessen genauere wissens- und diskursgeschichtliche Kontextualisierung. Vor dem Hintergrund, dass Utopie im ersten Drittel des 20. Jahrhunderts in Literatur, Philosophie und Soziologie „als Ausdruck einer Bewußtseinsform" (Graf 2003,

S. 151) rehabilitiert wird, muss die Einordnung von Musils Utopie-Begriff in diesen Zusammenhang als noch unzureichend bezeichnet werden. Zwar wurden Verbindungen zu Theoretikern der Utopie, zu Ernst Bloch und Karl Mannheim, bereits angedeutet (vgl. Blasberg 1984, S. 273 u. 304; Janković 1982, S. 198f.; Voßkamp 1990, S. 279–282, u. 2005, S. 348f.; Nübel 2005; Shin 2008, S. 37f.; Wolf 2011, S. 251f.), doch lag der Schwerpunkt der Forschung auf der zuvor skizzierten Frage nach den werk*internen* Zusammenhängen von Ulrichs Utopien. Eine vergleichende Analyse der Musil'schen Konzeption von Utopie im Kontext zeitgenössischer Ansätze, „Utopie zu anthropologisieren" (Fohrmann 1993, S. 375), könnte bei der Beschreibung jener diskursiven Felder ansetzen, mittels derer Musil Utopie profiliert. Dadurch würden die werk*externen* Verflechtungen des Begriffes deutlicher: etwa die Utopie als das ‚noch nicht' Eingetretene (vgl. MoE, 246; Bloch 1985, S. 276), als das Verhüllte und zu Befreiende (vgl. MoE, 246; Bloch 1985, S. 64) oder als das mit technischen Mitteln Herstellbare (vgl. MoE, 16; Neurath 1919, S. 229). Genauer einzuordnen wäre schließlich auch Musils Pluralisierung von Utopie, ein Prinzip, das auch bei Otto Neurath (vgl. Neurath 1919, 1981a u. 1981b) und in Gustav Landauers *Die Revolution* (1907) zu beobachten ist. In den wechselnden Utopien des *MoE* lässt sich – wenn Utopie bei Neurath auch keine Gesinnung, sondern einen Gesellschaftsentwurf meint – ein Echo auf Neuraths Forderung nach „Gespannen von Utopien" (Neurath 1919, S. 230) vernehmen. Hier wie dort steht Utopie im Zeichen ihrer anhaltenden Erneuerung. Der Zusammenhang zwischen den Utopie-Begriffen Musils und Neuraths, der über beider Anbindung an Ernst Mach auch lebensweltlich zu erhärten wäre, könnte weiter dazu beitragen, das für Musils Poetik so zentrale Prinzip der „Partiallösung" (Tb I, 951) in ein neues Licht zu rücken. Erste Überlegungen zu Musil und Neurath finden sich bei Bernd Hüppauf (1983, S. 9f.) und Robert Leucht (2011, S. 305–311, u. 2016, S. 398–402).

5. Literatur

Blasberg, Cornelia: Krise und Utopie der Intellektuellen. Kulturkritische Aspekte in Robert Musils Roman *Der Mann ohne Eigenschaften*. Stuttgart: Heinz 1984, S. 270–307.
Bloch, Ernst: Geist der Utopie. Erste Fassung. [1918] Faksimile der Ausgabe von 1918. Frankfurt a. M.: Suhrkamp 1985.
Fohrmann, Jürgen: Über Utopie(n). In: Germanisch-Romanische Monatsschrift. N. F. 43 (1993), H. 1, S. 369–382.
Graf, Rüdiger: Die Mentalisierung des Nirgendwo und die Transformation der Gesellschaft. Der theoretische Utopiediskurs in Deutschland 1900–1933. In: Wolfgang Hardtwig (Hg.): Utopie und politische Herrschaft im Europa der Zwischenkriegszeit. München: Oldenbourg 2003, S. 145–173.
Hönig, Christoph: Die Dialektik von Utopie und Ironie und ihre Entwicklung in Robert Musils Reflexionen. Ein Beitrag zur Deutung des Romans *Der Mann ohne Eigenschaften*. Diss. FU Berlin 1970, S. 64–116 u. 277–315.
Honold, Alexander: Die Stadt und der Krieg. Raum- und Zeitkonstruktion in Robert Musils Roman *Der Mann ohne Eigenschaften*. München: Fink 1995, S. 449–470.
Hüppauf, Bernd-Rüdiger: Von sozialer Utopie zur Mystik. Zu Robert Musils *Der Mann ohne Eigenschaften*. München: Fink 1971.
Hüppauf, Bernd: Von Wien durch den Krieg nach Nirgendwo. Nation und utopisches Denken bei Musil und im Austromarxismus. In: Text + Kritik (³1983), H. 21/22, S. 1–28.

Janković, Svetomir: Utopie als Wirkungskonzept. Methodischer Versuch zu dem im *Mann ohne Eigenschaften* strukturierten utopischen Konzept am Beispiel der „Urlaubsmetapher". In: Dieter P. Farda, Ulrich Karthaus (Hg.): Sprachästhetische Sinnvermittlung. Frankfurt a. M. u. a.: Lang 1982, S. 197–228.

Landauer, Gustav: Die Revolution. [1907] München: Unrats-Verlag 2003.

Leucht, Robert: Die Figur des Ingenieurs im Kontext. Utopien und Utopiedebatten im ersten Drittel des 20. Jahrhunderts. In: Internationales Archiv für Sozialgeschichte der deutschen Literatur 36 (2011), H. 2, S. 283–312.

Leucht, Robert: Dynamiken politischer Imagination. Die deutschsprachige Utopie von Stifter bis Döblin in ihren internationalen Kontexten, 1848–1930. Berlin, Boston: de Gruyter 2016.

Leucht, Robert/Reichlin, Susanne: „Ein Gleichgewicht ohne festen Widerhalt, für das wir noch keine rechte Beschreibung gefunden haben". Robert Musils ‚anderer Zustand' als Ort der Wissensübertragung. In: Ulrich Johannes Beil, Michael Gamper, Karl Wagner (Hg.): Medien, Technik, Wissenschaft. Wissensübertragung bei Robert Musil und in seiner Zeit. Zürich: Chronos 2011, S. 289–322.

Mannheim, Karl: Ideologie und Utopie. [1929] Frankfurt a. M.: Vittorio Klostermann 1995.

Müller, Gerhard: Die drei Utopien Ulrichs in Robert Musils *Mann ohne Eigenschaften*. Diss. Univ. Wien 1957.

Neurath, Otto: Die Utopie als gesellschaftstechnische Konstruktion. In: ders.: Durch die Kriegswirtschaft zur Naturalwirtschaft. München: Verlag von Georg D. W. Callwey 1919, S. 228–231.

Neurath, Otto: Josef Popper Lynkeus, seine Bedeutung als Zeitgenosse. [1918] In: ders.: Gesammelte philosophische und methodologische Schriften. Bd. 1. Hg. v. Rudolf Haller u. Heiner Rutte. Wien: Hölder-Pichler-Tempsky 1981, S. 131–136. (Neurath 1981a)

Neurath, Otto: Utopien. [1919] In: ders.: Gesammelte philosophische und methodologische Schriften. Bd. 1. Hg. v. Rudolf Haller u. Heiner Rutte. Wien: Hölder-Pichler-Tempsky 1981, S. 137–138. (Neurath 1981b)

Neymeyr, Barbara: Utopie und Experiment. Zur Konzeption des Essays bei Musil und Adorno. In: Euphorion 94 (2000), H. 1, S. 79–111.

Nübel, Birgit: Relationismus und Perspektivismus. Karl Mannheim und Robert Musil. In: Matthias Luserke-Jaqui (Hg.): „Alle Welt ist medial geworden." Literatur, Technik, Naturwissenschaft in der Klassischen Moderne. Tübingen: Francke 2005, S. 141–160.

Pelmter, Andrea: „Experimentierfeld des Seinkönnens" – Dichtung als „Versuchsstätte". Zur Rolle des Experiments im Werk Robert Musils. Würzburg: Königshausen & Neumann 2008, S. 141–148.

Rasch, Wolfdietrich: *Der Mann ohne Eigenschaften*. Eine Interpretation des Romans. In: ders.: Über Robert Musils Roman *Der Mann ohne Eigenschaften*. Göttingen: Vandenhoeck & Ruprecht 1967, S. 78–134.

Schärer, Hans-Rudolf: Narzißmus und Utopismus. Eine literaturpsychologische Untersuchung zu Robert Musils Roman *Der Mann ohne Eigenschaften*. München: Fink 1990.

Schwartz, Agata: Utopie, Utopismus und Dystopie in *Der Mann ohne Eigenschaften*. Robert Musils utopisches Konzept aus geschlechtsspezifischer Sicht. Frankfurt a. M. u. a.: Lang 1997.

Sera, Manfred: Utopie und Parodie bei Musil, Broch und Thomas Mann. *Der Mann ohne Eigenschaften*, *Die Schlafwandler*, *Der Zauberberg*. Bonn: Bouvier 1969.

Shin, Jiyoung: Der „bewußte Utopismus" im *Mann ohne Eigenschaften* von Robert Musil. Würzburg: Königshausen & Neumann 2008.

Voßkamp, Wilhelm: Utopie als Antwort auf Geschichte. Zur Typologie literarischer Utopien in der Neuzeit. In: Hartmut Eggert, Ulrich Profitlich, Klaus R. Scherpe (Hg.): Geschichte als Literatur. Formen und Grenzen der Repräsentation von Vergangenheit. Stuttgart: Metzler 1990, S. 273–283.

Voßkamp, Wilhelm: „Wenn es Wirklichkeitssinn gibt, muß es auch Möglichkeitssinn geben." Traditionen des utopischen Denkens bei Robert Musil. In: Friedrich Jaeger, Jürgen Straub

(Hg.): Was ist der Mensch, was Geschichte? Annäherungen an eine kulturwissenschaftliche Anthropologie. Bielefeld: transcript 2005, S. 346–361.

Wefelmeyer, Fritz: Kultur und Literatur. Zu ihrem Begriff bei Robert Musil. In: ders., Helmut Brackert (Hg.): Kultur. Bestimmungen im 20. Jahrhundert. Frankfurt a. M.: Suhrkamp 1990, S. 192–217.

Weiss, Walter: „Ausklang der Utopien. Das ist aber noch nicht alles." Von Musil zur österreichischen Gegenwartsliteratur. In: Literatur und Kritik 16 (1981), H. 160, S. 580–592.

Wiegmann, Hermann: Musils Utopiebegriff und seine literaturtheoretischen Konsequenzen. In: Gert Ueding (Hg.): Literatur ist Utopie. Frankfurt a. M.: Suhrkamp 1978, S. 309–334.

Wolf, Norbert Christian: Kakanien als Gesellschaftskonstruktion. Robert Musils Sozioanalyse des 20. Jahrhunderts. Wien u. a.: Böhlau 2011.

VIII. Systematische Aspekte: Narration, Sprache, Bildlichkeit und Textbezüge

1. Erzählformen
Gunther Martens

1. Kritik am Erzählen 731
2. Das Ende des Erzählens? 732
3. Bewusstseinsbericht, erlebte Rede, Mehrstimmigkeit und Auktorialität 734
4. Ausblick und Desiderate 738
5. Literatur 738

1. Kritik am Erzählen

Robert Musil ist als vehementer und scharfsinniger Kritiker der ‚narrativen Sinnbildung' in die Geschichte der literarischen Moderne eingegangen. Seine zahlreichen Äußerungen zum Erzählen als „Kinderfrauenberuf" (GW II, 999), zum „Pausbäckchen-Standpunkt" (GW II, 982) und zum Verlust des roten „Faden[s] der Erzählung" (MoE, 650) lassen das Erzählen als überkommen und sogar als ideologisch verbrämt und prinzipiell fragwürdig erscheinen. Verkannt wurde jedoch lange, dass diese Aussagen vor allem im Kontext der *Vereinigungen* stehen und dass die erzählkritischen Passagen im Roman *Der Mann ohne Eigenschaften* (*MoE*) zwar auf den „Kinderfrauenberuf" (vgl. MoE, 650; GW II, 1676) Bezug nehmen, dort jedoch erst über distinktive Erzählformen artikuliert werden können, die einer eigenen sprachlichen und stilistischen Analyse bedürfen und produktive Formen der Ideologiekritik und Mythendestruktion initiieren. Die Analyse von Musils Erzähltechnik stand lange im Zeichen jener Aussagen, die im *MoE* zum Thema Erzählen gemacht werden. Wenn es dort heißt, dass die „meisten Menschen [...] im Grundverhältnis zu sich selbst Erzähler" (MoE, 650) sind, dann handelt es sich weder um einen Ehrentitel noch um eine das Narrative auf die Wirklichkeit an sich ausdehnende These im Sinne von Paul Ricœur oder Wilhelm Schapp (vgl. Haas 2002; zu Ricœur über Musil vgl. ebd., S. 79), sondern um eine massive Kritik, die das Erzählen als eine Form der Denkökonomie kennzeichnet, die überboten werden muss. Musil nimmt also eher moderne (mathematische) Psychologen wie Daniel Kahneman oder Amos Tversky vorweg, die das Erzählen als eine primäre Form der verzerrten Wahrnehmung von Wirklichkeit einstufen (vgl. Kahneman/Slovic/Tversky 1982; Kahneman 2011, S. 199–201).

Häufig ist über die Frage diskutiert worden, ob Musils Absage an das herkömmliche positive Verständnis von Erzählen den Empiriokritizismus Ernst Machs abbilde (vgl. Desportes 1982; Sebastian 2005) bzw. vielmehr überwinde oder sogar konterkariere (vgl. Mehigan 1997). Musil stellt die Kritik am ‚narrativen Dispositiv' aber zugleich in den Dienst einer Kritik an ihrer nationalen und ideologischen Instrumentalisierung: Musils Kritik am Erzählen wurde im Rahmen kontextualisierender Ansätze aufgegriffen und abwechselnd unter den Vorzeichen der Diskurskonkurrenz (Wissenschaftsgeschichte bzw. Musils Hintergrund als Wissenschaftler/Ingenieur; vgl.

Desportes 1982; Lethen 1987; Deutsch 1993) oder der kulturwissenschaftlich orientierten Debatte abgehandelt (vgl. Müller-Funk 2005). Musils Bezugnahme auf den Zusammenhang von Nation und Narration bildet eine spannungsvolle Auseinandersetzung mit dem ‚habsburgischen Mythos' als Ursprungserzählung, die mit den postkolonialistischen Ansätzen von Homi K. Bhabha und Benedict Anderson (vgl. Müller-Funk 2005) kompatibel ist. Auf den Vielvölkerstaat anspielend, führt Musil konkret aus, dass die benachbarten Völker kaum noch miteinander auskommen konnten, ohne sich zugleich um ihre Gründungserzählungen zu bringen (vgl. „ein Diebsvolk […], das sich sogar fremde Vergangenheiten aneigne", MoE, 1444).

Wie sieht aber ein Erzählen aus, das sich nicht nur von solchen Territorialitäts- bzw. Wirklichkeitsansprüchen lossagen kann, sondern sich auch der Darstellung der „Amplitude" (GW II, 1373), der Dichtigkeit, des ‚Infinitesimalen' bzw. des subjektiven Nachvollzugs dieser Phänomene annimmt, auch wenn es im Kontext des Monismus die Trennung zwischen subjektiv und objektiv fortwährend aushebelt?

2. Das Ende des Erzählens?

War dem modernen Erzählen der ‚rote Faden' abhandengekommen, so schien es einem Großteil der Forschung lange müßig, sich überhaupt mit Musils Erzählformen zu beschäftigen. Die neuere Forschung hat aber einerseits festgestellt, dass es durchaus auch positive Bezugnahmen auf das Erzählen und detailliertere Beobachtungen zum Erzählstil gibt, und andererseits, dass Musils Texte bemerkenswerte narrative Strukturen aufweisen.

Das erste Kapitel des *MoE* ist deswegen so häufig auf seine Erzähltechnik hin untersucht worden, weil es die Frage nach der Erzählbarkeit der modernen Wirklichkeit reflektiert bzw. den Konflikt zwischen den beiden Diskursen Literatur und Wissenschaft auf engstem Raum austrägt (vgl. die bislang ausführlichsten Forschungsberichte in Reichensperger 1994; Honold 1995, S. 13–50; Wolf 2011, S. 64–164). (→ III.1.7 *Mann ohne Eigenschaften*) In diesem Kapitel sowie später in vielen Erzählerkommentaren wird die Möglichkeit ausgelotet, an die Stelle von konventionalisierten literarischen Darstellungsformen eine Erzählweise rücken zu lassen, die eher als das auf intuitiv-kausale Ordnungsmuster zurückgreifende Erzählen im Modus des Nacheinanders dazu geeignet ist, die Dynamik und Komplexität des Apperzeptionsapparates zu erfassen: „So kann auch der Charakter durch den Typus, durch die typologische Mischung verdrängt werden. Heute schon sagt man mir mit den paar Worten asthenischer, schizothymer Typus mehr als mit einer langen individuellen Beschreibung." (GW II, 1403f.; vgl. dazu Wolf 2011, S. 172) Musil lässt hier nicht nur den Habitus des Ingenieurs und Wissenschaftlers durchblicken, sondern nimmt zugleich die auf Lessing und die Aufklärung zurückgehende Forderung nach ‚gemischten Charakteren' beim Wort und stellt sich auf den Standpunkt, dass die Literatur diese feinen Mischungen möglichst präzise darzustellen hat. Andererseits steht ein grandioser Verzichtsgestus im Hintergrund, der literarischen Anschluss an die großen, unvermischten Gefühle, die *pathoi*, finden möchte. Zeitgleich mit der vielfach beschworenen ‚Krise des Romans' verlegt sich Musil also auf eine Form des Erzählens, die über das Erzählen aufklärt und den Akt des Erzählens vielfach metanarrativ mit kommuniziert. Analogien zu Tendenzen der Abstrahierung in anderen Kunstformen sind ebenfalls beschrieben worden (vgl. Honold 2009, S. 199).

1. Erzählformen

Für die Wiederentdeckung von Musil als Erzähler war die verstärkte Ausrichtung des Forschungsinteresses auf die kleineren Prosatexte (z. B. *Nachlaß zu Lebzeiten*) ausschlaggebend (vgl. Reichensperger 1992; Hake 1998). Gerade anhand der Lektüre der kleineren Texte konnte der Blick dafür geschärft werden, dass Musil weniger eine starre Dichotomie von dystopischer, erzählbarer Wirklichkeit und nicht-erzählbarem, utopischem ‚anderem Zustand' inszeniert (→ VII.2 *Anderer Zustand*), sondern minimale Verschiebungen in der Wahrnehmung und in der Sprache thematisiert, die Wahrheit und Ideologie in wechselseitiger und unentwirrbarer Abhängigkeit zeigen. (→ VIII.3 *Sprache/Sprachkritik*) Auch die veränderte materielle Basis der Edition des *MoE* im Kontext der *Klagenfurter Ausgabe* hat zu dieser Einsicht beigetragen. Im Rahmen der jahrelangen Arbeit an der digitalen Edition des Nachlasses hat Walter Fanta die Möglichkeit illustriert, aus den Skizzen und Plänen einen Plot, ja sogar ein mögliches Ende, ein apokryphes Finale zu rekonstruieren (vgl. Fanta 2005). Obwohl der fragmentarische Roman vorher mehreren Generationen von Interpreten als auf Erzählverzicht und Offenheit hin angelegt schien, lässt sich – so Fanta – eine rasante narrative Entwicklung aus den apokryphen Konvoluten herausschälen. Musil selbst hatte angekündigt, durch die Agathe-Figur komme „das erzählerische Rinnen in den Roman" und gemutmaßt, es könne „der 2. Bd. [...] eine beinahe regelrechte Erzählung" (Br I, 498) werden. Der zu Lebzeiten autorisierte Teil des *MoE* bestätigt – wegen der auffälligen Zurückhaltung mit Vorausdeutungen, die in den anderen Romanen über den Untergang der Donaumonarchie (Joseph Roth: *Radetzkymarsch*, 1932, *Die Kapuzinergruft*, 1938; Alexander Lernet-Holenia: *Die Standarte*, 1934; Bruno Brehm: *Die Throne stürzen*, 1931–1933) quasi zum Basisinventar gehören – diese Absicht nur implizit. Die den meisten Lesern bislang geläufige Ausgabe von Frisé bestärkt (nachhaltig wegen der Sonderstellung der Kapitel „Atemzüge eines Sommertags" zwischen den Druckfahnen-Kapiteln und dem retrograd angeordneten Nachlassteil) eher den Eindruck, dass das Ganze des Romans vielmehr auf eine bildhafte Erstarrung zulaufe. Andererseits kündigt sich die Karnevalisierung aller existierenden Verhältnisse schon deutlich an in der verborgenen Komplexität, die z. B. dem scheinbar einfältigen General Stumm von Bordwehr von Anfang an innewohnt. Die zu Lebzeiten veröffentlichten Romanteile nehmen den angedeuteten Umsturz aller Verhältnisse auf manchmal sehr verschlüsselte und verschwiegene Weise vorweg und wecken also durchaus narrative Spannung.

Dass ehemalige ‚Versager' wie Fischel oder Walter plötzlich zuungunsten des bislang souveränen und scheinbar allen überlegenen ‚Mannes ohne Eigenschaften' Oberwasser bekommen, setzt eine Reihe von Ereignissen voraus. Es ist allerdings nicht ausgeschlossen, dass dem weitgehend essayistischen, von anti-narrativen Aussagen geprägten Auftakt eine rasante Handlung mit Finale gefolgt wäre. (→ III.3.4 *Nachlass*) Um dieses Argument zu unterstützen, haben produktive Adaptionen des Romans stärker die veröffentlichten Texte mit dem Material aus dem Nachlass verzahnt (vgl. Agathos/Kapfer 2004) oder jene Erzählstränge aufgegriffen, die Musil mehrmals aufgeschoben hatte (vgl. Fanta/Sonnenbichler 2005). (→ IX.5 *Mediale Rezeption*)

3. Bewusstseinsbericht, erlebte Rede, Mehrstimmigkeit und Auktorialität

Musils avantgardistisches Programm, das Erzählen von Grund auf zu erneuern, findet man am ehesten in den *Vereinigungen* (1911) realisiert. Musil hat vor allem die „Gedankenlyrik" (GW II, 830; vgl. KA, M III/5/18) der Novellen und nicht die satirische Destruktion des gesellschaftlichen Geredes, die im *MoE* anhand der ‚Parallelaktion' vorgenommen wird, als die „eigentliche Leistung" (GW II, 1024) des Literarischen betrachtet (vgl. unter Verweis auf Karl Kraus, GW II, 1660). Das kubistisch anmutende Erzählprogramm kann im wissenschaftshistorischen Kontext und vor dem Hintergrund von Musils Auseinandersetzung mit Freud (vgl. Pfohlmann 2008) sinnvoll rekonstruiert werden: Relativ früh ist dies schon von Dorrit Cohn bemerkt und erörtert worden, die an Textbeispielen von Musil, Hermann Broch, Franz Kafka und Thomas Mann auf das eigenwillige Phänomen des Bewusstseinsberichts (*psycho narration*) hingewiesen hat. Die berichtende oder referierende Wiedergabe von Gedanken oder Gefühlen unterscheidet sich vom direkten Gedankenzitat und vom inneren Monolog darin, dass sie Psychisches in abweichendem Idiom wiedergibt und den Wahrnehmungshorizont des jeweiligen Perspektivträgers überschreitet: „Modern novelists who know their Freud, therefore, would be the last to resort to direct quotation in order to express their characters' unconscious processes." (Cohn 1978, S. 88) Wenn man die *Vereinigungen* unabhängig von ihrer poetologischen Programmatik liest, dann sind sie eine großartige Übung im apophatischen (verneinenden) Sprechen. Cohn hat gezeigt, dass gerade die Zuweisung der komplexen Bildlichkeit an entweder Erzähler- oder Figurendiskurse in der Schwebe bleibt (vgl. Cohn 1971, S. 294). Jürgen Schröder wies bereits sehr früh nach, dass diese ausführliche Bilddynamik – inmitten einer relativ handlungsarmen Textur – kein Beiwerk sei, sondern jede Aussage in den Rang einer approximierenden Rechenoperation erhebe:

> Sie [i.e. die Verbindungen zwischen den Satzgliedern] geben „Lage, Beziehung, Zusammenhang oder Situation im weitesten Sinne", stellen nicht „Wortarten", sondern „Funktionen" dar [Hans Glinz, *Der deutsche Satz*, Düsseldorf 1957, S. 43 u. 140]. [...] Mit ihrem nachdrücklichen Überwiegen nehmen sie den Satz zwangsläufig aus einem statischen Aussage- und Ergebnischarakter in einen beweglichen Funktionscharakter zurück. Die jeweilige ‚Rechenoperation' wird entscheidender als das ‚Ergebnis'. (Schröder 1966, S. 318f.)

Musils Ansichten zur Wahrnehmungsphysiologie bringen ihn zwar – wie viele seiner Zeitgenossen – dazu, die unmittelbare Erfahrung, die ‚die Formel sprengt' (vgl. KA, M IV/3/290), zu suchen. Dabei wird aber fast immer die Vorstellung einer vermittelnden, physiologisch und sensomotorisch bedingten Leistung oder Verarbeitung beibehalten, die das intuitive subjektive Verständnis als fehlerhaft und unvollkommen und gerade deswegen als kommentarbedürftig erscheinen lässt. (→ III.1.3 *Vereinigungen*)

Schon in einem Schlüsselsatz aus *Die Verwirrungen des Zöglings Törleß* (1906) wird diese Vermittlungsleistung angesprochen, die auch in diesem Text ein reges Vergleichen in Gang setzt: „wie ein leiser Knacks zwischendurch ein Gefühl, wie es im Körperlichen etwa den kaum merkbaren Muskelempfindungen entspricht, die das Einstellen des Blickes begleiten. [...] [D]ie Tätigkeit des Vergleichens drängte sich vor den Gegenstand des Vergleiches" (GW II, 106). Die Profilierung der Erzählerstimme ist also bereits im *Törleß*-Roman sichtbar. Vergleicht man Musil mit seinen modernistischen Zeitgenossen, so hebt sich der Erzählstil des *Törleß* deutlich von deren Texten ab. Indem Joyce aus seinem Textfragment *Stephen Hero* den Roman *A por-*

1. Erzählformen

trait of the artist as a young man schuf und Proust *Jean Santeuil* zu *À la recherche du temps perdu* umschrieb, geben sie, schon allein durch die Tatsache der nachträglichen Umarbeitung, den Eindruck einer evolutionären Notwendigkeit und wurden so als wichtige Maßstäbe für die These vom vermeintlich generellen Verschwinden des modernistischen Erzählers betrachtet. Hingegen bietet Hartmut Eggert (1997, S. 307) zufolge im *Törleß* „[d]ie Erzählperspektive" weiterhin „dem Leser die Rolle eines Erwachsenen an, der im Gegensatz zu Törleß dessen Probleme versteht, nicht zuletzt aufgrund der Deutungen und ‚Durchblicke', die ihm der Erzähler offeriert." Auch im *Törleß* kann der Erzähler als ordnende Instanz (etwa am Beispiel des Bewusstseinsberichts) verortet werden. Es ist augenfällig, dass Musil explizite Vergleiche sowie ausgedehnte ‚als ob'-Vergleichssätze bevorzugt, die – häufig anhand des Konjunktivs – Empfindungen modalisieren und so die Figurenwahrnehmung überschreiten (vgl. Freij 1972, S. 66, der im *Törleß* nicht weniger als 425 bildhafte Vergleiche gezählt hat). Musil selber erläutert in Briefen an Franz Blei und Paul Scheffer im Juli 1911 in Bezug auf die *Vereinigungen*: „Die Bilder gehören zum Knochenbau des Buchs, nicht zu seiner Oberfläche, sie sind Bedeutungsträger" (Br I, 87), und: „Das Bildliche hat hier mehr Begriffliches in sich als normal ist, mehr von der Rolle der direkten Beschreibung des äußeren und inneren Geschehens" (Br I, 86). Mutet das Ergebnis bilderreich und emphatisch an, so hat Musil gleichwohl immer wieder auf die Distanz seines Erzählens zu den Poetiken des Impressionismus und des Expressionismus bestanden, obwohl Einflüsse sich durchaus nachweisen lassen (vgl. dazu Biebuyck 2005). (→ II.5 *Zeitstile*) Man hat Musil diesen Stil manchmal als ästhetische Unsicherheit, als Jugendsünde, als Mangel an Innovation bzw. sogar als erzählerisches Unvermögen (vgl. Reich-Ranicki 2002) angelastet. Diese Erzählweise ist im Ansatz jedoch wegweisend für ein Verfahren, das erst im *MoE* zur breiten Entfaltung gelangt. Zum Glück, könnte man sagen, hat Musil der (Selbst-)Empfehlung, dargestellte Wahrnehmungen so zu präsentieren, dass sie nur in den „ministeriellen Bekleidungsstücke[n]" (Tb I, 243) der Figuren zum Ausdruck gelangen, nur zum Teil Folge geleistet, denn sonst hätte sich nicht seine ironisch-satirische Erzählvermittlung entfalten können. (→ III.1.7 *Mann ohne Eigenschaften*)

Wenn bei Musil im *MoE* die implizite oder explizite Kommentarebene stark ausgeprägt ist, stellt er sich quer zu den genannten Tendenzen der literarischen Moderne. Den am unmittelbaren Erlebnis orientierten ‚Kino-Stil' lehnt Musil ab. Es ist ihm ein Anliegen, die „‚perspektivische Verkürzung des Verstandes'" (MoE, 650) nachzuweisen und ironisch zu überspielen. Seine Prosa hebt ab auf eine „Revalorisierung der extradiegetischen Erzählstimme, die Musil mit Entschiedenheit gegen alle Konventionen der damals etablierten Erzählliteratur betrieben hat." (Wolf 2011, S. 154) Das schließt Phasen „verabsolutierter subjektiver Innenperspektive" (ebd., S. 160) nicht aus. Bei seiner Darstellung von wahn- oder rauschhaften Zuständen allerdings will Musil nicht der Tendenz zur „Auflösung" (an Johannes von Allesch, 15.3.1931, Br I, 504), die er mit den Namen Proust und Joyce verbindet, nachgeben (vgl. dagegen Öhlschläger 2005), sondern „positive Konstruktion[en]" (MoE, 1939) liefern. Musils Spagat zwischen den *two cultures* (C. P. Snow) setzt eine Beschreibung krank- und wahnhafter Zustände in Gang, die einerseits quasi-partizipatives Eintauchen anvisiert, andererseits aber kommentierende Distanz hält und z. B. Seitenhiebe auf zeitgenössische literarische Strömungen (allem voran: den Expressionismus) einfließen lässt (vgl. Martens 2006, S. 361; zur narrativen Gestaltung von Moosbruggers Wahn vgl. Wolf 2010 u. 2011, S. 162). Anders sehen dies Forschungsarbeiten, die ausgehend von Musils Ästhetik den assoziativen Charakter von Bewusstseinsströmen in den Vordergrund stellen (vgl. Grätz 2005, S. 199; Sebastian 2005).

Die Frage, in welche Richtung die erlebte Rede im *MoE* akzentuiert wird, ist ein auffälliges Dauerthema der Musil-Forschung (vgl. stellvertretend Hoffmeister 1965, S. 113; Nusser 1967; Glander 2005, S. 64–67 u. 77; Martens 2008, S. 259; Smerilli 2009, S. 206). Elrud Kunne-Ibschs These (1976), dass Musils Ironie sich, anders etwa als bei Thomas Mann, nicht von der Fokalisierung der Figur entferne, ist inzwischen mehrfach widersprochen worden (vgl. Honnef-Becker 1991). (→ VIII.2 *Ironie u. Satire*) Die Hypothese kann vor allem im Bereich der Nebenfiguren falsifiziert werden, deren Unbewusstes vom Erzähler gegen den Strich gedeutet wird. Dabei ist der Roman überaus mehrstimmig. Diese Polyvalenz verdankt er nicht zuletzt der Vielfalt der in ihm verkörperten und ‚zur Sprache‘ kommenden Stimmen, die in ihrem Idiom und Habitus erfasst werden und sich zu einem Gesellschaftspanorama der auf den Krieg zudriftenden Vorkriegszeit addieren. Die Ironie ist für die Akzentuierung der erlebten Rede, die einen oft intimen, vom Erzähler aber kommentierten Zugang zu diesen Gesellschaftsschichten verschafft, ausschlaggebend.

Gemessen an der These, dass die Freisetzung und Perspektivierung individueller Bewusstseinsdarstellung im inneren Monolog als Wahrzeichen des modernen Erzählens gelten kann, ist es zumindest auffällig, „dass Ulrichs erlebte Rede stärker konsonant ist, während die Triebe anderer Figuren auf vielfältige Weise (mit dissonanten, ironischen Vergleichen) auf ihren Hintergrund hin gedeutet und ausgeleuchtet werden." (Martens 2006, S. 187; vgl. auch Krämer 2009, S. 276f.) Musil akzentuiert die erlebte Rede der Tendenz nach so, dass die Gedankendarstellung mehr oder weniger subtil auf eine organisierende Erzählinstanz zurückverweist. Helmut Arntzen (1960) hat diese sprachliche Vermittlungsleistung auf noch immer gültige Weise diagnostiziert, als er die stilistische und rhetorische Versiertheit von Musils Sprachgebrauch systematisch erkundete und dabei auch die kritische Distanz des Erzählers zum erzählten Geschehen ans Licht brachte. Insbesondere die Metonymie als Stilfigur kommt dieser ironischen Weltsicht sehr entgegen, sie ist das humoristische Antidoton gegen eine Mediengesellschaft, die immer wieder darauf beharrt, „‚den Auspuff für den treibenden Teil an einem Motor zu halten!'" (MoE, 1145) Die Ironie ist auch deswegen ein zentrales Vehikel der Mehrstimmigkeit im Roman, indem sie eine ‚dichtere‘ Beschreibung der Rede- und Denkakte herbeiführt, die man als Schwundform der auktorialen Redezuschreibung bezeichnen kann (vgl. Martens 2006, S. 142–185). Die latente Präsenz einer die Bildgebung und -steuerung leitenden Instanz spielt eine große Rolle für die Frage nach der Ideologiekritik im Kontext von Modernitätstheorien bei Musil sowie für die Frage nach der „strukturalen Modernität" (Reichensperger 1994, S. 160) in Bezug auf die Sprachlichkeit seiner Texte.

Der Bewusstseinsbericht ist, oft als Vergleichssatz mit dem Irrealis-Konjunktiv, der Anlass für „erklärende Hinweise auf das Ungewusste und das Unbewusste der Figuren, wobei es sich eher um ein soziales als um ein psychologisches Unbewusstes handelt." (Martens 2006, S. 129) Ironie ist wesentlich eine Distinktions- und Unterbrechungsfigur und daher mit bekenntnishaftem Sprechen und Träumen von organischer Einheit nicht vereinbar, dafür aber dem sozioanalytischen Potenzial des Romans zuträglich. An den kleinen Texten in *Nachlaß zu Lebzeiten* (1936) kann man die ironische Textur in kondensierter Form ablesen. Dass der Erzähler eine Konzeptualisie-

1. Erzählformen

rungsleistung auch dort vornimmt, wo den Figuren im erzählten Universum die Worte fehlen, ist aus der Sicht einer immanenten Poetik folgerichtig: Die Auffassung, dass jede Kunstäußerung und (auch noch so subjektive und idiosynkratische) Wahrnehmung etwas Theoretisches ist, ist für Musil so zentral, dass er sie im ursprünglich geplanten Titel seines Romans „Der Spion" anklingen lässt: „etwas theoretisches, d. h. wörtlich übersetzt: Spähendes." (*Der Dichter und diese Zeit*, 1921/22, GW II, 1351)

Die „auktoriale Hypothek" (Martens 2009, S. 61) in Musils literarischen Texten ist unterschiedlich interpretiert worden. Die prominente Erzählvermittlung, die man ihrerseits nicht einfach als inneren Monolog des Erzählers selbst lesen kann (vgl. zu den konkreten Argumenten, die gegen diese Annahme sprechen, Glander 2005, S. 77), ist zuweilen metanarrativ und metafiktional geprägt, wenn sie das bereits Erzählte sogar wieder verwirft. Solche Experimentalität, die im literarhistorischen Kontext keine Seltenheit ist, siedelt Birgit Nübel (2006, S. 274–388) im Kontext der engeren Zusammenarbeit mit Franz Blei und dessen Vermittlungsleistung an. Dass die Erzählinstanz relativ stark profiliert wird, bedeutet jedoch nicht, dass Musil in ein traditionelles Realismusprogramm zurückfällt (so Becker 2005/06; vgl. dagegen Wolf 2011, S. 1150). Man kann die Selbstprofilierung des Erzählers gerade auch als eine Selbstermächtigung unter widrigen Umständen und quasi wider besseres Wissen betrachten (vgl. Huszai 2002, S. 204; Lickhardt 2012). Helmut Lethen (1987) hingegen betrachtet die Beobachterposition, die sich oft souverän hinter dem Fenster, auf sicherer Distanz befindet, als einen Anachronismus und einen performativen Widerspruch. Darin, dass „zwei Reflexionsebenen des Erzählexperimentes" beibehalten werden, sieht Nübel (2006, S. 487) eine Anlehnung an wissenschaftliche Darstellungspraktiken.

Eine ähnliche Begründung wird von neueren Beiträgen aus dem Umfeld von ‚Literatur und Wissen' bzw. *science writing* geboten, die hervorheben, dass Wissenschaft als Form der Verarbeitung von Komplexität sich nicht fundamental anderer Darstellungsverfahren bedient als Literatur und dass Musil in seiner experimentellen Schreibweise diesen *crossover* betont (vgl. Gamper 2007). Musil hat sich von Wissenschaftlern wie Ernst Mach, Emil Kraepelin und Ernst Kretschmer inspirieren lassen, die narrativ anschlussfähige Notationsformen verwendet bzw. ihrerseits besonders augenfällige Fallgeschichten ‚erzählt' haben (vgl. Wübben 2009). Andere Hypothesen zielen darauf, dass Musil die Dynamik des Erzählens auf mikronarrative Aspekte verlagert hat. Benjamin Biebuyck (2005) betrachtet die Figürlichkeit von und in Musils Texten als eine Strategie, den modernistischen Verzicht auf Handlungsdarstellung auf der Ebene eines ausgeprägten Erzählhandelns zu kompensieren. Hände und andere Körperteile führen ein Eigenleben, dessen Beschreibung oft komplexe Zuschreibungen von Innerlichkeit ersetzt. Die Allmacht der profilierten Erzählinstanz werde insofern eingeschränkt, als sie zwar souverän vergleichen könne (vgl. *Rede zur Rilke-Feier*, 1927), sich dabei jedoch nur der Bekleidungsstücke bedienen kann, die von der erzählten Welt angereicht werden, was im Roman selbst anhand von Arnheims Aktiengesellschaft durchgespielt wird (vgl. MoE, 638). Der Bewusstseins- bzw. Gedankenbericht erweist sich auch hier als der Ort schlechthin, an dem Musils Bildlichkeit zur Entfaltung kommt.

Letztlich berührt die These vom Gedankenbericht ein Spezifikum der Musil'schen Erzählweise: Bei ihm ist das Psychische immer eng mit dem Physiologischen und

Körperlichen verzahnt. Wenn der Mensch „eine gallertartige Masse" ist, „welche jede Form annimmt, die aus den Umständen entsteht" (*Rede zur Rilke-Feier*, GW II, 1239), dann gilt die Aufmerksamkeit in erster Linie Kipp-Phänomenen von innen und außen (vgl. Glander 2005, S. 96), wobei nicht selten ‚Umstände' und Akzidentielles der gelingenden verinnerlichenden psychischen Apperzeption den Rang ablaufen. Das nimmt nicht Wunder bei einem Autor, der das Gehirn in erster Linie als einen Muskel betrachtet (vgl. *Über Robert Musil's Bücher*, 1913, GW II, 999), der sich das Denken als eine Turnbewegung vorstellt (vgl. *Das hilflose Europa*, 1922, GW II, 1081), und dessen fiktive Romanfigur Ulrich „die Leistungen der Augenmuskeln, die Pendelbewegungen der Seele und alle die Anstrengungen, die ein Mensch vollbringen muß, um sich im Fluß einer Straße aufrecht zu halten" (MoE, 12), messen möchte. Musils Poetik geht programmatisch von „physiologischen Vorstellungen" (*Ansätze zu neuer Ästhetik*, 1925, GW II, 1153; vgl. Fleig 2008, S. 306) aus; deswegen ist auch das narrative Protokoll der psychischen Apperzeption in erster Linie körperlich und taktil (das „Haut-Ich", MoE, 1974) oder ganzheitlich ausgerichtet. Als Antwort auf die Herausforderung, für diese unreflektierte und ‚stumme' Ebene der Reize und Körperreflexe eine adäquate (Erzähl-)Sprache zu entwickeln (vgl. Smerilli 2009, S. 174), hat Musil ein intellektuell anspruchsvolles, senti-mentales Erzählen entworfen, dass die Amplitude der Gefühle ausmessen kann, ohne sich auf die Seelenmechanik älterer Formen des Materialismus zurückzuziehen.

4. Ausblick und Desiderate

Für die Standortbestimmung von Musils Erzählen wäre zu fragen, inwieweit Musil nicht nur inhaltlich, sondern auch in erzählerischer Hinsicht Schule gemacht hat. Zu denken ist hier an das Verfahren, nicht-realisierte Möglichkeiten erzählerisch präsent zu halten. Musils Ansatz, den Roman zum Experimentiergelände zwischen Erzählkunst und Statistik (vgl. Vogl 2004) zu machen, hat in mehrfacher Hinsicht zur Nachfolge angeregt. Sein Erzählstil weist große Ähnlichkeiten mit demjenigen anderer schreibender Ingenieure, so u.a. Hermann Broch, Thomas Pynchon, Carlo Emilio Gadda und Gerrit Krol, auf. Unter den literarischen Autor/inn/en, die sich direkt auf seine Erzählweise berufen, sind vor allem Italo Calvino, Alexander Kluge, Juli Zeh und Thomas von Steinaecker hervorzuheben. Zu erforschen wäre hier, ob auch die Autor/inn/en, die den schonungslosen Gedankenbericht praktizieren (z.B. Michel Houellebecq) oder, wie der frühe Clemens J. Setz, den frequenten Vergleich mit ausdrücklichem Vergleichswort schätzen, bei Musil in die Schule gegangen sind. (→ IX.4 *Literarische Rezeption*)

5. Literatur

Agathos, Katarina/Kapfer, Herbert (Hg.): Robert Musil: *Der Mann ohne Eigenschaften*. Remix. München: Der Hörverlag/belleville 2004.
Arntzen, Helmut: Satirischer Stil. Zur Satire Robert Musils im *Mann ohne Eigenschaften*. Bonn: Bouvier 1960.
Becker, Sabina: Von der „Trunksucht am Tatsächlichen". Robert Musil und die neusachliche Moderne. In: Musil-Forum 29 (2005/06), S. 140–160.

Bendels, Ruth: Erzählen zwischen Hilbert und Einstein. Naturwissenschaft und Literatur in Hermann Brochs *Eine methodologische Novelle* und Robert Musils *Drei Frauen*. Würzburg: Königshausen & Neumann 2008.

Biebuyck, Benjamin: „Ein inniges Ineinander von Bildern". Versuch einer Valenzumschreibung von Verbalmetaphorik und indirektem Vergleich im ersten Buch von Robert Musils *Der Mann ohne Eigenschaften*. In: Gunther Martens, Clemens Ruthner, Jaak De Vos (Hg.): Musil anders. Neue Erkundungen eines Autors zwischen den Diskursen. Bern u.a.: Lang 2005, S. 171–210.

Campe, Rüdiger: Das Bild und die Folter. Robert Musils *Törleß* und die Form des Romans. In: Ulrike Bergermann, Elisabeth Strowick (Hg.): Weiterlesen. Literatur und Wissen. Festschrift für Marianne Schuller. Bielefeld: transcript 2007, S. 121–147.

Cohn, Dorrit: Psycho-Analogies. A Means for Rendering Consciousness in Fiction. In: Fritz Martini (Hg.): Probleme des Erzählens in der Weltliteratur. Stuttgart: Klett 1971, S. 291–302.

Cohn, Dorrit: Transparent Minds. Narrative Modes for Presenting Consciousness in Fiction. Princeton: Princeton Univ. Press 1978.

Desportes, Yvon: Vergleichende Untersuchung eines Stils und einer Philosophie. Ein Werk Musils aus der Sicht Machs. [1974] In: Renate von Heydebrand (Hg.): Robert Musil. Darmstadt: WBG 1982, S. 281–295.

Deutsch, Sibylle: Der Philosoph als Dichter. Robert Musils Theorie des Erzählens. St. Ingbert: Röhrig 1993.

Eggert, Hartmut: Die Erinnerung des Lesers. Lektüre als Gegenübertragung – anläßlich Robert Musils *Die Verwirrungen des Zöglings Törleß*. In: Irmela von der Lühe, Anita Runge (Hg.): Wechsel der Orte. Studien zum Wandel des literarischen Geschichtsbewußtseins. Festschrift für Anke Bennholdt-Thomsen. Göttingen: Wallstein 1997, S. 304–311.

Fanta, Walter: Aus dem apokryphen Finale des *Mann ohne Eigenschaften*. Die Totalinversion der Nebenfiguren. In: Pierre Béhar, Marie-Louise Roth (Hg.): Musil an der Schwelle zum 21. Jahrhundert. Bern u.a.: Lang 2005, S. 225–250.

Fanta, Walter/Sonnenbichler, Bernadette: Ulrich und Agathe im Kino. Update. Robert Musils *Der Mann ohne Eigenschaften*. Wien: Sonderzahl 2005.

Fleig, Anne: Körperkultur und Moderne. Robert Musils Ästhetik des Sports. Berlin, New York: de Gruyter 2008.

Freij, Lars W.: ‚Türlosigkeit'. Robert Musils *Törleß* in Mikroanalysen mit Ausblicken auf andere Texte des Dichters. Stockholm: Almqvist och Wiksell 1972.

Gamper, Michael: Dichtung als ‚Versuch'. Literatur zwischen Experiment und Essay. In: Zeitschrift für Germanistik. N. F. 17 (2007), H. 3, S. 593–611.

Glander, Kordula: „Leben, wie man liest". Strukturen der Erfahrung erzählter Wirklichkeit in Robert Musils Roman *Der Mann ohne Eigenschaften*. St. Ingbert: Röhrig 2005.

Goodstein, Elizabeth S.: Experience without Qualities. Boredom and Modernity. Stanford: Stanford Univ. Press 2005.

Grätz, Katharina: Psychopathologie und Ästhetik. Robert Musils Überlegungen zu Film und Literatur in dem Essay *Ansätze zu neuer Ästhetik*. In: Jahrbuch zur Kultur und Literatur der Weimarer Republik 10 (2005/06), S. 187–208.

Haas, Stefanie: Kein Selbst ohne Geschichten. Wilhelm Schapps Geschichtenphilosophie und Paul Ricœurs Überlegungen zur narrativen Identität. Hildesheim: Olms 2002.

Hake, Thomas: „Gefühlserkenntnisse und Denkerschütterungen". Robert Musils *Nachlaß zu Lebzeiten*. Bielefeld: Aisthesis 1998.

Hoffmeister, Werner: Studien zur erlebten Rede bei Thomas Mann und Robert Musil. London u.a.: Mouton 1965.

Honnef-Becker, Irmgard: „Ulrich lächelte". Techniken der Relativierung in Robert Musils Roman *Der Mann ohne Eigenschaften*. Frankfurt a.M. u.a.: Lang 1991.

Honold, Alexander: Die Stadt und der Krieg. Raum- und Zeitkonstruktion in Robert Musils Roman *Der Mann ohne Eigenschaften*. München: Fink 1995.

Honold, Alexander: Der singende Text. Klanglichkeit als literarische Performanzqualität. In: Wolf Gerhard Schmidt, Thorsten Valk (Hg.): Literatur intermedial. Paradigmenbildung zwischen 1918 und 1968. Berlin, New York: de Gruyter 2009, S. 187–208.

Huszai, Villö: Ekel am Erzählen. Metafiktionalität im Werk Robert Musils, gewonnen am Kriminalfall *Tonka*. München: Fink 2002.

Kahneman, Daniel: Thinking, fast and slow. New York: Farrar 2011.

Kahneman, Daniel/Slovic, Paul/Tversky, Amos (Hg.): Judgment under uncertainty. Heuristics and biases. New York, Cambridge: Cambridge Univ. Press 1982.

Krämer, Olav: Denken erzählen. Repräsentationen des Intellekts bei Robert Musil und Paul Valéry. Berlin, New York: de Gruyter 2009.

Kunne-Ibsch, Elrud: Erzählformen des Relativierens im Modernismus, dargestellt an Thomas Manns *Joseph und seine Brüder* und Robert Musils *Der Mann ohne Eigenschaften*. In: Alexander von Bormann u. a. (Hg.): Wissen aus Erfahrung. Werkbegriff und Interpretation heute. Tübingen: Niemeyer 1976, S. 760–779.

Lethen, Helmut: Eckfenster der Moderne. Wahrnehmungsexperimente bei Musil und E. T. A. Hoffmann. In: Josef Strutz (Hg.): Robert Musils „Kakanien" – Subjekt und Geschichte. München: Fink 1987, S. 195–229.

Lickhardt, Maren: Postsouveränes Erzählen und eigenmächtiges Geschehen in Robert Musils *Der Mann ohne Eigenschaften*. In: Zeitschrift für Literaturwissenschaft und Linguistik 42 (2012), H. 165, S. 10–34.

Martens, Gunther: Beobachtungen der Moderne in Hermann Brochs *Die Schlafwandler* und Robert Musils *Der Mann ohne Eigenschaften*. Rhetorische und narratologische Aspekte von Interdiskursivität. München: Fink 2006.

Martens, Gunther: Musils gesprächig-schweigender Erzähler: neue Adresse, neuer Adressat? In: Annette Daigger, Peter Henninger (Hg.): Robert Musils Drang nach Berlin. Bern u.a.: Lang 2008, S. 153–182.

Martens, Gunther: Rhetorik der Evidenz, Schreibweisen der Polemik: Jünger – Kraus – Musil. In: Hans Feger, Hans-Georg Pott, Norbert Christian Wolf (Hg.): Terror und Erlösung. Robert Musil und der Gewaltdiskurs in der Zwischenkriegszeit. München: Fink 2009, S. 43–64.

Mehigan, Tim: Robert Musil, Ernst Mach und das Problem der Kausalität. In: Deutsche Vierteljahrsschrift für Literaturwissenschaft und Geistesgeschichte 71 (1997), S. 264–287.

Müller-Funk, Wolfgang: *Der Mann ohne Eigenschaften*: Erinnerungstextur und Medium kulturwissenschaftlicher Sondierung. In: Gunther Martens, Clemens Ruthner, Jaak De Vos (Hg.): Musil anders. Neue Erkundungen eines Autors zwischen den Diskursen. Bern u.a.: Lang 2005, S. 301–325.

Nübel, Birgit: Robert Musil – Essayismus als Selbstreflexion der Moderne. Berlin, New York: de Gruyter 2006.

Nusser, Peter: Musils Romantheorie. Den Haag u.a.: Mouton 1967.

Öhlschläger, Claudia: Evidenz und Ereignis. Musils poetische ‚Momentaufnahmen' im Kontext der Moderne. In: Helmut Pfotenhauer, Wolfgang Riedel, Sabine Schneider (Hg.): Poetik der Evidenz. Die Herausforderung der Bilder in der Literatur um 1900. Würzburg: Königshausen & Neumann 2005, S. 203–216.

Pfohlmann, Oliver: Von der Abreaktion zur Energieverwandlung. Musils Auseinandersetzung mit den *Studien über Hysterie* in den *Vereinigungen*. In: Peter-André Alt, Thomas Anz (Hg.): Sigmund Freud und das Wissen der Literatur. Berlin, New York: de Gruyter 2008, S. 169–192.

Reichensperger, Richard: Robert Musils *Nachlaß zu Lebzeiten*. Metaphorik, Ästhetik und Lebenswelt. Diss. Univ. Salzburg 1992.

Reichensperger, Richard: Musils Sprachstil. Ein Forschungsbericht 1953–1993. In: Sprachkunst 25 (1994), S. 155–257.

Reich-Ranicki, Marcel: Der Zusammenbruch eines großen Erzählers. In: ders.: Sieben Wegbereiter. Schriftsteller des zwanzigsten Jahrhunderts. Stuttgart u.a.: DVA 2002, S. 155–202.

Rieger, Stefan: Man Without Qualification. Robert Musil and the Psychotechnics of Professions. In: REAL. Yearbook of Research in English and American Literature 12 (1996), S. 257–274.
Riemer, Werner R.: Die Metaphorik Robert Musils. Diss. Univ. Salzburg 1969.
Rußegger, Arno: Kinema mundi. Studien zur Theorie des „Bildes" bei Robert Musil. Wien u. a.: Böhlau 1996.
Schröder, Jürgen: Am Grenzwert der Sprache. Zu Robert Musils *Vereinigungen*. In: Euphorion 60 (1966), S. 311–334.
Sebastian, Thomas: The Intersection of Science and Literature in Musil's *The Man Without Qualities*. Rochester: Camden House 2005.
Smerilli, Filippo: Moderne – Sprache – Körper. Analysen zum Verhältnis von Körpererfahrung und Sprachkritik in erzählenden Texten Robert Musils. Göttingen: V&R unipress 2009.
Vogl, Joseph: Erzählen von Statistik und Ereignissen. Gespräch mit Thomas Kretschmer. In: Katarina Agathos, Herbert Kapfer (Hg.): Robert Musil: *Der Mann ohne Eigenschaften*. Remix. München: belleville 2004, S. 660–671.
Wolf, Norbert Christian: Warum Moosbrugger nicht erzählt. Zur metanarrativen Funktion psychopathologischen Wissens in Musils *Mann ohne Eigenschaften*. In: Jahrbuch der Deutschen Schillergesellschaft 54 (2010), S. 329–362.
Wolf, Norbert Christian: Kakanien als Gesellschaftskonstruktion. Robert Musils Sozioanalyse des 20. Jahrhunderts. Wien u. a.: Böhlau 2011.
Wübben, Yvonne: Ordnen und Erzählen. Emil Kraepelins Beispielgeschichten. In: Zeitschrift für Germanistik. N. F. 19 (2009), H. 2, S. 381–395.

2. Ironie und Satire

Irmgard Honnef-Becker

1. Einführung 741
2. Musils Ironie als Verweis auf Mitgemeintes 742
3. *Der Mann ohne Eigenschaften* als Satire 742
4. Musils konstruktive Ironie 743
5. Forschungsperspektiven 745
6. Literatur 745

1. Einführung

Ironie und Satire zählen zu den überlieferten Gattungstermini der Literaturwissenschaft, die ein weites Bedeutungsfeld aufweisen und oft wenig trennscharf benutzt werden. Das Spektrum literaturwissenschaftlicher Untersuchungen reicht von der Beschreibung rhetorischer Ironiefiguren bis hin zum Nachweis uneigentlicher Rede als Gegensatz von offenem und verstecktem Sinn (vgl. Honnef-Becker 1996). Demnach sind zwei Verwendungsweisen von Ironie zu unterscheiden: zum einen die eher am alltagssprachlichen Gebrauch orientierte Form einer Ironie als Kommentierung, wenn Passagen im erzählten Text durch einen Kommentar als nicht wörtlich gemeint ausgewiesen werden. Wird die Wirklichkeit dabei kritisch entlarvt, gilt dies als ein Abgrenzungsmerkmal zum Satirischen. Zum anderen wird Ironie als Verweis auf Mitgemeintes verstanden, wobei jede Mehrdeutigkeit im Text als Ironiehinweis gelten kann. In der Musil-Forschung werden beide Ansätze gebraucht, um Ironie und Satire im Roman *Der Mann ohne Eigenschaften* (MoE) aufzuzeigen.

2. Musils Ironie als Verweis auf Mitgemeintes

Beda Allemann (1969, S. 186) sieht als Stilprinzip des Romans *MoE* nicht die „reine Satire", sondern „ihre Milderung und Überführung in die verhaltenere Form der Ironie". Er betont das „Spielerische, Schwebende, Schillernde des ironischen Stils", das aus einer „unaufdringlichen, aber ständigen Verweisung" entstehe (ebd., S. 12). Diese Form des ironischen Erzählens besteht darin, wechselseitig sich bespiegelnde erzählende und essayistische Passagen aneinanderzureihen (vgl. Kühn 1965; Kühne 1968; Honnef-Becker 1991, S. 62–111). Albrecht Schöne (1982, S. 27f.) weist darauf hin, dass dieses zentrale Merkmal der Variation die Entstehung des Romans beeinflusst habe. Studien, Entwürfe, verschiedene Kapitelfassungen, wörtliche Übereinstimmungen in Gedanken und Gesprächen verschiedener Figuren, Doppelungen und Vervielfältigungen bezeichneten die „experimentelle Form des Musilschen Erzählens". Dass auch gegensätzliche Motive sich auf diese Weise als parallel und durch Analogie aufeinander bezogen erweisen, hebt Annie Reniers-Servranckx (1972, S. 265) hervor. Durch die wechselseitigen Verweise wird ein „So-aber-auch-anders-Können der Welt" dichterisch gestaltet, was nach Allemann (1969, S. 206) „ihrem ironischen Grundzug entspricht". Diese Form eines – im frühromantischen Sinne ,ironischen' – Erzählens kann auch an den Novellen *Drei Frauen* und in der Erzählung *Die Amsel* als Strukturprinzip nachgewiesen werden.

3. *Der Mann ohne Eigenschaften* als Satire

Die Wende zum satirischen Stil, zu der sich Musil ausdrücklich bekennt (vgl. Tb I, 928), begründet die Sonderstellung des *MoE* innerhalb seiner epischen Texte. In den Notizheften heißt es:

> […] daß ich ein Ironiker, ein Satiriker odgl. zu sein habe. / Mit meinem Ernst, mit der ersten Gruppe meiner Bücher dringe ich nicht durch. Ich benötige dazu ein Pathos, eine Überzeugtheit, die meiner „induktiven Bescheidenheit" nicht entspricht, auch nicht meiner nach widersprechenden Richtungen beweglichen Intelligenz entspricht, für deren Eifer u. heftige Leidenschaft die Ergänzung durch Ironie unerläßlich ist. Man könnte auch sagen philosophischer Humor usw. Denn die Welt selbst ist nicht zum Ernst reif. / Damals habe ich mich also für Ironie entschieden. (Tb I, 972f.)

Dabei bildet die ‚Parallelaktion' das „satirische Zentrum" des Romans (Arntzen 1970, S. 120). Sie wird im Sommer 1913 ins Leben gerufen, um das Jubiläum des ‚Friedenskaisers' im Jahre 1918 angemessen zu begehen und sollte – in ironischer Umkehrung – im Ersten Weltkrieg enden. Ihre Suche nach einer normativen Idee verdeutlicht für Hartmut Böhme (1974) die immanten Widersprüche moderner Gesellschaften, denn der einzige Effekt, den die Vorbereitungen zum Friedensfest erzielten, sei die Stärkung von Kapital und Militär.

Die Satire setzt sich mit einem unmittelbar gegebenen Wirklichen auseinander und referiert auf die historisch-empirische Realität, um deren Fehler und Schwächen aufzudecken. In Musils Roman macht ein Erzähler seinen relativierenden Standpunkt entweder aus auktorialer Sicht oder innerhalb der erlebten Rede deutlich, wobei verschiedene Erzählperspektiven und Erzählebenen konstruiert werden und Erzähler- und Figurenstandpunkt oft nicht mehr voneinander zu trennen sind. Neben dem Erzähler fungiert auch der Protagonist als entlarvendes Medium. Ulrich steuert seine relativierenden Beiträge in Gesprächen, längeren Vorträgen oder in den in erlebter Rede gestalteten Reflexionen bei. Diese relativierende Funktion übt er vor allem im Ersten Buch des Romans aus, in dem er zum Ironiker stilisiert wird, was auch durch die Formel „Ulrich lächelte" angezeigt wird (vgl. Honnef-Becker 1991). Ulrich ist dabei weniger als psychologisch entwickelte Person denn als Reflexionsmedium gezeichnet: Als ‚Möglichkeitsmensch' von der Wirklichkeitsreferenz weitgehend befreit, verkörpert er einen offenen Reflexionsraum. Aus seinem Möglichkeitsdenken, nicht aus einer übergeordneten fixierten Position, erwächst seine Relativierungskompetenz. (→ VII.4 *Möglichkeitssinn u. Essayismus*) Unfreiwillig wird er zum Ehrensekretär der ‚Parallelaktion', die er nicht ernst nimmt („alberne Vorgänge", MoE, 179), und somit zum personalen Prinzip der Relativierung aller Tendenzen des Zeitalters, die dort zum Ausdruck kommen. Ulrich selbst wird nur an wenigen Stellen (vgl. z.B. MoE, 26) zum Objekt der Satire, denn angesichts eines Möglichkeitsmenschen kann Satire als Auseinandersetzung mit einem unmittelbar gegebenen Wirklichen nur in sehr geringem Maße wirksam werden.

Die satirischen Aspekte des Romans stellen Helmut Arntzen (1970) und Peter-André Alt (1985) besonders heraus. Alt vertritt die These, Musils Roman sei „im strengen Sinne kein genuin ironisches Erzählkunstwerk" (ebd., S. 161). Die ironische Erzählweise präge das Erste Buch, während den Passagen über den ‚anderen Zustand' Ironie entzogen bleibe (ebd., S. 189). Arntzen und Alt beziehen sich auf den rhetorischen Ironiebegriff und richten ihr Augenmerk vor allem auf satirische Sprachmittel.

4. Musils konstruktive Ironie

Diesem Ironieverständnis widerspricht Joseph P. Strelka (1992), indem er die verschiedenen Formen und Funktionen der Musil'schen „konstruktiven Ironie" herausstellt (ebd., S. 41). Dementsprechend beschreibt Martin Swales (1992) das Ineinander von wirklichkeitsbezogener und utopischer Perspektive als charakteristische Signatur des *MoE*. (→ VII.5 *Utopie*) Die im Sammelband *Essayismus und Ironie* enthaltenen Beiträge bringen Musils Erzählweise mit ‚Möglichkeitssinn' und ‚essayistischem Erzählen' in Zusammenhang (vgl. Brokoph-Mauch 1992). Sie werden durch die metanarrativen Kommentare des Autors gestützt, die zeigen, wie eng Ironie und Satire mit Musils Verständnis von Dichtung und Erkenntnis verknüpft sind:

> Ironie ist: einen Klerikalen so darstellen, daß neben ihm auch ein Bolschewik getroffen ist. Einen Trottel so darstellen, daß der Autor plötzlich fühlt: das bin ich ja zum Teil selbst. Diese Art Ironie die konstruktive Ironie ist im heutigen D[eu]tschl[an]d. ziemlich unbekannt. Es ist der Zusammenhang der Dinge, aus dem sie nackt hervorgeht. Man hält Ironie für Spott u[nd] Bespötteln. (MoE, 1939)

Dichtung ist für Musil ein Reflexionsraum für all die Fragen, die von den logisch oder empirisch verfahrenden Wissenschaften nicht erfasst werden. Da es für den Dichter unmöglich sei, „bis zum philosophischen System" vorzudringen (Tb I, 928), sind ‚Beiträge zu ihrer geistigen Bewältigung' nach Musil mittels literarischer Darstellungsweisen zu leisten (vgl. *Was arbeiten Sie?*, 1926, GW II, 942). Die ironische Erzähltechnik hat als dichterischer Ausdruck des modernen Agnostizismus und moralischen Relativismus zu gewährleisten, dass das innerhalb der Dichtung Dargebotene nicht als wahr erscheint, sondern relativiert wird. Das dabei zum Einsatz kommende Verfahren der konstruktiven Ironie basiert auf Musils Vorstellung einer Aufteilung der Welt in einen ‚Normalzustand' und den sogenannten ‚anderen Zustand', der den verschütteten Kern religiöser, ästhetischer und ethischer Verhaltensweisen bildet. Die konstruktive Ironie lässt die verschiedenen Geisteshaltungen als Bruchstücke eben dieses nicht realisierbaren ‚anderen Zustands' erscheinen und ermöglicht eine satirisch-kritische Relativierung, obwohl der Erzähler über keinen ‚archimedischen Punkt' als Zentrum der Wertsphäre mehr verfügt (vgl. MoE, 1879). (→ VII.2 *Anderer Zustand*)

Irmgard Honnef-Becker (1991 u. 1994) erklärt Musils konstruktive Ironie als erkenntnistheoretisch fundiertes Verfahren der Selbstreferenz. In einer induktiv vorgehenden Textanalyse zeigt sie, wie sowohl satirische Techniken als auch parataktische Verweis-Verfahren als Mittel der Relativierung fungieren. So wird beispielsweise das aus der Literatur des Fin de siècle entlehnte Bild der Welle als einer in sich zurückfließenden Bewegung sowohl in satirischer als auch empathischer Funktion verwendet, um den ‚anderen Zustand' beschreibend zu relativieren (vgl. Honnef-Becker 1991, S. 167). Dass in den essayistischen Passagen des *MoE* Reflexionen aus nichtfiktionalen Texten Musils nicht nur von Ulrich, sondern auch von stark satirisch gestalteten Figuren wie Feuermaul, Arnheim oder General Stumm von Bordwehr vertreten werden, zeigt, wie Musil die Gattung Roman zur selbstironischen Relativierung nutzt. In frühen Überlegungen zum Romanprojekt – der Protagonist trägt noch den Namen Anders – heißt es: „Soll ich aus A[nders] selbst einen Ironiker machen? Entweder meine Philos.[ophie] durch A[nders] ironisieren od. sie ihm in den Mund legen. Wahrscheinlich beides!" (MoE, 1775; vgl. auch Tb I, 643) Die konstruktive Ironie erfüllt eine doppelte Aufgabe: Zum einen führt ihre entlarvende Funktion, die sich satirischer Techniken bedient, zu einer radikalen ideologiekritischen Perspektive. Zum anderen macht die konstruktive Ironie aber auch deutlich, dass „[g]ewöhnlich [...] in einer menschlichen Minusvariante eine nicht erkannte Plusvariante" (MoE, 735) steckt. Der Bezug zum ‚anderen Zustand' stellt das ‚positive Substrat' aller Figuren dar, das sie – trotz mehr oder weniger stark ausgeprägter Kritik – nie zu reinen Karikaturen werden lässt. Denn wie Musil in den Arbeitsheften formuliert, kann er nur mit Teilnahme aggressiv sein und keine Figuren beschreiben, die er bloß hasst (vgl. Tb I, 745). Die konstruktive Ironie ist „bejahend ironisch" (an Bernard Guillemin?, 26.1.1931, Br I, 497) und entdeckt in allem etwas Richtiges. Begriffsbildungen wie „konstruktiv und synthetisch" (an Johannes von Allesch, 15.3.1931, Br I, 504) oder „positive Konstruktion" (MoE, 1939) deuten auf die erkenntnisgewinnende Funktion des Romans, die Musil 1931 auch in einem Brief an Johannes von Allesch betont: „Proust und Joyce geben, soviel ich davon gesehen habe, einfach der Auflösung nach, durch einen assoziierenden Stil mit verschwimmenden Grenzen. Dagegen wäre mein Versuch eher konstruktiv und synthetisch zu nennen." (Br I, 504) Musil spricht diese satirisch-kritische und utopische Wirkung in einer „Selbstanzeige" seines Romans an: „Es ist keine Satire, sondern eine positive Konstruktion. / Es ist kein Bekenntnis, sondern eine Satire." (MoE, 1939)

5. Forschungsperspektiven

In diskurs- und systemtheoretischen Beiträgen, die im Roman verhandelte Diskurse untersuchen und dabei aktuell diskutierte Theoreme auf den Roman applizieren, spielen stilistische und narratologische Aspekte in der wissenschaftlichen Argumentation eine eher untergeordnete Rolle. Nach Ingrid Berger (2004, S. 178) zählt Ironie „neben dem Gebrauch des Konjunktivs als Stilform [...] und der Tropus des Paradoxon zu den wichtigsten Formen des Negierens, die Musil verwendet, um seine Kultur- und Gesellschaftskritik zu ästhetisieren." Berger betrachtet Musils Ästhetik und Poetik mit Kriterien von Luhmanns Systemtheorie, wobei Musils Möglichkeitsmensch mit Luhmanns ‚Beobachter zweiter Ordnung' gleichgesetzt wird (vgl. ebd., S. 138f.). Gunther Martens (2006, S. 121) weist auf die Wirkungen verschiedener Formen von Ironie hin, wenn er die Spielräume auktorialen Erzählens untersucht. Auktorialität als interdiskursiv charakterisierte Erzählvermittlung erscheint dabei als rhetorische und narrative Textstrategie, mit der die Performativität von Aussage- und Wahrnehmungsakten inszeniert wird. (→ VIII.1 *Erzählformen*)

Eine neue Perspektive auf die Satire-Diskussion eröffnet Norbert Christian Wolf (2011), wenn er die in strukturalistischen, postmodernen und poststrukturalistischen Deutungen vertretene These der Referenzlosigkeit des Romans widerlegt, indem er die Bezugspunkte der satirischen Enthüllung aufdeckt. Ulrichs Ironie erscheint in Wolfs literatursoziologischem Ansatz nach Bourdieu als Habitus der Distanziertheit (vgl. Wolf 2005, S. 216). Wolf stellt heraus, dass Musils Konzept der universalisierten erzählerischen Ironie eine radikale analytische Entschleierung der gesellschaftlichen und ideologischen Strukturen erlaube. Zugleich diene es aber dazu, die Anstößigkeit dieser schonungslosen Analyse – welche nicht nur die der sozialen Welt zugrundeliegenden Strukturen offen lege, sondern ebenso die sozialen Grundlagen des eigenen Habitus – selbst wieder als fiktionales Spiel zu verschleiern (vgl. ebd., S. 228). Die in älteren Forschungsbeiträgen untersuchten intertextuellen, ideologie- und sprachkritischen Aspekte des Romans könnten als Funktionen der erzählerischen Ironie neu beschrieben und eingeordnet werden, um so das „In-der-Schwebe-Lassen des Unentscheidbaren" (Nübel 2006, S. 497) durch weitere Untersuchungen zu begründen.

6. Literatur

Allemann, Beda: Ironie und Dichtung. 2. Aufl. Pfullingen: Neske 1969.
Alt, Peter-André: Ironie und Krise. Ironisches Erzählen als Form ästhetischer Wahrnehmung in Thomas Manns *Der Zauberberg* und Robert Musils *Der Mann ohne Eigenschaften*. Frankfurt a. M. u. a.: Lang 1985.
Arntzen, Helmut: Satirischer Stil. Zur Satire Robert Musils im *Mann ohne Eigenschaften*. 2. Aufl. Bonn: Bouvier 1970.
Arntzen, Helmut: Musil-Kommentar zu dem Roman *Der Mann ohne Eigenschaften*. München: Winkler 1982.
Berger, Ingrid: Musil mit Luhmann. Kontingenz – Roman – System. München: Fink 2004.
Böhme, Hartmut: Anomie und Entfremdung. Literatursoziologische Untersuchungen zu den Essays Robert Musils und seinem Roman *Der Mann ohne Eigenschaften*. Kronberg i. Ts.: Scriptor 1974.
Brokoph-Mauch, Gudrun (Hg.): Robert Musil. Essayismus und Ironie. Tübingen: Francke 1992.

Honnef-Becker, Irmgard: „Ulrich lächelte". Techniken der Relativierung in Robert Musils Roman *Der Mann ohne Eigenschaften*. Frankfurt a. M. u. a.: Lang 1991.

Honnef-Becker, Irmgard: Selbstreferentielle Strukturen in Robert Musils Roman *Der Mann ohne Eigenschaften*. In: Wirkendes Wort 44 (1994), H. 1, S. 72–88.

Honnef-Becker, Irmgard: Ist Goethe eigentlich ironisch? Zum Ironie-Begriff in der Literaturwissenschaft. In: Zeitschrift für deutsche Philologie 115 (1996), H. 2, S. 161–175.

Kühn, Dieter: Analogie und Variation. Zur Analyse von Robert Musils Roman *Der Mann ohne Eigenschaften*. Bonn: Bouvier 1965.

Kühne, Jörg: Das Gleichnis. Studien zur inneren Form von Robert Musils Roman *Der Mann ohne Eigenschaften*. Tübingen: Niemeyer 1968.

Martens, Gunther: Beobachtungen der Moderne in Hermann Brochs *Die Schlafwandler* und Robert Musils *Der Mann ohne Eigenschaften*. Rhetorische und narratologische Aspekte von Interdiskursivität. München: Fink 2006.

Nübel, Birgit: Robert Musil – Essayismus als Selbstreflexion der Moderne. Berlin, New York: de Gruyter 2006.

Reniers-Servranckx, Annie: Robert Musil. Konstanz und Entwicklung von Themen, Motiven und Strukturen in den Dichtungen. Bonn: Bouvier 1972.

Schöne, Albrecht: Zum Gebrauch des Konjunktivs bei Robert Musil. [1961/66] In: Renate von Heydebrand (Hg.): Robert Musil. Darmstadt: WBG 1982, S. 19–53.

Strelka, Joseph P.: Zu den Funktionen der Ironie in Robert Musils Roman *Der Mann ohne Eigenschaften*. In: Gudrun Brokoph-Mauch (Hg.): Robert Musil. Essayismus und Ironie. Tübingen: Francke 1992, S. 37–47.

Swales, Martin: Fiktiv leben und konjektural schreiben ... Gesellschaftskritische und utopische Ironie bei Robert Musil. In: Gudrun Brokoph-Mauch (Hg.): Robert Musil. Essayismus und Ironie. Tübingen: Francke 1992, S. 49–61.

Wolf, Norbert Christian: Robert Musil als Analytiker Robert Musils. Zum *Mann ohne Eigenschaften*. In: ders., Markus Joch (Hg.): Text und Feld. Bourdieu in der literaturwissenschaftlichen Praxis. Tübingen: Niemeyer 2005, S. 207–229.

Wolf, Norbert Christian: Kakanien als Gesellschaftskonstruktion. Robert Musils Sozioanalyse des 20. Jahrhunderts. Wien u. a.: Böhlau 2011.

3. Sprache/Sprachkritik
Mathias Mayer

1. Sprachkritik als literarische Praxis 746
2. Möglichkeitssinn und Konjunktiv 747
3. Positionen der Forschung 748
4. Strategien einer Kritik der Wirklichkeit 748
5. Weiterführende Perspektiven 750
6. Literatur 751

1. Sprachkritik als literarische Praxis

Dezidiert sprachtheoretische oder auch sprachkritische Texte, etwa im Stil von Hofmannsthals *Ein Brief* (des Lord Chandos, 1902), finden sich bei Musil nicht. Allerdings reagiert Musil sowohl in seinen Essays sowie in seinen literarischen Texten als auch in seinen Erzählverfahren auf die Problematisierung des Mediums Sprache im Zeichen der Moderne. (→ II.1 *Moderne*) So ist dem Kenner der Psychologie und intensiven Nietzsche-Leser selbstverständlich bewusst, dass jedes Wort „bloß das Siegel

3. Sprache/Sprachkritik

auf einem lockeren Pack von Vorstellungen" ist (*Literat und Literatur*, 1931, GW II, 1213). Gerade die für Musils frühe Texte entscheidende Komplexität, die sowohl die Erfahrung von Körperlichkeit und Sexualität wie auch die Darstellung mystischer Entrückung der sprachlichen Darstellbarkeit entzieht (vgl. Neubauer 1999/2000, S. 107; Smerilli 2009, S. 29–32), begründet seine sprachkritische Positionierung, die auch im Licht seiner Auseinandersetzung mit Ernst Mach gesehen werden muss. (→ IV.4 *Philosophie*) Reflexionen über die Unterschiede zwischen „wirklichkeitstreue[m] Denken[ ]" und seiner Eindeutigkeit gegenüber der Dichtung, die „den Worten ihre Freiheit" lässt (GW II, 1213), finden sich wiederholt. In nicht wenigen Fällen greift Musil in seinen Erörterungen über dichterische Sprache auf die Lyrik zurück, auf Goethe, Rilke oder Hofmannsthal – „nirgendwo zeigt sich so deutlich wie im Vers, daß der Dichter ein Wesen ist, dessen Leben sich unter Bedingungen vollzieht, die anders sind als die üblichen." (GW II, 1211) Aber indem der Kernbestand der Literatur einfach nur schön sein kann, „obwohl man sich nichts denken kann" (etwa zum *Lebenslied* Hofmannsthals, GW II, 1215), bleibt Musil stets an der Genauigkeit des dichterischen Sprechens orientiert. Die Lizenz für die Andersartigkeit und Vieldeutigkeit der dichterischen Sprache ist für ihn alles andere als ein Freibrief für unklares Denken – Musils schneidende Literatur- und Theaterkritiken und sein Verhältnis zum Expressionismus belegen das –, andererseits aber führt das literarische „Grenzgebiet der Ahnung, Mehrdeutigkeit, der Singularitäten, das bloß mit den Mitteln des Verstandes nicht mehr zu fassen ist" (*Von der Möglichkeit einer Ästhetik*, GW II, 1327), zur Erörterung alternativen Denkens und Schreibens. Dafür setzt Musil das Stichwort des „Möglichkeitssinns" (MoE, 16), das sich dann sprachlich u. a. im Konjunktiv Bahn bricht. Allerdings beschränkt sich die Bedeutung des Konjunktivs bei Musil nicht auf eine – überdies keineswegs dominante – sprachliche Eigenheit, sondern der Konjunktiv vertritt als Denkfigur einen Möglichkeitssinn, der auch als philosophische Erkenntnis, als ethische Reflexion wie als erzählerische Struktur beschrieben werden kann.

2. Möglichkeitssinn und Konjunktiv

Die eindringlichste Darlegung seines aus dem Konjunktiv beglaubigten Möglichkeitssinns unternimmt Musil ganz am Anfang von *Der Mann ohne Eigenschaften* (MoE), in den Kapiteln I/4 und I/5. Der noch nicht namentlich eingeführte ‚Mann ohne Eigenschaften' wird als Vertreter eines Möglichkeitssinns vorgestellt, mit dem er dem ‚Wirklichkeitssinn' seines Vaters („mit Eigenschaften", MoE, 13) widerspricht. „Möglichkeitsmenschen" gelten dem bodenständigen Denken der Wirklichkeit als Narren, Idealisten oder Träumer, da sie über die Fähigkeit verfügen, „alles, was ebensogut sein könnte, zu denken und das, was ist, nicht wichtiger zu nehmen als das, was nicht ist." (MoE, 16) Zwar *erfindet* der Möglichkeitssinn gewissermaßen, indem er sagt: „Hier könnte, sollte oder müßte geschehn; und wenn man ihm von irgend etwas erklärt, daß es so sei, wie es sei, dann denkt er: Nun, es könnte wahrscheinlich auch anders sein" (MoE, 16), aber er ist nicht wirklichkeitsblind. (→ VII.4 *Möglichkeitssinn u. Essayismus*) Sich selbst gegenüber keinen Wirklichkeitssinn aufzubringen, sondern die eigene Existenz nur als eine Möglichkeit unter vielen zu sehen, macht aus Ulrich einen ‚Mann ohne Eigenschaften', der schon in der Schule zur Ausnahme wurde, indem er behauptete, „daß wahrscheinlich auch Gott von seiner Welt am liebsten im Conjunctivus potentialis spreche (hic dixerit quispiam = hier könnte einer einwenden…), denn Gott macht die Welt und denkt dabei, es könnte ebensogut anders sein." (MoE, 19) Damit zeigt der Möglichkeitssinn die Fülle seiner Konsequenzen, indem er die Garantie der ‚besten aller möglichen Welten' (Leibniz) zur Disposition stellt. (→ III.1.7 *Mann ohne Eigenschaften*; VIII.5 *Intertextualität*)

3. Positionen der Forschung

Musils sprachkritisches Denken ist in der Forschung vielfach in Verbindung mit seiner zeitgenössischen Verankerung diskutiert worden: Die Rolle von Nietzsche und Mach, der Hintergrund des Jungen Wien mit Hermann Bahr und Hofmannsthal, die Impulse von Mauthner und andererseits der Psychoanalyse, schließlich manche Parallelen mit Ludwig Wittgenstein (vgl. Schmitz-Emans 1993/94) sind intensiv erarbeitet. Entsprechend vielfältig sind die ästhetischen und sprachlichen Umsetzungen dieser Ausgangslage: Hier bestehen Verbindungen zur Fragestellung von Ironie, Ambivalenz und Polyphonie (vgl. Zima 1985) sowie zu Essay und Essayismus (vgl. Nübel 2006).

In der Forschung hat sich erstmals Albrecht Schöne in seinem 1961 erschienenen Aufsatz, der nach wie vor Gewicht hat, der Bedeutung des Konjunktivs bei Musil als einer zentralen Perspektive auf das experimentelle Denken angenommen. Das hypothetische Gewicht des Irrealis sowie vor allem des Potentialis wird zur Beschreibung von Musils experimentellem Konjunktiv mit den narratologischen Prozessen des Romanverlaufs korreliert, aber auch in historischer Dimension erschlossen: „Von den Dichtungstheoretikern der Aufklärung werden die Grundlagen für Musils Gebrauch des Konjunktivs gelegt" (Schöne 1982, S. 42). Thomas Pekar (1990) bringt ‚Möglichkeitssinn' als poetologisches Prinzip Musils mit der Variation in Verbindung und deutet ihn als Vorgriff auf postmoderne Verfahren. Michael Makropoulos (2009) hat das Möglichkeitsdenken handlungstheoretisch mit dem „Kontingenzbewusstsein" (ebd., S. 280) und der „Souveränität" (ebd., S. 297) assoziiert, die als Beiträge einer „offenen Form" (ebd., S. 298) auch auf den Konjunktiv zurückgreifen. Sabine Mainberger (2010, S. 607) belegt Inversionen und Alterationen auch der optischen Wahrnehmung als Mittel „visueller Konjunktive" bzw. als „Isosthenie", d.h. die Gleichwertigkeit widerstreitender Argumente. Die Adoleszenzkrise des jungen Törleß wird zur modernen Umspringfigur, bei der jede Linie statt zu begrenzen komplementäre Figuren hervorbringt (ebd., S. 619). Aus linguistischer Sicht ist zuletzt der zeitweise diskutierte Vorwurf eines dialektalen österreichischen Konjunktivs („würde + Infinitiv-Konstruktion", vgl. Brooks 2015), wie er bei Musil des Öfteren beobachtet werden kann, als Teil eines Sprachwandelprozesses diskutiert worden.

4. Strategien einer Kritik der Wirklichkeit

Die Konkurrenz von ‚Wirklichkeitssinn' und ‚Möglichkeitssinn', die mit der Sollbruchstelle des Konjunktivs einsetzt, hat entscheidende Konsequenzen für Musils Denken und seine literarische Vermittlung. Musil antwortet mit der Privilegierung der an sich nicht begrenzbaren Möglichkeiten auf viele Erosionserscheinungen der Moderne. Seine grundständige Auseinandersetzung mit den exakten Wissenschaften und auch der Technik führt immer wieder an Grenzen, an denen deutlich wird, dass selbst „die tiefsten Grundlagen der Mathematik […] logisch ungesichert" sind, „die Gesetze

3. Sprache/Sprachkritik

der Physik gelten nur angenähert, und die Gestirne bewegen sich in einem Koordinatensystem, das nirgends einen Ort hat." (*Skizze der Erkenntnis des Dichters*, 1918, GW II, 1027) Gestalttheoretische Verunsicherungen, etwa was die Unterscheidbarkeit von positiver und negativer Form, von innen und außen, konvex und konkav betrifft, werden von Musil minutiös analysiert und ästhetisch umgesetzt (vgl. Mainberger 2010). (→ IV.6 *Gestalttheorie*) Zugleich setzt die seit dem *Törleß* zu beobachtende Allianz von Mathematik und Mystik Musils Sprachexperimente dem Vorhaben aus, das Unsagbare nicht als die Kehrseite des Sagbaren zu verstehen, sondern „als das jeweils Un-Ausdrückliche, das in jedem Sich-Ausdrücken mitschwingt" (Schmitz-Emans 1993/94, S. 203). Dabei übersetzt Musil solche Strategien der Verunsicherung bis in die narrative Struktur, unter wiederholtem Rückgriff auf den Irrealis – so im heiklen Gespräch über das Imaginäre der Mathematik im *Törleß*: „Er wäre selbst schon froh gewesen, wenn Törleß endlich bejaht hätte und ein sicherer Boden zu seiner Beurteilung gegeben gewesen wäre; aber Törleß sagte: ‚Nein, auch das war es nicht.'" (GW II, 135) (→ IV.3 *Mathematik*) Die Anfechtbarkeit der wissenschaftlichen Erkenntnis erschüttert dabei nicht nur den Glauben an die Festigkeit der ‚Wirklichkeit', sondern korrespondiert auch mit anderen konjunktivischen Risikobewegungen: Indem selbst die Instanz Gottes von Ulrich für ein Möglichkeitsdenken in Anspruch genommen wird, zeigt sich die Ungewissheit einer definitiven, fixierbaren Wahrheit. Als zentraler Anspruch philosophischen Denkens kommt sie ebenso ins Schwanken wie die nur angebliche Stabilität einer verlässlichen Moral. (→ V.5 *Ethik u. Moral*) „Was heute böse ist, wird morgen vielleicht zum Teil schon gut sein", lautet eine von Ulrichs Reflexionen, wobei Musil immer wieder das Gewalttätige jeder Art von Ordnung herausstellt: „Jede Ordnung ist irgendwie absurd und wachsfigurenhaft, wenn man sie zu ernst nimmt, jedes Ding ist ein erstarrter Einzelfall seiner Möglichkeiten." (MoE, 1509)

Dieses wirklichkeitskritische Denken im Konjunktiv setzt somit Fixierungsversuche wie etwa die Tradition der Kirche außer Kraft, denn ein Glaube an einen Gott des Möglichkeitssinns „darf nicht eine Stunde alt sein" (MoE, 755; vgl. MoE, 1480), weshalb Musil die Nähe zu den Grenzfällen religiösen Denkens sucht, besonders im Bereich der Mystik. (→ VII.1 *Mystik*) Ihre sprachkritischen oder ‚negativen' Tendenzen, etwa im Topos der Unsagbarkeit, der *via negationis*, schlagen sich in wirklichkeitsskeptischen Perspektivierungen nieder, die in den sogenannten „Heiligen Gesprächen" (MoE, 753) zwischen Ulrich und Agathe als „Reise an den Rand des Möglichen" besprochen werden, „die an den Gefahren des Unmöglichen und Unnatürlichen, ja des Abstoßenden vorbei, und vielleicht nicht immer vorbei führte" (MoE, 761). Zonen konjunktivischer Verdichtung begleiten Musil über lange Passagen erzählerischer Bewältigung, so etwa in der Geschichte vom „Fliegerpfeil auf Tenna" (Tb I, 312), wenn es in einem Ansatz heißt: „Damals war mir, wie wenn man nach einem kalten Bad warm gerieben wird", „[a]ls schwölle der Stachel einer Wollust im Fleische." (Tb II, 998f.) In der dann endgültigen Version der *Amsel* heißt es: „Wenn einer da gesagt hätte, Gott sei in meinen Leib gefahren, ich hätte nicht gelacht. Ich hätte es aber auch nicht geglaubt." (GW II, 557) Das konjunktivische Denken nähert sich daher immer wieder den prekären und fragilen Möglichkeiten des ‚anderen Zustands', der nicht als wirklich gelebter erfasst werden kann. (→ VII.2 *Anderer Zustand*) „*[W]as den Möglichkeitssinn festhalten könnte*, wäre aZ" (MoE, 1831). Ulrichs Reflexionen über „[d]ie beiden Bäume des Lebens" (MoE, 583) führen zur

Polarisierung von Gewalt und Eindeutigkeit auf der einen, von Liebe und Gleichnis auf der anderen Seite (vgl. MoE, 591). Das Gefühl, „daß man ebensogut jede Eigenschaft an sich hat wie keine" (ebd.), verlangt nach Manifestationen, die in der Allianz von „Essayismus und Möglichkeitssinn" (MoE, 592) erscheinen. (→ VII.4 *Möglichkeitssinn u. Essayismus*) Denn der Möglichkeitssinn des Konjunktivs führt nicht allein zu einer Einsicht in die Unzuverlässigkeit der Wirklichkeit, wenn sogar in ihr „ein unsinniges Verlangen nach Unwirklichkeit" (MoE, 288) freigelegt werden kann, sondern auch in dezidiert sprachliche und narrative Komplexe, ohne dass der Konjunktiv eine dominierend sprachliche Gestalt annehmen würde. Musils konjunktivisches Schreiben manifestiert sich als Bewusstsein der Unschärfe und der Skepsis, weshalb Verfahren der Ironie und der Analogie, der Satire und des Gleichnisses zu seinem wichtigsten Handwerkszeug zählen. (→ VIII.4 *Gleichnis*) Ihr konjunktivisches Potenzial liegt in der Verweigerung des Eindeutigen, in der immer wieder überraschenden und mitunter entlarvenden, oftmals komischen Annäherung des gegensätzlich Scheinenden: „Ironie ist: einen Klerikalen so darstellen, daß neben ihm auch ein Bolschewik getroffen ist" (MoE, 1939). (→ VIII.2 *Ironie u. Satire*)

Gattungstheoretisch manifestiert sich das konjunktivische Denken in denjenigen Formen, die der Eindeutigkeit nicht aus Bequemlichkeit ausweichen, sondern weil sie sich um „das Strengste des Erreichbaren auf einem Gebiet" bemühen, „wo man eben nicht genau arbeiten kann." (*Über den Essay*, um 1914, GW II, 1334) (→ III.2.1 *Essays*) Der Essay und die Utopie sind unverzichtbare Bestandteile eines Erzählens im Möglichkeitssinn, zumindest im Kontext des Romans (für die Novelle gelten bei Musil andere Kriterien, die indes über die Figur der Ausnahme untergründig verbunden sind). (→ VI.1.2 *Novelle*) Insofern trägt die konjunktivische Hypothetik entscheidend zum erzählerischen Programm des Romans bei, das Essayismus (vgl. Nübel 2006) und Utopie als wesentliche Konzepte wirklichkeitsfeindlichen Denkens nutzt. (→ VII.5 *Utopie*)

5. Weiterführende Perspektiven

Musils programmatischer, wenngleich unsystematischer Möglichkeitssinn bedarf in der Forschung einer stärkeren Profilierung im und gegenüber dem zeitgenössischen Kontext. Das mit ihm polemisch verknüpfte Stichwort des ‚Wirklichkeitssinns' ist im Wortschatz der Zeit gut verankert, es begegnet als Ausdruck einer realistischen Selbstkritik bei Otto Baumgarten (1918, S. 130) in seiner Vorlesung *Christentum und Weltkrieg*; ferner in Paul von Hindenburgs (1920, S. 165) autobiografischem Text *Aus meinem Leben*, wo es heißt, dem „orientalischen Gedankenreichtum" von Enver Pascha mangele es an „militärischem Wirklichkeitssinn". Aber auch eine Verknüpfung zwischen Musils konjunktivischer Wirklichkeitskritik und anderen Formen zeitgenössischen Erzählens wäre aussichtsreich. So kann Franz Kafka als ein von Musil respektierter Virtuose des Konjunktivs gelten (vgl. *Literarische Chronik*, 1914, GW II, 1468f.).

Andererseits ist der Konjunktiv als Ausdruck des Möglichkeitssinns im Rahmen der Grammatik als Möglichkeitsform zu beschreiben, die den Verbindungen zwischen Satzteilen dient. Der Konjunktiv ist eher die Ausnahme als die Regel der Sprache, die Wiedergabe fremder Rede – ein Modus des Indirekten – ist wie der Irrealis oder der Potentialis negativ gegenüber dem Wirklichkeitsmodus des Indikativs. Insofern ist

Musils konjunktivisches Möglichkeitsdenken eng mit dem zentralen Paradigma von Regel und Ausnahme verknüpft, das von entscheidender Bedeutung für sein Verständnis von Ethik und Moral ist. (→ V.5 *Ethik u. Moral*) Letztlich zeigt sich daher in der Kritik der Wirklichkeit ein ethisches Leitbild, das gerade die Regel der Wirklichkeit zugunsten einer Ausnahme des Möglichen in Frage stellt: „Aber eine Ausnahme braucht etwas, wovon sie Ausnahme ist. Von einer Negation allein kann man nicht leben." (MoE, 1673)

6. Literatur

Baumgarten, Otto: Christentum und Weltkrieg. Tübingen: Mohr 1918.
Brooks, Thomas: „Diese bedingungslose Liebe zu den Sprachfehlern …". Sprachgeografische Betrachtungen zur *würde*-Umschreibung am Beispiel Robert Musil. In: Alexandra N. Lenz, Manfred M. Glauninger (Hg.): Standarddeutsch im 21. Jahrhundert. Theoretische und empirische Ansätze mit einem Fokus auf Österreich. Göttingen: V&R unipress 2015, S. 237–249.
Hindenburg, Paul von: Aus meinem Leben. Leipzig: Hirzel 1920.
Mainberger, Sabine: Visuelle Konjunktive. Überlegungen zu Robert Musils *Die Verwirrungen des Zöglings Törleß* und *Die Amsel*. In: Modern Language Notes 125 (2010), H. 3, S. 602–625.
Makropoulos, Michael: Kontingenz – Technisierung – „Möglichkeitssinn". Über ein Motiv bei Robert Musil. In: Hans Feger, Hans-Georg Pott, Norbert Christian Wolf (Hg.): Terror und Erlösung. Robert Musil und der Gewaltdiskurs in der Zwischenkriegszeit. München: Fink 2009, S. 279–299.
Neubauer, Kai: „Die Leiblichkeit des Gesprächs". Zum Zusammenhang von Sinnlichkeit und Sprachkrise bei Robert Musil. In: Musil-Forum 25/26 (1999/2000), S. 101–127.
Nübel, Birgit: Robert Musil – Essayismus als Selbstreflexion der Moderne. Berlin, New York: de Gruyter 2006.
Pekar, Thomas: Ordnung und Möglichkeit. Robert Musils ‚Möglichkeitssinn' als poetologisches Prinzip. Wachsmann-Preis 1989. Oldenburg: Univ. Oldenburg 1990.
Schmitz-Emans, Monika: Sprachspiel und „Unsagbares". Zu verwandten Motiven in Robert Musils Sprachreflexion und der Spätphilosophie Ludwig Wittgensteins. In: Musil-Forum 19/20 (1993/94), S. 182–207.
Schöne, Albrecht: Zum Gebrauch des Konjunktivs bei Robert Musil. [1961/66] In: Renate von Heydebrand (Hg.): Robert Musil. Darmstadt: WBG 1982, S. 19–53.
Smerilli, Filippo: Moderne – Sprache – Körper. Analysen zum Verhältnis von Körpererfahrung und Sprachkritik in erzählenden Texten Robert Musils. Göttingen: V&R unipress 2009.
Zima, Peter V.: Robert Musils Sprachkritik. Ambivalenz, Polyphonie und Dekonstruktion. In: Josef Strutz, Johann Strutz (Hg.): Robert Musil – Theater, Bildung, Kritik. München: Fink 1985, S. 185–203.

4. Gleichnis

Inka Mülder-Bach

Kein deutschsprachiger Prosaschriftsteller der Moderne dürfte Vergleiche und Gleichnisse so häufig verwendet haben wie Musil, keiner hat dem „Zauber[ ]" der Analogie, „gleich und nicht gleich zu sein" (MoE, 906), größere Bedeutung zugemessen. Die „inhaltliche Analogie, der Vergleich, die Ineinssetzung nur teilweise gleicher Vorstellungen" sind für ihn „die Hauptmittel des bildhaften, gedichthaften und dichterischen Denkens", und zwar „im Unterschied vom genauen Denken des Wissens" (*Alfred Döblins Epos*, 1927, GW II, 1679). Mit diesem Verständnis des Dichterischen schließt Musil einerseits an klassisch-romantische und symbolistische Traditionen an, andererseits bezieht er sich auf zeitgenössische Theorien der „Verdichtung und Verschiebung" (*Ansätze zu neuer Ästhetik*, 1925, GW II, 1139) bzw. Ähnlichkeit und Kontiguität, Metapher und Metonymie. ‚Analogie' und ‚Vergleich' bezeichnen dabei nicht nur die „Hauptmittel" (GW II, 1679) seines Schreibens. Als Frage nach der Möglichkeit einer „Logik des Analogischen und Irrationalen" (*Geist und Erfahrung*, 1921, GW II, 1050) stellen sie auch ein leitendes Problem seiner Essays dar und avancieren im Roman *Der Mann ohne Eigenschaften* (MoE) zu einem zentralen Thema. Gelegentlich fasst Musil sie als „das Metaphorische" zusammen (*Rede zur Rilke-Feier*, 1927, GW II, 1237), im Allgemeinen aber hat er eine klare Präferenz für den Oberbegriff ‚Gleichnis'.

Ein Grund für diese Vorliebe liegt in der Vieldeutigkeit des Ausdrucks ‚Gleichnis'. Er umfasst historisch ein breites Spektrum an Bedeutungen, das von Bild, Ebenbild, Gestalt, Verkörperung, Sinnbild und Symbol über Ähnlichkeit, Gleichartigkeit, Gleichheit und gleichnishafter bzw. vergleichender Rede bis zu Ausgleich und Entschädigung reicht (vgl. Grimm 1984). Darüber hinaus bevorzugt Musil mit ‚Gleichnis' einen Begriff, der in der Rhetorik als „eine Art ‚terminologischer Joker'" (Heininger 1996, Sp. 1000) fungiert. Aristoteles setzt das Gleichnis (*parabolé, eikon*) mit der nach der Analogie gebildeten Metapher gleich (vgl. Aristoteles 1980, 1406b u. 1412b); Quintilian definiert die Metapher als „kürzeres Gleichnis" (*brevior similitudo*) und sieht beide nur dadurch unterschieden, „daß das Gleichnis einen Vergleich (*comparatio*) mit einem Sachverhalt bietet, während die Metapher für die Sache selbst steht" (Quintilianus 1988, VIII, 6, 8). Da die Allegorie als eine erweiterte bzw. fortgeführte Metapher (*continuata translatio*) gilt, spielt auch in ihre Erklärung das Gleichnis als unverkürzte Metapher hinein (vgl. Quintilianus 1988, VIII, 6, 44). Mit dem ‚Gleichnis' privilegiert Musil also einen Begriff, der explizit oder implizit der Definition anderer Tropen und Figuren zugrunde liegt: in der klassischen Rhetorik insbesondere der Metapher und der Allegorie, im zeitgenössischen Kontext auch der metonymischen Kontiguität, die Sigmund Freud als „Berührung" ebenfalls dem „Gleichwie" subsumiert (Freud 1972, S. 317). Entsprechend sind auch bei Musil die Grenzen zwischen den Begriffen und den verschiedenen Formen gleichnishafter Bezeichnung fließend: „‚Sinnbild, Gleichnis, Bild: es geht ineinander über'" (MoE, 1345). Das Spektrum reicht von allegorischen bis zu symbolischen Schreibweisen und von Metaphern, Metonymien, Synekdochen und Vergleichen bis zu elaborierten Gleichnissen und Parabeln.

Gemeinsam ist diesen ineinander übergehenden Formen das Moment der Übertragung, des Transferierens. Sie stellen Übergänge dar und her. Diese Übergänge entziehen sich der herkömmlichen Unterscheidung von eigentlicher und uneigentlicher Bedeutung. Musils Poetik des Gleichnisses ist in einem Denken irreduzibler sprachlicher Vieldeutigkeit fundiert, einem Sprachdenken, in dem „[d]as Wort [...] bloß das Siegel auf einem lockeren Pack von Vorstellungen" ist (*Literat und Literatur*, 1931, GW II, 1212f.) und der dichterische Gebrauch darin besteht, diese im Begriff vergitterten Möglichkeiten freizusetzen und der „Ähnlichkeit des Worts mit sich selbst" (GW II, 1213) nachzugehen. Auf der Basis dieser konstitutiven Vieldeutigkeit will

4. Gleichnis

Musil im sprachlichen Gleichnis Übergänge zwischen Wirklichkeit und Möglichkeit, Diskursivem und Imaginärem, Denken und Fühlen, Innen und Außen, Ich und Anderem herstellen.

Für das explizite oder implizite „Wie" der Prosa Musils gilt in buchstäblicher Weise, was für alle Literatur gilt: Ihre „Form" ist ihr „Inhalt", ihr „Wie" das „Was" (GW II, 1224). Das „Was" des gleichnishaften „Wie" wird dabei von Musil zunehmend mit Bedeutung aufgeladen. Der Ausdruck ‚Gleichnis' nimmt in diesem Prozess selbst gleichnishafte Züge an, er wird zur Suchformel für eine andere Sprache, ein anderes Denken, ein anderes Begehren, ein anderes Leben, ein anderes Selbst- und Weltverhältnis. So ist die Erkundung, zu der Musil im MoE am Leitfaden des Gleichnisses aufbricht, nicht von der Suche nach dem ‚anderen Zustand' und den „Welten des Gefühls" (MoE, 1196) zu trennen. Und wie diese nimmt sie den Charakter einer geradezu archäologischen Recherche an, mit der Musil in Literatur und Kunst, Philosophie und Mystik, Psychologie, Anthropologie, Ethnologie und Evolutionstheorie nach Spuren seiner mythopoetischen Utopie der Geschwisterlichkeit und des „ursprünglichen Lebenszustand[s] des Gleichnisses" (MoE, 582) sucht. (→ IV.9 *Ethnologie*; V.7 *Sexualität*; VII.1 *Mystik*; VII.2 *Anderer Zustand*; VII.5 *Utopie*)

Der älteren Forschung sind grundlegende Studien zu Musils „Theorie vom Gleichnis" (von Heydebrand 1969, S. 91) und zu den Eigentümlichkeiten von Musils gleichnishafter Schreibweise (vgl. Kühne 1968; Freij 1972; Henninger 1980; Schröder 1982; Wicht 1984; Reichensperger 1994) zu verdanken. Zu diesen Eigentümlichkeiten gehört die Vorliebe für bestimmte Bildkomplexe und Bildfelder, denen einerseits auf der Ebene der Einzeltexte eine kompositorische Bedeutung zukommt und die andererseits im gesamten Œuvre wiederkehren. Sie gruppieren sich häufig um Vergleiche und Metaphern, die – wie die Brücken- und Baumbilder (vgl. Kühne 1968, S. 158–166; Freij 1972, S. 122–124; Wicht 1984, S. 159–163 u. 186–193) – als Gleichnisse des Gleichnisses fungieren. Charakteristisch für Musils Schreibweise sind ferner die vielfältigen und mehrdeutigen syntaktischen Vergleichskonstruktionen (vgl. Kühne 1968, S. 74–93; Schröder 1982). Nicht regelhaft, aber doch ungewöhnlich häufig verwendet er die Partikel ‚wie', ‚so wie', ‚wie ... so', die das Kombinieren und Fantasieren des Möglichkeitssinns anzeigen. Die Verhältnisse der Vergleichbarkeit oder Ähnlichkeit, die durch diese Partikel bezeichnet werden, sind nur selten durch ein gegebenes oder angebbares *tertium comparationis* abgesichert. Die Ähnlichkeit ist eine „hypothetische oder mögliche Ähnlichkeit" (Kühne 1968, S. 4) und das *tertium comparationis* die „Unbekannte" (Schröder 1982, S. 400), die allererst durch das Gleichnis hervorgebracht wird. Dem entspricht zum einen, dass das Vergleichswort bei Musil häufig einen interrogativen Nebensinn hat. Zum anderen spiegelt sich die Verschränkung von Gleichnis und Möglichkeitssinn in der Vorliebe für ‚wie-wenn'-Perioden und für die Fiktionsformeln ‚als ob' oder ‚angenommen' mit einem anschließenden „Conjunctivus potentialis" (MoE, 19; vgl. Schöne 1982), in dem nach der Vermutung des Schülers Ulrich auch Gott spricht. Denn dieser „macht die Welt und denkt dabei, es könnte ebensogut anders sein" (MoE, 19); seine „Welt" ist nicht „wörtlich" gemeint, sie „ist ein Bild, eine Analogie, eine Redewendung" (MoE, 357). Die Unbekanntheit des *tertium comparationis* – auch bei formaler Beibehaltung der Vergleichskonstruktion – hat schließlich zur Folge, dass die Bildsphäre der Sachsphäre nicht mehr untergeordnet ist. Sie gewinnt eine Eigenständigkeit oder wird der Sachsphäre auch in dem Sinne ‚gleich', dass die Vergleichsglieder wie in einer mathematischen Gleichung die Positionen tauschen können: „Statt zu sagen, der Novemberabend sei wie ein Tuch *oder* das Tuch sei wie ein Novemberabend, könnte man nicht beides in einem sagen?" (*Rede zur Rilke-Feier*, GW II, 1238; vgl. MoE, 580) Entsprechend dienen die Vergleichskonstruktionen nicht vorrangig der Veranschaulichung. Nicht nur tendieren sie vielfach dazu, vermeintlich Konkretes abstrakt zu fassen. Ihre primäre Funktion ist vielmehr differentieller und relationaler Natur (vgl. Kühne 1968, S. 77–80; Schröder 1982; Willemsen 1984, S. 102f.). Sie sind konstitutiv für Musils Versuch, Wirklichkeit polyperspektivisch und als ein bewegliches Funktionsverhältnis darzustellen, in dem Zeichen und Dinge ihren Wert erst aus dem „Kräftespiel" (MoE, 251) gewinnen, in das sie eingelassen sind. Das Gleichnis gibt diese Verhältnisse als Relationen von Gleichheit und Ungleichheit, Ähnlichkeit und Unähnlichkeit, Nähe und Distanz zu denken. Indem es die Dinge verbindet, trennt es sie, indem es sie angleicht, entfernt und entfremdet es sie (vgl. Tb I, 470).

Als Verbündeter von Möglichkeitssinn, Polyperspektivismus und Funktionalismus sprengt das Gleichnis die für Musil auch aus anderen Gründen problematische Kategorie des Stils (vgl. GW II, 661–663; MoE, 19–21 u. 128–133; Willemsen 1984, S. 120–122; Mülder-Bach 2013, S. 85f.). Es wird als „Denkform" (Fuder 1979, S. 23) zum „Konstituens der Darstellung" (Wicht 1984, S. 103) und als Methode zum Träger der Handlung (vgl. Mülder-Bach 2013, S. 225–243). In seinem 1913 publizierten Essay *Analyse und Synthese* hat Musil den methodischen Anspruch bekräftigt. So wie Analogiebildungen seit der Antike ein bewährtes Verfahren philosophischer Erkenntnis sind, dessen Bedeutung für den Prozess wissenschaftlicher Forschung im Umfeld Musils u. a. von Ernst Mach nachdrücklich betont wurde (vgl. Mach 1905, S. 216–228), steckt Musil zufolge in jedem poetischen Gleichnis eine „Handlung" der Analyse und Synthese:

> Nachdenkende Menschen sind immer analytisch. Dichter sind analytisch. Denn jedes Gleichnis ist eine ungewollte Analyse. Und man versteht eine Erscheinung, indem man erkennt, wie sie entsteht oder wie sie zusammengesetzt ist, verwandt, verbindbar mit andren ist. Man kann natürlich ebensogut sagen, jedes Gleichnis ist eine Synthese, jedes Verstehen ist eine. Natürlich; es sind zwei Hälften der gleichen Handlung. Trotzdem gibt es heute viele Literaten, die auf die Analyse erbost sind und sich mit der Synthese schmeicheln. Ihr Scheinrecht ist dieses: Bei fortgesetzter Ausübung von Partialanalysen oder -synthesen (das ist bei fortgesetztem Denken) wird schließlich alles mit allem verwandt, aus allem ableitbar, das Geschehen zerfällt in Ähnlichkeiten und schrankenlose Kombinationsmöglichkeiten. Es entspricht das zwar durchaus der Wahrheit [...], aber wird öde, wenn es als Spiel, ohne starke Leidenschaften und ohne sehr viel Talent gehandhabt wird. (GW II, 1008)

Im *MoE* ist es der „große Jenachdem-Macher" (MoE, 154), der dem „Lösen und Binden der Welt" (MoE, 153) wie ein Spieler verfallen ist, der von seiner Spielsucht „nicht ablassen [kann]" (MoE, 154). Wie der kakanische „Wirklichkeitsmensch", der sich an Gleichnisketten „erregt", in denen „Schnee zu Haut, Haut zu Blüten, Blüten zu Zucker, Zucker zu Puder, und Puder wieder zu Schneegeriesel" wird, „kommt [es] ihm anscheinend nur darauf an, etwas zu dem zu machen, was es nicht ist" (MoE, 138f.). Er macht alles mobil, „bringt durcheinander, löst auf und hängt neu zusammen" (MoE, 153), und produziert dabei doch nichts anderes als einen Leerlauf der Signifikanten. In diesem Leerlauf „wird Bedeutung fortwährend inflationiert" (Mülder-Bach 2016, S. 281), er ist die figurative Signatur jenes „allegorische[n] Tableau[s] endgültig stillgestellter bzw. sinnlos kreisender Geschichte" (Böhme 1988, S. 321), als das die Welt des ‚Seinesgleichen' gedeutet worden ist.

4. Gleichnis

Da der „große Jenachdem-Macher" (MoE, 154) nichts Geringeres ist als eine Personifikation des zu einem gespenstisch-maschinellen „Zwang" gewordenen „Geist[s]" (MoE, 153), sind nicht nur alle Figuren von seinem öden Spiel infiziert. Der erzählerische Diskurs steht ebenfalls unter seinem Bann. Umstritten ist, ob das zur Folge hat, dass auch das Romangeschehen in „Ähnlichkeiten und schrankenlose Kombinationsmöglichkeiten [zerfällt]" (GW II, 1008).

Zugang zu dieser Frage hat die Forschung zumeist auf dem Weg einer Untersuchung der Figurenkonstellation gesucht (vgl. Kühn 1965; Howald 1984; Pekar 1989; Schilt 1995; Wolf 2011). Auch deren Aufbau folgt einem Prinzip von „Analogie und Variation" (Kühn 1965). So gleicht die Figurenkonstellation einem Geflecht aus Doppelungen, Spiegelungen und Korrespondenzen, in dem die Figuren und ihre Verhältnisse sich in unzähligen Brechungen wechselseitig reflektieren, in dem sich Konfigurationen bilden und zerfallen, die analog – d. h. gleich und ungleich – in verschiedenen Besetzungen wiederkehren. Mit einem Gleichnis des Romans selbst ist das Resultat vielfach als eine „unendlich verwobene Fläche" bezeichnet worden, die sich in alle Richtungen „ausbreitet" (MoE, 650). Das permanente Analogisieren, das sich sprachlich als ein „unentwegtes Hin und Her der Signifikanten" (Mülder-Bach 2013, S. 231) vollzieht, bietet vielen Studien zufolge nicht mehr als einen „analogischen Assoziationstaumel" (Laermann 1970, S. 127), eine „zentrumslose Ideenflucht oder eben solche Assoziationsketten" (Pott 1984, S. 159). Der Text erteile dem Leser unentwegt den „paradoxen Lektürebefehl[ ]: Verbinde alle Elemente lückenlos miteinander und löse alle Verknüpfungen!" (Kümmel 2001, S. 290), ohne selbst bindende oder lösende Weichenstellung vorzunehmen. Eine Handlung oder Entwicklung finde nicht statt, der Aufbau des Romans weise vielmehr eine „zuständliche Struktur" (Willemsen 1984, S. 229) auf, seine Kombinatorik münde in eine „Architektonik des Statistischen" (Luserke 1995, S. 89).

Dagegen ist in jüngster Zeit geltend gemacht worden, dass Musil aus der analytisch-synthetischen Doppelnatur des Gleichnisses ein Handlungskonzept und Entwicklungsschema gewinnt, das im ersten Band des Romans analytisch, im zweiten synthetisch akzentuiert wird (vgl. Mülder-Bach 2013). Im ersten Band dient das permanente Analogisieren dem „Versuch einer Auflösung" (*Was arbeiten Sie?*, 1926, GW II, 942), dem Versuch also einer Analyse. Sie betrifft einerseits den „verwickelte[n]" (MoE, 170) Zusammenhang der Habsburger Doppelmonarchie, dessen Desintegration sich gerade in dem Maße vollzieht, in dem die ‚Parallelaktion' die Einigkeit Kakaniens in einer großen Idee kundtun will, die alle Konflikte und Antagonismen synthetisiert. Andererseits unterzieht sich Ulrich mit Hilfe des Erzählers einer – nicht mit einer Psychoanalyse zu verwechselnden – Analyse, die darauf zielt, den „krankhaft verfilzten Hader" (MoE, 113), in dem er sich verfangen hat, aufzulösen.

Entscheidende Etappen dieses Prozesses sind Ulrichs Erinnerung an das „liebenswerte[ ] Wesen Tante Janes" (MoE, 453) in Kapitel I/99 des Romans (vgl. Mülder-Bach 2013, S. 298–317) und seine vielfach kommentierten Überlegungen zum Gleichnis in den Kapiteln I/115 und I/116 (vgl. von Heydebrand 1969, S. 90–94; Kühne 1968, S. 31f. u. 40–45; Tewilt 1990, S. 52–54; Schulz 1996; Gies 2003, S. 109–119; Mülder-Bach 2013, S. 333–346). Sie greifen Formulierungen auf, die Musil zuvor in Essays erprobt hatte, insbesondere der *Rede zur Rilke-Feier* von 1927 (GW II, 1229–1242), und betten diese in einen Gedankengang ein, der durch ein Labyrinth von Anspielungen führt: auf literarische, sprachwissenschaftliche, philosophische und ethnologische Traditionen des Metaphern- und Symboldenkens, auf Goethes Metamorphosenlehre, Darwins Evolutionstheorie und die Psychoanalyse. Nicht zufällig nehmen die Überlegungen ihren Ausgang von Ulrichs Erinnerung an einen Traum, der mit Moosbrugger zu tun hat; denn als Sammel- oder Mischperson eines kollektiven Imaginären, die die „Menschheit" nach Ulrichs Vermutung hervorbringen würde, wenn sie „als Ganzes träumen könnte" (MoE, 76), nimmt Moosbrugger im ersten Band des Romans „die Stelle eines Orientierungspunktes" im „Denken" (MoE, 1677) des Protagonisten ein und wird von Ulrich nach dem Durchgang durch die Gleichniskapitel selbst als ein Gleichnis verstanden: als ein „entsprungenes Gleichnis der Ordnung" (MoE, 653). Ulrich fasst das Gleichnis einerseits als eine der „beiden Grundsphären" (MoE, 594), „Grundverhaltensweisen" bzw. „Lebenshälften" des Menschen; als „gleitende Logik der Seele" präge es „Literatur", „Traum", „Religion" und „Kunst", aber auch die „vielfältigen Beziehungen des Menschen zu sich und der Natur", und stehe in Opposition zu der anderen grundlegenden Verhaltensweise, die auf „Wirklichkeit", „Eindeutigkeit" und wissenschaftliche „Wahrheit" drängt und der „Notdurft des Lebens [entspringt]" (MoE, 593). Andererseits vermutet er, dass diese Opposition im Prozess der Evolution allererst aufgebrochen sei: „Nach Art jener Bakterienstämme, die etwas Organisches in zwei Teile spalten, zerlebt der Menschenstamm den ursprünglichen Lebenszustand des Gleichnisses in die feste Materie der Wirklichkeit und Wahrheit und in die glasige Atmosphäre von Ahnung, Glaube und Künstlichkeit." (MoE, 582) Von derselben Ambivalenz ist das Gleichnis der „beiden Bäume" von „Liebe" und „Gewalt" geprägt, in denen Ulrich „sein Leben getrennt" wachsen sieht (MoE, 592). Denn eine Pointe dieses Bildes ist, dass der „Stamm" der Bäume in beiden Fällen von „Dickicht" und „Äste[n]" „verdeckt" ist (MoE, 591f.). Das Bäume-Gleichnis ist also ein Deckbild in mehrfachem Sinn: Es verbirgt, ob es sich bei den beiden Bäumen um zwei Stämme handelt oder um einen verzweigten, denn diese Frage rührt selbst an ein (noch) Verborgenes, an das Tabu der Geschwisterliebe (vgl. Mülder-Bach 2013, S. 343f.). (→ V.7 *Sexualität*) Musil dürfte sich in dieser Figuration u.a. auf eine psychologische Studie seiner Zeit beziehen, die die Genese von Gleichnis und Metapher „aus dem Geiste des tabu" nachzuweisen suchte (Werner 1919, S. 191).

Die Reflexionen über das Gleichnis sind eine der Brücken, die in den zweiten Band und damit in den Roman der Geschwisterliebe führen. Während das Analogisieren im ersten Band analytisch akzentuiert ist, soll es nunmehr der „Andeutung einer Synthese" (GW II, 942) dienen. Das zielt auf nicht weniger als eine Inversion des Entwicklungsschemas evolutionärer Prozesse, die auf immer weiterer Teilung, Differenzierung und Diversifikation beruhen (vgl. Mülder-Bach 2013, S. 423f.). In der Verkleidungs- und Erkennungsszene, in der Ulrich und Agathe sich in gewürfelten Pyjamas als Harlekine bzw. Pierrots gegenübertreten (vgl. Aurnhammer 1986, S. 289f.), begegnen sie im jeweils anderen dem „Doppelgänger im anderen Geschlecht'" (MoE, 905), für den u.a. die Figur des Hermaphroditen, der Androgynenmythos (vgl. Aurnhammer 1986) und der Mythos von Isis und Osiris (vgl. Müller 1983; Seidel 2001) als Vorbilder dienen. Zugleich setzen Ulrich und Agathe als „Zwillinge" (MoE, 676 u. 904), als „[s]ymmetrische Geschöpfe der Naturlaune" (MoE, 904) und „[s]iamesisches Zwillingspaar" (MoE, 908) das sprachliche Gleichnis ins Bild. Die Idee der Vertauschbarkeit oder Invertierbarkeit der Vergleichsglieder wird auf diese Weise konsequent durchgeführt: Nicht nur dienen die Gleichnisse, über die und in denen die Geschwister sprechen, der Reflexion ihres Verhältnisses. Und nicht nur nehmen sich Ulrich und Agathe wechselseitig als gegengeschlechtliches Eben- und Spiegelbild wahr. Vielmehr wird das Verhältnis der Geschwisterlichkeit selbst zur Figuration des Gleichnisses (vgl. Kühne 1968, S. 155–163; Pietsch 1988, S. 121–129; Tewilt 1990, S. 132–172; Simons 2007, S. 324–338).

Einige Bildfelder bzw. Symbole gewinnen dabei eine besondere Bedeutung: Da ist zum einen das Feld der Stamm- und Verzweigungsbilder, der Komplex der Baum-, Ast-, Gabel- und Wurzelgleichnisse (vgl. Kühne 1968, S. 158–166; Wicht 1984, S. 186–193; Seidel 2001), die mythologisch und biblisch ebenso wie morphologisch und evolutionstheoretisch akzentuiert werden (vgl. Mülder-Bach 2013, S. 335–342 u. 423f.). Wie im ersten Band bleibt die Gestaltformation dabei in der Schwebe. So heißt es in der Beschreibung der Umarmung der Geschwister: „Der geschwisterliche Wuchs der Körper teilte sich ihnen mit, als stiegen sie aus einer Wurzel auf." (MoE, 1083) So wie das ‚Mit-Teilen' die Vorstellung einer Teilung nahelegt, versetzen das Gleichnis und der Konjunktiv („als stiegen") die Mitteilung der ‚einen Wurzel' in den Modus von Möglichkeit und Fantasie. Ein weiteres Bildfeld, in dem das Verhältnis der Geschwisterlichkeit zur Figuration des Gleichnisses wird, ist das des Schwebens, Schwankens und Schaukelns, ein Bildfeld, in dem schwerelose Balance und Zustände des Ausgleichs von Differenzen figuriert werden; es zitiert romantische Konzepte des Schwebens und verschränkt diese mit zeitgenössischen gestaltpsychologischen, physikalischen und politischen Diskursen (vgl. Mülder-Bach 2013, S. 423–437). Darüber hinaus wird die Gartenwelt der Geschwister vom Bild des Mondes (vgl. Honnef-Becker 1991, S. 86f. u. 89f.; Wicht 1999; Simons 2007, S. 306–330) als Symbol der Androgynie und Sinnbild eines *ordo inversus* regiert, einer „taghellen Mystik" (MoE, 1089), in deren Zeichen das Gleichnis „fast" als „Wirklichkeit" (MoE, 1084) erlebt wird und die Sprache in einen prälapsarischen Zustand, einen Zustand vor dem Sündenfall, überzugehen scheint: „Denn das Wort schneidet nicht in solchem Zustand, und die Frucht bleibt am Ast, ob man sie gleich schon im Mund meint" (MoE, 1088f.). Die Identität von Einheit und Zweiheit, die das Paradox der Geschwisterliebe bezeichnet und die Grenze markiert, die der Roman nur um den Preis einer Zerstörung des gleichnishaften Verhältnisses und damit seiner selbst hätte überschreiten können, bringt Musil schließlich auf eine Formel, die, als Konjunktion, zwischen astronomischem „Sternbild" (MoE, 1337) und grammatischem Sprachbild changiert: „die Ungetrennten und Nichtvereinten" (MoE, 1104; vgl. MoE, 1109, 1316 u. 1351). (→ V.7 *Sexualität*)

Die Arbeit an der figurativen Analogie von Geschwisterlichkeit und Gleichnis ist unlösbar mit Entwürfen verknüpft, in denen Musil die Frage nach dem Bild noch einmal in sehr grundsätzlicher Weise aufwirft. Das gilt für die Idee einer Bildwerdung im „Stilleben" (MoE, 1229–1232; vgl. Kühne 1968, S. 107–131; Pietsch 1988, S. 140f.; Neumann 2005); es gilt für den Versuch, aus der Verzweigung als einer möglichen Gestalt des Gleichnisses ein Verkettungs- und Reihungsprinzip zu gewinnen, einen Weg der „Gabeln" (MoE, 1173f. u. 1224; vgl. Mülder-Bach 2016, S. 297–302), dessen Entwurf in einer ungeklärten Übereinstimmung mit Ludwig Wittgensteins Konzept der „Familienähnlichkeit" (Wittgenstein 2003, S. 56f.) steht (vgl. Gabriel 1997, S. 43; Döring 1999, S. 88; Mülder-Bach 2013, S. 430–433); und es gilt für Ulrichs Überlegungen zum „Bildsein ohne Ähnlichkeit" (MoE, 1342), zur „Stellvertretungskraft" (MoE, 1348) des Bildes, zum mathematischen Begriff der „Abbildung" (MoE, 1342) und zum Verhältnis von emotionaler und kognitiver Bilderfassung. Anders als das Gleichnis der Geschwisterlichkeit sind die Traditionen, Kontexte und Konsequenzen dieser Entwürfe bislang nur ansatzweise erforscht.

Literatur

Aristoteles: Rhetorik. Übers., mit einer Bibliographie, Erläuterungen u. einem Nachwort v. Franz G. Sieveke. München: Fink 1980.
Aurnhammer, Achim: Androgynie. Studien zu einem Motiv der europäischen Literatur. Köln u. a.: Böhlau 1986.
Böhme, Hartmut: Eine Zeit ohne Eigenschaften. Musil und die Posthistoire. [1986] In: ders.: Natur und Subjekt. Frankfurt a. M.: Suhrkamp 1988, S. 308–334.
Döring, Sabine A.: Ästhetische Erfahrung als Erkenntnis des Ethischen. Die Kunsttheorie Robert Musils und die analytische Philosophie. Paderborn: mentis 1999.
Freij, Lars W.: ‚Türlosigkeit'. Robert Musils *Törleß* in Mikroanalysen mit Ausblicken auf andere Texte des Dichters. Stockholm: Almqvist och Wiksell 1972.
Freud, Sigmund: Studienausgabe. Bd. 2: Die Traumdeutung. [1900] Hg. v. Alexander Mitscherlich, Angela Richards u. James Strachey. Frankfurt a. M.: Fischer 1972.
Fuder, Dieter: Analogiedenken und anthropologische Differenz. Zu Form und Funktion der poetischen Logik in Robert Musils Roman *Der Mann ohne Eigenschaften*. München: Fink 1979.
Gabriel, Gottfried: Logik und Rhetorik der Erkenntnis. Zum Verhältnis von wissenschaftlicher und ästhetischer Weltauffassung. Paderborn u. a.: Schöningh 1997.
Gies, Annette: Musils Konzeption des „Sentimentalen Denkens". *Der Mann ohne Eigenschaften* als literarische Erkenntnistheorie. Würzburg: Königshausen & Neumann 2003.
Grimm, Jacob/Grimm, Wilhelm: Deutsches Wörterbuch. Reprint. Bd. 7. München: dtv 1984, Sp. 8184–8204.
Heininger, Bernhard: Gleichnis, Gleichnisrede. In: Gert Ueding (Hg.): Historisches Wörterbuch der Rhetorik. Bd. 3. Tübingen: Niemeyer 1996, Sp. 1000–1009.
Henninger, Peter: Der Buchstabe und der Geist. Unbewußte Determinierung im Schreiben Robert Musils. Frankfurt a. M. u. a.: Lang 1980.
Heydebrand, Renate von: Die Reflexionen Ulrichs in Robert Musils Roman *Der Mann ohne Eigenschaften*. Ihr Zusammenhang mit dem zeitgenössischen Denken. 2. Aufl. Münster: Aschendorff 1969.
Honnef-Becker, Irmgard: „Ulrich lächelte". Techniken der Relativierung in Robert Musils Roman *Der Mann ohne Eigenschaften*. Frankfurt a. M. u. a.: Lang 1991.
Howald, Stefan: Ästhetizismus und ästhetische Ideologiekritik. Untersuchungen zum Romanwerk Robert Musils. München: Fink 1984.
Kühn, Dieter: Analogie und Variation. Zur Analyse von Robert Musils Roman *Der Mann ohne Eigenschaften*. Bonn: Bouvier 1965.
Kühne, Jörg: Das Gleichnis. Studien zur inneren Form von Robert Musils Roman *Der Mann ohne Eigenschaften*. Tübingen: Niemeyer 1968.
Kümmel, Albert: Das MoE-Programm. Eine Studie über geistige Organisation. München: Fink 2001.
Laermann, Klaus: Eigenschaftslosigkeit. Reflexionen zu Musils Roman *Der Mann ohne Eigenschaften*. Stuttgart: Metzler 1970.
Luserke, Matthias: Robert Musil. Stuttgart, Weimar: Metzler 1995.
Mach, Ernst: Die Ähnlichkeit und Analogie als Leitmotiv der Forschung. In: ders.: Erkenntnis und Irrtum. Skizzen zur Psychologie der Forschung. Leipzig: Barth 1905, S. 216–228.
Mülder-Bach, Inka: Robert Musil: *Der Mann ohne Eigenschaften*. Ein Versuch über den Roman. München: Hanser 2013.

4. Gleichnis

Mülder-Bach, Inka: Allegorie und Gleichnis im *Mann ohne Eigenschaften*. In: Ulla Haselstein (Hg.): Allegorie. DFG-Symposion 2014. Berlin, Boston: de Gruyter 2016, S. 273–302.
Müller, Götz: Isis und Osiris. Die Mythen in Robert Musils Roman *Der Mann ohne Eigenschaften*. In: Zeitschrift für deutsche Philologie 102 (1983), S. 583–604.
Neumann, Gerhard: Traumbild und Stillleben. Präsenz und Absenz in der Poetik Robert Musils. In: Richard Hoppe-Sailer, Claus Volkenandt, Gundolf Winter (Hg.): Logik der Bilder. Präsenz – Repräsentation – Erkenntnis. Berlin: Reimer 2005, S. 53–73.
Pekar, Thomas: Die Sprache der Liebe bei Robert Musil. München: Fink 1989.
Pietsch, Reinhard: Fragment und Schrift. Selbstimplikative Strukturen bei Robert Musil. Frankfurt a. M. u. a.: Lang 1988.
Pott, Hans-Georg: Robert Musil. München: Fink 1984.
Quintilianus, Marcus Fabius: Institutionis oratoriae: libri XII/Ausbildung des Redners. Zwölf Bücher. 2 Bde. Hg. u. übers. v. Helmut Rahn. 2., durchges. Aufl. Darmstadt: WBG 1988.
Reichensperger, Richard: Musils Sprachstil. Ein Forschungsbericht 1953–1993. In: Sprachkunst 25 (1994), H. 1, S. 155–257.
Schilt, Jelka: „Noch etwas tiefer lösen sich die Menschen in Nichtigkeiten auf". Figuren in Robert Musils Roman *Der Mann ohne Eigenschaften*. Bern u. a.: Lang 1995.
Schöne, Albrecht: Zum Gebrauch des Konjunktivs bei Robert Musil. [1961/66] In: Renate von Heydebrand (Hg.): Robert Musil. Darmstadt: WBG 1982, S. 19–53.
Schröder, Jürgen: Am Grenzwert der Sprache. Zu Robert Musils *Vereinigungen*. [1966] In: Renate von Heydebrand (Hg.): Robert Musil. Darmstadt: WBG 1982, S. 380–411.
Schulz, Kerstin: „Als wäre mein Mund so fern von mir wie der Mond". Das Gleichnis als Denkbild in Robert Musils Roman *Der Mann ohne Eigenschaften*. In: Ralph Köhnen (Hg.): Denkbilder. Wandlungen literarischen und ästhetischen Sprechens in der Moderne. Frankfurt a. M. u. a.: Lang 1996, S. 119–139.
Seidel, Sebastian: Dichtung gibt Sinnbilder. Die Sehnsucht nach Einheit. Das Lebensbaum-Mythologem und das Isis-Osiris-Mythologem in Robert Musils Roman *Der Mann ohne Eigenschaften*. Frankfurt a. M. u. a.: Lang 2001.
Simons, Oliver: Raumgeschichten. Topographien der Moderne in Philosophie, Wissenschaft und Literatur. München: Fink 2007.
Tewilt, Gerd-Theo: Zustand der Dichtung. Interpretationen zur Sprachlichkeit des „anderen Zustands" in Robert Musils *Der Mann ohne Eigenschaften*. Münster: Aschendorff 1990.
Werner, Heinz: Die Ursprünge der Metapher. Leipzig: Engelmann 1919.
Wicht, Gérard: „Gott meint die Welt keineswegs wörtlich". Zum Gleichnisbegriff in Robert Musils Roman *Der Mann ohne Eigenschaften*. Bern u. a.: Lang 1984.
Wicht, Gérard: „Du bist der Mond". Einige Anmerkungen zum Bild des Mondes in Robert Musils Roman *Der Mann ohne Eigenschaften*. In: Annette Daigger, Renate Schröder-Werle, Jürgen Thöming (Hg.): West-östlicher Divan zum utopischen Kakanien. Hommage à Marie-Louise Roth. Bern u. a.: Lang 1999, S. 431–440.
Willemsen, Roger: Das Existenzrecht der Dichtung. Zur Rekonstruktion einer systematischen Literaturtheorie im Werk Robert Musils. München: Fink 1984.
Wittgenstein, Ludwig: Philosophische Untersuchungen. [1953] Auf der Grundlage der historisch-genetischen Edition neu hg. v. Joachim Schulte. Frankfurt a. M.: Suhrkamp 2003.
Wolf, Norbert Christian: Kakanien als Gesellschaftskonstruktion. Robert Musils Sozioanalyse des 20. Jahrhunderts. Wien u. a.: Böhlau 2011.

5. Intertextualität
Mandy Dröscher-Teille / Birgit Nübel

1. Einleitung 760
2. Textreferenzen zu einzelnen Autoren bzw. deren Texten 763
   2.1 Antike 763
      2.1.1 Ideenlehre als ‚Lebensprinzip' der Figuren 763
      2.1.2 Seelenlehre und Liebeskonstellationen 764
      2.1.3 Eroslehre und Geschlechtertausch 765
   2.2 Mittelalter und Neuzeit 765
      2.2.1 Mittelalter 765
      2.2.2 Neuzeit (Leibniz) 766
   2.3 Kant 767
      2.3.1 Erkenntnistheoretische Implikationen 767
      2.3.2 Ironische Relativierung des kantischen Sittengesetzes 768
   2.4 Klassik (Goethe, Schiller) 768
      2.4.1 Transfer von Zitaten und Figurenkonstellationen 769
      2.4.2 Kritik am Klassiker-Kult 770
   2.5 Romantik (Novalis, Schlegel, Kleist) 771
      2.5.1 Das Konzept des Senti-Mentalen 772
      2.5.2 Romantische Ironie und romantische Liebe 772
      2.5.3 Essayismus und progressive Universalpoesie 773
      2.5.4 Berliner Romantik und Spätromantik 774
      2.5.5 Musils Kritik der Romantik 774
   2.6 Emerson, Maeterlinck 775
   2.7 Nietzsche 776
      2.7.1 Nietzsche als Lektüre 777
      2.7.2 Das Apollinische und das Dionysische 778
      2.7.3 Perspektivismus, Experiment und Moral 778
      2.7.4 Der Übermensch und der Wille zur Macht 779
      2.7.5 Wagner-Kritik und *décadence* 780
   2.8 Hofmannsthal, Rilke 780
   2.9 Blei 782
3. Resümee/Forschungsstand und -perspektiven 782
4. Literatur 783

1. Einleitung

Robert Musil hat für das Verhältnis der Literatur zur Tradition die aphoristische Formel „Der faktische Grundsatz der Literatur ist *Wiederholung*" (Tb I, 913; Hervorhebung B. N./M. D.-T) geprägt und somit das Zitat, die Wiederholung, für die literarische Produktion als konstitutiv beschrieben: „Es leben die Schriftsteller seit Beginn unserer Zeitrechnung von der Umstellung der zehn Gebote Gottes und einigen Fabeln, die ihnen die Antike überliefert hat" (*Der Malsteller*, GW II, 509). Wird die Beziehung zur literarischen Tradition als ‚Wiederholung' bestimmt, so die der gleichzeitig lebenden Schriftsteller als ‚Abschreiben':

> Genauer betrachtet, ist es aber gar nicht wahr, daß jedermann schreiben kann; im Gegenteil, niemand kann es, jeder schreibt bloß ab und mit. Es ist unmöglich, daß ein Gedicht von Goethe heute auf die Welt käme, und wenn es durch ein Wunder dennoch geschähe, so wäre das herrliche alte ein anachronistisches, unbegreifliches, ja schlechtes neues Gedicht, und

zwar offenbar aus keinem anderen Grund, als weil es von keinem zeitgenössischen Gedicht abgeschrieben ist. *Gleichzeitigkeit ist immer Abschreiben.* (*Der Malsteller*, GW II, 571; vgl. GW II, 510; Hervorhebung B. N./M. D.-T.)

Mag es in der Selbsterklärung der Ulrich-Figur gegenüber Gerda auch heißen „„Mich hat doch eine Mutter geboren und kein Tintenfaß!"" (MoE, 490), so verbraucht der textexterne Autor doch jede Menge Tinte und fremde Textzitate für seine eigenen Texte. Musil selbst vergleicht den intertextuellen Zusammenhang zwischen dem Zitieren fremder Texte und der eigenen Textproduktion wiederholt mit der Nahrungsaufnahme (vgl. Tb I, 540) und kennzeichnet ihn als „Assimilation": „[W]enn eine andere Person das Persönliche des Künstlers oder Werks in sich aufnimmt, so geht es nicht anders zu als bei der Nahrungsaufnahme: Abbau in Elemente und deren Assimilation." (*Der „Untergang" des Theaters*, 1924, GW II, 1130) In *Literat und Literatur* (1931) wird diese Metaphorologie des Textfressens wieder aufgenommen:

> So könnte man wahrscheinlich welchen Schriftsteller immer „zerlegen" (und zwar sowohl formal wie gegenständlich oder auch dem angestrebten Sinn nach) und würde nichts in ihm finden als seine zerstückelten Vorgänger, die keineswegs völlig „abgebaut" und „neu assimiliert" sind, sondern in unregelmäßigen Brocken erhalten geblieben. (GW II, 1206f.)

Musil vergleicht „die ganze schöne Literatur" mit „einem Zitatenteich" (GW II, 1206) und grenzt in einem Entwurf das „nach außen gewendet[e]" bzw. ‚markierte' Zitieren von einem ‚unmarkierten', „immanente[n] Zitieren" ab (KA, M VI/3/29). Noch kurz vor seinem Tod bestimmt Musil in den fragmentarischen Stichworten zu einer Selbstbiografie sein Verhältnis zur literarischen Tradition – im „Gegensatz zum Jüngling Goethe", der sich alles mit „mühelose[r] Leichtigkeit angeeignet" habe – als das einer „negative[n] Originalität", als „das *Nicht sich anschließen* an Vorbilder", als „die *Nichtbenutzung* vorhandener Formen." (GW II, 923; Hervorhebung B. N./M. D.-T.)

Während Musil in seinen metatextuellen Selbstreflexionen unmarkierte Textwiederholungen bzw. (bewusste oder nicht-bewusste) hetero-intertextuelle Referenzen (also Textreferenzen auf andere Autoren bzw. deren Texte; vgl. Holthuis 1993, S. 44f.; in Genettes Terminologie: ‚allographe Epitexte') auszuschließen versucht und allenfalls in auto-intertextueller (vgl. Holthuis 1993, S. 44f.; ‚auktoriale Epitexte' nach Genette) Hinsicht „variierende Wiederholungen" (Tb I, 930) eingesteht, bekennt er sich explizit zu einem Assimilationszusammenhang, der sich zum einen in den „[m]imetische[n] Wirkungen des Autors auf den Leser" und zum anderen als „[p]ersönliche W.[irkung]" manifestiert (Tb I, 814). Im Zusammenhang mit der persönlichen bzw. ‚menschlichen' Wirkung (vgl. GW II, 1000 u. 1337) nennt Musil wiederholt Novalis, Emerson, Chesterton, Rilke und Nietzsche. Im Essay *Geist und Erfahrung* (1921) wird die Rezeption essayistischer Texte, philosophischer wie literarischer, im Sinne einer persönlichen ‚Gefühlserkenntnis und Denkerschütterung' von wissenschaftlicher Erkenntnis im Engeren abgegrenzt: (→ III.2.1 *Essays*)

> Wenn man Emerson, Maeterlinck oder Novalis liest, auch Nietzsche rechne ich dazu [...] – erfährt man stärkste geistige Bewegung: aber erkennen kann man dies nicht heißen. Es [...] sind intellektuelle Umschreibungen von etwas, das man sich menschlich aneignen, aber nur in intellektuellen Umschreibungen wieder ausdrücken kann. (GW II, 1049)

Am 1. Dezember 1924 erklärt Musil gegenüber dem österreichischen Literaturhistoriker Josef Nadler:

> Entscheidende geistige Einflüsse empfing ich mit ungefähr neunzehn Jahren durch Nietzsche, Dostojewsky's Raskolnikow, Doppelgänger und Hahnrei, Emerson's Essays, die Fragmente von Novalis und den eklektischen Vermittler Maeterlinck. Starke Eindrücke wenig später durch Rilke. Flaubert, Stendhal, Tolstoi, Balzac und Shaw lernte ich erst viel später kennen. (Br I, 368)

Auf eine Anfrage von Roy Temple House gibt Musil 1938 an, in Hinblick auf die „Bildung meines Stils und meiner Ansichten fast mehr von der Wissenschaft als von der Belletristik empfangen" zu haben und führt die folgenden Titel bzw. Autoren an, „die ich in meiner Jugend dazu mißbraucht habe, mich selbst zu erkennen": „Maeterlinck, Weisheit und Schicksal; Emerson, Intentions; Nietzsche, Jenseits von Gut und Böse und Genealogie der Moral; Novalis, eine Auswahl seiner Aphorismen; D'Annunzio, Piacere; Jacobsen, Niels Lyhne und Maria Grubbe; Dostojewski, Raskolnikow; Tolstoi, Auferstehung." (Br I, 837) In diesem Zusammenhang nennt er auch „Altenberg, [...] und vielleicht einiges von den ersten Arbeiten Schnitzlers." (ebd.) Schon das frühe Essayfragment *Profil eines Programms* (1911–1913) entwirft auf Grundlage der wissenschaftstheoretischen Voraussetzung, dass „alles [...] mit allem zusammen[hängt]", ein zeitgenössisches Kunstkonzept, das die gesellschaftliche Relevanz und individuelle Bildungskraft philosophisch-naturwissenschaftlicher Diskurse gegenüber der literarischen Tradition betont: „Nicht von Göthe, Hebbel, Hölderlin werden wir lernen, sondern von Mach, Lorentz, Einstein, Minkowski, von Couturat, Russel[l], Peano . . . ." (GW II, 1318; vgl. KA, H 15/27)

In seinen Essays, in den Kritiken, im Roman *Der Mann ohne Eigenschaften* (MoE), in den Arbeitsheften und Nachlasstexten reflektiert Musil Intertextualität als Verfahren der literarischen Text- und Traditionsbildung. Die Auseinandersetzung mit den eigenen synchronen wie diachronen Textübernahmen konzentriert sich auf zwei Aspekte:

1) die eigene Beeinflussung durch andere Autoren: Neben der Fremdzuschreibung durch die Kritiker (vgl. das verworfene „Vorwort" zum MoE, KA, M VII/8/124) hat Musil vor allem der Aspekt der nicht-bewussten Wiederkehr des fremden Textes im eigenen Text interessiert (vgl. Tb I, 735 u. 930). Selbst scheint er sich allerdings als dichterischer „Ausnahmsmensch" (*Skizze der Erkenntnis des Dichters*, 1918, GW II, 1029) in Bezug auf das allgemeine Gesetz struktureller Textwiederholung und -assimilation, nach dem „den Autoren nichts Neues" mehr einfällt (MoE, 360), zu sehen: „Eine große Rolle hat in privat-kritischer Anwendung bei mir stets die Überzeugung gespielt, etwas, das man schreibe, müsse ‚neu' sein, d.h. eine Mehrung des geistigen Besitzes. M.a.W[.]: wenn etwas schon gesagt ist, wozu es wiederholen!" (Tb I, 913)

2) die eigene Textproduktion: Konstitutiv für das Musil'sche Vertextungsverfahren sind die Technik der Figurengestaltung im MoE im Besonderen (vgl. „Einen Menschen ganz aus Zitaten zusammensetzen!", KA, H 8/8 u.a.) sowie die eigene Arbeitsmethode im Allgemeinen, die durch intratextuelle Übernahmen, Verflechtungen und Vernetzungen zwischen den einzelnen Texten – den Essays, den Kritiken und dem MoE – gekennzeichnet ist (vgl. Nübel 2006). Musil ist, indem er zum Teil aus eigener Lektüre, fast ausschließlich in Übersetzungen, zum Teil aus zweiter Hand (z.B. im

Falle Novalis', Schlegels, Hölderlins, Emersons) auf Grundlage seiner Exzerpte nicht nur die literarische Tradition, sondern auch die wissenschaftlichen und gesellschaftlichen Diskurse (vgl. Moser 1980) seiner Zeit in seine Texte einbaut, ein Meister des immanenten subversiven Zitats (vgl. hierzu auch die älteren Arbeiten: Kaiser 1972, S. 84–144; Goltschnigg 1974, S. 114–118).

Im Folgenden kann nicht allen Autoren bzw. Texten nachgegangen werden, die Musil möglicherweise – bewusst oder nicht-bewusst, markiert oder nicht markiert, reflektiert oder nicht reflektiert, metatextuell kommentiert oder metatextuell unkommentiert – ‚assimiliert' hat. Vielmehr werden exemplarische Schwerpunkte gebildet, die den intensiven intra- und intertextuellen Vertextungszusammenhang (vgl. Nübel 2006) der Texte Musils aufzeigen.

2. Textreferenzen zu einzelnen Autoren bzw. deren Texten

2.1 Antike

Musils Auseinandersetzung mit dem antiken Denken reicht von den Vorsokratikern Heraklit (vgl. GW II, 1448 u.a.) und Pythagoras (vgl. GW II, 678 u.a.), über die „Sophistik" (genauer: den „sensualistischer Relativismus", Sokrates und die Atomisten, Tb I, 757), Platon (vgl. Tb I, 134f. u.a.), Epikur, Aristoteles (vgl. Tb I, 757; KA, H 3/11–14 u.a.), bis hin zu Ovid (vgl. den Begriff ‚Hermaphroditismus' im MoE, 754), Plutarch (vgl. *Isis und Osiris*, GW II, 465) und Plotin (vgl. Tb I, 134f. u.a.). Fokussieren spätere Arbeitshefteintragungen die Funktion der platonischen Ideen als „Ursachen der Dinge", so sieht Musil die Leistung Aristoteles' darin, die „Einheit von Leib u[nd] Seele, Wirkl.[ichkeit] u[nd] Idee" (Tb I, 757) postuliert zu haben. In seinen frühen Arbeitshefteintragungen exzerpiert er neben Platon allerdings vor allem Plotin (vgl. Neymeyr 2004, S. 405; Nurmi-Schomers 2008, S. 47f.).

Die antiken Konzepte der Ideen-, Seelen- und Eroslehre sind jedoch nicht nur Gegenstand von Musils wissenschaftlicher Auseinandersetzung, sie bilden überdies eine intertextuelle Grundlage für das zentrale Vorhaben der Figuren im *MoE*, eine „ergreifende große Idee" (MoE, 110) zu finden. Da jede Idee im Roman bereits ein Abbild der intelligiblen Ideen ist, kann keine neue Idee gefunden werden, während sich die Figuren zugleich vor eine Vielzahl von Abbildern gestellt sehen, die alle scheinbar gleichwertig nebeneinander existieren und die platonische Schau der unwandelbaren Ideen sowie deren Hierarchie unterlaufen. Die Philosophie der Antike ist somit zum einen Movens für das Handeln einzelner Figuren und damit grundlegend für die Figurenkonstellation; zum anderen wird sie aber auch explizit kritisiert und relativiert. Barbara Neymeyr (2004) arbeitet die Wechselwirkungen zwischen Antike und Moderne heraus und deutet die Hinwendung der Musil'schen Texte zu antiken Idealismuskonzepten als Ausdruck des modernen Krisenbewusstseins. Insgesamt stellt die Antike-Rezeption Musils ein Forschungsdesiderat dar.

2.1.1 Ideenlehre als ‚Lebensprinzip' der Figuren

Musil nimmt, so Neymeyr (2004), im *MoE* in zweifacher Weise Bezug auf die Antike: Zum einen zeige sich besonders anhand der Figur Diotima eine deutliche „Kritik an den depravierten idealistischen Konzepten" (ebd., S. 402), die im Roman in „subversiver Polemik" (ebd., S. 403) und übersteigerter Ironie münden. Zum anderen adaptiere Musil „Elemente des Platonismus in positivem Sinne" (ebd., S. 411). So changieren die Figuren zwischen dem schattenhaften Dasein gemäß dem Höhlengleichnis, wonach der Mensch nur Schatten, also Abbilder der Wirklichkeit sieht, und dem Eintritt in die Sphäre der einzigartigen Ideen und des Lichts, wie es im Sonnengleichnis skizziert ist (vgl. ebd., S. 410). Ziel der Figuren ist es, aus der „Schattenhöhle" herauszutreten, um im „glühenden Schein der sinkenden Sonne" (MoE, 781) „teil am Allgemeinen" (MoE, 572), d.h. der platonischen Idee, zu haben. Wenn Ulrich also fordert, „Ideen-, statt Weltgeschichte" (MoE, 592) zu leben, so strebt er damit eine Partizipation an der intelligiblen Welt der Ideen im platonischen Sinne an, modifiziert Platons Konzeption jedoch im Sinne einer lebenspraktischen Anwendung und führt damit zugleich eine ironische Brechung herbei: Eine Zeitungsredaktion avanciert im Gedankenspiel des Protagonisten zum neuen „himmlischen Ort der Ideen" (MoE, 325).

Dagegen symbolisiert Arnheim als „Geist, der den Schatten der Dinge nicht kennt" (MoE, 574), Musils Kritik an Platon, der wie Arnheim der rationalen Sphäre des Geistes den Vorrang vor den sinnlich-wahrnehmbaren, schattenhaften Erscheinungen gibt. Legt Arnheim in seiner „Vereinigung von Seele und Wirtschaft" (MoE, 107) den Fokus auf die geistige Sphäre mit dem Ziel, „Geist in Machtsphären zu tragen" (MoE, 330), so strebt Ulrich eine Synthese der bei Platon voneinander getrennten Seinsbereiche der intelligiblen und der sinnlichen Welt an, weshalb er als Figur „mit Schatten und Sonnenschein" (MoE, 574) konzipiert ist. Damit entspricht Ulrichs Handeln dem von Musil in seinen Arbeitsheften explizierten Vorhaben, den „Dualismus der Ideenlehre" zu überwinden, um zu zeigen, dass „die Idee kein Abstraktum, sondern ein Lebensprinzip ist" (Tb I, 757).

2.1.2 Seelenlehre und Liebeskonstellationen

Unbestritten führt Diotima als „Seelenriesin" (MoE, 95) und „Antike mit einem wienerischen Plus" (MoE, 187) das platonische Seelengleichnis ad absurdum. Gleichzeitig lassen sich in der triadischen Figurenkonstellation (Diotima–Arnheim–Tuzzi) (vgl. Pekar 1989, S. 213) Anleihen zu Platons Dialog *Phaidon* finden, der die Seele als verbindendes Element zwischen dem sinnlich konnotierten Körper und der geistigen Sphäre der Ideen bestimmt. Als Repräsentantin der Seele ist Diotima zerrissen zwischen ihrem Ehemann Tuzzi, der das Moment des Sinnlichen verkörpert, und Arnheim, der der geistigen Sphäre zuzuordnen ist. Der Beziehungskonflikt Diotimas wird auf diese Weise als philosophisches Erkenntnisdilemma im Dualismus zwischen Körper und Geist lesbar. Gleichzeitig ruhen die „äußersten Flügelspitzen ihrer [i.e. Diotimas] Seele" immer „auf seinem [i.e. Arnheims] Gesicht" (MoE, 328); dies spricht für eine stärkere Ausrichtung der Seele auf die geistige Sphäre der Ideen. Gemäß der Anamnesis, dem Prinzip „Platos: Erkennen – Wieder erkennen" (Tb I, 148), kommt der Figur Diotima also nicht nur eine ironisierende, sondern auch eine erkenntnistheoretische Funktion zu.

2.1.3 Eroslehre und Geschlechtertausch

Im *Symposion* lässt Platon die fiktiven Teilnehmer des Gastmahls – auch den fiktiven Sokrates, der die Meinung der Priesterin Diotima wiedergibt – Reden über den Eros halten. Wenn Ulrich nun in Ermelinda Tuzzi eine „zweite Diotima" erkennt und sie „von diesem Tag an [...] in Gedanken [...] nach jener berühmten Dozentin der Liebe" (MoE, 92) benennt, ist dies als Verweis auf das platonische Eroskonzept zu deuten. Wie Neymeyr (2004, S. 405) hervorhebt, wird die platonische Erostheorie im Roman jedoch ironisch gebrochen, wenn sich in Diotima als „platonische[ ] Liebessonne" (MoE, 105) der „idealistische Habitus in einer prätentiösen Attitüde zur öffentlichen Selbstinszenierung" (Neymeyr 2004, S. 406) erschöpft. Ganz anders bei Agathe, deren Verweis auf den Mythos der Kugelmenschen (vgl. MoE, 903) die körperlich-sexuelle Verbundenheit zwischen ihr und Ulrich hervorhebt. Dass Ulrich von einem „Hermaphroditismus der Urphantasie" (MoE, 754) spricht, deutet ebenso auf einen Bezug zu Plutarchs Schrift *Über Isis und Osiris* hin (vgl. Perronnet 1983; Harzer 2004, S. 226). Der „spielerische[ ] Geschlechtertausch[ ]" (ebd., S. 232), den Musil aus Ovids *Metamorphosen* übernimmt und auf Agathe und Ulrich anwendet, kombiniert mit der „parasexuelle[n] Beziehung" (ebd., S. 227) zwischen den Zwillingen Isis und Osiris bei Plutarch, untermauere laut Friedmann Harzer die Existenz eines ‚anderen hermaphroditischen Zustandes' jenseits binärer Geschlechtskategorien (vgl. ebd., S. 234). (→ V.6 *Geschlechterrelationen*)

2.2 Mittelalter und Neuzeit

2.2.1 Mittelalter

Musil hat sich an Texten und Autoren des Mittelalters und der Frühen Neuzeit orientiert. Er rezipierte und exzerpierte nicht nur scholastisch und mystisch angelegte Texte (zu Meister Eckhart vgl. Kleemann 2008), sondern auch wissenschaftliche Studien zum Mittelalter, wie etwa von Konrad Burdach (*Die Entdeckung des Minnesangs und die deutsche Sprache*, 1918), Oskar Walzel (*Gehalt und Gestalt im Kunstwerk des Dichters*, 1925) oder Karl Werner (*Die Sprachlogik des Johannes Duns Scotus*, 1877) (vgl. Classen 1992, S. 146f.). Die Vielfältigkeit der Mittelalter-Rezeption Musils lässt sich darüber hinaus auch durch die Bezugnahme auf eine Vielzahl an Autoren belegen, deren intertextuelle Verarbeitung durch Musil weitgehend ein Forschungsdesiderat darstellt: Franz von Assisi (vgl. GW II, 1000; MoE, 66 u.a.), Dante Alighieri (vgl. Br I, 133; MoE, 986 u.a.), Nikolaus Cusanus (vgl. MoE, 1183 u.a.), Thomas von Aquin (vgl. GW II, 1383; MoE, 59 u.a.), Augustinus (vgl. Br I, 20; Tb I, 862, 882 u. 980; GW II, 1069 u.a.), Anselm von Canterbury (vgl. MoE, 527 u.a.), Leopold von Babenberg (vgl. MoE, 846 u.a.) und Wolfram von Eschenbach (vgl. MoE, 544 u.a.) sind entweder namentlich oder durch ihre Texte präsent (für eine differenzierte Auseinandersetzung vgl. Classen 1992, S. 147, 150, 158 u.a.).

In Musils Texten verbindet sich eine zeitgenössische Kritik an der Moderne mit einer kritischen Betrachtung des Mittelalters. Ulrich konstatiert im *MoE*: „Das Mittelalter glaubt [...] an Gespenster; später übersah man die Erscheinungen" (MoE, 1794). Einerseits geht es den Figuren im *MoE* darum, den „mystischen Bedürfnissen des modernen Menschen" (GW II, 793) nachzukommen, andererseits werden diese

Bedürfnisse und damit auch die Geltung mittelalterlich-religiöser Werte infrage gestellt. So heißt es im *MoE* kritisch, „daß sich [...] das nackte, aller überkommenen begrifflichen Glaubenshüllen entschälte, von den alten religiösen Vorstellungen losgelöste, vielleicht kaum noch ausschließlich religiös zu nennende Grunderlebnis des mystischen Erfaßtwerdens ungeheuer ausgebreitet" habe (MoE, 553). Albrecht Classen (1992, S. 162) sieht in der Überkreuzung zwischen dem einfachen, naturbezogenen Leben des Mittelalters und einer modernen, technisierten Welt eine Konfrontation der Protagonisten mit den „eigenen Zeitproblemen". So kontert Ulrich im *MoE* in den „Heilige[n] Gespräche[n]" (MoE, 746) das (Aus-)Lachen Agathes „mit der Frage [...], ob man wohl auch mit einem Kraftwagen auf ihm [i. e. dem heiligen Weg] fahren könnte!" (MoE, 751) Bereits im *Törleß* (1906) kommt es zu einem Changieren zwischen der Moderne, dem „warmen und hellen Leben der Lehrsäle", und dem durch die Kammer repräsentierten „vergessene[n] Mittelalter", das abseits der Vernunft „etwas anderes, Düsteres, Blutgieriges" beinhalte (GW II, 105). Die ambivalente Haltung zum Mittelalter äußert sich auch in Törleß, der eine „innere Zwiespältigkeit" (GW II, 42) empfindet, sobald er die Kammer betritt, während Beineberg mittelalterlichen Praktiken der Esoterik und Mystik zugeneigt ist. Dagegen strebt Törleß – wie viele der Musil'schen Figuren – ein ausgeglichenes Mischungsverhältnis aus Ratio und Mystik an, das von Musil sowohl als Ausgangspunkt der mittelalterlichen Philosophie als auch der Moderne bestimmt wird. (→ III.1.1 *Törleß*; VII.1 *Mystik*)

2.2.2 Neuzeit (Leibniz)

In Bezug auf die Philosophie der Neuzeit, die Musil als „gewaltige logische Denkbauten" (GW II, 1383) bzw. „Denksysteme[ ]" (KA, M VII/3/185) bestimmt, lässt sich belegen, dass er Descartes' *Discours de la méthode* (vgl. GW II, 929) sowie Ernst Cassirers Schrift *Descartes. Lehre, Persönlichkeit, Wirkung* (1939) (vgl. KA, H 10/107) zur Kenntnis genommen hat.

Die Rezeption der Leibniz'schen Texte ist sowohl durch ein mathematisch-technisches Interesse (vgl. KA, M IV/3/177 u. 181), als auch durch die Auseinandersetzung mit der *Theodizee* (1710) (vgl. GW II, 1077 u. 1317; MoE, 357) sowie der Monadenlehre (vgl. KA, M VI/1/13 u. 114 Voegelin-Exzerpt) geprägt. Musil hat den von Leibniz in Anknüpfung an Aristoteles formulierten Satz vom zureichenden Grund – wie Bouveresse (1995) darstellt – im *MoE* motivisch eingearbeitet. Während Leibniz davon ausgeht, dass nichts ohne zureichenden Grund geschieht, komme es im Roman zu einer „unmittelbare[n] Negation des Leibnizschen Prinzips" (ebd., S. 111), so dass die einzigen Dinge, die geschehen, nunmehr nach dem Prinzip des ‚unzureichenden Grundes', d. h. ohne jeglichen Grund geschehen. Da insbesondere die ‚Parallelaktion' – entgegen dem Leibniz'schen Axiom – laut Bouveresse bereits existiere, bevor sie inhaltlich durch die zu findende Idee bestimmt sei (vgl. ebd.), setze sie das Prinzip des zureichenden Grundes außer Kraft, was durch den Titel des Kapitels I/36, „Dank des genannten Prinzips besteht die ‚Parallelaktion' greifbar, ehe man weiß, was sie ist", expliziert wird (MoE, 135). Bei Leibniz ist jegliche Spontanität im Handeln und damit das Möglichkeitsdenken ausgeschlossen (vgl. Bouveresse 1995, S. 112); Musil dekonstruiert dessen philosophische Axiome und wandelt diese um (vgl. auch das Prinzip der ‚prästabilierten Disharmonie', MoE, 1207). Die ‚beste aller möglichen Welten' bei

Leibniz ist qua ihrer Geschaffenheit immer nur als begrenzt zu denken, während Musil zu dem Schluss kommt, dass die beste der Welten möglich, also realisierbar sei (vgl. Dahan-Gaida 1991, S. 76; Wolf 2011, S. 205f.).

2.3 Kant

In seinen Arbeitsheften schreibt Musil über seine Kant-Rezeption: „Ich habe Kant nicht zu Ende gelesen, aber ich lebe beruhigt weiter und fürchte nicht vor Scham sterben zu müssen, daß ein Anderer bereits die Welt restlos erfaßte." (Tb I, 12) Trotz dieses Selbstbekenntnisses, das bereits eine kritische Perspektive auf Kant offenlegt, kann davon ausgegangen werden, dass Musil mit den grundlegenden Thesen der drei großen Kritiken des Philosophen – zumindest aus zweiter Hand – vertraut war. Die Bezüge zu dem „ungeheure[n] Systematiker dieser Epoche [i. e. der Aufklärung]" (GW II, 1385) sind nicht nur im *MoE*, sondern auch im *Törleß* (1906), der *Skizze der Erkenntnis des Dichters* (1918) sowie in *Der deutsche Mensch als Symptom* (1923) zu finden (vgl. Karthaus 1981, S. 113–115; Strutz 1984, S. 11f.; Söder 1993/94, S. 44, Anm. 1 u. 2); eine differenzierte Analyse derselben steht jedoch noch aus. Kants erkenntnistheoretische Implikationen werden in den Texten Musils zugleich kritisiert und poetologisch anwendbar gemacht, während seine rigoristische Auffassung von Moral bei Musil in eine ironische Relativierung des Sittengesetzes mündet.

2.3.1 Erkenntnistheoretische Implikationen

Im Zentrum der kantischen Theorie stehen die Gegenstände *möglicher* Erfahrung, denn solche sind, anders als Gegenstände wirklicher, empirischer Erfahrung, nicht begrenzt. Diese Fokussierung Kants auf das Mögliche im Unterschied zum Wirklichen, der Versuch, auf der Grundlage von Erfahrung Erkenntnis vor aller Erfahrung (*a priori*) zu ermöglichen, könnte Musil – neben den offensichtlichen Bezügen zu Ernst Mach – ein Anstoß für seine Konzeption des Möglichkeitssinns sowie des ‚anderen Zustands' gewesen sein. (→ VII.4 *Möglichkeitssinn u. Essayismus*; VII.2 *Anderer Zustand*) Problematisch ist für Musil dagegen die theoretische Ausrichtung auf die Grenzen der menschlichen Vernunft, die bei Kant zwar von der Vernunft selbst überschritten werden, das ‚Ding an sich' aber aus dem Bereich des Erfahrbaren ausschließen. In Abgrenzung zu Kant stellt Musil klar: „Die Erscheinungen sind genau so real wie die Dinge an sich" (KA, M VII/13/9). Die von Kant durchgeführte strikte Trennung zwischen sinnlich-erfahrbarer Welt und transzendentalem ‚Ding an sich' wird von Musil aufgelöst. Ihm geht es nicht um Erkenntnisse *vor aller Erfahrung*, sondern um solche, die *über die Erfahrung hinausgehen*, so dass es ein ‚Ding an sich' in Musils Argumentationslinie nicht geben kann: „Kants Ding an sich" habe „ungeheuer geschadet" (KA, M VII/11/24), wenn es darum geht, einen metaphysischen Zugang zur Welt zu erhalten. Vor diesem Hintergrund ist auch die Abneigung der Figuren – sowohl Törleß' als auch General Stumm von Bordwehrs im *MoE* –, Kant zu lesen, als Kritik an der Fokussierung des Denkers auf die Grenzen der Erkenntnis zu verstehen. Der Konflikt Musils mit Kants theoretischer Philosophie ist der Figur Törleß implizit durch dessen ‚Verwirrungen' in Bezug auf die Mathematik eingeschrieben. Törleß' Beobachtung, dass es sich in der Mathematik um Begriffe handelt, die zunächst nur in der Vorstellung vorhanden sind, deckt sich mit Kants Erkenntnis in der

Kritik der reinen Vernunft, dass „Gedanken ohne Inhalt [...] leer" seien (Kant 1998, S. 130). Erkennen ist demnach für Törleß, der hier die Position Kants reflektiert, nur möglich, wenn ein Gegenstand sowohl als Begriff als auch in Form einer empirischen Erfahrung existiert. In der Hervorhebung der Notwendigkeit sinnlicher Erfahrungen stimmt Musil mit Kant nicht nur überein, sondern geht über die Prämissen des Philosophen hinaus. Die Beschäftigung mit dem Unendlichen als eine der drei kantischen transzendentalen Ideen führt Törleß schließlich an die Grenzen der Vernunft und deutet gleichzeitig auf die Überschreitung derselben hin. Die Vernunft nach Kant verstrickt sich in Selbstwidersprüche, wenn sie ihre eigenen Grenzen überschreitet.

2.3.2 Ironische Relativierung des kantischen Sittengesetzes

Bei dem „Renommierband Kant", den der Mathematiklehrer Törleß zeigt, handelt es sich um die *Kritik der praktischen Vernunft* (1788): „Sehen Sie dieses Buch, das ist Philosophie, es enthält die Bestimmungsstücke unseres Handelns." Indem der Lehrer Törleß zugleich gemäß der *Kritik der reinen Vernunft* (1781) auf die „strengen Grenzen des Verstandes" verweist, verbindet er die praktische Philosophie mit der Mathematik und der Erkenntnistheorie. Gleichzeitig betont er die Notwendigkeit des Glaubens, d. h. einer unhinterfragten Akzeptanz dieser „mathematische[n] Denknotwendigkeiten", die das Handeln determinieren und „eben alles bestimmen" (GW II, 77; vgl. Söder 1993/94, S. 32). Dass Törleß die Lektüre Kants nicht fortsetzt, impliziert eine Kritik an dessen praktischer und theoretischer Philosophie, die keine am konkreten Leben orientierte Handlungsanweisung liefere, sondern lediglich aus ‚Denknotwendigkeiten' bestehe. Wenn Törleß Kant im Traum als „wutzlige[s] kleine[s] Männchen" sieht, stellt dies eine Ironisierung bei gleichzeitiger Relativierung der Philosophie Kants dar. Resümierend kommt Törleß zu dem Schluss, dass „er in seiner Sinnlichkeit [...] etwas hatte", dass das Denken solch „gescheite[r] Männchen" nicht nur übersteigt (GW II, 87), sondern zudem dessen ‚Denknotwendigkeiten' und damit auch die Grundlegungen des moralischen Handelns außer Kraft setzt. (→ III.1.1 *Törleß*) In Musils Texten wird die kantische Philosophie ihres eigentlichen Kontextes sowie ihrer Funktion enthoben, in den Prämissen umgedeutet und entfremdet, so dass die philosophische Theorie innerhalb des Musil'schen Œuvres zum literarischen Motiv avanciert.

2.4 Klassik (Goethe, Schiller)

Musils Rezeption der deutschsprachigen Weimarer Klassik steht weniger unter dem Signum der bewundernden Nachfolge oder kritischen Abgrenzung als vielmehr im Zeichen der Kritik an der zeitgenössischen Klassik-Rezeption, speziell des „Goethekult[s]" (GW II, 1230; vgl. GW II, 1349). Bemerkenswert ist die Häufigkeit der den ‚Olympier' betreffenden Belege (vgl. Müller 1971, S. 152; Düsing 1991, S. 260f.). Neben markierten und unmarkierten inhaltlichen Assimilationen lassen sich überdies zahlreiche sprachlich-stilistische Übernahmen, zum Beispiel aus Goethes *Dichtung und Wahrheit* (1811–1833) nachweisen (vgl. KA, H 34/17–20). Zu unterscheiden ist zum einen der Transfer von Zitaten und Figurenkonstellationen (vgl. „Nimm einen Menschen, der nur von/in Göthezitaten leben/sprechen würde. Oder wie G.[oethe] schreiben", KA, M II/1/274). Zum anderen übt Musil Kritik am Klassiker-Kult; so findet sich in den Arbeitsheften unter den projektierten „20 Werke[n]" folgender Entwurf: „Satyre auf konservative Idee: Die Götheinsel. Eine Insel, auf der lauter Göthemanen wohnen, die sich in allem und jedem nach Göthe richten." (KA, H 8/58; vgl. Düsing 1991, S. 272; Belobratow 2011)

2.4.1 Transfer von Zitaten und Figurenkonstellationen

Vor allem in Bezug auf den *MoE* sind bereits eine Reihe von intertextuellen Referenzen auf *Wilhelm Meisters Lehrjahre* (1795/96) herausgearbeitet worden: Dazu gehört auch die Übereinstimmung des Auftritts von Bonadea im Kapitel I/7 zu Wilhelms erster Begegnung mit der ‚schönen Amazone' im IV. Buch des Goethe-Romans (vgl. Düsing 1991, S. 261–263; Wolf 2011, S. 826–837). Bereits die Überschrift des Kapitels I/25, „Leiden einer verheirateten Seele", stellt eine explizite Referenz auf das VI. Buch der *Lehrjahre*, die „Bekenntnisse einer schönen Seele", her. Dieses „Spiel mit der Tradition" (Düsing 1991, S. 263) wird ergänzt durch „die parodistische Wiederaufnahme klassischer Themen und Motive im Handlungszusammenhang und in der Figurenkonstellation." (ebd., S. 264f.) So zitieren im *MoE* nicht Ulrich, sondern die ihm intellektuell unterlegenen Figuren Walter, Diotima und der Pädagoge Lindner „immer wieder Goethe" (ebd., S. 264), denn offenbar wird nicht nur in Deutschland, sondern auch in ‚Kakanien' „viel Goethe zitiert." (MoE, 191) Nach Gerhard R. Kaiser reicht die „[k]leine Typologie der Goethe-Rezeption" im *MoE*

> vom sinnentstellenden *Faust*-Zitat von Fischels Frau über Lindners zweifelhaften Rekurs auf die *Wanderjahre* und Walters feige Bescheidung, die er mit der *Metamorphose der Tiere* rechtfertigen möchte, zu Arnheims fragwürdiger Synthese von Denken und Tun und weiter zu Ulrichs Reflexionen über den Zusammenhang von Lehren und Leben. (Kaiser 1972, S. 94f.)

Vor allem ist in diesem Zusammenhang der ‚Großschriftsteller' (eine Wortneuschöpfung Musils) Arnheim zu nennen, dessen Goethe-Zitationen ihn als synthetisches Konglomerat aus Goethe, Walther Rathenau und Thomas Mann ausweisen. Arnheim sieht sich in der „Goethenachfolge" (Düsing 1991, S. 268), d.h. als Vertreter eines „Goethesche[n] Prinzip[s] des Wirkens" (MoE, 430): „Goethe! – Er war ein Genie [...], aber er war auch der geadelte Sohn einer deutschen Kaufmannsfamilie [...], der allererste Großschriftsteller, den diese Nation hervorgebracht hat." (MoE, 433; vgl. Düsing 1991, S. 267f.) Die Adoption Solimans durch Arnheim (vgl. MoE, 97) weist zudem deutliche intertextuelle Referenzen auf jene Mignons durch Wilhelm auf (vgl. Düsing 1991, S. 265). Im Kapitel II/23, „Bonadea oder der Rückfall", wird die Figurenkonstellation Arnheim/Ulrich–Diotima–Bonadea auf der Folie Goethe–Frau von Stein–Christiane Vulpius reflektiert (vgl. ebd., S. 266f.). Laut Düsing beruht „[d]er komische Effekt dieser Selbststilisierung, mit der das Goetheverständnis der bürgerlichen Gesellschaft um die Jahrhundertwende ironisiert wird, [...] darauf, daß der Erzähler die Inkongruenz von Vorbild und Nachfolge" (ebd., S. 265f.) – also die Differenz – betont.

Explizit ist die Bezugnahme Musils auf Goethes *St. Nepomuks Vorabend* in *Literat und Literatur* (1931; vgl. GW II, 1212; Thöming 1974, S. 153–156 u.a.). Günther Martin (1991/92, S. 210–214) hat zudem Musils *Fliegenpapier* aus dem *Nachlaß zu Lebzeiten* auf Goethes Gedicht *Fliegentod* bezogen (vgl. bereits Lange 1976, S. 459f.).

In der Forschung wurde bislang vor allem auf die kritisch-ironisierende Nachfolge der Bildungsroman-Tradition (s. hierzu u. a. die Nachlassnotiz zum „[i]ronische[n] Bildungsroman", KA, M II/8/155 u. V/3/7, sowie zur Meister-Nachfolge GW II, 1232, u. KA, M III/5/19) verwiesen. Neben Untersuchungen zur ‚Assimilation' des *Wilhelm Meister* (vgl. Jacobs 1972; Karthaus 2001 u. a.) liegen auch vergleichende Studien zu *Die Leiden des jungen Werthers* (vgl. Mix 2001), den *Wahlverwandtschaften* (vgl. Mehigan 2012) und *Faust* (vgl. Kaiser 1972, S. 94; Kovács 1993 u. 1999; Karthaus 2001) vor. Ob Musil Goethe als „grosse[n] naive[n] Künstler, als die ‚schöne Seele' bestimmt hat" (Müller 1971, S. 156), erscheint dagegen fraglich (vgl. Turk 2005, S. 516). Weder ist Wolfgang Leppmanns (1962, S. 77) Einschätzung zuzustimmen, dass sich Musil zwar lebenslang, aber „nie sehr intensiv" mit Goethe beschäftigt habe, noch der Martins (1991/92, S. 212), der vom „sich tief unter Goethe fühlende[n] Musil" spricht. Dagegen kann mit Wolfgang Düsing (1991, S. 273) von einer „sehr differenzierte[n], indirekte[n] Auseinandersetzung [Musils] mit Goethe und der Klassik" ausgegangen werden.

Nach Matthias Luserke (1987), der eine „intensive Schiller-Lektüre" Musils in den 1920er Jahren annimmt (vgl. Tb I, 495–499) und im Textfragment „Das Gute in der Literatur" zahlreiche Schiller-Zitate nachweist (vgl. KA, M I/6/119), bleibt die „exakte Klärung der Bedeutung Schillers für Musil Desiderat." (Luserke 1987, S. 59) Musils Schiller-Rezeption (zum ‚anderen' vs. ‚ästhetischen Zustand' vgl. Turk 2005) inkl. des Konzepts der ‚schönen Seele' scheint wiederum weniger auf ein intensives Studium von *Über Anmut und Würde* (1793) als vielmehr auf das Exzerpt von Ellen Keys *Die Entfaltung der Seele durch Lebenskunst* (1905) zurückzugehen (vgl. KA, H 11/15). Im *MoE* wird die intertextuelle Galionsfigur Diotima mit Maurice-Maeterlinck- und Ellen-Key-Zitaten gespeist. Schiller, als „[e]influßreicher als der tiefere, aber nicht so eindeutige Göthe" eingestuft (KA, M VI/2/20), wird von Musil weniger in seine eigenen Texte assimiliert bzw. eingearbeitet als Goethe, in der veröffentlichten Fassung des *MoE* als explizite Referenz sogar wieder getilgt. Zwar zitiert in den Vorstufen die ‚goetheïde' (vgl. KA, H 21/7) Figur Arnheim immer noch „[a]us der unterdrückten Vorrede zu den Räubern" (MoE, 646); gestrichen sind dagegen jene Passagen, in denen Leo Fischel Schiller umdichtet (vgl. KA, M II/1/100) und Moosbrugger das Schiller-Zitat „Das Leben ist der Güter höchstens nicht", das er „von Dr. Pfeifer gehört" hat, „recht gut" gefällt (KA, M, Mappen Vortrag, 134 u. a.). Vor dem Hintergrund der zerstückelten Hedwig und seines eigenen Todesurteils gewinnt das Schiller-Zitat dabei ironisch-sarkastische Polyvalenz.

2.4.2 Kritik am Klassiker-Kult

Die Kritik an der Klassik ist – wie im Fall der „personifizierenden Romantik" (KA, M VI/2/9) – zunächst eine Kritik am personifizierten Klassiker-Kult eines bildungsbürgerlichen bzw. „biedermeierlichen Goethe-Verständnisses" (Kaiser 1972, S. 97). So erinnert sich die Ulrich-Figur im *MoE* „daran, daß Goethe einen überlebensgroßen Gipskopf der Juno in sein Zimmer gestellt hat. Beängstigend fern kam ihm diese Vorliebe vor: was einst blühende Idee gewesen, war seitdem zu einem toten Klassizismus eingegangen." (MoE, 770) Die Ideale der Goethe-Zeit haben sich überlebt. Angesichts der diffusen metaphysischen Situation in der Moderne sei es „zwecklos, ja zweckwidrig, zu verlangen, dass wir zum Humanitätsideal der Klassik, Herder, Kant usw. zurückkehren." (KA, M IV/3/333) Die Zeit der Klassik wird jedoch hinsichtlich der gattungsmäßigen (bzw. ‚architextuellen', vgl. Genette 1993, S. 13f.) Intertextualität als „eine Zeit der Versuche" gewürdigt: „In dieser Zeit wurden mit Eifer antike, persische, arabische, provencalische, spätlateinische, englische, italienische, spanische Formvorbilder importiert, um mit ihnen eine heimische Form für die heimische Bewegtheit zu finden." In diesem Zusammenhang, dem „Finder- und Erfinderglück", konstatiert Musil einen „Übergang von der Klassik zur Gegenwart" (GW II, 1231f.), wobei die Klassik „nicht durch Göthe erledigt" sei, sondern vielmehr „ungeheure Arbeitsfelder" eröffne, auf deren Grundlage „man alles neu macht" und zu diesem Zweck von dem „stets fremden Körper" der Klassik „je nach Erkenntniskräften ein Stück [...] losschlägt." (GW II, 1318) Nicht als überkommenes bürgerliches Bildungsideal, nicht als Inhalt und nicht als Form, sondern als unerschrockener, formale Traditionen und Gattungsgrenzen überschreitender (Experimentier-)‚Geist' ist die Klassik für die Moderne bei Musil nach wie vor Vorbild. Als „geistige[s] Abenteuer[ ]" (an Viktor Zuckerkandl, 1.11.1939, Br I, 930) „ruht" auf ihr, wie es in *Der Dichter in dieser Zeit* (1934) heißt, „vielleicht die Zukunft unserer Kultur." (GW II, 1251)

2.5 Romantik (Novalis, Schlegel, Kleist)

Bereits die zeitgenössische Rezeption stellte Musils *MoE* in den Traditionszusammenhang der Romantik (vgl. KA, Bibliographie, Zeitgenössische Rezensionen: Dr. C. A. W.: o.T. In: Hannoverscher Anzeiger, 19.12.1930; Herbert Burgmüller: Zur Ästhetik des modernen Romans. In: Das Silberboot, April 1936). Doch während bereits Jochen Hörisch (1975, S. 355) Musils Rezeption der Frühromantik mit Hinweis auf die Untersuchungen von Gerd Müller (1968), Wolfgang Freese (1970) und Marie-Louise Roth (1972) für „gut belegt" erachtet, hält Manfred Frank (1983) auch zehn Jahre später Musils „frühromantische[ ] Lektüren" für noch „kaum erforscht" und verweist neben den markierten Zitaten auf Texte von Novalis, Friedrich Schlegel, Franz von Baader, Ludwig Tieck und Schelling auch auf die „oft unausdrücklichen oder versteckten Anspielungen" (ebd., S. 330), d.h. unmarkierten Referenzen Musils auf die Frühromantiker. Richard David Precht (1996) spricht in Bezug auf Musil von einer „Wiederholung des diskursenzyklopädischen Programms der Frühromantik" (ebd., S. 193): „Die Parallelen in der ästhetischen Konzeption der ironischen Relativierung alles Geltenden zwischen Musil und der frühromantischen Programmatik sind unübersehbar" (ebd., S. 192). Dies betrifft „[d]ie Gemeinsamkeiten beider Programmatiken, enzyklopädischer Anspruch, anthropologisches Interesse, diskursive Entgrenzungsstrategien, [...] Intertextualitätskonzept, Vergleichbarkeiten der ästhetischen Funktion von Ironie" (ebd., S. 142). Nach Precht realisiert Musil „gerade dadurch, daß er das frühromantische Programm bei der Wahl seiner Schreibstrategien wiederholt [...], dessen zentrale Implikation eines intertextuellen Zusammenhangs alles Geschriebenen, das sich in ständiger Auseinandersetzung wechselseitig interpretiere." (ebd., S. 193) Die *Wiederholung* des fremden Textes im eigenen birgt zugleich auch die Frage nach der *Differenz* der Musil-Texte zu den (früh-)romantischen Prätexten. Musil versucht, die Romantik metaphysisch zu ‚entkernen', indem er hinter dem Begriff, der ‚historischen Fassade' der Romantik, ein modernes Konzept entwickelt, welches kein Ganzes, kein in sich geschlossenes philosophisches System, keine systematische Ästhetik bildet, sondern aus vielen fragmentarischen Textsplittern besteht. Emphatisch formuliert, besteht die Musil'sche ‚Vollendung' der (Früh-)Romantik in der Fortschreibung des Fragmentarisch-Unvollendeten.

Musils Novalis-Lektüre ist durch Ricarda Huchs *Blütezeit der Romantik* (1899) vermittelt und lässt sich im Fall des *Heinrich von Ofterdingen* auf das Jahr 1905 (bei den *Fragmenten* sogar auf 1899) zurückführen (vgl. KA, H 11/16; Tb I, 147; Arntzen 1982, S. 78; KA, Zeitleiste). Noch im Dritten Teil des *MoE* kommt dem „Satz des Novalis", „‚Was kann ich also für meine Seele tun, die wie ein unaufgelöstes Rätsel in mir wohnt? Die dem sichtbaren Menschen die größte Willkür läßt, weil sie ihn auf keine Weise beherrschen kann?'" (MoE, 857), in Bezug auf die Agathe-Figur leitmotivische Qualität zu. Wilhelm Bausinger (1964, S. 595f.) hat nachgewiesen, dass die zitierte Textstelle allerdings nicht Novalis' *Fragmenten/Aphorismen*, sondern vielmehr Tiecks Briefroman *Geschichte des Herrn William Lovell* (1795/96) entnommen wurde. Offenbar ist Musil bei der Romantik ähnlich wie bei der Mystik (vgl. Goltschnigg 1974) „in die Lehre" gegangen (Tb I, 139). An anderer Stelle schreibt Musil ein Novalis-Zitat Hölderlin zu (vgl. Tb I, 363; Klimbacher 1997, S. 360). Auch die Lektüre Schlegels lässt sich nicht direkt belegen; zwar liegt ein Exzerpt aus Schlegels *Kritischen (Lyceums-)Fragmenten* (1797) vor (vgl. KA, M VI/1/4), da die Reihung der zum Teil (stark) gekürzten Aphorismen jedoch nicht der Nummerierung der Textvorlage folgt, ist wohl davon auszugehen, dass Musil auch Schlegel (zumindest bis in die 1920er Jahre) aus zweiter Hand abgeschrieben hat.

2.5.1 Das Konzept des Senti-Mentalen

Zentral für Musils Rezeption der Frühromantiker ist das Konzept des Senti-Mentalen, einer Verbindung von Fühlen und Denken, Unbewusstem und Bewusstem, Körper und Geist. Zu Beginn des 20. Jahrhunderts werde, so Musil, „[e]ine dualistische Praktik", eine „Kultur des Körperlichen", Sexualität und Sport betrieben, „um das Geistige zu entlasten." (Tb I, 139) So seien die zeitgenössischen Modernen („weder punkto sentio noch punkto mens") den „Romantiker[n] aus der Jenenserzeit", von Musil „als sentimentale Genußmenschen" gekennzeichnet, zwar durchaus gewachsen, in der *Verbindung* beider Bereiche sei in den letzten 100 Jahren gegenüber den ‚Jensern' „[i]n der Durchgeistigung der Sinnlichkeit" aber „noch wenig geleistet worden." (Tb I, 140; vgl. Aue 1982, S. 127) Musil macht es – in der Nachfolge Novalis' – zu seinem Projekt, das Gefühl, das Unbewusste, die Seele in den zeitgenössischen (natur-)wissenschaftlichen Diskurs zu reintegrieren und zugleich die Dichtkunst zu reintellektualisieren. Dabei avanciert Novalis zum Paradigma einer spezifischen Erkenntnisform bzw. -art, die Denken und Fühlen verbindet und die Dichotomie von *res cogitans* und *res extensa* unter den Bedingungen der Moderne in einem Konzept von ‚Übersinnlichkeit' (vgl. Müller 1968, S. 266) bzw. „Überrationalismus" (GW II, 1050) und Metareflexion zu überwinden versucht.

2.5.2 Romantische Ironie und romantische Liebe

Dass in Musils Œuvre Formen „nachromantischer Ironie" vorliegen, hat bereits Götz Müller (1972, S. 11) herausgestellt. Durch formale Montage, „Zitate[ ] zeitgenössischer Schriftsteller" bzw. Diskurse, „die aktiv oder passiv das Bewußtsein einer [...] Epoche bildeten", werden „die Philosopheme der Lebensphilosophie und Neuromantik ironisiert und ideologiekritisch im Medium der Fiktion reflektiert." (ebd., S. 41) Bezieht Hans-Georg Pott (1984, S. 149) Musils Ironie auf Adornos Kategorie der „Nichtidentität", so spricht Precht (1996, S. 189) Musil eine „Ironie der différance" zu. In einer Nachlassnotiz von 1932 hat Musil für seine Form nachromantischer Ironie den Terminus „konstruktive Ironie" geprägt, der dem Konzept der ‚Ironie der Ironie' bzw. ‚romantischen Ironie' durchaus entspricht. Diese Ironie ist nicht *über* den Dingen stehend, destruktiv, sondern selbstreflexiv und (retro-)perspektivisch konstruiert: „Ironie ist: einen Klerikalen so darstellen, daß neben ihm auch ein Bolschewik getroffen ist. [E]inen Trottel so darstellen, daß der Autor plötzlich fühlt: das bin ich ja zum Teil selbst." (KA, M II/1/65) (→ VIII.2 *Ironie u. Satire*)

Im *MoE* findet das Sem ‚romantisch' bzw. ‚Romantik' ausschließlich ironisch im Sinne von ‚nicht sachlich' bzw. ‚nicht realistisch' Verwendung. Auch Novalis wird der Musil'schen ‚konstruktiven Ironie' unterworfen, wenn es in Bezug auf die Diotima-Figur in einer Synthese aus Platons *Symposion*, Wielands *Agathon*, Schlegels Aufsatz *Über die Diotima*, Hölderlins *Hyperion* sowie Ulrichs figuraler ‚Männerfantasie' (vgl. Theweleit 1977) heißt:

> Es mag sein, daß einstmals etwas Ursprüngliches in Diotima gewesen war, eine ahnungsvolle Empfindsamkeit, damals eingerollt in das dünngebürstete Kleid ihrer Korrektheit, was sie jetzt Seele nannte und in der gebatikten Metaphysik Maeterlincks wiederfand, in Novalis, vor allem aber in der namenlosen Welle von Dünnromantik und Gottessehnsucht, die das Maschinenzeitalter als Äußerung des geistigen und künstlerischen Protestes gegen sich selbst eine Weile lang ausgespritzt hat. (MoE, 103)

Der ‚seelische Ursprung' wird zum Textzitat und zur Kritik zeitgenössischer (post-)romantischer Ideologeme. Nicht nur Diotima und Novalis, sondern zugleich auch die Utopie des ‚anderen Zustands' sind hier wechselseitig, d. h. konstruktiv, ironisiert.

Auch das Konzept romantischer Liebe fällt im *MoE* einer doppelten ironischen ‚Potenzierung' anheim: zum einen als „letzte Liebesgeschichte" der beiden „[l]etzte[n] Mohikaner" (MoE, 1094) bzw. „Romantiker der Liebe" (MoE, 1902), Ulrich und Agathe. Zum anderen wird auch die Figuration der zutiefst senti-mentalischen bzw. romantischen Utopie einer inzestuösen Liebe des Geschwisterpaars Ulrich und Agathe in eine mystische „Diskurserotik" (Eisele 1979, S. 189; vgl. Liebrand 1997, S. 314; Schmaus 2000, S. 130–134) überführt und zudem in den beiden Parallelfiguren Arnheim und Diotima parodiert. Musil ist also keineswegs selbst ein Romantiker (vgl. Karthaus 2000, S. 266), sondern vielmehr ein Dichter-Ingenieur, der die romantische Ironie wie Selbstreflexion konstruktiv gegen sich selbst, die Romantik wie deren Rezeption in der Moderne i. e. S. richtet.

2.5.3 Essayismus und progressive Universalpoesie

Das Konzept der progressiven Universalpoesie ist eng liiert mit dem Essayismus als Erkenntnis- und Darstellungsform. Im Essayismus verbinden sich zum einen die (selbst-)kritische Funktion innerhalb der Literatur und zum anderen die Kritik der Literatur, welche dieselbe weiterschreibend vollendet (vgl. Nübel 2006). (→ VII.4 *Möglichkeitssinn u. Essayismus*) Vor allem im ersten der beiden 1926 in *Die Literarische Welt* erschienenen Essays *Bücher und Literatur* entwickelt Musil eine

Vorstellung von Kritik weiter, die in Anlehnung an das frühromantische Konzept der progressiven Universalpoesie als eine der Literatur immanente selbstreflexive Funktion verstanden werden kann. So heißt es in impliziter Referenz auf Schlegels 53. *Athenaeums-Fragment*, Kritik besitze „ein System [...], welches zugleich wandelbar und fest ist." Kritik entstehe „durch ein Kreuz und Quer, [...] letzten Endes durch die kritisierten Bücher selbst". Auch für Musil ist Kritik nicht der Literatur äußerlich, sondern dieser immanent: „Kritik in diesem Sinn ist nichts über der Dichtung, sondern etwas mit ihr Verwobenes." (GW II, 1169f.) (→ III.2.4 *Literatur- u. Theaterkritik*)

2.5.4 Berliner Romantik und Spätromantik

Eindeutige Belege, dass Musil, der Kleist-Preisträger des Jahres 1923, Kleists Dramen, Erzählungen oder Essays gelesen hat, gibt es weder in seinen zu Lebzeiten veröffentlichten Texten noch im Nachlass (vgl. jedoch das Notat: „Kleist: ‚Marquise von O'", KA, M IV/3/123). Birgit Nübel (2014; vgl. Sokel 1970) hat gezeigt, wie sich in Musils metanarrativer *Tonka*-Novelle das ‚prägnante Moment' einer rätselhaften Schwangerschaft thematisch und strukturell mit Kleists Novelle *Die Marquise von O...* (1810) verbindet. Die männliche Reflektor-Figur in *Tonka* liest am Sterbebett seiner Großmutter allerdings nicht Kleist, sondern „die Tagebuchfragmente von Novalis" (GW II, 279 u. 281). Und auch der Figurenname des ‚Hausfreundes' der Mutter, „Onkel Hyazinth" (GW II, 282), ist Novalis' Märchen von „Hyacinth und Rosenblüthe" aus *Die Lehrlinge zu Sais* (1798/99) entnommen. Die „blauen Redeblümlein" (MoE, 432) der romantischen Textvorlagen, die Musil in die Figurenrede und den Erzählerdiskurs seiner literarischen Texte einflicht, dienen hier der Fiktionalisierung, Verhüllung (‚Enigmatisierung') sowie der literarischen Verarbeitung eigener (Rezeptions-)Verhältnisse.

Konstitutiv für Musils Romantik-Rezeption ist – neben dem Zitat aus zweiter Hand – die Ironisierung der Formen des (Post-)Romantischen zu Beginn des 20. Jahrhunderts. Dies zeigt sich sowohl in der ironisierenden Kritik an einer „romantisch-klassizistischen Lebensabgewandtheit" (*Literat und Literatur*, GW II, 1216) als auch an der „romantische[n] Verneinung des städtischen Selbst" (*Bücher und Literatur*, GW II, 1171) bzw. im ‚romantischen Kitsch'. An *Wer hat dich, du schöner Wald ..?* (1927/1936) lässt sich das Verfahren der konstruktiven Ironie bzw. Dekonstruktion romantischer Ideologie im ersten Drittel des 20. Jahrhunderts exemplarisch nachvollziehen (vgl. Kaiser 1972, S. 92–94; Wolf 2008, S. 209). Die Wiederholung des romantischen Textes im Zitat ist Teil einer Potenzierungs- und Ironisierungsstrategie *nach* der Romantik, nicht nur im zeitlichen, sondern auch im selbst- bzw. metareflexiven Sinn.

2.5.5 Musils Kritik der Romantik

Musils Position gegenüber der Romantik lässt sich als Kritik der Romantik bestimmen. Sie richtet sich – nach der ersten emphatischen Romantik-Rezeption aus zweiter Hand um die Jahrhundertwende – spätestens seit dem Ende des Ersten Weltkriegs gegen Formen zeitgenössischer Romantik, die Musil im Sinne Karl Mannheims als Ideologie bestimmt. Mag sich die fiktive Ulrich-Figur als ein ‚freischwebender Intellektueller' auch ironisch bis gleichgültig verhalten – der textexterne Autor Musil bezieht in seinen Essays nach 1914 geradezu überraschend eindeutig eine ideologiekritische Position, indem er beispielsweise in *Der deutsche Mensch als Symptom* (1923) den „ungeheuren geistigen Romantizismus, der aus der Gegenwart in alle Vergangenheiten flüchtet, um dort die blaue Blume der seelischen/einer verlorenen Sicherheit zu finden" (KA, M VII/11/34), als ‚Rückfall' bzw. „Versuche rückwärts einen Halt zu finden" (GW II, 1365) entlarvt. In *Zivilisation* (1925) beanstandet Musil nationalstaatliche Ideologien wie kriegerische Lösungen territorialer nationalstaatlicher Streitfragen als „Rest europäischer Romantik" (GW II, 677). Die deutschnationale Idee, die Ideologie einer österreichisch-ungarischen „Kulturlegende" (*Der Anschluß an Deutschland*, 1919, GW II, 1040), den Nationalismus – sei es nun der „unbefriedigte Staats-Spieltrieb der Tschechen" oder die „Erlösungsidee der ‚unerlösten' Italiener" – hält Musil allesamt für „sentimentale[ ] Romantik" und plädiert für einen modernen Staatenbund (GW II, 1036). (→ V.4 *Politik u. Ideologie*) Aufs Schärfste wird jedoch die Vereinnahmung der Romantiker durch die Nationalsozialisten kritisiert, wenn Musil beispielsweise im Nachlassfragment *Bedenken eines Langsamen* (1933) den „heutigen Deutschen" als „Romantiker" (GW II, 1424) kennzeichnet.

Den Einschätzungen von Hartmut Böhme und Ulrich Karthaus ist folglich zu widersprechen: Weder bedient sich die Musil'sche Kulturkritik „[r]omantische[r] Muster" (Böhme 1974, S. 55) – sie *dekonstruiert* diese vielmehr – noch ist Musil ein Romantiker (vgl. Karthaus 2000, S. 267). Musil *ironisiert* die Romantik, er *kritisiert* die ästhetischen und politischen (Post-)Romantiken seiner Zeit – und er spricht sich aus für eine ‚technische', ästhetische wie politische ‚Mischung', in der die ‚Mentalität' gegenüber dem ‚Sentimentalischen' überwiegt.

2.6 Emerson, Maeterlinck

Die Rezeption und textuelle Referenz Musils auf Ralph Waldo Emerson und Maurice Maeterlinck kann seit den ersten Hinweisen von Renate von Heydebrand (1966), der Darstellung Kaisers (1972, S. 106–114) sowie den ausführlichen Kommentaren Frisés 1976 (Tb II) und der *Klagenfurter Ausgabe* (KA) als gut erforscht gelten (vgl. auch Müller 1971; Hickman 1980a u. 1980b; Howes 1985 u. 1989; Thomä 2000 u. 2006; Griesecke 2006; Fanta 2011 u. a.). Laut Kommentar der KA konzipiert Musil

> [u]nter dem Einfluss erster Lektüren (Nietzsche, Novalis, Dostojewski, Emerson, Maeterlinck, Altenberg) [...] spätestens Anfang 1900 einen essayistischen Ich-Roman mit dem Titel *Blätter aus dem Nachtbuche des monsieur le vivisecteur* [...]. Die Notizen und Überlegungen zu Nietzsche und Emerson [...] bilden ein essayistisches Projekt mit dem Titel ‚Sensitives Skizzenbuch/Skizzenbuch eines Sensitiven'. (KA, K 16, Frühe Hefte, Textgenese)

Der im Kapitel I/10 des *MoE* zitierte ‚aphoristische Kernsatz' (vgl. Kaiser 1972, S. 143) „von Emerson, der über jeder Werkstätte hängen sollte: ‚Die Menschen wandeln auf Erden als Weissagungen der Zukunft, und alle ihre Taten sind Versuche und Proben, denn jede Tat kann durch die nächste übertroffen werden!'", expliziert ironisierend die intertextuelle Strategie des Autors: „Genau genommen war dieser Satz sogar von Ulrich und aus mehreren Sätzen von Emerson zusammengestellt." (MoE, 38) Immer wieder – in seinen literarischen Texten, in den Essays und Arbeitsheften – zitiert Musil Emerson (*Kreise*, 1902; *The Conduct of Life*, dt. *Lebensführung*, 1901;

The Poet, dt. *Der Dichter*, 1902; vgl. Frisés Kommentar in Tb II, 25, 78, 104, 760 u.a.) und Maeterlinck (*Der Schatz der Armen*, 1898; *Das Leben der Ameisen*, 1901; vgl. Frisé in Tb II, 77f., 394–401, 413–415, 459 u.a.), die er beide nicht im Original, sondern in der Übersetzung liest (vgl. hierzu auch KA, H 11/24; Tb I, 154) bzw. wiederum nur aus zweiter Hand zu kennen scheint. Musil exzerpiert Maeterlincks *Schatz der Armen* (vgl. Tb I, 134f.; Tb II, 77f.; Kaiser 1972, S. 134–142); in diesem Band befinden sich wiederum zwei Essays über Novalis und Ellen Key, wobei sich letztere ebenfalls auf Emerson und Maeterlinck bezieht.

In seinen Arbeitsheften paraphrasiert Musil – offenbar aus dem Gedächtnis – das Motto, das er seinem *Törleß*-Roman voranstellen wird (vgl. GW II, 7), und ist sich nicht sicher, wem er es zuschreiben soll: „entweder aus der Emers.[on-] od.[er] Maeterl.[inck]'schen Terminologie" (Tb I, 17). Heißt es in einer Arbeitsnotiz zum *MoE*, „[d]ieses Emersonzitat ist vorläufig noch wörtlich!" (KA, M VII/6/53), dann wird Intertextualität als Konstruktionsprinzip des Textes explizit angesprochen und Intratextualität implizit praktiziert. Dabei dienen Textverschnitte aus Emerson, Maeterlinck und Ellen Key dazu, einerseits die „ganz aus Zitaten zusammen[ge]setz[t]en" Figuren (KA, H 8/8), andererseits die durch sie vertretenen Diskurse zu parodieren.

2.7 Nietzsche

Die Erforschung von Musils Nietzsche-Rezeption setzte um 1960 ein (vgl. Allemann 1956; Grenzmann 1960; Heintel 1960; Pike 1961; Kaiser/Wilkins 1962) und ist anhaltend produktiv. Für die Rezeption der 1950er und 60er Jahre konstatiert Ingo Seidler (1965, S. 331f.), dass diese sich weitgehend auf die Figur der Clarisse beschränke und dabei andere Einflüsse Nietzsches unberücksichtigt lasse. Seidler verwirft zudem die Annahme, Musil habe sich zwar in seinem Frühwerk auf Nietzsche bezogen, sich jedoch zunehmend von diesem distanziert (vgl. bes. Kaiser/Wilkins 1962, S. 123; so noch Strutz 1984, S. 18); vielmehr sei die Auseinandersetzung mit Nietzsche in den späteren Jahren von einer größeren Differenziertheit gekennzeichnet. Weitere Untersuchungen – darunter auch erste englischsprachige Publikationen (vgl. Reichert 1966; Peters 1972; King 1978) – widmen sich u.a. dem Verhältnis von ‚anderem Zustand' und ‚dionysischem Zustand' (vgl. Willemsen 1986; Rzehak 1993; Sokel 1999), dem Perspektivismus (vgl. Venturelli 1980; Dresler-Brumme 1987; Rzehak 1993; Mackowiak 1994; Wimmer 1998; Pieper 2001, 2002 u. 2008), den Erkenntnisperspektiven (vgl. Gahn 1980; Dresler-Brumme 1987; Rzehak 1993), der Wissenschaftskritik (vgl. Venturelli 1980; Mackowiak 1994), dem Moralverständnis (vgl. Dresler-Brumme 1987; Rzehak 1993; Mackowiak 1994; Sokel 1999), der Sprache (vgl. Willemsen 1986), der ‚ewigen Wiederkehr des Gleichen' (vgl. Rzehak 1993) sowie dem Phänomen der *décadence*, des Wagnerismus und der Kulturkritik (vgl. Müller 1972, S. 26–35 u. 123–126; Venturelli 1980; Rzehak 1993; Mackowiak 1994; Horváth 2003; Duhamel 2005; Neymeyr 2005, S. 107–142, u. 2009, S. 173; Cauwer 2012). Neben dem *MoE* werden zudem Verbindungslinien zwischen dem Denken Nietzsches und den Romanprojekten „Der Erlöser" (vgl. Venturelli 1980, S. 329; Olmi 1983), dem „Vivisecteur"-Fragment (vgl. Venturelli 1980; Olmi 1983), der Novelle *Tonka* (vgl. Lungstrum 1991; Bangert 2007), dem Novellenband *Vereinigungen* (vgl. Venturelli 1980, S. 317 u. 320; Willemsen 1986, S. 124) und dem Roman *Die*

Verwirrungen des Zöglings Törleß (vgl. Venturelli 1980; Hawes 1993; Horn 2011) hergestellt. Seit 2000 erfahren die Thematiken ‚Übermensch' (vgl. De Angelis 2007; Neymeyr 2009, S. 173), ‚Wille zur Macht' (vgl. Neymeyr 2009, S. 170; Horn 2011), ‚Seele' (vgl. Reber 2005) und ‚experimenteller Mensch' (vgl. Neymeyr 2009) eine stärkere Beachtung.

2.7.1 Nietzsche als Lektüre

Nietzsche wird „neben Goethe am häufigsten in den Tagebüchern erwähnt": „[V]on ihm werden die größten Exzerpte angefertigt" (Rzehak 1993, S. 34; vgl. Seidler 1965, S. 33). Musils erste Beschäftigung mit Nietzsches Texten lässt sich auf das Jahr 1898/99 datieren (vgl. für eine zusammenfassende Darstellung von Musils Nietzsche-Lektüre Venturelli 1980, S. 302f. u. 308–311; Rzehak 1993, S. 33–47; Hinz 2000, S. 23). Als 22-Jähriger beschreibt Musil 1902 seine erste Nietzsche-Lektüre rückblickend als „[j]ugendliche Anmaßung" (Tb I, 50) und gleichzeitig als „Schicksal: Daß ich Nietzsche gerade mit achtzehn Jahren zum ersten Male in die Hand bekam." (Tb I, 19) Lassen sich die um 1900 konzipierten „Vivisecteur"-Entwürfe einerseits auf Musils Lektüre von *Die fröhliche Wissenschaft* (1882) als erste intellektuelle Berührung mit dem Denken Nietzsches zurückführen, so verweist der Begriff ‚Vivisecteur' ebenso auf Kenntnisse bezüglich der *Genealogie der Moral* (1887) und *Jenseits von Gut und Böse* (1886), wo von ‚Gewissens'- und ‚Glaubensvivisektion' die Rede ist (vgl. Olmi 1983, S. 90). Dass die „Vivisecteur"-Entwürfe zudem das bekannte Nietzsche-Zitat „Nur Narr! Nur Dichter!" (Nietzsche 2008, S. 377, u. 2009, S. 372) variieren, deutet auf Kenntnisse der *Dionysos-Dithyramben* (1889) bzw. des *Zarathustra* (1883–1885) hin. Die starke thematische Hinwendung Musils zur *décadence* lässt sich auf die Lektüre von *Der Fall Wagner* (1888) und *Götzendämmerung* (1888) zurückführen, die er vielfach wörtlich exzerpierte (vgl. KA, Register, Autoren und Werke).

Musils Verhältnis zum Prätext Nietzsche ist durchaus ambivalent und oszilliert zwischen emphatischer Verehrung und kritischer Distanzierung: „Thatsächlich bin ich heute erschrocken als ich bei [der] Lectüre von ‚Jenseits …' auf eine Stelle stieß, wo N.[ietzsche] obige Eigenschaften [Habsucht, Neid] propagierte, – und ich mich dadurch abgestoßen fühlte und erst der Überlegung bedurfte, um N.[ietzsche] Recht zu geben." (Tb I, 24) 1905 liest Musil Nietzsches *Menschliches, Allzumenschliches* (1878), woraufhin eine längere Rezeptionspause eintritt, die erst 1911 mit der Lektüre der autobiografischen Schrift *Ecce homo* (posth. 1908) beendet wird und mit der Konzeption der Clarisse-Figur nach dem Vorbild von Alice Donath zusammenfällt. Wie Aldo Venturelli (1980, S. 321) herausstellt, identifiziert Musil die an einer Geisteskrankheit leidende Alice mit dem ebenfalls bereits dem Wahnsinn verfallenen Nietzsche: „Ecce homo: In die Augen springend die Parallele mit Alice. Wie sie als Karrikatur [sic] wörtlich nach den persönlichen Erkenntnissen u. Rezepten Nietzsches lebt." (Tb I, 251) 1937 hält Musil rückblickend fest: „*Nietzsche*[:] Habe ich in meiner Jugend auch nur 1/3 von ihm aufgenommen? Und doch entscheidender Einfluß." (Tb I, 903) Die Arbeitsheft-Einträge zu Nietzsche nehmen von 1928 bis zum Tod Musils weiter zu (vgl. Seidler 1965, S. 333; Hinz 2000, S. 24); dies deutet auf eine beständige kritische Prüfung und Reflexion der eigenen Nietzsche-Rezeption hin. Musils Verhältnis zu diesem „großen, vieldeutigen Lehrmeister" (MoE, 1988) ist, wie er selbst angibt, „immer ein unklares gewesen, das in mir selbst Präformierte an mich nehmend, das Fremde beiseite lassend." (an Karl Baedeker, 4.12.1935, Br I, 683)

2.7.2 Das Apollinische und das Dionysische

Während Nietzsche sich besonders in seinen späteren Schriften stärker dem Dionysischen zuwendet, extrahiert Musil primär die in der *Geburt der Tragödie* (1872) noch vorhandene Gleichwertigkeit und gegenseitige Bedingtheit eines nüchternen, formhaften, klaren apollinischen und eines entgrenzten, rauschhaften dionysischen Zustands: „Nietzsche verherrlichte im dionysischen Menschen das Persönliche, Irrationale, Wertende, schaffende – im apollinischen das Objektive, Rationelle." (Tb I, 362) Obgleich ein direkter Zusammenhang nicht belegt werden kann, stellt Nietzsches „Bruderbund" (Nietzsche 2007, S. 140) der Kunsttriebe ein mögliches Vorbild für das Musil'sche Begriffspaar ‚ratioïd'/‚nicht-ratioïd' sowie für den ‚anderen Zustand' dar (vgl. Olmi 1983, S. 97 u. 103). Walter H. Sokel sieht darin auch eine Inspiration für Musils Verständnis von Möglichkeit und Wirklichkeit, denn „[i]m dionysischen Willen ist das noch nicht Geschaffene ebenso wahr wie das bereits Geschaffene" (Sokel 1999, S. 130). Eine einseitige Fokussierung des Dionysischen lehnte Musil dagegen, auf der Grundlage des frühen Nietzsche argumentierend, ab. Am Beispiel der Figuren Clarisse und Moosbrugger wird gezeigt, wie sich der übersteigerte dionysische Rauschzustand ohne den Ausgleich durch das Apollinische zu einem krankhaften Wahn entwickelt: „Die hemmungslosen ‚Dionysiker' Clarisse und Moosbrugger" (Hinz 2000, S. 156) symbolisieren demnach „zwei ‚Grenzfälle' des Humanen" (Olmi 1983, S. 97), die einem ‚dionysischen Sprechen' verfallen sind (vgl. Willemsen 1986) und im Roman „lächerlich-tragische" Rollen innehaben (Hinz 2000, S. 156). Moosbruggers Neigung zum Tanz (→ VI.2.3 *Tanz*), in dem sich das dionysische Erleben des Rausches als ästhetische Erfahrung manifestiert, entspricht dabei dem Plädoyer Nietzsches für das „gesungene Wort" (Willemsen 1986, S. 125).

2.7.3 Perspektivismus, Experiment und Moral

Die Grundannahme Nietzsches vom Perspektivismus aller Erkenntnis (vgl. Venturelli 1980, S. 308) findet ihre Entsprechung in Musils Essayismus sowie in der Struktur des perspektivisch konzipierten *MoE* (vgl. Pieper 2001, S. 272–277, 2002, S. 9, u. 2008, S. 139; Hinz 2000, S. 135). (→ VII.4 *Möglichkeitssinn u. Essayismus*) Aber auch auf der Ebene der *histoire* kommt der Perspektivismus zum Tragen, wenn die große Idee für die ‚Parallelaktion' nicht gefunden werden kann, weil jede Idee ihre Bedeutung aus der Perspektive einer bestimmten Figur gewinnt. Das Durchspielen von Möglichkeiten im Unterschied zur Darstellung einer festgesetzten Wirklichkeit sieht Musil bereits bei Nietzsche angelegt (vgl. Mackowiak 1994, S. 323f.): „Das Charakteristische liegt darin, daß er [i.e. Nietzsche] sagt: dies könnte so sein und jenes so. Und darauf könnte man dies und darauf jenes bauen. / Kurz: er spricht von lauter Möglichkeiten, lauter Combinationen, ohne eine einzige uns wirklich ausgeführt zu zeigen." (Tb I, 19) Auf fiktiver Ebene unterzieht Musil den Perspektivismus Nietzsches einer praktischen Prüfung, wobei die Figuren für ihn das sind, was die Menschen im Allgemeinen für Nietzsche sind: Experimentier- und Versuchsfelder. Heißt es in *Menschliches, Allzumenschliches*, es sei das ‚gefährliche Vorrecht' des ‚freien Geistes', „auf den Versuch hin [zu] leben" (Nietzsche 2005, S. 18), so sieht Ulrich im *MoE* die Welt als „eine große Versuchsstätte, wo die besten Arten, Mensch zu sein, durchgeprobt und neu entdeckt werden müßten" (MoE, 152; vgl. Mackowiak 1994, S. 335). Auch das Moralverständnis der Figuren zeigt sich durch Nietzsches Perspektivismus geprägt (vgl. Olmi 1983, S. 94), wenn Agathe Ulrich zitierend konstatiert, dass „die gleiche Handlung gut oder bös sein kann, je nach dem Zusammenhang": „Das war seine Theorie, daß die moralischen Werte nicht absolute Größen, sondern Funktionsbegriffe seien." (MoE, 748) Im Gespräch mit Agathe plädiert Ulrich für eine Verkehrung der Werte, worin Sokel (1999, S. 134f.) die Hinwendung zu einer ‚dionysischen Moral' im Sinne eines dionysischen Gut-Seins als schöpferische Kraft sieht. Indirekt fordert Ulrich eine ‚Umwertung der Werte' ein, wenn er darauf hinweist, dass er und Agathe „auf eine gute Art schlecht" seien, während Agathes Mann Hagauer „auf eine schlechte Art gut" sei. Ähnlich wie Nietzsche versteht Musil Moral demnach als etwas Lebendiges, Schöpferisches, das dem Dionysischen ähnelt und vom konventionellen Gut-Sein zu unterscheiden ist. In diesem Sinne ist Agathes Frage, ob „Gutsein denn nicht mehr gut sei", mit Nietzsche als Kritik an einer statischen, durch „Affektarmut" (MoE, 822) gekennzeichneten Moral zu deuten. (→ V.5 *Ethik u. Moral*)

2.7.4 Der Übermensch und der Wille zur Macht

Zu keiner von Nietzsches Schriften hatte Musil ein derart problematisches Verhältnis wie zu seiner prophetischen Verkündungsschrift: „Zarathustra, der Einsame in den Bergen widerspricht irgendwie meiner Gesinnung." (Tb I, 683) Der Begriff ‚Übermensch' ist im *MoE* in ironischer Weise gebraucht (vgl. MoE, 55), kommt mehrfach in den Vorstufen vor und wird von Musil auch in seinen frühen Arbeitsheften genannt (vgl. Tb I, 104 u. 155). Insofern ist Enrico De Angelis (2007, S. 95) zu widersprechen, der behauptet, der Begriff fehle bei Musil, allerdings darauf verweist, dass Musil außerdem den Begriff „Überwirklichkeit" (MoE, 1429) – und es kann ergänzt werden: „Überkraft" (MoE, 1769) – verwendet. Das Erlöser-Motiv des gleichnamigen Vorstufentextes zum *MoE* deutet darauf hin, dass in den Figuren, besonders in der Hauptfigur Anders, eine Variation von Nietzsches Idee des Übermenschen personifiziert ist, die sich jedoch in der Hinwendung zum theoretischen Menschen von Nietzsches Übermenschen unterscheidet (vgl. Venturelli 1980, S. 333): „Hier trennt sich Anders von N.[ietzsche], denn er schwärmt für den theoretischen Menschen." (KA, M VII/6/138) Im *MoE* schreibt Clarisse Walter Attribute des Übermenschen zu und möchte von Ulrich nur „schweigen", da dieser „später auftauchte und ihr bloß Nietzsches Werke geschenkt hatte." Von Walter erhofft sich Clarisse, dass er „ein noch größeres Genie sein werde als Nietzsche" (MoE, 146), weshalb sie ihn mit einem Zitat aus *Zarathustra* auffordert: „Lebendige Denkmäler sollst du über dich selbst hinausbauen. Aber erst mußt du mir selber gebaut sein an Leib und Seele!" (MoE, 436) Da Walter jedoch zunehmend der *décadence* verfällt, findet Clarisse den Übermenschen nicht mehr in ihrem Mann verwirklicht, sondern bestimmt mit ihrer Forderung zunächst nach einem Nietzsche- und dann nach einem Ulrich-Jahr Letzteren zum potenziellen Erlöser und Übermenschen, wovon dieser sich allerdings distanziert, indem er die von Clarisse vorgeschlagene Befreiung Moosbruggers ablehnt. Clarisse ist zudem die einzige Figur, die vom ‚Willen zur Macht' spricht (vgl. KA, M III/6/44 u. V/3/121), womit Musil, der diesem Gedanken Nietzsches kritisch gegenübersteht, eine Trivialisierung des Motivs nahelegt (vgl. Neymeyr 2009, S. 172). Schließlich setzt sich Clarisse einerseits selbst mit Zarathustra gleich, wenn sie „sich […] auf einem ‚hohen Berg' stehen sah" (MoE, 609), von welchem sie, wie der Prophet, den Übermenschen verkündet, andererseits ist sie „Messias und Übermensch [...] in einer Person" (MoE, 1769; vgl. KA, M VII/6/142). Als ‚Nachfolgerin' Nietzsches konzipiert, ist Clarisse „die eigentliche Trägerin der Erlöseridee." (KA, M VII/6/228) Das Konzept des Übermenschen wird somit nicht nur in der Figur Ulrich theoretisiert, sondern auch durch Clarisse ins Weibliche transformiert und in einem Spiel der Identitäten aufgelöst. (→ III.1.7 *Mann ohne Eigenschaften*)

2.7.5 Wagner-Kritik und *décadence*

Nietzsches Verhältnis zu Richard Wagner stellt sich als ein ambivalentes dar, das zwischen früherer emphatischer Verehrung und späterer kritischer Ablehnung changiert. Die vielfach wörtlichen Exzerpte Musils aus den späten Schriften Nietzsches zeigen, dass er sich besonders für Nietzsches Darstellung von Wagner als Künstler der *décadence* interessierte. In seinen Arbeitsheften übernimmt Musil wörtlich Nietzsches in *Der Fall Wagner* entwickelte Definition von „décad[ence]: das verarmte Leben, der Wille zum Ende, die große Müdigkeit." (Tb I, 27) Die Kritik Nietzsches an Wagner spiegelt sich im *MoE* in der Haltung der Figur Clarisse gegenüber ihrem Mann Walter, der für Wagner schwärmt, wider (vgl. Venturelli 1980, S. 325f.; Hinz 2000, S. 3–86; Neymeyr 2009, S. 175). Verehrte Nietzsche vor allem Wagners Frühwerk, so heißt es im *MoE*, dass der junge Walter *vor* seiner Hinwendung zur *décadence* „[m]it dieser Eigenschaft, geistige Selbstbeschäftigung zu verbreiten", „Clarisse erobert" hatte (MoE, 60). Wie schon Nietzsche den jungen Wagner, so verehrt Clarisse vor allem den jungen Walter. Während Walter in seinen jungen Jahren voller Tatendrang ist, lässt ihn die eigene Erfolglosigkeit als Künstler allerdings Züge eines *décadent* annehmen: Walter selbst gewinnt den Eindruck eines „beginnenden geistigen Verfalls" (MoE, 61), der ihn die Nähe zu Wagners Musik suchen lässt. Ihm diametral entgegengestellt ist Ulrich, der die Musik Wagners als „eine Ohnmacht des Willens und Zerrüttung des Geistes" (MoE, 48) beschreibt und demnach ebenso wie Clarisse die Kritik Nietzsches an Wagner übernimmt. Die Haltung der *décadence* stellt sich im Roman zudem als Epochenphänomen und „geheimnisvolle Zeitkrankheit" (MoE, 56) im Sinne eines „zeittypische[n] Krisenphänomen[s]" (Neymeyr 2009, S. 174) dar, das am zerfallenden ‚Kakanien' abgelesen werden kann. (→ V.3 *Kakanien*)

2.8 Hofmannsthal, Rilke

Obgleich Musil in seinen späten Arbeitsheften rückblickend auf das Verhältnis zu seinen Dichter-Zeitgenossen konstatiert, er habe sein „Urteil über Rilke, über Hofmannsth[al] [oft] geändert" (Tb I, 865), stellt sich besonders die Beziehung zu Rilke dennoch als eine ‚Bruderschaft im Geiste' heraus – wenn auch mit Schwankungen. Diese reichten von der „erste[n] Liebe beim Worpswedebuch" über eine partielle „Gleichgültigkeit" bis hin zur „Liebe nach dem Tod" (Tb I, 680), die sich im Besonderen in seiner *Rede zur Rilke-Feier* (1927) ausdrückt. Dementsprechend gilt das Interesse der Forschung vor allem dieser „vielgepriesene[n]" (Frisé 1980, S. 46) Würdigung als „*das* Musterbeispiel zeitgenössischer Rilke-Deutung" (Bohnenkamp 2005, S. 107; vgl. zur Rilke-Rede Menges 1982; Böschenstein 1999; Henninger 1999; Naumann 2002). (→ III.2.2 *Reden*) Darin ehrt Musil nicht nur den „größten Lyriker [...], den die Deutschen seit dem Mittelalter besessen haben" (GW II, 1229), sondern kritisiert zugleich den zeitgenössischen Intellektuellenkreis, der Rilke lediglich ein „öffentliches Begräbnis zweiter Klasse" (ebd.) zukommen lassen und seine „Bedeutung […] nicht erkannt" habe (GW II, 1230). Emphatisch hebt Musil die „Vollkommenheit" (GW II, 1231), die „Gestaltung durch innere Vollendung" (GW II, 1236), an der Rilke'schen Dichtung hervor; in besonderer Weise betont er die Gleichnishaftigkeit seiner Lyrik und verweist damit auf die strukturelle Affinität zu Gleichnissen, wie sie sich etwa im *MoE* ausdrückt (vgl. MoE, 593). (→ VIII.4 *Gleichnis*) Es ist belegt, dass Musil die *Aufzeichnungen des Malte Laurids Brigge* (1910) bereits kurz nach dem Erscheinen las (vgl. KA, Zeitleiste); sein besonderes Interesse galt aber, wie die *Rede zur Rilke-Feier* zeigt, der Lyrik, deren Bildlichkeit er in Prosa umsetzte. So gesteht Musil in einem Brief an Rilke vom 16. November 1924: „[W]enn man mir nachrühmt, daß ich Erlebnisse gestalten kann, die schon halb im Imaginären liegen: Die Vorbilder dafür habe ich in einigen Ihrer Gedichte gefunden, die nicht übertroffen werden können." (Br I, 365)

Über die Rilke-Rede hinausgehend führte vor allem die Zeitgenossenschaft der drei Autoren Hofmannsthal, Rilke und Musil in der Forschung zu vergleichenden Untersuchungen. Aspekte der Krise (vgl. Baumgartner 1999; Bolterauer 2002; Gottschlich-Kempf 2014), der Erkenntnistheorie und Wahrnehmung (vgl. Ryan 1988; Schmitter 2000), der Urbanisierung und Medialisierung (vgl. Schneider 2006; Krause 2007; Hattori 2009; Beil 2011), des Subjektzerfalls (vgl. Strutz 1996; Lönker 2001), der dichterischen Selbstreflexion (vgl. Fanelli 2005; Vanecek 2005; Nurmi-Schomers 2008; Sommerfeld 2013) und der Komplementarität (vgl. Fülleborn 1992) stehen dabei im Vordergrund.

Dass Musil in Erwägung zog, *Die Vollendung der Liebe* (1911) Rilke zu widmen, hat die Forschung – neben den inhaltlichen Bezügen – zudem zur vergleichenden Analyse der *Vereinigungen* mit etwa den *Duineser Elegien* (1912–1922) (vgl. Carré 1997), aber auch mit Rilkes *Malte Laurids Brigge* (vgl. Corino 1974, S. 302, Anm. 1; Henninger 1999; Nurmi-Schomers 2008; Tiedtke 2013) angeregt. Auch zwischen Hofmannsthals *Der Schwierige* (1921) und Musils *Vinzenz und die Freundin bedeutender Männer* (1924), von Musil ebenfalls zur Widmung an Hofmannsthal vorgesehen (vgl. Brief an Hofmannsthal, 8.4.1924, Br I, 341), bestehen motivische und strukturelle Übereinstimmungen (vgl. Meister 1987; Kümmerling-Meibauer 1991; Goltschnigg 1992). Die (Selbst-)Stilisierung zu einem ‚Dichter in seiner Zeit' in Anknüpfung an Hofmannsthals Text *Der Dichter und diese Zeit* (1906), aus dem Musil seinen Text *Der Dichter und diese Zeit. Oder: Der Dichter und seine Zeit* (1921/22) generiert (vgl. Fanelli 2005, S. 81f.), lassen das Dichterbild Musils als Ergebnis des zeitgenössischen ‚Abschreibens' bzw. der produktiven Text-Transformation erkennen (vgl. zur Referenz von *Über Robert Musil's Bücher* auf Hofmannsthals *Ein Brief* [1902] Nübel 2006, S. 80 u. bes. S. 198f.; zur „Poetik der ‚Partizipation'" Wolf 2012, bes. S. 380).

Sind die expliziten Verweise in den literarischen Texten Musils auf Rilke und Hofmannsthal überaus marginal (in MoE, 752, wird lediglich Rilke einmal erwähnt, sodann einmal in den Vorstufen, KA, L 4, Aus dem Nachlass Ediertes, Vorarbeit zum Roman, Das Haus ohne Gegenüber), so offenbart sich die Vorbildlichkeit der beiden Dichter zugleich als immanente Selbstreflexion Musils: „Rilke von Francis Jammes: Gerade der Dichter ist er, der ich hätte werden wollen." (GW II, 913) Die aus dem *Malte* stammende Textpassage über den vom textexternen Autor Rilke verehrten

Francis Jammes ist, obgleich Musil auch angibt, sich „nicht mit R.[ilke] vergleichen" (Tb I, 941) zu wollen, dennoch zentral für sein Selbstverständnis als Dichter. In diesem Sinne gelten ihm Rilke und Hofmannsthal – mit letzterem unternahm Musil den Versuch der Gründung einer Rilke-Gesellschaft (vgl. Corino 2003, S. 803) – als Dichter, die „uns in die Zukunft führ[en]" (GW II, 1241). (→ II.6 *Zeitgenössischer Literaturbetrieb*)

2.9 Blei

Franz Bleis Rezension des *Törleß* im Jahr 1908 markiert den Beginn eines ‚auktorialen' (vgl. Schabert 1983) Vertextungsverhältnisses, einer fast dreißig Jahre währenden, füreinander werbenden Zusammenarbeit wechselseitiger ‚Assimilation', gemeinsamer Textproduktion, reziproker Kommentierung und zitierender, kritischer Reflexion: „Kein Zeitgenosse wird in Musils Werk so oft genannt wie Blei, an keine Person sind so viele Briefe erhalten" (Willemsen 1983, S. 120). Bonacchi/Fanelli (1997, S. 130), die „[d]as enge Verhältnis zwischen Blei und Musil" als „intellektuelle[s] ‚Osmosephänomen'" kennzeichnen, ergänzen:

> Unzählig sind die Plädoyers des einen für den anderen, die gegenseitigen Widmungen und Würdigungen – Bleis *Formen der Liebe* (1930) sind ‚Robert Musil in Freundschaft und Verehrung' gewidmet, Musil widmete Blei den Aufsatz *Die Frau gestern und morgen* [...]; immer wieder wurde das eine oder andere Werk des Freundes zum ‚Buch des Jahres' erklärt. (ebd., S. 108)

Willemsen (1983, S. 125) regt an, die Musil zuschreibbaren Exkurse aus dem *Großen Bestiarium* (1924) bei einer Neuedition der Musil'schen Essays als Textvarianten des Spengler-Essays *Geist und Erfahrung* zu berücksichtigen (vgl. KA, K 12, Essays).

Durch das Hin und Her, die zahlreichen Querverweise zwischen den Texten und Textassimilationen, die wechselseitigen Fort- und Umschreibungen kann nicht immer exakt zwischen intra- und intertextuellen Bezügen unterschieden werden (vgl. Nübel 2006): Es kommt zu einem Dialog der Texte, der sich mitunter ohne zuschreibbare Autor(nam)en vollzieht: Die Texte, Textauszüge, Textvarianten ergänzen, kommentieren, relativieren sich wechselseitig (zur Intertextualität Bleis und Musils vgl. Willemsen 1983; Bonacchi/Fanelli 1997; Nübel 2006). (→ III.2.1 *Essays*)

3. Resümee/Forschungsstand und -perspektiven

Musil verwendet ein „modernes Zitierverfahren" (Kaiser 1972, S. 142), andere Autoren sind ihm darin gefolgt. (→ IX.4 *Literarische Rezeption*) Im MoE wird die philosophisch-literarische Tradition in den Figuren personifiziert; dabei dienen die intertextuellen Referenzen häufig einerseits der Figurencharakterisierung, andererseits der (Ideologie-)Kritik der zitierten Diskurse. Zu unterscheiden sind die intertextuellen Bezüge auf der Figuren-, der Erzähler- und der Autorebene. Kann das intertextuelle Vertextungsverfahren als immanente Metatextualität verstanden werden, so die intra- und intertextuell verfahrenden Essays als paratextuelle Metatextualität (vgl. Nübel 2006).

Die hier dargestellten Textreferenzen wären u.a. um die auf Hegel (vgl. Freese 1984; Beriaschwili 2002 u.a.), Husserl (vgl. Müller 1971; Menges 1976; Sokel 1983;

Cellbrot 1988; Hara 2010), Heidegger (vgl. Goebel 1996; Monti 1996; Treiber 2000; Beriaschwili 2002 u. a.), die analytische Philosophie (vgl. Döring 1999; Griesecke 2008), Wittgenstein (vgl. Kampits 1992; Moser 1992; Schmitz-Emans 1993/94; Frank 1995; Cometti 1997; Taschner 2005; Dittrich 2006; Stockhammer 2011; Valdemarca 2011; Loescher 2012 u. a.), Kierkegaard (vgl. Treiber 2000; Hüsch 2004 u. 2011 u. a.), Simmel (vgl. Heinz 2006; Nübel 2006; Müller-Funk 2007 u. a.), Scheler (vgl. von Heydebrand 1966) und zahlreiche andere zu ergänzen. (→ IV.4 *Philosophie*) Über diese einzeln, zum Teil aber auch vergleichend untersuchten Text-Beziehungen steht eine Gesamtdarstellung zur Intertextualität des Musil'schen Œuvres noch aus. Dies gilt umso mehr für eine Verbindung von Intertextualität und Interdiskursivität (vgl. Moser 1980; Liebrand 1997; Fanta 2011) im diskursiven Vertextungsschnittpunkt mit dem Autornamen Robert Musil.

4. Literatur

Allemann, Beda: Ironie und Dichtung. Pfullingen: Neske 1956.
Arntzen, Helmut: Musil-Kommentar zu dem Roman *Der Mann ohne Eigenschaften*. München: Winkler 1982.
Aue, Maximilian: Musil und die Romantik. Einige grundsätzliche Überlegungen. In: Dieter P. Farda, Ulrich Karthaus (Hg.): Sprachästhetische Sinnvermittlung. Frankfurt a. M. u. a.: Lang 1982, S. 125–134.
Bangert, Axel: Im Widerstreit zwischen ‚Märchen' und ‚Wirklichkeit'. Robert Musils *Tonka* als eine Auseinandersetzung mit Friedrich Nietzsches Kritik am Begriff der Wahrheit. In: Focus on German Studies 14 (2007), S. 115–132.
Baumgartner, Ekkehart: Frühe Lebenskrise und Ursprung künstlerischer Produktivität. Thomas und Heinrich Mann, Hermann Hesse und Robert Musil, Franz Kafka und Rainer Maria Rilke im Vergleich. München: Akad. Verl. 1999.
Bausinger, Wilhelm: Studien zu einer historisch-kritischen Ausgabe von Robert Musils Roman *Der Mann ohne Eigenschaften*. Reinbek b. Hamburg: Rowohlt 1964.
Beil, Ulrich Johannes: Alterität, Aura, Präsenz. Mediale Konstellationen bei Hofmannsthal, Musil und Benjamin. In: ders., Michael Gamper, Karl Wagner (Hg.): Medien, Technik, Wissenschaft. Wissensübertragung bei Robert Musil und in seiner Zeit. Zürich: Chronos 2011, S. 95–118.
Belobratow, Alexander W.: „Die Götheinsel". Goethe und seine Gestalten bei Robert Musil. In: ders. (Hg.): Österreichische Literatur. Robert Musil und einiges mehr. St. Petersburg: Peterburg XXI Vek 2011, S. 91–100.
Beriaschwili, Mamuka: ‚Eigenschaft' in Selbst- und Gotteserkenntnis. Überlegungen zu Eckhart, Hegel, Heidegger und Musil. In: Theo Kobusch, Burkhard Mojsisch, Orrin F. Summerell (Hg.): Selbst – Singularität – Subjektivität. Vom Neuplatonismus zum Deutschen Idealismus. Amsterdam u. a.: Grüner 2002, S. 279–296.
Böhme, Hartmut: Anomie und Entfremdung. Literatursoziologische Untersuchungen zu den Essays Robert Musils und seinem Roman *Der Mann ohne Eigenschaften*. Kronberg i. Ts.: Scriptor 1974.
Böschenstein, Bernhard: Musils *Rede zur Rilke-Feier*. In: Pierre Béhar, Marie-Louise Roth (Hg.): Literatur im Kontext Robert Musil. Frankfurt a. M. u. a.: Lang 1999, S. 141–152.
Bohnenkamp, Klaus E.: Der reine Dichter. Rainer Maria Rilke im Urteil Robert Musils und Stefan Zweigs. In: Blätter der Rilke-Gesellschaft 26 (2005), S. 99–144.
Bolterauer, Alice: Chandos-Krisen. Sprachkrise als Schreib- und Erkenntniskrise bei Musil, Hofmannsthal und Rilke. In: Mária Barota (Hg.): Sprache(n) und Literatur(en) im Kontakt. Szombathely: Lehrstuhl für dt. Sprache und Literatur der Päd. Hochschule Dániel Berzsenyi 2002, S. 223–231.

Bonacchi, Silvia/Fanelli, Emanuela Veronica: „Ein nie gesättigtes Verlangen nach Geist …". Zur Beziehung zwischen Franz Blei und Robert Musil. In: Dietrich Harth (Hg.): Franz Blei. Mittler der Literaturen. Hamburg: Europäische Verlagsanstalt 1997, S. 108–138.

Bouveresse, Jacques: Nichts geschieht mit Grund. Das ‚Prinzip des unzureichenden Grundes'. In: Bernhard Böschenstein, Marie-Louise Roth (Hg.): Hommage à Musil. Frankfurt a.M. u.a.: Lang 1995, S. 111–143.

Brooks, Daniel J.: Musil's Socratic Discourse in *Der Mann ohne Eigenschaften*. A Comperative Study of Ulrich and Socrates. Bern u.a.: Lang 1989.

Carré, Martine: Rilke et Musil ou: de la coexistence littéraire à la lumière des *Elégies de Duino* et de *Noces*. In: Anita Gonzalez-Raymond, Dietrich Briesemeister, Lucien Calvié (Hg.): Germania – Hispania. Monde germanique – monde hispanique. Relations, images, transferts. Grenoble: CERAAC 1997, S. 217–231.

Cauwer, Stijn de: Robert Musil's cultural diagnostics in the light of Nietzschean immunology. In: Neophilologus 96 (2012), H. 3, S. 411–425.

Cellbrot, Hartmut: Die Bewegung des Sinnes. Zur Phänomenologie Robert Musils im Hinblick auf Edmund Husserl. München: Fink 1988.

Classen, Albrecht: Mittelalter-Rezeption im Werk Robert Musils. In: Rüdiger Krohn (Hg.): Materialien und Beiträge zur Mittelalter-Rezeption. Göppingen: Kümmerle 1992, S. 137–168.

Cometti, Jean-Pierre: Qualités de formes. Musil, Wittgenstein et la psychologie. In: Austriaca 22 (1997), H. 44, S. 83–93.

Corino, Karl: Robert Musils *Vereinigungen*. Studien zu einer historisch-kritischen Ausgabe. München, Salzburg: Fink 1974.

Corino, Karl: Robert Musil. Eine Biographie. Reinbek b. Hamburg: Rowohlt 2003.

Dahan-Gaida, Laurence: Frege, Leibniz et Musil. Le meilleur des mondes possibles. In: Austriaca 16 (1991), H. 33, S. 63–78.

De Angelis, Enrico: Musils Zarathustra. In: Sandro Barbera, Renate Müller-Buck (Hg.): Nietzsche nach dem Ersten Weltkrieg. Bd. 1. Pisa: ETS 2007, S. 89–112.

Dittrich, Andreas: Schweigen, wo man nichts zu sagen hat? Sprachanalyse in Ludwig Wittgensteins *Tractatus logico-philosophicus* und Robert Musils *Der Mann ohne Eigenschaften*. In: Zeitschrift für Germanistik. N.F. 16 (2006), H. 3, S. 537–554.

Döring, Sabine A.: Ästhetische Erfahrung als Erkenntnis des Ethischen. Die Kunsttheorie Robert Musils und die analytische Philosophie. Paderborn: mentis 1999.

Dresler-Brumme, Charlotte: Nietzsches Philosophie in Musils Roman *Der Mann ohne Eigenschaften*. Eine vergleichende Betrachtung als Beitrag zum Verständnis. Frankfurt a.M.: Athenäum 1987.

Düsing, Wolfgang: Goethe in ironischer Beleuchtung. Zur Klassik-Rezeption in Musils *Mann ohne Eigenschaften*. In: Jahrbuch der Deutschen Schillergesellschaft 35 (1991), S. 257–274.

Duhamel, Roland: Ist Musils *Mann ohne Eigenschaften* ein Nihilist? In: Gunther Martens, Clemens Ruthner, Jaak De Vos (Hg.): Musil anders. Neue Erkundungen eines Autors zwischen den Diskursen. Bern u.a.: Lang 2005, S. 33–43.

Eisele, Ulf: Ulrichs Mutter ist *doch* ein Tintenfaß. Zur Literaturproblematik in Musils *Mann ohne Eigenschaften*. [1979] In: Renate von Heydebrand (Hg.): Robert Musil. Darmstadt: WBG 1982, S. 160–203.

Fanelli, Emanuela Veronica: „Ich will ein Dichter sein, der kein Dichter ist". Hugo von Hofmannsthal und Robert Musil: Dichterbilder. In: Pierre Béhar, Marie-Louise Roth (Hg.): Musil an der Schwelle zum 21. Jahrhundert. Frankfurt a.M. u.a.: Lang 2005, S. 79–97.

Fanta, Walter: Musils Umkodierungen. Wissenstransfer im Schreibfeld als Form der Intertextualität. In: Ulrich Johannes Beil, Michael Gamper, Karl Wagner (Hg.): Medien, Technik, Wissenschaft. Wissensübertragung bei Robert Musil und in seiner Zeit. Zürich: Chronos 2011, S. 323–343.

Frank, Manfred: Auf der Suche nach einem Grund. Über den Umschlag von Erkenntniskritik in Mythologie bei Musil. In: Karl Heinz Bohrer (Hg.): Mythos und Moderne. Begriff und Bild einer Rekonstruktion. Frankfurt a.M.: Suhrkamp 1983, S. 318–362.

Frank, Manfred: Du style de la signification. Wittgenstein, Musil et les premiers romantiques. In: Bernhard Böschenstein, Marie-Louise Roth (Hg.): Hommage à Musil. Bern u.a.: Lang 1995, S. 63–85.
Freese, Wolfgang: Verinnerte Wirklichkeit. Zur epischen Funktion der Liebe im *Mann ohne Eigenschaften*. In: Karl Dinklage (Hg.): Robert Musil. Studien zu seinem Werk. Reinbek b. Hamburg: Rowohlt 1970, S. 94–111.
Freese, Wolfgang: Ansätze einer Hegel-Satire in Musils *Mann ohne Eigenschaften*. In: Musil-Forum 10 (1984), S. 181–200.
Frisé, Adolf: Plädoyer für Robert Musil. Hinweise und Essays. 1931 bis 1980. Reinbek b. Hamburg: Rowohlt 1980.
Fülleborn, Ulrich: „Reiner Widerspruch" und „heilige Gespräche". Komplementaritätskonzept und Dialogpostulat in der modernen deutschen Dichtung. In: Ernst Peter Fischer, Heinz S. Herzka, K. Helmut Reich (Hg.): Widersprüchliche Wirklichkeit. Neues Denken in Wissenschaft und Alltag. München: Piper 1992, S. 144–164.
Gahn, Renate: Musil und Nietzsche zum Problem von Kunst und Erkenntnis. Diss. Univ. Mainz 1980.
Genette, Gérard: Paratexte. Das Buch vom Beiwerk des Buches. [frz. 1987] Mit einem Vorwort v. Harald Weinrich. Frankfurt a.M., New York: Campus 1989.
Genette, Gérard: Palimpseste. Die Literatur auf zweiter Stufe. [frz. 1982] Frankfurt a.M.: Suhrkamp 1993.
Goebel, Eckart: Konstellation und Existenz. Kritik der Geschichte um 1930. Studien zu Heidegger, Benjamin, Jahnn und Musil. Tübingen: Stauffenburg 1996.
Goltschnigg, Dietmar: Mystische Tradition im Roman Robert Musils. Martin Bubers *Ekstatische Konfessionen* im *Mann ohne Eigenschaften*. Heidelberg: Stiehm 1974.
Goltschnigg, Dietmar: Spielcharakter, belachbare Komik und Finalität der Komödie. Hofmannsthals *Der Schwierige* und Musils *Vinzenz und die Freundin bedeutender Männer*. In: Joseph P. Strelka (Hg.): Wir sind aus solchem Zeug wie das zu träumen ... Kritische Beiträge zum Werk Hugo von Hofmannsthals. Frankfurt a.M. u.a.: Lang 1992, S. 197–224.
Gottschlich-Kempf, Simone: Identitätsbalance im Roman der Moderne: Rainer Maria Rilke, Hugo von Hofmannsthal, Robert Musil, Max Frisch und Botho Strauß. Würzburg: Königshausen & Neumann 2014.
Grenzmann, Wilhelm: *Der Mann ohne Eigenschaften*. Zur Problematik der Romangestalt. In: Karl Dinklage (Hg.): Robert Musil. Leben – Werk – Wirkung. Reinbek b. Hamburg: Rowohlt 1960, S. 49–76.
Griesecke, Birgit: Essayismus als versuchendes Schreiben: Musil, Emerson und Wittgenstein. In: Wolfgang Braungart (Hg.): Essayismus um 1900. Heidelberg: Winter 2006, S. 157–175.
Griesecke, Birgit: Statt einer Einleitung: Autokorrektur. Möglichkeitsdenken im Umkreis des Wiener Kreises. In: dies. (Hg.): Werkstätten des Möglichen 1930–1936. L. Fleck, E. Husserl, R. Musil, L. Wittgenstein. Würzburg: Königshausen & Neumann 2008, S. 13–44.
Hara, Kenji: Offenheit und Ambivalenz. Dichterische Modellierung von Geschichte und Politik bei Goethe, Sealsfield, Musil und Burckhardt. Bern u.a.: Lang 2010.
Harzer, Friedmann: Salmacis und Isis. Zum Hermaphroditismus bei Ovid und Musil. In: Karin M. Eichhoff-Cyrus (Hg.): Adam, Eva und die Sprache. Beiträge zur Geschlechterforschung. Mannheim u.a.: Dudenverlag 2004, S. 220–239.
Hattori, Seiji: „Akustische" Texte. Zum „Rauschen" in der Literatur am Beispiel von Rilkes „Ur-Geräusch", Musils *Die Amsel* und Kafkas Texten. In: Doitsu bungaku ronko 51 (2009), S. 7–25.
Hawes, James W.: The Aesthete in the becoming (Musil: *Die Verwirrungen des Zöglings Törleß*). In: ders.: Nietzsche and the end of freedom. The neo-romantic dilemma in Kafka, the brothers Mann, Rilke and Musil (1904–1914). Frankfurt a.M. u.a.: Lang 1993, S. 51–73.
Heintel, Erich: *Der Mann ohne Eigenschaften* und die Tradition. In: Wissenschaft und Weltbild 13 (1960), S. 179–194.

Heinz, Jutta: Brückenschläge. Zum Verhältnis begrifflicher und bildlicher Erkenntnis bei Musil, Rickert und Simmel. In: KulturPoetik 6 (2006), H. 1, S. 1–19.
Henninger, Peter: Musil lecteur de Rilke – ou la part du poète dans *Noces*. In: Pierre Béhar, Marie-Louise Roth (Hg.): Literatur im Kontext Robert Musil. Frankfurt a. M. u. a.: Lang 1999, S. 153–187.
Herity, Emer: Robert Musil and Nietzsche. In: The Modern Language Review 86 (1991), S. 911–923.
Heydebrand, Renate von: Die Reflexionen Ulrichs in Robert Musils Roman *Der Mann ohne Eigenschaften*. Ihr Zusammenhang mit dem zeitgenössischen Denken. Münster: Aschendorff 1966.
Hickman, Hannah: „Lebende Gedanken" und Emersons *Kreise*. In: Uwe Baur, Elisabeth Castex (Hg.): Robert Musil. Untersuchungen. Königstein i. Ts.: Athenäum 1980, S. 139–152. (Hickman 1980a)
Hickman, Hannah: Der junge Musil und R. W. Emerson. In: Musil-Forum 6 (1980), S. 3–13. (Hickman 1980b)
Hinz, Michael: Verfallsanalyse und Utopie. Nietzsche-Rezeption in Thomas Manns *Zauberberg* und in Robert Musils *Der Mann ohne Eigenschaften*. St. Ingbert: Röhrig 2000.
Hörisch, Jochen: Selbstbeziehung und ästhetische Autonomie. Versuch über ein Thema der frühromantischen Poetologie und Musils *Mann ohne Eigenschaften*. In: Euphorion 69 (1975), S. 350–361.
Holthuis, Susanne: Intertextualität. Aspekte einer rezeptionsorientierten Konzeption. Tübingen: Stauffenburg 1993.
Horn, Anette: Immoralität als Gedankenexperiment. Musils *Törleß* und Nietzsches Machtbegriff. [1996] In: dies.: „Denken heißt nicht vertauben". Aufsätze zur neueren deutschen Literatur. Oberhausen: Athena 2011, S. 81–98.
Horváth, Márta: Das Gewebe des Gemeinwesens und die Gestalt des Menschen. Zu Nietzsche und Musil. In: Endre Hárs, Wolfgang Müller-Funk, Magdolna Orosz (Hg.): Verflechtungsfiguren. Intertextualität und Intermedialität in der Kultur Österreich-Ungarns. Frankfurt a. M. u. a.: Lang 2003, S. 97–112.
Howes, Geoffrey C.: Robert Musil and the legacy of Ralph Waldo Emerson. Diss. Univ. of Michigan 1985.
Howes, Geoffrey: Emerson's image in turn-of-the-century Austria. The cases of Kassner, Friedell, and Musil. In: Modern Austrian Literature 22 (1989), H. 3/4, S. 227–240.
Hüsch, Sebastian: Möglichkeit und Wirklichkeit. Eine vergleichende Studie zu Søren Kierkegaards *Entweder – Oder* und Robert Musils *Mann ohne Eigenschaften*. Stuttgart: Ibidem 2004.
Hüsch, Sebastian: Robert Musil und Søren Kierkegaard im Kontext der deutschen Frühromantik. In: Komparatistik (2011), S. 81–95.
Jacobs, Jürgen: Wilhelm Meister und seine Brüder. München: Fink 1972.
Kaiser, Ernst/Wilkins, Eithne: Robert Musil. Eine Einführung in das Werk. Stuttgart: Kohlhammer 1962.
Kaiser, Gerhard R.: Proust, Musil, Joyce. Zum Verhältnis von Literatur und Gesellschaft am Paradigma des Zitats. Frankfurt a. M.: Athenäum 1972.
Kampits, Peter: Musil und Wittgenstein. In: Gudrun Brokoph-Mauch (Hg.): Robert Musil. Essayismus und Ironie. Tübingen: Francke 1992, S. 153–160.
Kant, Immanuel: Kritik der reinen Vernunft. [1781] Nach der ersten und zweiten Originalausgabe hg. v. Jens Timmermann. Mit einer Bibliographie v. Heiner Klemme. Hamburg: Meiner 1998.
Karthaus, Ulrich: *Der Mann ohne Eigenschaften* und die Phantasie. Überlegungen im Anschluß an Kant. In: Musil-Forum 7 (1981), S. 111–117.
Karthaus, Ulrich: Novalis und Musil. In: Herbert Uerlings (Hg.): „Blüthenstaub". Rezeption und Wirkung des Werkes von Novalis. Tübingen: Niemeyer 2000, S. 267–287.

5. Intertextualität

Karthaus, Ulrich: Der Mann ohne Eigenschaften und Hans Castorp. Nachfahren Fausts und Wilhelm Meisters. In: Thomas-Mann-Jahrbuch 14 (2001), S. 9–26.

King, Lynda J.: The Relationship between Clarisse and Nietzsche in Musil's *Der Mann ohne Eigenschaften*. In: Musil-Forum 4 (1978), S. 21–34.

Kleemann, Friederike: Robert Musils Roman *Der Mann ohne Eigenschaften* im Spiegel der philosophischen Mystik Meister Eckharts. Mystik als Sorge um das Selbst. In: Stephan Grätzel (Hg.): Praxis und Poetik. Beiträge zum Projekt „Der Roman als philosophischer Text". London: Turnshare 2008, S. 241–300.

Klimbacher, Wolfgang: „Keine Menschen", „keine Charaktere", „nur noch Berufe" – Hölderlin bei Musil. Zu rezeptiven Tagebuchnotizen Musils. In: Neohelicon 24 (1997), S. 353–366.

Kovács, László: Faust-Elemente in Robert Musils Roman *Der Mann ohne Eigenschaften*. In: Jahrbuch der ungarischen Germanistik (1993/94), S. 165–180.

Kovács, László: „Atemzüge eines Sommertags" vor der Folie des *Faust*. In: Ferenc Szász, Imre Kurdi (Hg.): Im Dienste der Auslandsgermanistik. Budapest: Germanistisches Institut der Eötvös-Loránd-Univ. 1999, S. 103–113.

Krause, Robert: Heterotopie und Moderne. Der urbane Raum in Robert Musils *Mann ohne Eigenschaften* und Rainer Maria Rilkes *Aufzeichnungen des Malte Laurids Brigge*. In: Jahrbuch zur Kultur und Literatur der Weimarer Republik 11 (2007), S. 103–129.

Kümmerling-Meibauer, Bettina: Die Kunstmärchen von Hofmannsthal, Musil und Döblin. Köln u. a.: Böhlau 1991.

Lange, Victor: Musils *Das Fliegenpapier*. [1976/77] In: Renate von Heydebrand (Hg.): Robert Musil. Darmstadt: WBG 1982, S. 450–461.

Leppmann, Wolfgang: Zum Goethebild bei Robert Musil, Hermann Broch und Ernst Jünger. [1962] In: ders.: In zwei Welten zu Hause. Aus der Lebensarbeit eines amerikanischen Germanisten. Mit einem Vorwort v. Marcel Reich-Ranicki. München, Wien: Drei Ulmen 1989, S. 69–84.

Liebrand, Claudia: Romantische Sprachspiele. Robert Musils *Der Mann ohne Eigenschaften*. In: Hofmannsthal-Jahrbuch 5 (1997), S. 293–316.

Lönker, Fred: Das Verschwinden des Subjekts in der Literatur der Jahrhundertwende (Hofmannsthal, Rilke, Musil). In: Dietmar Jacobsen (Hg.): Kontinuität und Wandel, Apokalyptik und Prophetie. Literatur an Jahrhundertschwellen. Frankfurt a. M. u. a.: Lang 2001, S. 137–160.

Loescher, Jens: Schreibexperimente und die „Psychologie der ersten Stunde". Musil, Wittgenstein, Kafka, Robert Walser. In: Wirkendes Wort 62 (2012), H. 1, S. 67–93.

Lungstrum, Janet: Conceiving the Text. Nietzschean Inspiration in Musils *Tonka*. In: The German Quarterly 64 (1991), H. 4, S. 488–500.

Luserke, Matthias: „Gut und glückselig?" Ein unbekanntes Textfragment von Robert Musil. In: Jahrbuch der Deutschen Schillergesellschaft 31 (1987), S. 53–71.

Mackowiak, Klaus: Musils Nietzsche-Rezeption. In: Perspektiven der Philosophie. Neues Jahrbuch 20 (1994), S. 323–353.

Martens, Gunther: Ein Text ohne Ende für den Denkenden. Zum Verhältnis von Literatur und Philosophie in Robert Musils *Der Mann ohne Eigenschaften*. Bern u. a.: Lang 1999.

Martin, Günther: Musil und Goethe. In: Musil-Forum 17/18 (1991/92), S. 206–227.

Mehigan, Tim: Technik als Kulturvermittlung? Zur Kulturkonzeption Goethes (in den *Wahlverwandtschaften*) und Robert Musils (im *Mann ohne Eigenschaften*). In: Maeda Ryozo (Hg.): Transkulturalität. Identitäten in neuem Licht. Asiatische Germanistentagung in Kanazawa. München: Iudicium 2012, S. 834–843.

Meister, Monika: Schwierige Meisterdenker auf der Bühne. Zum Diskurs der „Helden" bei Musil und Hofmannsthal. In: Josef Strutz (Hg.): Robert Musils „Kakanien" – Subjekt und Geschichte. München: Fink 1987, S. 182–194.

Menges, Karl: Musil und Husserl. Über phänomenologische Strukturen im *Mann ohne Eigenschaften*. In: Modern Austrian Literature 9 (1976), H. 3/4, S. 131–154.

Menges, Karl: „Eigen-Schaften" und „Aller-Schaften". Anmerkungen zu Musil und Rilke. In: Musil-Forum 8 (1982), S. 120–134.
Moser, Manfred: „Immer schneller nunmehr aus dem Mittelpunkte weg". Freud, Wittgenstein, Musil. In: Frithjof Hager (Hg.): Geschichte denken. Ein Notizbuch für Leo Löwenthal. Leipzig: Reclam 1992, S. 106–124.
Moser, Walter: Diskursexperimente im Romantext. Zu Musils *Der Mann ohne Eigenschaften*. In: Uwe Baur, Elisabeth Castex (Hg.): Robert Musil. Untersuchungen. Königstein i.Ts.: Athenäum 1980, S. 170–197.
Müller, Gerd: Mathematik und Transzendenz. Die Bedeutung Novalis' für das Werk Robert Musils. In: Orbis Litterarum 23 (1968), S. 265–275.
Müller, Gerd: Dichtung und Wissenschaft. Studien zu Robert Musils Romanen *Die Verwirrungen des Zöglings Törleß* und *Der Mann ohne Eigenschaften*. Uppsala: Almqvist och Wiksell 1971.
Müller, Götz: Ideologiekritik und Metasprache in Robert Musils Roman *Der Mann ohne Eigenschaften*. München, Salzburg: Fink 1972.
Müller-Funk, Wolfgang: Space and border. Simmel, Waldenfels, Musil. In: Johan Schimanski, Stephan Wolfe (Hg.): Border poetics de-limited. Hannover: Wehrhahn 2007, S. 75–95.
Mix, York-Gothart: Männliche Sensibilität oder die Modernität der Empfindsamkeit. Zu den *Leiden des jungen Werther*, *Anton Reiser*, *Buddenbrooks* und den *Verwirrungen des Zöglings Törleß*. In: Karl Eibl (Hg.): Empfindsamkeit. Hamburg: Meiner 2001, S. 191–208.
Naumann, Helmut: Musils Rilke-Deutung. In: ders.: Neue Aufsätze zur deutschen Literatur. Tecklenburg u.a.: Eigenverlag 2002, S. 55–61.
Neymeyr, Barbara: Antikisierte Moderne – modernisierte Antike. Zur Idealismus-Problematik in Musils Roman *Der Mann ohne Eigenschaften*. In: Olaf Hildebrand, Thomas Pittrof (Hg.): „… auf klassischem Boden begeistert". Antike-Rezeptionen in der deutschen Literatur. Festschrift für Jochen Schmidt zum 65. Geburtstag. Freiburg i.Br.: Rombach 2004, S. 401–417.
Neymeyr, Barbara: Psychologie als Kulturdiagnose. Musils Epochenroman *Der Mann ohne Eigenschaften*. Heidelberg: Winter 2005.
Neymeyr, Barbara: Identitätskrise – Kulturkritik – Experimentalpoesie. Zur Bedeutung der Nietzsche-Rezeption in Robert Musils Roman *Der Mann ohne Eigenschaften*. In: Thorsten Valk (Hg.): Friedrich Nietzsche und die Literatur der klassischen Moderne. Berlin, New York: de Gruyter 2009, S. 163–182.
Nietzsche, Friedrich: Sämtliche Werke. Kritische Studienausgabe in 15 Bde. Bd. 2: Menschliches, Allzumenschliches. [1878] Hg. v. Giorgio Colli u. Mazzino Montinari. Neuausg. der 2., durchges. Aufl. München u.a.: de Gruyter, dtv 2005.
Nietzsche, Friedrich: Die Geburt der Tragödie. [1872] In: ders.: Sämtliche Werke. Kritische Studienausgabe in 15 Bde. Bd. 1. Hg. v. Giorgio Colli u. Mazzino Montinari. 7. Aufl. München u.a.: de Gruyter, dtv 2007, S. 7–156.
Nietzsche, Friedrich: Dionysos-Dithyramben. [1889] In: ders.: Sämtliche Werke. Kritische Studienausgabe in 15 Bde. Bd. 6. Hg. v. Giorgio Colli u. Mazzino Montinari. 8. Aufl. München u.a.: de Gruyter, dtv 2008, S. 375–412.
Nietzsche, Friedrich: Sämtliche Werke. Kritische Studienausgabe in 15 Bde. Bd. 4: Also sprach Zarathustra. [1883–1885] Hg. v. Giorgio Colli u. Mazzino Montinari. 12. Aufl. München u.a.: de Gruyter, dtv 2009.
Nübel, Birgit: Robert Musil – Essayismus als Selbstreflexion der Moderne. Berlin, New York: de Gruyter 2006.
Nübel, Birgit: Robert Musil und Heinrich von Kleist oder Konkave Frauenkörper im Hohlspiegel unendlicher Reflexion. In: Anne Fleig, Christian Moser, Helmut J. Schneider (Hg.): Schreiben nach Kleist. Literarische, mediale und theoretische Transkriptionen. Freiburg i.Br.: Rombach 2014, S. 95–118.
Nurmi-Schomers, Susan: Visionen dichterischen ‚Mündigwerdens'. Poetologische Perspektiven auf Robert Musil, Rainer Maria Rilke und Walter Benjamin. Tübingen: Niemeyer 2008.

Olmi, Roberto: Die Gegenwart Nietzsches. In: Gudrun Brokoph-Mauch (Hg.): Beiträge zur Musil-Kritik. Bern u. a.: Lang 1983, S. 87–109.
Pekar, Thomas: Die Sprache der Liebe bei Robert Musil. München: Fink 1989.
Perronnet, Jacques: *Isis und Osiris*. In: Gudrun Brokoph-Mauch (Hg.): Beiträge zur Musil-Kritik. Bern u. a.: Lang 1983, S. 273–288.
Peters, George: Musil and Nietzsche. A literary study of a philosophical relationship. Diss. Univ. of Cambridge 1972.
Pieper, Hans-Joachim: Die Philosophie Robert Musils im Spannungsfeld der Theorien Nietzsches und Machs. In: Nietzsche-Studien 30 (2001), S. 267–294.
Pieper, Hans-Joachim: Musils Philosophie. Essayismus und Dichtung im Spannungsfeld der Theorien Nietzsches und Machs. Würzburg: Königshausen & Neumann 2002.
Pieper, Hans-Joachim: Möglichkeitssinn und Essayismus. Musils Programm einer philosophischen Dichtung vor dem Hintergrund seiner Nietzsche-Rezeption. In: Birgit Griesecke (Hg.): Werkstätten des Möglichen 1930–1936. L. Fleck, E. Husserl, R. Musil, L. Wittgenstein. Würzburg: Königshausen & Neumann 2008, S. 137–149.
Pike, Burton: Robert Musil. An Introduction to His Work. New York: Cornell Press 1961.
Pott, Hans-Georg: Robert Musil. München: Fink 1984.
Precht, Richard David: Die gleitende Logik der Seele. Ästhetische Selbstreflexion in Robert Musils *Der Mann ohne Eigenschaften*. Stuttgart: M & P 1996.
Reber, Ursula: Einen Gedanken fassen. Bemerkungen zu ‚Geist und Seele‘ mit Hilfe von Musil unter Zeugenschaft Nietzsches. In: Gunther Martens, Clemens Ruthner, Jaak De Vos (Hg.): Musil anders. Neue Erkundungen eines Autors zwischen den Diskursen. Bern u. a.: Lang 2005, S. 277–299.
Reichert, Herbert W.: Nietzschean Influence in Musils's *Der Mann ohne Eigenschaften*. In: The German Quarterly 39 (1966), S. 12–28.
Roth, Marie-Louise: Robert Musil. Ethik und Ästhetik. Zum theoretischen Werk des Dichters. München: List 1972.
Ryan, Judith: Validating the Possible. Thoughts and Things in James, Rilke, and Musil. In: Comparative Literature 40 (1988), S. 305–317.
Rzehak, Wolfgang: Musil und Nietzsche. Beziehungen der Erkenntnisperspektiven. Frankfurt a. M. u. a.: Lang 1993.
Schabert, Ina: Interauktorialität. In: Deutsche Vierteljahrsschrift für Literaturwissenschaft und Geistesgeschichte 57 (1983), S. 679–702.
Schmaus, Marion: Die poetische Konstruktion des Selbst. Grenzgänge zwischen Frühromantik und Moderne: Novalis, Bachmann, Christa Wolf, Foucault. Tübingen: Niemeyer 2000.
Schmitter, Sebastian: Basis, Wahrnehmung und Konsequenz. Zur literarischen Präsenz des Melancholischen in den Schriften von Hugo von Hofmannsthal und Robert Musil. Würzburg: Königshausen & Neumann 2000.
Schmitz-Emans, Monika: Sprachspiel und „Unsagbares". Zu verwandten Motiven in Robert Musils Sprachreflexion und der Spätphilosophie Ludwig Wittgensteins. In: Musil-Forum 19/20 (1993/94), S. 182–207.
Schneider, Sabine: Verheißung der Bilder. Das andere Medium in der Literatur um 1900. Tübingen: Niemeyer 2006.
Seidler, Ingo: Das Nietzschebild Robert Musils. In: Deutsche Vierteljahrsschrift für Literaturwissenschaft und Geistesgeschichte 39 (1965), S. 329–350.
Söder, Thomas: Robert Musil und die Begegnungen mit dem Denken Kants in *Die Verwirrungen des Zöglings Törleß*. In: Musil-Forum 19/20 (1993/94), S. 31–46.
Sokel, Walter H.: Kleists *Marquise von O.*, Kierkegaards *Abraham* und Musils *Tonka*. Drei Stufen des Absurden in seiner Beziehung zum Glauben. In: Karl Dinklage (Hg.): Robert Musil. Studien zu seinem Werk. Reinbek b. Hamburg: Rowohlt 1970, S. 57–70.
Sokel, Walter H.: Agathe und der existenzphilosophische Faktor im *Mann ohne Eigenschaften*. In: Gudrun Brokoph-Mauch (Hg.): Beiträge zur Musil-Kritik. Frankfurt a. M.: Lang 1983, S. 111–128.

Sokel, Walter H.: Dionysische Moral und „anderer Zustand" in Robert Musils Roman *Der Mann ohne Eigenschaften*. Zum Nietzscheschen Kontext von Musils Text. In: Pierre Béhar, Marie-Louise Roth (Hg.): Literatur im Kontext Robert Musil. Bern u. a.: Lang 1999, S. 127–140.

Sommerfeld, Beate: Zwischen Augenblicksnotat und Lebensbilanz. Die Tagebuchaufzeichnungen Hugo von Hofmannsthals, Robert Musils und Franz Kafkas. Frankfurt a. M. u. a.: Lang 2013.

Stockhammer, Robert: Wahr-Falsch-Spiele und andere Sprachspiele. Übertragbarkeit des Wissens bei Musil und Wittgenstein. In: Ulrich Johannes Beil, Michael Gamper, Karl Wagner (Hg.): Medien, Technik, Wissenschaft. Wissensübertragung bei Robert Musil und in seiner Zeit. Zürich: Chronos 2011, S. 255–286.

Strutz, Josef: Von der ‚biegsamen Dialektik'. Notiz zur Bedeutung Kants, Hegels und Nietzsches für das Werk Musils. In: ders., Johann Strutz (Hg.): Robert Musil – Literatur, Philosophie, Psychologie. München: Fink 1984, S. 11–21.

Strutz, Josef: Die Entkettung des Ich. Hofmannsthals *Die Beiden*, Trakls *Kaspar-Hauser-Lied* und Musils *Die Portugiesin*. In: Donald G. Daviau, Herbert Arlt (Hg.): Geschichte der österreichischen Literatur. Bd. 2. St. Ingbert: Röhrig 1996, S. 493–499.

Theweleit, Klaus: Männerphantasien. 2 Bde. Frankfurt a. M.: Roter Stern 1977.

Thöming, Jürgen C.: Zur Rezeption von Musil- und Goethe-Texten. Historizität der ästhetischen Vermittlung von sinnlicher Erkenntnis und Gefühlserlebnissen. München, Salzburg: Fink 1974.

Thomä, Dieter: Eine Philosophie des Lebens jenseits des Biologismus und diesseits der „Geschichte der Metaphysik". Bemerkungen zu Nietzsche und Heidegger mit Seitenblicken auf Emerson, Musil und Cavell. In: Heidegger-Jahrbuch 2 (2005), S. 265–296.

Thomä, Dieter: „Das gesprochene Wort verliert seinen Eigensinn". Die Spuren der Sprach- und Lebensphilosophie Ralph Waldo Emersons im Werk Robert Musils. In: Deutsche Vierteljahrsschrift für Literaturwissenschaft und Geistesgeschichte 80 (2006), H. 3, S. 456–485.

Tiedtke, Silvia: Poetik des Entzugs. Friedrich Schlegels *Rede über die Mythologie*, Robert Musils *Die Verwirrungen des Zöglings Törleß* und Rainer Maria Rilkes *Die Aufzeichnungen des Malte Laurids Brigge*. Würzburg: Ergon 2013.

Treiber, Gerhard: Philosophie der Existenz. Das Entscheidungsproblem bei Kierkegaard, Jaspers, Heidegger, Sartre, Camus. Literarische Erkundungen bei Kundera, Céline, Broch, Musil. Frankfurt a. M. u. a.: Lang 2000.

Turk, Horst: Ästhetische und andere Zustände. Friedrich Schiller und Robert Musil. In: Monatshefte für deutschsprachige Literatur und Kultur 97 (2005), S. 511–523.

Valdemarca, Gioia: La revanche du sens commun. Wittgenstein, Musil et la chute de la certitude. In: Sebastian Hüsch (Hg.): Philosophy and Literature and the Crisis of Metaphysics. Würzburg: Königshausen & Neumann 2011, S. 323–328.

Vanecek, Edwin: Große Spiele. Schreiben in seiner literarischen Darstellung bei Franz Kafka, Georg Büchner, Robert Musil und Hugo von Hofmannsthal. Frankfurt a. M. u. a.: Lang 2005.

Venturelli, Aldo: Die Kunst als fröhliche Wissenschaft. Zum Verhältnis von Musil zu Nietzsche. In: Nietzsche-Studien 9 (1980), S. 302–338.

Wallner, Friedrich: Sehnsucht nach Verweigerung: Musil und Nietzsche. In: Josef Strutz, Johann Strutz (Hg.): Robert Musil – Literatur, Philosophie, Psychologie. München: Fink 1984, S. 91–109.

Willemsen, Roger: „Man nimmt Franz Blei zu leicht!" – Robert Musil und *Das große Bestiarium der Literatur*. In: Josef Strutz, Johann Strutz (Hg.): Robert Musil und die kulturellen Tendenzen seiner Zeit. München, Salzburg: Fink 1983, S. 120–129.

Willemsen, Roger: Dionysisches Sprechen. Zur Theorie einer Sprache der Erregung bei Musil und Nietzsche. In: Deutsche Vierteljahrsschrift für Literaturwissenschaft und Geistesgeschichte 60 (1986), S. 104–136.

Wimmer, Magda: So wirklich ist die Möglichkeit. Friedrich Nietzsche, Robert Musil und Niklas Luhmann im Vergleich. Frankfurt a. M. u. a.: Lang 1998.

Wolf, Norbert Christian: „Wer hat dich, du schöner Wald ..?" Kitsch bei Musil – mit Blick auf den *Mann ohne Eigenschaften*. In: Zeitschrift für deutsche Philologie 127 (2008), S. 199–217.

Wolf, Norbert Christian: Kakanien als Gesellschaftskonstruktion. Robert Musils Sozioanalyse des 20. Jahrhunderts. Wien u. a.: Böhlau 2011.

Wolf, Norbert Christian: Das „wilde Denken" und die Kunst. Hofmannsthal, Musil, Bachelard. In: Jörg Robert, Friederike Felicitas Günther (Hg.): Poetik des Wilden. Festschrift für Wolfgang Riedel. Würzburg: Königshausen & Neumann 2012, S. 363–392.

IX. Rezeptionen

1. Rezeption zu Lebzeiten
Stefan Kutzenberger

1. Einleitung 793
2. Die Zeitschriftenausschnitt-Sammlung des Rowohlt Verlags 793
3. Forschungsstand 794
4. Die Rezeption bis zum *Mann ohne Eigenschaften* 794
5. Die internationale Rezeption des *Mann ohne Eigenschaften* 795
6. Die deutschsprachige Rezeption des *Mann ohne Eigenschaften* . . 795
7. Auflagenzahlen zu Lebzeiten 796
8. Die Pathologisierung des Autors 797
9. Literatur 798

1. Einleitung

Robert Musil wurde als Schriftsteller im Laufe seines Lebens immer wieder entdeckt, vergessen und wiederentdeckt. Obwohl die Gratulationsartikel zu seinem 50. Geburtstag am 6. November 1930 so positiv ausfielen, dass er zugab, medial gesehen „einen ‚großen' fünfzigsten Geburtstag gehabt" zu haben, „wenn auch nicht einen der allergrößten" (an Robert Lejeune, 11.11.1940, Br I, 1244), begann die eigentliche Wiederentdeckung des einst gefeierten *Törleß*-Autors erst im Dezember, mit dem Erscheinen des *Mann ohne Eigenschaften* (MoE). An die 200, nahezu ausschließlich hymnische Kritiken folgten. Zwei Jahre später, bei der Publikation des zweiten Bandes, war Musil jedoch schon wieder vergessen, so sehr, dass das *Berner Tagblatt* von einem „Nachlassroman" des vor „wenigen Jahren gestorbenen Kärntner[s]" (Seelig 1933a) schrieb. Obwohl Musil noch fast neun Jahre leben sollte, war die Rezeption seiner Werke außerhalb eines kleinen Zirkels damit tatsächlich weitgehend beendet. Am 9. Februar 1936 erschien eine der wenigen Rezensionen zu Musil im ‚Dritten Reich', doch die Besprechung des *Nachlaß zu Lebzeiten* im *Berliner Tageblatt* (vgl. Weyrauch 1936) war so negativ, dass sie zu einem Verbot des Buchs führte. Erst nach dem Tod des Autors war man Ende der 1940er Jahre bereit, Robert Musil ein weiteres – und wie es scheint letztes – Mal wiederzuentdecken.

2. Die Zeitschriftenausschnitt-Sammlung des Rowohlt Verlags

Der Rowohlt Verlag ließ durch verschiedene Zeitschriftenausschnitt-Agenturen alle Rezensionen zu seinen Autoren sammeln. Die Abteilung zum Stichwort ‚Musil' umfasst Zeitungsmitteilungen zu seinen selbstständigen Publikationen. Die Rezensionen seines Erstlingsromans *Die Verwirrungen des Zöglings Törleß*, der bereits 1906 im Wiener Verlag erschienen war, und des Novellenbands *Vereinigungen*, der 1911 bei Georg Müller in München publiziert wurde, sind vom Rowohlt-Zeitschriftenausschnitt-Dienst jedoch nur lückenhaft erfasst worden. Dieser Pressespiegel (der insgesamt über 400 Artikel enthält) wurde auch Musil zugesandt, der die Rezensionen hinter seinem Arbeitsplatz „auf dem obersten Bücherbord in drei großen Pappendeckelmappen" (an Valerie Petter-Zeis, 21.9.1938, Br I, 851) lagerte. Diese Mappen befinden sich heute in der Österreichischen Nationalbibliothek und sind in der *Klagenfurter Ausgabe* sowohl als Faksimile wie auch als Lesetext digital einsehbar. Musil bedeuteten die Rezensionen seiner Bücher viel, denn er wusste, dass sie maßgeblich für den Erfolg oder Misserfolg eines Schriftstellerlebens verantwortlich sein können: „[T]äuschen wir uns nichts vor! der Prozeß des Ruhmes wird heute in dieser ersten Instanz [i.e. die der Zeitungen] entschieden" (*Rede zur Rilke-Feier*, 1927, GW II, 1229). Interessant ist dies vor allem auch deshalb, weil durch Musils Besitz der Mappen gesichert ist, dass er die Kritiken seiner Bücher kannte.

3. Forschungsstand

Am 3. Dezember 1932 erschien in der Berliner Wochenschrift *Das Tagebuch* ein engagierter Aufruf Thomas Manns, den zwei Jahre zuvor erschienenen MoE zu lesen, da sich dieser nur schleppend verkaufte: „Der Kritik ist kein Vorwurf zu machen", betont er. „Sie hat sich vollkommen empfänglich gezeigt für den Rang, die Neuigkeitswerte, die überlegene Kunst des Werkes und es nach Kräften erhoben. Was macht das Publikum kopfscheu?" (Mann 1932) Das ist eine Frage, die bis heute nicht befriedigend beantwortet wurde. So gut erforscht die Rezeption Musils nach dem Zweiten Weltkrieg ist, so wenig wurde die Aufnahme zu Lebzeiten bisher Thema wissenschaftlicher Untersuchungen. Murray G. Hall (1977) weist ernüchtert darauf hin, dass Musil statistisch nicht einmal in jeder zweiten zwischen 1906 und 1942 erschienenen Literaturgeschichte vorkommt. Hedwig Wieczorek-Mair (1980) konzentriert sich in ihrer sehr profunden und umfassenden, jedoch leider unpublizierten Dissertation auf die zeitgenössische Kritik des *MoE*. Die Studie Christian Rogowskis (1994, S. 8–17) mit dem vielversprechenden Titel *Robert Musil and his Critics* widmet den zeitgenössischen Rezensionen nur wenige Seiten, gibt jedoch einen guten Überblick. Eingehender beschäftigt sich Karl Corinos monumentale Musil-Biografie (2003) mit der Aufnahme zu Lebzeiten in einzelnen Kapiteln. Stefan Kutzenberger (2011) bietet eine Übersicht, die auch die internationale zeitgenössische Rezeption des *MoE* nicht ausblendet.

4. Die Rezeption bis zum *Mann ohne Eigenschaften*

Musil betrat die literarische Szene 25-jährig mit *Die Verwirrungen des Zöglings Törleß* und einem Paukenschlag. Alfred Kerr, einer der einflussreichsten Theaterkritiker seiner Zeit, der Musil bereits beim Lektorat des Romans geholfen hatte, stellte am 21. Dezember 1906 im *Berliner Tag* diesen Roman vor als ein Buch, „das bleiben wird" (Kerr 1906). Diese überschwängliche Kritik sicherte Musil das Interesse sowohl intellektueller Leser als auch derjenigen, die sich vom anscheinend anrüchigen Inhalt des Romans angezogen fühlten. Im ersten halben Jahr verkaufte sich das Buch 5.000 Mal und ist bis heute der wohl meistgelesene Text Musils (vgl. Corino 2011/12 u. 2013/14). Obwohl ihm der Roman Tore in die literarische Welt öffnete, konzentrierte sich Musil in der Folge auf seine akademischen Studien und veröffentlichte als nächstes Buch seine Dissertation *Beitrag zur Beurteilung der Lehren Machs* (1908). Sein zweites literarisches Werk *Vereinigungen* erschien erst 1911. Die Kritik begrüßte dieses weit weniger enthusiastisch als den Erstling, und wichtige Rezensenten, wie auch Alfred Kerr, blieben stumm. Innerhalb eines engen literarischen Feldes wurde der Novellenband sehr wohl gefeiert, und expressionistische Dichter wie Ernst Blass und Kurt Pinthus sahen in Musil den Wegbereiter ihrer Epoche. Doch diese Stimmen blieben eine Ausnahme und konnten die Rezeption kaum steigern (vgl. Mae 1988).

Durch den Ausbruch des Ersten Weltkriegs wurde Musils literarische Produktion jäh unterbrochen und sein drittes Buch erschien erst 1921. Das Drama *Die Schwärmer* wurde von der Kritik mit Respekt begrüßt, wenngleich auch oft darauf hingewiesen wurde, dass es sich um ein „Lesedrama" handle. Auch der Kleist-Preis, die bedeutendste literarische Auszeichnung der Weimarer Republik, den Robert Musil 1923 verliehen bekam, war im Hinblick auf eine Aufführung der *Schwärmer* kaum hilfreich (vgl. Nübel 2014, S. 96f.). Erst 1929 fand das Stück schließlich einen verunglückten Weg auf die Bühne (vgl. Hall 1975). Musils nächstes Drama *Vinzenz und die Freundin bedeutender Männer* (1923) wurde in rascher Folge in verschiedenen Theatern erfolgreich aufgeführt, verschwand aber genauso schnell wieder aus den Spielplänen. Obwohl er in den 1920er Jahren sehr produktiv war, viele Essays und Rezensionen und 1924 mit *Drei Frauen* auch wieder einen Prosaband veröffentlichte, brachte ihm dies zwar Respekt unter seinen Kollegen ein, aber nur schleppenden Verkauf. Sein Status als Schriftsteller zeigt sich auch daran, dass er 1923 an der Seite Hugo von Hofmannsthals zum Zweiten Vorsitzenden des Schutzverbands deutscher Schriftsteller in Österreich gewählt wurde und im Zuge der Trauerfeier zum Tod Rilkes am 16. Januar 1927 im Renaissance-Theater Berlin eine aufsehenerregende und rasch publizierte Rede hielt (*Rede zur Rilke-Feier*, GW II, 1229–1242). (→ III.2.2 *Reden*) 1929 erhielt er den prestigeträchtigen Gerhart-Hauptmann-Preis. Es dauerte jedoch noch ein Jahr, bis mit der Publikation des *MoE* ein Text Musils – 24 Jahre nach dem Erfolg des *Törleß* – wieder für Furore und Gesprächsstoff sorgte.

5. Die internationale Rezeption des *Mann ohne Eigenschaften*

Die zeitgenössische nicht-deutschsprachige Rezeption des *MoE* ist bisher praktisch noch unerforscht. Es ist jedoch festzustellen, dass weder zwei positive Rezensionen im *Times Literary Supplement* der 1930er Jahre die englische Leserschaft für den *MoE* genug einnehmen konnten, um Musil noch zu Lebzeiten zu übersetzen, noch schafften dies acht niederländische, fünf französische, zwei spanische, und je eine rumänische, dänische, türkische, israelische und schwedische Buchkritik. In den USA war der Roman nur durch zwei Besprechungen in deutschsprachigen Zeitungen präsent. Die einzige zu Lebzeiten erschienene Übersetzung aus dem *MoE* veröffentlichte die Pariser Zeitschrift *Mesures* am 15. Januar 1935. Es handelte sich dabei um die Kapitel I/14 u. 17, übertragen ins Französische von Barbara Church. (→ IX.3 *Übersetzungen*)

6. Die deutschsprachige Rezeption des *Mann ohne Eigenschaften*

Scheiterten die internationalen Artikel zum *MoE* daran, Musil noch zu Lebzeiten im kollektiven Gedächtnis ihrer Länder zu verankern, so glückte dies nicht einmal den etwa 250 großteils positiven deutschsprachigen Rezensionen, die bisher identifiziert werden konnten (vgl. Kutzenberger 2011, S. 406). Der uns heute so vertraute Titel „Der Mann ohne Eigenschaften" verursachte, betrachtet man die unmittelbaren Zeitungsrezensionen zur Veröffentlichung des ersten Bandes, eine leichte Unsicherheit und Verwirrung auf Seiten der Rezensenten: „Da kam noch vor Weihnachten ein Buch auf meinen Rezensionstisch [...], das den eigenartigen Titel trug *Der Mann ohne Eigenschaften*, sich als Roman bezeichnete und den vielversprechenden Autornamen Robert Musil an der Spitze trug" (Endres 1931), schreibt beispielsweise die Basler *National-Zeitung*. Aber auch ausländische Medien verweisen auf den Titel dieses gerade auf Deutsch erschienenen Romans: „Bogen [...] bærer Titlen *Der Mann ohne Eigenschaften* [...], en virkelig fængslende Titel!" (Schyberg 1931), meint ein dänischer Rezensent. Dieser „fængslende", also „fesselnde", Titel kann aber auch verwirrend wirken, wie Ludwig Winder unumwunden zugibt: „Musil macht es dem Leser nicht leicht." Er führt auch aus, warum: „Schon der Titel klingt absonderlich. Was ist das: ein Mann ohne Eigenschaften?" (Winder 1931) Eine der wenigen negativen Rezensionen in der ansonsten durchwegs überwältigend positiven Resonanz auf den ersten Band des *MoE* erschien im *Pester Lloyd* und stößt sich auch am nicht ganz greifbaren Titel: „Dieses Buch ist, das sei wiederholt, geistreich, allzu geistreich und schon der Titel deutet darauf hin. Ein Mann ohne Eigenschaften? Ist ein Mensch, ein Mann dazu, ohne Eigenschaften überhaupt denkbar?" (X. Y. Z. 1931)

7. Auflagenzahlen zu Lebzeiten

Zu den Zahlen der ersten Auflagen des *MoE* gibt es widersprüchliche Angaben. So meint Rudolf Olden in einem Artikel aus dem Jahr 1935, dass die vom Roman erreichte Auflage „gar nicht so weit von irgend einem Schund entfernt" sei (Olden 1935). Präziser führt es Carl Seelig im *Luzerner Tagblatt* im September 1933 aus: „Es spricht für den Kunstsinn der Leser, dass sie bereits das 6.–7. Tausend dieser wagemutigen Ausgabe ermöglicht haben" (Seelig 1933b). Hermann Broch versucht 1931, als Rowohlt in finanzielle Turbulenzen gerät, beim Rhein Verlag ein gutes Wort für Musil einzulegen und schreibt: „Musil hält bei 6000 Exemplaren und kostet M 20" (Broch/Brody 1971, S. 203). Allerdings war dem offenkundig nicht so, denn der Verleger antwortete: „Mir hat Rowohlt gesagt, keine tausend!" (ebd., S. 306) Wie hoch auch immer die ersten Auflagen waren, der „außerordentliche Erfolg dieses Romans" (N. N. 1932) bezieht sich gewiss mehr auf die qualitative Aufnahme der Kritik als auf die quantitativ messbaren Zahlen des Verkaufs.

Vielleicht liegt es trotz Thomas Manns (1932) gegenteiliger Auffassung („Der Kritik ist kein Vorwurf zu machen") dennoch an den Kritiken, die, obwohl wohlmeinend, die potenzielle Leserschaft durch rezeptionshemmende Signale abgeschreckt haben könnten. Ein solcher Punkt ist sicherlich der hohe Preis des Romans, auf den in mehreren Rezensionen hingewiesen wurde. Wer „das nötige Kleingeld in der Tasche" (N. N. 1930) oder „die Mittel hat, sollte es sich kaufen" (E. M. 1931). Der *MoE* kostete in der ersten Auflage 8 Reichsmark broschiert und 16 Reichsmark leinengebunden (dies entspricht in etwa 27 € und 54 € des Jahres 2015, berechnet vom Österreichischen Institut für Wirtschaftsforschung). Will man sich das Buch jedoch trotzdem leisten, wird man von den Rezensionen noch weiter gewarnt, denn kaum eine Kritik kommt ohne die Bemerkung aus, dass die Lektüre des umfassenden Bandes größte geistige Anstrengung erfordere. Peter Suhrkamp (1931) analysiert beispielsweise das Publikum des *MoE* scharfsichtig und realistisch, verkleinert es jedoch durch seine Autorität als Rezensent, indem er den Roman ein „außerordentlich subtiles, schwer lesbares Werk" nennt. Während Suhrkamp auf die umfassende Bildung verweist, die der Leser des Romans aufbringen muss, konzentriert sich Hermann Hesse (1931) in seiner Rezension mehr auf das Lokalkolorit des *MoE*, nämlich das Österreichische in ihm: „Diese merkwürdige, subtile, sehr zeitgemäße Dichtung ist in ihrer ganzen Geistigkeit, nicht nur in der Nuancierung österreichisch und geht doch darüber hinaus, wird zu einem großen Versuch, über Österreich zu Europa zu gelangen". Sein Hinweis auf das Österreichische ist in der deutschen (oder auch Schweizer) Kritik eher selten, umso häufiger dagegen im österreichischen Feuilleton zu finden, denn dort ist die Betonung des Österreichischen, meist mit einem gewissen Nationalstolz, die Regel. Während der *MoE* in den Wiener Medien (es finden sich keine Rezensionen in den Bundesländern) also als würdiger Abgesang auf das alte Kakanien gelobt wird, lesen die deutschen Kritiker das Buch eher als Gegenwartsroman. Wenn der Roman, der im Jahr 1913 spielt, nun aber kein historischer Roman ist, was ist er dann? Eine Benennung wäre: „kein ‚historischer' Roman" (Guillemin 1932). Die Suche nach der richtigen Kategorisierung geht jedoch weiter und zieht sich wie ein roter Faden durch die deutsche Kritik, die ihn für „keinen Roman in eigentlichem Sinne" (N. N. 1930) hält oder, extremer, für „überhaupt kein[en] Roman" (X. Y. Z. 1931).

8. Die Pathologisierung des Autors

Diese Angst vor dem Unbenennbaren lässt einige Rezensenten den *MoE* als Symptom einer Zeitkrankheit auffassen, d.h. der Text evoziert nicht nur in seiner Handlung die fragile Endzeitstimmung kurz vor dem Ersten Weltkrieg, sondern ist selbst in seiner unbestimmbaren Mischung zwischen Essay und Roman Beweis des Niedergangs. Seine Intellektualität kann, wenn man will, auch ein Indiz dafür sein, dass der Autor, bei aller Scharfsinnigkeit, vielleicht selbst seinen Geist verloren habe: „Hier zeigt ein ungemein befähigter Kopf – ohne die ausgesprochene Absicht – die ganze, es ist nicht übertrieben zu sagen: tödliche Gefahr des Geistes, in der ganzen Selbstverständlichkeit einer langsam wirkenden Kraft" (Schwamborn 1931). Einem Autor wie Musil bliebe nur noch der „Wechsel auf den Nachruhm" (Ullmann 1931), stellte die *Wiener Allgemeine Zeitung* schon 1931 fest. Nachdem die Reaktionen auf den ersten Band des *MoE* zum größten Teil hymnisch waren und die wenigen ablehnenden Reaktionen ausschließlich von den rechtsgerichteten Organen veröffentlicht wurden, bricht nach der Machtübernahme der NSDAP die Resonanz auf den zweiten Band ab. Der *MoE* war bestimmt für den Menschen, „der weder befriedigt in einer festen Weltanschauung lebt, noch resigniert jede geistige Problematik für überflüssige Sorgen hält" (Marcuse 1932). Der solchermaßen abgesteckte Leserkreis war jedoch schon bei Erscheinen des ersten Bandes 1930 nicht sehr groß und nun einem immer schneller werdenden Schrumpfungsprozess unterworfen. Musil nahm diese Barbarisierung der Gesellschaft in seinem Roman bereits voraus: „Wenn Sie mir die Zeitungen, den Rundfunk, die Lichtspielindustrie und vielleicht noch ein paar andere Kulturmittel überantworten, so verpflichte ich mich, in ein paar Jahren [...] aus den Menschen Menschenfresser zu machen!" (MoE, 1020)

Nur knapp drei Monate nach der Publikation dieser Zeilen im Dezember 1932 begann Propagandaminister Joseph Goebbels, die Probe aufs Exempel zu statuieren (vgl. Amann 2007, S. 148). Musils ‚Theorem der menschlichen Gestaltlosigkeit' ist jedoch nicht nur eine bis heute gültige Erklärung über die Enthemmung der Menschen unter den Bedingungen einer Diktatur, sondern darüber hinaus eine wesentliche Struktur und Grundidee des *MoE* (vgl. Fanta 2005; v. a. Wolf 2011). (→ VII.3 *Gestaltlosigkeit*) Das erkannten auch die Zensoren der NSDAP und setzten das Werk im Oktober 1938 auf den Index (vgl. Corino 2003, S. 1931), wodurch die Rezeption Robert Musils zu Lebzeiten ein jähes Ende fand.

9. Literatur

Amann, Klaus: Robert Musil – Literatur und Politik. Mit einer Neuedition ausgewählter politischer Schriften aus dem Nachlass. Reinbek b. Hamburg: Rowohlt 2007.
Broch, Hermann/Brody, Daniel: Briefwechsel. 1930–1951. Hg. v. Bertold Hack u. Marietta Kleiß. Frankfurt a. M.: Buchhändler-Vereinigung 1971.
Corino, Karl: Robert Musil. Eine Biographie. Reinbek b. Hamburg: Rowohlt 2003.
Corino, Karl: *Törleß* hochgejubelt. In: Musil-Forum 32 (2011/12), S. 220.
Corino, Karl: Nochmals zu: *Törleß*-Auflage hochgejubelt? Von Widersprüchen und Dunkelziffern. In: Musil-Forum 33 (2013/14), S. 281–282.
E. M.: Zur Psychologie der Zeit. In: Blätter der städtischen Volksbüchereien. Breslau, September 1931.
Endres, Franz Carl: *Der Mann ohne Eigenschaften*. In: National-Zeitung. Anzeigenblatt der Stadt Basel. Organ für Handel und Industrie, 1.3.1931.
Fanta, Walter: Aus dem apokryphen Finale des *Mann ohne Eigenschaften*. Die Totalinversion der Nebenfiguren. In: Pierre Béhar, Marie-Louise Roth (Hg.): Musil an der Schwelle zum 21. Jahrhundert. Bern u. a.: Lang 2005, S. 225–250.
Guillemin, Bernard: Der Neue Musil. *Mann ohne Eigenschaften, Zweiter Band*. In: Berliner Tageblatt. Morgen-Ausgabe, 20.12.1932.
Hall, Murray G.: Der Schwärmerskandal 1929. Zur Rezeption von Robert Musils Drama *Die Schwärmer*. 1. Teil. In: Musil-Forum 1 (1975), S. 37–60.
Hall, Murray G.: Dokumente zur Musil-Rezeption. In: Musil-Forum 3 (1977), S. 57–75.
Hesse, Hermann: Hinweise auf Bücher. In: Der Lesezirkel, Zürich, 15.2.1931.
Kerr, Alfred: Robert Musil. In: Der Tag, 21.12.1906.
Kutzenberger, Stefan: „Der Kritik ist kein Vorwurf zu machen" – Zur zeitgenössischen Rezeption des *Mann ohne Eigenschaften*. In: ders., Ernst Grabovszki, Philipp Wascher (Hg.): Fremde Kulturen, vertraute Welten – ein Leben für die Komparatistik. Festschrift für Alberto Martino. Berlin: Weidler 2011, S. 389–434.
Mae, Michiko: Motivation und Liebe. Zum Strukturprinzip der Vereinigung bei Robert Musil. München: Fink 1988.
Mann, Thomas: o. T. In: Das Tagebuch, 3.12.1932.
Marcuse, Ludwig: Empfehlung eines guten Romans. In: Abend-Blatt, Berlin, 23.12.1932.
Nübel, Birgit: Robert Musil und Heinrich von Kleist oder Konkave Frauenkörper im Hohlspiegel unendlicher Reflexion. In: Anne Fleig, Christian Moser, Helmut J. Schneider (Hg.): Schreiben nach Kleist. Literarische, mediale und theoretische Transkriptionen. Freiburg i. Br.: Rombach 2014, S. 95–118.
N. N.: o. T. In: Ostpreussische Zeitung, 20.12.1930.
N. N.: o. T. In: Die Christliche Welt, 1.3.1932.
Olden, Rudolf: Zeitgenossen: Robert Musil. In: Zeitung unbekannt, Wien, 1935.
Rogowski, Christian: Distinguished Outsider. Robert Musil and His Critics. Columbia: Camden House 1994.
Schwamborn, H.: *Der Mann ohne Eigenschaften*. In: Kölnische Volkszeitung, 8.1.1931.
Schyberg, Frederik: En Forfatter in den store Stil. In: Dagens Nyheder, 22.2.1931.
Seelig, Carl: Robert Musils Nachlassroman. In: Berner Tagblatt, 28.6.1933. (Seelig 1933a)

Seelig, Carl: Neue Bücher aus altbewährten Verlagen. In: Luzerner Tagblatt, 23.9.1933. (Seelig 1933b)
Suhrkamp, Peter: Große und schwere Romane. In: Uhu, Januar 1931.
Ullmann, Ludwig: Musils großer Roman. *Der Mann ohne Eigenschaften*. In: Wiener Allgemeine Zeitung, 13.1.1931.
Weyrauch, Wolfgang: *Nachlass zu Lebzeiten*. In: Berliner Tageblatt, 19.2.1936.
Wieczorek-Mair, Hedwig: Robert Musils Roman *Der Mann ohne Eigenschaften* in der zeitgenössischen Kritik (1930–1935). Diss. Univ. Salzburg 1980.
Winder, Ludwig: *Der Mann ohne Eigenschaften*. In: Deutsche Zeitung Bohemia, 13.2.1931.
Wolf, Norbert Christian: Kakanien als Gesellschaftskonstruktion. Robert Musils Sozioanalyse des 20. Jahrhunderts. Wien u. a.: Böhlau 2011.
X. Y. Z.: Geschichten – ohne Geschichten. In: Pester Lloyd, 10.2.1931.

2. Editionsgeschichte

Walter Fanta

1. Einleitung 799
2. Martha Musils dritter Band von *Der Mann ohne Eigenschaften* (1943) . . . 800
3. Adolf Frisés Edition von *Der Mann ohne Eigenschaften* (1952ff.) 801
4. Adolf Frisés Musil-Ausgaben (1976/1978/1981) 803
5. Die Nachlass-CD-ROM von Friedbert Aspetsberger, Karl Eibl und Adolf Frisé (1992) 804
6. Die *Klagenfurter Ausgabe* von Walter Fanta, Klaus Amann und Karl Corino (2009) 805
7. Perspektiven 807
8. Literatur 808

1. Einleitung

Musils (postume) Editionsgeschichte verlief so kontrovers wie der Streit um die Editionen anderer Fragment-Autor/inn/en der deutschsprachigen Moderne wie Hölderlin, Nietzsche, Robert Walser, Wittgenstein, Kafka oder Bachmann. Stets ging es um Fragen des Urheberrechts, der Legitimität (un)erlaubter Methoden bei der Vervollständigung des unvollständigen Werks und dessen Darbietung. Bei Musil bestimmend waren von 1950 bis 2012 der Rowohlt Verlag, der sich mit dem Wiedererwerb der Rechte an Musils Texten bis 70 Jahre nach dessen Tod eine verlegerische Monopolstellung sichern konnte, und als zentrale Herausgeberpersönlichkeit Adolf Frisé. Dieser leitete vom Autor Musil selbst, dem er 1933 persönlich begegnet war, von dessen Witwe Martha, den Erben Anne F. Rosenthal und Gaetano Marcovaldi und nicht zuletzt vom Verlagsleiter Heinrich Maria Ledig-Rowohlt die Legitimation ab, alles edierender alleiniger Musil-Herausgeber sein zu müssen – eine Rolle, die er über Jahrzehnte verteidigte. Dabei zeigen sich hier wie bei anderen Editionsstreitigkeiten, wie die von den Autor/inn/en nicht mehr selbst veröffentlichten Texte ins Spannungsfeld der Bestrebungen konträrer Herausgeber-Typen gerieten: Der eine Typus besitzt ein persönliches Näheverhältnis zu Autor oder Autorin, er oder sie ist Freund, Weggefährtin, Mitautorin, Literaturliebhaberin, Entdecker, Nachfolger, Schülerin, Erbin. Die privaten Nachlassverwalter und charismatischen Herausgeber/innen der ersten

Stunde gründen ihre Legitimität auf ein Gemisch von Funktionen, die vom persönlichen und im literarischen Leben verankerten Bezug bis zu juristisch-urheberrechtlichen Ansprüchen am unveröffentlichten Werk reichen. Den anderen Typus vertritt die mehr oder weniger professionelle universitäre Literaturwissenschaft, in der feindlichen Diktion Frisés die Welt der „Institute und Seminare" (Frisé, MoE, 2097), mit ihren seit Karl Lachmann entwickelten philologischen, textkritischen Verfahren. Bei aller Sorge um den ‚rechten Text' muss sie sich zuweilen vorwerfen lassen, als Zielgruppe ihrer wissenschaftlichen Ausgaben nur die ‚Institute und Seminare' zu adressieren, nicht die breite Leserschaft.

2. Martha Musils dritter Band von *Der Mann ohne Eigenschaften* (1943)

Den ersten Versuch, Musils Nachlass zugänglich zu machen, unternahm unmittelbar nach seinem Tod seine Witwe Martha. Robert Lejeune teilte sie mit, sie wolle wie die Frau Dostojewskis „die Bücher ihres Mannes im Selbstverlag herausgeben" (24.5.1942, Br I, 1432). Bis zu ihrem Tod 1949 verfolgte sie, von Genf, Philadelphia und Rom aus, das Ziel einer Gesamtausgabe unter Berücksichtigung des zu Lebzeiten Gedruckten und großer Teile des Nachlasses. Damit wollte sie u.a. die Manuskripte sichern. Unmittelbar nach Musils Tod, mitten im Krieg, schien als Teilziel nur ein Fortsetzungsband von *Der Mann ohne Eigenschaften* (MoE) aus dem Nachlass realistisch. 1943 erschien in einer Auflage von 1.000 Stück in Lausane *Der Mann ohne Eigenschaften. Roman. Dritter Band. Aus dem Nachlass herausgegeben von Martha Musil* mit folgenden Materialien: Kap. 1–8 = Druckfahnen 39–46; Kap. 9–14 = Reinschriftmappe 47–52; Kap. 15–24 = Druckfahnen 49–56. Einführung der Bandzahl 3, Änderung der Kapitelzählung und Weglassen der Fahnenkapitel 47–48 unter Beibehaltung der Fahnenkapitel 49–56 stellen selbstbewusste editorische Schritte dar. Besonders trifft dies auf die als *Ausgewählte Kapitel aus dem Manuskript des Schlussteils* versammelten 16 Nachlasstexte zu. (→ III.3.4 *Nachlass*) Die Herausgeberin versuchte nicht, anhand von Texten aus dem letzten Stadium eine dominante oder letztgültige Intention des Autors bezüglich des Romanschlusses zu rekonstruieren. Die Zusammenstellung von Entwürfen bietet vielmehr primär handlungsorientierte, leserfreundliche Ausschnitte aus einem breiten Panoptikum von Textentwürfen, ohne eine bestimmte Richtung vorzugeben, wie sich der Schlussteil des Romans hätte entwickeln können. Der Ausgabe war keine große Wirkung beschieden, die Kriegs- und Nachkriegszeiten ließen das nicht zu. Dennoch kommt ihr, ausgeführt mit Sorgfalt und Akribie, editionsgeschichtlich größte Bedeutung zu, zudem leiten sich die englischen und französischen Übersetzungen Kaisers und Wilkins' sowie Jaccottets direkt von ihr ab. (→ IX.3 *Übersetzungen*) Martha ist als Treuhänderin des literarischen Erbes ihres Mannes höchster Respekt zu zollen, vor allem für die Bewahrung und erste Inventarisierung des Nachlasses in einer schwierigen Zeit und Lebenssituation. Als der dem Autor nächststehende Mensch besaß sie intime Kenntnisse seines Schreibens und der Werkgeschichte. Musil hat sie verschiedentlich sogar als Mitautorin bezeichnet (vgl. Brief an Toni Cassirer, 17.11.1933, Br I, 594).

3. Adolf Frisés Edition von *Der Mann ohne Eigenschaften* (1952ff.)

1947 nahm Frisé, während er sich journalistisch dafür einsetzte, öffentliche Aufmerksamkeit für das Werk Musils (wieder) zu erwecken, Kontakt mit dessen Witwe auf, den er nach ihrem Tod 1949 mit dem in Rom lebenden Erben und Nachlassverwalter, Musils Stiefsohn Gaetano Marcovaldi, aufrechterhielt. 1951 nahm er erstmalig Einsicht in den Nachlass, 1952 wurde Frisé nach einer Einigung zwischen Marcovaldi und dem Rowohlt Verlag mit der Veröffentlichung der Fortsetzung des *MoE* aus dem Nachlass betraut und publizierte daraus im Dezember 1952 eine einbändige Ausgabe des Gesamtromans einschließlich der 1930 bzw. 1932 bereits veröffentlichten Teile. Bestimmend für diese Ausgabe von Nachlassteilen, die als organische Fortführung der zu Lebzeiten gedruckten Romanteile erscheinen sollten, war das Konzept einer Gesamtausgabe. Aus retrospektiven Erinnerungen an den Eindruck, den er im Mai 1951 von den Manuskripten empfangen hatte, geht hervor, dass Frisé an Musils Nachlass so herangegangen war, als müsse sich in ihm die Ordnungsstruktur eines geschlossenen Systems verbergen. Die 1951/52 erstmals gesichteten „bereits fertig getippte[n] Texte, die nur noch auf ihren Platz im Roman zu warten schienen" (Frisé 1992, S. 12), erklärte er ohne Umschweife zu Teilen einer Fortsetzung. Dabei bestimmte Frisé innerhalb einer möglichst großen Menge heranzuziehender Manuskripte deren Reihenfolge und Zuordnung nach einem wahrscheinlichen/möglichen Vorher/Nachher im fiktionalen Romangeschehen. Mit seiner Editionsweise suggerierte er einen Erzählverlauf, der quer zu den Stufungen und Schichtungen steht, welche sich aus einer genetischen Perspektive ergeben. (→ III.3.4 *Nachlass*) Doch während Martha Musils dritter Band zwischen der Fortsetzung des Romans auf Grundlage der Druckfahnen-Kapitel und Kapitelfolge R 47–52 bzw. der Auswahl von Schlussteil-Manuskripten eine Trennlinie zog, gingen in Frisés Ausgabe die Fortsetzungsteile nahtlos in den Schlussteil über; der Herausgeber erschloss eine Anordnung, für die sich aus Inhalt, Anlage und Struktur des Hinterlassenen kaum Anhaltspunkte ergeben. Der Rekonstruktionscharakter führte dazu, dass Frisé a) im Schluss des Dritten Teils und im Vierten Teil aus dem Nachlass für jedes Kapitel einen Titel (er)fand, b) im Inhaltsverzeichnis darauf verwies, dass „die mit * gekennzeichneten Kapitel bisher unveröffentlicht" waren und c) im Anhang *Nachgelassene Fragmente* ankündigte, was impliziert, die 128 Kapitel wären gesicherte Romanfortsetzung und nur das im Anhang Folgende Fragment.

Deklarierte Zielsetzung der Ausgabe von 1952 war, Musils Roman nach dem Zweiten Weltkrieg einem großen Publikum möglichst schnell und vollständig in Erinnerung zu rufen. Dazu war es notwendig, ein Maximum der im Nachlass vorfindlichen Entwürfe in leserfreundlicher Form, ohne editorische Raffinessen, aufzunehmen. Daher erübrigt sich eine Kritik aus einem editionsphilologischen Blickwinkel. Heute kann man den *MoE* von 1952 als eine wichtige Station auf dem Weg der (internationalen) Vermittlung und Rezeption der Nachlassteile des Romans anerkennen, er bot die erste Grundlage für Übersetzungen in mehrere Weltsprachen. Außerdem wurden grundsätzliche Reflexionen der Schwierigkeiten und Probleme im Zusammenhang mit Fragen der Erzählanordnung angestoßen. Als Teile einer mit *Gesammelte Werke in Einzelausgaben* titulierten Edition erschienen zudem 1955 *Tagebücher, Aphorismen, Essays und Reden* und 1957 *Prosa, Dramen, Späte Briefe*. Für den Nachlassteil des *MoE* traf der Herausgeber in der 5. Auflage 1960 neue Dispositionen, ohne den Grundansatz von 1952 zu revidieren.

Die frühe Kritik an Frisé kulminierte 1963 im provokanten Titel eines Aufsatzes: „*Der Mann ohne Eigenschaften* – aber nicht von Musil". Dort wird allerdings nicht Frisé unterstellt, Musil bis zur Unkenntlichkeit verfälscht zu haben, sondern seinen Kritikern, „mit Hilfe des philologischen Vorwands eine private und zufällige Deutung durchsetzen [zu] wollen" (Arntzen 1971, S. 131). Es ging um strukturelle Fragen der Herausgeberschaft: a) Worin besteht der literaturwissenschaftliche Beitrag, in der Bereitstellung einer Heuristik oder einer *techné*? b) Welchen Weg gibt es zwischen der Scylla textkritischer Anforderungen und der Charybdis der Forderung nach Leserfreundlichkeit? c) Profitiert das Lebenswerk eines Autors mit umfangreichem Nachlass, wenn Editionskonzepte und -projekte im freien Wettbewerb gegeneinander antreten, oder ist alles bei einer zentralen Herausgeberinstanz besser aufgehoben? Eine *Einführung in das Werk* (Kaiser/Wilkins 1962), in der massive philologische Einwände gegen Frisés Edition erhoben wurden, und *Studien zu einer historisch-kritischen Ausgabe* (Bausinger 1964), wo Frisés textkritisches Versagen ausgehend vom Vorwurf fehlenden Verständnisses für die Struktur des Romans bis zur Auflistung von Setzfehlern vorgeführt wurde, ließen die Frisé-Ausgabe öffentlich unter philologischen Druck geraten. Als weiterer Kontrahent trat ab 1960 der Kärntner Landesarchivar Karl Dinklage auf, ein Historiker, der in Musils Geburtsstadt Klagenfurt das Robert-Musil-Archiv gründete, umfangreiche Nachlass-Studien betrieb und zu einer Interpretation von Musils Schreibprozess am Roman gelangte, Kaiser-Wilkins'schen Auffassungen nahe, die Frisé heftig ablehnte (vgl. Fanta 2011).

Frisé wehrte sich erfolgreich, wobei er publizistisch selbst kaum in Erscheinung trat, sondern Fürsprecher aus der Welt der westdeutschen ‚Institute und Seminare' wie Ulrich Karthaus, Wolfdietrich Rasch, Walter Boehlich, Wilfried Berghahn, Hans Mayer und Helmut Arntzen fand. Eithne Wilkins und Ernst Kaiser wurde unterstellt, sie wollten als C.-G.-Jung-Schüler und finanziert von der jungianisch ausgerichteten Bollingen-Stiftung über die Kritik an Frisé ihr eigenes Editionskonzept auf Basis einer an Jung orientierten Lektüre des *MoE* etablieren (vgl. Arntzen 1971). Dagegen verfocht Frisé seinen Standpunkt, die Interpretation des Romans und die Spekulation, welche der Optionen im Nachlass Musils Intentionen am besten entspräche, dürften die Neuedition *nicht* bestimmen; nötig sei es, Musils Unentschiedenheit zu edieren. Dies erwies sich in der germanistischen Fachdiskussion als mehrheitsfähig und verschaffte Frisé einen Triumph über seine Kritiker und Widersacher, der darin gipfelte, dass auch die Wissenschaftsförderungseinrichtungen in Deutschland und Österreich mit ihm kooperierten und nicht mit den Vertretern esoterischer Interpretationen wie Kaiser oder Dinklage.

Kritisiert wurden aber auch Friedrich Beißner und die Beißner-Schule. Bausingers *Studien* waren in Zusammenarbeit mit Kaiser und Wilkins in Rom als Tübinger Dissertation bei Beißner 1961/62 entstanden. Dass sie 1964 bei Rowohlt erschienen, nahm Frisé dem Verlag übel; er empfand dies als Teilschritt zu einer ihm aufgezwungenen Zusammenarbeit mit seinen ‚Gegnern'. Beißners Dissertations-Gutachten enthielt Formulierungen, die Frisé persönlich diskreditierten und kränkten. Sein Widerstand gegen Beißners Einbeziehung in die Vorbereitung einer textkritischen Ausgabe entzündete sich daran, besaß aber auch eine grundsätzliche Dimension. Beim Verlag, den Erben und in der germanistischen Fachwelt leistete Frisé Überzeugungsarbeit, dass die Zeit für eine historisch-kritische Musil-Ausgabe nicht gekommen und einer ‚Studienausgabe' der Vorzug zu geben sei. Ein Nachlass wie der zum *MoE* sei für

Beißners textgenetisches Stufenmodell zu umfangreich und zu komplex. Was Bausinger gefordert hatte, sei nicht verwirklichbar und verhindere die Lektüre von Musils Romanfortsetzung durch ‚normale' Leser. Auch damit behauptete sich Frisé. Es kam zu keinem ersthaften Versuch einer historisch-kritischen Erschließung des Nachlasses zum *MoE*, geschweige denn des Gesamtwerks, obwohl diese Forderung – vor allem auf den Tagungen der 1973 in Wien gegründeten Internationalen Robert-Musil-Gesellschaft (vgl. z. B. Schröder-Werle 1981) – erhoben wurde.

4. Adolf Frisés Musil-Ausgaben (1976/1978/1981)

Auf das verstärkte Echo, das Musil mittlerweile gefunden hatte, sowie auf die Forderungen nach kritischen Texten reagierte Frisé, indem er während der 1970er Jahre textlich erweiterte Ausgaben mit deutlichen textkritischen Akzenten vorbereitete: die kommentierte Studienausgabe der *Tagebücher* (1976), *Gesammelte Werke* (1978) in zwei Bänden (bzw. in einer neunbändigen Taschenbuchausgabe) und *Briefe* (1981) in einer kommentierten zweibändigen Ausgabe. Die Serie der Neuausgaben von 1976 bis 1981 stellt Frisés editorisches Vermächtnis dar, Musil in Buchform war bis zum Freiwerden der Rechte 2013 nur in ihnen zu lesen. Davon sind zahlreiche seitenidentische Auflagen nachgedruckt worden, darunter viele Sonderausgaben des *MoE*. Dessen Nachlassfortsetzung ist in Frisés Edition von 1978 entstehungsgeschichtlich organisiert: erst in zwei Blöcken jeweils letzter Fassung, den Druckfahnen von 1937/38 zu den Kapiteln 39–58 des Zweiten Buchs und sechs Kapiteln mit den letzten Genfer Varianten zu den Kapiteln 47–52 von 1941/42. Anschließend verfolgt Frisés Anordnung das Prinzip einer verkehrten Chronologie, nach der sie Kapitelkomplex um Kapitelkomplex und Produktionsphase um Produktionsphase bis zu den frühen Vorstufen zurückläuft, als der Roman noch „Die Zwillingsschwester", „Der Erlöser" oder „Der Spion" heißen sollte. Der Endpunkt der Buchausgabe fällt mit dem entstehungsgeschichtlichen Anfangspunkt 1918/19 zusammen. Frisés spätere *MoE*-Ausgabe trug der Kritik von Philologen an seiner früheren Ausgabe Rechnung. Sie setzte textkritische Akzente, bot keinen emendierten Text, sondern eine Transkription der Manuskripte, die der Herausgeber als zugehörig identifiziert und ausgewählt hatte. Die Ausgabe brachte einen größeren Anteil des Nachlasskorpus als die von 1952, nicht nur Entwürfe, sondern auch umfangreiches Notizmaterial. Vor allem berücksichtigte sie das textgenetische Prinzip, unterschied in der Anordnung zwischen abgestuften Autorisierungs- und Elaborierungsgraden. Ihre Raffinesse hat einer Rezeption zugearbeitet, die auf erzählerisches Kontinuum weniger Wert legt als auf eine Überfülle an zitierbaren Stellen.

Evident sind damit auch ihre Nachteile, begründete diese Ausgabe doch erst recht den zweifelhaften Ruf des *MoE*, ein Roman zu sein, den nie jemand zu Ende gelesen hat. Ihre Lesbarkeit wird durch mangelnde Informationen über den Status der Texte beeinträchtigt, es gibt Wiederholungen, und Vorstufen- und Variantenbeziehungen werden nicht ausreichend geklärt. Außerdem legte Frisé die Kriterien für seine Textauswahl nicht offen, man erfährt nicht, was weggelassen wurde, teilweise kontaminierte er mehrere Fassungen, die Textkonstitution ist nicht exakt nachgewiesen. Dies gilt ebenso für die Edition der Nachlassfragmente außer dem *MoE*, kritisiert wurde auch die Edition der *Tagebücher*. Frisé lieferte im Anmerkungsband einen umfangreichen Anhang mit weiterem Nachlassmaterial, woran die Kritik Hans Zellers ansetzte, der diesen als „rätselhafte Einrichtung" (Zeller 1982, S. 220) bezeichnete, der eine Aufhebung der Relation Text–Kommentar bewirke. Des Vorwurfs „Mangel an Disposition" (ebd.) hätte Frisé sich unter Verweis auf das kaum darstellbare Vernetzungsverhältnis zwischen den Nachlasstexten erwehren können. Zellers Angriff erfolgte aber grundsätzlicher, er übte Kritik an der Unklarheit des Editionstyps, der Vollständigkeit der Ausgaben, deren Aufbau, der Textkonstitution der edierten Texte, der Gestaltung des Apparats und der Kommentierungspraxis. Die Buchausgaben des Rowohlt Verlags erfüllen somit textkritische Standards nicht ausreichend bzw. lösen Ansprüche an eine historisch-kritische Ausgabe nicht ein.

5. Die Nachlass-CD-ROM von Friedbert Aspetsberger, Karl Eibl und Adolf Frisé (1992)

Zur Erkenntnis, dass Musil mittels Computer ediert werden müsste, gelangte Frisé später. Er bezog diese Einsicht allerdings allein auf den Nachlass, der „als eigene[r] Werkteil zu verstehen [sei], als eine in sich geschlossene Werkeinheit, [...] auch als solche zu präsentieren" (Frisé 1992, S. 13): „Musils systematische Arbeitsweise" dränge „förmlich hin zu einer Art der Erschließung, wie sie heute durch die elektronische Datenverarbeitung ermöglicht wird" (ebd., S. 14). Frisé ging eine Kooperation mit den Germanisten Karl Eibl und Friedbert Aspetsberger ein, die eine computergestützte Erschließung des Nachlasses zum Ziel hatte. 1984–1990 wurde dieser (insgesamt 12.000 Manuskriptseiten umfassende) Nachlass in Trier und in Klagenfurt transkribiert und 1992 in einer CD-ROM-Edition veröffentlicht.

Die Nachlass-Ausgabe von 1992 brach aufs Entschiedenste mit dem historisch-kritischen Anspruch auf Werkrekonstruktion: Der Nachlass ist das Werk. Geboten wurde das transkribierte Textkorpus in zwei Formaten, WCView und PEP, in automatisch durchsuchbarer Form, mit Diakritika zur Textauszeichnung und erklärenden Anmerkungen. Das Transkriptionssystem war 1974–1980 in einem Pilotprojekt an der Universität Klagenfurt entwickelt worden. Daraus stammen auch die Daten zur Beschreibung der Manuskripte, welche der PEP-Version als kombiniert abfragbare Datensätze beigegeben wurden. Die WCView-Version ermöglicht die rasche und einfache Wortsuche im Korpus. Das entscheidende Merkmal dieser elektronischen Ausgabe ist die flache Editionsform, der Verzicht auf Hierarchisierungen: Es gibt keinen edierten Text im eigentlichen Sinn, es werden keine Vorstufen und Endfassungen herauspräpariert, aus den beigegebenen Metatexten lassen sich Werkgrenzen und chronologische Konturen kaum (zumindest nicht vollständig und eindeutig) ablesen oder in die automatisierte Recherche miteinbeziehen. Das elektronische Korpus der Transkription, die den Nachlass in seiner mehr oder minder zufällig überlieferten Anlage abbildet, sollte die Basis für textgenetische Untersuchungen am Material zum *MoE* liefern und einer künftigen historisch-kritischen Erschließung das geeignete Instrumentarium bieten.

Der Nachlass-CD-ROM war kein Erfolg beschieden. Das lag am hohen Verkaufspreis (ca. 1.400 DM), aber auch an der schwerfälligen Handhabung, damalige Laufwerke waren zudem recht langsam. Beide Programme, WCView und PEP, operierten auf Grundlage des Betriebssystems Microsoft DOS, das PC-Nutzer nach 1992 durch Microsoft Windows 3.1 bzw. ab 1995 durch 32-Bit-Windows-Versionen ersetzten, wodurch die Edition bereits zum Zeitpunkt ihres Erscheinens technisch veraltet war.

Als Textbasis für neue interpretatorische Zugänge zum *MoE* erwies sie sich als unattraktiv, da die flache Editionsweise mit wenig metatextlicher Information die Orientierung im Korpus der Nachlasstranskription erschwerte. Bald darauf waren Rechner nicht mehr mit Diskettenlaufwerken ausgestattet; die zur Installation der CD-ROM nötige Software wurde auf einer 3,5"-Diskette mitgeliefert, die längst nicht mehr ausgelesen werden kann. Die Nachlass-Edition von Aspetsberger, Eibl und Frisé erwies sich auch dadurch als Desaster. Eine Realisierung im Druck – „etwa 15 Dünndruckbände von je 1000 Seiten" (Frisé 1992, S. 14) – schied freilich von Anfang an aus. Desiderat war nun, die textgenetischen Zusammenhänge im Korpus aufzuklären, Musils Chiffren und Verweissiglen aufzulösen und eine praktikable Form zur hypertextuellen Darstellung zu finden. Nach dem Rückzug von Aspetsberger und Eibl und mit Billigung durch Frisé (der bis zu seinem Tod 2003 Anteil an der Weiterentwicklung nahm) gingen die Agenden der historisch-kritischen Musil-Ausgabe 1999 an das Robert Musil-Institut für Literaturforschung an der Universität Klagenfurt über.

6. Die *Klagenfurter Ausgabe* von Walter Fanta, Klaus Amann und Karl Corino (2009)

Das Konzept der DVD-ROM-basierten *Klagenfurter Ausgabe* (KA) beruht auf der Synthese einer ‚klassischen' historisch-kritischen Ausgabe mit einem Verfahren, das sich nicht in Werkrekonstruktion erschöpft, sondern den Blick auf die Dokumente erlaubt. Die KA erfüllt somit zwei Funktionen, einerseits die komplexe Materiallage im Nachlass möglichst unverstellt von editorischen Eingriffen als Faksimile und Transkription darzubieten, andererseits Texte Musils zu präsentieren, in textkritischer Weise, im Fall der Fragmente mit der exakten Transkription im Hintergrund. Ergebnis ist eine neuartige historisch-kritische Ausgabe, die den historischen Entstehungsprozess der Texte dokumentiert und erläutert sowie sämtliche Textträger sichtet und auswertet. Neuartig ist neben der digitalen Form auch, dass Musil-Texte zweifach konstituiert sind (Transkription und Lesetext), wobei keine dieser Präsentationsweisen der Gestaltung eines ‚edierten Texts' herkömmlicher Editionen entspricht.

Der Lesetext ist der für die Lektüre bestimmte, aus den Textzeugen abgeleitete, emendierte, in der Schreibnorm vereinheitlichte und dadurch besser durchsuchbare edierte Text. Die Lesetexte der zu Lebzeiten Musils veröffentlichten Texte (*Lesetext Druck*) und der aus dem Nachlass neu edierten Texte (*Lesetext Manuskript*) unterscheiden sich hinsichtlich der Layout-Gestaltung und hinsichtlich der Emendationsprinzipien. Im *Lesetext Druck* sind Druckvarianten (als ‚Pop-ups') verzeichnet, für den *Lesetext Manuskript* bilden handschriftliche Entwürfe die Grundlage; es gibt keine Varianten-Markierung im Text, Vorstufenfassungen und Varianten sind in einer Tabelle im Werkkommentar nachgewiesen. Angeordnet sind die Lesetexte in 20 Bänden, die eine künftige Druckausgabe vorbereiten wollen. Die Gliederung erfolgt nach Gattungen und publikationsgeschichtlichen Kriterien. Die Bände 1–4 enthalten – der Tradition Frisés mit dem Hauptwerk am Anfang folgend – den *MoE*. Wie bereits bei Frisé wird der Gesamtroman aus den autorisierten Erstdrucken (Bd. 1 u. 2) konstituiert und aus dem Nachlass rekonstruiert. Allerdings trennt die KA die *Fortsetzung* 1933–1942 (Bd. 3) und die *Vorstufen* 1900–1928 (Bd. 4) voneinander. Die Nachlasstexte sind aufgrund des neu erarbeiteten entstehungsgeschichtlichen Wissensstands anders organisiert als in den bisherigen Buchausgaben. Die Bände 5–10 fokussieren zu Lebzeiten Musils erschienene weitere Bücher, geordnet nach Gattungen und der Chronologie des Erscheinens: *Die Verwirrungen des Zöglings Törleß* (Bd. 5); *Vereinigungen* und *Drei Frauen* im Einklang mit einer Zuschreibung Musils unter dem Titel *Novellen* (Bd. 6); die Theaterstücke unter *Dramen* (Bd. 7); *Nachlaß zu Lebzeiten* (Bd. 8); unter *Reden* (Bd. 9) die beiden Vortrags-Veröffentlichungen Musils und Vortragsmanuskripte aus dem Nachlass; *Wissenschaftliche Veröffentlichungen* (Bd. 10) enthält die 1908 gedruckte Dissertation, ergänzt um wissenschaftliche Beiträge. Die Bände 11–14 konzentrieren sich auf unselbstständige Veröffentlichungen: Unter *Publizistik* (Bd. 11) sind die Musil zugeschriebenen frühen *Brünner Veröffentlichungen* 1898–1902, seine *Kriegspublizistik* 1916–1918 sowie unter *Feuilleton* 1914–1932 Erzählungen und Glossen aus Zeitungen und Zeitschriften einschließlich der lückenlos dargestellten Vorstufen des *Nachlaß zu Lebzeiten* versammelt; daran schließen *Essays* (Bd. 12) in drei Gruppen in der Chronologie des Erscheinens und *Kritiken* (Bd. 13) nach Sparten geordnet sowie *Lyrik*, *Aphorismen* und *Selbstkommentare* (Bd. 14) einschließlich des dazugehörigen nachgelassenen Materials an. Die Bände 15–20 enthalten die zu Lebzeiten nicht gedruckten Texte mit Ausnahme des *MoE*-Nachlasses: Die *Fragmente aus dem Nachlass* (Bd. 15) sind nach Gattungen zusammengefasst, jeweils entstehungschronologisch in den Rubriken *Erzählerische Fragmente*, *Dramatische Fragmente*, *Essayistische Fragmente*, *Kritische Fragmente* und *Nachgelassene Glossen*. Die *Hefte* sind entsprechend einer Zäsur, die sich aus einer Schreibpause 1926–1928 ergeben hat, auf die Bände 16–17 aufgeteilt. Nach historisch-biografischen Zäsuren 1918 und 1938 auf drei Bände verteilt ist die *Korrespondenz* (Bde. 18–20) als Lesetext dargestellt.

Die Lesetexte sind nicht durch eine Programmierungsautomatik generiert, das wäre aufgrund der komplexen Manuskriptsituation in Musils Nachlass nicht möglich, sondern das Ergebnis textgenetischen Studiums. Durch Stemma-Tabellen im Kommentar, die mit Hyperlinks zu Transkription und Lesetext wie Relais funktionieren, erfolgt eine lückenlose Aufklärung über die textgenetische Situation und die Darstellung aller Generierungsschritte des jeweiligen Lesetexts. Den vielleicht größten Zugewinn für textgenetische Lektüren durch das Verfahren der Lesetext-Emendation erfahren die Benutzer der KA wohl im Feld der Vorstufen des *MoE*. Projekte unter den Titeln „Der Spion", „Der Erlöser" und „Die Zwillingsschwester" sind in der KA nicht wie bei Frisé in Auszügen an den Nachlass-Fortsetzungsteil des Romans angegliedert, sondern in einem eigenen Band innerhalb der 20-Bände-Gliederung (Bd. 4) jeweils vollständig als Lesetext rekonstruiert.

Die Transkription erfasst etwa 11.000 Manuskriptseiten des literarischen Nachlasses sowie annähernd 1.000 Seiten der Musil-Autographensammlung aus den Beständen der Österreichischen Nationalbibliothek in Wien (ÖNB) und basiert auf der CD-ROM-Edition von 1992. Diese wurde für die KA auf Lesefehler überprüft, korrigiert, ergänzt und mit einem Seiten- und Stellenkommentar ausgestattet. Ergebnis ist die Wiedergabe des authentischen Musil'schen Nachlasses in der überlieferten Anordnung und der exakten Darstellung der Textschichten. Das Transkriptionssystem geht auf eine Probetranskription (vgl. Castex/Hille 1980) zurück, die in adaptierter Form für die Edition von 1992 verwendet und für die KA beibehalten wurde. Es besteht in der nicht zeilenidenten und nicht detailhaft nachbildenden Wiedergabe des handschriftlichen Textes mit zusätzlichen diakritischen Textauszeichnungssignalen (Transkriptionssiglen) und beschreibenden Metatexten (in ‚Pop-ups'). Das verwendete

Transkriptionssystem ist dem spezifischen Charakter des Musil'schen Schreibens angepasst, da die etwa 1.700 Schmierblätter keine nachbildende Wiedergabe erlauben. Der Vorteil liegt in den besseren Suchmöglichkeiten und der besseren Konvertierbarkeit. Der Trend bei Computereditionen geht dennoch zu Transkriptionsverfahren mit typografischen Umsetzungen. In die KA neu aufgenommene Handschriften (das Genfer *Grigia*-Manuskript, Briefkonzepte und Autografen) sind nach einem reformierten Transkriptionssystem dargestellt.

Alle Manuskripte des Nachlass- und Autografenbestands der ÖNB sind in der KA durch Bilddateien vertreten. Dadurch ist die Lektüre auf drei Darstellungsebenen möglich: im Lesetext, in der Transkription und am Faksimile der Originalhandschriften. Dies bietet den Nutzern die Möglichkeit, die Handschriften einzusehen, um das Schreiben Musils plastisch erscheinen zu lassen; hierzu mag die Transkription als Lesehilfe betrachtet werden. Außerdem besteht so maximale Transparenz der herausgeberischen Entscheidungen bei der Erstellung des Lesetexts.

Der Kommentar der KA ist als Hyperlinkkommentar organisiert, d. h. herkömmliche textgenetische und editionstechnische Apparate werden überboten. Da literarische Quellen so wie alle Texte historisch werden und die Tendenz zu wachsendem Erläuterungsbedarf von Generation zu Generation besteht, droht die Gefahr der Überkommentierung, um einer potenziellen Unterkommentierung für künftige Benutzer zu entgehen. Bei Musils ästhetisch geformten und von ihm selbst für den Druck autorisierten literarischen Texten enthält sich die KA darum des klassischen Stellenkommentars. Während die abgeschlossenen und autorisierten Texte unangetastet bleiben (und im Textfluss nicht durch Anmerkungen unterbrochen werden, es sei denn, um Druckvarianten darzustellen) und auch ihre Paginierung dokumentiert wird, ist das gesamte Korpus der zu Lebzeiten unveröffentlichten Schriften kommentiert (vervollständigt durch Verknüpfung mit Texten, Kontexten und Metainformation). Anstatt einzelne Textstellen zu kommentieren, funktioniert der Kommentar als Hyperlink-Verknüpfung zwischen einer beliebigen Anzahl von Textstellen im Korpus und einer beliebigen Anzahl von Kontexten bzw. Metatext-Informationen. Die Kommentar-Information setzt sich grundsätzlich aus allgemein verfügbarem Wissen (aus enzyklopädischen Nachschlagewerken) und aus Wissen, das am Werk Robert Musils orientiert ist, zusammen. Letzteres ist zum Teil biografischer Natur, zum Teil Kondensat aus der Erschließungs- und Forschungsarbeit am Korpus. Im Kommentar wird auf die Referenzstellen im Korpus rückverwiesen bzw. zur entsprechenden Abfrage-Automatik gelenkt. Die aus der Kommentierungsarbeit erwachsenen Register bilden für sich eine Enzyklopädie der Lebens-, Lese- und Schreibwelt Robert Musils. Die Seitendokumentation lieferte für die Vorbereitung der Edition ein Herzstück der Erschließungsarbeit. In ihr sind die Ergebnisse der möglichst exakten Klassifizierung jeder einzelnen Manuskriptseite des Nachlasses nach kodikologischen, archivalischen, philologischen und werkgenetischen Kriterien enthalten.

7. Perspektiven

Die KA fand allgemein Zustimmung und Anerkennung als erster, innovativer Repräsentant einer historisch-kritischen Edition in rein elektronischer Form. Allerdings wurden aus der Editions- und Computerphilologie auch Zweifel angemeldet, vor allem an der Rekonstruktionsmethode bei der Emendation von Lesetexten, die vom State of the

Art bei Faksimile-Editionen zu vergleichbaren Korpora – wie zu Hölderlin (1975–2008), zu Kafka (1995ff.) oder zu Robert Walser (2008ff.) – abweicht. Aus der Perspektive der Musil-Leserschaft wurde Kritik an der Akademisierung und Über-Technologisierung der digitalen Musil-Edition geübt, gefordert wurden Musil-Texte in bibliophiler Form oder als E-Book auf Grundlage der Lesetexte der KA (vgl. Metz 2014, S. 213; Rickenbacher 2014, S. 191). Ein weiterer Kritikpunkt betrifft Zugänglichkeit und Nachhaltigkeit; die verwendete *FolioViews*-Software steht nur Windows-Usern zur Verfügung und wird nach Version 4.7.2 von 2010 kaum mehr weiterentwickelt werden. Damit droht technologisch eine ähnliche Sackgasse wie mit der Nachlass-CD-ROM 1992; deshalb seien offen definierte Standardformate vorzuziehen, um die künftige Datenpflege und Langzeitarchivierung der Textdatenbank und der Bilddateien sicherstellen zu können (vgl. Jele 2012). Weniger technologisch und mehr philologisch argumentiert Bernhard Metz, wenn er in der bislang einlässlichsten Kritik an der KA neben grundsätzlichen Bedenken gegen die Lektüre literarischer Texte am Bildschirm mangelnde Vollständigkeit beklagt und die Einbeziehung der Faksimiles sämtlicher zu Musils Lebzeiten publizierter Druckausgaben fordert (vgl. Metz 2014, S. 204).

Für das Update der DVD-ROM der KA haben sich die Herausgeber am Robert Musil-Institut das Ziel gesetzt, neben der Überprüfung und Ergänzung der Lesetexte, der Vertiefung der Werkkommentare, der Verbesserung der Stellenkommentierung und Verlinkung der Transkriptionen und Faksimiles, auch die Kriegspublizistik 1916–1918 und mehr als tausend Text- und Bilddokumente zur Biografie anzubieten. Die aktuelle Entwicklung der Edition geht nunmehr dahin, die Migration der Daten in ein netztaugliches, offen definiertes Standardformat wie XML-TEI zu bewerkstelligen und die Einbindung der KA in ein künftiges Musil-Internet-Portal anzustreben (vgl. Foradini 2014, S. 105).

Durch das Ablaufen der urheberrechtlichen Schutzfrist für Musils Texte am 31. Dezember 2012 ist eine neue Situation entstanden: Der Rowohlt Verlag hat seine Monopolstellung verloren, einzelne Texte Musils sind bereits bei anderen Verlagen erschienen, am E-Book-Markt tauchen aus textkritischer Sicht betrachtet obskure Ausgaben, besonders des *MoE*, auf. Da die Frisé-Ausgabe des *MoE* durch die Neuerschließung des Nachlassteils im Rahmen der KA als überholt betrachtet werden muss, stellt sich für deren Herausgeber die Aufgabe, die Rowohlt-Ausgaben durch neue Leseausgaben in Buchform zu ersetzen; dies gilt prioritär für den *MoE* (hier ist De Angelis 2006 mit einem „Band II, Teil 2" vorgeprescht), in Folge auch für das Gesamtwerk. Eine künftige Hybrid-Lösung unter der Schirmherrschaft des Robert Musil-Instituts würde eine bibliophile Werkausgabe als Derivat der Online-Ausgabe vorsehen, wobei die Internetversion mit der angestrebten Totalität (wirklich alles von Musil, Dokumente, edierte Texte, Hyperlink-Kommentar) in erster Linie der Wissenschaft und Forschung zur Verfügung stünde, während die Print-Version neue Generationen von Musil-Lesern gewinnen könnte.

8. Literatur

a) Postume Ausgaben (Auswahl; ohne Berücksichtigung von Neuauflagen, Lizenzausgaben etc.)
Der Mann ohne Eigenschaften. Roman. Dritter Band. Aus dem Nachlass hg. v. Martha Musil. Lausanne: Imprimerie Centrale 1943.

Der Mann ohne Eigenschaften. Roman. Hg. v. Adolf Frisé. Hamburg: Rowohlt 1952 (= Gesammelte Werke in Einzelausgaben, Bd. 1).
Tagebücher, Aphorismen, Essays und Reden. Hg. v. Adolf Frisé. Hamburg: Rowohlt 1955 (= Gesammelte Werke in Einzelausgaben, Bd. 2).
Prosa, Dramen, Späte Briefe. Hg. v. Adolf Frisé. Hamburg: Rowohlt 1957 (= Gesammelte Werke in Einzelausgaben, Bd. 3).
Theater. Kritisches und Theoretisches. Hg. v. Marie-Louise Roth. Reinbek b. Hamburg: Rowohlt 1965.
Briefe nach Prag. Hg. v. Barbara Köpplová u. Kurt Krolop. Reinbek b. Hamburg: Rowohlt 1971.
Tagebücher. 2 Bde. Hg. v. Adolf Frisé. Reinbek b. Hamburg: Rowohlt 1976.
Gesammelte Werke. 2 Bde. Hg. v. Adolf Frisé. Bd. 1: Der Mann ohne Eigenschaften. Bd. 2: Prosa und Stücke. Kleine Prosa, Aphorismen. Autobiographisches. Essays und Reden. Kritik. Reinbek b. Hamburg: Rowohlt 1978.
Gesammelte Werke in neun Bänden. Hg. v. Adolf Frisé. Reinbek b. Hamburg: Rowohlt 1978. [seitenidentische Taschenbuchausgabe]
Beitrag zur Beurteilung der Lehren Machs und Studien zur Technik und Psychotechnik. Hg. v. Adolf Frisé. Reinbek b. Hamburg: Rowohlt 1980. [Reprint]
Briefe 1901–1942. 2 Bde. Hg. v. Adolf Frisé. Unter Mithilfe v. Murray G. Hall. Reinbek b. Hamburg: Rowohlt 1981.
Der literarische Nachlaß. Hg. v. Friedbert Aspetsberger, Karl Eibl u. Adolf Frisé. Reinbek b. Hamburg: Rowohlt 1992. [CD-ROM]
Briefe – Nachlese. Dialog mit dem Kritiker Walther Petry. Gem. mit Peter Engel, Murray G. Hall, Marie-Louise Roth, Georg Wiesner-Brandes hg. v. Adolf Frisé. Saarbrücken, Wien: Internationale Robert-Musil-Gesellschaft 1994.
Paraphrasen. Aus dem Nachlaß hg. v. Enrico De Angelis. Mit einem Beitrag v. Vojen Drlík. Pisa: Jacques e i suoi quaderni 2005.
Der Mann ohne Eigenschaften. Band II, Teil 2. Aus dem Nachlaß hg. v. Enrico De Angelis. Pisa: Jacques e i suoi quaderni 2006.
Klagenfurter Ausgabe. Kommentierte Edition sämtlicher Werke, Briefe und nachgelassener Schriften. Mit Transkriptionen und Faksimiles aller Handschriften. Hg. v. Walter Fanta, Klaus Amann u. Karl Corino. Klagenfurt: Robert Musil-Institut 2009. [DVD-ROM]

b) Ausgaben anderer Autoren

Hölderlin, Friedrich: Sämtliche Werke. Historisch-kritische Ausgabe in 20 Bänden und 3 Supplementen. Hg. v. Dietrich E. Sattler. Frankfurt a. M., Basel: Stroemfeld/Roter Stern 1975–2008.
Kafka, Franz: Historisch-kritische Ausgabe sämtlicher Handschriften, Drucke und Typoskripte. Hg. v. Roland Reuß u. Peter Staengle. Basel u. a.: Stroemfeld 1995ff.
Walser, Robert: Kritische Ausgabe sämtlicher Drucke und Manuskripte. Hg. v. Wolfram Groddeck u. Barbara von Reibnitz. Basel u. a.: Stroemfeld/Schwabe 2008ff.

c) Sekundärliteratur

Arntzen, Helmut: *Der Mann ohne Eigenschaften* – aber nicht von Musil. [1963] In: ders.: Literatur im Zeitalter der Information. Frankfurt a. M.: Athenäum 1971, S. 110–133.
Bausinger, Wilhelm: Studien zu einer historisch-kritischen Ausgabe von Robert Musils Roman *Der Mann ohne Eigenschaften*. Reinbek b. Hamburg: Rowohlt 1964.
Castex, Elisabeth/Hille, Anneliese: Dokumentation des Nachlasses Robert Musils. Einführung und Erläuterungen. Wien: Österr. Nationalbibliothek 1980.
Fanta, Walter: Die Entstehungsgeschichte des *Mann ohne Eigenschaften* von Robert Musil. Wien u. a.: Böhlau 2000.
Fanta, Walter: Robert Musil – Klagenfurter Ausgabe. Eine historisch-kritische Edition auf DVD. In: Editio 24 (2010), S. 117–148.

Fanta, Walter: „Man kann sich das nicht vornehmen". Adolf Frisé in der Rolle des Herausgebers Robert Musils. In: Roland S. Kamzelak, Rüdiger Nutt-Kofoth, Bodo Plachta (Hg.): Neugermanistische Editoren im Wissenschaftskontext. Biografische, institutionelle, intellektuelle Rahmen in der Geschichte wissenschaftlicher Ausgaben neuerer deutschsprachiger Autoren. Berlin, Boston: de Gruyter 2011, S. 251–286.

Foradini, Flavia: Die Mappe als Folder. Musil reloaded. Ein Plädoyer zugunsten der Leser. In: Massimo Salgaro (Hg.): Robert Musil in der Klagenfurter Ausgabe. Bedingungen und Möglichkeiten einer digitalen Edition. München: Fink 2014, S. 97–109.

Frisé, Adolf: Ein aktueller Rückblick. In: Benutzerhandbuch zu: Robert Musil: Der literarische Nachlaß. Hg. v. Friedbert Aspetsberger, Karl Eibl u. Adolf Frisé. Reinbek b. Hamburg: Rowohlt 1992, S. 9–14.

Jele, Harald: Robert Musil und das Matroschka-Prinzip. In: Linux-Magazin. Online-Ausgabe 3 (2012), https://www.linux-magazin.de/content/download/75988/674581/file/20111025_matroschka_rmi.pdf_[1vFGwa].pdf (Stand: 5.1.2015).

Kaiser, Ernst/Wilkins, Eithne: Robert Musil. Eine Einführung in das Werk. Stuttgart: Kohlhammer 1962.

Metz, Bernhard: Bücher, nicht Texte. Warum wir Musil in der Klagenfurter Ausgabe nicht lesen können. In: Massimo Salgaro (Hg.): Robert Musil in der Klagenfurter Ausgabe. Bedingungen und Möglichkeiten einer digitalen Edition. München: Fink 2014, S. 197–217.

Rickenbacher, Sergej: Der Fehler, kein Buch zu sein. Die Klagenfurter Robert Musil-Ausgabe und die ästhetische Erfahrung des Buches. In: Massimo Salgaro (Hg.): Robert Musil in der Klagenfurter Ausgabe. Bedingungen und Möglichkeiten einer digitalen Edition. München: Fink 2014, S. 173–196.

Schröder-Werle, Renate: Musil-Edition zwischen Anspruch und Wirklichkeit. Zur Entwicklung der Musil-Philologie. In: dies., Marie-Louise Roth, Hans Zeller (Hg.): Nachlaß- und Editionsprobleme bei modernen Schriftstellern. Frankfurt a. M. u. a.: Lang 1981, S. 30–44.

Zeller, Hans: Vitium aut virtus? Philologisches zu Adolf Frisés Musil-Ausgaben, mit prinzipiellen Überlegungen zur Frage des Textbegriffs. In: Zeitschrift für deutsche Philologie 101 (1982), Sonderheft, S. 210–244.

3. Übersetzungen

Bernhard Metz

1. Einleitung 810
2. Übersetzungen zu Lebzeiten von Robert und Martha Musil 811
3. Fremdsprachige Zitate und Übersetzungen in Musil-Texten 812
4. Martha Musil als Übersetzerin 813
5. Übersetzte Musil-Texte 814
6. Übersetzer über Musil-Übersetzungen 815
7. Forschungsstand 817
8. Perspektiven 817
9. Literatur 818

1. Einleitung

Wenn an Übersetzungen in andere Sprachen zu bemessen ist, ob literarische Texte und ihre Autoren zur Weltliteratur gehören (vgl. Damrosch 2003 u. 2014), dann repräsentieren Übersetzungen in über 40 Sprachen Robert Musils Bedeutung. Seine Texte erreichten in Übersetzungen mehr Leserinnen und Leser und höhere Auflagen als im

Original, und er ist vielleicht „längst ein anderer als deutschsprachig und ein anderer als er den Deutschsprachigen im deutschsprachigen Raum erscheint" (Aspetsberger 1996, S. 459), mag es auch „riskant [sein], aufgrund von bibliographischen Daten auf die tatsächliche Tiefenwirkung oder Bekanntheit eines Autors zu schließen." (Pöckl 1989, S. 420; vgl. Corino 1990) Nicht zuletzt durch seine englischen Übersetzungen erlangte „the most important novelist writing in German in this half-century" (Kaiser 1949, S. 689) nach 1950 Weltruhm.

Musil war sich des Zirkulierens von Literatur in Übersetzungen bewusst, diskutierte mit seiner Frau Martha „über Übersetzen" (Tb I, 814), vermerkte in Rezensionen und Lektürenotaten Übersetzungen als problematisch (vgl. Tb I, 743 u. 923; GW II, 844 u. 1646) und formulierte: „*Das Verhältnis* zwischen Sprechen u[nd] Verstehen, Übersetzen aus einer u. in eine fremde Sprache findet sich auch in der eigenen. [...] / Der Schriftsteller im Verhältnis zum Leser schreibt eine Fremdsprache." (Tb I, 781) Damit nahm er das Paradigma ‚Understanding as Translation' (vgl. Steiner 1998, S. 1–50, u. 2004) vorweg, wonach das Ringen des Autors um den perfekten Ausdruck mit den Anstrengungen des Übersetzers zu vergleichen ist, einen fremden Text in die eigene Sprache zu überführen. In einer wieder gestrichenen Entwurfspassage gab Musil neben zeitgeschichtlichen auch stilistische Gründe für seine eigene ‚Unübersetzbarkeit' an, die von verschiedensten Übersetzern bis heute bestätigt werden: „Da es infolge besonderer Umstände (meine Sprache ist schwer zu übersetzen, und meine Art die Probleme zu sehen, wirkt mehr intensiv als auf den ersten Blick und extensiv) keine ausreichende amerikanische oder englische Übersetzung von mir gibt [...]." (an das American Committee for Christian Refugees, 3.8.1940, KA; vgl. Br I, 1217)

2. Übersetzungen zu Lebzeiten von Robert und Martha Musil

Auf Tschechisch erschienen in der Prager Tageszeitung *Tribuna* 1919 *Die Affeninsel* und 1922 *Das Fliegenpapier, Fischer auf Usedom, Die Maus* und *Slowenisches Dorfbegräbnis* (vgl. N. N. 1919, N. N./ J.[armila] H.[aas] 1922). Im selben Jahr wurden, mit drei Holzschnitten von Enrico Prampolini versehen, in dem von Harold Loeb und Alfred Kreymborg gegründeten Expat/Avantgarde-Magazin *Broom* auf Englisch *Die Affeninsel, Das Fliegenpapier* und *Die Maus* veröffentlicht (vgl. N. N. 1922). 1930 wurde Musils Antwort auf eine Umfrage der *Novyj mir* auf Russisch publiziert (vgl. Br I, 471–475; N. N. 1930; Apt 1987), 1931 brachte das damals in Wien beheimatete und später in New York berühmt gewordene *Story*-Magazin *Hasenkatastrophe*, übertragen durch den Mitherausgeber Whit Burnett. Die Erstübersetzung zweier Kapitel von *Der Mann ohne Eigenschaften* (MoE, Kap. I/14 u. 17) erschien 1935 auf Französisch in *Mesures*, einem von Henry Church finanzierten kurzlebigen Journal, übersetzt durch dessen Frau (vgl. Church 1935; M. Musil 1997, S. 210 u. 322); es folgten dort *Der Erweckte* und *Das Fliegenpapier* (vgl. Landier 1937). Letzteres erschien, „mit Begabung übersetzt" (Br I, 916), samt Einführung auch in der Oxford-Zeitschrift *German Life and Letters* (vgl. Campion 1938; KA, M III/3/10f.). Zudem wurde eine Umfragenantwort auf Ungarisch publiziert (vgl. N. N. 1937; Br I, 745f.; Szemző 1977; Musil 1994, S. 71–73) sowie eine weitere in der US-Zeitschrift *Books Abroad* (vgl. N. N. 1939) – mehr nicht.

Eine *Grigia*-Teilübersetzung ins Tschechische kam 1923 nicht zustande (vgl. Br I, 301; Briefe an Jarmila Haas, 11.3. u. 2.6.1923, KA). 1924 besprach Musil mit Rilke französische Übersetzungswünsche, kein Geringerer als Pierre Klossowski wollte den *Törleß* übertragen (vgl. Br I, 364f.; Br II, 212f.). Ergebnislos verlief 1929 eine Anfrage wegen tschechischer und russischer *Törleß*-Lizenzen (vgl. Br I, 440). 1933 scheint durch Norman Gullick eine englische Übersetzung von *Drei Frauen* vorgelegen zu haben (vgl. Br I, 598). Ein für 1934 geplanter Abdruck von *MoE*-Kapiteln in der *Nouvelle Revue Française* bei Gallimard scheiterte (und glückte auch 1939 nicht; zum misslungenen Durchbruch in Frankreich Mitte der 1930er Jahre vgl. Cometti 1990, S. 216f.). Eine teilweise *MoE*-Übersetzung ins Französische (vgl. Br I, 516, 630, 655, 878, 899f., 953f., 1019–1021, 1182 u. 1264) kam ebenso wenig zustande wie Übersetzungsprojekte und -wünsche ins Englische (vgl. Br I, 516, 598, 600, 609, 636, 834, 876, 884, 900f., 916f., 924, 1041, 1053, 1056, 1159, 1162, 1167f., 1182, 1188 u. 1308), Schwedische (vgl. Br I, 621, 824, 886, 902, 955f., 973 u. 1107), Ungarische (vgl. Br I, 685 u. 705) und Dänische (vgl. Br I, 928f.).

1945 übertrug Henry Church die in *Mesures* publizierten *MoE*-Kapitel für Allen Tates in den USA erscheinende *Sewanee Review*; sie wurden jedoch nie gedruckt (vgl. Schröder-Werle 1976, S. 249). Hierauf ließ „Joseph Kalmer […] Teile aus dem *Nachlaß zu Lebzeiten* übersetzen, damit Martha […] während ihrer Amerika-Reise 1946/47 diese amerikanischen Verlegern vorlegen könne" (ebd.; vgl. M. Musil 1997, S. 180); sie sind verschollen. 1947 fragte Gallimard wegen der Rechte für *Drei Frauen* an, was wieder ergebnislos endete (vgl. Schröder-Werle 1976, S. 252). Auch Philippe Jaccottet, Musils wichtigster Übersetzer ins Französische, bemühte sich lange erfolglos um Veröffentlichungen; er übertrug 1948 aus dem *MoE*-Nachlassband Kapitel 7 für Jean Paulhan und die *Cahiers de la Pléiade* sowie aus dem Ersten Buch des *MoE* die Kapitel 1, 5, 21, 28, 53, 72, 100, 115 u. 123 für Minuit, daneben verhandelte er mit dem Lausanner Verleger Mermod wegen *Törleß* und *Über die Dummheit* sowie mit *Arts et Lettres* wegen *Tonka* (vgl. M. Musil 1997, S. 337 u. 367) – nichts davon erschien.

Martha kommentierte die Übersetzungen mit „es wird ja doch nie etwas daraus" (an Annina Rosenthal, 5.3.1940, Br I, 1160). Obwohl sie bereits 1949 einen Vertrag über eine schwedische Übersetzung von *Drei Frauen* abschloss (vgl. M. Musil 1997, S. 288, 308, 369f., 567f., 570 u. 617f.; Schröder-Werle 1976, S. 248), erfolgte diese erst Jahre später. Lediglich ein weiteres *MoE*-Kapitel auf Französisch (vgl. Rousset 1945), illustriert von Sigismond Kolos-Vari, konnte vor ihrem Tod in einer kleinen Genfer Zeitschrift publiziert werden. Unbekannt blieb ihr wohl eine dänische Auswahl aus *Nachlaß zu Lebzeiten* (vgl. Hammerich 1946).

3. Fremdsprachige Zitate und Übersetzungen in Musil-Texten

In Musils literarischen Texten spielen Viel- und Fremdsprachigkeit sowie Übersetzungen kaum eine Rolle, was auch hinsichtlich des Vielvölkerstaats Kakanien verwundert, in dem bereits der *Törleß* situiert ist. Es gibt, von Sprachvarianten abgesehen (bildungssprachliche Segmente, Austriazismen, schichtenspezifisches Sprechen), in Musils Texten kaum fremdsprachige Zitate und Wendungen. Viel- und Fremdsprachigkeit sind am stärksten wohl in *Drei Frauen* präsent. Dass sich Figuren unterschiedlich ausdrücken, nicht alle die gleiche Sprache sprechen, ist meist unproblematisch, nur in *Die Portugiesin* sind sie übersetzungsbedürftig: „Sie sprachen […] deutsch und in Kirchenlatein. Ein durchreisender Humanist übersetzte, wo es fehlte, zwischen diesem Welsch und dem des Portugiesen" (GW II, 264). In *Tonka* wird „in diesen Gassen ein seltsames Gemisch" (GW II, 272) aus Deutsch und Tschechisch gesprochen und Übersetzung ebenfalls als Kommunikationsproblem thematisiert: „Wenn sie ihn nicht hätte, wer würde sie verstehn? [...] Tonka sagte ihm den fremden Text vor und übersetzte ihn" (GW II, 276).

Auch der *MoE* ist – von Zitaten abgesehen – einsprachig. Zwar stammt Rachel aus Galizien und Soliman wurde „im äußersten Süden Italiens" (MoE, 97) aufgegriffen, doch selbst im Hause Tuzzi sprechen trotz diplomatischer Atmosphäre alle deutsch – nur „daß Diotima, wenn sie [Rachel] rief, diesen Namen französisch aussprach" (MoE, 97; vgl. MoE, 163; Diotima heißt „in Wahrheit sogar nur Hermine", nicht Ermelinda, ihr Gemahl „Hans und nicht Giovanni" und hat „die italienische Sprache erst auf der Konsularakademie erlernt", MoE, 92). Einmal spricht Ulrich beim Ausflug auf die Schwedenschanze „in englischer Sprache zu seiner Schwester" (MoE, 743), um nicht von allen verstanden zu werden. Moosbrugger zählt auf Französisch bzw. Englisch (vgl. MoE, 1694, 1358 u. 1363) und weiß um die Vorteile von Fremdsprachen: „Solche Worte hatte er in den Irrenhäusern und Gefängnissen eifrig gelernt; französische und lateinische Scherben, die er an den unpassendsten Stellen in seine Reden steckte, seit er herausbekommen hatte, daß es der Besitz dieser Sprachen war, was den Herrschenden das Recht gab, über sein Schicksal zu ‚befinden'." (MoE, 72)

Wenn Ulrich und Agathe sich über Hagauer lustig machen, geht es ums Übersetzen. In „Sie tun Unrecht" (vgl. Tb I, 572–574; Tb II, 381f.; Poltermann 1988 weist übersetzungsgeschichtliche Kontexte und Parallelen nach) verteidigt Agathe eine Schülerübersetzung als „doch schön, [...] so wörtlich und schaurig übersetzt", und ruft „diese rohbehauenen Verse so wild und schön heraus, wie sie waren" (MoE, 704). Ulrich hingegen vertritt eine adaptierende Übersetzung (vgl. MoE, 704f.). Zur abschätzigen Charakterisierung von Arnheim heißt es, seine „Bücher und Abhandlungen, deren er nun schon eine stattliche Reihe verfaßt hatte, waren sehr gesucht, erreichten hohe Auflagen und wurden in viele Sprachen übersetzt" (MoE, 191; vgl. Brief an Thomas Mann, November 1938, Br I, 884).

4. Martha Musil als Übersetzerin

Von Musil verfertigte Übersetzungen sind nicht bekannt. Er musste die alten Sprachen spät nachlernen und hatte 1904 in der Matura-Prüfung „Passagen aus Livius und aus Homers *Ilias* ins Deutsche zu übertragen und auch aus dem Deutschen ins Lateinische zu übersetzen" (Corino 2003, S. 221); ebenso wenig ist ein anderes sprachliches Zeugnis Musils in einer anderen Sprache als Deutsch (Exzerpte und Zitate ausgenommen) überliefert. Marthas Hinweis: „Robert übersetzte mit mir aus den Poésies en Prose von Baudelaire die Mondkizze" (M. Musil 1997, S. 155; vgl. „Les bienfaits de la lune", ebd., S. 465f.; Corino 2003, S. 351 u. 1557f.) lässt offen, ob dies ohne sie hätte geschehen können (vgl. Tb I, 999); 1941 schrieb er: „Ich kann kaum ein Wort englisch; aber [...] werde [...] es mit Hilfe meiner Frau ganz gut lesen können." (an Hans Brecher, 15.4.1941, Br I, 1280)

Marthas Fremdsprachen- und Übersetzungsfähigkeiten waren ansehnlich. Sie betrieb die Suche nach Verlegern, vermittelte viele der frühen Übersetzungen und korrespondierte noch mit Übersetzern wie Ernst Kaiser und Philippe Jaccottet. Sie sprach nicht nur deutsch und italienisch, sondern auch englisch, französisch und russisch und war in diesen Literaturen wohlbelesen, plante russische Romane ins Italienische zu übersetzen (vgl. M. Musil 1997, S. 91) und publizierte Übersetzungen sowohl vom Deutschen ins Italienische (vgl. Br II, 177; M. Musil 1997, S. 573; Kraepelin 1906/07 weist nur Guidi als Übersetzer auf) als auch vom Französischen ins Deutsche (vgl. Stendhal 1922, S. 1–333; dazu Br I, 199 u. 245; M. Musil 1997, S. 68, 98, 112, 114, 119f., 122, 140 u. 205). In ihrer Korrespondenz finden sich Urteile zur Übersetzungsqualität deutscher, englischer, französischer oder russischer Literatur ins Französische, Italienische oder Deutsche (vgl. M. Musil 1997, S. 91, 108, 114, 119, 137, 150, 185, 187, 209 u. 293).

5. Übersetzte Musil-Texte

Oft ist zu hören, die frühen englischen Übersetzungen hätten Musil zum Weltautor gemacht bzw. sogar seine Wiederentdeckung im deutschen Sprachraum angestoßen (vgl. Boeninger 1952, auch unter Verweis auf Kaiser 1949). Es stimmt, dass die erste Übersetzung von *Tonka* und vom *MoE* 1953 auf Englisch vorlag (vgl. Wilkins/Kaiser 1953 u. 1953–60); eine dänische Teilübersetzung des *Nachlaß zu Lebzeiten* erschien aber schon 1946 und wurde 1956 wieder aufgelegt. Die Sprachen, in die Musil am vollständigsten und auch mit den höchsten Auflagen und meisten Mehrfachübersetzungen übertragen wurde, sind Italienisch, Französisch und Japanisch. In Italien war früh eine Vielzahl an Verlagen und Übersetzern mit ihm befasst; in keiner anderen Sprache gibt es eine größere Anzahl von Neuübersetzungen. Zuerst erschienen *Die Schwärmer* in einer Theaterzeitschrift (vgl. Jahn 1956). In Japan wurde Musil ab 1939 bekannt (vgl. Hayasaka 2005, S. 301) und ab 1958 übersetzt; in Frankreich und Italien gab es früh ein ‚Musil-Wunder' bzw. eine ‚*mode* Musil' mit entsprechend hohen Auflagen (vgl. Bondy 1971, S. 415–417; De Angelis 1981; Pöckl 1989, S. 423–425; Cometti 1990).

Die Rezeption in Osteuropa verlief unterschiedlich (vgl. Fiala-Fürst 1990), so gab es auf Russisch lange keine Musil-Texte als Monografien, Übersetzungen erschienen ab 1970 (vgl. Dawlianidse 1976). Im Gegensatz dazu wurde auf Polnisch 1962 und Tschechisch 1963 aus dem *MoE* publiziert, 1962/63 erschien der Roman auf Slowenisch, 1971 der *Törleß* (vgl. Dolinar 1994). Während der *MoE* ab 1967 auf Kroatisch zu lesen war, gab es serbische Ausgaben erst 2006/07. Die Anzahl an Übersetzungen ins Polnische und Ungarische ist mit häufigen Wiederauflagen sehr hoch, auch slowakische und tschechische Übersetzungen waren erfolgreich (vgl. Šabík 1988, S. 252). Auf Ungarisch lagen mit *Das Fliegenpapier* und Auszügen aus dem *MoE* (auch aus den Druckfahnen-Kapiteln) früh Übersetzungen vor (vgl. Vajda 1960; Kerekes 2005). Einen Rezeptionsschub anlässlich des 100. Geburtstags und eine damit einsetzende Musil-‚Mode' für Rumänien vermutet Viorel (1996, S. 671); bulgarische Übersetzungen erscheinen seit 1983, albanische seit 1984; 1985 schaffte es ein Zitat aus dem *MoE* in die weltweit meistgelesene Mathematikzeitschrift *The American Mathematical Monthly*. Dass Musil global gelesen wird, dauert an; in China (vgl. Zhu 1997; Findeisen 2010), Indien (vgl. Mehta 1999), auf Armenisch (vgl. Alek'sanyan 1994), Lettisch (vgl. Brice 1994) und Arabisch (vgl. Al-Muzānī 1997) noch nicht lange, in Sprachen wie Hindi und Urdu, Bengali, Tamil oder Vietnamesisch bislang gar nicht.

Ein Sonderfall ist die Übersetzungsgeschichte des *MoE* insofern, als hier Übersetzungen Einfluss auf die philologische Editionsarbeit genommen haben. So wurde die Kritik an Adolf Frisés Umgang mit den Nachlassmaterialien zuerst von Eithne Wilkins und Ernst Kaiser 1960 während ihrer Übersetzungsarbeit vorgebracht; in der Folge bot die italienische Ausgabe (vgl. Rho 1957–60) einen vollständigeren Text als die deutsche Fassung von 1952 bzw. 1960. (→ IX.2 *Editionsgeschichte*) Editionswissenschaftlich innovativ waren Übersetzungen allerdings nur bezüglich der Nachlass-Stufen des *MoE*. Seit dem Vorliegen der zweiten Frisé-Ausgabe 1978 wird nahezu immer nach dieser übersetzt; die leichte Verfügbarkeit des kompletten Nachlassmaterials nach 1992 hat auf neu publizierte Übersetzungen keinen Einfluss gehabt, eher urheberrechtliche Erwägungen. So kommt es seit 2013 zu Übersetzungen des *MoE*, die auf zu Musils Lebzeiten publizierten Texten basieren und damit die Auswahl und Anordnung des (weiterhin urheberrechtlich geschützten) Nachlassmaterials umgehen, wie etwa die italienische Übersetzung des *MoE* nach der ‚Originalausgabe' von Irene Castiglia (2013), die auch als E-Book vorliegt und speziell für Italien einen gewaltigen editorischen Rückschritt darstellt.

6. Übersetzer über Musil-Übersetzungen

Zahlreich sind die Zeugnisse von Musil-Übersetzern in Werkstattgesprächen, Interviews und Selbsterklärungen (vgl. u.a. Jaccottet 1960; Weber 1960; Zeemann 1969; Huber 1983; Ruffenach 1983; Beiträge in Daigger/Militzer 1988; Corino 1991; Payne 1996 u. 2005; Pike 2002). Dazu zählt auch der Briefwechsel zwischen Martha Musil und Jaccottet 1947–1949 (vgl. M. Musil 1997, S. 315–371; Jaccottet 1960). Eine besondere Methodik führt niemand an, allerdings hat Jaccottet seine Arbeitsweise als intuitiv beschrieben (vgl. Jaccottet 1960, S. 433; Ruffenach 1983, S. 125).

Übersetzen heißt, sich entscheiden, interpretieren. Bei Musil wirft dies besondere Probleme auf, derer sich Muttersprachler kaum bewusst sind: So sind seine Schriften nicht nur schwer zu verstehen, sondern entsprechend schwer in fremden Sprachen wiederzugeben. Bereits eine zeitgenössische Rezension betont, Musil schreibe „heute [...] die beste deutsche Prosa", „nicht wie sonst oft [...] ein übersetztes Englisch oder Französisch", sondern gemäß der „Struktur der deutschen Sprache": „Die will nun einmal ihre langen Sätze." (Dingräve 1933, S. 5) So werden als problematisch Musils Mischung von Genauigkeit und Ambiguität bzw. Polyvalenz sowie der Essayismus als spezifische narrative Technik benannt (vgl. Wandruszka 1988; Pike 1988 u. 2002; Corino 1991; Cetti Marinoni 1993). Philip Payne (1996) hebt bezüglich stilistischer Übersetzungsprobleme „the vitality and compression of his prose" hervor (ebd., S. 54; vgl. ebd., S. 63f.). Schwer wiederzugeben seien zudem der komplexe Satzbau, lange Perioden, Konjunktivkonstruktionen, Musils ungewöhnlicher Umgang mit Wort- und Metaphernbildung, Rhythmus und Musikalität, Wortspiele, Neologismen, Austriazismen bzw. „eine spezifisch ‚österreichische' Gesinnung" (Pike 1988, S. 189; vgl. Fingernagel 1983; Braun 1988; Kentrotis 1988, S. 272; Wandruszka 1988, S. 77f.; Fabricius-Hansen 2000, S. 77).

Die Pole zwischen adaptivem/assimilierendem und verfremdendem/heterogenisierendem Übersetzen mit den entsprechenden, bis auf die Antike zurückgehenden Idealen von Freiheit und Wörtlichkeit (vgl. „Selbstaufgeber" vs. „Buchstabendiener", Freij 1988, S. 264; vgl. Benjamin 1991, S. 18–21; Turk 1988, S. 25–27; Poltermann

1988, S. 37f.; Jaccottet 1990, S. 69; Payne 1996, S. 54; Fabricius-Hansen 2000, S. 65; Pike 2002, S. 80) sind bei Musil-Übersetzungen in allen Varianten anzutreffen, wobei Neuübersetzungen stärker zu Verfremdung tendieren. Spezifische Probleme der Übertragung der Musil'schen Syntax ins Norwegische diskutiert Cathrine Fabricius-Hansen (1997) und schätzt „eher konservative und an die ältere Schriftsprache erinnernde Stilmerkmale" sowie „das verfremdende Übersetzungsverfahren" (ebd., S. 77; ähnlich schon Freij 1988, S. 264; vgl. Payne 2005, S. 253: er habe „dem englischen Text eine gewisse Fremdheit" verliehen, „und zwar, weil mir Musils eigene Formulierungen wichtiger sind als stilistisch einwandfreies Englisch"). Dahingegen strebten Vincent Šabík (1988) für *Drei Frauen* ins Tschechische sowie Payne (1996) für die ‚Tagebücher' und Pike (2002) für das *MoE*-Nachlassmaterial ins Englische eine adaptive Übersetzung an. Andrea Simon (1988, S. 197) erklärte, sie habe „Musil als Engländer" und *Die Schwärmer* als „um 1914 [...] von einem englischen Autor geschrieben" nachgedichtet, während Ambros Bor (1988, S. 174) forderte, beide Prinzipien zu vereinen.

Laut Burton Pike (2002, S. 82) sei gerade der *MoE* so schwer ins Englische zu übertragen, weil er kein Vorbild habe: „there was no model to follow: Musil's novel is a unique case." Als drei „Prinzipien" für englische „Übersetzer von Musil-Texten" nennt Payne (2005, S. 257): „Die Syntax so weit wie möglich beibehalten, [...] Musils Wortwahl beachten und verwandte englische Wörter verwenden [...,] Musils sprachlich-schöpferische Vielfalt soweit reproduzieren, wie die englische Sprache es erlaubt." Musil selbst vermutete: „Am schwierigsten zu übersetzen sind wohl die Vereinigungen" (an Rilke, 16.11.1924, Br I, 364; vgl. Lönker 1992, S. 53–60, zu Kaiser/Wilkins 1956); Yoshikichi Furui zufolge, der sie zweimal übertrug (1968 u. 1987), gibt es „kaum ein anderes Werk [...], in dem die Möglichkeiten der Sprache in diesem Ausmaß ausgeweitet wurden, so daß sie bis an die Grenzen der Bedeutung geführt wurde." (zit. nach Corino 1991, S. 11) Furuis Übersetzungen würden demnach die eigene Sprache verfremdend verändern und „die Grenze der heutigen japanischen Sprache" (ebd., S. 12) ausweiten (vgl. Tajima 1988, S. 280; Hayasaka 2003).

Auch wenn gemeinhin jede (abgeschlossene und publizierte) Übersetzung mit dem Anspruch auftritt, Kriterien der Adäquatheit und Relevanz (vgl. Gutt 1991) zu erfüllen, gibt es wenige Autoren des 20. Jahrhunderts, die in einem Zeitraum von gut 50 Jahren so oft neu übersetzt worden sind wie Musil (zum Problem der ‚Re-Translation' vgl. Huber 1983; Pike 2002). Die größte Anzahl von Mehrfachübersetzungen und ‚editorischen Parallelaktionen' (vgl. Cetti Marinoni 1993) liegt auf Italienisch vor, wo nicht weniger als vier Übersetzungen des *MoE* in fünf unterschiedlichen Editionen sowie acht Übersetzungen des *Törleß* erschienen sind. Auch auf Portugiesisch und Japanisch gibt es je drei Übersetzungen des *MoE*, wenn auch ein Grund dafür die mangelnde Qualität der Erstübersetzungen gewesen sein mag (vgl. Correia 1982; Amarante 1988; Hayasaka 2005, S. 305).

Neuübersetzungen werden nicht selten von Polemiken gegen die Vorläuferübertragung(en) begleitet. Besonders die englische Neuübersetzung des *MoE* wurde schon im Vorfeld von Äußerungen der Übersetzerin Sophie Wilkins flankiert, die Ernst Kaiser und Eithne Wilkins kritisierte (vgl. Huber 1983, S. 116f.; Wilkins 1988; Beckers 1988; zurückhaltender Pike 2002; vgl. auch Rezensionen von Gass 1996, S. 78; Coetzee 1999, S. 54; Pike 2002; für Kaiser/Wilkins setzt sich Strelka 1988 ein). Eine Besonderheit liegt vor, wenn sich Übersetzer zu Neuübersetzungen oder erheblichen

Umarbeitungen ihrer eigenen Arbeiten entschließen wie im Hebräischen (vgl. Carmel 1960 u. 1978), Japanischen (vgl. Furui 1968 u. 1987) oder Niederländischen (vgl. Diamand 1964 u. 2005).

7. Forschungsstand

Die meisten wissenschaftlichen Beiträge stützen sich auf nur wenige Musil-Übersetzungen in einzelne Sprachen. So untersucht Johann Drumbl (1979, erweitert um Beispiele aus französischen und englischen Übersetzungen 1988) Übersetzungen von Texten aus dem *Nachlaß zu Lebzeiten* ins Italienische oder Joseph P. Strelka (1988) frühe Übertragungen ins Englische durch Kaiser/Wilkins (vgl. Beckers 1988; Lönker 1988). Bianca Cetti Marinoni (1988) analysiert italienische *Törleß*-Übersetzungen (vgl. Rho 1959; Zampa 1959; Cetti Marinoni 1978), Anna Kucharska (2001) Musil-Essays aus den polnischen Sammlungen von Feliks Przybylak (1989) und Jacek Buras (1995).

Mitunter werden Musil-Übersetzungen für allgemeine sprach- oder übersetzungswissenschaftliche Fragestellungen herangezogen, mit Fokus auf Metaphorik von Mario Wandruszka (1979, S. 267–294) und Wolfgang Fingernagel (1983), wo englische, französische und spanische bzw. auch portugiesische Übersetzungen des *MoE* mit dem Original verglichen werden (zum Norwegischen Fabricius-Hansen 1997 u. 2000). Eine Besonderheit ist die Analyse von Musils Konjunktivverwendung (mit Beispielsätzen in Übersetzung) in Publikationen des japanischen Grammatikers Sekiguchi bereits ab 1939 (vgl. Hayasaka 2003 u. 2005, S. 301f.).

Peter Henninger (1988) analysiert anhand von 15 Übersetzungen in zwölf Sprachen den Anfang der Novelle *Die Portugiesin*, eine Analyse italienischer Übersetzungen des *MoE* (vgl. Rho 1957–60; Vigliani 1992) zusammen mit den englischen (vgl. Wilkins/Kaiser 1953–60; Wilkins/Pike 1995) und der französischen (vgl. Jaccottet 1957–58) leistet Gioia Valdemarca (2007). Der wichtigste literaturwissenschaftliche Beitrag stammt von Peter Utz, der den *MoE* mit seinen englischen und französischen Übersetzungen liest. Dabei hebt er wie Henninger hervor, wie in einem „Verhältnis reziproker Resonanz" beim (literarischen) Übersetzen Bedeutung generiert werde (vgl. Utz 2007 u. 2009, S. 174; aber schon Cetti Marinoni 1988, S. 227).

8. Perspektiven

Ein Desiderat in fast allen Sprachen stellt der Musil-Nachlass dar. Gleichwohl ist eine umfassendere Übersetzung der mittlerweile leicht verfügbaren Nachlassmaterialien (wie im Englischen kürzlich durch Grill 2015) unwahrscheinlich, selbst aktuelle Übersetzungen orientieren sich an den Frisé-Ausgaben. Musils wissenschaftliche Arbeiten sind in Übersetzung unterrepräsentiert, die Promotionsschrift etwa wurde nur ins Italienische (vgl. Montinari 1973), Englische (vgl. Mulligan 1982) und Französische (vgl. Demet 1985) übertragen. Daneben ist Musil in außereuropäische Sprachen, speziell die zentral- und südasiatischen sowie afrikanischen, nur schwach bzw. gar nicht übersetzt.

Die wissenschaftliche Befassung mit der Übersetzung von Musils Texten und mit den vorliegenden Übersetzungen bleibt randständig. Das dreitägige Kolloquium „Die Übersetzung literarischer Texte am Beispiel Robert Musil" am Europäischen Übersetzerkollegium in Straelen, dessen Publikation die bis heute kompletteste Sammlung zu Übersetzungen von Musils Texten darstellt (vgl. Daigger/Militzer 1988), liegt lange zurück. Zwar gab es in der Vergangenheit Konferenzbeiträge oder -sektionen, die sich mit dem Übersetzen von Musils Texten befassten (2005 in Klagenfurt, vgl. Fanta 2005; sowie 2007 in Lancaster), doch eine umfassende Publikation dieser Beiträge ist bislang nicht erfolgt.

Im Rahmen der Erweiterungen der *Klagenfurter Ausgabe* bzw. eines zukünftigen digitalen Musil-Portals wäre es vielversprechend, verstärkt Übersetzungen zu referieren sowie frühe Beispiele bis etwa 1960 als wichtige Rezeptionszeugnisse in Text- oder Bilddokumenten einzubinden. Wichtig wäre neben der Einrichtung einer allgemein zugänglichen Datenbank mit dem Ziel, alle Musil-Übersetzungen bibliografisch nachzuweisen, auch ein produktiverer Umgang mit ihnen im Sinne neuer quantitativer und empirisch ausgerichteter Verfahren der Digital Humanities. Die große Anzahl an Übersetzungen und speziell Mehrfachübersetzungen bei Musil stellt eine hervorragende Grundlage auch für übersetzungswissenschaftliche bzw. komparatistische Makro-Analysen dar (vgl. Tophoven 1988, S. 6, u. 2011), die noch ausstehen.

9. Literatur

Alek'sanyan, Ašot: Erek' kin. Êssener, novelner [*Drei Frauen*. Essays und Erzählungen. *Nachlaß zu Lebzeiten*]. Vorwort v. Ašot Alek'sanyan. Jerewan: Naïri 1994.

Al-Muzānī, Ḥusayn [Hussain al-Mozany]: Talāt nisā'. Qiṣaṣ [*Drei Frauen*]. Köln: Manšūrāt al-Ǧamal 1997.

Amarante, Maria Antónia: Musil auf der Reise nach Portugal. Begegnungen und Zwischenstationen. In: Annette Daigger, Gerti Militzer (Hg.): Die Übersetzung literarischer Texte am Beispiel Robert Musil. Stuttgart: Heinz 1988, S. 241–245.

Apt, Solomon [Konstantinovič]: [Musils Antworten auf die Rundfragen der Zeitschriften *Novyj mir* und *Literaturnaja Gazeta*]. In: Inostrannaja Literatura. Ežemesjačnyj literaturno-chudožestvennyj i publicističeskij žurnal 11 (1987), S. 208–209 (Moskau: Izvestija).

Aspetsberger, Friedbert: Tausche Waggerl-Originalausgaben gegen Musil-Übersetzungen ... In: Jahrbuch der Deutschen Schillergesellschaft 40 (1996), S. 453–461.

Beckers, Gustav: Zur Phänomenologie des Luft-Elements „Hauch" in Robert Musils Roman *Der Mann ohne Eigenschaften* und zu seiner Übersetzung ins Englische. In: Annette Daigger, Gerti Militzer (Hg.): Die Übersetzung literarischer Texte am Beispiel Robert Musil. Stuttgart: Heinz 1988, S. 143–152.

Benjamin, Walter: Die Aufgabe des Übersetzers. [Vorwort zur Übersetzung v. Baudelaires *Tableaux parisiens*, 1923] In: ders.: Gesammelte Schriften. Bd. IV.1. Hg. v. Tillman Rexroth. Frankfurt a.M.: Suhrkamp 1991, S. 9–21.

Boeninger, Helmut Robert: The Rediscovery of Robert Musil. In: The Modern Language Forum 37 (1952), S. 109–119.

Bondy, François: Die Rezeption der deutschen Literatur nach 1945 in Frankreich. In: Manfred Durzak (Hg.): Die deutsche Literatur der Gegenwart. Aspekte und Tendenzen. Stuttgart: Reclam 1971, S. 415–424.

Bor, Ambros: Die Frage der poetica licentia des Prosa-Übersetzers. In: Annette Daigger, Gerti Militzer (Hg.): Die Übersetzung literarischer Texte am Beispiel Robert Musil. Stuttgart: Heinz 1988, S. 173–176.

Braun, Wilhelm: Bemerkungen zur neuen englischen *Schwärmer*-Übersetzung. In: Annette Daigger, Gerti Militzer (Hg.): Die Übersetzung literarischer Texte am Beispiel Robert Musil. Stuttgart: Heinz 1988, S. 203–208.

3. Übersetzungen

Brice, Silvija: Trīs sievietes. Noveles [*Drei Frauen*]. Riga: Apgāds Daugava 1994; wieder Riga: Jumava 2008.

Buras, Jacek Stanisław: Człowiek matematyczny i inne eseje [*Der mathematische Mensch* und andere Essays]. Auswahl v. Hubert Orłowski, Vorwort v. Zbigniew Światłowski. Warschau: Czytelnik 1995 (= Nowy Sympozjon).

Burnett, Whit: Catastrophe [*Hasenkatastrophe*]. In: Story. The Only Magazine Devoted Solely to the Short Story 1 (1931), H. 2, S. 52–55 (Wien: Whit Burnett & Martha Foley/Story, a Bimonthly).

Campion, Horace: The Fly-Paper. From *Nachlass zu Lebzeiten* of Robert Musil [*Das Fliegenpapier*]. In: German Life and Letters 2 (1938), H. 3, S. 226–227 (Oxford: Blackwell).

Carmel, Abraham [Avrāhām Karmel]: Šālōš nāšim [*Drei Frauen*]. Nachwort v. Ezri'ēl 'Ukmānij. Merhavia: Sifrijjat Pōalim 1960.

Carmel, Abraham [Avrāhām Karmel]: Šālōš nāšim [*Drei Frauen*]. Tel Aviv: Sifriat Poalim 1978.

Carmel, Abraham: Robert Musils Übersetzung ins Hebräische – Kontraste zwischen Sprachen; Begegnungen von Kulturen. In: Annette Daigger, Gerti Militzer (Hg.): Die Übersetzung literarischer Texte am Beispiel Robert Musil. Stuttgart: Heinz 1988, S. 177–184.

Castiglia, Irene: L'uomo senza qualità. Versione integrale dell'edizione originale [*MoE*]. Einleitung v. Micaela Latini. Rom: Newton Compton 2013 (= I mammut); auch als Kindle-eBook.

Cetti Marinoni, Bianca: Il giovane Törless [*Die Verwirrungen des Zöglings Törleß*]. Einführung v. B. C. M. Mailand: Garzanti 1978 (= I grandi libri Garzanti, Bd. 215); 2. Aufl. 1981; 3. Aufl. 1982; 4. Aufl. 1986; 5. Aufl. 1988; 6. Aufl. 1990; 7. Aufl. 1992; 8. Aufl. 2001; wieder Mailand: Garzanti 1997 (= Letture di classe).

Cetti Marinoni, Bianca: Sprach- und Stilprobleme der *Törleß*-Übersetzung. In: Annette Daigger, Gerti Militzer (Hg.): Die Übersetzung literarischer Texte am Beispiel Robert Musil. Stuttgart: Heinz 1988, S. 227–239.

Cetti Marinoni, Bianca: Un'azione editoriale parallela. In: L'indice dei libri del mese 5 (1993), S. 19.

Church, Barbara: L'homme sans caractères [Kap. I/14 u. 17 aus dem *MoE*]. In: Mesures 1 (1935), H. 1, S. 61–89 (Paris: Mesures).

Cometti, Jean-Pierre: Musil en France. Souvenirs d'une mode. In: Etudes. Revue mensuelle 372 (1990), H. 2, S. 211–221.

Corino, Karl: Robert Musils Wirkung auf die Weltliteratur. In: Musil-Forum 16 (1990), S. 92–102.

Corino, Karl: Erzählen und Nachdenken. Ein Interview mit dem japanischen Musil-Übersetzer und Schriftsteller Yoshikichi Furui. Übers. v. Michiko Mae. In: Rapial 1 (1991), H. 1, S. 11–13, u. H. 2, S. 8–10.

Corino, Karl: Robert Musil. Eine Biographie. Reinbek b. Hamburg: Rowohlt 2003.

Correia, Renato: O homem sem qualidades: Robert Musil em Português? In: Cadernos de literatura 11 (1982), S. 22–28.

Coetzee, John M.: The Man With Many Qualities. In: The New York Review of Books 46 (18.3.1999), H. 5, S. 52–55.

Daigger, Annette/Militzer, Gerti (Hg.): Die Übersetzung literarischer Texte am Beispiel Robert Musil. Beiträge des Internationalen Übersetzer-Kolloquiums in Straelen vom 8.–10. Juni 1987. Stuttgart: Heinz 1988.

Damrosch, David: What is World Literature? Princeton, Oxford: Princeton Univ. Press 2003.

Damrosch, David (Hg.): World Literature in Theory. Chichester u. a.: Wiley-Blackwell 2014.

Dawlianidse, David: Übersetzungen und Forschungen in der UdSSR. In: Musil-Forum 2 (1976), S. 81–83.

De Angelis, Enrico: Musil nella cultura italiana. In: Robert Musil nel primo centenario della nascita. Incontri italo-austriaci. Innsbruck, Wien: Instituto Italiano di Cultura 1981, S. 21–30.

Demet, Michel-François: Pour une évaluation des doctrines de Mach [*Beitrag zur Beurteilung der Lehren Machs*]. Vorwort, Nachwort u. hg. v. Paul-Laurent Assoun. Paris: Presses Univ. de France 1985.
Diamand, Frank: De ervaringen van de jonge Törless [*Die Verwirrungen des Zöglings Törleß*]. Amsterdam: Polak & Van Gennep 1964; 2. Aufl. 1968 mit Einleitung v. Kees Fens (= Grote bellettrie serie); 3. Aufl. 1985 Baarn: Ambo/Amsterdam: Athenaeum-Polak & Van Gennep.
Diamand, Frank: De verwarring van de jonge Törless [*Die Verwirrungen des Zöglings Törleß*]. Amsterdam: Meulenhoff 2005 (= Meulenhoff Editie, Bd. 2158).
Dingräve, Leopold [i. e. Ernst Wilhelm Eschmann]: Musil, der deutsche Moralist. *Der Mann ohne Eigenschaften* (II. Teil). In: Tägliche Rundschau. Unabhängige Zeitung für sachliche Politik, christliche Kultur und deutsches Volkstum, 8.1.1933, Die Sonntagsbeilage, S. 5 (Berlin: Verlag der Täglichen Rundschau). [als Scan in KA, Bibliographie]
Dolinar, Darko: Robert Musil na Slovenskem. Nekaj vprašanj o recepciji. In: Primerjalna književnost 17 (1994), H. 1, S. 35–52.
Drumbl, Johann: Leggere Musil. In: Metaphorein. Quaderni internazionali di critica e di sociologia della cultura 3 (1979 [recte 1981]), H. 7, S. 99–107.
Drumbl, Johann: Übersetzen und Interpretieren. Anmerkungen zur italienischen Übersetzung von Musils ,Bildern'. In: Annette Daigger, Gerti Militzer (Hg.): Die Übersetzung literarischer Texte am Beispiel Robert Musil. Stuttgart: Heinz 1988, S. 113–141.
Fabricius-Hansen, Cathrine: Übersetzung und Stil. Am Beispiel Musil. In: Rudi Keller (Hg.): Linguistik und Literaturübersetzen. Tübingen: Narr 1997, S. 61–78.
Fabricius-Hansen, Cathrine: Übersetzen mit Stil – ein unmögliches Ziel? In: dies., Johannes Ostbo (Hg.): Übertragung, Annäherung, Angleichung. Sieben Beiträge zu Theorie und Praxis des Übersetzens. Frankfurt a. M. u. a.: Lang 2000, S. 65–95.
Fanta, Walter: Robert Musil – digitale Edition und internationale Vermittlung. Symposion im Musil-Haus (13.–15. Oktober 2005), 2005. In: http://www.uni-klu.ac.at/unisonoonline/inhalt/222_463.htm (Stand: 22.9.2015).
Fiala-Fürst, Ingeborg: Die Rezeption Musils […] in der Sowjetunion, der Tschechoslowakei, Polen und Jugoslawien. Saarbrücken: Arbeitsstelle für Robert-Musil-Forschung an der Univ. des Saarlandes 1990.
Findeisen, Raoul: Musil in China. Bibliographie, Internet, Übersetzungen, 2010. In: http://www.musilgesellschaft.at/china.htm (Stand: 22.9.2015).
Fingernagel, Wolfgang: Metaphorik und Übersetzungen. In: Wolfgang Pöckl (Hg.): Österreichische Literatur in Übersetzungen. Salzburger linguistische Analysen. Wien: Verlag der Österreichischen Akademie der Wissenschaften 1983, S. 275–305.
Freij, Lars W.: Musil auf Schwedisch. In: Annette Daigger, Gerti Militzer (Hg.): Die Übersetzung literarischer Texte am Beispiel Robert Musil. Stuttgart: Heinz 1988, S. 257–265.
Furui, Yoshikichi: Wago [*Vereinigungen*]. Tokio: Chikuma 1968.
Furui, Yoshikichi: Ai no kansei. Shizukana Veronika no yūwaku [*Die Vollendung der Liebe. Die Versuchung der stillen Veronika*]. Tokio: Iwanami 1987 (= Iwanami bunko).
Gass, William H.[oward]: The Hovering Life. *The Man Without Qualities* by Robert Musil, translated by Sophie Wilkins and Burton Pike. In: The New York Review of Books 43 (11.1.1996), H. 1, S. 56–62; wieder in: Musil-Forum 21/22 (1995/96), S. 75–97.
Grill, Genese: Thought Flights [*Erzählungen, Glossen, Fragmente*]. Einleitung u. Anmerkungen v. G. G. New York u. a.: Contra Mundum Press 2015.
Gutt, Ernst-August: Translation and Relevance. Cognition and Context. Oxford, Cambridge: Blackwell 1991.
Hammerich, Clara: Skitser [*Skizzen*, aus *Nachlaß zu Lebzeiten*]. Kopenhagen: Hasselbalch 1946 (= Hasselbalchs Kultur-Bibliotek, Bd. 54); 2. Aufl. 1956.
Hayasaka, Nanao: Der Übersetzer des Stummen. Robert Musil und der frühe Yoshikichi Furui. In: Doitsu bungaku. Neue Beiträge 2 (2003), H. 4, S. 88–106.
Hayasaka, Nanao: Musil-Rezeption in Japan. In: Pierre Béhar, Marie-Louise Roth (Hg.): Musil an der Schwelle zum 21. Jahrhundert. Bern u. a.: Lang 2005, S. 301–325.

3. Übersetzungen

Henninger, Peter: Übersetzungsvergleich und Textinterpretation. Am Beispiel von Robert Musils Erzählung *Die Portugiesin*. In: Annette Daigger, Gerti Militzer (Hg.): Die Übersetzung literarischer Texte am Beispiel Robert Musil. Stuttgart: Heinz 1988, S. 91–111.

Huber, Lothar: On Translating anew Robert Musil's *Der Mann ohne Eigenschaften*. An Interview with Sophie C. Wilkins. In: Musil-Forum 9 (1983), S. 112–124.

J.[armila] H.[aas]: Usedomští rybáři [*Fischer auf Usedom*]. In: Tribuna, 12.11.1922 (Prag: Verlag der Aktiengesellschaft Tribuna).

Jaccottet, Philippe: L'homme sans qualités. Roman [*MoE*]. Vorwort v. Jean-Pierre Cometti. Nachwort v. Philippe Jaccottet. 4 Bde. Paris: Seuil 1957 u. 1958; 2. Aufl. 1961; 3. Aufl. 1966; 4. Aufl. 1967; wieder in 3 Bde. 1969; wieder 1973 (= Folio); wieder 1979 (= Le livre de poche); wieder in 2 Bde. mit Nachwort v. Philippe Jaccottet 1982 (= Le don des langues, Bde. 60–61); wieder 1995 (= Points); wieder in 2 Bde. 2004 (= Le don des langues). (Jaccottet 1957-58)

Jaccottet, Philippe: A partir de *L'Homme sans qualités*. In: Nouvelle Revue Française 14 (1959), S. 803–821, wieder als: A partir du rêve de Musil. In: ders.: Éléments d'un songe. Paris: Gallimard 1961, S. 9–51. Dt. in ders.: Elemente eines Traumes. München: Kösel 1968, S. 9–43; wieder Stuttgart: Cotta 1988, S. 9–43. (Jaccottet 1959)

Jaccottet, Philippe: Begegnung mit einem Werk. In: Karl Dinklage (Hg.): Robert Musil. Leben – Werk – Wirkung. Reinbek b. Hamburg: Rowohlt 1960, S. 428–435.

Jaccottet, Philippe: Die „Verzweiflung des Übersetzers". In: Martin Meyer (Hg.): Vom Übersetzen. Zehn Essays. München: Hanser 1990, S. 68–76.

Jahn, Lila: I fanatici. Dramma in tre atti [*Die Schwärmer*, Auszüge]. In: Sipario. Rivista di teatro, di cinema e di televisione 11 (1956), H. 123/124, S. 19–38 (Mailand: Bompiani).

Kaiser, Ernst: Empire in Time and Space. In: The Times Literary Supplement, 28.10.1949.

Kaiser, Ernst/Wilkins, Eithne: The Perfecting of a Love [*Die Vollendung der Liebe*]. In: Botteghe Oscure. Revue internationale de littérature contemporaine 18 (1956), S. 175–225 (Rom: Mondadori); auch [mit Übersetzerangabe Eithne Wilkins u. Ernst Kaiser] in: Robert Musil: Selected Writings. Hg. u. Einleitung v. Burton Pike. Vorwort v. Joel Agee. New York: Continuum 1986 (= The German Library, Bd. 72), S. 179–222; 2. Aufl. 1995; 3. Aufl. 1999; 4. Aufl. 2002; 5. Aufl. 2005. (Kaiser/Wilkins 1956)

Kentrotis, Johrghos: „Musa Musiliana Graeca" – Musilsche Muse in Griechenland. In: Annette Daigger, Gerti Militzer (Hg.): Die Übersetzung literarischer Texte am Beispiel Robert Musil. Stuttgart: Heinz 1988, S. 267–275.

Kerekes, Gábor: Robert Musils Rezeption in Ungarn. In: Pierre Béhar, Marie-Louise Roth (Hg.): Musil an der Schwelle zum 21. Jahrhundert. Bern u.a.: Lang 2005, S. 327–343.

Kraepelin, Emilio: Trattato di psichiatria. Bd. 1: Psichiatria generale. Bd. 2: Psichiatria speciale. Übers. v. Guido Guidi [u. Martha Musil]. Hg. v. Augusto Tamburini. Mailand: Vallardi 1906/07.

Kucharska, Anna: Übersetzungsstrategien paraliterarischer Texte am Beispiel der Essays von Robert Musil, Elias Canetti und Thomas Mann. Posen: Wydawnictwo Naukowe Uniwersytet im. Adama Mickiewicza 2001.

Landier, Germain: Le papier tue-mouches [Le papier tue-mouches. Réflexions. Le réveil = *Das Fliegenpapier*. Vier Aphorismen aus *Allerhand Fragliches* von 1936 und Notizen von 1935: Aus der Gesellschaft. Der Erfolg eines Mannes. Die Jugend. Viel von sich selbst zu reden. Der Erweckte]. In: Mesures 2 (1937), S. 191–196 (Paris: Mesures).

Lönker, Fred: Probleme des Fremden in der literarischen Übersetzung. In: Annette Daigger, Gerti Militzer (Hg.): Die Übersetzung literarischer Texte am Beispiel Robert Musil. Stuttgart: Heinz 1988, S. 57–72.

Lönker, Fred: Aspekte des Fremdverstehens in der literarischen Übersetzung. In: ders. (Hg.): Die literarische Übersetzung als Medium der Fremderfahrung. Berlin: Schmidt 1992, S. 41–62.

Mehta, Amrit: Robert Musil, Sltikov Schedrin ani Hemigway'chya Katha [Kurzgeschichten von Robert Musil u. Ernest Hemingway]. Pune: Dilip Raj Prakashan 1999.

Montinari, Mazzino: Sulle teorie di Mach [*Beitrag zur Beurteilung der Lehren Machs*]. Vorwort v. Mazzino Montinari. Mailand: Adelphi 1973; 2. Aufl. 1978; 3. Aufl. 1981; 4. Aufl. 1993; 5. Aufl. 2010.

Mulligan, Kevin: On Mach's Theories [*Beitrag zur Beurteilung der Lehren Machs*]. Einführung v. Georg Henrik von Wright. München, Wien: Philosophia 1982 (= Philosophia Resources Library. Reprints, Translations and Commentaries Relating to Austrian Intellectual History) u. (für Nord- und Südamerika) Washington, DC: The Catholic Univ. of America Press 1982.

Musil, Martha: Briefwechsel mit Armin Kesser und Philippe Jaccottet. 2 Bde. Hg. v. Marie-Louise Roth. In Zusammenarbeit mit Annette Daigger u. Martine von Walter. Bern u.a.: Lang 1997.

Musil, Robert: Briefe – Nachlese. Dialog mit dem Kritiker Walther Petry. Hg. v. Adolf Frisé. Saarbrücken, Wien: Internationale Robert-Musil-Gesellschaft 1994.

N. N.: Opičí ostrov [*Die Affeninsel*]. In: Tribuna, 3.5.1919 (Prag: Verlag der Aktiengesellschaft Tribuna).

N. N. [Jarmila Haas]: Lepidlo na mouchy [*Das Fliegenpapier*]. In: Tribuna, 8.11.1922 (Prag: Verlag der Aktiengesellschaft Tribuna).

N. N. [Jarmila Haas]: Myš [*Die Maus*]. In: Tribuna, 19.11.1922 (Prag: Verlag der Aktiengesellschaft Tribuna).

N. N. [Jarmila Haas]: Slovenský pohřeb [*Slowenisches Dorfbegräbnis*]. In: Tribuna, 3.12.1922 (Prag: Verlag der Aktiengesellschaft Tribuna).

N. N.: Monkey Island. Tanglefoot. The Mouse in the Fodara Vedla [*Die Affensinsel. Das Fliegenpapier. Die Maus auf Fodara vedla*]. In: Broom. An International Magazine of the Arts 2 (1922), H. 2, S. 113–119 (New York, Rom: The Broom Publishing Company).

N. N.: [An Nowy mir (Moskau)]. In: Novyj mir. Ežemesjačnyj literaturno-chudožestvennyj žurnal 7 (1930), S. 184 (Moskau: Novyj mir). Deutsche Rückübersetzung durch David Davlianidse: Robert Musils Stellung zur Russischen Oktoberrevolution. In: Musil-Forum 3 (1977), H. 1, S. 10–12, wieder in Br I, 471–472.

N. N. [Béla Kőhalmi?]: ROBERT MUSIL nagy filozófiai készültségű osztrák regényíró. Legutóbbi regénye: Der Mann ohne Eigenschaften [Antwort auf eine Umfrage = Br I, 745–746 u. Musil 1994, S. 72–73]. In: Béla Kőhalmi (Hg.): Az új könyvek könyve. 173 író, művész, tudós vallomása olvasmányairól. Budapest: Gergely 1937, S. 394.

N. N.: My Debt to Books [Umfrage-Antwort mit weiteren Antworten von Alfred Neumann, Ann Tizia Leitich, Karl Hans Strobl, Alexander Lernet-Holenia, Franz Theodor Czokor, Otto Brandt und Alfred Grünewald, S. 166–170]. In: Books Abroad. An International Quarterly of Comment on Foreign Books 13 (1939), H. 2, S. 169–170 (Norman, OK: Univ. of Oklahoma Press).

Payne, Philip: Die Übersetzung ins Englische von Musils Begriffen ‚Moral', ‚Ethik', ‚Seele' und ‚Geist'. In: Annette Daigger, Gerti Militzer (Hg.): Die Übersetzung literarischer Texte am Beispiel Robert Musil. Stuttgart: Heinz 1988, S. 153–161.

Payne, Philip: On Translating Robert Musil's *Diaries*. In: Translation and Literature 5 (1996), H. 1, S. 53–67.

Payne, Philip: Schwierigkeiten der Übersetzung technologischer und wissenschaftlicher Begriffe bei Musil. In: Matthias Luserke-Jaqui (Hg.): „Alle Welt ist medial geworden." Literatur, Technik, Naturwissenschaft in der Klassischen Moderne. Tübingen: Francke 2005, S. 247–260.

Pike, Burton: Das Übersetzen von Musils Essays ins Englische. Vorarbeit zur Übersetzung. In: Annette Daigger, Gerti Militzer (Hg.): Die Übersetzung literarischer Texte am Beispiel Robert Musil. Stuttgart: Heinz 1988, S. 187–194.

Pike, Burton: Re-Translating: The Example of Musil. In: Translation Review (2002), H. 63, S. 80–83.

Pöckl, Wolfgang: Österreichische Literatur in Übersetzungen. Fakten – Tendenzen – Beispiele – Probleme. In: Herbert Zeman (Hg.): Die österreichische Literatur. Ihr Profil von der Jahrhundertwende bis zur Gegenwart (1880–1980). Bd. 1. Graz: Akademische Druck- und Verlagsanstalt 1989, S. 405–428.

Poltermann, Andreas: Die „Sprache der Übersetzung". Historische Beobachtungen zu einer Poetik der literarischen Übersetzung mit Rücksicht auf den modernen Roman Musils. In: Annette Daigger, Gerti Militzer (Hg.): Die Übersetzung literarischer Texte am Beispiel Robert Musil. Stuttgart: Heinz 1988, S. 35–56.

Przybylak, Feliks: Czarna magia albo. Spuścizna za życia [*Nachlaß zu Lebzeiten*]. Breslau: Dolnośląskie 1989.

Rho, Anita: Anita Rho: L'uomo senza qualità [*MoE*]. 2 Bde., Bd. 1 (1957) u. Bd. 2 (1958). Einleitung v. Cesare Cases. Turin: Einaudi 1957 u. 1958 (= I Millenni); 2. Aufl. 1960; 3. Aufl. 1961; 4. Aufl. 1962; 5. Aufl. 1965; wieder 1974 (= Gli Struzzi, Bd. 26); wieder 1982; wieder 1989, wieder 1993 (= Gli struzzi. Società, Bde. 26*–26**); wieder 1996. (Rho 1957–60)

Rho, Anita: I turbamenti del giovane Törless [*Die Verwirrungen des Zöglings Törleß*]. Turin: Einaudi 1959 (= I coralli, Bd. 105); 2. Aufl. 1960; 3. Aufl. 1961; 4. Aufl. 1965; 6. Aufl. 1966; wieder 1975; wieder 1983 (= Nuovi coralli, Bd. 117); wieder: Novara: Mondadori/De Agostini 1986; wieder Turin: Einaudi 1990 (= Einaudi tascabili, Bd. 20); wieder 1993; wieder 1994; wieder 1997; wieder 2003; wieder 2005, wieder 2008; auch mit Vorwort v. Giuseppe Bevilacqua u. Illustrationen v. Gunther Ruch Genf: Edito-Service s. d. [1973] (= I più bei romanzi); auch Barcelona: Bibliotex 2002; auch Rom: Espresso 2002; auch Rom: La biblioteca di Repubblica 2002 (= La biblioteca di Repubblica. Novecento, Bd. 48); als zweisprachige Ausgabe mit Vorwort v. Bianca Cetti Marinoni. Turin: Einaudi 2003 (= Einaudi tascabili, Bd. 1120 – Serie bilingue). (Rho 1959)

Rousset, Jean: Trop de gaîté [„Zu viel Heiterkeit", Kap. II/28 aus dem *MoE*]. In: Lettres 3 (1945), H. 4, S. 107–126 (Genf: Kundig).

Ruffenach, Pascal: Entretien avec le traducteur de Musil. In: Musil-Forum 9 (1983), S. 125–128.

Šabík, Vincent: Die Übersetzung der *Drei Frauen* ins Tschechische. In: Annette Daigger, Gerti Militzer (Hg.): Die Übersetzung literarischer Texte am Beispiel Robert Musil. Stuttgart: Heinz 1988, S. 251–256.

Schröder-Werle, Renate: Zur Vorgeschichte der Musil-Rezeption nach 1945. Hinweise zur Wiederentdeckung Robert Musils. In: Colloquia Germanica 10 (1976), S. 247–266.

Simon, Andrea: Charakter, Kristalle und das ‚Gesetz des höheren Lebens'. Einige Anmerkungen zu Musils *Die Schwärmer*. In: Annette Daigger, Gerti Militzer (Hg.): Die Übersetzung literarischer Texte am Beispiel Robert Musil. Stuttgart: Heinz 1988, S. 195–201.

Steiner, George: After Babel. Aspects of Language and Translation. [1975] 3. Aufl. Oxford, New York: Oxford Univ. Press 1998.

Steiner, George: Translation as *conditio humana*. In: Harald Kittel u.a. (Hg.): Übersetzung/Translation/Traduction. Ein internationales Handbuch zur Übersetzungsforschung/An International Encyclopedia of Translation Studies/Encyclopédie internationale de la recherche sur la traduction. Bd. 1. Berlin, New York: de Gruyter 2004, S. 1–11.

Stendhal: Gesammelte Werke. Bd. 2: Die Äbtissin von Castro. Der Novellen Zweiter Band. Übers. v. Franz Blei u. M.[artha] von [sic] Musil. München: Georg Müller 1922.

Strelka, Joseph P.: Einige Beobachtungen an den ersten englischen Übersetzungen von Werken Robert Musils. In: Annette Daigger, Gerti Militzer (Hg.): Die Übersetzung literarischer Texte am Beispiel Robert Musil. Stuttgart: Heinz 1988, S. 209–219.

Szemző, Piroska Dezsényi: Robert Musil in Ungarn. In: Biblos 26 (1977), H. 4, S. 459–462.

Tajima, Norio: „Irritation" und „Befriedigung" bei Musil. In: Annette Daigger, Gerti Militzer (Hg.): Die Übersetzung literarischer Texte am Beispiel Robert Musil. Stuttgart: Heinz 1988, S. 277–283.

Tophoven, Elmar: Begrüßungsrede. In: Annette Daigger, Gerti Militzer (Hg.): Die Übersetzung literarischer Texte am Beispiel Robert Musil. Stuttgart: Heinz 1988, S. 5–7.

Tophoven, Elmar: Transparentes Übersetzen als Erfahrungsaustausch. In: Erika Tophoven: Glückliche Jahre. Übersetzerleben in Paris. Gespräche mit Marion Gees. Berlin: Matthes & Seitz 2011, S. 215–233.

Turk, Horst: Das Mit- und Gegeneinander der Kulturen als Problem und Chance der literarischen Übersetzung. In: Annette Daigger, Gerti Militzer (Hg.): Die Übersetzung literarischer Texte am Beispiel Robert Musil. Stuttgart: Heinz 1988, S. 15–33.

Utz, Peter: Anders gesagt – autrement dit – in other words. Übersetzt gelesen: Hoffmann, Fontane, Kafka, Musil. München, Wien: Hanser 2007.

Utz, Peter: Fremde Gefühle in fremden Sprachen. Der *Mann ohne Eigenschaften* im Licht seiner englischen und französischen Übersetzungen. In: Kevin Mulligan, Armin Westerhoff (Hg.): Robert Musil – Ironie, Satire, falsche Gefühle. Paderborn: mentis 2009, S. 173–186.

Vajda, György Mihály: Az ismeretlen Robert Musil [A légypapír = *Das Fliegenpapier*, Auszüge aus Kap. I/1, 8, 14 u. 17 des *MoE* u. aus „Beginn einer Reihe wundersamer Erlebnisse" u. „Gespräche über Liebe" aus den Nachlass-Kapiteln]. In: Nagyvilág. Világirodalmi folyóirat 4 (1960), S. 481–495 (Budapest: Lapkiadó Vállalat).

Valdemarca, Gioia: Zwei Übersetzungen, zwei Romane: *Der Mann ohne Eigenschaften* in italienischer Sprache, 2007. In: http://www.musilgesellschaft.at/texte/Musil%20international/GValdemarca_MoE_ital.pdf (Stand: 22.9.2015).

Vigliani, Ada: L'uomo senza qualità e scritti inediti [*MoE*, mit Nachlass-Material]. Vorwort v. Giorgio Cusatelli. Mailand: Mondadori 1992; 2. Aufl. 1998; 3. Aufl. 2001. (Vigliani 1992)

Viorel, Elena: Ein Schriftsteller „ohne Eigenschaften" in rumänischer Rezeption. In: Donald G. Daviau, Herbert Arlt (Hg.): Geschichte der österreichischen Literatur. Bd. 2. St. Ingbert: Röhrig 1996, S. 670–680.

Wandruszka, Mario: Die Mehrsprachigkeit des Menschen. München, Zürich: Piper 1979.

Wandruszka, Mario: Musils Sprache als Herausforderung. In: Annette Daigger, Gerti Militzer (Hg.): Die Übersetzung literarischer Texte am Beispiel Robert Musil. Stuttgart: Heinz 1988, S. 75–90.

Weber, Jean-Paul: Qui était donc ce Robert Musil? Nous le demandons à Philippe Jaccotet [sic], son traducteur, puis à Jean Paulhan qui connut l'écrivain en 1937. In: Le Figaro littéraire, 2.4.1960.

Wilkins, Eithne/Kaiser, Ernst: Tonka. In: William Phillips, Philip Rahv (Hg.): The Avon Book of Modern Writing. A Collection of Original Contributions by Today's Leading Writers. New York: Avon 1953, S. 144–185; auch in: Robert Musil: Selected Writings. Hg. u. Einleitung v. Burton Pike. Vorwort v. Joel Agee. New York: Continuum 1986, S. 267–311; 2. Aufl. 1995; 3. Aufl. 1999; 4. Aufl. 2002; 5. Aufl. 2005. (Wilkins/Kaiser 1953)

Wilkins, Eithne/Kaiser, Ernst: The Man Without Qualities [*MoE*]. 3 Bde. London: Secker & Warburg 1953 (Bd. 1), 1954 (Bd. 2) u. 1960 (Bd. 3); auch New York: Coward-McCann 1953, 1954 u. 1960, in 3 Bde. London: Panther 1968; auch in 4 Bde. London: Panther 1979; auch in 3 Bde. London: Minerva 1995; auch New York: Putnam 1980; Nachdruck eines Zitats unter „Miscellanea" aus MoE I, XXX in: The American Mathematical Monthly. An Official Journal of the Mathematical Association of America 92 (1985), H. 7, S. 526 (Montpelier, VT u. Washington, DC: Mathematical Association of America). (Wilkins/Kaiser 1953–60)

Wilkins, Eithne/Kaiser, Ernst: Notiz über die englische Übersetzung der Werke Musils. Die italienische Übersetzung. In: Karl Dinklage (Hg.): Robert Musil. Leben – Werk – Wirkung. Reinbek b. Hamburg: Rowohlt 1960, S. 436–438.

Wilkins, Sophie: Einige Notizen zum Fall der Übersetzerin der Knopf-Auflage des *Mann ohne Eigenschaften*. In: Annette Daigger, Gerti Militzer (Hg.): Die Übersetzung literarischer Texte am Beispiel Robert Musil. Stuttgart: Heinz 1988, S. 221–225.

Wilkins, Sophie/Pike, Burton: The Man Without Qualities [*MoE*]. Nachwort v. Burton Pike. 2 Bde. New York: Knopf 1995; 2. Aufl. 2011; auch London: Picador 1995; 2. Aufl. 1997. (Wilkins/Pike 1995)

Zampa, Giorgio: Il giovane Törless [*Die Verwirrungen des Zöglings Törleß*]. Mailand: Lerici 1959 (= Collana di narrativa, B. 6); wieder Mailand: Feltrinelli 1965 (= Universale economica 499); wieder mit Einführung v. Giorgio Zampa, Mailand: Rizzoli 1974 (= Biblioteca Universale Rizzoli, Bd. 5); 2. Aufl. 1979; 3. Aufl. 1984; 4. Aufl. 1986; 5. Aufl. 1988; wieder

1990 (= Superclassici 20); wieder 1999 (= Biblioteca Universale Rizzoli); wieder 2013 (= I grandi romanzi BUR); auch Mailand: Fabbri 1994 (= La grande biblioteca); auch unter dem Titel *I turbamenti del giovane Törless*: Mailand: SE 2013 (= Assonanze, Bd. 19). (Zampa 1959)

Zeemann, Dorothea: Wurzel und Quelle. Gespräch mit Robert Musils Nachlassordnern E. Wilkins und E. Kaiser. In: Die Presse, 26.9.1969, S. 4; wieder als: Gespräch mit Eithne Kaiser-Wilkins und Ernst Kaiser 1969. In: Musil-Forum 1 (1975), S. 98–100.

Zhu Liuhua: Putaoya nüzi. Gelijiaya [*Die Portugiesin. Grigia*]. In: Shijie wenxue 6 (1997), S. 181–216 (Peking: Shijie huawen wenxue zazhish).

4. Literarische Rezeption
Marion Schmaus

1. Einleitung und Forschungsstand 825
2. Der Fall Bachmann 828
    2.1 *Die Radiofamilie* 829
    2.2 Die Musil-Essays 829
    2.3 Gedichte, Hörspiele, Erzählungen 831
    2.4 Die *Frankfurter Vorlesungen* 833
    2.5 Das *Todesarten*-Projekt 834
3. Der ‚Mann ohne Eigenschaften' und seine Nachfahren: Ingeborg Bachmann, Jean Améry, Rolf Schneider, Christa Wolf, Karl Corino 837
4. Kakanien: Jörg Mauthe, Thomas Bernhard, Peter Handke, Robert Menasse . 842
5. Essayismus: Dieter Kühn, Elfriede Jelinek, Alexander Kluge, Juli Zeh . . . 845
6. Literatur 849

1. Einleitung und Forschungsstand

Die literarische Rezeption von Robert Musils Werk nach seinem Tod verläuft in vieler Hinsicht mit Besonderheiten, dies betrifft sowohl die selektive Wahrnehmung des Autors und die enge Anbindung der Rezeption an die Editionsgeschichte als auch nationale Eigenheiten der Musil-Tradierung sowie das transdisziplinäre Profil der Rezipierenden. So ist die Musil-Rezeption in der Literatur fokussiert auf die Auseinandersetzung mit seinem unvollendet gebliebenen Jahrhundertroman *Der Mann ohne Eigenschaften* (*MoE*). Wird Robert Musil von Autorinnen und Autoren als ein bedeutender Vertreter der Klassischen Moderne oder der Avantgarde genannt – häufig in einer Reihe mit Thomas Mann, Hermann Broch, Bertolt Brecht und Alfred Döblin oder internationaler, in Ingeborg Bachmanns Variante: „Joyce und Proust und Kafka und Musil" (Bachmann 2005, S. 262) –, ist stets der Roman-Schriftsteller gemeint. Der Novellist, Dramatiker, Lyriker und Essayist verschwindet in der Rezeption weitgehend hinter dem Autor des *MoE*. Ausnahmen bilden sein Gedicht *Isis und Osiris* (1923) sowie der frühe Roman *Die Verwirrungen des Zöglings Törleß* (1906). Diese selektive Musil-Wahrnehmung hat zur Folge, dass die literarische Rezeption eng an die Editionsgeschichte des *MoE* geknüpft ist. (→ IX.2 *Editionsgeschichte*) So setzt ein Rezeptionsschub mit der Ausgabe von Adolf Frisé 1952 ein. Es handelt sich um eine „Zeit des geistigen Nachholens" (Schneider 1978, S. 212), in der an Traditionen der Klassischen Moderne nach der Zäsur des Nationalsozialismus angeknüpft wird.

Diese „Musil-Konjunktur" der 1950er Jahre hielt „reichliche zehn Jahre. Sie endete spätestens mit dem Beginn der Studentenrevolte; die neuen ästhetischen Götter hießen nunmehr Brecht und Benjamin, wenn nicht überhaupt dekretiert wurde, die schöne Literatur sei tot." (ebd., S. 212f.) Dieses Urteil ist allerdings zu relativieren, denn in den frühen 1970er Jahren, noch deutlich bevor die zweite Musil-Ausgabe Frisés 1978 erscheint, setzt eine dezidiert politische Musil-Rezeption ein. Gleichsam in Überblendung der literarischen Strömungen von 1968 und der Neuen Subjektivität der 1970er Jahre wird der *MoE* in seinem Charakter als Zwitter von großem Gesellschaftsroman und (Auto-)Biografie wahrgenommen. Über die Musil-Reminiszenz findet 1971 bei Ingeborg Bachmann, Jean Améry und Rolf Schneider eine Auseinandersetzung mit dem Postfaschismus, der NS-Vergangenheit und politischen Ideologien jeder Couleur statt. Zugleich wird das Erzählen in Musil-Tradition an Bewusstseinsgeschichte rückgebunden und der Autor in seiner stilistischen Avanciertheit gewürdigt. Dieses Profil der literarischen Musil-Rezeption lässt sich bis in die Werke Thomas Bernhards und Christa Wolfs verfolgen, mithin bis weit in die 1980er Jahre hinein. Noch Alexander Kluge und Elfriede Jelinek schließen an diese Tradition an, obwohl es im neuen Jahrtausend den Anschein hat, als würde das politische Interesse am Autor überlagert von der poetologischen Musil-Referenz. Am Rande zu erwähnen sind kritische Töne von Autoren wie Horst Bienek, Peter Härtling, Wolfgang Koeppen und Siegfried Lenz aus dem Musil-Jahr 1980, die allerdings literarisch wirkungslos blieben (vgl. FAZ 1980; Reich-Ranicki 2002, S. 171–173; Görner 2007).

Gegenwärtig scheint es, der *MoE* und mit ihm sein Autor würden durch die literaturtheoretischen Neuerungen, insbesondere der Postmoderne, immer aktueller (vgl. Böhme 1988; Midgley 2005). Die philosophie- und theorieaffinen Seiten des Romans kommen zunehmend zur Geltung (vgl. Frank 1983; Böhme 1988; Rentsch 2000). Und erneut sind es innovative Editionen, die einen Rezeptionsschub provoziert haben und diesen weiter befördern werden. Zu nennen sind zum einen die digitale Klagenfurter Musil-Ausgabe und zum anderen eine von Katarina Agathos und Herbert Kapfer für den Bayerischen Rundfunk 2004 konzipierte *Remix*-Hörspieledition des *MoE*, die den literarischen Text, den Nachlass sowie literaturwissenschaftliche Kommentierungen mit Beiträgen literarisch-künstlerischer Rezeption von Elfriede Jelinek und Alexander Kluge auf vorbildliche Weise verbindet. (→ IX.5 *Mediale Rezeption*) In der Gegenwartsliteratur reicht die Spannweite der Auseinandersetzung mit Musil von intensiver Wahrnehmung und Zitation, wie sie sich in den Umschriften einzelner Passagen des *MoE* durch Elfriede Jelinek und Juli Zeh bekundet, bis zu loser Anspielung. Es finden sich im öffentlichen Diskurs geflügelte Worte wie ‚ohne Eigenschaften', ‚anderer Zustand', ‚Seinesgleichen geschieht', ‚Parallelaktion' und ‚Kakanien', die zum Teil nur mit lockerer Anbindung an Musil gebraucht werden. Jedoch kann an ihnen die mythopoetische Qualität des Musil'schen Werks erläutert werden, dem es gelungen ist, neue ‚vernünftige' Mythologeme zu schaffen, mittels derer auch die Nachfolgenden ihre Zeit in Begriffe fassen. Kommentiert wird die literarische Musil-Rezeption darum entlang der Begrifflichkeiten ‚ohne Eigenschaften', womit Musils Reflexion moderner Individualität angesprochen ist, ‚Kakanien', wodurch auf den *MoE* als österreichischen Gesellschaftsroman verwiesen sei, und ‚Essayismus', womit die stilistische Textur von Musils Roman gemeint ist.

Besonderheiten zeigen sich in der nationalen Wahrnehmung Musils. In der österreichischen Literatur gehört Robert Musil seit den 1950er Jahren bis in die Gegenwart zur zentralen Referenz. Über ein dichtes Netz intertextueller Verweise lassen sich Genealogien österreichischer Autorschaft nachzeichnen, deren Verwandtschaft durch das Musil-Zitat bekundet wird, das in der Tradierung fortschreitend angereichert wird von Ingeborg Bachmann über Jean Améry, Jörg Mauthe, Thomas Bernhard bis zu Robert Menasse und Elfriede Jelinek. In der Schweizer, der bundesdeutschen und der DDR-Literatur gibt es kein vergleichbares Phänomen. Dabei ist festzuhalten, dass in der DDR an das Erbe der Avantgarde erst verspätet angeknüpft werden konnte; eine dreibändige Musil-Ausgabe erschien dort erst 1975 in der „vergleichsweise liberalen Phase von Honeckers Kulturpolitik" (Schneider 2013a, S. 141). Das Urteil Matthias Luserke-Jaquis, Musil sei „ein Autor für gelehrte Abhandlungen, mit nur geringer Prägungskraft für den zeitgenössischen literarischen Diskurs" (Luserke-Jaqui 2005, S. 252), zeigt allenfalls einen verengten (bundes)deutschen Blick. Die nationalen Ausprägungen der Musil-Rezeption liegen zum einen im Werk selbst begründet, dies soll im Folgenden unter dem Vorzeichen ‚Kakanien' verhandelt werden. Zum anderen stehen sie im Zusammenhang mit dem wirkungsgeschichtlichen Ausnahmefall Ingeborg Bachmann. Sowohl auf der Ebene der Weltliteratur als auch jener der Musil-Rezeption stellt Bachmanns über Jahrzehnte andauerndes und das Gesamtwerk einbeziehendes Engagement bislang einen Einzelfall dar. An der promovierten Philosophin Bachmann zeigt sich zudem exemplarisch ein besonderes, transdisziplinäres Profil eines Teils der Musil-Rezipierenden, denn es handelt sich um Autorinnen und Autoren, die schriftstellerische Praxis mit theoretischer Reflexion verbinden und deren Umgang mit dem wahlverwandten Autor zwischen beidem changiert. Dies trifft für die Dichter-Literaturwissenschaftler Dieter Kühn und Juli Zeh, zudem Juristin, ebenso zu wie für die Musil-Forscher und -Editoren Rolf Schneider und Karl Corino.

Den Besonderheiten der literarischen Musil-Rezeption entsprechend gestaltet sich die Forschungslage zum Thema höchst heterogen. Während das Verhältnis Musil–Bachmann bereits seit den 1980er Jahren breit erforscht ist (vgl. Bartsch 1980a u. 1980b; Omelaniuk 1982; Meister 1986; Weber 1986, S. 55–74; Gürtler/Höller 1987; Gutjahr 1990; Rogowski 1990; Behre 1992; Rußegger 1993; Weigel 1999, S. 200–205; Schmaus 2000, S. 123–135; von Jagow 2003; Agnese 2005; Spencer 2008), sind die Beiträge zu Musil und Jean Améry (vgl. Goltschnigg 1979 u. 1981; Lorenz 1991; Heidelberger-Leonard 2004), Christa Wolf (vgl. Eickenrodt 1992; Schmaus 2000), Thomas Bernhard (vgl. Goltschnigg 1981; Dowden 1991; Mehigan 1997; Pohl 2012), Peter Handke (vgl. Herzmann 1984; Kann 1992; Wagner 2010 u. 2011) oder Juli Zeh (vgl. Herminghouse 2008; Martens 2008) schon nicht mehr so zahlreich. Das Verhältnis Alexander Kluges (vgl. Greiner 1999; Öhlschläger 2013) oder Robert Menasses (vgl. Schmidt-Dengler 1997; Görner 2007; Martens 2009) zu Musil ist bislang nur unter dem Aspekt von Werkanalogien unter Vernachlässigung wirkungsgeschichtlicher Fragen behandelt worden. Dies kennzeichnet auch vergleichende erzähltheoretische Studien zu Musil und Max Frisch, Alfred Andersch, Martin Walser (vgl. Constantinescu 1998; Crooke 2008) sowie Uwe Johnson (vgl. Wilde 2008 u. 2009), die den früheren Autor zur Differenzierung zwischen einem Erzählen der Klassischen Moderne und einem der Zweiten Moderne nach 1945 heranziehen. Musil und Dürrenmatt sind im Hinblick auf ihre Auseinandersetzung mit der Mathematik in Geschichts- und Erzählkonzepten untersucht worden (vgl. Adams 2011, S. 348–350). Ob und inwiefern hier Phänomene intertextueller Referenz vorliegen, bleibt zu untersuchen. Bislang sind die Beiträge von Dietmar Goltschnigg (1979 u. 1981) und

Rüdiger Görner (2007) die einzigen, die einen gut informierten Überblick über das Panorama der literarischen Musil-Rezeption geben, wobei der Schwerpunkt Goltschniggs auf literarischen Musil-Fortschreibungen bei Ingeborg Bachmann, Jean Améry, Thomas Bernhard, Rolf Schneider, Jörg Mauthe und Karl Corino liegt, während Görner seinen Fokus auf die essayistische Würdigung Musils durch Autoren wie Robert Menasse, Wolfdietrich Rasch und Wolfgang Koeppen richtet. Eine ausführlichere Studie zur Musil-Rezeption nach 1945 steht noch aus.

2. Der Fall Bachmann

Zeitlich wie auch in ihrer Intensität steht Ingeborg Bachmanns (1926–1973) Rezeption am Anfang der literarischen Wahrnehmung von Musils Texten nach dessen Tod. In ihrer über drei Jahrzehnte währenden literarischen Auseinandersetzung kommen alle Aspekte von der komplexen Fassung moderner Individualität über Kakanien bis zur stilistischen Textur des essayistischen Romans in unterschiedlicher Gewichtung zum Tragen, und es werden jenseits des *MoE* auch Musils dramatisches Werk, seine Lyrik und die politischen Essays berücksichtigt. Die Forschung ist sich einig: In dem hochgradig intertextuell strukturierten Werk Ingeborg Bachmanns nimmt der frühere, ebenfalls in Klagenfurt geborene Schriftsteller eine Sonderstellung ein. Die Musil-Lektüre habe, so Sigrid Weigel, die „dauerhaftesten Zeichen in Bachmanns Werk" (Weigel 1999, S. 203) hinterlassen, nach Hans Höller bedeutet die „intensive literarische Auseinandersetzung" mit den Texten Musils „eine der entscheidenden Herausforderungen ihres Schreibens" (in Bachmann/Henze 2004, S. 506). Ebenso ist die Formenvielfalt der Rezeption von Essay über Rundfunk-Bearbeitung und Poetik-Vorlesung bis zu den literarischen Korrespondenzen in der Lyrik, im Hörspiel sowie im Romanprojekt *Todesarten* bemerkenswert. Die Intensität der Auseinandersetzung reicht vom leitmotivisch eingesetzten Einzelzitat bis zur Einschreibung des wahlverwandten Schriftstellers in die eigene Autorenbiografie, die mit *Malina* vorliegt und die eben keine Autobiografie ist, sondern eine Biografie von Autorschaft. Womöglich ist das beiderseitig forcierte Spiel zwischen Leben und Kunst, die Überblendung von Autobiografie und Roman das Moment der höchsten Konvergenz zwischen Robert Musil und Ingeborg Bachmann. Jedenfalls hat Letztere im Kurzschluss von Figur und Autor mit der als Erzählerstimme der *Todesarten* konzipierten Malina-Figur einen Wiedergänger von Musil/Ulrich geschaffen. Musils Texte wurden von Ingeborg Bachmann auch an befreundete Künstler verschenkt (vgl. Bachmann/Henze 2004, S. 506).

Interviewaussagen zufolge war Musil „der erste Autor des 20. Jahrhunderts", den Ingeborg Bachmann gelesen hat, und zwar bereits mit „fünfzehn oder sechzehn Jahre[n]", also in den frühen 1940er Jahren. Er habe einen „ungeheuren Eindruck" (Bachmann 1983, S. 124; vgl. ebd., S. 56) auf sie gemacht. Überliefert in der Bachmann-Bibliothek finden sich Musil-Ausgaben aus den 1920er Jahren und sogar der von Martha Musil 1943 aus dem Nachlass edierte dritte Band des *MoE* (vgl. Bachmann 2005, S. 668). Musils Spuren sind in ihren Texten seit den 1950er Jahren bis zum unvollendeten Romanprojekt *Todesarten* zu verfolgen, an dem Ingeborg Bachmann bis zu ihrem Tod 1973 gearbeitet hat.

2.1 *Die Radiofamilie*

Bereits die jüngst entdeckten Radioskripte Ingeborg Bachmanns für die äußerst erfolgreiche Rundfunkproduktion des in Wien ansässigen amerikanischen Senders Rot-Weiß-Rot, *Die Radiofamilie*, an der Bachmann von 1951–1953 maßgeblich beteiligt war, entwerfen ein Kakanien nach 1945. Insbesondere die am 12. Oktober 1952 gesendete Folge *Der D. P.* (Abkürzung für ‚Displaced Person' als Bezeichnung für Flüchtlinge nach dem Zweiten Weltkrieg in der amerikanischen Besatzungszone) erinnert an die „weiten Länder des ehemaligen österreichisch-ungarischen Vielvölkerreiches" (Bachmann 2011, S. 141), in dem eigentlich jeder durch die vielfachen Herkünfte und Sprachen ein Exilant – also eine D. P. – war. Unter dem Vorzeichen ‚Kakanien' wird ein positives Exilverständnis und ein daraus sich ableitendes Ethos zum Ausdruck gebracht, denn der Böhme Wotruba ist unter Berufung auf das untergegangene „Vielvelkerreich [!]" (Bachmann 2011, S. 158) der Einzige, der zu Güte und Menschlichkeit fähig ist. Die Ambivalenz Kakaniens kommt in der maßgeblich von Bachmann mitgeprägten Figur des Onkels Guido zur Darstellung, der einerseits genialisch, andererseits politisch-dubios mit ehemaliger Affinität zum Nationalsozialismus gezeichnet wird und mit seiner Wahnidee, „ein echter Habsburger" zu sein, „Anwärter auf den Thron eines Reiches sozusagen, das nicht mehr existiert, Träger einer unsichtbaren Krone gewissermaßen" (Bachmann 2011, S. 171), ins Pathologische driftet. Eine ähnliche Wahnidee kennzeichnet später das Ich in *Malina* (vgl. Bachmann 1995, III.1, S. 397). Ob auch die Eigennamen Floriani, der Nachname der Radiofamilie, und Wotruba Musil-Allusionen sind, muss Spekulation bleiben. Beide sind aus der Musil-Biografie bekannt. Der Bildhauer Fritz Wotruba, böhmischer Herkunft, war ein enger Musil-Freund und späterer Mitexilant in Genf (vgl. Corino 2003), die Familie Wotruba lebte früher in der Florianigasse in Wien, wie auch Musil selbst (vgl. KA, Register, Orte, Wohnadressen Musils in Wien). In diesen Radioskripten wird eine satirisch-komische, eine an den *MoE* erinnernde Tonlage angestimmt, wie sie bei Bachmann dann erst wieder in den 1970er Jahren im Erzählband *Simultan* an die Textoberfläche tritt. Angesichts der genannten Texte wäre Hans Höllers Urteil, der die Frage nach einer literarischen Geschwisterschaft Musils und Bachmanns in den Themen bejaht und in der Textpraxis bestreitet, dem Autor des *MoE* „Ironie und Satire", der Autorin der *Todesarten* die „Tragödie" (Gürtler/Höller 1987, S. 149) zuspricht, zu erweitern.

2.2 Die Musil-Essays

Im Jahr 1954 entstehen vor dem Hintergrund der im Dezember 1952 veröffentlichten Frisé-Ausgabe des *MoE* zwei Essays Ingeborg Bachmanns zu Musils Roman, die in das Leben und Werk des Autors einführen, ausführlich auch aus dem Nachlass zitieren und durchaus den Charakter einer Werbemaßnahme haben. Der kürzere Essay *Ins tausendjährige Reich* erscheint in der ersten Ausgabe der Zeitschrift *Akzente* im Februar 1954, der nur unvollständig aus dem Nachlass publizierte Radioessay zu Musil war bislang nicht genau datierbar. Ein vollständiges Manuskript des Beitrags mit dem Titel *Utopie contra Ideologie* konnte im Archiv des Bayerischen Rundfunks aufgefunden werden, Sendedatum war der 17. April 1954, im Rahmen der Reihe *Nachtstudio* von 22 bis 23 Uhr. In diesem Rundfunkbeitrag inszeniert Bachmann eine polyphone, vierstimmige Musil-Bearbeitung, die neben zwei Sprechern einen „Zitatsprecher"/„Musil" und einen „Ulrich" vorsieht. Interessant ist, dass Bachmann auch zwei Musil-Texte zitiert, die in der Frisé-Ausgabe erst später erscheinen werden. Musils 1923 in der *Prager Presse* publiziertes Gedicht *Isis und Osiris* wird vollständig wiedergegeben mit dem Vermerk, es sei ein „unveröffentlichte[s] Gedicht aus dem Nachlaß" (Bachmann 2005, S. 118), im Weiteren wird aus seinem 1922 in *Ganymed* erschienenen Essay *Das hilflose Europa* zitiert. Dies wirft die Frage auf, wie Ingeborg Bachmann an diese Texte gekommen ist. Überliefert ist, dass Adolf Frisé die Musil-Werbemaßnahmen des „Fräulein Bachmann" skeptisch beäugte und sich durch den Radioessay „plagiiert fühlte" (zit. nach Fanta 2011, S. 271). Kennzeichnend für beide Essays des Jahres 1954 zum *MoE* ist, dass sie vom ‚Ich ohne Eigenschaften' ausgehend über Kakanien, die Liebe als ‚anderen Zustand' bis zur umfassenden Gesellschafts- und Modernediagnose fortschreiten und in deren Kontext die Romanform zu fassen versuchen. Musils epistemisch-anthropologische Diagnose über das „Doppelwesen" Mensch (Bachmann 2005, S. 114), aufgespannt zwischen „disziplinierte[m] Denken[ ]" und „Gefühl" (ebd., S. 108), „Mathematik und Mystik" (ebd., S. 118), wird in ihrer zeit- und modernekritischen Funktion herauspräpariert. Ein Verlust von Erlebnisqualität und Handlungsoption sowie das diesem zugrundeliegende „Mißverständnis, ein Aneinandervorbeileben von Verstand und Seele" (ebd., S. 116), wird als Zeitkrankheit festgehalten, für die der *MoE* zwei Auswege skizziere: die Liebe und den Krieg. Die Ulrich-Agathe-Beziehung des Romans und die „Flucht" der Geschwister nach Italien als „Reise in das Paradies" wird als ein notwendig zum Scheitern verurteilter „Versuch des Anarchismus in der Liebe" dargestellt, in dem auch die „tiefe Beziehung der Liebesgeschichte zum Krieg" (ebd., S. 120f.) anschaulich werde. Bachmann versteht das Scheitern des ‚anderen Zustands' jedoch nicht als gänzliche Absage an diese Utopie, sondern als eine noch nicht realisierte Ausrichtung, die es zu bewahren gilt. An die Stelle der „geschlossenen Ideologien" zweier Weltkriege setze der ‚andere Zustand' eine „offene": „Denn bleibt nicht Ulrich, nachdem die Reise ins tausendjährige Reich mißglückt ist, eben die Ahnung, in der sich das movens des Geistes ständig wach und bereit hält?" (ebd., S. 122) Dieses Utopie-Verständnis verbindet sie mit einer „neuen Moral" (ebd., S. 116), die dazu führt, dass im bislang unveröffentlichten Schluss des Radioessays dem *MoE* die Gattungsbezeichnung „ethische[r] Roman" (Bachmann 1954, S. 23) zugewiesen wird. Mit dieser Bestimmung dürfte sich Bachmann auch auf die Dissertation *Franz Kafka und Robert Musil als Vertreter der ethischen Richtung des modernen Romans* ihrer langjährigen Freundin Nani Demus, geborene Anna Maier, beziehen, die sie 1949 abgetippt hatte (vgl. Celan/Demus 2009, S. 516). Es sei kein „historische[r] Roman", nicht der lang „erwartete große österreichische Roman", „keine Zeitschilderung" (Bachmann 2005, S. 110), sondern mit den Worten Musils eine „positive Konstruktion" der Wirklichkeit unter Einbeziehung des „offenen Horizonts" (Bachmann 1954, S. 22f.) der Möglichkeiten. Abgegrenzt wird der Text aber auch vom „philosophischen System" (ebd., S. 23); seine literarische Ethik zeichne sich durch Relationalismus und ein prozessuales Wahrheitsverständnis aus. Der Roman beinhalte eine „immanente Methodenlehre" des „Essays", des „Versuchs", des „Unfertig[en]", gegen „*die* Lösung" oder auch *die* „Wahrheit" (ebd., S. 22f.) gerichtet. Dieses ethische Anliegen der Literatur formuliert Bachmann bezogen auf die Moralreflexionen des *MoE*, der u. a. den Begriff der „moralischen Phantasie" (MoE, 1036) bringt. Es ist insgesamt zu konstatieren, dass das prominente, aber durchaus rare Auftreten moralischer Begrifflichkeit in Ingeborg Bachmanns Texten eng an Robert Musil gebunden bleibt. Dies zeigt sich insbesondere darin, dass sie Musils Argumentationskette von einer kulturgeschichtlichen Vernachlässigung von Gefühl und Moral über seine Diagnose des epistemisch-komplexen, zweigeschlechtlichen Ich, den Möglichkeitssinn, die Utopie des ‚anderen Zustands' und der Geschwisterliebe bis zur Kultivierung einer moralischen Fantasie in und durch die Kunst folgt. Insofern Musil ausführlich im Original zitiert wird, beschränkt sich die Autorin fast auf die mäeutische Aufgabe, das Grundgerüst des Musil'schen Romans und Denkens in seinem methodischen Charakter – „durchkomponiert und durchstrukturiert wie kein andres Buch dieses Jahrhunderts" (Bachmann 2005, S. 115) – anschaulich zu machen. Zum einen kennzeichnet diese Musil-Deutung Bachmann als Vertreterin der von Helmut Schelsky (1957) titulierten ‚skeptischen Generation', zum anderen kommt darin eine weit über eine Generationssignatur hinausgehende, mit Musil zutiefst verwandte und epistemisch fundierte Philosophie und Poetologie des Essayismus zum Ausdruck. Auch Ingeborg Bachmanns Interesse an einer ‚taghellen Mystik' verbindet sie mit Musil (vgl. Weber 1986, S. 69–74) und ist ein weitreichendes, denn sie hatte zunächst eine Dissertation über den ‚Typus des Heiligen' geplant (vgl. Pichl 1986, S. 171f.). Die Signatur dieses Vorhabens kennzeichnet neben ihren Musil- auch ihre Wittgenstein- und Simone-Weil-Essays, die alle drei als moderne Mystiker gezeichnet werden, und ist in ihren Erzählfragmenten von einer ‚letzten Liebesgeschichte' der 1950er Jahre bis zum dritten, mit *Von letzten Dingen* überschriebenen Teil des *Malina*-Romans gegenwärtig.

2.3 Gedichte, Hörspiele, Erzählungen

Die bereits bei Musil erkennbare Gratwanderung zwischen einerseits der Zeichnung der Liebe als Utopie und andererseits dem Scheitern dieses ‚anderen Zustands' und dessen funktionale Nähe zum Krieg ist in ihrer Relevanz für Bachmanns Texte lange Zeit übersehen worden. In den 1950er Jahren steht dieser Zusammenhang im Vordergrund von Bachmanns literarischer Auseinandersetzung mit den Texten Robert Musils. So klingt dessen Gedicht *Isis und Osiris* in Bachmanns den Geschwistermythos weiter tradierendem Gedicht *Das Spiel ist aus* (1954; vgl. Weber 1986, S. 62f.) an und durchzieht dann die Texte der *Todesarten*. Die Prosa-Skizzen der 1950er Jahre, die *Eugen*-Romane sowie die mit *Geschichte einer Liebe* überschriebenen Erzählskizzen sind vor dem Musil-Hintergrund erst noch zu beleuchten. Bereits die Namenswahl des Protagonisten dieser frühen *Todesarten*-Romane, des Kriegsheimkehrers Eugen Tobai, verweist auf Musils Kakanien, indem mit dem Anklang an Prinz Eugen die – wie es im *MoE* heißt – „alte [...] kakanische Kultur" (MoE, 529) aufgerufen wird. Ein Eugen Trotta wird in Bachmanns späterer, in Klagenfurt und damit am gemeinsamen Geburtsort der beiden Autoren spielenden Kakanien-Erzählung *Drei Wege zum See* (1972) wiederkehren, die mit Joseph-Roth- und Musil-Zitaten die untergegangene Habsburgermonarchie als Kultur- und Herkunftsraum ihrer Protagonisten ausgestaltet (vgl. Spencer 2008, S. 196, 202 u. 207f.). Die hier gezeigte Geschwisterbeziehung wird durch den Vornamen des Bruders – Robert – deutlich an Musil rückgebunden. Zudem scheint Elisabeth als „Freundin bedeutender Männer" Musils Posse *Vinzenz und die Freundin bedeutender Männer* entsprungen (Bachmann 1995, IV, S. 382; vgl. ebd., S. 631). Die Eugen-Figur der frühen Romanfragmente ist zudem eine Vorläuferin der späteren, dann deutlich mit Musil-Anspielungen versehenen Malina-Figur. Angesichts der in den frühen Roman-Fragmenten gestalteten Erzählproblematik zwischen „Individual- und Zeitgeschichte" (Bachmann 1995, I, S. 509), der polaren Raumstruktur „Rom und Wien" (ebd., S. 511) sowie der sehr deutlich als ‚anderer Zustand' und ‚letzte Liebesgeschichte' gezeichneten *Geschichte einer Liebe* („Wir wollten im Wahnsinn und im Glück enden", ebd., S. 47 u. 51) sind die erzählerischen Anfänge Bachmanns im Echoraum von Musils *MoE* zu verorten. Sowohl die funktionale Bestimmung von Literatur als auch die epischen Grundstrukturen werden bei Bachmann fortgeschrieben und in andere historische Bezüge gesetzt.

Während die erzählerische Auseinandersetzung mit Musil in den 1950er Jahren für die Öffentlichkeit noch nicht erkennbar war und erst durch die Edition des *Todesarten*-Projekts offenkundig wurde, zeigt sie sich zu dieser Zeit insbesondere im Medium des Rundfunks. Es entstehen Hörspielbearbeitungen von Musils Stücken *Die Schwärmer* (1921), zuerst gesendet am 28. Juni 1956 vom Bayerischen Rundfunk, und *Vinzenz und die Freundin bedeutender Männer* (1924), gesendet von Radio Bremen am 13. Februar 1959. In Ingeborg Bachmanns Bibliothek finden sich mit Anmerkungen und Unterstreichungen versehene Ausgaben der beiden Theaterstücke (vgl. Bachmann 2005, S. 668). Rogowski (1990, S. 192) hat in Bezug auf *Die Schwärmer* von einer „interpretierend kreativen Aneignung des Musil'schen Schauspiels" gesprochen. Durch zum Teil nur geringfügige Änderungen werden andere Akzente gesetzt und der Tenor des Stücks abgewandelt. Der „wichtigste strukturelle Eingriff" (ebd., S. 198) ist die Einführung von die Handlungsabschnitte eröffnenden Reflexionsmonologen, durch die die Figur Thomas auch in die Funktion eines Kommentators des gesamten Stücks rückt. So leitet Thomas' Reflexion über die Möglichkeits- und Wirklichkeitsmenschen, personifiziert in den ‚Träumern' und den ‚Detektiven', Bachmanns Hörspielbearbeitung ein. Und Bachmann wandelt den offenen Schluss von Musils Schauspiel ab. Während dieser das Stück mit einem Regine nacheilenden Thomas und somit mit einer „Geste der Hilfsbereitschaft" (ebd., S. 208) enden lässt, schließt Bachmann das Hörspiel mit Regines Worten: „Ins Bodenlose. Um… um unterzugehen" (Bachmann; zit. nach Rogowski 1990, S. 208), und mithin einem angekündigten Selbstmord (vgl. Behre 1992, S. 218). Musils positive Zeichnung der Träumer erfährt so durch Bachmann eine geschlechtliche Brechung und wird in eine weibliche Todesart überführt. Regines Worte präludieren weitere, metaphorisch nahestehende Abschiede in Bachmanns Werk, jenen in *Undine geht* wie auch jenen des lyrischen Ichs in ihrem späten Gedicht *Böhmen liegt am Meer* und schließlich das Verschwinden des weiblichen Ichs in *Malina*. Am Ende ihrer Hörspielfassung der *Schwärmer* formuliert Bachmann im Denk- und Sprachraum Musils das für ihr Werk prägende Paradox künstlerischer Existenz, das mal in dialektischer Schwebe gehalten wird, mal ins Tragische oder Utopische kippt. Die formale Gestaltung des abschließenden Dialogs von Thomas und Regine in einem gleichsam lyrischen Chiasmus nach Thomas' Worten über die „Träumer", die „wandern", „[e]in Sinken in jedem Augenblick durch alles hindurch ins Bodenlose …", sperrt sich jedenfalls gegen eine ausschließlich lineare Wahrnehmung, die allein das letzte Wort privilegiert: „THOMAS: Ohne unterzugehen. Den Schöpfungszustand. / REGINE: Ins Bodenlose. Um … um unterzugehen." (Bachmann; zit. nach Rogowski 1990, S. 207f.)

Der zwischen Thomas und seiner Schwägerin Regine nur angedeutete, im *MoE* ausbuchstabierte ‚andere Zustand' ist dann der Hintergrund für die in Bachmanns

Hörspiel *Der gute Gott von Manhattan* (1958) gezeigte Liebesbeziehung zwischen Jan und Jennifer, die sowohl Lebens- als auch Sprachexperiment ist und für die Geschlechter jeweils zu einem anderen Ende geführt wird. Während Jan den Weg zurück in die gesellschaftliche Ordnung findet, wird Jennifer Opfer eines vom ‚guten Gott' als personifizierter Ordnungsmacht inszenierten Bombenattentats. Musils „andere[r] Zustand" als „Grenzübertritt" (Bachmann 1978, I, S. 317) wird explizit genannt. Der ‚gute Gott' der „großen Konvention" (ebd., S. 318) kann als Personifikation von Musils ‚Seinesgleichen geschieht' angesehen werden (vgl. Strutz 1989, S. 407). Bachmann versetzt laut Strutz im Hörspiel das bei Musil in *Die Reise ins Paradies* „entworfene dialektische Verhältnis von Individualität und Gesellschaftlichkeit, von ‚Liebe und Gewalt'" (ebd., S. 402) räumlich von der Adriabucht in das Atlantic Hotel in Manhattan – Musils „Schreckvision einer ‚Art überamerikanische[n] Stadt'" (ebd., S. 407) ausbuchstabierend – und historisch von der Zeit kurz vor dem Ersten Weltkrieg in die Zeit des Kalten Kriegs der 1950er Jahre. Strutz verzeichnet eine „Verknappung und Verschärfung" der Thematik einer letzten Liebesgeschichte und sieht darin eine „Politisierung des Problems" (ebd., S. 404). Das von Musil mit der Wendung „Letzte Mohikaner der Liebe" (MoE, 1094) angestimmte Metaphernfeld wird von Bachmann aufgegriffen und um zusätzliche Mythen der Kolonialgeschichte erweitert. Die amerikanische Studentin Jennifer figuriert auch als Pocahontas und der Europäer Jan als John Smith, ihre Liebessprache und -akte wiederholen koloniale Gewalt.

2.4 Die *Frankfurter Vorlesungen*

In ihren *Frankfurter Vorlesungen* der Jahre 1959/60 entwickelt Ingeborg Bachmann eine dialogisch im Zitat vorgetragene Form der Literaturgeschichtsschreibung der Moderne u.a. im Verweis auf Robert Musil. Insbesondere die Problematisierungen der schriftstellerischen Existenz in der ersten Vorlesung *Fragen und Scheinfragen*, jene des Ichs in der dritten Vorlesung sowie jene der *Literatur als Utopie* beziehen sich auf den wahlverwandten Autor. Die erste Vorlesung diskutiert die „Rechtfertigung" der schriftstellerischen „Existenz" zwischen Sprach- und Existenznot und verweist in diesem Kontext u.a. auf Musils Novellen als Dokumente solcher „Heimsuchungen" (Bachmann 2005, S. 257 u. 261). Neue Dichtung könne nur entstehen, wenn man sich den „Wozu- und Warumfragen", den „Schuldfragen" stelle und sich dem „Verdacht" (ebd., S. 261) aussetze. Die Vorlesungen nehmen darin ein Vokabular des Juridischen auf, das bereits die Doppelstruktur des Hörspiels *Der gute Gott von Manhattan* von Liebesgeschichte und Gerichtsverhandlung prägt und im Musil'schen Werk vorgezeichnet ist: im *MoE* im Fall Moosbrugger (vgl. Meister 1986) und in den ‚Verbrechern' Ulrich und Agathe, im Typus des Detektivs aus den *Schwärmern* sowie in Mord und Selbstmord in den Novellen. Das *Todesarten*-Projekt wird die Literatur dann insgesamt unter das Vorzeichen der Schuldfragen und des detektivischen Erzählens stellen. Als Antwort auf diese Schuldfragen in der Literatur skizziert Bachmann in ihren Vorlesungen einen „moralischen [Antrieb] vor aller Moral" (Bachmann 2005, S. 263). Die Vorlesung *Über das Ich* handelt neben dem grammatischen Ich von den vielen „Ich-Rollen" in der Literatur, dem Tagebuch-Ich etc., den „Interferenzen zwischen Autor und Ich", die Bachmann und Musil so oft inszenieren, und zielt auf eine utopische Neubestimmung eines „Ich ohne Gewähr!" als „Platzhalter der menschlichen Stimme" (ebd., S. 290f. u. 306). Diese nur in Negation vorgenommene Bestimmung beruft sich auch explizit auf Musil, mit dem von einem Ich „ohne Eigenschaften" (ebd., S. 298), aber mit Möglichkeitssinn gesprochen wird. Die fünfte Vorlesung *Literatur als Utopie* ist mit einem Musil-Zitat aus einer Nachlassnotiz betitelt, das ausführlich wiedergegeben wird und erstaunlicherweise von dem handelt, was Harold Bloom *Anxiety of Influence* (1997) genannt hat. Musil berichtet davon, nur wenige Dichter der Vergangenheit gelten lassen zu können, jedoch keine Zeitgenossen. (→ VIII.5 *Intertextualität*) Thematisiert wird hier also zunächst die Literatur als Kampfschauplatz, und in der juridischen Diktion von „Indizienkette" und „Terror" (Bachmann 2005, S. 331f.) wird moderat angestimmt, was in den frühen *Todesarten*-Fragmenten der 1960er dann sehr viel drastischer klingt: „Die Literatur ist ein schmutziges Geschäft, so dreckig wie der Waffenhandel" (Bachmann 1995, I, S. 373). Sehr subtil wird mit Musil argumentiert, denn die Kriegsthematik des *MoE* wird auf das literarische Feld ausgeweitet und die von Musil diagnostizierte Dialektik von Liebe und Krieg erneut aufgriffen, in diesem Fall aber zum Guten gewendet. Musils Tagebucheintragung wird „große Aufrichtigkeit" zugesprochen, die als Ausgangspunkt für den „Mut" der „Schreibenden" dienen kann, „sich für utopische Existenzen zu erklären", die unterwegs seien zu einem nie ganz realisierbaren „Utopia der Sprache", das jedoch als „Fragment in der Dichtung" (Bachmann 2005, S. 346f., 344 u. 348) gegenwärtig sei. Über ein Utopie-Verständnis, wie es in den Musil-Essays expliziert wurde, gelangt die fünfte Vorlesung zu einer Vorstellung von literarischer Rezeption und von Intertextualität, die Musils Utopie des ‚anderen Zustands' auf die Literatur überträgt. (→ VII.2 *Anderer Zustand*; VII.5 *Utopie*) *Literatur als Utopie* übersetzt sich so im Angesicht eines Kampfschauplatzes der Literatur in ein Liebesszenario, „in Stunden, wo wir mit ihr den Atem tauschen" (ebd., S. 348). Diese Wendung nimmt den Schluss von Bachmanns Gedicht *Das Spiel ist aus* auf, der wiederum den Tausch der Herzen in Musils *Isis und Osiris* variiert.

Bachmanns poetologische Fassung der Geschwisterliebe hat eine Fortsetzung in ihren poetischen Korrespondenzen mit Paul Celan (1920–1970) bis zu dessen Lyrikband *Atemwende* gefunden. Celan selbst hat sich als einen „nachgeborene[n] ‚Kakanier'" (Schwedhelm 2003, S. 6) bezeichnet, und die Musil-Bezüge in seinem Werk, präsent u. a. in der Motivik der Geschwisterliebe, der Mystik, sind noch zu untersuchen. Hinweise auf die poetologische Relevanz Musils für Celan gibt Holger Gehle (2008, S. 308), sie zeigt sich u. a. in Celans Anstreichungen im *MoE*. Die jüngst publizierten Celan-Briefwechsel bekunden sein anhaltendes Interesse an Musil; so verschenkt er Weihnachten 1956 die Ausgabe der Tagebücher an Hermann Lenz (vgl. Celan/Lenz 2001, S. 203), ein Brief vom 21. Dezember 1963 hält den Kauf und seine Lektüre von Musils *Drei Frauen* fest (vgl. Celan/Celan-Lestrange 2001, S. 156).

2.5 Das *Todesarten*-Projekt

Mit Ingeborg Bachmanns Rückzug als Lyrikerin aus der Öffentlichkeit in den späten 1950er Jahren und ihrer Hinwendung zur Prosa mit dem Erzählband *Das dreißigste Jahr* (1961) sowie der Arbeit an dem *Todesarten*-Projekt in den 1960er Jahren werden die Musil-Anklänge ihrer literarischen Arbeiten deutlicher erkennbar. Das Projekt ist in seinem zeitdiagnostischen Anliegen, die Nachkriegsgesellschaft Österreichs zu schildern, dem Musil'schen *MoE* verwandt und kann ebenso als ‚ethischer Roman' bezeichnet werden. (→ V.5 *Ethik u. Moral*) Auch Bachmann erweitert die Gattungsgrenzen, insbesondere im einzig vollendeten Roman *Malina*, indem ihre Prosa lyrische Passagen, Märchen sowie Dramatisches in sich aufnimmt, allerdings in ernsterer Tonlage als Musils ironischer Essayismus (vgl. Gürtler/Höller 1987, S. 149). Wichtige Schreibtechniken Musils werden aktualisiert, so etwa die Aufteilung des Figurenpersonals in einerseits „Weltanschauungstypen" (Bachmann 2005, S. 111), wie z. B. die Altenwyls und die stark stilisierte Vaterfigur in *Malina*, und andererseits in fein gezeichnete Protagonistinnen und Protagonisten. In der Verlagerung des Fokus auf die weibliche Perspektive in den *Todesarten* und dem Erzählband *Simultan* prägt sich gegenüber Musil eine „feministische Tendenz" (Goltschnigg 1979, S. 299) von Bachmanns Schreiben aus. Als ein Gegenbild des gezeigten Geschlechterkampfes wird Musils ‚anderer Zustand' und das Motiv der Geschwisterliebe aufgerufen, und mit der Figur des Bruders oder des jüngeren Mannes werden Helferfiguren in die Texte eingeführt. Laut Strutz ist der Eröffnungssatz von *Der Fall Franza*, in dem sich die Brudergestalt Martin Ranner als Nachfahre Ulrichs zu erkennen gibt, „eine direkte Anknüpfung an das Handlungsgeschehen" des Zweiten Buchs des *MoE* (Strutz 1989, S. 405): „Der Professor, das Fossil, hatte ihm die Schwester zugrunde gerichtet." (Bachmann 1978, III, S. 344) Mit der Flucht der Geschwister nach Italien in Musils Roman korrespondiert bei Bachmann die Reise nach Ägypten und damit an den Handlungsort von Musils Gedicht *Isis und Osiris*, das im Romanfragment als „Kult-Satz" (Bachmann 1995, II, S. 150) der Geschwister Ranner in leicht abgewandelter Form zitiert wird: „Unter hundert Brüdern dieser eine. Und er aß ihr Herz. / […] / Und sie das seine." (ebd., S. 204) Ein Anklang an diesen Satz findet sich mit der Wendung „unter Brüdern" auch in dem aus dem Nachlass edierten späten Gedicht der 1960er Jahre *Eintritt in die Partei* (Bachmann 2000, S. 9), das wiederum in *Malina* in einem der Träume des Ichs als Hilferuf aufgenommen wird (vgl. Bachmann 1995, III.1, S. 505). Dies gibt einen ersten Hinweis auf die Politisierung der Geschwisterliebe in Ingeborg Bachmanns letztem Roman *Malina*, in dem einerseits Musils Konzeption geschlechtertheoretisch vertieft und in einem Bewusstseinsroman verdichtet und andererseits in ihre Diagnose des Postfaschismus eingebunden wird, wodurch sich der Bewusstseins- wieder zum Gesellschaftsroman weitet. Die Verbindung dieser einander nur scheinbar widersprechenden Tendenzen gelingt, indem durch die „mystisch-hermaphroditische Konfiguration eines Doppelbewußtseins" (Goltschnigg 1979, S. 299) Musils Zweigeschlechtlichkeit der Seele und das epistemisch-komplexe Ich aus dem *MoE* in ästhetisch radikalisierter Form zur Darstellung kommen. Die Dialektik von Gefühl und Reflexion, die Liebe als ‚anderer Zustand' sowie die Verbindung von Liebe und Krieg werden hier in die Geschichte der Malina-Ich-Verbindung verlegt, die von einer nur mehr erinnerten geschwisterlichen Symbiose bis zur zunehmend gewalttätigen Auseinandersetzung und dem letztendlichen Verschwinden des weiblichen Ichs in der Erzählgegenwart reicht. Musil und Bachmann nutzen die Problematisierung des ‚Ich ohne Eigenschaften' zeitdiagnostisch, rekurrieren mit diesem aber ebenso auf ältere kulturgeschichtliche, nicht realisierte Möglichkeitshorizonte; insbesondere die Romantik (vgl. Schmaus 2000, S. 132–134 u. 138) und die Mystik sind hier zu nennen, die der jeweiligen Gegenwart kritisch entgegengestellt werden können.

In *Malina* sind die Musil-Bezüge am dichtesten und am facettenreichsten. Sie reichen vom biografischen Detail, durch das Malina als Musil-Nachfahre gezeichnet wird, über Zitate und Leitmotive bis zu Grundüberzeugungen des Erzählens. So erscheint Malina als 40-jähriger Angestellter im Österreichischen Heeresmuseum als Nachfolger Robert Musils, der in seinem vierzigsten Jahr Fachbeirat in der Sektion II des österreichischen Heeresministeriums war, wie Bachmann in ihrem Radioessay festhält (vgl. Bachmann 2005, S. 106). Im Weiteren wird Malina mit der Bezeichnung „ein Spion" (Bachmann 1995, III.1, S. 289) versehen, womit auf den früheren Titel des *MoE* – „Der Spion" – angespielt wird. Leitmotivisch wird in Ingeborg Bachmanns Roman die Malina-Ich-Beziehung mit der Musik aus Arnold Schönbergs *Pierrot Lunaire* begleitet, dies stellt wiederum einen indirekten intertextuellen Verweis auf Musils *MoE* dar. In jener Erkennungsszene zwischen den Geschwistern Ulrich und Agathe, in der sie im Anderen das gegengeschlechtliche Spiegelbild, den Zwilling, wahrnehmen, sind beide in Pierrot-Kostüme gekleidet. Agathe wird später Ulrich mit dem Pierrot Lunaire vergleichen (vgl. MoE, 1086; Omelaniuk 1982, S. 152f.). Das Ich eignet sich in *Malina* Agathes Lieblingsspruch: „Wirf alles, was du hast, ins Feuer bis zu den Schuhen" (MoE, 851 u. 863), eine alte Weisheit des mystischen Islam, als eigenen „Brauch" an (Bachmann 1995, III.1, S. 459). Auch zitiert das weibliche Ich „gedankenlos" Agathes Lieblingstext: „Der Tod wird kommen" (Bachmann 1995, III.1, S. 369; vgl. Behre 1992, S. 222). ‚Anderer Zustand' und Geschwisterliebe werden in *Malina* gleich mehrfach durchgespielt: in der Beziehung Malina–Ich als nur mehr erinnerte Utopie, in der Beziehung zwischen der Prinzessin und dem Fremden im eingefügten Märchen sowie in der Erzählgegenwart zwischen Ivan und Ich. In allen Fällen ist diese Utopie an Musils Kakanien rückgebunden, zum einen in Gestalt eines geträumten „Haus Österreich", zum anderen als imaginäres „Ungargassenland" (Bachmann 1995, III.1, S. 396f., 299 u.ö.), das ebenso an Musils Wiener Wohnort in der Ungargasse erinnert. Und schließlich lassen sich Transformationen in der Analyse gesellschaftlicher Ordnungs- und Machtstrukturen erkennen, wenn Musils sich in Formeln wie ‚Baum der Gewalt' oder ‚Seinesgleichen geschieht' verdichtende „kristalline Geometrie der Macht" (Böhme 1988, S. 316) als Anregung für Bachmanns abstrakte Vaterfigur in *Malina* angesehen wird, die als Inkarnation patriarchaler Ordnung erscheint und zum Inbegriff eines „Denkens" wird, „das zum Verbrechen führt" (Bachmann 1995, II, S. 78).

Die erzählerischen Umgestaltungen wurden schon im Hinblick auf Figurenkonzeption und Bewusstseinsroman skizziert, im Hinblick auf den oben eingeführten Begriff der Autorenbiografie wären sie noch zu erweitern. Denn Malina und Ich sind in Bachmanns Roman nicht allein als Protagonisten, sondern auch als Erzähler gestaltet. So verantwortet die Erzählstimme des weiblichen Ichs zwar Passagen des Romans, dieser insgesamt ist allerdings, wie der Schlusssatz: „Es war Mord" (Bachmann 1995, III.1, S. 695) am deutlichsten zu erkennen gibt, einer Erzählinstanz zuzuordnen, die mit dem Romantitel als Malina zu benennen wäre. Ein stilistisches Detail Musils, die vorenthaltene Namenshälfte – bei Törleß fehlt der Vorname, bei Ulrich der Nachname –, wird aufgenommen, das ‚Ich' fungiert als Vor-, Malina als Nachname, so dass beide im Personenverzeichnis aufgeführten Charaktere erst im Gefüge den ganzen Namen dieser Autorenbiografie abbilden. Darin erzählt Bachmann vom Verstummen weiblicher Autorschaft und der Genese eines männlichen Erzählprinzips, das sich allerdings mit Musil als Abkömmling und Schwundstufe eines androgynen Ganzen weiß. Analog zu den *Frankfurter Vorlesungen* wird in *Malina* Musils ‚anderer Zustand' poetologisch erweitert und auf eine auch geschlechtliche Codierung des Erzählens selbst bezogen. Nach Ortrud Gutjahr wird in *Der Fall Franza* der „Geschwistermythos" zum strukturbildenden „Element einer neuen Schreibweise", die allerdings Musils geschwisterliches Doppelgängermotiv als „männliche Ganzheits- und Allmachtsphantasie" (Gutjahr 1990, S. 155) kritisiert. Solche Übergänge von Figur zu Erzähler einerseits und von Figur zu Autor andererseits sind in Musils Roman angelegt, erkennbar etwa in der Einarbeitung von Ulrichs Tagebuch, in der Funktion der Tagebuch- und Arbeitshefte Robert Musils als Aufzeichnungsfläche für den Roman und in den autobiografisch-biografischen Reminiszenzen. Musils forciertes Spiel zwischen Leben und Kunst wird von Ingeborg Bachmann in ihrem ausdrücklich als „geistige, imaginäre Autobiographie" (Bachmann 1983, S. 73) bezeichneten Roman *Malina* aufgegriffen. Dieser erzählt das Leben von Denk- und Schreibtypen in zeitdiagnostischer Absicht. Und Malina ist nicht nur als Brudergestalt ein Ulrich-Nachfahre, sondern auch als Erzähler eines ‚ethischen Romans'. Eine Charakteristik aus dem Jahre 1966, *Warum Malina schreibt?*, legt dies nahe, wenn Malina vor der Schreibmaschine sitzend als „ansichtenlos" und „leidenschaftlich gleichgültig" (Bachmann 1995, I, S. 337f.) bezeichnet wird und damit an den ‚Mann ohne Eigenschaften' erinnert.

3. Der ‚Mann ohne Eigenschaften' und seine Nachfahren: Ingeborg Bachmann, Jean Améry, Rolf Schneider, Christa Wolf, Karl Corino

Das Fortschreiben Musil'scher Figuren kennzeichnet einen eigenen Strang der literarischen Musil-Rezeption. Dieses Verfahren, intertextuelle Bezüge durch Figurenvariation und -filiation herzustellen, analysiert Ingeborg Bachmann als eine genuin Musil'sche Technik, wenn sie den Protagonisten Ulrich als „Nachfahr des *Schwierigen* von Hofmannsthal" (Bachmann 2005, S. 109) charakterisiert. Zu erinnern ist an Musils Arbeitsheftnotiz: „Einen Menschen ganz aus Zitaten zusammensetzen!" (Tb I, 356) (→ VIII.5 *Intertextualität*) Ingeborg Bachmanns Figuren Eugen Tobai (*Eugen*-Roman I und II), Jan (*Der gute Gott von Manhattan*), der Protagonist der Erzählung *Das dreißigste Jahr* (vgl. Stoll 2013, S. 161), Martin Ranner (*Das Buch Franza*) und Malina sind als Ulrich-Variationen angelegt. Sie sind zum einen Vertreter des ‚Ratioïden', häufig Wissenschaftler-Figuren, zum anderen Brüder-Gestalten und wissen um ihre Ergänzungsbedürftigkeit durch ein schwesterliches Prinzip. Bachmann folgt Musil auch in der Mythisierung des Geschlechterverhältnisses, hier ist v.a. auf die Erzählung *Undine geht* (1960; vgl. Omelaniuk 1982, S. 149f.; von Jagow 2003) zu verweisen. Während Bachmanns männliche Protagonisten sehr deutlich als Ulrich-Nachfahren gezeichnet sind, sind solche Prägungen im Hinblick auf die weiblichen Charaktere schwerer auszumachen. So erscheinen Frauen wie Jennifer in *Der gute Gott von Manhattan*, Franza und das weibliche Ich in *Malina* sowie Elisabeth Matrei in *Drei Wege zum See* zwar durch die Motivik von Androgynität und Geschwisterliebe in ein Musil'sches Universum eingebunden (vgl. Omelaniuk 1982, S. 147f.), die Intensität der Markierung ist hier jedoch deutlich geringer. Als Fortschreibungen Agathes lassen sie sich jedenfalls nicht ohne Weiteres auffassen. Nach Barbara Agnese (2005, S. 83) verbirgt sich in *Malina* Musils ungeschriebener „Agathe-Roman". Ingeborg Bachmann intellektualisiert in Abgrenzung von Musil mit der Studentin Jennifer, der Schriftstellerin in *Malina* und der Fotojournalistin Elisabeth Matrei ihre Frauenfiguren. Allenfalls im Hinblick auf ihr pathologisches Potenzial knüpfen diese an Musil an, hierzu wäre der Blick der Forschung vermutlich stärker noch als auf Agathe auf deren dunklere Spiegelfigur Clarisse und auf die Protagonistinnen der Novellen zu richten. Dieser Befund mag auf die verhältnismäßig konventionelle Zeichnung von Musils Frauenfiguren zurückgehen, die nicht in gleichem Maße zur Fortschreibung einluden, wie dies Ulrich, Törleß oder Moosbrugger taten. Dies bekundet zumindest die literarische Musil-Rezeption. Eine Ausnahme stellt hier Rolf Schneiders Urteil dar, der Musil als „Frauenversteher" bezeichnet und dem dessen „weibliche[ ] Figuren [...] durchweg eindrucksvoller als die männlichen Protagonisten" erscheinen. Er spricht von Musils „literarische[m] Feminismus" (Schneider 2013b). Seine eigene literarische Musil-Rezeption bestätigt diese Aussage allerdings nicht, denn in seiner Erzählung *Die späteren Eigenschaften* (1971) schreibt er nur die Ulrich-Figur fort. Bislang ist Karl Corinos Text *Clarissens Buße* (1972) das einzige Beispiel für die Aktualisierung einer Musil'schen Frauenfigur.

Eine weitere Fortschreibung einer Musil-Figur findet sich in Jean Amérys (1912–1978) Kurzprosatext *Gespräch über Leben und Sterben des Herbert Törleß* aus dem Jahr 1971 (vgl. Goltschnigg 1979 u. 1981; Heidelberger-Leonard 2004, S. 269–273). In seinen autobiografischen Texten hebt Améry hervor, wie viel er Robert Musil verdanke, der in den 1930er Jahren seinen Erstlingsroman *Die Schiffbrüchigen* gelesen und dem Autor Talent zugesprochen hatte (vgl. Améry 2008, S. 15, 93 u. 260). Musil ist auch in Amérys literarischen und politischen Essays gegenwärtig als ein Autor, der mit Kakanien dem österreichischen Mythos eine besondere, wenn auch nicht die wichtigste Form gegeben habe. Hier wird gegenüber einem zeitgenössisch konstatierten „Musil-Kult" (Améry 2003, S. 373; vgl. ebd., S. 378 u. 386–388; Améry 2005, S. 558–560) Arthur Schnitzler vorgezogen. Ein durchaus ambivalentes Musil-Bild drückt sich ebenso in Amérys *Törleß*-Text aus. Im fiktiven Gespräch zwischen zwei ehemaligen Mitschülern des Törleß – der eine ein enger Vertrauter, der andere ein distanziert-kritischer Beobachter – wird dessen weiterer Lebensweg nach dem Weggang aus der Kadettenanstalt geschildert, mit dem Musils Roman *Die Verwirrungen des Zöglings Törleß* endet. Amérys Text führt Törleß während des Ersten Weltkriegs zum Militär, später nach Wien als Beamter in städtische Ämter und dann kontinuierlich hinab, bis er schließlich mit seiner kulturjournalistischen Tätigkeit als Mitläufer des Nationalsozialismus, als „Karrieremacher ohne Karriere" endet und 1945 vereinsamt, verarmt und „in jeder Hinsicht kompromittiert" (Améry 1971, S. 190 u. 186) stirbt. Améry schließt an Musils Diagnose eines Missverhältnisses von Verstand und Seele in der Moderne an und würdigt Törleß als eine zeitsymptomatische Figur; mithin bescheinigt er dessen Autor literarisch-politische Hellsichtigkeit. In Musils stets vornamenlos bleibendem Törleß sei der Herbert, der deutsche, nationalsozialistische Jedermann gleichsam schon angelegt gewesen, und in der Folterkammer von Beineberg und Reiting sei er angesichts des „metaphysischen Juden" (ebd., S. 189) Basini zum Durchbruch gekommen. Améry fokussiert darin die bereits in Musils ‚Ich ohne Eigenschaften' angelegte Gewaltbereitschaft und aktualisiert sie historisch in der seinen Texten eigentümlichen Dialektik von Folterer und Folteropfer, am prägnantesten dargestellt in *Jenseits von Schuld und Sühne* (1966). Im Zusammenhang mit dem Nationalsozialismus hatte auch Musil in seinen Arbeitsheften 1937 die *Törleß*-Handlung kommentiert, wo er Beineberg und Reiting als „die heutigen Diktatoren in nucleo" (Tb I, 914) bezeichnet. Andererseits steckt in Herbert auch der Anklang an Robert, und Améry zieht durch biografische Analogien zwischen Törleß,

4. Literarische Rezeption

Ulrich und Musil den Autor in ein politisches Zwielicht, wenn etwa Törleß ein allen Österreichern zugesprochener „undeutliche[r] Antisemitismus" (Améry 1971, S. 188) attestiert wird. Karikiert werden Törleß'/Ulrichs/Musils Eskapismus und Narzissmus, deren Suche nach den „Mondstrahlen bei Tage" sowie die Sehnsucht nach der Schwester, ihrem „weiblichen Ich", und kritisiert wird das Nicht-Gelten-Lassen von Zeitgenossen (ebd., S. 187, 191 u. 196). Die durch den Rollentausch der Gesprächspartner noch einmal unterstrichene Gesprächsdialektik zwischen Verstehen und harscher Diagnose wahrt allerdings die Balance zwischen einerseits „Faschismuskritik am Beispiel Musils und seiner Werkfigur" (Goltschnigg 1979, S. 301) sowie Anerkennung von Musils zeitdiagnostischer Relevanz andererseits und impliziert auch die „Autokritik" (Heidelberger-Leonard 2004, S. 270). Das *Törleß*-Gespräch lässt in dieser Hinsicht vor allem den Begriff ‚Kakanien' gelten, und diesen greift Jean Améry 1972 noch einmal indirekt in seiner Rezension von Ingeborg Bachmanns Erzählband *Simultan* auf: „[W]er mit Törleß die Schulbank drückte und uferlose Gespräche mit Musils Walter und Clarissa [!] führte – wer also das literaturgewordene bürgerliche Österreich in sich trägt, der ist der hypnotischen Wirkung, die von diesen Novellen ausgeht, anheimgegeben" (Améry 2003, S. 121). Er setzt so das von der Autorin im Erzählband durch Erwähnung seines Essays über *Die Tortur* aufgenommene Gespräch fort (vgl. ebd., S. 351). Musil und Kakanien bezeichnen den gemeinsamen Herkunftsort des Schreibens von Améry und Bachmann, Musil wird zum Schibboleth wahlverwandter österreichischer Autorschaft. Ausgeweitet wird dieser Befund zudem auf Thomas Bernhards Romane, die nach Améry in ihrer gesellschaftlich-politischen Diagnose eines ‚Morbus Austriacus' reaktiv auf das „‚Kakanien' Musils" (ebd., S. 134) bezogen sind.

Neben Amérys Fortschreibung hat Musils *Törleß* einen festen Platz in der Gattungsgeschichte des Schul- bzw. Internatsromans, u.a. lässt Franz Riegers *Internat in L.* (1986) in seiner Darstellung der Leiden des Protagonisten in einem katholischen Jungeninternat nach Luserke-Jaqui (2005, S. 254) „eine starke *thematische* Prägung durch Musils *Törleß* erkennen", wobei die mit Musil beginnende „Sexualisierung des Machtdiskurses in den Schultexten" (ebd., S. 265) bei Rieger gerade nicht zu finden sei. Diese kennzeichnet allerdings Juli Zehs *Törleß*-Variation *Spieltrieb* (2004), die im Folgenden unter 5. näher beleuchtet wird.

Rolf Schneiders (*1932) Weiterführung von Ulrichs Leben in *Die späteren Eigenschaften* erscheint gemeinsam mit Amérys Text in dem von Peter Härtling herausgegebenen Band *Leporello fällt aus der Rolle* (1971). Schneiders Erzählung fingiert den *MoE* nicht als Roman, sondern als eine faktuale Biografie mit metaleptischen Begegnungen zwischen dem Biografen Musil und der als real gezeichneten Figur (vgl. Schneider 1971, S. 202, 206 u. 210f.; Goltschnigg 1979, S. 302–306). Erzählt wird in zwölf Kapiteln und im oft sarkastisch-knappen Duktus das Leben Ulrichs von seiner Geburt im Jahre 1871 bis zu seinem Tod im Jahre 1952, wobei er sich nach dem Untergang Kakaniens im Ersten Weltkrieg zu einem Mann ohne Möglichkeitssinn, aber mit Eigenschaften wandelt: „a) technisch-naturwissenschaftliche Bildung, b) Interesse für Sport, c) Training im Doppelspiel, d) Sexualpotenz." (Schneider 1971, S. 207) All dies qualifiziert ihn zu einer Karriere als Physiker, Sportler und Filmproduzent im „heraufdämmernden [amerikanischen] Zeitalter" und zum politischen Opportunisten par excellence, der nach zwischenzeitlicher Parteigängerschaft mit den Nazis in die USA emigriert, am Bau einer amerikanischen Atombombe beteiligt ist,

Anhänger McCarthys, dann „Prophet einer neuen Marihuana-Kultur" (ebd., S. 207 u. 215) wird, bevor er 1952 als Selbstmörder im Hudson River endet. Musils Utopismus wird als Eskapismus ausgelegt, und über den ‚anderen Zustand' heißt es sarkastisch: „Orgasmen, wie immer man sie ausdehnt, währen drei Minuten: bestenfalls (laut Kinsey)", der Krieg im MoE sei als ein „auf vier Jahre perpetuierbare[r] Liebesakt" (ebd., S. 203) zu beurteilen.

In der Gesamtschau ergeben Bachmanns, Amérys und Schneiders Musil-Transformationen einen aufschlussreichen Befund: alle drei Texte, Bachmanns Roman *Malina* und Amérys und Schneiders Kurzprosa, erscheinen 1971, und es sind Prägungen durch die konfligierenden Literaturströmungen von 1968 und Neuer Subjektivität erkennbar. So teilen alle drei Fortschreibungen das Interesse am Biografisch-Autobiografischen der Musil'schen Texte. Alle drei befragen den MoE auf seine politischen Implikationen und leiten damit eine Politisierung der Musil-Rezeption in den 1970er Jahren ein: Ingeborg Bachmann aus der Perspektive eines als gegenwärtig diagnostizierten Postfaschismus, Améry und Schneider stärker rückwärtsgewandt und bezogen auf den Nationalsozialismus. Améry und Schneider werfen dem Autor und seinen Figuren von einer je anderen biografisch-politischen Warte aus – Améry als exilierter Wiener jüdischer Herkunft und Opfer des Nationalsozialismus, Schneider als nachgeborener DDR-Bürger –, in Bezug auf Eigenschaftslosigkeit, Ironie, Möglichkeitssinn und ‚anderen Zustand' Eskapismus, „politische und weltanschauliche Ambivalenz" sowie „Ohnmacht" gegenüber der „faschistischen Ideologie" (Goltschnigg 1981, S. 268, u. 1979, S. 302) vor. Ingeborg Bachmann (2005, S. 122) sieht hingegen gerade in Musils ‚offenen Ideologien' eine literarische Widerstandsmöglichkeit gegen die tödlichen geschlossenen Ideologien von Vergangenheit und Gegenwart.

In *Die späteren Eigenschaften* fällt die Bilanz des DDR-Autors Rolf Schneider über Musils Werk kritischer aus als in seiner verdienstvollen Wertschätzung des Österreichers insgesamt. Wie er in seiner Autobiografie hervorhebt, datiert seine Lektürebegegnung mit Robert Musil auf die frühen 1950er Jahre: „Robert Musils *Drei Frauen* erhielt ich 1952 als Geschenk. [...] Die Lektüre wurde für mich zu einer Initiation gleich in mehrfacher Hinsicht: Ich verfiel diesem Autor, und ich begann mich in das Milieu zu vertiefen, das ihn hervorgebracht hatte, die untergegangene k. u. k.-Monarchie" (Schneider 2013a, S. 139). Schneider wollte in den 1960er Jahren bei Hans Mayer über Musil promovieren, die Dissertation war schon fast fertig, wurde dann aber durch Mayers Übersiedlung in den Westen vereitelt. 1975 erschien sie doch noch, als Kommentarband zu einer von Schneider beim Ost-Berliner Verlag Volk und Welt betreuten dreibändigen Musil-Ausgabe (vgl. ebd., S. 141; Schneider 1978). Diese Ausgabe stiftete Schneiders Kontakt zum österreichischen Kanzler und Musil-Liebhaber Bruno Kreisky und führte mittelbar zu intensiviertem politischem Austausch zwischen der DDR und Österreich, was Schneider in *Schonzeiten* einerseits im süffisant-sarkastischen Ton der Musil'schen ‚Parallelaktion' erzählt, andererseits in Verehrung für Kreisky und sein politisches Engagement (vgl. Schneider 2013a, S. 142–163). Lyrischen Ausdruck hatte sich die Musil-Würdigung bereits 1962 in Schneiders *Porträt des Dichters R. M.* verschafft, wo er, anders als in der späteren Erzählung, im Anklang an *Isis und Osiris* den ‚anderen Zustand' noch als Utopie anerkennt (vgl. Goltschnigg 1981, S. 266), während er diesen in einem Essay 1980 erneut skeptisch als eine bloß ins „Ungefähre" weisende Utopie der „psychischen Art" betrachtet, deren Autor jedoch in seinem „Changement zwischen Konservatismus und Progressivität" würdigt und „Musils Fragmentarismus" als „die einzige, reine und radikale Ehrlichkeit" des Schriftstellers lobt (Schneider 1980, S. 618f. u. 615). Damit bleibt bis zu seiner Autobiografie Ambivalenz, politisch und ästhetisch, das Fazit von Rolf Schneiders wissenschaftlicher und literarischer Musil-Rezeption. Seiner Autobiografie hat Schneider ein Musil-Motto vorangestellt: „Jeder erlebt die Symbole seiner Zeit. Bloß werden sie ihm erst später verständlich." (Schneider 2013a)

Musils Bedeutung für die DDR-Literatur bezeugt neben Rolf Schneider auch Christa Wolf (1929–2011), die seit 1968 ihr Erzählverfahren mit einem Musil-Zitat als „phantastische Genauigkeit" (MoE, 247; Wolf 1990, S. 488; vgl. ebd., S. 323) bezeichnet (vgl. Weber 1985, S. 84; Eickenrodt 1992, S. 16; Schmaus 2000, S. 211, 219, 231f., 241f. u. 245). Zwar finden sich explizite Musil-Bezüge in ihren Texten nur vereinzelt, sie sind in ihrer poetologischen Relevanz jedoch nicht zu vernachlässigen. In *Kindheitsmuster* (1976) gibt es eine Episode mit dem Musil lesenden Lehrer, der schließlich mit seiner Freundin in Kleist-Nachfolge Selbstmord begeht. Die Ich-Erzählerin hatte dem Lehrer den *MoE* ausgeliehen (vgl. Wolf 1994, S. 138–142). Erscheint dieser Musil-Leser zunächst nur als eine an der DDR-Wirklichkeit gescheiterte Figur, so wird dieses Scheitern über die Kleist-Anspielung und das später im Musil-Zitat formulierte poetologische Credo der Ich-Erzählerin literarisch aufgehoben: „Im Idealfall sollten die Strukturen des Erlebens sich mit den Strukturen des Erzählens decken. Dies wäre, was angestrebt wird: phantastische Genauigkeit." (Wolf 1994, S. 345; vgl. ebd., S. 351) Christa Wolf hat im Weiteren die Vermischung von Essay und Dichtung in ihren Texten in Bezug zu Robert Musil gesetzt (vgl. Wolf 1990, S. 815). Mit den verbundenen Musil- und Kleist-Bezügen in *Kindheitsmuster* bezieht Wolf den Österreicher in ihr Räsonnement über literarische Außenseiterexistenzen und in den von ihr gestifteten *Gesprächsraum Romantik* (1982) mit ein. Das komplexe androgyne Ich ‚ohne Eigenschaften' und die Geschwisterliebe werden zwischen Kleist und Günderrode in *Kein Ort. Nirgends* (1979) diskutiert, der ‚andere Zustand' wird momenthaft realisiert und dem Möglichkeitssinn eine eigene Fassung gegeben: „Begreifen, daß wir ein Entwurf sind – vielleicht, um verworfen, vielleicht, um wieder aufgegriffen zu werden" (Wolf 1981, S. 118f.; vgl. ebd., S. 95, 105 u. 107–109). Das Motiv der Geschwisterliebe hat Wolf in der Folgezeit in *Kassandra* (1983) sowie in *Störfall* (1987) fortgeschrieben, in den *Frankfurter Poetik-Vorlesungen* ruft sie mit Bezug auf Ingeborg Bachmanns *Der Fall Franza* Musils *Isis und Osiris* in Erinnerung (vgl. Wolf 1983b, S. 152; Wolf 1983a, S. 34 u. a.; Eickenrodt 1992, S. 172–175). Über die Musil-Bezüge zum zweigeschlechtlichen Ich und zum schreibenden Ich bindet Christa Wolf den österreichischen Autor in eine Genealogie von Autorschaft ein, die mit den Romantikern beginnt und neben Musil auch Anna Seghers und Bachmann einbezieht. Anders als im Fall der österreichischen Musil-Rezeption von Bachmann bis Jelinek wird Musil hier allerdings in eine Genealogie deutschsprachiger Autorschaft jenseits der Nationalliteraturen eingezeichnet, abzulesen auch am fehlenden Kakanien-Bezug. Eine Untersuchung über die weitere Musil-Rezeption in der DDR neben Schneider und Wolf stellt ein Forschungsdesiderat dar.

Hat Christa Wolf mit Kassandra und den Romantikern in *Kein Ort. Nirgends* Vorfahren von Musils Mann ohne Eigenschaften gezeichnet und sind viele ihrer Protagonistinnen Nachfahren Ulrichs wie etwa Christa T. sowie die Ich-Erzählerinnen in *Kindheitsmuster* und *Störfall*, so liegt mit Karl Corinos (*1942) Erzählung *Clarissens Buße* (1972) einer der seltenen Fälle der Fortschreibung einer Musil'schen Protagonistin vor. Der Text gehört in den Umkreis der im Härtling-Band (1971) edierten Fortsetzungsversuche. Goltschnigg hat ihn als „Pasticcio" bezeichnet, und er ist zu würdigen als eine stilistisch anspruchsvolle Adaption, die Clarissens geistige Verstörung in „personale Erzählperspektive" und „durchbrochene", an der Symptomatologie „psychotische[r] Sprachphänomene" (Goltschnigg 1981, S. 269) geschulte Syntax übersetzt. Corino schildert Clarissens Aufenthalt in Kärnten, wo sie spärlich bekleidet und mit geschorenen Haaren durch die Landschaft streift, sie wird schließlich von den Nazis festgenommen und im Sanatorium Steinhof in Wien ermordet. Ihre Vergangenheit aus dem *MoE* wird in Rückblenden erinnert, Corino flicht aber ebenso wie Musil selbst biografische Details aus dem Leben von Alice Donath in die Handlung ein. Damit ist *Clarissens Buße* ein fiktionales Seitenstück zur biografischen Methode des Musil-Forschers Corino, die dieser eindrücklich in seinem Musil-Bildband (1988) und in seiner großen Musil-Biografie (2003) dokumentiert hat.

4. Kakanien: Jörg Mauthe, Thomas Bernhard, Peter Handke, Robert Menasse

In der literarischen Rezeption ist Kakanien zum Losungswort für die spezifisch Musil'sche Fassung des Habsburgermythos geworden, bei der diskutiert wird, ob sie Satire oder Nostalgie ist. Claudio Magris (2000, S. 346) schreibt über Musil, es sei schwer zu entscheiden, wo „zersetzende Kritik" aufhöre und „ironisch-liebevolle Zuneigung zu dieser habsburgischen Welt" beginne. Vor allem in der österreichischen Musil-Rezeption zeigt sich, dass Kakanien stets eine Rolle spielt und die Balance mal zur Remythisierung ausschlägt wie im Falle Ingeborg Bachmanns, mal zur Demythisierung bis zur Zerstörung wie im Falle Thomas Bernhards.

Einen Schwerpunkt der Musil-Rezeption bildet Kakanien in Jörg Mauthes (1924–1986) Roman *Die große Hitze oder Die Errettung Österreichs durch den Legationsrat Dr. Tuzzi* (1974). Mauthes Roman reiht sich damit zudem in die Fortschreibungen Musil'scher Figuren und in die politisierte *MoE*-Rezeption der 1970er Jahre ein, diesmal aus der Warte eines liberalen Konservatismus. Dietmar Goltschnigg (1979, S. 308) kommentiert: „Mauthe überträgt Musils Kakanien-Kritik auf die Zweite Republik der Ära Kreisky". Der Romananfang imitiert im ironischen Spiel die einleitenden meteorologischen Ausführungen des *MoE*, als Pendant zur ‚Parallelaktion' fungiert ein Sonderkomitee zur Verifikation des Papstwortes Pauls VI.: „Österreich ist eine Insel der Glücklichen" (Mauthe 1974, S. 58), das sich ebenso in bürokratischem Procedere und Ergebnislosigkeit verläuft wie Musils ‚Parallelaktion'. Schließlich gelingt es Tuzzi in einigen skurrilen Wendungen doch noch, die ganz Europa heimsuchende große Hitze zu beenden, so dass er einen Beitrag zur „Verösterreicherung der Welt" leistet, wie die letzte Kapitelüberschrift lautet. Goltschnigg (1979, S. 308) sieht bei Mauthe in der Nachfolge Musils ein „Kabinettstück konstruktiv-ironischer Kritik an der österreichischen Staats- und Regierungsform". Und zu erinnern ist daran, dass der Beginn von Mauthes Kakanien-Kritik im Geiste Musils bereits auf die frühen 1950er Jahre datiert werden kann, denn Mauthe war gemeinsam mit Peter Weiser und Bachmann verantwortlich für die Entwicklung der *Radiofamilie* beim Sender Rot-Weiß-Rot in Wien (vgl. Bachmann 2011, S. 345–350).

In den Texten Thomas Bernhards (1931–1989) wandelt sich Musils Kakanien-Satire und -Melancholie in einen beißenden Abgesang, der im gleichnamigen Roman zu einer performativ vollzogenen *Auslöschung* (1986) des Protagonisten, des Erzählens und eines österreichischen kulturell-literarischen Erbes führt. Letzteres wird u.a. mit Kafka, Broch, Bernhard selbst und mit Musils *Die Portugiesin* identifiziert (vgl. ebd., S. 7f.). Über die Figur der Maria wird auch Ingeborg Bachmann in dieses Geschehen einbezogen. Der Protagonist Murau befindet sich in der Nachfolge des Erben Ulrich, allerdings exekutiert er einen paradoxen Akt der Vererbung eines „auszulöschende[n] Erbes", während Ulrich im Akt der Testamentsfälschung, in der Imitation des väterlichen Namens als „Bewahrer einer genealogischen (und kulturellen) Tradition" auftritt (Pohl 2012, S. 220; vgl. dagegen Wolf 2011, S. 740f. u. 956–961). Sowohl im *MoE* wie auch in Bernhards *Auslöschung* wird der Umgang mit dem kulturellen Erbe transmedial anhand von Familienfotografien reflektiert (vgl. Pohl 2012, S. 191). Während Musil eine „ironisch subtile Dekonstruktion" am „Habsburgermythos" vornehme, „pulverisiert die Schimpfkanonade Bernhards die nachkriegsösterreichische *Un*-Heimat" (ebd., S. 213). Ähnlich wie Bachmann oder Schneider charakterisiert Bernhard sein enges Verhältnis zu Musil: „Und ich bin Musil verfallen, [...] das ist *absolute Prosa*", zugleich schildert er es aber auch als ein ambivalentes Konkurrenzverhältnis: „Es ist ein ununterbrochenes zur-Wehr-setzen" (Bernhard 1971, S. 157). Goltschnigg hat auf weitere Musil-Reminiszenzen in Bernhards Texten hingewiesen, so auf das in der Erzählung *Gehen* (1971) praktizierte Möglichkeitsdenken, das in den Romanen *Frost* (1963), *Verstörung* (1967) und *Das Kalkwerk* (1970) allerdings „hoffnungslose, pathologisch-morbide Züge" (Goltschnigg 1979, S. 300) zeige. In der Individualitätsproblematik zwischen authentischem innerem Erleben und wechselhaftem äußerem Leben sieht Stephen Dowden (1991, S. 34) ein Musil-Erbe bei Bernhard, das auch der spätere Autor durch eine radikalisierte inzestuös-komplementäre Geschwisterbeziehung etwa zwischen Konrad und seiner Halb-Schwester in *Kalkwerk* bearbeite. Der Geschwisterinzest tauche zudem in *Amras* (1964), *An der Baumgrenze* (1969), *Am Ortler* (1971), *Korrektur* (1975) und *Vor dem Ruhestand* (1979) auf. Allerdings sei der Inzest bei Bernhard sowohl als Symptom eines degenerierten, selbstbezogenen Nachkriegsösterreichs als auch als Sinnbild der Allianz von Deutschland und Österreich 1938 zu verstehen, und wenn durch ihn das Individualitätsthema verhandelt werde, so sei Musils ‚anderer Zustand' ins Pathologisch-Sexuelle gewendet und zeige Bernhards „critique of masculine self-hatred" (Dowden 1991, S. 35). Musils Ambivalenz des ‚anderen Zustands' zwischen Utopie und Verbrechen schlage bei Bernhard einseitig zu Letzterem aus, und der Schwestermörder Konrad könne mit Musils Moosbrugger verglichen werden (vgl. ebd., S. 32). Auch Tim Mehigan (1997, S. 316) erkennt diese Parallele in seiner auf die Gewalt öffentlicher Ordnungen gerichteten Untersuchung des *MoE* und von Bernhards *Kalkwerk*. Im Hinblick auf das Verhältnis Musil–Bernhard bewegt sich die Forschung bislang weitgehend auf der Ebene der Feststellung von Analogien; rezeptionsgeschichtliche Fragestellungen bzw. intertextuelle Bezüge wären hier im Detail noch zu erarbeiten.

Peter Handkes (*1942) Bezugnahmen auf Musil zeugen von einer gegenüber Bernhard radikalisierten Einflussangst und gestalten sich als Invektiven gegen Autor, den „aufgeblasene[n] unreine[n] Musil", und Werk: Der *MoE* rufe „Ekel" hervor und wird als „monströse[r] Überroman", als „größenwahnsinniges und unerträglich meinungsverliebtes Werk" bezeichnet (Handke 2005, S. 288; 1974, S. 13; 1990, S. 41; 1993, S. 64; vgl. Wagner 2010, S. 235–239, u. 2011). Dass diese Gegnerschaft poetologisch fruchtbar für das Verständnis von Handkes Texten gemacht werden kann, wie Wagner meint, zeigt sich in der *Geschichte des Bleistifts*, wenn Handke sein „Ideal" gegen Musils „verächtliche" Erzählhaltung kontrastiert: „Nicht ‚Ich sehe mir die Leute an' (so ungefähr Musil), sondern: ‚Ich lasse sie, betrachtend, sein'" (Handke 1982, S. 197, u. 1974, S. 13). Handke profiliert sein Romanverständnis gegen den „Essayisten" Musil, dem „Epiker" Heimito von Doderer zuneigend, und in Abgrenzung von Romantraditionen des Realismus und der Moderne (Handke/Kerbler 2007, S. 48f.; vgl. Handke 1990, S. 41). Wertgeschätzt werden nur „einige kleinere Prosastücke" Musils und die „Tagebücher" (Handke 1993, S. 64). Durch die Frontstellung gegen Musil wendet sich, so Wagner, Handke gegen ein mit dem Begriff, der Philosophie bzw. dem Wissen überlastetes Erzählen und hin zu einer Literatur, die sich dem ‚Nicht-Ratioïden' öffnet. Darin wiederum bestehe einerseits eine Nähe zu einem mit Hofmannsthal, Wittgenstein und eben auch Musil verbundenen österreichischen mystisch-sprachkritischen Erbe, andererseits sei diese Sprachskepsis strukturalistisch informiert und habe eine ihr auch bei Musil zukommende ideologiekritische Funktion (vgl. Wagner 2010, S. 246f. u. 250). Die bislang in Handkes Frühwerk der 1970er Jahre diagnostizierten Analogien zum *MoE* wären vor dem Hintergrund von Handkes expliziter Musil-Gegnerschaft noch einmal zu beleuchten (und umgekehrt): jene von Blochs Mordtat in *Die Angst des Tormanns beim Elfmeter* (1970) mit Moosbrugger, jene von Handkes „Welt der Automaten" mit Musils ‚Seinesgleichen geschieht', Keuschnigs Ulrich-Nachfolge in *Die Stunde der wahren Empfindung* (1975; vgl. Herzmann 1984, S. 68f. u. 73; Kann 1992, S. 181 u. 253) sowie jene zwischen Handkes „Vision von einer ‚ANDEREN ZEIT'" in *Der kurze Brief zum langen Abschied* (1972) und Musils ‚anderem Zustand' (vgl. Kann 1992, S. 205). Dies gilt auch für die von Alexander Honold (2009/10) konstatierte Nähe von Handkes als mehrsprachig und multikulturell perspektiviertem Slowenien zu Musils Kakanien.

Ein weiterer Autor der Gegenwartsliteratur, der sich selbst und seine Texte in die Tradition Musils stellt, ist Robert Menasse (*1954). Ähnlich wie Handke verortet sich Menasse zwischen Doderer und Musil, nur lässt sich diese Spannung durch die textliche Scheidung seines Werks in einerseits eine an Musil angelehnte Essayistik und andererseits ein Doderer zuneigendes Erzählen deutlich harmonischer vermitteln (vgl. Schmidt-Dengler 1997). In seinen essayistischen Texten haben die Musil-Bezüge oft Titelfunktion wie etwa in den Kapitelüberschriften „Seinesgleichen geschieht" und (nach Mauthe) „Veräsureichung der Welt" (Menasse 2005) oder bei seinem Text *Das Land ohne Eigenschaften. Essay zur österreichischen Identität* (1995). Dieser konstatiert zu Beginn eine Parallele zwischen dem Österreich Musils und dem der Gegenwart und schließt ab mit der Frage nach einer österreichischen Nationalliteratur, die als „Anti-Heimat-Literatur" erkannt wird, zu der dann u.a. die Musil-Leser Peter Handke, Thomas Bernhard und Elfriede Jelinek gerechnet werden (Menasse 1995, S. 8 u. 112f.). Menasses Tenor führt die Ausgabe *Artiges Volk, entartete Dichter* der Zeitschrift *Literatur Konkret* (2000/01) fort, die gegen den mit Jörg Haider erstarkten österreichischen Rechtspopulismus an das literarische Engagement von Musil, Jean Améry, Ingeborg Bachmann, Thomas Bernhard, Peter Handke und Elfriede Jelinek erinnert.

5. Essayismus: Dieter Kühn, Elfriede Jelinek, Alexander Kluge, Juli Zeh

Unter dem Stichwort ‚Essayismus' sollen jene Formen literarischer Musil-Rezeption behandelt werden, die sich nicht allein auf Zitation, Figuren-Fortschreibung oder Motivik beziehen, sondern die den *MoE* in seiner ästhetischen Form aktualisieren, also den Stilisten Musil beerben. Hier noch einmal zu nennen wären Bachmann, Bernhard und Wolf. Das sich selbst ins Wort fallende Erzählen, ein intertextuell erweitertes Autorschaftsverständnis, die Einbindung essayistischer Reflexion sowie die Abarbeitung an wissenschaftlichen Diskursen sind in Musils Texten und deren Rezeption unter dem Begriff des Essayismus gefasst worden.

In seiner Dissertation über Robert Musil definiert der Literaturwissenschaftler und Schriftsteller Dieter Kühn (1935–2015) Musils Möglichkeitssinn als einen Sinn, der „im Wirklichen nur eine verwirklichte Möglichkeit" sieht, „die nicht mehr Bedeutung haben muss als noch unverwirklichte, noch utopische Möglichkeit." (Kühn 1965, S. 26) Im Musil-Jahr 1980 wird dieser Möglichkeitssinn zwar gemeinsam mit dem abstrakten Erzählduktus Musils, seiner reflexiven „Zerstäubung von Erzählstoff" (Kühn 1980, S. 108), kritisiert, jedoch hat Kühn diesen Möglichkeitssinn in seinen Romanen zum erzählerischen Prinzip gemacht. In seinen „Variationen an fingierten Biographie-Entwürfen" seien die „Nachwirkungen seiner intensiven Beschäftigung mit dem Autor Robert Musil" (Durzak 2006, S. 654) erkennbar. So werden in *N* (1970), die Initiale von Napoleon, dessen reale Laufbahn und viele mögliche Variationen derselben – u. a. Napoleon als Geistlicher, Mathematiker oder Schriftsteller – miteinander konfrontiert und somit historische Faktizität insgesamt in Frage gestellt (vgl. Goltschnigg 1979, S. 300). Diese singuläre Signatur von Kühns Erzähltexten bekunde sich, so Manfred Durzak (2006, S. 654f.), auch in *Ausflüge im Fesselballon* (1971), in *Siam-Siam* (1972), in *Stanislaw der Schweiger* (1975), in *Die Präsidentin* (1975) und in der Josephine Baker gewidmeten Biografie *Josephine* (1975) sowie dem Roman *Beethoven und der schwarze Geiger* (1990).

Die Nobelpreisträgerin Elfriede Jelinek (*1946) steht in der Nachfolge von Ingeborg Bachmanns feministischer Weiterführung der Musil'schen Diagnostik von Kakanien sowie der Dialektik von Liebe und Krieg (vgl. Jelinek 1989, S. 319). In ihrem Roman *Die Ausgesperrten* (1980) entstammen die Figurennamen Hans Sepp und Sophie (bei Musil Lucy) Pachhofen dem *MoE*. Jelinek führt Musils Gesellschaftsanalyse im Blick auf das Österreich der 1950er Jahre und vier gewalttätige, dem ehemaligen Groß-, dem Kleinbürgertum und der Arbeiterschaft entstammende Adoleszente weiter und zeigt die Familie sowie die Geschlechterbeziehung als Austragungsorte eines fortgesetzten, privaten Faschismus. Der Arbeiter Hans Sepp, dessen Vater im KZ umgekommen ist und der seinem Milieu durch Sport und amerikanische Popkultur entfliehen will, ist dabei eine „Umkehrfigur" (Lücke 2008, S. 60) zu Musils deutschnationalem, antisemitischem Studenten gleichen Namens. In jüngster Zeit hat Jelinek auf Einladung der Herausgeber (vgl. Agathos/Kapfer 2004, S. 11) für die Hörspieledition von *Der Mann ohne Eigenschaften. Remix* den Text *Moosbrugger will nichts von sich wissen* verfasst und auch selbst gesprochen (vgl. Binczek 2014). (→ IX.5 *Mediale Rezeption*) Der gesellschaftliche, sich insbesondere im Geschlechterverhältnis zeigende „Mordschauplatz" (Jelinek 1989, S. 319), so Jelinek mit Bachmann, wird in diesem „Monolog" (Jelinek 2004, S. 424) beleuchtet. Verhandelt werden das Verhältnis von Verbrechen und gesellschaftlicher Ordnung, von Verbrechen und Kunst in dem an Moosbrugger sich abarbeitenden künstlerischen Voyeurismus (vgl. ebd., S. 429), von Täter und Opfer, Mann und Frau, sowie der Tathergang und die Symptomatik der Epilepsie. Der Monolog changiert zwischen Historisierung und Aktualisierung, indem der Nationalsozialismus ebenso genannt wird wie unser digitales Zeitalter (vgl. ebd., S. 424 u. 431). Die Erzählstimme wechselt zwischen reflektierendem Kommentar und Rollenprosa Moosbruggers (vgl. Ehardt 2013, S. 216), wobei ersterer sich durch ein verallgemeinerndes Täter-Wir und metaphorische Rede auszeichnet: „Oder halten wir den Zug des Lebens gewaltsam an, indem wir uns ihm entgegenwerfen […]?", während letztere, nicht minder metaphorisch, auch ins Derb-Anzügliche wechselt: „ich nagle und nagle" (Jelinek 2004, S. 426). Jelineks sprachvirtuose Paraphrase nimmt so Moosbrugger als eine noch immer aktuelle symptomatische Figur wahr: Durch den Sexualmörder kann der gesellschaftliche Mordschauplatz in der Beziehung zwischen den Geschlechtern, in der Wissenschaft und in der Kunst reflektiert werden.

Ebenfalls im Rahmen von *Der Mann ohne Eigenschaften. Remix* setzt der Schriftsteller und Filmemacher Alexander Kluge (*1932) im Gespräch mit Katharina Teichgräber Musils Essayismus und seinen Möglichkeitssinn in ein experimentelles Kunstwerk, den *60-Stunden-Film*, um, das sich allein im Gespräch realisiert und zwar als ein „imaginäre[r] Film", „der Musils ,anderen Zustand' in eine andere Zeit und in ein anderes Medium transferiert" (Agathos 2004, S. 27). Ausgehend vom Kapitel „Atemzüge eines Sommertags" entwirft Kluge eine ,Verfilmung' des *MoE*, die „Musils Beschreibung einer Empfindung aufgreift und fortführt" (Agathos/Kapfer 2004, S. 12). Nicht Romanhandlung, sondern Strukturen werden in Szene gesetzt, angewiesen wäre das Unternehmen auf einen „strukturellen Zuhörer" (Kluge 2004, S. 517). „Atemzüge eines Sommertags" können sich etwa in die serielle Wiederholung einer „Sommerszene" übersetzen, „für jedes Jahr des Jahrhunderts": „einen Moment außerhalb der Zeitgeschichte, einen unberührbaren Moment, also versiegelte Zeit" (ebd., S. 514). Oder es wird in der Repetition symptomatische Zeitgeschichte erzählt, indem Sommerszenen der Jahre 1914, 1939 und „1944" in „Auschwitz" (ebd., S. 516) dargestellt werden. Die in Musils Roman gegenwärtige Individualitätsproblematik ließe sich unter einem möglichen Filmtitel „Menschen mit Auftrag" entfalten – einerseits in die „Aggregatzustände" des „Menschen ohne Eigenschaften" als eine „glückliche Version des Menschen im 20. Jahrhundert" (ebd., S. 514) und andererseits als Menschen mit Auftrag, die im ,Dritten Reich' und im DDR-Geheimdienst zu verfolgen wären. Dieses Gedankenspiel erinnert an die politischen Musil-Fortschreibungen der 1970er Jahre bei Améry, Schneider und Mauthe. Mit den Variationen über „Atemzüge eines Sommertags" übersetzt Alexander Kluge in diesem Gespräch Musils avanciertes Kunstverständnis in die Konzeption eines Kunstwerks mit Möglichkeitssinn, das mit einer schwachen, sich als Herausgeberschaft verstehenden Autorschaftskonzeption und mit einer auch medial durch Hypertext, Filmschnitt oder Montage zu realisierenden Offenheit des Kunstwerks aufwartet, die Linearität aussetzt und Abschlüsse als Alternativen kenntlich macht, wie dies auch die Hörspieledition *Der Mann ohne Eigenschaften. Remix* und die digitale Klagenfurter Musil-Ausgabe vermitteln. Zudem unterstreicht Kluge Musils Ansicht über die Relevanz der von ihm dargestellten Zeit vor dem Ersten Weltkrieg. Bereits 1986 hatte er unter Berufung auf Musil in seiner Rede zur Verleihung des Kleist-Preises betont, dass das, „was sich zwischen 1890 und 1910 […] vorbereitet hat, die Tendenz hat, die ganze Wirklichkeit des 20. Jahrhunderts zu verschlingen, sich gewissermaßen zur Zukunft kannibalisch zu verhalten" (Kluge 1986, S. 26). Musil dient ihm in dieser Rede zur poetologischen Selbstbestimmung, einen „Faden" aus dessen „Werk" aufzugreifen, verleihe seiner „Arbeit einen Sinn" (ebd., S. 25). Er verortet sich in der „analytischen" Schreibtradition Musils und Kleists: „,Analytisch' heißt dabei nichtnaturalistisch, nicht-narrativ, nicht-realistisch" (ebd., S. 36), darin auch an Christa Wolfs ähnlich lautende Genealogie des Schreibens erinnernd. Im ‚Mensch ohne Eigenschaften' erscheint die Künstler-Existenz, wie dies ebenso Robert Gernhardts Gedichtzeilen formulieren: „War denn nicht immer / zur Hochzeit der Künste / der Künstler ein Mann ohne Eigenschaft?" (Gernhardt 2001) Kluges imaginärer *60-Stunden-Film* von 2004 ist auch ein Seitenstück zu seiner 2000 publizierten *Chronik der Gefühle*; Herbert Kapfer sieht sie als „deutsche Anknüpfung und Antwort an den Österreicher Musil", wobei das „Fragmentarische, das bei Musil (auch infolge der postumen Publikationsgeschichte) noch wie ein Scheitern" aussehe, „in Kluges Arbeitsweise in der Form offener Montage aufgehoben" sei (Kapfer 2004, S. 31). Die *Chronik* bezieht sich in ihrem ersten Teil in einer fiktiven biografischen Anekdote *Besuch bei Robert Musil im Jahr 1942* auf den österreichischen Autor, die viel über den Besucher – einen ‚Schatzsucher' der Kunst – aussagt, der dem verarmten Dichter im Genfer Exil ein Original möglichst günstig abjagen will, und viel über den störrischen Dichter, der „Erfolg haben", aber „nicht verkaufen" will (Kluge 2000, I, S. 98f.). Im zweiten Teil findet sich mit dem Gespräch zwischen einem Filmproduzenten und einem Regisseur über die Unmöglichkeit der Verfilmung des *MoE* ein satirisches Pendant zum späteren Gespräch über den *60-Stunden-Film* (vgl. Kluge 2000, II, S. 940f.).

Thematische und stilistische Spuren hat Musil ebenso in den Texten der promovierten Juristin und Schriftstellerin Juli Zeh (*1974) hinterlassen. Ihr Schulroman *Spieltrieb* (2004) schließt an die *Törleß*-Handlung an, und auch in ihrer Charakterdarstellung werden die Protagonisten, die 14-jährige Ada und der 18-jährige Alev, „Urenkel der Nihilisten" (Zeh 2004, S. 305), als Nachfahren der von Musil gezeichneten Schülergeneration ausgewiesen. Nietzsche-Substitut ist hier die ökonomische Spieltheorie von Robert Axelrod, nach der die beiden Schüler an einem Bonner Gymnasium ihren Lehrer Smutek in ein Spiel von Sexualität und Erpressung zwingen. Fortgesetzt wird die Musil-Allusion durch die Schullektüre des „monströsesten Werks der deutschsprachigen Literaturgeschichte" und eine Hausaufgabe, die eben dieser Lehrer seinen Schülern zumutet, nämlich ein Kapitel des *MoE* nachzuerzählen (ebd., S. 39 u. 440). Bei dieser kurzen Sequenz, „Juli Zehs Pastiche des berühmten ersten *MoE*-Kapitels", handelt es sich um eine „provokative ‚Aktualisierung'" (Martens 2008, S. 154 u. 156), die Musils auktorialen Erzählanfang in eine Ich-Erzählung umschreibt. Aus einem ‚setzenden' wird durch den „Gebrauch von Fragezeichen und Modalisierungen mit ‚vielleicht'" so ein „hypothetisches" Erzählen (ebd., S. 157), das, so könnte man schließen, dem Geiste des *MoE* adäquater ist als dessen „Stimme aus dem Off" (Zeh 2004, S. 442). Allerdings wird der *MoE* dem Leser schon sehr viel früher als Prätext durch die Musil-typischen Überschriften im Inhaltsverzeichnis nahegelegt (vgl. Herminghouse 2008, S. 275; Martens 2008, S. 158), die Inhaltsangabe und Poetologie des Textes parodieren, z. B. „Das Erbe der Postmoderne ist ein Haufen übereinander rutschenden Zitatenschutts". Diese Form ironisch gebrochener Auktorialität setzt sich im Prolog von Juli Zehs Roman *Schilf* (2007) fort: „Ein Kommissar, der tödliches Kopfweh hat, eine physikalische Theorie liebt und nicht an den Zufall glaubt, löst seinen letzten Fall." (Zeh 2007, S. [7]) In Auseinandersetzung mit der zeitgenössischen Physik werden Wirklichkeit und Möglichkeit in diesem Kriminalroman neu ausgelotet, und auch in diesem Dialog mit den Naturwissenschaften ist das Erbe Musils zu sehen (vgl. Porombka 2007). Mit der Musil-Paraphrase in *Spieltrieb* setzt Zeh poetologische Überlegungen aus ihrem Essay *Sag nicht Er zu mir* (2002) um. Dort wurde der *MoE* als Paradebeispiel auktorialen Erzählens angeführt und zugleich als unzeitgemäß vom gegenwärtigen „Verschwinden der Erzählperspektive in der Ich-Form" (Zeh 2002, S. 379) abgegrenzt. Zeh wertet dies allerdings als Symptom der eigenen Autorengeneration, das mit einem Verlust an Figurenvielfalt und Welthaltigkeit des Erzählens einhergehe. So wird das auktoriale Erzählen nicht verabschiedet, sondern mit dem Aufruf, es „originär zu betreiben" (ebd., S. 381), als Aufgabe gestellt. *Spieltrieb* und *Schilf* kommen dieser Aufforderung auch in ihrem selbstreflexiven Spiel mit Musil nach. In ihren *Frankfurter Poetikvorlesungen* hat Zeh ihren „Lieblingsautor" Musil als Gewährsmann in ihrem Kampf um einen „zeitgemäßen auktorialen Tonfall" genannt und ihre Romane bis zu *Schilf* als Schauplätze dieser Auseinandersetzung kommentiert (Zeh 2013, S. 55f.). Erneut liegen mit den Romanen Juli Zehs nach Bachmann, Wolf und Jelinek literarische Gesellschaftsanalysen einer Autorin vor, die sich in Gehalt und Textur auf Musil beruft, allerdings im Unterschied zu den früheren von einer ‚postfeministischen' Warte aus (vgl. Herminghouse 2008, S. 280). So spricht sie abschätzig von „Rest-Feministinnen" (Zeh 2002, S. 384).

In derselben Ausgabe der Zeitschrift *Akzente* wie Juli Zehs Essay *Sag nicht Er zu mir* erscheint auch Norbert Niemanns (*1961) Essay zur Gewaltdarstellung in der Literatur anhand von Musils *Törleß* und Anthony Burgess' *Clockwork Orange*. Niemann empfiehlt abschließend den „Zögling Törleß" als „Lehrer für uns", der sich dem „Unverständlichen seiner Gewaltbereitschaft" gestellt und diese durchdrungen habe und dem daraus „ethische Widerstandskraft" (Niemann 2002, S. 398) erwachsen sei. Niemanns Roman *Schule der Gewalt* (2001) hatte eine solche Analyse der Gewalt literarisch erstellt, aus der gegenüber Musils Text inversen Perspektive des Lehrers.

Ingeborg Bachmanns Begriff des ‚ethischen Romans' kann als Verbindendes der in den 1950er Jahren einsetzenden literarischen Musil-Rezeption bis zur Gegenwart festgehalten werden. Während eine ältere Autorengeneration noch stärker an der in den 1970er Jahren erfolgten Politisierung der Musil-Wahrnehmung partizipiert, wie dies die *Remix*-Beiträge von Elfriede Jelinek und Alexander Kluge dokumentieren, verlagert sich das Interesse bei der jüngeren Generation auf eine soziologisch-strukturale Gesellschaftsanalyse. Gemeinsam ist beiden allerdings die Erweiterung ethischer Fragestellungen auf die literarische Praxis, indem das Verständnis von Autorschaft, Kunstwerk, Intertextualität und Erzählperspektive einbezogen und mithin Robert Musils Essayismus als genuiner Bestandteil einer literarischen Ethik verstanden wird.

6. Literatur

Adams, Dale: Die Konfrontation von Denken und Wirklichkeit. Die Rolle und Bedeutung der Mathematik bei Robert Musil, Hermann Broch und Friedrich Dürrenmatt. St. Ingbert: Röhrig 2011.

Agathos, Katarina: Unter dem aufgeräumten Schreibtisch lauert die Entropie. Wahrnehmungsphänomene. Zerlegungsprozesse. Übertragungsversuche. In: dies., Herbert Kapfer (Hg.): Robert Musil: *Der Mann ohne Eigenschaften*. Remix. München: Der Hörverlag 2004, S. 15–28.

Agathos, Katarina/Kapfer, Herbert: Vorwort. In: dies. (Hg.): Robert Musil: *Der Mann ohne Eigenschaften*. Remix. München: Der Hörverlag 2004, S. 7–12.

Agnese, Barbara: Isis und Osiris. Mythos und Doppelgeschlechtlichkeit der Seele bei Robert Musil und Ingeborg Bachmann. In: Françoise Rétif, Ortrun Niethammer (Hg.): Mythos und Geschlecht – Mythes et différences des sexes. Heidelberg: Winter 2005, S. 73–84.

Améry, Jean: Gespräch über Leben und Ende des Herbert Törleß. In: Peter Härtling (Hg.): Leporello fällt aus der Rolle. Zeitgenössische Autoren erzählen das Leben von Figuren der Weltliteratur weiter. Frankfurt a.M.: Fischer 1971, S. 185–197.

Améry, Jean: Jenseits von Schuld und Sühne. Bewältigungsversuche eines Überwältigten. [1966] 3. Aufl. Stuttgart: Klett-Cotta 1997.

Améry, Jean: Werke. Bd. 5: Aufsätze zur Literatur und zum Film. Hg. v. Hans Höller. Stuttgart: Klett-Cotta 2003.

Améry, Jean: Werke. Bd. 7: Aufsätze zur Politik und Zeitgeschichte. Hg. v. Stephan Steiner. Stuttgart: Klett-Cotta 2005.

Améry, Jean: Werke. Bd. 9: Materialien. Hg. v. Irene Heidelberger-Leonard. Stuttgart: Klett-Cotta 2008.

Bachmann, Ingeborg: Utopie contra Ideologie. Unveröffentlichtes, vollständiges Manuskript des Radioessays zu Robert Musils *Mann ohne Eigenschaften*, Sendetermin 27.4.1954, im Besitz des Bayerischen Rundfunkarchivs und in Kopie im Nachlass von Ingeborg Bachmann im Literaturarchiv der Österreichischen Nationalbibliothek in Wien, 24 S.

Bachmann, Ingeborg: Werke. 4 Bde. Hg. v. Christine Koschel, Inge von Weidenbaum u. Clemens Münster. München, Zürich: Piper 1978.

Bachmann, Ingeborg: Wir müssen wahre Sätze finden. Gespräche und Interviews. Hg. v. Christine Koschel u. Inge von Weidenbaum. München, Zürich: Piper 1983.

Bachmann, Ingeborg: *Todesarten*-Projekt. Kritische Ausgabe. 4 Bde. Hg. v. Monika Albrecht u. Dirk Göttsche unter Leitung v. Robert Pichl. München, Zürich: Piper 1995.

Bachmann, Ingeborg: Ich weiß keine bessere Welt. Unveröffentlichte Gedichte. Hg. v. Isolde Moser, Heinz Bachmann u. Christian Moser. München, Zürich: Piper 2000.

Bachmann, Ingeborg: Kritische Schriften. Hg. v. Monika Albrecht u. Dirk Göttsche. München, Zürich: Piper 2005.

Bachmann, Ingeborg: Die Radiofamilie. Hg. v. Joseph McVeigh. Berlin: Suhrkamp 2011.

Bachmann, Ingeborg/Henze, Hans Werner: Briefe einer Freundschaft. Hg. v. Hans Höller. München: Piper 2004.

Bartsch, Kurt: „Ein nach vorn geöffnetes Reich von unbekannten Grenzen". Zur Bedeutung Musils für Ingeborg Bachmanns Literaturauffassung. In: Uwe Baur, Elisabeth Castex (Hg.): Robert Musil. Untersuchungen. Königstein i.Ts.: Athenäum 1980, S. 162–169. (Bartsch 1980a)

Bartsch, Kurt: Ingeborg Bachmann. Wittgenstein- und Musil-Rezeption. In: Heinz Rupp u.a. (Hg.): Akten des VI. Internationalen Germanisten-Kongresses in Basel 1980. Teil 4. Bern u.a.: Lang 1980, S. 527–532. (Bartsch 1980b)

Behre, Maria: „Das Ich, weiblich." *Malina* im Chor der Stimmen zur „Erfindung" des Weiblichen im Menschen. In: Andrea Stoll (Hg.): Ingeborg Bachmanns *Malina*. Materialien. Frankfurt a.M.: Suhrkamp 1992, S. 210–232.

Bernhard, Thomas: Drei Tage. In: ders.: Der Italiener. Salzburg: Residenz 1971, S. 144–161.
Bernhard, Thomas: Auslöschung. Ein Zerfall. Frankfurt a. M.: Suhrkamp 1986.
Binczek, Natalie: Einen Text „zu umschneiden und von seiner Unterlage abzupräparieren". Elfriede Jelineks *Moosbrugger will nichts von sich wissen*. In: dies., Cornelia Epping-Jäger (Hg.): Das Hörbuch. Praktiken audioliteralen Schreibens und Verstehens. München: Fink 2014, S. 157–177.
Bloom, Harold: The Anxiety of Influence. A Theory of Poetry. 2. Aufl. New York: Oxford Univ. Press 1997.
Böhme, Hartmut: Eine Zeit ohne Eigenschaften. Robert Musil und die Posthistoire. [1986] In: ders.: Natur und Subjekt. Frankfurt a. M.: Suhrkamp 1988, S. 308–333.
Celan, Paul/Celan-Lestrange, Gisèle: Briefwechsel. Mit einer Auswahl von Briefen Paul Celans an seinen Sohn Eric. Hg. v. Bertrand Badiou in Verbindung mit Eric Celan. Frankfurt a. M.: Suhrkamp 2001.
Celan, Paul/Demus, Klaus u. Nani: Briefwechsel. Mit einer Auswahl aus dem Briefwechsel zwischen Gisèle Celan-Lestrange u. Klaus u. Nani Demus. Hg. v. Joachim Seng. Frankfurt a. M.: Suhrkamp 2009.
Celan, Paul/Lenz, Hanne u. Hermann: Briefwechsel. Hg. v. Barbara Wiedemann in Verbindung mit Hanne Lenz. Frankfurt a. M.: Suhrkamp 2001.
Constantinescu, Romaniţa: Selbstvermöglichungsstrategien des Erzählers im modernen Roman. Von ästhetischer Selbstaufsplitterung bis zu ethischer Selbstsetzung über mehrfache Rollendistanzen im Erzählen: Robert Musil, Max Frisch, Martin Walser, Alfred Andersch. Frankfurt a. M. u. a.: Lang 1998.
Corino, Karl: Clarissens Buße. In: Almanach. Das sechsundachtzigste Jahr. Frankfurt a. M.: Fischer 1972, S. 59–68.
Corino, Karl: Robert Musil. Leben und Werk in Bildern und Texten. Reinbek b. Hamburg: Rowohlt 1988.
Corino, Karl: Robert Musil. Eine Biographie. Reinbek b. Hamburg: Rowohlt 2003.
Crooke, William: Mysticism as Modernity. Nationalism and the Irrational in Hermann Hesse, Robert Musil and Max Frisch. Oxford u. a.: Lang 2008.
Dowden, Stephen D.: Understanding Thomas Bernhard. Columbia: Univ. of South Carolina Press 1991.
Durzak, Manfred: Nach der Studentenbewegung. Neue literarische Konzepte und Erzählentwürfe in den siebziger Jahren. In: Wilfried Barner (Hg.): Geschichte der deutschen Literatur von 1945 bis zur Gegenwart. München: Beck 2006, S. 602–658.
Ehardt, Christine: Radiomonologe. In: Pia Janke (Hg.): Jelinek-Handbuch. Stuttgart, Weimar: Metzler 2013, S. 216–217.
Eickenrodt, Sabine: Ein lebendiges Kunstwerk? Untersuchungen zum poetischen Ausdruck in den Prosastücken Christa Wolfs. Würzburg: Königshausen & Neumann 1992.
Fanta, Walter: „Man kann sich das nicht vornehmen". Adolf Frisé in der Rolle des Herausgebers Robert Musils. In: Roland S. Kamzelak, Rüdiger Nutt-Kofoth, Bodo Plachta (Hg.): Neugermanistische Editoren im Wissenschaftskontext. Biografische, institutionelle, intellektuelle Rahmen in der Geschichte wissenschaftlicher Ausgaben neuerer deutschsprachiger Autoren. Berlin, Boston: de Gruyter 2011, S. 251–286.
Frank, Manfred: Auf der Suche nach einem Grund. Über den Umschlag von Erkenntniskritik in Mythologie bei Musil. In: Karl Heinz Bohrer (Hg.): Mythos und Moderne. Begriff und Bild einer Rekonstruktion. Frankfurt a. M.: Suhrkamp 1983, S. 318–362.
Frankfurter Allgemeine Zeitung, 13.12.1980, Nr. 290, Beilage *Bilder und Zeiten*.
Gehle, Holger: Die Materialbände der Bonner Celan-Ausgabe. In: Françoise Lartillot, Axel Gellhaus (Hg.): Dokument/Monument. Textvarianz in den verschiedenen Disziplinen der europäischen Germanistik. Bern u. a.: Lang 2008, S. 287–314.
Gernhardt, Robert: Gespräch vor einer schwarzfigurigen attischen Vase im New Yorker Metropolitan Museum. In: Frankfurter Allgemeine Zeitung, 20.2.2001.

4. Literarische Rezeption

Görner, Rüdiger: „Reception without Qualities". Robert Musil's Impact on Austrian and German Writers after 1945. In: Philip Payne, Graham Bartram, Galin Tihanov (Hg.): A Companion to the Works of Robert Musil. Rochester, New York: Camden House 2007, S. 395–408.

Goltschnigg, Dietmar: Zur literarischen Musil-Rezeption der Gegenwart. In: Kurt Bartsch u.a. (Hg.): Die andere Welt. Aspekte der österreichischen Literatur des 19. und 20. Jahrhunderts. Festschrift für Hellmuth Himmel zum 60. Geburtstag. Bern, München: Francke 1979, S. 297–310.

Goltschnigg, Dietmar: „Leporello fällt aus der Rolle" – Musil-Figuren weitergedacht von Jean Améry, Rolf Schneider und Karl Corino. In: Wolfgang Freese (Hg.): Philologie und Kritik. Klagenfurter Vorträge zur Musilforschung. München, Salzburg: Fink 1981, S. 261–270.

Greiner, Bernhard: Crimen – Diskriminierung – Literatur der Übertretung. Musil: *Die Verwirrung des Zöglings Törleß*, Muschg: *Der Zusenn oder das Heimat*, Kluge: *Warten auf bessere Zeiten*. In: Joachim Linder, Claus-Michael Ort (Hg.): Verbrechen – Justiz – Medien. Konstellationen in Deutschland von 1900 bis zur Gegenwart. Tübingen: Niemeyer 1999, S. 307–323.

Gürtler, Christa/Höller, Hans: Über die Unvergleichbarkeit vergleichbarer Texte. Robert Musil, Thomas Mann und Ingeborg Bachmann. In: Eduard Beutner u.a. (Hg.): Dialog der Epochen. Studien zur Literatur des 19. und 20. Jahrhunderts. Wien: Österreichischer Bundesverlag 1987, S. 141–166.

Gutjahr, Ortrud: „... den Eingang ins Paradies finden." Inzest als Motiv und Struktur im Roman Robert Musils und Ingeborg Bachmanns. In: Josef Strutz, Endre Kiss (Hg.): Genauigkeit und Seele. Zur österreichischen Literatur seit dem Fin de siècle. München: Fink 1990, S. 139–157.

Härtling, Peter (Hg.): Leporello fällt aus der Rolle. Zeitgenössische Autoren erzählen das Leben von Figuren der Weltliteratur weiter. Frankfurt a.M.: Fischer 1971.

Handke, Peter: Als das Wünschen noch geholfen hat. Frankfurt a.M.: Suhrkamp 1974.

Handke, Peter: Die Geschichte des Bleistifts. Salzburg, Wien: Residenz 1982.

Handke, Peter: Aber ich lebe nur von den Zwischenräumen. Ein Gespräch, geführt von Herbert Gamper. [1987] Frankfurt a.M.: Suhrkamp 1990.

Handke, Peter: André Müller im Gespräch mit Peter Handke. Weitra: Bibliothek der Provinz 1993.

Handke, Peter: Gestern unterwegs. Aufzeichnungen November 1987–Juli 1990. Salzburg, Wien: Jung und Jung 2005.

Handke, Peter/Kerbler, Michael: „... und machte mich auf, meinen Namen zu suchen". Klagenfurt, Wien: Wieser 2007.

Heidelberger-Leonard, Irene: Jean Améry. Revolte in der Resignation. Biographie. Stuttgart: Klett-Cotta 2004.

Herminghouse, Patricia: The Young Author as Public Intellectual. The Case of Juli Zeh. In: dies., Katharina Gerstenberger (Hg.): German Literature in a New Century. Trends, Traditions, Transitions, Transformations. New York, Oxford: Berghahn 2008, S. 268–284.

Herzmann, Herbert: Der Tormann Moosbrugger. Über Musil und Handke. In: Wirkendes Wort 34 (1984), H. 2, S. 67–76.

Honold, Alexander: Fremdheit, Feindschaft. Österreichische Ökumene bei Musil und Handke. In: Musil-Forum 31 (2009/10), S. 140–159.

Jagow, Bettina von: Liebe und Tabu. Zum Kulturtransfer des Isis-Osiris-Mythos in die Moderne. Ingeborg Bachmanns *Der Fall Franza* und Robert Musils *Isis und Osiris*. In: Orbis Litterarum 58 (2003), H. 2, S. 116–134.

Jelinek, Elfriede: Die Ausgesperrten. Reinbek b. Hamburg: Rowohlt 1980.

Jelinek, Elfriede: Der Krieg mit anderen Mitteln. [1984] In: Christine Koschel, Inge von Weidenbaum (Hg.): Kein objektives Urteil – nur ein lebendiges. Texte zum Werk von Ingeborg Bachmann. München, Zürich: Piper 1989, S. 311–320.

Jelinek, Elfriede: Moosbrugger will nichts von sich wissen. In: Katarina Agathos, Herbert Kapfer (Hg.): Robert Musil: *Der Mann ohne Eigenschaften*. Remix. München: Der Hörverlag 2004, S. 424–434.

Kann, Irene: Schuld und Zeit. Literarische Handlung in theologischer Sicht: Thomas Mann – Robert Musil – Peter Handke. Paderborn u. a.: Schöningh 1992.

Kapfer, Herbert: Die Gedanken zeigen. Remix als intermedialer Erkenntnisprozess. In: ders., Katarina Agathos (Hg.): Robert Musil: *Der Mann ohne Eigenschaften*. Remix. München: Der Hörverlag 2004, S. 29–50.

Kluge, Alexander: Wächter der Differenz. Rede zur Verleihung des Kleist-Preises. In: Kleist-Jahrbuch (1986), S. 25–37.

Kluge, Alexander: Chronik der Gefühle. 2 Bde. Frankfurt a. M.: Suhrkamp 2000.

Kluge, Alexander: Der 60-Stunden-Film. Im Gespräch mit Katharina Teichgräber. In: Katarina Agathos, Herbert Kapfer (Hg.): Robert Musil: *Der Mann ohne Eigenschaften*. Remix. München: Der Hörverlag 2004, S. 672–682.

Kühn, Dieter: Analogie und Variation. Zur Analyse von Robert Musils Roman *Der Mann ohne Eigenschaften*. Bonn: Bouvier 1965.

Kühn, Dieter: N. Frankfurt a. M.: Suhrkamp 1970.

Kühn, Dieter: *Der Mann ohne Eigenschaften* – Figur oder Konstruktion. In: Neue Rundschau 91 (1980), H. 4, S. 107–123.

Literatur Konkret 25 (2000/01): „Artiges Volk, entartete Dichter".

Lorenz, Dagmar: Der Essayist als Romancier. Jean Améry und Robert Musil. In: dies.: Scheitern als Ereignis. Der Autor Jean Améry im Kontext europäischer Kulturkritik. Frankfurt a. M. u. a.: Lang 1991, S. 171–175.

Lücke, Barbara: Elfriede Jelinek. Eine Einführung in das Werk. Paderborn: Fink 2008.

Luserke-Jaqui, Matthias: Musil-Rezeption in der Gegenwartsliteratur. Über Franz Riegers Roman *Internat in L.* (1986). In: Pierre Béhar, Marie-Louise Roth (Hg.): Musil an der Schwelle zum 21. Jahrhundert. Bern u. a.: Lang 2005, S. 251–266.

Magris, Claudio: Der habsburgische Mythos in der modernen österreichischen Literatur. Wien: Zsolnay 2000.

Maier, Anna [d. i. Nani Demus]: Franz Kafka und Robert Musil als Vertreter der ethischen Richtung des modernen Romans. Diss. Univ. Wien 1949.

Martens, Gunther: Musils gesprächig schweigender Erzähler: neue Adresse, neuer Adressat? In: Annette Daigger, Peter Henninger (Hg.): Robert Musils Drang nach Berlin. Bern u. a.: Lang 2008, S. 153–182.

Martens, Gunther: Rhetorik zwischen Philosophie und Literatur. Am Beispiel von Robert Musils Kurzprosa und Robert Menasses *Die Vertreibung aus der Hölle*. In: Roland Duhamel (Hg.): Nur Narr? Nur Dichter? Über die Beziehungen von Literatur und Philosophie. Würzburg: Königshausen & Neumann 2009, S. 285–300.

Mauthe, Jörg: Die große Hitze oder Die Errettung Österreichs durch den Legationsrat Dr. Tuzzi. Wien u. a.: Molden 1974.

Mehigan, Tim: Violent Orders in Robert Musil's *Der Mann ohne Eigenschaften* and Thomas Bernhard's *Kalkwerk*. In: Bernd Hüppauf (Hg.): War, Violence, and the Modern Condition. Berlin, New York: de Gruyter 1997, S. 300–316.

Mehigan, Tim: The Critical Response to Robert Musil's *The Man without Qualities*. Rochester, New York: Camden House 2003.

Meister, Monika: Der Fall Moosbrugger – Der Fall Franza. Machtstruktur und sanktioniertes Verbrechen bei Musil und Ingeborg Bachmann. In: Josef Strutz (Hg.): Kunst, Wissenschaft und Politik von Robert Musil bis Ingeborg Bachmann. München: Fink 1986, S. 63–80.

Menasse, Robert: Das Land ohne Eigenschaften. Essay zur österreichischen Identität. Frankfurt a. M.: Suhrkamp 1995.

Menasse, Robert: Das war Österreich. Gesammelte Essays zum Land ohne Eigenschaften. Frankfurt a. M.: Suhrkamp 2005.

Midgley, David: Zu den wiederkehrenden Aktualitäten von *Der Mann ohne Eigenschaften*. In: Pierre Béhar, Marie-Louise Roth (Hg.): Musil an der Schwelle zum 21. Jahrhundert. Bern u. a.: Lang 2005, S. 287–300.
Musil, Robert: Prosa, Dramen, Späte Briefe. Hg. v. Adolf Frisé. Hamburg: Rowohlt 1957.
Musil, Robert: Der Mann ohne Eigenschaften. Remix. Hg. v. Katarina Agathos u. Herbert Kapfer. München: Der Hörverlag 2004. [Buch und 20 CDs]
Niemann, Norbert: Schule der Gewalt. Roman. München, Wien: Hanser 2001.
Niemann, Norbert: „Ein Erdbeben ganz tief am Grunde". Robert Musil, Anthony Burgess. In: Akzente 49 (2002), H. 4, S. 387–398.
Öhlschläger, Claudia: Augenblick und lange Dauer. Ästhetische Eigenzeiten in epischen Kurzformen der Moderne und Gegenwart. In: dies., Lucia Perrone Capano (Hg.): Figurationen des Temporalen. Poetische, philosophische und mediale Reflexionen über Zeit. Göttingen: V&R unipress 2013, S. 93–106.
Omelaniuk, Irena: Androgyny and the Fate of the Feminine. Robert Musil and Ingeborg Bachmann. In: AUMLA 58 (1982), S. 146–163.
Pichl, Robert: Dr. phil. Ingeborg Bachmann. Prolegomena zur kritischen Edition einer Doktorarbeit. In: Jahrbuch der Grillparzer-Gesellschaft 16 (1986), S. 167–188.
Pohl, Peter C.: Bilder-Erben. Intermediale Bezüge in den Werken Kafkas, Musils und Bernhards am Beispiel der Fotografie. In: David Bathrick, Martin Brinkmann (Hg.): Literatur inter- und transmedial. Amsterdam, New York: Rodopi 2012, S. 189–224.
Porombka, Wiebke: Sprachaufmotzerin. In: taz, 8.9.2007: http://www.taz.de/?id=digitaz-artikel&ressort=ku&dig=2007/09/08/a0016 (Stand: 19.9.2011).
Reich-Ranicki, Marcel: Robert Musil. Der Zusammenbruch eines großen Erzählers. In: ders.: Sieben Wegbereiter. Schriftsteller des zwanzigsten Jahrhunderts. Stuttgart, München: DVA 2002, S. 155–202.
Rentsch, Thomas: Wie ist ein Mann ohne Eigenschaften überhaupt möglich? Philosophische Bemerkungen zu Musil. In: ders.: Negativität und praktische Vernunft. Frankfurt a. M.: Suhrkamp 2000, S. 292–321.
Rogowski, Christian: „Lauter unbestimmte Größen". Zu Ingeborg Bachmanns Hörspielbearbeitung der *Schwärmer* von Robert Musil. In: Josef Strutz, Endre Kiss (Hg.): Genauigkeit und Seele. Zur österreichischen Literatur seit dem Fin de siècle. München: Fink 1990, S. 191–210.
Rußegger, Arno: Halbe Sätze. Ein Vergleich literarischer Verfahrensweisen bei Robert Musil und Ingeborg Bachmann. In: Dirk Göttsche, Hubert Ohl (Hg.): Ingeborg Bachmann – neue Beiträge zu ihrem Werk. Internationales Symposion Münster 1991. Würzburg: Königshausen & Neumann 1993, S. 315–327.
Schelsky, Helmut: Die skeptische Generation. Eine Soziologie der deutschen Jugend. Düsseldorf: Diederichs 1957.
Schmaus, Marion: Die poetische Konstruktion des Selbst. Grenzgänge zwischen Frühromantik und Moderne: Novalis, Bachmann, Christa Wolf, Foucault. Tübingen: Niemeyer 2000.
Schmidt-Dengler, Wendelin: R. M. vs. H. v. D. Anmerkungen zu Menasse und Musil, zu Doderer und Lukács. In: Dieter Stolz (Hg.): Die Welt scheint unverbesserlich. Zu Robert Menasses *Trilogie der Entgeisterung*. Frankfurt a. M.: Suhrkamp 1997, S. 223–233.
Schneider, Rolf: Porträt des Dichters R. M. In: Sinn und Form 14 (1962), H. 1, S. 132–134.
Schneider, Rolf: Die späteren Eigenschaften. In: Peter Härtling (Hg.): Leporello fällt aus der Rolle. Zeitgenössische Autoren erzählen das Leben von Figuren der Weltliteratur weiter. Frankfurt a. M.: Fischer 1971, S. 198–215.
Schneider, Rolf: Das revolutionäre Fragment. Über Robert Musil: *Gesammelte Werke*. In: Der Spiegel, Nr. 24, 12.6.1978, S. 211–213.
Schneider, Rolf: Statement [zu Musil]. In: Literatur und Kritik 15 (1980), H. 149/150, S. 615–619.
Schneider, Rolf: Schonzeiten. Ein Leben in Deutschland. Berlin: bebra 2013. (Schneider 2013a)

Schneider, Rolf: „Das Identische und das Andersartige". Interview mit Adelbert Reif, 2013. In: http://derstandard.at/1362107139180/Rolf-Schneider-Das-Identische-und-das-Andersartige (Stand: 19.9.2014). (Schneider 2013b)

Schwedhelm, Karl: Werke. Bd. 7: Freundschaft. Briefe und Texte. Hg. v. Bernhard Albers. Aachen: Rimbaud 2003.

Spencer, Malcolm: In the Shadow of Empire. Austrian Experiences of Modernity in the Writings of Musil, Roth, and Bachmann. Rochester, New York: Camden House 2008.

Stoll, Andrea: Ingeborg Bachmann. Der dunkle Glanz der Freiheit. Biographie. München: C. Bertelsmann 2013.

Strutz, Josef: Ein Platz, würdig des Lebens und Sterbens. Ingeborg Bachmanns *Guter Gott von Manhattan* und Robert Musils *Reise ins Paradies*. [1985] In: Christine Koschel, Inge von Weidenbaum (Hg.): Kein objektives Urteil – nur ein lebendiges. Texte zum Werk von Ingeborg Bachmann. München, Zürich: Piper 1989, S. 402–417.

Wagner, Karl: Musil und Handke: kein Vergleich. In: ders.: Weiter im Blues. Studien und Texte zu Peter Handke. Bonn: Weidle 2010, S. 235–250.

Wagner, Karl: Ideale Gegnerschaft. Musil, Handke und das Wissen (in) der Literatur. In: ders., Ulrich Johannes Beil, Michael Gamper (Hg.): Medien, Technik, Wissenschaft. Wissensübertragung bei Robert Musil und in seiner Zeit. Zürich: Chronos 2011, S. 345–358.

Weber, Heinz-Dieter: „Phantastische Genauigkeit". Der historische Sinn der Schreibart Christa Wolfs. In: Wolfram Mauser (Hg.): Erinnerte Zukunft. 11 Studien zum Werk Christa Wolfs. Würzburg: Königshausen & Neumann 1985, S. 81–105.

Weber, Hermann: An der Grenze der Sprache. Religiöse Dimension der Sprache und biblisch-christliche Metaphorik im Werk Ingeborg Bachmanns. Essen: Die Blaue Eule 1986.

Weigel, Sigrid: Ingeborg Bachmann. Hinterlassenschaften unter Wahrung des Briefgeheimnisses. Wien: Zsolnay 1999.

Wilde, Matthias: Die Differenz in der Erzählkomposition zwischen Moderne (*Der Mann ohne Eigenschaften*) und Zweiter Moderne (*Jahrestage*). In: Johnson-Jahrbuch 15 (2008), S. 95–115.

Wilde, Matthias: Die Moderne beobachtet sich selbst. Eine narratologische Untersuchung zu Uwe Johnsons *Jahrestage*, seinem Fragment *Heute Neunzig Jahr* und zu Robert Musils *Der Mann ohne Eigenschaften*. Heidelberg: Winter 2009.

Wolf, Christa: Kein Ort. Nirgends. [1979] Darmstadt, Neuwied: Luchterhand 1981.

Wolf, Christa: Kassandra. Erzählung. Darmstadt, Neuwied: Luchterhand 1983. (Wolf 1983a)

Wolf, Christa: Voraussetzungen einer Erzählung: Kassandra. Frankfurter Poetik-Vorlesungen. Darmstadt, Neuwied: Luchterhand 1983. (Wolf 1983b)

Wolf, Christa: Projektionsraum Romantik. Ein Gespräch. [1982] In: dies., Gerhard Wolf: Ins Ungebundene gehet eine Sehnsucht. Gesprächsraum Romantik. Prosa, Essays. 2. Aufl. Berlin, Weimar: Aufbau 1986, S. 376–393.

Wolf, Christa: Die Dimension des Autors. Essays und Aufsätze, Reden und Gespräche 1959–1985. 2 Bde. Hg. v. Angela Drescher. Frankfurt a. M.: Luchterhand 1990.

Wolf, Christa: Kindheitsmuster. Roman. [1976] München: dtv 1994.

Wolf, Christa: Störfall. Nachrichten eines Tages. [1987] München: dtv 1994.

Wolf, Norbert Christian: Kakanien als Gesellschaftskonstruktion. Robert Musils Sozioanalyse des 20. Jahrhunderts. Wien u. a.: Böhlau 2011.

Zeh, Juli: Sag nicht Er zu mir oder: Vom Verschwinden des Erzählers im Autor. In: Akzente 49 (2002), H. 4, S. 378–386.

Zeh, Juli: Spieltrieb. Roman. Frankfurt a. M.: Schöffling 2004.

Zeh, Juli: Schilf. Roman. Frankfurt a. M.: Schöffling 2007.

Zeh, Juli: Treideln. Frankfurter Poetikvorlesungen. Frankfurt a. M.: Schöffling 2013.

5. Mediale Rezeption
Andrea Gnam

1. *Der Mann ohne Eigenschaften* 855
   1.1 Grafische und fotografische Lösungen 855
   1.2 Akustische Vermittlung 857
   1.3 Filmische Adaptionen 860
2. *Die Verwirrungen des Zöglings Törleß*: Film und Rundfunkbearbeitung . . . 862
3. Hörbücher und Rundfunkbearbeitungen zu weiteren Texten Musils 862
4. *Die Schwärmer*: Verfilmungen 863
5. Literatur 864

Sämtliche Formen des Medientransfers vom geschriebenen Wort zur Visualisierung stehen bei anspruchsvoller Literatur vor der schwierigen Aufgabe, auch Sinn- und Bedeutungshorizonte, die über das Nacherzählen oder Illustrieren der Handlungsstränge hinausweisen, in ihr eigenes Medium zu übersetzen. Für Musils literarisches Werk existiert eine Reihe von medialen Adaptionen, sie wurden indes in der Sekundärliteratur bisher nur sehr vereinzelt betrachtet; eine umfassende, vergleichende Arbeit bleibt ein Forschungsdesiderat.

1. *Der Mann ohne Eigenschaften*

Lässt sich das Erste Buch von *Der Mann ohne Eigenschaften* (MoE) mit seiner satirischen Darstellung der untergehenden österreichischen Monarchie, der ‚Parallelaktion' in ‚Kakanien' und der scheinbaren politischen Stagnation bei schwelenden Konflikten schon schwierig genug in komprimierten Bildaussagen erfassen, so wird das erst recht im Zweiten Buch des *MoE*, das in seinen gewichtigsten Kapiteln aus Reflexionen und der Beschreibung von Wahrnehmungsveränderungen im ‚anderen Zustand' besteht, zur heiklen Aufgabe. Wie kann das Aufblitzen zusätzlicher Bedeutungen in visuelle Bilder gefasst werden? Wie führt man Wiederholung, Variation und Transformation von Metaphern vor Augen, die Ambivalenzen und das Timbre, welche den Texten Musils ihre Komplexität verleihen, aber auch den Anschluss an unterschiedliche zeitgenössische und spätere Diskurse ermöglichen? Und wie werden politische Botschaften adaptiert?

1.1 Grafische und fotografische Lösungen

Ernst Gassenmeier (1913–1952), ein Künstler, der im Hauptberuf Chemiker war, hat noch vor der Werkausgabe des *MoE* durch Adolf Frisé in der Formensprache der 1950er Jahre zwölf Monotypien realisiert (vgl. Gassenmeier 2013). Mit einem Figuren-Ensemble, das aus wenigen kubisch-organischen Elementen aufgebaut ist, werden sich verändernde Konstellationen durchgespielt. Die psychische Spannung der im Bildraum frei schwebenden Akteure wird mittels des Abstands ausgelotet, mit dem sie einander nahe gebracht werden oder sich voneinander abzuwenden scheinen, nach dem Prinzip von Anziehung und Abstoßung. So können Innigkeit und Kühle, Nähe und Abwendung, Traumverlorenheit und utopische Momente im Beziehungsgefüge und in rasch wechselnden Interaktionen der Romanfiguren dargestellt werden. Auch wechselnde Gesprächskonstellationen, in die Musil seine Figuren schickt, werden transformiert in die formal-abstrakte Spannung des grafisch gegliederten Raumes. Clarisse, Moosbrugger, Diotima, Arnheim, Graf Leinsdorf, Ulrich und seine Geliebten, Rachel und Soliman, Feuermaul und Hans Sepp sowie Agathe finden Eingang in den Gassenmeier'schen Bild-Kosmos. Bildunterschriften geben knapp Auskunft über die jeweilige Konstellation; in der postumen Publikation versucht Manfred Fath (2013) die genaue Verbindung zu den Kapiteln herzustellen. Sehr spezifisch für die 1950er Jahre werden die Figuren zu Zeichen abstrahiert oder geraten im zeitgenössischen Sprachgebrauch zu ‚Chiffren' für etwas Unbenanntes, zu dem der Zeichner nicht explizit politisch Stellung nimmt.

2013 erscheint Nicolas Mahlers Graphic Novel zum *MoE*. Mahler fokussiert komprimierte Stationen der ‚Parallelaktion' und Moosbruggers Wahnideen aus dem Ersten Buch. Psychotische Krankheitsschübe der Figur Moosbrugger, die eine logisch nachvollziehbare Struktur aufweisen, ermöglichen einen Zugang, der durchgängig in medialen Bearbeitungen aufgegriffen wird. Moosbruggers Gedankenwelt bildet in der Graphic Novel von Mahler eine greifbare Negativutopie bzw. Dystopie. Die inverse Verbindung zum ‚anderen Zustand' im finsteren Gegenbild des kranken Gewalttäters wird indes unterschiedlich akzentuiert. Die inzwischen avanciert entwickelte Bildsprache der Graphic Novel, die mit der Rahmung durch Panels über Seitengrenzen hinweg nicht nur Handlung, sondern auch psychische Zustände der Akteure visualisieren kann, wäre – zumindest um die Strukturen des Geschehens anzudeuten – durchaus geeignet, auch schwierigere Themen wie veränderte Raumwahrnehmungen, die in den Gesprächen im Zweiten Buch des *MoE* eine große Rolle spielen, aufzugreifen. Mahler macht aber eher zögernd davon Gebrauch. Wege und knapp im Umriss skizzierte, stets gegenüber den Figuren überdimensioniert geratene Räume stehen im Vordergrund. Wichtige formale Elemente bilden Gitterformen, Größenverhältnisse, der Abstand der Figuren zueinander sowie der Wechsel von Vorder- und Hintergrundfarbe (olivgrün/schwarz-weiß). Lichtkegel, Ausschnitte und Schatten kommen hinzu sowie unterschiedliche Panelgrößen und Anordnungen. Minimalistisch, doch klar voneinander zu unterscheiden, sind die Figuren mit unverbindlichen, aber wiedererkennbaren äußeren Merkmalen ausgestattet. Sie wahren im Gegensatz zu Gassenmeiers zeichenhaft schwebenden Akteuren stets ihr ‚seelisches Inkognito'. Wenige, aus dem Musil-Text extrahierte und vereinfachte Kommentare kennzeichnen die Situation. Ohne sehr genaue Textkenntnis dürften die beiläufig geschilderten Episoden und die Ausstattung der Panels indes kaum nachvollziehbar sein. Der Figurenreichtum des Romans wird zentriert auf Ulrich, seine Geliebten Bonadea und Leona (eine Nebenfigur), Rachel (ohne Soliman), Moosbrugger, Arnheim, Graf Leinsdorf, Diotima und General Stumm von Bordwehr. Mitunter entwickelt sich aus der Formensprache Bildwitz, sparsam eingesetzte Gegenstände wie Ulrichs Boxball oder Hirschgeweihe als Wandschmuck fungieren als eine Art Bildkommentar des Zeichners und Erzählers Mahler.

Eine sehr ungewöhnliche, freie und eindringliche Musil-Lektüre ‚von unten' bilden Magdalena Steiners in der Wiener Straßenzeitung *Augustin* von 2007–2009 im 14-Tage-Rhythmus abgedruckten 34 Blätter, die jeweils eine Seite zu einem Thema aus dem *MoE* umfassen (vgl. Remonato 2014). Betteln, Prostitution, Moosbrugger, die „überamerikanische Stadt" (MoE, 31), das Versprechen der Liebe – jedes Blatt widmet sich einem Komplex und ist mit kreuz und quer über die Fläche verteilten

Zitaten aus dem *MoE* bestückt, aber auch mit Einschüben im Wiener Dialekt zu aktuellen Themen oder Redensarten von Figuren, die inmitten der überbordenden Formensprache von Graffiti, expressiver Zeichnung und Art brut sich zu behaupten haben. Mit Witz und Mitgefühl entstehen verschieden ausdifferenzierte, stets eindringliche Bilderwelten, nicht immer ist ihr Kosmos auf Anhieb dechiffrierbar, wohl aber wird ihre Grundstimmung deutlich.

Andreas Gursky erstellt 1999 fotografisch eine ins Riesenformat gesteigerte Visualisierung *Ohne Titel XII*, indem er eine vermeintliche Originalseite aus dem Zweiten Buch des *MoE* aus der Frisé-Ausgabe aufnimmt, die jedoch eine eigene Text-Kompilation darstellt. Ein Drucker wurde beauftragt, die neu zusammengesetzten Textteile so auf einer Seite zu arrangieren, dass sie eine Seite der Frisé-Ausgabe darzustellen scheinen. Sogar eine fiktive Paginierung wurde eingefügt, die Textseite wäre dieser zufolge den „Heilige[n] Gesprächen" (Kap. II/11 u. 12) entnommen. Die aufgeschlagene rechte Seite des in helles Leinen gebundenen Buches liegt auf einem Untergrund mit Holzmaserung, es könnte sich um ein Eichen-Furnier handeln. Der Text setzt unvermittelt als Reflexion ein, die man Ulrich zuordnet. Sie enthält ein Lamento über die alte und die neue Zeit, konstatiert Raumveränderungen, das Kommen und Gehen der Jahrhunderte, beschreibt die mortifizierte Natur, wie aus dem Kapitel „Atemzüge eines Sommertags" bekannt. So verbindet sich das „sanfte Daliegen von Seerosen" mit „Grammophon"; „Psychologie" vereint sich mit bekannten Bildern wie der „Renoviersucht des Daseins" und dem „schon zur fremden Schale erstarrten Ich der Vorgänger": All das fügt sich zu einem exemplarischen Musil-Text, der auf visueller Ebene Anschluss an die kühlen und plausibel erscheinenden, digital kompilierten Fotoarbeiten innerhalb von Gurskys Œuvre, wie zum Beispiel *Montparnasse* (1993), findet.

1.2 Akustische Vermittlung

Für die akustische Vermittlung des Romans liegen in den letzten Jahren mehrere Arbeiten vor: der sogenannte *Remix* des *MoE* (2004) im Bayerischen Rundfunk, Hörbücher und eine Drehbuchlesung, beruhend auf einem Text von Walter Fanta und Bernadette Sonnenbichler, den Letztere für eine einstündige Fassung bearbeitet hat.

Auch im *Remix* wird (unter Verwendung einer Vorfassung der digitalen *Klagenfurter Ausgabe*) montiert und kompiliert. Das im ersten Kapitel des *MoE* thematisierte Hören – vielleicht gerade weil es so offensichtlich einen akustischen Geleitschutz, eine auditive Einführung in den Roman zu bieten scheint – wird für den *Remix* im Hörfunk nicht mit Geräuschen und Klängen untermalt. Der *Remix* setzt zwar mit einem Stimmengewirr ein, aber das Publikum ist hier mit Partikeln aus dem Nachlass konfrontiert: Eine Fiktion der Orientierung, wie sie ja für einen kurzen Augenblick im ersten Kapitel des *MoE* mit der Behauptung aufscheint, man könne schon an der spezifischen Qualität des Verkehrslärms mit geschlossenen Augen erkennen, in welcher Stadt man sich befinde (vgl. MoE, 9), wird hier nicht erwogen. Da frühe und späte Aufzeichnungen aber durcheinander gewirbelt werden, ehe der Roman dann in Auszügen vorgelesen wird, ist der Vorspann des *Remix* programmatisch: Weniger den durch Streichungen im Sinn veränderten, von Musil zu Lebzeiten veröffentlichten Büchern des *MoE* gilt das Interesse, als vielmehr den Vorarbeiten, dem Nachlass und – erstaunlich für eine Hörfunkproduktion – den Möglichkeiten einer filmischen Umsetzung, die mit Regisseuren und Wissenschaftler/inne/n diskutiert werden. Mit dem der Welt der DJs entlehnten Begriff ‚Remix' will man sich vom traditionellen wie experimentellen Hörspiel absetzen. Bearbeitung und Neuinterpretation „als medienästhetisches Verfahren" ist das Ziel, so der Herausgeber Herbert Kapfer (2004, S. 41). Auszüge aus Vorstudien und den Mappen des Nachlasses werden neu zusammengestellt und mit einer Tonspur voneinander abgesetzt gelesen, Textstellen werden nachgewiesen, indes sehr eigenwillig zueinander in Beziehung gebracht.

Der 20-teilige *Remix* gliedert sich vereinfacht gesagt in zwei Komplexe. Der erste Komplex versucht, einschneidend gekürzt, einen Überblick über die Ereignisse der von Musil zu Lebzeiten veröffentlichten Kapitel zu geben. Mehrere Sprecher wechseln sich ab, auch die wenigen verbliebenen diskursiven Passagen werden unter ihnen aufgeteilt. Der zweite Komplex wagt sich an eine Rekonstruktion aus dem Nachlass und liefert damit eine (mögliche) Lesart des Romans. In der letzten Rundfunksendung und noch ausführlicher in der Buchausgabe schließen sich Interviews mit Regisseuren und Wissenschaftler/inne/n sowie Aufsätze an.

Im *Remix* wird dann auch tatsächlich versucht, ein Handlungsmuster der von Musil nicht veröffentlichten und fragmentarisch gebliebenen Kapitel und Aufzeichnungen zum Roman aufzustellen. Die Aufmerksamkeit gilt dem erotisch-sexuellen Beziehungsgeflecht. Vor allem der Inzest als erzählerische Option interessiert, ebenso der Komplex von Verbrechen und Wahn mit Moosbrugger und Clarisse als zentralen Figuren sowie die ‚Parallelaktion' als politisches Kuriosum. Poetische Bilder aber, die Musil übereinander legt und gegeneinander verschiebt, sind fast ganz den Streichungen zum Opfer gefallen, da sie vor allem in den beschreibenden und diskursiven Kapiteln auftauchen. Man erkennt die Streichungen als Hörer daran, dass trotz des Musil'schen ‚Originaltons', d. h. der Verwendung von Musil-Textvorlagen, etwas aus dem Takt geraten zu sein scheint, es ist nicht immer nur eine Frage des Verständnisses, manchmal ist es eine Frage des Rhythmus, den ja bei Musil gerade auch die poetischen Bilder vorgeben. Eine Ausnahme bildet ein Text von Elfriede Jelinek, von der Dichterin selbst gelesen, die eine fulminante Moosbrugger-Paraphrase geschrieben hat. (→ IX.4 *Literarische Rezeption*)

Um Konstruktives geht es im *Remix* in doppelter Hinsicht: um die konzeptionellen Schwierigkeiten, mit denen sich Musil plagte und von denen im Nachlass, vor allem in der digitalen *Klagenfurter Ausgabe* zu lesen ist, und um die Konstruktion, welche die Editoren des *Remix* in der gesendeten und in Buchfassung publizierten Form in einer durchaus mutigen Lesart vorlegen. Diese beruht auf dem Werkstattcharakter und auf dem Sex-and-Crime-Faktor, den allerdings die um Stellungnahme gebetenen Wissenschaftler/innen und Regisseure doch sehr relativiert haben möchten. Allein aus der Konstruktion und Montage der Nachlass-Passagen zu einem Radiotext den für das Buch selbst zentralen Mystik-Komplex aufzunehmen, ist eine nicht unproblematische dramaturgische Entscheidung.

Die unterschiedlichen Varianten des Nachlass-Kapitels „Atemzüge eines Sommertags" sind ausgiebig wiedergegeben: „Der im Atemzüge-Kapitel beschriebene ‚andere Zustand' – der Dreh- und Angelpunkt des *MoE* – wird zum Loop, auf dem der Roman hängen bleibt und rotiert", schreibt die Editorin Katarina Agathos (2004, S. 27). Sie verweist auf Alexander Kluges Vorschläge und beendet ihre Einführung zum *Remix* mit dem Satz: „So entsteht ein Drehbuch für einen imaginären Film, der Musils ‚anderen Zustand' in eine andere Zeit und in ein anderes Medium transferiert – als eine von vielen Möglichkeiten." (ebd.)

Wie bei einem Film – in dem einzelne Bilder erst durch die Montage für den Rezipienten eine bestimmte, gefühlsmäßige Bedeutung annehmen, so dass je nach Kontext die gleichen Bilder eine völlig andere Aussage ergeben – wird den „Atemzügen" eine sehr erotische Lesart unterlegt. Und dies, obwohl gerade die letzte Variation der „Atemzüge" auf etwas Anderes abzielt. In den von Musil ausgeführten Varianten und Notizen, die in der digitalen Edition zugänglich sind, steht – manchmal allerdings auch gestrichen, oft überarbeitet – das mystische Erleben im Vordergrund: das Verlassen des Leibes und die Wiederkehr, das Ineinssetzen von Agathes Leib mit dem des Bruders, das ‚Gehobenwerden' und Fallen, auch die Metapher des Feuers und des Brunnens erscheinen. Diese Bilder sind zwar für unsere heutigen Begriffe erotisch konnotiert, doch bei Musil auf die Äußerungs- und Beschreibungsformen mystischer Ekstase bezogen. (→ VII.1 *Mystik*) In der Kompilation des *Remix* aber, die auf das Textmaterial der digitalen Edition zugreift, sind die typisch mystischen Elemente wie das ‚Gehobenwerden' und die ‚Ausfahrt' aus dem Leib weitgehend verschwunden. Was bleibt, mutet, auch wenn es sich teilweise um Mystiker-Zitate aus Musils Nachlassaufzeichnungen handelt, als geradezu psychedelisch inspirierte erotische Bildfolge an: Ein „feuchtes Feuer" bricht aus den Brüsten Agathes, es erfasst auch den Bruder, beide brennen, ohne dass die Flamme sie verzehrt, der brennende nackte Mannesleib löst sich in einen Busch oder eine „Wand herrlicher Blumen" und in „weichhäutigen Blüten" auf (*Remix*, S. 392).

Das findet sich zwar alles – verstreut über verschiedene Aufzeichnungen, aus denen in neuer Zusammensetzung der Satzfolgen zitiert wird – tatsächlich im Nachlass, wird aber in der Montage unter einem anderen Vorzeichen präsentiert. Der *Remix* gibt einen Einblick in die Werkstatt Musils, zeigt viele Facetten, erhellt allerdings eine grundlegende Schwierigkeit des Musil'schen Projektes nur ganz am Rande: das Oszillieren zwischen ekstatischer Hingabe, Ratio und körperlicher Erfahrung der Welt.

Eine Vorlage für einen Film, von dessen Möglichkeit ja schon im *Remix* so viel die Rede ist, bildet die Drehbuchlesung aus Walter Fantas Skript *Musils M.o.E. als Thriller* (2008). Auch hier stellt sich, noch stärker als im *Remix*, die Frage nach den Kürzungen gegenüber der ursprünglichen Vorlage, hier des Drehbuchs von Walter Fanta. Man scheint bei der Realisierung für den Hörfunk ganz bewusst darauf verzichtet zu haben, dass der Leser den Hergang der Handlung und die – überaus witzige – Transponierung der k. u. k. Epoche in die Gegenwart der ersten Jahre des 21. Jahrhunderts goutieren kann. Oft ist unklar, wer spricht, so dass man die Figuren nicht immer auseinanderhalten kann. Die zugrundeliegende Idee des Drehbuchs ist eine Aktualisierung der politischen Probleme der ‚Parallelaktion' in Bezug auf das Gremien- und Subventionsgewirr der EU. Gesucht wird die große europäische Idee, die sich politisch vermarkten lässt. Arnheim – hier nicht mehr wie bei Musil Preuße, sondern Amerikaner – ist eine Größe im Computergeschäft und hat u. a. ein Buch zum „Tao der Ökonomie" (Fanta/Sonnenbichler 2008, S. 31) geschrieben. Es wird vermutet, dass er elektronische Steuerungen für mit Nuklearsprengköpfen ausgestattete Panzer über eine europäische Tarnfirma verkaufen möchte. Stumm von Bordwehr ist jetzt Nato-General, der nicht mehr in der Hofbibliothek nach der schönsten Idee sucht, sondern – an einem Optimierungsprogramm interessiert – „Europa und Idee" (ebd., S. 49) in die Suchmaschine eingibt. Ulrich will die europäische Idee in einem „Generalsekretariat der Genauigkeit und Seele" (ebd., S. 60) neu definieren und wird als Kritiker an den politischen Verhältnissen klarer konturiert als bei Musil. Moosbrugger stellt – in der Formulierung Ulrichs – „die eingesperrte Möglichkeit in uns allen" (ebd., S. 65) dar und kommt im Übrigen aus „Schutschuschien" (ebd., S. 8).

Auch hier fehlt der Bereich der Mystik. Stattdessen ist eine private Rückzugssphäre, die Idee der Geschwisterlichkeit, dem öffentlichen Bereich gegenübergestellt. Deutlich konturiert ist der Wahnkomplex, der in Konkurrenz zur öffentlichen Sphäre tritt. Schlag auf Schlag sind die Szenen in der Kurzfassung des Drehbuchs aneinandergeschnitten, so dass das träge Ohr die Handlungsfäden kaum zusammenzuhalten vermag.

1.3 Filmische Adaptionen

Amos Gitaï hat mit seinem Film *Désengagement* (dt. *Trennung*, 2007) ebenfalls eine politische Lesart vorgelegt, aber trotz wörtlich übernommener Passagen aus dem *MoE* im ersten Teil des Films lediglich sehr weit unten im Abspann mit einem „*Special thanks to* Robert Musil" auf die Vorlage hingewiesen. Der Film wurde zwar preisgekrönt, dennoch blieb bei der Kritik eine gewisse Irritation zurück, als berge er ein Rätsel, aus dem man nicht schlau geworden ist. Er spielt – nach einem scheinbar nicht für die Handlung relevanten Vorspann – an zwei Schauplätzen, in einem alten Haus in Avignon und 2005 während der Räumung der Siedlungen im Gazastreifen. Die private Geschichte, die er erzählt, und der historische Hintergrund wollen auf den ersten Blick nicht so recht zusammenzupassen: Im Sterbehaus ihres ungeliebten Vaters treffen sich Ana und ihr Stiefbruder Uli, der in Israel lebt, zu einem etwas seltsamen tête-à-tête. Nach der Beerdigung verlangt Ana, die nicht wieder zu ihrem Mann zurückkehren will, bei Uli zu bleiben und begleitet ihn in den Gazastreifen, wo er ein Einsatzkommando der israelischen Polizei leitet. Dort findet sie ihre erwachsene Tochter wieder, die sie nach der Geburt zur Adoption freigegeben hatte – diese lebt im Kibbuz und unterhält darin bis zur Räumung ein selbst geschaffenes Paradiesgärtlein auf Zeit.

Besonders die Szenen im Sterbehaus stimmten die deutschen Kritiker skeptisch: Die Dialoge wirkten „zunehmend angestrengt" (Taszman 2008), die Geschichte bliebe Fragment. *Hänsel und Gretel im Hexenhaus* ist eine Besprechung von Hans Schifferle (2010) in der *Süddeutschen Zeitung* betitelt; durchaus fasziniert ist der Kritiker von der „mysteriösen Passage" der Kamera, die durch das Haus fährt, „als taste sie ein Territorium europäischer Vergänglichkeit" ab (ebd.).

Fast alle Szenen im Trauerhaus sind den ersten Kapiteln des Zweiten Buchs des *MoE* entnommen, die Charaktere von Uli und der eigenwilligen Ana haben in den Geschwistern Ulrich und Agathe ihr ‚Urbild'. Bei weiten Dialogstrecken zwischen Bruder und Schwester handelt es sich um wörtliche Passagen aus Musils Roman, einiges wurde in überzeugende filmische Arrangements übersetzt. So korrespondiert beispielsweise das Lied der Sängerin, die neben dem Totenbett eine Klezmer-Version von Gustav Mahlers *Das Lied von der Erde* „[l]ike a kind of non-identified priest of all religions" singt, so Gitaï 2007 in einem Interview (http://filmpressplus.com/wp-content/uploads/dl_docs/Disengagement%20English.pdf, Stand: 8.1.2016), mit dem Interesse an außergewöhnlichen Zuständen im *MoE*. Gitaï zeigt eine intime Kenntnis des Romans; er versteht es, zentrale Themen des Buchs anzusprechen und ihnen eine aktuelle Wendung zu geben, zum Beispiel der rätselhaft gebliebenen Verbindung von privater und kollektiver Geschichte.

5. Mediale Rezeption

Musils Roman spielt am Vorabend des Ersten Weltkriegs im Vielvölkerstaat ‚Kakanien', im – wie es im Feuilleton aus den Filmbildern herausgelesen worden ist – „Territorium europäischer Vergänglichkeit" (Schifferle 2010). Musils Ulrich sieht „Liebe" und „Gewalt" (MoE, 591) als die „beiden Bäume" (MoE, 592), in denen er auf ‚getrennten Stämmen' sein Leben betrachten kann. Er hat in Gitaïs Film sein Alter Ego in Uli, dem intellektuell-sensiblen, zugleich aber zupackenden Mann, der bei der Räumung respektvoll und doch entschlossen vorgeht. Der Film setzt ein mit Fahrgeräuschen, man erkennt den Flur eines Zugs: Hier begegnet Uli, der sich auf dem Weg ins Sterbehaus befindet, einer Frau. Der in Frankreich aufgewachsene Israeli und die aus Jerusalem stammende Palästinenserin mit niederländischem Pass führen ein ironisches Gespräch über Identität und Nation, fallen sich schließlich in die Arme und ‚Seinesgleichen geschieht': Sie küssen sich, eine flüchtige erotische Begegnung, „[w]oraus" – wie es im Titel des ersten Kapitels des Romans so schön heißt – „bemerkenswerter Weise nichts hervorgeht" (MoE, 9). Die Szene im Vorspann greift geschickt den Romananfang auf, der mit Wetterkarte und Verkehrslärm einsetzt, die Schwierigkeiten der Orientierung thematisiert, schließlich ein Paar zeigt, dessen Identität ungeklärt bleibt, und verbindet sie mit dem ersten Kapitel des Zweiten Buchs, in dem berichtet wird, wie Ulrich aus dem Zug steigt, der ihn in seine Heimatstadt gebracht hat. Die Fensterkreuze erscheinen dort im Abendlicht „als wären sie die Kreuze von Golgatha" (MoE, 671). Sehr subtil taucht im zweiten Teil des Films das Motiv des Verkehrsunfalls auf, dem für die Diagnose der Moderne, wie sie zu Beginn des Romans gestellt wird, eine prominente Rolle zukommt: Ulis geerbter, nach Israel verschiffter Wagen wird durch Unachtsamkeit beschädigt. Während im ersten Kapitel des *MoE* der Verkehrsunfall durch den reibungslosen Einsatz des Rettungsdienstes und den Hinweis auf die Statistik fast schon als ‚ordnungsgemäßes Ereignis' verbucht wird, führt der Unfall im Film zu einem Wutausbruch Ulis gegenüber dem Staat Israel und dessen Mission. (→ V.2 *Verkehr, Unfall*) Die Tochter, die Ana in Israel sucht und findet, ist eine Erfindung Gitaïs, der die Utopie eines anderen Lebens oder, wie es bei Musil heißt, des ‚anderen Zustands' vom leicht inzestuös gefärbten Beisammensein der Geschwister in die ‚Vereinigung' von Mutter und Tochter übersetzt. Im *MoE* nimmt die Utopie eines anderen Lebens bei der Lektüre mystischer Schriften ihren Ausgang, während gleichzeitig die ‚Parallelaktion' zum Umschlagplatz von Rüstungsgeschäften wird; in Gitaïs *Désengagement* muss Uli gegen seine eigenen Landsleute vorgehen, die Bibelverse und ihren Glauben gegen den Polizeieinsatz halten. Eine politische Lösung steht nicht in Aussicht, wohl aber eine große menschliche Aufgabe bevor.

Eine Mischung aus der Beschreibung von Musils Leben, Kommentar und Passagen aus dem *MoE* bietet Jürgen Kaiziks Fernsehspiel *Die Reise ins tausendjährige Reich* (1980). Hier sind, aus dem zeitlichen Abstand heraus betrachtet, vor allem das an zeitgenössischer Filmästhetik der späten 1970er Jahre orientierte Ambiente und der Schnitt bemerkenswert. Neben Erläuterungen zu Musils Arbeitsbedingungen liegt die Konzentration auf dem Zweiten Buch des *MoE* mit Zitaten aus den Gesprächen der Geschwister zum mystischen Weg. Historische Filmaufnahmen werden einmontiert, der alternde Musil tritt im Exil als gebrochener Mann auf, seine Frau kommentiert. Die Begegnung von Agathe und Ulrich im Trauerhaus spielt sich in opulent-verschrobenem Interieur mit viel Kerzenlicht ab. Agathe erscheint eher farblos und als Schauspielerin ihrer selbst. Die neben Ulrich doch so zentrale Figur aus dem *MoE* scheint Kaizik ähnliche Schwierigkeiten zu bereiten wie dem *Remix*-Team; Gitaïs Agathe, mit Juliette Binoche besetzt, bildet da eine positive Ausnahme.

2. *Die Verwirrungen des Zöglings Törleß*: Film und Rundfunkbearbeitung

Vom Roman *Die Verwirrungen des Zöglings Törleß* liegen Hörbücher mit unterschiedlichen Sprechern, ein Hörspiel sowie Volker Schlöndorffs bekannte Verfilmung *Les Désarrois de l'élève Törless* (dt. *Der junge Törless*) von 1966 vor.

Zugunsten einer stringenten Darstellung von Gruppendynamik, Täterschaft und Opferstatus reduziert Schlöndorff die Wiedergabe des inneren, bildhaften Erlebens der Hauptfigur Törleß, wie dessen Kant-Krise und die Ambivalenzen der seelischen Entwicklung, die sich in Überlegungen zum perspektivisch wechselnden Status der Dinge im Roman niedergeschlagen haben. Letzteres überlässt er der Kamera, die zuweilen wie in einem Stummfilm die Dinge in Szene setzt, und bietet darüber hinaus eine sehr genaue Studie der Kadettenanstalt, vom k. u. k. Interieur über die Körpersprache der jungen Männer bis hin zu den autoritätsgebietenden, aber hilflosen älteren Professoren. Die hier angelegten Zwänge, altersspezifische erotische Unsicherheiten, Macht- und Gewaltspiele in der militärisch orientierten männlichen Sozialisation schaffen die Bedingung dafür, dass das Böse geschehen kann, ohne einer näheren Erklärung zu bedürfen. Nicht ohne Grund heißt der Film in der deutschen Fassung *Der junge Törless* und lässt die „Verwirrungen" beiseite. Das Interesse Schlöndorffs ist ein politisches, Törleß' Abschlussrede gerät zu einer konzisen Beschreibung und Erklärung des faschistischen Charakters und des Mitläufertums.

Eine sehr interessante Rundfunkbearbeitung (SWR) unter der Regie von Iris Drögekamp erfolgt im Jahr 2014. Auch hier wird mit Kürzungen gearbeitet und auf einige Bilder und Reflexionen des jugendlichen Protagonisten verzichtet, jedoch nicht zum Schaden: Besonders deutlich herausgearbeitet wird die Verwirrung angesichts der unterschiedlichen Wahrnehmungsmodi, mit denen man Menschen und Dinge betrachten kann, ohne dass sie deshalb ihre Identität und ihre Eigenschaften verlieren, die Törleß anhand sexueller und temporärer Wahrnehmungsveränderungen und mathematischer Perspektivwechsel durchläuft. Die spätromantisch inspirierte orchestrale Begleitung von Michael Riessler mit Violinen, Violen, Violoncelli und Trompete eröffnet zusätzliche Imaginationsräume.

3. Hörbücher und Rundfunkbearbeitungen zu weiteren Texten Musils

In den letzten Jahren werden vermehrt Hörbücher produziert: zum *MoE* (besonders bemerkenswert Wolfram Berger als Sprecher, der souverän in die Sprachwelt Musils eintaucht), zum *Törleß*, aber auch zu den *Drei Frauen* und zu den *Vereinigungen*. Sie unterscheiden sich durch die Intonation der Sprecher: von Ulrich Tukur (1989/2000) – atemlos beteiligt – über Otto Sander (2005) – nüchtern tastend und bei den Dingen verharrend – bis hin zu Axel Grube (2007), der „mit kaum merklichen Pausen in den Sätzen" arbeitet und „so die Abgründe hörbar" macht, „die nach Musil zwischen den Worten lauern", wie Oliver Pfohlmann (2007) bemerkt. Manchmal wird eine zusätzliche Klangspur einbezogen.

Mit *Vinzenz und die Freundin bedeutender Männer* hatte sich schon früh Ingeborg Bachmann befasst. Christian Rogowski (1995) zeigt im Vergleich von Sendemanuskript und Originaltext, wie Bachmann durch kleine Eingriffe in Musils Text die Figur der Alpha etwas selbstbewusster modelliert, was in der Sendung selbst durch die sehr kapriziöse bis mädchenhaft kokettierende Sprechweise der Figur größtenteils wieder zurückgenommen wird; der Hörspielstil der 1950er Jahre dominiert hier. Musikalisch unterlegt ist das Stück (wie auch später gerne medial bearbeitete Musil-Texte) mit Gustav-Mahler-Motiven. (→ IX.4 *Literarische Rezeption*)

4. *Die Schwärmer*: Verfilmungen

Hans Neuenfels hat 1984 ein heute schwer zugängliches Fernsehspiel vorgelegt (einige Fernsehmitschnitte auf VHS sind in Fachbibliotheken vor Ort einsehbar – der jeweils aktuelle Stand der Verfügbarkeit kann im Karlsruher Virtuellen Katalog online eingesehen werden – und für eine limitierte Öffentlichkeit verfügbar), von dem eine mit dem Film entnommenen Einzelaufnahmen oder *film stills* bebilderte Drehbuchfassung als Buch publiziert wurde. Bilder und Vorwort von Neuenfels lassen auf eine drastische Zugangsweise schließen, die Verfilmung selbst enthält auch überraschend zärtlich-gefühlvolle Momente. Neuenfels bedient sich theatralen Ausagierens, aber auch genuin filmhistorischer Mittel, um das, was ihn an den Figuren fasziniert – das wilde Ringen um unbedingten, kompromisslosen Ausdruck –, auf zwei, im Fortschreiten des Films episodenweise auch ineinandergreifenden, Zeitschienen darzustellen. Dies ist zum einen das Intellektuellenmilieu, zuweilen mit Anklang an die 1970er und frühen 1980er Jahre. Die Figuren sind hier sehr genau ausdifferenziert und unterscheidbar geworden, agieren emotional und mit starker Bühnenpräsenz. Durchzogen wird das – in der erzählten Zeit – einen Tag und eine Nacht im Jahre 1926 umfassende Spektakel zum anderen von Rückblenden zur Jugend der Figuren oder erzählten ‚Visionen'. Kostüme, Ambiente und teils auch Montage dieser Einschübe sind der Stummfilmästhetik und dem kulturellen Umfeld der 1920er Jahre verpflichtet, mit wiederholt einmontierten Einzeleinstellungen auf Gesichtspartien oder Getier. Dieser Kunstgriff bietet den großen Vorteil, die einander durchdringenden zeitlichen Ebenen der Dialoge visuell zu kennzeichnen und, was besonders überzeugt, Musils Affinität zu kinematografischen Verfahren gerecht zu werden, wie sie in seinem Essay *Ansätze zu neuer Ästhetik. Bemerkungen über eine Dramaturgie des Films* (1925) oder auch schon im *Törleß* (1906) zu finden sind.

Die jüngste *Schwärmer*-Verfilmung (2013) von Johanna Pauline Maier wurde auf die Möglichkeiten eines ruhigen Erzähl-Kinos hin umgeschrieben, nicht ohne in kleinen, lang anhaltenden Einstellungen anzudeuten, dass der Film ‚nach Szenen' eines Theaterstücks gestaltet wurde. Die Handlung ist in eine renovierte Altbauwohnung, mit versiegeltem Parkett und ausgewähltem Mobiliar, versetzt. Den mentalen, spirituellen und erotischen Themen, die das Stück im Vorgriff auf den *MoE* problematisiert, wird durch die geordnete Abfolge der Szenen, plakative Originalzitate und durch Streichungen die burleske, überdrehte Grundstimmung genommen, um so den Kern in einer Nouvelle-Vague-ähnlichen Ehegeschichte herauszuarbeiten. Einige Szenen, die den Ausbruch aus der Ehe vorbereiten, sind im Film auf Französisch wiedergegeben. Ein Klavierquartett Mahlers und permanenter Verkehrslärm bilden den akustischen Hintergrund. Anselm, der Hochstapler, Betrüger, Trickster und Katalysator für Verdrängtes, der in Musils Stück psychisch kranke und diabolische Züge annimmt, wird als Figur entschärft. Die grundsätzliche Debatte ist nicht – wie bei

Neuenfels – von schrillen Eifersuchtsszenen und exaltierten Morddrohungen getragen, selbst der Einsatz eines Detektivs bekommt durch filmische Zitate des Genres eine kühlere Note. Nicht mehr das Feuer der Jugend in sich zu tragen, viel, wenn auch noch nicht alles erreicht zu haben und jederzeit abstürzen zu können, wird zum Zeichen einer Midlife-Crisis im Akademikermilieu, das gerade durch die Kürzungen einen Zuwachs an Plausibilität erfährt.

5. Literatur

a) Hörfunkproduktionen

Agathos, Katarina: Unter dem aufgeräumten Schreibtisch lauert die Entropie. Wahrnehmungsphänomene. Zerlegungsprozesse. Übertragungsversuche. In: dies., Herbert Kapfer (Hg.): Robert Musil: *Der Mann ohne Eigenschaften*. Remix. München: Der Hörverlag 2004, S. 15–28.

Jelinek, Elfriede: Moosbrugger will nichts von sich wissen. In: Katarina Agathos, Herbert Kapfer (Hg.): Robert Musil: *Der Mann ohne Eigenschaften*. Remix. München: Der Hörverlag 2004, S. 424–434 [CD: Teil 16, 34:59–59:05].

Kapfer, Herbert: Die Gedanken zeigen. Remix als intermedialer Erkenntnisprozess. In: ders., Katarina Agathos (Hg.): Robert Musil: *Der Mann ohne Eigenschaften*. Remix. München: Der Hörverlag 2004, S. 29–50.

Musil, Robert: Der Mann ohne Eigenschaften. Remix. Hg. v. Katarina Agathos u. Herbert Kapfer. München: Der Hörverlag 2004. [Buch und 20 CDs]

Musil, Robert: Der Mann ohne Eigenschaften. Remix. Hg. v. Katarina Agathos und Herbert Kapfer. München: Bayerischer Rundfunk 2004. In: http://www.br.de/radio/bayern2/sendungen/hoerspiel-und-medienkunst/hoerspielpool410.html (Stand: 6.2.2015).

Musils M.o.E. als Thriller. Eine Drehbuchlesung v. Walter Fanta u. Bernadette Sonnenbichler. Bayerischer Rundfunk 2008.

Musil, Robert: Die Verwirrungen des Zöglings Törleß. Regie: Iris Drögekamp. SWR 2014.

Musil, Robert: Vinzenz und die Freundin bedeutender Männer. Bearb. v. Ingeborg Bachmann. SWR/Radio Bremen [ca. 1958].

b) Filme und Fernsehproduktionen

Gitaï, Amos (Regie): Désengagement [dt. *Trennung*], D/F/ISR/I 2007.

Kaizik, Jürgen (Regie): Die Reise ins tausendjährige Reich: Robert Musil – seine Welt, sein Werk. Fernsehproduktion. ORF 1980.

Maier, Johanna Pauline (Regie): Die Schwärmer, D 2013.

Neuenfels, Hans (Regie): Die Schwärmer. Fernsehproduktion. Ziegler Film. WDR 1984.

Schlöndorff, Volker (Regie): Les Désarrois de l'élève Törless [dt. *Der junge Törless*], D/F 1966. [Originalfilmmusik v. Hans Werner Henze]

c) Kompositionen

Henze, Hans Werner: Der junge Törless. Fantasia für Streichsextett (3 Violinen, 2 Violen und Violoncello). Nach der Musik zum gleichnamigen Film v. Volker Schlöndorff [1966].

Henze, Hans Werner: Der junge Törless. Fantasia für Streicher (erw. Fassung für Streichorchester). Nach der Musik zum gleichnamigen Film v. Volker Schlöndorff [1966].

Rihm, Wolfgang: Das Namenlose. Zwei Gedichte v. Robert Musil für hohen Sopran, Klarinette und Klavier [2006].

d) Grafische und fotografische Arbeiten

Gassenmeier, Michael: Robert Musils Roman *Der Mann ohne Eigenschaften* und seine künstlerische Rezeption in dem 1951 entstandenen Illustrationszyklus von Ernst Gassenmeier (1913–1952). Mit einem Essay v. Manfred Fath u. Alfred Huber. Heidelberg: Winter 2013.

Gursky, Andreas: Ohne Titel XII (1–4), 1999.
Mahler, Nicolas: Robert Musil. Der Mann ohne Eigenschaften. Berlin: Suhrkamp 2013.
Steiner, Magdalena: Comic zum *Mann ohne Eigenschaften*; abgedr. in der Wiener Obdachlosenzeitung *Augustin* (2007–2009), Nr. 195–256.

e) Drehbücher
Fanta, Walter/Sonnenbichler, Bernadette: Ulrich und Agathe im Kino. Update: Robert Musils *Mann ohne Eigenschaften*. Wien: Sonderzahl 2005.
Neuenfels, Hans: Robert Musil: *Die Schwärmer* – ein Film. Mit Fotos v. Umberto Mamarella. Reinbek b. Hamburg: Rowohlt 1985.

f) Hörbücher
Der Mann ohne Eigenschaften. Literatur für Kopf Hörer. Hörkassetten. Gesprochen v. Christoph Bantzer. Reinbek b. Hamburg: Rowohlt 2000.
Der Mann ohne Eigenschaften. Gesprochen v. Wolfram Berger. Frankfurt a. M.: Zweitausendeins 2004 (Buch 1), 2006 (Buch 2).
Der Mann ohne Eigenschaften. Remix. München: Der Hörverlag 2013.
Die Verwirrungen des Zöglings Törleß. Gesprochen v. Ulrich Tukur. Reinbek b. Hamburg: Rowohlt 1989/2000.
Drei Frauen. Gesprochen v. Otto Sander u. Christoph Waltz. Hamburg: Roof Music 2005.
Vereinigungen. Gelesen v. Axel Grube. Düsseldorf: onomato 2007.

g) Aufsätze und Rezensionen zu medialen Adaptionen
Fath, Manfred: Ernst Gassenmeiers Illustrationen zu Robert Musils *Der Mann ohne Eigenschaften* und die Kunst seiner Zeit. In: Michael Gassenmeier: Robert Musils Roman *Der Mann ohne Eigenschaften* und seine künstlerische Rezeption in dem 1951 entstandenen Illustrationszyklus von Ernst Gassenmeier (1913–1952). Mit einem Essay v. M. F. u. Alfred Huber. Heidelberg: Winter 2013, S. 25–31.
Gnam, Andrea: Mediale Verwandlungen des *Mann ohne Eigenschaften*. In: Musil-Forum 30 (2007/08), S. 139–152.
Gnam, Andrea: Ein besonderer Dank muss genügen. Amos Gitaï hat unbemerkt Robert Musil verfilmt. In: Frankfurter Allgemeine Zeitung, 10.6.2009.
Pfohlmann, Oliver: Erschütterungen. Axel Grube liest Robert Musils *Vereinigungen*. In: Frankfurter Allgemeine Zeitung, 11.8.2007.
Remonato, Giovanni: Kakanien in Sprechblasen. Die Comic-Version des *Mann ohne Eigenschaften* von Magdalena Steiner. In: Massimo Salgaro (Hg.): Robert Musil in der Klagenfurter Ausgabe. Bedingungen und Möglichkeiten einer digitalen Edition. München: Fink 2014, S. 155–171.
Rogowski, Christian: „Diese von Männern gemachte Welt." Zu Ingeborg Bachmanns Hörspielbearbeitung von Robert Musils Posse *Vinzenz und die Freundin bedeutender Männer*. In: Gudrun Brokoph-Mauch, Annette Daigger (Hg.): Ingeborg Bachmann. Neue Richtungen in der Forschung? St. Ingbert: Röhrig 1995, S. 187–198.
Schifferle, Hans: Hänsel und Gretel im Hexenhaus. In: Süddeutsche Zeitung, 17.5.2010.
Taszman, Jörg: Amos Gitaï filmt Isreals „Trennung". In: Die Welt, 25.9.2008.

6. Schulische Rezeption
Mandy Dröscher-Teille

1. Überblick 866
2. Forschungsstand 868
   2.1 *Die Verwirrungen des Zöglings Törleß* (1906) 868
   2.2 Weitere Texte Musils 870
3. *Der Mann ohne Eigenschaften* (1930/1932) 871
   3.1 Möglichkeitssinn 872
   3.2 Eigenschaftslosigkeit 872
4. Ausblick 873
5. Literatur 874

1. Überblick

Die Entwicklung der schulischen Rezeption von Robert Musils Texten, die sich aufgrund fehlender Übersichtsdarstellungen zur Geschichte bzw. zur historischen Herausbildung curricularer Inhalte im Literaturunterricht von der Nachkriegszeit bis in die Gegenwart nicht lückenlos nachvollziehen lässt, zeichnet sich durch einen ambivalenten Verlauf aus. Christian Dawidowski konstatiert mit Blick auf die Rezeptionsgeschichte des Romans *Die Verwirrungen des Zöglings Törleß* (1906), dass dieser „in der Schule eine wechselvolle Geschichte erfahren" habe: „Nachdem er in der Nachkriegszeit rasch zum Bestandteil des schulischen Kernkanons avancierte [...], verzeichnet man seit den späten 1980er Jahren einen deutlichen Einbruch in der schulischen Rezeption des Textes." (Dawidowski 2008a, S. 4) Während Musil im Literaturunterricht Deutschlands und der Schweiz eher eine periphere Position innehat, haben seine Texte insbesondere in österreichischen Schulen mehr Beachtung gefunden. Der Kanon des Literaturunterrichts in Deutschland zwischen 1985 und 2000 ließ Musils Texte weitgehend unberücksichtigt (in Bezug auf die DDR ist eine schulische Rezeption auszuschließen, da die Edition von staatlicher Seite stark erschwert wurde und Musils Texte nicht offiziell erhältlich waren). Noch 1999 findet sich von Musil lediglich der kurze Text *Das Fliegenpapier* (1913) im bundesländerübergreifend verwendeten, vom deutschen Schulbuchverlag Cornelsen herausgegebenen Deutschbuch *Texte, Themen und Strukturen*. Die Einführung des Zentralabiturs führte allerdings erneut zu einem breiten Interesse am *Törleß* und verhalf den Musil'schen Texten insgesamt zu einer Rehabilitation in der Schule. Als „ein exemplarischer Text für die Prosa der Jahrhundertwende" avancierte der Roman dann in Nordrhein-Westfalen 2008/09 zum Pflichttext im Zentralabitur (Dawidowski 2008a, S. 4), da er die in der Didaktik vielfach geforderte Verbindung zur Lebenswelt der Schüler/innen durch die Themen Pubertät, Mobbing, erste sexuelle Erfahrungen und Schulalltag herstellt. Zudem eignet sich der Text, um die in vielen Bundesländern konstitutiven Aspekte für den Deutschunterricht der Oberstufe – Sprachkrise, Krise des Subjekts, neue Medien und ästhetische Ausdrucksweisen – im Kontext des Rahmenthemas „Literatur und Sprache um 1900" aufzugreifen. Die aktuellen Versionen von *Texte, Themen und Strukturen* (Schurf/Wagener 2009; Schurf/Mohr/Wagener 2015) fokussieren Musils Erstlingsroman folgerichtig stärker und ersetzen die bisherige ausschließliche Beschäftigung mit *Das Fliegenpapier*. In der Ausgabe für Baden-Württemberg sowie der für Berlin, Brandenburg, Sachsen, Sachsen-Anhalt, Thüringen und Mecklenburg-Vorpommern sind jeweils zwei Textpassagen aus dem *Törleß* – im Kontext einer literaturgeschichtlichen Darstellung der Moderne sowie im Themenbereich Sprachkritik – aufgenommen, während in der allgemeinen Ausgabe für alle anderen Bundesländer lediglich ein Auszug aus Musils ‚Schulroman' abgedruckt ist (vgl. Schurf/Biermann 1999, S. 460f.; Schurf/Wagener 2009, S. 487f.; Schurf/Fingerhut 2009, S. 369f. u. 485; Schurf/Mohr/Wagener 2015, S. 362–368).

Anders verhält es sich mit österreichischen Schulbüchern – sämtlich vom zentralen Österreichischen Bundesverlag Schulbuch (öbv) herausgegeben –, die stärker und in einem breiteren Rahmen auf Musils Texte Bezug nehmen. Das Arbeitsbuch *Literaturräume* (Stangel 2011, S. 310f.) greift auf Textauszüge aus *Drei Frauen* (1924) zurück, in *Lesezeichen 4* (Donnenberg/Bauer 2000, S. 45f. u. 103f.) findet sich ein Auszug aus *Stilgeneration und Generationsstil* und einer aus *Der Mann ohne Eigenschaften* (MoE, 1930/1932). Auch in *Blicklichter 4* (Staud 2007, S. 33f.) und in der *Killinger Literaturkunde* (Killinger 2013, S. 287f.) ist Musil mit längeren Textabschnitten aus dem *MoE* vertreten. Die *Literaturkunde*, die bereits ab dem 10. Jahrgang zum Einsatz kommt, bespricht außerdem einen Auszug aus dem *Törleß*-Roman.

Obgleich Musil einer der wichtigsten Vertreter der deutschsprachigen Moderne ist, wird er – im Gegensatz beispielsweise zu Kafka, dessen Texte kontinuierlich im Literaturunterricht präsent sind – dennoch vergleichsweise wenig an deutschen Schulen rezipiert. Während Kafkas Erzählungen und Parabeln für die Literaturdidaktik weitgehend erschlossen sind, ist das Interesse der Didaktik-Forschung an Musils Erzählungen, vor allem aber an seinen Essays, recht gering. Ein Grund für die marginale Rezeption mag sein, dass Musils Texte noch stärker als die anderer Autoren der klassischen Moderne auf die Ebene des Erzählens (*discours*) fokussiert sind und zumeist nicht die Handlung bzw. die Geschichte (*histoire*) in den Vordergrund stellen, sondern reflexive Gedankenspiele, deren polyzentrischer Charakter für Schüler/innen nicht immer leicht zu erfassen ist.

Die schulische Rezeption der Texte Robert Musils bewegt sich somit – um im Musil'schen Duktus zu sprechen – in besonderer Weise zwischen Wirklichkeit und Möglichkeit. Musils Texte unterlaufen vielfach die Vorgaben der didaktischen Wirklichkeit, die bisweilen zu Kategorisierungen, eindeutigen Aussagen und Vereinfachungen tendiert. Sie erfüllen zwar bedingt die didaktischen Anforderungen des Deutschunterrichts, überschreiten diese jedoch zugleich in einem endlosen Oszillieren konjunktivischer Reflexionen und verwerfen deren festgesetzte Grenzen, die sich in Form von curricularen Bestimmungen, Lehrplänen und Bildungsstandards manifestieren. Zudem sind sie nicht eindimensional, sondern metareflexiv, sie fokussieren nicht jeweils ein Thema, sondern verhandeln viele Diskurse, und sie vermitteln eine Pluralität von Möglichkeiten anstelle einer eindeutigen Wahrheit. Damit legen Musils Texte den Leser/inne/n ein Denken in Möglichkeiten und ein daran ausgerichtetes Welt- und Menschenbild nahe, welches vielfach konträr zur schulischen Realität steht. Doch gerade weil sie sich nicht dem schulischen ‚Wirklichkeitsrahmen' anpassen, haben die Texte Musils großes Potenzial für den Literaturunterricht, denn sie verschieben die Gewichtung von der Wirklichkeit auf die nur erdachten Möglichkeiten und unterlaufen damit die herkömmlichen didaktischen Strukturen, die nicht selten nur um die bereits vorhandenen Möglichkeiten kreisen und denen „eine wirkliche Sache" mehr bedeutet „als eine gedachte" (MoE, 17). Musils Texte lenken das Erkenntnisinteresse dagegen auf die „mögliche Wirklichkeit" (ebd.), auf das Hypothetische, noch nicht Vorhandene, und bieten somit Denkalternativen für die Schüler/innen, die Lehrkräfte und damit auch für den Unterricht selbst an.

2. Forschungsstand

Während sich nur wenige Forschungsbeiträge auf wissenschaftlich-didaktischer Ebene mit der schulischen Rezeption der Texte Musils auseinandersetzen (wie z.B. Kämper-van den Boogaart 2000), ist zugleich die Zahl an Lehrerhandreichungen mit Unterrichtsmaterialien, Arbeitsblättern und Klausurvorschlägen sowie Lektürehilfen für Schüler/innen seit 2007 angewachsen. Diese thematisieren stärker als bisher die ästhetischen Implikationen der Texte Musils und stellen sie in einen direkten Zusammenhang zur klassischen Moderne. Dennoch findet ein großer Teil des Musil'schen Textkorpus in der Didaktik-Forschung nur im Zusammenhang mit dem *Törleß*-Roman, der im Fokus der schulischen Rezeption steht, Erwähnung. Eine weitergehende didaktische Auseinandersetzung mit Musils Erzählungen und theoretischen Schriften, die diese Texte nicht nur in einer ergänzenden Funktion verhandelt, sondern als selbstständige Gegenstände der Analyse betrachtet, steht mithin noch aus.

2.1 *Die Verwirrungen des Zöglings Törleß* (1906)

Neben diversen Interpretationshilfen und Lektüreschlüsseln für Schüler/innen zum *Törleß*-Roman (Eisenbeis 2004; Reisner 2007; Wand 2007; Frizen/Klein 2008; Grobe 2008) erschienen im Wesentlichen drei didaktische Handreichungen (Kroemer/Zander 2007; Dawidowski 2008a u. 2008b; Hoppe 2012a) für Lehrer/innen, die den aktuellen Stand der Forschung widerspiegeln.

Roland Kroemer und Thomas Zander betonen in den Vorüberlegungen zu ihren Unterrichtsvorschlägen, die Törleß-Figur transportiere moralische Fragen und Probleme des Zusammenlebens bzw. Interagierens in der Gesellschaft im Allgemeinen und der Schule im Besonderen. Themen wie „Unsicherheiten, Leidenschaften, Ängste […] des Heranwachsens" sowie „soziale, gesellschaftliche, letztlich auch politische Mechanismen" (Kroemer/Zander 2007, S. 14) können im Unterricht thematisch sein. In Zeiten von vermehrter Gewalt an Schulen, Amokläufen und sozialer Ausgrenzung sei der Roman deshalb aktueller denn je: „Jugendliche wachsen heute in einer Welt auf, in der ihre Zukunft, ihre soziale Rolle, ihre Identität mindestens ebenso unsicher sind wie vor hundert Jahren zur Zeit der Romanveröffentlichung." (ebd.)

Kroemer/Zander legitimieren die schulische Beschäftigung mit dem *Törleß*-Roman also mit der Unsicherheit des Denkens und Fühlens als elementare Erfahrung von Schüler/inne/n während der Identitätsbildung. Besonders die philosophische Frage nach dem moralisch richtigen Verhalten, die Frage, „welche ethischen […] Werte heute eigentlich noch Gewicht haben" (ebd.), wird als bedeutend für Schüler/innen herausgestellt. Der *Törleß*-Roman, der die Darstellung und Vermittlung einer eindeutigen Moral zugunsten einer ästhetischen Innerlichkeit aufgibt (vgl. Nübel 1996, S. 51f. u. 60f.), birgt in seinem Changieren zwischen Ethik und Ästhetik ein Konfliktpotenzial, das im Unterrichtsgespräch aufgegriffen werden kann. Die Beschäftigung mit Musils Essay *Das Unanständige und Kranke in der Kunst* (1911), der nach der Legitimität literarischer Ästhetisierung von moralisch verwerflichen, sexuell konnotierten Handlungen fragt, vertieft die Diskussion um Törleß' Verhalten und wirft aktuelle gesellschaftliche Fragen auf: „Was ist der Unterschied zwischen Pornographie und Kunst?" (Kroemer/Zander 2007, S. 36) Wann ist eine literarische Beschreibung pervers oder pornografisch? Wie verändert sich Moral innerhalb der Gesellschaft? (→ V.5 *Ethik u. Moral*)

Insgesamt konzipieren Kroemer/Zander die sechs Unterrichtsbausteine stets mit Blick auch auf eine mögliche Einbettung in kulturelle Diskurse. Dabei beziehen sie sowohl aktuelle Themen – beispielsweise das Verhältnis von Täter- und Opferrolle – als auch zeitgenössische Aspekte der Psychoanalyse (Freud) sowie Philosophie (Nietzsche) mit ein und eröffnen damit diverse Möglichkeiten für einen fächerverbindenden Unterricht in Bezug auf das Fach Philosophie.

Anders als Kroemer/Zander, die stark mit intertextuellen und diskursiven Bezügen arbeiten, wählt Christian Dawidowski in seiner Handreichung (2008a) sowie in seinen *Materialien und Arbeitsanregungen* (2008b) eine eher biografisch orientierte Herangehensweise. Die Beschäftigung mit Musils Leben sowie der Bezug zu textexternen Orten und Personen soll dabei die Lektüre der Schüler/innen begleiten und eine „erhöhte Anschaulichkeit des Gelesenen garantieren" (Dawidowski 2008a, S. 8). Den Schwierigkeiten, die sich ergeben, wenn Text und Leben eines Autors in einen kausalen Zusammenhang gestellt werden, begegnet Dawidowski in seiner zweiteiligen Lehrerhandreichung durch Aufgaben, „die die Problematik der biographischen Werkanalyse den Schülerinnen und Schülern nahebringen sollen" (ebd., S. 9). Eine Möglichkeit der Problematisierung kann die Beschäftigung mit den verschiedenen Coverbildern des Romans sein, die Dawidowski im Kontext einer ersten Annäherung vorschlägt. Ein aktuelles Cover (Rowohlt Verlag 2008) zeigt eine verfremdete Version eines Fotos von Musil als Militär-Oberrealschüler. Im Vergleich zu anderen Coverbildern betont dieses Titelbild durch eine abstrakte Zeichnung eher die Verwirrungen bzw. den Identitäts- und Wahrnehmungsverlust von Törleß, der unter Verwendung eines Fotos von Musil dargestellt wird. Während andere sowohl ältere (Rowohlt Verlag 1980) als auch jüngere Abbildungen (Suhrkamp Verlag 2013) eine biografische Lesart nahelegen, irritiert die verfremdete Darstellung des Covers von 2008 eine Gleichsetzung zwischen Figur und Autor.

Für die Erarbeitung des Romans durch die Schüler/innen bezieht Dawidowski über die biografische Herangehensweise hinaus eine Reihe produktiver Verfahren wie kreatives Schreiben (z.B. einen neuen Klappentext verfassen) oder Visualisierung (z.B. ein neues Buchcover entwerfen) mit ein. Die von Dawidowski vorgeschlagene Analyse der poetischen Gestaltung des *Törleß*-Romans stellt zudem einen Bezug zur Sprachkrise um die Jahrhundertwende her, indem ein Auszug aus Hugo von Hofmannsthals *Ein Brief* (1902) hinzugezogen wird, um den „[b]ildliche[n] Ausdruck" bzw. das „Schreiben in Bildern" (Dawidowski 2008b, S. 44) thematisch zu vertiefen.

Das von Almut Hoppe erstellte Unterrichtsmaterial, eine Sammlung kopierfähiger Arbeitsblätter, die 2012 in der Reihe *Texte, Themen und Strukturen – Kopiervorlagen zu Abiturlektüren* erschienen ist, greift einige Aspekte – zum Beispiel die Analyse des Buchcovers – wieder auf, die bereits bei Dawidowski thematisiert werden: „Verfassen Sie eine Stellungnahme, in der Sie sich begründet dafür oder dagegen aussprechen, für ein Cover des *Törleß* eine Photographie Robert Musils zu verwenden." (Hoppe 2012a, S. 27) Den Rahmen der Unterrichtsvorschläge bildet dabei die Beschäftigung mit der Roman-Verfilmung *Der junge Törless* (D/F 1966) von Volker Schlöndorff.

Vier Standbilder des Films sollen durch eine „Entautomatisierung des Sehens" zu einem intensiveren Leseprozess bei den Schüler/inne/n führen und die „Atmosphäre erschließen" (ebd., S. 35). Auffällig bei Hoppes didaktisch-methodischem Ansatz ist das Bemühen, die Analyse des Textes mithilfe von Tabellen, Graphiken, Diagrammen und Statistiken durchzuführen. So visualisieren die Schüler/innen beispielsweise Törleß' Entwicklung als Verlaufskurve und bewerten seinen Charakter auf einer Skala von eins bis zehn nach vorgegebenen Kriterien. Durch eine statistische Auswertung der Häufigkeit von Wörtern im Text schafft Hoppe zudem die Grundlage für eine mögliche daran anschließende inhaltliche Analyse, die in Form von Schreibaufgaben, „Kernstelleninterpretation, Charakteristik, Erörterung, kreative[m] Schreiben" (Hoppe 2012a, S. 35, u. 2012b, S. 2) erfolgt. Der Roman weist „im Durchschnitt fast einmal pro Seite die Substantiv- bzw. Verbform ‚Gefühl'/‚fühlen' auf" (Nübel 1996, S. 50), auch Worte wie ‚Augen' oder ‚Seele' häufen sich, woraus die Schüler/innen ableiten können, dass ein Fokus des Romans auf der empfindsamen Wahrnehmung des Protagonisten liegt.

Die vorgestellten didaktischen Publikationen machen den *Törleß*-Roman aus ästhetischer, moralisch-ethischer, gesellschaftskritischer, erzähltechnischer und diskurstheoretischer Perspektive für den Unterricht verwendbar. Sie gliedern sich in kombinierbare Bausteine (Kroemer/Zander 2007), aufeinander aufbauende Einheiten (Dawidowski 2008a) oder durch die Verwendung von Operatoren (Hoppe 2012a). In ihrem pluralistischen Ansatz verweisen sie auf die Aktualität des Textes für heutige Schüler/innen und erweitern gleichzeitig das Themenfeld, indem sie nicht nur Aspekte der Pubertät ansprechen, sondern besonders auf ästhetische Wahrnehmungsprozesse Bezug nehmen.

2.2 Weitere Texte Musils

Neben den *Verwirrungen des Zöglings Törleß* greift die schulische Rezeption vereinzelt auch andere Texte Musils auf: Zu nennen sind hier die Essays *Der mathematische Mensch* (1913) und *Skizze der Erkenntnis des Dichters* (1918) sowie Auszüge aus Briefen und Tagebucheintragungen. Der Prosatext *Die Maus* aus Musils *Nachlaß zu Lebzeiten* (1936) findet sich im Kontext einer Unterrichtsreihe von Elmar Holtz-Meynert *Begegnungen mit der Maus: Zollinger, Kafka, Musil* wieder (Holtz-Meynert 2012). Musils Text skizziert die Erfahrung des ‚anderen Zustands' in einer Verkehrung von Subjekt- und Objektperspektive als übermäßige Vergrößerung und Fokussierung des Auges im Sinn eines anderen Sehens (vgl. Nübel 2006, S. 472 u. 478f.). Anders als der *Törleß*-Roman ermöglicht *Die Maus* den Schüler/inne/n, den ‚anderen Zustand' als Wahrnehmungsveränderung und besondere Form des Erkennens und Fühlens – unabhängig von sexuell konnotierten Handlungen – zu deuten. Die Schüler/innen vollziehen den Perspektivwechsel als Gedankenexperiment nach, „[n]ehmen […] die Position einer auf der Bank sitzenden Person ein" und „[f]ormulieren […] aus deren Sicht Empfindungen und Gedanken" (Holtz-Meynert 2012, S. 3). Die unterschiedlichen Wahrnehmungsformen können die Schüler/innen im Sinne eines Vorher und Nachher miteinander vergleichen und grafisch darstellen, wobei die Frage nach der Veränderung der eigenen Perspektive in den Vordergrund rückt.

Um die Kenntnisse bezüglich des ‚anderen Zustands' zu vertiefen, zieht Holtz-Meynert zusätzlich einen Auszug aus Musils Essay *Ansätze zu neuer Ästhetik* (1925) heran, der auch in den Unterrichtsvorschlägen von Dawidowski zur Anwendung kommt (vgl. Dawidowski 2008b, S. 46 u. 49) und von Martina Schönenborn als Klausurtext zur Analyse von Sachtexten vorgeschlagen wird (vgl. Schönenborn 2008). Musils Essay analysiert die Wirkung des Stummfilms und stellt eine Verbindung zwischen der Wahrnehmung des Films und dem ‚anderen Zustand' her, indem er ihn als Auslöser für „Gefühlserkenntnisse und Denkerschütterungen" (*Über Robert Musil's Bücher*, 1913, GW II, 997) begreift. Die Frage nach der Veränderung der Wahrnehmung im Kontext der Entwicklung neuer Medien besitzt eine große Aktualität für Schüler/innen heute, denn sie selbst leben in einer stark durch Medien beeinflussten Gesellschaft. Der Stummfilm bietet den Schüler/inne/n die Möglichkeit, einerseits die Wirkung verschiedener Medien miteinander zu vergleichen, andererseits aber vor allem Musils Konzept des ‚anderen Zustands' als Wahrnehmungsveränderung praktisch zu erfahren und mit ihrer eigenen Wahrnehmung zu experimentieren. Durch die Verbindung von Text und Film erkennen sie, dass Musils „Theorie des ‚anderen Zustands' in direkter Auseinandersetzung mit der Filmtheorie" (Dawidowski 2008a, S. 38) entwickelt wird.

3. *Der Mann ohne Eigenschaften* (1930/1932)

Angesichts der Komplexität des Textes einerseits und des Seitenumfangs andererseits erweist es sich vordergründig zunächst als schwierig, Musils *MoE* in der Schule zu thematisieren. Bei genauerer Betrachtung zeigt sich jedoch, dass die schulische Rezeption den Text in Auszügen vereinzelt bereits unter verschiedenen Themenschwerpunkten für den Literaturunterricht zugänglich macht, wie die vorhandenen Schulbücher und didaktischen Handreichungen belegen. So nutzt Dawidowski das Fragment gebliebene Kapitel „Atemzüge eines Sommertags" (1942), um den ‚anderen Zustand' zu präzisieren, in *Blicklichter* 4 ist ein Abschnitt aus Kapitel I/15, „Geistiger Umsturz", abgedruckt und eine Aufgabenstellung in *Lesezeichen* 4 sieht vor, dass die Schüler/innen die ironische Darstellung der k. u. k. Monarchie in Musils Roman anhand eines Auszuges aus Kapitel I/8, „Kakanien", nachvollziehen. Darüber hinaus sind jedoch keine didaktischen Ansätze vorhanden, die weitere Kapitel aus dem *MoE* zum Unterrichtsgegenstand machen. Im Folgenden entwickle ich beispielhaft zwei Ansätze für die Themenbereiche *Möglichkeitssinn* und *Eigenschaftslosigkeit*, die sich in besonderer Weise für den Literaturunterricht anbieten, da sie das moderne Lebensgefühl des Protagonisten in die Gegenwart transportieren und für die Schüler/innen erfahrbar machen können. Anhand von Kapitel I/4, „Wenn es Wirklichkeitssinn gibt, muß es auch Möglichkeitssinn geben", sowie Kapitel I/17, „Wirkung eines Mannes ohne Eigenschaften auf einen Mann mit Eigenschaften", können die Schüler/innen, wie es beispielsweise im Kerncurriculum des Bundeslandes Niedersachsen gefordert wird, „reflektiert Maßstäbe zur Bewertung der gestalteten Wirklichkeitswahrnehmung und des neuen Bildes vom Menschen" in der Moderne erstellen (Niedersächsisches Kultusministerium 2009, S. 29).

3.1 Möglichkeitssinn

In Musils *MoE* skizziert der Erzähler den „Möglichkeitsmenschen" (MoE, 16) und vergleicht ihn mit dem „Wirklichkeitsmenschen" (MoE, 17), indem er eine Reihe von Merkmalen nennt – konjunktivisches Denken, Sinn für die „mögliche Wirklichkeit" (ebd.), Erfindungsreichtum etc. –, die für den Möglichkeitssinn charakteristisch sind. Aufgrund der zunächst antithetisch erscheinenden Gegenüberstellung bietet es sich an, die Begriffe und Merkmale des ‚Wirklichkeits'- und ‚Möglichkeitssinns' in unterschiedlichen Farben markieren oder tabellarisch auflisten zu lassen. Um besser zu verstehen, in welchem Kontext im Roman jeweils von Wirklichkeit und Möglichkeit die Rede ist, kann zunächst in einem Unterrichtsgespräch auf das Alltagsverständnis der Schüler/innen in Bezug auf das Begriffspaar zurückgegriffen werden: Wirklichkeit und Möglichkeit stehen sich nicht immer diametral gegenüber, sondern bedingen sich gegenseitig. Im Zentrum steht dann die Frage, welche Bedeutung die Gesellschaft im Gesamten bzw. der Mensch im Einzelnen der Wirklichkeit beimisst und welches Potenzial dagegen ein Möglichkeitsdenken auch für das alltägliche Leben haben könnte. Ist eine „wirkliche Sache" bedeutender als eine „gedachte" (MoE, 17)? In einem selbstreflexiven Gedankenexperiment beantworten die Schüler/innen die Frage, ob sie sich eher als ‚Wirklichkeits'- oder ‚Möglichkeitsmenschen' sehen. Zu fragen wäre weiterhin nach den Vor- und Nachteilen des jeweiligen Denkens, denn auch das Möglichkeitsdenken ist nicht ausschließlich positiv zu bewerten, wie die Schüler/innen durch die Analyse der Figur Walter und seiner Perspektive in Kapitel I/17 des *MoE* erfahren. Ein Möglichkeitsmensch kommt beispielsweise in seinem Denken nie zu einem Endpunkt, weil er die Relativität einer jeden Wahrheit erkennt. Damit ist er in einer Gesellschaft, die durch Wirklichkeitssinn geprägt ist, einerseits weitgehend handlungsunfähig. Andererseits wird er vielleicht gerade dadurch zur Handlung befähigt, dass ihm seine Denkweise eine Vielzahl von Möglichkeiten und Alternativen offeriert. Wie müsste sich das Denken, Handeln und Fühlen verändern, um eher ein Möglichkeitsmensch als ein Wirklichkeitsmensch zu sein? Gibt es Bereiche in der Gesellschaft, wo sich ein Möglichkeitsdenken, mithin ein „Sinn für die mögliche Wirklichkeit" (MoE, 17) durchgesetzt hat?

3.2 Eigenschaftslosigkeit

Um den Themenkomplex Eigenschafts- und Gestaltlosigkeit im Unterricht erarbeiten zu können, gilt es für die Schüler/innen zunächst, das Paradox zu verstehen, dass ein Mensch gerade durch den Besitz einer Vielzahl von Eigenschaften in einen Zustand der Eigenschafts- bzw. Gestaltlosigkeit gerät. (→ VII.3 *Gestaltlosigkeit*) Der Protagonist Ulrich ist der moderne Mensch par excellence, da er sich trotz seiner diversen Charakterzüge sowie einer Pluralität möglicher Lebensentwürfe, Eindrücke und Wahrnehmungen „als ein Mann ohne Eigenschaften vorkommt" (MoE, 18). Anders als Ulrich werden sich die meisten Schüler/innen in einem ersten Schritt der Beschäftigung mit dem Thema zunächst durch bestimmte Eigenschaften definiert sehen, weshalb als Gedankenexperiment ein Leben ohne Eigenschaften imaginiert werden könnte. Wie ist es auf der anderen Seite, wenn man unendlich viele Eigenschaften hat? Von Musils Begrifflichkeit ausgehend, kann ein Unterrichtsgespräch die Frage diskutieren, ob Eigenschaften etwas Essenzielles, Feststehendes oder vielmehr etwas sozial bzw. kulturell Erworbenes darstellen, das auch verändert werden kann. In einem zweiten Schritt erkennen die Schüler/innen dann, dass ihnen das Gefühl der Diffusität in Bezug auf ihre Selbstwahrnehmung und Identität bekannt ist, sie – wie Ulrich – bisweilen kein Zentrum mehr haben, sich identitätslos, mithin eigenschaftslos fühlen. In Verbindung mit der Konstitution eines Möglichkeitssinns beinhaltet Eigenschaftslosigkeit die Chance, die eigene Identität als veränderbar zu erkennen und eine Neubewertung der Persönlichkeitsmerkmale vorzunehmen. In der gegenwärtigen Gesellschaft stellt Eigenschaftslosigkeit aber auch eine Konsequenz aus der Reizüberflutung durch ein immer größer werdendes Spektrum an Möglichkeiten und Identitätsangeboten dar, die den Einzelnen beeinflussen und Musils Utopie des ‚Möglichkeitsmenschen' ins Negative verkehren. Nicht selten empfinden Schüler/innen ihre Zukunft als unsicher und haben – ebenso wie Ulrich im Roman – Schwierigkeiten herauszufinden, was sie wirklich auszeichnet. Der Prototyp der klassischen Moderne, der die Krise (sprachlich, metaphysisch, erkenntnistheoretisch, soziologisch) verkörpert, kann mit dem heutigen, ebenfalls in Auflösung begriffenen, ‚multiplen' Subjekt verglichen werden. Der moderne, eigenschaftslose Möglichkeitsmensch Ulrich verweist somit auf den Menschen der Gegenwart, der nach dem Prinzip des ‚anything goes' (Paul Feyerabend) in einer Möglichkeitsgesellschaft als ‚Risikogesellschaft' (Ulrich Beck) leben muss, die keine Sicherheit mehr zulässt, zugleich aber auch neue Möglichkeiten eröffnet. Es gilt für die Schüler/innen, anhand dieses literarischen Beispiels die Freiheit und die daraus sich ergebende Pluralität von Möglichkeiten gegen die Unsicherheit und Existenzangst abzuwägen.

4. Ausblick

Musils Theorie vom Möglichkeitsdenken ist nicht einfach ein literarisch-fiktives Konstrukt, sondern stellt darüber hinaus ein zukunftsfähiges Denkmodell für einen aktuellen Bildungsbegriff, eine aktuelle Didaktik, ein aktuelles Verständnis von Schule dar. Als eine *sinnliche* Methode des *reflexiven* Denkens, Erfassens und Fühlens kann der Möglichkeitssinn zu einer Vermittlungstechnik für die Literaturdidaktik avancieren. Damit kommt ihm für die schulische Rezeption eine doppelte Funktion zu, als Thema im Unterricht und als Methode des Unterrichtens, was die Didaktik-Forschung bisher unberücksichtigt ließ. Robert Musil war kein Didaktiker. Zumindest dann nicht, wenn unter Didaktik ausschließlich eine Theorie des Unterrichts bzw. im weiteren Sinne des Lehrens und Lernens zu verstehen ist. Doch die Frage, welche Inhalte auf welche Weise im Unterricht verhandelt werden, berührt ebenso Aspekte der Persönlichkeitsbildung, die durch Musils ‚Methode' des Möglichkeitsdenkens in besonderer Weise gefördert werden kann. Bezieht man in die Didaktik also auch die Frage mit ein, welche Menschen eine Gesellschaft ausbilden möchte bzw. wozu die Schule junge Menschen befähigen sollte, so hat Musils essayistischer Ansatz durchaus Potenzial als didaktisches Konzept. Aus seinen theoretischen Schriften und den erzählenden Texten können die Lehrer/innen und Schüler/innen ein Menschenbild ableiten, das auf Vielfältigkeit abzielt sowie auf eine Synthese aus Rationalität und Emotionalität, „Gefühlserkenntnisse[n] und Denkerschütterungen" (GW II, 997), um so den Binarismus zwischen Denken und Fühlen infrage zu stellen und aufzulösen. Insofern ist Musil im weitesten Sinne durchaus ein Didaktiker, denn seine Texte implizieren ein Denken in Möglichkeiten, das gerade in der Verbindung von Intellektualität und Fantasie neue Perspektiven für die didaktische und methodische Gestaltung des Literaturunterrichts erschließt. Das Ziel einer Didaktik im Sinne Musils sollte demnach die Vermittlung der positiven Aspekte des ‚Möglichkeitssinns' sein. Musils essayistische Theorie fokussiert das Hypothetische, Potenzielle, die Fantasie, ein Denken als Fühlen und ein Fühlen als Denken; ein Gegenstand wird dabei nie aus nur einer, sondern immer aus mehreren Perspektiven betrachtet. Damit sind die Grundpfeiler einer „essayistische[n] Didaktik" (Nübel 1997, S. 103) umrissen, die nicht nur zu eigenständigem Denken und mit Kant zu einer ‚reinen Vernunft' erzieht, sondern im Sinne der Moderne zu pluralistischem, fühlendem Denken, zu verstandesmäßigem Empfinden, zu ästhetischem Sehen.

5. Literatur

Biermann, Heinrich: Robert Musil: *Die Verwirrungen des Zöglings Törleß*. Text und Materialien. Berlin: Cornelsen 2007.

Dawidowski, Christian: Robert Musil: *Die Verwirrungen des Zöglings Törleß*. Informationen für Lehrerinnen und Lehrer. Braunschweig: Schroedel 2008. (Dawidowski 2008a)

Dawidowski, Christian: Robert Musil: *Die Verwirrungen des Zöglings Törleß*. Materialien und Arbeitsanregungen. Braunschweig: Schroedel 2008. (Dawidowski 2008b)

Donnenberg, Josef/Bauer, Alfred u.a. (Hg.): Lesezeichen 4. Lesebuch. Wien: öbv 2000.

Eisenbeis, Manfred: Robert Musil: *Die Verwirrungen des Zöglings Törleß*. Lektüreschlüssel für Schülerinnen und Schüler. Stuttgart: Reclam 2004.

Franke, Hans-Peter: Robert Musil: *Die Verwirrungen des Zöglings Törleß*. Materialien. Stuttgart: Klett 1979.

Frizen, Werner/Klein, Detlef: Robert Musil: *Die Verwirrungen des Zöglings Törleß*. Klausurtraining. Stuttgart u.a.: Klett 2008.

Grobe, Horst: Robert Musil: *Die Verwirrungen des Zöglings Törleß*. Königs Erläuterungen und Materialien. 2. Aufl. Hollfeld: Bange 2008.

Großmann, Bernhard: Robert Musil: *Die Verwirrungen des Zöglings Törleß*. Interpretation. München: Oldenbourg 1984.

Holtz-Meynert, Elmar: Begegnungen mit der Maus: Zollinger, Kafka, Musil. Begegnung mit der Maus auf Augenhöhe. Aktualitätendienst Deutsch (2012), Arbeitsblatt 3, S. 1–4. In: http://www.cornelsen.de/home/katalog/akd/1.c.3134245.de (Stand: 2.10.2013).

Hoppe, Almut: Robert Musil: *Die Verwirrungen des Zöglings Törleß*. Texte, Themen und Strukturen. Kopiervorlagen zu Abiturlektüren. Hg. v. Bernd Schurf u. Andrea Wagener. Berlin: Cornelsen 2012. (Hoppe 2012a)

Hoppe, Almut: *Die Verwirrungen des Zöglings Törleß* – poetische Gestaltung einer Krise. Kunsterlebnis – spannende Themen – Schreibtraining. In: Deutsch Extra (Oktober 2012), S. 1–4. In: http://www.cornelsen.de/lehrkraefte/1.c.3061243.de?back_link=search (Stand: 2.10.2013). (Hoppe 2012b)

Kämper-van den Boogaart, Michael: *Die Verwirrungen des Zöglings Törleß* – Eine kritische Perspektive auf Robert Musils Roman und Vorschläge zum Unterricht. In: Deutschunterricht 53 (2000), H. 4, S. 251–258.

Killinger, Robert (Hg.): Killinger Literaturkunde. Literatur erkunden. Wien: öbv 2013.

Kroemer, Roland/Zander, Thomas: Robert Musil: *Die Verwirrungen des Zöglings Törleß*. EinFach Deutsch Unterrichtsmodell. Hg. v. Johannes Diekhans. Paderborn u.a.: Schöningh 2007.

Nübel, Birgit: „Empfindsame Erkenntnisse" in Robert Musil: *Die Verwirrungen des Zöglings Törleß*. In: Der Deutschunterricht 48 (1996), H. 2, S. 50–61.

Nübel, Birgit: „Gefühlserkenntnisse und Denkerschütterungen". Für eine essayistische Didaktik. In: Gerhard Rupp (Hg.): Wozu Kultur? Zur Funktion von Sprache, Literatur und Unterricht. Frankfurt a.M. u.a.: Lang 1997, S. 103–115.

6. Schulische Rezeption

Nübel, Birgit: Robert Musil – Essayismus als Selbstreflexion der Moderne. Berlin, New York: de Gruyter 2006.

Niedersächsisches Kultusministerium (Hg.): Kerncurriculum Deutsch. Gymnasiale Oberstufe. Erarb. v. Horst Audritz, Wolfgang Jordan u. a. Hannover: Unidruck 2009. In: http://db2.nibis.de/1db/cuvo/datei/kc_deutsch_go_i_2009.pdf (Stand: 13.10.2013).

Reisner, Hanns-Peter: Robert Musil: *Die Verwirrungen des Zöglings Törleß*. Lektürehilfen. Inklusive Abitur-Fragen mit Lösungen. Stuttgart u. a.: Klett 2007.

Schönenborn, Martina: Klausur. Robert Musil: Der „andere Zustand" (1925). Analyse eines Sachtextes mit weiterführendem Schreibauftrag. Berlin: Cornelsen 2008. In: http://www.cornelsen.de/home/katalog/material/1.c.1491794.de/back_link/search (Stand: 1.4.2014).

Schröder-Werle, Renate: Robert Musil: *Die Verwirrungen des Zöglings Törleß*. Erläuterungen und Dokumente. Stuttgart: Reclam 2001.

Schurf, Bernd/Biermann, Heinrich (Hg.): Texte, Themen und Strukturen. Deutschbuch für die Oberstufe. Erarb. v. Gerd Brenner u. a. Berlin: Cornelsen 1999.

Schurf, Bernd/Fingerhut, Margret (Hg.): Texte, Themen und Strukturen. Deutschbuch für die Oberstufe. Ausgabe f. Berlin, Brandenburg, Mecklenburg-Vorpommern, Sachsen, Sachsen-Anhalt, Thüringen. Erarb. v. Karlheinz Fingerhut u. a. Berlin: Cornelsen 2009.

Schurf, Bernd/Mohr, Deborah/Wagener, Andrea (Hg.): Texte, Themen und Strukturen. Deutschbuch für die Oberstufe. Allgemeine Ausgabe. Neubearbeitung (3-jährige Oberstufe). Erarb. v. Lisa Böcker, Gerd Brenner u. a. Berlin: Cornelsen 2015.

Schurf, Bernd/Wagener, Andrea (Hg.): Texte, Themen und Strukturen. Deutschbuch für die Oberstufe. Allgemeine Ausgabe. Erarb. v. Gerd Brenner u. a. Berlin: Cornelsen 2009.

Stangel, Johann: Literaturräume. 2. Aufl. Wien: öbv 2011.

Staud, Herbert: Blicklichter 4. Wien: öbv 2007.

Wand, Gisela: Robert Musil: *Die Verwirrungen des Zöglings Törleß*. Interpretationshilfe Deutsch. Freising: Stark 2007.

X. Anhang

1. Siglen

Br I–II
Robert Musil: Briefe 1901–1942. 2 Bde. Mit Briefen v. Martha Musil, Alfred Döblin, Efraim Frisch, Hugo von Hofmannsthal, Robert Lejeune, Thomas Mann, Dorothy Norman, Viktor Zuckerkandl u. a. Hg. v. Adolf Frisé. Unter Mithilfe v. Murray G. Hall. Reinbek b. Hamburg: Rowohlt 1981.
   Bd. I: Briefe 1901–1942
   Bd. II: Kommentar. Register

GW II
Robert Musil: Gesammelte Werke. Hg. v. Adolf Frisé. Bd. II: Prosa und Stücke. Kleine Prosa. Aphorismen. Autobiographisches. Essays und Reden. Kritik. Reinbek b. Hamburg: Rowohlt 1978.

KA
Robert Musil: Klagenfurter Ausgabe. Kommentierte digitale Edition sämtlicher Werke, Briefe und nachgelassener Schriften. Mit Transkriptionen und Faksimiles aller Handschriften. Hg. v. Walter Fanta, Klaus Amann u. Karl Corino. Klagenfurt: Robert Musil-Institut 2009.
   KA, H: Transkriptionen & Faksimiles: Hefte
   KA, K: Kommentare & Apparate
   KA, L: Lesetexte
   KA, M: Transkriptionen & Faksimiles: Mappen

MoE
Robert Musil: Der Mann ohne Eigenschaften. Hg. v. Adolf Frisé. Neu durchgesehene und verbesserte Ausgabe. Reinbek b. Hamburg: Rowohlt 1978 u. ö.

Tb I–II
Robert Musil: Tagebücher. 2 Bde. Hg. v. Adolf Frisé. Reinbek b. Hamburg: Rowohlt 1983. [1. Aufl. 1976]
   Bd. I: Tagebücher
   Bd. II: Anmerkungen. Anhang. Register

2. Bibliografie
Harald Gschwandtner

1. Textausgaben, Editionen 878
   1.1 Gedruckte Werkausgaben 878
   1.2 Digitale Editionen 879
   1.3 Briefausgaben und Ausgaben der Arbeitshefte 879
   1.4 Einzelausgaben 879
2. Bibliografien 881
3. Forschungsliteratur 882
   3.1 Reihen und Periodika der Musil-Forschung 882
   3.2 Sammelbände 883
   3.3 Monografien, Aufsätze, kleinere Beiträge 885

1. Textausgaben, Editionen

Eine umfassende Dokumentation der Drucke zu Lebzeiten bieten die einschlägigen Bibliografien, die Werkausgabe von Adolf Frisé sowie die digitale *Klagenfurter Ausgabe*. Die Ergebnisse der editionsphilologischen Erschließung am Klagenfurter Robert Musil-Institut werden beginnend mit dem Jahr 2016 im Rahmen einer Hybrid-Konstruktion aus Leseausgabe und wissenschaftlicher Online-Repräsentation zugänglich gemacht:

Robert Musil: Gesamtausgabe in 12 Bänden. Hg. v. Walter Fanta im Auftrag des Robert Musil-Instituts Klagenfurt. Salzburg, Wien: Jung und Jung 2016ff.
MUSIL ONLINE: www.musilonline.org bzw. www.aau.at/musilonline (Informationen und Prototyp ab September 2016).

Das Internetportal hält auch die in diesem Handbuch verwendete Zitierweise der *Klagenfurter Ausgabe* verfügbar.

1.1 Gedruckte Werkausgaben

Gesammelte Werke in Einzelausgaben. 3 Bde. Hg. v. Adolf Frisé. Hamburg: Rowohlt 1952–1957.
  Bd. 1: Der Mann ohne Eigenschaften. Roman [1952]
  Bd. 2: Tagebücher, Aphorismen, Essays und Reden [1955]
  Bd. 3: Prosa, Dramen, späte Briefe [1957]
Gesammelte Werke. 2 Bde. Hg. v. Adolf Frisé. Reinbek b. Hamburg: Rowohlt 1978 u.ö.
  Bd. 1: Der Mann ohne Eigenschaften. Roman [MoE]
  Bd. 2: Prosa und Stücke. Kleine Prosa, Aphorismen. Autobiographisches. Essays und Reden. Kritik [GW II]
Gesammelte Werke. 9 Bde. Hg. v. Adolf Frisé. Reinbek b. Hamburg: Rowohlt 1978 u.ö.
  Bd. 1–5: Der Mann ohne Eigenschaften. Roman
  Bd. 6: Prosa und Stücke
  Bd. 7: Kleine Prosa. Aphorismen. Autobiographisches
  Bd. 8: Essays und Reden
  Bd. 9: Kritik

1.2 Digitale Editionen

Der literarische Nachlaß. Hg. v. Friedbert Aspetsberger, Karl Eibl u. Adolf Frisé. Reinbek b. Hamburg: Rowohlt 1992. [CD-ROM]

Der Mann ohne Eigenschaften. Urfassung (1922). Aus dem Nachlaß hg. v. Simona Vanni. Buch u. CD-ROM-Ausgabe. Pisa: Jacques e i suoi quaderni 2004 (= Jacques e i suoi quaderni, Bd. 43).

Klagenfurter Ausgabe. Kommentierte Edition sämtlicher Werke, Briefe und nachgelassener Schriften. Mit Transkriptionen und Faksimiles aller Handschriften. Hg. v. Walter Fanta, Klaus Amann u. Karl Corino. Klagenfurt: Robert Musil-Institut 2009. [DVD]

1.3 Briefausgaben und Ausgaben der Arbeitshefte

Aus den Tagebüchern. Ausgewählt v. Karl Markus Michel. Frankfurt a.M.: Suhrkamp 1963 (= Bibliothek Suhrkamp, Bd. 90).

Briefe nach Prag. Hg. v. Barbara Köpplová u. Kurt Krolop. Reinbek b. Hamburg: Rowohlt 1971.

Tagebücher. 2 Bde. Hg. v. Adolf Frisé. Reinbek b. Hamburg: Rowohlt 1976. [verbesserte Aufl. 1983]

Briefe 1901–1942. Mit Briefen von Martha Musil, Alfred Döblin, Efraim Frisch, Hugo von Hofmannsthal, Robert Lejeune, Thomas Mann, Dorothy Norman, Viktor Zuckerkandl und anderen. 2 Bde. Hg. v. Adolf Frisé. Unter Mithilfe v. Murray G. Hall. Reinbek b. Hamburg: Rowohlt 1981.

Briefe – Nachlese. Dialog mit dem Kritiker Walther Petry. Hg. v. Adolf Frisé. Saarbrücken: Internationale Robert-Musil-Gesellschaft 1994.

Martha Musil: Briefwechsel mit Armin Kesser und Philippe Jaccottet. 2 Bde. Hg. v. Marie-Louise Roth in Zusammenarbeit mit Annette Daigger u. Martine von Walter. Bern u.a.: Lang 1997.

1.4 Einzelausgaben

Für selbstständig erschienene Werke sind jeweils der Erstdruck und ausgewählte postume Ausgaben angeführt.

a) *Die Verwirrungen des Zöglings Törleß*

Die Verwirrungen des Zöglings Törleß. Wien, Leipzig: Wiener Verlag 1906.

Die Verwirrungen des Zöglings Törleß. Hamburg: Rowohlt 1959 u.ö.

Die Verwirrungen des Zöglings Törleß. Roman. Frankfurt a.M. u.a.: Insel 2002 (= Der Kanon. Die deutsche Literatur. Bd. 18. Hg. v. Marcel Reich-Ranicki).

Die Verwirrungen des Zöglings Törleß. Roman. In der Fassung der Erstausgabe von 1906. Nachwort v. Peter Henning. Zürich: Manesse 2013.

Die Verwirrungen des Zöglings Törleß. Hg. v. Werner Bellmann. Nachwort v. Filippo Smerilli. Stuttgart: Reclam 2013.

Die Verwirrungen des Zöglings Törleß. Hg. v. Oliver Pfohlmann. Berlin: Suhrkamp 2013.

b) *Vereinigungen*

Vereinigungen. Zwei Erzählungen. München, Leipzig: Georg Müller 1911.

Vereinigungen. Zwei Erzählungen. Mit einem Nachwort v. Adolf Frisé. München: Piper 1966.

Vereinigungen. 2 Erzählungen. Mit einem Essay v. Hartmut Böhme. Frankfurt a.M.: Suhrkamp 1990.

Vereinigungen. Zwei Erzählungen. Hg. v. Tim Mehigan. Stuttgart: Reclam 2014.

c) *Die Schwärmer*

Die Schwärmer. Schauspiel in drei Aufzügen. Dresden: Sibyllen-Verlag 1921.
Die Schwärmer. Schauspiel in drei Aufzügen. Reinbek b. Hamburg: Rowohlt 1957. [Bühnenmanuskript]
Die Schwärmer. Schauspiel. Im Anhang: Der Schwärmerskandal. Aus den Briefen und Tagebüchern. Hg. u. kommentiert v. Adolf Frisé. Reinbek b. Hamburg: Rowohlt 1982.
Die Schwärmer. Ein Film v. Hans Neuenfels. Reinbek b. Hamburg: Rowohlt 1985.

d) *Drei Frauen*

Grigia. Erzählung. In: Der Neue Merkur 5 (1921), H. 9, S. 587–607.
Grigia. Novelle. Mit 6 Orig.-Radierungen v. Alfred Zangerl. Potsdam: Müller & Co 1923.
Tonka. In: Der Neue Roman. Ein Halbjahr neuester Prosa. Hg. v. Friedrich Jaksch. Reichenberg: Gebrüder Stiepel 1923, S. 349–389.
Die Portugiesin. Novelle. Berlin: Rowohlt 1923.
Drei Frauen. Novellen. Berlin: Rowohlt 1924.
Drei Frauen. Novellen. Zürich: Pegasus 1944.
Drei Frauen. Novellen. Hamburg: Rowohlt 1952 u.ö.
Drei Frauen. Text, Materialien, Kommentar. Hg. v. Karl Eibl. München, Wien: Hanser 1978.
Drei Frauen. Novellen. Leipzig: Insel 1980.
Drei Frauen. Hg. v. Tim Mehigan. Stuttgart: Reclam 2013.

e) *Vinzenz und die Freundin bedeutender Männer*

Vinzenz und die Freundin bedeutender Männer. Posse in drei Akten. Berlin: Rowohlt 1924.
Vinzenz und die Freundin bedeutender Männer. Posse in drei Akten. Reinbek b. Hamburg: Rowohlt 1957. [Bühnenmanuskript]

f) *Der Mann ohne Eigenschaften*

Der Mann ohne Eigenschaften. Roman. Erstes Buch. Berlin: Rowohlt 1930.
Der Mann ohne Eigenschaften. Roman. Zweites Buch. Dritter Teil. Berlin: Rowohlt 1932.
Der Mann ohne Eigenschaften. Roman. Dritter Band. Aus dem Nachlass hg. v. Martha Musil. Lausanne: Imprimerie Centrale 1943.
Der Mann ohne Eigenschaften. Hg. v. Adolf Frisé. Hamburg: Rowohlt 1952 (= Gesammelte Werke in Einzelausgaben).
Utopie Kakanien. Ein Querschnitt durch den Roman *Der Mann ohne Eigenschaften*. Eingeleitet u. ausgewählt v. Hans Heinz Hahnl. Graz, Wien: Stiasny 1962.
Der Mann ohne Eigenschaften. Urfassung (1922). Aus dem Nachlaß hg. v. Simona Vanni. Buch u. CD-ROM-Ausgabe. Pisa: Jacques e i suoi quaderni 2004 (= Jacques e i suoi quaderni, Bd. 43).
Der Mann ohne Eigenschaften. Aus dem Nachlaß hg. v. Enrico De Angelis. Pisa: Jacques e i suoi quaderni / Frankfurt a.M.: Stroemfeld 2006 (= Jacques e i suoi quaderni, Bd. 47).
Der Mann ohne Eigenschaften. Roman. Berlin: Suhrkamp 2013.
Der Mann ohne Eigenschaften. Hg. v. Adolf Frisé. Mit einem ausführlichen Kommentar v. Karl Corino. Reinbek b. Hamburg: Rowohlt 2013.

g) Sonstige Prosa

Der Vorstadtgasthof. Illustrationen v. Richard Ziegler. Berlin: Pandora-Drucke 1931.
Nachlass zu Lebzeiten. Zürich: Humanitas 1936.

Nachlaß zu Lebzeiten. Ungekürzte Ausgabe. Reinbek b. Hamburg: Rowohlt 1962 u.ö.
Die Amsel. Bilder. Mit einem Nachwort v. Peter Pütz. Stuttgart: Reclam 1967.
Sämtliche Erzählungen. Reinbek b. Hamburg: Rowohlt 1968.
Als Papa Tennis lernte. Glossen und Geschichten. Frankfurt a.M.: Fischer 2003.
Paraphrasen. Aus dem Nachlaß hg. v. Enrico De Angelis. Mit einem Beitrag v. Vojen Drlík. Pisa: Jacques e i suoi quaderni 2005 (= Jacques e i suoi quaderni, Bd. 44).
Nachlass zu Lebzeiten. Hg. v. Fred Lönker. Stuttgart: Reclam 2013.

h) Essayistik, Reden, Wissenschaft

Rede zur Rilke-Feier in Berlin am 16. Januar 1927. Berlin: Rowohlt 1927.
Über die Dummheit. Vortrag auf Einladung des Österreichischen Werkbunds gehalten in Wien am 11. und wiederholt am 17. März 1937. Wien: Bermann-Fischer 1937.
Das hilflose Europa. Drei Essays. München: Piper 1961.
Theater. Kritisches und Theoretisches. Mit Vorwort, Erläuterungen und einem Essay ‚Zum Verständnis der Texte', Zeittafel u. Bibliographie hg. v. Marie-Louise Roth. Reinbek b. Hamburg: Rowohlt 1965 (= Rowohlts Klassiker der Literatur und der Wissenschaft. Deutsche Literatur, Bd. 16).
Der deutsche Mensch als Symptom. Aus dem Nachlaß hg. v. der Vereinigung Robert-Musil-Archiv Klagenfurt. Textbearbeitung v. Karl Corino u. Elisabeth Albertsen unter Mitwirkung v. Karl Dinklage. Reinbek b. Hamburg: Rowohlt 1967.
Beitrag zur Beurteilung der Lehren Machs und Studien zur Technik und Psychotechnik. Reinbek b. Hamburg: Rowohlt 1980.
Texte aus dem Nachlaß. Hg. v. der Arbeitsstelle Robert-Musil-Nachlaß, Wien/Klagenfurt im Auftrag des Bundesministeriums für Wissenschaft und Forschung. Projektleitung: Elisabeth Castex, Friedbert Aspetsberger. Reinbek b. Hamburg: Rowohlt 1980.
Über die Dummheit. Berlin: Alexander 1985.
Wege zu Musil. Eine Auswahl aus seinen Texten. Hg. v. Adolf Frisé. Reinbek b. Hamburg: Rowohlt 1992.
Über die Dummheit. Vortrag auf Einladung des Österreichischen Werkbundes. Gehalten in Wien am 11. und wiederholt am 17. März 1937. Erlangen: Wildleser-Verlag Gasseleder 2013.
Über die Dummheit. Stuttgart: Reclam 2014.

2. Bibliografien

Hier sind lediglich eigenständig erschienene Bibliografien chronologisch erfasst. Zahlreiche Monografien und Textausgaben bieten ebenfalls zum Teil sehr umfangreiche bibliografische Sammlungen zur einschlägigen Musil-Forschung.

Karthaus, Ulrich: Musil-Forschung und Musil-Deutung. Ein Literaturbericht. In: Deutsche Vierteljahrsschrift für Literaturwissenschaft und Geistesgeschichte 39 (1965), S. 441–483.
Thöming, Jürgen C.: Kommentierte Auswahlbibliographie zu Robert Musil. In: Text + Kritik (1968), H. 21/22, S. 61–67.
Thöming, Jürgen C.: Robert-Musil-Bibliographie. Bad Homburg u.a.: Gehlen 1968 (= Bibliographien zum Studium der deutschen Sprache und Literatur, Bd. 4).
Thöming, Jürgen C.: Kommentierte Auswahlbibliographie zu Robert Musil. In: Text + Kritik (^{2}1972), H. 21/22, S. 73–87.
Hall, Murray G.: Verzeichnis der Buch- und Aufführungskritiken der *Schwärmer*. In: Musil-Forum 1 (1975), S. 56–60 u. 220–224.
Danner, Karl Heinz: Robert-Musil-Schrifttum 1970–1975. Ergänzungsbibliographie. In: Modern Austrian Literature 9 (1976), H. 3/4, S. 210–239.

Danner, Karl Heinz: Robert Musil Jahresbibliographie 1975. In: Musil-Forum 2 (1976), S. 102–104 u. 301.
Danner, Karl Heinz: Zur Musil-Bibliographie. In: Musil-Forum 3 (1977), S. 88–93.
King, Lynda J.: Robert Musil Bibliography 1976/77. In: Musil-Forum 4 (1978), S. 104–116.
Mae, Michiko: Robert-Musil-Bibliographie. Ergänzungsbibliographie 1977–1980. In: Musil-Forum 6 (1980), S. 239–259.
Mae, Michiko: Bibliographie. In: Olmi/Roth (Hg.): Robert Musil [1981], S. 294–341.
Mae, Michiko: Robert-Musil-Bibliographie. Ergänzungsbibliographie 1980–1983. In: Musil-Forum 9 (1983), S. 183–219.
Mae, Michiko/Thöming, Jürgen C.: Auswahlbibliographie zu Robert Musil. In: Text + Kritik (^{3}1983), H. 21/22, S. 153–177.
Chevalier, Claude/Mae, Michiko/Militzer, Gerti: Bibliographie der zu Lebzeiten erschienenen Texte Robert Musils (1904–1942). In: Musil-Forum. Wissenschaftliches Beiheft 2 (1984), S. 13–58.
Chevalier, Claude/Magnou, Jacqueline: Robert Musil. Bibliographie chronologique. In: Musil-Forum. Wissenschaftliches Beiheft 3 (1987), S. 67–94.
Kümmerling, Bettina: Robert-Musil-Forschung 1973–1987. In: Literatur in Wissenschaft und Unterricht 20 (1987), S. 540–570.
N.N.: Bibliographie Robert Musil. In: Doitsu bungaku (1987), H. 79, S. 192–213.
N.N.: [Bibliographie]. In: Musil-Forum. Wissenschaftliches Beiheft 4 (1990), S. 1–57.
Fiala-Fürst, Ingeborg: Robert Musil. Internationale Bibliographie der Sekundärliteratur 1984–1991. In: Musil-Forum. Wissenschaftliches Beiheft 5 (1991), S. 1–109.
Markner, Reinhard: Einige Ergänzungen zur jüngsten Musil-Bibliographie. In: Musil-Forum 17/18 (1991/92), S. 245–267.
Iurlano, Fabrizio/Venturelli, Aldo: Bibliographie der italienischen Musil-Forschung (1965–1990). In: Musil-Forum 17/18 (1991/92), S. 189–205.
Markner, Reinhard: Musil-Bibliographie 1992–1993 (mit Nachträgen 1984–1991). In: Musil-Forum 19/20 (1993/94), S. I–XX.
Janssen, Catherine/May, Johanna/Roßbach, Nikola: Robert Musil. Bibliographie 1994–2001. In: Musil-Forum 27 (2001/02), S. 289–330.
Roßbach, Nikola: Robert-Musil-Bibliographie 2002–2008. In: Musil-Forum 30 (2007/08), S. 257–293.
Gschwandtner, Harald: Musil-Bibliographie Online 1992–2013. In: http://www.musilgesellschaft.at/texte/musilforum%20online/Musil-Bibliographie%201992–2013.pdf (Stand: 31.10.2013).

3. Forschungsliteratur

3.1 Reihen und Periodika der Musil-Forschung

Reihen

Musil-Studien [Wilhelm Fink Verlag; seit 1971 bisher 43 Bände erschienen]
Beiträge zur Robert-Musil-Forschung und zur neueren österreichischen Literatur [Universitätsverlag Röhrig; von 1991 bis 2004 insgesamt 16 Bände erschienen]
Musiliana [Verlag Peter Lang; seit 1995 bisher 16 Bände erschienen]

Periodika

Musil-Forum. Studien zur Literatur der klassischen Moderne [wechselnde Verlags- und Redaktionsorte; seit 1975 bisher 33 Bände erschienen, zu Beginn zwei Hefte pro Jahr, später häufig Doppelbände für zwei Jahrgänge; seit Bd. 27 (2001/02) erscheint die Zeitschrift im Walter de Gruyter Verlag, aktuelle Herausgeber ab Bd. 31 (2009/10) sind Norbert Christian Wolf u. Rosmarie Zeller]

Rapial. Zeitschrift für Kultur und Wissenschaft des Robert-Musil-Archivs [Klagenfurt; von 1991 bis 1993 erschienen]

3.2 Sammelbände

Bartram, Graham/Payne, Philip/Tihanov, Galin (Hg.): A companion to the works of Robert Musil. Rochester u.a.: Camden House 2007 (= Studies in German literature, linguistics, and culture).

Baur, Uwe/Castex, Elisabeth (Hg.): Robert Musil. Untersuchungen. Königstein i.Ts.: Athenäum 1980.

Baur, Uwe/Goltschnigg, Dietmar (Hg.): Vom *Törleß* zum *Mann ohne Eigenschaften*. Grazer Musil-Symposion 1972. München, Salzburg: Fink 1973 (= Musil-Studien, Bd. 4).

Béhar, Pierre/Roth, Marie-Louise (Hg.): Literatur im Kontext Robert Musil / Littérature dans le contexte de Robert Musil. Colloque Internationale – Strasbourg 1996. In Zusammenarbeit mit Annette Daigger. Bern u.a.: Lang 1999 (= Musiliana, Bd. 6).

Béhar, Pierre/Roth, Marie-Louise (Hg.): Musil an der Schwelle zum 21. Jahrhundert. Internationales Kolloquium, Saarbrücken 2001. In Zusammenarbeit mit Annette Daigger. Bern u.a.: Lang 2005 (= Musiliana, Bd. 10).

Beil, Ulrich Johannes/Gamper, Michael/Wagner, Karl (Hg.): Medien, Technik, Wissenschaft. Wissensübertragung bei Robert Musil und in seiner Zeit. Zürich: Chronos 2011 (= Medienwandel – Medienwechsel – Medienwissen, Bd. 17).

Belobratow, Alexander W. (Hg.): Österreichische Literatur: Robert Musil und einiges mehr. St. Petersburg: Peterburg XXI Vek 2011 (= Jahrbuch der Österreich-Bibliothek in St. Petersburg, Bd. 9).

Bloom, Harold (Hg.): Robert Musil's *The man without qualities*. Philadelphia: Chelsea House Publ. 2005 (= Bloom's modern critical interpretations).

Böschenstein, Bernhard/Roth, Marie-Louise (Hg.): Hommage à Musil. Genfer Kolloquium zum 50. Todestag von Robert Musil. Bern u.a.: Lang 1995 (= Musiliana, Bd. 1).

Breuer, Ingo/Busch, Walter (Hg.): Robert Musil: *Die Amsel*. Kritische Lektüren. Materialien aus dem Nachlaß. Bozen u.a.: Ed. Sturzflüge/StudienVerlag 2000 (= Essay & Poesie, Bd. 11).

Brokoph-Mauch, Gudrun (Hg.): Beiträge zur Musil-Kritik. Frankfurt a.M. u.a.: Lang 1983 (= Europäische Hochschulschriften. Reihe 1: Deutsche Sprache und Literatur, Bd. 596).

Brokoph-Mauch, Gudrun (Hg.): Robert Musil. Essayismus und Ironie. Tübingen: Francke 1992 (= Edition Orpheus, Bd. 6).

Cejpek, Lucas (Hg.): Nach Musil. Denkformen. Wien, Berlin: Turia + Kant 1992.

Chardin, Philippe (Hg.): Robert Musil. „Parler comme un livre, vivre comme on lit". Reims: Klincksieck 2000 (= La lecture littéraire, Bd. 4).

Chiarini, Paolo (Hg.): Musil, nostro contemporaneo. Rom: Edizioni dell'Instituto Italiano di Studi Germanici 1986 (= Atti dell'Instituto Italiano di Studi Germanici, Bd. 3).

Cometti, Jean-Pierre (Hg.): Robert Musil. [Royaumont]: Éd. Royaumont 1986.

Corino, Karl (Hg.): Erinnerungen an Robert Musil. Texte von Augenzeugen. Wädenswil: Nimbus 2010 (= En face, Bd. 2).

Daigger, Annette/Henninger, Peter (Hg.): Robert Musils Drang nach Berlin. Internationales Kolloquium zum 125. Geburtstag des Schriftstellers. Bern u.a.: Lang 2008 (= Musiliana, Bd. 14).

Daigger, Annette/Militzer, Gerti (Hg.): Die Übersetzung literarischer Texte am Beispiel Robert Musil. Beiträge des Internationalen Übersetzer-Kolloquiums in Straelen vom 8.–10. Juni 1987. Stuttgart: Heinz 1988 (= Stuttgarter Arbeiten zur Germanistik, Bd. 207).

Daigger, Annette/Schröder-Werle, Renate/Thöming, Jürgen C. (Hg.): West-östlicher Divan zum utopischen Kakanien. Hommage à Marie-Louise Roth. Bern u.a.: Lang 1999.

Danner, Karl-Heinz (Hg.): Materialien vom Internationalen Symposium zu Fragen der Robert-Musil-Forschung. Universität des Saarlandes, Saarbrücken, 27.–29.5.1973. Saarbrücken: Arbeitsstelle für Robert-Musil-Forschung 1973. [2. Aufl. 1974]

Dinklage, Karl (Hg.): Robert Musil. Leben – Werk – Wirkung. Zürich u. a.: Amalthea / Reinbek b. Hamburg: Rowohlt 1960.
Dinklage, Karl (Hg.): Robert Musil. Studien zu seinem Werk. Zusammen mit Elisabeth Albertsen u. Karl Corino. Reinbek b. Hamburg: Rowohlt 1970.
Enyedi, András (Hg.): Begegnungen mit Musil. Budapest: Loránd-Eötvös-Univ. 1991 (= Budapester Beiträge zur Germanistik, Bd. 22).
Fanta, Walter (Hg.): Klagenfurter Beiträge 1993 zur Musil-Forschung. Beiträge zum Internationalen Robert-Musil-Symposium Rom, 1992. Klagenfurt: Kulturamt der Stadt Klagenfurt 1993 (= Wissenschaftliche Veröffentlichungen der Landeshauptstadt Klagenfurt, Bd. 5).
Farda, Dieter P./Karthaus, Ulrich (Hg.): Sprachästhetische Sinnvermittlung. Robert-Musil-Symposion, Berlin 1980. Frankfurt a. M. u. a.: Lang 1982 (= Europäische Hochschulschriften. Reihe 1: Deutsche Sprache und Literatur, Bd. 493).
Feger, Hans/Pott, Hans-Georg/Wolf, Norbert Christian (Hg.): Terror und Erlösung. Robert Musil und der Gewaltdiskurs in der Zwischenkriegszeit. München: Fink 2009 (= Musil-Studien, Bd. 37).
Feigl, Walter/Fleck, Günther/Hamersky, Ursula (Hg.): Robert Musil. Der Mann mit Eigenschaften: Offizier, Literat, Psychologe, Ingenieur. Wien: PROverbis 2014.
Freese, Wolfgang (Hg.): Philologie und Kritik. Klagenfurter Vorträge zur Musilforschung. München, Salzburg: Fink 1981 (= Musil-Studien, Bd. 7).
Griesecke, Birgit (Hg.): Werkstätten des Möglichen 1930–1936. L. Fleck, E. Husserl, R. Musil, L. Wittgenstein. Würzburg: Königshausen & Neumann 2008 (= Studien zur Kulturpoetik, Bd. 12).
Groeben, Norbert (Hg.): Rezeption und Interpretation. Ein interdisziplinärer Versuch am Beispiel der *Hasenkatastrophe* von Robert Musil. Tübingen: Narr 1981 (= Empirische Literaturwissenschaft, Bd. 5).
Heydebrand, Renate von (Hg.): Robert Musil. Darmstadt: Wissenschaftliche Buchgesellschaft 1982 (= Wege der Forschung, Bd. 588).
Hickman, Hannah (Hg.): Robert Musil and the literary landscape of his time. Papers of an international symposium held at the University of Salford, July 1990. Salford: Dep. of Modern Languages 1991.
Huber, Lothar/White, John J. (Hg.): Musil in focus. Papers from a Centenary Symposium. London: Institute of Germanic Studies 1982 (= Publications of the Institute of Germanic Studies, Bd. 28).
Luserke-Jaqui, Matthias (Hg.): „Alle Welt ist medial geworden." Literatur, Technik, Naturwissenschaft in der klassischen Moderne. Internationales Darmstädter Musil-Symposium. Tübingen: Francke 2005 (= KULI. Studien und Texte zur Kulturgeschichte der deutschsprachigen Literatur, Bd. 4).
Mannarini, Lalli (Hg.): Musil. Anni senza sintesi. Cosenza: Lerici 1980.
Martens, Gunther/Ruthner, Clemens/De Vos, Jaak (Hg.): Musil anders. Neue Erkundungen eines Autors zwischen den Diskursen. Bern u. a.: Lang 2005 (= Musiliana, Bd. 11).
Mulligan, Kevin/Westerhoff, Armin (Hg.): Robert Musil – Ironie, Satire, falsche Gefühle. Paderborn: mentis 2009.
Munzar, Jiří (Hg.): Robert Musil, ein Mitteleuropäer. Referate, die im Rahmen der internationalen Konferenz zu diesem Thema in den Tagen 30.9.–2.10.1993 in Brünn vorgetragen wurden. Brünn: Institut für Germanistik und Nordistik 1994.
Musil contro Proust. Mailand: Shakespeare & Co. 1981.
Olmi, Roberto/Roth, Marie-Louise (Hg.): Robert Musil. Paris: Éd. de l'Herne 1981.
Pott, Hans-Georg (Hg.): Robert Musil – Dichter, Essayist, Wissenschaftler. München: Fink 1993 (= Musil-Studien, Bd. 8).
Robert Musil nel primo centenario della nascita. Innsbruck, Wien: Instituto Italiano di Cultura 1980.
Roth, Marie-Louise (Hg.): Neue Ansätze zur Robert-Musil-Forschung. Wiener Kolloquium zum 20-jährigen Bestehen der Internationalen Robert-Musil-Gesellschaft. Bern u. a.: Lang 1999 (= Musiliana, Bd. 5).

Roth, Marie-Louise/Schröder-Werle, Renate/Zeller, Hans (Hg.): Nachlaß- und Editionsprobleme bei modernen Schriftstellern. Beiträge zu den Internationalen Robert-Musil-Symposien Brüssel 1976 und Saarbrücken 1977. Bern u. a.: Lang 1981 (= Jahrbuch für Internationale Germanistik. Reihe A: Kongreßberichte, Bd. 7).

Salgaro, Massimo (Hg.): Robert Musil in der Klagenfurter Ausgabe. Bedingungen und Möglichkeiten einer Edition. München: Fink 2014 (= Musil-Studien, Bd. 42).

Strutz, Josef (Hg.): Kunst, Wissenschaft und Politik von Robert Musil bis Ingeborg Bachmann. Internationales Robert-Musil-Sommerseminar 1985. München: Fink 1986 (= Musil-Studien, Bd. 14).

Strutz, Josef (Hg.): Robert Musils „Kakanien" – Subjekt und Geschichte. Festschrift für Karl Dinklage zum 80. Geburtstag. Internationales Robert-Musil-Sommerseminar 1986 im Musil-Haus, Klagenfurt. München: Fink 1987 (= Musil-Studien, Bd. 15).

Strutz, Josef/Kiss, Endre (Hg.): Genauigkeit und Seele. Zur österreichischen Literatur seit dem Fin de siècle. Internationale Robert-Musil-Sommerseminare 1987 und 1988 im Musil-Haus, Klagenfurt. München: Fink 1990 (= Musil-Studien, Bd. 18).

Strutz, Josef/Strutz, Johann (Hg.): Robert Musil und die kulturellen Tendenzen seiner Zeit. Internationales Robert-Musil-Sommerseminar 1982. München: Fink 1983 (= Musil-Studien, Bd. 11).

Strutz, Josef/Strutz, Johann (Hg.): Robert Musil – Literatur, Philosophie, Psychologie. Internationales Robert-Musil-Sommerseminar 1983. München: Fink 1984 (= Musil-Studien, Bd. 12).

Strutz, Josef/Strutz, Johann (Hg.): Robert Musil – Theater, Bildung, Kritik. Internationales Robert-Musil-Sommerseminar 1984 im Musil-Haus, Klagenfurt. München: Fink 1985 (= Musil-Studien, Bd. 13).

Wittmann, Reinhard G. (Hg.): „Der Gesang des Todes". Robert Musil und der Erste Weltkrieg. München: Literaturhaus München 2014.

3.3 Monografien, Aufsätze, kleinere Beiträge

Gerade im Bereich unselbstständig erschienener Arbeiten zu Robert Musil sprengt die Anzahl der Beiträge die Möglichkeiten einer vollständigen bibliografischen Verzeichnung. Die folgende Aufstellung versteht sich demnach als repräsentative Auswahl, die nicht zuletzt die ‚Forschungsbiografien' von Wissenschaftlerinnen und Wissenschaftler dokumentieren soll; Beiträge aus Tageszeitungen wurden mit einigen wenigen Ausnahmen nicht berücksichtigt. Außerdem verzeichnet die Liste nur Texte, die in gängigen Sprachen der germanistischen Forschung (deutsch, englisch, französisch, italienisch, spanisch) verfasst wurden. Mehrmals bzw. später in Übersetzung gedruckte Beiträge werden nach der verzeichneten Erstpublikation in eckigen Klammern angeführt. Die Kurzverweise auf einschlägige Sammelbände der Musil-Forschung sind unter 3.2 aufgelöst.

Abolgassemi, Maxime: La description expérimentale chez Balzac et Musil. In: Poétique (2006), H. 145, S. 59–81.

Adam, Christine/Hamm, Horst/Köhler, Andrea/Pfeiffer, Joachim: Bekenntnis und Abwehr. Eine Analyse von Robert Musils Schreibprozeß am Beispiel seiner Novelle *Die Versuchung der stillen Veronika*. In: Freiburger literaturpsychologische Gespräche 4 (1985), S. 101–122.

Adams, Dale: Die Konfrontation von Denken und Wirklichkeit. Die Rolle und Bedeutung der Mathematik bei Robert Musil, Hermann Broch und Friedrich Dürrenmatt. St. Ingbert: Röhrig 2011 (= Transpositionen, Bd. 2).

Agathos, Katarina: Unter dem aufgeräumten Schreibtisch lauert die Entropie. Wahrnehmungsphänomene. Zerlegungsprozesse. Übertragungsversuche. In: K. A., Herbert Kapfer (Hg.): Robert Musil: *Der Mann ohne Eigenschaften*. Remix. München: belleville 2004, S. 15–28.

Agazzi, Elena: L'area mitteleuropea. Robert Musil, Franz Kafka e l'esempio italiano. In: Lia DeFinis (Hg.): Letteratura contemporanea italiana ed europea. Trento: Assoc. Culturale Antonio Rosmini 1996 (= Strumenti, Bd. 6), S. 83–92.

Agnese, Barbara: Isis und Osiris. Mythos und Doppelgeschlechtlichkeit der Seele bei Robert Musil und Ingeborg Bachmann. In: Françoise Rétif, Ortrun Niethammer (Hg.): Mythos und Geschlecht – Mythes et différences des sexes. Deutsch-französisches Kolloquium. Heidelberg: Winter 2005, S. 73–84.

Akashi, Eiichiro: Über die Grenzen der Begriffe und die Funktion der Bilder in Musils *Tonka*. In: Strutz/Kiss (Hg.): Genauigkeit und Seele [1990], S. 97–114.

Akashi, Eiichiro: Vom Unpersönlichen überfallen. Das Zimmer als Topos beim frühen Musil. In: Doitsu bungaku (2010), H. 142, S. 149–165.

Albérès, René Marill: Musil, précurseur de l'antiroman. In: La Revue de Paris 73 (1966), H. 1, S. 71–84.

Alberti, Paola: Sistema di fratelli-sorelle. Agogica musiliana. In: Per la critica (1974), H. 7/8, S. 61–75.

Albertsen, Elisabeth: Ratio und „Mystik" im Werk Robert Musils. München: Nymphenburger 1968 (= Sammlung Dialog, Bd. 22).

Albertsen, Elisabeth: Jugendsünden? Die literarischen Anfänge Musils (mit unbekannten Texten). In: Dinklage (Hg.): Robert Musil. Studien zu seinem Werk [1970], S. 9–25.

Albertsen, Elisabeth: Ea oder die Freundin bedeutender Männer. Porträt einer Wiener Kaffeehaus-Muse. In: Musil-Forum 5 (1979), H. 1, S. 21–37, u. 5 (1979), H. 2, S. 135–153.

Albertsen, Elisabeth/Corino, Karl: *Grauauges nebligster Herbst* von Robert Musil. In: Studi germanici 5 (1967), H. 2, S. 253–271.

Albertsen, Elisabeth/Corino, Karl: Noch einmal Musil. Anmerkungen zu Fragen des Nachlasses und der Edition. In: Die Presse, 28.4.1967.

Albrecht, Andrea: Mathematische und ästhetische Moderne. Zu Robert Musils Essay *Der mathematische Mensch*. In: Scientia Poetica 12 (2008), S. 218–250.

Aler, Jan: Als Zögling zwischen Maeterlinck und Mach. Robert Musils literarisch-philosophische Anfänge. In: Fritz Martini (Hg.): Probleme des Erzählens in der Weltliteratur. Festschrift für Käte Hamburger. Stuttgart: Klett 1971, S. 234–290.

Aler, Jan: Robert Musil. Ein Kulturkritiker. In: Duitse kroniek 28 (1976), H. 1/2, S. 32–60.

Allais, Kai: „Geräusche" – Textlichkeit und Serialität. Musils Novelle *Die Versuchung der stillen Veronika*. In: Strutz (Hg.): Robert Musils „Kakanien" [1987], S. 77–94.

Allemann, Beda: Musil. In: B. A.: Ironie und Dichtung. Pfullingen: Neske 1956, S. 177–220. [2. Aufl. 1969] [z.T. auch in: Hans-Egon Hass, Gustav-Adolf Mohrlüder (Hg.): Ironie als literarisches Phänomen. Köln: Kiepenheuer & Witsch 1973, S. 257–263]

Allemann, Beda: Robert Musil und die Zeitgeschichte. In: B. A. (Hg.): Literatur und Germanistik nach der ‚Machtübernahme'. Colloquium zur 50. Wiederkehr des 30. Januar 1933. Bonn: Bouvier 1983, S. 90–117.

Allemann, Beda: Die Schwierigkeit zu enden (Goethe, Rilke, Hofmannsthal, Musil, Kafka). In: Jürgen Söring (Hg.): Die Kunst zu enden. Frankfurt a. M. u. a.: Lang 1990, S. 125–144.

Allesch, Johannes von: Robert Musil in der geistigen Bewegung seiner Zeit. In: Dinklage (Hg.): Robert Musil [1960], S. 133–142.

Alonso, Rafael García: Robert Musil y el hombro escindido. Diss. Univ. de Madrid 1990.

Alt, Peter-André: Ironie und Krise. Ironisches Erzählen als Form ästhetischer Wahrnehmung in Thomas Manns *Der Zauberberg* und Robert Musils *Der Mann ohne Eigenschaften*. Frankfurt a. M. u. a.: Lang 1985 (= Europäische Hochschulschriften. Reihe 1: Deutsche Sprache und Literatur, Bd. 722). [2. Aufl. 1989]

Alt, Peter-André: Allegorische Formen in Robert Musils Erzählungen. In: Jahrbuch der Deutschen Schillergesellschaft 32 (1988), S. 314–343.

Althaus, Horst: Robert Musil – Roman als Zeitdiagnose und Zeitverfall. In: H. A.: Zwischen Monarchie und Republik. Schnitzler, Hofmannsthal, Kafka, Musil. München: Fink 1976, S. 159–185.

Altmann, Volkmar: Totalität und Perspektive. Zum Wirklichkeitsbegriff Robert Musils im *Mann ohne Eigenschaften*. Frankfurt a. M. u. a.: Lang 1992 (= Literarhistorische Untersuchungen, Bd. 19).

Álvarez, Gerardo: Juan García Ponce y Robert Musil. Las afinidades de elección. In: Revista de literatura mexicana comtemporánea 24 (2004), S. 55–63.

Álvarez, Gerardo: Rezeption und Transfer von Robert Musils *Mann ohne Eigenschaften* im hispanoamerikanischen Kulturraum. In: Andrea Benedek, Szabolcs János-Szatmári, Renata Alice Crisan (Hg.): Interkulturelle Erkundungen. Leben, Schreiben und Lernen in zwei Kulturen. Bd. 1. Frankfurt a.M. u.a.: Lang 2012 (= Großwardeiner Beiträge zur Germanistik, Bd. 1), S. 273–284.

Álvarez, Gerardo/Czap, Ildikó: Musils und Brochs Wanderungen in den deutschsprachigen Literaturgeschichten am Beispiel von Paul Fechter und Adalbert Schmidt. In: Attila Bombitz u.a. (Hg.): Österreichische Literatur ohne Grenzen. Gendenkschrift für Wendelin Schmidt-Dengler. Wien: Praesens 2009, S. 73–86.

Álvarez, Gerardo/Czap, Ildikó: Wirklich unbekannt? Zum Kanonisierungsprozess von Robert Musils *Mann ohne Eigenschaften*. In: Arnulf Knafl (Hg.): Kanon und Literaturgeschichte. Wien: Praesens 2010, S. 73–93.

Amann, Gerold: Möglichkeiten einer literaturwissenschaftlichen Beschreibungssprache. Theoretische Überlegungen und praktische Erprobung am Beispiel des fiktionalen Raumes in Robert Musils Roman *Der Mann ohne Eigenschaften*. Diss. Univ. Innsbruck 1983.

Amann, Klaus: Robert Musils Tagebücher. In: Musil-Forum 23/24 (1997/98), S. 73–83.

Amann, Klaus: „I have become too abstract". On the diaries of Robert Musil. In: Fiction 16 (1999), H. 1, S. 108–115.

Amann, Klaus: Der Zweite Weltkrieg in der Literatur. Österreichische Beispiele. In: Zeitgeschichte 31 (2004), H. 3, S. 156–178.

Amann, Klaus: „Nieder mit dem Kulturoptimismus". Robert Musil und der „Kongress zur Verteidigung der Kultur" (1935) in Paris. In: Studi germanici 42 (2004), H. 3, S. 495–522.

Amann, Klaus: Robert Musil – Literatur und Politik. Mit einer Neuedition ausgewählter politischer Schriften aus dem Nachlass. Reinbek b. Hamburg: Rowohlt 2007.

Amann, Klaus: Robert Musil. Literature and politics. In: Bartram/Payne/Tihanov (Hg.): A companion to the works of Robert Musil [2007], S. 53–86.

Amann, Klaus: Bedenken eines Langsamen. Robert Musil und das Jahr 1933. In: Daigger/Henninger (Hg.): Robert Musils Drang nach Berlin [2008], S. 339–358.

Amann, Klaus: Robert Musil und das ‚Theorem der menschlichen Gestaltlosigkeit'. In: Beil/Gamper/Wagner (Hg.): Medien, Technik, Wissenschaft [2011], S. 237–254.

Amanshauser, Gerhard: Musils ‚anderer Zustand'. In: G. A.: Tische, Stühle & Bierseidel. Vorträge. Weitra: Bibliothek der Provinz [1997], S. 73–91.

Amarante, Maria Antonia: Musil auf der Reise nach Portugal. Begegnungen und Zwischenstationen. In: Daigger/Militzer (Hg.): Die Übersetzung literarischer Texte am Beispiel Robert Musil [1988], S. 241–245.

Ambros, Gerda: Robert Musils *Schwärmer* – entfernte Biographien. In: Strutz/Strutz (Hg.): Robert Musil – Theater, Bildung, Kritik [1985], S. 78–94.

Améry, Jean: Gespräch über Leben und Ende des Herbert Törleß (1906). In: Peter Härtling (Hg.): Leporello fällt aus der Rolle. Zeitgenössische Autoren erzählen das Leben von Figuren der Weltliteratur weiter. Frankfurt a.M.: Fischer 1971, S. 185–197.

Amstutz, Nathalie: Autorschaftsfiguren. Inszenierung und Reflexion von Autorschaft bei Musil, Bachmann und Mayröcker. Köln u.a.: Böhlau 2004.

Anders, Martin: Präsenz zu denken ... Die Entgrenzung des Körperbegriffs und Lösungswege von Leibkonzeptionen bei Ernst Mach, Robert Musil und Paul Valéry. St. Augustin: Gardez! 2002 (= Philosophie im Kontext, Bd. 8).

Andriesu, Cornelia: Robert Musil şi romanul modern. Iaşi: Editura Junimea 1982.

Angele, Michael/Sorg, Reto: Der Crash als Metapher. Automobil-Unfall und Apokalypse in der Literatur der Zwischenkriegszeit. In: R. S., Stefan Bodo Würffel (Hg.): Utopie und Apokalypse in der Moderne. München: Fink 2010, S. 179–214.

Angelova, Penka: Zwei Arten der Verräumlichung der Zeit im Roman des 20. Jahrhunderts, dargestellt am Beispiel der Romane von Kafka, Musil und Hesse. In: Antal Mádl, Miklós

Salyamosy (Hg.): Welt und Roman. Visegráder Beiträge zur deutschen Prosa zwischen 1900 und 1933. Budapest: Univ. Budapest 1983, S. 177–188.

Angelova, Penka: Vorläufer der Kulturwissenschaften. Musil, Canetti, Broch. In: Iris Hipfl, Raliza Ivanova (Hg.): Österreichische Literatur zwischen den Kulturen. Internationale Konferenz Veliko Târnovo, Oktober 2006. St. Ingbert: Röhrig 2008 (= Schriftenreihe der Elias-Canetti-Gesellschaft, Bd. 4), S. 155–171.

Anz, Thomas: Robert Musil. In: Wilhelm Kühlmann (Hg.): Killy Literaturlexikon. Autoren und Werke des deutschsprachigen Kulturraums. 2., vollst. überarb. Aufl. Bd. 8. Berlin, New York: de Gruyter 2010, S. 461–467.

Appignanesi, Lisa: Femininity and Robert Musil's *Die Vollendung der Liebe*. In: Monatshefte für deutschen Unterricht, deutsche Sprache und Literatur 65 (1973), S. 14–26.

Appignanesi, Lisa: Femininity and the creative imagination. A study of Henry James, Robert Musil and Marcel Proust. London: Vision Press 1973.

Arburg, Hans-Georg von: Türen und Tore. Hermeneutik und Hermetik bei Musil und Le Corbusier. In: Poetica 43 (2011), H. 3/4, S. 319–354.

Arndal, Steffen: „Illusionistische Kunst". Zur Jacobsen-Rezeption Robert Musils. In: Orbis Litterarum 53 (1998), H. 6, S. 358–378.

Arndal, Steffen: „Diese illusionierende Kraft". Zum Verhältnis zwischen Fiktion und Wirklichkeit in Robert Musils *Die Verwirrungen des Zöglings Törleß*. In: Jahrbuch des Freien Deutschen Hochstifts (2000), S. 256–282.

Arndal, Steffen: Illusio und Illusion. Zur Funktion der Ironie im Österreich-Bild Robert Musils. In: Flemming Talbo Stubkjær (Hg.): Österreichische Kultur und Identität – heute und vor 100 Jahren. Odense: Odense Univ. Press 2000, S. 29–43.

Arndal, Steffen: Robert Musil und der wissenschaftliche Raumdiskurs in Berlin um 1900. In: Daigger/Henninger (Hg.): Robert Musils Drang nach Berlin [2008], S. 107–128.

Arntzen, Helmut: Satirischer Stil. Zur Satire Robert Musils im *Mann ohne Eigenschaften*. Bonn: Bouvier 1960 (= Abhandlungen zur Kunst-, Musik- und Literaturwissenschaft, Bd. 9). [2. Aufl. 1970; 3. Aufl. 1983]

Arntzen, Helmut: Robert Musil: *Der Mann ohne Eigenschaften*. In: H. A.: Der moderne deutsche Roman. Voraussetzungen, Strukturen, Gehalte. Heidelberg: Rothe 1962, S. 101–115.

Arntzen, Helmut: Wirklichkeit als Kolportage. Zu drei Komödien von Georg Kaiser und Robert Musil. In: Deutsche Vierteljahrsschrift für Literaturwissenschaft und Geistesgeschichte 36 (1962), S. 544–561. [auch in: H. A.: Literatur im Zeitalter der Information. Aufsätze, Essays, Glossen. Frankfurt a.M.: Athenäum 1971, S. 305–322]

Arntzen, Helmut: *Der Mann ohne Eigenschaften* – aber nicht von Musil. In: Neue Deutsche Hefte 10 (1963), H. 92, S. 74–103. [auch in: H. A.: Literatur im Zeitalter der Information [1971], S. 110–133]

Arntzen, Helmut: „Die Reise ins Paradies". Zu dem gleichnamigen Kapitelentwurf in Musils Roman *Der Mann ohne Eigenschaften*. In: Text + Kritik (1968), H. 21/22, S. 42–47. [auch in: Text + Kritik (²1972), H. 21/22, S. 23–34; H. A.: Literatur im Zeitalter der Information [1971], S. 134–147]

Arntzen, Helmut: Robert Musil und die Parallelaktion. In: Text + Kritik (1968), H. 21/22, S. 3–11. [auch in: Text + Kritik (²1972), H. 21/22, S. 9–22; H. A.: Literatur im Zeitalter der Information [1971], S. 93–109]

Arntzen, Helmut: Sprache und Sprechen in Musils *Mann ohne Eigenschaften*. In: Duitse kroniek 28 (1976), H. 1/2, S. 69–83. [auch in: H. A.: Zur Sprache kommen. Studien zur Literatur- und Sprachreflexion, zur deutschen Literatur und zum öffentlichen Sprachgebrauch. Münster: Aschendorff 1983 (= Literatur als Sprache, Bd. 4), S. 266–278]

Arntzen, Helmut: Robert Musil und Karl Kraus. In: Musil-Forum 4 (1978), S. 204–220. [frz. in: L'Arc (1978), H. 74, S. 93–102] [auch in: H. A.: Zur Sprache kommen [1983], S. 246–256]

Arntzen, Helmut: Musil-Kommentar sämtlicher zu Lebzeiten erschienener Schriften außer dem Roman *Der Mann ohne Eigenschaften*. München: Winkler 1980.

Arntzen, Helmut: Symptomen-Theater. Robert Musil und das Theater seiner Zeit. In: Literatur und Kritik (1980), H. 149/150, S. 598–606. [auch in: H. A.: Zur Sprache kommen [1983], S. 257–265]
Arntzen, Helmut: Dialoghi sacri. Ulrich e Agathe. In: Musil contro Proust [1981], S. 53–64. [dt. in: Farda/Karthaus (Hg.): Sprachästhetische Sinnvermittlung [1982], S. 117–124]
Arntzen, Helmut: Musil-Kommentar zu dem Roman *Der Mann ohne Eigenschaften*. München: Winkler 1982.
Arntzen, Helmut: „Geistiger Umsturz". Zu den Kapiteln 1, 15 und 16 von Musils *Der Mann ohne Eigenschaften*. In: Musil-Forum 16 (1990), S. 45–51.
Arntzen, Helmut: Robert Musil: *Der Mann ohne Eigenschaften*. In: Romane des 20. Jahrhunderts. Interpretationen. Stuttgart: Reclam 1993, S. 195–235.
Arntzen, Helmut: Wissenschaft im Roman. Fußnoten zu Robert Musils *Der Mann ohne Eigenschaften*. In: Forschung & Lehre 2 (1995), H. 8, S. 453–455.
Arntzen, Helmut: Sprachverwirrungen. Zum Prozeß negativer Bildung in deutschen Romanen des 20. Jahrhunderts: Musil, Kafka, Horváth, Kempowski. In: Stephanie Hellekamps (Hg.): Ästhetik und Bildung. Das Selbst im Medium von Musik, Bildender Kunst, Literatur und Fotografie. Weinheim: Deutscher Studien-Verlag 1998 (= Bibliothek für Bildungsforschung, Bd. 12), S. 81–96.
Arslan, Cüneyt: Ein Blick auf die Übersetzung und Rezeption der Werke Robert Musils in der Türkei. Die Genese einer gelungenen Übersetzung und der gescheiterten Rezeption. In: Attila Bombitz u.a. (Hg.): Österreichische Literatur ohne Grenzen. Gedenkschrift für Wendelin Schmidt-Dengler. Wien: Praesens 2009, S. 11–19.
Arslan, Cüneyt: Kulturpolitiken und (gescheiterte) Rezeption. Ein Erklärungsversuch zur Kanonbildung in der Türkei am Beispiel von Robert Musil. In: Arnulf Knafl (Hg.): Kanon und Literaturgeschichte. Beiträge zu den Jahrestagungen 2005 und 2006 der ehemaligen Werfel-StipendiatInnen. Wien: Praesens 2010, S. 95–106.
Arslan, Cüneyt: *Der Mann ohne Eigenschaften* und die wissenschaftliche Weltauffassung. Robert Musil, die Moderne und der Wiener Kreis. Wien: Springer 2014.
Arvon, Henri: Robert Musil und der Positivismus. In: Dinklage (Hg.): Robert Musil. Studien zu seinem Wegzrk [1970], S. 200–213.
Asendorf, Christoph: Hinter Glas. Wohnform und Raumerfahrung bei Musil. In: Reiner Matzker, Petra Kuchler-Sakellariou, Marius Babias (Hg.): Spiegelungen. Festschrift für Hans Schumacher zum 60. Geburtstag. Frankfurt a.M. u.a.: Lang 1991, S. 185–195.
Aspetsberger, Friedbert: Zu Robert Musils historischer Stellung am Beispiel des Romans *Der Mann ohne Eigenschaften*. In: Sprachkunst 4 (1973), H. 3/4, S. 231–247. [auch in: Il teatro nella Mitteleuropa. Gorizia: Instituto per gli Incontri Culturali Mitteleuropei 1980, S. 299–307; F. A.: Der Historismus und die Folgen. Studien zur Literatur in unserem Jahrhundert. Frankfurt a.M.: Athenäum 1987 (= Literatur in der Geschichte – Geschichte in der Literatur, Bd. 14), S. 127–145]
Aspetsberger, Friedbert: Anderer Zustand, Für – In. Musil und einige Zeitgenossen. In: Baur/Castex (Hg.): Robert Musil [1980], S. 46–66. [auch in: F. A.: Der Historismus und die Folgen [1987], S. 146–169] [engl. in: Huber/White (Hg.): Musil in focus [1982], S. 54–73]
Aspetsberger, Friedbert: Geräumige Abstraktionen, benutzte Materialien. Zum Beginn des Zweiten Buches von Musils *Mann ohne Eigenschaften*. In: Fanta (Hg.): Klagenfurter Beiträge zur Musil-Forschung [1993], S. 47–73. [auch in: Musil-Forum 19/20 (1993/94), S. 74–100; Munzar (Hg.): Robert Musil, ein Mitteleuropäer [1994], S. 25–51; F. A.: Einritzungen auf der Pyramide des Mykerinos. Zum Geschlecht (in) der Literatur. Wien: Sonderzahl 1997, S. 77–111] [ital. in: Cultura tedesca (1995), H. 3, S. 9–34]
Aspetsberger, Friedbert: Tausche Waggerl-Originalausgaben gegen Musil-Übersetzungen ... In: Jahrbuch der Deutschen Schillergesellschaft 40 (1996), S. 453–461.
Aspetsberger, Friedbert/Rußegger, Arno: Lauter Experten? Lauter Experten. Die von Musil erzwungene Demokratisierung der Editionswissenschaft. Zur CD-ROM-Edition seines literarischen Nachlasses. In: Hildemar Holl, Hans Höller (Hg.): Das unbekannte Erbe. Litera-

rische Nachlässe und Literaturarchive in Österreich. Stuttgart: Heinz 1997 (= Stuttgarter Arbeiten zur Germanistik, Bd. 353), S. 49–70.

Assunto, Rosario: Musil e la teoria del romanzo. In: Rivista di estetica 15 (1970), S. 5–22.

Aue, Maximilian: Novalis und Musil. Eine Untersuchung der romantischen Elemente im Werk Robert Musils. Diss. Stanford Univ. 1973.

Aue, Maximilian: Die Ablehnung romantischer Vorstellungen von Liebe, Natur und Tod in Robert Musils *Drei Frauen*. In: Modern Austrian Literature 9 (1976), H. 3/4, S. 240–256.

Aue, Maximilian: Musil und die Romantik. Einige grundsätzliche Überlegungen. In: Farda/Karthaus (Hg.): Sprachästhetische Sinnvermittlung [1982], S. 125–134.

Aue, Maximilian: Das Prinzip der kleinsten Schritte. Musil und das „ungelöste Problem des Naturalismus" am Beispiel der *Vollendung der Liebe*. In: Musil-Forum 13/14 (1987/88), S. 34–45.

Aue, Maximilian: „Pandämonium verschiedener Formen des Wahns"? Vom Wahnsinn und seinen Grenzen in Robert Musils *Der Mann ohne Eigenschaften*. In: Primus-Heinz Kucher (Hg.): Literatur und Kultur im Österreich der Zwanziger Jahre. Vorschläge zu einem transdisziplinären Epochenprofil. Bielefeld: Aisthesis 2007, S. 135–144.

Aurnhammer, Achim: L'androgyne dans *L'homme sans qualités*. In: L'Arc (1978), H. 74, S. 35–40.

Aurnhammer, Achim: Androgynie. Studien zu einem Motiv in der europäischen Literatur. Köln, Wien: Böhlau 1986 (= Literatur und Leben, Bd. 30). [zu Musil bes. S. 285–299]

Avanessian, Armen: Phänomenologie ironischen Geistes. Ethik, Poetik und Politik der Moderne. München: Fink 2010. [zu Musil bes. S. 190–212]

Avanessian, Armen: Cubist unions. Robert Musil's novella *The perfecting of a love*. In: The Germanic Review 88 (2013), H. 1, S. 5–27.

Babić, Josip: Zur Rezeption Robert Musils in Kroatien. In: Svjetlan Lacko Vidulić, Doris Moser, Sladan Turkovic (Hg.): Germanistik im Kontakt. Zagreb: Univ. Zagreb 2006 (= Zagreber germanistische Beiträge. Beihefte, Bd. 9), S. 195–205.

Bachmann, Dieter: Essay und Essayismus. Stuttgart u. a.: Kohlhammer 1969. [zu Musil bes. S. 157–192]

Baedecker, Karl: Robert Musil und ein junger Mann seiner Zeit. In: Dinklage (Hg.): Robert Musil. Studien zu seinem Werk [1970], S. 330–344.

Baedecker, Karl: Hinweise zur *Amsel*. In: Musil-Forum 2 (1976), S. 29–32.

Baedecker, Karl: *Die Zwillingsschwester*. In: Musil-Forum 3 (1977), S. 123–127.

Baldisserotto, Laura: Sul concetto di ordine nell'*Uomo senza qualità* di Robert Musil. Diss. Univ. Feltre 1992.

Balke, Friedrich: Mystische Subjektivierung oder die Kunst der Erhebung über das Wissen. In: Bettina Gruber (Hg.): Erfahrung und System. Mystik und Esoterik in der Literatur der Moderne. Opladen: Westdeutscher Verlag 1997, S. 27–48.

Balke, Friedrich: Auf der Suche nach dem „anderen Zustand". Robert Musils nominalistische Mystik. In: Moritz Baßler, Hildegard Châtellier (Hg.): Mystique, mysticisme et modernité en Allemagne autour de 1900. Études. Straßburg: Presses Univ. de Strasbourg 1998, S. 307–316.

Balmer, Hans Peter: „Taghelle Mystik". Robert Musils „esoterische" Zeitkritik. In: Der Mann ohne Eigenschaften. Eine Auseinandersetzung mit Robert Musil. Bad Boll: Pressestelle der Evangelischen Akademie 1997, S. 37–61.

Balmer, Hans Peter: Robert Musil: *Der Mann ohne Eigenschaften*. In: Große Werke der Literatur 6 (1998/99), S. 171–183.

Bancila, Mihaela: The writer's eye. On Vision in Hoffmann, Hofmannsthal and Musil. Diss. Univ. of Virginia, Charlottesville 2002.

Bangert, Axel: Im Widerstreit zwischen „Märchen" und „Wirklichkeit". Robert Musils *Tonka* als eine Auseinandersetzung mit Friedrich Nietzsches Kritik am Begriff der Wahrheit. In: Focus on German Studies 14 (2007), S. 115–132.

Bangerter, Lowell A.: Robert Musil. New York: Continuum 1988 (= Literature and life: world writers).
Bangerter, Lowell A.: Experimental utopias. *The man without qualities*. In: Bloom (Hg.): Robert Musil's *The man without qualities* [2005], S. 5–19.
Barbera, Sandro/Campioni, Giuliano: „Passione della conoscenza" e distruzione di miti. Musil e Nietzsche. In: Annali. Studi Tedeschi 23 (1980), H. 2/3, S. 357–418.
Barker, Andrew: Peter Altenberg. Sein Einfluß auf die Literatur von Musil bis Kafka. In: Literatur und Kritik (1990), H. 241/242, S. 8–19.
Barnouw, Dagmar: Literat und Literatur. Robert Musils Beziehung zu Franz Blei. In: Modern Austrian Literature 9 (1976), H. 3/4, S. 168–199.
Barnouw, Dagmar: Scepticism as a literary mode. David Hume and Robert Musil. In: Musil-Forum 3 (1977), S. 34–56. [auch in: Modern Language Notes 93 (1978), S. 852–870]
Barnouw, Dagmar: Massenpsychologie als Metaphysik. Zu Brochs Begriff des Irdisch-Absoluten. In: Musil-Forum 3 (1977), S. 159–191, u. 4 (1978), S. 60–103.
Barnouw, Dagmar: Zeitbürtige Eigenschaften. Musils Rathenaukritik. In: Strutz/Strutz (Hg.): Robert Musil – Theater, Bildung, Kritik [1985], S. 166–184.
Barnouw, Dagmar: Freuds Geschichten des vorgeschichtlichen Subjekts. Archäologie und Konstruktion des Ich in Kakanien. In: Musil-Forum 13/14 (1987/88), S. 208–240.
Barnouw, Dagmar: Marginale Intellektuelle. Postmodernismus, Messianismus und Weimar. In: Jahrbuch zur Kultur und Literatur der Weimarer Republik 6 (2001), S. 9–33.
Bartmann, Christoph: Zeiteinflüsse in Musils *Portugiesin*. In: Munzar (Hg.): Robert Musil, ein Mitteleuropäer [1994], S. 171–178.
Bartram, Graham: „Subjektive Antipoden"? Broch's *Die Schlafwandler* and Musil's *Der Mann ohne Eigenschaften*. In: Adrian Stevens, Fred Wagner, Sigurd Paul Scheichl (Hg.): Hermann Broch. Modernismus, Kulturkrise und Hitlerzeit. Innsbruck: Institut für Germanistik 1994 (= Innsbrucker Beiträge zur Kulturwissenschaft. Germanistische Reihe, Bd. 50), S. 63–75.
Bartram, Graham/Payne, Philip: Apocalypse and utopia in the Austrian novel of the 1930s. Hermann Broch and Robert Musil. In: G. B. (Hg.): The Cambridge companion to the modern German novel. Cambridge u. a.: Cambridge Univ. Press 2004, S. 93–109.
Bartsch, Kurt: „Ein nach vorn geöffnetes Reich von unbekannten Grenzen". Zur Bedeutung Musils für Ingeborg Bachmanns Literaturauffassung. In: Baur/Castex (Hg.): Robert Musil [1980], S. 162–169.
Bartsch, Kurt: Ingeborg Bachmann. Wittgenstein- und Musil-Rezeption. In: Heinz Rupp u. a. (Hg.): Akten des VI. Internationalen Germanisten-Kongresses in Basel 1980. Teil 4. Bern u. a.: Lang 1980 (= Jahrbuch für Internationale Germanistik. Reihe A: Kongreßberichte, Bd. 8), S. 527–532.
Bauer, Gerhard: Die „Auflösung des anthropozentrischen Verhaltens" im modernen Roman. Dargestellt an Musils *Mann ohne Eigenschaften*. In: Deutsche Vierteljahrsschrift für Literaturwissenschaft und Geistesgeschichte 42 (1968), S. 677–701.
Bauer, Matthias: Musil und das Dispositiv der Moderne. In: Jan Alber, Monika Fludernik (Hg.): Moderne/Postmoderne. Trier: WVT 2003 (= Literatur – Imagination – Realität, Bd. 32), S. 83–99.
Bauer, Matthias: „Diese Lust an der Kraft des Geistes …". Konstruktive Ironie und Dissipation in Robert Musils *Der Mann ohne Eigenschaften*. In: Edith Düsing, Hans-Dieter Klein (Hg.): Geist und Literatur. Modelle in der Weltliteratur von Shakespeare bis Celan. Würzburg: Königshausen & Neumann 2008 (= Geist und Seele, Bd. 4), S. 217–239.
Bauer, Matthias: Der Film als Vorbild literarischer Ästhetik. Balázs, Musil und die Folgen. In: Stefan Keppler-Tasaki, Fabienne Liptay (Hg.): Grauzonen. Positionen zwischen Literatur und Film 1910–1960. München: Ed. Text + Kritik 2010, S. 41–79.
Bauer, Roger: Quelques ancêtres d'Ulrich et d'Arnheim. Aux origines du débat littérature autrichienne et/ou littérature allemande. In: Béhar/Roth (Hg.): Literatur im Kontext Robert Musil [1999], S. 49–62.

Bauer, Sibylle: Wahrhaftigkeitsproblematik (in den *Schwärmern*). In: Heydebrand (Hg.): Robert Musil [1982], S. 333–379.

Bauer, Sibylle/Drevermann, Ingrid: Studien zu Robert Musil. Wien u. a.: Böhlau 1966 (= Literatur und Leben, Bd. 8).

Bauernfeind, Elke: Robert Musils *Der Mann ohne Eigenschaften* und Friedrich von Schillers ästhetische Schriften. Diss. Univ. of Waterloo 1996.

Baumann, Gerhart: Robert Musil. Eine Vorstudie. In: Germanisch-Romanische Monatsschrift 34 (1953), S. 292–316.

Baumann, Gerhart: Robert Musil. Die Struktur des Geistes und der Geist der Struktur. In: Germanisch-Romanische Monatsschrift 41 (1960), S. 420–442.

Baumann, Gerhart: Robert Musil. Zur Erkenntnis der Dichtung. Bern, München: Francke 1965. [überarb. u. erw. erschienen als: G. B.: Robert Musil. Ein Entwurf. Bern, München: Francke 1981; G. B.: Robert Musil. Ein Entwurf. Freiburg i. Br.: Rombach 1997/²2000 (= Rombach Wissenschaften. Reihe Litterae, Bd. 50)]

Baumann, Gerhart: Robert Musil. Dichter der Vereinigungen. In: Dinklage (Hg.): Robert Musil. Studien zu seinem Werk [1970], S. 40–56. [überarb. in: G. B.: Vereinigungen. Versuche zu neuerer Dichtung. München: Fink 1972, S. 173–203]

Baumann, Gerhart: „… etwas wie Selbstbehauptung der Dichtung …". Zu den Briefen Robert Musils. In: G. B.: Umwege und Erinnerungen. München: Fink 1984, S. 63–72.

Baumann, Gerhart: Robert Musil. Die Erfindung der Wirklichkeit. In: G. B.: Erschriebene Welt. Versuche zur Dichtung. Freiburg i. Br.: Rombach 1988 (= Rombach Wissenschaften. Reihe Litterae, Bd. 3), S. 140–154.

Baumann, Gerhart: Robert Musil. Dichtung ohne Eigenschaften. In: G. B.: Zuordnungen. Freiburg i. Br.: Rombach 1995 (= Rombach Wissenschaften. Reihe Litterae, Bd. 33), S. 99–115.

Baumgartner, Ekkehart: Frühe Lebenskrise und Ursprung künstlerischer Produktivität. Thomas und Heinrich Mann, Hermann Hesse und Robert Musil, Franz Kafka und Rainer Maria Rilke im Vergleich. München: Akad. Verlag 1999.

Baumgartner, Stephan: Intensitäten des Kriegs. Zu Robert Musil und Ernst Jünger. In: S. B., Michael Gamper, Karl Wagner (Hg.): Der Held im Schützengraben. Führer, Massen und Medientechnik im Ersten Weltkrieg. Zürich: Chronos 2014 (= Medienwandel – Medienwechsel – Medienwissen, Bd. 28), S. 147–167.

Baur, Uwe: Musils Novelle *Die Amsel*. Figurierung der Persönlichkeitsspaltung eines Rahmenerzählers. In: Baur/Goltschnigg (Hg.): Vom *Törleß* zum *Mann ohne Eigenschaften* [1973], S. 237–292.

Baur, Uwe: Zeit- und Gesellschaftskritik in Robert Musils Roman *Die Verwirrungen des Zöglings Törleß*. In: Baur/Goltschnigg (Hg.): Vom *Törleß* zum *Mann ohne Eigenschaften* [1973], S. 19–45.

Baur, Uwe: Sport und subjektive Bewegungserfahrung bei Musil. In: Baur/Castex (Hg.): Robert Musil [1980], S. 99–112. [engl. in: Huber/White (Hg.): Musil in focus [1982], S. 115–130]

Baur, Uwe/Goltschnigg, Dietmar: Musils Beziehungen zu Graz. Zwei unbekannte Briefe Robert Musils an Alexius von Meinong. In: Baur/Goltschnigg (Hg.): Vom *Törleß* zum *Mann ohne Eigenschaften* [1973], S. 9–18.

Bausinger, Hermann: Die schönste Nebensache … Etappen der Sportbegeisterung. In: Jahrbuch für finnisch-deutsche Literaturbeziehungen 31 (1999), S. 7–19.

Bausinger, Wilhelm: Studien zu einer historisch-kritischen Ausgabe von Robert Musils Roman *Der Mann ohne Eigenschaften*. Reinbek b. Hamburg: Rowohlt 1964.

Bausinger, Wilhelm: Robert Musil und die Ablehnung des Expressionismus. In: Studi germanici 3 (1965), S. 383–389.

Bazzicalupo, Laura: Il sismografo e il funambolo. Modelli di conoscenza e idea del politico in Thomas Mann e in Robert Musil. Neapel: Liguori 1982.

Beard, Philip H.: Der „andere Zustand" im *Mann ohne Eigenschaften* und in der Musil-Kritik. Diss. Stanford Univ. 1971.

Beard, Philip H.: Clarisse und Moosbrugger vs. Ulrich/Agathe: Der „andere Zustand" aus neuer Sicht. In: Modern Austrian Literature 9 (1976), H. 3/4, S. 114–130.

Beard, Philip H.: The „end" of *The man without qualities*. In: Musil-Forum 8 (1982), S. 30–45.

Beard, Philip H.: „Beginn einer Reihe wundersamer Erlebnisse". Prüfstein einer Umwandlung in Musils Gebrauch von Essayismus und Ironie. In: Brokoph-Mauch (Hg.): Robert Musil. Essayismus und Ironie [1992], S. 105–114.

Becker, Sabina: Von der „Trunksucht am Tatsächlichen". Robert Musil und die neusachliche Moderne. In: Musil-Forum 29 (2005/06), S. 140–160.

Beckers, Gustav: Strategien dialektischen Humors in Robert Musils Roman *Der Mann ohne Eigenschaften*. In: Musil-Forum 10 (1984), S. 86–91.

Beckers, Gustav: Zur Phänomenologie des Luft-Elements „Hauch" in Robert Musils Roman *Der Mann ohne Eigenschaften* und seiner Übersetzung ins Englische. In: Daigger/Militzer (Hg.): Die Übersetzung literarischer Texte am Beispiel Robert Musil [1988], S. 143–152.

Bedwell, Carol B.: Musil's *Grigia*. An analysis of cultural dissolution. In: Seminar 3 (1967), S. 117–126.

Beeman, Naomi: Moosbrugger speaks. Nietzschean truth and lying in Musil's *Der Mann ohne Eigenschaften*. In: Monatshefte für deutschsprachige Literatur und Kultur 107 (2015), H. 2, S. 219–241.

Beil, Ulrich Johannes: Alterität, Aura, Präsenz. Mediale Konstellationen bei Hofmannsthal, Musil und Benjamin. In: Beil/Gamper/Wagner (Hg.): Medien, Technik, Wissenschaft [2011], S. 95–118.

Beilharz, Alexandra: Élémir Bourges, Carlos Reyles et Robert Musil. La décadence entre refus et adaptation de la modernité. In: Jean Bessière, Stéphane Michaud (Hg.): La main hâtive des révolutions. Esthétique et désenchantement en Europe de Leopardi à Heiner Müller. Paris: Presses de la Sorbonne Nouvelle 2001, S. 55–76.

Bekes, Peter: Erzählkonstruktionen. „The work in progress" bei Broch und Musil. In: Hartmut Kugler (Hg.): www.germanistik2001.de. Vorträge des Erlanger Germanistentags 2001. Bd. 2. Bielefeld: Aisthesis 2002, S. 1121–1130.

Bell, Michael: Law and the novel. D. H. Lawrence and Robert Musil. In: Études Lawrenciennes 41 (2010), S. 43–62.

Bellanger, Henri: Destin de l'homme. Aventure de l'esprit. Essai sur *L'homme sans qualités*. In: Musil-Forum 9 (1983), S. 86–105, u. 11/12 (1985/86), S. 21–43.

Bellanger, Henri: Temps et activité dans *L'homme sans qualités*. In: Musil-Forum 10 (1984), S. 92–98.

Belobratow, Alexander W.: Individuum und Gesellschaft in Robert Musils Roman *Der Mann ohne Eigenschaften*. In: Strutz/Strutz (Hg.): Robert Musil – Literatur, Philosophie, Psychologie [1984], S. 110–123.

Belobratow, Alexander W.: Musils Werk in der Sowjetunion. In: Musil-Forum. Wissenschaftliches Beiheft 4 (1990), S. 16–21.

Belobratow, Alexander W.: Robert Muzil'. Metod i roman. Leningrad: Izdat. Leningrad Univ. 1990.

Belobratow, Alexander W.: Die literarische Charaktergestaltung im österreichischen Roman der 1930er Jahre: Musil, Broch, Canetti. In: Jura Soyfer. Internationale Zeitschrift für Kulturwissenschaften 3 (1994), H. 3, S. 18–22.

Belobratow, Alexander W.: Musil in Russland lesen. Eine Reise zu Ulrich mit dem Fürsten Myschkin, Ilja Oblomow und dem ‚Kellerlochmenschen'. In: Musil-Forum 31 (2009/10), S. 127–139.

Belobratow, Alexander W.: „Die Götheinsel". Goethe und seine Gestalten bei Robert Musil. In: Belobratow (Hg.): Robert Musil und einiges mehr [2011], S. 91–100.

Bendels, Ruth: Erzählen zwischen Hilbert und Einstein. Naturwissenschaft und Literatur in Hermann Brochs *Eine methodologische Novelle* und Robert Musils *Drei Frauen*. Würzburg: Königshausen & Neumann 2008 (= Epistemata. Reihe Literaturwissenschaft, Bd. 650).

Berg, Jan: Theatrales Verstehen. Hans Neuenfels' Berliner *Schwärmer*-Inszenierung. In: Musil-Forum 8 (1982), S. 151–162.

Bergengruen, Maximilian: Moosbruggers Welt. Zur Figuration von Strafrecht und Forensik in Robert Musils *Der Mann ohne Eigenschaften*. In: Lilith Jappe, Olav Krämer, Fabian Lampart (Hg.): Figurenwissen. Funktionalisierung des Wissens bei der narrativen Figurendarstellung. Berlin, Boston: de Gruyter 2012 (= linguae & litterae, Bd. 8), S. 324–344.

Berger, Albert: Zur Satire in Robert Musils *Unfreundlichen Betrachtungen*. In: Zeitschrift für deutsche Philologie 89 (1970), S. 560–576.

Berger, Ingrid: Musil mit Luhmann. Kontingenz – Roman – System. München: Fink 2004 (= Musil-Studien, Bd. 34).

Berger, Peter L.: Das Problem der mannigfaltigen Wirklichkeiten. Alfred Schütz und Robert Musil. In: Richard Grathoff, Bernhard Waldenfels (Hg.): Sozialität und Intersubjektivität. München: Fink 1983 (= Übergänge, Bd. 1), S. 229–251.

Berger, Peter L.: Robert Musil and the salvage of the self. In: Partisan review 51 (1984), S. 638–650. [dt. in: Zeitschrift für Soziologie 17 (1988), H. 2, S. 133–142]

Bergeron, Réjean: Le sujet moderne. Kant et Musil. In: Philosopher [Montreal] (1990), H. 9, S. 49–62.

Berghahn, Wilfried: Die essayistische Erzähltechnik Robert Musils. Eine morphologische Untersuchung zur Organisation und Integration des Romans *Der Mann ohne Eigenschaften*. Diss. Univ. Bonn 1956.

Berghahn, Wilfried: Robert Musil. Interpretationen und ‚Parallelaktionen'. In: Neue deutsche Hefte 81 (1961), S. 104–113.

Berghahn, Wilfried: Robert Musil in Selbstzeugnissen und Bilddokumenten. Reinbek b. Hamburg: Rowohlt 1963 u. ö.

Berghahn, Wilfried: Die Formen der Integration. Die integrativen Gefüge. In: Annali. Studi Tedeschi 23 (1980), S. 421–440.

Beriaschwili, Mamuka: ‚Eigenschaft' in Selbst- und Gotteserkenntnis. Überlegungen zu Eckhart, Hegel, Heidegger und Musil. In: Theo Kobusch, Burkhard Mojsisch, Orrin F. Summerell (Hg.): Selbst – Singularität – Subjektivität. Vom Neuplatonismus zum deutschen Idealismus. Amsterdam u. a.: Grüner 2002, S. 279–296.

Bernárdez Sanchís, Enrique: Simile. Its use and function in Musil's *Der Mann ohne Eigenschaften*. In: Cognitive semiotics 6 (2010), S. 61–84.

Bernauer, Hermann: Eine Anmerkung zu Karl Eibls Essay „Die dritte Geschichte: Hinweise zur Struktur von Robert Musils Erzählung *Die Amsel*" – und eine Beobachtung an Musils Text. In: Musil-Forum 13/14 (1987/88), S. 100–112.

Bernauer, Hermann: Weshalb wird von Ketten von einer Fliege gestochen? Zur Deixis in Musils *Portugiesin*. In: Deutsche Vierteljahrsschrift für Literaturwissenschaft und Geistesgeschichte 66 (1992), S. 733–747.

Bernauer, Hermann: Zeitungslektüre im *Mann ohne Eigenschaften*. München: Fink 2007 (= Musil-Studien, Bd. 36).

Bernauer, Hermann: „Mühelose Seligkeit des Vorbesitzes" vs. „Spannung des Unerreichten". Zu den Konjunktionen in Musils *Grigia* und *Tonka*. In: Weimarer Beiträge 60 (2014), H. 2, S. 165–202.

Berners, Henri: Tapferkeitsluxus der reinen Ratio. Robert Musil und die Mathematik. In: Die Eule (1984), H. 11, S. 4–56.

Bernett, Hajo: Musils Deutung des Sports. In: Dinklage (Hg.): Robert Musil [1960], S. 145–156.

Bernstein, Michael André: Robert Musil. Precision and soul. In: M. A. B.: Five portraits. Modernity and the imagination in twentieth-century German writing. Evanston: Northwestern Univ. Press 2000, S. 35–55. [auch in: Bloom (Hg.): Robert Musil's *The man without qualities* [2005], S. 123–146]

Berthold, Werner/Eckert, Brita/Wende, Frank: Robert Musil. In: W. B., B. E., F. W. (Hg.): Deutsche Intellektuelle im Exil. Ihre Akademie und die „American Guild for German Cultural Freedom". Eine Ausstellung des Deutschen Exilarchivs 1933–1945 der Deutschen Bibliothek, Frankfurt am Main. München u. a.: Saur 1993 (= Sonderveröffentlichungen/Die Deutsche Bibliothek, Bd. 18), S. 329–334.

Bertin, Giovanni M.: L'antipedagogismo nietzscheano di Robert Musil. A proposito di due professori nell'*Uomo senza qualità*. In: Memorie e rendiconti (1989/90), S. 89–124.

Bertocchini, Gianni: Teoria e pratica della novella. Sulla *Vollendung der Liebe* di Robert Musil. In: Studi germanici 35 (1997), H. 2/3, S. 307–326.

Bertschinger, Thomas: Das Bild der Schule in der deutschen Literatur zwischen 1890 und 1914. Zürich: Juris 1969. [zu Musil bes. S. 152–171]

Berz, Peter: Optische Phänomene in Robert Musils Roman *Der Mann ohne Eigenschaften*. Diss. Univ. Hamburg 1986.

Berz, Peter: Der Fliegerpfeil. Ein Kriegsexperiment Musils an den Grenzen des Hörraums. In: Jochen Hörisch, Michael Wetzel (Hg.): Armaturen der Sinne. Literarische und technische Medien 1870 bis 1920. München: Fink 1990 (= Literatur- und Medienanalysen, Bd. 2), S. 265–288.

Berz, Peter: I-Welten. Geschichte einer optischen Experimentalanordnung. In: Pott (Hg.): Robert Musil – Dichter, Essayist, Wissenschaftler [1993], S. 171–192.

Betz, Thomas/Eichberger, Florian: Körperteilerkenntnis. Zu Robert Musils Erzählung *Die Amsel* (1928). In: T. B., Franziska Mayer (Hg.): Abweichende Lebensläufe, poetische Ordnungen. Für Volker Hoffmann. Bd. 2. München: Kieser 2005, S. 479–496.

Beutin, Heidi/Beutin, Wolfgang: Sexualität, Traum, Neurose und Psychose in Musils Roman *Der Mann ohne Eigenschaften* und in der Psychoanalyse. In: H. B., W. B.: Schöne Seele, roter Drache. Zur deutschen Literatur im Zeitalter der Revolutionen. Frankfurt a. M. u. a.: Lang 2008 (= Bremer Beiträge zur Literatur- und Ideengeschichte, Bd. 52), S. 159–201.

Bevilacqua, Giuseppe: Robert Musil: *I turbamenti del giovane Törless*. In: Giuliano Baioni u. a. (Hg.): Il romanzo tedesco del Novecento. Turin: Einaudi 1973, S. 13–36. [auch in: G. B.: Novecento tedesco. Florenz: Le Lettere 2004 (= La nuova meridiana, Bd. 17), S. 93–122]

Bevilacqua, Giuseppe: Una domanda per Clarisse. Che cosa meglio d'un cerchio vuoto? In: Ca' de Sass (1985), H. 89, S. 51–57.

Bevilacqua, Giuseppe: Musil 1908. Dall'empiriocriticismo alla psicologia del profondo. In: G. B.: Novecento tedesco. Florenz: Le Lettere 2004 (= La nuova meridiana, Bd. 17), S. 67–91.

Bey, Gesine: Zwischen Zuversicht und Müdigkeit. Robert Musils frühe Tagebücher und der Roman *Die Verwirrungen des Zöglings Törleß* unter dem Aspekt der künstlerischen Aneignung sozialer, ethischer und ästhetischer Probleme der Jahrhundertwende. Diss. HU Berlin 1986.

Bey, Gesine: „Bei mir laudabile". Zu Robert Musils Berliner Studienjahren. In: Wissenschaftliche Zeitschrift der Humboldt-Universität zu Berlin. Gesellschaftswissenschaftliche Reihe 38 (1989), H. 6, S. 659–666.

Bey, Gesine: Robert Musils Berliner Studienjahre. In: Rapial 3 (1993), H. 3, S. 11–15.

Bey, Gesine: „Ihrer gedacht habe ich aber oft …". Musil und Allesch zwischen 1905 und 1922. In: Munzar (Hg.): Robert Musil, ein Mitteleuropäer [1994], S. 139–148.

Bey, Gesine: „Das Wort des Naturforschers wiegt schwer". Musil und Einstein. In: Daigger/Henninger (Hg.): Robert Musils Drang nach Berlin [2008], S. 319–336.

Bey, Gesine: „So möchte ich mich … unter des Prado Schutz stellen". Über Robert Musils Kunstkonzeption. In: Belobratow (Hg.): Robert Musil und einiges mehr [2011], S. 146–163.

Bey, Gesine: Die Gestalt der Kugel im Roman *Der Mann ohne Eigenschaften*. Robert Musil, El Lissitzky und Hieronymus Bosch. In: Salgaro (Hg.): Robert Musil in der Klagenfurter Ausgabe [2014], S. 45–67.

Bickenbach, Matthias: Robert Musil und die neuen Gesetze des Autounfalls. In: Christian Kassung (Hg.): Die Unordnung der Dinge. Eine Wissens- und Mediengeschichte des Unfalls. Bielefeld: transcript 2009 (= Kultur- und Medientheorie), S. 89–116.

Biebuyck, Benjamin: „Ein inniges Ineinander von Bildern". Versuch einer Valenzumschreibung von Verbalmetaphorik und indirektem Vergleich im ersten Buch von Robert Musils *Der Mann ohne Eigenschaften*. In: Martens/Ruthner/De Vos (Hg.): Musil anders [2005], S. 171–210.

Biere, Florentine: Unbekanntes, für das man als erster Worte findet. Robert Musils Novellentheorie. In: Sabine Schneider (Hg.): Die Grenzen des Sagbaren in der Literatur des 20. Jahrhunderts. Würzburg: Königshausen & Neumann 2010, S. 53–71.

Biere, Florentine: Unter Beobachtung. Robert Musils Tierleben. In: Beil/Gamper/Wagner (Hg.): Medien, Technik, Wissenschaft [2011], S. 219–235.

Biere, Florentine: Das andere Erzählen. Zur Poetik der Novelle 1800/1900. Würzburg: Königshausen & Neumann 2012 (= Philologie der Kultur, Bd. 6). [zu Musil bes. S. 349–405]

Bilyj, Oleh: Semiotische Simulation im Roman von R. Musil *Der Mann ohne Eigenschaften* und in der Prosa von V. Drozd. In: Wolfgang Kraus, Dmytro Zatonskyj (Hg.): Von Taras Ševčenko bis Joseph Roth. Ukrainisch-österreichische Literaturbeziehungen. Bern u. a.: Lang 1995 (= New Yorker Beiträge zur österreichischen Literaturgeschichte, Bd. 4), S. 105–113.

Binczek, Natalie: Einen Text „zu umschneiden und von seiner Unterlage abzupräparieren". Elfriede Jelineks *Moosbrugger will nichts von sich wissen*. In: N. B., Cornelia Epping-Jäger (Hg.): Das Hörbuch. Praktiken audioliteralen Schreibens und Verstehens. München: Fink 2014, S. 157–177.

Binder, Hartmut: Zwei Briefe Robert Musils zur Druckgeschichte von Kafkas *Verwandlung*. In: Jahrbuch der Deutschen Schillergesellschaft 39 (1995), S. 56–79.

Bird, Stephanie: Masochism and its limits in Robert Musil's *Die Vollendung der Liebe*. In: The Modern Language Review 100 (2005), H. 3, S. 709–722.

Bird, Stephanie: Norbert Elias, the confusions of *Törleß* and the ethics of shamelessness. In: Mary Fulbrook (Hg.): Un-civilizing processes? Excess and transgression in German society and culture. Perspectives debating with Norbert Elias. Amsterdam u. a.: Rodopi 2007 (= German monitor, Bd. 66), S. 203–223.

Blanchot, Maurice: Musil. In: La Nouvelle Revue Française 6 (1958), H. 11, S. 301–309.

Blanchot, Maurice: Musil. L'expérience de „l'autre état". In: M. B.: Le livre à venir. [Paris:] Gallimard 1959, S. 193–206. [dt. in: M. B.: Der Gesang der Sirenen. Essays zur modernen Literatur. München: Hanser 1962, S. 193–206]

Blanchot, Maurice: Musil. La passion de l'indifférence. In: M. B.: Le livre à venir. [Paris:] Gallimard 1959, S. 184–193. [dt. in: Der Gesang der Sirenen. Essays zur modernen Literatur. München: Hanser 1962, S. 184–193]

Blanchot, Maurice: *L'homme sans qualités*. In: Diawaso (1988), H. 199, S. 65–76.

Blasberg, Cornelia: Krise und Utopie der Intellektuellen. Kulturkritische Aspekte in Robert Musils Roman *Der Mann ohne Eigenschaften*. Stuttgart: Heinz 1984 (= Stuttgarter Arbeiten zur Germanistik, Bd. 140).

Blasberg, Cornelia: Robert Musil in Stuttgart. Verwirrungen eines Ingenieurs. 1902–1903. Marbach a. N.: Deutsche Schillergesellschaft 1989 (= Spuren, Bd. 7).

Blasberg, Cornelia: A city „under glass". Vienna in Robert Musil's *The man without qualities*. In: Stephen Eric Bronner, F. Peter Wagner (Hg.): Vienna. The world of yesterday 1889–1914. Atlantic Highlands: Humanities Press 1997, S. 150–167.

Blaschke, Bernd: Der *homo oeconomicus* und sein Kredit bei Musil, Joyce, Svevo, Unamuno und Céline. München: Fink 2004.

Blöcker, Günter: Robert Musil. In: G. B.: Die neuen Wirklichkeiten. Linien und Profile der modernen Literatur. Berlin: Argon 1957, S. 319–328.

Blok, Mette: *Der Mann ohne Eigenschaften* – ein philosophischer Roman ohnegleichen. In: Text & Kontext 32 (2010), S. 51–69.

Blok, Mette: Robert Musil's literary ethics. *The man without qualities* reconsidered. In: New German review 26 (2013/14), S. 1–16.

Blumentrath, Hendrik: Musils Notizen. Rhythmus zwischen Formgebung und kinästhetischer Gestaltung. In: Zeitschrift für Kulturphilosophie 7 (2013), H. 1, S. 113–126.

Boa, Elisabeth J.: Austrian ironies in Musil's *Drei Frauen*. In: The Modern Language Review 63 (1968), S. 119–131.
Bock, Robert Andrew: Unerhörte Metaphern. The crisis of language and the salvational potential of metaphor in the work of Robert Musil. Diss. Harvard Univ. 1998.
Boehlich, Walter: Zu Robert Musils Roman *Der Mann ohne Eigenschaften*. Untergang und Erlösung. In: Akzente 1 (1954), S. 35–50.
Böhme, Hartmut: Anomie und Entfremdung. Literatursoziologische Untersuchungen zu den Essays Robert Musils und seinem Roman *Der Mann ohne Eigenschaften*. Kronberg i.Ts.: Scriptor 1974 (= Skripten Literaturwissenschaft, Bd. 9).
Böhme, Hartmut: Theoretische Probleme der Interpretation von Robert Musils Roman *Der Mann ohne Eigenschaften*. In: Manfred von Brauneck (Hg.): Der deutsche Roman des 20. Jahrhunderts. Bd. I: Analysen und Materialien zur Theorie und Soziologie des Romans. Bamberg: Buchner 1976, S. 181–208. [auch in: Musil-Forum 2 (1976), H. 1, S. 35–70; Heydebrand (Hg.): Robert Musil [1982], S. 120–159]
Böhme, Hartmut: Die Suche nach anderem Leben und die Kritik tradierter Ordnung. Robert Musil. In: Jan Berg u.a.: Sozialgeschichte der deutschen Literatur von 1918 bis zur Gegenwart. Frankfurt a.M.: Fischer 1981, S. 283–288.
Böhme, Hartmut: Der Mangel des Narziß. Über Wunschstrukturen und Leiberfahrungen in Robert Musils *Der Mann ohne Eigenschaften*. In: Farda/Karthaus (Hg.): Sprachästhetische Sinnvermittlung [1982], S. 45–85.
Böhme, Hartmut: Die „Zeit ohne Eigenschaften" und die „Neue Unübersichtlichkeit". Robert Musil und die posthistoire. In: Strutz (Hg.): Kunst, Wissenschaft und Politik [1986], S. 9–33. [auch in: H. B.: Natur und Subjekt. Frankfurt a.M.: Suhrkamp 1988, S. 308–333]
Böhme, Hartmut: Erinnerungszeichen an unverständliche Gefühle. In: Robert Musil: Vereinigungen. 2 Erzählungen. Mit einem Essay v. H. B. Frankfurt a.M.: Suhrkamp 1990, S. 185–221.
Böhmer, Otto A.: Den inneren Menschen erfinden. Robert Musil und der andere Zustand. In: O. A. B.: Sternstunden der Literatur. Von Dante bis Kafka. München: C. H. Beck 2003, S. 100–106. [auch in: O. A. B.: Das Abenteuer der Inspiration. Porträts deutscher Dichter von Lessing bis Dürrenmatt. Zürich: Diogenes 2012, S. 330–339]
Böhn, Andreas: Vollendende Mimesis. Wirklichkeitsdarstellung und Selbstbezüglichkeit in Theorie und literarischer Praxis. Berlin, New York: de Gruyter 1992 (= Quellen und Forschungen zur Sprach- und Kulturgeschichte der germanischen Völker. N. F., Bd. 101). [zu Musil bes. S. 162–189]
Böndel, Paula: Die Künstlerthematik in den frühen Romanen von Marcel Proust, Robert Musil und James Joyce. Heidelberg: Winter 2010 (= Beiträge zur neueren Literaturgeschichte, Bd. 276).
Böni, Oliver: „… wie in einem Teppich verwoben". Gleichnistexturen in Robert Musils *Grigia*. In: Musil-Forum 32 (2011/12), S. 65–86.
Boeninger, Helmut R.: The rediscovery of Robert Musil. In: The Modern Language Forum 37 (1952), S. 109–119.
Böschenstein, Bernhard: L'écriture du doute. *Trois femmes*. In: L'Arc (1978), H. 74, S. 103–107.
Böschenstein, Bernhard: *Trois femmes – L'homme sans qualités*. In: Revue de théologie et de philosophie 113 (1981), H. 3, S. 229–240.
Böschenstein, Bernhard: Historischer Übergang und System der Ambivalenz. Zum *Mann ohne Eigenschaften*. In: Brokoph-Mauch (Hg.): Beiträge zur Musil-Kritik [1983], S. 181–189.
Böschenstein, Bernhard: Der späteste Musil. Zu seinen Reflexionen und Reaktionen in den Tagebüchern. In: Austriaca 20 (1995), H. 41, S. 169–181. [auch in: B. B.: Die Sprengkraft der Miniatur. Zur Kurzprosa Robert Walsers, Kafkas, Musils, mit einer antithetischen Eröffnung zu Thomas Mann. Hildesheim: Olms 2013 (= Germanistische Texte und Studien, Bd. 91), S. 216–232]

Böschenstein, Bernhard: Musil en Suisse. In: Böschenstein/Roth (Hg.): Hommage à Musil [1995], S. 41–54.

Böschenstein, Bernhard: Musils *Rede zur Rilke-Feier*. In: Béhar/Roth (Hg.): Literatur im Kontext Robert Musil [1999], S. 141–152. [auch in: B. B.: Die Sprengkraft der Miniatur [2013], S. 183–194]

Böschenstein, Bernhard: Extreme Landschaften bei Musil und Thomas Mann. In: Béhar/Roth (Hg.): Musil an der Schwelle zum 21. Jahrhundert [2005], S. 45–53. [auch in: B. B.: Die Sprengkraft der Miniatur [2013], S. 195–203]

Böschenstein, Bernhard: Die Zeit als Entlarverin falscher Gefühle in den *Unfreundlichen Betrachtungen* im *Nachlaß zu Lebzeiten*. In: Mulligan/Westerhoff (Hg.): Robert Musil [2009], S. 269–277. [auch in: B. B.: Die Sprengkraft der Miniatur [2013], S. 204–215]

Bogosavljević, Srdan: „die knäbisch nackten ersten sonnenharten Tage". Zum Bildsystem von Musils Novelle *Die Portugiesin*. In: Musil-Forum 15 (1989), S. 76–93.

Bogosavljević, Srdan: Zwei Erzählungen von Robert Musil. *Kleine Lebensreise* und *Kindergeschichte*. In: Modern Austrian Literature 22 (1989), H. 2, S. 15–31.

Bogosavljević, Srdan: Zur Rezeption Musils in Jugoslawien. In: Musil-Forum. Wissenschaftliches Beiheft 4 (1990), S. 14–15.

Bogosavljević, Srdan: Zur Poetik der Bilder in den *Vereinigungen*. In: Rapial 1 (1991), H. 1, S. 1–3.

Bogosavljević, Srdan: Rachel und Soliman. Zu den Funktionen einer Figurenkonstellation in Robert Musils Roman *Der Mann ohne Eigenschaften*. In: Musil-Forum 17/18 (1991/92), S. 14–37.

Bogosavljević, Srdan: Robert Musils dichterische Psychologie. In: Musil-Forum 19/20 (1993/94), S. 101–116.

Bohn, Ralf: Transversale Inversion. Symptomatologie und Genealogie des Denkens in der Philosophie Robert Musils. Würzburg: Königshausen & Neumann 1988 (= Epistemata. Reihe Literaturwissenschaft, Bd. 33).

Bohnenkamp, Klaus E.: Der reine Dichter. Rainer Maria Rilke im Urteil Robert Musils und Stefan Zweigs. In: Blätter der Rilke-Gesellschaft 26 (2005), S. 99–144.

Bohrer, Karl Heinz: Utopie des „Augenblicks" und Fiktionalität. Die Subjektivierung von Zeit in der modernen Literatur. In: K. H. B.: Plötzlichkeit. Zum Augenblick des ästhetischen Scheins. Mit einem Nachwort von 1998. Frankfurt a.M.: Suhrkamp 1981, S. 180–218 u. 250–260 (Anm.). [auch in: Martin Middeke (Hg.): Zeit und Roman. Zeiterfahrung im historischen Wandel und ästhetischer Paradigmenwechsel vom sechzehnten Jahrhundert bis zur Postmoderne. Würzburg: Königshausen & Neumann 2002, S. 215–252]

Bohrer, Karl Heinz: Zeit und Imagination. Das absolute Präsens der Literatur. In: K. H. B.: Das absolute Präsens. Die Semantik ästhetischer Zeit. Frankfurt a.M.: Suhrkamp 1994, S. 143–183.

Boissel, Hildegard: Robert Musil et l'esthétique du discontinu. In: Recherches germaniques 5 (1975), S. 143–159.

Bolterauer, Aloisia: Die literarischen Essays Robert Musils und Hermann Brochs. Eine gattungstheoretische Analyse. Diss. Univ. Graz 1991.

Bolterauer, Alice: Zwischen Mathematik und Mystik. Robert Musils ambivalentes Verhältnis zur Rationalität. In: Sonja Rinofner-Kreidl (Hg.): Zwischen Orientierung und Krise. Zum Umgang mit Wissen in der Moderne. Wien u.a.: Böhlau 1998 (= Studien zur Moderne, Bd. 2), S. 435–472.

Bolterauer, Alice: Marionetten und Männer ohne Eigenschaften. Überlegungen zur Identitätsproblematik bei Robert Musil. In: Hildegard Kernmayer (Hg.): Zerfall und Rekonstruktion. Identitäten und ihre Repräsentation in der Österreichischen Moderne. Wien: Passagen 1999 (= Studien zur Moderne, Bd. 5), S. 245–264.

Bolterauer, Alice: Rahmen und Riss. Robert Musil und die Moderne. Wien: Praesens 2000.

Bolterauer, Alice: Chandos-Krisen. Sprachkrise als Schreib- und Erkenntniskrise bei Musil, Hofmannsthal und Rilke. In: Mária Barota (Hg.): Sprache(n) und Literatur(en) im Kontakt.

Szombathely: Lehrstuhl für dt. Sprache und Literatur der Päd. Hochschule Dániel Berzsenyi 2002, S. 223–231.

Bolterauer, Alice: Text und Kontext. *Der Dichter und seine Zeit* – zwei Entwürfe von Hugo von Hofmannsthal und Robert Musil. In: A. B.: Selbstvorstellung. Die literarische Selbstreflexion der Wiener Moderne. Freiburg i. Br.: Rombach 2003 (= Rombach Wissenschaften. Reihe Litterae, Bd. 110), S. 83–96.

Bolterauer, Alice: Die Faszination der Form. Robert Musil und die Krisen der Moderne. In: Germanica 34 (2004), S. 19–36.

Bolterauer, Alice: „Das Tor von wunderbaren Gärten". Die Ambivalenz der Sprachthematik in Robert Musils Roman *Die Verwirrungen des Zöglings Törleß*. In: Volker Munz, Katalin Neumer (Hg.): Sprache – Denken – Nation. Kultur- und Geistesgeschichte von Locke bis zur Moderne. Wien: Passagen 2005 (= Studien zur Moderne, Bd. 23), S. 113–125.

Bolterauer, Alice: Die Herausforderung der neuen Medien. Anmerkungen zu Robert Musils Essay *Ansätze zu neuer Ästhetik. Bemerkungen über eine Dramaturgie des Films*. In: Béhar/Roth (Hg.): Musil an der Schwelle zum 21. Jahrhundert [2005], S. 153–171.

Bolterauer, Alice: „Worte aus dem Dunkel zu holen". Überlegungen zu Robert Musils Erzählung *Die Versuchung der stillen Veronika*. In: Literatur für Leser 30 (2007), H. 3, S. 133–145.

Bolterauer, Alice: Vermessene Welten. Zum Verhältnis von Mathematik und Literatur bei Musil und Kehlmann. In: Alexandr W. Belobratow (Hg.): Österreichische Literatur. Grenzen und Übergänge. St. Petersburg: Peterburg XXI Vek 2009 (= Jahrbuch der Österreich-Bibliothek in St. Petersburg, Bd. 8), S. 132–147.

Bolterauer, Alice: Zu den Dingen. Das epiphanische Ding-Erlebnis bei Musil, Rilke und Hofmannsthal. Wien: Praesens 2015.

Bomski, Franziska: „Eine Analogie [...] für den geistigen Menschen, der kommen wird". Das Bild der Mathematik bei Robert Musil. In: Carla Cederbaum, Philipp von Homeyer (Hg.): Ein Moment für Mensch und Mathematik. Freiburg i. Br.: Freiburger Verlag 2007, S. 148–157.

Bomski, Franziska: Die dialogische Identität in Robert Musils Novelle *Die Amsel*. In: Markus Dauss, Ralf Haekel (Hg.): Leib/Seele – Geist/Buchstabe. Dualismen in der Ästhetik und den Künsten um 1800 und 1900. Würzburg: Königshausen & Neumann 2009 (= Stiftung für Romantikforschung, Bd. 41), S. 339–356.

Bomski, Franziska: Der Zufall in Robert Musils *Mann ohne Eigenschaften*. Zur literarischen Bedeutung eines mathematischen Konzepts. In: Andrea Albrecht, Werner Frick, Gesa von Essen (Hg.): Zahlen, Zeichen und Figuren. Mathematische Inspiration in Kunst und Literatur. Berlin, Boston: de Gruyter 2011 (= linguae & litterae, Bd. 11), S. 413–436.

Bomski, Franziska: „Die Vereinigung von Seele und Wissenschaft". Zur Ökonomie des rechten Lebens in Robert Musils Roman *Der Mann ohne Eigenschaften*. In: Christine Weder, Maximilian Bergengruen (Hg.): Luxus. Die Ambivalenz des Überflüssigen in der Moderne. Göttingen: Wallstein 2011, S. 257–280.

Bonacchi, Silvia: Robert Musils Studienjahre in Berlin 1903–1908. Saarbrücken: Arbeitsstelle für Robert-Musil-Forschung an der Univ. Saarbrücken 1992 (= Musil-Forum. Beilage, Bd. 1).

Bonacchi, Silvia: Claudine e Veronika. Musil, la critica delle varianti e la meccanica delle passioni. In: Intersezioni 17 (1997), H. 1, S. 65–80.

Bonacchi, Silvia: Die Gestalt der Dichtung. Der Einfluß der Gestalttheorie auf das Werk Robert Musils. Bern u. a.: Lang 1998 (= Musiliana, Bd. 4).

Bonacchi, Silvia: „Na Vronerl, [...] und wann werden denn wir so dastehn?" Zur Rolle der Gefühlspsychologie in einer Vorstufe der Novelle Robert Musils *Die Versuchung der stillen Veronika*. In: Daigger/Schröder-Werle/Thöming (Hg.): West-östlicher Divan zum utopischen Kakanien [1999], S. 317–331.

Bonacchi, Silvia: Was man alles in einem Aufsatz nicht liest. Die Textentwicklung des Aufsatzes *Literat und Literatur* – von der Laudatio zur poetologischen Schrift. In: Roth (Hg.): Neue Ansätze zur Robert-Musil-Forschung [1999], S. 51–78.

Bonacchi, Silvia: Robert Musils Berliner Studienjahre. In: Daigger/Henninger (Hg.): Robert Musils Drang nach Berlin [2008], S. 37–83.
Bonacchi, Silvia: Robert Musils *Vereinigungen* als Erzählexperiment. In: Raul Calzoni, Massimo Salgaro (Hg.): „Ein in der Phantasie durchgeführtes Experiment". Literatur und Wissenschaft nach Neunzehnhundert. Göttingen: V&R unipress 2010 (= Interfacing Science, Literature, and the Humanities/ACUME 2, Bd. 3), S. 191–213.
Bonacchi, Silvia: Robert Musils Dissertation *Beitrag zur Beurteilung der Lehren Machs* im Lichte der Klagenfurter Ausgabe. In: Salgaro (Hg.): Robert Musil in der Klagenfurter Ausgabe [2014], S. 135–154.
Bonacchi, Silvia/Fanelli, Emanuela Veronica: „Ein nie gesättigtes Verlangen nach Geist ...". Zur Beziehung zwischen Franz Blei und Robert Musil. In: Dietrich Harth (Hg.): Franz Blei. Mittler der Literaturen. Hamburg: Europäische Verlagsanstalt 1997, S. 108–138.
Bonacchi, Silvia/Payne, Philip: Musil's *Vollendung der Liebe*. Experience analyzed and reconstituted. In: Bartram/Payne/Tihanov (Hg.): A companion to the works of Robert Musil [2007], S. 175–197.
Bonn, Klaus: Nietzsches *Geburt der Tragödie* in Musils *Mann ohne Eigenschaften* auseinandergesetzt. Ein kleinerer Versuch. In: Tamás Lichtmann (Hg.): Nietzsche. Debrecen: Kossuth Egyetemi Kiadó 1999 (= Német filológiai tanulmányok, Bd. 24), S. 21–39.
Bonnet, Jacques: Un homme en projet. In: L'Arc 74 (1978), S. 1–4.
Borelbach, Doris: „Ein Erdbeben ganz tief am Grunde". Schwindelerfahrungen in Robert Musils *Die Verwirrungen des Zöglings Törleß*. In: Rolf-Peter Janz, Fabian Stoermer, Andreas Hiepko (Hg.): Schwindelerfahrungen. Zur kulturhistorischen Diagnose eines vieldeutigen Symptoms. Amsterdam, New York: Rodopi 2003 (= Internationale Forschungen zur allgemeinen und vergleichenden Literaturwissenschaft, Bd. 70), S. 127–137.
Borenstein, Lisa: The place of femininity in the creative imagination. A study of Henry James, Robert Musil and Marcel Proust. Diss. Sussex Univ. 1970.
Borgard, Thomas: Robert Musils früher Beitrag zur Wissensgeschichte im Einflußbereich Lotzes und Fechners. In: Lutz Danneberg, Friedrich Vollhardt (Hg.): Wissen in Literatur im 19. Jahrhundert. Tübingen: Niemeyer 2002, S. 285–312.
Borghello, Giampaolo: Svevo e la letteratura mitteleuropea. Appunti e riflessioni. In: Neohelicon 23 (1996), H. 2, S. 21–35.
Boss, Ulrich: Eine ‚bemerkenswerte Einzelheit'. Arnheims phönikischer Schädel im Kontext antisemitischer Rassendiskurse. In: Musil-Forum 31 (2009/10), S. 64–83.
Boss, Ulrich: ‚Mutterrecht' im *Mann ohne Eigenschaften*. In: Beil/Gamper/Wagner (Hg.): Medien, Technik, Wissenschaft [2011], S. 73–92.
Boss, Ulrich: Solimans ‚ungeschicktes Theater'. Zum Stereotyp des ‚Coons' in Robert Musils *Der Mann ohne Eigenschaften*. In: KulturPoetik 12 (2012), H. 1, S. 58–71.
Boss, Ulrich: Männlichkeit als Eigenschaft. Geschlechterkonstellationen in Robert Musils *Der Mann ohne Eigenschaften*. Berlin, Boston: de Gruyter 2013 (= Studien und Texte zur Sozialgeschichte der Literatur, Bd. 134).
Boss, Ulrich: Ein Autor von ‚hypertropher Virilität'. Geschlecht in der Musil-Rezeption der 1920er und 1930er Jahre. In: Musil-Forum 33 (2013/14), S. 125–141.
Bouton, Christophe: Pourquoi n'invente-t-on pas l'histoire? Robert Musil et la philosophie de l'histoire. In: Jean Bessière, Franca Sinopolo (Hg.): Storia e memoria nelle riletture e riscritture letterarie. Rom: Bulzoni 2005 (= Quaderni di storia della critica e delle poetiche. Collana di saggi e testi, Bd. 25), S. 193–209.
Bouveresse, Jacques: La science sourit dans sa barbe ... In: L'Arc (1978), H. 74, S. 8–31. [ital. in: Mannarini (Hg.): Musil [1980], S. 127–161]
Bouveresse, Jacques: L'Anti-Spengler. In: Olmi/Roth (Hg.): Robert Musil [1981], S. 167–178. [dt. in: Brokoph-Mauch (Hg.): Beiträge zur Musil-Kritik [1983], S. 161–179]
Bouveresse, Jacques: Robert Musil, la science, la technique et la culture. In: Revue de théologie et de philosophie 113 (1981), H. 3, S. 221–228.

Bouveresse, Jacques: Robert Musil, la philosophie de la vie et les illusions de l'action parallèle. In: Revue d'esthétique (1985), H. 9, S. 119–139.
Bouveresse, Jacques: Robert Musil et le destin de l'Europe. In: Austriaca 16 (1991), H. 33, S. 43–62.
Bouveresse, Jacques: L'homme probable. Robert Musil, le hasard, la moyenne et l'escargot de l'histoire. Combas: Éd. de l'Éclat 1993. [2. Aufl. 2004]
Bouveresse, Jacques: Nichts geschieht mit Grund. Das ‚Prinzip des unzureichenden Grundes'. In: Böschenstein/Roth (Hg.): Hommage à Musil [1995], S. 111–143.
Bouveresse, Jacques: Robert Musil et le problème du déterminisme historique. In: Austriaca 20 (1995), H. 41, S. 73–94.
Bouveresse, Jacques: La voix de l'âme et les chemins de l'esprit. Dix études sur Robert Musil. Paris: Le Seuil 2001.
Bouveresse, Jacques: Genauigkeit und Leidenschaft. Das Problem des Essays und des Essayismus im Werk von Musil. In: Musil-Forum 29 (2005/06), S. 1–56.
Bouveresse, Jacques: Robert Musil, die Macht des Falschen und der Wert des Wahren. In: Mulligan/Westerhoff (Hg.): Robert Musil [2009], S. 13–32.
Brandstetter, Gabriele: Figur und Inversion. Kartographie als Dispositiv von Bewegung. In: G. B., Sibylle Peters (Hg.): De figura. Rhetorik, Bewegung, Gestalt. München: Fink 2002, S. 247–264.
Braun, Walter: Der Held des Absurden. Eine komparatistische Studie zum Roman des 20. Jahrhunderts am Beispiel von Robert Musil, Richard Wright und Max Frisch. Diss. Univ. Innsbruck 1984.
Braun, Wilhelm: Musil's „Erdensekretariat der Genauigkeit und Seele". A clue to the philosophy of the hero of *Der Mann ohne Eigenschaften*. In: Monatshefte für deutschen Unterricht, deutsche Sprache und Literatur 46 (1954), S. 305–316.
Braun, Wilhelm: The temptation of Ulrich. The problem of true and false unity in Musil's *Der Mann ohne Eigenschaften*. In: The German Quarterly 29 (1956), S. 29–37.
Braun, Wilhelm: Musil and the pendulum of the intellect. In: Monatshefte für deutschen Unterricht, deutsche Sprache und Literatur 49 (1957), S. 109–119.
Braun, Wilhelm: Musil's siamese twins. In: The Germanic Review 33 (1958), S. 41–52.
Braun, Wilhelm: Moosbrugger dances. In: The Germanic Review 35 (1960), S. 214–230. [frz. in: Olmi/Roth (Hg.): Robert Musil [1981], S. 230–237]
Braun, Wilhelm: Musil's musicians. In: Monatshefte für deutschen Unterricht, deutsche Sprache und Literatur 52 (1960), S. 9–17.
Braun, Wilhelm: An interpretation of Musil's novelle *Tonka*. In: Monatshefte für deutschen Unterricht, deutsche Sprache und Literatur 53 (1961), S. 73–85.
Braun, Wilhelm: An approach to Musil's *Die Schwärmer*. In: Monatshefte für deutschen Unterricht, deutsche Sprache und Literatur 54 (1962), S. 156–170.
Braun, Wilhelm: Musil's *Vinzenz und die Freundin bedeutender Männer*. In: The Germanic Review 37 (1962), S. 121–134.
Braun, Wilhelm: Musil's *Die Schwärmer*. In: Publications of the Modern Language Association 80 (1965), S. 292–298.
Braun, Wilhelm: *The confusions of Törless*. In: The Germanic Review 40 (1965), S. 116–131.
Braun, Wilhelm: Musil's Anselm and the ‚motived life'. In: Wisconsin Studies in Contemporary Literature 8 (1967), S. 517–527.
Braun, Wilhelm: Neuere Interpretationen zu den *Verwirrungen des Zöglings Törleß*. In: Modern Austrian Literature 9 (1976), H. 3/4, S. 43–56.
Braun, Wilhelm: Die Wassermetapher in *Die Vollendung der Liebe*. In: Colloquia Germanica 10 (1976/77), S. 237–246.
Braun, Wilhelm: Musils *Das Fliegenpapier*. In: Saarbrücker Hefte (1982), H. 53, S. 63–67.
Braun, Wilhelm: Musils *Vinzenz und die Freundin bedeutender Männer*. In: Musil-Forum 9 (1983), S. 173–178.

Braun, Wilhelm: Bemerkungen zur neuen englischen *Schwärmer*-Übersetzung. In: Daigger/Militzer (Hg.): Die Übersetzung literarischer Texte am Beispiel Robert Musil [1988], S. 203–208.

Braun, Wilhelm: Ferdinand Stader, *Die Schwärmer* und die konstruktive Ironie. In: Brokoph-Mauch (Hg.): Robert Musil. Essayismus und Ironie [1992], S. 115–122.

Braun, Wilhelm: Beitrag zum Verständnis der *Schwärmer*. In: Musil-Forum 23/24 (1997/98), S. 39–55.

Braun, Wilhelm: Dr. Eugenie Schwarzwald. In: Daigger/Schröder-Werle/Thöming (Hg.): West-östlicher Divan zum utopischen Kakanien [1999], S. 333–349.

Brecht, Christoph: ‚Die infinitesimale verstehende Auflockerung des Menschen'. Robert Musils enzyklopädische Um- und Auswege. In: Waltraud Wiethölter, Frauke Berndt, Stephan Kammer (Hg.): Vom Weltbuch bis zum World Wide Web. Enzyklopädische Literaturen. Heidelberg: Winter 2005 (= Neues Forum für allgemeine und vergleichende Literaturwissenschaft, Bd. 21), S. 241–263.

Breuer, Constanze: Das Nervenmotiv in den frühen Heften Robert Musils. In: Musil-Forum 28 (2003/04), S. 6–25.

Breuer, Constanze: Werk neben dem Werk. Tagebuch und Autobiographie bei Robert Musil. Hildesheim u. a.: Olms 2009 (= Germanistische Texte und Studien, Bd. 82).

Breuer, Ingo/Kassung, Christian: Epistemologie und Poetologie. Zur Struktur des naturwissenschaftlichen Wissens in Robert Musils *Die Amsel*. In: Breuer/Busch (Hg.): Robert Musil: *Die Amsel* [2000], S. 95–130.

Breysach, Barbara: Protokolle aus dem Versteck. Adoleszenz als Raum von Denkspielen in Robert Musils Roman *Die Verwirrungen des Zöglings Törleß* und Juli Zehs Roman *Spieltrieb*. In: Carsten Gansel, Pawel Zimniak (Hg.): Zwischenzeit, Grenzüberschreitung, Aufstörung. Bilder von Adoleszenz in der deutschsprachigen Literatur. Heidelberg: Winter 2011 (= Beiträge zur neueren Literaturgeschichte, Bd. 280), S. 289–310.

Brignone, Annie: Étude de l'analogie dans les *Noces* de Robert Musil. Diss. Univ. d'Aix-Marseille 1978.

Bringazi, Friedrich: Robert Musil und die Mythen der Nation. Nationalismus als Ausdruck subjektiver Identitätsdefekte. Frankfurt a. M. u. a.: Lang 1998.

[Brokoph-]Mauch, Gudrun: Das Märchen in Musils Erzählung *Die Amsel*. In: Literatur und Kritik (1977), H. 113, S. 146–166.

[Brokoph-]Mauch, Gudrun: Robert Musils „Anekdoten" aus dem Ersten Weltkrieg. In: Zeitschrift für deutsche Philologie 98 (1979), S. 514–524.

[Brokoph-]Mauch, Gudrun: Die Tradition des Grotesken in Robert Musils *Nachlaß zu Lebzeiten*. In: Musil-Forum 6 (1980), S. 43–62.

[Brokoph-]Mauch, Gudrun: Robert Musils Erzählung *Die Maus*. In: Colloquia Germanica 13 (1980), H. 3, S. 253–257.

Brokoph-Mauch, Gudrun: Robert Musils *Bilder* im *Nachlaß zu Lebzeiten*. In: Heinz Rupp, Hans-Gert Roloff (Hg.): Akten des VI. Internationalen Germanisten-Kongresses 1980. Teil 4. Bern u. a.: Lang 1981, S. 507–511.

Brokoph-Mauch, Gudrun: Robert Musils *Fischer an der Ostsee*. In: Brokoph-Mauch (Hg.): Beiträge zur Musil-Kritik [1983], S. 263–271.

Brokoph-Mauch, Gudrun: Das Österreichische als bewußte und unbewußte Gestaltung im Werk Robert Musils. In: Modern Austrian Literature 17 (1984), H. 3/4, S. 159–169.

Brokoph-Mauch, Gudrun: Robert Musils *Nachlaß zu Lebzeiten*. New York u. a.: Lang 1985 (= New Yorker Studien zur neueren deutschen Literaturgeschichte, Bd. 4).

Brokoph-Mauch, Gudrun: Robert Musils Aphorismen. In: Karl Konrad Polheim (Hg.): Sinn und Symbol. Festschrift für Joseph P. Strelka zum 60. Geburtstag. Bern u. a.: Lang 1987, S. 425–432.

Brokoph-Mauch, Gudrun: Robert Musils und Hermanns Brochs persönliches Verhältnis in ihrem Briefwechsel. In: Strutz/Kiss (Hg.): Genauigkeit und Seele [1990], S. 67–82. [auch in: Brokoph-Mauch (Hg.): Robert Musil. Essayismus und Ironie [1992], S. 173–185]

Brokoph-Mauch, Gudrun: Robert Musil 1931–1936. Zur Veröffentlichung des *Nachlaß zu Lebzeiten*. In: Rapial 2 (1992), H. 1, S. 4–7.
Brooks, Daniel J.: Aesthetic Nietzscheanism in *Der Mann ohne Eigenschaften*. In: Musil-Forum 15 (1989), S. 94–112.
Brooks, Daniel J.: *Der Mann ohne Eigenschaften* with constant reference to Socrates. In: Modern Austrian Literature 22 (1989), H. 1, S. 1–18.
Brooks, Daniel J.: Musil's Socratic discourse in *Der Mann ohne Eigenschaften*. A comparative study of Ulrich and Socrates. New York u.a.: Lang 1989 (= American university studies. Series 1: Germanic language and literature, Bd. 81).
Brooks, Daniel J.: Ataraxy vs. anxiety. Robert Musil and the post-Nietzschean skeptical mode. In: Rapial 1 (1991), H. 2, S. 5–8.
Brooks, Thomas: „Diese bedingungslose Liebe zu den Sprachfehlern …". Sprachgeografische Betrachtungen zur *würde*-Umschreibung am Beispiel Robert Musil. In: Alexandra N. Lenz, Manfred M. Glauninger (Hg.): Standarddeutsch im 21. Jahrhundert. Theoretische und empirische Ansätze mit einem Fokus auf Österreich. Göttingen: V&R unipress 2015, S. 237–249.
Brosthaus, Heribert: Robert Musils ‚wahre Antithese'. In: Wirkendes Wort 14 (1964), S. 120–140.
Brosthaus, Heribert: Zur Struktur und Entwicklung des ‚anderen Zustands' in Robert Musils Roman *Der Mann ohne Eigenschaften*. In: Deutsche Vierteljahrsschrift für Literaturwissenschaft und Geistesgeschichte 39 (1965), S. 388–440.
Brosthaus, Heribert: Der Entwicklungsroman einer Idee. Untersuchungen zu Gehalt, Struktur und Stil in Robert Musils Roman *Die Verwirrungen des Zöglings Törleß*. Diss. Univ. Würzburg 1969.
Brouwer, René: Musil's search for ethics. In: Monatshefte für deutschsprachige Literatur und Kultur 104 (2012), H. 4, S. 511–526.
Bruch, Gracia: Nachspiel für das expressionistische Theater. Robert Musils Vorspiel zu dem Melodrama *Der Tierkreis*. In: Musil-Forum 25/26 (1999/2000), S. 31–67.
Brüggemann, Heinz: Die urbanen Visions-Räume einer Übermoderne. Robert Musils *Der Mann ohne Eigenschaften* (1922–1942). In: H. B.: Architekturen des Augenblicks. Raum-Bilder und Bild-Räume einer urbanen Moderne in Literatur, Kunst und Architektur des 20. Jahrhunderts. Hannover: Offizin 2002 (= Kultur und Gesellschaft, Bd. 4), S. 490–566.
Brüggemann, Heinz: Das Sichtbar-Unsichtbare der Städte. Zur literarischen Ikonographie urbaner Räume aus Teleskopie und Mikroskopie. In: Sabine Haupt, Ulrich Stadler (Hg.): Das Unsichtbare sehen. Bildzauber, optische Medien und Literatur. Zürich: Ed. Voldemeer 2006, S. 235–253.
Brüning, Karen: Die Rezeption der Gestaltpsychologie in Robert Musils Frühwerk. Frankfurt a. M. u.a.: Lang 2015 (= Moderne und Gegenwart, Bd. 20).
Brunner, Hans Ulrich: Musil. Die methodische Versenkung ins Uferlose. In: Musil-Forum 15 (1989), S. 113–142.
Buchleitner, Edgar: Robert Musil. Das innere Konzil eines profanen Menschen. In: Literatur und Kritik (1972), H. 66/67, S. 360–371.
Buck, Theo: Krieg als ‚das Bestialische'. Zu einer Prosaskizze Musils. In: Austriaca 20 (1995), H. 41, S. 46–60.
Buck, Theo: Vorschein der Apokalypse. Das Thema des Ersten Weltkriegs bei Georg Trakl, Robert Musil und Karl Kraus. Tübingen: Stauffenburg 2001.
Bühler, Niklaus: Monsieur le vivisecteur. Zur unterkühlten Erzähltechnik Robert Musils. In: Schweizer Rundschau 66 (1967), S. 139–145.
Büren, Erhard von: Zur Bedeutung der Psychologie im Werk Robert Musils. Zürich, Freiburg i. Br.: Atlantis 1970 (= Zürcher Beiträge zur deutschen Literatur- und Geistesgeschichte, Bd. 37).
Bürger, Peter: Literarische Form als Denkform. Musils *Mann ohne Eigenschaften*. In: P. B.: Prosa der Moderne. Frankfurt a. M.: Suhrkamp 1988, S. 422–437.

Bunia, Remigius: Bewegliches Fragment. Den zweiten Teil von Musils *Der Mann ohne Eigenschaften* lesen. In: Matthias Buschmeier, Till Dembeck (Hg.): Textbewegungen 1800/1900. Würzburg: Königshausen & Neumann 2007 (= Stiftung für Romantikforschung, Bd. 35), S. 90–110.
Burckhardt, Judith: *Der Mann ohne Eigenschaften* von Robert Musil und das Wagnis der Selbstverwirklichung. Bern: Francke 1973 (= Basler Studien zur deutschen Sprache und Literatur, Bd. 48).
Burgstaller, Erich: Zu Robert Musils *Die Amsel*. In: Sprachkunst 3 (1972), S. 268–277.
Burmann, Anna: Vom „Ekel am Erzählen" und von dem, was nicht aufhören kann zu sprechen. Über das ästhetische Begehren von Musils *Vereinigungen*. In: Rapial 1 (1991), H. 3, S. 13–14, 1 (1991), H. 4, S. 12–14, u. 2 (1992), H. 1, S. 8–11.
Busch, Walter: Die „Sekunde einer gelungenen Gebärde". Robert Musils Novelle *Die Amsel*. In: Breuer/Busch (Hg.): Robert Musil: *Die Amsel* [2000], S. 183–224.

Cacciari, Massimo: L'attenzione profana di Robert Musil. In: Metaphorein 3 (1979), H. 7, S. 65–73. [dt. in: M. C.: Zeit ohne Kronos. Essays. Hg. v. Reinhard Kacianka. Klagenfurt: Ritter 1986, S. 109–122]
Cacciari, Massimo: Robert Musil, *L'uomo senza qualità*, 1930–1943. In: Franco Moretti (Hg.): Il romanzo. Turin: Einaudi 2003, S. 491–537.
Cacciari, Massimo: „Viaggio in paradiso". Su Musil ed altro. In: Giosuè Lachin, Francesco Zambon, Furio Brugnolo (Hg.): Obscuritas. Retorica e poetica dell'oscuro. Trento: Univ. degli Studi di Trento 2004 (= Labirinti, Bd. 71), S. 507–516.
Cacciari, Massimo: Paraiso y naufragio. Musil y *El hombre sin atributos*. Madrid: Abada 2005 (= Lecturas de teoría literaria).
Calabi, Clotilde: Vita beata e vita esatta. Alcune tesi sul libero arbitrio nel *Uomo senza qualità*. In: Rivista di estetica 31 (1992), H. 37, S. 99–118.
Calabi, Clotilde: Musil et les émotions. In: Jean-Pierre Cometti, Kevin Mulligan (Hg.): La philosophie autrichienne de Bolzano à Musil. Histoire et actualité. Paris: Vrin 2001 (= Problèmes et controverses), S. 229–244.
Calamari, Elena: Hugo Münsterberg nell'opera di Musil. In: Annali. Studi Tedeschi 23 (1980), H. 2/3, S. 287–314.
Callus, Ivan/Herbrechter, Stefan: Humanity without itself. Robert Musil, Giorgio Agamben and posthumanism. In: Andy Mousley (Hg.): Towards a New Literary Humanism. New York: Palgrave Macmillan 2011, S. 143–158.
Cambi, Fabrizio: Problemi della narrativa del primo Musil. In: Annali. Studi Tedeschi 22 (1979), H. 3, S. 91–122.
Cambi, Fabrizio: Musil und der Expressionismus. In: Strutz/Strutz (Hg.): Robert Musil und die kulturellen Tendenzen seiner Zeit [1983], S. 59–73.
Cambi, Fabrizio: Il doppio volto della metafora tra realtà e utopia in R. Musil e I. Bachmann. Pisa: Tipografia ed. Pisana 1984.
Cambi, Fabrizio: Percorsi filosofici nella saggistica musiliana fra anni venti e trenta. In: Aldo Gargani (Hg.): Il circolo di Vienna. Tra la scoperta del senso e la scoperta della verità. Ravenna: Longo 1984, S. 107–117.
Cambi, Fabrizio: Ingeborg Bachmann und Robert Musil. In: Fidibus 13 (1985), H. 1, S. 43–56.
Cambi, Fabrizio: L'arte dell'impressione e dell'espressione nella critica di Robert Musil. Pisa: Nistri-Lischi 1989 (= Quaderno, Bd. 5).
Cambi, Fabrizio: *L'uomo senza qualità* di Robert Musil e la sua ricezione. In: Il confronto letterario 22 (2005), H. 1, S. 273–286.
Cambi, Fabrizio: I riflessi della ‚Moderne' sulla scrittura percettivo-associativa delle *Vereinigungen* di Robert Musil. In: Mauro Ponzi (Hg.): Spazi di transizione. Il classico moderno (1880–1933). Mailand: Mimesis 2008, S. 115–123.
Cambi, Fabrizio: Robert Musil als Mitarbeiter der *Prager Presse*. In: Carlo Carmassi u. a. (Hg.): Wo bleibt das „Konzept"? Festschrift für Enrico De Angelis. München: Iudicium 2009, S. 188–193.

Cambi, Fabrizio: Der Briefwechsel Robert Musils als Werkkommentar und Kritik der Moderne. In: Mauro Ponzi (Hg.): Klassische Moderne. Ein Paradigma des 20. Jahrhunderts. Würzburg: Königshausen & Neumann 2010, S. 45–54.

Camion, Arlette: *Grigia* de Robert Musil. L'écriture de l'ailleurs. In: Hélène Barrière (Hg.): Territoires intimes de l'ailleurs. Lille: Univ. Charles-de-Gaulle 2007 (= Germanica, Bd. 40), S. 143–155.

Campe, Rüdiger: Das Bild und die Folter. Robert Musils *Törleß* und die Form des Romans. In: Ulrike Bergermann, Elisabeth Strowick (Hg.): Weiterlesen. Literatur und Wissen. Festschrift für Marianne Schuller. Bielefeld: transcript 2007, S. 121–147.

Canetti, Elias: Erinnerung an Musil. In: Merkur 39 (1985), S. 142–147.

Cantoni, Remo: Robert Musil e la crisi dell'uomo europeo. Milano: Cisalpino-Coliardica 1972.

Carmel, Abraham: Robert Musils Übersetzung ins Hebräische. Kontraste zwischen Sprachen, Begegnungen von Kulturen. In: Daigger/Militzer (Hg.): Die Übersetzung literarischer Texte am Beispiel Robert Musil [1988], S. 177–184.

Carr, Gilbert J.: The „Habsburg myth", ornament and metaphor. Adolf Loos, Karl Kraus and Robert Musil. In: Judith Beniston (Hg.): Austrian satire and other essays. Studies in honour of Edward Timms. Leeds: Maney Publ. 2007 (= Austrian studies, Bd. 15), S. 65–79.

Carré, Martine: Rilke et Musil ou: de la coexistence littéraire à la lumière des *Elégies de Duino* et de *Noces*. In: Anita Gonzalez-Raymond, Dietrich Briesemeister, Lucien Calvié (Hg.): Germania – Hispania. Monde germanique – monde hispanique. Relations, images, transferts. Grenoble: CERAAC 1997 (= Chroniques allemandes, Bd. 6), S. 217–231.

Castex-Rieger, Elisabeth: Musil in Frankreich. Verbreitung, kritische Aufnahme, Wirkung. In: Literatur und Kritik (1974), H. 86/87, S. 381–389.

Castex, Elisabeth: Autour d'une œuvre posthume. In: Critique 28 (1975), H. 339/340, S. 863–873.

Castex, Elisabeth: Probleme und Ziele der Forschung am Nachlaß Robert Musils. In: Colloquia Germanica 10 (1976/77), S. 267–279.

Castex, Elisabeth: Militärischer und ziviler Geist. Zu Funktion und Entwicklung des Generals Stumm von Bordwehr in Robert Musils Roman *Der Mann ohne Eigenschaften*. In: Österreich in Geschichte und Literatur 21 (1977), S. 222–234.

Castex, Elisabeth: Anarchie und totale Organisation. Zur Historizität utopischer Strukturen in den Werken Franz Kafkas und Robert Musils. In: Friedbert Aspetsberger (Hg.): Österreichische Literatur seit den zwanziger Jahren. Beiträge zu ihrer historisch-politischen Lokalisierung. Wien: Österreichischer Bundesverlag 1979 (= Schriften des Instituts für Österreichkunde, Bd. 35), S. 45–54.

Castex, Elisabeth: Auf der Suche nach der verlorenen Frau. Zur Problematik des Frauenbildes in Italo Svevos *La coscienza di Zeno* und Robert Musils *Der Mann ohne Eigenschaften*. In: Robert Musil nel primo centenario della nascita [1980], S. 51–62.

Castex, Elisabeth: Die Bedeutung der Wiener Forschungsarbeit am Musil-Nachlaß für Literaturwissenschaft und Edition. In: Baur/Castex (Hg.): Robert Musil [1980], S. 1–9.

Castex, Elisabeth: Die Wiener Robert-Musil-Nachlaßdokumentation. Ansatz, Methode, editorische Perspektiven. In: Freese (Hg.): Philologie und Kritik [1981], S. 53–66.

Castex, Elisabeth: Neue Ansätze zur Interpretation von Robert Musils Roman *Der Mann ohne Eigenschaften* aus dem Nachlaßmaterial. In: Louis Hay, Winfried Woesler (Hg.): Edition und Interpretation. Akten des Deutsch-Französischen Editorenkolloquiums, Berlin 1979. Bern u. a.: Lang 1981, S. 194–197.

Castex, Elisabeth: Zum neuesten Stand der Musil-Editions-Forschung und -Rezeption. In: Musil-Forum 7 (1981), S. 53–64.

Castex, Elisabeth/Hille, Anneliese: Dokumentation des Nachlasses Robert Musils. Einführung und Erläuterungen. Wien: Arbeitsstelle Robert-Musil-Nachlaß 1980.

Catalano, Gabriella: Robert Musil, immagini postume. In: Marino Feschi (Hg.): Letterature del Danubio. Rom: Bibliotheca Aretina 2011 (= Cultura tedesca, Bd. 40), S. 123–132.

Catani, Stephanie: Das fiktive Geschlecht. Weiblichkeit in anthropologischen Entwürfen und literarischen Texten zwischen 1885 und 1925. Würzburg: Königshausen & Neumann 2005 (= Würzburger Beiträge zur deutschen Philologie, Bd. 28). [zu Musil bes. S. 210–250]

Catani, Stephanie: Kultur in der Krise. Zur Konstruktion von Männlichkeit bei Alfred Döblin und Robert Musil. In: Edinburgh German Yearbook 2 (2008), S. 149–169.

Cauwer, Stijn de: Ideology, critique and utopianism in the work of Robert Musil. In: Meridian Critic 16 (2010), H. 2, S. 29–39.

Cauwer, Stijn de: Robert Musil's cultural diagnostics in the light of Nietzschean immunology. In: Neophilologus 96 (2012), H. 3, S. 411–425.

Cauwer, Stijn de: „A mysterious malady of the times". Robert Musil's *Der Mann ohne Eigenschaften* as a working through of the symptoms of modern life. In: Orbis Litterarum 68 (2013), H. 4, S. 291–311.

Cauwer, Stijn de: From normality to normativity. Alberto Moravia and Robert Musil on the pathology of normality. In: Orbis Litterarum 68 (2013), H. 5, S. 395–410.

Cauwer, Stijn de: A diagnosis of modern life. Robert Musil's *Der Mann ohne Eigenschaften* as a critical-utopian project. Brüssel u.a.: Lang 2014.

Cauwer, Stijn de/Fielding, James M.: Robert Musil's symptomatology. Oswald Spengler and the clinical picture of society. In: Symposium 69 (2015), H. 2, S. 73–86.

Cejpek, Lucas: Wahn und Methode. Robert Musils *Der Mann ohne Eigenschaften*. Diss. Univ. Graz 1982.

Cejpek, Lucas: Von der Abwesenheit des Krieges. Friede im *Mann ohne Eigenschaften*. In: Strutz/Strutz (Hg.): Robert Musil – Literatur, Philosophie, Psychologie [1984], S. 203–219.

Cejpek, Lucas: Geschichte als Literatur. Zu einer Philosophie der Geschichten. Robert Musils *Der Mann ohne Eigenschaften*. In: Musil-Forum 13/14 (1987/88), S. 113–124.

Cellbrot, Hartmut: Die Bewegung des Sinnes. Zur Phänomenologie Robert Musils im Hinblick auf Edmund Husserl. München: Fink 1988 (= Musil-Studien, Bd. 17).

Cellbrot, Hartmut: „Selbstbiographie ohne Persönliches". Zur Selbstbegegnung in Robert Musils *Der Mann ohne Eigenschaften*. In: Freiburger Universitätsblätter 31 (1992), H. 116, S. 59–73.

Cellbrot, Hartmut: Schwellenerfahrungen in Robert Musils *Der Mann ohne Eigenschaften*. In: Donald G. Daviau, Herbert Arlt (Hg.): Geschichte der österreichischen Literatur. Bd. 2. St. Ingbert: Röhrig 1996, S. 483–492.

Cellbrot, Hartmut: „Welt ohne Nullpunkt". Zur Kritik des Subjektprinzips bei Rudolf Kassner und Robert Musil. In: Gerhard Neumann, Ulrich Ott (Hg.): Rudolf Kassner. Physiognomik als Wissensform. Freiburg i.Br.: Rombach 1999 (= Rombach Wissenschaften. Reihe Litterae, Bd. 65), S. 239–254.

Cellbrot, Hartmut: „Vom Felsengrund allgemeiner Ideen". Musil und Kassner als Leser Paul Claudels. In: Wilhelm Kühlmann, Roman Luckscheiter (Hg.): Moderne und Antimoderne. Der *Renouveau catholique* und die deutsche Literatur. Freiburg i.Br.: Rombach 2008 (= Rombach Wissenschaften. Reihe Catholica, Bd. 1), S. 433–446.

Cercignani, Fausto: Uomini „senza qualità" e uomini „con qualità" nel romanzo saggistico di Musil. In: Studia austriaca 6 (1998), S. 183–203.

Cercignani, Fausto: *I turbamenti dell'allievo Törleß* e la conquista della „prospettiva interiore". In: Studia austriaca 7 (1999), S. 97–129.

Cercignani, Fausto: Robert Musil e il ritorno del merlo. In: Studia austriaca 9 (2001), S. 143–176.

Céron, Emmeline: De *Wilhelm Meister* à *Une vie* d'Italo Svevo et à *L'homme sans qualités* de Musil, le „Bildungsroman" entre rupture et continuité. In: Philippe Chardin (Hg.): Roman de formation, roman d'éducation dans la littérature française et dans les littératures étrangères. Paris: Kimé 2007, S. 275–283.

Céron, Emmeline: Disciples déçus et maîtres vieillissants. Les désarrois de la transmission. Zweig, Tchekhov, Musil, Svevo. In: Valérie Deshoulières (Hg.): Les funambules de l'affection. Maîtres et disciples. Clermont-Ferrand: Presses Univ. Blaises Pascal 2009, S. 363–383.

Cesaratto, Todd: Politik durch Gefühleinsatz. General Stumm von Bordwehr als unwahrscheinlicher Erlöser in *Der Mann ohne Eigenschaften*. In: Feger/Pott/Wolf (Hg.): Terror und Erlösung [2009], S. 183–207.
Cesaratto, Todd: Von Ketten's climb. Making a mark in Robert Musil's *Die Portugiesin*. In: Musil-Forum 32 (2011/12), S. 87–105.
Cetti Marinoni, Bianca: Verfremdungseffekte bei Musil als Stücke-Schreiber. In: Strutz (Hg.): Kunst, Wissenschaft und Politik [1986], S. 104–132.
Cetti Marinoni, Bianca: „Liebe ist gar nie Liebe". Zum Verhältnis von Liebesthematik und dramatischer Struktur in Musils Theater. In: Annali. Studi Tedeschi 30 (1987), H. 1–3, S. 125–160.
Cetti Marinoni, Bianca: Sprach- und Stilprobleme der *Törleß*-Übersetzung. In: Daigger/Militzer (Hg.): Die Übersetzung literarischer Texte am Beispiel Robert Musil [1988], S. 227–239.
Cetti Marinoni, Bianca: Zum Werdegang der *Schwärmer* in Frisés Ausgabe der Schriften von Musil. In: Musil-Forum 16 (1990), S. 38–44.
Cetti Marinoni, Bianca: Denken im Drama. Zu Robert Musils Stück *Die Schwärmer*. In: Rapial 1 (1991), S. 4–7.
Cetti Marinoni, Bianca: Essayistisches Drama. Die Entstehung von Robert Musils Stück *Die Schwärmer*. München: Fink 1992 (= Musil-Studien, Bd. 21). [ital.: „Come si fa con un saggio". Robert Musil e la genesi degli *Schwärmer*. Mailand: Angeli 1988 (= Scienza della letteratura e del linguaggio, Bd. 3)]
Cetti Marinoni, Bianca: Musils Problem des „Neuen Menschen" in der Entstehung des Dramas *Die Schwärmer*. In: Il confronto letterario 9 (1992), H. 18, S. 329–344.
Cetti Marinoni, Bianca: Un apologo musiliano. Il poeta antropofago. In: Maria Grazia Profeti (Hg.): Codici del gusto. Mailand: Franco Angeli 1992, S. 404–411.
Cetti Marinoni, Bianca: Il „laboratorio" del romanzo-saggio musiliano. In: Eberhard Lämmert, Giorgio Cusatelli (Hg.): Avantgarde, Modernität, Katastrophe. Letterature, arte e scienza fra Germania e Italia nel primo '900. Florenz: Olschki 1995 (= Studi italo-tedeschi, Bd. 4), S. 191–199.
Cetti Marinoni, Bianca: La guerra di Musil. In: Cultura tedesca (1995), H. 3, S. 35–46.
Cetti Marinoni, Bianca: Decostruzione saggistica della sintassi drammatica. *Die Schwärmer* di Robert Musil. In: Claudia Monti u. a. (Hg.): Körpersprache und Sprachkörper. Semiotische Interferenzen in der deutschen Literatur. Bozen u. a.: Ed. Sturzflüge 1996 (= Essay & Poesie, Bd. 3), S. 161–169.
Cetti Marinoni, Bianca: *Die Amsel*. Teoria e prassi musiliane della novella „ideale". In: Breuer/Busch (Hg.): Robert Musil: *Die Amsel* [2000], S. 13–28.
Cetti Marinoni, Bianca: Prove di saggismo. Musil e il *Törleß*. In: Studi germanici 42 (2004), H. 3, S. 485–494.
Chardin, Philippe: Le roman de la conscience malheureuse. Svevo, Gorki, Proust, Mann, Musil, Martin du Gard, Broch, Roth, Aragon. Genf: Droz 1982 (= Titre courant, Bd. 13). [2. Aufl. 1998]
Chardin, Philippe: Schopenhauer à l'épreuve de „téléscopage des époques" et de l'ironie musilienne. In: Anne Henry (Hg.): Schopenhauer et la création littéraire en Europe. Paris: Klincksieck 1989, S. 193–203.
Chardin, Philippe: L'amour dans la haine ou la jalousie dans la littérature moderne. Dostoievski, James, Svevo, Proust, Musil. Genf: Droz 1990 (= Histoire des idées et critique littéraire, Bd. 275).
Chardin, Philippe: „Possibilisme" et „impossibilisme". Les métaphores frontalières chez Musil et chez James. In: Revue de littérature comparée 64 (1990), S. 527–534.
Chardin, Philippe: La jalousie sans qualités. In: Europe. Revue littéraire mensuelle 69 (1991), H. 741/742, S. 36–44.
Chardin, Philippe: L'ironie analytique chez Musil et chez Proust. In: Roman 20-50 (1992), H. 14, S. 107–115.

Chardin, Philippe: Visions de la folie et de ses ‚sympathisants' chez André Breton et chez Robert Musil. In: Mélusine (1992), H. 13, S. 151–162.

Chardin, Philippe: L'intellectuel musilien. In: Jacques Deguy (Hg.): L'intellectuel et ses miroirs romanesques. Lille: Presses Univ. de Lille 1993 (= Travaux et recherches), S. 159–167.

Chardin, Philippe: Esprit de sérieux et femmes légères d'après quelques textes d'écrivains du début du siècle (Joyce, Proust, Musil). In: Imaginaires 2 (1997), S. 213–222.

Chardin, Philippe: L'histoire et la géographie mythiques dans le récit musilien. In: Sylviane Coyault (Hg.): L'histoire et la géographie dans le récit poétique. Clermont-Ferrand: Centre de Recherches sur les Littératures Modernes et Contemporaines 1997, S. 147–158.

Chardin, Philippe: Bêtise ou génie de l'indétermination chez Flaubert et chez Musil. In: Valérie-Angélique Deshoulières (Hg.): Poétiques de l'indéterminé. Le caméléon au propre et au figuré. Clermont-Ferrand: Assoc. des Publications de la Fac. des Lettres et Sciences Humaines 1998, S. 405–421.

Chardin, Philippe: Dostoïevski / Musil. Le problème de la transgression. In: Jacques Dugast, François Mouret (Hg.): Littérature et interdits. Rennes: Presses Univ. de Rennes 1998, S. 87–98.

Chardin, Philippe: Musil et la littérature européenne. Paris: Presses Univ. de France 1998 (= Collection Littératures européennes).

Chardin, Philippe: Proust / Musil. Littérature contre philosophie. Hiérarchies et préséances. In: Anne Tomiche, Philippe Zard (Hg.): Littérature et philosophie. Arras: Artois Presses Univ. 2002, S. 75–90.

Chardin, Philippe: Passéisme ou avant-gardisme? L'originalité atemporelle des *Schwärmer* de Robert Musil. In: Béhar/Roth (Hg.): Musil an der Schwelle zum 21. Jahrhundert [2005], S. 267–286.

Chardin, Philippe: Einige Überlegungen zur Inspektion der Staatsbibliothek von Wien durch General Stumm von Bordwehr. In: Musil-Forum 30 (2007/08), S. 128–138.

Chardin, Philippe: Imaginaire et problématique des deux mondes dans *La Marche de Radetzky* de Joseph Roth et dans *Les désarrois de l'élève Törless* de Robert Musil. In: Jacques Le Rider, Heinz Raschel (Hg.): La Galicie au temps des Habsbourg (1772–1918). Histoire, société, cultures en contact. Tours: Presses Univ. François Rabelais 2010 (= Perspectives historiques), S. 363–376.

Chardin, Philippe: Musil et la littérature. Amours lointaines et fureurs intempestives. Dijon: Presses Univ. de Dijon 2011.

Charitonow, Mark: Ein Traum bei Tageslicht. Robert Musil und Boris Pasternak. In: Frank Göbler u. a. (Hg.): Literarischer Dialog. Festschrift für Wolfgang Kasack zum 65. Geburtstag. Mainz: Liber 1992, S. 91–94.

Charles-Roux, Edmonde: Aspects de l'austrianité de Musil. In: Olmi/Roth (Hg.): Robert Musil [1981], S. 179–186.

Charney, Hanna: *Monsieur Teste* and *Der Mann ohne Eigenschaften*. Homo possibilis in fiction. In: Comparative Literature 27 (1975), H. 1, S. 1–7.

Charrière-Jacquin, Marianne: Le concave et le convexe. „Eine Art Einleitung" à *L'homme sans qualités* de Robert Musil. In: Cahiers d'études germaniques (1983), H. 7, S. 7–43.

Charrière-Jacquin, Marianne: *Der Mann ohne Eigenschaften* als Suche nach einer hermaphroditischen Sprache. Wechselspiel des Konvexen und Konkaven. In: Strutz/Strutz (Hg.): Robert Musil – Literatur, Philosophie, Psychologie [1984], S. 73–90.

Charrière-Jacquin, Marianne: Musils *Schwärmer*: Lebenskampf? Kartenspiel? Kammermusik? In: Strutz/Strutz (Hg.): Robert Musil – Theater, Bildung, Kritik [1985], S. 24–43.

Charrière-Jacquin, Marianne: Autour de la notion musilienne de „Gleichnis". Quelques remarques sur son occurrence dans *L'homme sans qualités*. In: Michel Collomb, Gérard Raulet (Hg.): Critique de l'ornement de Vienne à la postmodernité. Paris: Klincksieck 1992, S. 47–60.

Checconi, Sergio: Musil. Firenze: La Nuova Italia 1969 (= Il Castoro, Bd. 27).

Checconi, Sergio: Il Trentino nella vita di Musil e nelle novelle di *Tre donne*. In: Robert Musil nel primo centenario della nascita [1980], S. 103–111.
Chevalier, Claude: *Les Exaltes* de Robert Musil. Mises en scène. Diss. Univ. Metz 1988.
Chevalier, Claude: *Die Schwärmer* de Robert Musil. Mise en marge et marginalité. In: Cahiers d'études germaniques (1990), H. 19, S. 101–109.
Chournazidi, Anastasia: Musils Roman *Der Mann ohne Eigenschaften* als autopoietisches Fragment. In: Willi Benning, Katharina Mitralexi, Evi Petropoulou (Hg.): Das Argument in der Literaturwissenschaft. Oberhausen: Athena 2006 (= Beiträge zur Kulturwissenschaft, Bd. 9), S. 81–98.
Christoffel, Ady: Robert Musils *Bilder* (aus dem *Nachlaß zu Lebzeiten*). Versuch einer Interpretation. Diss. Univ. Dudelange 1972.
Cillien-Naujeck, Ursula: Was kann ich wissen – was darf ich glauben? Eine vergleichende Rezeption der Philosophie Franz Fischers und des Romans *Der Mann ohne Eigenschaften* von Robert Musil. In: Pädagogische Rundschau 48 (1994), H. 2, S. 233–242.
Cīrulis, Kārlis: Robert Musils *Mann ohne Eigenschaften* als Lebensentwurf der Moderne. In: Triangulum 11 (2006), S. 31–42.
Citati, Pietro: *L'uomo senza qualità*. In: Paragone. N. S. 13 (1962), H. 152, S. 3–35. [auch in: P. C.: Il té del cappellaio matto. Mailand: Mondadori 1972, S. 251–285; P. C.: La malattia dell'infinto. La letteratura del Novecento. Mailand: Mondadori 2008, S. 153–186]
Classen, Albrecht: Robert Musil: *Der Mann ohne Eigenschaften*. Der antizipatorische Charakter des Ersten Buches. In: Carleton Germanic Papers (1987), H. 15, S. 1–16.
Classen, Albrecht: Robert Musils Novelle *Tonka* im Licht des Neuen Testaments. In: Colloquia Germanica 21 (1988), S. 169–184.
Classen, Albrecht: Die Stadt-Land-Relation als romantechnisches Element in Robert Musils *Der Mann ohne Eigenschaften*. In: German Life and Letters 43 (1989), H. 1, S. 63–78.
Classen, Albrecht: Mittelalter-Rezeption im Werk Robert Musils. In: Rüdiger Krohn (Hg.): Materialien und Beiträge zur Mittelalter-Rezeption. Göppingen: Kümmerle 1992 (= Göppinger Arbeiten zur Germanistik, Bd. 540), S. 137–168.
Classen, Albrecht: Das Fragmentarische als literarische Strategie. Überlegungen zu Robert Musil, Thomas Mann, Hermann Hesse und Michael Ende. In: Germanic Notes and Reviews 26 (1995), H. 2, S. 114–126.
Coble, Kelly: Inscrutable intelligibility. Intelligible character and deed in Kant, Schelling, Mach, and Musil. Diss. Depaul Univ. Chicago 1999.
Coble, Kelly: Authenticity in Robert Musil's *Man without qualities*. In: Philosophy and literature 29 (2005), H. 2, S. 337–348.
Coble, Kelly: Positivism and inwardness. Schopenhauer's legacy in Robert Musil's *The man without qualities*. In: The European legacy 11 (2006), H. 2, S. 139–155.
Coetzee, John M.: Robert Musil's stories of women. In: J. M. C.: Doubling the point. Essays and interviews. Hg. v. David Attwell. Cambridge, London: Harvard Univ. Press 1992, S. 233–239.
Coetzee, John M.: Robert Musil's diaries. In: J. M. C.: Stranger shores. Literary essays 1986–1999. London: Secker & Warburg 2001, S. 104–122. [dt. in: J. M. C.: Was ist ein Klassiker? Essays. Aus dem Englischen v. Reinhild Böhnke. Frankfurt a.M.: Fischer 2006, S. 176–194 u. 318–319]
Coetzee, John M.: Robert Musil, *The confusions of young Törless*. In: Robert Musil: The confusions of young Törless. Translated from the German by Shaun Whiteside. With an introduction by J. M. Coetzee. London: Penguin 2001. [auch in: J. M. C.: Inner workings. Literary essays 2000–2005. London: Harvill Secker 2007, S. 30–39]
Cohn, Dorrit: Psyche and space in Musil's *Die Vollendung der Liebe*. In: The Germanic Review 49 (1974), S. 154–168.
Cohn, Dorrit: Transparent minds. Narrative modes for presenting consciousness in fiction. Princeton: Princeton Univ. Press 1978.

Cometti, Jean-Pierre: Temps et narration. „An Land kommen die Götter noch zu den Menschen". In: Musil-Forum 10 (1984), S. 99–104.
Cometti, Jean-Pierre: Psychoanalyse und Erzählung. In: Strutz/Strutz (Hg.): Robert Musil – Theater, Bildung, Kritik [1985], S. 153–165.
Cometti, Jean-Pierre: Robert Musil ou l'alternative romanesque. Paris: Presses Univ. de France 1985.
Cometti, Jean-Pierre: „Pensées mortes" et „pensées vivantes". In: Musil-Forum 9 (1983), S. 52–85. [auch in: Cometti (Hg.): Robert Musil [1986], S. 146–165]
Cometti, Jean-Pierre: Robert Musil. De *Törless* à *L'homme sans qualités*. Brüssel: Mardaga 1986 (= Philosophie et langage).
Cometti, Jean-Pierre: „Es gibt Geschichte und es gibt Geschichten ... Mit der Zeit aber geschieht immer dasgleiche". In: Strutz (Hg.): Robert Musils „Kakanien" [1987], S. 164–181.
Cometti, Jean-Pierre: Musil en France. Souvenirs d'une mode. In: Études (1990), S. 211–222.
Cometti, Jean-Pierre: La conception scientifique du monde ou Vienne contre Berlin. In: Cahiers d'études germaniques (1993), H. 24, S. 183–195.
Cometti, Jean-Pierre: Proust, Musil et les mondes de l'art. In: Austriaca 20 (1995), H. 41, S. 95–102.
Cometti, Jean-Pierre: L'homme exact. Essai sur Robert Musil. Paris: Seuil 1997 (= Le don des langues).
Cometti, Jean-Pierre: Musil philosophe. In: Revue de Métaphysique et de Morale 102 (1997), H. 2, S. 239–264.
Cometti, Jean-Pierre: Qualités de formes. Musil, Wittgenstein et la psychologie. In: Austriaca 22 (1997), H. 44, S. 83–93.
Cometti, Jean-Pierre: Robert Musil et les zigzags de l'histoire. In: Jeanne Benay, Gilbert Ravy (Hg.): Écritures et langages satiriques en Autriche (1914–1938). Bern u.a.: Lang 1999 (= Convergences, Bd. 10), S. 467–477.
Cometti, Jean-Pierre: *L'homme sans qualités*. Problèmes d'édition et perplexités ontologiques. In: Chardin (Hg.): Robert Musil [2000], S. 25–36.
Cometti, Jean-Pierre: Musil philosophe. L'utopie de l'essayisme. Paris: Seuil 2001 (= Le don des langues).
Constantinescu, Romaniţa: Selbstvermöglichungsstrategien des Erzählers im modernen Roman. Von ästhetischer Selbstaufsplitterung bis zu ethischer Selbstsetzung über mehrfache Rollendistanzen im Erzählen: Robert Musil, Max Frisch, Martin Walser, Alfred Andersch. Frankfurt a. M. u. a.: Lang 1998 (= Europäische Hochschulschriften. Reihe 1: Deutsche Sprache und Literatur, Bd. 1700).
Coquio, Catherine: „Lector in vita activa", ou le sacrifice lumineux du lecteur. Mystère critique en trois tableaux (Benjamin, Musil, Kafka). In: Chardin (Hg.): Robert Musil [2000], S. 131–156.
Corino, Karl: Törleß ignotus. Zu den biographischen Hintergründen von Robert Musils Roman *Die Verwirrungen des Zöglings Törleß*. In: Text + Kritik (1968), H. 21/22, S. 18–25. [auch in: Text + Kritik (²1972), H. 21/22, S. 61–72] [frz. in: Olmi/Roth (Hg.): Robert Musil [1981], S. 214–224]
Corino, Karl: Robert Musil und Alfred Kerr. Der Dichter und sein Kritiker. In: Dinklage (Hg.): Robert Musil. Studien zu seinem Werk [1970], S. 236–283.
Corino, Karl: Geistesverwandtschaft und Rivalität. Ein Nachtrag zu den Beziehungen zwischen Robert Musil und Hermann Broch. In: Literatur und Kritik (1971), H. 54/55, S. 242–253.
Corino, Karl: Robert Musil – Thomas Mann. Ein Dialog. Pfullingen: Neske 1971.
Corino, Karl: Probleme des späten Musil. In: Literatur und Kritik (1972), H. 66/67, S. 331–341.
Corino, Karl: Ödipus oder Orest? Robert Musil und die Psychoanalyse. In: Baur/Goltschnigg (Hg.): Vom *Törleß* zum *Mann ohne Eigenschaften* [1973], S. 123–235.
Corino, Karl: Reflexionen im Vakuum. Musils Schweizer Exil. In: Manfred Durzak (Hg.): Die deutsche Exilliteratur 1933–1945. Stuttgart: Reclam 1973, S. 253–262.

Corino, Karl: Robert Musils *Vereinigungen*. Studien zu einer historisch-kritischen Ausgabe. München, Salzburg: Fink 1974 (= Musil-Studien, Bd. 5).
Corino, Karl: Robert Musil und Kärnten. In: Die Brücke 1/2 (1975/76), H. 2/3, S. 155–166.
Corino, Karl: Der erlöste Tantalus. Robert Musils Verhältnis zur Sprache. In: Annali. Studi Tedeschi 23 (1980), H. 2/3, S. 339–356.
Corino, Karl: Musils Diotima. Modelle einer Figur. In: Literatur und Kritik (1980), H. 149/150, S. 588–598.
Corino, Karl: Robert Musil in Italien. Ein Itinerar. In: Robert Musil nel primo centenario della nascita [1980], S. 75–91.
Corino, Karl: Das geteilte Haus von Vernunft und Glaube. Hirnphysiologische Substrate menschlichen Verhaltens sub specie Robert Musil. In: Musil-Forum 7 (1981), S. 163–168.
Corino, Karl: Robert Musil. In: Walter Hinderer (Hg.): Literarische Profile. Deutsche Dichter von Grimmelshausen bis Brecht. Königstein i. Ts.: Athenäum 1982, S. 300–314.
Corino, Karl: Ein Mörder macht Literaturgeschichte. Florian Großrubatscher, ein Modell für Musils Moosbrugger. In: Strutz/Strutz (Hg.): Robert Musil und die kulturellen Tendenzen seiner Zeit [1983], S. 130–147.
Corino, Karl: Zwischen Mystik und Theaterleidenschaft. Robert Musils Brünner Jahre (1898–1902). In: Strutz/Strutz (Hg.): Robert Musil und die kulturellen Tendenzen seiner Zeit [1983], S. 11–28.
Corino, Karl: „Der Zaubervogel küßt die Füße". Zu Robert Musils Leben und Werk in den Jahren 1914–16. In: Strutz/Strutz (Hg.): Robert Musil – Literatur, Philosophie, Psychologie [1984], S. 143–172.
Corino, Karl: Die ganze Welt ist Österreich. Musils Wirkung auf fremde Literaturen. In: Stuttgarter Zeitung, 27.12.1984.
Corino, Karl: Zerstückelt und durchdunkelt. Der Sexualmörder Moosbrugger im *Mann ohne Eigenschaften* und sein Modell. In: Musil-Forum 10 (1984), S. 105–119.
Corino, Karl: Alpha – Modell Nr. 2. Bemerkungen zum biographischen Hintergrund von Robert Musils Posse *Vinzenz und die Freundin bedeutender Männer*. In: Strutz/Strutz (Hg.): Robert Musil – Theater, Bildung, Kritik [1985], S. 95–109.
Corino, Karl: Das wahre Österreich ist die ganze Welt. Robert Musil im Ausland. In: Paul Kruntorad (Hg.): A.E.I.O.U. Wien: Österreichischer Bundesverlag 1985, S. 31–37.
Corino, Karl: Robert Musil. In: K. C. (Hg.): Genie und Geld. Vom Auskommen deutscher Schriftsteller. Nördlingen: Greno 1987 (= Krater-Bibliothek), S. 424–447.
Corino, Karl: Profil einer Soldatenzeitung aus dem Ersten Weltkrieg, *Heimat*, und ihres Herausgebers Robert Musil. In: Musil-Forum 13/14 (1987/88), S. 74–87.
Corino, Karl: Robert Musil. Leben und Werk in Bildern und Texten. Reinbek b. Hamburg: Rowohlt 1988.
Corino, Karl: Robert Musils Wirkung auf die Weltliteratur. In: Musil-Forum 16 (1990), S. 92–102.
Corino, Karl: Der Dämon der Möglichkeit. Vom Scheitern Robert Musils. In: Martin Lüdke, Delf Schmidt (Hg.): „Siegreiche Niederlagen". Scheitern: die Signatur der Moderne. Reinbek b. Hamburg: Rowohlt 1992 (= Literaturmagazin, Bd. 30), S. 62–71.
Corino, Karl: Triebschicksale. In: Cejpek (Hg.): Nach Musil [1992], S. 165–179.
Corino, Karl: Robert Musil und die bildende Kunst. In: Rapial 3 (1993), H. 1, S. 2–8.
Corino, Karl: Musils pazifistische Gewaltsympathien nicht zu belegen. In: Musil-Forum 23/24 (1997/98), S. 35–37.
Corino, Karl: Robert Musil's failure. In: HEAT 14 (2000), S. 146–156.
Corino, Karl: Robert Musil. Eine Biographie. Reinbek b. Hamburg: Rowohlt 2003.
Corino, Karl: Der Fall Robert Musil. In: Friedrich Stadler (Hg.): Vertriebene Vernunft. Emigration und Exil österreichischer Wissenschaft 1930–1940. Bd. 2/1. Münster u. a.: LIT 2004 (= Emigration – Exil – Kontinuität, Bd. 2), S. 535–548.
Corino, Karl: „Irrtümer als Stationen der Wahrheit". Die Recherchen zur Biographie Robert Musils. In: Studi germanici 42 (2004), H. 3, S. 407–428. [auch in: Katarina Agathos, Her-

bert Kapfer (Hg.): Robert Musil: *Der Mann ohne Eigenschaften*. Remix. München: belleville 2004, S. 595–614]

Corino, Karl: „Unser halbes Leben ist Ausdruck". Robert Musil als Physiognom. In: Volltext (2004), H. 6, S. 4–7.

Corino, Karl: Otto Pächt und Robert Musil. In: Michael Pächt (Hg.): „Am Anfang war das Auge". Otto Pächt – Symposion anlässlich seines 100. Geburtstages. Stuttgart: Scheufele 2006, S. 19–38.

Corino, Karl: Zwischen Dichtung und Wissenschaft. Robert Musils lebenslange Suche nach einer Synthese. Ein Essay. In: Das Plateau 17 (2006), H. 98, S. 4–22.

Corino, Karl: Robert Musil's life. A chronology. In: Bartram/Payne/Tihanov (Hg.): A companion to the works of Robert Musil [2007], S. 425–429.

Corino, Karl: The contribution of biographical research to the understanding of characters and themes of *Der Mann ohne Eigenschaften*. In: Bartram/Payne/Tihanov (Hg.): A companion to the works of Robert Musil [2007], S. 285–312.

Corino, Karl: Eigenschaften – Allerschaften. Zur Aktualität von Robert Musils *Mann ohne Eigenschaften*. In: Carlo Carmassi u.a. (Hg.): Wo bleibt das „Konzept"? Festschrift für Enrico De Angelis. München: Iudicium 2009, S. 194–208.

Corino, Karl (Hg.): Erinnerungen an Robert Musil. Texte von Augenzeugen. Wädenswil: Nimbus 2010 (= En face, Bd. 2).

Corino, Karl: Klaviersonnen über Schluchten des Gemüts. Robert Musil und die Musik. In: Das Plateau 21 (2010), H. 120, S. 4–21.

Corino, Karl: Ein Mann mit vielen Eigenschaften. Robert Musil in Anekdoten. In: Belobratow (Hg.): Robert Musil und einiges mehr [2011], S. 8–24.

Corino, Karl: *Törleß* hochgejubelt. In: Musil-Forum 32 (2011/12), S. 220.

Corino, Karl: Nochmals zu: *Törleß*-Auflage hochgejubelt? Von Widersprüchen und Dunkelziffern. In: Musil-Forum 33 (2013/14), S. 281–282.

Corino, Karl: Draufgänger und Tachinierer. Neue Bilder Robert Musils aus dem I. Weltkrieg. In: Feigl/Fleck/Hamersky (Hg.): Robert Musil. Der Mann mit Eigenschaften [2014], S. 98–105.

Corino, Karl: Die Flucht aus dem Frieden. Robert Musil und der Erste Weltkrieg. In: Das Plateau 25 (2014), H. 145, S. 4–17.

Corino, Karl: Walther Rathenau und Robert Musil. Eine Konstellation. In: Sven Brömsel, Patrick Küppers, Clemens Reichhold (Hg.): Walther Rathenau im Netzwerk der Moderne. Berlin, Boston: de Gruyter 2014, S. 14–28.

Corino, Karl: Begegnung dreier Berggipfel. Alfred, Alois und Robert Musil. Klagenfurt, Wien: kitab 2015.

Corino, Karl: Musil in Italien. Ein Itinerar in Bildern und Texten. Klagenfurt, Wien: kitab 2015.

Corngold, Stanley: Patterns of justification in *Young Törless*. In: Ann Fehn, Ingeborg Hoesterey, Maria Tatar (Hg.): Neverending stories. Toward a critical narratology. Princeton: Princeton Univ. Press 1992, S. 138–159.

Costagli, Simone: Verfilmen durch Zitat. *Der junge Törless* (1966) von Volker Schlöndorf. In: Eugenio Spedicato, Sven Hanuschek (Hg.): Literaturverfilmung. Perspektiven und Analysen. Würzburg: Königshausen & Neumann 2008, S. 127–136.

Coulombe, Neil/Latraverse, François: Le glas de l'éthique. Wittgenstein, Kelsen, Musil. In: F. L., Walter Moser (Hg.): Vienne au tournant du siècle. Paris: Albin Michel 1988, S. 199–216.

Cremerius, Johannes: Robert Musil. Das Dilemma eines Schriftstellers vom Typus „poeta doctus" nach Freud. In: Psyche. Zeitschrift für Psychoanalyse 33 (1979), H. 8, S. 733–772. [auch in: J. C. u.a. (Hg.): Freiburger literaturpsychologische Gespräche 2. Frankfurt a.M. u.a.: Lang 1982, S. 117–167]

Crepon, Marc: La compréhension mutuelle des peuples. Musil, Heidegger et l'idee de ‚philosophie nationale'. In: Revue de Métaphysique et de Morale (2001), H. 3, S. 19–37.

Crescimano, Emanuele: Realtà e rappresentazione. L'esperienza del cinema tra Musil, Balázs e Arnheim. In: Luigi Russo (Hg.): Premio nuova estetica. Palermo: Centro Internazionale Studi di Estetica 2009 (= Aesthetica preprint. Supplementa, Bd. 23), S. 131–154.

Crooke, William: Mysticism as modernity. Nationalism and the irrational in Hermann Hesse, Robert Musil and Max Frisch. Oxford u. a.: Lang 2008 (= Studies in modern German literature, Bd. 107).

Cruz Revueltas, Juan Cristóbal: La incertidumbre de la modernidad. Robert Musil o la interpenetración de la razón y el sentimiento. México: Cruz 2002.

Cusatelli, Giorgio: Musil contro Proust? In: Musil contro Proust [1981], S. 65–69.

Czaja, Johannes: Psychophysische Grundperspektive und Essayismus. Untersuchungen zu Robert Musils Werk mit besonderem Blick auf Gustav Theodor Fechner und Ernst Mach. Diss. Univ. Tübingen 1993.

Czernin, Franz Josef: Möglichkeitssinn, Wirklichkeitssinn und lyrische Dichtung. In: Cejpek (Hg.): Nach Musil [1992], S. 144–164.

Czernin, Franz Josef: Zum Werk Robert Musils. In: F. J. C.: Sechs tote Dichter. Wien: Sonderzahl 1992, S. 116–153.

Dänzer, Hans: Robert Musils Roman *Die Verwirrungen des Zöglings Törleß*. Freilegung und Beschreibung. Diss. Univ. Zürich 1970.

Dahan-Gaida, Laurence: Entropie, histoire, récit. L'exemple de Musil. In: Romantisme 21 (1991), H. 72, S. 109–123.

Dahan-Gaida, Laurence: Frege, Leibniz et Musil. Le meilleur des mondes possibles. In: Austriaca 16 (1991), H. 33, S. 63–78.

Dahan-Gaida, Laurence: La science et l'œuvre dans *Les désarrois de l'élève Törleß*. In: Études germaniques 47 (1992), H. 3, S. 299–314.

Dahan-Gaida, Laurence: Die Wärmetheorie bei Robert Musil. In: Musil-Forum 19/20 (1993/94), S. 117–131.

Dahan-Gaida, Laurence: Musil. Savoir et fiction. Saint-Denis: Presses Univ. de Vincennes 1994 (= Culture et société).

Dahan-Gaida, Laurence: D'une ontologie de l'être à une ontologie du devenir. In: Austriaca 20 (1995), H. 41, S. 61–72.

Dahan-Gaida, Laurence: Cristaux et nuages. Images de l'ordre et du désordre chez Robert Musil. In: Savoirs et littérature 1 (1997), S. 69–105.

Dahan-Gaida, Laurence: Le „tiers-instruit". Figures de l'hétérogène chez Musil et chez Zamiatine. In: Michel Collomb (Hg.): Figures de l'hétérogène. Montpellier: Publ. de l'Univ. Paul Valéry 1998, S. 23–43.

Dahan-Gaida, Laurence: Poétique de la lecture chez Musil. In: Chardin (Hg.): Robert Musil [2000], S. 73–89.

Dahan-Gaida, Laurence: Jamais deux sans trois! Figures du tiers chez Musil et Kafka. In: L. D.-G. (Hg.): Logiques du tiers. Littérature, culture, société. Besançon: Presses Univ. de Franche-Comté 2007 (= Annales littéraires de l'Université de Franche-Comté, Bd. 74), S. 207–218.

Dahan-Gaida, Laurence: „La science, sport de combat". Figures du savant chez Robert Musil et Paul Valéry. In: Pascale Alexandre-Bergues (Hg.): Savoirs et savants dans la littérature. Paris: Ed. Classiques Garnier 2010 (= Rencontres, Bd. 9), S. 325–342.

Dahan-Gaida, Laurence: Vers une „pensée du dehors". Exotopie et dialogisme dans *L'homme sans qualités* de Robert Musil. In: Héliane Kohler, Juan Manuel López Muñoz (Hg.): Exterritorialité, énonciation, discours. Approche interdisciplinaire. Bern u.a.: Lang 2010, S. 39–55.

Daiber, Jürgen: Individualpsychologische Diagnose und literarische Therapie. Zum Symptom der Schreibhemmung bei Robert Musil. In: Musil-Forum 27 (2001/02), S. 210–241.

Daigger, Annette: Nachgelassenes Material zu Musils *Drei Frauen*. In: Roth/Schröder-Werle/Zeller (Hg.): Nachlaß- und Editionsprobleme [1981], S. 77–80.

Daigger, Annette: La nouvelle *Tonka* de Robert Musil. Études et matériaux pour une édition critique. Diss. Univ. Saarbrücken 1984.

Daigger, Annette: *Tonka*. Réalité et fiction. In: Cometti (Hg.): Robert Musil [1986], S. 55–68.

Daigger, Annette: Csokor, Fontana, Musil und die Kritik. In: Hickman (Hg.): Robert Musil and the literary landscape of his time [1991], S. 112–133.

Daigger, Annette: Réflexions politiques de Robert Musil dans les années 1920. In: Europe. Revue littéraire mensuelle 69 (1991), H. 741/742, S. 50–53.

Daigger, Annette: Musils politische Haltung in seinen frühen Essays. In: Brokoph-Mauch (Hg.): Robert Musil. Essayismus und Ironie [1992], S. 75–89.

Daigger, Annette: Ulrich, Agathe – Wandlung der Liebe. In: Austriaca 20 (1995), H. 41, S. 141–153.

Daigger, Annette: Mit Robert Musil in Kakanien. Österreichbilder im Roman *Der Mann ohne Eigenschaften*. In: Modern Austrian Literature 30 (1997), H. 3/4, S. 158–169.

Daigger, Annette: Quelques lectures d'un texte réputé „illisible". *Noces* de Robert Musil. In: Chardin (Hg.): Robert Musil [2000], S. 103–115.

Daigger, Annette: Sind die *Vereinigungen* lesbar? In: Temeswarer Beiträge zur Germanistik 3 (2001), S. 63–71.

Daigger, Annette: Musils Vortrag in Paris (1935) und seine Haltung gegenüber dem Nationalsozialismus. In: Martens/Ruthner/De Vos (Hg.): Musil anders [2005], S. 71–87.

Danne, Florent: Robert Musil, la patience et le clandestin. Essai sur *L'homme sans qualités*. Paris: L'Harmattan 2008.

Danner, Karl-Heinz: Robert Musils Weg in die Schweiz. In: Welt und Wort 27 (1972), S. 453–455.

Danner, Karl Heinz: Der unbehauste Dichter. Zur Rezeption Robert Musils in Holland. 1933–1938. In: Hans Würzner (Hg.): Zur deutschen Exilliteratur in den Niederlanden 1933–1938. Amsterdam: Rodopi 1977 (= Amsterdamer Beiträge zur neueren Germanistik, Bd. 6), S. 253–270.

Danzer, Gerhard: Robert Musils Versuche, denkend sich und die Welt zu finden. In: G. D., Josef Rattner: Österreichische Literatur und Psychoanalyse. Literaturpsychologische Essays über Nestroy, Ebner-Eschenbach, Schnitzler, Kraus, Rilke, Musil, Zweig, Kafka, Horváth, Canetti. Würzburg: Königshausen & Neumann 1998, S. 157–187.

Danzer, Gerhard/Rattner, Josef: Robert Musil oder der „Erdensekretär für Genauigkeit und Seele". In: G. D., J. R.: Europäisches Österreich. Literatur- und geistesgeschichtliche Essays über den Zeitraum 1800–1980. Würzburg: Königshausen & Neumann 2004, S. 231–250.

Daviau, Donald G.: Robert Musil und Hermann Bahr. In: Brokoph-Mauch (Hg.): Robert Musil. Essayismus und Ironie [1992], S. 199–212.

Daviau, Donald G.: Robert Musil and his critics. The recent Musil reception in the United States from 1994 to 2001. In: Béhar/Roth (Hg.): Musil an der Schwelle zum 21. Jahrhundert [2005], S. 345–375.

David, Claude: Musil und die Stadt. In: Literatur und Kritik (1980), H. 149/150, S. 518–524.

Dawidowski, Christian: Voyeure, Grenzgänger, Frauen. Literarische Topographie der Musilschen Moderne. In: Musil-Forum 25/26 (1999/2000), S. 69–100.

Dawidowski, Christian: Die geschwächte Moderne. Robert Musils episches Frühwerk im Spiegel der Epochendebatte. Frankfurt a. M. u. a.: Lang 2000 (= Bochumer Schriften zur deutschen Literatur, Bd. 54).

Dawidowski, Christian: Die Musilsche Moderne als literarisches Feld. Ursprungssuche und Namensverlust im epischen Frühwerk. In: Béhar/Roth (Hg.): Musil an der Schwelle zum 21. Jahrhundert [2005], S. 139–152.

Dawlianidse, David: Robert Musils Frühwerk. Diss. Univ. Tbilisi 1974.

Dawlianidse, David: Übersetzungen und Forschungen in der UdSSR. In: Musil-Forum 2 (1976), S. 81–83.

Dawlianidse, David: Der offene Romananfang. Am Beispiel des ersten Kapitels von Robert Musils Roman *Der Mann ohne Eigenschaften*. In: Musil-Forum 4 (1978), S. 35–59.

Dawlianidse, David: Transformation de la réalité poétique. In: Olmi/Roth (Hg.): Robert Musil [1981], S. 202–205. [dt. in: Brokoph-Mauch (Hg.): Beiträge zur Musil-Kritik [1983], S. 191–203]
De Angelis, Enrico: Ritratti critici di contemporanei. Robert Musil. In: Belfagor (1970), S. 552–558.
De Angelis, Enrico: Attimo, costellazione, essenze. Sul concetto di tempo in Musil e Proust. In: Metaphorein 3 (1979/80), H. 7, S. 89–98. [auch in: Musil contro Proust [1981], S. 71–83]
De Angelis, Enrico: Musil nella cultura italiana. In: Robert Musil nel primo centenario della nascita [1980], S. 21–30.
De Angelis, Enrico: Su due quaderni inediti. In: Annali. Studi Tedeschi 23 (1980), H. 2/3, S. 277–286.
De Angelis, Enrico: Sulla cultura di Musil. In: Annali. Studi Tedeschi 23 (1980), H. 2/3, S. 221–238.
De Angelis, Enrico: Rencontres intellectuelles. In: Olmi/Roth (Hg.): Robert Musil [1981], S. 148–152.
De Angelis, Enrico: Robert Musil. Biografia e profilo critico. Torino: Einaudi 1982.
De Angelis, Enrico: Crisi, tempo, liberazione. Saggi su Robert Musil. Pisa: Servizio Ed. Univ. 1984 (= Jacques e i suoi quaderni, Bd. 3).
De Angelis, Enrico: Che cosa c'è nel volume conclusivo (postumo) dell'*Uomo senza qualità*. In: Marino Feschi (Hg.): Austria. Roma: Donzelli 1996 (= Cultura tedesca, Bd. 6), S. 111–127.
De Angelis, Enrico: Der späte Musil. Über den Schlußband des *Mann ohne Eigenschaften*. Pisa: Servizio Ed. Univ. 1997 (= Jacques e i suoi quaderni, Bd. 28).
De Angelis, Enrico: Paradoxien bei Robert Musil oder Über die Seinsgeltung einer nichtwirklichen Welt. In: Carolina Romahn, Gerold Schipper-Hönicke (Hg.): Das Paradoxe. Literatur zwischen Logik und Rhetorik. Festschrift für Ralph-Rainer Wuthenow zum 70. Geburtstag. Würzburg: Königshausen & Neumann 1999, S. 243–250.
De Angelis, Enrico: Fare immagini. In: Luciano Zagari (Hg.): Simmetria e antisimmetria. Due spinte in conflitto nella cultura dei paesi di lingua tedesca. Pisa: Ed. ETS 2001 (= Letteratura tedesca, Bd. 1), S. 227–241.
De Angelis, Enrico: Vorschläge zu einer möglichen Edition von Robert Musils *Der Mann ohne Eigenschaften*. In: Text. Kritische Beiträge (2003), H. 8, S. 57–61.
De Angelis, Enrico: Der Nachlaßband von Robert Musils *Der Mann ohne Eigenschaften*. Pisa: Jacques e i suoi quaderni 2004 (= Jacques e i suoi quaderni, Bd. 42).
De Angelis, Enrico: Il sistema aperto di Robert Musil. In: Studi germanici 42 (2004), H. 3, S. 443–454.
De Angelis, Enrico: Robert Musil: *Die Verwirrungen des Zöglings Törleß* (1906). In: Günther Emig, Peter Staengle (Hg.): Erstlinge. Goethe, Schiller, Hölderlin, Kleist, Musil, Benn, Kafka. Heilbronn: Kleist-Archiv Sembdner 2004 (= Heilbronner Kleist-Kolloquien, Bd. 3), S. 67–83.
De Angelis, Enrico: Musils Zarathustra. In: Sandro Barbera, Renate Müller-Buck (Hg.): Nietzsche nach dem Ersten Weltkrieg. Bd. 1. Pisa: Ed. ETS 2007 (= Nietzscheana, Bd. 9), S. 89–112.
De Angelis, Valentina: Annotazioni sui diari di Musil. In: Il verri. Rivista di letteratura (1982), H. 26/27, S. 100–122.
Deibler, Peter: Ist der ‚Mann ohne Eigenschaften' ein Gottsucher? Die Erfahrung der Fraglichkeit als Element moderner Weltwahrnehmung. Frankfurt a. M. u. a.: Lang 2003 (= Europäische Hochschulschriften. Reihe 1: Deutsche Sprache und Literatur, Bd. 1834).
Deibler, Peter: Eine Theologie des Fragens. Musil und der *Mann ohne Eigenschaften*. In: Herta Nagl-Docekal u. a. (Hg.): Jenseits der Säkularisierung. Religionsphilosophische Studien. Berlin: Parerga 2008 (= Schriften der Österreichischen Gesellschaft für Religionsphilosophie, Bd. 9), S. 205–226.
Delabar, Walter: Der zahme Tod. Einige Anmerkungen zum Unfall als integralem Bestandteil des Modernisierungsprozesses. In: W. D. u. a. (Hg.): Das riskante Projekt. Die Moderne und ihre Bewältigung. Bielefeld: Aisthesis 2011 (= Moderne-Studien, Bd. 8), S. 131–155.

Delianidou, Simela: Die Bedeutung des Opfertodes in Robert Musils *Die Portugiesin*. In: Literatur für Leser 27 (2004), H. 3, S. 167–178.

Dell'Agli, Daniel: Dasein und Nichtdasein einer Erscheinung. Robert Musil in und aus seinen Briefen: pseudobiographisch. In: Text + Kritik (³1983), H. 21/22, S. 63–75.

Dennerlein, Katrin: Zu vier Metaphern in Robert Musils *Die Schwärmer*. Eine Analyse mit der Terminologie des *conceptual blending*. In: Hofmannsthal-Jahrbuch 20 (2012), S. 277–295.

Dentan, Michel: La quête de Musil et ses moyens d'expression dans *Die Vollendung der Liebe*. In: Études de Lettres 7 (1964), H. 2, S. 173–187.

Deshoulières, Valérie: La vérité metaphorique. Claudel, Musil, Cortázar. Trois rêves de logiciens. Diss. Univ. Paris IV 1990.

Deshoulières, Valérie: L'épreuve de la ressemblance dans *L'homme sans qualités*. Éléments pour une mimesis active. In: Cycnos 11 (1994), H. 1, S. 51–60.

Deshoulières, Valérie-Angélique: La sphère et la croix. Musil au miroir de Chesterton. Paradoxes et inductions. In: Chardin (Hg.): Robert Musil [2000], S. 191–210.

Deshoulières, Valérie-Angélique: „Son odeur marine de fleur et de sel". Le motif de la sœur et l'exil du savoir dans *Der Mann ohne Eigenschaften* de R. Musil et *La pluie d'été* de M. Duras. In: Florence Godeau, Wladimir Troubetzkoy (Hg.): Fratries. Frères et sœurs dans la littérature et les arts de l'Antiquité à nos jours. Paris: Kimé 2003, S. 291–300.

Desportes, Yvon: Étude comparative d'un style et d'une philosophie. Une œuvre de Musil à la lumière de Mach. In: Revue d'Allemagne et des pays de langue allemande 6 (1974), S. 79–90. [dt. in: Heydebrand (Hg.): Robert Musil [1982], S. 281–295]

Desportes, Yvon: La critique du langage, des concepts et des mots dans les „Tagebücher" et les „Essais" du Robert Musil. Contribution à l'étude explicative du style. In: Musil-Forum 9 (1983), S. 19–51, u. 11/12 (1985/86), S. 44–67.

Destro, Alberto: Musil e la forma romanzo. In: Annali. Sezione Germanica 5 (1995), S. 157–167.

Dettmering, Peter: Die Doppelgänger-Phantasie in Robert Musils *Der Mann ohne Eigenschaften*. In: Literatur und Kritik (1980), H. 149/150, S. 451–458.

Dettmering, Peter: Narzißtische Konfigurationen in Robert Musils *Mann ohne Eigenschaften*. In: Psyche 35 (1981), S. 1122–1135. [auch in: P. D.: Literatur, Psychoanalyse, Film. Aufsätze 1978 bis 1983. Stuttgart-Bad Canstatt: Frommann-Holzboog 1984 (= Jahrbuch der Psychoanalyse, Beiheft 9), S. 56–72]

Dettmering, Peter: Zwillings- und Doppelgängerphantasie. Literaturstudien. Würzburg: Königshausen & Neumann 2006. [zu Musil bes. S. 140–146]

Deutsch, Sibylle: Der Philosoph als Dichter. Robert Musils Theorie des Erzählens. St. Ingbert: Röhrig 1993 (= Beiträge zur Robert-Musil-Forschung und zur neueren österreichischen Literatur, Bd. 5).

Diersch, Manfred: Draußen, Drinnen und Ich. Ernst Machs *Spiegel der Erkenntnis* als Anregung für österreichische Erzählkunst des 20. Jahrhunderts. In: Strutz/Kiss (Hg.): Genauigkeit und Seele [1990], S. 29–42.

Dietrich, Christopher: A closet full of brutality. Volker Schlöndorffs *Der junge Törless* (*Young Torless*, 1966). In: Kinoeye 2 (2002), H. 10, [unpag.].

Dietz, Ludwig: Unbekannte Essays von Robert Musil. Versuch einer Zuweisung anonymer Beiträge im *Losen Vogel*. In: Hofmannsthal-Jahrbuch 9 (2001), S. 33–135.

Dietz, Ludwig: Verfasserangaben Franz Bleis für Artikel seiner Zeitschrift der Anonymen *Der lose Vogel*. Zu Attributionen an Robert Musil und Rudolf Borchardt. In: Hofmannsthal-Jahrbuch 10 (2002), S. 7–36.

Dillmann, Martin: Musils Narratologie der Inkohärenz. In: Julia Abel, Andreas Blödorn, Michael Scheffel (Hg.): Ambivalenz und Kohärenz. Untersuchungen zur narrativen Sinnbildung. Trier: Wiss. Verl. Trier 2009 (= Schriftenreihe Literaturwissenschaft, Bd. 81), S. 193–207.

Dillmann, Martin: Poetologien der Kontingenz. Zufälligkeit und Möglichkeit im Diskursgefüge der Moderne. Wien u.a.: Böhlau 2011 (= Kölner germanistische Studien. N. F., Bd. 11). [zu Musil bes. S. 91–162 u. S. 262–310]

Dimter, Walter: "Österreichs ernstester Dichter". Zu Robert Musils Briefen. In: Herbert Zeman (Hg.): Die österreichische Literatur. Eine Dokumentation ihrer literarhistorischen Entwicklung. Bd. 2. Graz: Akademische Druck- und Verlagsanstalt 1989 (= Jahrbuch für Österreichische Kulturgeschichte, Bd. 17/18), S. 959–988.

Dinklage, Karl: Musils Herkunft und Lebensgeschichte. In: Dinklage (Hg.): Robert Musil [1960], S. 187–264.

Dinklage, Karl: Musils Definition des Mannes ohne Eigenschaften und das Ende seines Romans. In: Dinklage (Hg.): Robert Musil. Studien zu seinem Werk [1970], S. 112–123.

Dinklage, Karl: Zu Robert Musils Rezeption. In: Robert Musil nel primo centenario della nascita [1980], S. 9–19.

Dinklage, Karl: Entstehung und Drucklegung des *Mann ohne Eigenschaften* in psychologischer Hinsicht. In: Strutz/Strutz (Hg.): Robert Musil – Literatur, Philosophie, Psychologie [1984], S. 58–72.

Dinklage, Karl: Höhepunkte der Wirkung Robert Musils. In: Musil-Forum 10 (1984), S. 215–219.

Dinklage, Karl: Ende der *Schwärmer* – Ende des *Mann ohne Eigenschaften*. In: Strutz/Strutz (Hg.): Robert Musil – Theater, Bildung, Kritik [1985], S. 227–244.

Dipert, Randall R.: Mathematics in Musil. In: Wolfgang Huemer, Marc-Oliver Schuster (Hg.): Writing the Austrian traditions. Relations between philosophy and literature. Edmonton: Wirth-Institute for Austrian and Central European Studies 2003, S. 143–159.

Dittrich, Andreas: Schweigen, wo man nichts zu sagen hat? Sprachanalyse in Ludwig Wittgensteins *Tractatus logico-philosophicus* und Robert Musils *Der Mann ohne Eigenschaften*. In: Zeitschrift für Germanistik. N. F. 16 (2006), H. 3, S. 537–554.

Dittrich, Andreas: Glauben, Wissen und Sagen. Studien zu Wissen und Wissenskritik im *Zauberberg*, in den *Schlafwandlern* und im *Mann ohne Eigenschaften*. Tübingen: Niemeyer 2009 (= Studien zur deutschen Literatur, Bd. 188).

Djigo, Sophie: L'ordinaire actuel et l'ordinaire possible. Le perfectionnisme moral de Musil. In: Alkemie (2009), H. 4, S. 125–137.

Djigo, Sophie: La raison vivante. Robert Musil et la vérité romanesque. Paris: Éd. l'Improviste 2013.

Djigo, Sophie: Self-utopia and the robber's ethics. In: The Germanic Review 88 (2013), H. 1, S. 64–82.

Döring, Sabine A.: Ästhetische Erfahrung als Erkenntnis des Ethischen. Die Kunsttheorie Robert Musils und die analytische Philosophie. Paderborn: mentis 1999 (= Explicatio).

Döring, Sabine A.: Kognitive Theorie des Gefühls und kognitive Ästhetik. Zum Begriff der Gestalt bei Robert Musil. In: Alex Burri, Wolfgang Huemer (Hg.): Kunst denken. Paderborn: mentis 2007, S. 149–171.

Dohm, Burkhard: Gender und Gewalt in Robert Musils *Die Vollendung der Liebe*. In: Luserke-Jaqui (Hg.): „Alle Welt ist medial geworden." [2005], S. 181–199.

Dolei, Giuseppe: Invito alla lettura di Robert Musil. Mailand: Mursia 1985.

Dolei, Giuseppe: Robert Musil e lo scrittore di successo. In: Belfagor 50 (1995), H. 5, S. 545–556. [auch in: G. D.: Voci del Novecento tedesco. Catania: C.U.E.C.M. 2001 (= Scripta germanica, Bd. 4), S. 25–40]

Dollenmayer, David B.: The novel and history. Roth – Musil – Doderer. Diss. Univ. of Princeton 1977.

Donald, David Charles: Inventing history. The aesthetic project of Robert Musil. Diss. Univ. of New York 1985.

Donaldson, Laura E.: Waiting for St. Benedict. The transformation of values in the fiction of William Morris and Robert Musil. Diss. Emory Univ. 1983.

Donoghue, Denis: Dangling man. In: D. D.: The ordinary universe. Soundings in modern literature. New York: Macmillan 1968, S. 194–220.

Doppler, Alfred: Von der Wortbedeutung zum Textsinn. Zu Robert Musils Novelle *Die Amsel*. In: A. D.: Wirklichkeit im Spiegel der Sprache. Aufsätze zur Literatur des 20. Jahrhunderts in Österreich. Wien: Europa 1975, S. 133–149.

Doppler, Alfred: „Eine fertige Weltanschauung verträgt keine Dichtung". Thesen R. Musils und Bemerkungen zum *Mann ohne Eigenschaften*. In: A. D.: Geschichte im Spiegel der Literatur. Aufsätze zur österreichischen Literatur des 19. und 20. Jahrhunderts. Innsbruck: Institut für Germanistik 1990 (= Innsbrucker Beiträge zur Kulturwissenschaft. Germanistische Reihe, Bd. 39), S. 143–151.

Doppler, Alfred: „Feuermaul" und „Froschauge". Das Verhältnis Musils und Canettis zu Franz Werfel. In: Marijan Bobinac (Hg.): Literatur im Wandel. Festschrift für Viktor Žmegač zum 70. Geburtstag. Zagreb: Univ. Zagreb 1999 (= Zagreber germanistische Beiträge. Beiheft, Bd. 5), S. 325–333.

Doppler, Alfred: „Seinesgleichen führt zum Krieg". Robert Musils Auseinandersetzung mit dem Krieg. In: Michael Klein, Sieglinde Klettenhammer, Elfriede Pöder (Hg.): Literatur der Weimarer Republik. Kontinuität – Brüche. Innsbruck: Institut für deutsche Sprache, Literatur und Literaturkritik 2002 (= Innsbrucker Beiträge zur Kulturwissenschaft. Germanistische Reihe, Bd. 64), S. 59–68.

Dowden, Stephen D.: Sympathy for the abyss. A study in the novel of German modernism: Kafka, Broch, Musil, and Thomas Mann. Tübingen: Niemeyer 1986 (= Studien zur deutschen Literatur, Bd. 90).

Dreis, Gabriele: „Ruhelose Gestaltlosigkeit des Daseins". Pädagogische Studien zum „Rousseauismus" im Werk Robert Musils. München: Fink 1992 (= Musil-Studien, Bd. 23).

Dresler-Brumme, Charlotte: Nietzsches Philosophie in Musils Roman *Der Mann ohne Eigenschaften*. Eine vergleichende Betrachtung als Beitrag zum Verständnis. Frankfurt a. M.: Athenäum 1987 (= Literatur in der Geschichte – Geschichte in der Literatur, Bd. 13). [2. Aufl. Wien u. a.: Böhlau 1993]

Drlík, Vojen: Robert Musil – Brno inkognito. In: Munzar (Hg.): Robert Musil, ein Mitteleuropäer [1994], S. 123–133.

Drlík, Vojen: Unbekannte Texte von Robert Musil. In: Robert Musil: Paraphrasen. Aus dem Nachlaß hg. v. Enrico De Angelis. Mit einem Beitrag v. V. D. Pisa: Jacques e i suoi quaderni 2005 (= Jacques e i suoi quaderni, Bd. 44), S. 129–137.

Drügh, Heinz J.: Im Textlabor. Der deskriptive Dialog mit dem Bildmedium in Robert Musils *Fliegenpapier*. In: Musil-Forum 27 (2001/02), S. 167–188.

Drumbl, Johann: Ein Mann ohne Eigenschaften. In: Chiarini (Hg.): Musil, nostro contemporaneo [1986], S. 243–254.

Drumbl, Johann: Übersetzen und Interpretieren. Anmerkungen zur italienischen Übersetzung von Musils *Bildern*. In: Daigger/Militzer (Hg.): Die Übersetzung literarischer Texte am Beispiel Robert Musil [1988], S. 113–141.

Düsing, Wolfgang: Utopische Vergangenheit. Zur Erinnerungstechnik in Musils früher Prosa. In: Zeitschrift für deutsche Philologie 89 (1970), S. 531–560.

Düsing, Wolfgang: Erinnerung und Identität. Untersuchungen zu einem Erzählproblem bei Musil, Döblin und Doderer. München: Fink 1982 (= Literaturgeschichte und Literaturkritik, Bd. 3).

Düsing, Wolfgang: Goethe in ironischer Beleuchtung. Zur Klassik-Rezeption in Musils *Mann ohne Eigenschaften*. In: Jahrbuch der Deutschen Schillergesellschaft 35 (1991), S. 257–274.

Dugast, Jacques: Robert Musil, *L'homme sans qualités*. Paris: Presses Univ. de France 1992 (= Études littéraires, Bd. 33).

Dugast, Jacques: Robert Musil et Paul Valéry. Deux vivisecteurs de l'esprit. In: Austriaca 20 (1995), H. 41, S. 27–35.

Dugast, Jacques: Musils Landschaften. In: Fidibus 26 (1998), H. 1, S. 3–7.

Duhamel, Roland: Ist Musils Mann ohne Eigenschaften ein Nihilist? In: Martens/Ruthner/De Vos (Hg.): Musil anders [2005], S. 33–43.

Dunker, Axel: Soliman und Rachel/„Rachelle". Die Konstruktion von Fremdheit und Identität in Robert Musils *Der Mann ohne Eigenschaften*. In: Musil-Forum 31 (2009/10), S. 52–63.

Durrani, Osman: *Die Vollendung der Liebe*. Apocalypse or utopia? In: Huber/White (Hg.): Musil in focus [1982], S. 12–22.

Durzak, Manfred: Geistesverwandtschaft und Rivalität. Robert Musil. In: M. D.: Hermann Broch. Der Dichter und seine Zeit. Stuttgart u. a.: Kohlhammer 1968, S. 114–137.

Eberhard, Berthold: Musil, Proust & Joyce. Eine kleine Geschichte über drei große Romane. In: Neue deutsche Literatur 43 (1995), H. 5, S. 124–142.

Ebrecht, Angelika: Der Verlust des Sozialen und die Gemeinschaft der Liebenden. Bemerkungen zum Phänomen der Stadt in Robert Musils Roman *Der Mann ohne Eigenschaften*. In: Deutsche Vierteljahrsschrift für Literaturwissenschaft und Geistesgeschichte 60 (1986), S. 333–346.

Edet-Ghomari, Chantal: Musil et Valéry. Quand deux écrivains prônent une approche scientifique. In: Chantal Foucrier (Hg.): Les réécritures littéraires des discours scientifiques. Paris: Houdiard 2005, S. 52–62.

Eggers, Michael: Simultan übersetzen. Geschlechter-, Sprachdifferenzen und die Erzählstimme in Texten von Bachmann und Musil. In: Weimarer Beiträge 47 (2001), H. 4, S. 576–593.

Eggert, Hartmut: Die Erinnerungen des Lesers. Lektüre als Gegenübertragung – anläßlich Robert Musils *Die Verwirrungen des Zöglings Törleß*. In: Irmela von der Lühe, Anita Runge (Hg.): Wechsel der Orte. Studien zum Wandel des literarischen Geschichtsbewußtseins. Festschrift für Anke Bennholdt-Thomsen. Göttingen: Wallstein 1997, S. 304–311.

Ego, Werner: Abschied von der Moral. Eine Rekonstruktion der Ethik Robert Musils. Freiburg: Univ.-Verl. 1992 (= Studien zur theologischen Ethik, Bd. 40).

Eibl, Karl: Die dritte Geschichte. Hinweise zur Struktur von Robert Musils Erzählung *Die Amsel*. In: Poetica 3 (1970), S. 455–471. [auch in: Heydebrand (Hg.): Robert Musil [1982], S. 412–433]

Eibl, Karl: Robert Musil: *Drei Frauen*. Text, Materialien, Kommentar. München: Hanser 1978.

Eibl, Karl: „Ich liebe mir sehr Parallelgeschichten". Zur Kontinuität der ‚Kunstperiode' von Goethe zu Musil. In: Baur/Castex (Hg.): Robert Musil [1980], S. 127–138.

Eibl, Karl/Willems, Marianne: Robert Musil. Literarischer Nachlaß bearbeitet für WCView. In: Robert Musil: Der literarische Nachlaß. Benutzerhandbuch. Hg. v. Friedbert Aspetsberger, Karl Eibl u. Adolf Frisé. Reinbek b. Hamburg: Rowohlt 1992, S. 95–195.

Eisele, Ulf: Ulrichs Mutter ist *doch* ein Tintenfaß. Zur Literaturproblematik in Musils *Mann ohne Eigenschaften*. In: Heydebrand (Hg.): Robert Musil [1982], S. 160–203.

Eisele, Ulf: Die Struktur des modernen deutschen Romans. Tübingen: Niemeyer 1984. [zu Musil bes. S. 114–150]

Elliker, Edwin: Die inszenierte Kamera. Eine filmwissenschaftliche Exkursion in zwei Teilen durch den Spielfilm *Der junge Törless* von Volker Schlöndorff. Diss. FU Berlin 1988.

Emmel, Hildegard: Das Problem des Verbrechens. Hermann Broch und Robert Musil. In: H. E.: Das Gericht in der deutschen Literatur des 20. Jahrhunderts. Bern, München: Francke 1963, S. 56–81.

Emter, Elisabeth: Die Reaktion auf die Erkenntnisse der modernen Physik in Texten von Musil, Broch, Jünger, Benn, Einstein und Brecht. In: E. E.: Literatur und Quantentheorie. Die Rezeption der modernen Physik in Schriften zur Literatur und Philosophie deutschsprachiger Autoren (1925–1970). Berlin, New York: de Gruyter 1995 (= Quellen und Forschungen zur Literatur- und Kulturgeschichte, Bd. 236), S. 100–179.

Encke, Julia: Augenblicke der Gefahr. Der Krieg und die Sinne. 1914–1934. München: Fink 2006. [zu Musil bes. S. 162–171]

Endres, Johannes: Inzest und Tabu als Modelle literarischer Epochenerfahrung. In: Deutsche Vierteljahrsschrift für Literaturwissenschaft und Geistesgeschichte 75 (2001), S. 446–462.

Engelhardt, Dietrich von: Wissenschaft, Literatur und Realität im Dialog. Der Sittlichkeitsverbrecher Moosbrugger in Musils *Der Mann ohne Eigenschaften* (1930–43). In: Fundamenta psychiatrica 16 (2002), H. 4, S. 10–16.

Engelhardt, Dietrich von: Geisteskrankheit in Musils *Mann ohne Eigenschaften*. In: Rüdiger Görner (Hg.): Tales from the laboratory: or, homunculus revisited. München: Iudicium 2005 (= London German studies, Bd. 11), S. 133–150.

Enright, Dennis J.: The stupendous cannot be easy. On Robert Musil. In: D. J. E.: A mania for sentences. London: Chatto & Windus 1983, S. 23–33. [auch in: D. J. E.: Signs and wonders. Selected essays. Manchester: Carcanet 2001, S. 55–70]

Epstein, Joseph: The man who wrote too much. In: Commentary 100 (1995), H. 6, S. 48–54.

Erhart, Claus: Dekadenz, Ästhetizismus, Faschismus, alles, nur keine Ironie. Einige Gedanken zu Musils Frühwerk und dessen Rezeption. In: Cahiers d'études germaniques (1990), H. 18, S. 171–184.

Erhart, Claus: Der ästhetische Mensch bei Robert Musil. Vom Ästhetizismus zur schöpferischen Moral. Innsbruck: Institut für Germanistik 1991 (= Innsbrucker Beiträge zur Kulturwissenschaft. Germanistische Reihe, Bd. 43).

Erhart, Claus: Le poids de la mémoire. Quelques réflexions sur la nouvelle *Tonka* de Robert Musil. In: Germanica 33 (2003), S. 57–75.

Erhart, Claus: Die Schule des Sehens. Sexualität und Liebe beim jungen Musil. In: Cahiers d'études germaniques (2006), H. 50, S. 187–198.

Erhart, Claus: „Ende Juli. Eine Fliege stirbt: Weltkrieg". Zu Robert Musils Wahrnehmung des Krieges. In: Cahiers d'études germaniques (2014), H. 66, S. 135–149.

Erickson, Susan: Writer's Block. Robert Musil and the mother. In: SubStance 12 (1983), H. 4, S. 78–90.

Erickson, Susan: Essay/body/fiction. The repression of an interpretive context in an essay of Robert Musil. In: The German Quarterly 56 (1983), S. 580–593.

Erickson, Susan: Musil's *Der Vorstadtgasthof*. A narrative analysis. In: Neophilologus 69 (1985), S. 101–114.

Erickson, Susan: The psychopoetics of narrative in Robert Musil's *Die Portugiesin*. In: Monatshefte für deutschen Unterricht, deutsche Sprache und Literatur 78 (1986), S. 167–181.

Ernst, Christoph: Essayistische Medienreflexion. Die Idee des Essayismus und die Frage nach den Medien. Bielefeld: transcript 2005 (= Kultur- und Medientheorie). [zu Musil bes. S. 118–134 u. 216–232]

Ertl, Paul: Musil – ein postmoderner Denker. In: Feigl/Fleck/Hamersky (Hg.): Robert Musil. Der Mann mit Eigenschaften [2014], S. 11–26.

Erwin, Andrew F.: Mimesis, madness, and modernity. Robert Musil and the ethics of being without qualities. Diss. Univ. of Chicago 2011.

Erwin, Andrew F.: Musil's novelistic essayism. *Der Mann ohne Eigenschaften* and the history of its genre. In: Journal of Austrian studies 46 (2013), H. 3, S. 77–107.

Espagne, Michel: Totalité, tentations et tentatives chez R. Musil et H. Broch. Diss. Univ. Paris IV 1977.

Espagne, Michel: La matière et le possible. Remarques sur l'écriture de Musil. In: Austriaca 12 (1986), H. 23, S. 33–44.

Essen, Gesa von: Das ‚durchstrichene' Wien. Zu Robert Musils Stadtimaginationen. In: Winfried Nerdinger (Hg.): Architektur wie sie im Buche steht. Fiktive Bauten und Städte in der Literatur. Salzburg: Pustet 2006, S. 160–174.

Esslin, Martin: Musil's plays. In: Huber/White (Hg.): Musil in focus [1982], S. 23–40.

Ester, Hans: Übersetzen und interpretieren. Zur Übersetzung von Robert Musils *Der Mann ohne Eigenschaften*. In: Jattie Enklaar, H. E. (Hg.): Wechseltausch. Übersetzen als Kulturvermittlung: Deutschland und die Niederlande. Amsterdam: Rodopi 1995 (= Duitse kroniek, Bd. 45), S. 151–157.

Etschmann, Wolfgang: Der Fliegerpfeil als „tödliche Amsel". Robert Musils Konfrontation mit dem frühen Luftkrieg. In: Feigl/Fleck/Hamersky (Hg.): Robert Musil. Der Mann mit Eigenschaften [2014], S. 27–36.

Evers, Kai: „Krieg ist das gleiche wie aZ". Krieg, Gewalt und Erlösung in Robert Musils Nachkriegsschriften. In: Feger/Pott/Wolf (Hg.): Terror und Erlösung [2009], S. 227–250.

Evers, Kai: Violent modernists. The aesthetics of destruction in twentieth-century German literature. Evanston: Northwestern Univ. Press 2013. [zu Musil bes. S. 39–116]

Eykman, Christoph: Kinetische Geschichtstheorie und die „Totale Lösung". Robert Musil. In: C. E.: Geschichtspessimismus in der deutschen Literatur des zwanzigsten Jahrhunderts. Bern, München: Francke 1970, S. 69–77.

Fabricius-Hansen, Cathrine: Übersetzung und Stil. Am Beispiel Musil. In: Rudi Keller (Hg.): Linguistik und Literaturübersetzen. Tübingen: Narr 1997 (= Transfer, Bd. 11), S. 61–78.
Fanelli, Emanuela Veronica: „Als er noch Fräulein Valerie liebte". Musils Valerie-Erlebnis: eine biographisch-kritische Korrektur. In: Musil-Forum 19/20 (1993/94), S. 7–30.
Fanelli, Emanuela Veronica: *Die Frau gestern und morgen*. Anamnese und Diagnose eines aktuellen Phänomens. In: Roth (Hg.): Neue Ansätze zur Robert-Musil-Forschung [1999], S. 137–194.
Fanelli, Emanuela Veronica: Troppo intelligente per essere un poeta? Robert Musil, Franz Blei e la crisi del sistema letterario. In: Studia austriaca 7 (1999), S. 57–77.
Fanelli, Emanuela Veronica: „Ich will ein Dichter sein, der kein Dichter ist". Hugo von Hofmannsthal und Robert Musil: Dichterbilder. In: Béhar/Roth (Hg.): Musil an der Schwelle zum 21. Jahrhundert [2005], S. 79–97.
Fanta, Walter: Die Computer-Edition des Musil-Nachlasses. Baustein einer Epochendatenbank der Moderne. In: Fanta (Hg.): Klagenfurter Beiträge zur Musil-Forschung [1993], S. 1–17. [auch in: Editio 8 (1994), S. 127–157]
Fanta, Walter: Die Kategorie des Historischen bei Robert Musils Arbeit am *Mann ohne Eigenschaften*. In: Wendelin Schmidt-Dengler (Hg.): Der literarische Umgang der Österreicher mit Jahres- und Gedenktagen. Wien: Österreichischer Bundesverlag 1994 (= Schriften des Institutes für Österreichkunde, Bd. 59), S. 88–101.
Fanta, Walter: Die aufgeschobene Reise. Zu Robert Musils Hemmungen im Umgang mit Reisemotiven bei der Arbeit am *Mann ohne Eigenschaften*. In: W. F., Tamás Lichtmann, Krisztián Tronka (Hg.): Zwischen Erfahrung und Erfindung. Reiseliteratur einst und heute. Debrecen: Kossuth Egyetemi Kiadó 1996 (= Német filológiai tanulmányok, Bd. 23), S. 103–127.
Fanta, Walter: Die Entstehungsgeschichte des *Mann ohne Eigenschaften* von Robert Musil. Wien u. a.: Böhlau 2000 (= Literatur in der Geschichte – Geschichte in der Literatur, Bd. 49).
Fanta, Walter: Die Spur der Clarisse in Musils Nachlass. In: Musil-Forum 27 (2001/02), S. 242–286.
Fanta, Walter: Der Feinmechaniker. Robert Musils Arbeit am *Mann ohne Eigenschaften*. In: Bernhard Fetz, Klaus Kastberger (Hg.): Die Teile und das Ganze. Bausteine der literarischen Moderne in Österreich. Wien: Zsolnay 2003 (= Profile, Bd. 10), S. 207–215.
Fanta, Walter: Gespräche über Liebe. Robert Musils letzte Liebesgeschichte. In: Kálmán Kovács (Hg.): Textualität und Rhetorizität. Frankfurt a. M. u. a.: Lang 2003 (= Debrecener Studien zur Literatur, Bd. 10), S. 139–154.
Fanta, Walter: Schreibexerzitien eines Ingenieur-Dichters. In: Musil-Forum 28 (2003/04), S. 26–56.
Fanta, Walter: Glossen zur digitalen Edition des *Mann ohne Eigenschaften*. In: Studi germanici 42 (2004), H. 3, S. 429–442.
Fanta, Walter: Das Finale des *Mann ohne Eigenschaften*. In: Katarina Agathos, Herbert Kapfer (Hg.): Robert Musil: *Der Mann ohne Eigenschaften*. Remix. München: belleville 2004, S. 583–594.
Fanta, Walter: Die Entstehung. Robert Musils Arbeit am Roman *Der Mann ohne Eigenschaften*. In: Katarina Agathos, Herbert Kapfer (Hg.): Robert Musil: *Der Mann ohne Eigenschaften*. Remix. München: belleville 2004, S. 559–582.
Fanta, Walter: Zur Textauswahl im *Remix*. Ein Kommentar. In: Katarina Agathos, Herbert Kapfer (Hg.): Robert Musil: *Der Mann ohne Eigenschaften*. Remix. München: belleville 2004, S. 51–66.
Fanta, Walter: Aus dem apokryphen Finale des *Mann ohne Eigenschaften*. Die Totalinversion der Nebenfiguren. In: Béhar/Roth (Hg.): Musil an der Schwelle zum 21. Jahrhundert [2005], S. 225–250.

Fanta, Walter: Editorisches, Hermaphroditisches. Wozu den *Mann ohne Eigenschaften* neu edieren? In: Martens/Ruthner/De Vos (Hg.): Musil anders [2005], S. 137–170.

Fanta, Walter: Die Zuflucht des Zeitalters. In: Musil-Forum 29 (2005/06), S. 78–124.

Fanta, Walter: Wassermassen – Menschenmassen – Romanmassen. Von Robert Musil aus gesehen. In: Wassersprachen. Flüssigtexte aus Österreich. Eine Ausstellung des Stifter-Hauses Linz. In Kooperation mit dem Österreichischen Literaturarchiv der Österreichischen Nationalbibliothek, Wien. Linz: Stifter-Haus 2006 (= Literatur im Stifter-Haus, Bd. 18), S. 34–47.

Fanta, Walter: Die *Klagenfurter Ausgabe* Robert Musils. Historisch-kritisches Edieren am Computer. In: Jahrbuch für Computerphilologie 8 (2007), S. 29–54.

Fanta, Walter: Statt Religion Literatur, statt Literaturwissenschaft Theologie. Zum Gottesbegriff bei Robert Musil. In: Rudolf Langthaler, Wolfgang Treitler (Hg.): Die Gottesfrage in der europäischen Philosophie und Literatur des 20. Jahrhunderts. Wien u.a.: Böhlau 2007, S. 187–205.

Fanta, Walter: The „finale" of *Der Mann ohne Eigenschaften*. Competing editions and the „telos" of narrative. In: Bartram/Payne/Tihanov (Hg.): A companion to the works of Robert Musil [2007], S. 371–393.

Fanta, Walter: The genesis of *Der Mann ohne Eigenschaften*. In: Bartram/Payne/Tihanov (Hg.): A companion to the works of Robert Musil [2007], S. 251–283.

Fanta, Walter: Liebe als Narrativ. Über den Ausgang der ‚letzten Liebesgeschichte' bei Robert Musil. In: Musil-Forum 30 (2007/08), S. 37–72.

Fanta, Walter: Das Österreichische in den Texten von Robert Musil. In: Daigger/Henninger (Hg.): Robert Musils Drang nach Berlin [2008], S. 13–33.

Fanta, Walter: Das Zögern vor dem letzten Schritt. Zur digitalen Edition von Robert Musils *Mann ohne Eigenschaften*. In: Jochen Golz, Manfred Koltes (Hg.): Autoren und Redaktoren als Editoren. Tübingen: Niemeyer 2008 (= Beihefte zu Editio, Bd. 29), S. 342–352.

Fanta, Walter: Krieg & Sex – Terror & Erlösung im Finale des *Mann ohne Eigenschaften*. In: Feger/Pott/Wolf (Hg.): Terror und Erlösung [2009], S. 209–225.

Fanta, Walter: Über den Ausgang der letzten Liebesgeschichte bei Robert Musil. In: Doris Moser (Hg.): Die Lust am Text. Eros in Sprache und Literatur. Wien: Praesens 2009 (= Stimulus), S. 159–173.

Fanta, Walter: Ah, Fm: Doppelschichtung, unten jüdisch. Alles gilt, auch das Apokryph. In: Musil-Forum 31 (2009/10), S. 84–101.

Fanta, Walter: Robert Musil – Klagenfurter Ausgabe. Eine historisch-kritische Edition auf DVD. In: Editio 24 (2010), S. 117–148.

Fanta, Walter: „Man kann sich das nicht vornehmen". Adolf Frisé in der Rolle des Herausgebers Robert Musils. In: Roland S. Kamzelak, Rüdiger Nutt-Kofoth, Bodo Plachta (Hg.): Neugermanistische Editoren im Wissenschaftskontext. Biografische, institutionelle, intellektuelle Rahmen in der Geschichte wissenschaftlicher Ausgaben neuerer deutschsprachiger Autoren. Berlin, Boston: de Gruyter 2011 (= Bausteine zur Geschichte der Edition, Bd. 3), S. 251–286.

Fanta, Walter: Musils Umkodierungen. Wissenstransfer im Schreibfeld als Form der Intertextualität. In: Beil/Gamper/Wagner (Hg.): Medien, Technik, Wissenschaft [2011], S. 323–343.

Fanta, Walter: Pazifistische Diskurse in den Texten Robert Musils. In: Belobratow (Hg.): Robert Musil und einiges mehr [2011], S. 68–90.

Fanta, Walter: Robert Musil. In: Konstanze Fliedl, Marina Rauchenbacher, Joanna Wolf (Hg.): Handbuch der Kunstzitate. Malerei, Skulptur, Fotografie in der deutschsprachigen Literatur der Moderne. Bd. 2. Berlin, Boston: de Gruyter 2011, S. 582–584.

Fanta, Walter: Die Erfindung der *Tonka*. Eine textgenetische Lektüre des *Tonka*-Dossiers. In: Musil-Forum 32 (2011/12), S. 1–40.

Fanta, Walter: Manuskriptstudien zur Strukturanalyse textgenetischer Prozesse bei Robert Musil. In: Franciszek Grucza (Hg.): Vielheit und Einheit der Germanistik weltweit. Bd. 4: Sprache in der Literatur / Kontakt und Transfer in der Sprach- und Literaturgeschichte des

Mittelalters und der Frühen Neuzeit / Die niederländische Sprachwissenschaft – diachronisch und synchronisch. Frankfurt a. M. u. a.: Lang 2012 (= Publikationen der internationalen Vereinigung für Germanistik, Bd. 4), S. 187–190.

Fanta, Walter: Das Geld, der Dichter, *Der Mann ohne Eigenschaften* und seine Verleger. In: Musil-Forum 33 (2013/14), S. 59–81.

Fanta, Walter: *Der Vorstadtgasthof* – das Unbegreifliche begreifen. In: Salgaro (Hg.): Robert Musil in der Klagenfurter Ausgabe [2014], S. 27–44.

Fanta, Walter: Irgendwie geht Ordnung in das Bedürfnis nach Totschlag über. General Stumm von Bordwehrs militärwissenschaftliche Konzepte. In: Feigl/Fleck/Hamersky (Hg.): Robert Musil. Der Mann mit Eigenschaften [2014], S. 75–87.

Fanta, Walter: Krieg. Wahn. Sex. Liebe. Das Finale des Romans *Der Mann ohne Eigenschaften* von Robert Musil. Klagenfurt: Drava 2015.

Fanta, Walter/Rußegger, Arno: „Mein Wille und meine Langsamkeit". Protokoll der Verzögerung bei Musils Schreiben am *Mann ohne Eigenschaften*. In: Munzar (Hg.): Robert Musil, ein Mitteleuropäer [1994], S. 179–195.

Fanta, Walter/Sonnenbichler, Bernadette: Ulrich und Agathe im Kino. Update. Robert Musils *Der Mann ohne Eigenschaften*. Wien: Sonderzahl 2005.

Farda, Dieter P.: Einige Bemerkungen zur aistethischen Konstitutionsproblematik des Romans *Der Mann ohne Eigenschaften* von Robert Musil. In: Farda/Karthaus (Hg.): Sprachästhetische Sinnvermittlung [1982], S. 19–44.

Farda, Dieter P.: Mundus pluralis. Robert Musils Roman *Der Mann ohne Eigenschaften* im Wechselspiel von Reflexion und Phantasie. Heidelberg: Winter 1988 (= Beiträge zur neueren Literaturgeschichte. Folge 3, Bd. 84).

Farkas, Viktória: Robert Musil: *Vereinigungen*. Versuch einer Deutung der Erzählungen. In: Jahrbuch der ungarischen Germanistik (1993/94), S. 181–196.

Fasula, Pierre: Les mathématiques chez Musil et Wittgenstein. De la mesure des possibilités à leur invention. In: Philonsorbonne 5 (2011), S. 9–21.

Faulstich, Werner: Empirische Konkretisationserhebung unter Verwendung von „cloze procedure", Frage und Bildblattvorlage. In: Groeben (Hg.): Rezeption und Interpretation [1981], S. 81–116.

Feger, Hans: Die Moral des nächsten Schritts. Von der Lüge im außermoralischen Sinne bei Robert Musil. In: Hartmut Eggert, Janusz Golec (Hg.): Lügen und ihre Widersacher. Literarische Ästhetik der Lüge seit dem 18. Jahrhundert. Würzburg: Königshausen & Neumann 2004, S. 170–189. [auch in: Monatshefte für deutschsprachige Literatur und Kultur 97 (2005), H. 1, S. 78–100]

Feger, Hans: Terror und Erlösung. Über die Moral des Anderen Zustands. In: Feger/Pott/Wolf (Hg.): Terror und Erlösung [2009], S. 15–41.

Feger, Hans: Darstellung des Denkens. Zum Problem der Genauigkeit im Essayismus von Robert Musils Roman *Der Mann ohne Eigenschaften*. In: Violetta L. Waibel, Konrad Paul Liessmann (Hg.): Es gibt Kunstwerke – Wie sind sie möglich? Paderborn: Fink 2014, S. 317–332.

Feilchenfeldt, Konrad: Armin Kessers Tagebücher. Aus unveröffentlichten Aufzeichnungen über Robert Musil. In: Karl Konrad Polheim (Hg.): Sinn und Symbol. Festschrift für Joseph P. Strelka zum 60. Geburtstag. Bern u. a.: Lang 1987, S. 443–456.

Feld, Willi: Funktionale Satire durch Zitieren in Robert Musils Roman *Der Mann ohne Eigenschaften*. Mit Exkursen zu Büchner und Frisch. Diss. Univ. Münster 1980.

Feld, Willi: Die Bedeutung der Reflexion für Musil. Am Beispiel seiner Auseinandersetzung mit Dostojewskij. In: Musil-Forum 13/14 (1987/88), S. 241–256.

Fiala-Fürst, Ingeborg: Robert Musil im mährisch-böhmischen Kontext. In: Milan Horňaček, Sabine Voda Eschgfäller (Hg.): Beiträge zur deutschmährischen Literatur und Kultur der Zwischenkriegszeit. Olmütz: Univ. Palackého 2013, S. 131–151.

Fichot, Valérie: Clarisse und Moosbrugger. Zwei Grenzfälle in Robert Musils Roman *Der Mann ohne Eigenschaften*. Diss. Univ. Dijon 1985.

Fietkau, Wolfgang: Stand-Ort und Un-Ort. Wissenschaftserkenntnis in der literarischen Transkription Robert Musils und Carl Schmitts. In: Wissenschaftskolleg zu Berlin. Jahrbuch (1982/83), S. 131–152.

Filippi, Paola Maria: Das Trentino in der österreichischen Literatur. Metamorphose einer Landschaft. In: Manfred Müller u. a. (Hg.): Von der Kulturlandschaft zum Ort des kritischen Selbstbewusstseins. Italien in der österreichischen Literatur. Wien u. a.: LIT 2011, S. 21–30.

Findley, Carl E.: Hermaphroditism, liminal eroticism, and the casual influence in Musil's *Der Mann ohne Eigenschaften*. In: Modern Austrian Literature 44 (2011), H. 3/4, S. 33–53.

Fingernagel, Wolfgang: Stilistische Aspekte der literarischen Übersetzung. Dargestellt an Robert Musils *Mann ohne Eigenschaften*. Diss. Univ. Salzburg 1975.

Fingernagel, Wolfgang: Robert Musils *Mann ohne Eigenschaften*. Metaphorik und Übersetzung. In: Wolfgang Pöckl (Hg.): Österreichische Literatur in Übersetzungen. Salzburger linguistische Analysen. Wien: Verlag der Österreichischen Akademie der Wissenschaften 1983, S. 275–305.

Fink, Humbert: Herr Karl oder der Mann ohne Eigenschaften. Soziologie der österreichischen Gegenwartsliteratur. In: Deutsche Rundschau 89 (1963), H. 11, S. 50–56.

Finlay, Marike: The potential of modern discourse. Musil, Peirce, and perturbation. Bloomington: Indiana Univ. Press 1990 (= Advances in semiotics).

Fischer, Ernst: Das Werk Robert Musils. Versuch einer Würdigung. In: Sinn und Form 9 (1957), H. 2, S. 851–901.

Fischer, Ernst: Robert Musil. In: E. F.: Von Grillparzer zu Kafka. Sechs Essays. Wien: Globus 1962, S. 231–278. [Neuaufl. Frankfurt a. M.: Suhrkamp 1975, S. 267–323]

Fischer, Joachim: „Mann ohne Eigenschaften", „sozial relativ freischwebender Intellektueller", „exzentrische Positionalität". Musil, Mannheim, Plessner. In: Ulrich Bröckling, Axel T. Paul, Stefan Kaufmann (Hg.): Vernunft – Entwicklung – Leben. Schlüsselbegriffe der Moderne. Festschrift für Wolfgang Eßbach. München: Fink 2004, S. 59–72.

Fischer, Markus: Identität durch Erzählen. Zu Robert Musils Prosawerk *Die Amsel*. In: Temeswarer Beiträge zur Germanistik 1 (1997), S. 363–369.

Fischer, Maximilian: Robert Musils „Lebendiges Ethos". In: Josef Blank (Hg.): Der Mensch am Ende der Moral. Analysen an Beispielen neuerer Literatur. Düsseldorf: Patmos 1971, S. 93–115.

Fischer, Nanda: „Eine plötzliche und umgrenzt bleibende geistige Erregung …". Zum Novellenbegriff Robert Musils. In: Monatshefte für deutschen Unterricht, deutsche Sprache und Literatur 65 (1973), S. 224–240.

Fischer, Wolfgang Georg: Der österreichische PEN-Club im Exil oder Thomas Manns Brief über Robert Musil an Rudolf Olden. In: Evelyn Adunka, Peter Roessler (Hg.): Die Rezeption des Exils. Geschichte und Perspektiven der österreichischen Exilforschung. Wien: Mandelbaum 2003, S. 13–19.

Flanagan, Thomas Eugene: Robert Musil and the second reality. Diss. Duke Univ. Durham 1969.

Flécheux, André: Robert Musil und die Frage nach der Identität. In: Cornelia Klinger, Ruthard Stäblein (Hg.): Identitätskrise und Surrogatidentitäten. Zur Wiederkehr einer romantischen Konstellation. Frankfurt a. M. u. a.: Campus 1989, S. 293–302.

Fleig, Anne: Die Geburt des Sports aus dem Geist des Zuschauens. Robert Musils Essay *Als Papa Tennis lernte*. In: Dieter Mersch (Hg.): Sport – Inszenierung – Ereignis – Kunst. Kiel: Forum der Muthesius-Hochschule 2004, S. 40–48.

Fleig, Anne: Der Mensch als Rennboot. Sport und Psychotechnik in den Texten Robert Musils. In: Luserke-Jaqui (Hg.): „Alle Welt ist medial geworden." [2005], S. 161–180.

Fleig, Anne: „Siegesplätze über die Natur". Musils Kritik am Geist des modernen Wettkampfsports. In: Michael Cowan, Kai Marcel Sicks (Hg.): Leibhaftige Moderne. Körper in Kunst und Massenmedien 1918 bis 1933. Bielefeld: transcript 2005, S. 81–96.

Fleig, Anne: Körperkultur und Moderne. Robert Musils Ästhetik des Sports. Berlin, New York: de Gruyter 2008 (= Quellen und Forschungen zur Literatur- und Kulturgeschichte, Bd. 285).

Fleig, Anne: Die Maske des Sports. Sport als Medium der Männlichkeit in Musils Roman *Der Mann ohne Eigenschaften*. In: Dagmar von Hoff, Anett Holzheid (Hg.): Identität und Gender. Aspekte medialer Verwandlungen. München: Meidenbauer 2010, S. 59–76.
Fleig, Anne: Bruder des Blitzes. Sportgeist und Geschlechterkampf bei Marieluise Fleißer und Robert Musil. In: A. F., Birgit Nübel (Hg.): Figurationen der Moderne. Mode, Sport, Pornographie. Paderborn: Fink 2011, S. 181–198.
Fleig, Anne: Sport, Moderne, Modernisierung. Anmerkungen zu einem paradoxen Verhältnis. In: Walter Delabar u.a. (Hg.): Das riskante Projekt. Die Moderne und ihre Bewältigung. Bielefeld: Aisthesis 2011 (= Moderne-Studien, Bd. 8), S. 53–65.
Fleig, Anne: Rasende Schnecke. Robert Musil, *Der Querschnitt* und das kulturelle Leben seiner Zeit. In: Musil-Forum 33 (2013/14), S. 202–217.
Fleming, Bruce E.: Thoughts and their discontents. *Törless* – book to film. In: Literature/Film Quarterly 20 (1992), S. 109–114.
Floreancig, Tatiana: L'incesto nel moderno. Una prospettiva d'analisi su Bronnen, Pirandello, Musil e Nin. Udine: Campanotto 2004 (= Le carte tedesche, Bd. 21).
Floreancig, Tatiana: Identitätssuche und fließende Geschlechtsgrenzen bei Anaïs Nin und Robert Musil. In: Simona Bartoli Kucher, Dorothea Böhme, T. F. (Hg.): Das Subjekt in Literatur und Kunst. Festschrift für Peter V. Zima. Tübingen: Francke 2011, S. 163–179.
Focke, Alfred: Dichtung als Wahrheit und Freiheit. Die Dichter und die Zeichen der Zeit. Würzburg: Arena 1963.
Förster, Jürgen: Kurzprosa als Spiegel der Wirklichkeit. Didaktische Analysen und Reflexionen von Texten von Aichinger, Bichsel, Musil, Meckel, Böll und Biermann. Bad Honnef: Keimer 1981.
Fontanari, Alessandro/Libardi, Massimo: La „grande esperienza" della guerra. In: Roberta Groff, Jole Piva, Luciano Dellai (Hg.): Pergine e la prima guerra mondiale. Pergine: Ass. Amici della Storia 1985, S. 383–499.
Fontanari, Alessandro/Libardi, Massimo: Il richiamo ingannevole. In: Robert Musil: La valle incantata. Traduzione di Paola Maria Filippi. Con un saggio di A. F. e M. L. Trento: Reverdito 1986, S. 67–144.
Fontanari, Alessandro/Libardi, Massimo: La guerra come sintomo. In: Robert Musil: La guerra parallela. Traduzione di Claudio Groff. Con un saggio di A. F. e M. L. Trento: Reverdito Editore 1987, S. 201–255. [2. Aufl.: Rovereto: Nicolodi 2003]
Fontanari, Alessandro/Libardi, Massimo: Musil en Bersntol. La grande esperienza della guerra in Valle dei Mòcheni. Palai: Instituto Culturale Mòcheno 2012.
Foradini, Flavia: Die Mappe als Folder: Musil reloaded. Ein Plädoyer zugunsten der Leser. In: Salgaro (Hg.): Robert Musil in der Klagenfurter Ausgabe [2014], S. 97–109.
Foschi, Marina: Für oder in etwas leben? In: Musil-Forum 10 (1984), S. 226–232.
Foschi-Albert, Marina: Vom Gegensatzpaar ‚Für – In' zum ‚In' als mystisches Gleichnis. In: Musil-Forum 13/14 (1987/88), S. 125–146.
Foschi, Marina: Sulla teoria della metafora in Robert Musil. Pisa: Servizio Ed. Univ. 1988 (= Jacques e i suoi quaderni, Bd. 8).
Foschi-Albert, Marina: Metaphor and fragmentation in Robert Musil's work. In: Musil-Forum 15 (1989), S. 143–154.
Fourie, Regine: Hebbel und Musil. Zur Krise des Individuums. In: Ida Koller-Andorf (Hg.): Hebbel. Mensch und Dichter im Werk. Neue Wege zu Hebbel. Wien: Verlag des Verbandes der wissenschaftlichen Gesellschaften Österreichs 1990, S. 129–142.
Fourie, Regine: Musil als Realist? In: Musil-Forum 19/20 (1993/94), S. 132–143.
Frackman, Kyle: An other kind of home. Gender-sexual abjection, subjectivity, and the uncanny in literature an film. Frankfurt a.M.: PL Acad. Research 2015 (= Kulturtransfer und Geschlechterforschung, Bd. 9). [zu Musil bes. 65–96]
Franceschini, Agnese: Robert Musil. La fabbrica del romanzo. In: Micromégas (1990), H. 5, S. 58–65.

Frank, Gustav: Probleme der Sichtbarkeit. Die visuelle Kultur des 19. Jahrhunderts und Okkult-Fantastisches in Literatur und Film um 1910: *Afgrunden* (Gad/Nielsen), *Die Versuchung der stillen Veronika* (Musil), *Der Student von Prag* (Rye/Ewers/Wegener/Seeber). In: Recherches germaniques 1 (2002), S. 59–101.

Frank, Gustav: Musil contra Balázs. Ansichten einer ‚visuellen Kultur' um 1925. In: Musil-Forum 28 (2003/04), S. 105–152.

Frank, Manfred: Erkenntniskritische, ästhetische und mythologische Aspekte der ‚Eigenschaftslosigkeit' in Musils Roman. In: Revue de théologie et de philosophie 113 (1981), H. 3, S. 241–258.

Frank, Manfred: Auf der Suche nach einem Grund. Über den Umschlag von Erkenntniskritik in Mythologie bei Musil. In: Karl Heinz Bohrer (Hg.): Mythos und Moderne. Begriff und Bild einer Rekonstruktion. Frankfurt a.M.: Suhrkamp 1983, S. 318–362.

Frank, Manfred: „L'absence de qualités" à la lumière de l'épistémologie, de l'esthétique et de la mythologie. In: Revue d'esthétique (1985), H. 9, S. 105–117.

Frank, Manfred: Remythisierte Erkenntniskritik (Robert Musil). In: M. F.: Gott im Exil. Vorlesungen über die Neue Mythologie. II. Teil. Frankfurt a.M.: Suhrkamp 1988, S. 315–332.

Frank, Manfred: Du style et de la signification. Wittgenstein, Musil et les premiers romantiques. In: Böschenstein/Roth (Hg.): Hommage à Musil [1995], S. 63–85.

Freed, Mark M.: Latour, Musil, and the discourse of nonmodernity. In: Symplokē 11 (2003), H. 1/2, S. 183–196.

Freed, Mark M.: Robert Musil's other postmodernism. „Essayismus", textual subjectivity, and the philosophical discourse of modernity. In: Comparative Literature Studies 44 (2007), H. 3, S. 231–253.

Freed, Mark M.: Robert Musil and the nonmodern. London: Continuum 2011.

Freed, Mark M.: Robert Musil and the „techne" of rewriting modernity. In: The Germanic Review 88 (2013), H. 1, S. 83–96.

Freese, Wolfgang: Mystischer Moment und reflektierte Dauer. Zur epischen Funktion der Liebe im modernen deutschen Roman. Göppingen: Kümmerle 1969 (= Göppinger Arbeiten zur Germanistik, Bd. 14). [zu Musil bes. S. 61–144]

Freese, Wolfgang: Verinnerte Wirklichkeit. Zur epischen Funktion der Liebe im *Mann ohne Eigenschaften*. In: Dinklage (Hg.): Robert Musil. Studien zu seinem Werk [1970], S. 94–111.

Freese, Wolfgang: Vergleichungen. Statt eines Forschungsberichts – über das Vergleichen Robert Musils mit Hermann Broch in der Literaturwissenschaft. In: Literatur und Kritik (1971), H. 54/55, S. 218–241.

Freese, Wolfgang: Musil und Gottfried von Straßburg. Anmerkungen zur Methode und Sache eines literarischen Vergleichs. In: Rose Beate Schäfer-Maulbetsch (Hg.): Festschrift für Kurt Herbert Halbach. Zum 70. Geburtstag am 25. Juni 1972. Arbeiten aus seinem Schülerkreis. Göppingen: Kümmerle 1972 (= Göppinger Arbeiten zur Germanistik, Bd. 70), S. 327–365.

Freese, Wolfgang: Satirisches Fragment und ‚heilige Form'. Anmerkungen zu Robert Musil – Thomas Mann. In: Literatur und Kritik (1972), H. 66/67, S. 372–386.

Freese, Wolfgang: Robert Musil als Realist. Ein Beitrag zur Realismus-Diskussion. In: Literatur und Kritik (1974), H. 89, S. 514–544.

Freese, Wolfgang: Brecht und Musil. Historische Formen des Neinsagens. In: Musil-Forum 4 (1978), S. 221–243.

Freese, Wolfgang: Aspekte und Fragen zum Problem eines musilschen Realismus in den zwanziger Jahren. In: Freese (Hg.): Philologie und Kritik [1981], S. 247–259.

Freese, Wolfgang: Robert Musil in Switzerland. Aphorism and pragmatic tradition. In: John M. Spalek, Robert F. Bell (Hg.): Exile. The writer's experience. Chapel Hill: Univ. of North Carolina Press 1982, S. 218–233.

Freese, Wolfgang: Zur neueren Musil-Forschung. Ausgaben und Gesamtdarstellungen. In: Text + Kritik (^{3}1983), H. 21/22, S. 86–148.

Freese, Wolfgang: Ansätze einer Hegel-Satire in Musils *Mann ohne Eigenschaften*. In: Musil-Forum 10 (1984), S. 181–200.

Freese, Wolfgang/Fourie, Regine: Robert Musil. Ausgaben und neuere Forschung. Ein Bericht. In: Acta germanica 14 (1981), S. 213–232.

Freij, Lars W.: ‚Türlosigkeit'. Robert Musils *Törleß* in Mikroanalysen mit Ausblicken auf andere Texte des Dichters. Stockholm: Almqvist och Wiksell 1972 (= Stockholmer germanistische Forschungen, Bd. 12).

Freij, Lars W.: Musil auf Schwedisch. In: Daigger/Militzer (Hg.): Die Übersetzung literarischer Texte am Beispiel Robert Musil [1988], S. 257–265.

Frensel, Peter/Hoffmann, Christoph: Maschinenschriftenphilologie. Zur Datierung von Typoskripten mit Hilfe der Maschinenschriftenuntersuchung an einem Beispiel aus dem Nachlaß Robert Musils. In: Text. Kritische Beiträge 4 (1998), S. 33–60.

Frey, Hans-Jost: Musils Essayismus. In: H.-J. F.: Der unendliche Text. Frankfurt a. M.: Suhrkamp 1990, S. 231–261.

Friedrich, Gerhard: Robert Musils *Tonka*. In: Die Sammlung 15 (1960), S. 652–659.

Friedrich, Hans-Edwin: Die Transkription des Wiener Nachlasses von Robert Musil. In: Editio 5 (1991), S. 213–226.

Friedrich, Lars: Favor testamenti. Letztwillige Verfügungen in Robert Musils *Der Mann ohne Eigenschaften*. In: Cornelia Vismann, Thomas Weitin (Hg.): Urteilen/Entscheiden. München: Fink 2006 (= Literatur und Recht), S. 72–90.

Frier, Wolfgang: Die Sprache der Emotionalität in den *Verwirrungen des Zöglings Törleß* von Robert Musil. Ein Beitrag zur angewandten Textlinguistik. Bonn: Bouvier 1976 (= Abhandlungen zur Kunst-, Musik- und Literaturwissenschaft, Bd. 179).

Frisé, Adolf: Die Wiederentdeckung Robert Musils. Neuherausgabe der Werke im Rowohlt Verlag, Hamburg. In: Die Tat, 1.1.1953.

Frisé, Adolf: Fragen nach Robert Musil. Stichworte zu einer Biographie. In: Frankfurter Allgemeine Zeitung, 21.11.1959. [auch in: A. F.: Plädoyer für Robert Musil. Reinbek b. Hamburg: Rowohlt 1987, S. 67–76]

Frisé, Adolf: Beschäftigung mit Musil. In: Dinklage (Hg.): Robert Musil [1960], S. 425–427. [auch in: A. F.: Plädoyer für Robert Musil [1987], S. 97–100]

Frisé, Adolf: Roman und Essay. In: Neue Deutsche Hefte (1961), H. 80, S. 1068–1080. [auch in: A. F.: Plädoyer für Robert Musil [1987], S. 77–96]

Frisé, Adolf: Angriff auf eine Edition. Einige Hinweise. In: Frankfurter Allgemeine Zeitung, 3.9.1962.

Frisé, Adolf: Früher Briefwechsel – Erste kritische Versuche – Stichworte zur Biographie. In: Dinklage (Hg.): Robert Musil. Studien zu seinem Werk [1970], S. 294–324.

Frisé, Adolf: Die Tagebücher Robert Musils. Überlegungen zu ihrer Neu-Edition. In: Neue Rundschau 85 (1974), H. 1, S. 124–138. [auch in: A. F.: Plädoyer für Robert Musil [1987], S. 122–143]

Frisé, Adolf: Unvollendet – unvollendbar? Überlegungen zum Torso des *Mann ohne Eigenschaften*. In: Musil-Forum 6 (1980), S. 79–104. [auch in: A. F.: Plädoyer für Robert Musil [1987], S. 157–182]

Frisé, Adolf: Der Zeitgenosse Robert Musil. In: Musil-Forum 7 (1981), S. 21–28. [auch in: A. F.: Plädoyer für Robert Musil [1987], S. 183–198]

Frisé, Adolf: Les „Journeaux". In: Olmi/Roth (Hg.): Robert Musil [1981], S. 206–213.

Frisé, Adolf: Von einer ‚Geschichte dreier Personen' zum *Mann ohne Eigenschaften*. Zur Entstehung von Robert Musils Romanwerk. In: Jahrbuch der Deutschen Schillergesellschaft 26 (1982), S. 428–444. [auch in: A. F.: Plädoyer für Robert Musil [1987], S. 199–221]

Frisé, Adolf: Erfahrungen mit Robert Musil. In: Musil-Forum 9 (1983), S. 16–29. [auch in: A. F.: Plädoyer für Robert Musil [1987], S. 222–237]

Frisé, Adolf: Einige weitere Briefe Robert Musils. In: Literatur und Kritik (1984), H. 181/182, S. 3–9.

Frisé, Adolf: Plädoyer für Robert Musil. Reinbek b. Hamburg: Rowohlt 1987.

Frisé, Adolf: Missdeutungen und Fehlschlüsse. Wie Robert Musil bisweilen von der Kritik gesehen wird. In: Musil-Forum. Wissenschaftliches Beiheft 5 (1991), S. IV–XVII. [auch in:

Eckehard Czucka (Hg.): „die in dem alten Haus der Sprache wohnen". Beiträge zum Sprachdenken in der Literaturgeschichte. Helmut Arntzen zum 60. Geburtstag. Münster: Aschendorff 1991, S. 365–374]

Frisé, Adolf: Ein aktueller Rückblick. In: Robert Musil: Der literarische Nachlaß. Benutzerhandbuch. Hg. v. Friedbert Aspetsberger, Karl Eibl u. A. F. Reinbek b. Hamburg: Rowohlt 1992, S. 12–19.

Frisé, Adolf: Interview mit Stephan Reinhardt. In: Musil-Forum 21/22 (1995/96), S. 5–22.

Frisé, Adolf: *Aus Robert Musils Jugendzeit* von Gustav Donath (mit Edition des Donath-Textes). In: Musil-Forum 25/26 (1999/2000), S. 231–237.

Fritz, Axel: Robert Musil als Dramatiker. In: Schriften des Deutschen Instituts Stockholm 11 (1981), S. 29–46.

Frizen, Werner: Robert Musil. Berlin, München: Deutscher Kunstverlag 2012 (= Leben in Bildern).

Fuchs, Annette: ‚Augen-Blicke'. Zur Kommunikationsstruktur der ‚Bilder' in Robert Musils *Nachlaß zu Lebzeiten*. In: Der Deutschunterricht 40 (1988), H. 1, S. 66–79.

Fuchs, Peter: Vom Etwas-ohne-Eigenschaften. Robert Musil und die große Entspezifizierung. In: Ralph Kray, Kai Luehrs-Kaiser (Hg.): Geschlossene Formen. Würzburg: Königshausen & Neumann 2005, S. 77–93.

Fuder, Dieter: Analogiedenken und anthropologische Differenz. Zu Form und Funktion der poetischen Logik in Robert Musils Roman *Der Mann ohne Eigenschaften*. München: Fink 1979 (= Musil-Studien, Bd. 10).

Fülleborn, Ulrich: „Reiner Widerspruch" und „heilige Gespräche". Komplementaritätskonzept und Dialogpostulat in der modernen deutschen Dichtung. In: Ernst Peter Fischer, Heinz S. Herzka, K. Helmut Reich (Hg.): Widersprüchliche Wirklichkeit. Neues Denken in Wissenschaft und Alltag. Komplementarität und Dialogik. München u.a.: Piper 1992, S. 144–164. [auch in: U. F.: Besitz und Sprache. Offene Strukturen und nicht-possessives Denken in der deutschen Literatur. Ausgewählte Aufsätze. München: Fink 2000, S. 219–234]

Fues, Wolfram Malte: Erzählung und Eigenschaft. Robert Musil, *Grauauges nebligster Herbst*. In: Christine Maillard (Hg.): Littérature et théorie de la connaissance. 1890–1935. Straßburg: Presses Univ. de Strasbourg 2004, S. 209–220.

Fuld, Werner: Die Quellen zur Konzeption des „anderen Zustands" in Robert Musils Roman *Der Mann ohne Eigenschaften*. In: Deutsche Vierteljahrsschrift für Literaturwissenschaft und Geistesgeschichte 50 (1976), S. 664–682.

Fuld, Werner: Der Schwierige. Zu Verlagsproblemen Robert Musils. In: Text + Kritik (^{3}1983), H. 21/22, S. 44–62.

Gabriel, Gottfried: Logische Präzision und ästhetische Prägnanz. In: Literaturwissenschaftliches Jahrbuch 51 (2010), S. 375–390.

Gahn, Renate: Musil und Nietzsche zum Problem von Kunst und Erkenntnis. Diss. Univ. Mainz 1980.

Gailus, Andreas: Ein Theater des Infinitesimalen. Musil und die Grenzen der Genauigkeit. In: Safia Azzouni, Uwe Wirth (Hg.): Dilettantismus als Beruf. Berlin: Kadmos 2010 (= Kaleidogramme, Bd. 43), S. 65–82.

Gailus, Andreas: How literature thinks. Robert Musil and the writing of modernity. In: The Germanic Review 88 (2013), H. 1, S. 1–4.

Gambini, Anna: Il rapporto tra Robert Musil e Thomas Mann. Considerazioni su *I turbamenti del giovane Törless* e *Tonio Kröger*. Poggibonsi: Lalli 1989.

Gamper, Michael: Ist der neue Mensch ein „Sportsmann"? Literarische Kritik am Sportdiskurs der Weimarer Republik. In: Jahrbuch zur Kultur und Literatur der Weimarer Republik 6 (2001), S. 35–71.

Gamper, Michael: Massen-Übertragung. In: Beil/Gamper/Wagner (Hg.): Medien, Technik, Wissenschaft [2011], S. 193–207.

García Alonso, Rafael: La lógica del alma. La literatura como desescísion en Robert Musil. In: Cuadernos hispanoamericanos (1992), H. 502, S. 35–50.
García Alonso, Rafael: Robert Musil und die Berechnung des Geistes. In: Rapial 2 (1992), H. 2, S. 3–6.
García Alonso, Rafael: Functionalidad e ironía en Musil. In: Cuadernos hispanoamericanos (1993), H. 513, S. 136–139.
García Alonso, Rafael: Decir y mostrar en el escribir de Robert Musil. In: José Antonio Hernández Guerrero (Hg.): Nociones de literatura. Cadiz: Univ. 1995, S. 185–189.
García Alonso, Rafael: Robert Musil y la carencia de forma. In: Cuadernos hispanoamericanos (1995), H. 541/542, S. 128–141.
García Ponce, Juan: Tres voces. Ensayos sobre Thomas Mann, Heimito von Doderer, Robert Musil. México: Ed. Aldus 2000.
Gargani, Aldo G.: Musil e la metafora. In: Metaphorein 3 (1979/80), H. 7, S. 53–64.
Gargani, Aldo G.: Wittgenstein's „Perspicuous representation" and Musil's „Illuminations". In: Edgar Morscher, Rudolf Stranzinger (Hg.): Ethik. Grundlagen, Probleme und Anwendungen. Akten des fünften Internationalen Wittgenstein-Symposions, 25. bis 31. August 1980. Wien: Hölder-Pichler-Tempsky 1981 (= Schriftenreihe der Wittgenstein-Gesellschaft, Bd. 7), S. 508–514. [auch in: Strutz/Strutz (Hg.): Robert Musil und die kulturellen Tendenzen seiner Zeit [1983], S. 110–119]
Gargani, Aldo G.: Freud, Wittgenstein, Musil. Mailand: Shakespeare & Kafka 1982. [2. Aufl. 1992]
Gargani, Aldo G.: *Die Verwirrungen des Zöglings Törleß* von Robert Musil. In: Robert Waissenberger (Hg.): Wien 1870–1930. Traum und Wirklichkeit. Salzburg: Residenz 1984, S. 246–250.
Gargani, Aldo G.: Philosophy and metaphor in Musil's work. In: Strutz/Strutz (Hg.): Robert Musil – Literatur, Philosophie, Psychologie [1984], S. 44–57.
Gargani, Aldo G.: Linguaggio e mistica delle cose nell'opera di Musil. In: Cultura tedesca (1995), H. 3, S. 47–56.
Gass, William H.: The hovering life. *The man without qualities* by Robert Musil, translated by Sophie Wilkins and Burton Pike. In: Musil-Forum 21/22 (1995/96), S. 75–97.
Gassenmeier, Michael: Robert Musils Roman *Der Mann ohne Eigenschaften* und seine künstlerische Rezeption in dem 1951 entstandenen Illustrationszyklus von Ernst Gassenmeier (1913–1952). Heidelberg: Winter 2013.
Geisenhanslüke, Achim: Die Rückkehr des Odysseus. Svevo – Musil – Proust. In: A. G.: Masken des Selbst. Aufrichtigkeit und Verstellung in der europäischen Literatur. Darmstadt: Wissenschaftliche Buchgesellschaft 2006, S. 209–240.
Geisenhanslüke, Achim: Schöndummheit. Über Ignoranz. In: A. G., Hans Rott (Hg.): Ignoranz. Nichtwissen, Vergessen und Missverstehen in Prozessen kultureller Transformationen. Bielefeld: transcript 2008 (= Literalität und Liminalität, Bd. 3), S. 15–33.
Geisenhanslüke, Achim: Permanenz der Katastrophe. Zur Darstellung der Geschichte in Robert Musils *Der Mann ohne Eigenschaften*. In: Elizabeth Guilhamon, Daniel Meyer (Hg.): Die streitbare Klio. Zur Repräsentation von Macht und Geschichte in der Literatur. Frankfurt a.M. u.a.: Lang 2010 (= Schriften zur politischen Kultur der Weimarer Republik, Bd. 13), S. 87–105.
Gellen, Kata: Hearing Spaces. Architecture and acoustic experience in modernist German literature. In: Modernism/modernity 17 (2010), H. 4, S. 799–819.
Genno, Charles N.: The image of man in the works of Robert Edler von Musil. Diss. Univ. of Toronto 1961.
Genno, Charles N.: The anatomy of pre-war society in Robert Musils *Der Mann ohne Eigenschaften*. In: G. N. G., Heinz Wetzel (Hg.): The first world war in German narrative prose. Essays in honour of George Wallis Field. Toronto u.a.: Toronto Univ. Press 1980, S. 3–15.
Genno, Charles N.: The importance of Ellen Key's *Die Entfaltung der Seele durch Lebenskunst* for Musil's concept of the soul. In: Orbis Litterarum 36 (1981), S. 323–331.

Genno, Charles N.: Musil's moral and aesthetic principles. In: Orbis Litterarum 38 (1983), S. 140–149.

Genno, Charles N.: Observations on love and death in Musil. In: Neophilologus 67 (1983), S. 161–179.

Genno, Charles N.: The nexus between mathematics and reality and phantasy in Musil's works. In: Neophilologus 70 (1986), S. 270–278.

Genno, Charles N.: Novalis and Musil. In: Michael S. Batts, Anthony W. Riley, Heinz Wetzel (Hg.): Echoes and influences of German romanticism. Essays in honour of Hans Eichner. New York u. a.: Lang 1987, S. 105–114.

Genton, Elisabeth: Robert Musils *Tonka* als Vorläufer des ‚nouveau roman'. In: Études germaniques 32 (1977), H. 1, S. 40–47.

Gérard, René: Silence et parole dans l'œuvre de jeunesse de Musil. In: Cahiers d'études germaniques (1978), H. 2, S. 243–255.

Gérard, René: Cogito corporel et morphogénèse. Les *Noces* de Robert Musil. In: Cahiers d'études germaniques (1979), H. 3, S. 165–178. [auch in: Catherine Mazellier-Grünberg, Maurice Godé (Hg.): Représentations du corps. Dans les arts du spectacle et la littérature des pays germanophones. Montpellier: Groupe de recherche études germaniques et centre-européennes de l'Univ. Paul Valéry 2004, S. 251–261]

Gerigk, Anja: Möglichkeitssinn für Un/Vernunft. Literarische Utopien in Aufklärung und Klassischer Moderne. Schnabel – Heinse – Scheerbart – Musil. In: Gabriela Antunes, Sonia Goldblum, Noémi Pineau (Hg.): Rationalität und Formen des Irrationalen im deutschen Sprachraum. Vom Mittelalter bis zur Gegenwart. Bern u. a.: Lang 2013 (= Convergences, Bd. 77), S. 41–56.

Gess, Nicola: Expeditionen im *Mann ohne Eigenschaften*. Zum Primitivismus bei Robert Musil. In: Musil-Forum 31 (2009/10), S. 5–22.

Gess, Nicola: Primitives Denken. Wilde, Kinder und Wahnsinnige in der literarischen Moderne (Müller, Musil, Benn, Benjamin). München: Fink 2013.

Geulen, Hans: Robert Musils *Die Versuchung der stillen Veronika*. In: Wirkendes Wort 15 (1965), S. 173–187.

Ghisu, Sebastiano: Storia dell'indifferenza. Geometrie della distanza dai presocratici a Musil. Nardò: Besa 2006.

Giacomini, Bruna: Altri stati dell'amore. Ulrich e Agathe ne *L'uomo senza qualità* di Musil. In: Saveria Chemotti (Hg.): Affettività elettive. Relazioni e costellazioni dis-ordinate. Padova: Il Poligrafo 2014 (= Soggetti rivelati, Bd. 49), S. 85–95.

Giampieri, Patrizia: Mach, Freud, Musil. Die Frage nach dem Subjekt. In: Sigmund Freud House Bulletin (1990), H. 2, S. 47–56.

Giarola, Patrizia: Per una letteratura della poesia di Robert Musil: *Isis und Osiris*. In: Maria Enrica d'Agostini (Hg.): Il paese altro. Presenze orientali nella cultura tedesca moderna. Neapel: Bibliopolis 1983, S. 347–363.

Giertler, Mareike: In *zusammenhanglosen Pünktchen* lesen. Zu den Auslassungszeichen in Musils *Die Vollendung der Liebe*. In: M. G., Rea Köppel (Hg.): Von Lettern und Lücken. Zur Ordnung der Schrift im Bleisatz. München: Fink 2012, S. 161–183.

Gies, Annette: Musils Konzeption des „Sentimentalen Denkens". *Der Mann ohne Eigenschaften* als literarische Erkenntnistheorie. Würzburg: Königshausen & Neumann 2003 (= Epistemata. Reihe Literaturwissenschaft, Bd. 446).

Gil, Isabel Capeloa: Die Macht liegt in der Auslese. Der optische Imperativ Robert Musils in *Triëdere!*. In: Christina Jarillot Rodal (Hg.): Bestandsaufnahme der Germanistik in Spanien. Kulturtransfer und methodologische Erneuerung. Bern u. a.: Lang 2010, S. 433–443.

Gilla, Thomas: Versuche der Auflösung – Andeutungen von Synthesen. Über die Mythisierung von Robert Musils Roman *Der Mann ohne Eigenschaften* in der Literaturwissenschaft. Würzburg: Königshausen & Neumann 2004 (= Epistemata. Reihe Literaturwissenschaft, Bd. 505).

Ginzberg, Siegmund: Il tramonto di un continente senza qualità. Robert Musil, *L'uomo senza qualità*. In: S. G.: Sfogliature. Scoop nascosti nei classici. Mailand: Johan & Levi 2006, S. 171–184.

Giovannini, Elena: Robert Musils Beiträge in der *Soldatenzeitung*. Propaganda und kritische Ironie im Vergleich. Diss. Univ. Pescara 1986/87.

Giovannini, Elena: Der Parallel-Krieg. Zu Musils Arbeit in der *Soldatenzeitung*. In: Musil-Forum 13/14 (1987/88), S. 88–99.

Gittel, Benjamin: Lebendige Erkenntnis und ihre literarische Kommunikation. Robert Musil im Kontext der Lebensphilosophie. Münster: mentis 2013 (= Explicatio).

Gittel, Benjamin: Die Bestätigung von Interpretationshypothesen zu fiktionalen literarischen Werken. In: Andrea Albrecht u. a. (Hg.): Theorien, Methoden und Praktiken des Interpretierens. Berlin, Boston: de Gruyter 2015 (= linguae & litterae, Bd. 49), S. 513–564.

Glander, Kordula: Erzählperspektiven in Musils *Mann ohne Eigenschaften*. Wahrnehmung und Darstellung. In: Rapial 2 (1992), H. 4, S. 2–3.

Glander, Kordula: „Die Straßenwände wanken wie Kulissen". Erzählte Unwirklichkeit in Robert Musils Roman *Der Mann ohne Eigenschaften*. In: Martens/Ruthner/De Vos (Hg.): Musil anders [2005], S. 211–227.

Glander, Kordula: „Ein Mitarbeiter auf der inneren Linie". Musils *Mann ohne Eigenschaften* als Dialog mit dem Leser. In: Béhar/Roth (Hg.): Musil an der Schwelle zum 21. Jahrhundert [2005], S. 201–223.

Glander, Kordula: „Leben, wie man liest". Strukturen der Erfahrung erzählter Wirklichkeit in Robert Musils Roman *Der Mann ohne Eigenschaften*. St. Ingbert: Röhrig 2005 (= Beiträge zur Robert-Musil-Forschung und zur neueren österreichischen Literatur, Bd. 16).

Glander, Kordula: Licht und Farbe in Texten Robert Musils. In: Luserke-Jaqui (Hg.): „Alle Welt ist medial geworden." [2005], S. 127–140.

Globocnik, Peter: Freiheit und Abstraktion. Beobachtungen zu Wissenschaft, Mystik und Dandytum im Werk von Adalbert Stifter, Robert Musil und Oswald Wiener. Diss. Univ. Klagenfurt 2005.

Gnam, Andrea: Referenzverlust als narratives Problem. In: Wirkendes Wort 43 (1993), S. 90–98.

Gnam, Andrea: Die „Absence" als Ausbruch aus der mnemotechnischen Konditionierung: „Ein leerer schöner Himmel bricht aus der Seele". Zu Robert Musils *Der Mann ohne Eigenschaften*. In: Gerhard Neumann (Hg.): Poststrukturalismus. Herausforderung an die Literaturwissenschaft. DFG-Symposion 1995. Stuttgart: Metzler 1997, S. 145–163.

Gnam, Andrea: Die Bewältigung der Geschwindigkeit. Robert Musils Roman *Der Mann ohne Eigenschaften* und Walter Benjamins Spätwerk. München: Fink 1999 (= Musil-Studien, Bd. 27).

Gnam, Andrea: Körperverständnis im aufgehenden Medienzeitalter. Der kinematographische Blick. Robert Musils Roman *Die Verwirrungen des Zöglings Törleß*. In: Weimarer Beiträge 46 (2000), H. 3, S. 380–389.

Gnam, Andrea: Zum Beispiel die Lust am Automobilfahren inmitten alter Motive. Robert Musils behutsamer Umgang mit den Naturwissenschaften. In: Jahrbuch zur Kultur und Literatur der Weimarer Republik 6 (2001), S. 127–142.

Gnam, Andrea: „Leben in Hypothesen". Das Buch, der Film und die Arbeit des Wissenschaftlers. In: Béhar/Roth (Hg.): Musil an der Schwelle zum 21. Jahrhundert [2005], S. 121–137.

Gnam, Andrea: Mediale Verwandlungen des *Mann ohne Eigenschaften*. In: Musil-Forum 30 (2007/08), S. 139–152.

Gnam, Andrea: Ein besonderer Dank muss genügen. Amos Gitaï hat unbemerkt Robert Musil verfilmt. In: Frankfurter Allgemeine Zeitung, 10.6.2009.

Gnam, Andrea: Technopoetische Bilder in Musils *Mann ohne Eigenschaften*. In: Beil/Gamper/Wagner (Hg.): Medien, Technik, Wissenschaft [2011], S. 143–156.

Gnettner, Ines: Vorkriegszeit im Roman einer Nachkriegszeit. Studien zu einem ‚anderen' historischen Roman zwischen Vergangenheitsbewältigung und Zeitkritik in der Weimarer Republik. Würzburg: Königshausen & Neumann 1993 (= Epistemata. Reihe Literaturwissenschaft, Bd. 103). [zu Musil bes. S. 73–87]

Gnüchtel, Tobias: 1952 – 1978 – 2009. Die drei Editionen des *Mann ohne Eigenschaften* und die Musilforschung. In: Matthias Berning, Stephanie Jordans, Hans Kruschwitz (Hg.): Fragment und Gesamtwerk. Relationsbestimmungen in Edition und Interpretation. Kassel: kassel university press 2015, S. 41–56.

Godeau, Florence: *Der Mann ohne Eigenschaften* et *À la recherche du temps perdu*. La relation à l'écriture. In: Musil-Forum 19/20 (1993/94), S. 208–214.

Godeau, Florence: Le réflexion abstraite dans *À la recherche du temps perdu* et *Der Mann ohne Eigenschaften*. In: Austriaca 20 (1995), H. 41, S. 103–114.

Godeau, Florence: Les désarrois du moi. *À la recherche du temps perdu* de Marcel Proust et *Der Mann ohne Eigenschaften* de Robert Musil. Tübingen: Niemeyer 1995 (= Communicatio, Bd. 9).

Godeau, Florence: De quelques vertus de la promenade dans *À la recherche du temps perdu* et *L'homme sans qualités*. In: Alain Vaillant (Hg.): Corps en mouvement. Études. Saint-Étienne: Publications de l'Univ. de Saint-Étienne 1996 (= Traversière), S. 157–169.

Godeau, Florence: Marguerite Duras, Robert Musil. La lectrice et l'écrivain. In: Musil-Forum 23/24 (1997/98), S. 57–72.

Godeau, Florence: André Gide, Robert Musil. Éloge de la disponibilité. In: Valérie-Angélique Deshoulières (Hg.): Poétiques de l'indéterminé. Le caméléon au propre et au figuré. Clermont-Ferrand: Assoc. des Publications de la Fac. des Lettres et Sciences Humaines 1998, S. 369–380.

Godeau, Florence: L'inceste adelphique. T. Mann, R. Martin du Gard et R. Musil. In: Jacques Dugast, François Mouret (Hg.): Littérature et interdits. Rennes: Presses Univ. de Rennes 1998, S. 99–110.

Godeau, Florence: Ulrich, „lector in fabule sine qualitatibus". In: Chardin (Hg.): Robert Musil [2000], S. 211–222.

Godeau, Florence: La décadence démythifiée. Critique du décadentisme fin-de-siècle chez Thomas Mann et Robert Musil. In: Alain Montandon (Hg.): Les mythes de la décadence. Clermont-Ferrand: Presses Univ. Blaise Pascal 2001, S. 271–280.

Godeau, Florence: Le poète, le philosophe, l'anthropologue et l'anthropophage (Musil, et quelques autres). In: Anne Tomiche, Philippe Zard (Hg.): Littérature et philosophie. Arras: Artois Presses Univ. 2002, S. 147–163.

Godeau, Florence: Dialog zwischen einem ‚richtigen' und einem verhinderten Berliner. Alfred Döblin und Robert Musil. In: Daigger/Henninger (Hg.): Robert Musils Drang nach Berlin [2008], S. 267–285.

Goder, Meghan: Törless as extrovert. Schlöndorff's variations on Musil's novella. In: Kodikas/Code. Ars semeiotica 14 (1991), H. 1/2, S. 49–63.

Goebel, Eckart: Konstellation und Existenz. Kritik der Geschichte um 1930. Studien zu Heidegger, Benjamin, Jahnn und Musil. Tübingen: Stauffenburg 1996 (= Stauffenburg Colloquium, Bd. 39).

Gödicke, Stéphane: Musil et Kraus. In: Austriaca 25 (2000), H. 50, S. 135–164.

Gödicke, Stéphane: Donjuanismus im *Mann ohne Eigenschaften*, oder Geschlecht, Gewalt und Erkenntnis. In: Béhar/Roth (Hg.): Musil an der Schwelle zum 21. Jahrhundert [2005], S. 21–44.

Gödicke, Stéphane: Désordres et transgressions chez Robert Musil. Paris: Presses Sorbonne Nouvelle 2006.

Gödicke, Stéphane: Kraus contre Musil. La guerre du silence. In: Agone 35/36 (2006), S. 87–104.

Gödicke, Stéphane: Musil et le cinéma. In: Edwige Brender u. a. (Hg.): À la croisée des langages. Texte et arts dans les pays de langue allemande. Paris: Presses Sorbonne Nouvelle 2006 (= Publications de l'Institut d'Allemand, Bd. 38), S. 89–99 u. 269 (Anm.).

Gödicke, Stéphane: Actualité du „Discours sur la bêtise" de Robert Musil. In: Marc Lacheny, Jean-François Lapléni (Hg.): „Au nom de Goethe!" Hommage à Gerald Stieg. Paris: L'Harmattan 2009, S. 193–201.

Gödicke, Stéphane: Ironie und Satire bei Musil und Kraus. In: Mulligan/Westerhoff (Hg.): Robert Musil [2009], S. 225–238.

Gödrich, Wolfgang: Der antinomische Konflikt in Musils Novelle *Tonka*. Diss. Univ. Basel 1978.

Görner, Rüdiger: „Reception without qualities". Robert Musil's impact on Austrian and German writers after 1945. In: Bartram/Payne/Tihanov (Hg.): A companion to the works of Robert Musil [2007], S. 395–408.

Görner, Rüdiger: Gestaute Sterbeflüsse als Todesfolien. Musils Erzählbild *Das Fliegenpapier* und Virginia Woolfs *The Death of the Moth*. In: R. G.: Hadesfahrten. Untersuchungen zu einem literarästhetischen Motiv. Paderborn: Fink 2014, S. 64–69.

Götze, Karl Heinz: „Halb gedacht und halb geträumt". Der Traum in Musils *Die Verwirrungen des Zöglings Törleß*. In: Cahiers d'études germaniques (1997), H. 33, S. 119–135.

Goldgar, Harry: The square root of minus one. Freud and Robert Musil's *Törleß*. In: Comparative Literature 17 (1965), S. 117–132.

Goltschnigg, Dietmar: Die Bedeutung der mystischen Tradition in Robert Musils Roman *Der Mann ohne Eigenschaften*. In: Österreich in Geschichte und Literatur 14 (1970), S. 528–548. [ital. in: Mannarini (Hg.): Musil [1980], S. 219–254]

Goltschnigg, Dietmar: Die Bedeutung der Formel „Mann ohne Eigenschaften". In: Baur/Goltschnigg (Hg.): Vom *Törleß* zum *Mann ohne Eigenschaften* [1973], S. 325–347.

Goltschnigg, Dietmar: Mystische Tradition im Roman Robert Musils. Martin Bubers *Ekstatische Konfessionen* im *Mann ohne Eigenschaften*. Heidelberg: Stiehm 1974 (= Poesie und Wissenschaft, Bd. 34).

Goltschnigg, Dietmar: Zur literarischen Musil-Rezeption der Gegenwart. In: Kurt Bartsch u. a. (Hg.): Die andere Welt. Aspekte der österreichischen Literatur des 19. und 20. Jahrhunderts. Festschrift für Hellmuth Himmel zum 60. Geburtstag. Bern, München: Francke 1979, S. 297–310.

Goltschnigg, Dietmar: Auf der Suche nach der verlorenen Identität in Robert Musils Romanen *Die Verwirrungen des Zöglings Törleß* und *Der Mann ohne Eigenschaften*. In: Brian O. Murdoch, Mark G. Ward (Hg.): Studies in Modern Austrian Literature. Glasgow: o.V. 1981 (= Scottish papers in Germanic studies, Bd. 1), S. 21–32.

Goltschnigg, Dietmar: „Leporello fällt aus der Rolle" – Musil-Figuren weitergedacht von Jean Améry, Rolf Schneider und Karl Corino. In: Freese (Hg.): Philologie und Kritik [1981], S. 261–270.

Goltschnigg, Dietmar: Liebe, Moral und Psychotherapie in Robert Musils Erzählung *Die Versuchung der stillen Veronika*. In: Rolf Kloepfer, Gisela Janetzke-Dillner (Hg.): Erzählung und Erzählforschung im 20. Jahrhundert. Stuttgart u.a.: Kohlhammer 1981, S. 41–49.

Goltschnigg, Dietmar: Die Rolle des geisteskranken Verbrechers in Robert Musils Erzählung *Die Vollendung der Liebe* und im *Mann ohne Eigenschaften*. In: Brokoph-Mauch (Hg.): Beiträge zur Musil-Kritik [1983], S. 149–160.

Goltschnigg, Dietmar: Robert Musil: *Der Mann ohne Eigenschaften*. In: Paul Michael Lützeler (Hg.): Deutsche Romane des 20. Jahrhunderts. Neue Interpretationen. Königstein i.Ts.: Athenäum 1983, S. 218–235.

Goltschnigg, Dietmar: Zur Poetik des Essays und des Essayismus bei Robert Musil und Hermann Broch. In: Dieter Borchmeyer (Hg.): Poetik und Geschichte. Viktor Žmegač zum 60. Geburtstag. Tübingen: Niemeyer 1989, S. 412–424.

Goltschnigg, Dietmar: Robert Musil und Hermann Broch – (k)ein Vergleich unter besonderer Berücksichtigung von Elias Canettis Autobiographie. In: Hartmut Steinecke, Joseph P. Strelka (Hg.): Romanstruktur und Menschenrecht bei Hermann Broch. Bern u.a.: Lang 1990, S. 135–151.

Goltschnigg, Dietmar: Theoretische und historische Aspekte der Komödie *Vinzenz und die Freundin bedeutender Männer*. In: Hickman (Hg.): Robert Musil and the literary landscape of his time [1991], S. 151–171.

Goltschnigg, Dietmar: Robert Musil und Hermann Broch als Essayisten. *Literat und Literatur. Randbemerkungen dazu* (1931) und *Das Böse im Wertsystem der Kunst* (1933). In: Brokoph-Mauch (Hg.): Robert Musil. Essayismus und Ironie [1992], S. 161–172.

Goltschnigg, Dietmar: Spielcharakter, belachbare Komik und Finalität der Komödie. Hofmannsthals *Der Schwierige* und Musils *Vinzenz und die Freundin bedeutender Männer*. In: Joseph P. Strelka (Hg.): Wir sind aus solchem Zeug wie das zu träumen ... Kritische Beiträge zu Hofmannsthals Werk. Bern u.a.: Lang 1992, S. 197–224.

Goltschnigg, Dietmar: Erzähltes Kakanien – Immerwährende Utopie – Ethik und Moral. Robert Musils Romantorso *Der Mann ohne Eigenschaften*. In: D. G.: „Fröhliche Apokalypse" und nostalgische Utopie. „Österreich als besonders deutlicher Fall der modernen Welt". Hg. v. Charlotte Grollegg-Edler. Wien u.a.: LIT 2009 (= Austria, Bd. 13), S. 272–297 u. 333–336 (Anm.).

Goltschnigg, Dietmar: Geistesverwandte Rivalität. Robert Musil und Hermann Broch. In: D. G.: „Fröhliche Apokalypse" und nostalgische Utopie, S. 155–176 u. 318–322 (Anm.).

Goltschnigg, Dietmar: Identitäts- und Entfremdungskrisen. Hugo von Hofmannsthals *Reitergeschichte*, Arthur Schnitzlers *Leutnant Gustl* und Robert Musils *Der Verwirrungen des Zöglings Törleß*. In: D. G.: „Fröhliche Apokalypse" und nostalgische Utopie, S. 197–231 u. 324–327 (Anm.).

Goltschnigg, Dietmar: Ironische, satirische und parodistische Belachbarkeit in der Komödie. Hugo von Hofmannsthals *Der Schwierige* und Robert Musils *Vinzenz und die Freundin bedeutender Männer*. In: D. G.: „Fröhliche Apokalypse" und nostalgische Utopie, S. 232–251 u. 327–330 (Anm.).

Goltschnigg, Dietmar: Altösterreich als „besonders deutlicher Fall der modernen Welt". Nationales und jüdisches Selbstverständnis bei österreichischen Autoren um 1900. In: Rainer Hillenbrand (Hg.): Erbauendes Spiel – Unendliche Spur. Festschrift für Zoltán Szendi zum 60. Geburtstag im Februar 2010. Wien: Praesens 2010 (= Pécser Studien zur Germanistik, Bd. 4), S. 301–319.

Goodstein, Elizabeth S.: Experience without qualities. Boredom and modernity. Stanford: Stanford Univ. Press 2005. [zu Musil bes. S. 334–396]

Gosetti-Ferencei, Jennifer Anna: Inner depths. Exotic topographies of primal consciousness in Benn, Musil, and Kubin. In: J. A. G.-F.: Exotic spaces in German Modernism. New York: Oxford Univ. Press 2011 (= Oxford Modern Languages and Literature Monographs), S. 163–227.

Gottschlich-Kempf, Simone: Identitätsbalance im Roman der Moderne. Rainer Maria Rilke, Hugo von Hofmannsthal, Robert Musil, Max Frisch und Botho Strauß. Würzburg: Königshausen & Neumann 2014 (= Epistemata. Reihe Literaturwissenschaft, Bd. 805).

Gradischnig, Hertwig: Das Bild des Dichters bei Robert Musil. München: Fink 1976 (= Musil-Studien, Bd. 6).

Grätz, Katharina: Die Erkenntnis des Dichters. Robert Musils *Fliegenpapier* als Modell eines poetischen Verfahrens. In: Jahrbuch der Deutschen Schillergesellschaft 48 (2004), S. 206–230.

Grätz, Katharina: Psychopathologie und Ästhetik. Robert Musils Überlegungen zu Film und Literatur in dem Essay *Ansätze zu neuer Ästhetik*. In: Jahrbuch zur Kultur und Literatur der Weimarer Republik 10 (2005/06), S. 187–208.

Graf, Günter: Studien zur Funktion des ersten Kapitels von Robert Musils Roman *Der Mann ohne Eigenschaften*. Ein Beitrag zur Unwahrhaftigkeits-Typik der Gestalten. Göppingen: Kümmerle 1969 (= Göppinger Arbeiten zur Germanistik, Bd. 11).

Graf, Werner: Erfahrungskonstruktion. Eine Interpretation von Robert Musils Roman *Der Mann ohne Eigenschaften*. Berlin: Spieß 1981.

Graf, Werner: Das Werk eines Schriftstellers. In: Merkur 36 (1982), S. 924–927.

Graf, Werner: „Was bleibt von Kunst?" Zu Robert Musils Leben. In: Merkur 58 (2004), H. 6, S. 530–534.

Graffini, Alessandro: Il diplomatico nell'opera di Musil. In: Nuova Antologia (1977), H. 529, S. 226–243.

Grandmontagne, Michael: Das Paradiesgartenmotiv der frühen Tafelmalerei im *Mann ohne Eigenschaften*. In: Musil-Forum 21/22 (1995/96), S. 98–137.

Gravel, Pierre: Parodie et tragédie. La construction d'un homme sans qualités. In: Le singe à la porte. Vers une théorie de la parodie. New York u. a.: Lang 1984, S. 65–72.

Graziano, Maddalena: Oltre il romanzo. Racconto e pensiero in Musil e Svevo. Rom: Carocci 2013.

Green, Martin: The dreamers. Otto Gross and Robert Musil. In: Albrecht Götz von Olenhusen, Gottfried Heuer (Hg.): Die Gesetze des Vaters. 4. Internationaler Otto-Gross-Kongress. Marburg: LiteraturWissenschaft.de 2005, S. 63–69.

Greiner, Bernhard: Crimen – Diskriminierung – Literatur der Übertretung. Musil: *Die Verwirrungen des Zöglings Törleß*, Muschg: *Der Zusenn oder das Heimat*, Kluge: *Warten auf bessere Zeiten*. In: Joachim Linder, Claus-Michael Ort (Hg.): Verbrechen – Justiz – Medien. Konstellationen in Deutschland von 1900 bis zur Gegenwart. Tübingen: Niemeyer 1999 (= Studien und Texte zur Sozialgeschichte der Literatur, Bd. 70), S. 307–323.

Greissinger, Hermann: Versuch einer strukturalen Analyse. In: Groeben (Hg.): Rezeption und Interpretation [1981], S. 205–225.

Grenzmann, Wilhelm: *Der Mann ohne Eigenschaften*. Zur Problematik der Erzählgestalt. In: Dinklage (Hg.): Robert Musil [1960], S. 49–76.

Grenzmann, Wilhelm: Von Kafka bis Musil – Wege und Ziele der neuen deutschen Romandichtung im Rahmen der modernen europäischen Literatur. In: Universitas 19 (1964), H. 1, S. 233–244.

Griesecke, Birgit: Rausch als Versuch. Unerzählerisches in der Vorgeschichte der Anästhesie. In: Jürgen Trinks (Hg.): Möglichkeiten und Grenzen der Narration. Otterthaler Gespräche. Wien: Turia + Kant 2002, S. 135–163.

Griesecke, Birgit: Essayismus als versuchendes Schreiben. Musil, Emerson und Wittgenstein. In: Wolfgang Braungart, Kai Kauffmann (Hg.): Essayismus um 1900. Heidelberg: Winter 2006 (= Beihefte zum Euphorion, Bd. 50), S. 157–175.

Grieser, Dietmar: Reise an den Rand der Sprache. Musil, *Grigia* und das Fersental. In: D. G.: Schauplätze österreichischer Dichtung. Ein literarischer Reiseführer. München, Wien: LangenMüller 1974, S. 93–104.

Grill, Genese: Ecstatic experience, crime, and conversion in Robert Musil's *Der Mann ohne Eigenschaften*. Diss. Univ. of New York 2001.

Grill, Genese: „Versuche, ein Scheusal zu lieben". Zwillingsriten in Robert Musils *Mann ohne Eigenschaften*. In: Béhar/Roth (Hg.): Musil an der Schwelle zum 21. Jahrhundert [2005], S. 187–200.

Grill, Genese: The „other" Musil. Robert Musil and mysticism. In: Bartram/Payne/Tihanov (Hg.): A companion to the works of Robert Musil [2007], S. 333–354.

Grill, Genese: The world as metaphor in Robert Musil's *The man without qualities*. Possibility as reality. Rochester, New York: Camden House 2012 (= Studies in German literature, linguistics, and culture).

Grill, Genese: Musil's *On Stupidity*. The artistic and ethical uses of the feminine discursive. In: Studia austriaca 21 (2013), S. 81–94.

Grimm, Sieglinde: Robert Musil und Michel Foucault. Das Scheitern des ‚Ratioïden' und die Legitimation ästhetischer Existenz. In: Cornelia Blasberg, Franz-Josef Deiters (Hg.): Denken/Schreiben (in) der Krise – Existentialismus und Literatur. St. Ingbert: Röhrig 2004 (= Kunst und Gesellschaft, Bd. 2), S. 127–157.

Grimm, Sieglinde/Hüller, Knut: Schönes Wetter oder was? Robert Musils Kritik an ‚moderner Wissenschaft'. In: Musil-Forum 28 (2003/04), S. 57–83.

Groeben, Norbert: Forschungsfragen und Untersuchungsplan. In: Groeben (Hg.): Rezeption und Interpretation [1981], S. 9–26.

Groeben, Norbert: Integration und Bewertung der Ergebnisse. In: Groeben (Hg.): Rezeption und Interpretation [1981], S. 227–245.

Groppe, Carola: „Das Theorem der Gestaltlosigkeit". Die Auflösung des „anthropozentrischen Verhaltens" in Robert Musils Roman *Der Mann ohne Eigenschaften*. In: Germanisch-Romanische Monatsschrift. N. F. 46 (1996), H. 1, S. 71–89.

Großegger, Elisabeth: Der Kaiserhuldigungsfestzug (Wien 1908) und Robert Musils Parallelaktion. Wirklichkeitssinn versus Möglichkeitssinn. In: Károly Csúri, Magdolna Orosz, Zoltán Szendi (Hg.): Massenfeste. Ritualisierte Öffentlichkeiten in der mittelosteuropäischen Moderne. Frankfurt a. M. u. a.: Lang 2009 (= Budapester Studien zur Literaturwissenschaft, Bd. 14), S. 115–129.

Großmann, Bernhard: Robert Musil: *Die Verwirrungen des Zöglings Törleß*. Interpretation. München: Oldenbourg 1984.

Großmann, Bernhard: Robert Musil: *Drei Frauen*. Interpretation. München: Oldenbourg 1993.

Großmann, Walter: Ein Gedenkblatt für Musil. In: Dinklage (Hg.): Robert Musil. Studien zu seinem Werk [1970], S. 345–348.

Grotzer, Peter: Das Erschrecken vor dem Doppelsinn. Zu Musils *Törleß*. In: P. G.: Die zweite Geburt. Figuren des Jugendlichen in der Literatur des 20. Jahrhunderts. Ein komparatistischer Versuch. Bd. 1. Zürich: Ammann 1991, S. 61–74.

Gschwandtner, Harald: Musil – Schnitzler – Kracauer. Neue Musil-Briefe im Deutschen Literaturarchiv Marbach. In: Musil-Forum 32 (2011/12), S. 207–219.

Gschwandtner, Harald: Ekstatisches Erleben. Neomystische Konstellationen bei Robert Musil. München: Fink 2013 (= Musil-Studien, Bd. 40).

Gschwandtner, Harald: Dienst und Autorschaft im Krieg. Robert Musil als Redakteur der Zeitschrift *Heimat*. In: Musil-Forum 33 (2013/14), S. 101–124.

Guaraldi, Antonella: L'equivoco essenziale di Robert Musil. In: Giornale Critico della Filosofia Italiana. 3. Serie 44 (1965), H. 19, S. 119–134.

Gürtler, Christa: Drei Märchen um *Drei Frauen*. Männerträume am Beginn unseres Jahrhunderts. In: Georg Schmid (Hg.): Die Zeichen der Historie. Beiträge zu einer semiologischen Geschichtswissenschaft. Wien u. a.: Böhlau 1986 (= Materialien zur historischen Sozialwissenschaft, Bd. 5), S. 129–142.

Gürtler, Christa: „… ist es immer das gleiche Spiel Karten, nur anders gemischt und ausgespielt". Diskurse über Männlichkeit und Weiblichkeit in Robert Musils Theaterstücken. In: Jeff Bernard, Theresia Klugsberger, Gloria Withalm (Hg.): Semiotik der Geschlechter. Akten des 6. Symposiums der Österreichischen Gesellschaft für Semiotik, Salzburg 1987. Stuttgart: Heinz 1989 (= Stuttgarter Arbeiten zur Germanistik, Bd. 221), S. 297–304.

Gürtler, Christa/Höller, Hans: Über die Unvergleichbarkeit vergleichbarer Texte. Robert Musil, Thomas Mann und Ingeborg Bachmann. In: Eduard Beutner u. a. (Hg.): Dialog der Epochen. Studien zur Literatur des 19. und 20. Jahrhunderts. Walter Weiss zum 60. Geburtstag. Wien: Österreichischer Bundesverlag 1987, S. 141–166.

Guillemin, Bernard: Briefe über Musil. In: Musil-Forum 1 (1975), S. 26–32 u. 187–196.

Guillemin, Bernard: Von Musil und Ulrich. In: Musil-Forum 4 (1978), S. 153–159.

Gumtau, Helmut: Robert Musil. Berlin: Colloquium-Verlag 1967 (= Köpfe des XX. Jahrhunderts, Bd. 45).

Gumtau, Helmut: Musil, Berlin und einiges mehr. In: Musil-Forum 5 (1980), S. 232–237.

Gumtau, Helmut: Robert Musil und die ‚Geschichtsbuch-Jahrzehnte'. In: Musil-Forum 6 (1980), S. 184–206.

Gumtau, Helmut: Musil contra Rathenau. Ein Beitrag zur Satire und zum Ressentiment in der Literatur. In: Musil-Forum 8 (1982), S. 46–68.

Gunia, Jürgen: Die Pubertät des Ästhetischen. Zum Wahrnehmungsmodus des fragmentarischen Blicks in *Die Verwirrungen des Zöglings Törleß* und anderen Texten Robert Musils. In:

Dirk Jürgens (Hg.): Mutual exchanges. Sheffield Münster colloquium II. Frankfurt a.M. u.a.: Lang 1999, S. 310–324.
Gunia, Jürgen: Die Sphäre des Ästhetischen bei Robert Musil. Untersuchungen zum Werk am Leitfaden der „Membran". Würzburg: Königshausen & Neumann 2000 (= Epistemata. Reihe Literaturwissenschaft, Bd. 331).
Gutjahr, Ortrud: „... den Eingang ins Paradies finden." Inzest als Motiv und Struktur im Roman Robert Musils und Ingeborg Bachmanns. In: Strutz/Kiss (Hg.): Genauigkeit und Seele [1990], S. 139–157.
Györffy, Miklós: Die Darstellung von Triebleben und Sexualität bei Musil und Csáth. Österreichisch-ungarische Parallelen an der Jahrhundertwende. In: Imre Kurdi, Péter Zalán (Hg.): Die Unzulänglichkeit aller philosophischen Engel. Festschrift für Zsuzsa Széll. Budapest: Germanist. Inst. der Eötvös-Loránd-Univ. 1996 (= Budapester Beiträge zur Germanistik, Bd. 28), S. 117–125.
Gyory, Jean: Musil, Homo Austriacus. In: Musil-Forum 6 (1980), S. 14–24, u. 7 (1981), S. 13–19. [frz. in: Olmi/Roth (Hg.): Robert Musil [1981], S. 187–190]

Haas, Franz: Neue Bewegung an der philologischen Musil-Front. In: Studi germanici 42 (2004), H. 3, S. 393–406.
Haas, Franz: Le antenne sensibili di Robert Musil. In: Belfagor 63 (2008), H. 1, S. 31–38. [dt. in: Literatur und Kritik (2009), H. 437/438, S. 44–50]
Haas, Franz: Politica e doppio fondo storico nel romanzo *L'uomo senza qualità* di Robert Musil. In: Acme 64 (2011), H. 1, S. 45–55.
Haas, Franz: Robert Musil, die Politik und *Der Mann ohne Eigenschaften*. In: Francesco Saverio Festa, Giusi Zanasi (Hg.): Das Österreich der dreißiger Jahre und seine Stellung in Europa. Frankfurt a.M. u.a.: Lang 2012, S. 203–210.
Haas, Franz: Parallel zur Parallelaktion. Österreichs Mühe mit Ungarn in Robert Musils *Mann ohne Eigenschaften*. In: Harald Jele, Elmar Lenhart (Hg.): Literatur – Politik – Kritik. Beiträge zur österreichischen Literatur des 20. Jahrhunderts. Göttingen: Wallstein 2014, S. 46–55.
Habicher, Siegfried: Möglichkeitsdenken in der Literatur und in der Politik. In: Musil-Forum 4 (1978), S. 200–203.
Habicher, Siegfried: Kann ein Hund jauchzen? In: Farda/Karthaus (Hg.): Sprachästhetische Sinnvermittlung [1982], S. 168–173.
Hackl, Wolfgang: Erzählte Fremdheit. Zu Robert Musils Novelle *Grigia*. In: Mitteilungen aus dem Brenner-Archiv 21 (2002), S. 39–49.
Hädecke, Wolfgang: Die Reise an den Rand des Möglichen. Wahnsinn und Verbrechen in Robert Musils Roman *Der Mann ohne Eigenschaften*. In: Literatur und Kritik (1980), H. 145/146, S. 301–309.
Härle, Clemens-Carl: Agathe o la passione parallela. In: Gianfranca Balestra (Hg.): Women in love. Ritratti di donne in letteratura. Rom: Artemide 2014 (= Proteo, Bd. 82), S. 149–156.
Hafner, Heinz: Figurenkonstellation und Vermittlungsstruktur. Zu Musils *Die Verwirrungen des Zöglings Törleß*. In: Zeitschrift für Semiotik 8 (1986), H. 1/2, S. 35–41.
Hagmann, Franz: Aspekte der Wirklichkeit im Werke Robert Musils. Bern u.a.: Lang 1969 (= Europäische Hochschulschriften. Reihe 1: Deutsche Sprache und Literatur, Bd. 10).
Hahn, Heinrich: Usuelle und nichtusuelle Ableitungen in den Tagebüchern Musils. Mit Tabellen. Diss. Univ. Innsbruck 1976.
Hahn, Heinrich: Wortbildung und Dichtersprache. Zu den nichtusuellen Ableitungen in den Tagebüchern Musils. In: Hans Wellmann (Hg.): Synchrone und diachrone Aspekte der Wortbildung im Deutschen. Heidelberg: Winter 1993, S. 113–140.
Hahn, Marcus: Zusammenfließende Eichhörnchen. Über Lucien Lévy-Bruhl und die Ethnologie-Rezeption Robert Musils. In: Beil/Gamper/Wagner (Hg.): Medien, Technik, Wissenschaft [2011], S. 47–72.

Hahnl, Hans Heinz: Zu Musils Aktualität. In: Musil-Forum 7 (1981), S. 169–173.
Hajduk, Stefan: Die Figur des Erhabenen. Robert Musils ästhetische Transgression der Moderne. Würzburg: Königshausen & Neumann 2000 (= Epistemata. Reihe Literaturwissenschaft, Bd. 338).
Hajos-Berlage, Andreas: Robert Musil und die Ironie. In: Musil-Forum 21/22 (1995/96), S. 138–154.
Hake, Thomas: „Gefühlserkenntnisse und Denkerschütterungen". Robert Musils *Nachlaß zu Lebzeiten*. Bielefeld: Aisthesis 1998.
Hall, Murray G.: Robert Musil und die Wiener Presse. In: Literatur und Kritik (1974), H. 86/87, S. 368–380.
Hall, Murray G.: Der Schwärmerskandal 1929. Zur Rezeption von Musils *Die Schwärmer*. In: Musil-Forum 1 (1975), S. 37–60 u. 201–224. [auch in: Maske und Kothurn 21 (1975), S. 153–186]
Hall, Murray G.: Die religiöse Allegorie in Robert Musils *Die Portugiesin*. In: Études germaniques 30 (1975), S. 76–79.
Hall, Murray G.: Robert Musil und die Bibliothek der Technischen Hochschule Wien. In: Musil-Forum 1 (1975), S. 163–186.
Hall, Murray G.: Robert Musils aktiver Passivismus. In: profil 6 (1975), H. 39, S. 21–22.
Hall, Murray G.: Tier und Tiermotivik im Prosawerk Robert Musils. Diss. Univ. Wien 1975.
Hall, Murray G.: Ein perverser Dichter. In: Musil-Forum 2 (1976), S. 136–138.
Hall, Murray G.: Musil – ein Gründungsmitglied der ‚Gesellschaft der Filmfreunde Österreichs'. In: Musil-Forum 2 (1976), S. 26–27.
Hall, Murray G.: Dokumente zur Musil-Rezeption. In: Musil-Forum 3 (1977), S. 57–75.
Hall, Murray G.: Robert Musil und der Schutzverband deutscher Schriftsteller in Österreich. In: Österreich in Geschichte und Literatur 21 (1977), H. 7/8, S. 202–221.
Hall, Murray G.: Robert Musil und Franz Werfel. In: Musil-Forum 3 (1977), S. 20–26.
Hall, Murray G.: Archivsuche und subliterarische Zusammenhänge. Alltagsprobleme der Musilforschung. In: Freese (Hg.): Philologie und Kritik [1981], S. 67–79.
Hall, Murray G.: Der *Törleß*- und der *Reigen*-Verleger. In: Musil-Forum 9 (1983), S. 129–149.
Hall, Murray G.: Der unbekannte Tausendsassa. Franz Blei und der Etikettenschwindel 1918. In: Jahrbuch der Grillparzer-Gesellschaft 15 (1983), S. 129–140.
Hall, Murray G.: Ein unbekannter Brief Robert Musils. In: Musil-Forum 13/14 (1987/88), S. 257–258.
Hall, Murray G.: Der Preis der Stadt Wien (mit einem unbekannten Brief Robert Musils). In: Musil-Forum 15 (1989), S. 166–172.
Haller, Rudolf: Musil und der moderne Positivismus. In: Rapial 2 (1992), H. 3, S. 12–15, u. H. 4, S. 8–10.
Haller, Rudolf: Carl Stumpf, Ernst Mach und Robert Musil. In: Margret Kaiser-El-Safti, Matthias Ballod (Hg.): Musik und Sprache. Zur Phänomenologie von Carl Stumpf. Würzburg: Königshausen & Neumann 2003, S. 95–107.
Halm, Heinz J.: Satirische Parabeln. Robert Musils Tiergeschichten im *Nachlaß zu Lebzeiten*: *Das Fliegenpapier, Die Affeninsel, Hasenkatastrophe*. In: Sprachkunst 6 (1975), S. 75–86.
Hamburger, Michael: Robert Musil. Rede an seinem 100. Geburtstag. In: M. H.: Literarische Erfahrungen. Aufsätze. Hg. v. Harald Hartung. Darmstadt, Neuwied: Luchterhand 1981, S. 73–83.
Hamburger, Michael: Explorers. Musil, Robert Walser, Kafka. In: M. H.: A proliferation of prophets. Essays on German writers from Nietzsche to Brecht. Manchester: Carcanet Press 1983, S. 244–272 u. 310–311 (Anm.).
Hamilton, Elizabeth C.: Imaginary bridges. Politics and film art in Robert Musil's *Die Verwirrungen des Zöglings Törleß* und Volker Schlöndorff's *Der junge Törless*. In: Colloquia Germanica 36 (2003), H. 1, S. 69–85.
Hank, Rainer: Mann vieler Eigenschaften. Doktor Arnheim will Unternehmer und Künstler sein. In: Merkur 65 (2011), H. 9/10, S. 860–870.

Hanke-Tjaden, Irma: Der freie Geist und die Politik. Zum Problem des Politischen bei Robert Musil. Diss. Univ. Freiburg i. Br. 1962.

Hanke, Irma: Politische Aspekte in Robert Musils Roman *Der Mann ohne Eigenschaften*. In: Die pädagogische Provinz 18 (1964), S. 597–616.

Hanke, Irma: Eine geheimnisvolle Zeitkrankheit oder: Vom immergleichen Anbruch neuer Zeiten. Robert Musil und die Phänomenologie geistiger Bewegungen. In: Thomas Greven, Oliver Jarasch (Hg.): Für eine lebendige Wissenschaft des Politischen. Umweg als Methode. Zum 65. Geburtstag von Ekkehart Krippendorff. Frankfurt a. M.: Suhrkamp 1999, S. 383–394.

Hansen-Löve, Friedrich: Robert Musils „Kakanien". In: Wort und Wahrheit 8 (1953), H. 1, S. 316–320. [auch in: F. H.-L.: Buchwelten. Essays zur Literatur und Zeit um die Jahrhundertmitte. Wien: Ed. Atelier 1999, S. 107–114]

Hansen-Löve, Friedrich: Aus dem Tagebuch eines Mannes mit Eigenschaften. In: Magnum (1956), H. 9, S. 73–74. [auch in: F. H.-L.: Buchwelten [1999], S. 132–134]

Hara, Kenji: Robert Musil und Goethe. In: Goethe-Jahrbuch [Japan] 35 (1993), S. 139–152.

Hara, Kenji: Herrin der schwarzen Scharen. Mach, Husserl, Weininger, Freud und der frühe Musil. In: Musil-Forum 21/22 (1995/96), S. 45–74.

Hara, Kenji: Offenheit und Ambivalenz. Dichterische Modellierung von Geschichte und Politik bei Goethe, Sealsfield, Musil und Burkhardt. Bern u. a.: Lang 2010 (= Deutsch-ostasiatische Studien zur interkulturellen Literaturwissenschaft, Bd. 8).

Harmat, Tamás: „bildhaft sieht er abstrakte Zusammenhänge". Denken und Erzählen des Nicht-Ratioïden. Robert Musils Synthese. In: andererseits. Yearbook of Transatlantic German Studies 2 (2011), S. 67–80.

Harrington, Austin: Robert Musil and classical sociology. In: Journal of classical sociology 2 (2002), H. 1, S. 59–76.

Harrington, Austin: Divided, non-united. Robert Musil's community. In: Angelaki 8 (2003), H. 1, S. 109–118. [auch in: Bloom (Hg.): Robert Musil's *The man without qualities* [2005], S. 147–175]

Harrington, Austin: Von der „intellektuellen Rechtschaffenheit" zur „taghellen Mystik". Aspekte und Differenzen einer Glaubenskonzeption bei Max Weber, Georg Simmel und Robert Musil. In: Gerald Hartung, Magnus Schlette (Hg.): Religiosität und intellektuelle Redlichkeit. Tübingen: Mohr Siebeck 2012 (= Religion und Aufklärung, Bd. 21), S. 99–124.

Harrison, Thomas: Essayism. Conrad, Musil & Pirandello. Baltimore, London: The Johns Hopkins Univ. Press 1992.

Harrison, Thomas: Robert Musil. The suspension of the world. In: Bloom (Hg.): Robert Musil's *The man without qualities* [2005], S. 21–49.

Harst, Joachim: Gegenstände, Widerworte. Erotik von Wahrnehmung und Sprache bei Robert Musil und Max Blecher. In: Germanisch-Romanische Monatsschrift. N. F. 57 (2007), H. 4, S. 465–485.

Harst, Joachim: Vergebliche Erlösung. Ein „Rest von Seele". In: Feger/Pott/Wolf (Hg.): Terror und Erlösung [2009], S. 251–277.

Hartenstein, Liesel: Robert Musils schwieriges Erbe. Der Streit um den Nachlaß des großen Romandichters. In: Christ und Welt 15 (1962), Nr. 45, S. 20.

Hartinger, Ingram: Der Besuch im Irrenhaus oder Lang ersehnte Annäherung an Lateinamerika (zu einem Tagebuchtext Robert Musils). In: Strutz/Strutz (Hg.): Robert Musil – Literatur, Philosophie, Psychologie [1984], S. 220–239.

Hartwig, Ina: Agathe im WordCruncher. Robert Musils Nachlaß, darunter viele Entwürfe für den *Mann ohne Eigenschaften*, jetzt auf CD-ROM. In: taz, 14.7.1993.

Hartwig, Ina: Sexuelle Poetik. Proust, Musil, Genet, Jelinek. Frankfurt a. M.: Fischer 1998.

Hartzell, Richard E.: Ulrich's pathway to the „other" state. An investigation of the central problem in Musil's novel *Der Mann ohne Eigenschaften*. Diss. State Univ. of New York 1976.

Hartzell, Richard E.: The three approaches to the ‚other' state in Musil's *Mann ohne Eigenschaften*. In: Colloquia Germanica (1976/77), S. 204–219.

Hartzell, Richard E.: Preparing for Agathe. Observations on the function of Book I in Musil's novel *Der Mann ohne Eigenschaften*. In: Musil-Forum 5 (1979), S. 199–222.

Harzer, Friedmann: Salmacis und Isis. Zum Hermaphroditismus bei Ovid und Musil. In: Karin M. Eichhoff-Cyrus (Hg.): Adam, Eva und die Sprache. Beiträge zur Geschlechterforschung. Mannheim u.a.: Dudenverlag 2004 (= Thema Deutsch, Bd. 5), S. 220–239.

Haslmayr, Harald: Die Zeit ohne Eigenschaften. Geschichtsphilosophie und Modernebegriff im Werk Robert Musils. Wien u.a.: Böhlau 1997 (= Literatur in der Geschichte – Geschichte in der Literatur, Bd. 44).

Hassler-Rütti, Ruth: Wirklichkeit und Wahn in Robert Musils Roman *Der Mann ohne Eigenschaften*. Frankfurt a.M. u.a.: Lang 1990 (= Europäische Hochschulschriften. Reihe 1: Deutsche Sprache und Literatur, Bd. 1189).

Hasubek, Peter: Finis coronat opus. Studien zur Typologie des Romanschlusses am Beispiel von Romanen des 20. Jahrhunderts. Frankfurt a.M. u.a.: Lang 2007. [zu Musil bes. S. 124–142]

Hattori, Seiji: „Akustische" Texte. Zum „Rauschen" in der Literatur am Beispiel von Rilkes „Ur-Geräusch", Musils *Die Amsel* und Kafkas Texten. In: Doitsu bungaku ronko 51 (2009), S. 7–25.

Hatvani, Paul: À la recherche des gestrigen Tages. In: Literatur und Kritik (1972), H. 66/67, S. 350–360.

Hawes, James M.: Nietzsche and the end of freedom. The neo-romantic dilemma in Kafka, the brothers Mann, Rilke and Musil. 1904–1914. Frankfurt a.M. u.a.: Lang 1993 (= Historisch-kritische Arbeiten zur deutschen Literatur, Bd. 13).

Hayasaka, Nanao: Ulrich und die Wirklichkeit. Über den ersten Band des Romans *Der Mann ohne Eigenschaften* von Robert Musil. In: Strutz/Strutz (Hg.): Robert Musil und die kulturellen Tendenzen seiner Zeit [1983], S. 148–159.

Hayasaka, Nanao: Die Befreiung vom Scheinleben der Eigenliebe. Ein Interpretationsversuch der Novelle *Die Vollendung der Liebe* von Robert Musil. In: Doitsu bungaku (1991), H. 87, S. 108–118.

Hayasaka, Nanao: Besuch der Kaserne Generál Zahálky, der ehemaligen Militär-Oberrealschule Mährisch-Weißkirchen zu Hranice. In: Musil-Forum 23/24 (1997/98), S. 7–33.

Hayasaka, Nanao: Robert Musils Großeltern und das Schicksal des Plachelhofs. In: Doitsu bunka 53 (1998), S. 29–69.

Hayasaka, Nanao: Der Übersetzer des Stummen. Robert Musil und der frühe Yoshikichi Furui. In: Doitsu bungaku. Neue Beiträge 2 (2003), H. 4, S. 88–106.

Hayasaka, Nanao: Musil-Rezeption in Japan. In: Béhar/Roth (Hg.): Musil an der Schwelle zum 21. Jahrhundert [2005], S. 301–325.

Hayasaka, Nanao: Robert Musil und der *genius loci*. Die Lebensumstände des „Mannes ohne Eigenschaften". München: Fink 2011.

Hayer, Björn: Knotenpunkt Ulrich: Der Open-Source-Mensch. Zwischenmenschliche Relationalität und enzyklopädische Vernetzung als Bedingung zur Persönlichkeitswerdung in Robert Musils *Der Mann ohne Eigenschaften*. In: Kritische Ausgabe 18 (2014), H. 26, S. 85–89.

Heald, David: „All the world's a stage". A central motif in Musil's *Mann ohne Eigenschaften*. In: German Life and Letters 27 (1973/74), S. 51–59.

Heald, David: Musil's conception of ‚Schauspielerei' as novelist and critic. In: Maske und Kothurn 23 (1977), S. 244–255.

Heald, David: ‚Ein konservativer Anarchist' – Robert Musil on politics. In: Musil-Forum 19/20 (1993/94), S. 240–253.

Heering-Düllo, Cornelia: „Stumme Taten aus den Stirnen". Zum Problem von Identität und Kommunikation in Robert Musils Novelle *Die Portugiesin*. In: Literatur für Leser (1988), S. 33–51.

Heftrich, Eckhard: Das lebenslängliche Schreibexperiment. Über Robert Musils *Der Mann ohne Eigenschaften*. In: Frankfurter Allgemeine Zeitung, 26.7.1983. [auch in: Marcel Reich-Ranicki (Hg.): Romane von gestern – heute gelesen. Bd. 3: 1933–1945. Frankfurt a. M.: Fischer 1990, S. 304–311]

Heftrich, Eckhard: Musil. Eine Einführung. München u. a.: Artemis 1986.

Hegyes, Katalin: Die Figur Christian Moosbruggers in dem Roman *Der Mann ohne Eigenschaften* von Robert Musil. In: Enyedi (Hg.): Begegnungen mit Musil [1991], S. 36–43.

Hehner, Cay: Erkenntnis und Freiheit. Der *Mann ohne Eigenschaften* als „Übergangswesen". München: Fink 1994 (= Musil-Studien, Bd. 24).

Hehner, Cay: Entschlüsselung einer kryptischen Tagebuchnotiz. Musils als Sympathisant pazifistischer Gewalt. In: Musil-Forum 21/22 (1995/96), S. 208–213.

Heimböckel, Dieter: *Morbus sacer*. Literatur und Epilepsie. In: Achim Geisenhanslüke, Georg Mein (Hg.): Monströse Ordnungen. Zur Typologie und Ästhetik des Abnormalen. Bielefeld: transcript 2009, S. 415–437.

Heintel, Erich: *Der Mann ohne Eigenschaften* und die Tradition. In: Wissenschaft und Weltbild 13 (1960), S. 179–194.

Heintel, Erich: Glaube in Zweideutigkeit. Robert Musils *Tonka*. In: Baur/Goltschnigg (Hg.): Vom *Törleß* zum *Mann ohne Eigenschaften* [1973], S. 47–88.

Heinz, Jutta: Grenzüberschreitungen im Gleichnis. Liebe, Wahnsinn und „andere Zustände" in Robert Musils *Mann ohne Eigenschaften*. In: Dorothea Lauterbach, Uwe Spörl, Uli Wunderlich (Hg.): Grenzsituationen. Wahrnehmung, Bedeutung und Gestaltung in der neueren Literatur. Göttingen: Vandenhoeck & Ruprecht 2002, S. 235–256.

Heinz, Jutta: Der „Scherbenberg der Gefühle". Die wirklichkeitsverändernde Kraft der Gefühle bei Robert Musil. In: Der blaue Reiter. Journal für Philosophie (2004), H. 20, S. 42–48.

Heinz, Jutta: Brückenschläge. Zum Verhältnis begrifflicher und bildlicher Erkenntnis bei Musil, Rickert und Simmel. In: KulturPoetik 6 (2006), H. 1, S. 1–19.

Helwig, Werner: Literaturkritik durch Traum. Zu Robert Musils Tagebüchern und Notizen. In: Neue Rundschau 90 (1979), S. 493–495.

Henderson, Cary: Zur Essayistik von Friedrich Nietzsche und Robert Musil. In: Focus on Literatur 1 (1994), H. 1, S. 9–22.

Hennecke, Hans: Höchstgesteigerte Intelligenz. Robert Musil. In: H. H.: Kritik. Gesammelte Essays zur modernen Literatur. Gütersloh: Bertelsmann 1958, S. 203–209.

Henninger, Peter: Le dernier livre de Robert Musil. In: Critique 16 (1965), H. 218, S. 841–852.

Henninger, Peter: Schreiben und Sprechen. Robert Musils Verhältnis zur Erzählform am Beispiel von *Drei Frauen* und *Die Amsel*. In: Modern Austrian Literature 9 (1976), H. 3/4, S. 57–99.

Henninger, Peter: On literature and condensation. Robert Musil's early novellas. In: Glyph 5 (1979), S. 114–132.

Henninger, Peter: „Wissenschaft" und „Dichtung" bei Musil und Freud. In: Modern Language Notes 94 (1979), S. 541–568.

Henninger, Peter: Der Buchstabe und der Geist. Unbewußte Determinierung im Schreiben Robert Musils. Frankfurt a. M. u. a.: Lang 1980 (= Europäische Hochschulschriften. Reihe 1: Deutsche Sprache und Literatur, Bd. 359).

Henninger, Peter: Der Text als Kompromiß. Versuch einer psychoanalytischen Textanalyse von Musils Erzählung *Tonka* mit Rücksicht auf Jacques Lacan. In: Bernd Urban, Winfried Kudszus (Hg.): Psychoanalytische und psychopathologische Literaturinterpretation. Darmstadt: Wissenschaftliche Buchgesellschaft 1981 (= Ars interpretandi, Bd. 10), S. 398–420.

Henninger, Peter: Grauauge selbdritt oder: Musilkritik und Psychoanalyse. In: Freese (Hg.): Philologie und Kritik [1981], S. 81–110.

Henninger, Peter: Über Musils Stil und seine Wahrnehmung (aufgrund einer Textprobe aus dem *Mann ohne Eigenschaften*). In: Musil-Forum 7 (1981), S. 29–39.

Henninger, Peter: Auge und Blick. Notationen zum Sehvorgang in Texten Robert Musils. In: Farda/Karthaus (Hg.): Sprachästhetische Sinnvermittlung [1982], S. 86–96.

Henninger, Peter: Verhaltene Phantasien. Robert Musils narrative Gedankenprosa. In: Musil-Forum 10 (1984), S. 120–131.

Henninger, Peter: La résistance du texte. À propos *Des exaltés*. In: Cometti (Hg.): Robert Musil [1986], S. 83–105.

Henninger, Peter: Übersetzungsvergleich und Textinterpretation. Am Beispiel von Robert Musils Erzählung *Die Portugiesin*. In: Daigger/Militzer (Hg.): Die Übersetzung literarischer Texte am Beispiel Robert Musil [1988], S. 91–111.

Henninger, Peter: Die Wende in Robert Musils Schaffen: 1920–1930 oder Die Erfindung der Formel. In: Brokoph-Mauch (Hg.): Robert Musil. Essayismus und Ironie [1992], S. 91–103.

Henninger, Peter: Début de carrière. À propos de la rencontre Musil – Kerr. In: Austriaca 20 (1995), H. 41, S. 11–25.

Henninger, Peter: Musil lecteur de Rilke – ou la part du poète dans *Noces*. In: Béhar/Roth (Hg.): Literatur im Kontext Robert Musil [1999], S. 153–187.

Henninger, Peter: Léone, ou le mot de la charade. Le chapitre 6/1 de *L'homme sans qualités* et ses variantes de 1921, 1923 et 1926. In: Chardin (Hg.): Robert Musil [2000], S. 25–36.

Henninger, Peter: Robert Musil's novellas in the collection *Drei Frauen*. In: Bartram/Payne/Tihanov (Hg.): A companion to the works of Robert Musil [2007], S. 223–248.

Henninger, Peter: Erlebnis, Dichtung und Kritik in Robert Musils *Literarischer Chronik* vom August 1914. In: Musil-Forum 31 (2009/10), S. 193–201.

Herbst, Hildburg: *Young Törless*. Schlöndorff's film-adaptation of Musil's novella. In: Literature/Film Quarterly 13 (1985), H. 4, S. 215–221.

Hergheligiu, Raluca: Die Ironie als Optikinstrument bei Proust und Musil. Françoise und Rachel als literarische Inszenierungen des Komischen. In: Meridian Critic 16 (2010), H. 2, S. 171–182.

Herity, Emer: Robert Musil and Nietzsche. In: The Modern Language Review 86 (1991), H. 4, S. 911–923.

Hermand, Jost: Musils *Grigia*. In: Monatshefte für deutschen Unterricht, deutsche Sprache und Literatur 54 (1962), H. 4, S. 171–182.

Hertkorn, Ottmar: Zur Geschwisterliebe im *Mann ohne Eigenschaften* von Robert Musil. In: Revista de Letras 4 (1963), S. 229–261.

Herwig, Dagmar: Der Mensch in der Entfremdung. Studien zur Entfremdungsproblematik anhand des Werkes von Robert Musil. München: List 1972.

Herwig, Henriette: Adoleszenzkonflikte in Hermann Hesses *Unterm Rad*, Robert Musils *Die Verwirrungen des Zöglings Törleß* und Robert Walsers *Jakob von Gunten*. In: H. H., Florian Trabert (Hg.): Der Grenzgänger Hermann Hesse. Neue Perspektiven der Forschung. Freiburg i. Br. u.a.: Rombach 2013 (= Rombach Wissenschaften. Reihe Litterae, Bd. 197), S. 209–225.

Herzmann, Herbert: Der Tormann Moosbrugger. Über Musil und Handke. In: Wirkendes Wort 34 (1984), H. 2, S. 67–76.

Hexner, Ervin P.: Musils Interessenkreis. In: Dinklage (Hg.): Robert Musil [1960], S. 143–144.

Heyd, Dieter: Musil-Lektüre: der Text, das Unbewußte. Psychosemiologische Studien zu Robert Musils theoretischem Werk und zum Roman *Der Mann ohne Eigenschaften*. Frankfurt a. M. u.a.: Lang 1980 (= Europäische Hochschulschriften. Reihe 1: Deutsche Sprache und Literatur, Bd. 368).

Heydebrand, Renate von: Zum Thema Sprache und Mystik in Robert Musils Roman *Der Mann ohne Eigenschaften*. In: Zeitschrift für deutsche Philologie 82 (1963), S. 249–271.

Heydebrand, Renate von: Die Reflexionen Ulrichs in Robert Musils Roman *Der Mann ohne Eigenschaften*. Ihr Zusammenhang mit dem zeitgenössischen Denken. Münster: Aschendorff 1966 (= Münstersche Beiträge zur deutschen Literaturwissenschaft, Bd. 1). [2. Aufl. 1969]

Heydebrand, Renate von: Versuch einer formanalytischen Interpretation. In: Groeben (Hg.): Rezeption und Interpretation [1981], S. 31–52.

Heydebrand, Renate von: Geistesgeschichtliche Argumentation. In: Groeben (Hg.): Rezeption und Interpretation [1981], S. 53–62.

Hickman, Hannah: Der junge Musil und R. W. Emerson. In: Musil-Forum 6 (1980), S. 3–13.
Hickman, Hannah: „Lebende Gedanken" und Emersons *Kreise*. In: Baur/Castex (Hg.): Robert Musil [1980], S. 139–151.
Hickman, Hannah: Musil und die Frage der Intuition. In: Musil-Forum 10 (1984), S. 221–225.
Hickman, Hannah: Robert Musil & the culture of Vienna. London u. a.: Croom Helm 1984.
Hickman, Hannah: Musils Essay *Literat und Literatur*. Form und Gestalt in Wissenschaft und Kunst. In: Strutz (Hg.): Kunst, Wissenschaft und Politik [1986], S. 34–50.
Hickman, Hannah: Robert Musil. Biographie und Ideographie: 1897–1906. In: Rapial 1 (1991), H. 4, S. 7–11.
Hickman, Hannah: Freud, Musil and Gestalt psychology. In: Edward Timms, Ritchie Robertson (Hg.): Psychoanalysis in its cultural context. Edinburgh: Edinburgh Univ. Press 1992 (= Austrian studies, Bd. 3), S. 95–108.
Hildebrandt, Walter: Die Aktualität Robert Musils. In: Universitas 47 (1992), H. 11, S. 1068–1078.
Hillebrand, Bruno: Robert Musil. In: B. H.: Theorie des Romans. Bd. 2: Von Hegel bis Handke. München: Winkler 1972, S. 162–179.
Hillebrand, Bruno: Ästhetik des Augenblicks. Der Dichter als Überwinder der Zeit – von Goethe bis heute. Göttingen: Vandenhoeck & Ruprecht 1999 (= Kleine Reihe, Bd. 4011). [zu Musil bes. S. 117–124]
Hilscher, Eberhard: Robert Musils Suche nach dem „anderen Menschen". In: Literatur und Kritik (1972), H. 66/67, S. 342–349. [erw. Fassungen in: E. H.: Poetische Weltbilder. Essays über Heinrich Mann, Thomas Mann, Hermann Hesse, Robert Musil und Lion Feuchtwanger. Berlin: Der Morgen 1977, S. 147–199 u. 240–244 (Anm.); E. H.: Neue poetische Weltbilder. Essays. Gerhart Hauptmann, Heinrich Mann, Thomas Mann, Hermann Hesse, Robert Musil, Lion Feuchtwanger, Elias Canetti. Berlin: edition q 1992, S. 117–150]
Hilscher, Eberhard: Geschichte und Naturwissenschaft als Musen der Moderne. Episodische Faszination durch Robert Musil. In: Musil-Forum 16 (1990), S. 81–91. [auch in: E. H.: Dichtung und Gedanken. 30 Essays von Goethe bis Einstein. Stuttgart: Heinz 2000 (= Stuttgarter Arbeiten zur Germanistik, Bd. 393), S. 169–182]
Himmel, Hellmuth: Wirkungen Rilkes auf den österreichischen Roman. Existenzielle Probleme bei Musil, Broch und Doderer. Köln, Wien: Böhlau 1981 (= Literatur und Leben, Bd. 21).
Hinck, Walter: Fallgruben der Internatserziehung. Der erzählerische Tabubruch. Robert Musil, *Die Verwirrungen des Zöglings Törleß* (1906). In: W. H.: Romanchronik des 20. Jahrhunderts. Köln: DuMont 2006, S. 23–29.
Hinz, Michael: Verfallsanalyse und Utopie. Nietzsche-Rezeption in Thomas Manns *Zauberberg* und in Robert Musils *Der Mann ohne Eigenschaften*. St. Ingbert: Röhrig 2000 (= Beiträge zur Robert-Musil-Forschung und zur neueren österreichischen Literatur, Bd. 13).
Hirsch, Walter: *Der Mann ohne Eigenschaften* oder Dasein im Spiegelspiel. In: W. H.: Das Drama des Bewußtseins. Literarische Texte in philosophischer Sicht. Würzburg: Königshausen & Neumann 1995, S. 119–130.
Hirt, André: Musil, le feu et l'extase. Contribution à une vie exacte. Paris: Éd. Kimé 2003 (= Collection philosophie-épistémologie).
Hochstätter, Dietrich: Sprache des Möglichen. Stilistischer Perspektivismus in Robert Musils *Mann ohne Eigenschaften*. Frankfurt a. M.: Athenäum 1972 (= Gegenwart der Dichtung, Bd. 6).
Höcker, Arne: Der Mann der Möglichkeiten. Epistemologie und Ästhetik des Lustmords in Robert Musils *Der Mann ohne Eigenschaften*. In: Zeitgeschichte 35 (2008), H. 6, S. 340–353.
Höcker, Arne: Der Gefängnisgeistliche. In: Eva Eßlinger u. a. (Hg.): Die Figur des Dritten. Ein kulturwissenschaftliches Paradigma. Berlin: Suhrkamp 2010, S. 264–275.
Höcker, Arne: Epistemologie des Extremen. Lustmord in Kriminologie und Literatur um 1900. München: Fink 2012. [zu Musil bes. S. 189–203]

Höller, Hans: Die Melancholie-Szenen in Robert Musils *Törleß*. In: Karol Sauerland (Hg.): Melancholie und Enthusiasmus. Studien zur Literatur- und Geistesgeschichte der Jahrhundertwende. Frankfurt a. M. u. a.: Lang 1988 (= Akten internationaler Kongresse auf den Gebieten der Ästhetik und der Literaturwissenschaft, Bd. 5), S. 47–67.

Hönig, Christoph: Die Dialektik von Ironie und Utopie und ihre Entwicklung in Robert Musils Reflexionen. Ein Beitrag zur Deutung des Romans *Der Mann ohne Eigenschaften*. Diss. FU Berlin 1970.

Hönig, Christoph: Musils Pläne für einen satirisch-utopischen Experimentalroman: *Land über dem Südpol* oder *Der Stern Ed*. In: Baur/Goltschnigg (Hg.): Vom *Törleß* zum *Mann ohne Eigenschaften* [1973], S. 293–324.

Hörisch, Jochen: Selbstbeziehung und ästhetische Autonomie. Versuch über ein Thema der frühromantischen Poetologie und Musils *Mann ohne Eigenschaften*. In: Euphorion 69 (1975), S. 350–361.

Hösle, Johannes: Utopia e realtà ne *L'uomo senza qualità* di Robert Musil. In: Rivista di Letterature 12 (1959), S. 119–128. [dt. in: Dinklage (Hg.): Robert Musil. Studien zu seinem Werk [1970], S. 82–93]

Hofer, Kathi: Männer ohne Eigenschaften. Ernst Mach und Gilles Deleuze zwischen medialer Selbst-Empfindung und „unschlüssigem" Selbst-Entwurf. In: Roland Innerhofer, Katja Rothe, Karin Harrasser (Hg.): Das Mögliche regieren. Gouvernementalität in der Literatur- und Kulturanalyse. Bielefeld: transcript 2011 (= Edition Kulturwissenschaft, Bd. 5), S. 135–150.

Hoff, Dagmar von: Familiengeheimnisse. Inzest in Literatur und Film der Gegenwart. Wien u. a.: Böhlau 2003 (= Literatur – Kultur – Geschlecht. Große Reihe, Bd. 28). [zu Musil bes. S. 216–229]

Hoff, Dagmar von: Das Leuchten des Abgrunds. Robert Musil und Vladimir Nabokov. Das Dunkle des Gemüts. In: Stefan Hau, Hans-Joachim Busch, Heinrich Deserno (Hg.): Depression. Zwischen Lebensgefühl und Krankheit. Göttingen: Vandenhoeck & Ruprecht 2005 (= Schriften des Sigmund-Freud-Instituts, Bd. 2), S. 214–227.

Hoffmann, Birthe: Die Seele im Labor der Novelle. Gestaltpsychologische Experimente in Musils *Grigia*. In: Deutsche Vierteljahrsschrift für Literaturwissenschaft und Geistesgeschichte 69 (1995), S. 735–765.

Hoffmann, Birthe: Die Religiosität des Tatsachenmenschen. Zur Bedeutung des Ersten Weltkriegs in der Kulturkritik Robert Musils. In: Text & Kontext 22 (2000), H. 1/2, S. 53–71.

Hoffmann, Christoph: ‚Heilige Empfängnis' im Kino. Zu Robert Musils *Die Verwirrungen des Zöglings Törleß* (1906). In: Michael Wetzel, Herta Wolf (Hg.): Der Entzug der Bilder. Visuelle Realitäten. München: Fink 1994, S. 193–211.

Hoffmann, Christoph: „Der Dichter am Apparat". Medientechnik, Experimentalpsychologie und Texte Robert Musils 1899–1942. München: Fink 1997 (= Musil-Studien, Bd. 26).

Hoffmann, Christoph: Wie lesen? Das Notizbuch als Bühne der Forschung. In: Griesecke (Hg.): Werkstätten des Möglichen [2008], S. 45–57.

Hoffmann, Christoph: Augen und Blicke. Robert Musils Tierbilder. In: Beil/Gamper/Wagner (Hg.): Medien, Technik, Wissenschaft [2011], S. 209–218.

Hoffmann, Christoph: Drei Geschichten. Erzählen als experimentelle Operation bei Musil (und Kleist). In: Michael Bies, Michael Gamper (Hg.): „Es ist ein Laboratorium, ein Laboratorium für Worte". 1890–2010. Göttingen: Wallstein 2011 (= Experiment und Literatur, Bd. 3), S. 162–181.

Hoffmann, Lynda: Hinter verschlossenen Türen. Ist Törleß wirklich ‚türlos'? In: Musil-Forum 15 (1989), S. 5–17.

Hoffmeister, Werner: Studien zur erlebten Rede bei Thomas Mann und Robert Musil. Den Haag u. a.: Mouton 1965 (= Studies in German literature, Bd. 2).

Hofmann, Michael: Musil und Lyotard. *Der Mann ohne Eigenschaften* und die Postmoderne. In: Musil-Forum 27 (2001/02), S. 150–166.

Hofmeister, Heimo: Der „Mann ohne Eigenschaften" – ein protestantischer Gottsucher? In: Michael Bünker, Karl W. Schwarz (Hg.): Protestantismus & Literatur. Ein kulturwissenschaftlicher Dialog. Wien: Evangelischer Presseverband 2007 (= Protestantische Beiträge zu Kultur und Gesellschaft, Bd. 1), S. 541–561.

Hogen, Hildegard: Die Modernisierung des Ich. Individualitätskonzepte bei Siegfried Kracauer, Robert Musil und Elias Canetti. Würzburg: Königshausen & Neumann 2000 (= Epistemata. Reihe Literaturwissenschaft, Bd. 323).

Hogrebe, Wolfram: Ahnung und Erinnerung. Bemerkungen zur Funktion der Ahnung bei einigen Dichtern von Goethe bis Musil. In: Dietmar Peil, Michael Schilling, Peter Strohschneider (Hg.): Erkennen und Erinnern in Kunst und Literatur. Niemeyer: Tübingen 1998, S. 517–526.

Hoheisel, Claus: Physik und verwandte Wissenschaften in Robert Musils Roman *Der Mann ohne Eigenschaften* (dmoe). Ein Kommentar. Berlin u.a.: Europäischer Universitätsverlag 2004 (= Bochumer Germanistik, Bd. 5). [weitere Aufl. 2006 u. 2010]

Hoheisel, Claus: Das Doppelgesicht der Natur. Naturwissenschaftliche Aspekte des „anderen Zustands" in Robert Musils Roman *Der Mann ohne Eigenschaften*. Berlin u.a.: Europäischer Universitätsverlag 2009 (= Bochumer Germanistik, Bd. 11).

Holden, Anca: Portraits of Eastern European women in Robert Musil's *The Confusions of Young Törleß* and Bernhard Schlink's *The Reader*. In: Valentina Glajar (Hg.): Vampirettes, wretches, and amazons. Western representations of East European women. Boulder: East European Monographs 2004, S. 187–201.

Holmes, F. Alan: Two studies in Musil's *Der Mann ohne Eigenschaften*. In: German Life and Letters 15 (1961/62), S. 202–209.

Holmes, F. Alan: Some comic elements in Musil's *Der Mann ohne Eigenschaften*. In: German Life and Letters 18 (1964/65), S. 25–29.

Holmes, F. Alan: Robert Musil: *Der Mann ohne Eigenschaften*. An examination of the relationship between author, narrator and protagonist. Bonn: Bouvier 1978 (= Abhandlungen zur Kunst-, Musik- und Literaturwissenschaft, Bd. 259).

Holzhey, Christoph F. E.: Kon-Fusionen von Mystik, Wissenschaft und Sexualität in Robert Musils *Törleß*. In: Olaf Berwald (Hg.): Der untote Gott. Religion und Ästhetik in der deutschen und österreichischen Literatur des 20. Jahrhunderts. Köln u.a.: Böhlau 2007, S. 57–78.

Homann, Renate: Literatur und Erkenntnis. Robert Musils Erzählung *Tonka*. In: Deutsche Vierteljahrsschrift für Literaturwissenschaft und Geistesgeschichte 59 (1985), S. 497–518.

Honnef-Becker, Irmgard: „Ulrich lächelte". Techniken der Relativierung in Robert Musils Roman *Der Mann ohne Eigenschaften*. Frankfurt a.M. u.a.: Lang 1991 (= Trierer Studien zur Literatur, Bd. 20).

Honnef-Becker, Irmgard: Selbstreferentielle Strukturen in Robert Musils Roman *Der Mann ohne Eigenschaften*. In: Wirkendes Wort 44 (1994), H. 1, S. 72–88.

Honold, Alexander: „Ferien vom Ich". Zeiterfahrung bei Robert Musil. In: Rapial 2 (1992), H. 4, S. 4–7.

Honold, Alexander: Die verwahrte und die entsprungene Zeit. Paul Kellers *Ferien vom Ich* und die Zeitdarstellung im Werk Robert Musils. In: Deutsche Vierteljahrsschrift für Literaturwissenschaft und Geistesgeschichte 67 (1993), S. 302–321.

Honold, Alexander: Der Tanz auf dem Vulkan. Kakanien und der Erste Weltkrieg. In: Musil-Forum 19/20 (1993/94), S. 144–157.

Honold, Alexander: Die Stadt und der Krieg. Raum- und Zeitkonstruktion in Robert Musils Roman *Der Mann ohne Eigenschaften*. München: Fink 1995 (= Musil-Studien, Bd. 25).

Honold, Alexander: „Diese neue Eigenschaft der Trennbarkeit". Eigennamen bei Robert Musil. In: Poetica 27 (1995), H. 1/2, S. 149–186.

Honold, Alexander: Auf dem Fliegenpapier. Robert Musil im Ersten Weltkrieg. In: Literatur für Leser 20 (1997), H. 4, S. 224–239.

Honold, Alexander: Kakanien kolonial. Auf der Suche nach Welt-Österreich. In: Wolfgang Müller-Funk, Peter Plener, Clemens Ruthner (Hg.): Kakanien revisited. Das Eigene und das Fremde (in) der österreichisch-ungarischen Monarchie. Tübingen u.a.: Francke 2002 (= Kultur – Herrschaft – Differenz, Bd. 1), S. 104–120.

Honold, Alexander: Das andere Land. Über die Multikulturalität Kakaniens. In: Martens/Ruthner/De Vos (Hg.): Musil anders [2005], S. 259–275.
Honold, Alexander: Endings and beginnings. Musil's invention of Austrian history. In: Donald G. Daviau (Hg.): Austria in literature. Riverside: Ariadne Press 2000 (= Studies in Austrian literature, culture, and thought), S. 75–85. [auch in: Bloom (Hg.): Robert Musil's *The man without qualities* [2005], S. 113–122]
Honold, Alexander: Hysteron proteron. Musils Zeitstürze. In: variations 15 (2007), S. 17–33.
Honold, Alexander: Berlin. Der Krieg als literarisches Datum. In: Daigger/Henninger (Hg.): Robert Musils Drang nach Berlin [2008], S. 131–152.
Honold, Alexander: Der singende Text. Klanglichkeit als literarische Performanzqualität. In: Wolf Gerhard Schmidt, Thorsten Valk (Hg.): Literatur intermedial. Paradigmenbildung zwischen 1918 und 1968. Berlin, New York: de Gruyter 2009, S. 187–208.
Honold, Alexander: Fremdheit, Feindschaft. Österreichische Ökumene bei Musil und Handke. In: Musil-Forum 31 (2009/10), S. 140–159.
Honold, Alexander: Denkraum, Leibraum, Diskursraum. Musils dynamische Architekturen. In: Beil/Gamper/Wagner (Hg.): Medien, Technik, Wissenschaft [2011], S. 157–170.
Honold, Alexander: Vermächtnis und Widerruf. Robert Musils Dementi des Schreibens. In: Lucas Marco Gisi, Hubert Thüring, Irmgard M. Wirtz (Hg.): Schreiben und Streichen. Zu einem Moment produktiver Negativität. Göttingen, Zürich: Chronos/Wallstein 2011 (= Beide Seiten. Autoren und Wissenschaftler im Gespräch, Bd. 2), S. 195–224.
Honold, Helga: Die Funktion des Paradoxen bei Robert Musil. Dargestellt am *Mann ohne Eigenschaften*. Diss. Univ. Tübingen 1963.
Hoppler, Rudolf: Robert Musils Novelle *Die Amsel*. Die Wiederentdeckung des Paradiesvogels. Diss. Univ. Zürich 1980.
Hoppler, Rudolf: Musils *Amsel* – Paradiesvogel des Narziß. In: Strutz/Strutz (Hg.): Robert Musil – Literatur, Philosophie, Psychologie [1984], S. 187–202.
Horn, Anette: Immoralität als Gedankenexperiment. Musils *Törleß* und Nietzsches Machtbegriff. In: Acta Germanica 24 (1996), S. 65–80. [auch in: A. H.: „Denken heißt nicht vertauben". Aufsätze zur neueren deutschen Literatur. Oberhausen: Athena 2011 (= Beiträge zur Kulturwissenschaft, Bd. 21), S. 81–98]
Horn, Peter: „Wenn ich den Sinn wüßte, so brauchte ich dir wohl nicht erst zu erzählen." Zu Musils *Amsel*. In: Euphorion 81 (1987), S. 391–413.
Horn, Peter: Halluzinierte Vögel oder Wann ist Paranoia literarisch? Zu E. T. A. Hoffmann, Robert Musil und Daniel Paul Schreber. In: John K. Noyes, Carlotta von Maltzan (Hg.): Kanonbildung – Psychoanalyse – Macht. Frankfurt a. M. u. a.: Lang 1990 (= Acta Germanica. Beiheft, Bd. 1), S. 97–122. [auch in: Helmut H. Koch, Nicola Keßler (Hg.): Schreiben und Lesen in psychischen Krisen. Neumünster: Paranus 1998, S. 31–49]
Horn, Peter: „Man verkriecht sich hinter seiner Haut". Zu Robert Musils *Die Schwärmer*. In: Acta Germanica 20 (1990), S. 79–105.
Horn, Peter: Versuch über die Posse. Robert Musils *Vinzenz und die Freundin bedeutender Männer*. In: Études germano-africaines 11 (1993), S. 78–95.
Horn, Peter: Der exzentrische Blick des Zuschauers und das Spektakel der Macht im Film. Schlöndorffs Verfilmung von Musils *Törleß*. In: Acta Germanica 24 (1996), S. 81–89.
Horst, Karl August: Der utopische Essayismus im Romanwerk Robert Musils. In: Continuum. Zur Kunst Österreichs in der Mitte des 20. Jahrhunderts. Hg. v. Institut zur Förderung der Künste in Österreich. Wien: Rosenbaum [1957], S. 45–59.
Horváth, Márta: Inversion als konstituierendes Strukturelement des „anderen Zustands" im Werk Robert Musils. In: Márta Gaál-Baróti, Péter Bassola (Hg.): „Millionen Welten". Festschrift für Arpád Bernáth zum 60. Geburtstag. Budapest: Osiris 2001, S. 277–287.
Horváth, Márta: Das Gewebe des Gemeinwesens und die Gestalt des Menschen. Zu Nietzsche und Musil. In: Endre Hárs, Wolfgang Müller-Funk, Magdolna Orosz (Hg.): Verflechtungsfiguren. Intertextualität und Intermedialität in der Kultur Österreich-Ungarns. Frankfurt a. M. u. a.: Lang 2003 (= Budapester Studien zur Literaturwissenschaft, Bd. 3), S. 97–112.

Howald, Stefan: Ästhetizismus und ästhetische Ideologiekritik. Untersuchungen zum Romanwerk Robert Musils. München: Fink 1984 (= Musil-Studien, Bd. 9).
Howald, Stefan: Professor August Lindner. Musils Kritik einer ideologischen Bildungskonzeption. In: Strutz (Hg.): Kunst, Wissenschaft und Politik [1986], S. 51–62.
Howald, Stefan: Berührungsfurcht. Die Auseinandersetzung mit der Masse bei Musil und Canetti. In: Musil-Forum 15 (1989), S. 173–191.
Howald, Stefan: *Die Vollendung der Liebe* wiedergelesen. In: Musil-Forum 17/18 (1991/92), S. 134–137.
Howald, Stefan: Verweigerte Assimilation. Ein Mann mit Eigenschaften in einem Land ohne Eigenschaften. Robert Musil und die Schweiz. In: Rapial 2 (1992), H. 3, S. 1–6.
Howes, Geoffrey C.: Eine andere Demokratie. Robert Musil zwischen Utopie und Kompromiß. Mit einigen Bemerkungen zu Musil und G. K. Chesterton. In: Strutz (Hg.): Kunst, Wissenschaft und Politik [1986], S. 133–145.
Howes, Geoffrey C.: Robert Musil and the legacy of Ralph Waldo Emerson. Diss. Univ. of Michigan 1986.
Howes, Geoffrey C.: Emerson's image in turn-of-the-century Austria. The cases of Kassner, Friedell, and Musil. In: Modern Austrian Literature 22 (1989), H. 3/4, S. 227–240.
Howes, Geoffrey C.: Ein Genre ohne Eigenschaften. Musil, Montaigne, Sterne und die essayistische Tradition. In: Brokoph-Mauch (Hg.): Robert Musil. Essayismus und Ironie [1992], S. 1–11.
Howes, Geoffrey C.: Patterns of representing madness in Austrian fiction. In: Rebecca S. Thomas (Hg.): Crime and madness in modern Austria. Myth, metaphor and cultural realities. Newcastle: Cambridge Scholars Publ. 2008, S. 174–194.
Howes, Geoffrey C.: „Hell is not interesting, it is terrifying". A reading of the madhouse in Robert Musil's *The man without qualities*. In: Gemma Blackshaw, Sabine Wieber (Hg.): Journeys into madness. Mapping mental illness in Austro-Hungary. Oxford u. a.: Berghahn Books 2012 (= Austrian and Habsburg studies, Bd. 14), S. 130–144.
Huber, Lothar: Die Frauengestalten im Werk Robert Musils. Diss. Univ. Innsbruck 1965.
Huber, Lothar: Robert Musils *Törleß* und die Krise der Sprache. In: Sprachkunst 4 (1973), S. 91–99.
Huber, Lothar: Satire and irony in Musil's *Der Mann ohne Eigenschaften*. In: Huber/White (Hg.): Musil in focus [1982], S. 99–114.
Huber, Lothar: Nietzsches „Freier Geist" und das Repertoire der deutschen Literatur um 1910. Zu Ideologie und Struktur von Musils Novelle *Die Vollendung der Liebe*. In: Hickman (Hg.): Robert Musil and the literary landscape of his time [1991], S. 34–52.
Huber, Lothar: Robert Musil und Gustav Klimt. Jugendstil in den frühen Erzählungen. In: Musil-Forum 21/22 (1995/96), S. 23–43.
Huber, Lothar/Ruffenbach, Pascal: Interviews mit Übersetzern [Sophie C. Wilkins, Philippe Jaccottet]. In: Musil-Forum 9 (1983), S. 112–128.
Huber, Martin: Musik in Robert Musils *Mann ohne Eigenschaften*. Dekadenz-Kritik und ‚Dionysisches Sprechen'. In: M. H.: Text und Musik. Musikalische Zeichen im narrativen und ideologischen Funktionszusammenhang ausgewählter Erzähltexte des 20. Jahrhunderts. Frankfurt a. M. u. a.: Lang 1992, S. 64–78.
Hudzik, Agnieszka: Zwischen verführerisch und verführbar. Über die Kondition des Subjekts in der Prosa von Witold Gombrowicz und Robert Musil. In: Marta Famula (Hg.): Das Denken vom Ich. Die Idee des Individuums als Größe in Literatur, Philosophie und Theologie. Würzburg: Königshausen & Neumann 2014 (= Konnex, Bd. 9), S. 280–302.
Hübinger, Gangolf: Robert Musils „Geschichtssinn". Ein Kommentar. In: Internationales Archiv für Sozialgeschichte der deutschen Literatur 36 (2011), H. 1, S. 207–212.
Hüppauf, Bernd-Rüdiger: Von sozialer Utopie zur Mystik. Zu Robert Musils *Der Mann ohne Eigenschaften*. München: Fink 1971 (= Musil-Studien, Bd. 1).
Hüppauf, Bernd: Von Wien durch den Krieg nach Nirgendwo. Nation und utopisches Denken bei Musil und im Austromarxismus. In: Text + Kritik (³1983), H. 21/22, S. 1–28.

Hüppauf, Bernd: Über das Mästen von Begriffen und die Furcht vor der Erfahrung. Bemerkungen zur Sprache in Robert Musils *Nachlaß zu Lebzeiten*. In: Jochen C. Schütze, Hans-Ulrich Treichel, Dietmar Voss (Hg.): Die Fremdheit der Sprache. Studien zur Literatur der Moderne. Hamburg: Argument 1988 (= Literatur im historischen Prozeß. N. F., Bd. 23), S. 26–47.

Hüppauf, Bernd: Der Erste Weltkrieg und die Destruktion von Zeit. In: Hartmut Eggert, Ulrich Profitlich, Klaus R. Scherpe (Hg.): Geschichte als Literatur. Formen und Grenzen der Repräsentation von Vergangenheit. Stuttgart: Metzler 1990, S. 207–225.

Hüppauf, Bernd: Musil in Paris. Robert Musils Rede auf dem Kongreß zur Verteidigung der Kultur (1935) im Zusammenhang seines Werkes. In: Zeitschrift für Germanistik. N. F. 1 (1991), H. 3, S. 55–69.

Hüppauf, Bernd: Das Ich und die Gewalt der Sinne. Döblin – Musil – Mach. In: Eberhard Lämmert (Hg.): Wer sind wir? Europäische Phänotypen im Roman des zwanzigsten Jahrhunderts. München: Fink 1996, S. 115–152.

Hüppauf, Bernd: Robert Musils *Mann ohne Eigenschaften* und das Weltbild der modernen Physik. In: Richard Faber, Barbara Naumann (Hg.): Literarische Philosophie – philosophische Literatur. Würzburg: Königshausen & Neumann 1999, S. 227–251.

Hüsch, Sebastian: Möglichkeit und Wirklichkeit. Eine vergleichende Studie zu Søren Kierkegaards *Entweder – oder* und Robert Musils *Mann ohne Eigenschaften*. Stuttgart: Ibidem 2004.

Hüsch, Sebastian: *Der Mann ohne Eigenschaften* – ein Roman ohne Eigenschaften. Über die Bedeutung der Ironie in Robert Musils Roman. In: Modern Austrian Literature 39 (2006), H. 2, S. 19–39.

Hüsch, Sebastian: Der Normalzustand als Ausnahmezustand. Moderne, Langeweile und Krieg in Musils *Mann ohne Eigenschaften*. In: Oliver Ruf (Hg.): Ästhetik der Ausschließung. Ausnahmezustände in Geschichte, Theorie, Medien und literarischer Fiktion. Würzburg: Königshausen & Neumann 2009 (= Film – Medien – Diskurs, Bd. 25), S. 199–210.

Hüsch, Sebastian: Ist Macht erotisch? Verführung zwischen Macht und Ironie in Robert Musils *Der Mann ohne Eigenschaften*. In: Clemens Ruthner, Raleigh Whitinger (Hg.): Contested passions. Sexuality, eroticism, and gender in modern Austrian literature and culture. New York u. a.: Lang 2011 (= Austrian Culture, Bd. 46), S. 233–248.

Hüsch, Sebastian: Robert Musil und Søren Kierkegaard im Kontext der deutschen Frühromantik. In: Komparatistik (2011), S. 81–95.

Hüsch, Sebastian: Nietzsche in Vollendung? Robert Musil und die Krise der abendländischen Philosophie. In: Renate Reschke, Marco Brusotti (Hg.): „Einige werden posthum geboren". Friedrich Nietzsches Wirkungen. Berlin, Boston: de Gruyter 2012 (= Nietzsche heute, Bd. 4), S. 333–345.

Hüsch, Sebastian: Langeweile und „Parole der Tat". Die „Parallelaktion" im *Mann ohne Eigenschaften* im Lichte von Martin Heideggers Phänomenologie der Langeweile. In: Recherches germaniques 44 (2015), S. 73–97.

Huffmaster, Michael: Judging Törless's confessions. Literature as language. In: Anders Engberg-Pedersen u. a. (Hg.): Das Geständnis und seine Instanzen. Zur Bedeutungsverschiebung des Geständnisses im Prozess der Moderne. Wien u. a.: Turia + Kant 2011, S. 233–253.

Hunt, Alina C.: Musil's utopian essayism. The quest for an „anti-ideological" ethics. Diss. Univ. of New York 1993.

Hunt, Alina C.: Towards an unfinalizable dialogue. Robert Musil's essayism and Bakhtinian dialogism. In: College Literature 22 (1995), H. 2, S. 116–124.

Huszai, Villö: Transformationen von Wirklichkeit in symbolische Bedeutung. Robert Musils Novelle *Tonka* als Studie einer Identitätsstiftung. In: Paul Michel (Hg.): Symbole im Dienste der Darstellung von Identität. Bern u. a.: Lang 2000 (= Schriften zur Symbolforschung, Bd. 12), S. 251–269.

Huszai, Villö: Ekel am Erzählen. Metafiktionalität im Werk Robert Musils, gewonnen am Kriminalfall *Tonka*. München: Fink 2002 (= Musil-Studien, Bd. 31).

Huszai, Villö: Digitalisierung und Utopie des Ganzen. Überlegungen zur digitalen Gesamtedition von Robert Musils Werk. In: Michael Stolz, Lucas Marco Gisi, Jan Loop (Hg.): Literatur und Literaturwissenschaft auf dem Weg zu den neuen Medien. Eine Standortbestimmung. Zürich: Germanistik.ch 2007 (= Literaturwissenschaft und neue Medien, Bd. 1), S. 127–144.

Huszai, Villö: „Agathe ist wirklich da" oder: Wie von einem epistemologisch zweifelhaften Gefühl erzählen? In: Mulligan/Westerhoff (Hg.): Robert Musil [2009], S. 187–207.

Huszai, Villö: Spange im Dichtermund. Fiktive Autorschaft in Robert Musils *Mann ohne Eigenschaften* und in Michel Mettlers *Spange*. In: J. Alexander Bareis, Frank Thomas Grub (Hg.): Metafiktion. Analysen zur deutschsprachigen Gegenwartsliteratur. Berlin: Kadmos 2010 (= Kaleidogramme, Bd. 57), S. 87–114.

Huszai, Villö: Ingenieurs-Kunst wider das Lob des Avantgardistischen. Der Plot in Robert Musils Novelle *Die Versuchung der stillen Veronika*. In: Kodikas/Code. Ars semeiotica 36 (2013), H. 1/2, S. 93–109.

Huyssen, Andreas: The disturbance of vision in Vienna Modernism. In: Modernism/modernity 5 (1998), H. 3, S. 33–47.

Hwang, Sun-Ae: Ich- und Welt-Wahrnehmung. Die Konzeption der Liebe in *Drei Frauen* von Robert Musil. In: Togil-munhak 37 (1996), H. 3, S. 121–139.

Hwang, Sun-Ae: Liebe als ästhetische Kategorie. Zu *Drei Frauen* von Robert Musil. Frankfurt a. M. u. a.: Lang 1996 (= Europäische Hochschulschriften. Reihe 1: Deutsche Sprache und Literatur, Bd. 1544).

Hyams, Barbara: Was ist „säkularisierte Mystik" bei Musil? In: Baur/Castex (Hg.): Robert Musil [1980], S. 85–98.

Hyams, Barbara: Responses to secularization in Robert Musil's *The man without qualities*. Diss. Stanford Univ. 1982.

Hyams, Barbara: „Ein Zeichen der Zeit". Die Tagebücher Robert Musils. In: Donald G. Daviau (Hg.): Österreichische Tagebuchschriftsteller. Wien: Ed. Atelier 1994, S. 265–293.

Ilett, Darren: Unavowable strangeness. Narrating queer desire in turn-of-the-century boarding school fiction. Diss. Univ. of Chicago 2007.

Ilina, Ekaterina: Beyond observation. Literature and science in Kafka, Rilke, Mann and Musil. Diss. Univ. of New York 2009.

Imai, Michio: Musil between Mach and Stumpf. In: John Blackmore u. a. (Hg.): Ernst Mach's Vienna 1895–1930. Or Phenomenalism as Philosophy of Science. Dordrecht u. a.: Kluwer Academic Publ. 2001, S. 187–210.

Imhoof, Stefan: Kultur und Dummheit. Eine Analyse der Wiener und Pariser Reden von Robert Musil als Diptychon. In: Mulligan/Westerhoff (Hg.): Robert Musil [2009], S. 75–98.

Innerhofer, Roland: Robert Musils Netz-Werk. In: Musil-Forum 32 (2011/12), S. 130–146.

Innerhofer, Roland/Rothe, Katja: Regulierung des Verhaltens zwischen den Weltkriegen. Robert Musil und Kurt Lewin. In: Berichte zur Wissenschaftsgeschichte 33 (2010), H. 4, S. 365–381.

Irle, Gerhard: Der psychiatrische Roman bei Robert Musil. In: G. I.: Der psychiatrische Roman. Stuttgart: Hippokrates 1965 (= Schriftenreihe zur Theorie und Praxis der Psychotherapie), S. 124–148.

Isitt, Yvonne: Robert Musil. In: Alex Natan (Hg.): German men of letters. Bd. 3. Twelve literary essays. London: O. Wolff 1964, S. 235–266.

Issler, Maria: Robert Musil: *Die Verwirrungen des Zöglings Törleß*. Versuch einer Interpretation. Diss. Univ. Zürich 1972.

Iurlano, Fabrizio: Musil lettore di Goethe. In: Studi urbinati B 63 (1990), S. 265–280.

Iurlano, Fabrizio: Robert Musil e Georg Büchner. Aspetti di un'affinità intellettuale. In: Il confronto letterario 14 (1997), H. 27, S. 301–309.

Iurlano, Fabrizio/Renzi, Luca: Il „Nachlaß" letterario di Robert Musil. In: Studi germanici 30/31 (1992/93), S. 375–379.

Jaccottet, Philippe: À partir de l'homme sans qualités. In: La Nouvelle Revue Française 7 (1959), H. 14, S. 803–821.

Jaccottet, Philippe: À partir du rêve de Musil. In: P. J.: Éléments d'un songe. Paris: Gallimard 1961, S. 11–51.

Jäßl, Gerolf: Mathematik und Mystik in Robert Musils Roman *Der Mann ohne Eigenschaften*. Eine Untersuchung über das Weltbild Ulrichs. Diss. Univ. München 1963.

Jagow, Bettina von: Liebe und Tabu. Zum Kulturtransfer des Isis-Osiris-Mythos in die Moderne. Ingeborg Bachmanns *Der Fall Franza* und Robert Musils *Isis und Osiris*. In: Orbis Litterarum 58 (2003), H. 2, S. 116–134.

Jakob, Michael: Von der ‚Frau ohne Eigenschaften' zum ‚Mann ohne Eigenschaften'. Anmerkungen zu ‚Clarisse'. In: Strutz (Hg.): Robert Musils „Kakanien" [1987], S. 116–133.

Jakob, Michael: Musil und Saiko. Ein Vergleich. In: Joseph P. Strelka (Hg.): George Saikos magischer Realismus. Zum Werk eines unbekannten großen Autors. Bern u.a.: Lang 1990, S. 13–27.

Jakob, Michael: „Möglichkeitssinn" und Philosophie der Möglichkeit. In: Brokoph-Mauch (Hg.): Robert Musil. Essayismus und Ironie [1992], S. 13–24.

Jakovljevic, Alexander: Geschichtsschreibung als schlechte Literatur. Zum Verhältnis von Literatur, Geschichte und Wissenschaft bei Robert Musil. In: Zagreber germanistische Beiträge 18 (2009), S. 45–64.

Jálon, Mauricio: A critical reflection on Mach. Musil's point of view. In: Václav Prosser, Jaroslav Folta (Hg.): Ernst Mach and the development of physics. Prag: Karolinum 1991, S. 381–395.

Jálon, Mauricio: Robert Musil frente a Ernst Mach. In: Asclepio 62 (2010), H. 1, S. 251–268.

Jander, Simon: Die Ästhetik des essayistischen Romans. Zum Verhältnis von Reflexion und Narration in Musils *Der Mann ohne Eigenschaften* und Brochs *Huguenau oder die Sachlichkeit*. In: Zeitschrift für deutsche Philologie 123 (2004), H. 4, S. 527–548.

Jander, Simon: Ethisch-ästhetische Propädeutik. Zu Theorie und Praxis des Essays bei Robert Musil. In: Euphorion 103 (2009), H. 2, S. 161–177.

Janković, Svetomir: Utopie als Wirkungskonzept. Methodischer Versuch zu dem im *Mann ohne Eigenschaften* strukturierten utopischen Konzept am Beispiel der „Urlaubsmetapher". In: Farda/Karthaus (Hg.): Sprachästhetische Sinnvermittlung [1982], S. 197–228.

Janßen, Sandra: Phantasmen. Imagination in Psychologie und Literatur 1840–1930. Flaubert – Čechov – Musil. Göttingen: Wallstein 2013.

Jappe, Lilith: Selbstkonstitution bei Robert Musil und in der Psychoanalyse. Identität und Wirklichkeit im *Mann ohne Eigenschaften*. München: Fink 2011 (= Musil-Studien, Bd. 38).

Jeannin, Philippe: Robert Musil, economiste? In: Musil-Forum 15 (1989), S. 155–165.

Jennings, Michael W.: Mystical selfhood, self-delusion, self-dissolusion. Ethical and narrative experimentation in Robert Musil's *Grigia*. In: Modern Austrian Literature 17 (1984), H. 1, S. 59–77.

Jennings, Michael W.: Robert Musil. In: Donald G. Daviau (Hg.): Major figures of modern Austrian literature. Riverside: Ariadne Press 1988, S. 315–339.

Jens, Inge: Studien zur Entwicklung der expressionistischen Novelle. Diss. Univ. Tübingen 1954.

Jens, Inge: Robert Musil: *Vereinigungen*. In: Musil-Forum 19/20 (1993/94), S. 47–68.

Jens, Walter: Der Mensch und die Dinge. Die Revolution der deutschen Prosa. Hofmannsthal, Rilke, Musil, Kafka, Heym. In: W. J.: Statt einer Literaturgeschichte. Pfullingen: Neske 1957, S. 59–85.

Jens, Walter: Sadistische Spiele auf dem Dachboden. In: Frankfurter Allgemeine Zeitung, 19.7.1984.

Jens, Walter: Robert Musil: *Die Verwirrungen des Zöglings Törleß*. In: W. J.: Einspruch. Reden gegen Vorurteile. München: Kindler 1992, S. 191–198.

Jesch, Jörg: Robert Musil als Dramatiker. In: Text + Kritik (1968), H. 21/22, S. 26–33. [auch in: Text + Kritik (^{2}1972), H. 21/22, S. 49–60]

Joch, Markus: Helden der Biegsamkeit. Was trieb Thomas Mann und Robert Musil zur Kriegsapologetik, mit welchen Folgen? In: literaturkritik.de 17 (2015), H. 4, S. 85–121.

Johach, Eva: Die unerlösten Geschlechter Kakaniens. Geschlechterpolitische Utopien in Robert Musils *Mann ohne Eigenschaften*. In: Sven Glawion, Elahe Haschemi Yekani, Jana Husmann-Kastein (Hg.): Erlöser. Figurationen männlicher Hegemonie. Bielefeld: transcript 2007 (= GenderCodes, Bd. 4), S. 127–138.

Johann, Andreas: „Mathematiker denken anders als andere Menschen". Zur Rolle des Naturwissenschaftlichen in Robert Musils Roman *Der Mann ohne Eigenschaften*. In: Scientia Poetica 11 (2007), S. 160–183.

Johann, Klaus: Grenze und Halt. Der Einzelne im „Haus der Regeln". Zur deutschsprachigen Internatsliteratur. Heidelberg: Winter 2003 (= Beiträge zur neueren Literaturgeschichte, Bd. 201). [zu Musil bes. S. 206–422]

Johann, Klaus: Ein „Knäuel" aller Diskurse. Zur Figur der Prostituierten Božena in Robert Musils *Die Verwirrungen des Zöglings Törleß* (1906) und ihre „Verwicklung" in die zeitgenössischen politischen, sozialen und gender-Diskurse. In: Renata Cornejo, Ekkehard W. Haring (Hg.): Wende, Bruch, Kontinuum. Die moderne österreichische Literatur und ihre Paradigmen des Wandels. Wien: Praesens 2006, S. 423–444.

Johann, Klaus: Ein „Abriß der Welt". Internatsromane als Gesellschaftsromane, am Beispiel von Werken Hermann Hesses, Robert Musils, Robert Walsers, Wilhelm Speyers und Erich Kästners. In: Der Deutschunterricht 66 (2014), H. 1, S. 26–39.

Joly, Frédéric: Robert Musil. Tout réinventer. Paris: Seuil 2015.

Jones, James W.: „We of the third sex". Literary representations of homosexuality in Wilhelmine Germany. New York u. a.: Lang 1990.

Jonsson, Stefan: Neither inside nor outside. Subjectivity and the spaces of modernity in Robert Musil's *The man without qualities*. In: New German Critique (1996), H. 68, S. 31–60.

Jonsson, Stefan: Subject without nation. Robert Musil and the history of modern identity. Durham u. a.: Duke Univ. Press 2000 (= Post-contemporary interventions).

Jonsson, Stefan: A story with many ends. Narratological observations. In: Bloom (Hg.): Robert Musil's *The man without qualities* [2005], S. 147–175.

Joravsky, David: Between science and art. Freud versus Schnitzler, Kafka, and Musil. In: Mark S. Micale (Hg.): The mind of modernism. Medicine, psychology, and the cultural arts in Europe and America, 1880–1940. Stanford: Stanford Univ. Press 2004, S. 277–297.

Joung, Phillan: Passion der Indifferenz. Essayismus und essayistische Verfahren in Robert Musils *Der Mann ohne Eigenschaften*. Münster u. a.: LIT 1997 (= Zeit und Text, Bd. 11).

Jox, Markus/Sommer, Christian: Das Lehrerbild bei Robert Musil. Unter besonderer Berücksichtigung der *Verwirrungen des Zöglings Törleß*. In: Hans-Ulrich Grunder (Hg.): „Der Kerl ist verrückt!" Das Bild des Lehrers und der Lehrerin in der Literatur und in der Pädagogik. Zürich: Pestalozzianum 1999, S. 45–53.

Judex, Bernhard: (Ver-)Schwimmende Körper. Von der Sehnsucht zu fließen. Wasser in der österreichischen Literatur nach Stifter von Musil bis Handke. In: Jahrbuch des Adalbert-Stifter-Instituts 16 (2009), S. 115–128.

Jung, Werner: „Wie soll ich leben?" Zeitschichten und -geschichten in Robert Musils *Der Mann ohne Eigenschaften*. In: Literatur für Leser 29 (2006), H. 3, S. 149–157. [auch in: W. J.: Zeitschichten und Zeitgeschichten. Essays über Literatur und Zeit. Bielefeld: Aisthesis 2008, S. 112–122]

Jungk, Peter Stephan: Die Vergessene. Robert Musil und Herma Dietz. Ein Beitrag zur Musil-Forschung. In: Neue Rundschau 103 (1992), H. 2, S. 151–161.

Kaas, Harald: Erfahrung und Erkenntnis. In: Neue Deutsche Hefte 27 (1980), H. 3, S. 476–498.

Kádas, Katalin: Robert Musil und Ungarn. In: Acta Litteraria Scientiarum Hungaricae 21 (1979), H. 3/4, S. 408–415.

Kaiser, Ernst: *Der Mann ohne Eigenschaften*. Ein Problem der Wirklichkeit. In: Merkur 11 (1957), H. 2, S. 669–687.
Kaiser, Ernst: Die Entstehungsgeschichte von Robert Musils Roman *Der Mann ohne Eigenschaften*. In: Studi germanici 4 (1966), S. 107–118.
Kaiser, Ernst/Wilkins, Eithne: Musil und die Quadratwurzel aus minus Eins. In: Dinklage (Hg.): Robert Musil [1960], S. 157–174.
Kaiser, Ernst/Wilkins, Eithne: Robert Musil. Eine Einführung in das Werk. Stuttgart: Kohlhammer 1962 (= Sprache und Literatur, Bd. 4).
Kaiser, Ernst/Wilkins, Eithne: Monstrum in animo. Bemerkungen zu einem bisher im Original unveröffentlichten Manuskript aus dem Nachlaß Robert Musils. In: Deutsche Vierteljahrsschrift für Literaturwissenschaft und Geistesgeschichte 37 (1963), S. 78–119.
Kaiser, Gerhard R.: Proust, Musil, Joyce. Zum Verhältnis von Literatur und Gesellschaft am Paradigma des Zitats. Königstein i. Ts.: Athenäum 1972.
Kaiser-El-Safti, Margret: Robert Musil und die Psychologie seiner Zeit. In: Pott (Hg.): Robert Musil – Dichter, Essayist, Wissenschaftler [1993], S. 126–170.
Kaizik, Jürgen: Die Mathematik im Werk Robert Musils. Zur Rolle des Rationalismus in der Kunst. Diss. Univ. Saarbrücken 1980.
Kalow, Gert: Robert Musil. In: Hermann Friedmann, Otto Mann (Hg.): Deutsche Literatur im 20. Jahrhundert. Gestalten und Strukturen. Heidelberg: Rothe 1954, S. 338–352.
Kalow, Gert: Zwischen Christentum und Ideologie. Die Chance des Geistes im Glaubenskrieg der Gegenwart. Kritische Versuche zu Lautréamont, Robert Musil, Simone Weil und W. H. Auden. Heidelberg: Rothe 1956.
Kamata, Michio: Erzählender Geist oder reflektierte Subjektivität? Zu Thomas Manns *Zauberberg* und Robert Musils *Mann ohne Eigenschaften*. In: Eckehard Czucka (Hg.): „die in dem alten Haus der Sprache wohnen". Beiträge zum Sprachdenken in der Literaturgeschichte. Helmut Arntzen zum 60. Geburtstag. Münster: Aschendorff 1991, S. 323–334.
Kämper-van den Boogaart, Michael: *Die Verwirrungen des Zöglings Törleß* – Eine kritische Perspektive auf Robert Musils Roman und Vorschläge zum Unterricht. In: Deutschunterricht 53 (2000), H. 4, S. 251–258.
Kampits, Peter: Musil und Wittgenstein. In: Brokoph-Mauch (Hg.): Robert Musil. Essayismus und Ironie [1992], S. 153–160.
Kann, Irene: Schuld und Zeit. Literarische Handlung in theologischer Sicht. Thomas Mann – Robert Musil – Peter Handke. Paderborn u. a.: Schöningh 1992.
Kapfer, Herbert: Die Gedanken zeigen. Remix als intermedialer Erkenntnisprozess. In: Katarina Agathos, H. K. (Hg.): Robert Musil: Der *Mann ohne Eigenschaften*. Remix. München: belleville 2004, S. 29–50.
Kappeler, Florian: Versuche, ein Mann zu werden. Psychotechnik, Psychiatrie und Männlichkeit in Robert Musils *Der Mann ohne Eigenschaften*. In: Zeitschrift für Germanistik. N. F. 18 (2008), H. 2, S. 331–346.
Kappeler, Florian: Das fremde Geschlecht der Irren und der Tiere. Ethnologie, Psychiatrie, Zoologie und Texte Robert Musils. In: Sophia Könemann, Anne Stähr (Hg.): Das Geschlecht der Anderen. Figuren der Alterität: Kriminologie, Psychiatrie, Ethnologie und Zoologie. Bielefeld: transcript 2011, S. 187–208.
Kappeler, Florian: Die Organisation des Möglichen. Poetologien kapitalistischen Organisationswissens bei Robert Musil. In: Roland Innerhofer, Katja Rothe, Karin Harrasser (Hg.): Das Mögliche regieren. Gouvernementalität in der Literatur- und Kulturanalyse. Bielefeld: transcript 2011 (= Edition Kulturwissenschaft, Bd. 5), S. 49–72.
Kappeler, Florian: Situiertes Geschlecht. Organisation, Psychiatrie und Anthropologie in Robert Musils Roman *Der Mann ohne Eigenschaften*. München: Fink 2012 (= Musil-Studien, Bd. 39).
Kappeler, Florian: Von Haifischmägen, Kannibalen und posthumanen Spezies. Darstellungsweisen von Wissen bei Thomas Mann, Robert Musil und Dietmar Dath. In: Nicola Gess, Sandra Janßen (Hg.): Wissens-Ordnungen. Zu einer historischen Epistemologie der Litera-

tur. Berlin, Boston: de Gruyter 2014 (= spectrum Literaturwissenschaft, Bd. 42), S. 261–283.
Karelski, A.: Die Utopien Robert Musils. In: Kunst und Literatur 29 (1981), H. 10, S. 1043–1067.
Karpenstein-Eßbach, Christa: Ver-rückter Blick in Robert Musils Roman *Der Mann ohne Eigenschaften*. In: Waltraud Fritsch-Rößler (Hg.): Frauenblicke, Männerblicke, Frauenzimmer. Studien zu Blick, Geschlecht und Raum. St. Ingbert: Röhrig 2002 (= Mannheimer Studien zur Literatur- und Kulturwissenschaft, Bd. 26), S. 187–199.
Karthaus, Ulrich: Der andere Zustand. Zeitstrukturen im Werke Robert Musils. Berlin: Erich Schmidt 1965 (= Philologische Studien und Quellen, Bd. 25).
Karthaus, Ulrich: Musil-Forschung und Musil-Deutung. Ein Literaturbericht. In: Deutsche Vierteljahrsschrift für Literaturwissenschaft und Geistesgeschichte 39 (1965), S. 441–483.
Karthaus, Ulrich: Die Anonymität des Städters. Zur Funktion der Stadt für den Mann ohne Eigenschaften. In: Literatur und Kritik (1980), H. 149/150, S. 550–560.
Karthaus, Ulrich: War Musil Realist? In: Musil-Forum 6 (1980), S. 115–127. [auch in: Brokoph-Mauch (Hg.): Beiträge zur Musil-Kritik [1983], S. 13–24] [frz. in: Olmi/Roth (Hg.): Robert Musil [1981], S. 196–201]
Karthaus, Ulrich: Bemerkungen zur Neuausgabe von Robert Musils Tagebüchern. In: Roth/Schröder-Werle/Zeller (Hg.): Nachlaß- und Editionsprobleme [1981], S. 117–122.
Karthaus, Ulrich: *Der Mann ohne Eigenschaften* und die Phantasie. Überlegungen im Anschluß an Kant. In: Musil-Forum 7 (1981), S. 111–117.
Karthaus, Ulrich: Robert Musil und der poetische Realismus. In: Freese (Hg.): Philologie und Kritik [1981], S. 223–245.
Karthaus, Ulrich: Musils Theaterbegriff. In: Strutz/Strutz (Hg.): Robert Musil – Theater, Bildung, Kritik [1985], S. 10–23.
Karthaus, Ulrich: Robert Musils „Kakanien" – ein Modell? In: Peter Mast (Hg.): Nationaler Gegensatz und Zusammenleben der Völker. Österreich-Ungarn im Spiegel der deutschsprachigen Literatur. Ein Modell für Europa? Bonn: Kulturstiftung der Deutschen Vertriebenen 1994, S. 73–86.
Karthaus, Ulrich: Robert Musil und der moderne deutsche Roman. In: Böschenstein/Roth (Hg.): Hommage à Musil [1995], S. 205–227.
Karthaus, Ulrich: Novalis und Musil. In: Herbert Uerlings (Hg.): „Blüthenstaub". Rezeption und Wirkung des Werkes von Novalis. Tübingen: Niemeyer 2000 (= Schriften der Internationalen Novalis-Gesellschaft, Bd. 3), S. 267–287.
Karthaus, Ulrich: Der Mann ohne Eigenschaften und Hans Castorp. Nachfahren Fausts und Wilhelm Meisters. In: Thomas-Mann-Jahrbuch 14 (2001), S. 9–26.
Karthaus, Ulrich: Ohne Eigenschaften. Ein philologischer Irrtum und seine poetische Frucht. In: Gudrun Marci-Boehncke, Jörg Riecke (Hg.): „Von Mythen und Mären". Mittelalterliche Kulturgeschichte im Spiegel einer Wissenschaftler-Biographie. Festschrift für Otfried Ehrismann zum 65. Geburtstag. Hildesheim u.a.: Olms 2006, S. 541–551.
Kassner, Jonathan: Aus dem Leben gehen. Aporien des Müßiggangs bei Musil und Proust. In: Mirko Gemmel, Claudia Löschner (Hg.): Ökonomie des Glücks. Muße, Müßiggang und Faulheit in der Literatur. Berlin: Ripperger & Kremers 2014, S. 203–223.
Kassung, Christian: EntropieGeschichten. Robert Musils *Der Mann ohne Eigenschaften* im Diskurs der modernen Physik. München: Fink 2001 (= Musil-Studien, Bd. 28).
Kastberger, Klaus: Vom Eigensinn des Schreibens. Produktionsweisen moderner österreichischer Literatur. Wien: Sonderzahl 2007 (= Forschung/Österreichisches Literaturarchiv, Bd. 7). [zu Musil bes. S. 48–61]
Kastberger, Klaus: Musil und Horváth. Zwei alte Österreicher im neuen Berlin. In: Daigger/Henninger (Hg.): Robert Musils Drang nach Berlin [2008], S. 301–317.
Kayser, Martina: Marcel Proust, Robert Musil: Versuche einer Glücksfindung. Frankfurt a. M. u.a.: Lang 1989 (= Europäische Hochschulschriften. Reihe 1: Deutsche Sprache und Literatur, Bd. 1026).

Keckeis, Paul: Männlichkeit in einer gedoppelten Welt. Geschlechterverwirrungen in Robert Musils *Die Verwirrungen des Zöglings Törleß*. In: Stefan Krammer (Hg.): MannsBilder. Literarische Konstruktionen von Männlichkeiten. Wien: WUV 2007, S. 100–108.

Kentrotis, Jorghos: Das Fremde und das Wunder. Zu Musils *Portugiesin*. In: Diawaso (1988), H. 199, S. 36–56.

Kentrotis, Jorghos: Musa Musiliana Graeca – Musilsche Muse in Griechenland. In: Daigger/Militzer (Hg.): Die Übersetzung literarischer Texte am Beispiel Robert Musil [1988], S. 267–275.

Kerekes, Gábor: Robert Musil und Ungarn. In: Jahrbuch der ungarischen Germanistik (1996), S. 43–54.

Kerekes, Gábor: Robert Musils Ungarnbild. In: Béhar/Roth (Hg.): Literatur im Kontext Robert Musil [1999], S. 189–215.

Kerekes, Gábor: Robert Musils Rezeption in Ungarn. In: Béhar/Roth (Hg.): Musil an der Schwelle zum 21. Jahrhundert [2005], S. 327–343.

Kerekes, Gábor: Der unbekannte Musil. Die Anfänge der Musil-Rezeption in Ungarn. In: Attila Bombitz u. a. (Hg.): Österreichische Literatur ohne Grenzen. Gendenkschrift für Wendelin Schmidt-Dengler. Wien: Praesens 2009, S. 209–221.

Kerekes, Gábor: Unwirksame Möglichkeiten, wirksame Unmöglichkeiten. Rezeption und Stellung von Robert Musils *Die Verwirrungen des Zöglings Törleß* in Ungarn. In: Arnulf Knafl, Wendelin Schmidt-Dengler (Hg.): Unter Kanonverdacht. Beispielhaftes zur österreichischen Literatur im 20. Jahrhundert. Wien: Praesens 2009, S. 33–54.

Kerekes, Gábor: Das Fremde im Werk Joseph Roths. In: Musil-Forum 31 (2009/10), S. 180–192.

Kerekes, Gábor: Von poetischer Rede in Österreich zu politischer Rede in Ungarn. Die Metamorphose von Robert Musils *Der Mann ohne Eigenschaften* in der ungarischen Literaturkritik. In: Arnulf Knafl (Hg.): Gedichte und Geschichte. Zur poetischen und politischen Rede in Österreich. Wien: Praesens 2011, S. 113–129.

Kierdorf-Traut, Georg: *Die Portugiesin* auf Runkelstein. Zur Entstehungsgeschichte von Robert Musils Novelle während seiner Zeit in Bozen. In: Der Schlern. Monatsschrift für Südtiroler Landeskunde 81 (2007), H. 4, S. 56–63.

Kieser, Rolf: Der Garten von Genf. Betrachtungen zu Robert Musils Spätwerk. In: Farda/Karthaus (Hg.): Sprachästhetische Sinnvermittlung [1982], S. 240–247.

Kieser, Rolf: Gärten, Vögel, Kinder. Robert Musil im Genfer Exil. In: Brokoph-Mauch (Hg.): Beiträge zur Musil-Kritik [1983], S. 321–345.

Kieser, Rolf: Erzwungene Symbiose. Thomas Mann, Robert Musil, Georg Kaiser und Bertolt Brecht im Schweizer Exil. Bern u. a.: Haupt 1984.

Kim, Rae-Hyeon: Robert Musil. Poetologische Reflexion zur Geschichtlichkeit der Literatur. Bonn: Bouvier 1986 (= Literatur und Reflexion. N. F., Bd. 4).

Kimball, Roger: The qualities of Robert Musil. In: The New Criterion 14 (1996), H. 6, S. 10–20.

Kimmich, Dorothee: Kleine Dinge in Großaufnahme. Aufmerksamkeit und Dingwahrnehmung bei Robert Musil. In: Jahrbuch der Deutschen Schillergesellschaft 44 (2000), S. 177–194.

Kimmich, Dorothee: Schwindelerregende Geschichten: Warum sich bei Lord Chandos, Malte Laurids Brigge und dem Zögling Törleß alles um die Dinge dreht. In: D. K.: Lebendige Dinge in der Moderne. Konstanz: Konstanz Univ. Press 2011, S. 69–84.

Kimmich, Dorothee: „Über den Schmerz". Weltkriegstrauma in der Literatur. In: Cahiers d'études germaniques (2014), H. 66, S. 151–166.

Kimpel, Dieter: „Beiträge zur geistigen Bewältigung der Welt …". Über den Romanbegriff Robert Musils. In: Reinhold Grimm (Hg.): Deutsche Romantheorien. Beiträge zu einer historischen Poetik des Romans in Deutschland. Frankfurt a. M., Bonn: Athenäum 1968, S. 374–395.

Kindl, Ulrike: Heinrich Manns Novellentechnik im Vergleich zu Verga und Musil. In: Heinrich-Mann-Jahrbuch 9 (1991), S. 105–114.

King, Lynda J.: Diotima and Clarisse in Robert Musil's novel *Der Mann ohne Eigenschaften*. Diss. Univ. of Southern California 1977.

King, Lynda J.: The relationship between Clarisse and Nietzsche in Musil's *Der Mann ohne Eigenschaften*. In: Musil-Forum 4 (1978), S. 21–34.

King, Lynda J.: The new woman in Robert Musil's comedy *Vinzenz und die Freundin bedeutender Männer*. In: Modern Austrian Literature 16 (1983), H. 1, S. 23–36.

Kingerlee, Roger: Psychological models of masculinity in Döblin, Musil, and Jahnn. Männliches, Allzumännliches. Lewiston u. a.: Mellen 2001 (= Studies in German language and literature, Bd. 27).

Kirchberger, Lida: Musil's trilogy. An approach to *Drei Frauen*. In: Monatshefte für deutschen Unterricht, deutsche Sprache und Literatur 55 (1963), S. 167–182.

Kirchmeier, Christian: Moral und Literatur. Eine historische Typologie. München: Fink 2013. [zu Musil bes. S. 439–468]

Kiseleva, Maria: Endstation Russland. Motive des Ostens und des Kriminellen in den Werken von Robert Musil. In: Germanoslavica 22 (2011), H. 2, S. 66–83.

Kiseleva, Maria: Rückevolution. Verwandlung in ein Insekt: Dostojewski, Kafka, Musil. In: Sergej Taškenov, Dirk Kemper (Hg.): Visionen der Zukunft um 1900. Deutschland, Österreich, Russland. Paderborn: Fink 2014, S. 77–92.

Kiséry, Pál: Anmerkungen zu Musils Modernität. In: Arbeiten zur deutschen Philologie 8 (1974), S. 45–53. [auch in: Musil-Forum 2 (1976), S. 71–80]

Kiss, Endre: Dialog der Meisterwerke oder Die ungleichen Zwillinge des polyhistorischen Romans. Musils *Mann ohne Eigenschaften* versus Brochs *Die Schlafwandler*. In: Strutz/Kiss (Hg.): Genauigkeit und Seele [1990], S. 83–96.

Kittler, Wolf: Der Zustand des Romans im Zeitalter der Zustandsgleichung. Über die kinetische Gastheorie in Robert Musils *Der Mann ohne Eigenschaften*. In: Bernhard J. Dotzler, Sigrid Weigel (Hg.): „fülle der combination". Literaturforschung und Wissenschaftsgeschichte. München: Fink 2005 (= Trajekte), S. 189–215.

Kleemann, Friederike: Robert Musils Roman *Der Mann ohne Eigenschaften* im Spiegel der philosophischen Mystik Meister Eckharts. Mystik als Sorge um das Selbst. In: Stephan Grätzel (Hg.): Praxis und Poetik. Beiträge zum Projekt „Der Roman als philosophischer Text". London: Turnshare 2008, S. 241–300.

Klein, Detlef: Ästhetische Phänomenologie des anderen Anfangs. Thomas Pynchon und Robert Musil im Dialog über die fröhliche Wissenschaft der Dichtung und das Wesen der Wahrheit in den hermeneutischen Spielräumen des übergänglichen Denkens. Diss. FU Berlin 2002.

Klimbacher, Wolfgang: „Keine Menschen", „keine Charaktere", „nur noch Berufe". Hölderlin bei Musil. Zu rezeptiven Tagebuchnotizen Musils. In: Neohelicon 24 (1997), H. 2, S. 353–366.

Klinger, Florian: Robert Musil's kinetic gestures. In: The Germanic Review 89 (2014), H. 4, S. 365–384.

Klinkert, Thomas: Epistemologische Fiktionen. Zur Interferenz von Literatur und Wissenschaft seit der Aufklärung. Berlin, New York: de Gruyter 2010 (= linguae & litterae, Bd. 2). [zu Musil bes. S. 272–285]

Klippenstein, Dalia: Der Pierrot und der Harlekin in Robert Musils Roman *Der Mann ohne Eigenschaften*. In: Musil-Forum 28 (2003/04), S. 84–104.

Klippenstein, Dalia: Zur Entschleierung des androgynen Frauenbildes in Robert Musils Roman *Der Mann ohne Eigenschaften*. In: Musil-Forum 30 (2007/08), S. 109–127.

Klotz, Volker: Muse und Helios. Über Anfangsnöte und -weisen. In: Norbert Miller (Hg.): Romananfänge. Versuch zu einer Poetik des Romans. Berlin: Literarisches Colloquium 1965, S. 11–36.

Knaap, Ewout van der: Musils filmischer Blick. Notsignale auf dem *Fliegenpapier*. In: Poetica 30 (1998), H. 1/2, S. 165–178.

Knüfermann, Volker: Die Gefährdung des Narziß oder: Zur Begründung und Problematik der Form in Thomas Manns *Der Tod in Venedig* und Robert Musils *Die Verwirrungen des*

Zöglings Törleß. In: Roland Jost, Hansgeorg Schmidt-Bergmann (Hg.): Im Dialog mit der Moderne. Zur deutschsprachigen Literatur von der Gründerzeit bis zur Gegenwart. Frankfurt a. M.: Athenäum 1986, S. 84–95.

Koch, Jutta: Inbeziehungen. Die Analogie im Frühwerk Robert Musils. Würzburg: Königshausen & Neumann 2007 (= Epistemata. Reihe Literaturwissenschaft, Bd. 598).

Kochs, Angela Maria: Chaos und Individuum. Robert Musils philosophischer Roman als Vision der Moderne. Freiburg i. Br., München: Alber 1996.

Köpeczi, Béla: Georg Lukács über Robert Musil. In: Ilona T. Erdélyi (Hg.): Literatur und Literaturgeschichte in Österreich. Wien: Verlag der Österreichischen Akademie der Wissenschaften 1979 (= Helikon. Sondernummer), S. 295–310.

Kofler, Peter: Metapher als Schizophrenie und andere Analogien. In: Breuer/Busch (Hg.): Robert Musil: *Die Amsel* [2000], S. 41–60.

Koh, Won: Robert Musils *Die Versuchung der stillen Veronika.* Entwicklung der fünf Fassungen. St. Ingbert: Röhrig 1992 (= Beiträge zur Robert-Musil-Forschung und zur neueren österreichischen Literatur, Bd. 2).

Kohlmayer, Josef: Diskurse um die Figur Moosbrugger in Robert Musils Roman *Der Mann ohne Eigenschaften.* Diss. Univ. Graz 1984.

Koller, Erwin: Passierende Schienenfahrzeuge. Gerhart Hauptmann und Robert Musil im Stilvergleich. In: Ulla Fix, Hans Wellmann (Hg.): Stile, Stilprägungen, Stilgeschichte. Über Epochen-, Gattungs- und Autorenstile – sprachanalytische Analysen und didaktische Aspekte. Heidelberg: Winter 1997 (= Sprache – Literatur und Geschichte, Bd. 15), S. 159–176.

Koller, Erwin: Unbildliche, bildliche und bildhafte Versprachlichung von Schmerz (bei A. Döblin, R. Musil, Th. Mann und M. Walser). In: Ulla Fix, Hans Wellmann (Hg.): Bild im Text – Text im Bild. Heidelberg: Winter 2000 (= Sprache – Literatur und Geschichte, Bd. 20), S. 129–153.

Kollig, Daniel: Gesellschaftliche Erstarrungen und individuelles Geschichtsbewusstsein. Ernst Blochs *Spuren* und Robert Musils *Der Mann ohne Eigenschaften* im Kontext ihrer Zeit. In: Bloch-Almanach 25 (2006), S. 133–156.

Kollmann, Franz Gustav: Robert Musil: Technik und Mathematik – ein spannungsreiches Verhältnis. In: Luserke-Jaqui (Hg.): „Alle Welt ist medial geworden." [2005], S. 91–104.

Kollmann, Franz Gustav: Robert Musil und die Mathematik. Vorgetragen in der Plenarsitzung am 5. November 2004. Stuttgart: Steiner 2007 (= Abhandlungen der Mathematisch-Naturwissenschaftlichen Klasse).

Kollmann, Franz Gustav: Zur Datierung der von Musil notierten mathematischen Formeln sowie deren Richtigkeit. In: Musil-Forum 30 (2007/08), S. 1–19.

Koneffke, Jan: Über das Erzählen. Anmerkungen zu Robert Musil. In: Musil-Forum 16 (1990), S. 108–112. [auch in: Sprache im technischen Zeitalter 28 (1990), S. 35–40]

Kontje, Todd: Motivating silence. The recreation of the „eternal feminine" in Robert Musil's *Tonka.* In: Monatshefte für deutschen Unterricht, deutsche Sprache und Literatur 79 (1987), S. 161–171.

Kontje, Todd: Organized violence/Violating order. Robert Musil's *Die Verwirrungen des Zöglings Törleß.* In: Seminar 24 (1988), H. 3, S. 239–254.

Kortian, Garbis: Das Kunstwerk und die Erfahrung der Differenz. Wider einen aktuellen Hang, das Andere der Kunst mit Mystik zu verwechseln. In: Merkur 54 (2000), H. 12, S. 1163–1171.

Kovács, László: Faust-Elemente in Robert Musils Roman *Der Mann ohne Eigenschaften.* In: Jahrbuch der ungarischen Germanistik (1993/94), S. 165–180.

Kovács, László: „Atemzüge eines Sommertags" vor der Folie des *Faust.* In: Ferenc Szász, Imre Kurdi (Hg.): Im Dienste der Auslandsgermanistik. Festschrift für Professor Dr. Dr. h. c. Antal Mádl zum 70. Geburtstag. Budapest: Germanistisches Institut der Eötvös-Loránd-Univ. 1999 (= Budapester Beiträge zur Germanistik, Bd. 34), S. 103–113.

Kraft, Herbert: Gäbe es den Dialog, wäre das Subjekt keine abstrakte Vorstellung mehr. Die Erzählung *Tonka* von Robert Musil. In: Susanne Beckmann, Peter-Paul König, Georg Wolf

(Hg.): Sprachspiel und Bedeutung. Festschrift für Franz Hundsnurscher zum 65. Geburtstag. Tübingen: Niemeyer 2000, S. 415–419.

Kraft, Herbert: Wer hätte schon Bilder „wegen ihrer Geschlechtlichkeit" und nicht „wegen ihres Kunstwerts"? Die Erzählung *Grauauges nebligster Herbst* von Robert Musil. In: Peter Heßelmann, Michael Huesmann, Hans-Joachim Jakob (Hg.): „Das Schöne soll sein". Aisthesis in der deutschen Literatur. Festschrift für Wolfgang F. Bender. Bielefeld: Aisthesis 2001, S. 413–417.

Kraft, Herbert: Musil. Wien: Zsolnay 2003.

Kraft, Herbert: Allegorien der Geschichte, Reportagen aus der Gesellschaft. Robert Musils *Nachlaß zu Lebzeiten*. In: Michael Hoffmann, Hartmut Steinecke (Hg.): Literatur und Geschichte. Neue Perspektiven. Berlin: Erich Schmidt 2004 (= Zeitschrift für deutsche Philologie. Sonderheft, Bd. 123), S. 153–160. [auch in: Martens/Ruthner/De Vos (Hg.): Musil anders [2005], S. 61–70]

Kraft, Herbert: Subjektivität im nachmetaphysischen Zeitalter. Über Musils Roman *Der Mann ohne Eigenschaften*. In: Literatur in Wissenschaft und Unterricht 40 (2007), H. 3/4, S. 141–150.

Kraft, Thomas: Musils *Mann ohne Eigenschaften*. München u.a.: Piper 2000 (= Meisterwerke kurz und bündig).

Kramer, Andreas: Language and desire in Musil's *Törleß*. In: London German studies 6 (1998), S. 287–314.

Krämer, Olav: Denken erzählen. Repräsentationen des Intellekts bei Robert Musil und Paul Valéry. Berlin, New York: de Gruyter 2009 (= spectrum Literaturwissenschaft, Bd. 20).

Krämer, Olav: Ethos und Pathos des Metaphysikverzichts bei Ernst Mach, Max Weber und Robert Musil. In: Ralf Klausnitzer, Carlos Spoerhase, Dirk Werle (Hg.): Ethos und Pathos der Geisteswissenschaften. Konfigurationen der wissenschaftlichen Persona seit 1750. Berlin, Boston: de Gruyter 2015 (= Historia Hermeneutica, Bd. 12), S. 103–131.

Kranke, Andreas Paul: Implosionen des Geredes. Robert Musils *Mann ohne Eigenschaften* und Martin Heideggers *Sein und Zeit* vor der Erfahrung des modernen In-der-Welt-Seins. Diss. Dalhousie Univ. Halifax 2005.

Kraus, Justice: Musil's *Die Verwirrungen des Zöglings Törleß*, Cantor's structures of infinity, and Brouwer's mathematical language. In: Scientia Poetica 14 (2010), S. 72–103.

Kraus, Justice: Setting Dostoevsky straight. Moral murder and critical aesthetics in Robert Musil's *Der Mann ohne Eigenschaften*. In: Seminar 46 (2010), H. 4, S. 383–401.

Krause, Fritz U.: Zu Ursprung und Funktion der „Aphorismen" bei Robert Musil. Ergänzt um eine linguistische Analyse eines Aphorismus zur Stützung der vorangegangenen Verstehensvorschläge. In: Farda/Karthaus (Hg.): Sprachästhetische Sinnvermittlung [1982], S. 154–167.

Krause, Robert: Heterotopie und Moderne. Der urbane Raum in Robert Musils *Mann ohne Eigenschaften* und Rainer Maria Rilkes *Die Aufzeichnungen des Malte Laurids Brigge*. In: Jahrbuch zur Kultur und Literatur der Weimarer Republik 11 (2007), S. 103–129.

Krause, Robert: Abstraktion – Krise – Wahnsinn. Die Ordnung der Diskurse in Robert Musils Roman *Der Mann ohne Eigenschaften*. Würzburg: Ergon 2008 (= Klassische Moderne, Bd. 13).

Krause, Robert: „Man könnte die Geschichte der Grenzen schreiben". Moosbruggers wildes Denken und die Kultur des Okzidents. In: Musil-Forum 31 (2009/10), S. 39–51.

Krauß, Cornelia: „Ein körperlich Antreffen von Phantasien". Anmerkungen zur Wirkungsgeschichte von Robert Musils Drama *Die Schwärmer*. In: Peter Csobádi u. a. (Hg.): Traum und Wirklichkeit in Theater und Musiktheater. Anif: Müller-Speiser 2006 (= Wort und Musik, Bd. 62), S. 220–231.

Krejčí, Karel: Zu Musils Brünner Jugendzeit und zur heutigen tschechischen Rezeption seiner Werke. In: Musil-Forum 1 (1975), S. 33–37.

Krejčí, Karel: Franz Schamann und Robert Musil. In: Musil-Forum 2 (1976), S. 85–94.

Krejčí, Michael: Robert Musil: *Die Verwirrungen des Zöglings Törleß*. In: Jakob Lehmann (Hg.): Deutsche Romane von Grimmelshausen bis Walser. Interpretationen für den Literaturunterricht. Königstein i. Ts.: Scriptor 1982, S. 123–142.

Kremer, Detlef: Parallelaktion. Robert Musils *Der Mann ohne Eigenschaften*. In: Pott (Hg.): Robert Musil – Dichter, Essayist, Wissenschaftler [1993], S. 22–44.

Kremer, Detlef: Die endlose Schrift. Franz Kafka und Robert Musil. In: Rolf Grimminger, Jurij Murašov, Jörn Stückrath (Hg.): Literarische Moderne. Europäische Literatur im 19. und 20. Jahrhundert. Reinbek b. Hamburg: Rowohlt 1995, S. 425–452.

Kremer, Detlef: Fenster. In: Stephan Jaeger, Stefan Willer (Hg.): Das Denken der Sprache und die Performanz des Literarischen um 1800. Würzburg: Königshausen & Neumann 2000 (= Stiftung für Romantikforschung, Bd. 10), S. 213–228.

Kreutzer, Leo: Das geniale Rennpferd. Über Sport und Literatur. In: Akzente 17 (1970), S. 559–574.

Kreuzwieser, Markus: Robert Musil. Eine „letzte Liebesgeschichte" im Garten. In: Richard Faber, Christine Holste (Hg.): Arkadische Kulturlandschaft und Gartenkunst. Eine Tour d'Horizon. Würzburg: Königshausen & Neumann 2010, S. 227–238.

Kreye, Horst: Verdeckte Intentionen in Dialogen. Bonadea oder der Rückfall, Kap. 23, 2. Buch in Musils *Mann ohne Eigenschaften*. In: Sorin Stati, Edda Weigand, Franz Hundsnurscher (Hg.): Dialoganalyse III. Referate der 3. Arbeitstagung, Bologna 1990. Bd. 2. Tübingen: Niemeyer 1991, S. 113–130.

Kroemer, Roland: Ein endloser Knoten? Robert Musils *Verwirrungen des Zöglings Törleß* im Spiegel soziologischer, psychoanalytischer und philosophischer Diskurse. München: Fink 2004 (= Musil-Studien, Bd. 33).

Krolop, Kurt: Robert Musils Beiträge für Prager Blätter. In: Germanistica Pragensia 2 (1962), S. 55–74, u. 3 (1964), S. 13–28.

Krommer, Axel/Kümmel, Albert: Pendelbewegungen des Sinns. Vorschlag einer informations- und chaostheoretischen Bewertung des *Mann ohne Eigenschaften*. In: Rapial 3 (1993), H. 3, S. 2–11.

Krommer, Axel/Kümmel, Albert: Ordnung verlangt nach Zerrissenwerden. Skizze einer informationstheoretischen Deutung des *Mann ohne Eigenschaften*. In: Musil-Forum 19/20 (1993/94), S. 158–164.

Kronberger, Andrea: Eine Schneeflocke im Sommer. *Tonka* von Robert Musil. In: Werner W. Ernst (Hg.): Liebe im Zeichen von Lieblingsliteratur. Einstellungen zur zwischenmenschlichen Liebe an Hand von Lieblingstexten und/oder Lieblingstheorien. Innsbruck: Innsbruck Univ. Press 2009 (= Edition Weltordnung – Religion – Gewalt, Bd. 3), S. 81–103.

Krottendorfer, Kurt: Zerfall und Suche. Die Krise der bürgerlichen Gesellschaft nach 1918 in Robert Musils *Drei Frauen*. In: Munzar (Hg.): Robert Musil, ein Mitteleuropäer [1994], S. 163–170.

Krottendorfer, Kurt: Versuchsanordnungen. Die Krise der bürgerlichen Gesellschaft in Robert Musils *Drei Frauen*. Wien u. a.: Böhlau 1995 (= Literatur in der Geschichte – Geschichte in der Literatur, Bd. 35).

Krotz, Frederick W.: Robert Musils *Die Amsel*. Novellistische Gestaltung einer Psychose. In: Modern Austrian Literature 3 (1970), S. 7–38.

Krotz, Friedrich: Interpretationen zu Robert Musil. München: Oldenbourg 1972.

Kruithof, Jacques: De rijkdom van het onvoltooide. „Een soort inleiding" bij Robert Musil en *De man zonder eigenschappen*. Amsterdam: Meulenhoff 1988.

Krusche, Dietrich: Selbstfindung und Partnerferne. Strukturen innertextlicher Kommunikation und deren gestalterische Funktion in Robert Musils *Vereinigungen*. In: Orbis Litterarum 33 (1978), S. 310–329.

Krysinski, Wladimir: Musil versus Scarron oder die Unbestimmtheit des Romanesken. In: Baur/Castex (Hg.): Robert Musil [1980], S. 113–126.

Krzywkowski, Isabelle: Musil et „l'homme-mathématique". „L'une des dernières témérités somptuaires de la rationalité pure". In: Chardin (Hg.): Robert Musil [2000], S. 251–267.

Kucharska, Anna: Übersetzungsstrategien paraliterarischer Texte am Beispiel der Essays von Robert Musil, Elias Canetti und Thomas Mann. Poznań: Wydawn. Naukowe Uniw. Im. Adama Mickiewicza 2001 (= Seria filologia germańska, Bd. 47).

Kucher, Primus-Heinz: Literarische Reflexionen auf die politische Wirklichkeit in Österreich in den 20er Jahren des 20. Jahrhunderts. In: Strutz/Strutz (Hg.): Robert Musil und die kulturellen Tendenzen seiner Zeit [1983], S. 74–92.

Kucher, Primus-Heinz: Die Auseinandersetzung mit Spenglers *Untergang des Abendlandes* bei Robert Musil und Otto Neurath. Kritik des Irrationalismus. In: Strutz/Strutz (Hg.): Robert Musil – Literatur, Philosophie, Psychologie [1984], S. 124–142.

Kucher, Primus-Heinz: „Eine der stärksten Zeiten der Weltgeschichte" (R. Musil). Der Umbruch 1918/19 und der Anbruch der 20er Jahre in der Wahrnehmung bei Hermann Bahr, Karl Kraus, Arthur Schnitzler, Hugo v. Hofmannsthal und Eugen Hoeflich. In: P.-H. K. (Hg.): Literatur und Kultur im Österreich der Zwanziger Jahre. Vorschläge zu einem transdisziplinären Epochenprofil. Bielefeld: Aisthesis 2007, S. 47–82.

Kudrjavceva, Natalija: Poetologische Konzepte in Musils *Nachlaß zu Lebzeiten*: *Die Amsel*. In: Belobratow (Hg.): Robert Musil und einiges mehr [2011], S. 101–107.

Kühn, Dieter: Analogie und Variation. Zur Analyse von Robert Musils Roman *Der Mann ohne Eigenschaften*. Bonn: Bouvier 1965 (= Bonner Arbeiten zur deutschen Literatur, Bd. 13).

Kühn, Dieter: Sätze und Ansätze. Musils Tagebücher. In: Neue Rundschau 88 (1977), S. 610–618.

Kühn, Dieter: Beispielsweise das Jahr 1923. Zu Robert Musil. In: manuskripte 18 (1978), H. 62, S. 48–55.

Kühn, Dieter: *Der Mann ohne Eigenschaften*. Figur oder Konstruktion. In: Neue Rundschau 91 (1980), H. 4, S. 107–123.

Kühne, Jörg: Das Gleichnis. Studien zur inneren Form von Robert Musils Roman *Der Mann ohne Eigenschaften*. Tübingen: Niemeyer 1968 (= Studien zur deutschen Literatur, Bd. 13).

Kümmel, Albert: Möglichkeitsdenken. Navigation im fraktalen Raum. In: Weimarer Beiträge 41 (1995), H. 4, S. 526–546.

Kümmel, Albert: Das MoE-Programm. Eine Studie über geistige Organisation. München: Fink 2001 (= Musil-Studien, Bd. 29).

Kümmel-Schnur, Albert: Unendlich verwobene Muster. In: Uwe Hebekus, Ingo Stöckmann (Hg.): Das Totalitäre der Klassischen Moderne. Zur Souveränität der Literatur 1900–1933. Paderborn: Fink 2008, S. 127–147.

Kümmel-Schnur, Albert: Arachnefäden. Navigation als Narration. In: Jörg Döring, Tristan Thielmann (Hg.): Mediengeographie. Theorie – Analyse – Diskussion. Bielefeld: transcript 2009 (= Medienumbrüche, Bd. 26), S. 489–512.

Kümmerling, Bettina: ‚Märchenreize'. Zur Märchenthematik in Musils *Mann ohne Eigenschaften*. In: Strutz (Hg.): Robert Musils „Kakanien" [1987], S. 95–115.

Kümmerling-Meibauer, Bettina: Die Kunstmärchen von Hofmannsthal, Musil und Döblin. Köln u. a.: Böhlau 1991 (= Kölner germanistische Studien, Bd. 32).

Kuhn, Heribert: Das Bibliomenon. Topologische Analyse des Schreibprozesses von Robert Musils *Vereinigungen*. Frankfurt a. M. u. a.: Lang 1994 (= Münchner Studien zur literarischen Kultur in Deutschland, Bd. 22).

Kuhnle, Till R.: Bovarysme et snobisme, deux symptômes de la nervosité des nations. Étude de cas: *Der Mann ohne Eigenschaften*. In: Jacqueline Bel (Hg.): Péripéties du snobisme. Lille: Univ. Charles-de-Gaulle 2011 (= Germanica, Bd. 49), S. 55–67.

Kulenkampff, Sabine: Schreiben nach Damaskus. Darstellung und Funktion von Ad-hoc-Offenbarungen in autobiographischer Prosa von Aurelius Augustinus, August Hermann Francke, Jean Paul und Robert Musil. Krakau: Wydawnictwo Szkolne Omega 1999.

Kummer, Lore/Kummer, Wolfgang: La formazione matematica, fisica e tecnica di Robert Musil. In: Riccardo Morello (Hg.): Anima ed esattezza. Letteratura e scienza nella cultura austriaca tra Ottocento e Novecento. Casale Monferrato: Marietti 1983 (= Collana di saggistica, Bd. 4), S. 109–127.

Kumpl, Franz: Robert Musils Denken in Begriffspaaren. Eine genetische Analyse unter besonderer Berücksichtigung der Tagebücher. Diss. Univ. Salzburg 1980.

Kunisch, Hans-Peter: Gefährdete Spiegel. Körper in Texten der frühen Moderne (1890–1930). Musil – Kafka – Schnitzler. Frankfurt a. M. u. a.: Lang 1996 (= Europäische Hochschulschriften. Reihe 1: Deutsche Sprache und Literatur, Bd. 1560).

Kunnas, Tarmo: Die Gestalt Moosbrugger im *Mann ohne Eigenschaften* von Robert Musil. In: Jahrbuch für finnisch-deutsche Literaturbeziehungen 15/16 (1981/82), S. 45–53.

Kunne-Ibsch, Elrud: Erzählformen des Relativierens im Modernismus, dargestellt an Thomas Manns *Joseph und seine Brüder* und Robert Musils *Der Mann ohne Eigenschaften*. In: Alexander Bormann, Karl Robert Mandelkow, Anthonius H. Tonber (Hg.): Wissen aus Erfahrung. Werkbegriff und Interpretation heute. Tübingen: Niemeyer 1976, S. 760–779.

Kunz, Ludwig: Robert Musil, ein vernachlässigter Autor. In: Dinklage (Hg.): Robert Musil. Studien zu seinem Werk [1970], S. 325–329.

Kunze, Eberhard: Ulrich boxt. Zur Genese einer Werkfigur von R. Musil. In: Nanda Fischer (Hg.): Sport und Literatur. Clausthal-Zellerfeld: Deutsche Vereinigung für Sportwissenschaft 1986, S. 74–84.

Kunze, Eberhard: Freizeitträume, Körpermasken, Kitsch. Notizen zu (nicht nur) sportbezogenen Diskursen von R. Musil und N. Elias. In: Nanda Fischer (Hg.): Heldenmythen und Körperqualen. Clausthal-Zellerfeld: Deutsche Vereinigung für Sportwissenschaft 1989, S. 60–69.

Kutzenberger, Stefan: Vier Frauen. Brücken in eine andere Welt bei Robert Musil. In: Philipp Wascher (Hg.): Literarische Brückenbauer und Brückenstürzer. Deutschsprachige Autoren zwischen Sprachen und Kulturen 1850–1950. Iași u. a.: Ed. Universitati Al. I. Cuza 2007 (= Jassyer Beiträge zur Germanistik, Bd. 11), S. 115–134.

Kutzenberger, Stefan: „Because that's pathological!" Manifestations of madness in 1900 Vienna in the works of Klimt and Musil. In: Rebecca S. Thomas (Hg.): Crime and madness in modern Austria. Myth, metaphor and cultural realities. Newcastle: Cambridge Scholars Publ. 2008, S. 42–75.

Kutzenberger, Stefan: „Der Kritik ist kein Vorwurf zu machen". Zur zeitgenössischen Rezeption des *Mann ohne Eigenschaften*. In: Ernst Grabovszki, S. K., Philipp Wascher (Hg.): Fremde Kulturen, vertraute Welten – ein Leben für die Komparatistik. Festschrift für Alberto Martino. Berlin: Weidler 2011 (= Internationale Forschungen zur allgemeinen und vergleichenden Literaturwissenschaft, Bd. 143), S. 389–434.

Kutzenberger, Stefan: Gasförmig, flüssig und fest. Visualisierungsstrategien der Aggregatzustände der Literatur am Beispiel Robert Musil. In: Katerina Kroucheva, Barbara Schaff (Hg.): Kafkas Gabel. Überlegungen zum Ausstellen von Literatur. Bielefeld: transcript 2013 (= Edition Museum, Bd. 1), S. 165–183.

Kuzmics, Helmut/Mozetič, Gerald: Robert Musils Beitrag zur Soziologie. In: H. K., G. M.: Literatur als Soziologie. Zum Verhältnis von literarischer und gesellschaftlicher Wirklichkeit. Konstanz: UVK 2003 (= Theorie und Methode, Bd. 21), S. 225–258.

Kuzniar, Alice A.: Inside out. Robert Musil's *Die Portugiesin*. In: Modern Austrian Literature 26 (1993), H. 2, S. 91–106.

Kyora, Sabine: Psychoanalyse und Prosa im 20. Jahrhundert. Stuttgart: Metzler 1992. [zu Musil bes. S. 162–238]

Kyora, Sabine: Kombinatorische Moderne. In: Deutsche Vierteljahrsschrift für Literaturwissenschaft und Geistesgeschichte 73 (1999), S. 665–691.

Labia, Jean-Jacques: L'entaille et le signe. Récits de Musil: *Drei Frauen. Nouvelles* et romans brefs de Melville. In: Revue de littérature comparée 50 (1976), S. 433–447.

Laermann, Klaus: Eigenschaftslosigkeit. Reflexionen zu Musils Roman *Der Mann ohne Eigenschaften*. Stuttgart: Metzler 1970.

Lahme-Gronostaj, Hildegard: Einbildung und Erkenntnis bei Robert Musil und im Verständnis der „Nachbarmacht" Psychoanalyse. Würzburg: Königshausen & Neumann 1991 (= Epistemata. Reihe Literaturwissenschaft, Bd. 65).

Lamping, Dieter: Die Zahl als poetisches Konstruktionsprinzip. Über das ästhetische Vergnügen an mathematischer Ordnung. In: Andrea Albrecht (Hg.): Zahlen, Zeichen und Figuren. Mathematische Inspirationen in Kunst und Literatur. Berlin, Boston: de Gruyter 2011 (= linguae & litterae, Bd. 11), S. 177–190.
Lange, Victor: Musils *Das Fliegenpapier*. In: Colloquia Germanica 10 (1976/77), H. 3, S. 193–203. [auch in: Heydebrand (Hg.): Robert Musil [1982], S. 450–461]
Lange, Wolfgang: Zwischen Petersburg und Wien. Der Zufall, oder Andrej Belyj und Robert Musil. In: Arcadia 36 (2001), H. 1, S. 118–142.
Langlet, Irène: Le recueil comme condition, ou déclaration, de littérarité. Paul Valéry et Robert Musil. In: Études littéraires 30 (1998), H. 2, S. 23–35.
Large, Duncan: „Geschaffene Menschen". The necessity of the literary self in Nietzsche, Musil and Proust. In: Neohelicon 17 (1990), H. 2, S. 43–60.
Large, Duncan: On the use of the negative in *Der Mann ohne Eigenschaften*. In: Musil-Forum 17/18 (1991/92), S. 38–66.
Large, Duncan: Experimenting with experience. Robert Musil: *Der Mann ohne Eigenschaften*. In: David Midgley (Hg.): The German novel in the twentieth century. Beyond realism. Edinburgh: Edinburgh Univ. Press 1993, S. 110–127.
Large, Duncan: Studied indifference. A modernist topos in Nietzsche, Proust and Musil. In: New Comparison (1993), H. 15, S. 62–86.
Largier, Niklaus: A „sense of possibility". Robert Musil, Meister Eckart, and the „culture of film". In: Hent de Vries (Hg.): Religion. Beyond a concept. New York: Fordham Univ. Press 2008, S. 739–749.
Largier, Niklaus: Mystik als Medium. Robert Musils „Möglichkeitssinn" im Kontext. In: Alexandra Kleihues, Barbara Naumann, Edgar Pankow (Hg.): Intermedien. Zur kulturellen und artistischen Übertragung. Zürich: Chronos 2010 (= Medienwandel – Medienwechsel – Medienwissen, Bd. 14), S. 401–411.
Largier, Niklaus: Das Mögliche denken. Musils Möglichkeitssinn, die Mystik und Foucaults Konzept der Kritik. In: Roland Innerhofer, Katja Rothe, Karin Harrasser (Hg.): Das Mögliche regieren. Gouvernementalität in der Literatur- und Kulturanalyse. Bielefeld: transcript 2011 (= Edition Kulturwissenschaft, Bd. 5), S. 31–47.
Largier, Niklaus: Heitere Unlust. Musils Essayistik des Gefühls. In: Figurationen 15 (2014), H. 2, S. 66–77.
Largier, Niklaus: Zeit der Möglichkeit. Robert Musil, Georg Lukács und die Kunst des Essays. Hannover: Wehrhahn 2015 (= Ästhetische Eigenzeiten. Kleine Reihe, Bd. 3).
Lavin, Carmen: Eclecticism in Musil's *Der Mann ohne Eigenschaften*. In: Huber/White (Hg.): Musil in focus [1982], S. 85–98.
Lavin, Carmen: Patterns of expectation in Robert Musil's *Der Mann ohne Eigenschaften*. In: Hickman (Hg.): Robert Musil and the literary landscape of his time [1991], S. 172–189.
Le Rider, Jacques: Variations sur le thème de l'Anschluss. De Robert Musil à Heimito von Doderer. In: Austriaca 14 (1988), H. 26, S. 101–106.
Le Rider, Jacques: Musil et Nietzsche. In: Europe. Revue littéraire mensuelle 69 (1991), H. 741/742, S. 45–49.
Le Rider, Jacques: Pour une „science de l'homme". Les „Journaux" de Robert Musil. In: Chardin (Hg.): Robert Musil [2000], S. 171–189. [dt. in: J. L. R.: Kein Tag ohne Schreiben. Tagebuchliteratur der Wiener Moderne. Wien: Passagen 2002, S. 255–284]
Le Rider, Jacques: Arbeit am Habsburgischen Mythos. Joseph Roth und Robert Musil im Vergleich. In: Wiebke Amthor, Richard Brittnacher (Hg.): Joseph Roth. Zur Modernität des melancholischen Blicks. Berlin, Boston: de Gruyter 2012 (= Untersuchungen zur deutschen Literaturgeschichte, Bd. 142), S. 19–28.
Ledanff, Susanne: Bildungsroman versus Großstadtroman. Thesen zum Konflikt zweier Romanstrukturen, dargestellt am Beispiel von Döblins *Berlin Alexanderplatz*, Rilkes *Aufzeichnungen des Malte Laurids Brigge* und Musils *Mann ohne Eigenschaften*. In: Sprache im technischen Zeitalter (1981), H. 78, S. 85–114.

Leggewie, Claus: Robert Musil, *Der Mann ohne Eigenschaften*. In: Johanna Hoppen u.a. (Hg.): Schlüsselwerke der Kulturwissenschaften. Bielefeld: transcript 2012, S. 173–175.
Legrenzi, Paolo: L'uomo senza facoltà. Modelli del comportamento in Musil. In: Riccardo Morello (Hg.): Anima ed esattezza. Letteratura e scienza nella cultura austriaca tra Ottocento e Novecento. Casale Monferrato: Marietti 1983 (= Collana di saggistica, Bd. 4), S. 98–108.
Lehmann, Johannes Friedrich: Erfinden, was der Fall ist. Fallgeschichte und Rahmen bei Schiller, Büchner und Musil. In: Zeitschrift für Germanistik. N. F. 19 (2009), H. 2, S. 361–380.
Lehmann, Johannes Friedrich: „Es war ihm, als ob ...". Zu Theorie und Geschichte des ‚erlebten Vergleichs'. In: Zeitschrift für deutsche Philologie 132 (2013), H. 4, S. 481–498.
Leitgeb, Christoph: Gattungspoetik bei Robert Musil. Drama und Novelle in Theorie und Praxis. Diss. Univ. Salzburg 1989.
Leitgeb, Christoph: Grillparzers *Kloster bei Sendomir* und Musils *Tonka*. Ein Sprachstilvergleich. In: Sprachkunst 25 (1994), H. 2, S. 347–371. [auch in: C. L., Richard Reichensperger: Grillparzer und Musil. Studien zu einer Sprachstilgeschichte österreichischer Literatur. Heidelberg: Winter 2000 (= Sprache – Literatur und Geschichte, Bd. 17), S. 143–180]
Leitgeb, Christoph: Abstrakte Mauern, konkrete Ideologie. Zur Hausmetaphorik Robert Musils. In: Roth (Hg.): Neue Ansätze zur Robert-Musil-Forschung [1999], S. 109–136. [auch in: C. L., Richard Reichensperger: Grillparzer und Musil [2000], S. 181–205]
Leitgeb, Christoph: Ein Weg zum „Heimweg". Über Textstruktur und Nachlaßfassungen eines Kapitels aus Robert Musils Roman *Der Mann ohne Eigenschaften*. In: C. L., Richard Reichensperger: Grillparzer und Musil [2000], S. 235–266.
Leitgeb, Christoph: Schwirren statt Schweben. Der ironische Tod österreichischer Fliegen. In: Martens/Ruthner/De Vos (Hg.): Musil anders [2005], S. 111–136.
Leitgeb, Christoph/Reichensperger, Richard: Grillparzer und Musil. Studien zu einer Sprachstilgeschichte österreichischer Literatur. Heidelberg: Winter 2000 (= Sprache – Literatur und Geschichte, Bd. 17).
Leitgeb, Christoph/Reichensperger, Richard: Von Textanalysen zur Literaturgeschichte. Studien zu einer Sprachstilgeschichte österreichischer Literatur: Grillparzer, Musil. In: Michael Böhler, Hans Otto Horch (Hg.): Kulturtopographie deutschsprachiger Literaturen. Perspektivierungen im Spannungsfeld von Integration und Differenz. Tübingen: Niemeyer 2002, S. 87–96.
Lejeune, Robert: Robert Musils Schweizer Jahre. In: Dinklage (Hg.): Robert Musil. Studien zu seinem Werk [1970], S. 359–370.
Lemaire, Gérard-Georges: La rivelazione. In: Musil contro Proust [1981], S. 85–94.
Lemon, Robert: Imperial mystique and empiricist mysticism. Inner colonialism and exoticism in Musil's *Törleß*. In: Modern Austrian Literature 42 (2009), H. 1, S. 1–22.
Lemon, Robert: Imperial messages. Orientalism as self-critique in the Habsburg fin de siècle. Rochester: Camden House 2011 (= Studies in German literature, linguistics, and culture). [zu Musil bes. S. 52–72]
Lennartz, Frank: Robert Musil. In: F. L.: Deutsche Schriftsteller des 20. Jahrhunderts im Spiegel der Kritik. Bd. 2. Stuttgart: Kröner 1984, S. 1264–1268.
Lepinis, Asta Helena: Der Kritiker Robert Musil. Diss. Yale Univ. 1970.
Leppmann, Wolfgang: Zum Goethebild bei Robert Musil, Hermann Broch und Ernst Jünger. In: Monatshefte für deutschen Unterricht, deutsche Sprache und Literatur 54 (1962), S. 145–155.
Leśniak, Sławomir: Robert Musil und die Zahl. Anmerkungen zum Verhältnis von funktionaler Denkweise und stilistisch-semantischen Disparitäten bei Robert Musil. In: German Life and Letters 65 (2012), H. 1, S. 36–58.
Leśniak, Sławomir: Die Entwicklung des Essays. Literarische Transformationen der mathematischen Funktionalität bei Rudolf Kassner, Walter Benjamin, Robert Musil und Vilém Flusser. Würzburg: Königshausen & Neumann 2013.

Lethen, Helmut: Eckfenster der Moderne. Wahrnehmungsexperimente bei Musil und E. T. A. Hoffmann. In: Strutz (Hg.): Robert Musils „Kakanien" [1987], S. 195–229. [auch in H. L.: Unheimliche Nachbarschaften. Essays zum Kälte-Kult und der Schlaflosigkeit der philosophischen Anthropologie im 20. Jahrhundert. Freiburg i. Br. u. a.: Rombach 2009 (= Rombach Wissenschaften. Edition Parabasen, Bd. 10), S. 9–42]

Leucht, Robert: Die Figur des Ingenieurs im Kontext. Utopien und Utopiedebatten im ersten Drittel des 20. Jahrhunderts. In: Internationales Archiv für Sozialgeschichte der deutschen Literatur 36 (2011), H. 2, S. 283–312.

Leucht, Robert/Reichlin, Susanne: „Ein Gleichgewicht ohne festen Widerhalt, für das wir noch keine rechte Beschreibung gefunden haben". Robert Musils ‚anderer Zustand' als Ort der Wissensübertragung. In: Beil/Gamper/Wagner (Hg.): Medien, Technik, Wissenschaft [2011], S. 289–322.

Leue, Bettina: Diotima: „Seelenriesin" und „Riesenhuhn". Zur Sprache einer Frau in Musils *Mann ohne Eigenschaften*. In: Marianne Henn, Britta Hufeisen (Hg.): Frauen: MitSprechen, MitSchreiben. Beiträge zur literatur- und sprachwissenschaftlichen Frauenforschung. Stuttgart: Heinz 1997 (= Stuttgarter Arbeiten zur Germanistik, Bd. 349), S. 331–345.

Leupold, Dagmar: The oxymoron as genetive model. A study of Petrarch's *Rime Sparse*, Hofmannswaldau's *Teutsche Übersetzungen und Gedichte*, and Musil's *Drei Frauen*. Diss. Univ. of New York 1993.

Leupold, Dagmar: Experiment Ekstase. Robert Musils *Drei Frauen*. In: Roth (Hg.): Neue Ansätze zur Robert-Musil-Forschung [1999], S. 195–215.

Lewis, Ellen Doris: Irony and satire in Robert Musil's shorter prose works and essays. Diss. Columbia Univ. 1965.

Lickhardt, Maren: Postsouveränes Erzählen und eigenmächtiges Geschehen in Robert Musils *Der Mann ohne Eigenschaften*. In: Zeitschrift für Literaturwissenschaft und Linguistik 42 (2012), H. 165, S. 10–34.

Lieb, Claudia: Crash. Der Unfall der Moderne. Bielefeld: Aisthesis 2009 (= Münstersche Arbeiten zur Internationalen Literatur, Bd. 3). [zu Musil bes. S. 229–252]

Liebrand, Claudia: Romantische Sprachspiele. Robert Musils *Mann ohne Eigenschaften*. In: Hofmannsthal-Jahrbuch 5 (1997), S. 293–316.

Liersch, Werner: Wiederbegegnung mit Robert Musil. In: Sprache im technischen Zeitalter 28 (1990), S. 29–34.

Lindner, Anna: Morelli im „Tausendjährigen Reich". Zu Julio Cortázars Musil-Rezeption. In: Komparatistik (2010), S. 169–187.

Lindner, Anna: „Nur kein Kind!" Anmerkungen zu einer gesellschaftlichen Utopie in Robert Musils *Der Mann ohne Eigenschaften*. In: Temeswarer Beiträge zur Germanistik 10 (2013), S. 157–169.

Link, Jürgen: Erzählen, wie man in andere Zustände kommt. Mentale Denormalisierung in der Literatur (mit einem Blick auf Zola und Musil). In: Beate Ochsner, Anna Grebe (Hg.): Andere Bilder. Zur Produktion von Behinderung in der visuellen Kultur. Bielefeld: transcript 2013 (= Disability Studies), S. 179–194.

Link-Heer, Ursula: Fragment und Roman. Notizen zu Proust und Musil. In: Arlette Camion u. a. (Hg.): Über das Fragment. Heidelberg: Winter 1999 (= Reihe Siegen, Bd. 4), S. 85–125.

Lipic, Melanie: Von „einem seltsamen Ort" und „merkwürdigen Leuten". Subjektiver Blick und Raumdarstellung in Robert Musils *Grigia*. In: Fabrizio Cambi, Wolfgang Hackl (Hg.): Topographie und Raum in der deutschen Sprache und Literatur. Wien: Praesens 2013 (= Stimulus), S. 201–210.

Lobner, Hans: Sigmund Freund und Robert Musil. Ein Sprachvergleich. In: Sigmund Freud House Bulletin (1990), H. 2, S. 30–45.

Locher, Elmar: Marxistische Interpretation. In: Groeben (Hg.): Rezeption und Interpretation [1981], S. 77–80.

Locher, Elmar: Die Stimme der Amsel in den Stimmen der *Amsel* Robert Musils. In: Breuer/Busch (Hg.): Robert Musil: *Die Amsel* [2000], S. 131–158.

Locher, Elmar: Annäherungen an den Zusammenhang von Singularität, Differenz und Wiederholung in Robert Musils *Die Amsel*. In: Marianne Schuller, Elisabeth Strowick (Hg.): Singularitäten. Literatur – Wissenschaft – Verantwortung. Freiburg i. Br.: Rombach 2001 (= Rombach Wissenschaften. Reihe Litterae, Bd. 95), S. 73–92.

Locher, Elmar: Die Gattungen als Verrechnungsgröße oder Robert Musil und Robert Walser auf der Suche nach der 0. In: Salgaro (Hg.): Robert Musil in der Klagenfurter Ausgabe [2014], S. 219–241.

Loebenstein, Johannes: Das Problem der Erkenntnis in Musils künstlerischem Werk. In: Dinklage (Hg.): Robert Musil [1960], S. 77–131.

Lönker, Fred: Probleme des Fremden in der literarischen Übersetzung. In: Daigger/Militzer (Hg.): Die Übersetzung literarischer Texte am Beispiel Robert Musil [1988], S. 57–72.

Lönker, Fred: ‚Die Landschaft nicht im Wagen suchen'. Der frühe Musil und die Psychologie. In: Scientia Poetica 1 (1997), S. 183–205.

Lönker, Fred: Das Verschwinden des Subjekts in der Literatur der Jahrhundertwende (Hofmannsthal, Rilke, Musil). In: Dietmar Jacobsen (Hg.): Kontinuität und Wandel, Apokalyptik und Prophetie. Literatur an Jahrhundertschwellen. Frankfurt a. M. u. a.: Lang 2001, S. 137–160.

Lönker, Fred: Poetische Anthropologie. Robert Musils Erzählungen *Vereinigungen*. München: Fink 2002 (= Musil-Studien, Bd. 30).

Lönker, Fred: Der Fall Moosbrugger. Zum Verhältnis von Psychopathologie und Anthropologie in Robert Musils *Der Mann ohne Eigenschaften*. In: Jahrbuch der Deutschen Schillergesellschaft 47 (2003), S. 280–302.

Lönker, Fred: „Sie spürte ihren Körper von überall zugleich". Über die Beschreibung von Körpererfahrung in Robert Musils *Vereinigungen*. In: Henriette Herwig (Hg.): Zeichenkörper und Körperzeichen im Wandel von Literatur- und Sprachgeschichte. Freiburg i. Br.: Rombach 2005 (= Rombach Wissenschaften. Reihe Litterae, Bd. 131), S. 127–141.

Lönker, Fred: Ein „seiner selbst gewisser Augenblick". Momente bezugloser Evidenz bei Robert Musil. In: Friederike Felicitas Günther, Torsten Hoffmann (Hg.): Anthropologien der Endlichkeit. Stationen einer literarischen Denkfigur seit der Aufklärung. Für Hans Graubner zum 75. Geburtstag. Göttingen: Wallstein 2011, S. 160–174.

Lönker, Fred: Über den „Klavierzorn" und andere Gefühle in Robert Musils *Der Mann ohne Eigenschaften*. In: Günther Schnitzler, Achim Aurnhammer (Hg.): Wort und Ton. Freiburg i. Br. u. a.: Rombach 2011 (= Rombach Wissenschaften. Reihe Litterae, Bd. 173), S. 511–527.

Lönker, Fred: Der frühe Musil. In: Johannes G. Pankau (Hg.): Fin de Siècle. Epoche – Autoren – Werke. Darmstadt: Wissenschaftliche Buchgesellschaft 2013, S. 197–210.

Lönker, Fred: Nachwort. In: Robert Musil: Nachlass zu Lebzeiten. Hg. v. F. L. Stuttgart: Reclam 2013, S. 165–189.

Loescher, Jens: Schreibexperimente und die ‚Psychologie der ersten Stunde'. Musil, Wittgenstein, Kafka, Robert Walser. In: Wirkendes Wort 62 (2012), H. 1, S. 67–93.

Löser, Kai: Das Ich und das Andere. Identität, Sinn und Erzählen in *Die Amsel* von Robert Musil. In: The German Quarterly 83 (2010), H. 3, S. 297–316.

Lombardo, Patrizia: Musil, Stendhal und die Dynamik der Gefühle. In: Mulligan/Westerhoff (Hg.): Robert Musil [2009], S. 125–147.

Longuet-Marx, Anne: Les qualités sans homme. In: Musil-Forum 10 (1984), S. 132–137.

Longuet-Marx, Anne: Musil et „l'autre état". L'expérience de l'extase. In: Musil-Forum 11/12 (1985/86), S. 68–77.

Longuet-Marx, Anne: Proust, Musil. Partage d'écritures. Paris: Presses Univ. de France 1986 (= Croisées).

Longuet-Marx, Anne: Proust, Musil – Ethiken des Schreibens. In: Strutz/Kiss (Hg.): Genauigkeit und Seele [1990], S. 53–65.

Longuet-Marx, Anne: La rhapsodie musilienne. In: Europe. Revue littéraire mensuelle 69 (1991), H. 741/742, S. 11–18.

Longuet-Marx, Anne: Musil, Pessoa. De l'indifférence à l'intranquillité. In: Austriaca 20 (1995), H. 41, S. 37–46.
Lorenz, Dagmar: Der Essayist als Romancier: Jean Améry und Robert Musil. In: D. L.: Scheitern als Ereignis. Der Autor Jean Améry im Kontext europäischer Kulturkritik. Frankfurt a. M. u. a.: Lang 1991 (= Europäische Hochschulschriften. Reihe 1: Deutsche Sprache und Literatur, Bd. 1234), S. 171–175.
Losen, Renate: Die notwendige und unmögliche Diagnose der Zeit. Zur Schilderung einer „Zeitkrankheit" bei Robert Musil. In: Scheidewege 1 (1971), H. 1, S. 57–77.
Lubkoll, Christine: Fingierte Mündlichkeit – inszenierte Interaktion. Die Novelle als Erzählmodell. In: Zeitschrift für germanistische Linguistik 36 (2008), H. 3, S. 381–402.
Luca, Pina de: Mito e simbolo dell'androgino. Tre Platone e Musil. In: Filosofia e teologia 5 (1991), S. 420–434.
Luccioni, Gennie: La méthode de Musil. In: Esprit 27 (1959), H. 272, S. 676–687.
Ludwig, Mark: Moosbrugger denkt nach. Zur Ambivalenz von Entgrenzung und Begrenzung in Robert Musils *Mann ohne Eigenschaften*. In: Martin Roussel, Markus Wirtz, Antonia Wunderlich (Hg.): Eingrenzen und Überschreiten. Verfahren in der Moderneforschung. Würzburg: Königshausen & Neumann 2005, S. 61–72.
Ludwig, Mark: Zurechnungsfähigkeiten. Kriminologie in Robert Musils *Mann ohne Eigenschaften*. Würzburg: Königshausen & Neumann 2011 (= Studien zur Kulturpoetik, Bd. 15).
Luehrs-Kaiser, Kai: Verwirklichung oder Entzweiung? Zur Edition des Musil-Nachlasses auf CD-ROM. In: Editio 8 (1994), S. 158–172.
Luehrs, Kai: Das Werden der Vergangenheit. Erläuterungen und Interpretationen zur Erinnerung als Erzählproblem bei Robert Musil, Heimito von Doderer und Hans Henny Jahnn. Diss. FU Berlin 1999.
Lützeler, Paul Michael: Ein Plädoyer für kommentierte Werkausgaben. Zu Theorie und Praxis bei der Edition von Gesamtausgaben moderner Autoren. In: Musil-Forum 2 (1976), S. 270–286.
Luft, David S.: Robert Musil and the crisis of European culture. 1880–1942. Berkeley u. a.: Univ. of California Press 1980.
Luft, David S.: The writer and Austrian culture. Robert Musil and Heimito von Doderer. In: Ritchie Robertson, Edward Timms (Hg.): The Habsburg legacy. National identity in historical perspective. Edinburgh: Edinburgh Univ. Press 1994 (= Austrian studies, Bd. 5), S. 136–143.
Luft, David S.: Eros and inwardness in Vienna. Weininger, Musil, Doderer. Chicago u. a.: Univ. of Chicago Press 2003.
Lungstrum, Janet: Conceiving the text. Nietzschean inspiration in Musil's *Tonka*. In: The German Quarterly 64 (1991), H. 4, S. 488–500.
Luperini, Romano: L'incontro, il caso e il destino. *Il compimento dell'amore* di Musil. In: Allegoria per uno studio materialistico della letteratura 18 (2006), H. 52/53, S. 51–82.
Luserke, Matthias: Psychologie und Musil. Widerspruch oder Ergänzung? In: Musil-Forum 5 (1979), S. 126–134.
Luserke, Matthias: Möglichkeit und Wirklichkeit. Robert Musil und Nicolai Hartmann. In: Musil-Forum 10 (1984), S. 138–141.
Luserke, Matthias: „Gut und glückselig?" Ein unbekanntes Textfragment von Robert Musil. In: Jahrbuch der Deutschen Schillergesellschaft 31 (1987), S. 53–71.
Luserke, Matthias: Wirklichkeit und Möglichkeit. Modaltheoretische Untersuchung zum Werk Robert Musils. Frankfurt a. M. u. a.: Lang 1987 (= Europäische Hochschulschriften. Reihe 1: Deutsche Sprache und Literatur, Bd. 1000).
Luserke, Matthias: Gestalt- und gegenstandstheoretische Implikate im Denken Robert Musils. In: Gestalt Theory 10 (1988), H. 4, S. 274–289.
Luserke, Matthias: Joyce und Musil. Über eine Schwierigkeiten des Vergleichens. In: Duitse kroniek 39 (1989), H. 2, S. 42–58.

Luserke, Matthias: Robert Musil. Stuttgart, Weimar: Metzler 1995 (= Sammlung Metzler, Bd. 289).

Luserke, Matthias: Schule erzählt. Literarische Spiegelbilder im 19. und 20. Jahrhundert. Göttingen: Vandenhoeck & Ruprecht 1999 (= Kleine Reihe V&R, Bd. 4016). [zu Musil bes. S. 78–90]

Luserke-Jaqui, Matthias: „Dieses grausame, entartete, wilde Geschlecht". Über die literarische Darstellung der Schule als Ort männlicher Sozialisation. In: Karin Tebben (Hg.): Abschied vom Mythos Mann. Kulturelle Konzepte der Moderne. Göttingen: Vandenhoeck & Ruprecht 2002, S. 49–64.

Luserke-Jaqui, Matthias: Musil-Rezeption in der Gegenwartsliteratur. Über Franz Riegers Roman *Internat in L.* (1986). In: Béhar/Roth (Hg.): Musil an der Schwelle zum 21. Jahrhundert [2005], S. 251–265.

Luserke-Jaqui, Matthias: *Die Verwirrungen des Zöglings Törleß*. Adolescent sexuality, the authoritarian mindset, and the limits of language. In: Bartram/Payne/Tihanov (Hg.): A companion to the works of Robert Musil [2007], S. 151–173.

Luserke-Jaqui, Matthias: Experiment Liebe. Eine literaturwissenschaftliche Annäherung oder Musil begegnet Schlegel. In: Gerhard Gamm, Jens Kertscher (Hg.): Philosophie in Experimenten. Versuche explorativen Denkens. Bielefeld: transcript 2011 (= Edition Moderne Postmoderne), S. 69–90.

Luserke-Jaqui, Matthias/Payne, Philip: Figuring thought in culture. „Utopia" in *Der Mann ohne Eigenschaften* from the perspective of „Kulturwissenschaft". In: Bartram/Payne/Tihanov (Hg.): A companion to the works of Robert Musil [2007], S. 313–332.

Maar, Michael: Im Haifischmagen. Robert Musil. In: M. M.: Leoparden im Tempel. Andersen, Borges, Canetti, Chesterton, Kafka, Lampedusa, Mann, Musil, Nabokov, Powell, Proust, Woolf. Berlin: Berenberg 2007, S. 30–38.

Mabee, Barbara: Images of women in Musil's *Tonka*. Mystical encounters and borderlines between self and other. In: Michigan Academician 24 (1992), S. 369–381.

Mackowiak, Klaus: Musils Nietzsche-Rezeption. In: Perspektiven der Philosophie. Neues Jahrbuch 20 (1994), S. 323–353.

Mackowiak, Klaus: Genauigkeit und Seele. Robert Musils Kunstauffassung als Kritik der instrumentellen Vernunft. Marburg: Tectum 1995.

Madrigal Devesa, Pedro: Robert Musil y la crisis del arte. Madrid: Tecnos 1987 (= Coleccion Metropolis).

Madsen, Hendrik: „Es könnte ebenso gut anders sein …". Zeitkritisches Abbild und utopisches Vorausbild in den Druckfahnenkapiteln des Romans *Der Mann ohne Eigenschaften* von Robert Musil. In: Literatur in Wissenschaft und Unterricht 34 (2001), H. 1, S. 3–17.

Mae, Michiko: Die Verschränkung des Prinzips der Motivation und des Strukturprinzips der Vereinigung in den Bildern von Musils Novelle *Die Vollendung der Liebe*. In: Musil-Forum 10 (1984), S. 57–68.

Mae, Michiko: Motivation und Liebe. Zum Strukturprinzip der Vereinigung bei Robert Musil. München: Fink 1988 (= Musil-Studien, Bd. 16).

Magnou, Jacqueline: *Törleß* – eine Variation über den Ödipus-Komplex? Einige Bemerkungen zur Struktur des Romans. In: Musil-Forum 3 (1977), S. 134–158. [auch in: Heydebrand (Hg.): Robert Musil [1982], S. 296–318]

Magnou, Jacqueline: Zwischen Mach und Freud. Ich-Problematik in den Frühwerken Robert Musils. In: Musil-Forum 7 (1981), S. 131–141.

Magnou, Jacqueline: Grenzfall und Identitätsproblem oder die Rolle der Psychopathologie in der literarischen Praxis und Theorie Musils anhand der Novellen: *Vereinigungen*. In: Farda/Karthaus (Hg.): Sprachästhetische Sinnvermittlung [1982], S. 103–116. [auch in: Brokoph-Mauch (Hg.): Beiträge zur Musil-Kritik [1983], S. 129–147]

Magnou, Jacqueline: „Schicksale sind vom Zentralen aus gestaltet". *Die Vollendung der Liebe*. In: Musil-Forum 10 (1984), S. 69–76.

Magnou, Jacqueline: Littérature et psychanalyse ou la rencontre des parallèles sur les œuvres de jeunesse de Robert Musil. In: Cometti (Hg.): Robert Musil [1986], S. 69–82.
Magnou, Jacqueline: Le vertige du moi. À propos de *Noces*. In: Europe. Revue littéraire mensuelle 69 (1991), H. 741/742, S. 19–27.
Magnou, Jacqueline: Une carrière posthume en France ou le développement du discours sur Robert Musil. In: Chroniques allemandes 3 (1994), H. 1, S. 215–228.
Magnou, Jacqueline: Le moi et l'autre. La femme dans les nouvelles de Musil. In: Austriaca 20 (1995), H. 41, S. 155–168.
Magnou, Jacqueline: Robert Musil. De *Törleß* à *Noces* ou le vertige du moi. Bern u.a.: Lang 1995 (= Contacts. Série 3: Études et documents, Bd. 31).
Magnou, Jacqueline: Du bon usage de la sexualité. De Schnitzler à Musil. In: Daigger/Schröder-Werle/Thöming (Hg.): West-östlicher Divan zum utopischen Kakanien [1999], S. 351–371.
Magris, Claudio: Il mito absburgico. Nella letteratura austriaca moderna. Turin: Einaudi 1963. [zu Musil bes. 299–317] [dt.: Der habsburgische Mythos in der österreichischen Literatur. Salzburg: Otto Müller 1966, bes. S. 278–295]
Magris, Claudio: Arnheim und Papa Fischel. In: C. M.: Weit von wo. Verlorene Welt des Ostjudentums. Wien: Europa 1974, S. 144–151 u. 352 (Anm.).
Magris, Claudio: Musil e le scuciture dei segni. In: Strumenti critici 8 (1974), H. 25, S. 273–305.
Magris, Claudio: Musil und die „Nähte der Zeichen". In: Literaturwissenschaftliches Jahrbuch. N. F. 15 (1974), S. 189–219. [gek. auch in: Freese (Hg.): Philologie und Kritik [1981], S. 177–193]
Magris, Claudio: Il significato latitante. In: Annali. Studi Tedeschi 20 (1977), H. 3, S. 87–107.
Magris, Claudio: Die Odyssee des Robert Musil. In: Merkur 33 (1979), H. 368, S. 138–148.
Magris, Claudio: Ein grenzenloser Kataster des Fragmentarischen. Musils Tagebücher. In: Kurt Bartsch u.a. (Hg.): Die andere Welt. Aspekte der österreichischen Literatur des 19. und 20. Jahrhunderts. Bern u.a.: Francke 1979, S. 291–295.
Magris, Claudio: L'odyssée rectiligne de Robert Musil. In: Olmi/Roth (Hg.): Robert Musil [1981], S. 139–147.
Magris, Claudio: Hinter dieser Unendlichkeit. Robert Musil. In: C. M.: Der Ring der Clarisse. Großer Stil und Nihilismus in der modernen Literatur. Frankfurt a.M.: Suhrkamp 1987, S. 269–316. [gek. auch in: Brokoph-Mauch (Hg.): Beiträge zur Musil-Kritik [1983], S. 49–62]
Magris, Claudio: Le dictionnaire universel de Musil. In: Europe. Revue littéraire mensuelle 69 (1991), H. 741/742, S. 6–10.
Magris, Claudio: Ein anderes Meer. In: Cejpek (Hg.): Nach Musil [1992], S. 134–143.
Maier, Anna: Franz Kafka und Robert Musil als Vertreter der ethischen Richtung des modernen Romans. Diss. Univ. Wien 1949.
Maier, Uwe M.: Sinn und Gefühl in der Moderne. Zu Robert Musils Gefühlstheorie und einer Soziologie der Emotionen. Aachen: Shaker 1999.
Maier-Solgk, Frank: Musil und die problematische Politik. Zum Verhältnis von Literatur und Politik bei Robert Musil, insbesondere zu einer Auseinandersetzung mit Carl Schmitt. In: Orbis Litterarum 46 (1991), S. 340–363.
Maier-Solgk, Frank: Sinn für Geschichte. Ästhetische Subjektivität und historiologische Reflexion bei Robert Musil. München: Fink 1992 (= Musil-Studien, Bd. 22).
Maier-Solgk, Frank: Vom Wiedererwachen einer Utopie. In: Communio 21 (1992), H. 3, S. 282–288.
Mainberger, Sabine: Ordnungen des Gehens. Überlegungen zu Diagrammen und moderner Literatur. Mit Beispielen von Claude Simon, Robert Musil u.a. In: Poetica 39 (2007), H. 1/2, S. 211–241.
Mainberger, Sabine: Experiment Linie. Künste und ihre Wissenschaften um 1900. Berlin: Kadmos 2010 (= Kaleidogramme, Bd. 53). [zu Musil bes. S. 160–173]

Mainberger, Sabine: Visuelle Konjunktive. Überlegungen zu Robert Musils *Die Verwirrungen des Zöglings Törleß* und *Die Amsel*. In: Modern Language Notes 125 (2010), S. 602–625.

Mainberger, Sabine: Schreiben, Zeichnen, Denken. Zu vier Skizzen Robert Musils aus dem Nachlass zum *Mann ohne Eigenschaften*. In: Zeitschrift für deutsche Philologie 130 (2011), H. 2, S. 217–244.

Makropoulos, Michael: Modernität als Indifferenz? Ein Versuch zu Walter Benjamins Urteil über Robert Musils *Der Mann ohne Eigenschaften*. In: konkursbuch 19 (1987), S. 142–157.

Makropoulos, Michael: Krise und Kontingenz. Zwei Kategorien im Modernitätsdiskurs der Klassischen Moderne. In: Moritz Föllmer, Rüdiger Graf (Hg.): Die „Krise" der Weimarer Republik. Zur Kritik eines Deutungsmusters. Frankfurt a. M. u.a.: Campus 2005, S. 45–76.

Makropoulos, Michael: Kontingenz – Technisierung – „Möglichkeitssinn". Über ein Motiv bei Robert Musil. In: Feger/Pott/Wolf (Hg.): Terror und Erlösung [2009], S. 279–299.

Maldonado Alemán, Manuel: La primera guerra mundial y Europa según Miguel de Unamuno y Robert Musil. In: Manuel Maldonado Alemán (Hg.): Austria, España y Europa. Identidades y diversidades. Sevilla: Univ. de Sevilla 2006 (= Colección actas, Bd. 60), S. 43–62.

Malinowski, Bernadette: „... wie wenn du flüstern hörst oder bloß rauschen". Versuch über das Geräusch bei Robert Musil. In: Andrea Bartl, Antonie Magen (Hg.): Auf den Schultern des Anderen. Festschrift für Helmut Koopmann zum 75. Geburtstag. Paderborn: mentis 2008, S. 297–326.

Mander, Matthias: „Aktualität" Robert Musils. In: Musil-Forum 7 (1981), S. 175–179.

Mannarini, Lalli: Musil e il saggismo. In: La scena memorabile. Teatro e assolutismo in Inghilterra. Mailand: Savelli Editore 1979, S. 165–174.

Mannarini, Lalli: Il primato della teoria. Sui saggi di Robert Musil. Mailand: Shakespeare & Co. 1984.

Mannarini, Lalli: Musil und Lukács. Der Essay. In: German Studies in India 8 (1984), S. 70–74.

Mannarini, Lalli: Robert Musil. Appunti per una critica dell'antisemitismo. In: Quirino Principe (Hg.): Ebrei e Mitteleuropa. Cultura, letteratura, società. Mailand: Shakespeare & Co. 1984, S. 135–143.

Mannarini, Lalli: *Über den Essay*. Analyse eines Fragments Musils. In: Musil-Forum 10 (1984), S. 233–237.

Marcetteau, Marie-Charlotte: Robert Musil et Otto Weininger. Différence raciale et différence sexuelle dans *L'homme sans qualités*. Diss. Univ. de Paris 1986.

Marcovaldi, Gaetano/Zettl, Walter: Inventar des bei Prof. Gaetano Marcovaldi, Rom, befindlichen und von ihm verwalteten Nachlasses von Robert Musil. In: Musil-Forum 2 (1976), S. 195–200.

Margwelaschwili, Giwi: Die existenzial-ontologische Thematik in Musils *Der Mann ohne Eigenschaften*. In: Musil-Forum 8 (1982), S. 69–102.

Marini, Loredana: Der Dichter als Fragmentist. Geschichte und Geschichten in Robert Musils Roman *Der Mann ohne Eigenschaften*. Bern u.a.: Lang 2002 (= Musiliana, Bd. 8).

Markner, Reinhard: Marginalie zur Montagetechnik Musils. Rathenau und Arnheim. In: Literaturwissenschaftliches Jahrbuch der Görres-Gesellschaft. N. F. 32 (1991), S. 391–392.

Marko, Kurt: Robert Musil und das zwanzigste Jahrhundert. Diss. Univ. Wien 1953.

Marko, Kurt: Musil der Versucher. In: Musil-Forum 19/20 (1993/94), S. 254–268.

Marko, Kurt: Robert Musil – heute. Polemische Bilanz seiner Rezeption. In: Munzar (Hg.): Robert Musil, ein Mitteleuropäer [1994], S. 83–99.

Marko, Kurt: Robert Musil – ohne political correctness gelesen. In: Musil-Forum 21/22 (1995/96), S. 184–207. [auch in: Jahrbuch des Wiener Goethe-Vereins 100/101 (1996/97), S. 225–240]

Markwart, Thomas: Die theatralische Moderne. Peter Altenberg, Karl Kraus, Franz Blei und Robert Musil in Wien. Hamburg: Kovač 2004 (= Poetica, Bd. 76).

Marquart, Franka: Erzählte Juden. Untersuchungen zu Thomas Manns *Joseph und seine Brüder* und Robert Musils *Mann ohne Eigenschaften*. Münster u.a.: LIT 2003 (= Literatur – Kultur – Medien, Bd. 4).

Marschner, Renate M.: Utopie der Möglichkeit. Ästhetische Theorie, dargestellt am *Mann ohne Eigenschaften* von Robert Musil. Stuttgart: Heinz 1981 (= Stuttgarter Arbeiten zur Germanistik, Bd. 97).

Martella, Vincenzo: The missing turning points in the story. Musil's *Der Mann ohne Eigenschaften* between ethics and epistemology. In: Ansgar Nünning, Kai Marcel Sicks (Hg.): Turning points. Concepts and narratives of change in literature and other media. Berlin, Boston: de Gruyter 2012 (= spectrum Literaturwissenschaft, Bd. 33), S. 85–106.

Martens, Gunther: „Das Ganze ist das (Un)Wahre". Broch und Musil im Spannungsfeld von Totalität und Fragment. In: Recherches germaniques 28 (1998), S. 113–137.

Martens, Gunther: Ein Text ohne Ende für den Denkenden. Zum Verhältnis von Literatur und Philosophie in Robert Musils *Der Mann ohne Eigenschaften*. Frankfurt a. M. u. a.: Lang 1999 (= Europäische Hochschulschriften. Reihe 1: Deutsche Sprache und Literatur, Bd. 1716).

Martens, Gunther: Robert Musil and the limits of modernism. A confrontation of postmodern conceptions of literary modernism. In: Johannes Angermüller, Martin Nonhoff (Hg.): Post-Moderne Diskurse zwischen Sprache und Macht. Hamburg u. a.: Argument 1999 (= Argument Sonderband. N. F., Bd. 274), S. 174–184.

Martens, Gunther: Die Entfesselung der gezähmten Begriffe. Zur Rekonstruktion einer poetologisch-erkenntnisstrategischen Konstante in Musils Werk. In: Musil-Forum 25/26 (1999/2000), S. 129–150.

Martens, Gunther: „Rettet den Mann ohne Eigenschaften!" Eine Entgegnung auf Reich-Ranickis Musil-Lektüre. In: Weimarer Beiträge 49 (2003), H. 3, S. 451–461.

Martens, Gunther: Die Moderne als Straßenbahn. Zum Verhältnis von Stil und Epistemologie in Musils *Nachlaß zu Lebzeiten*. In: Martens/Ruthner/De Vos (Hg.): Musil anders [2005], S. 229–257.

Martens, Gunther: Observations of modernity in Hermann Broch's *The Sleepwalkers* and Robert Musil's *The man without qualities*. Ann Arbor: UMI 2003. [dt.: Beobachtungen der Moderne in Hermann Brochs *Die Schlafwandler* und Robert Musils *Der Mann ohne Eigenschaften*. Rhetorische und narratologische Aspekte von Interdiskursivität. München: Fink 2006 (= Musil-Studien, Bd. 35)]

Martens, Gunther: Argumente für die ‚Gestalt' des ‚neuen Soldaten'? Musils *Mann ohne Eigenschaften* und Jüngers *Der Arbeiter* im sprachlich-rhetorischen Vergleich. In: Neophilologus 92 (2008), H. 2, S. 279–300.

Martens, Gunther: Musils gesprächig schweigender Erzähler: neue Adresse, neuer Adressat? In: Daigger/Henninger (Hg.): Robert Musils Drang nach Berlin [2008], S. 153–182.

Martens, Gunther: Rhetorik zwischen Philosophie und Literatur. Am Beispiel von Robert Musils Kurzprosa und Robert Menasses *Die Vertreibung aus der Hölle*. In: Roland Duhamel, Guillaume van Gemert (Hg.): Nur Narr? Nur Dichter? Über die Beziehung von Literatur und Philosophie. Würzburg: Königshausen & Neumann 2008 (= Deutsche Chronik, Bd. 56/57), S. 285–299.

Martens, Gunther: Rhetorik der Evidenz, Schreibweisen der Polemik: Jünger – Kraus – Musil. In: Feger/Pott/Wolf (Hg.): Terror und Erlösung [2009], S. 43–64.

Martens, Gunther: Robert Musils Kurzgeschichten: „an den Rand geschrieben"? In: Mitteilungen des Deutschen Germanistenverbandes 56 (2009), H. 2, S. 246–257.

Martens, Lorna: Irreversible processes, proliferating middles, and invisible barriers. Spatial metaphors in Freud, Schnitzler, Musil and Kafka. In: Erika Nielsen (Hg.): Focus on Vienna 1900. Change and continuity in literature, music, art and intellectual history. München: Fink 1982 (= Houston German Studies, Bd. 4), S. 46–57.

Martens, Lorna: Musil and Freud. The „foreign body" in *Die Versuchung der stillen Veronika*. In: Euphorion 81 (1987), S. 100–118.

Martin, Günther: Musil und Goethe. In: Musil-Forum 17/18 (1991/92), S. 206–227.

Martini, Fritz: Robert Musil. Der Ingenieur und Dichter. In: Dinklage (Hg.): Robert Musil. Studien zu seinem Werk [1970], S. 124–130.

Martins, Catarina: Moderne, Imperialismus, Essayismus. Fiktion der Totalität bei Robert Müller und Robert Musil. In: Peter Hanenberg u.a. (Hg.): Rahmenwechsel Kulturwissenschaften. Würzburg: Königshausen & Neumann 2010, S. 147–156.

Martz, Brett: Reading foreign bodies in Musil's *Die Versuchung der stillen Veronika*. In: Journal of Austrian studies 45 (2012), H. 3, S. 61–86.

Masanek, Nicole: Männliches und weibliches Schreiben? Zur Konstruktion und Subversion in der Literatur. Würzburg: Königshausen & Neumann 2005 (= Epistemata. Reihe Literaturwissenschaft, Bd. 521). [zu Musil bes. S. 191–232]

Masini, Ferruccio: Aporie e progetto utopico ne *L'uomo senza qualità* di Robert Musil. In: Aporie della filosofia contemporanea. Parma: Studium Parmense Editrice 1970 (= Quaderni di filosofia, Bd. 4), S. 103–168.

Masini, Ferruccio: L'interregno del nihilismo. Dal „paesaggio sperimentale" all'utopia. In: F. M.: Itinerario sperimentale nella letteratura tedesca. Parma: Studium Parmense Editrice 1970 (= Quaderni di ricerca, Bd. 1), S. 147–178.

Masini, Ferruccio: Robert Musil ovvero l'ironia della ragione. In: Metaphorein 3 (1979/80), H. 7, S. 29–41.

Masini, Ferruccio: Utopia e storia. In: F. M.: Le stanze del labirinto. Saggi teorici e altri scritti. Florenz: Ponte alle Grazie 1990, S. 183–193.

Matamoro, Blas: Musil. El hombre sin propriedad. In: Cuadernos hispanoamericanos (1992), H. 502, S. 21–34.

Mattenklott, Gert: Der ‚subjektive Faktor' in Musils *Törleß*. In: Neue Hefte für Philosophie (1973), H. 4, S. 47–73. [auch in: Mechthild Curtius (Hg.): Theorien der künstlerischen Produktivität. Entwürfe mit Beiträgen aus Literaturwissenschaft, Psychoanalyse und Marxismus. Frankfurt a.M.: Suhrkamp 1976, S. 358–387; Heydebrand (Hg.): Robert Musil [1982], S. 250–280]

Mattiussi, Laurent: Fictions de l'ipséité. Essai sur l'invention narrative de soi (Beckett, Hesse, Kafka, Musil, Proust, Woolf). Genf: Droz 2002 (= Histoire des idées et critique littéraire, Bd. 399).

Matuschek, Stefan: Literatur und Lebenswelt. Zum Verhältnis von wissenschaftlichem und nicht-wissenschaftlichem Literaturverständnis. In: Alexander Löck, Jan Urbich (Hg.): Der Begriff der Literatur. Transdisziplinäre Perspektiven. Berlin, New York: de Gruyter 2010 (= spectrum Literaturwissenschaft, Bd. 24), S. 289–308.

Mauser, Wolfram: „Es hat sich eben alles so ereignet…". Zu Musils Erzählung *Die Amsel*. In: Sebastian Goeppert (Hg.): Perspektiven psychoanalytischer Literaturkritik. Freiburg i.Br.: Rombach 1978, S. 101–123. [auch in: Reingard Nethersole (Hg.): Literatur als Dialog. Festschrift zum 50. Geburtstag von Karl Tober. Johannesburg: Ravan Press 1979, S. 405–422]

Mauser, Wolfram: Robert Musil. In: Karl Konrad Polheim (Hg.): Handbuch der deutschen Erzählung. Düsseldorf: Bagel 1981, S. 483–490.

Mayer, Hans: Erinnerungen an Robert Musil. In: Musil-Forum 3 (1977), S. 209–214.

Mayer, Hans: Zwei Städtebewohner: Robert Musil und Thomas Mann. Zur Interpretation ihrer Tagebücher. In: Literatur und Kritik (1980), S. 149/150, S. 579–588. [auch in: H. M.: Thomas Mann. Frankfurt a.M.: Suhrkamp 1984, S. 488–501]

Mayer, Mathias: Der Epilog als Signatur. Eine ethische Perspektive auf Musils Roman *Der Mann ohne Eigenschaften*. In: Claudia Öhlschläger (Hg.): Narration und Ethik. München: Fink 2009 (= Ethik – Text – Kultur, Bd. 1), S. 145–157.

Mayer, Mathias: Der Erste Weltkrieg und die literarische Ethik. Historische und systematische Perspektiven. München: Fink 2010 (= Ethik – Text – Kultur, Bd. 4). [zu Musil bes. S. 237–254]

Mayer, Mathias: Die Moral der Regel und die Ethik der Ausnahme. Der Fall Moosbrugger im *Mann ohne Eigenschaften*. In: Cristina Fossaluzza, Paolo Panizzo (Hg.): Literatur des Ausnahmezustands (1914–1945). Würzburg: Königshausen & Neumann 2015, S. 85–99.

Mayer, Wolfgang: Robert Musil und Südtirol. In: Log. Zeitschrift für internationale Literatur 29 (2007), H. 113, S. 18–22.

Mayer König, Wolfgang: Robert Musils Möglichkeitsstil. Wien: Gesellschaft der Kunstfreunde 1979.
Mazza, Donatella: „Fisionomia integrale" e „creazione ideoplastica". Sulla descrizione dei personaggi in *Der Mann ohne Eigenschaften* di Robert Musil. In: Il confronto letterario 12 (1995), H. 24, S. 459–471.
Mazzacurati, Giancarlo: Una geografia del romanzo. Dal continente Proust all'arcipelago Musil. In: Musil contro Proust [1981], S. 11–51.
Mazzacurati, Giancarlo: De Proust a Musil. La Scienza del romanzo e il romanzo del sapere perduto. In: G. M.: Pirandello nel romanzo europeo. Bologna: Il Mulino 1987, S. 9–114.
Mazzarella, Arturo: Pour le bon usage de maladies. Musil et D'Annunzio. In: Annali. Studi Tedeschi 28 (1985/86), S. 373–398.
Mazzarella, Arturo: La visione e l'enigma. D'Annunzio – Hofmannsthal – Musil. Neapel: Bibliopolis 1991.
Mazzarella, Arturo: Parole sul „grembo del nulla". Musil e l'artificialità dei segni. In: Cultura tedesca (1995), H. 3, S. 57–69.
McBride, Patrizia C.: On the utility of art for politics. Musil's „armed truce of ideas". In: The German Quarterly 73 (2000), H. 4, S. 366–386.
McBride, Patrizia C.: The value of kitsch. Hermann Broch and Robert Musil on art and morality. In: Studies in twentieth and twenty-first century literature 29 (2005), H. 2, S. 282–301.
McBride, Patrizia C.: The void of ethics. Robert Musil and the experience of modernity. Evanston: Northwestern Univ. Press 2006 (= Avant-garde & modernism).
McBride, Patrizia: „Ein schreibender Eisenkönig?" Robert Musil und Walther Rathenau. In: Daigger/Henninger (Hg.): Robert Musils Drang nach Berlin [2008], S. 287–299.
McClintock, Maxine: The pedagogy of possibility. Robert Musil and being without qualities. Diss. Columbia Univ. 1985.
McCormick, E. Allen: Ambivalence in Musil's *Drei Frauen*. Notes on meaning and method. In: Monatshefte für deutschen Unterricht, deutsche Sprache und Literatur 54 (1962), S. 183–196.
McCormick, John: Fiction as knowledge. The modern post-romantic novel. New Brunswick: Rutgers Univ. Press 1975.
Mehigan, Tim: Moral und Verbrechen. Einige Gedanken über Robert Musils intellektuelle Position. In: Wirkendes Wort 45 (1995), H. 2, S. 227–240.
Mehigan, Tim: Violent orders in Robert Musil's *Der Mann ohne Eigenschaften* und Thomas Bernhard's *Kalkwerk*. In: Bernd Hüppauf (Hg.): War, violence, and the modern condition. Berlin, New York: de Gruyter 1997 (= European cultures, Bd. 8), S. 300–316.
Mehigan, Tim: Robert Musil, Ernst Mach und das Problem der Kausalität. In: Deutsche Vierteljahrsschrift für Literaturwissenschaft und Geistesgeschichte 71 (1997), S. 264–287.
Mehigan, Tim: Robert Musil. In: Frank Rainer Max, Christine Ruhrberg (Hg.): Reclams Romanlexikon. Bd. 3: 20. Jahrhundert. Stuttgart: Reclam 2000, S. 323–332.
Mehigan, Tim: Robert Musil. Stuttgart: Reclam 2001.
Mehigan, Tim: The critical response to Robert Musil's *The man without qualities*. Rochester u. a.: Camden House 2003 (= Studies in German literature, linguistics, and culture).
Mehigan, Tim: Musil mit Luhmann. Das Problem des Vertrauens in Musils Mann ohne Eigenschaften. In: Martens/Ruthner/De Vos (Hg.): Musil anders [2005], S. 45–59.
Mehigan, Tim: Post-critical criticism. Robert Musil as an example. In: Nicholas Saul, Ricarda Schmidt (Hg.): Literarische Wertung und Kanonbildung. Würzburg: Königshausen & Neumann 2007, S. 57–69.
Mehigan, Tim: Robert Musil (1880–1942). In: Fernand Hörner, Harald Neumeyer, Bernd Stiegler (Hg.): Praktizierte Intermedialität. Deutsch-französische Porträts von Schiller bis Goscinny/Uderzo. Bielefeld: transcript 2010 (= Kultur & Medientheorie), S. 87–103.
Mehigan, Tim: Technik als Kulturvermittlung? Zur Kulturkonzeption Goethes (in den *Wahlverwandtschaften*) und Robert Musils (im *Mann ohne Eigenschaften*). In: Maeda Ryozo (Hg.): Transkulturalität. Identitäten in neuem Licht. München: Iudicium 2012, S. 834–843.

Mehigan, Tim: Robert Musil: *Der Mann ohne Eigenschaften* (1930; 1933). In: Roland Borgards u. a. (Hg.): Literatur und Wissen. Ein interdisziplinäres Handbuch. Stuttgart, Weimar: Metzler 2013, S. 395–400.

Mehigan, Tim: „Eine Episode von mehr als persönlicher Wichtigkeit". Nachwort. In: Robert Musil: Vereinigungen. Zwei Erzählungen. Hg. v. T. M. Stuttgart: Reclam 2014, S. 121–143.

Mehring, Reinhard: Von der Identität des *Mann ohne Eigenschaften*. Identität, Ethik und Moral bei Robert Musil. In: Weimarer Beiträge 41 (1995), H. 4, S. 547–561.

Meier-Ruf, Ursula: Prozesse der Auflösung. Subjektstruktur und Erzählform in Robert Musils *Drei Frauen*. Bern u.a.: Lang 1992 (= Europäische Hochschulschriften. Reihe 1: Deutsche Sprache und Literatur, Bd. 1319).

Meisel, Gerhard: Transplantation und Metamorphose. Das Motiv der Haut bei Musil und Kafka. In: Strutz/Kiss (Hg.): Genauigkeit und Seele [1990], S. 171–190.

Meisel, Gerhard: Liebe im Zeitalter der Wissenschaften vom Menschen. Das Prosawerk Robert Musils. Opladen: Westdeutscher Verlag 1991 (= Kulturwissenschaftliche Studien zur deutschen Literatur).

Meisel, Gerhard: Verkehr und Entropie in Robert Musils Kakanien. In: Theo Elm, Hans H. Hiebel (Hg.): Medien und Maschinen. Literatur im technischen Zeitalter. Freiburg i.Br.: Rombach 1991 (= Rombach Wissenschaften. Reihe Litterae, Bd. 15), S. 304–332.

Meisel, Gerhard: „Während einer Zeit, für die es kein Maß gibt". Zur Zeitproblematik in Musils *Mann ohne Eigenschaften*. In: Deutsche Vierteljahrsschrift für Literaturwissenschaft und Geistesgeschichte 70 (1996), S. 98–119. [auch in: Roth (Hg.): Neue Ansätze zur Robert-Musil-Forschung [1999], S. 17–50]

Meisel, Gerhard: Eigenschaftslosigkeit. Büchner, Musil, Cyberspace. In: Fidibus 26 (1998), H. 1, S. 17–27.

Meister, Monika: Der Theaterbegriff Robert Musils. Ein Beitrag zur ästhetischen Theorie des Theaters. Diss. Univ. Wien 1979.

Meister, Monika: „Anderer Zustand" und ästhetische Erfahrung. In: Baur/Castex (Hg.): Robert Musil [1980], S. 152–161.

Meister, Monika: Robert Musil als früher Kritiker der „Kulturindustrie". In: Musil-Forum 6 (1980), S. 157–170.

Meister, Monika: Robert Musils Zeitgenossen im Spiegel seiner Kritik. In: Maske und Kothurn 26 (1980), S. 271–285.

Meister, Monika: Zur Theaterkritik Robert Musils. In: Freese (Hg.): Philologie und Kritik [1981], S. 149–176.

Meister, Monika: Der „andere Zustand" in der Kunstwirkung. In: Brokoph-Mauch (Hg.): Beiträge zur Musil-Kritik [1983], S. 237–255.

Meister, Monika: Der Fall Moosbrugger – Der Fall Franza. Machtstruktur und sanktioniertes Verbrechen bei Musil und Bachmann. In: Strutz (Hg.): Kunst, Wissenschaft und Politik [1986], S. 63–80.

Meister, Monika: Schwierige Meisterdenker auf der Bühne. Zum Diskurs der ‚Helden' bei Musil und Hofmannsthal. In: Strutz (Hg.): Robert Musils „Kakanien" [1987], S. 182–194.

Meister, Monika: Robert Musil kommt aus dem Kino. In: Maske und Kothurn 52 (2006), H. 3, S. 39–53. [auch in: M. M.: Theater denken. Ästhetische Strategien in den szenischen Künsten. Wien: Sonderzahl 2009, S. 71–88]

Meister, Monika/Stefanek, Paul: *Die Schwärmer* in Wien. In: Musil-Forum 8 (1982), S. 137–150.

Mejovšek, Gabriele: Das Modell der „Gestalt" als Prinzip ‚anfänglichen Denkens' bei Musils Versuch der Erstellung eines ‚beweglichen Gleichgewichts'. In: Strutz (Hg.): Robert Musils „Kakanien" [1987], S. 273–292.

Melchinger, Siegfried: Der Kritiker und sein Theater: Robert Musil. Die Brücke zum Imaginären. In: Theater heute 6 (1965), H. 11, S. 38–40.

Memmolo, Pasquale: Land ohne Eigenschaften. Italien im Werk Robert Musils. In: Anna Comi, Alexandra Pontzen (Hg.): Italien in Deutschland – Deutschland in Italien. Die deutsch-italienischen Wechselbeziehungen in der Belletristik des 20. Jahrhunderts. Berlin: Erich Schmidt 1999, S. 241–255.

Menges, Karl: Musil und Husserl. Über phänomenologische Strukturen im *Mann ohne Eigenschaften*. In: Modern Austrian Literature 9 (1976), H. 3/4, S. 131–154. [ital. in: Mannarini (Hg.): Musil [1980], S. 163–189]

Menges, Karl: „Eigen-Schaften" und „Aller-Schaften". Anmerkungen zu Musil und Rilke. In: Musil-Forum 8 (1982), S. 120–134.

Menges, Martin: Abstrakte Welt und Eigenschaftslosigkeit. Eine Interpretation von Robert Musils Roman *Der Mann ohne Eigenschaften* unter dem Leitbegriff der Abstraktion. Frankfurt a. M., Bern: Lang 1982 (= Europäische Hochschulschriften. Reihe 1: Deutsche Sprache und Literatur, Bd. 458).

Menges, Martin: Irritation und Abstraktion. Überlegungen zur sprachlichen Gestaltung im 4. Kapitel des *Mann ohne Eigenschaften*. In: Musil-Forum 10 (1984), S. 142–147.

Mergenthaler, Volker: Sehen schreiben, Schreiben sehen. Literatur und visuelle Wahrnehmung im Zusammenspiel. Tübingen: Niemeyer 2002 (= Hermaea. N. F., Bd. 96). [zu Musil bes. S. 265–290]

Merrill, Charles Seeley: A calculus of the mind. Robert Musil's antiepic narrative *Die Vollendung der Liebe*. Toward a poetics of prose narrative. Diss. Univ. of Texas Austin 1972.

Message, Vincent: Identité du sujet et malaise de la modernité dans *L'homme sans qualités* de Robert Musil. In: Le texte et l'idée 23 (2009), S. 179–196.

Metz, Bernhard: Über Robert Musils Bücher im Kontext zeitgenössischer Buchgestaltung. In: Musil-Forum 33 (2013/14), S. 5–58.

Metz, Bernhard: Bücher, nicht Texte. Warum wir Musil in der Klagenfurter Ausgabe nicht lesen können. In: Salgaro (Hg.): Robert Musil in der Klagenfurter Ausgabe [2014], S. 197–217.

Meuthen, Erich: Törleß im Labyrinth. In: Deutsche Vierteljahrsschrift für Literaturwissenschaft und Geistesgeschichte 59 (1985), S. 125–144.

Meuthen, Erich: Eins und doppelt oder vom Anderssein des Selbst. Struktur und Tradition des deutschen Künstlerromans. Tübingen: Niemeyer 2001 (= Studien zur deutschen Literatur, Bd. 159). [zu Musil bes. S. 234–251]

Meyer, Daniel: La tentation épique. Döblin (1878–1957) et Musil (1880–1942). In: Peter Schnyder (Hg.): Temps et roman. Paris: Orizons 2007, S. 103–113.

Meyer, Daniel: „Bucherfolg und Massenpsychologie hängen auch irgendwie zusammen". Robert Musils Überlegungen zum Populären in seinen Tagebüchern. In: Olivier Agard, Christian Helmreich, Hélène Vinckel-Roisin (Hg.): Das Populäre. Untersuchungen zu Interaktionen und Differenzierungsstrategien in Literatur, Kultur und Sprache. Göttingen: V&R unipress 2011, S. 159–170.

Meyer, Jürgen: Musils mathematische Metaphorik. Geometrische Konzepte in *Die Verwirrungen des Zöglings Törleß* und in *Die Vollendung der Liebe*. In: Hofmannsthal-Jahrbuch 5 (1997), S. 317–345.

Meyzaud, Maud: Die Ferien des neuen Menschen. Von Marx zu Musil. In: Jörn Etzold, Martin Jörg Schäfer (Hg.): Nicht-Arbeit. Politiken, Konzepte, Ästhetiken. Weimar: Verlag der Bauhaus-Universität 2011, S. 172–203.

Meyzaud, Maud: „entäußertes Vermögen". Geld und Potentialität beim frühen Marx und im *Mann ohne Eigenschaften*. In: Kritische Ausgabe 16 (2012), H. 23, S. 47–52.

Michaels, Jennifer E.: Ist Anselm ein Porträt von Otto Gross? Mögliche Kontakte zwischen Otto Gross und Robert Musil. In: Gottfried Heuer (Hg.): Utopie & Eros. 5. Internationaler Otto-Gross-Kongress. Marburg: LiteraturWissenschaft.de 2006, S. 349–366.

Michel, Karl Markus: Die Utopie der Sprache. In: Akzente 1 (1954), S. 23–35. [frz. in: Cahiers du Sud 44 (1957), S. 266–276]

Michel-Pajus, Anne: Musil et l'homme quantique. In: Chantal Foucrier (Hg.): Les réécritures littéraires des discours scientifiques. Paris: Houdiard 2005, S. 72–83.

Middell, Eike: Robert Musils *Mann ohne Eigenschaften*. Annäherungen. In: Weimarer Beiträge 33 (1987), S. 981–1003.

Midgley, David R.: The word and the spirit. Explorations of the irrational in Kafka, Döblin and Musil. In: Peter Collier, Judy Davies (Hg.): Modernism and the European unconscious. New York: St. Martin's Press 1990, S. 115–131.

Midgley, David R.: Writing against theory. Musil's dialogue with psychoanalysis in the *Vereinigungen*. In: Hickman (Hg.): Robert Musil and the literary landscape of his time [1991], S. 72–93.

Midgley, David R.: *Das hilflose Europa*. Eine Aufforderung, die politischen Essays von Robert Musil neu zu lesen. In: The German Quarterly 67 (1994), H. 1, S. 16–26.

Midgley, David R.: Experiments of „free spirit". Musil's explorations of creative morality in *Der Mann ohne Eigenschaften*. In: Rüdiger Görner, Duncan Large (Hg.): Ecce Opus. Nietzsche-Revisionen im 20. Jahrhundert. Göttingen: Vandenhoeck & Ruprecht 2003, S. 111–124.

Midgley, David: Zu den wiederkehrenden Aktualitäten von *Der Mann ohne Eigenschaften*. In: Béhar/Roth (Hg.): Musil an der Schwelle zum 21. Jahrhundert [2005], S. 287–300.

Midgley, David: Looking beyond satire in Musil's *Der Mann ohne Eigenschaften*. In: Judith Beniston (Hg.): Austrian satire and other essays. Studies in honour of Edward Timms. Leeds: Maney Publ. 2007 (= Austrian studies, Bd. 15), S. 96–111.

Midgley, David: Musil: *Der Mann ohne Eigenschaften*. In: Peter Hutchinson (Hg.): Landmarks in the German novel. Bd. 1. Oxford u.a.: Lang 2007 (= Britische und irische Studien zur deutschen Sprache und Literatur, Bd. 45), S. 183–198.

Midgley, David R.: Zur Vereinnahmung Robert Musils für das postmoderne Denken. In: Jean-Marie Valentin (Hg.): Akten des XI. Internationalen Germanistenkongresses Paris 2005. Germanistik im Konflikt der Kulturen. Bd. 11. Bern u.a.: Lang 2008, S. 355–360.

Midgley, David R.: „Schöpferische Entwicklung". Zur Bergson-Rezeption in der deutschsprachigen Welt um 1910. In: Scientia Poetica 16 (2012), S. 12–66.

Miltenberger, Anja: Verborgene Strukturen in erzählenden Texten von 1900–1950. München: Utz 2000. [zu Musil bes. S. 146–163]

Minder, Robert: Kadettenhaus, Gruppendynamik und Stilwandel von Wildenbruch bis Rilke und Musil. In: R. M.: Kultur und Literatur in Deutschland und Frankreich. Fünf Essays. Frankfurt a.M.: Insel 1962, S. 73–93. [auch in: Richard Faber (Hg.): Totale Institutionen? Kadettenanstalten, Klostenschulen und Landerziehungsheime in Schöner Literatur. Würzburg: Königshausen & Neumann 2013, S. 61–76]

Minkova, Radoslava: Im Spannungsfeld verschiedener Kulturen und Wertvorstellungen. Rollenverständnis und Grenzüberschreitungen in der Erzählung *Die Verwirrungen des Zöglings Törleß* von Robert Musil. In: Iris Hipfl, Raliza Ivanova (Hg.): Österreichische Literatur zwischen den Kulturen. St. Ingbert: Röhrig 2008 (= Schriftenreihe der Elias-Canetti-Gesellschaft, Bd. 4), S. 185–198.

Misselhorn, Catrin: Naturalismus zwischen Empirismus und Idealismus. Robert Musils philosophische Lehrjahre in Berlin. In: Daigger/Henninger (Hg.): Robert Musils Drang nach Berlin [2008], S. 85–106.

Misselhorn, Catrin: Musils Gefühlstheorie im Kontext der neueren emotionstheoretischen Debatte und die Möglichkeit falscher Gefühle. In: Mulligan/Westerhoff (Hg.): Robert Musil [2009], S. 33–54.

Misselhorn, Catrin: Begriffliche Reflexion in der Literatur. Eine Proxytypen-Theorie des kognitiven Gehalts der Literatur erläutert an Musils *Vollendung der Liebe*. In: Christoph Demmerling, Íngrid Vendrell Ferran (Hg.): Wahrheit, Wissen und Erkenntnis in der Literatur. Philosophische Beiträge. Berlin, Boston: de Gruyter 2014 (= Deutsche Zeitschrift für Philosophie. Sonderbd. 35), S. 219–239.

Misselhorn, Catrin: Musil's meta-philosophical view. Between philosophical naturalism and philosophy as literature. In: The Monist 97 (2014), S. 104–121.

Mitterbauer, Helga: Die Netzwerke des Franz Blei. Kulturvermittlung im frühen 20. Jahrhundert. Tübingen, Basel: Francke 2003 (= Kultur – Herrschaft – Differenz, Bd. 4). [zu Musil bes. S. 74–77]

Mitterer, Nicola: Liebe ohne Gegenspieler. Androgyne Motive und moderne Geschlechteridentitäten in Robert Musils Romanfragment *Der Mann ohne Eigenschaften*. Graz: Leykam 2007 (= Grazer Universitätsverlag, Bd. 13).

Mittner, Ladislao: Robert Musil e l'unità irreperibile del tempo perduto. In: L. M.: La letteratura tedesca del novecento ed altri saggi. Turin: Einaudi 1960, S. 316–333.

Mix, York-Gothart: Pubertäre Irritation und literarische Examination. Selbstentfremdung und Sexualität in F. Wedekinds *Frühlings Erwachen*, R. Musils *Die Verwirrungen des Zöglings Törleß*, E. Seyerlens *Die schmerzliche Scham* und H. Falladas *Der junge Goedeschal*. In: Text & Kontext 19 (1994/95), H. 2, S. 261–274.

Mix, York-Gothart: Die Schulen der Nation. Bildungskritik in der Literatur der Moderne. Stuttgart, Weimar: Metzler 1995.

Mix, York-Gothart: Die Brüder des jungen Werther. Entfremdung als Existenzerfahrung in der frühen Moderne. *Niehls Lyhne*, *Tonio Kröger*, *Die Verwirrungen des Zöglings Törleß*. In: Jahrbuch des Freien Deutschen Hochstifts (2000), S. 241–255.

Mix, York-Gothart: „Kunst ist Kindheit". R. M. Rilke, R. Musil und die Rezeption skandinavischer Literatur zur Zeit des Fin de siècle. In: Wirkendes Wort 51 (2001), H. 3, S. 375–387.

Mix, York-Gothart: Männliche Sensibilität oder die Modernität der Empfindsamkeit. Zu den *Leiden des jungen Werther*, *Anton Reiser*, *Buddenbrooks* und den *Verwirrungen des Zöglings Törleß*. In: Karl Eibl (Hg.): Empfindsamkeit. Hamburg: Meiner 2001 (= Aufklärung, Bd. 13), S. 191–208.

Modick, Klaus: „Diese besonders glücklichen Augenblicke". Robert Musil in seinen Tagebüchern. In: Gegenwart (1995), H. 27, S. 48–51. [auch in: K. M.: Milder Rausch. Essays und Portraits. Frankfurt a. M.: Eichborn 1999, S. 9–27]

Möhrmann, Renate: Der vereinsamte Mensch. Studien zum Wandel des Einsamkeitsmotivs im Roman von Raabe bis Musil. Bonn: Bouvier 1974 (= Abhandlungen zur Kunst-, Musik- und Literaturwissenschaft, Bd. 149). [2. Aufl. 1976]

Molino, Jean: Doubles sur la logique de Musil. In: L'Arc 74 (1978), S. 63–74. [ital. in: Mannarini (Hg.): Musil [1980], S. 87–106]

Mommaers, Paul: Robert Musil, mystique et réalité. L'énigme de *L'homme sans qualités*. Paris: Éd. du Cerf 2006.

Mondon, Christine: Écritures romanesques et philosophie: Hermann Broch, Hermann Hesse, Thomas Mann, Robert Musil. Pessac: Presses Univ. de Bordeaux 2011 (= Crises du XXe siècle).

Monti, Claudia: Funzione e finzione. Robert Musil: la tesi su Mach fra il *Törless* e i saggi. In: Studi germanici 16 (1978), S. 363–402. [dt. in: Musil-Forum 5 (1979), S. 38–67 u. 154–183]

Monti, Claudia: Messa a fuoco e dissolvenza puntinistica. Confronto „visivo" fra Musil e il machismo impressionista. In: Metaphorein 3 (1979/80), H. 7, S. 75–87.

Monti, Claudia: La dissertazione su Mach. Una ristampa italiana. In: Robert Musil nel primo centenario della nascita [1980], S. 92–101.

Monti, Claudia: Musils ‚Ratioïd', oder Wissenschaft als Analogie der Ratio. In: Freese (Hg.): Philologie und Kritik [1981], S. 195–222. [auch in: Farda/Karthaus (Hg.): Sprachästhetische Sinnvermittlung [1982], S. 174–196; Brokoph-Mauch (Hg.): Beiträge zur Musil-Kritik [1983], S. 205–235]

Monti, Claudia: Parole spostate e parole sospese. De modi metaforici ne *L'uomo senza qualità* di Robert Musil. In: Nuova Corrente 28 (1981), S. 313–348.

Monti, Claudia: Mach e la letteratura austriaca. Bahr, Hofmannsthal, Musil. In: Riccardo Morello (Hg.): Anima ed esattezza. Letteratura e scienza nella cultura austriaca tra Ottocento e Novecento. Casale Monferrato: Marietti 1983 (= Collana di saggistica, Bd. 4), S. 124–148. [dt. in: Giuseppe Farese (Hg.): Akten des Internationalen Symposiums „Arthur Schnitzler und seine Zeit". Frankfurt a. M. u. a.: Lang 1985 (= Jahrbuch für Internationale Germanistik. Reihe A: Kongreßberichte, Bd. 13), S. 263–283]

Monti, Claudia: Musil. La metafora della scienza. Neapel: Pironti 1983.
Monti, Claudia: Die Mach-Rezeption bei Hermann Bahr und Robert Musil. In: Musil-Forum 10 (1984), S. 201–213.
Monti, Claudia: Musil e le parole sospese fra i due mondi. In: Chiarini (Hg.): Musil, nostro contemporaneo [1986], S. 155–168.
Monti, Claudia: Psicologia poetica e psicologia scientifica. Letteratura e psicoanalisi nel caso Musil. In: Annali. Studi Tedeschi 31 (1988), H. 1/2, S. 61–112.
Monti, Claudia: La letteratura austriaca „doppio" della psicoanalisi. Musil e Schnitzler. In: Annali. Studi Tedeschi 33 (1990), H. 1/2, S. 9–28.
Monti, Claudia: Mancanza-pienezza. L'inversione percettiva di Musil. In: Cultura tedesca (1995), H. 3, S. 71–84.
Monti, Claudia: „Worte wie Blumen". Morte della metafora e voce della terra. A proposito di corpo e parola in Heidegger, Hölderlin, Musil. In: Walter Busch u. a. (Hg.): Körpersprache und Sprachkörper. Semiotische Interferenzen in der deutschen Literatur. Bozen u. a.: Ed. Sturzflüge 1996 (= Essay & Poesie, Bd. 3), S. 233–244.
Monti, Claudia: Musils Bemerkungen zur „wissenschaftlichen" und „dichterischen" Psychologie. Die Hypothese einer nichtratioïden Psychoanalyse. In: Daigger/Schröder-Werle/Thöming (Hg.): West-östlicher Divan zum utopischen Kakanien [1999], S. 373–387.
Monti, Claudia: L'altro lato dell'amore. Considerazioni su *Die Amsel* e *Der Mann ohne Eigenschaften*. In: Breuer/Busch (Hg.): Robert Musil: *Die Amsel* [2000], S. 225–252.
Moore, Gene Martin: Proust and Musil. The novel as research instrument. Diss. Univ. of Texas 1978.
Morel, Jean-Pierre: Antifascisme et „apolitisme". Musil à Paris (juin 1935). In: Chardin (Hg.): Robert Musil [2000], S. 157–170.
Morgenstern, Soma: Dichten, denken, berichten. Gespräche zwischen Roth und Musil. In: Musil-Forum 2 (1976), S. 12–18.
Morgenstern, Soma: Robert Musil – György Lukács. Eine Begegnung. In: Annali. Studi Tedeschi 23 (1980), H. 2/3, S. 315–322.
Morpurgo-Tagliabue, Guido: Gli orfani della metafisica. Robert Musil, György Lukács. In: Annali. Studi Tedeschi 25 (1982), H. 1/2, S. 35–120.
Morris, Caryl Anne: Motives for metaphor in the fiction of Marcel Proust, Virginia Woolf, and Robert Musil. Diss. Brown Univ. 1980.
Moser, Manfred: Erinnerung, blitzartiger Einfall und – natürlich – die Ironie. In: Strutz/Strutz (Hg.): Robert Musil – Theater, Bildung, Kritik [1985], S. 110–142. [auch in: M. M.: Musil, Canetti, Eco, Calvino. Die überholte Philosophie. Wien: Verlag des Verbandes der wissenschaftlichen Gesellschaften Österreichs 1986 (= Klagenfurter Beiträge zur Philosophie), S. 5–44]
Moser, Manfred: Drei Frauen, die es nicht gab. In: Jeff Bernard, Theresia Klugsberger, Gloria Withalm (Hg.): Semiotik der Geschlechter. Akten des 6. Symposiums der Österreichischen Gesellschaft für Semiotik, Salzburg 1987. Stuttgart: Heinz 1989 (= Stuttgarter Arbeiten zur Germanistik, Bd. 221), S. 287–296.
Moser, Manfred: Ing. Dr. phil. Robert Musil. Ein Soldat erzählt. In: Friedrich A. Kittler, Georg Christoph Tholen (Hg.): Arsenale der Sinne. Literatur- und Medienanalyse seit 1870. München: Fink 1989 (= Literatur- und Medienanalysen, Bd. 1), S. 97–115.
Moser, Manfred: Schreiben ohne Ende. Letzte Texte zu Robert Musil. Wien: Sonderzahl 1991.
Moser, Manfred: „Immer schneller nunmehr aus dem Mittelpunkte weg". Freud, Wittgenstein, Musil. In: Frithjof Hager (Hg.): Geschichte denken. Ein Notizbuch für Leo Löwenthal. Leipzig: Reclam 1992, S. 106–124.
Moser, Manfred: Was er zu sein glaubte. In: Cejpek (Hg.): Nach Musil [1992], S. 75–84.
Moser, Manfred: Musils Initialen – für den Anfang. In: Rapial 3 (1993), H. 2, S. 2–6.
Moser, Manfred: Was Musil zu sein glaubte. In: Fanta (Hg.): Klagenfurter Beiträge zur Musil-Forschung [1993], S. 75–83.

Moser, Manfred: „Das hilflose Europa" – nach Robert Musil. In: Maria Eder (Hg.): 20 Jahre Europäische Akademie der Wissenschaften und Künste. Festschrift. Weimar: VDG 2009 (= Edition Weimar, Bd. 13), S. 107–116.

Moser, Walter: Diskursexperimente im Romantext. Zu Musils *Der Mann ohne Eigenschaften*. In: Baur/Castex (Hg.): Robert Musil [1980], S. 170–197.

Moser, Walter: Musil à Paris. In: Critique 39 (1983), S. 459–476.

Moser, Walter: The factual in fiction. The case of Robert Musil. In: Poetics today 5 (1984), S. 411–428.

Moser, Walter: La mise à l'essai des discours dans *L'homme sans qualités* de Robert Musil. In: Canadian review of comparative literature 12 (1985), H. 1, S. 12–45.

Moser, Walter: Robert Musil et la mort de l'homme libéral. In: Cometti (Hg.): Robert Musil [1986], S. 172–197.

Moser, Walter: Zwischen Wissenschaft und Literatur. Zu Robert Musils Essayismus. In: Gérard Raulet, Jacques Le Rider (Hg.): Verabschiedung der (Post-)Moderne? Eine interdisziplinäre Debatte. Tübingen: Narr 1987 (= Deutsche Textbibliothek, Bd. 7), S. 167–196.

Moser, Walter: D'une crise à l'autre. Musil et les enjeux de la (post)modernité. In: François Latraverse, W. M. (Hg.): Vienne au tournant du siècle. Paris: Albin Michel 1988, S. 291–308.

Moser, Walter: Zur Erforschung des modernen Menschen. Die wissenschaftliche Figuration der Metropole in Musils *Der Mann ohne Eigenschaften*. In: Thomas Steinfeld, Heidrun Suhr (Hg.): In der großen Stadt. Die Metropole als kulturtheoretische Kategorie. Frankfurt a. M.: Hain 1990, S. 109–131.

Moser, Walter: About artful production of contingency. In: Arcadia 39 (2004), H. 2, S. 257–270.

Moti, Simona: Between panic and plurality. Colonial others in the work of Hofmannsthal, Musil, and Kafka. Diss. Univ. of California 2010.

Moti, Simona: „Die durch das ungenaue Sehen hervorgerufene Qual". Encountering alterity in Robert Musil's novella *Tonka*. In: Peter Pabisch, Wolfgang Greisenegger (Hg.): Von Eierschwammerlhöhen zur D. H. Lawrence-Ranch. Österreichisches Literaturgeschehen in den Rockys? Eine Begegnung. Bern u. a.: Lang 2010 (= Jahrbuch für Internationale Germanistik. Reihe A: Kongressberichte, Bd. 100), S. 219–230.

Motooka, Itsuo: „Eine Melodie ohne Töne, ein Bild ohne Form". Robert Musil und Laotse. In: Eckehard Czucka (Hg.): „die in dem alten Haus der Sprache wohnen". Beiträge zum Sprachdenken in der Literaturgeschichte. Helmut Arntzen zum 60. Geburtstag. Münster: Aschendorff 1991, S. 335–344.

Mozetič, Gerald: *Der Mann ohne Eigenschaften* und die Zwänge der Moderne. Ein soziologischer Beitrag aus zivilisationstheoretischer Perspektive. In: Helmut Kuzmics, Ingo Mörth (Hg.): Der unendliche Prozeß der Zivilisation. Zur Kultursoziologie der Moderne nach Norbert Elias. Frankfurt a. M., New York: Campus 1991, S. 153–171.

Mühlberger, Sigrid: Robert Musils Studienmaterial zur Reinschrift des Kapitels 52 „Atemzüge eines Sommertags". Synoptische Transkription und Auswertung der Korrekturen IX–XIII. Diss. Univ. Wien 1975.

Mülder-Bach, Inka: Der „Handstreich" der Fälschung. Ulrich, Agathe und das väterliche Testament. In: Annegret Heitmann u. a. (Hg.): Bi-Textualität. Inszenierungen des Paares. Ein Buch für Ina Schabert. Berlin: Erich Schmidt 2001 (= Geschlechterdifferenz & Literatur, Bd. 12), S. 357–366.

Mülder-Bach, Inka: Poetik des Unfalls. In: Poetica 34 (2002), H. 1/2, S. 193–221.

Mülder-Bach, Inka: „Ein Taschenspielerstück des Zufalls". Über Unfälle und Zufälle im *Mann ohne Eigenschaften*. Gespräch mit Thomas Kretschmer. In: Katarina Agathos, Herbert Kapfer (Hg.): Robert Musil: *Der Mann ohne Eigenschaften*. Remix. München: belleville 2004, S. 640–649.

Mülder-Bach, Inka: Der „Weg der Geschichte" oder Finden und Erfinden. Geschichtserzählung in Robert Musils Roman *Der Mann ohne Eigenschaften*. In: Internationales Archiv für Sozialgeschichte der deutschen Literatur 36 (2011), H. 1, S. 187–205.

Mülder-Bach, Inka: Poesie der Grammatik. Texturen des Geistes im *Mann ohne Eigenschaften*. In: Beil/Gamper/Wagner (Hg.): Medien, Technik, Wissenschaft [2011], S. 173–191.

Mülder-Bach, Inka: Robert Musil: *Der Mann ohne Eigenschaften*. Ein Versuch über den Roman. München: Hanser 2013.

Mülder-Bach, Inka: Der Fall Moosbrugger. In: I. M.-B., Michael Ott (Hg.): Was der Fall ist. Casus und lapsus. Paderborn: Fink 2014 (= Anfänge), S. 145–166.

Mülder-Bach, Inka: Allegorie und Gleichnis im *Mann ohne Eigenschaften*. In: Ulla Haselstein (Hg.): Allegorie. DFG-Symposion 2014. Berlin, Boston: de Gruyter 2016, S. 273–302.

Müller, Dominik: Robert Musil, Joseph Roth und das Feuilleton. *Nachlaß zu Lebzeiten*: Von der Zeitung zum Buch. In: Mulligan/Westerhoff (Hg.): Robert Musil [2009], S. 239–254.

Müller, Dominik: Großstadthektik und die Literatur als langsames Medium. In: Thomas Hunkeler, Edith Anna Kunz (Hg.): Metropolen der Avantgarde / Métropoles des avant-gardes. Bern u. a.: Lang 2011, S. 231–243.

Müller, Gerd: Mathematik und Transzendenz. Die Bedeutung Novalis' für das Werk Robert Musils. In: Orbis Litterarum 23 (1968), S. 265–275.

Müller, Gerd: Dichtung und Wissenschaft. Studien zu Robert Musils Romanen *Die Verwirrungen des Zöglings Törleß* und *Der Mann ohne Eigenschaften*. Uppsala: Almqvist och Wiksell 1971 (= Studia Germanistica Upsaliensia, Bd. 7).

Müller, Gerhard: Die drei Utopien Ulrichs in Robert Musils *Mann ohne Eigenschaften*. Diss. Univ. Wien 1957.

Müller, Götz: Ideologiekritik und Metasprache in Robert Musils Roman *Der Mann ohne Eigenschaften*. München, Salzburg: Fink 1972 (= Musil-Studien, Bd. 2).

Müller, Götz: Zur Entwicklungsgeschichte von Robert Musils Roman *Der Mann ohne Eigenschaften*. Folgerungen aus der neuen Edition. In: Zeitschrift für deutsche Philologie 98 (1979), S. 524–543.

Müller, Götz: Die Philosophierezeption Robert Musils. In: Bjørn Ekmann, Børge Kristiansen, Friedrich Schmöe (Hg.): Literatur und Philosophie. München: Fink 1983 (= Text & Kontext. Sonderreihe, Bd. 16), S. 76–100.

Müller, Götz: Isis und Osiris. Die Mythen in Robert Musils Roman *Der Mann ohne Eigenschaften*. In: Zeitschrift für deutsche Philologie 102 (1983), H. 4, S. 583–604.

Müller, Ralph: Hyperliteralist metaphor. The cognitive poetics of Robert Musil in his novella *Die Portugiesin*. In: Monika Fludernik (Hg.): Beyond cognitive metaphor theory. Perspectives on literary metaphor. New York u. a.: Routledge 2011 (= Routledge studies in rhetoric and stylistics, Bd. 3), S. 224–238.

Müller, Werner: Lateinamerikanischer Zauber – Europäische Sachlichkeit? Eine kritische Auseinandersetzung mit der Kurzprosa von Robert Musil, Franz Kafka, Heimito von Doderer, Jorge Luis Borges, Alejo Carpentier und Gabriel García Márquez. Freiburg i. Br.: Rombach 2011 (= Freiburger Dissertationsreihe, Bd. 25).

Müller-Bülow, Brigitte: Identitätssuche in der Pubertät. Robert Musil: *Die Verwirrungen des Zöglings Törleß*. In: Eva Jaeggi, Hilde Kronberg-Gödde (Hg.): Zwischen den Zeilen. Literarische Werke psychologisch betrachtet. Gießen: Psychosozial-Verlag 2004, S. 21–29.

Müller-Dietz, Heinz: Diktat, Diktatur und Geist. Anmerkungen zu Anmerkungen Robert Musils über Karl Kraus. In: Musil-Forum 10 (1984), S. 171–180. [auch in: H. M.-D.: Recht und Kriminalität im literarischen Widerschein. Gesammelte Aufsätze. Baden-Baden: Nomos 1999 (= Juristische Zeitgeschichte. Abt. 6: Recht in der Kunst – Kunst im Recht, Bd. 1), S. 146–154]

Müller-Dietz, Heinz: „Die ruhende Einrichtung des Rechts". Recht und Rechtsdenken in Musils *Mann ohne Eigenschaften*. In: Musil-Forum 13/14 (1987/88), S. 147–166. [auch in: H. M.-D.: Grenzüberschreitungen. Beiträge zur Beziehung zwischen Literatur und Recht. Baden-Baden: Nomos 1990, S. 456–472]

Müller-Dietz, Heinz: (Ich-)Identität und Verbrechen. Zur literarischen Rekonstruktion psychiatrischen und juristischen Wissens von der Zurechnungsfähigkeit in Texten Döblins und Musils. In: Manfred Pfister (Hg.): Die Modernisierung des Ich. Studien zur Subjektkonstitution in der Vor- und Frühmoderne. Passau: Rothe 1989 (= Passauer interdisziplinäre Kolloquien, Bd. 1), S. 240–253. [auch in: H. M.-D.: Recht und Kriminalität im literarischen Widerschein [1999], S. 155–175]

Müller-Dietz, Heinz: Musil und kein Ende. Fragmente eines Juristen über die eines Literaten. In: H. M.-D.: Grenzüberschreitungen [1990], S. 411–429.

Müller-Dietz, Heinz: Strafrecht und Psychiatrie im Werk Robert Musils. In: H. M.-D.: Grenzüberschreitungen [1990], S. 430–455.

Müller-Dietz, Heinz: Moosbrugger, ein Mann mit Eigenschaften, oder: Strafrecht und Psychiatrie in Musils *Mann ohne Eigenschaften*. In: Neue juristische Wochenschrift 45 (1992), H. 20, S. 1276–1284. [auch in: H. M.-D.: Recht und Kriminalität im literarischen Widerschein [1999], S. 117–145; Hermann Weber (Hg.): Reale und fiktive Kriminalfälle als Gegenstand der Literatur. Berlin: BWV 2003 (= Juristische Zeitgeschichte. Abt. 6: Recht in der Kunst – Kunst im Recht, Bd. 16), S. 121–143]

Müller-Dietz, Heinz: Literarische Metamorphosen eines Kriminalfalles. In: Neue juristische Wochenschrift 49 (1996), H. 17, S. 1094–1110. [auch in: Hermann Weber (Hg.): Reale und fiktive Kriminalfälle als Gegenstand der Literatur. Berlin: BWV 2003 (= Juristische Zeitgeschichte. Abt. 6: Recht in der Kunst – Kunst im Recht, Bd. 16), S. 101–119]

Müller-Dietz, Heinz: Literarische Einfühlung und wissenschaftliche Erkenntnis bei Robert Musil. In: Béhar/Roth (Hg.): Musil an der Schwelle zum 21. Jahrhundert [2005], S. 99–120.

Müller-Dietz, Heinz: Musils Roman *Der Mann ohne Eigenschaften* als Essay über Kultur und Recht. Akademische Feier zum 80. Geburtstag von Universitätsprofessor Dr. Dr. h.c. Heinz Müller-Dietz. Saarbrücken: Universaar 2012 (= Universität Saarbrücken. Universitätsreden, Bd. 92).

Müller-Funk, Wolfgang: „Gute Köpfe sollten sich in Nervenkrankheiten selbst beobachten". Das Phänomen Wahnsinn und seine Bedeutung. In: LOG. Zeitschrift für internationale Literatur (1984), H. 24, S. 6–10.

Müller-Funk, Wolfgang: Krieg in Mitteleuropa. Robert Musil als Kronzeuge der europäischen Katastrophe. Essayistische Vorstöße zu einem essayistischen Roman. In: Munzar (Hg.): Robert Musil, ein Mitteleuropäer [1994], S. 73–81.

Müller-Funk, Wolfgang: Seinesgleichen geschieht. Robert Musil – Essayismus als Lebensprogramm. In: W. M.-F.: Erfahrung und Experiment. Studien zur Theorie und Geschichte des Essayismus. Berlin: Akademie 1995, S. 175–206.

Müller-Funk, Wolfgang: *Der Mann ohne Eigenschaften*: Erinnerungstextur und Medium kulturwissenschaftlicher Sondierung. In: Martens/Ruthner/De Vos (Hg.): Musil anders [2005], S. 301–325.

Müller-Funk, Wolfgang: Space and border. Simmel, Waldenfels, Musil. In: Johan Schimanski, Stephan Wolfe (Hg.): Border poetics de-limited. Hannover: Wehrhahn 2007 (= Troll, Bd. 9), S. 75–95. [auch in: W. M.-F.: The architecture of modern culture. Towards a narrative cultural theory. Berlin, Boston: de Gruyter 2012 (= Culture & conflict, Bd. 3), S. 111–127]

Müller-Funk, Wolfgang: Im symbolischen Feld des Möglichen. Robert Musil und die klassische Wiener Moderne. In: Griesecke (Hg.): Werkstätten des Möglichen [2008], S. 151–172.

Müller-Funk, Wolfgang: *Der Mann ohne Eigenschaften*. Erinnerungstextur und Medium kulturwissenschaftlicher Sondierung. In: W. M.-F.: Komplex Österreich. Fragmente zu einer Geschichte der modernen österreichischen Literatur. Wien: Sonderzahl 2009, S. 180–194.

Müller-Funk, Wolfgang: Die Frau und das Fremde. Anmerkungen zu Robert Musils *Drei Frauen*. In: W. M.-F.: Komplex Österreich [2009], S. 195–205.

Müller-Funk, Wolfgang: Stellungs-Kriege. Erotik und Gender in Robert Musils Erzählungen *Drei Frauen*. In: Clemens Ruthner, Raleigh Whitinger (Hg.): Contested passions. Sexuality, eroticism, and gender in modern Austrian literature and culture. New York u.a.: Lang 2011 (= Austrian Culture, Bd. 46), S. 219–232.

Müller-Funk, Wolfgang: Musil's version of round dance in *Der Mann ohne Eigenschaften*. In: W. M.-F.: The architecture of modern culture. Towards a narrative cultural theory. Berlin, Boston: de Gruyter 2012 (= Culture & conflict, Bd. 3), S. 204–210.

Müller-Funk, Wolfgang: Kursorische Lektüren: Waldenfels und Musil. In: W. M.-F.: Die Dichter der Philosophen. Essays über den Zwischenraum von Denken und Dichten. München: Fink 2013, S. 171–180.

Müller-Tamm, Jutta: WeltKörperInnenraum. Anmerkungen zur literarischen Anthropologie des Körperinneren. In: Internationales Archiv für Sozialgeschichte der deutschen Literatur 25 (2000), H. 1, S. 95–133.

Mulligan, Kevin: Musils Analyse des Gefühls. In: Böschenstein/Roth (Hg.): Hommage à Musil [1995], S. 87–110.

Mulligan, Kevin: Geist (and Gemüt) vs Life – Max Scheler and Robert Musil. In: Rosa M. Calcaterra (Hg.): Le Ragioni del Conoscere dell'Agire. Scritti in onore di Rosaria Egidi. Mailand: Franco Angeli 2006, S. 366–378.

Mulot, Sibylle: Der junge Musil. Seine Beziehung zu Literatur und Kunst der Jahrhundertwende. Stuttgart: Heinz 1977 (= Stuttgarter Arbeiten zur Germanistik, Bd. 40).

Mulot-Déri, Sibylle: *Törleß* und der Dekadenzroman. In: Annali. Studi Tedeschi 23 (1980), H. 2/3, S. 239–250.

Muschg, Adolf: Musils letzter Roman. In: A. M.: Besprechungen. 1961–1979. Basel u. a.: Birkhäuser 1980, S. 90–104.

Musio, Alessio: The crisis of substance and the difficulty of decision. Musil's subject. In: Studia austriaca 22 (2014), S. 61–72.

Nadermann, Peter: Schreiben als anderes Leben. Eine Untersuchung zu Robert Musils Roman *Der Mann ohne Eigenschaften*. Frankfurt a. M. u. a.: Lang 1990 (= Bochumer Schriften zur deutschen Literatur, Bd. 17).

Nadler, Josef: *Der Mann ohne Eigenschaften* oder Der Essayist Robert Musil. In: Wort und Wahrheit 5 (1950), H. 2, S. 688–697.

Naganowski, Egon: Drei Versuche. In: Literatur und Kritik (1972), H. 66/67, S. 321–330.

Naganowski, Egon: *Vinzenz* oder der Sinn des sinnvollen Unsinns. In: Baur/Goltschnigg (Hg.): Vom *Törleß* zum *Mann ohne Eigenschaften* [1973], S. 89–122.

Naganowski, Egon: Robert Musils *Vinzenz*, der Dadaismus und das Theater des Absurden. In: Il teatro nella Mitteleuropa. Gorizia: Instituto per gli Incontri Culturali Mitteleuropei 1980, S. 195–204. [auch in: Brokoph-Mauch (Hg.): Beiträge zur Musil-Kritik [1983], S. 63–74] [frz. in: Olmi/Roth (Hg.): Robert Musil [1981], S. 238–244]

Naganowski, Egon: *Die Schwärmer* als Bühnenstück. In: Strutz/Strutz (Hg.): Robert Musil – Theater, Bildung, Kritik [1985], S. 62–77.

Naganowski, Egon: Von Stefan Zweig zu Robert Musil. Ein Bericht über die Verbreitung der österreichischen Literatur im heutigen Polen. In: Musil-Forum. Wissenschaftliches Beiheft 4 (1990), S. 5–13.

Nantet, Marie-Victoire: Trois femmes énigmatiques. In: Chardin (Hg.): Robert Musil [2000], S. 117–127.

Naumann, Helmut: Musils Rilke-Deutung. In: ders.: Neue Aufsätze zur deutschen Literatur. Tecklenburg u. a.: Eigenverlag 2002, S. 55–61.

Neau, Patrice: Nation, culture et Europe chez Robert Musil. In: Michal Feith (Hg.): Nationalismes et régionalismes. Des nations avec ou sans état. Nantes: Univ. de Nantes 2005, S. 77–88.

Nelva, Daniela: Dalla *Montagna incantata* di Thomas Mann all'*Uomo senza qualità* di Robert Musil. Il tramonto di un'epoca e l'alba della modernità. In: Chiara Sandrin, Riccardo Morrello (Hg.): Thomas Mann. L'eco e la grazia. Alessandria: Ed. dell'Orso 2005 (= Cultura tedesca, Bd. 10), S. 173–194.

Nelva, Daniela: Necessità senza legge. Le riflessioni di Robert Musil sull'uomo, la storia, la „Zivilisation". In: Giuseppe Sertoli, Carla Vaglio Marengo, Chiara Lombardi (Hg.): Comparatistica e intertestualità. Studi in onore di Franco Marenco. Bd. 2. Alessandria: Ed. dell'Orso 2010, S. 789–800.

Nelva, Daniela: *Das Unanständige und Kranke in der Kunst*. Esordio e percorsi della militanza etica di Robert Musil. In: Lucia Cinato u. a. (Hg.): Intrecci di lingua e cultura. Studi in onore di Sandra Bosco Coletsos. Rom: Aracne 2012, S. 343–359.

Nelva, Daniela: Percorsi critici nei saggi di Robert Musil. Alessandria: Edizioni dell'Orso 2012 (= Cultura tedesca, Bd. 12).

Nethersole, Reingard: Zwei Arten der weltlichen Wirklichkeit. Bemerkungen zu Ingeborg Bachmanns Roman *Malina* in Verbindung mit Robert Musils *Der Mann ohne Eigenschaften*. In: Karl Konrad Polheim (Hg.): Sinn und Symbol. Festschrift für Joseph P. Strelka zum 60. Geburtstag. Bern u. a.: Lang 1987, S. 457–473.

Neubauer, Kai: „Die Leiblichkeit des Gesprächs". Zum Zusammenhang von Sinnlichkeit und Sprachkrise bei Robert Musil. In: Musil-Forum 25/26 (1999/2000), S. 101–127.

Neuenfels, Hans: Die Biographie der Unruhe. Ein Essay. In: Robert Musil: Die Schwärmer. Ein Film v. H. N. Reinbek b. Hamburg: Rowohlt 1985, S. 5–54.

Neumann, Gerhard: Landschaft im Fenster. Liebeskonzept und Identität in Robert Musils Novelle *Die Vollendung der Liebe*. In: Doitsu bungaku. Neue Beiträge 3 (2004), H. 1, S. 15–31.

Neumann, Gerhard: Androgynie und Inzest. Robert Musils Theorie der Liebe. In: Hans Weichselbaum (Hg.): Androgynie und Inzest in der Literatur um 1900. Salzburg, Wien: Otto Müller 2005 (= Trakl-Studien, Bd. 23), S. 151–180.

Neumann, Gerhard: Schmerz – Erinnerung – Löschung. Die Aporien kultureller Memoria in Kafkas Texten. In: Roland Borgards (Hg.): Schmerz und Erinnerung. München: Fink 2005, S. 173–193.

Neumann, Gerhard: Traumbild und Stillleben. Präsenz und Absenz in der Poetik Robert Musils. In: Richard Hoppe-Sailer, Claus Volkenandt, Gundolf Winter (Hg.): Logik der Bilder. Präsenz – Repräsentation – Erkenntnis. Gottfried Boehm zum 60. Geburtstag. Berlin: Reimer 2005, S. 53–73.

Neumann, Gerhard: *Die Vollendung der Liebe*. Robert Musils Erotologie. In: Cahiers d'études germaniques (2006), H. 50, S. 199–212. [auch in: Karl Heinz Götze u. a. (Hg.): Zur Literaturgeschichte der Liebe. Würzburg: Königshausen & Neumann 2009, S. 259–272]

Neumann, Gerhard: Androgynie. Zur mythischen Grundformel von Robert Musils Roman *Der Mann ohne Eigenschaften*. In: Ortrun Niethammer, Heinz-Peter Preußer, Françoise Rétif (Hg.): Mythen der sexuellen Differenz. Übersetzungen, Überschreibungen, Übermalungen. Mythes de la différence sexuelle. Heidelberg: Winter 2007, S. 101–114.

Neumann, Michael: „Psych. d. Exstase". Zu einer Tagebuchnotiz Robert Musils. In: Daniel Meyer, Bernard Dieterle (Hg.): Der Umbruchsdiskurs im deutschsprachigen Raum zwischen 1900 und 1938. Heidelberg: Winter 2011 (= Beihefte zum Euphorion, Bd. 63), S. 165–178.

Neumann, Peter Horst: Allmächtige Gleichnis-Schöpfer. Zur Krise des Vergleichs in der literarischen Moderne (Benn, Musil, Rilke). In: Akzente 50 (2003), H. 6, S. 544–554.

Neumer, Katalin: Die Verwirrungen im Labyrinth der Sprache. Ein Interpretationsversuch zu Musils *Törleß*. In: Musil-Forum 13/14 (1987/88), S. 5–21.

Neusiedler, Peter: Robert Musil: *Der Mann ohne Eigenschaften*. Die Kategorie der Einzelheit. Diss. Univ. Wien 1963.

Neveux, Jean B.: Robert Musil. „Jugendstil" et „Sezession". In: Études germaniques 23 (1968), S. 582–599, u. 24 (1969), S. 36–47.

Neymeyr, Barbara: Musils skeptischer Fortschrittsoptimismus. Zur Ambivalenz der Gesellschaftskritik in seinen Essays. In: Zeitschrift für deutsche Philologie 115 (1996), H. 4, S. 576–607.

Neymeyr, Barbara: Utopie und Experiment. Zur Konzeption des Essays bei Musil und Adorno. In: Euphorion 94 (2000), H. 1, S. 79–111.

Neymeyr, Barbara: Antikisierte Moderne – modernisierte Antike. Zur Idealismus-Problematik in Musils Roman *Der Mann ohne Eigenschaften*. In: Olaf Hildebrand, Thomas Pittrof (Hg.): „... auf klassischem Boden begeistert". Antike-Rezeption in der deutschen Literatur. Festschrift für Jochen Schmidt zum 65. Geburtstag. Freiburg i. Br.: Rombach 2004 (= Rombach Wissenschaften. Reihe Paradeigmata, Bd. 1), S. 401–417.

Neymeyr, Barbara: Die Anomie der Libido in Musils Roman *Der Mann ohne Eigenschaften*. Ulrichs erotische Menagerie: die drei Frauen Leona, Bonadea, Diotima. In: Luserke-Jaqui (Hg.): „Alle Welt ist medial geworden." [2005], S. 221–246.

Neymeyr, Barbara: Psychologie als Kulturdiagnose. Musils Epochenroman *Der Mann ohne Eigenschaften*. Heidelberg: Winter 2005 (= Beiträge zur neueren Literaturgeschichte, Bd. 218).

Neymeyr, Barbara: „Gefühlserkenntnisse und Denkerschütterungen". Robert Musils Konzept einer ‚emotio-rationalen' Literatur im Kontext der Moderne. In: Sabina Becker, Helmuth Kiesel (Hg.): Literarische Moderne. Begriff und Phänomen. Berlin, New York: de Gruyter 2007, S. 199–226.

Neymeyr, Barbara: Identitätskrise – Kulturkritik – Experimentalpoesie. Zur Bedeutung der Nietzsche-Rezeption in Musils Roman *Der Mann ohne Eigenschaften*. In: Thorsten Valk (Hg.): Friedrich Nietzsche und die Literatur der klassischen Moderne. Berlin, New York: de Gruyter 2009 (= Klassik und Moderne, Bd. 1), S. 163–182.

Neymeyr, Barbara: Utopie und Experiment. Zur Literaturtheorie, Anthropologie und Kulturkritik in Musils Essays. Heidelberg: Winter 2009 (= Beiträge zur neueren Literaturgeschichte, Bd. 265).

Neymeyr, Barbara: Von der Décadence zur Experimentalexistenz. Die Nietzsche-Rezeption in Musils Roman *Der Mann ohne Eigenschaften*. In: Ditte Bandini, Ulrich Kronauer (Hg.): 100 Jahre Heidelberger Akademie der Wissenschaften. Früchte vom Baum des Wissens. Eine Festschrift der wissenschaftlichen Mitarbeiter. Heidelberg: Winter 2009, S. 411–422.

Neymeyr, Barbara: Experimente im „Ideenlaboratorium". Musils avantgardistische Literaturtheorie. In: Sprachkunst 41 (2010), H. 2, S. 203–219.

Niekerk, Carl: Foucault, Freud, Musil. Macht und Masochismus in den *Verwirrungen des Zöglings Törleß*. In: Zeitschrift für deutsche Philologie 116 (1997), H. 4, S. 545–566.

Niemann, Norbert: „Ein Erdbeben ganz tief am Grunde". Robert Musil, Anthony Burgess. In: Akzente 49 (2002), H. 4, S. 387–399.

Nivat, Georges: Adelphic incest in Musil, Nabokov, and Littell. In: Aurélie Barjonet, Liran Razinsky (Hg.): Writing the Holocaust today. Critical perspectives on Jonathan Littell's *The kindly ones*. Amsterdam: Rodopi 2012 (= Faux titre, Bd. 381), S. 19–32.

Noble, Cecil Arthur M.: Musil's novel without qualities. In: Revue des langues vivantes 39 (1973), H. 1, S. 28–38.

Noor, Ashraf: Zur Poetik des Unmöglichen. Musil und Bataille. In: Ursula Erzgräber, Alfred Hirsch (Hg.): Sprache und Gewalt. Berlin: Spitz 2001 (= Studien des Frankreich-Zentrums der Albert-Ludwigs-Universität Freiburg, Bd. 6), S. 379–405.

Nubert, Roxana: Das Spiel mit dem Möglichen. Robert Musil. In: R. N.: Paradigmenwechsel moderner deutschsprachiger Literatur. Temeswar: Mirton 2002, S. 65–95.

Nubert, Roxana: Der moderne österreichische Roman als Spielfeld reiner Möglichkeit – unter Berücksichtigung von Robert Musils Roman *Der Mann ohne Eigenschaften*. In: Pierre Béhar (Hg.): Glück und Unglück in der österreichischen Literatur. Bern u.a.: Lang 2003 (= Musiliana, Bd. 9), S. 179–205.

Nübel, Birgit: „Empfindsame Erkenntnisse" in Robert Musil: *Die Verwirrungen des Zöglings Törleß*. In: Der Deutschunterricht 48 (1996), H. 2, S. 50–61.

Nübel, Birgit: „Gefühlserkenntnisse und Denkerschütterungen". Für eine essayistische Didaktik. In: Gerhard Rupp (Hg.): Wozu Kultur? Zur Funktion von Sprache, Literatur und Unterricht. Frankfurt a. M. u. a.: Lang 1997, S. 103–115.

Nübel, Birgit: „Totalität" und „relative Totale". Randbemerkungen zu Georg Lukács und Robert Musil. In: Günter Helmes u. a. (Hg.): Literatur und Leben. Anthropologische Aspekte in der Kultur der Moderne. Festschrift für Helmut Scheuer zum 60. Geburtstag. Tübingen: Narr 2002, S. 213–231.

Nübel, Birgit: „Hinter der Sperre des Glases". Gedankenexperimente in Robert Musils *Nachlaß zu Lebzeiten*. In: Susanne Knoche, Lennart Koch, Ralph Köhnen (Hg.): Lust am Kanon. Denkbilder in Literatur und Unterricht. Frankfurt a. M. u. a.: Lang 2003, S. 237–256.

Nübel, Birgit: Relationismus und Perspektivismus. Karl Mannheim und Robert Musil. In: Luserke-Jaqui (Hg.): „Alle Welt ist medial geworden." [2005], S. 141–160.

Nübel, Birgit: Robert Musil – Essayismus als Selbstreflexion der Moderne. Berlin, New York: de Gruyter 2006.

Nübel, Birgit: „ein dünner Dunst fremden Leibes". Perversionen des Erkennens in Musils Essay *Das Unanständige und Kranke in der Kunst*. In: Musil-Forum 31 (2009/10), S. 23–38.

Nübel, Birgit: Die vergänglichen Kleiderschichten oder Mode als „Dauerzustand" der Moderne. In: Sabine Schneider, Heinz Brüggemann (Hg.): Gleichzeitigkeit des Ungleichzeitigen. Formen und Funktionen von Pluralität in der ästhetischen Moderne. München: Fink 2011, S. 161–184.

Nübel, Birgit: Zungenbisse und Körperschnitte. (De-)Figurationen des Perversen bei Robert Musil. In: Anne Fleig, B. N. (Hg.): Figurationen der Moderne. Mode, Sport, Pornographie. München: Fink 2011, S. 219–248.

Nübel, Birgit: „Eine ganz und gar offene, moralisch im Großen experimentierende und dichtende Gesinnung" – Essayismus und Experimentalismus bei Robert Musil. In: Stefanie Kreuzer (Hg.): Experimente in den Künsten. Transmediale Erkundungen in Literatur, Theater, Film, Musik und bildender Kunst. Bielefeld: transcript 2012, S. 49–87.

Nübel, Birgit: Die „Exterritorialität der Frau in der Männerwelt". Robert Musils *Briefe Susannens*. In: Musil-Forum 33 (2013/14), S. 177–201.

Nübel, Birgit: Robert Musil und Heinrich von Kleist oder konkave Frauenkörper im Hohlspiegel unendlicher Reflexion. In: Anne Fleig, Christian Moser, Helmut J. Schneider (Hg.): Schreiben nach Kleist. Literarische, mediale und theoretische Transkriptionen. Freiburg i. Br. u. a.: Rombach 2014 (= Rombach Wissenschaften. Reihe Litterae, Bd. 204), S. 95–118.

Nübel, Birgit: Essayismus als Metatext. In: Michael Ansel, Jürgen Egyptien, Hans-Edwin Friedrich (Hg.): Der Essay als Universalgattung des Zeitalters. Diskurse, Themen und Positionen zwischen Jahrhundertwende und Nachkriegszeit. Leiden, Boston: Rodopi 2016, S. 28–45.

Nübel, Birgit: Metatextualität und Moderne – Robert Musil und Kurt Schwitters. In: Walter Delabar, Ursula Kocher, Isabel Schulz (Hg.): Transgression und Intermedialität. Die Texte von Kurt Schwitters. Bielefeld: Aisthesis 2016, S. 63–89.

Nurmi-Schomers, Susan: Visionen dichterischen ‚Mündigwerdens'. Poetologische Perspektiven auf Robert Musil, Rainer Maria Rilke und Walter Benjamin. Tübingen: Niemeyer 2008 (= Untersuchungen zur deutschen Literaturgeschichte, Bd. 134).

Nusser, Peter: Musils Romantheorie. Den Haag u. a.: Mouton 1967.

Nusser, Peter: Einübung ins Möglichkeitsdenken. Zur Form und Wirkung von Musils *Mann ohne Eigenschaften*. In: Harald Hartung u. a. (Hg.): Fruchtblätter. Freundesgabe für Alfred Kelletat. Berlin: Pädagogische Hochschule 1977, S. 143–156.

Nutting, Peter West: Uncaging Musil's *Amsel*. In: Publications of the Modern Language Association of America 98 (1983), S. 47–59.

Nuvoloni, Elena: Metafora e silenzio nelle *Vereinigungen* di Robert Musil. In: Quaderni di lingue e letterature 11 (1986), S. 289–313.

Nyíri, J. C.: Musil und Wittgenstein. Ihr Bild vom Menschen. In: Conceptus. Zeitschrift für Philosophie 11 (1977), H. 28–30, S. 306–314.

Nyíri, J. C.: Zwei geistige Leitsterne. Musil und Wittgenstein. In: Literatur und Kritik (1977), H. 113, S. 167–179. [ital. in: Mannarini (Hg.): Musil [1980], S. 107–125]

Nyíri, J. C.: From Eötvös to Musil. Philosophy and its negation in Austria and Hungary. In: J. C. N. (Hg.): Austrian philosophy. Studies and texts. München: Philosophia 1981, S. 9–30.

Nyíri, J. C.: Musil und der Begriff der Tradition. In: Strutz/Strutz (Hg.): Robert Musil – Theater, Bildung, Kritik [1985], S. 143–152.

Nyíri, J. C.: The concept of tradition. Mach and the early Musil. In: Robert B. Pynsent (Hg.): Decadence and innovation. Austro-Hungarian life and art at the turn of the century. London: Weidenfeld and Nicolson 1989, S. 43–48.

O'Brian, George M.: Ernst Mach and a trio of Austrian writers. Hofmannsthal, Andrian, Musil. In: International Fiction Review 4 (1977), S. 64–67.

O'Connor, Kathleen A.: Robert Musil and the tradition of the German novelle. Riverside: Ariadne Press 1992 (= Studies in Austrian literature, culture, and thought).

Obermayer, August: Ein Topos als Romaneinsatz in Musils *Mann ohne Eigenschaften*. In: Österreich in Geschichte und Literatur 18 (1974), H. 6, S. 348–354.

Obermayer, August: Robert Musil als Journalist und Essayist. In: Jahrbuch für Internationale Germanistik 8 (1976), H. 1, S. 34–46. [ital. in: Mannarini (Hg.): Musil [1980], S. 35–53]

Obermayer, August: Ein unbekannter Musil-Brief. In: Literatur und Kritik (1977), H. 112, S. 132.

Oczipka, Michael: Die Verwirklichung des „anderen Zustands" in den Stücken Robert Musils. Diss. Univ. Wien 1972.

Öhlschläger, Claudia: Abstraktionsdrang. Wilhelm Worringer und der Geist der Moderne. München: Fink 2005. [zu Musil bes. S. 186–200]

Öhlschläger, Claudia: Evidenz und Ereignis. Musils poetische ‚Momentaufnahmen' im Kontext der Moderne. In: Helmut Pfotenhauer, Wolfgang Riedel, Sabine Schneider (Hg.): Poetik der Evidenz. Die Herausforderung der Bilder in der Literatur um 1900. Würzburg: Königshausen & Neumann 2005, S. 203–216.

Öhlschläger, Claudia: Poetik und Ethik der kleinen Form: Franz Kafka, Robert Musil, Heiner Müller, Michael Köhlmeier. In: Zeitschrift für deutsche Philologie 128 (2009), H. 2, S. 261–279.

Öhlschläger, Claudia: Komplexität im Kleinen. Polychrone Zeitgestaltung und Medialität bei Ernst Jünger, Robert Musil, Undine Gruenter und Alexander Kluge. In: Musil-Forum 32 (2011/12), S. 147–161.

Öhlschläger, Claudia: Augenblick und lange Dauer. Ästhetische Eigenzeiten in epischen Kurzformen der Moderne und Gegenwart. In: C. O., Lucia Perrone Capano (Hg.): Figurationen des Temporalen. Poetische, philosophische und mediale Reflexionen über Zeit. Göttingen: V&R unipress 2013 (= Zäsuren, Bd. 3), S. 93–106.

Oertel Sjögren, Christine: An inquiry into the psychological condition of the narrator in Musil's *Tonka*. In: Monatshefte für deutschen Unterricht, deutsche Sprache und Literatur 64 (1972), S. 153–161.

Oertel Sjögren, Christine: The enigma of Musil's *Tonka*. In: Modern Austrian Literature 9 (1976), H. 3/4, S. 100–113. [dt. in: Heydebrand (Hg.): Robert Musil [1982], S. 434–449]

Oldenbürger, Hartmut-A.: Zur Konkretisationserhebung literarischer Texte und hermeneutische Deutungshypothesen durch Sortierung und Netzwerkbildung. In: Groeben (Hg.): Rezeption und Interpretation [1981], S. 161–204.

Olmi, Roberto: *L'homme sans qualités*. Editions et perspectives. In: Musil-Forum 6 (1980), S. 207–212.

Olmi, Roberto: La présence de Nietzsche. In: Olmi/Roth (Hg.): Robert Musil [1981], S. 153–166. [dt. in: Brokoph-Mauch (Hg.): Beiträge zur Musil-Kritik [1983], S. 87–109]

Olmi, Roberto: Musil und Nietzsche. In: Musil-Forum 7 (1981), S. 119–129.

Olmi, Roberto: Katakombe. Musil et l'activisme expressionniste. In: Sud. Revue littéraire bimestrielle (1982), S. 48–57.

Olmi, Roberto: *L'homme sans qualités*. Genèse et édition. In: Cometti (Hg.): Robert Musil [1986], S. 106–122.

Omelaniuk, Irena: Androgyny and the fate of the feminine. Robert Musil und Ingeborg Bachmann. In: AUMLA 58 (1982), S. 146–163.

Orlandi Arrigoni, Orlando: Robert Musil: *Die Versuchung der stillen Veronika*. Analisi del racconto e delle traduzioni. Poggibonsi: Lalli Ed. 1987 (= Materiali di letteratura).

Orosz, Magdolna: „Weltösterreichisches Menschheitswerk". (Massen-)Feste bei Robert Musil und Joseph Roth. In: Károly Csúri, M. O., Zoltán Szendi (Hg.): Massenfeste. Ritualisierte Öffentlichkeiten in der mittelosteuropäischen Moderne. Frankfurt a.M. u.a.: Lang 2009 (= Budapester Studien zur Literaturwissenschaft, Bd. 14), S. 131–148.

Osses, José Emilio: Robert Musil en tres obras sin cualidades. Santiago de Chile: Ed. Universitaria 1963 (= El espejo de papel, Bd. 6).
Ostermann, Eberhard: Öffentliche Rede, Fest und Krieg. Perspektiven ihres Zusammenhangs in der Literatur am Beispiel von Robert Musils Roman *Der Mann ohne Eigenschaften*. In: Josef Kopperschmidt, Helmut Schanze (Hg.): Fest und Festrhetorik. Zu Theorie, Geschichte und Praxis der Epideiktik. München: Fink 1999 (= Figuren, Bd. 7), S. 235–249.
Ostermann, Eberhard: Das wildgewordene Subjekt. Christian Moosbrugger und die Imagination des Wilden in Musils *Mann ohne Eigenschaften*. In: Neophilologus 89 (2005), H. 4, S. 605–623.
Osthövener, Claus-Dieter: Literarische und religiöse Deutungskultur im Werk Robert Musils. In: Roderich Barth, C.-D. O., Arnulf von Scheliha (Hg.): Protestantismus zwischen Aufklärung und Moderne. Festschrift für Ulrich Barth. Frankfurt a. M. u. a.: Lang 2005 (= Beiträge zur rationalen Theologie, Bd. 16), S. 299–314.
Ottaviani, Alessandro: An unreliable synopsis. Notes toward a contextual reading of Robert Musil and Walter Benjamin. In: The Germanic Review 88 (2013), H. 1, S. 47–63.
Otten, Karl: Eindrücke von Robert Musil. In: Dinklage (Hg.): Robert Musil [1960], S. 357–363.

Pachter, Henry M.: Musil's Arnheim or Mann's Naphta? In: Boston University Journal 25 (1978), H. 3, S. 17–28. [auch in: H. M. P.: Weimar études. With a foreword by Walter Laqueur. New York: Columbia Univ. Press 1982, S. 171–188]
Pächt, Otto: Zur Vorgeschichte des Buches *Nachlaß zu Lebzeiten*. In: Dinklage (Hg.): Robert Musil [1960], S. 386–387.
Paetzke, Iris: Gründung eines Selbstbewußtseins. Robert Musil: *Die Verwirrungen des Zöglings Törleß*. In: I. P.: Erzählen in der Wiener Moderne. Tübingen: Francke 1992 (= Edition Orpheus, Bd. 7), S. 111–133.
Panagl, Oswald: Überlegungen eines linguistischen Lesers zu den Texten *Kleine Fabel* (Franz Kafka), *Die Maus* (Robert Musil) und *Der Bau* (Franz Kafka). In: O. P., Walter Weiss (Hg.): Noch einmal Dichtung und Politik. Vom Text zum politisch-sozialen Kontext und zurück. Wien u. a.: Böhlau 2000 (= Studien zu Politik und Verwaltung, Bd. 69), S. 395–398.
Papiór, Jan: Die wirkliche „Wirklichkeit" der Sprache (Hofmannsthal, Musil, Doderer). In: Michael Klein, Sigurd Paul Scheichl (Hg.): Thematisierung der Sprache in der österreichischen Literatur des 20. Jahrhunderts. Innsbruck: Institut für Germanistik 1982 (= Innsbrucker Beiträge zur Kulturwissenschaft, Bd. 7), S. 45–57.
Paul, Jean-Marie: Baroque, modernité et recherche d'un autre état dans *L'homme sans qualités* de Robert Musil. In: Jean-Marie Paul (Hg.): Images modernes et contemporaines de l'homme baroque. Nancy: Centre de recherches germaniques et scandinaves de l'Univ. de Nancy II 1997 (= Le texte et l'idée, Bd. 8), S. 237–255.
Paulson, Ronald M.: A re-examination and re-interpretation of some of the symbols in Robert Musil's *Die Portugiesin*. In: Modern Austrian Literature 13 (1980), H. 2, S. 111–121.
Paulson, Ronald M.: Myth and fairy tale in Robert Musil's *Grigia*. In: Gerald Chapple, Hans H. Schulte (Hg.): The turn of the century. German literature and art, 1890–1915. Bonn: Bouvier 1981 (= Modern German Studies, Bd. 5), S. 135–148.
Paulson, Ronald M.: Robert Musil and the ineffable. Hieroglyph, myth, fairy tale and sign. Stuttgart: Heinz 1982 (= Stuttgarter Arbeiten zur Germanistik, Bd. 112).
Pavlova, Nina: Über die Vorausahnung bei Robert Musil. In: Belobratow (Hg.): Robert Musil und einiges mehr [2011], S. 45–50.
Payne, Philip: Moosbrugger and the question of free will. In: New German Studies 3 (1975), H. 3, S. 139–154.
Payne, Philip: Musil erforscht den Geist eines anderen Menschen. Zum Porträt Moosbruggers im *Mann ohne Eigenschaften*. In: Literatur und Kritik (1976), H. 106/107, S. 389–404.
Payne, Philip: Robert Musil's reality. A study of some aspects of ‚Wirklichkeit' in *Der Mann ohne Eigenschaften*. In: Forum for Modern Language Studies 12 (1976), S. 314–328.

Payne, Philip: Feuer als Kern von Musils Ethik im *Mann ohne Eigenschaften*. In: Wirkendes Wort 28 (1978), H. 1, S. 36–45.
Payne, Philip: On reading Robert Musils's *Der Mann ohne Eigenschaften*. In: Sprachkunst 9 (1978), S. 88–100.
Payne, Philip: *Der Mann ohne Eigenschaften* – the wrong title for Robert Musil's work? In: Musil-Forum 5 (1979), S. 184–198.
Payne, Philip: Robert Musil, von innen gesehen. Betrachtungen zu den Tagebüchern. In: Musil-Forum 6 (1980), S. 227–238.
Payne, Philip: Robert Musil's diaries. In: Huber/White (Hg.): Musil in focus [1982], S. 131–143.
Payne, Philip: Die Übersetzung ins Englische von Musils Begriffen ‚Moral', ‚Ethik', ‚Seele' und ‚Geist'. In: Daigger/Militzer (Hg.): Die Übersetzung literarischer Texte am Beispiel Robert Musil [1988], S. 153–161.
Payne, Philip: Robert Musil's *The man without qualities*. A critical study. Cambridge u.a.: Cambridge Univ. Press 1988 (= Cambridge studies in German).
Payne, Philip: Musil on some of his comtemporaries. Aspects of the *Tagebücher*. In: Hickman (Hg.): Robert Musil and the literary landscape of his time [1991], S. 263–283.
Payne, Philip: „Geist" recording „Seele". The life of the mind as reproduced in Robert Musil's works. In: Forum for Modern Language Studies 32 (1996), H. 1, S. 70–82.
Payne, Philip: On translating Robert Musil's diaries. In: Translation and Literature 5 (1996), H. 1, S. 53–67.
Payne, Philip: Musil as an Anglo-Saxon? Some problems with the translation into English of Musil's diaries. In: Daigger/Schröder-Werle/Thöming (Hg.): West-östlicher Divan zum utopischen Kakanien [1999], S. 389–408.
Payne, Philip: Robert Musil's *Der Mann ohne Eigenschaften* seen from the perspective of his ‚Tagebücher'. In: Rüdiger Görner, Helen Kelly-Holmes (Hg.): Vermittlungen. German studies at the turn of the century. Festschrift für Nigel B. R. Reeves. München: Iudicium 1999, S. 63–84.
Payne, Philip: Schwierigkeiten der Übersetzung technologischer und wissenschaftlicher Begriffe bei Musil. In: Luserke-Jaqui (Hg.): „Alle Welt ist medial geworden." [2005], S. 247–260.
Payne, Philip: Robert Musil's diaries. Medium between life and literature. In: Bartram/Payne/Tihanov (Hg.): A companion to the works of Robert Musil [2007], S. 87–116.
Payne, Philip: The symbiosis of Robert Musil's life and works. In: Bartram/Payne/Tihanov (Hg.): A companion to the works of Robert Musil [2007], S. 1–49.
Payne, Philip: Robert Musils *Der Mann ohne Eigenschaften* (1930/32) und der Modernismus aus englischer Sicht. In: Matthias Luserke-Jaqui (Hg.): Deutschsprachige Romane der klassischen Moderne. Berlin, New York: de Gruyter 2008, S. 308–331.
Payne, Philip: Ironie in Musils Tagebüchern und Prosaskizzen. Rückblicke in die Antike und Seitenblicke auf Freud, Kafka und den Nationalsozialismus. In: Mulligan/Westerhoff (Hg.): Robert Musil [2009], S. 209–224.
Payne, Philip/Spencer, Malcolm: Approaches to Robert Musil's *Die Verwirrungen des Zöglings Törleß*. In: Nigel Harris (Hg.): The text and its context. Studies in modern German literature and society. Presented to Ronald Speirs on the occasion of his 65th birthday. Oxford u.a.: Lang 2008, S. 221–240.
Pekar, Thomas: Die Sprache der Liebe bei Robert Musil. München: Fink 1989 (= Musil-Studien, Bd. 19).
Pekar, Thomas: Ordnung und Möglichkeit. Robert Musils ‚Möglichkeitssinn' als poetologisches Prinzip. Wachsmann-Preis 1989. Oldenburg: Univ. Oldenburg 1990 (= Oldenburger Universitätsreden, Bd. 36).
Pekar, Thomas: Zum Zusammenhang von Musils Dissertation mit seiner Erzählung *Die Vollendung der Liebe*. In: Colloquia Germanica 24 (1991), H. 1, S. 13–23.
Pekar, Thomas: Robert Musil zur Einführung. Hamburg: Junius 1997.

Pelmter, Andrea: „Experimentierfeld des Seinkönnens" – Dichtung als „Versuchsstätte". Zur Rolle des Experiments im Werk Robert Musils. Würzburg: Königshausen & Neumann 2008 (= Epistemata. Reihe Literaturwissenschaft, Bd. 621).

Pennisi, Francesca: Das „Erdensekretariat der Genauigkeit und Seele". Ein Paradox der Synthese. In: Musil-Forum 10 (1984), S. 148–158.

Pennisi, Francesca: Ein Militär ohne Eigenschaften. Entwürfe für eine Entstehungsgeschichte der Gestalt des Generals Stumm von Bordwehr mit besonderer Bezugnahme auf eine Gruppe unveröffentlichter Nachlaß-Texte. In: Musil-Forum 13/14 (1987/88), S. 167–207.

Pennisi, Francesca: Auf der Suche nach Ordnung. Die Entstehungsgeschichte des Ordnungsgedankens bei Robert Musil von den ersten Romanentwürfen bis zum ersten Band von *Der Mann ohne Eigenschaften*. St. Ingbert: Röhrig 1990 (= Saarbrücker Beiträge zur Literaturwissenschaft, Bd. 20).

Perronnet, Jacques: *Isis und Osiris* ou le discours mythique. In: Olmi/Roth (Hg.): Robert Musil [1981], S. 225–229. [dt. in: Brokoph-Mauch (Hg.): Beiträge zur Musil-Kritik [1983], S. 273–288]

Pestalozzi, Karl: Metaphysische Klaustrophobie. Maeterlinck als Schlüssel zu Musils *Törleß*. In: Günter Abel, Jörg Salaquarda (Hg.): Krisis der Metaphysik. Wolfgang Müller-Lauter zum 65. Geburtstag. Berlin, New York: de Gruyter 1989, S. 498–520.

Peters, Frederick G.: Robert Musil. Master of the hovering life. A study of the major fiction. New York: Columbia Univ. Press 1978.

Peters, Frederick G.: Robert Musil on Franz Werfel as „Pseudodichter" and his artistic „Gegenbild". In: Joseph P. Strelka, Robert Weigel (Hg.): Unser Fahrplan geht von Stern zu Stern. Zu Franz Werfels Stellung und Werk. Bern u.a.: Lang 1992, S. 41–73.

Peters, George: Musil and Nietzsche. A literary study of a philosophical relationship. Diss. Univ. of Cambridge 1972.

Petersen, Jürgen H.: Die Welt als Spielfeld reiner Möglichkeit. Franz Kafkas *Proceß* und Robert Musils *Der Mann ohne Eigenschaften*. In: J. H. P.: Der deutsche Roman der Moderne. Grundlegung – Typologie – Entwicklung. Stuttgart: Metzler 1991, S. 99–131.

Peterson, Marschall Keith: Adolescence as invention and vehicle in 20th-century fiction. Studies in the subject, the concept of openness and the artistic possibilities with exemplary analyses of Robert Musil's *Die Verwirrungen des Zöglings Törleß* and Henry de Montherlant's *Les Bestiaires*. Diss. Rutgers Univ. New Jersey 1982.

Petrova, Elena: Das Problem der historischen Zeit in Robert Musils Roman *Der Mann ohne Eigenschaften*. In: Belobratow (Hg.): Robert Musil und einiges mehr [2011], S. 164–186.

Peyret, Jean-François: Musil ou les contradictions de la modernité. In: Critique 28 (1975), H. 339/340, S. 846–863.

Peyret, Jean-François: Von jenen, die auszogen, den *Mann ohne Eigenschaften* zu verstehen. Zu Musils fragwürdiger Aktualität. In: Baur/Castex (Hg.): Robert Musil [1980], S. 31–45.

Pfeiffer, Peter C.: ‚Nicht Fisch und nicht Fleisch'. Musils ästhetische Reaktion auf den Nationalsozialismus. In: Strutz (Hg.): Robert Musils „Kakanien" [1987], S. 145–163.

Pfeiffer, Peter C.: Aphorismus und Romanstruktur. Zu Robert Musils *Der Mann ohne Eigenschaften*. Bonn: Bouvier 1990 (= Bonner Arbeiten zur deutschen Literatur, Bd. 46).

Pfisztner, Gábor: Die Darstellung der Sozialgeschichte der Monarchie bei Robert Musil. In: Enyedi (Hg.): Begegnungen mit Musil [1991], S. 60–68.

Pfohlmann, Oliver: „Die Landschaft im Wagen suchen". Ein kritischer Bericht nach knapp vier Jahrzehnten psychoanalytischer Musil-Forschung. In: Internationales Archiv für Sozialgeschichte der deutschen Literatur 26 (2001), H. 1, S. 119–183.

Pfohlmann, Oliver: Der Mann ohne Nerven. Reich-Ranicki oder Über die Schwierigkeit der Musil-Lektüre. In: Neue deutsche Literatur 51 (2003), H. 1, S. 157–160.

Pfohlmann, Oliver: „Ein Mann von ungewöhnlichen Eigenschaften". Robert Musil, die *Neue Rundschau*, der Expressionismus und das „Sommererlebnis im Jahre 1914". In: Weimarer Beiträge 49 (2003), H. 3, S. 325–360.

Pfohlmann, Oliver: „Eine finster drohende und lockende Nachbarmacht"? Untersuchungen zu psychoanalytischen Literaturdeutungen am Beispiel von Robert Musil. München: Fink 2003 (= Musil-Studien, Bd. 32).

Pfohlmann, Oliver: Erzählen ohne Orgasmus. Zwischen „anderem Zustand" und Ermüdung. Robert Musil und die Spannungslust. In: Lutz Hagestedt (Hg.): Literatur als Lust. Begegnungen zwischen Poesie und Wissenschaft. Festschrift für Thomas Anz zum 60. Geburtstag. München: belleville 2008, S. 231–236.

Pfohlmann, Oliver: Von der Abreaktion zur Energieverwandlung. Musils Auseinandersetzung mit den *Studien über Hysterie* in den *Vereinigungen*. In: Peter-André Alt, Thomas Anz (Hg.): Sigmund Freud und das Wissen der Literatur. Berlin, New York: de Gruyter 2008 (= spectrum Literaturwissenschaft, Bd. 16), S. 169–192.

Pfohlmann, Oliver: Robert Musil. Reinbek b. Hamburg: Rowohlt 2012.

Pfohlmann, Oliver: „Glücklich und feldzugsplanend"? Robert Musil, die *Neue Rundschau* und die „Jüngste Generation". In: Musil-Forum 33 (2013/14), S. 82–100.

Pfotenhauer, Helmut: Robert Musil: *Die Verwirrungen des Zöglings Törleß*. In: Sabine Schneider (Hg.): Lektüren für das 21. Jahrhundert. Klassiker und Bestseller der deutschen Literatur von 1900 bis heute. Würzburg: Königshausen & Neumann 2005 (= Würzburger Ringvorlesung, Bd. 4), S. 1–16. [auch in: H. P., Sabine Schneider: Nicht völlig Wachen und nicht ganz im Traum. Die Halbschlafbilder in der Literatur. Würzburg: Königshausen & Neumann 2006, S. 138–152]

Phelan, Anthony: Romantic affinities or „Der andere Zustand" in Musil's *Mann ohne Eigenschaften*. In: Hanne Castein, Alexander Stillmark (Hg.): Deutsche Romantik und das 20. Jahrhundert. Stuttgart: Heinz 1986, S. 141–155.

Phelan, Anthony: Rilke and his philosophical critics. In: Karen Leeder, Robert Vilain (Hg.): The Cambridge companion to Rilke. Cambridge: Cambridge Univ. Press 2010, S. 174–188.

Pickerodt, Gerhart: Robert Musils *Die Amsel* als narratives Modell. In: Breuer/Busch (Hg.): Robert Musil: *Die Amsel* [2000], S. 61–75.

Pieper, Hans-Joachim: Die Philosophie Robert Musils im Spannungsfeld der Theorien Nietzsches und Machs. In: Nietzsche-Studien 30 (2001), S. 267–294.

Pieper, Hans-Joachim: Musils Philosophie. Essayismus und Dichtung im Spannungsfeld der Theorien Nietzsches und Machs. Würzburg: Königshausen & Neumann 2002.

Pieper, Hans-Joachim: Möglichkeitssinn und Essayismus. Musils Programm einer philosophischen Dichtung vor dem Hintergrund seiner Nietzsche-Rezeption. In: Griesecke (Hg.): Werkstätten des Möglichen [2008], S. 137–149.

Pietra, Cristina: Robert Musil e la psicoanalisi ovvero l'importanza di „Tante Guste". In: Il confronto letterario 14 (1997), H. 27, S. 295–300.

Pietsch, Reinhard: Fragment und Schrift. Selbstimplikative Strukturen bei Robert Musil. Frankfurt a. M. u. a.: Lang 1988 (= Europäische Hochschulschriften. Reihe 1: Deutsche Sprache und Literatur, Bd. 1082).

Pietsch Pentecost, Gislind Erna: Clarisse. Analyse der Gestalt in Robert Musils Roman *Der Mann ohne Eigenschaften*. Diss. Purdue Univ. 1990.

Pike, Burton E.: Perspective and characterization in the works of Robert Musil. Diss. Harvard Univ. 1957.

Pike, Burton: Robert Musil. An introduction to his work. Ithaca: Cornell Univ. Press 1961. [2. Aufl. 1972]

Pike, Burton: Musil and the city. In: Musil-Forum 5 (1979), S. 68–87.

Pike, Burton: Individual and mass. In: B. P.: The image of the city in modern literature. Princeton: Princeton Univ. Press 1981, S. 100–116.

Pike, Burton: Das Übersetzen von Musils Essays ins Englische. Vorarbeit zur Übersetzung. In: Daigger/Militzer (Hg.): Die Übersetzung literarischer Texte am Beispiel Robert Musil [1988], S. 187–194.

Pike, Burton: Robert Musil. Literature as experience. In: Studies in twentieth century literature 18 (1994), H. 2, S. 221–238. [auch in: Bloom (Hg.): Robert Musil's *The man without qualities* [2005], S. 75–91]

Pike, Burton: Re-translating. The example of Musil. In: Translation Review (2002), H. 63, S. 80–83.
Pike, Burton: *Der Mann ohne Eigenschaften*: Unfinished or without end? In: Bartram/Payne/Tihanov (Hg.): A companion to the works of Robert Musil [2007], S. 355–369.
Pila, Marie-Christine: Un exemple du catalogage thématique du fonds musilien. In: Musil-Forum 2 (1976), S. 209–214.
Pila, Marie-Christine: Commentaire à „Das Doppel-Ich oder / Der Verlust der Persönlichkeit oder / Das Erlebnis des Zigarrenhändlers". In: Annali. Studi Tedeschi 23 (1980), H. 2/3, S. 251–276.
Pila, Marie-Christine: Bühnenentwürfe im Nachlaß Robert Musils. In: Roth/Schröder-Werle/Zeller (Hg.): Nachlaß- und Editionsprobleme [1981], S. 73–76.
Piwitt, Hermann Peter: Jungfräuliche Leseerlebnisse in sechs Nachtwachen mit Musils *Mann ohne Eigenschaften*. In: Sprache im technischen Zeitalter 28 (1990), S. 23–28.
Pohl, Peter C.: Botschafter des Ungewissen. Elemente einer literarischen Medienkritik bei Kafka und Musil. In: Focus on German Studies 16 (2009), S. 39–55.
Pohl, Peter C.: Die Erzählung der Möglichkeit. Robert Musils Poetologie der Kontingenz und das Dritte Reich. In: Martin Dege u.a. (Hg.): Können Marginalisierte (wi(e)der)sprechen? Zum politischen Potenzial der Sozialwissenschaften. Gießen: Psychosozial-Verlag 2010, S. 407–426.
Pohl, Peter C.: Konstruktive Melancholie. Robert Musils Roman *Der Mann ohne Eigenschaften* und die Grenzen des modernen Geschlechterdiskurses. Köln u.a.: Böhlau 2011 (= Literatur – Kultur – Geschlecht. Große Reihe, Bd. 61).
Pohl, Peter C.: Schwimmen und Tennis. Anmerkungen zu einer Poetik der Freizeit bei Musil und Doderer. In: Primus-Heinz Kucher, Julia Bertschik (Hg.): „baustelle kultur". Diskurslagen in der österreichischen Literatur 1918–1933/38. Bielefeld: Aisthesis 2011, S. 169–192.
Pohl, Peter C.: Bilder-Erben. Intermediale Bezüge in den Werken Kafkas, Musils und Bernhards am Beispiel der Fotografie. In: David Bathrick, Martin Brinkmann (Hg.): Literatur inter- und transmedial / Inter- and transmedial Literature. Amsterdam, New York: Rodopi 2012 (= Amsterdamer Beiträge zur neueren Germanistik, Bd. 82), S. 189–224.
Pohl, Peter C.: Ritual und Interaktion. Weibliche Mythen und gesellschaftliche Funktionalisierung bei Wedekind und Musil. In: Heinz-Peter Preußer, Françoise Rétif, Juliane Rytz (Hg.): Pandora. Zur mythischen Genealogie der Frau. Heidelberg: Winter 2012, S. 185–196.
Pohl, Peter C.: Zwischen Selbstreflexion und Fiktionalisierung. Vom produktiven Umgang mit Pathographien in den Werken Frank Wedekinds und Robert Musils. In: Melanie Unseld, Christian von Zimmermann (Hg.): Anekdote, Biographie, Kanon. Zur Geschichtsschreibung in den schönen Künsten. Köln u.a.: Böhlau 2013 (= Biographik, Bd. 1), S. 315–327.
Poitevin, Jean-Louis: La cuisson de l'homme. Essai sur l'œuvre de Robert Musil. Paris: Corti 1996. [dt.: J.-L. P.: Die Gerüche der Küche. Ein Essay über Robert Musil. Innsbruck u.a.: StudienVerlag 2006]
Pók, Lajos: Musils *Törleß*-Roman und die österreichische Kultur der Jahrhundertwende. In: Daigger/Militzer (Hg.): Die Übersetzung literarischer Texte am Beispiel Robert Musil [1988], S. 163–172.
Polheim, Karl Konrad: Das Bild Wiens im Werk Robert Musils. In: Literatur und Kritik (1985), H. 191/192, S. 37–48.
Polheim, Karl Konrad: Musils *Mann ohne Eigenschaften* als Dichtung. [1988] In: K. K. P.: Kleine Schriften zur Textkritik und Interpretation. Bern u.a.: Lang 1992, S. 409–424.
Pollak, Anita: Musil und D'Annunzio. In: Robert Musil nel primo centenario della nascita [1980], S. 71–74.
Poltermann, Andreas: Die „Sprache der Übersetzung". Historische Beobachtungen zu einer Poetik der literarischen Übersetzung mit Rücksicht auf den modernen Roman Musils. In: Daigger/Militzer (Hg.): Die Übersetzung literarischer Texte am Beispiel Robert Musil [1988], S. 35–56.

Pompe, Isabella: Musils Weg in die Gegenwart. In: Musil-Forum 4 (1978), S. 194–200.
Pompe, Isabella: Ulrich und die „Glasperlenspieler". In: Musil-Forum 4 (1978), S. 13–20.
Ponce, Juan García: Robert Musil (1880–1980). In: Christine Hüttinger (Hg.): Contrabando de imágenes. Ensayos en torno e la literatura austríaca del siglo XX. Azcapotzalco: Univ. Autónoma Metropolitana 1993 (= Colección ensayos, Bd. 40), S. 231–252.
Popova, Nedjalka: Robert Musil in Bulgarien. In: Daigger/Militzer (Hg.): Die Übersetzung literarischer Texte am Beispiel Robert Musil [1988], S. 247–250.
Porto, Petra: Sexuelle Norm und Abweichung. Aspekte des literarischen und theoretischen Diskurses der Frühen Moderne (1890–1930). München: belleville 2011 (= Theorie und Praxis der Interpretation, Bd. 9). [zu Musil bes. S. 218–239]
Pott, Hans-Georg: Das Trauma des Leibes und der Rede in Musils *Törleß*. In: Literatur für Leser 2 (1982), S. 95–109.
Pott, Hans-Georg: Robert Musil. München: Fink 1984.
Pott, Hans-Georg: Musil und das Problem einer Ethik nach Freud. In: Strutz (Hg.): Robert Musils „Kakanien" [1987], S. 44–59.
Pott, Hans-Georg: Musil und das 20. Jahrhundert. In: Pott (Hg.): Robert Musil – Dichter, Essayist, Wissenschaftler [1993], S. 8–21. [auch in: Deutschlandforschung 2 (1993), S. 29–47; Munzar (Hg.): Robert Musil, ein Mitteleuropäer [1994], S. 61–72]
Pott, Hans-Georg: Phantome der Identität. Über Nation, Charakter und Kultur im Anschluß an Musil. In: Lettre International 21 (1993), S. 92–93.
Pott, Hans-Georg: Über das Allegorische bei Musil und Freud. In: Orbis Linguarum 4 (1996), S. 27–36.
Pott, Hans-Georg: Geist und Macht im essayistischen Werk Robert Musils. In: Marek Zybura (Hg.): Geist und Macht. Schriftsteller und Staat im Mitteleuropa des „kurzen Jahrhunderts" 1918–1991. Dresden: Thelem bei w.e.b. 2002 (= Arbeiten zur neueren deutschen Literatur, Bd. 9), S. 217–225.
Pott, Hans-Georg: Das Subjekt bei Robert Musil. In: Paul Geyer, Monika Schmitz-Emans (Hg.): Proteus im Spiegel. Kritische Theorie des Subjekts im 20. Jahrhundert. Würzburg: Königshausen & Neumann 2003, S. 399–409.
Pott, Hans-Georg: Besitz und Bildung. Zur Figur des Großindustriellen Arnheim in Robert Musils *Der Mann ohne Eigenschaften*. In: Susanne Hilger (Hg.): Kapital und Moral. Ökonomie und Verantwortung in historisch-vergleichender Perspektive. Köln u. a.: Böhlau 2007, S. 121–137.
Pott, Hans-Georg: Anderer Zustand/Ausnahmezustand. In: Feger/Pott/Wolf (Hg.): Terror und Erlösung [2009], S. 141–167.
Pott, Hans-Georg: Kultur und Gewalt. Robert Musil und die Kulturkritik der zwanziger Jahre. In: Enno Rudolph (Hg.): Konflikt und Kultur. Zürich: Orell Füssli 2010, S. 131–159.
Pott, Hans-Georg: Kontingenz und Gefühl. Studien zu/mit Robert Musil. München: Fink 2013 (= Musil-Studien, Bd. 41).
Pott, Hans-Georg: Zauberer/Entzauberer: Thomas Mann und Robert Musil – Politik und Kultur im 20. Jahrhundert. In: Düsseldorfer Beiträge zur Thomas Mann-Forschung 2 (2013), S. 37–60. [auch in: H.-G. P.: Kontingenz und Gefühl [2013], S. 81–103]
Prawer, Siegbert S.: Robert Musil and the „uncanny". In: Oxford German Studies 3 (1968), S. 163–182.
Precht, Richard David: Die gleitende Logik der Seele. Ästhetische Selbstreflexivität in Robert Musils *Der Mann ohne Eigenschaften*. Stuttgart: M & P 1996.
Prekjevic, Vahadin: Verfallsbilder und Ordnungskritik. Die Negativität der Moderne in Rainer Maria Rilkes *Die Aufzeichnungen des Malte Laurids Brigge* und Robert Musils *Der Mann ohne Eigenschaften*. In: Pismo 2 (2004), H. 1, S. 187–209.
Preußer, Heinz-Peter: Die Masken des Ludwig Klages. Figurenkonstellation als Kritik und Adaption befremdlicher Ideen in Robert Musils Roman *Der Mann ohne Eigenschaften*. In: Musil-Forum 31 (2009/10), S. 224–253.

Prinz, Martin: Brno – Brünn. Musils Topographie der Vergehungen. In: Maske und Kothurn 47 (2002), H. 3/4, S. 149–157.
Prochaska, Winfried: Der „Namenmacher". Zu den Namen bei Robert Musil. In: Doitsu bungaku (1983), H. 70, S. 128–135.
Proguidis, Lakis: L'anima numerica. *L'uomo senza qualità* di Robert Musil. In: Massimo Rizzante (Hg.): Scuola del mondo. Nove saggi sul romanzo del XX secolo. Macerata: Quodlibet 2012, S. 95–129.
Pütz, Heinz-Peter: Robert Musil. In: Benno von Wiese (Hg.): Deutsche Dichter der Moderne. Ihr Leben und Werk. Berlin: Erich Schmidt 1965, S. 300–320. [auch in: Hartmut Steinecke (Hg.): Deutsche Dichter des 20. Jahrhunderts. Berlin: Erich Schmidt 1994, S. 233–252]
Pütz, Peter: Nachwort. In: Robert Musil: Die Amsel. Bilder. Stuttgart: Reclam 1967, S. 69–77.
Punzi, Vito: Robert Musil e la „Soldaten-Zeitung" tra corrispondenza di guerra e letteratura. In: Andreas Gottsmann (Hg.): Karl I. (IV.), der Erste Weltkrieg und das Ende der Donaumonarchie. Wien: Verlag der Österreichischen Akademie der Wissenschaften 2007 (= Publikationen des Historischen Instituts beim Österreichischen Kulturforum in Rom. Abhandlungen, Bd. 14), S. 81–86.
Punzi, Vito: Musils Bühnenwerke und die Berliner Theaterszene. In: Daigger/Henninger (Hg.): Robert Musils Drang nach Berlin [2008], S. 233–252.
Puppe, Heinrich: Muße und Müßiggang in Robert Musils Roman *Der Mann ohne Eigenschaften*. St. Ingbert: Röhrig 1991 (= Beiträge zur Robert-Musil-Forschung und zur neueren österreichischen Literatur, Bd. 1).
Puppe, Heinrich: Großstädtischer Müßiggang. Zu einer Parallele zwischen Ulrich in Musils *Mann ohne Eigenschaften* und Bernardo Soares in Fernando Pessoas *Buch der Unruhe*. In: Musil-Forum 17/18 (1991/92), S. 228–240.
Pyenson, Rita Marlene: *Demian* and *Die Verwirrungen des Zöglings Törless*. A comparison. Diss. Univ. of Louisville 1970.

Quadrelli, Paola: Osservazioni su Calvino, Musil e Valéry e ipotesi sulla sesta *Lezione americana*. In: Il confronto letterario 14 (1997), H. 28, S. 791–799.
Quadrelli, Paola: Doderer e Musil. In: Il confronto letterario 15 (1998), H. 29, S. 223–235.

Radbruch, Knut: Das Mathematische als Lebensform: Musil. In: K. R.: Mathematik in den Geisteswissenschaften. Göttingen: Vandenhoeck & Ruprecht 1989, S. 56–61.
Raddatz, Fritz J.: Monsieur le Vivisecteur. Robert Musil. [1986] In: F. J. R.: „Schreiben heißt, sein Herz waschen". Literarische Essays. Springe: zu Klampen 2006, S. 130–140.
Raepke, Frank W.: Auf Liebe und Tod. Symbolische Mythologie bei Robert Müller – Hermann Broch – Robert Musil. Münster u.a.: LIT 1994 (= Zeit und Text, Bd. 6).
Randak, Ernst: Monsieur le vivisecteur. In: Wort in der Zeit 7 (1961), H. 11, S. 29–33.
Randak, Ernst: Über die Möglichkeit. In: Wort in der Zeit 9 (1963), H. 6, S. 22–35.
Ranke, Wolfgang: Leserlenkung und Moral in Robert Musils *Die Verwirrungen des Zöglings Törleß*. In: Scientia Poetica 17 (2013), S. 118–149.
Rasch, Wolfdietrich: Robert Musil und sein Roman *Der Mann ohne Eigenschaften*. In: Universitas 9 (1954), H. 1, S. 145–151.
Rasch, Wolfdietrich: Über Robert Musils Roman *Der Mann ohne Eigenschaften*. In: Benno von Wiese (Hg.): Der deutsche Roman. Vom Barock bis zur Gegenwart. Bd. II: Vom Realismus bis zur Gegenwart. Düsseldorf: Bagel 1963, S. 361–419 u. 448–455 (Anm.). [auch in: Heydebrand (Hg.): Robert Musil [1982], S. 54–119]
Rasch, Wolfdietrich: Zur Entstehung von Robert Musils Roman *Der Mann ohne Eigenschaften*. In: Deutsche Vierteljahrsschrift für Literaturwissenschaft und Geistesgeschichte 39 (1965), S. 350–387.
Rasch, Wolfdietrich: Über Robert Musils Roman *Der Mann ohne Eigenschaften*. Göttingen: Vandenhoeck & Ruprecht 1967.

Rasch, Wolfdietrich: Robert Musils „Märchen vom Schneider". Eine Satire auf die Situation des Schriftstellers. In: Text + Kritik (1968), H. 21/22, S. 39–42. [auch in: Text + Kritik (²1972), H. 21/22, S. 35–39]

Rasch, Wolfdietrich: Robert Musils Komödie *Vinzenz und die Freundin bedeutender Männer*. In: Hans Steffen (Hg.): Das deutsche Lustspiel. Bd. 2. Göttingen: Vandenhoeck & Ruprecht 1969, S. 159–179.

Rasch, Wolfdietrich: Robert Musil in seiner Zeit. In: Duitse kroniek 28 (1976), S. 13–22.

Rassiller, Markus: Metaphorologie des Netzes. Poetologien der konnektiven Faltung bei Novalis, Robert Musil und in der digitalen elektronischen Musik. In: Jan Broch, M. R., Daniel Scholl (Hg.): Netzwerke der Moderne. Erkundungen und Strategien. Würzburg: Königshausen & Neumann 2007 (= Forum, Bd. 3), S. 315–339.

Rateni, Patrizia: Robert Musil: L'Europa senza qualità. Fenomenologia di una crisi. In: Annali. Studi Tedeschi 29 (1986), H. 1–3, S. 215–255.

Rath, Wolfgang: Das Wirkliche ist alles Mögliche. Zum Verständnis von Wirklichkeit nach Robert Musil. In: Sprache im technischen Zeitalter 32 (1994), S. 364–371.

Rath, Wolfgang: Leben als maximale Forderung. Der „andere Zustand" bei Robert Musil und Heimito von Doderers „erste Wirklichkeit". In: Kai Luehrs (Hg.): „Excentrische Einsätze". Studien und Essays zum Werk Heimito von Doderers. Berlin, New York: de Gruyter 1998, S. 302–318.

Rath, Wolfgang: Subjektstudien. Zu Robert Musils Novelle *Die Amsel*. In: Zeitschrift für deutsche Philologie 123 (2004), H. 4, S. 504–526.

Rathjen, Friedhelm: „Auch dies war wahr". Zur Radikalisierung des Musilschen Möglichkeitssinns in *Dessen Sprache du nicht verstehst*. In: Klaus Kastberger (Hg.): Nullgeschichte, die trotzdem war. Neues Wiener Symposium über Marianne Fritz. Wien: Sonderzahl 1995, S. 40–54.

Ratschko, Katharina: Robert Musil und Hermann Broch. Kunstverständnis und Zeitdiagnose. In: Endre Kiss, Paul Michael Lützeler, Gabriella Rácz (Hg.): Hermann Brochs literarische Freundschaften. Tübingen: Stauffenburg 2008 (= Stauffenburg-Colloquium, Bd. 63), S. 121–138.

Rauch, Marja: Mystik, Eros, Ethik. Eine dreifache Bestimmung der Modernität bei Robert Musil. In: Moritz Baßler, Hildegard Châtellier (Hg.): Mystique, mysticisme et modernité en Allemagne autour de 1900. Études. Straßburg: Presses Univ. de Strasbourg 1998, S. 295–305.

Rauch, Marja: Vereinigungen. Frauenfiguren und Identität in Robert Musils Prosawerk. Würzburg: Königshausen & Neumann 2000 (= Epistemata. Reihe Literaturwissenschaft, Bd. 310).

Rauh, Horst Dieter: Das mystische Experiment. Philosophisches in Musils *Mann ohne Eigenschaften*. In: Brigitta Fuchs (Hg.): Experimentum scribendi. Philosophie und Literatur. Rheinbach: CMZ 2014, S. 69–84.

Ravoux, Elisabeth: Topographie de l'adolescence dans *Les désarrois de l'élève Törless*. In: L'Arc 74 (1978), S. 88–92.

Ravoux-Rallo, Elisabeth: Images de l'adolescence dans quelques récits du XXe siècle. Paris: Corti 1989. [zu Musil bes. S. 49–76]

Ravy, Gilbert: Critique et satire du journalisme dans l'œuvre de Robert Musil. In: Jacques Le Rider, Renée Wentzig (Hg.): „Les journalistes" de Arthur Schnitzler. Satire de la presse et des journalistes dans le théâtre allemand et autrichien contemporain. Tusson: DuLérot 1995, S. 118–128.

Razza, Claudia: Philosophie ‚ohne Eigenschaften'. Zur literarischen Phänomenologie Robert Musils. In: Hans Rainer Sepp, Jürgen Trinks (Hg.): Literatur als Phänomenalisierung. Phänomenologische Deutungen literarischer Werke. Wien: Turia + Kant 2003, S. 275–287.

Reber, Ursula: Ist die nationale Bewegung die Erfindung eines Berufsstudenten namens Hans Sepp? Vorläufige Bemerkungen zu Geist und Seele mit Hilfe von Nietzsche und Musil. In: Triangulum 7 (2000), S. 147–166.

Reber, Ursula: Einen Gedanken fassen. Bemerkungen zu ‚Geist und Seele' mit Hilfe von Musil, unter Zeugenschaft Nietzsches. In: Martens/Ruthner/De Vos (Hg.): Musil anders [2005], S. 277–299.

Reents, Friederike: Kleist „Kant-Krise" in Robert Musils *Die Verwirrungen des Zöglings Törleß*. In: Anne Fleig, Christian Moser, Helmut J. Schneider (Hg.): Schreiben nach Kleist. Literarische, mediale und theoretische Transkriptionen. Freiburg i. Br. u. a.: Rombach 2014 (= Rombach Wissenschaften. Reihe Litterae, Bd. 204), S. 79–94.

Reffet, Michel: *Die Verwirrungen des Zöglings Törleß* und *Der Abiturientag*. Ein ergänzender Beitrag zum Verhältnis zwischen Robert Musil und Franz Werfel im Zeichen der alten Monarchie. In: Munzar (Hg.): Robert Musil, ein Mitteleuropäer [1994], S. 149–162.

Reffet, Michel: Musil und Werfel. Zum Werfelismus und zu zwei Essays. In: Modern Austrian Literature 20 (1987), H. 2, S. 71–80.

Rega, Emilio: La conoscenza ed il compito del poeta in Robert Musil. In: Annali. Studi Tedeschi 29 (1986), H. 1–3, S. 197–214.

Reichensperger, Richard: Robert Musil: *Nachlaß zu Lebzeiten*. Metaphorik, Ästhetik und Lebenswelt. Diss. Univ. Salzburg 1992.

Reichensperger, Richard: Musils Sprachstil. Ein Forschungsbericht 1953–1993. In: Sprachkunst 25 (1994), H. 1, S. 155–257.

Reichensperger, Richard: Sprache als Gesellschaftskritik in Musils *Nachlaß zu Lebzeiten*. In: Roth (Hg.): Neue Ansätze zur Robert-Musil-Forschung [1999], S. 79–108. [auch in: Christoph Leitgeb, R. R.: Grillparzer und Musil. Studien zu einer Sprachstilgeschichte österreichischer Literatur. Heidelberg: Winter 2000 (= Sprache – Literatur und Geschichte, Bd. 17), S. 206–234]

Reichert, Herbert William: Nietzschean influence in Musil's *Der Mann ohne Eigenschaften*. In: The German Quarterly 39 (1966), S. 12–28. [auch in: H. W. R.: Friedrich Nietzsche's impact on modern German literature. Five essays. Chapel Hill: Univ. of North Carolina Press 1975, S. 73–87]

Reich-Ranicki, Marcel: Der Zusammenbruch eines großen Erzählers. In: M. R.-R.: Sieben Wegbereiter. Schriftsteller des zwanzigsten Jahrhunderts. Arthur Schnitzler, Thomas Mann, Alfred Döblin, Robert Musil, Franz Kafka, Kurt Tucholsky, Bertolt Brecht. Stuttgart u. a.: DVA 2002, S. 155–202.

Reinhardt, Stephan: Jahre ohne Synthese. Anmerkungen zu den Essays Robert Musils. In: Text + Kritik (1968), H. 21/22, S. 34–39. [auch in: Text + Kritik (²1972), H. 21/22, S. 40–48] [ital. in: Mannarini (Hg.): Musil [1980], S. 55–69]

Reinhardt, Stephan: Studien zur Antinomie von Intellekt und Gefühl in Musils Roman *Der Mann ohne Eigenschaften*. Bonn: Bouvier 1969 (= Abhandlungen zur Kunst-, Musik- und Literaturwissenschaft, Bd. 80).

Reinhardt, Ursula: Religion und moderne Kunst in geistiger Verwandtschaft. Robert Musils Roman *Der Mann ohne Eigenschaften* im Spiegel christlicher Mystik. Marburg: Elwert 2003 (= Marburger theologische Studien, Bd. 72).

Reinhardt, Ursula: Sage mir, wie du wohnst, und ich sage dir, wer du bist. Robert Musil: *Der Mann ohne Eigenschaften*. In: Ethik & Unterricht 19 (2008), H. 1, S. 46–48.

Reininger, Anton: *Die Verwirrungen des Zöglings Törleß*. Das Werden eines Ästheten. In: Annali. Studi Tedeschi. N. S. 10 (2000), H. 1, S. 177–198.

Reis, Gilbert: Musils Frage nach der Wirklichkeit. Königstein i.Ts.: Hain 1983 (= Diskurs, Bd. 3).

Reis, Norbert: Eine Brücke ins Imaginäre. Gleichnis und Reflexion in Robert Musils *Mann ohne Eigenschaften*. In: Euphorion 78 (1984), S. 143–159.

Reis, Norbert: Perspektivische Verkürzung des Verstandes. Wirklichkeitsdarstellung unter dem Gesichtspunkt der Subjektivität. In: Euphorion 81 (1987), S. 119–130.

Reis, Norbert: „Ein Mann ohne Eigenschaften". Einige nicht unzeitgemäße Anmerkungen zu Robert Musil. In: Communio 24 (1995), H. 5, S. 472–476.

Reiss, Angela: Ironie als „Physiognomie des Geistes". Eine stilistische Untersuchung der ironischen Schreibweise in Robert Musils *Der Mann ohne Eigenschaften*. In: Musil-Forum 17/18 (1991/92), S. 67–101.

Reiss, Hans: Musil and the writer's task in the age of science and technology. In: Huber/White (Hg.): Musil in focus [1982], S. 41–53.

Remonato, Giovanni: Kakanien in Sprechblasen. Die Comic-Version des *Mann ohne Eigenschaften* von Magdalena Steiner. In: Salgaro (Hg.): Robert Musil in der Klagenfurter Ausgabe [2014], S. 155–171.

Remonato, Giovanni: Ist Wien Kakanien? Die Comicadaption des *Mann ohne Eigenschaften* von Magdalena Steiner. In: Florian Trabert, Mara Stuhlfauth-Trabert, Johannes Waßmer (Hg.): Graphisches Erzählen. Neue Perspektiven auf Literaturcomics. Bielefeld: transcript 2015 (= Lettre), S. 207–225.

Rendi, Aloiso: Robert Musil. Milano: Ed. di Comunità 1963 (= Saggi di cultura contemporanea, Bd. 25).

Rendi, Aloisio: Robert Musil: *L'uomo senza qualità*. In: Giuliano Baioni u. a. (Hg.): Il romanzo tedesco del Novecento. Turin: Einaudi 1973, S. 217–229.

Rendi, Aloisio: Robert Musil. A cura di Fabrizio Cambi. Introd. di Luciano Zagari. Trento: Università degli Studi di Trento 1999 (= Riperti, Bd. 10).

Reniers, Annie: Robert Musil et le théâtre. In: Études germaniques 22 (1967), S. 587–591.

Reniers, Annie: Drei Briefe Musils an Josef Nadler und ihr Hintergrund. In: Dinklage (Hg.): Robert Musil. Studien zu seinem Werk [1970], S. 284–293.

Reniers, Annie: *Törleß*: freudsche Verwirrungen? In: Dinklage (Hg.): Robert Musil. Studien zu seinem Werk [1970], S. 26–39.

Reniers-Servranckx, Annie: *L'homme sans qualités* de Musil. Interprétations et problèmes d'interprétation. In: Études germaniques 26 (1971), S. 231–238.

Reniers-Servranckx, Annie: Robert Musil. Konstanz und Entwicklung von Themen, Motiven und Strukturen in den Dichtungen. Bonn: Bouvier 1972 (= Abhandlungen zur Kunst-, Musik- und Literaturwissenschaft, Bd. 110).

Reniers-Servranckx, Anne: Nachgelassenes Material zu unvollendet gebliebenen erzählerischen Werken Robert Musils. In: Roth/Schröder-Werle/Zeller (Hg.): Nachlaß- und Editionsprobleme [1981], S. 45–49.

[Reniers-]Servranckx, Anne: Robert Musil. Essayismus als Lebensprogramm. In: Brokoph-Mauch (Hg.): Robert Musil. Essayismus und Ironie [1992], S. 25–36.

[Reniers-]Servranckx, Anne: Europäische Grenzräume. Sprachbereiche als Symptom. In: Munzar (Hg.): Robert Musil, ein Mitteleuropäer [1994], S. 53–60.

Renner, Rolf G.: Die postmoderne Konstellation. Theorie, Text und Kunst im Ausgang der Moderne. Freiburg i. Br.: Rombach 1988. [zu Musil bes. S. 124–144]

Renner, Rolf G.: Transformatives Erzählen. Musils Grenzgang im *Mann ohne Eigenschaften*. In: The Germanic Review 66 (1991), S. 70–80.

Renner, Rolf G.: Kontinuität der Diskontinuität. Zur Frage der „klassischen Moderne" bei Musil, Proust und Joyce. In: Wilhelm Voßkamp (Hg.): Klassik im Vergleich. Normativität und Historizität europäischer Klassiken. Stuttgart, Weimar: Metzler 1993 (= Germanistische Symposien-Berichtsbände, Bd. 13), S. 139–159.

Renner, Rolf G.: Das Auge der Erinnerung. Fotografie in Texten der klassischen Moderne und im Film von Michelangelo Antonioni. In: Sabina Becker, Barbara Korte (Hg.): Visuelle Evidenz. Fotografie im Reflex von Literatur und Film. Berlin, New York: de Gruyter 2011 (= linguae & litterae, Bd. 5), S. 198–211.

Renner-Henke, Ursula: „Eine wirklich verläßliche geistige Ordnung". Robert Musils Verhältnis zu Bibliotheken und Bibliothekaren. In: Musil-Forum 9 (1983), S. 150–172.

Rentsch, Thomas: Wie ist ein Mann ohne Eigenschaften überhaupt möglich? Philosophische Bemerkungen zu Musil. In: Helmut Bachmaier (Hg.): Paradigmen der Moderne. Amsterdam u. a.: Benjamins 1990 (= Viennese heritage, Bd. 3), S. 49–76. [auch in: T. R.: Negativität und praktische Vernunft. Frankfurt a. M.: Suhrkamp 2000, S. 292–321]

Rentsch, Thomas: Musil und Wittgenstein. Sprachkritik in Literatur und Philosophie. In: Zeitschrift für Didaktik der Philosophie und Ethik 26 (2004), H. 2, S. 160–164.

Rentschler, Eric: Specularity and spectacle in Schlöndorff's *Young Törless*. In: E. R. (Hg.): German film and literature. New York, London: Methuen 1986, S. 176–192.

Requadt, Paul: Zu Musils *Portugiesin*. In: Wirkendes Wort 5 (1954/55), S. 152–158. [auch in: P. R.: Die Bildersprache der deutschen Italiendichtung von Goethe bis Benn. Bern, München: Francke 1962, S. 268–281; Heydebrand (Hg.): Robert Musil [1982], S. 321–332]

Requardt, Manfred: Robert Musil und das Dichten „More geometrico". In: Text + Kritik (³1983), H. 21/22, S. 29–43.

Reschika, Richard: Taghelle Mystik. Vom anderen Zustand. In: R. R.: Und plötzlich ist Klarheit. Christliche Erleuchtungserlebnisse von Paulus bis heute. München: Claudius 2012, S. 149–161.

Ribeiro, Raquel: Marginal, nomadic and stateless. Pessoa, Musil and Kafka in the works of Maria Gabriela Llansol. In: Rossella M. Ricobono (Hg.): The poetics of margins. Mapping Europe from the interstices. Oxford u.a.: Lang 2011 (= Cultural identity studies, Bd. 23), S. 157–186.

Richli, Urs: *Der Mann ohne Eigenschaften* und die Krisis des Romans. In: Wort in der Zeit 10 (1964), H. 4, S. 37–46.

Richter, Andrea: „Nichts ist so unsichtbar wie ein Denkmal" (Robert Musil). In: Vierteljahrsschrift für wissenschaftliche Pädagogik 85 (2009), H. 2, S. 167–176.

Rickenbacher, Sergej: Vibration des Textes. ‚Stimmung' in Robert Musils *Vereinigungen*. In: Hans-Georg von Arburg, S. R. (Hg.): Concordia discors. Ästhetiken der Stimmung zwischen Literaturen, Künsten und Wissenschaften. Würzburg: Königshausen & Neumann 2012 (= Philologie der Kultur, Bd. 5), S. 61–82.

Rickenbacher, Sergej: Der Fehler, kein Buch zu sein. Die Klagenfurter Robert Musil-Ausgabe und die ästhetische Erfahrung des Buches. In: Salgaro (Hg.): Robert Musil in der Klagenfurter Ausgabe [2014], S. 173–195.

Rickenbacher, Sergej: Wissen um Stimmung. Diskurs und Poetik in Robert Musils *Die Verwirrungen des Zöglings Törleß* und *Vereinigungen*. München: Fink 2015 (= Musil-Studien, Bd. 43).

Riechel, Donald C.: Perfecting failure. Musil on Hamsun, Jacobson and D'Annunzio, and the writing of *Der Mann ohne Eigenschaften*. In: Modern Austrian Literature 32 (1999), H. 1, S. 22–52.

Riedel, Wolfgang: Reise ans Ende des Ich. Das Subjekt und sein Grund bei Robert Musil (*Die Vollendung der Liebe*, 1911). In: Reto Luzius Fetz, Roland Hagenbüchle, Peter Schulz (Hg.): Geschichte und Vorgeschichte der modernen Subjektivität. Bd. 2. Berlin, New York: de Gruyter 1998 (= European cultures. Studies in literature and arts, Bd. 11.2), S. 1151–1173. [auch in: W. R.: Nach der Achsendrehung. Literarische Anthropologie im 20. Jahrhundert. Würzburg: Königshausen & Neumann 2014, S. 69–88]

Riedel, Wolfgang: Robert Musil: *Der Mann ohne Eigenschaften*. In: Dorothea Klein, Sabine M. Schneider (Hg.): Lektüren für das 21. Jahrhundert. Schlüsseltexte der deutschen Literatur von 1200 bis 1990. Würzburg: Königshausen & Neumann 2000, S. 265–285. [auch in: W. R.: Nach der Achsendrehung [2014], S. 163–183]

Riedel, Wolfgang: Ursprache und Spätkultur. Poetischer Primitivismus in der österreichischen Literatur der Klassischen Moderne (Hofmannsthal, Müller, Musil). In: Stefan Krimm, Martin Sachse (Hg.): Europäische Begegnungen – um die schöne blaue Donau… Acta Ising 2002. München: Bayerischer Schulbuch-Verlag 2003 (= Dialog Schule-Wissenschaft: Deutsch und Geschichte), S. 182–202.

Rieder, Heinz: Der Aufstand der Denker und Österreich als Anlaß im Werke Robert Musils, Hermann Brochs und George Saikos. In: Österreich in Geschichte und Literatur 6 (1962), S. 372–380.

Rieder, Heinz: Robert Musil und Österreich. In: Österreich in Geschichte und Literatur 11 (1967), S. 547–556.

Rieder, Heinz: Auf dem Weg zum *Mann ohne Eigenschaften*. Robert Musils episches Frühwerk. In: Edith Waclaviček (Hg.): Menschen und Bibliotheken. Wien: Ed. Atelier 2011 (= Biblioteca poetica, Bd. 1), S. 11–15.

Rieger, Elisabeth: Musil in Frankreich. Ein Beitrag zur Rezeptionsgeschichte seiner Werke (1922–1970). Diss. Univ. Wien 1972.

Rieger, Stefan: Man without qualification. Robert Musil and the psychotechnics of professions. In: REAL. Yearbook of research in English and American Literature 12 (1996), S. 257–274.

Riemer, Werner R.: Die Metaphorik Robert Musils. Diss. Univ. Salzburg 1969.

Rieth, Renate: Robert Musils frühe Prosa. Versuch einer stilistischen Interpretation. Diss. Univ. Tübingen 1964.

Rinderknecht, Siegfried: Denkphantasie und Reflexionsbereitschaft. Musils Formsynthese im Roman *Der Mann ohne Eigenschaften*. Frankfurt a. M.: R. G. Fischer 1979 (= Literatur und Kommunikation, Bd. 4).

Ringelheim, Foulek: Robert Musil, *L'homme sans qualités*, le fou et son droit. In: François Ost u. a. (Hg.): Lettres et lois. Le droit au miroir de la littérature. Brüssel: Publ. des Fac. Univ. Saint-Louis 2001 (= Publications des Facultés Universitaires Saint-Louis, Bd. 89), S. 219–234.

Ringger, Rolf Urs: Das Element der Musik in Musils *Mann ohne Eigenschaften*. In: Schweizer Monatshefte 47 (1967/68), S. 1000–1006.

Rising, Catharine: Ulrich redux. Musil's design for his man without qualities. In: American imago 65 (2008), H. 4, S. 523–547.

Riskamm, Karl: Robert Musils Leben und Werk. Diss. Univ. Wien 1948.

Rismondo, Piero: Chiffrierschlüssel für Musil. In: Wort und Wahrheit 11 (1956), H. 1, S. 292–294.

Ritzer, Monika: Spiegelungen. Zur Relativierung von ‚Realität' in der Kurzprosa Kafkas, Musils und Brochs. In: Manfred Engel, Ritchie Robertson (Hg.): Kafka und die kleine Prosa der Moderne. Würzburg: Königshausen & Neumann 2010 (= Oxford Kafka studies, Bd. 1), S. 267–291.

Robertson, Ritchie: Musil and the „primitive mentality". In: Hickman (Hg.): Robert Musil and the literary landscape of his time [1991], S. 13–33.

Robertson, Ritchie: Gender anxiety and the shaping of the self in some modernist writers. Musil, Hesse, Hofmannsthal, Jahnn. In: Graham Bartram (Hg.): The Cambridge companion to the modern German novel. Cambridge u. a.: Cambridge Univ. Press 2004, S. 46–61.

Roček, Roman: *Der Mann ohne Eigenschaften*. Ein Roman ohne Ende? In: Musil-Forum 7 (1981), S. 143–153.

Roček, Roman: Musil – Wildgans – Kraus. Witz und Aberwitz literarischer Bewertungen. In: Musil-Forum 19/20 (1993/94), S. 215–239.

Rocheville, Sarah: Discerning necessity behind contingency. The fiction of L.-R. des Forêts and Robert Musil. In: SubStance. A review of theory and literary criticism 35 (2006), H. 1, S. 106–115.

Rönisch, Siegfried: Robert Musil. Ein Versuch über sein Leben und Werk. In: Weimarer Beiträge 30 (1984), S. 926–953.

Rönisch, Siegfried: Robert Musil. In: Horst Haase, Antal Mádl (Hg.): Österreichische Literatur des 20. Jahrhunderts. Berlin: Volk und Wissen 1988, S. 135–163.

Rössner, Michael: Auf der Suche nach dem verlorenen Paradies. Zum mythischen Bewußtsein in der Literatur des 20. Jahrhunderts. Frankfurt a. M.: Athenäum 1988. [zu Musil bes. S. 75–96]

Rössner, Michael: Das leere (zentraleuropäische) Zentrum und die lebendige Peripherie. Gedanken zu Musils „Kakanien"-Kapitel im *Mann ohne Eigenschaften* in einem lateinamerikanischen Kontext. In: Johannes Feichtinger u. a. (Hg.): Schauplatz Kultur – Zentraleuropa. Transdisziplinäre Annäherungen. Moritz Csáky zum 70. Geburtstag gewidmet. Innsbruck u. a.: StudienVerlag 2006 (= Gedächtnis – Erinnerung – Identität, Bd. 7), S. 269–278.

Röttger, Brigitte: Erzählexperimente. Studien zu Robert Musils *Drei Frauen* und *Vereinigungen*. Bonn: Bouvier 1973 (= Abhandlungen zur Kunst-, Musik- und Literaturwissenschaft, Bd. 128).
Röttger, Brigitte: Robert Musil: *Das Fliegenpapier*. Eine strukturale Analyse anhand der Kategorien J. M. Lotmans. In: Dorothea Ader u. a. (Hg.): Sub tua platano. Festgabe für Alexander Beinlich. Emsdetten: Lechte 1981, S. 509–515.
Rogowski, Christian: „Das muss ein Ende haben!" Reflections on the ending of Musil's *Vinzenz und die Freundin bedeutender Männer*. In: Musil-Forum 15 (1989), S. 39–59.
Rogowski, Christian: „Lauter unbestimmte Größen". Zu Ingeborg Bachmanns Hörspielbearbeitung der *Schwärmer* von Robert Musil. In: Strutz/Kiss (Hg.): Genauigkeit und Seele [1990], S. 191–210.
Rogowski, Christian: Seduced seducers. Strindberg as intertext in Robert Musil's comedy *Vinzenz und die Freundin bedeutender Männer*. In: Deutsche Vierteljahrsschrift für Literaturwissenschaft und Geistesgeschichte 64 (1990), S. 549–559.
Rogowski, Christian: Diskursdramaturgie als dramatischer Diskurs. Zu Robert Musils *Die Schwärmer*. In: Rapial 1 (1991), H. 3, S. 3–5.
Rogowski, Christan: „Ein andres Verhalten zur Welt". Robert Musil und der Film. In: Sprachkunst 23 (1992), H. 1, S. 105–118.
Rogowski, Christian: „Die alten Tragödien sterben ab". Musils *Schwärmer* als Kritik des zeitgenössischen Theaters. In: Modern Austrian Literature 26 (1993), H. 2, S. 63–89.
Rogowski, Christian: Implied dramaturgy. Robert Musil and the crisis of modern drama. Riverside: Ariadne Press 1993 (= Studies in Austrian literature, culture, and thought).
Rogowski, Christian: Distinguished outsider. Robert Musil and his critics. Columbia: Camden House 1994 (= Studies in German literature, linguistics, and culture).
Rogowski, Christian: „Diese von Männern gemachte Welt". Zu Ingeborg Bachmanns Hörspielbearbeitung von Robert Musils Posse *Vinzenz und die Freundin bedeutender Männer*. In: Gudrun Brokoph-Mauch, Annette Daigger (Hg.): Ingeborg Bachmann. Neue Richtungen in der Forschung? St. Ingbert: Röhrig 1995 (= Beiträge zur Robert-Musil-Forschung und zur neueren österreichischen Literatur, Bd. 8), S. 187–198.
Rogowski, Christian: Musil's ethics of reading. In: Musil-Forum 23/24 (1997/98), S. 85–94.
Rogowski, Christian: „Shifts in emphasis". Robert Musil's *Die Schwärmer* and twentieth-century drama. In: Bartram/Payne/Tihanov (Hg.): A companion to the works of Robert Musil [2007], S. 199–221.
Rohrwasser, Michael: Robert Musil auf dem Pariser Schriftstellerkongress (1935). In: Marek Zybura (Hg.): Geist und Macht. Schriftsteller und Staat im Mitteleuropa des „kurzen Jahrhunderts" 1914–1991. Dresden: Thelem bei w.e.b. 2002 (= Arbeiten zur neueren deutschen Literatur, Bd. 9), S. 227–240.
Ronell, Avital: Die Politik der Dummheit. Musil, Dasein, der Angriff auf Frauen und meine Erschöpfung. In: Die Philosophin. Forum für feministische Theorie und Philosophie 8 (1997), H. 16, S. 53–74.
Roseberry, Robert L.: The relationship of sickness and mystical borderline in the works of Robert Edler von Musil. Diss. Univ. of Toronto 1970.
Roseberry, Robert L.: Robert Musil. Ein Forschungsbericht. Frankfurt a. M.: Athenäum 1974.
Rosenfield, Kathrin: Gumbrecht's „presence" between Heidegger and Musil. In: Viktor K. Mendes, João Cezar de Castro Rocha (Hg.): Producing presences branching out from Gumbrecht's work. Dartmouth: Univ. of Massachusetts 2007 (= Adamastor book series, Bd. 2), S. 133–148.
Roskothen, Johannes: Verkehrsmöglichkeiten. Zu Musils *Mann ohne Eigenschaften*. In: Musil-Forum 19/20 (1993/94), S. 165–181.
Roskothen, Johannes: Verkehr. Zu einer poetischen Theorie der Moderne. München: Fink 2003. [zu Musil bes. S. 52–64]
Ross, Werner: Blick in zwei Werkstätten. Die Tagebücher Musils und Doderers. In: Merkur 32 (1978), S. 938–943.

Rossbacher, Karlheinz: Mathematik und Gefühl. Zu Robert Musils *Die Verwirrungen des Zöglings Törleß*. In: Sigurd Paul Scheichl, Gerald Stieg (Hg.): Österreichische Literatur des 20. Jahrhunderts. Französische und österreichische Beiträge. Innsbruck: Institut für Germanistik 1986 (= Innsbrucker Beiträge zur Kulturwissenschaft. Germanistische Reihe, Bd. 21), S. 127–140.

Rossellit, Jutta: „... die Vision seiner Visionen." Die Imaginationen des Zöglings Törleß. In: J. R.: Aufbruch nach innen. Studien zur literarischen Moderne mit einer Theorie der Imagination. Würzburg: Königshausen & Neumann 1993 (= Epistemata. Reihe Literaturwissenschaft, Bd. 108), S. 82–100.

Rota, Andrea: I grovigli del racconto. Metafore tessili e disarticolazione narrativa nel *Die Verwirrungen des Zöglings Törleß* di Robert Musil. In: Studia austriaca 15 (2007), S. 175–192.

Roth, Marie-Louise: Robert Musil im Spiegel seines Werkes. Versuch einer inneren Biographie. In: Dinklage (Hg.): Robert Musil [1960], S. 13–48. [auch in: M.-L. R.: Gedanken und Dichtung. Essays zu Robert Musil. Saarbrücken: Saarbrücker Druckerei und Verlag 1987, S. 25–58]

Roth, Marie-Louise: Un inédit de Musil. Le compte rendu de la première de l'*Unbestechliche* de Hofmannsthal. In: Études germaniques 17 (1962), H. 4, S. 403–410. [auch in: M.-L. R.: Gedanken und Dichtung [1987], S. 178–190]

Roth, Marie-Louise: Entdeckung im Nachlaß. *Die Sturmflut von Sylt* von Robert Musil. In: Stuttgarter Zeitung, 30.8.1963. [auch in: M.-L. R.: Gedanken und Dichtung [1987], S. 205–207]

Roth, Marie-Louise: Musiliana. *Brief Susannens* und *Zweiter Brief Susannens*. In: Akzente 10 (1963), S. 649–665. [auch in: M.-L. R.: Gedanken und Dichtung [1987], S. 191–204]

Roth, Marie-Louise: Une redécouverte. Un texte inconnu de Robert Musil: *Die Durstigen*. In: Bulletin de la Faculté des Lettres de Strasbourg (Dezember 1964), H. 43, S. 245–253. [dt. in: Dinklage (Hg.): Robert Musil. Studien zu seinem Werk [1970], S. 71–81]

Roth, Marie-Louise: Musil als Kritiker. In: Robert Musil: Theater. Kritisches und Theoretisches. Hg. v. M.-L. R. Hamburg: Rowohlt 1965, S. 197–209. [auch in: M.-L. R.: Gedanken und Dichtung [1987], S. 59–74]

Roth, Marie-Louise: Musiliana II: *Quer durch Charlottenburg*. In: Akzente 12 (1965), S. 1–6.

Roth, Marie-Louise: Trois textes de Robert Musil. In: Études germaniques 20 (1965), S. 567–573.

Roth, Marie-Louise: Zum Verständnis der Texte. In: Robert Musil: Theater. Kritisches und Theoretisches. Hg. v. M.-L. R. Hamburg: Rowohlt 1965, S. 210–235.

Roth, Marie-Louise: 1938. Eine Neuerscheinung im Bermann-Fischer Verlag. Der dritte Band des *Mann ohne Eigenschaften*. In: Euphorion 61 (1967), S. 196–205.

Roth, Marie-Louise: Quelques lettres inédites de Robert Musil (An: Andreas Thom, Hermine Kunz, Arthur Schnitzler). In: Études germaniques 23 (1968), S. 396–402.

Roth, Marie-Louise: Robert Musil. Ethik und Ästhetik. Zum theoretischen Werk des Dichters. München u.a.: List 1972.

Roth, Marie-Louise: Léona 1921 – Léona 1930. Musil en quête de la maîtrise. In: Études germaniques 28 (1973), H. 1, S. 49–60.

Roth, Marie-Louise: *Über den Essay*. Ein unbekanntes Manuskript aus dem Nachlaß Robert Musils. In: Recherches germaniques 3 (1973), S. 235–243.

Roth, Marie-Louise: Robert Musil als Rezensent der *Wege der Kunstbetrachtung* Gustav Johannes von Alleschs. In: Poetica 6 (1974), H. 2, S. 228–241. [auch in: M.-L. R.: Gedanken und Dichtung [1987], S. 170–177]

Roth, Marie-Louise: *Les œuvres pré-posthumes* de Robert Musil. Réflexions à propos d'une édition critique. In: Musil-Forum 2 (1976), S. 215–248.

Roth, Marie-Louise: Lettre ouverte à Monsieur Bruno Fürst. In: Musil-Forum 2 (1976), S. 108–111.

Roth, Marie-Louise: Préliminaires pour une édition critique. *Les œuvres préposthumes* de Robert Musil. Textes T2. Univ. Straßburg: Univ. de Strasbourg 1976.

Roth, Marie-Louise: Robert Musil zum Problem der Ethik. In: Modern Austrian Literature 9 (1976), H. 3/4, S. 1–34. [auch in: M.-L. R.: Gedanken und Dichtung [1987], S. 75–97]

Roth, Marie-Louise: *Nachlaß zu Lebzeiten.* Werkdokumentation. In: Musil-Forum. Wissenschaftliches Beiheft 1 (1976/77), S. 23–115.

Roth, Marie-Louise: Robert Musil et son œuvre romanesque. In: Austriaca 3 (1977), H. 4, S. 31–44.

Roth, Marie-Louise: *Le Merle* de Robert Musil. Essai d'interprétation. In: Reingard Nethersole (Hg.): Literatur als Dialog. Festschrift zum 50. Geburtstag von Karl Tober. Johannesburg: Ravan Press 1979, S. 423–433. [dt. in: Strutz/Strutz (Hg.): Robert Musil – Literatur, Philosophie, Psychologie [1984], S. 173–186]

Roth, Marie-Louise: Le train du temps. In: Musil-Forum 6 (1980), S. 223–226.

Roth, Marie-Louise: Robert Musil. Analyste de la société. In: Musil-Forum 6 (1980), S. 105–114.

Roth, Marie-Louise: Robert Musil. Im Schatten fremder Städte. Gartenidyllik oder letzter Protest? In: Literatur und Kritik (1980), H. 149/150, S. 532–541. [auch in: M.-L. R.: Gedanken und Dichtung [1987], S. 151–161]

Roth, Marie-Louise: Robert Musil: *Les œuvres pré-posthumes.* 2 Bde. Paris: Éd. Recherches 1980.

Roth, Marie-Louise: Robert Musil et l'utopie. In: Cahiers d'études germaniques (1980), S. 163–185. [auch in: M.-L. R.: Gedanken und Dichtung [1987], S. 135–150]

Roth, Marie-Louise: Robert Musil und das Aphoristische ohne Aphorismus. In: Annali. Studi Tedeschi 23 (1980), H. 2/3, S. 441–454.

Roth, Marie-Louise: Robert Musil und das Theater. In: Il teatro nella Mitteleuropa. Gorizia: Instituto per gli Incontri Culturali Mitteleuropei 1980, S. 231–238.

Roth, Marie-Louise: Organisation, Desorganisation und Dichtung. Randbemerkungen zu einem unveröffentlichten Text Robert Musils. In: Musil-Forum 7 (1981), S. 99–109. [auch in: M.-L. R.: Gedanken und Dichtung [1987], S. 208–220]

Roth, Marie-Louise: Robert-Musil-Forschung. Situation und Symptome. In: Roth/Schröder-Werle/Zeller (Hg.): Nachlaß- und Editionsprobleme [1981], S. 23–29.

Roth, Marie-Louise: Robert Musil und Ernst Schönwiese. In: Saarbrücker Hefte (1982), H. 53, S. 17–24.

Roth, Marie-Louise: Robert Musil als Aphoristiker. In: Brokoph-Mauch (Hg.): Beiträge zur Musil-Kritik [1983], S. 289–320. [auch in: M.-L. R.: Gedanken und Dichtung [1987], S. 112–134]

Roth, Marie-Louise: Essay und Essayismus bei Robert Musil. In: Benjamin Bennett, Anton Kaes, William J. Lillyman (Hg.): Probleme der Moderne. Studien zur deutschen Literatur von Nietzsche bis Brecht. Festschrift für Walter Sokel. Tübingen: Niemeyer 1983, S. 117–131. [auch in: M.-L. R.: Gedanken und Dichtung [1987], S. 98–111]

Roth, Marie-Louise: Ist eine historisch-kritische Edition der erzählenden Prosa Robert Musils möglich? In: German Studies in India 8 (1984), H. 4, S. 82–89.

Roth, Marie-Louise: La genèse de la nouvelle *Le merle* de Robert Musil. In: Roger Goffin, Michel Vanhelleputte, Monique Weyembergh-Boussard (Hg.): Littérature et culture allemandes. Hommages à Henri Plard. Brüssel: Éd. de l'Univ. de Bruxelles 1985, S. 345–364.

Roth, Marie-Louise: *Les désarrois de l'élève Törless* ou la crise intellectuelle et morale d'une génération. In: Cometti (Hg.): Robert Musil [1986], S. 28–54.

Roth, Marie-Louise: Robert Musil: *Vincent et l'amie des personnalités.* Essai d'interprétation. In: Karl Konrad Polheim (Hg.): Sinn und Symbol. Festschrift für Joseph P. Strelka zum 60. Geburtstag. Bern u.a.: Lang 1987, S. 433–441.

Roth, Marie-Louise: Robert Musils erzählerische Prosa im Zusammenhang mit einer historisch-kritischen Edition. In: Michael Werner u.a. (Hg.): Edition et manuscrits – Probleme der Prosa-Edition. Bern u.a.: Lang 1987 (= Jahrbuch für Internationale Germanistik. Reihe A: Kongreßberichte, Bd. 19), S. 67–82.

Roth, Marie-Louise: Robert Musil. Utopie et utopisme. In: Hubert Dethier, Elder Willems (Hg.): Cultural hermeneutics of modern art. Essays in honor of Jan Aler. Amsterdam u.a.: Rodopi 1989 (= Lier & boog studies, Bd. 4), S. 273–288.

Roth, Marie-Louise: Gedanken und Dichtung. Essays zu Robert Musil. Hg. v. Claude Chevalier, Annette Daigger u. Gerti Militzer. Saarbrücken: Saarbrücker Druckerei und Verlag 1987.

Roth, Marie-Louise: Robert Musil. L'homme au double regard. Paris: Balland 1987.

Roth, Marie-Louise: Ein Kommentar zur „Vollendung der Sprache" am Beispiel einer unbekannten handschriftlichen Vorstufe zu Robert Musils Novelle *Grigia*. In: Eckehard Czucka (Hg.): „die in dem alten Haus der Sprache wohnen". Beiträge zum Sprachdenken in der Literaturgeschichte. Helmut Arntzen zum 60. Geburtstag. Münster: Aschendorff 1991, S. 345–351.

Roth, Marie-Louise: Eine unbekannte Briefkorrespondenz Martha Musil – Hubert Decleva. In: Germanistik. Publications du Centre universitaire de Luxembourg 3 (1991), S. 225–244.

Roth, Marie-Louise: Robert Musil. L'écrivain au double regard. In: Europe. Revue littéraire mensuelle 69 (1991), H. 741/742, S. 3–5.

Roth, Marie-Louise: Robert Musil, critique de théâtre. In: Europe. Revue littéraire mensuelle 69 (1991), H. 741/742, S. 62–69.

Roth, Marie-Louise: Robert Musil, Hermann Broch. Paris: Europe Messidor 1991.

Roth, Marie-Louise: *Kann ein Pferd lachen?* Musils Ironie, eine perspektivische Verschiebung? In: Brokoph-Mauch (Hg.): Robert Musil. Essayismus und Ironie [1992], S. 123–135.

Roth, Marie-Louise: *Das hilflose Europa oder Reise vom Hundertsten ins Tausendste*. Versuch einer Interpretation. In: Munzar (Hg.): Robert Musil, ein Mitteleuropäer [1994], S. 11–23.

Roth, Marie-Louise: Wirklichkeit und Traum in Robert Musils *Nachlaß zu Lebzeiten*. In: Herbert Arlt, Manfred Diersch (Hg.): Sein und Schein – Traum und Wirklichkeit. Zur Poetik österreichischer Schriftsteller/innen im 20. Jahrhundert. Frankfurt a.M. u.a.: Lang 1994 (= Europäische Hochschulschriften. Reihe 1: Deutsche Sprache und Literatur, Bd. 1442), S. 63–72.

Roth, Marie-Louise: Eine unbekannte Briefkorrespondenz. Martha Musil und Armin Kesser, Martha Musil und Philippe Jaccottet. In: Austriaca 20 (1995), H. 41, S. 183–190.

Roth, Marie-Louise: 20 Jahre Internationale Robert-Musil-Gesellschaft. Ein Überblick. In: Roth (Hg.): Neue Ansätze zur Robert-Musil-Forschung [1999], S. 9–16.

Roth, Marie-Louise: Lecture symptomale des Œuvres pré-posthumes. In: Chardin (Hg.): Robert Musil [2000], S. 93–101.

Roth, Marie-Louise: Un destin de femme – Martha Musil. L'amante, l'épouse, la sœur. Bern u.a.: Lang 2006 (= Musiliana, Bd. 13).

Rothe, Wolfgang: Anarchie der Triebe. Zum apokalyptischen Liebesroman. In. W. R.: Schriftsteller und totalitäre Welt. Bern: Francke 1966, S. 65–113.

Rothe, Wolfgang: „Seinesgleichen geschieht". Musil und die moderne Erzähltradition. In: Dinklage (Hg.): Robert Musil. Studien zu seinem Werk [1970], S. 131–169.

Rothe, Wolfgang: Metaphysischer Realismus. Literarische Außenseiter zwischen Links und Rechts. In: W. R. (Hg.): Die deutsche Literatur in der Weimarer Republik. Stuttgart: Reclam 1974, S. 255–280.

Rougemont, Denis de: Tristans neue Gestalt. *Dr. Schiwago*, *Lolita* und *Der Mann ohne Eigenschaften*. In: Der Monat 11 (1958/59), H. 127, S. 9–21.

Roussel, Martin: „jedesmal". Wende-Punkte bei Robert Musil. In: André Combes (Hg.): Tournants et (ré)écritures littéraires. Paris u.a.: Harmattan 2010, S. 103–118.

Roussel, Martin: Möglichkeitsdenken. Utopie, Dystopie und Lektüre in Robert Musils *Der Mann ohne Eigenschaften*. In: Günther Blamberger, M. R., Wilhelm Voßkamp (Hg.): Möglichkeitsdenken. Utopie und Dystopie in der Gegenwart. München: Fink 2013 (= Morphomata, Bd. 9), S. 157–182.

Roussiez, Joël: L'infidélité motivée. In: Musil-Forum 13/14 (1987/88), S. 46–73.

Rußegger, Arno: *Isis und Osiris*. Zur Metafiktionalität in Musils Ästhetik-Theorie. In: Sprachkunst 19 (1988), S. 1–20.
Rußegger, Arno: „Denn jede Kunst bedeutet ein eigenes Verhältnis des Menschen zur Welt, eine eigene Dimension der Seele." Béla Balázs' Filmtheorie als Paradigma für eine meta-fiktionale Poetik bei Robert Musil. In: Kinoschriften. Jahrbuch der Gesellschaft für Filmtheorie 2 (1990), S. 131–145.
Rußegger, Arno: Der literarische Nachlaß Robert Musils als CD-ROM-Edition. In: Rapial 2 (1992), H. 1, S. 2–4.
Rußegger, Arno: Das Pantomimische der Welt auf der Bühne. Zu Musils Theaterkonzeption. In: Rapial 3 (1993), H. 3, S. 16–17.
Rußegger, Arno: Die Konditionierung der Sinne. Bemerkungen zur Theorie des Bildes bei Robert Musil. In: Fanta (Hg.): Klagenfurter Beiträge zur Musil-Forschung [1993], S. 19–46.
Rußegger, Arno: Halbe Sätze. Ein Vergleich literarischer Verfahrensweisen bei Robert Musil und Ingeborg Bachmann. In: Dirk Göttsche, Hubert Ohl (Hg.): Ingeborg Bachmann. Neue Beiträge zu ihrem Werk. Würzburg: Königshausen & Neumann 1993, S. 315–327.
Rußegger, Arno: Musil und die Krise der Monarchie. In: Jürgen Nautz, Richard Vahrenkamp (Hg.): Die Wiener Jahrhundertwende. Einflüsse – Umwelt – Wirkungen. Wien u. a.: Böhlau 1993 (= Studien zu Politik und Verwaltung, Bd. 46), S. 406–418.
Rußegger, Arno: Aufklärer. Spion. Soldat. Dichter. Privatmann. Die Selbstentwürfe des Robert Musil. In: ide. Informationen zur Deutschdidaktik 19 (1995), H. 2, S. 99–109.
Rußegger, Arno: Kinema mundi. Studien zur Theorie des „Bildes" bei Robert Musil. Wien u. a.: Böhlau 1996 (= Literatur in der Geschichte – Geschichte in der Literatur, Bd. 40).
Rußegger, Arno: Argumentieren geht über Studieren. Anmerkungen zu einem schreibtheoretischen Umgang mit literarischen Nachlässen. In: ide. Informationen zur Deutschdidaktik 21 (1997), H. 4, S. 51–66.
Rußegger, Arno: Die Wirklichkeit der Vorstellung der Wirklichkeit. Bemerkungen zu Robert Musils *Nachlaß zu Lebzeiten*. In: Markus Heilmann, Thomas Wägenbaur (Hg.): Macht, Text, Geschichte. Lektüren am Rande der Akademie. Würzburg: Königshausen & Neumann 1997, S. 95–111.
Rußegger, Arno: Schichtungen und Schaltungen. Zu Nachlaß-Projekten des Robert-Musil-Instituts der Universität Klagenfurt. In: Anton Schwob, Erwin Streitfeld, Karin Kranich-Hofbauer (Hg.): Quelle – Text – Edition. Tübingen: Niemeyer 1997 (= Beihefte zu Editio, Bd. 9), S. 351–360.
Rußegger, Arno: Mental anticipation of hypertext-structures. Robert Musil's posthumous papers. In: Thomas Wägerbaur (Hg.): The poetics of memory. Tübingen: Stauffenburg 1998 (= Stauffenburg-Colloquium, Bd. 45), S. 379–390.
Rußegger, Arno: Ferne Anklänge. Gert Jonke und Robert Musil. In: Béhar/Roth (Hg.): Literatur im Kontext Robert Musil [1999], S. 217–239.
Rußegger, Arno: „Daß Krieg wurde, werden mußte, ist die Summe all der widerstrebenden Strömungen und Einflüsse und Bewegungen, die ich zeige". Erster Weltkrieg und literarische Moderne – am Beispiel von Robert Musil. In: Uwe Schneider, Andreas Schumann (Hg.): Krieg der Geister. Erster Weltkrieg und literarische Moderne. Würzburg: Königshausen & Neumann 2000, S. 229–245.
Rußegger, Arno: „Und was gewöhnlich in der Wirklichkeit geschieht, gehört bestenfalls ins Kino." Theater anders in Robert Musils *Vinzenz und die Freundin bedeutender Männer*. In: Studi germanici 42 (2004), H. 3, S. 523–536. [auch in: Martens/Ruthner/De Vos (Hg.): Musil anders [2005], S. 17–31]
Rußegger, Arno/Groiss, Herbert: Literatur am Computer. Die CD-ROM-Edition des Robert-Musil-Nachlasses. In: Informatik-Forum 6 (1992), S. 189–193.
Ryan, Judith: Die andere Psychologie. Ernst Mach und die Folgen. In: Wolfgang Paulsen (Hg.): Österreichische Gegenwart. Die moderne Literatur und ihr Verhältnis zur Tradition. Bern u. a.: Francke 1980, S. 11–24.

Ryan, Judith: Validating the possible. Thoughts and things in James, Rilke, and Musil. In: Comparative Literature 40 (1988), S. 305–317.

Rzehak, Wolfgang: Musil und Nietzsche. Beziehungen der Erkenntnisperspektiven. Frankfurt a. M. u. a.: Lang 1993 (= Europäische Hochschulschriften. Reihe 1: Deutsche Sprache und Literatur, Bd. 1363).

Rzehak, Wolfgang: Musil. Denken als Lebensform. In: Musil-Forum 21/22 (1995/96), S. 155–183.

Šabik, Vincent: Die Übersetzung der *Drei Frauen* ins Tschechische. In: Daigger/Militzer (Hg.): Die Übersetzung literarischer Texte am Beispiel Robert Musil [1988], S. 251–256.

Šabík, Vincent: Slowakische Motive in Robert Musils Werk. In: Munzar (Hg.): Robert Musil, ein Mitteleuropäer [1994], S. 135–138.

Säckl, Herwig: Die Rolle der Mathematik in dem Roman *Der Mann ohne Eigenschaften* von Robert Musil. In: Hans-Georg Steiner (Hg.): Mathematikdidaktik, Bildungsgeschichte, Wissenschaftsgeschichte. Bd. 2. Köln: Aulis 1990, S. 137–147.

Saemmer, Alexandra: Conversations sacrées de Marguerite Duras et Robert Musil. In: Stella Harvey, Kate Ince (Hg.): Duras, femme du siècle. Amsterdam u. a.: Rodopi 2001 (= Faux titre, Bd. 218), S. 289–298.

Saemmer, Alexandra: Marguerite Duras and Robert Musil. A feminist view on violence. In: Michael Hensen, Annette Pankratz (Hg.): The aesthetics and pragmatics of violence. Passau: Stutz 2001, S. 225–232.

Saemmer, Alexandra: Duras et Musil. Drôle de couple? Drôle d'inceste? Amsterdam u. a.: Rodopi 2002 (= Internationale Forschungen zur allgemeinen und vergleichenden Literaturwissenschaft, Bd. 65).

Salgaro, Massimo: Strutture saggistiche in *Die Amsel*. Histoire – discours. In: Breuer/Busch (Hg.): Robert Musil: *Die Amsel* [2000], S. 29–39.

Salgaro, Massimo: *Die Amsel* e l'impossibilità dell'origine. In: Giovanni Scimonello, Ralph Szukala (Hg.): La Scuola di Francoforte. Rom: Donzelli Ed. 2001 (= Cultura tedesca, Bd. 18), S. 295–310.

Salgaro, Massimo: La difficoltà del narrare. Forme e strutture in *Die Amsel* di Robert Musil. Verona: Fiorini 2003 (= Tesi della Facoltà di Lingue e Letterature Straniere, Bd. 6).

Salgaro, Massimo: La ricezione di Heinz Werner in *Il letterato e la letteratura* di Robert Musil. In: Quaderni di lingue e letterature 31 (2006), S. 169–178.

Salgaro, Massimo: „L'altro stato" dell'infanzia. William Stern nella ricezioni di Robert Musil. In: Intersezioni 28 (2008), H. 2, S. 259–273.

Salgaro, Massimo: Die Geburt des Musilschen Essayismus aus den Formen des Essays. In: Marina Marzia Brambilla, Maurizio Pirro (Hg.): Wege des essayistischen Schreibens im deutschsprachigen Raum (1900–1920). Amsterdam, New York: Rodopi 2010 (= Amsterdamer Beiträge zur neueren Germanistik, Bd. 74), S. 261–280.

Salgaro, Massimo: „Le amicizie giovanili hanno qualcosa di strano". La gioventù come fonte della narrazione in Robert Musil. In: Maurizio Pirro u. a. (Hg.): Jugend. Rappresentazioni della giovinezza nella letteratura tedesca. Mailand u. a.: Mimesis 2011 (= Collana Il quadrifoglio tedesco, Bd. 16), S. 179–201.

Salgaro, Massimo: Robert Musil teorico della ricezione. Contiene il saggio enedito *La psicotecnica e la sua possibilità di applicazione nell'esercito*. Bern u. a.: Lang 2012 (= Musiliana, Bd. 16).

Salgaro, Massimo: Musils Modell-Leser. In: Musil-Forum 33 (2013/14), S. 260–278.

Salgaro, Massimo: Musils Rezeptionsästhetik im Spiegel der Klagenfurter Ausgabe. In: Salgaro (Hg.): Robert Musil in der Klagenfurter Ausgabe [2014], S. 111–133.

Salzani, Carlo: Crisi e possibilità. Robert Musil e il tramonto dell'Occidente. Bern u. a.: Lang 2010 (= Musiliana, Bd. 15).

Samoyault, Tiphaine: Du chevet à l'étude. Poses du lecteur de *L'homme sans qualités*. In: Chardin (Hg.): Robert Musil [2000], S. 57–72.

Sanders, Hans: Die Widerlegung der Vernunft aus dem Erlebnis oder Die Kapitulation der bürgerlichen Intelligenz vor dem Faschismus. Zu Musils *Amsel*. In: Heinz Ide u. a. (Hg.): Ideologiekritik im Deutschunterricht. Analysen und Modelle. Frankfurt a. M.: Diesterweg 1972 (= Diskussion Deutsch. Sonderband), S. 86–95.

Sandison, Alan: Masters of the hovering life. Robert Musil and R. L. Stevenson. In: Richard Ambrosini, Richard Dury (Hg.): Robert Louis Stevenson. Writer of boundaries. Madison: Univ. of Wisconsin Press 2006, S. 315–326.

Sapper, Theodor: Expressionismusdichtung und Gesellschaftsstruktur. Robert Müller und Robert Musil. In: T. S.: Alle Glocken der Erde. Expressionistische Dichtung aus dem Donauraum. Wien: Europa 1974, S. 109–120.

Sauerland, Karol: Die Kunst, die Verwirrung mitzudenken oder ein Mann ohne Eigenschaften zu bleiben. In: Griesecke (Hg.): Werkstätten des Möglichen [2008], S. 79–92.

Scaffai, Niccolò: L'adolescente, la scuola e la cultura. Mann, Musil e Zweig. In: Marina Polacco (Hg.): I vecchi e i giovani. Florenz: Le Monnier 2002 (= Quaderni di synapsis, Bd. 1), S. 105–115.

Scarpetta, Guy: Trois réflexions sur Robert Musil. In: Art Press (1984), H. 3, S. 29–50.

Scarpetta, Guy: Le romancier, l'idiot, le violent (à propos de *L'homme sans qualités*). In: Chardin (Hg.): Robert Musil [2000], S. 225–237.

Schade, Johannes: „Gestaute Bedeutung". Robert Musil and the aesthetic order of sense. In: Monatshefte für deutschsprachige Literatur und Kultur 107 (2015), H. 2, S. 201–218.

Schärer, Hans-Rudolf: Narzißmus und Utopismus. Eine literaturpsychologische Untersuchung zu Robert Musils Roman *Der Mann ohne Eigenschaften*. München: Fink 1990 (= Musil-Studien, Bd. 20).

Schärer, Hans-Rudolf/Schärer, Peter: Geschwisterbeziehung und Narzißmus in den Romanen Robert Musils und Italo Svevos. In: Strutz/Kiss (Hg.): Genauigkeit und Seele [1990], S. 115–138.

Schärer, Peter: Zur psychischen Strategie des schwachen Helden. Italo Svevo im Vergleich mit Kafka, Broch und Musil. Diss. Univ. Zürich 1978.

Schärf, Christian: Robert Musil und Hermann Broch: Essay und Roman. In: C. S.: Geschichte des Essays. Von Montaigne bis Adorno. Göttingen: Vandenhoeck & Ruprecht 1999, S. 229–247.

Schaffnit, Hans Wolfgang: Mimesis als Problem. Studien zu einem ästhetischen Begriff der Dichtung aus Anlaß Robert Musils. Berlin: de Gruyter 1971 (= Quellen und Forschungen zur Sprach- und Kulturgeschichte der germanischen Völker. N. F., Bd. 36).

Scharang, Michael: Musils Dramatik. In: Wort in der Zeit 10 (1964), H. 11, S. 36–45.

Scharang, Michael: Robert Musil – Dramaturgie und Bühnengeschichte. Diss. Univ. Wien 1965.

Scharang, Michael: Robert Musils theatralische Sendung. In: Theater und Zeit 13 (1965/66), H. 4, S. 53–60.

Scharang, Michael: Ein Mann mit Eigenschaften. In: Die Zeit. Zeitmagazin, 23.9.1988, S. 64–71.

Scharold, Irmgard: Epiphanie, Tierbild, Metamorphose, Passion und Eucharistie. Zur Kodierung des ‚Anderen' in den Werken von Robert Musil, Clarice Lispector und J. M. G. Le Clézio. Heidelberg: Winter 2000 (= Neues Forum für allgemeine und vergleichende Literaturwissenschaft, Bd. 10).

[Schaunig-]Baltz-Balzberg, Regina: Antidekadenzmoral bei Musil und Nietzsche. Unter Verwendung noch nicht publizierter Musil-Texte. In: Strutz/Strutz (Hg.): Robert Musil – Theater, Bildung, Kritik [1985], S. 204–226.

Schaunig-Baltz-Balzberg, Regina: Musils „Rezept: Organisation". Zur Klagenfurter Nachlaß-Forschung unter Karl Dinklage. In: Strutz (Hg.): Robert Musils „Kakanien" [1987], S. 16–26.

Schaunig, Regina: Musil-Archäologie. Zur Klagenfurter Edition der *Avant-texte*-Romane *Der Spion* und *Der Erlöser*. In: Musil-Forum 30 (2007/08), S. 73–108.

Schaunig, Regina: „Das Unfertige und das Ungeratene". Musils Vorstufen zum *Mann ohne Eigenschaften* in digitaler Edition. In: Editio 23 (2009), S. 109–146.

Schaunig, Regina: *Viribus unitis*. Robert Musils Schreiben in kollektiver Anonymität. In: Musil-Forum 31 (2009/10), S. 202–223.

Schaunig, Regina: Das Murmeln der Dichterfrau. Martha Musil als Co-Autorin. In: Salgaro (Hg.): Robert Musil in der Klagenfurter Ausgabe [2014], S. 69–96.

Schaunig, Regina: Der Dichter im Dienst des Generals. Robert Musils Propagandaschriften im Ersten Weltkrieg. Mit 87 Musil zugeschriebenen Zeitungsartikeln. Klagenfurt, Wien: kitab 2014.

Schaunig, Regina: „Zeit der Ellenbogen". Robert Musil als Autor in Uniform. In: Feigl/Fleck/Hamersky (Hg.): Robert Musil. Der Mann mit Eigenschaften [2014], S. 37–74.

Schaunig, Regina: Robert Musils „Achillesroman". Klagenfurt, Wien: kitab 2015.

Scheel, Rainer: Literarische Justizkritik bei Feuchtwanger, Musil, Wassermann und A. Zweig. Essen: Klartext 2008 (= Düsseldorfer Schriften zur Literatur- und Kulturwissenschaft, Bd. 5).

Scheffel, Michael: Formen und Funktionen von Ambiguität in der literarischen Erzählung. Ein Beitrag aus narratologischer Sicht. In: Frauke Berndt, Stephan Kammer (Hg.): Amphibolie – Ambiguität – Ambivalenz. Modelle und Erscheinungsformen von Zweiwertigkeit. Würzburg: Königshausen & Neumann 2009, S. 89–103.

Scheller, Wolf: Der Dichter des ‚Könnte auch so anfangen …'. Robert Musils „Briefe 1901 bis 1942". In: Text + Kritik (^{3}1983), H. 21/22, S. 76–85.

Scheller, Wolf: Robert Musil. Suche zwischen Utopie und Wirklichkeit. In: Universitas 38 (1983), S. 1303–1312.

Schelling, Ulrich: Identität und Wirklichkeit bei Robert Musil. Zürich u.a.: Atlantis 1968 (= Zürcher Beiträge zur deutschen Literatur- und Geistesgeschichte, Bd. 30).

Schelling, Ulrich: Das analogische Denken bei Robert Musil. In: Dinklage (Hg.): Robert Musil. Studien zu seinem Werk [1970], S. 170–199.

Scherer, Stefan: Ereigniskonstruktionen als Literatur (Eichendorff, Musil, Goetz). In: Thomas Rathmann (Hg.): Ereignis. Konzeptionen eines Begriffs in Geschichte, Kunst und Literatur. Köln u.a.: Böhlau 2003, S. 63–84.

Scherpe, Klaus R.: Beschreiben, nicht Erzählen! Beispiele zu einer ästhetischen Opposition. In: Zeitschrift für Germanistik. N. F. 6 (1996), H. 2, S. 368–383. [erschienen auch als Sonderdruck: Berlin: Humboldt-Universität 1995]

Schiavoni, Giulio: L'insufficienza dell'intellettuale. Musil tra fenomenologia e communicazione. In: Annali. Studi Tedeschi 18 (1975), H. 3, S. 55–94.

Schiavoni, Giulio: „Al di là del linguaggio", ovvero la crisi delle qualità e lo spettro dell'indicibile nella costellazione Hofmannsthal – Musil – Broch. In: Francesca Castellani (Hg.): Uomini senza qualità. La crisi die linguaggi nella grande Vienna. Trento: o.V. 1981, S. 129–165.

Schier, Rudolf: Robert Musils *Tonka* als Vorläufer des *nouveau roman*. In: Études germaniques 32 (1977), S. 40–45.

Schiewer, Gesine Lenore: „Die Zersetzung der Gefühls- und Denkformeln". Sprache und Gestaltdenken in Musils erkenntnistheoretischer Konzeption. In: Scientia Poetica 3 (1999), S. 122–144.

Schiewer, Gesine Lenore: Poetische und erkenntnistheoretische Rezeption gestaltpsychologischen Denkens in der Literatur des 20. Jahrhunderts. In: Hans Derkits, Peter Wiesinger (Hg.): Akten des X. Internationalen Germanistenkongresses Wien 2000: „Zeitenwende – Die Germanistik auf dem Weg vom 20. ins 21. Jahrhundert". Bd. 10. Bern u.a.: Lang 2002, S. 287–293.

Schiewer, Gesine Lenore: Poetische Gestaltkonzepte und Automatentheorie. Arno Holz, Robert Musil, Oswald Wiener. Würzburg: Königshausen & Neumann 2004.

Schiewer, Gesine Lenore: Sprache, Wirklichkeit, Bewusstsein. Robert Musils psychologisch-ästhetische Bedeutungstheorie. In: Martens/Ruthner/De Vos (Hg.): Musil anders [2005], S. 89–110.

Schiff, Hans Bernhard: Briefe Robert Musils und Ignazio Silones an Aline Valangin. In: Saarbrücker Hefte (1982), S. 25–32.
Schiff, Hans Bernhard: *Der Mann ohne Eigenschaften* Robert Musils. In: Saarbrücker Hefte (1982), S. 69–78.
Schiff, Hans Bernhard: Die letzten Jahre Robert Musils in Genf und Zusammenhänge seines Romans mit der Weltliteratur. In: Musil-Forum 8 (1982), S. 103–119.
Schiffermüller, Isolde: Veronika/vera ikon. Figur und Inschrift der Frau in Robert Musils Novelle *Die Versuchung der stillen Veronika*. In: Gerhard Neumann (Hg.): Poststrukturalismus. Herausforderung an die Literaturwissenschaft. DFG-Symposion 1995. Stuttgart, Weimar: Metzler 1997, S. 252–271.
Schiffermüller, Isolde: Die Gabe des Lebens. Zu einer Ethik der Immanenz in Robert Musils Novelle *Die Amsel*. In: Breuer/Busch (Hg.): Robert Musil: *Die Amsel* [2000], S. 159–181.
Schiffermüller, Isolde: Kleine Zoopoetik der Moderne. Robert Musils *Bilder* im Vergleich mit Franz Kafka. In: Elmar Locher (Hg.): Die kleinen Formen in der Moderne. Bozen u.a.: Ed. Sturzflüge/StudienVerlag 2001 (= Essay & Poesie, Bd. 13), S. 197–217.
Schiffermüller, Isolde: Saggi sul volto: Rilke, Musil, Kafka. Verona: Fiorini 2005 (= Mneme, Bd. 10).
Schildmann, Mareike: Ausnahmedichtung. *Tonka* und das unsichere Wissen vom Exzeptionellen. In: Musil-Forum 32 (2011/12), S. 106–129.
Schiller, Dieter: „Die Grenze der Kultur gegen die Politik". Zu Robert Musils Rede auf dem Pariser Kongreß 1935. In: Zeitschrift für Germanistik 9 (1988), H. 2, S. 274–290.
Schiller, Dieter: Der geistige Mensch und die Wirklichkeit. Robert Musil: *Der Mann ohne Eigenschaften*. In: D. S.: Im Widerstreit geschrieben. Vermischte Texte zur Literatur 1966–2006. Berlin: Ed. Schwarzdruck 2008 (= Erkundungen – Entwürfe – Erfahrungen, Bd. 3), S. 33–64.
Schilt, Jelka: „Noch etwas tiefer lösen sich die Menschen in Nichtigkeiten auf". Figuren in Robert Musils Roman *Der Mann ohne Eigenschaften*. Bern u.a.: Lang 1995 (= Musiliana, Bd. 2).
Schink, Helmut: Jugend als Krankheit? Hermann Hesse, Robert Musil, Franz Kafka, Reinhold Schneider, Anne Frank, Franz Innerhofer. Linz: OLV-Buchverlag 1980 (= Linzer philosophisch-theologische Reihe, Bd. 13).
Schirmbeck, Heinrich: Die Utopie des exakten Lebens. Robert Musil und sein *Mann ohne Eigenschaften*. In: H. S.: Gestalten und Perspektiven. Essays, Porträts und Reflexionen aus fünf Jahrzehnten. Hg. u. mit einem Nachwort v. Gerald Funk. Darmstadt: Wissenschaftliche Buchgesellschaft 2000 (= Mainzer Reihe, Bd. 92), S. 241–247.
Schläpfer, Walter: Über Bangigkeit. Gedanken zu Robert Musil und Thomas Bernhard. Zürich: Littera 2008.
Schlör, Irene: Pubertät und Poesie. Das Problem der Erziehung in den literarischen Beispielen von Wedekind, Musil und Siegfried Lenz. Konstanz: Wisslit 1992.
Schlüer, Klaus-Dieter: Psychoanalytische Interpretation. In: Groeben (Hg.): Rezeption und Interpretation [1981], S. 63–76.
Schmaus, Marion: Die poetische Konstruktion des Selbst. Grenzgänge zwischen Frühromantik und Moderne: Novalis, Bachmann, Christa Wolf, Foucault. Tübingen: Niemeyer 2000 (= Hermaea. N. F., Bd. 92).
Schmeling, Manfred: Identité culturelle et altérité dans la poétique de Robert Musil. In: Böschenstein/Roth (Hg.): Hommage à Musil [1995], S. 159–174.
Schmidt, Alfred: General Stumm dringt in die „weltberühmte Hofbibliothek" ein. Robert Musil, *Der Mann ohne Eigenschaften*, Kapitel 100. In: Biblos 54 (2005), H. 2, S. 101–106.
Schmidt, Jochen: Ohne Eigenschaften. Eine Erläuterung von Musils Grundbegriff. Tübingen: Niemeyer 1975 (= Untersuchungen zur deutschen Literaturgeschichte, Bd. 13).
Schmidt, Jochen: Die Geschichte des Genie-Gedankens in der deutschen Literatur, Philosophie und Politik 1750–1945. Bd. 2: Von der Romantik bis zum Ende des Dritten Reichs. Darmstadt: Wissenschaftliche Buchgesellschaft 1985. [zu Musil bes. S. 278–298]

Schmidt-Dengler, Wendelin: R. M. versus H. v. D. Anmerkungen zu Menasse und Musil, zu Doderer und Lukács. In: Dieter Stolz (Hg.): Die Welt scheint unverbesserlich. Zu Robert Menasses *Trilogie der Entgeisterung*. Frankfurt a. M.: Suhrkamp 1997, S. 223–233.

Schmidt-Dengler, Wendelin: Das geniale Rennpferd. Robert Musil und der Wiener Kreis. Zu einer seltsamen Form von Wahlverwandtschaft. In: Studi germanici 42 (2004), H. 3, S. 475–484.

Schmidt-Dengler, Wendelin: Die Stadt wird ergangen. Wien bei Schnitzler, Musil, Doderer. In: Gerald Sommer (Hg.): Gassen und Landschaften. Heimito von Doderers *Dämonen* vom Zentrum und vom Rande aus betrachtet. Würzburg: Königshausen & Neumann 2004 (= Schriften der Heimito-von-Doderer-Gesellschaft, Bd. 3), S. 105–122.

Schmiedt, Peter: Robert Musil und der Erste Weltkrieg. In: Feigl/Fleck/Hamersky (Hg.): Robert Musil. Der Mann mit Eigenschaften [2014], S. 106–115.

Schmit, Roger: Robert Musil. Logische Bemerkungen. In: Musil-Forum 23/24 (1997/98), S. 95–112.

Schmit, Roger: Robert Musil. L'idéal de l'exactitude logique dans le roman *L'homme sans qualités*. In: Claude D. Conter, Nicole Sahl (Hg.): Aufbrüche und Vermittlungen. Beiträge zur Luxemburger und europäischen Literatur- und Kulturgeschichte. Bielefeld: Aisthesis 2010, S. 669–683.

Schmitter, Sebastian: Basis, Wahrnehmung und Konsequenz. Zur literarischen Präsenz des Melancholischen in den Schriften von Hugo von Hofmannsthal und Robert Musil. Würzburg: Königshausen & Neumann 2000 (= Epistemata. Reihe Literaturwissenschaft, Bd. 327).

Schmitz, Dietmar Bernhard: Musils verlegter Weg zum Leser. Anmerkungen zum Stand der Veröffentlichung seiner Werke. In: Musil-Forum 6 (1980), S. 213–222.

Schmitz, Dietmar Bernhard: Literatur und Lebenspraxis. Eine Studie zum gesellschaftlichen Inhalt von Robert Musils Roman *Der Mann ohne Eigenschaften*, anhand der Titelfigur Ulrich. Diss. Univ. Saarbrücken 1981.

Schmitz, Michael: Frau ohne Eigenschaften. Die Konstruktion von Liebe in Robert Musils Novelle *Grigia*. In: Musil-Forum 29 (2005/06), S. 57–77.

Schmitz-Emans, Monika: Das Doppelleben der Wörter. Zur Sprachreflexion in Robert Musils *Vereinigungen*. In: Pott (Hg.): Robert Musil – Dichter, Essayist, Wissenschaftler [1993], S. 70–125.

Schmitz-Emans, Monika: Sprachspiel und „Unsagbares". Zu verwandten Motiven in Robert Musils Sprachreflexion und der Spätphilosophie Ludwig Wittgensteins. In: Musil-Forum 19/20 (1993/94), S. 182–207.

Schmitz-Emans, Monika: Gespenstische Rede. In: Moritz Baßler, Bettina Gruber, Martina Wagner-Egelhaaf (Hg.): Gespenster. Erscheinungen, Medien, Theorien. Würzburg: Königshausen & Neumann 2005, S. 229–251.

Schneider, Florian: Der Urwald der Moderne. Über Robert Musils Glosse *Wer hat dich, du schöner Wald ..?* In: Zeitschrift für Kulturwissenschaften (2009), H. 2, S. 79–90.

Schneider, Günther: Untersuchungen zum dramatischen Werk Robert Musils. Bern u. a.: Lang 1973 (= Europäische Hochschulschriften. Reihe 1: Deutsche Sprache und Literatur, Bd. 81).

Schneider, Rolf: Die späteren Eigenschaften. Ulrich aus Robert Musils *Der Mann ohne Eigenschaften*. In: Tribüne zum Verständnis des Judentums 10 (1971), H. 37, S. 4065–4078.

Schneider, Rolf: Die problematisierte Wirklichkeit. Leben und Werk Robert Musils. Versuch einer Interpretation. Berlin: Volk und Welt 1975.

Schneider, Rolf: Textkritische Anmerkungen für die Ausgabe des *Mann ohne Eigenschaften* im Verlag ‚Volk und Welt'. In: Musil-Forum 2 (1976), S. 7–10.

Schneider, Rolf: *Der Mann ohne Eigenschaften*. Robert Musil und sein Jahrhundertunternehmen. In: Kristian Sotriffer (Hg.): Das größere Österreich. Geistiges und soziales Leben von 1880 bis zur Gegenwart. Wien: Tusch 1982, S. 260–263.

Schneider, Sabine: Verheißung der Bilder. Das andere Medium in der Literatur um 1900. Tübingen: Niemeyer 2006 (= Studien zur deutschen Literatur, Bd. 180). [zu Musil bes. S. 283–322]

Schneider, Sabine: Erzählen im multiplen Zeichenraum. „Restitution des Epischen" in der Moderne (Döblin, Benjamin, Musil). In: Heinz Brüggemann, S. S. (Hg.): Gleichzeitigkeit des Ungleichzeitigen. Formen und Funktionen von Pluralität in der ästhetischen Moderne. München: Fink 2011, S. 215–231.

Schneider, Tobias: Robert Musil – Gustav Donath – Ludwig Klages. Marginalien zur Meingast-Episode im *Mann ohne Eigenschaften*. In: Musil-Forum 25/26 (1999/2000), S. 239–252.

Schneider-Handschin, Esther: Kakanien im Schweizerhaus? Zu Robert Musils *Mann ohne Eigenschaften* und Meinrad Inglins *Schweizerspiegel*. In: Modern Austrian Literature 30 (1997), H. 3/4, S. 144–157.

Schnell, Rebekka: „… die plötzliche enthüllte Zärtlichkeit der Welt …". Liebe als ästhetische und religiöse Utopie in Robert Musils *Der Mann ohne Eigenschaften*. In: Lisanne Ebert u. a. (Hg.): Emotionale Grenzgänge. Konzeptualisierungen von Liebe, Trauer und Angst in Sprache und Literatur. Würzburg: Königshausen & Neumann 2011, S. 91–112.

Schnell, Rebekka: „Heilige Gespräche". Die performative Funktion Gottes in Robert Musils *Der Mann ohne Eigenschaften*. In: Héctor Canal u. a. (Hg.): Das Heilige (in) der Moderne. Denkfiguren des Sakralen in Philosophie und Literatur des 20. Jahrhunderts. Bielefeld: transcript 2013 (= Kultur- und Medientheorie), S. 279–297.

Schnell, Rebekka: Marcel Proust und Robert Musil oder die ‚Tyrannis des nun ewig so Stehenbleibenden'. In: Proustiana 29 (2015), S. 110–132.

Schnell, Rebekka: Natures mortes. Zur Arbeit des Bildes bei Proust, Musil, W. G. Sebald und Claude Simon. Paderborn: Fink 2015.

Schnödl, Gottfried: Politischer Möglichkeitssinn. Über das Engagement Robert Musils. In: Temeswarer Beiträge zur Germanistik 6 (2008), S. 215–231.

Schnödl, Gottfried: Name ohne Eigenschaften. Der Eigenname bei Ludwig Landgrebe und Robert Musil. In: Zeitschrift der Germanisten Rumäniens 19 (2010), S. 69–83.

Schödlbauer, Ulrich: Die Kunst der Entfesselung oder „Moosbruggers Genius". In: Studia theodisca 5 (1998), S. 9–29.

Schöffel, Georg: Wie die Fliegen. Robert Musil: *Das Fliegenpapier*. In: Ethik & Unterricht 19 (2008), H. 1, S. 22–24.

Schöne, Albrecht: Zum Gebrauch des Konjunktivs bei Robert Musil. In: Euphorion 55 (1961), S. 196–220. [überarb. Fassung in: Jost Schillemeit (Hg.): Interpretationen. Bd. 3: Deutsche Romane von Grimmelshausen bis Musil. Frankfurt a. M.: Fischer 1966, S. 290–318; auch in: Heydebrand (Hg.): Robert Musil [1982], S. 19–53] [frz. in: L'Arc 74 (1978), S. 41–62]

Schoene, Anja Elisabeth: „Ach, wäre fern, was ich liebe!" Studien zur Inzestthematik in der Literatur der Jahrhundertwende (von Ibsen bis Musil). Würzburg: Königshausen & Neumann 1997 (= Epistemata. Reihe Literaturwissenschaft, Bd. 208). [zu Musil bes. 158–171]

Schönwiese, Ernst: Kafka – Musil – Broch. Die Schöpfer des großen zeitgenössischen Romans. In: E. S.: Literatur in Wien zwischen 1930 und 1980. München: Amalthea 1980, S. 29–43.

Schönwiese, Ernst: Musils Aktualität damals und heute. In: Musil-Forum 7 (1981), S. 157–161.

Schönwiese, Ernst: Dichtung als Urwissen des Menschen. Beispiel: Musil. In: Musil-Forum 17/18 (1991/92), S. 290–298.

Scholz, Ingeborg: Studien zu Robert Musil: *Nachlaß zu Lebzeiten*. Bilder – Betrachtungen – Geschichten. Hollfeld: Bange 1978 (= Königs Erläuterungen, Bd. 322).

Scholz, Ingeborg: Robert Musils *Der Erweckte*. Standort zwischen Wirklichkeit und Utopie. In: Literatur für Leser 3 (1980), S. 31–38.

Scholz, Ingeborg: Robert Musil – seine Dichtung und sein Standort. In: Universitas 37 (1982), H. 2, S. 129–136.

Scholz, Ingeborg: Robert Musil – Sein Standort und seine Dichtung. Interpretationen einer Auswahl von Texten aus *Nachlaß zu Lebzeiten*. Bonn: Bernstein 2011 (= Bernstein-Regal, Bd. 9).

Schrader, Monika: Mimesis und Poiesis. Poetologische Studien zum Bildungsroman. Berlin, New York: de Gruyter 1975 (= Quellen und Forschungen zur Sprach- und Kulturgeschichte der germanischen Völker. N. F., Bd. 65). [zu Musil bes. S. 156–348]

Schraml, Wolfgang: Relativismus und Anthropologie. Studien zum Werk Robert Musils und zur Literatur der 20er Jahre. München: Eberhard 1994 (= Grenzen & Horizonte).

Schramm, Ulf: Fiktion und Reflexion. Überlegungen zu Musil und Beckett. Frankfurt a.M.: Suhrkamp 1967.

Schramm, Ulf: *Les désarrois de l'élève Törless*. In: L'Arc (1978), H. 74, S. 78–87.

Schreiter, Ekkehard: Verkehr bei Robert Musil. Identität der Form und Formen der Identität im *Mann ohne Eigenschaften*. Opladen: Westdeutscher Verlag 1994 (= Kulturwissenschaftliche Studien zur deutschen Literatur).

Schreiter, Ekkehard: Über auktoriale Inversion. Zur Erzählkonzeption bei Robert Musil. In: Jahrbuch zur Literatur der Weimarer Republik 2 (1996), S. 183–198.

Schröder, Jürgen: Am Grenzwert der Sprache. Zu Robert Musils *Vereinigungen*. In: Euphorion 60 (1966), S. 311–334. [auch in: Heydebrand (Hg.): Robert Musil [1982], S. 380–411]

Schröder-Werle, Renate: Werk- und Nachlassdokumentation als Vorbereitung einer historisch-kritischen Musil-Edition. In: Musil-Forum. Wissenschaftliches Beiheft 1 (1976/77), S. 7–22.

Schröder-Werle, Renate: Zur Vorgeschichte der Musil-Rezeption nach 1945. Hinweise zur Wiederentdeckung Robert Musils. In: Colloquia Germanica 10 (1976/77), S. 247–266.

Schröder-Werle, Renate: Informations- und Dokumentationsprobleme bei der Vorbereitung einer historisch-kritischen Musil-Edition. Konzeption der Saarbrückener Werk- und Nachlaßdokumentation. In: Roth/Schröder-Werle/Zeller (Hg.): Nachlaß- und Editionsprobleme [1981], S. 63–72.

Schröder-Werle, Renate: Musil-Edition zwischen Anspruch und Wirklichkeit. Zur Entwicklung der Musil-Philologie. In: Roth/Schröder-Werle/Zeller (Hg.): Nachlaß- und Editionsprobleme [1981], S. 30–44.

Schröder-Werle, Renate: Probleme einer künftigen Musil-Edition. Bestandsaufnahme und Lösungsvorschläge. In: Freese (Hg.): Philologie und Kritik [1981], S. 13–52.

Schröder-Werle, Renate: Die unbekannte Größe. In: Musil-Forum 16 (1990), S. 70–74.

Schröder-Werle, Renate: *Die Verwirrungen des Zöglings Törleß* oder was sonst ist Literatur? Versuch einer deskriptiven Standortbestimmung. In: Hickman (Hg.): Robert Musil and the literary landscape of his time [1991], S. 190–227.

Schröder-Werle, Renate: Europa auf der Affeninsel? Musils Beitrag zur Identitätsproblematik. In: Béhar/Roth (Hg.): Literatur im Kontext Robert Musil [1999], S. 345–366.

Schröder-Werle, Renate: Robert Musil: *Die Verwirrungen des Zöglings Törleß*. Erläuterungen und Dokumente. Stuttgart: Reclam 2001.

Schröter, Klaus: Musil re-edited. In: Basis 10 (1980), S. 215–221.

Schütz, Erhard: „Du brauchst bloß in die Zeitung hineinzusehen". Der große Roman im „feuilletonistischen Zeitalter". Robert Musils *Mann ohne Eigenschaften* im Kontext. In: Zeitschrift für Germanistik. N. F. 7 (1997), H. 2, S. 278–291.

Schuh, Franz: Die Komödien der Kritik. Anmerkungen zu einigen Maximen Robert Musils. In: Bühne (1992), H. 4, S. 25–27.

Schuh, Franz: Der Großschriftsteller. Rede über Thomas Mann, Robert Musil und andere Größenverhältnisse. In: Manfred Papst, Thomas Sprecher (Hg.): Vom weltläufigen Erzählen. Frankfurt a.M.: Klostermann 2008 (= Thomas-Mann-Studien, Bd. 38), S. 153–177. [auch in: F. S.: Der Krückenkaktus. Erinnerungen an die Liebe, die Kunst und den Tod. Wien: Zsolnay 2011, S. 14–49]

Schultz, Tanja: Erotisch-poetisches Stillstellen in Robert Musils *Mann ohne Eigenschaften*. In: Andrea Gelhard, Ulf Schmidt, Tanja Schulz (Hg.): Stillstellen. Medien, Aufzeichnung, Zeit. Schliengen: Ed. Argus 2004 (= Zeiterfahrung und ästhetische Wahrnehmung, Bd. 2), S. 180–188.

Schulz, Kerstin: „Als wäre mein Mund so fern von mir wie der Mond". Das Gleichnis als Denkbild in Robert Musils Roman *Der Mann ohne Eigenschaften*. In: Ralph Köhnen (Hg.): Denkbilder. Wandlungen literarischen und ästhetischen Sprechens in der Moderne. Frankfurt a.M. u.a.: Lang 1996, S. 119–139.

Schulz-Buschhaus, Ulrich: Multiziplität der Kultur und Einheit des Lebens. Über ein Fin-de-siècle-Motiv in Musils *Mann ohne Eigenschaften*. In: Rainer Warning, Winfried Wehle (Hg.): Fin de siècle. München: Fink 2002 (= Romanistisches Kolloquium, Bd. 10), S. 321–373.

Schurz, Gerhard: Weltanschauungsanalyse und Robert Musils *Der Mann ohne Eigenschaften*. In: Kriterion. Zeitschrift für Philosophie 21 (2007), S. 16–46.

Schurz, Gerhard: Theorie der Weltanschauungen und Robert Musils *Der Mann ohne Eigenschaften*. In: Mulligan/Westerhoff (Hg.): Robert Musil [2009], S. 99–123.

Schwanitz, Dietrich: Zwei Shakespeare-Übersetzungen in Musils *Mann ohne Eigenschaften* und das Problem der Hermeneutik. In: Jahrbuch der Deutschen Shakespeare-Gesellschaft West (1972), S. 144–149.

Schwanitz, Dietrich: Bürgerlicher Relativismus. Gesprächskultur und sozialistische Figuren in zwei Ideenromanen. In: Germanisch-Romanische Monatsschrift 56 (1975), S. 463–468.

Schwanitz, Dietrich: Das Symposion als Parallelaktion oder die Fortsetzung von *Der Mann ohne Eigenschaften*. In: D. S.: Systemtheorie und Literatur. Ein neues Paradigma. Opladen: Westdeutscher Verlag 1990, S. 189–216.

Schwartz, Agata: Robert Musil als Dramatiker, Theaterkritiker und -theoretiker. In: Fidibus 19 (1991), H. 1, S. 1–65.

Schwartz, Agata: Geschwisterliebe und Androgynie in Robert Musils *Die Schwärmer* und *Der Mann ohne Eigenschaften*. In: Patricia Doykos Duquette, Matthew Griffin, Imke Lode (Hg.): Proceedings and commentary. New York: o. V. 1994, S. 56–64.

Schwartz, Agata: Utopie, Utopismus und Dystopie in *Der Mann ohne Eigenschaften*. Robert Musils utopisches Konzept aus geschlechtsspezifischer Sicht. Frankfurt a. M. u. a.: Lang 1997 (= German studies in Canada, Bd. 9).

Schwartz, Agata: Zwischen Schatten der Mannes und utopischer Suche nach eigener Sprache. Robert Musils Frauenbild anhand der Essays und des Romans *Der Mann ohne Eigenschaften*. In: Marianne Henn, Britta Hufeisen (Hg.): Frauen: MitSprechen, MitSchreiben. Beiträge zur literatur- und sprachwissenschaftlichen Frauenforschung. Stuttgart: Heinz 1997 (= Stuttgarter Arbeiten zur Germanistik, Bd. 349), S. 321–330.

Schwartz, Agata: Vom Aktivismus zum Taoismus. Robert Musils utopisches Wirkungskonzept. In: Seminar 34 (1998), H. 4, S. 347–363.

Schwarz, Olaf: „… eine Art schweifender Unruhe". Zur Funktionalisierung des „Reisens" in deutschsprachigen Erzähltexten um und nach 1900. In: Kodikas/Code. Ars semeiotica 22 (1999), H. 1/2, S. 24–42.

Schwarz, Robert: Die Stadt, umarmt von Möglichkeiten. Musils ‚Kakanien' (1913) und Neuraths Wien (1925). In: Dagmar Košťálová, Erhard Schütz (Hg.): Großstadt werden! Metropole sein! Bratislava, Wien, Berlin. Urbanitätsfantasien der Zwischenkriegszeit. 1918–1938. Frankfurt a. M. u. a.: Lang 2012, S. 147–174.

Schweinitz, Jörg: Film und Stereotyp. Eine Herausforderung für das Kino und die Filmtheorie. Zur Geschichte eines Mediendiskurses. Berlin: Akademie 2006. [zu Musil bes. S. 138–160]

Sebastian, Thomas: The intersection of science and literature in Musil's *The man without qualities*. Rochester: Camden House 2005 (= Studies in German literature, linguistics, and culture).

Seeger, Lothar Georg: Die Demaskierung der Lebenslüge. Eine Untersuchung zur Krise der Gesellschaft in Robert Musils *Der Mann ohne Eigenschaften*. Bern u. a.: Francke 1969.

Segeberg, Harro: Jenseits des Kinos. Robert Musils *Mann ohne Eigenschaften*. In: H. S.: Literatur im Medienzeitalter. Literatur, Technik und Medien seit 1914. Darmstadt: Wissenschaftliche Buchgesellschaft 2003, S. 102–114.

Seidel, Sebastian: Ein Mann ohne Eigenschaften besteht aus Eigenschaften ohne Mann. Ein Leitfaden durch den Roman. In: Der Mann ohne Eigenschaften. Eine Auseinandersetzung mit Robert Musil. Bad Boll: Pressedienst der Evangelischen Akademie 1997, S. 19–36.

Seidel, Sebastian: Versuche, einen anderen Menschen zu finden. Eine biographische Einführung in das Werk Robert Musils. In: Der Mann ohne Eigenschaften. Eine Auseinandersetzung mit Robert Musil. Bad Boll: Pressedienst der Evangelischen Akademie 1997, S. 3–18.

Seidel, Sebastian: Dichtung gibt Sinnbilder. Die Sehnsucht nach Einheit. Das Lebensbaum-Mythologem und das Isis-Osiris-Mythologem in Robert Musils Roman *Der Mann ohne Eigenschaften*. Frankfurt a. M. u. a.: Lang 2001 (= New Yorker Beiträge zur Literaturwissenschaft, Bd. 3).

Seidler, Ingo: Das Nietzschebild Robert Musils. In: Deutsche Vierteljahrsschrift für Literaturwissenschaft und Geistesgeschichte 39 (1965), S. 329–349. [ital. in: Mannarini (Hg.): Musil [1980], S. 191–218]

Sellmer, Izabela: „Warum schreibe ich das alles?" Zur Rolle des Tagebuchs für deutschsprachige Exilschriftsteller 1933–1945. Frankfurt a. M.: Lang 1997 (= Europäische Hochschulschriften. Reihe 1: Deutsche Sprache und Literatur, Bd. 1617). [zu Musil bes. S. 126–135 u. S. 195–204]

Sera, Manfred: Utopie und Parodie bei Musil, Broch und Thomas Mann. *Der Mann ohne Eigenschaften – Die Schlafwandler – Der Zauberberg*. Bonn: Bouvier 1969 (= Bonner Arbeiten zur deutschen Literatur, Bd. 19).

Sera, Manfred: Werde, der du bist! Die Darstellung der Selbsterfahrung in Robert Musils Novelle *Die Portugiesin*. In: Musil-Forum 6 (1980), S. 145–156.

Serres, Michel: Exact et humain. Essai sur Robert Musil. In: Cahiers du musée national d'art moderne (1979), H. 1, S. 84–95.

Serres, Michel: Hermes V. Die Nordwest-Passage. [frz. 1980] Berlin: Merve 1994.

Sforzin, Martine: De soi à l'autre. Une étrange identité. Une lecture de *Drei Frauen*. In: Alain Cozic, Jacques Lajarrige (Hg.): Traversées du miroir. Mélanges offerts à Erika Tunner. Paris u. a.: L'Harmattan 2005, S. 99–118.

Shaffer, Clinton S.: In loco parentis. Narrating control and rebellion in Robert Musil's *Die Verwirrungen des Zöglings Törleß*. In: Modern Austrian Literature 35 (2002), H. 3/4, S. 27–51.

Shin, Jiyoung: Der „bewußte Utopismus" im *Mann ohne Eigenschaften* von Robert Musil. Würzburg: Königshausen & Neumann 2008 (= Epistemata. Reihe Literaturwissenschaft, Bd. 619).

Shin, Jiyoung: Die Utopien in Robert Musils *Mann ohne Eigenschaften*. In: Jahrbuch der Grillparzer-Gesellschaft 25 (2013/14), S. 142–158.

Shipley, Jeanne E.: The authority of precision. Essays on Henry James and Robert Musil. Diss. State Univ. of New York 1979.

Shooman, Diane H.: Diagnostic narration and the Great War. Musil, Kafka, Gide, Ford and the denial of death. Diss. Brown Univ. Providence 1987.

Siegel, Martin: Identitätskrise als Beziehungskonflikt. Robert Musils Erzählungen vor dem Problem gefährdeter Intersubjektivität. St. Ingbert: Röhrig 1997 (= Beiträge zur Robert-Musil-Forschung und zur neueren österreichischen Literatur, Bd. 10).

Siegert, Bernhard: Rauschfilterung als Hörspiel. Archäologie nachrichtentechnischen Wissens in Robert Musils *Amsel*. In: Pott (Hg.): Robert Musil – Dichter, Essayist, Wissenschaftler [1993], S. 193–207.

Sigmund, Corinna: Schreibbegehren. Begehrenssubjekte, Begehrenstexte und skripturale Lebensform. Berlin: Parodos 2014. [zu Musil bes. S. 269–310]

Sigmund, Karl: Musil, Perutz, Broch. Mathematik und die Wiener Literaten. In: Wendelin Schmidt-Dengler (Hg.): Fiction in science – science in fiction. Zum Gespräch zwischen Literatur und Wissenschaft. Wien: Hölder-Pichler-Tempsky 1998 (= Wissenschaftliche Weltauffassung und Kunst, Bd. 3), S. 27–39.

Sihvo, Hannes: Ein kleiner Streifzug durch die Musil-Forschung. In: Jahrbuch für finnisch-deutsche Literaturbeziehungen 15/16 (1981/82), S. 35–44.

Silone, Ignazio: Robert Musil und sein Weg für die Dichtung unserer Zeit. In: Universitas 20 (1965), H. 7, S. 699–706. [auch in: Dinklage (Hg.): Robert Musil. Studien zu seinem Werk [1970], S. 349–358; Musil-Forum 4 (1978), S. 295–304; Corino (Hg.): Erinnerungen an Robert Musil [2010], S. 396–403]

Simon, Andrea: Charakter, Kristalle und das ‚Gesetz des Höheren Lebens'. Einige Anmerkungen zu Musils *Die Schwärmer*. In: Daigger/Militzer (Hg.): Die Übersetzung literarischer Texte am Beispiel Robert Musil [1988], S. 195–201.
Simons, Oliver: Musil und der Mond. In: Luserke-Jaqui (Hg.): „Alle Welt ist medial geworden." [2005], S. 201–220.
Simons, Oliver: Raumgeschichten. Topographien der Moderne in Philosophie, Wissenschaft und Literatur. München: Fink 2007. [zu Musil bes. S. 279–337]
Smerilli, Filippo: Moderne – Sprache – Körper. Analysen zum Verhältnis von Körpererfahrung und Sprachkritik in erzählenden Texten Robert Musils. Göttingen: V&R unipress 2009 (= Palaestra, Bd. 332).
Smith, Peter D.: Beyond the logos of science. Musil's *Die Verwirrungen des Zöglings Törleß*. In: P. D. S.: Metaphor and materiality. German literature and the world-view of science 1780–1955. Oxford: Legenda 2000 (= Studies in comparative literature, Bd. 4), S. 201–264.
Smith, Peter D.: The scientist as spectator. Musil's *Törleß* and the challenge to Mach's Neo-Positivism. In: The Germanic Review 75 (2000), H. 1, S. 37–51.
Söder, Thomas: Untersuchungen zu Robert Musils *Verwirrungen des Zöglings Törleß*. Rheinfelden: Schäuble 1988 (= Deutsche und vergleichende Literaturwissenschaft, Bd. 11).
Söder, Thomas: Robert Musil und die Begegnung mit dem Denken Kants in *Die Verwirrungen des Zöglings Törleß*. In: Musil-Forum 19/20 (1993/94), S. 31–46.
Sørensen, Anne Leth: Erotische Dominanz und Selbstauflösung als Mittel zur Einheit in Herman Bangs *Hoffnungslose Geschlechter* und Robert Musils *Die Verwirrungen des Zöglings Törleß*. In: Dzintra Lele-Rozentale, Silvija Pavidis, Thomas Taterka (Hg.): Am Rande im Zentrum. Berlin: SAXA 2009, S. 99–106.
Söring, Jürgen: Musils poetischer Brückenschlag. Vom Wesens-Vollzug der Dichtung. In: Strutz/Strutz (Hg.): Robert Musil – Literatur, Philosophie, Psychologie [1984], S. 22–43.
Soethe, Paulo: Zum Begriff des Essayismus in Robert Musils *Der Mann ohne Eigenschaften*. In: Pandaemonium Germanicum 9 (2005), S. 277–283.
Sokel, Walter H.: Robert Musils Narrenspiegel. In: Neue Deutsche Hefte 7 (1960/61), S. 199–214. [auch in: Wort in der Zeit 9 (1963), H. 8/9, S. 51–64]
Sokel, Walter H.: Kleists *Marquise von O.*, Kierkegaards *Abraham* und Musils *Tonka*. Drei Stufen des Absurden in seiner Beziehung zum Glauben. In: Dinklage (Hg.): Robert Musil. Studien zu seinem Werk [1970], S. 57–70.
Sokel, Walter H.: The problem of dualism in Hesse's *Demian* und Musil's *Törleß*. In: Modern Austrian Literature 9 (1976), H. 3/4, S. 35–42.
Sokel, Walter H.: Musil et l'existentialisme. In: Olmi/Roth (Hg.): Robert Musil [1981], S. 191–193.
Sokel, Walter H.: Robert Musil und die Existenzphilosophie Jean-Paul Sartres. In: Jürgen Brummack u. a. (Hg.): Literaturwissenschaft und Geistesgeschichte. Festschrift für Richard Brinkmann. Tübingen: Niemeyer 1981, S. 658–691.
Sokel, Walter H.: Musils *Mann ohne Eigenschaften* und die Existenzphilosophie. In: Farda/Karthaus (Hg.): Sprachästhetische Sinnvermittlung [1982], S. 97–102.
Sokel, Walter H.: Agathe und der existenzphilosophische Faktor im *Mann ohne Eigenschaften*. In: Brokoph-Mauch (Hg.): Beiträge zur Musil-Kritik [1983], S. 111–128.
Sokel, Walter H.: Robert Musils Kampf um die Mimesis. Zur Poetologie seiner Anfänge. In: Musil-Forum 10 (1984), S. 238–241.
Sokel, Walter H.: *Der Mann ohne Eigenschaften* und das achtzehnte Jahrhundert. In: Ulrich Fülleborn, Manfred Engel (Hg.): Das neuzeitliche Ich in der Literatur des 18. und 20. Jahrhunderts. Zur Dialektik der Moderne. München: Fink 1988, S. 293–305.
Sokel, Walter H.: Historismus und Avantgarde. Zur zwiespältigen Bewertung der Moderne im *Mann ohne Eigenschaften*. In: Böschenstein/Roth (Hg.): Hommage à Musil [1995], S. 145–157.
Sokel, Walter H.: Dionysische Moral und „anderer Zustand" in Robert Musils Roman *Der Mann ohne Eigenschaften*. Zum Nietzscheschen Kontext von Musils Text. In: Béhar/Roth (Hg.): Literatur im Kontext Robert Musil [1999], S. 127–140.

Sokel, Walter H.: Historismus und Avantgarde. Zum Geschichtsbegriff in Robert Musils *Der Mann ohne Eigenschaften*. In: William Collins Donahue, Scott Denham (Hg.): History and literature. Essays in honor of Karl S. Guthke. Tübingen: Stauffenburg 2000, S. 443–452.

Solms, Wilhelm: Ein Ausweg aus dem Interpretationspluralismus? Kontroverse anläßlich einer Meinungserhebung zu Robert Musils *Hasenkatastrophe*. In: Eberhard Lämmert, Wilhelm Voßkamp (Hg.): Historische und aktuelle Konzepte der Literaturgeschichtsschreibung – Zwei Königskinder? Zum Verhältnis von Literatur und Literaturwissenschaft. Tübingen: Niemeyer 1986 (= Kontroversen, alte und neue, Bd. 11), S. 148–154.

Sommavilla, Guido: Le antinomie di Robert Musil, risolte nell'incognita mistica. In: G. S.: Incognite religiose della letteratura contemporanea. Mailand: Vita e Pensiero 1963, S. 283–340.

Sommerfeld, Beate: Das „Triëdern" als Textstrategie in Robert Musils Tagebüchern. In: Convivium (2011), S. 271–300.

Sommerfeld, Beate: Zwischen Augenblicksnotat und Lebensbilanz. Die Tagebuchaufzeichnungen Hugo von Hofmannsthals, Robert Musils und Franz Kafkas. Frankfurt a. M. u. a.: Lang 2013 (= Studien zur Germanistik, Skandinavistik und Übersetzungskultur, Bd. 5).

Sonino, Claudia: Musil e il frammento. In: Riccardo Morello (Hg.): Anima ed esattezza. Letteratura e scienza nella cultura austriaca tra Ottocento e Novecento. Casale Monferrato: Marietti 1983 (= Collana di saggistica, Bd. 4), S. 83–97.

Sonino, Claudia: *L'uomo senza qualità*. Storia di un romanzo incompiuto. In: Chiarini (Hg.): Musil, nostro contemporaneo [1986], S. 129–132.

Sourdillon, Jean-Marc: Philippe Jaccottet et les poètes qu'il a traduits. Homère, Gongora, Hölderlin, Leopardi, Rilke, Ungaretti, Mandelstam et Musil. Diss. Univ. de Paris IV Sorbonne 1993.

Spedicato, Eugenio: Das Prinzip Grausamkeit als Auslöser kompensativer Ordnungen. Zu Robert Musils *Die Verwirrungen des Zöglings Törleß*, Stefan Zweigs *Der Amokläufer*, Friedrich Dürrenmatts *Der Verdacht* und Edgar Hilsenraths *Nacht*. In: Il confronto letterario 28 (2011), H. 2, S. 295–312.

Spencer, Malcolm: „Eine Einschaltung über Kakanien". Robert Musil und Österreich-Ungarn aus britischer Sicht. In: Wolfgang Müller-Funk, Peter Plener, Clemens Ruthner (Hg.): Kakanien revisited. Das Eigene und das Fremde (in) der österreichisch-ungarischen Monarchie. Tübingen u. a.: Francke 2002 (= Kultur – Herrschaft – Differenz, Bd. 1), S. 186–192.

Spencer, Malcolm: „Vater, Gottvater, Landesvater". Vaterfiguren bei Robert Musil und Joseph Roth. In: Endre Hárs, Wolfgang Müller-Funk, Magdolna Orosz (Hg.): Verflechtungsfiguren. Intertextualität und Intermedialität in der Kultur Österreich-Ungarns. Frankfurt a. M. u. a.: Lang 2003 (= Budapester Studien zur Literaturwissenschaft, Bd. 3), S. 113–120.

Spencer, Malcolm: Kulturelle Differenzierung in Robert Musils Roman *Der Mann ohne Eigenschaften*: Die Stadt B. In: Wolfgang Müller-Funk, Birgit Wagner (Hg.): Eigene und andere Fremde. „Postkoloniale" Konflikte im europäischen Kontext. Wien: Turia + Kant 2005, S. 207–215.

Spencer, Malcolm: In the shadow of empire. Austrian experiences of modernity in the writings of Musil, Roth, and Bachmann. Rochester: Camden House 2008 (= Studies in German literature, linguistics, and culture).

Spencer, Malcolm: Violence and love. The search for the ‚andere Zustand' in Robert Musil's *Der Mann ohne Eigenschaften*. In: Clemens Ruthner, Raleigh Whitinger (Hg.): Contested passions. Sexuality, eroticism, and gender in modern Austrian literature and culture. New York u. a.: Lang 2011 (= Austrian Culture, Bd. 46), S. 249–258.

Speth, Sebastian: „Durch geheime Anordnung des Zufalls". Kontingenz in Musils *Mann ohne Eigenschaften*. In: Scientia Poetica 13 (2009), S. 194–229.

Spies, Bernhard: „Da die erhabene Hohlheit die gewöhnliche nur vergrößert ...". Satire und Ästhetik in Robert Musils *Mann ohne Eigenschaften*. In: Bettina Gruber, Gerhard Plumpe (Hg.): Romantik und Ästhetizismus. Festschrift für Paul Gerhard Klussmann. Würzburg: Königshausen & Neumann 1999, S. 199–211.

Spörl, Uwe: Gottlose Mystik in der deutschen Literatur um die Jahrhundertwende. Paderborn u.a.: Schöningh 1997. [zu Musil bes. S. 280–309]

Spreitzer, Brigitte: Meister Musil. Eckharts deutsche Predigten als zentrale Quelle des Romans *Der Mann ohne Eigenschaften*. In: Zeitschrift für deutsche Philologie 119 (2000), H. 4, S. 564–588.

Spreitzer, Brigitte: Moderne mit Tradition? Robert Musil, Meister Eckhart und die Mystik. In: Antje Senarclens de Grancy, Heidemarie Uhl (Hg.): Moderne als Konstruktion. Debatten, Diskurse, Positionen um 1900. Wien: Passagen 2001 (= Studien zur Moderne, Bd. 14), S. 169–183.

Srinivasan, D.: Musils *Törleß* als Einzelstück im Deutschunterricht. In: German Studies in India 8 (1984), S. 75–81.

Stadler, Ulrich: Der technisierte Blick. Optische Instrumente und der Status von Literatur. Ein kulturhistorisches Museum. Würzburg: Königshausen & Neumann 2003. [zu Musil bes. S. 193–238]

Stadler, Ulrich: Rätsel und Witz, Hans und Pfungst. Robert Musil: *Kann ein Pferd lachen?* In: Felix Christen, Hubert Thüring, Martin Stingelin (Hg.): Der Witz der Philologie. Rhetorik – Poetik – Edition. Basel, Frankfurt a.M.: Stroemfeld 2014, S. 232–244.

Stange, Sören: Das Gespenst des Nicht-Wissens. Mathematik als Schriftspiel in David Hilberts Formalismus und Robert Musils Der Mann ohne Eigenschaften. In: Michael Bies, Michael Gamper (Hg.): Literatur und Nicht-Wissen. Historische Konstellationen 1730–1930. Zürich: Diaphanes 2012, S. 397–415.

Stange, Sören: Unentscheidbarkeiten. Zum Nicht-Wissen in Literatur und Naturwissenschaft um 1928. Paderborn: Fink 2014. [zu Musil bes. S. 185–212]

Staub, Hans: Der Weber und sein Text. In: Gerhard Buhr, Friedrich A. Kittler (Hg.): Das Subjekt der Dichtung. Festschrift für Gerhard Kaiser. Würzburg: Königshausen & Neumann 1990, S. 533–553.

Stauf, Renate: Literatur und Erkenntnis. Musils *Der Mann ohne Eigenschaften*. In: Cord-Friedrich Berghahn, R. S. (Hg.): Bausteine der Moderne. Eine Recherche. Heidelberg: Winter 2007 (= Germanisch-Romanische Monatsschrift. Beiheft, Bd. 29), S. 253–270.

Steeg, Christian van der: 50 Jahre Karl Kraus. Robert Musils Differenzierung Dichtung/Satire. In: Musil-Forum 33 (2013/14), S. 162–176.

Stefanek, Paul: Theater zwischen Krise und Utopie. Zur Theaterkritik und -ästhetik Robert Musils. In: Maske und Kothurn 19 (1973), H. 4, S. 304–320. [auch in: P. S.: Vom Ritual zum Theater. Gesammelte Aufsätze und Rezensionen. Wien: Praesens 1991, S. 107–133]

Stefanek, Paul: Illusion, Ekstase, Erfahrung. Zu Robert Musils Essay *Ansätze zu neuer Ästhetik*. In: Modern Austrian Literature 9 (1976), H. 3/4, S. 155–167. [auch in: P. S.: Vom Ritual zum Theater [1991], S. 177–189] [ital. in: Mannarini (Hg.): Musil [1980], S. 71–85]

Stefanek, Paul: Due poeti in cerca del dramma. Überlegungen zur Dramaturgie Robert Musils und Luigi Pirandellos. In: Robert Musil nel primo centenario della nascita [1980], S. 63–69. [auch in: P. S.: Vom Ritual zum Theater [1991], S. 299–308]

Stefanek, Paul: Musils Posse *Vinzenz* und das Theater der Zwischenkriegszeit. In: Maske und Kothurn 26 (1980), S. 249–270. [erw. Fassung unter dem Titel „Musils Posse *Vinzenz* und das Theater" in: Freese (Hg.): Philologie und Kritik [1981], S. 111–148; auch in: P. S.: Vom Ritual zum Theater [1991], S. 249–280]

Stefanek, Paul: Musils Posse *Vinzenz* und die Tradition der Komödie. In: Musil-Forum 6 (1980), S. 25–42. [auch in: P. S.: Vom Ritual zum Theater [1991], S. 281–297]

Stefanek, Paul: Lesedrama? Überlegungen zur szenischen Transformation „bühnenfremder" Dramaturgie. In: Erika Fischer-Lichte (Hg.): Das Drama und seine Inszenierung. Tübingen: Niemeyer 1985, S. 133–145.

Stefanek, Paul: Musil und das Theater – 60 Jahre nach dem Essay *Der „Untergang" des Theaters*. In: Strutz/Strutz (Hg.): Robert Musil – Theater, Bildung, Kritik [1985], S. 44–61. [auch in: P. S.: Vom Ritual zum Theater [1991], S. 367–385]

Stefanel, Stefano: Percorsi filosofici tra Mach e Musil. Poggibonsi: Lalli 1984.
Steger, Hugo: Literatursprache und Wirklichkeit. Robert Musils Roman *Der Mann ohne Eigenschaften* und einige literatursprachliche Tendenzen des 20. Jahrhunderts. In: H. S.: Zwischen Sprache und Literatur. Drei Reden. Göttingen: Sachse & Pohl 1967, S. 70–108.
Steinby, Liisa: Ein mitteleuropäischer Zusammenhang. Die Bedeutung von Kafka, Musil und Bloch für Milan Kunderas *Kunst des Romans*. In: Ernest W. B. Hess-Lüttich (Hg.): Deutsch im interkulturellen Begegnungsraum Ostmitteleuropa. Frankfurt a. M. u. a.: Lang 2010 (= Cross cultural communication, Bd. 19), S. 103–119.
Steiner, George: The Unfinished. In: The New Yorker (1995), H. 17, S. 101–106.
Steinfeld, Thomas: Robert Musil verschmäht einen Kuss: Satz und Klammer. In: T. S.: Der Sprachverführer. Die deutsche Sprache: was sie ist, was sie kann. München: Hanser 2010, S. 206–211.
Stelzmann, Rainulf A.: Kantian faith in Musil's *Tonka*. In: The Germanic Review 50 (1975), S. 294–304.
Stéphane, Nelly: L'enchanteur Musil. In: Europe. Revue littéraire mensuelle 69 (1991), H. 741/742, S. 28–35.
Stern, Guy: Musil über seine Essays. Ein Bericht über eine unveröffentlichte Korrespondenz. In: The Germanic Review 49 (1974), S. 60–82.
Stern, Joseph Peter: Die Wiener „Wirklichkeit" im Roman *Der Mann ohne Eigenschaften*. In: Literatur und Kritik (1980), H. 149/150, S. 525–531. [engl. in: Huber/White (Hg.): Musil in focus [1982], S. 74–84]
Steuer, Daniel: Ernst Mach and Robert Musil. Laws of conversation and the metaphysical imagination. In: Christian Emden, David Midgley (Hg.): Papers from the conference „The fragile tradition", Cambridge 2002. Oxford u. a.: Lang 2005 (= Cultural history and literary imagination, Bd. 3), S. 81–104.
Stieg, Gerald: Canetti und Musil. Vorläufige Bemerkungen. In: Béhar/Roth (Hg.): Literatur im Kontext Robert Musil [1999], S. 241–254.
Stockhammer, Robert: Wahr-Falsch-Spiele und andere Sprachspiele. Übertragbarkeit des Wissens bei Musil und Wittgenstein. In: Beil/Gamper/Wagner (Hg.): Medien, Technik, Wissenschaft [2011], S. 255–286.
Stockinger, Peter: Le statut du savoir et de la constitution d'une nouvelle forme de connaissance dans *L'homme sans qualités*. In: Cometti (Hg.): Robert Musil [1986], S. 199–213.
Stopp, Elisabeth: Musil's *Törless*. Content and form. In: The Modern Language Review 63 (1968), S. 94–118. [dt. in: Heydebrand (Hg.): Robert Musil [1982], S. 207–249]
Strauss, Walter A.: In search of exactitude and style. The example of Proust and Musil. In: Gerald Gillespie, Raymond A. Prier (Hg.): Narrative ironies. Amsterdam u. a.: Rodopi 1997 (= Textxet, Bd. 5), S. 3–19.
Streicher, Peter: Robert Musil und die deutsche Frühromantik. In: Musil-Forum 23/24 (1997/98), S. 113–132.
Streim, Gregor: „ob Exilant oder nicht"? Robert Musils ambivalentes Verhältnis zur literarischen Emigration. In: Musil-Forum 33 (2013/14), S. 244–259.
Streitler, Nicole Katja: Bemerkungen zum Stil Robert Musils in den Literatur- und Theaterkritiken. In: Wendelin Schmidt-Dengler, N. K. S. (Hg.): Literaturkritik. Theorie und Praxis. Innsbruck, Wien: StudienVerlag 1999 (= Schriftenreihe Literatur des Instituts für Österreichkunde, Bd. 7), S. 79–94.
Streitler, Nicole: Die schöne Unbekannte bei Schnitzler, Musil und Horváth. In: Klaus Kastberger, N. S. (Hg.): Vampir und Engel. Zur Genese und Bedeutung der Fräulein-Figur im Werk Ödön von Horváths. Wien: Praesens 2006, S. 67–82.
Streitler, Nicole: Musil als Kritiker. Bern u. a.: Lang 2006 (= Musiliana, Bd. 12).
Streitler, Nicole: Schwimmende Österreicher. Von Robert Musil bis Friederike Mayröcker. In: Wassersprachen. Flüssigtexte aus Österreich. Eine Ausstellung des Stifter-Hauses Linz. Linz: Stifter-Haus 2006 (= Literatur im Stifter-Haus, Bd. 18), S. 85–99.

Streitler, Nicole: „... und alles Bedeutsame kam aus Berlin". Berlin in den Theaterkritiken Musils. In: Daigger/Henninger (Hg.): Robert Musils Drang nach Berlin [2008], S. 253–263.

Streitler-Kastberger, Nicole: Etho-Ästheten. Musil und einige Kritikerzeitgenossen. In: Musil-Forum 33 (2013/14), S. 142–161.

Strelka, Joseph P.: Kafka – Musil – Broch und die Entwicklung des modernen Romans. Wien u. a.: Forum 1959.

Strelka, Joseph P.: Robert Musil und die Frage des rechten Lebens. Zu den Entwicklungsstufen von Musils Religiosität. In: Dinklage (Hg.): Robert Musil [1960], S. 175–181.

Strelka, Joseph P.: Bemerkungen zum gegenwärtigen Stand der Nachlaßbearbeitungen und der Editionsarbeiten am Werk Robert Musils. In: Modern Austrian Literature 9 (1976), H. 3/4, S. 200–209.

Strelka, Joseph P.: Robert Musils Weg zum „anderen Zustand". In: J. P. S.: Auf der Suche nach dem verlorenen Selbst. Zu deutscher Erzählprosa des 20. Jahrhunderts. Bern, München: Francke 1977, S. 118–127 u. 159–161 (Anm.).

Strelka, Joseph P.: Reflexionen zu Adolf Frisés neuer Ausgabe von Robert Musils Tagebüchern. In: Études germaniques 33 (1978), H. 3, S. 309–315.

Strelka, Joseph P.: The afterglow of imperial Austria. Robert Musil. In: The Germanic Review 54 (1979), S. 49–53. [dt. in: Musil-Forum 6 (1980), S. 63–78]

Strelka, Joseph P.: Stadt und Urbanität bei Robert Musil. In: Literatur und Kritik (1980), H. 149/150, S. 561–569.

Strelka, Joseph P.: Claudine und Veronika. Zur weiblichen Doppelfigur in Robert Musils *Vereinigungen*. In: Benjamin Bennett, Anton Kaes, William J. Lillyman (Hg.): Probleme der Moderne. Studien zur deutschen Literatur von Nietzsche bis Brecht. Festschrift für Walter Sokel. Tübingen: Niemeyer 1983, S. 133–142.

Strelka, Joseph P.: Robert Musils *Geschichte aus drei Jahrhunderten*. In: Brokoph-Mauch (Hg.): Beiträge zur Musil-Kritik [1983], S. 257–262.

Strelka, Joseph P.: Musils Novelle *Grigia* als Gegenstück zur *Vollendung der Liebe*. In: Roger Goffin, Michel Vanhelleputte, Monique Weyembergh-Boussart (Hg.): Littérature et culture allemandes. Hommages à Henri Plard. Brüssel: Éd. de l'Univ. de Bruxelles 1985, S. 335–344.

Strelka, Joseph P.: Einige Beobachtungen an den ersten englischen Übersetzungen von Werken Robert Musils. In: Daigger/Militzer (Hg.): Die Übersetzung literarischer Texte am Beispiel Robert Musil [1988], S. 209–219.

Strelka, Joseph P.: Zu den Funktionen der Ironie in Robert Musils Roman *Der Mann ohne Eigenschaften*. In: Brokoph-Mauch (Hg.): Robert Musil. Essayismus und Ironie [1992], S. 37–47.

Strelka, Joseph P.: Musil und die Tschechen. In: Munzar (Hg.): Robert Musil, ein Mitteleuropäer [1994], S. 111–122.

Strelka, Joseph P.: Der Einfluß des Schweizer Exils auf Robert Musils dichterisches Schaffen. In: Böschenstein/Roth (Hg.): Hommage à Musil [1995], S. 187–203. [auch in: J. P. S.: Mitte, Maß und Mitgefühl. Werke und Autoren der österreichischen Literaturlandschaft. Wien u. a.: Böhlau 1997 (= Literatur und Leben, Bd. 49), S. 135–146]

Strelka, Joseph P.: Robert Musil. Perspektiven seines Werks. Frankfurt a. M. u. a.: Lang 2003 (= New Yorker Beiträge zur Literaturwissenschaft, Bd. 5).

Strohmann, Dirk: Die Rezeption Maurice Maeterlincks in den deutschsprachigen Ländern (1891–1914). Bern u. a.: Lang 2006 (= Europäische Hochschulschriften. Reihe 1: Deutsche Sprache und Literatur, Bd. 1926). [zu Musil bes. S. 553–601]

Strutz, Josef: Gesellschaftspolitische Implikationen bei Musil. Zum Begriff des Eigentums im *Mann ohne Eigenschaften* und im Nachlaß. In: Baur/Castex (Hg.): Robert Musil [1980], S. 67–84.

Strutz, Josef: Musil und die italienische Philosophie. In: Robert Musil nel primo centenario della nascita [1980], S. 113–119.

Strutz, Josef: Politik und Literatur in Musils *Mann ohne Eigenschaften*. Am Beispiel des Dichters Feuermaul. Königstein i. Ts.: Hain 1981 (= Literatur in der Geschichte – Geschichte in der Literatur, Bd. 6).

Strutz, Josef: Robert Musil und die Politik. Der *Mann ohne Eigenschaften* als „Morallaboratorium". In: Strutz/Strutz (Hg.): Robert Musil und die kulturellen Tendenzen seiner Zeit [1983], S. 160–171.

Strutz, Josef: Von der ‚biegsamen Dialektik'. Notiz zur Bedeutung Kants, Hegels und Nietzsches für das Werk Musils. In: Strutz/Strutz (Hg.): Robert Musil – Literatur, Philosophie, Psychologie [1984], S. 11–21.

Strutz, Josef: Ein Platz, würdig des Lebens und Sterbens. Ingeborg Bachmanns *Guter Gott von Manhattan* und Robert Musils *Reise ins Paradies*. In: Österreich in Geschichte und Literatur 29 (1985), S. 376–388. [auch in: Christine Koschel, Inge von Weidenbaum (Hg.): Kein objektives Urteil – nur ein lebendiges. Texte zum Werk von Ingeborg Bachmann. München, Zürich: Piper 1989, S. 402–417]

Strutz, Josef: ‚Die Welt vom sechsten Schöpfungstag'. Freuds „Todestrieb" und Musils „Stilleben"-Konzept im *Mann ohne Eigenschaften*. In: Strutz (Hg.): Robert Musils „Kakanien" [1987], S. 230–243.

Strutz, Josef: Der Mann ohne Konzessionen. Essayismus als poetisches Prinzip bei Musil und Altenberg. In: Strutz/Kiss (Hg.): Genauigkeit und Seele [1990], S. 11–27. [auch in: Brokoph-Mauch (Hg.): Robert Musil. Essayismus und Ironie [1992], S. 137–151]

Strutz, Josef: Die beiden Bäume des Lebens. Zur Poetik Robert Musils und Thomas Bernhards. In: Rapial 1 (1991), H. 4, S. 1–6.

Strutz, Josef: Versuche, ein bedeutender Mann zu werden. Musil, Trakl, Freud. In: Pott (Hg.): Robert Musil – Dichter, Essayist, Wissenschaftler [1993], S. 45–56.

Strutz, Josef: Dostojewskis *Dämonen* und Musils *Mann ohne Eigenschaften*. In: Alexander W. Belobratow, Alexej I. Zerebin (Hg.): Dostojewskij und die russische Literatur in Österreich seit der Jahrhundertwende (Literatur, Theater). St. Petersburg: Fantakt 1994 (= Jahrbuch der Österreich-Bibliothek in St. Petersburg, Bd. 1), S. 225–239.

Strutz, Josef: Transgressio oppositorum. Poetik und Essayismus bei Robert Musil und Thomas Bernhard. In: Herbert Arlt, Manfred Diersch (Hg.): Sein und Schein – Traum und Wirklichkeit. Zur Poetik österreichischer Schriftsteller/innen im 20. Jahrhundert. Frankfurt a. M. u.a.: Lang 1994 (= Europäische Hochschulschriften. Reihe 1: Deutsche Sprache und Literatur, Bd. 1442), S. 73–84.

Strutz, Josef: Die Entkettung des Ich. Hofmannsthals *Die Beiden*, Trakls *Kaspar-Hauser-Lied* und Musils *Die Portugiesin*. In: Herbert Arlt, Donald G. Daviau (Hg.): Geschichte der österreichischen Literatur. Bd. 2. St. Ingbert: Röhrig 1996, S. 493–499.

Strutz, Josef: Im Dämmerlicht der (Geschwister-)Liebe. Neuentdeckter Musil-Text in der Brünner Sonntagszeitung 1899. In: Die Brücke (2008), H. 92, S. 24–25.

Strutz, Josef: Vulkanische Menschen. Eine Einführung in Leben und Werk des österreichischen Romanciers Robert Musil. Klagenfurt, Wien: kitab 2013.

Strutz, Josef: „Ulrich ließ sich Zeit". Kontemplation als politische Botschaft und zwei überholte Konzepte des *Mann ohne Eigenschaften*. In: Salgaro (Hg.): Robert Musil in der Klagenfurter Ausgabe [2014], S. 243–249.

Stuart, Karen Dawn: Robert Musil and the (de)colonization of *This true inner Africa*. Diss. San Diego 2007.

Stuber, Dorian: Immediate modernism. The living language of Musil, Lawrence, and Green. Diss. Cornell Univ. Ithaca 2006.

Stupka, Andreas: Musils Kakanien. Eine Interpretation aus staatsphilosophischer Sicht – mit kritischen Bemerkungen zur aktuellen Politik. In: Feigl/Fleck/Hamersky (Hg.): Robert Musil. Der Mann mit Eigenschaften [2014], S. 88–97.

Sussman, Henry: Psyche and text. The sublime and the grandiose in literature, psychopathology, and culture. Albany: State Univ. Press of New York 1993. [zu Musil bes. S. 93–156]

Svandrlik, Rita: Selbstopfer und Selbsterniedrigung in Robert Musils Erzählung *Die Vollendung der Liebe*. In: Gudrun Kohn-Waechter (Hg.): Schrift der Flammen. Opfermythen und Weiblichkeitsentwürfe im 20. Jahrhundert. Berlin: Orlanda 1991 (= Der andere Blick), S. 112–128.

Svitel'skaja, Tatjana: Robert Musil und Lev Tolstoj. In: Brokoph-Mauch (Hg.): Beiträge zur Musil-Kritik [1983], S. 75–86.
Swales, Martin: Narrator and hero. Observations on Robert Musil's *Törleß*. In: Huber/White (Hg.): Musil in focus [1982], S. 1–11.
Swales, Martin: Fiktiv leben und konjektural schreiben … Gesellschaftskritische und utopische Ironie bei Robert Musil. In: Brokoph-Mauch (Hg.): Robert Musil. Essayismus und Ironie [1992], S. 49–61.
Swanson, Curtis: „Ungetrennt und nichtvereint". A study of the imagery of Robert Musil's *Der Mann ohne Eigenschaften*. Diss. Univ. of California 1972.
Szabó, László V.: Hermann Broch und Robert Musil. K. u. K. oder Konkurrenz und Kollegialität. In: Endre Kiss, Paul Michael Lützeler, Gabriella Rácz (Hg.): Hermann Brochs literarische Freundschaften. Tübingen: Stauffenburg 2008 (= Stauffenburg-Colloquium, Bd. 63), S. 105–119.
Széll, Zsuzsa: Ichverlust und Scheingemeinschaft. Gesellschaftsbild in den Romanen von Franz Kafka, Robert Musil, Hermann Broch, Elias Canetti und George Saiko. Budapest: Akadémiai Kiadó 1979.
Széll, Zsuzsa: Einige Konsequenzen beim Vergleich von Robert Musils *Törleß* und Hermann Hesses *Unterm Rad*. In: Antal Mádl, Miklós Salyamosy (Hg.): Welt und Roman. Visegráder Beiträge zur deutschen Prosa zwischen 1900 und 1933. Budapest: Univ. Budapest 1983, S. 243–255.
Szemző, Piroska Dezsényi: Robert Musil in Ungarn. In: Biblos 26 (1977), H. 4, S. 459–462.

Tajima, Norio: „Irritation" und „Befriedigung" bei Musil. In: Daigger/Militzer (Hg.): Die Übersetzung literarischer Texte am Beispiel Robert Musil [1988], S. 277–283.
Talay, Zeynep: Self and other in *Der Mann ohne Eigenschaften*. In: The German Quarterly 86 (2013), H. 1, S. 60–71.
Talay-Turner, Zeynep: Philosophy, literature, and the dissolution of the subject: Nietzsche, Musil, Atay. Frankfurt a. M. u. a.: Lang 2014 (= Studies in social sciences, philosophy and history of ideas, Bd. 6).
Tandori, Deszö: Über Musil, den Mann ohne Eigenschaften. Eine nichtwissenschaftliche Erinnerung des Übersetzers. In: Ilona T. Erdélyi (Hg.): Literatur und Literaturgeschichte in Österreich. Wien: Verlag der Österreichischen Akademie der Wissenschaften 1979 (= Helikon. Sondernummer), S. 313–319.
Tank, Kurt Lothar: Logbuch des bezwungenen Lebens. Bemerkungen zu den Tagebüchern, Aphorismen, Essays und Reden von Robert Musil. In: Wort in der Zeit 3 (1957), H. 3, S. 24–30.
Taschner, Rudolf: Musil, Gödel, Wittgenstein und das Unendliche. Vortrag im Prunksaal der Österreichischen Nationalbibliothek am 7. Mai 2002. Wien: Picus 2002 (= Wiener Vorlesungen im Rathaus, Bd. 87).
Tassel, Dominique: L'édition difficile de *L'homme sans qualités*. In: Critique 17 (1966), H. 22, S. 642–647.
Teller, Katalin: Die Sprengung der Präkonzeption. Zu Robert Musils *Die Portugiesin*. In: Tom Kindt, K. T. (Hg.): Narratologie interkulturell. Studien zu interkulturellen Konstellationen in der deutschsprachigen und ungarischen Literatur 1880–1930. Frankfurt a. M. u. a.: Lang 2005 (= Budapester Studien zur Literaturwissenschaft, Bd. 6), S. 167–177.
Tertulian, Nicolas: L'esthétique du Lukács. Ses critiques, ses adversaires. In: Études germaniques 41 (1986), H. 3, S. 301–317.
Tewilt, Gerd-Theo: Zustand der Dichtung. Interpretationen zur Sprachlichkeit des „anderen Zustands" in Robert Musils *Der Mann ohne Eigenschaften*. Münster: Aschendorff 1990 (= Literatur als Sprache, Bd. 7).
Tewilt, Gerd-Theo: Bewegung und Geschichte in Robert Musils *Nachlaß zu Lebzeiten*. In: Eckehard Czucka (Hg.): „die in dem alten Haus der Sprache wohnen". Beiträge zum Sprachdenken in der Literaturgeschichte. Helmut Arntzen zum 60. Geburtstag. Münster: Aschendorff 1991, S. 353–363.

Theis, Jörg: Individuum und Individualität in Marcel Prousts *À la recherche du temps perdu* und Robert Musils *Der Mann ohne Eigenschaften*. Würzburg: Königshausen & Neumann 2004 (= Saarbrücker Beiträge zur vergleichenden Literatur- und Kulturwissenschaft, Bd. 29).

Thieberger, Richard: *Le Merle* ou le moi fluctuant. In: Olmi/Roth (Hg.): Robert Musil [1981], S. 253–257.

Thiher, Allen: Understanding Robert Musil. Columbia: Univ. of South Carolina Press 2009 (= Understanding modern European and Latin American literature).

Thöming, Jürgen C.: Der optimistische Pessimismus eines passiven Aktivisten. In: Dinklage (Hg.): Robert Musil. Studien zu seinem Werk [1970], S. 214–235.

Thöming, Jürgen C.: Wie erkennt man einen anonym veröffentlichten Musil-Text? In: Études germaniques 25 (1970), S. 170–183.

Thöming, Jürgen C.: Zur Rezeption von Musil- und Goethe-Texten. Historizität der ästhetischen Vermittlung von sinnlicher Erkenntnis und Gefühlserlebnissen. München: Fink 1974 (= Musil-Studien, Bd. 3).

Thöming, Jürgen C.: Zu einer Metapher in Musils *Schwärmern*. In: Musil-Forum 7 (1981), S. 85–97.

Thöming, Jürgen C.: Musil-Chronik. In: Text + Kritik (^{3}1983), H. 21/22, S. 149–152.

Thöming, Jürgen C.: *Die Schwärmer* alternativ. In: Musil-Forum 15 (1989), S. 60–75.

Thöming, Jürgen C.: Elisabethanisches Dunkel aus der Sicht Brechtscher und Musilscher Erhellungsversuche. In: Brokoph-Mauch (Hg.): Robert Musil. Essayismus und Ironie [1992], S. 187–197.

Thöming, Jürgen C.: Verfremdete tschechische Welt im *Mann ohne Eigenschaften*. In: Austriaca 20 (1995), H. 41, S. 129–139.

Thöming, Jürgen C.: Bildsequenzen zu zärtlichen und gewalttätigen Begehrens-Imaginationen bei Musil. In: Alexander W. Belobratow (Hg.): Österreichische Literatur. Moderne und Gegenwart. St. Petersburg: Peterburg XXI Vek 2005 (= Jahrbuch der Österreich-Bibliothek in St. Petersburg, Bd. 6), S. 157–175.

Tholen, Toni: Robert Musil. In: Alina Herbing, Thomas Klupp, Hanns-Josef Ortheil (Hg.): Weltliteratur. Bd. 4: Das zwanzigste Jahrhundert. Hildesheim: Univ.-Verl. 2011 (= Hildesheimer Universitätsschriften, Bd. 24), S. 125–145.

Thomä, Dieter: Ein metaphysischer Krach um die Nation. Robert Musil im Streit mit Roman Herzog und anderen unfolgsamen Nachfolgern. In: Wolfgang Emmerich, Frauke Meyer-Gosau (Hg.): Über Grenzen. Göttingen: Wallstein 1995 (= Jahrbuch für Literatur und Politik in Deutschland, Bd. 2), S. 85–108.

Thomä, Dieter: Eine Philosophie des Lebens jenseits des Biologismus und diesseits der „Geschichte der Metaphysik". Bemerkungen zu Nietzsche und Heidegger mit Seitenblicken auf Emerson, Musil und Cavell. In: Heidegger-Jahrbuch 2 (2005), S. 265–296.

Thomä, Dieter: „Das gesprochene Wort verliert seinen Eigensinn". Die Spuren der Sprach- und Lebensphilosophie Ralph Waldo Emersons im Werk Robert Musils. In: Deutsche Vierteljahrsschrift für Literaturwissenschaft und Geistesgeschichte 80 (2006), S. 456–485.

Thomas, Noel: Elias Canetti's *Die Blendung* and Robert Musil's *Der Mann ohne Eigenschaften*. A comparison. In: Hickman (Hg.): Robert Musil and the literary landscape of his time [1991], S. 247–262.

Thüne, Eva-Maria: „Töne wie Leuchtkugeln". Zur sprachlichen Repräsentation akustischer und optischer Wahrnehmungen in Robert Musils *Die Amsel*. In: Breuer/Busch (Hg.): Robert Musil: *Die Amsel* [2000], S. 77–93.

Thüsen, Joachim von der: *Die Portugiesin*. Zur Frage der literarischen Tradition bei Robert Musil. In: Neophilologus 81 (1997), H. 3, S. 433–444.

Tiebel, Ursula: Theater von außen. Robert Musil als Kritiker. Rheinfelden: Schäuble 1980 (= Theater unserer Zeit, Bd. 15). [2. Aufl. 1993]

Tiedtke, Silvia: Poetik des Entzugs. Friedrich Schlegels *Rede über die Mythologie*, Robert Musils *Verwirrungen des Zöglings Törleß* und Rainer Maria Rilkes *Die Aufzeichnungen des Malte Laurids Brigge*. Würzburg: Ergon 2013 (= Literatur – Kultur – Theorie, Bd. 15).

Tihanov, Galin: Robert Musil in the garden of conservatism. In: Bartram/Payne/Tihanov (Hg.): A companion to the works of Robert Musil [2007], S. 117–148.

Tilliette, Xavier: La belle âme et son destin dans le roman de Musil. In: Giornale di Metafisica. N. S. 2 (1980), H. 1, S. 145–165.

Timms, Edward: Musil's Vienna and Kafka's Prague. The quest of spiritual city. In: David Kelley, E. T. (Hg.): Unreal city. Urban experience in modern European literature and art. Manchester: Manchester Univ. Press 1985, S. 247–263.

Titche, Leon L.: *Isis und Osiris*. An interpretation of Robert Musil's poem. In: Kentucky Foreign Language Quarterly 13 (1966), S. 165–169.

Titche, Leon L.: The concept of the hermaphrodite. Agathe and Ulrich in Musil's novel *Der Mann ohne Eigenschaften*. In: German Life and Letters 23 (1969/70), S. 160–168.

Titche, Leon L.: Into the millenium. The theme of the hermaphrodite in Robert Musil's *Der Mann ohne Eigenschaften*. In: Oxford German Studies 7 (1973), S. 143–160.

Titzmann, Michael: Das Konzept der „Person" und ihrer „Identität" in der deutschen Literatur um 1900. In: Manfred Pfister (Hg.): Die Modernisierung des Ich. Studien zur Subjektkonstitution in der Vor- und Frühmoderne. Passau: Rothe 1989, S. 36–52.

Tober, Karl: Robert Musils *Grigia*. In: Adolf Haslinger (Hg.): Sprachkunst als Weltgestaltung. Festschrift für Herbert Seidler. Salzburg: Pustet 1966, S. 334–348.

Tötösy de Zepetnek, Steven: Female sexuality and eroticism in Musil's *Die Versuchung der stillen Veronika*. In: Colloquia Germanica 30 (1997), H. 2, S. 131–147.

[Tost-]Ryckewaert, Michèle: Robert Musils Beiträge in der *Soldaten-Zeitung*. Maîtrisearb. Univ. Saarbrücken 1973.

Tost-Ryckewaert, Michèle: Robert Musils *Ansätze zu neuer Ästhetik*. Probleme und Methoden einer Edition. In: Musil-Forum 2 (1976), S. 249–255. [auch in: Roth/Schröder-Werle/Zeller (Hg.): Nachlaß- und Editionsprobleme [1981], S. 81–87]

Treiber, Gerhard: Philosophie der Existenz. Das Entscheidungsproblem bei Kierkegaard, Jaspers, Heidegger, Sartre, Camus. Literarische Erkundungen bei Kundera, Céline, Broch, Musil. Frankfurt a. M. u. a.: Lang 2000 (= Europäische Hochschulschriften. Reihe 20: Philosophie, Bd. 610). [zu Musil bes. S. 218–232]

Trommler, Frank: Roman und Wirklichkeit. Eine Ortsbestimmung am Beispiel von Musil, Broch, Roth, Doderer und Gütersloh. Stuttgart u. a.: Kohlhammer 1966 (= Sprache und Literatur, Bd. 30).

Trost, Pavel: Zu Musil und Karl Kraus. In: Musil-Forum 17/18 (1991/92), S. 241–244.

Türk, Johannes: „Die Taktik der inneren Linie". Performativity in discourse on trauma and in Robert Musil's *Der Mann ohne Eigenschaften*. In: Carolin Duttlinger (Hg.): Performance and performativity in German cultural studies. Oxford u. a.: Lang 2003 (= German linguistic and cultural studies, Bd. 14), S. 67–82.

Türk, Johannes: Jenseits des Mitleids. Techniken der Empathie 430 v. Chr. bis 1930 n. Chr. In: Claudia Berger, Fritz Breithaupt (Hg.): Empathie und Erzählung. Freiburg i. Br.: Rombach 2010 (= Rombach Wissenschaften. Reihe Litterae, Bd. 176), S. 85–106.

Turk, Horst: Das Mit- und Gegeneinander der Kulturen als Problem und Chance der literarischen Übersetzung. In: Daigger/Militzer (Hg.): Die Übersetzung literarischer Texte am Beispiel Robert Musil [1988], S. 15–33.

Turk, Horst: Diotimas Salon. In: Thomas Schmidt, Roberto Simanowski, H. T. (Hg.): Europa – ein Salon? Beiträge zur Internationalität des literarischen Salons. Göttingen: Wallstein 1999, S. 282–304.

Turk, Horst: Musils Wien. In: Werner Frick (Hg.): Orte der Literatur. In Zusammenarbeit mit Gesa von Essen u. Fabian Lampart. Göttingen: Wallstein 2002, S. 310–334.

Turk, Horst: Ästhetische und andere Zustände. Friedrich Schiller und Robert Musil. In: Monatshefte für deutschsprachige Literatur und Kultur 97 (2005), H. 3, S. 511–523.

Turner, David: The evasions of the aesthete Törless. In: Forum for Modern Language Studies 10 (1974), H. 1, S. 19–44.

Überling, Wolf: Notizen zu Robert Musil. In: Text + Kritik (1968), H. 21/22, S. 12–18.

Uffhausen, Dietrich: Einige kritische Bemerkungen zur Edition einer historisch-kritischen Ausgabe von Robert Musils Roman *Der Mann ohne Eigenschaften*. In: Dinklage (Hg.): Robert Musil. Studien zu seinem Werk [1970], S. 371–410.

Ujma, Christina: Fragment und Roman. Virginia Woolf und Robert Musil als Theoretiker der Moderne. In: Rapial 3 (1993), H. 2, S. 9–14.

Ulfers, Friedrich: Von der Skepsis zur Utopie. Musils Idee des „Essayismus". In: Bernd Hüppauf, Klaus Vieweg (Hg.): Skepsis und literarische Imagination. München: Fink 2003, S. 209–218.

Ullrich, Heiko: Werthers Verlobung in Chili und der Untergang des Mutterrechts. Gesellschaftliche Norm und individuelle Liebeserfüllung in Robert Musils *Grigia*. In: Wirkendes Wort 64 (2014), H. 1, S. 47–72.

Urbaner, Roman: „… daran zugrunde gegangen, daß sie Tagespolitik treiben wollte"? Die *(Tiroler) Soldaten-Zeitung* 1915–1917. In: eForum zeitGeschichte (2001), H. 3/4, http://www.eforum-zeitgeschichte.at/3_01a8.pdf (aufgerufen am 25.7.2014).

Urbaner, Roman: Schriftführer Musil. Der Jahrhundertschriftsteller als Chefredakteur der *Soldaten-Zeitung*. In: Quart-Heft für Kultur Tirol 5 (2005), S. 54–67.

Utz, Peter: Unverwechselbar verschwistert. Robert Musils *Mann ohne Eigenschaften* und Philippe Jaccottets *L'homme sans qualités*. In: Alexander Schwarz u.a. (Hg.): L'amour des lettres. Festschrift für Walter Lenschen zu seinem 65. Geburtstag. Bern u.a.: Lang 1999, S. 143–159. [auch in: P. U.: Anders gesagt. Autrement dit. In other words. Übersetzt gelesen: Hoffmann, Fontane, Kafka, Musil. München: Hanser 2007 (= Edition Akzente), S. 235–298]

Utz, Peter: Transgressionen im Spiegel der „Traduction". Robert Musils *Mann ohne Eigenschaften* und Philippe Jaccottets *L'homme sans qualités*. In: Gerhard Neumann, Rainer Warning (Hg.): Transgressionen. Literatur und Ethnographie. Freiburg i. Br.: Rombach 2003 (= Rombach Wissenschaften. Reihe Litterae, Bd. 98), S. 151–172.

Utz, Peter: Fremde Gefühle in fremden Sprachen: Der *Mann ohne Eigenschaften* im Lichte seiner englischen und französischen Übersetzungen. In: Mulligan/Westerhoff (Hg.): Robert Musil [2009], S. 173–186.

Václavek, Ludvík: Robert Musil in tschechoslowakischer Sicht. In: Musil-Forum. Wissenschaftliches Beiheft 4 (1990), S. 22–40.

Václavek, Ludvík: Robert Musil in der Tschechoslowakei. In: Munzar (Hg.): Robert Musil, ein Mitteleuropäer [1994], S. 101–109.

Valdemarca, Gioia: Der Andere, das Unbewusste und der Zufall. Die Betrachtung des Anderen in sich bei Robert Musil und Italo Svevo. In: Sieglinde Borvitz, Nicole Welgen (Hg.): Figurationen des Anderen. Düsseldorf: DUP 2011, S. 153–164.

Valdemarca, Gioia: La revanche du sens commun. Wittgenstein, Musil et la chute de la certitude. In: Sebastian Hüsch (Hg.): Philosophy and literature and the crisis of metaphysics. Würzburg: Königshausen & Neumann 2011, S. 323–328.

Valkova, Vladimira: *Der Mann ohne Eigenschaften*: ein österreichischer Roman? In: Iris Hipfl, Raliza Ivanova (Hg.): Österreichische Literatur zwischen den Kulturen. St. Ingbert: Röhrig 2008 (= Schriftenreihe der Elias-Canetti-Gesellschaft, Bd. 4), S. 173–184.

Vallée, Jean-François: Utopie de la modernité, modernité de l'utopie. Un dialogue entre Thomas More et Robert Musil. In: Zagadnienia rodzajów literackich 46 (2003), H. 1/2, S. 151–166.

Vallée, Jean-François: L'étrangeté sans qualités. Le cas de Robert Musil. In: Tangence 76 (2004), S. 25–49.

Vanecek, Edwin: Große Spiele. Schreiben in seiner literarischen Darstellung bei Franz Kafka, Georg Büchner, Robert Musil und Hugo von Hofmannsthal. Frankfurt a. M. u.a.: Lang 2005.

Vanni, Simona: Variazioni onomastiche nell'elaborazione del romanzo Musiliano *L'uomo senza qualità*. In: Il nome del testo 4 (2002), S. 227–237.
Vanni, Simona: Robert Musil. Die Urfassung von *Der Mann ohne Eigenschaften*. In: Luigi Reitani, Karlheinz Rossbacher, Ulrike Tanzer (Hg.): Italia – Österreich. Sprache, Literatur, Kultur. Udine: Forum 2006, S. 257–260.
Vanoosthuyse, Michel: Robert Musil et la crise des identités romanesques. In: M. V. (Hg.): Crises allemandes de l'identite. Montpellier: Univ. Paul Valéry 1998, S. 239–249.
Vanzetta Pupp, Brigitte: Zu Robert Musil. Weltanschauung und Dichtung. Diss. Univ. Innsbruck 1976.
Varsava, Jerry A.: Törleß at the limits of language. A revised reading. In: Seminar 20 (1984), S. 188–204.
Vatan, Florence: De la bêtise. In: Europe. Revue littéraire mensuelle 69 (1991), H. 741/742, S. 54–61.
Vatan, Florence: Robert Musil et la question anthropologique. Préface de Jacques Bouveresse. Paris: Presses Univ. de France 2000 (= Perspectives germaniques).
Vatan, Florence: Comment penser et écrire après Freud? Robert Musil et la psychoanalyse. In: Savoirs et clinique 6 (2005), S. 43–52.
Vatan, Florence: De près, de loin. Canetti, Musil et la question de la masse. In: Austriaca 30 (2005), H. 61, S. 235–254.
Vatan, Florence: Robert Musil chez les philosophes. In: Austriaca 31 (2006), H. 63, S. 53–70.
Vatan, Florence: Beruf: Entzauberer? Robert Musil und Max Weber. In: Feger/Pott/Wolf (Hg.): Terror und Erlösung [2009], S. 65–91.
Vatan, Florence: Flaubert, Musil und der Reiz der Dummheit. In: Mulligan/Westerhoff (Hg.): Robert Musil [2009], S. 149–171.
Vatan, Florence: L'art du désenchantement? Robert Musil et Max Weber. In: Marc Lacheny, Jean-François Lapléni (Hg.): „Au nom de Goethe!" Hommage à Gerald Stieg. Paris: L'Harmattan 2009, S. 25–34.
Vatan, Florence: Robert Musil. Le „virtuose de la distance". Paris: Éd. Belin 2013 (= Voix allemandes).
Vatan, Florence: The lure of disgust. Musil and Kolnai. In: The Germanic Review 88 (2013), H. 1, S. 28–46.
Vatan, Florence: „Und auch die Kunst sucht Wissen". Robert Musil und die literarische Erkenntnis. In: Hans Adler, Lynn L. Wolff (Hg.): Aisthesis und Noesis. Zwei Erkenntnisformen vom 18. Jahrhundert bis zur Gegenwart. München: Fink 2013, S. 113–130.
Vedder, Ulrike: „… in zusammenhanglos schönen Flecken im Luftriß seines Körpers". Zur Schreibweise der Liebe in Robert Musils *Drei Frauen*. In: Pott (Hg.): Robert Musil – Dichter, Essayist, Wissenschaftler [1993], S. 57–69.
Veel, Kristin: Narrative negotiations. Information structures in literary fiction. Göttingen: Vandenhoeck & Ruprecht 2009 (= Palaestra, Bd. 331). [zu Musil bes. S. 50–67]
Venturelli, Aldo: Dalla „spirito" al „progetto". Appunti su *L'uomo senza qualità*. In: Metaphorein 3 (1979/80), H. 7, S. 43–52. [dt. in: Robert Musil nel primo centenario della nascita [1980], S. 129–139; Farda/Karthaus (Hg.): Sprachästhetische Sinnvermittlung [1982], S. 229–239]
Venturelli, Aldo: Die Kunst als fröhliche Wissenschaft. Zum Verhältnis Musils zu Nietzsche. In: Nietzsche-Studien 9 (1980), S. 302–337.
Venturelli, Aldo: Le „Tre razionalizzazioni" o dell'„Anno di Ulrich" in Italia. In: Mannarini (Hg.): Musil [1980], S. 255–282.
Venturelli, Aldo: Progetto Musil. Rom: Bulzoni 1980 (= Studi di filologia tedesca, Bd. 10).
Venturelli, Aldo: Un paese senza limoni. Musil e la cultura italiana. In: Robert Musil nel primo centenario della nascita [1980], S. 31–49.
Venturelli, Aldo: Kunst und Wissenschaft in den Kapiteln 71 und 72 des *Mann ohne Eigenschaften*. In: Musil-Forum 10 (1984), S. 159–169.

Venturelli, Aldo: Il mondo come laboratorio. Musil e la psicologia della „Gestalt" di Wolfgang Köhler. In: Chiarini (Hg.): Musil, nostro contemporaneo [1986], S. 205–239.

Venturelli, Aldo: L'invention de l'histoire dans *L'homme sans qualités*. In: Cometti (Hg.): Robert Musil [1986], S. 214–229. [dt. in: Herbert Zeman (Hg.): Die österreichische Literatur. Eine Dokumentation ihrer literarhistorischen Entwicklung. Bd. 2. Graz: Akademische Druck- und Verlagsanstalt 1989 (= Jahrbuch für Österreichische Kulturgeschichte, Bd. 17/18), S. 1037–1049]

Venturelli, Aldo: La nouva alleanza. Arte e scienza in Robert Musil. In: Studi urbinati B3 (1986), S. 123–138.

Venturelli, Aldo: Robert Musil und das Projekt der Moderne. Frankfurt a. M. u. a.: Lang 1988 (= Europäische Hochschulschriften. Reihe 1: Deutsche Sprache und Literatur, Bd. 1039).

Venturelli, Aldo: Dell'educazione negativa. *I turbamenti del giovane Törless* di Robert Musil. In: Roberta Ascarelli, Ursula Bavaj, Roberto Venuti (Hg.): L'avventura della conoscenza. Momenti del Bildungsroman dal Parzival a Thomas Mann. Neapel: Guida Ed. 1992 (= Linguistica e critica letteraria), S. 205–217.

Venturelli, Aldo: L'azione parallela e la storia monumentale. Osservazioni su *L'uomo senza qualità*. In: Cultura tedesca (1995), H. 3, S. 85–96.

Venturelli, Aldo: Musil. Frammenti di un'altra vita. Padua: Ed. Messagero 1998 (= Tracce del sacro nella cultura contemporanea, Bd. 9).

Venturelli, Aldo: Il linguaggio muto dell'amore. Sul rapporto Musil – Maeterlinck. In: Daniela de Agostini, Pietro Montani (Hg.): L'opera del silenzio. Fasano: Schena Ed. 1999 (= Peregre, Bd. 3), S. 349–374.

Venturelli, Aldo: Una città senza qualità. Robert Musil e Roma. In: Flavia Arzeni (Hg.): Il viaggo a Roma. Da Freud a Pina Bausch. Rom: Edizioni di storia e letteratura 2001 (= Letture di pensiero e d'arte, Bd. 81), S. 33–57.

Venturelli, Aldo: Robert Musil e l'idea di una „klassische Moderne". In: Studi germanici 42 (2004), H. 3, S. 455–473. [dt. in: Mauro Ponzi (Hg.): Klassische Moderne. Ein Paradigma des 20. Jahrhunderts. Würzburg: Königshausen & Neumann 2010, S. 17–33]

Venturelli, Aldo: Kulturkritik und Projekt. Musils Auseinandersetzung mit Oswald Spengler. In: Gilbert Merlio, Gérard Raulet (Hg.): Linke und rechte Kulturkritik. Interdiskursivität als Krisenbewußtsein. Frankfurt a. M. u. a.: Lang 2005 (= Schriften zur politischen Kultur der Weimarer Republik, Bd. 8), S. 257–266.

Venturelli, Aldo: La storia come possibilità. Musil, Rathenau, Kessler. In: Paolo Chiarini (Hg.): Il cacciatore di silenzi. Studi dedicati a Ferruccio Masini. Bd. 3. Rom: Instituto Italiano di Studi Germanici 2008 (= Studi e ricerche, Bd. 7), S. 153–170.

Venturelli, Aldo: Inversione spaziale e tempo della letteratura. Alcune osservazioni su *L'uomo senza qualità* di Robert Musil. In: Margareth Amatulli u. a. (Hg.): Leggere il tempo e lo spazio. Studi in onore di Giovanni Bogliolo. München: Meidenbauer 2011, S. 195–206.

Venturelli, Aldo: Perspektiven für ein zukünftiges Geschichtsbewusstsein. Aspekte der Nietzsche-Rezeption bei Robert Musil. In: Marco Brusotti, Renate Reschke (Hg.): „Einige werden posthum geboren". Friedrich Nietzsches Wirkungen. Berlin, Boston: de Gruyter 2012 (= Nietzsche heute, Bd. 4), S. 313–331.

Vermetten, Audrey: Im Grenzbereich von Literatur und Film. Die siebte Kunst in der ästhetischen Reflexion Musils. In: Musil-Forum 29 (2005/06), S. 125–139.

Vietta, Silvio: Die literarische Moderne. Eine problemgeschichtliche Darstellung der deutschsprachigen Literatur von Hölderlin bis Thomas Bernhard. Stuttgart: Metzler 1992. [zu Musil bes. S. 89–103]

Vigliani, Ada: Musil e gli ordini della realtà. In: Riccardo Morello (Hg.): Anima ed esattezza. Letteratura e scienza nella cultura austriaca tra Ottocento e Novecento. Casale Monferrato: Marietti 1983 (= Collana di saggistica, Bd. 4), S. 63–82.

Vigliani, Ada: Tradurre l'*Uomo senza qualità*. Robert Musil sotto il segno del „saggismo". In: Barbara Kleiner, Michele Vangi, A. V. (Hg.): Klassiker neu übersetzen. Zum Phänomen der Neuübersetzungen deutscher und italienischer Klassiker. Stuttgart: Steiner 2014 (= Impulse, Bd. 8), S. 125–133.

Vin, Daniel de: Robert Musil: *Die Verwirrungen des Zöglings Törleß*. In: Germanistische Mitteilungen 15 (1982), S. 55–58.

Viorel, Elena: Ein Schriftsteller „ohne Eigenschaften" in rumänischer Rezeption. In: Donald G. Daviau, Herbert Arlt (Hg.): Geschichte der österreichischen Literatur. Bd. 2. St. Ingbert: Röhrig 1996, S. 670–680.

Vlad, Ion: The novel of crepuscular universes. Thomas Mann, Robert Musil, Hermann Broch, Witold Gombrowicz, Günter Grass, Curzio Malaparte, Heinrich Böll, L.-F. Céline. Boulder: East European Monographs 2010.

Völse, Hans-Joachim: Im Labyrinth des Wissens. Zu Robert Musils Roman *Der Mann ohne Eigenschaften*. Wiesbaden: DUV 1990.

Vogl, Joseph: Grenze und Übertretung. Der anthropologische Faktor in Robert Musils *Die Verwirrungen des Zöglings Törleß*. In: Strutz (Hg.): Robert Musils „Kakanien" [1987], S. 60–76.

Vogl, Joseph: Erzählen von Statistik und Ereignissen. Gespräch mit Thomas Kretschmer. In: Katarina Agathos, Herbert Kapfer (Hg.): Robert Musil: *Der Mann ohne Eigenschaften*. Remix. München: belleville 2004, S. 660–671.

Vogt, Guntram: Robert Musils ambivalentes Verhältnis zur Demokratie. In: Exilforschung. Ein internationales Jahrbuch 2 (1984), S. 310–338.

Vogt, Guntram: Robert Musil. Politik als Methode. Zum Kontext von Kunst, Wissenschaft und Politik. In: Strutz (Hg.): Kunst, Wissenschaft und Politik [1986], S. 146–164.

Vogt, Guntram: Robert Musils „dichterische Erkenntnis". Vom mechanistischen zum kybernetischen Denken. In: Jörg Jochen Berns, Hanno Möbius (Hg.): Die Mechanik in den Künsten. Studien zur ästhetischen Bedeutung von Naturwissenschaft und Technologie. Marburg: Jonas 1990, S. 267–280.

Vogt, Guntram: Die offenen Grenzen des Ich bei Robert Musil. Mit einem Blick auf Freud und Wittgenstein und einem Exkurs zu Ingeborg Bachmann. In: Rapial 3 (1993), H. 1, S. 9–14.

Voisin, Bérengère: La lisibilité des *Ambassadeurs* de Henry James et *L'homme sans qualités* de Robert Musil. Diss. Univ. Rouen 2004.

Volkening, Heide: Robert Musils *Ein Mensch ohne Charakter* und die zeitgenössische Charakterologie. In: Jörn Etzold, Martin Jörg Schäfer (Hg.): Nicht-Arbeit. Politiken, Konzepte, Ästhetiken. Weimar: Verlag der Bauhaus-Universität 2011, S. 204–229.

Volkov, Shulamit: Biographie und Dichtung. Der Fall Rathenau – Musil. In: Chilufim 17 (2014), S. 5–26.

Vollhardt, Friedrich: „Welt-an=Schauung". Problemkonstellationen in Robert Musils Roman *Der Mann ohne Eigenschaften*. In: Uta Klein, Katja Mellmann, Steffanie Metzger (Hg.): Heuristiken der Literaturwissenschaft. Disziplinexterne Perspektiven auf Literatur. Paderborn: mentis 2006 (= Poetogenesis, Bd. 3), S. 505–525.

Voss, Christiane: Der Leihkörper. Erkenntnis und Ästhetik der Illusion. München: Fink 2013. [zu Musil bes. S. 171–192]

Voßkamp, Wilhelm: „Wenn es Wirklichkeitssinn gibt, muß es auch Möglichkeitssinn geben." Traditionen des utopischen Denkens bei Robert Musil. In: Friedrich Jaeger, Jürgen Straub (Hg.): Was ist der Mensch, was Geschichte? Annäherungen an eine kulturwissenschaftliche Anthropologie. Bielefeld: transcript 2005, S. 346–361.

Wachter, David: Zwischen Konstruktivismus und Intuition. Zum Verhältnis von Ethik und Ästhetik bei Robert Musil. In: Focus on German Studies 11 (2004), S. 183–206.

Wachter, David: „Schriftstellerei gegen Dichtung"? Zum Status ästhetischer Autonomie in literaturtheoretischen Essays Thomas Manns, Alfred Döblins und Robert Musils. In: Tim Lörke, Christian Müller (Hg.): Thomas Manns kulturelle Zeitgenossenschaft. Würzburg: Königshausen & Neumann 2009, S. 159–171.

Wachter, David: Kontingenzregulierung? Zur Poetik funktionaler Gesellschaftsorganisation in Robert Musils *Mann ohne Eigenschaften*. In: Karin Harrasser, Roland Innerhofer, Katja Rothe (Hg.): Das Mögliche regieren. Gouvernementalität in der Literatur- und Kulturanalyse. Bielefeld: transcript 2011 (= Edition Kulturwissenschaft, Bd. 5), S. 73–91.

Wachter, David: Umschlag der Abstraktion. Konturen einer Denkfigur (Musil – Kracauer – Benn). In: Benn-Forum 3 (2012/13), S. 49–68.
Wachter, David: Konstruktionen im Übergang. Krise und Utopie bei Musil, Kracauer und Benn. Freiburg i. Br. u. a.: Rombach 2013 (= Rombach Wissenschaften. Reihe Litterae, Bd. 194).
Wächter, Otto: Die Restaurierung und Erhaltung des Nachlasses von Robert Musil. In: Musil-Forum 2 (1976), S. 203–209.
Wagner, Benno: Der dritte Körper des Königs. Anmerkungen zu Symbolkritik und Symbolexperiment in Musils *Mann ohne Eigenschaften*. In: Diagonal. Zeitschrift der Universität-Gesamthochschule-Siegen 1 (1993), S. 83–91.
Wagner, Benno: Von Massen und Menschen. Zum Verhältnis von Medium und Form in Musils *Mann ohne Eigenschaften*. In: Peter Fuchs, Andreas Göbel (Hg.): Der Mensch – das Medium der Gesellschaft? Frankfurt a. M.: Suhrkamp 1994, S. 264–296.
Wagner, Benno: Musils Metahistorismus. Zur Konkurrenz von Zeitdiagnostik und modernem Roman. In: Wolfgang Bialas, Georg G. Iggers (Hg.): Intellektuelle in der Weimarer Republik. Frankfurt a. M. u. a.: Lang 1996 (= Schriften zur politischen Kultur der Weimarer Republik, Bd. 1), S. 49–69.
Wagner, Karl: Geld und Beziehungen. Walser – Musil – Rathenau. In: Klaus-Michael Hinz, Thomas Horst (Hg.): Robert Walser. Frankfurt a. M.: Suhrkamp 1991, S. 323–342.
Wagner, Karl: Musil und Handke – kein Vergleich. In: Klaus Kastberger (Hg.): Peter Handke. Freiheit des Schreibens – Ordnung der Schrift. Wien: Zsolnay 2009 (= Profile, Bd. 16), S. 294–305. [auch in: K. W.: Weiter im Blues. Studien und Texte zu Peter Handke. Bonn: Weidle 2010, S. 235–250]
Wagner, Karl: Ideale Gegnerschaft. Musil, Handke und das Wissen (in) der Literatur. In: Beil/Gamper/Wagner (Hg.): Medien, Technik, Wissenschaft [2011], S. 345–358.
Wagner, Karl: Der Großschriftsteller. Robert Musils projektierter Versuch über den Ruhm. In: Philipp Theisohn, Christine Weder (Hg.): Literaturbetrieb. Zur Poetik einer Produktionsgemeinschaft. München: Fink 2013, S. 187–195.
Wagner-Egelhaaf, Martina: Mystik der Moderne. Die visionäre Ästhetik der deutschen Literatur im 20. Jahrhundert. Stuttgart: Metzler 1989. [zu Musil bes. S. 108–147]
Wagner-Egelhaaf, Martina: „Anders ich" oder: Vom Leben im Text. Robert Musils Tagebuch-Heft 33. In: Deutsche Vierteljahrsschrift für Literaturwissenschaft und Geistesgeschichte 65 (1991), S. 152–173.
Wagner-Egelhaaf, Martina: „Wirklichkeitserinnerungen". Photographie und Text bei Robert Musil. In: Poetica 23 (1991), H. 1/2, S. 217–256.
Wagner-Egelhaaf, Martina: Mystische Diskurse. Mystik, Literatur und Dekonstruktion. In: Modern Austrian Literature 28 (1995), H. 2, S. 91–109.
Wagner-Egelhaaf, Martina: Musil und die Mystik der Moderne. In: Wolfgang Braungart, Gotthard Fuchs, Manfred Koch (Hg.): Ästhetische und religiöse Erfahrungen der Jahrhundertwenden. Bd. II: um 1900. Paderborn u. a.: Schöningh 1998, S. 195–215.
Wallner, Friedrich: Musil als Philosoph. In: Strutz/Strutz (Hg.): Robert Musil und die kulturellen Tendenzen seiner Zeit [1983], S. 93–109.
Wallner, Friedrich: Sehnsucht nach Verweigerung. Musil und Nietzsche. In: Strutz/Strutz (Hg.): Robert Musil – Literatur, Philosophie, Psychologie [1984], S. 91–109.
Wallner, Friedrich: Beschreiben als Kunst. Robert Musils Beitrag zur Wissenschaftstheorie der Psychologie. In: Fidibus 13 (1985), H. 2, S. 86–100.
Wallner, Friedrich: Exaktheit und Liebe. Über die Rolle der Mathematik bei Musil und ihre Bedeutung für die gegenwärtige Kultur. In: Musil-Forum 11/12 (1985/86), S. 190–194.
Wallner, Friedrich: Le sens peut-il naître de non-sens? Musil, Mach et Wittgenstein. In: Cometti (Hg.): Robert Musil [1986], S. 133–145.
Wallner, Friedrich: Das Konzept einer Philosophie als Dichtung und einer Dichtung als Philosophie. In: Strutz (Hg.): Robert Musils „Kakanien" [1987], S. 134–144.

Wallner, Friedrich: Ironie als Strategie indirekter Rationalität bei Musil. In: Brokoph-Mauch (Hg.): Robert Musil. Essayismus und Ironie [1992], S. 63–74.
Wallner, Friedrich: Konstruktiver Realismus – der Ausweg aus dem Chaos. Erkenntnistheoretische Reflexionen für Dichter und Schriftsteller. In: Roman Mikuláš, Karin S. Wozonig (Hg.): Chaosforschung in der Literaturwissenschaft. Wien u.a.: LIT 2009 (= Austria, Bd. 14), S. 81–97.
Wandruszka, Mario: Musils Sprache als Herausforderung. In: Daigger/Militzer (Hg.): Die Übersetzung literarischer Texte am Beispiel Robert Musil [1988], S. 75–90.
Webber, Andrew: Sense and sensuality in Musil's *Törless*. In: German Life and Letters 41 (1987/88), S. 106–130.
Webber, Andrew: Sexuality and the sense of self in the works of Georg Trakl and Robert Musil. London: Modern Humanities Research Association 1990 (= Bithell series of dissertations, Bd. 30).
Webber, Andrew: The beholding eye. Visual compulsion in Musil's works. In: Hickman (Hg.): Robert Musil and the literary landscape of his time [1991], S. 94–111.
Webber, Andrew: Reality as pretext. Robert Musil: *Die Verwirrungen des Zöglings Törleß*. In: David Midgley (Hg.): The German novel in the twentieth century. Beyond realism. Edinburgh: Edinburgh Univ. Press 1993, S. 30–44.
Webber, Andrew: Secrets and keys. Psychoanalysis, modernism, and film in the curious cases of Musil's *Törleß* and Pabst's *Geheimnisse einer Seele*. In: Oxford German Studies 38 (2009), H. 2, S. 188–202.
Wefelmeyer, Fritz: Kultur und Literatur. Zu ihrem Begriff bei Robert Musil. In: Helmut Brackert, F. W. (Hg.): Kultur. Bestimmungen im 20. Jahrhundert. Frankfurt a.M.: Suhrkamp 1990, S. 192–218.
Wehr, Gerhard: „Nirgends, Geliebte, wird Welt sein als innen". Lebensbilder der Mystik im 20. Jahrhundert. Gütersloh: Gütersloher Verlagshaus 2011. [zu Musil bes. S. 118–122]
Weingart, Brigitte: Verbindungen, Vorverbindungen. Zur Poetik der „Partizipation" (Lévy-Bruhl) bei Musil. In: Beil/Gamper/Wagner (Hg.): Medien, Technik, Wissenschaft [2011], S. 19–46.
Weinmann, Heinz: Les aventures d'un vivisecteur entre la précision et l'exactitude. In: Critique 39 (1983), H. 433/434, S. 477–503.
Weiss, Walter: Eindeutigkeit und Gleichnis. Beiträge zur geistigen Bewältigung der (modernen) Welt. In: Literatur und Kritik (1980), H. 149/150, S. 570–578.
Weiss, Walter: „Ausklang der Utopien. Das ist aber noch nicht alles." Von Musil zur österreichischen Gegenwartsliteratur. In: Musil-Forum 7 (1981), S. 41–52. [auch in: Literatur und Kritik (1981), H. 160, S. 580–592; W. W.: Annäherungen an die Literatur(wissenschaft). Bd. 2: Österreichische Literatur. Stuttgart: Heinz 1995 (= Stuttgarter Arbeiten zur Germanistik, Bd. 328), S. 278–292]
Weiss, Walter: Zur Metaphorik Thomas Manns und Robert Musils. Text und Kontext. In: Jahrbuch für Internationale Germanistik 17 (1985), H. 1, S. 58–76. [auch in: W. W.: Annäherungen an die Literatur(wissenschaft). Bd. 1: Literatur-Sprache. Stuttgart: Heinz 1995 (= Stuttgarter Arbeiten zur Germanistik, Bd. 327), S. 95–113]
Weiss, Walter. Stilistik und Textlinguistik am Beispiel eines Textes von Robert Musil. In: W. W., Herbert Ernst Wiegand, Marga Reis (Hg.): Textlinguistik contra Stilistik? – Wortschatz und Wörterbuch – Grammatische oder pragmatische Organisation von Rede? Tübingen: Niemeyer 1986 (= Kontroversen, alte und neue, Bd. 3), S. 103–112. [auch in: W. W.: Annäherungen an die Literatur(wissenschaft). Bd. 1 [1995], S. 213–225]
Weiss, Walter: Von den Gleichnissen. In: Luc Lamberechts, Jaak De Vos (Hg.): Jenseits der Gleichnisse. Kafka und sein Werk. Akten des Internationalen Kafka-Kolloquiums in Gent 1983. Bern u.a.: Lang 1986 (= Jahrbuch für Internationale Germanistik. Reihe A: Kongreßberichte, Bd. 17), S. 128–139. [auch in: W. W.: Annäherungen an die Literatur(wissenschaft). Bd. 2 [1995], S. 267–277]

Weiss, Walter: Musils Sprachstil, an einem Beispiel seiner Kurzprosa, und Ausblick auf eine Sprachstilgeschichte. In: Hans Wellmann (Hg.): Grammatik, Wortschatz und Bauformen der Poesie in der stilistischen Analyse ausgewählter Texte. Heidelberg: Winter 1993 (= Sprache – Literatur und Geschichte, Bd. 10), S. 129–141. [auch in: W. W.: Annäherungen an die Literatur(wissenschaft). Bd. 1 [1995], S. 226–238]

Weiss, Walter: Robert Musil zwischen Wien und Berlin. In: Cahiers d'études germaniques (1993), H. 24, S. 113–117.

Weiss, Walter: Literatur-Sprache. In: Sprachkunst 25 (1994), H. 1, S. 3–15. [auch in: W. W.: Annäherungen an die Literatur(wissenschaft). Bd. 1 [1995], S. 78–91]

Weiss, Walter: Zur Metaphorik Robert Musils. In: Böschenstein/Roth (Hg.): Hommage à Musil [1995], S. 175–185. [auch in: W. W.: Annäherungen an die Literatur(wissenschaft). Bd. 1 [1995], S. 129–137]

Weiss, Walter: Ungarn (und die Ungarn) bei Grillparzer, Lenau, Stifter und Musil. In: Neohelicon 23 (1996), H. 1, S. 115–125.

Weiss, Walter: Sprachkunst gestern und heute. In: Daigger/Schröder-Werle/Thöming (Hg.): West-östlicher Divan zum utopischen Kakanien [1999], S. 421–429. [auch in: Orlando Grossegesse, Erwin Koller (Hg.): Literaturtheorie am Ende? Tübingen u. a.: Francke 2001, S. 19–26; Herbert Foltinek, Christoph Leitgeb (Hg.): Literaturwissenschaft: intermedial – interdisziplinär. Wien: Verlag der Österreichischen Akademie der Wissenschaften 2002, S. 17–24]

Weissberg, Liliane: Versuch einer Sprache des Möglichen. Zum Problem des Erzählens bei Robert Musil. In: Deutsche Vierteljahrsschrift für Literaturwissenschaft und Geistesgeschichte 54 (1980), S. 464–484.

Welzig, Werner: Vom Glück in Wien. In: Literatur und Kritik (1980), H. 149/150, S. 541–550.

Wende, Frank: Deutschsprachige Schriftsteller im Schweizer Exil 1933–1950. Eine Ausstellung des Deutschen Exilarchivs 1933–1945 der Deutschen Bibliothek. Wiesbaden: Harrassowitz 2002 (= Gesellschaft für das Buch, Bd. 8). [zu Musil bes. S. 233–249]

Werkmeister, Sven: Kulturen jenseits der Schrift. Zur Figur des Primitiven in Ethnologie, Kulturtheorie und Literatur um 1900. Paderborn: Fink 2010. [zu Musil bes. S. 321–353]

Westerhoff, Armin: „L'autre état" et le corps. L'anthropologie poétique de Robert Musil (1899–1924). In: Recherches germaniques 31 (2001), S. 145–177.

Westerhoff, Armin: Poetologie als Erkenntnistheorie. Robert Musil. In: Christine Maillard (Hg.): Littérature et théorie de la connaissance. 1890–1935. Straßburg: Presses Univ. de Strasbourg 2004, S. 191–208.

Westerhoff, Armin: Robert Musils „unfreundliche Betrachtung" Hier ist es schön. Zur rhetorischen Strategie von Musils Gefühls- und Kitschkritik. In: Mulligan/Westerhoff (Hg.): Robert Musil [2009], S. 255–268.

White, Eric: Chance and narrative in Musil and Buñuel. In: Thomas M. Kavanagh (Hg.): Chance, culture and the literary text. Ann Arbor: Department of Romance Languages/Univ. of Michigan 1994, S. 173–202. [auch in: Bloom (Hg.): Robert Musil's *The man without qualities* [2005], S. 51–73]

White, John J.: Mathematical imagery in Musil's *Young Törleß* and Zamyatin's *We*. In: Comparative Literature 18 (1966), S. 71–78.

White, John J.: „Berühmt und unbekannt". Robert Musil's collected letters in Adolf Frisé's new edition. In: German Life and Letters 37 (1983/84), S. 232–249.

Whitinger, Raleigh G.: Military institutions, figures and values in the novels of Robert Musil. Contributions to the interpretation of *Die Verwirrungen des Zöglings Törleß* and *Der Mann ohne Eigenschaften*. Diss. Univ. of British Columbia 1976.

Whitinger, Raleigh: Törleß' moral development. Reflections on a problem of Musil's criticism. In: Modern Austrian Literature 22 (1989), H. 1, S. 19–34.

Whittaker, Gwendolyn: Überbürdung – Subversion – Ermächtigung. Die Schule und die literarische Moderne 1880–1918. Göttingen: V&R unipress 2013 (= Literatur- und Mediengeschichte der Moderne, Bd. 2). [zu Musil bes. S. 161–192]

Wicht, Gérard: „Gott meint die Welt keineswegs wörtlich". Zum Gleichnisbegriff in Robert Musils Roman *Der Mann ohne Eigenschaften*. Frankfurt a. M. u. a.: Lang 1984 (= Europäische Hochschulschriften. Reihe 1: Deutsche Sprache und Literatur, Bd. 792).

Wicht, Gérard: „Du bist der Mond". Einige Anmerkungen zum Bild des Mondes in Robert Musils Roman *Der Mann ohne Eigenschaften*. In: Daigger/Schröder-Werle/Thöming (Hg.): West-östlicher Divan zum utopischen Kakanien [1999], S. 431–440.

Wieczorek-Mair, Hedwig: Musils Roman *Der Mann ohne Eigenschaften* in der zeitgenössischen Kritik. Vergleich der Aufnahme von Band I und Band II. In: Baur/Castex (Hg.): Robert Musil [1980], S. 10–30.

Wieczorek-Mair, Hedwig: Robert Musils Roman *Der Mann ohne Eigenschaften* in der zeitgenössischen Kritik (1930–1935). Diss. Univ. Salzburg 1980.

Wiegand, Ronald: Individual-, tiefen- und allgemeinpsychologische Zitate aus Musils *Der Mann ohne Eigenschaften*, aus dem Zusammenhang gerissen. In: Zeitschrift für Individualpsychologie 27 (2002), H. 3, S. 196–216.

Wiegmann, Hermann: Musils Utopiebegriff und seine literaturtheoretischen Konsequenzen. In: Gert Ueding (Hg.): Literatur ist Utopie. Frankfurt a.M.: Suhrkamp 1978, S. 309–334.

Wiegmann, Hermann: Utopie als Kategorie der Ästhetik. Zur Begriffsgeschichte der Ästhetik und Poetik. Stuttgart: Metzler 1980. [zu Musil bes. S. 174–186]

Wieland, Klaus: Die Konstruktion von männlichen Homosexualitäten im psychiatrisch-psychologischen Diskurs um 1900 und in der deutschen Erzählliteratur der frühen Moderne. In: Scientia Poetica 9 (2005), S. 216–262.

Wiese, Benno von: Robert Musil: *Die Amsel*. In: B. v. W.: Die deutsche Novelle von Goethe bis Kafka. Interpretationen. Bd. 2. Düsseldorf: Bagel 1962, S. 299–318.

Wiethölter, Waltraud: Von Odysseus nach Azwei. HerKunft, mit Musils *Amsel* buchstabiert. In: Barbara Thums u.a. (Hg.): Herkünfte. Historisch – ästhetisch – kulturell. Heidelberg: Winter 2004 (= Beiträge zur neueren Literaturgeschichte, Bd. 203), S. 39–65.

Wilde, Matthias: Die Differenz in der Erzählkomposition zwischen Moderne (*Der Mann ohne Eigenschaften*) und Zweiter Moderne (*Jahrestage*). In: Johnson-Jahrbuch 15 (2008), S. 95–115.

Wilde, Matthias: Die Moderne beobachtet sich selbst. Eine narratologische Untersuchung zu Uwe Johnsons *Jahrestage*, seinem Fragment *Heute Neunzig Jahr* und zu Robert Musils *Der Mann ohne Eigenschaften*. Heidelberg: Winter 2009 (= Neue Bremer Beiträge, Bd. 15).

Wilker, Jessica: „Hypocrites […], semblables […], frères et sœurs". Une lecture parallèle de *L'homme sans qualités* de Robert Musil et d'*Ada ou l'ardeur* de Vladimir Nabokov. In: Florence Godeau, Wladimir Troubetzkoy (Hg.): Fratries. Frères et sœurs dans la littérature et les arts, de l'Antiquité à nos jours. Paris: Kimé 2003, S. 271–282.

Wilkins, Eithne: The Musil manuscripts and a project for a Musil society. In: The Modern Language Review 62 (1967), S. 451–458.

Wilkins, Eithne: Gestalten und ihre Namen im Werk Musils. In: Text + Kritik (1968), H. 21/22, S. 48–58.

Wilkins, Eithne: Musil's „Affair of the Major's wife". With an unpublished text. In: The Modern Language Review 63 (1968), S. 74–93.

Wilkins, Eithne: Musils unvollendeter Roman *Die Zwillingsschwester*. In: Colloquia Germanica 10 (1976/77), S. 220–236.

Wilkins, Sophie: Einige Notizen zum Fall der Übersetzerin der Knopf-Auflage des *Mann ohne Eigenschaften*. In: Daigger/Militzer (Hg.): Die Übersetzung literarischer Texte am Beispiel Robert Musil [1988], S. 221–225.

Willemsen, Roger: „Alle Linien münden in den Krieg". In: Musil-Forum 9 (1983), S. 5–13.

Willemsen, Roger: Claudine und Gilles. Die Latenz des Verbrechens in Robert Musils Novelle *Die Vollendung der Liebe*. In: Strutz/Strutz (Hg.): Robert Musil und die kulturellen Tendenzen seiner Zeit [1983], S. 29–58.

Willemsen, Roger: „Man nimmt Franz Blei zu leicht!" Robert Musil und *Das große Bestiarium der Literatur*. In: Strutz/Strutz (Hg.): Robert Musil und die kulturellen Tendenzen seiner Zeit [1983], S. 120–129.

Willemsen, Roger: Das Existenzrecht der Dichtung. Zur Rekonstruktion einer systematischen Literaturtheorie im Werk Robert Musils. München: Fink 1984 (= Münchner germanistische Beiträge, Bd. 34).
Willemsen, Roger: Die sentimentalische Gesellschaft. Zur Begründung einer aktivistischen Literaturtheorie im Werk Robert Musils und Robert Müllers. In: Deutsche Vierteljahrsschrift für Literaturwissenschaft und Geistesgeschichte 58 (1984), S. 289–316.
Willemsen, Roger: Robert Musil. Vom intellektuellen Eros. München, Zürich: Piper 1985.
Willemsen, Roger: Devotionalien. Über Musils *Tonka* und Godards *Je vous salue Marie*. In: Strutz (Hg.): Kunst, Wissenschaft und Politik [1986], S. 81–103.
Willemsen, Roger: Dionysisches Sprechen. Zur Theorie einer Sprache der Erregung bei Musil und Nietzsche. In: Deutsche Vierteljahrsschrift für Literaturwissenschaft und Geistesgeschichte 60 (1986), S. 104–135.
Willemsen, Roger: „Das Leben in den Konjunktiv versetzt". Robert Musils formale Utopien. Gespräch mit Thomas Kretschmer. In: Katarina Agathos, Herbert Kapfer (Hg.): Robert Musil: *Der Mann ohne Eigenschaften*. Remix. München: belleville 2004, S. 650–659.
Willer, Stefan: Die Schreibszene des Nachlasses bei Goethe und Musil. In: Davide Giuriato, Martin Stingelin, Sandro Zanetti (Hg.): „Schreiben heißt: sich selber lesen". Schreibszenen als Selbstlektüren. München: Fink 2008 (= Zur Genealogie des Schreibens, Bd. 9), S. 67–82.
Willer, Stefan: Erbfälle. Theorie und Praxis kultureller Übertragung in der Moderne. Paderborn: Fink 2014 (= Trajekte). [zu Musil bes. S. 249–270]
Williams, Cedric Ellis: Robert Musil. Vanity Fair. In: C. E. W.: The broken eagle. The politics of Austrian literature from Empire to Anschluß. London: Elek 1974, S. 148–186.
Wilson, Catherine: Morality and the self in Robert Musil's *The perfection of a love*. In: Philosophy and Literature 8 (1984), H. 2, S. 222–235.
Wilson, David Jack: Rhetorical imagery in the narrative prose works of Robert Musil. Diss. Univ. of Illinois 1970.
Wimmer, Magda: So wirklich ist die Möglichkeit. Friedrich Nietzsche, Robert Musil und Niklas Luhmann im Vergleich. Frankfurt a. M. u. a.: Lang 1998 (= Europäische Hochschulschriften. Reihe 1: Deutsche Sprache und Literatur, Bd. 1660).
Winter, Ingrid: Zeitperspektiven in Robert Musils *Die Verwirrungen des Zöglings Törleß*. In: Modern Austrian Literature 13 (1980), H. 3, S. 47–68.
Wlasaty, Siegfried: Das Bild der untergehenden österreichisch-ungarischen Monarchie bei Joseph Roth, Karl Kraus und Robert Musil. Diss. Univ. Innsbruck 1964.
Wohlgemuth, Ralf: Eroserleben als Macht- und Ohnmachtserleben. Robert Musils *Die Verwirrungen des Zöglings Törleß* und Benjamin Leberts *Crazy*. In: Corina Schlicht (Hg.): Sexualität und Macht. Kultur-, literatur- und filmwissenschaftliche Betrachtungen. Oberhausen: Laufen 2004 (= Autoren im Kontext, Bd. 6), S. 153–162.
Wojno-Owczarska, Ewa: Essay und Essayismus bei Robert Musil und Kathrin Röggla. Versuch eines Vergleichs. In: Sławomir Leśniak (Hg.): Essay und Essayismus. Die deutschsprachige Essayistik von der Jahrhundertwende bis zur Postmoderne. Gdańsk: Wydawnictwo Uniwersytetu Gdańskiego 2015 (= Studia Germanica Gedanensia, Bd. 32), S. 47–63.
Wolf, Burkhardt: Literarischer Möglichkeitssinn in der Moderne. In: Karin Harrasser, Roland Innerhofer, Katja Rothe (Hg.): Das Mögliche regieren. Gouvernementalität in der Literatur- und Kulturanalyse. Bielefeld: transcript 2011 (= Edition Kulturwissenschaft, Bd. 5), S. 19–30.
Wolf, Norbert Christian: „… einfach die Kraft haben, diese Widersprüche zu lieben". Mystik und Mystizismuskritik in Robert Musils Schauspiel *Die Schwärmer*. In: Internationales Archiv für Sozialgeschichte der deutschen Literatur 27 (2002), H. 2, S. 124–167.
Wolf, Norbert Christian: Salto rückwärts in den Mythos? Ein Plädoyer für das „Taghelle" in Musils profaner Mystik. In: Wiebke Amthor, Hans R. Brittnacher, Anja Hallacker (Hg.): Profane Mystik. Andacht und Ekstase in Literatur und Philosophie des 20. Jahrhunderts. Berlin: Weidler 2002, S. 255–268.

Wolf, Norbert Christian: Robert Musil als Analytiker Robert Musils. Zum *Mann ohne Eigenschaften*. In: Markus Joch, N. C. W. (Hg.): Text und Feld. Bourdieu in der literaturwissenschaftlichen Praxis. Tübingen: Niemeyer 2005 (= Studien und Texte zur Sozialgeschichte der Literatur, Bd. 108), S. 207–229.

Wolf, Norbert Christian: Geist und Macht. Robert Musil als Intellektueller auf dem Pariser Schriftstellerkongreß 1935. In: Jahrbuch des Freien Deutschen Hochstifts (2006), S. 383–436.

Wolf, Norbert Christian: „Die reale Erklärung des realen Geschehens interessiert mich nicht." Robert Musil und der Realismus – Eine Nachlese mit Forschungsperspektiven zum *Mann ohne Eigenschaften*. In: Kwartalnik Neofilologiczny 54 (2007), H. 2, S. 115–135.

Wolf, Norbert Christian: „Wer hat dich, du schöner Wald ..?" Kitsch bei Musil – mit Blick auf den *Mann ohne Eigenschaften*. In: Zeitschrift für deutsche Philologie 127 (2008), H. 2, S. 199–217.

Wolf, Norbert Christian: Zwischen Diesseitsglauben und Weltabgewandtheit. Musils Auseinandersetzung mit den Berliner literarischen Strömungen. In: Daigger/Henninger (Hg.): Robert Musils Drang nach Berlin [2008], S. 185–230.

Wolf, Norbert Christian: „Neue Erlebnisse, aber keine neue Art des Erlebens". Musils Ästhetik und die Kultur des Films. In: Wolf Gerhard Schmidt, Thorsten Valk (Hg.): Literatur intermedial. Paradigmenbildung zwischen 1918 und 1968. Berlin, New York: de Gruyter 2009 (= spectrum Literaturwissenschaft, Bd. 19), S. 87–113.

Wolf, Norbert Christian: Verkünder des Terrors, Propheten der Erlösung: Hans Sepp und Meingast. In: Feger/Pott/Wolf (Hg.): Terror und Erlösung [2009], S. 93–140.

Wolf, Norbert Christian: Doktor Demandt und Direktor Fischel. Zur ‚Alterisierung' jüdischer Figuren in Roths *Radetzkymarsch* und Musils *Der Mann ohne Eigenschaften*. In: Musil-Forum 31 (2009/10), S. 102–126.

Wolf, Norbert Christian: Ein trojanisches Pferd des Militärs. General Stumm von Bordwehr als Exponent ‚struktureller Herrschaft' in Musils *Mann ohne Eigenschaften*. In: LiTheS. Zeitschrift für Literatur- und Theatersoziologie 4 (2010), S. 24–54.

Wolf, Norbert Christian: Warum Moosbrugger nicht erzählt. Zur metanarrativen Funktion psychopathologischen Wissens in Musils *Mann ohne Eigenschaften*. In: Jahrbuch der Deutschen Schillergesellschaft 54 (2010), S. 329–362.

Wolf, Norbert Christian: Gegen den literarischen Nationalismus. Musils Essay *Die Nation als Ideal und als Wirklichkeit* (1921) im zeitgenössischen Kontext. In: Belobratow (Hg.): Robert Musil und einiges mehr [2011], S. 25–44.

Wolf, Norbert Christian: In bed with Gerda. Musils klinischer Blick und das Kino. In: Beil/Gamper/Wagner (Hg.): Medien, Technik, Wissenschaft [2011], S. 119–142.

Wolf, Norbert Christian: Kakanien als Gesellschaftskonstruktion. Robert Musils Sozioanalyse des 20. Jahrhunderts. Wien u. a.: Böhlau 2011 (= Literaturgeschichte in Studien und Quellen, Bd. 20).

Wolf, Norbert Christian: Das wilde Denken und die Kunst. Hofmannsthal, Musil, Bachelard. In: Jörg Robert, Friederike Felicitas Günther (Hg.): Poetik des Wilden. Wolfgang Riedel zum 60. Geburtstag. Würzburg: Königshausen & Neumann 2012, S. 363–392.

Wolf, Norbert Christian: Am Beispiel Musils. Zur gesellschaftlichen Funktion gendertheoretisch orientierter Textanalysen in der Literaturwissenschaft. In: Franz Gmainer-Pranzl, Ingrid Schmutzhart, Anna Steinpetz (Hg.): Verändern Gender Studies die Gesellschaft? Zum transformativen Potential eines interdisziplinären Diskurses. Frankfurt a. M. u.a.: Lang 2014, S. 35–61.

Wolf, Norbert Christian: Poesie und Möglichkeitssinn. Musil und Zeitgenossen. In: Wolfgang Hackl (Hg.): Sprache – Literatur – Erkenntnis. Wien: Praesens 2014 (= Stimulus), S. 16–37.

Wolf, Norbert Christian: Wahnsinn als Medium poet(olog)ischer Reflexion. Musil mit/gegen Foucault. In: Deutsche Vierteljahrsschrift für Literaturwissenschaft und Geistesgeschichte 88 (2014), S. 46–94.

Wołkowicz, Anna: Robert Musils ‚Utopie des anderen Zustands' und der Utopiebegriff im Frühwerk Ernst Blochs. In: Filologia Germanska 7 (1981), S. 51–63.

Wortsman, Peter: Simultaneous Musils or Will the real Dichter please rise from the dead! A comparative look at a line in various translations of *Nachlass zu Lebzeiten*. In: Metamorphoses 9 (2001), H. 2, S. 335–342.

Wright, Georg Henrik von: Musil and Mach. In: G. H. v. W.: The tree of knowledge and other essays. Leiden u. a.: Brill 1993 (= Philosophy of history and culture, Bd. 11), S. 53–61.

Wu, Yongli: Robert Musil. Die Würdigung und das Vergehen der Eigenschaftslosigkeit. In: Liu Wie, Julian Müller (Hg.): Österreich im Reich der Mitte. Wien: Praesens 2013 (= Österreichische Literatur in China, Bd. 1), S. 60–74.

Wucherpfennig, Wolf: *Tonka* oder die Angst vor Erkenntnis. In: Sebastian Goeppert (Hg.): Perspektiven psychoanalytischer Literaturkritik. Freiburg i. Br.: Rombach 1978, S. 233–259.

Würmser, Rudolf: Robert Musils Posse *Vinzenz und die Freundin bedeutender Männer*. In: Peter Csobádi (Hg.): Die lustige Person auf der Bühne. Bd. 2. Anif: Müller-Speiser 1994 (= Wort und Musik, Bd. 23), S. 693–700.

Würmser, Rudolf: Musils Drama *Die Schwärmer*. Zur Laboratoriumssituation eines schwebenden Lebenszustandes. In: Peter Csobádi u. a. (Hg.): Traum und Wirklichkeit in Theater und Musiktheater. Anif: Müller-Speiser 2006 (= Wort und Musik, Bd. 62), S. 232–239.

Yablonsky, Victoria: Ambiguous visions. Ulrich's inner states in *Der Mann ohne Eigenschaften*. Diss. Columbia Univ. 1985.

Yoshida, Masami: Übersetzungsprobleme aus dem Deutschen ins Japanische bei Robert Musils *Törleß*. In: Dietrich Papenfuß, Jürgen Söring (Hg.): Rezeption der deutschen Gegenwartsliteratur im Ausland. Internationale Forschung zur neueren deutschen Literatur. Stuttgart: Kohlhammer 1976, S. 101–106.

Zahlmann, Christel: Die Dynamik der Leere. Zu Robert Musils Drama *Die Schwärmer*. In: Wolfram Mauser, Ursula Renner, Walter Schönau (Hg.): Phantasie und Deutung. Psychologisches Verstehen von Literatur und Film. Frederick Wyatt zum 75. Geburtstag. Würzburg: Königshausen & Neumann 1986, S. 169–179.

Zak, Eduard: Gegen den Strom. Robert Musils *Mann ohne Eigenschaften*. In: Neue Deutsche Literatur 4 (1956), H. 10, S. 118–136.

Zaller, Robert: Robert Musil and the novel of metastasis. In: Boulevard 13 (1998), H. 3, S. 96–118. [auch in: Bloom (Hg.): Robert Musil's *The man without qualities* [2005], S. 93–112]

Zangemeister, Wolfgang H.: Robert Musil. Möglichkeit und mathematische Mystik. Aachen: Shaker 1997 (= Sprache und Kultur). [2. Aufl. 2011]

Zaunschirm, Thomas: Robert Musil und Marcel Duchamp. Klagenfurt: Ritter 1982.

Zehl-Romero, Christiane: Musils „letzte Liebesgeschichte". In: Deutsche Vierteljahrsschrift für Literaturwissenschaft und Geistesgeschichte 52 (1978), S. 619–634.

Zeller, Hans: Prosagedicht oder Satire? Zum poetischen Stil des *Nachlaß zu Lebzeiten*. In: Musil-Forum 7 (1981), S. 65–74.

Zeller, Hans: Vitium aut virtus? Philologisches zu Adolf Frisés Musil-Ausgaben, mit prinzipiellen Überlegungen zur Frage des Textbegriffs. In: Zeitschrift für deutsche Philologie 101 (1982), Sonderheft, S. 210–244.

Zeller, Hans: Das Arbeitsmanuskript von Musils Novelle *Grigia* in der Bibliotheca Bodmeriana. In: Böschenstein/Roth (Hg.): Hommage à Musil [1995], S. 55–62.

Zeller, Rosmarie: Musils Auseinandersetzung mit der realistischen Schreibweise. In: Musil-Forum 6 (1980), S. 128–144.

Zeller, Rosmarie: *Die Versuchung der stillen Veronika*. Eine Untersuchung ihres Bedeutungsaufbaus. In: Sprachkunst 12 (1981), S. 364–381. [auch in: Farda/Karthaus (Hg.): Sprachästhetische Sinnvermittlung [1982], S. 135–153]

Zeller, Rosmarie: *Trois femmes*. Composition. In: Olmi/Roth (Hg.): Robert Musil [1981], S. 245–252. [dt. in: Brokoph-Mauch (Hg.): Beiträge zur Musil-Kritik [1983], S. 25–48]

Zeller, Rosmarie: Zur Modernität von Musils Erzählweise am Beispiel der Novellen *Vereinigungen* und *Drei Frauen*. In: Musil-Forum 7 (1981), S. 75–84.

Zeller, Rosmarie: Aspects de la sémantique de l'espace dans quelques nouvelles de Robert Musil. In: Degrés (1983), H. 35/36, S. 1–11.

Zeller, Rosmarie: Musil interpretieren? Am Beispiel *Ein Soldat erzählt*. In: Musil-Forum 10 (1984), S. 77–84.

Zeller, Rosmarie: Musil und das Theater seiner Zeit oder Musils Ort in der Dramengeschichte. In: Hickman (Hg.): Robert Musil and the literary landscape of his time [1991], S. 134–150.

Zeller, Rosmarie: Ordnung und Unordnung im *Mann ohne Eigenschaften*. In: Austriaca 20 (1995), H. 41, S. 115–127.

Zeller, Rosmarie: Grenztilgung und Identitätskrise. Zu Musils *Törleß* und *Drei Frauen*. In: Musil-Forum 27 (2001/02), S. 189–209.

Zeller, Rosmarie: Systeme des Glücks und Gleichgewichts oder wie Gott Kakanien den Kredit entzog. In: Pierre Béhar (Hg.): Glück und Unglück in der österreichischen Literatur und Kultur. Bern u. a.: Lang 2003 (= Musiliana, Bd. 9), S. 167–177.

Zeller, Rosmarie: Musils künstlerische Lösungen zur Darstellung der Krise des Wertsystems und der Ideologie in der Moderne. In: Béhar/Roth (Hg.): Musil an der Schwelle zum 21. Jahrhundert [2005], S. 55–78.

Zeller, Rosmarie: Musil im Kontext der Poetik des modernen Romans. In: Musil-Forum 30 (2007/08), S. 20–36.

Zeller, Rosmarie: Musils Arbeit am Text. Textgenetische Studie zu *Grigia*. In: Musil-Forum 32 (2011/12), S. 41–64.

Zeller, Rosmarie: „Musil [...] ist hierzulande so gut wie unbekannt." Musil und die Schweizer Literaturszene der 1930er Jahre. In: Musil-Forum 33 (2013/14), S. 218–243.

Zellini, Paolo: L'etica dei grandi numeri. In: Annali. Studi Tedeschi 23 (1980), S. 323–338.

Zelyolet, Jakob A.: Zum *Törleß* von Robert Musil. In: Musil-Forum 13/14 (1987/88), S. 22–33.

Zettl, Walter: Zum Schicksal des Musil-Nachlasses in Rom. In: Robert Musil nel primo centenario della nascita [1980], S. 121–126. [ital. in: Mannarini (Hg.): Musil [1980], S. 283–288]

Zettl, Walter: Musils Rückkehr. Die langwierige Geschichte seines Nachlasses. In: Elisabeth Buxbaum, Wynfried Kriegleder (Hg.): Prima le parole e poi la musica. Festschrift für Herbert Zeman zum 60. Geburtstag. Wien: Praesens 2000, S. 300–311. [auch in: Jahrbuch der Österreichischen Goethe-Gesellschaft 106/107 (2002/03), S. 207–217]

Zeuch, Ulrike: „Eine Gerechtigkeit mit Flammen statt mit Logik". Zur Gerechtigkeitsdiskussion in der Postmoderne und Musils Moral des anderen Zustands. In: Zeitschrift für deutsche Philologie 114 (1995), H. 2, S. 264–284.

Zeuch, Ulrike: Die Aktualität des Falls „Moosbrugger". In: Hans-Edwin Friedrich, Claus-Michael Ott (Hg.): Recht und Moral. Zur gesellschaftlichen Selbstverständigung über „Verbrechen" vom 17. bis zum 21. Jahrhundert. Berlin: Duncker & Humblot 2015 (= Schriften zur Literaturwissenschaft, Bd. 39), S. 399–419.

Zillig, Werner: Dialog und Charakter. Zu den Dialogen in Robert Musils *Die Verwirrungen des Zöglings Törleß*. In: Gerhard Charles Rump, Wilfried Heindrichs (Hg.): Interaktionsanalysen. Aspekte dialogischer Kommunikation. Hildesheim: Gerstenberg 1982, S. 98–128.

Zima, Peter V.: Krise des Subjekts als Krise des Romans. Überlegungen zur ‚Kritischen Theorie' und den Romantexten Prousts, Musils, Kafkas und Hesses. In: Romanistische Zeitschrift für Literaturgeschichte 2 (1978), S. 54–77.

Zima, Peter V.: L'ambivalence romanesque. Proust, Kafka, Musil. Paris: Le sycomore 1980 (= Arguments critique). [weiterte Aufl.: Frankfurt a. M. u. a.: Lang 1988; Paris u. a.: L'Harmattan 2002]

Zima, Peter V.: Robert Musils Sprachkritik. Ambivalenz, Polyphonie und Dekonstruktion. In: Strutz/Strutz (Hg.): Robert Musil – Theater, Bildung, Kritik [1985], S. 185–203.

Zima, Peter V.: Roman und Ideologie. Zur Sozialgeschichte des modernen Romans. München: Fink 1986.

Zima, Peter V.: Ideologiekritik bei Hermann Broch und Robert Musil. In: Strutz/Kiss (Hg.): Genauigkeit und Seele [1990], S. 43–51.

Zima, Peter V.: Robert Musil und die Moderne. In: Hans Joachim Piechotta (Hg.): Die literarische Moderne in Europa. Bd. 1: Erscheinungsformen literarischer Prosa um die Jahrhundertwende. Opladen: Westdeutscher Verlag 1994, S. 430–451.

Zima, Peter V.: Das literarische Subjekt. Zwischen Spätmoderne und Postmoderne. Tübingen u.a.: Francke 2001. [zu Musil bes. S. 129–156]

Zima, Peter V.: Spätmoderner Essayismus als Konstruktivismus und Utopie: Pirandello und Musil. In: P. V. Z.: Essay/Essayismus. Zum theoretischen Potenzial des Essays. Von Montaigne bis zur Postmoderne. Würzburg: Königshausen & Neumann 2012, S. 171–208.

Zimmermann, Hans Dieter: Die zwei Bäume der Erkenntnis. Rationalität und Intuition bei Robert Musil und Max Weber. In: Studi germanici 24–26 (1986–1988), S. 269–281. [auch in: Sprache im technischen Zeitalter 28 (1990), S. 41–48]

Zimmermann, Hans Dieter: Der andere Zustand. Zu Rationalität und Mystik bei Ludwig Wittgenstein und Robert Musil. In: Trigon 10 (2012), S. 213–220.

Zimmermann, Werner: Robert Musil: *Die Portugiesin*. In: W. Z.: Deutsche Prosadichtungen der Gegenwart. Interpretationen für Lehrende und Lernende. Teil 3. Düsseldorf: Schwann 1960, S. 111–134.

Zingel, Astrid: Ulrich und Agathe. Das Thema Geschwisterliebe in Robert Musils Romanprojekt *Der Mann ohne Eigenschaften*. St. Ingbert: Röhrig 1999 (= Beiträge zur Robert-Musil-Forschung und zur neueren österreichischen Literatur, Bd. 12).

Ziolkowski, Saskia Elizabeth: Svevo's *Uomo senza qualità*. Musil and modernism in Italy. In: Agata Schwartz (Hg.): Gender and modernity in Central Europe. The Austro-Hungarian monarchy and its legacy. Ottawa: Univ. of Ottawa Press 2009, S. 83–102.

Zisselsberger, Markus: Cultural nationalism in the twilight of history. Robert Musil's Austrian imagination. In: Modern Austrian Literature 37 (2004), H. 1/2, S. 21–45.

Zobel, Klaus: Musil, *Fischer an der Ostsee*. In: K. Z.: Textanalysen. Eine Einführung in die Interpretation moderner Kurzprosa. Paderborn u.a.: Schöningh 1985, S. 225–232.

Zobel, Klaus: Musil, *Der Riese Agoag*. In: K. Z.: Textanalysen. Eine Einführung in die Interpretation moderner Kurzprosa. Paderborn u.a.: Schöningh 1985, S. 286–295.

Zobel, Reinhard: Textverarbeitung und semantisches Differential. In: Groeben (Hg.): Rezeption und Interpretation [1981], S. 117–160.

Zöchbauer, Paul: Der Krieg in den Essays und Tagebüchern Robert Musils. Stuttgart: Heinz 1996 (= Stuttgarter Beiträge zur Germanistik, Bd. 316).

Zöchbauer, Paul: Les fonctions de la lecture et de la citation dans le discours amoureux d'Ulrich et d'Agathe. In: Chardin (Hg.): Robert Musil [2000], S. 239–250.

3. Personenregister

Abraham, Karl 540–541
Ackerl, Isabella 295–297
Adams, Dale 827
Adler, Alfred 369, 480, 540–541, 544, 631
Adler, Victor 67
Adorno, Theodor W. 43, 344, 354, 375, 625, 660, 664, 773
Agathos, Katarina 733, 826, 845–846, 858
Agnese, Barbara 676, 827, 837
Al-Muzānī, Ḥusayn 814
Albertsen, Elisabeth 517, 643–644, 707–708
Albrecht, Andrea 513
Alek'sanyan, Ašot 814
Aler, Jan 102
Alexander I., König v. Jugoslawien 69
Allais, Kai 149, 685
Allemann, Beda 742, 776
Allesch, Ea von 22, 197
Allesch, Gustav Johannes von 8, 90–91, 96, 98, 157, 161, 232, 238, 353, 418, 423, 442, 445–446, 448, 480–481, 531, 533, 609, 643, 672, 681, 683, 735, 744
Allmayer-Beck, Johann Christoph 632–634
Alt, Peter-André 147, 743
Altenberg, Peter 10, 12, 40, 197, 689, 762, 775
Altenloh, Emilie 699
Amann, Klaus 29, 63, 67, 69–71, 76, 93, 271, 345, 357, 364, 386–388, 391, 394, 419, 454–456, 466, 468, 494–495, 558, 562, 607–610, 713, 715–716, 718, 797, 805
Amarante, Maria Antónia 816
Ambros, Gerda 186
Améry, Jean 826–828, 837–840, 844, 846
Anders, Günter 408
Andersch, Alfred 827
Anderson, Benedict 551, 732
Anderson, Harriet 372
Andrian, Leopold von 226, 246
Andriopoulos, Stefan 580
Angele, Michael 594
Anselm von Canterbury 165, 173, 765
Anz, Thomas 36, 416, 539, 544
Appignanesi, Lisa 130
Apt, Solomon 811
Aragon, Louis 389
Arburg, Hans-Georg von 106, 692
Aristophanes 627
Aristoteles 195, 229, 504, 613, 660, 720, 752, 763, 766

Arnheim, Rudolf 78, 699
Arntzen, Helmut 122, 127, 136, 141, 148, 150, 157, 160, 163, 166, 168–169, 171, 186, 193, 200–201, 204–208, 210–211, 240–241, 250, 267, 271, 298, 326, 401, 437, 485, 736, 742–743, 772, 802
Arslan, Cüneyt 517
Arvon, Henri 102, 117
Aschaffenburg, Gustav 524
Aspetsberger, Friedbert 804–805, 811
Aue, Maximilian 258–259, 624, 772
Augé, Marc 692
Augustinus 765
Aurnhammer, Achim 305–306, 624, 756
Axelrod, Robert 847
Axer, Erwin 185
Axtmann, Roland 551

Baader, Franz von 44, 771
Baasner, Rainer 416
Bach, Carl 7
Bach, Johann Sebastian 256
Bachelard, Gaston 175, 693
Bachmann, Dieter 345, 722
Bachmann, Ingeborg 185, 470, 799, 825–837, 839–845, 848, 862–863
Bachofen, Johann Jakob 283, 507
Bachtin, Michail 210, 242, 598
Bacon, Francis 504
Baedeker, Karl 777
Bahn, Roma 383
Bahr, Hermann 10, 150, 360, 384, 446–447, 540, 748
Baker, Josephine 650, 845
Balázs, Béla 44, 164, 215, 342, 353–355, 423, 483, 506, 680, 699–701, 710
Balke, Friedrich 303, 307
Balzac, Honoré de 283, 762
Bang, Herman 101
Bangert, Axel 776
Barbusse, Henri 389
Barnouw, Dagmar 83–84, 87, 345, 517
Barthes, Roland 41, 216, 407, 561, 650, 696–697
Bartsch, Kurt 827
Baudelaire, Charles 10, 366, 649, 653, 655, 813
Baudouin, Charles 540
Baudrillard, Jean 41
Bauer, Alfred 867

Bauer, Gerhard 236
Bauer, Matthias 345, 702
Bauer, Otto 68
Bauer, Sibylle 186, 615
Bauman, Zygmunt 36
Baumann, Gerhart 122–123, 722
Baumgarten, Otto 750
Baumgartner, Ekkehard 781
Baur, Uwe 335–337, 345, 643
Bausinger, Wilhelm 76, 308, 772, 802–803
Bayle, Pierre 359
Beard, Philip H. 528
Becher, Johannes R. 77, 80, 383, 389
Becher, Max von 276–277, 633
Beck, Ulrich 36, 873
Becker, Sabina 38, 77–78, 599, 672, 737
Beckers, Gustav 816–817
Beer-Hofmann, Richard 200
Beethoven, Ludwig van 426, 845
Behre, Maria 827, 832, 836
Beil, Ulrich Johannes 781
Beißner, Friedrich 802–803
Belobratow, Alexander W. 769
Bendels, Ruth 207, 212, 219
Benjamin, Walter 41, 108, 397, 427, 457, 561, 590, 697, 815, 826
Benn, Gottfried 10
Bennholdt-Thomsen, Anke 403
Berchtold, Leopold Graf 66
Berg, Jan 185
Bergauer, Franz Xaver 1
Bergengruen, Maximilian 258, 261, 526, 580, 582
Berger, Ingrid 269, 271, 745
Berger, Peter L. 547–548
Berger, Wolfram 862
Berghahn, Cord-Friedrich 38
Berghahn, Wilfried 6, 102, 191, 208, 415, 722, 802
Beriaschwili, Mamuka 782–783
Bermann Fischer, Gottfried 30–31, 92, 94, 467, 488–489
Bernard, Claude 506
Bernauer, Hermann 399
Bernett, Hajo 643
Bernhard, Thomas 826–828, 839, 842–845
Berz, Peter 337, 506, 533, 641, 685
Bey, Gesine 432, 510, 592
Beyer, Friedrich 185
Bhabha, Homi K. 221, 732
Bichsel, Peter 397
Bickenbach, Matthias 594

Bie, Oskar 446
Biebuyck, Benjamin 735, 737
Bienek, Horst 826
Bienert, Michael 406
Biere, Florentine 326, 565–566, 570, 664–665, 668, 681
Biermann, Heinrich 867
Binczek, Natalie 845
Binoche, Juliette 862
Bird, Stephanie 134, 139, 624
Birnbaum, Karl 524
Blamberger, Günter 37
Blanchot, Maurice 300, 307
Blasberg, Cornelia 229, 249, 251, 505, 604, 626, 722, 726–728
Blaschke, Bernd 266–267, 269, 274, 291
Blass, Ernst 383, 795
Blei, Franz 14, 16–17, 21, 24, 90, 95, 98, 104, 121, 125, 135, 137, 151, 157, 161, 197, 205, 263, 281, 305, 308, 321, 342–343, 345–347, 353, 355, 358, 360, 365, 367–369, 372–374, 400, 403, 416–418, 423, 427, 436–437, 444–445, 447–448, 462, 480–481, 622–623, 643, 648, 651–652, 663, 667, 697, 735, 737, 782
Bleuler, Eugen 260–262, 289–290, 347, 392, 524–527, 540–541, 576, 581
Bloch, Ernst 383, 389, 397, 728
Bloch, Iwan 572
Bloch, Jean-Richard 389
Blom, Philipp 12
Bloom, Harold 834
Boccaccio, Giovanni 208, 663
Bodmer, Johann Jakob 720
Boehlich, Walter 802
Böhme, Hartmut 122–124, 126–128, 136–137, 146, 238–240, 249, 273–274, 283, 299, 301–302, 309, 344–345, 465, 548, 592, 595–596, 608, 716–717, 722, 742, 754, 775, 826, 836
Bölsche, Wilhelm 230, 566
Böni, Oliver 200
Boeninger, Helmut 814
Böschenstein, Bernhard 677, 780
Bohnenkamp, Klaus E. 780
Bollenbeck, Georg 36
Bolterauer, Alice 148, 195, 297, 345, 781
Bomski, Franziska 337, 511
Bonacchi, Silvia 9, 82, 103, 113, 118, 122–123, 139–140, 143, 150, 152, 242, 277, 289, 309, 344–345, 355, 427, 432, 510, 520, 528, 533, 574, 683, 716, 718, 782

Bondy, François 814
Bondy, Friedrich *siehe* Scarpi, N. O.
Bonsels, Waldemar 567
Bor, Ambros 816
Borchardt, Rudolf 81–84, 384
Borelbach, Doris 102, 106
Boroević von Bojna, Svetozar 276, 279, 633
Boss, Ulrich 247–248, 265, 283, 309, 345, 369, 544, 596, 617, 619–620
Bourdieu, Pierre 76, 83, 86–87, 89, 183–184, 238, 241, 245, 247, 252, 267, 287–288, 299, 301, 304, 309, 549–550, 562, 601–602, 723, 745
Bourget, Paul 255
Bouveresse, Jacques 233, 262, 344, 511, 517, 532, 673, 766
Bovenschen, Silvia 279, 649, 652
Boyneburg-Lengsfeld, Richard von 6, 104
Brandmeyer, Rudolf 36
Brandstetter, Gabriele 43, 687–688
Braun, Wilhelm 170, 186–187, 528, 815
Brauneck, Manfred 38
Braungart, Georg 36
Brecher, Hans 813
Brecht, Bertolt 41, 80, 89, 195, 233, 383, 427, 825–826
Brecka, Hans 424
Brehm, Bruno 733
Breitinger, Johann Jakob 720
Brenner, Wolfgang 263
Brentano, Franz 533
Breton, André 389
Breuer, Constanze 455–457, 472
Breuer, Ingo 335, 337
Breuer, Josef 17, 147, 150–151, 217, 539–540, 574
Brice, Silvija 814
Bringazi, Friedrich 344–345, 361
Broch, Hermann 7, 96, 219, 226, 286, 456, 560, 563, 589, 592, 608, 612, 734, 738, 796, 825, 843
Brod, Max 19, 95, 383, 389, 417
Brody, Daniel 796
Brokoph-Mauch, Gudrun 325, 344, 398, 567, 569, 722, 743
Bronfen, Elisabeth 688
Brooks, Daniel J. 517
Brooks, Thomas 748
Brosthaus, Heribert 102
Broucek, Peter 436, 633
Bruckmüller, Ernst 247, 274, 292
Brüggemann, Heinz 244, 592, 692

Brüning, Heinrich 70
Brüning, Karen 536
Brust, Alfred 448
Buber, Martin 164–165, 171, 177, 179, 517, 627, 706
Bublitz, Hannelore 617
Büchner, Georg 258, 425
Bühler, Karl 533
Büren, Erhard von 258–260, 262, 528, 533, 580
Bürger, Peter 232
Buras, Jacek Stanisław 817
Burckhardt, Carl Jacob 32
Burdach, Konrad 765
Burgess, Anthony 848
Burgmüller, Herbert 771
Burnett, Whit 811
Busch, Walter 335, 337–338
Buschbeck, Erhard 76, 95, 157–158, 171, 183
Butler, Judith 288, 368, 618

Calvino, Italo 738
Cambi, Fabrizio 398
Campe, Rüdiger 574, 576
Campion, Horace 811
Canetti, Elias 28, 49, 70, 96, 531, 560, 608
Canguilhem, Georges 261
Carena, Albrecht 488
Carmel, Abraham 817
Carmona, António Óscar de Fragoso 69
Carré, Martine 781
Cassirer, Ernst 555, 766
Cassirer, Toni 89, 467, 488, 800
Castex, Elisabeth 276, 278–279, 286, 806
Castiglia, Irene 815
Catani, Stephanie 204, 207, 215, 221
Cauwer, Stijn de 776
Celan, Paul 830, 834
Celan-Lestrange, Gisèle 834
Cellbrot, Hartmut 517, 783
Cesaratto, Todd 278–279
Cetti Marinoni, Bianca 157, 160–162, 165, 167, 170–171, 173–175, 177, 179–180, 182, 815–817
Chagall, Marc 683
Chamberlain, Houston Stewart 566
Chardin, Philippe 185
Charlemont, Alice *siehe* Donath, Alice
Charrière-Jacquin, Marianne 162, 174, 186
Chateaubriand, François René de 305
Chesterton, G. K. 344, 352, 761

Chevrel, Yves 36
Church, Barbara 449, 467
Church, Henry Hall 32, 92, 94, 308, 449, 467
Classen, Albrecht 765–766
Clemenceau, Georges 466, 609
Coetzee, John M. 455, 816
Cohn, Dorrit 122–124, 129, 135–136, 140, 151, 734
Cometti, Jean-Pierre 532, 783, 812, 814
Compagnon, Antoine 36
Conrad von Hötzendorf, Franz 633–635
Constantinescu, Romanița 827
Corino, Karl 3, 5–7, 9, 11–12, 14–19, 21, 24, 27–28, 30–31, 49, 61, 63, 66–67, 69–70, 72, 81, 90, 94, 98, 103–104, 121–122, 128–129, 141, 147, 150, 157–158, 161, 176, 179, 185–186, 191, 193, 197, 204, 217, 219–220, 229, 254, 258–259, 263, 269, 271–273, 276, 281, 283, 285–286, 291, 294–296, 300, 320, 332, 382–383, 385, 388–391, 393–394, 399, 416, 427, 434–438, 475, 487, 505, 525–526, 532, 539–541, 544, 562, 573–574, 579–581, 588, 594, 607, 610, 624, 633–634, 637, 641, 643, 648, 651, 676, 681, 683–686, 696–699, 701, 781–782, 794, 798, 805, 811, 813, 815–816, 827–829, 837–838, 841–842
Corinth, Lovis 16, 681
Corry, Leo 512
Coser, Lewis A. 549
Coudenhove-Kalergi, Richard 23, 95
Couturat, Louis 17, 106, 762
Cremerius, Johannes 102, 150, 539, 573
Creveld, Martin van 632
Crooke, William 827
Csokor, Franz Theodor 72, 95
Cusanus, Nikolaus 765
Czaja, Johannes 722

D'Annunzio, Gabriele 10, 417, 762
Därmann, Iris 41, 104
Däubler, Theodor 81, 384
Daguerre, Louis Jacques Mandé 696
Dahan-Gaida, Laurence 345, 767
Dahrendorf, Rolf 549
Daigger, Annette 345, 561, 598–599, 624, 692, 815, 818
Damrosch, David 810
Dante Alighieri 765
Darwin, Charles 329, 565–566, 756

David, Claude 241, 244, 592
Davidson, Arnold I. 572
Dawidowski, Christian 866, 868–871
Dawlianidse, David 814
De Angelis, Enrico 485, 777, 779, 808, 814
De Tullio, Chiara 186
De Vos, Jaak 561
Décaudin, Michel 36
Deleuze, Gilles 338, 575, 627
Dell'Agli, Daniel 449
Demet, Michel-François 817
Demus, Klaus 830
Demus, Nani 830
Dennerlein, Katrin 161–162, 181, 187
Derrida, Jacques 336, 338, 575, 627
Descartes, René 766
Deshoulières, Valérie-Angelique 344
Desportes, Yvon 455, 731–732
Deutsch, Sibylle 732
Di Gaspero, Matthias 128, 445
Diamand, Frank 817
Dickens, Charles 549
Diderot, Denis 659
Dietz, Herma 12–13, 15–16, 26, 204, 212, 219
Dillmann, Martin 102, 105, 512
Dilthey, Wilhelm 347, 490, 666
Dimitroff, Georgi 389
Dingräve, Leopold 815
Dinklage, Karl 228, 487, 491, 500, 802
Dipper, Christof 35
Dittrich, Andreas 309, 783
Doderer, Heimito von 49, 70, 244, 844
Döblin, Alfred 24, 58, 81, 185, 229, 383, 389, 418, 448, 580, 583, 671–672, 752, 825
Döring, Sabine A. 103–104, 353, 517–518, 533, 615, 757, 783
Doflein, Franz 566, 570
Dohm, Burkhard 128, 136, 139, 573, 575–576, 624
Dolinar, Darko 814
Dollfuß, Engelbert 61, 71–72, 271, 387
Donath, Alice 15, 26, 90, 286, 475, 525, 684, 777, 842
Donath, Gustav 4, 15, 26, 90, 254, 286, 525, 588, 684
Donnenberg, Josef 867
Doppler, Alfred 337
Dornhof, Dorothea 573, 576
Dostojewski, Fjodor M. 10, 419, 612, 666, 762, 775, 800

Dowden, Stephen D. 827, 843
Dresler-Brumme, Charlotte 517, 776
Drevermann, Ingrid 179
Drews, Jörg 398
Driesch, Hans 566
Drlík, Vojen 643
Drögekamp, Iris 862
Drügh, Heinz J. 42, 570
Drumbl, Johann 326, 817
Dürrenmatt, Friedrich 827
Düsing, Wolfgang 768–770
Duhamel, Roland 776
Durkheim, Émile 549
Durzak, Manfred 845
Dusini, Arno 455

Eagleton, Terry 561
Ebner-Eschenbach, Marie von 664
Eco, Umberto 671
Eder, Franz X. 572–573
Edling, Christofer 549
Edschmid, Kasimir 95
Eggert, Hartmut 735
Ego, Werner 517
Ehardt, Christine 846
Ehrenburg, Ilja 389
Ehrenfels, Christian von 215, 531
Ehrenstein, Albert 383
Eibl, Karl 200–201, 204, 206, 208, 218, 335–336, 474, 804–805
Eichmann, Adolf 72
Eickenrodt, Sabine 827, 841
Einstein, Albert 8, 17, 106, 219, 762
Einstein, Carl 19, 95
Eisele, Ulf 239–240, 242, 246–248, 309, 627, 672, 773
Eisenbeis, Manfred 868
Eisenberg, Christiane 644
Elias, Norbert 362, 370, 547, 549, 552, 627, 631–633, 635
Elster, Hanns Martin 81
Emerson, Ralph Waldo 11, 176, 344, 346–347, 352, 483, 517, 761–763, 775–776
Emmel, Hildegard 580
Emter, Elisabeth 242
Encke, Julia 641
Ender, Otto 70
Endres, Franz Carl 796
Endres, Johannes 624
Engelhardt, Dietrich von 258, 261
Enver Pascha 750

Epikur 763
Erdmann, Johann Eduard 392
Erhart, Claus 108
Erhart, Walter 618
Erickson, Susan 345, 624
Essen, Gesa von 244, 592, 692
Eugen, Prinz von Savoyen-Carignan 831
Eulenburg, Albert 572
Evers, Kai 499
Ewald, François 594

Fabini, Franz 6
Fabricius-Hansen, Cathrine 815–817
Fähnders, Walter 36
Falke, Konrad 449
Fallada, Hans 78, 233
Fanelli, Emanuela Veronica 11, 280, 298, 345, 368–369, 372, 427, 649–650, 655, 781–782
Fanta, Walter 26–27, 90–91, 98, 203–204, 220, 225, 228, 232, 254, 259, 263, 268–269, 271–274, 276, 279, 281, 283, 286–287, 290, 296, 308–309, 455, 471, 474, 487, 489, 491, 575, 579, 624, 626–627, 634, 671, 674, 681–683, 690, 701–702, 716, 733, 775, 783, 798, 802, 805, 818, 830, 857, 859
Farrar, Geraldine 685
Fasula, Pierre 517
Fath, Manfred 856
Faust, August 720
Faust, Marcel 229
Fedler, Stephan 461
Feger, Hans 615
Feuchtwanger, Lion 78
Feuchtwanger, Ludwig 610
Feyerabend, Paul 353, 873
Fiala-Fürst, Ingeborg 814
Fickert, Auguste 299
Findeisen, Raoul 814
Fingerhut, Margret 867
Fingernagel, Wolfgang 815, 817
Finlay, Marike 517
Fischer, Nanda 668
Fischer, Samuel 18, 98, 417
Flake, Otto 95
Flaubert, Gustave 151, 183–184, 549, 762
Fleig, Anne 40, 77, 248, 300, 305, 309, 345, 366, 372–376, 398, 430, 566, 617, 619, 644–647, 655, 688, 738
Fleißer, Marieluise 78, 403
Foerster, Friedrich Wilhelm 614

Fohrmann, Jürgen 37, 728
Fontana, Oskar Maurus 22, 95, 225, 228–231, 233, 293, 383, 478, 621
Fontanari, Massimo 641
Fontane, Theodor 634
Foradini, Flavia 808
Forcher, Michael 434
Forel, Auguste 524
Foucault, Michel 236, 429–430, 507, 517, 529, 557, 560, 576, 633
Fourie, Regine 309
Frank, Gustav 148, 345, 397
Frank, Leonhard 19, 28, 78, 95, 383, 448
Frank, Manfred 103, 233–235, 239, 308, 517, 676–677, 771, 783, 826
Frank, Waldo 389
Franz Joseph I., Kaiser v. Österreich 64–65, 225, 268, 278, 742
Franz von Assisi 765
Frazer, James George 556
Freed, Mark M. 723
Freese, Wolfgang 267, 308–309, 624, 771, 782
Freij, Lars W. 574, 692, 735, 753, 815–816
Frensel, Peter 502
Freud, Sigmund 12, 17, 41, 43, 54–55, 66, 108, 125, 129, 140, 147, 149–151, 202, 212, 217, 220, 265, 290, 364, 369, 507, 525, 538–544, 557–558, 560, 563–564, 573–576, 611, 616, 625, 734, 752, 869
Frevert, Ute 279, 292
Frey, Hans-Jost 226
Fricke, Harald 460
Friedell, Egon 197
Friedrich, Hans-Edwin 470–472
Frisch, Efraim 32, 182, 263, 354, 362, 382, 416, 418, 447
Frisch, Max 827
Frisé, Adolf 28, 94, 127, 142, 185, 200, 225, 269, 308, 343, 365, 396, 401, 421, 425, 429, 441–442, 445, 450–452, 454–456, 470–471, 565, 640, 669, 689, 733, 775–776, 780, 799–806, 808, 815, 817, 825–826, 829–830, 855, 857
Fritz, Walter 699
Frizen, Werner 868
Frobenius, Leo 555
Frodl, Gerbert 286
Froitzheim, Otto 643
Fuchs, Albert 269, 271–272, 274, 603–604
Fuchs, Eduard 366, 649–650
Fuder, Dieter 754

Fülleborn, Ulrich 781
Fürst, Bruno 30, 94, 488–489, 681
Fürst, Erna 94
Fuld, Werner 90, 305
Fulda, Ludwig 384–385
Furui, Yoshikichi 816–817

Gabriel, Gottfried 757
Gadda, Carlo Emilio 738
Gahn, Renate 776
Gall, Lothar 264, 268
Gallinger, August 720
Gamper, Michael 737
Ganser, Rudolf 632
Gardt, Andreas 361
Gass, William H. 816
Gassenmeier, Ernst 855–856
Gassenmeier, Michael 855
Gaupp, Robert 525–526
Gay, Peter 36
Geertz, Clifford 550
Gehle, Holger 834
Gehlen, Arnold 718
Gellner, Ernest 551
Genette, Gérard 135, 208, 344, 454, 761, 771
George, Stefan 10, 83–84, 94, 384, 448
Gernhardt, Robert 847
Gerschel, Otto 91
Gess, Nicola 164, 289, 526, 529, 556–558, 685
Geyser, Joseph 720
Gide, André 389
Giedion, Sigfried 692
Giertler, Mareike 122, 127
Gies, Annette 517, 533, 755
Ginzburg, Carlo 41
Giovannini, Elena 435, 437–438, 637
Gitaï, Amos 860–862
Glaise von Horstenau, Edmund 5
Glander, Kordula 309, 507, 671–672, 736–738
Glaser, Curt 28, 94
Glinz, Hans 734
Gnam, Andrea 44, 103, 106, 505, 692, 699
Goebbels, Joseph 797
Goebel, Eckart 783
Gödel, Kurt 514
Gödicke, Stéphane 254, 399, 573, 575, 624
Gödrich, Wolfgang 208, 212–215
Görner, Rüdiger 826–828
Goethe, Johann Wolfgang 11, 17, 87, 106, 267, 306, 359, 371, 425, 449, 460, 463,

563, 667, 747, 756, 760–762, 768–771, 777
Götze, Karl Heinz 107
Goffman, Erving 245, 252, 549
Gogh, Vincent van 681–682
Gogh-Bongers, Johanna van 681
Goldschmidt, Harry 97, 390
Goltschnigg, Dietmar 128, 139, 178, 197, 234, 236, 239, 258, 305, 345, 517, 580, 599, 603, 626, 706, 763, 772, 781, 827–828, 835, 838–840, 842–843, 845
Gomperz, Heinrich 613
Gottschalk, Alfred 526, 581
Gottschlich-Kempf, Simone 781
Grabes, Herbert 41
Grätz, Katharina 345, 736
Graf, Rüdiger 727
Gramsci, Antonio 204, 457
Greiner, Bernhard 105, 827
Grenzmann, Wilhelm 776
Griesecke, Birgit 775, 783
Griesinger, Wilhelm 524
Grill, Genese 556, 624, 817
Grillparzer, Franz 360, 436
Grimm, Hans 243
Grimm, Jacob 752
Grimm, Sieglinde 347, 517
Grimm, Wilhelm 752
Grobe, Horst 868
Groeben, Norbert 326
Groethuysen, Bernard 532
Grogger, Paula 425, 494
Groos, Karl 566
Groppe, Carola 255, 264, 267, 287, 298, 716
Gross, Hans 526
Großmann, Bernhard 207–208, 213, 220
Großrubatscher, Florian 581
Grosz, George 383
Grube, Axel 862
Gruhle, Hans 525
Gschwandtner, Harald 438, 448, 637, 706
Gualtieri, Elena 697
Guattari, Félix 627
Günderrode, Karoline von 841
Gürtler, Christa 177, 186, 204, 207, 215, 221, 372, 827, 829, 835
Gütersloh, Albert Paris 21, 95, 436
Guidi, Guido 814
Guillemin, Bernard 124, 153, 226, 262, 383, 446, 465, 702, 744, 797
Gullick, Norman 812

Gumbrecht, Hans-Ulrich 37, 40
Gundlach, Horst 500
Gunia, Jürgen 574, 576, 692
Gursky, Andreas 857
Gutjahr, Ortrud 624, 626, 676, 827, 837
Gutt, Ernst-August 816
Guys, Constantin 649

Haarmann, Friedrich 526, 579
Haas, Jarmila 811
Haas, Stefanie 731
Haas, Willy 383
Haeckel, Ernst 566
Hädecke, Wolfgang 259
Händler, Ernst-Wilhelm 718
Härtling, Peter 826, 839, 842
Hahn, Heinrich 455
Hahn, Marcus 527, 529, 556–557
Hahn, Theodor 31
Haider, Jörg 844
Hainisch, Marianne 299
Hake, Thomas 321, 323, 326, 328, 330, 335, 401, 405, 407, 733
Halbe, Max 384
Hall, Murray G. 185–186, 326, 383, 386, 436, 565–566, 568–570, 661, 794–795
Hamann, Brigitte 256, 274
Hammerich, Clara 812
Handke, Peter 827, 842–844
Hanisch, Ernst 248, 271, 273, 279, 292, 618
Hansen, Niels Frederic 468
Hara, Kenji 783
Haraway, Donna 619
Harden, Maximilian 342
Harder, Agnes 295
Harrach, Franz Graf 268–269
Harris, Marvin 550
Harrison, Thomas 344
Hartwig, Ina 282, 285, 306–307, 617, 624–625
Harzer, Friedmann 676, 765
Haslmayr, Harald 229
Hassler-Rütti, Ruth 258
Hattori, Seiji 685, 781
Hauptmann, Gerhart 28, 58, 61, 76, 92, 183, 384, 417, 448, 666, 795
Hawes, James W. 777
Hayasaka, Nanao 9, 11, 49, 643, 814, 816–817
Hebbel, Friedrich 17, 106, 762
Heftrich, Eckard 96, 122
Hegel, Georg Wilhelm Friedrich 267, 363, 517, 782

Hehner, Cay 299–300
Heidegger, Martin 108, 783
Heidelberger-Leonard, Irene 827, 838–839
Heimann, Martha *siehe* Musil, Martha
Heimann, Moritz 98, 415–416
Heimböckel, Dieter 263–264, 267, 582
Heine, Heinrich 84, 267
Heininger, Bernhard 752
Heintel, Erich 776
Heinz, Gerd 185
Heinz, Jutta 783
Helduser, Urte 617, 619
Helmholtz, Hermann von 115
Henderson, Cary 345
Henninger, Peter 12, 122, 124, 127, 135, 137, 150, 176, 217, 399, 493, 539, 692, 753, 780–781, 817
Henze, Hans Werner 828
Heraklit 763
Herder, Johann Gottfried 716, 770
Herminghouse, Patricia 827, 847–848
Herzmann, Heribert 827, 844
Hesse, Hermann 2, 10, 92, 101, 384, 415, 419, 686, 797
Hesse, Richard 566
Hessel, Franz 406
Hexner, Erwin 31, 540
Heyd, Dieter 137, 249, 573, 722
Heydebrand, Renate von 309, 425, 505, 516, 528, 532–533, 555, 560, 580, 615, 624, 722, 753, 755, 775, 783
Heyse, Paul 664
Hickman, Hannah 344–345, 532, 775
Hilberseimer, Ludwig 694
Hille, Anneliese 806
Hiller, Kurt 19, 23, 95
Hilpert, Valerie 11–12, 443–444, 684
Hindenburg, Paul von 70–71, 750
Hinz, Michael 777–778, 780
Hirschfeld, Magnus 23, 95, 572, 574–576
Hitler, Adolf 29–30, 32, 61–62, 70–72, 386, 388, 466, 468, 485, 492, 562, 603, 609
Hitschmann, Eduard 66
Hobsbawm, Eric 450, 551
Hochstätter, Dietrich 278
Hochwälder, Fritz 73
Hock, Stefan 157, 184
Höcker, Arne 580, 583
Hölderlin, Friedrich 17, 106, 762–763, 772–773, 799, 808
Höller, Hans 827–829, 835
Hönig, Christoph 727

Hörisch, Jochen 771
Hofer, Hans-Georg 500
Hoffmann, Birthe 345
Hoffmann, Christoph 144–145, 150, 234–235, 309, 335, 337, 430, 432, 501–502, 506, 508, 533, 565–567, 570, 641, 679, 683, 685, 699
Hoffmann, E. T. A. 326
Hoffmann, Lynda 106
Hoffmeister, Werner 736
Hofmann, Michael 517
Hofmannsthal, Hugo von 4, 18–19, 24, 41, 56, 58, 83, 95, 101, 108, 164, 183, 197, 226, 269, 349, 360, 382, 384, 386, 398, 405, 448, 589, 746–748, 780–782, 795, 837, 844, 869
Hogen, Hildegard 580
Hoheisel, Claus 506, 508, 511, 520
Hoinkes, Hugo 6
Holitscher, Arthur 95
Holthuis, Susanne 356, 761
Holtz-Meynert, Elmar 870
Holzer, Rudolf 425
Holzhey, Christoph F. E. 624
Homer 813
Honecker, Erich 827
Honnef-Becker, Irmgard 309, 580, 736, 741–744, 757
Honold, Alexander 59, 239–241, 244, 247, 258, 278, 308–309, 344, 357–358, 499, 561, 594–596, 598, 600, 602, 605, 641, 692, 727, 732, 844
Hoppe, Almut 868–870
Hoppler, Rudolf 539
Horkheimer, Max 354, 625
Horn, Anette 777
Horn, Peter 186, 191
Hornbostel, Erich Moritz von 8, 82, 506, 531, 533, 535, 555–556
Hornbostel, Paul von 276, 633
Horthy, Miklós 69
Horváth, Márta 776
Houellebecq, Michel 738
House, Roy Temple 762
Howald, Stefan 63, 254–259, 263, 267–269, 271–274, 276, 278, 281–287, 291, 293–295, 297–299, 309, 755
Howes, Geoffrey C. 344, 775
Huber, Lothar 815–816
Huch, Ricarda 384, 772
Huebner, Friedrich M. 369
Hüppauf, Bernd 326, 345, 358, 361, 391, 641, 728

Hüsch, Sebastian 623, 783
Humboldt, Alexander von 555, 557
Hume, David 116, 517–518
Hurlebusch, Klaus 457
Husserl, Edmund 517, 782
Huszai, Villö 218–220, 737
Huysmans, Joris-Karl 10
Hwang, Sun-Ae 215–216, 624

Ihering, Herbert 191, 427
Illies, Florian 242
Innerhofer, Roland 287, 511, 533
Iser, Wolfgang 351

Jaccottet, Philippe 800, 812–813, 815–817
Jacobi, Jolande 382
Jacobs, Jürgen 770
Jacobsen, Jens Peter 762
Jaeggi, Rahel 41, 108
Jaensch, Erich Rudolf 555–556, 566
Jäßl, Gerolf 514
Jagla, Danuta 185
Jagow, Bettina von 676, 827, 837
Jahn, Lila 814
Jakob, Michael 720, 722
Jaksch, Friedrich 204
Jameson, Fredric 694
Jammes, Francis 781–782
Jander, Simon 232, 343
Janet, Pierre 528
Janković, Svetomir 728
Jannidis, Fotis 41
Janouch, Gustav 700
Janßen, Sandra 528
Jappe, Lilith 539
Jaspers, Karl 525
Jauß, Hans Robert 38, 351
Jeismann, Michael 437
Jele, Harald 808
Jelinek, Elfriede 826–827, 841, 844–846, 848, 858
Jens, Inge 124
Jesch, Jörg 160
Johann, Andreas 512
Johann, Klaus 574, 576, 692
Johnson, Uwe 827
Johnston, William M. 232
Jones, Ernest 66
Jones, James W. 574
Jonsson, Stefan 345
Joung, Phillan 670–671, 722
Joyce, James 232, 445, 672, 734–735, 744, 825

Jünger, Ernst 21, 328
Jünger, Georg Friedrich 464
Jung, Carl Gustav 214, 538, 540, 542, 544, 802
Jung, Franz 19, 417, 425

Kämper-van den Boogaart, Michael 868
Kaes, Anton 40, 699
Kästner, Erich 78, 403
Kafka, Franz 10, 19, 95, 108, 218, 252, 326, 370, 414, 417, 426, 456–457, 460, 470, 551, 648, 672, 699, 734, 750, 799, 808, 825, 830, 843, 867, 870
Kahneman, Daniel 731
Kaiser, Ernst 127, 472, 538–539, 776, 800, 802, 811, 813–817
Kaiser, Georg 384, 424–425
Kaiser, Gerhard R. 763, 769–770, 774–776, 782
Kaiser-El-Safti, Margret 102, 520, 533
Kaizik, Jürgen 511, 861–862
Kalmer, Joseph 812
Kaltneker, Hans 424
Kampits, Peter 517, 783
Kandinsky, Wassily 683
Kann, Irene 827, 844
Kant, Immanuel 106, 302, 513, 517, 767–768, 770, 862, 874
Kantorowicz, Alfred 389
Kapfer, Herbert 733, 826, 845–847, 858
Kapp, Ernst 431
Kappeler, Florian 248, 258, 276, 309, 345, 357, 365, 526, 529, 539, 544, 556–557, 566, 569–570, 575–576, 617–621
Karl I., Kaiser v. Österreich 65–66
Karpenstein-Eßbach, Christa 41
Karthaus, Ulrich 160, 209–210, 308–309, 455, 517, 538, 661, 707, 711–712, 767, 770, 773, 775, 802
Kassner, Rudolf 612
Kassung, Christian 239, 309, 507, 595–596
Kauffmann, Kai 397
Kaufmann, Doris 525
Kaus, Gina 22, 197
Kayser, Wolfgang 670
Keckeis, Paul 103
Keller, Gottfried 663
Keller, Heinz 382
Kellermann, Bernhard 384
Kelsen, Hans 392
Kentrotis, Johrghos 815
Kerbler, Michael 844

Kerekes, Gábor 814
Kernmayer, Hildegard 397–399, 402–403
Kernstock, Ottokar 360
Kerr, Alfred 14, 17, 81–82, 90, 104, 191, 263, 342, 355, 385, 389, 415–416, 421, 423–424, 427, 444, 446, 448, 462, 794–795
Kesser, Armin 32, 117, 177, 418
Keun, Irmgard 78
Key, Ellen 295, 297–298, 770, 776
Keyserling, Eduard von 230, 417
Kierkegaard, Søren 214, 338, 612, 722, 783
Kiesel, Helmuth 36, 38
Killinger, Robert 867
Kimmich, Dorothee 38, 43, 102, 108–109, 326
King, Lynda J. 776
Kingerlee, Roger 576
Kisch, Egon Erwin 21–22, 68, 77, 95, 383, 391, 436
Kittler, Wolf 244, 251, 595
Kittsteiner, Heinz Dieter 36
Klabund 383
Klages, Ludwig 179, 214, 538, 555, 563, 624, 627, 708
Klee, Paul 683
Kleemann, Friederike 765
Kleiber, Otto 392, 467
Klein, Detlef 868
Klein, Wolfgang 389, 391
Kleist, Heinrich von 24, 92, 149, 185, 208, 301, 349, 425, 436, 626, 647, 771, 774, 795, 841, 846–847
Kleist, Karl 525
Klimbacher, Wolfgang 772
Klinger, Cornelia 37
Klossowski, Pierre 812
Klotz, Volker 240, 594
Kluge, Alexander 738, 826–827, 846–848, 858
Koch, Jutta 122
Kochs, Angela Maria 514
Köhler, Andrea 122, 141, 147–150, 152, 539, 624
Köhler, Wolfgang 8, 108, 531–535, 566
Kölhalmi, Béla 460
Koeppen, Wolfgang 826, 828
Koffka, Kurt 8, 531
Kohlmayer, Josef 258–259
Kohut, Heinz 539
Kojève, Alexandre 282, 285
Kolb, Annette 23

Kolbenheyer, Erwin Guido 384, 419
Kollmann, Franz Gustav 514, 519
Kolos-Vari, Sigismond 812
Kolzow, Michail 389
Koselleck, Reinhart 364, 653
Kovács, László 770
Kracauer, Siegfried 108, 397, 427, 699
Krämer, Olav 229, 309, 513–514, 736
Kraepelin, Emil 524–526, 737, 814
Krafft-Ebing, Richard von 524, 574–576, 623
Kraft, Herbert 212, 320, 415
Kralik, Richard 360
Kramer, Fritz W. 557
Kraus, Justice 102, 511, 513
Kraus, Karl 27, 69–70, 225–226, 261, 360, 391, 398, 457, 563, 592, 605, 612, 631, 734
Krause, Marcus 438
Krause, Robert 556, 781
Krauß, Alfred 93
Krauß, Cornelia 185–186
Kreis, Nellie 98
Kreisky, Bruno 840, 842
Kremer, Detlef 236, 243, 245, 307
Kretschmer, Ernst 82–83, 236–237, 261–262, 284, 289–290, 297, 347, 525–526, 540, 555–557, 566, 575–576, 581, 737
Kreymborg, Alfred 811
Kristeva, Julia 216, 575
Kroemer, Roland 102–103, 539, 692, 868–870
Krol, Gerrit 738
Krommer, Axel 596
Krottendorfer, Kurt 202, 309
Krotz, Frederick W. 336
Krüger, Felix 533
Krusche, Dietrich 122–124, 136, 138, 142, 152
Kucharska, Anna 817
Kucher, Primus-Heinz 345
Kühn, Dieter 226, 259, 278, 297, 742, 755, 827, 845
Kühne, Jörg 742, 753–755, 757
Kümmel, Albert 6, 501–502, 514, 596, 755
Kümmerling-Meibauer, Bettina 308, 781
Kürten, Peter 579
Kumpl, Franz 455
Kundera, Milan 456
Kunne-Ibsch, Elrud 736
Kuper, Adam 557

Kutzenberger, Stefan 794–795
Kuzmics, Helmut 249, 275, 547, 549, 551
Kyora, Sabine 151, 539, 574–576

Lacan, Jacques 216, 539, 575
Lachmann, Karl 800
Laermann, Klaus 234, 238–239, 267, 309, 755
Lahme-Gronostaj, Hildegard 217–218
Lakoff, George 105
Landauer, Gustav 708, 728
Landier, Germain 811
Lang, Fritz 587, 693
Lang, Marie 299
Lange, Victor 769
Langewiesche, Dieter 36
Lania, Léo 77
Lasker-Schüler, Else 19
Laslett, Peter 550, 552
Latour, Bruno 43, 108, 723
Lauckner, Rolf 424
Laurin, Arne 21, 343, 398–400, 407, 418, 436
Lazarsfeld, Sofie 298–299, 540–541, 572, 576
Le Corbusier 692–693
Ledig-Rowohlt, Heinrich Maria 799
Lehmann, Wilhelm 185
Lehnert, Gertrud 367, 649
Leibniz, Gottfried Wilhelm 232, 517, 720, 748, 766–767
Leitgeb, Christoph 668
Lejeune, Philippe 453
Lejeune, Robert 31, 94, 122, 793, 800
Lenin, Wladimir Iljitsch 69, 466
Lenz, Hermann 834
Lenz, Siegfried 826
Lenzi, Magdalena Maria 21, 206
Leonhard, Rudolf 383, 389, 583
Leopold von Babenberg 765
Lepenies, Wolf 546–547
Leppmann, Wolfgang 770
Le Rider, Jacques 101, 248, 455, 592
Lernet-Holenia, Alexander 733
Leśniak, Sławomir 344
Lessing, Gotthold Ephraim 666, 732
Lethen, Helmut 77, 80, 326, 590, 592, 692, 732, 737
Leucht, Robert 727–728
Leue, Bettina 297–298
Lévi-Strauss, Claude 582
Levin, Julius 121, 124, 159

Lévy-Bruhl, Lucien 164, 184, 302, 527–528, 555–557, 566, 582, 690
Lewin, Kurt 8, 533–535
Lherman, Jo 25, 157, 183, 185
Libardi, Alessandro 641
Lichtenberg, Georg Christoph 460, 463
Lickhardt, Maren 737
Lieb, Claudia 594
Liebrand, Claudia 773, 783
Liechtenstein, Alois Prinz von und zu 269, 272
Linder, Joachim 583
Lindner, Martin 583
Link, Jürgen 583, 596
Lion, Ferdinand 362
Livius, Titus 813
Locher, Elmar 338, 685
Loeb, Harold 811
Lönker, Fred 122–123, 127, 131, 134, 140, 149, 257–258, 526, 529, 539, 685, 781, 816–817
Loerke, Oskar 81, 91, 384
Loescher, Jens 101, 783
Lohmeier, Anke-Marie 36
Lombroso, Cesare 260, 524, 581–582
Loos, Adolf 592, 692
Lorentz, Hendrik Antoon 17, 106, 762
Lorenz, Dagmar 827
Lorenz, Konrad 566, 568
Lothar, Ernst 424, 426
Lubkoll, Christine 668
Ludwig, Mark 263, 309, 526–527, 579–580, 582–583
Lücke, Barbara 845
Lueger, Karl 269
Luhmann, Niklas 37, 216, 241, 297, 517, 615, 745
Lukács, Georg 230, 346, 367, 374–375, 612, 648, 654, 670
Lukács, Hugo 27, 480, 540–541, 544, 631
Lunatscharski, Anatoli Wassiljewitsch 466, 609
Lungstrum, Janet 776
Luserke-Jaqui, Matthias 102, 109, 123, 136, 138, 140, 186, 344, 517, 532, 624, 755, 770, 827, 839
Lyotard, Jean-François 36, 337, 517

Mach, Ernst 8–9, 17, 54, 102–103, 106–107, 112–119, 138, 140, 150, 173–174, 233–235, 237, 348, 427, 429, 461, 505, 510, 513, 517, 531, 534, 546–547, 701, 728, 731, 737, 747–748, 754, 762, 767, 794

Mackowiak, Klaus 776, 778
Mae, Michiko 122, 124, 624, 795
Maeterlinck, Maurice 11, 161–162, 164–165, 171, 177, 179, 200, 298, 347, 566, 570, 683, 761–762, 770, 773, 775–776
Magerski, Christine 36
Magnou, Jacqueline 139
Magris, Claudio 23, 274–275, 455, 528, 548, 842
Mahler, Gustav 65, 860, 863
Mahler, Nicolas 856
Mahler-Werfel, Alma 65–66
Maier, Anna *siehe* Demus, Nani
Maier, Johanna Pauline 863
Maier-Solgk, Frank 265, 345, 610
Mainberger, Sabine 748–749
Makart, Hans 286
Makropoulos, Michael 233, 722, 748
Malinowski, Bernadette 338, 685
Malinowski, Bronisław 104
Malraux, André 389
Mann, Heinrich 23, 91, 384, 448
Mann, Klaus 61, 388–389
Mann, Thomas 10, 28, 58, 81, 92, 96–97, 161, 167, 230–231, 359, 384, 389, 419, 445, 448–449, 465, 484, 543, 672, 686, 734, 736, 769, 794, 796, 813, 825
Mannarini, Lalli 345
Mannheim, Karl 249, 365, 548–549, 728, 774
Marco Polo 541
Marcovaldi, Annina 418, 436–438, 450, 493–494, 812
Marcovaldi, Enrico 16, 18
Marcovaldi, Gaetano 451, 471–472, 799, 801
Marcovaldi, Martha *siehe* Musil, Martha
Marcuse, Ludwig 797
Markner, Reinhard 263
Marschner, Renate M. 344
Martens, Gunther 231, 239, 241, 245, 297, 303, 326, 398, 402, 407, 427, 561, 672, 735–737, 745, 827, 847
Martens, Lorna 122, 150–151, 574
Martin, Günther 769–770
Martini, Fritz 38
Marx, Karl 43, 547
Masanek, Nicole 142, 147, 150
Matt, Peter von 260
Mattenklott, Gert 102
Matthias, Leo 95

Matzke, Frank 77–78
Maupassant, Guy de 121
Mauss, Marcel 336
Mauthe, Jörg 827–828, 842, 844, 846
Mauthner, Fritz 708, 748
Mauthner, Margarete 16
Maximilian I., Kaiser d. HRR 57
Mayer, Hans 32, 531, 802, 840
Mayer, Klaus 436–437
Mayer, Mathias 258–259, 615
Mayer, Paul 91
Mayreder, Rosa 299
McBride, Patrizia 268
McCarthy, Joseph 840
McNeill, William H. 632
Mehigan, Tim 118, 124, 128, 580, 615, 731, 770, 827, 843
Mehring, Walter 383
Mehta, Amrit 814
Meier-Graefe, Julius 713
Meine, Sabine 688
Meinong, Alexius 9, 118, 505, 531, 720
Meisel, Gerhard 103, 122–123, 138, 144–145, 149, 151, 216, 258, 507, 539, 575, 595, 624, 722
Meister Eckhart 517, 705, 707, 765
Meister, Monika 185, 416, 661, 699, 781, 827, 833
Meizoz, Jérôme 88
Mejovšek, Gabriele 532
Mell, Max 384
Melville, Herman 549
Menasse, Robert 827–828, 842, 844
Mendel, Gregor 525
Menges, Karl 780, 782
Menges, Martin 230, 238–239, 257, 278, 491, 514, 581
Merleau-Ponty, Maurice 41, 108
Metz, Bernhard 808
Meyer, Conrad Ferdinand 663
Meyer, Jürgen 102, 104, 107, 137, 140, 510–511
Meynert, Theodor 524
Midgley, David 146, 345, 539, 826
Mierendorff, Carlo 95
Miklas, Wilhelm 72
Militzer, Gerti 815, 818
Minkowski, Hermann 17, 106, 762
Misselhorn, Catrin 117, 119, 517, 519–520, 533, 536
Mitterbauer, Helga 14
Mitterer, Nicola 617, 624, 676

Mix, York-Gothart 102, 109, 624, 770
Möbius, Paul 524, 616
Mörike, Eduard 208
Moering, Richard 441
Mohr, Deborah 866–867
Moissi, Alexander 426
Moldenhauer, Dirk 90–91
Molo, Walter von 80–81, 384
Monti, Claudia 117, 345, 518, 532, 783
Montinari, Mazzino 817
Morgenstern, Soma 21
Moser, Manfred 430, 783
Moser, Walter 63, 231–232, 236, 239–243, 264, 278, 592, 595, 692, 723, 763, 783
Moussinac, Léon 389
Mozetič, Gerald 249, 275, 547–549
Mühlberger, Sigrid 491
Mülder-Bach, Inka 98, 228, 233, 239, 241, 245, 281–282, 307, 309, 526–527, 529, 532, 548, 594–596, 600–601, 605, 641, 690, 754–757
Müller, Dominik 326, 398, 400, 403
Müller, Dorit 594
Müller, Gerd 258–259, 261, 514, 529, 580, 615, 768, 770–772, 775, 782
Müller, Gerhard 726
Müller, Götz 249, 257–258, 269, 271, 285, 359, 676, 684, 722–723, 756, 772, 776
Müller, Hanns-Marcus 345
Müller, Hans 424
Müller, Robert 22–23, 60, 95, 342, 355, 386, 423, 476
Müller-Dietz, Heinz 258, 580–581
Müller-Funk, Wolfgang 201, 203, 210, 213, 221, 560–561, 564, 624, 722, 732, 783
Müller-Lyer, Franz Carl 555–557, 566
Münkler, Herfried 55
Münsterberg, Hugo 432–433, 499–500
Mukařovský, Jan 672
Mulligan, Kevin 517, 533, 817
Mulot, Sibylle 456
Musil, Alfred 1–2, 4–7, 9, 15, 18–20, 22, 27, 68, 88–89, 98, 417, 430, 504, 588, 624
Musil, Alois 2
Musil, Elsa 4, 300
Musil, Hermine 1–5, 9, 13, 15, 18–20, 22, 27, 68, 624, 684, 697
Musil, Martha 16, 18–21, 27–32, 61–62, 66, 72–73, 89–90, 95, 98, 117, 121, 300, 400, 418, 436–438, 441, 446, 450–451, 454, 467, 471–472, 475, 480, 493, 681, 799–801, 811–813, 815, 828

Musil, Mathias 1, 343
Mussolini, Benito 69, 466, 609

Nadler, Josef 383, 447, 460, 762
Naganowski, Egon 185, 192, 195
Napoleon Bonaparte 466, 845
Naumann, Helmut 780
Nero 609
Neubauer, Kai 747
Neuenfels, Hans 185–186, 661, 863–864
Neumann, Gerhard 123, 127, 139, 305, 461, 463, 623–624, 757
Neurath, Otto 728
Neymeyr, Barbara 77, 238–239, 255, 281, 283, 285, 287–288, 293, 297–298, 309, 344–345, 351, 360, 517, 575–576, 623, 625, 684, 714, 717, 763, 765, 776–777, 779–780
Niekerk, Carl 102
Niemann, Norbert 848
Niépce, Joseph Nicéphore 696
Nietzsche, Friedrich 8, 10–11, 14, 55, 78, 128, 161, 167–168, 173, 180, 214, 218, 253, 255–257, 285–289, 303–304, 326, 344, 346, 352, 460, 464, 467–468, 470, 490, 513, 517, 548, 560, 562–563, 569, 607, 609, 611–613, 615, 659, 684, 690, 701, 708, 720, 722, 726, 746, 748, 761–762, 775–780, 799, 847, 869
Nizan, Paul 389
Nordau, Max 256
Novalis 10, 211, 214–215, 460, 463, 567, 722, 761–763, 771–776
Nübel, Birgit 42, 102, 104, 106, 125, 140, 221, 249, 326, 328, 330, 343–345, 348, 351, 355, 359, 365–368, 371–372, 398, 402–403, 405, 416–417, 427, 471, 518, 548–549, 559–561, 564, 573, 576, 615, 617, 623, 625, 627, 646, 649–650, 654–655, 664, 670, 689, 722–723, 728, 737, 745, 748, 750, 762–763, 773–774, 781–783, 795, 868, 870, 874
Nurmi-Schomers, Susan 763, 781
Nusser, Peter 669, 722, 736
Nyíri, J. C. 517

O'Connor, Kathleen 219, 668
Obermayer, August 344
Oczipka, Michael 159, 187
Öhlschläger, Claudia 398, 402–403, 735, 827
Oertel Sjögren, Christine 210–211, 217–218

Oesterle, Günter 397–399, 406
Oesterreich, Traugott Konstantin 140, 150, 574, 576
Olden, Rudolf 467, 796
Olmi, Roberto 517, 776–779
Omelaniuk, Irena 827, 836–837
Oppenheimer, Franz 718
Ortega y Gasset, José 670
Ostermann, Eberhard 258, 527, 556, 581–582
Otten, Karl 95
Ovid 627, 763, 765

Pabst, Stephan 438
Paderewski, Ignacy Jan 10
Paech, Joachim 698
Pächt, Otto 30, 394, 681
Parsons, Talcott 552
Pasternak, Boris 389
Patzel-Mattern, Katja 432, 499–500
Paul IV., Papst d. röm.-kath. Kirche 842
Paulhan, Jean 812
Payne, Philip 123, 139, 216–217, 258, 454–455, 815–816
Peano, Giuseppe 17, 106, 762
Peer, Josefine 258, 526
Peirce, Charles Sanders 517
Pekar, Thomas 118, 123, 138, 140, 152, 215–216, 260, 281–285, 292, 295–296, 307, 491, 624, 748, 755, 764
Pelmter, Andrea 42, 508, 570, 726
Pennisi, Francesca 278–279, 501, 514
Pernter, Hans 386
Perronnet, Jacques 676, 765
Pessoa, Fernando 457
Pestalozzi, Karl 692
Petermandl, Mary 697
Peters, George 776
Petersen, Klaus 79, 383
Pethes, Nicolas 582
Petri, Stefan 500
Petry, Walther 28, 81, 231, 385, 441, 446
Petter-Zeis, Valerie 794
Pfeiffer, Peter C. 345, 357, 461, 464–465, 486
Pfemfert, Franz 19
Pfister, Manfred 162
Pflanzer-Baltin, Karl von 276, 279, 633
Pfohlmann, Oliver 17, 43, 95, 121–122, 124, 150, 217, 307, 416–417, 422, 427, 456, 538–540, 544, 573, 734, 862
Pfungst, Oskar 566

Pichl, Robert 831
Pick, Otto 21, 408
Pieper, Hans-Joachim 106, 117–118, 345, 517, 721–723, 776, 778
Piepmeier, Rainer 37
Pietsch, Reinhard 491, 757
Pietsch Pentecost, Gislind 684
Pietzner, Carlo 454
Pike, Burton 592, 674, 701, 776, 815–817
Pike, David 390
Pike, Kenneth L. 550
Piłsudski, Józef Klemens 69
Pinkus, Klaus 28, 385, 388, 466
Pinthus, Kurt 23, 122, 795
Piorkowski, Curt 432
Piscator, Erwin 383
Pitoëff, Sacha 185
Platon 122, 626–627, 763–765, 773
Plessner, Helmuth 43, 362
Plotin 763
Plutarch 763, 765
Poe, Edgar Allan 142
Pöckl, Wolfgang 811, 814
Pötzl, Otto 18, 540
Pohl, Peter C. 248, 309, 345, 575–576, 617–618, 620, 624–626, 827, 843
Polgar, Alfred 22, 77–78, 95, 243, 330, 397, 399, 407, 414, 416, 423–424, 426
Polheim, Karl Konrad 244, 592, 692
Pollak, Michael 248, 270, 274–275, 279, 292
Poltermann, Andreas 813, 815
Ponge, Francis 108
Ponten, Josef 384
Ponzi, Maurizio 185
Poppenberg, Felix 447
Popper, Karl 353
Porombka, Wiebke 848
Porto, Petra 572–574
Pott, Hans-Georg 102, 122–123, 131, 135–136, 139, 148, 152, 240, 243, 265, 267, 344–345, 360, 363–364, 548, 722, 755, 773
Prampolini, Enrico 811
Precht, Richard David 239, 245, 303, 309, 595, 771, 773
Preisendanz, Wolfgang 401
Preuss, Konrad Theodor 555, 558
Prinzhorn, Hans 525
Proust, Marcel 211, 225, 232, 445, 671–672, 735, 744, 825
Przybylak, Feliks 817

3. Personenregister

Püschel, Ulrich 398
Pufendorf, Samuel 581
Punzi, Vito 183, 661
Putz, Christa 572
Pynchon, Thomas 738
Pythagoras 763

Quintilianus, Marcus Fabius 752

Raddatz, Fritz J. 455
Radkau, Joachim 40
Rank, Otto 217, 539
Rasch, Wolfdietrich 28, 81–82, 231, 241, 309, 595, 726, 802, 828
Rath, Wolfgang 337
Rathenau, Walther 27, 170, 179, 263–265, 267–268, 348, 417, 461, 637, 769
Raths, Ralf 500
Rauch, Marja 137, 142, 149, 201, 617, 684
Rauchensteiner, Manfried 500, 633
Reber, Ursula 777
Reckwitz, Andreas 37
Reibnitz, Barbara von 397–399, 402
Reich-Ranicki, Marcel 670, 735, 826
Reichensperger, Richard 326, 328, 404–405, 732–733, 736, 753
Reichert, Herbert W. 776
Reichle, Elisabeth 291
Reichle, Ida Martha 291
Reichle, Wolfgang Theodor 273–274, 291
Reichlin, Susanne 727
Reik, Theodor 494, 540
Reinhardt, Max 226, 383, 425
Reinhardt, Stephan 344, 517
Reising, Jarto 6, 104
Reisner, Hanns-Peter 868
Reiter, Heinrich 2–3, 624
Rembrandt van Rijn 286
Remonato, Giovanni 856
Reniers-Servranckx, Annie 62, 177, 210, 742
Renner, Rolf Günter 309, 692
Rentsch, Thomas 517, 826
Rho, Anita 815, 817
Ricœur, Paul 731
Rickenbacher, Sergej 808
Riedel, Wolfgang 122, 127–130, 132, 138, 140, 164, 308, 556
Rieffert, Johann Baptist 432
Rieger, Franz 839
Riehl, Wilhelm Heinrich 271
Riessler, Michael 862
Rilke, Rainer Maria 4, 6, 10, 18–19, 79, 81, 83, 101, 123, 342, 352, 382–386, 414, 424, 427, 443, 448, 675, 677, 716, 737–738, 747, 752, 754–755, 761–762, 780–782, 795, 811, 816
Ritzer, Monika 147
Robertson, Ritchie 555
Roditi, Edouard 391
Roelcke, Volker 525
Röttger, Brigitte 119, 122, 135, 148, 208–210
Rogowski, Christian 157, 160–161, 163, 171, 173, 179, 183–187, 189, 661, 699, 794, 827, 832, 862
Rohde, Erwin 670
Roland, Ida 18
Romains, Jules 425
Romanes, George J. 566
Rops, Félicien 151–152
Rorty, Richard 520, 615
Rosa, Hartmut 39
Roseberry, Robert L. 308
Rosegger, Peter 436
Rosenberg, Alfred 708
Rosenthal, Anne F. *siehe* Marcovaldi, Annina
Roskothen, Johannes 692
Roth, Joseph 23, 101, 383, 397, 400, 403, 406, 733, 831
Roth, Marie-Louise 76, 80, 325, 335, 344–345, 399–400, 415, 437, 532, 580, 615, 661, 663, 665, 668, 679, 681, 683, 722, 771
Rothe, Katja 511, 533
Rothenberg, Gunther E. 633
Rousseau, Jean-Jacques 592
Rousset, Jean 812
Rowohlt, Ernst 27, 61, 90–91, 385, 388, 418, 478, 481, 483, 796
Rückert, Heinrich 612
Ruffenach, Pascal 815
Rumpler, Helmut 598
Rußegger, Arno 160, 194, 326, 328, 345, 402, 676, 679, 683, 698, 701, 827
Russell, Bertrand 17, 106, 762
Ruthner, Clemens 561
Ryan, Judith 781
Ryckewaert, Michelle 435, 437–438
Rydgren, Jens 549
Ryle, Gilbert 518
Rzehak, Wolfgang 517, 776–777

Saar, Ferdinand von 634, 664
Šabík, Vincent 814, 816

Sacher-Masoch, Leopold von 573–574
Sade, Marquis de 573
Saiko, George 94
Salgaro, Massimo 310, 335, 344, 672
Salomon, Ernst von 427
Salten, Felix 567
Sander, Otto 862
Sanders, Daniel 161
Sandow, Eugen 12
Sant'Elia, Antonio 693
Sanzara, Rahel 583
Sartre, Jean-Paul 517, 549
Sauermann, Eberhard 436
Scarpi, N. O. 406
Schabert, Ina 782
Schäfer, Wilhelm 384
Schärer, Hans-Rudolf 539, 624, 726
Schärer, Peter 624
Schager, Albin 434
Schamann, Franz 10
Schapp, Wilhelm 731
Scharang, Michael 160
Scharold, Irmgard 569
Schaukal, Richard 10
Schaunig, Regina 93, 435–438, 476, 492, 637
Scheffer, Paul 663, 735
Scheler, Max 263, 517, 612, 624, 783
Scheller, Wolf 299–300
Schelling, Friedrich Wilhelm Joseph 771
Schelsky, Helmut 831
Scherer, Stefan 397
Scheunemann, Dietrich 670
Scheyer, Moritz 97
Schick, Eugen 10
Schickele, René 95, 384
Schiewer, Gesine 533
Schifferle, Hans 860–861
Schiffermüller, Isolde 122, 144, 147, 151–152, 326, 338, 569, 575–576
Schildmann, Mareike 200, 219
Schiller, Friedrich 125, 420, 666, 770
Schilt, Jelka 755
Schlaffer, Hannelore 123, 128, 133, 143, 667
Schlegel, Friedrich 460, 463, 619, 722, 763, 771–774
Schlöndorff, Volker 862, 869
Schlör, Irene 102
Schmale, Wolfgang 248, 618
Schmaus, Marion 773, 827, 835, 841
Schmidt, Erich 294

Schmidt, Jochen 233, 236, 239, 266, 305, 517, 705
Schmidt, Wally 294
Schmidt, Wera 494, 540, 543
Schmidt-Dengler, Wendelin 244, 592, 827, 844
Schmidtbonn, Wilhelm 384
Schmitter, Sebastian 781
Schmitz, Michael 624
Schmitz-Emans, Monika 122, 124, 135, 748–749, 783
Schmölzer, Hildegund 436
Schneider, Günther 158, 162, 183
Schneider, Kurt 525
Schneider, Rolf 825–828, 837–841, 843, 846
Schneider, Sabine 680, 781
Schnell, Rebekka 626
Schnitzler, Arthur 12, 17–18, 49, 101, 151, 183, 274, 384, 448, 494, 540, 762, 838
Schnurbein, Stefanie von 617
Schober, Johannes 69
Schölzel, Christian 263–264
Schönberg, Arnold 66, 836
Schöne, Albrecht 135, 233, 309, 742, 748, 753
Schoene, Anja Elisabeth 624
Schönenborn, Martina 871
Schönert, Jörg 36, 579–580
Schönherr, Karl 384
Schönwiese, Ernst 676
Scholz, Ingeborg 323
Scholz, Wilhelm von 81, 384
Schopenhauer, Arthur 359
Schorske, Carl E. 592
Schraml, Wolfgang 326, 556, 565–566, 569–570, 714, 716–718
Schramm, Ulf 595
Schreiter, Ekkehard 258, 261
Schröder, Jürgen 122, 124, 135–136, 734, 753–754
Schröder, Rudolf Alexander 448
Schröder-Werle, Renate 803, 812
Schubert, Franz 139
Schüle, Heinrich 524
Schütz, Erhard 78, 229, 397–399, 402
Schulz, Kerstin 755
Schurf, Bernd 866–867
Schuschnigg, Kurt 71–72, 93
Schwartz, Agata 177, 186, 280, 287–288, 297, 306, 624, 726
Schwarz, Olaf 140
Schwarz, Robert 600

Schwarzwald, Eugenie 22, 276, 295
Schwarzwald, Hermann 272, 295
Schwedhelm, Karl 834
Schwoner, Alfred 718
Schyberg, Frederik 96, 672, 796
Scott, Joan W. 618
Sebastian, Thomas 506, 731, 736
Seel, Martin 107
Seelig, Carl 32, 320, 595, 793, 796
Seghers, Anna 389, 841
Seidel, Sebastian 756–757
Seidler, Ingo 517, 776–777
Seipel, Ignaz 69–70, 95
Sellner, Gustav Rudolf 185
Sera, Manfred 726
Serres, Michel 244, 338, 595–596
Setz, Clemens J. 738
Seyß-Inquart, Arthur 72
Shakespeare, William 426
Shaw, George Bernard 183, 418, 762
Shin, Jiyoung 726–728
Siebenpfeiffer, Hania 580, 583
Sieder, Reinhard 292
Siegert, Bernhard 337, 685
Sighele, Scipio 580–582
Sigmund, Karl 514
Sigusch, Volkmar 572
Silone, Ignazio 32
Simmel, Georg 108–109, 267, 361, 365–366, 371–372, 547–548, 560–561, 563, 616, 644, 649, 651, 653–655, 783
Simon, Andrea 169, 187, 816
Simons, Oliver 507, 757
Sitte, Camillo 694
Šklovskij, Viktor 40
Sławiński, Janusz 670
Slovic, Paul 731
Smerilli, Filippo 123, 129, 135, 147, 152, 736, 738, 747
Smetona, Antanas 69
Smith, Anthony D. 551
Smith, Peter D. 104
Snapper, Ernst 520
Snow, Charles Percy 8, 735
Söder, Thomas 517, 767–768
Sokel, Walter H. 299, 304, 517, 774, 776, 778–779, 782
Sokrates 517, 763, 765
Sommerfeld, Beate 455, 457, 781
Sonnemann, Ulrich 718
Sonnenbichler, Bernadette 733, 857, 859

Sorg, Reto 594
Sorge, Reinhard Johannes 19, 76, 95, 417
Spencer, Malcolm 561, 827, 831
Spengler, Oswald 22, 169, 179, 182, 243, 345, 348, 355, 362–363, 418, 447, 502, 513, 560, 563, 608, 714, 782
Sperl, Anton von 93
Spicker, Friedemann 469
Spinoza, Baruch de 519
Spitz, René A. 540
Spivak, Gayatri Chakravorty 204
Spörl, Uwe 11, 160, 162, 164–165, 176–178, 705, 708
Sprengel, Peter 245
Spur, Günter 499
Stadler, Ulrich 405
Stange, Sören 514
Stangel, Johann 867
Stanislawski, Konstantin Sergejewitsch 194, 425
Stanzel, Franz K. 208–209
Staud, Herbert 867
Stauf, Renate 38
Stefanek, Paul 160, 185, 345, 416, 661
Stehr, Hermann 384, 419
Stein, Charlotte von 769
Steinach, Eugen 572
Steinaecker, Thomas von 738
Steiner, George 811
Steiner, Magdalena 856
Steiner, Rudolf 708
Stendhal 762, 814
Stern, Guy 345
Sternheim, Carl 417, 663
Steuer, Daniel 117
Stieg, Gerald 70
Stiemer, Hendrik 397
Stiftegger, Hans *siehe* Brecka, Hans
Stifter, Adalbert 401
Stockhammer, Robert 42, 107, 783
Stöckmann, Ingo 36
Stößl, Otto 663
Stoll, Andrea 837
Stolzenberg, Hertha 15
Storch, Alfred 525
Strachey, John 389
Strauss, Anselm 550
Strauß, Emil 384
Strauß, Johann 408
Streim, Gregor 245
Streitler-Kastberger, Nicole 192, 415–416, 418, 425–427, 615

Strelka, Joseph P. 132, 138, 743, 816–817
Strindberg, August 179
Stritzke, Nadyne 288
Strutz, Johann 195
Strutz, Josef 195, 249, 268, 517, 767, 776, 781, 833, 835
Stucken, Eduard 384
Stumpf, Carl 8–9, 54, 103, 113, 117–118, 150, 337, 359, 432, 505, 517, 524, 531, 533–534, 566, 683
Suhrkamp, Peter 796
Susman, Margarete 295, 417
Swales, Martin 743
Swatosch, Ferdinand 374
Szasz, Thomas S. 552
Szemző, Piroska Dezsényi 811
Szondi, Peter 162, 179

Taaffe, Eduard Graf 604
Tajima, Norio 816
Talbot, William Henry Fox 696
Tálos, Emmerich 387
Taszman, Jörg 860
Tate, Allen 812
Taylor, Frederick Winslow 499, 547
Teichgräber, Katharina 846
Tewilt, Gerd-Theo 711, 755, 757
Thackeray, William Makepeace 666
Theodorsen, Cathrine 255
Theweleit, Klaus 773
Thiess, Frank 95
Thöming, Jürgen C. 51–52, 185, 187, 609, 769
Thomä, Dieter 517, 775
Thomas von Aquin 165, 173, 705, 765
Thomé, Horst 36, 230
Thurnwald, Richard 555
Tiebel, Ursula 416
Tieck, Ludwig 771–772
Tiedtke, Silvia 781
Timerding, Emil 511
Todorow, Almut 400
Tögel, Christfried 543
Török, May 283
Toller, Ernst 383, 389
Tolstoi, Leo 208, 454, 612, 666, 762
Tophoven, Elmar 818
Torberg, Friedrich 418
Torresani, Carl 634
Trakl, Georg 306
Tramm, Karl August 432
Treiber, Gerhard 783

Tucholsky, Kurt 383, 397
Türkel, Siegfried 526
Tukur, Ulrich 862
Turk, Horst 244, 592, 692, 770, 815
Tversky, Amos 731
Tyrka-Gebell, Stefanie 294–295, 430, 443
Tzara, Tristan 389

Uhse, Bodo 391
Ullmann, Ludwig 797
Ullmann, Walter siehe Lherman, Jo
Unruh, Fritz von 95
Urbaner, Roman 434–437
Utz, Peter 401, 403, 406, 408, 817

Vajda, György Mihály 814
Valdemarca, Gioia 783, 817
Valéry, Paul 394, 457, 467–468
Vanecek, Edwin 781
Vanni, Simona 476
Vatan, Florence 309, 393, 517, 533, 548, 556, 718
Veblen, Thorstein 366, 372, 649–650
Vedder, Ulrike 624
Venturelli, Aldo 102, 237, 345, 517, 532, 776–780
Vermetten, Audrey 698, 701
Verweyen, Johannes Maria 720
Vico, Giambattista 555
Vidal, Gore 549
Vierkandt, Alfred 555
Viertel, Berthold 24, 191, 446
Vigliani, Ada 817
Vinken, Barbara 367, 369, 649, 651
Viorel, Elena 814
Virilio, Paul 594
Vischer, Friedrich Theodor 322
Voegelin, Erich 766
Vogl, Joseph 102, 738
Vogt, Guntram 388, 609–610
Voigt, Christian 27, 258, 261, 525–526, 580–581
Vollhardt, Friedrich 230
Vollmer, Gerhard 113
Voltaire 232
Voßkamp, Wilhelm 37, 726–728
Vulpius, Christiane 769

Wachter, David 721–722
Wagener, Andrea 866–867
Wagner, Ernst August 525
Wagner, Karl 267, 827, 843–844

Wagner, Nike 297, 299
Wagner, Richard 256–257, 287, 684, 777, 780
Wagner, Walter 633, 635
Wagner-Egelhaaf, Martina 451, 456, 705, 712
Wagner-Jauregg, Julius 524
Waldenfels, Bernhard 561
Wallner, Friedrich 517
Walser, Martin 827
Walser, Robert 32, 101, 108, 397, 401, 403, 406, 408, 417, 426, 470, 799, 808
Walzel, Oskar 765
Wand, Gisela 868
Wandruszka, Mario 815, 817
Wasmann, Erich 566
Wassermann, Jakob 384, 448
Webber, Andrew 573, 624
Weber, Heinz-Dieter 841
Weber, Hermann 827, 831
Weber, Jean-Paul 815
Weber, Max 179, 547–548, 551
Wedderkop, Hermann von 77
Wedekind, Frank 101, 183
Wefelmeyer, Fritz 715–716, 727
Weigel, Sigrid 827–828
Weil, Simone 831
Weingart, Brigitte 556
Weininger, Otto 139, 575, 616, 625, 627
Weiser, Peter 842
Weiss, Walter 246, 726
Weißmüller, Johnny 643
Weitin, Thomas 582
Welsch, Wolfgang 36
Werfel, Franz 22, 28, 68, 384, 424, 436, 542
Werkmeister, Sven 556–557, 685
Werner, Heinz 756
Werner, Karl 765
Wertheimer, Max 8, 531
Westerhoff, Armin 345, 405
Weyrauch, Wolfgang 793
White, Hayden 208
Whittaker, Gwendoyln 103
Wicht, Gérard 753–754, 757
Wiebe, Christian 612
Wieczorek-Mair, Hedwig 794
Wiegler, Paul 102, 444, 540
Wiegmann, Hermann 726–727
Wieland, Christoph Martin 773
Wieland, Klaus 574, 576
Wieler, Michael 255
Wiese, Benno von 336

Wiethölter, Waltraud 336–338
Wigley, Mark 694
Wigner, Eugene P. 513
Wilde, Matthias 827
Wilde, Oscar 10, 648
Wildgans, Anton 97, 183, 424, 426
Wilhelm II., Kaiser d. Deutschen Reichs 225
Wilke, Tobias 38
Wilkins, Eithne 128, 254, 258, 263, 294, 300, 472, 538–539, 776, 800, 802, 814–817
Wilkins, Sophie 701, 816–817
Willems, Marianne 474
Willemsen, Roger 15, 25, 128, 130, 211–212, 218, 344–345, 357, 415, 427, 517, 555, 580, 754–755, 776, 778, 782
Wilmanns, Karl 525
Wimmer, Magda 517, 776
Windelband, Wilhelm 612
Winder, Ludwig 796
Winko, Simone 425, 427
Wittgenstein, Ludwig 8, 201, 470, 517, 612, 708, 748, 757, 783, 799, 831, 844
Wittmann, Reinhard G. 641
Wohlgemuth, Ralf 624
Wolf, Christa 826–827, 837, 841, 845, 847–848
Wolf, Norbert Christian 63, 69–70, 77–78, 80–81, 86–87, 95, 101, 159, 164–165, 175, 187, 230, 233, 236–238, 240–241, 247, 249, 252–254, 258–259, 262–263, 266, 272, 275, 277–278, 282, 285, 287, 289–291, 294, 298, 308–309, 345, 355, 357–358, 364, 385, 391, 408, 423, 427, 465, 494–495, 501, 513, 526, 528–529, 532, 542, 547, 550, 558, 561–562, 576, 580, 595, 600, 605, 608–610, 619–620, 624–625, 631, 633, 641, 671–673, 698, 700, 716, 718, 723, 726–728, 732, 735–737, 745, 755, 767, 769, 774, 781, 798, 843
Wolfenstein, Alfred 19, 95, 124, 383, 417
Wolfram von Eschenbach 765
Worringer, Wilhelm 556
Wotruba, Fritz 31, 829
Wright, Georg Henrik von 117
Wucherpfennig, Wolf 539
Wübben, Yvonne 737
Würmser, Rudolf 159, 163, 173, 194
Wunberg, Gotthart 36
Wundt, Wilhelm 150, 558

Zadeh, Lofti A. 105
Zaffi, Davide 434, 437
Zahlmann, Christel 165
Zampa, Giorgio 817
Zander, Thomas 868–870
Zangerl, Alfred 205
Zech, Paul 95
Zeemann, Dorothea 815
Zeh, Juli 738, 826–827, 839, 845, 847–848
Zehl-Romero, Christiane 305, 308
Zeller, Hans 451, 455, 803–804
Zeller, Rosmarie 31, 103, 122, 124, 136, 141, 147–148, 160, 163, 200–201, 206, 220, 309, 471, 601
Zerner, Fritz 291
Zerner, Gertrud 291

Zettl, Walter 471–472
Zeynek, Theodor 633–634
Zhu Liuhua 814
Zilsel, Edgar 287
Zima, Peter V. 36, 63, 345, 671, 723, 748
Zimmermann, Karl 463
Zingel, Astrid 299–303, 309, 624, 626
Zisselsberger, Markus 345, 360, 363
Žmegač, Viktor 671
Zöchbauer, Paul 357, 437, 455, 607
Zogu, Ahmet 69
Zola, Émile 506
Zuckerkandl, Viktor 32, 87, 92, 771
Zuckmayer, Carl 195
Zweig, Stefan 2, 28, 244, 252, 604

4. Beiträgerinnen und Beiträger

Andrea Albrecht, Prof. Dr., Universität Stuttgart, Neuere Deutsche Literatur II.
Klaus Amann, Prof. em. Dr., Alpen-Adria-Universität Klagenfurt, Robert Musil-Institut für Literaturforschung.
Hans-Georg von Arburg, Prof. Dr., Université de Lausanne, Faculté des lettres, Section d'allemand.
Franziska Bomski, Dr., Klassik Stiftung Weimar, Stabsreferat Forschung und Bildung.
Fabrizio Cambi, Prof. Dr., Università degli Studi di Trento, Dipartimento di Lettere e Filosofia.
Mandy Dröscher-Teille, M.Ed., Leibniz Universität Hannover, Deutsches Seminar.
Arno Dusini, Prof. Dr., Universität Wien, Institut für Germanistik.
Walter Fanta, PD Dr., Alpen-Adria-Universität Klagenfurt, Robert Musil-Institut für Literaturforschung.
Anne Fleig, Prof. Dr., Freie Universität Berlin, Institut für Deutsche und Niederländische Philologie.
Michael Gamper, Prof. Dr., Leibniz Universität Hannover, Deutsches Seminar.
Nicola Gess, Prof. Dr., Universität Basel, Deutsches Seminar.
Andrea Gnam, PD Dr., Humboldt-Universität zu Berlin, Institut für deutsche Literatur.
Harald Gschwandtner, M.A., Paris-Lodron-Universität Salzburg, Fachbereich Germanistik.
Thomas Hake, Dr., Berlin, Moderator, Trainer und Journalist.
Christoph Hoffmann, Prof. Dr., Universität Luzern, Seminar für Kulturwissenschaften und Wissenschaftsforschung.
Irmgard Honnef-Becker, Dr., Universität Trier, Germanistik.
Alexander Honold, Prof. Dr., Universität Basel, Deutsches Seminar.
Florian Kappeler, Dr., Georg-August-Universität Göttingen, Graduiertenschule für Geisteswissenschaften.
Dorothee Kimmich, Prof. Dr., Eberhard-Karls-Universität Tübingen, Deutsches Seminar.
Stefan Kutzenberger, Dr., Universität Wien, Institut für Europäische und Vergleichende Sprach- und Literaturwissenschaft.
Helmut Kuzmics, Prof. i.R. Dr., Karl-Franzens-Universität Graz, Institut für Soziologie.
Robert Leucht, PD Dr., Universität Zürich, Deutsches Seminar.
Elmar Locher, Prof. Dr., Universität Verona, Dipartimento di Lingue e Letterature Straniere.
Mark Ludwig, Dr., Deutsche Sporthochschule Köln, Institut für Kommunikations- und Medienforschung.
Gunther Martens, Prof. Dr., Universiteit Gent, Literature Department.
Mathias Mayer, Prof. Dr., Universität Augsburg, Philologisch-Historische Fakultät.
Monika Meister, Prof. Dr., Universität Wien, Institut für Theater-, Film- und Medienwissenschaft.
Bernhard Metz, Dr., Freie Universität Berlin, Friedrich-Schlegel-Graduiertenschule für literaturwissenschaftliche Studien.

Werner Michler, Prof. Dr., Paris-Lodron-Universität Salzburg, Fachbereich Germanistik.

Catrin Misselhorn, Prof. Dr., Universität Stuttgart, Institut für Philosophie.

Inka Mülder-Bach, Prof. Dr., Ludwig-Maximilians-Universität München, Institut für Deutsche Philologie.

Dominik Müller, Dr., Université de Genève, Département de langue et de littérature allemandes.

Wolfgang Müller-Funk, Prof. Dr., Universität Wien, Institut für Europäische und Vergleichende Sprach- und Literaturwissenschaft.

Birgit Nübel, Prof. Dr., Leibniz Universität Hannover, Deutsches Seminar.

Oliver Pfohlmann, Dr., Bamberg, freier Kritiker, Wissenschaftler und Lektor.

Oliver Rathkolb, Prof. Dr. Dr., Universität Wien, Institut für Zeitgeschichte.

Arno Rußegger, Prof. Dr., Alpen-Adria-Universität Klagenfurt, Institut für Germanistik.

Marion Schmaus, Prof. Dr., Philipps-Universität Marburg, Institut für Neuere deutsche Literatur.

Sabine Schneider, Prof. Dr., Universität Zürich, Deutsches Seminar.

Florence Vatan, Prof. Dr., University of Wisconsin-Madison, Department of French and Italian.

Martina Wagner-Egelhaaf, Prof. Dr., Westfälische Wilhelms-Universität Münster, Germanistisches Institut.

Norbert Christian Wolf, Prof. Dr., Paris-Lodron-Universität Salzburg, Fachbereich Germanistik.

Yvonne Wübben, Prof. Dr. Dr., Freie Universität Berlin, Institut für Deutsche und Niederländische Philologie.

Rosmarie Zeller, Prof. em. Dr., Universität Basel, Deutsches Seminar.

www.ingramcontent.com/pod-product-compliance
Lightning Source LLC
Chambersburg PA
CBHW080921300426
44115CB00018B/2904